Nel tuo **nuovo DEVOTO-OLI JU**
nella lingua italiana, ma puoi trov
tua competenza linguistica. Sco

grammaticali

dito (dì-

1 Ognuna ... e dei piedi, costituita di ossa, dette *falangi*, articolate fra loro: *tutte le dita hanno tre falangi, eccetto il pollice e l'alluce che ne hanno solo due*. **2** Quantità o distanza minima: *potrei avere un dito d'acqua?; abbassa il quadro di un dito*. **E** ***Da leccarsi le dita***, di cibo, squisito • ***Legarsela al dito***, non dimenticare un'offesa per vendicarsi al momento opportuno • ***Mettere il dito sulla piaga***, individuare il vero motivo di una situazione spiacevole [...]

Quando ci si riferisce alle *dita* nel loro insieme si usa il plurale femminile: *Anna ha le dita lunghe e affusolate*; il plurale maschile *diti* si usa solo per indicare queste parti del corpo prese una a una: *ha dolore a entrambi i diti mignoli*.

divergere (di-vèr-ge-re) V.INTR. (irreg.: ind. pres. *divèrgo*, *divèrgi*, ecc.; raro il pass. rem. *divergéi*, *divergésti*, ecc.; mancano il part. pass. e i tempi composti) **1** Muoversi in direzione diversa partendo da uno stesso punto: ***dall'****incrocio divergono tre strade* **S** allontanarsi, dividersi **C** convergere. **2** Essere in contrasto: *le mie opinioni divergono* ***dalle*** *tue* **S** differire.

fruire (fru-ì-re) V.INTR. (*fruìsco*, *fruìsci*, ecc.; aus. *avere*) **1** Godere di un diritto riconosciuto: *i soci fruiscono* ***di*** *molti sconti* **S** beneficiare, disporre. **2** Avere il possesso o la disponibilità di un bene: *che gioia poter fruire* ***di*** *simili opere d'arte!* **S** godere.

gufo (gù-fo) N.M. · Uccello rapace notturno con testa grossa, becco corto e zampe con artigli robusti; vive nei boschi e si nutre di insetti e di topi.

Il verbo che indica il verso del gufo è *bubolare*.

junk food (pronuncia *giànk fùd*) N. INGL., in it. N.M. INVAR. · Cibo poco sano e molto calorico, pieno di zuccheri o grassi, come i dolciumi confezionati.

Il termine deriva da *junk* 'spazzatura' e *food* 'cibo'.

Accezioni, cioè significati della parola

Espressioni, cioè modi di dire

Note grammaticali

Sillabazione e **pronuncia**

Contrari

Preposizioni rette dalla parola

Ausiliari del verbo intransitivo

Sinonimi

Versi degli animali

Pronuncia delle parole straniere

Note di etimologia

Giacomo Devoto • Gian Carlo Oli

il NUOVO DEVOTO-OLI

Il mio primo vocabolario di italiano

JUNIOR

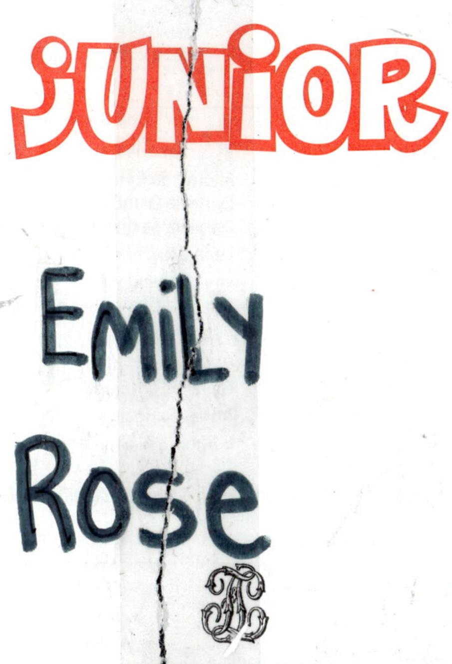

LE MONNIER

www.mondadorieducation.it

Il Sistema Qualità di Mondadori Education S.p.A. è certificato da Bureau Veritas Italia S.p.A. secondo la Norma UNI EN ISO 9001: 2008 per le attività di: progettazione e realizzazione di testi scolastici e universitari, strumenti didattici multimediali e dizionari.

Prima edizione: marzo 2015
Edizioni
10 9 8 7 6 5 4 3
2019 2018 2017 2016

Questo volume è stampato da:
LTV - La Tipografica Varese Srl, Varese
Stampato in Italia - Printed in Italy

Progettazione e coordinamento Biancamaria Gismondi, Daniela Giani
Stesura delle voci Filomena Caranci, Barbara del Giovane, Daniela Giani, Allegra Iafrate, Francesca Meucci, Daniela Savino, Paolo Scotini, Silvia Vigiani
Revisione e aggiornamento Leandro Casini, Barbara Del Giovane; Laura Quagliolo
Famiglie di parole Daniela Giani, Leandro Casini
Progetto grafico Pietro Curci
Progetto grafico della copertina Angelini Design
Grafica delle copertine di collana Gianni Camusso
Impaginazione tavole Famiglie di parole Anna Gangale
Elaborazione dati e impaginazione Edigeo s.r.l., Milano

L'editore ringrazia per la preziosa consulenza il prof. Gabriele Zanardi, Università di Pavia, e Maria Cristina Scalabrini

---

Per informazioni e segnalazioni:
Servizio Clienti Mondadori Education
e-mail *servizioclienti.edu@mondadorieducation.it*
numero verde **800 123 931**

Presentazione

La capacità di esprimere i propri pensieri in un linguaggio chiaro e appropriato è il più prezioso bagaglio che la scuola possa fornire a uno studente, quello che gli permetterà di affrontare con sicurezza gli studi, il lavoro e la vita. Per raggiungere questo traguardo, il vocabolario, vera e propria miniera di informazioni sulle parole, sul loro significato e sulla loro storia, rappresenta senz'altro uno **strumento didattico fondamentale**.

Proprio tenendo presente questa funzione di ausilio didattico è stata progettata la nuova edizione del *Devoto-Oli Junior*, che si ripropone aggiornato e rinnovato: aggiornato nel lemmario, con **500 parole nuove**, scelte tra i termini di attualità e di informatica (come *brigata di cucina, hashtag* e *twittare*), ma anche tra le parole utilizzate a scuola, studiando la storia, la geografia, le scienze (come *ludo, raschiatoio, biodiversità, acquifero*); rinnovato nella presentazione e nella struttura della voce, per fornire allo studente un testo ad **alta leggibilità** e con un'**alta accessibilità** alle informazioni.

Il volume si presenta, dunque, in una **nuova veste grafica**, completamente rivista nell'uso dei caratteri, dei simboli e del colore, mentre le voci sono state organizzate in modo nuovo e più razionale, con i sinonimi e i contrari, particolarmente utili nella scrittura, aumentati di numero ed evidenziati e con le espressioni e i modi di dire, come *essere sulla cresta dell'onda* o *onde corte*, collocati in ordine alfabetico alla fine delle voci per renderli facilmente reperibili. Tutte le definizioni sono scritte in maniera chiara e accessibile ai ragazzi e sono accompagnate da esempi. Ogni voce si concentra sui significati centrali del termine ed è corredata della divisione in sillabe con la pronuncia corretta e delle particolarità grammaticali, come la coniugazione dei verbi irregolari, le preposizioni rette dalla parola, l'indicazione del plurale o del femminile.

Accanto alle numerose note di approfondimento grammaticale, contenenti le regole per evitare i più frequenti errori di ortografia, sono stati inseriti riquadri con i **nomi dei versi degli animali**, per soddisfare una comune curiosità dei ragazzi. Un lavoro particolarmente accurato è stato poi fatto sulle etimologie: oltre a essere state inserite molte nuove note etimologiche, sono state individuate **99 famiglie di parole**, illustrate in fondo al volume o navigabili nella versione digitale in **mappe** che mostrano i processi di derivazione e di composizione con cui si formano parole da altre parole (oltre 2.500 voci); si tratta di un altro prezioso aiuto per il docente che voglia **potenziare le competenze lessicali** dei propri studenti con un lavoro didattico sulla storia e sulla formazione delle parole.

Infine, in questa edizione è stata particolarmente curata la **versione digitale** del *Devoto-Oli Junior*, riprogettato pensando soprattutto agli usi didattici e agli studenti con Bisogni Educativi Speciali (BES). L'applicazione multipiattaforma (per Windows, Mac e Linux) è utilizzabile anche con la Lavagna Interattiva Multimediale ed è corredata di **audio** che forniscono la pronuncia corretta di tutte le voci, delle già citate mappe di famiglie di parole, della **coniugazione completa di tutti i verbi** e dei femminili e dei plurali di tutti i nomi e aggettivi. Inoltre, *il Devoto-Oli Junior* digitale permette all'insegnante di raccogliere tutte le parole di ciascuna disciplina scolastica contenute nel vocabolario (le parole della scienza, della geografia, della storia, ecc.) con le quali creare percorsi didattici.

L'Editore

Abbreviazioni e simboli

a.C.	avanti Cristo
agg.	aggettivo
art.	articolo
aus.	ausiliare
avv.	avverbio
card.	cardinale
com.	comune, comunemente
condiz.	condizionale
cong.	congiuntivo
congiunz.	congiunzione
d.C.	dopo Cristo
determ.	determinativo
dimostr.	dimostrativo
ecc.	eccetera
es.	esempio
f.	femminile
fam.	linguaggio familiare
fr.	francese
fut.	futuro
imperat.	imperativo
imperf.	imperfetto
impers.	impersonale
ind.	indicativo
indef.	indefinito
indeterm.	indeterminativo
inf.	infinito
ingl.	inglese
inter.	interiezione
interr.	interrogativo
intr.	intransitivo
invar.	invariabile
irreg.	irregolare
it.	italiano
lat.	latino
loc.	locuzione
m.	maschile
n.	nome
num.	numerale
ord.	ordinale
part.	participio
pass.	passato
pers.	personale, persona
pl.	plurale
port.	portoghese
poss.	possessivo
prep.	preposizione
pres.	presente
pron.	pronome
pronom.	pronominale
rel.	relativo
rem.	remoto
rifl.	riflessivo
sign.	significato
sing.	singolare
sp.	spagnolo
ted.	tedesco
tr.	transitivo
v.	verbo
volg.	linguaggio volgare
▸▸	nota di approfondimento alla pagina successiva

Simboli usati nella pronuncia

ğ	suono *g* duro come in *ghiro*
ǧ	suono *g* dolce come in *gelato*
ǰ	suona come al termine di *garage*
č	suono *c* dolce come in *ciabatta*
š	suono *sc* come in *scemo*
ṣ	suono *s* sonoro come in *sballo*
ẓ	suono *z* sonoro come in *zanzara*

a

A B C D E F G H I J K L M N O P Q R S T U V W X Y Z

a, A N.F. O M.INVAR. · Prima lettera dell'alfabeto italiano; è una vocale. Ⓔ ***Di serie A***, di prima categoria: *campionato, squadra di serie A*; di prodotto, film, ecc. di qualità superiore • ***Dalla a alla zeta***, dall'inizio alla fine: *raccontare qualcosa dalla a alla zeta.*

a PREP. **1** La preposizione *a* serve a introdurre: il complemento di moto a luogo: *andare a Roma*; il complemento di stato in luogo: *vivere a Roma*; il complemento di termine: *dare una ricompensa a qualcuno*; il complemento di vantaggio o svantaggio: *utile alla salute*; *dannoso all'ambiente*; il complemento di fine o scopo: *uscire a passeggio*; il complemento di tempo determinato: *ci vediamo alle cinque*; il complemento di età: *si sposò a trent'anni*; il complemento di causa: *a quell'idea sorrise*; il complemento di modo: *vestire alla moda*; il complemento di mezzo: *una barca a vela; giocare a dadi*; il complemento di qualità: *un vestito a fiori; un cane a pelo lungo*; il complemento di prezzo: *ho comprato un quaderno a due euro*; il complemento di pena: *condannare a cinque anni di carcere, all'esilio*; il complemento di paragone: *sono superiore a te*; il complemento predicativo del soggetto: *fu eletto a capo dello Stato*; il complemento predicativo dell'oggetto: *portare qualcuno a esempio*; il complemento distributivo: *lavorare per pochi euro al giorno; entrammo uno alla volta.* **2** Seguita da un infinito, introduce proposizioni finali o temporali implicite: *esco a comprare il giornale; al vederlo si commosse.*

Unendosi agli articoli determinativi, *a* forma le preposizioni articolate *al, allo, ai, agli, alla, alle*; la preposizione *a* può prendere la forma *ad* prima di una parola che inizia per vocale, soprattutto se si tratta di una *a*: *ad Ancona*; *non riesco ad accendere il computer.*

a-[1] · Prefisso che significa 'senza': *ateo*, senza (fede in) Dio; *atono*, senza accento.

Il prefisso, davanti a vocale, è usato nella forma *an-*: *analcolico*, senza alcol.

a-[2] · Prefisso che già fin dal latino indica 'avvicinamento, direzione' (*affluire*) oppure 'aggiunta' (*associare*).

Il prefisso quando è seguito da consonante semplice, ne provoca il raddoppiamento.

abaco (à-ba-co) N.M. (pl. *-chi*) · Piccola tavola usata anticamente per fare i calcoli.

Il termine deriva da una parola greca che significa 'tavoletta'.

abate (a-bà-te) N.M. · Chi è a capo dei monaci di un monastero.

Il termine deriva dal latino tardo *abbas* 'abate', da una parola che significava 'padre' in aramaico, la lingua parlata in Palestina, Siria e Mesopotamia ai tempi di Gesù Cristo; dal latino *abbas* derivano anche **abbaino**, **abbazia** e **badia**.

abbacchiare (ab-bac-chià-re) V.TR. (*abbàcchio*, ecc.) || TR. Deprimere, avvilire. || **abbacchiarsi** INTR. PRONOM. Abbattersi, avvilirsi: *non abbacchiarti* ***per*** *così poco.*

abbacchiato (ab-bac-chià-to) AGG. · Nel linguaggio familiare, triste, avvilito: *tornò a casa abbacchiato per la sconfitta subita.*

Il termine deriva da *bacchio* 'bastone', quindi il suo significato iniziale è 'bastonato'.

abbacchio (ab-bàc-chio) N.M. (pl. *-chi*) · Agnello molto giovane macellato: *abbacchio arrosto.*

Il termine deriva dall'espressione *agnello al bacchio* 'agnello al bastone', l'agnello che aveva meno di un anno di età e che veniva tenuto legato a un bastone.

abbagliante (ab-ba-gliàn-te) AGG. e N.M. || AGG. **1** Che disturba la vista per l'intensità: *la luce abbagliante del sole* Ⓢ accecante. **2** Che colpisce per il suo splendore: *un sorriso*

A

abbagliante Ⓢ smagliante. || N.M. Negli autoveicoli, il faro che illumina la strada a lunga distanza. ▸Ⓕ **bagliore**

abbagliare (ab-ba-glià-re) V.TR. (*abbàglio*, ecc.) **1** Offuscare la vista con una luce molto intensa: *il riflesso del sole sulla neve mi abbaglia* Ⓢ accecare. **2** Attirare qualcuno con l'inganno: *non lasciarti abbagliare dalle sue promesse* Ⓢ ingannare, illudere. ▸Ⓕ **bagliore**

abbaglio (ab-bà-glio) N.M. (pl. *-gli*) · Clamoroso errore: *ho preso un abbaglio* Ⓢ svista, equivoco. ▸Ⓕ **bagliore**

abbaiare (ab-ba-ià-re) V.INTR. (*abbàio*, ecc.; aus. *avere*) · Del cane, emettere il proprio verso caratteristico: *il cane abbaiò in segno di saluto.*

Il termine deriva dall'onomatopea *ba* che imita il verso del cane.

abbaino (ab-ba-ì-no) N.M. · Piccola costruzione con finestra verticale che sporge dal tetto.

Il termine deriva dalla parola del dialetto ligure *abaén* 'abatino', perché la sua forma ricorda quella del cappuccio dei frati (→ ***abate***).

abbaio (ab-bà-io) N.M. (pl. *-bài*) · Il verso del cane.

abbandonare (ab-ban-do-nà-re) V.TR. (*abbandóno*, ecc.) || TR. **1** Lasciare per sempre: *abbandonare il proprio Paese.* **2** Smettere di fare qualcosa: *ho abbandonato gli studi.* **3** Lasciar andare: *un buon pilota non deve abbandonare i comandi dell'auto.* || **abbandonarsi** RIFL. **1** Cedere senza opporre resistenza: *abbandonarsi* ***alla*** *corrente; non abbandonarti* ***alla*** *disperazione.* **2** Adagiarsi su qualcosa: *si abbandonò stanco* ***sulla*** *poltrona.* Ⓔ ***Abbandonare qualcuno a se stesso***, trascurarlo, non prendersi più cura di lui.

abbandonato (ab-ban-do-nà-to) AGG. **1** Lasciato in abbandono: *una casa abbandonata* Ⓢ deserto, disabitato. **2** Lasciato solo, senza assistenza: *il problema dei bambini abbandonati* Ⓒ curato, assistito.

abbandono (ab-ban-dó-no) N.M. **1** Rottura volontaria e definitiva di un rapporto: *abbandono della casa paterna, del posto di lavoro.* **2** Ritiro volontario di un atleta o di una squadra da una gara: *ha vinto per abbandono dell'avversario.* **3** Desolazione tipica di un luogo abbandonato: *il giardino si trova in totale abbandono* Ⓢ degrado, incuria. **4** Cedimento totale: *abbandono* ***al*** *vizio.*

abbarbicarsi (ab-bar-bi-càr-si) V.INTR. PRONOM. (*mi abbàrbico, ti abbàrbichi*, ecc.) **1** Di pianta, attaccarsi con le radici: *l'edera si abbarbica* ***al*** *muro.* **2** Di persona o cosa, attaccarsi con forza: *il bambino si abbarbicò* ***al*** *collo della madre* Ⓢ aggrapparsi.

abbassamento (ab-bas-sa-mén-to) N.M. **1** Diminuzione di altezza o di livello: *abbassamento delle acque di un fiume* Ⓢ calo Ⓒ aumento. **2** Riduzione di intensità o di valore: *abbassamento dei prezzi* Ⓢ diminuzione Ⓒ incremento.

abbassare (ab-bas-sà-re) V.TR. (*abbàsso*, ecc.) || TR. **1** Spostare verso il basso: *abbassare la saracinesca* Ⓒ alzare, sollevare. **2** Ridurre di altezza: *ha abbassato il muro* ***di*** *mezzo metro.* **3** Piegare in basso: *abbassare la testa* Ⓢ chinare. **4** Ridurre di intensità o di valore: *abbassa il volume della radio!; abbassare i prezzi* Ⓢ diminuire Ⓒ aumentare. || **abbassarsi** RIFL. **1** Volgere in basso la parte alta del proprio corpo: *è così alto che deve abbassarsi per passare dalle porte* Ⓢ piegarsi, chinarsi. **2** Passare a una condizione più umile: *non mi abbasserò mai* ***a*** *mentirgli* Ⓢ umiliarsi. || **abbassarsi** INTR. PRONOM. Subire una diminuzione: *la temperatura si è abbassata; mi si è abbassata la vista* Ⓢ calare. Ⓔ ***Abbassare la cresta***, diventare più umile.

abbasso (ab-bàs-so) INTER. · Espressione di ostilità o di protesta: *abbasso la guerra!* Ⓒ evviva.

Il termine deriva dalla grafia unita dell'espressione *a basso.*

abbastanza (ab-ba-stàn-za) AVV. **1** In quantità sufficiente: *c'è abbastanza zucchero* Ⓢ sufficientemente Ⓒ poco. **2** In modo soddisfacente: *non sei stato abbastanza bravo; mi piace abbastanza.* Ⓔ ***Averne abbastanza*** → ***avere***[1].

abbattere (ab-bàt-te-re) V.TR. (*abbàtto*, ecc.) || TR. **1** Far cadere a terra: *abbattere un albero,* *un edificio* Ⓢ buttare giù. **2** Rendere fisicamente debole: *la malattia lo ha abbattuto definitivamente* Ⓢ indebolire, deprimere. **3** Uccidere: *abbattere un vitello.* **4** Ridurre notevolmente: *abbattere i costi.* || **abbattersi** INTR. PRONOM. **1** Scagliarsi con violenza: *un violento uragano si è abbattuto **sulla** Versilia.* **2** Cadere di colpo: *impallidì e si abbatté al suolo.* **3** Farsi prendere dallo scoraggiamento: *si abbatte **per** ogni sciocchezza* Ⓢ deprimersi, scoraggiarsi.

abbattimento (ab-bat-ti-mén-to) N.M. **1** Distruzione, demolizione, atterramento: *abbattimento di un palazzo, di un aereo, di una foresta.* **2** Uccisione: *abbattimento di un animale.* **3** Riduzione: *abbattimento dei prezzi.* **4** Profondo avvilimento: *è caduto in un profondo abbattimento* Ⓢ depressione, sconforto.

abbattuto (ab-bat-tù-to) AGG. · Preso da scoraggiamento: *si sentiva abbattuto per aver fallito la prova* Ⓢ avvilito, depresso, scoraggiato.

abbazia (ab-ba-zì-a) N.F. (pl. *-zìe*) · Comunità di religiosi governata da un abate • L'insieme degli edifici appartenenti a questa comunità Ⓢ monastero.

> Il termine è un recupero del latino ecclesiastico *abbatia* 'abbazia', che viene da *abbas* 'abate' (→ ***abate***); la forma di *abbatia* passata direttamente in italiano attraverso la lingua parlata è **badia**.

abbecedario (ab-be-ce-dà-rio) N.M. (pl. *-ri*) · Libro per imparare a leggere e a scrivere.

> Il termine deriva da *a, b, c, d*, le prime quattro lettere dell'alfabeto.

abbellimento (ab-bel-li-mén-to) N.M. **1** L'insieme delle operazioni necessarie per rendere più bello qualcosa: *sono iniziati i lavori di abbellimento dell'edificio* Ⓢ miglioramento. **2** Ciò che si usa per abbellire: *gli abbellimenti del salone* Ⓢ ornamento.

abbellire (ab-bel-lì-re) V.TR. (*abbellìsco, abbellìsci*, ecc.) **1** Rendere più bello: *piante e fiori abbelliscono gli ambienti* Ⓢ decorare. **2** Rendere qualcosa più piacevole o più interessante di quanto sia in realtà: *abbellire le cattive notizie.*

abbeverare (ab-be-ve-rà-re) V.TR. (*abbévero*, ecc.) || TR. Far bere le bestie: *abbeverare i cavalli.* || **abbeverarsi** RIFL. Dissetarsi, bere: *abbeverarsi **a** una fontana.*

abbeveratoio (ab-be-ve-ra-tó-io) N.M. (pl. *-tói*) · Recipiente o vasca in cui beve il bestiame.

abbiccì (ab-bic-cì) N.M. INVAR. **1** Alfabeto: *imparare l'abbiccì* • Abbecedario. **2** I primi elementi di una materia: *l'abbiccì della matematica.*

abbiente (ab-bièn-te) AGG. e N.M. e F. · Che, chi possiede molta ricchezza: *una famiglia abbiente; i meno abbienti* Ⓢ benestante, ricco Ⓒ povero, bisognoso.

> Il termine è il participio presente arcaico di **avere**[1], con il significato di 'persona che ha, che possiede'.

abbietto (ab-bièt-to) → ***abietto***.

abbigliamento (ab-bi-glia-mén-to) N.M. **1** L'insieme dei vestiti e degli accessori che si indossano: *un negozio d'abbigliamento.* **2** Modo di vestire: *un abbigliamento classico, sportivo* Ⓢ look (*ingl.*).

abbigliare (ab-bi-glià-re) V.TR. (*abbìglio*, ecc.) || TR. Vestire con cura: *abbigliare la sposa per la cerimonia.* || **abbigliarsi** RIFL. Vestirsi con cura: *abbigliarsi per il ballo.*

abbinamento (ab-bi-na-mén-to) N.M. · Avvicinamento di due elementi simili o complementari: *abbinamento di colori; l'abbinamento di un piatto **con** un vino.*

abbinare (ab-bi-nà-re) V.TR. · Mettere insieme due elementi simili o complementari: *potresti abbinare questa giacca **a** quei pantaloni; vorrei una camicetta da abbinare **con** questa gonna* Ⓢ accoppiare.

> Il termine deriva dal latino *bini* 'due per volta, a due a due' con il prefisso **a-**[2]; da *bini* derivano anche **binario**[1], **binocolo** e **combinare**.

abbindolare (ab-bin-do-là-re) V.TR. (*abbìndolo*, ecc.) · Trarre in inganno: *si è fatto abbindolare da quel mascalzone* Ⓢ ingannare, imbrogliare, truffare.

abbioccarsi (ab-bioc-càr-si) V.INTR. PRONOM. (*mi abbiòcco, ti abbiòcchi*, ecc.) · Cedere alla

A B C D E F G H I J K L M N O P Q R S T U V W X Y Z

A

stanchezza o al sonno: *se mangio troppo mi abbiocco* Ⓢ assopirsi.

abbisognare (ab-bi-ṣo-gnà-re) V.INTR. (*abbi-ṣógno*, ecc.; aus. *avere*) · Avere bisogno di qualcosa: *il malato abbisogna* ***di*** *medicine* Ⓢ necessitare, richiedere.

abboccamento (ab-boc-ca-mén-to) N.M. · Colloquio per discutere argomenti importanti o riservati: *fissare un abboccamento* Ⓢ appuntamento, incontro. ▸ Ⓕ **bocca**

abboccare (ab-boc-cà-re) V.INTR. (*abbócco, abbócchi*, ecc.; aus. *avere*) **1** Di pesci, attaccarsi con la bocca: *oggi i pesci non abboccano* ***al****l'amo.* **2** Farsi ingannare con facilità: *ha abboccato* ***al*** *mio scherzo.* ▸ Ⓕ **bocca**

abboccato (ab-boc-cà-to) AGG. · Di vino, che tende al dolce Ⓢ amabile. ▸ Ⓕ **bocca**

abboffarsi (ab-bof-fàr-si) → ***abbuffarsi***.

abbonamento (ab-bo-na-mén-to) N.M. **1** Pagamento anticipato che permette di usufruire di un servizio per un certo periodo di tempo: *ho fatto un abbonamento mensile* ***al*** *treno.* **2** La tessera che certifica il pagamento: *mostrare l'abbonamento al controllore.*

abbonare[1] (ab-bo-nà-re) V.TR. (*abbòno*, ecc.) || TR. Fare un abbonamento per un'altra persona: *ha abbonato il figlio* ***allo*** *stadio.* || **abbonarsi** RIFL. Fare un abbonamento per sé: *mi sono abbonato* ***a*** *un settimanale.*

abbonare[2] (ab-bo-nà-re) → ***abbuonare***.

abbonato (ab-bo-nà-to) AGG. e N.M. (f. *-a*) · Che, chi è in possesso di un abbonamento: *la scorsa stagione gli abbonati* ***al*** *teatro sono aumentati.*

abbondante (ab-bon-dàn-te) AGG. **1** Che è in grande quantità: *un raccolto abbondante; una porzione abbondante* Ⓢ ricco Ⓒ scarso. **2** Di vestito, che non aderisce al corpo: *un cappotto abbondante* Ⓢ ampio, grande, largo. ▸ Ⓕ **unda**

abbondanza (ab-bon-dàn-za) N.F. · Grande quantità, superiore al bisogno: *abbondanza di provviste* Ⓢ ricchezza Ⓒ mancanza, carenza. Ⓔ ***In abbondanza***, molto, in gran quantità • ***Nuotare nell'abbondanza***, essere molto ricco. ▸ Ⓕ **unda**

abbondare (ab-bon-dà-re) V.INTR. (*abbóndo*, ecc.) **1** (aus. *essere* o *avere*) Essere presente in grande quantità: *quest'anno il vino abbonderà* Ⓒ scarseggiare, mancare. **2** (aus. *avere*) Avere in grande quantità: *le grandi città abbondano* ***di*** *iniziative culturali.* **3** (aus. *avere*) Esagerare, eccedere: *non abbondate* ***con*** *l'olio.* ▸ Ⓕ **unda**

Il termine deriva dal latino *abundare* 'essere in piena, straripare', che viene a sua volta da *unda* 'onda' (→ ***onda***).

abbordaggio (ab-bor-dàg-gio) N.M. (pl. *-gi*) **1** Operazione con cui un'imbarcazione si accosta a un'altra, spesso per assaltarla Ⓢ arrembaggio. **2** Tentativo di avvicinare qualcuno per parlargli Ⓢ approccio.

abbordare (ab-bor-dà-re) V.TR. (*abbórdo*, ecc.) **1** Accostarsi a un'imbarcazione per attaccare battaglia o impadronirsene: *i pirati abbordarono la nave.* **2** Avvicinare qualcuno per attaccare discorso: *abbordare una straniera* Ⓢ agganciare.

abbottonare (ab-bot-to-nà-re) V.TR. (*abbottóno*, ecc.) · Fermare o chiudere con bottoni: *abbottona la camicia* ***al*** *bambino*; anche TR. PRONOM.: *si abbottonò il cappotto e uscì* Ⓒ sbottonare.

abbozzare (ab-boz-zà-re) V.TR. (*abbòzzo*, ecc.) **1** Dare una prima forma provvisoria a qualcosa: *abbozzare un quadro, un romanzo.* **2** Accennare: *abbozzare un sorriso.*

abbozzo (ab-bòz-zo) N.M. · Prima forma provvisoria: *l'abbozzo di un libro, di un progetto* Ⓢ traccia, schizzo.

abbracciare (ab-brac-cià-re) V.TR. (*abbràccio*, ecc.) || TR. **1** Stringere tra le braccia in segno di affetto: *la madre abbracciò i figli con tenerezza.* **2** Comprendere, contenere: *il discorso ha abbracciato molti problemi.* **3** Seguire, scegliere: *abbracciare una professione; abbracciare un'idea.* || **abbracciarsi** RIFL. RECIPROCO Stringersi l'un l'altro tra le braccia: *ci siamo abbracciati piangendo.*

abbraccio (ab-bràc-cio) N.M. (pl. *-ci*) · Gesto d'affetto che consiste nello stringere una persona tra le proprie braccia: *lo salutò con un abbraccio.*

abbreviare (ab-bre-vià-re) V.TR. (*abbrèvio*, ecc.) **1** Rendere più breve o più corto: *abbreviare l'attesa; abbreviare un testo* Ⓢ accorciare Ⓒ allungare. **2** Dire o scrivere una parola in una forma più corta: *abbreviare "dottore" con "dott."*.

abbreviazione (ab-bre-via-zió-ne) N.F. **1** Riduzione di lunghezza o di durata: *abbreviazione di un percorso*. **2** Parola scritta o detta in forma più corta: *"prof." è l'abbreviazione di "professore"*.

abbronzante (ab-bron-ẓàn-te) AGG. e N.M. · Di prodotto che facilita l'abbronzatura della pelle.

abbronzare (ab-bron-ẓà-re) V.TR. (*abbrónẓo*, ecc.) || TR. Rendere scura la pelle: *il sole abbronza la pelle*. || **abbronzarsi** INTR. PRONOM. Prendere l'abbronzatura: *abbronzarsi al sole*.

abbronzatura (ab-bron-ẓa-tù-ra) N.F. · Colore bruno della pelle, dovuto soprattutto ai raggi del sole: *siamo ritornati dalle vacanze con una splendida abbronzatura*.

abbrustolire (ab-bru-sto-lì-re) V.TR. (*abbrustolisco, abbrustolisci*, ecc.) · Esporre al fuoco per rendere croccante: *hai abbrustolito il pane?* Ⓢ tostare.

abbrutimento (ab-bru-ti-mén-to) N.M. · Perdita di ogni dignità umana: *l'alcol lo ha ridotto in uno stato di totale abbrutimento* Ⓢ degradazione.

abbrutire (ab-bru-ti-re) V.TR. (*abbrutìsco, abbrutìsci*, ecc.) || TR. Abbassare a livello di bruto: *la guerra abbrutisce l'uomo; è un lavoro che abbrutisce* Ⓢ degradare. || **abbrutirsi** INTR. PRONOM. Ridursi come un bruto: *in carcere si è abbrutito*.

abbuffarsi (ab-buf-fàr-si) V.RIFL. · Riempirsi di cibo in modo avido e scomposto: *mi sono abbuffato **di** dolci* Ⓢ ingozzarsi, rimpinzarsi.

abbuffata (ab-buf-fà-ta) N.F. · Pasto abbondante consumato con voracità: *dopo l'abbuffata di ieri mi sono sentito male* Ⓢ scorpacciata.

abbuonare (ab-buo-nà-re) V.TR. (*abbuòno*, ecc.) **1** Scontare un debito, del tutto o in parte: *gli ho abbuonato gli interessi*. **2** Perdonare: *questo è l'ultimo sgarbo che ti abbuono!*

abbuono (ab-buò-no) N.M. **1** Riduzione del prezzo di una merce o di un debito Ⓢ sconto. **2** Nel ciclismo a tappe, riduzione del tempo impiegato a compiere il percorso, concessa ai primi arrivati.

abdicare (ab-di-cà-re) V.INTR. (*àbdico, àbdichi*, ecc.; aus. *avere*) · Rinunciare ai poteri e al titolo di sovrano: *Carlo Alberto abdicò **al** trono il 23 marzo 1849*.

abdicazione (ab-di-ca-zió-ne) N.F. · Rinuncia ai poteri e al titolo di sovrano.

aberrante (a-ber-ràn-te) AGG. · Molto strano: *un comportamento aberrante* Ⓢ anomalo, anormale Ⓒ normale, regolare.

aberrazione (a-ber-ra-zió-ne) N.F. · Allontanamento dalla norma o dal buonsenso: *non voglio più sentire simili aberrazioni; abbandonare un animale è un'aberrazione*.

abete (a-bé-te) N.M. · Albero diffuso soprattutto in montagna, con fusto molto alto e foglie sempreverdi a forma di aghi; il legno che se ne ricava è molto usato in falegnameria.

abietto (a-bièt-to) AGG. · Vile, spregevole, ignobile: *un individuo abietto*.

abiezione (a-bie-zió-ne) N.F. · Infamia, viltà, depravazione.

abigeato (a-bi-ge-à-to) N.M. · Nel linguaggio giuridico, il furto di bestiame.

abile (à-bi-le) AGG. **1** Adatto a svolgere un certo compito: *è stato riconosciuto abile **all'**insegnamento* Ⓢ idoneo Ⓒ inabile, inidoneo. **2** Che dimostra bravura in una certa attività: *un abile artigiano; è molto abile **a** parlare in pubblico, **nei** lavori manuali* Ⓢ esperto, capace. **3** Fatto con astuzia: *un'abile trovata* Ⓢ astuto. Ⓔ ***Diversamente abile***, disabile.

abilità (a-bi-li-tà) N.F. INVAR. **1** Bravura nello svolgimento di un'attività: *la sua abilità **nei** lavori manuali è sorprendente* Ⓢ capacità, competenza. **2** Prontezza nell'affrontare le diverse situazioni: *cavarsela con abilità* Ⓢ destrezza, astuzia, furbizia.

abilitante (a-bi-li-tàn-te) AGG. · Che autorizza a esercitare una professione o a svolgere un'attività: *corsi abilitanti*.

abilitare (a-bi-li-tà-re) V.TR. (*abìlito*, ecc.) · Riconoscere adatto a svolgere una professione

A

o un'attività: *abilitare qualcuno **all'**insegnamento.*

abilitato (a-bi-li-tà-to) AGG. e N.M. (f. *-a*) · Che, chi può svolgere una certa funzione: *un professore abilitato **all'**insegnamento.*

abilitazione (a-bi-li-ta-zió-ne) N.F. · Riconoscimento della capacità di esercitare una professione: *abilitazione **all'**insegnamento.*

abissale (a-bis-sà-le) AGG. **1** Delle grandi profondità marine: *fauna abissale.* **2** Senza limite: *ignoranza abissale* Ⓢ sconfinato, immenso.

abisso (a-bìs-so) N.M. **1** Luogo di eccezionale profondità: *la nave sprofondò negli abissi del mare* Ⓢ profondità, baratro. **2** Enorme differenza: *in politica tra quei due c'è un abisso* Ⓢ divario, scarto. Ⓔ ***Sull'orlo dell'abisso,*** vicino alla rovina morale o economica.

> Il termine deriva da una parola greca che significa 'senza fondo', che viene a sua volta da *byssós* 'fondo del mare' con il prefisso **a-**[1].

abitabilità (a-bi-ta-bi-li-tà) N.F. INVAR. · Possibilità, concessa per legge, di usare un luogo come abitazione: *l'abitabilità di un edificio.*

abitacolo (a-bi-tà-co-lo) N.M. · La parte di un aereo o di un veicolo spaziale destinata ai piloti • Negli autoveicoli, lo spazio interno riservato al guidatore e agli altri passeggeri.

abitante (a-bi-tàn-te) N.M. e F. · Chi vive in un certo luogo: *gli abitanti del palazzo, della Francia; un comune di mille abitanti* Ⓢ residente.

abitare (a-bi-tà-re) V.TR. e INTR. (*àbito*, ecc.) || TR. Avere come casa: *ha abitato per anni un appartamento di due stanze.* || INTR. (aus. *avere*) Vivere stabilmente in un luogo: *abitare **in** città, in campagna; abitare **all'**estero, **all'**ultimo piano* Ⓢ risiedere.

abitato (a-bi-tà-to) AGG. e N.M. || AGG. Occupato dall'uomo: *centro abitato; zone abitate* Ⓢ popolato Ⓒ disabitato. || N.M. Luogo in cui ci sono abitazioni e altri edifici: *vive lontano dall'abitato.*

abitazione (a-bi-ta-zió-ne) N.F. · Edificio o parte di esso in cui si abita: *un'abitazione modesta; una zona priva di abitazioni* Ⓢ casa, dimora.

abito (à-bi-to) N.M. **1** Vestito, veste: *abito da sposa; abito da sera.* **2** Tendenza a un certo comportamento: *non ha l'abito mentale dello studioso.*

abituale (a-bi-tu-à-le) AGG. **1** Che corrisponde a un'abitudine: *ho dovuto rinunciare alla mia passeggiata abituale* Ⓢ usuale, solito Ⓒ eccezionale. **2** Di persona, che fa qualcosa per abitudine: *clienti abituali; un delinquente abituale* Ⓢ assiduo Ⓒ occasionale.

abituare (a-bi-tu-à-re) V.TR. (*abìtuo*, ecc.) || TR. Far prendere un'abitudine: *ho abituato i miei figli **a** mangiare di tutto* Ⓒ disabituare. || **abituarsi** RIFL. Prendere un'abitudine: *dovete cercare di abituarvi **ad** alzarvi prima* • Adattarsi, adeguarsi: *abituarsi **al** clima.*

abituato (a-bi-tu-à-to) AGG. **1** Che ha preso un'abitudine: *siamo abituati **a** leggere almeno due quotidiani* Ⓒ disabituato. **2** Che ha ricevuto una certa educazione: *un bambino abituato bene, male.*

abitudinario (a-bi-tu-di-nà-rio) AGG. (pl.m. *-ri*, pl.f. *-rie*) · Che tende a ripetere certi comportamenti: *è così abitudinario che cena sempre alle otto.*

abitudine (a-bi-tù-di-ne) N.F. **1** Tendenza a ripetere con regolarità certe azioni o comportamenti: *ho preso l'abitudine di bere un bicchiere d'acqua ogni mattina* Ⓢ consuetudine, usanza. **2** Adattamento, assuefazione: *abitudine **ai** rumori; ho fatto l'abitudine **ai** suoi capricci.*

abiura (a-biù-ra) N.F. · Pubblica rinuncia a una fede religiosa o a un'idea: *pronunciare un'abiura* Ⓢ rifiuto.

ablativo (a-bla-ti-vo) AGG. · In grammatica: ***caso ablativo*** (o *l'ablativo* N.M.), in latino e in altre lingue, il caso della declinazione che svolge la funzione di complemento di luogo, tempo, mezzo, modo e compagnia.

abluzione (a-blu-zió-ne) N.F. · Lavaggio del corpo o di una sua parte: *fare le abluzioni mattutine.*

abnegazione (ab-ne-ga-zió-ne) N.F. · Rinuncia ai propri desideri e interessi per il bene degli altri: *accudisce i malati con grande abnegazione* Ⓢ altruismo, dedizione Ⓒ egoismo.

abnorme (ab-nòr-me) AGG. **1** Fuori della norma: *un comportamento abnorme* Ⓢ anormale Ⓒ normale. **2** Che supera le giuste dimensioni: *la crescita abnorme di un organo* Ⓢ esagerato, eccessivo.

abolire (a-bo-lì-re) V.TR. (*abolìsco, abolìsci*, ecc.) · Eliminare istituzioni, leggi o consuetudini: *fu abolita la schiavitù; a casa nostra abbiamo abolito il vino.*

abolizione (a-bo-li-zió-ne) N.F. · Eliminazione di istituzioni, leggi o consuetudini: *l'abolizione della pena di morte.*

abolizionismo (a-bo-li-zio-nì-ṣmo) N.M. · Movimento che intende abolire una consuetudine o una legge.

abominevole (a-bo-mi-né-vo-le) AGG. **1** Che suscita indignazione: *un comportamento abominevole* Ⓢ odioso, ripugnante. **2** Che provoca disgusto: *il cibo di quel locale era abominevole* Ⓢ orribile, disgustoso.

abominio (a-bo-mì-nio) N.M. (pl. *-nî*) · Fatto, azione o comportamento ignobile: *le persecuzioni razziali sono un abominio* Ⓢ infamia.

aborigeno (a-bo-rì-ge-no) AGG. e N.M. (f. *-a*) · Che, chi è tra i primi abitanti di un luogo, originari di esso: *gli Egiziani sostenevano di essere aborigeni; gli aborigeni dell'Australia* Ⓢ indigeno, nativo.

aborrire (a-bor-rì-re) V.TR. e INTR. (*aborrìsco, aborrìsci*, ecc.; o *abòrro, abòrri*, ecc.) || TR. Detestare, odiare: *aborrire la falsità.* || INTR. (aus. *avere*) Fuggire con orrore: *aborrire **dalla** violenza.*

abortire (a-bor-tì-re) V.INTR. (*abortìsco, abortìsci*, ecc.) **1** (aus. *avere*) Non portare a termine la gravidanza. **2** (aus. *essere*) Fallire: *l'impresa è miseramente abortita.*

aborto (a-bòr-to) N.M. **1** Interruzione, spontanea o provocata, della gravidanza prima del 180º giorno. **2** Opera o impresa non riuscita: *questo disegno è un aborto!* Ⓢ fallimento, fiasco.

abrasione (a-bra-ṣió-ne) N.F. **1** Cancellatura fatta raschiando. **2** Lesione superficiale della pelle Ⓢ escoriazione. **3** Erosione del terreno provocata dalle acque dei fiumi e del mare.

abrasivo (a-bra-ṣi-vo) AGG. e N.M. || AGG. Capace di provocare abrasione: *pietra abrasiva.* || N.M. Sostanza di grande durezza usata per lucidare e levigare.

abrogare (a-bro-gà-re) V.TR. (*àbrogo, àbroghi*, ecc.) · Annullare un provvedimento o una legge: *abrogare una legge con un referendum* Ⓢ abolire, cancellare Ⓒ promulgare, emanare.

Le tre persone singolari e la terza plurale del presente indicativo e le tre persone singolari del congiuntivo si pronunciano con l'accento sulla *a*: *àbrogo, àbroghi, àbroga, àbrogano, che io àbroghi* e non *abrògo*, ecc.

abrogativo (a-bro-ga-ti-vo) AGG. · Che serve ad abrogare: *referendum abrogativo.*

abrogazione (a-bro-ga-zió-ne) N.F. · Annullamento di una norma o di una legge: *il referendum per l'abrogazione della legge sull'energia nucleare* Ⓢ abolizione.

abruzzese (a-bruz-zé-se) AGG. e N.M. e F. || AGG. Dell'Abruzzo. || N.M. e F. Abitante, nativo dell'Abruzzo.

abside (àb-si-de) N.F. · Struttura architettonica a forma di semicerchio che si trova nelle chiese in fondo alle navate.

abulia (a-bu-lì-a) N.F. (pl. *-lìe*) · Mancanza di volontà: *ha dei periodi di completa abulia* Ⓢ apatia, indolenza.

abulico (a-bù-li-co) AGG. (pl.m. *-ci*, pl.f. *-che*) · Privo di forza di volontà: *ha molte idee, ma è abulico* Ⓢ apatico, indolente Ⓒ attivo.

abusare (a-bu-ṣà-re) V.INTR. (*abùṣo*, ecc.; aus. *avere*) **1** Fare un uso cattivo o eccessivo di qualcosa: *abusare **del** potere; abusare **dell'**alcol* Ⓢ esagerare. **2** Sfruttare a proprio vantaggio: *abusare **della** pazienza altrui* Ⓢ approfittare. **3** Fare violenza sessuale: *abusare **di** una donna.*

abusivismo (a-bu-ṣi-vì-ṣmo) N.M. · Tendenza a svolgere un'attività in modo illegale: *abusivismo edilizio.*

abusivo (a-bu-ṣì-vo) AGG. **1** Che va contro le norme di legge: *un parcheggio abusivo* Ⓢ illegale, illecito Ⓒ legale. **2** Che svolge un'attività senza averne diritto: *tassista abusivo* Ⓢ irregolare.

A

abuso (a-bù-ṣo) N.M. **1** Uso eccessivo o illecito di qualcosa: *abuso di medicinali, di autorità* Ⓢ eccesso. **2** Atto contrario a un principio o a una legge: *commettere un abuso* Ⓢ illecito.

a.C. (pronuncia *acci*) · Abbreviazione di *avanti Cristo*, usata per indicare se un fatto è avvenuto prima della nascita di Gesù Cristo che, in modo convenzionale, è fissata all'anno 0.

acacia (a-cà-cia) N.F. (pl. *-cie*) · Albero o arbusto con rami spinosi e fiori bianchi o gialli.

acanto (a-càn-to) N.M. **1** Pianta erbacea le cui foglie, nell'antichità, furono prese a modello del capitello corinzio. **2** Il fregio caratteristico del capitello corinzio.

a capo (a cà-po) → *accapo*.

acca (àc-ca) N.F. O M. INVAR. · Nome dell'ottava lettera dell'alfabeto italiano e del segno che la rappresenta (*h, H*). Ⓔ ***Un'acca***, niente: *non capire, non valere un'acca*, non capire, non valere niente.

accademia (ac-ca-dè-mia) N.F. (pl. *-mie*) **1** Associazione culturale che promuove attività letterarie, artistiche o scientifiche: *Accademia della Crusca*. **2** Istituto superiore di studi, in particolare artistici e militari: *accademia di belle arti; accademia militare*.

> Il termine deriva dal nome greco di un boschetto, dedicato all'eroe Academo, che si trovava vicino ad Atene, dove teneva le sue lezioni il filosofo Platone (427-347 a.C.).

accademico (ac-ca-dè-mi-co) AGG. e N.M. (f. *-a*; pl.m. *-ci*, pl.f. *-che*) || AGG. **1** Che si riferisce a un'accademia: *socio accademico*. **2** Che riguarda l'università: *consiglio accademico; anno accedemico* Ⓢ universitario. || N.M. (f. *-a*) **1** Membro di un'accademia: *accademico della Crusca*. **2** Docente universitario: *un convegno di accademici*.

accadere (ac-ca-dé-re) V.INTR. (irreg.: coniugato come *cadere*; aus. *essere*) · Di evento, verificarsi: *in quel periodo accaddero cose terribili;* ***mi*** *è accaduto un fatto strano* Ⓢ succedere, avvenire.

accaduto (ac-ca-dù-to) N.M. · Ciò che è successo: *appena lo vidi mi raccontò l'accaduto* Ⓢ avvenimento, fatto.

accalappiacani (ac-ca-lap-pia-cà-ni) N.M. e F. INVAR. · Dipendente del Comune che ha il compito di catturare i cani randagi.

accalappiare (ac-ca-lap-pià-re) V.TR. (*accalàppio*, ecc.) **1** Prendere un animale con un laccio: *accalappiare un cane randagio*. **2** Attirare con l'inganno: *si è fatto accalappiare da quel furfante* Ⓢ abbindolare, raggirare.

accalcarsi (ac-cal-càr-si) V.INTR. PRONOM. (*mi accàlco, ti accàlchi*, ecc.) · Riunirsi in gran quantità: *la folla si accalcava all'entrata del cinema* Ⓢ affollarsi, stiparsi.

accaldarsi (ac-cal-dàr-si) V.INTR. PRONOM. (*mi accàldo*, ecc.) **1** Diventare rosso e sudato per il caldo: *accaldarsi* ***per*** *la fatica* Ⓒ raffreddarsi. **2** Accalorarsi, infervorarsi: *accaldarsi* ***nella*** *discussione*.

accaldato (ac-cal-dà-to) AGG. · Sudato e rosso in volto: *è tornato dalla partita ancora molto accaldato*.

accalorarsi (ac-ca-lo-ràr-si) V.INTR. PRONOM. (*mi accalóro*, ecc.) · Farsi prendere dall'entusiasmo e dalla passione, soprattutto discutendo: *accalorarsi* ***in*** *un dibattito*, ***per*** *una causa* Ⓢ animarsi, infervorarsi.

accampamento (ac-cam-pa-mén-to) N.M. **1** Gruppo di tende o di altri alloggi provvisori destinato a soldati, popolazioni nomadi o altri gruppi di persone: *un accampamento di profughi*. **2** Posto disordinato: *questa stanza sembra un accampamento!* ▸ Ⓕ **campo**

accampare (ac-cam-pà-re) V.TR. || TR. **1** Sistemare in un accampamento, in altri alloggi provvisori o all'aperto: *il comandante accampò le truppe sulla collina; i profughi sono stati accampati nelle baracche*. **2** Presentare argomenti poco convincenti: *non accampare scuse!* Ⓢ avanzare, tirare in ballo. || **accamparsi** RIFL. Porre l'accampamento: *ci accamperemo lungo il fiume*. ▸ Ⓕ **campo**

accanimento (ac-ca-ni-mén-to) N.M. **1** Insistenza crudele e rabbiosa: *l'accanimento contro i più deboli è una cosa spregevole*. **2** Impegno ostinato: *lavorare con accanimento* Ⓢ ostinazione.

accanirsi (ac-ca-nìr-si) V.INTR. PRONOM. (*mi accanìsco, ti accanìsci*, ecc.) **1** Scagliarsi con ferocia: *si accanirono* ***contro*** *di lui con pugni e* *calci* Ⓢ infierire. **2** Persistere con ostinazione: *accanirsi* ***nello*** *studio* Ⓢ ostinarsi.

accanito (ac-ca-nì-to) AGG. **1** Di persona, ostinato, tenace: *un giocatore accanito.* **2** Di cosa fatta con rabbiosa tenacia o insistenza: *con un accanito inseguimento il gruppo ha raggiunto i ciclisti in fuga.*

accanto (ac-càn-to) AVV. e AGG. INVAR. · Vicino, di fianco, di lato: *il negozio di alimentari è qui accanto; la signora della porta accanto.* Ⓔ ***Accanto a***, a fianco di, vicino a: *siediti accanto a me.*

accantonare (ac-can-to-nà-re) V.TR. (*accantóno*, ecc.) **1** Mettere da parte come scorta: *accantonare viveri* Ⓢ accumulare. **2** Lasciare temporaneamente da parte: *accantonare un problema* Ⓢ rinviare, rimandare.

accaparramento (ac-ca-par-ra-mén-to) N.M. · Accumulo di merci da rivendere a un prezzo più alto o per avere una scorta. ▸ Ⓕ **caput**

accaparrare (ac-ca-par-rà-re) V.TR. || TR. Accumulare merci per costituirsi una scorta o rivenderle quando il prezzo sarà aumentato: *accaparrare grano.* || **accaparrarsi** TR. PRONOM. Assicurarsi, procurarsi, conquistare: *accaparrarsi i posti migliori.* ▸ Ⓕ **caput**

accapigliarsi (ac-ca-pi-gliàr-si) V.INTR. PRONOM. e RIFL. RECIPROCO (*mi accapìglio*, ecc.) **1** Litigare venendo alle mani: *non fa altro che accapigliarsi* ***con*** *il fratello; i tifosi delle due squadre si accapigliarono* Ⓢ azzuffarsi, picchiarsi. **2** Discutere con vivacità: *si è accapigliato* ***con*** *un vicino; si sono accapigliati* ***per*** *una sciocchezza* Ⓢ bisticciare, litigare.

accapo (ac-cà-po) AVV. e N.M. INVAR. || AVV. Nella scrittura e nella stampa, indica il passaggio al rigo successivo: *andare accapo.* || N.M. L'inizio di un nuovo periodo dopo che si è passati al rigo successivo: *in questa pagina ci sono troppi accapo* Ⓢ capoverso.

accappatoio (ac-cap-pa-tó-io) N.M. (pl. *-tói*) · Vestaglia di spugna che si indossa per asciugarsi dopo il bagno.

accapponare (ac-cap-po-nà-re) V.TR. (*accappóno*, ecc.) || TR. Castrare, riferito soprattutto ai galli giovani. || **accapponarsi** INTR. PRONOM. Della pelle, diventare ruvida come quella di polli e capponi spennati, per il freddo o per una forte emozione: *le si accapponò la pelle* ***per*** *lo spavento,* ***dalla*** *paura.*

accarezzare (ac-ca-rez-zà-re) V.TR. (*accarézzo*, ecc.) **1** Sfiorare con carezze: *accarezzare un bambino; la mamma* ***gli*** *accarezzò il viso* Ⓢ carezzare. **2** Di elementi naturali, sfiorare: *il vento* ***le*** *accarezzava i capelli.* **3** Fermarsi con il pensiero su qualcosa che si desidera: *da tempo accarezzo l'idea di una vacanza all'estero.*

accartocciare (ac-car-toc-cià-re) V.TR. (*accartòccio*, ecc.) || TR. Avvolgere a forma di cartoccio: *accartocciò il biglietto senza neppure leggerlo.* || **accartocciarsi** INTR. PRONOM. Ripiegarsi a forma di cartoccio: *gli angoli della pagina s'accartocciano.*

accasciare (ac-ca-scià-re) V.TR. (*accàscio*, ecc.) || TR. Abbattere, spossare: *questo caldo mi accascia.* || **accasciarsi** INTR. PRONOM. **1** Cadere giù per improvvisa mancanza di forze: *accasciarsi a terra.* **2** Cedere allo sconforto: *non devi accasciarti per così poco!* Ⓢ abbattersi, avvilirsi.

accatastare (ac-ca-ta-stà-re) V.TR. **1** Ammucchiare a forma di catasta: *accatastare la legna.* **2** Disporre in modo disordinato: *accatastare i libri sulla scrivania* Ⓢ ammassare, ammucchiare.

accattivante (ac-cat-ti-vàn-te) AGG. · Che ispira simpatia, fiducia, benevolenza: *un sorriso accattivante.*

accattonaggio (ac-cat-to-nàg-gio) N.M. (pl. *-gi*) · L'andare in giro chiedendo l'elemosina.

accattone (ac-cat-tó-ne) N.M. (f. *-a*; pl.m. *-i*, pl.f. *-e*) · Chi vive di elemosina Ⓢ mendicante.

accavallare (ac-ca-val-là-re) V.TR. || TR. Sovrapporre una cosa a un'altra, per lo più incrociandole: *accavallare le gambe.* || **accavallarsi** INTR. PRONOM. **1** Sovrapporsi in maniera confusa: *le onde si accavallavano furiosamente.* **2** Affollarsi, accumularsi: *tanti progetti* ***le*** *si accavallavano in testa.* **3** Nel linguaggio familiare, subire uno stiramento violento che provoca un dolore acuto: *mi si è accavallato un nervo.* ▸ Ⓕ **cavallo**

A

accecamento (ac-ce-ca-mén-to) N.M. **1** Perdita della vista: *il colpo provocò l'accecamento del soldato.* **2** Grave turbamento della ragione: *accecamento provocato dalla gelosia.*

accecare (ac-ce-cà-re) V.TR. (*accièco, accièchi*, ecc.; o *accèco, accèchi*, ecc.) **1** Privare della vista: *Ulisse accecò Polifemo.* **2** Abbagliare: *il riflesso mi acceca.* **3** Sconvolgere fino al punto di impedire di ragionare: *la gelosia lo acceca.*

accedere (ac-cè-de-re) V.INTR. (*accèdo*, ecc.) **1** (aus. *essere*) Entrare in un luogo: ***alla** villa si accede dal giardino.* **2** (aus. *avere*) Entrare a far parte: *accedere **alla** magistratura.*

accelerare (ac-ce-le-rà-re) V.TR. e INTR. (*accèlero*, ecc.) || TR. Rendere più veloce: *accelerare il passo* Ⓢ affrettare Ⓒ decelerare, rallentare. || INTR. (aus. *avere*) Far aumentare la velocità di un veicolo: *l'automobilista accelerò per superare il camion.*

Tutte le forme del verbo *accelerare* si scrivono con una elle sola!

acceleratore (ac-ce-le-ra-tó-re) N.M. · Il pedale che regola l'afflusso di carburante in un motore, variando così la velocità del veicolo: *premere sull'acceleratore.*

La parola *acceleratore* si scrive con una elle sola!

accelerazione (ac-ce-le-ra-zió-ne) N.F. · Aumento di velocità: *l'improvvisa accelerazione del treno lo fece cadere* Ⓒ decelerazione, rallentamento.

La parola *accelerazione* si scrive con una elle sola!

accendere (ac-cèn-de-re) V.TR. (irreg.: ind. pres. *accèndo*, ecc.; pass. rem. *accési, accendésti, accése, accendémmo, accendéste, accésero*; part. pass. *accéso*) || TR. **1** Dare fuoco a qualcosa perché bruci, riscaldi o illumini: *accendere una candela* Ⓒ spegnere. **2** Mettere in funzione: *accendere la luce; accendere un motore* Ⓢ attivare, azionare. **3** Suscitare una passione: *la vittoria accese l'entusiasmo dei tifosi* Ⓢ provocare, scatenare. || **accendersi** INTR. PRONOM. **1** Prendere fuoco: *i rami secchi si accesero subito* Ⓢ incendiarsi. **2** Essere preso da una passione: *accendersi **d'**amore, **d'**ira* Ⓢ infiammarsi.

accendino (ac-cen-dì-no) N.M. · Macchinetta a benzina o a gas liquido che serve ad accendere sigarette o sigari.

accennare (ac-cen-nà-re) V.TR. e INTR. (*accénno*, ecc.) || TR. **1** Indicare con un cenno: *accennò la porta **all'**ospite* Ⓢ mostrare. **2** Eseguire l'inizio di un gesto, di un'azione: *accennare un sorriso* Ⓢ abbozzare. **3** Riferire qualcosa in modo rapido, con poche parole: *gli ho accennato il problema* • Intonare poche note di una melodia: *accennare una canzone.* || INTR. (aus. *avere*) **1** Fare un cenno per lasciare capire le proprie intenzioni: *accennare **di** sì, **di** no.* **2** Parlare di qualcosa senza approfondire l'argomento: *accennare **al** proprio passato.* **3** Iniziare appena: *copriti bene perché accenna **a** piovere.*

accenno (ac-cén-no) N.M. **1** Lieve segno o traccia: *ho solo un accenno di febbre.* **2** Veloce riferimento: *ha fatto un vago accenno alla possibilità di nuove elezioni* Ⓢ allusione, cenno, richiamo.

accensione (ac-cen-sió-ne) N.F. · L'atto di accendere o di accendersi: *l'accensione dei razzi; l'accensione di un motore.*

accentare (ac-cen-tà-re) V.TR. (*accènto*, ecc.) **1** Segnare l'accento sulle parole: *accentare una parola **sulla** vocale finale.* **2** Pronunciare una parola mettendo l'accento su una sillaba.

accento (ac-cèn-to) N.M. **1** In grammatica, rafforzamento della voce o elevazione del tono nella pronuncia di una sillaba di una parola • Il segno grafico che in alcuni casi si colloca sopra una vocale per indicare la sede dell'accento tonico. **2** Modo di parlare, pronuncia: *ha un lieve accento straniero* • Intonazione della voce che esprime un sentimento: *accento d'ira.* Ⓔ ***Accento acuto***, segno grafico (´) usato in italiano per indicare il suono chiuso delle vocali *e* e *o* toniche (*córrere, perché*) • ***Accento grave***, segno grafico (`) usato in italiano per indicare il suono aperto delle vocali *e* e *o* toniche (*guèrra, cuòre*) e le vocali toniche *a, i, u* (*città, fisima, più*) • ***Mettere l'accento su qualcosa***, dargli un particolare rilievo.

accentramento (ac-cen-tra-mén-to) N.M. · Tendenza a riunire in un solo organismo centrale i poteri pubblici, o ad affidare a una o a poche persone la direzione di un'impresa Ⓒ decentramento.

accentrare (ac-cen-trà-re) V.TR. (*accèntro*, ecc.) **1** Riunire in uno stesso luogo: *accentrare le truppe; accentrare gli uffici* ***in*** *un'unica sede* Ⓢ radunare, concentrare. **2** Riunire tutti i poteri pubblici o tutte le funzioni direttive: *accentrare gli organi di governo* Ⓢ centralizzare Ⓒ decentrare.

accentratore (ac-cen-tra-tó-re) AGG. e N.M. (f. *-trìce*) · Che, chi tende a riunire il potere sotto di sé.

accentuare (ac-cen-tu-à-re) V.TR. (*accèntuo*, ecc.) || TR. **1** Mettere in evidenza con l'intonazione della voce: *accentuare una frase* Ⓢ sottolineare, evidenziare. **2** Rendere più marcato o evidente: *accentuare le linee di un disegno* Ⓢ marcare. || **accentuarsi** INTR. PRONOM. Diventare più evidente o più grave: *le differenze tra i due fratelli si sono accentuate; la crisi economica si accentua ogni giorno* Ⓢ accrescersi, aggravarsi Ⓒ diminuire, mitigarsi.

accerchiamento (ac-cer-chia-mén-to) N.M. · Operazione tattica per circondare il nemico impedendogli la fuga.

accerchiare (ac-cer-chià-re) V.TR. (*accérchio*, ecc.) · Chiudere in un cerchio: *l'esercito accerchiò il nemico* Ⓢ circondare.

accertamento (ac-cer-ta-mén-to) N.M. · Controllo tramite indagini: *pubblicò la notizia senza fare i necessari accertamenti* Ⓢ verifica.

accertare (ac-cer-tà-re) V.TR. (*accèrto*, ecc.) || TR. Controllare attraverso ricerche o indagini: *la polizia ha accertato come si sono svolti i fatti* Ⓢ verificare. || **accertarsi** INTR. PRONOM. Rendersi conto personalmente di qualcosa: *accertati* ***che*** *sia tutto pronto.*

accesi (ac-cé-si) · Pass. rem., 1ª pers. sing. → ***accendere***.

acceso (ac-cé-so) AGG. || Participio pass. → ***accendere***. || AGG. **1** Che brucia emettendo luce o calore: *una candela accesa; un fuoco acceso* Ⓒ spento. **2** Che è in funzione: *motore, televisore acceso.* **3** Di colore, intenso, brillante: *un abito di un bel rosso acceso.* **4** Pieno di passione: *una discussione troppo accesa* Ⓢ appassionato, vivace.

accessibile (ac-ces-sì-bi-le) AGG. **1** Che si raggiunge con facilità: *un luogo accessibile* Ⓒ inaccessibile. **2** Di persona, che si lascia avvicinare facilmente: *il ministro è poco accessibile* Ⓢ disponibile, cordiale. **3** Che si capisce con facilità: *esprime concetti difficili in un linguaggio accessibile a tutti* Ⓢ comprensibile, chiaro. **4** Di costo, alla portata di tutti: *un prezzo accessibile* Ⓢ modico, contenuto.

accesso (ac-cès-so) N.M. **1** La possibilità o il diritto di entrare in un luogo: *è vietato l'accesso alle auto* • Il punto per il quale è possibile entrare in un luogo: *l'accesso* ***alla*** *villa è nascosto da una siepe* Ⓢ ingresso Ⓒ uscita. **2** Manifestazione acuta e improvvisa di un male: *un accesso di tosse* Ⓢ attacco. **3** Impulso violento e che non può essere controllato: *lo colpì al viso in un accesso d'ira* Ⓢ impeto. **4** L'insieme delle operazioni per collegarsi a una rete informatica.

accessoriato (ac-ces-so-rià-to) AGG. · Dotato di accessori: *auto accessoriata.*

accessorio (ac-ces-sò-rio) AGG. e N.M. (pl.m. *-ri*, pl.f. *-rie*) || AGG. Di secondaria importanza: *questioni accessorie* Ⓢ marginale Ⓒ fondamentale. || N.M. Qualsiasi oggetto che serve a completare la funzionalità di una macchina o di un impianto, o ad accompagnare un abito: *gli accessori dell'auto; un abito blu con accessori bianchi.*

accetta (ac-cét-ta) N.F. · Piccola scure, da usare con una sola mano, per tagliare la legna.

accettabile (ac-cet-tà-bi-le) AGG. · Abbastanza vantaggioso o gradito: *condizioni accettabili* Ⓢ ammissibile, ragionevole Ⓒ inaccettabile.

accettare (ac-cet-tà-re) V.TR. (*accètto*, ecc.) **1** Ricevere o accogliere come conveniente o inevitabile: *accettare un invito; ho accettato l'incarico* Ⓒ rifiutare • Seguire, ascoltare: *accettare un consiglio.* **2** Ammettere a far parte: *accettare qualcuno in un gruppo* Ⓢ accogliere

A

Ⓒ escludere. **3** Sopportare, tollerare: *non accetto un simile comportamento in casa mia.*

accettazione (ac-cet-ta-zió-ne) N.F. **1** Atto con cui si accetta ciò che viene offerto o proposto: *accettazione di un lavoro* Ⓒ rifiuto. **2** Presa in consegna: *la persona addetta all'accettazione dei bagagli arriverà subito* • Ufficio dove si accolgono le domande per certi servizi, come ricoveri ospedalieri: *per farvi registrare dovete passare dall'accettazione.*

accezione (ac-ce-zió-ne) N.F. · Ciascuno dei significati con cui una parola viene usata in una lingua: *le molteplici accezioni della parola "amore"* Ⓢ significato.

acchiappare (ac-chiap-pà-re) V.TR. **1** Afferrare con rapidità e destrezza: *la tazza mi era scivolata di mano e l'ho acchiappata al volo.* **2** Cogliere sul fatto: *l'hanno acchiappato mentre stava rubando* Ⓢ sorprendere.

acchito (ac-chi-to) N.M. · La mossa con cui inizia una partita di biliardo. Ⓔ ***Di primo acchito***, subito, all'istante.

acciacco (ac-ciàc-co) N.M. (pl. *-chi*) · Malanno che limita l'attività abituale: *tua zia è sempre piena di acciacchi* Ⓢ malessere, disturbo.

acciaieria (ac-cia-ie-rì-a) N.F. (pl. *-rìe*) · Stabilimento in cui si produce e lavora l'acciaio.

acciaio (ac-cià-io) N.M. (pl. *-ciài*) **1** Lega di ferro e carbonio, dotata di grande resistenza, durezza ed elasticità. **2** Simbolo di forza e tenacia: *nervi d'acciaio; una volontà d'acciaio* • Simbolo di freddezza o di mancanza di sensibilità: *ha il cuore come l'acciaio.* Ⓔ ***Acciaio inossidabile***, lega con un'alta percentuale di nichel e cromo, resistente alla corrosione.

accidentale (ac-ci-den-tà-le) AGG. · Dovuto al caso: *una caduta accidentale* Ⓢ casuale, fortuito, imprevisto.

accidentalmente (ac-ci-den-tal-mén-te) AVV. · Per caso, casualmente: *ci siamo incontrati accidentalmente in un negozio* Ⓢ casualmente Ⓒ volutamente, di proposito.

accidentato (ac-ci-den-tà-to) AGG. · Di terreno irregolare, che ostacola la marcia: *strada accidentata* Ⓢ sconnesso Ⓒ agevole.

accidente (ac-ci-dèn-te) N.M. **1** Avvenimento casuale e imprevisto, spesso spiacevole: *gli accidenti della vita* Ⓢ caso. **2** Ictus, colpo. **3** Nel linguaggio familiare, niente, nulla: *non si vede un accidente.* Ⓔ ***Prendersi un accidente***, ammalarsi: *con questo freddo rischi di prenderti un accidente*; spaventarsi: *lo squillo del telefono nella notte mi ha fatto prendere un accidente.*

accidenti (ac-ci-dèn-ti) INTER. · Esprime stupore, ammirazione o rabbia: *accidenti! Si è bruciata la torta!*

accidia (ac-cì-dia) N.F. (pl. *-die*) · Pigrizia, indolenza, noncuranza.

accidioso (ac-ci-dió-so) AGG. · Pigro, indolente, svogliato.

accigliarsi (ac-ci-gliàr-si) V.INTR. PRONOM. (*mi accìglio*, ecc.) · Aggrottare i sopraccigli in segno di preoccupazione, perplessità o tristezza: *a quelle parole si accigliò* Ⓢ rabbuiarsi Ⓒ rasserenarsi.

accigliato (ac-ci-glià-to) AGG. · Che dimostra malumore o perplessità, aggrottando i sopraccigli: *era tutto accigliato; sguardo accigliato* Ⓢ cupo Ⓒ sereno.

accingersi (ac-cìn-ger-si) V.RIFL. (irreg.: coniugato come *cingere*) · Prepararsi a fare qualcosa: *accingersi **a** un lavoro; accingersi **a** partire* Ⓢ apprestarsi.

acciottolato (ac-ciot-to-là-to) N.M. · Selciato di ciottoli.

acciuffare (ac-ciuf-fà-re) V.TR. · Riuscire ad afferrare: *acciuffare un ladro* Ⓢ prendere, catturare, acchiappare.

acciuga (ac-ciù-ga) N.F. (pl. *-ghe*) **1** Piccolo pesce azzurrognolo sul dorso e bianco sul ventre, che si può mangiare fresco, salato, sott'olio, in salsa: *stare come le acciughe*, molto stretti e pigiati come le acciughe nel barile Ⓢ alice. **2** Persona molto magra: *quella ragazza è un'acciuga.*

acclamare (ac-cla-mà-re) V.TR. · Manifestare il consenso e l'entusiasmo per qualcuno o qualcosa: *accorsero ad acclamare il nuovo presidente* Ⓢ applaudire Ⓒ contestare.

acclamazione (ac-cla-ma-zió-ne) N.F. **1** Espressione collettiva di consenso e di entusiasmo: *il vincitore è stato accolto con trionfali acclamazioni* Ⓢ ovazione. **2** Elezione unanime e a voce, senza votazione: *è stato eletto per acclamazione.*

acclimatarsi (ac-cli-ma-tàr-si) V.INTR. PRONOM. (*mi acclìmato*, ecc.) **1** Abituarsi a un nuovo clima: ***in*** *montagna mi sono acclimatato subito.* **2** Adattarsi a un nuovo ambiente sociale e culturale: *acclimatarsi* ***in*** *una nuova città,* ***fra*** *nuovi colleghi* Ⓢ ambientarsi.

accludere (ac-clù-de-re) V.TR. (irreg.: coniugato come *includere*) · Unire a una lettera, a un pacco: *accludere il curriculum* ***alla*** *domanda di assunzione; accludere un cd in un pacco* Ⓢ allegare.

Il termine deriva dal latino *accludere* 'chiudere insieme', che viene a sua volta da *claudere* 'chiudere' con il prefisso **a-**[2] (→ ***concludere***).

accoccolarsi (ac-coc-co-làr-si) V.RIFL. (*mi accòccolo*, ecc.) · Piegarsi sulle ginocchia sedendosi sui calcagni Ⓢ accovacciarsi, accucciarsi.

accogliente (ac-co-glièn-te) AGG. · Di persona, gentile e disponibile: *una famiglia accogliente* Ⓢ cordiale, ospitale • Di luogo, fornito di molte comodità: *una casa accogliente* Ⓢ comodo, confortevole.

accoglienza (ac-co-glièn-za) N.F. · L'atto e il modo di ricevere qualcuno: *offrire accoglienza ai bisognosi; un'accoglienza fredda.*

accogliere (ac-cò-glie-re) V.TR. (irreg.: coniugato come *cogliere*) **1** Ricevere presso di sé: *lo accolsero come un figlio; il mio arrivo fu accolto con freddezza.* **2** Far entrare: *accogliere qualcuno* ***in*** *un club* Ⓢ accettare, ammettere. **3** Rispondere in modo positivo: *accogliere una richiesta* Ⓢ accettare. **4** Di spazio, poter ricevere al proprio interno: *lo stadio può accogliere fino a centomila spettatori* Ⓢ contenere, ospitare.

accollare (ac-col-là-re) V.TR. (*accòllo*, ecc.) || TR. Addossare, attribuire: *hanno accollato* ***a*** *me tutta la spesa.* || **accollarsi** TR. PRONOM. Assumere su di sé: *accollarsi una responsabilità.*

accollato (ac-col-là-to) AGG. **1** Di indumento, chiuso fino al collo: *un maglione accollato* Ⓒ scollato. **2** Di calzatura, che copre il collo del piede: *scarpe accollate.*

accoltellare (ac-col-tel-là-re) V.TR. (*accoltèllo*, ecc.) · Ferire o uccidere a colpi di coltello: *è stato accoltellato alla schiena.*

accomiatarsi (ac-co-mia-tàr-si) V.RIFL. · Andare via salutando le persone presenti: *ci accomiatammo* ***dai*** *nostri amici* Ⓢ congedarsi.

accomodamento (ac-co-mo-da-mén-to) N.M. · Accordo o compromesso tra due parti: *alla fine della riunione sono arrivati a un accomodamento* Ⓢ intesa.

accomodante (ac-co-mo-dàn-te) AGG. · Che è pronto ad adattarsi alle situazioni: *mostrarsi accomodante* Ⓢ conciliante.

accomodare (ac-co-mo-dà-re) V.TR. (*accòmodo*, ecc.) || TR. **1** Rimettere in buono stato di efficienza: *devo far accomodare l'orologio* Ⓢ aggiustare, riparare Ⓒ danneggiare, rompere. **2** Disporre in modo ordinato: *accomodò con cura i fiori nel vaso* Ⓢ sistemare, ordinare. || **accomodarsi** RIFL. Entrare o sedersi sistemandosi con comodità: *si accomodi, prego!* || **accomodarsi** INTR. PRONOM. Trovare una soluzione: *con il tempo molti problemi si accomodano* Ⓢ risolversi, aggiustarsi.

accompagnamento (ac-com-pa-gna-mén-to) N.M. **1** L'aggiunta di elementi accessori o necessari. **2** L'associarsi di strumenti musicali alla voce o allo strumento principale: *cantò con l'accompagnamento del pianoforte.* Ⓔ ***Lettera di accompagnamento***, quella che si allega a un oggetto spedito per dare spiegazioni. ▸ Ⓕ **pane**

accompagnare (ac-com-pa-gnà-re) V.TR. (*accompàgno*, ecc.) || TR. **1** Andare con qualcuno per amicizia, cortesia, rispetto o per offrirgli protezione: *accompagnare un amico alla stazione; devo accompagnare mia madre dal medico* Ⓢ portare, condurre. **2** Seguire: *accompagnare con lo sguardo, con il pensiero.* **3** Mettere insieme: *accompagnare lo studio* ***al*** *divertimento* Ⓢ associare, unire Ⓒ separare. **4** Eseguire l'accompagnamento musicale: *accompagnare un cantante* ***al*** *pianoforte,* ***con*** *la chitarra.* || **accompagnarsi** INTR. PRONOM. Armonizzarsi, intonarsi: *questa cravatta non si accompagna* ***con*** *la giacca.* ▸ Ⓕ **pane** ▸▸

A

La prima persona plurale dell'indicativo presente e quella del congiuntivo presente è *accompagniamo*, con la *i*: la forma *accompagnamo* è sempre scorretta! La seconda persona plurale dell'indicativo presente è *accompagnate* senza *i*, mentre quella del congiuntivo presente è *accompagniate* con la *i*.

accompagnatore (ac-com-pa-gna-tó-re) N.M. (f. *-trìce*) **1** Persona al fianco o al seguito di un'altra o di altre: *accompagnatore di un invalido*. **2** Esecutore di brani di accompagnamento musicale. ▸ Ⓕ **pane**

accomunare (ac-co-mu-nà-re) V.TR. **1** Mettere in comune: *accomunare i propri sforzi* ***con*** *quelli di altri* Ⓢ unire. **2** Mettere su uno stesso piano: *non mi accomunare* ***a*** *certa gente!* Ⓢ associare. **3** Rendere affine: *la passione per la musica li accomuna* Ⓢ avvicinare.

acconciare (ac-con-cià-re) V.TR. (*accóncio*, ecc.) || TR. Vestire o pettinare con cura: *acconciare la principessa; acconciare i capelli* ***alla*** *sposa*. || **acconciarsi** RIFL. Vestirsi o pettinarsi con cura: *acconciarsi all'ultima moda*.

acconciatura (ac-con-cia-tù-ra) N.F. **1** Modo di pettinare i capelli: *un'acconciatura elegante* Ⓢ pettinatura. **2** Ornamento per il capo: *acconciatura da sposa*.

acconcio (ac-cón-cio) AGG. (pl.m. *-ci*, pl.f. *-ce*) · Adeguato, adatto.

accondiscendere (ac-con-di-scén-de-re) V.INTR. (irreg.: coniugato come *scendere*; aus. *avere*) · Dare il proprio assenso: *ho accondisceso* ***alle*** *sue richieste* Ⓢ acconsentire, consentire Ⓒ opporsi.

acconsentire (ac-con-sen-tì-re) V.INTR. e TR. (*acconsènto*, ecc.) || INTR. (aus. *avere*) Dare il proprio consenso: *acconsentire* ***a*** *una richiesta* Ⓒ rifiutare. || TR. Permettere, accordare: *acconsentì* ***che*** *il figlio partisse*.

accontentare (ac-con-ten-tà-re) V.TR. (*accontènto*, ecc.) || TR. Rendere contento: *accontenta il figlio* ***in*** *tutto* Ⓢ soddisfare Ⓒ deludere. || **accontentarsi** INTR. PRONOM. Ritenersi soddisfatto: *mi accontento* ***di*** *quello che ho*.

acconto (ac-cón-to) N.M. · Parte di debito pagata prima della sua totale estinzione: *dare, lasciare, versare un acconto* Ⓢ anticipo. Ⓔ ***Ritenuta d'acconto*** → ***ritenuta***.

accoppare (ac-cop-pà-re) V.TR. (*accòppo*, ecc.) || TR. Uccidere in modo violento: *accoppare qualcuno con una bastonata* Ⓢ ammazzare. || **accopparsi** INTR. PRONOM. Perdere la vita in modo violento: *in quell'incidente per poco non mi accoppavo* Ⓢ ammazzarsi.

accoppiamento (ac-cop-pia-mén-to) N.M. **1** Unione di due persone o cose: *un felice accoppiamento di colori* Ⓢ abbinamento. **2** L'unione sessuale del maschio e della femmina, detto soprattutto di animali: *il periodo degli accoppiamenti*.

accoppiare (ac-cop-pià-re) V.TR. (*accòppio*, ecc.) || TR. **1** Unire due persone, due animali, due cose: *accoppiare due classi; accoppiare una cornice* ***a*** *un quadro* Ⓢ abbinare Ⓒ dividere. **2** Di animali, far congiungere il maschio con la femmina per la riproduzione. || **accoppiarsi** RIFL. **1** Mettersi in coppia: *per la partita di doppio mi sono accoppiato* ***con*** *mio fratello*. **2** RIFL. RECIPROCO Di animali, unirsi nell'atto sessuale: *i lupi si accoppiano durante la stagione degli amori*.

accoppiata (ac-cop-pià-ta) N.F. · Coppia di elementi o di persone che svolgono assieme una certa attività o funzione: *quando non litigano sono un'accoppiata formidabile*.

accorato (ac-co-rà-to) AGG. · Addolorato, afflitto: *una voce accorata*.

accorciare (ac-cor-cià-re) V.TR. (*accórcio*, ecc.) || TR. Rendere più corto, più breve: *accorciare un vestito; accorciare un articolo* Ⓢ ridurre Ⓒ allungare. || **accorciarsi** INTR. PRONOM. Diminuire di lunghezza: *le giornate cominciano ad accorciarsi*.

accordare (ac-cor-dà-re) V.TR. (*accòrdo*, ecc.) || TR. **1** Mettere d'accordo: *accordare due opposte tendenze* Ⓢ conciliare. **2** Tendere le corde di uno strumento musicale in modo che abbiano la giusta intonazione: *accordare un violino* Ⓒ scordare. **3** Concedere: *accordare la grazia* ***a*** *qualcuno*. || **accordarsi** RIFL. Mettersi d'accordo: *cercherò di accordarmi* ***con*** *il venditore per un prezzo inferiore*. || **accordarsi** INTR. PRONOM. Armonizzarsi, intonarsi: *il tavolo non si accorda* ***all'****arredamento*.

accordatura (ac-cor-da-tù-ra) N.F. · Sistemazione dell'intonazione di uno strumento musicale.

accordo (ac-còr-do) N.M. **1** Piena concordanza di idee e sentimenti: *c'è sempre stato un buon accordo fra loro* Ⓢ intesa, armonia Ⓒ contrasto, disaccordo. **2** Patto tra persone o enti: *accordo sindacale; l'accordo sul commercio è stato firmato anche dall'Italia* Ⓢ intesa, compromesso. **3** In musica, insieme di più suoni diversi che devono essere eseguiti contemporaneamente: *accordo di do maggiore.* Ⓔ ***D'accordo***, per esprimere piena affermazione o conferma: *"Allora ci vediamo alle due?" "D'accordo!"*; ***andare d'accordo con qualcuno***, avere buoni rapporti con lui; ***essere d'accordo con qualcuno***, avere la sua stessa opinione.

accorgersi (ac-còr-ger-si) V.INTR. PRONOM. (irreg.: ind. pres. *mi accòrgo, ti accòrgi*, ecc.; pass. rem. *mi accòrsi, ti accorgésti, si accòrse, ci accorgémmo, vi accorgéste, si accòrsero*; part. pass. *accòrto*) · Rendersi conto, prendere coscienza di qualcosa: *nessuno si accorse* ***del*** *fumo che usciva dalla cucina; mi sono accorto* ***che*** *era successo qualcosa di grave.*

accorgimento (ac-cor-gi-mén-to) N.M. · Provvedimento opportuno: *ebbe l'accorgimento di cancellare le impronte* Ⓢ astuzia.

accorpare (ac-cor-pà-re) V.TR. (*accòrpo*, ecc.) · Riunire in un solo organismo o in una sola struttura: *accorpare una classe* ***con*** *un'altra; accorpare due ministeri* ***in*** *uno* Ⓢ unire, unificare Ⓒ dividere.

accorrere (ac-cór-re-re) V.INTR. (irreg.: coniugato come *correre*; aus. *essere*) · Raggiungere velocemente un luogo, spesso per prestare aiuto: *i pompieri accorsero* ***sul*** *luogo dell'incendio* Ⓢ precipitarsi.

accorsi (ac-cór-si) · Pass. rem., 1ª pers. sing. → ***accorrere***.

(mi) accorsi (mi ac-còr-si) · Pass. rem., 1ª pers. sing. → ***accorgersi***.

accortezza (ac-cor-téz-za) N.F. · Previdente saggezza nell'agire: *si è mosso con grande accortezza; se lo incontri, abbi l'accortezza di evitare certi discorsi* Ⓢ prontezza, astuzia.

accorto (ac-còr-to) AGG. || Participio pass. → ***accorgersi***. || AGG. Che dimostra astuzia e prudenza: *un uomo accorto; una mossa molto accorta* Ⓢ furbo, abile, saggio.

accostamento (ac-co-sta-mén-to) N.M. **1** Avvicinamento: *accostamento di un mobile* ***alla*** *parete.* **2** Combinazione, abbinamento: *accostamento di colori.*

accostare (ac-co-stà-re) V.TR. (*accòsto*, ecc.) || TR. Mettere vicino: *accostare il bicchiere* ***alle*** *labbra* Ⓢ avvicinare Ⓒ allontanare • Socchiudere: *accostare la porta.* || **accostarsi** RIFL. Avvicinarsi: *accostarsi* ***al*** *muro.*

accovacciarsi (ac-co-vac-ciàr-si) V.RIFL. (*mi accovàccio*, ecc.) · Di persone o animali, rannicchiarsi piegando le gambe o le zampe: *accovacciarsi sotto il tavolo* Ⓢ accucciarsi.

accozzaglia (ac-coz-zà-glia) N.F. (pl. *-glie*) · Raggruppamento disordinato e spesso sgradevole di persone o cose: *un'accozzaglia di gente, di colori* Ⓢ mucchio.

accreditare (ac-cre-di-tà-re) V.TR. (*accrédito*, ecc.) **1** Nel linguaggio bancario o commerciale, registrare una somma a favore di qualcuno: *accreditare un importo* ***a*** *qualcuno; la cifra è stata accreditata* ***sul*** *tuo conto.* **2** Rendere credibile: *accreditare una notizia* Ⓢ avvalorare, confermare.

accrescere (ac-cré-sce-re) V.TR. (irreg.: coniugato come *crescere*) || TR. Rendere maggiore: *accrescere il capitale* Ⓢ aumentare, incrementare Ⓒ diminuire. || **accrescersi** INTR. PRONOM. Diventare più grande: *le difficoltà si accrescono.*

accrescimento (ac-cre-sci-mén-to) N.M. · Aumento di quantità, di dimensioni o di valore: *accrescimento di produzione, di prestigio* Ⓢ incremento Ⓒ diminuzione.

accrescitivo (ac-cre-sci-ti-vo) AGG. e N.M. || AGG. In grammatica, di suffisso (per es. *-one*) che fa aumentare in quantità o qualità il significato di un nome, di un aggettivo o di un avverbio Ⓒ diminutivo. || N.M. La forma che si ottiene aggiungendo a una parola un suffisso accrescitivo: *"gattone" è l'accrescitivo di "gatto", "cattivone" di "cattivo", "benone" di "bene".*

A

accucciarsi (ac-cuc-ciàr-si) V.RIFL. (*mi accùccio*, ecc.) **1** Di cani, mettersi a cuccia: *il cane andò ad accucciarsi.* **2** Di persone, rannicchiarsi, accovacciarsi: *si accucciò dietro al divano per nascondersi.*

accudire (ac-cu-dì-re) V.INTR. e TR. (*accudisco, accudisci*, ecc.) || INTR. (aus. *avere*) Avere cura di qualcosa: *accudisce* ***alle*** *faccende di casa* Ⓢ occuparsi, dedicarsi. || TR. Prendersi cura di qualcuno: *accudire la madre malata* Ⓢ assistere, curare Ⓒ trascurare.

accumulare (ac-cu-mu-là-re) V.TR. (*accùmulo*, ecc.) || TR. Raccogliere o mettere da parte in grande quantità: *accumulare un patrimonio* Ⓢ ammucchiare. || **accumularsi** INTR. PRONOM. Raccogliersi in grande quantità: *la polvere si era accumulata dappertutto.*

accumulatore (ac-cu-mu-la-tó-re) N.M. (f. *-trìce*) || N.M. (f. *-trìce*) Chi accumula denaro e ricchezze. || N.M. Apparecchio che serve ad accumulare energia e a distribuirla in un secondo momento: *accumulatore elettrico, termico.*

accumulo (ac-cù-mu-lo) N.M. · Grande quantità: *un accumulo di pietre* Ⓢ ammasso, mucchio.

accuratezza (ac-cu-ra-téz-za) N.F. · Cura nel fare qualcosa: *il lavoro è stato eseguito con molta accuratezza* Ⓢ attenzione, precisione Ⓒ negligenza, trascuratezza.

accurato (ac-cu-rà-to) AGG. **1** Realizzato con cura, con precisione: *un'edizione accurata* Ⓢ curato Ⓒ impreciso, sciatto. **2** Che opera con attenzione e competenza: *un artigiano accurato nei particolari* Ⓢ attento.

accusa (ac-cù-ṣa) N.F. **1** L'atto, le parole, lo scritto con cui si attribuisce una colpa a qualcuno: *le tue accuse* ***di*** *egoismo nei miei confronti sono ingiuste.* **2** L'atto con cui si chiama qualcuno davanti al giudice a rispondere di un reato: *è stato assolto dall'accusa* ***di*** *omicidio* • Chi ha il compito di accusare l'imputato in un processo: *l'accusa ha chiesto il massimo della pena* Ⓒ difesa.

accusare (ac-cu-ṣà-re) V.TR. **1** Attribuire a qualcuno una colpa: *lo accusò* ***di*** *aver mentito* Ⓢ incolpare Ⓒ difendere. **2** Chiamare qualcuno a rispondere di un reato: *accusare qualcuno* ***di*** *furto.* **3** Avvertire, provare, sentire: *il paziente accusa un forte mal di testa.* Ⓔ ***Accusare il colpo***, sentire le conseguenze di un danno ricevuto: *dopo la sconfitta la squadra ha accusato il colpo.*

accusativo (ac-cu-ṣa-tì-vo) AGG. · In grammatica: ***caso accusativo*** (o *l'accusativo* N.M.), in latino e in altre lingue, il caso della declinazione che svolge la funzione di complemento oggetto.

accusato (ac-cu-ṣà-to) AGG. e N.M. (f. *-a*) · Che, chi si trova in stato d'accusa: *un uomo accusato* ***di*** *omicidio; gli accusati si alzino in piedi.*

accusatore (ac-cu-ṣa-tó-re) N.M. (f. *-trìce*) · Chi sostiene un'accusa: *è una delle sue accusatrici più accanite.*

ace (à-ce) AGG. e N.M. INVAR. · Di succo di arancia e carota, ad alto contenuto di vitamine A, C ed E.

acerbo (a-cèr-bo) AGG. · Che non è ancora maturo: *susine acerbe* Ⓢ immaturo.

acero (à-ce-ro) N.M. · Albero d'alto fusto con corteccia liscia, il cui legno pregiato è molto usato per fabbricare mobili.

acerrimo (a-cèr-ri-mo) AGG. · Fortemente ostile: *nemico acerrimo.*

> *Acerrimo* è il superlativo di *acre*, quindi non si può dire *molto acerrimo.*

acetato (a-ce-tà-to) N.M. · Composto usato nell'industria chimica per la preparazione di fibre artificiali e prodotti farmaceutici.

acetilene (a-ce-ti-lè-ne) N.M. · Gas usato nell'industria chimica per la preparazione di gomme e la produzione di fiamme ad alta temperatura: *lampada ad acetilene.*

aceto (a-cé-to) N.M. · Liquido che si ottiene dalla fermentazione del vino o di altre sostanze alcoliche, usato per condire e conservare gli alimenti: *aceto balsamico; aceto di mele; cipolline sott'aceto.*

acheo (a-chè-o) AGG. e N.M. (f. *-a*; pl.m. *achèi*, pl.f. *achèe*) · Del popolo degli Achei, abitante dell'antica Grecia.

acidità (a-ci-di-tà) N.F. INVAR. · Qualità o sapore dovuto alla presenza di acidi: *questo vino presenta una leggera acidità* Ⓢ asprezza Ⓒ

dolcezza. **E** ***Acidità di stomaco***, eccessiva quantità di acidi nello stomaco, che provoca bruciori.

acido[1] (à-ci-do) N.M. · Sostanza chimica con odore e sapore acre che, se combinata con una base, forma un sale.

acido[2] (à-ci-do) AGG. **1** Di sapore aspro, simile a quello dell'aceto o del succo di limone: *questo latte è diventato acido* **S** aspro, acre **C** dolce. **2** Caratterizzato da malignità e ostilità: *mi si è rivolto con tono acido* **S** maligno. **3** Di sostanza chimica che presenta le caratteristiche degli acidi: *una soluzione acida* **C** basico.

acidulo (a-cì-du-lo) AGG. · Leggermente acido: *questa mela ha un sapore acidulo.*

acino (à-ci-no) N.M. · Il chicco dell'uva: *un grappolo con acini dorati.*

acme (àc-me) N.F. · Punto o momento culminante: *l'acme del dramma; essere all'acme della fama* **S** apice, culmine.

Il nome *acme* è femminile, anche se viene spesso usato in modo scorretto al maschile: *un'acme*; *il processo raggiunge la sua acme dopo una settimana.*

acne (àc-ne) N.F. · Infezione della pelle che provoca la formazione di pustole, soprattutto sul volto.

acqua (àc-qua) N.F. **1** Liquido trasparente, senza colore, odore e sapore, composto da due parti di idrogeno e una di ossigeno; è indispensabile per la vita di animali e piante: *acqua piovana; acqua di fonte, di sorgente; acqua potabile, non potabile; acqua gassata.* **2** Pioggia: *l'acqua viene giù a dirotto, a catinelle; sono uscito senza ombrello e ho preso l'acqua.* **3** Massa o distesa d'acqua. **4** Estratto o composto chimico usato in profumeria e in farmacia: *acqua di lavanda.* **E** ***Acqua alla gola***, gravi difficoltà: *ormai ha l'acqua alla gola per i debiti* • ***Acqua alta***, aumento eccezionale del livello dell'acqua che causa inondazione • ***Acqua di Colonia***, profumo leggero e rinfrescante • ***Acqua dolce***, quella di fiume, lago o fonte; ***acqua salata***, quella del mare • ***Acqua in bocca!***, invito scherzoso a un silenzio complice • ***Acqua ossigenata***, composto chimico che contiene ossigeno usato per disinfettare • ***Acque minerali***, che contengono sostanze dotate di particolari proprietà salutari • ***A fior d'acqua***, in superficie: *galleggiare a fior d'acqua* • ***A pane e acqua*** → *pane* • ***Buttare acqua sul fuoco*** o ***gettare acqua sul fuoco***, calmare una situazione • ***Corso d'acqua***, fiume, torrente, ruscello, ecc. • ***Fare acqua***, di nave o barca, riempirsi d'acqua a causa di una falla; ***fare acqua da tutte le parti***, di ragionamento o discorso, essere assurdo, incredibile • ***Il pelo dell'acqua***, la sua superficie • ***In cattive acque***, in difficoltà finanziarie: *trovarsi, essere, navigare in cattive acque* • ***Le acque***, in medicina, il liquido amniotico; ***rottura delle acque***, la perdita del liquido amniotico che costituisce la fase iniziale del parto • ***Specchio d'acqua*** → *specchio* • ***Tirare acqua al proprio mulino***, agire a proprio vantaggio.

acquaforte (ac-qua-fòr-te) N.F. (pl. *acquefòrti*) **1** Tecnica di incisione su lastre di rame o di acciaio, da cui si traggono riproduzioni su carta. **2** Il disegno ottenuto con questa tecnica: *le acqueforti di Rembrandt.*

Il termine, composto di acqua e forte[1], è l'antico nome dell'acido usato per incidere le lastre.

acquagym (ac-qua-gym; pronuncia *acquagìm*) N.F. INVAR. · Ginnastica eseguita in piscina, a tempo di musica.

acquaio (ac-quà-io) N.M. (pl. *-quài*) · Vasca adoperata in cucina soprattutto per lavare le stoviglie: *un acquaio di acciaio inossidabile* **S** lavandino, lavello.

acquamarina (ac-qua-ma-rì-na) N.F. (pl. *acquemarine*) · Pietra preziosa di colore verde o azzurro chiaro.

acquaragia (ac-qua-rà-gia) N.F. (pl. *-gie* o *-ge*) · Liquido di origine vegetale o minerale, usato come solvente.

acquarello (ac-qua-rèl-lo) → ***acquerello***.

acquario (ac-quà-rio) N.M. (pl. *-ri*) **1** Vasca o insieme di vasche a vetri, in cui si tengono in vita piante e animali acquatici • L'edificio in cui si trovano tali vasche: *l'acquario di Genova.* **2** In astrologia, segno che comprende i nati dal 21 gennaio al 18 febbraio.

acquasanta (ac-qua-sàn-ta) (o **acqua santa**) N.F. · Acqua benedetta: *si fece il segno della*

A

croce con l'acquasanta. Ⓔ ***Il diavolo e l'acquasanta***, persone o cose assolutamente incompatibili tra loro.

acquatico (ac-quà-ti-co) AGG. (pl.m. *-ci*, pl.f. *-che*) · Che vive nell'acqua o riguarda l'acqua: *fauna acquatica.* Ⓔ ***Sport acquatici***, quelli che si praticano nell'acqua, come nuoto, tuffi, sci d'acqua.

acquattarsi (ac-quat-tàr-si) V.RIFL. · Chinarsi a terra per non farsi vedere: *si acquattò tra i cespugli* Ⓢ accovacciarsi, accucciarsi.

acquavite (ac-qua-vì-te) N.F. (pl. *acquavìti* o *acquevìti*) · Bevanda alcolica ottenuta per distillazione di vino, frutti, cereali, ecc.: *la sua acquavite preferita è il cognac.*

acquazzone (ac-quaz-zó-ne) N.M. · Pioggia violenta di breve durata: *i ragazzi furono sorpresi da un acquazzone.*

acquedotto (ac-que-dót-to) N.M. · Insieme di opere che servono a trasportare acqua da un luogo a un altro e a distribuirla agli utenti: *ci fermammo vicino ai resti di un acquedotto romano.*

acqueo (àc-que-o) AGG. (pl.m. *-quei*, pl.f. *-quee*) · Di acqua: *vapore acqueo.*

acquerello (ac-que-rèl-lo) N.M. **1** Metodo di pittura che impiega colori trasparenti, sciolti in acqua: *un paesaggio dipinto ad acquerello.* **2** Opera eseguita con tale tecnica: *le pareti erano ornate da alcuni acquerelli.*

acquicoltura (ac-qui-col-tù-ra) N.F. · Allevamento intensivo di pesci, crostacei, molluschi o alghe in acque dolci, marine e di laguna.

acquiescente (ac-quie-scèn-te) AGG. · Che accetta il volere degli altri senza opporsi: *mostrarsi acquiescente* Ⓢ condiscendente, remissivo.

acquifero (ac-quì-fe-ro) AGG. · Che porta acqua o consente all'acqua di passare. Ⓔ ***Falda acquifera*** → ***falda***.

acquirente (ac-qui-rèn-te) N.M. e F. · Chi acquista: *il negozio era pieno di acquirenti* Ⓢ compratore, cliente Ⓒ venditore.

acquisire (ac-qui-ṣì-re) V.TR. (*acquiṣìsco*, *acquiṣìsci*, ecc.) · Venire in possesso di qualcosa: *acquisire la cittadinanza italiana; ha acquisito una piena padronanza della lingua* Ⓢ ottenere, conseguire Ⓒ perdere.

acquisizione (ac-qui-ṣi-zió-ne) N.F. · L'atto di far proprio: *l'acquisizione di un diritto.*

acquistare (ac-qui-stà-re) V.TR. e INTR. || TR. **1** Ottenere la proprietà di qualcosa in cambio di una somma di denaro: *acquistare un terreno* Ⓢ comprare Ⓒ vendere. **2** Aggiungere alle proprie qualità o possibilità: *acquistare fama* Ⓢ conseguire, raggiungere, acquisire Ⓒ perdere. || INTR. (aus. *avere*) Diventare migliore: *acquistare **in** bellezza, **in** salute* Ⓢ migliorare, progredire, guadagnare Ⓒ perdere, peggiorare.

acquisto (ac-quì-sto) N.M. **1** Ottenimento di qualcosa in proprietà in cambio di una somma di denaro: *l'acquisto di una casa* Ⓒ vendita. **2** La cosa acquistata: *fammi vedere i tuoi ultimi acquisti.* Ⓔ ***Potere di acquisto***, la quantità di beni che si possono acquistare in un dato momento con una certa moneta: *il potere di acquisto dell'euro.*

acquitrino (ac-qui-trì-no) N.M. · Terreno ricoperto d'acqua stagnante: *qui una volta c'erano solo acquitrini* Ⓢ palude.

acquolina (ac-quo-lì-na) N.F. · Aumento della saliva alla vista o al pensiero di un cibo appetitoso: *il pensiero di quell'arrosto mi fa venire l'acquolina in bocca.*

acquoso (ac-quó-so) AGG. **1** Che contiene molta acqua: *un frutto acquoso.* **2** Eccessivamente liquido: *una minestra acquosa.*

acre (à-cre) AGG. **1** Agro, aspro: *il succo del limone ha un sapore acre.* **2** Pungente, penetrante: *nella cantina si era diffuso un odore acre.* **3** Ostile, aspro, duro: *un'acre polemica.*

acredine (a-crè-di-ne) N.F. **1** Sapore aspro: *l'acredine dell'aceto.* **2** Rancore, astio: *mi rivolse parole piene di acredine.*

acrilico (a-crì-li-co) AGG. e N.M. (pl.m. *-ci*, pl.f. *-che*) || AGG. Che contiene o deriva da una particolare sostanza ottenuta per sintesi chimica: *acido acrilico; fibre acriliche.* || N.M. Tessuto di fibre acriliche: *una maglia in lana e acrilico.*

acrimonia (a-cri-mò-nia) N.F. (pl. *-nie*) · Astio, malevolenza, livore: *mi rispose con acrimonia.*

acritico (a-crì-ti-co) AGG. (pl.m. *-ci*, pl.f. *-che*) · Privo di intenti o di capacità critiche: *atteggiamento acritico.*

acro- · Primo elemento di parole composte che significa 'il punto più alto, l'estremità': *acropoli*, il punto più alto della città; *acrostico*, l'estremità del verso.

acrobata (a-crò-ba-ta) N.M. e F. (pl.m. *-i*, pl.f. *-e*) · Nel circo, chi cammina sulla corda o fa esercizi che richiedono destrezza, forza e agilità.

acrobatico (a-cro-bà-ti-co) AGG. (pl.m. *-ci*, pl.f. *-che*) · Di acrobata: *spettacolo acrobatico* • Degno di un acrobata: *il portiere ha effettuato una parata acrobatica.*

acrobazia (a-cro-ba-zì-a) N.F. (pl. *-zìe*) **1** Esercizio dell'acrobata: *uno spettacolo pieno di acrobazie.* **2** Abile espediente per superare una situazione difficile: *fa acrobazie per mantenere la famiglia.*

acropoli (a-crò-po-li) N.F. INVAR. · La parte alta delle antiche città greche, in genere fortificata: *l'acropoli di Atene.*

Il termine deriva da una parola greca che significa 'la città alta', composta di *acro-* 'alto, estremo' e *pólis* 'città'.

acrostico (a-crò-sti-co) N.M. (pl. *-ci*) · Componimento poetico in cui le prime lettere di ogni verso, lette per ordine, formano un nome o altre parole.

acuire (a-cu-ì-re) V.TR. (*acuìsco, acuìsci*, ecc.) || TR. **1** Rendere più sottile: *le difficoltà acuiscono l'intelligenza* Ⓢ affinare, aguzzare. **2** Rendere più intenso: *la lontananza da casa ha acuito la sua nostalgia* Ⓢ aggravare, intensificare Ⓒ attutire, placare. || **acuirsi** INTR. PRONOM. Diventare più intenso: *il dolore si è acuito.*

aculeo (a-cù-le-o) N.M. (pl. *-lei*) **1** Punta aguzza. **2** Pungiglione proprio di alcuni insetti, come la vespa e l'ape, o di alcuni mammiferi, come l'istrice e il riccio di mare. **3** Nelle piante, spino, spina.

acume (a-cù-me) N.M. · Acutezza della mente: *le sue osservazioni denotano un grande acume* Ⓢ perspicacia, intelligenza, ingegno.

acuminato (a-cu-mi-nà-to) AGG. · Che termina a punta: *una freccia dalla punta acuminata* Ⓢ aguzzo, appuntito.

acustica (a-cù-sti-ca) N.F. (pl. *-che*) **1** Parte della fisica che studia i suoni. **2** L'insieme delle proprietà sonore di un luogo, per cui l'ascolto risulta più o meno soddisfacente: *il teatro ha un'ottima acustica.*

acustico (a-cù-sti-co) AGG. (pl.m. *-ci*, pl.f. *-che*) **1** Che riguarda il suono: *effetto acustico.* **2** Che riguarda l'udito: *nervo acustico* • Che serve a correggere i difetti dell'udito: *apparecchio acustico.*

acutezza (a-cu-téz-za) N.F. · Capacità di essere vivace e penetrante: *acutezza d'ingegno; la sua acutezza è sorprendente* Ⓢ acume, intelligenza.

acutizzare (a-cu-tiz-zà-re) V.TR. || TR. Rendere più grave e intenso: *la guerra acutizzò i problemi del Paese* Ⓢ aggravare, acuire Ⓒ alleviare, attutire. || **acutizzarsi** INTR. PRONOM. Diventare più grave e intenso: *il contrasto tra le forze politiche si è acutizzato.*

acuto (a-cù-to) AGG. e N.M. || AGG. **1** Che termina a punta: *uno spigolo acuto* Ⓢ aguzzo, appuntito Ⓒ arrotondato. **2** Che provoca un forte disagio: *freddo acuto; dolore acuto* Ⓢ penetrante, intenso. **3** Di senso, particolarmente efficiente: *vista acuta; occhio acuto* • Intelligente, sagace: *mente acuta; osservazione acuta.* **4** Di suoni cui corrispondono le frequenze più elevate Ⓢ alto Ⓒ grave, basso. **5** In grammatica: ***accento acuto*** → ***accento***. || N.M. La nota più elevata di un canto: *emettere un acuto.* Ⓔ ***Angolo acuto***, minore dell'angolo retto, cioè minore di 90 gradi.

ad → ***a***.

ad- → ***a-***[2].

adagiare (a-da-già-re) V.TR. (*adàgio*, ecc.) || TR. Posare con cura, con molto riguardo: *adagiare un neonato* ***nella*** *culla* Ⓢ deporre. || **adagiarsi** RIFL. **1** Mettersi comodo: *si adagiò* ***sul*** *divano* Ⓢ sistemarsi. **2** Abbandonarsi pigramente: *adagiarsi* ***nell'****ozio.*

adagio[1] (a-dà-gio) AVV. e N.M. (pl. *-gi*) || AVV. **1** Lentamente, senza fretta: *vai adagio!; potresti dettare un po' più adagio?* Ⓒ velocemente. **2** Con cura: *posare adagio una statuetta* Ⓢ pia-

A

no. || N.M. Movimento o brano musicale piuttosto lento.

adagio[2] (a-dà-gio) N.M. (pl. *-gi*) · Motto che contiene una regola o un insegnamento: *come dice un vecchio adagio: meglio un uovo oggi che una gallina domani* Ⓢ detto, proverbio.

adattamento (a-dat-ta-mén-to) N.M. **1** Trasformazione di qualcosa per renderlo adatto a soddisfare certe esigenze: *adattamento di un ufficio* ***ad*** *abitazione.* **2** Il fatto di adeguarsi a un certo ambiente o a una situazione difficile: *capacità di adattamento.*

adattare (a-dat-tà-re) V.TR. || TR. Trasformare qualcosa in modo che soddisfi certe esigenze: *durante la guerra il convento fu adattato* ***a*** *ospedale.* || **adattarsi** RIFL. Accettare una situazione difficile o sgradevole: *finirai per adattarti* ***all'****idea di non vederlo più* Ⓢ adeguarsi. || **adattarsi** INTR. PRONOM. Essere adeguato: *la cravatta non si adatta* ***alla*** *giacca* Ⓢ intonarsi.

adatto (a-dàt-to) AGG. **1** Che possiede le caratteristiche necessarie per certi usi o scopi: *non ho gli strumenti adatti* ***a*** *questo tipo di riparazione; è adatto* ***a*** *trattare con i bambini* Ⓢ idoneo Ⓒ inadatto, disadatto. **2** Giusto per un certo scopo o per una certa situazione: *ha trovato le parole adatte* ***alla*** *circostanza* Ⓢ conveniente, appropriato.

addebitare (ad-de-bi-tà-re) V.TR. (*addébito*, ecc.) **1** Segnare a debito di qualcuno: *hanno addebitato* ***allo*** *zio tutte le spese.* **2** Attribuire come colpa: ***gli*** *è stata addebitata la responsabilità dell'incidente* Ⓢ addossare, imputare.

addebito (ad-dé-bi-to) N.M. **1** Registrazione a debito di una somma di denaro: *un addebito* ***sul*** *conto corrente.* **2** Attribuzione di una colpa: *il ministro ha respinto ogni addebito* Ⓢ accusa, imputazione.

addendo (ad-dèn-do) N.M. · Ciascuno dei numeri da sommare in un'addizione.

addensamento (ad-den-sa-mén-to) N.M. · Raggiungimento di una certa densità: *sono previsti addensamenti di nuvole; l'addensamento della salsa.*

addensare (ad-den-sà-re) V.TR. (*addènso*, ecc.) || TR. Dare una maggiore consistenza: *addensare un impasto* Ⓒ diluire. || **addensarsi** INTR. PRONOM. Ammassarsi, ammucchiarsi: *la folla si era addensata nelle piazze.*

addentare (ad-den-tà-re) V.TR. (*addènto*, ecc.) · Afferrare coi denti: *il cane* ***gli*** *addentò una gamba* Ⓢ mordere.

addentrarsi (ad-den-tràr-si) V.INTR. PRONOM. (*mi addéntro*, ecc.) · Andare verso la parte più interna di un luogo: *addentrarsi* ***in*** *un bosco* Ⓢ inoltrarsi, penetrare.

addestramento (ad-de-stra-mén-to) N.M. · Preparazione a svolgere un'attività specifica: *addestramento del personale; addestramento di un cavallo* ***alla*** *corsa* Ⓢ formazione, allenamento.

addestrare (ad-de-strà-re) V.TR. (*addèstro*, ecc.) || TR. Rendere adatto a svolgere una certa attività: *addestrare un cane* ***per*** *la caccia; addestrare i piloti* ***a*** *guidare diversi tipi di aereo* Ⓢ allenare, preparare. || **addestrarsi** RIFL. Prendere pratica: *addestrarsi* ***per*** *il volo; mi sto addestrando* ***a*** *cavalcare* Ⓢ esercitarsi.

addetto (ad-dét-to) AGG. e N.M. (f. *-a*) · Che, chi è stato incaricato di un compito preciso: *gli addetti* ***alle*** *pulizie.* Ⓔ ***Addetto stampa***, chi si occupa delle relazioni con i giornalisti.

addio (ad-dì-o) INTER. e N.M. || INTER. Modo di salutarsi tra persone che si separano: *addio, mamma!* || N.M. (pl. *-dii*) Saluto, congedo: *gli addii sono sempre molto tristi.* Ⓔ ***Dare l'addio a qualcosa*** o ***dire addio a qualcosa***, rinunciarvi: *dare l'addio alle scene*, ritirarsi dall'attività teatrale • ***Dire addio a qualcuno***, separarsene per sempre.

addirittura (ad-di-rit-tù-ra) AVV. **1** Perfino, nientemeno: *conosce addirittura il ministro.* **2** Senz'altro, direttamente: *alla mia richiesta disse addirittura di sì.*

addirsi (ad-dìr-si) V.INTR. PRONOM. (irreg.: coniugato come *dire*; usato solo alla 3ª pers. sing. e pl.; non usati il pass. rem., il part. pass. e i tempi composti) · Essere adatto: *quel vestito non* ***ti*** *si addice* Ⓢ convenire, adattarsi.

additare (ad-di-tà-re) V.TR. **1** Mostrare con il dito: ***gli*** *additò la porta ordinandogli di andarsene* Ⓢ indicare. **2** Segnalare, citare: *la madre* ***gli*** *additava a modello il fratello.*

additivo (ad-di-ti-vo) AGG. e N.M. · Di sostanza che si aggiunge ad altre per far acquistare loro certe qualità o per migliorarne le caratteristiche: *una marmellata senza additivi*.

addizionare (ad-di-zio-nà-re) V.TR. (*addizióno*, ecc.) **1** Fare la somma di due o più numeri: *addizionare una cifra* ***a*** *un'altra* Ⓢ sommare Ⓒ sottrarre. **2** Aggiungere una sostanza a un'altra: *addizionare acqua* ***al*** *vino* Ⓢ unire, mescolare.

addizione (ad-di-zió-ne) N.F. · Operazione aritmetica ottenuta aggiungendo uno o più numeri a un altro numero Ⓢ somma Ⓒ sottrazione.

addobbare (ad-dob-bà-re) V.TR. (*addòbbo*, ecc.) · Ornare a festa: *la chiesa è stata addobbata per la cerimonia* Ⓢ decorare.

Il termine deriva da un verbo del francese antico che significa 'armare (il cavaliere)'.

addobbo (ad-dòb-bo) N.M. **1** La decorazione di una scena o di un ambiente: *l'addobbo del teatro*. **2** Ogni oggetto adoperato come decorazione: *gli addobbi natalizi*.

addolcire (ad-dol-cì-re) V.TR. (*addolcìsco*, *addolcìsci*, ecc.) || TR. **1** Rendere dolce: *addolcire il tè* Ⓢ dolcificare. **2** Rendere meno acuto: *addolcire il dolore di qualcuno* Ⓢ mitigare, calmare • Rendere meno severo: *niente è riuscito ad addolcire il suo carattere*. || **addolcirsi** INTR. PRONOM. Diventare più dolce, più mite: *la temperatura si è addolcita*.

addolorare (ad-do-lo-rà-re) V.TR. (*addolóro*, ecc.) || TR. Rendere triste o molto dispiaciuto: *la sua incomprensione mi addolora* Ⓢ affliggere, rattristare Ⓒ allietare, rallegrare. || **addolorarsi** INTR. PRONOM. Provare dolore: *si è molto addolorato* ***per*** *il tuo rifiuto*.

addome (ad-dò-me) N.M. · La parte del corpo umano compresa fra il torace e il bacino, che contiene parte dell'apparato digerente e l'apparato urinario e genitale.

addomesticare (ad-do-me-sti-cà-re) V.TR. (*addomèstico*, *addomèstichi*, ecc.) · Rendere mansueto e domestico un animale selvatico: *addomesticare una tigre* Ⓢ ammansire, domare.

addomesticato (ad-do-me-sti-cà-to) AGG. · Reso inoffensivo e mansueto: *leoni addomesticati* Ⓒ selvaggio.

addominale (ad-do-mi-nà-le) AGG. e N.M. || AGG. Dell'addome: *dolori addominali*; *muscoli addominali*. || N.M. Esercizio ginnico per rinforzare i muscoli addominali: *fate venti addominali*.

addormentare (ad-dor-men-tà-re) V.TR. (*addorménto*, ecc.) || TR. Far dormire: *addormentare il bambino* Ⓒ svegliare. || **addormentarsi** INTR. PRONOM. **1** Cominciare a dormire: *ero così stanco che m'addormentai di colpo*. **2** Di parte del corpo, perdere la sensibilità: ***mi*** *si è addormentato il braccio* Ⓢ intorpidirsi.

addossare (ad-dos-sà-re) V.TR. (*addòsso*, ecc.) || TR. **1** Mettere a ridosso: *addossare il divano* ***alla*** *parete* Ⓢ accostare, appoggiare Ⓒ allontanare. **2** Attribuire una colpa: *addossò* ***alla*** *moglie la responsabilità dell'incidente* Ⓢ addebitare, imputare. || **addossarsi** TR. PRONOM. Prendere su di sé: *addossarsi una colpa* Ⓢ assumersi. || **addossarsi** RIFL. Appoggiarsi con il dorso: *si addossò* ***alla*** *porta*.

addosso (ad-dòs-so) AVV. **1** Sulle spalle, sulla persona: *veniva con un carico di legna addosso*; *teneva sempre addosso gli stessi vestiti*. **2** Sopra, contro: *l'albero stava per cadere addosso* ***alla*** *casa*. **3** Dentro di sé, in corpo: *ogni volta che lo vedo mi mette l'agitazione addosso*. **4** Molto vicino: *le case del paesino sono l'una addosso all'altra*. Ⓔ ***Andare addosso*** o ***venire addosso***, investire: *gli è andato addosso con l'auto*; *le è venuto addosso un motorino* • ***Avere il diavolo addosso*** → *diavolo* • ***Dare addosso a qualcuno***, rivolgergli dure critiche • ***Farsela addosso***, nel linguaggio familiare, fare i propri bisogni nei vestiti: *ieri il mio fratellino se l'è fatta addosso*; spaventarsi moltissimo: *quando vede un cane se la fa addosso* • ***Mettere gli occhi addosso***, desiderare qualcosa o provare attrazione per qualcuno • ***Mettere le mani addosso a qualcuno***, picchiarlo, o, con altro senso, catturarlo.

addurre (ad-dùr-re) V.TR. (irreg.: coniugato come *condurre*) · Portare a sostegno o a giustificazione: *addurre prove*; *addurre una scusa* Ⓢ presentare. ▸▸

A B C D E F G H I J K L M N O P Q R S T U V W X Y Z

A

Il termine deriva dal latino *adducere* 'guidare, spingere', che viene a sua volta da *ducere* 'condurre, portare' con il prefisso **a-²** (→ ***condurre***).

adeguamento (a-de-gua-mén-to) N.M. · Adattamento di qualcosa per renderlo proporzionato o funzionale a qualcos'altro: *l'adeguamento dei macchinari* ***alle*** *nuove esigenze dell'azienda.*

adeguare (a-de-guà-re) V.TR. (*adéguo*, ecc.) || TR. Rendere proporzionato, efficace o conveniente: *adeguare i propri sforzi* ***allo*** *scopo da raggiungere* Ⓢ adattare. || **adeguarsi** RIFL. Adattarsi, conformarsi: *adeguarsi* ***alle*** *mode.*

adeguato (a-de-guà-to) AGG. · Adatto a una certa situazione: *un vestito adeguato* ***alle*** *circostanze* Ⓢ appropriato, proporzionato Ⓒ inadeguato, inadatto.

adempiere (a-dém-pie-re) V.TR. e INTR. (irreg.: ind. pres. *adémpio*, ecc.; ind. imperf. *adempìvo*, ecc.; pass. rem. *adempìi*, *adempìsti*, ecc.; fut. *adempirò*, ecc.; cong. imperf. *adempìssi*, ecc.; condiz. pres. *adempirèi*, ecc.; part. pass. *adempiùto* o *adempìto*; aus. *avere*) || TR. e INTR. Eseguire in maniera compiuta: *adempiere un dovere; adempiere* ***a*** *una promessa* Ⓢ assolvere. || **adempiersi** INTR. PRONOM. Avverarsi, compiersi: *la sua previsione si è adempiuta.*

adempii (a-dem-pì-i) · Pass. rem., 1ª pers. sing. → ***adempiere***.

adempimento (a-dem-pi-mén-to) N.M. · Attuazione di quanto è richiesto o dovuto: *l'adempimento di un obbligo; gli adempimenti di legge* Ⓢ compimento, esecuzione.

adempire (a-dem-pì-re) → ***adempiere***.

adempito (a-dem-pì-to) · Participio pass. → ***adempiere***.

adepto (a-dèp-to) N.M. (f. *-a*) · Seguace di una setta, di una religione, di un'associazione: *gli adepti di una setta segreta* Ⓢ iniziato.

aderente (a-de-rèn-te) AGG. e N.M. e F. || AGG. **1** Che sta a stretto contatto: *la carta è ben aderente* ***alla*** *parete* Ⓢ attaccato • Che aderisce al corpo e mette in evidenza le forme: *una gonna aderente* Ⓢ attillato. **2** Che corrisponde esattamente: *un racconto aderente* ***ai*** *fatti* Ⓢ conforme. || N.M. e F. Chi aderisce a un'iniziativa, un'associazione o un partito: *gli aderenti* ***a*** *un partito* Ⓢ sostenitore.

aderenza (a-de-rèn-za) N.F. **1** Stretto contatto tra due superfici: *l'aderenza di un abito* ***al*** *corpo* Ⓢ adesione. **2** Interpretazione fedele: *tradurre con molta aderenza un testo greco* Ⓢ fedeltà. **3** In medicina, connessione innaturale, spesso causata da un'infiammazione, tra due organi: *aderenza addominale.* **4** In meccanica, l'attrito fra il terreno e lo pneumatico, per cui quest'ultimo tiene la strada senza slittare. **5** Conoscenza o amicizia influente: *ha molte aderenze al ministero* Ⓢ appoggio.

aderire (a-de-rì-re) V.INTR. (*aderìsco*, *aderìsci*, ecc.; aus. *avere*) **1** Essere a stretto contatto: *le due assi aderivano l'una* ***all'****altra* Ⓢ combaciare. **2** Dichiararsi seguace o sostenitore di un partito, di un'iniziativa, ecc.: *aderire* ***a*** *uno sciopero.* **3** Acconsentire: *aderire* ***a*** *una richiesta.*

adescare (a-de-scà-re) V.TR. (*adésco*, *adéschi*, ecc.) · Attirare con promesse o lusinghe: *si è lasciato adescare da una poco di buono* Ⓢ sedurre, circuire, irretire.

adesione (a-de-ṣió-ne) N.F. **1** Unione di due corpi o superfici a contatto: *l'adesione di un cerotto* ***alla*** *pelle* Ⓢ aderenza. **2** Appoggio, sostegno: *dare la propria adesione* ***a*** *un partito.*

adesivo (a-de-ṣì-vo) AGG. e N.M. || AGG. Che permette di incollare: *nastro adesivo.* || N.M. **1** Sostanza che serve a incollare: *la resina è un adesivo naturale.* **2** Etichetta con una superficie adesiva: *ho attaccato un adesivo sulla scrivania.*

adesso (a-dès-so) AVV. **1** In questo momento: *non posso riceverlo adesso, sono occupato* Ⓢ ora. **2** Poco fa: *mi ha telefonato proprio adesso* • Fra poco: *sarà qui adesso.* Ⓔ ***Di adesso***, di oggi, di questi tempi: *è la moda di adesso* • ***Per adesso***, in questo momento: *per adesso non posso darti nessuna risposta.*

adiacente (a-dia-cèn-te) AGG. · Che si trova nelle immediate vicinanze: *le campagne adiacenti* ***alla*** *città* Ⓢ vicino, confinante. Ⓔ ***Angoli adiacenti***, due angoli con il vertice e un lato in comune, la cui somma è di 180 gradi.

adiacenza (a-dia-cèn-za) N.F. **1** Posizione adiacente Ⓢ prossimità. **2** AL PL. Luoghi confinanti: *nelle adiacenze dei giardini pubblici* Ⓢ dintorni.

adibire (a-di-bì-re) V.TR. (*adibìsco, adibìsci*, ecc.) · Destinare a un certo uso: *il locale sarà adibito **a** magazzino.*

adipe (à-di-pe) N.M. · L'insieme dei depositi di sostanze grasse del corpo Ⓢ grasso.

adiposo (a-di-pó-so) AGG. · Ricco di adipe: *fianchi adiposi* Ⓢ grasso • Costituito di adipe: *tessuto adiposo.*

adirarsi (a-di-ràr-si) V.INTR. PRONOM. · Reagire con ira: *è adirato **con** me; si adira **per** questioni di poca importanza* Ⓢ arrabbiarsi.

adito (à-di-to) N.M. · Accesso a un luogo: *la porta che dà adito **al** salone* Ⓢ ingresso. Ⓔ ***Dare adito*** → *dare*.

adocchiare (a-doc-chià-re) V.TR. (*adòcchio*, ecc.) **1** Individuare con un'occhiata: *adocchiare un parcheggio* Ⓢ intravedere, scorgere. **2** Guardare con interesse o desiderio: *ho adocchiato un bell'appartamento; adocchiare una ragazza.*

adolescente (a-do-le-scèn-te) AGG. e N.M. e F. · Che, chi è nell'età dell'adolescenza: *ha una figlia adolescente; le inquietudini degli adolescenti.*

adolescenza (a-do-le-scèn-za) N.F. · L'età compresa fra i 12 e i 18 anni circa, in cui continuano e si completano lo sviluppo e la crescita.

adombrarsi (a-dom-bràr-si) V.INTR. PRONOM. (*mi adómbro*, ecc.) **1** Dei cavalli, spaventarsi per aver visto un'ombra Ⓢ imbizzarrirsi. **2** Offendersi, indispettirsi, risentirsi: *si adombra **per** un nonnulla.*

adoperare (a-do-pe-rà-re) o **adoprare** (a-do-prà-re) V.TR. (*adòpero*, ecc.; o *adòpro*, ecc.) || TR. Impiegare per uno scopo ben preciso: *adoperare il martello; adoperare l'astuzia* Ⓢ usare, utilizzare. || **adoperarsi** RIFL. Impegnarsi per raggiungere un fine: *adoperarsi **per** la vittoria della propria squadra.*

adorabile (a-do-rà-bi-le) AGG. · Molto grazioso, incantevole, delizioso: *un sorriso adorabile; un bambino adorabile.*

adorare (a-do-rà-re) V.TR. (*adóro*, ecc.) **1** Onorare la divinità: *adorare un solo dio* Ⓢ venerare. **2** Amare con grande intensità: *adorare la propria madre* • Provare entusiasmo o passione per qualcosa: *adora la musica classica.*

adoratore (a-do-ra-tó-re) N.M. (f. *-trice*) **1** Devoto di una divinità o di un culto religioso: *alcuni popoli antichi erano adoratori del Sole.* **2** Corteggiatore, ammiratore: *da ragazza aveva molti adoratori.*

adorazione (a-do-ra-zió-ne) N.F. **1** L'atteggiamento e il sentimento di chi adora una divinità: *i fedeli stavano in adorazione davanti all'altare* Ⓢ culto, venerazione • Ammirazione, contemplazione: *stava in adorazione davanti al quadro.* **2** Profondo affetto: *ha un'adorazione per la nonna* Ⓢ amore, trasporto Ⓒ odio, disprezzo.

adornare (a-dor-nà-re) V.TR. (*adórno*, ecc.) · Abbellire con ornamenti: *adornare le pareti **di** vecchie stampe* Ⓢ ornare, decorare.

adorno (a-dór-no) AGG. · Abbellito con decorazioni: *una tovaglia adorna **di** ricami* Ⓢ ornato, decorato.

adottare (a-dot-tà-re) V.TR. (*adòtto*, ecc.) **1** Prendere come proprio il figlio di altri tramite adozione: *hanno adottato un bambino straniero.* **2** Far proprio: *adottare uno stile di vita più regolato* Ⓢ assumere. **3** Mettere in atto: *adottare un provvedimento* Ⓢ attuare. Ⓔ ***Adottare un libro***, sceglierlo come testo di studio per i propri studenti.

adottivo (a-dot-ti-vo) AGG. **1** Che adotta o è adottato: *genitori adottivi; figlio adottivo.* **2** Che è stato scelto volontariamente: *patria adottiva.*

adozione (a-do-zió-ne) N.F. **1** Atto legale che permette di prendere come proprio il figlio di altri: *non potendo avere figli, hanno deciso di ricorrere all'adozione.* **2** Attuazione: *l'adozione di misure di sicurezza* • Scelta: *l'adozione di un libro di testo.*

adrenalina (a-dre-na-lì-na) N.F. · Ormone prodotto dall'organismo che provoca aumento della pressione, della capacità di lavoro dei muscoli, del metabolismo generale.

A

Ⓔ ***Avere una scarica di adrenalina***, subire un'emozione improvvisa.

adriatico (a-dri-à-ti-co) AGG. (pl.m. -*ci*, pl.f. -*che*) · Del Mare Adriatico: *la riviera adriatica.*

adulare (a-du-là-re) V.TR. (*adùlo*, ecc.; meno correttamente *àdulo*, ecc.) · Lodare qualcuno oltre il merito per conquistarsi favori, simpatia, protezione: *adulare i potenti* Ⓢ lusingare Ⓒ denigrare.

adulatore (a-du-la-tó-re) N.M. (f. -*trìce*) · Chi loda eccessivamente per fini personali: *gli piace circondarsi di adulatori.*

adulazione (a-du-la-zió-ne) N.F. **1** Atteggiamento di chi adula: *non lo sopporto quando mi parla con quel tono di adulazione.* **2** Lode eccessiva: *è un tipo sensibile alle adulazioni* Ⓢ lusinga.

adulterare (a-dul-te-rà-re) V.TR. (*adùltero*, ecc.) · Modificare le caratteristiche di un alimento aggiungendo sostanze non naturali: *adulterare il vino* Ⓢ contraffare.

> Il termine deriva da un verbo latino che significa 'rendere diverso', perché connesso ad *alter* 'altro'.

adulterio (a-dul-tè-rio) N.M. (pl. -*ri*) · Relazione amorosa con una persona diversa dal marito o dalla moglie: *commettere adulterio* Ⓢ infedeltà, tradimento.

adultero (a-dùl-te-ro) AGG. e N.M. (f. -*a*) · Colpevole di adulterio: *una moglie adultera; l'adultero è stato sorpreso in flagrante* Ⓢ infedele, traditore.

adulto (a-dùl-to) AGG. e N.M. (f. -*a*) || AGG. e N.M. (f. -*a*) Di persona che ha raggiunto il pieno sviluppo fisico e psichico: *è ormai una donna adulta; l'accesso è consentito solo agli adulti* Ⓢ grande, maturo. || AGG. Di piante o animali giunti allo stadio definitivo dello sviluppo.

adunanza (a-du-nàn-za) N.F. · Riunione di più persone per trattare questioni di comune interesse: *l'adunanza dei soci* Ⓢ assemblea.

adunare (a-du-nà-re) V.TR. || TR. Riunire in un luogo più persone o cose: *adunare i soldati nel cortile della caserma* Ⓢ raccogliere, radunare Ⓒ disperdere. || **adunarsi** INTR. PRONOM. Riunirsi: *i manifestanti si adunarono nella piazza.*

adunata (a-du-nà-ta) N.F. **1** Riunione obbligatoria dei militari: *sciogliere l'adunata.* **2** Riunione organizzata di più persone: *un'adunata di studenti.*

adunco (a-dùn-co) AGG. (pl.m. -*chi*, pl.f. -*che*) · Piegato ad uncino: *becco adunco; unghie adunche* Ⓢ ricurvo.

aedo (a-è-do) N.M. · Il cantore dell'antica tradizione epica greca.

aerare (a-e-rà-re) V.TR. (*àero*, ecc.) · Far circolare l'aria in un luogo: *aerare una stanza* Ⓢ arieggiare, ventilare.

aerazione (a-e-ra-zió-ne) N.F. · Ricambio di aria in un luogo Ⓢ ventilazione.

aereo[1] (a-è-re-o) AGG. (pl.m. -*rei*, pl.f. -*ree*) **1** Che è sospeso o si muove nell'aria: *cavi aerei; linea aerea di alimentazione elettrica.* **2** Che riguarda la navigazione dell'aria: *posta aerea; bombardamenti aerei.* **3** Di organo vegetale che si sviluppa al di sopra del terreno: *fusti aerei; radici aeree.*

aereo[2] (a-è-re-o) N.M. (pl. -*rei*) · Aeroplano: *prendere, perdere l'aereo.*

aeriforme (a-e-ri-fór-me) AGG. e N.M. || AGG. Che ha la consistenza dell'aria: *sostanza aeriforme* Ⓢ gassoso. || N.M. Sostanza allo stato gassoso.

aero- · Primo elemento di parole composte che significa 'aria': *aerobio*, organismo che vive di aria; *aeroplano*, veicolo che si muove nell'aria.

aerobica (a-e-rò-bi-ca) N.F. (pl. -*che*) · Tipo di ginnastica basata su movimenti eseguiti a tempo di musica e coordinati al ritmo del respiro.

aerobio (a-e-rò-bio) AGG. e N.M. (pl.m. -*bi*, pl.f. -*bie*) · Di microrganismo, che ha bisogno dell'aria per vivere: *batteri aerobi.*

aerodinamico (a-e-ro-di-nà-mi-co) AGG. (pl.m. -*ci*, pl.f. -*che*) · Della forma data a certi veicoli per favorirne la velocità, riducendo la resistenza dell'aria: *una vettura dalla linea aerodinamica.*

aerografo (a-e-rò-gra-fo) N.M. · Apparecchio ad aria compressa per spruzzare vernici o inchiostri.

aeronautica (a-e-ro-nàu-ti-ca) N.F. (pl. *-che*) **1** La scienza e la tecnica della navigazione aerea. **2** L'insieme di persone e mezzi che si occupano della navigazione aerea: *aeronautica civile, militare* Ⓢ aviazione.

aeronautico (a-e-ro-nàu-ti-co) AGG. (pl.m. *-ci*, pl.f. *-che*) · Che riguarda la navigazione aerea: *accademia aeronautica.*

aeroplano (a-e-ro-plà-no) N.M. · Veicolo a motore capace di muoversi nell'aria; è impiegato per trasportare passeggeri o merci e per scopi militari: *aeroplano di linea, da combattimento* Ⓢ aereo.

aeroporto (a-e-ro-pòr-to) N.M. · Terreno dove sono installati tutti gli impianti necessari al decollo, all'atterraggio e alla sosta degli aerei: *la guida aspetterà i turisti all'aeroporto.*

aerostato (a-e-rò-sta-to) N.M. · Mezzo di trasporto aereo formato da un involucro pieno di gas più leggero dell'aria, a cui è appesa la navicella per l'equipaggio.

aerostazione (a-e-ro-sta-zió-ne) N.F. · In un aeroporto civile, l'insieme degli edifici che ospitano i servizi necessari ai viaggiatori Ⓢ terminal.

afa (à-fa) N.F. · Aria calda e pesante, che rende difficoltoso il respiro: *la città era oppressa da un'afa terribile* Ⓢ calura.

afelio (a-fè-lio) N.M. (pl. *-li*) · Il punto dell'orbita di un pianeta più distante dal Sole.

> Il termine deriva dal greco *hélios* 'sole', con il prefisso *apó* 'via da'.

affabile (af-fà-bi-le) AGG. · Che dimostra cordialità e gentilezza: *una persona affabile; modi affabili; un carattere affabile* Ⓢ gentile, cordiale Ⓒ scontroso.

affabilità (af-fa-bi-li-tà) N.F. INVAR. · Comportamento cordiale e gentile Ⓢ gentilezza, cordialità.

affaccendarsi (af-fac-cen-dàr-si) V.RIFL. (*mi affaccèndo*, ecc.) · Darsi molto da fare: *affaccendarsi* ***per*** *la buona riuscita della serata* Ⓢ impegnarsi.

affaccendato (af-fac-cen-dà-to) AGG. · Molto occupato in un'attività: *è affaccendato* ***nella*** *pulizia del bagno* Ⓢ indaffarato.

affacciare (af-fac-cià-re) V.INTR. (*affàccio*, ecc.; aus. *essere*) || INTR. Essere orientato verso un certo luogo: *la terrazza affaccia* ***sul*** *parco* Ⓢ dare, guardare. || **affacciarsi** RIFL. Mostrarsi dalla finestra, dalla porta, ecc.: *affacciarsi* ***al*** *balcone* Ⓢ sporgersi. || **affacciarsi** INTR. PRONOM. **1** Venire in mente: *mi si affaccia un dubbio* Ⓢ presentarsi. **2** Essere rivolto verso: *l'Iran si affaccia* ***sul*** *Golfo Persico.*

affamare (af-fa-mà-re) V.TR. · Ridurre alla fame o in miseria: *la carestia affamò la popolazione.*

affamato (af-fa-mà-to) AGG. e N.M. (f. *-a*) || AGG. e N.M. (f. *-a*) Che, chi ha fame o è ridotto alla fame: *sono veramente affamata stasera; dar da mangiare agli affamati* Ⓒ sazio. || AGG. Avido, desideroso: *essere affamato* ***di*** *onori.*

affannarsi (af-fan-nàr-si) V.INTR. PRONOM. **1** Provare difficoltà nella respirazione: *affannarsi correndo* Ⓢ ansimare. **2** Darsi da fare con sforzo: *è inutile che ti affanni* ***a*** *cercare di convincerlo* Ⓢ sforzarsi, dannarsi.

affannato (af-fan-nà-to) AGG. **1** Oppresso da affanno: *si fermò a metà della salita tutto affannato* Ⓢ trafelato. **2** Dominato dall'ansia: *era affannato* ***da*** *tante preoccupazioni* Ⓢ tormentato, angosciato.

affanno (af-fàn-no) N.M. **1** Difficoltà di respiro dovuto a sforzo o a malattia: *se corro a lungo mi viene l'affanno* Ⓢ fiatone. **2** Stato di forte ansia: *ha avuto una vecchiaia piena di affanni* Ⓢ pena, angoscia, preoccupazione. Ⓔ ***In affanno***, in difficoltà.

affare (af-fà-re) N.M. **1** Cosa che si deve fare o che si è fatta: *un affare urgente* Ⓢ faccenda, impegno. **2** Operazione economica: *un negozio che fa pochi affari* • Operazione vantaggiosa: *hai fatto un affare quando hai venduto la tua macchina* Ⓢ occasione • AL PL. Gli interessi e le attività commerciali: *dedicarsi agli affari.* **3** Circostanza complicata: *è un affare serio* Ⓢ questione, operazione, problema. **4** Nel linguaggio familiare, oggetto di cui non venga in mente o non si voglia dire il nome:

A

dammi quell'affare Ⓢ cosa, aggeggio. Ⓔ ***Uomo d'affari*** → **uomo**.

affarista (af-fa-rì-sta) N.M. e F. (pl.m. *-i*, pl.f. *-e*) · Chi pensa solo a guadagnare soldi a ogni costo: *un affarista senza scrupoli.*

affascinante (af-fa-sci-nàn-te) AGG. · Che attrae in modo irresistibile: *una donna affascinante; un progetto affascinante* Ⓢ seducente, incantevole Ⓒ insignificante.

affascinare (af-fa-sci-nà-re) V.TR. (*affàscino*, ecc.) · Attrarre in modo irresistibile: *mi affascina il suo sorriso; è una lettura che affascina* Ⓢ sedurre, incantare.

affaticamento (af-fa-ti-ca-mén-to) N.M. · Indebolimento dovuto a fatica fisica o mentale: *affaticamento dei muscoli; la sua febbre è solo un segno di affaticamento* Ⓢ stanchezza, spossatezza.

affaticare (af-fa-ti-cà-re) V.TR. (*affatìco, affatìchi*, ecc.) || TR. Sottoporre a fatica: *il viaggio ci ha affaticati molto* Ⓢ stancare, fiaccare Ⓒ riposare. || **affaticarsi** INTR. PRONOM. **1** Sottoporsi a fatica: *non dovevi affaticarti **a** spostare quel mobile da solo.* **2** Darsi molto da fare: *affaticarsi **per** mandare avanti la famiglia* Ⓢ affannarsi.

affaticato (af-fa-ti-cà-to) AGG. · Che sente la fatica: *gli atleti sembravano molto affaticati; hai un aspetto affaticato* Ⓢ stanco, spossato Ⓒ riposato.

affatto (af-fàt-to) AVV. **1** In tutto e per tutto: *è un punto di vista affatto diverso dal mio* Ⓢ completamente. **2** Come rafforzativo di *non*, assolutamente: *non l'ho visto affatto.* Ⓔ ***Niente affatto***, per nulla, minimamente: *"Ti sei meravigliato di vedermi?" "Nient'affatto!".*

afferente (af-fe-rèn-te) AGG. **1** Che porta in una certa direzione. **2** Attinente, pertinente: *una questione afferente alla vita morale.*

afferire (af-fe-rì-re) V.INTR. (*afferìsco, afferìsci*, ecc.; aus. *avere*) · Avere attinenza: *una materia che afferisce **al** dipartimento di storia* Ⓢ attenere.

affermare (af-fer-mà-re) V.TR. (*affèrmo*, ecc.) || TR. **1** Dichiarare qualcosa come certo: *il testimone afferma **di** non conoscere l'imputato* Ⓢ asserire, sostenere Ⓒ smentire, negare. **2** Sostenere con forza: *affermare i propri diritti* Ⓢ rivendicare. || **affermarsi** RIFL. **1** Avere successo: *affermarsi **nella** professione* Ⓢ emergere, eccellere. **2** Di cose, diffondersi: *è un prodotto che si va affermando.*

affermativo (af-fer-ma-tì-vo) AGG. · Che serve ad affermare: *risposta affermativa* Ⓢ positivo Ⓒ negativo.

affermato (af-fer-mà-to) AGG. · Che ha avuto molto successo: *uno scrittore affermato* Ⓢ celebre, famoso.

affermazione (af-fer-ma-zió-ne) N.F. **1** Discorso in cui si dichiara o si sostiene qualcosa: *non sono d'accordo con le sue affermazioni.* **2** Acquisto di notorietà: *la sua affermazione **nel** lavoro è arrivata con il tempo* Ⓢ successo.

afferrare (af-fer-rà-re) V.TR. (*affèrro*, ecc.) || TR. **1** Prendere e tenere con forza: *afferrare un coltello; lo afferrò per la giacca* Ⓒ lasciare. **2** Non lasciarsi sfuggire: *afferrare un'occasione* Ⓢ cogliere Ⓒ perdere. **3** Riuscire a capire: *afferrare il senso di un discorso* Ⓢ comprendere, capire. || **afferrarsi** RIFL. Attaccarsi, aggrapparsi: *afferrarsi **alla** maniglia.*

> Il termine deriva da un verbo del latino tardo che significa 'impugnare il ferro', cioè l'arma.

affettare (af-fet-tà-re) V.TR. (*affétto*, ecc.) · Tagliare a fette: *affettare il pane.*

affettato[1] (af-fet-tà-to) AGG. · Privo di spontaneità: *modi affettati; stile affettato* Ⓢ artificioso, innaturale Ⓒ naturale, semplice.

affettato[2] (af-fet-tà-to) N.M. · Salume tagliato a fette: *un vassoio di affettato.*

affettivo (af-fet-tì-vo) AGG. · Che riguarda gli affetti, i sentimenti e le emozioni: *rapporto affettivo; vita affettiva.*

affetto[1] (af-fèt-to) AGG. · Colpito da malattia: *affetto **da** bronchite* Ⓢ ammalato.

affetto[2] (af-fèt-to) N.M. **1** Sentimento di benevolenza meno intenso dell'amore: *per lui provo solo affetto; ha perso l'affetto dei suoi amici.* **2** La persona o la cosa per cui si prova affetto: *la madre è il suo unico affetto.*

affettuoso (af-fet-tu-ó-so) AGG. · Che dimostra affetto: *un cucciolo affettuoso; un saluto affettuoso.*

affezionarsi (af-fe-zio-nàr-si) V.INTR. PRONOM. (*mi affezióno*, ecc.) · Legarsi con un sentimento d'affetto: *affezionarsi **a** un compagno di classe* Ⓢ attaccarsi.

affezionato (af-fe-zio-nà-to) AGG. **1** Che prova affetto verso qualcuno o qualcosa: *è molto affezionato **allo** zio* Ⓢ legato. **2** Che frequenta abitualmente un luogo: *è un cliente affezionato del bar* Ⓢ assiduo, abituale.

affezione (af-fe-zió-ne) N.F. **1** Affetto, benevolenza: *nutrire una grande affezione per la famiglia* Ⓒ disaffezione. **2** Malattia: *affezione polmonare.*

affiancare (af-fian-cà-re) V.TR. (*affiànco, affiànchi*, ecc.) || TR. **1** Disporre a fianco a fianco, mettere a fianco: *affiancare un letto **all'**altro* Ⓢ accostare, avvicinare. **2** Accompagnare stando a lato: *l'ha affiancato per un tratto di strada.* **3** Dare aiuto: *mi affiancano due validi collaboratori* Ⓢ sostenere, aiutare. || **affiancarsi** RIFL. Mettersi di fianco: *mentre camminava gli si affiancò uno sconosciuto.*

affiatamento (af-fia-ta-mén-to) N.M. · Intesa tra persone che svolgono un'attività insieme: *la squadra ha vinto grazie al grande affiatamento tra i compagni* Ⓢ accordo, sintonia Ⓒ disaccordo.

affiatare (af-fia-tà-re) V.TR. || TR. Fare andare d'accordo persone che devono fare qualcosa insieme: *affiatare i giocatori.* || **affiatarsi** RIFL. Acquisire la capacità di operare in accordo con gli altri: *affiatarsi **con** i colleghi di lavoro.*

affiatato (af-fia-tà-to) AGG. · Che va d'accordo: *un gruppo affiatato* Ⓢ unito Ⓒ diviso.

affibbiare (af-fib-bià-re) V.TR. (*affibbio*, ecc.) **1** Fermare con una o più fibbie: *affibbiare la cintura* Ⓢ allacciare. **2** Dare con forza: *affibbiare uno schiaffo **a** qualcuno* Ⓢ assestare. **3** Dare con l'inganno: *mi hanno affibbiato una banconota falsa.* **4** Dare qualcosa di sgradito: *il vigile **mi** ha affibbiato una multa.*

affidabile (af-fi-dà-bi-le) AGG. **1** Che è degno di fiducia: *un socio affidabile* Ⓢ fidato Ⓒ inaffidabile. **2** Che garantisce un corretto funzionamento: *un motore affidabile.*

affidabilità (af-fi-da-bi-li-tà) N.F. INVAR. **1** Grado di sicurezza o di fiducia: *l'affidabilità di una baby sitter.* **2** Di apparecchio o impianto, la certezza di corretto funzionamento: *l'affidabilità di un elettrodomestico.*

affidamento (af-fi-da-mén-to) N.M. **1** Fiducia, garanzia: *quell'uomo non mi dà nessun affidamento.* **2** Assegnazione di un minorenne a una famiglia o a un istituto per un periodo in cui la famiglia d'origine non può occuparsene. Ⓔ ***Fare affidamento su qualcuno*** o ***su qualcosa***, contarci, crederci: *hai fatto troppo affidamento sulle sue promesse.*

affidare (af-fi-dà-re) V.TR. || TR. Dare in custodia a qualcuno di cui ci si fida: *ha affidato i figli **a** un buon maestro.* || **affidarsi** RIFL. Mettersi nelle mani di qualcuno di cui si ha completa fiducia: *mi affido **a** te.*

affido (af-fi-do) N.M. · In diritto, affidamento di un minore: *prendere un bimbo in affido.*

affievolirsi (af-fie-vo-lìr-si) V.INTR. PRONOM. (*mi affievolìsco, ti affievolìsci*, ecc.) · Diventare debole: *con l'età le forze gli si sono affievolite* Ⓢ attenuarsi, indebolirsi.

affiggere (af-fìg-ge-re) V.TR. (irreg.: ind. pres. *affiggo, affiggi*, ecc.; pass. rem. *affissi, affiggésti, affisse, affiggémmo, affiggéste, affissero*; part. pass. *affisso*) · Fissare per esporre al pubblico: *affiggere un manifesto **al** muro; affiggere un avviso **in** bacheca* Ⓢ attaccare.

> Il termine deriva dal latino *affigere* 'attaccare, inchiodare', che viene a sua volta da *figere* 'conficcare' con il prefisso a-[2]; dal verbo latino *figere* derivano anche i verbi, coniugati allo stesso modo, configgere, crocifiggere, infiggere, prefiggere, trafiggere e i termini fisso, fitto[1], palafitta, soffitto e suffisso.

affilare (af-fi-là-re) V.TR. · Rendere tagliente una lama: *affilare un coltello* Ⓢ arrotare Ⓒ smussare. Ⓔ ***Affilare le armi***, prepararsi a uno scontro fisico o verbale.

affilato (af-fi-là-to) AGG. **1** Reso più sottile e tagliente: *rasoio affilato* Ⓢ tagliente Ⓒ smussato. **2** Di forma appuntita: *viso affilato; naso affilato.*

affiliato (af-fi-lià-to) AGG. e N.M. (f. *-a*) · Che, chi è iscritto a una setta, a una società o a un'associazione: *una squadra affiliata **alla** federazione; gli affiliati **alla** Giovine Italia.*

affinare (af-fi-nà-re) V.TR. || TR. **1** Rendere fine o sottile: *affinare una lastra di metallo*

A B C D E F G H I J K L M N O P Q R S T U V W X Y Z

A

Ⓢ assottigliare. **2** Rendere più raffinato: *affinare lo stile* Ⓢ raffinare, perfezionare, migliorare. || **affinarsi** INTR. PRONOM. **1** Diventare più fine o più sottile: ***gli** si è affinato il viso.* **2** Diventare migliore: *i suoi gusti si sono affinati* Ⓢ perfezionarsi, migliorare.

affinché (af-fin-ché) CONGIUNZ. · Allo scopo di, al fine di; introduce una proposizione finale: *ti dico questo, affinché tu possa capire bene la situazione.*

L'accento sulla e di *affinché* è acuto; scrivere *affinchè* con l'accento grave è un errore!

affine (af-fi-ne) AGG. e N.M. e F. || AGG. Simile, analogo, somigliante: *gusti affini; lingue affini.* || N.M. e F. Parente acquistato dopo il matrimonio.

affinità (af-fi-ni-tà) N.F. INVAR. **1** Rapporto di parentela che si stabilisce con i parenti del marito o della moglie dopo il matrimonio. **2** Vicinanza di idee che porta a simpatia reciproca: *tra me e te c'è molta affinità di opinioni* Ⓢ sintonia, vicinanza. Ⓔ ***Affinità elettiva***, attrazione reciproca tra persone di idee e sentimenti simili.

affiorare (af-fio-rà-re) V.INTR. (*affióro*, ecc.; aus. *essere*) **1** Apparire alla superficie: *affiorò **dall'**acqua la pinna di uno squalo* Ⓢ emergere, spuntare. **2** Venire alla luce: *la verità comincia ad affiorare* Ⓢ trapelare.

affissi (af-fìs-si) · Pass. rem., 1ª pers. sing. → ***affiggere***.

affissione (af-fis-sió-ne) N.F. · Collocazione in luogo pubblico di manifesti, cartelli, avvisi: *l'affissione delle liste elettorali.*

affisso (af-fìs-so) · Participio pass. → ***affiggere***.

affittare (af-fit-tà-re) V.TR. **1** Dare in affitto: *ha affittato una camera **a** un amico.* **2** Prendere in affitto o a nolo: *affittare un appartamento; affittare un'auto.*

affitto (af-fìt-to) N.M. **1** Contratto che permette di usare un bene immobile o un oggetto per un certo tempo dietro pagamento: *prendere, dare una stanza in affitto* Ⓢ locazione. **2** La somma che si concorda per il godimento del bene: *pagare, riscuotere l'affitto.*

affittuario (af-fit-tu-à-rio) N.M. (f. *-a*; pl.m. *-ri*, pl.f. *-rie*) · Chi ha preso in un immobile in affitto Ⓢ inquilino.

affliggere (af-flìg-ge-re) V.TR. (irreg.: ind. pres. *affliggo, affliggi*, ecc.; pass. rem. *afflissi, affliggésti, afflisse, affliggémmo, affliggéste, afflissero*; part. pass. *afflitto*) || TR. Procurare pena, dolore o fastidio: *lo affliggeva l'insensibilità dei colleghi* Ⓢ tormentare, addolorare Ⓒ confortare, allietare. || **affliggersi** INTR. PRONOM. Darsi pena: *vi affliggete **per** gente che non lo merita.*

afflissi (af-flìs-si) · Pass. rem., 1ª pers. sing. → ***affliggere***.

afflitto (af-flìt-to) AGG. || Participio pass. → ***affliggere***. || AGG. Molto dispiaciuto: *era afflitto per la morte del padre* Ⓢ addolorato, abbattuto, affranto Ⓒ contento.

afflizione (af-fli-zió-ne) N.F. · Condizione di profonda tristezza e tormento Ⓢ sconforto, tristezza Ⓒ contentezza, allegria.

afflosciarsi (af-flo-sciàr-si) V.INTR. PRONOM. (*mi afflòscio*, ecc.) · Diventare floscio: *il pallone s'è afflosciato* Ⓢ sgonfiarsi.

affluente (af-flu-èn-te) N.M. · Fiume secondario che sfocia in uno maggiore: *gli affluenti del Po* Ⓢ immissario.

affluenza (af-flu-èn-za) N.F. **1** Flusso di un liquido in arrivo: *l'affluenza del sangue **nelle** vene* Ⓢ afflusso. **2** Arrivo di persone in un dato luogo, per un certo scopo: *l'affluenza **alle** urne è stata alta.*

affluire (af-flu-i-re) V.INTR. (*affluìsco, affluìsci*, ecc.; aus. *essere*) **1** Di liquidi, scorrere verso un luogo: *i fiumi affluiscono **al** mare.* **2** Di cose o persone, giungere in un certo luogo in gran quantità: *gli aiuti ai terremotati affluiscono **ai** centri di raccolta; i turisti affluiscono **nelle** città d'arte.*

afflusso (af-flùs-so) N.M. **1** Arrivo di un liquido in una certa zona: *l'afflusso del sangue **al** cervello* Ⓢ affluenza. **2** Affluenza abbondante e continua di persone o cose in un luogo: *l'afflusso dei lavoratori pendolari **nelle** città.*

affogare (af-fo-gà-re) V.TR. e INTR. (*affógo, affóghi*, ecc.) || TR. Privare della vita impedendo la respirazione con l'immersione in un liquido: *lo affogarono nel lago* Ⓢ annegare. || INTR. (aus.

essere) Morire annegato: *è affogato nel fiume.* **E** ***Affogare i dispiaceri nell'alcol → dispiacere*[1]** • ***Affogare in un bicchier d'acqua → bicchiere.***

affollamento (af-fol-la-mén-to) N.M. · Afflusso eccessivo di persone in un luogo **S** folla, ressa.

affollare (af-fol-là-re) V.TR. (*affòllo*, ecc.) || TR. Riempire di folla: *i tifosi affollano lo stadio* **S** gremire. || **affollarsi** INTR.PRONOM. Ammassarsi, accalcarsi: *il pubblico si affollava all'entrata del teatro.*

affollato (af-fol-là-to) AGG. · Pieno di folla: *una spiaggia affollata* ***di*** *bagnanti* **S** gremito **C** vuoto, solitario.

affondamento (af-fon-da-mén-to) N.M. · Il mandare o l'andare a fondo: *l'affondamento di una nave; l'affondamento di un impero commerciale.*

affondare (af-fon-dà-re) V.TR. e INTR. (*affóndo*, ecc.) || TR. **1** Mandare a fondo: *la nave è stata affondata da un siluro* **S** inabissare. **2** Spingere dentro: *gli alberi affondano le radici nel terreno* **S** immergere. || INTR. (aus. *essere*) **1** Andare a fondo: *il battello affondò in pochi minuti* **S** sprofondare. **2** Penetrare in qualcosa: *i piedi affondavano nella neve.* **3** Essere sommerso: *sta affondando nei debiti.*

affondo (af-fón-do) N.M. **1** Colpo di attacco nella scherma. **2** Nel calcio e in altri sport a squadre, azione d'attacco condotta rapidamente e in profondità.

affossare (af-fos-sà-re) V.TR. (*affòsso*, ecc.) || TR. Accantonare in modo definitivo: *affossare un progetto* **S** abbandonare. || **affossarsi** INTR. PRONOM. **1** Formare un avvallamento: *il terreno s'è affossato.* **2** Diventare cavo: ***gli*** *si sono affossate le guance* **S** incavarsi.

affrancamento (af-fran-ca-mén-to) N.M. · Liberazione da uno stato di dipendenza: *affrancamento degli schiavi* **S** riscatto.

affrancare (af-fran-cà-re) V.TR. (*affrànco, affrànchi*, ecc.) || TR. **1** Rendere libero: *affrancare un popolo* ***dall'****oppressore* **S** liberare, emancipare **C** sottomettere, assoggettare. **2** Applicare alla corrispondenza il francobollo o il timbro per la spedizione: *affrancare una lettera.* || **affrancarsi** RIFL. Liberarsi, emanciparsi, riscattarsi: *affrancarsi* ***dai*** *debiti.*

affrancatura (af-fran-ca-tù-ra) N.F. · L'applicazione sulla corrispondenza del francobollo o del timbro per la tassa di spedizione: *lettera con affrancatura insufficiente* • Il francobollo o il timbro stesso.

affranto (af-fràn-to) AGG. · Profondamente addolorato: *era affranto per la morte del padre* **S** afflitto.

affrescare (af-fre-scà-re) V.TR. (*affrésco, affréschi*, ecc.) · Decorare con affreschi: *affrescare una cappella.*

affresco (af-fré-sco) N.M. (pl. *-schi*) **1** Pittura eseguita sull'intonaco ancora fresco del muro: *gli affreschi della Cappella Sistina.* **2** Opera ampia e complessa che rappresenta un'epoca: *i romanzi di Zola sono un affresco della Francia dell'Ottocento.*

affrettare (af-fret-tà-re) V.TR. (*affrétto*, ecc.) || TR. Rendere più veloce: *affrettare il passo* **S** accelerare **C** rallentare • Compiere un'azione in un tempo più breve del previsto: *affrettare un lavoro.* || **affrettarsi** INTR.PRONOM. Fare in fretta: *affrettatevi* ***a*** *scaricare la merce* **S** sbrigarsi **C** attardarsi • Aumentare l'andatura: *affrettiamoci, se no perdiamo il treno.*

affrettato (af-fret-tà-to) AGG. **1** Che dimostra fretta: *procedere a passo affrettato* **S** svelto, rapido **C** rallentato. **2** Fatto in fretta e senza la dovuta cura: *un lavoro affrettato* **S** sbrigativo **C** accurato.

affrontare (af-fron-tà-re) V.TR. (*affrónto*, ecc.) || TR. **1** Farsi incontro a qualcuno con intenzioni ostili o senza timori: *affrontare il nemico; affronterò il direttore per chiedergli spiegazioni* **S** fronteggiare. **2** Esporsi di proposito a qualcosa di difficile o doloroso: *affrontare un rischio; affrontare la realtà; affrontare una spesa*, sostenerla. **3** Cominciare a occuparsi di qualcosa con l'impegno necessario: *affrontare un problema.* || **affrontarsi** RIFL. RECIPROCO Scontrarsi in battaglia o in una gara: *i nemici si affrontarono in campo aperto.*

affronto (af-frón-to) N.M. · Atto o parola offensiva: *fare, subire un affronto* **S** offesa, ingiuria.

A

affumicamento (af-fu-mi-ca-mén-to) N.M. · Esposizione di alimenti al fumo per conservarli o per dare loro un particolare gusto: *affumicamento della carne.* ▸ Ⓕ **fumo**

affumicare (af-fu-mi-cà-re) V.TR. (*affùmico, affùmichi*, ecc.) **1** Riempire o annerire di fumo: *stai più attento, hai affumicato tutta la cucina!* **2** Esporre all'azione del fumo carne, pesce, formaggio per favorirne la conservazione e per dare loro un particolare sapore. ▸ Ⓕ **fumo**

affumicato (af-fu-mi-cà-to) AGG. **1** Di alimento, esposto al fumo per favorirne la conservazione o per dare loro un particolare sapore: *salmone affumicato.* **2** Di oggetto di vetro, o materiale simile, colorato di bruno per attenuare luci molto intense: *occhiali con lenti affumicate.* ▸ Ⓕ **fumo**

affumicatura (af-fu-mi-ca-tù-ra) N.F. · Trattamento di carni, pesce, formaggi, mediante prolungata esposizione al fumo: *affumicatura delle aringhe.* ▸ Ⓕ **fumo**

affusolare (af-fu-ṣo-là-re) V.TR. (*affùṣolo*, ecc.) · Ridurre a forma di fuso, rendere sottile Ⓢ assottigliare.

affusolato (af-fu-ṣo-là-to) AGG. · Lungo e sottile: *dita affusolate.*

afgano (af-gà-no) o **afghano** (af-gha-no; pronuncia *afgàno*) AGG. e N.M. (f. *-a*) || AGG. Dell'Afghanistan, Stato dell'Asia meridionale. || N.M. (f. -*a*) Abitante, nativo dell'Afghanistan. Ⓔ ***Levriero afgano*** → ***levriero***.

afono (àfono) AGG. · Privo di voce: *oggi il professore è afono.*

afoso (a-fó-so) AGG. · Dell'aria e del tempo, molto caldo e soffocante: *è un caldo afoso.*

africano (a-fri-cà-no) AGG. e N.M. (f. *-a*) || AGG. Dell'Africa e dei Paesi che la costituiscono. || N.M. (f. -*a*) Abitante, nativo dell'Africa.

agata (à-ga-ta) N.F. · Minerale con struttura a strati concentrici di vari colori, usato come pietra preziosa.

agave (à-ga-ve) N.F. · Pianta erbacea diffusa presso il mare o i laghi, nelle zone calde; ha foglie rigide e carnose, con bordi spinosi e punta acuta.

> Il termine deriva dal greco *agaué* 'meravigliosa'; a chiamare così questa pianta fu il naturalista Linneo (1707-1778), per la sua bellezza.

agenda (a-gèn-da) N.F. · Libretto su cui di giorno in giorno si annotano le cose da fare: *la sua agenda è piena di appuntamenti per domani.*

> Il termine deriva da una forma verbale latina che significa 'le cose da fare'.

agente (a-gèn-te) N.M. e F. || N.M. e F. **1** Chi esegue dei compiti per altre persone, enti, governi: *agente d'affari; agente immobiliare.* **2** In grammatica: ***complemento d'agente***, quello che in una proposizione con il verbo al passivo indica la persona o l'animale che compie l'azione (*Giovanni fu morso dal cane*). || N.M. **1** Sostanza che modifica o provoca una reazione: *agente ossidante.* **2** ***Agente atmosferico***, il vento, la pioggia, ecc. per l'azione che esercitano sulle rocce. Ⓔ ***Agente di custodia***, guardia carceraria • ***Agente (di polizia)***, poliziotto, guardia • ***Agente segreto***, chi raccoglie notizie in segreto per conto di un servizio d'informazione militare.

agenzia (a-gen-zì-a) N.F. (pl. *-zìe*) **1** Impresa che offre un certo servizio: *agenzia di stampa.* **2** Ufficio distaccato di un'azienda o di una banca Ⓢ filiale, succursale. Ⓔ ***Agenzia immobiliare***, per la compravendita o l'affitto di case e terreni.

agevolare (a-ge-vo-là-re) V.TR. (*agévolo*, ecc.) **1** Rendere più facile qualcosa: *agevolare il compito* ***a*** *qualcuno* Ⓢ facilitare, semplificare Ⓒ ostacolare. **2** Favorire qualcuno: *le sue conoscenze lo hanno agevolato* ***nella*** *carriera* Ⓢ aiutare, avvantaggiare.

agevolazione (a-ge-vo-la-zió-ne) N.F. · Facilitazione, aiuto • Vantaggio economico: *ottenere agevolazioni per l'acquisto dei biglietti ferroviari.*

agevole (a-gé-vo-le) AGG. · Che non presenta difficoltà: *un percorso agevole; una lettura agevole* Ⓢ facile, comodo Ⓒ disagevole.

agganciare (ag-gan-cià-re) V.TR. (*aggàncio*, ecc.) **1** Unire con un gancio: *agganciare i vagoni* ***al*** *locomotore; agganciare la collana* Ⓢ

allacciare, fermare Ⓒ sganciare. **2** Raggiungere e fermare qualcuno per parlargli: *allo spettacolo è riuscito ad agganciare il regista* Ⓢ avvicinare, abbordare.

aggancio (ag-gàn-cio) N.M. (pl. *-ci*) **1** Dispositivo meccanico per attuare un collegamento per mezzo di ganci: *aggancio automatico.* **2** Punto di contatto: *il lavoro che faccio non ha nessun aggancio con i miei interessi* Ⓢ rapporto, connessione. **3** Conoscenza o amicizia influente: *abbiamo degli agganci in Comune.*

aggeggio (ag-gég-gio) N.M. (pl. *-gi*) · Nel linguaggio familiare, oggetto di cui non si conosce il nome: *che cos'è quell'aggeggio che ti porti sempre dietro?* Ⓢ cosa, arnese.

aggettivo (ag-get-ti-vo) N.M. · In grammatica, parte del discorso che precisa e qualifica il sostantivo al quale si riferisce e con cui concorda in genere e numero (*albero alto, queste scarpe*). Ⓔ ***Aggettivo determinativo***, quello che serve a identificare il sostantivo a cui si riferisce, come l'aggettivo possessivo (*mio, tuo, suo*, ecc.), l'aggettivo dimostrativo (*questo, codesto, quello*), l'aggettivo indefinito (*ogni, alcuno, qualsiasi*, ecc.), l'aggettivo interrogativo (*quale, quanto*, ecc.) e l'aggettivo numerale (*uno, due, tre*, ecc.) • ***Aggettivo qualificativo***, quello che esprime una qualità del sostantivo (*bello, brutto, rosso, bianco*); può avere vari gradi di intensità, rappresentati dal comparativo e dal superlativo (*buono, migliore, ottimo; freddo, molto freddo, freddissimo*).

agghiacciante (ag-ghiac-ciàn-te) AGG. · Che provoca orrore e spavento: *una scena agghiacciante* Ⓢ terrificante.

agghindare (ag-ghin-dà-re) V.TR. || TR. Vestire in modo ricercato, talvolta eccessivo: *agghindare una sposa.* || **agghindarsi** RIFL. Vestirsi in modo ricercato: *agghindarsi per una cerimonia.*

-aggine · Suffisso che serve a formare nomi e che indica spesso qualità negative: *testardaggine*, determinazione a non cambiare idea.

-aggio · Suffisso che serve a formare nomi e che indica 'procedimento tecnico': *imballaggio*, la sistemazione di merci in contenitori adatti al trasporto.

aggiornamento (ag-gior-na-mén-to) N.M. **1** Rinvio ad altro giorno o ad altro momento: *aggiornamento di una seduta.* **2** Revisione alla luce di dati o di notizie recenti: *l'aggiornamento di un'enciclopedia.* **3** Informazione sulle novità in un settore tecnico o professionale: *corso di aggiornamento per dentisti.* ▸ Ⓕ **dies**

aggiornare (ag-gior-nà-re) V.TR. (*aggiórno*, ecc.) || TR. **1** Rinviare ad altra data: *aggiornare una riunione* ***al*** *giorno dopo* Ⓢ rimandare. **2** Rivedere completando con dati o notizie più recenti: *aggiornare un libro di storia.* **3** Tenere al corrente: *aggiornare i telespettatori* ***sugli*** *sviluppi della situazione* Ⓢ informare. || **aggiornarsi** RIFL. Tenersi informato, soprattutto sul piano professionale, tecnico o culturale: *un buon insegnante si aggiorna sempre.* ▸ Ⓕ **dies**

aggiornato (ag-gior-nà-to) AGG. **1** Completo dei dati e delle notizie più recenti: *una classifica aggiornata.* **2** Adeguato a nuove esigenze: *un impianto aggiornato.* **3** Informato sulle ultime novità: *si tiene aggiornato* ***su*** *tutto.* ▸ Ⓕ **dies**

aggirare (ag-gi-rà-re) V.TR. || TR. **1** Girare o disporsi attorno: *aggirare un bosco, una montagna.* **2** Tentare di superare un ostacolo senza affrontarlo direttamente: *aggirare una difficoltà* Ⓢ eludere. || **aggirarsi** INTR. PRONOM. **1** Andare in giro con insistenza per un luogo: *dei tipi sospetti si aggirano nel quartiere.* **2** Avere all'incirca un certo valore o una certa misura: *la spesa si aggira* ***sui*** *mille euro* Ⓢ approssimarsi.

aggiudicare (ag-giu-di-cà-re) V.TR. (*aggiùdico, aggiùdichi*, ecc.) || TR. Assegnare per asta pubblica, concorso, sentenza del tribunale: *aggiudicare un quadro* ***al*** *miglior offerente.* || **aggiudicarsi** TR. PRONOM. Ottenere, conseguire: *si è aggiudicato il primo posto.*

aggiungere (ag-giùn-ge-re) V.TR. (irreg.: coniugato come *giungere*) || TR. Mettere, dire qualcosa in più: *aggiungi il sale* ***all'****insalata; aggiunse* ***che*** *non era d'accordo* Ⓒ togliere. || **aggiungersi** INTR. PRONOM. Unirsi, sommarsi:

A

***alle** sue disgrazie si è aggiunta la malattia del padre.*

aggiunta (ag-giùn-ta) N.F. · Unione di altra quantità di qualcosa: *la stoffa basta, quindi non servono aggiunte* Ⓒ sottrazione. Ⓔ ***In aggiunta,*** in più, inoltre.

aggiuntivo (ag-giun-tì-vo) AGG. · Che viene aggiunto: *costi aggiuntivi* Ⓢ ulteriore.

aggiustamento (ag-giu-sta-mén-to) N.M. · Accomodamento soddisfacente: *troveremo un aggiustamento sul prezzo* Ⓢ accordo.

aggiustare (ag-giu-stà-re) V.TR. || TR. **1** Rimettere in funzione: *aggiustare un orologio* Ⓢ riparare Ⓒ rompere. **2** Mettere a posto: *aggiustare i capelli **a** qualcuno* Ⓢ sistemare. **3** Regolare mettendo a punto: *aggiustare la mira.* || **aggiustarsi** RIFL. **1** Mettersi d'accordo in questioni finanziarie: ***per** il prezzo mi aggiusterò **con** lui.* **2** Accomodarsi o sistemarsi alla meglio: *per stanotte ci aggiusteremo nel divano letto* Ⓢ arrangiarsi.

agglomerato (ag-glo-me-rà-to) N.M. · Insieme confuso di cose: *un agglomerato di macerie* Ⓢ ammasso. Ⓔ ***Agglomerato urbano,*** gli edifici, le strade che costituiscono un centro abitato.

aggrapparsi (ag-grap-pàr-si) V.RIFL. **1** Tenersi forte con le mani: *aggrapparsi **a** una roccia* Ⓢ attaccarsi. **2** Fare affidamento su qualcosa: *si aggrappa **alla** sua unica speranza.*

aggravamento (ag-gra-va-mén-to) N.M. · Aumento della gravità: *l'aggravamento di una malattia* Ⓢ peggioramento.

aggravante (ag-gra-vàn-te) N.F. **1** Circostanza che rende più grave una colpa, facendo aumentare la pena: *l'aggravante della premeditazione* Ⓒ attenuante. **2** Ciò che rende più grave un comportamento negativo: *non è arrivato con l'aggravante che non si è nemmeno scusato.*

aggravare (ag-gra-và-re) V.TR. || TR. Rendere più grave: *l'incidente aggravò la situazione* Ⓢ peggiorare Ⓒ alleviare. || **aggravarsi** INTR. PRONOM. Diventare più grave: *il malato si aggravò durante la notte.*

aggravio (ag-grà-vio) N.M. (pl. *-vi*) · Aumento non gradito: *aggravio fiscale; aggravio di pena* Ⓢ aggravamento, inasprimento Ⓒ alleggerimento.

aggredire (ag-gre-dì-re) V.TR. (*aggredisco, aggredisci,* ecc.) **1** Affrontare a tradimento e con violenza: *i rapinatori lo aggredirono alle spalle* Ⓢ assalire. **2** Attaccare in modo offensivo o polemico: *mi ha aggredito con accuse assurde.*

aggregare (ag-gre-gà-re) V.TR. (*aggrègo, aggrèghi,* ecc.) || TR. Far entrare in un gruppo: *lo aggregò **al** suo studio come consulente* Ⓢ associare. || **aggregarsi** RIFL. Unirsi a un gruppo: *vorrei aggregarmi **a** un'associazione di volontari.*

> Il termine deriva da un verbo latino che significa 'riunire il gregge', perché derivato di *grex gregis* 'gregge'.

aggregato (ag-gre-gà-to) AGG. e N.M. || AGG. Ammesso a far parte di un gruppo: *soldati aggregati **a** un reparto.* || N.M. Gruppo di persone o cose unite insieme: *un aggregato di famiglie, di case.*

aggregazione (ag-gre-ga-zió-ne) N.F. **1** Aggiunta a un gruppo: *il circolo ha deciso l'aggregazione di nuovi soci* Ⓢ associazione, inserimento. **2** Incontro di persone: *spesso le piazze sono luoghi di aggregazione giovanile* Ⓢ ritrovo. **3** ***Stato di aggregazione,*** il modo in cui si associano le molecole creando sostanze di consistenza diversa: *stato di aggregazione solido, liquido, gassoso.*

aggressione (ag-gres-sió-ne) N.F. · Attacco violento e improvviso: *la proprietaria del negozio ha subito due aggressioni.*

aggressività (ag-gres-si-vi-tà) N.F. INVAR. · Aspetto del carattere o del comportamento che si manifesta con azioni violente: *ha mantenuto la stessa aggressività di quando era ragazzo.*

aggressivo (ag-gres-sì-vo) AGG. · Che tende o è rivolto ad aggredire o a provocare: *un tipo aggressivo; un discorso aggressivo* Ⓢ violento, litigioso Ⓒ mite, remissivo.

aggressore (ag-gres-só-re) AGG. e N.M. · Responsabile di un'aggressione: *l'esercito aggressore; la vittima ha riconosciuto i suoi aggressori.*

aggrottare (ag-grot-tà-re) V.TR. (*aggròtto*, ecc.) · Contrarre le sopracciglia o la fronte, in segno di irritazione, perplessità o preoccupazione: *aggrottare le sopracciglia* Ⓢ corrugare Ⓒ distendere.

aggrottato (ag-grot-tà-to) AGG. 1 Di sopracciglia o fronte contratta e corrugata: *fronte aggrottata*. 2 Di volto o atteggiamento, cupo, accigliato, preoccupato: *non l'avevo mai visto così aggrottato e teso*.

aggrovigliare (ag-gro-vi-glià-re) V.TR. (*aggrovìglio*, ecc.) || TR. Mischiare formando un groviglio: *aggrovigliare le funi* Ⓢ ingarbugliare Ⓒ districare. || **aggrovigliarsi** INTR. PRONOM. Formare un groviglio: *il filo si è aggrovigliato*.

agguantare (ag-guan-tà-re) V.TR. · Prendere con forza e rapidità: *il poliziotto riuscì ad agguantare il ladro* Ⓢ acchiappare.

agguato (ag-guà-to) N.M. · Tranello che si tende al nemico per coglierlo di sorpresa: *tendere un agguato; cadere in un agguato* Ⓢ imboscata. Ⓔ ***In agguato***, nascosti e pronti ad assalire di sorpresa.

agguerrito (ag-guer-rì-to) AGG. 1 Pronto alla battaglia: *un esercito agguerrito* Ⓢ combattivo, battagliero. 2 Che conosce a fondo i segreti di una professione: *un avvocato molto agguerrito* Ⓢ capace, preparato.

aghifoglio (a-ghi-fò-glio) AGG. (pl.m. *-gli*, pl.f. *-glie*) · Di pianta con foglie aghiformi, come il pino o l'abete: *un albero aghifoglio*; anche N.F.: *un bosco di aghifoglie*.

aghiforme (a-ghi-fór-me) AGG. · Che ha forma e aspetto di ago: *l'abete ha foglie aghiformi*.

agiatezza (a-gia-téz-za) N.F. · Condizione di benessere economico: *vivere nell'agiatezza* Ⓢ ricchezza Ⓒ povertà.

agiato (a-già-to) AGG. 1 Che gode di un certo benessere economico: *viene da una famiglia agiata* Ⓢ benestante, ricco Ⓒ povero, indigente. 2 Tipico di chi vive nell'agiatezza: *ha un tenore di vita piuttosto agiato*.

agibile (a-gì-bi-le) AGG. 1 Che ha i requisiti legali dell'agibilità: *il nuovo impianto sportivo non è ancora agibile* Ⓒ inagibile. 2 In condizioni tali da poter essere utilizzato: *la strada dovrebbe essere agibile* Ⓢ praticabile.

agibilità (a-gi-bi-li-tà) N.F. INVAR. · Il possesso dei requisiti richiesti dalla legge affinché un edificio possa essere aperto al pubblico: *l'agibilità di un teatro* Ⓒ inagibilità.

agile (à-gi-le) AGG. 1 Che si muove con facilità e scioltezza: *essere agile di gambe, nella corsa* Ⓢ svelto, sciolto Ⓒ goffo • Vivace e pronto: *ingegno agile*. 2 Breve, chiaro e scorrevole: *un agile manuale scolastico*.

agilità (a-gi-li-tà) N.F. INVAR. 1 Scioltezza nei movimenti: *l'agilità di una ballerina, di un pugile*. 2 Prontezza e vivacità di intuizione: *dimostra una notevole agilità di mente*.

agio (à-gio) N.M. (pl. *àgi*) 1 Stato di benessere di fronte a una situazione comoda e vantaggiosa: *essere, trovarsi a proprio agio*. 2 AL PL. Le comodità della vita e il piacere che ne deriva: *vivere negli agi* Ⓢ agiatezza.

agiografia (a-gio-gra-fì-a) N.F. (pl. *-fìe*) · Narrazione della vita dei santi.

agiografico (a-gio-grà-fi-co) AGG. (pl.m. *-ci*, pl.f. *-che*) 1 Che riguarda la vita dei santi: *studi agiografici*. 2 Che esalta qualcuno in modo esagerato: *un discorso agiografico sul presidente* Ⓢ celebrativo.

agire (a-gì-re) V.INTR. (*agìsco*, *agìsci*, ecc.; aus. *avere*) 1 Produrre il proprio effetto: *questo farmaco agisce **sul** sistema nervoso*. 2 Trasformare in azione un progetto: *agiremo di notte; è il momento di agire* Ⓢ fare, operare • Tenere un certo comportamento: *hai agito da irresponsabile* Ⓢ comportarsi.

agitare (a-gi-tà-re) V.TR. (*àgito*, ecc.) || TR. 1 Muovere in qua e in là con forza e rapidità: *il vento le agitava i capelli; agitare il flacone prima dell'uso*. 2 Rendere inquieto: *il pensiero dell'esame lo agitava* Ⓢ turbare, eccitare. || **agitarsi** INTR. PRONOM. 1 Muoversi con forza: *il mare comincia ad agitarsi*. 2 Essere inquieto o ansioso: *si agita **per** un nonnulla*.

agitato (a-gi-tà-to) AGG. 1 Mosso, tempestoso: *il mare è agitato* Ⓒ calmo, tranquillo. 2 Inquieto, turbato, eccitato: *un animo agitato*.

agitazione (a-gi-ta-zió-ne) N.F. 1 Stato di turbamento: *la riunione si è svolta in un clima*

A

di grande agitazione Ⓢ eccitazione, inquietudine, tensione Ⓒ calma. **2** Manifestazione di protesta dei lavoratori: *i ferrovieri sono entrati in agitazione* Ⓢ sciopero. Ⓔ ***Agitazione di stomaco***, malessere di stomaco dovuto a nervosismo.

agli (à-gli) · Preposizione articolata m. pl. formata da ***a*** + ***gli***[1].

aglio (à-glio) N.M. (pl. *àgli*) · Pianta erbacea con bulbo sotterraneo, composto di spicchi • Il bulbo di tale pianta, usato in cucina come condimento.

-aglio · Suffisso che serve a formare nomi a partire da verbi (*sonaglio* da *suonare*) o da nomi (*ventaglio* da *vento*).

agnello (a-gnèl-lo) N.M. (f. *-a*) · Il nato della pecora che non ha ancora compiuto un anno di età: *docile come un agnello.*

Il verbo che indica il verso dell'agnello è *belare* e il nome è *belato.*

agnostico (a-gnò-sti-co) AGG. e N.M. (f. *-a*; pl.m. *-ci*, pl.f. *-che*) || AGG. Della dottrina filosofica per cui la mente umana non può conoscere ciò che non può essere sperimentato: *teoria agnostica.* || AGG. e N.M. (f. *-a*) Che, chi segue tale dottrina: *gli agnostici non si pronunciano sui temi religiosi.*

ago (à-go) N.M. (pl. *àghi*) **1** Piccola e sottilissima asta d'acciaio, con un'estremità a punta e un foro nell'altra, in cui si introduce il filo per cucire: *ago da ricamo*; *infilare l'ago*, far passare il filo nella cruna. **2** Strumento di forma sottile e allungata: *l'ago della siringa.* **3** Foglia aghiforme: *il terreno era coperto di aghi di pino.* Ⓔ ***Ago della bilancia***, persona o cosa da cui dipende il risultato di una situazione incerta • ***Cercare un ago in un pagliaio***, tentare una ricerca impossibile.

agognare (a-go-gnà-re) V.TR. e INTR. (*agógno*, ecc.) || TR. Desiderare ansiosamente: *agognare la vittoria.* || INTR. (aus. *avere*) Ambire fortemente: *agognare* ***alla*** *fama.*

agonia (a-go-nì-a) N.F. (pl. *-nìe*) **1** Il periodo che precede la morte: *essere in agonia.* **2** La condizione di ciò che sta per finire: *l'agonia di un amore.* **3** Angoscia, ansia: *che agonia le ore che precedono un esame!*

agonismo (a-go-nì-ṣmo) N.M. · Spirito combattivo e grande impegno di un atleta o di una squadra in una gara.

agonistico (a-go-nì-sti-co) AGG. (pl.m. *-ci*, pl.f. *-che*) **1** Dell'attività sportiva in quanto competizione: *sport agonistico.* **2** Battagliero, combattivo: *un temperamento agonistico.*

agonizzare (a-go-niẓ-ẓà-re) V.INTR. (aus. *avere*) **1** Essere prossimo alla morte: *il ferito è stato raccolto quando ormai agonizzava.* **2** Essere prossimo alla fine: *le istituzioni agonizzano* Ⓢ languire.

agopuntura (a-go-pun-tù-ra) N.F. · L'introduzione di aghi in certi punti dei tessuti del corpo a scopo curativo.

agorà (a-go-rà) N.F. INVAR. · Nell'antica Grecia, la piazza centrale della città, dove si svolgeva la vita politica e commerciale.

agosto (a-gó-sto) N.M. · L'ottavo mese dell'anno, di 31 giorni.

Il termine deriva dal latino *augustus (mensis)* '(mese) dedicato ad Augusto', l'imperatore.

agrario (a-grà-rio) AGG. e N.M. (f. *-a*; pl.m. *-ri*, pl.f. *-rie*) || AGG. Che riguarda l'agricoltura: *scuola agraria; leggi agrarie* Ⓢ agricolo, rurale. || N.M. (f. *-a*) Proprietario o coltivatore di grandi estensioni di terreno: *gli agrari della nostra regione.*

agreste (a-grè-ste) AGG. **1** Che è tipico della campagna: *canti agresti* Ⓢ campestre, campagnolo, rurale. **2** Rustico, rozzo: *gente agreste.*

agri- → ***agro-***.

agricolo (a-grì-co-lo) AGG. · Dell'agricoltura: *prodotti agricoli; azienda agricola* Ⓢ agrario, rurale.

agricoltore (a-gri-col-tó-re) N.M. · Chi esercita l'agricoltura Ⓢ contadino, coltivatore.

Il termine deriva dal latino *agricultur* 'agricoltore', composto a sua volta di *ager* 'campo' e *cultor* 'coltivatore'.

agricoltura (a-gri-col-tù-ra) N.F. · La coltivazione della terra per ricavarne i migliori e i più abbondanti frutti possibili, con diversi sistemi tecnici.

agrifoglio (a-gri-fò-glio) N.M. (pl. *-gli*) · Piccolo albero sempreverde, con foglie lucide, dure e spinose, frutti rossi; è usato come ornamento nelle feste di Natale e Capodanno.

Il termine deriva dal latino *acrifolium* 'pianta dalle foglie aguzze', composto a sua volta di *acer* 'acuto' e *folium* 'foglia'.

agriturismo (a-gri-tu-rì-ṣmo) N.M. · Forma di turismo collegata al soggiorno in aziende agricole: *sempre più italiani scelgono l'agriturismo* • L'azienda stessa: *ho passato una settimana in un agriturismo in Umbria.*

agro (à-gro) AGG. · Di sapore contrario al dolce, simile a quello del limone o della frutta acerba: *queste arance sono un po' agre* Ⓢ aspro.

agro- · Primo elemento di parole composte che indica 'che riguarda l'agricoltura': *agronomo.*

agrodolce (a-gro-dól-ce) AGG. e N.M. || AGG. Che ha un sapore allo stesso tempo aspro e dolce: *salsa agrodolce.* || N.M. Condimento dal sapore aspro e dolce: *cipolline in agrodolce.*

agronomo (a-grò-no-mo) N.M. (f. *-a*) · Esperto nello studio e nelle tecniche di coltivazione del terreno.

agrume (a-grù-me) N.M. · Albero o arbusto sempreverde che produce frutti di sapore più o meno aspro, come l'arancio, il limone, il cedro o il pompelmo • Il frutto di queste piante.

aguzzare (a-guz-zà-re) V.TR. **1** Rendere aguzzo, a punta: *aguzzare un palo* Ⓢ appuntire. **2** Rendere più sottile e penetrante: *aguzzare la vista, l'ingegno* Ⓢ acuire.

aguzzino (a-guz-zì-no) N.M. (f. *-a*) · Chi tratta con eccessiva durezza le persone che si trovano sotto il suo controllo: *il tuo capo è un aguzzino.*

Il termine deriva da una parola araba che significa 'il ministro'.

aguzzo (a-gùz-zo) AGG. · Che termina a punta: *asta aguzza; mento aguzzo* Ⓢ appuntito.

ah (pronuncia *a* o *ha*) INTER. · Secondo il tono con cui è pronunciata, esprime vari sentimenti, come soddisfazione, dolore, sdegno, rimprovero, meraviglia: *ah, in che guaio ci troviamo!; ah, questa non gliela perdono!*

ahi (ahi; pronuncia *àï*) INTER. · Esprime dolore o dispiacere: *ahi, che male alle gambe!*

ahimè (ahi-mè; pronuncia *aimè*) INTER. · Esprime dispiacere: *ahimè, che disgrazia!*

ai (àì) · Preposizione articolata m. pl. formata da *a* + *i*.

aia (à-ia) N.F. (pl. *àie*) · Il terreno davanti alle case coloniche in cui si batteva il grano e si svolgevano altri lavori.

-aia · Suffisso che serve a formare nomi femminili con valore collettivo: *risaia,* terreno coltivato a riso.

aids o **AIDS** (pronuncia *àids* o *aidièsse*) N.M. o F. INVAR. · Malattia virale che riduce o annulla le difese naturali dell'organismo e che può portare alla morte.

Il termine è la sigla inglese *Acquired Immune Deficiency Syndrome* 'sindrome da immunodeficienza acquisita'.

-aio **1** Suffisso che serve a formare nomi di persona e che indica 'categoria professionale': *fornaio,* chi prepara il pane. **2** Suffisso che serve a formare nomi di cosa con valore collettivo: *formicaio,* nido di formiche.

airbag (air-bag; pronuncia *èrbèg*) (o **air bag**) N. INGL., in it. N.M. INVAR. · Dispositivo di sicurezza costituito da un grosso sacco inserito nel volante, nel cruscotto o nelle portiere delle auto, che in caso di incidente si gonfia all'istante proteggendo dall'urto i passeggeri.

airone (ai-ró-ne) N.M. · Uccello con collo e zampe molto allungati, becco lungo e diritto, che vive sulle rive dei fiumi, dei laghi, delle lagune.

aiuola (a-iuò-la) N.F. · Porzione di terreno in cui si coltivano fiori e piante per ornamento di giardini, piazze, ecc.: *è vietato calpestare le aiuole.*

aiutante (a-iu-tàn-te) N.M. e F. · Chi aiuta qualcuno a svolgere un'attività: *l'aiutante di un artigiano* Ⓢ assistente, collaboratore.

aiutare (a-iu-tà-re) V.TR. || TR. **1** Sostenere chi si trova in difficoltà o in una situazione di bisogno: *ti ho sempre aiutato **a** uscire dai guai* Ⓢ assistere. **2** Rendere più facile: *il silenzio*

A B C D E F G H I J K L M N O P Q R S T U V W X Y Z

A

aiuta la concentrazione Ⓢ facilitare, favorire. || **aiutarsi** RIFL. **1** Fare del proprio meglio: *aiutati che Dio t'aiuta.* **2** Servirsi di un mezzo per fare qualcosa: *per tirarvi su aiutatevi* ***con*** *le braccia.*

aiuto (a-iù-to) N.M. || N.M. **1** Soccorso prestato a chi si trova in difficoltà: *dare, chiedere aiuto; raccolta di aiuti per i terremotati* Ⓢ appoggio, sostegno. **2** Assistente, collaboratore: *aiuto regista; aiuto cuoco.* || **aiuto!** INTER. Esprime una richiesta di soccorso: *aiuto, mi hanno derubato!*

aizzare (aiz-zà-re) V.TR. **1** Incitare un cane ad assalire: *gli aizzò* ***contro*** *un mastino.* **2** Incitare alla violenza o all'odio: *aizzare il popolo* ***contro*** *il tiranno* Ⓢ fomentare.

al · Preposizione articolata m. sing. formata da ***a*** + ***il***.

ala (à-la) N.F. (pl. *àli*) **1** Organo che permette agli uccelli, a molti insetti e ai pipistrelli di volare; è simbolo di velocità e libertà: *le ali della rondine, della zanzara; le ali della fantasia.* **2** Organo che mantiene in aria l'aeroplano. **3** Di cose o persone disposte in maniera simmetrica ai lati di qualcuno o di qualcosa: *passare fra due ali di folla; le ali di un edificio*, le parti laterali. **4** Gruppo interno a uno schieramento politico: *l'ala moderata del partito* Ⓢ corrente, fazione. **5** In una squadra di calcio, hockey, ecc., il giocatore schierato a destra o a sinistra nella linea di attacco: *ala destra, sinistra.* Ⓔ ***Avere le ali ai piedi***, correre molto velocemente • ***Fare ala***, di persone, disporsi ai lati di un percorso per lasciare spazio a qualcuno, in segno di rispetto.

alabarda (a-la-bàr-da) N.F. · Antica arma formata da una lunga asta con in cima una lama simile a una scure.

alabastro (a-la-bà-stro) N.M. · Roccia biancastra, compatta e trasparente, usata per fare vasi, statuine, decorazioni.

alacre (a-là-cre) AGG. · Pronto nello svolgimento dei propri compiti: *un alacre funzionario* Ⓢ attivo, solerte.

alacrità (a-la-cri-tà) N.F. INVAR. · Prontezza e fervore nell'operare: *lavorare con alacrità* Ⓢ operosità.

alambicco (a-lam-bìc-co) N.M. (pl. *-chi*) · Apparecchio per distillare.

alano (a-là-no) N.M. · Cane da guardia di grossa taglia, ma di corporatura snella ed elegante, con pelo raso.

alare (a-là-re) AGG. · Delle ali. Ⓔ ***Apertura alare***, la distanza tra le due estremità delle ali spiegate.

alato (a-là-to) AGG. · Fornito di ali: *un insetto alato.*

alba (àl-ba) N.F. **1** La fase di passaggio tra la notte e il giorno, durante la quale il cielo si schiarisce progressivamente: *domani dovrò alzarmi all'alba.* **2** Momento iniziale: *l'alba della vita, del secolo* Ⓢ principio, inizio.

albanese (al-ba-né-se) AGG. e N.M. e F. || AGG. Dell'Albania. || N.M. e F. Abitante, nativo dell'Albania. || N.M. La lingua parlata in Albania.

albeggiare (al-beg-già-re) V.INTR. (*albéggia*, ecc.; aus. *essere* o *avere*), IMPERS. · Farsi giorno: *ormai sta albeggiando.*

alberato (al-be-rà-to) AGG. · Piantato ad alberi o fiancheggiato da alberi: *un terreno alberato; un viale alberato.*

albergatore (al-ber-ga-tó-re) N.M. (f. *-trice*) · Proprietario o direttore di un albergo.

alberghiero (al-ber-ghiè-ro) AGG. · Che riguarda gli alberghi: *attrezzature alberghiere.*

albergo (al-bèr-go) N.M. (pl. *-ghi*) · Edificio attrezzato per fornire alloggio, ed eventualmente vitto, a pagamento: *ho prenotato una camera in un albergo di lusso* Ⓢ hotel.

> Il termine deriva da una parola gotica che significava 'riparo dell'esercito'.

albero (àl-be-ro) N.M. **1** Pianta con fusto legnoso, detto *tronco*, che a qualche distanza dal suolo presenta rami con foglie: *alberi da frutto, da legno.* **2** Schema grafico simile alle ramificazioni di un albero usato per rappresentare un fenomeno. **3** In marina, ogni palo che sostiene le vele. **4** In meccanica, supporto a cui sono uniti gli organi rotanti che ricevono o trasmettono il movimento: *albero motore; albero di trasmissione.* Ⓔ ***Albero della cuccagna***, palo insaponato in cima al quale sono appesi i premi destinati a chi, arrampicandosi, riesce a raggiungerli • ***Albero di Na-***

tale, il piccolo abete al quale, in occasione del Natale, si appendono ornamenti di vario tipo • ***Albero genealogico*** → **genealogico**.

albicocca (al-bi-còc-ca) N.F. (pl. *-che*) · Il frutto dell'albicocco.

albicocco (al-bi-còc-co) N.M. (pl. *-chi*) · Piccolo albero con foglie lisce, fiori bianchi o rosa, frutto commestibile con buccia vellutata di colore giallo arancione.

albino (al-bì-no) AGG. e N.M. (f. *-a*) · Affetto da mancanza di colorazione della pelle, dei peli, dei capelli e degli occhi che risultano più chiari del normale.

albo (àl-bo) N.M. **1** Tavola su cui si affiggono in luogo pubblico provvedimenti e avvisi: *albo comunale* Ⓢ bacheca. **2** Pubblico registro in cui sono iscritti tutti coloro che sono abilitati a esercitare una professione: *l'albo dei medici.* **3** Album • Fascicolo illustrato o a fumetti per ragazzi: *l'albo di "Topolino".* Ⓔ ***Albo d'oro***, elenco di coloro che hanno vinto una competizione: *l'albo d'oro del Giro d'Italia.*

albore (al-bó-re) N.M. **1** Il chiarore della prima luce del giorno: *l'albore del cielo.* **2** SPESSO AL PL. Inizio di un'epoca o di un periodo storico: *gli albori del Rinascimento.*

album (àl-bum) N.M. INVAR. **1** Volume destinato alla raccolta di figurine, fotografie, francobolli o cartoline: *album fotografico* Ⓢ albo. **2** Raccolta di brani musicali: *nel suo ultimo album ha inserito anche pezzi di jazz.* Ⓔ ***Album da disegno***, che contiene fogli bianchi adatti al disegno.

albume (al-bù-me) N.M. · Il bianco dell'uovo Ⓢ chiara.

albumina (al-bu-mì-na) N.F. · Proteina presente in tutti gli organismi animali e vegetali, in particolare nell'uovo, nel sangue e nel latte.

alcaloide (al-ca-lòi-de) N.M. · Sostanza, per lo più di origine vegetale, che contiene azoto; se presa in piccole dosi può essere curativa, se in dosi notevoli risulta tossica per l'organismo.

alce (àl-ce) N.M. · Grosso mammifero delle regioni settentrionali dell'America, dell'Europa e dell'Asia; erbivoro, ha corna costituite da un fusto cortissimo che sorregge una grande pala.

alcol (àl-col) N.M. INVAR. **1** Liquido infiammabile usato in medicina come disinfettante e come componente di bevande alcoliche. **2** Le bevande alcoliche: *darsi all'alcol; il vizio dell'alcol.* Ⓔ ***Alcol etilico***, quello che si trova nelle bevande alcoliche, ottenuto dalla fermentazione di sostanze che contengono zucchero.

Il termine deriva da una parola araba che designava in origine una 'polvere per annerire le sopracciglia', ma in seguito genericamente 'polvere, essenza'; poi, attraverso l'espressione latina *alcohol vini* 'essenza del vino', coniata dal medico svizzero Paracelso (1493-1541), la parola fu usata dagli alchimisti per indicare questa sostanza.

alcolico (al-cò-li-co) AGG. e N.M. (pl.m. *-ci*, pl.f. *-che*) || AGG. Che contiene alcol: *bevanda alcolica* • Dell'alcol: *gradazione alcolica.* || N.M. (SPESSO AL PL.) Bevanda contenente alcol: *vendita di alcolici.*

alcolismo (al-co-lì-ṣmo) N.M. · Intossicazione dovuta al consumo eccessivo di bevande alcoliche: *prevenire l'alcolismo.*

alcolista (al-co-lì-sta) AGG. e N.M. e F. (pl.m. *-i*, pl.f. *-e*) · Che, chi fa uso eccessivo di bevande alcoliche: *suo marito è un alcolista* Ⓢ alcolizzato.

alcolizzato (al-co-liẓ-ẓà-to) AGG. e N.M. (f. *-a*) · Alcolista: *un uomo alcolizzato; un'associazione che aiuta gli alcolizzati.*

alcuno (al-cù-no) AGG. e PRON. INDEF. || AGG. **1** AL PL. Poco numerosi: *ho pranzato con alcuni amici.* **2** AL SING. In frasi negative, nessuno: *non c'è alcun dubbio.* || PRON. (AL PL.) Qualche persona: *alcuni la pensano così, altri sono di parere diverso; solo alcuni erano pronti.*

Al maschile singolare l'aggettivo *alcuno* presenta sempre la forma tronca *alcun* (senza apostrofo), tranne che prima di parole che iniziano per *i + vocale*, *s + consonante*, *gn*, *pn*, *ps*, *x*, *z*: *alcun amico*, *alcun male* ma *alcuno iato*, *alcuno studente*, *alcuno zio*; la forma femminile *alcuna* viene elisa in *alcun'* (con apostrofo) davanti a vocale: *alcun'amica*.

A

aldilà (al-di-là) N.M. INVAR. · La vita dopo la morte: *non crede nell'aldilà* Ⓢ oltretomba.

-ale **1** Suffisso che serve a formare aggettivi di relazione: *decisionale,* relativo alla decisione. **2** Suffisso che serve a formare nomi: *giornale,* pubblicazione quotidiana.

aleatorio (a-le-a-tò-rio) AGG. (pl.m. *-ri*, pl.f. *-rie*) · Che dipende dal caso: *previsione aleatoria* Ⓢ incerto.

Il termine deriva dal latino *alea* 'gioco di dadi'.

aleggiare (a-leg-già-re) V.INTR. (*aléggio*, ecc.; aus. *avere*) · Essere diffuso in un luogo: *un'atmosfera di mistero aleggiava nella stanza.*

alfa (àl-fa) N.M. O F. INVAR. · La prima lettera dell'alfabeto greco corrispondente a una *a.*

alfabetico (al-fa-bè-ti-co) AGG. (pl.m. *-ci*, pl.f. *-che*) **1** Dell'alfabeto: *segni alfabetici.* **2** Che segue l'ordine delle lettere dell'alfabeto: *elenco alfabetico.*

alfabetizzare (al-fa-be-tiz-zà-re) V.TR. · Insegnare a leggere e a scrivere: *alfabetizzare la popolazione.*

alfabetizzazione (al-fa-be-tiz-za-zió-ne) N.F. · Processo con cui persone analfabete diventano capaci di leggere e scrivere.

alfabeto (al-fa-bè-to) N.M. · La serie di tutti i segni di una lingua, a ciascuno dei quali corrisponde un suono: *l'alfabeto greco, latino.*

Il termine deriva dal greco *alphábetos*, composto dalle due prime lettere della serie greca *alpha* e *beta*.

alfanumerico (al-fa-nu-mè-ri-co) AGG. (pl.m. *-ci*, pl.f. *-che*) · In informatica, composto da lettere e numeri: *codice alfanumerico.*

alfiere[1] (al-fiè-re) N.M. **1** Titolo di chi porta la bandiera di un esercito o di una squadra sportiva: *l'alfiere del reggimento* Ⓢ portabandiera. **2** Chi promuove un'idea o un movimento: *l'alfiere di una riforma* Ⓢ promotore.

alfiere[2] (al-fiè-re) N.M. · Negli scacchi, il terzo dei pezzi principali, a fianco del re e della regina.

alfine (al-fi-ne) AVV. · Finalmente, alla fine: *alfine è riuscito ad arrivare.*

alga (àl-ga) N.F. (pl. *-ghe*) · Organismo vegetale acquatico, formato da una o più cellule.

algebra (àl-ge-bra) N.F. · Parte della matematica che studia le operazioni con i numeri relativi o le lettere.

Il termine deriva da una parola araba che significa 'restaurazione', usata per definire lo spostamento di un termine da un membro all'altro di un'equazione, una delle operazioni più comuni del sistema matematico elaborato dagli Arabi.

algebrico (al-gè-bri-co) AGG. (pl.m. *-ci*, pl.f. *-che*) · Che riguarda l'algebra: *calcoli algebrici; somma algebrica.*

aliante (a-li-àn-te) N.M. · Veicolo aereo senza motore che vola sfruttando le correnti d'aria.

alibi (à-li-bi) N.M. INVAR. **1** Prova che dimostra che un imputato non si trovava, nel momento in cui si è compiuto il reato di cui è accusato, nel luogo dove è stato commesso: *l'imputato non ha presentato un alibi credibile; avere un alibi di ferro.* **2** Scusa, giustificazione: *stai solo cercando degli alibi per le tue mancanze.*

Il termine deriva da un avverbio latino che significa 'da un'altra parte'.

alice (a-lì-ce) N.F. · Acciuga.

alienare (a-lie-nà-re) V.TR. (*alièno*, ecc.) || TR. **1** Trasferire ad altri una proprietà o un bene: *prima di morire alienò **ai** nipoti le sue azioni* Ⓢ cedere. **2** Allontanare da qualcuno: *se continui a parlare male di lui gli alienerai la stima di tutti.* **3** In psicologia, causare alienazione: *la vita che fate alienerebbe chiunque.* || **alienarsi** TR. PRONOM. Allontanare da sé: *così ti sei alienato la sua simpatia.* || **alienarsi** INTR. PRONOM. In psicologia, subire un processo di alienazione.

alienato (a-lie-nà-to) AGG. e N.M. (f. *-a*) || AGG. Di bene o proprietà, che è stato trasferito ad altri: *un terreno alienato.* || AGG. e N.M. (f. *-a*) **1** Malato di mente: *casa di cura per alienati* Ⓢ pazzo, matto. **2** Che, chi ha subìto un processo di alienazione: *con la vita che fai è ovvio che ti senta alienato.*

alienazione (a-lie-na-zió-ne) N.F. **1** Trasferimento ad altri di beni o proprietà: *ha disposto l'alienazione di tutto il suo patrimonio* Ⓢ cessione. **2** Malattia mentale: *alienazione mentale* Ⓢ pazzia. **3** Condizione psicologica, tipica della società moderna, che consiste in un progressivo estraniarsi dell'uomo da se stesso e dalla propria attività.

alieno (a-liè-no) AGG. e N.M. (f. *-a*) || AGG. Contrario, avverso: *una persona aliena* ***da*** *compromessi.* || N.M. (f. -a) Creatura proveniente da un altro pianeta: *non guardarmi come se fossi un alieno* Ⓢ extraterrestre.

alimentare[1] (a-li-men-tà-re) AGG. e N.M. || AGG. Che riguarda gli alimenti e l'alimentazione: *prodotti alimentari.* || N.M. (AL PL.) Generi commestibili: *negozio di alimentari.*

alimentare[2] (a-li-men-tà-re) V.TR. (*aliménto*, ecc.) || TR. **1** Provvedere di cibo: *i prodotti della terra non bastano ad alimentare la popolazione del Paese* Ⓢ nutrire. **2** Rifornire un impianto o una macchina di materiali o di energia per mantenerli in funzione: *alimentare un impianto.* **3** Di passioni, affetti, sentimenti, mantenere vivo, eccitare: *alimentare l'odio; non alimentare invano le sue speranze.* || **alimentarsi** RIFL. Nutrirsi, cibarsi: *alimentarsi* ***di*** *carne.*

alimentazione (a-li-men-ta-zió-ne) N.F. **1** Somministrazione o assunzione di alimenti allo scopo di nutrire l'organismo: *alimentazione infantile* Ⓢ nutrizione • Gli alimenti somministrati o assunti: *alimentazione scarsa, abbondante, sana* Ⓢ cibo, dieta. **2** Somministrazione, a un impianto o a una macchina, di materiali o energia per mantenerli in funzione: *alimentazione a gas, a benzina.*

alimento (a-li-mén-to) N.M. **1** Sostanza che, introdotta nell'organismo, fornisce l'energia e i materiali che servono a svolgere le funzioni fondamentali per la vita dell'individuo: *alimenti animali, vegetali* Ⓢ cibo, nutrimento. **2** AL PL. Mezzi di sussistenza che, per legge, si è tenuti a corrispondere a un coniuge separato, ai figli, ecc.: *pagare gli alimenti.*

aliquota (a-lì-quo-ta) N.F. **1** Ognuna delle parti uguali in cui è divisa una quantità Ⓢ quota. **2** Percentuale del reddito, del patrimonio o del valore di un oggetto, in base alla quale si determina l'imposta da pagare: *è stata ridotta l'aliquota sui beni di immediata necessità.*

aliscafo (a-li-scà-fo) N.M. · Tipo di battello dotato di ali poste sotto la carena; sfruttando la spinta dell'acqua sulle ali può raggiungere alte velocità.

alitare (a-li-tà-re) V.INTR. (*àlito*, ecc.; aus. *avere*) **1** Emettere il fiato: *il ferito alitava appena* Ⓢ respirare. **2** Soffiare leggermente: *non alita neppure un po' di vento* Ⓢ spirare.

alito (à-li-to) N.M. **1** Aria che si emette durante la respirazione: *avere l'alito cattivo* Ⓢ fiato, respiro. **2** Lieve soffio di vento: *tirava un alito di vento.*

alla (àl-la) · Preposizione articolata f. sing. formata da ***a*** + ***la***[1].

allacciamento (al-lac-cia-mén-to) N.M. **1** Collegamento o chiusura mediante lacci, bottoni, fibbie Ⓢ collegamento Ⓒ distacco. **2** Collegamento di un apparecchio o di un impianto a un sistema generale: *allacciamento del telefono, del gas.*

allacciare (al-lac-cià-re) V.TR. (*allàccio*, ecc.) **1** Legare o stringere con lacci: *allacciare le scarpe* ***al*** *bambino* Ⓒ slacciare. **2** Stringere un rapporto con qualcuno: *allacciare un'amicizia.* **3** Eseguire un allacciamento: *allacciare il telefono.*

allagamento (al-la-ga-mén-to) N.M. · Afflusso d'acqua in un luogo normalmente asciutto: *si stanno valutando i danni provocati dagli allagamenti* Ⓢ alluvione, inondazione.

allagare (al-la-gà-re) V.TR. (*allàgo*, *allàghi*, ecc.) || TR. Coprire d'acqua, o di altro liquido, un luogo: *le continue piogge hanno allagato la città* Ⓢ inondare. || **allagarsi** INTR. PRONOM. Coprirsi d'acqua: *con la pioggia la strada si allagò.*

allampanato (al-lam-pa-nà-to) AGG. · Alto e molto magro: *un uomo allampanato.*

allargamento (al-lar-ga-mén-to) N.M. **1** Ampliamento nel senso della larghezza: *allargamento di una strada* Ⓒ restringimento. **2** Sviluppo maggiore: *è previsto un allargamento delle indagini* Ⓢ estensione, espansione.

allargare (al-lar-gà-re) V.TR. (*allàrgo*, *allàrghi*, ecc.) || TR. **1** Rendere più largo: *allargare una*

A B C D E F G H I J K L M N O P Q R S T U V W X Y Z

A

strada ***di*** *alcuni metri* Ⓢ ampliare, ingrandire Ⓒ ridurre, restringere. **2** Distendere, divaricare: *allargare le gambe.* **3** Sviluppare maggiormente: *allargare la propria cerchia di amici* Ⓢ estendere, ampliare, sviluppare. || **allargarsi** INTR. PRONOM. Diventare più largo: *fuori dalla città il fiume si allarga.* Ⓔ ***Allargare le braccia*** → ***braccio***.

allarmante (al-lar-màn-te) AGG. · Che mette in allarme, che suscita preoccupazione o sospetti: *una notizia allarmante* Ⓢ preoccupante, inquietante Ⓒ rassicurante, confortante.

allarmare (al-lar-mà-re) V.TR. || TR. Mettere in allarme o in apprensione: *la notizia lo allarmò* Ⓢ preoccupare Ⓒ rassicurare. || **allarmarsi** INTR. PRONOM. Mettersi in agitazione: *si allarmò moltissimo* ***per*** *il ritardo del figlio.*

allarme (al-làr-me) N.M. **1** Comando o segnale con cui si ordina ai soldati di prendere le armi: *dare, suonare l'allarme.* **2** Segnale di pericolo: *il pianto del bambini dette l'allarme.* **3** Congegno ottico o acustico che serve per segnalare un'anomalia nel funzionamento di un impianto oppure la presenza di estranei in un edificio: *appena i ladri entrarono nella villa scattò l'allarme.* **4** Stato di ansia, di preoccupazione: *mettere, tenere in allarme* Ⓢ apprensione. Ⓔ ***Campanello d'allarme***, primo sintomo di qualcosa di spiacevole • ***Falso allarme***, fatto preoccupante che per fortuna non si è verificato.

> Il termine deriva dal grido *all'arme!* '(correte) alle armi', lanciato nei momenti di pericolo.

allarmismo (al-lar-mì-ṣmo) N.M. **1** Tendenza a ingigantire il minimo motivo di preoccupazione: *l'allarmismo della stampa.* **2** Stato di tensione provocato da notizie non certe: *la realtà dei fatti non giustifica il tuo allarmismo.*

allattamento (al-lat-ta-mén-to) N.M. · La somministrazione del latte come alimento del neonato • Il periodo o la durata di questa somministrazione. Ⓔ ***Allattamento artificiale***, a base di latte in polvere o di latte animale • ***Allattamento materno***, quello naturale fatto dalla madre con il proprio latte.

allattare (al-lat-tà-re) V.TR. · Nutrire un neonato con latte: *ha dovuto smettere di allattare al sesto mese.*

alle (àl-le) · Preposizione articolata f. pl. formata da ***a*** + ***le***[1].

alleanza (al-le-àn-za) N.F. **1** Patto di unione e di reciproco aiuto tra due o più Stati: *stringere, rompere un'alleanza* Ⓢ accordo. **2** Accordo tra persone con scopi simili: *alleanza politica, elettorale* Ⓢ intesa.

allearsi (al-le-àr-si) V.INTR. PRONOM. (*mi allèo*, ecc.) · Stringere un patto di alleanza: *l'Italia si alleò* ***con*** *la Francia* Ⓢ coalizzarsi.

alleato (al-le-à-to) AGG. e N.M. (f. -a) **1** Che, chi è legato da un patto di alleanza: *nazioni alleate; gli alleati entrarono in città.* **2** Che, chi è legato da amicizia: *quei due sono alleati; in lui ho trovato un alleato fedele.*

allegare (al-le-gà-re) V.TR. (*allégo, alléghi*, ecc.) · Unire a una lettera o a un pacco: *allego* ***alla*** *presente i documenti richiesti* Ⓢ aggiungere • Includere in un messaggio di posta elettronica: *allegare un file.*

allegato (al-le-gà-to) AGG. e N.M. || AGG. Di lettera, documento e simili, aggiunto nella stessa busta: *come risulta dal certificato allegato* ***alla*** *domanda* Ⓢ unito. || N.M. **1** Documento aggiunto a un altro: *compilare l'allegato.* **2** File aggiunto a un messaggio di posta elettronica: *le invio il modulo in allegato.*

alleggerimento (al-leg-ge-ri-mén-to) N.M. **1** Riduzione del peso o del carico: *alleggerimento di una nave; alleggerimento fiscale.* **2** Sollievo, conforto.

alleggerire (al-leg-ge-rì-re) V.TR. (*alleggerìsco, alleggerìsci*, ecc.) || TR. **1** Rendere più leggero: *alleggerire un carico* • Rendere meno grave, più sopportabile: *le sue parole alleggerivano il mio dolore* Ⓢ alleviare, attenuare. **2** Liberare di un peso: *alleggerire una nave* ***del*** *suo carico; alleggerire qualcuno* ***di*** *una responsabilità.* **3** Derubare: *alleggerire qualcuno* ***del*** *portafoglio.* || **alleggerirsi** RIFL. **1** Indossare abiti più leggeri: *alleggerisciti un po', fa troppo caldo.* **2** Liberarsi di un peso morale: *alleggerirsi* ***di*** *una preoccupazione.*

allegoria (al-le-go-rì-a) N.F. (pl. *-rìe*) · Esposizione o narrazione che, oltre al senso letterale, ha un significato più profondo e nascosto: *le allegorie della "Divina Commedia".*

allegorico (al-le-gò-ri-co) AGG. (pl.m. *-ci*, pl.f. *-che*) · Che contiene un'allegoria: *racconti allegorici.* **E** ***Carro allegorico → carro.***

allegramente (al-le-gra-mén-te) AVV. **1** Con allegria: *abbiamo passato allegramente una serata con gli amici* **S** lietamente **C** tristemente. **2** Con leggerezza, senza preoccupazione: *è stato bocciato, ma l'ha presa allegramente.*

allegria (al-le-grì-a) N.F. (pl. *-grìe*) **1** Stato d'animo gioioso e spensierato: *vivere in allegria; la sua allegria era contagiosa* **S** contentezza, gioia **C** tristezza. **2** Vivacità: *allegria di luci, di colori.*

allegro (al-lé-gro) AGG. **1** Pieno di allegria: *arriva sempre tutto allegro; ha un carattere allegro* **S** contento, felice **C** triste. **2** Che mette allegria: *una serata, una musica allegra; pensieri poco allegri; una bella faccia allegra.*

alleluia (al-le-lù-ia) N.M. INVAR. || N.M. Espressione ripetuta in segno di gioia e di lode a Dio nella celebrazione della Messa. || **alleluia!** INTER. Esprime gioia: *ce l'abbiamo fatta, alleluia!*

allenamento (al-le-na-mén-to) N.M. **1** Esercizio continuo fatto per raggiungere il massimo rendimento in un'attività fisica o intellettuale: *tenere in allenamento la memoria.* **2** Preparazione specifica a una prova o a una gara sportiva: *ha sottoposto la squadra a un allenamento durissimo.*

allenare (al-le-nà-re) V.TR. (*alléno*, ecc.) || TR. **1** Abituare, attraverso l'esercizio continuo, a svolgere un'attività fisica o intellettuale: *allenare il cervello* ***allo*** *studio* **S** addestrare, esercitare. **2** Preparare un atleta o una squadra ad affrontare una gara: *allenare un podista* ***per*** *la maratona.* || **allenarsi** RIFL. Prepararsi fisicamente e tecnicamente per una gara o per mantenersi in forma: *allenarsi* ***per*** *le Olimpiadi.*

allenatore (al-le-na-tó-re) N.M. (f. *-trìce*) · Chi segue e dirige l'allenamento di un atleta o di una squadra: *l'allenatore non ha ancora deciso la formazione.*

allentare (al-len-tà-re) V.TR. (*allènto*, ecc.) || TR. **1** Rendere più lento, meno teso, meno stretto: *allentare una corda; allentare un nodo* **S** allargare **C** tendere, stringere. **2** Rendere meno rigido: *allentare la sorveglianza; allentare la tensione* **S** attenuare **C** aumentare. || **allentarsi** INTR. PRONOM. **1** Farsi meno teso: *il cavo s'è allentato.* **2** Divenire meno rigido: *la tensione s'è allentata.* **E** ***Allentare il freno***, concedere maggiore libertà.

allergene (al-ler-gè-ne) N.M. · Sostanza che provoca allergia.

allergia (al-ler-gì-a) N.F. (pl. *-gìe*) **1** Reazione di intolleranza dell'organismo a una sostanza: *allergia* ***al*** *polline.* **2** Profonda avversione nei confronti di qualcosa: *ha un'allergia* ***alla*** *matematica.*

> Il termine è stato inventato dal medico C. Von Pirquet nel 1906 con il significato di 'reazione diversa', perché composto del greco *allo-* 'diverso' e *ergon* 'azione'.

allergico (al-lèr-gi-co) AGG. (pl.m. *-ci*, pl.f. *-che*) **1** Che riguarda l'allergia: *reazione allergica* • Di persona, affetto da malattia allergica: *essere allergico* ***alle*** *fragole* **S** intollerante. **2** Che non riesce a tollerare qualcosa o qualcuno: *sono allergico* ***al*** *fumo.*

allestimento (al-le-sti-mén-to) N.M. **1** L'insieme delle operazioni necessarie per la preparazione di qualcosa: *allestimento di una spedizione* **S** organizzazione. **2** Nel teatro, preparazione della parte scenica di uno spettacolo: *allestimento di un'opera lirica* **S** messinscena.

allestire (al-le-stì-re) V.TR. (*allestìsco, allestìsci*, ecc.) · Curare l'organizzazione di qualcosa: *allestire una festa* **S** preparare, organizzare • Mettere in scena uno spettacolo teatrale: *allestire una commedia.*

allettante (al-let-tàn-te) AGG. · Che suscita attrazione e interesse: *una proposta allettante; un profumo allettante* **S** invitante.

allettare (al-let-tà-re) V.TR. (*allètto*, ecc.) · Attirare con promesse e prospettive piacevoli: *mi ha allettato con la speranza di facili guadagni* **S** attrarre, invogliare.

allevamento (al-le-va-mén-to) N.M. **1** L'insieme delle cure necessarie allo sviluppo di bambini, animali, piante: *norme per l'allevamento del bambino.* **2** L'insieme delle tecni-

A B C D E F G H I J K L M N O P Q R S T U V W X Y Z

A

che per la produzione di animali utili all'uomo: *l'allevamento dei bachi da seta; polli di allevamento* • Il luogo attrezzato per questa attività: *lavora in un allevamento di cavalli.*

allevare (al-le-và-re) V.TR. (*allèvo*, ecc.) **1** Curare un bambino allattandolo e nutrendolo Ⓢ crescere. **2** Curare la crescita di animali o piante: *allevare polli; allevare orchidee.* **3** Educare, istruire: *ha allevato i figli con sani principi.*

allevatore (al-le-va-tó-re) N.M. (f. *-trìce*) · Chi si dedica all'allevamento: *un allevatore di cavalli.*

alleviare (al-le-vià-re) V.TR. (*allèvio*, ecc.) · Rendere più tollerabile: *alleviare le sofferenze di un malato* Ⓢ attenuare, mitigare Ⓒ aggravare.

allibire (al-li-bì-re) V.INTR. (*allibìsco, allibisci*, ecc.; aus. *essere*) · Rimanere fortemente stupito: *a quella notizia tutti allibirono* Ⓢ sbigottire, stupirsi.

allibito (al-li-bì-to) AGG. · Sbigottito, stupito: *sono rimasto allibito di fronte a tanta ingratitudine.*

allibratore (al-li-bra-tó-re) N.M. (f. *-trìce*) · Nelle corse di cavalli, di cani ecc., chi è autorizzato a ricevere e a registrare le scommesse.

allietare (al-lie-tà-re) V.TR. (*allièto*, ecc.) · Rendere lieto: *la buona notizia allietò tutti* Ⓢ rallegrare Ⓒ addolorare.

allievo (al-liè-vo) N.M. (f. *-a*) · Chi viene istruito in una disciplina, una professione o un'arte: *il saggio degli allievi del conservatorio.*

alligatore (al-li-ga-tó-re) N.M. · Rettile molto simile al coccodrillo che vive nei fiumi della Cina e degli Stati Uniti d'America.

allineamento (al-li-ne-a-mén-to) N.M. **1** Disposizione in linea retta: *allineamento dei soldati* Ⓢ fila, schieramento. **2** Adeguamento: *allineamento dei salari al costo della vita.*

allineare (al-li-ne-à-re) V.TR. (*allìneo*, ecc.) || TR. Disporre sulla stessa linea: *allineare i libri sullo scaffale.* || **allinearsi** RIFL. **1** Mettersi sulla stessa linea: *gli atleti si allineano sulla linea di partenza.* **2** Adeguarsi: *allinearsi* ***alle*** *decisioni della maggioranza.*

allitterazione (al-lit-te-ra-zió-ne) N.F. · Ripetizione di lettere, sillabe o suoni in una serie di due o più parole, per es. *fare fuoco e fiamme.*

allo (àl-lo) · Preposizione articolata m. sing. formata da ***a*** + ***lo***[1].

allocco (al-lòc-co) N.M. (f. *-a*; pl.m. *-chi*, pl.f. *-che*) **1** N.M. Uccello rapace notturno, di colore dal grigio al rosso castano. **2** N.M. (f. *-a*) Persona goffa e stupida: *si è fatta ingannare come un'allocca* Ⓢ ingenuo, sciocco.

> ♫ Il verbo che indica il verso dell'allocco è *bubolare.*

allodola (al-lò-do-la) N.F. · Piccolo uccello di colore fulvo o rossiccio, con ali lunghe e coda corta. Ⓔ ***Specchietto per le allodole*** → ***specchietto***.

> ♫ Come per altri uccelli che emettono suoni musicali, il verbo che indica il verso dell'allodola è *cantare* o *trillare* e il nome è *canto* o *trillo.*

alloggiare (al-log-già-re) V.TR. e INTR. (*allòggio*, ecc.) || TR. Dare alloggio: *alloggiare i profughi nei locali di una scuola* Ⓢ accogliere, ospitare. || INTR. (aus. *avere*) Abitare per un certo periodo in un luogo: *alloggiare presso i nonni* Ⓢ dimorare, risiedere.

alloggio (al-lòg-gio) N.M. (pl. *-gi*) **1** Luogo in cui si abita, soprattutto per un breve periodo di tempo: *cercare un alloggio per la notte* Ⓢ ricovero. **2** Casa, abitazione, appartamento: *alloggi popolari.*

allontanamento (al-lon-ta-na-mén-to) N.M. **1** Distacco, separazione: *l'allontanamento* ***dagli*** *amici è stata una sua scelta* Ⓒ avvicinamento. **2** Esclusione, espulsione: *allontanamento di un funzionario* ***da*** *un ufficio.*

allontanare (al-lon-ta-nà-re) V.TR. || TR. **1** Mandare, mettere o tenere lontano: *allontanare i bambini* ***da*** *casa; allontana la pentola* ***dal*** *fuoco; allontanare un sospetto* Ⓢ scostare Ⓒ avvicinare. **2** Mandare via: *il maestro l'ha allontanato* ***dalla*** *classe; allontana i cattivi pensieri* Ⓢ scacciare. || **allontanarsi** INTR. PRONOM. Andare lontano: *allontanarsi* ***dalla*** *riva* • Andare via: *si allontanerà* ***dall'****aula per un'ora* Ⓢ assentarsi.

allora (al-ló-ra) AVV., AGG. INVAR. e CONGIUNZ. || AVV. **1** In quel tempo, in quel momento: *solo allora compresi il mio errore* • Preceduto da una preposizione, quel tempo, quel momento: *da allora non l'ho più visto; ero stato in casa fino ad allora; per allora il lavoro sarà senz'altro finito; la moda di allora era ridicola.* **2** Nella lingua parlata, spinge a concludere un'azione o un discorso: *allora, ci muoviamo?; allora, che vuoi dire?* || AGG. Prima di un sostantivo, di quel tempo: *l'allora Ministro della Pubblica Istruzione.* || CONGIUNZ. Ebbene, dunque, in tal caso: *hai finito di studiare, allora puoi uscire; se le cose stanno così allora è inutile insistere.*

Il termine deriva dall'espressione latina *ad illam hora* 'in quel tempo'.

allorché (al-lor-ché) CONGIUNZ. · Quando, nel momento in cui: *allorché mi vide mi corse incontro.*

L'accento sulla e di *allorché* è acuto; scrivere *allorchè* con l'accento grave è un errore!

alloro (al-lò-ro) N.M. **1** Albero o arbusto con foglie sempreverdi e aromatiche; nell'antichità con le sue fronde si incoronavano i poeti e i vincitori di gare. **2** Vittoria, trionfo, successo: *conquistare l'alloro*, conquistare la vittoria. Ⓔ ***Dormire sugli allori***, abbandonarsi all'ozio dopo un successo.

alluce (àl-lu-ce) N.M. · Il dito grosso del piede, corrispondente al pollice della mano.

allucinante (al-lu-ci-nàn-te) AGG. · Che provoca profondo stupore, spesso spiacevole: *è stata una scena allucinante* Ⓢ sconvolgente, spaventoso.

allucinazione (al-lu-ci-na-zió-ne) N.F. **1** Disturbo che fa percepire come realtà ciò che è frutto dell'immaginazione: *soffrire di allucinazioni.* **2** Errore di valutazione: *non puoi avermi visto in centro, devi avere avuto un'allucinazione* Ⓢ abbaglio.

allucinogeno (al-lu-ci-nò-ge-no) AGG. e N.M. · Di farmaco o sostanza capace di produrre allucinazioni.

alludere (al-lù-de-re) V.INTR. (irreg.: pass. rem. *allùṣi, alludésti, allùṣe, alludémmo, alludéste, allùṣero*; part. pass. *alluṣo*; aus. *avere*) · Accennare a cose o persone senza nominarle chiaramente: *non capisco **a** chi tu voglia alludere.* ▸ Ⓕ **ludus**

Il termine deriva dal latino *adludere* 'scherzare su qualcosa', che viene a sua volta da *ludere* 'giocare', derivato di *ludus* 'gioco', con il prefisso **a-**[2] (→ ***ludo***); dal verbo latino *ludere* derivano anche i verbi, coniugati allo stesso modo, **colludere**, **deludere**, **eludere**, **illudere**, **preludere** e il termine **ludibrio**.

alluminio (al-lu-mì-nio) N.M. · Metallo leggero di colore bianco argenteo, duttile e malleabile (il simbolo chimico è *Al*).

allunare (al-lu-nà-re) V.INTR. (aus. *avere*) · Posarsi sulla superficie lunare: *l'astronave ha allunato.*

allungamento (al-lun-ga-mén-to) N.M. · Aumento di lunghezza o di durata: *allungamento di un percorso; allungamento delle giornate* Ⓢ prolungamento. ▸ Ⓕ **longus**

allungare (al-lun-gà-re) V.TR. (*allùngo, allùnghi*, ecc.) || TR. **1** Rendere più lungo: *allungare una giacca, il cammino* Ⓒ accorciare. **2** Distendere una parte del corpo: *allungare le gambe.* **3** Nel linguaggio familiare, porgere, passare: *per favore, mi allunghi il pepe?* • Dare con una certa violenza: *allungare uno schiaffo **a** qualcuno* Ⓢ mollare, assestare. **4** Prolungare nel tempo: *allungare una sosta* Ⓢ protrarre. **5** Annacquare o diluire con altri liquidi: *allungare il vino.* || **allungarsi** RIFL. Distendersi, sdraiarsi: *si allungò **sul** divano per riposarsi.* || **allungarsi** INTR. PRONOM. Diventare più lungo o più alto: *se dici le bugie ti si allungherà il naso; tuo figlio si è molto allungato* • Durare più a lungo: *d'estate le giornate si allungano.* Ⓔ ***Allungare gli orecchi***, ascoltare con attenzione • ***Allungare il collo***, sporgersi per vedere meglio; anche, essere costretti a un'attesa eccessiva • ***Allungare il passo***, affrettarsi • ***Allungare le mani***, metterle addosso a qualcuno per picchiarlo o per tentare un approccio sessuale; anche, rubare. ▸ Ⓕ **longus**

allungato (al-lun-gà-to) AGG. **1** Reso più lungo: *percorso allungato; tavolo allungato* Ⓢ prolungato. **2** Diluito con acqua o altri liquidi: *vino allungato.* ▸ Ⓕ **longus**

A

allungo (al-lùn-go) N.M. (pl. *-ghi*) · Nella corsa e nel ciclismo, aumento della velocità dell'atleta • Nel calcio, passaggio in avanti • Nel pugilato, colpo dato distendendo completamente il braccio. ▸ Ⓕ **longus**

allusi (al-lù-ṣi) · Pass. rem., 1ª pers. sing. → ***alludere***.

allusione (al-lu-ṣió-ne) N.F. · Accenno vago a cosa o persona, fatto senza nominarla chiaramente: *ha fatto chiare allusioni* ***alla*** *sua inefficienza; non so se hai capito l'allusione* Ⓢ sottinteso. ▸ Ⓕ **ludus**

allusivo (al-lu-ṣi-vo) AGG. · Che fa allusioni: *sei troppo allusivo; linguaggio allusivo* Ⓢ ambiguo, vago Ⓒ chiaro. ▸ Ⓕ **ludus**

alluso (al-lù-ṣo) · Participio pass. → ***alludere***.

alluvionale (al-lu-vio-nà-le) AGG. · Che riguarda l'alluvione: *piogge alluvionali; danni alluvionali.* Ⓔ ***Depositi alluvionali***, materiali depositati a valle dai fiumi.

alluvione (al-lu-vió-ne) N.F. · Inondazione causata dallo straripamento di corsi d'acqua: *l'alluvione di Firenze* Ⓢ allagamento.

almanacco (al-ma-nàc-co) N.M. (pl. *-chi*) **1** Libro che registra le indicazioni astronomiche, meteorologiche di ogni giorno dell'anno Ⓢ lunario. **2** Pubblicazione annuale con tutte le notizie che possono interessare, nel corso dell'anno, le persone che si occupano di un settore: *almanacco letterario.*

> Il termine deriva da una parola araba che significa 'lunario, calendario'.

almeno (al-mé-no) AVV. **1** Se non altro: *dimostra almeno un po' di buona volontà.* **2** Come minimo, a dir poco: *vale almeno cento euro.* **3** Con il congiuntivo imperfetto o trapassato, esprime speranza o dispiacere: *almeno parlasse!; almeno mi avesse avvertito!*

alogeno (a-lò-ge-no) N.M. e AGG. || N.M. Sostanza semplice che, unita ai metalli, produce sali: *lo iodio, il cloro e il fluoro sono alogeni.* || AGG. ***Lampada alogena*** (o *un'alogena* N.F.), tipo di lampada in cui sono contenuti vapori di iodio, che diffonde una luce intensa e uniforme.

alone (a-ló-ne) N.M. **1** Serie di cerchi luminosi che talvolta sembrano circondare il Sole e la Luna. **2** Zona di chiarore sfumato intorno a una sorgente luminosa: *l'alone dei fanali nella nebbia.* **3** Zona di colore alterato che si forma intorno al punto di un tessuto che è stato smacchiato. **4** Atmosfera: *un alone di mistero circondava la casa.*

alpe (àl-pe) N.F. **1** Catena montuosa. **2** Vasto pascolo di montagna. Ⓔ ***Le Alpi***, il sistema montuoso che segna il confine nord dell'Italia.

> Il termine deriva da una radice prelatina che significa 'pietra'.

alpeggio (al-pég-gio) N.M. (pl. *-gi*) · Pascolo del bestiame in alta montagna da fine maggio a metà settembre.

alpestre (al-pè-stre) AGG. · Tipico delle Alpi o dell'alta montagna: *paesaggio alpestre* Ⓢ alpino, montano.

alpinismo (al-pi-ni-ṣmo) N.M. · Lo sport che ha come scopo la scalata delle montagne e delle pareti rocciose.

alpinista (al-pi-ni-sta) N.M. e F. (pl.m. *-i*, pl.f. *-e*) · Sportivo che pratica l'alpinismo.

alpino (al-pi-no) AGG. e N.M. || AGG. Delle Alpi o, in generale, dell'alta montagna: *fauna alpina* Ⓢ alpestre, montano. || N.M. Soldato delle truppe di montagna.

alquanto (al-quàn-to) AVV. · Abbastanza, parecchio, assai: *si era alquanto inoltrato nel bosco; è alquanto invecchiato.*

alt INTER. e N.M. INVAR. || INTER. Comando militare con cui si ordina l'arresto della marcia, usato anche nella disciplina del traffico. || N.M. Il comando stesso: *dare l'alt a qualcuno.*

altalena (al-ta-lé-na) N.F. **1** Gioco che consiste nel dondolarsi su un sedile sospeso a due funi, oppure nel mettersi alle estremità di una tavola in bilico facendola poi alzare e abbassare ritmicamente • L'apparecchiatura per questo gioco: *la bambina scese dall'altalena.* **2** Alternanza di stati d'animo contrastanti: *un'altalena di speranze e delusioni.*

altalenante (al-ta-le-nàn-te) AGG. · Che va su e giù come un'altalena: *a scuola ha un rendimento altalenante* Ⓢ instabile.

altare (al-tà-re) N.M. **1** Nel mondo pagano, piedistallo per l'offerta di sacrifici alla divinità: *l'altare del tempio di Diana.* **2** Nel culto cristiano, tavola sopra la quale il sacerdote celebra la funzione religiosa. **E** ***Condurre all'altare***, sposare.

alterare (al-te-rà-re) V.TR. (*àltero*, ecc.) || TR. **1** Rendere una cosa diversa, in genere peggiorandola: *alterare i colori.* **2** Modificare con l'inganno: *alterare un documento; alterare la voce* **S** falsificare, contraffare. **3** Rendere nervoso: *basta un nonnulla per alterarlo* **S** innervosire, irritare. || **alterarsi** INTR. PRONOM. **1** Subire una trasformazione negativa: *il vino tenuto al caldo si altera facilmente* **S** deteriorarsi, guastarsi. **2** Diventare nervoso: *non alterarti* ***per*** *così poco!* **S** irritarsi, arrabbiarsi.

alterato (al-te-rà-to) AGG. **1** Parzialmente mutato, in genere peggiorato o falsificato: *cibo alterato; verità alterata.* **2** Diverso a causa di un turbamento: *aveva la voce alterata* ***dall'****emozione* **S** turbato, eccitato, irritato. **3** In grammatica, di nome, aggettivo o avverbio il cui significato viene leggermente cambiato da un suffisso (*belloccio* da *bello*, *benino* da *bene*).

alterazione (al-te-ra-zió-ne) N.F. **1** Modificazione parziale di qualcosa, in genere dovuta a falsificazione: *alterazione di sostanze alimentari.* **2** In grammatica, modificazione del significato di un sostantivo, un aggettivo o un avverbio ottenuta mediante un suffisso (*casetta* da *casa*, *malino* da *male*). **3** Disturbo parziale della funzionalità fisica o psichica: *alterazione del polso; avere un po' di alterazione*, avere qualche linea di febbre.

alterco (al-tèr-co) N.M. (pl. *-chi*) · Discussione animata: *ha avuto un alterco con il vicino* **S** litigio, lite.

alterigia (al-te-rì-gia) N.F. (pl. *-gie* o *-ge*) · Eccessiva stima di sé: *tratta tutti con alterigia* **S** superbia, arroganza.

alternanza (al-ter-nàn-za) N.F. · Avvicendamento di due o più elementi: *alternanza di luci e ombre, di gioie e dolori* • Successione a intervalli regolari: *l'alternanza delle stagioni.*

alternare (al-ter-nà-re) V.TR. (*altèrno*, ecc.) || TR. Avvicendare secondo un ordine regolare: *alternare i cibi; alternare lo studio* ***con*** *il riposo.* || **alternarsi** RIFL. Succedersi in modo ordinato: *le belle giornate si alternavano* ***alla*** *pioggia* • Come N.M., successione, alternanza: *l'alternarsi delle stagioni.*

alternativa (al-ter-na-tì-va) N.F. · Scelta tra due soluzioni: *mi hanno messo di fronte all'alternativa tra mentire o denunciarlo.*

alternativo (al-ter-na-tì-vo) AGG. **1** Di cosa o persona adatta a sostituirne un'altra: *un percorso alternativo.* **2** Che si contrappone a ciò che è comunemente accettato o imposto: *turismo alternativo.* **E** ***Energia alternativa*** → ***energia*** • ***Medicina alternativa*** → ***medicina.***

alternato (al-ter-nà-to) AGG. **1** Che si alterna: *una collana di perle bianche alternate* ***a*** *perle grigie.* **2** In metrica: ***rime alternate***, che si ripetono ogni due versi.

alterno (al-tèr-no) AGG. · Disposto o ripetuto a intervalli: *il movimento alterno delle onde; dopo alterne vicende riuscì a tornare in patria.* **E** ***A giorni alterni***, un giorno sì e uno no.

altero (al-tè-ro) AGG. · Arrogante, superbo: *una donna altera* • Orgoglioso, fiero: *sguardo altero.*

altezza (al-téz-za) N.F. **1** La distanza tra l'estremità inferiore e quella superiore di un corpo: *altezza di una persona, di un edificio* • Il segmento perpendicolare condotto dal vertice alla base di una figura geometrica: *l'altezza di un triangolo* • Distanza da terra: *l'altezza di un monte* **S** altitudine • Di acque, profondità. **2** Punto o luogo alto da terra: *si è gettato da grande altezza.* **3** Grandezza, nobiltà: *altezza d'animo.* **4** In indicazioni geografiche, latitudine: *la nave ha virato all'altezza del Capo Horn* • Vicinanza, prossimità: *il negozio si trova all'altezza di piazza del Duomo.* **5** In acustica, uno dei caratteri distintivi di un suono, proporzionale alla frequenza. **6** Titolo attribuito ai principi di sangue reale: *Altezza Reale.* **E** ***Essere all'altezza di qualcosa***, avere le capacità per affrontarlo: *essere all'altezza della situazione* • ***Essere all'altezza di qualcuno***, essere degno di lui.

altezzoso (al-tez-zó-so) AGG. · Pieno di superbia: *una donna bella e altezzosa* **S** altero, superbo.

A B C D E F G H I J K L M N O P Q R S T U V W X Y Z

A

alticcio (al-tìc-cio) AGG. (pl.m. *-ci*, pl.f. *-ce*) · Che ha bevuto un po' troppo: *è tornato a casa un po' alticcio* Ⓢ brillo Ⓒ sobrio.

altiforni (al-ti-fór-ni) · Plurale → ***altoforno***.

altimetria (al-ti-me-trì-a) N.F. (pl. *-trìe*) · Settore della topografia che riguarda la tecnica e gli strumenti per la misura della quota di un punto rispetto a una superficie di riferimento.

altipiano (al-ti-pià-no) → ***altopiano***.

altisonante (al-ti-so-nàn-te) AGG. · Solenne, ma vuoto di significato: *parole altisonanti* Ⓢ ampolloso, enfatico Ⓒ sobrio.

altitudine (al-ti-tù-di-ne) N.F. · Altezza sul livello del mare: *a che altitudine è la città?* Ⓢ quota.

alto (àl-to) AGG., AVV. e N.M. || AGG. **1** Molto esteso o sviluppato in altezza: *un monte alto; una donna alta* Ⓒ basso • Che ha una certa altezza: *un campanile alto 65 metri* • Spesso: *una fetta alta così* • In posizione elevata: *i quartieri alti della città; volare ad alta quota* • Che si trova più a nord o a una quota maggiore: *l'alta Italia; Bergamo alta* • Molto esteso in profondità: *l'acqua era molto alta in quel punto* Ⓒ profondo. **2** Di un'epoca storica, la fase più antica: *l'alto Impero; l'alto Medioevo,* quello dei primi secoli. **3** Di suono, che ha una forte intensità: *parlare a voce alta* Ⓢ forte, elevato • Di nota musicale, che corrisponde a una frequenza elevata: *stonare sulle note alte* Ⓢ acuto Ⓒ grave. **4** Di grandezza che corrisponde a un numero elevato: *pressione alta; i prezzi sono alti.* **5** Di sentimento, forte e profondo: *ha un'alta stima di te* Ⓢ grande • In posizione di privilegio o di prestigio: *le classi sociali più alte.* || AVV. In alto, verso l'alto: *mirare alto; volare alto.* || N.M. **1** La parte più alta, più elevata: *stava ammirando il panorama dall'alto di una torre.* **2** Posizione sociale prestigiosa: *è una persona molto in alto.* Ⓔ ***Acqua alta*** → ***acqua*** • ***Alta finanza,*** quella dei grandi imprenditori, finanzieri e banchieri • ***Alta moda,*** quella dei grandi sarti • ***Alta montagna,*** sopra i 3000 metri • ***Alta società,*** l'insieme delle persone che appartengono alle classi sociali più elevate: *un ricevimento dell'alta società* • ***Alte sfere,*** i gruppi che condizionano le decisioni politiche, economiche e finanziarie di un Paese • ***Alti e bassi,*** alternarsi di momenti positivi e negativi • ***Far cadere dall'alto*** o ***far cascare dall'alto,*** concedere una cosa sottolineando il sacrificio che è costata • ***Guardare dall'alto in basso*** → ***guardare*** • ***In alto,*** in su: *guarda in alto* • ***In alto mare,*** al largo, lontano dalla costa; in senso figurato, lontano dalla soluzione di un problema: *sono ancora in alto mare con il lavoro* • ***Salto in alto,*** specialità del salto in cui l'atleta deve oltrepassare, senza farla cadere, un'asta posta a un'altezza sempre maggiore.

altoatesino (al-to-a-te-ṣì-no) AGG. e N.M. (f. *-a*) || AGG. Dell'Alto Adige. || N.M. (f. *-a*) Abitante, nativo dell'Alto Adige.

altoforno (al-to-fór-no) N.M. (pl. *altifórni*) · Grande forno a forma di tino per ottenere ghisa da minerali di ferro.

altolocato (al-to-lo-cà-to) AGG. · Che ha una posizione sociale elevata: *un personaggio altolocato.*

altoparlante (al-to-par-làn-te) N.M. · Apparecchio che aumenta l'intensità dei suoni.

altopiano (al-to-pià-no) N.M. (pl. *altopiàni* o *altipiàni*) · Regione elevata caratterizzata da larghi tratti pianeggianti: *l'altopiano di Asiago* Ⓒ bassopiano.

altorilievo (al-to-ri-liè-vo) N.M. · Scultura su fondo piano, dal quale le figure si distaccano con un rilievo maggiore di quelle del bassorilievo.

altrettanto (al-tret-tàn-to) AGG. e PRON. INDEF., AVV. || AGG. Di uguale quantità o misura: *cinque vittorie e altrettante sconfitte.* || PRON. La stessa quantità, la stessa cosa: *tu hai speso cento euro, e io altrettanto; si voltò, e chi lo seguiva fece altrettanto;* in risposta a un augurio: *"Buon appetito!" "Grazie, altrettanto".* || AVV. Nello stesso modo, nella stessa misura: *questo non è altrettanto facile; non mi è riuscito altrettanto bene.*

altri (àl-tri) PRON. INDEF. SING. · Un'altra persona, qualcun altro: *chi altri potrebbe essere?; non desiderare la donna d'altri.*

altrimenti (al-tri-mén-ti) AVV. **1** In altro modo: *non si può fare altrimenti* Ⓢ diversamente. **2** In caso contrario: *se puoi venire vieni, altrimenti non importa* Ⓢ sennò.

altro (àl-tro) AGG. e PRON. INDEF. || AGG. **1** Preceduto dall'articolo indeterminativo, diverso, differente da qualcuno o qualcosa: *abbiamo preso un'altra strada; mettiti un altro vestito* • Ancora uno, ancora un po': *dammi un altro foglio; vuoi dell'altro pane?* **2** Preceduto dall'articolo determinativo, che resta, che rimane: *cosa farai dell'altra stoffa?* • Precedente nel tempo: *l'altra settimana; l'altro mese; l'altro giorno.* || PRON. **1** Preceduto dall'articolo indeterminativo, una persona diversa: *se non ci vai tu ci andrà un altro; sembrare, essere un altro,* essere molto cambiato • Una persona o una cosa ancora: *avanti un altro!; ne ha fatta un'altra delle sue.* **2** SOLO SING. Senza articolo, cosa diversa: *non ho altro da fare; che altro vuoi?; altro è parlare, altro è fare.* **3** La persona o la cosa che resta, che rimane: *gli altri verranno domani; ho bisogno dell'uno e dell'altro.* Ⓔ ***Altro che***, certo: *"Ti senti di andarci?" "Altro che!"* • ***Ben altro***, una cosa molto più importante: *ci vuole ben altro per fargli cambiare idea* • ***Gli altri***, le persone intorno: *è molto generoso verso gli altri* • ***Più che altro*** → ***più*** • ***Quest'altro***, prossimo, seguente nel tempo: *verrò quest'altra settimana; quest'altro mese andrò a Roma* • ***Senz'altro*** → ***senza*** • ***Tutt'altro*** → ***tutto***.

altroché (al-tro-ché) INTER. · Certamente, senza dubbio: *se mi piace? Altroché!*

altronde (al-trón-de) → ***d'altronde***.

altrove (al-tró-ve) AVV. · In altro luogo: *era diretto altrove.*

altrui (al-trùi) AGG. POSS. INVAR. · Appartenente ad altri, d'altri: *i meriti altrui; la roba altrui.*

altruismo (al-tru-i-ṣmo) N.M. · Amore verso gli altri: *si è gettato in quest'impresa per puro altruismo* Ⓢ generosità Ⓒ egoismo.

altruista (al-tru-i-sta) AGG. e N.M. e F. (pl.m. *-i*, pl.f. *-e*) · Che, chi è mosso da amore verso gli altri: *un gesto altruista; è sempre stato un altruista* Ⓢ generoso Ⓒ egoista.

altura (al-tù-ra) N.F. **1** Luogo elevato: *dall'altura si domina la valle* Ⓢ colle. **2** Alto mare: *pesce d'altura.*

alunno (a-lùn-no) N.M. (f. *-a*) · Scolaro, allievo: *una classe di 25 alunni.*

alveare (al-ve-à-re) N.M. · Cassetta che contiene favi ed è popolata di api Ⓢ arnia.

alveo (àl-ve-o) N.M. (pl. *-vei*) · Parte di terreno occupata da un corso o da uno specchio d'acqua: *l'alveo del fiume.*

alveolo (al-vè-o-lo) N.M. · Piccola cavità. Ⓔ ***Alveoli dentari***, piccole cavità della gengiva in cui si collocano i denti • ***Alveoli polmonari***, le cavità al fondo delle ultime ramificazioni dei bronchi.

alzare (al-zà-re) V.TR. || TR. **1** Spostare verso l'alto: *alzare una cassa* Ⓢ sollevare Ⓒ abbassare. **2** Provvedere alla costruzione di qualcosa: *alzare un muro* Ⓢ costruire, edificare • Rendere più alto: *alzare l'argine di un fiume **di** un metro.* **3** Portare a un livello più alto: *alzare il volume della radio; alzare i prezzi **del** 10%* Ⓢ aumentare. || **alzarsi** RIFL. Tirarsi su: *alzati **dalla** poltrona* Ⓢ sollevarsi • Levarsi dal letto: *domani devo alzarmi presto* Ⓢ svegliarsi Ⓒ coricarsi. || **alzarsi** INTR. PRONOM. Crescere di altezza: *il fiume si è alzato **di** mezzo metro* • Sorgere, levarsi: *il sole si alza alle sei; durante la notte si alzò il vento.* Ⓔ ***Alzare il gomito***, bere troppo • ***Alzare i tacchi***, allontanarsi rapidamente • ***Alzare la cresta***, darsi importanza • ***Alzare la voce***, gridare, urlare • ***Alzare le mani***, arrendersi; ***alzare le mani su qualcuno***, picchiarlo • ***Alzare le spalle*** → ***spalla*** • ***Non alzare un dito*** → ***dito***.

amabile (a-mà-bi-le) AGG. **1** Di persona, che sa farsi voler bene: *una padrona di casa amabile* Ⓢ simpatico, cortese, gentile. **2** Di bevanda, che tende al dolce: *vino amabile.*

amaca (a-mà-ca) N.F. (pl. *-che*) · Letto di rete o di tela sospeso tra due alberi o altri sostegni.

> La pronuncia corretta è *amàca*, con l'accento sulla seconda *a*; la pronuncia *àmaca* con l'accento sulla prima *a* è sbagliata!

amalgama (a-màl-ga-ma) N.M. (pl. *-i*) · Fusione di elementi diversi in un'unica entità: *amalgama di colori; un amalgama di uova, acqua e farina* Ⓢ mescolanza, miscuglio.

amalgamare (a-mal-ga-mà-re) V.TR. (*amàlgamo*, ecc.) || TR. **1** Mescolare più sostanze fino

A B C D E F G H I J K L M N O P Q R S T U V W X Y Z

A

a ottenere un composto omogeneo: *amalgamare i colori; amalgamare la farina **alle** uova* Ⓢ mischiare. **2** Unire insieme elementi diversi: *l'allenatore è riuscito ad amalgamare i giocatori.* || **amalgamarsi** INTR. PRONOM. Fondersi, armonizzarsi: *il nuovo arrivato si è subito amalgamato **con** i compagni.*

amante (a-màn-te) AGG. e N.M. e F. || AGG. e N.M. e F. Che, chi ama o ha passione per qualcosa: *è amante della buona cucina* Ⓢ appassionato. || N.M. e F. Chi è coinvolto in una relazione amorosa, spesso segreta: *dopo pochi mesi di matrimonio si è trovato un'amante.*

amanuense (a-ma-nu-èn-se) N.M. · Chi, prima dell'invenzione della stampa, copiava a mano libri e documenti Ⓢ copista.

Il termine deriva dall'espressione latina *(servus) a manu* '(schiavo) incaricato di copiare a mano'.

amaranto (a-ma-ràn-to) N.M. e AGG. || N.M. Pianta erbacea con fiori di colore rosso intenso. || AGG. e N.M. INVAR. Di colore rosso vivo: *una camicia amaranto; un bell'amaranto.*

amare (a-mà-re) V.TR. **1** Provare amore o affetto per qualcuno: *amare i figli, il prossimo* Ⓒ odiare. **2** Essere innamorato di qualcuno: *l'ho amata dal primo momento che l'ho vista.* **3** Avere una forte inclinazione per qualcosa: *amare la musica.* **4** Desiderare, gradire, preferire: *ama starsene da solo.* **5** Di piante, aver bisogno di particolari condizioni ambientali: *la vite ama i terreni sassosi.*

amareggiare (a-ma-reg-già-re) V.TR. (*amaréggio*, ecc.) || TR. Riempire di tristezza e sconforto: *il tuo rifiuto mi ha molto amareggiato* Ⓢ addolorare. || **amareggiarsi** INTR. PRONOM. Affliggersi, rattristarsi: *non amareggiarti **per** questa sconfitta.*

amarena (a-ma-rè-na) N.F. **1** Tipo di ciliegia leggermente amara. **2** Lo sciroppo fatto con queste ciliegie.

amaretto (a-ma-rét-to) N.M. **1** Biscotto croccante di forma rotonda, a base di pasta di mandorle. **2** Liquore dal sapore di mandorla amara.

amarezza (a-ma-réz-za) N.F. · Sentimento di dolore: *la sua partenza mi ha lasciato una grande amarezza* Ⓢ pena, tristezza, dispiacere.

amaro (a-mà-ro) AGG. e N.M. || AGG. **1** Di sapore opposto al dolce, tipico di sostanze come il caffè, la china, il cacao puro: *arance amare; il caffè lo bevo amaro,* senza aggiunta di zucchero Ⓒ dolce. **2** Che è motivo di dolore: *parole amare; un'amara sorpresa* Ⓢ triste, doloroso, spiacevole. || N.M. **1** Sapore amaro: *mi piace molto l'amaro di certe verdure.* **2** Bevanda amara da usare come aperitivo, digestivo o medicinale.

amatore (a-ma-tó-re) N.M. (f. *-trìce*) **1** Chi ha passione per qualcosa: *amatore delle arti* Ⓢ amante, appassionato. **2** Nello sport, dilettante: *giocano a calcio nella categoria amatori.*

amatoriale (a-ma-to-rià-le) AGG. · Di attività svolta per puro piacere: *torneo amatoriale di calcio.*

ambasciata (am-ba-scià-ta) N.F. **1** Residenza o ufficio di un ambasciatore: *l'ambasciata di Francia a Roma* • Il personale che ne fa parte. **2** Messaggio riferito ad altri da una persona incaricata: *Giacomo ci ha fatto la tua ambasciata.*

ambasciatore (am-ba-scia-tó-re) N.M. (f. *-trìce*) **1** Il massimo rappresentante diplomatico di uno Stato presso un altro: *l'ambasciatore russo si è recato in visita dal Papa.* **2** Chi ha l'incarico di riferire ad altri un messaggio: *è stato ambasciatore di buone notizie* Ⓢ messaggero.

ambedue (am-be-dù-e) AGG. e PRON. INVAR. || AGG. Tutti e due: *lavarsi con ambedue le mani* Ⓢ ambo. || PRON. Tutti e due: *sarete ambedue puniti* Ⓢ entrambi.

ambi- · Primo elemento di parole composte che significa 'entrambi, due': *ambidestro,* che usa bene entrambe le mani; *ambiguità,* la possibilità di una duplice interpretazione.

ambidestro (am-bi-dè-stro) AGG. e N.M. (f. *-a*) · Che, chi sa usare altrettanto bene sia la mano destra che la sinistra.

ambientale (am-bien-tà-le) AGG. · Che riguarda l'ambiente: *danno ambientale; tutela ambientale.* Ⓔ ***Intercettazione ambientale*** → ***intercettazione.***

ambientalista (am-bien-ta-lì-sta) AGG. e N.M. e F. (pl.m. *-i*, pl.f. *-e*) · Che, chi si batte per la difesa dell'ambiente: *associazione ambientalista* Ⓢ ecologista.

ambientamento (am-bien-ta-mén-to) N.M. · Adattamento all'ambiente: *c'è bisogno di un periodo d'ambientamento.*

ambientare (am-bien-tà-re) V.TR. (*ambiènto*, ecc.) || TR. Collocare una vicenda in un periodo storico e in un luogo opportuni: *ambienterà il suo film* ***nel*** *Settecento; il romanzo è ambientato* ***a*** *Roma.* || **ambientarsi** INTR. PRONOM. Adattarsi a un certo ambiente: *non mi sono ancora ambientato* ***in*** *città* Ⓢ inserirsi.

ambientazione (am-bien-ta-zió-ne) N.F. · Nel teatro e nel cinema, la ricostruzione delle caratteristiche di un ambiente: *uno spettacolo di ambientazione rinascimentale.*

ambiente (am-bièn-te) N.M. **1** Lo spazio che circonda una cosa o una persona e in cui questa vive: *alcuni animali preferiscono gli ambienti freddi.* **2** L'insieme delle condizioni fisiche, chimiche e biologiche che permettono la vita degli esseri viventi: *ambiente marino, terrestre.* **3** L'insieme delle condizioni sociali, culturali e morali in cui una persona vive: *è cresciuto in un ambiente provinciale* Ⓢ contesto. **4** Gruppo di persone caratterizzate da idee o interessi comuni: *nell'ambiente letterario si parla solo di lui* Ⓢ ambito. **5** Stanza, locale: *un ambiente luminoso.* Ⓔ ***Temperatura ambiente***, quella di un ambiente interno, non troppo caldo né troppo freddo.

ambiguità (am-bi-gui-tà) N.F. INVAR. **1** Condizione di ciò che può essere interpretato in modi diversi: *l'ambiguità di una frase, di un gesto* Ⓢ ambivalenza Ⓒ chiarezza. **2** Mancanza di sincerità: *l'ambiguità del suo carattere* Ⓢ doppiezza, falsità.

ambiguo (am-bì-guo) AGG. **1** Che può essere interpretato in modi diversi: *un discorso ambiguo.* **2** Poco sincero: *si sta comportando in modo molto ambiguo* Ⓢ doppio, falso, equivoco.

ambire (am-bì-re) V.TR. e INTR. (*ambìsco*, *ambìsci*, ecc.; aus. *avere*) · Desiderare intensamente: *ambire un titolo; ambire* ***al*** *potere* Ⓢ bramare, aspirare.

ambito (àm-bi-to) N.M. **1** Spazio fisico delimitato in cui ci si muove per compiere certe attività: *nell'ambito del quartiere.* **2** Ambiente circoscritto in cui si compiono azioni con un'unica finalità: *in ambito medico, familiare* Ⓢ cerchia, sfera, campo.

ambivalente (am-bi-va-lèn-te) AGG. **1** Che ha valore o significato doppio o che può svolgere due compiti diversi: *un concetto ambivalente; uno strumento ambivalente.* **2** Che tende a due atteggiamenti o sentimenti diversi: *un comportamento ambivalente* Ⓢ ambiguo, contraddittorio.

ambivalenza (am-bi-va-lèn-za) N.F. · Possibilità di prestarsi a interpretazioni diverse: *l'ambivalenza di una scelta* Ⓢ ambiguità.

ambizione (am-bi-zió-ne) N.F. **1** Desiderio sfrenato di ottenere successo e potere: *farebbe di tutto per soddisfare la propria ambizione.* **2** Desiderio di migliorarsi e di vedere riconosciuti i propri meriti: *un ragazzo senza ambizioni* Ⓢ aspirazione • Ciò che si desidera: *la sua vera ambizione era fare il medico* Ⓢ sogno.

ambizioso (am-bi-zió-so) AGG. **1** Dominato dall'ambizione: *un politico ambizioso.* **2** Che rivela un eccesso di ottimismo e di presunzione: *un progetto ambizioso* Ⓢ grandioso.

ambo[1] (àm-bo) AGG. INVAR. · Tutti e due: *sa scrivere con ambo le mani* Ⓢ ambedue.

ambo[2] (àm-bo) N.M. · Nella tombola e nel lotto, serie di due numeri estratti sulla stessa fila (tombola) o nella stessa ruota (lotto).

ambra (àm-bra) N.F. · Resina fossile, di colore giallo chiaro o bruno usata per oggetti di ornamento.

ambulante (am-bu-làn-te) AGG. · Che non ha sede fissa: *un suonatore ambulante* Ⓢ itinerante. Ⓔ ***Venditore ambulante*** (o *un ambulante* N.M.), chi vende la propria merce per strada: *ieri in piazza c'erano degli ambulanti.*

ambulanza (am-bu-làn-za) N.F. · Autoveicolo attrezzato per trasportare malati o feriti: *presto, chiamate un'ambulanza!*

> Il termine deriva dal francese *ambulance* 'ospedale ambulante' al seguito dell'esercito, che a sua volta viene dal latino *ambulare* 'camminare, andare'.

A B C D E F G H I J K L M N O P Q R S T U V W X Y Z

A

ambulatorio (am-bu-la-tò-rio) N.M. (pl. *-ri*) · Locale destinato a visite mediche o a cure che non richiedono il ricovero in ospedale: *ambulatorio dentistico*.

ameba (a-mè-ba) N.F. · Organismo formato da una sola cellula che vive in acque dolci o marine; può essere un parassita dell'uomo.

amen (à-men) INTER. · Nella liturgia cristiana, formula che chiude una preghiera e significa 'in verità', 'così sia'.

ameno (a-mè-no) AGG. **1** Di luogo, che ispira serenità: *un paesaggio ameno* Ⓢ ridente, attraente. **2** Di attività, che dà piacere: *una lettura amena* Ⓢ divertente, piacevole. **3** Di persona, strano, bizzarro: *un tipo ameno*.

americano (a-me-ri-cà-no) AGG. e N.M. (f. *-a*) || AGG. Dell'America e dei Paesi che la costituiscono, in particolare degli Stati Uniti d'America. || N.M. (f. *-a*) Abitante, nativo dell'America, in particolare degli Stati Uniti d'America. Ⓔ ***Gomma americana*** → ***gomma***.

ametista (a-me-ti-sta) N.F. · Varietà di quarzo di colore viola, usata come pietra preziosa.

Il termine deriva da una parola greca che significa 'antiubriacante', perché si credeva che la pietra agisse come rimedio contro l'ubriachezza.

amfetamina (am-fe-ta-mì-na) → ***anfetamina***.

amianto (a-miàn-to) N.M. · Minerale a struttura fibrosa, usato per fabbricare tessuti e materiali resistenti al fuoco; la sua estrazione e il suo utilizzo sono vietati in Italia per gli effetti cancerogeni.

amichevole (a-mi-ché-vo-le) AGG. · Da amico: *rapporti amichevoli; un gesto amichevole* Ⓢ affettuoso, cordiale Ⓒ ostile. Ⓔ ***Partita amichevole*** (o *un'amichevole* N.F.), non valida per la classifica o la conquista di un titolo.

amicizia (a-mi-cì-zia) N.F. (pl. *-zie*) **1** Legame di affetto tra due o più persone, ispirato da affinità di idee e di carattere: *fare, stringere amicizia; rompere un'amicizia*. **2** Persona a cui si è legati da un rapporto di amicizia: *avere molte amicizie* Ⓢ amico.

amico (a-mì-co) N.M. e AGG. (f. *-a*; pl.m. *-ci*, pl.f. *-che*) || N.M. (f. *-a*) **1** Chi è legato da un rapporto di amicizia: *amico d'infanzia; andrò in vacanza con alcuni amici*. **2** Chi prova particolare interesse per qualcosa: *amico della natura* Ⓢ amante. || AGG. Benevolo, favorevole, affettuoso: *parole amiche; finalmente una faccia amica!* Ⓔ ***Amici per la pelle***, uniti da una fortissima amicizia • ***Il migliore amico dell'uomo***, il cane.

amido (à-mi-do) N.M. · Sostanza nutritiva presente soprattutto nei cereali e nelle patate; costituisce la maggior parte dei carboidrati alimentari.

amigdala (a-mìg-da-la) N.F. **1** In anatomia, formazione a mandorla. **2** Pietra scheggiata a forma di mandorla, usata come arma nell'età della pietra.

ammaccare (am-mac-cà-re) V.TR. (*ammàcco, ammàcchi*, ecc.) || TR. Deformare una superficie percuotendola o battendola: *ammaccare la carrozzeria di un'auto*. || **ammaccarsi** INTR. PRONOM. Subire una deformazione per un urto: *nel trasporto la frutta si è ammaccata*.

ammaccatura (am-mac-ca-tù-ra) N.F. · Deformazione sulla superficie di un oggetto, causata da un urto: *un tegame pieno di ammaccature*.

ammaestramento (am-ma-e-stra-mén-to) N.M. · Insegnamento, lezione: *e questo ti serva d'ammaestramento*.

ammaestrare (am-ma-e-strà-re) V.TR. (*ammaèstro*, ecc.) **1** Istruire, educare: *ammaestrare un ragazzo* ***al*** *canto*. **2** Addestrare animali da spettacolo: *ammaestrare una foca* ***nel*** *salto*.

ammainare (am-mai-nà-re) V.TR. (*ammàino*, ecc.) · Abbassare un oggetto sospeso a un cavo, facendo scorrere il cavo stesso: *ammainare le vele*.

ammalarsi (am-ma-làr-si) V.INTR. PRONOM. · Prendere una malattia: *mi sono ammalato* ***di*** *influenza* Ⓒ guarire.

ammalato (am-ma-là-to) AGG. e N.M. (f. *-a*) · Che, chi è colpito da malattia: *è ammalato* ***di*** *stomaco; l'ospedale è pieno di ammalati* Ⓢ malato.

ammaliare (am-ma-lià-re) V.TR. (*ammàlio*, ecc.) · Fare rimanere incantato: *quella donna lo ha ammaliato; rimase ammaliato dalla bel-*

lezza del paesaggio Ⓢ incantare, affascinare, sedurre.

ammanco (am-màn-co) N.M. (pl. *-chi*) · Somma di denaro che manca: *a fine giornata ho scoperto un ammanco di cassa.*

ammanettare (am-ma-net-tà-re) V.TR. (*ammanétto*, ecc.) · Legare con le manette: *il poliziotto gli ammanettò i polsi.*

ammansire (am-man-sì-re) V.TR. (*ammansìsco, ammansìsci*, ecc.) || TR. **1** Rendere mansueto un animale: *ammansire una bestia feroce* Ⓢ addomesticare, domare. **2** Calmare una persona: *si arrabbia facilmente, ma basta un sorriso per ammansirlo* Ⓢ placare. || **ammansirsi** INTR. PRONOM. **1** Di animale, diventare mansueto. **2** Di persona, calmarsi Ⓢ placarsi.

ammantare (am-man-tà-re) V.TR. || TR. **1** Avvolgere come in un manto: *l'ammantò* ***di*** *una veste di seta* Ⓢ vestire. **2** Coprire, ricoprire: *ammantare* ***di*** *mistero la propria vita.* || **ammantarsi** INTR. PRONOM. Ricoprirsi, rivestirsi: *le colline si ammantano* ***di*** *fiori.*

ammassare (am-mas-sà-re) V.TR. || TR. Raccogliere in modo confuso: *ammassare libri* Ⓢ ammucchiare, accumulare. || **ammassarsi** INTR. PRONOM. Raccogliersi in gran numero: *i turisti si ammassarono sull'autobus* Ⓢ accalcarsi.

ammasso (am-màs-so) N.M. · Quantità di cose ammucchiate in modo disordinato: *un ammasso di pietre* Ⓢ cumulo, mucchio.

ammattire (am-mat-tì-re) V.INTR. (*ammattìsco, ammattìsci*, ecc.; aus. *essere*) **1** Diventare matto: *è ammattito* ***per*** *la morte del figlio* Ⓢ impazzire. **2** Perdere la calma: *con le sue continue richieste mi fa ammattire* Ⓢ innervosirsi, spazientirsi. **3** Darsi molto da fare: *ammattire* ***su*** *un problema* Ⓢ arrovellarsi, scervellarsi.

ammazzare (am-maz-zà-re) V.TR. || TR. **1** Uccidere in modo violento e brutale: *fu ammazzato a sangue freddo* Ⓢ assassinare • Far morire: *la droga ammazza tanti giovani.* **2** Ridurre una persona in gravi condizioni: *ammazzare* ***di*** *pugni.* **3** Stancare molto: *è un lavoro che ti ammazza* Ⓢ sfinire, estenuare. || **ammazzarsi** RIFL. **1** Suicidarsi: *si è ammazzato con un colpo di pistola* • Trovare la morte in modo accidentale: *si è ammazzato* ***in*** *un incidente.* **2** Affaticarsi fino a perdere la salute: *si sta ammazzando* ***di*** *lavoro.* Ⓔ ***Ammazzare il tempo***, impegnarsi in qualcosa per non annoiarsi.

> Il termine deriva da **mazza**, perché in origine significava genericamente 'colpire con la mazza'.

ammenda (am-mèn-da) N.F. **1** Riparazione di un torto commesso: *ho fatto ammenda delle mie colpe.* **2** Multa, contravvenzione: *pagare un'ammenda.*

ammesso (am-més-so) AGG. e N.M. (f. -a) || AGG. Consentito, lecito: *una confidenza non ammessa tra estranei.* || AGG. e N.M. (f. -a) Che, chi può accedere a una prova d'esame o a un concorso: *i candidati ammessi* ***alle*** *prove orali; gli ammessi* ***all'****esame si presentino in segreteria* Ⓒ respinto. Ⓔ ***Ammesso che***, nel caso in cui, se: *te lo porterò, ammesso che riesca a trovarlo.*

ammettere (am-mét-te-re) V.TR. (irreg.: coniugato come *mettere*) **1** Lasciar entrare: *le persone senza invito non saranno ammesse* ***alla*** *cerimonia* Ⓢ accettare, accogliere. **2** Riconoscere idoneo: *è stato ammesso* ***agli*** *esami orali* Ⓢ promuovere. **3** Consentire un comportamento: *non ammetto scuse; non ammetto* ***che*** *si arrivi in ritardo* Ⓢ accettare, permettere, tollerare. **4** Dichiarare apertamente una propria mancanza: *ammetto il mio errore; ammise* ***di*** *essersi sbagliato* Ⓢ riconoscere, confessare. **5** Porre come ipotesi: *ammettiamo pure* ***che*** *sia vero* Ⓢ supporre.

> Il termine deriva dal latino *admittere* 'accogliere, concedere', che viene a sua volta da *mittere* 'mandare' con il prefisso **a-**[2] (→ ***mettere***).

ammezzato (am-meẓ-ẓà-to) AGG. e N.M. || AGG. Di piano di un edificio, che sta tra il piano terra e il primo piano. || N.M. Mezzanino.

ammiccare (am-mic-cà-re) V.INTR. (*ammìcco, ammìcchi*, ecc.; aus. *avere*) · Fare cenni d'intesa, soprattutto strizzando un occhio: *ammiccare* ***a*** *un amico; ammiccare* ***con*** *gli occhi.*

amministrare (am-mi-ni-strà-re) V.TR. **1** Curare il buon andamento di enti pubblici o di attività private: *amministrare un'azienda*

A B C D E F G H I J K L M N O P Q R S T U V W X Y Z

A

Ⓢ gestire, dirigere. **2** Gestire con saggezza: *amministrare le proprie forze* Ⓢ dosare. **3** Esercitare il potere o le funzioni di una carica o di un ufficio: *amministrare la giustizia.*

amministrativo (am-mi-ni-stra-tì-vo) AGG. · Che riguarda l'amministrazione, sia pubblica che privata: *provvedimento amministrativo.* Ⓔ ***Elezioni amministrative***, per eleggere i rappresentanti ai consigli regionali, provinciali e comunali.

amministratore (am-mi-ni-stra-tó-re) N.M. (f. *-trìce*) · Chi ha l'incarico di amministrare un ente pubblico o privato, o una proprietà: *amministratore del condominio, di una società.*

amministrazione (am-mi-ni-stra-zió-ne) N.F. **1** Attività diretta a gestire un ente pubblico o privato: *l'amministrazione dello Stato, di una fabbrica* Ⓢ gestione, direzione. **2** L'ente o l'ufficio incaricato di amministrare: *l'amministrazione delle Ferrovie è ancora senza sede* • L'insieme dei funzionari e del personale che vi lavorano: *rinnovare l'amministrazione.* Ⓔ ***Consiglio di amministrazione*** → *consiglio*.

amminoacido (am-mi-no-à-ci-do) N.M. · Il composto organico di cui sono fatte le proteine.

ammiraglia (am-mi-rà-glia) N.F. (pl. *-glie*) · La nave da guerra su cui è imbarcato l'ammiraglio • Nella marina mercantile, la nave più grande di una compagnia di navigazione.

ammiraglio (am-mi-rà-glio) N.M. (pl. *-gli*) · Il più alto grado degli ufficiali della marina militare.

> Il termine deriva da una parola araba che significa 'comandante supremo'.

ammirare (am-mi-rà-re) V.TR. **1** Guardare con interesse e ammirazione: *ammirare un'opera d'arte* Ⓢ contemplare. **2** Considerare degno di stima: *ho sempre ammirato la sua onestà* Ⓢ stimare.

ammiratore (am-mi-ra-tó-re) N.M. (f. *-trìce*) · Chi manifesta profonda ammirazione per qualcuno: *è sempre circondato dalle sue ammiratrici* Ⓢ fan • Corteggiatore: *nonostante l'età ha ancora molti ammiratori.*

ammirazione (am-mi-ra-zió-ne) N.F. **1** Atteggiamento di meraviglia di fronte a qualcosa di bello: *i turisti stavano in ammirazione di fronte agli affreschi.* **2** Sentimento di grande stima: *avere, provare, nutrire ammirazione per qualcuno.*

ammirevole (am-mi-ré-vo-le) AGG. · Degno di ammirazione: *mostrò un coraggio ammirevole.*

ammissibile (am-mis-sì-bi-le) AGG. · Che si può tollerare: *non è ammissibile il tuo comportamento* Ⓢ accettabile, comprensibile, tollerabile Ⓒ inammissibile.

ammissione (am-mis-sió-ne) N.F. **1** Azione con cui si permette l'entrata: *fu decisa la sua ammissione alla società* Ⓢ accettazione, approvazione. **2** Riconoscimento aperto di una propria mancanza: *l'ammissione delle proprie colpe è un segno di maturità* Ⓢ confessione. Ⓔ ***Esame di ammissione***, da superare per essere accettato in una scuola.

ammobiliare (am-mo-bi-lià-re) V.TR. (*ammobìlio*, ecc.) · Arredare con mobili: *ammobiliare una casa.*

ammobiliato (am-mo-bi-lià-to) AGG. · Fornito di mobili: *una casa ammobiliata in stile moderno* Ⓢ arredato.

ammodernare (am-mo-der-nà-re) V.TR. (*ammodèrno*, ecc.) · Modificare secondo il gusto moderno: *ammodernare un edificio* Ⓢ modernizzare, rimodernare.

ammogliarsi (am-mo-gliàr-si) V.INTR. PRONOM. (*mi ammóglio*, ecc.) · Prendere moglie: *si è ammogliato ancora giovane* Ⓢ sposarsi.

ammogliato (am-mo-glià-to) AGG. e N.M. · Che, chi ha moglie Ⓢ sposato, coniugato.

ammoniaca (am-mo-nì-a-ca) N.F. · Gas incolore, di odore pungente, composto di azoto e idrogeno, facilmente solubile in acqua; è usato nell'industria chimica e in medicina.

> Il termine deriva da una parola greca che significa 'di Giove Ammone', divinità a cui era dedicato il tempio in Libia presso il quale gli antichi raccoglievano il sale in cui era contenuta questa sostanza.

ammonimento (am-mo-ni-mén-to) N.M. · Rimprovero rivolto a mettere in guardia contro manchevolezze o errori: *dovete tenere conto degli ammonimenti dei maestri* Ⓢ avvertimento.

ammonire (am-mo-nì-re) V.TR. (*ammonìsco, ammonìsci*, ecc.) **1** Mettere in guardia contro errori o pericoli: *il medico lo ammonì* ***a*** *occuparsi di più della sua salute* Ⓢ avvertire, esortare. **2** Rimproverare aspramente: *il professore ammonì lo studente* ***per*** *lo scarso impegno* Ⓢ riprendere, richiamare. **3** Nello sport, infliggere un'ammonizione: *il difensore fu ammonito* ***per*** *gioco pericoloso.*

Ammoniti (Am-mo-ni-ti) N.F.PL. · Molluschi numerosi nel Mesozoico, caratterizzati da una conchiglia di dimensioni variabili, avvolta a spirale e divisa in spazi.

ammonizione (am-mo-ni-zió-ne) N.F. **1** Rimprovero autorevole: *il preside ha rivolto alla classe una severa ammonizione* Ⓢ richiamo, avvertimento. **2** Nello sport, richiamo ufficiale dell'arbitro a un atleta che non rispetti le regole del gioco: *un fallo da ammonizione.*

ammontare (am-mon-tà-re) V.INTR. (*ammónto*, ecc.; aus. *essere*) · Giungere a un certo valore totale: *il prezzo ammonta* ***a*** *cento euro* • Come N.M., somma complessiva: *l'ammontare delle spese* Ⓢ totale. ▸ Ⓕ **monte**

ammorbare (am-mor-bà-re) V.TR. (*ammòrbo*, ecc.) · Rendere poco sano: *esalazioni che ammorbano l'aria* Ⓢ appestare, contaminare.

ammorbidente (am-mor-bi-dèn-te) AGG. e N.M. · Prodotto per il bucato, usato per rendere più morbida la biancheria.

ammorbidire (am-mor-bi-dì-re) V.TR. (*ammorbidìsco, ammorbidìsci*, ecc.) || TR. Rendere morbido o soffice: *ammorbidire il cuoio, un tessuto* Ⓒ indurire. || **ammorbidirsi** INTR. PRONOM. Diventare morbido: *la cera si ammorbidisce con il calore.*

ammortizzatore (am-mor-tiz-za-tó-re) N.M. · Nei veicoli, dispositivo per ridurre l'intensità di urti e vibrazioni.

ammucchiare (am-muc-chià-re) V.TR. (*ammùcchio*, ecc.) || TR. Raccogliere in mucchio in modo disordinato: *ammucchiare i libri sul tavolo* Ⓢ ammassare, accatastare. || **ammucchiarsi** INTR. PRONOM. Ammassarsi, accalcarsi: *i tifosi si sono ammucchiati sulle gradinate.*

ammuffire (am-muf-fì-re) V.INTR. (*ammuffìsco, ammuffìsci*, ecc.; aus. *essere*) **1** Prendere la muffa: *questo pane è ammuffito.* **2** Rimanere chiuso in un luogo dedicandosi sempre alla stessa attività: *ammuffire* ***in*** *casa,* ***sui*** *libri.*

ammutinamento (am-mu-ti-na-mén-to) N.M. · Rifiuto da parte di un gruppo di marinai, soldati o carcerati di ubbidire agli ordini dei superiori Ⓢ ribellione.

ammutinarsi (am-mu-ti-nàr-si) V.INTR. PRONOM. (*mi ammutìno*, ecc.; o *mi ammùtino*, ecc.) · Ribellarsi contro i superiori: *l'equipaggio si ammutinò.*

ammutolire (am-mu-to-lì-re) V.INTR. (*ammutolìsco, ammutolìsci*, ecc.; aus. *essere*) · Tacere all'improvviso: *ammutolire* ***dalla*** *vergogna,* ***per*** *lo spavento* Ⓢ zittirsi.

amnesia (am-ne-ṣì-a) N.F. (pl. *-ṣìe*) · Perdita della memoria: *soffre di improvvise amnesie.*

amniotico (am-niò-ti-co) AGG. (pl.m. *-ci*, pl.f. *-che*) · Solo nell'espressione ***liquido amniotico***, quello in cui è immerso il feto durante la gravidanza.

amnistia (am-ni-stì-a) N.F. (pl. *-stìe*) · Atto di clemenza con cui lo Stato permette a chi ha commesso certi reati di non scontare la pena prevista: *dare, concedere un'amnistia.*

amnistiare (am-ni-stià-re o am-ni-sti-à-re) V.TR. (*amnistìo, amnistìi*, ecc.; o *amnìstio, amnìsti*, ecc.; usato quasi esclusivamente nei tempi composti) · Concedere l'amnistia: *amnistiare un detenuto.*

amo (à-mo) N.M. · Ago ricurvo d'acciaio per pescare, su cui si infila l'esca: *il pesce ha abboccato all'amo.* Ⓔ ***Prendere all'amo qualcuno***, tendergli un tranello.

amore (a-mó-re) N.M. **1** Sentimento profondo ed esclusivo verso una persona, che porta a condividere con questa sentimenti ed emozioni e a desiderarla dal punto di vista fisico: *amore romantico, appassionato; si giurarono amore eterno* • Rapporto o avventura amorosa: *mi ha raccontato tutti i suoi amori.* **2** La persona amata: *il mio primo amore è stato un compagno di classe* Ⓢ amato. **3** Affetto pro-

A B C D E F G H I J K L M N O P Q R S T U V W X Y Z

A

fondo per qualcuno: *amore materno; amore per i propri amici* • Grande interesse per qualcosa: *amore per lo studio* Ⓢ passione. **4** Forte desiderio: *amore della gloria, del lusso* Ⓢ brama. Ⓔ ***Amor proprio***, senso di orgoglio per la propria dignità • ***Con amore***, con cura e passione: *un cibo cucinato con amore* • ***D'amore e d'accordo***, in perfetta concordia: *quei due vanno d'amore e d'accordo* • ***Fare l'amore***, avere rapporti sessuali • ***In amore***, di animali, nella fase della riproduzione: *essere in amore* • ***Per amore o per forza***, necessariamente, comunque: *devo finire di studiare, per amore o per forza* • ***Per l'amor di Dio!*** o ***per l'amor del cielo***, esprime impazienza o una supplica: *state zitti, per l'amor di Dio!; per l'amor del cielo, la vuoi smettere?*

amoreggiare (a-mo-reg-già-re) V.INTR. (*amoréggio*, ecc.; aus. *avere*) · Avere una relazione d'amore poco profonda e poco duratura: *amoreggiare **con** una compagna di classe* Ⓢ flirtare.

amorevole (a-mo-ré-vo-le) AGG. · Che dimostra amore o affetto: *un padre amorevole* Ⓢ affettuoso.

amorfo (a-mòr-fo) AGG. **1** Senza una forma o caratteristiche ben definite: *corpo amorfo.* **2** Senza personalità: *è un individuo amorfo* Ⓢ insignificante.

amoroso (a-mo-ró-so) AGG. **1** Che esprime il proprio amore: *un figlio amoroso* Ⓢ affettuoso, premuroso, tenero • Che ispira amore: *un bambino amoroso.* **2** Che riguarda l'amore: *passione amorosa.*

ampere (am-pe-re; pronuncia *ampèr* o *ampère*) N.M.INVAR. · Unità di misura dell'intensità di corrente elettrica.

ampiezza (am-piéz-za) N.F. **1** Estensione in lunghezza e larghezza: *l'ampiezza di una piazza, di un locale.* **2** Vastità, grandezza: *l'ampiezza del fenomeno sorprese anche gli studiosi.* **3** In geometria, misura: *ampiezza di un angolo, di un arco.*

ampio (àm-pio) AGG. (pl.m. *-pi* e *-pli*, pl.f. *-pie*) **1** Che presenta una notevole estenzione: *un'ampia vallata; un'ampia sala* Ⓢ esteso, vasto, spazioso Ⓒ ristretto, piccolo. **2** Che presenta grande abbondanza: *un'ampia scelta di vestiti* Ⓢ abbondante, ricco, grande. **3** Di indumento, che si indossa con comodità: *un ampio mantello* Ⓢ comodo, largo Ⓒ stretto.

amplesso (am-plès-so) N.M. **1** Abbraccio. **2** Rapporto sessuale.

ampliamento (am-plia-mén-to) N.M. **1** Aumento dell'estensione o delle dimensioni: *i lavori di ampliamento del teatro* Ⓢ ingrandimento. **2** Accrescimento, aumento: *l'ampliamento delle proprie conoscenze.*

ampliare (am-plià-re) V.TR. (*àmplio*, ecc.) || TR. **1** Rendere più ampio: *ampliare una strada* Ⓢ ingrandire, allargare Ⓒ ridurre, restringere. **2** Accrescere, aumentare: *l'ultima edizione dell'enciclopedia è stata ampliata.* || **ampliarsi** INTR. PRONOM. Diventare più ampio: *la città si è molto ampliata.*

amplificare (am-pli-fi-cà-re) V.TR. (*amplìfico, amplìfichi*, ecc.) || TR. **1** Aumentare il valore di una grandezza fisica. **2** Esagerare, enfatizzare: *amplificare i difetti di qualcuno.* || **amplificarsi** INTR. PRONOM. Acquistare maggiore importanza: *la sua autorità si è amplificata.*

amplificatore (am-pli-fi-ca-tó-re) N.M. · Dispositivo che consente di aumentare l'intensità di un suono: *l'amplificatore di un microfono.*

amplificazione (am-pli-fi-ca-zió-ne) N.F. · Aumento di una grandezza fisica secondo un fattore prestabilito e costante.

ampolla (am-pól-la) N.F. · Vasetto di vetro, argilla o metallo, dal collo sottile e dal corpo panciuto: *l'ampolla dell'olio.*

ampolloso (am-pol-ló-so) AGG. · Caratterizzato da troppa retorica: *stile ampolloso; frasi ampollose* Ⓢ enfatico, retorico, ricercato.

amputare (am-pu-tà-re) V.TR. (*àmputo*, ecc.) · Tagliare via mediante operazione chirurgica: *amputare un braccio.*

amputazione (am-pu-ta-zió-ne) N.F. · Operazione chirurgica con cui viene tagliato via un arto o una sua parte: *ha riportato l'amputazione di un dito.*

amuleto (a-mu-lé-to) N.M. · Piccolo oggetto da portare sulla persona, creduto capace di proteggere da mali o da pericoli Ⓢ portafortuna.

an- → *a-*[1].

anabbagliante (a-nab-ba-gliàn-te) AGG. e N.M. || AGG. Che non abbaglia: *luce anabbagliante.* || N.M. Negli autoveicoli, il faro che proietta la sua luce verso il basso, in modo da non abbagliare i conducenti dei veicoli che arrivano in senso opposto.
▸ Ⓕ **bagliore**

anabolizzante (a-na-bo-liz-zàn-te) AGG. e N.M. · Di farmaco che favorisce l'accrescimento di volume dei muscoli tramite la produzione di nuove proteine.

anacardio (a-na-càr-dio) N.M. (pl. *-di*) · Albero originario del Brasile, alto fino a 12 metri, con fiori bianchi o rosei, profumati, e frutti commestibili.

anacronismo (a-na-cro-nì-smo) N.M. · Errore in cui si cade attribuendo certi fatti a un'epoca diversa da quella in cui sono avvenuti.

anacronistico (a-na-cro-nì-sti-co) AGG. (pl.m. *-ci*, pl.f. *-che*) · Che contrasta con le caratteristiche del proprio tempo: *il suo modo di insegnare è anacronistico* Ⓢ antiquato, superato Ⓒ attuale.

anaerobio (a-na-e-rò-bio) AGG. e N.M. (pl.m. *-bi*, pl.f. *-bie*) · Di microrganismo, che vive in assenza di ossigeno: *batteri anaerobi.*

anafora (a-nà-fo-ra) N.F. · Ripetizione, all'inizio di un verso o di una frase, di una o più parole con cui ha inizio il verso o la frase precedente, per es. *è lui che ha fatto il guaio, è lui che deve riparare.*

anagrafe (a-nà-gra-fe) N.F. · Registro che documenta i cambiamenti della popolazione dovuti a nascite, morti, matrimoni, trasferimenti • L'ufficio che aggiorna questo registro e rilascia i relativi certificati: *sono stato all'anagrafe a fare la carta d'identità.*

anagrafico (a-na-grà-fi-co) AGG. (pl.m. *-ci*, pl.f. *-che*) · Dell'anagrafe: *dati anagrafici.*

anagramma (a-na-gràm-ma) N.M. (pl. *-i*) · Spostamento delle lettere di una parola o di una frase per ottenere altre parole o frasi di significato diverso, per es. *ramo* e *mora*, *attore* e *teatro* • La nuova parola o frase così ottenuta: *Trilussa è l'anagramma di Salustri.*

analcolico (a-nal-cò-li-co) AGG. e N.M. (pl.m. *-ci*, pl.f. *-che*) · Di bevanda che non contiene alcol: *aperitivo analcolico; vuoi un analcolico?*

anale (a-nà-le) AGG. · Che riguarda l'ano: *prurito anale.*

analfabeta (a-nal-fa-bè-ta) AGG. e N.M. e F. (pl.m. *-i*, pl.f. *-e*) · Che, chi non sa né leggere né scrivere: *era figlia di un contadino analfabeta.*

analfabetismo (a-nal-fa-be-tì-smo) N.M. · Incapacità di leggere e di scrivere: *la lotta contro l'analfabetismo.*

analgesico (a-nal-gè-si-co) N.M. (pl. *-ci*) · Farmaco che elimina o riduce il dolore: *prendi un analgesico contro il mal di testa* Ⓢ antidolorifico.

analisi (a-nà-li-si) N.F. INVAR. **1** Metodo conoscitivo che consiste nell'esame degli elementi che compongono un tutto Ⓢ esame, indagine. **2** In medicina, esame chimico microscopico e biologico al fine di una diagnosi: *analisi del sangue, delle urine.* **3** In chimica, l'insieme dei procedimenti con cui si stabilisce la natura e la percentuale di ciascun elemento che compone una sostanza. **4** In grammatica: ***analisi grammaticale***, quella che identifica la funzione grammaticale delle parole nel discorso; ***analisi logica***, quella che identifica la funzione sintattica di singole parole o di gruppi di parole all'interno della frase; ***analisi del periodo***, scomposizione di un periodo nelle frasi che lo compongono. **5** Esame approfondito e accurato: *fare un'analisi della situazione politica.* **6** Terapia di psicanalisi: *sono in analisi da sette anni.* Ⓔ ***In ultima analisi***, in conclusione, tutto considerato.

analiticamente (a-na-li-ti-ca-mén-te) AVV. · Con metodo analitico, nei dettagli: *esaminare analiticamente un'opera, i fatti.*

analitico (a-na-lì-ti-co) AGG. (pl.m. *-ci*, pl.f. *-che*) · Che si basa sull'analisi: *ricerca analitica; metodo analitico.* Ⓔ ***Indice analitico***, in un libro, elenco alfabetico degli argomenti principali con il numero di pagina in cui se ne parla.

analizzare (a-na-liz-zà-re) V.TR. **1** Sottoporre ad analisi: *analizzare un minerale, il sangue.* **2**

A

Esaminare attentamente: *analizzare una proposta* Ⓢ studiare, indagare.

analogia (a-na-lo-gi-a) N.F. (pl. *-gìe*) · Rapporto di somiglianza tra cose o fatti diversi, che abbiano però delle caratteristiche comuni: *c'è una certa analogia tra le loro risposte* Ⓢ affinità.

analogico (a-na-lò-gi-co) AGG. (pl.m. *-ci*, pl.f. *-che*) **1** Che si basa sull'analogia: *metodo analogico.* **2** Di apparecchi che trattano grandezze rappresentandole con altre grandezze, per es. il tempo con lo spazio: *orologio analogico*, che indica l'ora mediante le lancette Ⓒ digitale.

analogo (a-nà-lo-go) AGG. (pl.m. *-ghi*, pl.f. *-ghe*) · Che è simile a qualcosa: *mi sono trovato in circostanze analoghe* Ⓢ affine, simile, somigliante Ⓒ diverso.

anamnesi (a-nam-nè-ṣi; *alla greca* a-nàm-ne-ṣi) N.F. INVAR. · In medicina, la raccolta delle notizie che riguardano il paziente.

ananas (à-na-nas o a-na-nàs) N.M.INVAR. · Pianta tropicale con foglie disposte a rosa, fiori in spighe, terminanti con un ciuffo di foglie • Il frutto di tale pianta.

Il termine deriva da una parola del guaranì, la lingua parlata dalle popolazioni che vivevano lungo il Rio Paraguay, prima della scoperta dell'America.

anarchia (a-nar-chì-a) N.F. (pl. *-chìe*) **1** Dottrina sociale e politica che sostiene l'abolizione di ogni autorità e di ogni forma di costrizione sull'individuo. **2** Situazione di caos politico dovuta alla mancanza di un governo: *periodo di anarchia* • Disordine, confusione: *in quella casa regna l'anarchia.*

anarchico (a-nàr-chi-co) AGG. e N.M. (f. *-a*; pl.m. *-ci*, pl.f. *-che*) || AGG. Dell'anarchia: *idee anarchiche* • Insofferente di ogni legge e autorità: *carattere anarchico.* || N.M. (f. *-a*) Chi sostiene l'anarchia: *il congresso degli anarchici* • Ribelle: *è un anarchico e un insofferente.*

anatema (a-na-tè-ma) N.M. (pl. *-i*) **1** Nel cristianesimo, la scomunica lanciata dalla Chiesa contro gli eretici. **2** Maledizione: *lanciare un anatema.*

anatolico (a-na-tò-li-co) AGG. e N.M. (f. *-a*; pl.m. *-ci*, pl.f. *-che*) || AGG. Dell'Anatolia, regione della Turchia. || N.M. (f. *-a*) Abitante, nativo dell'Anatolia.

anatomia (a-na-to-mì-a) N.F. (pl. *-mìe*) **1** Scienza che studia la struttura degli esseri viventi: *anatomia umana.* **2** L'insieme delle strutture che formano l'organismo.

anatomico (a-na-tò-mi-co) AGG. (pl.m. *-ci*, pl.f. *-che*) **1** Che riguarda l'anatomia: *studi anatomici.* **2** Modellato in modo da adattarsi alla forma del corpo umano: *scarpe anatomiche.*

anatra (à-na-tra) N.F. · Uccello acquatico con becco largo e piatto, corpo tozzo, collo piuttosto lungo, zampe corte e piedi con tre o quattro dita di cui tre palmate; viene allevato a scopo alimentare.

anatroccolo (a-na-tròc-co-lo) N.M. · Il piccolo dell'anatra domestica. Ⓔ ***Brutto anatroccolo***, persona diversa dalle altre e per questo ingiustamente disprezzata, con riferimento alla favola di H.C. Andersen.

anca (àn-ca) N.F. (pl. *-che*) · Parte del corpo umano tra la coscia e la base del tronco.

anche (àn-che) CONGIUNZ. · Indica che si aggiunge qualcosa a quanto già detto: *ho ricevuto la lettera e anche la cartolina; ci sarò anch'io alla festa*; anche come risposta affermativa: *"Tu ci vai?" "Sì" "E Nicola?" "Anche"* Ⓢ pure, inoltre • Può indicare una possibilità: *potrei anche non rispondere* • Seguito da un verbo al gerundio, sebbene; introduce una proposizione concessiva: *anche volendo non potrei venire.* Ⓔ ***Anche se*** o ***se anche*** o ***anche a***, sebbene, benché; introduce una proposizione concessiva: *se anche lo paghi* (o *anche se lo paghi*), *rifiuterà; anche a pagarlo, rifiuterà* • ***Anche troppo***, in una misura eccessiva rispetto a quanto richiesto dalle circostanze: *ho aspettato anche troppo; hai parlato anche troppo chiaramente.*

ancia (àn-cia) N.F. (pl. *-ce*) · Sottile lingua di metallo, canna o legno, fissata in diversi strumenti musicali a fiato o ad aria; colpita da una corrente d'aria, vibra producendo il suono.

ancora[1] (an-có-ra) AVV. **1** Indica che un'azione o uno stato continuano nel tempo: *sono ancora stanco del viaggio; stava ancora lavorando.* **2** Per il momento, finora, fino ad allora: *non è ancora giunta l'ora; non è ancora arrivato; ancora non si era deciso a parlare.* **3** Un'altra volta, di nuovo: *tornerò ancora a trovarti; spiegamelo ancora.* **4** Un altro poco, dell'altro: *ancora vino?*; anche per rafforzare un comparativo: *grida ancora più forte; stai ancora più attento.* E ***Ancora ancora***, in qualche modo: *lui ancora ancora può farcela, ma gli altri...*

ancora[2] (àn-co-ra) N.F. · Arnese di ferro con due o più bracci ricurvi che, facendo presa sul fondo del mare, serve a tenere ferma un'imbarcazione. E ***Ancora di salvezza***, ultima speranza: *il lavoro è la sua ancora di salvezza* • ***Gettare l'ancora***, ormeggiarsi • ***Levare l'ancora***, salpare, partire.

ancoraggio (an-co-ràg-gio) N.M. (pl. *-gi*) **1** L'azione di ormeggiare gettando l'ancora: *l'ancoraggio della nave* S ormeggio • Il luogo in cui poter effettuare questa manovra: *cercare un ancoraggio sicuro.* **2** Dispositivo per fissare saldamente al suolo certe strutture: *l'ancoraggio di un ponte.*

ancorare (an-co-rà-re) V.TR. (àncoro, ecc.) || TR. Ormeggiare gettando l'ancora: *ancorare una nave.* || **ancorarsi** RIFL. Aggrapparsi con forza: *ancorarsi **a** una roccia; ancorarsi **a** una speranza* S attaccarsi. || **ancorarsi** INTR. PRONOM. Gettare l'ancora S ormeggiarsi.

andamento (an-da-mén-to) N.M. · Il modo di svilupparsi o di manifestarsi: *l'andamento degli affari; l'andamento di una classe* S sviluppo, tendenza.

andante (an-dàn-te) AGG. e N.M. || AGG. Di scarso valore, di qualità scadente: *una stoffa andante.* || N.M. Movimento musicale fra l'adagio e l'allegro • Il brano da eseguire con tale movimento: *l'andante della "Quinta Sinfonia" di Beethoven.*

andare (an-dà-re) V.INTR. (irreg.: difettivo e associato a *vado*; ind. pres. *vado, vai, va, andiamo, andate, vanno*; cong. pres. *vada, vada, vada, andiamo, andiate, vàdano*; fut. *andrò*, ecc.; condiz. pres. *andrèi*, ecc.; imperat. *va* o *va'*; aus. *essere*) **1** Muoversi da un luogo all'altro: *andare **a** casa, **in** biblioteca, **da** Mario* S recarsi, dirigersi C venire • Spostarsi con un mezzo: *andare **in** treno, **a** piedi* • Di mezzo di trasporto, procedere: *l'autobus andava lentamente.* **2** Partire da un luogo: *ora devo proprio andare* S allontanarsi • Andare ad abitare: *decise di andare **all'**estero, **in** Spagna* S trasferirsi. **3** Entrare in una data condizione: *andare **in** ferie; andare **in** collera*, arrabbiarsi. **4** Mettersi in movimento per svolgere una certa azione o attività: *andare **a** pesca; andare **a** mangiare.* **5** Di macchina o congegno, funzionare: *il computer non va* • Di situazione o attività, procedere in un certo modo: *il viaggio è andato bene* S svolgersi. **6** Di indumenti, calzare, vestire: *i jeans non mi vanno più* • Di merci, avere mercato: *un articolo che va molto* S vendersi • Essere di moda: *quest'anno va il nero.* **7** Dover essere: *questa tassa va pagata; le promesse vanno mantenute* • Seguito da un gerundio indica un'azione continua: *va dicendo cattiverie su di lui.* **8** Nella forma ***andarsene***, recarsi: *me ne vado **al** cinema* • Allontanarsi: *andiamocene **da** qui.* **9** Nella forma ***andarci***, essere necessario: *ci va più latte **in** questa ricetta* S occorrere. E ***Andare a fondo***, naufragare: *la nave andò a fondo travolta dalle onde*; in senso figurato, fallire: *la ditta sta andando a fondo* • ***Andare a male***, di alimenti, guastarsi • ***Andare a monte*** → ***monte*** • ***Andare a ruba*** → ***ruba*** • ***Andare a tempo*** → ***tempo*** • ***Andare di traverso*** o ***andare per traverso*** → ***traverso*** • ***Andare (fino) in fondo*** o ***andare a fondo***, approfondire: *bisogna andare (fino) in fondo al problema; bisogna andare a fondo del problema* • ***Andare per la maggiore***, essere in voga • ***Come va?***, per sapere come sta qualcuno, come procede la sua vita.

andata (an-dà-ta) N.F. · Spostamento o viaggio verso un luogo: *biglietto di andata e ritorno.* E ***Girone d'andata*** → ***girone***.

andato (an-dà-to) AGG. **1** Di periodo di tempo, trascorso: *i bei tempi andati* S passato. **2** Nel linguaggio familiare, rotto, rovinato: *ormai questo orologio è andato* • Guasto, avariato: *quel latte mi sembra andato.* **3** Nel lin-

A B C D E F G H I J K L M N O P Q R S T U V W X Y Z

A

guaggio familiare, spacciato, morto: *secondo il medico è già andato.*

andatura (an-da-tù-ra) N.F. **1** Il modo di muoversi camminando: *ti ho riconosciuto dall'andatura* Ⓢ passo, camminata. **2** Nelle gare sportive, lo stile e il ritmo della corsa: *accelerare l'andatura.* Ⓔ ***Fare l'andatura,*** portarsi in testa durante una corsa sportiva e regolarne la velocità.

andino (an-dì-no) AGG. · Delle Ande, il sistema montuoso che si trova nella parte occidentale del Sud America.

andirivieni (an-di-ri-viè-ni) N.M.INVAR. · Il continuo andare e venire di varie persone per lo stesso luogo: *un grande andirivieni di persone* Ⓢ viavai.

andito (àn-di-to) N.M. · Ambiente di passaggio che collega due o più stanze • Corridoio.

androgino (an-drò-gi-no) AGG. e N.M. **1** Che, chi presenta caratteri sessuali sia maschili che femminili Ⓢ ermafrodito. **2** Che, chi somiglia nell'aspetto sia a un maschio sia a una femmina: *una bellezza androgina.*

Il termine deriva da una parola greca che significa 'uomo-donna', composta di *anér andrós* 'uomo' e *gyné* 'donna'.

androide (an-dròi-de) N.M. e F. · Nella letteratura di fantascienza, robot molto simile a un essere umano.

androne (an-dró-ne) N.M. · Locale di passaggio che dal portone d'ingresso di un edificio conduce alla scala o al cortile interno.

aneddoto (a-nèd-do-to) N.M. · Episodio o fatto poco noto ma curioso, che riguarda personaggi o eventi famosi: *un libro ricco di aneddoti su Garibaldi.*

anelare (a-ne-là-re) V.INTR. (*anèlo*, ecc.; aus. *avere*) · Aspirare a qualcosa con ardore: *anelare **alla** libertà* Ⓢ ambire.

anello (a-nèl-lo) N.M. **1** Piccolo cerchio d'oro, d'argento o di altro metallo, che si porta al dito come ornamento o come simbolo di una particolare condizione: *anello di diamanti; anello matrimoniale.* **2** Elemento a forma di cerchio, di materiale e dimensioni diverse • AL PL. Attrezzo per la ginnastica formato da due cerchi di ferro o di legno fissati in fondo a due corde pendenti e parallele: *ha vinto la medaglia d'oro negli anelli.* **3** In zoologia, ciascuno dei segmenti che formano il corpo cilindrico di lombrichi, sanguisughe e simili. **4** Nello sport, il tracciato a forma di ellisse di una pista.

anemia (a-ne-mì-a) N.F. (pl. *-mìe*) · Diminuzione di emoglobina o di globuli rossi nel sangue.

anemico (a-nè-mi-co) AGG. e N.M. (f. *-a*; pl.m. *-ci*, pl.f. *-che*) · Che, chi soffre di anemia: *un ragazzo anemico.*

anemometro (a-ne-mò-me-tro) N.M. · Strumento per determinare la velocità e la direzione del vento.

anemone (a-nè-mo-ne) N.M. · Pianta erbacea con fiori simili al papavero, di vari colori.

-aneo · Suffisso che serve a formare aggettivi a partire da nomi: *momentaneo* da *momento.*

anestesia (a-ne-ste-ṣi-a) N.F. (pl. *-ṣìe*) · Abolizione della sensibilità del corpo al dolore, provocata con vari farmaci soprattutto prima di un intervento chirurgico: *anestesia totale, parziale.*

anestetico (a-ne-stè-ti-co) AGG. e N.M. (pl.m. *-ci*, pl.f. *-che*) · Di farmaco che produce anestesia: *iniezione anestetica; è allergico a molti tipi di anestetici.*

anestetizzare (a-ne-ste-tiẓ-ẓà-re) V.TR. · Sottoporre ad anestesia: *il dentista mi ha anestetizzato la gengiva.*

aneurisma (a-neu-rì-ṣma) N.M. (pl. *-i*) · Dilatazione di un'arteria, che può anche causare una rottura: *è morto per un aneurisma dell'aorta.*

anfetamina (an-fe-ta-mì-na) N.F. · Composto chimico usato soprattutto come eccitante del sistema nervoso centrale: *l'atleta è stato accusato di fare uso di anfetamine.*

anfi- · Primo elemento di parole composte che significa 'attorno, intorno' oppure 'da due parti, doppio': *anfiteatro,* teatro che ha i posti tutt'intorno; *anfibio,* che vive in due ambienti diversi.

anfibio (an-fì-bio) AGG. e N.M. (pl.m. *-bi*, pl.f. *-bie*) || AGG. e N.M. **1** Di animale capace di vivere in due condizioni ambientali diverse, come acqua e aria oppure acqua e terreno: *la rana è un animale anfibio; il rospo è un anfibio.* **2** Veicolo capace di muoversi sia sul terreno che in acqua. || N.M. Tipo di scarpone pesante e impermeabile.

Il termine deriva da una parola greca che significa 'dalla vita in entrambi (gli elementi)', composta di *amphí* 'entrambi' e *bíos* 'vita'.

anfiteatro (an-fi-te-à-tro) N.M. · Vasta costruzione ovale, costituita da gradinate con un'area centrale destinata allo svolgimento di spettacoli, giochi, ecc.

anfitrione (an-fi-tri-ó-ne) N.M. · Padrone di casa ospitale e generoso: *da bravo anfitrione, mette sempre a loro agio i suoi ospiti.*

anfora (àn-fo-ra) N.F. · Grosso vaso a due manici, dalla forma allungata e dal collo stretto, usato nell'antichità classica per conservare e trasportare liquidi.

anfratto (an-fràt-to) N.M. · Rientranza stretta e profonda in una parete rocciosa o nel terreno: *il falco ha fatto il nido in un anfratto della montagna.*

angelico (an-gè-li-co) AGG. (pl.m. *-ci*, pl.f. *-che*) **1** Degli angeli: *cori angelici.* **2** Straordinariamente bello, puro o sereno: *un viso angelico.*

angelo (àn-ge-lo) N.M. **1** Essere spirituale raffigurato come un giovane alato, messaggero di Dio presso gli uomini: *i cori degli angeli.* **2** Creatura di eccezionale bellezza o bontà: *questo bambino è un angelo.* E ***Angelo custode***, quello che protegge ogni singolo uomo; la persona che veglia e protegge qualcuno: *la moglie è il suo angelo custode* • ***L'angelo del male***, il demonio.

Il termine deriva dal greco *ángelos* 'messaggero', attraverso il latino cristiano nel quale significa 'inviato da Dio'.

angheria (an-ghe-rì-a) N.F. (pl. *-rìe*) · Atto di sopraffazione: *non ne posso più di subire le sue angherie* S prepotenza, sopruso.

angina (an-gì-na) N.F. · Infiammazione della gola.

Angiosperme (An-gio-spèr-me) N.F.PL. · Piante Spermatofite erbacee o legnose, terrestri o acquatiche, caratterizzate dall'avere gli ovuli racchiusi nell'ovario, costituito da foglie fertili arrotolate e fiori spesso vistosi.

anglicano (an-gli-cà-no) AGG. e N.M. (f. *-a*) · Che, chi appartiene alla Chiesa d'Inghilterra: *i vescovi anglicani; gli anglicani seguono molti principi del calvinismo.*

anglofono (an-glò-fo-no) AGG. e N.M. (f. *-a*) || AGG. Di territorio che ha come lingua principale l'inglese: *i Paesi anglofoni.* || AGG. e N.M. (f. *-a*) Che, chi parla l'inglese come lingua principale: *gli anglofoni nel mondo sono oltre un miliardo.*

anglosassone (an-glo-sàs-so-ne) AGG. e N.M. e F. || AGG. **1** Degli Anglosassoni, comunità di popoli germanici che dominarono la Gran Bretagna dal quinto all'undicesimo secolo: *il diritto anglosassone.* **2** Dei popoli di lingua inglese: *il sistema economico dei Paesi anglosassoni.* || AGG. e N.M. e F. Che, chi appartiene a un popolo di lingua inglese.

angolare (an-go-là-re) AGG. · Che riguarda un angolo o è fatto ad angolo: *distanza angolare; forma angolare.* E ***Pietra angolare***, quella che sostiene i due muri all'angolo di un edificio.

angolazione (an-go-la-zió-ne) N.F. **1** Nel calcio e nel tennis, la traiettoria del tiro indirizzato verso un angolo della porta o del campo. **2** Disposizione della macchina fotografica o della macchina da presa in modo da riprendere una scena secondo la prospettiva voluta: *angolazione dall'alto, dal basso.* **3** Punto di vista: *stai affrontando il problema da un'angolazione sbagliata* S prospettiva, ottica.

angolo (àn-go-lo) N.M. **1** La parte di piano compresa tra due semirette che hanno la stessa origine: *angolo acuto, ottuso, retto.* **2** La linea d'incontro di due muri, linee o superfici: *pulite bene ogni angolo della casa; ho urtato in un angolo del tavolo* S spigolo • Incrocio, cantonata: *ci vediamo all'angolo di via Roma* • Estremità laterale: *gli angoli della bocca.* **3** Luogo nascosto o solitario: *cerchiamo un angolo tranquillo per parlare.* **4** Nel pu-

A B C D E F G H I J K L M N O P Q R S T U V W X Y Z

A

gilato, i quattro vertici del ring: *mettere all'angolo.* Ⓔ ***Calcio d'angolo***, nel calcio, tiro effettuato da uno degli angoli della linea di fondo su cui si trova la porta della squadra che lancia il pallone • ***Dietro l'angolo***, di evento che si verificherà a breve: *il successo è dietro l'angolo* • ***In ogni angolo***, dappertutto: *dove eri finita? Ti ho cercata in ogni angolo!*

angora (àn-go-ra) N.F. · Filato di lana leggerissimo molto usato in maglieria, ottenuto da razze di animali, soprattutto capre e conigli, con pelo lungo e soffice: *una maglia d'angora.*

angoscia (an-gò-scia) N.F. (pl. *-sce*) · Oppressione dovuta a paura, dolore, pena: *vivere nell'angoscia; che angoscia vederlo ridotto così.*

angosciare (an-go-scià-re) V.TR. (*angòscio*, ecc.) || TR. Opprimere nell'animo: *il pensiero della sua partenza lo angosciava* Ⓢ tormentare, affliggere. || **angosciarsi** INTR. PRONOM. Provare angoscia: *si angoscia* ***per*** *delle sciocchezze.*

angosciato (an-go-scià-to) AGG. · Oppresso nell'animo da un dolore o da un timore: *sono angosciato* ***per*** *il suo licenziamento* Ⓢ afflitto.

angoscioso (an-go-sció-so) AGG. **1** Che provoca angoscia: *un ricordo angoscioso* Ⓢ doloroso. **2** Pieno di angoscia: *un grido angoscioso* Ⓢ disperato.

anguilla (an-guìl-la) N.F. · Pesce commestibile, comune nei laghi, nelle lagune e nei fiumi, simile a un serpente, con pelle viscida e verdastra.

anguria (an-gù-ria) N.F. (pl. *-rie*) · Cocomero.

angustia (an-gù-stia) N.F. (pl. *-stie*) **1** Scarsità, ristrettezza: *angustia di spazio, di mezzi.* **2** Angoscia, affanno, pena: *stare in angustia.* Ⓔ ***In angustie***, in povertà: *vivere in angustie.*

angustiare (an-gu-stià-re) V.TR. (*angùstio*, ecc.) || TR. Procurare dolore o angoscia: *quell'idea lo angustiava* Ⓢ affliggere, angosciare Ⓒ rallegrare. || **angustiarsi** INTR. PRONOM. Provare dolore o angoscia: *si angustia* ***per*** *un nonnulla.*

angusto (an-gù-sto) AGG. **1** Poco ampio: *una stanza angusta* Ⓢ stretto, malagevole, scomodo Ⓒ ampio. **2** Di vedute ristrette: *mentalità angusta* Ⓢ meschino, misero, limitato.

anice (à-ni-ce) N.F. · Pianta erbacea i cui frutti sono usati in pasticceria e nella fabbricazione di liquori, profumi e medicinali.

anidride (a-ni-drì-de) N.F. · Composto chimico che contiene ossigeno e che con l'acqua forma un acido. Ⓔ ***Anidride carbonica*** → ***carbonico***.

anima (à-ni-ma) N.F. **1** Parte spirituale della vita nell'uomo, tradizionalmente opposta al corpo e ritenuta immortale Ⓢ spirito. **2** Persona: *un'anima nobile, sensibile* • Abitante, residente: *un paese di mille anime.* **3** Elemento essenziale alla riuscita di un'impresa: *la pubblicità è l'anima del commercio* • Animatore o protagonista di un evento: *essere l'anima della serata.* **4** La parte più interna: *l'anima del legno, di una pianta.* Ⓔ ***Anima e corpo***, con il massimo impegno, completamente: *buttarsi anima e corpo nel lavoro* • ***Anima viva***, in frasi negative, nessuno: *non c'è anima viva; non si vede anima viva* • ***Anime gemelle***, due persone fatte l'una per l'altra • ***Con tutta l'anima***, con profondità e partecipazione: *amare con tutta l'anima* • ***Dannarsi l'anima*** → ***dannare*** • ***Dare l'anima*** → ***dare*** • ***La buon'anima***, una persona defunta • ***Rompere l'anima*** → ***rompere*** • ***Stare sull'anima a qualcuno***, nel linguaggio familiare, risultargli antipatico • ***Un'anima in pena***, persona inquieta e tormentata: *sentirsi un'anima in pena* • ***Vendere l'anima al diavolo*** → ***vendere*** • ***Volere un bene dell'anima a qualcuno***, amarlo intensamente.

> Il termine deriva dal greco *ánemos* 'vento, alito', con il significato di 'spirito, soffio vitale'.

animale[1] (a-ni-mà-le) AGG. **1** Degli esseri animati e in particolare del loro corpo: *fisiologia animale; calore animale.* **2** Che riguarda la natura fisica e irrazionale dell'uomo: *istinti animali.* Ⓔ ***Regno animale***, l'insieme delle specie animali esistenti sulla terra.

animale[2] (a-ni-mà-le) N.M. **1** Ogni essere animato, cioè dotato di sensi e di movimento: *l'uomo è un animale sociale.* **2** Essere animato che non appartiene alla specie umana: *ani-*

male domestico, selvatico Ⓢ bestia. **3** Persona stupida, rozza e ignorante: *nonostante i soldi è rimasto un animale.* Ⓔ ***Animali feroci*** → ***feroce***.

animalesco (a-ni-ma-lé-sco) AGG. (pl.m. *-schi*, pl.f. *-sche*) · Più da bestia che da uomo: *comportamento animalesco* Ⓢ bestiale, brutale.

animare (a-ni-mà-re) V.TR. (*ànimo*, ecc.) || TR. **1** Dare la vita: *per creare l'uomo Dio animò l'argilla.* **2** Stimolare all'azione: *il discorso del generale animò la truppa* Ⓢ incitare, incoraggiare • Rendere vivace: *il suo arrivo animò la festa* Ⓢ ravvivare. || **animarsi** INTR. PRONOM. **1** Acquistare vivacità: *la discussione si animò.* **2** Farsi più affollato: *verso sera la città si anima* Ⓢ affollarsi.

animatamente (a-ni-ma-ta-mén-te) AVV. · Con calore, con animazione: *discutere animatamente.*

animato (a-ni-mà-to) AGG. **1** Dotato di movimento o di anima: *gli esseri animati* Ⓢ vivente Ⓒ inanimato. **2** Pieno di vita: *una conversazione animata; un quartiere animato* Ⓢ movimentato, vivace. Ⓔ ***Cartone animato*** → ***cartone***.

animatore (a-ni-ma-tó-re) N.M. (f. *-trìce*) · Chi ha l'incarico di organizzare attività ricreative in strutture turistiche, doposcuola, centri per anziani o altri luoghi di aggregazione.

animazione (a-ni-ma-zió-ne) N.F. **1** Vivacità, calore, ardore: *esponeva le proprie ragioni con grande animazione.* **2** Intenso movimento di persone: *al bar c'era poca animazione.* **3** L'insieme delle attività svolte dall'animatore turistico: *l'animazione del villaggio turistico comprenderà spettacoli e gare.* **4** Tecnica cinematografica che consente di riprodurre in movimento immagini disegnate: *cinema d'animazione.*

animismo (a-ni-mì-ṣmo) N.M. · Concezione tipica dei popoli primitivi, secondo cui ogni cosa dell'universo è dotata di anima.

animista (a-ni-mì-sta) AGG. e N.M. e F. (pl.m. *-i*, pl.f. *-e*) || AGG. Che riguarda l'animismo: *religione animista.* || N.M. e F. Chi professa l'animismo.

animo (à-ni-mo) N.M. **1** L'anima umana considerata come sede e origine dell'intelletto, degli affetti e della volontà: *aver l'animo rivolto a Dio; giudicare con animo sereno; una persona di animo malvagio.* **2** Forza morale davanti alle difficoltà: *farsi animo* Ⓢ coraggio, forza. Ⓔ ***Avere in animo di fare qualcosa***, averne l'intenzione • ***Mettersi l'animo in pace***, rassegnarsi • ***Perdersi d'animo***, scoraggiarsi.

animosità (a-ni-mo-si-tà) N.F. INVAR. · Atteggiamento ostile: *gli si è rivolto con una certa animosità* Ⓢ ostilità, rancore.

animoso (a-ni-mó-so) N.M. · Che dimostra coraggio: *un giovane animoso; parole animose* Ⓢ coraggioso, audace, ardito.

anitra (à-ni-tra) → ***anatra***.

annacquare (an-nac-quà-re) V.TR. (*annàcquo*, ecc.) **1** Mescolare o allungare un liquido con acqua: *è abituato ad annacquare il vino.* **2** Privare di efficacia o di forza: *annacquare le prove.*

annacquato (an-nac-quà-to) AGG. **1** Misto ad acqua: *vino annacquato.* **2** Poco efficace, privo di vigore: *uno stile annacquato.*

annaffiare (an-naf-fià-re) V.TR. (*annàffio*, ecc.) **1** Bagnare d'acqua, sostituendo gli effetti della pioggia: *annaffiare il prato.* **2** Bagnare, schizzare: *il bambino mi ha annaffiato con la pistola ad acqua.*

annaffiatoio (an-naf-fia-tó-io) N.M. (pl. *-tói*) · Recipiente con un manico e un lungo beccuccio forato all'estremità, usato per annaffiare.

annali (an-nà-li) N.M.PL. **1** Narrazione storica suddivisa per anni: *gli "Annali" di Tacito.* **2** Memorie storiche: *gli annali della patria.* **3** Pubblicazione periodica a carattere scientifico: *annali di cardiologia.*

annaspare (an-na-spà-re) V.INTR. (aus. *avere*) **1** Agitare le braccia o le gambe cercando un appiglio: *annaspare nell'acqua.* **2** Sbagliare facendo confusione: *annaspare nel pronunciare le parole straniere* Ⓢ confondersi, imbrogliarsi. **3** Affannarsi senza risultato: *la polizia annaspa alla ricerca del colpevole.*

A

annata (an-nà-ta) N.F. **1** La durata di un anno, spesso con riferimento al tempo o al raccolto: *è stata un'annata piovosa; un'annata scarsa per il grano.* **2** L'insieme dei numeri di un periodico usciti durante un anno: *ho tutte le annate del mio fumetto preferito.*

annebbiare (an-neb-bià-re) V.TR. (*annébbio*, ecc.) || TR. **1** Rendere opaco: *il pianto* ***gli*** *annebbiava la vista* Ⓢ appannare, offuscare. **2** Rendere confuso: *annebbiare le idee* Ⓢ confondere. || **annebbiarsi** INTR. PRONOM. **1** Coprirsi di nebbia: *il cielo si è annebbiato.* **2** Diventare meno chiaro: *improvvisamente* ***mi*** *si annebbiò la vista* Ⓢ appannarsi, offuscarsi.

annegamento (an-ne-ga-mén-to) N.M. · La fine di chi affoga o è fatto affogare: *è morto per annegamento.*

annegare (an-ne-gà-re) V.TR. e INTR. (*annégo, annéghi*, ecc.) || TR. Uccidere immergendo completamente nell'acqua Ⓢ affogare. || INTR. (aus. *essere*) **1** Morire affogato: *annegò a causa di un malore.* **2** Essere oppresso e sopraffatto: *annegare* ***in*** *un mare di guai* Ⓢ affogare, sprofondare. || **annegarsi** RIFL. Suicidarsi gettandosi in acqua. Ⓔ ***Annegare i dispiaceri nell'alcol*** → ***dispiacere***[1] • ***Annegare in un bicchier d'acqua*** → ***bicchiere***.

annerire (an-ne-rì-re) V.TR. (*annerìsco, annerìsci*, ecc.) || TR. Render nero, far diventare scuro: *il fumo ha annerito il soffitto* Ⓢ scurire. || **annerirsi** INTR. PRONOM. Diventare nero o scuro: *le pareti del camino si sono annerite.*

annessi (an-nès-si) · Pass. rem., 1ª pers. sing. → ***annettere***.

annessione (an-nes-sió-ne) N.F. · Ampliamento del territorio di uno Stato a spese di un altro Stato: *l'annessione dell'Austria* ***alla*** *Germania.*

annesso (an-nès-so o an-nés-so) AGG. e N.M. || Participio pass. → ***annettere***. || AGG. Congiunto, adiacente, unito: *una villa con annesso il garage.* || N.M. (SPESSO AL PL.) Le parti secondarie di una costruzione: *gli annessi comprendono un fienile e un deposito per gli attrezzi.* Ⓔ ***Annessi e connessi***, tutti gli elementi strettamente uniti a ciò di cui si parla: *abbiamo affrontato il problema con tutti gli annessi e connessi.*

annettere (an-nèt-te-re o an-nét-te-re) V.TR. (irreg.: ind. pres. *annètto* o *annétto*, ecc.; pass. rem. *annettéi* o *annèssi, annettésti, annetté* o *annèsse, annettémmo, annettéste, annettérono* o *annèssero*; part. pass. *annèsso* o *annésso*) **1** Ampliare il territorio di uno Stato aggregandovi quello di un altro Stato: *Trieste fu annessa* ***all'****Italia nel 1918.* **2** Unire a una lettera o a un pacco: *annettere la documentazione* ***alla*** *domanda* Ⓢ allegare, accludere.

> Il termine deriva dal latino *adnectere* 'legare insieme a, unire a', che viene a sua volta da *nectere* 'congiungere' con il prefisso **a-**[2]; dal verbo latino *nectere* derivano anche il verbo, coniugato allo stesso modo, **connettere** e il termine **nesso**.

annichilire (an-ni-chi-li-re) V.TR. e INTR. (*annichilìsco, annichilìsci*, ecc.) || TR. **1** Distruggere completamente: *annichilire le truppe nemiche* Ⓢ annientare, abbattere. **2** Privare di ogni possibilità di reazione, umiliare profondamente: *lo annichilì con uno sguardo.* || INTR. (aus. *essere*) Perdere ogni capacità di reazione: *annichilì nel vedere quella scena.* || **annichilirsi** RIFL. Umiliarsi riconoscendo la propria nullità: *annichilirsi di fronte a Dio.*

annidarsi (an-ni-dàr-si) V.INTR. PRONOM. **1** Fare il nido: *le rondini si annidano sotto i tetti* Ⓢ nidificare. **2** Trovare riparo: *i nemici si annidavano tra le rocce* Ⓢ nascondersi, rifugiarsi. **3** Trovare posto: ***nel*** *suo animo si annida l'invidia.*

annientamento (an-nien-ta-mén-to) N.M. · Distruzione totale: *annientamento di una popolazione.*

annientare (an-nien-tà-re) V.TR. (*anniènto*, ecc.) **1** Distruggere totalmente: *l'esercito nemico è stato annientato* Ⓢ eliminare, sterminare. **2** Far perdere qualsiasi capacità di reazione: *la morte del figlio lo ha annientato* Ⓢ abbattere, annichilire.

anniversario (an-ni-ver-sà-rio) N.M. (pl. *-ri*) · Ricorrenza annuale di un avvenimento di particolare importanza: *il 2 giugno si celebra l'anniversario della nascita della Repubblica; ieri era l'anniversario del mio matrimonio.*

anno (àn-no) N.M. **1** Il tempo impiegato dalla Terra a compiere un giro intorno al Sole, pari a 365 giorni. **2** Spazio di tempo della durata di dodici mesi: *ho fatto il contratto per un anno* • Arco di tempo di dodici mesi durante il quale si svolge un ciclo di attività: *anno scolastico*, che inizia dall'apertura delle scuole; *anno accademico*, che coincide con lo svolgimento delle attività universitarie. **3** Unità di tempo per calcolare l'età di una persona, di un animale, di una cosa: *una ragazza di diciotto anni*. **4** AL PL. Età, epoca: *gli anni bui del Medioevo; gli anni del dopoguerra*. Ⓔ ***Anno bisestile*** → ***bisestile*** • ***Anno nuovo***, quello che sta per cominciare o è appena iniziato • ***Compiere gli anni*** → ***compiere*** • ***Essere avanti con gli anni, essere in là con gli anni***, essere anziano • ***Portar bene gli anni***, dimostrare all'aspetto di averne meno.

annodare (an-no-dà-re) V.TR. (*annòdo*, ecc.) || TR. **1** Legare o congiungere con uno o più nodi: *annodare due corde*. **2** Iniziare un rapporto con qualcuno: *annodare un'amicizia* ***con*** *il vicino* Ⓢ stringere. || **annodarsi** INTR. PRONOM. Di fili, nastri, capelli, ecc., intrecciarsi formando dei nodi: *i fili si sono tutti annodati*.

annoiare (an-no-ià-re) V.TR. (*annòio*, ecc.) || TR. Procurare noia o fastidio: *le sue chiacchiere mi annoiano a morte* Ⓢ seccare, infastidire. || **annoiarsi** INTR. PRONOM. Provare noia: *a lavorare da solo mi annoio*.

annoiato (an-no-ià-to) AGG. **1** Che prova o rivela noia: *lo ascoltava con aria annoiata* Ⓢ seccato, scocciato. **2** Privo di vivacità, interesse o entusiasmo: *è giovanissimo, ma sembra già annoiato* ***di*** *tutto*.

anno luce (àn-no lù-ce) N.M. (pl. *ànni lùce*) **1** Unità di misura di lunghezza, corrispondente alla distanza percorsa nel vuoto dalla luce in un anno, e cioè a 9460,5 miliardi di chilometri. **2** Enorme differenza: *anni luce mi separano dalla sua visione del mondo*.

annona (an-nó-na) N.F. **1** Sezione della pubblica amministrazione che si occupa del rifornimento dei generi alimentari, del controllo della qualità e dei prezzi. **2** Nell'antica Roma, le rendite annuali dello Stato, in denaro o in natura.

annoso (an-nó-so) AGG. · Che dura da molto tempo: *un'annosa questione* Ⓢ vecchio.

annotare (an-no-tà-re) V.TR. (*annòto*, ecc.) **1** Prendere nota: *annotare un nome* Ⓢ appuntare. **2** Commentare un testo fornendolo di note: *annotare un canto dell'"Eneide"*.

annotazione (an-no-ta-zió-ne) N.F. **1** Breve registrazione fatta per ricordare qualcosa: *ho scritto un'annotazione sul diario* Ⓢ appunto, nota. **2** Nota di commento a un testo: *fare annotazioni a un testo* Ⓢ postilla.

annoverare (an-no-ve-rà-re) V.TR. (*annòvero*, ecc.) **1** Elencare, enumerare: *è lungo annoverare tutti i suoi meriti*. **2** Considerare dentro una categoria: *è annoverato* ***tra*** *i più grandi poeti italiani* Ⓢ includere.

annuale (an-nu-à-le) AGG. **1** Che si ripete o si rinnova ogni anno: *festività annuale; abbonamento annuale* Ⓢ annuo. **2** Che si riferisce a un anno: *corso annuale di studi*.

annualmente (an-nual-mén-te) AVV. · Ogni anno, una volta l'anno: *il contratto va rinnovato annualmente*.

annuire (an-nu-ì-re) V.INTR. (*annuìsco, annuìsci*, ecc.; aus. *avere*) · Dimostrarsi d'accordo facendo cenno di sì con il capo: ***a*** *ogni sua parola i presenti annuivano* Ⓢ assentire.

Il termine deriva dal latino *adnuere* 'fare cenno con la testa verso qualcuno', che viene a sua volta da *nuere* 'fare cenno' con il prefisso **a-**[2].

annullamento (an-nul-la-mén-to) N.M. · Abolizione, soppressione, revoca: *annullamento di una gara*.

annullare (an-nul-là-re) V.TR. **1** Rendere o dichiarare non valido: *annullare un contratto; annullare un gol* Ⓢ abolire. **2** Rendere vano: *la tua imprudenza ha annullato tutti i miei sforzi* Ⓢ vanificare.

annunciare (an-nun-cià-re) V.TR. (*annùncio*, ecc.) **1** Comunicare una notizia di una certa importanza: *annunciare* ***agli*** *amici il proprio fidanzamento*. **2** Comunicare il nome di un visitatore alla persona da cui chiede di essere ricevuto: *si è fatto annunciare* ***al*** *direttore*. **3** Far prevedere: *il barometro annuncia pioggia* Ⓢ promettere.

A B C D E F G H I J K L M N O P Q R S T U V W X Y Z

A

annunciatore (an-nun-cia-tó-re) N.M. (f. *-trì-ce*) · Addetto ad annunciare programmi o a leggere notizie e comunicati alla televisione o alla radio.

annunciazione (an-nun-cia-zió-ne) N.F. · La comunicazione solenne della nascita di Gesù Cristo fatta a Maria dall'angelo Gabriele.

annuncio (an-nùn-cio) N.M. (pl. *-ci*) **1** Comunicazione di una notizia di una certa importanza: *l'annuncio della morte del Papa* • Il testo con cui si comunica tale notizia: *leggere un annuncio.* **2** Anticipazione, indizio, segno: *il suo pallore mi sembra un annuncio di malattia.* Ⓔ ***Annunci economici***, quelli pubblicati in speciali rubriche di quotidiani o periodici che contengono offerte o richieste di beni, impieghi, servizi, ecc.

annunziare (an-nun-zià-re) → ***annunciare***.

annunzio (an-nùn-zio) → ***annuncio***.

annuo (àn-nuo) AGG. · Relativo al periodo di un anno: *abbonamento annuo* Ⓢ annuale.

annusare (an-nu-sà-re) V.TR. **1** Aspirare con il naso per sentire l'odore di qualcosa: *annusare una rosa.* **2** Intuire, fiutare: *annusare un imbroglio.*

annuvolarsi (an-nu-vo-làr-si) V.INTR. PRONOM. (*mi annùvolo*, ecc.) · Coprirsi di nuvole oscurandosi: *il cielo si era tutto annuvolato.*

ano (à-no) N.M. · Apertura terminale dell'intestino retto.

-ano · Suffisso che serve a formare aggettivi a partire da nomi e che indica 'appartenenza, provenienza, relazione': *africano*, che viene dall'Africa; *montano*, relativo alla montagna.

anodo (à-no-do) N.M. · Elettrodo con carica positiva.

anomalia (a-no-ma-lì-a) N.F. (pl. *-lìe*) · Anormalità, irregolarità: *le anomalie della politica italiana.*

anomalo (a-nò-ma-lo) AGG. · Che non rientra nella normalità: *lo sviluppo anomalo di un bambino* Ⓢ anormale, inconsueto.

anonimato (a-no-ni-mà-to) N.M. · La condizione di chi non rivela il proprio nome, rinunciando a manifestare la propria identità: *mantenere l'anonimato.*

anonimo (a-nò-ni-mo) AGG. e N.M. || AGG. **1** Di scritto o di azione di cui si ignora l'autore: *libro anonimo; telefonata anonima.* **2** Privo di personalità e di carattere: *un individuo anonimo; una città anonima* Ⓢ insignificante. || AGG. e N.M. Di persona di cui non si conosce il nome: *l'affresco di un pittore anonimo; un sonetto scritto da un anonimo* Ⓢ ignoto, sconosciuto.

> Il termine deriva da una parola greca che significa 'senza nome', composta di *a-* 'senza' e *ónyma* 'nome'.

anoressia (a-no-res-si-a) N.F. (pl. *-sìe*) · Mancanza di appetito, talvolta con disgusto per i cibi.

anormale (a-nor-mà-le) AGG. · Che va contro le consuetudini: *una situazione anormale* Ⓢ anomalo, eccezionale Ⓒ normale, tipico.

anormalità (a-nor-ma-li-tà) N.F.INVAR. · Allontanamento dalla consuetudine, dalla normalità: *l'anormalità di un fenomeno* Ⓢ anomalia.

ansa (àn-sa) N.F. **1** Ognuno dei manici ricurvi di un'anfora o di un vaso. **2** Piccola insenatura della costa marina, o curva del corso di un fiume.

ansante (an-sàn-te) AGG. · Che respira con difficoltà: *arrivò ansante in cima alla salita* Ⓢ affannato, trafelato.

ansia (àn-sia) N.F. (pl. *-sìe*) · Agitazione interiore provocata da desiderio o incertezza: *ieri ho aspettato con ansia una sua telefonata* Ⓢ apprensione, inquietudine • Preoccupazione continua: *stare in ansia* Ⓢ agitazione, angoscia.

ansietà (an-sie-tà) N.F. INVAR. · Stato di apprensione: *nel suo sguardo si leggeva l'ansietà per l'esito dell'esame* Ⓢ trepidazione, ansia.

ansimare (an-si-mà-re) V.INTR. (*ànsimo*, ecc.; aus. *avere*) · Respirare con difficoltà: *ansimava **per** la fatica* Ⓢ boccheggiare.

ansioso (an-sió-so) AGG. **1** Di ansia: *stato ansioso* • Che soffre di ansia: *è una ragazza ansiosa.* **2** Che provoca ansia: *un'attesa ansiosa.* **3** Che desidera qualcosa con impazienza: *sono ansioso **di** sapere come è finita la gara* Ⓢ desideroso, impaziente.

anta (àn-ta) N.F. · Imposta di una finestra o sportello di un mobile: *armadio con ante scorrevoli.*

antagonismo (an-ta-go-ni-ṣmo) N.M. · Stato di continua rivalità, opposizione o conflitto: *l'antagonismo fra Milan e Inter.*

antagonista (an-ta-go-nì-sta) AGG. e N.M. e F. (pl.m. *-i*, pl.f. *-e*) || AGG. Che si oppone: *informazione antagonista* Ⓢ contrario, opposto. || N.M. e F. Avversario, rivale: *ha avuto la meglio sul suo antagonista.*

antartico (an-tàr-ti-co) AGG. (pl.m. *-ci*, pl.f. *-che*) · Del Polo Sud o della sua regione, l'Antartide: *circolo polare antartico.*

ante- · Prefisso che indica 'precedenza' nel tempo e nello spazio: *anteguerra,* periodo anteriore a una guerra; *anteporre,* porre davanti.

antecedente (an-te-ce-dèn-te) AGG. e N.M. || AGG. Che viene prima, nel tempo o nello spazio: *il giorno antecedente* ***a*** *quello dell'attentato* Ⓢ precedente. || N.M. Fatto che precede un altro e che spesso ne è la causa: *gli antecedenti della prima guerra mondiale* Ⓢ antefatto.

antefatto (an-te-fàt-to) N.M. · Fatto che è accaduto prima di un altro: *l'episodio ha uno strano antefatto* Ⓢ antecedente.

anteguerra (an-te-guèr-ra) N.M. INVAR. · Il periodo che precede una guerra, con riferimento alla prima o alla seconda guerra mondiale: *il cinema dell'anteguerra.*

antenato (an-te-nà-to) N.M. (f. *-a*) · Persona appartenente alla stessa famiglia, vissuta in epoche passate: *un suo antenato era inglese* Ⓢ avo.

antenna (an-tén-na) N.F. **1** Dispositivo per diffondere nello spazio onde elettromagnetiche o ricevere segnali elettrici: *antenna televisiva.* **2** Ciascuna delle appendici presenti nella testa di alcuni animali, con funzioni di organi di senso: *le antenne della chiocciola.* Ⓔ ***Antenna parabolica*** → ***parabolico*** • ***Drizzare le antenne,*** stare attenti, prestare particolare attenzione.

anteporre (an-te-pór-re) V.TR. (irreg.: coniugato come *porre*) **1** Considerare più importante: *anteporre il dovere* ***al*** *piacere* Ⓢ preferire Ⓒ posporre. **2** Mettere davanti: *anteporre l'aggettivo* ***al*** *sostantivo* Ⓢ premettere.

anteprima (an-te-prì-ma) N.F. · Spettacolo teatrale o cinematografico che precede la presentazione al pubblico di solito riservato alla critica o a un gruppo di invitati. Ⓔ ***In anteprima,*** di un evento che si viene a sapere prima che lo sappiano tutti: *l'ho saputo in anteprima.*

anteriore (an-te-rió-re) AGG. **1** Che precede nello spazio, che sta davanti: *la parte anteriore del palazzo* Ⓒ posteriore. **2** Che precede nel tempo, che viene prima: *la pittura anteriore* ***al*** *Rinascimento* Ⓢ precedente. Ⓔ ***A trazione anteriore*** → ***trazione.***

anteriormente (an-te-rior-mén-te) AVV. **1** Nella parte anteriore: *anteriormente l'automezzo non sembrava danneggiato* Ⓢ davanti. **2** In un momento precedente: *anteriormente* ***a*** *quella data* Ⓢ precedentemente, prima di.

antesignano (an-te-si-gnà-no) N.M. (f. *-a*) · Promotore di un movimento o di un ideale che anticipa i tempi: *un antesignano della tutela dell'ambiente* Ⓢ precursore, pioniere.

> Il termine deriva dal latino *antesignanus* 'soldato della prima fila', e cioè 'colui che precede le insegne militari', che viene a sua volta da *signum* 'marchio, insegna, segno' con il prefisso **ante-** (→ ***segno***).

anti-[1] · Prefisso che indica 'opposizione, avversione': *anticostituzionale,* che si oppone alla Costituzione; *antifurto,* congegno che impedisce i furti.

anti-[2] · Prefisso che indica 'precedenza' nello spazio e nel tempo: *anticamera,* luogo che precede una camera; *antipasto,* portata che precede il pasto.

antiaereo (an-ti-a-è-re-o) AGG. (pl.m. *-rei*, pl.f. *-ree*) · Capace di proteggere dagli attacchi aerei: *rifugio antiaereo.*

antibiotico (an-ti-biò-ti-co) N.M. (pl. *-ci*) · Sostanza medicinale usata per vincere l'azione di microrganismi nocivi: *il medico gli prescrisse un potente antibiotico.*

> Il termine deriva dal francese *antibiotique* 'contro la vita (di corpi nemici)', che viene a sua volta dal greco *bíos* 'vita' con il prefisso **anti-**[1].

A

anticalcare (an-ti-cal-cà-re) N.M. e AGG. INVAR. · Di sostanza capace di impedire la formazione di calcare o di eliminarne i resti.

anticamente (an-ti-ca-mén-te) AVV. · In età remota, un tempo: *in questa zona anticamente c'erano solo campi.*

anticamera (an-ti-cà-me-ra) N.F. · Stanza d'ingresso di un appartamento o di un ufficio. Ⓔ ***Fare anticamera***, rimanere in attesa, attendere.

antichità (an-ti-chi-tà) N.F. INVAR. **1** La condizione di ciò che risale a un passato lontano: *valutare l'antichità di un dipinto.* **2** L'età antica: *i miti che l'antichità classica ci ha tramandato.* **3** SPESSO AL PL. Oggetto antico: *negozio di antichità.*

anticiclone (an-ti-ci-cló-ne) N.M. · In meteorologia, area di alta pressione che porta in genere tempo sereno e stabile.

anticiclonico (an-ti-ci-clò-ni-co) AGG. (pl.m. *-ci*, pl.f. *-che*) · Che riguarda l'anticiclone: *area anticiclonica.*

anticipare (an-ti-ci-pà-re) V.TR. (*antìcipo*, ecc.) **1** Compiere un'azione o fissare un evento prima del tempo previsto: *anticipare la partenza **di** un mese* Ⓒ ritardare. **2** Versare una somma prima della scadenza fissata: *anticipare lo stipendio **ai** dipendenti.* **3** Rendere noto in anticipo: *anticipare una notizia* Ⓢ preannunciare. **4** Compiere un'azione prima di un altro: *volevo andarli a trovare ma mi hanno anticipato* Ⓢ prevenire, precedere • Nel calcio, prevenire la mossa dell'avversario.

anticipato (an-ti-ci-pà-to) AGG. · Fatto, dato o ricevuto prima del previsto o del dovuto: *pagamento anticipato.*

anticipazione (an-ti-ci-pa-zió-ne) N.F. **1** Attuazione di qualcosa prima del previsto: *anticipazione della partenza.* **2** Informazione data o ricevuta in anticipo: *ho avuto qualche anticipazione sui risultati elettorali.*

anticipo (an-tì-ci-po) N.M. **1** Precedenza nel tempo: *il suo treno è arrivato con un anticipo **di** dieci minuti* Ⓒ ritardo. **2** Somma di denaro che viene anticipata: *ricevere un anticipo sullo stipendio* Ⓢ acconto. **3** Nel calcio, la capacità di prevenire la mossa dell'avversario: *giocare d'anticipo* • Partita giocata in un giorno precedente rispetto a quello fissato dal calendario. Ⓔ ***In anticipo***, prima del momento previsto o stabilito: *oggi è arrivato in anticipo all'appuntamento.*

antico (an-tì-co) AGG. e N.M. (pl.m. *-chi*, pl.f. *-che*) || AGG. **1** Che risale a un lontano passato: *le antiche mura della città* Ⓢ vecchio Ⓒ moderno. **2** Di sentimento già provato nel passato e che si presenta di nuovo: *sentiva rinascere l'antico desiderio di viaggiare.* **3** Del periodo storico precedente alla caduta dell'Impero romano d'Occidente. || N.M.PL. Coloro che hanno vissuto in tempi passati: *come facevano gli antichi.* Ⓔ ***All'antica***, che segue le usanze del passato: *un uomo all'antica.*

anticoncezionale (an-ti-con-ce-zio-nà-le) AGG. e N.M. · Di metodo o farmaco che impedisce il concepimento Ⓢ contraccettivo.

anticonformismo (an-ti-con-for-mi-ṣmo) N.M. · Atteggiamento di rifiuto nei confronti delle idee, dei comportamenti e dei gusti dominanti: *il suo anticonformismo si limita all'abbigliamento* Ⓒ conformismo.

anticonformista (an-ti-con-for-mì-sta) AGG. e N.M. e F. (pl.m. *-i*, pl.f. *-e*) · Che, chi non si adegua ai comportamenti e alle idee dominanti: *genitori anticonformisti; vuol fare l'anticonformista a tutti i costi* Ⓢ alternativo, eccentrico Ⓒ conformista.

anticorpo (an-ti-còr-po) N.M. · Proteina con funzione difensiva prodotta nell'organismo.

anticostituzionale (an-ti-co-sti-tu-zio-nà-le) AGG. · Che è in contrasto con i principi della Costituzione di uno Stato.

anticrittogamico (an-ti-crit-to-gà-mi-co) AGG. e N.M. (pl.m. *-ci*, pl.f. *-che*) · Di preparato chimico usato per combattere i parassiti delle piante.

antidiluviano (an-ti-di-lu-vià-no) AGG. **1** Che esisteva prima del diluvio universale. **2** Antiquato, sorpassato: *automobile antidiluviana.*

antidolorifico (an-ti-do-lo-rì-fi-co) AGG. e N.M. (pl.m. *-ci*, pl.f. *-che*) · Di sostanza che allevia il dolore: *prendi un antidolorifico per il mal di testa* Ⓢ analgesico.

antidoping (an-ti-dò-ping) N.M. e AGG. INVAR. · Di analisi delle urine che viene fatta agli atleti dopo una gara per verificare se abbiano fatto uso di sostanze stimolanti: *risultare positivo all'antidoping.*

antidoto (an-ti-do-to) N.M. **1** Sostanza capace di neutralizzare l'azione di un veleno sull'organismo. **2** Rimedio efficace: *ha trovato nel lavoro un buon antidoto alla depressione.*

antifascismo (an-ti-fa-scì-ṣmo) N.M. · Opposizione al fascismo.

antifascista (an-ti-fa-sci-sta) AGG. e N.M. e F. (pl.m. *-i*, pl.f. *-e*) · Che, chi si oppone al fascismo.

antifumo (an-ti-fù-mo) AGG. INVAR. **1** Che mira a combattere la diffusione del vizio del fumo: *campagna antifumo.* **2** Che serve a segnalare, impedire o limitare la fuoriuscita di fumo: *allarme antifumo.* ▸ Ⓕ **fumo**

antifurto (an-ti-fùr-to) AGG. e N.M. INVAR. · Di congegno studiato per impedire il furto di oggetti o veicoli: *impianto antifurto; hai inserito l'antifurto?*

antigelo (an-ti-gè-lo) AGG. e N.M. INVAR. · Di sostanza che si aggiunge all'acqua nel circuito di raffreddamento dei motori per impedirne il congelamento alle basse temperature: *ho messo l'antigelo nel radiatore.*

antigene (an-ti-ge-ne) N.M. · Sostanza che introdotta nel sangue o nei tessuti provoca la formazione di anticorpi.

La pronuncia corretta è *antìgene*, con l'accento sulla *i*; la pronuncia *antigène* con l'accento sulla *e* è sbagliata!

antilope (an-ti-lo-pe) N.F. · Mammifero agile e veloce, con pelo liscio e corna presenti nei soli maschi; vive nelle pianure dell'India.

antimeridiano (an-ti-me-ri-dià-no) AGG. · Che viene prima di mezzogiorno: *le ore antimeridiane* Ⓢ mattutino. ▸ Ⓕ **dies**

antiorario (an-ti-o-rà-rio) AGG. (pl.m. *-ri*, pl.f. *-rie*) · Nella direzione opposta a quella in cui ruotano le lancette di un orologio.

antiparassitario (an-ti-pa-ras-si-tà-rio) AGG. e N.M. (f. *-a*; pl.m. *-ri*, pl.f. *-rie*) · Di sostanza che serve a distruggere i parassiti di animali e piante.

antipasto (an-ti-pà-sto) N.M. · Insieme di cibi che vengono serviti all'inizio del pasto per stuzzicare l'appetito.

antipatia (an-ti-pa-tì-a) N.F. (pl. *-tìe*) · Sentimento di avversione istintiva: *provare antipatia per qualcuno* Ⓒ simpatia.

Il termine deriva da una parola greca che significa 'sentimento avverso', e che viene a sua volta da *pathos* 'sentimento' con il prefisso **anti-**[1].

antipatico (an-ti-pà-ti-co) AGG. e N.M. (f. *-a*; pl.m. *-ci*, pl.f. *-che*) · Che, chi suscita antipatia, fastidio o malumore: *un discorso antipatico; rimanere antipatico a qualcuno; non lo posso sopportare, quell'antipatico* Ⓢ fastidioso, sgradevole Ⓒ simpatico.

antipodi (an-tì-po-di) N.M.PL. · Il punto del globo terrestre diametralmente opposto rispetto a un altro. Ⓔ ***Agli antipodi***, con idee e opinioni totalmente opposte.

antiproiettile (an-ti-pro-ièt-ti-le) AGG. INVAR. · Di oggetto in grado di opporre un'efficace resistenza ai proiettili delle armi da fuoco: *vetri antiproiettile.* Ⓔ ***Giubbotto antiproiettile*** → ***giubbotto***.

antiquariato (an-ti-qua-rià-to) N.M. · Commercio di opere d'arte, libri, mobili, oggetti antichi: *mostra d'antiquariato.*

antiquario (an-ti-quà-rio) AGG. e N.M. (f. *-a*; pl.m. *-ri*, pl.f. *-rie*) || AGG. Dell'antiquariato: *il mercato antiquario.* || N.M. (f. *-a*) Mercante di oggetti e opere d'arte antichi: *l'ho comprato da un famoso antiquario.*

antiquato (an-ti-quà-to) AGG. · Non più usato: *metodi antiquati; si veste in modo antiquato* Ⓢ fuori moda, vecchio, sorpassato Ⓒ moderno.

antiscivolo (an-ti-sci-vo-lo) AGG. INVAR. · Che impedisce di scivolare: *suole antiscivolo.*

antisemitismo (an-ti-se-mi-ti-ṣmo) N.M. · Atteggiamento ostile nei confronti degli Ebrei, della loro cultura e della loro religione.

antisettico (an-ti-sèt-ti-co) AGG. e N.M. (pl.m. *-ci*, pl.f. *-che*) · Di sostanza capace di impedire lo sviluppo di microrganismi infettivi: *pomata antisettica; applicare un antisettico su una ferita* Ⓢ disinfettante.

A

antisismico (an-ti-sì-ṣmi-co) AGG. (pl.m. *-ci*, pl.f. *-che*) · Di struttura o costruzione capace di resistere alle scosse di terremoto: *un edificio antisismico.*

antistaminico (an-ti-sta-mì-ni-co) AGG. e N.M. (pl.m. *-ci*, pl.f. *-che*) · Di farmaco usato nella cura delle malattie allergiche.

antistante (an-ti-stàn-te) AGG. · Che si trova davanti: *il piazzale antistante **alla** stazione* Ⓒ retrostante.

antitesi (an-tì-te-ṣi) N.F. INVAR. · Opposizione o contrasto radicale: *le tue opinioni sono in netta antitesi con le mie* Ⓢ contrapposizione.

antivirus (an-ti-vì-rus) N.M. INVAR. · In informatica, programma che protegge il computer da possibili virus: *installare l'antivirus.*

antologia (an-to-lo-gì-a) N.F. (pl. *-gìe*) · Raccolta di brani scelti di uno o più autori: *antologia della letteratura europea contemporanea.* Ⓔ ***Da antologia***, memorabile, esemplare, perfetto: *un gol da antologia.*

> Il termine deriva da una parola greca che significa 'scelta di fiori', composta di *ánthos* 'fiore' e *logía* 'scelta'.

antologico (an-to-lò-gi-co) AGG. (pl.m. *-ci*, pl.f. *-che*) · Che riguarda una scelta di brani di uno o più autori: *lo studio è stato condotto seguendo criteri antologici.*

antonimo (an-tò-ni-mo) AGG. e N.M. · Parola di senso opposto a un'altra: *bello e brutto sono antonimi* Ⓢ contrario.

antonomasia (an-to-no-mà-ṣia) N.F. (pl. *-ṣie*) · Figura retorica che consiste nel definire una persona celebre con una sua caratteristica invece che con il nome proprio, oppure nell'indicare, con il nome di una persona o di una cosa famosa, persone o cose che ne ricordino le qualità; per es. *il Poeta*, Dante Alighieri; *è un Ercole*, è un uomo di grande forza. Ⓔ ***Per antonomasia***, per eccellenza, per definizione: *lui è il cattivo per antonomasia.*

antracite (an-tra-ci-te) N.F. · Carbon fossile duro, con un'alta percentuale di carbonio, in grado di sprigionare un grande calore.

antro (àn-tro) N.M. **1** Cavità profonda e oscura nel fianco di un monte o di una roccia: *l'antro della Sibilla* Ⓢ grotta. **2** Ambiente buio e tetro: *lavorano per molte ore in quell'antro* Ⓢ buco.

antropo- · Primo elemento di parole composte che indica 'uomo, essere umano': *antropomorfo*, che ha forma umana.

antropocentrico (an-tro-po-cèn-tri-co) AGG. (pl.m. *-ci*, pl.f. *-che*) · Che pone l'uomo al centro di ogni cosa: *concezione antropocentrica.*

antropofagia (an-tro-po-fa-gì-a) N.F. (pl. *-gìe*) · La pratica di cibarsi di carne umana Ⓢ cannibalismo.

antropofago (an-tro-pò-fa-go) AGG. e N.M. (f. *-a*; pl.m. *-gi*, pl.f. *-ghe*) · Che, chi si ciba di carne umana Ⓢ cannibale.

> Il termine deriva da una parola greca che significa 'mangiatore di uomini', composta di *ánthropos* 'uomo' e *phágo* 'mangiare'.

antropologia (an-tro-po-lo-gì-a) N.F. (pl. *-gìe*) · La scienza che studia i tipi umani dal punto di vista fisico e i fenomeni culturali nelle diverse società.

antropomorfo (an-tro-po-mòr-fo) AGG. · Che ha somiglianza con l'uomo: *divinità antropomorfa.*

anulare (a-nu-là-re) AGG. e N.M. || AGG. Che ha forma o aspetto di anello: *eclisse anulare.* || N.M. Il quarto dito della mano, al quale di solito si porta l'anello. Ⓔ ***Raccordo anulare***, grande strada a forma di anello che circonda le grandi città.

-anza · Suffisso che serve a formare nomi femminili astratti a partire da aggettivi in *-ante* (*abbondanza* da *abbondante*) o da altri aggettivi e nomi (*cittadinanza* da *cittadino*).

anzi (àn-zi) AVV. **1** Al contrario: *non mi disturbi affatto, anzi mi fai piacere* Ⓢ invece. **2** O meglio: *ti scrivo, anzi ti telefono* Ⓢ piuttosto.

anzianità (an-zia-ni-tà) N.F. INVAR. **1** Età avanzata: *l'anzianità va rispettata* Ⓢ vecchiaia. **2** Periodo di tempo trascorso nell'esercizio di un'attività lavorativa: *anzianità di servizio.*

anziano (an-zià-no) AGG. e N.M. (f. *-a*) || AGG. Di età avanzata, che ha molti anni: *una signora piuttosto anziana* Ⓢ vecchio Ⓒ giovane. || N.M. (f. -a) Chi ha molti anni: *corsi di ginnastica per anziani.*

anziché (an-zi-ché) CONGIUNZ. · Invece di, piuttosto che: *preferisce studiare anziché giocare.*

L'accento sulla e di *anziché* è acuto; scrivere *anzichè* con l'accento grave è un errore!

anzitempo (an-zi-tèm-po) AVV. · Prima del tempo previsto: *è invecchiato anzitempo.*

anzitutto (an-zi-tùt-to) AVV. · Per prima cosa, prima di tutto: *anzitutto sentiamo il prezzo, poi discuteremo* Ⓢ innanzitutto.

aorta (a-òr-ta) N.F. · La principale arteria del corpo umano che esce dal cuore e si dirama nelle arterie minori che distribuiscono il sangue in tutto il corpo.

apache (a-pa-che; pronuncia *apàš*) AGG. e N.M. e F. (invar. o anche pl. *apaches*) · Dell'omonima nazione di indiani d'America.

apartheid (a-par-theid; pronuncia *apartàid*) N. INGL., in it. N.M. o F. INVAR. · Politica di discriminazione razziale, abolita nel 1991, perseguita dalle minoranze bianche nella Repubblica Sudafricana ai danni delle popolazioni di colore • Discriminazione razziale.

apatia (a-pa-tì-a) N.F. (pl. *-tìe*) · Mancanza di partecipazione o di interesse: *è caduto in uno stato di completa apatia* Ⓢ inerzia.

apatico (a-pà-ti-co) AGG. (pl.m. *-ci*, pl.f. *-che*) · Che non mostra interesse o passione per nulla: *un ragazzo apatico* Ⓢ passivo, inerte.

ape (à-pe) N.F. · Piccolo insetto alato allevato dall'uomo fin dall'antichità perché produce miele e cera; vive in grandi società in cui è presente una sola femmina feconda, detta *regina*; l'ape *operaia*, sterile, è fornita di pungiglione e di spazzole alle zampe posteriori per la raccolta del polline.

aperitivo (a-pe-ri-tì-vo) N.M. · Bevanda alcolica o analcolica che si beve prima di un pasto.

apertamente (a-per-ta-mén-te) AVV. · In modo chiaro e franco: *ti dico apertamente quello che penso* Ⓢ chiaramente.

aperto (a-pèr-to) AGG. || Participio pass. → *aprire*. || AGG. 1 Che consente il passaggio, l'ingresso o solo la vista da un luogo a un altro: *la porta è aperta; il negozio è aperto fino all'una; dalla finestra aperta si vedeva il mare* Ⓒ chiuso. 2 Che permette la partecipazione: *la gara è aperta **a** tutti* Ⓢ accessibile, possibile. 3 Che non ha limiti ben definiti e si estende notevolmente: *ci siamo ritrovati in aperta campagna.* 4 Espresso con chiarezza: *un'aperta denuncia del malcostume* Ⓢ evidente, chiaro, esplicito. 5 Pronto ad accogliere nuove idee: *è una persona aperta **al** dialogo; ha una mentalità aperta* Ⓒ ristretto. 6 Che ancora non ha trovato una soluzione definitiva: *una questione aperta.* Ⓔ ***A cuore aperto***, con sincerità: *ti parlo a cuore aperto* • ***All'aperto***, in un luogo non chiuso: *uno spettacolo all'aperto* • ***Avere un conto aperto con qualcuno***, una controversia non ancora risolta: *ho ancora qualche conto aperto con lui* • ***In mare aperto***, lontano dalla costa • ***Partita aperta***, il cui esito è incerto: *la partita è ancora aperta **a** ogni risultato.*

apertura (a-per-tù-ra) N.F. 1 L'atto con cui si apre qualcosa: *l'apertura dei cancelli* Ⓒ chiusura • Spazio vuoto: *dobbiamo chiudere quell'apertura nel muro* Ⓢ buco, fessura. 2 Distanza tra due estremità: *l'apertura di compasso* Ⓢ ampiezza. 3 L'inizio di un'attività di interesse pubblico: *l'apertura di una banca* Ⓢ inaugurazione • L'inizio di un lavoro o di un'operazione: *l'apertura dei lavori parlamentari.* 4 Disponibilità a trovare un accordo: *il governo ha dato segnali di apertura all'opposizione.* Ⓔ ***Apertura alare*** → *alare* • ***Apertura mentale***, disponibilità ad accogliere idee nuove.

apice (à-pi-ce) N.M. 1 Il punto estremo o più elevato: *l'apice di un albero* Ⓢ cima, vertice • Punto culminante: *essere all'apice della felicità* Ⓢ culmine, colmo. 2 Segno (') posto in alto a destra di una lettera o di un numero, che può avere diverse funzioni: *i minuti si indicano con un apice.*

apnea (a-pnè-a) N.F. (pl. *apnèe*) · Arresto temporaneo della respirazione. Ⓔ ***In apnea***, trattenendo il respiro: *immergersi sott'acqua in apnea.*

apocalisse (a-po-ca-lìs-se) N.F. 1 Titolo di scritti che contengono profezie sul destino del mondo. 2 Catastrofe, disastro, rovina: *il terremoto ha provocato un'apocalisse.* Ⓔ ***L'A-***

A

pocalisse, il libro di San Giovanni Evangelista, l'ultimo del Nuovo Testamento.

apocalittico (a-po-ca-lit-ti-co) AGG. (pl.m. *-ci*, pl.f. *-che*) · Terribile, catastrofico, tragico: *una scena apocalittica* • Troppo pessimista: *previsione apocalittica.*

apocope (a-pò-co-pe) N.F. · In grammatica, troncamento.

apocrifo (a-pò-cri-fo) AGG. · Di libro o documento non autentico: *scritti apocrifi* Ⓢ falso.

apogeo (a-po-gè-o) N.M. (pl. *-gèi*) **1** Il punto più distante dalla Terra di un'orbita di un corpo celeste: *apogeo lunare.* **2** Punto o momento culminante: *essere all'apogeo del successo* Ⓢ apice, acme.

> Il termine deriva da una parola greca che significa 'lontano dalla terra', composta di *apó* 'lontano' e *gê* 'terra'.

apolide (a-pò-li-de) AGG. e N.M. e F. · Che, chi non ha cittadinanza in nessuno Stato.

apologia (a-po-lo-gì-a) N.F. (pl. *-gìe*) · Discorso a difesa o esaltazione di qualcuno o qualcosa: *fare l'apologia di un regime.*

apoplettico (a-po-plèt-ti-co) AGG. (pl.m. *-ci*, pl.f. *-che*) · Dovuto a emorragia cerebrale: *colpo apoplettico.*

apostata (a-pò-sta-ta) N.M. e F. (pl.m. *-i*, pl.f. *-e*) · Chi dice di non credere più nella propria religione o in un'idea che prima sosteneva.

apostolato (a-po-sto-là-to) N.M. · L'opera di chi dedica tutto se stesso alla propria missione, diffondendo verità religiose, morali o politiche: *fare opera di apostolato.*

apostolico (a-po-stò-li-co) AGG. (pl.m. *-ci*, pl.f. *-che*) **1** Che riguarda gli apostoli di Gesù Cristo e il loro insegnamento: *predicazione apostolica.* **2** Del Papa: *benedizione apostolica* Ⓢ papale.

apostolo (a-pò-sto-lo) N.M. **1** Ciascuno dei dodici discepoli di Gesù Cristo da lui scelti per predicare e diffondere la sua dottrina. **2** Chiunque si dedichi interamente al servizio di una causa o di un ideale: *un apostolo della libertà* Ⓢ paladino.

> Il termine deriva da una parola greca che significa 'colui che è inviato', perché connessa al verbo *apostéllo* 'inviare'.

apostrofare[1] (a-po-stro-fà-re) V.TR. (*apòstrofo*, ecc.) · Mettere l'apostrofo a una parola: *l'articolo "una" si apostrofa davanti a vocale.*

apostrofare[2] (a-po-stro-fà-re) V.TR. (*apòstrofo*, ecc.) · Rivolgersi a qualcuno con tono di rimprovero: *l'ha apostrofato con molta violenza.*

apostrofo (a-pò-stro-fo) N.M. · In grammatica, virgoletta posta in alto (') in fine di parola per indicare l'eliminazione di una o più lettere (*l'arte* invece di *la arte*; *po'* per *poco*).

apotema (a-po-tè-ma) N.M. (pl. *-i*) · Il raggio del cerchio inscritto in un poligono: *apotema di un poligono regolare.*

apoteosi (a-po-te-ò-ṣi) N.F. INVAR. **1** Celebrazione di una persona o di un evento: *fare l'apoteosi della rivoluzione* Ⓢ esaltazione. **2** Successo trionfale: *la prima dell'"Aida" è stata un'apoteosi* Ⓢ trionfo.

appagamento (ap-pa-ga-mén-to) N.M. · Soddisfazione: *l'appagamento di un desiderio* • Gioia interiore: *appagamento dell'animo.*

appagare (ap-pa-gà-re) V.TR. (*appàgo*, *appàghi*, ecc.) || TR. Rendere soddisfatto: *il lavoro mi appaga completamente* Ⓢ soddisfare. || **appagarsi** INTR. PRONOM. Sentirsi soddisfatto: *appagarsi* **di** *poco* Ⓢ accontentarsi.

appaiare (ap-pa-ià-re) V.TR. (*appàio*, *appài*, ecc.) · Mettere insieme in modo da formare un paio: *appaiare i guanti* Ⓢ abbinare, accoppiare.

appaio (ap-pà-io) · Ind. pres., 1ª pers. sing. → ***apparire***.

appallottolare (ap-pal-lot-to-là-re) V.TR. (*appallòttolo*, ecc.) || TR. Ridurre a forma di pallottola: *appallottolare un foglio di carta* Ⓢ accartocciare. || **appallottolarsi** RIFL. Raggomitolarsi: *il gatto si appallottolò sul divano.* || **appallottolarsi** INTR. PRONOM. Formare grumi: *se non mescoli bene, la polenta si appallottola.*

appalto (ap-pàl-to) N.M. · Contratto con cui un'impresa assume l'impegno di compiere un lavoro dietro un pagamento di denaro: *dare, prendere in appalto la costruzione del ponte.*

appannaggio (ap-pan-nàg-gio) N.M. (pl. *-gi*) **1** Compenso o assegno fisso: *l'appannaggio*

del Presidente della Repubblica Ⓢ rendita. **2** Caratteristica tipica: *la presunzione è appannaggio degli ignoranti* Ⓢ dote, prerogativa.
▸ Ⓕ **pane**

appannare (ap-pan-nà-re) V.TR. || TR. **1** Rendere opaco: *il vapore ha appannato lo specchio* Ⓢ offuscare, velare. **2** Privare di lucidità: *la stanchezza appanna i riflessi* Ⓢ stordire. || **appannarsi** INTR. PRONOM. **1** Divenire opaco: ***mi** si sono appannati gli occhiali.* **2** Perdere lucidità o prontezza: ***ti** si sta appannando la mente a furia di bere.*

apparato (ap-pa-rà-to) N.M. **1** L'insieme dei congegni che in un impianto servono a un certo scopo: *apparato elettrico.* **2** In anatomia, insieme di organi destinati a svolgere una certa funzione: *apparato nervoso.* **3** Insieme di organi burocratici o amministrativi: *apparato ministeriale.* **4** L'insieme degli ornamenti e dei preparativi per una festa o una manifestazione: *fu ricevuto con un sontuoso apparato di luci e di musiche.* Ⓔ ***Apparato digerente*** → ***digerente*** • ***Apparato respiratorio*** → ***respiratorio***.

apparecchiare (ap-pa-rec-chià-re) V.TR. (*apparécchio*, ecc.) · Preparare la tavola per i pasti: *la mamma sta apparecchiando la tavola* Ⓒ sparecchiare.

apparecchiatura (ap-pa-rec-chia-tù-ra) N.F. **1** Insieme di strumenti coordinati fra loro, con funzioni precise: *apparecchiatura di controllo.* **2** La preparazione della tavola per il pasto: *l'apparecchiatura era stata molto accurata.*

apparecchio (ap-pa-réc-chio) N.M. (pl. *-chi*) **1** Insieme di elementi collegati e coordinati in vista di un fine specifico: *apparecchio telefonico* Ⓢ dispositivo, congegno. **2** Lo strumento usato per correggere una posizione anomala dei denti: *da bambina portavo l'apparecchio.* **3** Aeroplano.

apparente (ap-pa-rèn-te) AGG. **1** Che sembra ma non è: *la sua onestà è solo apparente* Ⓢ falso, finto Ⓒ reale, vero. **2** Che è visibile e manifesto: *è stato licenziato senza una ragione apparente* Ⓢ evidente, chiaro.

apparentemente (ap-pa-ren-te-mén-te) AVV. · In apparenza: *apparentemente è tranquillo, ma in realtà soffre.*

apparenza (ap-pa-rèn-za) N.F. · Aspetto o comportamento esteriore: *a giudicare dalle apparenze, gode di buona salute.* Ⓔ ***In apparenza*** o ***all'apparenza***, stando a quel che sembra: *all'apparenza le tue obiezioni sono giuste, però le devi dimostrare.*

apparire (ap-pa-rì-re) V.INTR. (irreg.: ind. pres. *appàio, appàri, appàre, appariàmo, apparite, appàiono*; pass. rem. *appàrvi* [meno com. *apparìi*], *apparìsti, appàrve, apparìmmo, apparìste, appàrvero*; part. pass. *appàrso*; aus. *essere*) **1** Mostrarsi alla vista: *comincia ad apparire la luna* Ⓢ comparire Ⓒ sparire • Comparire in sogno o come visione: *stanotte gli è apparsa in sogno la madre.* **2** Risultare, emergere: *appare chiara **a** tutti la sua colpevolezza.* **3** Mostrarsi in un certo modo: *ci è apparso stanco* • Parere, sembrare: *la questione è più complicata di quel che appare.*

Il termine deriva dal latino *apparere* 'apparire, essere visibile', che viene a sua volta da *parere* 'apparire' con il prefisso **a-**[2] (→ ***parere***[2]); da un altro derivato del verbo latino *parere* deriva anche il verbo, coniugato allo stesso modo, **comparire**.

appariscente (ap-pa-ri-scèn-te) AGG. · Che dà nell'occhio: *un vestito appariscente* Ⓢ vistoso.

apparizione (ap-pa-ri-zió-ne) N.F. **1** Il manifestarsi improvviso di esseri od oggetti che suscitano particolare impressione: *ci credi alle apparizioni della Madonna?* Ⓢ visione. **2** Breve visita o presenza: *ha fatto un'apparizione alla festa e poi è ripartita.*

apparso (ap-pàr-so) · Participio pass. → ***apparire***.

appartamento (ap-par-ta-mén-to) N.M. · Insieme di stanze che formano l'abitazione di una famiglia all'interno di un edificio più grande: *un grande appartamento.*

appartarsi (ap-par-tàr-si) V.RIFL. · Allontanarsi dagli altri: *si appartarono in un angolo a chiacchierare* Ⓢ isolarsi.

appartato (ap-par-tà-to) AGG. **1** Lontano da luoghi frequentati: *una casa appartata* Ⓢ iso-

A B C D E F G H I J K L M N O P Q R S T U V W X Y Z

A

lato. **2** Di persona, che sta in disparte: *se ne stava appartato in un angolo.*

appartenente (ap-par-te-nèn-te) AGG. e N.M. e F. · Che, chi fa parte di un gruppo o di una categoria: *gli immobili appartenenti* ***allo*** *Stato; gli appartenenti* ***al*** *sindacato.*

appartenenza (ap-par-te-nèn-za) N.F. · Legame nei confronti di un gruppo o di una categoria: *la tessera dimostra la mia appartenenza* ***al*** *partito.*

appartenere (ap-par-te-né-re) V.INTR. (irreg.: coniugato come *tenere*; aus. *essere* o *avere*) **1** Essere di proprietà di qualcuno: *questa automobile appartiene* ***a*** *me.* **2** Far parte di un gruppo o di una categoria: *appartenere* ***a*** *un partito; le alghe appartengono* ***al*** *regno vegetale.*

apparvi (ap-pàr-vi) · Pass. rem., 1ª pers. sing. → ***apparire***.

appassionante (ap-pas-sio-nàn-te) AGG. · Che suscita vivo interesse: *una storia appassionante* Ⓢ entusiasmante.

appassionare (ap-pas-sio-nà-re) V.TR. (*appassióno*, ecc.) || TR. Suscitare interesse o passione: *la danza l'ha sempre appassionata* Ⓢ entusiasmare. || **appassionarsi** INTR. PRONOM. Provare vivo interesse per qualcosa: *appassionarsi* ***alla*** *pittura.*

appassionato (ap-pas-sio-nà-to) AGG. e N.M. (f. *-a*) || AGG. Che esprime passione: *un bacio appassionato* Ⓢ caloroso, passionale. || AGG. e N.M. (f. *-a*) Che, chi mostra interesse o passione per qualcosa: *i miei alunni sono molto appassionati* ***di*** *storia; gli appassionati* ***di*** *cinema.*

appassire (ap-pas-sì-re) V.INTR. (*appassìsco*, *appassìsci*, ecc.; aus. *essere*) **1** Di fiori, foglie o piante, perdere la freschezza: *le rose sono appassite* Ⓢ seccarsi. **2** Perdere vitalità o vigore: *la sua bellezza appassì presto* Ⓢ sfiorire.

appassito (ap-pas-sì-to) AGG. **1** Che ha perso freschezza: *un fiore appassito* Ⓢ secco. **2** Che ha perso forza, vigore e splendore: *una bellezza appassita.*

appellarsi (ap-pel-làr-si) V.INTR. PRONOM. (*mi appèllo*, ecc.) **1** Rivolgersi a qualcuno ritenuto capace di risolvere un problema: *mi appello* ***alla*** *tua esperienza.* **2** Ricorrere a un giudice di grado superiore per ottenere la revisione o la cancellazione di una sentenza: *appellarsi* ***contro*** *la decisione dei giudici.*

appellativo (ap-pel-la-tì-vo) N.M. · Soprannome, titolo: *gli amici mi hanno affibbiato un appellativo curioso.*

appello (ap-pèl-lo) N.M. **1** Chiamata di più persone per nome, spesso per controllarne la presenza: *fare l'appello.* **2** Ricorso a un tribunale o giudice superiore per cancellare o rivedere una sentenza: *ricorrere in appello.* **3** Richiesta di aiuto: *il disperato appello dei naufraghi; faccio appello* ***alla*** *tua comprensione.* Ⓔ ***Corte d'appello***, l'organo giudiziario che esamina i ricorsi in appello • ***Senza appello***, senza possibilità di essere cambiato: *il tuo è un giudizio senz'appello.*

appena (ap-pé-na) AVV. e CONGIUNZ. || AVV. **1** A stento, a fatica, con difficoltà: *ci si vedeva appena; alla fine della gara è arrivato appena decimo* • Soltanto un poco: *dammene appena un goccio.* **2** Da poco, da allora: *era appena arrivato; ero appena uscito che cominciò a piovere.* || CONGIUNZ. Subito dopo che: *appena finito puoi andartene;* anche preceduto da *non*: *verrò non appena possibile.*

appendere (ap-pèn-de-re) V.TR. (irreg.: ind. pres. *appèndo*, ecc.; pass. rem. *appési*, *appendésti*, *appése*, *appendémmo*, *appendéste*, *appésero*; part. pass. *appéso*) · Fissare un oggetto a un sostegno, in modo che rimanga sospeso: *appendere la giacca* ***all'****attaccapanni* Ⓢ agganciare.

> Il termine deriva da una parola del latino tardo, che viene a sua volta da *pendere* 'essere sospeso' con il prefisso **a-²** (→ ***pendere***); da altri derivati del verbo latino *pendere* derivano anche i verbi, coniugati allo stesso modo, **dipendere**, **propendere** e **sospendere**.

appendice (ap-pen-dì-ce) N.F. **1** Nei libri, aggiunta in fondo al volume per chiarire alcuni punti trattati nel testo. **2** Il prolungamento stretto e allungato dell'intestino cieco.

appendicite (ap-pen-di-cì-te) N.F. · L'infiammazione dell'appendice.

appenninico (ap-pen-nì-ni-co) AGG. (pl.m. *-ci*, pl.f. *-che*) · Degli Appennini, la catena montuosa che percorre da nord a sud la penisola italiana.

appesantire (ap-pe-san-tì-re) V.TR. (*appesantìsco, appesantìsci*, ecc.) || TR. **1** Rendere più pesante: *appesantire lo stomaco con cibi molto grassi* Ⓢ gravare Ⓒ alleggerire. **2** Rendere più faticoso: *non appesantirmi il lavoro con inutili complicazioni.* **3** Causare la diminuzione dell'agilità del corpo: *la stanchezza* ***gli*** *appesantiva le membra* Ⓢ intorpidire. || **appesantirsi** INTR. PRONOM. **1** Diventare più pesante: *la mole del lavoro si appesantisce di giorno in giorno.* **2** Aumentare di peso: *da quando ha smesso di fare sport, si è appesantito* Ⓢ ingrassare.

appesi (ap-pé-si) · Pass. rem., 1ª pers. sing. → ***appendere***.

appeso (ap-pé-so) · Participio pass. → ***appendere***.

appestare (ap-pe-stà-re) V.TR. (*appèsto*, ecc.) **1** Contagiare di peste o di altra malattia infettiva. **2** Riempire di cattivi odori: *gli scarichi industriali appestano l'aria.*

appetito (ap-pe-tì-to) N.M. · Desiderio di mangiare: *il bambino mangiava con appetito* Ⓢ fame. Ⓔ ***Buon appetito***, augurio che si rivolge prima di cominciare a mangiare.

appetitoso (ap-pe-ti-tó-so) AGG. **1** Di cibo, che stuzzica l'appetito: *una torta appetitosa* Ⓢ gustoso, invitante. **2** Che suscita desiderio e interesse: *un'offerta appetitosa* Ⓢ allettante.

appezzamento (ap-pez-za-mén-to) N.M. · Parte di terreno destinata a una certa coltivazione.

appianare (ap-pia-nà-re) V.TR. **1** Rendere liscio: *appianare l'asfalto* Ⓢ spianare. **2** Rendere facile da superare: *appianare una difficoltà* Ⓢ rimuovere • Risolvere un contrasto: *appianare una lite.*

appiattimento (ap-piat-ti-mén-to) N.M. **1** Schiacciamento di una protuberanza o rotondità: *appiattimento di un dosso.* **2** Livellamento, in genere verso il basso: *appiattimento del livello culturale* Ⓢ abbassamento.

appiattire (ap-piat-tì-re) V.TR. (*appiattìsco, appiattìsci*, ecc.) || TR. **1** Rendere piatto: *appiattire i vestiti nella valigia* Ⓢ schiacciare. **2** Livellare, in genere verso il basso: *la televisione tende ad appiattire i gusti.* || **appiattirsi** RIFL. Farsi piatto: *la lepre si appiattì al suolo.* || **appiattirsi** INTR. PRONOM. Ridursi allo stesso livello: *gli stipendi tendono ad appiattirsi* Ⓢ livellarsi.

appiccare (ap-pic-cà-re) V.TR. (*appìcco, appìcchi*, ecc.) **1** Appendere, affiggere: *appiccare un cartello* ***alla*** *porta.* **2** Avviare un processo di accensione di: *appiccare il fuoco, un incendio* Ⓢ accendere, provocare.

appiccicare (ap-pic-ci-cà-re) V.TR. (*appìccico, appìccichi*, ecc.) || TR. Unire insieme con una sostanza adesiva: *appiccicare il francobollo* ***sulla*** *busta* Ⓢ attaccare, incollare • Essere appiccicoso: *la resina appiccica.* || **appiccicarsi** RIFL. **1** Rimanere incollato: *la colla si appiccica* ***alle*** *mani* Ⓢ attaccarsi, aderire. **2** Nel linguaggio familiare, di persona fastidiosa, imporre la propria compagnia: *mi si è appiccicato per un'ora.*

appiccicoso (ap-pic-ci-có-so) AGG. **1** Che appiccica: *hai le mani appiccicose* Ⓢ vischioso. **2** Nel linguaggio familiare, di persona di cui non c'è modo di liberarsi: *un tipo noioso e appiccicoso* Ⓢ fastidioso.

appieno (ap-piè-no) (o **a pieno**) AVV. · Interamente, pienamente: *soddisfare appieno le esigenze di un cliente.*

appigliarsi (ap-pi-gliàr-si) V.INTR. PRONOM. (*mi appìglio*, ecc.) **1** Tenersi con forza a qualcosa per non cadere: *appigliarsi* ***a*** *un ramo* Ⓢ aggrapparsi, attaccarsi. **2** Usare un argomento come unico mezzo per ottenere qualcosa: *appigliarsi* ***a*** *un pretesto* Ⓢ ricorrere.

appiglio (ap-pì-glio) N.M. (pl. *-gli*) **1** Punto di sostegno o di appoggio provvisorio: *cercò un appiglio per non cadere* Ⓢ presa. **2** Occasione o pretesto sfruttati per giustificare un'azione: *cercava ogni appiglio per litigare* Ⓢ scusa.

appioppare (ap-piop-pà-re) V.TR. (*appiòppo*, ecc.) **1** Dare con forza: *appioppare uno schiaffo* ***a*** *qualcuno* Ⓢ assestare, mollare. **2** Dare qualcosa di sgradito: *quel vigile* ***mi*** *ha appioppato una multa* Ⓢ affibbiare, rifilare.

appisolarsi (ap-pi-so-làr-si) V.INTR. PRONOM. (*mi appìsolo*, ecc.) · Addormentarsi di un son-

A

no leggero: *appisolarsi sulla poltrona* Ⓢ assopirsi, sonnecchiare.

applaudire (ap-plau-dì-re) V.TR. e INTR. (*applàudo, applàudi*, ecc.; o *applaudìsco, applaudìsci*, ecc.; aus. *avere*) **1** Battere le mani in segno di consenso: *il pubblico ha applaudito la cantante; applaudire* ***allo*** *spettacolo.* **2** Manifestare pieno consenso: *applaudire un'iniziativa; applaudire* ***a*** *una proposta.*

applauso (ap-plàu-ṣo) N.M. **1** Calorosa manifestazione di consenso, espressa battendo le mani: *uno scroscio di applausi ha accolto il suo ingresso in sala.* **2** Lode, approvazione: *i tuoi propositi meritano tutto il nostro applauso.*

applicare (ap-pli-cà-re) V.TR. (*àpplico, àpplichi*, ecc.) || TR. **1** Mettere sopra facendo aderire a una superficie: *applicare un'etichetta* ***a*** *una bottiglia* Ⓢ attaccare. **2** Mettere in pratica: *applicare il regolamento* Ⓢ utilizzare, impiegare. **3** Rivolgere con intensità: *applicare la mente* ***alla*** *soluzione di un problema* Ⓢ dedicare. || **applicarsi** INTR. PRONOM. Dedicarsi con impegno: *applicarsi* ***allo*** *studio,* ***nel*** *lavoro.*

applicazione (ap-pli-ca-zió-ne) N.F. **1** Sistemazione di qualcosa facendolo aderire a qualcos'altro: *applicazione di un cerotto; applicazione delle tende* ***alla*** *finestra* Ⓢ collocazione, sistemazione. **2** Attuazione pratica: *applicazione di una legge.* **3** Concentrazione costante in un'attività: *studiare con applicazione* Ⓢ impegno. **4** Programma per computer.

appoggiare (ap-pog-già-re) V.TR. (*appòggio*, ecc.) || TR. **1** Mettere una cosa sopra o contro un'altra che la sostenga: *appoggiare un bicchiere* ***sul*** *tavolo; appoggiare la scala* ***al*** *muro* Ⓢ poggiare, posare. **2** Dare aiuto o protezione: *appoggerò tutte le tue richieste* Ⓢ sostenere, favorire. || **appoggiarsi** RIFL. **1** Scaricare il proprio peso su qualcosa che serva da sostegno: *il vecchio camminava appoggiandosi* ***al*** *bastone* Ⓢ sostenersi. **2** Ricorrere all'aiuto di qualcuno: *appoggiarsi* ***alla*** *famiglia.*

appoggio (ap-pòg-gio) N.M. (pl. *-gi*) **1** Ciò che sostiene una struttura: *senza un appoggio la scala non sta in piedi* Ⓢ sostegno, supporto. **2** Atteggiamento favorevole: *ho bisogno del tuo appoggio per convincerlo* Ⓢ aiuto, protezione.

appollaiarsi (ap-pol-la-iàr-si) V.RIFL. (*mi appollàio, ti appollài*, ecc.) **1** Di uccello, posarsi su un sostegno: *il gufo si appollaiò* ***su*** *un ramo* Ⓢ accovacciarsi. **2** Di persona, accoccolarsi su qualcosa: *appollaiarsi* ***sullo*** *sgabello.*

Il termine deriva dall'espressione *stare a pollaio*, con riferimento alla posizione delle galline appoggiate ai pioli del pollaio per dormire.

apporre (ap-pór-re) V.TR. (irreg.: coniugato come *porre*) · Mettere accanto, sopra o sotto: *apporre una firma; apporre un cartello* ***alla*** *porta.*

apportare (ap-por-tà-re) V.TR. (*appòrto*, ecc.) **1** Portare come conseguenza: *la guerra apporta miserie e lutti* Ⓢ causare, portare. **2** Aggiungere producendo un mutamento: *apportare dei miglioramenti* ***a*** *un disegno di legge.*

apporto (ap-pòr-to) N.M. · Partecipazione alla realizzazione di qualcosa: *dare il proprio apporto all'elaborazione di un progetto* Ⓢ contributo, aiuto.

appositamente (ap-po-ṣi-ta-mén-te) AVV. · Con un certo fine: *i tecnici furono chiamati appositamente per quel lavoro* Ⓢ apposta.

apposito (ap-pò-ṣi-to) AGG. · Fatto per un certo uso: *gettate le carte negli appositi cestini* Ⓢ adatto, appropriato.

apposizione (ap-po-ṣi-zió-ne) N.F. · In grammatica, nome che si trova vicino a un altro per caratterizzarlo o definirlo meglio (*il poeta Virgilio; sono andato da Giulio, il meccanico*); può essere anche introdotta da *come, da, in qualità di*, ecc. (*mia sorella, da giovane, viveva a Roma; il direttore, come responsabile dell'azienda, prenderà la sua decisione*).

apposta (ap-pò-sta) AVV. **1** Con intenzione: *ti assicuro che non l'ho fatto apposta* Ⓢ di proposito Ⓒ senza volere. **2** Con un preciso scopo: *lo fa apposta per farmi dispetto* Ⓢ unicamente. Ⓔ ***Neanche a farlo apposta***, di evento che si verifica casualmente nel momento meno indicato: *neanche a farlo apposta cominciò a piovere.*

appostarsi (ap-po-stàr-si) V.RIFL. (*mi appòsto*, ecc.) · Nascondersi per spiare o aggredire qualcuno: *i briganti si appostarono dietro i cespugli.*

apprendere (ap-prèn-de-re) V.TR. (irreg.: coniugato come *prendere*) **1** Acquisire nozioni ed esperienze: *apprendere un mestiere* Ⓢ imparare. **2** Venire a sapere: *apprendere una notizia da un amico.*

apprendimento (ap-pren-di-mén-to) N.M. · Acquisizione di conoscenze teoriche o pratiche: *apprendimento della matematica, dell'arte della tessitura.*

apprendista (ap-pren-dì-sta) N.M. e F. (pl.m. *-i*, pl.f. *-e*) · Chi comincia a imparare un'arte o un mestiere: *apprendista muratore.*

apprendistato (ap-pren-di-stà-to) N.M. · Il periodo di tirocinio necessario per imparare un'arte o un mestiere: *sta per finire il suo apprendistato.*

apprensione (ap-pren-sió-ne) N.F. · Stato di inquietudine che deriva dal timore di eventi sfavorevoli: *se non le telefono tutti i giorni entra subito in apprensione* Ⓢ ansia, agitazione.

apprensivo (ap-pren-si-vo) AGG. · Che si lascia prendere dall'apprensione: *le madri troppo apprensive soffocano i figli* Ⓢ ansioso.

appresso (ap-près-so) AVV. e AGG. INVAR. || AVV. **1** Vicino, accanto: *resta qui appresso; camminava appresso **alla** nonna; portarsi appresso una cosa*, portarla con sé. **2** Dietro: *vienimi appresso* • Dopo: *come dirò appresso; è arrivato subito appresso **a** me.* || AGG. Successivo: *il giorno appresso.*

apprestarsi (ap-pre-stàr-si) V.RIFL. (*mi apprèsto*, ecc.) · Prepararsi a fare qualcosa: *apprestarsi **a** partire* Ⓢ accingersi.

apprezzamento (ap-prez-za-mén-to) N.M. · Giudizio o commento: *fare apprezzamenti su qualcuno o qualcosa.*

apprezzare (ap-prez-zà-re) V.TR. (*apprèzzo*, ecc.) · Valutare in modo positivo: *sa apprezzare i lavori ben fatti; apprezzo Marco per la sua tenacia* Ⓢ stimare.

approcciare (ap-proc-cià-re) V.TR. (*appròccio*, ecc.) **1** Iniziare a esaminare: *approcciare un problema* Ⓢ affrontare. **2** Nel linguaggio familiare, avvicinare qualcuno per tentare un approccio: *approcciare una ragazza* Ⓢ abbordare.

approccio (ap-pròc-cio) N.M. (pl. *-ci*) **1** Contatto che si cerca con qualcuno per stabilire un rapporto: *i primi approcci sono stati soddisfacenti.* **2** Prima esperienza: *il mio approccio con il computer è stato traumatico.* **3** Metodo con cui si affronta un problema o si studia un fenomeno: *un approccio psicologico all'opera di Kafka.*

approdare (ap-pro-dà-re) V.INTR. (*appròdo*, ecc.; aus. *essere* o *avere*) **1** Giungere in porto: *la nave è approdata.* **2** Giungere a un risultato: *approdare **alla** finale del torneo.*

approdo (ap-prò-do) N.M. **1** L'operazione e la manovra di toccare la riva: *luogo di facile approdo.* **2** Punto del litorale che consente di giungere a riva: *in quella zona era difficile trovare un approdo.* **3** Punto d'arrivo: *lo studio della scienza è stato l'approdo della mia curiosità* Ⓢ esito.

approfittare (ap-pro-fit-tà-re) V.INTR. (aus. *avere*) || INTR. Trarre vantaggio da una particolare situazione o condizione: *dobbiamo approfittare **della** luce per finire le riprese* Ⓢ avvalersi. || **approfittarsi** INTR. PRONOM. Trarre vantaggio in modo scorretto: *approfittarsi **del** denaro pubblico* Ⓢ abusare.

approfondimento (ap-pro-fon-di-mén-to) N.M. **1** Operazione con cui si rende qualcosa più profondo: *approfondimento di una buca.* **2** Esame condotto con maggiore attenzione: *è un'intuizione che merita un approfondimento.*

approfondire (ap-pro-fon-dì-re) V.TR. (*approfondìsco, approfondìsci*, ecc.) **1** Rendere più profondo: *approfondire un fosso.* **2** Esaminare in profondità: *approfondire un'indagine.* **3** Rendere maggiore: *la lontananza approfondisce le incomprensioni* Ⓢ accrescere, aumentare, aggravare.

approntare (ap-pron-tà-re) V.TR. (*appróntο*, ecc.) · Preparare per uno scopo: *approntare la sala **per** il convegno* Ⓢ preparare, allestire, predisporre.

appropriarsi (ap-pro-priàr-si) V.INTR. PRONOM. (*mi appròprio*, ecc.) · Entrare in possesso di

A

qualcosa, spesso in modo illecito: *appropriarsi* ***di*** *un diritto,* ***di*** *un merito* Ⓢ impossessarsi.

appropriato (ap-pro-prià-to) AGG. · Adatto a uno scopo: *un vestito appropriato* ***alla*** *circostanza* Ⓢ conveniente, adeguato.

La parola *appropriato* si scrive con la erre sia dopo la prima pi sia dopo la seconda, scrivere *appropiato* è un grave errore!

approssimarsi (ap-pros-si-màr-si) V.RIFL. e INTR. PRONOM. (*mi appròssimo*, ecc.) || RIFL. Avvicinarsi: *approssimarsi* ***alla*** *meta.* || INTR. PRONOM. Farsi vicino: *la primavera si sta approssimando* Ⓢ sopraggiungere.

approssimativamente (ap-pros-si-ma-ti-va-mén-te) AVV. · All'incirca, più o meno: *erano approssimativamente le nove* Ⓢ circa.

approssimativo (ap-pros-si-ma-ti-vo) AGG. **1** Che non arriva a una valutazione esatta: *calcolo approssimativo* • Piuttosto affrettato: *un giudizio approssimativo* Ⓢ impreciso, superficiale Ⓒ rigoroso, accurato. **2** Di persona, che manca di attenzione e precisione: *è un tipo molto approssimativo nei giudizi.*

approssimato (ap-pros-si-mà-to) AGG. · Che si avvicina al valore esatto: *calcolo approssimato.*

approssimazione (ap-pros-si-ma-zió-ne) N.F. **1** Avvicinamento a un valore che non può essere definito con esattezza: *approssimazione per eccesso, per difetto.* **2** Scarsa precisione: *ragiona sempre con molta approssimazione* Ⓢ imprecisione, superficialità.

approvare (ap-pro-và-re) V.TR. (*appròvo*, ecc.) **1** Dichiararsi soddisfatto o convinto di qualcosa: *ho approvato la tua decisione* Ⓒ disapprovare. **2** Giudicare con voto favorevole: *il Parlamento deve ancora approvare la legge* Ⓢ convalidare.

approvazione (ap-pro-va-zió-ne) N.F. **1** Giudizio favorevole: *non farò niente senza la tua approvazione* Ⓢ consenso. **2** Provvedimento con cui un'autorità amministrativa autorizza l'esecuzione di un atto: *aspettiamo l'approvazione del consiglio di amministrazione* Ⓢ convalida.

approvvigionamento (ap-prov-vi-gio-na-mén-to) N.M. · Rifornimento di viveri e di altri materiali necessari: *in quell'epoca l'approvvigionamento della città era molto difficile.*

approvvigionare (ap-prov-vi-gio-nà-re) V.TR. (*approvvigióno*, ecc.) · Rifornire di viveri o delle merci necessarie: *approvvigionare un esercito.*

appuntamento (ap-pun-ta-mén-to) N.M. · Incontro fissato tra due o più persone in un giorno, ora e luogo determinati: *fissare un appuntamento.*

Il termine deriva dalla parola francese *appointement,* che indicava la sentenza con cui il giudice ordinava alle parti di presentarsi con nuovi testimoni o con prove scritte sui punti (*points*) che non erano stati ben chiariti nell'udienza.

appuntare[1] (ap-pun-tà-re) V.TR. || TR. **1** Fare la punta: *appuntare una matita* Ⓢ aguzzare. **2** Fermare con un oggetto a punta o con punti di cucito: *appuntare un nastro* ***al*** *cappello* Ⓢ fissare. || **appuntarsi** INTR. PRONOM. Fissarsi, rivolgersi: *i sospetti si appuntarono* ***su*** *di lui.*

appuntare[2] (ap-pun-tà-re) V.TR. · Prendere un appunto: *appùntati il mio indirizzo sull'agenda* Ⓢ annotare.

appuntire (ap-pun-ti-re) V.TR. (*appuntìsco, appuntìsci*, ecc.) · Fare la punta a un oggetto: *appuntire un bastone* Ⓢ aguzzare.

appuntito (ap-pun-tì-to) AGG. · Che termina a punta: *un palo appuntito; naso appuntito* Ⓢ aguzzo.

appunto[1] (ap-pùn-to) AVV. · Proprio, esattamente, precisamente: *appunto per questo ti ho fatto venire; cercavo appunto te.*

appunto[2] (ap-pùn-to) N.M. **1** Breve nota per ricordare un fatto, una data, i punti più importanti di un discorso: *prendere appunti; quaderno d'appunti* Ⓢ annotazione. **2** Critica negativa: *sono stati mossi molti appunti al tuo comportamento* Ⓢ osservazione, rimprovero, critica.

appurare (ap-pu-rà-re) V.TR. · Accertare tramite ricerche: *ho appurato* ***che*** *i fatti si sono* *svolti così; dovresti appurare* ***se*** *dice la verità* Ⓢ controllare, verificare.

apribottiglie (a-pri-bot-tì-glie) N.M. INVAR. · Levetta per aprire le bottiglie con tappo a corona.

aprile (a-prì-le) N.M. · Il quarto mese dell'anno, di 30 giorni.

aprire (a-prì-re) V.TR. e INTR. (irreg.: ind. pres. *àpro*, ecc.; pass. rem. *aprìi, aprìsti, aprì, aprìmmo, aprìste, aprìrono*; part. pass. *apèrto*) || TR. 1 Spostare un elemento mobile per poter accedere a un luogo o vedere all'interno di qualcosa: *aprire la porta, la finestra, un cassetto, l'armadio* Ⓒ chiudere. 2 Rendere accessibile: *aprire una strada* ***al*** *traffico.* 3 Dare inizio: *aprire un dibattito* Ⓢ iniziare. 4 Avviare il funzionamento di un dispositivo: *aprire il rubinetto,* farne uscire l'acqua. 5 Privare dell'involucro o di altro elemento di chiusura: *aprire un pacco, una lettera.* 6 Di parte del corpo, allargarsi, spalancarsi per svolgere una certa funzione. || INTR. (aus. *avere*) Iniziare l'attività: *l'ufficio apre alle 8.30.* || **aprirsi** RIFL. Confidarsi con qualcuno: *aprirsi* ***con*** *un amico.* || **aprirsi** INTR. PRONOM. 1 Di elemento mobile, posizionarsi in modo da consentire l'accesso a un luogo o vedere all'interno di qualcosa: *la porta si aprì lentamente.* 2 Avere inizio: *l'estate si apre il 21 giugno.* 3 Di fiori, sbocciare: *quest'anno le rose si sono aperte prima del solito.* Ⓔ ***Aprire bocca*** → ***bocca*** • ***Aprire gli occhi***, prendere coscienza, capire; ***aprire gli occhi a qualcuno***, spiegargli la verità • ***Aprire gli orecchi***, ascoltare attentamente • ***Aprire il fuoco***, cominciare a sparare • ***Aprire la mente***, ampliare le proprie conoscenze • ***Aprire le braccia*** → ***braccio***.

apriscatole (a-pri-scà-to-le) N.M. INVAR. · Arnese per aprire le scatole di latta.

aquila (à-qui-la) N.F. 1 Uccello rapace lungo fino a un metro, di colore marrone scuro, con becco adunco e dita delle zampe gialle. 2 Simbolo di potenza, nobiltà e intelligenza. Ⓔ ***Non essere un'aquila***, nel linguaggio familiare, di persona dotata di intelligenza mediocre.

> Per indicare il verso acuto e stridulo dell'aquila possono essere usati i verbi *urlare, strillare, gridare* o *stridere*.

aquilone (a-qui-ló-ne) N.M. · Giocattolo di carta o di stoffa leggera a colori vivaci; tirato controvento per mezzo di un filo, può innalzarsi e mantenersi in aria.

ara[1] (à-ra) N.F. · Altare.

ara[2] (à-ra) N.F. · Unità di misura di superficie di terreni, equivalente a 100 m^2.

arabesco (a-ra-bé-sco) N.M. (pl. *-schi*) · Ornamento a motivi geometrici o floreali stilizzati e ripetuti, introdotto dagli Arabi: *soffitto decorato ad arabeschi.*

arabico (a-rà-bi-co) AGG. (pl.m. *-ci*, pl.f. *-che*) · Dell'Arabia, arabo. Ⓔ ***Gomma arabica*** → ***gomma***.

arabo (à-ra-bo) AGG. e N.M. (f. *-a*) || AGG. Dell'Arabia o degli Arabi, ovvero di tutti i popoli di lingua araba che vivono in Asia e Africa. || N.M. (f. *-a*) Abitante, nativo dell'Arabia o dei Paesi di cultura araba. || N.M. 1 La lingua degli Arabi. 2 Nel linguaggio familiare, linguaggio difficile da capire: *il linguaggio della finanza per me è arabo.* Ⓔ ***Numeri arabi***, quelli in uso nel nostro sistema di scrittura dei numeri (1, 2, 3, ecc.) • ***Parlare arabo***, nel linguaggio familiare, esprimersi in modo incomprensibile.

arachide (a-rà-chi-de) N.F. · Pianta erbacea coltivata per i suoi semi, detti *arachidi* o *noccioline*, da cui si ricava un olio e che, tostati, sono consumati come frutta.

aracnide (a-ràc-ni-de) N.M. · Tipo di artropode privo di antenne, quasi sempre terrestre e carnivoro: *gli scorpioni e i ragni sono aracnidi.*

aragosta (a-ra-gó-sta) N.F. · Crostaceo di color bruno violaceo, con corazza robusta, lunghe antenne, cinque paia di zampe; viene allevato e pescato per la sua carne pregiata.

araldico (a-ràl-di-co) AGG. (pl.m. *-ci*, pl.f. *-che*) · Che riguarda gli stemmi di famiglia e l'attribuzione dei titoli nobiliari: *archivio araldico.*

araldo (a-ràl-do) N.M. 1 Nel Medioevo, chi presso le corti dei sovrani o gli ordini cavallereschi aveva funzioni di maestro delle cerimonie e di rappresentante. 2 Messaggero al servizio di un'autorità Ⓢ banditore. ››

A

Il termine deriva da una parola della lingua dei Franchi che significava 'funzionario dell'esercito'.

arancia (a-ràn-cia) N.F. (pl. *-ce*) · Il frutto dell'arancio: *le arance della Sicilia e della Calabria.*

aranciata (a-ran-cià-ta) N.F. · Bevanda preparata con acqua e succo d'arancia • Bibita frizzante al gusto d'arancia, venduta in bottiglie o in lattine.

arancio[1] (a-ràn-cio) AGG. e N.M. INVAR. · Del colore dell'arancia matura: *un abito arancio; un golf di un arancio carico* Ⓢ arancione.

arancio[2] (a-ràn-cio) N.M. (pl. *-ci*) · Albero originario dell'Estremo Oriente, con fiori bianchi; è coltivato per i suoi frutti sferici, ricoperti da una spessa buccia, di colore tra il giallo e il rosso, con polpa ricca di sugo divisa in spicchi.

arancione (a-ran-ció-ne) AGG. e N.M. (pl. invar. o *-i* sia per il maschile che per il femminile) · Del colore dell'arancia matura: *un golf arancione; quest'estate va di moda l'arancione* Ⓢ arancio.

arare (a-rà-re) V.TR. · Aprire la terra con l'aratro per prepararla alla semina: *arare un campo.*

aratro (a-rà-tro) N.M. · Strumento agricolo per rivoltare la terra prima di seminare.

aratura (a-ra-tù-ra) N.F. · L'operazione di arare.

arazzo (a-ràz-zo) N.M. · Tessuto per ornare le pareti che si esegue a mano, in modo che i fili formino un disegno con figure.

Il termine deriva dal nome della città francese di *Arras*, famosa fin dal Quattrocento per i suoi tessuti.

arbitraggio (ar-bi-tràg-gio) N.M. (pl. *-gi*) · La direzione di una gara sportiva: *un arbitraggio imparziale.*

arbitrare (ar-bi-trà-re) V.TR. (*àrbitro*, ecc.) **1** Fare da arbitro in una lite. **2** Dirigere una gara sportiva come arbitro: *arbitrare una partita di calcio.*

arbitrario (ar-bi-trà-rio) AGG. (pl.m. *-ri*, pl.f. *-rie*) · Che non ha un giusto fondamento: *giudizio arbitrario* Ⓢ abusivo, ingiustificato, illegittimo Ⓒ legittimo.

arbitrio (ar-bì-trio) N.M. (pl. *-tri*) **1** La possibilità di giudicare e operare secondo la propria volontà: *agisci secondo il tuo arbitrio.* **2** Azione commessa al di fuori della legge: *non devi più permetterti questi arbitri* Ⓢ abuso, sopruso. Ⓔ ***Libero arbitrio***, la possibilità propria dell'uomo di scegliere e di agire decidendo liberamente.

arbitro (àr-bi-tro) N.M. (f. *-a*) **1** Chi decide, giudica o regola: *tocca a me fare da arbitro nella discussione.* **2** Chi ha il compito di dirigere le gare sportive garantendo il rispetto dei regolamenti: *l'arbitro ha fischiato il rigore.* **3** Nel linguaggio giuridico, chi ha il compito di risolvere una lite: *fare da arbitro in una causa.*

arboreo (ar-bò-re-o) AGG. (pl.m. *-rei*, pl.f. *-ree*) · Dell'albero, simile a un albero: *colture arboree; le arboree corna del cervo.* Ⓔ ***Pianta arborea***, albero.

arboricolo (ar-bo-rì-co-lo) AGG. **1** Che vive o abita sugli alberi: *animali arboricoli.* **2** Che cresce sugli alberi: *felci arboricole.*

arbusto (ar-bù-sto) N.M. · Pianta legnosa, con fusto basso e ramificato fin dalla base.

arca (àr-ca) N.F. (pl. *-che*) **1** Cassa di legno destinata un tempo alla conservazione di oggetti del patrimonio domestico. **2** Tomba monumentale: *le arche degli Scaligeri a Verona.* **3** ***Arca di Noè***, secondo la Bibbia, grande imbarcazione costruita da Noè, per ordine di Dio, per salvare dal Diluvio Universale la sua famiglia e una coppia di animali per ciascuna specie.

-arca · Secondo elemento di parole composte che significa 'chi è a capo': *monarca*, chi è l'unico capo; *patriarca*, chi è a capo della stirpe.

arcaico (ar-cài-co) AGG. (pl.m. *-ci*, pl.f. *-che*) · Che appartiene alla fase primitiva di un processo storico o culturale: *latino arcaico* Ⓢ antico.

arcaismo (ar-ca-ì-ṣmo) N.M. · Espressione linguistica usata nel passato: *un linguaggio pieno di arcaismi* Ⓒ neologismo.

arcangelo (ar-càn-ge-lo) N.M. · Spirito celeste di grado superiore a quello dell'angelo.

arcano (ar-cà-no) AGG. e N.M. || AGG. Occulto, misterioso, oscuro: *frasi arcane.* || N.M. Segreto, mistero: *ecco chi può svelare l'arcano!*

arcata (ar-cà-ta) N.F. 1 Elemento di una struttura architettonica ad arco: *le arcate di un ponte.* 2 Qualsiasi formazione anatomica a forma di arco: *le arcate dentarie.*

archeo- · Primo elemento di parole composte che significa 'antico': *archeologia,* lo studio delle antiche civiltà.

archeologia (ar-che-o-lo-gì-a) N.F. (pl. *-gìe*) · Lo studio delle civiltà antiche attraverso i monumenti e prodotti artistici che ci restano: *archeologia egiziana.*

archeologico (ar-che-o-lò-gi-co) AGG. (pl.m. *-ci,* pl.f. *-che*) · Che riguarda l'archeologia: *scavi archeologici.*

archeologo (ar-che-ò-lo-go) N.M. (f. *-a;* pl.m. *-gi,* pl.f. *-ghe*) · Studioso di archeologia.

archetipo (ar-chè-ti-po) N.M. · Primo esemplare o modello assoluto: *Achille è l'archetipo dell'eroe.*

-archia · Secondo elemento di parole composte che significa 'comando, governo': *oligarchia,* il governo di pochi.

archibugio (ar-chi-bù-gio) N.M. (pl. *-gi*) · Antica arma da fuoco a canna lunga.

architettare (ar-chi-tet-tà-re) V.TR. (*architétto,* ecc.) · Progettare un'impresa: *architettare un piano* Ⓢ ideare, concepire • Fare progetti a danno di qualcuno: *architettare un imbroglio* Ⓢ ordire, tramare.

architetto (ar-chi-tét-to) N.M. (raro f. *-a*) · Professionista che prepara i progetti per la costruzione o il restauro di edifici: *l'architetto che ha progettato la nostra villetta.*

Il femminile di *architetto* è *architetta*, ma è usato poco. Spesso si usa il maschile anche quando ci si riferisce a una donna: *Giovanna è un apprezzato architetto.*

architettonico (ar-chi-tet-tò-ni-co) AGG. (pl.m. *-ci,* pl.f. *-che*) · Dell'architettura: *composizione architettonica.* Ⓔ ***Barriere architettoniche*** → ***barriera.***

architettura (ar-chi-tet-tù-ra) N.F. 1 Scienza e arte della progettazione e costruzione di edifici: *architettura civile, militare, sacra.* 2 Opera architettonica: *studiare le architetture di una chiesa* • L'insieme delle opere architettoniche di una persona o di un periodo storico: *l'architettura del Brunelleschi; l'architettura barocca.* Ⓔ ***Architettura del paesaggio,*** progettazione e realizzazioni di aree verdi come parchi, giardini pubblici, ecc.

architrave (ar-chi-trà-ve) N.M. · Elemento architettonico orizzontale che collega fra loro i pilastri o le colonne che stanno sotto e sostiene le strutture che stanno sopra.

Architrave è maschile, mentre la parola *trave*, da cui deriva, è femminile.

archiviare (ar-chi-vià-re) V.TR. (*archìvio,* ecc.) 1 Mettere in archivio documenti, atti o pratiche: *archiviare la posta.* 2 Accantonare definitivamente: *archiviare una questione.*

archiviazione (ar-chi-via-zió-ne) N.F. 1 Sistemazione in archivio: *archiviazione di una pratica.* 2 Nel linguaggio giudiziario, trasmissione all'archivio degli atti di un processo penale risultato infondato: *ha ottenuto l'archiviazione del suo caso.*

archivio (ar-chì-vio) N.M. (pl. *-vi*) · La raccolta ordinata di atti e documenti di interesse pubblico o privato: *archivio comunale; archivio personale* • Luogo in cui vengono conservati tali atti e documenti: *sono andata all'archivio.*

arci- 1 Prefisso che indica 'primato, superiorità': *arciprete,* il prete titolare della parrocchia. 2 Nel linguaggio familiare, posto soprattutto davanti ad aggettivi, ha valore superlativo: *arcicontento,* contentissimo.

arciere (ar-ciè-re) N.M. (f. *-a;* pl.m. *-i,* pl.f. *-e*) 1 Soldato armato di arco: *schierare gli arcieri.* 2 Chi pratica lo sport del tiro con l'arco.

arcigno (ar-cì-gno) AGG. 1 Che si comporta in modo scostante: *un tipo arcigno* Ⓢ brusco, burbero. 2 Ostile, soprattutto dell'espressione del volto.

arcipelago (ar-ci-pè-la-go) N.M. (pl. *-ghi*) · Gruppo di isole vicine fra loro: *l'arcipelago delle Eolie.*

A

arco (àr-co) N.M. (pl. *-chi*) 1 Antica arma per scagliare frecce, formata da un'asta flessibile le cui estremità sono collegate da una corda; è ancora in uso nello sport del tiro con l'arco. 2 Bacchetta di legno con una striscia di crini di cavallo che fanno vibrare le corde del violino, della viola, del violoncello e del contrabbasso: *strumenti ad arco* • AL PL. L'insieme degli strumenti che si suonano con l'arco: *quartetto per archi.* 3 Struttura architettonica portante, curva, con gli estremi collocati su stipiti o colonne. 4 Parte di curva compresa fra due punti di una circonferenza: *determinare la lunghezza dell'arco.* 5 Qualsiasi linea o profilo curvo: *l'arco delle sopracciglia.* 6 Spazio di tempo delimitato: *nell'arco di due mesi ha subìto tre operazioni* Ⓢ periodo. Ⓔ ***Avere molte frecce al proprio arco*** → ***freccia***.

arcobaleno (ar-co-ba-lé-no) N.M. · Arco luminoso e colorato che appare nell'aria quando i raggi del Sole si riflettono sulle gocce d'acqua sospese nell'aria.

arcuato (ar-cu-à-to) AGG. · Che ha forma di arco: *sopracciglia arcuate* Ⓢ curvo, ricurvo.

ardente (ar-dèn-te) AGG. 1 Che ha una temperatura altissima: *un sole ardente; carboni ardenti* Ⓢ infuocato, rovente Ⓒ freddo. 2 Molto intenso: *un temperamento ardente; un'ardente passione* Ⓢ appassionato, caloroso • Che desidera molto qualcosa: *ardente* ***di*** *conoscere* Ⓢ desideroso, bramoso. Ⓔ ***Camera ardente*** → ***camera***.

ardere (àr-de-re) V.TR. e INTR. (irreg.: pass. rem. *àrsi, ardésti, àrse, ardémmo, ardéste, àrsero*; part. pass. *àrso*) || TR. 1 Distruggere con il fuoco: *le fiamme arsero tutto l'edificio* Ⓢ bruciare, incendiare. 2 Rendere arido: *il sole arde la campagna* Ⓢ seccare, inaridire. || INTR. 1 (aus. *essere* o *avere*) Essere acceso, bruciare: *nel caminetto ardeva un bel fuoco.* 2 (aus. *essere*) Di persona o parte del corpo, essere molto caldo: *l'ammalato arde* ***di*** *febbre* Ⓢ scottare. 3 (aus. *essere*) Abbandonarsi all'impeto di una passione: *ardere* ***d'****amore* Ⓢ fremere.

ardesia (ar-dè-ṣia) N.F. (pl. *-ṣie*) · Roccia argillosa di colore turchino grigiastro, che si può facilmente dividere in lastre sottili e leggere, usata come copertura di tetti, per lavagne o pavimenti.

ardimento (ar-di-mén-to) N.M. · Coraggio, audacia: *combattere con ardimento.*

ardire (ar-dì-re) V.TR. (*ardìsco, ardìsci*, ecc.) · Tentare senza esitazione: *ardì affrontare il nemico in campo aperto* Ⓢ osare Ⓒ temere.

ardito (ar-dì-to) AGG. 1 Che rivela o richiede audacia: *un ardito esploratore; un'impresa ardita* Ⓢ intrepido, coraggioso, audace. 2 Concepito con spirito di novità: *un progetto ardito* Ⓢ originale.

-ardo · Suffisso che serve a formare aggettivi e nomi con una connotazione negativa: *bugiardo*, che dice bugie.

ardore (ar-dó-re) N.M. 1 Calore intenso: *l'ardore dei pomeriggi estivi.* 2 Intensità di affetti o passioni: *desiderare, amare con ardore.*

arduo (àr-duo) AGG. 1 Ripido, scosceso: *l'arduo sentiero.* 2 Che richiede abilità e coraggio: *un'ardua impresa* Ⓢ difficile, difficoltoso.

-are · Suffisso che serve a formare aggettivi e nomi a partire da nomi: *oculare* da *occhio*; *cellulare* da *cellula*.

area (à-re-a) N.F. (pl. *àree*) 1 Superficie delimitata di terreno: *l'area intorno alla fattoria* Ⓢ spazio, zona. 2 Regione interessata da un particolare fenomeno: *area industriale.* 3 Zona delimitata del campo di gioco. 4 Schieramento politico, ideologico o culturale: *un intellettuale di area cattolica.* 5 In geometria, misura dell'estensione di una superficie: *l'area del quadrato.* Ⓔ ***Area di rigore*** → ***rigore*** • ***Area di servizio***, spazio fornito di attrezzature per il rifornimento delle auto e per il ristoro dei passeggeri.

arena (a-rè-na) N.F. 1 Nell'antichità classica, spazio libero all'interno di stadi, circhi, anfiteatri, destinato allo svolgimento di spettacoli e di giochi. 2 Qualsiasi luogo predisposto per spettacoli all'aperto • Spazio in cui si svolge la corrida.

> Il termine deriva dal latino *arena* 'sabbia', perché lo spiazzo centrale degli anfiteatri ne era ricoperto, per assorbire sangue e sudore.

arenaria (a-re-nà-ria) N.F. (pl. *-rie*) · Roccia formata da elementi prevalentemente sabbiosi; è usata come materiale da decorazione, da costruzione e per pavimentazioni stradali.

arenarsi (a-re-nàr-si) V.INTR.PRONOM. (*mi aréno*, ecc.) **1** Di imbarcazione, incagliarsi nella sabbia: *la nave si è arenata sulla spiaggia.* **2** Non essere in grado di proseguire: *le trattative si sono arenate* Ⓢ bloccarsi, impantanarsi.

arenile (a-re-nì-le) N.M. · Distesa di sabbia sulla riva del mare, di un lago o di un fiume: *passeggiare sull'arenile* Ⓢ spiaggia.

argano (àr-ga-no) N.M. · Macchina per sollevare grandi pesi formata da un cilindro mosso a mano o a motore, su cui si avvolge il cavo che solleva il carico.

argentato (ar-gen-tà-to) AGG. **1** Coperto di un sottile strato d'argento: *posate argentate.* **2** Che ha il colore dell'argento: *capelli argentati* Ⓢ argenteo.

argenteo (ar-gèn-te-o) AGG. (pl.m. *-tei*, pl.f. *-tee*) **1** D'argento: *moneta argentea.* **2** Che ha un colore simile a quello dell'argento: *i raggi argentei della luna.*

argenteria (ar-gen-te-rì-a) N.F. · Insieme di oggetti d'argento: *i ladri hanno portato via l'argenteria.*

argentino (ar-gen-tì-no) AGG. e N.M. (f. *-a*) || AGG. Dell'Argentina. || N.M. (f. *-a*) Abitante, nativo dell'Argentina.

argento (ar-gèn-to) N.M. · Metallo bianco lucente, usato in lega con altri metalli per la fabbricazione di monete, posate e oggetti ornamentali (il simbolo chimico è *Ag*): *una cornice d'argento.* Ⓔ ***Medaglia d'argento***, in una gara sportiva, quella che viene assegnata al secondo classificato • ***Nozze d'argento***, il venticinquesimo anniversario di matrimonio • ***Argento vivo***, il mercurio; ***aver l'argento vivo addosso***, nel linguaggio familiare, essere eccessivamente vivace.

argilla (ar-gìl-la) N.F. · Roccia sedimentaria caratterizzata dalla capacità di assorbire acqua; viene usata soprattutto nella fabbricazione di materiali da costruzione e nell'industria della ceramica.

argilloso (ar-gil-ló-so) AGG. · Che contiene argilla: *terra argillosa.*

arginare (ar-gi-nà-re) V.TR. (*àrgino*, ecc.) **1** Munire di argini: *arginare un corso d'acqua.* **2** Frenare, limitare, bloccare: *arginare l'avanzata del nemico.*

argine (àr-gi-ne) N.M. **1** Rialzo del terreno che serve a contenere un corso d'acqua in piena. **2** Riparo, difesa: *occorre mettere un argine al diffondersi della delinquenza.*

argomentare (ar-go-men-tà-re) V.INTR. (*argoménto*, ecc.; aus. *avere*) · Discutere portando argomenti logici: *argomentare di filosofia* Ⓢ ragionare.

argomentazione (ar-go-men-ta-zió-ne) N.F. · Serie di considerazioni che mirano a dimostrare un'idea: *argomentazione efficace.*

argomento (ar-go-mén-to) N.M. **1** Tema di un discorso o di un'opera: *approfondire un argomento; l'argomento della lezione.* **2** Pretesto, motivo: *il tuo arrivo mi sembra un ottimo argomento per festeggiare.* **3** Prova o ragione portata a sostegno di un'idea: *i tuoi argomenti non bastano a convincermi.* **4** In grammatica: ***complemento di argomento***, quello che indica la persona o la cosa di cui si parla (*discutere di affari; un libro sulla guerra*).

argonauta (ar-go-nàu-ta) N.M. (pl. *-i*) · Ciascuno degli eroi mitici che, al seguito di Giasone, parteciparono al viaggio per la conquista del vello d'oro.

arguto (ar-gù-to) AGG. **1** Pronto a cogliere gli aspetti più profondi delle cose: *una mente arguta* Ⓢ sottile, intelligente Ⓒ stupido, ottuso. **2** Che dimostra vivacità di spirito: *una risposta arguta* Ⓢ spiritoso, brillante.

arguzia (ar-gù-zia) N.F. (pl. *-zie*) **1** Vivacità di spirito: *conversare con arguzia* Ⓢ sagacia. **2** Battuta spiritosa: *le sue arguzie divertono tutti.*

aria (à-ria) N.F. (pl. *àrie*) **1** Miscuglio gassoso, soprattutto di azoto e ossigeno, che forma l'atmosfera terrestre; è indispensabile alla vita di animali e piante: *aria pura, viziata.* **2** Condizione climatica di un luogo: *aria di mare, di montagna* Ⓢ clima. **3** Lo spazio libero verso il cielo: *sollevarsi in aria; guardare per aria.* **4** Impressione dovuta all'aspetto esteriore: *avere un'aria triste* Ⓢ atteggiamen-

A

to, espressione, aspetto. **5** Composizione musicale con andamento melodico • Pezzo per voce solista nell'opera lirica: *canterà un'aria di Verdi.* Ⓔ ***A gambe all'aria*** → **gamba** • ***All'aria aperta,*** fuori, in un luogo arioso • ***A mezz'aria,*** sollevato a poca altezza da terra • ***Aria condizionata,*** mantenuta al grado di temperatura voluto mediante appositi impianti • ***Aria fritta,*** discorsi o ragionamenti banali • ***Buttare all'aria*** o ***buttare per aria*** → **buttare** • ***Cambiare aria*** → **cambiare** • ***Campato in aria*** → **campato** • ***C'è qualcosa nell'aria,*** si annuncia qualche cambiamento • ***Dare aria,*** ventilare un ambiente aprendo una finestra o una porta • ***Darsi delle arie,*** darsi importanza • ***Fare castelli in aria*** → **castello** • ***Mandare all'aria*** → **mandare** • ***Vivere d'aria,*** mangiare pochissimo.

ariano (a-rià-no) AGG. e N.M. (f. *-a*) · Secondo l'ideologia nazista, che, chi appartiene alla razza bianca diffusa dall'Europa centro-settentrionale fino all'Asia, considerata superiore a tutte le altre.

aridità (a-ri-di-tà) N.F. INVAR. **1** Mancanza di umidità dannosa per il terreno Ⓢ siccità. **2** Povertà di pensieri e sentimenti: *aridità di cuore.*

arido (à-ri-do) AGG. **1** Secco, asciutto: *suolo arido; clima arido.* **2** Povero di idee, di sentimenti, di fantasia: *una mente arida; una persona arida* Ⓢ insensibile.

arieggiare (a-rieg-già-re) V.TR. (*ariéggio*, ecc.) · Dare aria a un luogo chiuso: *arieggiare una stanza* Ⓢ aerare, ventilare • Esporre all'aria: *arieggiare gli abiti.*

ariete (a-riè-te) N.M. **1** Il maschio della pecora e di altri ovini Ⓢ montone. **2** Antica macchina da assedio per demolire porte e muri, formata da una trave con una punta metallica. **3** In astrologia, segno che comprende i nati dal 21 marzo al 20 aprile.

aringa (a-rin-ga) N.F. (pl. *-ghe*) · Pesce con squame di colore azzurro verdastro sul dorso e argenteo sul ventre; viene consumato anche fresco, ma per lo più salato, affumicato o conservato sott'olio.

-ario **1** Suffisso che serve a formare nomi e aggettivi di relazione a partire da nomi: *ferroviario* da *ferrovia; lampadario* da *lampada.* **2** Suffisso che serve a formare nomi a partire da aggettivi numerali: *ottonario,* verso di otto sillabe.

arioso (a-rió-so) AGG. · Ricco di aria e luce: *una casa ariosa* Ⓢ spazioso, luminoso.

aristocratico (a-ri-sto-crà-ti-co) AGG. e N.M. (f. *-a*; pl.m. *-ci*, pl.f. *-che*) || AGG. e N.M. (f. *-a*) Che, chi appartiene alla nobiltà: *famiglia aristocratica* Ⓢ nobile. || AGG. Raffinato, signorile, fine: *maniere aristocratiche.*

aristocrazia (a-ri-sto-cra-zì-a) N.F. (pl. *-zìe*) **1** La classe dei nobili Ⓢ nobiltà • L'insieme delle famiglie nobili di un luogo: *l'aristocrazia romana.* **2** Forma di governo in cui il potere è esercitato da una ristretta cerchia di famiglie di antica discendenza.

aritmetica (a-rit-mè-ti-ca) N.F. (pl. *-che*) · Parte della matematica che riguarda lo studio dei numeri e le regole pratiche di calcolo.

> Il termine deriva dal greco *arithmós* 'numero'.

aritmetico (a-rit-mè-ti-co) AGG. (pl.m. *-ci*, pl.f. *-che*) · Che riguarda i numeri interi e frazionari, le loro proprietà e le operazioni che con essi si fanno: *calcolo aritmetico.*

aritmia (a-rit-mì-a) N.F. (pl. *-mìe*) · Irregolarità del ritmo respiratorio e cardiaco.

arma (àr-ma) N.F. (pl. *àrmi*) **1** Qualsiasi oggetto usato dall'uomo come mezzo di difesa o di offesa • Ogni strumento fabbricato per la guerra, la caccia o lo sport del tiro a segno. **2** Ogni mezzo usato a propria difesa o a danno di altri: *l'arma dell'ironia* Ⓢ strumento. **3** Corpo dell'esercito o delle forze armate di un Paese: *l'arma dei carabinieri.* Ⓔ ***Affilare le armi*** → **affilare** • ***Alle prime armi,*** all'inizio di un'arte o di una professione • ***Arma a doppio taglio,*** azione che può rivolgersi a danno di chi la compie • ***Arma bianca,*** quella che ferisce di taglio o di punta come spada, pugnale, ecc. • ***Arma da fuoco,*** quella che lancia proiettili mediante sostanze esplosive • ***Arma impropria,*** qualsiasi oggetto usato come arma ma che comunemente non è considerato come tale • ***Armi e bagagli,*** tutto ciò che una persona porta con sé: *ha preso armi e bagagli e se ne è andato* • ***Armi non convenzio-***

nali → ***convenzionale*** • ***Deporre le armi***, smettere di combattere • ***Passare per le armi***, eseguire una condanna a morte • ***Porto d'armi*** → ***porto***[2].

armadillo (ar-ma-dìl-lo) N.M. · Mammifero del Sud America, caratterizzato da una solida corazza ossea che ne ricopre il capo, il dorso e la coda.

Il termine deriva dallo spagnolo *armado* 'armato', per la sua spessa corazza.

armadio (ar-mà-dio) N.M. (pl. *-di*) · Mobile con scaffali, cassetti o aste trasversali, chiuso nella parte anteriore da sportelli; serve a contenere indumenti, biancheria e oggetti di vario tipo: *riporre nell'armadio le lenzuola* Ⓢ guardaroba.

armaiolo (ar-ma-iò-lo) N.M. (f. *-a*) · Chi fabbrica, ripara o vende armi portatili.

armamentario (ar-ma-men-tà-rio) N.M. (pl. *-ri*) · L'insieme degli arnesi o dei materiali necessari per svolgere un'attività Ⓢ attrezzatura.

armamento (ar-ma-mén-to) N.M. **1** Equipaggiamento o rifornimento di armi • AL PL. L'insieme delle armi e dei mezzi per produrle di cui dispone un Paese: *ridurre le spese per gli armamenti.* **2** L'insieme degli attrezzi e dei congegni necessari per far funzionare un'apparecchiatura meccanica o elettrica: *armamento ferroviario, telefonico.*

armare (ar-mà-re) V.TR. || TR. **1** Fornire di armi: *armare le truppe.* **2** Provvedere dell'attrezzatura necessaria: *armare una nave, un aereo* Ⓢ equipaggiare. **3** Fornire di strutture di sostegno: *armare un pozzo, una volta.* || **armarsi** RIFL. **1** Munirsi di un'arma: *armarsi* ***di*** *una pistola.* **2** Munirsi, fornirsi: *armarsi* ***di*** *pazienza.*

armata (ar-mà-ta) N.F. **1** Unità militare terrestre articolata in più corpi e posta sotto un unico comando • Esercito: *l'armata nemica fu sconfitta dopo una dura battaglia.* **2** Forza navale costituita da più squadre: *l'Invincibile Armata di Filippo II.*

armato (ar-mà-to) AGG. **1** Fornito di armi o di un'arma: *armato* ***di*** *fucile* Ⓒ disarmato. **2** Munito, dotato, fornito: *un uomo armato* ***di*** *pazienza.* **3** Nelle costruzioni, provvisto di armatura o di strutture di sostegno: *volta armata.* Ⓔ ***A mano armata***, con la minaccia delle armi: *rapina a mano armata* • ***Armato fino ai denti***, armato di tutto punto. • ***Carro armato*** → ***carro*** • ***Cemento armato*** → ***cemento*** • ***Forze armate*** → ***forza***.

armatore (ar-ma-tó-re) N.M. (f. *-trice*) · Chi allestisce una nave per la navigazione.

armatura (ar-ma-tù-ra) N.F. **1** Struttura a sostegno di opere di muratura in costruzione o di scavo: *l'armatura della galleria ha ceduto.* **2** L'insieme delle armi difensive adoperate dai cavalieri nel Medioevo e nel Rinascimento: *una collezione di antiche armature.*

armeggiare (ar-meg-già-re) V.INTR. (*arméggio*, ecc.; aus. *avere*) · Darsi da fare, spesso senza risultato: *armeggiare* ***intorno ai*** *fornelli; armeggiare* ***con*** *le chiavi* Ⓢ affaccendarsi, trafficare.

armeria (ar-me-rì-a) N.F. (pl. *-rìe*) **1** Magazzino dove si custodiscono le armi: *l'armeria della caserma.* **2** Negozio che vende armi e munizioni.

armistizio (ar-mi-stì-zio) N.M. (pl. *-zi*) · Interruzione temporanea dei combattimenti concordata dalle parti in guerra: *firmare un armistizio* Ⓢ tregua.

armonia (ar-mo-nì-a) N.F. (pl. *-nìe*) **1** Piacevole accordo di voci o strumenti musicali • Teoria e tecnica dei rapporti tra i suoni: *studia armonia al Conservatorio.* **2** Accordo tra due o più elementi: *armonia di colori* Ⓢ proporzione, equilibrio. **3** Concordia di sentimenti e idee: *nella loro casa regna una grande armonia* Ⓢ sintonia. Ⓔ ***In armonia***, d'accordo: *ha agito in armonia con le proprie convinzioni.*

armonica (ar-mò-ni-ca) N.F. (pl. *-che*) · Strumento popolare formato da lamine allineate in una piccola scatola, alle quali corrispondono altrettanti fori, in cui si soffia per ricavarne il suono; è detto anche *armonica a bocca.*

Il termine deriva dal latino *harmonicus* 'armonico', utilizzato nel 1762 da B. Franklin per denominare lo strumento musicale da lui perfezionato.

A

armonico (ar-mò-ni-co) AGG. (pl.m. *-ci*, pl.f. *-che*) **1** Che osserva o riguarda le leggi dell'armonia. **2** Ben proporzionato: *i colori e le linee formano un tutto armonico* Ⓢ armonioso, equilibrato. Ⓔ ***Cassa armonica* → *cassa*.**

armonioso (ar-mo-nió-so) AGG. · Armonico: *una voce armoniosa; un corpo armonioso.*

armonizzare (ar-mo-niẓ-ẓà-re) V.TR. **1** Comporre un tema musicale secondo le leggi dell'armonia: *armonizzare un'aria.* **2** Disporre in modo armonico più elementi diversi: *armonizzare i sapori, le tinte* Ⓢ accordare.

arnese (ar-né-se) N.M. · Strumento o utensile di un'arte o mestiere: *gli arnesi del fabbro* Ⓢ attrezzo • Nel linguaggio familiare, oggetto di cui non si voglia dire o non si ricordi il nome: *dammi quell'arnese* Ⓢ cosa, aggeggio. Ⓔ ***Male in arnese***, nel linguaggio familiare, vestito male, oppure in cattive condizioni di salute o economiche.

arnia (àr-nia) N.F. (pl. *-nie*) · Cassetta per l'allevamento delle api.

-aro · Suffisso che serve a formare nomi e che indica 'chi esercita un'attività': *zampognaro*, chi suona la zampogna.

aroma (a-rò-ma) N.M. (pl. *-i*) **1** Sostanza dall'odore gradevole, usata come profumo o condimento: *una minestra con molti aromi.* **2** Profumo intenso e gradevole: *l'aroma del basilico* Ⓢ fragranza.

aromatico (a-ro-mà-ti-co) AGG. (pl.m. *-ci*, pl.f. *-che*) · Fragrante, profumato: *condimento aromatico; aceto aromatico.* Ⓔ ***Erbe aromatiche* → *erba*.**

aromatizzare (a-ro-ma-tiẓ-ẓà-re) V.TR. · Rendere odoroso e saporito aggiungendo aromi: *aromatizzare la carne* ***con*** *il rosmarino.*

arpa (àr-pa) N.F. · Strumento musicale di forma pressappoco triangolare, a corde di lunghezza diversa che vengono pizzicate con le dita.

arpia (ar-pì-a) N.F. (pl. *-pìe*) **1** Creatura mostruosa della mitologia classica, con testa di donna e corpo di uccello. **2** Donna brutta e malvagia: *sua madre è proprio un'arpia!* Ⓢ strega.

arpione (ar-pió-ne) N.M. **1** Grosso chiodo piegato che, fissato in una parete, serve ad appendervi oggetti Ⓢ gancio. **2** Asta con punta a uncino, usata per la cattura di grossi pesci o cetacei.

arrabattarsi (ar-ra-bat-tàr-si) V.INTR. PRONOM. · Darsi da fare per riuscire in una situazione difficile: *arrabattarsi* ***per*** *vivere* Ⓢ arrangiarsi, barcamenarsi.

arrabbiarsi (ar-rab-biàr-si) V.INTR. PRONOM. (*mi arràbbio*, ecc.) · Andare in collera: *se non lo avverti subito si arrabbierà* ***con*** *me* Ⓢ adirarsi, irritarsi.

arrabbiato (ar-rab-bià-to) AGG. · In collera: *sei ancora arrabbiato* ***per*** *quello che ti ho detto ieri?* Ⓢ adirato, infuriato, furioso. Ⓔ ***All'arrabbiata***, in cucina, di cibo cotto a fuoco vivo con spezie piccanti: *pollo all'arrabbiata; penne all'arrabbiata*, condite con sugo molto piccante.

arrabbiatura (ar-rab-bia-tù-ra) N.F. · Improvviso momento di collera: *prendersi una bella arrabbiatura.*

arraffare (ar-raf-fà-re) V.TR. · Appropriarsi di qualcosa con astuzia o avidità: *arraffare tutti i soldi.*

arrampicarsi (ar-ram-pi-càr-si) V.INTR. PRONOM. (*mi arràmpico, ti arràmpichi*, ecc.) **1** Di persona, salire aiutandosi con le braccia e le mani o, di animale, con le zampe: *arrampicarsi* ***su*** *un ripido pendio; il gatto s'è arrampicato* ***sull'****albero* Ⓢ inerpicarsi • Di pianta rampicante, crescere appoggiandosi a un sostegno: *l'edera si arrampica* ***sul*** *muro.* **2** Procedere in salita, spesso con fatica: *il trenino s'arrampicava* ***su per*** *la collina* Ⓢ salire. Ⓔ ***Arrampicarsi sugli specchi***, cercare di sostenere in tutti i modi una tesi poco credibile.

arrancare (ar-ran-cà-re) V.INTR. (*arrànco, arrànchi*, ecc.; aus. *avere*) · Avanzare con fatica: *l'anziana donna arrancava per la salita.*

arrangiamento (ar-ran-gia-mén-to) N.M. · Adattamento di un brano musicale a strumenti o a ritmi diversi da quelli per cui era stato composto: *nel nuovo arrangiamento ha dato più spazio ai suoni elettronici.*

arrangiare (ar-ran-già-re) V.TR. (*arràngio*, ecc.) || TR. **1** Accomodare alla meglio: *arran-*

giare un tavolo rotto Ⓢ aggiustare. **2** Nel linguaggio familiare, mettere insieme alla meglio: *in pochi minuti ha arrangiato un'ottima cena* Ⓢ improvvisare, rimediare. **3** Fare l'arrangiamento di un brano musicale: *arrangiare una canzone.* || **arrangiarsi** RIFL. **1** Superare le difficoltà in modo ingegnoso o con mezzi di fortuna: *bisogna arrangiarci* ***con*** *quel che abbiamo* • Cavarsela da soli: *arrangiati!* **2** Sistemarsi alla meglio: *dovrai arrangiarti* ***a*** *fare un po' di tutto* Ⓢ adattarsi. **3** RIFL. RECIPROCO Trovare un'intesa: *ci arrangeremo fra di noi* Ⓢ accordarsi.

arrecare (ar-re-cà-re) V.TR. (*arrèco, arrèchi,* ecc.) · Portare come conseguenza: *l'alluvione ha arrecato gravi danni* ***alle*** *coltivazioni* Ⓢ causare, provocare, procurare.

arredamento (ar-re-da-mén-to) N.M. **1** Modo di sistemare mobili e suppellettili in un'abitazione o in un locale pubblico secondo un progetto: *occuparsi di arredamento.* **2** L'insieme dei mobili e delle suppellettili di un'abitazione privata o di un locale pubblico: *un arredamento moderno.*

arredare (ar-re-dà-re) V.TR. (*arrèdo,* ecc.) · Fornire di mobili e suppellettili: *arredare una villa* Ⓢ ammobiliare.

arredo (ar-rè-do) N.M. · Ogni mobile o suppellettile di cui si fornisce una casa o un locale pubblico: *arredi antichi; un arredo di lusso.* Ⓔ ***Arredi sacri***, gli oggetti che servono per ornare la chiesa o per celebrare i riti • ***Arredo urbano***, l'insieme degli elementi decorativi e delle attrezzature presenti nei luoghi pubblici di una città, come panchine, fontane, ecc.

arrembaggio (ar-rem-bàg-gio) N.M. (pl. *-gi*) · Nella guerra navale, assalto a una nave avversaria: *andare all'arrembaggio.*

arrendersi (ar-rèn-der-si) V.RIFL. (irreg.: coniugato come *rendere*) **1** Consegnarsi al nemico dichiarandosi vinto: *dopo un lungo assedio i nemici si arresero* Ⓢ capitolare Ⓒ resistere. **2** Cedere, piegarsi: *arrendersi* ***all'****evidenza dei fatti.*

arrendevole (ar-ren-dé-vo-le) AGG. · Disposto a cedere o accondiscendere: *mostrarsi arrendevole* Ⓢ accomodante, remissivo Ⓒ caparbio.

arrestare (ar-re-stà-re) V.TR. (*arrèsto,* ecc.) || TR. **1** Fermare un movimento: *arrestare una macchina; arrestare il traffico* Ⓢ bloccare. **2** Mettere qualcuno in stato di arresto: *il ladro è stato arrestato dalla polizia* Ⓢ catturare. || **arrestarsi** RIFL. Cessare di muoversi o di funzionare: *il motore si arrestò di colpo* Ⓢ fermarsi.

arresto (ar-rè-sto) N.M. **1** Interruzione momentanea o definitiva: *l'arresto di ogni attività commerciale* Ⓢ sospensione, interruzione. **2** Cessazione di un movimento o di un funzionamento: *l'arresto del motore* Ⓢ blocco, fermata. **3** La condizione di chi è trattenuto in prigione: *eseguire un arresto; dichiarare in arresto.* Ⓔ ***Arresto cardiaco, arresto respiratorio***, brusca interruzione dei battiti del cuore o del respiro • ***Battuta d'arresto*** → ***battuta***.

arretrare (ar-re-trà-re) V.INTR. e TR. (*arrètro,* ecc.) || INTR. (aus. *essere*) Tirarsi indietro: *non arretrò* ***di*** *un passo; arretrare* ***di fronte alle*** *difficoltà* Ⓢ indietreggiare, retrocedere Ⓒ avanzare. || TR. Spostare più indietro: *arretrare la linea di confine.*

arretratezza (ar-re-tra-téz-za) N.F. **1** Il ritardo nello sviluppo delle condizioni di vita di un Paese: *l'arretratezza economica di un Paese* Ⓢ sottosviluppo. **2** La condizione di ciò che è antiquato: *arretratezza di idee.*

arretrato (ar-re-trà-to) AGG. e N.M. || AGG. **1** Spostato o collocato indietro: *le truppe ripiegarono su posizioni arretrate.* **2** Rimasto indietro dal punto di vista economico, sociale o culturale: *aree arretrate* • Antiquato, superato: *una persona arretrata; gusti arretrati.* **3** Che è rimasto da eseguire: *avere del lavoro arretrato.* **4** Di giornale o rivista, pubblicati prima dell'ultimo numero uscito: *ho richiesto i numeri arretrati della mia rivista preferita.* || N.M. (SPESSO AL PL.) Somma di denaro non riscossa o non pagata alla scadenza stabilita: *quando avrò gli arretrati potrò fare un viaggio all'estero.* Ⓔ ***In arretrato***, rimasto indietro: *pagamenti in arretrato, essere in arretrato con il lavoro.*

arricchimento (ar-ric-chi-mén-to) N.M. · Acquisto di nuovi beni o aumento di quelli già posseduti: *il suo improvviso arricchimento ha suscitato molti sospetti* • Incremento di valori

A

spirituali: *arricchimento delle idee tramite la lettura.*

arricchire (ar-ric-chì-re) V.TR. e INTR. (*arricchìsco, arricchìsci*, ecc.) || TR. **1** Rendere ricco: *l'eredità l'ha arricchito* Ⓒ impoverire. **2** Rendere maggiore: *arricchire la propria cultura* Ⓢ aumentare, accrescere • Rendere più pregiato o più completo tramite aggiunte: *arricchire una biblioteca* ***di*** *edizioni rare.* || INTR. (aus. *essere*) e **arricchirsi** INTR.PRONOM. Diventare ricco: *si è arricchito* ***con*** *affari poco chiari.*

arricciare (ar-ric-cià-re) V.TR. (*arrìccio*, ecc.) || TR. Rendere curvo all'estremità, avvolgere in forma di riccio: *arricciare i baffi; arricciare i capelli.* || **arricciarsi** INTR.PRONOM. Avvolgersi a forma di riccio: *le foglie secche si arricciano.* Ⓔ ***Arricciare il naso***, manifestare disgusto o disapprovazione.

arringa (ar-rin-ga) N.F. (pl. *-ghe*) **1** La difesa pronunciata da un avvocato durante un processo penale. **2** Discorso importante pronunciato in pubblico: *il presidente ha tenuto una lunga arringa davanti agli operai.*

arringare (ar-rin-gà-re) V.TR. (*arrìngo, arrìnghi*, ecc.) · Cercare di commuovere o di convincere con un discorso pubblico: *arringare la folla.*

> Il termine deriva da *arengo*, cioè l'assemblea dei cittadini dei comuni medievali.

arrischiare (ar-ri-schià-re) V.TR. (*arrìschio*, ecc.) || TR. **1** Mettere in pericolo: *arrischiare la vita* ***in*** *un'impresa* Ⓢ rischiare. **2** Fare qualcosa vincendo la propria esitazione: *arrischiare una domanda* Ⓢ azzardare, osare. || **arrischiarsi** INTR.PRONOM. Esporsi a un rischio: *non s'arrischiò* ***a*** *entrare.*

arrischiato AGG. · Pieno di rischi: *un'impresa arrischiata* Ⓢ azzardato, pericoloso • Avventato: *un giudizio arrischiato.*

arrivare (ar-ri-và-re) V.INTR. (aus. *essere*) **1** Giungere nel luogo di destinazione: *arrivare a casa; il treno arriverà alle 12.15; è arrivata una lettera per te* Ⓒ partire. **2** Classificarsi in una gara sportiva: *arrivare primo.* **3** Giungere a un certo livello: *le trattative sono arrivate* ***a*** *buon punto.* **4** Raggiungere un certo numero, un limite di tempo, una determinata estensione o altezza: *fra tutti non saranno arrivati* ***a*** *settanta; non riesce ad arrivare* ***alla*** *fine del mese; la gonna le arriva* ***al*** *ginocchio.* **5** Raggiungere la posizione desiderata: *è arrivato* ***alla*** *presidenza* • Avere successo: *l'importante è arrivare.* **6** Di cibo, conservarsi: *questo latte* ***a*** *domani non ci arriva.* **7** Avere il coraggio di fare qualcosa: *è arrivato* ***a*** *dire che la colpa è mia* Ⓢ osare, spingersi. **8** Avere la capacità di fare qualcosa: *non arrivo* ***a*** *leggere così lontano* Ⓢ riuscire, farcela. **9** Nella forma ***arrivarci***, riuscire a capire: *sono concetti troppo difficili, non ci arrivo* Ⓢ capire, comprendere.

> Il termine deriva da un verbo del latino volgare che significa 'giungere a riva', che viene a sua volta da *ripa* 'riva' con il prefisso **a-**[2].

arrivato (ar-ri-và-to) AGG. e N.M. (f. -a) || AGG. e N.M. (f. -a) Che, chi è giunto a destinazione: *gli atleti arrivati* ***al*** *traguardo; il primo arrivato.* || AGG. Che ha raggiunto una buona posizione sociale: *un architetto arrivato* Ⓢ affermato, noto. Ⓔ ***L'ultimo arrivato, il nuovo arrivato***, chi è giunto da poco in un ambiente.

arrivederci (ar-ri-ve-dér-ci) INTER. e N.M. INVAR. || INTER. Formula di saluto usata per lasciare qualcuno che si pensa di rivedere presto: *arrivederci a domani.* || N.M. Il saluto così espresso: *scambiarsi un arrivederci.*

arrivismo (ar-ri-vi-ṣmo) N.M. · Smania di raggiungere a ogni costo un'elevata posizione sociale: *un arrivismo sfrenato.*

arrivista (ar-ri-vì-sta) N.M. e F. (pl.m. *-i*, pl.f. *-e*) · Chi cerca in tutti i modi di ottenere una posizione sociale importante.

arrivo (ar-rì-vo) N.M. **1** Il raggiungimento di una destinazione: *l'arrivo del treno* • L'ora e il luogo in cui si giunge a destinazione, il termine del viaggio: *ti aspetterò all'arrivo; l'arrivo è previsto per mezzogiorno.* **2** AL PL. La merce arrivata da poco tempo a un venditore: *gli ultimi arrivi sono esposti in vetrina* Ⓢ novità. **3** Punto in cui termina una corsa: *gli arrivi* ***in*** *salita sono i più spettacolari* Ⓢ traguardo • Fase finale di una gara: *arrivo* ***in*** *volata.* Ⓔ ***Dirittura d'arrivo*** → **dirittura** • ***In arrivo***, sul punto di arrivare: *il treno è in arrivo* • ***Ordine d'arrivo***, l'ordine in cui i concorrenti tagliano il traguardo • ***Punto d'arrivo***, obiettivo finale, traguardo: *eccoci al punto d'arrivo della nostra ricerca.*

arroccarsi (ar-roc-càr-si) V.RIFL. (*mi arròcco, ti arròcchi*, ecc.) 1 Mettersi al riparo: *le truppe si arroccarono **nel** forte* Ⓢ rifugiarsi. 2 Chiudersi in un atteggiamento di difesa: *arroccarsi **sulle** proprie posizioni.*

arrogante (ar-ro-gàn-te) AGG. · Che dimostra arroganza: *una persona arrogante; un atteggiamento arrogante* Ⓢ prepotente, presuntuoso Ⓒ umile.

arroganza (ar-ro-gàn-za) N.F. · Senso di superiorità nei confronti degli altri che si manifesta con modi prepotenti: *trattare qualcuno con arroganza* Ⓢ prepotenza, superbia.

arrossamento (ar-ros-sa-mén-to) N.M. · Comparsa di chiazze rosse sulla pelle, dovute spesso a irritazione.

arrossare (ar-ros-sà-re) V.TR. (*arrósso*, ecc.) || TR. Far diventare rosso: *il sole arrossava le cime dei monti; il freddo arrossa la pelle.* || **arrossarsi** INTR. PRONOM. Diventare rosso: ***gli** si è arrossata la gola.*

arrossato (ar-ros-sà-to) AGG. · Che ha assunto una colorazione rossa: *hai gli occhi tutti arrossati* Ⓢ rosso.

arrossire (ar-ros-sì-re) V.INTR. (*arrossìsco, arrossìsci*, ecc.; aus. *essere*) · Diventare rosso in viso: *arrossire **dalla** vergogna, **per** l'emozione.*

arrostire (ar-ro-stì-re) V.TR. (*arrostìsco, arrostìsci*, ecc.) || TR. Cuocere a fuoco vivo o con poco condimento umido: *arrostivano un agnello allo spiedo.* || **arrostirsi** INTR. PRONOM. 1 Cuocersi a fuoco vivo: *la carne si sta arrostendo.* 2 Scottarsi al sole: *ieri mi sono arrostito in spiaggia.*

arrosto (ar-rò-sto) N.M. e AGG. || N.M. Carne arrostita: *un arrosto di manzo.* || AGG. INVAR. Di cibo, arrostito: *pesce arrosto.*

arrotare (ar-ro-tà-re) V.TR. (*arròto*, ecc.) · Rendere tagliente una lama: *arrotare un rasoio* Ⓢ affilare.

arrotino (ar-ro-tì-no) N.M. (f. *-a*) · Artigiano che affila lame.

arrotolare (ar-ro-to-là-re) V.TR. (*arròtolo*, ecc.) || TR. Avvolgere in forma di rotolo: *arrotolare un foglio* Ⓒ srotolare. || **arrotolarsi** INTR. PRONOM. Avvolgersi in forma di rotolo: *metti un peso su quelle carte, altrimenti si arrotolano.*

arrotondare (ar-ro-ton-dà-re) V.TR. (*arrotóndo*, ecc.) 1 Rendere di forma circolare o tondeggiante: *arrotondare uno spigolo* Ⓢ smussare. 2 Semplificare un numero trascurando i decimali o alcune unità: *arrotondare per difetto, per eccesso.* Ⓔ ***Arrotondare lo stipendio***, guadagnare qualcosa in più facendo altri lavori oltre a quello principale.

arrovellarsi (ar-ro-vel-làr-si) V.RIFL. e TR. PRONOM. (*mi arrovèllo*, ecc.) || RIFL. 1 Tormentarsi interiormente: *non arrovellarti **per** le loro accuse.* 2 Darsi da fare: *arrovellarsi **a** trovare una soluzione* Ⓢ impegnarsi, scervellarsi. || TR. PRONOM. Solo nell'espressione ***arrovellarsi il cervello***, pensare intensamente per cercare di risolvere un problema.

arroventare (ar-ro-ven-tà-re) V.TR. (*arrovènto*, ecc.) || TR. Rendere caldissimo: *arroventare una piastra* Ⓢ infuocare, surriscaldare. || **arroventarsi** INTR. PRONOM. Diventare caldissimo: *sotto il sole la sabbia si arroventa.*

arruffare (ar-ruf-fà-re) V.TR. || TR. 1 Mettere in disordine: *arruffare i capelli* Ⓢ scompigliare. 2 Rendere complicato: *arruffare una questione* Ⓢ ingarbugliare, intricare. || **arruffarsi** RIFL. Diventare disordinato: ***mi** si sono arruffati i capelli.*

> Il termine deriva da una parola longobarda che significava 'agitarsi'.

arrugginire (ar-rug-gi-nì-re) V.TR. (*arrugginìsco, arrugginìsci*, ecc.) || TR. Far prendere la ruggine: *l'acqua aveva arrugginito la catena.* || **arrugginirsi** INTR. PRONOM. 1 Prendere la ruggine, coprirsi di ruggine: *la chiave si è tutta arrugginita.* 2 Perdere l'elasticità: *la sua memoria si è arrugginita* Ⓢ indebolirsi.

arrugginito (ar-rug-gi-nì-to) AGG. 1 Coperto di ruggine: *un chiodo arrugginito.* 2 Non più abituato al lavoro fisico o mentale: *muscoli arrugginiti; cervello arrugginito.*

arruolamento (ar-ruo-la-mén-to) N.M. · Entrata nell'esercito Ⓢ reclutamento.

A

arruolare (ar-ruo-là-re) V.TR. (*arruòlo*, ecc.) || TR. Far entrare nell'esercito Ⓢ reclutare. || **arruolarsi** RIFL. Entrare nell'esercito, prendere le armi: *arruolarsi* ***in*** *marina; molti si arruolarono volontari.*

arsella (ar-sèl-la) N.F. · Vongola.

arsenale (ar-se-nà-le) N.M. **1** Impianto per la costruzione e la manutenzione di navi da guerra • Cantiere navale. **2** Grande quantità di armi: *la polizia ha trovato nell'appartamento un vero arsenale.*

Il termine deriva da una parola araba che significa 'casa del lavoro', attraverso il veneziano.

arsenico (ar-sè-ni-co) N.M. · Metallo di colore argenteo, molto velenoso (il simbolo chimico è *As*).

arsi (àr-si) · Pass. rem., 1ª pers. sing. → ***ardere***.

arso (àr-so) · Participio pass. → ***ardere***.

arsura (ar-sù-ra) N.F. **1** Clima molto caldo e senza piogge: *l'arsura estiva* Ⓢ afa, calura. **2** Sensazione di secchezza della gola: *bere per calmare l'arsura.*

arte (àr-te) N.F. **1** Qualsiasi forma di attività dell'uomo che esalti la sua capacità d'invenzione e di espressione: *opera d'arte* • L'insieme di opere di un periodo o di una regione: *arte barocca; arte contemporanea* • La qualità di un artista: *l'arte sublime di Dante.* **2** Insieme di tecniche e metodi che servono a svolgere certe attività: *arte poetica; arte militare* • Professione, mestiere: *imparare un'arte.* **3** Il modo e i mezzi per raggiungere un certo scopo: *conosce l'arte di farsi amare* Ⓢ maniera. **4** L'attività di chi interpreta opere teatrali, musicali, o si esibisce in altre forme di spettacolo: *arte drammatica, cinematografica.* Ⓔ ***Ad arte***, di proposito, apposta: *diffondere ad arte notizie false* • ***A regola d'arte*** → ***regola*** • ***Arti figurative*** o ***belle arti***, la pittura, la scultura e l'architettura • ***Figlio d'arte***, artista che prosegue la carriera artistica dei genitori • ***Nome d'arte***, pseudonimo di artisti teatrali o cinematografici. • ***Non avere né arte né parte*** o ***essere senza arte né parte***, non avere alcuna qualifica professionale o capacità.

artefice (ar-té-fi-ce) N.M. e F. · Chi realizza un'impresa che richiede talento e impegno: *è lui l'artefice della nostra vittoria; l'artefice di un progetto* Ⓢ autore, creatore. Ⓔ ***Il sommo artefice*** o ***il divino artefice***, Dio.

arteria (ar-tè-ria) N.F. (pl. *-rie*) **1** Vaso sanguigno che trasporta il sangue dal cuore alle diverse parti del corpo. **2** Importante via di traffico o di comunicazione: *le più importanti arterie ferroviarie.*

arteriosclerosi (ar-te-rio-scle-rò-ṣi; *alla greca* ar-te-rio-sclè-ro-ṣi) N.F. INVAR. · Indurimento delle arterie che causa disturbi circolatori.

arteriosclerotico (ar-te-rio-scle-rò-ti-co) AGG. e N.M. (f. *-a*; pl.m. *-ci*, pl.f. *-che*) || AGG. Che riguarda l'arteriosclerosi o è causato da arteriosclerosi: *demenza arteriosclerotica.* || AGG. e N.M. (f. *-a*) Che, chi soffre di arteriosclerosi.

arterioso (ar-te-rió-so) AGG. · Delle arterie: *sangue arterioso.*

artesiano (ar-te-ṣià-no) AGG. · Di pozzo ottenuto perforando il terreno per trovare l'acqua: *accanto alla casa c'è un pozzo artesiano.*

artico (àr-ti-co) AGG. (pl.m. *-ci*, pl.f. *-che*) · Del Polo Nord o della sua regione: *circolo polare artico; fauna artica.*

Il termine deriva dal greco *árktos* 'orso, orsa', perché riguarda l'emisfero settentrionale, dove c'è la costellazione dell'Orsa.

articolare[1] (ar-ti-co-là-re) V.TR. (*artìcolo*, ecc.) || TR. **1** Muovere un arto attorno alle articolazioni: *non riesco ad articolare la gamba destra.* **2** Organizzare razionalmente: *articolare un discorso* • Suddividere in più fasi: *articolare un congresso* ***in*** *tre giornate.* **3** Pronunciare in modo chiaro e distinto: *dovresti articolare meglio le vocali* Ⓢ scandire. || **articolarsi** INTR. PRONOM. Suddividersi: *il romanzo si articola* ***in*** *trenta capitoli.*

articolare[2] (ar-ti-co-là-re) AGG. · Delle articolazioni: *dolori articolari.*

articolato (ar-ti-co-là-to) AGG. **1** Di arto del corpo che ha libero il movimento. **2** Costruito in modo da consentire alcuni movimenti: *il braccio articolato di una gru* Ⓢ snodato, mobile. **3** Organizzato in più parti: *un capitolo articolato* ***in*** *tre paragrafi* Ⓢ strutturato. **4** In grammatica: ***preposizione articolata***, che deriva dall'unione di una preposizione con l'articolo; per es. *del* deriva da *di* + *il*; *dal* deriva da *da* + *il*.

articolazione (ar-ti-co-la-zió-ne) N.F. **1** Possibilità degli arti di compiere certi movimenti: *l'articolazione del piede*. **2** Giuntura fra due o più ossa • Collegamento mobile fra due pezzi o parti.

articolo (ar-tì-co-lo) N.M. **1** Parte numerata di un testo di legge o di un contratto: *l'articolo 519 del codice penale*. **2** Scritto pubblicato su un giornale o una rivista: *articolo di cronaca* Ⓢ pezzo. **3** Tipo o genere di oggetti in vendita: *articoli sportivi*; *articoli da regalo* Ⓢ prodotto. **4** In grammatica, parte del discorso che si trova davanti a un nome per indicare se si tratta di un oggetto preciso o indefinito (*la lettura*; *il leggere*; *un amico*; *una strada*); unito alle preposizioni forma le preposizioni articolate (*al*; *nel*; *sul*). Ⓔ ***Articolo determinativo*** → *determinativo* • ***Articolo indeterminativo*** → *indeterminativo*.

artificiale (ar-ti-fi-cià-le) AGG. **1** Prodotto dall'uomo imitando la natura: *fiori artificiali* Ⓢ sintetico. **2** Privo di naturalezza: *assumere una posa artificiale* Ⓢ artificioso, falso. Ⓔ ***Fuochi artificiali*** → *fuoco* • ***Lago artificiale*** → *lago* • ***Rene artificiale*** → *rene*.

artificiere (ar-ti-fi-ciè-re) N.M. **1** Chi prepara i fuochi d'artificio. **2** Chi è specializzato nel maneggiare cariche esplosive.

artificio (ar-ti-fi-cio) N.M. (pl. *-ci*) · Espediente volto a ottenere effetti particolari: *abbellire con vari artifici* Ⓢ accorgimento. Ⓔ ***Fuochi d'artificio*** → *fuoco*.

artificioso (ar-ti-fi-ció-so) AGG. · Privo di naturalezza e spontaneità: *uno stile artificioso*; *un ragionamento artificioso* Ⓢ artificiale, falso.

artigianale (ar-ti-gia-nà-le) AGG. · Di artigiano, a livello artigiano: *produzione artigianale* • Fatto con mezzi limitati: *un film artigianale*.

artigianato (ar-ti-gia-nà-to) N.M. **1** La condizione dell'artigiano dal punto di vista economico e sociale: *l'artigianato è ancora assai diffuso in Sardegna*. **2** L'insieme degli oggetti prodotti dagli artigiani: *Fiera dell'artigianato*.

artigiano (ar-ti-già-no) N.M. e AGG. (f. *-a*) || N.M. (f. *-a*) Chi esercita un'attività lavorativa in proprio, soprattutto a mano, per la produzione di oggetti non di serie: *un artigiano che lavora il legno*. || AGG. Che riguarda questo tipo di lavoro o di produzione: *industria artigiana* Ⓢ artigianale.

artigliere (ar-ti-gliè-re) N.M. · Soldato che presta servizio nell'arma dell'artiglieria.

artiglieria (ar-ti-glie-rì-a) N.F. (pl. *-rìe*) **1** L'insieme delle armi da fuoco pesanti, montate su sostegni. **2** Arma dell'esercito addestrata all'impiego dei cannoni: *prestare servizio militare nell'artiglieria*.

artiglio (ar-tì-glio) N.M. (pl. *-gli*) · Robusta unghia adunca di molti animali predatori: *l'aquila afferrò l'agnello con gli artigli*.

artista (ar-tì-sta) N.M. e F. (pl.m. *-i*, pl.f. *-e*) **1** Chi opera nel campo dell'arte e dello spettacolo come creatore o come interprete: *gli artisti del Rinascimento*; *un artista del cinema*. **2** Chi esercita la propria professione con eccezionale bravura: *quel chirurgo è un artista* Ⓢ maestro.

artistico (ar-tì-sti-co) AGG. (pl.m. *-ci*, pl.f. *-che*) · Che riguarda l'arte o gli artisti: *attività artistica*; *ambienti artistici*. Ⓔ ***Ginnastica artistica*** → *ginnastica* • ***Liceo artistico*** (o *l'artistico* N.M.), la scuola secondaria superiore dove si studiano soprattutto i vari tipi di arte e il disegno.

arto (àr-to) N.M. · Ciascuna delle appendici del corpo con funzioni di presa, di tatto, di movimento, ecc.; nell'uomo, le gambe e le braccia, dette rispettivamente *arti inferiori* e *arti superiori*.

artrite (ar-trì-te) N.F. · Infiammazione di una o più articolazioni.

artropode (ar-trò-po-de) N.M. · Invertebrato con corpo rivestito da uno strato protettivo più duro e capo munito di antenne con funzione tattile; ne fanno parte i crostacei, gli insetti, gli aracnidi.

artrosi (ar-trò-ṣi) N.F. INVAR. · Malattia che colpisce le articolazioni.

arzillo (ar-ẓil-lo) AGG. **1** Che dimostra vitalità: *un vecchietto arzillo* Ⓢ vispo, vivace, vita-

A

le. **2** Piuttosto allegro per il vino bevuto: *siamo usciti dal ristorante un po' arzilli.*

asburgico (a-ṣbùr-gi-co) AGG. (pl.m. *-ci*, pl.f. *-che*) · Degli Asburgo, la dinastia che ha regnato su diversi Paesi europei dal Duecento al 1918.

ascella (a-scèl-la) N.F. · Incavo posto sotto al braccio, all'angolo che questo forma con il torace.

ascellare (a-scel-là-re) AGG. · Dell'ascella: *traspirazione ascellare.*

ascendente (a-scen-dèn-te) AGG. e N.M. || AGG. Che va verso l'alto: *moto, fase ascendente* Ⓢ ascensionale Ⓒ discendente. || N.M. **1** In astrologia, il segno corrispondente alla costellazione che si alza all'orizzonte al momento della nascita di una persona: *ho l'ascendente Gemelli.* **2** Influenza che deriva dal prestigio o dall'autorità morale: *esercitare un ascendente **su** qualcuno.*

ascensionale (a-scen-sio-nà-le) AGG. · Che tende o va verso l'alto: *correnti ascensionali* Ⓢ ascendente.

ascensione (a-scen-sió-ne) N.F. **1** Salita, scalata, ascesa: *l'ascensione del Monte Bianco.* **2** Nella dottrina cattolica, la salita di Gesù Cristo al cielo quaranta giorni dopo la Resurrezione • La festa religiosa che ricorda e celebra questo evento.

ascensore (a-scen-só-re) N.M. · Impianto per il trasporto di persone o merci da un piano all'altro di un edificio, costituito da una cabina che scorre in verticale: *prendi l'ascensore o sali a piedi?*

ascesa (a-scé-sa) N.F. · Salita, scalata: *l'ascesa di un'erta; ascesa **al** trono* Ⓒ discesa.

ascesso (a-scès-so) N.M. · Raccolta di pus in una parte del corpo, dovuta soprattutto a infezione: *ho un ascesso a un dente.*

asceta (a-scè-ta) N.M. e F. (pl.m. *-i*, pl.f. *-e*) · Chi tende al raggiungimento della perfezione interiore attraverso la meditazione e la rinuncia ai beni e ai piaceri materiali.

ascetico (a-scè-ti-co) AGG. (pl.m. *-ci*, pl.f. *-che*) **1** Che tende al raggiungimento della perfezione interiore attraverso il distacco dal mondo, la meditazione e l'esercizio delle virtù: *vita ascetica.* **2** Rigido, austero: *abitudini ascetiche.*

ascia (à-scia) N.F. (pl. *àsce*) · Attrezzo per lavorare il legno, formato da una lama perpendicolare a un manico.

ascissa (a-scìs-sa) N.F. · La coordinata cartesiana di un punto relativa all'asse orizzontale, espressa dal numero che indica la distanza di tale punto dall'asse verticale.

asciugacapelli (a-sciu-ga-ca-pél-li) N.M. INVAR. · Apparecchio elettrico da cui esce aria calda per asciugare i capelli Ⓢ fon.

asciugamano (a-sciu-ga-mà-no) N.M. · Panno di spugna o di altro tessuto, usato per asciugarsi dopo essersi lavati.

asciugare (a-sciu-gà-re) V.TR. (*asciùgo, asciùghi*, ecc.) || TR. Rendere asciutto, eliminando l'acqua o l'umidità: *asciugare le posate; asciugare le lacrime*; anche TR. PRONOM.: *asciugarsi le mani* Ⓒ bagnare, inumidire. || **asciugarsi** RIFL. Togliersi di dosso l'umidità: *asciugati, sennò prendi freddo.* || **asciugarsi** INTR. PRONOM. Diventare asciutto: *con questo sole i panni si asciugano subito.*

> Il termine deriva da un verbo del latino tardo che significa 'togliere il succo', che viene a sua volta da *sucus* 'succo' con il prefisso *ex-*.

asciutto (a-sciùt-to) AGG. **1** Privo d'acqua o di umidità: *conservare in luogo asciutto* Ⓒ umido, bagnato. **2** Privo di grasso: *un uomo asciutto.* **3** Laconico, categorico, brusco: *una risposta asciutta.* Ⓔ ***Clima asciutto***, non piovoso, secco, arido.

ascoltare (a-scol-tà-re) V.TR. (*ascólto*, ecc.) **1** Stare a sentire con attenzione: *parla, ti ascolto; ascoltare un cd.* **2** Accettare come consiglio o ammonimento: *se non ascolti quello che ti dico finirai male* • Dar retta: *quel ragazzo non vuole ascoltare i genitori* Ⓢ ubbidire. **3** Rispondere in modo positivo: *ascoltare le richieste dei cittadini* Ⓢ esaudire, accogliere.

ascoltatore (a-scol-ta-tó-re) N.M. (f. *-trìce*) · Chi ascolta un discorso pronunciato in pubblico o una trasmissione alla radio o alla televisione: *un programma con molti ascoltatori.*

ascolto (a-scól-to) N.M. **1** L'atto di ascoltare: *stare in ascolto; dare, prestare ascolto.* **2** Nella programmazione radiotelevisiva, audience: *fascia di massimo ascolto.* E ***Dare ascolto,*** ascoltare.

asessuale (a-ses-su-à-le) AGG. · Della riproduzione che avviene senza l'intervento degli organi sessuali.

asessuato (a-ses-su-à-to) AGG. **1** Privo di organi sessuali differenziati C sessuato. **2** Asessuale: *riproduzione asessuata.*

asettico (a-sèt-ti-co) AGG. (pl.m. *-ci*, pl.f. *-che*) **1** Che non contiene germi: *ambiente asettico* S sterile. **2** Che non suscita emozioni: *individuo asettico* S freddo.

asfaltare (a-sfal-tà-re) V.TR. · Coprire di uno strato di asfalto: *stanno asfaltando il viale.*

asfalto (a-sfàl-to) N.M. · Miscuglio di bitume e materie minerali usato per pavimentare le strade.

asfissia (a-sfis-sì-a) N.F. (pl. *-sìe*) · Impedimento della respirazione, a volte mortale S soffocamento.

asfissiare (a-sfis-sià-re) V.TR. e INTR. (*asfissio*, ecc.) || TR. **1** Uccidere per asfissia S soffocare • Togliere il respiro: *questa afa mi asfissia.* **2** Disturbare, annoiare, seccare: *non asfissiarmi con le tue chiacchiere!* || INTR. (aus. *essere*) Morire per asfissia • Sentirsi mancare il respiro: *oggi si asfissia dal caldo!*

asfittico (a-sfìt-ti-co) AGG. (pl.m. *-ci*, pl.f. *-che*) **1** Che riguarda l'asfissia: *stato asfittico.* **2** Privo di vitalità: *economia asfittica* S spento.

asiatico (a-ṣià-ti-co) AGG. e N.M. (f. *-a*; pl.m. *-ci*, pl.f. *-che*) || AGG. Dell'Asia. || AGG. e N.M. (f. *-a*) Abitante, nativo dell'Asia.

asilo (a-ṣì-lo) N.M. **1** Rifugio, ricovero, riparo: *dare, cercare asilo.* **2** Istituto scolastico per i bambini tra i tre e i sei anni; oggi è detto *scuola dell'infanzia: andare all'asilo.* E ***Asilo nido,*** per i bambini di età non superiore ai tre anni • ***Asilo politico,*** l'ospitalità concessa a persone che nel proprio Paese sono perseguitate politicamente.

asimmetria (a-sim-me-trì-a) N.F. (f. *-trìe*) · Mancanza di corrispondenza o di proporzione fra le parti di un oggetto: *l'asimmetria di un volto* S sproporzione C simmetria.

asimmetrico (a-sim-mè-tri-co) AGG. (pl.m. *-ci*, pl.f. *-che*) · Privo di simmetria: *un taglio di capelli asimmetrico.*

asindeto (a-sìn-de-to) N.M. · Collegamento di elementi di una frase senza usare forme di congiunzione, per es. *detto fatto* anziché *detto e fatto.*

asino (à-si-no) N.M. (f. *-a*) **1** Mammifero simile al cavallo, ma più piccolo, con testa piuttosto grossa, orecchie molto lunghe e mantello di colore grigio S somaro. **2** Persona sciocca e ignorante: *sei un asino!* E ***Qui casca l'asino!,*** qui è il problema, la difficoltà.

> Il verbo che indica il verso dell'asino è *ragliare* e il nome è *raglio.*

asma (à-ṣma) N.F. · Malattia caratterizzata da difficoltà di respiro: *soffrire di asma.*

asociale (a-so-cià-le) AGG. e N.M. e F. · Che, chi non ama stare con gli altri o è insensibile agli obblighi sociali: *è un asociale, non accetta mai nessun invito* C socievole.

asola (à-ṣo-la) N.F. · Piccolo foro orlato di un indumento, dove si infila il bottone.

asparago (a-spà-ra-go) o **asparagio** (a-spà-ra-gio) N.M. (pl. *-gi*) · Pianta erbacea che, con le sue molte varietà, è uno dei più pregiati ortaggi; viene consumata per i suoi giovani germogli carnosi: *frittata con gli asparagi.*

asperità (a-spe-ri-tà) N.F. INVAR. **1** Irregolarità di una superficie o di un terreno: *la marcia veniva ritardata dalle asperità del percorso.* **2** Avversità, asprezza, durezza: *le asperità della vita.*

aspettare (a-spet-tà-re) V.TR. (*aspètto*, ecc.) || TR. **1** Prepararsi all'arrivo di qualcuno o di qualcosa: *aspettare un amico, una risposta; aspetto **che** arrivi il treno* S attendere. **2** Attendere con ansia o fiducia: *quanto ho aspettato questo giorno!* S desiderare. **3** Attendere che arrivi qualcuno o accada qualcosa per compiere un'azione: *aspetto il postino ed esco* • Prendere tempo: *è meglio aspettare prima di giudicare* S indugiare. || **aspettarsi** TR. PRONOM. Prevedere con speranza o timore: *mi aspetto **di** divertirmi alla festa; aspettatevi nuove tasse.* E ***Aspettare un bambino,*** di donna, essere incinta.

A B C D E F G H I J K L M N O P Q R S T U V W X Y Z

A

aspettativa (a-spet-ta-tì-va) N.F. 1 Ciò che ci si aspetta: *la nostra aspettativa non è stata delusa* Ⓢ previsione. 2 Interruzione temporanea del lavoro di un dipendente: *ho avuto un anno di aspettativa.*

aspetto[1] (a-spèt-to) N.M. · Solo nell'espressione ***sala d'aspetto***, sala di stazioni o aeroporti dove si attende l'arrivo del proprio treno, autobus o aereo; negli uffici pubblici o negli studi dei professionisti, sala dove si attende il proprio turno per essere ricevuti.

aspetto[2] (a-spèt-to) N.M. 1 Il modo di presentarsi di una persona o di una cosa: *all'aspetto sembra una persona gentile; il cielo aveva un aspetto minaccioso* Ⓢ apparenza. 2 Punto di vista: *dobbiamo esaminare il problema sotto ogni aspetto* Ⓢ prospettiva.

aspide (à-spi-de) N.M. · Serpente velenoso, in particolare, il cobra egiziano.

aspirante (a-spi-ràn-te) N.M. e F. · Chi aspira al raggiungimento di uno scopo: *sono oltre cento gli aspiranti **al** posto di primario* Ⓢ candidato, concorrente.

aspirapolvere (a-spi-ra-pól-ve-re) N.M. INVAR. · Elettrodomestico per togliere la polvere da mobili, pavimenti, tappeti.

aspirare (a-spi-rà-re) V.TR. e INTR. || TR. 1 Immettere nei polmoni attraverso il naso o la bocca: *aspirava l'aria pura della montagna* Ⓢ inspirare. 2 Di apparecchi, portare via da un ambiente gas, liquidi o polveri: *con la pompa aspirò l'acqua rimasta nella piscina.* || INTR. (aus. *avere*) Cercare di ottenere qualcosa: *aspira solo **al** successo* Ⓢ ambire.

aspirazione (a-spi-ra-zió-ne) N.F. 1 Immissione nelle vie respiratorie: *l'aspirazione del fumo* Ⓢ inspirazione. 2 Estrazione di gas, liquidi o polveri da un ambiente: *pompa per l'aspirazione dell'acqua.* 3 Desiderio di raggiungere un fine: *coltivare le proprie aspirazioni* Ⓢ ambizione.

aspirina (a-spi-ri-na) N.F. · Nome commerciale ® di un medicinale usato in caso di influenza e di dolori: *prima di andare a letto ha preso un'aspirina.*

asportare (a-spor-tà-re) V.TR. (*aspòrto*, ecc.) 1 Portar via da un luogo: *è vietato asportare libri **dalla** sala di lettura* Ⓢ sottrarre, rubare. 2 Togliere con intervento chirurgico: *asportare un tumore.*

asporto (a-spòr-to) N.M. · Solo nell'espressione ***da asporto***, di cibi e bevande, da portare via: *pizza da asporto.*

aspramente (a-spra-mén-te) AVV. · Con severità: *criticare aspramente* • Con violenza: *combattere aspramente.*

asprezza (a-spréz-za) N.F. 1 Motivo di difficoltà e di disagio: *l'asprezza del cammino, dell'inverno* Ⓢ durezza. 2 Qualità sgradevole di un suono o di un sapore: *l'asprezza di un limone.* 3 Severità eccessiva: *lo rimproverò con asprezza; asprezza di modi.*

aspro (à-spro) AGG. 1 Che ha il sapore un po' acre della frutta acerba: *il limone è aspro.* 2 Ruvido al tatto: *una superficie aspra* Ⓢ ruvido, scabroso • Che presenta irregolarità: *un terreno aspro* Ⓢ impervio, accidentato • Di clima, difficile da affrontare: *un aspro inverno* Ⓢ rigido, freddo. 3 Brusco, scontroso: *modi aspri* • Violento, ostile: *un'aspra polemica* • Accanito, sanguinoso: *aspri combattimenti.*

assaggiare (as-sag-già-re) V.TR. (*assàggio*, ecc.) 1 Mettere in bocca una piccola quantità di cibo o di bevanda per sentirne il sapore: *assaggiare il sugo* Ⓢ assaporare. 2 Mangiare solo pochi bocconi, bere pochi sorsi: *la minestra l'ha solo assaggiata.*

assaggio (as-sàg-gio) N.M. (pl. *-gi*) 1 Prova che mediante il gusto giudica le qualità di un cibo o di una bevanda: *offrire del vino in assaggio* Ⓢ degustazione. 2 Prova, esperimento: *vi darò un assaggio delle mie capacità.*

assai (as-sài) AVV. · Molto, parecchio: *un prodotto assai ricercato.*

assalire (as-sa-lì-re) V.TR. (irreg.: coniugato come *salire*) 1 Aggredire con violenza: *sono stato assalito da due malviventi* Ⓢ assaltare, attaccare. 2 Aggredire con parole ostili: *assalire **con** una sequela di insulti* Ⓢ insultare. 3 Prendere con forza, spesso alla sprovvista: *durante la notte lo assalì la febbre* Ⓢ cogliere.

assaltare (as-sal-tà-re) V.TR. 1 Assalire a scopo di rapina: *assaltare un treno, una banca* Ⓢ rapinare. 2 Attaccare con l'esercito: *assaltare il campo nemico.*

assalto (as-sàl-to) N.M. **1** Attacco contro postazioni nemiche: *reparti d'assalto* Ⓢ carica. **2** Attacco armato, in genere a scopo di rapina: *l'assalto alla posta ha provocato una decina di feriti.* Ⓔ ***Prendere d'assalto***, affluire in massa in un negozio, un locale, ecc.: *durante i saldi il negozio fu preso d'assalto.*

assaporare (as-sa-po-rà-re) V.TR. (*assapóro*, ecc.) **1** Gustare con calma un cibo o una bevanda: *assaporare un dolce, il caffè.* **2** Gustare, godersi: *assaporare un piacere.*

assassinare (as-sas-si-nà-re) V.TR. · Uccidere di proposito per motivi criminali: *è stato assassinato per ordine della mafia* Ⓢ ammazzare.

assassinio (as-sas-sì-nio) N.M. (pl. *-ni*) · Omicidio intenzionale: *commettere un assassinio* Ⓢ uccisione.

assassino (as-sas-sì-no) N.M. (f. *-a*) · Chi uccide qualcuno per motivi criminali: *la polizia ha arrestato l'assassino* Ⓢ omicida.

Il termine deriva da una parola araba che significava 'dedito all'hashish', un'erba narcotica; fu introdotto all'epoca delle Crociate per indicare i componenti della setta del Vecchio della Montagna, che si stordivano di hashish prima di compiere le loro missioni di morte, durante le quali seminarono il terrore con delitti e violenze tali che il loro nome passò a indicare 'colui che uccide' per eccellenza.

asse[1] (às-se) N.F. · Tavola di legno di spessore limitato. Ⓔ ***Asse da stiro***, tavola ricoperta da un panno su cui si stirano gli indumenti.

asse[2] (às-se) N.M. **1** In meccanica, elemento a forma di cilindro allungato che sostiene gli elementi rotanti • Nei veicoli, la sbarra alla cui estremità è montata la ruota. **2** Linea retta che si trova nella posizione centrale di un corpo. Ⓔ ***Asse di rotazione***, retta intorno alla quale ruota una figura piana generando un solido • ***Asse di simmetria***, retta rispetto alla quale una figura è simmetrica • ***Asse terrestre***, linea ideale attorno alla quale ruota la Terra.

assecondare (as-se-con-dà-re) V.TR. (*assecóndo*, ecc.) **1** Cedere facilmente alle richieste di qualcuno: *i genitori lo assecondano in tutto* Ⓢ compiacere, accontentare. **2** Non porre ostacoli alla realizzazione di qualcosa: *assecondare i progetti di qualcuno* Ⓢ aiutare, sostenere.

assediare (as-se-dià-re) V.TR. (*assèdio*, ecc.) **1** Stringere d'assedio per obbligare alla resa: *assediare un castello* Ⓢ circondare. **2** Tormentare, opprimere, importunare: *assediare qualcuno* ***di*** *domande,* ***con*** *continue richieste.*

assediato (as-se-dià-to) AGG. e N.M. (f. *-a*) || AGG. e N.M. (f. *-a*) Che, chi è sotto assedio: *città assediata; soccorrere gli assediati.* || AGG. Circondato da ogni parte: *un'attrice assediata dagli ammiratori.*

assedio (as-sè-dio) N.M. (pl. *-di*) · Insieme di operazioni svolte intorno a un luogo fortificato per costringerlo alla resa, sia accerchiandolo sia attaccandolo direttamente: *porre l'assedio.* Ⓔ ***Cingere d'assedio*** o ***stringere d'assedio***, assediare.

assegnamento (as-se-gna-mén-to) N.M. · Affidamento: *faccio molto assegnamento* ***su*** *di lui,* ***sulle*** *sue promesse.*

assegnare (as-se-gnà-re) V.TR. (*asségno*, ecc.) **1** Destinare a una pesona o a uno scopo: *la giuria ha assegnato il premio* ***al*** *vincitore* Ⓢ attribuire, dare, conferire. **2** Mettere a disposizione: *il professore ha assegnato tre ore per fare il tema* Ⓢ concedere. **3** Dare da svolgere: *mi è stato assegnato un incarico prestigioso* Ⓢ affidare. **4** Collocare in una sede lavorativa: *lo assegneranno* ***alla*** *sede di Napoli* Ⓢ destinare, mandare.

La prima persona plurale dell'indicativo presente e quella del congiuntivo presente è *assegniamo*, con la *i*: la forma *assegnamo* è sempre scorretta! La seconda persona plurale dell'indicativo presente è *assegnate* senza *i*, mentre quella del congiuntivo presente è *assegniate* con la *i*.

assegnazione (as-se-gna-zió-ne) N.F. · Attribuzione, destinazione, conferimento: *chiedere l'assegnazione di una nuova sede.*

assegno (as-sé-gno) N.M. **1** Somma assegnata a favore di qualcuno: *vive con l'assegno mensile che gli passano i genitori.* **2** Titolo di credito per mezzo del quale il titolare di un conto corrente autorizza la banca a pagare una certa somma a una data persona. Ⓔ ***Assegni familiari***, somma che i lavoratori dipen-

A

denti ricevono oltre allo stipendio, in base al numero dei familiari a carico • ***Assegno a vuoto*** o ***assegno scoperto***, quello emesso anche se sul conto in banca non ci sono abbastanza soldi per pagarlo • ***Assegno coperto***, quello emesso quando sul conto in banca ci sono abbastanza soldi per pagarlo • ***Assegno in bianco***, quello emesso senza specificare la somma da pagare.

assemblaggio (as-sem-blàg-gio) N.M. (pl. *-gi*) · L'insieme delle operazioni necessarie per mettere insieme le varie parti di macchinari, apparecchi, manufatti: *l'assemblaggio di un motore* Ⓢ montaggio.

assemblare (as-sem-blà-re) V.TR. (*assémblo*, ecc.) · Montare con un assemblaggio • Mettere insieme: *assemblare le assi di una libreria.*

assemblea (as-sem-blè-a) N.F. (pl. *-blèe*) · Riunione di persone per discutere e decidere su affari di interesse comune: *assemblea degli studenti.*

assembramento (as-sem-bra-mén-to) N.M. · Raggruppamento di persone in un luogo: *giù in strada c'è un assembramento di gente.*

assennato (as-sen-nà-to) AGG. · Che dimostra buon senso: *un ragazzo assennato; una risposta assennata* Ⓢ giudizioso, saggio.

assenso (as-sèn-so) N.M. · Giudizio favorevole: *dare il proprio assenso* Ⓢ approvazione, consenso Ⓒ dissenso, rifiuto.

assentarsi (as-sen-tàr-si) V.INTR. PRONOM. (*mi assènto*, ecc.) · Allontanarsi per un periodo di tempo: *si assentò* ***dal*** *lavoro per motivi familiari.*

assente (as-sèn-te) AGG. e N.M. e F. || AGG. e N.M. e F. Che, chi non è nel luogo in cui dovrebbe essere: *è assente* ***dal*** *lavoro ormai da un mese; prendere nota degli assenti* Ⓒ presente. || AGG. **1** Che si trova lontano: *è stato assente* ***dall'****Italia per molti anni.* **2** Che ha la mente altrove: *in questi giorni hai uno sguardo assente* Ⓢ distratto, disattento.

assentire (as-sen-tì-re) V.INTR. (*assènto*, ecc.; aus. *avere*) · Dare il proprio consenso: *assentire* ***a*** *una proposta* Ⓢ acconsentire.

assenza (as-sèn-za) N.F. **1** Mancata presenza o lontananza da un luogo in cui una persona dovrebbe essere: *quest'anno a scuola hai fatto troppe assenze* Ⓒ presenza. **2** Mancanza: *quello che mi spaventa di più nei giovani è l'assenza di ideali.*

asserire (as-se-rì-re) V.TR. (*asserìsco, asserìsci*, ecc.) · Dire con certezza: *asserì* ***che*** *un ladro si era introdotto in casa* Ⓢ affermare, sostenere.

asserragliarsi (as-ser-ra-gliàr-si) V.RIFL. (*mi asserràglio*, ecc.) · Chiudersi in un luogo protetto: *asserragliarsi* ***in*** *una fortezza* Ⓢ barricarsi.

assertivo (as-ser-ti-vo) AGG. · Che è capace di farsi valere rispettando gli altri.

assertore (as-ser-tó-re) N.M. (f. *-trìce*) · Chi sostiene con energia un'idea: *è un convinto assertore della dieta vegetariana* Ⓢ fautore, sostenitore.

asservimento (as-ser-vi-mén-to) N.M. · Riduzione in uno stato di sottomissione: *l'asservimento di un popolo.*

asservire (as-ser-vì-re) V.TR. (*asservìsco, asservìsci*, ecc.) · Ridurre in schiavitù: *asservire una popolazione* Ⓢ sottomettere.

asserzione (as-ser-zió-ne) N.F. · Affermazione energica e convinta: *l'asserzione di un'idea* Ⓢ affermazione, dichiarazione.

assessore (as-ses-só-re) N.M. (f. raro *-a*; pl.m. *-i*, pl.f. *-e*) · Membro di una giunta di governo regionale, provinciale o comunale: *l'assessore* ***alla*** *sanità.*

> Il femminile di *assessore* è *assessora*, ma è usato poco. Spesso si usa il maschile anche quando ci si riferisce a una donna: *l'assessore Giulia Bianchi.*

assestamento (as-se-sta-mén-to) N.M. **1** Sistemazione che permetta lo svolgimento regolare di un'attività: *dopo l'acquisto dell'azienda dovremo pensare al suo assestamento.* **2** Serie di movimenti del terreno che dopo un terremoto tendono a ristabilire una condizione di equilibrio: *scossa di assestamento.*

assestare (as-se-stà-re) V.TR. (*assèsto*, ecc.) || TR. **1** Regolare con precisione: *assestare la mira.* **2** Dare con forza: *assestare un calcio* ***a*** *qualcuno* Ⓢ mollare. **3** Mettere in ordine: *assestare il bilancio* Ⓢ riordinare. || **assestar-**

si RIFL. Mettere ordine nei propri interessi o nella propria vita: *con questo lavoro potrai finalmente assestarti.* || **assestarsi** INTR. PRONOM. Subire un assestamento: *dopo un terremoto occorre aspettare che il terreno si assesti.*

assetato (as-se-tà-to) AGG. e N.M. (f. -a) || AGG. e N.M. (f. -a) Che, chi ha sete: *arrivò in cima alla salita sfinito e assetato; dar da bere agli assetati.* || AGG. Desideroso, avido: *assetato **di** guadagno, **di** gloria.*

assetto (as-sèt-to) N.M. 1 Disposizione ordinata: *dare un assetto razionale a un ufficio* S sistemazione, ordine. 2 Posizione di equilibrio di un aereo, di una nave o di un'auto in movimento. E ***In assetto di guerra***, equipaggiato per il combattimento.

assicurare (as-si-cu-rà-re) V.TR. || TR. 1 Proteggere da un danno o da un pericolo: *questa clausola del contratto ci assicura **da** qualsiasi sorpresa* S tutelare. 2 Rendere certo o sicuro: *assicurare l'avvenire **ai** propri figli* S garantire. 3 Fissare in maniera stabile: *assicurare una scala **al** muro* S fermare. 4 Affermare con certezza: *ci ha assicurato **che** sarebbe stato puntuale ; assicura **di** non conoscerlo* S garantire. 5 Garantire con un contratto di assicurazione: *assicurare l'auto **contro** il furto.* || **assicurarsi** RIFL. 1 Garantirsi con un contratto di assicurazione: *assicurarsi **contro** gli infortuni.* 2 Agganciarsi saldamente: *si assicurò **alla** roccia con un cavo* S attaccarsi, reggersi. || **assicurarsi** INTR. PRONOM. Accertarsi, verificare: *prima di partire assicurati **che** il gas sia chiuso.*

assicurativo (as-si-cu-ra-tì-vo) AGG. · Che riguarda il contratto di assicurazione: *polizza assicurativa.*

assicurazione (as-si-cu-ra-zió-ne) N.F. 1 Garanzia, conferma: *esigo assicurazioni **sulla** serietà dell'azienda.* 2 Contratto con cui una società, dietro pagamento annuo di una certa somma, si impegna a risarcire al firmatario eventuali danni futuri: *assicurazione **contro** i furti.*

assideramento (as-si-de-ra-mén-to) N.M. · L'insieme dei gravi disturbi causati da una lunga esposizione del corpo a basse temperature: *morte per assideramento* S congelamento.

assiduità (as-si-dui-tà) N.F. INVAR. 1 Costanza e continuità: *assiduità nello studio.* 2 Il frequentare con costanza una persona o un luogo: *va a teatro con assiduità.*

assiduo (as-sì-duo) AGG. 1 Che svolge un'attività con costanza e diligenza: *è un ragazzo molto assiduo nello studio* S costante. 2 Che frequenta un luogo in maniera abituale: *un cliente assiduo.* 3 Svolto con costanza: *dopo assidue ricerche la polizia ha risolto il caso* S continuo.

assieme (as-siè-me) AVV. · Insieme: *usciremo assieme; verrò assieme a te.*

assieparsi (as-sie-pàr-si) V.INTR. PRONOM. (*mi assièpo*, ecc.) · Riempire un luogo in folla: *il pubblico si assiepava all'entrata del cinema* S accalcarsi, affollarsi.

assillante (as-sil-làn-te) AGG. · Che insiste in maniera fastidiosa: *un pensiero assillante* S insistente, molesto.

assillare (as-sil-là-re) V.TR. · Tormentare con insistenza: *assillare **di** domande* S infastidire.

assillo (as-sìl-lo) N.M. · Pensiero insistente: *l'assillo degli esami* S preoccupazione.

assimilare (as-si-mi-là-re) V.TR. (*assìmilo*, ecc.) 1 Trasformare gli alimenti in sostanza organica: *assimilare le proteine* S digerire. 2 Apprendere con profitto: *assimilare una materia.* 3 Considerare simile: *sono due concetti che non si possono assimilare* S paragonare.

assimilazione (as-si-mi-la-zió-ne) N.F. 1 La trasformazione degli alimenti in sostanza organica S digestione. 2 Apprendimento di nozioni, concetti, ecc.: *verificare il livello di assimilazione di una materia.* 3 Paragone, comparazione: *assimilazione di due concetti.*

assiolo (as-siò-lo) N.M. · Uccello rapace notturno, simile a un piccolo gufo, detto anche *chiù* per il verso che emette.

assioma (as-siò-ma) N.M. (pl. *-i*) · Principio considerato evidente e che perciò non ha bisogno di esser dimostrato, posto a fondamento di una teoria: *gli assiomi della matematica.*

A

assiro (as-si-ro) AGG. e N.M. (f. -a) · Dell'Assiria, antica regione dell'Asia anteriore.

assise (as-sì-ṣe) N.F.PL. · Riunione di particolare importanza: *le assise della segreteria di un partito.* Ⓔ ***Corte d'assise***, il tribunale che giudica i reati più gravi.

assist (as-sist; pronuncia *àssist*) N. INGL., in it. N.M.INVAR. · Negli sport di squadra, il passaggio che consente di realizzare un punto.

assistente (as-si-stèn-te) N.M. e F. · Chi collabora con il responsabile di un'attività professionale: *assistente alla regia* Ⓢ collaboratore, aiutante. Ⓔ ***Assistente sociale***, chi lavora assistendo le persone in grave disagio economico e sociale.

assistenza (as-si-stèn-za) N.F. **1** Intervento a favore di chi ha bisogno di aiuto: *dare, prestare assistenza* Ⓢ aiuto, soccorso. **2** L'insieme delle attività e dei mezzi messi a disposizione per provvedere alle necessità di persone in grave difficoltà: *enti di pubblica assistenza.* **3** Servizio di manutenzione e di riparazione offerto a chi acquista macchinari o veicoli: *assistenza tecnica.*

assistere (as-sì-ste-re) V.INTR. e TR. (irreg.: pass. rem. *assistéi* o *assistètti*, *assistésti*, *assisté* o *assistètte*, *assistémmo*, *assistéste*, *assistérono* o *assistèttero*; part. pass. *assistìto*) || INTR. (aus. *avere*) Essere presente o partecipare come spettatore: *ho assistito **a** un terribile incidente.* || TR. **1** Aiutare con la propria presenza e partecipazione: *assiste giorno e notte la madre anziana* • Aiutare nello svolgimento di un'attività: *assistere il chirurgo in un'operazione.* **2** Proteggere, favorire: *se il tempo ci assiste organizzeremo la festa all'aperto.*

> Il termine deriva dal latino *adsistere* 'stare accanto', che viene a sua volta da *sistere* 'stare, fermarsi' con il prefisso **a-**[2]; dal verbo latino *sistere* derivano anche i verbi, coniugati allo stesso modo, **consistere**, **desistere**, **esistere**, **insistere**, **persistere**, **resistere** e **sussistere**.

assistito (as-si-stì-to) AGG. e N.M. (f. -a) || Participio pass. → ***assistere***. || AGG. Che gode di assistenza: *i malati assistiti dal servizio sanitario nazionale.* || N.M. (f. -a) Chi usufruisce dell'assistenza di un ente o delle prestazioni di un professionista: *l'avvocato tutela gli interessi dei propri assistiti.* Ⓔ ***Fecondazione assistita*** → ***fecondazione***.

asso (às-so) N.M. **1** La carta da gioco contraddistinta da un solo segno: *asso di quadri.* **2** Chi è ritenuto eccellente in un'attività: *gli assi del ciclismo* Ⓢ campione. Ⓔ ***Asso nella manica***, risorsa a sorpresa da tirar fuori al momento opportuno per risolvere una situazione • ***Piantare in asso*** → ***piantare***.

associare (as-so-cià-re) V.TR. (*assòcio*, ecc.) || TR. **1** Mettere insieme: *dovremmo associare le forze* Ⓢ unire. **2** Mettere in relazione: *associare la democrazia **all'**idea di libertà* Ⓢ collegare. || **associarsi** RIFL. **1** Entrare a far parte di un'associazione, di un partito, di un gruppo: *associarsi **a** un circolo.* **2** Prendere parte a un evento: *il preside si associò **alla** protesta degli studenti* Ⓢ partecipare, condividere.

associativo (as-so-cia-ti-vo) AGG. · Che riguarda un'associazione: *tessera associativa.*

associato (as-so-cià-to) AGG. e N.M. (f. -a) || AGG. Che è in rapporto con qualcosa o qualcuno: *sensazioni associate **a** ricordi* Ⓢ collegato. || AGG. e N.M. (f. -a) Che, chi fa parte di un'associazione: *gli architetti associati **al** nostro studio; tra i nuovi associati **al** circolo ci sono molti giovani.*

associazione (as-so-cia-zió-ne) N.F. **1** Insieme di persone organizzate per conseguire un fine comune: *associazione sportiva, di beneficenza.* **2** Unione di più elementi: *associazione di capitale e lavoro; associazione di idee* Ⓢ collegamento, accostamento. Ⓔ ***Associazione a delinquere***, accordo fra più persone per scopi criminali.

assoggettamento (as-sog-get-ta-mén-to) N.M. · Sottomissione: *l'assoggettamento di una popolazione.*

assoggettare (as-sog-get-tà-re) V.TR. (*assoggètto*, ecc.) || TR. Sottomettere: *assoggettare un popolo.* || **assoggettarsi** RIFL. Sottomettersi, piegarsi: *ho dovuto assoggettarmi **alle** sue richieste.*

assolato (as-so-là-to) AGG. · Pieno di sole: *terre assolate* Ⓢ soleggiato.

assoldare (as-sol-dà-re) V.TR. (*assòldo*, ecc.) **1** Reclutare soldati mercenari. **2** Assumere qualcuno, spesso per azioni poco oneste: *assoldare un sicario.*

assolsi (as-sòl-si) · Pass. rem., 1ª pers. sing. → ***assolvere.***

assolto (as-sòl-to) · Participio pass. → ***assolvere.***

assolutamente (as-so-lu-ta-mén-te) AVV. · In ogni modo, a ogni costo: *non devi assolutamente uscire.*

assolutismo (as-so-lu-tì-ṣmo) N.M. · Regime politico che riconosce al sovrano poteri illimitati Ⓢ dittatura.

assoluto (as-so-lù-to) AGG. **1** Che non ha limitazioni: *libertà assoluta; potere assoluto* Ⓢ illimitato. **2** Urgente: *ho assoluto bisogno di parlarti* • Completo, totale: *tranquillità assoluta.* Ⓔ ***In assoluto***, senza alcuna limitazione o condizione: *è il migliore in assoluto* • ***Superlativo assoluto*** → ***superlativo***.

assoluzione (as-so-lu-zió-ne) N.F. **1** Dichiarazione della non colpevolezza dell'imputato emessa dall'organo giudiziario alla fine del processo: *chiedere, ottenere l'assoluzione.* **2** Nella religione cattolica, il perdono dei peccati concesso dal sacerdote a chi si è pentito: *dare l'assoluzione.*

assolvere (as-sòl-ve-re) V.TR. (irreg.: ind. pres. *assòlvo*, ecc.; pass. rem. *assòlsi*, *assolvésti*, *assòlse*, *assolvémmo*, *assolvéste*, *assòlsero*; part. pass. *assòlto*) **1** Dichiarare innocente: *l'imputato è stato assolto* ***dall'****accusa di corruzione* Ⓢ prosciogliere Ⓒ condannare. **2** Nella religione cattolica, perdonare i peccati: *assolvere* ***dai*** *peccati.* **3** Portare a termine: *assolvere un compito* Ⓢ compiere.

> Il termine deriva dal latino *absolvere* 'sciogliere, liberare', che viene a sua volta da *solvere* 'sciogliere' con il prefisso *ab-* (→ ***risolvere***).

assomigliare (as-so-mi-glià-re) V.INTR. (*assomìglio*, ecc.; aus. *avere*) || INTR. Essere simile o somigliante: *il bambino assomiglia* ***al*** *padre* Ⓢ somigliare. || **assomigliarsi** RIFL. RECIPROCO Somigliarsi, rassomigliarsi: *non sono parenti, ma si assomigliano molto.*

assommare (as-som-mà-re) V.TR. e INTR. (*assómmo*, ecc.) || TR. Raccogliere insieme: *assomma* ***in*** *sé i pregi e i difetti del padre.* || INTR. (aus. *essere*) Raggiungere una certa cifra: *la spesa assomma* ***a*** *mille euro* Ⓢ ammontare.

assonante (as-so-nàn-te) AGG. · Che presenta assonanza.

assonanza (as-so-nàn-za) N.F. **1** Tipo di rima che si ha quando le parole finali di due o più versi contengono le stesse vocali, mentre le consonanti sono diverse, per es. *fame-pane, agosto-conosco.* **2** Corrispondenza armoniosa di suoni, colori, forme: *una bella assonanza di colori.*

assonnato (as-son-nà-to) AGG. · Pieno di sonno: *si è alzato da poco, è ancora assonnato.*

assopire (as-so-pì-re) V.TR. (*assopìsco*, *assopìsci*, ecc.) || TR. Provocare un sonno leggero: *la febbre l'aveva assopito.* || **assopirsi** INTR. PRONOM. Addormentarsi di un sonno leggero: *finalmente il malato è riuscito ad assopirsi.*

assorbente (as-sor-bèn-te) AGG. e N.M. || AGG. Di sostanza che ha la proprietà di assorbire un liquido: *polveri assorbenti.* || N.M. Striscia di ovatta o altro materiale per l'igiene intima della donna nel periodo della mestruazione.

assorbimento (as-sor-bi-mén-to) N.M. · Attrazione e assimilazione mediante contatto: *assorbimento di un liquido, di radiazioni.*

assorbire (as-sor-bì-re) V.TR. (*assorbìsco*, *assorbìsci*, ecc.; o *assòrbo*, *assòrbi*, ecc.) **1** Attrarre liquidi mediante contatto: *la spugna assorbe l'acqua.* **2** Annettere, includere, inglobare: *la città ha assorbito le campagne circostanti.* **3** Fare proprio: *i Romani assorbirono la civiltà greca* Ⓢ assimilare. **4** Tenere occupato: *l'attività politica assorbe buona parte del suo tempo* Ⓢ impegnare.

assordante (as-sor-dàn-te) AGG. · Che dà fastidio perché è molto forte: *un rumore assordante.*

assordare (as-sor-dà-re) V.TR. (*assórdo*, ecc.) · Far diventare sordo • Frastornare, stordire: *i bambini mi hanno assordato con le loro grida.*

assortimento (as-sor-ti-mén-to) N.M. · Serie di oggetti simili tra loro che si differenziano per qualche particolare: *un assortimento di dolci, di cravatte* Ⓢ scelta, gamma.

assortire (as-sor-tì-re) V.TR. (*assortìsco*, *assortìsci*, ecc.) · Riunire cose o persone diverse

A

per raggiungere il fine desiderato: *assortire le portate di un pranzo.*

assortito (as-sor-tì-to) AGG. **1** Vario per tipo o qualità: *antipasti assortiti* Ⓢ misto. **2** Scelto e messo insieme con gusto: *colori ben assortiti* • Formato da elementi che stanno bene insieme: *una coppia ben assortita.*

assorto (as-sòr-to) AGG. · Profondamente concentrato in un'attività o in un pensiero: *essere assorto* ***nella*** *lettura* Ⓢ immerso.

assottigliarsi (as-sot-ti-gliàr-si) V.INTR. PRONOM. (*mi assottìglio*, ecc.) **1** Diventare più sottile: *le labbra le si erano assottigliate* Ⓒ ingrossarsi • Diventare più magro: *con la dieta si è molto assottigliato* Ⓢ dimagrire. **2** Diventare di minore entità: *il nostro conto si sta assottigliando* Ⓢ diminuire.

assuefare (as-sue-fà-re) V.TR. (irreg.: ind. pres. *assuefàccio* o *assuefò*, *assuefài*, *assuefà*, ecc.; per il resto coniugato come *fare*) || TR. Abituare, avvezzare: *assuefare la vista* ***all'****oscurità.* || **assuefarsi** RIFL. Abituarsi, adattarsi: *assuefarsi* ***a*** *lavorare fino a tardi.*

assuefazione (as-sue-fa-zió-ne) N.F. **1** Adattamento a condizioni particolari: *assuefazione* ***al*** *caldo,* ***alla*** *fatica* Ⓢ abitudine. **2** L'abitudine dell'organismo a un farmaco che deve essere somministrato in dosi sempre maggiori per fare effetto: *assuefazione* ***ai*** *sonniferi.*

assumere (as-sù-me-re) V.TR. (irreg.: pass. rem. *assùnsi*, *assuméstì*, *assùnse*, *assumémmo*, *assuméste*, *assùnsero*; part. pass. *assùnto*) **1** Prendere su di sé come impegno: *assumere un incarico* Ⓒ rifiutare. **2** Prendere alle proprie dipendenze: *la ditta ha assunto due nuovi impiegati* Ⓒ licenziare. **3** Adottare un atteggiamento: *assumere un contegno.* **4** Acquistare, prendere, presentare: *il paesaggio assumeva un aspetto sempre più selvaggio.* **5** Cercare di avere: *assumere informazioni su qualcuno.* **6** Introdurre nel proprio organismo: *assumere cibo; assumere un farmaco.* **7** Nel linguaggio religioso, elevare, innalzare: *i santi sono stati assunti* ***al*** *cielo.*

> Il termine deriva dal latino *adsumere* 'prendere con sé, assumere', che viene a sua volta da *sumere* 'prendere' con il prefisso **a-**[2]; dal verbo latino *sumere* derivano anche i verbi, coniugati allo stesso modo, **desumere**, **presumere** e i termini **consumare** e **sunto**.

assunsi (as-sùn-si) · Pass. rem., 1ª pers. sing. → ***assumere***.

assunto (as-sùn-to) AGG. e N.M. (f. *-a*) || Participio pass. → ***assumere***. || AGG. **1** Preso su di sé, fatto proprio: *soddisfare gli impegni assunti.* **2** Preso alle dipendenze di qualcuno: *il personale assunto.* **3** Innalzato a una carica, a una dignità. || N.M. (f. *-a*) **1** Chi è stato preso come dipendente: *i nuovi assunti si presenteranno lunedì.* **2** Cosa che si vuole dimostrare: *difendere il proprio assunto* Ⓢ tesi.

assunzione (as-sun-zió-ne) N.F. **1** Impegno allo svolgimento di un compito: *assunzione di un incarico.* **2** Elevazione al cielo: *l'Assunzione della Vergine.* **3** Atto con cui si prende qualcuno alle proprie dipendenze: *l'assunzione di un nuovo impiegato* Ⓒ licenziamento.

assurdità (as-sur-di-tà) N.F. INVAR. **1** Mancanza di qualsiasi fondamento logico o pratico: *ma ti rendi conto dell'assurdità del tuo atteggiamento?* **2** Cosa assurda, senza senso: *questa iniziativa è una vera assurdità* Ⓢ sciocchezza.

assurdo (as-sùr-do) AGG. · Privo di senso: *un discorso assurdo; un sospetto assurdo*, ingiustificato, infondato Ⓢ insensato.

asta (à-sta) N.F. **1** Oggetto allungato e diritto, simile a un bastone o a una pertica: *l'asta della bandiera.* **2** Nell'atletica, attrezzo a forma di tubo, alto circa 5 metri, che serve a dare la spinta per eseguire un tipo di salto: *campione di salto con l'asta.* **3** Il tratto verticale di una lettera: *l'asta della p, della d.* **4** Vendita a gara, con assegnazione a chi offre di più: *mettere, vendere all'asta.* Ⓔ ***Bandiera a mezz'asta*** → ***bandiera***.

astante (a-stàn-te) AGG. e N.M. e F. · Che, chi si trova in un certo luogo: *tutti gli astanti si alzarono in piedi.*

astemio (a-stè-mio) AGG. e N.M. (f. *-a*; pl.m. *-mi*, pl.f. *-mie*) · Che, chi non beve vino o altri alcolici.

astenersi (a-ste-nér-si) V.INTR. PRONOM. (irreg.: coniugato come *tenere*) · Rinunciare a fare qualcosa: *astieniti* ***dal*** *fare commenti* Ⓢ esimersi • Non partecipare a una votazione, per lo più in segno di protesta: *al referendum mi sono astenuto.*

astensione (a-sten-sió-ne) N.F. **1** Rinuncia consapevole: *astensione **dal** fumo.* **2** Rifiuto di partecipare a una votazione, per lo più in segno di protesta: *alle ultime elezioni la percentuale delle astensioni è stata bassa.*

astensionismo (a-sten-sio-nì-ṣmo) N.M. · Atteggiamento di protesta o di disinteresse che consiste nella rinuncia ad andare a votare alle elezioni: *cresce l'astensionismo tra i giovani.*

astenuto (a-ste-nù-to) AGG. e N.M. (f. *-a*) · Che, chi rifiuta di partecipare a una votazione o a un'elezione: *i deputati astenuti furono pochi; in aumento gli astenuti nelle regioni del sud.*

asterisco (a-ste-rì-sco) N.M. (pl. *-schi*) · Segno grafico a forma di stelletta (*), che rimanda a una nota oppure indica una lacuna od omissione volontaria nel testo.

> Il termine deriva dalla parola greca *astér* 'stella'.

asteroide (a-ste-ròi-de) N.M. · Ciascuno dei piccoli corpi rocciosi che ruotano intorno al Sole e si trovano, in gran parte, tra Marte e Giove.

astice (à-sti-ce) N.M. · Gambero di mare molto ricercato per le sue carni squisite.

astigmatico (a-stig-mà-ti-co) AGG. e N.M. (f. *-a*; pl.m. *-ci*, pl.f. *-che*) · Che, chi è affetto da astigmatismo: *soggetto astigmatico.*

astigmatismo (a-stig-ma-ti-ṣmo) N.M. · Difetto della vista per cui l'immagine di un punto appare più o meno allungata.

astinenza (a-sti-nèn-za) N.F. · Rinuncia a qualcosa imposta dalle circostanze o da ragioni mediche, oppure motivata da principi morali o religiosi: *astinenza **dalla** carne; fare vita di astinenza.* Ⓔ ***Crisi di astinenza***, forte malessere che il tossicodipendente prova quando non può prendere la droga.

astio (à-stio) N.M. (pl. *àsti*) · Profondo rancore.

> Il termine deriva da una parola longobarda che significava 'contesa'.

astioso (a-stió-so) AGG. · Pieno di astio: *una ragazza astiosa* Ⓢ ostile, malevolo.

astrale (a-strà-le) AGG. · Che riguarda gli astri: *influssi astrali.* ▸ Ⓕ **astro**

astrarre (a-stràr-re) V.TR. e INTR. (irreg.: coniugato come *trarre*) || TR. Allontanare, distogliere: *astrarre la mente **dal** lavoro.* || INTR. (aus. *avere*) Non tenere conto di qualcosa: *per dare un giudizio non puoi astrarre **dal** contesto* Ⓢ prescindere. || **astrarsi** RIFL. Distogliersi dalla realtà circostante: *quando legge si astrae completamente.*

astrattezza (a-strat-téz-za) N.F. · Mancanza di legami con la realtà: *l'astrattezza di un'idea* Ⓒ concretezza.

astrattismo (a-strat-tì-ṣmo) N.M. · Indirizzo dell'arte moderna che esclude ogni rapporto dell'opera con la realtà.

astratto (a-stràt-to) AGG. **1** Che non ha corrispondenza con la realtà concreta: *concetto, discorso astratto* Ⓢ teorico. **2** Ispirato ai principi dell'astrattismo: *un quadro astratto.* **3** In grammatica: ***nome astratto*** → ***nome***. Ⓔ ***In astratto***, in modo teorico, non basandosi sulla realtà: *discutere in astratto.*

astrazione (a-stra-zió-ne) N.F. **1** Procedimento con cui la mente, trascurando le caratteristiche particolari di un oggetto o di un fatto, ne considera soltanto quelle generali: *in certi casi l'astrazione aiuta a capire meglio i problemi.* **2** Idea che non ha corrispondenza con la realtà: *per ora il tuo progetto è solo un'astrazione.*

astringente (a-strin-gèn-te) AGG. e N.M. · Di sostanza capace di diminuire o fermare una secrezione o un'emorragia: *una lozione astringente per pelli grasse; il limone è un astringente naturale.*

astro (à-stro) N.M. **1** Qualsiasi corpo luminoso della sfera celeste: *contemplare gli astri.* **2** Chi eccelle in un'attività, soprattutto nel mondo dello spettacolo e nello sport: *è il nuovo astro del ciclismo.* ▸ Ⓕ **astro**

astrofisica (a-stro-fì-si-ca) N.F. (pl. *-che*) · Parte dell'astronomia che studia le caratteristiche fisiche dei corpi celesti. ▸ Ⓕ **astro**

A B C D E F G H I J K L M N O P Q R S T U V W X Y Z

A

astrolabio (a-stro-là-bio) N.M. (pl. *-bi*) · Antico strumento usato dai naviganti per determinare l'altezza di un astro sull'orizzonte. ▸ Ⓕ astro

astrologia (a-stro-lo-gì-a) N.F. (pl. *-gìe*) · Arte che, attraverso lo studio degli astri, presume di predire il futuro, basandosi sulla credenza di un influsso astrale sulle vicende umane. ▸ Ⓕ astro

astrologico (a-stro-lò-gi-co) AGG. (pl.m. *-ci*, pl.f. *-che*) · Che riguarda l'astrologia: *indagini astrologiche.* ▸ Ⓕ astro

astrologo (a-strò-lo-go) N.M. (f. *-a*; pl.m. *-gi* e *-ghi*, pl.f. *-ghe*) · Chi fa oroscopi o previsioni basandosi sull'interpretazione delle stelle. ▸ Ⓕ astro

astronauta (a-stro-nàu-ta) N.M. e F. (pl.m. *-i*, pl.f. *-e*) · Viaggiatore a bordo di un veicolo spaziale Ⓢ cosmonauta. ▸ Ⓕ astro

astronautica (a-stro-nàu-ti-ca) N.F. (pl. *-che*) · Studio delle tecniche di navigazione spaziale. ▸ Ⓕ astro

astronave (a-stro-nà-ve) N.F. · Veicolo per viaggiare nello spazio Ⓢ cosmonave. ▸ Ⓕ astro

astronomia (a-stro-no-mì-a) N.F. (pl. *-mìe*) · Scienza che studia gli astri. ▸ Ⓕ astro

astronomico (a-stro-nò-mi-co) AGG. (pl.m. *-ci*, pl.f. *-che*) **1** Che riguarda l'astronomia: *ricerche astronomiche.* **2** Altissimo, grandissimo, esagerato: *prezzi astronomici.* ▸ Ⓕ astro

astronomo (a-strò-no-mo) N.M. (f. *-a*) · Studioso di astronomia. ▸ Ⓕ astro

astruso (a-strù-ṣo) AGG. · Difficile da capire: *un discorso astruso* Ⓢ complesso, oscuro.

astuccio (a-stùc-cio) N.M. (pl. *-ci*) · Piccola scatola di varie forme, a seconda dell'oggetto che deve contenere: *l'astuccio degli occhiali.*

> Il termine deriva dal verbo del latino volgare *studiare* 'conservare con cura', arrivato in italiano attraverso il provenzale *estug*.

astuto (a-stù-to) AGG. · Che dimostra furbizia: *è astuto come una volpe; non è stata una mossa molto astuta* Ⓢ furbo, scaltro.

astuzia (a-stù-zia) N.F. (pl. *-zie*) **1** Abilità nel raggiungere i propri scopi: *superare il nemico in astuzia* Ⓢ furbizia. **2** Idea o comportamento ispirato a furbizia: *è ricorso alle più sottili astuzie* Ⓢ espediente, stratagemma.

at (pronuncia *èt*) N. INGL., in it. N.M. INVAR. · Nome inglese del carattere @, usato negli indirizzi di posta elettronica Ⓢ chiocciola.

-ata · Suffisso che serve a formare nomi femminili a partire da verbi (*chiacchierata* da *chiacchierare*) o da nomi (*bastonata* da *bastone*); serve a formare anche nomi femminili con valore collettivo o di durata: *fiaccolata,* gruppo di persone che portano fiaccole; *annata,* la durata di un anno.

atarassia (a-ta-ras-sì-a) N.F. (pl. *-sìe*) · Serenità d'animo che non può essere turbata.

atavico (a-tà-vi-co) AGG. (pl.m. *-ci*, pl.f. *-che*) · Che riguarda la cultura gli antenati: *usanze ataviche.*

ateismo (a-te-ì-ṣmo) N.M. · Dottrina che nega l'esistenza di Dio.

atelier (a-te-lier; pronuncia *atelié*) N.M. FR., in it. N.M. INVAR. **1** Sartoria di alta moda. **2** Studio di un artista: *l'atelier di un pittore* Ⓢ laboratorio.

ateneo (a-te-nè-o) N.M. (pl. *-nèi*) · Università: *l'ateneo bolognese.*

> Il termine deriva dalla parola greca che indicava il 'tempio di Atena', dea della sapienza.

ateo (à-te-o) AGG. e N.M. (f. *-a*; pl.m. *àtei*, pl.f. *àtee*) || AGG. Che nega l'esistenza di Dio: *dottrine atee.* || N.M. (f. *-a*) Chi non crede in Dio: *si è sempre dichiarato ateo.*

atipico (a-tì-pi-co) AGG. (pl.m. *-ci*, pl.f. *-che*) · Che non rientra nella normalità: *è un comportamento atipico per lui* Ⓢ inconsueto, insolito, anomalo Ⓒ tipico.

atlante (a-tlàn-te) N.M. **1** Libro che raccoglie carte geografiche: *l'atlante dell'Europa.* **2** Qualsiasi raccolta di tavole figurate di grande formato: *atlante anatomico.*

> Il termine deriva dal nome del titano *Atlante* che, secondo la mitologia greca, sorregge la Terra e che fu rappresentato sulla copertina della prima grande raccolta di carte geografiche nel 1546.

atlantico (a-tlàn-ti-co) AGG. (pl.m. *-ci*, pl.f. *-che*) · Dell'Oceano Atlantico o dei Paesi che ne sono bagnati.

atleta (a-tlè-ta) N.M. e F. (pl.m. *-i*, pl.f. *-e*) **1** Chi pratica uno sport con continuità: *un atleta molto amato dal pubblico* Ⓢ sportivo. **2** Persona robusta e agile Ⓢ fusto.

atletica (a-tlè-ti-ca) N.F. (pl. *-che*) · Serie di attività sportive ispirate dagli esercizi praticati nell'antichità. Ⓔ ***Atletica leggera***, disciplina olimpica che comprende le prove di corsa, di marcia, di salto, di lancio, di getto • ***Atletica pesante***, che comprende le prove di sollevamento pesi e delle diverse forme di lotta.

atletico (a-tlè-ti-co) AGG. (pl.m. *-ci*, pl.f. *-che*) **1** Dell'atletica come disciplina sportiva: *gare atletiche*. **2** Da atleta: *corporatura atletica* Ⓢ robusto.

atmosfera (at-mo-sfè-ra) N.F. **1** Involucro gassoso di varia composizione, che circonda la Terra e altri pianeti: *l'atmosfera terrestre*. **2** Situazione psicologica di un certo ambiente: *nel Paese regnava un'atmosfera di terrore* Ⓢ clima. **3** In fisica, unità di misura della pressione.

atmosferico (at-mo-sfè-ri-co) AGG. (pl.m. *-ci*, pl.f. *-che*) · Dell'atmosfera: *fenomeni atmosferici*.

-ato **1** Suffisso che serve a formare aggettivi a partire da nomi: *fortunato* da *fortuna*. **2** Suffisso che serve a formare nomi astratti e che indica 'posizione, giurisdizione' del nome di base: *papato* da *papa*. **3** Suffisso che serve a formare nomi con valore collettivo: *elettorato*, gruppo di elettori.

atollo (a-tòl-lo) N.M. · Isola corallina a forma di anello, tipica degli oceani Indiano e Pacifico.

atomico (a-tò-mi-co) AGG. (pl.m. *-ci*, pl.f. *-che*) · Che riguarda l'atomo: *fisica atomica* Ⓢ nucleare. Ⓔ ***Bomba atomica*** → ***bomba*** • ***Energia atomica*** → ***energia***.

atomo (à-to-mo) N.M. · La più piccola particella in cui un elemento conserva le sue caratteristiche chimiche; è composta di un nucleo con cariche positive, dette *protoni*, e particelle neutre, dette *neutroni*, attorno a cui ruotano cariche negative, dette *elettroni*.

> Il termine deriva da una parola greca che significa 'indivisibile', perché si pensava che fosse l'unità più piccola della materia.

atono (à-to-no) AGG. · In grammatica, di vocale o sillaba che non porta l'accento tonico: *nella parola "mare" la sillaba "-re" è atona*.

atrio (à-trio) N.M. (pl. *àtri*) **1** Locale d'ingresso di un edificio, spesso di notevoli dimensioni: *l'atrio della stazione*. **2** Ciascuna delle due cavità superiori del cuore dell'uomo.

atroce (a-tró-ce) AGG. **1** Che suscita grande orrore: *un delitto atroce* Ⓢ terribile. **2** Estremamente doloroso: *fu sottoposto ad atroci supplizi* Ⓢ straziante, insopportabile. **3** Che provoca angoscia: *un dubbio atroce* Ⓢ angoscioso, tormentoso.

atrocità (a-tro-ci-tà) N.F. INVAR. **1** Crudeltà disumana: *l'atrocità di un crimine* Ⓢ ferocia. **2** Azione crudele: *commettere un'atrocità*.

atrofia (a-tro-fì-a) N.F. (pl. *-fie*) · Diminuzione di volume e di peso di organi o tessuti del corpo: *atrofia dei muscoli delle gambe*.

atrofizzare (a-tro-fiz-zà-re) V.TR. || TR. **1** Provocare atrofia: *l'infezione gli ha atrofizzato le dita delle mani*. **2** Provocare un indebolimento delle capacità intellettuali: *un lavoro che atrofizza il cervello*. || **atrofizzarsi** INTR. PRONOM. **1** Diminuire di peso o di volume: *l'arto si è atrofizzato*. **2** Perdere vigore: *se non viene esercitata, la memoria si atrofizza* Ⓢ indebolirsi.

attaccabrighe (at-tac-ca-brì-ghe) N.M. e F. INVAR. · Chi è sempre pronto a litigare con tutti: *non rispondergli, è un attaccabrighe*.

attaccamento (at-tac-ca-mén-to) N.M. · Legame affettivo: *attaccamento alla famiglia*.

attaccante (at-tac-càn-te) AGG. e N.M. e F. || AGG. Che conduce un'azione di attacco, nella guerra e nello sport: *l'esercito attaccante*; *la squadra attaccante*. || N.M. e F. Chi attacca • Il giocatore che fa parte della linea di attacco in una squadra di calcio, pallanuoto, ecc.: *una squadra con ottimi attaccanti*.

A

attaccapanni (at-tac-ca-pàn-ni) N.M. INVAR. · Supporto di varia forma e materiale, per appendere cappotti, cappelli, ecc.

attaccare (at-tac-cà-re) V.TR. (*attàcco, attàcchi*, ecc.) || TR. **1** Unire con una sostanza adesiva: *attaccare un manifesto **al** muro* Ⓢ appiccicare Ⓒ staccare • Applicare mediante cucitura: *attaccare un bottone **alla** camicia* Ⓢ cucire. **2** Appendere: *attaccare un quadro **alla** parete.* **3** Trasmettere per contagio: *ha attaccato l'influenza **al** fratello.* **4** Iniziare un'attività: *attaccare discorso con qualcuno; gli operai attaccano il lavoro alle otto* Ⓢ avviare, cominciare. **5** Assalire in forze: *le truppe nemiche attaccarono i nostri soldati* Ⓢ assaltare Ⓒ difendere. **6** Criticare duramente: *attaccare l'operato del ministro degli Interni.* **7** Svolgere gioco di attacco: *la squadra sta attaccando per rimontare lo svantaggio.* || **attaccarsi** INTR. PRONOM. **1** Rimanere aderente: *il nastro adesivo si attacca **alle** mani* Ⓢ aderire. **2** Di malattia, trasmettersi per contagio: *la pertosse si attacca facilmente.* **3** Di persona, aggrapparsi, tenersi: *attaccarsi **a** un ramo; attaccati **al** mio braccio.* **4** Affezionarsi: *il bambino si è attaccato molto **a** te.* Ⓔ ***Attaccare al chiodo*** → *chiodo* • ***Attaccare bottone***, chiacchierare: *attacca bottone con tutti;* ***attaccare un bottone***, trattenere qualcuno con chiacchiere noiose: *la vicina mi ha attaccato un bottone che non finiva più.*

attaccato (at-tac-cà-to) AGG. · Che sente un forte legame affettivo: *è molto attaccato **ai** genitori* Ⓢ affezionato, unito, legato.

attacco (at-tàc-co) N.M. (pl. *-chi*) **1** Punto, linea o piano che unisce due oggetti: *l'attacco delle maniche; attacchi per sci*, i dispositivi che servono per fissare gli sci agli scarponi. **2** Battuta d'avvio, soprattutto in musica: *l'attacco dei violoncelli è stato troppo forte* Ⓢ inizio. **3** Assalto con forze militari: *andare all'attacco.* **4** Critica aspra e violenta: *un duro attacco contro il governo.* **5** Nello sport, azione per ottenere un vantaggio sull'avversario: *la squadra è passata all'attacco* Ⓒ difesa • L'insieme di giocatori che hanno il compito di condurre tali azioni: *l'Inter ha un attacco molto forte.* **6** Manifestazione improvvisa di un male, spesso di breve durata: *un attacco di asma.*

attanagliare (at-ta-na-glià-re) V.TR. (*attanàglio*, ecc.) **1** Stringere con forza: ***gli** attanagliò un braccio* Ⓢ immobilizzare. **2** Opprimere, tormentare: *era attanagliato dal senso di colpa.*

attardarsi (at-tar-dàr-si) V.INTR. PRONOM. · Rimanere più del previsto, fare tardi: *attardarsi **in** ufficio; attardarsi **a** chiacchierare con gli amici* Ⓢ trattenersi Ⓒ affrettarsi.

attecchire (at-tec-chì-re) V.INTR. (*attecchìsco, attecchìsci*, ecc.; aus. *avere*) **1** Di piante, mettere radici e svilupparsi: *la vite attecchisce nelle zone a clima temperato.* **2** Avere un successo duraturo: *una moda che non ha attecchito* Ⓢ affermarsi, diffondersi.

atteggiamento (at-teg-gia-mén-to) N.M. · Modo di presentarsi o di comportarsi: *atteggiamento malinconico, minaccioso, arrogante.*

atteggiare (at-teg-già-re) V.TR. (*attéggio*, ecc.) || TR. Disporre la persona o una parte del corpo in modo da manifestare una condizione psicologica: *atteggiare il volto **a** meraviglia.* || **atteggiarsi** RIFL. Assumere un atteggiamento o una posa: *atteggiarsi **a** intellettuale* Ⓢ posare.

attempato (at-tem-pà-to) AGG. · Avanti negli anni, ma non ancora vecchio: *un signore attempato.*

attendarsi (at-ten-dàr-si) V.INTR. PRONOM. (*mi attèndo*, ecc.) · Montare le tende dell'accampamento: *attendarsi nel bosco* Ⓢ accamparsi.

attendere (at-tèn-de-re) V.TR. e INTR. (irreg.: coniugato come *tendere*) || TR. Aspettare: *può attendere qui qualche minuto?; attendo da te una risposta sincera.* || INTR. (aus. *avere*) Dedicarsi con impegno a qualcosa: *attendere **agli** studi.*

attendibile (at-ten-dì-bi-le) AGG. · Degno di fede: *una notizia attendibile; un testimone poco attendibile* Ⓢ affidabile, credibile Ⓒ inattendibile, inaffidabile.

attenere (at-te-né-re) V.INTR. (irreg.: coniugato come *tenere*; aus. essere) || INTR. Riguardare, concernere: *tutto ciò non attiene **all'**argomento.* || **attenersi** RIFL. **1** Fare continuo riferimento a qualcosa senza allontanarsene: *attenersi* ***ai*** *fatti.* 2 Seguire con fiducia: *attenersi* ***ai*** *consigli del medico.*

attentamente (at-ten-ta-mén-te) AVV. · Con attenzione: *prima dell'uso, leggete attentamente le avvertenze* Ⓒ distrattamente.

attentare (at-ten-tà-re) V.INTR. (*attènto*, ecc.; aus. *avere*) · Cercare di danneggiare o di uccidere: *attentare* ***alla*** *vita di qualcuno; attentare* ***ai*** *diritti di un popolo,* cercare di sopprimerli.

attentato (at-ten-tà-to) N.M. 1 Atto violento contro persone o cose: *un attentato dei terroristi.* 2 Grave offesa: *attentato* ***alla*** *morale.*

attentatore (at-ten-ta-tó-re) N.M. (f. *-trìce*) · Chi commette un attentato: *l'attentatore ha sparato al presidente* Ⓢ terrorista.

attento (at-tèn-to) AGG. 1 Con la mente o i sensi rivolti a ciò che si fa o a ciò che si ascolta: *stai attento* ***ad*** *attraversare la strada; non sei stato attento* ***alla*** *lezione* Ⓢ concentrato Ⓒ distratto, disattento • Espressione che mette in guardia contro un pericolo: *attenti! Il ramo sta per rompersi.* 2 Che dimostra molta accuratezza: *sono state svolte attente indagini* Ⓢ accurato, preciso.

attenuante (at-te-nu-àn-te) N.F. 1 Circostanza che rende meno grave una colpa, permettendo di ridurre la pena: *concedere le attenuanti* Ⓒ aggravante. 2 Scusa, giustificazione: *il tuo comportamento non ha attenuanti.*

attenuare (at-te-nu-à-re) V.TR. (*attènuo*, ecc.) || TR. Rendere meno intenso o meno grave: *attenuare un rumore; attenuare una pena* Ⓢ ridurre, diminuire. || **attenuarsi** INTR. PRONOM. Diminuire di intensità: *il dolore si è un po' attenuato* Ⓢ indebolirsi.

attenuazione (at-te-nu-a-zió-ne) N.F. · Diminuzione di intensità o d'importanza: *attenuazione di un colore; attenuazione di un'accusa.*

attenzione (at-ten-zió-ne) N.F. || N.F. 1 Concentrazione della mente e dei sensi su un oggetto o su un fatto: *fai attenzione* ***a*** *non sciupare la macchina; urlava, cercando di richiamare l'attenzione.* 2 AL PL. Premure, gentilezze: *è sempre pieno di attenzioni verso di me.* || **attenzione!** INTER. Esprime l'invito a stare in guardia contro un pericolo: *attenzione, il pavimento è scivoloso!* Ⓔ ***Al centro dell'attenzione***, nella situazione che rende una persona il principale oggetto dell'interesse degli altri: *le piace stare al centro dell'attenzione.*

atterraggio (at-ter-ràg-gio) N.M. (pl. *-gi*) · Manovra con cui un velivolo discende a terra: *compiere un atterraggio.*

atterramento (at-ter-ra-mén-to) N.M. · Violento rovesciamento a terra: *il pugile ha vinto l'incontro per atterramento dell'avversario* • Nel calcio, azione irregolare che provoca la caduta dell'avversario: *atterramento dell'attaccante in area.*

atterrare (at-ter-rà-re) V.TR. e INTR. (*attèrro*, ecc.) || TR. 1 Gettare a terra: *atterrò con un pugno il suo assalitore.* 2 Nel calcio e in altri sport, far cadere un giocatore avversario. || INTR. (aus. *avere* o *essere*) 1 Di veicoli aerei, compiere un atterraggio: *l'aereo dovrebbe atterrare fra pochi minuti.* 2 Toccare terra dopo un salto o un volo: *atterrare in piedi.*

atterrire (at-ter-rì-re) V.TR. (*atterrìsco, atterrìsci*, ecc.) || TR. Spaventare fortemente: *le tue minacce lo hanno atterrito* Ⓢ terrorizzare. || **atterrirsi** INTR. PRONOM. Lasciarsi prendere dal terrore: *alla vista del sangue si atterrisce.*

attesa (at-té-sa) N.F. 1 Il tempo trascorso nell'aspettare: *siamo in attesa di notizie sull'incidente.* 2 Lo stato d'animo di chi attende il realizzarsi di qualcosa: *c'era grande attesa per la prima del concerto* Ⓢ aspettativa. Ⓔ ***Sala d'attesa***, sala d'aspetto (→ ***aspetto***[1]).

attestare[1] (at-te-stà-re) V.TR. (*attèsto*, ecc.) 1 Dichiarare come vero: *te la senti di attestare la sua innocenza?* Ⓢ sostenere. 2 Provare, dimostrare: *gli occhi bassi attestavano il suo disagio.*

attestare[2] (at-te-stà-re) V.TR. (*attèsto*, ecc.) || TR. Collocare testa a testa: *attestare i mattoni.* || **attestarsi** RIFL. 1 Di militari, schierarsi su una linea: *i soldati si attestarono al margine della pianura.* 2 Mantenere fermamente un'opinione: *si è attestato* ***su*** *posizioni antiquate.*

attestato (at-te-stà-to) N.M. 1 Dichiarazione scritta: *attestato di frequenza* Ⓢ certificato. 2 Prova, testimonianza, dimostrazione: *questo dono è un attestato della sua generosità.*

A

attestazione (at-te-sta-zió-ne) N.F. **1** Affermazione della verità di qualcosa: *attestazione dell'autenticità di un dipinto* • Certificato, attestato: *attestazione di idoneità.* **2** Dimostrazione concreta: *le attestazioni di affetto fanno piacere.*

attico (àt-ti-co) N.M. (pl. *-ci*) · L'ultimo piano di un edificio adatto a essere abitato, costruito al di sopra del cornicione: *vive in un lussuoso attico.*

attiguo (at-tì-guo) AGG. · Che si trova molto vicino: *il giardino è attiguo* ***alla*** *villa* Ⓢ vicino, adiacente, prossimo.

attillato (at-til-là-to) AGG. · Di abito, che aderisce al corpo: *una maglietta attillata* Ⓢ aderente.

attimo (àt-ti-mo) N.M. · Brevissimo spazio di tempo: *non c'è un attimo da perdere* Ⓢ istante, momento. Ⓔ ***Cogliere l'attimo*** → ***cogliere*** • ***In un attimo***, nel più breve tempo possibile: *vado e torno in un attimo.*

attinente (at-ti-nèn-te) AGG. · Che riguarda qualcosa: *la tua domanda non è attinente* ***al****l'argomento* Ⓢ relativo, pertinente.

attinenza (at-ti-nèn-za) N.F. · Relazione, rapporto, connessione: *tutto ciò non ha nessuna attinenza con il nostro discorso.*

attingere (at-tìn-ge-re) V.TR. (irreg.: coniugato come *tingere*) **1** Tirare su acqua da un pozzo, da una sorgente, ecc.: *attingeva acqua* ***alla*** *fontana.* **2** Ricavare, trarre, prendere: *attingere notizie* ***dai*** *giornali.*

attirare (at-ti-rà-re) V.TR. **1** Tirare verso di sé: *la calamita attira il ferro* Ⓢ attrarre. **2** Far convergere su di sé: *attirare l'attenzione.* **3** Attrarre con l'inganno: *lo attirarono con un pretesto in una zona deserta.* **4** Esercitare una forte attrazione: *quella ragazza lo attirava molto* Ⓢ affascinare • Richiamare: *le bellezze della regione attirano migliaia di turisti.*

attitudine (at-ti-tù-di-ne) N.F. · Disposizione naturale per certe attività: *l'allievo dimostra una spiccata attitudine* ***per*** *il disegno* Ⓢ inclinazione Ⓒ inattitudine.

attivamente (at-ti-va-mén-te) AVV. · Con intensità, in modo attivo: *questa volta hai partecipato attivamente alla discussione.*

attivare (at-ti-và-re) V.TR. || TR. Mettere in funzione o in azione: *attivare un dispositivo di allarme* Ⓢ azionare Ⓒ disattivare. || **attivarsi** INTR. PRONOM. Darsi da fare: *attivarsi* ***per*** *ottenere finanziamenti pubblici.*

attivista (at-ti-vì-sta) N.M. e F. (pl.m. *-i*, pl.f. *-e*) · Chi si impegna molto per un movimento o un partito politico Ⓢ militante.

attività (at-ti-vi-tà) N.F. INVAR. **1** Messa in pratica delle proprie capacità: *la sua attività non conosce sosta* Ⓢ operosità, vitalità Ⓒ inattività. **2** Ciò a cui si dedica il proprio impegno e il proprio tempo: *esercitare un'attività commerciale* Ⓢ lavoro, occupazione, interesse. Ⓔ ***In attività***, in funzione: *gli impianti siderurgici della zona sono in piena attività.*

attivo (at-tì-vo) AGG. e N.M. || AGG. **1** Che ha volontà e capacità di lavorare: *la ditta ha bisogno di impiegati attivi* Ⓢ operoso, efficiente Ⓒ passivo • Che è in attività: *la fabbrica è attiva solo da pochi giorni* Ⓢ funzionante Ⓒ inattivo. **2** Che presenta risultati economici positivi: *abbiamo chiuso l'anno con un bilancio attivo.* **3** In grammatica, della forma del verbo in cui il soggetto compie l'azione che passa all'oggetto, se il verbo è transitivo (*Paolo legge un libro*), o ad altri complementi, se il verbo è intransitivo (*Andrea entra in casa*). || N.M. Il patrimonio di cui un'azienda dispone in un certo momento Ⓢ utile. Ⓔ ***Avere parte attiva in qualcosa***, parteciparvi in modo decisivo • ***In attivo***, che guadagna denaro: *un'azienda in attivo*; in modo vantaggioso: *il mio anno scolastico si è chiuso in attivo* • ***Vulcano attivo***, in fase di eruzione.

attizzare (at-tiz-zà-re) V.TR. **1** Ravvivare la fiamma smuovendo la legna o i carboni ardenti: *attizzare il fuoco.* **2** Stimolare una passione o un sentimento: *attizzare l'ira, l'odio.*

atto[1] (àt-to) AGG. · Adatto, idoneo, adeguato: *un mezzo atto* ***allo*** *scopo.*

atto[2] (àt-to) N.M. **1** Comportamento che dimostra una precisa volontà: *un atto coraggioso; un atto d'amore* Ⓢ azione, gesto. **2** Documento scritto con valore legale comportamento certificato: *atto di nascita, di morte.* **3** AL PL. L'insieme dei documenti che formano un archivio • Resoconto scritto di una riunione: *atti parlamentari.* **4** Ciascuna delle parti in cui è suddiviso un lavoro teatrale: *un'opera in quattro atti.* Ⓔ ***All'atto pratico,*** quando si tratta di passare all'azione: *all'atto pratico i tuoi consigli si sono rivelati inutili* • ***Dare atto,*** riconoscere in modo formale: *devi dargli atto di aver tentato tutto il possibile* • ***Fare atto di,*** accennare a compiere un'azione: *fece l'atto di colpirlo* • ***Mettere agli atti,*** archiviare • ***Mettere in atto,*** effettuare, realizzare • ***Nell'atto*** o ***sull'atto,*** proprio nel momento: *l'ho sorpreso nell'atto di copiare* • ***Prendere atto,*** diventare consapevole di qualcosa: *perché non vuoi prendere atto delle sue qualità?*

attonito (at-tò-ni-to) AGG. · Immobile e muto per lo stupore: *alla notizia rimase attonito* Ⓢ allibito, sbalordito.

> Il termine deriva dal verbo latino *tonare* 'tuonare', nel senso di 'stordito dal tuono'.

attorcigliare (at-tor-ci-glià-re) V.TR. (*attorcìglio*, ecc.) || TR. Avvolgere più volte una cosa su se stessa: *attorcigliare il fazzoletto* • Avvolgere più volte una cosa intorno a un'altra: *attorcigliare la fune* ***a*** *una sbarra.* || **attorcigliarsi** RIFL. e INTR. PRONOM. Avvolgersi su se stesso: *il filo si è attorcigliato* • Avvolgersi intorno a qualcosa: *il serpente si attorcigliò* ***intorno al*** *ramo.*

attore (at-tó-re) N.M. (f. *-trice*) · Interprete di un personaggio in uno spettacolo: *attore teatrale; attore comico.*

attorniare (at-tor-nià-re) V.TR. (*attórnio*, ecc.) || TR. Accerchiare, circondare: *le colline che attorniano Firenze; la diva era attorniata dagli ammiratori.* || **attorniarsi** RIFL. Circondarsi di persone: *attorniarsi* ***di*** *cattivi consiglieri.*

attorno (at-tór-no) AVV. **1** In un'area che circonda il punto in cui si svolge l'azione: *guardarsi attorno* • Nell'area che circonda qualcosa: *danzare attorno* ***al*** *fuoco.* **2** Vicino, accanto: *aveva i figli sempre attorno.*

attraccare (at-trac-cà-re) V.TR. e INTR. (*attràcco, attràcchi*, ecc.) || TR. Affiancare un'imbarcazione a un'altra oppure alla banchina: *attraccare la barca; attraccare il motoscafo* ***al*** *molo.* || INTR. (aus. *essere* e *avere*) Di imbarcazione, compiere la manovra di attracco: *il traghetto è attraccato* Ⓢ approdare.

attracco (at-tràc-co) N.M. (pl. *-chi*) · Accostamento di un'imbarcazione alla banchina o al molo per le operazioni di sbarco o imbarco: *manovra di attracco* • La banchina o il molo lungo cui si effettua questa manovra: *cercare un buon attracco.*

attraente (at-tra-èn-te) AGG. · Di bell'aspetto: *una ragazza attraente* Ⓢ affascinante, seducente • Allettante, interessante: *una prospettiva poco attraente.*

attrarre (at-tràr-re) V.TR. (irreg.: coniugato come *trarre*) **1** Tirare verso di sé: *la calamita attrae il ferro* Ⓢ attirare Ⓒ respingere. **2** Esercitare un'attrattiva: *mi sono fatto attrarre dal suo entusiasmo* Ⓢ affascinare, interessare • Far venire: *la mostra continua ad attrarre molti visitatori* Ⓢ richiamare.

attrattiva (at-trat-tì-va) N.F. **1** Capacità di attrarre: *esercitare una grande attrattiva su qualcuno* Ⓢ attrazione, fascino. **2** AL PL. Cose o qualità che attraggono: *le attrattive della moda.*

attrattivo (at-trat-tì-vo) AGG. **1** Capace di attrarre: *la proprietà attrattiva della calamita.* **2** Capace di esercitare un forte richiamo: *le bellezze di Firenze hanno una grande forza attrattiva.*

attraversamento (at-tra-ver-sa-mén-to) N.M. · Passaggio da un lato a quello opposto: *l'attraversamento di un fiume ghiacciato.* Ⓔ ***Attraversamento pedonale,*** passaggio pedonale (→ ***passaggio***).

attraversare (at-tra-ver-sà-re) V.TR. (*attravèrso*, ecc.) **1** Passare da un lato a quello opposto: *attraversare una strada; attraversare la città; attraversare l'oceano* • Passare attraverso: *il Po attraversa Torino; un proiettile* ***gli*** *ha attraversato un polmone.* **2** Passare un periodo di tempo: *ha attraversato un periodo di crisi* Ⓢ trascorrere, vivere.

attraverso (at-tra-vèr-so) AVV. e PREP. || AVV. Di traverso, in obliquo: *mettere un palo attraverso.* || PREP. **1** In mezzo a: *passiamo attraverso il bosco; il ladro penetrò in casa attraverso la finestra; passare attraverso* ***ai*** *campi.* **2** Per

A

mezzo di, in seguito a: *l'ho saputo attraverso il giornale* Ⓢ tramite.

attrazione (at-tra-zió-ne) N.F. **1** Forza che due corpi esercitano l'uno sull'altro e che tende ad avvicinarli: *attrazione magnetica* Ⓒ repulsione. **2** Sentimento di simpatia o di affetto: *provare attrazione per una donna, per la musica* Ⓢ inclinazione • Richiamo, fascino: *la montagna non esercita nessuna attrazione su di me.* **3** Attività che attira persone: *la città non offre molte attrazioni* Ⓢ divertimento, spettacolo.

attrezzare (at-trez-zà-re) V.TR. (*attrézzo*, ecc.) || TR. Fornire di strumenti necessari all'esercizio di un'attività: *attrezzare una nave* Ⓢ equipaggiare. || **attrezzarsi** RIFL. Procurarsi il necessario: *attrezzarsi* ***per*** *una gita.*

attrezzato (at-trez-zà-to) AGG. · Fornito di strumenti necessari all'esercizio di un'attività: *un laboratorio ben attrezzato* Ⓢ equipaggiato.

attrezzatura (at-trez-za-tù-ra) N.F. · L'insieme degli strumenti necessari all'esercizio di un'attività: *l'attrezzatura di un'officina.*

attrezzo (at-tréz-zo) N.M. **1** Utensile o strumento per svolgere una certa attività: *gli attrezzi del falegname; attrezzi agricoli.* **2** Strumento usato per l'esecuzione di esercizi e gare di ginnastica, come gli anelli e il cavallo, o di atletica, come l'asta e il disco.

attribuire (at-tri-bu-ì-re) V.TR. (*attribuìsco, attribuìsci*, ecc.) **1** Dare in base a un giudizio di merito: *attribuire valore* ***a*** *qualcosa; attribuire un premio* ***a*** *qualcuno* Ⓢ assegnare, conferire, dare. **2** Considerare qualcosa come opera di qualcuno: *attribuire un quadro* ***a*** *Raffaello.* **3** Considerare come conseguenza: *hanno attribuito l'incidente* ***a*** *un errore del pilota* Ⓢ imputare.

attributo (at-tri-bù-to) N.M. **1** Qualità o caratteristica riconosciuta come propria di qualcuno o qualcosa: *la bellezza era l'attributo di Venere; la durezza è un attributo del diamante.* **2** In grammatica, aggettivo riferito a un sostantivo che ne indica una qualità (*la vecchia casa; la macchina nuova*).

attribuzione (at-tri-bu-zió-ne) N.F. · Assegnazione fondata su giudizi e riflessioni: *è un quadro d'incerta attribuzione.*

attrito (at-trì-to) N.M. **1** Forza che si genera al contatto fra due corpi premuti l'uno contro l'altro e ne rallenta il movimento • Contatto tra superfici in movimento: *le ruote si sono consumate per l'attrito sull'asfalto* Ⓢ sfregamento. **2** Disaccordo di idee: *tra i due ci sono stati dei gravi attriti* Ⓢ contrasto, dissidio.

attuale (at-tu-à-le) AGG. **1** Del momento presente: *l'attuale governo resterà in carica fino all'anno prossimo* Ⓢ presente, odierno. **2** Sentito ancora come vivo e moderno, sebbene appartenga al passato: *vorrei leggervi alcuni versi molto attuali di Leopardi.*

attualità (at-tua-li-tà) N.F. INVAR. **1** Aspetto che rispecchia le caratteristiche e gli interessi del presente: *il tema è di stretta attualità.* **2** Fatto del giorno o molto recente: *guardo la televisione solo per seguire l'attualità.*

attualmente (at-tu-al-mén-te) AVV. · Nel momento presente, al giorno d'oggi: *attualmente è difficile trovare lavoro.*

attuare (at-tu-à-re) V.TR. (*àttuo*, ecc.) || TR. Mettere in atto: *attuare una riforma* Ⓢ realizzare, effettuare. || **attuarsi** INTR. PRONOM. Realizzarsi, compiersi: *non basta la buona volontà perché un progetto si attui.*

attuazione (at-tu-a-zió-ne) N.F. · Trasformazione di un progetto in qualcosa di reale: *è un piano di difficile attuazione* Ⓢ realizzazione, esecuzione.

attutire (at-tu-ti-re) V.TR. (*attutìsco, attutìsci*, ecc.) || TR. Rendere più debole: *attutire il rumore, il colpo* Ⓢ diminuire, attenuare Ⓒ acuire. || **attutirsi** INTR. PRONOM. Diventare più debole: *con le finestre chiuse i rumori della strada si attutiscono.*

-atura · Suffisso che serve a formare nomi con valore collettivo a partire da nomi: *dentatura* da *dente.*

audace (au-dà-ce) AGG. **1** Che agisce senza curarsi di rischi o pericoli: *un ladro audace* Ⓢ coraggioso Ⓒ pauroso. **2** Che comporta dei rischi: *un'audace scalata* Ⓢ rischioso, pericoloso. **3** Molto originale, che suscita scalpore od opposizione: *un'idea audace* Ⓢ innovativo. **4** Che mostra troppa disinvoltura: *un'occhiata audace; una barzelletta audace* Ⓢ provocante, offensivo, sconveniente.

audacia (au-dà-cia) N.F. (pl. *-cie*) **1** Disprezzo del pericolo: *la sua audacia non conosce limiti* Ⓢ coraggio Ⓒ paura. **2** Rischio e incertezza: *l'audacia della sua impresa attirò l'attenzione di tutti* Ⓢ pericolo. **3** Originalità che incontra opposizione e suscita scalpore: *l'audacia di una teoria*. **4** Eccessiva disinvoltura: *ha avuto l'audacia di sbattermi la porta in faccia* Ⓢ insolenza, impudenza.

audience (au-dien-ce; pronuncia *ódiens*) N. INGL., in it. N.F. INVAR. · Il totale dei telespettatori che seguono una rete, una stazione, un programma: *la trasmissione ha avuto un'audience molto alta*.

audio (àu-dio) N.M. INVAR. · Nella tecnica televisiva, l'apparato che provvede a registrare, trasmettere o ricevere i suoni che accompagnano le immagini: *c'è un guasto all'audio* Ⓢ suono.

audio- · Primo elemento di parole composte che significa 'udito, suono': *audioguida*, guida sonora.

audioguida (au-dio-guì-da) N.F. · Apparecchio che, tramite cuffie o auricolari, fornisce ai visitatori notizie utili durante la visita a musei, monumenti, ecc.

audiolibro (au-dio-lì-bro) N.M. · Cassetta o compact disc che contiene la lettura di un'opera letteraria.

audiovisivo (au-dio-vi-ṣì-vo) AGG. e N.M. · Di mezzo che permette di ascoltare suoni e di vedere immagini, come il cinema o la televisione: *i dvd e i cd-rom sono strumenti audiovisivi*.

auditel (àu-di-tel) N.M. INVAR. · Sistema con cui si calcola il numero di spettatori di un programma televisivo, usando come riferimento un gruppo di famiglie campione.

auditorium (au-di-tò-rium) N.M. INVAR. · Sala per concerti, spettacoli, conferenze o convegni.

auge (àu-ge) N.F. · Il grado più alto Ⓢ culmine, vertice. Ⓔ ***In auge***, di gran moda, tenuto in grande stima: *quel cantante è stato molto in auge qualche anno fa*.

augurare (au-gu-rà-re) V.TR. (*àuguro*, ecc.) || TR. Esprimere a qualcuno il desiderio o la speranza che si realizzi il suo bene: *auguro **a** tutti voi tanta felicità* • Con significato opposto, desiderare il male di qualcuno: *gli auguro ogni male*. || **augurarsi** TR. PRONOM. Sperare: *auguriamoci **che** i lavori finiscano presto*.

augurio (au-gù-rio) N.M. (pl. *-ri*) **1** Desiderio di bene e di felicità per altri: *mandare gli auguri per il matrimonio; fare auguri di Natale*. **2** Presagio: *essere di buono, di cattivo augurio*.

aula (àu-la) N.F. **1** Stanza in cui si svolgono le lezioni nelle scuole e nelle università: *l'aula della I D; l'aula di fisica*. **2** Grande sala destinata a riunioni importanti, come quelle dei parlamenti e dei tribunali: *l'aula del Senato*.

aumentare (au-men-tà-re) V.TR. e INTR. (*auménto*, ecc.) || TR. Rendere più grande: *aumentare la produzione; aumentare le tasse* Ⓢ accrescere Ⓒ diminuire, ridurre. || INTR. (aus. *essere*) Salire a valori più alti: *il prezzo della benzina è aumentato **di** alcuni centesimi* Ⓢ crescere.

aumento (au-mén-to) N.M. · Accrescimento che si può esprimere in cifre: *aumento di peso; aumento dello stipendio* Ⓢ crescita, incremento Ⓒ diminuzione, decremento.

aureo (àu-re-o) AGG. (pl.m. *-rei*, pl.f. *-ree*) · D'oro: *una corona aurea* • Che ha il colore o lo splendore dell'oro Ⓢ dorato.

aureola (au-rè-o-la) N.F. **1** Cerchio luminoso che circonda il capo dei santi nelle immagini tradizionali. **2** Anello luminoso che appare talvolta intorno al Sole o alla Luna Ⓢ alone.

auricolare (au-ri-co-là-re) AGG. e N.M. || AGG. Dell'orecchio: *lobo auricolare*. || N.M. Dispositivo che si inserisce nell'orecchio per l'ascolto individuale della radio, del telefono, ecc. Ⓔ ***Padiglione auricolare*** → ***padiglione***.

auriga (au-rì-ga) N.M. (pl. *-ghi*) · Nell'antichità, guidatore del carro da guerra o del cocchio nelle gare ippiche.

aurora (au-rò-ra) N.F. · Il chiarore, accompagnato da colorazione rossa, che appare nel cielo prima del sorgere del sole. Ⓔ ***Aurora***

A

boreale, aurora polare, fenomeno luminoso che si manifesta nel cielo con varie forme e colori nelle regioni polari a causa delle radiazioni solari nello strato più alto dell'atmosfera.

ausiliare (au-ṣi-lià-re) AGG. · In grammatica: ***verbo ausiliare*** (o *l'ausiliare* N.M.), ogni verbo (*avere, essere, venire*) che si unisce a un altro verbo per formare i tempi composti della coniugazione attiva (*aver visto; ero arrivato*) e la coniugazione passiva (*fui percosso; venne cacciato fuori*).

ausiliario (au-ṣi-lià-rio) AGG. e N.M. (f. -*a*; pl.m. -*ri*, pl.f. -*rie*) || AGG. Che può svolgere funzioni di completamento, o costituire un aiuto in caso di necessità: *servizio ausiliario; motore ausiliario.* || N.M. (f. -*a*) Aiutante, collaboratore: *ausiliario del traffico.*

ausilio (au-ṣì-lio) N.M. (pl. -*li*) · Aiuto: *visitare una città con l'ausilio di una guida.*

auspicare (au-spi-cà-re) V.TR. (*àuspico, àuspichi*, ecc.) · Augurare, sperare: *auspico per te tutto il bene possibile.*

auspicio (au-spì-cio) N.M. (pl. -*ci*) **1** Segno che può essere interpretato come un presagio: *l'impresa è cominciata sotto i migliori auspici.* **2** Favore, protezione: *la manifestazione sarà organizzata con l'auspicio dell'università.*

> Il termine deriva dal latino *auspicium* 'esame del volo degli uccelli', composto a sua volta di *avis* 'uccello' e *specere* 'guardare'.

austerità (au-ste-ri-tà) N.F. INVAR. · Severità, rigore, soprattutto verso se stesso: *austerità di vita, di abitudini.*

austero (au-stè-ro) AGG. **1** Severo, soprattutto nei confronti di se stesso: *uomo, carattere austero* Ⓢ rigido, inflessibile • Privo di tutto ciò che è frivolo: *costume di vita austero* Ⓢ sobrio. **2** Dall'aspetto serio e solenne: *un palazzo austero* Ⓢ severo.

australe (au-strà-le) AGG. · Dell'emisfero meridionale della Terra.

australiano (au-stra-lià-no) AGG. e N.M. (f. -*a*) || AGG. Dell'Australia. || N.M. (f. -*a*) Abitante, nativo dell'Australia.

australopiteco (au-stra-lo-pi-tè-co) N.M. (pl. -*chi* o -*ci*) · Genere di ominidi fossili dell'Africa orientale e meridionale.

austriaco (au-strì-a-co) AGG. e N.M. (f. -*a*; pl.m. -*ci*, pl.f. -*che*) || AGG. Dell'Austria. || N.M. (f. -*a*) Abitante, nativo dell'Austria.

autarchia (au-tar-chì-a) N.F. (pl. -*chìe*) · Indirizzo politico che tende a rendere l'economia di uno Stato autosufficiente e quindi indipendente dal commercio con i Paesi esteri.

autenticare (au-ten-ti-cà-re) V.TR. (*autèntico, autèntichi*, ecc.) · Dichiarare autentico: *autenticare una firma.*

autenticità (au-ten-ti-ci-tà) N.F. INVAR. · Corrispondenza a verità, che esclude imitazione: *autenticità di un documento.*

autentico (au-tèn-ti-co) AGG. (pl.m. -*ci*, pl.f. -*che*) **1** Che risponde a verità: *notizia autentica; firma autentica* Ⓢ valido, vero Ⓒ falso. **2** Naturale e puro: *è autentico whisky scozzese* Ⓢ genuino. **3** Di opera d'arte, attribuita in modo certo a un autore: *un Raffaello autentico.*

authority (au-tho-ri-ty; pronuncia *autòriti*) N. INGL., in it. N.F. INVAR. · Organismo indipendente che controlla il corretto svolgimento di un'attività: *l'authority per la concorrenza.*

autismo (au-tì-ṣmo) N.M. · Disturbo mentale di chi perde contatto con la realtà esterna e si chiude in se stesso.

> Il termine deriva dal greco *autós* che significa 'se stesso'.

autista (au-tì-sta) N.M. e F. (pl.m. -*i*, pl.f. -*e*) · Conducente di autoveicoli di servizi pubblici o per conto di privati: *l'autista dell'autobus, di un taxi* Ⓢ guidatore.

autistico (au-tì-sti-co) AGG. (pl.m. -*ci*, pl.f. -*che*) · Che soffre di autismo.

auto (àu-to) N.F. INVAR. · Abbreviazione di *automobile: un'auto nuova.*

auto- · Primo elemento di parole composte che significa 'di se stesso' oppure 'da sé, con mezzi propri': *autodifesa*, la difesa di se stesso; *autodidatta*, chi si è istruito da sé.

autoadesivo (au-to-a-de-ṣì-vo) AGG. e N.M. · Di oggetto che ha un lato spalmato di colla, in modo da aderire a una superficie: *etichetta autoadesiva.*

autoambulanza (au-to-am-bu-làn-za) N.F. · Ambulanza.

autobiografia (au-to-bi-o-gra-fì-a) N.F. (pl. *-fie*) · Opera in cui l'autore racconta la propria vita: *l'autobiografia del Cellini.*

autobiografico (au-to-bi-o-grà-fi-co) AGG. (pl.m. *-ci*, pl.f. *-che*) · Di opera, che si basa sulle vicende personali dell'autore: *film autobiografico.*

autoblindo (au-to-blìn-do) N.F. INVAR. · Automezzo militare blindato e armato.

autobotte (au-to-bót-te) N.F. · Autoveicolo per il trasporto di liquidi Ⓢ autocisterna.

autobus (àu-to-bus) N.M. INVAR. · Autoveicolo per il trasporto collettivo di persone: *l'ho incontrato sull'autobus* Ⓢ bus, pullman.

autocarro (au-to-càr-ro) N.M. · Autoveicolo per il trasporto di materiali e merci Ⓢ camion.

autocertificazione (au-to-cer-ti-fi-ca-zió-ne) N.F. · Documento in cui si dichiarano i propri dati anagrafici sotto la propria responsabilità e apponendovi la propria firma.

autocisterna (au-to-ci-stèr-na) N.F. · Autocarro su cui è montata una cisterna per il trasporto di liquidi Ⓢ autobotte.

autocontrollo (au-to-con-tròl-lo) N.M. · Capacità di controllare i propri istinti e le proprie azioni: *non reagì all'insulto, dando prova di grande autocontrollo.*

autocritica (au-to-crì-ti-ca) N.F. (pl. *-che*) · Critica che si fa a se stessi e al proprio comportamento: *fare autocritica.*

autodeterminazione (au-to-de-ter-mi-na-zió-ne) N.F. · Nel diritto internazionale, la possibilità di una comunità di scegliere liberamente i propri governanti.

autodidatta (au-to-di-dàt-ta) N.M. e F. (pl.m. *-i*, pl.f. *-e*) · Chi si è istruito o ha appreso un'arte da solo, senza avere seguito studi regolari: *ha studiato il latino da autodidatta.*

autodifesa (au-to-di-fé-sa) N.F. **1** Discorso in cui chi è stato accusato si difende da sé. **2** Il difendersi da soli da un'aggressione fisica: *corso di autodifesa.*

autodisciplina (au-to-di-sci-plì-na) N.F. · Capacità di controllare i propri impulsi e il proprio comportamento: *educò i figli a una rigorosa autodisciplina.*

autodromo (au-tò-dro-mo) N.M. · Pista usata per le corse automobilistiche e motociclistiche.

autofficina (au-tof-fi-cì-na) N.F. · Officina in cui si riparano le automobili.

autogol (au-to-gòl) N.M. INVAR. · Gol segnato involontariamente nella porta della propria squadra Ⓢ autorete.

autografo (au-tò-gra-fo) AGG. e N.M. || AGG. Scritto di propria mano dall'autore: *manoscritto autografo* Ⓢ autentico, originale. || N.M. Firma ricordo di persone celebri: *chiedere l'autografo a un attore.*

autolinea (au-to-lì-ne-a) N.F. (pl. *-nee*) · Linea interurbana di trasporti pubblici.

automa (au-tò-ma) N.M. (pl. *-i*) · Macchina che riproduce i movimenti dell'uomo Ⓢ robot.

automatico (au-to-mà-ti-co) AGG. (pl.m. *-ci*, pl.f. *-che*) **1** Di macchina o meccanismo capace di compiere certe operazioni senza il diretto intervento dell'uomo: *distributore automatico di gettoni.* **2** Di azione o gesto compiuto in modo meccanico, quasi involontario: *gesti, movimenti automatici* Ⓢ meccanico. **3** Che avviene come conseguenza necessaria di un altro fatto: *la seconda ammonizione comporta l'automatica espulsione del giocatore.* Ⓔ ***Bottone automatico***, formato da due piccoli dischi metallici che si chiudono con la pressione delle dita • ***Pilota automatico*** → ***pilota***.

automatizzare (au-to-ma-tiz-zà-re) V.TR. · Rendere automatico: *automatizzare un impianto.*

automazione (au-to-ma-zió-ne) N.F. · L'impiego di mezzi meccanici ed elettronici per svolgere un'attività limitando il lavoro dell'uomo: *l'automazione dei servizi telefonici.*

automezzo (au-to-mèz-zo) N.M. · Qualsiasi mezzo di trasporto, azionato da motore pro-

A

prio, che può circolare su strada Ⓢ autoveicolo.

automobile (au-to-mò-bi-le) N.F. · Veicolo a quattro ruote, mosso da un motore, per il trasporto su strada di un limitato numero di persone: *guidare, parcheggiare l'automobile* Ⓢ auto, macchina.

automobilismo (au-to-mo-bi-lì-ṣmo) N.M. · Lo sport di guidare l'automobile: *praticare l'automobilismo.*

automobilista (au-to-mo-bi-lì-sta) N.M. e F. (pl.m. *-i*, pl.f. *-e*) · Chi guida un'automobile.

automobilistico (au-to-mo-bi-lì-sti-co) AGG. (pl.m. *-ci*, pl.f. *-che*) · Che riguarda la guida dell'automobile: *incidente automobilistico.*

autonomia (au-to-no-mì-a) N.F. (pl. *-mìe*) **1** Di uno Stato, la facoltà di governarsi con leggi proprie Ⓢ indipendenza • La possibilità di operare senza interferenze esterne: *avere la propria autonomia; l'autonomia della magistratura.* **2** Indipendenza economica: *lo stipendio gli garantisce una certa autonomia* • Libertà di agire: *nel suo lavoro ha una grande autonomia.* **3** Di macchine o impianti, la capacità di funzionare per un periodo di tempo senza rifornimento di energia o carburante: *quest'aereo ha un'autonomia di otto ore.*

autonomo (au-tò-no-mo) AGG. · Che ha la possibilità di amministrarsi da sé: *ente autonomo* Ⓒ subordinato • Indipendente, libero: *la sua è stata una scelta autonoma.* Ⓔ ***Lavoro autonomo***, svolto per conto proprio, non alle dipendenze di altri.

autopompa (au-to-póm-pa) N.F. · Autoveicolo munito di pompa per spegnere incendi: *l'autopompa dei vigili del fuoco.*

autopsia (au-to-psì-a) N.F. (pl. *-psìe*) · Indagine medica su un cadavere per accertare le cause e il momento della morte: *la polizia aspetta i risultati dell'autopsia.*

autoradio (au-to-rà-dio) N.F. INVAR. · Radio che si installa a bordo di un autoveicolo: *gli hanno rubato l'autoradio.*

autore (au-tó-re) N.M. (f. *-trìce*) **1** Chi progetta ed esegue qualcosa: *l'autore del progetto* Ⓢ artefice. **2** Chi realizza un'opera letteraria, scientifica o artistica: *l'autore del libro, del monumento.* Ⓔ ***D'autore***, di opera d'arte, film, ecc. di riconosciuto valore: *un film d'autore* • ***Diritti d'autore*** → *diritto*[2].

autorete (au-to-ré-te) N.F. · Autogol.

autorevole (au-to-ré-vo-le) AGG. · Che gode di grande stima: *un personaggio autorevole; un giornale autorevole* Ⓢ stimato, prestigioso.

autorimessa (au-to-ri-més-sa) N.F. · Edificio o locale per il parcheggio sorvegliato di autoveicoli Ⓢ garage (*fr.*).

autorità (au-to-ri-tà) N.F. INVAR. **1** Potere conferito dalla legge: *l'autorità del tribunale* • L'insieme delle persone e degli organi che esercitano un potere legittimo: *l'autorità governativa* • AL PL. Chi ha cariche pubbliche: *erano presenti le maggiori autorità cittadine* Ⓢ personalità. **2** Il potere che una persona esercita su altre persone: *l'autorità paterna* Ⓢ influenza. **3** Stima nell'ambito di un'attività: *gode di una grande autorità tra gli scienziati* Ⓢ credito, fiducia • Chi gode di questa stima: *nel campo della medicina è una vera autorità.*

autoritario (au-to-ri-tà-rio) AGG. (pl.m. *-ri*, pl.f. *-rie*) · Che impone con forza e fermezza la propria volontà: *un padre autoritario.* Ⓔ ***Stato autoritario***, quello dove un numero limitato di persone decide per tutti i cittadini senza discussioni.

autoritratto (au-to-ri-tràt-to) N.M. · Ritratto che un pittore o uno scultore fa di se stesso: *l'autoritratto di Van Gogh* • Descrizione scritta del proprio aspetto o delle proprie qualità morali: *autoritratto in versi.*

autorizzare (au-to-riẓ-ẓà-re) V.TR. **1** Concedere di fare qualcosa: *autorizzare una vendita; autorizzare* ***a*** *entrare* Ⓢ permettere, consentire Ⓒ vietare. **2** Giustificare, legittimare: *nulla autorizza il ricorso alla violenza.*

autorizzazione (au-to-riẓ-ẓa-zió-ne) N.F. · Atto con cui un privato o un'autorità permette ad altri di compiere un'azione: *ottenere un'autorizzazione; rilasciare un'autorizzazione per l'apertura di un negozio* Ⓢ permesso.

autoscuola (au-to-scuò-la) N.F. · Scuola in cui si impara a guidare gli autoveicoli.

autostazione (au-to-sta-zió-ne) N.F. · Stazione per gli autobus di linea.

autostop (au-to-stòp) N.M. INVAR. · Spostamento da un luogo all'altro per mezzo di passaggi gratuiti richiesti agli automobilisti: *fare l'autostop; viaggiare in autostop.*

autostrada (au-to-strà-da) N.F. · Strada a più corsie di scorrimento veloce e senza attraversamenti, riservata agli autoveicoli e ai motoveicoli al di sopra di una certa cilindrata: *la fabbrica si trova vicino all'uscita dell'autostrada.*

autostradale (au-to-stra-dà-le) AGG. · Delle autostrade: *rete autostradale.*

autosufficiente (au-to-suf-fi-cièn te) AGG. · Che ha i mezzi necessari per soddisfare le proprie necessità: *una comunità autosufficiente* Ⓢ autonomo, indipendente.

autosuggestione (au-to-sug-ge-stió-ne) N.F. · Suggestione che ha origine nella mente stessa di chi la subisce: *crede di essere malato, ma è solo autosuggestione.*

autotreno (au-to-trè-no) N.M. · Autocarro con rimorchio.

autoveicolo (au-to-ve-ì-co-lo) N.M. · Qualsiasi veicolo a motore, con almeno quattro ruote, per circolare su strada Ⓢ automezzo.

autovettura (au-to-vet-tù-ra) N.F. · Autoveicolo per il trasporto privato di persone: *oggi ci sono troppe autovetture in circolazione* Ⓢ automobile.

autunnale (au-tun-nà-le) AGG. · Caratteristico dell'autunno, che ha luogo in autunno: *nebbia autunnale.*

autunno (au-tùn-no) N.M. · La terza stagione dell'anno, che nel nostro emisfero è compresa tra il 23 settembre e il 22 dicembre.

avallare (a-val-là-re) V.TR. **1** Garantire con la propria firma: *avallare una cambiale.* **2** Confermare, avvalorare: *avallare un'ipotesi.*

avambraccio (a-vam-bràc-cio) N.M. (pl. *-ci*) · La parte del braccio compresa fra il gomito e il polso.

avamposto (a-vam-pó-sto) N.M. · In uno schieramento militare, nucleo di soldati in postazione avanzata per sorvegliare le mosse del nemico: *attaccare un avamposto nemico.*

avana (a-và-na) N.M. e AGG. INVAR. || N.M. Tabacco da sigari dall'aroma intenso e profumato • Il sigaro fatto con tale tabacco: *fumare un avana.* || AGG. e N.M. Di colore marrone chiaro, simile a quello dei sigari: *una sciarpa avana.*

avanguardia (a-van-guàr-dia) N.F. (pl. *-die*) **1** Reparto di soldati che precede le truppe a scopo di sicurezza Ⓒ retroguardia. **2** Movimento letterario o artistico che utilizza nuovi modi espressivi in contrasto con la tradizione: *cinema d'avanguardia.* Ⓔ ***All'avanguardia***, al primo posto: *un'azienda che nel suo campo è all'avanguardia.*

avannotto (a-van-nòt-to) N.M. · Pesce molto giovane d'acqua dolce.

avanscoperta (a-van-sco-pèr-ta) N.F. · Solo nell'espressione ***in avanscoperta***, di soldati che devono perlustrare il territorio: *andare in avanscoperta*; di persona che deve cercare di capire le intenzioni di qualcuno: *ho mandato mia sorella in avanscoperta per capire le intenzioni della mamma.*

avanti (a-vàn-ti) AVV. e PREP. || AVV. **1** Nella direzione che si offre di fronte: *andare, venire avanti* Ⓢ innanzi Ⓒ dietro, indietro. **2** In un momento precedente: *avanti era stato in Grecia* Ⓢ prima. || PREP. Davanti: *si fermò avanti casa; camminava sempre avanti **a** tutti* • Prima di: *si alzarono avanti giorno.* || **avanti!** INTER. **1** Invita a entrare se qualcuno bussa alla porta. **2** Esprime incitamento: *fatti coraggio, avanti!* Ⓔ ***Avanti e indietro***, alternativamente in una direzione e in quella opposta: *camminava nervosamente avanti e indietro* • ***D'ora in avanti*** o ***da qui in avanti***, da questo momento in poi: *d'ora in avanti voglio che mi riferiate tutto quel che accade* • ***Essere avanti***, di orologio, in anticipo rispetto al tempo reale: *la sveglia è avanti*; di persona, in anticipo o in vantaggio con qualcosa: *sono avanti con il lavoro* • ***Farsi avanti***, prendere un'iniziativa • ***Mandare avanti*** → *mandare* • ***Mettere le mani avanti***, prendere delle precauzioni • ***Tirare avanti*** → *tirare*.

avanzamento (a-van-za-mén-to) N.M. **1** Spostamento verso un livello più alto: *l'avanzamento della tecnica* Ⓢ progresso, sviluppo. **2** Nel linguaggio burocratico, passaggio a un grado superiore: *in tanti anni di servizio non*

A

ha mai ottenuto un avanzamento Ⓢ promozione. **3** Spostamento in avanti: *il comandante ordinò l'avanzamento delle truppe.*

avanzare[1] (a-van-zà-re) V.INTR. e TR. || INTR. (aus. *essere*) **1** Spingersi in avanti: *l'auto avanzava sui tornanti della strada; l'esercito avanza su tutti i fronti* Ⓢ procedere Ⓒ retrocedere, indietreggiare. **2** Andare avanti, fare progressi: *il lavoro avanza a stento; avanzare* ***negli*** *studi* Ⓢ progredire. || TR. **1** Promuovere: *lo hanno avanzato di grado già due volte in un anno.* **2** Presentare: *avanzare una proposta.*

avanzare[2] (a-van-zà-re) V.INTR. e TR. || INTR. (aus. *essere*) **1** Essere d'avanzo: *è avanzata una porzione di torta?* Ⓢ restare, rimanere. **2** Nella divisione e nella sottrazione, rimanere come resto: *sedici diviso tre fa cinque e avanza uno.* || TR. Dover avere: ***dall'****azienda avanzo ancora due mesi di arretrati.*

avanzata (a-van-zà-ta) N.F. · Azione di guerra per conquistare terreno a spese del nemico.

avanzato (a-van-zà-to) AGG. **1** Che si trova avanti: *truppe avanzate; i lavori sono in fase avanzata.* **2** Che è avanti nel tempo: *siamo ormai in estate avanzata* Ⓢ inoltrato. **3** In linea con le ultime novità: *tecnologie avanzate* Ⓢ nuovo, moderno, innovativo. Ⓔ ***In età avanzata***, anziano, vecchio.

avanzo (a-vàn-zo) N.M. · Ciò che rimane: *gli avanzi della cena* Ⓢ residuo, resto, rimanenza. Ⓔ ***Avanzo di galera*** → ***galera*** • ***D'avanzo***, a sufficienza, fin troppo • ***Negli avanzi di tempo***, tra un impegno e l'altro.

avaria (a-va-rì-a) N.F. (pl. *-rìe*) **1** Danno subito da una nave durante la navigazione, o da un aereo in volo: *riportare un'avaria al timone, all'elica.* **2** Guasto o danno che impedisce il normale funzionamento di un mezzo di trasporto o di un impianto.

avariato (a-va-rià-to) AGG. · Andato a male: *carne avariata* Ⓢ deteriorato, guasto.

avarizia (a-va-rì-zia) N.F. (pl. *-zie*) · La condizione di chi è troppo attaccato al denaro: *era noto per la sua grande avarizia* Ⓢ tirchieria Ⓒ generosità.

avaro (a-và-ro) AGG. e N.M. (f. *-a*) || AGG. e N.M. (f. *-a*) Che, chi spende o dona malvolentieri, perché troppo attaccato al denaro: *non sperare di avere nulla da quell'avaro* Ⓢ taccagno, tirchio Ⓒ generoso, prodigo. || AGG. Troppo misurato nel dire o fare qualcosa: *avaro* ***di*** *lodi.*

avena (a-vé-na) N.F. · Pianta erbacea, con frutti riuniti in piccole spighe; è usata per l'alimentazione umana e animale: *fiocchi d'avena.*

avere[1] (a-vé-re) V.TR. (irreg.: ind. pres. *ho, hài, ha, abbiàmo, avéte, hànno*; pass. rem. *èbbi, avésti, èbbe, avémmo, avéste, èbbero*; fut. *avrò, avrài*, ecc.; cong. pres. *àbbia*, ecc.; condiz. pres. *avrèi*, ecc.; imperat. *àbbi, abbiàte*) || TR. **1** Possedere beni materiali: *avere molto denaro; avere una villa al mare.* **2** Tenere in un certo luogo: *avere le chiavi* ***in*** *mano; avere i vestiti* ***nell'****armadio.* **3** Presentare certe caratteristiche fisiche o intellettuali: *avere gli occhi blu; avere poca memoria; avere un tatuaggio* ***sul*** *braccio* • Portare indosso: *aveva un cappotto rosso e un cappello nero* Ⓢ indossare. **4** Provare un certo sentimento o una certa sensazione fisica: *avere fiducia; avere paura; avere fame; avere caldo* • Fare oggetto qualcosa o qualcuno di un sentimento: *avere qualcuno* ***in*** *simpatia,* ***in*** *odio.* **5** Essere affetto da una malattia: *avere l'influenza* • Subire un evento negativo: *avere qualche difficoltà; avere un incidente.* **6** Essere legato a qualcuno da un rapporto di parentela o di affetto: *ha due figli; ha molti amici.* **7** Essere costituito da una quantità di elementi: *la città ha un milione di abitanti; il libro ha sei capitoli* Ⓢ contenere, comprendere. **8** Riuscire a ottenere: *avere una promozione; avere un successo meritato* Ⓢ ricevere, conseguire. **9** Essere di una certa età: *ho trent'anni; quest'auto ha dieci anni.* **10** Poter disporre di qualcosa: *ho un mese* ***per*** *preparare l'esame; oggi non ho il motorino.* **11** Dover fare qualcosa in base a un programma: *domani ho gli esami; ho altre faccende* ***da*** *sbrigare.* || AUS. In unione al participio passato forma i tempi composti dei verbi transitivi attivi (*ha avuto; aveva mangiato; avrà visto*) e di alcuni verbi intransitivi (*ha indugiato; aveva mentito*). Ⓔ ***Avercela con qualcuno***, essere arrabbiato con lui • ***Aver da***, dovere: *ho da studiare;* ***avere da fare***, essere molto occupato • ***Avere a che***

fare, avere un rapporto: *non ho niente a che fare* ***con*** *loro* • ***Avere a cuore*** → ***cuore*** • ***Avere di che***, aver mezzo o motivo: *non hanno di che vivere; ho di che lamentarmi* • ***Averla vinta***, uscire vincitore da una discussione: *l'ha avuta vinta lui anche stavolta;* ***averle tutte vinte***, riuscire a ottenere tutto ciò che si desidera: *i bambini non dovrebbero averle tutte vinte* • ***Averne abbastanza***, essere stufo di qualcuno o qualcosa: *ne ho abbastanza di lui e dei suoi capricci* • ***Aversela a male***, offendersi.

La prima, seconda e terza persona singolare e la terza plurale del presente indicativo si scrivono *ho, hai, ha, hanno* con l'acca!

avere[2] (a-vé-re) N.M. (spesso al pl.) · Ricchezza posseduta: *ha sperperato tutti i suoi averi* Ⓢ patrimonio, capitale.

aviatore (a-via-tó-re) N.M. (f. -*trìce*) · Pilota di un aereo.

Il termine deriva dal latino *avis* che significa 'uccello'.

aviazione (a-via-zió-ne) N.F. **1** L'insieme delle attività che riguardano il volo con aerei Ⓢ aeronautica. **2** L'insieme degli aviatori e degli aerei che sono destinati a un certo impiego o compongono la flotta di uno Stato: *aviazione civile, militare; l'aviazione inglese.*

avicolo (a-vi-co-lo) AGG. · Che riguarda l'allevamento di uccelli, in particolare di polli: *stabilimento avicolo.*

avidità (a-vi-di-tà) N.F. INVAR. · Desiderio eccessivo e impulsivo: *mangiò e bevve con avidità; avidità di denaro* Ⓢ brama.

avido (à-vi-do) AGG. **1** Fortemente desideroso: *avido* ***di*** *piaceri,* ***di*** *conquista* Ⓢ bramoso. **2** Che dimostra avidità: *guardare con occhi avidi* Ⓢ ingordo.

avifauna (a-vi-fàu-na) N.F. · L'insieme degli uccelli viventi in una data regione: *avifauna artica.*

aviogetto (a-vio-gèt-to) N.M. · Aereo con motore a reazione.

avo (à-vo) N.M. (f. -*a*) · Nonno • AL PL. Gli antenati: *seguire le usanze degli avi.*

avocado (a-vo-cà-do) N.M. INVAR. · Albero originario del Messico, coltivato per il suo frutto • Il frutto dell'albero, di colore verde o giallastro, con polpa morbida e dall'odore di pinolo o di noce.

avorio (a-vò-rio) N.M. e AGG. || N.M. (pl. -*ri*) Materiale biancastro che costituisce le zanne degli elefanti, dei trichechi e degli ippopotami. || AGG. e N.M. INVAR. Di un tono di bianco simile a quello dei denti degli elefanti: *bianco avorio; una pelle d'avorio.*

avulso (a-vùl-so) AGG. · Separato dal contesto, quindi privo di significato: *una frase avulsa* ***dal*** *contesto.*

avvalersi (av-va-lér-si) V.INTR. PRONOM. (irreg.: coniugato come *valere*) · Servirsi di qualcosa: *avvalersi* ***dei*** *consigli degli amici* Ⓢ valersi.

avvallamento (av-val-la-mén-to) N.M. · Abbassamento del terreno: *questa strada è piena di avvallamenti.*

avvalorare (av-va-lo-rà-re) V.TR. (*avvalóro*, ecc.) || TR. Rendere più convincente: *l'episodio avvalora i miei sospetti* Ⓢ confermare. || **avvalorarsi** INTR. PRONOM. Acquistare maggiore forza o credibilità: *a seguito delle indagini l'ipotesi del suicidio si è avvalorata.*

avvampare (av-vam-pà-re) V.INTR. (aus. *essere*) **1** Accendersi con una rapida fiammata: *la legna secca avvampò subito* Ⓢ infiammarsi. **2** Diventare rosso in viso: *avvampare* ***dalla*** *vergogna* Ⓢ arrossire. **3** Mandare un grande calore: *la sabbia avvampava.*

avvantaggiare (av-van-tag-già-re) V.TR. (*avvantàggio*, ecc.) || TR. Mettere in condizione di vantaggio: *avvantaggiare un candidato* Ⓢ favorire. || **avvantaggiarsi** RIFL. **1** Trarre un vantaggio o un profitto: *la tecnica si è molto avvantaggiata* ***delle*** *recenti invenzioni* Ⓢ beneficiare. **2** Prendere vantaggio, soprattutto nello sport: *il corridore si è avvantaggiato* ***di*** *cento metri* ***sugli*** *altri concorrenti* Ⓢ staccare.

avvedersi (av-ve-dér-si) V.INTR. PRONOM. (irreg.: coniugato come *vedere*) · Rendersi conto di qualcosa: *avvedersi* ***del*** *male compiuto; non si avvedeva* ***che*** *il tempo passava* Ⓢ accorgersi.

avveduto (av-ve-dù-to) AGG. · Accorto, prudente, giudizioso: *una persona avveduta; un comportamento avveduto.*

A

avvelenamento (av-ve-le-na-mén-to) N.M. · Intossicazione dovuta all'assorbimento di veleni: *avvelenamento da funghi.*

avvelenare (av-ve-le-nà-re) V.TR. (*avveléno*, ecc.) || TR. **1** Uccidere con il veleno: *avvelenare i topi* • Rendere velenoso: *avvelenare un cibo.* **2** Intossicare: *il fumo avvelena i polmoni* • Inquinare: *avvelenare l'aria.* **3** Rendere tormentato: *i rimorsi gli avvelenano l'esistenza* Ⓢ rovinare. || **avvelenarsi** RIFL. Uccidersi o intossicarsi ingerendo veleno: *l'attrice si è avvelenata per motivi ancora sconosciuti.*

avvenente (av-ve-nèn-te) AGG. · Di aspetto piacevole e attraente: *una donna avvenente.*

avvenimento (av-ve-ni-mén-to) N.M. **1** Fatto del passato degno di essere ricordato: *parlami dei principali avvenimenti del Novecento* Ⓢ evento, vicenda. **2** Fatto del presente che suscita interesse: *seguo con interesse ogni avvenimento sportivo.*

avvenire[1] (av-ve-nì-re) N.M. INVAR. · Futuro: *pensare all'avvenire.* Ⓔ ***Per l'avvenire*** o ***nell'avvenire*** o ***in avvenire***, da ora in poi: *in avvenire non ripeterò più questi errori.*

avvenire[2] (av-ve-nì-re) V.INTR. (irreg.: coniugato come *venire*; aus. *essere*) · Verificarsi, accadere, succedere: *com'è avvenuto l'incidente?*

avveniristico (av-ve-ni-ri-sti-co) AGG. (pl.m. *-ci*, pl.f. *-che*) · Che anticipa il futuro: *architettura avveniristica.*

avventarsi (av-ven-tàr-si) V.RIFL. (*mi avvènto*, ecc.) · Lanciarsi con violenza addosso o contro: *avventarsi* ***al*** *collo di un avversario; il custode si avventò* ***sul*** *ladro* Ⓢ gettarsi, scagliarsi. ▸ Ⓕ **vento**

avventatezza (av-ven-ta-téz-za) N.F. · Eccessiva impulsività: *la sua avventatezza nel rispondere è stata imperdonabile* Ⓢ leggerezza, impulsività. ▸ Ⓕ **vento**

avventato (av-ven-tà-to) AGG. **1** Fatto o detto senza riflettere: *un giudizio avventato* Ⓢ azzardato, sconsiderato Ⓒ ponderato. **2** Che agisce seguendo l'impulso, senza riflettere: *essere avventato* ***nel*** *decidere* Ⓢ imprudente, impulsivo. ▸ Ⓕ **vento**

avventizio (av-ven-tì-zio) AGG. (pl.m. *-zi*, pl.f. *-zie*) **1** Provvisorio, temporaneo: *lavoro avventizio.* **2** In botanica, di organo che si forma su parti già adulte della pianta: *radici avventizie.*

avvento (av-vèn-to) N.M. **1** Arrivo, venuta: *l'avvento della primavera.* **2** Nella religione cristiana, il periodo di quattro settimane che precede il Natale.

avventore (av-ven-tó-re) N.M. (f. *-trìce*) · Cliente di un negozio o frequentatore di un locale: *il bar era pieno di avventori.*

avventura (av-ven-tù-ra) N.F. **1** Vicenda straordinaria: *una terribile avventura, per fortuna a lieto fine.* **2** Storia d'amore passeggera: *ho avuto un'avventura estiva con una ragazza straniera.* **3** Impresa rischiosa ma affascinante: *amare l'avventura.*

> Il termine deriva da una forma verbale latina al neutro plurale che significa 'le cose che accadranno'.

avventurarsi (av-ven-tu-ràr-si) V.RIFL. · Esporsi a un pericolo: *avventurarsi* ***in*** *un'impresa difficile* Ⓢ arrischiarsi, azzardarsi.

avventuriero (av-ven-tu-riè-ro) N.M. (f. *-a*) **1** Chi va in giro per il mondo in cerca di fortuna e di facili guadagni: *un simpatico avventuriero.* **2** Imbroglione, furfante: *è caduta vittima di un avventuriero.*

avventuroso (av-ven-tu-ró-so) AGG. **1** Amante dell'avventura: *spirito avventuroso* Ⓢ coraggioso. **2** Pieno di imprevisti: *viaggio avventuroso.*

avverarsi (av-ve-ràr-si) V.INTR. PRONOM. (*mi avvéro*, ecc.) · Divenire reale: *spero che i tuoi desideri si avverino* Ⓢ realizzarsi, attuarsi.

avverbiale (av-ver-bià-le) AGG. **1** In grammatica, dell'avverbio: *uso avverbiale; suffisso avverbiale.* **2** In grammatica, che ha valore di avverbio: *locuzione avverbiale.*

avverbio (av-vèr-bio) N.M. (pl. *-bi*) · In grammatica, parte invariabile del discorso che precisa o modifica il significato di un verbo, di un aggettivo (*vado lontano; si è alzato tardi; ti sei comportato male*), di un aggettivo (*infinitamente grande*) o di un altro avverbio (*molto presto*).

avversare (av-ver-sà-re) V.TR. (*avvèrso*, ecc.) · Contrastare qualcosa a cui si è contrari: *avversare un progetto* Ⓢ ostacolare, combattere.

avversario (av-ver-sà-rio) AGG. e N.M. (f. *-a*; pl.m. *-ri*, pl.f. *-rie*) · Che, chi è contro in una gara, in un confronto o in un conflitto: *nella battaglia tutti gli avversari furono annientati; la squadra avversaria sta per segnare un gol* Ⓢ rivale.

avversativo (av-ver-sa-tì-vo) AGG. · In grammatica: ***proposizione avversativa*** (o *un'avversativa* N.F.), la frase coordinata che ha un significato che contraddice la frase principale (*Paolo è intelligente, ma ha difficoltà in latino*); ***congiunzione avversativa***, quella che introduce una proposizione avversativa, per es. *ma, però, tuttavia*.

avversione (av-ver-sió-ne) N.F. **1** Sentimento di antipatia e ostilità: *i presuntuosi mi ispirano un'avversione immediata* Ⓒ attrazione. **2** Senso di ripugnanza: *ha una vera avversione* ***per*** *i lavori manuali* Ⓢ disgusto, insofferenza.

avversità (av-ver-si-tà) N.F. INVAR. **1** Ostilità, durezza: *l'avversità della sfortuna*. **2** SPESSO AL PL. Situazione o vicenda difficile: *bisogna affrontare con coraggio qualsiasi avversità* Ⓢ difficoltà, disgrazia.

avverso (av-vèr-so) AGG. · Che si oppone: *sorte, situazione avversa* Ⓢ contrario, ostile, sfavorevole Ⓒ propizio. Ⓔ ***Parte avversa***, in una gara, in un conflitto, in una discussione ecc., l'avversario.

avvertenza (av-ver-tèn-za) N.F. **1** Attenzione, cautela, prudenza: *operare con molta avvertenza*. **2** Avviso, comunicato: *rivolgere un'avvertenza al pubblico presente in sala*. **3** AL PL. Istruzioni da leggere prima di usare qualcosa, soprattutto medicine: *leggere attentamente le avvertenze prima dell'uso*.

avvertimento (av-ver-ti-mén-to) N.M. · Discorso che serve a consigliare, esortare o minacciare: *fecero tesoro dei suoi avvertimenti* Ⓢ consiglio, ammonimento, suggerimento.

avvertire (av-ver-tì-re) V.TR. (*avvèrto*, ecc.) **1** Rendere consapevole: *li ha avvertiti* ***del*** *pericolo?* Ⓢ informare, avvisare. **2** Ammonire, talvolta con tono minaccioso: *ti avverto* ***che*** *non sono disposto a tollerare il tuo comportamento*. **3** Percepire una sensazione: *avvertì un dolore al fianco; avvertì un rumore* Ⓢ sentire.

avvezzare (av-vez-zà-re) V.TR. (*avvézzo*, ecc.) || TR. Assuefare, abituare: *avvezzare il corpo* ***alle*** *fatiche*. || **avvezzarsi** RIFL. Abituarsi: *avvezzarsi* ***a*** *fare tutto da sé*.

avvezzo (av-véz-zo) AGG. · Abituato: *essere avvezzo* ***alle*** *rinunce*.

avviamento (av-vi-a-mén-to) N.M. **1** Inizio del movimento in una direzione o verso una destinazione: *l'avviamento dei profughi* ***al*** *campo di accoglienza*. **2** Insegnamento preparatorio a una professione o un mestiere: *corso di avviamento professionale; avviamento* ***agli*** *studi storici*. **3** Messa in moto di una macchina o di un motore: *la tua auto ha problemi con l'avviamento* Ⓢ accensione. Ⓔ ***Codice di avviamento postale*** → ***codice*** • ***Motorino d'avviamento*** → ***motorino***.

avviare (av-vi-à-re) V.TR. (*avvìo*, *avvìi*, ecc.) || TR. **1** Far partire verso un luogo: *avviare i bambini* ***verso*** *casa* • Indirizzare verso una certa attività: *è stato mio padre ad avviarmi* ***all'****arte* Ⓢ introdurre. **2** Di motori o macchine, mettere in moto Ⓢ accendere. **3** Dare inizio a qualcosa: *avviare un'indagine* Ⓢ iniziare. || **avviarsi** INTR. PRONOM. **1** Comincaire a muoversi verso una direzione: *mi avvio* ***verso*** *casa; avvìati* ***al*** *bar, poi ti raggiungo* Ⓢ incamminarsi, dirigersi. **2** Essere prossimo: *la riunione si avviava* ***alla*** *fine*.

avviato (av-vi-à-to) AGG. · Di attività economica, che rende bene: *un negozio ben avviato* Ⓢ florido, prospero.

avvicendamento (av-vi-cen-da-mén-to) N.M. · Successione nel tempo: *l'avvicendamento delle stagioni* Ⓢ alternanza.

avvicendare (av-vi-cen-dà-re) V.TR. (*avvicèndo*, ecc.) || TR. Sostituire a intervalli di tempo: *avvicendare il grano* ***con*** *l'erba medica* Ⓢ alternare. || **avvicendarsi** RIFL. RECIPROCO Succedersi a vicenda: *avvicendarsi alla guida dell'auto*.

avvicinamento (av-vi-ci-na-mén-to) N.M. **1** Movimento che tende a raggiungere un certo punto o ad accostare due cose Ⓒ allontanamento. **2** Sede di lavoro più vicina a casa:

A B C D E F G H I J K L M N O P Q R S T U V W X Y Z

A

chiedere un avvicinamento. **3** Superamento di un disaccordo: *noto un avvicinamento tra le loro posizioni politiche* Ⓢ convergenza.

avvicinare (av-vi-ci-nà-re) V.TR. || TR. **1** Mettere più vicino: *avvicinare la sedia* ***al*** *tavolo* Ⓢ accostare Ⓒ allontanare. **2** Farsi vicino a qualcuno per parlargli: *non farti avvicinare da estranei*. **3** Spostare più vicino a sé: *devo avvicinare il libro altrimenti non riesco a leggere*. || **avvicinarsi** RIFL. **1** Farsi vicino, nello spazio o nel tempo: *ci stiamo avvicinando* ***alla*** *città; l'inverno si avvicina*. **2** Essere sul punto di aderire: *avvicinarsi* ***alla*** *religione*.

avvilimento (av-vi-li-mén-to) N.M. · Stato di abbattimento: *quella notizia lo gettò in un grande avvilimento* Ⓢ sconforto.

avvilire (av-vi-lì-re) V.TR. (*avvilisco, avvilisci*, ecc.) || TR. **1** Rendere triste: *l'insuccesso lo aveva profondamente avvilito* Ⓢ abbattere, demoralizzare, deprimere. **2** Togliere prestigio o dignità: *la menzogna avvilisce l'uomo* Ⓢ degradare. || **avvilirsi** INTR. PRONOM. Perdersi d'animo: *non t'avvilire* ***per*** *così poco!* Ⓢ abbattersi, demoralizzarsi.

avvilito (av-vi-lì-to) AGG. · Che prova un senso di profondo scoraggiamento: *si sente avvilito* ***per*** *l'insuccesso* Ⓢ abbattuto, demoralizzato.

avviluppare (av-vi-lup-pà-re) V.TR. · Avvolgere in qualcosa: *avviluppò il bambino* ***in*** *una coperta*.

avvincente (av-vin-cèn-te) AGG. · Che conquista l'attenzione: *un film avvincente* Ⓢ appassionante, affascinante.

avvincere (av-vìn-ce-re) V.TR. (irreg.: coniugato come *vincere*) · Attrarre fortemente: *l'idea di quel viaggio lo avvinceva* Ⓢ appassionare, affascinare.

avvinghiare (av-vin-ghià-re) V.TR. (*avvìnghio*, ecc.) || TR. Circondare e stringere con forza: *avvinghiare qualcuno* ***alla*** *vita* Ⓢ afferrare. || **avvinghiarsi** RIFL. Stringersi con forza: *il bambino si avvinghiò* ***alle*** *gambe della madre* Ⓢ aggrapparsi.

avvio (av-vì-o) N.M. (pl. *-vìi*) · Inizio, principio, avviamento: *l'avvio di un'impresa*.

avvisaglia (av-vi-ṣà-glia) N.F. (pl. *-glie*) · Sintomo o indizio di qualcosa che sta per avvenire: *le prime avvisaglie di un temporale*.

avvisare (av-vi-ṣà-re) V.TR. **1** Rendere consapevole: *ti avviserò* ***del*** *mio arrivo; vi avviso* ***che*** *farò tardi* Ⓢ informare, avvertire, annunciare. **2** Mettere in guardia: *lo avevo avvisato* ***di*** *non uscire senza ombrello* Ⓢ consigliare, ammonire.

avviso (av-vì-ṣo) N.M. **1** Messaggio che dà informazioni: *c'è un avviso importante per te* Ⓢ informazione, comunicazione, annuncio. **2** Discorso che serve a consigliare, esortare o minacciare: *questo è solo un avviso, poi passeremo ai fatti* Ⓢ consiglio, ammonimento, avvertimento. **3** Notifica scritta che si invia all'interessato: *avviso di sfratto*. **4** Indizio che qualcosa sta per avvenire: *ai primi avvisi di peggioramento chiamate il medico* Ⓢ sintomo. **5** Opinione personale: *a mio avviso il lavoro poteva essere fatto meglio* Ⓢ giudizio, parere, opinione. Ⓔ ***Mettere sull'avviso***, avvertire, mettere in guardia • ***Stare sull'avviso***, stare bene attento.

> Il termine deriva dall'espressione del francese antico *(ce m'est) à vis* 'questo mi appare'.

avvistamento (av-vi-sta-mén-to) N.M. · Riconoscimento effettuato da lontano: *avvistamento di un aereo nemico*.

avvistare (av-vi-stà-re) V.TR. · Scorgere o riconoscere da lontano: *avvistare il nemico*.

avvitare (av-vi-tà-re) V.TR. **1** Introdurre e stringere una vite: *avvitare un bullone* Ⓒ svitare. **2** Fissare con una o più viti: *avvitare due assi*.

avvizzire (av-viz-zì-re) V.TR. e INTR. (*avvizzìsco, avvizzìsci*, ecc.) || TR. Far appassire: *il freddo ha avvizzito le piante*. || INTR. (aus. *essere*) **1** Diventare secco: *i fiori sono tutti avvizziti* Ⓢ appassire. **2** Perdere vitalità o freschezza: *in pochi anni la sua bellezza era avvizzita*.

avvocato (av-vo-cà-to) N.M. (f. *-a*, fam. *-éssa*) **1** Laureato in giurisprudenza, abilitato ad assistere una parte in cause civili o penali: *avvocato difensore; rivolgersi a un avvocato* Ⓢ legale. **2** Difensore, protettore: *non ho bisogno di avvocati, io!* Ⓔ ***Avvocato del diavo-***

lo, chi si oppone a una tesi già accettata da tutti per dimostrarne la debolezza.

Il femminile di *avvocato* è *avvocata* (o *avvocatessa*, che però è una forma scherzosa), ma è usato poco. Spesso si usa il maschile anche quando ci si riferisce a una donna: *l'avvocato Maria Neri*.

avvolgere (av-vòl-ge-re) V.TR. (irreg.: coniugato come *volgere*) || TR. **1** Far girare una cosa intorno a un'altra o su se stessa: *avvolgere un tappeto; avvolgere il filo* ***sul*** *rocchetto* Ⓢ arrotolare Ⓒ svolgere. **2** Fasciare tutt'intorno: *avvolgere una bottiglia* ***nella*** *carta*. **3** Coprire intorno: *la nebbia avvolgeva la città* Ⓢ cingere, avviluppare. || **avvolgersi** RIFL. **1** Disporsi intorno a cerchio o a spirale: *la serpe gli s'avvolse* ***intorno al*** *braccio* Ⓢ attorcigliarsi. **2** Coprirsi con qualcosa: *la donna si avvolse* ***nello*** *scialle*.

avvolgibile (av-vol-gì-bi-le) N.M. · Serranda per finestre formata da stecche orizzontali che si avvolgono intorno a un rullo: *tirare su l'avvolgibile*.

avvoltoio (av-vol-tó-io) N.M. (pl. *-tói*) **1** Uccello rapace, lungo più di un metro, con testa e parte del collo coperte di rada peluria; si ciba soprattutto di carogne. **2** Persona avida e rapace.

azalea (a-za-lè-a) N.F. (pl. *-lèe*) · Arbusto ornamentale a chioma larga; è coltivato per gli splendidi fiori dei più svariati colori.

Il termine deriva dal greco *azaléa* 'secca', perché alcune specie della pianta crescono bene nei terreni aridi.

azienda (a-zièn-da) N.F. · Insieme di persone e beni diretto a raggiungere un fine economico: *azienda agricola, industriale* Ⓢ ditta, impresa.

Il termine deriva da una forma verbale latina che significa 'le cose da farsi', arrivata in italiano attraverso lo spagnolo *hacienda*.

aziendale (a-zien-dà-le) AGG. · Dell'azienda: *politica aziendale; mensa aziendale*.

azimo (à-zi-mo) → ***azzimo***.

azimut (à-zi-mut) N.M.INVAR. · Angolo formato dal piano verticale che passa per un astro e dal meridiano del luogo di osservazione.

azionare (a-zio-nà-re) V.TR. (*azióno*, ecc.) · Mettere in funzione: *azionare l'allarme*.

azione[1] (a-zió-ne) N.F. **1** L'agire dell'uomo: *un uomo d'azione; il pensiero e l'azione* Ⓢ attività, operato. **2** Attività che dimostra una precisa volontà: *giudicare le persone dalle loro azioni; una buona, una cattiva azione* Ⓢ atto, opera. **3** Movimento che consente il funzionamento: *il motore è già in azione* Ⓢ moto, movimento. **4** Capacità di produrre un effetto: *aspettiamo che il farmaco faccia azione* Ⓢ influenza, influsso. **5** Movimento compiuto da unità militari: *azione militare, aerea, navale* Ⓢ operazione. **6** Nello sport, fase di gioco: *azione d'attacco; azione difensiva* Ⓢ manovra. **7** Serie di fatti su cui si fonda lo svolgimento di un'opera teatrale o narrativa: *l'azione del romanzo si svolge in Calabria* Ⓢ trama.

azione[2] (a-zió-ne) N.F. · Quota del capitale di una società: *ho venduto tutte le mie azioni* • Il documento che la rappresenta e che dà al possessore la qualifica di socio: *la società ha emesso nuove azioni*. Ⓔ ***Società per azioni*** → ***società***.

azionista (a-zio-nì-sta) N.M. e F. (pl.m. *-i*, pl.f. *-e*) · Proprietario di azioni di una società.

azotato (a-zo-tà-to) AGG. e N.M. · Che contiene azoto: *fertilizzante azotato*.

azoto (a-zò-to) N.M. · Gas inodore e insapore, presente in natura come componente fondamentale dell'aria (il simbolo chimico è *N*).

azteco (az-tè-co) AGG. e N.M. (f. *-a*; pl.m. *-chi*, pl.f. *-che*) · Degli Aztechi, popolazione indigena della valle del Messico sterminata nel 1522 dai conquistatori spagnoli.

azzannare (az-zan-nà-re) V.TR. **1** Afferrare o mordere con le zanne: *il cinghiale lo azzannò a una gamba*. **2** Addentare con avidità: *azzannò una coscia di pollo* Ⓢ mordere.

azzardare (az-zar-dà-re) V.TR. || TR. **1** Mettere a rischio: *azzardare il proprio patrimonio in una speculazione*. **2** Trovare il coraggio di fare qualcosa: *azzardò un sorpasso in curva* Ⓢ rischiare. **3** Osare con timore o senza troppa convinzione: *azzardare una proposta*. || **azzardarsi** INTR. PRONOM. Osare, rischiare: *nessuno si è azzardato* ***a*** *parlare*.

A

azzardato (az-zar-dà-to) AGG. · Pieno di rischi: *un investimento azzardato* Ⓢ rischioso. • Avventato: *un giudizio azzardato.*

azzardo (az-zàr-do) N.M. · Rischio cui si va incontro: *mi pare un azzardo uscire senza ombrello.* Ⓔ ***Giochi d'azzardo***, quelli in cui si scommettono somme di denaro e la vincita è più dovuta al caso che alla bravura del giocatore.

Il termine deriva da una parola araba che significa 'dado'.

-azzare · Suffisso che serve a formare verbi con valore peggiorativo: *spiegazzare*, produrre una serie disordinata di pieghe.

azzeccare (az-zec-cà-re) V.TR. (*azzécco*, *azzécchi*, ecc.) **1** Colpire nel punto giusto: *ha azzeccato il bersaglio* Ⓢ centrare. **2** Indovinare: *azzeccare una previsione.* Ⓔ ***Non azzeccarne una***, non riuscire mai a dire qualcosa di giusto o a fare qualcosa di buono.

azzeramento (az-ze-ra-mén-to) N.M. **1** Operazione che si compie prima di una misurazione e consiste nel portare l'indice di uno strumento sullo zero della scala graduata. **2** Riduzione a zero: *l'azzeramento di un debito* Ⓢ eliminazione, annullamento.

azzerare (az-ze-rà-re) V.TR. (*azzèro*, ecc.) **1** Portare a zero l'indice di uno strumento di misurazione: *azzerare il contachilometri.* **2** Ridurre a zero: *azzerare un debito* Ⓢ annullare, cancellare.

azzimo (àz-zi-mo) AGG. · Fatto senza lievito, non fermentato. Ⓔ ***Pane azzimo***, quello consumato dagli Ebrei in occasione della Pasqua e dai cattolici nella celebrazione della Messa.

azzittire (az-zit-tì-re) V.TR. e INTR. (*azzittìsco*, *azzittìsci*, ecc.) || TR. Far stare zitto: *lo azzittì con uno sguardo* Ⓢ zittire. || INTR. (aus. *essere*) e **azzittirsi** INTR. PRONOM. Smettere di parlare: *appena entrò il maestro, gli scolari si azzittirono* Ⓢ tacere.

-azzo · Suffisso che serve a formare nomi con valore peggiorativo: *codazzo*, gruppo di persone che segue qualcuno.

azzoppare (az-zop-pà-re) V.TR. (*azzòppo*, ecc.) || TR. Rendere zoppo: *un incidente lo aveva azzoppato.* || **azzopparsi** INTR. PRONOM. Diventare zoppo: *il cavallo si è azzoppato.*

azzuffarsi (az-zuf-fàr-si) V.INTR. PRONOM. e RIFL. RECIPROCO **1** Fare a botte: *si è azzuffato **con** un compagno di classe; finirono per azzuffarsi* Ⓢ picchiarsi, accapigliarsi. **2** Discutere con foga: *si azzuffa **con** tutti; sono anni che si azzuffano* Ⓢ litigare.

azzurro (az-zùr-ro) AGG. e N.M. (f. -*a*) || AGG. Del colore intermedio fra il celeste e il blu, come quello del cielo luminoso: *occhi azzurri; cielo azzurro.* || N.M. Il colore azzurro, uno dei sette colori dell'iride: *l'azzurro del cielo, del mare.* || N.M. (f. -*a*) Atleta che partecipa a gare internazionali con la nazionale italiana: *gli azzurri del calcio.* Ⓔ ***Pesce azzurro*** → *pesce* • ***Principe azzurro*** → *principe* • ***Squadra azzurra***, ciascuna delle squadre nazionali italiane delle varie discipline sportive, perché indossano la maglia azzurra.

Il termine deriva da una parola persiana che indica il lapislazzuli, pietra preziosa dal tipico colore azzurro scuro.

azzurrognolo (az-zur-ró-gno-lo) AGG. · Di colore azzurro chiaro tendente al grigio: *fumo azzurrognolo.*

b

A B C D E F G H I J K L M N O P Q R S T U V W X Y Z

b, B N.F. O M. INVAR. · Seconda lettera dell'alfabeto italiano; è una consonante (nome della lettera: *bi*). Ⓔ ***Di serie B***, di seconda categoria: *campionato, squadra di serie B*; di prodotto, film, ecc., di qualità inferiore.

babbeo (bab-bè-o) AGG. e N.M. (f. *-a*; pl.m. *-bèi*, pl.f. *-bèe*) · Di persona sciocca, che si lascia ingannare Ⓢ stupido, tonto.

babbo (bàb-bo) N.M. · Soprattutto nel linguaggio familiare toscano, padre Ⓢ papà. Ⓔ ***Babbo Natale*** → ***natale***.

babbuino (bab-bu-ì-no) N.M. (f. *-a*) · Grossa scimmia con pelliccia di colore giallo-bruno, che vive in branchi nell'Africa centrale e orientale.

Il termine deriva dal francese *babine* 'labbro', con allusione alle caratteristiche labbra sporgenti di questo animale.

Il verso del babbuino è molto acuto, quindi il verbo che lo indica è *urlare, strillare* o *gridare* e il nome è *urlo, strillo* o *grido*.

babele (ba-bè-le) N.F. · Luogo pieno di disordine e confusione: *quest'ufficio è una babele* Ⓢ caos.

babilonese (ba-bi-lo-né-se) AGG. e N.M. e F. · Della Babilonia, antica regione dell'Asia anteriore.

babordo (ba-bór-do) N.M. · Il lato sinistro della nave, guardando verso prua Ⓢ manca.

baby sitter (ba-by sit-ter; pronuncia *bèbi sìtter*) N. INGL., in it. N.M. e F. INVAR. · Chi, dietro compenso, si prende cura dei bambini durante l'assenza dei genitori: *quando ho cominciato a lavorare ho preso una baby sitter* Ⓢ bambinaia.

bacato (ba-cà-to) AGG. **1** Guastato dai bachi: *una mela bacata* Ⓢ marcio, guasto. **2** Che non ha morale: *un individuo bacato* Ⓢ corrotto, depravato, degenerato.

bacca (bàc-ca) N.F. (pl. *-che*) · Frutto completamente carnoso, senza nocciolo, con uno o più semi: *ho raccolto le bacche lungo il sentiero*.

baccalà (bac-ca-là) N.M. INVAR. **1** Il merluzzo seccato e messo sotto sale. **2** Persona magra Ⓢ acciuga • Persona stupida: *rimase lì come un baccalà* Ⓢ idiota.

baccanale (bac-ca-nà-le) N.M. **1** Nell'antica Roma, festa sfrenata in onore del dio Bacco. **2** Baldoria, orgia.

baccano (bac-cà-no) N.M. · Rumore assordante, causato da persone che litigano, giocano o protestano: *ragazzi, smettetela di far baccano!* Ⓢ fracasso.

baccello (bac-cèl-lo) N.M. · Il frutto delle leguminose, di solito allungato e contenente vari semi: *il baccello dei piselli*.

bacchetta (bac-chét-ta) N.F. · Piccola asta di legno o di altro materiale, che serve a vari usi • In musica, l'asticella con cui il direttore d'orchestra batte il tempo; anche, la piccola mazza che serve a suonare il tamburo e altri strumenti a percussione. Ⓔ ***Bacchetta magica***, quella usata da fate e maghi per fare magie • ***Comandare a bacchetta***, in modo autoritario e tirannico.

bacchio (bàc-chio) N.M. (pl. *-chi*) · Lungo bastone per colpire i rami di alcuni alberi e farne cadere i frutti maturi.

bacheca (ba-chè-ca) N.F. (pl. *-che*) **1** Mobile fornito di una vetrina per esporre al pubblico piccoli oggetti preziosi: *nella bacheca sono racchiusi i gioielli della regina* Ⓢ vetrina. **2** Riquadro appeso al muro, usato per esporre documenti, avvisi, manifesti: *l'orario delle lezioni è esposto in bacheca* Ⓢ albo.

baciamano (ba-cia-mà-no) N.M. (pl. *baciamàno* o *baciamàni*) · Gesto di galanteria o di rispetto che si fa baciando il dorso della mano di un'altra persona: *fare il baciamano a una signora*.

B

baciare (ba-cià-re) V.TR. (*bàcio*, ecc.) || TR. Dare uno o più baci: *baciare sulla bocca; baciare in fronte; baciare la fidanzata.* || **baciarsi** RIFL. RECIPROCO Scambiarsi baci: *si baciarono con passione.* Ⓔ ***Essere baciati dalla fortuna***, essere molto fortunati.

baciato (ba-cià-to) AGG. · In metrica: ***rima baciata***, quella tra due versi consecutivi.

bacile (ba-cì-le) N.M. · Recipiente tondo, largo e poco profondo, usato soprattutto in passato per lavarsi Ⓢ bacinella, catino.

bacillo (ba-cil-lo) N.M. · Batterio a forma di bastoncino che può causare malattie o favorire la produzione di antibiotici.

> Il termine deriva dal latino *bacillum* 'bastoncino'.

bacinella (ba-ci-nèl-la) N.F. · Recipiente per liquidi, di dimensioni modeste e di materiali diversi, che serve per vari usi: *bacinella per lavarsi le mani* Ⓢ catinella, catino.

bacino (ba-ci-no) N.M. **1** Recipiente per liquidi rotondo e basso, di vari materiali Ⓢ catino, bacinella. **2** L'insieme delle ossa che formano la parte inferiore del tronco. **3** In geografia, conca naturale, chiusa o no da tutti i lati: *bacino glaciale.* **4** Territorio con il sottosuolo ricco di certi minerali: *bacino petrolifero* Ⓢ zona, area. Ⓔ ***Bacino idroelettrico***, lago artificiale per alimentare centrali elettriche • ***Bacino idrografico***, area nella quale le acque piovane si raccolgono e scolano verso un unico fiume o lago.

bacio (bà-cio) N.M. (pl. *-ci*) · Atto di passione, affetto o venerazione, che si compie accostando le labbra a qualcuno o qualcosa: *dare, ricevere un bacio; un bacio sulla guancia.* Ⓔ ***Al bacio***, di cosa riuscita alla perfezione: *questo dolce è proprio al bacio.*

background (back-ground; pronuncia *beggràund*) N.INGL., in it. N.M.INVAR. · Insieme di elementi che concorrono alla realizzazione di un fenomeno, oppure alla formazione della personalità di qualcuno: *avere un ampio background musicale* Ⓢ retroterra.

backstage (back-sta-ge; pronuncia *bekstéiğ*) N.INGL., in it. N.M.INVAR. · Quello che avviene dietro le quinte di uno spettacolo: *il backstage di un concerto.*

backup (back-up; pronuncia *becàp*) N.INGL., in it. N.M.INVAR. · In informatica, copia di riserva di un insieme di dati su un supporto esterno al computer: *fare un backup del sistema.*

baco (bà-co) N.M. (pl. *-chi*) · Verme o larva di insetto che guasta la frutta e altri alimenti. Ⓔ ***Baco da seta***, insetto di colore giallo o bruno allevato fin dall'antichità per il bozzolo in cui si racchiude allo stato di larva, usato per produrre la seta.

> Il termine deriva dal latino *opacum* 'ombroso, oscuro', passato a indicare un essere spaventoso e quindi il verme.

bada (bà-da) N.F. · Solo nell'espressione ***tenere a bada***, tenere sotto controllo.

badante (ba-dàn-te) N.M. e F. · Addetto all'assistenza di anziani, ammalati o disabili: *mio nonno ha una badante che lo assiste.*

badare (ba-dà-re) V.INTR. (aus. *avere*) **1** Avere cura: *badare* ***alla*** *casa,* ***ai*** *bambini* Ⓢ sorvegliare, custodire. **2** Dedicarsi a qualcosa: *bada solo* ***ai*** *propri interessi* Ⓢ occuparsi. **3** Fare attenzione, stare attento: *bada* ***a*** *non cadere!; bada* ***di*** *uscire per tempo!* • Dare importanza: *non bada* ***a*** *spese.* Ⓔ ***Badare al sodo***, nel linguaggio familiare, pensare solo alle cose serie e veramente importanti.

badessa (ba-dés-sa) N.F. · Suora a capo di un monastero autonomo di monache.

badia (ba-dì-a) N.F. (pl. *-die*) · Comunità di monaci o suore • L'insieme degli edifici dove risiede questa comunità.

> Il termine deriva dal latino ecclesiastico *abbatia* 'abbazia' ed è passato direttamente in italiano attraverso la lingua parlata; il recupero successivo del latino *abbatia* ha dato la parola abbazia (→ ***abate***).

badile (ba-dì-le) N.M. · Grossa pala di ferro con manico di legno.

baffo (bàf-fo) N.M. **1** SPESSO AL PL. I peli che si trovano da entrambi i lati sul labbro superiore dell'uomo e anche di alcuni animali, come i gatti e i topi. **2** Macchia di foma allungata: *un baffo d'inchiostro* Ⓢ frego, segno. Ⓔ ***Da***

leccarsi i baffi, di cibo, squisito • ***Ridere sotto i baffi*** → ***ridere***.

baffuto (baf-fù-to) AGG. · Che ha i baffi: *un uomo baffuto*.

bagagliaio (ba-ga-glià-io) N.M. (pl. *-gliài*) · Spazio all'interno di un veicolo in cui si collocano i bagagli: *il bagagliaio dell'auto* Ⓢ portabagagli.

bagaglio (ba-gà-glio) N.M. (pl. *-gli*) **1** L'insieme degli oggetti che chi viaggia porta con sé: *partire con molto bagaglio*. **2** L'insieme delle nozioni, idee ed esperienze in possesso di una persona: *un ricco bagaglio culturale* Ⓢ corredo. Ⓔ ***Armi e bagagli*** → ***arma***.

bagarino (ba-ga-rì-no) N.M. · Chi compra molti biglietti per un evento, per poi rivenderli a prezzo più elevato: *un bagarino vendeva i biglietti per la partita*.

Il termine deriva da una parola araba che significa 'bottegaio'.

bagattella (ba-gat-tèl-la) o **bagatella** (ba-ga-tèl-la) N.F. **1** Cosa di nessun conto, di poco valore: *non perdere tempo con queste bagattelle!* Ⓢ bazzecola. **2** Breve componimento musicale a carattere leggero e sereno.

baggianata (bag-gia-nà-ta) N.F. · Affermazione sciocca: *non dire baggianate!* Ⓢ sciocchezza, stupidaggine.

bagliore (ba-glió-re) N.M. **1** Luce forte e improvvisa che abbaglia la vista: *il bagliore dei lampi*. **2** Luminosità intensa e diffusa: *il bagliore dell'incendio si vedeva da lontano* Ⓢ chiarore. **3** Manifestazione iniziale appena percepibile: *un bagliore di speranza* Ⓢ accenno, indizio, barlume. ▸ Ⓕ **bagliore**

bagnante (ba-gnàn-te) N.M. e F. · Chi fa il bagno al mare, al lago o in un fiume • Chi trascorre le vacanze in una località balneare.

bagnare (ba-gnà-re) V.TR. || TR. **1** Cospargere di acqua o di altro liquido: *bagnare le piante; bagnare un dolce **con** il liquore* Ⓒ asciugare • Immergere in acqua o in altro liquido: *bagnare il pane secco* Ⓢ intingere. **2** Di fiumi o mari, attraversare, toccare un luogo: *il Po bagna Torino; Napoli è bagnata dal Tirreno*. || **bagnarsi** RIFL. **1** Entrare in acqua per fare il bagno: *bagnarsi nel lago*. **2** Rovesciarsi addosso acqua o altro liquido: *si è tutto bagnato **di** vino*. || **bagnarsi** INTR. PRONOM. Prendere molta pioggia: *se non prendi l'ombrello rischi di bagnarti* Ⓢ inzupparsi.

La prima persona plurale dell'indicativo presente e quella del congiuntivo presente è *bagniamo*, con la *i*: la forma *bagnamo* è sempre scorretta! La seconda persona plurale dell'indicativo presente è *bagnate* senza *i*, mentre quella del congiuntivo presente è *bagniate* con la *i*.

bagnarola (ba-gna-rò-la) N.F. **1** Tinozza da bagno. **2** Nel linguaggio familiare, vecchia automobile o imbarcazione ridotta in pessime condizioni: *non vorrai mica salire su quella bagnarola?*

bagnasciuga (ba-gna-sciù-ga) N.M. INVAR. · Striscia della spiaggia su cui si rompono le onde Ⓢ battigia.

bagnato (ba-gnà-to) AGG. e N.M. || AGG. Cosparso o intriso d'acqua o di altro liquido: *foglie bagnate **di** rugiada; avere i capelli bagnati* Ⓢ fradicio, inzuppato Ⓒ asciutto. || N.M. Terreno cosparso d'acqua: *scivolare sul bagnato*.

bagnino (ba-gnì-no) N.M. (f. *-a*) · Chi si occupa di sorvegliare la spiaggia e assistere i bagnanti in uno stabilimento balneare.

bagno (bà-gno) N.M. **1** Immersione in acqua o in altro liquido. **2** Immersione del corpo nell'acqua a scopo igienico o per divertimento: *bagno in mare; fare il bagno al bambino*. **3** Stanza in cui si trovano i servizi igienici: *non tenere il bagno occupato così a lungo* Ⓢ gabinetto; toilette (*fr.*). **4** Stabilimento balneare: *d'estate vado sempre allo stesso bagno*. Ⓔ ***A bagno***, immerso in acqua per un po' di tempo: *mettere le lenticchie a bagno per ammorbidirle* • ***Bagni pubblici***, servizi igienici pubblici • ***Bagno di sangue***, strage, massacro, carneficina • ***Da bagno***, per il bagno: *biancheria da bagno* • ***Essere in un bagno di sudore***, sudare moltissimo.

bagnoschiuma (ba-gno-schiù-ma) N.M. INVAR. · Tipo di sapone che, sciolto nell'acqua della doccia o della vasca da bagno, produce una schiuma abbondante e profumata.

B

bagordo (ba-gór-do) N.M. (spesso al pl.) · Eccesso nel mangiare, nel bere e in altri piaceri materiali: *ieri sera abbiamo fatto bagordi* Ⓢ baldoria.

baia (bà-ia) N.F. (pl. *bàie*) · Piccola insenatura della costa: *le baie della costa occidentale* Ⓢ golfo.

baionetta (ba-io-nét-ta) N.F. · Lungo pugnale che si può usare da solo oppure innestato sulla canna del fucile per i combattimenti corpo a corpo.

Il termine deriva dal nome della città francese di *Bayonne,* dove questo tipo di arma veniva fabbricato.

baita (bài-ta) N.F. · Piccola abitazione con pareti di legno, tipica delle zone alpine.

balaustra (ba-la-ù-stra) N.F. · Parapetto costituito da una serie di piccole colonne allineate e sormontate da un davanzale: *una balaustra in marmo.*

balbettare (bal-bet-tà-re) V.INTR. e TR. (*balbétto*, ecc.) || INTR. (aus. *avere*) Pronunciare le parole con difficoltà per difetto naturale o per cause psicologiche: *quando ha paura comincia a balbettare* Ⓢ tartagliare • Di bambini, cominciare a pronunciare le prime parole: *mio figlio balbetta appena.* || TR. Pronunciare in modo confuso: *balbettò qualche scusa per giustificarsi del ritardo* Ⓢ farfugliare.

balbettio (bal-bet-tì-o) N.M. (pl. *-tìi*) · Serie di parole balbettate: *mi rispose con un balbettio.*

balbuzie (bal-bù-zie) N.F.INVAR. · Disturbo del linguaggio, dovuto spesso a cause psicologiche, per cui sillabe o parole vengono ripetute.

balbuziente (bal-bu-zièn-te) AGG. e N.M. e F. · Che, chi soffre di balbuzie.

balcanico (bal-cà-ni-co) AGG. (pl.m. *-ci*, pl.f. *-che*) · Della regione dei Balcani.

balconata (bal-co-nà-ta) N.F. 1 Lungo balcone sul quale si affacciano varie finestre. 2 Nei cinema e nei teatri, serie di posti che si trovano al di sopra della platea Ⓢ galleria.

balcone (bal-có-ne) N.M. · Struttura architettonica che sporge sulla facciata di una casa ed è circondata da un parapetto: *affacciarsi al balcone* Ⓢ terrazza, terrazzo.

baldacchino (bal-dac-chì-no) N.M. · Copertura in stoffa sostenuta da un telaio usato per proteggere le cose o le persone che si trovano sotto o per ornamento: *il baldacchino del trono; letto a baldacchino.*

baldanza (bal-dàn-za) N.F. · Fiducia, a volte eccessiva, in se stesso e nella fortuna: *alla prima sconfitta ha perso tutta la sua baldanza* Ⓢ sicurezza.

baldanzoso (bal-dan-zó-so) AGG. · Che dimostra eccessiva fiducia in se stesso: *un ragazzo baldanzoso* Ⓢ fiero, spavaldo.

baldo (bàl-do) AGG. · Coraggioso e sicuro di sé: *un baldo giovane.*

baldoria (bal-dò-ria) N.F. (pl. *-rie*) · Allegria rumorosa: *basta con questa baldoria!* • Festeggiamento spensierato, con grande quantità di cibi e bevande: *abbiamo fatto baldoria fino all'alba.*

balena (ba-lé-na) N.F. · Cetaceo che vive nei mari delle regioni polari, lungo dai 18 ai 20 metri, di colore nero con zone bianche e testa enorme; si nutre di plancton.

La balena emette un suono simile a una musica, il verbo che indica il suo verso, pertanto, è *cantare* e il nome è *canto.*

balenare (ba-le-nà-re) V.INTR. (*baléno*, ecc.; aus. *essere*) 1 Mandare una luce forte e brevissima: *una lama balenò nell'oscurità* Ⓢ brillare. 2 Venire in mente all'improvviso: ***gli** balenò il sospetto di essere stato tradito.*

baleniera (ba-le-niè-ra) N.F. · Nave usata per la caccia alle balene.

baleno (ba-lé-no) N.M. · Bagliore di luce: *tuoni e baleni* Ⓢ lampo. Ⓔ ***In un baleno,*** in un attimo, rapidamente: *la notizia si diffuse in un baleno.*

balenottera (ba-le-nòt-te-ra) N.F. · Cetaceo simile alla balena, ma più snello; lungo fino a 25 m, vive nell'Atlantico settentrionale, ma giunge spesso anche nel Mediterraneo.

balera (ba-lè-ra) N.F. · Locale o pista da ballo, spesso all'aperto.

balestra (ba-lè-stra) N.F. 1 Antica arma da guerra per lanciare le frecce; è formata da un arco fissato a un'asta di legno con dispositivo per tendere la corda e farla scattare al momento opportuno. 2 Fascio di lamine d'acciaio sovrapposte, usato come organo di sospensione negli autoveicoli e nei treni.

balia[1] (ba-lì-a) N.F. · Solo nell'espressione ***in balia di***, soggetto a forze esterne: *la nave era in balia delle onde*; in potere di qualcuno, costretto ad obbedirgli senza potersi rifiutare: *era ormai in sua balia.*

balia[2] (bà-lia) N.F. (pl. *-lie*) · Donna che per lavoro dà il proprio latte ai figli di altre persone: *dare a balia un bambino* Ⓢ nutrice.

balistica (ba-lì-sti-ca) N.F. (pl. *-che*) · Scienza che studia il movimento dei proiettili lanciati dalle armi da fuoco.

balla (bàl-la) N.F. 1 Involucro, in genere di tela, usato per il trasporto di merci • La quantità di merce che esso contiene: *una balla di carbone.* 2 Nel linguaggio familiare, bugia, frottola: *mi hai raccontato una balla.*

ballare (bal-là-re) V.INTR. e TR. || INTR. (aus. *avere*) 1 Muovere i passi e il corpo secondo un ritmo musicale: *ha imparato a ballare da bambina* Ⓢ danzare. 2 Muoversi in modo scomposto: *ballava sulla sedia* ***per*** *l'impazienza* Ⓢ agitarsi. 3 Di cose, tentennare, traballare: *il tavolo balla perché ha una gamba più corta.* || TR. Eseguire una danza: *ballare un valzer.*

ballata (bal-là-ta) N.F. 1 Poesia di origine popolare formata da diverse strofe cui si alterna un ritornello. 2 Componimento cantato o solo strumentale, tipico del periodo romantico: *le ballate per pianoforte di Chopin.* 3 Nella musica leggera, canzone a ritmo lento in cui è data molta importanza al testo.

ballatoio (bal-la-tó-io) N.M. (pl. *-tói*) · Balcone che gira intorno al lato interno o esterno di un edificio: *il ballatoio di una biblioteca.*

ballerino (bal-le-rì-no) AGG. e N.M. (f. *-a*) || N.M. (f. *-a*) Chi balla per professione o per piacere: *è un ballerino della Scala; una brava ballerina di tango* Ⓢ danzatore. || N.F. Scarpa da donna scollata, con tacco molto basso. || AGG. Poco stabile: *un tavolo ballerino* • Poco affidabile: *una difesa ballerina.*

balletto (bal-lét-to) N.M. 1 Composizione musicale scritta per essere ballata. 2 Spettacolo di danza accompagnato da musica: *allestire un balletto.* 3 Corpo di ballo: *il balletto della Scala mette in scena "Giselle"* Ⓢ compagnia.

ballo (bàl-lo) N.M. 1 L'arte di muovere i passi e il corpo secondo un ritmo musicale: *maestro di ballo* • Danza: *i balli popolari sopravvivono nelle campagne* • Giro di danza: *mi concedi il prossimo ballo?* • Il ritmo musicale che si segue ballando: *i balli moderni sono troppo frenetici.* 2 Festa con danze: *l'ho conosciuto a un ballo in maschera.* Ⓔ ***Corpo di ballo*** → ***corpo*** • ***Essere in ballo***, essere in questione, andare di mezzo: *è in ballo la mia dignità professionale* • ***Sala da ballo***, locale dove si tengono feste con danze.

ballottaggio (bal-lot-tàg-gio) N.M. (pl. *-gi*) · Seconda votazione in un'elezione; viene fatta per eleggere uno dei due candidati che nel primo turno hanno ottenuto più voti degli altri, ma non la maggioranza necessaria per risultare eletti: *alle elezioni per il sindaco si andrà al ballottaggio.*

balneare (bal-ne-à-re) AGG. · Che riguarda i bagni, soprattutto di mare: *stabilimento balneare; stazione balneare*, luogo di mare con attrezzature turistiche.

balneazione (bal-ne-a-zió-ne) N.F. · Il fare il bagno in acque di mare, fiume o lago: *divieto di balneazione.*

balocco (ba-lòc-co) N.M. (pl. *-chi*) · Giocattolo: *una stanza piena di balocchi.*

balordo (ba-lór-do) AGG. e N.M. (f. *-a*) || AGG. e N.M. (f. *-a*) Sciocco, stupido, tonto: *solo un balordo come te poteva cascarci* • Che dà poco o nessun affidamento: *non affidare i tuoi risparmi a quei balordi.* || AGG. Privo di logica o di fondamento: *che idea balorda è la tua!* Ⓢ assurdo, strampalato • Che non è riuscito come si voleva: *un lavoro balordo.* || N.M. Malvivente, delinquente: *è stato aggredito da un balordo.*

balsamico (bal-sà-mi-co) AGG. (pl.m. *-ci*, pl.f. *-che*) · Che ha le proprietà del balsamo: *pomata balsamica* • Che fa bene alla salute: *aria balsamica.* Ⓔ ***Aceto balsamico***, aromatizzato e fatto invecchiare in botti per molti anni.

balsamo (bàl-sa-mo) N.M. 1 Sostanza oleosa e profumata che si ricava da alcune piante,

B

usata in medicina e in profumeria: *curare con un balsamo* Ⓢ unguento, pomata. **2** Aiuto morale in un momento di difficoltà: *le tue parole sono state un balsamo per me* Ⓢ conforto, sollievo.

baltico **(bàl-ti-co)** AGG. (pl.m. *-ci*, pl.f. *-che*) · Dei territori che si trovano sulle rive del Mar Baltico. Ⓔ ***Repubbliche baltiche***, l'Estonia, la Lettonia e la Lituania.

baluardo **(ba-lu-àr-do)** N.M. **1** Fortificazione formata da terrapieni chiusi da grosse muraglie. **2** Mezzo di difesa: *le Alpi sono il baluardo dell'Italia* Ⓢ riparo, protezione.

baluginare **(ba-lu-gi-nà-re)** V.INTR. (*balùgino*, ecc.; aus. *essere*) **1** Apparire e sparire velocemente: *un raggio di sole baluginò nella stanza* Ⓢ balenare. **2** Venire in mente in modo improvviso: *gli baluginò una strana idea*.

balza **(bàl-za)** N.F. **1** Parete quasi verticale di un monte: *le balze di Volterra*. **2** Breve tratto di terreno piano che interrompe le pareti a picco girando intorno alla montagna. **3** Fascia pieghettata che orna le estremità di vesti o tovaglie: *gonna a balze*.

balzano **(bal-zà-no)** AGG. · Diverso da ciò che è considerato normale: *un'idea balzana* Ⓢ strambo, bizzarro, stravagante.

balzare **(bal-zà-re)** V.INTR. (aus. *essere*) **1** Saltare su di scatto: *la tigre balzò* ***sulla*** *preda; balzare* ***in*** *piedi; balzare* ***dal*** *letto* Ⓢ scattare, lanciarsi. **2** Apparire con evidenza: *è un particolare che balza* ***agli*** *occhi* Ⓢ risaltare. **3** Del cuore, accelerare i battiti: *il cuore mi balzava in petto per l'emozione* Ⓢ sussultare.

balzello **(bal-zèl-lo)** N.M. · Tassa ingiusta e pesante: *imporre balzelli*.

balzo **(bàl-zo)** N.M. **1** Salto che fa un corpo elastico dopo aver battuto contro una superficie: *un balzo della palla sul terreno ingannò il portiere* Ⓢ rimbalzo. **2** Movimento rapido e improvviso: *il cavallo evitò l'ostacolo con un balzo* Ⓢ scatto. Ⓔ ***Fare un balzo in avanti***, fare un progresso: *fare un balzo in avanti nella classifica* • ***Prendere la palla al balzo*** → *palla*.

bambagia **(bam-bà-gia)** N.F. (pl. *-gie*) · Cotone di scarto: *un cuscino imbottito di bambagia* • Cotone in fiocchi: *pulire una ferita con della bambagia* Ⓢ ovatta. Ⓔ ***Nella bambagia***, al riparo da ogni pericolo o preoccupazione: *vivere nella bambagia*.

bambinaia **(bam-bi-nà-ia)** N.F. (pl. *-nàie*) · Donna pagata per accudire e sorvegliare uno o più bambini Ⓢ governante; baby sitter (*ingl.*).

bambino **(bam-bì-no)** N.M. (f. *-a*) **1** L'essere umano nell'età compresa tra la nascita e l'inizio dell'adolescenza: *allattare, educare un bambino*. **2** Figlio: *il mio bambino sta mettendo i denti*. Ⓔ ***Aspettare un bambino***, di donna, essere incinta • ***Bambino prodigio*** → *prodigio* • ***Fare il bambino***, di persona adulta, comportarsi in modo immaturo: *smettila di fare il bambino!*

bamboccio **(bam-bòc-cio)** N.M. (f. -a; pl.m. -ci, pl.f. -ce) **1** Bambino grassottello. **2** Giocattolo che rappresenta una figura umana Ⓢ fantoccio, pupazzo • Persona immatura e facilmente influenzabile: *comportarsi da bamboccio*.

bambola **(bàm-bo-la)** N.F. **1** Fantoccio di forme femminili, fabbricato in diversi materiali, come giocattolo per bambine: *gioca ancora con le bambole*. **2** Ragazza con il viso bello ma poco espressivo: *come ha fatto a innamorarsi di quella bambola?*

bambù **(bam-bù)** N.M. INVAR. · Pianta diffusa nella zona dei tropici, per lo più con aspetto di albero, alta fino a 40 metri; il suo fusto cavo, liscio e leggero viene impiegato nella fabbricazione di svariati oggetti, come panieri, mobili, bastoni.

banale **(ba-nà-le)** AGG. · Privo di originalità, interesse o importanza: *un uomo banale; litigano per motivi banali* Ⓢ insignificante, mediocre • Semplice, facile, elementare: *la soluzione di questo problema di geometria è banale*.

banalità **(ba-na-li-tà)** N.F. INVAR. **1** Mancanza di originalità o interesse: *la banalità delle sue opinioni mi esaspera* Ⓢ mediocrità. **2** Cosa banale: *evitiamo di dire banalità* Ⓢ stupidaggine, sciocchezza.

banalizzare **(ba-na-liz-zà-re)** V.TR. · Privare qualcosa di originalità e di importanza, semplificandolo troppo: *banalizzare una teoria*.

banana **(ba-nà-na)** N.F. · Il frutto del banano, di colore giallo, forma allungata e curva, con polpa dolce e ricca di vitamine. E ***Scivolare su una buccia di banana***, essere vittima di un banale incidente o errore.

banano (**ba-nà-no**) N.M. · Pianta tropicale con foglie molto larghe, coltivata per i suoi frutti, detti *banane*.

banca (**bàn-ca**) N.F. (pl. *-che*) **1** Istituto che compie operazioni monetarie e finanziarie utilizzando il denaro proprio e quello depositato dai clienti: *avere, aprire un conto in banca* • L'edificio in cui ha sede tale istituto: *prima di venire da te devo passare in banca.* **2** Deposito di tessuti e organi del corpo umano conservati presso una clinica per pazienti che ne abbiano bisogno: *banca del sangue.* **3** ***Banca dati***, insieme di informazioni organizzate e raccolte nella memoria di un computer.

bancarella (**ban-ca-rèl-la**) N.F. · Banco sul quale i venditori ambulanti espongono la loro merce: *le bancarelle del mercato.*

bancario (**ban-cà-rio**) AGG. e N.M. (f. *-a*; pl.m. *-ri*, pl.f. *-rie*) || AGG. Di banca, che riguarda la banca: *sportello, assegno bancario.* || N.M. (f. *-a*) Impiegato di banca.

bancarotta (**ban-ca-rót-ta**) N.F. · Impossibilità di pagare i creditori da parte di un imprenditore dichiarato fallito: *fare, dichiarare bancarotta* S fallimento.

banchetto (**ban-chét-to**) N.M. · Pranzo a cui prendono parte molte persone, di solito per festeggiare qualcuno: *banchetto di nozze.*

banchiere (**ban-chiè-re**) N.M. (f. *-a*; pl.m. *-i*, pl.f. *-e*) · Chi è proprietario o azionista di una banca.

banchina (**ban-chì-na**) N.F. **1** Nei porti, costruzione in muratura a cui le navi possono accostarsi per compiere operazioni di carico e di scarico S molo. **2** Nelle stazioni ferroviarie, marciapiede rialzato rispetto ai binari. **3** Pista riservata ai pedoni e ai ciclisti ai lati delle grandi strade.

banchisa (**ban-chì-ṣa**) N.F. · La distesa dei ghiacci che galleggiano nei mari delle regioni polari.

banco (**bàn-co**) N.M. (pl. *-chi*) **1** Mobile a uno o più posti, composto di un sedile, con o senza schienale: *banchi di scuola, di chiesa.* **2** Tavolo robusto su cui si tengono gli attrezzi da lavoro: *il banco di un'officina.* **3** Tavolo lungo e stretto, chiuso sul davanti, che negli uffici e nei negozi separa il pubblico dagli impiegati o dai commessi: *il banco del macellaio; stare al banco.* **4** Istituto di credito: *Banco di Napoli* S banca. **5** Nei giochi d'azzardo, il diritto di distribuire le carte, ricevere le puntate e pagare le vincite: *tenere, avere il banco* • Il giocatore che tiene il banco: *il banco vince.* **6** Ammasso di notevole spessore, che si estende in senso orizzontale: *banco di ghiaccio.* E ***Banco degli imputati***, in un processo, quello dove siedono le persone sottoposte a giudizio • ***Banco del Lotto***, il botteghino dove si ricevono le giocate • ***Banco di nebbia*** → ***nebbia*** • ***Banco di prova***, situazione che dimostra le reali capacità di una persona o l'efficacia di un provvedimento • ***Sotto banco***, di nascosto: *il mio socio trattava sotto banco con la concorrenza* • ***Tenere banco***, in una conversazione, parlare e farsi ascoltare più degli altri.

bancomat (**bàn-co-mat**) N.M. INVAR. · Sistema che permette ai clienti di una banca di prelevare denaro da appositi sportelli automatici: *prendere duecento euro al bancomat* • La tessera magnetica che permette di effettuare questa operazione: *pagare con il bancomat.*

bancone (**ban-có-ne**) N.M. · Mobile lungo e alto a forma di tavolo, chiuso sul davanti, usato in locali pubblici come bar, negozi, biglietterie S banco.

banconota (**ban-co-nò-ta**) N.F. (pl. *banconòte*) · Moneta di carta emessa da una banca autorizzata: *posso pagare con una banconota da cento euro?*

Il termine deriva da una parola inglese che significa 'biglietto di banca', composta di *bank* 'banca' e *note* 'biglietto'.

banda[1] (**bàn-da**) N.F. **1** Gruppo di persone armate organizzato per la guerriglia: *le bande partigiane della Resistenza.* **2** Gruppo di fuorilegge che di solito ubbidisce a un capo: *una banda di rapinatori* • Brigata, gruppo: *una banda di amici.* **3** Compagnia di suonatori di strumenti a fiato e a percussione che si esi-

B

bisce in occasioni solenni: *stasera in piazza ci sarà un concerto della banda del paese.*

Banda è un nome collettivo: indica tante persone, ma è un sostantivo singolare.

banda² (**bàn-da**) N.F. · Striscia disposta su un fondo di colore diverso: *una macchina rossa con delle bande laterali gialle.*

banderuola (**ban-de-ruò-la**) N.F. **1** Bandierina metallica che ruota intorno a un'asta verticale fissata sui tetti per conoscere la direzione del vento. **2** Persona che cambia opinione con eccessiva facilità.

bandiera (**ban-diè-ra**) N.F. · Pezzo di stoffa di uno o più colori fissato a un'asta come simbolo di una nazione, di un'associazione o di un partito: *alzare, ammainare la bandiera* Ⓢ stendardo, vessillo. Ⓔ ***Bandiera a mezz'asta***, abbassata a metà dell'asta che la sorregge, in segno di lutto • ***Bandiera bianca***, di stoffa bianca, che si alza per arrendersi • ***Bandiera rossa***, la bandiera dei partiti socialisti e comunisti • ***Cambiare bandiera***, cambiare opinione, comportamento o gruppo di appartenenza, spesso per opportunismo.

bandierina (**ban-die-rì-na**) N.F. **1** Piccola bandiera usata come segnale: *sulla spiaggia sventolano le bandierine rosse in segno di pericolo.* **2** Nel calcio, piccola bandiera fissata a un'asta conficcata nel terreno a ciascuno dei quattro angoli del campo di gioco. Ⓔ ***Tiro dalla bandierina***, nel calcio, calcio d'angolo.

bandire (**ban-dì-re**) V.TR. (*bandisco, bandisci*, ecc.) **1** Rendere noto con un avviso pubblico: *bandire un concorso, un'asta.* **2** Mettere al bando: *Dante fu bandito* ***da*** *Firenze* Ⓢ esiliare • Fare andare via: *bandire* ***da*** *un partito* Ⓢ allontanare, cacciare. **3** Far sparire: *dovresti bandire gli alcolici* ***dalla*** *tua dieta* Ⓢ eliminare, escludere, abolire.

banditismo (**ban-di-tì-ṣmo**) N.M. · L'attività criminosa dei banditi: *la repressione del banditismo.*

bandito (**ban-dì-to**) N.M. · Chi commette azioni criminali, da solo o in banda: *la banca è stata svaligiata da tre banditi* Ⓢ fuorilegge, delinquente.

banditore (**ban-di-tó-re**) N.M. (f. *-trice*) **1** Chi dirige la vendita nelle aste pubbliche. **2** In passato, chi leggeva ad alta voce per le strade il contenuto di un bando Ⓢ araldo. **3** Persona che diffonde un'idea: *banditore di una fede* Ⓢ annunciatore, apostolo.

bando (**bàn-do**) N.M. **1** Annuncio pubblico fatto con avviso a stampa o altri mezzi d'informazione: *bando di concorso.* **2** Allontanamento da una comunità: *mettere al bando*, condannare all'esilio. Ⓔ ***Bando alle chiacchiere***, basta con le chiacchiere, come richiamo al realismo e alla praticità.

banner (**ban-ner; pronuncia *bànner***) N. INGL., in it. N.M. INVAR. · Annuncio pubblicitario su una pagina web.

bantu (**bàn-tu**) o **bantù** (**ban-tù**) AGG. e N.M. e F. INVAR. · Dell'omonima grande famiglia di neri africani, caratterizzata da circa 600 lingue imparentate fra di loro.

baobab (**ba-o-bàb**) N.M. INVAR. · Albero tropicale con un tronco che può raggiungere 8 m di diametro e frutti a forma di zucca.

bar N.M. INVAR. · Pubblico locale dove si possono consumare bevande o cibi leggeri: *andiamo a prendere un caffè al bar?*

Il termine deriva dall'inglese *bar* 'sbarra', con riferimento al bancone su cui si servono le bevande.

bara (**bà-ra**) N.F. · Cassa in cui viene chiuso il cadavere per la sepoltura: *deporre il defunto nella bara* Ⓢ feretro.

baracca (**ba-ràc-ca**) N.F. (pl. *-che*) **1** Costruzione provvisoria usata come deposito di attrezzi e merci o come riparo per le persone: *la baracca di un cantiere; i profughi sono stati sistemati in baracche* Ⓢ capanna. **2** Nel linguaggio familiare, impresa o famiglia con situazione economica difficoltosa: *tocca a me mandare avanti la baracca.* Ⓔ ***Baracca e burattini***, nel linguaggio familiare, l'insieme di tutto ciò che può servire: *ha preso baracca e burattini ed è partito per l'Australia.*

baraccone (**ba-rac-có-ne**) N.M. · Costruzione smontabile che nelle fiere o nei luna park serve a ospitare attrazioni e giochi: *il baraccone del circo.*

baraccopoli (**ba-rac-cò-po-li**) N.F. INVAR. · Gruppo di baracche ai margini di grandi città, abitate da senzatetto o costruite in seguito a disastri naturali: *le baraccopoli di Rio de Janeiro; a dieci anni dal terremoto molti vivono ancora nelle baraccopoli.*

Il termine significa letteralmente 'città di capanne', perché composto di *baracca* e del suffisso greco *-polis* 'città'.

baraonda (ba-ra-ón-da) N.F. **1** Rumorosa confusione provocata da molte persone: *al supermercato c'era una gran baraonda* Ⓢ confusione, baccano Ⓒ pace, calma. **2** Disordine caotico: *che baraonda in questa stanza!*

barare (ba-rà-re) V.INTR. (aus. *avere*) **1** Truffare al gioco: *barare a poker* Ⓢ imbrogliare. **2** Comportarsi in modo sleale: *barare* ***in*** *amore* Ⓢ mentire.

baratro (bà-ra-tro) N.M. **1** Luogo di grande profondità: *precipitare in un baratro* Ⓢ abisso, precipizio, crepaccio. **2** Rovina irreparabile: *il baratro del vizio.*

Il termine deriva dal nome greco di una voragine vicina ad Atene in cui si gettavano i condannati a morte.

barattare (ba-rat-tà-re) V.TR. · Dare una cosa in cambio di un'altra: *barattare un cesto di verdure* ***con*** *un chilo di carne* Ⓢ scambiare.

baratto (ba-ràt-to) N.M. · Scambio di un bene con un altro senza far uso di moneta: *l'economia primitiva era basata sul baratto.*

barattolo (ba-ràt-to-lo) N.M. · Vasetto di vetro, latta o altro materiale, fornito di coperchio, per conservare alimenti o altre sostanze: *un barattolo di miele, di colla.*

barba (bàr-ba) N.F. **1** L'insieme dei peli che crescono sulle guance e sul mento dell'uomo: *portare la barba; farsi la barba,* raderla. **2** Nel linguaggio familiare, noia, lagna: *che barba questo libro!* **3** SPESSO AL PL. Piccolo filamento della radice di una pianta. Ⓔ ***Farla in barba a qualcuno***, ingannarlo.

barbabietola (bar-ba-biè-to-la) N.F. (pl. *barbabiètole*) **1** Vegetale coltivato negli orti di cui si consuma la radice rotonda di colore rosso e dal sapore dolce. **2** Bietola. Ⓔ ***Barbabietola da zucchero***, qualità coltivata per estrarne zucchero.

barbagianni (bar-ba-giàn-ni) N.M. INVAR. **1** Uccello rapace notturno, di colore giallo rossiccio sul dorso e bianco sulla parte anteriore della testa e sul ventre; si nutre di insetti e di topi. **2** Vecchio noioso e brontolone: *il tuo amico è un vero barbagianni!*

Il termine significa propriamente 'zio Gianni' ed è un composto di **barba**, nel significato dialettale di 'zio' (spesso, infatti, lo zio ha la barba), e del nome proprio *Gianni*; la tradizione popolare attribuisce infatti al barbagianni una funzione protettiva, come quella che può avere uno zio.

Il verbo che indica il verso del barbagianni è *bubolare.*

barbaglio (bar-bà-gli-o) N.M. (pl. *-gli*) · Luce intensa e ripetuta: *il barbaglio dei lampi* Ⓢ bagliore. ▸ Ⓕ **bagliore**

barbaramente (bar-ba-ra-mén-te) AVV. **1** Con crudeltà e ferocia: *la vittima fu barbaramente assassinata.* **2** In modo incivile e rozzo: *a cena ti sei comportato barbaramente.*

barbarico (bar-bà-ri-co) AGG. (pl.m. *-ci*, pl.f. *-che*) **1** Dei barbari: *le invasioni barbariche.* **2** Rozzo, primitivo: *usanze barbariche.*

barbarie (bar-bà-rie) N.F. INVAR. **1** Condizione di vita degradata e primitiva: *il Medioevo era considerato un periodo di barbarie* Ⓢ inciviltà. **2** Azione crudele: *la pena di morte è una barbarie* Ⓢ crudeltà.

barbaro (bàr-ba-ro) AGG. e N.M. (f. *-a*) || AGG. e N.M. (f. *-a*) **1** Presso gli antichi Greci e i Romani, che, chi apparteneva a una civiltà diversa: *i barbari occuparono l'Impero romano.* **2** Incivile, primitivo, arretrato: *costumi barbari* • Rozzo, maleducato: *quest'anno a scuola mi è capitata una classe di barbari.* || AGG. Feroce, crudele, spietato: *un barbaro omicidio.*

Il termine deriva dal greco *bárbaros* che in origine significava 'colui che balbetta', passato poi a indicare lo straniero, in quanto incapace di farsi capire.

barbecue (bar-be-cue; pronuncia *barbechiù*) N. INGL., in it. N.M. INVAR. **1** Cottura di cibi all'aria aperta, su braci o alla griglia: *stasera facciamo un barbecue con gli amici* Ⓢ grigliata. **2** Fornello con griglia: *cuocere una bistecca sul barbecue.*

B

barbiere (bar-biè-re) N.M. · Chi per lavoro rade la barba o taglia i capelli: *devo andare dal barbiere* Ⓢ parrucchiere.

barbiturico (bar-bi-tù-ri-co) N.M. (pl. *-ci*) · Farmaco usato come sonnifero e calmante: *avvelenamento da barbiturici.*

barbone (bar-bó-ne) N.M. (f. *-a*; pl.m. *-i*, pl.f. *-e*) || N.M. **1** Lunga barba: *un barbone bianco* • Chi porta una barba lunga: *tuo zio è un barbone simpatico.* **2** Razza di cani da compagnia con orecchie pendenti e pelo ricciuto: *i barboni sono cani affettuosi.* || N.M. (f. *-a*) Vagabondo, mendicante: *i barboni dormono spesso alla stazione.*

barboso (bar-bó-so) AGG. · Nel linguaggio familiare, noioso, monotono: *un romanzo barboso; un'insegnante barbosa.*

barbuto (bar-bù-to) AGG. · Che ha la barba: *un uomo barbuto; mento barbuto.*

barca (bàr-ca) N.F. (pl. *-che*) · Imbarcazione di piccole dimensioni per il trasporto di persone o cose: *barca a vela, a motore; andare in barca.* Ⓔ ***Sulla stessa barca***, insieme ad altri in una stessa condizione difficile.

barcaiolo (bar-ca-iò-lo) N.M. (f. *-a*) · Chi conduce o noleggia barche: *il barcaiolo ci portò sull'altra sponda del lago.*

barcamenarsi (bar-ca-me-nàr-si) V.INTR. PRONOM. (*mi barcaméno*, ecc.) · Muoversi con prudenza e furbizia in situazioni difficili: *barcamenarsi **nel** lavoro; si barcamena **tra** i problemi* Ⓢ destreggiarsi, arrangiarsi.

> Il termine deriva da *barca* e dal verbo *menare*, cioè 'condurre la barca evitando gli ostacoli'.

barcollare (bar-col-là-re) V.INTR. (*barcòllo*, ecc.; aus. *avere*) **1** Non reggersi bene in piedi, camminare vacillando: *barcollando, arrivò alla porta* Ⓢ vacillare. **2** Avere poca stabilità: *il governo barcolla* Ⓢ traballare.

bardare (bar-dà-re) V.TR. || TR. **1** Mettere i finimenti a un cavallo. **2** Vestire in modo stravagante: *come hanno bardato quel povero bambino?* || **bardarsi** RIFL. Vestirsi in modo insolito e stravagante: *si era tutto bardato a festa.*

bardatura (bar-da-tù-ra) N.F. **1** L'insieme dei finimenti del cavallo. **2** Abbigliamento vistoso ed eccentrico.

bardotto (bar-dòt-to) N.M. · Animale da soma, sterile, che si ottiene incrociando un'asina con un cavallo.

> Il verbo che indica il verso del bardotto è *nitrire* e il nome è *nitrito.*

barella (ba-rèl-la) N.F. · Piccolo letto leggero per trasportare malati, feriti o morti Ⓢ lettiga.

barelliere (ba-rel-liè-re) N.M. (f. *-a*; pl.m. *-i*, pl.f. *-e*) · Chi trasporta malati o feriti con la barella.

bari- · Primo elemento di parole composte che significa 'pesante, grave': *baritono*, cantante con il timbro basso e robusto.

baricentro (ba-ri-cèn-tro) N.M. · Il centro di gravità di un corpo.

barile (ba-rì-le) N.M. **1** Recipiente fatto di assi di legno strette insieme da cerchi, usato per conservare soprattutto vino od olio: *aveva la cantina piena di barili di vino* • Quantità di liquido contenuta in un barile. **2** Unità di misura del petrolio, pari a circa un ettolitro e mezzo.

bario (bà-rio) N.M. · Metallo argenteo diffuso sotto forma di minerale; un suo derivato è usato in medicina nell'esame del tubo digerente (il simbolo chimico è *Ba*).

barista (ba-rì-sta) N.M. e F. (pl.m. *-i*, pl.f. *-e*) · Chi serve il pubblico al banco di un bar.

baritono (ba-rì-to-no) N.M. · Cantante con voce intermedia tra quella del tenore e quella del basso.

barlume (bar-lù-me) N.M. **1** Luce lontana, fioca e incerta: *si vedeva un barlume all'orizzonte* Ⓢ chiarore. **2** Piccolo segno: *c'è un barlume di speranza.*

barman (bar-man; pronuncia *bàrman*) N. INGL., in it. N.M. INVAR. · Barista specializzato nella preparazione di cocktail e aperitivi.

baro (bà-ro) N.M. · Chi truffa ai giochi d'azzardo • Imbroglione, truffatore.

barocco (ba-ròc-co) N.M. e AGG. (pl.m. *-chi*, pl.f. *-che*) || N.M. Stile dominante nel Seicento, caratterizzato da un'arte ricca di decorazioni e forme ardite e stravaganti: *il barocco è diffuso in Spagna.* || AGG. **1** Del barocco: *pittura barocca.* **2** Esagerato, ridondante, enfatico: *un modo di scrivere molto barocco.*

barometro (ba-rò-me-tro) N.M. · Apparecchio per misurare la pressione atmosferica.

barone (ba-ró-ne) N.M. (f. *-éssa*; pl.m. *-i*, pl.f. *-ésse*) **1** Nel Medioevo, massimo titolo nobiliare attribuito direttamente dal sovrano. **2** Titolo nobiliare che segue quello di visconte. **3** Chi usa il proprio potere a fini personali: *i baroni dell'università.*

baronessa (ba-ro-nés-sa) N.F. **1** Femminile → ***barone***. **2** La moglie del barone.

barra (bàr-ra) N.F. **1** Asta di legno o di metallo che serve soprattutto da leva di comando: *barra del timone*, in un'imbarcazione Ⓢ leva, sbarra. **2** Segno grafico (/) costituito da una breve linea obliqua, tracciata dall'alto in basso, con funzioni di separazione, per es. nella rappresentazione di frazioni (3/8; 4/5). Ⓔ ***Codice a barre*** → ***codice***.

barretta (bar-rét-ta) N.F. · Prodotto alimentare che ha la forma di una piccola barra: *una barretta di cioccolato.*

barricare (bar-ri-cà-re) V.TR. (*bàrrico, bàrrichi*, ecc.) || TR. Chiudere un passaggio o una strada per difendersi e combattere: *barricare porte e finestre* Ⓢ sbarrare. || **barricarsi** RIFL. Chiudersi in un luogo bloccandone l'accesso: *gli insorti si erano barricati* ***nel*** *palazzo del governo* Ⓢ asserragliarsi, trincerarsi. Ⓔ ***Barricarsi in casa***, rimanere a lungo in casa senza vedere nessuno.

Il termine deriva dal francese *barrique* 'barile', perché in origine significava 'allineare i barili' per formare una barriera.

barricata (bar-ri-cà-ta) N.F. · Sbarramento fatto con mobili, veicoli e altri materiali di fortuna, in genere nelle strade di una città, per difendersi e combattere durante una sommossa o una guerra: *alzare le barricate; combattere sulle barricate.* Ⓔ ***Dall'altra parte della barricata***, nello schieramento opposto: *essere dall'altra parte della barricata.*

barriera (bar-riè-ra) N.F. **1** Sbarramento per segnare un confine o chiudere un passaggio: *le barriere di un passaggio a livello.* **2** Nel calcio, disposizione dei calciatori a protezione della propria porta in occasione di un calcio di punizione: *il portiere sta sistemando la barriera.* **3** Notevole ostacolo naturale: *la barriera delle Alpi.* **4** Elemento di divisione: *abbattere le barriere razziali* Ⓢ limite, divisione, ostacolo. Ⓔ ***Barriera corallina***, ampia formazione di corallo nei pressi delle coste continentali e insulari dei mari tropicali • ***Barriere architettoniche***, gli elementi architettonici come scale, scalini ecc., che rendono difficoltosi gli spostamenti ai disabili.

barrire (bar-rì-re) V.INTR. (*barrìsco, barrìsci*, ecc.; aus. *avere*) · Di elefante, emettere barriti.

barrito (bar-rì-to) N.M. · Il grido forte e acuto dell'elefante.

baruffa (ba-rùf-fa) N.F. · Litigio rumoroso fra più persone che di solito finiscono per fare a botte: *è scoppiata una baruffa fra i tifosi delle due squadre* Ⓢ rissa, zuffa.

barzelletta (bar-zel-lét-ta) N.F. · Storiella spiritosa che si racconta per far ridere: *è molto bravo a raccontare barzellette.*

basalto (ba-sàl-to) N.M. · Roccia di origine vulcanica, di colore nerastro, usata per pavimentazioni stradali.

basamento (ba-sa-mén-to) N.M. **1** La parte inferiore, con funzione di sostegno, di un edificio o monumento. **2** La parte inferiore di un mobile Ⓢ zoccolo.

basare (ba-sà-re) V.TR. || TR. Fondare, poggiare: *il magistrato ha basato l'accusa* ***su*** *una sola testimonianza.* || **basarsi** INTR. PRONOM. Poggiare, fondarsi: *la tua teoria si basa* ***su*** *presupposti sbagliati.*

basco (bà-sco) AGG. e N.M. (f. *-a*; pl.m. *-schi*, pl.f. *-sche*) || AGG. Dei Paesi Baschi, regione dei Pirenei che si affaccia sull'Oceano Atlantico. || N.M. (f. *-a*) Abitante, nativo dei Paesi Baschi. || N.M. La lingua parlata dai Baschi. Ⓔ ***Berretto basco*** (o *il basco* N.M.), berretto di panno morbido, tondo, molto usato come copricapo sportivo o da certi corpi militari.

base (bà-se) N.F. e AGG. || N.F. **1** La parte inferiore di un oggetto, sulla quale esso poggia: *la base di una colonna, di una bottiglia* Ⓢ ba-

B

samento, appoggio. **2** Il fondamento teorico di qualcosa: *la teoria della relatività è una delle basi della fisica moderna* Ⓢ origine. **3** Elemento fondamentale: *il riso è la base della cucina cinese.* **4** L'insieme degli iscritti a un partito o a un'organizzazione: *consultare la base per eleggere il segretario del partito.* **5** Luogo in cui si raccolgono o da cui partono le forze di un esercito: *base aerea* Ⓢ quartiere. **6** Nel baseball, ciascuno degli angoli del rombo tracciato sul terreno di gioco. **7** In geometria, il lato inferiore di una figura geometrica o la superficie inferiore di un solido. **8** ***Base di una potenza***, il numero da moltiplicare per se stesso tante volte quante viene indicato dall'esponente. **9** In chimica, sostanza che reagendo con un acido forma un sale. || AGG. INVAR. Di partenza: *il prezzo base di un'auto* Ⓢ iniziale. Ⓔ ***A base di***, composto in gran parte di: *un'alimentazione a base di latticini* • ***Di base***, di partenza, fondamentale: *l'inglese di base* • ***In base a***, secondo, sul fondamento di: *ho agito in base ai tuoi consigli.*

baseball (ba-se-ball; pronuncia *béịsbol*) N. INGL., in it. N.M. INVAR. · Gioco popolare negli Stati Uniti d'America ma praticato anche in altri Paesi; si svolge fra due squadre di nove uomini, su un campo sul quale è stato tracciato un rombo, ai cui vertici sono poste le basi.

basetta (ba-ṣét-ta) N.F. · Striscia formata dai capelli o dai peli della barba che si allunga sulla guancia davanti alle orecchie.

basico (bà-ṣi-co) AGG. (pl.m. *-ci*, pl.f. *-che*) · Di sostanza che presenta le caratteristiche delle basi Ⓒ acido.

basilare (ba-ṣi-là-re) AGG. · Che sono il fondamento di qualcosa: *i principi basilari di una dottrina* Ⓢ fondamentale, essenziale.

basilica (ba-ṣì-li-ca) N.F. (pl. *-che*) **1** Edificio pubblico degli antichi Romani, a pianta rettangolare, diviso da colonne in tre o cinque navate; era centro di affari e luogo dove si amministrava la giustizia. **2** Chiesa di particolare importanza: *la basilica di San Pietro.*

basilico (ba-ṣì-li-co) N.M. · Pianta erbacea, coltivata per le sue foglie aromatiche usate come condimento e nella preparazione di salse.

basilisco (ba-ṣi-li-sco) N.M. (pl. *-schi*) **1** Rettile favoloso che secondo le credenze medievali dava la morte con lo sguardo. **2** Rettile dell'America centrale e meridionale, caratterizzato da una cresta lungo il tronco e la coda.

basista (ba-ṣì-sta) N.M. e F. (pl.m. *-i*, pl.f. *-e*) · Organizzatore di un furto o di una rapina che i suoi complici porteranno poi a termine.

basket (bà-sket) N. INGL., in it. N.M. INVAR. · Pallacanestro.

bassezza (bas-séz-za) N.F. **1** Mancanza del senso dell'onore e della propria dignità: *bassezza d'animo* Ⓢ meschinità • Azione o comportamento vile o malvagio: *è capace d'ogni genere di bassezza* Ⓢ infamia. **2** Inferiorità di altezza o di livello.

bassifondi (bas-si-fón-di) · Plurale → ***bassofondo***.

bassipiani (bas-si-pià-ni) · Plurale → ***bassopiano***.

basso (bàs-so) AGG., AVV. e N.M. || AGG. **1** Che è sotto l'altezza media: *un uomo basso e tarchiato* Ⓢ piccolo Ⓒ alto • Che si trova a poca distanza dal suolo: *una stanza con il soffitto basso.* **2** Rivolto a terra, a indicare umiliazione, vergogna, sfiducia: *se ne andò a testa bassa.* **3** Che si trova più a sud o a una quota minore: *la bassa Italia; Bergamo bassa* • La parte di un fiume che scorre vicina alla foce: *il basso Po* • Poco esteso in profondità: *nuota solo nell'acqua bassa.* **4** Di suono, poco intenso: *parla a bassa voce* Ⓢ lieve, sommesso • Di nota musicale, che corrisponde a una frequenza poco elevata: *le note basse della sinfonia* Ⓢ grave, profondo, cupo Ⓒ acuto. **5** Di grandezza che corrisponde a un numero poco elevato: *prezzi bassi; pressione bassa.* **6** Di un'epoca storica, la fase più avanzata, più recente: *il basso Medioevo.* **7** Che dimostra viltà: *un'azione bassa e crudele* Ⓢ vile, spregevole • Di una classe sociale modesta: *gente di basse origini* Ⓢ umile • Scadente, mediocre: *merce di bassa qualità.* || AVV. In giù, a livello poco elevato: *colpire basso; mirare basso.* || N.M. **1** La parte inferiore: *l'alluvione ha danneggiato il basso dell'affresco* Ⓢ base. **2** Cantante con la voce maschile più grave e profonda: *il basso era molto bravo.* E ***Alti e bassi*** → *alto* • ***Avere il morale basso***, aver perso fiducia, essere depresso • ***Basso (elettrico)***, strumento elettrico a corde che emette suoni gravi • ***Cadere in basso***, decadere economicamente o perdere reputazione: *come è caduta in basso la sua famiglia!* • ***Volare basso***, a bassa quota; in senso figurato, avere ambizioni e pretese modeste.

bassofondo (bas-so-fón-do) (o **basso fondo**) N.M. (pl. *bassifóndi*) **1** Fondo marino poco al di sotto della superficie dell'acqua. **2** AL PL. I quartieri malfamati di una città, in cui regnano la miseria e la malavita: *un personaggio molto noto nei bassifondi di New York.*

bassopiano (bas-so-pià-no) N.M. (pl. *bassopiàni* o *bassipiàni*) · Zona pianeggiante poco elevata sul livello del mare, spesso circondata da monti C altopiano.

bassorilievo (bas-so-ri-liè-vo) N.M. (pl. *bassorilièvi*) · Scultura in cui le figure si staccano di poco dal piano di fondo: *scolpire in bassorilievo; un bassorilievo di Donatello.*

basta (bà-sta) INTER. · Si usa per chiedere con forza di stare zitti o di interrompere un'azione fastidiosa o nociva: *basta, silenzio!; mi fai male, basta!*

bastardo (ba-stàr-do) AGG. e N.M. (f. *-a*) || AGG. e N.M. (f. *-a*) **1** Nato dall'incrocio di due razze di animali o di piante: *cane bastardo; i bastardi sono i cani più affettuosi* S ibrido. **2** In senso spregiativo, di persona, nato da un'unione illegittima: *un figlio bastardo* S illegittimo, naturale. || N.M. (f. *-a*) Farabutto, carogna: *sei un bastardo!*

bastare (ba-stà-re) V.INTR. (aus. *essere*) · Essere o sembrare sufficiente: *non basta la buona volontà; ti bastano cento euro?* E ***Basta che***, purché, a patto che: *possiamo partire, basta che lui arrivi in orario* • ***Come se non bastasse***, oltre a ciò, inoltre: *come se non bastasse, si è anche guastato il riscaldamento* • ***E basta***, e nient'altro: *mi hanno pagato il primo stipendio e basta.*

bastimento (ba-sti-mén-to) N.M. · Nave da trasporto di grandi dimensioni.

bastione (ba-stió-ne) N.M. · Opera di difesa, consistente in un terrapieno sostenuto da grosse muraglie S baluardo.

basto (bà-sto) N.M. · Grossa sella di legno che si pone sul dorso di asini e muli per attaccarvi il carico.

bastonare (ba-sto-nà-re) V.TR. (*bastóno*, ecc.) · Colpire con un bastone: *bastonava il mulo per farlo camminare.*

bastone (ba-stó-ne) N.M. **1** Ramo ripulito e arrotondato od oggetto cilindrico di forma simile, usato soprattutto come appoggio o come arma: *bastone da passeggio; minacciare con un bastone.* **2** Attrezzo usato in vari sport per colpire palle, palline o dischi: *bastone da golf* S mazza. **3** AL PL. Uno dei quattro semi delle carte da gioco italiane: *il sei di bastoni.* E ***Il bastone della vecchiaia***, chi aiuta e sostiene una persona anziana • ***Mettere i bastoni tra le ruote***, creare problemi.

batacchio (ba-tàc-chio) N.M. (pl. *-chi*) **1** Bastone, pertica. **2** Il ferro che batte sulla parte interna della campana, facendola suonare S battaglio.

batiscafo (ba-ti-scà-fo) N.M. · Piccolo sommergibile usato per esplorare le zone più profonde del mare.

batosta (ba-tò-sta) N.F. **1** Colpo forte e violento: *prendere una batosta* S botta. **2** Grave danno improvviso: *dopo quella batosta non è più riuscito a riprendersi* S colpo.

battaglia (bat-tà-glia) N.F. (pl. *-glie*) **1** Scontro armato tra eserciti nemici: *la battaglia del Piave; battaglia navale* S combattimento. **2** Contrasto vivace per questioni politiche o economiche: *battaglia sindacale* S lotta, scontro. E ***Campo di battaglia***, il luogo in cui si combatte o si è combattuto • ***Cavallo di battaglia*** → *cavallo*.

battagliero (bat-ta-gliè-ro) AGG. · Che accetta volentieri la lotta e vi si impegna con onore: *un giovane battagliero; spirito battagliero* S combattivo.

battaglio (bat-tà-glio) N.M. (pl. *-gli*) **1** Il batacchio della campana. **2** Anello fissato alla porta delle case per bussare.

B

battaglione (bat-ta-glió-ne) N.M. · Unità fondamentale della fanteria, divisa in più compagnie.

battello (bat-tèl-lo) N.M. **1** Piccola imbarcazione a remi per il trasporto di persone. **2** Nave di piccole dimensioni per servizi di traghetto o di trasporto merci: *sull'isola il pane arriva tutti i giorni con il battello.*

battente (bat-tèn-te) N.M. **1** Imposta di una porta o di una finestra: *porta a un battente, a due battenti.* **2** Anello fissato alla porta delle case per bussare Ⓢ battaglio. Ⓔ ***Chiudere i battenti***, cessare un'attività: *a causa della crisi molte aziende hanno chiuso i battenti.*

battere (bàt-te-re) V.TR. e INTR. || TR. **1** Colpire con le mani o altro mezzo: *battere un chiodo con il martello; battere i tappeti*, scuoterli per liberarli dalla polvere. **2** Urtare casualmente, soprattutto di parti del corpo: *ho battuto il ginocchio **contro** lo spigolo* Ⓢ sbattere. **3** Muovere rapidamente provocando urti ripetuti, soprattutto di parti del corpo: *battere le mani*, applaudire; *battere i denti*, tremare per il freddo o la paura; *battere i piedi*, per la rabbia o l'impazienza. **4** Vincere in battaglia o in una competizione: *Napoleone fu battuto a Waterloo; mi batte sempre a scacchi* Ⓢ sconfiggere • Migliorare un primato: *battere un record.* **5** Nel calcio e in altri giochi con la palla, eseguire un tiro, una battuta: *battere una punizione.* **6** Delle ore, suonare: *il campanile ha battuto le tre.* **7** Scrivere un testo con uno strumento a tastiera: *battere una lettera al computer.* **8** Percorrere in lungo e in largo: *i cacciatori battevano il bosco in cerca di selvaggina* Ⓢ perlustrare. **9** nella forma ***battersela***, nel linguaggio familiare, ritirarsi, filarsela, scappare. || INTR. (aus. *avere*) **1** Urtare in modo involontario: *ho battuto **con** il gomito **sul** tavolo, **contro** lo spigolo* Ⓢ picchiare, sbattere. **2** Cadere sopra, anche con violenza: *la pioggia batteva **sui** vetri; le onde battevano **contro** gli scogli* • Del sole o altra luce, illuminare: *mi batte il sole **negli** occhi.* **3** Del cuore o polso, pulsare, palpitare: *senti come gli batte il cuore.* **4** Insistere, ribattere: *batte sempre **sullo** stesso argomento.* || **battersi** RIFL. RECIPROCO Combattere l'uno contro l'altro: *battersi a duello* Ⓢ scontrarsi. || **battersi** INTR. PRONOM. Lottare, combattere: *battersi **contro** i nemici* • Impegnarsi per far trionfare un'idea o un ideale: *battersi **per** i propri diritti.* Ⓔ ***Battere bandiera***, di imbarcazione o aereo, issare la bandiera dello Stato di cui si ha la nazionalità: *battere bandiera italiana, francese* • ***Battere il ferro finché è caldo***, approfittare del momento favorevole • ***Battere (il marciapiede)***, prostituirsi • ***Battere il tempo*** → ***tempo*** • ***Battere in ritirata***, ritirarsi, scappare, dal fatto che in passato la ritirata delle truppe veniva segnalata con il tamburo • ***Battere la fiacca***, agire con pigrizia • ***Battere moneta***, fabbricarla e metterla in circolazione • ***In un batter d'occhio***, in un attimo, in un baleno • ***Non batter ciglio*** → ***ciglio***.

batteria (bat-te-ri-a) N.F. (pl. *-rìe*) **1** Unità fondamentale dell'artiglieria: *batteria pesante, contraerea.* **2** Insieme di apparecchi o utensili usati per uno scopo: *batteria da cucina.* **3** Negli autoveicoli, gruppo di accumulatori collegati fra loro per fornire la corrente necessaria alla messa in moto e al funzionamento dell'impianto elettrico: *avere la batteria scarica.* **4** Il gruppo degli strumenti a percussione di un'orchestra • Insieme di strumenti a percussione suonati da uno stesso musicista: *suona la batteria.* **5** Nello sport, ciascuna delle prove che gli atleti devono superare per essere ammessi alla fase successiva: *ha vinto la prima batteria dei cento metri.*

batterico (bat-tè-ri-co) AGG. (pl.m. *-ci*, pl.f. *-che*) · Dei batteri: *flora batterica.*

batterio (bat-tè-rio) N.M. (pl. *-ri*) · Microrganismo vegetale formato da una sola cellula; a seconda della specie può essere utile o molto dannoso per l'uomo o gli animali.

batteriologico (bat-te-rio-lò-gi-co) AGG. (pl.m. *-ci*, pl.f. *-che*) **1** Che riguarda lo studio dei batteri: *ricerca batteriologica.* **2** Che usa i batteri per diffondere malattie in una certa zona: *guerra batteriologica.*

batterista (bat-te-rì-sta) N.M. e F. (pl.m. *-i*, pl.f. *-e*) · Chi suona la batteria: *è il batterista di un gruppo rock.*

battesimo (bat-té-ṣi-mo) N.M. **1** Il primo dei sette sacramenti della Chiesa cattolica; segna l'entrata di un nuovo cristiano nella Chiesa, con il rito dell'immersione o versando acqua sul capo: *ricevere il battesimo.* **2** Qualunque rito accompagnato dall'assegnazione di un nome: *il battesimo di una nave.* **3** Qualunque atto con valore di iniziazione: *è stato il suo battesimo nell'esercito.* Ⓔ ***Battesimo del fuoco***, la prima partecipazione a un combattimento o a un'attività • ***Tenere a battesimo***, fare da padrino o da madrina.

Il termine deriva da una parola greca che significa 'immersione'.

battezzare (bat-teẓ-ẓà-re) V.TR. (*battéẓẓo*, ecc.) **1** Accogliere nella Chiesa con il sacramento del battesimo • Far ricevere il battesimo: *domenica battezzeremo il bambino.* **2** Dare il nome con il battesimo: *"Come la battezzerete?" "Marta"* Ⓢ chiamare • Chiamare: *la nuova nave è stata battezzata "Iris".*

battibaleno (bat-ti-ba-lé-no) N.M. · Solo nell'espressione ***in un battibaleno***, in un attimo.

battibecco (bat-ti-béc-co) N.M. (pl. *-chi*) · Breve litigio verbale: *ho avuto un battibecco con la vicina* Ⓢ bisticcio, diverbio.

batticuore (bat-ti-cuò-re) N.M. INVAR. **1** Improvviso aumento dei battiti del cuore a causa di una forte emozione o di uno sforzo fisico: *per la paura le venne un gran batticuore* Ⓢ palpitazione. **2** Stato di ansia: *prima dell'esame ho sempre il batticuore* Ⓢ agitazione.

battigia (bat-ti-gia) N.F. (pl. *-gie*) · Zona della spiaggia su cui si infrangono le onde del mare: *una passeggiata sulla battigia* Ⓢ bagnasciuga.

battimano (bat-ti-mà-no) N.M. · Applauso fatto battendo le mani: *gli attori furono salutati da un caloroso battimano.*

battipanni (bat-ti-pàn-ni) N.M. INVAR. · Arnese con cui si battono vestiti, tappeti e materassi per liberarli dalla polvere.

battiscopa (bat-ti-scó-pa) N.M. INVAR. · Striscia di marmo, legno o altro materiale, che protegge la parete all'angolo con il pavimento Ⓢ zoccolo.

battista (bat-ti-sta) N.M. e F. (pl.m. *-i*, pl.f. *-e*) || N.M. Chi impartisce il battesimo: *san Giovanni battista*, profeta e precursore di Gesù Cristo. || N.M. e F. Chi appartiene a una delle confessioni cristiane sorte dopo la Riforma protestante (1517), per cui il battesimo è efficace solo se amministrato in età adulta per libera scelta.

battistero (bat-ti-stè-ro) N.M. · Edificio sacro, costruito vicino a una cattedrale e destinato al rito del battesimo.

battistrada (bat-ti-strà-da) N.M. e F. INVAR. || N.M. e F. Chi apre un corteo, una processione, una parata: *due carabinieri in motocicletta fanno da battistrada* • Nelle gare di corsa, l'atleta che precede gli altri concorrenti, regolandone la velocità. || N.M. La parte dello pneumatico che viene a contatto con il fondo stradale: *le gomme hanno i battistrada consumati.*

battito (bàt-ti-to) N.M. **1** Pulsazione, palpitazione: *il battito del polso.* **2** Successione di colpi o movimenti più o meno regolari: *il battito della pioggia sui vetri; un battito di ciglia.*

battitore (bat-ti-tó-re) N.M. (f. *-trìce*) **1** Cacciatore addetto a stanare la selvaggina, impaurendola con rumori. **2** In vari giochi con la palla, chi esegue la battuta d'inizio. **3** Nelle vendite all'asta, chi annuncia e aggiudica gli oggetti al migliore offerente.

battuta (bat-tù-ta) N.F. **1** Colpo, urto • Ogni colpo dato con le dita su una tastiera per scrivere un testo: *una brava segretaria fa più di cento battute al minuto.* **2** Suddivisione di un brano in porzioni di tempo, indicata sul pentagramma da linee verticali. **3** Frase con cui un attore interviene in un dialogo: *dare, suggerire la battuta* • Qualsiasi frase con cui si interviene in un discorso: *è stata una battuta infelice.* **4** Frase o risposta spiritosa: *ha sempre la battuta pronta* Ⓢ spiritosaggine. **5** Partita di caccia a cui partecipano molti cacciatori • Operazione di polizia per catturare un ricercato Ⓢ perlustrazione. **6** In alcuni giochi con la palla, il colpo con cui si mette o si rimette la palla in gioco: *il tennista si apprestava alla battuta.* Ⓔ ***Battuta d'arresto***, pausa in cui gli strumenti o la voce tacciono; in senso figurato, interruzione: *le trattative hanno subito una battuta d'arresto.*

battuto (bat-tù-to) AGG. e N.M. || AGG. **1** Sottoposto a una serie di colpi: *carne battuta; un*

B

luogo battuto dal vento Ⓢ percosso, colpito. **2** Molto frequentato: *è un sentiero molto battuto.* || N.M. Condimento a base di verdure ed erbe aromatiche tritate: *un battuto di sedano e cipolla* Ⓢ trito. Ⓔ ***Ferro battuto***, lavorato a caldo con il martello • ***Terra battuta***, spianata per renderla compatta.

batuffolo (ba-tùf-fo-lo) N.M. · Piccola quantità di materiale soffice e leggero: *un batuffolo di cotone.*

baule (ba-ù-le) N.M. **1** Grande cassa, spesso con coperchio curvo, per contenere o trasportare oggetti personali: *viaggiava con due grossi bauli.* **2** Bagagliaio di un'automobile: *puoi caricare i bagagli nel baule?* Ⓢ portabagagli.

bauxite (bau-xì-te) N.F. · Roccia di colore giallo o rosso mattone, usata come materia prima per l'estrazione dell'alluminio.

bava (bà-va) N.F. **1** Saliva schiumosa che esce dalla bocca dei bambini, delle persone anziane, e di alcuni animali: *un filo di bava gli colava dalla bocca.* **2** Sostanza filiforme prodotta dal baco da seta per formare il bozzolo. Ⓔ ***Bava alla bocca***, forte rabbia: *lo aggredì con la bava alla bocca*; gran desiderio: *guardava le vetrine con la bava alla bocca.*

bavaglino (ba-va-glì-no) N.M. · Tovagliolo che si lega al collo dei bambini perché non si sporchino quando mangiano Ⓢ bavaglio.

bavaglio (ba-và-glio) N.M. (pl. *-gli*) **1** Fazzoletto o pezzo di stoffa che viene legato alla bocca di una persona per impedirle di parlare o gridare. **2** Bavaglino: *ha il bavaglio sporco di marmellata.* Ⓔ ***Mettere il bavaglio***, impedire di esprimere la propria opinione: *la nuova legge ha messo il bavaglio alla stampa.*

bavero (bà-ve-ro) N.M. · Risvolto della giacca o del cappotto intorno al collo: *alzare il bavero del cappotto.* Ⓔ ***Prendere qualcuno per il bavero***, aggredirlo; in senso figurato, prenderlo in giro.

bavoso (ba-vó-so) AGG. · Sporco di bava: *bocca bavosa* • Di persona decrepita: *un vecchio bavoso.*

bazar (ba-zàr) N.M. INVAR. **1** Mercato caratteristico dei Paesi musulmani: *il bazar di Istanbul.* **2** Negozio di articoli vari, spesso di scarso valore: *nel paese c'era un piccolo bazar* Ⓢ emporio.

Il termine deriva da una parola persiana che significa 'mercato'.

bazzecola (baz-zé-co-la) N.F. · Cosa di poco conto: *litigare per una bazzecola* Ⓢ sciocchezza.

bazzicare (baz-zi-cà-re) V.TR. e INTR. (*bàzzico, bàzzichi*, ecc.; aus. *avere*) · Frequentare persone o luoghi: *bazzica una cattiva compagnia; bazzicare* ***per*** *il quartiere.*

be' (bè) → ***beh***.

beach volley (beach vol-ley; pronuncia *bič vòllei*) N. INGL., in it. N.M. INVAR. · Tipo di pallavolo giocata sulla spiaggia tra squadre di due giocatori.

bearsi (be-àr-si) V.INTR. PRONOM. (*mi bèo*, ecc.) · Provare grande piacere: *bearsi* ***di*** *un complimento* Ⓢ compiacersi.

beatificare (be-a-ti-fi-cà-re) V.TR. (*beatìfico, beatìfichi*, ecc.) · Dichiarare beato: *il Papa ha beatificato tre martiri.*

beatificazione (be-a-ti-fi-ca-zió-ne) N.F. · Atto con cui il Papa consente che qualcuno sia venerato dai fedeli cattolici come beato • Cerimonia in cui viene approvato ufficialmente questo atto.

beatitudine (be-a-ti-tù-di-ne) N.F. **1** Secondo la religione cattolica, lo stato di perfetta felicità delle anime in Paradiso. **2** Piena felicità dell'animo: *la musica mi dà una sensazione di beatitudine* Ⓢ gioia, letizia.

beato (be-à-to) AGG. e N.M. (f. *-a*) || AGG. e N.M. (f. *-a*) Che, chi gode della visione di Dio in Paradiso: *le anime beate; il regno dei beati.* || AGG. **1** Pienamente felice e soddisfatto: *un uomo beato* Ⓢ gioioso, lieto • Che ha avuto una grande fortuna: *beato te che hai due mesi di vacanza all'anno!* **2** Che rende felici: *la beata gioventù; ore beate.* Ⓔ ***La Beata Vergine***, la Madonna.

beauty case (beau-ty ca-se; pronuncia *biùti chéiș*) N. INGL., in it. N.M. INVAR. · Borsa o baule da viaggio di piccole dimensioni, che contiene il necessario per la toilette e il trucco.

bebè (be-bè) N.M. INVAR. · Bambino molto piccolo: *allattare il bebè* Ⓢ neonato.

beccaccia (bec-càc-cia) N.F. (pl. *-ce*) · Uccello con becco lungo e sottile, piume marroni e rossicce macchiate di nero e grigio.

beccare (bec-cà-re) V.TR. (*bécco, bécchi*, ecc.) || TR. **1** Prendere cibo con il becco: *gli uccellini beccavano le briciole.* **2** Colpire con il becco: *quel gallo* ***mi*** *ha beccato una gamba.* **3** Provocare, stuzzicare: *beccare qualcuno con delle battute.* **4** Nel linguaggio familiare, cogliere sul fatto: *l'hanno beccato a rubare* Ⓢ sorprendere, scoprire. || **beccarsi** TR. PRONOM. Nel linguaggio familiare, ottenere con ingegno o astuzia: *beccarsi un bello stipendio!* Ⓢ guadagnarsi • Prendersi, buscarsi: *si è beccato una polmonite.* || **beccarsi** RIFL. RECIPROCO Punzecchiarsi, bisticciarsi: *quelle due si beccano spesso.*

beccheggiare (bec-cheg-già-re) V.INTR. (*becchéggio*, ecc.; aus. *avere*) · Di imbarcazioni e aerei, oscillare nel senso della lunghezza: *la barca beccheggiava sul mare agitato.*

> Il termine deriva da *beccare*, per il movimento che fa l'uccello che ricorda quello della barca mossa dalle onde.

beccheggio (bec-chég-gio) N.M. (pl. *-gi*) · Oscillazione, nel verso della lunghezza, di un'imbarcazione o di un aereo, provocata da onde o correnti d'aria.

becchettare (bec-chet-tà-re) V.TR. (*becchétto*, ecc.) || TR. Beccare a piccoli colpi fitti: *l'uccellino becchettava le briciole.* || **becchettarsi** RIFL. Di uccello, darsi piccoli colpi con il becco per pulire le penne.

becchime (bec-chì-me) N.M. · Cibo che si dà da beccare ai volatili domestici.

becchino (bec-chì-no) N.M. (f. *-a*) · L'addetto al trasporto e alla sepoltura dei morti.

becco[1] (béc-co) N.M. (pl. *-chi*) **1** Rivestimento corneo allungato e appuntito che ricopre la bocca degli uccelli. **2** Estremità a punta: *i becchi del colletto* Ⓢ punta. Ⓔ ***Bagnarsi il becco***, nel linguaggio familiare, bere • ***Chiudere il becco, tenere il becco chiuso*** nel linguaggio familiare, stare zitto • ***Ficcare il becco*** o ***mettere il becco***, nel linguaggio familiare, intromettersi nei fatti degli altri • ***Non avere il becco di un quattrino***, nel linguaggio familiare, neanche un soldo.

becco[2] (béc-co) N.M. (pl. *-chi*) **1** Il maschio della capra Ⓢ capro. **2** Nel linguaggio familiare, marito tradito dalla moglie.

beccuccio (bec-cùc-cio) N.M. (pl. *-ci*) · Piccolo canale ad angolo all'orlo di un recipiente, per versarne più comodamente il contenuto: *il beccuccio di una caraffa.*

becero (bé-ce-ro) AGG. e N.M. (f. *-a*) · Che, chi è maleducato, chiassoso e volgare.

beduino (be-du-ì-no) AGG. e N.M. (f. *-a*) · Del popolo nomade delle steppe e dei deserti arabi: *tribù beduine; i beduini del deserto del Sahara.*

> Il termine deriva da una parola araba che significa 'abitante del deserto'.

befana (be-fà-na) N.F. **1** Il giorno dell'Epifania, che ricorre il 6 gennaio, in cui si usa fare regali ai bambini: *per la befana andiamo in montagna.* **2** La vecchia brutta ma generosa che, nella notte che precede l'Epifania, porta doni ai bambini buoni e carbone ai cattivi: *che ti ha portato la befana?* • Donna brutta e trascurata: *ma chi è quella befana?*

> Il termine deriva da una parola greca che significa 'manifestazione, apparizione'; è la forma popolare, quella dotta è *epifania*.

beffa (bèf-fa) N.F. · Atto o parola con cui ci si prende gioco di qualcuno Ⓢ burla, tiro. Ⓔ ***Farsi beffe di qualcuno***, deriderlo, farsene gioco • ***Subire il danno e la beffa***, venire danneggiato e in più anche deriso.

beffardo (bef-fàr-do) AGG. **1** Di persona, che si fa beffe di tutto e di tutti con malignità. **2** Che manifesta sarcasmo o derisione: *sguardo beffardo* Ⓢ sarcastico.

beffare (bef-fà-re) V.TR. (*bèffo*, ecc.) || TR. Ingannare, raggirare: *ci siamo lasciati beffare come dei principianti.* || **beffarsi** INTR. PRONOM. Prendersi gioco: *beffarsi* ***dei*** *superiori.*

bega (bè-ga) N.F. (pl. *-ghe*) **1** Litigio per futili motivi: *avere una bega con un parente* Ⓢ lite, contrasto. **2** Questione o situazione complicata o fastidiosa: *cacciarsi in una brutta bega* Ⓢ noia, seccatura. Ⓔ ***Prendersi una bega*** o ***assumersi una bega***, assumersi il compito di risolverla.

begli (bè-gli) · Plurale maschile → ***bello***.

B

begonia (be-gò-nia) N.F. (pl. *-nie*) · Pianta coltivata per la bellezza delle foglie e dei fiori, di colore bianco, rosa, rosso e giallo.

Il termine deriva dal nome di M. *Bégon*, governatore di Santo Domingo, a cui fu dedicata la pianta.

beh o **be'** (pronuncia *bè*) INTER. · Ebbene, bene, allora: *beh, cosa decidi?; beh!... fate voi.*

bei (bè-i) · Plurale maschile → ***bello***.

beige (bei-ge; pronuncia *bèʒ*) AGG. FR., in it. AGG. e N.M. INVAR. · Di colore nocciola chiaro: *una camicetta beige; il beige si intona con il verde.*

bel (pronuncia *bèl*) → ***bello***.

belare (be-là-re) V.INTR. (*bèlo*, ecc.; aus. *avere*) · Di pecore e capre, emettere belati: *l'agnello belava spaventato.*

Il termine deriva da una serie onomatopeica che imita il verso dell'animale.

belato (be-là-to) N.M. **1** Il verso delle pecore e delle capre. **2** Lamento insistente e fastidioso.

belga (bèl-ga) AGG. e N.M. e F. (pl.m. *-gi*, pl.f. *-ghe*) || AGG. Del Belgio. || N.M. e F. Abitante, nativo del Belgio.

bella (bèl-la) N.F. **1** Donna nota per la sua bellezza: *è la bella del quartiere* • Innamorata, fidanzata: *stasera esce con la sua bella.* **2** Bella copia: *ricopiare in bella.* **3** Nei giochi e negli sport, la partita o la gara decisiva: *siamo pari, facciamo la bella* Ⓢ spareggio.

belladonna (bel-la-dòn-na) N.F. (pl. *belledònne*) · Pianta erbacea medicinale, con frutti a bacca nerastra fortemente velenosi.

bellamente (bel-la-mén-te) AVV. **1** Con tranquillità e in modo sfacciato: *mentre tutti lavorano, lui se ne sta bellamente seduto.* **2** In modo garbato: *gli fecero bellamente capire di non insistere.*

belletto (bel-lét-to) N.M. · Cosmetico femminile per il viso.

bellezza (bel-léz-za) N.F. **1** La qualità che suscita ammirazione e spinge alla contemplazione: *la bellezza di un corpo, di un paesaggio* Ⓢ incanto, splendore Ⓒ bruttezza. **2** Persona o cosa che è oggetto di grande ammirazione e compiacimento: *una bellezza di bambino* Ⓢ meraviglia, splendore. Ⓔ ***Di bellezza***, che serve per la cura estetica del corpo: *prodotto, trattamento di bellezza;* ***salone di bellezza***, negozio di parrucchiere o centro dove si fanno cure estetiche; ***istituto di bellezza***, centro dove si fanno cure estetiche • ***Finire in bellezza***, concludere un'opera, un'attività, ecc., in modo degno di essere ricordato • ***La bellezza di***, per indicare una quantità notevole: *l'ho aspettato la bellezza di due ore* • ***Per bellezza***, solo per ornamento.

bellico (bèl-li-co) AGG. (pl.m. *-ci*, pl.f. *-che*) · Che riguarda la guerra: *periodo bellico; industria bellica* Ⓢ militare.

bellicoso (bel-li-có-so) AGG. **1** Che ama la guerra: *popoli bellicosi* Ⓢ guerriero Ⓒ pacifico. **2** Che accetta volentieri di lottare: *carattere bellicoso* Ⓢ battagliero, combattivo.

belligerante (bel-li-ge-ràn-te) AGG. e N.M. e F. · Che, chi si trova in stato di guerra: *i Paesi belligeranti non riescono a trovare un accordo.*

belligeranza (bel-li-ge-ràn-za) N.F. · La condizione di uno Stato in guerra.

bellimbusto (bel-lim-bù-sto) N.M. · Uomo vanitoso e ricercato nel vestire.

bello (bèl-lo) AGG. e N.M. (f. *-a*) || AGG. **1** Che è degno di essere ammirato suscitando un'attrazione fisica o spirituale: *un bell'uomo; un bel panorama; una bella idea* Ⓢ splendido, magnifico Ⓒ brutto. **2** Che dà soddisfazione e gioia: *una bella sorpresa; una bella dormita* Ⓢ piacevole Ⓒ sgradevole • Lieto, felice: *erano bei tempi quelli del liceo!* **3** Del tempo, sereno, mite: *per domani è previsto bel tempo.* **4** Di azione, che suscita ammirazione: *un bel gesto* Ⓢ generoso, nobile. **5** Che porta beneficio: *hai perso una bella occasione* Ⓢ favorevole, vantaggioso. **6** Di grande entità: *mi sono preso un bello spavento; è proprio un bell'ignorante* Ⓢ notevole. || N.M. L'oggetto del godimento estetico: *il culto del bello* Ⓢ bellezza Ⓒ bruttezza • Cosa o azione positiva e vantaggiosa: *il bello del mio lavoro è che mi permette di viaggiare.* || N.M. (f. *-a*) Chi ha bellezza e fascino: *da ragazzo era il bello della scuola.* Ⓔ ***Alla bell'e meglio*** → ***meglio*** • ***Bella copia*** (o *la bella* N.F.), la scrittura definitiva di un testo: *ho copiato il tema in bella copia* •

Bell'e buono, vero e proprio, autentico: *questa è una cattiveria bell'e buona* • ***Delle belle***, cose grosse, incredibili; ***dirne delle belle***, raccontare bugie; ***sentirne delle belle***, venire a sapere cose spiacevoli o sorprendenti • ***Fare la bella vita*** o ***darsi alla bella vita***, vivere senza impegni né responsabilità • ***Farsi bello***, vestirsi e prepararsi con cura • ***Nel bel mezzo***, proprio nel mezzo: *lo interruppe nel bel mezzo di un discorso* • ***Ora viene il bello***, per annunciare situazioni poco piacevoli o decisive • ***Sul più bello***, nel momento più importante e meno opportuno: *sul più bello è arrivata la madre*.

Al maschile *bello*, davanti alle parole che iniziano per consonante, presenta sempre al singolare la forma tronca *bel* (senza apostrofo) e al plurale la forma *bei*, tranne che prima di parole che iniziano per *s + consonante*, *z*, *x*, *gn*, *pn* e *ps*, dove presenta le forme *bello* e *begli*: *un bel cane*, *dei bei regali* ma *un bello scoglio*, *dei begli scherzi*. Quando *bello* e *bella* sono seguiti da vocale di norma si elidono in *bell'* (con apostrofo) al singolare e al plurale si usa la forma *begli*: *bell'amico*, *bell'amica*; *begli amici*. Il plurale regolare *belli* è usato solo quando si trova dopo il sostantivo: *i tuoi occhi belli*.

beluga (be-lù-ga) N.M. INVAR. **1** Cetaceo che vive nei mari artici, con pelle spessa di color bianco. **2** Storione assai diffuso nei fiumi russi • Il caviale molto pregiato che se ne ricava.

belva (bél-va) N.F. **1** Bestia feroce. **2** Uomo crudele e disumano: *la rabbia lo trasformò in una belva*.

belvedere (bel-ve-dé-re) N.M. INVAR. · Luogo posto in alto, da cui si può godere un vasto panorama.

bemolle (be-mòl-le) N.M. INVAR. · Segno musicale che indica l'abbassamento di mezzo tono della nota a cui si riferisce.

benché (ben-ché) CONGIUNZ. · Sebbene, anche se; introduce una proposizione concessiva: *benché l'altro avesse torto, non volle insistere; benché stanco, mi sforzai di finire il lavoro*. Ⓔ ***Il benché minimo***, nessuno: *non avere il benché minimo dubbio*.

L'accento sulla *e* di *benché* è acuto; scrivere *benchè* con l'accento grave è un errore!

benda (bèn-da) N.F. **1** Striscia di tela con cui si coprono gli occhi a chi non si vuole che veda: *le mise la benda sugli occhi per giocare a mosca cieca*. **2** Striscia di tela o di garza per fasciare ferite: *si avvolse la mano ferita in una benda* Ⓢ garza.

bendare (ben-dà-re) V.TR. (*bèndo*, ecc.) **1** Coprire o avvolgere con una o più bende: *bendare gli occhi* ***a*** *qualcuno*. **2** Fasciare parti del corpo ferite o malate: ***gli*** *ho bendato la ferita* Ⓢ fasciare.

bendisposto (ben-di-spó-sto) AGG. · Che ha buone intenzioni: *mi è sembrato bendisposto nei nostri confronti*.

bene[1] (bè-ne) AVV. e AGG. INVAR. (comparativo *meglio*) || AVV. **1** In modo soddisfacente, vantaggioso, conveniente: *ti senti bene?; gli affari vanno bene; comportarsi bene* Ⓒ male. **2** Con un grado sociale elevato: *nascere bene*, in una famiglia benestante. **3** Molto, assai: *la cosa è ben diversa* • Con certezza, sicuramente: *lo so bene quanto sei distratto* • Addirittura: *ho dovuto pagare ben mille euro di tasse*. || AGG. Di alto livello sociale: *è di famiglia bene* Ⓢ benestante. || **bene!** INTER. Esprime soddisfazione o apprezzamento: *bene così!; bene!, bravo!* • Dunque, allora, per introdurre o chiudere un discorso: *bene, oggi parleremo della poesia del Foscolo*. Ⓔ ***Bene o male***, in un modo o nell'altro • ***Di bene in meglio***, sempre meglio • ***Per bene***, in maniera accurata • ***Star bene***, vivere nell'agiatezza o godere di buona salute • ***Ti sta bene!***, te lo sei meritato.

bene[2] (bè-ne) N.M. **1** Ciò che è positivo, utile, vantaggioso: *ha detto tutto il bene possibile di te; lo faccio per il tuo bene* Ⓒ male. **2** Oggetto o servizio che serve a soddisfare un bisogno. **3** Affetto, amore: *vuole bene al suo cane; il figlio è il suo unico bene*. **4** Nel linguaggio giuridico, cosa che si possiede. • AL PL. Ricchezze, averi: *ha perduto tutti i suoi beni*. Ⓔ ***Ben di Dio***, abbondanza di cose buone e utili, specialmente di cibo e bevande • ***Beni di consumo*** → **consumo** • ***Beni di prima necessità***, assolutamente indispensabili come il cibo o gli

B

abiti • ***Bene immobile*** → *immobile* • ***Beni mobili*** → *mobile*[1].

benedettino (be-ne-det-tì-no) AGG. e N.M. (f. -*a*) || AGG. Di san Benedetto da Norcia: *ordine benedettino*. || N.M. (f. -*a*) Chi appartiene all'ordine fondato da san Benedetto da Norcia o a un ordine che segue la regola da lui dettata.

benedetto (be-ne-dét-to) AGG. **1** Che ha ricevuto la benedizione: *acqua benedetta* Ⓢ consacrato Ⓒ maledetto. **2** Degno di venerazione: *le anime benedette del Paradiso* Ⓢ santo, sacro. **3** Che porta felicità: *che giorno benedetto quello in cui ti ho incontrato!* Ⓢ felice, fortunato. **4** Nel linguaggio familiare, esprime un affettuoso rimprovero o impazienza: *questo benedetto treno non arriva mai!*

benedire (be-ne-dì-re) V.TR. (irreg.: coniugato come *dire*) **1** Di sacerdote, dare la benedizione: *benedire i fedeli*. **2** Invocare la benedizione di Dio per qualcuno o qualcosa: *le madri benedicevano i figli che emigravano* Ⓒ maledire. **3** Di Dio, proteggere, assistere: *Dio benedica la tua famiglia*. Ⓔ ***Andare a farsi benedire***, nel linguaggio familiare, andare in rovina, finire male: *tutte le sue proprietà sono andate a farsi benedire*; ***mandare qualcuno a farsi benedire***, mandarlo via in malo modo e non volerne più sapere.

benedizione (be-ne-di-zió-ne) N.F. **1** Rito religioso con cui il sacerdote invoca la grazia e la protezione divina su qualcuno o qualcosa: *impartire la benedizione ai fedeli*. **2** Atto solenne con cui si saluta qualcuno augurandogli bene e prosperità: *partì dopo aver ricevuto la benedizione dei genitori* • Protezione divina: *la benedizione del Signore scenda su di voi*. **3** Persona o cosa che porta benessere e felicità: *questa pioggia è una benedizione per la campagna* Ⓢ fortuna, beneficio.

beneducato (be-ne-du-cà-to) (o **ben educato**) AGG. · Che dal comportamento dimostra di aver ricevuto una buona educazione: *un ragazzo beneducato* Ⓢ cortese, gentile Ⓒ maleducato.

benefattore (be-ne-fat-tó-re) N.M. (f. -*trice*) · Chi ha fatto o fa del bene agli altri con doni, favori o con la propria attività: *le benefattrici di un istituto di carità; gli scienziati sono tra i grandi benefattori dell'umanità*.

beneficenza (be-ne-fi-cèn-za) N.F. · Aiuto prestato a persone bisognose: *opere di beneficenza; serata di beneficenza*, il cui ricavato è destinato a enti benefici.

La parola *beneficenza* si scrive senza *i*, scrivere *beneficienza* è un errore!

beneficiare (be-ne-fi-cià-re) V.INTR. (*benefício*, ecc.; aus. *avere*) · Ricavare vantaggio o beneficio da qualcosa: *beneficiare* **di** *una rendita mensile* Ⓢ godere.

beneficiario (be-ne-fi-cià-rio) N.M. (f. -*a*; pl.m. -*ri*, pl.f. -*rie*) · Chi gode di un beneficio: *la nipote è l'unica beneficiaria dell'eredità*.

beneficio (be-ne-fi-cio) N.M. (pl. -*ci*) **1** Azione compiuta a favore di altri: *ricevere un beneficio* Ⓢ aiuto, favore. **2** Effetto positivo: *il soggiorno in montagna gli è stato di grande beneficio* Ⓢ vantaggio, giovamento Ⓒ danno. Ⓔ ***Con beneficio d'inventario***, senza crederci troppo: *quello che dice prendilo sempre con beneficio d'inventario*.

benefico (be-nè-fi-co) AGG. (pl.m. -*ci*, pl.f. -*che*) **1** Che si dedica a opere di beneficenza: *ente benefico*. **2** Che porta sollievo o utilità: *un gesto benefico; una pioggia benefica*.

benemerenza (be-ne-me-rèn-za) N.F. · Merito che si ottiene svolgendo una certa attività: *benemerenze scolastiche; attestato di benemerenza*.

benemerito (be-ne-mè-ri-to) AGG. · Che si è acquistato merito con opere buone: *cittadini benemeriti della nazione*.

beneplacito (be-ne-plà-ci-to) N.M. · Approvazione concessa da un superiore: *realizzare un progetto con il beneplacito del direttore* Ⓢ consenso, autorizzazione.

benessere (be-nès-se-re) N.M. **1** La sensazione di essere in perfette condizioni fisiche e mentali: *provare un senso di benessere* Ⓒ malessere. **2** Prosperità, ricchezza: *la mia famiglia gode di un certo benessere*.

benestante (be-ne-stàn-te) AGG. e N.M. e F. · Che, chi ha mezzi economici per vivere nell'agiatezza: *è di famiglia benestante; ha sposato un benestante* Ⓢ ricco, agiato Ⓒ povero.

benestare (be-ne-stà-re) N.M. INVAR. · Autorizzazione, consenso, permesso: *chiedere il benestare del sindaco.*

benevolenza (be-ne-vo-lèn-za) N.F. **1** Buona disposizione d'animo verso una persona: *gode della benevolenza dei suoi superiori* Ⓢ favore Ⓒ malevolenza. **2** Atteggiamento comprensivo e tollerante: *giudicare con benevolenza* Ⓢ indulgenza, generosità.

benevolo (be-nè-vo-lo) AGG. · Che sente o dimostra benevolenza: *un giudizio benevolo* Ⓢ indulgente, favorevole Ⓒ malevolo.

bengala (ben-gà-la) N.M. INVAR. **1** Fuoco d'artificio che produce luci colorate. **2** Razzo colorato usato per segnalazioni o per illuminare, di notte, obiettivi militari.

beniamino (be-nia-mì-no) N.M. (f. -a) **1** Figlio prediletto: *è la beniamina del padre.* **2** Persona prediletta in un certo campo: *i due attori sono i beniamini del pubblico.*

benigno (be-nì-gno) AGG. **1** Disposto all'indulgenza: *un giudizio benigno; un professore benigno* Ⓢ benevolo, indulgente Ⓒ malevolo, ostile. **2** Favorevole, propizio: *una stagione benigna.* **3** Di malattia, il cui decorso non è pericoloso: *tumore benigno* Ⓒ maligno.

benintenzionato (be-nin-ten-zio-nà-to) (o **ben intenzionato**) AGG. · Che ha buone intenzioni: *un professore benintenzionato nei confronti degli alunni* Ⓢ bendisposto Ⓒ maldisposto, ostile.

beninteso (be-nin-té-so) (o **ben inteso**) AVV. · Naturalmente, certamente: *"Ci vediamo alle nove?" "Beninteso!"; mi riferisco, beninteso, a tutti i presenti.*

benservito (ben-ser-vì-to) N.M. · Attestato del lodevole servizio svolto da un dipendente, rilasciato quando termina il periodo lavorativo. Ⓔ ***Dare il benservito a qualcuno***, licenziarlo; in senso figurato, lasciarlo troncando una relazione: *dopo due anni di fidanzamento mi ha dato il benservito.*

bensì (ben-sì) CONGIUNZ. · Tuttavia, però, invece: *non fu di lunedì bensì di martedì; non è venuto lui, bensì il suo socio.*

> *Bensì* è una congiunzione che esprime opposizione già da sola, quindi non bisogna dire *ma bensì* perché significa ripetere due volte la stessa cosa.

benvenuto (ben-ve-nù-to) AGG. e N.M. (f. -a) || AGG. Espressione di saluto con cui si accoglie un ospite: *benvenuti a Roma!* || N.M. Il saluto stesso: *dare il benvenuto a qualcuno.* || N.M. (f. -a) Persona bene accetta: *in casa mia sei sempre la benvenuta.*

benvisto (ben-vì-sto) (o **ben visto**) AGG. · Trattato con simpatia e rispetto: *una persona benvista* ***da*** *tutti* ***per*** *la sua gentilezza* Ⓢ stimato, apprezzato Ⓒ malvisto.

benvolere (ben-vo-lé-re) (o **ben volere**) V.TR. (usato solo all'inf. pres. e al part. pass. *benvolùto*) · Apprezzare, stimare. Ⓔ ***Farsi benvolere***, suscitare simpatia: *si fa benvolere da tutti* • ***Prendere a benvolere***, prendere in simpatia, affezionarsi: *lo ha preso a benvolere fin dal primo momento.*

benzene (ben-zè-ne) N.M. · Liquido incolore e infiammabile, ottenuto dal petrolio, usato come solvente, in miscele di carburanti e nella preparazione di coloranti e materie plastiche.

benzina (ben-zì-na) N.F. · Liquido infiammabile, ottenuto principalmente per distillazione dei petroli grezzi; è il carburante più comune e si usa anche come solvente: *benzina per auto, per aerei.* Ⓔ ***Benzina verde*** o ***benzina senza piombo***, quella con minor contenuto di piombo e quindi meno inquinante.

benzinaio (ben-zi-nà-io) N.M. (f. *-a*; pl.m. *-nài*, pl.f. *-nàie*) · Chi vende la benzina presso un distributore.

beone (be-ó-ne) N.M. (f. *-a*; pl.m. *-i*, pl.f. *-e*) · Chi ha il vizio di bere alcolici Ⓢ alcolizzato, ubriacone.

beota (be-ò-ta) AGG. e N.M. e F. (pl.m. *-i*, pl.f. *-e*) **1** Della Beozia, regione storica della Grecia. **2** Stupido, sciocco, idiota.

bequadro (be-quà-dro) N.M. · Segno musicale che annulla un precedente diesis o bemolle.

berbero (bèr-be-ro) AGG. e N.M. (f. -a) || AGG. Della Barberia, antico nome delle regioni in-

B

terne dell'Africa nord-occidentale. || N.M. (f. -*a*) Abitante, nativo della Barberia.

bere (bé-re) V.TR. (irreg.: ind. pres. *bévo*, *bévi*, ecc.; pass. rem. *bévvi* o *bevètti*, *bevésti*, *bévve* o *bevètte*, *bevémmo*, *bevéste*, *bévvero* o *bevèttero*; fut. *berrò*, ecc.; cong. pres. *béva*, *béva*, *béva*, *beviàmo*, *beviàte*, *bévano*; condiz. pres. *berrèi*, ecc.; imperat. *bévi*; part. pres. *bevènte*; part. pass. *bevùto*; gerundio *bevèndo*) **1** Mandare un liquido giù per la gola: *bere un caffè, la medicina.* **2** Consumare vino o alcolici in genere: *quel tipo beve troppo.* **3** Ingoiare acqua per incapacità di nuotare: *chiudi la bocca mentre nuoti, sennò bevi!* **4** Credere in modo ingenuo: *ha bevuto tutte le mie scuse.* **5** Assorbire, consumare: *questo motore beve troppo olio.* Ⓔ ***Bere alla salute di qualcuno***, fare un brindisi in onore di qualcuno • ***Bere come una spugna***, bere molti alcolici • ***Darla a bere*** → ***dare*** • ***È come bere un bicchier d'acqua***, di cosa facilissima • ***Non bere***, essere astemio.

bergamotto (ber-ga-mòt-to) N.M. · Piccolo albero con bianchi fiori profumati e frutto non commestibile dalla cui buccia si estrae un'essenza pregiata usata per preparare liquori e profumi.

> Il termine deriva dal turco *bey armudu* 'la pera del principe'.

berlina[1] (ber-lì-na) N.F. · Antica pena, in uso fino all'Ottocento, che consisteva nell'esporre al pubblico il condannato in catene. Ⓔ ***Mettere alla berlina***, esporre qualcuno al ridicolo.

berlina[2] (ber-lì-na) N.F. **1** Carrozza elegante a quattro ruote. **2** Automobile chiusa, a due o quattro porte.

bermuda (ber-mù-da) N.M.PL. · Pantaloni corti al ginocchio, in genere di tessuto leggero.

> Il termine deriva dal nome delle Isole *Bermuda*, dove questo indumento è comunemente indossato.

bernoccolo (ber-nòc-co-lo) N.M. **1** Rigonfiamento sulla fronte o sulla testa, dovuto a malformazione o provocato da un urto: *ha battuto la testa e si è fatto un bernoccolo* Ⓢ bozzolo, gonfiore. **2** Inclinazione naturale per un'arte, una materia, un'attività: *avere il bernoccolo* ***della*** *musica* Ⓢ talento, vocazione.

berretto (ber-rét-to) N.M. · Copricapo di varia forma, talvolta con visiera: *berretto da marinaio, da fantino.*

bersagliare (ber-sa-glià-re) V.TR. (*bersàglio*, ecc.) **1** Colpire ripetutamente: *l'aggressore lo ha bersagliato* ***di*** *pugni* Ⓢ tempestare. **2** Sottoporre qualcuno a un'azione insistente e fastidiosa: *lo bersagliava* ***con*** *le sue continue richieste.*

bersagliere (ber-sa-gliè-re) N.M. (raro f. -*a*) · Soldato che appartiene a uno speciale corpo di fanteria leggera, la cui divisa è caratterizzata da un cappello con piume: *arruolarsi nei bersaglieri.*

> Il femminile di *bersagliere* è *bersagliera*, ma è usato poco perché considerato scherzoso. Spesso si usa il maschile anche quando ci si riferisce a una donna: *Daniela è diventata bersagliere.*

bersaglio (ber-sà-glio) N.M. (pl. -*gli*) **1** Punto verso cui si dirige un tiro: *bersaglio fisso, mobile; colpire il bersaglio* Ⓢ obiettivo. **2** Chi è oggetto di scherzi, calunnie, critiche: *in ufficio è il bersaglio dei colleghi* Ⓢ vittima. Ⓔ ***Tiro al bersaglio***, sport che consiste nello sparare con armi da fuoco su obiettivi fissi o mobili.

bertuccia (ber-tùc-cia) N.F. (pl. -*ce*) · Scimmia senza coda con folta pelliccia rossastra, faccia e zampe color carne, che vive in piccoli branchi.

> Il verso della bertuccia è molto acuto, quindi il verbo che lo indica è *urlare*, *strillare* o *gridare* e il nome è *urlo*, *strillo* o *grido*.

besciamella (be-scia-mèl-la) N.F. · Salsa fatta con farina, burro e latte, preparata a fuoco lento.

> Il termine deriva dal nome del gentiluomo di corte del re Luigi XIV, L. de *Béchamel*, a cui fu attribuita l'invenzione della salsa.

bestemmia (be-stém-mia) N.F. (pl. -*mie*) **1** Imprecazione od offesa contro Dio, i santi e le cose sacre. **2** Affermazione senza fondamento: *ma che bestemmie hai scritto?* Ⓢ sproposito, assurdità.

bestemmiare (be-stem-mià-re) V.TR. e INTR. (*bestémmio*, ecc.) || TR. Offendere con bestemmie una divinità o una cosa sacra: *bestemmiare Dio.* || INTR. (aus. *avere*) Dire bestemmie: *ha il vizio di bestemmiare* Ⓢ imprecare.

bestia (bé-stia) N.F. (pl. *-stie*) **1** Qualsiasi animale: *le bestie sono mosse dall'istinto, l'uomo dalla ragione.* **2** Animale domestico: *portare le bestie al pascolo* Ⓢ bestiame. **3** Uomo violento e brutale: *quando si arrabbia diventa una bestia.* Ⓔ ***Andare in bestia***, infuriarsi • ***Bestia nera***, persona o cosa odiata o temuta: *il latino è la sua bestia nera* • ***Bestia rara***, rarità, persona o cosa fuori del comune • ***Bestie feroci*** → ***feroce*** • ***Brutta bestia***, cosa pessima: *la miseria è una brutta bestia.*

bestiale (be-stià-le) AGG. **1** Degno di una bestia e non di un uomo: *violenza bestiale* Ⓢ animalesco, disumano. **2** Molto intenso: *c'era un caldo bestiale* Ⓢ terribile, tremendo • Duro e umiliante: *un lavoro bestiale.*

bestiame (be-stià-me) N.M. · L'insieme degli animali domestici utili all'agricoltura o allevati a scopi alimentari: *bestiame bovino; allevatore di bestiame.*

best seller (best sel-ler; pronuncia *bèst sèller*) N. INGL., in it. N.M. INVAR. · Libro di grande successo, che supera tutti gli altri nelle vendite: *il suo romanzo è stato il best seller dell'estate.*

betoniera (be-to-niè-ra) N.F. · Macchina usata per preparare il calcestruzzo.

bettola (bét-to-la) N.F. · Osteria di bassissimo livello Ⓢ taverna.

betulla (be-tùl-la) N.F. · Albero alto fino a 30 metri, dalla cui corteccia si estraggono un olio medicinale e sostanze chimiche usate per conciare le pelli.

bevanda (be-vàn-da) N.F. · Qualsiasi liquido da bere: *la spremuta d'arancia è una bevanda sana; bevanda gassata,* a cui è stata aggiunta anidride carbonica Ⓢ bibita.

bevetti (be-vèt-ti) · Pass. rem., 1ª pers. sing. → ***bere***.

bevibile (be-vì-bi-le) AGG. **1** Che si può bere: *quest'acqua non è bevibile* Ⓢ potabile. **2** Di bevanda, che ha un gusto passabile: *questo vino non è eccezionale ma è bevibile.*

bevitore (be-vi-tó-re) N.M. (f. *-trìce*) · Chi beve spesso grandi quantità di alcolici: *è un gran bevitore di whisky.*

bevo (bé-vo) · Ind. pres., 1ª pers. sing. → ***bere***.

bevuta (be-vù-ta) N.F. · Consumazione di bevande, spesso in lieta compagnia: *ora ci facciamo una bella bevuta!*

bevuto (be-vù-to) · Participio pass. → ***bere***.

bevvi (bév-vi) · Pass. rem., 1ª pers. sing. → ***bere***.

bi N.M. O F. INVAR. · Nome della seconda lettera dell'alfabeto italiano e del segno che la rappresenta (*b*, *B*).

bi- · Primo elemento di parole composte che significa 'due, due volte': *biennio*, periodo di due anni; *bimensile*, che ricorre due volte al mese; davanti a vocale e ad alcune consonanti, si usa la forma *bis-*: *bisnonno*, chi è due volte nonno.

biada (bià-da) N.F. · Qualsiasi cereale usato per alimentare il bestiame: *dare la biada ai cavalli* Ⓢ foraggio.

biancastro (bian-cà-stro) AGG. · Di colore tendente al bianco: *una parete biancastra.*

biancheggiare (bian-cheg-già-re) V.INTR. (*bianchéggio*, ecc.; aus. *avere*) **1** Apparire bianco: *la neve biancheggia in cima alla montagna.* **2** Farsi chiaro: *il cielo comincia a biancheggiare* Ⓢ schiarirsi.

biancheria (bian-che-rì-a) N.F. · L'insieme degli indumenti personali e dei panni di tessuto che servono per uso domestico, come lenzuola, tovaglie, asciugamani. Ⓔ ***Biancheria intima*** → ***intimo***.

bianco (biàn-co) AGG. e N.M. (f. *-a*; pl.m. *-chi*, pl.f. *-che*) || AGG. **1** Del colore del latte o della neve: *farina bianca; marmo bianco; denti bianchissimi* • Di biancheria, pulito, candido: *guarda che bei lenzuoli bianchi con il nuovo detersivo!* • Di carta o foglio su cui non è ancora stato scritto nulla: *dammi un foglio bianco.* **2** Chiaro, spesso contrapposto a *scuro* o *nero*, talvolta a *rosso*: *pane bianco; vino bianco.* || N.M. **1** Il colore bianco: *vestire di bianco; il bianco della neve.* **2** Vino bianco: *un bicchiere*

B

di bianco. || N.M. (f. -*a*) Persona di pelle bianca. Ⓔ ***Andare in bianco,*** fallire in un obiettivo • ***Consegnare il compito in bianco,*** senza neanche aver iniziato lo svolgimento • ***In bianco,*** senza sugo: *pasta in bianco; mangiare in bianco* • ***In bianco e nero,*** di foto o film in cui i colori sono resi con gradazioni del bianco, del nero e del grigio.

biancospino (bian-co-spì-no) N.M. · Arbusto con rami spinosi e fiori bianchi profumati.

biascicare (bia-sci-cà-re) V.TR. e INTR. (*biàscico, biàscichi,* ecc.; aus. *avere*) **1** Mangiare lentamente e facendo un fastidioso rumore: *il vecchio stava biascicando un po' di pane.* **2** Pronunciare le parole a voce bassa o strascicandole: *biascicò due parole di scuse e scappò via* Ⓢ borbottare.

biasimare (bia-ṣi-mà-re) V.TR. (*biàṣimo,* ecc.) · Esprimere un giudizio negativo su qualcuno o qualcosa: *il tuo comportamento è stato biasimato* Ⓢ criticare, disapprovare Ⓒ approvare, apprezzare.

biasimo (bià-ṣi-mo) N.M. · Critica molto negativa: *con la sua condotta si è meritato il biasimo di tutti* Ⓢ disapprovazione, condanna.

Bibbia (bib-bia) N.F. (pl. -*bie*) **1** L'insieme dei libri sacri degli ebrei e dei cristiani • Il volume che li contiene. **2** Opera che rappresenta un'autorità indiscussa: *"Sulla strada" di Kerouac fu la bibbia di tanti giovani.*

> Il termine deriva dal greco *biblía* 'libri', perché costituiva l'insieme dei testi più importante per i cristiani.

biberon (bi-be-ròn) N.M.INVAR. · Piccola bottiglia di vetro o di plastica, con tettarella di gomma, usata per l'allattamento artificiale dei bambini.

bibita (bì-bi-ta) N.F. · Bevanda dissetante: *vorrei una bibita alla frutta.*

biblico (bì-bli-co) AGG. (pl.m. -*ci*, pl.f. -*che*) **1** Che riguarda la Bibbia: *studi biblici* • Che si trova nella Bibbia: *un passo biblico.* **2** Grandioso, straordinario, epico: *migrazioni bibliche; un'impresa biblica.*

biblio- · Primo elemento di parole composte che significa 'libro, libri': *biblioteca,* raccolta di libri.

bibliografia (bi-blio-gra-fì-a) N.F. (pl. -*fìe*) · Elenco di opere, saggi e articoli di un autore o che riguardano un certo argomento: *bibliografia dantesca.*

bibliografico (bi-blio-grà-fi-co) AGG. (pl.m. -*ci*, pl.f. -*che*) · Che riguarda la bibliografia: *ricerche bibliografiche.*

biblioteca (bi-blio-tè-ca) N.F. (pl. -*che*) **1** Raccolta di libri per lettura o studio: *possiede una vastissima biblioteca* • La sala o l'edificio dove si conservano e si consultano questi libri: *ho fatto delle ricerche in biblioteca.* **2** Mobile a scaffale per contenere libri Ⓢ libreria.

> Il termine deriva da una parola greca che significa 'scrigno per il libro'.

bibliotecario (bi-blio-te-cà-rio) N.M. (f. -*a*; pl.m. -*ri*, pl.f. -*rie*) · Addetto al servizio di una biblioteca.

bicamerale (bi-ca-me-rà-le) AGG. · Di struttura parlamentare formata da due camere di rappresentanti. Ⓔ ***Commissione bicamerale*** (o *la bicamerale* N.F.), composta da membri delle due camere del Parlamento.

bicarbonato (bi-car-bo-nà-to) N.M. · Sale derivato dall'acido carbonico. Ⓔ ***Bicarbonato (di sodio),*** sale poco solubile, usato soprattutto contro l'acidità di stomaco.

bicchiere (bic-chiè-re) N.M. · Piccolo recipiente di materiale, forma e dimensioni vari, usato per portare alla bocca i liquidi da bere: *bicchiere di plastica; bicchiere a calice* • La quantità di liquido in esso contenuta: *un bicchiere di latte, di vino.* Ⓔ ***Affogare*** (o ***annegare*** o ***perdersi***) ***in un bicchier d'acqua,*** smarrirsi di fronte alla minima difficoltà.

bichini (bi-chì-ni) → ***bikini.***

bici (bì-ci) N.F. INVAR. · Abbreviazione di *bicicletta*: *fare un giro in bici.*

bicicletta (bi-ci-clét-ta) N.F. · Veicolo a due ruote, di solito per una sola persona, che si muove grazie alla spinta sui pedali: *bicicletta da corsa; andare in bicicletta.*

biciclettata (bi-ci-clet-tà-ta) N.F. · Gita in bicicletta: *una biciclettata per le vie del centro.*

bicipite (bi-cì-pi-te) N.M. e AGG. || N.M. Muscolo composto di due porzioni che formano una massa comune: *bicipite del braccio, della co-*

scia. || AGG. A due teste: *sullo stemma compare un'aquila bicipite.*

bicocca (bi-còc-ca) N.F. (pl. *-che*) **1** Piccola fortificazione posta in cima a un monte. **2** Casa povera e ridotta male Ⓢ baracca, catapecchia.

bicolore (bi-co-ló-re) AGG. · Di due colori: *matite bicolori.*

bidè (bi-dè) N.M.INVAR. · Vaschetta della stanza da bagno usata per lavarsi le parti intime del corpo.

bidello (bi-dèl-lo) N.M. (f. *-a*) · Chi è addetto alla pulizia e alla custodia dei locali della scuola Ⓢ custode.

bidimensionale (bi-di-men-sio-nà-le) AGG. · A due dimensioni.

bidone (bi-dó-ne) N.M. **1** Grosso recipiente usato per le immondizie o il trasporto di sostanze liquide: *un bidone di benzina, di latte* Ⓢ fusto, barile. **2** Nel linguaggio familiare, fregatura: *quella radio è un bidone.* Ⓔ ***Tirare un bidone***, nel linguaggio familiare, raggirare, imbrogliare; anche, non presentarsi a un appuntamento fissato.

bidonville (bi-don-vil-le; pronuncia *bidonvìl*) N.F. FR., in it. N.F. INVAR. · Quartiere di baracche abitate da gente povera o emarginata, posto alla periferia delle grandi città Ⓢ baraccopoli.

bieco (biè-co) AGG. (pl.m. *-chi*, pl.f. *-che*) **1** Dell'occhio o dello sguardo, che esprime minaccia od ostilità Ⓢ minaccioso, torvo. **2** Che dimostra cattiveria: *un bieco individuo* Ⓢ malvagio, sinistro.

biella (bièl-la) N.F. · Organo meccanico costituito da un'asta con due cerniere alle estremità per trasformare il movimento rotatorio in rettilineo e viceversa.

biennale (bi-en-nà-le) AGG. e N.F. || AGG. Che dura due anni: *corso biennale.* || AGG. e N.F. Che ha luogo ogni due anni: *mostra biennale; la Biennale di Venezia.*

biennio (bi-èn-nio) N.M. (pl. *-ni*) **1** Periodo di due anni: *pagare un biennio di affitto anticipato.* **2** Corso di studi della durata di due anni: *gli esami del biennio sono i più difficili.*

bietola (biè-to-la) N.F. · Barbabietola da orto di cui si mangiano le foglie.

bifido (bì-fi-do) AGG. · Diviso in due: *lingua bifida,* quella dei serpenti Ⓢ biforcuto.

bifolco (bi-fól-co) N.M. (f. *-a*; pl.m. *-chi*, pl.f. *-che*) **1** Guardiano di buoi Ⓢ mandriano • Chi ara la terra con i buoi. **2** Persona rozza e maleducata Ⓢ cafone, villano.

bifora (bì-fo-ra) N.F. · Finestra divisa in due parti uguali per mezzo di una colonnina; è caratteristica dell'architettura del Medioevo.

biforcarsi (bi-for-càr-si) V.INTR.PRONOM. (*mi bifórco, ti bifórchi*, ecc.) · Dividersi in due parti: *il fiume si biforca **in** due rami.*

biforcazione (bi-for-ca-zió-ne) N.F. · Il punto in cui un elemento si divide in due: *la biforcazione di una strada.*

biforcuto (bi-for-cù-to) AGG. · Che ha due punte: *ramo biforcuto; piede biforcuto,* quello della capra. Ⓔ ***Lingua biforcuta***, quella dei serpenti; in senso figurato, persona pettegola o traditrice: *non ti fidare di lei: è una lingua biforcuta;* ***avere la lingua biforcuta***, essere bugiardo e infido.

big (pronuncia *big*) AGG. INGL., in it. N.M. e F. INVAR. · Persona molto importante o molto famosa: *i big della canzone* Ⓢ personalità, celebrità.

bigamia (bi-ga-mì-a) N.F. (pl. *-mìe*) · La condizione di chi è sposato con due persone contemporaneamente: *nella nostra società la bigamia è reato.*

bigamo (bì-ga-mo) AGG. e N.M. (f. *-a*) · Che, chi è sposato con due persone contemporaneamente.

> Il termine deriva dal latino *bigamus* 'sposato due volte', composto a sua volta di **bi-** e del greco *gamós* 'nozze'.

big bang (pronuncia *big bèng*) N. INGL., in it. N.M. INVAR. · La grande esplosione da cui avrebbe avuto origine l'universo, secondo alcune teorie astronomiche.

bighellonare (bi-ghel-lo-nà-re) V.INTR. (*bighellóno*, ecc.; aus. *avere*) **1** Andare in giro senza una meta Ⓢ gironzolare. **2** Perdere tempo senza concludere nulla Ⓢ ciondolare.

bighellone (bi-ghel-ló-ne) N.M. (f. *-a*; pl.m. *-i*, pl.f. *-e*) **1** Chi perde tempo andando in giro

A B C D E F G H I J K L M N O P Q R S T U V W X Y Z

senza meta. **2** Chi trova ogni pretesto per fare poco o niente Ⓢ fannullone.

B

bigio **(bì-gio)** AGG. (pl.m. *-gi*, pl.f. *-gie*) · Di color grigio cenere: *cielo bigio.*

bigiotteria **(bi-giot-te-rì-a)** N.F. (pl. *-rìe*) · Insieme di gioielli di materiale non pregiato: *è una collana di bigiotteria.*

biglia **(bì-glia)** → ***bilia***.

bigliettaio **(bi-gliet-tà-io)** N.M. (f. *-a*; pl.m. *-tài*, pl.f. *-tàie*) · Chi vende i biglietti per viaggiare su mezzi di trasporto pubblico o per vedere spettacoli, gare sportive, mostre.

biglietteria **(bi-gliet-te-rì-a)** N.F. (pl. *-rìe*) · Luogo dove si vendono biglietti di viaggio, oppure d'ingresso per spettacoli, gare sportive, mostre.

biglietto **(bi-gliét-to)** N.M. **1** Piccolo foglio di carta su cui vengono scritti auguri, saluti, annotazioni, ecc.: *biglietto d'auguri, d'addio* Ⓢ cartoncino. **2** Foglietto stampato che dimostra l'avvenuto pagamento per poter viaggiare sui mezzi pubblici, assistere a uno spettacolo o a un'altra manifestazione, oppure partecipare a un gioco: *biglietto ferroviario; biglietto d'ingresso; biglietto della lotteria.* **3** ***Biglietto (di banca)***, banconota: *un biglietto da cento euro.* Ⓔ ***Biglietto da visita***, cartoncino su cui sono stampati nome, cognome, professione, indirizzo di qualcuno.

bignè **(bi-gnè)** N.M. INVAR. · Pasta dolce, rigonfia, con o senza ripieno: *bignè alla crema.*

bigodino **(bi-go-dì-no)** N.M. · Piccolo cilindro di metallo o plastica per la messa in piega dei capelli.

bigotto **(bi-gòt-to)** AGG. e N.M. (f. *-a*) · Che, chi si dedica con scrupolo e costanza alle pratiche del culto senza però avere un vero sentimento religioso: *è solo un bigotto; mentalità bigotta.*

bikini **(bi-kì-ni)** N.M. INVAR. · Costume da bagno femminile, in due pezzi.

> Il termine deriva dal nome dell'atollo del Pacifico *Bikini*, perché l'indumento fu considerato 'esplosivo', come gli esperimenti atomici compiuti sull'isola nel 1946.

bilancia **(bi-làn-cia)** N.F. (pl. *-ce*) **1** Strumento utilizzato per pesare; è costituito da una leva a bracci uguali alle cui estremità sono appesi due piatti oppure da un solo piatto e da una lancetta che indica il peso dell'oggetto. **2** In astrologia, segno che comprende i nati dal 24 settembre al 23 ottobre. Ⓔ ***Ago della bilancia*** → ***ago***.

bilanciare **(bi-lan-cià-re)** V.TR. (*bilàncio*, ecc.) || TR. **1** Mettere o tenere in equilibrio: *bilanciare bene un carico.* **2** Mantenere in parità: *le entrate bilanciano le spese* Ⓢ pareggiare, compensare. || **bilanciarsi** RIFL. **1** Tenersi in equilibrio: *bilanciarsi sulla bicicletta.* **2** RIFL. RECIPROCO Essere di pari valore: *i due pugili si bilanciano* Ⓢ equivalersi.

bilanciato **(bi-lan-cià-to)** AGG. · Che è in equilibrio: *stare bilanciato sulle gambe* Ⓢ equilibrato. Ⓔ ***Dieta bilanciata, alimentazione bilanciata***, che comprende tutti i tipi di alimenti, equilibrata, completa.

bilanciere **(bi-lan-ciè-re)** N.M. **1** Organo che, oscillando, serve a regolare il movimento di una macchina o di un meccanismo: *il bilanciere dell'orologio.* **2** Asta lunga e sottile che aiuta a mantenersi in equilibrio • Asta che si appoggia sulle spalle per trasportare una coppia di pesi • Nel sollevamento pesi, la lunga asta che ha alle estremità dischi di vario peso.

bilancio **(bi-làn-cio)** N.M. (pl. *-ci*) **1** Conteggio delle entrate e delle uscite di un'amministrazione pubblica o privata relativo a un certo periodo: *è stato approvato il bilancio annuale della società.* **2** Situazione finanziaria: *il bilancio familiare non mi consente altre spese.* **3** Valutazione degli aspetti positivi e negativi di una situazione: *3000 morti sono il tragico bilancio del terremoto in India.*

bilaterale **(bi-la-te-rà-le)** AGG. · Che interessa due parti: *accordo bilaterale tra due Stati.*

bile **(bì-le)** N.F. **1** Liquido giallo verdastro prodotto dal fegato che aiuta il processo di digestione. **2** Collera, rabbia: *la bile gli salì alla testa.* Ⓔ ***Essere verde dalla bile***, essere al colmo dell'ira o dell'invidia.

-bile · Suffisso che serve a formare aggettivi a partire da nomi o da verbi e che indica 'possibilità, attitudine, disponibilità': *credibile*, che può essere accettato come vero; *deperi-*

bile, che si deteriora con facilità; *tangibile*, che si può verificare.

bilia (bì-lia) N.F. (pl. *-lie*) **1** Palla di avorio per il gioco del biliardo. **2** Pallina di vetro o plastica con cui giocano i ragazzi.

biliardo (bi-liàr-do) N.M. · Gioco che si svolge facendo rotolare delle palle, a mano o con una stecca, sul piano di un tavolo rettangolare • Il tavolo su cui si svolge questo gioco, ricoperto di un panno verde e provvisto di sponde e di sei buche.

biliare (bi-lià-re) AGG. · Della bile, prodotto dalla bile: *vie biliari; secrezione biliare.*

bilico (bì-li-co) N.M. (pl. *-chi*) **1** Posizione di equilibrio instabile di un corpo: *stava in bilico sulla sedia.* **2** Condizione di estrema incertezza: *era in bilico* ***tra*** *la vita e la morte.*

bilingue (bi-lìn-gue) AGG. **1** Scritto in due lingue: *cartelli bilingui.* **2** Che parla correntemente due lingue diverse: *popolazione bilingue.* **E** ***Dizionario bilingue*** o ***vocabolario bilingue*** (o *un bilingue* N.M.), quello che dà la traduzione di ogni parola in una lingua diversa: *un dizionario bilingue italiano-spagnolo.*

bilinguismo (bi-lin-guì-ṣmo) N.M. · Caratteristica di persone o popolazioni che parlano correntemente due lingue diverse.

bimbo (bìm-bo) N.M. (f. *-a*) · Bambino, soprattutto in espressioni affettuose: *che bei bimbi!*

bimensile (bi-men-sì-le) AGG. · Che ricorre o si pubblica due volte al mese: *riunione, rivista bimensile* **S** quindicinale.

bimestrale (bi-me-strà-le) AGG. **1** Che ha la durata di due mesi: *corso bimestrale.* **2** Che ricorre o si pubblica ogni due mesi: *giornale bimestrale.*

bimestre (bi-mè-stre) N.M. · Periodo di due mesi: *pagare la bolletta ogni bimestre.*

binario[1] (bi-nà-rio) AGG. (pl.m. *-ri*, pl.f. *-rie*) · Composto di due unità o di due elementi.

binario[2] (bi-nà-rio) N.M. (pl. *-ri*) · Ciascuna delle due rotaie parallele su cui viaggiano treni e tram: *il treno correva sui binari.* **E** ***Binario morto***, interrotto; ***essere su un binario morto***, nell'impossibilità di proseguire nell'impresa iniziata.

binocolo (bi-nò-co-lo) N.M. · Strumento formato da due cannocchiali accoppiati, che serve per vedere con entrambi gli occhi oggetti in lontananza: *osservava le montagne con il binocolo.*

> Il termine deriva da una parola del latino scientifico, coniata nel 1645 dal tedesco padre A.M. Schyrle de Rheita, composta di *bini* 'due per volta, a due a due' e *oculus* 'occhio' (→ ***abbinare***).

binomio (bi-nò-mio) N.M. (pl. *-mi*) **1** Somma algebrica di due monomi. **2** Coppia di persone o di valori che formano una combinazione ideale: *i due attaccanti formano un eccellente binomio.*

bio- e **-bio** **1** Primo e secondo elemento di parole composte che significa 'vita, essere vivente': *biologia*, la scienza che studia gli esseri viventi; *microbio*, piccolo organismo vivente. **2** Primo e secondo elemento di parole composte che significa 'ottenuto mediante coltivazione ecologica': *biocarburante.*

bioagricoltura (bi-o-a-gri-col-tù-ra) N.F. · Agricoltura che utilizza esclusivamente fertilizzanti naturali.

bioarchitettura (bi-o-ar-chi-tet-tù-ra) N.F. · Architettura che nella realizzazione di edifici privilegia l'uso di materiali non inquinanti e di tecniche che consentano un risparmio energetico.

biocarburante (bi-o-car-bu-ràn-te) N.M. · Carburante ottenuto da fonti energetiche rinnovabili.

biochimica (bi-o-chì-mi-ca) N.F. (pl. *-che*) · Parte della chimica che studia la costituzione della materia vivente e dei processi biologici.

biocompatibile (bi-o-com-pa-tì-bi-le) AGG. · Di materiale non biologico che non ha effetti nocivi sull'organismo con il quale entra in contatto.

biocompatibilità (bi-o-com-pa-ti-bi-li-tà) N.F. INVAR. · Compatibilità tra un materiale non biologico e l'organismo con il quale entra in contatto.

biodegradabile (bi-o-de-gra-dà-bi-le) AGG. · Di prodotto o composto chimico, che si decompone facilmente grazie all'azione di batteri e di microrganismi: *detersivo biodegradabile.*

B

biodiversità (bi-o-di-ver-si-tà) N.F. INVAR. · Differenza biologica tra individui della stessa specie, in relazione alle condizioni ambientali.

bioelemento (bi-o-e-le-mén-to) N.M. · Ogni elemento chimico che entra nella costituzione degli organismi viventi.

bioetica (bi-o-è-ti-ca) N.F. (pl. *-che*) · Lo studio dei problemi morali creati dalle nuove tecniche mediche e biologiche.

biogenetica (bi-o-ge-nè-ti-ca) N.F. (pl. *-che*) · Scienza che studia l'origine e lo sviluppo degli esseri viventi.

biografia (bi-o-gra-fì-a) N.F. (pl. *-fie*) · Narrazione della vita di un personaggio: *ha pubblicato una biografia di Dante.*

biografico (bi-o-grà-fi-co) AGG. (pl.m. *-ci*, pl.f. *-che*) · Che riguarda la vita di un personaggio o di una persona: *notizie biografiche.*

biologia (bi-o-lo-gì-a) N.F. (pl. *-gìe*) · La scienza che studia gli esseri viventi, i fenomeni della vita e le leggi che li governano.

biologico (bi-o-lò-gi-co) AGG. (pl.m. *-ci*, pl.f. *-che*) · Che riguarda la biologia o gli esseri viventi: *scienze biologiche; leggi biologiche.* Ⓔ ***Agricoltura biologica***, che rispetta l'ambiente utilizzando fertilizzanti naturali anziché chimici • ***Testamento biologico*** → ***testamento***.

biologo (bi-ò-lo-go) N.M. (f. *-a*; pl.m. *-gi*, pl.f. *-ghe*) · Studioso di scienze biologiche: *i biologi fanno ricerche sulla purezza dell'acqua.*

bioma (bi-ò-ma) N.M. (pl. *-i*) · Regione del mondo caratterizzata da forme dominanti di piante e clima, che producono una comunità di esseri viventi distinta e unica.

biomassa (bi-o-màs-sa) N.F. **1** La quantità di organismi viventi presenti in un certo periodo di tempo in un dato ambiente biologico. **2** Materiale organico prodotto per fotosintesi e usato per generare energia.

biondo (bión-do) AGG. e N.M. (f. *-a*) · Di colore fra il giallo e il castano chiaro, soprattutto di capelli: *mia madre ha i capelli biondi; un bambino biondo,* con i capelli biondi.

biopsia (bi-o-psì-a) N.F. (pl. *-psìe*) · Prelievo e analisi di un frammento di tessuto o di organo del corpo, soprattutto diagnosticare malattie.

biosfera (bi-o-sfè-ra) N.F. · Involucro esterno alla superficie terrestre, in cui sono presenti le condizioni indispensabili alla vita animale e vegetale • L'insieme degli organismi viventi.

biossido (bi-òs-si-do) N.M. · Composto formato da un atomo di un metallo, o di un non metallo, e due di ossigeno.

biotecnologia (bi-o-tec-no-lo-gì-a) N.F. (pl. *-gìe*) · L'impiego industriale di tecniche biologiche per produrre nuove sostanze organiche.

bioterrorismo (bi-o-ter-ro-rì-ṣmo) N.M. · Attività terroristica basata sulla diffusione di virus o di altri microrganismi che causano malattie.

bipartisan (bi-par-ti-san; pronuncia *baipàrtiṣan*) AGG. INGL., in it. AGG. INVAR. · Approvato o sostenuto sia dalla maggioranza di governo che dall'opposizione: *accordo bipartisan.*

bipede (bì-pe-de) AGG. e N.M. · Di animale provvisto di due zampe: *animali bipedi; la gallina è un bipede.*

bipolare (bi-po-là-re) AGG. **1** Di macchina con una sola coppia di poli magnetici. **2** Di politica basata sul bipolarismo.

bipolarismo (bi-po-la-rì-ṣmo) N.M. · In un sistema politico con più partiti, la presenza di due coalizioni contrapposte.

biposto (bi-pó-sto) AGG. INVAR. · Che ha due posti: *automobile biposto.*

birba (bir-ba) N.F. **1** Persona furba e disonesta Ⓢ canaglia, mascalzone. **2** Bambino furbo e vivace: *tua sorella è una vera birba* Ⓢ monello, peste.

birbante (bir-bàn-te) N.M. e F. **1** Persona astuta e disonesta: *quel birbante mi ha imbrogliato* Ⓢ furfante, malfattore. **2** Ragazzino furbo e vivace: *sei un birbante!* Ⓢ birichino, monello.

birbone (bir-bó-ne) N.M. e AGG. (f. *-a*; pl.m. *-i*, pl.f. *-e*) || N.M. (f. *-a*) **1** Persona astuta e disonesta. **2** Bambino furbo e vivace: *vieni qua,* *brutto birbone!* Ⓢ birbante. || AGG. Cattivo, maligno: *giocare un tiro birbone a qualcuno.*

birichinata (bi-ri-chi-nà-ta) N.F. · Azione impertinente: *ha combinato un'altra birichinata.*

birichino (bi-ri-chì-no) N.M. e AGG. (f. -a) || N.M. (f. -a) Ragazzo vivace e impertinente: *un figlio un po' birichino* Ⓢ monello, birbante. || AGG. Furbo, malizioso: *occhi birichini.*

birillo (bi-rìl-lo) N.M. · Piccolo cilindro di legno, avorio o plastica, di varia forma, che in alcuni giochi, come il biliardo o il bowling, deve essere buttato giù con una palla.

biro (bì-ro) N.F. INVAR. · Penna a sfera: *per favore, puoi prestarmi una biro?*

Il termine deriva dal nome dell'inventore della penna a sfera, l'ungherese L.G. *Biró* (1899-1985).

birra (bìr-ra) N.F. · Bevanda alcolica, ottenuta dalla fermentazione dell'orzo, resa aromatica dal luppolo: *birra chiara, scura; birra alla spina,* che proviene direttamente dai barili mediante un rubinetto a pressione. Ⓔ ***A tutta birra***, nel linguaggio familiare, a grande velocità: *correre a tutta birra* • ***Lievito di birra*** → *lievito*.

birreria (bir-re-rì-a) N.F. (pl. *-rìe*) · Locale pubblico dove si beve soprattutto birra: *dopo cena ci vediamo in birreria.*

bis INTER., N.M. e AGG. INVAR. || INTER. e N.M. Esclamazione con cui il pubblico chiede la ripetizione di un brano musicale o di un numero dello spettacolo: *bravo, bis!; chiedere, concedere il bis.* || AGG. Supplementare, aggiuntivo: *treno bis; decreto bis.* Ⓔ ***Fare il bis di qualcosa***, prenderlo due volte: *questo dolce è squisito: farei volentieri il bis.*

bis- → *bi-*.

bisaccia (bi-ṣàc-cia) N.F. (pl. *-ce*) **1** Grossa borsa che si porta a tracolla. **2** Sacca formata da due grosse tasche che un tempo si portava a spalla oppure si poneva sulla groppa del cavallo.

bisbetico (bi-ṣbè-ti-co) AGG. e N.M. (f. *-a*; pl.m. *-ci*, pl.f. *-che*) · Di carattere difficile: *un vecchio bisbetico* Ⓢ lunatico, brontolone.

bisbigliare (bi-ṣbi-glià-re) V.TR. e INTR. (*biṣbìglio*, ecc.) || TR. Dire qualcosa sottovoce: *bisbigliò una frase **al** compagno di banco* Ⓢ sussurrare. || INTR. (aus. *avere*) Parlare male di nascosto: *in paese si bisbigliava **che** avesse un'amante* Ⓢ sparlare.

Il termine deriva da una serie onomatopeica che imita il suono di chi parla a voce molto bassa.

bisbiglio (bi-ṣbi-glio) N.M. (pl. *-gli*) · Sibilo di parole pronunciate a voce bassa: *si sentiva solo un bisbiglio* Ⓢ sussurro, mormorio.

bisboccia (bi-ṣbòc-cia) N.F. (pl. *-ce*) · Riunione di amici per mangiare e bere in allegria: *ieri sera abbiamo fatto bisboccia* Ⓢ baldoria.

bisca (bì-sca) N.F. (pl. *-sche*) · Locale per il gioco d'azzardo clandestino.

biscia (bì-scia) N.F. (pl. *-sce*) · Piccolo serpente non velenoso. Ⓔ ***Biscia d'acqua***, serpente che vive nei luoghi erbosi vicini all'acqua, dove caccia anfibi e pesci.

biscotto (bi-scòt-to) N.M. · Piccolo dolce composto di farina, zucchero, grassi e altri ingredienti, cotto a lungo in forno: *un pacco di biscotti.*

bisestile (bi-ṣe-sti-le) AGG. · Solo nell'espressione ***anno bisestile***, quello composto di 366 giorni, anziché 365 (che ha cioè il mese di febbraio di 29 giorni).

bisettimanale (bi-set-ti-ma-nà-le) AGG. · Che ricorre o si pubblica due volte a settimana: *riunione, rivista bisettimanale.*

bisettrice (bi-set-trì-ce) N.F. · Retta che partendo dal vertice di un angolo lo divide in due parti uguali.

bisillabo (bi-sìl-la-bo) AGG. e N.M. · Di parola costituita da due sillabe, per es. *birra, sano.*

bislacco (bi-ṣlàc-co) AGG. (pl.m. *-chi*, pl.f. *-che*) · Che mostra stranezza: *un tipo bislacco; un'ipotesi bislacca* Ⓢ strano, stravagante, bizzarro.

bisnipote (bi-ṣni-pó-te) N.M. e F. · Figlio di un nipote o di una nipote.

bisnonno (bi-ṣnòn-no) N.M. (f. *-a*) · Il genitore del nonno o della nonna.

bisognare (bi-ṣo-gnà-re) V.INTR. (*biṣógna*; aus. *essere*), IMPERS. · Essere necessario, conveniente, opportuno: *bisogna **che** il lavoro sia*

B

finito entro domani; bisognerà portare dei fiori. Ⓔ ***Non bisogna***, non si deve: *non bisogna abbattersi alla prima difficoltà.*

La prima persona plurale dell'indicativo presente e quella del congiuntivo presente è *bisogniamo*, con la *i*: la forma *bisognamo* è sempre scorretta. La seconda persona plurale dell'indicativo presente è *bisognate* senza *i*, mentre quella del congiuntivo presente è *bisogniate* con la *i*.

bisogno (bi-ṣó-gno) N.M. **1** Mancanza di qualcosa di utile o necessario: *bisogno di acqua, di denaro; ho sempre soddisfatto tutti i suoi bisogni* Ⓢ necessità. **2** Condizione di difficoltà: *l'ho sempre aiutato quando si è trovato nel bisogno* • Povertà, miseria: *vivere nel bisogno.* **3** Necessità corporale: *fare i propri bisogni.* Ⓔ ***Aver bisogno di***, desiderare, volere: *hai bisogno di qualcos'altro?*; avere necessità, necessitare: *ho bisogno di un paio di scarpe* • ***C'è bisogno***, occorre, serve: *c'è bisogno che io rimanga?* • ***In caso di bisogno***, se serve: *in caso di bisogno puoi chiamarmi.*

bisognoso (bi-ṣo-gnó-so) AGG. e N.M. (f. *-a*) · Che, chi necessita di qualcosa: *bisognoso* ***di*** *cure* • Povero, indigente: *pensate ai bambini bisognosi.*

bisonte (bi-ṣón-te) N.M. · Grosso bovino selvatico, con piccole corna e corpo peloso; un tempo diffusissimo, oggi è protetto nei parchi nazionali della Germania, della Polonia, del Canada e degli Stati Uniti d'America.

bissare (bis-sà-re) V.TR. **1** Ripetere una parte dello spettacolo di cui il pubblico ha chiesto il bis: *bissare una canzone.* **2** Ripetere una seconda volta: *bissare un successo.*

bistecca (bi-stéc-ca) N.F. (pl. *-che*) · Fetta di carne di manzo o di vitello, larga e spessa, da cuocersi preferibilmente in gratella a fuoco vivo. Ⓔ ***Bistecca alla fiorentina*** → **fiorentino**.

Il termine deriva dall'inglese *beefsteak* 'bistecca di manzo'.

bistecchiera (bi-stec-chiè-ra) N.F. · Piastra per cuocere le bistecche.

bisticciare (bi-stic-cià-re) V.INTR. (*bistìccio*, ecc.) || INTR. (aus. *avere*) Litigare: *da quando ha bisticciato* ***con*** *suo fratello non gli parla più.* || **bisticciarsi** INTR. PRONOM. Litigare con qualcuno: *si è bisticciata* ***con*** *la madre.*

bisticcio (bi-stìc-cio) N.M. (pl. *-ci*) **1** Litigio non grave: *è stato solo un bisticcio tra innamorati* Ⓢ battibecco. **2** Accostamento di parole di suono simile ma di significato diverso, per es. *chi dice donna dice danno.*

bistrattare (bi-strat-tà-re) V.TR. · Trattare male qualcuno o qualcosa: *bistrattare la moglie; bistrattare l'automobile* Ⓢ maltrattare.

bistrot (bi-strot; pronuncia *bistró*) N.M. FR., in it. N.M. INVAR. · Caffè, bar, specie di Parigi.

bisturi (bì-stu-ri) N.M. INVAR. · Piccolo coltello molto affilato usato negli interventi chirurgici.

Il termine deriva dal francese *bistouri* 'pugnale', che viene dall'italiano *pistorese* 'di Pistoia', città un tempo famosa per la lavorazione delle lame.

bisunto (bi-ṣùn-to) AGG. · Molto unto: *una camicia bisunta* Ⓢ lercio, sudicio.

bit (pronuncia *bit*) N. INGL., in it. N.M. INVAR. · In informatica, l'unità di misura elementare dell'informazione; equivale alla scelta tra due alternative ugualmente possibili (0 oppure 1).

Il termine deriva dall'espressione *bi(nary) (digi)t* 'cifra binaria'.

bitorzolo (bi-tór-zo-lo) N.M. · Piccola sporgenza sulla pelle o su un'altra superficie: *un bitorzolo sul naso; un ramo pieno di bitorzoli.*

bitorzoluto (bi-tor-zo-lù-to) AGG. · Pieno di bitorzoli: *testa bitorzoluta; ramo bitorzoluto.*

bitume (bi-tù-me) N.M. · Sostanza di colore nerastro usata per pavimentazioni stradali, per isolare o per rendere impermeabili materiali e strutture.

bivaccare (bi-vac-cà-re) V.INTR. (*bivàcco, bivàcchi*, ecc.; aus. *avere*) · Trascorrere la notte all'aperto, accampandosi oppure con mezzi di fortuna: *quando vanno a caccia bivaccano in riva al fiume* Ⓢ accamparsi.

bivacco (bi-vàc-co) N.M. (pl. *-chi*) · Sosta notturna all'aperto di truppe o di gruppi di persone in viaggio: *il bivacco degli escursionisti.*

bivalve (bi-vàl-ve) AGG. · Che ha due valve: *conchiglia bivalve.*

bivio (bì-vio) N.M. (pl. *-vi*) · Punto in cui una strada si divide in due: *arrivati al bivio, prendete a sinistra* Ⓢ diramazione. Ⓔ ***Essere a un bivio***, nella necessità di dover fare una scelta decisiva: *sono a un bivio: o lo lascio o lo sposo!*

bizantino (bi-ẓan-tì-no) AGG. e N.M. (f. -a) || AGG. **1** Di Bisanzio, l'odierna Istanbul, la capitale dell'Impero romano d'Oriente • Dell'Impero romano d'Oriente. **2** Eccessivamente pignolo e complicato: *questioni bizantine* Ⓢ pedante • Prezioso, raffinato: *lusso bizantino.* || N.M. (f. -a) Abitante, nativo di Bisanzio.

bizza (bìẓ-ẓa) N.F. · Capriccio, soprattutto di un bambino: *fare le bizze.*

bizzarria (biẓ-ẓar-rì-a) N.F. (pl. *-rìe*) · Singolare originalità: *nell'articolo avrei preferito un tocco in più di bizzarria* Ⓢ stravaganza • Idea o trovata bizzarra: *le bizzarrie della moda.*

bizzarro (biẓ-ẓàr-ro) AGG. · Che mostra stranezza: *uno spirito bizzarro; una domanda bizzarra* Ⓢ strano, originale, stravagante.

bizzeffe (biẓ-ẓèf-fe) · Solo nell'espressione ***a bizzeffe***, in grandissima quantità: *avere quattrini a bizzeffe.*

blackout (black-out; pronuncia *blèk àut*) (o **black-out**) N. INGL., in it. N.M. INVAR. · Oscuramento totale di una città o di una parte di essa, provocato da un'improvvisa interruzione dell'energia elettrica.

blandire (blan-dì-re) V.TR. (*blandìsco, blandìsci*, ecc.) · Assecondare o allettare con parole di adulazione: *blandire qualcuno con elogi* Ⓢ lusingare.

blando (blàn-do) AGG. · Leggero, tenue, mite: *una luce blanda; una punizione blanda.*

blasfemia (bla-sfe-mì-a) N.F. (pl. *-mìe*) · Offesa grave e irriverente nei confronti di un dio o una fede religiosa.

blasfemo (bla-sfè-mo) AGG. · Offensivo e irriverente verso un dio o una fede religiosa: *scritto blasfemo.*

blasone (bla-ṣó-ne) N.M. · Stemma di una casata nobile: *il blasone dei Medici* • Nobiltà di nascita: *ostentare il proprio blasone.*

blaterare (bla-te-rà-re) V.INTR. e TR. (*blàtero*, ecc.; aus. *avere*) · Parlare a voce alta, dicendo cose maligne o prive di senso: *blaterano **di** arte senza capirne nulla; blaterare accuse, sciocchezze.*

blazer (bla-zer; pronuncia *blèṣer*) N. INGL., in it. N.M. INVAR. · Giacca sportiva di lana, con bottoni di metallo e taschino.

blindato (blin-dà-to) AGG. · Rivestito di una corazza a scopo protettivo: *porta blindata.* Ⓔ ***Vetro blindato***, che è in grado di resistere ai proiettili delle armi da fuoco o a un forte urto.

blitz (pronuncia *bliz*) N.M. TED., in it. N.M. INVAR. **1** Operazione militare o di polizia realizzata di sorpresa e con grande rapidità. **2** Qualsiasi operazione rapida e improvvisa: *blitz finanziario.*

bloccare (bloc-cà-re) V.TR. (*blòcco, blòcchi*, ecc.) || TR. **1** Interrompere il funzionamento o il movimento di una macchina o di un meccanismo: *bloccare il treno; bloccare i freni* Ⓒ sbloccare. **2** Fissare in una posizione: *bloccare una vite.* **3** Chiudere impedendo il passaggio o l'accesso: *bloccare una strada per lavori* Ⓢ sbarrare • Isolare: *la neve ha bloccato i paesi di montagna.* **4** Fermare per legge: *bloccare i prezzi.* **5** Trattenere o immobilizzare qualcuno: *la febbre mi ha bloccato a letto per due giorni* • Privare della capacità di agire: *la timidezza lo blocca* Ⓢ inibire. || **bloccarsi** INTR. PRONOM. **1** Smettere di funzionare: *la macchina si è bloccata* Ⓢ arrestarsi. **2** Fermarsi all'improvviso: *si è bloccato **a** guardarla* • Essere incapace di agire per l'emozione: *quando deve parlare in pubblico si blocca.*

blocco[1] (blòc-co) N.M. (pl. *-chi*) **1** Massa solida di grandi dimensioni: *un blocco di pietra, di marmo* Ⓢ masso. **2** Piccolo quaderno per appunti Ⓢ taccuino. **3** Edificio composto di molti appartamenti dalle caratteristiche simili: *abita due blocchi più avanti.* **4** Unione di forze politiche: *il blocco dei partiti della sinistra* Ⓢ gruppo, coalizione. Ⓔ ***In blocco***, tutto in una volta: *vendere in blocco*; anche, tutti insieme, uniti e compatti: *protestare in blocco.*

blocco[2] (blòc-co) N.M. (pl. *-chi*) **1** Interruzione delle vie di comunicazione, chiusura di un accesso o di un passaggio: *blocco navale; blocco stradale.* **2** Interruzione di un servizio a causa di uno sciopero: *blocco dei voli.* **3** Arresto improvviso di un meccanismo o dell'attività di un organo: *blocco di un congegno.* **4** Incapacità di svolgere un'azione o di manifestare un sentimento, dovuta a forte ansia o timidezza: *blocco emotivo.* **5** Sospensione imposta con un provvedimento di legge: *blocco dei salari.* Ⓔ ***Blocco renale, blocco intestinale***, arresto della funzione del rene o di quella dell'intestino • ***Posto di blocco***, posto di controllo istituito lungo una strada da forze armate o di polizia.

bloc-notes (bloc-no-tes; pronuncia *blocnòtes*) N.M. FR., in it. N.M. INVAR. · Quaderno per appunti con i fogli che si possono staccare Ⓢ blocco.

blog (pronuncia *blòg*) N. INGL., in it. N.M. INVAR. · Sito web personale concepito come diario o come organo di informazione indipendente: *tenere un blog.*

blogger (blog-ger; pronuncia *blòggher*) N. INGL., in it. N.M. e F. INVAR. · Chi crea e gestisce un blog.

blu AGG. e N.M. INVAR. || AGG. Azzurro molto cupo: *abito blu.* || N.M. Il colore stesso: *un blu molto scuro.* Ⓔ ***Di sangue blu***, che appartiene o discende da una famiglia nobile.

bluastro (blu-à-stro) AGG. · Che tende al blu: *labbra bluastre per il freddo.*

blue jeans (pronuncia *blu gins*) N.PL. INGL., in it. N.M.PL. · Calzoni di tela ruvida e resistente, in genere di colore blu, con cuciture evidenti: *portare i blue jeans.*

> Il termine è un composto di *blue* 'blu' e *jeans*, che deriva dalla pronuncia francese del nome di Genova, dove originariamente veniva fabbricata una tela blu particolarmente robusta e resistente.

bluff (pronuncia *blèf*) N. INGL., in it. N.M. INVAR. **1** Nel poker, il tentativo di far credere agli avversari di avere buone carte per spingerli a rinunciare al gioco. **2** Inganno, finzione: *tutto il suo talento non è che un bluff.*

bluffare (bluf-fa-re; pronuncia *bleffàre*) V.INTR. (aus. *avere*) **1** Nel poker, tentare un bluff. **2** Fingere di avere possibilità o capacità superiori a quelle reali: *dice di sapere il tedesco, ma secondo me sta bluffando.*

blusa (blù-ṣa) N.F. **1** Camicia di tela da lavoro: *la blusa del pittore.* **2** Camicetta da donna non aderente: *una blusa di seta.*

boa[1] (bò-a) N.M. INVAR. · Grosso serpente carnivoro ma non velenoso, diffuso nell'America centrale e meridionale; uccide le sue prede soffocandole e poi le ingoia.

boa[2] (bò-a) N.F. · Galleggiante ancorato al fondo che serve per ormeggio o segnalazioni. Ⓔ ***Giro di boa***, in una regata, virata che si fa dopo aver superato una boa; in senso figurato, momento importante, svolta che può cambiare ogni cosa.

boato (bo-à-to) N.M. · Rombo cupo e profondo: *il terremoto fu preceduto da forti boati* Ⓢ rimbombo.

bob (bòb) N.M. INVAR. · Slitta da corsa su pattini: può essere a due o a quattro posti: *bob a due, a quattro* • Lo sport praticato con questa slitta.

> Il termine deriva dall'abbreviazione dell'inglese *bobsleigh*, composto a sua volta di *(to) bob* 'sobbalzare' e *sleigh* 'slitta'.

bobina (bo-bì-na) N.F. **1** Filo avvolto su un supporto cilindrico • Il supporto stesso: *una bobina di cotone.* **2** Rotolo di pellicola fotografica o cinematografica: *la bobina di un film.*

bocca (bóc-ca) N.F. (pl. *-che*) **1** Cavità nella parte inferiore del capo, che corrisponde all'inizio del canale alimentare e, nei vertebrati, all'inizio delle vie respiratorie: *bocca larga, stretta; quando mangi, non riempirti la bocca di cibo.* **2** Apertura in genere: *la bocca di un forno; la bocca dello stomaco*, la sua parte superiore. **3** In geografia, la foce di un fiume: *Bocca di Magra* • Stretta striscia di mare fra due terre: *le Bocche di Bonifacio.* Ⓔ ***A bocca aperta***, sbalordito, stupefatto: *è rimasto a bocca aperta davanti al panorama* • ***A bocca asciutta***, senza niente in mano e quindi deluso: *ha giocato alla lotteria ma è tornato a casa a bocca asciutta* • ***Acqua in bocca!*** → *acqua* • ***Aprire bocca***, parlare: *ha aperto bocca solo per dire una sciocchezza;* ***non aprire bocca***, tacere, non sapere o non voler rispondere se interrogati • ***Chiudere la bocca a qualcuno*** o ***cucire la bocca a qualcuno***, farlo tacere con qualsiasi mezzo • ***Di bocca buona***, di persona che si accontenta di tutto • ***Di bocca in bocca***, di notizia che viene trasmessa da una persona all'altra • ***Levarsi il pane di bocca*** o ***togliersi il pane di bocca***, fare grossi sacrifici: *si è tolta il pane di bocca per far studiare i figli* • ***Mettere bocca***, intromettersi, dire la propria: *vuole sempre mettere bocca nelle mie faccende* • ***Respirazione bocca a bocca*** → ***respirazione*** • ***Scappare di bocca*** o ***sfuggire di bocca***, di parola, battuta, essere detta senza volerlo davvero e di cui ci si pente: *mi è scappata di bocca una sciocchezza* • ***Storcere la bocca***, manifestare disgusto o disapprovazione • ***Tenere la bocca chiusa***, tacere, non rivelare ciò che si sa • ***Togliere la parola di bocca***, dire per primo la stessa cosa che stava per dire un altro: *mi hai tolto la parola di bocca!* ▸ Ⓕ **bocca**

boccaccia (boc-càc-cia) N.F. (pl. -ce) **1** Bocca grande e brutta: *chiudi quella boccaccia* • Di persona volgare o che parla male degli altri: *non dar retta a quella boccaccia.* **2** Smorfia fatta con la bocca per disgusto, dispetto o scherno: *i bambini facevano le boccacce ai passanti.* ▸ Ⓕ **bocca**

boccaglio (boc-cà-glio) N.M. (pl. *-gli*) **1** Parte estrema di un tubo. **2** L'estremità del tubo di gomma, usato per respirare, di cui sono fornite le maschere per la pesca subacquea. ▸ Ⓕ **bocca**

boccale[1] (boc-cà-le) AGG. · Della bocca: *cavità boccale* Ⓢ orale. ▸ Ⓕ **bocca**

boccale[2] (boc-cà-le) N.M. · Bicchiere con pancia larga fornito di manico • Il suo contenuto: *un boccale di birra.*

boccaporto (boc-ca-pòr-to) N.M. · Ognuna delle grandi aperture presenti sui ponti delle navi per accedere alle stive o ad altri locali interni. ▸ Ⓕ **bocca**

boccascena (boc-ca-scè-na) N.M. INVAR. · Lo spazio del palcoscenico dove si svolge l'azione. ▸ Ⓕ **bocca**

boccata (boc-cà-ta) N.F. **1** Quanto si può tenere o prendere in bocca in una volta: *tirò una boccata di fumo.* **2** Colpo sulla bocca: *battere una boccata.* Ⓔ ***Prendere una boccata d'aria***, uscire all'aperto; anche, uscire per una breve passeggiata. ▸ Ⓕ **bocca**

boccetta (boc-cét-ta) N.F. · Piccola bottiglietta per inchiostro, medicinali e profumi.

boccheggiare (boc-cheg-già-re) V.INTR. (*bocchéggio*, ecc.; aus. *avere*) · Respirare con fatica, aprendo e chiudendo continuamente la bocca: *boccheggiare* ***per*** *il caldo* Ⓢ ansimare. ▸ Ⓕ **bocca**

bocchino (boc-chi-no) N.M. **1** Cannello sottile in cui si introduce il sigaro o la sigaretta da fumare. **2** Imboccatura di strumenti a fiato. ▸ Ⓕ **bocca**

boccia (bòc-cia) N.F. (pl. *-ce*) **1** Palla di legno o d'altro materiale duro, usata in diversi giochi: *bocce da biliardo.* **2** AL PL. Gioco che si svolge tra due giocatori o due squadre; vince chi avvicina una delle sue bocce al pallino lanciato in precedenza: *fare una partita a bocce.* **3** Bottiglia panciuta, con collo lungo e stretto: *passami la boccia dell'acqua.*

bocciare (boc-cià-re) V.TR. (*bòccio*, ecc.) **1** Negare a uno studente il passaggio alla classe successiva, o respingere un candidato a un esame: *quest'anno non boccerò nessun alunno* Ⓒ promuovere • Non approvare: *la Camera ha bocciato la nuova legge sulla giustizia* Ⓢ respingere. **2** Nel gioco delle bocce, colpire con la propria palla quella dell'avversario o il pallino.

bocciatura (boc-cia-tù-ra) N.F. **1** Mancato passaggio di uno studente alla classe successiva o fallimento di un candidato agli esami o alle elezioni. **2** Mancata approvazione di una proposta: *la bocciatura della legge era prevista.*

boccio (bòc-cio) N.M. (pl. *-ci*) · Fiore non ancora aperto: *un boccio di rosa.* Ⓔ ***In boccio***, di fiore, che sta per sbocciare; in senso figurato, di qualcosa che deve ancora manifestarsi del tutto: *una bellezza in boccio.*

bocciolo (boc-ciò-lo) N.M. · Fiore non ancora aperto: *un bocciolo di viola* Ⓢ boccio.

boccone (boc-có-ne) N.M. **1** Quantità di cibo che si può prendere e masticare in una volta: *un boccone di pane.* **2** Piccola quantità di cibo: *ne vorrei solo un boccone* Ⓢ morso • Pasto veloce: *mangio un boccone e parto.* Ⓔ ***Boc-***

A B C D E F G H I J K L M N O P Q R S T U V W X Y Z

cone amaro, umiliazione o grande dispiacere: *ha dovuto mandar giù un boccone amaro.* ▸ Ⓕ **bocca**

B

bocconi (boc-có-ni) AVV. · In posizione distesa, con il ventre e la faccia in giù: *cadere bocconi.* ▸ Ⓕ **bocca**

body (bo-dy; pronuncia *bòdi*) N. INGL., in it. N.M. INVAR. · Indumento per attività ginniche e sportive, costituito da mutande e maglietta tessute insieme • Indumento intimo femminile, che in un solo pezzo riunisce mutande, reggiseno e guaina: *un body di cotone.*

boero (bo-è-ro) AGG. e N.M. (f. *-a*) || AGG. e N.M. (f. *-a*) Dei Boeri, i coloni olandesi insediatisi nell'Africa meridionale nel Seicento. || N.M. Grosso cioccolatino ripieno di liquore e con una ciliegia sotto spirito.

bofonchiare (bo-fon-chià-re) V.TR. e INTR. (*bofónchio*, ecc.; aus. *avere*) · Brontolare a bassa voce: *bofonchiava tra sé e sé* Ⓢ borbottare.

boh (pronuncia *bó*) INTER. · Esprime incertezza, dubbio, incredulità: *boh! Non lo so; boh! Se lo dice lui sarà vero.*

boia (bò-ia) N.M. e AGG. INVAR. || N.M. Chi esegue le condanne a morte: *il condannato fu consegnato nelle mani del boia* Ⓢ carnefice. || AGG. Nel linguaggio familiare, terribile, tremendo: *freddo boia.*

boiata (bo-ià-ta) N.F. · Nel linguaggio familiare, cosa scadente o riuscita male: *che boiata quel film!* • Comportamento o frase che dimostra stupidità: *non dire boiate!* Ⓢ sciocchezza, stupidaggine.

boicottaggio (boi-cot-tàg-gio) N.M. (pl. *-gi*) **1** Azione che isola da una comunità o da un mercato individui o prodotti per danneggiarli: *boicottaggio dei prodotti delle multinazionali.* **2** Mancanza di collaborazione o di partecipazione: *boicottaggio dei lavori parlamentari.*

boicottare (boi-cot-tà-re) V.TR. (*boicòtto*, ecc.) **1** Colpire con un'azione di boicottaggio: *boicottare un'azienda alimentare.* **2** Impedire il normale svolgimento di un'attività ostacolandola o non partecipandovi: *la metà dei soci ha boicottato la riunione.*

Il termine deriva dal nome del capitano J. *Boycott*, amministratore di vaste proprietà in Irlanda, contro il quale fu applicato nel 1880 per la prima volta il boicottaggio da parte dei coloni, come forma di protesta per i suoi metodi disumani.

boiler (boi-ler; pronuncia *bòiler*) N. INGL., in it. N.M. INVAR. · Scaldabagno elettrico o a gas.

bolero (bo-lè-ro) N.M. **1** Danza e aria popolare spagnola. **2** Giacca da donna aperta sul davanti, con o senza maniche.

bolgia (bòl-gia) N.F. (pl. *-ge*) **1** Ciascuna delle dieci fosse circolari descritte nell'ottavo cerchio dell'Inferno nella "Divina Commedia" di Dante Alighieri. **2** Luogo pieno di rumore e disordine: *oggi questo cinema è una vera bolgia* Ⓢ caos, babele.

bolide (bò-li-de) N.M. **1** Corpo solido che attraversando l'atmosfera diventa incandescente Ⓢ meteora. **2** Persona od oggetto dotati di grande velocità: *la tua macchina è un bolide* Ⓢ fulmine, razzo. **3** Persona molto robusta: *Mara è diventata un bolide* Ⓢ ciccione.

Il termine deriva da una parola greca che significa 'proiettile'.

bolla[1] (ból-la) N.F. **1** Documento di accompagnamento di una merce: *bolla di spedizione.* **2** In epoca medievale, documento pontificio o imperiale. Ⓔ ***Bolla papale***, lettera del Papa su questioni o problemi riguardanti la fede o i rapporti della Chiesa con sovrani e governanti.

bolla[2] (ból-la) N.F. **1** Piccola cavità rotonda, piena di vapore o di gas, che si forma in un liquido in seguito a ebollizione o ad altri processi. **2** Lesione della pelle a forma di piccola vescica piena di liquido, dovuta a scottature o infezioni. Ⓔ ***Bolla di sapone***, quella che si ottiene soffiando in una cannuccia immersa prima nell'acqua schiumosa di sapone; ***finire in una bolla di sapone***, nel nulla: *i suoi progetti sono finiti in una bolla di sapone.*

bollare (bol-là-re) V.TR. (*bóllo*, ecc.) **1** Contrassegnare con un bollo, un timbro, un marchio: *bollare una lettera* Ⓢ timbrare. **2** Indicare al disprezzo generale: *lo hanno bollato come un poco di buono* Ⓢ marchiare.

bollato (bol-là-to) AGG. · Contrassegnato da un bollo, un timbro, un marchio: *lettera bollata*. **E** ***Carta bollata*** → *carta*.

bollente (bol-lèn-te) AGG. **1** Di liquido in ebollizione o molto caldo: *scottarsi con l'acqua bollente*. **2** Molto caldo: *la sabbia è bollente* **S** rovente, infuocato. **E** ***Patata bollente***, problema difficile, scottante.

bolletta (bol-lét-ta) N.F. **1** Ricevuta della spedizione di una merce o di un pagamento. **2** Foglio che indica il consumo effettuato di un bene e il relativo importo da pagare: *bolletta del gas*. **E** ***In bolletta***, senza un soldo.

bollettino (bol-let-tì-no) N.M. **1** Modulo per eseguire versamenti su un conto corrente postale: *bollettino delle tasse universitarie*. **2** Comunicato o pubblicazione periodica che contiene informazioni su argomenti specifici: *bollettino di borsa*; *bollettino di guerra*. **E** ***Bollettino meteorologico***, che fornisce informazioni sulle condizioni del tempo, con le previsioni per il giorno successivo.

bollino (bol-lì-no) N.M. · Piccolo bollo che attesta il pagamento di una tassa, da applicare sui documenti personali: *mettere il bollino sul passaporto* • Tagliando, contrassegno: *i bollini del supermercato*.

bollire (bol-lì-re) V.INTR. e TR. (*bóllo*, ecc.) || INTR. (aus. *avere*) **1** Di liquido, formare a una certa temperatura bolle di vapore: *l'acqua bolle a 100 °C*. **2** Di cibi, cuocere nell'acqua bollente: *i fagioli bollono*. **3** Patire un gran caldo: *in questa stanza si bolle*. **4** Fremere, ardere: *bollire **di** rabbia*. || TR. Cuocere in acqua bollente: *ho bollito un po' di verdura* **S** lessare. **E** ***Qualcosa bolle in pentola***, si dice quando si ha il sospetto che stia per accadere qualcosa.

Il verbo *bollire* non ha le forme in *-isco* nella coniugazione: *io bollo il latte, l'acqua bolle* e non *io bollisco il latte, l'acqua bollisce*!

bollito (bol-lì-to) AGG. e N.M. || AGG. Cotto in acqua bollente: *merluzzo bollito* **S** lesso. || N.M. Carne lessata: *bollito di manzo* **S** lesso.

bollo (ból-lo) N.M. **1** Timbro, marchio, contrassegno: *bollo di garanzia*. **2** Marchio che attesta il pagamento di una tassa o la validità di un documento: *bollo di circolazione*. **E** ***Carta da bollo*** → *carta* • ***Marca da bollo*** → *marca*[1].

bollore (bol-ló-re) N.M. **1** Stato di ebollizione: *l'acqua sta entrando in bollore*. **2** Caldo intenso: *in ufficio c'è un bollore insopportabile* **S** calura.

bolo (bò-lo) N.M. · La quantità di cibo messa in bocca che, masticata, è pronta per essere inghiottita.

bolognese (bo-lo-gné-se) AGG. e N.M. e F. || AGG. Di Bologna. || N.M. e F. Abitante, nativo di Bologna. **E** ***Alla bolognese***, di specialità tipiche della cucina bolognese.

bolscevico (bol-sce-vì-co) AGG. e N.M. (f. *-a*; pl.m. *-chi*, pl.f. *-che*) **1** Della corrente rivoluzionaria dell'antico Partito Operaio Socialdemocratico russo: *la politica bolscevica*. **2** Comunista.

bolso (ból-so) AGG. **1** Di cavallo, che respira con difficoltà per una malattia polmonare. **2** Di persona, che respira a fatica • Privo di forza **S** debole, fiacco.

bomba (bóm-ba) N.F. **1** Involucro metallico pieno di esplosivo, che scoppia a tempo o quando colpisce il bersaglio: *bomba a mano*; *innescare una bomba* **S** ordigno. **2** Nel linguaggio familiare, persona o cosa eccezionale: *ho una moto che è una bomba* **S** schianto. **3** Notizia sensazionale: *una bomba così va senz'altro in prima pagina* **S** scoop (*ingl.*). **E** ***A prova di bomba*** → *prova* • ***Bomba a orologeria***, ordigno provvisto di un meccanismo che lo fa esplodere al momento voluto • ***Bomba atomica***, che ricava l'energia esplosiva da una reazione nucleare.

bombardamento (bom-bar-da-mén-to) N.M. **1** Tiro concentrato di artiglierie o lancio di bombe da aerei: *bombardamento aereo*. **2** Azione ripetuta con insistenza: *ho subito un bombardamento di domande* **S** pioggia, raffica.

bombardare (bom-bar-dà-re) V.TR. **1** Colpire con tiro concentrato di artiglierie o con lancio di bombe da aerei: *bombardare una base militare*. **2** Sottoporre a un'azione ripetuta con insistenza: *bombardare qualcuno **di** domande* **S** sommergere.

B

bombardiere (bom-bar-diè-re) N.M. · Aereo da bombardamento • Pilota di tale aereo.

bomber (bòm-ber) N.M. INVAR. 1 Calciatore che segna molti gol: *il bomber della nazionale* Ⓢ cannoniere. 2 Giubbotto corto e imbottito.

bombetta (bom-bét-ta) N.F. · Cappello rigido da uomo, a cupola rotonda e falde rivolte in su.

bombola (bóm-bo-la) N.F. · Recipiente cilindrico di metallo per contenere gas: *una bombola di metano.*

bomboletta (bom-bo-lét-ta) N.F. · Piccolo recipiente cilindrico di metallo che permette di spruzzare il suo contenuto: *una bomboletta spray.*

bombolone (bom-bo-ló-ne) N.M. · Grossa frittella di pasta dolce, talvolta ripiena di crema, cioccolata o marmellata.

bomboniera (bom-bo-niè-ra) N.F. 1 Scatola elegante da dolci. 2 Piccolo oggetto che una coppia di sposi dona insieme ai confetti: *una bomboniera d'argento.*

bonaccia (bo-nàc-cia) N.F. (pl. *-ce*) 1 Stato del mare calmo e senza vento: *oggi il mare è in bonaccia.* 2 Calma, tranquillità, quiete: *sono in un periodo di bonaccia.*

bonario (bo-nà-rio) AGG. (pl.m. *-ri*, pl.f. *-rie*) · Di natura mite e affabile: *un maestro bonario* Ⓢ benevolo.

> Il termine deriva dal francese antico *de bonne aire* 'di buon aspetto, che ispira fiducia'.

bonifica (bo-nì-fi-ca) N.F. (pl. *-che*) 1 Insieme di lavori e opere per prosciugare zone paludose in modo da renderle coltivabili e abitabili: *la bonifica delle paludi.* 2 Insieme di operazioni per liberare campi e terreni da mine non esplose.

bonificare (bo-ni-fi-cà-re) V.TR. (*bonìfico, bonìfichi*, ecc.) 1 Prosciugare una zona paludosa per renderla adatta a essere abitata e coltivata: *la costa è stata bonificata negli anni Trenta.* 2 Liberare campi e terreni da mine non esplose: *bonificare la frontiera* ***dalle*** *mine.*

bonomia (bo-no-mì-a) N.F. (pl. *-mìe*) · Bonarietà, gentilezza, cordialità: *tratta tutti con bonomia.*

> Il termine deriva dal francese *bonhomme* 'buonuomo'.

bonsai (bon-sài) N.M. INVAR. · La tecnica giapponese di coltivare piante nane a scopo ornamentale: *corso di bonsai* • La pianta così coltivata: *un bonsai di ulivo.*

bontà (bon-tà) N.F. INVAR. 1 Sensibilità e comprensione nei confronti degli altri: *bontà d'animo; la bontà del professore gli ha evitato la bocciatura* Ⓢ generosità, umanità Ⓒ cattiveria • Gentilezza, cortesia: *ha avuto la bontà di rispondermi subito.* 2 La presenza di qualità che rendono qualcosa gradito o adatto al suo scopo: *la bontà di una proposta; la bontà di una stoffa; la bontà del clima.* 3 Di cibo, sapore gradevole: *che bontà queste ciliege!*

bonzo (bón-zo) N.M. · Prete buddista.

boom (pronuncia *bum*) N. INGL., in it. N.M. INVAR. 1 Fase di grande e rapido sviluppo: *boom economico; boom demografico.* 2 Successo eccezionale: *il boom del romanzo giallo.*

boomerang (boo-me-rang; pronuncia *bùmerang*) N. INGL., in it. N.M. INVAR. 1 Arma da getto, usata dagli indigeni australiani, formata da una paletta di legno piegata a gomito che ritorna al punto di lancio quando non colpisce il bersaglio. 2 Azione compiuta a danno di altri, i cui effetti ricadono su chi la fa: *la sua protesta si è rivelata un boomerang.*

bora (bò-ra) N.F. · Vento freddo di nord-est che soffia violentissimo lungo le coste orientali del Mare Adriatico.

> Il termine deriva da *boréas*, nome greco del vento freddo di nord-est.

borbonico (bor-bò-ni-co) AGG. (pl.m. *-ci*, pl.f. *-che*) 1 Della famiglia reale dei Borboni. 2 Retrogrado, reazionario: *mentalità borbonica.*

borbottare (bor-bot-tà-re) V.INTR. e TR. (*borbòtto*, ecc.) || INTR. (aus. *avere*) Brontolare a voce bassa, di solito per protesta: *quel vecchio non fa che borbottare* Ⓢ bofonchiare • Fare rumori sordi e confusi: *lo stomaco mi borbot-*

tava dalla fame. || TR. Dire in modo confuso: *borbottò* ***che*** *non voleva uscire* Ⓢ farfugliare.

borbottio (bor-bot-tì-o) N.M. (pl. *-tìi*) · Brontolio basso e insistente di persone o cose: *il borbottio della pentola sul fuoco; finitela con questo borbottio!*

borchia (bòr-chia) N.F. (pl. *-chie*) · Dischetto di metallo usato come ornamento per borse, scarpe, vestiti od oggetti d'arredamento: *un paio di stivali con le borchie.*

> Il termine deriva dal latino volgare *broccula* 'cosa appuntita'.

bordare (bor-dà-re) V.TR. (*bórdo*, ecc.) **1** Fare un bordo a qualcosa: *bordare un vestito* ***con*** *pizzi* Ⓢ orlare. **2** Delimitare, cingere, circondare: *una siepe borda il giardino.*

bordata (bor-dà-ta) N.F. **1** Sparo di tutti i cannoni dello stesso fianco di una nave da guerra nello stesso momento. **2** Veloce successione di qualcosa: *fu accolto da una bordata di fischi* Ⓢ raffica, sequela.

bordeaux (bor-deaux; pronuncia *bordó*) N.M. FR., in it. N.M. e AGG. INVAR. || N.M. Vino francese bianco o rosso, molto profumato. || AGG. e N.M. Di rosso tendente al bruno: *una sciarpa di un bel bordeaux; rosso bordeaux.*

bordo (bór-do) N.M. **1** Ciascuno dei due fianchi di un'imbarcazione Ⓢ fianco, fiancata. **2** Lo spazio di cui dispone una nave o un altro mezzo di trasporto: *salire a bordo.* **3** Il margine esterno di qualcosa: *il bordo di un lenzuolo; il bordo della strada* Ⓢ orlo, contorno. Ⓔ ***D'alto bordo***, di alto livello sociale ed economico: *frequentare gente d'alto bordo* • ***Fuori bordo***, all'esterno dell'imbarcazione o sul lato esterno del fianco di una nave • ***Giornale di bordo*** → **giornale** • ***Virare di bordo***, cambiare rotta; in senso figurato, cambiare idea.

boreale (bo-re-à-le) AGG. · Dell'emisfero settentrionale della Terra. Ⓔ ***Aurora boreale*** → **aurora**.

borgata (bor-gà-ta) N.F. **1** Piccolo centro abitato: *una piccola borgata lungo la provinciale* Ⓢ borgo, paese. **2** In alcune grandi città, quartiere popolare della periferia Ⓢ sobborgo.

borghese (bor-ghé-se o bor-ghé-ṣe) AGG. e N.M. e F. **1** Che, chi appartiene alla classe sociale della borghesia: *un ambiente borghese; una famiglia di borghesi* • Conservatore, conformista: *mentalità borghese.* **2** Che, chi è fuori dall'ambito militare: *tornare alla vita borghese dopo aver servito nell'esercito* Ⓢ civile. Ⓔ ***In borghese***, non in divisa: *un poliziotto in borghese.*

borghesia (bor-ghe-ṣì-a) N.F. (pl. *-ṣìe*) · Classe sociale formata da proprietari di terre, industriali, commercianti, liberi professionisti. Ⓔ ***Alta borghesia*** o ***grande borghesia***, quella che possiede la maggior parte dei capitali e dei mezzi di produzione; ***media borghesia***, ***piccola borghesia***, quella costituita da impiegati, professionisti, piccoli proprietari, commercianti e artigiani.

borgo (bór-go) N.M. (pl. *-ghi*) · Centro abitato di medie dimensioni: *vive in un borgo di campagna* Ⓢ paese, villaggio.

boria (bò-ria) N.F. (pl. *-rie*) · Ostentazione di importanza o di superiorità Ⓢ superbia, arroganza.

> Il termine deriva da *boréas*, nome greco di un vento, nel senso di 'aria di importanza'.

borioso (bo-rió-so) AGG. · Che ostenta un'esagerata stima di sé: *una donna boriosa* Ⓢ superbo, arrogante Ⓒ modesto.

boro (bò-ro) N.M. · Elemento chimico di colore giallo-bruno, presente in natura allo stato solido; viene utilizzato in metallurgia e nell'industria farmaceutica (il simbolo chimico è *B*).

borotalco (bo-ro-tàl-co) N.M. · Nome commerciale ® di una polvere bianca a base di talco, usata per l'igiene della pelle.

borraccia (bor-ràc-cia) N.F. (pl. *-ce*) · Piccolo recipiente usato nelle escursioni e nelle marce militari per portare acqua o altre bevande.

> Il termine deriva dallo spagnolo *borracha* 'piccolo otre di cuoio'.

borsa[1] (bór-sa) N.F. · Contenitore di pelle, di stoffa o di altro materiale, usato per tenervi oggetti vari: *borsa da viaggio; borsa della spesa.* Ⓔ ***Borsa del ghiaccio, borsa dell'acqua calda***, sacca impermeabile che contiene ghiaccio o acqua calda, per tenere al freddo o al caldo una parte del corpo • ***Borsa di studio***, somma di denaro messa a disposizione di studenti o di studiosi in modo che possano compiere un corso di studi • ***Borse sotto gli occhi***, occhiaie scure e gonfie • ***O la borsa o la vita!***, minaccia che equivale a dire "o mi dai la borsa o ti uccido" • ***Stringere i cordoni della borsa***, fare economia.

borsa[2] **(bór-sa)** N.F. · Mercato pubblico in cui si comprano e vendono titoli o merci: *borsa valori*, in cui vengono scambiati titoli pubblici e privati • L'edificio in cui si compiono le operazioni di borsa: *recarsi alla borsa.* Ⓔ ***Borsa nera***, in tempi di guerra, commercio illegale, a prezzi aumentati, di alimenti o beni di largo consumo.

> Il termine deriva dal nome della famiglia *Van der Beursen* che, nel Cinquecento, utilizzò il proprio palazzo di Bruges, in Belgio, come sede degli scambi commerciali.

borsaiolo (bor-sa-iò-lo) N.M. (f. *-a*) · Ladro che ruba con abilità portafogli, borse e oggetti di valore Ⓢ borseggiatore.

borseggiare (bor-seg-già-re) V.TR. (*borség-gio*, ecc.) · Derubare qualcuno con abilità di ciò che ha in borsa o nelle tasche: *molti turisti sono stati borseggiati.*

borseggiatore (bor-seg-gia-tó-re) N.M. (f. *-trìce*) · Borsaiolo: *un borseggiatore mi ha rubato il portafoglio.*

borseggio (bor-ség-gio) N.M. (pl. *-gi*) · Furto di denaro o di oggetti di valore, compiuto con abilità in luoghi affollati.

borsellino (bor-sel-lì-no) N.M. · Piccola borsa tascabile in cui si tengono le monete Ⓢ portamonete.

borsello (bor-sèl-lo) N.M. · Piccola borsa da uomo, spesso con tracolla.

borsetta (bor-sét-ta) N.F. · Piccola borsa da donna: *una borsetta di pelle.*

borsistico (bor-sì-sti-co) AGG. (pl.m. *-ci*, pl.f. *-che*) · Che riguarda le attività della borsa valori: *mercato borsistico.*

boscaglia (bo-scà-glia) N.F. (pl. *-glie*) · Bosco fitto, formato di alberi e di arbusti di diversa grandezza: *la zona era coperta da una fitta boscaglia* Ⓢ macchia.

boscaiolo (bo-sca-iò-lo) N.M. (f. *-a*) · Operaio addetto al taglio della legna e alla manutenzione dei boschi. Ⓔ ***Alla boscaiola***, di cibi cucinati con l'aggiunta di funghi: *penne alla boscaiola.*

boschivo (bo-schì-vo) AGG. **1** Del bosco: *flora boschiva.* **2** Ricco di boschi: *terreno boschivo* Ⓢ boscoso.

boscimano (bo-scì-ma-no) AGG. e N.M. (f. *-a*) · Dei Boscimani, popolazione dell'Africa sud-occidentale oggi ridotta a poche migliaia di individui.

bosco (bò-sco) N.M. (pl. *-schi*) · Vasto terreno ricoperto da alberi, arbusti ed erbe: *bosco di querce; perdersi in un bosco* Ⓢ selva, foresta. Ⓔ ***Uccel di bosco*** → **uccello**.

boscoso (bo-scó-so) AGG. · Ricco di boschi: *terreno boscoso.*

bosniaco (bo-ṣnì-a-co) AGG. e N.M. (f. *-a*; pl.m. *-ci*, pl.f. *-che*) || AGG. Della Bosnia-Erzegovina. || N.M. (f. *-a*) Abitante, nativo della Bosnia-Erzegovina.

boss (pronuncia *bòs*) N. INGL., in it. N.M. INVAR. · Capo di un'organizzazione: *un boss della mafia; i boss dell'industria.*

bosso (bòs-so) N.M. · Arbusto sempreverde con piccole foglie ovali, coltivato soprattutto per fare siepi.

bossolo (bòs-so-lo) N.M. · Il cilindro che contiene la polvere da sparo di un proiettile.

botanica (bo-tà-ni-ca) N.F. (pl. *-che*) · Parte della biologia che si occupa dello studio degli organismi vegetali.

botanico (bo-tà-ni-co) AGG. (pl.m. *-ci*, pl.f. *-che*) · Che riguarda la botanica: *studi botanici.* Ⓔ ***Orto botanico*** o ***giardino botanico***, giardino dove si coltivano piante a scopo di studio.

botola (bò-to-la) N.F. · Apertura in un pavimento o in un solaio, provvista di uno sportello per la chiusura: *attraverso la botola entrò in una soffitta polverosa.*

botta (bòt-ta) N.F. **1** Colpo violento: *nello scontro ha preso una botta in testa.* **2** Colpo che si riceve urtando o cadendo: *ho dato* *una botta contro lo spigolo del comodino.* **3** Grave danno: *il suo licenziamento è stato una brutta botta* Ⓢ batosta. **4** Forte rumore prodotto da un urto o da uno sparo: *dalla botta che ho sentito deve essere stato un brutto incidente* Ⓢ botto, fragore. Ⓔ ***A botta calda***, subito, quando l'impressione è ancora viva • ***A botta sicura*** → *sicuro* • ***Botta e risposta***, scambio rapido di battute in un dialogo • ***Botte da orbi***, date con furia e in gran quantità • ***Fare a botte***, picchiarsi.

botte (bót-te) N.F. · Grosso recipiente di legno, fatto di tavole leggermente curve e strette da cerchi di metallo, usato per conservare il vino o altre bevande • La quantità di liquido in esso contenuta: *una botte di vino.* Ⓔ ***Dare un colpo al cerchio e uno alla botte*** → *cerchio* • ***In una botte di ferro***, al sicuro • ***Volta a botte*** → *volta*[2].

bottega (bot-té-ga) N.F. (pl. *-ghe*) · Negozio: *bottega di fornaio* • Locale dove gli artigiani esercitano le loro attività: *bottega di falegname* Ⓢ laboratorio • In passato, lo studio di un artista dove gli allievi lavoravano con il maestro: *un dipinto della bottega del Tintoretto.* Ⓔ ***Aprire bottega, chiudere bottega***, iniziare o abbandonare un'attività • ***Avere la bottega aperta***, nel linguaggio familiare, avere i pantaloni sbottonati.

bottegaio (bot-te-gà-io) N.M. (f. *-a*; pl.m. *-gài*, pl.f. *-gàie*) · Chi è proprietario di una bottega o la gestisce Ⓢ negoziante.

botteghino (bot-te-ghì-no) N.M. · La biglietteria di un locale pubblico o di uno spettacolo: *lunghe file ai botteghini per assistere al concerto* Ⓢ cassa.

bottiglia (bot-tì-glia) N.F. (pl. *-glie*) · Recipiente per liquidi, in genere di vetro, a forma di cilindro che si restringe verso l'alto: *bottiglia da spumante* • Il contenuto di una bottiglia: *una bottiglia d'acqua.*

> Il termine deriva dal latino tardo *butticula* 'botticella'.

bottino (bot-tì-no) N.M. **1** Ciò che viene sottratto al nemico durante una guerra: *fare un buon bottino.* **2** Il ricavato di un furto: *dividere il bottino* Ⓢ refurtiva, malloppo.

botto (bòt-to) N.M. **1** Colpo rumoroso e inatteso: *si è sentito un gran botto* Ⓢ botta. **2** Fuoco d'artificio: *i botti di San Silvestro* Ⓢ petardo. Ⓔ ***Di botto***, tutt'a un tratto, improvvisamente: *tacque di botto* • ***In un botto***, in un attimo, in un sol colpo: *ha guadagnato mille euro in un botto.*

bottone (bot-tó-ne) N.M. **1** Piccolo disco di varie forme, dimensioni e materiali, per unire e chiudere indumenti: *bottoni per camicia; bottoni di metallo; attaccare un bottone alla giacca.* **2** Pulsante, tasto, interruttore: *per accendere il computer premi quel bottone.* Ⓔ ***Attaccare bottone*** → *attaccare* • ***Bottone automatico*** → *automatico*.

boutique (bou-ti-que; pronuncia *butìk*) N.F. FR., in it. N.F. INVAR. · Negozio elegante d'abbigliamento: *sua madre compra solo nelle boutique.*

bove (bò-ve) N.M. · Bue.

> Il verbo che indica il verso del bove è *muggire* o *mugghiare* e il nome è *muggito* o *mugghio.*

bovino (bo-vì-no) AGG. e N.M. || AGG. Di bue o di buoi: *allevamento bovino.* || N.M. Animale appartenente a un gruppo di mammiferi ruminanti, tra i quali i più importanti sono i buoi, i bisonti e i bufali. Ⓔ ***Occhi bovini***, grossi, tondi, privi di espressione.

bowling (bow-ling; pronuncia *bóuling*) N. INGL., in it. N.M. INVAR. · Gioco che consiste nel lanciare grosse bocce contro nove o dieci birilli disposti a triangolo in fondo a una pista.

box (pronuncia *bòx*) N. INGL., in it. N.M. INVAR. **1** Spazio in cui si suddivide un vasto ambiente mediante tramezzi o pareti: *box espositivo; box doccia.* **2** Recinto di separazione nelle scuderie e nelle stalle. **3** Nelle autorimesse, scompartimento riservato a ogni singola macchina Ⓢ garage (*fr.*). **4** Sui circuiti automobilistici e motociclistici, il luogo per il rifornimento di carburante e l'assistenza meccanica: *la macchina è rientrata ai box.* **5** Piccolo recinto dove si tengono i bambini che non sanno ancora camminare.

boxe (bo-xe; pronuncia *bòx*) N.F. FR., in it. N.F. INVAR. · Pugilato: *assistere a un incontro di boxe.*

B

boxer (bo-xer; pronuncia *bòxer*) N. INGL., in it. N.M. INVAR. **1** Cane da guardia e da difesa robusto, dal pelo lucido e corto: *il boxer è un cane molto affettuoso.* **2** Mutande a calzoncino: *indossa un paio di boxer neri.*

boy scout (boy scout; pronuncia *bòi scàut*) N. INGL., in it. N.M. INVAR. · Giovane iscritto all'organizzazione fondata in Inghilterra nel 1908 da Robert Baden-Powell, con lo scopo di educare i giovani attraverso la vita in comunità a contatto con la natura.

bozza (bòz-za) N.F. · Prima e imperfetta forma di un'opera: *stanotte ho buttato giù una bozza di relazione* S abbozzo. E ***Bozza (di stampa)***, prova di stampa di un libro: *correggere le bozze.*

bozzetto (boz-zét-to) N.M. **1** Schizzo o modello in dimensioni ridotte di un'opera: *il bozzetto di un monumento* S abbozzo, bozza. **2** Breve scritto che descrive con vivacità una situazione, un luogo, un carattere: *le sue lettere sono dei bozzetti di vita quotidiana.* **3** Piccola composizione pittorica di tipo realistico: *un bozzetto di vita campagnola.*

bozzolo (bòz-zo-lo) N.M. · Involucro protettivo delle crisalidi delle farfalle, in particolare del baco da seta.

braccare (brac-cà-re) V.TR. (*bràcco, bràcchi,* ecc.) **1** Stanare la selvaggina per spingerla verso i cacciatori: *i cani braccavano il cinghiale.* **2** Dare la caccia a qualcuno con grande ostinazione: *la polizia sta braccando i rapinatori.*

braccetto (brac-cét-to) N.M. · Solo nell'espressione ***a braccetto***, con il braccio sotto il braccio di un'altra persona, in segno di affetto o di familiarità: *stare, andare, tenere a braccetto.*

braccia (bràc-cia) · Plurale femminile → *braccio.*

bracciale (brac-cià-le) N.M. · Piccolo cerchio o catenina, in genere di metallo prezioso, che si porta intorno al polso per ornamento: *un braccialetto d'oro.*

braccialetto (brac-cia-lét-to) N.M. · Bracciale.

bracciante (brac-ciàn-te) N.M. · Operaio agricolo assunto per lavori stagionali o per opere che non richiedono conoscenze tecniche.

bracciata (brac-cià-ta) N.F. · Ciascuno dei movimenti regolari compiuti con le braccia da chi nuota • Lo spazio percorso con ogni singolo movimento: *era ormai a poche bracciate dalla riva.*

braccio (bràc-cio) N.M. **1** (pl.f. *le bràccia*) Ciascuno dei due arti superiori dalla spalla alla mano: *mi fa male il braccio* • Con più precisione, la parte che va dalla spalla al gomito: *il gomito collega braccio e avambraccio.* **2** (pl.f. *le bràccia*) Manodopera, forza lavoro: *il podere richiederebbe il doppio di braccia,* il doppio delle persone che vi lavorano. **3** (pl.m. *i bràcci*) Parte di un oggetto che si prolunga o sporge: *il braccio di una lampada.* **4** (pl.m. *i bràcci*) Ala di un edificio: *i bracci del carcere.* E ***A braccia***, con le braccia, a forza di braccia: *trasportare a braccia* • ***A braccia aperte***, in modo affettuoso: *siamo stati accolti a braccia aperte* • ***A braccio***, improvvisando, senza un testo scritto: *parlare a braccio* • ***Allargare le braccia*** o ***aprire le braccia***, in segno di rassegnazione o di impotenza • ***Alzare le braccia***, per arrendersi o per raccomandarsi al cielo • ***Essere il braccio destro di qualcuno***, essere il suo più valido aiutante • ***Braccio di ferro***, gara di forza fra due persone, vinta da chi per primo riesce a piegare sul tavolo il braccio dell'avversario; in senso figurato, scontro fra due parti che non vogliono cedere: *continua il braccio di ferro fra i due partiti* • ***Braccio di mare***, stretto, canale • ***Buttare le braccia al collo*** o ***gettare le braccia al collo***, abbracciare con slancio: *gli corse incontro e gli buttò le braccia al collo* • ***Far cadere le braccia a qualcuno***, scoraggiarlo, demoralizzarlo • ***In braccio***, appoggiato al petto e alla spalla e sostenuto da un braccio: *portare, tenere, prendere in braccio un bambino* • ***Incrociare le braccia***, rifiutarsi di lavorare per protesta, fare sciopero • ***Stringere fra le braccia***, abbracciare con affetto.

Il plurale maschile *bracci* si usa solo quando ci si riferisce a parti di oggetti o alle ali di un edificio: *i bracci della bilancia.*

bracciolo (brac-ciò-lo) N.M. · Sostegno o appoggio ai lati di una sedia, di una poltrona o di un divano: *braccioli imbottiti.*

bracco (bràc-co) N.M. (pl. *-chi*) · Razza di cani da caccia, con pelo corto e bianco, talvolta maculato di marrone, e orecchie pendenti.

bracconaggio (brac-co-nàg-gio) N.M. (pl. *-gi*) · Caccia abusiva: *combattere il bracconaggio.*

bracconiere (brac-co-niè-re) N.M. · Cacciatore abusivo, che caccia senza licenza, fuori stagione, o in luoghi in cui la caccia è proibita.

> Il termine deriva dal verbo francese *braconner* 'andare a caccia con il cane bracco'.

brace (brà-ce) N.F. · Legna o carbone che arde senza fiamma: *cuocere il pollo sulla brace.* Ⓔ ***Alla brace,*** alla griglia: *bistecca alla brace* • ***Dalla padella nella brace,*** da una situazione difficile a una peggiore.

braciere (bra-ciè-re) N.M. · Recipiente in cui si tiene la brace accesa per riscaldare un ambiente.

braciola (bra-ciò-la) N.F. · Fetta di carne magra da cuocere alla griglia, in padella o nel tegame.

bradipo (brà-di-po) N.M. · Mammifero con capo piccolo, collo lungo e arti con tre unghie lunghe mediante le quali si muove lentamente tra i rami degli alberi.

bradisismo (bra-di-sì-ṣmo) N.M. · Lento movimento di abbassamento o di innalzamento della crosta terrestre.

brado (brà-do) AGG. · Di animale, che vive libero all'aperto: *cavalli allo stato brado* Ⓢ selvatico.

braille (brail-le; pronuncia *bràil*) AGG. e N.M. INVAR. · Nome commerciale ® di un sistema di scrittura per i ciechi, basato sulle combinazioni di punti in rilievo che si leggono scorrendovi sopra i polpastrelli delle dita: *alfabeto braille; un libro in braille.*

brama (brà-ma) N.F. · Desiderio sfrenato: *brama* ***di*** *ricchezze,* ***di*** *vendetta* Ⓢ bramosia.

bramare (bra-mà-re) V.TR. · Desiderare in modo intenso: *bramare il successo* Ⓢ agognare.

bramire (bra-mì-re) V.INTR. (*bramìsco, bramìsci*, ecc.; aus. *avere*) · Di animali selvatici, soprattutto del cervo, emettere il proprio verso caratteristico.

bramito (bra-mì-to o brà-mi-to) N.M. · Verso tipico del cervo o dell'orso.

bramosia (bra-mo-sì-a) N.F. (pl. *-sìe*) · Desiderio intenso e smodato: *bramosia* ***di*** *potere* Ⓢ brama.

bramoso (bra-mó-so) AGG. · Straordinariamente desideroso: *bramoso* ***di*** *sapere,* ***di*** *gloria.*

branca (bràn-ca) N.F. (pl. *-che*) **1** Zampa con artigli: *stringere tra le branche* Ⓢ artiglio, grinfia. **2** Settore di una scienza o di un'attività: *la chirurgia è una branca della medicina* Ⓢ campo.

branchia (bràn-chia) N.F. (pl. *-chie*) · Organo di respirazione di un gran numero di animali acquatici.

branco (bràn-co) N.M. (pl. *-chi*) **1** Gruppo numeroso di animali della stessa specie: *un branco di lupi.* **2** Gruppo di persone: *un branco di giovani uscì dal locale* Ⓢ banda.

brancolare (bran-co-là-re) V.INTR. (*bràncolo*, ecc.; aus. *avere*) **1** Muoversi nel buio alla ricerca della direzione giusta: *brancolare* ***nel****l'oscurità.* **2** Procedere per tentativi, senza riuscire a orientarsi: *brancolare* ***nell'****incertezza.*

branda (bràn-da) N.F. · Letto pieghevole usato nelle caserme, sulle navi o in campeggio.

brandello (bran-dèl-lo) N.M. · Piccolo pezzo strappato o staccato con violenza: *un brandello di giornale* Ⓢ frammento. Ⓔ ***A brandelli,*** tutto strappato: *aveva il vestito a brandelli.*

brandire (bran-dì-re) V.TR. (*brandìsco, brandìsci*, ecc.) · Impugnare e agitare con forza un'arma o un altro oggetto offensivo: *brandire la spada.*

brano (brà-no) N.M. **1** Pezzo strappato con violenza da qualcosa: *fare a brani un vestito* Ⓢ brandello. **2** Parte di un testo, di un discorso o di una composizione musicale: *il giornale riporta alcuni brani dell'intervista* Ⓢ passo, pezzo.

branzino (bran-ẓì-no) N.M. · Spigola.

B

brasiliano (bra-ṣi-lià-no) AGG. e N.M. (f. *-a*) || AGG. Del Brasile. || N.M. (f. *-a*) Abitante, nativo del Brasile. || N.M. La lingua parlata in Brasile, cioè il portoghese influenzato dalle lingue indigene.

bravata (bra-và-ta) N.F. · Azione spavalda e rischiosa, compiuta solo per dimostrare il proprio coraggio: *quella bravata gli costerà cara.*

bravo (brà-vo) AGG. **1** Che è abile in un compito, in una professione, in un'arte, in un'attività intellettuale: *un bravo falegname; è sempre stata brava* ***in*** *matematica; è brava* ***a*** *cucinare* Ⓢ capace, dotato Ⓒ incapace. **2** Di buon cuore: *un bravo ragazzo; una brava compagna* Ⓢ onesto, buono Ⓒ cattivo. **3** Buono, giusto: *avrà avuto le sue brave ragioni per andarsene.* Ⓔ ***Da bravo,*** espressione usata per esortare o incoraggiare: *su, da bravo, mangia.*

bravura (bra-vù-ra) N.F. · Capacità di fare qualcosa con facilità e sicurezza: *la bravura di un chirurgo* Ⓢ abilità. Ⓔ ***Pezzo di bravura,*** lavoro o esecuzione tecnicamente perfetti.

break (break; pronuncia *brèk*) N. INGL., in it. N.M. INVAR. **1** Breve interruzione di un'attività, soprattutto durante il lavoro: *facciamo un break per il caffè* Ⓢ pausa. **2** Nel pugilato, ordine dell'arbitro ai due pugili di separarsi.

breccia (bréc-cia) N.F. (pl. *-ce*) · Apertura praticata in un muro di difesa, in una fortificazione, ecc.: *aprire una breccia nelle mura* Ⓢ varco. Ⓔ ***Essere sulla breccia,*** avere grande successo nella propria attività • ***Fare breccia nel cuore di qualcuno,*** commuovere, impietosire o far innamorare.

brefotrofio (bre-fo-trò-fio) N.M. (pl. *-fi*) · Istituto dove si allevano i neonati abbandonati Ⓢ orfanotrofio.

bretella (bre-tèl-la) N.F. **1** SPESSO AL PL. Ciascuna delle due strisce di tessuto elastico o di cuoio che sostengono i pantaloni passando per le spalle • Le spalline di vestiti femminili. **2** Tratto che collega due autostrade o due grandi vie di comunicazione.

Il termine deriva dal tedesco medievale *brittil* 'redine'.

bretone (brè-to-ne) AGG. e N.M. e F. || AGG. Della Bretagna, regione della Francia nord-occidentale. || N.M. e F. Abitante, nativo della Bretagna. || N.M. Lingua celtica introdotta dalla Gran Bretagna nella Bretagna francese nel quinto secolo d.C. Ⓔ ***Ciclo bretone,*** insieme di opere medievali che raccontano le imprese dei cavalieri di re Artù, le vicende di Tristano e Isotta e di altri personaggi.

breve (brè-ve) AGG. **1** Limitato nel tempo e nello spazio: *una breve visita; un tragitto breve* Ⓢ corto Ⓒ lungo. **2** Costituito da poche parole: *un breve resoconto dei fatti* Ⓢ conciso, sintetico, stringato Ⓒ prolisso. Ⓔ ***In breve,*** in sintesi: *riassumici in breve i risultati dell'inchiesta* • ***Tra breve*** o ***a breve,*** tra poco tempo, presto: *dovrebbe rientrare tra breve; a breve il lavoro sarà pronto.*

brevemente (bre-ve-mén-te) AVV. · In modo rapido: *esponimi brevemente il problema* Ⓢ rapidamente.

brevettare (bre-vet-tà-re) V.TR. (*brevétto,* ecc.) · Munire un'invenzione di brevetto, per assicurarsene la proprietà esclusiva: *brevettare un nuovo motore.*

brevetto (bre-vét-to) N.M. **1** Documento che garantisce all'inventore la proprietà e lo sfruttamento commerciale di un'invenzione. **2** Documento che attesta la capacità di una persona a svolgere certi compiti: *brevetto di pilota* Ⓢ patente, licenza.

breviario (bre-vià-rio) N.M. (pl. *-ri*) · Il libro liturgico che contiene le preghiere che il clero e i religiosi devono recitare durante la giornata.

brevilineo (bre-vi-lì-ne-o) AGG. e N.M. (f. *-a*; pl.m. *-nei*, pl.f. *-nee*) · Di persona con una costituzione tozza e bassa: *un ragazzo brevilineo.*

brevità (bre-vi-tà) N.F. INVAR. **1** Durata o lunghezza limitata: *la brevità della giovinezza; la brevità di un percorso.* **2** Concisione, sintesi: *la brevità del suo stile è molto efficace.*

brezza (bréẓ-ẓa) N.F. · Vento leggero: *brezza di mare,* che soffia di giorno dal mare verso la terra; *brezza di terra,* che spira di notte dalla terra verso il mare.

bricco (brìc-co) N.M. (pl. *-chi*) · Recipiente metallico con manico e beccuccio, per contenere liquidi: *il bricco del latte.*

briccone (bric-có-ne) N.M. (f. *-a*; pl.m. *-i*, pl.f. *-e*) 1 Persona disonesta, che inganna o truffa il prossimo Ⓢ farabutto. 2 Ragazzino furbo e vivace: *quel briccone di mio figlio ne ha fatta un'altra* Ⓢ monello, birbante.

briciola (brì-cio-la) N.F. 1 Piccolissimo frammento di pane o di biscotto: *scuotere la tovaglia per far cadere le briciole.* 2 Quantità piccolissima: *del denaro ereditato gli sono rimaste solo le briciole.*

briciolo (brì-cio-lo) N.M. 1 Piccolissimo frammento Ⓢ briciola. 2 Quantità piccolissima: *non ha un briciolo di giudizio* Ⓢ granello.

bricolage (bri-co-la-ge; pronuncia *bricolàj*) N.M. FR., in it. N.M. INVAR. · Lavoro di costruzione o riparazione eseguito per hobby: *dedicarsi al bricolage.*

> Il termine deriva dal francese *bricole* 'lavoro di poco conto'.

briga (brì-ga) N.F. (pl. *-ghe*) 1 Situazione difficile e fastidiosa: *ho tante brighe al lavoro* Ⓢ noia, problema. 2 Scontro fisico o verbale: *attaccar briga* Ⓢ contrasto, diverbio, lite. Ⓔ ***Prendersi la briga***, assumersi un impegno poco gradito: *si è preso la briga di accompagnarla in ospedale.*

brigadiere (bri-ga-diè-re) N.M. · Sottufficiale dei Carabinieri o della Guardia di Finanza: *il brigadiere gli chiese i documenti.*

brigantaggio (bri-gan-tàg-gio) N.M. (pl. *-gi*) · L'attività criminale dei briganti: *darsi al brigantaggio* Ⓢ banditismo.

brigante (bri-gàn-te) N.M. 1 Chi vive derubando e uccidendo, spesso in banda con altri: *all'inizio del secolo molti briganti si nascondevano nei boschi* Ⓢ bandito. 2 Ragazzo furbo e vivace: *che brigante, tuo figlio!* Ⓢ monello, birbante.

brigare (bri-gà-re) V.INTR. (*brìgo*, *brìghi*, ecc.; aus. *avere*) · Darsi da fare per ottenere qualcosa, anche con mezzi poco onesti: *brigare **per** avere una promozione* Ⓢ intrallazzare, trafficare.

brigata (bri-gà-ta) N.F. 1 Gruppo di persone che si ritrovano per trascorrere il tempo in allegria: *alla festa si è portato tutta la brigata* Ⓢ compagnia, comitiva. 2 Unità militare formata da due o tre reggimenti: *brigata alpina.* 3 Gruppo di combattenti od organizzazione politica clandestina: *brigate partigiane.* Ⓔ ***Brigate rosse***, gruppo terroristico di estrema sinistra attivo in Italia dagli anni Settanta agli anni Novanta del Novecento • ***Brigata di cucina***, l'insieme di figure professionali, organizzato gerarchicamente, che si occupa della preparazione dei cibi nei ristoranti.

briglia (brì-glia) N.F. (pl. *-glie*) · Ciascuna delle due redini del cavallo da sella e da tiro. Ⓔ ***A briglia sciolta***, senza freni, liberamente: *parlava a briglia sciolta da mezz'ora.*

brillante[1] (bril-làn-te) AGG. 1 Che emette o riflette una luce intensa: *i marmi brillanti del duomo* Ⓢ splendente, lucente • Di colore, luminoso, vivo: *una camicia a colori brillanti.* 2 Che suscita interesse o ammirazione: *una carriera brillante; un'idea brillante* Ⓢ eccezionale, eccellente. 3 Di persona, spiritoso e spumeggiante: *un brillante conversatore* • Che spicca per preparazione e intelligenza: *un brillante studioso.* 4 Di genere o stile cinematografico, letterario, teatrale, caratterizzato da contenuti leggeri e divertenti: *film brillante.*

brillante[2] (bril-làn-te) N.M. · Diamante tagliato a forma di doppia piramide: *un anello con brillante.*

brillantina (bril-lan-tì-na) N.F. · Pomata oleosa per tenere composti e rendere lucidi i capelli Ⓢ gel.

brillare (bril-là-re) V.INTR. (aus. *avere*) 1 Emettere o riflettere una luce viva e intensa: *le stelle brillavano nel cielo* Ⓢ splendere, scintillare. 2 Dello sguardo, illuminarsi manifestando emozioni piacevoli: *gli occhi le brillarono **di** gioia.* 3 Distinguersi per doti o capacità particolari: *è un tipo che non ha mai brillato **per** simpatia* Ⓢ spiccare, emergere. 4 Di una mina, esplodere: *far brillare una mina.*

brillio (bril-lì-o) N.M. (pl. *-lii*) · Tremolio luminoso: *il brillio della luna sul mare* Ⓢ scintillio, sfavillio.

A B C D E F G H I J K L M N O P Q R S T U V W X Y Z

B

brillo (bril-lo) AGG. · Leggermente ubriaco: *dopo la festa sono tornato a casa un po' brillo* Ⓢ alticcio.

brina (bri-na) N.F. · Rugiada ghiacciata che si forma la notte in seguito ad abbassamento della temperatura: *prati coperti di brina*.

brinata (bri-nà-ta) N.F. · Formazione della brina.

brindare (brin-dà-re) V.INTR. (aus. *avere*) · Bere in onore o alla salute di qualcuno: *brindare con lo champagne; brindiamo* ***agli*** *sposi*.

brindisi (brìn-di-ṣi) N.M.INVAR. · L'azione di alzare il bicchiere e bere in onore di qualcuno: *fare un brindisi* ***alla*** *salute di Luca*.

> Il termine deriva dall'espressione tedesca *bring dir's* 'te l'offro', introdotta in Italia nel Cinquecento dai soldati mercenari tedeschi e svizzeri.

brio (brì-o) N.M. · Allegra vivacità: *un ragazzo pieno di brio* Ⓢ allegria, esuberanza.

brioche (bri-o-che; pronuncia *briòš*) N.F. FR., in it. N.F.INVAR. · Piccolo dolce, morbido e leggero, fatto con farina, burro, zucchero e lievito.

brioscia (bri-ò-scia) N.F. (pl. *-sce*) · Brioche.

brioso (bri-ó-so) AGG. · Pieno di allegra vivacità: *un compagno brioso; una conversazione briosa* Ⓢ vivace, brillante Ⓒ cupo, noioso.

briscola (brì-sco-la) N.F. · Gioco che si fa fra due o quattro giocatori con un mazzo di 40 carte; una carta scoperta sul tavolo indica il seme che ha il potere di prendere gli altri tre: *facciamo una partita a briscola?* • Ciascuna carta dello stesso seme della carta scoperta: *giocare una briscola*. Ⓔ ***Contare quanto il due di briscola***, poco o niente.

britannico (bri-tàn-ni-co) AGG. e N.M. (f. *-a*; pl.m. *-ci*, pl.f. *-che*) || AGG. Della Gran Bretagna. || N.M. (f. *-a*) Abitante, nativo della Gran Bretagna.

brivido (brì-vi-do) N.M. **1** Tremito provocato da freddo, da paura o da una forte emozione: *un brivido di febbre, di paura; avere i brividi*. **2** Sensazione o emozione violenta: *provare il brivido della velocità*.

> Il termine deriva probabilmente dalla parola del dialetto lombardo *breva* 'vento serale'.

brizzolato (briz-zo-là-to) AGG. · Di barba o capelli che cominciano a diventare bianchi: *ha le tempie un po' brizzolate* • Di persona, che ha barba o capelli grigi: *un uomo brizzolato*.

brocca (bròc-ca) N.F. (pl. *-che*) **1** Vaso di terracotta, porcellana o metallo, con due manici, usato per conservare e versare acqua. **2** Caraffa.

broccato (broc-cà-to) N.M. · Tessuto di lusso, decorato con fili in rilievo: *una veste di broccato*.

brocco (bròc-co) N.M. (pl. *-chi*) **1** Cavallo di poco valore Ⓢ ronzino. **2** Persona che ha capacità limitate: *quel calciatore è un brocco* Ⓢ incapace.

> Il termine deriva dal latino *broccus* 'dai denti sporgenti', caratteristica tipica dei vecchi cavalli.

broccolo (bròc-co-lo) N.M. · Varietà di cavolo di colore verde scuro.

brodaglia (bro-dà-glia) N.F. (pl. *-glie*) · Minestra insipida o disgustosa: *non mangio questa brodaglia* Ⓢ intruglio.

brodo (brò-do) N.M. · Alimento liquido che si ottiene facendo bollire nell'acqua carne, pesce o verdure, con l'aggiunta di sale e spezie: *brodo di carne; brodo vegetale*. Ⓔ ***Brodo primordiale*** → *primordiale* • ***In brodo di giuggiole*** → *giuggiola* • ***Lasciar cuocere qualcuno nel suo brodo***, non curarsi di quel che fa o dice • ***Tutto fa brodo***, tutto può tornare utile.

broglio (brò-glio) N.M. (pl. *-gli*) · Imbroglio, raggiro. Ⓔ ***Broglio elettorale***, falsificazione dei risultati di un'elezione per assegnare a un candidato più voti di quelli realmente ottenuti.

bronchiale (bron-chià-le) AGG. · Dei bronchi: *asma bronchiale*.

bronchite (bron-chì-te) N.F. · Infiammazione dei bronchi.

broncio (brón-cio) N.M. (pl. *-ci*) · Atteggiamento del volto che esprime malumore o risentimento: *fare il broncio*. Ⓔ ***Tenere il broncio a qualcuno***, essere arrabbiato con lui.

bronco (brón-co) N.M. (spesso al pl. *-chi*) · Ognuna delle ramificazioni delle vie respiratorie dalla trachea fino agli alveoli polmonari.

broncopolmonite (bron-co-pol-mo-nì-te) N.F. · Infiammazione che interessa contemporaneamente i bronchi e gli alveoli polmonari.

brontolare (bron-to-là-re) V.INTR. e TR. (*bróntolo*, ecc.) || INTR. (aus. *avere*) **1** Esprimere risentimento o scontento a voce bassa ma irritata: *smettila di brontolare!* Ⓢ lamentarsi. **2** Fare un rumore cupo e profondo: *mi brontola lo stomaco.* || TR. Nel linguaggio familiare, rimproverare, sgridare: *mi brontola di continuo.*

brontolio (bron-to-lì-o) N.M. (pl. *-lìi*) · Espressione continua e insistente di scontento: *non li sopporto più i suoi brontolii* Ⓢ borbottio, mugugno • Rumore cupo: *il brontolio del mare.*

brontolone (bron-to-ló-ne) AGG. e N.M. (f. -a; pl.m. *-i*, pl.f. -e) · Che, chi brontola in continuazione: *non sopporto più quel brontolone di mio zio* Ⓢ bisbetico.

bronzeo (brón-ẓe-o) AGG. (pl.m. *-ẓei*, pl.f. *-ẓee*) · Di bronzo: *una statua bronzea* • Di colore del bronzo: *carnagione bronzea.*

bronzo (brón-ẓo) N.M. **1** Lega metallica formata da rame e stagno, impiegata per fabbricare diversi oggetti: *statua di bronzo.* **2** Opera d'arte in bronzo: *i bronzi di Riace.* Ⓔ ***Età del bronzo***, periodo preistorico, caratterizzato dall'uso del bronzo nella fabbricazione di strumenti e di armi • ***Faccia di bronzo*** → ***faccia*** • ***Medaglia di bronzo***, in una gara sportiva, quella che viene assegnata al terzo classificato.

brossura (bros-sù-ra) N.F. · Rilegatura di un libro con l'aggiunta di una semplice copertina di carta o cartoncino: *libro in brossura.*

browser (brow-ser; pronuncia *bràuṣer*) N. INGL., in it. N.M.INVAR. · In informatica, programma per navigare in Internet.

brucare (bru-cà-re) V.TR. (*brùco*, *brùchi*, ecc.) · Di animali, mangiare strappando a piccoli morsi l'erba dal terreno o le foglie dai rami: *una capra brucava l'erba.*

bruciacchiare (bru-ciac-chià-re) V.TR. (*bruciàcchio*, ecc.) || TR. Bruciare in modo superficiale: *bruciacchiare la tovaglia con la sigaretta.* || **bruciacchiarsi** INTR. PRONOM. Bruciarsi leggermente: *mi si è bruciacchiata la cena.*

bruciante (bru-ciàn-te) AGG. **1** Che provoca dolore o vergogna: *una sconfitta bruciante* Ⓢ cocente, scottante. **2** Rapidissimo, fulmineo: *uno scatto bruciante.*

bruciapelo (bru-cia-pé-lo) N.M.INVAR. · Nell'espressione ***a bruciapelo***, da molto vicino, con riferimento ad arma da fuoco: *sparare a bruciapelo*; all'improvviso o senza riflettere: *chiedere, rispondere a bruciapelo.*

bruciare (bru-cià-re) V.TR. e INTR. (*brùcio*, ecc.) || TR. **1** Consumare, distruggere o danneggiare con il fuoco o un'altra fonte di calore: *bruciare la legna nel caminetto; stai attento a non bruciare il sugo* Ⓢ ardere, incendiare. **2** Provocare un'ustione in una parte del corpo: *se non ti proteggi il sole ti brucerà le spalle* Ⓢ scottare, ustionare • Rendere secco per eccessivo calore o freddo: *il gelo ha bruciato i germogli* Ⓢ seccare. **3** Consumare in modo sconsiderato: *brucia le proprie energie in imprese inutili* Ⓢ sprecare • Rovinare, distruggere: *lo scandalo **gli** brucerà la carriera.* || INTR. (aus. *essere*) **1** Consumarsi al fuoco: *la legna brucia nel camino* • Provocare una sensazione di eccessivo calore: *la minestra brucia ancora* Ⓢ scottare • Di parti del corpo, essere infiammato: ***ti** brucia ancora la ferita?* **2** Provocare dispiacere: *dopo tanti anni quell'offesa mi brucia ancora* Ⓢ addolorare • Provare una forte passione: *bruciare **di** rabbia, **d'**amore.* || **bruciarsi** RIFL. **1** Provocarsi un'ustione: *bruciarsi con l'acqua bollente* Ⓢ ustionarsi, scottarsi. **2** Fallire, rovinarsi: *come attore ormai si è bruciato.*

bruciato (bru-cià-to) AGG. e N.M. || AGG. **1** Consumato dal fuoco: *un albero bruciato.* **2** Reso arido dal sole o dal caldo: *la campagna è ancora tutta bruciata.* **3** Rovinato da esperienze dure o sbagliate: *gioventù bruciata* • Senza più possibilità di successo: *un politico bruciato.* **4** Di colore che tende al bruno: *rosso bruciato.* || N.M. Odore o sapore di cosa bruciata: *l'arrosto sapeva di bruciato.* Ⓔ ***Sentire puzzo di bruciato*** → ***puzzo*** • ***Terra bruciata*** → ***terra***.

A B C D E F G H I J K L M N O P Q R S T U V W X Y Z

B

bruciatore (bru-cia-tó-re) N.M. · Dispositivo di caldaie per impianti di riscaldamento, in cui il combustibile brucia in maniera uniforme e totale.

bruciatura (bru-cia-tù-ra) N.F. · Il segno lasciato dalla fiamma o da un calore molto intenso: *i suoi vestiti sono pieni di bruciature di sigaretta.*

bruciore (bru-ció-re) N.M. · Sensazione dolorosa dovuta a una bruciatura o a un'infiammazione: *sento uno strano bruciore sulla pelle; bruciore di stomaco.*

bruco (brù-co) N.M. (pl. *-chi*) · Larva di farfalla o di altro insetto, con corpo allungato, cilindrico, nudo o coperto di peli.

brufolo (brù-fo-lo) N.M. · Bolla o foruncolo di piccole dimensioni.

brughiera (bru-ghiè-ra) N.F. · Vasta pianura non coltivata, dove crescono solo arbusti e cespugli.

brulicare (bru-li-cà-re) V.INTR. (*brùlico, brùlichi*, ecc.; aus. *avere*) **1** Di insetti o altri piccoli animali, muoversi in modo confuso e in direzioni diverse: *le formiche brulicano sul terreno* • Di persone, ammassarsi in un luogo: *gli spettatori brulicavano sugli spalti.* **2** Essere coperto da tantissimi insetti: *il formaggio brulica* ***di*** *vermi* • Essere gremito di persone in movimento: *la piazza brulica* ***di*** *turisti.* **3** Di pensieri o idee, affollarsi nella mente: *mille dubbi* ***mi*** *brulicavano nella mente.*

brulichio (bru-li-chì-o) N.M. (pl. *-chìi*) · Movimento continuo e confuso di insetti o persone: *un brulichio di formiche.*

brullo (brùl-lo) AGG. · Di luogo, privo di vegetazione: *un poggio brullo e ventoso* Ⓢ arido • Di albero, privo di foglie: *gli olmi brulli lungo il viale* Ⓢ nudo, spoglio.

bruma (brù-ma) N.F. · Nebbia, foschia: *la bruma mattutina.*

brumoso (bru-mó-so) AGG. · Pieno di foschia: *un cielo brumoso* Ⓢ nebbioso.

brunch (pronuncia *brànč*) N. INGL., in it. N.M. INVAR. · Pasto consumato nella tarda mattinata, che unisce la prima colazione e il pranzo.

> Il termine deriva dall'incrocio di *breakfast* 'colazione' e *lunch* 'pranzo'.

bruno (brù-no) AGG. e N.M. (f. *-a*) || AGG. Che tende al nero: *capelli bruni* Ⓢ scuro. || AGG. e N.M. (f. *-a*) Che, chi ha carnagione e capelli scuri: *mia sorella è bruna; quel colore sta bene alle brune.*

bruscamente (bru-sca-mén-te) AVV. **1** In modo secco e sgarbato: *rispondere bruscamente* Ⓒ dolcemente, gradualmente. **2** All'improvviso, di colpo: *l'auto frenò bruscamente.*

brusco (brù-sco) AGG. (pl.m. *-schi*, pl.f. *-sche*) **1** Che rivela mancanza di tatto o di riguardo: *una risposta brusca* Ⓢ sgarbato. **2** Improvviso, rapido e violento: *una brusca frenata.*

bruscolo (brù-sco-lo) N.M. · Piccolo corpo fastidioso nell'occhio: *il vento mi ha fatto entrare un bruscolo in un occhio.*

brusio (bru-ṣì-o) N.M. (pl. *-ṣìi*) **1** Rumore confuso e sommesso prodotto da persone che parlano sottovoce: *al suo ingresso, il brusio degli spettatori si spense* Ⓢ mormorio. **2** Lieve rumore: *il brusio delle foglie agitate dal vento* Ⓢ fruscio.

> Il termine deriva da una serie onomatopeica che imita un rumore frusciante.

brutale (bru-tà-le) AGG. **1** Degno di un bruto: *un delitto brutale* Ⓢ bestiale, violento, spietato. **2** Privo di tatto e gentilezza: *le dette una risposta brutale* Ⓢ brusco, aspro, sgarbato.

brutalità (bru-ta-li-tà) N.F. INVAR. · Violenza bestiale: *la brutalità di un delitto* Ⓢ ferocia, crudeltà • Azione o comportamento brutale.

bruto (brù-to) AGG. e N.M. || AGG. Privo della ragione, che vive o si comporta come una bestia: *forza bruta; istinti bruti* Ⓢ bestiale, brutale. || N.M. Uomo rozzo e violento: *due anni di carcere lo hanno trasformato in un bruto* Ⓢ bestia.

bruttezza (brut-téz-za) N.F. · La qualità di ciò che è brutto: *la bruttezza di un quadro* Ⓒ bellezza.

brutto (brùt-to) AGG. e N.M. (f. *-a*) || AGG. **1** Che appare sgradevole sul piano estetico o per altre caratteristiche: *un brutto naso; un brutto film* Ⓢ sgradevole Ⓒ bello. **2** Che suscita un giudizio negativo sul piano morale: *una brut-*

ta azione Ⓢ riprovevole, meschino. **3** Che suscita dispiacere: *beccarsi un brutto voto; ricevere una brutta notizia* Ⓢ cattivo • Del tempo atmosferico, piovoso e freddo: *una brutta giornata; la brutta stagione*, l'inverno. **4** Pieno di difficoltà: *ho passato un brutto periodo* Ⓢ doloroso, triste, difficile. **5** Che crea preoccupazione: *una brutta ferita; questo mi sembra un brutto segno* Ⓢ preoccupante. **6** Privo di gentilezza: *ma che brutte maniere avete!* Ⓢ sgarbato, scortese. || N.M. (f. -a) Persona priva di bellezza e di fascino: *è un brutto che piace.* || N.M. Il lato o l'aspetto negativo di una persona o di una cosa: *saper distinguere il bello dal brutto; il brutto è che ho finito i soldi* Ⓢ male. Ⓔ ***Alle brutte***, nella peggiore delle ipotesi: *alle brutte potete usare la mia macchina* • ***Brutta copia*** (o *la brutta* N.F.), la prima scrittura di un testo con correzioni e cancellature: *scrivere in brutta copia* • ***Brutto anatroccolo*** → ***anatroccolo*** • ***Di brutto***, di colpo, all'improvviso: *era tutta allegra, poi di brutto è diventata seria*; con gravi conseguenze, seriamente: *cadendo si è fatto male di brutto* • ***Passare un brutto quarto d'ora***, trovarsi in una situazione difficile e temere il peggio • ***Vedersela brutta*** → ***vedere***.

bruttura (brut-tù-ra) N.F. **1** Cosa brutta: *quel monumento è una bruttura* Ⓢ mostruosità, orrore. **2** Azione disonesta e vergognosa: *pensare, commettere brutture* Ⓢ cattiveria, nefandezza.

bubbone (bub-bó-ne) N.M. **1** Gonfiore di una ghiandola linfatica provocato da infiammazione acuta: *non mi piace quel bubbone che hai sotto l'ascella.* **2** Grave danno o pericolo sociale: *il bubbone della mafia.*

bubolare (bu-bo-là-re) V.INTR. (*bùbolo*, ecc.; aus. *avere*) · Del gufo e dell'allocco, emettere il proprio verso caratteristico.

buca (bù-ca) N.F. (pl. *-che*) **1** Apertura nel terreno, naturale o artificiale, più profonda che larga: *scavare una buca; cadere in una buca; buche del golf*, le piccole cavità nel terreno in cui i giocatori devono mandare la palla Ⓢ fossa, buco. **2** Apertura in una superficie: *buche del biliardo*, quelle in cui vanno a cadere le palle. Ⓔ ***Buca delle lettere***, apertura nella cassette delle lettere in cui si infila la posta da spedire o da consegnare.

bucaneve (bu-ca-né-ve) N.M. INVAR. · Pianta erbacea con un fiore bianco, così chiamata perché fiorisce d'inverno, anche sotto la neve.

bucaniere (bu-ca-niè-re) N.M. · Nel Seicento, pirata francese, olandese o inglese che agiva contro la Spagna nel Mare dei Caraibi.

bucare (bu-cà-re) V.TR. (*bùco, bùchi*, ecc.) || TR. **1** Passare da parte a parte facendo uno o più fori: *bucare il coperchio di una scatola; bucare una camicia* Ⓢ forare. **2** Provocare una piccolissima ferita trapassando la pelle con una punta sottile: *una spina **mi** ha bucato la mano* Ⓢ pungere, ferire. || **bucarsi** RIFL. Pungersi: *mi sono bucato con una spina.* || **bucarsi** INTR. PRONOM. Forarsi: *il palloncino si è bucato.* Ⓔ ***Bucare (una gomma)***, subire la foratura di uno pneumatico: *ha bucato a pochi metri da casa.*

bucato[1] (bu-cà-to) AGG. · Che presenta uno o più buchi: *un maglione bucato; una gomma bucata.* Ⓔ ***Avere le mani bucate***, spendere molti soldi • ***Non valere un soldo bucato***, non valere niente.

bucato[2] (bu-cà-to) N.M. **1** Il lavaggio della biancheria: *fare il bucato; bucato a mano, in lavatrice.* **2** La biancheria lavata in una volta: *stendere il bucato ad asciugare.*

buccia (bùc-cia) N.F. (pl. -ce) **1** La parte esterna di un frutto, un tubero, un bulbo commestibile o un seme: *la buccia della mela; le bucce delle patate; la buccia dell'aglio; mandorle senza buccia.* **2** La pelle dell'uomo, quindi la vita stessa: *ha rischiato la buccia.* Ⓔ ***Lasciarci la buccia***, morire • ***Scivolare su una buccia di banana*** → ***banana***.

bucherellare (bu-che-rel-là-re) V.TR. (*bucherèllo*, ecc.) · Bucare più volte una superficie: *bucherellare l'impasto con una forchetta.*

buco (bù-co) N.M. (pl. *-chi*) **1** Piccola apertura, di solito rotonda, che penetra in un corpo e lo passa da parte a parte: *ho un buco nella tasca dei pantaloni; il buco della serratura* Ⓢ foro. **2** Luogo nascosto: *l'ho cercato in ogni buco* Ⓢ nascondiglio • Stanza o abitazione molto piccola e squallida: *abita in un buco in*

A B C D E F G H I J K L M N O P Q R S T U V W X Y Z

B

centro. **3** Intervallo libero in una serie di impegni: *ho un buco tra le cinque e le sei del pomeriggio.* **4** Debito, passivo, deficit: *nel bilancio di quest'anno c'è un buco di dieci milioni.* Ⓔ ***Fare un buco nell'acqua,*** fallire, non riuscire.

bucolico **(bu-cò-li-co)** AGG. (pl.m. *-ci*, pl.f. *-che*) · Che riguarda la vita dei campi o dei boschi: *poesia bucolica* Ⓢ pastorale.

buddismo **(bud-dì-ṣmo)** N.M. · Dottrina e religione elaborata dal principe indiano Gautama Siddharta (566-486 a.C.), chiamato *il Buddha,* e diffusa in parte dell'Asia centrale e dell'Estremo Oriente.

buddista **(bud-dì-sta)** AGG. e N.M. e F. (pl.m. *-i*, pl.f. *-e*) · Che, chi è seguace del buddismo: *popolazione buddista; una riunione di buddisti.*

budella **(bu-dèl-la)** · Plurale femminile → ***budello.***

budello **(bu-dèl-lo)** N.M. **1** (pl.f. *le budèlla*) Tratto del tubo intestinale • AL PL. L'intestino intero: *le budella del pollo.* **2** (pl.m. *i budèlli*) Via stretta e buia: *il ladro sparì in quel labirinto di budelli* Ⓢ vicolo.

Il plurale maschile *budelli* si usa solo per indicare vicoli o corridoi stretti e bui.

budget **(bud-get; pronuncia *bàgget*)** N. INGL., in it. N.M. INVAR. **1** Bilancio previsto per una certa attività: *dobbiamo ancora completare il budget dell'anno prossimo.* **2** Disponibilità finanziaria: *il mio budget non mi consente un'auto come quella.*

budino **(bu-dì-no)** N.M. · Dolce gelatinoso costituito da un impasto di vari ingredienti, cotto in forno in uno stampo: *budino al cioccolato.*

bue **(bù-e)** N.M. (pl. *buòi*) · Il maschio castrato dei bovini domestici, allevato per il lavoro nei campi o per le sue carni. Ⓔ ***Mettere il carro innanzi ai buoi*** → ***carro.***

Il verbo che indica il verso del bue è *muggire* o *mugghiare* e il nome è *muggito* o *mugghio.*

bufala **(bù-fa-la)** N.F. **1** La femmina del bufalo, allevata per il suo latte. **2** Errore madornale • Notizia priva di fondamento.

bufalo **(bù-fa-lo)** N.M. (f. *-a*) · Ruminante con zampe corte, testa larga, grosse corna ricurve e pelo grigio; è allevato come bestia da lavoro e per il latte.

Il verbo che indica il verso del bufalo è *muggire* o *mugghiare* e il nome è *muggito* o *mugghio.*

bufera **(bu-fè-ra)** N.F. · Tempesta di vento con pioggia, neve e grandine: *bufera di neve* Ⓢ tormenta.

buffer **(buf-fer; pronuncia *bàffer*)** N. INGL., in it. N.M. INVAR. · Nei computer, memoria che registra provvisoriamente i dati per poi trasferirli in un'altra unità di memoria.

buffet **(buf-fet; pronuncia *buffé*)** N.M. FR., in it. N.M. INVAR. **1** Tavola apparecchiata con cibi e bevande da consumarsi in piedi • L'insieme dei cibi e delle bevande che vengono servite: *agli invitati fu offerto un ricco buffet.* **2** Posto di ristoro in locali pubblici: *il buffet della stazione* Ⓢ bar. **3** Mobile per tenere stoviglie, bicchieri, posate e biancheria da tavola Ⓢ credenza.

buffetto **(buf-fét-to)** N.M. · Tocco leggero dato con le dita sulla guancia: *mi salutò con un buffetto.*

buffo **(bùf-fo)** AGG. · Che fa ridere per stranezza o bizzarria: *una storiella buffa; con quel cappello eri proprio buffo* Ⓢ divertente, comico.

buffonata **(buf-fo-nà-ta)** N.F. · Frase o azione poco seria: *smettila con queste buffonate!* Ⓢ pagliacciata.

buffone **(buf-fó-ne)** N.M. (f. *-a*; pl.m. *-i*, pl.f. *-e*) **1** Chi nelle antiche corti era incaricato di intrattenere e divertire i signori Ⓢ giullare. **2** Chi manca di serietà e di senso di responsabilità: *smettila di fare il buffone* Ⓢ pagliaccio.

Il termine deriva dall'onomatopea *buff,* associata al gesto di gonfiare le gote per far ridere.

bugia[1] **(bu-gì-a)** N.F. (pl. *-gìe*) · Cosa non vera, detta per ingannare gli altri o semplicemente per scherzo: *dire, raccontare bugie* Ⓢ menzogna.

bugia[2] **(bu-gì-a)** N.F. (pl. *-gìe*) · Candeliere con la base simile a un piattino, che sostiene una sola candela.

Il termine deriva da *Bougie*, nome francese della città algerina da cui si importava la cera per candele.

bugiardo (bu-giàr-do) AGG. e N.M. (f. -a) || AGG. e N.M. (f. -a) Che, chi dice bugie: *un ragazzo bugiardo; sei proprio una gran bugiarda* Ⓢ falso. || AGG. Falso, fallace, ingannevole: *promesse bugiarde*.

bugigattolo (bu-gi-gàt-to-lo) N.M. · Stanza piccola e buia, spesso usata come ripostiglio Ⓢ sgabuzzino.

Il termine deriva dalla parola del dialetto bolognese *buzgàt* 'buco'.

bugnato (bu-gnà-to) N.M. · Rivestimento ornamentale di edifici costituito da pietre lavorate a scalpello.

buio (bù-io) AGG. e N.M. (pl.m. *bùi*, pl.f. *bùie*) || AGG. **1** Senza luce: *stanza buia; notte buia*, senza luna né stelle Ⓢ oscuro, scuro Ⓒ luminoso. **2** Preoccupante, minaccioso, cupo: *si preparano tempi bui* • Preoccupato, serio: *essere buio in volto*. || N.M. Mancanza di luce: *rimanere al buio* Ⓢ oscurità. Ⓔ ***Al buio***, ignaro, all'oscuro: *ero al buio di tutta questa situazione* • ***Buio pesto***, assoluto, che non permette di vedere nulla • ***Farsi buio***, farsi notte • ***Salto nel buio*** → ***salto***.

bulbo (bùl-bo) N.M. **1** Germoglio sotterraneo corto e simile a una grossa gemma: *il bulbo dell'aglio; bulbi di tulipano*. **2** Formazione anatomica con aspetto simile a un bulbo vegetale: *bulbo oculare*.

bulgaro (bùl-ga-ro) AGG. e N.M. (f. -a) || AGG. Della Bulgaria. || N.M. (f. -a) Abitante, nativo della Bulgaria. || N.M. La lingua parlata in Bulgaria.

bulimia (bu-li-mì-a) N.F. (pl. *-mìe*) · Disturbo nervoso che causa un eccessivo desiderio di mangiare.

bulimico (bu-lì-mi-co) AGG. e N.M. (f. *-a*; pl.m. *-ci*, pl.f. *-che*) · Che, chi soffre di bulimia.

bulino (bu-lì-no) N.M. · Attrezzo simile a un piccolo scalpello, usato per incidere metalli o cuoio.

bulldozer (bull-do-zer; pronuncia *buldòzer*) N. INGL., in it. N.M. INVAR. · Macchina da lavoro cingolata che ha una grande lama sul davanti, per spianare terreni, rimuovere ostacoli o macerie.

bullo (bùl-lo) N.M. · Ragazzo prepotente e sfacciato.

bullone (bul-ló-ne) N.M. · Organo di collegamento formato da una vite e dal dado che vi si avvita: *il bullone della ruota*.

bungalow (bun-ga-low; pronuncia *bàngalov*) N. INGL., in it. N.M. INVAR. **1** Casa a un piano con ampie verande. **2** Piccolo alloggio di una o più stanze con servizi, tipico di campeggi e villaggi turistici.

bungee jumping (bun-gee jum-ping; pronuncia *bàngi giàmpin*) N. INGL., in it. N.M. INVAR. · Sport estremo che consiste nel lanciarsi da altezze di oltre 30 m, con i piedi legati a una fune elastica, lasciandosi poi penzolare per qualche secondo a pochi centimetri dal suolo.

bunker (bun-ker; pronuncia *bùnker*) N.M. TED., in it. N.M. INVAR. **1** Costruzione militare in cemento armato: *si sono rinchiusi in un bunker*. **2** Ambiente dotato di difese che lo rendono difficilmente accessibile: *il pentito vive in un bunker*.

buonafede (buo-na-fé-de) N.F. **1** Convinzione di pensare e di agire in modo giusto: *essere, agire in buonafede* Ⓢ correttezza Ⓒ malafede. **2** Fiducia negli altri: *tradire la buonafede di qualcuno*.

buonanotte (buo-na-nòt-te) INTER. e N.F. INVAR. · Espressione di saluto prima di andare a letto: *buonanotte a tutti!; dare, augurare la buonanotte*.

buonasera (buo-na-sé-ra) INTER. e N.F. INVAR. · Espressione di saluto nel pomeriggio o di sera: *buonasera a tutti!; dare la buonasera*.

buoncostume (buon-co-stù-me) N.M. INVAR. · Comportamento che corrisponde alla morale comune. Ⓔ ***Squadra del buoncostume*** (o *la buoncostume* N.F. INVAR.), il reparto di polizia che si occupa dei reati che offendono la morale.

buondì (buon-dì) INTER. e N.M. INVAR. · Buongiorno.

buongiorno (buon-giór-no) INTER. e N.M. INVAR. · Espressione di saluto durante la mattinata:

buongiorno amore!; dare, ricevere il buongiorno. ▸ Ⓕ **dies**

B

buongrado (buon-grà-do) (o **buon grado**) N.M. · Solo nell'espressione ***di buongrado***, volentieri: *nessun disturbo, lo faccio di buongrado.*

buongustaio (buon-gu-stà-io) N.M. (f. -a; pl.m. -*stài*, pl.f. -*stàie*) **1** Chi ama la buona cucina: *è un vino per buongustai.* **2** Chi ha gusti raffinati: *in fatto di arredamento sei un buongustaio* Ⓢ intenditore.

buongusto (buon-gù-sto) N.M. INVAR. **1** Attitudine ad apprezzare le cose belle e buone: *una casa arredata con buongusto* Ⓢ gusto, eleganza. **2** Comportamento caratterizzato dal senso della misura: *abbi almeno il buongusto di tacere* Ⓢ delicatezza, discrezione.

buono[1] (buò-no) AGG. e N.M. (f. -*a*; comparativo *migliore* o *più buono*, superlativo *ottimo* o *buonissimo*) || AGG. **1** Di persona, che ha animo sensibile: *un uomo buono; un'anima buona* Ⓒ cattivo • Disposto all'indulgenza: *agli esami il professore è stato buono con tutti gli studenti* Ⓢ generoso, comprensivo. **2** Che tiene un comportamento non fastidioso: *sei riuscito a far stare buoni i bambini?* Ⓢ tranquillo, calmo, quieto. **3** Apprezzabile da un punto di vista morale: *compiere una buona azione* Ⓢ meritevole, nobile. **4** Abile nella propria attività: *un buon medico; una buona sciatrice* Ⓢ capace, bravo. **5** Gradevole dal punto di vista estetico o del gusto: *un buon libro; amo il buon cibo.* **6** Prestigioso, soprattutto sul piano sociale: *la buona società; una ragazza di buona famiglia.* **7** Che può essere utile a uno scopo: *le scarpe sono ancora buone; il biglietto non è più buono; un farmaco buono per il mal di testa* Ⓢ valido. **8** Che porta vantaggio: *un buon affare; una buona occasione* Ⓢ conveniente, vantaggioso • Opportuno, giusto: *non è ancora il momento buono per dirglielo.* **9** Che è fonte di piacere o di soddisfazione: *finalmente una buona notizia!; un buon voto; buon compleanno!* Ⓢ bello, felice • Del clima, soleggiato e con una temperatura gradevole: *abbiamo avuto sempre tempo buono* Ⓢ sereno, bello, mite. **10** Di grande entità: *un buon raccolto* Ⓢ abbondante, ricco. **11** Che dimostra educazione e cortesia: *una buona accoglienza; ma non le conosci le buone maniere?* Ⓢ cortese, educato, gentile. || N.M. (f. -*a*) Chi è umano e sensibile nel rapporto con gli altri: *i buoni non si vantano quasi mai di quello che fanno.* Ⓔ ***Alla buona***, senza pretese, non particolarmente accurato: *una cena alla buona; una riparazione fatta alla buona* • ***Buono a nulla***, inetto, incapace • ***Con le buone o con le cattive***, in ogni modo • ***Di buon passo***, velocemente, in modo spedito • ***In buone mani*** → *mano* • ***Mettere una buona parola***, intervenire in favore di qualcuno: *puoi mettere una buona parola per me riguardo a quel lavoro?* • ***Vedere di buon occhio*** → *vedere*.

Al maschile singolare *buono* presenta sempre la forma tronca *buon* (senza apostrofo) tranne che prima di parole che iniziano per *s + consonante*, *z*, *x*, *gn*, *pn* e *ps*: *un buon amico*, *un buon piano*, *un buon trimestre* ma *un buono scopo*, *un buono gnomo*, *un buono psicologo*.

buono[2] (buò-no) N.M. · Documento che corrisponde a una certa somma di denaro e dà diritto a ricevere un servizio o della merce: *buoni benzina; un buono per l'acquisto di libri.* Ⓔ ***Buoni del Tesoro***, titoli che si acquistano dallo Stato e che danno diritto a chi li compra di ricevere a scadenze fisse il pagamento di interessi sul loro valore • ***Buono sconto***, scontrino che dà diritto a uno sconto per l'acquisto di qualcosa.

buonora (buo-nó-ra) N.F. · Solo nelle espressioni ***di buonora***, di buon mattino, e ***alla buonora***, finalmente.

buonsenso (buon-sèn-so) N.M. · Capacità di agire e di giudicare con saggezza ed equilibrio: *quando imparerai a usare un po' di buonsenso?* Ⓢ giudizio.

buontempone (buon-tem-pó-ne) N.M. (f. -*a*; pl.m. -*i*, pl.f. -*e*) · Persona ottimista, che ama lo scherzo e il divertimento: *una compagnia di buontemponi.*

buonumore (buo-nu-mó-re) N.M. · Lo stato d'animo di chi è contento: *oggi sono di buonumore* Ⓢ allegria Ⓒ malumore.

burattinaio (bu-rat-ti-nà-io) N.M. (f. -*a*; pl.m. -*nài*, pl.f. -*nàie*) **1** Artista che manovra i burattini dando pubblici spettacoli. **2** Chi fabbrica o vende burattini.

burattino (bu-rat-ti-no) N.M. **1** Fantoccio costituito da una testa di legno montata su una lunga veste, nella quale si infila la mano per muoverlo: *teatro dei burattini*. **2** Persona senza carattere e personalità, che si lascia manovrare dagli altri: *di lui non c'è da fidarsi, è un burattino*. Ⓔ ***Baracca e burattini*** → ***baracca***.

burbero (bùr-be-ro) AGG. · Che ha modi bruschi e severi: *viso, aspetto burbero* Ⓢ brusco, scontroso, severo.

burka (bur-ka; pronuncia *bùrca*) N.M. INVAR. · Veste femminile tradizionale di alcuni Paesi islamici che copre tutto il corpo, lasciando solo una parte traforata all'altezza degli occhi.

burla (bùr-la) N.F. · Scherzo fatto per divertirsi alle spalle di qualcuno, ma senza cattiveria: *fare una burla*. Ⓔ ***Per burla***, per gioco, per scherzo.

burlare (bur-là-re) V.TR. || TR. Prendere in giro: *burlare i colleghi*. || **burlarsi** INTR.PRONOM. Prendersi gioco, farsi beffe: *si è burlato **di** me*.

burlone (bur-ló-ne) N.M. (f. -*a*; pl.m. -*i*, pl.f. -*e*) · Chi ama fare scherzi: *tuo fratello è un gran burlone* Ⓢ buontempone.

burocrate (bu-rò-cra-te) N.M. e F. · Impiegato pubblico o privato che esercita il proprio lavoro in modo eccessivamente rigido e formale.

burocratico (bu-ro-crà-ti-co) AGG. (pl.m. -*ci*, pl.f. -*che*) **1** Che riguarda l'organizzazione e il funzionamento degli uffici pubblici: *apparato burocratico*. **2** Della burocrazia, in senso negativo: *formalità burocratiche*.

burocrazia (bu-ro-cra-zì-a) N.F. (pl. -*zìe*) **1** L'insieme degli impiegati e dei funzionari della pubblica amministrazione. **2** Esagerata pedanteria nelle amministrazioni, dovuta alle consuetudini e alle gerarchie: *tanti giovani di talento vengono schiacciati dalla burocrazia aziendale*.

> Il termine deriva dal francese *bureau* 'ufficio' con il suffisso -*cratie*, che viene dal greco *krátos* 'forza, potere'.

burqa (bur-qa; pronuncia *bùrca*) → ***burka***.

burrasca (bur-rà-sca) N.F. (pl. -*sche*) **1** Tempesta di mare con vento impetuoso: *il mare è in burrasca*. **2** Lite violenta: *ieri sera c'è stata burrasca in casa!*

> Il termine deriva dalla parola del dialetto veneziano *borasca* 'tipico della bora'.

burrascoso (bur-ra-scó-so) AGG. **1** Che fa o minaccia burrasca: *tempo, mare burrascoso* Ⓢ tempestoso. **2** Agitato, polemico, turbolento: *un colloquio burrascoso* • Caratterizzato da vicende tormentate: *ha un passato burrascoso*.

burro (bùr-ro) N.M. · Alimento ottenuto con la lavorazione della panna del latte: *un etto di burro; pasta condita con burro e formaggio*. Ⓔ ***Burro di cacao***, sostanza grassa estratta dai semi di cacao, usata nella fabbricazione del cioccolato, in medicina e in cosmetica; stick simile a un rossetto, usato per proteggere le labbra dal freddo e dal sole.

> Il termine deriva dal greco *bútyron*, composto a sua volta di *bûs* 'mucca' e *tyrós* 'formaggio'.

burrone (bur-ró-ne) N.M. · Profondo avvallamento del terreno, con pareti molto ripide: *la strada era fiancheggiata da un burrone* Ⓢ precipizio, baratro.

bus N.M. INVAR. · Autobus, corriera: *prendere il bus per andare a scuola*.

buscare (bu-scà-re) V.TR. (*bùsco, bùschi*, ecc.), *fam.* **1** Nel linguaggio familiare, riuscire a ottenere: *buscare da mangiare* Ⓢ procurarsi. **2** Prendere, subire, anche nella forma ***buscarne***, ***buscarle***: *buscare un ceffone; bada che ne buschi!* • Prendere una malattia: *buscare l'influenza*; anche TR. PRONOM.: *buscarsi un raffreddore*.

bussare (bus-sà-re) V.INTR. (aus. *avere*) · Picchiare a una porta per farsi aprire: *bussare **alla** porta*.

bussola (bùs-so-la) N.F. · Strumento che indica sempre il nord, permettendo di individuare le direzioni dei quattro punti cardinali e quindi di orientarsi. Ⓔ ***Perdere la bussola***, perdere completamente il controllo di sé.

B

busta (bù-sta) N.F. **1** Involucro rettangolare di carta in cui si chiudono lettere, stampe o denaro per la spedizione postale o la consegna a mano: *scrivere l'indirizzo sulla busta; affrancare una busta.* **2** Contenitore per vari oggetti: *un'elegante busta di pelle* Ⓢ custodia, astuccio, borsa. Ⓔ ***Busta paga*** → *paga*.

bustarella (bu-sta-rèl-la) N.F. · Somma di denaro che si dà a un funzionario per corromperlo e averne favori illegali: *ha vinto i concorsi a forza di bustarelle.*

bustina (bu-sti-na) N.F. **1** Piccola busta di carta che contiene sostanze in polvere: *una bustina di zucchero.* **2** Berretto militare che piegato somiglia a una busta.

busto (bù-sto) N.M. **1** La parte superiore del corpo umano tra il collo e i fianchi: *tenere il busto eretto.* **2** Scultura che rappresenta una figura umana dalla testa al petto, senza le braccia: *un busto romano.* **3** Indumento intimo formato da una fascia elastica munita di stecche, con cui molte donne si stringevano i fianchi. Ⓔ ***A mezzo busto***, di ritratto o fotografia che mostra solo la parte superiore del corpo di una persona, dalla testa a metà del petto • ***Busto ortopedico***, apparecchio per correggere o prevenire deformazioni della spina dorsale.

buttare (but-tà-re) V.TR. || TR. **1** Lanciare con forza: *buttare la carta nel cestino; buttare le chiavi dalla finestra* Ⓢ gettare, scagliare, tirare. **2** Disfarsi di ciò che non serve più: *buttare la spazzatura; buttare via i vestiti vecchi* • Sprecare qualcosa di prezioso: *hai buttato il tuo tempo inutilmente; buttare via la propria vita.* **3** Mandar fuori, lasciar uscire: *il comignolo butta fumo* • Di piante, produrre foglie o germogli: *il ciliegio sta cominciando a buttare nuove foglie.* || **buttarsi** RIFL. **1** Lasciarsi cadere: *buttarsi in acqua; buttarsi dal trampolino* Ⓢ gettarsi, lanciarsi. **2** Dedicarsi a una nuova attività con impegno: *buttarsi **in** politica.* **3** Non lasciarsi sfuggire un'occasione: *che aspetti? buttati!* Ⓢ osare. Ⓔ ***Buttare all'aria*** o ***buttare per aria***, mettere in disordine: *ha buttato per aria la stanza*; anche, mandare a monte: *ha buttato all'aria il contratto* • ***Buttare a mare***, rinunciare a qualcosa, abbandonarlo: *ho buttato a mare il mio progetto* • ***Buttare giù***, demolire, abbattere: *buttare giù un albero*; indebolire, togliere le forze: *l'influenza mi ha buttato giù*; scrivere qualcosa in fretta e senza troppa cura: *buttare giù due righe di ringraziamento* • ***Buttare la pasta***, versarla nella pentola quando l'acqua bolle • ***Buttare le braccia al collo di qualcuno*** o ***buttarsi al collo di qualcuno***, abbracciarlo con slancio • ***Buttarsi giù***, deprimersi, scoraggiarsi: *non buttarti giù per questa sciocchezza* • ***Buttarsi via***, sprecarsi, rovinarsi: *smettila di buttarti via con quel poco di buono!*

butterato (but-te-rà-to) AGG. · Pieno di piccole cicatrici dovute a malattie della pelle: *viso butterato; un giovane butterato.*

buzzurro (buẓ-ẓùr-ro) N.M. (f. *-a*) · Persona maleducata e ignorante Ⓢ cafone, villano.

bypass (by-pass; pronuncia *baipàs*) N. INGL., in it. N.M.INVAR. · In chirurgia, innesto di un tratto di vaso sanguigno in un'arteria o una vena chiusa, al fine di consentire di nuovo il passaggio del sangue.

bypassare (by-pas-sa-re; pronuncia *baipassàre*) V.TR. · Cercare di evitare: *bypassare una difficoltà* Ⓢ aggirare, eludere.

byte (by-te; pronuncia *bàit*) N. INGL., in it. N.M.INVAR. · Unità di misura della quantità di dati in un sistema informatico, costituita da una successione di otto bit.

C

A B C D E F G H I J K L M N O P Q R S T U V W X Y Z

c, C N.F. O M. INVAR. · Terza lettera dell'alfabeto italiano; è una consonante (nome della lettera: *ci*). **E** C, nella numerazione romana, simbolo del numero 100.

cabala (cà-ba-la) N.F. **1** Dottrina ebraica che intende decifrare il senso segreto della Bibbia attraverso l'interpretazione delle sue lettere e dei suoi numeri. **2** Arte che presume di indovinare il futuro per mezzo di numeri, lettere, segni.

cabina (ca-bi-na) N.F. **1** Piccolo ambiente destinato al riposo dell'equipaggio e dei passeggeri a bordo delle navi. **2** Camerino in cui al mare o in piscina i bagnanti mettono il costume e custodiscono abiti o altri oggetti: *le onde sono arrivate fino alle cabine* **S** spogliatoio. **3** Piccolo ambiente, piccolo locale: *la cabina dell'ascensore.* **4** In macchine e impianti di vario genere, l'ambiente riservato al personale di guida o di manovra: *cabina di comando.* **E** ***Cabina elettorale***, dove si vota in occasione di elezioni, per garantire all'elettore la segretezza del voto • ***Cabina telefonica***, box con pareti trasparenti che si trova sui marciapiedi, che contiene un telefono a gettoni o a scheda.

cablaggio (ca-blàg-gio) N.M. (pl. *-gi*) · L'insieme dei cavi che collegano le parti di un'apparecchiatura elettrica o elettronica: *il cablaggio di un linea telefonica* • L'installazione dei collegamenti stessi: *il cablaggio di un edificio.*

cablare (ca-blà-re) V.TR. **1** Trasmettere via cavo: *cablare una notizia.* **2** Collegare mediante cablaggio: *cablare un impianto.*

cabotaggio (ca-bo-tàg-gio) N.M. (pl. *-gi*) · Navigazione lungo la costa, con navi di piccole e medie dimensioni: *divieto di cabotaggio.*

cabrata (ca-brà-ta) N.F. · Manovra con cui un aereo si mette con la prua verso l'alto.

cacao (ca-cà-o) N.M. INVAR. · Albero originario dell'Amazzonia, con foglie grandi e frutti a bacca che contengono diversi semi • La polvere aromatica di colore bruno ricavata dalla frantumazione dei semi di tale pianta, usata per la preparazione della cioccolata: *una torta al cacao.* **E** ***Burro di cacao*** → ***burro***.

cacare (ca-cà-re) V.INTR. (*càco, càchi*, ecc.), *volg.* || INTR. (aus. *avere*) Nel linguaggio volgare, espellere le feci. || **cacarsi** INTR. PRONOM. Defecare nei propri vestiti: *cacarsi **nei** pantaloni.* **E** ***Far cacare***, fare schifo.

cacca (càc-ca) N.F. (pl. *-che*) · Nel linguaggio familiare, gli escrementi, soprattutto nel linguaggio dei bambini: *fare la cacca.*

caccia (càc-cia) N.F. (pl. *-ce*) **1** La ricerca di animali selvatici per l'uccisione o la cattura: *caccia alla lepre* • In particolare, cattura e uccisione di selvaggina nelle condizioni permesse dalla legge: *la stagione della caccia.* **2** La selvaggina uccisa: *un vino che si beve bene sulla caccia* **S** cacciagione. **3** Inseguimento o ricerca di animali o di uomini: *i contadini davano la caccia al lupo; la polizia sta dando la caccia ai rapinatori* • Ricerca assidua: *andare a caccia di un impiego.* **E** ***Caccia alle streghe*** → ***strega*** • ***Caccia al tesoro***, gioco di gruppo in cui si cercano di trovare, con indizi e indovinelli, oggetti nascosti • ***Caccia di frodo***, non autorizzata • ***Caccia grossa***, alle bestie feroci • ***Riserva di caccia***, zona in cui il diritto di caccia è riservato a un privato o a un ente.

cacciagione (cac-cia-gió-ne) N.F. · Selvaggina: *boschi ricchi di cacciagione* • Gli animali uccisi cacciando: *cucinare la cacciagione.*

cacciare (cac-cià-re) V.TR. (*càccio*, ecc.) || TR. **1** Inseguire animali selvatici per catturarli o ucciderli: *cacciare la lepre; ha passato la giornata a cacciare.* **2** Mandare via: *il padre lo ha cacciato **di** casa* **S** scacciare. **3** Tirare fuori: *cacciò fuori il coltello **dal** fodero* **S** estrarre. **4** Spingere dentro a forza o con violenza: *gli cacciò il pugnale **nella** schiena* **S** conficcare • Nel linguaggio familiare, mettere: *dove*

C

avrò cacciato gli occhiali? || **cacciarsi** RIFL. Mettersi, ficcarsi, infilarsi: *cacciarsi **in** un mare di guai; dove si sarà cacciato quell'uomo?* Ⓔ ***Cacciare un urlo***, urlare, gridare.

cacciata (cac-cià-ta) N.F. · Allontanamento violento: *la cacciata del dittatore **dalla** città* Ⓢ espulsione.

cacciatore (cac-cia-tó-re) N.M. (f. *-trìce*) · Chi pratica la caccia: *un bravo cacciatore.* Ⓔ ***Cacciatore di frodo*** → ***frodo***.

cacciavite (cac-cia-vì-te) N.M. INVAR. · Arnese che serve per stringere o allentare le viti.

cache (ca-che; pronuncia *caš*) N. INGL., in it. N.F. INVAR. · Parte della memoria in cui un computer registra le informazioni più usate, in modo da rileggerle più velocemente.

cachemire (ca-che-mi-re; pronuncia *càšmir*) N.M. FR., in it. N.M. INVAR. · Lana a pelo lungo ricavata da una razza di capre della regione del Kashmir • Il tessuto di tale lana: *un cappotto di cachemire.*

cachet (ca-chet; pronuncia *cascé*) N.M. FR., in it. N.M. INVAR. **1** Pasticca medicinale: *un cachet contro il mal di testa* Ⓢ compressa, pastiglia. **2** Dose di colorante per i capelli: *farsi un cachet biondo* Ⓢ tinta, tintura. **3** Compenso per una prestazione nel campo dello spettacolo: *un cachet alto, basso.*

cachi[1] (cà-chi) AGG. e N.M. INVAR. · Del color sabbia caratteristico degli abiti coloniali e di molte divise militari: *camicia color cachi; il cachi è un colore estivo.*

cachi[2] (cà-chi) N.M. INVAR. · Albero originario della Cina e del Giappone, con grandi foglie acuminate di colore verde scuro • Il frutto dolcissimo della pianta, di colore giallo, arancio o rosso.

cacio (cà-cio) N.M. (pl. *-ci*) · Formaggio: *pasta con cacio e pepe.* Ⓔ ***Come il cacio sui maccheroni***, di cosa o persona che arriva proprio al momento giusto: *il tuo arrivo casca come il cacio sui maccheroni.*

caciocavallo (ca-cio-ca-vàl-lo) N.M. (pl. *caciocavàlli*) · Formaggio tipico dell'Italia meridionale, fatto con latte di vacca o di bufala, in caratteristiche forme a pera. ▸ Ⓕ **cavallo**

caciotta (ca-ciòt-ta) N.F. · Formaggio fresco, in piccole forme tonde, fatto con latte di pecora e di vacca, tipico dell'Italia centrale.

cactus (càc-tus) N.M. INVAR. · Pianta originaria dell'America centrale e meridionale, caratterizzata da fusto verde carnoso e foglie ridotte in spine.

> Il termine deriva dal greco *káktos* 'pianta spinosa'.

cadauno (ca-da-ù-no) AGG. e PRON. INDEF. · Ciascuno, usato soprattutto nel linguaggio commerciale: *dieci quaderni a un euro cadauno.*

cadavere (ca-dà-ve-re) N.M. · Il corpo umano dopo la morte: *seppellire un cadavere.*

cadaverico (ca-da-vè-ri-co) AGG. (pl.m. *-ci*, pl.f. *-che*) · Del cadavere: *pallore cadaverico* Ⓢ livido, spettrale • Del viso, pallidissimo: *faccia cadaverica.*

caddi (càd-di) · Pass. rem., 1ª pers. sing. → ***cadere***.

cadente (ca-dèn-te) AGG. · Che è in rovina: *un palazzo cadente* Ⓢ diroccato. Ⓔ ***Stella cadente***, meteorite.

cadenza (ca-dèn-za) N.F. **1** Modo di pronunciare tipico di alcuni dialetti o di alcune persone: *la tipica cadenza bolognese; una cadenza monotona* Ⓢ accento. **2** Andamento ritmico di una danza, di un passo, di un'attività atletica: *dare, seguire la cadenza; perdere la cadenza della marcia* Ⓢ ritmo. **3** Ripetizione a intervalli di tempo regolari: *la rivista esce con cadenza settimanale* Ⓢ frequenza.

> Il termine deriva dal latino *cadentia* 'l'insieme delle cadute', cioè i tempi forti del ritmo.

cadere (ca-dé-re) V.INTR. (irreg.: pass. rem. *càddi, cadésti, càdde, cadémmo, cadéste, càddero*; fut. *cadrò*, ecc.; condiz. pres. *cadrèi*, ecc.; aus. *essere*) **1** Spostarsi dall'alto verso il basso per effetto del proprio peso: *cadere **in** acqua; cadere **da** una finestra; cadere **di** bicicletta; è caduto del vino **sulla** tovaglia* Ⓢ cascare. **2** Di fenomeni atmosferici, venire giù dal cielo: *cade la pioggia* Ⓢ scendere • Staccarsi: *in questa stagione **mi** cadono i capelli.* **3** Precipitare, crollare: *il terremoto fece cadere il soffitto.*

4 Scendere, calare: ***sulla** vicenda è caduto il silenzio.* **5** Di città o postazione militare, essere conquistata: *la fortezza cadde dopo un lungo assedio* • Di organismo politico, perdere il potere: *il governo è caduto.* **6** Finire a terra perdendo l'equilibrio: *cadere lungo disteso* • Morire durante un combattimento: *cadere **in** battaglia.* **7** Venire a trovarsi in una situazione negativa: *cadere **in** miseria; cadere **in** un'imboscata.* **8** Rivolgersi per caso: *l'occhio le cadde **su** un particolare sospetto* Ⓢ posarsi. **9** Venire meno: *se cadrà il vento la barca andrà a motore; è caduto ogni sospetto sul suo conto* Ⓢ cessare, smettere, scomparire. **10** Giungere, capitare: *la tua osservazione cade a proposito* • Di data o festività, ricorrere: *quest'anno la Pasqua cade **in** aprile.* Ⓔ ***Cadere dalle nuvole***, rimanere molto sorpreso • ***Cadere in piedi***, cavarsela senza danni • ***Far cadere dall'alto*** → *alto*.

cadetto (ca-dét-to) N.M. e AGG. || N.M. e AGG. **1** Nelle antiche famiglie nobili, ciascuno dei figli nati dopo il primogenito: *il cadetto di un'antica casata; figlio cadetto.* **2** Nel linguaggio sportivo, atleta che partecipa al campionato di serie B: *il torneo dei cadetti; la serie cadetta,* la serie B. || N.M. Allievo di un'accademia militare.

cadmio (càd-mio) N.M. · Metallo bianco argenteo, tenero e malleabile (il simbolo chimico è *Cd*).

caduco (ca-dù-co) AGG. (pl.m. *-chi*, pl.f. *-che*) **1** Destinato a cadere: *foglie caduche.* **2** Di breve durata: *bellezza caduca; illusioni caduche* Ⓢ passeggero, fugace.

La pronuncia corretta è *cadùco*, con l'accento sulla *u*; la pronuncia *càduco* con l'accento sulla *a* è sbagliata!

caduta (ca-dù-ta) N.F. **1** Movimento dall'alto verso il basso con conseguenze spesso dannose: *una brutta caduta **da** cavallo* • Distacco, perdita: *la caduta dei capelli.* **2** Resa di fronte al nemico: *la caduta della fortezza assediata* Ⓢ capitolazione • Fine di un potere politico: *la caduta del governo.* **3** Diminuzione di valore o di qualità: *l'euro ha subito una brusca caduta.*

caduto (ca-dù-to) N.M. · Morto in combattimento: *monumento ai caduti* Ⓢ vittima.

caffè (caf-fè) N.M. INVAR. **1** Alberello originario dell'Africa, con foglie ovali sempreverdi e fiori bianchi; è intensamente coltivato nelle regioni tropicali • I semi della pianta: *caffè in chicchi* • La bevanda che si ottiene per infuso dai semi della pianta tostati e macinati: *bere un caffè.* **2** Locale in cui si servono caffè o altre bevande: *andare al caffè* Ⓢ bar. Ⓔ ***Caffè alla turca***, preparato facendo bollire a lungo la polvere di caffè senza poi filtrarla • ***Caffè corretto***, con l'aggiunta di una dose di liquore • ***Caffè d'orzo***, bevanda simile al caffè preparata con i semi di questa pianta • ***Caffè espresso***, preparato sul momento, con macchina automatica • ***Caffè macchiato***, con l'aggiunta di un po' di latte • ***Caffè ristretto***, molto denso.

L'accento sulla *e* di *caffè* è grave; scrivere *caffé* con l'accento acuto è un errore!

caffeina (caf-fe-ì-na) N.F. · Sostanza estratta dai semi del caffè, dalle foglie del tè e da altre piante, usata in medicina come stimolante del cuore, della respirazione e del sistema nervoso.

caffellatte (caf-fel-làt-te) N.M. INVAR. · Bevanda a base di caffè e latte che si prende di solito come prima colazione.

caffettano (caf-fet-tà-no) o **caffetano** (caf-fe-tà-no) N.M. · Veste maschile lunga, aperta sul davanti, tipica del Medio Oriente musulmano.

caffettiera (caf-fet-tiè-ra) N.F. · Recipiente in cui si prepara o si serve il caffè.

cafone (ca-fó-ne) N.M. (f. *-a*; pl.m. *-i*, pl.f. *-e*) · Persona rozza, villana: *che cafone: è andato via senza salutare.*

cagionare (ca-gio-nà-re) V.TR. · Provocare, causare: *cagionare dolore.*

cagionevole (ca-gio-né-vo-le) AGG. · Di salute delicata: *un bambino cagionevole **di** salute* Ⓢ gracile, fragile.

cagliare (ca-glià-re) V.INTR. e TR. (*càglio*, ecc.) || INTR. (aus. *essere*) Rapprendersi per effetto del caglio: *il latte sta cagliando.* || TR. Far rapprendere.

C

caglio (ca-glio) N.M. (pl. *-gli*) · Sostanza acida estratta dall'ultima parte dello stomaco dei ruminanti lattanti, impiegata per far rapprendere il latte.

cagna (cà-gna) · Femminile → ***cane***.

cagnara (ca-gnà-ra) N.F. · Rumore fastidioso di gente che si diverte o che litiga Ⓢ baccano, chiasso.

caimano (cai-mà-no) N.M. · Rettile simile al coccodrillo, comune nei fiumi dell'America centrale e meridionale.

cala (cà-la) N.F. · Insenatura marina molto aperta, con acque poco profonde: *abbiamo fatto il bagno in una cala deserta.*

calabrese (ca-la-bré-se) AGG. e N.M. e F. || AGG. Della Calabria. || N.M. e F. Abitante, nativo della Calabria.

calabrone (ca-la-bró-ne) N.M. · Insetto di colore bruno scuro o nero; è la più grossa fra le vespe presenti in Italia.

calamaio (ca-la-mà-io) N.M. (pl. *-mài*) · Piccolo recipiente per tenervi l'inchiostro e intingervi la penna.

calamaro (ca-la-mà-ro) N.M. · Mollusco marino con conchiglia interna cornea; in caso di pericolo emette un liquido nero.

> Il termine deriva dal latino *calamus* 'calamo', cioè la cannuccia appuntita di cui ci si serviva per scrivere, con riferimento al liquido nero, simile a inchiostro, che l'animale rilascia per difendersi.

calamita (ca-la-mì-ta) N.F. · Corpo capace di attrarre il ferro Ⓢ magnete.

calamità (ca-la-mi-tà) N.F. INVAR. · Grave sventura che colpisce molte persone: *il terremoto è una calamità naturale* Ⓢ catastrofe.

calamitare (ca-la-mi-tà-re) V.TR. **1** Trasmettere a un corpo le proprietà di una calamita: *calamitare un pezzo metallico.* **2** Attirare fortemente a sé: *calamitare l'attenzione generale.*

calanco (ca-làn-co) N.M. (pl. *-chi*) · Solco stretto e profondo prodotto dalle acque piovane in terreni composti prevalentemente di argilla.

calante (ca-làn-te) AGG. · Che diminuisce: *velocità calante* Ⓒ crescente. Ⓔ ***Luna calante*** → ***luna***.

calare (ca-là-re) V.TR. e INTR. || TR. **1** Far discendere: *calare un cestino* ***dalla*** *finestra; calare la serranda* Ⓢ abbassare. **2** Nei giochi di carte, mettere una carta in tavola: *ha calato l'asso di picche* Ⓢ giocare. || INTR. (aus. *essere*) **1** Venire giù: *i lupi sono calati* ***dal*** *monte; sta calando la nebbia* Ⓢ scendere • Del sole, tramontare: *quando calerà il sole*; anche N.M.: *al calar del sole,* al tramonto. **2** Abbassarsi, scendere: *il livello del fiume è calato* ***di*** *un metro; la febbre è calata* • Diminuire di prezzo, di valore, di peso, ecc.: *sono calato* ***di*** *tre chili; la sua popolarità continua a calare.* || **calarsi** RIFL. **1** Discendere lentamente: *si è calato* ***nel*** *pozzo con una fune.* **2** Identificarsi: *è un attore che si cala* ***nella*** *parte.*

calata (ca-là-ta) N.F. **1** Immersione in acqua: *la calata delle reti.* **2** Discesa verso un luogo che si trova più a sud: *la calata dei barbari* ***in*** *Italia.* **3** Accento, cadenza, inflessione: *parla con una calata genovese.*

calca (càl-ca) N.F. (pl. *-che*) · Gran numero di persone che affollano un luogo: *farsi largo tra la calca* Ⓢ folla, ressa.

calcagna (cal-cà-gna) · Plurale femminile → ***calcagno***.

calcagno (cal-cà-gno) N.M. (pl.m. *i calcàgni*, pl.f. *le calcàgna*) **1** La parte posteriore del piede Ⓢ tallone. **2** La parte della calza o della scarpa a contatto con il tallone. Ⓔ ***Avere qualcuno alle calcagna***, essere inseguito da vicino • ***Stare alle calcagna di qualcuno***, stargli sempre dietro, per sorvegliarlo o infastidirlo.

> Il plurale femminile *calcagna* si usa solo nell'espressione *alle calcagna*, negli altri casi si usa il plurale maschile *calcagni*: *stare alle calcagna; queste scarpe mi fanno male ai calcagni.*

calcare[1] (cal-cà-re) V.TR. (*càlco, càlchi*, ecc.) **1** Premere con i piedi: *calcare il suolo della patria* Ⓢ calpestare, pestare. **2** Premere con forza: *calcare i vestiti* ***nel*** *baule; calcare la penna* ***sul*** *foglio* Ⓢ pigiare. **3** Ricalcare: *calcare un disegno.* Ⓔ ***Calcare la mano***, esagerare nel fare qualcosa • ***Calcare le orme di qualcuno***, seguirne l'esempio • ***Calcare le scene***, fare l'attore.

calcare[2] (cal-cà-re) N.M. · Roccia ricca di calcio, impiegata come pietra da costruzione e nell'industria del cemento.

calcareo (cal-cà-re-o) AGG. (pl.m. *-rei*, pl.f. *-ree*) · Di roccia o terreno che contiene calcare.

calce (càl-ce) N.F. · Sostanza ottenuta dal calcare e usata fin dall'antichità nell'edilizia. Ⓔ ***Calce spenta***, se è mescolata con acqua; ***calce viva***, se non lo è.

calcestruzzo (cal-ce-strùz-zo) N.M. · Impasto usato nelle costruzioni, ottenuto mescolando cemento o calce con acqua, sabbia e ghiaia.

calciare (cal-cià-re) V.TR. (*càlcio*, ecc.) · Nel linguaggio sportivo, tirare con il piede: *calciare un rigore.*

calciatore (cal-cia-tó-re) N.M. (f. *-trìce*) · Giocatore di una squadra di calcio: *i calciatori stanno per entrare in campo.*

calcina (cal-cì-na) N.F. · La calce spenta.

calcinaccio (cal-ci-nàc-cio) N.M. (pl. *-ci*) · Pezzo d'intonaco caduto.

calcio[1] (càl-cio) N.M. · L'impugnatura del fucile o della pistola.

calcio[2] (càl-cio) N.M. **1** Colpo dato con il piede o con lo zoccolo: *tirare un calcio; il cavallo ha reagito con un calcio.* **2** Gioco che si svolge tra due squadre di undici giocatori e consiste nel far entrare un pallone nella porta avversaria, difesa da un portiere, senza colpirlo con le mani: *partita di calcio* Ⓢ football (*ingl.*) • Singolo tiro di palla. Ⓔ ***Calcio d'angolo*** → ***angolo*** • ***Calcio di punizione*** → ***punizione*** • ***Calcio di rigore*** → ***rigore*** • ***Dare un calcio alla fortuna***, non sapere approfittare di un'occasione vantaggiosa.

calcio[3] (càl-cio) N.M. · Elemento chimico molto diffuso in natura e presente sotto forma di sali negli organismi animali e vegetali; è indispensabile per il funzionamento del corpo umano (il simbolo chimico è *Ca*).

calcistico (cal-cì-sti-co) AGG. (pl.m. *-ci*, pl.f. *-che*) · Del calcio: *è iniziata la stagione calcistica.*

calco (càl-co) N.M. (pl. *-chi*) **1** Impronta di una scultura o di una superficie in rilievo eseguita per ricavarne copie identiche all'originale. **2** Riproduzione a ricalco di un disegno.

calcolare (cal-co-là-re) V.TR. (*càlcolo*, ecc.) **1** Determinare con un calcolo o un esame: *calcolate l'area del poligono; hai calcolato quanto tempo ci vorrà per arrivare?* **2** Tenere conto di qualcosa: *calcola* ***che*** *arriverò tardi* Ⓢ considerare. **3** Tenere nella giusta considerazione: *calcolare i pro e i contro di una situazione* Ⓢ valutare, prevedere.

calcolatore (cal-co-la-tó-re) AGG. e N.M. (f. *-trìce*) || AGG. Che serve a fare calcoli: *macchina calcolatrice.* || AGG. e N.M. (f. *-trice*) Che, chi valuta con freddezza danni e vantaggi prima di prendere una decisione: *una mente calcolatrice; è un calcolatore.* || N.M. Apparecchio in grado di eseguire calcoli matematici e di elaborare dati Ⓢ computer (*ingl.*).

calcolatrice (cal-co-la-trì-ce) N.F. · Macchina capace di eseguire calcoli aritmetici o algebrici: *calcolatrice tascabile.*

calcolo[1] (càl-co-lo) N.M. **1** L'insieme delle operazioni matematiche che portano a un certo risultato: *calcolo numerico, algebrico; fare un calcolo a memoria* Ⓢ conteggio, conto. **2** Valutazione, computo: *è difficile fare un calcolo dei danni.* **3** Previsione, pronostico, stima: *i miei calcoli sono risultati giusti alla prova dei fatti.* Ⓔ ***Per calcolo***, per vantaggio personale: *sposare qualcuno per calcolo.*

Il termine deriva dal latino *calcolus* 'sassolino', perché si usavano dei sassolini per fare i conti, come nel pallottoliere.

calcolo[2] (càl-co-lo) N.M. · In medicina, formazione cristallina, simile a una pietruzza, che si forma nelle vie urinarie o nelle vie biliari: *calcolo renale.*

caldaia (cal-dà-ia) N.F. (pl. *-dàie*) · Apparecchio che trasforma l'acqua in vapore: *la caldaia dell'impianto di riscaldamento; la caldaia della locomotiva.*

C

caldamente (cal-da-mén-te) AVV. · Con affetto, con vivo interesse: *mi pregò caldamente di tacere.*

caldarrosta (cal-dar-rò-sta) N.F. · Castagna arrostita.

caldeggiare (cal-deg-già-re) V.TR. (*caldéggio*, ecc.) · Appoggiare con calore e impegno: *caldeggiare una proposta* Ⓢ sostenere Ⓒ avversare.

caldo (càl-do) AGG. e N.M. || AGG. **1** Che ha una temperatura superiore a quella normale o abituale: *c'è l'acqua calda?; abbiamo avuto un'estate caldissima* Ⓒ freddo. **2** Intenso, caloroso, appassionato: *una calda amicizia; un caldo abbraccio* • Che è caratterizzato da forti contrasti o problemi: *le zone calde di guerra.* **3** Di colore, vivace: *tinte calde,* tra il rosso e il giallo Ⓢ acceso. || N.M. L'alta temperatura dovuta al clima, alla stagione o a un sistema di riscaldamento: *oggi fa un caldo soffocante; qui dentro fa un gran caldo.* Ⓔ ***A caldo***, d'impulso, senza riflettere: *prendere una decisione a caldo* • ***Non fare né caldo né freddo***, lasciare indifferente: *i tuoi insulti non mi fanno né caldo né freddo* • ***Tenere in caldo***, di cibi, tenerli in forno o sui fornelli perché non si raffreddino; in senso figurato, di progetto, idea, ecc., averli sempre disponibili in attesa del momento opportuno per realizzarli • ***Testa calda***, persona irrequieta, esaltata.

> Il termine deriva dal latino *calidus* 'caldo', che viene a sua volta da *calere* 'essere caldo, infervorarsi'; dal verbo latino *calere* derivano anche calore e calura.

caleidoscopio (ca-lei-do-scò-pio) N.M. (pl. *-pi*) · Tubo al cui interno si trovano piccoli oggetti colorati che, per mezzo di specchietti disposti ad angolo, producono immagini che cambiano a ogni rotazione dell'apparecchio.

calendario (ca-len-dà-rio) N.M. (pl. *-ri*) **1** Sistema di suddivisione e misurazione del tempo: *il calendario solare si basa sul ciclo delle stagioni.* **2** Pubblicazione o apparecchio che mostra in ordine progressivo i giorni dell'anno, suddivisi in mesi e settimane: *calendario a muro, tascabile.* **3** Programma delle varie fasi di un'attività o di una serie di eventi in rapporto a un dato periodo di tempo: *il calendario della stagione lirica.* Ⓔ ***Calendario scolastico***, con le date dei giorni di lezione, di vacanza, di esami.

> Il termine deriva dal latino *calendarium* 'libro delle calende', cioè dei primi giorni del mese, in cui scadeva il pagamento dei conti.

calende (ca-lèn-de) N.F.PL. · Il primo giorno del mese nel calendario romano: *le calende di febbraio.* Ⓔ ***Alle calende greche***, non si sa quando: *con questo traffico arriveremo alle calende greche.*

> L'espressione *alle calende greche* era riferita in epoca romana al pagamento di debiti che non venivano pagati; il primo del mese, le *calende*, a Roma era il giorno in cui dovevano essere pagati i debiti, ma, dato che il calendario greco non aveva le calende, un debito pagato *alle calende greche* era un debito destinato a non essere saldato.

calesse (ca-lès-se) N.M. · Piccola carrozza a due ruote, tirata da un cavallo.

calibrare (ca-li-brà-re) V.TR. (*càlibro*, ecc.) **1** Ridurre al calibro voluto oggetti di forma sferica o cilindrica. **2** Controllare con il calibro la misura di pezzi meccanici lavorati in serie. **3** Dosare con precisione: *calibrare una risposta* Ⓢ soppesare.

calibro (cà-li-bro) N.M. **1** Diametro di un pezzo di forma cilindrica • In particolare, il diametro interno della canna di un'arma da fuoco: *l'arma è dello stesso calibro di quella usata dall'assassino.* **2** Strumento di misura per il controllo delle dimensioni dei pezzi lavorati. **3** Autorità di una persona: *due campioni dello stesso calibro* Ⓢ valore, importanza. Ⓔ ***Grossi calibri***, le persone più importanti in un determinato campo: *i grossi calibri della finanza.*

> Il termine deriva da una parola araba che significa 'forma da scarpe'.

calice (cà-li-ce) N.M. **1** Bicchiere di forma simile a un cono rovesciato, con uno stelo sottile e una base circolare: *un calice di cristallo; bere un calice di spumante.* **2** Vaso usato per la consacrazione del vino durante la Messa. **3** L'involucro esterno del fiore che protegge i suoi organi interni prima dell'apertura. Ⓔ ***Bere l'amaro calice***, subire un'esperienza umiliante o dolorosa • ***Levare i calici***, fare un brindisi.

califfo (ca-lìf-fo) N.M. · Massima autorità politica e religiosa dell'islamismo.

caligine (ca-li-gi-ne) N.F. · Condizione di scarsa visibilità a causa della presenza nell'aria di polvere, fumo, sabbia.

call center (call cen-ter; pronuncia *cól sènter*) N. INGL., in it. N.M. INVAR. · Centro telefonico dove gli operatori forniscono informazioni e assistenza ai clienti di un'azienda: *lavorare in un call center.*

calle (càl-le) N.M. e F. || N.M. Sentiero campestre: *presero per un calle ripido e stretto.* || N.F. Strada, via di Venezia: *addentrarsi nelle calli meno turistiche.*

calligrafia (cal-li-gra-fì-a) N.F. (pl. *-fie*) **1** L'arte di scrivere con caratteri eleganti e regolari: *esercizi di calligrafia.* **2** Modo personale di scrivere: *una bella calligrafia* Ⓢ scrittura, grafia.

callo (càl-lo) N.M. · Indurimento della pelle in alcuni punti: *avere i calli alle mani.* Ⓔ ***Fare il callo a qualcosa***, farci l'abitudine • ***Pestare i calli a qualcuno*** → ***pestare***.

calloso (cal-ló-so) AGG. · Pieno di calli: *le mani callose del vecchio.*

calma (càl-ma) N.F. **1** Situazione di quiete, di silenzio e di tranquillità: *non c'è mai un momento di calma* Ⓒ agitazione. **2** Stato del mare o dell'aria senza vento Ⓢ bonaccia. **3** Atteggiamento di chi non è turbato da forti passioni o emozioni: *mantenere, perdere la calma* Ⓢ serenità • Mancanza di fretta: *la sua calma perenne mi fa innervosire* Ⓢ tranquillità. Ⓔ ***Con calma***, senza fretta né ansia: *prendila con calma.*

> Il termine deriva dal greco *kaûma* 'forte calore, caldo soffocante'.

calmante (cal-màn-te) AGG. e N.M. · Che calma: *sostanze calmanti; riesco a dormire solo se prendo dei calmanti* Ⓢ sedativo, tranquillante.

calmare (cal-mà-re) V.TR. || TR. **1** Rendere calmo: *era fuori di sé, ma sono riuscito a calmarlo* Ⓢ placare. **2** Rendere meno intenso: *calmare il dolore* Ⓢ attenuare, mitigare, placare. ||

calmarsi INTR.PRONOM. **1** Di persona, tranquillizzarsi: *lascialo urlare, tanto poi si calma.* **2** Diminuire di intensità: *la burrasca si è calmata* Ⓢ attenuarsi.

calmiere (cal-miè-re) N.M. · Prezzo massimo fissato dalle autorità per la vendita di prodotti alimentari e di largo consumo: *calmiere dei latticini.*

calmo (càl-mo) AGG. **1** Quieto, tranquillo, sereno: *sogno una vita calma* • Di persona, che sa mantenere il controllo: *state calmi; riesce a rimanere calmo anche nelle situazioni più difficili* Ⓢ tranquillo Ⓒ rabbioso, irascibile. **2** Del mare, che non è agitato: *il mare oggi è calmo* Ⓢ piatto Ⓒ agitato • Del tempo o dell'atmosfera, senza vento.

calo (cà-lo) N.M. **1** Diminuzione, riduzione, ribasso: *c'è stato un calo nella produzione di auto; il calo dei prezzi.* **2** Diminuzione della funzionalità di un organo di senso: *il calo della vista* • Perdita di peso: *avere un calo **di** 10 chili.*

calore (ca-ló-re) N.M. **1** Forma di energia della materia, che può trasmettersi da un corpo all'altro producendo le sensazioni di caldo e di freddo. **2** Sensazione prodotta dal contatto o dalla vicinanza di un corpo caldo: *il calore del sole, della stufa* Ⓒ freddo. **3** Slancio, fervore, passione: *sostenere con calore una tesi.* **4** Nella femmina degli animali, periodo di desiderio sessuale che la spinge a cercare l'accoppiamento con il maschio: *essere in calore.* Ⓔ ***Calore umano***, cordialità, simpatia.

> Il termine deriva dal latino *calor* 'calore, entusiasmo', che viene a sua volta da *calere* 'essere caldo' (→ ***caldo***).

caloria (ca-lo-rì-a) N.F. (pl. *-rìe*) **1** In fisica, unità di misura della quantità di calore. **2** Unità di misura dell'energia contenuta negli alimenti: *alimenti ricchi di calorie.*

calorico (ca-lò-ri-co) AGG. (pl.m. *-ci*, pl.f. *-che*) · Che riguarda il calore o le calorie.

calorifero (ca-lo-rì-fe-ro) N.M. · Impianto di riscaldamento • Ciascun radiatore dell'impianto: *gli operai hanno installato i caloriferi* Ⓢ termosifone.

caloroso (ca-lo-ró-so) AGG. **1** Pieno di calore: *un caloroso benvenuto; un applauso caloro-*

A B C D E F G H I J K L M N O P Q R S T U V W X Y Z

C

so Ⓢ affettuoso. **2** Di persona, che non soffre il freddo.

calotta (ca-lòt-ta) N.F. **1** In geometria, ognuna delle due parti in cui un piano divide una superficie sferica. **2** Volta di copertura di una cupola. **3** ***Calotta cranica***, l'insieme delle ossa che formano la parte alta del cranio. **4** ***Calotta polare***, la parte della superficie terrestre situata tra il Circolo polare artico e il Polo Nord, detta *calotta artica*, o tra il Circolo polare antartico e il Polo Sud, detta *calotta antartica*. **5** Piccolo berretto senza tesa. **6** Nel paracadute, l'involucro di seta e nylon che si apre a comando.

calpestare (cal-pe-stà-re) V.TR. (*calpésto*, ecc.) **1** Premere coi piedi, soprattutto per disattenzione, rabbia o disprezzo: *non calpestare le aiuole* Ⓢ pestare, schiacciare. **2** Offendere, umiliare, disprezzare: *non puoi calpestare così i miei sentimenti!*

calpestio (cal-pe-sti-o) N.M. (pl. *-stìi*) · Rumore insistente di passi: *sento un calpestio nel corridoio.*

calumet (ca-lu-met; pronuncia *calumè*) N.M. FR., in it. N.M. INVAR. · Pipa sacra dei Pellerossa, che si fuma nei consigli dei capi per consacrare la pace. Ⓔ ***Fumare il calumet della pace***, rappacificarsi.

calunnia (ca-lùn-nia) N.F. (pl. *-nie*) · Accusa grave e falsa con cui si vuole danneggiare qualcuno: *smentire una calunnia* Ⓢ diffamazione, maldicenza.

calunniare (ca-lun-nià-re) V.TR. (*calùnnio*, ecc.) · Danneggiare con accuse o dicerie false: *per calunniarmi ha messo in giro queste voci* Ⓢ diffamare.

calunnioso (ca-lun-nió-so) AGG. · Che contiene false accuse: *voci calunniose.*

calura (ca-lù-ra) N.F. · Il caldo soffocante dell'estate: *la calura estiva* Ⓢ afa.

> Il termine deriva da una parola del latino volgare che viene a sua volta da *calere* 'essere caldo' (→ ***caldo***).

calvario (cal-và-rio) N.M. (pl. *-ri*) · Terribile sofferenza fisica e morale: *la sua malattia è stata un calvario* Ⓢ supplizio.

> Il termine deriva dal latino tardo *calvarium* 'luogo del cranio', traduzione del nome aramaico del colle di Gerusalemme sul quale fu crocifisso Gesù Cristo.

calvinismo (cal-vi-nì-ṣmo) N.M. · Movimento religioso fondato da Giovanni Calvino (1509-1564) all'interno della riforma protestante, caratterizzato da rigore morale, severità di costumi e dedizione al lavoro.

calvinista (cal-vi-nì-sta) N.M. e F. e AGG. (pl.m. *-i*, pl.f. *-e*) || N.M. e F. Seguace del calvinismo. || AGG. Del calvinismo: *dottrina calvinista.*

calvizie (cal-vì-zie) N.F. INVAR. · Caduta dei capelli • Mancanza totale o parziale dei capelli: *essere affetto da calvizie.*

calvo (càl-vo) AGG. · Privo di capelli: *sta diventando calvo* Ⓢ pelato.

calza (càl-za) N.F. · Indumento del piede o della gamba, di varia lunghezza: *calze da donna; calze di seta; mettersi le calze.* Ⓔ ***Calza della befana***, quella che i bambini, in attesa dei doni, appendono al camino la vigilia dell'Epifania • ***Fare la calza***, lavorare a maglia.

calzamaglia (cal-za-mà-glia) N.F. (pl. *calzemàglie* o *calzamàglie*) · Indumento leggero e aderente al corpo che copre le gambe, il bacino e, talvolta, il torace fino al collo, usato soprattutto dai ballerini.

calzante (cal-zàn-te) AGG. e N.M. || AGG. Adatto, appropriato: *un esempio poco calzante.* || N.M. Calzascarpe.

calzare (cal-zà-re) V.TR. e INTR. || TR. Indossare scarpe, calze o guanti: *calzava un paio di stivali.* || INTR. **1** (aus. *avere*) Aderire con precisione o eleganza: *questa giacca **mi** calza alla perfezione.* **2** (aus. *essere*) Essere appropriato, efficace: *un esempio che calza a pennello.*

calzascarpe (cal-za-scàr-pe) N.M. INVAR. · Arnese che aiuta a infilare il piede nella scarpa Ⓢ calzante.

calzatura (cal-za-tù-ra) N.F. · Qualsiasi tipo o forma di scarpa: *un negozio di calzature.*

calzaturificio (cal-za-tu-ri-fi-cio) N.M. (pl. *-ci*) · Fabbrica di scarpe.

calzemaglie (cal-ze-mà-glie) · Plurale → ***calzamaglia***.

calzettone (cal-zet-tó-ne) N.M. · Calza pesante, lunga fin sotto il ginocchio.

calzino (cal-zì-no) N.M. · Calza corta: *un paio di calzini di cotone.*

calzolaio (cal-zo-là-io) N.M. (f. *-a*; pl.m. *-lài*, pl.f. *-làie*) · Artigiano che fabbrica o ripara scarpe.

calzoleria (cal-zo-le-rì-a) N.F. (pl. *-rìe*) · Bottega di calzolaio • Negozio di calzature.

calzone (cal-zó-ne) N.M. **1** AL PL. Indumento che veste la persona dalla vita in giù coprendo ogni gamba separatamente: *calzoni corti, lunghi.* **2** Disco di pasta lievitata ripiegato in due e cotto in forno; viene farcito con mozzarella, pomodoro e altri ingredienti: *calzone al prosciutto.*

camaleonte (ca-ma-le-ón-te) N.M. **1** Rettile simile a una lucertola che può cambiare colore in base all'ambiente. **2** Persona che cambia facilmente opinione, soprattutto in politica.

Il termine deriva da una parola greca che significa 'leone nano', composta di *khamaí* 'per terra' e *léon* 'leone'.

cambiale (cam-bià-le) N.F. · Documento con cui una persona si obbliga a pagare una certa somma alla scadenza: *firmare, sottoscrivere una cambiale.* Ⓔ ***Firmare una cambiale in bianco***, fidarsi totalmente di qualcuno.

cambiamento (cam-bia-mén-to) N.M. · Mutamento, trasformazione: *la ragazza ha fatto un grande cambiamento; cambiamento di abitudini.*

cambiare (cam-bià-re) V.TR. e INTR. (*càmbio*, ecc.) || TR. **1** Sostituire una cosa con un'altra: *cambiare il computer* • Sottoporre a una modifica: *cambiare idea* Ⓢ mutare, modificare. **2** Diventare cliente di una nuova persona o di un nuovo negozio: *cambiare parrucchiere.* **3** Rivestire con indumenti diversi o puliti: *non posso cambiare il bambino ogni cinque minuti!* **4** Nei veicoli a motore, manovrare il cambio per passare da una marcia all'altra: *cambiare marcia.* **5** Modificare, trasformare: *il nuovo sindaco ha cambiato il volto della città.* **6** Scambiare una moneta con quella di un altro Paese o in pezzi di taglio diverso: *cambiare euro **in** dollari; mi puoi cambiare cinquanta euro **in** pezzi da dieci?* || INTR. **1** (aus. *essere*) Subire un mutamento: *cambiare in meglio, in peggio; i tempi stanno cambiando* Ⓢ modificarsi, trasformarsi. **2** (aus. *avere*) Operare un mutamento rispetto a qualcosa: *ho cambiato **di** posto alla scrivania.* || **cambiarsi** RIFL. Spogliarsi dei vestiti che si indossano e metterne altri: *cambiarsi **d'**abito; mi cambio in un attimo.* Ⓔ ***Cambiare aria***, trasferirsi in un altro luogo, soprattutto per sfuggire a una situazione spiacevole.

cambiavalute (cam-bia-va-lù-te) N.M. e F. INVAR. · Chi si dedica al cambio di monete e banconote di differenti Paesi.

cambio (càm-bio) N.M. (pl. *-bi*) **1** Sostituzione, rinnovo: *cambio della biancheria; cambio delle gomme.* **2** Baratto, scambio: *fare, proporre un cambio; dare, ricevere in cambio* • Scambio della moneta di uno Stato con quella di un altro • Il prezzo delle valute che vengono scambiate: *il cambio della sterlina oggi è altissimo.* **3** In meccanica, apparecchio che serve a variare la velocità di un veicolo: *leva del cambio.* Ⓔ ***Cambio della guardia***, sostituzione della sentinella al termine del turno di guardia; in senso figurato, sostituzione di una persona in un posto di comando: *un cambio della guardia alla guida del giornale* • ***Dare il cambio a qualcuno***, sostituirlo per proseguirne il lavoro • ***In cambio***, in sostituzione: *in cambio del giocattolo che hai perso ti ho comprato un pallone.*

camelia (ca-mè-lia) N.F. (pl. *-lie*) · Arbusto sempreverde originario del Giappone, con fiori grandi di colore dal bianco al rosso.

Il termine deriva dal nome del gesuita G.J. *Kamel*, che introdusse la pianta in Europa nel 1731, importandola dal Giappone.

camera (cà-me-ra) N.F. **1** Stanza di una abitazione: *vendesi appartamento di quattro camere più servizi* Ⓢ vano • In particolare, la stanza destinata al riposo: *camera da letto; camera d'albergo.* **2** Ambiente chiuso destinato a vari usi Ⓢ locale. **3** Luogo di riunione di assemblee e organismi politici. **4** ***Camera d'aria***, involucro di gomma, da riempire con aria all'interno di pneumatici per biciclette, palloni, ecc. Ⓔ ***Camera a gas***, i locali dei lager nazisti attrezzati per uccidere i prigionieri con gas velenosi • ***Camera ardente***, quella in cui si espone la salma di un defunto prima della sepoltura • ***Camera dei deputati*** o ***La Camera***, nello Stato italiano, una delle due assemblee che approvano le leggi; l'altra è il Senato, e insieme vengono chiamate *le Camere* • ***Camera oscura***, la stanza buia in cui si sviluppano e si stampano le fotografie • ***Musica da camera***, quella per pochi strumenti adatta a un piccolo ambiente.

cameraman (ca-me-ra-man; pronuncia *càmeramen*) N.INGL., in it. N.M.INVAR. · Chi è addetto a effettuare riprese cinematografiche o televisive.

camerata[1] (ca-me-rà-ta) N.M. e F. (pl.m. *-i*, pl.f. *-e*) · Compagno d'armi Ⓢ commilitone.

camerata[2] (ca-me-rà-ta) N.F. · Locale che serve da dormitorio nei collegi e nelle caserme.

cameratismo (ca-me-ra-ti-ṣmo) N.M. · Rapporto di amicizia e solidarietà fra compagni di lavoro, di studio o di fede politica.

cameriere (ca-me-riè-re) N.M. (f. *-a*; pl.m. *-i*, pl.f. *-e*) · Lavoratore che svolge compiti domestici in un'abitazione privata o in un albergo • Chi è addetto a servire i clienti in bar o ristoranti: *chiama il cameriere per chiedere il conto.*

camerino (ca-me-rì-no) N.M. · Piccola stanza riservata ad attori, cantanti, ballerini, per vestirsi e truccarsi in un teatro o in uno studio cinematografico o televisivo.

camice (cà-mi-ce) N.M. · Tunica, in genere bianca, indossata dal personale medico e da certe categorie di tecnici: *in ospedale gli infermieri indossano il camice.*

camicetta (ca-mi-cét-ta) N.F. · Camicia da donna: *una camicetta di seta.*

camicia (ca-mì-cia) N.F. (pl. *-cie*) · Indumento con maniche lunghe o corte, di solito con colletto, che copre la persona fino alle gambe: *camicia di cotone; camicia a righe.* Ⓔ ***Camicia da notte***, quella lunga anche fino ai piedi che si indossa per andare a letto • ***Camicia di forza***, quella con maniche lunghissime che si legano sul dorso per limitare i movimenti di malati di mente pericolosi • ***Giocarsi la camicia***, tutto ciò che si ha • ***Nascere con la camicia*** → **nascere** • ***Sudare sette camicie*** → **sudare** • ***Uova in camicia***, cotte nell'acqua bollente senza guscio.

caminetto (ca-mi-nét-to) N.M. · Piccolo camino per riscaldare l'interno di una stanza: *sedeva in poltrona davanti al caminetto.*

camino (ca-mì-no) N.M. **1** Piano attrezzato per accendere il fuoco all'interno di un ambiente, sormontato da una cappa: *fece costruire un grande camino in pietra* Ⓢ focolare. **2** Il condotto da cui escono i fumi del camino o di un impianto industriale: *devo far pulire il camino.* **3** Il condotto di un vulcano attraverso cui passa la lava.

camion (cà-mion) N.M. INVAR. · Autocarro: *divieto di sorpasso per i camion.*

camioncino (ca-mion-ci-no) N.M. · Autocarro di piccole dimensioni per il trasporto di merci Ⓢ furgone.

camionetta (ca-mio-nét-ta) N.F. · Piccolo autocarro adatto anche ai terreni accidentati, usato soprattutto da militari e polizia Ⓢ fuoristrada; jeep (*ingl.*).

camionista (ca-mio-nì-sta) N.M. e F. (pl.m. *-i*, pl.f. *-e*) · Conducente di camion.

camitico (ca-mì-ti-co) AGG. (pl.m. *-ci*, pl.f. *-che*) · Dei Camiti, il gruppo etnico dell'Africa nord-orientale che non presenta le caratteristiche dei neri. Ⓔ ***Lingue camitiche*** (o *il camitico* N.M.), gruppo di lingue simili alle semitiche, diffuse nel Nord Africa.

cammello (cam-mèl-lo) N.M. e AGG. (f. *-a*) || N.M. (f. *-a*) Grosso ruminante con collo lungo e curvo e due caratteristiche gobbe sul dorso; viene impiegato come animale da trasporto, soprattutto nei luoghi desertici, per la sua resistenza alla sete. || N.M. Il tessuto soffice ottenuto con la lana ricavata dal pelo dell'animale: *un cappotto di cammello.* || AGG. e N.M. INVAR. Di colore nocciola scuro, simile a quello dell'animale: *color cammello; una giacca cammello.*

Il verbo che indica il verso del cammello è *bramire* e il nome è *bramito*.

cammeo (cam-mè-o) N.M. (pl. *-mèi*) · Pietra dura, a strati di diverso colore, lavorata a rilievo.

camminare (cam-mi-nà-re) V.INTR. (aus. *avere*) **1** Spostarsi a piedi da un luogo a un altro: *camminare in fretta; il bambino sta imparando a camminare.* **2** Di meccanismi, funzionare, andare: *questo orologio non cammina più.*

camminata (cam-mi-nà-ta) N.F. **1** Tragitto da percorrere a piedi: *fare una camminata nel bosco* Ⓢ passeggiata. **2** Modo di camminare: *è lui, lo riconosco dalla camminata* Ⓢ andatura.

camminatore (cam-mi-na-tó-re) N.M. (f. *-trìce*) · Chi ama camminare molto e lo fa senza stancarsi.

cammino (cam-mì-no) N.M. · Il viaggio da compiere per raggiungere un luogo: *mettersi in cammino; interrompere il cammino* • La strada che si percorre durante il viaggio: *scegliere il cammino più breve* Ⓢ tragitto, percorso.

camomilla (ca-mo-mìl-la) N.F. **1** Pianta erbacea dotata di proprietà rilassanti. **2** L'infuso preparato con i fiori della pianta: *bersi una camomilla.*

Il termine deriva da una parola greca che significa 'melo nano', composta di *khamaí* 'per terra' e *mêlon* 'melo'.

camorra (ca-mòr-ra) N.F. · Associazione segreta della malavita napoletana.

camorrista (ca-mor-rì-sta) N.M. e F. (pl.m. *-i*, pl.f. -e) · Chi appartiene alla camorra: *una famiglia di camorristi.*

camoscio (ca-mò-scio) N.M. (pl. *-sci*) **1** Mammifero che vive in branchi sulle montagne dell'Europa e dell'Asia Minore, con pelame ruvido di colore bruno rossastro. **2** La pelle dell'animale, molto morbida, con cui si fabbricano scarpe, accessori e capi di abbigliamento: *una giacca di camoscio.*

campagna (cam-pà-gna) N.F. **1** Terreno aperto, fuori dai centri abitati, caratterizzato da un'economia agricola: *abitare in campagna.* **2** Insieme di operazioni di guerra con un fine strategico: *la campagna di Russia.* **3** Insieme di operazioni organizzate per un certo scopo: *campagna contro la droga.* Ⓔ ***Campagna acquisti***, nel calcio, le trattative tra le varie squadre per procurarsi nuovi giocatori • ***Campagna elettorale***, l'insieme delle operazioni di propaganda in vista delle elezioni. ▸ Ⓕ **campo**

campagnolo (cam-pa-gnò-lo) AGG. e N.M. (f. -a) || AGG. Della campagna: *costumi campagnoli* Ⓢ rurale, rustico. || N.M. (f. -a) Chi abita in campagna Ⓢ contadino, agricoltore. ▸ Ⓕ **campo**

campale (cam-pà-le) AGG. **1** Che si svolge sul campo di battaglia: *scontro campale.* **2** Faticoso, impegnativo: *giornata campale.* ▸ Ⓕ **campo**

campana (cam-pà-na) N.F. **1** Strumento di bronzo, a forma di tazza rovesciata, che emette un suono squillante quando viene fatto vibrare con una barra tondeggiante al suo interno o con un martello esterno; si trova di solito nei campanili delle chiese: *le campane suonano a festa.* **2** Recipiente di vetro a forma di cupola per proteggere oggetti preziosi: *sotto una campana trasparente c'era il suo ventaglio di seta.* Ⓔ ***A campana***, di gonna o pantaloni che si allargano verso il basso • ***In campana***, in guardia, attento: *mi raccomando, stai in campana!* • ***Sentire tutte e due le campane***, ascoltare le ragioni opposte di due persone coinvolte in una lite • ***Sordo come una campana***, completamente sordo • ***Sotto una campana di vetro***, in un ambiente protetto, lontano da pericoli e disagi: *è cresciuto sotto una campana di vetro.*

campanaccio (cam-pa-nàc-cio) N.M. (pl. *-ci*) · Grosso campanello che si appende al collo di un animale per trovarlo più facilmente quando è al pascolo.

campanella (cam-pa-nèl-la) N.F. · Piccola campana o campanello elettrico, che si suona per avvertire dell'inizio o della fine di un turno di lavoro, oppure delle lezioni nelle scuole.

campanello (cam-pa-nèl-lo) N.M. **1** Piccolo strumento a forma di campana suonato per chiamare, annunciare o attirare l'attenzione: *il campanello della messa, del presidente del tribunale.* **2** Dispositivo elettrico che suona quando viene premuto un pulsante: *apri la porta, hanno suonato il campanello.* Ⓔ ***Campanello d'allarme*** → *allarme*.

C

campanile (cam-pa-nì-le) N.M. · Costruzione, spesso a forma di torre, in cui sono installate le campane delle chiese: *il campanile del duomo.*

campanilista (cam-pa-ni-lì-sta) N.M. e F. (pl.m. -*i*, pl.f. -*e*) · Chi è attaccato in modo eccessivo al luogo in cui è nato.

campano (cam-pà-no) AGG. e N.M. (f. -*a*) || AGG. Della Campania. || N.M. (f. -*a*) Abitante, nativo della Campania.

campare (cam-pà-re) V.INTR. (aus. *essere*) · Mantenersi in vita: *campare* ***del*** *proprio lavoro; camperà fino a cent'anni* Ⓢ vivere, sopravvivere. Ⓔ ***Tirare a campare → tirare.*** ▸ Ⓕ **campo**

campato (cam-pà-to) AGG. · Solo nell'espressione ***campato in aria***, privo di qualsiasi fondamento, infondato: *affermazioni campate in aria.* ▸ Ⓕ **campo**

campeggiare (cam-peg-già-re) V.INTR. (*campéggio*, ecc.; aus. *avere*) **1** Soggiornare all'aperto, in una tenda o in una roulotte: *campeggiare in riva al mare.* **2** Spiccare, risaltare: *sulla parete della cappella campeggia un affresco di Masaccio.* ▸ Ⓕ **campo**

campeggiatore (cam-peg-gia-tó-re) N.M. (f. -*trìce*) · Chi soggiorna in un campeggio. ▸ Ⓕ **campo**

campeggio (cam-pég-gio) N.M. (pl. -*gi*) **1** Forma di turismo con soggiorno all'aperto, in tende o roulotte: *faccio campeggio da vari anni.* **2** Area per il soggiorno in tende o roulotte, dotata di attrezzature igieniche e servizi vari: *andare in campeggio* Ⓢ camping (*ingl.*). ▸ Ⓕ **campo**

camper (càm-per) N.M. INVAR. · Furgone o camioncino attrezzato per poterci abitare: *andiamo in vacanza in camper.*

campestre (cam-pè-stre) AGG. · Che riguarda la campagna o la vita dei campi: *festa campestre; lavori campestri* Ⓢ agreste, campagnolo. Ⓔ ***Corsa campestre***, gara di corsa attraverso la campagna. ▸ Ⓕ **campo**

camping (cam-ping; pronuncia *chèmping* o *chèmpin*) N. INGL., in it. N.M. INVAR. · Campeggio organizzato.

campionario (cam-pio-nà-rio) N.M. (pl. -*ri*) · Raccolta ordinata di campioni di merci da mostrare ai possibili compratori: *un ampio campionario di stoffe.*

campionato (cam-pio-nà-to) N.M. · Gara o ciclo di gare per assegnare il titolo di campione all'atleta o alla squadra che si classifica al primo posto: *campionato italiano di calcio.*

campione (cam-pió-ne) N.M. e AGG. (f. -*éssa*; pl.m. -*i*, pl.f. -*ésse*) || N.M. (f. -*éssa*) Nel linguaggio sportivo, l'atleta che ha vinto una gara o una serie di gare o quello che ha successo in uno sport: *un campione dello sci.* || AGG. INVAR. Che si è classificato primo in un campionato o in una gara: *la squadra campione d'Italia.* || N.M. **1** Piccola quantità di merce o di una sostanza dal cui esame si stabiliscono le qualità e le caratteristiche: *un campione di stoffa; un campione di sangue.* **2** Chi rappresenta il modello di una categoria: *un perfetto campione della borghesia industriale.*

> Il termine deriva dal latino *campus* 'campo', con riferimento a chi scende in campo per combattere in torneo o in battaglia.

campionessa (cam-pio-nés-sa) · Femminile → ***campione.***

campisanti (cam-pi-sàn-ti) · Plurale → ***camposanto.***

campo (càm-po) N.M. **1** Parte di terreno coltivata o adatta a essere coltivata: *un campo di carciofi; un campo coltivato a grano* • AL PL. Campagna: *la vita dei campi.* **2** Luogo dove si svolgono le esercitazioni militari: *campo di tiro* • Luogo dove avviene uno scontro tra due eserciti: *campo di battaglia.* **3** Area delimitata, destinata a scopi particolari: *campo sportivo, da tennis; campo di atterraggio.* **4** Settore, ambito, ramo: *è un'autorità in campo scientifico.* Ⓔ ***Campo di concentramento → concentramento*** • ***Campo libero***, la possibilità di agire di propria iniziativa: *i miei sono partiti e mi hanno lasciato campo libero* • ***Campo visivo***, lo spazio che può essere abbracciato dallo sguardo • ***Scelta di campo***, presa di posizione, specie politica o ideologica • ***Scendere in campo → scendere.*** ▸ Ⓕ **campo**

camposanto (cam-po-sàn-to) N.M. (pl. *campisànti*) · Cimitero: *il camposanto di Pisa.* Ⓔ

Andare al camposanto, morire • ***Mandare qualcuno al camposanto***, causarne la morte.
▸ Ⓕ **campo**

camuffare (ca-muf-fà-re) V.TR. || TR. Travestire, mascherare: *camuffare un bambino* ***da*** *poliziotto.* || **camuffarsi** RIFL. Travestirsi, mascherarsi: *camuffarsi* ***da*** *donna.*

camuso (ca-mù-ṣo) AGG. · Di naso, largo e schiacciato: *il pugile aveva il naso camuso.*

canadese (ca-na-dé-se) AGG. e N.M. e F. || AGG. Del Canada. || N.M. e F. Abitante, nativo del Canada. Ⓔ ***Tenda canadese*** (o *la canadese* N.F.), la più semplice delle tende da campeggio, a due spioventi.

canaglia (ca-nà-glia) N.F. (pl. *-glie*) · Persona malvagia: *non voglio avere niente a che fare con quelle canaglie* Ⓢ delinquente, mascalzone.

canale (ca-nà-le) N.M. **1** Corso d'acqua creato in modo artificiale per l'irrigazione, la bonifica di terreni o la navigazione: *Canale di Suez* • Braccio di mare tra terre emerse: *il canale della Manica.* **2** Nelle telecomunicazioni, intervallo fra due frequenze riservato a ciascuna stazione di radio o televisione: *primo, secondo canale.* **3** Via, tramite, mezzo: *i canali diplomatici; canali d'informazione.*

canalizzare (ca-na-liz-ẓà-re) V.TR. **1** Modificare un corso d'acqua trasformandolo in canale • Dotare di canali per l'irrigazione o la bonifica: *canalizzare una pianura.* **2** Indirizzare in una o più direzioni: *canalizzare il traffico* Ⓢ regolare.

canalone (ca-na-ló-ne) N.M. · Stretto solco lungo le pareti rocciose delle montagne.

canapa (cà-na-pa) N.F. · Pianta erbacea alta oltre due metri, con stelo diritto, coltivata per la fibra che se ne ricava • La fibra tessile che si ricava dagli steli • Il tessuto grosso e ruvido che se ne ottiene, usato soprattutto per sacchi o tela da imballaggi. Ⓔ ***Canapa indiana***, pianta da cui si ricavano l'hashish e la marijuana.

canarino (ca-na-rì-no) N.M. (f. *-a*) · Uccello originario delle Canarie, con piume di color verde e giallo oro; importato in Europa per il suo canto fin dal Cinquecento, è allevato in numerose varietà.

Per indicare il verso musicale del canarino possono essere usati i verbi *cantare* e *gorgheggiare.*

canasta (ca-nà-sta) N.F. · Gioco di carte che si effettua con due mazzi di 52 carte con due matte ciascuno; lo scopo del gioco è quello di formare delle serie di tre o più carte uguali fino a sette.

cancellare (can-cel-là-re) V.TR. (*cancèllo*, ecc.) **1** Coprire con tratti di penna una scrittura o eliminarla con la gomma o altri mezzi: *cancellare un nome* ***da*** *un elenco.* **2** Eliminare, togliere: *il tempo non cancellerà il suo ricordo* • Estinguere, annullare: *cancellare un debito.* **3** Disdire, annullare: *cancellare una prenotazione.* Ⓔ ***Cancellare dalla faccia della terra***, eliminare dal mondo, uccidere.

cancellata (can-cel-là-ta) N.F. · Recinzione costituita da una serie di sbarre verticali poste a intervalli regolari tra loro e tenute insieme da aste orizzontali: *una cancellata in ferro circondava la villa* Ⓢ recinto.

cancellatura (can-cel-la-tù-ra) N.F. · Segno fatto su una scrittura per cancellarla o traccia che resta dopo aver cancellato: *un compito pieno di cancellature.*

cancellazione (can-cel-la-zió-ne) N.F. · Estinzione, annullamento: *la cancellazione di un debito.*

cancelleria (can-cel-le-rì-a) N.F. (pl. *-rìe*) **1** Sede del cancelliere, primo ministro in alcuni Stati: *la cancelleria di Berlino.* **2** L'ufficio del funzionario addetto alla registrazione degli atti presso il giudice o il pretore. **3** Il materiale necessario per scrivere: *oggetti di cancelleria.*

cancelletto (can-cel-lét-to) N.M. **1** Piccolo cancello. **2** Nome del carattere # presente sulla tastiera del computer e del telefono. Ⓔ ***Cancelletto di partenza***, nelle gare di sci, quello che appena viene toccato dallo sciatore si apre facendo partire il cronometro.

cancelliere (can-cel-liè-re) N.M. (f. *-a*; pl.m. *-i*, pl.f. *-e*) **1** Titolo di primo ministro in alcuni Stati: *il cancelliere Bismarck.* **2** L'impiegato che si occupa dell'amministrazione della rappresentanza nelle ambasciate o nei consolati.

C

3 Funzionario addetto alla registrazione degli atti presso il giudice o il pretore.

Il femminile di *cancelliere* è *cancelliera*, ma a volte si usa il maschile anche quando ci si riferisce a una donna: *il cancelliere tedesco, Angela Merkel, è in visita in Italia.*

cancello (can-cèl-lo) N.M. · Chiusura di un ingresso o di un passaggio, formata da elementi di metallo o di legno posti a intervalli regolari fra loro: *il cancello del parco era chiuso.*

cancerogeno (can-ce-rò-ge-no) AGG. · Che favorisce lo sviluppo del cancro: *sostanze cancerogene.*

cancrena (can-crè-na) N.F. **1** Perdita delle funzioni vitali di uno o più tessuti in un organismo. **2** Vizio gravissimo: *la cancrena della corruzione politica* Ⓢ piaga.

cancro (càn-cro) N.M. **1** Tumore maligno: *avere un cancro al fegato.* **2** Danno fisico o morale a cui non si può porre rimedio: *la droga è un cancro del nostro tempo* Ⓢ piaga. **3** In astrologia, segno che comprende i nati dal 22 giugno al 22 luglio.

candeggiare (can-deg-già-re) V.TR. (*candéggio*, ecc.) · Rendere bianco con il candeggio: *candeggiare la biancheria.*

candeggina (can-deg-gì-na) N.F. · Liquido per bucato che serve a rendere bianchi i panni lavati.

candeggio (can-dég-gio) N.M. (pl. *-gi*) · Trattamento per eliminare le macchie dai tessuti e renderli più bianchi con l'uso di candeggina.

candela (can-dé-la) N.F. **1** Piccolo cilindro di cera contenente all'interno un filo che viene acceso per fare luce: *la chiesa era illuminata dalle candele accese.* **2** Elemento del motore a scoppio che fa scattare la scintilla per accendere la miscela di aria e benzina. Ⓔ ***Il gioco non vale la candela***, si dice quando il rischio o la fatica sono troppo grandi per lo scopo che si vuole raggiungere.

Il termine deriva dal verbo latino *candere* 'risplendere, brillare'.

candelabro (can-de-là-bro) N.M. · Grande candeliere con due o più bracci alle cui estremità sono fissate le candele.

candeliere (can-de-liè-re) N.M. · Oggetto di forma, grandezza e materiali vari che serve da sostegno per una sola candela: *un candeliere di ottone.*

candelotto (can-de-lòt-to) N.M. · Cilindro riempito di sostanze esplosive, lacrimogene o fumogene: *candelotto di dinamite.*

candidare (can-di-dà-re) V.TR. (*càndido*, ecc.) || TR. Presentare come candidato: *è stato candidato **al** Senato.* || **candidarsi** RIFL. Presentare la propria candidatura: *si candiderà **alle** prossime elezioni.*

candidato (can-di-dà-to) N.M. (f. *-a*) · Chi si presenta a un'elezione o a un esame per ottenere una carica pubblica, un impiego, una promozione: *il candidato della coalizione di sinistra; i candidati **all'**esame di maturità.*

Il termine deriva dal latino *candidatus* 'vestito della toga candida', secondo l'uso romano per cui, chi aspirava a una carica politica, ne indossava una.

candidatura (can-di-da-tù-ra) N.F. · Proposta di una persona per un'elezione, una carica o un ufficio: *presentare la propria candidatura **alla** presidenza.*

candido (càn-di-do) AGG. **1** Bianco splendente: *denti candidi; lenzuola candide.* **2** Di persona, puro, semplice: *sei veramente un'anima candida.*

candito (can-di-to) N.M. · Frutto o pezzo di frutta bollito in uno sciroppo di zucchero: *il panettone con i canditi.*

candore (can-dó-re) N.M. **1** Colore bianco luminoso: *il candore della neve fresca* Ⓢ splendore. **2** Purezza, ingenuità, innocenza: *ha il candore di un bambino.*

cane (cà-ne) N.M. e AGG. (f. *càgna*; pl.m. *-i*, pl.f. *-gne*) || N.M. (f. *càgna*) **1** Mammifero allevato dall'uomo fin dall'antichità per la fedeltà e le doti di istinto, apprendimento e sensibilità; ha caratteristiche fisiche diverse a seconda della razza: *cane da guardia, da caccia.* **2** Persona crudele e vile: *quel cane me la pagherà!* Ⓢ infame. || AGG. INVAR. Terribile, maledetto:

fa un freddo cane. Ⓔ ***Da cani,*** terribile, pessimo; in modo pessimo, malissimo: *un tempo da cani; un lavoro fatto da cani* • ***Essere come cane e gatto,*** litigare in continuazione • ***Solo come un cane,*** abbandonato da tutti • ***Nemmeno un cane,*** nessuno: *non c'è nemmeno un cane* • ***Trattare qualcuno come un cane,*** con durezza e crudeltà.

Il verbo che indica il verso del cane è *abbaiare.*

canestro (ca-nè-stro) N.M. **1** Recipiente rotondo, in genere di vimini, con un manico a forma di arco: *i canestri pieni di frutta* Ⓢ cesta, paniere • Il contenuto di un canestro: *un canestro di uova.* **2** Nella pallacanestro, cerchio metallico con una reticella forata in basso, attraverso il quale bisogna far passare la palla per segnare i punti: *andare a canestro* Ⓢ cesto • Il punto segnato: *la squadra ha perso per un canestro.*

canfora (càn-fo-ra) N.F. · Sostanza cristallina bianca con odore penetrante, impiegata in medicina e per combattere le tarme.

cangiante (can-giàn-te) AGG. · Che cambia colore a seconda della posizione rispetto alla luce: *tessuto cangiante.*

canguro (can-gù-ro) N.M. · Mammifero che vive in Australia e in Tasmania; ha zampe posteriori molto grandi e adatte al salto, coda lunga e robusta e marsupio per tenere i piccoli.

Il termine deriva da una parola di una lingua aborigena australiana che indica una specie particolare di canguro.

canicola (ca-nì-co-la) N.F. · Il periodo più caldo dell'anno • Caldo torrido Ⓢ calura, afa.

Il termine deriva dal latino *canicula* 'cagnetta', nome della stella Sirio della costellazione del Cane, che sorge nel cielo insieme al sole in agosto e fu quindi associata al periodo più caldo dell'anno.

canile (ca-nì-le) N.M. **1** Piccola costruzione con la cuccia per il cane. **2** Luogo per l'allevamento o la custodia temporanea di cani: *canile comunale.*

canino (ca-nì-no) AGG. · Che riguarda i cani: *mostra canina.* Ⓔ ***Dente canino*** (o *un canino* N.M.), ciascuno dei due denti appuntiti ai lati sia degli incisivi superiori che di quelli inferiori • ***Tosse canina,*** pertosse.

canizie (ca-nì-zie) N.F. INVAR. **1** Perdita del colore originario dei capelli e dei peli, che con l'età diventano bianchi. **2** Capelli bianchi: *sulla sua testa non c'è traccia di canizie.*

canna (càn-na) N.F. **1** Pianta erbacea con fusti vuoti, solidi e leggeri, alti da due a sette metri. **2** Attrezzo di vario uso, formato da una canna o simile a una canna. **3** Tubo di varia grandezza e materia: *le canne dell'organo; la canna della bicicletta,* il tubo trasversale che costituisce la parte superiore del telaio. **4** Parte di un'arma da fuoco che contiene la carica e il proiettile: *la canna del fucile.* Ⓔ ***Canna da pesca,*** asta lunga, flessibile e resistente usata per pescare • ***Canna da zucchero,*** pianta con fusto cilindrico, alto 2-4 metri e oltre, pieno di midollo da cui si estrae lo zucchero • ***Povero in canna,*** poverissimo.

cannella (can-nèl-la) N.F. · Corteccia aromatica che, arrotolata in bastoncini, è usata come spezia in cucina e nell'industria dei dolci e dei liquori.

cannello (can-nèl-lo) N.M. · Piccolo tubo di materiale diverso a seconda degli usi: *un cannello di vetro.*

canneto (can-né-to) N.M. · Terreno dove crescono canne.

cannibale (can-nì-ba-le) N.M. e F. · Chi mangia carne umana: *una tribù di cannibali* Ⓢ antropofago.

cannibalismo (can-ni-ba-lì-ṣmo) N.M. · Il mangiare carne umana: *popoli che praticavano il cannibalismo* Ⓢ antropofagia.

cannocchiale (can-noc-chià-le) N.M. · Strumento formato da un sistema di lenti disposte in un tubo di supporto; è usato per vedere ingranditi oggetti più o meno lontani: *il cannocchiale di Galileo.* Ⓔ ***Cannocchiale astronomico,*** per osservare i corpi celesti.

cannonata (can-no-nà-ta) N.F. **1** Colpo di cannone: *sparare una cannonata.* **2** Rumore fortissimo: *non si sveglia neanche con le cannonate.* **3** Nel calcio, violento tiro in porta. **4** Nel linguaggio familiare, fatto o persona eccezionale: *questo romanzo è una cannonata.*

C

cannone (can-nó-ne) N.M. **1** Pezzo d'artiglieria con una canna lunga, per lanciare grossi proiettili: *sparare un colpo di cannone.* **2** Persona molto brava: *in matematica è davvero un cannone* Ⓢ fenomeno, prodigio.

cannoneggiare (can-no-neg-già-re) V.TR. e INTR. (*cannonéggio*, ecc.) || TR. Bombardare con i cannoni: *cannoneggiare un obiettivo.* || INTR. (aus. *avere*) Sparare cannonate: *i nemici hanno cannoneggiato tutta la notte.*

cannoniere (can-no-niè-re) N.M. **1** Marinaio addetto ai cannoni. **2** Calciatore che segna molti gol.

cannuccia (can-nùc-cia) N.F. (pl. *-ce*) · Piccolo tubo sottile di plastica, vetro o paglia per bere una bevanda succhiando: *bere un'aranciata con la cannuccia.*

canoa (ca-nò-a) N.F. **1** Imbarcazione lunga e stretta, con remi a pagaia, ricavata da un tronco d'albero, usata dai popoli primitivi: *gli indigeni si avvicinarono sulle loro canoe.* **2** Imbarcazione sportiva manovrata a pagaia: *l'atleta italiano ha vinto la gara di canoa.*

canone (cà-no-ne) N.M. **1** Regola, principio: *i canoni della buona educazione.* **2** Somma da pagare a scadenza periodica per godere di un bene o di un servizio pubblico: *canone d'affitto; canone di abbonamento alla televisione.* **3** Composizione musicale in cui il motivo proposto da una voce viene imitato da altre voci a certi intervalli di tempo.

canonico (ca-nò-ni-co) AGG. (pl.m. *-ci*, pl.f. *-che*) **1** Che corrisponde alle regole: *procedimento canonico.* **2** Che riguarda le regole della Chiesa: *diritto canonico*, l'ordinamento giuridico della Chiesa.

canoro (ca-nò-ro) AGG. **1** Che canta in modo armonioso e continuo: *il canoro usignolo.* **2** Musicale: *i concorsi canori dell'estate.*

canottaggio (ca-not-tàg-gio) N.M. (pl. *-gi*) · Sport che si pratica su imbarcazioni a remi con uno o più vogatori: *suo figlio dovrebbe fare canottaggio.*

canottiera (ca-not-tiè-ra) N.F. · Maglietta leggera di lana o di cotone, molto scollata e senza maniche, da indossare sulla pelle.

canottiere (ca-not-tiè-re) N.M. (f. *-a*; pl.m. *-i*, pl.f. *-e*) · Chi pratica il canottaggio.

canotto (ca-nòt-to) N.M. · Piccola imbarcazione a remi o a motore, spesso di tela impermeabile o di gomma: *fare una gita in canotto.* Ⓔ ***Canotto di salvataggio***, fornito di un dispositivo che lo fa gonfiare appena cade in acqua.

canovaccio (ca-no-vàc-cio) N.M. (pl. *-ci*) **1** Straccio di tela grossolana per usi di cucina: *asciugava i bicchieri con un canovaccio blu* Ⓢ strofinaccio. **2** Abbozzo scritto di un'opera artistica, in genere teatrale: *il canovaccio su cui improvvisano gli attori* Ⓢ traccia, schema.

cantante (can-tàn-te) N.M. e F. · Chi canta per professione: *cantante lirico; cantante di musica leggera.*

cantare (can-tà-re) V.INTR. e TR. || INTR. (aus. *avere*) **1** Emettere con la voce una sequenza di suoni, seguendo un ritmo e una melodia: *cantare in coro; cantare da tenore* • Svolgere l'attività professionale del cantante: *canta nel coro.* **2** Di animali canori, emettere suoni armoniosi: *gli usignoli cantavano tra le fronde.* **3** Nel linguaggio familiare, lasciarsi sfuggire una confessione: *uno dei complici deve aver cantato.* || TR. **1** Eseguire una melodia vocale: *cantare una canzone.* **2** Narrare in versi: *Omero cantò le gesta di Achille.* **3** Nel linguaggio familiare, parlare chiaro, senza peli sulla lingua: *quante gliene ho cantate!* Ⓔ ***Cantare vittoria***, esultare per un successo vero o presunto: *aspetta a cantar vittoria!*

cantarellare (can-ta-rel-là-re) → *canterellare.*

cantautore (can-tau-tó-re) N.M. (f. *-trice*) · Cantante di musica leggera che compone i brani che esegue: *i cantautori della scuola genovese.*

canterellare (can-te-rel-là-re) V.TR. e INTR. (*canterèllo*, ecc.; aus. *avere*) · Canticchiare: *canterellare un ritornello.*

canterino (can-te-rì-no) AGG. e N.M. (f. *-a*) || AGG. Che possiede un verso melodioso e vivace: *uccello canterino; grillo canterino.* || N.M. (f. *-a*) Chi canta spesso e volentieri.

canticchiare (can-tic-chià-re) V.TR. e INTR. (*cantìcchio*, ecc.; aus. *avere*) · Cantare fra sé, senza impegno: *canticchiare una canzone; camminava canticchiando* Ⓢ canterellare.

cantico (càn-ti-co) N.M. (pl. *-ci*) · Poesia in lode e a gloria di Dio: *il "Cantico delle creature" di san Francesco d'Assisi.*

cantiere (can-tiè-re) N.M. · Area destinata a un lavoro: *cantiere stradale.* Ⓔ ***Avere qualcosa in cantiere***, avere un progetto da realizzare: *ci parlerà del nuovo romanzo che ha in cantiere* • ***Cantiere edile***, il terreno in cui si costruiscono edifici in muratura e in cui si trovano le macchine, gli attrezzi, il materiale per questo scopo • ***Cantiere navale***, l'insieme di stabilimenti e attrezzature per la costruzione, il varo, le riparazioni delle navi.

Il termine deriva dal latino *cantherius* 'cavallo castrato', termine usato poi come nome di vari sostegni e attrezzi.

cantilena (can-ti-lè-na) N.F. **1** Canto prolungato, lento e ripetitivo. **2** Intonazione monotona nel modo di leggere o di parlare: *finiscila con questa cantilena!* Ⓢ lagna.

cantina (can-tì-na) N.F. **1** Locale posto sotto terra usato per la conservazione del vino, oppure come ripostiglio: *la nostra cantina è piena di vecchi giocattoli.* **2** Nell'industria vinicola, l'insieme dei locali in cui si producono e si conservano i vini: *le cantine del Chianti.*

canto[1] (càn-to) N.M. **1** Esecuzione di una melodia o di un ritmo con la voce: *dalla strada saliva il canto di una ragazza* • Il verso di alcuni animali: *il canto del gallo, dell'usignolo.* **2** La tecnica e l'arte del cantare: *scuola di canto.* **3** Canzone: *un canto popolare.* **4** Componimento poetico: *i "Canti" di Leopardi* • Ciascuna delle parti in cui è diviso un poema: *la "Divina Commedia" è composta di cento canti.* Ⓔ ***Canto del cigno*** → ***cigno***.

canto[2] (càn-to) N.M. **1** L'angolo o lo spigolo formato dall'incontro delle pareti esterne di un edificio: *sedersi in un canto della cucina* Ⓢ cantone. **2** Parte, lato. Ⓔ ***Dal canto mio*** (***tuo***, ecc.), per quanto mi (o ti, ecc.) riguarda • ***D'altro canto***, d'altra parte.

cantonata (can-to-nà-ta) N.F. **1** L'angolo esterno di un edificio all'incontro di due strade Ⓢ cantone. **2** Equivoco, sbaglio: *ha preso una bella cantonata.*

cantone (can-tó-ne) N.M. **1** Angolo esterno di un edificio. **2** Ognuna delle unità amministrative in cui è divisa la Svizzera: *Canton Ticino.*

cantore (can-tó-re) N.M. **1** Chi canta nel coro di una chiesa Ⓢ corista. **2** Poeta che celebra fatti o personaggi: *Omero è il cantore di Ulisse.*

canuto (ca-nù-to) AGG. · Di capelli bianchissimi o della persona che li ha: *un vecchio canuto.*

canyon (ca-nyon; pronuncia *chènion*) N. INGL., in it. N.M. INVAR. · Valle stretta e profonda con pareti a strapiombo, tipica di alcune regioni degli Stati Uniti d'America.

canzonare (can-zo-nà-re) V.TR. (*canzóno*, ecc.) · Prendere in giro: *smettila di canzonarmi!* Ⓢ deridere.

canzone (can-zó-ne) N.F. **1** Breve testo messo in musica e cantato con l'accompagnamento di strumenti musicali: *una canzone romantica* Ⓢ brano. **2** Componimento poetico composto di più strofe: *le canzoni del Petrarca.*

caos (cà-os) N.M.INVAR. · Grande disordine: *nel Paese regna il caos* Ⓢ confusione. ▸ Ⓕ **kháos**

Il termine deriva da una parola latina, che viene a sua volta dal greco *kháos* 'spazio vuoto, immensità'; da *kháos* deriva anche **gas**.

caotico (ca-ò-ti-co) AGG. (pl.m. *-ci*, pl.f. *-che*) · Disordinato e confuso: *un traffico caotico.* ▸ Ⓕ **kháos**

capace (ca-pà-ce) AGG. **1** Che può contenere molte cose o persone: *un teatro capace* Ⓢ spazioso, ampio. **2** Che è in grado di compiere qualcosa: *non è mai stato capace* ***di*** *parlare in pubblico* • Esperto, abile, competente: *un artigiano capace* • Intelligente, dotato: *un giovane assai capace.* Ⓔ ***Capace di intendere e di volere***, nel linguaggio giuridico, che ha la piena responsabilità delle sue azioni.

capacità (ca-pa-ci-tà) N.F. INVAR. **1** Possibilità di contenere una certa quantità di cose o di persone: *il teatro ha una capacità* ***di*** *trecento persone* Ⓢ capienza. **2** Attitudine a fare qualcosa: *ha dato prova di grandi capacità organizzative* Ⓢ abilità, bravura Ⓒ incapacità.

C

capacitarsi (ca-pa-ci-tàr-si) V.RIFL. (*mi capàcito*, ecc.) · Rendersi conto: *non riesco a capacitarmi **di** questa disgrazia* Ⓢ convincersi.

capanna (ca-pàn-na) N.F. **1** Piccola costruzione di frasche, canne, paglia o altri materiali vegetali: *una capanna di pastori.* **2** Umile e povera casetta: *le capanne dei pescatori.*

capannello (ca-pan-nèl-lo) N.M. · Piccolo gruppo di persone che, per la via o in piazza, parlano dei fatti del giorno: *sulla via si erano formati capannelli di curiosi.*

capanno (ca-pàn-no) N.M. **1** Costruzione di legno o frasche, in cui i cacciatori stanno in attesa della selvaggina. **2** Piccola capanna usata dai contadini per sorvegliare il campo durante il raccolto.

capannone (ca-pan-nó-ne) N.M. **1** Grossa capanna usata come deposito di attrezzi, macchine e prodotti agricoli. **2** Costruzione a un solo piano, usata come sede di lavorazioni industriali o come deposito di merci: *i quartieri di periferia sono pieni di capannoni industriali.*

caparbietà (ca-par-bie-tà) N.F. INVAR. · Fermezza irragionevole: *ha lottato per quel posto con grande caparbietà* Ⓢ ostinazione, tenacia.

caparbio (ca-pàr-bio) AGG. (pl.m. *-bi*, pl.f. *-bie*) · Di chi insiste con tenacia in un atteggiamento o in un'idea: *un temperamento caparbio* Ⓢ ostinato, testardo Ⓒ arrendevole.

caparra (ca-pàr-ra) N.F. · Somma versata come acconto quando viene stipulato un contratto: *il proprietario vuole un mese di affitto di caparra.* ▸ Ⓕ **caput**

capata (ca-pà-ta) N.F. · Colpo battuto con il capo. Ⓔ ***Fare una capata***, fare una capatina (→ ***capatina***). ▸ Ⓕ **caput**

capatina (ca-pa-ti-na) N.F. · Solo nell'espressione ***fare una capatina***, andare in un posto fermandosi per poco tempo: *fare una capatina dagli zii.* ▸ Ⓕ **caput**

capeggiare (ca-peg-già-re) V.TR. (*capéggio*, ecc.) · Guidare un movimento di persone: *capeggiare una rivolta* Ⓢ condurre, comandare. ▸ Ⓕ **caput**

capello (ca-pél-lo) N.M. · Ciascuno dei peli sul capo delle persone: *capelli biondi, neri, castani; pettinarsi, tagliarsi i capelli; perdere i capelli*, diventare calvo. Ⓔ ***Avere un diavolo per capello***, essere di pessimo umore o addirittura infuriato • ***Averne fin sopra i capelli***, essere stufo di qualcosa o di qualcuno • ***Da far rizzare i capelli***, orribile, spaventoso: *una scena da far rizzare i capelli* • ***Far venire i capelli bianchi***, dare continue preoccupazioni o dispiaceri • ***Mettersi le mani nei capelli***, essere scoraggiato o disperato • ***Non torcere un capello*** → ***torcere*** • ***Prendersi per i capelli***, litigare • ***Spaccare il capello in quattro*** → ***spaccare*** • ***Strapparsi i capelli*** → ***strappare*** • ***Tirato per i capelli***, forzato, stentato: *una vittoria tirata per i capelli.*

capelluto (ca-pel-lù-to) AGG. · Che ha una vistosa capigliatura. Ⓔ ***Cuoio capelluto*** → ***cuoio.***

capestro (ca-pè-stro) N.M. e AGG. || N.M. La corda usata per impiccare • La pena dell'impiccagione: *condannare al capestro.* || AGG. INVAR. Molto duro e severo: *contratto capestro.*

capezzale (ca-pez-zà-le) N.M. · Il letto di un malato o di un moribondo: *accorrere al capezzale di qualcuno.*

capezzolo (ca-péz-zo-lo) N.M. · Piccola sporgenza al centro della mammella, da cui esce il latte.

capiente (ca-pièn-te) AGG. · Capace di contenere una quantità o un numero notevole di cose o persone: *una botte molto capiente; un cinema capiente.*

capienza (ca-pièn-za) N.F. · Capacità di contenere o di ospitare cose o persone: *lo stadio ha una capienza **di** settantamila spettatori.*

capigliatura (ca-pi-glia-tù-ra) N.F. · L'insieme dei capelli di una persona: *una capigliatura curata* Ⓢ chioma; capelli (PL.).

capillare (ca-pil-là-re) AGG. **1** ***Vaso capillare*** (o *un capillare* N.M.), vaso sanguigno sottilissimo. **2** Di attività o azione che giunge ovunque: *un sistema capillare di vendita* Ⓢ ramificato, diffuso.

capinera (ca-pi-né-ra) N.F. · Piccolo uccello dal canto dolcissimo; è così chiamato perché nei maschi la fronte e la nuca sono nere. ▸ Ⓕ **caput**

Il verbo che indica il verso della capinera è *cinguettare* e il nome è *cinguettio*.

capire (ca-pi-re) V.TR. (*capìsco*, *capìsci*, ecc.) **1** Afferrare con la mente: *la matematica non la capirò mai; capire qualcosa al volo*, subito Ⓢ comprendere. **2** Riuscire a sentire: *da quaggiù non capisco niente* Ⓢ intendere. **3** Comprendere la natura profonda di qualcuno o qualcosa: *capire la poesia; non c'è nessuno che mi capisca veramente* • Intuire: *capire un'intenzione.* **4** Essere comprensivo: *non me la sento di venire, cerca di capirmi* Ⓢ giustificare, scusare • Rendersi conto di qualcosa: *capisco il tuo imbarazzo.* Ⓔ ***Si capisce***, va bene, certamente: *"Vieni anche tu?" "Si capisce!"*.

capitale[1] (ca-pi-tà-le) AGG. **1** Che riguarda la vita di una persona. **2** Che è di vitale importanza: *questione capitale* Ⓢ essenziale, fondamentale. Ⓔ ***Peccato capitale***, molto grave • ***Pena capitale***, la pena di morte. ▸ Ⓕ **caput**

capitale[2] (ca-pi-tà-le) N.F. **1** La città principale di uno Stato dal punto di vista politico e amministrativo: *Berlino è la capitale della Germania.* **2** La città più importante in un certo settore: *Milano è la capitale italiana della moda.* ▸ Ⓕ **caput**

capitale[3] (ca-pi-tà-le) N.M. **1** La somma di denaro che viene investita in un'impresa o in un bene per ricavarne un reddito: *investire il capitale* Ⓢ patrimonio. **2** Grossa somma di denaro: *la sua macchina vale un capitale.* ▸ Ⓕ **caput**

capitalismo (ca-pi-ta-lì-ṣmo) N.M. · Sistema economico e sociale fondato sulla proprietà privata dei mezzi di produzione, e quindi sulla separazione tra la classe dei proprietari e quella dei lavoratori: *il capitalismo in Europa si è affermato nell'Ottocento.* ▸ Ⓕ **caput**

capitalista (ca-pi-ta-lì-sta) AGG. e N.M. e F. (pl.m. *-i*, pl.f. *-e*) || AGG. Fondato sul capitalismo: *società capitalista.* || N.M. e F. Chi possiede e impiega grandi capitali in attività economiche produttive. ▸ Ⓕ **caput**

capitalizzare (ca-pi-ta-liẓ-ẓà-re) V.TR. **1** Trasformare in capitale il risparmio o gli interessi già accumulati. **2** Amministrare in modo saggio: *capitalizzare il proprio tempo.* ▸ Ⓕ **caput**

capitalizzazione (ca-pi-ta-liẓ-ẓa-zió-ne) N.F. · Processo di trasformazione del risparmio in capitale: *capitalizzazione degli interessi.* ▸ Ⓕ **caput**

capitanare (ca-pi-ta-nà-re) V.TR. · Guidare in qualità di capo: *capitanare una spedizione* Ⓢ comandare, dirigere. ▸ Ⓕ **caput**

capitano (ca-pi-tà-no) N.M. **1** Nell'esercito, l'ufficiale che comanda una compagnia di soldati o una squadriglia aerea. **2** ***Capitano d'industria***, creatore e dirigente di una grande impresa industriale o commerciale. **3** Negli sport a squadre, il giocatore responsabile di fronte all'arbitro della disciplina dei compagni durante la gara. ▸ Ⓕ **caput**

capitare (ca-pi-tà-re) V.INTR. (*càpito*, ecc.; aus. *essere*) **1** Arrivare, giungere, presentarsi per caso: *se capiti **in** città passa a trovarmi; **a** mio fratello è capitato un buon affare.* **2** Accadere, succedere: ***mi** è capitato un contrattempo.* ▸ Ⓕ **caput**

capitello (ca-pi-tèl-lo) N.M. · L'elemento superiore della colonna, sul quale poggia l'arco o l'architrave. ▸ Ⓕ **caput**

capitolare (ca-pi-to-là-re) V.INTR. (*capìtolo*, ecc.; aus. *avere*) **1** Arrendersi accettando le condizioni imposte dal nemico: *la fortezza capitolò dopo due mesi di assedio.* **2** Cedere, rinunciare, desistere: *di fronte alle difficoltà ha capitolato.* ▸ Ⓕ **caput**

capitolazione (ca-pi-to-la-zió-ne) N.F. · Accordo tra due forze in guerra con il quale la parte sconfitta si arrende alla vincitrice: *firmare la capitolazione* Ⓢ resa. ▸ Ⓕ **caput**

capitolino (ca-pi-to-lì-no) AGG. · Del Campidoglio, uno dei sette colli di Roma: *museo capitolino* • Di Roma: *squadra capitolina* Ⓢ romano.

capitolo (ca-pì-to-lo) N.M. · Ciascuna delle parti più brevi in cui si divide un libro: *l'ottavo capitolo dei "Promessi Sposi"* • Periodo di tempo molto rilevante: *il Risorgimento è un capitolo glorioso della storia italiana* Ⓢ momento. Ⓔ ***Avere voce in capitolo*** → ***voce***. ▸ Ⓕ **caput**

A B C D E F G H I J K L M N O P Q R S T U V W X Y Z

C

capitombolo (ca-pi-tóm-bo-lo) N.M. · Caduta a testa all'ingiù: *fece un bel capitombolo dalla sedia* Ⓢ ruzzolone. ▸ Ⓕ caput

capitone (ca-pi-tó-ne) N.M. · L'anguilla femmina, di dimensioni e peso notevoli.

capo (cà-po) N.M. **1** Testa: *battere il capo nel muro* • La parte della testa ricoperta dai capelli: *mettersi in capo un cappello.* **2** Ciascun individuo od oggetto di un insieme: *un capo di bestiame; un capo di vestiario.* **3** Persona con funzioni di governo o direttive: *il capo dello Stato; il capo del partito.* **4** Ciascuno dei due estremi di una cosa: *il capo di una corda; sono andato da un capo all'altro della città* Ⓢ estremità. **5** La parte più grossa e sporgente di un oggetto: *il capo di uno spillo* Ⓢ testa. **6** In geografia, punta di terra che sporge nel mare: Capo di Buona Speranza. Ⓔ ***A capo chino***, con la testa piegata verso il basso: *camminare a capo chino* • ***Capitare tra capo e collo***, all'improvviso, spesso con effetti spiacevoli: *mi è capitato un guaio tra capo e collo* • ***Capo d'accusa***, reato di cui un imputato viene accusato • ***Chinare il capo*** o ***abbassare il capo***, sottomettersi o rassegnarsi • ***Da capo***, dal principio, dall'inizio • ***Da capo a piedi***, da cima a fondo, interamente • ***Essere punto e a capo***, dover ricominciare, non aver concluso nulla • ***In capo al mondo***, dappertutto: *lo seguirebbe in capo al mondo* • ***In capo a***, entro: *in capo a un mese; in capo a un anno* • ***Non avere né capo né coda***, di discorso o ragionamento, essere privo di senso • ***Passare per il capo*** → *passare* • ***Venire a capo di qualcosa*** → *venire*. ▸ Ⓕ caput

Il termine deriva dal latino *caput* 'testa, estremità, inizio, condottiero'; dal latino *caput* derivano anche capitare, capitale[1], capitano, capitolo, capitone, cappottare e decapitare.

capobanda (ca-po-bàn-da) N.M. e F. (pl.m. *capibànda*, pl.f. *le capobànda*) **1** Il direttore di una banda musicale. **2** Il capo di un gruppo criminale Ⓢ boss (*ingl.*). **3** Il capo di un'allegra compagnia. ▸ Ⓕ caput

capobranco (ca-po-bràn-co) N.M. e F. (pl.m. *capibrànco*, pl.f. *le capobrànco*) · L'animale alla guida del branco. ▸ Ⓕ caput

capocannoniere (ca-po-can-no-niè-re) (o **capo cannoniere**) N.M. (pl. *capicannonièri*) · Il giocatore che comanda la classifica dei cannonieri di un campionato di calcio. ▸ Ⓕ caput

capocchia (ca-pòc-chia) N.F. (pl. *-chie*) · L'estremità più grossa e tondeggiante di spilli, fiammiferi, chiodi. Ⓔ ***A capocchia***, in modo approssimativo: *fare le cose a capocchia.* ▸ Ⓕ caput

capoccia (ca-pòc-cia) N.M. (pl. *i capòcci*, più com. *i capòccia*) · Nel linguaggio familiare, boss, capobanda: *il capoccia di una banda di ladri.* ▸ Ⓕ caput

capocciata (ca-poc-cià-ta) N.F. · Colpo dato con la testa: *battere una capocciata nel muro* Ⓢ testata. ▸ Ⓕ caput

capoclasse (ca-po-clàs-se) N.M. e F. (pl.m. *capiclàsse*, pl.f. *le capoclàsse*) · Alunno scelto per occuparsi di alcuni compiti organizzativi all'interno della classe. ▸ Ⓕ caput

capocomico (ca-po-cò-mi-co) N.M. (f. *-a*; pl.m. *capocòmici*, meno com. *capicòmici*, pl.f. *le capocòmiche*) · Chi dirige una compagnia di attori teatrali. ▸ Ⓕ caput

capodanno (ca-po-dàn-no) N.M. (pl. *capodànni* o *capi d'anno*) · Il primo giorno dell'anno, cioè il 1° gennaio: *festeggiare il capodanno con gli amici.* ▸ Ⓕ caput

capodoglio (ca-po-dò-glio) N.M. (pl. *capodògli* o *capidògli*) · Cetaceo lungo fino a ventiquattro metri se maschio, circa la metà se femmina. ▸ Ⓕ caput

Il termine deriva dall'espressione *capo d'olio*, per via della gran quantità di olio animale che si estrae dalla sua enorme testa.

capofamiglia (ca-po-fa-mì-glia) N.M. e F. (pl.m. *capifamìglia*, pl.f. *le capofamìglia*) · Il capo della famiglia, soprattutto dal punto di vista giuridico: *dal 1975 la legge italiana riconosce anche la donna come capofamiglia.* ▸ Ⓕ caput

capofficina (ca-pof-fi-cì-na) N.M. e F. (pl.m. *capiofficìna*, pl.f. *le capofficìna*) · Tecnico che dirige e coordina il lavoro di un'officina. ▸ Ⓕ caput

capofila (ca-po-fì-la) N.M. e F. (pl.m. *capifila*, pl.f. *le capofila*) **1** Il primo di una fila ordinata di persone, veicoli o imbarcazioni. **2** Esponente principale di un movimento politico o culturale: *il capofila dell'astrattismo.* ▸ Ⓕ **caput**

capofitto (ca-po-fìt-to) AGG. · Solo nell'espressione ***a capofitto***, con la testa in giù: *cadere a capofitto;* ***buttarsi a capofitto in qualcosa***, impegnarsi al massimo: *buttarsi a capofitto nello studio.* ▸ Ⓕ **caput**

capogiro (ca-po-gì-ro) N.M. (pl. *capogìri*) · Vertigine: *durante la gravidanza le venivano frequenti capogiri.* ▸ Ⓕ **caput**

capogruppo (ca-po-grùp-po) N.M. e F. (pl.m. *capigrùppo*, pl.f. *le capogrùppo*) · Chi dirige o guida un gruppo di persone • Il presidente dei deputati o dei senatori eletti in Parlamento nelle liste di un partito: *il capogruppo del partito di maggioranza al Senato.* ▸ Ⓕ **caput**

capolavoro (ca-po-la-vó-ro) N.M. (pl. *capolavóri*) **1** L'opera migliore di un artista, di una scuola o di un'epoca: *"La Primavera" è ritenuta il capolavoro di Botticelli.* **2** Opera eccellente: *questo risotto è un capolavoro.* ▸ Ⓕ **caput**

capolinea (ca-po-lì-ne-a) N.M. (pl. *capilìnea* o invar.) · Stazione o fermata terminale di un servizio di trasporto pubblico, soprattutto cittadino: *l'autobus fa capolinea in Piazza Dante; scendere al capolinea.*

capolino (ca-po-lì-no) N.M. · Solo nell'espressione ***fare capolino***, affacciarsi, mostrarsi appena, spuntare: *il sole faceva capolino tra le nubi.* ▸ Ⓕ **caput**

capolista (ca-po-lì-sta) N.M. e F. (pl.m. *capilìsta*, pl.f. *le capolìsta*) **1** Il candidato al primo posto in una lista elettorale: *è stato scelto come capolista dalla segreteria del partito.* **2** Il primo in classifica durante un torneo sportivo: *la capolista del campionato.* ▸ Ⓕ **caput**

capoluogo (ca-po-luò-go) N.M. (pl. *capoluòghi*) · Il centro abitato di maggiore importanza di una regione o di una provincia: *capoluogo di regione, di provincia.*

capomastro (ca-po-mà-stro) (o **capo mastro**) N.M. (pl. *capomàstri* e *capimàstri*) · Chi ha l'incarico di sorvegliare e dirigere un gruppo di lavoratori di un'impresa edile. ▸ Ⓕ **caput**

capoofficina (ca-po-of-fi-cì-na) → ***capofficina***.

caporale (ca-po-rà-le) N.M. (raro f. *-éssa*) · Il militare che ha il grado più basso nella gerarchia dell'esercito e dell'aeronautica. ▸ Ⓕ **caput**

Il sostantivo *caporale* può essere usato sia al maschile che al femminile, mentre la forma femminile *caporalessa* è considerata scherzosa e quindi viene usata raramente. Spesso si usa il maschile anche quando ci si riferisce a una donna: *è stata promossa caporale.*

caporeparto (ca-po-re-pàr-to) N.M. e F. (pl.m. *capirepàrto*, pl.f. *le caporepàrto*) · Chi dirige il reparto di una fabbrica, un'azienda o un ospedale. ▸ Ⓕ **caput**

caposaldo (ca-po-sàl-do) N.M. (pl. *capisàldi*) **1** Punto fortificato di uno schieramento difensivo. **2** SPESSO AL PL. Punto essenziale: *i capisaldi di una dottrina* Ⓢ base, fondamento. ▸ Ⓕ **caput**

caposquadra (ca-po-squà-dra) N.M. e F. (pl.m. *capisquàdra*, pl.f. *le caposquàdra*) · Capo di una squadra di soldati, atleti od operai. ▸ Ⓕ **caput**

capostazione (ca-po-sta-zió-ne) N.M. e F. (pl.m. *capistazióne*, pl.f. *le capostazióne*) · Chi dirige una stazione ferroviaria: *il capostazione dette al treno il segnale di partenza.* ▸ Ⓕ **caput**

capostipite (ca-po-stì-pi-te) N.M. e F. (pl. *capostìpiti*) **1** Persona da cui ha origine una famiglia illustre: *il capostipite di una casata nobile.* **2** Il primo elemento di una serie: *il capostipite dei computer moderni.*

capotavola (ca-po-tà-vo-la) N.M. e F. (pl.m. *capitàvola*, pl.f. *le capotàvola*) · Il posto d'onore a tavola e la persona che ci si siede: *sedersi a capotavola; il capotavola propose un brindisi.* ▸ Ⓕ **caput**

capottare (ca-pot-tà-re) → ***cappottare***.

capoufficio (ca-po-uf-fi-cio) → ***capufficio***.

C

capoverso (ca-po-vèr-so) N.M. **1** La ripresa della scrittura dopo un accapo. **2** Tutta la parte di scrittura compresa tra un accapo e il successivo: *leggi il secondo capoverso.* ▸ Ⓕ **caput**

capovolgere (ca-po-vòl-ge-re) V.TR. (irreg.: coniugato come *volgere*) || TR. **1** Cambiare di posizione un oggetto in modo che la parte superiore venga a trovarsi sotto: *capovolgere un vaso* Ⓢ rovesciare, rivoltare. **2** Rendere l'opposto di ciò che era prima: *nella fase finale la squadra ospite ha capovolto il risultato* Ⓢ stravolgere. || **capovolgersi** INTR. PRONOM. **1** Cambiare la propria posizione in modo che la parte superiore venga a trovarsi sotto: *l'auto sbandò e si capovolse* Ⓢ rovesciarsi, ribaltarsi. **2** Diventare l'opposto di ciò che era prima: *la situazione si è capovolta.* ▸ Ⓕ **caput**

capovolgimento (ca-po-vol-gi-mén-to) N.M. **1** Rovesciamento: *il capovolgimento di un camion.* **2** Cambiamento radicale: *un totale capovolgimento della situazione.* ▸ Ⓕ **caput**

capovolto (ca-po-vòl-to) AGG. · Con la parte superiore rivolta all'ingiù: *appendere un quadro capovolto* Ⓢ rovesciato. ▸ Ⓕ **caput**

cappa[1] (càp-pa) N.F. **1** Lungo mantello indossato da alti ecclesiastici e cavalieri. **2** Copertura che raccoglie fumi e vapori e li convoglia in una canna fumaria: *la cappa del camino, della cucina.* Ⓔ ***Cappa di piombo***, atmosfera opprimente e insopportabile, afa, calura • ***Di cappa e spada***, di film o romanzo con avventure cavalleresche e amorose.

cappa[2] (càp-pa) N.M. O F. INVAR. · Nome di una lettera dell'antico alfabeto greco e di vari alfabeti moderni e del segno che la rappresenta (*k*, *K*).

cappella[1] (cap-pèl-la) N.F. **1** Piccolo edificio destinato al culto religioso o alla sepoltura dei morti: *i monaci si riunirono nella cappella* • Nelle chiese, rientranza in cui si trova un altare: *la cappella laterale della Madonna delle Grazie.* **2** L'insieme dei musicisti al servizio di una chiesa, di un sovrano o di un nobile. Ⓔ ***A cappella***, senza l'accompagnamento degli strumenti: *cantare a cappella.*

Il termine deriva dal diminutivo del latino *cappa* 'mantello', perché indicava l'oratorio dei re merovingi dove si conservava una reliquia del mantello di san Martino di Tours.

cappella[2] (cap-pèl-la) N.F. · La parte superiore del fungo, che poggia sul gambo: *cappelle di porcino alla griglia.*

cappellano (cap-pel-là-no) N.M. **1** Sacerdote addetto al servizio religioso presso certi enti o istituti: *il cappellano del carcere.* **2** Sacerdote aiutante di un parroco.

cappello (cap-pèl-lo) N.M. **1** Copricapo, di solito con una tesa: *cappello a cilindro; cappello di paglia; togliersi il cappello*, in segno di omaggio. **2** Introduzione a uno scritto o a un discorso: *il cappello introduttivo a un brano* Ⓢ premessa. Ⓔ ***Tanto di cappello***, si dice per riconoscere un merito o la superiorità di qualcuno o qualcosa: *tanto di cappello a tua mamma per la cena di stasera!*

cappero (càp-pe-ro) N.M. · Arbusto che cresce spontaneo nelle fessure delle rocce e sui muri nelle regioni mediterranee • AL PL. I boccioli del fiore della pianta, conservati sotto aceto o sotto sale, usati per antipasti, condimenti e salse piccanti.

cappio (càp-pio) N.M. (pl. *-pi*) **1** Nodo che è possibile sciogliere tirando uno dei capi: *sciogliere un cappio.* **2** Nodo scorsoio.

cappone (cap-pó-ne) N.M. · Giovane gallo castrato perché ingrassi meglio; è una tradizionale pietanza natalizia.

cappottare (cap-pot-tà-re) V.INTR. (*cappòtto*, ecc.; aus. *avere*) e **cappottarsi** INTR. PRONOM. · Di un'automobile o di un aereo, capovolgersi, ribaltarsi: *nell'urto la macchina ha cappottato; durante il decollo l'aereo si è cappottato.*

cappotto (cap-pòt-to) N.M. · Indumento di tessuto pesante da indossare sopra il vestito per uscire durante l'inverno. Ⓔ ***Fare cappotto***, in un gioco o in una gara, battere l'avversario senza lasciargli segnare nemmeno un punto.

cappuccino (cap-puc-cì-no) N.M. · Bevanda a base di latte e caffè espresso: *un cappuccino e una pasta, per favore!*

cappuccio (cap-pùc-cio) N.M. (pl. *-ci*) **1** Copricapo che, attaccato dietro il collo di certi indumenti, può essere tirato sulla fronte: *il cappuccio della giacca a vento.* **2** Copertura di forma conica o appuntita: *il cappuccio della penna.*

capra (cà-pra) N.F. · Ruminante di medie dimensioni, con corpo tozzo, corna curve all'indietro, pelo di colore vario a seconda della razza; viene allevato soprattutto per il latte e la carne. E ***Salvare capra e cavoli***, riuscire a soddisfare allo stesso tempo due necessità opposte.

Il verbo che indica il verso della capra è *belare* e il nome è *belato.*

capriata (ca-pri-à-ta) N.F. · Struttura triangolare per coperture di edifici, in legno, ferro o cemento armato, usata soprattutto per chiese o capannoni.

capriccio (ca-pric-cio) N.M. (pl. *-ci*) **1** Voglia, idea o desiderio improvviso e strano: *mi è venuto il capriccio di comprarmi un pappagallo; levarsi un capriccio*, soddisfarlo. **2** Fatto o fenomeno strano e inaspettato: *i capricci del destino* S bizzarria. E ***Fare i capricci***, di bambini, lamentarsi o piangere in modo fastidioso per delle sciocchezze.

capriccioso (ca-pric-ció-so) AGG. **1** Che fa spesso i capricci: *una bambina capricciosa.* **2** Mutevole, instabile, variabile: *un tempo capriccioso.*

capricorno (ca-pri-còr-no) N.M. **1** Ruminante asiatico dall'aspetto simile alla capra. **2** In astrologia, segno che comprende i nati dal 22 dicembre al 20 gennaio.

caprino (ca-prì-no) AGG. e N.M. || AGG. Di capra o che ne richiama qualche caratteristica: *piede caprino; barba caprina.* || N.M. Formaggio a pasta morbida, ottenuto dal latte della capra. E ***Questione di lana caprina*** → *lana*.

capriola (ca-pri-ò-la) N.F. · Salto che si fa puntando le mani o il capo a terra e buttando le gambe in aria, per ricadere all'indietro: *fare le capriole sul prato.*

capriolo (ca-pri-ò-lo) N.M. · Mammifero simile al cervo ma più piccolo, con corna meno grandi, pelo rossastro d'estate e grigio-bruno d'inverno; è vegetariano e vive in piccoli branchi.

Il verbo che indica il verso del capriolo è *bramire* e il nome è *bramito.*

capro (cà-pro) N.M. · Il maschio della capra S becco. E ***Capro espiatorio***, persona a cui si dà la colpa di qualcosa commesso da altri.

L'espressione *capro espiatorio* deriva dall'usanza degli antichi ebrei di caricare simbolicamente un capro di tutti i peccati del popolo e allontanarlo nel deserto per espiarli.

Il verbo che indica il verso del capro è *belare* e il nome è *belato.*

capsula (cà-psu-la) N.F. **1** Involucro o contenitore di forma tondeggiante per rivestire, proteggere, chiudere • In farmacia, involucro che contiene un medicinale da inghiottire. **2** Elemento in metallo o plastica per chiudere bottiglie, tubetti, scatole: *la capsula di una bottiglia* S tappo. **3** ***Capsula spaziale***, veicolo per viaggi nello spazio. E ***Capsula dentaria***, il rivestimento che protegge un dente dopo l'eliminazione di una carie.

captare (cap-tà-re) V.TR. **1** Ricevere o intercettare una trasmissione telegrafica, radiofonica o televisiva: *captare un segnale radio.* **2** Conquistare con abilità: *captare la fiducia di qualcuno* S guadagnarsi. **3** Cogliere al volo: *captare uno sguardo; captare le intenzioni di qualcuno* S intuire, percepire.

capufficio (ca-puf-fi-cio) N.M. e F. (pl.m. *càpi ufficio*, pl.f. *le capufficio*) · Funzionario che ha il compito di dirigere un ufficio pubblico o privato: *l'hanno promossa capufficio.*
▸ F **caput**

capzioso (cap-zió-so) AGG. · Che mira a ingannare o a creare un falso convincimento: *ragionamento capzioso* S ingannevole.

carabina (ca-ra-bì-na) N.F. · Fucile a una canna.

carabiniere (ca-ra-bi-niè-re) N.M. (f. *-a*; pl.m. *-i*, pl.f. *-e*) · Militare che appartiene a un'arma speciale delle forze armate, con funzioni di polizia e tutela dell'ordine pubblico: *è stato arrestato dai carabinieri.* ▸▸

Il femminile di *carabiniere* è *carabiniera*, ma è usato poco. Spesso si usa il maschile anche quando ci si riferisce a una donna: *Paola è diventata carabiniere*.

C

caraffa (ca-ràf-fa) N.F. · Panciuto recipiente di vetro con beccuccio, usato per servire in tavola l'acqua e il vino Ⓢ brocca.

Il termine deriva da una parola araba che significa 'bottiglia dalla pancia larga'.

caramella (ca-ra-mèl-la) N.F. · Pastiglia di zucchero aromatizzato e trattato con coloranti: *caramella alla menta*.

caramello (ca-ra-mèl-lo) N.M. · Zucchero fuso di colore bruno, usato in pasticceria o come colorante naturale: *gelato al caramello*.

carapace (ca-ra-pà-ce) N.M. · Il rivestimento a forma di scudo, di conchiglia o di mantello, che protegge il torace e l'addome dei crostacei • Lo scudo sul dorso delle testuggini e delle tartarughe.

carato (ca-rà-to) N.M. **1** Unità di misura delle leghe d'oro, che indica il numero di parti di oro puro contenute in ventiquattro parti di lega: *oro a ventiquattro carati*, purissimo. **2** Unità di peso delle pietre preziose: *un diamante a diciassette carati*.

Il termine deriva da una parola araba che significa 'ventiquattrésima parte di un denaro', che a sua volta è un prestito del greco *kerátion* 'carruba', perché i semi di questo legume venivano usati come unità di misura di peso per piccole quantità.

carattere (ca-ràt-te-re) N.M. **1** La forma delle lettere dell'alfabeto: *caratteri latini, greci; carattere maiuscolo, minuscolo* Ⓢ lettera. **2** L'insieme delle caratteristiche che contraddistinguono un individuo o un gruppo: *i caratteri di una specie animale* Ⓢ tratto • Tipo, genere: *fare una critica di carattere politico*. **3** L'insieme delle qualità di una persona che si manifestano nel suo comportamento: *avere un carattere aggressivo, timido* Ⓢ indole • Temperamento, personalità, grinta: *ha carattere il ragazzo; una donna di carattere*.

caratteriale (ca-rat-te-rià-le) AGG. e N.M. e F. || AGG. Del carattere: *difetti caratteriali*. || AGG. e N.M. e F. Di bambino o adolescente che ha atteggiamenti e comportamenti fuori della norma: *è una bambina caratteriale*.

caratteristica (ca-rat-te-rì-sti-ca) N.F. (pl. *-che*) · Qualità particolare di una persona o di una cosa, che serve a distinguerla: *la generosità è la sua caratteristica più evidente; le caratteristiche di un motore* Ⓢ peculiarità.

caratteristico (ca-rat-te-rì-sti-co) AGG. (pl.m. *-ci*, pl.f. *-che*) · Tipico di una persona o di una cosa: *segno, tratto caratteristico; il panettone è il dolce caratteristico di Natale* Ⓢ particolare, distintivo.

caratterizzare (ca-rat-te-riẓ-ẓà-re) V.TR. || TR. **1** Rappresentare i caratteri tipici di qualcuno o qualcosa: *caratterizzare un ambiente, un'epoca* Ⓢ descrivere. **2** Costituire la principale caratteristica di qualcuno o qualcosa: *la comparsa di macchie sulla pelle caratterizza diverse malattie infantili* Ⓢ contraddistinguere, definire. || **caratterizzarsi** INTR. PRONOM. Distinguersi per una particolare caratteristica: *un autore che si caratterizza* ***per*** *l'originalità della sua scrittura*.

caratterizzazione (ca-rat-te-riẓ-ẓa-zió-ne) N.F. · L'insieme dei particolari utilizzati per descrivere o definire una figura o una situazione: *la caratterizzazione di un personaggio; una perfetta caratterizzazione del Medioevo inglese*.

caravan (ca-ra-van; pronuncia *càravan*) N. INGL., in it. N.M. INVAR. · Roulotte.

caravella (ca-ra-vèl-la) N.F. · Piccola nave a vela usata soprattutto dagli Spagnoli e dai Portoghesi tra il Duecento e il Seicento: *le tre caravelle di Cristoforo Colombo*.

Il termine deriva dal latino tardo *carabus* 'barca di vimini foderata di pelle'.

carboidrato (car-bo-i-drà-to) N.M. · Composto organico formato da carbonio, idrogeno e ossigeno, utilissimo all'organismo, al quale fornisce energia: *la pasta contiene molti carboidrati*.

carbonaro (car-bo-nà-ro) N.M. e AGG. (f. *-a*) || N.M. (f. *-a*) Membro della Carboneria, la società segreta sorta in Italia all'inizio dell'Ottocento per combattere l'assolutismo monarchico. || AGG. Che riguarda la Carboneria:

moti carbonari. **E** ***Spaghetti alla carbonara,*** conditi con tuorli d'uovo sbattuti, pancetta e pecorino romano grattugiato.

carbonchio (car-bón-chio) N.M. · Grave infezione che colpisce i bovini, gli ovini e talvolta anche l'uomo.

carboncino (car-bon-cì-no) N.M. · Bastoncino di carbone usato per fare schizzi e dare sfumature a un disegno: *disegnare a carboncino.*

carbone (car-bó-ne) N.M. · Combustibile solido, costituito soprattutto da carbonio, che si forma naturalmente per decomposizione di organismi vegetali; è chiamato anche *carbon fossile*: *riscaldamento a carbone* • Combustibile preparato artificialmente per riscaldamento di diverse sostanze vegetali o animali: *carbone di legna; carbone animale.* **E** ***Carta carbone,*** carta sottile, rivestita da un lato con uno strato colorato, usata per ottenere una o più copie di un originale • ***Nero come il carbone,*** nerissimo o anche molto sporco • ***Sui carboni ardenti,*** in stato di ansiosa impazienza o di forte disagio: *mi ha lasciato sui carboni ardenti per un po' prima di dirmi che l'esame era andato bene.*

carbonico (car-bò-ni-co) AGG. (pl.m. *-ci*, pl.f. *-che*) · Di composto che contiene carbonio. **E** ***Anidride carbonica,*** gas incolore e inodore emesso dagli esseri viventi durante la respirazione.

carbonifero (car-bo-nì-fe-ro) AGG. · Che contiene o riguarda il carbon fossile: *bacino carbonifero.* **E** ***Periodo carbonifero*** (o *il Carbonifero* N.M.), periodo geologico dell'era paleozoica caratterizzato dallo sviluppo di una flora molto rigogliosa e dall'accumulo dei più importanti giacimenti di carbon fossile.

carbonio (car-bò-nio) N.M. · Elemento chimico molto diffuso in natura sia libero sia sotto forma di numerosissimi composti, fra cui l'*anidride carbonica* (il simbolo chimico è C). **E** ***Ossido di carbonio*** o ***monossido di carbonio,*** gas inodore e incolore velenosissimo, che nasce dalla combustione di diverse sostanze.

carbonizzare (car-bo-niz-zà-re) V.TR. || TR. Trasformare in carbone: *carbonizzare la legna* • Bruciare completamente: *l'incendio ha carbonizzato la capanna.* || **carbonizzarsi** INTR. PRONOM. Trasformarsi in carbone • Bruciarsi completamente.

carburante (car-bu-ràn-te) N.M. · Sostanza che mescolandosi con l'aria e bruciando fornisce l'energia per far funzionare un motore a scoppio: *la benzina è il carburante più comune delle automobili.*

carburatore (car-bu-ra-tó-re) N.M. · Apparecchio applicato ai motori a scoppio per mescolare il carburante liquido con l'aria.

carburazione (car-bu-ra-zió-ne) N.F. · Distribuzione a un motore a scoppio della giusta miscela di carburante e aria: *difetti di carburazione.*

carcassa (car-càs-sa) N.F. **1** Scheletro di un animale morto: *le carcasse delle zebre nella savana.* **2** Struttura di un bastimento • Nave o veicolo in pessime condizioni: *la carcassa di una vecchia auto.*

carcerare (car-ce-rà-re) V.TR. (càrcero, ecc.) · Mettere in carcere: *carcerare una persona in base a degli indizi* **S** imprigionare, incarcerare.

carcerario (car-ce-rà-rio) AGG. (pl.m. *-ri*, pl.f. *-rie*) · Delle carceri: *sistema carcerario* **S** penitenziario.

carcerato (car-ce-rà-to) N.M. (f. *-a*) · Chi è detenuto in carcere: *alcuni carcerati rifiutano il cibo per protesta* **S** detenuto.

carcerazione (car-ce-ra-zió-ne) N.F. **1** Provvedimento con cui si ordina di mettere in carcere una persona **S** arresto. **2** Periodo di permanenza in carcere: *l'ultimo mese di carcerazione gli è stato condonato* **S** detenzione.

carcere (càr-ce-re) N.M. (pl.f. *le càrceri*) **1** Edificio in cui vengono rinchiuse le persone condannate a scontare una pena o in attesa di giudizio: *carcere minorile, femminile* **S** prigione, galera. **2** La pena della reclusione: *deve scontare un anno di carcere* **S** detenzione.

carceriere (car-ce-riè-re) N.M. (f. *-a*; pl.m. *-i*, pl.f. *-e*) · Guardiano di un carcere.

carciofo (car-ciò-fo) N.M. · Pianta erbacea con foglie grandi e infiorescenze azzurre o

A B C D E F G H I J K L M N O P Q R S T U V W X Y Z

lilla • L'infiorescenza della pianta, che si mangia cruda oppure cotta in varie maniere: *carciofi lessi, fritti.*

C

cardare (car-dà-re) V.TR. · Districare le fibre tessili, rendendole soffici ed eliminandone le impurità.

cardellino (car-del-lì-no) N.M. · Piccolo uccello con la testa nera e bianca e la faccia rossa; ha un canto dolce e vive facilmente anche rinchiuso.

♫ Come per altri uccelli che emettono suoni musicali, il verbo che indica il verso del cardellino è *cantare* e il nome è *canto.*

-cardia · Secondo elemento di parole composte che significa 'cuore': *tachicardia,* aumento del battito del cuore.

cardiaco (car-dì-a-co) AGG. (pl.m. *-ci,* pl.f. *-che*) · Nel linguaggio scientifico, che riguarda il cuore: *nervi cardiaci; insufficienza cardiaca.*

cardinale[1] (car-di-nà-le) AGG. **1** Principale, sostanziale, fondamentale: *i principi cardinali dell'economia.* **2** In grammatica, di numero che indica la quantità di elementi contenuti in un insieme: *"tre" è un numero cardinale; ho studiato gli aggettivi numerali cardinali.* Ⓔ ***Punti cardinali,*** i quattro punti fondamentali dell'orizzonte, che servono per orientarsi, ovvero il nord, il sud, l'est e l'ovest.

cardinale[2] (car-di-nà-le) N.M. · Ciascuno degli alti sacerdoti nominati dal Papa, che formano il Sacro Collegio, ovvero il senato della Chiesa.

cardine (càr-di-ne) N.M. **1** Perno su cui ruotano le ante di porte o finestre: *la porta cigolò sui cardini.* **2** Base di una concezione o di una dottrina: *i cardini di un sistema filosofico* Ⓢ fondamento.

cardio- · Primo elemento di parole composte che significa 'cuore': *cardiopatia,* malattia del cuore.

cardiologia (car-dio-lo-gì-a) N.F. (pl. *-gìe*) · Settore della medicina che studia il cuore e le sue malattie.

cardiologo (car-diò-lo-go) N.M. (f. *-a;* pl.m. *-gi,* pl.f. *-ghe*) · Medico specialista delle malattie del cuore.

cardiopalmo (car-dio-pàl-mo) (o **cardiopalma**) N.M. (pl. *-i*) · Percezione dei battiti del cuore dovuta a un aumento della loro frequenza. Ⓔ ***Al cardiopalmo*** o ***da cardiopalmo,*** di qualcosa che suscita grande paura o tensione: *un finale al cardiopalmo.*

cardiopatia (car-dio-pa-ti-a) N.F. (pl. *-tìe*) · Qualsiasi malattia del cuore.

cardiopatico (car-dio-pà-ti-co) AGG. e N.M. (f. *-a;* pl.m. *-ci,* pl.f. *-che*) · Che, chi soffre di una malattia del cuore.

cardiovascolare (car-dio-va-sco-là-re) AGG. · Che riguarda il cuore e il sistema dei vasi sanguigni: *apparato cardiovascolare.*

cardo[1] (càr-do) N.M. · Nell'antica Roma, la via principale che attraversava da nord a sud le città; era perpendicolare al *decumano.*

cardo[2] (càr-do) N.M. **1** Pianta erbacea di cui si consumano le foglie, cucinate in vari modi. **2** Strumento usato per pettinare la lana.

carena (ca-rè-na) N.F. · La parte dell'imbarcazione che resta immersa.

carente (ca-rèn-te) AGG. · Che manca di qualcosa: *un'alimentazione carente* ***di*** *proteine; sono piuttosto carente* ***in*** *matematica* Ⓢ insufficiente, mancante.

carenza (ca-rèn-za) N.F. · Mancanza, insufficienza, scarsità: *carenza* ***di*** *materie prime* Ⓒ abbondanza.

carestia (ca-re-sti-a) N.F. (pl. *-stìe*) · Mancanza o grave scarsità di generi alimentari, in seguito a guerre, crisi economiche, ecc.: *una grave carestia dovuta alla siccità* Ⓒ abbondanza, prosperità.

carezza (ca-réz-za) N.F. · Tenera dimostrazione di affetto, fatta lisciando con la mano una parte del corpo: *fare una carezza a un bambino.*

carezzare (ca-rez-zà-re) V.TR. (*carézzo,* ecc.) · Lisciare con la mano in segno di affetto: *carezzare un bambino* Ⓢ accarezzare.

carezzevole (ca-rez-zé-vo-le) AGG. · Dolce, affettuoso: *una voce carezzevole.*

cargo (càr-go) N.M. (pl. *-ghi* o invar.) · Nave o aereo che trasporta merci.

cariarsi (ca-riàr-si) V.INTR. PRONOM. (*mi càrio*, ecc.) · Di denti, subire la carie: *mi si è cariato un dente.*

cariato (ca-rià-to) AGG. · Colpito dalla carie: *dente cariato.*

caribù (ca-ri-bù) N.M. INVAR. · Mammifero simile alla renna che vive nelle foreste del Nord America.

carica (cà-ri-ca) N.F. (pl. *-che*) **1** L'incarico assunto da un funzionario: *le alte cariche dello Stato; aspira alla carica di direttore* Ⓢ autorità, grado. **2** Quantità di materiale o di energia dati a un congegno o un apparecchio per farlo funzionare: *dare la carica all'orologio* • Vitalità, energia: *una tazza di caffè ti darà la carica.* **3** Nella tecnica militare, attacco, assalto: *la carica della cavalleria.* **4** Negli sport a squadre, intervento energico per ostacolare un avversario: *subire una carica.* Ⓔ ***In carica***, che esercita le proprie funzioni nel momento presente: *essere, restare in carica; il governo in carica;* ***campione in carica***, nello sport, chi è in testa a una classifica o detiene un titolo; ***entrare in carica***, iniziare a esercitare una funzione • ***Tornare alla carica***, ripetere con insistenza una richiesta.

caricare (ca-ri-cà-re) V.TR. (*càrico, càrichi*, ecc.) || TR. **1** Mettere oggetti, merci ecc. sopra un mezzo per trasportarli: *caricare i bauli **sul** furgone* Ⓒ scaricare • Riempire un mezzo di trasporto con un carico: *caricare la nave **di** merci.* **2** Dare in grande quantità: *il professore ci ha caricati **di** compiti.* **3** Eseguire l'operazione necessaria per far funzionare qualcosa: *caricare la sveglia.* **4** Inserire le cartucce in un'arma da fuoco: *caricare una pistola.* **5** Assaltare con forza: *caricare le truppe nemiche* Ⓢ attaccare. **6** Negli sport a squadre, intervenire con forza contro un avversario: *caricare l'attaccante in area di rigore.* || **caricarsi** RIFL. Prendere su di sé un carico: *caricarsi **di** pacchi* • Prendere su di sé qualcosa in quantità eccessiva: *caricarsi **di** debiti* Ⓢ gravarsi.

caricatura (ca-ri-ca-tù-ra) N.F. · Ritratto di una persona in cui vengono esagerati i suoi tratti caratteristici per far ridere: *fare una caricatura.*

carico[1] (cà-ri-co) AGG. (pl.m. *-chi*, pl.f. *-che*) **1** Che porta un carico: *un carro carico **di** fieno* Ⓢ pieno. **2** Di persona, che porta su di sé un gran numero di pesi o di oggetti: *è tornato carico **di** regali.* **3** Pieno, oppresso, oberato: *sono carico **di** impegni* • Ricco, colmo: *un artista carico **di** gloria.* **4** Di colore, intenso: *un rosso carico.* **5** Di congegno meccanico o arma, pronto per il funzionamento: *la sveglia è carica?; la pistola è carica* Ⓒ scarico.

carico[2] (cà-ri-co) N.M. (pl. *-chi*) **1** La collocazione delle merci sul mezzo per trasportarle: *per il carico dei sacchi occorrono due persone* Ⓒ scarico. **2** La quantità di merce trasportata su un mezzo: *il carico è stato consegnato.* **3** Grande quantità: *ho un carico di lavoro che mi impegnerà molto.* **4** Peso, responsabilità, obbligo: *una famiglia da mantenere è un carico molto impegnativo.* Ⓔ ***A carico***, in diritto, contro l'imputato: *testimoni a carico di qualcuno;* che dipende dal punto di vista economico: *avere la moglie a carico;* ***a carico di***, a spese di: *il trasporto è a carico del destinatario* • ***Farsi carico di qualcosa***, assumersene la responsabilità: *il ministro si è fatto carico di risolvere la questione.*

carie (cà-rie) N.F. INVAR. · Processo distruttivo di un dente: *curare la carie.*

carino (ca-rì-no) AGG. · Grazioso, piacevole: *carino quel vestito!; è una persona veramente carina.*

carisma (ca-rì-ṣma) N.M. (pl. *-i*) · Forte influenza sugli altri che deriva da un insieme di qualità personali: *avere carisma* Ⓢ fascino, ascendente.

carismatico (ca-ri-ṣmà-ti-co) AGG. (pl.m. *-ci*, pl.f. *-che*) · Che ha carisma: *capo carismatico.*

carità (ca-ri-tà) N.F. INVAR. **1** Nella religione cristiana, l'amore per Dio e il prossimo. **2** Compassione verso chi soffre: *spirito di carità* Ⓢ pietà. **3** Aiuto o assistenza materiale: *opere di carità* Ⓢ beneficenza • Elemosina: *chiedere la carità.* **4** Cortesia, piacere: *fammi la carità di stare zitto un minuto.* Ⓔ ***Per carità!***, esclamazione che rafforza una preghiera o un rifiuto: *per carità, non ricominciare a discutere.*

C

caritatevole (ca-ri-ta-té-vo-le) AGG. · Che dimostra carità: *un uomo caritatevole; una parola caritatevole.*

carlinga (car-lin-ga) N.F. (pl. *-ghe*) · Parte anteriore dell'aeroplano, che contiene l'equipaggio, i passeggeri e le merci.

carme (càr-me) N.M. · Poesia che celebra un evento o un personaggio: *i carmi di Catullo.*

carmelitano (car-me-li-tà-no) AGG. e N.M. (f. *-a*) · Che, chi appartiene all'ordine religioso fondato nel dodicesimo secolo sul Monte Carmelo, in Palestina.

carnagione (car-na-gió-ne) N.F. · Il colore e l'aspetto della pelle: *carnagione chiara, scura.*

carnale (car-nà-le) AGG. **1** Che riguarda il corpo e i sensi, soprattutto con riferimento al sesso: *unione carnale* Ⓢ fisico Ⓒ spirituale. **2** Nato dagli stessi genitori: *fratelli carnali; cugini carnali,* figli di fratelli. Ⓔ ***Violenza carnale*** → ***violenza***.

carne (càr-ne) N.F. **1** La parte muscolare e dei tessuti molli del corpo umano e degli animali: *aver poca, molta carne addosso,* essere magro, grasso. **2** Alimento fornito dagli animali uccisi e macellati: *carne di manzo in scatola.* Ⓔ ***Carne bianca***, di pollo, tacchino o coniglio; ***carne rossa***, di maiale o manzo • ***Carne viva***, zona della pelle scoperta da una ferita, sensibile e sanguinante • ***In carne***, in eccellenti condizioni di salute, o anche grasso: *un neonato bello in carne* • ***In carne e ossa***, in persona • ***Mettere troppa carne al fuoco***, fare troppe cose alla volta • ***Non essere né carne né pesce***, di chi non ha personalità, carattere, oppure un ruolo definito.

carnefice (car-né-fi-ce) N.M. e F. · Chi esegue una condanna a morte Ⓢ boia.

carneficina (car-ne-fi-cì-na) N.F. · Uccisione di molte persone eseguita in modo bestiale: *fare una carneficina* Ⓢ strage, massacro.

carnet (car-net; pronuncia *carnè* o *carné*) N.M. FR., in it. N.M. INVAR. · Taccuino, libretto: *carnet di assegni.*

carnevale (car-ne-và-le) N.M. · Il periodo tra la festa dell'Epifania e l'inizio della Quaresima; in particolare, il giovedì, la domenica e il martedì che precedono il giorno delle Ceneri, in cui sono più frequenti i divertimenti e i balli mascherati: *festeggiare il carnevale* • L'insieme delle manifestazioni tradizionali con cui si festeggia questo periodo dell'anno: *il Carnevale di Viareggio.*

> Il termine deriva dall'espressione *carne levare* 'togliere dalla mensa' che si riferiva al banchetto di addio alla carne che si celebrava la sera prima del mercoledì delle Ceneri.

carniere (car-niè-re) N.M. · Borsa in cui i cacciatori mettono la selvaggina.

carnivoro (car-nì-vo-ro) AGG. e N.M. || AGG. e N.M. Di animale, che si nutre in prevalenza di carne: *il leone è un animale carnivoro; i carnivori hanno i denti canini molto affilati.* || AGG. Di pianta, che si nutre di piccoli insetti.

carnoso (car-nó-so) AGG. · Di parte del corpo, pieno, abbondante: *labbra carnose.*

caro (cà-ro) AGG. e N.M. (f. *-a*) || AGG. **1** Che ispira affetto: *i cari luoghi della nostra infanzia; le persone più care,* i genitori, i parenti, gli amici più intimi Ⓢ amato, adorato. **2** Amabile, simpatico: *è una cara ragazza* • Affettuoso, gentile: *un caro saluto; sei stato tanto caro a ricordarti di me.* **3** Di cosa a cui si dà grande importanza: *a me questa spilla è molto cara* Ⓢ importante, prezioso. **4** Che ha i prezzi troppo alti: *un albergo troppo caro; un sarto molto caro* Ⓒ economico. || N.M. (f. *-a*) Persona per cui si prova affetto: *i miei cari,* i miei genitori, i familiari. Ⓔ ***Pagare caro***, scontare duramente le conseguenze di un errore • ***Vendere cara la pelle*** → ***vendere***.

carogna (ca-ró-gna) N.F. **1** Corpo di animale morto e in putrefazione: *le iene si cibano di carogne* Ⓢ carcassa. **2** Persona vile e malvagia: *sei una carogna!*

carolingio (ca-ro-lìn-gio) AGG. (pl.m. *-gi*, pl.f. *-gie* o *-ge*) · Del tempo di Carlomagno (742-814) e dei suoi successori: *arte carolingia.*

carosello (ca-ro-sèl-lo) N.M. **1** Torneo o sfilata di cavalieri, fatta per rievocare personaggi o fatti del passato. **2** Movimento rapido e continuo, soprattutto di autoveicoli: *un carosello di auto.* **3** Rapida successione di fatti, pensieri, sensazioni: *un carosello di emozioni.* **4** Nome di una famosa trasmissione televisiva di pubblicità, tramessa dal 1957 al 1977.

Il termine deriva dal napoletano *carusiello*, nome di un gioco cavalleresco, introdotto nel Cinquecento dagli spagnoli, durante il quale i partecipanti si lanciavano palle di creta chiamate *caruso*, che letteralmente significava 'testa rapata'.

carota (ca-rò-ta) N.F. · Pianta erbacea coltivata per la radice giallo-arancione, ricca di zuccheri e vitamine • La radice della pianta, che si mangia cruda o cucinata in vari modi. Ⓔ ***Pel di carota***, persona dai capelli rossi e lentiggini sul volto.

carotide (ca-rò-ti-de) N.F. · Ciascuna delle due arterie che si trovano nel collo e che portano il sangue alla testa.

Il termine deriva dal greco *káros* 'sonno', perché si pensava che il sonno dipendesse da questa arteria.

carovana (ca-ro-và-na) N.F. **1** Compagnia di viaggiatori che si uniscono per attraversare regioni deserte o poco sicure: *le carovane dei pionieri nel Far West.* **2** Massa di gente in movimento o in viaggio: *una carovana di zingari.*

carovita (ca-ro-vì-ta) N.M. INVAR. · Aumento del prezzo dei generi di prima necessità: *il carovita colpisce soprattutto le famiglie.*

carpa (càr-pa) N.F. · Pesce d'acqua dolce, di peso a volte superiore ai venti chilogrammi.

carpentiere (car-pen-ti-è-re) N.M. · Operaio specializzato nella costruzione di strutture in legno o metallo per edifici o imbarcazioni.

carpire (car-pì-re) V.TR. (*carpìsco*, *carpìsci*, ecc.) **1** Prendere con violenza e astuzia: ***gli*** *carpì di mano la lettera* Ⓢ strappare. **2** Riuscire a ottenere qualcosa con l'inganno o l'astuzia: *carpire un segreto* ***a*** *qualcuno.*

carpo (càr-po) N.M. · L'insieme di piccole ossa che formano il polso.

-carpo · Secondo elemento di parole composte che significa 'frutto': *endocarpo*, la parte interna del frutto.

carponi (car-pó-ni) AVV. · Con le mani e le ginocchia per terra: *andare, camminare carponi* Ⓢ gattoni.

carrabile (car-rà-bi-le) e **carraio** (car-rà-io) AGG. · Solo nell'espressione ***passo carrabile*** o ***passo carraio***, tratto di marciapiede interrotto per permettere ai veicoli di entrare in un edificio o un giardino.

carrarmato (car-rar-mà-to) N.M. **1** Veicolo cingolato, corazzato e armato di cannone e mitragliatrici • Persona molto determinata: *quando vuole ottenere una cosa è un carrarmato.* **2** Tipo di suola da scarpe con grossi tacchi di gomma.

carreggiata (car-reg-già-ta) N.F. · Parte della strada su cui transitano i veicoli: *carreggiata a due corsie.* Ⓔ ***Rimettersi in carreggiata***, tornare sulla buona strada.

carrellata (car-rel-là-ta) N.F. **1** Ripresa cinematografica o televisiva effettuata con la macchina da presa posta su un carrello in movimento. **2** Trattazione veloce di dati o notizie: *una carrellata dei fatti del giorno* Ⓢ rassegna.

carrello (car-rèl-lo) N.M. **1** Telaio, supporto o dispositivo montato su ruote e usato per trasportare materiali: *i carrelli del supermercato; carrello portabagagli.* **2** Tavolino a quattro rotelle, per servire in tavola cibi e vivande: *ci può portare il carrello dei dolci?* **3** Di aeroplano, dispositivo a ruote che serve per il decollo o l'atterraggio: *il volo 747 ha il carrello in avaria.*

carretta (car-rét-ta) N.F. **1** Piccolo carro a due ruote con sponde alte e trainato da un solo animale. **2** Veicolo vecchio e ridotto male Ⓢ macinino. Ⓔ ***Carretta del mare***, imbarcazione malandata ed eccessivamente carica, su cui spesso viaggiano profughi e clandestini • ***Tirare la carretta***, fare un lavoro faticoso e poco soddisfacente.

carrettiere (car-ret-tiè-re) N.M. (f. *-a*; pl.m. *-i*, pl.f. *-e*) **1** Chi conduce un carro o una carretta. **2** Persona volgare e ignorante: *linguaggio da carrettiere* Ⓢ cafone, villano.

carretto (car-rét-to) N.M. · Piccolo carro a due ruote, trainato a mano o da un animale.

carriera (car-riè-ra) N.F. **1** La via scelta e seguita nell'impiego, nella professione, negli studi: *carriera universitaria.* **2** La più veloce tra le andature del cavallo. Ⓔ ***Di gran carriera***, molto velocemente • ***Fare carriera***, affermarsi in un campo, in un'attività • ***In carrie-***

A B C D E F G H I J K L M N O P Q R S T U V W X Y Z

C

ra, di persona impegnata ad affermarsi nel lavoro: *una donna in carriera*.

carriola (car-riò-la) N.F. · Piccolo veicolo a una o due ruote, che si spinge a mano tramite due stanghe; serve per il trasporto di materiali a brevissime distanze: *una carriola piena di calcinacci*.

carro (càr-ro) N.M. **1** Veicolo a due o a quattro ruote, trainato da una coppia di buoi, per usi agricoli: *con il carro portava le olive al frantoio* • La quantità di merci che può essere contenuta e trasportata da un carro: *un carro di mattoni, di legna*. **2** Nel linguaggio familiare, le costellazioni dell'Orsa Maggiore, detta *Gran Carro*, e dell'Orsa Minore, detta *Piccolo Carro*. Ⓔ ***Carro allegorico***, allestito con ornamenti, caricature e maschere, per cortei di carnevale • ***Carro armato***, veicolo blindato, munito di cingoli e armato di cannone e mitragliatrici • ***Carro attrezzi***, autoveicolo attrezzato per il soccorso stradale delle auto in difficoltà, oppure per la loro rimozione quando sono state lasciate in sosta vietata • ***Carro funebre***, per il trasporto delle salme al cimitero • ***Essere l'ultima ruota del carro*** → ***ruota*** • ***Mettere il carro innanzi ai buoi***, agire quando ancora non si è sicuri di poterlo fare.

carrozza (car-ròz-za) N.F. **1** Veicolo a quattro ruote per il trasporto di persone, tirato da uno o più cavalli: *se ne andava in carrozza per la città*. **2** Vettura ferroviaria: *carrozza letto* Ⓢ vagone. Ⓔ ***Mozzarella in carrozza*** → ***mozzarella***.

carrozzella (car-roz-zèl-la) N.F. **1** Veicolo fornito di ruote, per il trasporto di persone invalide. **2** Carrozzina per bambini.

carrozzeria (car-roz-ze-rì-a) N.F. (pl. *-rìe*) · Struttura esterna di un autoveicolo, che ricopre il telaio e le parti meccaniche: *l'auto è un po' vecchia, ma la carrozzeria è in ottime condizioni* • Officina specializzata nella riparazione di queste strutture.

carrozziere (car-roz-ziè-re) N.M. · Chi realizza o ripara la carrozzeria delle automobili: *devo portare la macchina dal carrozziere*.

carrozzina (car-roz-zì-na) N.F. · Piccolo veicolo spinto a mano e formato da un lettino montato su un telaio a quattro ruote, per portare a passeggio i bambini: *nella carrozzina c'erano due neonati*.

carrozzone (car-roz-zó-ne) N.M. **1** Grosso carro o furgone usato per il trasporto di persone o anche come abitazione: *il carrozzone del circo*. **2** Ente statale costoso e poco efficiente.

carrubo (car-rù-bo) N.M. · Albero sempreverde con frutti a legume lunghi fino a 15 cm, dolci e carnosi, commestibili per gli uomini e gli animali.

carrucola (car-rù-co-la) N.F. · Macchina semplice per sollevare pesi, costituita da una ruota con una scanalatura per far scorrere una fune: *calava il secchio nel pozzo con la carrucola*.

carsico (càr-si-co) AGG. (pl.m. *-ci*, pl.f. *-che*) **1** Del Carso, regione delle Alpi Orientali: *altopiano carsico*. **2** Che riguarda il carsismo: *paesaggi carsici*.

carsismo (car-si-ṣmo) N.M. · Processo di erosione causato dall'azione dell'acqua sulle rocce calcaree, con la formazione di grotte, caverne e doline; è tipico della regione del Carso.

carta (càr-ta) N.F. **1** Materiale ottenuto dalla lavorazione di fibre vegetali ricche di cellulosa, ridotte prima in pasta umida e poi in fogli più o meno sottili: *un foglio di carta; carta da disegno*. **2** Documento, certificato: *fare le carte per sposarsi*. **3** Dichiarazione solenne di principi: *Carta Costituzionale*. **4** Lista di vivande o di bevande: *la carta dei vini* Ⓢ menu. **5** SPESSO AL PL. Ciascun cartoncino rettangolare su cui sono raffigurati simboli che hanno valore differente secondo le regole dei vari giochi: *giocare a carte; carte da gioco*. **6** Rappresentazione grafica, riprodotta in scala, di una parte della superficie terrestre: *passami la carta che controllo il sentiero* Ⓢ mappa, pianta. Ⓔ ***Avere le carte in regola***, avere le qualità per raggiungere un certo scopo: *ha tutte le carte in regola per diventare presidente* • ***Cambiare le carte in tavola***, contraddire quanto detto o stabilito in precedenza • ***Carta assorbente***, per asciugare sostanze liquide • ***Carta bianca***, ampia libertà d'azione: *per concludere l'affare gli hanno dato carta bianca*

• ***Carta bollata*** o ***carta da bollo***, con il bollo dello Stato, necessaria per gli atti ufficiali • ***Carta carbone*** → ***carbone*** • ***Carta da imballaggio***, robusta, per la confezione di pacchi • ***Carta da musica***, con pentagrammi stampati per la scrittura musicale • ***Carta da parati***, decorata per rivestire le pareti di una stanza • ***Carta di credito*** → ***credito*** • ***Carta d'identità***, documento personale di riconoscimento munito di fotografia • ***Carta fisica***, carta geografica che rappresenta gli aspetti fisici del territorio, come monti, fiumi, laghi, ecc. • ***Carta igienica***, per la pulizia delle parti intime • ***Carta politica***, carta geografica che rappresenta i confini politici, le strade, i centri abitati, ecc. • ***Carta velina*** → ***velina*** • ***Carta vetrata***, cosparsa di piccoli frammenti di vetro, usata per levigare superfici di metallo o di legno • ***Carte francesi***, quelle da gioco i cui semi sono cuori, quadri, fiori e picche • ***Carte italiane*** o ***carte napoletane***, quelle da gioco i cui semi sono spade, bastoni, denari e coppe • ***Fare carte false***, non farsi alcuno scrupolo pur di raggiungere uno scopo: *farei carte false per averla!* • ***Fare le carte***, predire il futuro, talvolta usando carte con simboli particolari • ***Giocare a carte scoperte***, agire apertamente, senza nascondere nulla • ***Mettere le carte in tavola***, esprimere chiaramente il proprio pensiero • ***Pezzo di carta***, titolo di studio che ha poco valore e che non può essere usato per trovare un lavoro: *quel diploma è solo un pezzo di carta.*

cartaceo (car-tà-ce-o) AGG. (pl.m. *-cei*, pl.f. *-cee*) · Di carta: *documento cartaceo.*

cartamoneta (car-ta-mo-né-ta) N.F. (pl. *cartemonéte*) · Biglietto di banca o di Stato.

cartapesta (car-ta-pé-sta) N.F. · Impasto realizzato con carta tenuta immersa in acqua e colla, poi modellato e verniciato per fare manichini, giocattoli, decorazioni: *maschere di cartapesta.* Ⓔ ***Di cartapesta***, debole, senza carattere: *uomo di cartapesta; eroe di cartapesta*, falso, da burla.

cartastraccia (car-ta-stràc-cia) (o **carta straccia**) N.F. (pl. *cartestràcce*) · Carta già usata, da buttare via: *il cestino della cartastraccia.*

carteggio (car-tég-gio) N.M. (pl. *-gi*) · Scambio di lettere: *tenere un carteggio con qualcuno* Ⓢ corrispondenza • L'insieme delle lettere che una persona celebre ha scambiato con altri: *il carteggio di Machiavelli con Francesco Vettori.*

cartella (car-tèl-la) N.F. **1** Custodia di vario materiale, in genere rettangolare, usata per portare documenti: *mise i certificati in una cartella* • La borsa o lo zaino dentro cui gli studenti portano l'occorrente per la scuola: *i bambini con le cartelle colorate sulle spalle.* **2** Foglio di carta o cartoncino che contiene cifre o dati: *cartella della tombola.* **3** Ciascun foglio di un testo che deve essere letto o stampato: *un articolo in quattro cartelle* Ⓢ pagina. **4** Nel computer, contenitore virtuale per organizzare, raccogliere e ordinare i file. Ⓔ ***Cartella clinica***, quella in cui vengono registrati i dati sull'evoluzione della malattia di un paziente.

cartellino (car-tel-lì-no) N.M. · Foglietto scritto o stampato che si mette sopra o accanto a un oggetto: *il cartellino del prezzo* Ⓢ etichetta. Ⓔ ***Cartellino giallo***, ***cartellino rosso***, nel calcio, i cartoncini estratti dall'arbitro durante una partita per indicare l'ammonizione o l'espulsione di un giocatore • ***Cartellino (orario)***, quello che i lavoratori timbrano all'inizio e alla fine del turno di lavoro.

cartello (car-tèl-lo) N.M. · Avviso pubblico con caratteri ben visibili: *cartello pubblicitario.* Ⓔ ***Cartello stradale***, quello che porta le indicazioni stradali.

cartellone (car-tel-ló-ne) N.M. **1** Grande manifesto che annuncia uno spettacolo teatrale o cinematografico: *ho visto i cartelloni del film di cui parlavi* Ⓢ manifesto. **2** Grande manifesto pubblicitario. **3** Programma di una stagione o di una manifestazione teatrale, musicale o sportiva: *che cosa c'è in cartellone alla Scala?*

cartemonete (car-te-mo-né-te) · Plurale → ***cartamoneta***.

cartesiano (car-te-ṣià-no) AGG. · In matematica: ***coordinate cartesiane***, la coppia di numeri che indica la distanza di un punto dalla retta verticale, detta *ascissa*, o da quella orizzontale, detta *ordinata*; ***sistema cartesiano***, coppia di rette perpendicolari che si interse-

A B C D E F G H I J K L M N O P Q R S T U V W X Y Z

C

cano in un punto, detto *origine*, lungo le quali si misurano le distanze di un punto dall'origine, in modo da poterlo individuare nello spazio.

cartiera (car-tiè-ra) N.F. · Stabilimento dove si fabbrica la carta.

cartilagine (car-ti-là-gi-ne) N.F. · Tessuto duro ed elastico che riveste la superficie delle articolazioni delle ossa e costituisce l'impalcatura di alcuni organi, come la laringe e la trachea.

cartina (car-ti-na) N.F. **1** Carta geografica di piccole dimensioni: *sulla cartina sono segnate le capitali* Ⓢ pianta, mappa. **2** Strisciolina di carta, in particolare quella per confezionare a mano le sigarette. Ⓔ ***Cartina di tornasole*** → ***tornasole***.

cartoccio (car-tòc-cio) N.M. (pl. *-ci*) · Foglio di carta avvolto a forma di cono, usato soprattutto per contenere alimenti: *un cartoccio di noccioline.* Ⓔ ***Al cartoccio***, modo di cucinare in forno pesce, pollo o cacciagione avvolgendoli in carta d'alluminio.

cartografia (car-to-gra-fi-a) N.F. (pl. *-fie*) · Scienza che si occupa dello studio e della realizzazione delle carte geografiche e topografiche.

cartografo (car-tò-gra-fo) N.M. (f. *-a*) · Studioso di cartografia • Disegnatore di carte geografiche.

cartolaio (car-to-là-io) N.M. (f. *-a*; pl.m. *-lài*, pl.f. *-làie*) · Venditore di articoli per scrivere.

cartoleria (car-to-le-rì-a) N.F. (pl. *-rìe*) · Negozio di articoli per scrivere.

cartolina (car-to-li-na) N.F. · Cartoncino rettangolare illustrato, per inviare brevi notizie o saluti: *scrivere, mandare una cartolina; cartolina postale.*

cartoncino (car-ton-ci-no) N.M. **1** Cartone leggero e sottile: *vorrei del cartoncino color avorio.* **2** Biglietto di formato rettangolare: *cartoncino di auguri.*

cartone (car-tó-ne) N.M. · Carta molto spessa e resistente, usata per fare scatole, cartelle, copertine di libri, ecc.: *una scatola di cartone* • L'imballaggio di cartone e il suo contenuto: *comprami un cartone di birra.* Ⓔ ***Cartone animato***, film realizzato riprendendo disegni realizzati in sequenza, in modo da dare l'impressione del movimento.

cartuccia (car-tùc-cia) N.F. (pl. *-ce*) **1** Involucro che in un'arma da fuoco portatile contiene la polvere da sparo. **2** Piccolo contenitore di inchiostro per penne stilografiche o a sfera • Piccolo contenitore di inchiostro per stampanti. Ⓔ ***Mezza cartuccia***, nel linguaggio familiare, uomo da poco o di piccola statura • ***Sparare l'ultima cartuccia***, sfruttare l'ultima possibilità • ***Sparare tutte le cartucce***, tentare con tutti i mezzi.

carving (car-ving; pronuncia *càrvin*) N. INGL., in it. N.M. INVAR. · Tipo di sci da discesa, più corto e largo del normale • L'attività sportiva praticata con questo tipo di sci.

casa (cà-sa) N.F. **1** Costruzione destinata all'abitazione: *casa di città, di campagna; una casa a tre piani.* **2** L'abitazione di una persona sola o di una famiglia: *stare in casa; andare, tornare a casa.* **3** Il nucleo e l'ambiente familiare: *tanti saluti a casa* Ⓢ famiglia. **4** Edificio che ospita, per un limitato periodo di tempo o in occasioni particolari, certe categorie di persone. **5** Società industriale o commerciale: *casa editrice* Ⓢ ditta, impresa. Ⓔ ***Cambiare casa***, traslocare • ***Casa dello studente***, dove abita chi compie gli studi lontano dalla famiglia • ***Casa di cura***, clinica privata • ***Casa di pena***, prigione, galera • ***Casa di riposo***, ospizio, per anziani che hanno bisogno di assistenza • ***Cercare casa***, cercare un appartamento in affitto o in vendita • ***Essere di casa***, essere amico intimo, di famiglia • ***Essere tutto casa e chiesa*** → ***chiesa*** • ***Giocare in casa***, negli sport di squadra, affrontare una partita nel proprio campo da gioco: *l'Inter giocherà in casa la prossima partita;* ***giocare fuori casa***, affrontare una partita nel campo da gioco avversario • ***Mandare avanti la casa***, provvedere alle spese necessarie per la famiglia • ***Metter su casa***, arredarla per abitarvi, oppure sposarsi.

casacca (ca-sàc-ca) N.F. (pl. *-che*) **1** Giacca piuttosto ampia: *indossa una casacca sportiva.* **2** Maglia con i colori di una squadra: *i giocatori brasiliani vestono una casacca verde-oro.*

casaccio (ca-ṣàc-cio) N.M. · Solo nell'espressione ***a casaccio***, senza ordine, a caso: *non fare le cose a casaccio.*

casale (ca-sà-le) N.M. **1** Gruppo di case situate in aperta campagna. **2** Edificio rustico isolato che si trova in aperta campagna Ⓢ cascina, casolare.

casalinga (ca-sa-lìn-ga) N.F. (pl. *-ghe*) · Donna che si occupa esclusivamente della cura della casa e della famiglia: *fare la casalinga vuol dire lavorare tutto il giorno.*

casalingo (ca-sa-lìn-go) AGG. (pl.m. *-ghi*, pl.f. *-ghe*) · Che riguarda la casa: *lavoro casalingo* Ⓢ domestico • Di persona, che ama trascorrere in casa il tempo libero: *uomo casalingo* • Di cibi, fatto in casa: *dolce, pane casalingo.* Ⓔ ***Cucina casalinga***, secondo la tradizione.

casamatta (ca-sa-màt-ta) N.F. (pl. *casemàtte*) · Struttura militare in cemento armato per proteggere le artiglierie.

casamento (ca-sa-mén-to) N.M. · Edificio per abitazioni popolari costituito da molti appartamenti Ⓢ caseggiato.

casata (ca-sà-ta) N.F. · Insieme di famiglie che discendono dallo stesso progenitore: *essere di nobile casata* Ⓢ stirpe.

casato (ca-sà-to) N.M. · Famiglia, stirpe: *discende da un antico casato.*

cascare (ca-scà-re) V.INTR. (*càsco, càschi*, ecc.; aus. *essere*) **1** Cadere: *il vaso è cascato dal davanzale; sono cascato dalla bicicletta.* **2** Nella forma ***cascarci***, cadere in un tranello, farsi ingannare: *è la seconda volta che ci casco.* Ⓔ ***Cascare dalle nuvole***, rimanere molto sorpreso • ***Cascare dal sonno***, non riuscire a restare sveglio • ***Cascare in piedi***, cavarsela senza danni • ***Caschi il mondo***, a qualunque costo: *caschi il mondo, gli dirò quello che penso*; ***nemmeno se cascasse il mondo***, a nessun costo: *non lo farei nemmeno se cascasse il mondo* • ***Far cascare dall'alto*** → *alto*.

cascata (ca-scà-ta) N.F. · Il salto dell'acqua di un fiume provocato da un improvviso e notevole dislivello: *le cascate del Niagara.*

cascina (ca-scì-na) N.F. · Costruzione di campagna costituita da diversi edifici per abitazione e stalle raccolti intorno a un grande cortile Ⓢ fattoria, casolare.

casco (cà-sco) N.M. (pl. *-schi*) **1** Copricapo molto resistente, usato come protezione della testa contro eventuali cadute o urti: *l'obbligo del casco per chi viaggia in moto.* **2** Apparecchio elettrico montato su un piedistallo, usato dai parrucchieri per asciugare rapidamente i capelli. Ⓔ ***Caschi blu***, i militari dei reparti internazionali dell'Organizzazione delle Nazioni Unite.

caseario (ca-ṣe-à-rio) AGG. (pl.m. *-ri*, pl.f. *-rie*) · Che riguarda la produzione e la lavorazione dei latticini: *stabilimento caseario.*

caseggiato (ca-seg-già-to) N.M. · Gruppo di case o di edifici vicini • Edificio, casamento: *caseggiati di recente costruzione.*

caseificio (ca-ṣei-fì-cio) N.M. (pl. *-ci*) · Stabilimento dove si lavora il latte per produrre burro e formaggio.

caseina (ca-ṣe-ì-na) N.F. · La principale proteina del latte, utilizzata nella preparazione di formaggi, nell'industria della carta e nella realizzazione di fibre artificiali.

casella (ca-sèl-la) N.F. **1** Ciascuno degli scompartimenti di un mobile, uno scaffale, un cassetto. **2** Ciascuno dei piccoli quadrati o rettangoli in cui può essere suddivisa una pagina: *le caselle del cruciverba.* Ⓔ ***Casella postale***, scompartimento che l'amministrazione delle poste dà in affitto presso i propri uffici per ricevere la corrispondenza.

casellante (ca-sel-làn-te) N.M. e F. **1** Chi ha l'incarico di sorvegliare un tratto di ferrovia o un passaggio a livello. **2** Chi lavora in un casello dell'autostrada.

casellario (ca-sel-là-rio) N.M. (pl. *-ri*) · Scaffale suddiviso in molti scomparti, per tenere ordinati documenti od oggetti. Ⓔ ***Casellario giudiziale*** o ***casellario giudiziario***, ufficio dove sono registrate le persone che hanno avuto condanne.

casello (ca-sèl-lo) N.M. · Stazione per la quale si entra in autostrada e dove si paga il pedaggio all'uscita: *code al casello.*

caserma (ca-sèr-ma o ca-ṣèr-ma) N.F. · Edificio dove alloggiano reparti militari od organizzazioni simili: *la caserma dei Vigili del fuoco*.

Il termine deriva dal latino *quaterna*, femminile dell'aggettivo *quaternus* 'ogni quattro', con riferimento al gruppo di soldati che montava di guardia e quindi al loro alloggio.

cash (pronuncia *chèś*) N. INGL., in it. N.M. INVAR. · Denaro in contanti: *scusami, non ho cash*.

casino (ca-sì-no) N.M. **1** Casa di prostituzione. **2** Nel linguaggio familiare, confusione, disordine, caos: *non fate casino!* • Situazione confusa e complicata: *siamo in un bel casino!* Ⓢ pasticcio • Quantità straordinaria: *un casino di libri* Ⓢ sacco.

casinò (ca-si-nò) N.M. INVAR. · Luogo in cui si gioca d'azzardo, scommettendo soldi: *andare al casinò; giocare al casinò*.

casistica (ca-ṣi-sti-ca) N.F. (pl. *-che*) · Raccolta di casi che riguardano un particolare fenomeno o una materia: *casistica medica*.

caso (cà-ṣo) N.M. **1** Avvenimento imprevisto: *è stato proprio un caso che me ne sia accorto* Ⓢ combinazione, coincidenza. **2** Possibilità, probabilità, ipotesi: *i casi sono due, o accetta o rifiuta; in caso di infortunio; nel peggiore dei casi ci vedremo domani*. **3** Causa che non dipende dalla volontà umana: *è stato il caso che ha voluto così* Ⓢ destino, sorte, fato. **4** Fatto che presenta caratteristiche particolari: *un caso strano; un caso non previsto dalla legge* Ⓢ vicenda • Vicenda giudiziaria di grande risonanza: *il caso Mattei*. **5** Individuo oggetto di diagnosi e di controllo medico: *si sono registrati dei casi di tifo*. **6** In alcune lingue antiche e moderne, come il latino, il greco e il tedesco, la modificazione della desinenza di una parola a seconda della sua funzione nella frase. Ⓔ ***A caso***, senza una precisa intenzione: *ho aperto il giornale a caso e ho visto il suo nome* • ***Caso clinico***, persona oggetto di speciali indagini mediche per la particolarità della sua malattia; anche, persona con comportamenti anormali • ***Essere il caso***, essere opportuno, conveniente: *non sarebbe il caso di partire subito?* • ***Fare al caso di qualcuno***, rispondere alle sue esigenze: *questa casa fa al caso nostro* • ***Fare caso a qualcosa***, prestarvi attenzione: *fai caso a quante volte si alza* • ***In caso contrario***, altrimenti • ***In nessun caso***, mai • ***Per caso***, casualmente, senza averlo programmato: *l'ho incontrato per caso ieri*.

casolare (ca-so-là-re) N.M. · Casa di campagna o di montagna, spesso isolata: *vive in un casolare vicino a Fiesole* Ⓢ cascina, casale.

casomai (ca-ṣo-mài) CONGIUNZ. · Nel caso che: *casomai venisse, digli di aspettarmi*.

caspita (cà-spi-ta) INTER. · Esprime meraviglia o impazienza: *caspita, che bel regalo!* Ⓢ accidenti.

cassa (càs-sa) N.F. **1** Contenitore di legno o altro materiale, a forma di parallelepipedo, per conservare o trasportare oggetti vari: *una cassa di biancheria*. **2** Cavità o custodia che contiene qualcosa: *la cassa dell'orologio*. **3** Armadio per la custodia di denari o valori: *non ci sono soldi in cassa* • Nei negozi, macchina per conteggiare gli importi delle vendite: *munirsi di scontrino alla cassa* • Lo sportello di una banca destinato al cassiere: *si accomodi alla cassa*. **4** Nome di vari istituti di credito, enti finanziari o di previdenza sociale: *Cassa di Risparmio*. **5** ***Cassa integrazione***, istituto che integra lo stipendio o il salario dei lavoratori di un'azienda sospesi dal lavoro in periodi di crisi. Ⓔ ***Batter cassa***, nel linguaggio familiare, chiedere soldi • ***Cassa (acustica)***, contenitore nel quale sono montati uno o più altoparlanti e che serve per amplificare il suono dello stereo • ***Cassa continua***, specie di cassaforte nei locali interni di una banca, dalla quale il cliente può ritirare denaro o effettuare versamenti in qualsiasi ora della giornata • ***Cassa da morto***, quella in cui viene chiuso il cadavere • ***Cassa di risonanza*** o ***cassa armonica***, la cavità che aumenta l'intensità dei suoni negli strumenti musicali ad arco e a corda • ***Cassa toracica*** → ***toracico*** • ***Registratore di cassa*** → ***registratore***.

cassaforte (cas-sa-fòr-te) N.F. (pl. *cassefòrti*) · Robusto armadio blindato per custodire denaro e oggetti di valore: *devo mettere i gioielli in cassaforte*.

cassapanca (cas-sa-pàn-ca) N.F. (pl. *cassapànche* o *cassepànche*) · Mobile a forma di cassa, per contenere o trasportare oggetti, su cui è anche possibile sedersi: *teneva il corredo in una cassapanca di noce* Ⓢ baule.

cassare (cas-sà-re) V.TR. **1** Cancellare, depennare: *cassare una parola **da** un elenco.* **2** Annullare, abolire: *cassare una sentenza.*

cassazione (cas-sa-zió-ne) N.F. · Nell'espressione ***(corte di) Cassazione***, tribunale supremo che ha la facoltà di annullare la sentenza di una corte o di un tribunale inferiore: *ricorrere in Cassazione.*

casseforti (cas-se-fòr-ti) · Plurale → ***cassaforte***.

cassepanche (cas-se-pàn-che) · Plurale → ***cassapanca***.

cassero (càs-se-ro) N.M. · Nelle navi, parte rialzata del ponte.

casseruola (cas-se-ruò-la) N.F. · Tegame fondo fornito di un manico piuttosto lungo: *stufato in casseruola.*

cassetta (cas-sét-ta) N.F. **1** Piccola cassa: *una cassetta di pomodori; la cassetta degli attrezzi.* **2** Musicassetta o videocassetta: *mi ha regalato una cassetta di Vasco Rossi.* **3** L'incasso che risulta dalla vendita dei biglietti per uno spettacolo o un film: *un successo di cassetta* Ⓢ cassa. **4** ***Pane a cassetta***, a forma di parallelepipedo, adatto per sandwich e toast. Ⓔ ***Cassetta delle lettere***, in cui si introducono le lettere da spedire • ***Cassetta di sicurezza***, quella nei locali blindati delle banche che i clienti prendono in affitto per riporvi valori, gioielli, documenti • ***Film di cassetta***, film commerciale, girato per avere un grande successo di pubblico.

cassettiera (cas-set-tiè-ra) N.F. · Mobile formato da una serie di cassetti sovrapposti Ⓢ comò.

cassetto (cas-sét-to) N.M. · Cassetta senza coperchio che scorre su guide laterali all'interno di mobili: *guarda nel cassetto delle posate.* Ⓔ ***Sogno nel cassetto***, una speranza o un desiderio.

cassettone (cas-set-tó-ne) N.M. · Mobile a grandi cassetti sovrapposti, usato per riporvi la biancheria: *prendi una camicia dal cassettone* Ⓢ comò. Ⓔ ***Soffitto a cassettoni***, quello delle case d'epoca, in legno a riquadri geometrici.

cassiere (cas-siè-re) N.M. (f. *-a*; pl.m. *-i*, pl.f. *-e*) · Chi è addetto alla cassa in banche, negozi, aziende, locali pubblici: *fa la cassiera in un cinema.*

cassonetto (cas-so-nét-to) N.M. · Grande contenitore con coperchio per la raccolta delle immondizie, collocato nelle strade cittadine: *nella mia strada vuotano i cassonetti la mattina presto.*

cast (pronuncia *cast*) N. INGL., in it. N.M. INVAR. · L'insieme delle persone che prendono parte alle riprese di un film o alla realizzazione di uno spettacolo teatrale.

casta (cà-sta) N.F. **1** Gruppo sociale chiuso, i cui membri hanno in comune la razza, la religione, il mestiere: *gli Indù sono divisi in caste.* **2** Classe di persone che si considera, per nascita o condizione, separata dagli altri, e gode o si attribuisce speciali privilegi: *la casta degli aristocratici; la casta militare.*

castagna (ca-stà-gna) N.F. · Il frutto del castagno, con buccia di color marrone, che si può mangiare arrostito o lessato. Ⓔ ***Farina di castagne***, ottenuta macinando le castagne secche • ***Prendere in castagna***, cogliere in errore • ***Togliere le castagne dal fuoco a qualcuno***, risolvergli un problema esponendosi anche a un rischio.

castagno (ca-stà-gno) N.M. · Albero con tronco diritto, tipico della collina nella regione mediterranea; è coltivato per il suo legno e i suoi frutti, detti *castagne*: *una libreria di castagno.*

castano (ca-stà-no) AGG. · Del colore marrone come la buccia delle castagne mature: *occhi, capelli castani* Ⓢ marrone.

castello (ca-stèl-lo) N.M. **1** Grande complesso di edifici fortificati, in cui vivevano i signori nell'età feudale: *i castelli erano costruiti in luoghi che potevano essere facilmente difesi* • Grande residenza signorile: *i castelli della Loira.* **2** Costruzione di legno o di tubi di ferro usata da operai e artisti per lavorare a una certa altezza dal suolo Ⓢ impalcatura. Ⓔ ***Castello di carte***, costruzione fatta per divertimento con carte da gioco • ***Fare castelli in***

A B C D E F G H I J K L M N O P Q R S T U V W X Y Z

aria, fare progetti impossibili da realizzare • ***Letto a castello*** → *letto*[2].

castigare (ca-sti-gà-re) V.TR. (*castìgo, castìghi*, ecc.) · Infliggere un castigo: *castigare un ragazzo* Ⓢ punire.

castigo (ca-sti-go) N.M. (pl. *-ghi*) · Punizione inflitta al fine di correggere: *un castigo esemplare, severo* Ⓢ pena. Ⓔ ***Mettere in castigo***, punire • ***Stare in castigo***, scontare una punizione.

castità (ca-sti-tà) N.F. INVAR. · Rinuncia all'attività sessuale: *osservare la castità; i monaci fanno voto di castità.*

casto (cà-sto) AGG. **1** Che rinuncia alle esperienze sessuali: *i casti monaci.* **2** Puro, innocente: *un casto affetto.*

castoro (ca-stò-ro) N.M. · Roditore dal corpo tozzo e robusto e coda a spatola; vive in zone ricche di acqua, scavando tane sotterranee e costruendo dighe con pezzetti di legno rosicchiati dagli alberi • La pelliccia dell'animale: *giacca di castoro.*

castrare (ca-strà-re) V.TR. · Togliere o rendere inefficienti gli organi genitali di un animale, per impedirgli di procreare: *castrare un maiale.*

castrato (ca-strà-to) AGG. e N.M. || AGG. Privato degli organi della riproduzione: *un gatto castrato.* || N.M. **1** Carne macellata di un agnello che ha subito la castrazione: *braciole di castrato alla brace.* **2** In passato, cantante che era stato castrato da piccolo per avere una voce più acuta.

castrazione (ca-stra-zió-ne) N.F. · L'operazione con cui vengono asportati o resi inefficienti gli organi della riproduzione.

casuale (ca-ṣu-à-le) AGG. · Che accade in modo imprevisto: *una coincidenza casuale* Ⓢ accidentale, fortuito.

casualità (ca-ṣua-li-tà) N.F. INVAR. · La qualità di ciò che accade per caso: *la casualità di un incontro.*

casualmente (ca-ṣual-mén-te) AVV. · Per caso: *l'ho incontrata casualmente alla stazione.*

casupola (ca-sù-po-la) N.F. · Casa piccola e povera: *vive in una casupola in periferia* Ⓢ catapecchia, tugurio.

cata- · Primo elemento di parole composte che significa 'in giù, sotto': *catacomba*, cimitero sotterraneo.

cataclisma (ca-ta-clì-ṣma) N.M. (pl. *-i*) **1** Grave catastrofe dovuta a cause naturali, come terremoti, eruzioni vulcaniche, inondazioni: *un terribile cataclisma ha colpito il sud del Giappone.* **2** Sconvolgimento politico, economico, sociale: *l'inflazione sta provocando un vero cataclisma economico.*

catacomba (ca-ta-cóm-ba) N.F. · Serie di gallerie sotterranee fuori della città di Roma, che i primi cristiani usavano come cimitero, luogo di culto e rifugio durante le persecuzioni.

catalano (ca-ta-là-no) AGG. e N.M. (f. *-a*) || AGG. Della Catalogna, regione della Spagna nord-orientale. || N.M. (f. *-a*) Abitante, nativo della Catalogna. || N.M. Lingua parlata in Catalogna e nelle Isole Baleari.

catalessi (ca-ta-lès-si) N.F. INVAR. **1** Stato di morte apparente, con sospensione di tutte le funzioni organiche. **2** Nel linguaggio familiare, stato di sonno profondo, oppure di completa distrazione: *andare in catalessi.*

catalitico (ca-ta-lì-ti-co) AGG. (pl.m. *-ci*, pl.f. *-che*) · Capace di modificare la velocità di alcune reazioni chimiche: *agente catalitico.* Ⓔ ***Marmitta catalitica***, che trasforma i gas di scarico di un autoveicolo in sostanze non inquinanti.

catalizzare (ca-ta-liẓ-ẓà-re) V.TR. **1** Modificare la velocità di alcune reazioni chimiche. **2** Attrarre, attirare: *catalizzare l'attenzione del pubblico.*

catalizzatore (ca-ta-liẓ-ẓa-tó-re) AGG. e N.M. (f. *-trìce*) · Di qualsiasi sostanza chimica capace di modificare la velocità di alcune reazioni senza prendere parte alle reazioni stesse: *agente catalizzatore.*

catalogare (ca-ta-lo-gà-re) V.TR. (*catàlogo, catàloghi*, ecc.) **1** Registrare secondo un ordine: *catalogare le opere di un autore* Ⓢ schedare, ordinare. **2** Elencare, enumerare: *catalogare i propri impegni.*

catalogo (ca-tà-lo-go) N.M. (pl. *-ghi*) · Elenco ordinato e sistematico di una o più serie di oggetti: *il catalogo di una biblioteca, di una mostra.*

catapecchia (ca-ta-péc-chia) N.F. (pl. *-chie*) · Abitazione piccola, misera e in rovina Ⓢ stamberga.

catapulta (ca-ta-pùl-ta) N.F. · Antica macchina da guerra, usata per lanciare pietre mediante una grossa leva a cucchiaio collegata a una molla.

catapultare (ca-ta-pul-tà-re) V.TR. || TR. **1** Lanciare con la catapulta. **2** Lanciare con violenza: *nell'urto fu catapultato fuori dall'auto* Ⓢ scagliare, scaraventare. || **catapultarsi** RIFL. Lanciarsi con forza: *si catapultò fuori della porta* Ⓢ gettarsi.

cataratta (ca-ta-ràt-ta) → ***cateratta***.

catarifrangente (ca-ta-ri-fran-gèn-te) AGG. e N.M. · Di placca di materiale plastico, stampato in modo da formare particolari lenti, capaci di riflettere la luce nel buio; è impiegata per segnalazioni stradali notturne: *la curva è segnalata da catarifrangenti.*

catarro (ca-tàr-ro) N.M. · Sostanza densa prodotta da una mucosa infiammata: *una brutta bronchite, con molto catarro* Ⓢ muco.

catarsi (ca-tàr-si) N.F. INVAR. **1** Nella religione della Grecia classica, il rito magico della purificazione del corpo e dell'anima. **2** Purificazione, redenzione.

catartico (ca-tàr-ti-co) AGG. (pl.m. *-ci*, pl.f. *-che*) · Che purifica interiormente: *la tragedia classica aveva una funzione catartica.*

catasta (ca-tà-sta) N.F. **1** Quantità di legna da ardere ammucchiata con ordine: *una catasta di legna.* **2** Mucchio, cumulo: *guarda che catasta di libri.*

catasto (ca-tà-sto) N.M. · Inventario di case, edifici, costruzioni, che serve a calcolare le tasse. Ⓔ ***(Ufficio del) catasto***, l'ufficio che si occupa di curare e aggiornare questo inventario.

Il termine deriva dall'espressione greca *katà stíkhon* 'rigo per rigo', quindi 'registro'.

catastrofe (ca-tà-stro-fe) N.F. · Grave disastro che si abbatte su una comunità: *una grave catastrofe colpì la sua famiglia* Ⓢ sciagura.

catastrofico (ca-ta-strò-fi-co) AGG. (pl.m. *-ci*, pl.f. *-che*) **1** Che porta al disastro, alla rovina generale: *una guerra catastrofica* Ⓢ disastroso. **2** Pessimista, negativo: *previsioni catastrofiche; sei sempre così catastrofico!*

catechismo (ca-te-chì-ṣmo) N.M. · L'insegnamento e l'apprendimento dei principi della dottrina cristiana: *i suoi figli vanno a catechismo con i miei.*

Il termine deriva da un verbo greco che significa 'insegnare a viva voce'.

categoria (ca-te-go-rì-a) N.F. (pl. *-rìe*) **1** Classificazione in base a criteri di qualità: *albergo di prima categoria; impiegato di prima, di seconda categoria* Ⓢ livello, classe. **2** Gruppo di persone che si distinguono per professione o classe sociale: *sciopera la categoria dei tessili; le categorie meno abbienti.* **3** Nello sport, suddivisione degli atleti, delle squadre o dei veicoli a seconda della capacità, del peso, dell'età, della potenza: *categoria pesi massimi; campionato di prima categoria.*

categorico (ca-te-gò-ri-co) AGG. (pl.m. *-ci*, pl.f. *-che*) · Che non ammette obiezioni o dubbi: *un ordine categorico* Ⓢ perentorio, deciso Ⓒ incerto.

catena (ca-té-na) N.F. **1** Serie di anelli legati l'uno all'altro: *la catena dell'ancora; la catena del cane* • Organo di forma simile, formato da una serie di piccoli elementi articolati fra loro che trasmette il movimento alla ruota posteriore di un veicolo a pedali: *la catena della bici.* **2** Schiavitù, oppressione: *un popolo in catene.* **3** Serie continua, successione: *una catena di omicidi.* **4** Gruppo di aziende o di imprese che appartengono allo stesso proprietario: *una catena di alberghi.* Ⓔ ***A catena***, di fatti che si verificano come conseguenza l'uno dell'altro: *incidenti a catena;* ***reazione a catena***, serie di reazioni nucleari, ciascuna delle quali si sviluppa dalla precedente; in senso figurato, serie di conseguenze impossibili da arrestare o controllare • ***Catena di montaggio*** → ***montaggio*** • ***Catena di monti***, successione continua di monti • ***Catene da***

A B C D E F G H I J K L M N O P Q R S T U V W X Y Z

neve, da mettere agli pneumatici per aumentare l'aderenza al fondo stradale in caso di neve • ***Spezzare le catene***, riacquistare la libertà.

C

catenaccio (ca-te-nàc-cio) N.M. (pl. *-ci*) **1** Sbarra che serve per assicurare la chiusura di una porta o di una finestra: *mettere il catenaccio* Ⓢ chiavistello. **2** Nel calcio, sistema di gioco basato su una rigida tattica difensiva: *è una squadra che fa sempre il catenaccio.*

cateratta (ca-te-ràt-ta) N.F. **1** Serie di piccole cascate lungo il corso di un fiume: *le cateratte del Nilo.* **2** Perdita parziale o totale della trasparenza del cristallino dell'occhio, che provoca diminuzione della vista o anche cecità: *operarsi di cateratta.*

catetere (ca-te-tè-re; *più com.* ca-tè-te-re) N.M. · Piccolo tubo di vario materiale, usato in medicina per fare analisi o per fare uscire liquidi dall'organismo: *introdurre un catetere nell'aorta.*

cateto (ca-tè-to) N.M. · Ciascuno dei due lati di un triangolo rettangolo che formano l'angolo retto.

catinella (ca-ti-nèl-la) N.F. · Piccolo catino poco profondo Ⓢ bacinella. Ⓔ ***A catinelle***, in gran quantità: *piove a catinelle.*

catino (ca-tì-no) N.M. · Recipiente di forma circolare, di metallo o plastica, usato per lavarvi le stoviglie o anche per lavarsi.

catodico (ca-tò-di-co) AGG. (pl.m. *-ci*, pl.f. *-che*) · Che riguarda il catodo.

catodo (cà-to-do) N.M. · Elettrodo negativo.

catrame (ca-trà-me) N.M. · Sostanza oleosa di colore scuro, ricavata dai carboni fossili; è usata per rendere impermeabili le superfici di strade, tetti, ecc. Ⓢ bitume.

cattedra (càt-te-dra) N.F. **1** Il banco, a volte rialzato, da cui si insegna nelle scuole: *la professoressa si sedette alla cattedra.* **2** L'incarico di insegnamento ottenuto mediante concorso: *ha ottenuto la cattedra di fisica.* **3** Seggio riservato al Pontefice o ai vescovi che assistono a funzioni solenni. Ⓔ ***Montare in cattedra*** o ***salire in cattedra***, tenere l'atteggiamento antipatico di chi pensa di poter dare lezioni agli altri.

cattedrale (cat-te-drà-le) N.F. · La chiesa principale della diocesi: *la cattedrale di Parigi* Ⓢ duomo.

cattiveria (cat-ti-vè-ria) N.F. (pl. *-rie*) **1** Disposizione a fare del male: *la sua cattiveria mi fa orrore* Ⓢ malvagità, crudeltà Ⓒ bontà. **2** Azione o frase malvagia: *dire cattiverie sul conto di qualcuno.*

Quando indica la qualità della persona, *cattiveria* si usa solo al singolare; si può usare il plurale solo per intendere azioni cattive.

cattività (cat-ti-vi-tà) N.F. INVAR. **1** Prigionia, schiavitù, servitù: *la cattività babilonese.* **2** La condizione degli animali selvatici costretti dall'uomo a vivere in gabbia o comunque fuori del loro ambiente naturale: *gli animali dello zoo vivono in cattività.*

cattivo (cat-ti-vo) AGG. e N.M. (f. *-a*; comparativo *peggiore* o *più cattivo*, superlativo *pessimo* o *cattivissimo*) || AGG. **1** Di persona, che tende a fare il male, provandone anche soddisfazione: *sei stato cattivo a dirle quelle cose* Ⓢ malvagio, crudele Ⓒ buono, bravo. • Poco disposto alla gentilezza e alla tolleranza: *un cattivo carattere; essere di cattivo umore*, essere arrabbiato, nervoso Ⓢ duro, scortese, severo. **2** Che tiene un comportamento fastidioso: *bambini, non fate i cattivi* Ⓢ turbolento, indisciplinato. **3** Poco abile nelle propria attività: *un cattivo medico* Ⓢ incapace, impreparato, inesperto. **4** Che rivela malvagità: *cattive intenzioni* Ⓢ riprovevole • Che rivela scortesia: *cattive maniere.* **5** Privo di valore: *merce cattiva* Ⓢ scadente • Insufficiente per uno scopo: *un cattivo rimedio* Ⓢ insoddisfacente. **6** Che causa dolore o danno: *una cattiva notizia* Ⓢ brutto • Sgradevole da annusare o mangiare: *un cattivo odore; la pasta era cattiva* • Che porta svantaggi: *cattiva sorte* Ⓢ sfavorevole, avverso • Del clima, piovoso e con temperature sgradevolmente basse: *oggi il tempo è cattivo* Ⓢ brutto. **7** Di scarsa entità: *un cattivo raccolto* Ⓢ povero, scarso. || N.M. (f. *-a*) Chi tende a fare il male: *nelle favole i cattivi vengono sempre puniti.*

Il termine deriva dal latino *captivus* 'prigioniero', attraverso l'espressione *captivus (diaboli)* 'prigioniero del diavolo'.

cattolicesimo (cat-to-li-cé-ṣi-mo) N.M. · La religione cattolica: *il cattolicesimo è la religione principale in Italia.*

cattolico (cat-tò-li-co) AGG. e N.M. (f. -a; pl.m. -*ci*, pl.f. -*che*) || AGG. **1** Della religione cristiana che fa capo alla Chiesa apostolica romana e riconosce il Papa come massima autorità: *fede cattolica.* **2** Che si ispira ai principi della religione cattolica: *scrittore cattolico.* || AGG. e N.M. (f. -a) Che, chi professa la religione cattolica: *una famiglia cattolica.*

cattura (cat-tù-ra) N.F. **1** Arresto: *la cattura di un bandito.* **2** Il prendere vivo un animale selvatico: *la cattura di una tigre.* Ⓔ ***Ordine di cattura*** o ***mandato di cattura***, documento con cui l'autorità giudiziaria ordina di arrestare un imputato.

catturare (cat-tu-rà-re) V.TR. **1** Arrestare: *l'evaso è stato catturato nella notte.* **2** Far prigioniero con un'azione di guerra: *il comandante è stato catturato per primo.* **3** Prendere vivo un animale selvatico: *catturare una volpe.* **4** Attirare, attrarre: *catturare l'attenzione del pubblico.*

caucciù (cauc-ciù) N.M. INVAR. · Gomma di origine vegetale.

caudale (cau-dà-le) AGG. · Che riguarda la coda di un animale: *la pinna caudale dei pesci.*

caule (càu-le) N.M. · Parte della pianta che collega le foglie alle radici, soprattutto di piante erbacee Ⓢ fusto.

causa (càu-ṣa) N.F. **1** Tutto ciò che provoca un fenomeno o un evento: *il fumo è una delle cause del cancro ai polmoni; il marito è la vera causa di tutte le sue ansie* Ⓢ motivo, ragione Ⓒ conseguenza, effetto. **2** Azione giudiziaria: *causa civile, penale; vincere una causa* Ⓢ processo. **3** L'insieme dei diritti, degli interessi e degli ideali per cui si lotta: *difendere la causa degli oppressi; abbracciare una causa*, decidere di lottare per essa. **4** In grammatica: ***complemento di causa***, quello che indica il motivo per cui avviene o viene fatto qualcosa (*Giovanni trema per la paura, si è ammalato dal dispiacere; piango di gioia; a quell'idea sorrise; con il peso della neve il tetto è crollato*); ***complemento di causa efficiente***, complemento che indica la cosa o il fatto che ha provocato l'azione subita dal soggetto (*fui sorpreso dal suo arrivo; la vigna fu distrutta dalla grandine*). Ⓔ ***A causa di***, in conseguenza di: *la partita è stata sospesa a causa della nebbia* • ***Chiamare in causa*** → ***chiamare*** • ***Fare causa a qualcuno***, citarlo in giudizio • ***Parte in causa*** → ***parte*** • ***Per causa di***, per colpa di: *per causa tua abbiamo perso un'occasione.*

causale (cau-ṣà-le) AGG. e N.F. || AGG. **1** Che si riferisce alla causa, che indica la causa: *rapporto causale.* **2** In grammatica: ***proposizione causale*** (o *una causale* N.F.), frase subordinata che indica il motivo per cui si verifica ciò che è detto nella proposizione principale (*non comprai nulla perché non avevo soldi; avendo perso il treno arrivai in ritardo*); ***congiunzione causale***, quella che introduce una proposizione causale, per es. *poiché, siccome, perché.* || N.F. Motivo di un pagamento: *si prega di indicare la causale di versamento.*

causare (cau-ṣà-re) V.TR. (càuṣo, ecc.) · Determinare un fenomeno, un fatto o una situazione: *lo scontro causò gravi danni **al** veicolo; la tua debolezza è causata dalla febbre* Ⓢ provocare.

caustico (càu-sti-co) AGG. (pl.m. -*ci*, pl.f. -*che*) **1** Di sostanza, capace di corrodere o bruciare tessuti organici Ⓢ corrosivo. **2** Pungente, sarcastico: *un articolo caustico.* Ⓔ ***Soda caustica*** → ***soda.***

cautela (cau-tè-la) N.F. **1** Prudenza, attenzione: *agire, procedere con cautela.* **2** Precauzione: *usare tutte le cautele possibili.*

cautelare[1] (cau-te-là-re) AGG. · Che serve come garanzia: *misure cautelari.* Ⓔ ***Custodia cautelare*** → ***custodia.***

cautelare[2] (cau-te-là-re) V.TR. (*cautèlo*, ecc.) || TR. Proteggere usando precauzioni: *cautelare i propri interessi* Ⓢ garantire. || **cautelarsi** RIFL. Proteggersi da eventuali rischi: *cautelarsi **contro** i furti, **dai** pericoli* Ⓢ premunirsi.

cauto (càu-to) AGG. · Che agisce con prudenza e attenzione: *atteggiamento, tono cauto* Ⓢ prudente Ⓒ incauto. Ⓔ ***Andarci cauto***, agire con prudenza: *vacci cauto con gli investimenti in borsa.*

C

cauzione (cau-zió-ne) N.F. · Somma di denaro depositata come garanzia: *per affittare una casa occorre pagare una cauzione.*

cava (cà-va) N.F. · Luogo da cui si estraggono materiali per le costruzioni, l'industria o altri impieghi: *una cava di marmo, di pietra.*

cavalcare (ca-val-cà-re) V.INTR. e TR. (*cavàlco, cavàlchi*, ecc.) || INTR. (aus. *avere*) Andare a cavallo: *vorrei imparare a cavalcare.* || TR. Montare un cavallo o un altro animale da sella: *cavalcare un mulo.* ▸ Ⓕ **cavallo**

cavalcata (ca-val-cà-ta) N.F. · Percorso compiuto a cavallo: *fecero una lunga cavalcata.* ▸ Ⓕ **cavallo**

cavalcatura (ca-val-ca-tù-ra) N.F. · Cavallo o altro animale da sella: *cambiare cavalcatura.* ▸ Ⓕ **cavallo**

cavalcavia (ca-val-ca-vì-a) N.M. INVAR. · Ponte che passa sopra una strada o una ferrovia: *il cavalcavia della ferrovia.* ▸ Ⓕ **cavallo**

cavalcioni (ca-val-ció-ni) AVV. · Solo nell'espressione ***a cavalcioni***, a cavallo, nella posizione di chi sta sopra qualcosa con una gamba di qua e una di là: *stare a cavalcioni di un muretto.* ▸ Ⓕ **cavallo**

cavaliere (ca-va-liè-re) N.M. **1** Chi va a cavallo: *il cavallo imbizzarrito disarcionò il cavaliere.* **2** Nel Medioevo, chi apparteneva alla cavalleria: *i cavalieri della Tavola Rotonda.* **3** Uomo nobile e gentile, soprattutto con le donne: *comportarsi da cavaliere* Ⓢ gentiluomo. **4** Nei balli o in società, chi fa coppia con una donna: *mi ha fatto da cavaliere per tutta la serata.* **5** Titolo conferito dallo Stato per particolari meriti: *cavaliere del lavoro.* ▸ Ⓕ **cavallo**

cavalleggero (ca-val-leg-gè-ro) N.M. · Soldato a cavallo. ▸ Ⓕ **cavallo**

cavalleresco (ca-val-le-ré-sco) AGG. (pl.m. *-schi*, pl.f. *-sche*) **1** Che riguarda l'istituzione medievale della cavalleria: *imprese cavalleresche.* **2** Formato da persone che hanno il titolo di cavaliere: *ordine cavalleresco.* **3** Che nei comportamenti rivela nobiltà d'animo e cortesia: *atteggiamento cavalleresco.* Ⓔ ***Poema cavalleresco***, poema ispirato alle imprese di nobili guerrieri e cavalieri. ▸ Ⓕ **cavallo**

cavalleria (ca-val-le-rì-a) N.F. (pl. *-rìe*) **1** L'insieme delle truppe di un esercito che combattono a cavallo: *un reggimento di cavalleria.* **2** Istituzione medievale creata per la difesa della fede cristiana, dei deboli e degli oppressi, e regolata da precise norme di comportamento. **3** Nobiltà, generosità e cortesia, soprattutto nei confronti delle donne: *si comporta con grande cavalleria.* ▸ Ⓕ **cavallo**

cavallerizzo (ca-val-le-rìz-zo) N.M. (f. *-a*) **1** Chi ammaestra i cavalli o insegna a cavalcare. **2** Chi è abile nel cavalcare: *una brava cavallerizza.* ▸ Ⓕ **cavallo**

cavalletta (ca-val-lét-ta) N.F. · Insetto con mandibole robuste e zampe posteriori adatte al salto; può recare danni anche gravi alle coltivazioni. ▸ Ⓕ **cavallo**

cavalletto (ca-val-lét-to) N.M. · Base di appoggio per vari oggetti, con due, tre o quattro gambe: *il pittore mise il quadro sul cavalletto; il cavalletto della macchina fotografica.* ▸ Ⓕ **cavallo**

cavallo (ca-vàl-lo) N.M. (f. *-a*) **1** Mammifero erbivoro con testa allungata, collo con folta criniera, mantello di vari colori: *cavallo di razza*, purosangue; *montare a cavallo; scendere da cavallo; andare a cavallo*, cavalcare. **2** Attrezzo ginnico formato da un corpo cilindrico di cuoio imbottito che poggia su quattro gambe: *esercizio al cavallo.* **3** La parte dei calzoni o delle mutande in cui essi si dividono in due in corrispondenza delle gambe. **4** Unità di misura della potenza meccanica: *un motore da 440 cavalli.* Ⓔ ***A cavallo di***, fra il momento finale di un periodo di tempo e quello iniziale del periodo successivo: *vivere a cavallo di due secoli* • ***Cavallo di battaglia***, attività in cui qualcuno è particolarmente bravo: *ho suonato il mio cavallo di battaglia* • ***Essere a cavallo***, essere sicuri di raggiungere un determinato scopo • ***Febbre da cavallo***, nel linguaggio familiare, febbre molto alta • ***Ferro di cavallo*** → ***ferro***. ▸ Ⓕ **cavallo**

♫ Il verbo che indica il verso del cavallo è *nitrire* e il nome è *nitrito*.

cavallone (ca-val-ló-ne) N.M. · Alta onda marina: *i cavalloni si infrangevano sulla scogliera.* ▸ Ⓕ **cavallo**

cavalluccio (ca-val-lùc-cio) N.M. (pl. *-ci*) **1** Nell'espressione ***a cavalluccio***, a sedere sulle spalle di qualcuno, con le gambe che penzolano in avanti: *portare un bambino a cavalluccio*. **2** ***Cavalluccio marino***, pesce con muso simile a quello di un cavallo, che nuota in posizione verticale. ▸ Ⓕ cavallo

cavare (ca-và-re) V.TR. || TR. **1** Togliere con forza o con abilità: *cavare un dente* ***a*** *un paziente* Ⓢ levare, estrarre. **2** Trarre come risultato o guadagno: ***da*** *tutto questo lavoro ci caverò ben poco* Ⓢ ottenere, ricavare. || TR. PRONOM. **1** Soddisfare un desiderio o una necessità: *cavarsi una voglia*. **2** Nella forma ***cavarsela***, superare alla meglio una prova difficile: *tutto sommato non se l'è cavata male* ***agli*** *esami* • Essere bravo in qualcosa: ***in*** *inglese me la cavo bene*. Ⓔ ***Cavare le parole di bocca***, riuscire a far parlare qualcuno con difficoltà: *non gli si cava mai una parola di bocca* • ***Non cavare un ragno dal buco*** → *ragno*.

cavatappi (ca-va-tàp-pi) N.M. INVAR. · Strumento per estrarre il tappo di sughero dalle bottiglie o dai fiaschi.

cavea (cà-ve-a) N.F. (pl. *-vee*) · La gradinata per gli spettatori nei teatri e negli anfiteatri dell'antichità classica.

caveau (ca-veau; pronuncia *cavó*) N.M. FR., in it. N.M. INVAR. · Locale sotterraneo blindato in cui una banca custodisce i valori.

caverna (ca-vèr-na) N.F. · Cavità orizzontale che si apre sui fianchi di un monte o di una collina: *una caverna scavata nella roccia* Ⓢ grotta. Ⓔ ***Uomo delle caverne***, l'uomo preistorico.

cavernicolo (ca-ver-ni-co-lo) AGG. e N.M. (f. *-a*) · Che, chi abita nelle caverne: *l'uomo preistorico era un cavernicolo*.

cavernoso (ca-ver-nó-so) AGG. **1** Che ha molte caverne: *un monte cavernoso*. **2** Di suono, cupo e profondo: *una voce cavernosa*.

cavezza (ca-véz-za) N.F. · Corda che si lega al capo di una bestia, per condurla a mano: *mettere la cavezza al cavallo*.

cavia (cà-via) N.F. (pl. *-vie*) **1** Roditore con corpo tozzo e gambe corte, detto anche *porcellino d'India*; viene allevato per essere utilizzato nei laboratori scientifici come animale da esperimento. **2** Ogni animale, persona o cosa usata per fare esperimenti: *fare da cavia*.

caviale (ca-vià-le) N.M. · Specialità alimentare molto pregiata costituita da uova di storione salate.

caviglia (ca-vì-glia) N.F. (pl. *-glie*) · La parte inferiore della gamba, in corrispondenza dei malleoli: *distorsione alla caviglia*.

cavillare (ca-vil-là-re) V.INTR. (aus. *avere*) · Essere troppo sottili e pignoli nell'interpretazione delle leggi o delle parole altrui: *cavillare* ***su*** *ogni minima questione* Ⓢ sottilizzare.

cavillo (ca-vìl-lo) N.M. · Ragionamento sottile, sostenuto per trarre in inganno: *cavillo giuridico* Ⓢ pretesto.

cavità (ca-vi-tà) N.F. INVAR. **1** Spazio vuoto all'interno di una massa solida: *una cavità del terreno*. **2** Qualsiasi spazio cavo nel corpo o in uno dei suoi organi: *cavità orale*.

cavo[1] (cà-vo) AGG. e N.M. || AGG. Vuoto all'interno: *un tronco cavo* Ⓢ concavo, incavato. || N.M. Parte concava di una superficie: *il cavo della mano*. Ⓔ ***Vena cava*** (o *la cava* N.F.), ciascuna delle due grandi vene che raccolgono il sangue proveniente dai vari organi o tessuti e lo portano all'atrio destro del cuore.

cavo[2] (cà-vo) N.M. **1** Grossa corda: *cavi di ormeggio* Ⓢ fune. **2** Filo conduttore, spesso costituito da più elementi, per la trasmissione dell'energia elettrica o per comunicazioni telefoniche o telegrafiche: *i cavi dell'alta tensione*.

cavolfiore (ca-vol-fió-re) N.M. · Varietà di cavolo con una grossa infiorescenza di colore bianco, molto usata in cucina: *cavolfiore lesso*.

cavolo (cà-vo-lo) N.M. **1** Pianta erbacea con foglie larghe, coltivata in diverse varietà e usata soprattutto come contorno e nella preparazione di minestre. **2** Nel linguaggio familiare, niente, nulla: *non me ne importa un cavolo*. Ⓔ ***Entrarci come il cavolo a merenda***, di cosa che non c'entra niente con un'altra • ***Salvare capra e cavoli*** → *capra*.

cazzata (caz-zà-ta) N.F. · Nel linguaggio volgare, comportamento o frase di grande stupidità: *smettila di dire cazzate!* Ⓢ stupidaggine • Errore madornale: *hai fatto una cazzata* • Bugia, menzogna: *ti ha raccontato un mucchio di cazzate.*

cazzo (càz-zo) N.M., *volg.* **1** Nel linguaggio volgare, organo dell'apparato genitale maschile Ⓢ pene. **2** Niente, nulla: *non mi importa un cazzo.* **3** AL PL. Affari personali: *fatti i cazzi tuoi!*

cazzotto (caz-zòt-to) N.M. · Nel linguaggio familiare, colpo violento dato a pugno chiuso: *prendere a cazzotti* Ⓢ pugno.

cazzuola (caz-zuò-la) N.F. · Arnese del muratore costituito da una lama d'acciaio triangolare munita di manico, usato per prendere e stendere le malte.

cd (pronuncia *ciddì*) N.M. INVAR. · Sigla di *compact disc.*

cd-rom (pronuncia *ciddì ròm*) N.M. INVAR. · Compact disc dove sono registrati suoni, testi e immagini, dati che si possono solo leggere e non modificare: *dizionario disponibile in cd-rom.*

ce (cé) PRON. e AVV. · Variante dell'avverbio e del pronome atono *ci.*

Ce si usa al posto di *ci* davanti ai pronomi *lo, li, la, le, ne* sia quando precedono il verbo che quando lo seguono: *ce lo misi; ce ne parlò; volle mettercelo.*

cecchino (cec-chì-no) N.M. · Tiratore scelto appostato per colpire il nemico di sorpresa.

cece (cé-ce) N.M. · Pianta erbacea con frutto a legume che contiene uno o più semi • Il seme della pianta, maturo e secco, che si consuma in minestre o come contorno: *minestra di pasta e ceci.*

ceceno (ce-cè-no) AGG. e N.M. (f. -a) || AGG. e N.M. (f. -a) Dei Ceceni, popolazione del Caucaso orientale. || N.M. Lingua del gruppo nord-orientale del Caucaso, parlata dai Ceceni.

cecità (ce-ci-tà) N.F. INVAR. **1** Perdita parziale o totale della vista: *una malattia che porta alla cecità.* **2** Incapacità di comprendere e giudicare, dovuta a mancanza di buon senso: *per la sua cecità ha perso la stima di tutti.*

ceco (cè-co) AGG. e N.M. (f. -a; pl.m. -chi, pl.f. -che) || AGG. Della Repubblica Ceca. || N.M. (f. -a) Abitante, nativo della Repubblica Ceca. || N.M. La lingua parlata nella Repubblica Ceca.

cedere (cè-de-re) V.INTR. e TR. (*cèdo*, ecc.) || INTR. (aus. *avere*) **1** Cessare di opporre resistenza: *l'esercito ha ceduto* ***all'*** *attacco del nemico* Ⓢ arrendersi Ⓒ resistere • Piegarsi, acconsentire: *cedere* ***alle*** *minacce; cedere* ***a*** *una richiesta.* **2** Non resistere a una pressione, a un peso o a un urto: *il tetto ha ceduto sotto il peso della neve* Ⓢ crollare, rompersi. || TR. **1** Rinunciare a un possesso o a un privilegio a favore di altri: *cedere un territorio; cedere il posto* ***a*** *un anziano* Ⓢ lasciare. **2** Vendere: *cedere un'attività.* Ⓔ ***Cedere il passo***, farsi da parte a favore di altri: *è l'ora che i vecchi professori cedano il passo* ***ai*** *giovani.*

cedevole (ce-dé-vo-le) AGG. **1** Che si deforma o rompe con facilità: *materiale cedevole* • Di terreno, che tende a franare o a sprofondare. **2** Che si piega facilmente ai desideri o alla volontà altrui: *carattere cedevole* Ⓢ docile.

cedimento (ce-di-mén-to) N.M. **1** Rottura o crollo di una struttura o di una superficie: *cedimento di un muro.* **2** Crollo mentale o fisico: *ha perso la gara per un cedimento improvviso.*

cedola (cè-do-la) N.F. · Tagliando di tessere o titoli di credito, da staccarsi al momento della consegna o del pagamento.

cedro[1] (cé-dro) N.M. · Albero sempreverde, detto anche *cedro del Libano*, con tronco grosso, foglie aghiformi, pigne a squame; è coltivato a scopo ornamentale.

cedro[2] (cé-dro) N.M. · Alberello con fiori bianchi profumati e frutto giallo più grosso del limone, con buccia grossa e tenera; è coltivato nelle regioni calde del Mediterraneo • Il frutto della pianta, da cui si ricavano sciroppi per bevande e si estraggono essenze profumate.

ceduo (cè-duo) AGG. · Che può essere tagliato. Ⓔ ***Bosco ceduo***, bosco che periodicamente viene tagliato, lasciando nel terreno i ceppi e le basi dei tronchi da cui rinasceranno altri rami.

cefalea (ce-fa-lè-a) N.F. (pl. *-lèe*) · Mal di testa: *centro per la cura delle cefalee* Ⓢ emicrania.

cefalo (cè-fa-lo) N.M. · Pesce comune nel Mediterraneo, dal corpo affusolato e argentato; è apprezzato per la bontà delle sue carni.

ceffo (céf-fo) N.M. **1** Muso di animale, soprattutto di cane. **2** Viso di persona malvagia o che rivela cattive intenzioni: *che brutto ceffo!*

ceffone (cef-fó-ne) N.M. · Forte colpo dato sul volto con la mano aperta: *se non la smetti ti do un ceffone* Ⓢ schiaffo.

celare (ce-là-re) V.TR. (*cèlo*, ecc.) || TR. Sottrarre alla vista, tenere segreto: *celare il volto dietro una maschera; celava la verità* ***a*** *tutti* Ⓢ nascondere Ⓒ mostrare. || **celarsi** RIFL. Nascondersi: *dietro la sua aggressività si celano ferite profonde.*

celeberrimo (ce-le-bèr-ri-mo) · Superlativo → ***celebre***.

celebrare (ce-le-brà-re) V.TR. (*cèlebro*, ecc.) **1** Lodare pubblicamente: *celebrare le gesta di un eroe* Ⓢ esaltare. **2** Festeggiare in modo solenne: *celebrare una ricorrenza* Ⓢ commemorare. **3** Compiere una funzione religiosa, una cerimonia o una procedura secondo le regole prescritte: *celebrare la messa; celebrare un processo.*

celebrativo (ce-le-bra-tì-vo) AGG. · Che celebra: *discorso celebrativo.*

celebrazione (ce-le-bra-zió-ne) N.F. · Lo svolgimento di riti religiosi, cerimonie o altre manifestazioni che ricordano fatti o personaggi importanti: *la celebrazione delle nozze; le celebrazioni per il centenario della nascita del cinema.*

celebre (cè-le-bre) AGG. · Che gode di grande fama: *un celebre scienziato; un celebre romanzo* Ⓢ famoso, noto.

celebrità (ce-le-bri-tà) N.F. INVAR. **1** Fama, notorietà: *la celebrità gli ha dato alla testa.* **2** Persona autorevole e famosa: *è una celebrità nel mondo della lirica.*

celenterato (ce-len-te-rà-to) N.M. · Invertebrato marino, come il polipo e la medusa.

celere (cè-le-re) AGG. · Che si muove con rapidità: *è molto celere nello svolgere i suoi compiti* Ⓢ veloce, rapido Ⓒ lento.

celerità (ce-le-ri-tà) N.F. INVAR. · Rapidità, prontezza: *la polizia è intervenuta con celerità* Ⓒ lentezza.

celeste (ce-lè-ste) AGG. e N.M. || AGG. **1** Del cielo: *corpi celesti.* **2** Del cielo come sede divina: *beatitudine celeste* Ⓢ spirituale. || AGG. e N.M. Di colore simile a quello del cielo sereno, azzurro chiaro: *occhi celesti; il celeste è il suo colore preferito.*

celestiale (ce-le-stià-le) AGG. · Degno del paradiso: *grazia celestiale* Ⓢ angelico.

celiachia (ce-lia-chì-a) N.F. (pl. *-chìe*) · Malattia causata da un'intolleranza alimentare al glutine.

celiaco (ce-lì-a-co) AGG. e N.M. (f. *-a*; pl.m. *-ci*, pl.f. *-che*) || AGG. Che riguarda la regione addominale: *arteria celiaca.* || AGG. e N.M. (f. *-a*) Che, chi soffre di celiachia.

celibato (ce-li-bà-to) N.M. · Lo stato dell'uomo non sposato: *la cena d'addio al celibato.*

celibe (cè-li-be) AGG. e N.M. · Non sposato: *è rimasto celibe fino a tarda età* Ⓢ scapolo; single (*ingl.*).

cella (cèl-la) N.F. **1** Piccola stanza con l'indispensabile per dormire e lavarsi, destinata a monaci o carcerati: *le celle del convento, del carcere.* **2** Ciascuna delle camerette dell'alveare, in cui le api depositano polline, miele e uova. **3** Locale destinato a vari usi e funzioni. Ⓔ ***Cella frigorifera*** → ***frigorifero***.

cellofan (cèl-lo-fan o cel-lo-fàn) N.M. INVAR. · Foglio trasparente usato per avvolgere e proteggere prodotti alimentari.

cellula (cèl-lu-la) N.F. **1** Unità di base di tutti gli organismi viventi, formata da un *nucleo*, che contiene *cromosomi*, e da un *citoplasma* circostante, in cui sono immersi vari tipi di strutture che svolgono varie funzioni. **2** ***Cellula fotoelettrica***, fotocellula.

cellulare (cel-lu-là-re) AGG. e N.M. || AGG. **1** Che riguarda la cellula: *struttura cellulare.* **2** ***Telefono cellulare*** (o *il cellulare* N.M.), apparecchio telefonico portatile che funziona tramite onde radio. || N.M. Il furgone per il trasporto dei carcerati.

cellulite (cel-lu-li-te) N.F. · Deposito di grasso sotto la pelle che le conferisce un aspetto ondulato.

celluloide (cel-lu-lòi-de) N.F. **1** Materia plastica dura, flessibile, infiammabile, usata per pellicole fotografiche e cinematografiche, e per fabbricare vari oggetti. **2** Il cinema: *i divi della celluloide*.

cellulosa (cel-lu-ló-sa) N.F. · Sostanza presente nelle piante che ha notevole importanza nella fabbricazione della carta, di fibre tessili e di materie plastiche.

Celsius (Cèl-sius) AGG. INVAR. · ***Grado Celsius***, grado centigrado (→ ***centigrado***).

celtico (cèl-ti-co) AGG. e N.M. (f. *-a*; pl.m. *-ci*, pl.f. *-che*) || AGG. e N.M. (f. *-a*) Dei Celti, gli antichi popoli che abitavano la Gallia. || N.M. Gruppo di lingue indeuropee parlate nell'antica Gallia; oggi sopravvive in Bretagna, in Irlanda, in Scozia e nel Galles.

cembalo (cém-ba-lo) N.M. **1** Tamburello circondato da piccoli sonagli, che si suona agitandolo con una mano e percuotendolo con l'altra. **2** Clavicembalo.

cembro (cém-bro) N.M. · Albero delle conifere, il cui legno rossiccio è utilizzato per fabbricare mobili.

cementare (ce-men-tà-re) V.TR. (*ceménto*, ecc.) **1** Unire con cemento o calce: *cementare un muro*. **2** Rendere più forte e saldo: *cementare un'amicizia* Ⓢ consolidare.

cementificazione (ce-men-ti-fi-ca-zió-ne) N.F. · Rovina del paesaggio causata dalla costruzione indiscriminata di edifici in cemento.

cementificio (ce-men-ti-fì-cio) N.M. (pl. *-ci*) · Fabbrica di cemento.

cemento (ce-mén-to) N.M. · Polvere grigia, ottenuta da sostanze contenenti calcare e argilla, che impastata con acqua e altri materiali viene usata nelle opere di muratura per tenere saldamente uniti i materiali. Ⓔ ***Cemento armato***, rinforzato internamente con barre di acciaio.

cena (cé-na) N.F. · Il pasto della sera: *una cena abbondante; invitare a cena qualcuno*. Ⓔ ***Ultima Cena***, quella di Gesù Cristo con gli apostoli la sera prima della Passione.

cenacolo (ce-nà-co-lo) N.M. **1** Nell'antichità classica, stanza dell'abitazione in cui ci si riuniva per il pasto; in particolare, quella dove Gesù Cristo consumò l'Ultima Cena con gli apostoli. **2** Rappresentazione pittorica dell'Ultima Cena: *il cenacolo di Leonardo*.

cenare (ce-nà-re) V.INTR. (*céno*, ecc.; aus. *avere*) · Consumare il pasto serale: *prima cenate e poi andate a letto*.

cencio (cén-cio) N.M. (pl. *-ci*), *fam.* · Nel linguaggio familiare, pezzo di tessuto vecchio adoperato per spolverare i mobili, asciugare le stoviglie, ecc.: *passare il cencio sulla libreria* Ⓢ strofinaccio, straccio. Ⓔ ***Bianco come un cencio***, pallidissimo, per malattia o per paura.

cenere (cé-ne-re) N.F. **1** Polvere grigio scura, residuo di sostanze organiche bruciate: *cenere di legno, di carbone*. **2** AL PL. I resti del corpo umano nella sepoltura o dopo che è stato cremato: *le sue ceneri riposano nel cimitero di Staglieno*. Ⓔ ***Covare sotto la cenere*** → ***covare*** • ***Mercoledì delle Ceneri*** o ***le Ceneri***, il primo giorno di quaresima, quando il sacerdote, come invito alla penitenza, pone un pizzico di cenere sul capo dei fedeli.

cenno (cén-no) N.M. **1** Gesto fatto per comunicare qualcosa: *fare cenno di parlare; far cenno di sì, di no*, annuire o negare Ⓢ segno. **2** Indizio, annuncio: *il mare dava cenni di tempesta*. **3** Breve notizia o informazione: *dare qualche cenno storico* Ⓢ accenno.

cenozoico (ce-no-zòi-co) AGG. (pl.m. *-ci*, pl.f. *-che*) · ***Era cenozoica*** (o *il Cenozoico* N.M.), l'era geologica che segue il *Mesozoico*, caratterizzata dal grande sviluppo dei mammiferi.

censimento (cen-si-mén-to) N.M. · Indagine statistica ufficiale per rilevare i dati relativi a un fatto collettivo in un dato momento: *il censimento della popolazione*.

censire (cen-si-re) V.TR. (*censìsco*, *censìsci*, ecc.) · Fare il censimento di qualcosa: *censire le proprietà immobiliari*.

censo (cèn-so) N.M. · Insieme di beni e di ricchezze posseduti: *cittadini distinti in base al censo.*

censore (cen-só-re) N.M. **1** Pubblico funzionario incaricato di controllare che le opere da pubblicare o da rappresentare in pubblico non offendano la morale o la religione. **2** Chi si sente in diritto di criticare le azioni altrui: *ci prova gusto a fare sempre il censore.*

censura (cen-sù-ra) N.F. **1** Controllo delle opere da pubblicare o da rappresentare in pubblico per evitare che offendano la morale o la religione: *sottoporre un libro a censura* • La commissione di funzionari addetti a tale controllo: *la censura ha imposto al film il divieto ai minori di diciotto anni.* **2** Critica severa: *un comportamento degno di censura* Ⓢ biasimo, condanna.

censurare (cen-su-rà-re) V.TR. **1** Sottoporre a censura le opere da pubblicare o da rappresentare in pubblico: *censurare un libro, un film.* **2** Criticare severamente: *censurare il comportamento di una persona* Ⓢ biasimare, condannare.

centauro (cen-tàu-ro) N.M. **1** Nella mitologia classica, creatura con zampe e groppa di cavallo e busto e testa d'uomo. **2** Motociclista: *un raduno di centauri.*

centellinare (cen-tel-li-nà-re) V.TR. (*centèllino*, ecc.) **1** Bere a piccoli sorsi: *centellinare un liquore* Ⓢ sorseggiare. **2** Usare con parsimonia e con saggezza: *centellinare le forze* Ⓢ dosare.

centenario (cen-te-nà-rio) AGG. e N.M. (f. *-a*; pl.m. *-ri*, pl.f. *-rie*) || AGG. e N.M. (f. *-a*) Che, chi ha cento anni o più: *un olivo centenario; ben cinque centenari in un paesino dei Pirenei.* || AGG. Che ricorre ogni cento anni o si fa al compiersi dei cento anni da un avvenimento: *commemorazioni centenarie.* || N.M. Centesimo anniversario di un avvenimento: *il centenario della morte di Giuseppe Verdi.*

centesimale (cen-te-ṣi-mà-le) AGG. · Che costituisce la centesima parte di qualcosa o è diviso in cento parti.

centesimo (cen-tè-ṣi-mo) AGG. NUM. ORD. e N.M. || AGG. Che in una serie ordinata occupa il posto corrispondente al numero cento: *la centesima puntata di una serie televisiva* • Ennesimo: *è la centesima volta che te lo ripeto!* || N.M. **1** La centesima parte in cui può essere suddiviso un tutto: *un centesimo di secondo.* **2** Moneta che corrisponde alla centesima parte dell'euro o di altre valute: *un euro e venti centesimi* • Quantità minima di denaro: *in questo periodo non ho un centesimo* Ⓢ soldo.

centi- · Primo elemento di parole composte che significa 'cento' • Posto prima del nome di un'unità di misura, ne indica la centesima parte: *centimetro*, la centesima parte di un metro.

centigrado (cen-tì-gra-do) AGG. · Diviso in cento gradi. Ⓔ ***Grado centigrado*** o ***grado Celsius***, unità di misura della temperatura secondo la scala centigrada (o Celsius), che assegna valore 0 alla temperatura in cui il ghiaccio fonde e 100 a quella in cui l'acqua bolle.

centigrammo (cen-ti-gràm-mo) N.M. · Unità di misura di peso pari alla centesima parte del grammo; il simbolo è *cg*.

centilitro (cen-tì-li-tro) N.M. · Unità di misura di capacità e volume pari alla centesima parte del litro; il simbolo è *cl*.

centimetro (cen-tì-me-tro) N.M. **1** Unità di misura di lunghezza pari alla centesima parte del metro; il simbolo è *cm*: *accorciare i pantaloni di tre centimetri.* **2** Nastro, di solito lungo un metro e mezzo, diviso in centimetri e usato soprattutto dai sarti per prendere le misure.

centinaio (cen-ti-nà-io) N.M. (pl.f. *le centinàia*) **1** Insieme di cento o circa cento elementi: *gli invitati saranno stati un centinaio* • Grande quantità: *abbiamo ricevuto centinaia di domande per il concorso.* **2** Nel sistema di numerazione decimale, la cifra che occupa il terzo posto, dopo quello delle unità e delle decine.

cento (cèn-to) AGG. NUM. CARD. e N.M. INVAR. || AGG. Numero uguale a dieci volte dieci: *cento euro* • Con valore indeterminato, indica una grande quantità: *te l'ho già detto cento volte!* || N.M. Il numero cento e il segno che lo rappresenta (*100* in numeri arabi, C in numeri romani). Ⓔ ***Per cento***, simbolo (%) che, preceduto da un numero, indica che su ogni cento unità si considerano solo quelle indicate da quel numero: *l'antracite contiene fino al 95 per cento (95%) di carbonio*; ***al cento per cento***, in senso figurato, del tutto, completamente: *sono sicuro al cento per cento.*

C

centrale (cen-trà-le) AGG. e N.F. || AGG. **1** Che costituisce il centro: *il punto centrale di una linea* • Situato al centro di qualcosa: *una strada centrale; Europa centrale.* **2** Di maggiore importanza: *la sede centrale di una banca; l'esperienza centrale della vita* Ⓢ principale. || N.F. **1** Impianto per la produzione e la distribuzione di certi servizi: *centrale elettrica; la centrale del latte.* **2** Sede direttiva di un'organizzazione, di un ente, ecc.: *l'hanno portato alla centrale di polizia.* Ⓔ ***Riscaldamento centrale*** → ***riscaldamento***.

centralina (cen-tra-lì-na) N.F. **1** Centrale periferica, telefonica o elettrica, che fornisce il servizio nei quartieri di una città. **2** Apparecchiatura che gestisce dispositivi di alimentazione, funzionamento o sicurezza: *la centralina del sistema di allarme.*

centralinista (cen-tra-li-nì-sta) N.M. e F. (pl.m. *-i*, pl.f. *-e*) · Chi è addetto a un centralino telefonico.

centralino (cen-tra-lì-no) N.M. · Apparecchio che serve a mettere i telefoni interni di un'azienda in comunicazione tra loro o con le linee esterne: *il centralino era sovraccarico di telefonate.*

centralità (cen-tra-li-tà) N.F. INVAR. **1** Posizione centrale: *la centralità del palazzo contribuisce ad alzarne il prezzo.* **2** Posizione di particolare rilievo di un elemento rispetto ad altri: *la centralità di un tema in un discorso.*

centralizzare (cen-tra-liz-zà-re) V.TR. **1** Trasferire compiti e poteri a un'unica autorità centrale: *centralizzare le funzioni statali* Ⓢ accentrare Ⓒ decentrare. **2** Unificare in un solo impianto vari dispositivi o funzioni: *centralizzare l'impianto di riscaldamento.*

centralizzato (cen-tra-liz-zà-to) AGG. **1** Accentrato in un unico organo direttivo centrale: *potere centralizzato.* **2** Unificato in un solo sistema, impianto, ecc.: *comando centralizzato di apertura delle porte.*

centrare (cen-trà-re) V.TR. (*cèntro*, ecc.) **1** Far sì che un oggetto si trovi al centro di uno spazio: *centrare l'immagine sullo schermo.* **2** Colpire in pieno: *centrare il bersaglio* Ⓢ cogliere. **3** Cogliere con precisione il punto centrale di una questione: *hai centrato il problema!* Ⓔ ***Centrare l'obiettivo***, raggiungere rapidamente il proprio scopo.

Non si devono confondere le forme di *centrare* con quelle di *entrarci*, anche se a volte il significato sembra simile: *il tuo discorso non centra il problema* ma *questo non c'entra nulla*.

centrattacco (cen-trat-tàc-co) N.M. (pl. *-chi*) · Centravanti di una squadra di calcio.

centravanti (cen-tra-vàn-ti) N.M. e F. INVAR. · Giocatore che occupa il centro dell'attacco nello schieramento di una squadra di calcio, hockey, pallanuoto, ecc.

centrifuga (cen-trì-fu-ga) N.F. (pl. *-ghe*) · Dispositivo che separa sostanze di densità diversa girando molto velocemente: *la centrifuga della lavatrice.*

centrifugare (cen-tri-fu-gà-re) V.TR. (*centrìfugo, centrìfughi*, ecc.) · Sottoporre una sostanza all'azione di una centrifuga: *centrifugare il latte.*

centrifugazione (cen-tri-fu-ga-zió-ne) N.F. · Operazione con cui si separano sostanze di diversa densità grazie all'azione di una centrifuga: *centrifugazione del latte.*

centrifugo (cen-trì-fu-go) AGG. (pl.m. *-ghi*, pl.f. *-ghe*) · Che allontana o si allontana dal centro: *moto centrifugo* Ⓒ centripeto. Ⓔ ***Forza centrifuga***, in un moto rotatorio, la forza che tende ad allontanare gli oggetti dal centro.

centripeto (cen-trì-pe-to) AGG. · Diretto verso il centro: *moto centripeto* Ⓒ centrifugo. Ⓔ ***Forza centripeta***, in un moto rotatorio, la forza che tende a spingere gli oggetti verso il centro.

centrismo (cen-trì-smo) N.M. · Posizione politica moderata che esclude alleanze del centro con la destra o con la sinistra.

centrista (cen-trì-sta) AGG. e N.M. e F. (pl.m. *-i*, pl.f. *-e*) · Che, chi in politica sostiene tendenze e programmi di centro: *governo centrista; i centristi sono favorevoli all'accordo.*

centro (cèn-tro) N.M. **1** In una figura geometrica, il punto rispetto al quale tutti gli altri risultano simmetrici: *il centro di un poligono; centro di una circonferenza,* il punto rispetto al quale tutti i punti della circonferenza hanno la stessa distanza. **2** La parte che si trova nel mezzo, oppure quella più interna di qualcosa: *il centro del tavolo; il centro della Terra.* **3** La zona di una città in cui si trovano gli edifici pubblici e si svolgono le principali attività: *vado in centro a fare spese.* **4** La parte più importante, degna di attenzione o di cura: *il centro di un discorso; il tema dei salari sarà al centro delle trattative.* **5** Luogo abitato più o meno grande: *i centri più importanti della regione* Ⓢ località • Località particolarmente importante per un'attività: *un centro industriale.* **6** Luogo dove vengono raccolti materiali e persone in attesa di una destinazione definitiva: *centro di raccolta dei soccorsi; centro profughi.* **7** Istituto che promuove ricerche in vari settori: *centro per le ricerche sul cancro.* **8** Gruppo di tendenze politiche moderate: *i partiti di centro.* Ⓔ ***Centro commerciale***, raggruppamento di negozi e locali pubblici in un unico ambiente • ***Centro storico***, la zona più antica di una città.

centroattacco (cen-tro-at-tàc-co) → ***centrattacco***.

centroavanti (cen-tro-a-vàn-ti) → ***centravanti***.

centrocampista (cen-tro-cam-pì-sta) N.M. e F. (pl.m. *-i*, pl.f. *-e*) · Nel calcio, giocatore che ha il compito di impostare il gioco nella zona di centrocampo.

centrocampo (cen-tro-càm-po) N.M. INVAR. · Nel calcio, la zona centrale del terreno di gioco: *la squadra è ancora debole a centrocampo* • L'insieme dei centrocampisti: *hanno il miglior centrocampo del campionato.*

centrodestra (cen-tro-dè-stra) N.M. INVAR. · Schieramento politico che risulta dalla coalizione tra partiti di centro e partiti di destra: *governo di centrodestra.*

centrosinistra (cen-tro-si-nì-stra) N.M. INVAR. · Schieramento politico che risulta dalla coalizione tra partiti di centro e partiti di sinistra: *il programma del centrosinistra.*

centrotavola (cen-tro-tà-vo-la) N.M. INVAR. · Oggetto o composizione di oggetti da collocare al centro di una tavola, con funzione decorativa: *un centrotavola di porcellana.*

centuplicare (cen-tu-pli-cà-re) V.TR. (*centùplico, centùplichi*, ecc.) **1** Moltiplicare per cento. **2** Aumentare di molto: *centuplicare gli sforzi* Ⓢ moltiplicare.

centuplo (cèn-tu-plo) AGG. e N.M. · Di numero, cento volte più grande di un altro: *2500 è il centuplo di 25.*

centuria (cen-tù-ria) N.F. (pl. *-rie*) · Unità della legione romana composta di cento soldati.

centurione (cen-tu-rió-ne) N.M. · Ufficiale al comando di una centuria.

ceppo (cép-po) N.M. **1** Parte inferiore dell'albero, da cui sorge il tronco e partono le radici • Parte di tronco o di grosso ramo che si brucia nel caminetto: *il grosso ceppo ardeva.* **2** Stirpe, discendenza, famiglia: *appartiene a un ceppo nobile.*

cera[1] (cé-ra) N.F. · Aspetto o espressione del volto: *che brutta cera hai stasera.*

cera[2] (cé-ra) N.F. **1** Sostanza ottenuta con grassi di origine animale o vegetale, impiegata nella fabbricazione di candele, di sostanze per lucidare, di prodotti farmaceutici, cosmetici e lubrificanti: *cera da scarpe.* **2** Oggetto o statua di cera: *un venditore di cere.* Ⓔ ***Cera d'api***, prodotta dalle ghiandole addominali delle api • ***Museo delle cere***, museo nel quale sono esposte statue di cera di personaggi famosi.

ceralacca (ce-ra-làc-ca) N.F. (pl. *-che*) · Miscela di resine e sostanze coloranti, che si ammorbidisce al calore della fiamma e viene usata per sigillare lettere e pacchi.

ceramica (ce-rà-mi-ca) N.F. (pl. *-che*) · Impasto di argilla e acqua usato per fabbricare porcellane, maioliche e terrecotte: *un vaso di ceramica* • I prodotti ottenuti con questo materiale: *ceramiche da collezione.*

cerato (ce-rà-to) AGG. **1** Spalmato di cera: *tavoletta cerata.* **2** Reso impermeabile appli-

C

cando uno strato di gomma e vernice: *tela cerata*.

cerbero (cèr-be-ro) N.M. **1** Custode che svolge il proprio compito con grande rigore. **2** Persona intrattabile e sgarbata.

Il termine deriva dal nome del mostro con tre teste custode delle sedi infernali della mitologia greca e latina.

cerbiatto (cer-biàt-to) N.M. (f. *-a*) · Cervo giovane.

Il verbo che indica il verso del cerbiatto è *bramire* e il nome è *bramito*.

cerbottana (cer-bot-tà-na) N.F. · Primitiva arma da caccia costituita da una lunga canna con cui si lanciano, soffiando, pallottole o piccole frecce • Piccolo tubo con cui i ragazzi lanciano proiettili di carta o di altro materiale.

cerca (cér-ca) N.F. · Il cercare qualcosa o qualcuno: *essere in cerca di lavoro; andare in cerca di un buon avvocato* Ⓢ ricerca.

cercapersone (cer-ca-per-só-ne) N.M. INVAR. · Piccolo apparecchio sintonizzato con il centralino telefonico di un luogo di lavoro, usato per mettersi in comunicazione con le persone desiderate, anche se fuori dal loro ufficio.

cercare (cer-cà-re) V.TR. e INTR. (*cérco, cérchi*, ecc.) || TR. **1** Tentare di trovare o ritrovare qualcosa o qualcuno: *sono ore che cerco il mio zaino; cercava una persona tra la folla.* **2** Impegnarsi per ottenere o realizzare qualcosa: *cercare casa; cercare la vittoria* • Volere, desiderare: *che tipo di stoffa cerca?* • Chiedere, domandare: *cercare aiuto.* || INTR. (aus. *avere*) Fare in modo: *cercate **di** essere puntuali* Ⓢ sforzarsi.

cercatore (cer-ca-tó-re) N.M. (f. *-trice*) · Chi va alla ricerca di qualcosa: *cercatore d'oro.*

cerchia (cér-chia) N.F. (pl. *-chie*) **1** La cinta di mura attorno a una città o a un castello: *la cerchia delle mura cittadine.* **2** Gruppo di persone o di attività legate da un rapporto particolare: *una cerchia di amici; la sua cerchia di interessi si è ampliata* Ⓢ giro.

cerchiare (cer-chià-re) V.TR. (*cérchio*, ecc.) || TR. **1** Cingere con uno o più cerchi: *cerchiare una botte.* **2** Mettere in evidenza inscrivendo in un cerchio: *cerchiare una parola.* || **cerchiarsi** INTR. PRONOM. Degli occhi, assumere tutt'intorno un colore livido: *quando dormo poco, mi si cerchiano gli occhi.*

cerchio (cér-chio) N.M. (pl. *-chi*) **1** In geometria, parte di piano delimitata da una linea curva chiusa, detta *circonferenza*, i cui punti hanno la stessa distanza dal centro. **2** Qualsiasi oggetto o figura circolare: *aveva tre cerchi d'oro al polso.* **3** Zona delimitata da una linea circolare: *un cerchio di luce.* Ⓔ ***A cerchio***, a forma di circolo: *disporre le sedie a cerchio*; ***in cerchio***, in tondo, in circolo: *sedersi in cerchio attorno al fuoco* • ***Avere un cerchio alla testa***, avere mal di testa • ***Dare un colpo al cerchio e uno alla botte***, cercare un compromesso tra due persone in conflitto o tra due comportamenti opposti.

cerchione (cer-chió-ne) N.M. · Cerchio metallico su cui si applica lo pneumatico di un veicolo.

cereale (ce-re-à-le) N.M. · Ogni pianta erbacea che produce frutti da cui si estrae farina, come il grano, il riso, l'orzo, l'avena: *la coltivazione dei cereali* • SPESSO AL PL. I frutti stessi in grani: *il commercio dei cereali.*

Il termine deriva dal latino *cerealis* 'che riguarda Cerere', dea della terra e dei raccolti.

cerebrale (ce-re-brà-le) AGG. **1** Del cervello: *lesione cerebrale.* **2** Di persone o cose in cui l'intelletto prevale sul sentimento: *un film cerebrale.* Ⓔ ***Commozione cerebrale***, riduzione improvvisa delle funzioni del cervello, di solito in seguito a traumi.

cereo (cè-re-o) AGG. (pl.m. *-rei*, pl.f. *-ree*) **1** Fatto di cera. **2** Del colore bianco della cera: *volto cereo* Ⓢ pallido, smorto.

ceretta (ce-rét-ta) N.F. · Preparato adesivo usato per la depilazione: *farsi la ceretta.*

cerimonia (ce-ri-mò-nia) N.F. (pl. *-nie*) **1** Manifestazione religiosa, civile o militare, che si svolge con solennità e partecipazione di pubblico: *cerimonia nuziale; la cerimonia del giuramento; abito da cerimonia* Ⓢ rito. **2** AL PL. Dimostrazione esagerata, e spesso non sincera, di rispetto e di stima: *non fare troppe cerimonie.* Ⓔ ***Senza tante cerimonie***, alla buona, oppure in modo brusco: *è entrato in argomento senza tante cerimonie.*

cerimoniale (ce-ri-mo-nià-le) N.M. · L'insieme delle regole e delle formule da seguire durante una cerimonia: *il cerimoniale di corte.*

cerimonioso (ce-ri-mo-nió-so) AGG. · Che esagera in complimenti: *una persona cerimoniosa* • Che rivela un rispetto eccessivo della forma: *frasi cerimoniose.*

cerino (ce-rì-no) N.M. · Piccolo fiammifero rivestito di cera: *un pacchetto di cerini.*

cernia (cèr-nia) N.F. (pl. *-nie*) · Grosso pesce dalle carni pregiate, comune nel Mediterraneo.

cerniera (cer-niè-ra) N.F. · Sistema di collegamento formato da due organi o strutture rigidi: *le cerniere della cassa.* Ⓔ ***Cerniera lampo*** → *lampo*.

cernita (cèr-ni-ta) N.F. · Scelta, selezione: *fare una cernita dei giornali da riciclare.*

cero (cé-ro) N.M. · Grossa candela di cera, usata soprattutto nelle chiese e nelle processioni religiose: *accendere un cero alla Madonna.*

cerotto (ce-ròt-to) N.M. · Striscia di tela o di materiale plastico da applicare sulla pelle usata per medicazioni o in particolari terapie: *mettere un cerotto sulla ferita.*

cerro (cèr-ro) N.M. · Tipo di quercia alto 15-20 m, con frutto a ghianda; cresce nei boschi dell'Europa meridionale.

certamente (cer-ta-mén-te) AVV. · Senza dubbio, di sicuro: *nelle bozze troverai certamente qualche errore* Ⓢ sicuramente.

certezza (cer-téz-za) N.F. · Assoluta mancanza di dubbi: *ho la certezza di aver svolto tutti i calcoli con precisione* Ⓢ sicurezza, convinzione Ⓒ dubbio, incertezza. Ⓔ ***Con certezza***, senza alcun dubbio.

certificare (cer-ti-fi-cà-re) V.TR. (*certìfico, certìfichi*, ecc.) · Dichiarare per scritto o con un documento ufficiale: *certificò* ***di*** *essere nato a Padova.*

certificato (cer-ti-fi-cà-to) N.M. · Documento scritto con cui un ente o un'autorità attesta l'esistenza di un fatto, di una condizione o di un diritto: *certificato di nascita* Ⓢ attestato.

certificazione (cer-ti-fi-ca-zió-ne) N.F. · Attestazione ufficiale di verità o autenticità di qualcosa: *certificazione di una firma.*

certo[1] (cèr-to) AGG., AGG. INDEF. e PRON. INDEF. || AGG. **1** Che non si può mettere in dubbio: *un'informazione certa* Ⓢ sicuro Ⓒ incerto, dubbio. **2** Di persona, sicuro, convinto: *sono certo che non ti deluderà* • Di cosa, chiaro, evidente: *è certo che non doveva comportarsi così.* || AGG. INDEF. Sempre collocato prima del nome, indica una quantità precisa ma non descritta: *bisogna dormire almeno un certo numero di ore per notte* Ⓢ determinato, dato • Che non si sa o non si vuole definire con precisione: *sento un certo malessere; ti ha cercato una certa Francesca*; con tono spregiativo: *non frequento certa gente.* || PRON. INDEF. (AL PL.) Alcuni: *certi sostengono che l'economia si riprenderà.* Ⓔ ***Dare per certo***, assicurare, garantire.

certo[2] (cèr-to) AVV. · Senza dubbio, di sicuro: *certo che ti aspetto.*

certosa (cer-tó-ṣa) N.F. · Monastero dei frati certosini.

certosino (cer-to-ṣì-no) N.M. e AGG. || N.M. **1** Monaco appartenente all'ordine fondato da san Brunone nell'undicesimo secolo. **2** Formaggio morbido prodotto in Lombardia. || N.M. e AGG. Di gatto con pelo morbido e folto, di colore grigio-azzurro. Ⓔ ***Lavoro da certosino***, minuzioso, che richiede grande pazienza.

ceruleo (ce-rù-le-o) AGG. (pl.m. *-lei*, pl.f. *-lee*) · Del colore del cielo sereno: *occhi cerulei* Ⓢ celeste, azzurro.

cerume (ce-rù-me) N.M. · Sostanza simile a cera, prodotta dalle ghiandole dell'orecchio.

cervelletto (cer-vel-lét-to) N.M. · Parte del sistema nervoso centrale situata nella parte posteriore del cranio, al di sotto del cervello; è sede di importanti funzioni nervose, come la coordinazione dei movimenti.

cervello (cer-vèl-lo) N.M. (pl. *-i*; in alcuni usi anche pl.f. *le cervèlla*) **1** Massa di tessuto nervoso racchiusa nella cavità del cranio; è sede delle più elevate funzioni dell'intelletto, dei sensi e del movimento: *è stato operato al cervello.* **2** Capacità di giudicare: *agire senza cer-*

vello Ⓢ ragione, giudizio • Intelletto, ingegno. 3 La mente che dirige un'attività od organizza un'iniziativa: *è lui il cervello della banda* Ⓢ capo. Ⓔ ***Avere un cervello di gallina***, essere poco intelligente • ***Cervello elettronico***, computer • ***Dar di volta il cervello*** → *volta*[1] • ***Farsi saltare le cervella***, spararsi alla testa.

C

cervicale (cer-vi-cà-le) AGG. · Della parte posteriore del collo. Ⓔ ***Artrosi cervicale***, quella che colpisce le prime sette vertebre della colonna vertebrale, in corrispondenza del collo.

cervo (cèr-vo) N.M. (f. *-a*) · Ruminante con pelo bruno-fulvo e grandi corna che nel maschio sono molto ramificate.

Il verbo che indica il verso del cervo è *bramire* e il nome è *bramito*.

cesareo (ce-ṣà-re-o) AGG. (pl.m. *-rei*, pl.f. *-ree*) · In medicina, dell'operazione chirurgica con cui, mediante un taglio praticato sull'addome, si estrae il feto: *taglio cesareo*; *parto cesareo*, quello praticato con tale operazione.

Il termine deriva dall'espressione latina *caeso (matris utero)*, cioè '(dall'utero) tagliato (della madre)', con riferimento all'interpretazione data al nome di *Caesar* come nato dal taglio del ventre della madre.

cesellare (ce-ṣel-là-re) V.TR. (*ceṣèllo*, ecc.) 1 Lavorare o eseguire con il cesello: *cesellare un vassoio d'argento*. 2 Eseguire con grande cura: *cesellare una frase* Ⓢ rifinire, limare.

cesello (ce-ṣèl-lo) N.M. · Piccolo scalpello per scolpire, decorare o rifinire oggetti metallici. Ⓔ ***Lavorare di cesello***, con estrema cura: *un pittore che lavora di cesello*.

cesio (cè-ṣio) N.M. · Metallo bianco argenteo, tenero e duttile; viene impiegato per preparare cellule fotoelettriche e leghe usate per particolari tipi di tubi (il simbolo chimico è *Cs*).

cesoie (ce-ṣó-ie) N.F.PL. · Grosse forbici usate per il giardinaggio: *potare la siepe con le cesoie*.

cespite (cè-spi-te) N.M. 1 Fonte di reddito, di guadagno. 2 Cespo.

cespo (cé-spo) N.M. · Ciuffo di erba, foglie o fiori, che nasce dalla stessa radice: *un cespo di insalata* Ⓢ cespite.

cespuglio (ce-spù-glio) N.M. (pl. *-gli*) · Insieme di rami o pianticelle che partono dalla stessa radice: *un cespuglio di more*.

cessare (ces-sà-re) V.INTR. e TR. (cèsso, ecc.) || INTR. 1 (aus. *essere*) Avere termine: *finalmente la pioggia è cessata* Ⓢ finire, terminare. 2 (aus. *avere*) Smettere di fare qualcosa: *non ha cessato per un istante* ***di*** *disturbare la lezione*. || TR. Mettere fine a qualcosa: *cessare un'attività* Ⓢ interrompere. Ⓔ ***Cessare il fuoco***, smettere di sparare.

cessazione (ces-sa-zió-ne) N.F. · Termine, fine, chiusura: *la cessazione di un'attività*.

cessione (ces-sió-ne) N.F. · Atto legale con cui si trasferisce ad altri una proprietà o un diritto: *cessione di un'azienda*.

cesso (cès-so) N.M., *volg.* 1 Nel linguaggio volgare, gabinetto: *andare al cesso*. 2 Persona o cosa particolarmente brutta: *che cesso di film!* Ⓢ schifezza.

cesta (cé-sta) N.F. · Grande recipiente di vimini o di strisce di legno intrecciate, usato per contenere soprattutto frutta, uova, pollame, pane: *una cesta piena di arance* Ⓢ paniere, canestro.

cestello (ce-stèl-lo) N.M. 1 Piccola cesta Ⓢ cestino. 2 Nelle lavatrici, il contenitore metallico in cui si mette la biancheria da lavare • Nelle lavastoviglie, il piano scorrevole che sostiene le stoviglie.

cestinare (ce-sti-nà-re) V.TR. 1 Gettare nel cestino dei rifiuti: *cestinare una lettera*. 2 Di testi proposti a una casa editrice o a un giornale, non pubblicarli: *cestinare un romanzo* • Non prendere in considerazione: *cestinare una proposta* Ⓢ respingere, rifiutare.

cestino (ce-stì-no) N.M. 1 Piccolo cesto di vimini o altro materiale: *cestino da picnic*. 2 Recipiente in cui si gettano le carte inutili: *butta quel foglio nel cestino*. Ⓔ ***Cestino da viaggio***, sacchetto o borsa di carta che contiene cibi e bevande da consumarsi in viaggio.

cestista (ce-sti-sta) N.M. e F. (pl.m. *-i*, pl.f. *-e*) · Giocatore di pallacanestro.

cesto (cé-sto) N.M. **1** Cesta per lo più di forma cilindrica o conica: *un cesto di olive* Ⓢ paniere, canestro. **2** Nel gioco della pallacanestro, canestro.

cesura (ce-ṣù-ra) N.F. **1** Pausa all'interno di un verso. **2** Breve sosta alla fine di una frase musicale.

cetaceo (ce-tà-ce-o) N.M. (pl. *-cei*) · Animale appartenente a un gruppo di mammiferi che vivono in acqua, con gli arti anteriori trasformati in organi per il nuoto e la coda divenuta una pinna orizzontale, tra i quali vi sono le balene, i delfini, le orche.

Il termine deriva dal greco *kêtos* 'mostro marino'.

ceto (cè-to) N.M. · Gruppo di persone che hanno la stessa posizione sociale: *ceto nobiliare* Ⓢ classe. Ⓔ ***Ceto medio***, la piccola e media borghesia.

cetra (cé-tra) N.F. · Strumento musicale a corde dell'antichità: *mentre Roma bruciava Nerone suonava la cetra.*

cetriolo (ce-tri-ò-lo) N.M. · Pianta erbacea con fiori gialli e frutti di forma allungata, con molti semi • Il frutto della pianta, che si mangia fresco o sott'aceto.

chador (cha-dor; pronuncia *ciadòr*) N.M. INVAR. · Nella tradizione islamica, indumento femminile che copre la testa e parte della figura, lasciando scoperti solo gli occhi.

chalet (cha-let; pronuncia *scialè*) N.M. FR., in it. N.M. INVAR. · Piccola abitazione di collina o di montagna, in genere di legno, destinata a soggiorni di villeggiatura.

champagne (cham-pa-gne; pronuncia *sciampàgn*) N.M. FR., in it. N.M. INVAR. · Vino spumante a denominazione di origine controllata, prodotto nella regione dello Champagne, nella Francia centro-settentrionale: *pasteggiare a champagne.*

champignon (cham-pi-gnon; pronuncia *sciampignòn*) N.M. FR., in it. N.M. INVAR. · Fungo coltivato con cappello prima bianco e poi bruno.

chance (chan-ce; pronuncia *sciàns*) N.F. FR., in it. N.F. INVAR. **1** Probabilità di successo: *ha ottime chance* Ⓢ possibilità. **2** Occasione favorevole: *non perdere questa chance* Ⓢ opportunità.

charme (char-me; pronuncia *sciàrm*) N.M. FR., in it. N.M. INVAR. · Fascino, seduzione: *quella donna ha molto charme.*

Il termine deriva dal latino *carmen* 'formula d'incantesimo'.

charter (char-ter; pronuncia *ciàrter*) N. INGL., in it. N.M. e AGG. INVAR. · Di aereo non di linea noleggiato a basso costo dalle compagnie per gruppi numerosi di persone: *per andare a Parigi prendiamo un charter; volo charter.*

chat (pronuncia *ciàt*) N. INGL., in it. N.F. INVAR. · Servizio offerto da Internet, che permette a diverse persone di conversare scambiandosi messaggi scritti in tempo reale.

chattare (chat-ta-re; pronuncia *ciattàre*) V.INTR. (aus. *avere*) · Conversare tramite una chat: *è al computer a chattare con le amiche.*

Il termine deriva dal verbo inglese *(to) chat* 'chiacchierare'.

che[1] (ché) PRON. REL., PRON. INDEF., PRON. e AGG. INTERR. || PRON. REL. Il quale, la quale, i quali, le quali: *l'uomo che pensa; la donna che pensa; gli uomini che pensano; le donne che pensano, le cose che più amo.* || PRON. INDEF. ***Un (certo) non so che, un certo che, un che***, qualcosa di vago e indefinito: *non è bella, ma ha un certo non so che.* || PRON. INTERR. Quale cosa: *che sai di noi?; di che ti lamenti?*; anche ESCLAMATIVO: *che dici!* || AGG. INTERR. Quale: *che uomo è?; che strano posto è questo?*; anche ESCLAMATIVO: *che bestia sei!; che bella idea!* • Prima di un aggettivo ha solo valore esclamativo: *che bello!; che stupido!* Ⓔ ***A che***, a quale scopo: *a che serve insistere?* • ***Aver di che***, aver mezzo o motivo: *aver di che mangiare; aver di che preoccuparsi* • ***Il che***, la qual cosa: *lo rimproverò, il che fu del tutto inutile* • ***Non c'è di che***, espressione di cortesia usata in risposta a un ringraziamento: *"Grazie mille" "Non c'è di che".*

Che come pronome relativo si usa solo come soggetto o complemento oggetto, in tutti gli altri casi si usa *cui*: *la bambina che ieri mi ha salutato; il ragazzo che mi hai presentato; la ragazza con cui sei uscito.*

che[2] (ché) CONGIUNZ. **1** Congiunzione che introduce vari tipi di proposizione subordina-

C

ta: una proposizione soggettiva e oggettiva (*mi sembra che tu corra troppo; gli disse che correva troppo*), una proposizione causale (*mi rallegro che ti sia fatto vivo*), una proposizione temporale (*arrivammo in montagna che nevicava*), una proposizione consecutiva (*era un caldo che si soffocava*). **2** Introduce il secondo termine di paragone: *hai avuto più fortuna che merito; è andata meglio che non m'aspettassi.* **3** In frasi principali è usato per rafforzare un augurio o un comando: *che tu sia benedetta; che gli venga un accidente; che entri; che vada pure.*

check-in (**pronuncia *cechìn***) N. INGL., in it. N.M. INVAR. · Serie di operazioni che si effettuano in aeroporto prima della partenza, come il controllo del biglietto e il ritiro del bagaglio.

checkup (**check-up; pronuncia *cecàp***) (o **check-up**) N. INGL., in it. N.M. INVAR. **1** Serie di esami medici per verificare lo stato di salute di una persona: *fare un checkup.* **2** Qualsiasi revisione generale a una macchina, un impianto, ecc.: *un checkup della centrale elettrica.*

chef (**pronuncia *scèf***) N.M. FR., in it. N.M. INVAR. · Chi è a capo di una grande cucina in un ristorante o in un albergo.

chela (**chè-la**) (o **chele**) N.F. · La pinza terminale degli arti di vari animali, in particolare di aracnidi e crostacei.

cherosene (**che-ro-ṣè-ne**) N.M. INVAR. · Liquido incolore derivato dal petrolio greggio, usato come combustibile per impianti di riscaldamento.

chewing gum (**che-wing gum; pronuncia *ciùingam* o *ciuìngam***) N. INGL., in it. N.M. INVAR. · Gomma da masticare, in strisce o in pastiglie, con o senza zucchero.

chi PRON. REL., INDEF. e INTERR. || PRON. REL. **1** Colui che, colei che: *chi cerca trova.* **2** Uno che, qualcuno che: *c'è chi dice di no.* || PRON. INDEF. Qualcuno: *chi ride, chi piange.* || PRON. INTERR. Quale persona: *chi sarà?; non saprei a chi rivolgermi*; anche ESCLAMATIVO: *a chi lo dici!; guarda un po' chi si vede!*

chiacchiera (**chiàc-chie-ra**) N.F. **1** AL PL. Conversazione condotta spesso su argomenti poco impegnativi per passare il tempo: *fare, scambiare quattro chiacchiere* • Frasi o parole inutili: *non perdiamoci in chiacchiere.* **2** Notizia priva di fondamento: *è solo una chiacchiera* Ⓢ voce, diceria. **3** Facilità di parola: *ha davvero una bella chiacchiera.*

chiacchierare (**chiac-chie-rà-re**) V.INTR. (*chiàcchiero*, ecc.; aus. *avere*) **1** Conversare di argomenti poco impegnativi: *amava chiacchierare **con** gli amici **di** cose futili* Ⓢ discorrere • Fare discorsi inutili: *sei bravo solo a chiacchierare.* **2** Dire cose spiacevoli o false sul conto di qualcuno: *ha sempre da chiacchierare **su** tutto e su tutti.*

chiacchierata (**chiac-chie-rà-ta**) N.F. · Lunga conversazione amichevole su argomenti poco impegnativi: *ci siamo fatti una bella chiacchierata.*

chiacchiericcio (**chiac-chie-rìc-cio**) N.M. (pl. *-ci*) · Rumore prolungato e fastidioso di più persone che parlano Ⓢ cicaleccio.

chiacchierone (**chiac-chie-ró-ne**) AGG. e N.M. (f. *-a*; pl.m. *-i*, pl.f. *-e*) **1** Che, chi ama chiacchierare: *ho degli alunni molto chiacchieroni* Ⓢ loquace Ⓒ silenzioso. **2** Che, chi non sa tenere un segreto: *quel chiacchierone ha raccontato tutto* Ⓢ pettegolo Ⓒ riservato.

chiamare (**chia-mà-re**) V.TR. (*chiàmo*, ecc.) || TR. **1** Rivolgersi a qualcuno pronunciandone il nome o facendogli un segno, un cenno, ecc.: *chiamare qualcuno con un fischio.* **2** Svegliare: *ti chiamo domattina alle sette* • Telefonare: *ho provato a chiamarlo, ma non mi ha risposto.* **3** Richiedere la presenza o l'intervento di qualcuno: *chiamare la polizia* • Convocare: *mi hanno chiamato **dal** giudice.* **4** Implorare, chiedere: *chiamare aiuto.* **5** Assumere, nominare: *lo hanno chiamato **alla** cattedra di fisica.* **6** Designare con un nome, un soprannome o una qualifica: *se è una femmina la chiameranno Virginia; si fa chiamare dottore, ma non è laureato.* || **chiamarsi** INTR. PRONOM. Avere per nome: *mi chiamo Luca; quella nave si chiama Vittoria.* Ⓔ ***Chiamare alle armi***, convocare al servizio militare • ***Chiamare in causa***, coinvolgere in una questione: *io non volevo intervenire: sei tu che mi hai chiamato in causa* • ***Chiamare in giudizio***, invitare a presentarsi davanti al giudice.

chiamata (chia-mà-ta) N.F. **1** Invito, ordine o richiesta a presentarsi in un luogo o a svolgere una certa attività: *chiamata **alle** armi* Ⓢ convocazione • Telefonata: *chiamata internazionale.* **2** Lungo applauso con cui il pubblico di un teatro chiama in scena autori, esecutori o interpreti alla fine dello spettacolo.

chiara (chià-ra) N.F. · L'albume dell'uovo.

chiaramente (chia-ra-mén-te) AVV. **1** Con franchezza: *dillo chiaramente che non sono gradito* Ⓢ apertamente • Senza alcun dubbio: *chiaramente sta sbagliando.* **2** In modo comprensibile: *la prossima volta scrivi più chiaramente.*

chiarezza (chia-réz-za) N.F. **1** Luminosità, trasparenza: *la chiarezza del cielo* Ⓒ oscurità. **2** Lucidità, sicurezza, evidenza: *chiarezza di idee; esporre un concetto con la massima chiarezza.*

chiarimento (chia-ri-mén-to) N.M. · Spiegazione di un problema, un dubbio, un equivoco: *chiedere, dare chiarimenti.*

chiarire (chia-rì-re) V.TR. (*chiarìsco, chiarìsci,* ecc.) || TR. **1** Rendere comprensibile: *chiarire un problema* Ⓢ spiegare • Risolvere: *chiarire un dubbio.* **2** Mettere in chiaro: *chiarì la propria posizione **alla** polizia* Ⓢ precisare. || **chiarirsi** INTR. PRONOM. Diventare più chiaro e comprensibile: *la situazione si chiarirà con il tempo* Ⓢ risolversi.

chiaro (chià-ro) AGG., N.M. e AVV. || AGG. **1** Che presenta luminosità: *un cielo chiaro* Ⓢ luminoso, sereno Ⓒ scuro, cupo • Di liquido, limpido: *mare chiaro* Ⓢ trasparente Ⓒ torbido • Di colore, tenue, pallido: *occhi chiari; azzurro chiaro* • Di suono o voce, limpido, nitido: *una pronuncia chiara.* **2** Facilmente comprensibile: *una spiegazione chiara* Ⓒ oscuro, ermetico • Evidente, manifesto: *è chiaro che ormai non verrà più* • Esplicito, netto: *un chiaro rifiuto.* || N.M. Luce, luminosità: *al chiaro di luna* • Colore tenue: *vestirsi di chiaro.* || AVV. Con sincerità: *parlare chiaro* Ⓢ apertamente. Ⓔ ***Chiaro e tondo***, con assoluta franchezza: *gli ho detto chiaro e tondo ciò che pensavo* • ***Mettere in chiaro***, chiarire, definire • ***Non vederci chiaro***, sospettare qualche sorpresa o imbroglio.

chiarore (chia-ró-re) N.M. · Luce tenue che si diffonde nell'oscurità: *il chiarore delle stelle.*

chiaroscuro (chia-ro-scù-ro) N.M. · Nelle arti, tecnica che alterna toni chiari e scuri per evidenziare il passaggio dalla luce all'ombra e dare rilievo alle forme.

chiaroveggenza (chia-ro-veg-gèn-za) N.F. **1** Capacità di prevedere il futuro: *gli antichi credevano nella chiaroveggenza* Ⓢ preveggenza. **2** Capacità di capire in base agli eventi presenti come si può evolvere una situazione: *in questa occasione hai dimostrato chiaroveggenza* Ⓢ intuito, perspicacia.

chiasmo (chià-ṣmo o chi-à-ṣmo) N.M. · Figura retorica che consiste nella disposizione incrociata di due membri di una frase fra loro corrispondenti, per es. *il mare* (1) *era calmo* (2) *e sereno* (2) *il cielo* (1).

> Il termine deriva dal nome della lettera greca *khi*, formata da due aste incrociate a X.

chiasso (chiàs-so) N.M. · Rumore, fracasso: *facevano un chiasso assordante.*

chiassoso (chias-só-so) AGG. **1** Che fa molto rumore: *ragazzi chiassosi* Ⓢ rumoroso Ⓒ silenzioso • Pieno di rumori: *una strada chiassosa.* **2** Che ha colori troppo vivaci: *una cravatta chiassosa* Ⓢ appariscente, vistoso.

chiatta (chiàt-ta) N.F. · Grossa barca usata per trasportare merci nei porti e nei canali, o per traghettare persone sui fiumi: *la chiatta procedeva lenta nel canale.*

chiave (chià-ve) N.F. e AGG. || N.F. **1** Strumento di metallo che serve per aprire e chiudere serrature e lucchetti: *le chiavi della macchina; chiudere a chiave la porta.* **2** Mezzo per ottenere uno scopo: *fortuna e ambizione sono le chiavi del successo* • Mezzo per risolvere o comprendere qualcosa: *trovare la chiave di un rebus.* **3** In musica, segno posto all'inizio del pentagramma, che serve a determinare la posizione delle note e la gradazione del suono: *chiave di violino.* **4** Utensile per stringere o allentare dadi, viti, bulloni. **5** ***Chiave USB***, memoria elettronica che si collega al computer per immagazzinare o trasferire dati. || AGG. INVAR. Fondamentale, decisivo, principale: *una posizione chiave.* Ⓔ ***Chiave inglese***, che si adatta alla presa di viti e dadi di varie misu-

C

re • ***Sotto chiave***, sotto gelosa custodia, oppure in prigione: *tiene i liquori sotto chiave.*

chiavetta (**chia-vét-ta**) N.F. **1** Piccola chiave che serve a mettere in moto un meccanismo: *la chiavetta dell'orologio a molla.* **2** Strumento che regola il passaggio di acqua o gas nei tubi. **3** In informatica, chiave USB.

chiavica (**chià-vi-ca**) N.F. (pl. *-che*) · Fogna.

chiavistello (**chia-vi-stèl-lo**) N.M. · Sbarra che scorre entro anelli fissati sui battenti di una porta per chiuderla: *levare, mettere il chiavistello* Ⓢ catenaccio.

chiazza (**chiàz-za**) N.F. · Macchia tondeggiante: *sul soffitto si vedono grandi chiazze di muffa.*

chiazzare (**chiaz-zà-re**) V.TR. · Produrre macchie in più punti di una superficie: *la muffa aveva chiazzato le pagine* Ⓢ macchiare.

chic (**pronuncia** ***scic***) AGG. FR., in it. AGG. INVAR. · Elegante, raffinato: *un vestito chic; una donna molto chic.*

chicchessia (**chic-ches-si-a**) (o **chi che sia**) PRON. INDEF. **1** Qualsiasi persona: *questo romanzo piacerebbe a chicchessia* Ⓢ chiunque. **2** In frasi negative, nessuno: *non parlarne con chicchessia.*

chicchirichì (**chic-chi-ri-chì**) N.M. INVAR. · Voce che imita il canto del gallo.

> Il termine deriva da una serie di origine onomatopeica.

chicco (**chic-co**) N.M. (pl. *-chi*) **1** Seme o granello di cereali o di altre piante: *un chicco di grano, di caffè; chicco d'uva,* acino. **2** Piccolo oggetto sferico o tondeggiante: *un chicco di grandine.*

chiedere (**chiè-de-re**) V.TR. e INTR. (irreg.: ind. pres. *chièdo*, ecc.; pass. rem. *chièsi*, *chiedésti*, *chièse*, *chiedémmo*, *chiedéste*, *chièsero*; part. pass. *chièsto*) || TR. **1** Domandare una cosa a qualcuno per averla: *chiedere un favore, un prestito* Ⓢ domandare • Domandare una cosa a qualcuno per saperla: *chiedere un'informazione, un numero di telefono* Ⓒ rispondere. **2** Pretendere, richiedere, esigere: *il nuovo governo chiederà altri sacrifici* ***ai*** *cittadini.* **3** Desiderare, volere, ricercare: *chiedo solo un po' di tranquillità.* **4** Domandare come prezzo o compenso: *ha chiesto mille euro* ***per*** *il trasporto dei mobili* Ⓢ richiedere. || INTR. (aus. *avere*) **1** Informarsi sullo stato di qualcuno o qualcosa: *mi chiede sempre* ***dei*** *bambini* Ⓢ domandare. **2** Domandare di poter parlare con qualcuno: *hanno chiesto* ***del*** *direttore* Ⓢ cercare. Ⓔ ***Chiedere la mano di una ragazza***, domandare il suo consenso o quello dei suoi genitori per sposarla • ***Chiedere scusa***, scusarsi.

chierichetto (**chie-ri-chét-to**) N.M. · Ragazzo che assiste il sacerdote durante la messa e nelle funzioni sacre.

chierico (**chié-ri-co**) N.M. (pl. *-ci*) **1** Chi ha il compito di amministrare i sacramenti Ⓢ sacerdote. **2** Giovane avviato al sacerdozio Ⓢ seminarista.

chiesa (**chiè-ṣa**) N.F. **1** Edificio dedicato al culto cristiano: *va spesso in chiesa.* **2** Comunità di cristiani che professano la stessa fede religiosa: *la chiesa cattolica, ortodossa* • Con l'iniziale maiuscola, la chiesa cattolica: *i padri della Chiesa.* Ⓔ ***Essere tutto casa e chiesa***, dedito solo alla famiglia e alle pratiche religiose.

> Il termine deriva dal greco *ekklesía* 'assemblea', passato a indicare il 'raduno di fedeli' e infine il 'luogo di raduno'.

chiesi (**chiè-si**) · Pass. rem., 1ª pers. sing. → ***chiedere***.

chiesto (**chiè-sto**) · Participio pass. → ***chiedere***.

chiglia (**chi-glia**) N.F. (pl. *-glie*) · Nelle imbarcazioni, trave o barra che attraversa in lunghezza il fondo dello scafo.

chignon (**chi-gnon; pronuncia** ***scignòn***) N.M. FR., in it. N.M. INVAR. · Crocchia di trecce avvolte intorno alla testa, o di capelli annodati sulla nuca.

chilo (**chì-lo**) N.M. · Abbreviazione di *chilogrammo.*

chilo- · Prefisso che, posto prima del nome di un'unità di misura, ne moltiplica il valore per mille: *chilometro,* mille metri.

> Il termine deriva da una parola francese, basata sul termine greco *khílioi* 'mille', coniata in Francia nel 1790, durante la Rivoluzione fran-

cese, in occasione dell'adozione del sistema metrico decimale.

chilocaloria (chi-lo-ca-lo-rì-a) N.F. (pl. *-rìe*) · Unità di misura della quantità di calore, pari a 1000 calorie.

chilogrammo (chi-lo-gràm-mo) N.M. · Unità di misura di peso pari a mille grammi; il simbolo è *kg*: *trecento chilogrammi di cemento*; spesso abbreviato in *chilo*: *costa sei euro al chilo*.

chilolitro (chi-lò-li-tro) N.M. · Unità di misura di capacità e volume pari a mille litri; il simbolo è *kl*.

chilometro (chi-lò-me-tro) N.M. · Unità di misura di lunghezza pari a mille metri; il simbolo è *km*: *ci sono ancora cento chilometri prima di arrivare a Roma; andare a cento chilometri all'ora*.

chimera (chi-mè-ra) N.F. **1** Nella mitologia greca, mostro con testa di leone, corpo di capra, coda di drago. **2** Sogno vano: *perdersi in chimere* Ⓢ illusione, fantasia.

Il termine deriva dal greco *khímaira* che significa 'capra'.

chimica (chì-mi-ca) N.F. (pl. *-che*) · Scienza che studia le proprietà, la struttura, la capacità di reagire di tutte le sostanze. Ⓔ ***Chimica organica*** → ***organico***; ***chimica inorganica*** → ***inorganico***.

chimico (chì-mi-co) AGG. e N.M. (f. *-a*; pl.m. *-ci*, pl.f. *-che*) || AGG. Che riguarda la chimica: *processo chimico*. || N.M. (f. *-a*) Studioso o professionista che si dedica a ricerche o ad applicazioni nell'ambito della chimica: *fa il chimico in una ditta farmaceutica*.

chimono (chi-mò-no) → ***kimono***.

china[1] (chì-na) N.F. · Terreno o percorso in discesa: *il tronco rotolava giù per la china* Ⓢ pendio. Ⓔ ***Prendere una brutta china***, assumere comportamenti che possono risultare dannosi • ***Risalire la china***, uscire da una situazione negativa.

china[2] (chì-na) N.F. · Tipo di inchiostro usato per disegnare • Il disegno realizzato con tale inchiostro: *una china di Fattori*.

china[3] (chì-na) N.F. · Pianta tropicale coltivata in Africa, Asia e America Latina, usata per preparare medicine e liquori • Liquore alcolico che si ottiene dalla corteccia di questa pianta.

chinare (chi-nà-re) V.TR. || TR. Rivolgere o piegare verso il basso: *chinare gli occhi; chinare il capo* Ⓢ abbassare Ⓒ alzare. || **chinarsi** RIFL. Piegarsi verso il basso: *chinarsi **a** raccogliere un fiore*.

chincaglieria (chin-ca-glie-rì-a) N.F. (pl. *-rìe*) **1** Oggetto o insieme di oggetti di scarso pregio e valore: *riempiva la casa di chincaglieria*. **2** Negozio in cui si vendono piccoli oggetti di scarso valore.

chino (chì-no) AGG. · Rivolto o piegato verso il basso: *stare a capo chino*.

chioccia (chiòc-cia) N.F. (pl. *-ce*) · La gallina quando cova le uova e alleva i pulcini: *la chioccia insegna ai pulcini a cercare i vermi*.

chiocciare (chioc-cià-re) V.INTR. (*chiòccio*, ecc.; aus. *avere*) · Della gallina, emettere il tipico verso rauco e stridulo quando comincia a diventare chioccia.

chiocciola (chiòc-cio-la) N.F. **1** Mollusco terrestre con conchiglia a elica capace di accogliere tutto il corpo Ⓢ lumaca. **2** Nome del carattere @, usato soprattutto negli indirizzi di posta elettronica Ⓢ at (*ingl.*). Ⓔ ***Scala a chiocciola***, che si avvolge a spirale intorno a una colonna di sostegno.

chiocciolio (chioc-cio-lì-o) N.M. (pl. *-lìi*) · Il verso prolungato o insistente della chioccia.

chioccolare (chioc-co-là-re) V.INTR. (*chiòccolo*, ecc.; aus. *avere*) · Del merlo, del fringuello e di altri uccelli, emettere fischi brevi e sommessi.

chioccolio (chioc-co-lì-o) N.M. (pl. *-lìi*) · Il verso del merlo, del fringuello e di altri uccelli.

chiodo (chiò-do) N.M. **1** Elemento metallico allungato, con una testa a un'estremità e una punta all'altra, usato per tenere unite due parti o per sostenere qualcosa: *chiodi per falegname*. **2** ***Chiodi di garofano***, spezia costituita dai fiori in boccio, seccati al sole, di una pianta tropicale. Ⓔ ***Attaccare al chiodo***, di atleta, con riferimento a un attrezzo specifico di uno sport, ritirarsi dall'attività sportiva: *attaccare al chiodo i guantoni*, ritirarsi dalla boxe; *attaccare al chiodo gli sci*, smettere di sciare, ecc. • ***Chiodi da ghiaccio, chiodi da roccia***, nell'alpinismo, quelli che si piantano per fornire un punto di appoggio durante la scalata • ***Chiodo fisso***, idea fissa • ***Chiodo scaccia chiodo***, un nuovo pensiero o un nuovo interesse ne fa dimenticare un altro • ***Magro come un chiodo***, magrissimo • ***Roba da chiodi!***, esclamazione per sottolineare la stranezza di un fatto o di un comportamento.

chioma (chiò-ma) N.F. **1** Capigliatura vistosa e fluente: *una chioma bionda* Ⓢ capelli (PL.). **2** L'insieme dei rami e delle foglie di un albero: *la chioma del castagno*.

chiosco (chiò-sco) N.M. (pl. *-schi*) · Piccola costruzione per la vendita di bibite, fiori, giornali: *il chiosco dei gelati*.

chiostro (chiò-stro) N.M. · Cortile fornito di portico all'interno di conventi, monasteri, abbazie: *il chiostro di Santa Croce*.

Il termine deriva dal latino *claustrum* 'serratura, luogo chiuso', che viene a sua volta da *claudere* 'chiudere'; dal latino *claustrum* deriva anche claustrofobia (→ ***concludere***).

chip (pronuncia *cip*) N. INGL., in it. N.M. INVAR. · In informatica, piastrina che memorizza dati o ne gestisce l'elaborazione.

chiromante (chi-ro-màn-te) N.M. e F. · Chi predice il futuro esaminando le linee presenti sul palmo della mano.

chiromanzia (chi-ro-man-zì-a) N.F. (pl. *-zìe*) · Arte che presume di indovinare il carattere, il passato e il destino di una persona dall'esame delle linee presenti sul palmo della sua mano.

chirurgia (chi-rur-gì-a) N.F. (pl. *-gìe*) · Settore della medicina che cura le malattie mediante interventi operatori: *chirurgia toracica*. Ⓔ ***Chirurgia plastica***, chirurgia specializzata nella correzione di un difetto fisico o nella ricostruzione di un organo danneggiato.

chirurgico (chi-rùr-gi-co) AGG. (pl.m. *-ci*, pl.f. *-che*) · Che riguarda la chirurgia: *intervento chirurgico*.

chirurgo (chi-rùr-go) N.M. (f. *-a*; pl.m. *-ghi*, pl.f. *-ghe*) · Medico specializzato in chirurgia: *il chirurgo è entrato in sala operatoria*.

Il termine deriva dal greco *kheirurgós* 'che opera con le proprie mani', composto a sua volta di *kheír* 'mano' e *érgon* 'opera'.

chissà (chis-sà) AVV. **1** Esprime dubbio o speranza: *chissà se faremo in tempo; ci vedremo ancora? Chissà!* **2** Introduce una proposizione interrogativa indiretta: *chissà mai perché l'ha fatto; chissà dove è andato*.

chitarra (chi-tàr-ra) N.F. · Strumento musicale a corde, costituito da una cassa armonica a forma di 8, con un foro circolare al centro, e da un manico lungo: *suona la chitarra in un complesso*.

chitarrista (chi-tar-rì-sta) N.M. e F. (pl.m. *-i*, pl.f. *-e*) · Chi suona la chitarra per professione: *è un famoso chitarrista rock*.

chitone (chi-tó-ne) N.M. · Tunica senza maniche indossata dagli antichi Greci.

chiudere (chiù-de-re) V.TR. e INTR. (irreg.: pass. rem. *chiùsi, chiudésti, chiùse, chiudémmo, chiudéste, chiùsero*; part. pass. *chiùso*) || TR. **1** Muovere il dispositivo di chiusura di un oggetto, in modo da impedire il passaggio o la vista: *chiudere la finestra, la porta; chiudere una stanza*, la porta che ne consente l'accesso; *chiudere l'acqua, il gas*, interromperne il flusso nelle condutture Ⓢ serrare, fermare Ⓒ aprire. **2** Far combaciare i bordi o accostare le parti di un oggetto: *chiudere un libro, un ombrello*. **3** Di parti del corpo aperte, accostare le due estremità: *chiudere la bocca*, accostare le labbra; *chiudere gli occhi*, accostare le palpebre • Di parti del corpo distese, piegarle su se stesse: *chiudere una mano; chiudere le ali*. **4** Abbottonare, allacciare: *chiudere la camicia*. **5** Includere entro confini naturali: *le Alpi chiudono a nord l'Italia* Ⓢ delimitare, circoscrivere • Delimitare con una recinzione: *chiudere una strada* ***al*** *traffico* Ⓢ sbarrare. **6** Mettere dentro o al sicuro: *chiudere le bestie* ***nella*** *stalla* Ⓢ rinchiudere • Imprigionare qualcuno: *chiudere un bandito* ***in*** *prigione*. **7** Terminare, concludere: *chiudere un dibattito; chiudere la partita*, vincerla. **8** Sospendere o cessare un'attività commerciale: *il negozio chiude per ferie*. **9** In contabilità, eseguire le operazioni legate alla fine di un'attività: *chiudere il bilancio; chiudere un* *conto*, farne il saldo. || INTR. (aus. *avere*) **1** Di oggetti o dispositivi, mettersi in posizione di chiusura: *il rubinetto non chiude bene.* **2** Di negozi, cessare temporaneamente l'attività: *il bar chiude a mezzanotte.* || **chiudersi** RIFL. **1** Ritirarsi, nascondersi: *chiudersi* ***in*** *camera,* ***in*** *casa.* **2** Assumere un atteggiamento di chiusura: *chiudersi* ***nella*** *propria tristezza.* || **chiudersi** INTR. PRONOM. **1** Del dispositivo mobile di un oggetto, muoversi impedendo il passaggio: *il cancello si chiuse.* **2** Di parti del corpo aperte o distese, serrarsi o ripiegarsi su di sé: ***mi*** *si chiudono gli occhi per il sonno.* Ⓔ ***Chiudere bottega*** → ***bottega*** • ***Chiudere gli occhi***, addormentarsi: *non ho chiuso occhio per tutta la notte* • ***Chiudere la porta in faccia a qualcuno***, rifiutarsi di aiutarlo • ***Chiudere un occhio***, far finta di niente: *per questa volta chiuderò un occhio* • ***Chiudersi in se stesso***, non confidarsi con nessuno.

Il termine deriva da una parola del latino tardo, che viene a sua volta da *claudere* 'chiudere' (→ ***concludere***).

chiunque (chi-ùn-que) PRON. INDEF. e REL. INDEF. (solo sing.) || PRON. INDEF. Ognuno, qualunque persona: *lo può vedere chiunque; chiunque potrebbe aiutarlo.* || PRON. REL. INDEF. Ogni persona che: *chiunque venga, digli che non ci sono; chiunque dica questo mente.*

chiusa (chiù-sa) N.F. **1** Sbarramento artificiale di un fiume o canale Ⓢ diga. **2** Conclusione di una lettera, un discorso, ecc.: *la chiusa di un articolo* Ⓢ finale.

chiusi (chiù-si) · Pass. rem., 1ª pers. sing. → ***chiudere***.

chiuso (chiù-so) AGG. || Participio pass. → ***chiudere***. || AGG. **1** Disposto in modo da non consentire il passaggio o la vista: *strada chiusa* ***al*** *traffico; una casa con le finestre chiuse* Ⓒ aperto. **2** Che ha cessato o sospeso la propria attività: *quell'officina è chiusa da anni; la biglietteria era già chiusa.* **3** Di persona, timido, taciturno, introverso: *un ragazzo molto chiuso.* Ⓔ ***Al chiuso***, al coperto, dentro: *se piove dovremo fare la festa al chiuso* • ***A occhi chiusi*** → ***occhio*** • ***Naso chiuso***, intasato per il raffreddore • ***Numero chiuso*** → ***numero*** • ***Processo a porte chiuse***, quando non vi è ammesso il pubblico • ***Tenere la bocca chiusa*** → ***bocca***.

chiusura (chiu-sù-ra) N.F. **1** Cessazione o interruzione del passaggio o di un'attività: *la frana ha causato la chiusura della strada; chiusura anticipata delle scuole* Ⓒ apertura. **2** Conclusione, fine: *chiusura di un dibattito.* **3** Dispositivo che serve a chiudere: *chiusura automatica del cancello.* Ⓔ ***Chiusura lampo*** → ***lampo***.

choc (pronuncia *sciòk*) N.M. FR., in it. N.M. INVAR. → ***shock***.

ci[1] AVV. e PRON. || AVV. **1** Qui, in questo luogo; lì, in quel luogo: *ci sto bene*, qui sto bene; *ci andrò domani*, là andrò domani. **2** Può essere usato solo per rafforzare il verbo: *c'era una volta*, esisteva una volta; *ci vuole*, occorre; *ci corre*, è diverso. || PRON. **1** Forma atona del pronome personale di prima persona plurale *noi* usata come complemento oggetto e complemento di termine: *ci chiama*, chiama noi; *ci sembra*, sembra a noi. **2** Riferito a cosa, di ciò, a ciò: *ci ho gusto*, ho gusto di ciò; *non ci credo*, non credo a ciò.

Il pronome *ci* si mette sempre prima del verbo; si mette dopo solo quando il verbo è all'imperativo, all'infinito, al gerundio o al participio: *ci vedono*; *vederci*; *dicendoci*; quando si appoggia a imperativi di una sola sillaba la consonante iniziale viene raddoppiata: *facci vedere*; davanti a *lo, la, le, li, ne* è sostituito da *ce*: *non ce lo dice*; *non dircelo*.

ci[2] N.M. o F. INVAR. · Nome della terza lettera dell'alfabeto italiano e del segno che la rappresenta (*c*, *C*).

ciabatta (cia-bàt-ta) N.F. **1** Calzatura da casa senza tacco, aperta dietro: *dove sono le mie ciabatte?* Ⓢ pantofola. **2** Forma di pane croccante, schiacciata e allungata.

ciabattino (cia-bat-ti-no) N.M. (f. *-a*) · Chi per mestiere ripara le scarpe Ⓢ calzolaio.

ciac o **ciak** (pronuncia *ciàc*) N.M. INVAR. · Tavoletta con le indicazioni del film e della scena che si sta girando; nella parte inferiore ha un'asticella mobile che viene battuta davanti alla macchina da presa all'inizio di ogni scena: *"ciac, si gira!"*.

Il termine deriva da una serie onomatopeica che imita il rumore che fa il listello mobile battendo sulla tavoletta.

C

cialda (ciàl-da) N.F. · Pasta dolce, sottile e croccante, usata anche per realizzare il cono del gelato.

cialtrone (cial-tró-ne) N.M. (f. *-a*; pl.m. *-i*, pl.f. *-e*) · Persona pigra e trasandata Ⓢ poltrone, fannullone • Persona volgare e scorretta: *non fidarti di quel cialtrone* Ⓢ farabutto, mascalzone.

ciambella (ciam-bèl-la) N.F. **1** Forma tonda di pane o di pasta dolce, con un buco al centro: *ho comprato un paio di ciambelle per i bambini.* **2** Anello di gomma o di altro materiale pieno d'aria per tenersi a galla nell'acqua Ⓢ salvagente.

ciancia (ciàn-cia) N.F. (pl. *-ce*) · Discorso inutile e senza fondamento: *non perdiamoci in ciance* Ⓢ chiacchiera.

cianfrusaglia (cian-fru-sà-glia) N.F. (spesso al pl. *-glie*) · Oggetto di scarso valore: *ha la casa piena di cianfrusaglie.*

cianosi (cia-nò-ṣi) N.F. INVAR. · Colorazione della pelle tendente al blu, dovuta a insufficiente presenza di ossigeno nel sangue: *cianosi delle labbra.*

cianotico (cia-nò-ti-co) AGG. (pl.m. *-ci*, pl.f. *-che*) · Che presenta cianosi: *aspetto cianotico* Ⓢ livido.

cianuro (cia-nù-ro) N.M. · Sostanza chimica molto velenosa.

ciao (cià-o) INTER. · Forma amichevole di saluto, usata sia quando ci si incontra che quando ci si lascia: *ciao, come stai?; ci vediamo domani, ciao!*

Il termine deriva dalla parola del dialetto veneziano *s-ciào, s-ciàvo* '(sono suo) schiavo', forma di cortesia che significava 'per servirla, sono a sua disposizione'.

ciarlatano (ciar-la-tà-no) N.M. (f. *-a*) **1** Chi, nelle pubbliche piazze, vende oggetti di scarso valore spacciandoli per ottimi. **2** Impostore, imbroglione: *non ti fidare di quel ciarlatano.*

ciarpame (ciar-pà-me) N.M. · Ammasso di roba vecchia e di nessun valore: *metti tutto il tuo ciarpame in soffitta.*

ciascuno (cia-scù-no) AGG. e PRON. INDEF. (solo sing.) || AGG. Che fa parte di una totalità di cose o persone considerate una per una: *ciascun candidato ha a disposizione cinque minuti per parlare.* || PRON. Tutte le cose o le persone che fanno parte di un insieme prese singolarmente: *ciascuno si comporti come meglio crede.* Ⓔ ***(Per) ciascuno***, per tutte le cose o persone prese singolarmente: *non posso darvi più di un biglietto (per) ciascuno.*

Al maschile singolare l'aggettivo *ciascuno* presenta sempre la forma tronca *ciascun* (senza apostrofo), tranne che prima di parole che iniziano per *i + vocale, s + consonante, gn, pn, ps, x, z*: *ciascun partecipante, ciascun animale* ma *ciascuno iato, ciascuno studente, ciascuno zio*; la forma femminile *ciascuna* viene elisa in *ciascun'* (con apostrofo) davanti a vocale: *ciascun'amica.*

cibare (ci-bà-re) V.TR. || TR. Dare da mangiare: *cibare un animale affamato* Ⓢ alimentare, nutrire. || **cibarsi** RIFL. Alimentarsi, nutrirsi: *cibarsi **di** carne* • Dedicarsi a qualcosa con passione: *cibarsi **di** poesia.*

cibarie (ci-bà-rie) N.F.PL. · Viveri, provviste: *fare scorta di cibarie.*

cibernetica (ci-ber-nè-ti-ca) N.F. (pl. *-che*) · Scienza che studia e realizza dispositivi e macchine capaci di riprodurre le funzioni del cervello umano.

cibo (cì-bo) N.M. · Ciò che si mangia: *la carne di manzo è un cibo sostanzioso* Ⓢ alimento, vivanda, nutrimento. Ⓔ ***Non toccare cibo***, digiunare.

cicala (ci-cà-la) N.F. **1** Insetto di color nero-giallastro; il maschio, nelle ore più calde dei mesi estivi, emette un caratteristico verso. **2** Persona che conduce una vita spensierata caratterizzata dallo sperpero di denaro, senza tener conto di eventuali necessità o difficoltà future, con riferimento alla favola di Esopo Ⓒ formica.

Il verbo che indica il verso della cicala è *frinire.*

cicaleccio (ci-ca-léc-cio) N.M. (pl. *-ci*) · Chiacchiericcio.

cicatrice (ci-ca-trì-ce) N.F. · Il segno che rimane sulla pelle in seguito a una ferita: *dopo l'operazione gli è rimasta una bella cicatrice.*

cicatrizzare (ci-ca-triẓ-ẓà-re) V.TR. e INTR. || TR. Far guarire una ferita o una lesione: *questa pomata cicatrizzerà il taglio* Ⓢ rimarginare. || INTR. (aus. *avere*) e **cicatrizzarsi** INTR. PRONOM. Di piaga o ferita, guarire: *questa bruciatura non si cicatrizza mai.*

cicca (cic-ca) N.F. (pl. *-che*) **1** Ciò che rimane di una sigaretta o di un sigaro dopo averli fumati: *un posacenere pieno di cicche* Ⓢ mozzicone. **2** Nel linguaggio familiare, gomma da masticare. Ⓔ ***Una cicca***, niente: *non valere una cicca,* non valere niente.

cicchetto (cic-chét-to) N.M. **1** Bicchierino di liquore o di vino: *beviamoci l'ultimo cicchetto.* **2** Nel linguaggio familiare, rimprovero, sgridata: *dare, prendere un cicchetto.*

ciccia (cìc-cia) N.F. (pl. *-ce*), *fam.* **1** Nel linguaggio familiare, la carne della bestia macellata, soprattutto nel linguaggio dei bambini: *mangia un po' di ciccia.* **2** Il grasso del corpo umano: *hai troppa ciccia addosso.*

ciccione (cic-ció-ne) N.M. (f. *-a*; pl.m. *-i*, pl.f. *-e*) · Nel linguaggio familiare, persona molto grassa.

cicerone (ci-ce-ró-ne) N.M. · Guida che accompagna i turisti illustrando i monumenti e i musei di una città.

> Il termine deriva dal nome del filosofo e oratore romano Marco Tullio *Cicerone* (106-43 a.C.), simbolo dell'eloquenza romana.

ciclabile (ci-clà-bi-le) AGG. · Di percorso riservato alle biciclette: *pista ciclabile.*

ciclamino (ci-cla-mi-no) N.M. e AGG. || N.M. Pianta erbacea con fiori di vari colori, dal rosa al lilla al rosso porpora. || AGG. e N.M. INVAR. Di colore fra il rosso e il lilla: *un golf ciclamino; il ciclamino ti sta bene.*

ciclicità (ci-cli-ci-tà) N.F. INVAR. · Il carattere di un fenomeno che si ripete a intervalli regolari: *la ciclicità delle stagioni.*

ciclico (cì-cli-co) AGG. (pl.m. *-ci*, pl.f. *-che*) · Che si ripete a intervalli regolari: *fenomeno ciclico* Ⓢ periodico.

ciclismo (ci-clì-ṣmo) N.M. · Lo sport delle corse in bicicletta: *ciclismo su strada, su pista.*

ciclista (ci-clì-sta) N.M. e F. (pl.m. *-i*, pl.f. *-e*) **1** Chi va in bicicletta: *corsia riservata ai ciclisti.* **2** Atleta che partecipa a una gara ciclistica: *i ciclisti in fuga sono arrivati al traguardo.*

ciclistico (ci-clì-sti-co) AGG. (pl.m. *-ci*, pl.f. *-che*) · Che riguarda la bicicletta da un punto di vista tecnico o sportivo: *corse ciclistiche.*

ciclo[1] (cì-clo) N.M. **1** Serie di fenomeni o di operazioni che si ripetono regolarmente nello stesso ordine dopo un certo periodo di tempo: *il ciclo delle stagioni; il ciclo di una malattia.* **2** Insieme di opere letterarie basate sugli stessi temi e sugli stessi personaggi: *il ciclo della Tavola Rotonda.* **3** Serie di manifestazioni culturali o artistiche legate da un tema: *un ciclo di letture dantesche.* Ⓔ ***Ciclo (mestruale)***, l'insieme dei fenomeni che avvengono nell'apparato genitale femminile tra una mestruazione e la seguente; ***avere il ciclo***, avere le mestruazioni.

ciclo[2] (ci-clo) N.M. · Bicicletta.

cicloamatore (ci-clo-a-ma-tó-re) N.M. (f. *-trìce*) · Chi pratica lo sport della bicicletta per divertimento o per hobby: *raduno di cicloamatori.*

ciclocross (ci-clo-cròss) N.M. INVAR. · Corsa ciclistica effettuata su un percorso campestre e accidentato.

ciclomotore (ci-clo-mo-tó-re) N.M. · Veicolo stradale a due ruote, con motore di piccola cilindrata: *anche i ciclomotori devono avere la targa* Ⓢ motorino.

ciclone (ci-cló-ne) N.M. · Violenta tempesta generata dal contrasto termico di una massa d'aria calda e di una fredda, che forma venti molto forti che ruotano attorno a un centro: *il ciclone ha provocato gravi danni.* Ⓔ ***Occhio del ciclone*** → *occhio*.

ciclonico (ci-clò-ni-co) AGG. (pl.m. *-ci*, pl.f. *-che*) · Che riguarda il ciclone: *temporale ciclonico.*

A B C D E F G H I J K L M N O P Q R S T U V W X Y Z

C

ciclope (ci-clò-pe) N.M. · Nella mitologia greca, mostruosa e gigantesca creatura con un solo occhio in mezzo alla fronte.

ciclopedonale (ci-clo-pe-do-nà-le) AGG. · Di area o percorso riservati al passaggio di ciclisti e pedoni: *percorso ciclopedonale.*

ciclopico (ci-clò-pi-co) AGG. (pl.m. *-ci*, pl.f. *-che*) 1 Dei Ciclopi: *occhio ciclopico.* 2 Gigantesco, enorme: *uno sforzo ciclopico.* Ⓔ ***Mura ciclopiche***, costruite con blocchi enormi sovrapposti gli uni agli altri, tipiche della Grecia, dell'Etruria e del Lazio.

cicloraduno (ci-clo-ra-dù-no) N.M. · Raduno ciclistico: *cicloraduno nel centro storico.*

ciclostile (ci-clo-stì-le) N.M. · Macchina usata per riprodurre un limitato numero di copie di un testo scritto a macchina mediante una matrice di carta particolare.

cicloturismo (ci-clo-tu-ri-ṣmo) N.M. · Turismo praticato con la bicicletta.

cicogna (ci-có-gna) N.F. · Uccello bianco di grandi dimensioni con becco, collo e zampe molto lunghi; fa il nido su alberi e rocce e, nei Paesi nordici, anche sui tetti. Ⓔ ***È arrivata la cicogna***, nel linguaggio familiare, è nato un bambino.

cicoria (ci-cò-ria) N.F. (pl. *-rie*) · Pianta erbacea dai fiori azzurri, di cui si mangiano le lunghe foglie.

cicuta (ci-cù-ta) N.F. · Pianta erbacea velenosa • Il veleno ricavato da tale pianta.

-cida · Secondo elemento di parole composte che significa 'uccisore': *omicida*, chi uccide un uomo; *insetticida*, sostanza che uccide gli insetti.

-cidio · Secondo elemento di parole composte che significa 'uccisione': *matricidio*, uccisione della madre.

ciecamente (cie-ca-mén-te) AVV. · Senza riflessione, in modo totale: *fidarsi, obbedire ciecamente.*

cieco (ciè-co) AGG. e N.M. (f. *-a*; pl.m. *-chi*, pl.f. *-che*) || AGG. e N.M. (f. *-a*) Che, chi è privo della vista: *nascere, diventare cieco; è cieco da un occhio; istituto per ciechi.* || AGG. 1 Incapace di ragionare: *la gelosia lo ha reso cieco; cieco di rabbia* Ⓢ folle • Che rende incapaci di ragionare: *una passione cieca* Ⓢ travolgente • Totale, assoluto: *obbedienza cieca.* 2 Privo di luce: *una stanza cieca* Ⓢ buio. 3 ***Intestino cieco*** (o *il cieco* N.M.), il primo tratto dell'intestino crasso. Ⓔ ***Alla cieca***, senza vedere: *camminare alla cieca*; in senso figurato, senza riflettere: *giudicare alla cieca* • ***Finestra cieca***, finta, senza apertura • ***Mosca cieca*** → *mosca* • ***Vicolo cieco*** → *vicolo*.

Il termine *cieco* può essere percepito come spregiativo, quindi è preferibile usare l'espressione *non vedente*.

cielo (ciè-lo) N.M. 1 Lo spazio in cui si muovono il nostro pianeta e gli astri, e che ci appare come una cupola delimitata alla base dall'orizzonte: *cielo azzurro, sereno, nuvoloso.* 2 La sede di Dio e dei beati: *la gloria del cielo* Ⓢ paradiso • Dio stesso o la Divina Provvidenza: *pregare il cielo.* Ⓔ ***Essere al settimo cielo***, al massimo della felicità • ***Il regno dei cieli***, il Paradiso • ***Non stare né in cielo né in terra***, di cose incredibili, assurde • ***Per l'amor del cielo!*** → *amore* • ***Piovere dal cielo***, di persone o cose che giungono inaspettate: *mi è piovuta dal cielo questa opportunità* • ***Salire al cielo***, morire • ***Toccare il cielo con un dito*** → *toccare*.

cifosi (ci-fò-ṣi) N.F. INVAR. · Curvatura della colonna vertebrale verso l'esterno.

cifra (cì-fra) N.F. 1 Ciascuno dei segni con cui si rappresentano i numeri arabi da 0 a 9 o i numeri romani: *ci vuole un numero a tre cifre come 313* • Numero, soprattutto come risultato di un calcolo: *che cifra ti viene?* Ⓢ somma. 2 Somma di denaro: *ho dovuto pagare una grossa cifra.* 3 SPESSO AL PL. Sigla costituita dalle iniziali del proprio nome e cognome: *federe con le cifre ricamate.* Ⓔ ***Far cifra tonda***, arrotondare un prezzo: *facciamo cifra tonda e mi dia 100 euro* • ***Cifre decimali*** → *decimale*.

Il termine deriva da una parola araba che significa 'nulla, zero'.

cifrato (ci-frà-to) AGG. 1 Fornito di sigla o di iniziali ricamate: *fazzoletti cifrati.* 2 Espresso in un linguaggio segreto: *interpretare un messaggio cifrato* Ⓢ criptato.

ciglio (ci-glio) N.M. 1 (pl.f. *le cìglia*) L'orlo delle palpebre, fornito di peli che hanno la funzione di proteggere l'occhio • AL PL. L'insieme dei peli sull'orlo delle palpebre: *ha delle ciglia lunghissime.* **2** (pl.f. *le cìglia*) Sopracciglio: *ha una ferita sul ciglio sinistro.* **3** (pl.m. *i cìgli*) Orlo, bordo, margine: *il ciglio della strada.* E ***Non batter ciglio***, restare impassibile; ***senza batter ciglio***, senza mostrare emozioni: *ha ascoltato la sentenza senza batter ciglio.*

Il plurale maschile *cigli* si usa solo quando ci si riferisce ai bordi di qualcosa: *i cigli delle strade.*

cigno (cì-gno) N.M. · Uccello acquatico bianco di grandi dimensioni, con collo lungo e becco arancio. E ***Canto del cigno***, ultimo e spesso più ammirato episodio di una carriera artistica.

cigolare (ci-go-là-re) V.INTR. (*cìgolo*, ecc.; aus. *avere*) · Mandare un suono acuto: *il cancello cigola* S stridere.

cigolio (cigo-lì-o) N.M. (pl. *-lìi*) · Rumore acuto, provocato in genere dallo sfregamento di oggetti di legno o di metallo, oppure da congegni non lubrificati: *cigolio di ruote.*

ciliegia (ci-liè-gia) N.F. (pl. *-gie* o *-ge*) · Il frutto del ciliegio, piccolo e tondo, di colore rosso: *un paniere di ciliegie.*

ciliegio (ci-liè-gio) N.M. (pl. *-gi*) · Albero con corteccia liscia, foglie ovali, fiori bianchi o rosei; il frutto è tondo, di colore rosso.

cilindrata (ci-lin-drà-ta) N.F. · In un'autovettura, il volume del cilindro o dei cilindri di un motore a combustione interna, espresso in cm^3: *auto di media cilindrata; un'Alfa Romeo di 2000 cm^3 di cilindrata.*

cilindrico (ci-lin-dri-co) AGG. (pl.m. *-ci*, pl.f. *-che*) · Del cilindro o che ha la forma del cilindro: *un vaso cilindrico.*

cilindro (ci-lin-dro) N.M. **1** In geometria, solido che si genera facendo ruotare di 360° un rettangolo intorno a uno dei suoi lati. **2** Cappello alto da uomo: *Zio Paperone indossava un cilindro.* **3** Nei motori a scoppio, l'organo cavo dentro cui scorre il pistone.

cima (cì-ma) N.F. **1** Il punto o la parte più alta di qualcosa: *la cima del campanile; sali in cima alla scala* S estremità, sommità C fondo • Il vertice di un monte, l'intera montagna: *le cime delle Dolomiti* S vetta. **2** Parte terminale: *giunto in cima alla strada, svolti a destra* S termine. **3** Nel linguaggio familiare, persona straordinariamente intelligente: *nel suo campo è una cima* S genio. **4** Estremità di un cavo di marina. E ***Cime di rapa*** → ***rapa*** • ***Da cima a fondo***, dall'inizio alla fine, completamente: *pulire la casa da cima a fondo.*

cimelio (ci-mè-lio) N.M. (pl. *-li*) · Oggetto custodito come documento di civiltà antiche o come ricordo di grandi imprese: *mostra di cimeli del Risorgimento.*

cimentarsi (ci-men-tàr-si) V.RIFL. (*mi ciménto*, ecc.) **1** Affrontare un'impresa rischiosa: *cimentarsi **in** una corsa temeraria* S avventurarsi, arrischiarsi. **2** Mettersi alla prova: *cimentarsi **con** una versione di greco* S misurarsi. **3** Confrontarsi con qualcuno in una prova: *si cimentò **con** l'avversario **in** una lotta corpo a corpo* S gareggiare.

cimice (cì-mi-ce) N.F. **1** Insetto che vive nel legno e nei materassi e può trasmettere gravi malattie; ha corpo appiattito che, schiacciato, emana un odore ripugnante; è detto anche *cimice dei letti.* **2** Puntina da disegno a testa larga: *affiggere con le cimici un manifesto alla porta.* **3** Minuscolo apparecchio elettronico nascosto in un ambiente a scopo di spionaggio: *hanno trovato una cimice sotto al suo telefono* S microspia.

ciminiera (ci-mi-niè-ra) N.F. · Camino molto alto, per impianti industriali, locomotive o navi: *si vedevano le ciminiere fumanti delle fabbriche.*

cimitero (ci-mi-tè-ro) N.M. · Luogo dove vengono sepolti i morti: *il cimitero ebraico di Praga* S camposanto. E ***Mandare qualcuno al cimitero***, provocarne la morte.

cimosa (ci-mó-sa) N.F. **1** Bordo laterale delle pezze di stoffa, particolarmente resistente. **2** Striscia di panno avvolta a rotella per cancellare la lavagna.

cimurro (ci-mùr-ro) N.M. · Malattia contagiosa che colpisce le vie respiratorie, soprattutto dei giovani cani.

cinciallegra (cin-cial-lé-gra) N.F. · Uccello canterino con il ventre giallo e la testa nera.

C

cincillà (cin-cil-là) N.M. O F. INVAR. · Roditore di piccola taglia, allevato in tutto il mondo per la sua pelliccia pregiatissima, molto morbida, di colore grigio • La pelliccia dell'animale: *la signora indossava un cincillà.*

cincin (cin-cìn) (o **cin cin**) INTER. e N.M. INVAR. || INTER. Esprime un augurio durante il brindisi Ⓢ salute. || N.M. Il brindisi stesso: *fare un cin cin per Laura.*

Il termine deriva da una parola cinese usata per salutare: *qingqing.*

cincischiare (cin-ci-schià-re) V.INTR. (*cincìschio*, ecc.; aus. *avere*) · Perdere tempo senza concludere niente: *smettila di cincischiare e mettiti al lavoro* Ⓢ gingillarsi.

cine (ci-ne) N.M. INVAR. · Abbreviazione di *cinema.*

cineasta (ci-ne-à-sta) N.M. e F. (pl.m. *-i*, pl.f. *-e*) · Chi lavora nel cinema come produttore o regista.

cinefilo (ci-nè-fi-lo) N.M. (f. *-a*) · Appassionato di cinema.

cineforum (ci-ne-fò-rum) N.M. INVAR. · Proiezione di un film seguita da un dibattito • Circolo che organizza tali incontri: *questo mese al cineforum danno i film di Fellini.*

cinema (cì-ne-ma) N.M. INVAR. **1** L'insieme delle attività che concorrono alla realizzazione di un film: *fare del cinema; studiare la storia del cinema* • Produzione cinematografica: *cinema muto, sonoro, d'azione.* **2** Locale in cui si proiettano film: *chi vuol venire al cinema?*

cinematografia (ci-ne-ma-to-gra-fì-a) N.F. (pl. *-fie*) **1** Sistema per la ripresa e la proiezione su uno schermo di un film: *i primi esperimenti di cinematografia risalgono alla fine dell'Ottocento.* **2** L'insieme dei film prodotti in un'epoca, in un Paese o secondo un indirizzo artistico: *la cinematografia russa degli anni Trenta.*

cinematografico (ci-ne-ma-to-grà-fi-co) AGG. (pl.m. *-ci*, pl.f. *-che*) · Che riguarda la cinematografia o il cinema: *produzione cinematografica; sala cinematografica,* dove si proiettano i film.

cinematografo (ci-ne-ma-tò-gra-fo) N.M. · Cinema.

Il termine deriva dal francese *cinématographe,* composto a sua volta del greco *kínema* 'movimento' e *grápho* 'scrivere'; si tratta del nome con cui i fratelli Lumière brevettarono nel 1895 l'apparecchio capace di riprendere e proiettare le immagini.

cinepresa (ci-ne-pré-sa) N.F. · Macchina per la ripresa di immagini cinematografiche.

cinerario (ci-ne-rà-rio) AGG. (pl.m. *-ri*, pl.f. *-rie*) · Che serve a raccogliere le ceneri dei defunti: *urna cineraria.*

cinereo (ci-nè-re-o) AGG. (pl.m. *-rei*, pl.f. *-ree*) · Del colore della cenere: *un cielo cinereo* Ⓢ grigio.

cinese (ci-né-se) AGG. e N.M. e F. || AGG. Della Cina. || N.M. e F. Abitante, nativo della Repubblica Popolare Cinese o della Repubblica della Cina Nazionale (Taiwan). || N.M. La lingua parlata in Cina.

cineteca (ci-ne-tè-ca) N.F. (pl. *-che*) · Raccolta di pellicole cinematografiche: *nella sua cineteca ci sono titoli rarissimi* • Il luogo in cui è conservata tale raccolta.

cinetico (ci-nè-ti-co) AGG. (pl.m. *-ci*, pl.f. *-che*) · Che riguarda il movimento. Ⓔ ***Energia cinetica*** → ***energia***.

cingere (cìn-ge-re) V.TR. (irreg.: ind. pres. *cìngo, cìngi*, ecc.; pass. rem. *cìnsi, cingésti, cìnse, cingémmo, cingéste, cìnsero*; part. pass. *cìnto*) **1** Legare attorno a una parte del corpo: *cingere la spada.* **2** Avvolgere una persona o una parte del suo corpo: *la cinse* ***con*** *un mantello per ripararla dal freddo.* **3** Abbracciare, stringere: *mi cinse* ***alla*** *vita.* **4** Circondare, delimitare: *la città è cinta da una cerchia di mura.* Ⓔ ***Cingere d'assedio***, assediare.

cinghia (cìn-ghia) N.F. (pl. *-ghie*) · Striscia di cuoio o di altro materiale, munita di fibbia o ganci, usata per sostenere, stringere o fermare qualcosa: *la cinghia dei pantaloni.* Ⓔ ***Cinghia di trasmissione***, in meccanica, striscia di cuoio, di tela o di gomma, chiusa ad anello, che trasmette il movimento tra due organi meccanici • ***Tirare la cinghia*** → ***tirare***.

cinghiale (cin-ghià-le) N.M. · Mammifero selvatico simile al maiale; ha muso allungato, zanne rivolte all'insù, corpo ricoperto di setole nero-grigie; si ciba di erbe, ghiande, radici e rettili.

Il verbo che indica il verso del cinghiale è *grugnire* e il nome è *grugnito*.

cingolato (cin-go-là-to) AGG. e N.M. · Di mezzo fornito di cingoli articolati: *carro cingolato; i cingolati dell'esercito.*

cingolo (cìn-go-lo) N.M. · Organo di collegamento e trasmissione che si applica alle ruote di alcuni mezzi per aumentarne la presa sul terreno: *trattore a cingoli.*

cinguettare (cin-guet-tà-re) V.INTR. (*cinguétto*, ecc.; aus. *avere*) · Di uccelli, cantare a più riprese: *i passerotti cominciarono a cinguettare.*

cinguettio (cin-guet-tì-o) N.M. (pl. *-tìi*) · Canto di uccello.

cinico (cì-ni-co) AGG. e N.M. (f. *-a*; pl.m. *-ci*, pl.f. *-che*) · Che, chi deride i valori comunemente accettati e manifesta disprezzo o indifferenza per i sentimenti: *una risata cinica; solo un cinico può reagire così* Ⓢ insensibile, sprezzante.

cinismo (ci-nì-ṣmo) N.M. · Atteggiamento di totale disprezzo o indifferenza nei confronti dei valori e degli ideali comunemente accettati: *agire con freddo cinismo.*

cinofilo (ci-nò-fi-lo) AGG. e N.M. (f. *-a*) || AGG. Che riguarda i cani. || N.M. (f. *-a*) Appassionato di cani. Ⓔ ***Unità cinofila***, reparto della polizia che opera servendosi di cani addestrati.

cinquanta (cin-quàn-ta) AGG. NUM. CARD. e N.M. INVAR. || AGG. Numero formato da cinque decine. || N.M. Il numero cinquanta e il segno che lo rappresenta (*50* in numeri arabi, *L* in numeri romani). Ⓔ ***Gli anni Cinquanta***, il decennio che va dal 1950 al 1960.

cinque (cìn-que) AGG. NUM. CARD. e N.M. INVAR. || AGG. Il numero che segue il quattro e precede il sei. || N.M. Il numero cinque e il segno che lo rappresenta (*5* in numeri arabi, *V* in numeri romani). Ⓔ ***Cinque minuti***, per indicare uno spazio di tempo molto breve: *torno fra cinque minuti* Ⓢ un attimo.

cinquecento (cin-que-cèn-to) AGG. NUM. CARD. e N.M. INVAR. || AGG. Numero uguale a cinque volte cento. || N.M. Il numero cinquecento e il segno che lo rappresenta (*500* in numeri arabi, *D* in numeri romani). Ⓔ ***Il Cinquecento***, il secolo compreso tra il 1501 e il 1600.

cinquina (cin-quì-na) N.F. · Nella tombola e nel lotto, serie di cinque numeri estratti sulla stessa fila (tombola) o nella stessa ruota (lotto).

cinsi (cìn-si) · Pass. rem., 1ª pers. sing. → ***cingere***.

cinta (cìn-ta) N.F. **1** L'insieme delle opere difensive di muratura intorno a un centro abitato: *una cinta fortificata* Ⓢ cerchia. **2** Cintura: *la cinta dei pantaloni.* Ⓔ ***Muro di cinta***, quello che delimita un terreno privato, recinzione.

cintare (cin-tà-re) V.TR. · Chiudere con una recinzione: *cintare un giardino* Ⓢ recintare.

cinto (cìn-to) · Participio pass. → ***cingere***.

cintola (cìn-to-la) N.F. **1** Cintura: *la cintola dei pantaloni.* **2** La parte del corpo, sopra i fianchi, dove si porta la cintura: *è magra dalla cintola in su* Ⓢ vita.

cintura (cin-tù-ra) N.F. **1** Striscia flessibile di pelle, stoffa o altro materiale, per stringere alla vita gli indumenti: *una cintura di pelle* Ⓢ cinghia, cinta • La parte superiore dei calzoni o della gonna, che cinge la vita: *allargare la cintura.* **2** Nel judo, la fascia colorata che stringe alla vita la casacca degli atleti e indica, a seconda del colore, le varie categorie in cui sono divisi: *essere cintura nera.* **3** Zona circostante: *la cintura industriale di Milano* Ⓢ cerchia. Ⓔ ***Cintura di salvataggio***, salvagente a forma di anello che si lega alla vita • ***Cintura di sicurezza*** → ***sicurezza***.

cinturino (cin-tu-rì-no) N.M. · Piccola cintura che serve per allacciare o stringere oggetti: *il cinturino dell'orologio.*

ciò (ciò) PRON. DIMOSTR. · Questa cosa, quella cosa: *come puoi pensare ciò?; confermo ciò che ho detto.* Ⓔ ***A ciò***, a questo fine: *usare i contenitori a ciò predisposti* • ***Con ciò***, quindi, dunque: *e con ciò non ho più niente da dirvi* • ***Con tutto ciò*** o ***ciò nonostante*** o ***ciò nondimeno***, ma, però, tuttavia: *era contrario, ciò nonostante accettò ugualmente.*

ciocca (ciòc-ca) N.F. (pl. *-che*) **1** Mazzetto d'erbe: *una ciocca di salvia.* **2** Ciuffo di capelli: *le scivolò una ciocca di capelli sulla fronte.*

C

ciocco (ciòc-co) N.M. (pl. *-chi*) · Grosso pezzo di legno da ardere Ⓢ ceppo.

cioccolata (cioc-co-là-ta) N.F. **1** Cioccolato: *una tavoletta di cioccolata.* **2** Bevanda preparata sciogliendo polvere di cacao in acqua o latte caldo: *una tazza di cioccolata calda con la panna.*

cioccolatino (cioc-co-la-tì-no) N.M. · Pezzetto di cioccolato solido, talvolta ripieno, venduto in vari tipi di confezioni: *una scatola di cioccolatini; un cioccolatino al caffè.*

cioccolato (cioc-co-là-to) N.M. · Alimento costituito da una miscela di zucchero, cacao e altri ingredienti, venduto sotto forma di tavolette e cioccolatini, oppure in polvere. Ⓔ ***Cioccolato al latte***, con l'aggiunta di latte in polvere e burro di cacao • ***Cioccolato fondente***, quello più o meno amaro e con poco burro di cacao.

Il termine deriva da una parola di origine azteca.

cioè (cio-è) AVV. **1** Vale a dire, in altre parole: *l'altro ieri, cioè domenica* Ⓢ ovvero. **2** Per meglio dire: *ti telefonerò, cioè verrò personalmente* Ⓢ anzi.

L'accento sulla *e* di *cioè* è grave; scrivere *cioé* con l'accento acuto è un errore!

ciondolare (cion-do-là-re) V.INTR. e TR. (*ciòndolo*, ecc.) || INTR. (aus. *avere*) **1** Di cose che pendono, dondolare, oscillare: *ti ciondola il fazzoletto **dalla** tasca del cappotto.* **2** Reggersi male sulle gambe: *sta ciondolando per il sonno* Ⓢ barcollare • Aggirarsi stancamente: *passa le giornate a ciondolare per casa* Ⓢ bighellonare. || TR. Dondolare stancamente: *ciondolare la testa.*

ciondolo (ción-do-lo) N.M. · Piccolo oggetto ornamentale che si porta appeso a una catena, a un nastro o a un braccialetto: *un ciondolo d'oro.*

ciondoloni (cion-do-ló-ni) AVV. · In modo da oscillare: *il cane correva con la lingua ciondoloni.*

ciononostante (cio-no-no-stàn-te) AVV. · Malgrado ciò: *era nuvoloso, ciononostante siamo andati in spiaggia* Ⓢ tuttavia.

ciotola (ciò-to-la) N.F. · Tazza bassa e ampia senza manico: *una ciotola di legno* • Quanto è in essa contenuto: *ha bevuto due ciotole di latte.*

ciottolo (ciòt-to-lo) N.M. · Sasso reso tondeggiante e levigato dalle acque di un torrente o di un fiume: *l'acqua era così limpida che si vedevano i ciottoli sul fondo.*

ciottoloso (ciot-to-ló-so) AGG. · Cosparso di sassi.

cipiglio (ci-pì-glio) N.M. (pl. *-gli*) · Atteggiamento di severità, superbia o minaccia, che si manifesta corrugando le sopracciglia: *lo fermò sulla soglia con cipiglio minaccioso.*

cipolla (ci-pól-la) N.F. **1** Pianta erbacea largamente coltivata per i suoi bulbi commestibili • Il bulbo della pianta, che si mangia crudo, cotto, sott'aceto ed è utilizzato nella preparazione di salse e condimenti: *zuppa di cipolle.* **2** Nel linguaggio familiare, grosso orologio da tasca: *questa cipolla apparteneva a mio nonno.*

cippo (cìp-po) N.M. **1** Monumento funerario o commemorativo costituito da una colonna tronca. **2** Piccolo blocco di pietra, usato come segno di confine o per indicare i chilometri lungo le strade.

cipresso (ci-près-so) N.M. · Albero con chioma a forma di piramide e foglie piccole, a sottili lamine di color verde scuro; è usato come pianta ornamentale, soprattutto nei cimiteri.

cipria (ci-pria) N.F. (pl. *-prie*) · Polvere finissima e profumata, usata per il trucco del viso e del collo: *darsi un po' di cipria sul naso.*

Il termine deriva dall'espressione *(polvere) Cipria*, cioè 'dell'isola di Cipro', probabilmente con riferimento alla dea Venere, che fu portata dai venti su quest'isola dopo essere nata dalla spuma del mare.

circa (cìr-ca) PREP. e AVV. || PREP. Intorno a, a proposito di, relativamente a: *fu interrogato circa la sua presenza sul luogo del delitto* • Per quanto riguarda: *circa il prezzo ci mette-*

remo d'accordo. || AVV. Pressappoco, più o meno: *Ugo ha circa trent'anni.*

circense (cir-cèn-se) AGG. · Del circo: *giochi circensi.*

circo (cìr-co) N.M. (pl. *-chi*) **1** Nell'antica Roma, grande edificio di forma ovale destinato alle corse dei carri e agli spettacoli pubblici: *il Circo Massimo a Roma.* **2** Il tendone sotto il quale si esibiscono acrobati, pagliacci, animali addestrati o bestie feroci: *domenica andremo al circo.*

circolare[1] (cir-co-là-re) AGG. **1** Che ha forma o figura di cerchio: *una piazza circolare* Ⓢ rotondo. **2** Del cerchio come figura geometrica: *sezione circolare.* **3** ***Lettera circolare*** (o *la circolare* N.F.), fatta in più copie e inviata a più persone, da un'autorità o da un ente per comunicare provvedimenti o direttive.

circolare[2] (cir-co-là-re) V.INTR. (*cìrcolo*, ecc.; aus. *avere* e *essere*) **1** Muoversi in circolo, in un ambiente o lungo un percorso: *apri le finestre, in modo che circoli un po' d'aria; il sangue circola nelle vene e nelle arterie.* **2** Andare in giro: *in questa zona le auto non possono circolare* Ⓢ muoversi, spostarsi. **3** Essere divulgato: *circolano strane notizie sul tuo conto* Ⓢ diffondersi • Passare di mano in mano: *in città circolano banconote false.*

circolatorio (cir-co-la-tò-rio) AGG. (pl.m. *-ri*, pl.f. *-rie*) · Che riguarda la circolazione, soprattutto del sangue: *disturbi circolatori.*

circolazione (cir-co-la-zió-ne) N.F. **1** Spostamento, movimento: *circolazione stradale; circolazione atmosferica.* **2** Passaggio dei liquidi organici, in particolare del sangue e della linfa, nei rispettivi sistemi di vasi: *circolazione sanguigna.* **3** Movimento di beni o di valuta: *circolazione monetaria.* Ⓔ ***Libretto di circolazione*** → *libretto* • ***Mettere in circolazione***, diffondere, divulgare: *mettere in circolazione nuove idee* • ***Sparire dalla circolazione***, non farsi più trovare • ***Togliere dalla circolazione qualcuno***, arrestarlo, oppure ucciderlo.

circolo (cìr-co-lo) N.M. **1** In geometria, cerchio, circonferenza. **2** Le varie circonferenze che si immaginano tracciate sulla Terra per delimitarne le zone: *circolo polare.* **3** Associazione di persone con obiettivi o interessi comuni: *circolo della vela* Ⓢ club (*ingl.*) • L'ambiente o i locali di tale associazione: *ci vediamo stasera al circolo.* **4** AL PL. Rete di rapporti tra persone che appartengono a uno stesso ambiente sociale, culturale o professionale: *i circoli industriali di Milano* Ⓢ cerchia. Ⓔ ***Circolo vizioso***, situazione in cui la soluzione di un problema genera un altro problema che riconduce alla situazione di partenza.

circoncisione (cir-con-ci-sió-ne) N.F. · Piccola operazione chirurgica con cui si taglia la pelle che avvolge la parte superiore del pene, di solito con valore di rito; è propria dei fedeli ebrei e musulmani.

circondare (cir-con-dà-re) V.TR. (*circóndo*, ecc.) || TR. **1** Chiudere tutt'intorno: *circondare un prato* **con** *una siepe; le colline che circondano la città* Ⓢ delimitare, cingere • Di forze militari o di polizia, disporsi intorno: *i carabinieri circondarono il palazzo.* **2** Fare oggetto di cure o premure: *lo circondava* **di** *attenzioni* Ⓢ colmare, riempire • Stare attorno, vicino: *devi fidarti di più delle persone che ti circondano.* || **circondarsi** RIFL. Avere o tenere accanto a sé: *circondarsi* **di** *amici.*

circondario (cir-con-dà-rio) N.M. (pl. *-ri*) · Territorio che si estende intorno a una città o un paese: *la notizia s'è sparsa in tutto il circondario* Ⓢ dintorni.

circonferenza (cir-con-fe-rèn-za) N.F. **1** In geometria, linea curva chiusa, i cui punti hanno la stessa distanza da un punto fisso posto all'interno, detto *centro*: *la circonferenza del cerchio.* **2** Linea circolare che indica la larghezza massima di un oggetto cilindrico o sferico oppure di una parte del corpo: *la circonferenza dei fianchi.*

circonflesso (cir-con-flès-so) AGG. · In grammatica: ***segno circonflesso*** (o *il circonflesso* N.M.), impropriamente chiamato *accento circonflesso*, è un segno grafico (ˆ) presente in varie lingue e che in italiano veniva usato in passato per indicare la desinenza plurale *-ii* propria degli aggettivi e dei nomi che al singolare terminano in *-io* (*varî, proprî, principî*).

circonvallazione (cir-con-val-la-zió-ne) N.F. · Strada che gira attorno a una città: *viali di circonvallazione.*

circoscritto (cir-co-scrìt-to) AGG. **1** ***Cerchio circoscritto a un poligono***, quando i vertici del poligono sono punti della circonferenza • ***Poligono circoscritto a un cerchio***, quando i lati del poligono sono tangenti al cerchio Ⓒ inscritto. **2** Limitato, ristretto, contenuto: *le tue competenze restano circoscritte* ***al*** *lavoro di segreteria* Ⓒ esteso.

C

circoscrivere (cir-co-scrì-ve-re) V.TR. (irreg.: coniugato come *scrivere*) **1** Tracciare un confine tutt'intorno: *circoscrivere una parte di territorio* Ⓢ delimitare. **2** Tracciare una figura geometrica intorno a un'altra: *circoscrivere una circonferenza* ***a*** *un poligono*, tracciare una circonferenza in modo che passi per i vertici del poligono; *circoscrivere un poligono* ***a*** *una circonferenza*, tracciare un poligono i cui lati siano tangenti alla circonferenza. **3** Mantenere entro certi limiti: *circoscrivere un incendio* Ⓢ limitare, contenere.

circoscrizione (cir-co-scri-zió-ne) N.F. · Suddivisione amministrativa di un territorio.

circospetto (cir-co-spèt-to) AGG. **1** Di persona che agisce con estrema cautela Ⓢ prudente, cauto. **2** Che dimostra cautela: *un'aria circospetta.*

circospezione (cir-co-spe-zió-ne) N.F. · Atteggiamento di grande cautela e prudenza: *muoversi con circospezione.*

circostante (cir-co-stàn-te) AGG. · Che sta intorno, di solito molto vicino: *l'alluvione ha colpito la capitale e i paesi circostanti* Ⓢ limitrofo.

circostanza (cir-co-stàn-za) N.F. **1** Condizione o situazione che determina un fatto: *circostanza favorevole, sfortunata; è scomparso in circostanze misteriose.* **2** Momento, occasione, situazione: *non mi sembra la circostanza più adatta per festeggiare.* Ⓔ ***Di circostanza***, di parole, discorsi adatti all'occasione ma convenzionali, non spontanei: *pronunciò solo due frasi di circostanza.*

circostanziato (cir-co-stan-zià-to) AGG. · Descritto con abbondanza e precisione di particolari: *un resoconto circostanziato dei fatti* Ⓢ dettagliato.

circuire (cir-cu-ì-re) V.TR. (*circuìsco, circuìsci*, ecc.) · Trarre in inganno con una tattica insistente: *lo ha circuito* ***con*** *false promesse* Ⓢ raggirare.

circuito (cir-cùi-to) N.M. **1** Linea che delimita uno spazio: *l'abitato è compreso in un circuito di dieci chilometri* Ⓢ perimetro. **2** Percorso di gara che ritorna al punto di partenza: *circuito automobilistico* Ⓢ tracciato, pista. **3** ***Circuito elettrico***, in elettronica, insieme dei conduttori collegati fra loro per permettere o impedire il passaggio della corrente elettrica: *aprire, chiudere un circuito* • ***Circuito integrato***, quello realizzato su un unico supporto di dimensioni minime • ***Corto circuito*** → ***cortocircuito***.

La pronuncia corretta è *circùito* con l'accento sulla *u*, *circuìto* con l'accento sulla *i* è il participio passato di *circuire*.

circumnavigare (cir-cum-na-vi-gà-re) V.TR. (*circumnàvigo, circumnàvighi*, ecc.) · Navigare intorno a un'isola o a un continente: *circumnavigare la Sicilia.*

circumnavigazione (cir-cum-na-vi-ga-zió-ne) N.F. · Lungo viaggio di esplorazione attraverso i mari che circondano un'isola o un continente: *la circumnavigazione dell'Africa.*

cirro (cìr-ro) N.M. · Nube bianca d'alta quota, esile e trasparente: *un cielo percorso da cirri leggeri.*

ciste (cì-ste) → ***cisti***.

cistercense (ci-ster-cèn-se) AGG. e N.M. · Appartenente o relativo all'ordine religioso fondato nel 1098 da Roberto di Molesme: *monaco cistercense.*

cisterna (ci-stèr-na) N.F. e AGG. || N.F. Costruzione in muratura, in genere affondata nel terreno, nella quale si raccoglie l'acqua piovana • Serbatoio o deposito di liquidi. || AGG. INVAR. Di mezzi di trasporto forniti di uno o più serbatoi per il trasporto di liquidi: *nave cisterna; vagone cisterna.*

cisti (cì-sti) N.F. INVAR. · In medicina, formazione costituita da una cavità chiusa che contiene materia liquida o solida: *asportare una cisti da un'ascella.*

cistifellea (ci-sti-fèl-le-a) N.F. (pl. *-lee*) · Organo situato sulla superficie inferiore del fegato, in cui si raccoglie la bile.

citare (ci-tà-re) V.TR. 1 Chiamare in giudizio davanti a un magistrato: *è stato citato per truffa.* 2 Riferire parole di persone o di autori, passi di opere o di testi: *citare un passo della "Divina Commedia", un articolo del codice civile* • Riportare come conferma o esempio: ***ti** citerò un caso analogo.*

citazione (ci-ta-zió-ne) N.F. 1 Invito a comparire davanti al giudice: *ricevere una citazione.* 2 Riferimento a un testo o a un discorso altrui come prova, conferma o esempio: *le citazioni di autori stranieri devono essere fatte in lingua originale.*

cito- e **-cito** · Primo e secondo elemento di parole composte che significa 'cellula': *citoplasma; leucocito.*

citofono (ci-tò-fo-no) N.M. · Impianto telefonico interno che collega i vari appartamenti di un edificio con la portineria o con il campanello all'esterno dell'edificio stesso: *suonano, vai al citofono a sentire chi è.*

citoplasma (ci-to-plà-ṣma) N.M. (pl. *-i*) · In biologia, parte della cellula tra la membrana e il nucleo.

città (cit-tà) N.F. INVAR. · Insediamento umano di notevoli dimensioni, formato da edifici, strade, piazze e dotato di servizi pubblici: *la città di Roma; città industriale, di provincia; vivere, abitare in città* • L'insieme degli abitanti di tale insediamento: *la città ha accolto con favore i provvedimenti del sindaco* S cittadinanza • Una parte di tale insediamento: *città vecchia* S zona, quartiere. E ***Città universitaria***, città famosa in particolare per la sua università: *Pavia è una città universitaria*; quartiere di una città che ospita le varie facoltà universitarie e i servizi ad esse legati, come la mensa o i collegi.

cittadella (cit-ta-dèl-la) N.F. · Luogo fortificato che costituiva il nucleo dell'apparato difensivo della città.

cittadina (cit-ta-dì-na) N.F. · Città di medie o piccole dimensioni: *una cittadina agricola, turistica.*

cittadinanza (cit-ta-di-nàn-za) N.F. 1 Il riconoscimento di appartenenza a uno Stato: *cittadinanza italiana, francese; chiedere, ottenere la cittadinanza* S nazionalità. 2 L'insieme degli abitanti di una città: *la cittadinanza è invitata a partecipare* S cittadini (PL.). E ***Cittadinanza onoraria***, quella offerta dallo Stato o da un Comune a persone di una nazione o città diversa per meriti o in segno di grande rispetto.

cittadino (cit-ta-dì-no) AGG. e N.M. (f. *-a*) || AGG. Della città, che riguarda la città: *le autorità cittadine; la vita cittadina.* || N.M. (f. *-a*) 1 Chi risiede in città: *la giunta comunale ha fatto molto per i cittadini.* 2 Chi ha la cittadinanza di uno Stato: *i diritti, i doveri del cittadino.* E ***Primo cittadino***, il sindaco.

city car (ci-ty car; pronuncia *sìti car*) N. INGL., in it. N.F. INVAR. · Autovettura di dimensioni ridotte, adatta per il traffico cittadino.

ciucciare (ciuc-cià-re) V.TR. (*ciùccio*, ecc.) · Nel linguaggio familiare, succhiare, poppare: *i cuccioli ciucciano il latte **dalla** madre.*

ciuccio (ciùc-cio) N.M. (pl. *-ci*) · Nel linguaggio familiare, tettarella di gomma che i bambini piccoli tengono in bocca S succhiotto.

ciuco (ciù-co) N.M. (f. *-a*; pl.m. *-chi*, pl.f. *-che*) · Nel linguaggio familiare, asino, somaro.

ciuffo (ciùf-fo) N.M. 1 Ciocca di capelli sulla fronte: *ha sempre il ciuffo sugli occhi.* 2 Ciocca di crini, di peli o di piume sul capo di alcuni animali: *un pappagallo con il ciuffo azzurro.* 3 Piccolo insieme di steli, di foglie o di rami: *un ciuffo d'erba* S cespo.

ciurma (ciùr-ma) N.F. · L'equipaggio di una nave: *la ciurma si è ribellata.*

> *Ciurma* è un nome collettivo: indica tante persone, ma è un sostantivo singolare.

civetta (ci-vét-ta) N.F. 1 Uccello rapace notturno di colore grigio-bruno a macchie bianche, con grandi occhi gialli, becco corto e ricurvo. 2 Donna che ama mettersi in evidenza per attrarre gli uomini: *faceva la civetta **con** un uomo sposato.* ››

A B C D E F G H I J K L M N O P Q R S T U V W X Y Z

Il verso della civetta è molto acuto, quindi il verbo che lo indica è *stridere*.

C

civettare (ci-vet-tà-re) V.INTR. (*civétto*, ecc.; aus. *avere*) · Attirare l'attenzione di qualcuno mettendo in evidenza la propria bellezza: *hai civettato* ***con*** *lui tutta la sera.*

civetteria (ci-vet-te-ri-a) N.F. (pl. *-rìe*) · Comportamento lezioso con cui si vuole attirare l'attenzione: *per civetteria dice di avere meno anni di quelli che ha.*

civettuolo (ci-vet-tuò-lo) AGG. **1** Che mostra civetteria: *un sorriso civettuolo* Ⓢ malizioso. **2** Di cose, grazioso, vezzoso: *una camicia civettuola.*

civico (cì-vi-co) AGG. (pl.m. *-ci*, pl.f. *-che*) **1** Che riguarda i cittadini in quanto membri di una comunità: *senso civico* Ⓢ civile. **2** Della città, del Comune: *museo civico* Ⓢ comunale, municipale. Ⓔ ***Educazione civica***, l'insegnamento delle norme che regolano la convivenza dei cittadini di una nazione • ***Numero civico***, quello che distingue le porte degli edifici in una strada o in una piazza.

civile (ci-vì-le) AGG. e N.M. || AGG. **1** Che riguarda i cittadini in quanto membri di una comunità: *vita civile* Ⓢ sociale. **2** Che riguarda il privato cittadino, che non fa parte né del gruppo sociale dei militari né di quello ecclesiastico: *autorità civili; festa civile*, laica, non religiosa. **3** Rispettoso delle buone maniere: *maniere civili; discutiamo da persone civili* Ⓢ educato, corretto Ⓒ incivile. **4** Che possiede un grado avanzato di civiltà: *in un Paese civile i politici non sono corrotti* Ⓢ evoluto, progredito Ⓒ arretrato. || N.M. Privato cittadino, chi non veste la divisa militare: *l'accesso alla zona delle esercitazioni è vietato ai civili.* Ⓔ ***Diritto civile***, l'insieme delle norme legali che si applicano alla totalità dei cittadini; ***diritti civili***, quelli che riguardano la vita privata del cittadino, garantiti dalla Costituzione • ***Guerra civile*** → ***guerra*** • ***Matrimonio civile***, celebrato da un pubblico ufficiale, per es. il sindaco di un Comune • ***Servizio civile*** → ***servizio*** • ***Stato civile***, la posizione di ogni cittadino in relazione alla nascita, al matrimonio e alla professione.

civilizzare (ci-vi-liz-zà-re) V.TR. || TR. Rendere civile un popolo o un Paese arretrato: *civilizzare una regione isolata.* || **civilizzarsi** RIFL. Acquistare aspetto e modi meno rozzi: *da quando ti frequenta si è un po' civilizzato.*

civilizzazione (ci-vi-liz-za-zió-ne) N.F. · Diffusione o conquista della civiltà: *raggiungere un alto grado di civilizzazione.*

civilmente (ci-vil-mén-te) AVV. **1** In modo educato e rispettoso: *comportarsi civilmente.* **2** Secondo le norme del diritto civile: *sposarsi civilmente.*

civiltà (ci-vil-tà) N.F. INVAR. **1** L'insieme degli aspetti culturali, sociali, economici e religiosi che caratterizzano una collettività in una certa epoca: *la civiltà greca; la civiltà medievale.* **2** Lo stato di equilibrio politico ed economico fondato sulle istituzioni e sul progresso tecnico: *quei popoli hanno raggiunto un notevole grado di civiltà.* **3** Buona educazione: *ha difeso le sue opinioni con grande civiltà* Ⓢ cortesia.

clacson (clàc-son) N.M. INVAR. · Negli autoveicoli, dispositivo elettrico per dare segnali acustici: *suonare il clacson.*

clamore (cla-mó-re) N.M. **1** Forte rumore prodotto dal grido di più persone: *il clamore della folla* Ⓢ chiasso. **2** Vasta risonanza nell'opinione pubblica: *la notizia ha suscitato un grande clamore* Ⓢ scalpore.

clamoroso (cla-mo-ró-so) AGG. **1** Fragoroso, rumoroso: *una risata clamorosa.* **2** Che suscita l'attenzione e l'interesse generale: *una notizia clamorosa* Ⓢ sensazionale, straordinario.

clan N.M. INVAR. **1** Gruppo di famiglie che discendono da uno stesso antenato: *i clan della Scozia.* **2** Gruppo di persone legate da interessi comuni, anche illeciti: *un clan mafioso.*

Il termine deriva da una parola del gaelico scozzese che significa 'famiglia'.

clandestinità (clan-de-sti-ni-tà) N.F. INVAR. · La condizione di chi o di ciò che è clandestino: *vivere in clandestinità.*

clandestino (clan-de-stì-no) AGG. e N.M. (f. *-a*) || AGG. Che agisce o si svolge di nascosto, in contrasto con la legge o con la morale: *stampa clandestina; relazione clandestina.* || N.M. (f.

-a) **1** Passeggero abusivo su un aereo o su una nave. **2** Chi entra o vive illegalmente in uno Stato: *molti clandestini passano la frontiera tra Messico e Stati Uniti.*

claque (**cla-que; pronuncia *clac***) N.F. FR., in it. N.F. INVAR. **1** Gruppo di persone pagate per applaudire o per fischiare a teatro. **2** Gruppo di sostenitori di un personaggio nelle apparizioni pubbliche: *il ministro ha portato con sé la sua claque.*

clarinetto (**cla-ri-nét-to**) N.M. · Strumento a fiato formato da un tubo diritto di legno o altro materiale che termina con un'apertura a campana.

clarino (**cla-rì-no**) N.M. · Clarinetto.

classe (**clàs-se**) N.F. **1** L'insieme delle persone che appartengono alla stessa condizione sociale: *classe borghese, operaia* Ⓢ ceto • Gruppo di persone che esercitano la stessa professione: *la classe politica.* **2** Raggruppamento di cose o di individui in base a certe caratteristiche: *la classe dei mammiferi* Ⓢ categoria. **3** Ciascuna delle categorie che differenziano i posti su treni, navi e aerei in base all'arredamento e alla comodità: *un biglietto di prima classe; un volo in classe turistica.* **4** L'insieme dei componenti della stessa leva militare o sportiva: *la leva calcistica della classe '68.* **5** Corso della durata di un anno scolastico nella scuola primaria e secondaria: *frequentare la prima classe del liceo* • Il gruppo di alunni che vi sono iscritti: *una classe disciplinata* • L'aula in cui si svolgono le lezioni: *resterete in classe durante l'intervallo.* **6** Alto livello qualitativo nel comportamento o nell'esercizio di un'attività: *ha molta classe nel vestire; un giocatore di classe internazionale.* Ⓔ ***Lotta di classe***, lo scontro tra lavoratori e capitalisti.

Classe è un nome collettivo: indica tanti studenti, ma è un sostantivo singolare.

classicheggiante (**clas-si-cheg-giàn-te**) AGG. · Ispirato a modelli stilistici classici: *poesia classicheggiante.*

classico (**clàs-si-co**) AGG. e N.M. (pl.m. *-ci*, pl.f. *-che*) || AGG. **1** Di altissimo valore culturale e artistico, tanto da poter essere preso a modello: *i romanzi classici dell'Ottocento francese.* **2** Che riguarda la civiltà greca e latina: *cultura classica; lingue classiche.* **3** Perfetto, puro: *una bellezza classica* • Tradizionale: *un cappotto di taglio classico* • Tipico, caratteristico: *ha avuto la classica reazione dei timidi.* || N.M. Opera o autore rappresentativi di una certa epoca o cultura: *i classici del cinema muto* Ⓢ capolavoro. Ⓔ ***Liceo classico***, scuola secondaria superiore fondata sullo studio di materie umanistiche, soprattutto del greco e del latino • ***Musica classica***, quella dei grandi compositori del passato • ***Danza classica***, quella che si esegue accompagnata da musiche classiche, con passi e figure prestabiliti.

classifica (**clas-sì-fi-ca**) N.F. (pl. *-che*) **1** Lista, ordinata secondo il merito o il punteggio, dei partecipanti a una gara o a una competizione sportiva: *classifica parziale, finale; essere primo, ultimo in classifica.* **2** Lista di dischi, libri o film ordinata in base alle vendite.

classificare (**clas-si-fi-cà-re**) V.TR. (*classìfico, classìfichi*, ecc.) || TR. **1** Dividere in raggruppamenti secondo caratteristiche comuni: *classificare le piante, i minerali; classificare i libri* ***per*** *argomento* Ⓢ ordinare, catalogare. **2** Valutare attribuendo un voto o un punteggio: *la commissione lo classificò terzo.* || **classificarsi** INTR. PRONOM. Ottenere un certo posto in una graduatoria o in una classifica: *si è classificato quinto* Ⓢ piazzarsi.

classificazione (**clas-si-fi-ca-zió-ne**) N.F. **1** Suddivisione in raggruppamenti: *classificazione* ***per*** *materie* Ⓢ ordinamento. **2** L'ordine dato all'immensa varietà delle specie naturali con l'attribuzione a ciascuna di esse di un nome: *la classificazione degli insetti.*

classista (**clas-sì-sta**) AGG. (pl.m. *-i*, pl.f. -e) · Che tende a mettere in risalto la separazione e la lotta tra le classi sociali: *un'analisi classista della storia italiana del Novecento* • Che difende e sostiene gli interessi di una sola classe sociale: *politica classista.*

claudicante (**clau-di-càn-te**) AGG. · Che zoppica: *è claudicante dalla nascita* Ⓢ zoppo.

clausola (**clàu-ṣo-la**) N.F. · Parte di un atto notarile o di un contratto che illustra, precisa o chiarisce particolari punti o aspetti: *una clausola del testamento* Ⓢ postilla. ▸▸

A B C D E F G H I J K L M N O P Q R S T U V W X Y Z

Il termine deriva dal latino *clausula* 'conclusione', che viene a sua volta da *claudere* 'chiudere' (→ ***concludere***).

C

claustrofobia (clau-stro-fo-bì-a) N.F. (pl. *-bìe*) · Paura ossessiva di trovarsi in ambienti chiusi: *soffrire di claustrofobia*.

Il termine è un composto del latino *claustrum* 'serratura, luogo chiuso' e **-fobia**; dal latino *claustrum* deriva anche **chiostro** (→ ***concludere***).

clausura (clau-ṣù-ra) N.F. **1** Regola che vieta ai religiosi di alcuni ordini di uscire dal monastero e ai laici di entrare nei conventi: *vivere in clausura; monache di clausura*. **2** Isolamento, solitudine: *dalla morte della moglie fa vita di clausura*.

Il termine è un recupero del latino *clausura* 'serratura, carcere', che viene a sua volta da *claudere* 'chiudere'; la forma di *clausura* passata direttamente in italiano attraverso la lingua parlata è **chiusura** (→ ***concludere***).

clava (clà-va) N.F. · Robusto bastone, più grosso a un'estremità, usato come arma dai popoli primitivi.

clavicembalo (cla-vi-cém-ba-lo) N.M. · Strumento a corde e a tastiera, simile nella forma a un pianoforte a coda; è stato in voga soprattutto dal Cinquecento al Settecento.

clavicola (cla-vì-co-la) N.F. · Osso lungo della spalla che va dallo sterno alla scapola: *slogarsi una clavicola*.

clemente (cle-mèn-te) AGG. **1** Che mostra indulgenza e comprensione nel giudicare o nel punire: *un giudice clemente* Ⓢ indulgente Ⓒ duro. **2** Di clima, mite, temperato: *un inverno clemente*.

clemenza (cle-mèn-za) N.F. **1** Disposizione al perdono, mitezza nel giudicare o nel punire: *si è affidato alla clemenza della corte* Ⓢ indulgenza. **2** Di clima, dolcezza, mitezza: *confidiamo nella clemenza della stagione*.

cleptomane (clep-tò-ma-ne) AGG. e N.M. e F. · Che, chi è affetto da una tendenza impulsiva e irrefrenabile a rubare.

clericale (cle-ri-cà-le) AGG. e N.M. e F. || AGG. Sostenuto o promosso dal clero: *governo clericale*. || N.M. e F. Chi sostiene l'azione della Chiesa nella vita politica.

clero (clè-ro) N.M. · L'insieme dei sacerdoti e dei religiosi di una chiesa: *il clero lombardo*.

clessidra (cles-sì-dra) N.F. · Antico orologio ad acqua o a sabbia, formato da due vasi comunicanti tra loro per mezzo di un piccolo foro; l'intervallo impiegato dalla sabbia o dall'acqua per passare dal vaso superiore a quello inferiore costituiva la misura del tempo.

Il termine deriva dal greco *klepsýdra* '(orologio) ruba-acqua', composto a sua volta di *klepto* 'rubare' e *hýdor* 'acqua'.

cliccare (clic-cà-re) V.INTR. (*clìcco, clìcchi*, ecc.; aus. *avere*) · Premere il pulsante del mouse per inviare un comando al computer: *cliccare* ***su*** *un'icona*.

cliché (cli-ché; pronuncia *clisce*) N.M. FR., in it. N.M. INVAR. **1** Ragionamento, discorso o comportamento privo di originalità: *non cadiamo nel cliché degli italiani in vacanza*. **2** Lastra metallica su cui viene inciso un disegno da riprodurre in più copie a stampa.

cliente (cli-èn-te) N.M. e F. · Chi ricorre abitualmente all'opera di un professionista: *l'avvocato è impegnato con un cliente* • Chi abitualmente fa acquisti in un negozio o frequenta un locale: *i clienti di un ristorante*.

clientela (clien-tè-la) N.F. · L'insieme dei clienti di un professionista o di un negozio: *avere una clientela esigente*.

clientelare (clien-te-là-re) AGG. · Che riguarda il rapporto tra persone basato sullo scambio di favori: *politica clientelare*.

clientelismo (clien-te-lì-ṣmo) N.M. · Sistema di rapporti tra persone basato sullo scambio di favori: *una politica basata sul clientelismo*.

clima (clì-ma) N.M. (pl. *-i*) **1** L'insieme delle condizioni meteorologiche di una data zona: *clima mediterraneo, continentale; clima rigido, mite*. **2** Ambiente, situazione, atmosfera: *un clima di fiducia; un clima di paura*.

climatico (cli-mà-ti-co) AGG. (pl.m. *-ci*, pl.f. *-che*) · Che riguarda il clima: *variazioni climatiche*. Ⓔ ***Stazione climatica***, luogo dal clima favorevole alla salute.

climatizzare (cli-ma-tiẓ-ẓà-re) V.TR. · Dotare di aria condizionata: *climatizzare un ambiente.*

climatizzato (cli-ma-tiẓ-ẓà-to) AGG. · Di ambiente o veicolo dotato di aria condizionata: *locale climatizzato.*

clinica (clì-ni-ca) N.F. (pl. *-che*) **1** Settore della medicina che si basa sullo studio del singolo paziente: *clinica medica, chirurgica.* **2** Casa di cura: *ricoverarsi in clinica* Ⓢ ospedale.

clinico (clì-ni-co) AGG. (pl.m. *-ci*, pl.f. *-che*) · Che riguarda la diagnosi e il controllo di una malattia. Ⓔ ***Occhio clinico***, grande intuito e perspicacia • ***Quadro clinico*** → ***quadro***[2].

clip (pronuncia *clip*) N. INGL., in it. N.F. INVAR. **1** Fermaglio per tenere insieme i fogli di carta Ⓢ graffetta. **2** Fermaglio a molla per fissare gli orecchini al lobo. **3** Videoclip.

clistere (cli-stè-re) N.M. · Medicamento liquido che si introduce nell'intestino con apposito strumento, soprattutto per favorire l'eliminazione delle feci • Lo strumento usato per immettere tale liquido nell'intestino.

clitoride (cli-tò-ri-de) N.M. O F. · Piccolo organo dell'apparato genitale esterno femminile, situato all'estremità anteriore della vulva.

cloaca (clo-à-ca) N.F. (pl. *-che*) · Condotto sotterraneo che raccoglie e scarica i liquidi di rifiuto e le acque piovane Ⓢ fogna.

clochard (clo-chard; pronuncia *closciàr*) N.M. FR., in it. N.M. INVAR. · Senzatetto, barbone, vagabondo.

clonazione (clo-na-zió-ne) N.F. · Riproduzione artificiale, senza accoppiamento sessuale, di un organismo vivente.

clone (cló-ne) N.M. **1** Copia di un organismo vivente. **2** Copia fedele, ma priva di originalità: *è un clone del suo capufficio.*

cloridrico (clo-rì-dri-co) AGG. (pl.m. *-ci*, pl.f. *-che*) · ***Acido cloridrico***, gas incolore e dall'odore pungente, composto da cloro e idrogeno, usato in varie lavorazioni industriali.

cloro (clò-ro) N.M. · Gas giallo verdastro, soffocante, diffuso in natura sotto forma di diversi composti; è usato per disinfettare e per conferire un colore bianco a prodotti industriali e domestici (il simbolo chimico è *Cl*).

clorofilla (clo-ro-fìl-la) N.F. · Sostanza colorante verde dei vegetali; è il principale fattore della *fotosintesi clorofilliana.*

clorofilliano (clo-ro-fil-lià-no) AGG. · Che riguarda la clorofilla. Ⓔ ***Fotosintesi clorofilliana*** → ***fotosintesi***.

clou (pronuncia *clu*) N.M. FR., in it. N.M. e AGG. INVAR. · Di punto centrale e di maggiore interesse: *il clou dello spettacolo; l'incontro clou della giornata.*

clown (pronuncia *clàun*) N. INGL., in it. N.M. INVAR. · Pagliaccio di un circo: *l'esibizione dei clown.*

> Il termine deriva da una parola scandinava che significa 'campagnolo, rozzo'; nel Seicento indicava il personaggio della commedia del finto tonto.

club (pronuncia *clab* o *clèb*) N. INGL., in it. N.M. INVAR. **1** Circolo ricreativo, sportivo o culturale: *è iscritto al club nautico* Ⓢ associazione. **2** Ente nazionale che si occupa di una certa attività: *Club Alpino Italiano.*

> Il termine deriva da una parola di origine germanica che significa 'bastone'; il termine ha assunto l'attuale significato perché si usava inviare un bastone ai membri delle associazioni per convocarli alle riunioni.

co- → ***con-***.

coabitare (co-a-bi-tà-re) V.INTR. (*coàbito*, ecc.; aus. *avere*) · Avere in comune l'abitazione: *coabita* ***con*** *un amico* Ⓢ convivere.

coabitazione (co-a-bi-ta-zió-ne) N.F. · Convivenza in una stessa abitazione: *la coabitazione dei coniugi.*

coach (pronuncia *cóč*) N. INGL., in it. N.M. INVAR. · Allenatore di una squadra o di un atleta.

coadiuvante (co-a-diu-vàn-te) AGG. e N.M. · Di farmaco che si unisce a un altro per rafforzarne o completarne l'azione: *farmaco coadiuvante* ***nella*** *prevenzione delle malattie cardiache.*

coadiuvare (co-a-diu-và-re) V.TR. (*coàdiuvo*, ecc.) · Aiutare qualcuno in un'attività: *coadiuvare il regista* ***nell'****allestimento di uno spettacolo* Ⓢ assistere.

coagulare (co-a-gu-là-re) V.TR. (*coàgulo*, ecc.) || TR. Far solidificare parzialmente un liquido: *il caglio coagula il latte.* || **coagularsi** INTR. PRO-

A B C D E F G H I J K L M N O P Q R S T U V W X Y Z

C

NOM. Rapprendersi, condensarsi: *il sangue si è coagulato.*

coagulazione (co-a-gu-la-zió-ne) N.F. · Parziale solidificazione di liquidi a opera di agenti chimici o fisici: *coagulazione del latte.*

coalizione (co-a-li-zió-ne) N.F. · Unione tra persone, partiti o Stati per fronteggiare un avversario o raggiungere un obiettivo comune: *coalizione elettorale; gli studenti hanno fatto una coalizione contro il preside* S alleanza, patto.

coalizzare (co-a-liz-zà-re) V.TR. || TR. Unire per il raggiungimento di un obiettivo comune: *coalizzare le forze.* || **coalizzarsi** INTR. PRONOM. Unirsi in coalizione: *l'Italia si coalizzò con la Germania* S allearsi.

coatto (co-àt-to) AGG. e N.M. (f. *-a*) || AGG. Imposto con la forza o per provvedimento di un'autorità pubblica: *liquidazione coatta.* || N.M. (f. *-a*) Nel linguaggio giovanile, persona ignorante e rozza.

cobalto (co-bàl-to) N.M. e AGG. || N.M. Metallo bianco-azzurro, impiegato per la fabbricazione di leghe, per la preparazione di smalti e nella cura dei tumori (il simbolo chimico è *Co*). || AGG. e N.M. INVAR. Di colore azzurro intenso: *mare cobalto.*

Il termine deriva dal tedesco *Kobold* 'folletto', perché sarebbe stato proprio a causa dello scherzo di un folletto che i minatori avrebbero trovato il cobalto al posto del desiderato argento.

cobra (cò-bra) N.M. INVAR. · Nome di varie specie di serpenti noti per il loro potentissimo veleno; vivono nell'Asia meridionale e in Africa.

coca (cò-ca) N.F. (pl. *-che*) **1** Alberello che cresce in America Latina, dalle cui foglie si ricava la cocaina. **2** Abbreviazione di *cocaina.* **3** Abbreviazione di *coca-cola.*

coca-cola (cò-ca-cò-la) N.F. INVAR. · Nome commerciale ® di una bevanda dolce e gassata, di colore scuro, di origine americana.

cocaina (co-ca-ì-na) N.F. · Droga con azione anestetica e capace di dare eccitazione e illusoria sensazione di benessere: *la polizia ha sequestrato un grosso quantitativo di cocaina.*

cocainomane (co-cai-nò-ma-ne) N.M. e F. · Chi ha l'abitudine di consumare cocaina.

cocca (còc-ca) N.F. (pl. *-che*) **1** Tacca praticata nel retro nella freccia in cui si inserisce la corda dell'arco. **2** Angolo di un tessuto: *reggere il grembiule per le cocche.*

coccarda (coc-càr-da) N.F. · Nastro colorato ripiegato in modo da formare una specie di rosa, che si porta per indicare l'appartenenza a un partito, a un club, ecc.: *la coccarda tricolore dei rivoluzionari francesi.*

cocchiere (coc-chiè-re) N.M. (f. *-a*; pl.m. *-i*, pl.f. *-e*) · Guidatore di una carrozza a cavalli.

cocchio (còc-chio) N.M. (pl. *-chi*) **1** Carrozza di lusso tirata da cavalli. **2** Nell'antichità, carro da guerra o per gare di corsa.

coccige (còc-ci-ge; *alla latina* coc-cì-ge) N.M. · Osso all'estremità inferiore della colonna vertebrale.

Il termine deriva da una parola greca che significa 'cuculo', passata a indicare l''osso coccige' per la somiglianza dell'osso stesso con il becco dell'uccello.

coccinella (coc-ci-nèl-la) N.F. · Insetto tondeggiante, con ali rosse con sette macchie nere.

coccio (còc-cio) N.M. (pl. *-ci*) **1** Terracotta di poco pregio: *vaso di coccio.* **2** Frammento di vaso o di altro oggetto di terracotta: *raccogli da terra tutti i cocci del vassoio.*

cocciutaggine (coc-ciu-tàg-gi-ne) N.F. · Carattere di chi è testardo S caparbietà, ostinazione.

cocciuto (coc-ciù-to) AGG. · Ostinato nel voler fare di testa propria: *un bambino cocciuto* S caparbio, testardo.

cocco[1] (còc-co) N.M. (pl. *-chi*) · Palma delle regioni tropicali, con fusto alto 20-30 metri e un ciuffo di grandi foglie; produce grossi frutti pesanti 1-2 kg • Il frutto di tale pianta dalla polpa bianca e dolce. E ***Noce di cocco***, il guscio legnoso che racchiude il frutto.

cocco[2] (còc-co) N.M. (f. *-a*; pl.m. *-chi*, pl.f. *-che*) · Nel linguaggio familiare, bambino o persona prediletta: *cocco di mamma.*

Il termine deriva da una serie di origine onomatopeica.

coccodrillo (coc-co-drìl-lo) N.M. 1 Grosso rettile a forma di lucertola, comune nei fiumi africani; lungo fino a 5-6 metri, ha il corpo ricoperto di squame di colore grigio-verdastro, bocca lunga e stretta, coda lunga e robusta. 2 La pelle lavorata dell'animale, impiegata per calzature e accessori: *scarpe di coccodrillo*. Ⓔ ***Lacrime di coccodrillo***, pentimento poco sincero per una cattiva azione.

L'espressione *lacrime di coccodrillo* è riferita alla credenza che i coccodrilli piangessero di pentimento dopo aver ucciso e mangiato una preda. In realtà la lacrimazione del coccodrillo dopo il pasto è un fenomeno dovuto alla digestione.

coccola (còc-co-la) N.F. · Nel linguaggio familiare, gesto affettuoso: *fare le coccole* Ⓢ carezza, moina.

coccolare (coc-co-là-re) V.TR. (còccolo, ecc.) · Nel linguaggio familiare, trattare con gesti e atti di grande tenerezza: *lo coccola finché non si addormenta*.

cocente (co-cèn-te) AGG. 1 Di un calore intollerabile: *un sole cocente* Ⓢ ardente, rovente. 2 Che provoca un forte tormento: *una sconfitta cocente* Ⓢ acuto, doloroso.

cocktail (cock-tail; pronuncia còctel o còcteil) N.INGL., in it. N.M.INVAR. 1 Miscela di bevande alcoliche, talvolta con l'aggiunta di succhi di frutta: *preparare un cocktail a base di rum*. 2 Ricevimento elegante offerto nel tardo pomeriggio: *essere invitato a un cocktail* Ⓢ rinfresco.

cocomero (co-có-me-ro) N.M. · Pianta erbacea coltivata per il grosso frutto di forma sferica, dalla polpa molle e rossa, con molti semi, ricoperto da una buccia liscia verde • Il frutto della pianta: *una fetta di cocomero*.

cocuzzolo (co-cùz-zo-lo) N.M. · Cima, vetta: *il cocuzzolo di un monte*.

coda (có-da) N.F. 1 Parte terminale posteriore, assottigliata, del corpo dei vertebrati, costituita dalle ultime vertebre della colonna vertebrale: *coda lunga, corta; alzare, dimenare la coda*. 2 Parte o prolungamento posteriore: *la coda dell'aeroplano; la coda del treno; salire in coda*, nell'ultima parte del treno. 3 Pettinatura in cui i capelli sono legati dietro la testa e fatti poi ricadere: *portare la coda*. 4 Fila di persone in attesa del proprio turno: *allo sportello c'era una lunga coda; mettersi, stare in coda; fare la coda*, aspettare con pazienza il proprio turno Ⓢ fila • Lunga fila di veicoli provocata da un ingorgo nel traffico: *lunghe code in autostrada* Ⓢ colonna. 5 Conseguenza, effetto: *la cosa potrebbe avere una coda spiacevole*. Ⓔ ***Avere la coda di paglia***, di chi, non avendo la coscienza tranquilla, crede che ogni discorso contenga allusioni a lui e al suo comportamento • ***Con la coda fra le gambe***, avvilito: *è uscito con la coda tra le gambe* • ***Non avere né capo né coda*** → **capo**.

codardo (co-dàr-do) AGG. e N.M. (f. -a) || AGG. e N.M. (f. -a) Che, chi si sottrae al proprio dovere di fronte al pericolo, per paura o viltà: *si è dimostrato un codardo* Ⓢ vigliacco. || AGG. Vile, spregevole: *una scelta codarda*.

codazzo (co-dàz-zo) N.M. · Gruppo di persone che segue qualcuno: *un codazzo di adulatori* Ⓢ seguito.

codesto (co-dé-sto) AGG. DIMOSTR. · Che è vicino a chi ascolta: *dammi codesta bottiglia*, quella vicino a te.

codice (cò-di-ce) N.M. 1 Manoscritto antico: *un codice medievale*. 2 Raccolta delle leggi che regolano una materia: *codice civile, penale*. 3 Insieme di norme, non scritte ma riconosciute da certe categorie di persone, che regolano il comportamento sociale: *codice morale; codice professionale* Ⓢ regola. 4 Insieme di cifre, lettere e segni stabiliti in precedenza che consente di trasmettere un'informazione comprensibile solo a chi ne conosce la chiave: *codice segreto; un messaggio in codice*. 5 Insieme di segni convenzionali che serve a individuare cose o persone. Ⓔ ***Codice a barre***, serie di cifre e barre verticali stampata sulla confezione di un prodotto, che serve a identificarlo e a indicarne il prezzo • ***Codice della strada***, l'insieme delle norme che regolano il traffico dei veicoli • ***Codice di avviamento postale***, gruppo di cifre a cui corrisponde una determinata zona del territorio nazionale e che consente di smistare la posta più rapidamente • ***Codice fiscale***, gruppo di lettere e numeri che servono a individuare un contribuente.

C

codificare (co-di-fi-cà-re) V.TR. (*codifico, codifichi*, ecc.) **1** Riunire e ordinare norme giuridiche in un codice: *codificare il diritto penale*. **2** Definire e ordinare attribuendo il valore di regola: *codificare le regole di una lingua*.

codino (co-di-no) N.M. (f. -*a*) || N.M. Treccia o ciuffo di capelli legati dietro la nuca. || N.M. (f. -*a*) Chi è contrario a qualsiasi cambiamento politico o culturale Ⓢ conservatore, reazionario.

coefficiente (co-ef-fi-cièn-te) N.M. · Grandezza che, mediante moltiplicazione, permette di ottenere dalla misura di una certa grandezza la misura corrispondente di un'altra.

coercizione (co-er-ci-zió-ne) N.F. · Azione con cui si obbliga qualcuno a fare qualcosa, usando la forza o le minacce Ⓢ costrizione, imposizione.

coerente (co-e-rèn-te) AGG. **1** Che non presenta contraddizioni: *un ragionamento coerente* Ⓢ conseguente Ⓒ incoerente • Di persona, fedele alle proprie idee e principi: *una persona coerente* ***con*** *le proprie idee*. **2** Di roccia, compatto, solido: *roccia coerente*.

coerenza (co-e-rèn-za) N.F. **1** Mancanza di contraddizioni: *la coerenza di un sistema filosofico* Ⓒ incoerenza. **2** Perfetta corrispondenza tra le azioni di una persona e le sue idee: *ho agito in piena coerenza* ***con*** *le mie convinzioni*.

coesione (co-e-ṣió-ne) N.F. **1** Proprietà delle molecole di restare strettamente unite tra loro grazie alla reciproca forza di attrazione. **2** Unità di opinioni e di scopi: *la forza della squadra è la coesione tra i singoli elementi* Ⓢ compattezza, legame • Unione tra le parti di un insieme: *il romanzo manca di coesione* Ⓢ armonia.

coesistenza (co-e-ṣi-stèn-za) N.F. · Esistenza di più cose nello stesso posto e nello stesso tempo: *coesistenza di fenomeni*.

coesistere (co-e-ṣì-ste-re) V.INTR. (irreg.: coniugato come *esistere*; aus. *essere*) · Stare insieme nello stesso tempo: *in tutti i partiti coesistono una linea moderata e una radicale* Ⓢ convivere.

Il termine deriva dal latino *coexistere* 'stare accanto', che viene a sua volta da *existere* 'comparire, esserci' con il prefisso **con-**.

coeso (co-è-ṣo) AGG. · Dotato di compattezza e di coesione: *un gruppo coeso* Ⓢ unito, compatto Ⓒ disgregato.

coetaneo (co-e-tà-ne-o) AGG. e N.M. (f. -*a*; pl.m. -*nei*, pl.f. -*nee*) · Che, chi ha la stessa età: *Luca e Maria sono coetanei; ha sposato un coetaneo*.

coevo (co-è-vo) AGG. · Che appartiene alla stessa epoca: *Caravaggio si distingue fra tutti i pittori coevi* Ⓢ contemporaneo.

cofanetto (co-fa-nét-to) N.M. · Cassetta o scrigno per contenere gioielli.

cofano (cò-fa-no) N.M. · Parte della carrozzeria di un autoveicolo che chiude il vano in cui si trova il motore: *aprire il cofano*.

cogli (có-gli) · Preposizione articolata m. pl. formata da ***con*** + ***gli***[1].

cogliere (cò-glie-re) V.TR. (irreg.: ind. pres. *còlgo, cògli, còglie, cogliàmo, cogliéte, còlgono*; pass. rem. *còlsi, cogliésti, còlse, cogliémmo, cogliéste, còlsero*; cong. pres. *còlga, còlga, còlga, cogliàmo, cogliàte, còlgano*; part. pass. *còlto*) **1** Prendere o staccare dal terreno o da una pianta: *cogliere le margherite; cogliere le susine* ***dall'****albero*. **2** Riuscire a ottenere: *cogliere una vittoria* Ⓢ conquistare, ottenere. **3** Non lasciarsi sfuggire: *colse al volo il bicchiere prima che cadesse* Ⓢ afferrare. **4** Riuscire a colpire: *cogliere il bersaglio* Ⓢ centrare. **5** Afferrare con la mente: *non ho colto il senso del tuo discorso* Ⓢ comprendere, capire. **6** Prendere di sorpresa: *il poveretto è stato colto da un malore; l'ho colto mentre frugava nella mia borsa* Ⓢ sorprendere. Ⓔ ***Cogliere l'attimo*** o ***cogliere l'occasione***, approfittare di un'occasione o di una situazione favorevole • ***Cogliere nel segno***, indovinare.

cognac (co-gnàc o cò-gnac) N.M. INVAR. · Acquavite di vino prodotta in Francia, invecchiata in particolari fusti di rovere: *bere un bicchiere di cognac*.

Il termine deriva dal nome della città di *Cognac* nella Francia occidentale, originario centro di produzione del liquore.

cognato (co-gnà-to) N.M. (f. *-a*) · Fratello, o sorella, del marito o della moglie: *ieri hanno ricoverato mia cognata* • La moglie del fratello o il marito della sorella: *lavora insieme a suo cognato.*

cognitivo (co-gni-tì-vo) AGG. · Che riguarda la conoscenza: *processo cognitivo* Ⓢ conoscitivo.

cognizione (co-gni-zió-ne) N.F. · Nozione, conoscenza: *cognizioni scientifiche.* Ⓔ ***Con cognizione di causa***, dopo aver considerato a fondo tutti gli aspetti di una questione: *giudicare con cognizione di causa.*

cognome (co-gnó-me) N.M. · Nome della famiglia a cui una persona appartiene: *scriva il suo nome e cognome; di cognome si chiama Turci.*

coi (cói) · Preposizione articolata m. pl. formata da ***con*** + ***i***.

coibentare (coi-ben-tà-re) V.TR. (*coibènto*, ecc.) · Rivestire con materiale isolante: *coibentare il tetto* Ⓢ isolare.

coincidenza (co-in-ci-dèn-za) N.F. **1** L'accadere contemporaneo e casuale di fatti: *una strana coincidenza* Ⓢ caso, combinazione. **2** Corrispondenza tra l'arrivo di un mezzo pubblico e la partenza di un altro, che consente di proseguire un itinerario: *il treno per Bologna è in coincidenza* ***con*** *quello per Milano* • Il mezzo di trasporto pubblico che parte poco dopo l'arrivo di un altro: *perdere la coincidenza.* **3** Corrispondenza, identità: *coincidenza di opinioni, di gusti.*

coincidere (co-in-cì-de-re) V.INTR. (irreg.: coniugato come *incidere*; aus. *avere*) **1** Avvenire nello stesso momento: *l'anno scorso il suo compleanno ha coinciso* ***con*** *la Pasqua* Ⓢ corrispondere. **2** Essere uguale in uno o più punti: *il fiume coincide* ***con*** *la linea di confine; la deposizione dell'imputato non coincide* ***con*** *quella dei testimoni.*

coinquilino (co-in-qui-lì-no) N.M. (f. *-a*) · Ogni inquilino di un edificio rispetto agli altri inquilini.

coinvolgente (co-in-vol-gèn-te) AGG. · Che suscita grande interesse: *una lettura coinvolgente* Ⓢ appassionante, avvincente.

coinvolgere (co-in-vòl-ge-re) V.TR. (irreg.: coniugato come *volgere*) **1** Trascinare qualcuno in una situazione negativa o rischiosa: *coinvolgere qualcuno* ***in*** *uno scandalo* Ⓢ implicare Ⓒ escludere. **2** Far partecipare: *coinvolse i parenti* ***nei*** *preparativi per le nozze.* **3** Appassionare, interessare: *un libro che coinvolge dall'inizio alla fine.*

coinvolgimento (co-in-vol-gi-mén-to) N.M. **1** Attrazione di altre persone in una situazione negativa: *l'accusato negò il suo coinvolgimento* ***nel*** *furto.* **2** Partecipazione, interessamento: *un leggero rossore tradiva il suo coinvolgimento.*

coito (còi-to) N.M. · Accoppiamento sessuale.

col (cól) · Preposizione articolata m. sing. formata da ***con*** + ***il***.

colabrodo (co-la-brò-do) N.M. INVAR. · Arnese da cucina con il fondo cosparso di piccoli fori, usato per separare il brodo dai residui di carne, ossa, verdure Ⓢ colino.

colapasta (co-la-pà-sta) N.M. INVAR. · Arnese da cucina con il fondo cosparso di buchi, usato per separare l'acqua dalla pasta o dal riso.

colare (co-là-re) V.TR. e INTR. (*cólo*, ecc.) || TR. **1** Far passare un liquido attraverso un filtro per purificarlo o eliminare le parti solide: *colare il brodo* Ⓢ filtrare. **2** Di metalli, fondere e versare in appositi stampi: *colare l'oro* Ⓢ fondere. || INTR. **1** (aus. *essere*) Di un liquido, scendere a gocce: *l'acqua cola* ***dalla*** *grondaia; il sudore gli colava* ***sul*** *viso* Ⓢ gocciolare. **2** (aus. *avere*) Perdere acqua o altri liquidi: *il serbatoio cola;* ***mi*** *cola il naso* Ⓢ sgocciolare. Ⓔ ***Colare a picco***, di un'imbarcazione, affondare, andare a fondo: *i soccorsi arrivarono quando il battello era già colato a picco.*

colata (co-là-ta) N.F. · L'operazione di versare il metallo fuso nelle forme. Ⓔ ***Colata lavica***, massa di lava che scende dalla bocca di un vulcano in eruzione.

colazione (co-la-zió-ne) N.F. **1** Il primo pasto del mattino, detto anche *prima colazione: faccio sempre colazione con latte e biscotti; fare colazione a letto.* **2** Il pasto di mezzogiorno, detto anche *seconda colazione: faremo una colazione veloce; invitare a colazione* Ⓢ pranzo. Ⓔ ***Colazione al sacco***, picnic • ***Colazione di***

A B C D E F G H I J K L M N O P Q R S T U V W X Y Z

lavoro, pranzo durante il quale si parla di lavoro.

Il termine deriva dal latino tardo *collationes* 'raccolta', con riferimento alle raccolte di Vite dei Santi che venivano lette ad alta voce dai monaci quando si riunivano per mangiare.

colbacco (col-bàc-co) N.M. (pl. *-chi*) · Copricapo di pelliccia tipico delle popolazioni russe e asiatiche.

colei (co-lèi) · Femminile → ***colui***.

coleottero (co-le-òt-te-ro) N.M. · Insetto alato con il corpo ricoperto da un rivestimento duro, per es. la coccinella, il maggiolino, lo scarabeo.

colera (co-lè-ra) N.M. INVAR. · Malattia contagiosa, spesso mortale, che colpisce l'intestino: *un'epidemia di colera.*

colesterolo (co-le-ste-rò-lo) N.M. · Sostanza grassa che si trova in tutti i tessuti animali e nel sangue; in quantità eccessiva provoca l'arteriosclerosi.

colf (còlf) N.F. INVAR. · Donna di servizio Ⓢ domestica.

Il termine deriva dalla contrazione delle parole *col(laboratrice) f(amiliare)*.

colgo (còl-go) · Ind. pres., 1ª pers. sing. → ***cogliere***.

colibrì (co-li-brì) N.M. INVAR. · Piccolissimo uccello dell'America tropicale, con piume molto colorate e becco sottile e a punta.

colica (cò-li-ca) N.F. (pl. *-che*) · Forte dolore a un organo interno, causato dalla contrazione dei muscoli che lo circondano: *colica renale.*

colino (co-li-no) N.M. · Piccolo arnese da cucina, con il fondo cosparso di buchi o formato da una piccola rete, usato per colare brodo, tè, caffè o altri liquidi Ⓢ colabrodo.

colite (co-li-te) N.F. · Infiammazione del colon: *ho la colite da tre giorni.*

colla[1] (còl-la) N.F. · Sostanza che serve per attaccare insieme oggetti o materiali vari: *colla da falegname; per attaccare i due fogli ho bisogno della colla.*

colla[2] (cól-la) · Preposizione articolata f. sing. formata da ***con*** + ***la***[1].

collaborare (col-la-bo-rà-re) V.INTR. (*collàboro*, ecc.; aus. *avere*) · Dare il proprio contributo a un'attività: *collaborare* ***a*** *un giornale; collaborare* ***alla*** *buona riuscita di una manifestazione; collaborare* ***con*** *la polizia*, aiutarla nelle indagini Ⓢ contribuire.

collaboratore (col-la-bo-ra-tó-re) N.M. (f. *-trìce*) · Chi partecipa alla realizzazione di un'iniziativa o a un'attività: *collaboratore di un giornale; collaboratore di un professore* Ⓢ assistente, aiutante. Ⓔ ***Collaboratore familiare*** o ***collaboratore domestico***, persona che fa i lavori di casa presso una famiglia.

collaborazione (col-la-bo-ra-zió-ne) N.F. · Contributo dato a un lavoro o a un'iniziativa: *chiedere, cercare collaborazione; le vostre collaborazioni verranno pagate ogni tre mesi.*

collaborazionista (col-la-bo-ra-zio-nì-sta) N.M. e F. (pl.m. *-i*, pl.f. *-e*) · Chi collabora con il nemico.

collage (col-la-ge; pronuncia *collàj*) N.M. FR., in it. N.M. INVAR. · Composizione ottenuta incollando su una base ritagli di materiali diversi e di varia forma e colore: *la tecnica del collage; fa dei bellissimi collage.*

collana (col-là-na) N.F. **1** Piccola catena che si porta al collo per ornamento: *collana di perle; farsi una collana di fiori* Ⓢ catena. **2** Serie di opere dello stesso tipo stampate da un editore: *collana di scrittori classici.*

collant (col-lant; pronuncia *collàn*) N.M. FR., in it. N.M. INVAR. · Calzamaglia da donna alta fino alla vita: *ho comprato due paia di collant.*

collare (col-là-re) N.M. **1** Striscia di cuoio o altro materiale che si mette al collo degli animali per legarvi la catena o il guinzaglio: *un cane con il collare.* **2** Colletto bianco rigido, portato al collo dai preti: *dal collare bianco capì che era un prete.* **3** Striscia di piume o di peli, di colore diverso rispetto al resto del corpo, attorno al collo di alcuni animali: *un pappagallo verde con il collare giallo.*

collasso (col-làs-so) N.M. **1** Malore improvviso causato da una diminuzione della pressione del sangue o da problemi del cuore: *è stato ricoverato d'urgenza per un collasso.* **2** Crollo improvviso: *il collasso dell'economia nazionale* Ⓢ tracollo.

collaterale (col-la-te-rà-le) AGG. **1** Che sta a lato: *formazioni collaterali.* **2** Che avviene nello stesso momento di un altro fatto, ma spesso ha minore importanza: *cause collaterali; le manifestazioni collaterali* ***al*** *festival* Ⓢ accessorio, secondario. Ⓔ ***Danno collaterale,*** quello causato involontariamente da un'azione che ha un altro scopo: *i danni collaterali di un'incursione aerea* • ***Effetto collaterale,*** quello secondario, spesso dannoso, causato da un farmaco: *gli effetti collaterali del cortisone.*

collaudare (col-lau-dà-re) V.TR. (*collàudo*, ecc.) **1** Sottoporre a collaudo: *collaudare un motore* Ⓢ controllare, provare. **2** Mettere alla prova: *collaudare le proprie capacità* Ⓢ accertare.

collaudo (col-làu-do) N.M. · Prova a cui vengono sottoposti macchine, materiali o impianti per controllare se funzionano bene e se sono sicuri: *l'aereo deve essere sottoposto al collaudo* Ⓢ controllo.

colle[1] (còl-le) N.M. **1** Rilievo del terreno non troppo alto: *i Colli Euganei.* **2** Passo, valico: *il Colle di Tenda.* Ⓔ ***La città dei sette colli,*** Roma.

colle[2] (cól-le) · Preposizione articolata f. pl. formata da ***con*** + ***le***[1].

collega (col-lè-ga) N.M. e F. (pl.m. *-ghi*, pl.f. *-ghe*) · Compagno di lavoro o di studi: *ti presento un mio collega d'ufficio; eravamo colleghi all'università.*

collegamento (col-le-ga-mén-to) N.M. **1** Rapporto tra due o più cose: *il delitto è in collegamento* ***con*** *la sua improvvisa scomparsa* Ⓢ relazione. **2** Connessione tra luoghi: *collegamento stradale, aereo* • Comunicazione, contatto: *mettimi in collegamento* ***con*** *la regia.* Ⓔ ***Mezzi di collegamento,*** i servizi di trasporto che uniscono più luoghi.

collegare (col-le-gà-re) V.TR. (*collégo, colléghi*, ecc.) || TR. **1** Mettere in comunicazione: *collegare due fili; la metropolitana collega il centro* ***alla*** *periferia* Ⓢ unire, congiungere Ⓒ scollegare. **2** Mettere in relazione: *collegare una frase* ***a*** *un'altra; collegare due fatti* Ⓢ connettere. || **collegarsi** RIFL. **1** Mettersi in comunicazione via telefono, radio o televisione: *ci colleghiamo* ***con*** *il nostro inviato a Mosca.* **2** Unirsi, congiungersi: *più avanti questa strada si collega* ***alla*** *statale.*

collegiale (col-le-già-le) AGG. e N.M. e F. || AGG. Che riguarda una riunione di persone: *decisione collegiale; organo collegiale* Ⓢ collettivo. || N.M. e F. Allievo di un collegio: *indossava la sua divisa da collegiale.*

collegialmente (col-le-gial-mén-te) AVV. · Per volere del collegio; in comune, insieme: *decidere collegialmente* Ⓒ singolarmente.

collegio (col-lè-gio) N.M. (pl. *-gi*) **1** Gruppo di persone con attività comuni, che si riuniscono per prendere decisioni: *collegio dei docenti.* **2** Istituto scolastico in cui gli allievi studiano e abitano: *collegio maschile, femminile* • L'edificio che lo ospita: *il mio vecchio collegio è stato demolito.* Ⓔ ***Collegio elettorale,*** ciascuna zona in cui viene suddiviso un territorio in occasione delle elezioni; i cittadini che votano nel collegio stesso.

collera (còl-le-ra) N.F. **1** Rabbia che porta a fare azioni o discorsi violenti e incontrollati: *uno scoppio di collera* Ⓢ ira, furore. **2** Impeto violento: *la collera del vento* Ⓢ furia. Ⓔ ***Andare in collera*** o ***montare in collera,*** arrabbiarsi fortemente • ***Essere in collera con qualcuno,*** essere arrabbiato con lui • ***Mandare in collera,*** fare arrabbiare, irritare.

> Il termine deriva da una parola greca che significa 'bile', da cui, secondo la medicina antica, dipendeva la tendenza ad arrabbiarsi.

collerico (col-lè-ri-co) AGG. (pl.m. *-ci*, pl.f. *-che*) · Che si arrabbia facilmente: *un capufficio collerico* Ⓢ irascibile.

colletta (col-lèt-ta o col-lét-ta) N.F. · Raccolta di denaro tra più persone, soprattutto a scopo di beneficenza: *fare una colletta per i poveri.*

collettività (col-let-ti-vi-tà) N.F. INVAR. · Insieme di persone legate da rapporti sociali ed economici: *agire nell'interesse della collettività* Ⓢ comunità, società.

collettivo (col-let-ti-vo) AGG. e N.M. || AGG. **1** Che raccoglie, riguarda o interessa più persone: *responsabilità collettiva* Ⓒ individuale. **2** In grammatica: ***nome collettivo*** → ***nome***. || N.M. Gruppo di persone unite da interessi o

C

attività comuni, che si riuniscono periodicamente: *un collettivo di studenti.*

colletto (col-lét-to) N.M. **1** In un abito, il bordo che sta intorno al collo: *un cappotto con il colletto di velluto; abbottonati il colletto* Ⓢ collo, bavero. **2** Parte del dente tra la radice e la corona. Ⓔ ***Colletti bianchi,*** gli impiegati e i tecnici • ***Colletti blu,*** gli operai.

collettore (col-let-tó-re) N.M. e AGG. (f. *-trìce*) || N.M. **1** Tratto di fognatura o di canale che raccoglie liquidi o acque di scarico provenienti da tubi minori: *i collettori di un impianto idraulico.* **2** ***Collettore di scarico,*** nei motori a combustione interna, tubo che manda i gas di scarico verso l'esterno. || AGG. Che ha la funzione o il compito di raccogliere. ▸ Ⓕ **legere**

collezionare (col-le-zio-nà-re) V.TR. (*colleziόno*, ecc.) **1** Raccogliere in una collezione: *collezionare quadri.* **2** Ottenere in grande quantità: *collezionare successi; ha collezionato una serie di brutte figure.* ▸ Ⓕ **legere**

collezione (col-le-zió-ne) N.F. **1** Raccolta di oggetti dello stesso genere: *una collezione di monete.* **2** L'insieme dei modelli presentati all'inizio di ogni stagione da una casa di moda: *la collezione primavera-estate di una nuova stilista inglese.* ▸ Ⓕ **legere**

collezionismo (col-le-zio-nì-ṣmo) N.M. · L'abitudine di raccogliere oggetti dello stesso genere. ▸ Ⓕ **legere**

collezionista (col-le-zio-nì-sta) N.M. e F. (pl.m. *-i*, pl.f. *-e*) · Chi fa o possiede una collezione: *un collezionista di stampe antiche.* ▸ Ⓕ **legere**

collidere (col-lì-de-re) V.INTR. (irreg.: pass. rem. *collìsi, collidésti, collìse, collidémmo, collidéste, collisèro*; part. pass. *collìso*; aus. *avere*) **1** Cozzare, sbattere, scontrarsi: *le due navi rischiarono di collidere.* **2** Essere in contrasto: *i miei interessi collidono* ***con*** *i tuoi* Ⓢ divergere.

collimare (col-li-mà-re) V.INTR. (aus. *avere*) · Coincidere, corrispondere, combaciare: *le due assi collimano; le mie opinioni non collimano* ***con*** *le sue.*

collina (col-lì-na) N.F. **1** Rilievo del terreno poco elevato, non superiore ai 600 metri: *le colline intorno a Firenze; una casa sulla collina* Ⓢ colle. **2** Zona piena di colline: *la collina pistoiese; fare una gita in collina.*

collinare (col-li-nà-re) AGG. · Di collina: *paesaggio collinare.*

collinoso (col-li-nó-so) AGG. · Costituito di colline: *zona collinosa.*

collirio (col-lì-rio) N.M. (pl. *-ri*) · Medicinale per gli occhi.

collisi (col-lì-ṣi) · Pass. rem., 1ª pers. sing. → ***collidere.***

collisione (col-li-ṣió-ne) N.F. · Scontro casuale tra due corpi in movimento: *la collisione di due aerei, di due navi* Ⓢ urto. Ⓔ ***Entrare in collisione,*** scontrarsi • ***Rotta di collisione,*** la direzione che porta una nave o un aereo a scontrarsi con un'altra nave o un altro aereo: *i due elicotteri sono entrati in rotta di collisione.*

colliso (col-lì-ṣo) · Participio pass. → ***collidere.***

collo[1] (còl-lo) N.M. **1** La parte del corpo che si trova tra la testa e il tronco: *collo grosso, sottile; collo lungo, corto; alzare, abbassare, piegare il collo; portava un fazzoletto rosso al collo.* **2** La parte più sottile di qualcosa che si restringe assumendo una forma cilindrica: *il collo del piede; il collo della bottiglia.* **3** Colletto di un vestito: *un cappotto con il collo di pelliccia* Ⓢ bavero. Ⓔ ***Allungare il collo*** → ***allungare*** • ***A rotta di collo,*** a tutta velocità • ***Avere la testa sul collo,*** essere saggio • ***Buttarsi al collo di qualcuno*** o ***gettarsi al collo di qualcuno,*** abbracciarlo con impeto • ***Capitare tra capo e collo*** → ***capo*** • ***Essere nei debiti fino al collo,*** averne tantissimi • ***In collo,*** in braccio, appoggiato alla spalla e sorretto con un braccio: *portare, prendere in collo un bimbo* • ***Prendere per il collo,*** imporre condizioni pesanti o prezzi molto alti a qualcuno che è spinto dal bisogno • ***Rompersi il collo*** o ***rompersi l'osso del collo*** → ***rompere.***

collo[2] (còl-lo) N.M. · Pacco che si trasporta o si spedisce: *i facchini chiedono un euro a collo.*

collo[3] (cól-lo) · Preposizione articolata m. sing. formata da ***con*** + ***lo***[1].

collocamento (col-lo-ca-mén-to) N.M. · Sistemazione in un dato luogo: *collocamento* *delle parole* ***in*** *una frase; collocamento* ***in*** *pensione* Ⓢ collocazione. Ⓔ ***Ufficio di collocamento***, ufficio che fa da intermediario fra chi cerca lavoro e chi lo offre.

collocare (col-lo-cà-re) V.TR. (*còlloco, còllochi*, ecc.) || TR. **1** Mettere in un certo luogo: *collocare i libri* ***negli*** *scaffali* Ⓢ sistemare, disporre. **2** Sistemare in un posto di lavoro: *collocare un giovane* ***in*** *un'azienda* Ⓢ impiegare, occupare. **3** Inserire in un contesto storico o culturale: *i critici collocano l'opera* ***tra*** *il Cinquecento e il Seicento* Ⓢ porre, situare. || **collocarsi** INTR. PRONOM. Occupare una certa posizione: *il partito si colloca* ***tra*** *le forze conservatrici.* Ⓔ ***Collocare a riposo***, mettere in pensione.

collocazione (col-lo-ca-zió-ne) N.F. **1** Il modo o il posto in cui è messo qualcosa o qualcuno: *non mi piace la collocazione di quei quadri; l'atleta è soddisfatto per la sua collocazione* ***tra*** *i primi dieci* Ⓢ posizione, sistemazione. **2** Posizione in un gruppo politico, in un'ideologia o in una struttura: *come politico non ha una precisa collocazione.* **3** Posto di lavoro: *ha trovato un'ottima collocazione* ***in*** *uno studio privato* Ⓢ impiego.

colloquiale (col-lo-quià-le) AGG. · Tipico del linguaggio parlato: *stile colloquiale* Ⓢ informale, familiare.

colloquiare (col-lo-quià-re) V.INTR. (*collòquio*, ecc.; aus. *avere*) · Stare a colloquio con qualcuno: *gli elettori potranno colloquiare* ***con*** *i candidati* Ⓢ dialogare, discutere.

colloquio (col-lò-quio) N.M. (pl. *-qui*) **1** Scambio di idee su temi di una certa importanza: *un colloquio amichevole; chiedere, concedere un colloquio; colloquio di lavoro*, quello che si fa per ottenere un posto di lavoro Ⓢ dialogo, conversazione. **2** Esame orale: *colloquio di storia del diritto.*

collottola (col-lòt-to-la) N.F. · La parte posteriore del collo: *afferrare il gatto per la collottola.*

colludere (col-lù-de-re) V.INTR. (irreg.: pass. rem. *collùṣi, colludésti, collùṣe, colludémmo, colludéste, collùṣero*; part. pass. *collùṣo*; aus. *avere*) · Mettersi segretamente d'accordo con qualcuno per fare del male: *si sospetta che la mafia colluda con il potere politico.* ▸ Ⓕ **ludus**

Il termine deriva dal latino *colludere* 'giocare insieme, intendersi segretamente con qualcuno', che viene a sua volta da *ludere* 'giocare' con il prefisso **con-** (→ ***alludere***).

collusione (col-lu-ṣió-ne) N.F. · Accordo segreto fra due o più persone, per uno scopo illecito: *è stato accusato di collusione* ***con*** *il nemico.* ▸ Ⓕ **ludus**

colluso (col-lù-ṣo) AGG. e N.M. (f. *-a*) · Che, chi è legato da un accordo segreto con la criminalità organizzata: *un politico colluso; i collusi* ***con*** *la mafia.* ▸ Ⓕ **ludus**

collutorio (col-lu-tò-rio) N.M. (pl. *-ri*) · Medicamento liquido utilizzato per sciacquare e disinfettare la bocca.

colluttazione (col-lut-ta-zió-ne) N.F. · Scontro fisico tra due o più persone: *nella colluttazione è rimasto ferito* Ⓢ rissa, zuffa.

colmare (col-mà-re) V.TR. (*cólmo*, ecc.) **1** Riempire fino all'orlo: *colmare un bicchiere* ***di*** *vino* Ⓢ riempire Ⓒ vuotare. **2** Dare in abbondanza: *colmare un amico* ***di*** *doni* • Riempire l'animo di un sentimento: *le tue parole mi hanno colmato* ***di*** *gioia.* Ⓔ ***Colmare la misura***, esagerare • ***Colmare una lacuna***, porre rimedio a una mancanza: *devi colmare le tue lacune grammaticali.*

colmo[1] (cól-mo) AGG. · Pieno, carico: *una cesta colma* ***di*** *frutta; un cuore colmo* ***di*** *amarezza.* Ⓔ ***La misura è colma***, la pazienza è al limite.

colmo[2] (cól-mo) N.M. **1** Il punto più alto: *il colmo del tetto, della collina.* **2** Il massimo grado: *è uscito di scena quando era al colmo del successo* Ⓢ apice, culmine. Ⓔ ***È il colmo!***, esprime indignazione di fronte a qualcosa di esagerato.

-colo · Secondo elemento di parole composte che significa 'che abita' oppure 'che riguarda la coltivazione o l'allevamento': *cavernicolo*, che abita le caverne; *avicolo*, che riguarda l'allevamento degli uccelli.

colomba (co-lóm-ba) N.F. **1** La femmina del colombo; è il simbolo della pace. **2** Dolce a

A B C D E F G H I J K L M N O P Q R S T U V W X Y Z

forma di colomba, ricoperto di mandorle, che si mangia a Pasqua.

♫ Il verbo che indica il verso della colomba è *tubare.*

C

colombaia (co-lom-bà-ia) N.F. (pl. *-bàie*) · Torretta in cui vengono allevati colombi.

colombiano (co-lom-bià-no) AGG. e N.M. (f. *-a*) || AGG. Della Colombia. || N.M. (f. *-a*) Abitante, nativo della Colombia.

colombo (co-lóm-bo) N.M. (f. *-a*) · Uccello molto comune, con corpo tozzo, di media grandezza; è comunemente chiamato *piccione.* Ⓔ ***Due colombi***, due innamorati.

♫ Il verbo che indica il verso del colombo è *tubare.*

colon (cò-lon) N.M. INVAR. · Parte dell'intestino crasso che si trova fra l'intestino cieco e il retto.

colonia (co-lò-nia) N.F. (pl. *-nie*) 1 Nel mondo antico e medievale, comunità fondata per sfruttare un territorio lontano, spesso autonoma rispetto alla patria di origine: *le colonie greche di Sicilia* • In epoca moderna, territorio controllato e sfruttato da uno Stato, soprattutto europeo, in altre parti del mondo: *le colonie dell'Impero britannico* Ⓢ dominio, possedimento. 2 Gruppo di persone provenienti dallo stesso Paese che vivono in un Paese straniero: *la colonia italiana in Argentina* Ⓢ comunità. 3 Istituto per la villeggiatura dei bambini: *colonia marina.* 4 Gruppo di vegetali o animali che vivono insieme in natura: *una colonia di coralli.* Ⓔ ***Colonia penale***, carcere in un luogo lontano, in cui si mandavano un tempo i condannati a lunghe pene.

coloniale (co-lo-nià-le) AGG. · Delle colonie, tipico dei Paesi che furono colonie: *politica coloniale; prodotti coloniali.* Ⓔ ***Generi coloniali*** (anche *i coloniali* N.M.PL.), alimenti come caffè, cacao, spezie, che provengono dalle colonie, in particolare da quelle tropicali ed equatoriali.

colonialismo (co-lo-nia-lì-ṣmo) N.M. · Politica che mira alla conquista e allo sfruttamento di territori stranieri: *la prima guerra mondiale ha segnato il tramonto del colonialismo.*

colonico (co-lò-ni-co) AGG. (pl.m. *-ci*, pl.f. *-che*) · Del contadino: *casa colonica.*

colonizzare (co-lo-niẓ-ẓà-re) V.TR. 1 Occupare e sfruttare un territorio trasformandolo in una colonia: *gli spagnoli e i portoghesi colonizzarono i Paesi dell'America Latina* Ⓢ conquistare, sottomettere. 2 Rendere un territorio adatto a essere abitato: *la maggior parte della Maremma fu colonizzata dai Lorena* Ⓢ bonificare.

colonizzatore (co-lo-niẓ-ẓa-tó-re) AGG. e N.M. (f. *-trìce*) · Che, chi colonizza: *popolo colonizzatore; i colonizzatori sfruttavano il lavoro degli schiavi.*

colonizzazione (co-lo-niẓ-ẓa-zió-ne) N.F. 1 Occupazione e sfruttamento di un territorio: *la colonizzazione del Nord Africa* Ⓢ conquista Ⓒ decolonizzazione • Influenza politica o culturale su un territorio Ⓢ sottomissione. 2 Bonifica di un territorio per renderlo abitabile: *durante il fascismo fu avviata la colonizzazione dell'Agro Pontino.*

colonna (co-lón-na) N.F. 1 In un edificio, elemento verticale a forma di cilindro che serve come sostegno o decorazione: *le colonne di un tempio, di un portico; la Colonna Traiana* Ⓢ pilastro. 2 Chi è un sostegno e un punto di riferimento per altre persone: *quell'uomo è la colonna della famiglia.* 3 Striscia verticale di righe in cui è suddiviso un foglio: *la colonna a sinistra va lasciata libera per eventuali correzioni* • Serie di parole o numeri ordinati l'uno sotto l'altro: *mettere in colonna delle cifre.* 4 Fila di persone o veicoli in movimento: *una colonna di soldati in marcia; una colonna di automezzi.* 5 Tubo verticale in cui sono contenuti o passano liquidi • Fluido all'interno di un piccolo tubo, che serve a misurare il calore o la pressione atmosferica: *colonna d'acqua, di mercurio.* Ⓔ ***Colonna sonora*** → ***sonoro*** • ***Colonna vertebrale*** → ***vertebrale*** • ***Colonne d'Ercole***, i due monti ai lati dello stretto di Gibilterra, che per gli antichi erano il confine del mondo conosciuto; in senso figurato, limite insuperabile per le conoscenze dell'epoca in cui si vive.

colonnato (co-lon-nà-to) N.M. · Serie di colonne collegate fra loro: *il colonnato del Bernini in piazza San Pietro.*

colonnello (co-lon-nèl-lo) N.M. (f. *-a*) · Il militare che ha il grado più elevato fra gli ufficiali superiori; ha il comando di un reggimento: *il colonnello dette ordine di attaccare.* Ⓔ ***Tenente colonnello***, il militare di grado intermedio tra maggiore e colonnello.

Il femminile di *colonnello* è *colonnella*, ma è usato poco. Spesso si usa il maschile anche quando ci si riferisce a una donna: è *stata promossa colonnello.*

colono (co-lò-no) N.M. (f. *-a*) **1** Contadino che lavora la terra per conto di un padrone Ⓢ mezzadro. **2** Abitante di un'antica colonia: *i primi coloni inglesi arrivarono in Australia alla fine del Settecento.*

colorante (co-lo-ràn-te) N.M. · Sostanza usata per colorare un materiale: *colorante per stoffe.* Ⓔ ***Coloranti alimentari***, sostanze non dannose aggiunte ai cibi per dare loro un aspetto più gradevole.

colorare (co-lo-rà-re) V.TR. (*colóro*, ecc.) || TR. Coprire con uno strato di colore: *colorare un disegno; colorare **di** verde una tenda* Ⓢ tingere. || **colorarsi** INTR. PRONOM. **1** Prendere un certo colore: *al tramonto il cielo si colorò **di** rosso.* **2** Assumere un certo tono o una caratteristica: *il racconto si colora **di** mistero.*

colorazione (co-lo-ra-zió-ne) N.F. **1** Il procedimento per colorare qualcosa: *la colorazione della seta richiede diverse ore.* **2** Colore: *il vino ha assunto una colorazione giallo oro.*

colore (co-ló-re) N.M. **1** La sensazione prodotta sull'occhio da un corpo, diversa a seconda della luce che esso riflette: *un quaderno di colore giallo; per vestirsi preferisce i colori chiari.* **2** Sostanza usata per colorare o dipingere: *un tubetto di colore; colori a olio, a tempera; colori per stoffe.* **3** Il colorito del viso: *oggi hai uno strano colore* Ⓢ carnagione, cera • Il colorito roseo, indice di buona salute: *comincia a riprendere colore.* **4** AL PL. Bandiera o stemma di uno Stato o di un'associazione sportiva: *i colori nazionali; difendere i colori della propria squadra.* **5** Opinione politica: *lui è di un altro colore* Ⓢ idea, indirizzo. **6** Vivacità espressiva: *un racconto pieno di colore* Ⓢ brio, espressività. Ⓔ ***A colori***, che ha immagini colorate: *disegno, film a colori* • ***Cambiare colore, diventare di tutti i colori***, impallidire o arrossire • ***Colori primari***, il rosso, il giallo e il blu, le cui diverse combinazioni danno tutti gli altri colori; ***colori complementari***, quelli che combinandosi danno il bianco • ***Di colore***, di persona che ha la pelle scura: *un uomo di colore entrò nel locale* • ***Di tutti i colori***, di ogni genere: *combinarne di tutti i colori*, fare ogni tipo di stranezze o di danni; *dirne di tutti i colori*, parlare male di qualcuno oppure mandare ogni genere di imprecazioni; *passarne di tutti i colori*, avere esperienze di ogni genere, soprattutto negative.

colorificio (co-lo-ri-fi-cio) N.M. (pl. *-ci*) **1** Fabbrica di coloranti. **2** Negozio che vende coloranti e vernici.

colorire (co-lo-rì-re) V.TR. (*colorìsco*, *colorìsci*, ecc.) || TR. **1** Dare colore: *colorire un ritratto* Ⓢ colorare. **2** Descrivere o rappresentare con vivacità e ricchezza di particolari: *colorire una notizia.* || **colorirsi** INTR.PRONOM. Prendere colore: *a stare all'aria aperta il viso gli si è un po' colorito.*

colorito (co-lo-rì-to) AGG. e N.M. || AGG. **1** Che esprime buona salute: *guance colorite; è colorito in volto* Ⓢ roseo Ⓒ pallido. **2** Vivace, espressivo: *mi ha fatto un resoconto molto colorito del viaggio.* || N.M. Il colore della pelle del viso: *un colorito roseo* Ⓢ carnagione. Ⓔ ***Linguaggio colorito***, pieno di espressioni popolari, al limite della volgarità.

coloro (co-ló-ro) · Plurale → ***colui***.

colossale (co-los-sà-le) AGG. **1** Enorme, gigantesco, grandioso: *una statua colossale.* **2** Straordinario, eccezionale, immenso: *un successo colossale; un errore colossale*, gravissimo.

colosso (co-lòs-so) N.M. **1** Statua di enormi dimensioni: *il colosso di Rodi.* **2** Persona di statura e corporatura eccezionali: *era un colosso alto due metri* Ⓢ gigante • Persona di talento eccezionale: *Beethoven era un colosso della musica.* **3** Azienda molto grande e importante: *i colossi dell'industria chimica.*

colpa (cól-pa) N.F. **1** Azione che va contro la legge o la morale e che viene punita: *commettere una colpa; confessare una colpa* Ⓢ torto. **2** Azione o fatto che provoca un danno: *abbia-*

A B C D E F G H I J K L M N O P Q R S T U V W X Y Z

C

mo perso per colpa del portiere; ho bruciato il sugo per colpa di una telefonata Ⓢ responsabilità. **3** In grammatica: ***complemento di colpa***, quello che indica il reato o il delitto di cui si è accusati (*accusato di omicidio; colpevole di furto; condanna per frode*). Ⓔ ***Sentirsi in colpa***, provare rimorso per un errore che si è commesso.

colpevole (col-pé-vo-le) AGG. e N.M. e F. || AGG. e N.M. e F. Che, chi ha commesso un'azione contraria alla legge o ha causato un danno: *il giovane si è dichiarato colpevole; i colpevoli* ***del*** *furto sono stati identificati* Ⓒ innocente, incolpevole. || AGG. Tipico di chi si sente in colpa: *uno sguardo colpevole.*

colpevolezza (col-pe-vo-léz-za) N.F. · La condizione di chi è colpevole: *negare, provare la colpevolezza di qualcuno* Ⓒ innocenza.

colpire (col-pì-re) V.TR. (*colpìsco, colpìsci*, ecc.) **1** Raggiungere con un colpo: *lo ha colpito* ***con*** *un pugno* ***alla*** *mascella,* ***in*** *faccia* Ⓢ battere, percuotere. **2** Cogliere con un tiro o un lancio: *il calciatore ha colpito il palo; ha colpito il bersaglio* ***con*** *un proiettile* Ⓢ centrare. **3** Impressionare, stupire, sorprendere: *colpisce tutti* ***con*** *il suo modo di fare; mi ha colpito* ***per*** *la sua intelligenza* • Offendere, ferire: *cerca sempre di colpirmi* ***nell'****orgoglio.* **4** Danneggiare, sfavorire, penalizzare: *il terremoto ha colpito la costa.* Ⓔ ***Colpire nel segno***, indovinare.

colpo (cól-po) N.M. **1** Urto contro qualcuno o qualcosa: *colpo di martello; prendere un colpo sul naso; gli dette un colpo con il piede* Ⓢ botta • Suono secco provocato da una botta: *ho sentito un colpo alla porta* Ⓢ tonfo. **2** Sparo: *ho sentito due colpi di fucile.* **3** Nello sport, tiro o pugno: *il centravanti ha segnato con un colpo di testa.* **4** Movimento rapido e deciso: *colpo di pedale; colpo di remo.* **5** Fenomeno rapido e improvviso: *colpo di vento; colpo di fortuna.* **6** Rapina, furto: *un colpo da un milione di euro; un colpo da professionisti.* **7** Malore grave e improvviso: *ha avuto un colpo* ***al*** *cuore* • Spavento, accidente: *mi hai fatto venire un colpo a telefonare a quell'ora.* **8** Fatto doloroso: *subire un brutto colpo.* Ⓔ ***A colpo sicuro*** → *sicuro* • ***Colpo basso***, azione sleale • ***Colpo di coda***, azione improvvisa e inaspettata da qualcuno che sembrava ormai sconfitto • ***Colpo di fulmine*** → *fulmine* • ***Colpo di genio*** → *genio*[1] • ***Colpo di grazia***, colpo mortale che si dà a qualcuno per farlo smettere di soffrire; ciò che fa precipitare una situazione già difficile • ***Colpo di mano***, azione, spesso di tipo militare, che coglie tutti di sorpresa • ***Colpo di scena*** → *scena* • ***Colpo di sole***, insolazione • ***Colpo di Stato***, azione improvvisa e violenta per sostituire il governo in carica • ***Colpo di testa***, decisione improvvisa e imprudente • ***Colpo d'occhio***, vista panoramica dall'alto: *dal campanile si ha un bel colpo d'occhio sulla città;* ***a colpo d'occhio***, al primo sguardo, subito: *a colpo d'occhio sembra proprio lui* • ***Dare un colpo di spugna a qualcosa***, cancellarlo, dimenticarlo o perdonarlo • ***Di colpo***, d'un tratto, all'improvviso: *si svegliò di colpo* • ***Fallire il colpo***, mancare il bersaglio o l'obiettivo • ***Fare colpo***, impressionare positivamente: *con il suo vestito ha fatto colpo su tutti gli invitati* • ***Non perdere un colpo***, procedere con sicurezza, oppure non mancare nessuna occasione: *quando si tratta di attaccarmi non perde un colpo* • ***Perdere (i) colpi***, di motore, funzionare male; di persona, essere meno efficiente • ***Senza colpo ferire***, con estrema facilità: *ha vinto la sfida senza colpo ferire* • ***Sul colpo***, all'istante: *è morto sul colpo* • ***Un bel colpo, un colpo da maestro***, azione abile.

colposo (col-pó-so) AGG. · Nel linguaggio giuridico, di reato commesso senza la volontà di fare del male ma per imprudenza, ignoranza o violazione di una legge: *omicidio colposo.*

colsi (còl-si) · Pass. rem., 1ª pers. sing. → *cogliere.*

coltellata (col-tel-là-ta) N.F. **1** Colpo o ferita di coltello: *gli ha dato una coltellata ed è scappato.* **2** Dolore acuto e improvviso: *quella notizia fu una coltellata per lui.*

coltello (col-tèl-lo) N.M. · Strumento formato da una lama metallica inserita in un manico, usato per tagliare o come arma: *coltello da cucina, da tavola, da frutta.* Ⓔ ***Avere il coltello dalla parte del manico***, essere in una posizione di vantaggio • ***Girare il coltello nella piaga***, insistere su un argomento doloroso.

coltivabile (col-ti-và-bi-le) AGG. · Che si può coltivare: *terreno coltivabile.*

coltivare (col-ti-và-re) V.TR. **1** Lavorare un terreno e curare le piante che vi crescono, per ricavarne i frutti: *coltivare il grano; coltivare un campo **a** orzo.* **2** Praticare un'attività con impegno e passione: *coltivare le arti, gli studi.* **3** Mantenere vivo: *coltivare una speranza, un'amicizia* Ⓢ nutrire.

coltivatore (col-ti-va-tó-re) N.M. (f. *-trìce*) · Chi coltiva i campi Ⓢ agricoltore.

coltivazione (col-ti-va-zió-ne) N.F. **1** L'insieme dei lavori che servono per coltivare un terreno o una pianta: *la coltivazione degli alberi da frutto.* **2** SPESSO AL PL. Terreno o pianta coltivata: *il gelo ha danneggiato gravemente le coltivazioni* Ⓢ coltura.

colto[1] (còl-to) · Participio pass. → ***cogliere***.

colto[2] (cól-to) AGG. · Che ha una buona cultura: *una donna colta e raffinata* Ⓢ istruito Ⓒ incolto.

-coltore · Secondo elemento di parole composte che significa 'coltivatore' o 'allevatore': *floricoltore,* coltivatore di fiori.

coltre (cól-tre) N.F. **1** Coperta pesante da letto: *starsene al caldo sotto le coltri.* **2** Strato uniforme che ricopre qualcosa: *una coltre di neve.*

coltura (col-tù-ra) N.F. **1** Coltivazione di piante: *la coltura del riso.* **2** SPESSO AL PL. L'insieme delle piante coltivate in un terreno: *la grandine ha recato notevoli danni alle colture.* **3** Allevamento: *la coltura dei bachi da seta.*

-coltura · Secondo elemento di parole composte che significa 'coltivazione' o 'allevamento': *agricoltura,* coltivazione dei campi.

colui (co-lùi) PRON. DIMOSTR. (f. *colèi*; pl.m. e pl.f. *colóro*) · Quella persona: *colui che sarà sorpreso a copiare sarà sospeso.*

com- → ***con-***.

coma (cò-ma) N.M. (pl. *-i* o invar.) **1** Totale perdita della coscienza, in seguito a malattie o incidenti: *entrare, essere in coma; è uscito dal coma dopo un anno.* **2** Nel linguaggio familiare, estrema stanchezza: *la notte non dorme e il giorno è in coma.*

comandamento (co-man-da-mén-to) N.M. · Nella religione ebraica e in quella cristiana, ciascuna delle norme date da Dio agli uomini: *i dieci comandamenti.*

comandante (co-man-dàn-te) N.M. **1** Chi comanda un gruppo di militari: *il comandante di un reggimento.* **2** Chi pilota un aereo di linea o una nave da crociera.

comandare (co-man-dà-re) V.TR. || TR. **1** Imporre in base a un'autorità: *il generale comandò la ritirata **ai** soldati; il giudice comandò **a** tutti i presenti **di** abbandonare l'aula* Ⓢ ordinare. **2** Dirigere, guidare: *comandare una nave, un'armata.* **3** Far funzionare un meccanismo con appositi congegni: *il pedale di sinistra comanda la frizione.* || INTR. (aus. *avere*) Avere il comando, dare gli ordini: *a casa sua comandano le donne.* Ⓔ ***Come Dio comanda*** → ***come***.

comando (co-màn-do) N.M. **1** Ordine dato da un superiore: *dare, eseguire un comando; sono ai vostri comandi* Ⓢ disposizione. **2** Autorità che consente di dare ordini: *sotto il comando di Alessandro Magno i Greci conquistarono l'Oriente* Ⓢ guida, direzione. **3** Nello sport, prima posizione in una classifica o in una gara: *il pilota italiano mantiene il comando della corsa* Ⓢ testa. **4** Gruppo di militari che lavorano una zona: *comando di corpo d'armata* • La loro sede: *presentarsi al comando dei carabinieri.* **5** Congegno che regola il funzionamento di una macchina: *il pilota ha abbandonato i comandi dell'aereo.*

combaciare (com-ba-cià-re) V.INTR. (*combàcio*, ecc.; aus. *avere*) **1** Di oggetti a contatto, aderire perfettamente: *questi due pezzi del puzzle non combaciano* Ⓢ corrispondere. **2** Coincidere: *le due versioni combaciano.*

combattente (com-bat-tèn-te) N.M. e F. · Chi partecipa a una guerra: *un combattente valoroso* Ⓢ soldato. Ⓔ ***Ex combattente***, chi ha partecipato a una guerra.

combattere (com-bàt-te-re) V.INTR. e TR. || INTR. (aus. *avere*) **1** Partecipare a una lotta armata, a una battaglia, a uno scontro: *l'esercito ha combattuto con coraggio **contro** gli invasori* Ⓢ battersi, lottare. **2** Impegnarsi per contrastare qualcosa: *la barca combatteva **contro** il*

A B C D E F G H I J K L M N O P Q R S T U V W X Y Z

C

mare in tempesta; combattere ***con*** *l'ignoranza* • Impegnarsi per ottenere qualcosa: *combattere* ***per*** *il trionfo della giustizia.* || TR. Cercare di sconfiggere o di eliminare: *combattere i nemici; combattere l'ingiustizia* Ⓢ contrastare. Ⓔ ***Combattere contro il tempo***, impegnarsi per rispettare una scadenza molto vicina.

combattimento (com-bat-ti-mén-to) N.M. **1** Scontro armato: *venire a combattimento; prepararsi al combattimento* Ⓢ lotta, battaglia. **2** Incontro di pugilato: *il combattimento si è concluso alla quinta ripresa* Ⓢ match (*ingl.*). Ⓔ ***Mettere fuori combattimento***, sconfiggere l'avversario; indebolire, mettere in condizioni di non poter fare niente: *tre notti di insonnia mi hanno messo fuori combattimento.*

combattivo (com-bat-tì-vo) AGG. · Pronto a lottare con tutte le forze: *uno spirito combattivo; un giocatore combattivo* Ⓢ battagliero Ⓒ arrendevole.

combattuto (com-bat-tù-to) AGG. **1** Di competizione, affrontata con impegno e passione: *una partita molto combattuta* Ⓢ acceso, accanito. **2** Agitato e indeciso sul da farsi: *era combattuto* ***tra*** *il desiderio di partire e il dispiacere di lasciare la sua terra* Ⓢ incerto, tormentato.

combinare (com-bi-nà-re) V.TR. e INTR. || TR. **1** Mettere insieme per ottenere uno scopo o un effetto: *combinare le scarpe* ***con*** *l'abito* Ⓢ accostare, accordare. **2** Stabilire con un accordo: *abbiamo combinato* ***di*** *andare in vacanza insieme* Ⓢ organizzare, fissare. **3** Portare a compimento: *combinare un buon affare; non sono riuscito a combinare quasi nulla* Ⓢ concludere, realizzare, fare • Fare qualcosa di negativo: *combinare un guaio, un pasticcio.* || INTR. (aus. *avere*) Andare d'accordo: *le righe non combinano* ***con*** *la giacca a quadri* Ⓢ corrispondere. || **combinarsi** INTR. PRONOM. Di elemento chimico, unirsi con un'altra sostanza in modo da formare un composto: *quando l'idrogeno si combina* ***con*** *l'ossigeno si ottiene l'acqua* Ⓢ reagire.

combinatorio (com-bi-na-tò-rio) AGG. (pl.m. *-ri*, pl.f. *-rie*) · Che riguarda la combinazione di più elementi.

combinazione (com-bi-na-zió-ne) N.F. **1** Il modo in cui si possono accostare due o più elementi: *una combinazione suggestiva di suoni e di luci.* **2** Unione di elementi chimici che formano un nuovo composto Ⓢ reazione. **3** Serie di numeri che serve ad aprire una serratura: *la combinazione di una cassaforte.* **4** Caso imprevisto e fortunato: *che combinazione averti visto in mezzo a quella folla!* Ⓢ coincidenza.

combriccola (com-bric-co-la) N.F. **1** Gruppo di persone disoneste: *una combriccola di ladri* Ⓢ banda. **2** Gruppo di amici: *una combriccola di vecchi compagni di scuola* Ⓢ brigata.

combustibile (com-bu-sti-bi-le) AGG. e N.M. || AGG. Che può bruciare: *materie combustibili* Ⓢ infiammabile. || N.M. Sostanza che può bruciare, sviluppando calore ed energia: *è finito il combustibile* Ⓢ carburante.

combustione (com-bu-stió-ne) N.F. · In chimica, il fenomeno per cui un combustibile brucia, sviluppando calore o luce. Ⓔ ***Motore a combustione interna*** → ***motore***.

combutta (com-bùt-ta) N.F. · Unione di persone per scopi poco onesti: *si è messo in combutta con gente losca.*

come (có-me) AVV. e CONGIUNZ. || AVV. **1** In domande dirette o indirette, in quale modo: *come stai?; non so come sia successo*; anche in frasi che esprimono sorpresa: *ma come?* **2** Nelle esclamazioni, quanto: *come sei bella!* **3** Nel modo in cui, nella misura in cui: *fai come vuoi; mangiare come un lupo; mi piace così com'è*; anche come comparativo di uguaglianza: *è bella come sua madre.* **4** In qualità di: *come suo migliore amico devo impedirgli di fare sciocchezze.* || CONGIUNZ. **1** Il fatto che: *gli spiegò come ormai non avesse più la possibilità di andare avanti.* **2** Nello stesso modo che: *lo guardava come (se) fosse un Dio.* **3** Quando, nel momento in cui: *come lo incontrò volse la testa dall'altra parte.* Ⓔ ***Come Dio comanda***, nel modo giusto e opportuno: *cerchiamo di sistemare le cose come Dio comanda* • ***Come (se) niente fosse***, con straordinaria facilità, disinvoltura o indifferenza: *s'è bevuto un litro di birra in un solo sorso come niente fosse* • ***Come viene viene***, in modo molto approssimativo • ***Ora come ora*** → ***ora***[1].

cometa (co-mé-ta) N.F. · ***(Stella) cometa***, corpo celeste che ruota intorno al Sole e che possiede una caratteristica coda luminosa.

Il termine deriva dal greco *kométes* 'dotato di chioma', con riferimento alla caratteristica scia.

comfort (com-fort; pronuncia *còmfort*) N. INGL., in it. N.M.INVAR. · Comodità, agio: *un albergo dotato di tutti i comfort.*

comica (cò-mi-ca) N.F. (pl. *-che*) **1** Breve film comico, spesso del cinema muto. **2** Situazione buffa: *che comica!*

comicità (co-mi-ci-tà) N.F. INVAR. · Capacità di far ridere: *la comicità di una situazione; quella ragazza ha una comicità istintiva* Ⓢ umorismo.

comico (cò-mi-co) AGG. e N.M. (f. *-a*; pl.m. *-ci*, pl.f. *-che*) || AGG. **1** Che fa ridere: *è stato davvero comico vederlo cadere di fronte al preside* Ⓢ buffo, divertente. **2** Che riguarda la commedia: *attore, teatro comico* Ⓢ brillante, leggero. || N.M. (f. *-a*) Attore che recita in commedie o ruoli buffi: *mio padre faceva il comico di varietà.*

comignolo (co-mi-gno-lo) N.M. · La parte del camino che sporge dal tetto e da cui esce il fumo: *dal comignolo usciva un filo di fumo* Ⓢ fumaiolo.

cominciare (co-min-cià-re) V.TR. e INTR. (*comìncio*, ecc.) || TR. Dare inizio a qualcosa: *cominciare un lavoro, un libro; abbiamo appena cominciato* ***a*** *mangiare* Ⓢ avviare, iniziare Ⓒ finire, terminare. || INTR. (aus. *essere* o *avere*) Avere inizio: *la guerra cominciò* ***nel*** *1939;* ***da*** *qui cominciano i miei possedimenti.*

-comio · Secondo elemento di parole composte che significa 'casa di cura': *manicomio*, casa di cura per malati di mente.

comitato (co-mi-tà-to) N.M. · Gruppo di persone che si occupa di iniziative di interesse pubblico: *comitato direttivo; comitato per la difesa dell'ambiente* Ⓢ associazione, commissione.

comitiva (co-mi-ti-va) N.F. · Gruppo di persone in gita o in viaggio: *una comitiva di stranieri, di amici; viaggia sempre in comitiva* Ⓢ compagnia.

Comitiva è un nome collettivo: indica tante persone, ma è un sostantivo singolare.

comizio (co-mì-zio) N.M. (pl. *-zi*) · Riunione di cittadini organizzata da partiti politici o da sindacati per esporre il proprio programma: *andare, partecipare a un comizio; tenere, fare un comizio*, parlare al comizio.

comma (còm-ma) N.M. (pl. *-i*) · Ciascuna delle parti in cui è suddiviso un articolo di legge o un documento ufficiale.

commando (com-man-do; pronuncia *commàndo*) N. INGL., in it. N.M. INVAR. · Reparto di militari specializzati in azioni di sorpresa.

commedia (com-mè-dia) N.F. (pl. *-die*) **1** Spettacolo teatrale divertente e a lieto fine: *la commedia greca, latina; una commedia di Goldoni, di Pirandello.* **2** Film divertente, in genere a lieto fine: *le commedie americane degli anni Trenta.* **3** Messinscena, finzione, recita: *si lamenta, ma è tutta una commedia.* Ⓔ ***Commedia musicale***, in cui all'interno della trama ci sono balli e canzoni • ***Fare la commedia***, fingere: *smettila di fare la commedia con me!*

commediante (com-me-diàn-te) N.M. e F. **1** Attore di teatro: *una compagnia di commedianti è arrivata in città.* **2** Chi sa fingere bene: *non fidarti di lui, è un bravo commediante.*

commemorare (com-me-mo-rà-re) V.TR. (*commèmoro*, ecc.) · Ricordare in modo solenne: *commemorare un grande artista; commemorare la proclamazione della Repubblica* Ⓢ celebrare.

commemorativo (com-me-mo-ra-ti-vo) AGG. · Che celebra la memoria di personaggi o avvenimenti importanti: *targa commemorativa; francobollo commemorativo* Ⓢ celebrativo.

commemorazione (com-me-mo-ra-zió-ne) N.F. · Cerimonia o discorso per ricordare solennemente un personaggio o un avvenimento: *la commemorazione dei caduti si svolgerà nel salone comunale* Ⓢ celebrazione.

commendatore (com-men-da-tó-re) N.M. · Titolo prestigioso concesso dallo Stato a un cittadino per i suoi meriti civili.

C

commensale (com-men-sà-le) N.M. e F. · Chi partecipa con altri a un pranzo: *invitò tutti i commensali a brindare agli sposi* Ⓢ convitato.

commentare (com-men-tà-re) V.TR. (*comménto*, ecc.) **1** Spiegare con un commento un'opera: *commentare un canto della "Divina Commedia", un testo filosofico* Ⓢ interpretare. **2** Parlare di qualcosa dando la propria opinione: *commentare i fatti del giorno* Ⓢ giudicare.

commentatore (com-men-ta-tó-re) N.M. (f. *-trìce*) · Chi illustra e spiega le notizie dei giornali alla radio o in televisione: *un commentatore sportivo*.

commento (com-mén-to) N.M. **1** Spiegazione di un testo: *la nuova edizione dei "Malavoglia" è accompagnata da un ottimo commento* Ⓢ interpretazione. **2** Descrizione di un fatto accompagnata da riflessioni e giudizi: *nel giornale di oggi c'è il commento alla partita*. **3** Parere personale su fatti, discorsi o azioni altrui: *il tuo pezzo ha avuto commenti molto favorevoli* Ⓢ giudizio, opinione.

commerciale (com-mer-cià-le) AGG. **1** Che riguarda il commercio o la vendita: *diritto commerciale; ufficio commerciale*. **2** Che viene venduto molto: *un film, un libro commerciale*.

commercialista (com-mer-cia-li-sta) N.M. e F. e AGG. (pl.m. *-i*, pl.f. *-e*) · Chi, che per lavoro si occupa delle questioni economiche e fiscali di una persona o di un'azienda: *si rivolga al mio commercialista; dottore commercialista*.

commerciante (com-mer-ciàn-te) N.M. e F. · Chi lavora nel commercio o ha un negozio: *commerciante di vini; i commercianti protestano contro il blocco del traffico* Ⓢ venditore, negoziante.

commerciare (com-mer-cià-re) V.INTR. (*commèrcio*, ecc.; aus. *avere*) · Comprare e vendere un certo tipo di prodotti: *commerciare* ***in*** *legname,* ***in*** *agrumi*.

commercio (com-mèr-cio) N.M. (pl. *-ci*) · Attività che consiste nello scambio di prodotti con altri prodotti o con denaro: *commercio di tessuti, di materie prime; commercio all'ingrosso, al dettaglio* Ⓢ mercato, traffico. Ⓔ ***Commercio equo e solidale***, commercio che garantisce pagamenti adeguati ai fornitori dei prodotti, di solito provenienti da Paesi in via di sviluppo • ***Fuori commercio***, di prodotto che non è più in vendita • ***In commercio***, di prodotto, in vendita.

commessa (com-més-sa) N.F. · Ordinazione di merce: *riceviamo molte commesse dall'America*.

commesso (com-més-so) N.M. (f. *-a*) **1** Chi si occupa delle vendite in un negozio: *fa il commesso in un grande magazzino*. **2** Impiegato di un ente pubblico o di un'azienda, che spesso svolge compiti di responsabilità: *commesso del Senato; commesso di banca*. Ⓔ ***Commesso viaggiatore***, chi vende prodotti per conto di una ditta andando a presentarli direttamente dai clienti.

commestibile (com-me-stì-bi-le) AGG. · Che si può mangiare: *dopo tre giorni il pesce non è più commestibile*.

commettere (com-mét-te-re) V.TR. (irreg.: coniugato come *mettere*) · Compiere, soprattutto un'azione negativa: *commettere un errore, un reato* Ⓢ fare.

> Il termine deriva dal latino *committere* 'mettere insieme, compiere, affidare', che viene a sua volta da *mittere* 'mandare' con il prefisso con- (→ ***mettere***).

commiato (com-mià-to) N.M. **1** Permesso di partire Ⓢ licenza, congedo. **2** Il momento della partenza: *fu un triste commiato*. Ⓔ ***Prendere commiato***, salutare, andarsene.

commilitone (com-mi-li-tó-ne) N.M. · Compagno d'armi: *riunione di ex commilitoni*.

commiserare (com-mi-ṣe-rà-re) V.TR. (*commìṣero*, ecc.) · Provare compassione: *commiserare un infelice* Ⓢ compatire.

commiṣerazione (com-mi-ṣe-ra-zió-ne) N.F. **1** Partecipazione al dolore altrui: *gesti, parole di commiserazione* Ⓢ compassione, pietà. **2** Senso di superiorità e disprezzo: *risposi ai suoi insulti con un sorriso di commiserazione*.

commissariato (com-mis-sa-rià-to) N.M. **1** Ufficio del commissario, soprattutto di polizia: *andare, presentarsi al commissariato*. **2** Organo o agenzia che si occupa di gravi problemi o emergenze: *commissariato per le calamità naturali*.

commissario (com-mis-sà-rio) N.M. (pl. *-ri*) **1** Chi ha un incarico pubblico di particolare importanza: *commissario governativo.* **2** Membro di una commissione: *commissario d'esame; commissario d'inchiesta.* Ⓔ ***Commissario di pubblica sicurezza***, chi dirige un distretto di polizia • ***Commissario tecnico***, chi sceglie e allena gli atleti di una squadra nazionale Ⓢ allenatore; mister (*ingl.*).

commissione (com-mis-sió-ne) N.F. **1** Acquisto o faccenda che si fa per conto proprio o di altri: *è andato in città per sbrigare delle commissioni.* **2** Gruppo di esperti a cui è affidato un compito importante: *commissione d'esame; commissione scientifica; nominare una commissione.* **3** Ordinazione di merci o di un certo lavoro: *è arrivata una commissione di un quintale di carbone* Ⓢ ordine, commessa. **4** Somma di denaro pagata a chi tratta affari per conto di altri: *la commissione dell'agenzia è il 10% del prezzo di vendita della casa.* Ⓔ ***Commissione parlamentare***, gruppo di deputati o di senatori che preparano le leggi da proporre al Parlamento • ***Su commissione***, per incarico di qualcuno: *furto su commissione.*

commistione (com-mi-stió-ne) N.F. · Mescolanza di cose diverse: *commistione di stili, di generi musicali* Ⓢ miscuglio.

committente (com-mit-tèn-te) N.M. e F. e AGG. · Chi, che ordina un lavoro o una merce: *il committente di un dipinto; le spese di spedizione sono a carico della ditta committente.*

commodoro (com-mo-dò-ro) N.M. · Nella marina inglese e americana, ufficiale che comanda una divisione navale.

commosso (com-mòs-so) AGG. · Che prova o esprime un'intensa emozione: *sono rimasto profondamente commosso di fronte al tuo gesto; pronunciò parole commosse* Ⓢ emozionato.

commovente (com-mo-vèn-te) AGG. · Che provoca commozione: *una scena commovente; un film commovente* Ⓢ emozionante, toccante.

commozione (com-mo-zió-ne) N.F. **1** Forte emozione, turbamento piacevole o doloroso: *viva, sincera commozione; aveva gli occhi lucidi per la commozione.* **2** Danno al funzionamento di un organo, causato da un trauma. Ⓔ ***Commozione cerebrale*** → ***cerebrale***.

community (com-mu-ni-ty; pronuncia *comiùniti*) N. INGL., in it. N.F. INVAR. · Gruppo di persone con interessi comuni che sono in contatto fra loro attraverso Internet.

commuovere (com-muò-ve-re) V.TR. (irreg.: coniugato come *muovere*) || TR. Provocare commozione: *la sua tenerezza nei miei confronti mi commuove* Ⓢ emozionare. || **commuoversi** INTR. PRONOM. Provare commozione: *alla scena dell'addio si commossero tutti.*

commutare (com-mu-tà-re) V.TR. · Sostituire una cosa con un'altra: *commutare la pena di morte nell'ergastolo* Ⓢ scambiare.

comò (co-mò) N.M. INVAR. · Mobile con grandi cassetti, utilizzato soprattutto nella camera da letto.

Il termine deriva dal francese *commode* 'comodo', usato per indicare un mobile a cassetti sovrapposti.

comodamente (co-mo-da-mén-te) AVV. · Senza sforzo, senza difficoltà: *nel mio portabagagli entrano comodamente anche le tue valige.*

comodino (co-mo-dì-no) N.M. · Piccolo mobile basso, che sta accanto al letto: *posò il libro sul comodino e spense la luce.*

comodità (co-mo-di-tà) N.F. INVAR. **1** L'essere comodo: *la comodità di un letto dipende dal materasso* Ⓒ scomodità. **2** Oggetto o situazione che dà benessere: *avere tutte le comodità; la comodità di avere molti negozi vicino a casa.*

comodo[1] (cò-mo-do) AGG. **1** Che dà benessere, che fa stare a proprio agio: *una casa comoda e spaziosa* Ⓢ confortevole, piacevole Ⓒ scomodo • Di abbigliamento, che non stringe: *scarpe comode* Ⓢ ampio. **2** Che non presenta difficoltà: *percorrere una strada comoda; fare una vita comoda* Ⓢ facile. **3** Facilmente raggiungibile: *fissiamo l'appuntamento in un posto che sia comodo per tutti* Ⓢ opportuno. Ⓔ ***Prendersela comoda***, agire con calma: *prenditela comoda, tanto c'è ancora tempo*; non darsi abbastanza da fare; *se ve la foste presa meno comoda oggi non dovreste faticare così!* • ***Stare comodo, mettersi comodo***, a

C

proprio agio • ***Tornar comodo***, essere conveniente, andare bene: *se ti torna comodo puoi passare da me nel pomeriggio.*

comodo² (cò-mo-do) N.M. · Cosa piacevole o vantaggiosa: *in vacanza voglio avere tutti i comodi* Ⓢ agio, comodità. Ⓔ ***Con comodo***, con calma, senza fretta: *finite di mangiare con comodo* • ***Di comodo***, facile, vantaggioso: *una soluzione di comodo* • ***Far comodo***, essere utile, vantaggioso: *con questo freddo una sciarpa di lana mi farebbe comodo* • ***Fare il proprio comodo***, pensare solo ai propri bisogni.

compact disc (com-pact disc; pronuncia *còmpact disk*) N. INGL., in it. N.M. INVAR. · Disco di piccole dimensioni che contiene testi, suoni, immagini o dati, e viene letto mediante un raggio laser che ne colpisce la superficie: *ho comprato l'ultimo compact disc di Jovanotti; enciclopedia elettronica su compact disc.*

compaesano (com-pa-e-ṣà-no) N.M. (f. *-a*) · Chi viene dallo stesso luogo Ⓢ concittadino.

compagine (com-pà-gi-ne) N.F. · Insieme di elementi che operano per un fine comune: *la compagine dei giocatori; la compagine dello Stato.*

compagnia (com-pa-gnì-a) N.F. (pl. *-gnìe*) **1** Lo stare insieme ad altri: *amare la compagnia; era in compagnia di un'ospite americana.* **2** Gruppo di persone che stanno volentieri insieme: *un'allegra compagnia; attento alle cattive compagnie* Ⓢ brigata, comitiva. **3** Gruppo di attori, ballerini o cantanti che fanno uno spettacolo: *compagnia di prosa, di ballo; compagnia stabile*, che recita stabilmente in un certo teatro. **4** Nell'esercito, unità di soldati guidata da un capitano. **5** Società commerciale o di trasporto: *compagnia di assicurazioni; compagnia di navigazione.* **6** In grammatica: ***complemento di compagnia***, quello che indica un rapporto di vicinanza tra esseri animati nel compiere l'azione espressa dal verbo (*è uscito di casa con la moglie; verrò io insieme a te; vive assieme con la madre*). Ⓔ ***Avere compagnia***, avere delle persone intorno: *mi piace avere compagnia quando sono malato* • ***Di compagnia***, che sta bene con le altre persone Ⓢ socievole • ***E compagnia bella***, e tutti gli altri, tutto il resto: *c'erano politici, uomini d'affari e compagnia bella* • ***Fare compagnia***, stare insieme a qualcuno: *mi fai compagnia a cena?* ▸ Ⓕ **pane**

compagno (com-pà-gno) N.M. (f. *-a*) **1** Chi fa un'attività o vive un'esperienza con altre persone: *compagno di giochi; compagno di prigionia; compagni di viaggio; compagno di squadra* Ⓢ amico • Nome con cui si chiamano fra loro le persone che seguono un partito comunista o socialista: *l'assemblea dei compagni ha eletto il nuovo segretario.* **2** La persona con cui si ha una relazione di coppia: *ti ha presentato la sua compagna?* Ⓢ convivente; partner (*ingl.*). ▸ Ⓕ **pane**

> Il termine deriva da una parola del latino tardo che significava 'colui con cui si divide il pane', connessa con *panis* 'pane'.

compaio (com-pà-io) · Ind. pres., 1ª pers. sing. → ***comparire***.

companatico (com-pa-nà-ti-co) N.M. (pl. *-ci*) · Cibo che si mangia insieme al pane durante i pasti: *gli dette un po' di formaggio per companatico.* ▸ Ⓕ **pane**

comparare (com-pa-rà-re) V.TR. (*compàro*, ecc.) · Confrontare, paragonare: *comparare lo stile di un autore* ***con*** *quello di un altro.*

comparativo (com-pa-ra-ti-vo) AGG. e N.M. || AGG. Che fa un confronto o si basa sul confronto: *studio comparativo delle lingue.* || AGG. e N.M. In grammatica, del grado dell'aggettivo o dell'avverbio che stabilisce un rapporto di uguaglianza (*questo sembra altrettanto grande*), di maggioranza (*il tuo vestito è più bello del mio*) o di minoranza (*questa macchina è meno veloce della mia*) fra le qualità assegnate a persone o cose, o tra avverbi: *"peggiore" è il comparativo di maggioranza di "cattivo".* Ⓔ ***Metodo comparativo***, indagine scientifica basata sul confronto tra fenomeni simili • ***Proposizione comparativa*** (o *una comparativa* N.F.), la frase subordinata che nel periodo ha funzione simile a quella del complemento di paragone nella frase: *il suo lavoro è meno noioso di quanto sembri.*

comparato (com-pa-rà-to) AGG. · Di disciplina, che si basa sul metodo comparativo: *anatomia comparata; letteratura comparata.*

comparazione (com-pa-ra-zió-ne) N.F. · Confronto, paragone. Ⓔ ***Gradi di compara-***

zione, in grammatica, il comparativo e il superlativo di aggettivi o avverbi.

compare (com-pà-re) N.M. **1** Il padrino del battesimo o della cresima: *è stato il compare di suo figlio* S padrino. **2** Chi aiuta a fare azioni disoneste: *vive di espedienti con due suoi degni compari* S complice.

comparire (com-pa-rì-re) V.INTR. (irreg.: ind. pres. *compàio, compàri, compàre, compariàmo, comparìte, compàiono*; pass. rem. *compàrvi, comparìsti, compàrve, comparìmmo, comparìste, compàrvero*; part. pass. *compàrso*; aus. *essere*) **1** Diventare visibile, farsi vedere: *un uomo comparve da dietro i cespugli; non compare più in pubblico da anni* S apparire, mostrarsi C scomparire • Presentarsi davanti al giudice: *il teste dovrà comparire in aula domani.* **2** Essere presente, essere incluso: *il suo nome compare nella lista degli indagati* S figurare. **3** Mettersi in mostra: *gli piace comparire.*

Il termine deriva da una parola del latino tardo, che viene a sua volta da *parere* 'apparire' con il prefisso con- (→ ***apparire***).

comparsa (com-pàr-sa) N.F. **1** Apparizione più o meno rapida: *la comparsa di nubi all'orizzonte; ha fatto una breve comparsa e se n'è andata.* **2** Nel teatro o nel cinema, attore che sta sulla scena senza parlare: *un film con migliaia di comparse.* E ***Far da comparsa***, essere presente a qualcosa senza partecipare attivamente: *non voglio andare a far da comparsa alla sua festa.*

comparso (com-pàr-so) · Participio pass. → ***comparire***.

compartimento (com-par-ti-mén-to) N.M. **1** Parte in cui è diviso un territorio per scopi amministrativi: *compartimento stradale.* **2** Di mezzo di trasporto, scompartimento: *compartimento di prima, di seconda classe.* **3** Ciascuno dei grandi spazi in cui è suddiviso lo scafo di una nave. E ***Compartimento stagno***, quello che può essere completamente isolato dagli altri e con porte che non fanno passare l'acqua; ***a compartimenti stagni***, in senso figurato, tenendo separati i vari settori, senza possibilità di comunicazione: *lavorare a compartimenti stagni.*

comparto (com-pàr-to) N.M. · Settore di un'attività, soprattutto economica: *comparto scuola; comparto alimentare* S ramo.

comparvi (com-pàr-vi) · Pass. rem., 1ª pers. sing. → ***comparire***.

compassione (com-pas-sió-ne) N.F. · Sentimento di partecipazione ai mali altrui: *provare, avere, mostrare compassione per qualcuno* S pietà. E ***Fare compassione***, suscitare un sentimento di pietà: *un povero vecchio che fa compassione* • ***Muoversi a compassione***, provare pietà, impietosirsi.

compassionevole (com-pas-sio-né-vo-le) AGG. · Che suscita o esprime compassione: *ridursi in uno stato compassionevole; una donna compassionevole.*

compasso (com-pàs-so) N.M. · Strumento costituito da due piccole aste collegate a un'estremità, usato per disegnare circonferenze o misurare distanze.

compatibile (com-pa-tì-bi-le) AGG. **1** Che può stare insieme o accordarsi con qualcos'altro: *le due cariche non sono compatibili; il tuo invito è compatibile* ***con*** *i miei impegni* S conciliabile C incompatibile. **2** Di computer che può usare dati e programmi di un altro computer.

compatibilità (com-pa-ti-bi-li-tà) N.F. INVAR. **1** Possibilità di esistere o essere usato insieme: *la compatibilità di due cariche; la compatibilità di un carburante* ***con*** *un motore.* **2** La capacità di un computer di usare dati o programmi di un altro computer.

compatire (com-pa-tì-re) V.TR. (*compatìsco, compatìsci*, ecc.) **1** Provare pietà e solidarietà per chi soffre: *con tutto quello che gli è successo c'è solo da compatirlo* S compiangere • Considerare con superiorità e disprezzo: *lo so di aver sbagliato, non c'è bisogno che tu mi compatisca.* **2** Giudicare con benevolenza: *vi prego di compatire le mie debolezze* S scusare, giustificare.

compatriota (com-pa-tri-ò-ta) N.M. e F. (pl.m. *-i*, pl.f. *-e*) · Chi è della stessa patria: *era un eroe per i suoi compatrioti* S connazionale.

compattezza (com-pat-téz-za) N.F. **1** Qualità di ciò che è ben unito nelle sue parti: *la compattezza di un terreno, di un tessuto*

Ⓢ consistenza. **2** Unità di opinioni, intenzioni o caratteristiche: *la compattezza di un partito, di un racconto* Ⓢ coesione.

compatto (com-pàt-to) AGG. **1** Di materia o gruppo composti di parti ben unite tra loro: *rocce compatte; folla compatta.* **2** Unito nelle intenzioni: *i lavoratori hanno scioperato compatti* Ⓢ concorde, unanime.

compendio (com-pèn-dio) N.M. (pl. *-di*) · Riassunto di un testo, sintesi di un argomento molto ampio: *un compendio di storia del diritto.* Ⓔ ***In compendio***, in sintesi, in breve.

compensare (com-pen-sà-re) V.TR. (*compènso*, ecc.) **1** Stabilire un equilibrio o una parità: *compensa **con** gli occhiali un difetto della vista; le entrate compensano le spese* Ⓢ bilanciare. **2** Pagare, retribuire: *compensare un lavoro **in** denaro; compensare l'insegnante **per** le lezioni* • Ripagare, ricompensare: *vederlo felice mi compensa **di** tutti gli sforzi fatti per aiutarlo.*

compensato (com-pen-sà-to) N.M. · Materiale formato da sottili strati di legno incollati e pressati: *mensole di compensato.*

compensazione (com-pen-sa-zió-ne) N.F. · Equilibrio tra elementi diversi: *la compensazione di un debito con un credito.*

compenso (com-pèn-so) N.M. · Ciò che si dà per pagare un lavoro, risarcire un danno o riconoscere un merito: *il compenso **per** una visita specialistica; compenso **dei** danni provocati; la promozione è stata il compenso **del** lavoro svolto.* Ⓔ ***In compenso***, in cambio, d'altra parte: *non mi diverto ma in compenso faccio utili esperienze.*

compera (cóm-pe-ra) N.F. · Acquisto: *vado in centro a far compere.*

comperare (com-pe-rà-re) → ***comprare***.

competente (com-pe-tèn-te) AGG. **1** Che conosce molto bene qualcosa: *competente **in** agraria, **in** fisica* Ⓢ abile, esperto Ⓒ incompetente. **2** Che ha la possibilità di svolgere una certa funzione: *rivolgersi al personale competente.*

competenza (com-pe-tèn-za) N.F. **1** Profonda conoscenza di una materia: *è nota la sua competenza **nel** campo dell'insegnamento* Ⓢ preparazione, esperienza Ⓒ incompetenza. **2** Possibilità di svolgere una certa funzione: *la tua causa è di competenza del pretore* • L'insieme dei compiti che spettano a un ufficio o a chi ricopre una carica: *questo problema non rientra nelle mie competenze* Ⓢ funzione.

competere (com-pè-te-re) V.INTR. (irreg.: *compèto*, ecc.; mancano il part. pass. e i tempi composti) **1** Gareggiare, misurarsi: *competere **per** una carica; non posso competere **con** lui **in** resistenza fisica.* **2** Essere di competenza: *questo incarico compete **a** un altro operaio* Ⓢ spettare, toccare.

competitivo (com-pe-ti-tì-vo) AGG. **1** Che richiede o cerca la competizione: *l'ambiente giornalistico è molto competitivo; i giocatori hanno uno spirito molto competitivo.* **2** Capace di reggere il confronto con la concorrenza: *l'azienda deve essere competitiva sul mercato* Ⓢ concorrenziale.

competizione (com-pe-ti-zió-ne) N.F. **1** Confronto per stabilire una superiorità: *competizione sportiva, politica; essere, entrare in competizione **con** qualcuno.* **2** Incontro sportivo: *competizione individuale, a squadre; la competizione fu rinviata per il maltempo* Ⓢ gara.

compiacente (com-pia-cèn-te) AGG. · Disposto a soddisfare le esigenze degli altri: *si mostra compiacente **con** tutti* Ⓢ accomodante, disponibile • Disposto a concedere favori anche non leciti: *un funzionario compiacente.*

compiacenza (com-pia-cèn-za) N.F. · Desiderio di far piacere ad altri: *abbia la compiacenza di lasciarmi finire il discorso* Ⓢ cortesia.

compiacere (com-pia-cé-re) V.TR. (irreg.: coniugato come *piacere*) || TR. Accontentare qualcuno nei suoi desideri: *lo compiacevano **in** tutti i suoi capricci* Ⓢ assecondare. || **compiacersi** INTR. PRONOM. **1** Provare soddisfazione per qualcosa: *si compiaceva **della** propria bellezza.* **2** Congratularsi, rallegrarsi: *mi compiaccio **della** la tua decisione coraggiosa.*

compiacimento (com-pia-ci-mén-to) N.M. · Sentimento di soddisfazione: *ho provato un certo compiacimento **nel** constatare che avevo ragione* Ⓢ piacere.

compiaciuto (com-pia-ciù-to) AGG. · Soddisfatto, contento: *essere compiaciuto **di** sé.*

compiangere (com-piàn-ge-re) V.TR. (irreg.: coniugato come *piangere*) **1** Provare compassione per qualcuno: *ti compiango per tutti i torti che hai subito* Ⓢ compatire. **2** Considerare con pena mista a disprezzo: *c'è solo da compiangerlo per la stupidità che ha dimostrato.*

compianto (com-piàn-to) AGG. e N.M. || AGG. Che è morto e viene rimpianto: *il nostro compianto maestro.* || N.M. Dolore collettivo per la morte di una persona stimata: *la sua morte suscitò il compianto di tutta la città* Ⓢ lutto, cordoglio.

compiere (cóm-pie-re) V.TR. (irreg.: ind. pres. *cómpio*, ecc.; pass. rem. *compiéi* e *compìi*, *compìsti*, *compì*, *compìmmo*, *compìste*, *compìrono*; ind. imperf. *compìvo*, ecc.; cong. imperf. *compìssi*, ecc.; gerundio *compièndo*; part. pass. *compiùto*) || TR. **1** Portare a termine: *compiere una missione, gli studi* Ⓢ finire, concludere. **2** Eseguire un obbligo o un impegno: *compiere il proprio dovere* Ⓢ assolvere. || **compiersi** INTR. PRONOM. **1** Giungere a termine: *il viaggio si è compiuto senza incidenti* Ⓢ concludersi. **2** Avverarsi, realizzarsi: *sogno spesso fatti che poi si compiono.* Ⓔ ***Compiere gli anni***, festeggiare il proprio compleanno: *oggi compie nove anni.*

compii (com-pì-i) · Pass. rem., 1ª pers. sing. → ***compiere***.

compilare (com-pi-là-re) V.TR. (*compìlo*, ecc.) **1** Scrivere o riempire un documento secondo precise regole: *compilare una domanda di assunzione; compilare un modulo* Ⓢ redigere, riempire. **2** Scrivere un'opera raccogliendo materiali diversi: *compilare un vocabolario, un'antologia.*

compilation (com-pi-la-tion; pronuncia *compiléscion*) N. INGL., in it. N.F. INVAR. · Raccolta in un unico compact disc di canzoni di successo, anche di diversi autori: *una compilation di musica latina.*

compilazione (com-pi-la-zió-ne) N.F. · Raccolta, redazione, stesura: *la compilazione di un questionario, di un saggio.*

compimento (com-pi-mén-to) N.M. **1** Attuazione, realizzazione, esecuzione: *il compimento del proprio dovere.* **2** Termine, conclusione, completamento: *giungere, portare a compimento.* **3** L'avverarsi: *il compimento di un pronostico, di una profezia.*

compitare (com-pi-tà-re) V.TR. (*cómpito*, ecc.) · Leggere pronunciando separatamente le sillabe: ***mi*** *può compitare il suo cognome?* Ⓢ scandire, sillabare.

compito[1] (com-pi-to) AGG. · Molto cortese, dai modi gentili: *un signore molto compito* Ⓢ garbato, educato.

compito[2] (cóm-pi-to) N.M. **1** Incarico, dovere, funzione: *ha il compito di sorvegliare la caserma.* **2** Prova scolastica scritta: *compito in classe; hai finito i compiti per casa?* Ⓢ esercitazione. Ⓔ ***Essere compito di qualcuno***, essere un suo dovere: *non è mio compito sollecitare i pagamenti.*

compiuto (com-più-to) AGG. || Participio pass. → ***compiere***. || AGG. Portato a termine: *un'opera d'arte compiuta nei minimi dettagli; ha dieci anni compiuti* Ⓢ finito, concluso Ⓒ incompiuto. Ⓔ ***Fatto compiuto***, già accaduto, che non si può più modificare.

compleanno (com-ple-àn-no) N.M. · Il giorno in cui ricorre l'anniversario della nascita, in cui si compiono gli anni: *tanti auguri per il tuo compleanno!*

complementare (com-ple-men-tà-re) AGG. **1** Che serve a completare: *il volumetto degli esercizi è complementare alla grammatica* Ⓢ accessorio, integrativo. **2** Che ha valore per il fatto di trovarsi insieme a un altro elemento: *due personaggi complementari del romanzo.* Ⓔ ***Angoli complementari***, due o più angoli la cui somma equivale a un angolo retto • ***Colori complementari*** → ***colore***.

complemento (com-ple-mén-to) N.M. **1** Elemento che, aggiungendosi a qualcosa, serve per completarlo: *la cravatta è un elegante complemento dell'abbigliamento maschile* Ⓢ aggiunta, integrazione. **2** L'insieme dei militari che completano le unità in caso di necessità: *ufficiali di complemento.* **3** In grammatica, elemento sintattico, che non è né il soggetto né il predicato, che serve a chiarire e a

A B C D E F G H I J K L M N O P Q R S T U V W X Y Z

C

completare il significato di una frase. Ⓔ ***Complemento diretto***, in grammatica, il complemento oggetto che si lega al verbo direttamente, cioè senza preposizioni (*Paolo ha mangiato una mela*) • ***Complemento indiretto***, che si lega al verbo o al sostantivo per mezzo di una preposizione, per es. il complemento di termine (*rispondere alla mamma*), il complemento di causa (*ammalarsi per il freddo*) o il complemento di specificazione (*la situazione del suo Paese*).

complessione (com-ples-sió-ne) N.F. · La struttura fisica di una persona: *complessione gracile, robusta* Ⓢ corporatura, costituzione.

complessità (com-ples-si-tà) N.F. INVAR. · La condizione di ciò che è complesso: *la complessità di un carattere; la complessità di un ragionamento* Ⓢ complicazione, difficoltà.

complessivamente (com-ples-si-va-mén-te) AVV. · Nell'insieme, in tutto: *giudicato complessivamente il tuo tema mi sembra buono; quanto spendi complessivamente?*

complessivo (com-ples-si-vo) AGG. · Che riguarda qualcosa nel suo insieme: *qual è stata la spesa complessiva?; il giudizio complessivo è stato buono* Ⓢ globale, generale.

complesso[1] (com-plès-so) AGG. **1** Difficile da comprendere o da fare: *una personalità complessa; un problema complesso* Ⓢ complicato Ⓒ semplice. **2** Formato da più parti collegate tra loro: *il corpo umano è un organismo complesso.*

complesso[2] (com-plès-so) N.M. **1** Insieme di più elementi che sono collegati in un tutto e dipendono l'uno dall'altro: *il complesso delle leggi; un complesso di circostanze mi costringe a trattenermi all'estero* • Gruppo di edifici che hanno la stessa funzione: *un complesso industriale, alberghiero.* **2** Gruppo di cantanti o di musicisti: *un complesso di jazz.* **3** Disagio psicologico che provoca ansia e condiziona il comportamento: *complesso di inferiorità, complesso di colpa* • Idea fissa, preoccupazione costante: *ha il complesso degli occhiali* Ⓢ fissazione, mania. Ⓔ ***In complesso*** o ***nel complesso***, in generale, nell'insieme: *nel complesso la sua salute è buona.*

completamente (com-ple-ta-mén-te) AVV. · Del tutto: *una storia completamente inventata* Ⓢ interamente, totalmente.

completamento (com-ple-ta-mén-to) N.M. · Raggiungimento di una fase o di un punto finale: *il completamento della cura richiederà un po' di pazienza* Ⓢ compimento, conclusione. Ⓔ ***A completamento di***, in aggiunta: *a completamento della lettura sono previsti alcuni esercizi.*

completare (com-ple-tà-re) V.TR. (*complèto*, ecc.) **1** Portare a termine: *completare una ricerca, un lavoro* Ⓢ finire, ultimare. **2** Rendere completo con l'aggiunta degli elementi mancanti: *completare una collezione* ***con*** *il pezzo mancante.*

completezza (com-ple-téz-za) N.F. · Presenza di tutti gli elementi necessari: *la completezza di una raccolta, di un trattato scientifico.*

completo (com-plè-to) AGG. e N.M. || AGG. **1** Che ha tutti gli elementi necessari: *un servizio di bicchieri completo; un resoconto completo* Ⓢ intero Ⓒ incompleto. **2** Che non ha limiti: *gli ho dato completa fiducia* Ⓢ totale, assoluto. **3** Di locale o mezzo pubblico, che ha tutti i posti occupati: *un treno, un cinema completo* Ⓢ pieno. || N.M. Abito composto di più parti che formano un modello unico: *un completo giacca e pantaloni* • Insieme di abiti o di oggetti che servono per fare qualcosa: *un completo da sci, da tennis; un completo da barba.* Ⓔ ***Al completo***, con la presenza di tutti i componenti: *è intervenuto il consiglio al completo.*

complicare (com-pli-cà-re) V.TR. (*còmplico, còmplichi*, ecc.) || TR. Rendere difficile o complesso: *un malinteso ha complicato i nostri rapporti; complicare un affare.* || **complicarsi** INTR. PRONOM. Diventare più difficile o più grave: *la faccenda si complica; la malattia si è complicata negli ultimi giorni.*

complicato (com-pli-cà-to) AGG. **1** Difficile da capire, eseguire o risolvere: *una spiegazione complicata; è un caso troppo complicato per un medico generico* Ⓢ complesso Ⓒ chiaro. **2** Di persona o carattere, difficile da comprendere o soddisfare: *complicato com'è, non riu-*

scirà mai a vivere con qualcun altro Ⓢ contorto Ⓒ semplice.

complicazione (com-pli-ca-zió-ne) N.F. **1** Difficoltà imprevista che è di ostacolo a qualcosa: *questa complicazione ci farà perdere un sacco di tempo* Ⓢ imprevisto, inconveniente. **2** Peggioramento di una malattia: *salvo complicazioni, presto il paziente potrà lasciare l'ospedale.*

complice (còm-pli-ce o cóm-pli-ce) N.M. e F. e AGG. || N.M. e F. Chi partecipa con altri a un'azione disonesta: *complice di un furto; ha agito con l'aiuto di complici.* || AGG. **1** Che favorisce qualcosa: *complice il buio, forzarono il portone del palazzo.* **2** Che rivela accordo o intesa: *un'occhiata complice; un sorriso complice.*

complicità (com-pli-ci-tà) N.F. INVAR. **1** Partecipazione a un'azione disonesta: *è stata dimostrata la sua complicità nel rapimento.* **2** Aiuto, favore, protezione: *fuggì con la complicità delle tenebre.*

complimentarsi (com-pli-men-tàr-si) V.INTR. PRONOM. (*mi compliménto*, ecc.) · Esprimere a qualcuno la propria gioia per un successo o un evento felice: *mi complimento* ***con*** *voi* ***per*** *il coraggio che avete dimostrato* Ⓢ congratularsi, rallegrarsi.

complimento (com-pli-mén-to) N.M. **1** Espressione di ammirazione, lode o gradimento: *fare un complimento a un bambino; ha ricevuto molti complimenti* ***per*** *il suo nuovo spettacolo.* **2** Parola o gesto di cortesia formale: *lo dici sul serio o per complimento?* Ⓢ cerimonia. Ⓔ ***Fare complimenti***, mostrarsi eccessivamente timido o timoroso di disturbare: *prendete quello che volete senza fare complimenti* • ***Senza tanti complimenti***, in modo brusco, sgarbatamente: *l'ho buttato fuori senza tanti complimenti.*

complottare (com-plot-tà-re) V.INTR. (*complòtto*, ecc.; aus. *avere*) · Organizzare un complotto: *complottare* ***contro*** *lo Stato; complottavano* ***di*** *assassinare il re* Ⓢ cospirare, congiurare • Nel linguaggio familiare, parlare sottovoce con aria di mistero: *smettetela di complottare e mettetevi al lavoro* Ⓢ confabulare.

complotto (com-plòt-to) N.M. · Accordo segreto tra più persone a danno di altri: *organizzavano un complotto* ***contro*** *il principe* Ⓢ trama, congiura.

componente (com-po-nèn-te) N.M. e F. || N.M. Elemento che fa parte di un composto o di un insieme: *i componenti di un farmaco; i componenti di un motore* Ⓢ parte, elemento. || N.M. e F. Chi fa parte di un gruppo organizzato: *i componenti di una giuria* Ⓢ membro. || N.F. Elemento astratto che fa parte di un fenomeno o di un insieme: *la ricerca linguistica è una componente essenziale della sua arte* Ⓢ aspetto, caratteristica.

componibile (com-po-nì-bi-le) AGG. · Fatto di molti pezzi che si possono montare in vario modo: *una cucina, una libreria componibile.*

componimento (com-po-ni-mén-to) N.M. **1** Opera letteraria o musicale: *un componimento* ***in*** *versi; un componimento sinfonico* Ⓢ composizione. **2** Esercitazione scritta su un tema assegnato: *un componimento appena sufficiente* Ⓢ tema.

comporre (com-pór-re) V.TR. (irreg.: coniugato come *porre*) || TR. **1** Mettere insieme più elementi in modo da formare un tutto ordinato: *comporre una ghirlanda di fiori; comporre un discorso* ***con*** *frasi brevi* Ⓢ sistemare Ⓒ scomporre. **2** Creare un'opera letteraria o musicale: *comporre una poesia, una canzone.* **3** Formare un insieme: *due vecchie zie compongono tutta la mia famiglia* Ⓢ costituire. || **comporsi** INTR. PRONOM. Essere costituito, essere formato: *l'appartamento si compone* ***di*** *tre stanze* Ⓢ consistere, constare. Ⓔ ***Comporre un numero telefonico***, eseguire la serie di cifre sul telefono.

comportamento (com-por-ta-mén-to) N.M. · Il modo di agire di una persona con gli altri o rispetto a un certo ambiente: *un comportamento incivile, corretto; ha uno strano comportamento nei miei confronti* Ⓢ atteggiamento, condotta.

comportare (com-por-tà-re) V.TR. (*compòrto*, ecc.) || TR. Portare con sé come conseguenza: *un piccolo errore ha comportato la perdita di tutto il capitale* Ⓢ implicare. || **comportarsi**

A B C D E F G H I J K L M N O P Q R S T U V W X Y Z

INTR. PRONOM. Agire in un certo modo nei rapporti con gli altri: *comportarsi bene, con onestà.*

compositivo (com-po-ṣi-tì-vo) AGG. 1 Che entra nella formazione di qualcosa: *dettaglio, suffisso compositivo.* 2 Che riguarda la composizione: *capacità, attitudine compositiva.*

composito (com-pò-ṣi-to) AGG. · Formato da più elementi diversi tra loro: *stile composito; un gruppo di invitati molto composito* Ⓢ eterogeneo.

compositore (com-po-ṣi-tó-re) N.M. (f. *-trìce*) · Chi compone musica: *un compositore di canzoni; un compositore jazz.*

composizione (com-po-ṣi-zió-ne) N.F. 1 Sistemazione di più elementi in un insieme ordinato: *la composizione dei colori in un quadro* • Il risultato che ne deriva: *una composizione di fiori.* 2 L'insieme delle sostanze che fanno parte di un composto: *la composizione di un medicinale.* 3 Creazione di un'opera letteraria o musicale: *la composizione del romanzo ha richiesto più di un anno* • L'opera stessa: *una composizione poetica* Ⓢ componimento.

compost (com-post; pronuncia *còmpost*) N. INGL., in it. N.M. INVAR. · Sostanza fertilizzante simile a terriccio, ottenuta dai rifiuti organici.

compostaggio (com-po-stàg-gio) N.M. (pl. *-gi*) · Trasformazione delle sostanze organiche contenute nei rifiuti solidi urbani, per ricavarne fertilizzanti.

compostezza (com-po-stéz-za) N.F. 1 Modo di fare educato, ordinato, composto: *la compostezza dei gesti, del volto.* 2 Equilibrio, moderazione: *una prosa di rara compostezza; ha reagito con grande compostezza.*

composto (com-pó-sto) AGG. e N.M. || AGG. 1 Che risulta dall'unione di più elementi: *una sostanza, una parola composta.* 2 Che ha un comportamento controllato, dignitoso ed educato: *a tavola si sta composti!* || N.M. Ciò che risulta dall'unione di più elementi: *un composto chimico.* Ⓔ ***Nome composto*** → ***nome*** • ***Tempi composti*** → ***tempo***.

comprare (com-prà-re) V.TR. (*cómpro*, ecc.) 1 Diventare proprietario di una cosa pagando il prezzo richiesto: *comprare una casa; comprami un chilo di pomodori* Ⓢ acquistare Ⓒ vendere. 2 Corrompere qualcuno con il denaro: *l'arbitro è stato comprato.*

compratore (com-pra-tó-re) N.M. (f. *-trìce*) · Chi compra: *cerco compratori per la mia casa al mare* Ⓢ acquirente Ⓒ venditore.

compravendita (com-pra-vén-di-ta) N.F. · Contratto con cui si cede qualcosa in cambio di una somma di denaro: *firmare una compravendita; mi occupo di compravendite immobiliari.*

comprendere (com-prèn-de-re) V.TR. (irreg.: coniugato come *prendere*) 1 Contenere al proprio interno: *le spese di trasporto non sono comprese **nel** prezzo* Ⓢ includere. 2 Afferrare con la mente: *non ho compreso il senso delle tue parole* Ⓢ capire, cogliere Ⓒ fraintendere. 3 Avere comprensione per qualcuno, giudicare con umanità: *comprendo i suoi errori, al suo posto avrei fatto lo stesso; i giovani vanno compresi.*

comprendonio (com-pren-dò-nio) N.M. (pl. *-ni*) · Nel linguaggio familiare, capacità di capire: *essere duro di comprendonio* Ⓢ intelligenza.

comprensibile (com-pren-sì-bi-le) AGG. 1 Facile da capire: *un linguaggio comprensibile; una calligrafia comprensibile* Ⓢ chiaro, semplice Ⓒ incomprensibile. 2 Che si può giustificare o scusare: *un ritardo comprensibile; è comprensibile che abbia reagito in quel modo* Ⓢ ammissibile, accettabile.

comprensione (com-pren-sió-ne) N.F. 1 Capacità di cogliere con l'intelligenza: *un mistero che supera la comprensione umana; un brano di difficile comprensione.* 2 Capacità di considerare con tolleranza e umanità: *abbi un po' di comprensione per gli errori altrui* Ⓢ indulgenza • Capacità di capire idee e sentimenti altrui: *fra noi due c'è stata una comprensione immediata* Ⓢ intesa.

comprensivo (com-pren-sì-vo) AGG. 1 Che include: *il costo del viaggio è comprensivo **degli** spostamenti interni.* 2 Che sa capire gli altri: *è molto comprensivo con gli studenti più deboli* Ⓢ indulgente, tollerante.

comprensorio (com-pren-sò-rio) N.M. (pl. *-ri*) · Territorio che ha particolari caratteristiche: *comprensorio agricolo, industriale.*

compresenza (com-pre-ṣèn-za) N.F. · Presenza di due o più persone o cose nello stesso momento.

compreso (com-pré-so) AGG. **1** Contenuto al proprio interno: *il servizio è compreso* ***nel*** *prezzo; venite tutti, compresi i bambini* Ⓢ incluso. **2** Capito dagli altri nelle proprie ragioni e nei propri sentimenti: *sei la prima persona da cui mi senta veramente compreso* Ⓒ incompreso. **3** Profondamente concentrato su qualcosa: *era tutto compreso* ***nella*** *lettura* Ⓢ intento.

compressa (com-près-sa) N.F. **1** Pastiglia medicinale: *una compressa di aspirina* Ⓢ pillola, pasticca. **2** Pezzo di garza che si usa per medicare le ferite.

compressi (com-près-si) · Pass. rem., 1ª pers. sing. → ***comprimere***.

compressione (com-pres-sió-ne) N.F. · Diminuzione del volume di un corpo mediante forze applicate alla sua superficie: *sottoporre un gas a forte compressione* Ⓒ decompressione.

compresso (com-près-so) · Participio pass. → ***comprimere***.

comprimere (com-prì-me-re) V.TR. (irreg.: pass. rem. *comprèssi*, *compriméstì*, *comprèsse*, *comprimémmo*, *compriméste*, *comprèssero*; part. pass. *comprèsso*) **1** Premere con forza: *l'arteria è stata compressa per arrestare l'emorragia* Ⓢ schiacciare Ⓒ decomprimere • Ridurre di volume attraverso una pressione: *comprimere un gas, un fluido.* **2** Contenere, ridurre: *comprimere i prezzi* • Di un sentimento, trattenere, reprimere: *comprimere un desiderio.*

Il termine deriva dal latino *comprimere* 'pressare, trattenere', che viene a sua volta da *premere* 'premere' con il prefisso **con-** (→ ***premere***); da altri derivati del verbo latino *premere* derivano anche i verbi, coniugati allo stesso modo, **deprimere**, **esprimere**, **imprimere**, **opprimere**, **reprimere** e **sopprimere**.

compromesso (com-pro-més-so) N.M. **1** Accordo in cui ciascuna delle parti rinuncia a qualcosa in favore dell'altra: *la direzione cercherà di giungere a un compromesso con gli operai in sciopero.* **2** Rinuncia ai propri ideali per ottenere un vantaggio: *non accetto compromessi.* **3** Contratto con cui ci si impegna a comprare una casa: *fare, firmare il compromesso.*

compromettere (com-pro-mét-te-re) V.TR. (irreg.: coniugato come *mettere*) || TR. **1** Mettere in pericolo: *compromettere il risultato di un esperimento; compromettere un accordo* Ⓢ pregiudicare. **2** Mettere in cattiva luce: *compromettere la propria reputazione* Ⓢ danneggiare. **3** Coinvolgere in un'attività disonesta: *furono compromessi* ***nello*** *scandalo.* || **compromettersi** RIFL. **1** Danneggiare la propria reputazione: *si è compromesso* ***per*** *aiutare l'amico.* **2** Dire apertamente quello che si pensa: *attento a non comprometterti* ***con*** *le tue affermazioni* Ⓢ sbilanciarsi.

Il termine deriva dal latino *compromittere* 'affidarsi al giudizio di un arbitro', che viene a sua volta da *promittere* 'promettere' con il prefisso **con-**.

comproprietà (com-pro-prie-tà) N.F. INVAR. · Proprietà in comune con altre persone: *il giardino è in comproprietà con i vicini.*

compunto (com-pùn-to) AGG. · Che mostra pentimento, talvolta in modo falso: *si presentò tutto compunto* Ⓢ pentito.

computer (com-pu-ter; pronuncia *compiùter*) N. INGL., in it. N.M. INVAR. · Macchina elettronica che può eseguire calcoli e registrare informazioni a una velocità e in una quantità superiore a quelle di cui è capace il cervello umano: *immetti i dati nel computer per ottenere i risultati; lavorare al computer* Ⓢ elaboratore, calcolatore.

computerizzare (com-pu-te-riz-za-re; pronuncia *compiuterizzàre*) V.TR. · Elaborare od organizzare per mezzo di un computer: *computerizzare la contabilità di un'azienda* Ⓢ informatizzare.

computerizzato (com-pu-te-riz-za-to; pronuncia *compiuterizzàto*) AGG. · Realizzato o gestito attraverso computer: *sistema di controllo computerizzato.*

computo (còm-pu-to) N.M. · Conto, calcolo, conteggio: *il computo della pena; un computo approssimativo delle spese.*

C

comunale (co-mu-nà-le) AGG. **1** Del comune: *palazzo comunale; segretario comunale* Ⓢ municipale, civico. **2** Che riguarda i Comuni medievali: *l'età comunale; le autonomie comunali.*

comunanza (co-mu-nàn-za) N.F. · Appartenenza a più persone: *comunanza di beni, di ideali.*

comune[1] (co-mù-ne) AGG. **1** Che appartiene a tutti o che riguarda tutti coloro a cui ci si riferisce: *l'opinione comune; lottare per il bene comune; ci siamo conosciuti tramite una comune amica; la morte è un destino comune* Ⓒ personale. **2** Molto diffuso: *hai usato un termine poco comune; il cellulare è un oggetto di uso comune* Ⓢ usuale, abituale Ⓒ insolito. **3** Che non si distingue dalla media, che non ha nulla di particolare: *mobili comuni; gente comune; discorsi comuni* Ⓢ mediocre, ordinario Ⓒ straordinario, unico. **4** In grammatica: ***nome comune*** → *nome*. Ⓔ ***Avere in comune***, condividere, essere simili in qualcosa: *sono due fatti che non hanno niente in comune* • ***Delinquente comune***, quello che compie reati non troppo gravi come il furto, la truffa, ecc. • ***Di comune accordo***, decidendo insieme • ***Fuori del comune***, notevole, eccezionale: *possiede un talento fuori del comune* • ***Luogo comune*** → *luogo* • ***Non comune***, raro, eccezionale, straordinario: *è dotato di una forza non comune* • ***Senso comune*** → *senso*.

comune[2] (co-mù-ne) N.M. **1** In Italia, ente pubblico che governa una città o un paese e il territorio circostante: *il comune di Milano; un comune montano* Ⓢ municipio • L'edificio che ospita gli uffici del comune: *vado in comune a ritirare un certificato.* **2** Forma di governo autonomo cittadino che si diffuse in Europa a partire dal Mille: *l'età dei Comuni.*

Il termine deriva dal latino medievale *commune* 'bene comune', passato poi a indicare 'il governo della città'.

comunella (co-mu-nèl-la) N.F. · Accordo fra poche persone per scopi disonesti: *far comunella con qualcuno; hanno fatto comunella contro di me.*

comunemente (co-mu-ne-mén-te) AVV. · Di solito, in genere: *ciò che comunemente è considerato importante.*

comunicabile (co-mu-ni-cà-bi-le) AGG. · Che si può comunicare agli altri: *idee non facilmente comunicabili* Ⓒ incomunicabile.

comunicante (co-mu-ni-càn-te) AGG. · Che è collegato attraverso un'apertura: *la camera è comunicante **con** il bagno.*

comunicare (co-mu-ni-cà-re) V.TR. (*comùnico, comùnichi*, ecc.) || TR. **1** Rendere noto: *comunicare una notizia; comunicare **ai** parenti la nascita di un figlio* Ⓢ annunciare, dire. **2** Ispirare un sentimento: *comunicare gioia, malinconia* Ⓢ trasmettere. **3** Diffondere, propagare: *comunicò il raffreddore **alla** moglie.* || INTR. (aus. *avere*) **1** Entrare in comunicazione con qualcuno: *comunicare **per** telefono; il prigioniero non può comunicare **con** nessuno* Ⓢ parlare. **2** Scambiare idee o emozioni: *è incapace di comunicare **con** gli altri* Ⓢ condividere, intendersi. **3** Di luoghi o ambienti, essere collegati da un passaggio: *la cucina comunica **con** la sala da pranzo* Ⓢ immettere. || **comunicarsi** INTR. PRONOM. Diffondersi, propagarsi, trasmettersi: *l'entusiasmo si comunicò **a** tutti i presenti.*

comunicativa (co-mu-ni-ca-tì-va) N.F. · Capacità di esprimere ad altri i propri pensieri e sentimenti: *è un insegnante che manca di comunicativa.*

comunicativo (co-mu-ni-ca-tì-vo) AGG. · Di persona, che ha facilità a esprimersi e a manifestare il proprio pensiero o i propri sentimenti: *per fare la guida turistica bisogna essere una persona comunicativa* Ⓢ espansivo, affabile.

comunicato (co-mu-ni-cà-to) N.M. · Testo con cui si rende ufficiale una notizia, un'informazione o una dichiarazione: *comunicato stampa; comunicato di guerra.*

comunicatore (co-mu-ni-ca-tó-re) N.M. (f. *-trìce*) **1** Chi è molto bravo a parlare e a convincere: *ha doti di grande comunicatore.* **2** Chi lavora nelle comunicazioni di massa.

comunicazione (co-mu-ni-ca-zió-ne) N.F. **1** Notizia, avviso, informazione: *dare, ricevere una comunicazione; una comunicazione urgen-*

te. **2** Trasmissione, diffusione: *comunicazione di idee; la comunicazione del moto* ***alle*** *ruote della macchina.* **3** Collegamento mediante un passaggio, un mezzo di trasporto o un contatto: *le nostre stanze sono in comunicazione; comunicazione ferroviaria, telefonica; mettersi in comunicazione* ***con*** *la squadra di soccorso.* **4** Rapporto, relazione: *alla fine del Medioevo si intensificarono le comunicazioni tra Oriente e Occidente.* Ⓔ ***Mezzi di comunicazione di massa***, la radio, la televisione e i giornali che riescono a raggiungere un vasto pubblico.

comunione (co-mu-nió-ne) N.F. **1** Appartenenza a più persone: *una comunione di idee, di interessi* Ⓢ condivisione. **2** Il sacramento dell'Eucarestia: *avete fatto la comunione?* Ⓔ ***Comunione dei beni***, nel matrimonio, condizione decisa dai coniugi per cui tutti i beni acquistati dopo il matrimonio appartengono a entrambi.

comunismo (co-mu-nì-ṣmo) N.M. · Dottrina politica, economica e sociale basata sulla proprietà collettiva di tutti i beni • Forma di governo che segue questa dottrina.

comunista (co-mu-nì-sta) AGG. e N.M. e F. (pl.m. *-i*, pl.f. *-e*) · Che, chi sostiene il comunismo: *partito comunista; i comunisti cinesi.*

comunità (co-mu-ni-tà) N.F. INVAR. **1** Insieme di persone unite da cultura o interessi comuni: *la comunità nazionale, cittadina; agire per il bene della comunità.* **2** Associazione di persone della stessa religione: *una comunità di frati francescani.* **3** Associazione tra Stati che hanno scopi politici o economici comuni: *Comunità Economica Europea.* **4** Centro di assistenza per tossicodipendenti o emarginati, dove si vive e si lavora insieme: *entrare, vivere in comunità.*

comunitario (co-mu-ni-tà-rio) AGG. (pl.m. *-ri*, pl.f. *-rie*) **1** Di una comunità: *beni comunitari; vita comunitaria.* **2** Che riguarda l'Unione Europea: *i confini comunitari.*

comunque (co-mùn-que) CONGIUNZ. e AVV. || CONGIUNZ. **1** In qualsiasi modo: *comunque vadano le cose, rimarrò sempre al tuo fianco.* **2** Tuttavia: *ho un po' di febbre, comunque mi sento in forze.* || AVV. In ogni modo, in ogni caso: *seguirei i tuoi consigli comunque.*

con (cón) PREP. **1** La preposizione *con* serve a introdurre: il complemento di compagnia: *è uscito di casa con la moglie; verrò anch'io con te;* il complemento di unione: *uscire con l'ombrello; va sempre in giro con in tasca una pistola; un panino con burro e acciughe;* il complemento di mezzo o strumento: *bloccare la palla con le mani; cucinare con il gas; lavorare la terra con l'aratro;* il complemento di modo o maniera: *te lo auguro con tutto il cuore; rispondere con gentilezza;* il complemento di qualità: *una bambina con i capelli rossi;* il complemento di causa: *con questa pioggia è impossibile uscire;* il complemento di tempo: *le rondini se ne vanno con l'autunno.* **2** Malgrado, nonostante: *con tutti i suoi difetti, rimane sempre il migliore.*

con- · Prefisso che già fin dal latino significa 'con, insieme': *concatenare; concentrazione;* davanti a *p*, *b* e *m*, si usa la forma *com-*: *combaciare; compenetrare; commettere;* davanti a vocale, si usa la forma *co-*: *coabitare.*

conato (co-nà-to) N.M. · Quasi solo nell'espressione ***conato di vomito***, impulso a vomitare: *sull'autobus gli è venuto qualche conato di vomito.*

conca (cón-ca) N.F. (pl. *-che*) **1** Grosso recipiente di terracotta, con l'imboccatura più larga del fondo: *lavava i panni nella conca* Ⓢ catino. **2** Ampia valle circondata da monti o colline: *il villaggio si trova in una conca* Ⓢ bacino.

concatenamento (con-ca-te-na-mén-to) N.M. · Collegamento logico fra idee o fatti: *concatenamento di idee; concatenamento fra tecnica e scienza.*

concatenare (con-ca-te-nà-re) V.TR. (*concaténo*, ecc.) || TR. Mettere in relazione secondo un ordine logico: *concatenare una serie di fatti storici; concatenare un concetto* ***a*** *un altro* Ⓢ collegare. || **concatenarsi** INTR. PRONOM. Collegarsi secondo un rapporto logico: *una melodia che si concatena* ***con*** *la strofa successiva.*

concavo (còn-ca-vo) AGG. **1** Curvo verso l'interno: *specchio concavo; lente concava* Ⓢ incavato Ⓒ convesso. **2** Di figura geometrica

A B C D E F G H I J K L M N O P Q R S T U V W X Y Z

con almeno due punti che possono essere uniti da una linea che non appartiene interamente alla figura stessa. Ⓔ ***Angolo concavo***, maggiore di 180 gradi.

C

concedere (con-cè-de-re) V.TR. (irreg.: ind. pres. *concèdo*, ecc.; pass. rem. *concèssi* o *concedètti*, *concedésti*, *concèsse* o *concedètte*, *concedémmo*, *concedéste*, *concèssero* o *concedèttero*; part. pass. *concèsso*) || TR. **1** Permettere dando il proprio consenso: *concedere un prestito, una proroga; i miei genitori mi hanno concesso* ***di*** *rientrare più tardi* Ⓢ accordare, consentire. **2** Riconoscere come vero: *ho fatto un errore, questo te lo concedo* Ⓢ ammettere. || **concedersi** RIFL. Cedere a una proposta amorosa: *dopo tante resistenze, alla fine gli si è concessa.* Ⓔ ***Ammesso e non concesso che***, per parlare di qualcosa che si considera come una semplice ipotesi: *ammesso e non concesso che si sia trattato di un errore.*

concentramento (con-cen-tra-mén-to) N.M. · Raggruppamento di persone o cose in uno stesso luogo: *concentramento di truppe; il concentramento delle industrie alla periferia della città.* Ⓔ ***Campo di concentramento***, luogo circondato da filo spinato dove vengono chiusi e fatti lavorare duramente i prigionieri: *i campi di concentramento nazisti.*

concentrare (con-cen-trà-re) V.TR. (*concèntro*, ecc.) || TR. **1** Raccogliere in un unico punto: *concentrare le truppe* ***in*** *una valle* Ⓢ riunire, radunare. **2** Indirizzare l'attenzione o le forze: *concentrare l'attenzione* ***su*** *un problema* Ⓢ focalizzare. || **concentrarsi** RIFL. **1** Riunirsi in uno stesso luogo: *i dimostranti si concentrarono* ***nella*** *piazza.* **2** Impegnare la propria attenzione su qualcosa: *concentrarsi* ***nello*** *studio* Ⓒ deconcentrarsi.

concentrato (con-cen-trà-to) AGG. e N.M. || AGG. **1** Raccolto o diretto in uno stesso punto: *ambulanze concentrate sul luogo dell'incidente.* **2** Di persona, profondamente impegnato con la mente: *uno sguardo concentrato; era tutto concentrato* ***nella*** *lettura* Ⓢ assorto, immerso. **3** Di liquido, reso denso facendolo bollire a lungo: *brodo, latte concentrato.* || N.M. **1** Alimento denso che ha perso acqua bollendo a lungo: *concentrato di carne, di pomodoro.* **2** Insieme, cumulo: *il tuo discorso è un concentrato di sciocchezze.*

concentrazione (con-cen-tra-zió-ne) N.F. **1** Presenza di molte cose o persone in un punto preciso: *concentrazione di mezzi, di forze.* **2** Intensa attenzione della mente: *i rumori disturbano la concentrazione* Ⓢ raccoglimento. **3** Raggruppamento di aziende o di beni nelle mani di poche persone: *concentrazione di giornali, di industrie.* **4** Il rapporto tra la quantità di una sostanza sciolta in un solvente e la quantità del solvente stesso: *una miscela di sali ad alto tasso di concentrazione.*

concentrico (con-cèn-tri-co) AGG. (pl.m. *-ci*, pl.f. *-che*) · Di circonferenze, cerchi o sfere che hanno lo stesso centro: *gli anelli concentrici di Saturno.*

concepimento (con-ce-pi-mén-to) N.M. **1** Elaborazione mentale: *il concepimento di un'idea, di un piano* Ⓢ creazione, concezione. **2** La formazione di un nuovo essere vivente nel corpo della madre attraverso la fecondazione.

concepire (con-ce-pì-re) V.TR. (*concepìsco*, *concepìsci*, ecc.) **1** Costruire nella mente: *concepire un progetto grandioso* Ⓢ creare, immaginare. **2** Cominciare a sentire, a provare: *concepire una speranza, un sospetto* Ⓢ nutrire. **3** Capire, comprendere: *non riesco a concepire* ***che*** *si possa essere così disonesti* • Interpretare, intendere: *il tuo modo di concepire la vita è piuttosto strano.* **4** Di donna, rimanere incinta: *concepire un figlio.*

concernere (con-cèr-ne-re) V.TR. (*concèrno*, ecc.; non usato nel pass. rem.; mancano il part. pass. e i tempi composti) · Riguardare: *per quanto mi concerne, non ho nulla da aggiungere.*

concertare (con-cer-tà-re) V.TR. (*concèrto*, ecc.) **1** Stabilire di comune accordo: *concertare un piano d'azione* Ⓢ organizzare, preparare. **2** Mettere insieme voci o strumenti per eseguire una musica.

concertazione (con-cer-ta-zió-ne) N.F. **1** Serie di trattative fra i sindacati e il governo sulle questioni economiche. **2** Preparazione di un'orchestra all'esecuzione di un brano musicale.

concerto (con-cèr-to) N.M. **1** Composizione musicale: *Mozart ha scritto concerti per pianoforte e orchestra.* **2** Esecuzione di musica davanti a un pubblico: *tenere un concerto; andare, assistere a un concerto; questa sera allo stadio c'è Springsteen in concerto.* **3** ***Di concerto***, di comune accordo: *agire di concerto.*

concessi (con-cès-si) · Pass. rem., 1ª pers. sing. → ***concedere***.

concessionario (con-ces-sio-nà-rio) N.M. e AGG. (f. -a; pl.m. *-ri*, pl.f. *-rie*) || N.M. (f. -a) Chi ha ricevuto una concessione da un'amministrazione pubblica: *il concessionario di una rivendita di tabacchi.* || AGG. e N.M. (f. -a) Di persona o ditta che ha l'autorizzazione a vendere i prodotti di un'azienda in una certa zona: *la ditta concessionaria; una concessionaria di automobili; il concessionario della Fiat per la Toscana.*

concessione (con-ces-sió-ne) N.F. **1** L'atto di concedere qualcosa: *la concessione di un prestito* • Ciò che viene concesso: *non bisogna fare troppe concessioni* ***ai*** *bambini.* **2** Atto con cui lo Stato dà a qualcuno un diritto o un appalto: *concessione della cittadinanza; concessione edilizia; la concessione della rivendita di tabacchi.* **3** Accordo con cui una ditta dà l'autorizzazione a vendere i suoi prodotti in una certa zona.

concessivo (con-ces-sì-vo) AGG. · In grammatica: ***proposizione concessiva*** (o *una concessiva* N.F.), frase subordinata che indica un ostacolo nonostante il quale si verifica quanto è detto nella frase principale (*anche se aveva tempo, non venne; benché ammalato, partì*); ***congiunzione concessiva***, quella che introduce una proposizione concessiva, per es. *benché, sebbene, anche se, nonostante che.*

concesso (con-cès-so) · Participio pass. → ***concedere***.

concetto (con-cèt-to) N.M. **1** Idea che la mente si fa di qualcosa: *formarsi un concetto più chiaro della situazione; esponga i concetti fondamentali della sua teoria* Ⓢ concezione. **2** Punto di vista personale: *ha un ottimo concetto di me; che concetto ti sei fatto di lui?* Ⓢ opinione, giudizio, idea. Ⓔ ***Lavoro di concetto***, che richiede impegno mentale; ***impiegato di concetto***, quello che svolge un lavoro intellettuale, non manuale.

concettuale (con-cet-tu-à-le) AGG. · Che si basa su concetti: *attività concettuale; difficoltà concettuali.*

concezione (con-ce-zió-ne) N.F. **1** Insieme di idee su un argomento: *Dante affidò al suo poema la propria concezione del mondo* Ⓢ idea • Modo di vedere qualcosa: *ha una concezione molto discutibile del lavoro* Ⓢ opinione. **2** Creazione mentale: *la concezione di un piano* Ⓢ ideazione.

conchiglia (con-chì-glia) N.F. (pl. *-glie*) · Guscio che ricopre il corpo dei molluschi e di altri invertebrati; ha forma, grandezza e colore diversi a seconda dell'animale.

concia (cón-cia) N.F. (pl. -ce) **1** Lavorazione delle pelli per farne il cuoio. **2** Trattamento di alcuni prodotti vegetali, per conservarli o renderli più buoni: *la concia del tabacco, delle olive.*

conciare (con-cià-re) V.TR. (*cóncio*, ecc.) || TR. **1** Lavorare le pelli per trasformarle in cuoio • Trattare alcuni prodotti vegetali per conservarli o renderli più buoni: *conciare il tabacco, le olive.* **2** Nel linguaggio familiare, sporcare, sciupare: *guarda come hai conciato i pantaloni nuovi!* || **conciarsi** RIFL. **1** Sporcarsi: *quel bambino si concia sempre come un porcellino.* **2** Vestirsi in modo strano o ridicolo: *ma come ti sei conciata?* Ⓔ ***Conciare per le feste qualcuno***, nel linguaggio familiare, fargli molto male: *se ti prendo ti concio per le feste!*

conciliante (con-ci-liàn-te) AGG. · Disposto a trovare un accordo: *fin da subito si è mostrato conciliante; ha un carattere conciliante* Ⓢ accomodante, condiscendente.

conciliare (con-ci-lià-re) V.TR. (*concìlio*, ecc.) || TR. **1** Mettere d'accordo persone o cose in contrasto fra loro: *conciliare due avversari politici; conciliare tesi opposte; conciliare il lavoro* ***con*** *lo studio.* **2** Rendere più facile: *una tisana calda concilia il sonno* Ⓢ favorire. || **conciliarsi** INTR.PRONOM. Essere compatibile: *il lavoro non si concilia* ***con*** *il divertimento* Ⓢ accordarsi. Ⓔ ***Conciliare una contravvenzione***, pagare la multa.

C

conciliazione (con-ci-lia-zió-ne) N.F. · Accordo che mette fine a un contrasto: *è fallito ogni tentativo di conciliazione tra i due coniugi.*

concilio (con-cì-lio) N.M. (pl. *-li*) · Riunione delle autorità più importanti di una comunità religiosa: *si è riunito il concilio dei vescovi ortodossi* • Nella Chiesa cattolica, riunione dei vescovi: *il Concilio Vaticano II si aprì a Roma nell'ottobre del 1962.*

concimare (con-ci-mà-re) V.TR. · Rendere fertile con il concime: *concimare il terreno prima della semina* Ⓢ fertilizzare.

concime (con-ci-me) N.M. · Sostanza che si sparge sul terreno per renderlo più fertile: *concimi naturali, chimici* Ⓢ fertilizzante.

concisione (con-ci-ṣió-ne) N.F. · Capacità di farsi capire bene con poche parole: *la concisione è la principale caratteristica del suo stile* Ⓢ brevità.

conciso (con-ci-ṣo) AGG. · Che spiega tutto bene e in poche parole: *un resoconto conciso; siate più concisi nello scrivere* Ⓢ asciutto Ⓒ prolisso.

concitato (con-ci-tà-to) AGG. · Ansioso, agitato, nervoso: *un discorso concitato; parlò con voce concitata* Ⓒ calmo, pacato.

concitazione (con-ci-ta-zió-ne) N.F. · Stato di notevole nervosismo e ansia Ⓢ agitazione Ⓒ calma.

concittadino (con-cit-ta-di-no) N.M. (f. *-a*) · Chi vive nella stessa città: *era stimato da tutti i suoi concittadini* Ⓢ compaesano.

conclave (con-clà-ve) N.M. · Il gruppo dei cardinali riuniti per eleggere il nuovo Papa: *i cardinali sono ancora in conclave* • Il luogo in cui si riunisce.

> Il termine deriva dal latino *conclave* '(camera che si può chiudere) a chiave'.

concludere (con-clù-de-re) V.TR. (irreg.: pass. rem. *conclùṣi, concludésti, conclùṣe, concludémmo, concludéste, conclùṣero*; part. pass. *conclùṣo*) || TR. **1** Portare a compimento: *concludere un lavoro; ha concluso la carriera* ***con*** *una vittoria* Ⓢ terminare, finire Ⓒ iniziare, cominciare. **2** Ottenere risultati pratici: *non ho concluso nulla in tutto il giorno* Ⓢ realizzare, combinare. **3** Giungere alla conclusione: *dal tuo atteggiamento devo concludere* ***che*** *non verrai* Ⓢ dedurre, desumere. || **concludersi** INTR. PRONOM. Avere termine: *la partita si concluse* ***in*** *parità* Ⓢ chiudersi.

> Il termine deriva dal latino *concludere* 'chiudere dentro, portare a compimento', che viene a sua volta da *claudere* 'chiudere' con il prefisso **con-**; dal verbo latino *claudere* derivano anche i verbi, coniugati allo stesso modo, **accludere**, **chiudere**, **dischiudere**, **escludere**, **includere**, **occludere**, **precludere**, **schiudere** e i termini **chiostro**, **clausola**, **claustrofobia**, **clausura**, **reclusione** e **recluso**.

conclusi (con-clù-ṣi) · Pass. rem., 1ª pers. sing. → ***concludere***.

conclusione (con-clu-ṣió-ne) N.F. **1** Fine, termine: *la conclusione dei lavori è prevista per luglio* Ⓒ inizio • Finale, epilogo: *il film ha una conclusione drammatica.* **2** Realizzazione, compimento: *la conclusione di un accordo, di un affare.* **3** Conseguenza logica: *trarre conclusioni affrettate; arrivare a una conclusione soddisfacente* Ⓢ deduzione. Ⓔ ***In conclusione***, per concludere.

conclusivo (con-clu-ṣi-vo) AGG. **1** Che viene per ultimo: *l'episodio conclusivo di una serie televisiva; siamo alla fase conclusiva dei lavori* Ⓢ finale Ⓒ iniziale. **2** Su cui non si può tornare sopra: *una prova, una risposta conclusiva* Ⓢ definitivo, risolutivo. **3** In grammatica: ***proposizione conclusiva*** (o *una conclusiva* N.F.), la frase coordinata che esprime la logica conclusione di ciò che è espresso nella frase principale (*ho speso tutto quello che avevo, quindi ora sono senza soldi*); ***congiunzione conclusiva***, quella che introduce una proposizione conclusiva, per es. *quindi, dunque*.

concluso (con-clù-ṣo) · Participio pass. → ***concludere***.

concomitanza (con-co-mi-tàn-za) N.F. · Presenza contemporanea di più elementi in un fenomeno o in un fatto: *concomitanza di cause* Ⓢ concorso. Ⓔ ***In concomitanza***, contemporaneamente: *siamo arrivati in concomitanza con l'inizio della manifestazione.*

concordanza (con-cor-dàn-za) N.F. **1** Accordo, affinità, corrispondenza: *tra le due dichiarazioni c'erano molte concordanze.* **2** In grammatica, l'accordo nel genere, nel numero e nella persona di nomi, aggettivi, articoli e verbi (*la bella casa, le belle case; il bambino piange, i bambini piangono*).

concordare (con-cor-dà-re) V.INTR. e TR. (*concòrdo*, ecc.) || INTR. (aus. *avere*) **1** Essere d'accordo: ***sull'****ultimo punto non concordo* ***con*** *te* Ⓢ convenire Ⓒ discordare. **2** Coincidere, corrispondere: *la sua testimonianza non concordava* ***con*** *i fatti*. **3** In grammatica, essere in rapporto di concordanza: *l'aggettivo deve concordare* ***con*** *il sostantivo*. || TR. **1** Stabilire di comune accordo: *concordare un prezzo, l'orario della partenza* Ⓢ fissare, combinare. **2** In grammatica, accordare nel genere, nel numero e nella persona nomi, aggettivi, articoli e verbi: *concordare il verbo* ***con*** *il soggetto*.

concordato (con-cor-dà-to) AGG. e N.M. || AGG. Stabilito di comune accordo: *si incontrarono nel luogo concordato*. || N.M. Accordo fra due o più Stati • Accordo tra uno Stato e la Chiesa cattolica: *il concordato tra lo Stato italiano e la Chiesa cattolica del 1929*.

concorde (con-còr-de) AGG. **1** Che è in accordo: *una famiglia concorde; siamo tutti concordi* ***nel*** *giudicare positivamente il tuo lavoro* Ⓢ unito, compatto Ⓒ discorde. **2** Che esprime accordo: *una decisione concorde; un'azione concorde di protesta* Ⓢ unanime.

concordia (con-còr-dia) N.F. (pl. *-die*) · Unità di opinioni e sentimenti: *vivere in concordia* ***con*** *i vicini* Ⓢ accordo, armonia.

concorrente (con-cor-rèn-te) N.M. e F. e AGG. **1** Chi, che partecipa a un concorso o a una gara: *i concorrenti devono presentarsi con un documento di identità; squadre concorrenti* Ⓢ partecipante. **2** Nel commercio, chi, che è in concorrenza per imporsi sul mercato: *un detersivo che ha superato tutti i concorrenti; ditte concorrenti*.

concorrenza (con-cor-rèn-za) N.F. **1** Competizione tra persone o aziende per affermarsi, soprattutto in campo economico: *concorrenza sleale, spietata; siamo in concorrenza* ***per*** *lo stesso impiego*. **2** L'insieme dei concorrenti: *battere la concorrenza*. Ⓔ ***Fare concorrenza a qualcuno***, cercare di avere più clienti di lui • ***Libera concorrenza***, sistema economico in cui le aziende competono liberamente fra loro e le vendite decidono il successo sul mercato.

concorrenziale (con-cor-ren-zià-le) AGG. **1** Basato sulla concorrenza: *regime concorrenziale*. **2** Che fa concorrenza: *prezzi concorrenziali* Ⓢ competitivo.

concorrere (con-cór-re-re) V.INTR. (irreg.: coniugato come *correre*; aus. *avere*) **1** Dare il proprio aiuto: *concorrere* ***alle*** *spese* Ⓢ contribuire. **2** Contribuire a raggiungere un risultato: *tutti questi errori hanno concorso* ***alla*** *sconfitta della squadra*. **3** Partecipare a un concorso o a una gara: *concorrere* ***a*** *un posto pubblico; concorrere* ***per*** *il primo posto in un campionato* Ⓢ competere.

concorso (con-cór-so) N.M. **1** Arrivo di più persone in un luogo: *il festival si è inaugurato con grande concorso di pubblico* Ⓢ afflusso, affluenza. **2** Presenza contemporanea di più elementi: *un concorso di circostanze sfavorevoli ha rallentato il mio lavoro* Ⓢ coesistenza, compresenza. **3** Gara di selezione per assegnare un posto di lavoro, un appalto, un premio: *concorso* ***per*** *primario; concorso* ***per*** *la costruzione di un'autostrada; concorso di bellezza*.

concretare (con-cre-tà-re) V.TR. (*concrèto*, ecc.) || TR. Concretizzare, realizzare. || **concretarsi** INTR. PRONOM. Concretizzarsi, realizzarsi.

concretezza (con-cre-téz-za) N.F. · La condizione di ciò che è concreto: *discorsi privi di concretezza* Ⓒ astrattezza.

concretizzare (con-cre-tiz-zà-re) V.TR. || TR. Rendere concreto: *concretizzare un progetto, un'idea* Ⓢ realizzare, attuare. || **concretizzarsi** INTR. PRONOM. Diventare concreto: *le nostre speranze stanno per concretizzarsi*.

concreto (con-crè-to) AGG. e N.M. || AGG. **1** Che esiste realmente e che può essere colto con i sensi: *siamo di fronte a un problema concreto; vogliamo risultati concreti, non promesse* Ⓢ reale. **2** Che tiene conto della realtà, che si basa sui fatti: *un uomo concreto; mi sembra una proposta concreta* Ⓢ pratico. **3** In grammatica: ***nome concreto*** → ***nome***. || N.M. Tutto ciò che si coglie con i sensi e che riguarda la realtà: *scendere nel concreto*. Ⓔ ***In concreto***, di fatto, in pratica: *in concreto, che cosa volete da me?*

C

concubino (con-cu-bì-no) N.M. (f. -a) · Chi convive con una persona dell'altro sesso senza essere sposato Ⓢ convivente.

concussione (con-cus-sió-ne) N.F. · Il reato di chi, lavorando in una struttura pubblica, approfitta della sua posizione per ottenere denaro in cambio di favori.

condanna (con-dàn-na) N.F. **1** Sentenza con cui il giudice stabilisce una pena: *infliggere una condanna; condanna* ***a*** *morte,* ***all'****ergastolo* • La pena stessa: *scontare una condanna*. **2** Giudizio negativo: *non mi interessano le condanne dei critici* Ⓢ critica, biasimo. Ⓔ ***Firmare la propria condanna***, comportarsi in modo da causare un danno a se stessi.

condannare (con-dan-nà-re) V.TR. **1** Dichiarare colpevole qualcuno imponendogli una pena: *condannare* ***al*** *carcere a vita,* ***ai*** *lavori forzati; condannare* ***per*** *truffa,* ***per*** *omicidio* Ⓒ assolvere. **2** Costringere, obbligare, forzare: *la malattia lo condanna* ***a*** *stare quasi sempre a letto*. **3** Giudicare negativamente: *il tuo comportamento è da condannare* Ⓢ criticare, biasimare.

condannato (con-dan-nà-to) N.M. (f. -a) · Chi è in carcere dopo una condanna: *sono più di diecimila i condannati* ***all'****ergastolo nelle carceri italiane* Ⓢ carcerato, detenuto.

condensare (con-den-sà-re) V.TR. (*condènso*, ecc.) || TR. **1** Rendere più denso Ⓢ addensare • Portare allo stato liquido un vapore o un gas. **2** Riassumere in breve: *condensare uno scritto* ***in*** *poche pagine* Ⓢ sintetizzare. || **condensarsi** INTR. PRONOM. Diventare più denso • Di vapore o gas, passare allo stato liquido: *il vapore acqueo in particolari condizioni si condensa* ***in*** *rugiada*.

condensato (con-den-sà-to) AGG. e N.M. || AGG. **1** Ottenuto per condensazione o per eliminazione d'acqua: *latte condensato*. **2** Riassunto, concentrato: *la mia lezione è condensata* ***in*** *pochi appunti*. || N.M. Riassunto, compendio: *il condensato di un romanzo*.

condensazione (con-den-sa-zió-ne) N.F. · Passaggio dallo stato di vapore a quello di liquido: *la condensazione del vapore acqueo*.

condimento (con-di-mén-to) N.M. · Sostanza aggiunta ai cibi per renderne più buono il sapore, come olio, burro, sale e pepe: *non esagerare con i condimenti!*

condire (con-dì-re) V.TR. (*condisco, condisci*, ecc.) **1** Rendere più saporito un cibo aggiungendo un condimento: *condire l'insalata* ***con*** *olio e limone* Ⓢ insaporire. **2** Rendere più piacevole o interessante: *condì il suo racconto* ***di*** *particolari divertenti* Ⓢ arricchire.

condiscendente (con-di-scen-dèn-te) AGG. · Che si piega facilmente alla volontà degli altri: *è troppo condiscendente* ***con*** *i figli* Ⓢ arrendevole, remissivo.

condiscendenza (con-di-scen-dèn-za) N.F. · Disponibilità a soddisfare le richieste degli altri: *abbi un minimo di condiscendenza nei confronti dei tuoi colleghi* Ⓢ indulgenza.

condiscendere (con-di-scén-de-re) V.INTR. (irreg.: coniugato come *scendere*; aus. *avere*) · Accettare le richieste o la volontà degli altri: *dopo molte esitazioni condiscese* ***alle*** *sue richieste* Ⓢ acconsentire.

condividere (con-di-vì-de-re) V.TR. (irreg.: coniugato come *dividere*) **1** Dividere con altri: *condividevo la camera* ***con*** *due amici* Ⓢ spartire. **2** Avere in comune: *condivido la tua opinione* Ⓢ approvare.

condivisione (con-di-vi-ṣió-ne) N.F. · L'uso delle unità di un computer da parte di più programmi o utenti.

condizionale (con-di-zio-nà-le) AGG. e N.M. || AGG. **1** Che esprime o implica una condizione: *la clausola condizionale di un contratto*. **2** In grammatica: ***proposizione condizionale*** (o *una condizionale* N.F.), la frase subordinata che, nel periodo ipotetico, indica la condizione per cui si verifica ciò che è espresso nella proposizione principale (*se si presenta lo scaccio*); ***congiunzione condizionale***, quella che introduce una proposizione condizionale, per es. *se, qualora*. || AGG. e N.M. In grammatica, del modo del verbo che attenua a desiderio o a possibilità l'affermazione contenuta in una frase (*vorrei un bicchiere d'acqua; potrebbe* *piovere*) oppure, nel periodo ipotetico, fa dipendere l'affermazione alla condizione espressa nella proposizione condizionale (*se potessi verrei*). Ⓔ ***Sospensione condizionale della pena*** o ***condanna condizionale*** (o *la condizionale* N.F.), sospensione della pena per un certo periodo, dopo il quale essa si cancella se il condannato non commette altri reati nel frattempo.

condizionamento (con-di-zio-na-mén-to) N.M. **1** Tecnica che consente di regolare la temperatura e l'umidità dell'aria in un luogo chiuso: *un impianto di condizionamento dell'aria.* **2** Pressione psicologica che influenza il comportamento di una persona: *rifiuterò qualsiasi tipo di condizionamento.*

condizionare (con-di-zio-nà-re) V.TR. (*condizióno*, ecc.) **1** Influire sul comportamento di qualcuno: *sua madre l'ha condizionato per tutta la vita* Ⓢ influenzare. **2** Concedere solo a precise condizioni: *ha condizionato il suo assenso **a** garanzie certe* Ⓢ vincolare. **3** Trasformare l'aria mediante condizionamento: *l'aria viene condizionata con un moderno impianto* Ⓢ climatizzare.

condizionatore (con-di-zio-na-tó-re) N.M. · Impianto per il condizionamento dell'aria: *il tecnico ha riparato il condizionatore.*

condizione (con-di-zió-ne) N.F. **1** Ciò che è necessario perché qualcosa avvenga o uno scopo venga raggiunto: *la forza di volontà è la prima condizione **per** riuscire nello studio* Ⓢ presupposto, requisito. **2** Proposta da accettare per raggiungere un accordo: *le nostre condizioni sono state respinte.* **3** Condizione in cui si trova qualcuno o qualcosa: *sua madre è ricoverata all'ospedale in gravi condizioni; la ditta è in difficili condizioni economiche* Ⓢ stato, situazione. **4** Posizione sociale: *gente di umile condizione* Ⓢ classe, origine. Ⓔ ***A condizione che***, a patto che, purché: *te lo dico a condizione che tu non ne parli con nessuno.*

condoglianza (con-do-gliàn-za) N.F. (spesso al pl.) · Partecipazione al dolore altrui per la morte di qualcuno: *ti faccio le mie più sincere condoglianze.*

condominio (con-do-mì-nio) N.M. (pl. *-ni*) · Edificio con più appartamenti che appartengono a diversi proprietari • L'insieme dei proprietari: *riunione di condominio* • Le spese relative alla manutenzione dell'edificio: *dobbiamo ancora pagare il condominio.*

condomino (con-dò-mi-no) N.M. (f. *-a*) · Chi è proprietario di un appartamento in un condominio.

condonare (con-do-nà-re) V.TR. (*condóno*, ecc.) · Annullare un debito o una pena: ***ti** condono le ultime rate da pagare; gli ultimi tre anni di carcere **gli** sono stati condonati.*

condono (con-dó-no) N.M. · Annullamento totale o parziale di una pena o di un debito: *chiedere un condono; beneficiare di un condono.* Ⓔ ***Condono edilizio***, annullamento delle pene previste per gli abusi edilizi con il pagamento di una multa • ***Condono fiscale***, annullamento delle tasse che una persona avrebbe dovuto pagare in passato, con il pagamento di una somma stabilita.

condor (còn-dor) N.M. INVAR. · Grosso uccello nero che vive sulle Ande; ha il becco robusto a forma di uncino e il collo nudo circondato da piume bianche; si ciba di carogne.

condotta (con-dót-ta) N.F. **1** Modo di agire: *la sua condotta è spesso discutibile; non so mai che condotta tenere con lui* Ⓢ comportamento. **2** Conduttura, tubazione: *c'è un guasto alla condotta del gas.* Ⓔ ***Condotta (scolastica)***, il comportamento dell'alunno a scuola: *ha avuto sette in condotta* • ***Condotta scorretta***, in una gara sportiva, comportamento che va contro il regolamento.

condottiero (con-dot-tiè-ro) N.M. · Capo di un esercito, di un gruppo armato o di un intero popolo: *il condottiero di una nazione, di un esercito, di un gruppo rivoluzionario.*

condotto[1] (con-dót-to) N.M. **1** Canale chiuso dove scorrono fluidi: *il condotto dello scarico è otturato* Ⓢ tubo, tubatura. **2** Piccolo canale all'interno del corpo umano: *condotto uditivo.*

condotto[2] (con-dót-to) AGG. || Participio pass. → ***condurre***. || AGG. Di medico che ha l'incarico di occuparsi della salute pubblica in un territorio: *medico, veterinario condotto.*

conducente (con-du-cèn-te) N.M. e F. · Chi guida un veicolo, soprattutto del trasporto pubblico: *il conducente dell'autobus, del taxi* Ⓢ autista.

conducibilità (con-du-ci-bi-li-tà) N.F. INVAR. · Capacità di un corpo di trasmettere calore o elettricità: *conducibilità termica; conducibilità elettrica.*

C

condurre (con-dùr-re) V.TR. e INTR. (irreg.: ind. pres. *condùco, condùci*, ecc.; pass. rem. *condùssi, conducésti, condùsse, conducémmo, conducéste, condùssero*; fut. *condurrò*, ecc.; condiz. pres. *condurrèi*, ecc.; part. pass. *condótto*) || TR. **1** Accompagnare una persona o un animale: *condurre il figlio* ***a*** *scuola; condurre il cane* ***a*** *passeggio* Ⓢ portare. **2** Guidare un veicolo: *condurre l'automobile, il camion.* **3** Far passare acqua, calore, ecc.: *questo tubo conduce l'acqua* ***ai*** *termosifoni; i metalli conducono bene sia il calore che l'elettricità* Ⓢ trasmettere. **4** Portare a una certa condizione: *le sue spese folli lo hanno condotto* ***in*** *miseria; la lunga malattia lo condusse* ***alla*** *morte* Ⓢ indurre, spingere. **5** Gestire come presentatore uno spettacolo o un programma televisivo. **6** Dirigere, gestire, guidare: *conduce l'azienda di persona.* **7** Trascorrere la vita in un certo modo: *ha sempre condotto una vita tranquilla e pacifica* Ⓢ vivere. **8** Di atleti o squadre, essere in vantaggio in una competizione: *il ciclista francese sta ancora conducendo il gruppo; la Roma conduce* ***per*** *due reti a zero* Ⓢ guidare. || INTR. (aus. *avere*) Di vie di comunicazione, portare, andare, arrivare: *dove conduce questa strada?* Ⓔ ***Condurre le trattative***, negoziare, trattare: *suo zio ha condotto le trattative per l'acquisto della casa.*

Il termine deriva dal latino *conducere* 'portare insieme, riunire', che viene a sua volta da *ducere* 'condurre, portare' con il prefisso **con-**; dal verbo latino *ducere* derivano anche i verbi, coniugati allo stesso modo, **addurre**, **dedurre**, **indurre**, **introdurre**, **produrre**, **ridurre**, **sedurre**, **tradurre** e il termine **dotto**[1].

condussi (con-dùs-si) · Pass. rem., 1ª pers. sing. → ***condurre***.

conduttore (con-dut-tó-re) N.M. e AGG. (f. *-trìce*) || N.M. (f. *-trìce*) **1** Autista, guidatore, conducente: *il conduttore li fece salire.* **2** Chi presenta una trasmissione televisiva: *è un ottimo conduttore di varietà.* || AGG. e N.M. Di corpo che lascia passare l'elettricità, il calore, il suono: *il ferro è un buon conduttore di elettricità.* Ⓔ ***Filo conduttore***, ciò che lega una serie di fatti o che sta alla base di un ragionamento: *il filo conduttore di una vicenda, di un racconto.*

conduttura (con-dut-tù-ra) N.F. · Insieme di tubi o cavi attraverso cui passa l'acqua o l'elettricità: *sono state rifatte tutte le condutture dell'acqua* Ⓢ condotto.

conduzione (con-du-zió-ne) N.F. **1** La gestione di un'azienda: *una trattoria a conduzione familiare.* **2** Il lavoro di presentare uno spettacolo o un programma televisivo. **3** In fisica, trasmissione di calore o energia.

confabulare (con-fa-bu-là-re) V.INTR. (*confàbulo*, ecc.; aus. *avere*) · Parlare a bassa voce e con aria di mistero: *durante il compito in classe confabulava* ***con*** *il suo compagno di banco.*

confacente (con-fa-cèn-te) AGG. · Adatto, adeguato, appropriato: *un lavoro confacente* ***alle*** *sue attitudini.*

confarsi (con-fàr-si) V.INTR. PRONOM. (irreg.: *mi confàccio, ti confài, si confà*, ecc.; coniugato come *fare*, ma com. usato solo nella terza persona sing. e pl. dei tempi semplici; rarissimo il part. pass. *confàtto*) · Essere adatto, adeguato, appropriato: *un discorso che si confaceva* ***alla*** *situazione.*

confederale (con-fe-de-rà-le) AGG. · Di una confederazione, organizzato come una confederazione: *rappresentanti confederali; sindacato confederale.*

confederazione (con-fe-de-ra-zió-ne) N.F. **1** Unione politica fra più Stati che hanno interessi comuni: *Confederazione svizzera; la Confederazione degli Stati Uniti d'America* Ⓢ federazione, unione. **2** Unione di sindacati, enti o gruppi economici che hanno obiettivi comuni: *Confederazione generale dell'industria; Confederazione generale italiana del lavoro.*

conferenza (con-fe-rèn-za) N.F. **1** Discorso pubblico su argomenti culturali o scientifici: *andare, partecipare a una conferenza; fare, tenere una conferenza.* **2** Riunione di rappresentanti di vari Stati o enti, per discutere su importanti questioni internazionali: *la conferenza europea per il disarmo; la conferenza sul-*

la pace in Medio Oriente. **E** ***Conferenza stampa***, intervista concessa ai giornalisti da politici o persone importanti su questioni d'interesse pubblico.

conferimento (con-fe-ri-mén-to) N.M. · Assegnazione, concessione, attribuzione: *conferimento di un premio; conferimento della cittadinanza italiana.*

conferire (con-fe-rì-re) V.TR. e INTR. (*conferìsco, conferìsci*, ecc.) || TR. Dare, assegnare, attribuire: *conferire un incarico, un titolo* • Aggiungere come caratteristica particolare: *i capelli corti le conferiscono un aspetto più giovanile* **S** donare. || INTR. (aus. *avere*) Discutere con qualcuno di questioni importanti: *ho conferito **con** il direttore **sulla** necessità di nuove assunzioni* **S** parlare.

conferma (con-fér-ma) N.F. **1** Prova che dimostra la verità di qualcosa: *i miei sospetti hanno trovato conferma nei fatti* **S** riprova, dimostrazione. **2** Dichiarazione con cui si rende certo qualcosa che era ancora in dubbio: *è arrivata la conferma scritta del mio trasferimento.*

confermare (con-fer-mà-re) V.TR. (*conférmo*, ecc.) || TR. **1** Dimostrare che qualcosa è vero: *confermare un alibi, un'ipotesi* **S** convalidare • Riconoscere che qualcosa è giusto: *la corte d'appello ha confermato la sentenza del tribunale.* **2** Rendere certo qualcosa che era ancora in dubbio: *ti confermo il mio arrivo per domani mattina; le confermo **che** i pagamenti sono in regola* **S** assicurare **C** smentire. **3** Mantenere una persona nel suo incarico: *l'allenatore è stato confermato anche per la prossima stagione.* || **confermarsi** INTR. PRONOM. Dimostrarsi, rivelarsi: *si sono confermati i migliori nel loro settore.*

confessare (con-fes-sà-re) V.TR. (*confèsso*, ecc.) || TR. **1** Ammettere e dichiarare una propria colpa o un proprio segreto: *l'indagato ha confessato il proprio delitto; confesso **di** non saperne nulla; confessa **che** lei ti piace!* **2** Nella religione cattolica, dire i propri peccati al sacerdote: *voglio confessare tutti i miei peccati* • Del sacerdote, ascoltare la confessione: *il parroco sta confessando i fedeli.* || **confessarsi** RIFL. Nella religione cattolica, dire i propri peccati al sacerdote: *ha chiesto di confessarsi.*

confessionale[1] (con-fes-sio-nà-le) AGG. · Che riguarda una fede religiosa: *istruzione confessionale.*

confessionale[2] (con-fes-sio-nà-le) N.M. · Piccolo vano dove il sacerdote ascolta la confessione: *nel segreto del confessionale.*

confessione (con-fes-sió-ne) N.F. **1** Ammissione della propria colpa: *strappare una confessione; fare una piena confessione dei propri errori.* **2** Nella religione cattolica, l'ammissione dei propri peccati dinanzi al sacerdote: *gli è stato detto in confessione.* **3** Fede religiosa: *ha sposato una donna di confessione luterana.*

confesso (con-fès-so) AGG. · Che ha confessato la sua colpa: *reo confesso.*

confessore (con-fes-só-re) N.M. · Nella religione cattolica, sacerdote che ascolta i peccati e dà l'assoluzione: *non lo direi neppure al confessore.*

confetto (con-fèt-to) N.M. **1** Piccolo dolce di forma ovale costituito da una mandorla o una nocciola ricoperta di uno strato di zucchero; è usato soprattutto nei matrimoni: *la sposa distribuiva i confetti agli invitati.* **2** Pastiglia medicinale con un rivestimento dolce: *vuole la medicina in confetti o in bustine?* **S** pasticca, pillola.

confettura (con-fet-tù-ra) N.F. **1** Conserva di pezzetti di frutta e zucchero. **2** Marmellata: *confettura di pesche.*

confezionare (con-fe-zio-nà-re) V.TR. (*confezióno*, ecc.) **1** Preparare per il trasporto, la vendita, la conservazione: *confezionare un pacco; confezionare frutta secca* **S** incartare, impacchettare. **2** Tagliare, cucire e rifinire un abito: *confezionare camicie da uomo, abiti da sposa* **S** creare, realizzare.

confezione (con-fe-zió-ne) N.F. **1** Preparazione di prodotti per la vendita, il trasporto o la conservazione: *la confezione della marmellata secondo la tecnica tradizionale* • Il modo in cui un prodotto è presentato: *confezione regalo; confezione omaggio.* **2** Prodotto alimentare o medicinale: *una confezione di biscotti, di sciroppo per la tosse* • Il contenitore del prodotto stesso: *il prezzo è indicato sulla confezione* **S** pacco, scatola. **3** Realizzazione di abiti: *un sarto specializzato nella confezione di abiti maschili; negozio di confezioni*, negozio di abbigliamento.

C

conficcare (con-fic-cà-re) V.TR. (*conficco, conficchi*, ecc.) || TR. Introdurre con forza: *conficcare la freccia* ***nel*** *centro del bersaglio* Ⓢ infilare. || **conficcarsi** INTR. PRONOM. **1** Penetrare con forza: *la pallottola si conficcò* ***nel*** *muro*. **2** Fissarsi bene nella memoria: *quel nome mi si è conficcato* ***nel*** *cervello* Ⓢ imprimersi.

confidare (con-fi-dà-re) V.INTR. e TR. || INTR. (aus. *avere*) **1** Avere piena fiducia in qualcuno o qualcosa: *confidare* ***in*** *Dio; confido* ***nella*** *tua discrezione* Ⓢ sperare. **2** Sperare fortemente: *confido* ***che*** *ci riuscirò*. || TR. Rivelare in confidenza: *confidare un segreto* ***a*** *un amico* Ⓢ svelare, confessare. || **confidarsi** INTR. PRONOM. Raccontare cose personali a qualcuno, fidandosi che non le dirà ad altri: *si confidò* ***con*** *il fratello*.

confidente (con-fi-dèn-te) N.M. e F. **1** La persona a cui si raccontano i propri pensieri e sentimenti più segreti. **2** Informatore della polizia Ⓢ spia.

confidenza (con-fi-dèn-za) N.F. **1** Rapporto di familiarità: *essere in confidenza* ***con*** *qualcuno; non ho molta confidenza* ***con*** *la sua famiglia* Ⓢ amicizia. **2** Rivelazione di un segreto o di una notizia riservata: *lasciarsi andare alle confidenze; ti devo fare una confidenza* Ⓢ confessione. Ⓔ ***Dare confidenza a qualcuno***, trattarlo come un amico • ***In confidenza***, in segreto, solo tra di noi: *te lo dico in confidenza* • ***Prender confidenza***, acquistare familiarità; acquistare pratica, sicurezza: *prendere confidenza* ***con*** *una lingua straniera* • ***Prendersi delle confidenze con qualcuno***, trattarlo con modi troppo familiari, senza il dovuto rispetto.

confidenziale (con-fi-den-zià-le) AGG. **1** Che dimostra familiarità: *un gesto, un saluto confidenziale* Ⓢ amichevole, cordiale. **2** Riservato, privato, segreto: *un'informazione confidenziale; l'ho saputo in via confidenziale*.

configgere (con-fig-ge-re) V.TR. (irreg.: ind. pres. *configgo, configgi*, ecc.; pass. rem. *confissi, configgésti*, ecc.; part. pass. *confitto*) · Conficcare: *configgere un palo* ***nel*** *terreno*.

> Il termine deriva dal latino *configere* 'fissare insieme', che viene a sua volta da *figere* 'conficcare' con il prefisso **con-** (→ ***affiggere***).

configurare (con-fi-gu-rà-re) V.TR. || TR. **1** Rappresentare in un certo modo: *gli antichi configuravano la Terra come una superficie piatta* Ⓢ raffigurare. **2** In informatica, inserire istruzioni e dati in un programma per farlo funzionare: *configurare il programma di posta elettronica*. || **configurarsi** INTR. PRONOM. Presentarsi in un certo modo: *il problema si configura di difficile soluzione* Ⓢ apparire.

configurazione (con-fi-gu-ra-zió-ne) N.F. **1** Modo di presentarsi: *la configurazione di una catena montuosa; la configurazione di un poema* Ⓢ forma. **2** In informatica, inserimento di istruzioni e dati in un programma per farlo funzionare.

confinante (con-fi-nàn-te) AGG. e N.M. e F. || AGG. Che ha in comune un tratto di confine: *Stati confinanti; proprietà confinante* Ⓢ limitrofo, adiacente. || N.M. e F. Proprietario di terreni vicini: *un suo confinante gli ha fatto causa*.

confinare (con-fi-nà-re) V.INTR. e TR. || INTR. (aus. *avere*) **1** Essere accanto, avere un confine in comune: *l'Italia confina a ovest* ***con*** *la Francia*. **2** Essere molto simile: *spesso il genio confina* ***con*** *la pazzia* Ⓢ somigliare. || TR. **1** Mandare al confino: *Cesare Pavese fu confinato* ***in*** *Calabria durante il fascismo*. **2** Mandare in un luogo lontano: *il Ministero confinò il maestro* ***in*** *un paesino sperduto* Ⓢ relegare • Tenere bloccato in un luogo: *la polmonite l'ha confinato* ***a*** *letto* Ⓢ costringere.

confine (con-fi-ne) N.M. **1** Linea naturale o decisa dall'uomo che separa Stati, territori, proprietà: *confine naturale, politico; il confine tra Francia e Spagna passa sui Pirenei* Ⓢ limite, frontiera. **2** Parte più lontana: *ai confini del bosco; i confini del mondo* Ⓢ termine, estremità. **3** Giusta misura: *avrebbe dovuto tenersi entro i confini del buon gusto*. Ⓔ ***Passare i confini***, esagerare • ***Senza confini***, enorme, illimitato, smisurato: *un deserto senza confini; una passione senza confini*.

confino (con-fì-no) N.M. · Pena che consisteva nell'obbligo di vivere per un certo periodo in un luogo lontano dalla propria città: *condannare al confino* • Il luogo in cui doveva abitare il condannato: *mandare al confino.*

confisca (con-fì-sca) N.F. (pl. *-sche*) · Sequestro da parte dello Stato di un bene ottenuto in modo illecito o usato per commettere un reato: *ha subito la confisca di tutte le proprietà; la confisca dell'arma portò nuovi sviluppi nelle indagini.*

confiscare (con-fi-scà-re) V.TR. (*confisco, confischi*, ecc.) · Sottrarre a qualcuno un bene ottenuto in modo illecito o usato per commettere un reato: ***gli** hanno confiscato tutti i terreni; la guardie di finanza ha confiscato una partita di sigarette di contrabbando* Ⓢ sequestrare.

confissi (con-fis-si) · Pass. rem., 1ª pers. sing. → ***configgere***.

confitto (con-fit-to) · Participio pass. → ***configgere***.

conflagrazione (con-fla-gra-zió-ne) N.F. **1** Scoppio violento e improvviso: *la conflagrazione di un incendio.* **2** Scoppio improvviso di una guerra: *conflagrazione bellica.*

conflitto (con-flìt-to) N.M. **1** Combattimento armato: *l'armistizio segnò la fine del conflitto; il conflitto tra i due eserciti fu in campo aperto* Ⓢ guerra, battaglia. **2** Scontro, contrasto, lotta: *conflitto di idee, di interessi; conflitto interiore.*

conflittuale (con-flit-tu-à-le) AGG. · Basato su un conflitto: *situazione conflittuale; rapporto conflittuale* Ⓒ pacifico.

confluenza (con-flu-èn-za) N.F. · Punto in cui si uniscono due fiumi, due valli, due strade: *alla confluenza dei due fiumi; il paese sorge alla confluenza delle due valli.*

confluire (con-flu-ì-re) V.INTR. (*confluìsco, confluìsci*, ecc.; aus. *essere* e *avere*) **1** Di fiumi, valli, strade, incontrarsi in un punto: *l'Oglio confluisce **nel** Po; le due vie confluiscono **nella** piazza.* **2** Convergere, fondersi: *i dati vanno fatti confluire **all'**agenzia di stampa; diversi motivi confluiscono **nell'**opera del Manzoni.*

confondere (con-fón-de-re) V.TR. (irreg.: coniugato come *fondere*) || TR. **1** Mettere in disordine: *attento a non confondere i documenti sul tavolo* Ⓢ mescolare, mischiare. **2** Prendere una cosa o una persona per un'altra: *ho confuso le due cartelle; come hai fatto a confonderlo **con** suo fratello?* Ⓢ scambiare • Non riuscire a distinguere: *confondere i colori.* **3** Impedire una visione chiara delle cose: *confondere le idee; confondere gli avversari **con** una mossa a sorpresa* Ⓢ disorientare. **4** Mettere in imbarazzo: *con tutti questi complimenti mi confondete* Ⓢ imbarazzare. || **confondersi** INTR. PRONOM. **1** Mescolarsi in modo da non essere più visto: *confondersi tra la folla* Ⓢ nascondersi • Diventare indistinto, poco chiaro: *i ricordi d'infanzia si confondevano **nella** sua mente.* **2** Provare turbamento: *a quella domanda così diretta si confuse* Ⓢ turbarsi, imbarazzarsi. **3** Perdere il filo del ragionamento: *all'improvviso mi sono confuso e non sapevo più come continuare* Ⓢ imbrogliarsi • Fare confusione: *mi sono confuso **nel** fare i calcoli* Ⓢ sbagliarsi.

conformare (con-for-mà-re) V.TR. (*confórmo*, ecc.) || TR. Rendere conforme: *conformare le proprie azioni **a** un principio morale* Ⓢ adattare, adeguare. || **conformarsi** RIFL. Adeguarsi, uniformarsi, adattarsi: *conformarsi **alla** moda del momento.*

conformazione (con-for-ma-zió-ne) N.F. · Forma, struttura: *conformazione fisica; la conformazione degli arti.*

conforme (con-fór-me) AGG. **1** Che ha lo stesso aspetto: *una copia conforme **all'**originale* Ⓢ uguale, analogo Ⓒ difforme, diverso. **2** Corrispondente, consono, coerente: *agisce in modo conforme **ai** suoi principi.*

conformismo (con-for-mi-ṣmo) N.M. · Tendenza a seguire passivamente le opinioni, i gusti e le abitudini della maggioranza: *conformismo politico, morale* Ⓒ anticonformismo.

conformista (con-for-mì-sta) AGG. e N.M. e F. (pl.m. *-i*, pl.f. *-e*) · Che, chi segue passivamente le opinioni, i gusti e le abitudini della maggioranza: *un atteggiamento conformista; è un conformista* Ⓒ anticonformista, eccentrico.

C

conformità (con-for-mi-tà) N.F. INVAR. · L'essere conforme Ⓢ corrispondenza Ⓒ difformità. Ⓔ ***In conformità a*** o ***in conformità con***, in modo conforme a, secondo: *in conformità con quanto richiesto*.

confortare (con-for-tà-re) V.TR. (*confòrto*, ecc.) · Sostenere in un momento di difficoltà: *mi conforta il pensiero del tuo ritorno; confortare un amico* ***nel*** *suo dolore* Ⓢ consolare, incoraggiare.

confortevole (con-for-té-vo-le) AGG. · Comodo, accogliente: *una poltrona confortevole; un ambiente confortevole*.

conforto (con-fòr-to) N.M. · Aiuto morale in una situazione difficile o dolorosa: *la tua lettera mi è stata di grande conforto; il figlio è il suo unico conforto* Ⓢ consolazione, sollievo. Ⓔ ***A conforto di***, a sostegno, come prova: *a conforto della sua tesi, mostrò i risultati dell'esperimento* • ***Generi di conforto***, alimenti non necessari che danno piacere, come liquori, caffè, cioccolata, ecc.

confraternita (con-fra-tèr-ni-ta) N.F. · Associazione di fedeli che si dedicano a opere di carità: *confraternita della Misericordia*.

confrontare (con-fron-tà-re) V.TR. (*confrónto*, ecc.) || TR. Esaminare due o più cose insieme, in modo da trovare somiglianze o differenze: *confrontare due codici; confrontare la copia* ***con*** *l'originale* Ⓢ paragonare. || **confrontarsi** RIFL. e RIFL. RECIPROCO Contrapporsi, scontrarsi: *confrontarsi* ***con*** *un avversario politico*.

confronto (con-frón-to) N.M. 1 Il mettere accanto due o più cose per trovare somiglianze o differenze: *fare un confronto tra diversi tipi di vino* Ⓢ comparazione, paragone. 2 Sfida, competizione, discussione: *accettare, rifiutare il confronto*. Ⓔ ***In confronto a, a confronto di, a confronto con***, rispetto a, a paragone di o con: *in confronto a lui tu sei più studioso* • ***Mettere a confronto***, paragonare, confrontare • ***Nei confronti di***, riguardo a, nei riguardi di, verso: *non sei stato gentile nei suoi confronti* • ***Non c'è confronto***, si dice quando una cosa è nettamente migliore delle altre • ***Non temere confronti***, essere il migliore, poter competere con chiunque • ***Reggere al confronto con qualcuno***, essere alla pari, poter competere • ***Senza confronti***, insuperabile, senza pari: *un artigiano di una bravura senza confronti*.

confucianesimo (con-fu-cia-né-ṣi-mo) N.M. · Dottrina morale e religiosa basata sul pensiero di Confucio (551-479 a.C.) e seguita in Estremo Oriente, soprattutto in Cina.

confusionale (con-fu-ṣio-nà-le) AGG. · ***Stato confusionale***, stato di confusione mentale, delirio.

confusionario (con-fu-ṣio-nà-rio) AGG. e N.M. (f. *-a*; pl.m. *-ri*, pl.f. *-rie*) · Che, chi agisce in modo disordinato: *sei sempre il solito confusionario*.

confusione (con-fu-ṣió-ne) N.F. 1 Insieme di più elementi disposti senza criterio: *sul tavolo c'era una confusione di carte; chi ha fatto confusione nei miei cassetti?* Ⓢ caos, disordine Ⓒ ordine. 2 Rumore o disordine provocato da più persone che parlano o si muovono: *cercate di non fare confusione* Ⓢ chiasso, baccano. 3 Scambio di una cosa o persona per un'altra: *fare confusione* ***con*** *due nomi; faccio sempre confusione* ***tra*** *la tua voce e quella di tua madre*. 4 Mancanza di chiarezza nei pensieri: *confusione di idee, di sentimenti*. 5 Imbarazzo, turbamento: *non mi creare confusione portando ospiti all'ultimo minuto*.

confuso (con-fù-ṣo) AGG. 1 Messo insieme in modo disordinato: *un mucchio confuso di biancheria* Ⓢ disordinato, caotico. 2 Poco chiaro: *avere le idee confuse; la tua spiegazione è un po' confusa* Ⓢ vago. 3 Che non si distingue bene: *rumori confusi venivano dalla strada* Ⓢ indistinto. 4 In preda a imbarazzo o turbamento: *sono rimasto confuso di fronte a tanta gentilezza* Ⓢ imbarazzato, turbato, frastornato Ⓒ lucido.

confutabile (con-fu-tà-bi-le) AGG. · Che può essere confutato: *una tesi difficilmente confutabile* Ⓢ discutibile Ⓒ inconfutabile.

confutare (con-fu-tà-re) V.TR. (*cònfuto*, ecc.) · Dimostrare che un'affermazione è falsa o inesatta: *i testimoni hanno confutato la tua versione dei fatti* Ⓢ contraddire.

confutazione (con-fu-ta-zió-ne) N.F. · Dimostrazione che un'affermazione è falsa o inesatta: *una confutazione convincente* Ⓢ obiezione.

congedare (con-ge-dà-re) V.TR. (*congèdo*, ecc.) || TR. 1 Lasciare libero di andare via: *mi ha congedato con una stretta di mano.* 2 Rimandare a casa alla fine del servizio militare: *sarò congedato in maggio.* || **congedarsi** RIFL. 1 Andarsene lasciando una compagnia: *congedarsi **dagli** amici* Ⓢ accomiatarsi. 2 Terminare il servizio militare: *si è congedato il mese scorso.*

congedo (con-gè-do) N.M. 1 Permesso di partire o di andarsene: *prese congedo **dalla** famiglia* Ⓢ commiato. 2 Fine o sospensione del servizio militare: *ha un congedo di tre giorni* Ⓢ licenza. 3 Permesso dato a un dipendente di allontanarsi dal lavoro per un certo periodo di tempo: *gli ha accordato un congedo di un mese per motivi di salute* Ⓢ aspettativa.

congegnare (con-ge-gnà-re) V.TR. (*congégno*, ecc.) 1 Montare insieme i pezzi di un meccanismo per farlo funzionare: *congegnare un motore.* 2 Ideare, inventare, concepire: *congegnare un piano, una truffa.*

La prima persona plurale dell'indicativo presente e quella del congiuntivo presente è *congegniamo*, con la *i*: la forma *congegnamo* è sempre scorretta. La seconda persona plurale dell'indicativo presente è *congegnate* senza *i*, mentre quella del congiuntivo presente è *congegniate* con la *i*.

congegno (con-gé-gno) N.M. · Struttura formata da più elementi collegati fra loro per servire a un certo scopo: *il congegno di un orologio.*

congelamento (con-ge-la-mén-to) N.M. 1 Passaggio di un liquido allo stato solido, causato dal freddo Ⓒ scongelamento. 2 Raffreddamento a temperature al di sotto dello zero, usato per conservare gli alimenti: *impianto per il congelamento del pesce.* 3 Lesione di parti del corpo causata dal freddo intenso: *stanotte si rischia il congelamento.* 4 Blocco, sospensione, interruzione: *il congelamento di una trattativa.*

congelare (con-ge-là-re) V.TR. (*congèlo*, ecc.) || TR. 1 Far passare un liquido allo stato solido mediante raffreddamento: *il freddo ha congelato l'acqua nelle tubature* Ⓒ scongelare. 2 Raffreddare a temperature al di sotto dello zero, soprattutto per conservare gli alimenti: *congelare la carne.* 3 Sospendere, bloccare, rimandare: *congelare una pratica.* || **congelarsi** INTR. PRONOM. 1 Diventare solido o rigido per effetto del freddo. 2 Nel linguaggio familiare, perdere la sensibilità di una parte del corpo a causa del freddo: ***mi** si è congelato il naso* Ⓢ gelarsi, ghiacciarsi.

congelato (con-ge-là-to) AGG. 1 Di alimento, conservato portandone la temperatura al di sotto dello zero: *pesce congelato.* 2 Nel linguaggio familiare, di parti del corpo, che hanno perso la sensibilità a causa del freddo: *ho i piedi congelati.* 3 Sospeso, bloccato, rinviato: *trattativa congelata.*

congelatore (con-ge-la-tó-re) N.M. · Elettrodomestico per il congelamento e la conservazione di alimenti.

congeniale (con-ge-nià-le) AGG. · Adatto ai gusti e alle capacità di una persona: *questo tipo di studi non **mi** è congeniale.*

congenito (con-gè-ni-to) AGG. · Che si ha fin dalla nascita: *un difetto congenito.*

congestionare (con-ge-stio-nà-re) V.TR. (*congestióno*, ecc.) 1 Provocare la congestione di una parte del corpo: *lo sforzo **gli** congestionò il viso.* 2 Intasare, intralciare: *congestionare il traffico.*

congestione (con-ge-stió-ne) N.F. 1 Aumento eccessivo della quantità di sangue in una parte del corpo: *se fai il bagno dopo aver mangiato può venirti una congestione.* 2 Difficoltà causata da eccesso di lavoro o di traffico stradale: *la congestione del pronto soccorso; la congestione del centro cittadino.*

congettura (con-get-tù-ra) N.F. · Ipotesi generica: *non ci sono prove, ma solo vaghe congetture* Ⓢ supposizione.

congetturare (con-get-tu-rà-re) V.TR. · Ipotizzare, supporre, presumere: *la polizia congetturò che l'omicida fosse un uomo.*

congiungere (con-giùn-ge-re) V.TR. (irreg.: coniugato come *giungere*) || TR. 1 Mettere in contatto o in relazione: *congiungere le mani; congiungere la locomotiva **ai** vagoni; congiungere in matrimonio*, sposare Ⓢ unire Ⓒ separare, disgiungere. 2 Collegare due punti o due luoghi: *l'autostrada congiunge le due città.* || **congiungersi** INTR. PRONOM. Incontrarsi,

A B C D E F G H I J K L M N O P Q R S T U V W X Y Z

C

convergere, confluire: *in questo punto la ferrovia si congiunge **con** l'autostrada.*

congiuntamente (con-giun-ta-mén-te) AVV. · Insieme, di comune accordo: *decidemmo congiuntamente di rimandare la riunione.*

congiuntivo (con-giun-tì-vo) AGG. e N.M. · In grammatica, del modo del verbo che indica la possibilità, la volontà o l'incertezza soprattutto in proposizioni subordinate (*penso che torni domani; voglio che se ne vada; non so chi sia; che se ne vada pure*).

congiunto (con-giùn-to) AGG. e N.M. (f. *-a*) || AGG. Unito, collegato: *gli sforzi congiunti per risollevare l'economia hanno dato i loro frutti* Ⓒ disgiunto. || N.M. (f. *-a*) Parente, familiare: *ne danno il triste annuncio i congiunti commossi.*

congiuntura (con-giun-tù-ra) N.F. · Circostanza, occasione, situazione: *ho approfittato di una serie di congiunture favorevoli* • Momento economico particolare, spesso sfavorevole: *il Paese attraversa una congiuntura difficile.*

congiunzione (con-giun-zió-ne) N.F. **1** Unione, collegamento, connessione: *la congiunzione di due eserciti, di due tratti di tubazioni; punto di congiunzione.* **2** In grammatica, parte invariabile del discorso che unisce due unità sintattiche o due proposizioni sullo stesso piano, per es. *e* e *ma* • Parte invariabile del discorso che subordina una proposizione a un'altra, per es. *perché, sebbene, quando, se.*

congiura (con-giù-ra) N.F. · Patto segreto fra più persone per rovesciare un regime o danneggiare qualcuno: *ordire una congiura; la congiura fu presto scoperta* Ⓢ cospirazione, complotto.

congiurare (con-giu-rà-re) V.INTR. (aus. *avere*) **1** Organizzare una congiura: *congiurare **contro** il governo* Ⓢ complottare, cospirare. **2** Di evento, essere contrario o sfavorevole: *tutto congiura **contro** di noi; il tempo congiurava **contro** la riuscita delle operazioni.*

congiurato (con-giu-rà-to) N.M. (f. *-a*) · Chi partecipa a una congiura politica: *la casa era il ritrovo dei congiurati.*

congratularsi (con-gra-tu-làr-si) V.INTR. PRONOM. (*mi congràtulo*, ecc.) · Esprimere a qualcuno la propria gioia per un successo o un evento felice: *si congratulò **con** lui **per** la nascita della bambina* Ⓢ complimentarsi, felicitarsi.

congratulazioni (con-gra-tu-la-zió-ni) N.F.PL. · Espressione di gioia rivolta a chi ha ottenuto un successo o ha vissuto un evento felice: *un biglietto di congratulazioni; sei stato promosso! Congratulazioni!* Ⓢ complimenti, auguri.

congrega (con-grè-ga) N.F. (pl. *-ghe*) **1** Gruppo di persone riunite per fini di solito non buoni: *una congrega di malfattori.* **2** Congregazione.

congregazione (con-gre-ga-zió-ne) N.F. · Associazione di religiosi Ⓢ congrega.

congresso (con-grès-so) N.M. **1** Raduno di uomini politici, di cultura o di affari per discutere di questioni importanti: *il Congresso di Vienna; il congresso del partito* Ⓢ conferenza, convegno. **2** Con iniziale maiuscola, il Parlamento degli Stati Uniti d'America e di altri Stati americani: *il presidente americano ha chiesto l'approvazione del Congresso.*

congressuale (con-gres-su-à-le) AGG. · Di un congresso: *atti congressuali.*

congruenza (con-gru-èn-za) N.F. · Giusta corrispondenza: *la congruenza tra parole e azioni* Ⓢ coerenza Ⓒ incongruenza.

congruo (còn-gruo) AGG. · Che corrisponde a qualcosa: *un congruo compenso* Ⓢ appropriato, adeguato.

conguaglio (con-guà-glio) N.M. (pl. *-gli*) **1** Operazione effettuata per pareggiare un conto, quando c'è una somma in più o in meno rispetto al dovuto. **2** La somma pagata o ricevuta per pareggiare i conti.

coniare (co-nià-re) V.TR. (*cònio*, ecc.) **1** Fabbricare monete o medaglie. **2** Creare, inventare, soprattutto parole: *questo termine è stato coniato nel Cinquecento.*

conico (cò-ni-co) AGG. (pl.m. *-ci*, pl.f. *-che*) · Che ha forma di cono.

conifera (co-nì-fe-ra) N.F. · Tipo di albero con foglie a forma di ago o a squame e frutti a cono, detti *pigne*, che contengono numerosi semi, detti *pinoli*: *il pino e l'abete sono conifere.*

Il termine deriva dal latino *conifer* 'che produce coni', in riferimento alla forma dei frutti di questi alberi.

coniglio (co-nì-glio) N.M. (f. -*a*; pl.m. -*gli*, pl.f. -*glie*) **1** Roditore con orecchie lunghe, labbro superiore diviso in due da una profonda fessura e zampe posteriori più lunghe delle anteriori, che viene allevato per la carne e la pelliccia: *coniglio arrosto.* **2** Simbolo di timidezza, timore o viltà: *ha un cuore di coniglio; non fare il coniglio!*

Il verbo che indica il verso del coniglio è *zigare.*

conio (cò-nio) N.M. (pl. -*ni*) **1** Stampo di acciaio usato per fabbricare monete o medaglie • La moneta coniata e l'operazione del coniare: *moneta di nuovo conio.* **2** Invenzione, creazione: *il conio di una parola nuova.*

coniugale (co-niu-gà-le) AGG. · Che riguarda i rapporti tra coniugi: *la vita coniugale non è sempre facile* Ⓢ matrimoniale.

coniugare (co-niu-gà-re) V.TR. (*còniugo, còniughi*, ecc.) || TR. **1** In grammatica, elencare in ordine tutte le forme possibili del verbo, nei vari modi e tempi: *coniuga il presente congiuntivo del verbo "fare".* **2** Unire in matrimonio: *sono stati a lungo coniugati.* || **coniugarsi** RIFL. Sposarsi: *si è coniugato* ***con*** *una compagna di liceo.* || **coniugarsi** INTR. PRONOM. In grammatica, avere una certa coniugazione: *il verbo "andare" si coniuga* ***con*** *l'ausiliare "essere".*

Il termine deriva da una parola latina che significa 'mettere sotto lo stesso giogo', connesso con *iugum* 'giogo'.

coniugato (co-niu-gà-to) AGG. · Sposato: *è celibe o coniugato?*

coniugazione (co-niu-ga-zió-ne) N.F. · In grammatica, l'insieme delle forme del verbo, secondo modi, tempi e persone: *coniugazione regolare, irregolare.*

coniuge (cò-niu-ge) N.M. e F. · Ciascuna delle due persone unite in matrimonio: *rapporti tra coniugi*, tra marito e moglie.

connaturato (con-na-tu-rà-to) AGG. · Che fa parte della natura o del carattere di una persona: *il senso di solidarietà è connaturato* ***nei*** *popoli mediterranei* Ⓢ innato.

connazionale (con-na-zio-nà-le) AGG. e N.M. e F. · Che, chi viene dalla stessa nazione: *un mio connazionale è stato coinvolto nell'incidente* Ⓢ compatriota.

connessione (con-nes-sió-ne) N.F. **1** Stretta unione tra due o più cose: *il punto di connessione tra due cavi* Ⓢ giuntura. **2** Legame stretto tra due fatti: *non c'è alcuna connessione* ***tra*** *i due eventi* Ⓢ nesso, relazione. **3** In informatica, collegamento a una rete di comunicazione: *connessione Internet.*

connettere (con-nét-te-re) V.TR. (irreg.: coniugato come *annettere*) || TR. **1** Mettere in contatto: *connettere il cavo della stampante* ***al*** *computer* Ⓢ collegare, unire Ⓒ disconnettere. **2** Mettere in relazione: *connettere due delitti lontani nel tempo* Ⓢ associare. **3** Pensare con chiarezza: *a quest'ora della notte non riesco più a connettere.* || **connettersi** INTR. PRONOM. In informatica, entrare in comunicazione mediante il computer: *connettersi* ***a*** *un sito.*

Il termine deriva dal latino *connectere* 'unire insieme', che viene a sua volta da *nectere* 'congiungere' con il prefisso **con-** (→ ***annettere***).

connettivo (con-net-tì-vo) AGG. · ***Tessuto connettivo*** (anche *il connettivo* N.M.), tessuto del corpo che nutre, protegge e tiene unite cellule e organi; ciò che tiene insieme una struttura: *il senso civico è il tessuto connettivo di ogni società.*

connivente (con-ni-vèn-te) AGG. · Che non fa niente per impedire un'azione illecita, e quindi ne diventa complice: *gli intellettuali conniventi* ***con*** *il regime fascista.*

connivenza (con-ni-vèn-za) N.F. · Complicità in un'azione illecita da parte di chi non fa niente per impedirla: *il delitto fu compiuto con la connivenza delle autorità.*

connotato (con-no-tà-to) N.M. · Caratteristica fisica che permette di individuare una persona: *descrivimi i connotati dei rapitori.* Ⓔ ***Cambiare i connotati a qualcuno***, picchiarlo fino a renderlo irriconoscibile.

C

connotazione (con-no-ta-zió-ne) N.F. · Sfumatura di significato che una parola o una frase ha o acquisisce in aggiunta al significato principale: *non intendevo dare alla frase una connotazione negativa.*

connubio (con-nù-bio) N.M. (pl. *-bi*) **1** Unione, legame, intreccio: *il connubio* ***dell'arte con*** *la cultura.* **2** Matrimonio.

cono (cò-no) N.M. · Solido che ha come base un cerchio; si restringe verso l'alto e termina a punta • Oggetto con questa forma: *un cono di cartone pieno di noccioline.* Ⓔ ***A cono***, a forma di cono: *cappello a cono* • ***Cono (gelato)***, porzione di gelato contenuta in un biscotto a forma di cono.

conobbi (co-nób-bi) · Pass. rem., 1ª pers. sing. → ***conoscere***.

conocchia (co-nòc-chia) N.F. (pl. *-chie*) · Quantità di lana, canapa o lino che si avvolge alla rocca: *filare una conocchia di lana* • La rocca stessa.

conoscente (co-no-scèn-te) N.M. e F. · Persona che si conosce, ma che non è un amico stretto: *è un semplice conoscente.*

conoscenza (co-no-scèn-za) N.F. **1** Il fatto di conoscere qualcosa: *la conoscenza di un segreto.* **2** Competenza ed esperienza in un certo campo: *ha una buona conoscenza dell'inglese.* **3** Capacità di sentire e di intendere Ⓢ coscienza. **4** Persona con cui si è in rapporto, ma che non è un amico stretto: *è una mia vecchia conoscenza* Ⓢ conoscente. Ⓔ ***Fare la conoscenza di qualcuno***, incontrarlo per la prima volta • ***Perdere conoscenza***, perdere i sensi, svenire; ***riprendere conoscenza***, riprendere i sensi, rinvenire • ***Venire a conoscenza di qualcosa***, apprenderlo, averne notizia.

> La parola *conoscenza* si scrive senza *i*, scrivere *conoscienza* è un grave errore!

conoscere (co-nó-sce-re) V.TR. (irreg.: ind. pres. *conósco, conósci*, ecc.; pass. rem. *conóbbi, conoscésti, conóbbe, conoscémmo, conoscéste, conóbbero*; part. pass. *conosciùto*) || TR. **1** Avere notizia di una cosa: *quando potremo conoscere il risultato dell'esame?* **2** Avere una conoscenza approfondita di qualcosa: *conoscere la storia, la geometria; conosco perfettamente Dante,* ne ho letto o studiato le opere. **3** Avere pratica ed esperienza di qualcosa: *conosce bene il suo mestiere; conoscere la guerra; in quei mesi ho conosciuto la felicità.* **4** Sapere che qualcuno o qualcosa esiste: *conosci un bravo avvocato?; conosco un'ottima trattoria in centro* • Incontrare una persona per la prima volta: *la conobbi in treno.* **5** Sapere chi è una persona: *lo conosco da quando ero bambino; la conosco di vista* • Essere in rapporti con una persona o essergli amico: *ti conosco bene, non lo faresti mai.* || **conoscersi** RIFL. Essere consapevole del proprio carattere e delle proprie capacità: *mi conosco, non posso fare tutta quella strada a piedi.* Ⓔ ***Conoscere (bene) i propri polli*** → ***pollo*** • ***Conoscere il mondo***, avere esperienza degli uomini e della vita.

conoscitivo (co-no-sci-tì-vo) AGG. **1** Che riguarda la capacità di conoscere: *facoltà conoscitive* Ⓢ cognitivo. **2** Che ha lo scopo di conoscere: *indagine conoscitiva.*

conoscitore (co-no-sci-tó-re) N.M. (f. *-trìce*) · Chi ha grande competenza in un campo: *un fine conoscitore di classici latini* Ⓢ esperto, intenditore.

conquista (con-quì-sta) N.F. **1** Occupazione di un luogo con le armi: *la conquista di una città, di un territorio* Ⓢ presa. **2** Raggiungimento di un risultato con sforzo e impegno: *la conquista di un primato; la conquista di una cima* • Il risultato raggiunto: *le conquiste della scienza* Ⓢ progresso. **3** Successo in amore: *le sue conquiste non si contano più* • La persona che si è riusciti a far innamorare: *quando mi presenti la tua ultima conquista?* Ⓔ ***Fare una conquista, fare conquiste***, fare innamorare una o più persone.

conquistare (con-qui-stà-re) V.TR. **1** Fare proprio con un'azione militare: *conquistare una città; i ribelli hanno conquistato l'aeroporto* Ⓢ occupare, invadere. **2** Ottenere grazie a grandi sforzi e impegno: *conquistare l'indipendenza; conquistare la fiducia di qualcuno; conquistare il primo posto* Ⓢ guadagnare. **3** Destare l'interesse o la simpatia degli altri: *con il suo intervento conquistò l'assemblea* • Far innamorare: *l'ha conquistato con la sua timidezza* Ⓢ sedurre, affascinare.

conquistatore (con-qui-sta-tó-re) AGG. e N.M. (f. *-trìce*) **1** Che, chi guida imprese di conquista: *l'esercito conquistatore; Guglielmo il Conquistatore.* **2** Che, chi ottiene molti successi amorosi: *è un gran conquistatore!* Ⓢ seduttore.

consacrare (con-sa-crà-re) V.TR. || TR. **1** Rendere sacro un luogo con un rito religioso: *consacrare una chiesa* Ⓒ sconsacrare • Far diventare sacerdote: *consacrare un vescovo* Ⓢ ordinare • Assegnare un'alta autorità con un rito religioso: *fu consacrato imperatore* Ⓢ proclamare, nominare. **2** Offrire, dedicare: *consacrare un monumento **ai** caduti.* || **consacrarsi** RIFL. Dedicarsi con passione: *consacrarsi **a** Dio, **alla** scienza.*

consacrazione (con-sa-cra-zió-ne) N.F. **1** Rito religioso con cui un luogo viene destinato al culto: *la consacrazione di una cappella* • Cerimonia con cui una persona diventa sacerdote: *la consacrazione di un vescovo* • Nella religione cattolica, l'atto con cui il sacerdote trasforma il pane e il vino nel corpo e nel sangue di Gesù Cristo. **2** Riconoscimento pubblico della bravura di qualcuno: *la consacrazione di un artista.*

consanguineo (con-san-guì-ne-o) AGG. e N.M. (f. *-a*; pl.m. *-nei*, pl.f. *-nee*) · Che, chi ha lo stesso sangue o fa parte della stessa famiglia: *sono fratelli consanguinei; la legge vieta il matrimonio fra consanguinei.*

consapevole (con-sa-pé-vo-le) AGG. · Che si rende conto o è informato di qualcosa: *consapevole **dei** propri limiti; siete consapevoli **dei** rischi dell'impresa?* Ⓢ conscio, cosciente Ⓒ inconsapevole.

consapevolezza (con-sa-pe-vo-léz-za) N.F. · L'essere consapevole: *avere piena consapevolezza **degli** errori commessi* Ⓢ coscienza Ⓒ inconsapevolezza.

conscio (còn-scio) AGG. (pl.m. *-sci*, pl.f. *-scie*) · Che si rende conto di qualcosa: *sono conscio **dei** miei limiti* Ⓢ consapevole, cosciente.

consecutivamente (con-se-cu-ti-va-mén-te) AVV. · Di seguito, senza interruzione: *piove per tre giorni consecutivamente.*

consecutivo (con-se-cu-tì-vo) AGG. **1** Che segue immediatamente nel tempo: *nei giorni consecutivi non si ebbero novità* Ⓢ seguente, successivo Ⓒ precedente • Che non ha interruzioni: *nevicò per due ore consecutive.* **2** In grammatica: ***proposizione consecutiva*** (o *una consecutiva* N.F.), frase subordinata che indica una conseguenza automatica di ciò che è stato detto nella principale (*tanto insistettero che rinunciò; ho una paura tale da non riuscire a muovermi*); ***congiunzione consecutiva***, quella che introduce una proposizione consecutiva, per es. *così, tanto che, da.* Ⓔ ***Angoli consecutivi***, in geometria, quelli che hanno lo stesso vertice e un lato in comune; ***segmenti consecutivi***, quelli che hanno un estremo in comune.

consegna (con-sé-gna) N.F. **1** Il dare o portare qualcosa a destinazione: *consegna della posta; effettuare una consegna.* **2** Incarico di conservare qualcosa: *lasciare, ricevere in consegna* Ⓢ custodia, deposito. **3** Ordine dato da un superiore: *la consegna è di non parlare.*

consegnare (con-se-gnà-re) V.TR. (*conségno*, ecc.) || TR. **1** Dare o portare ad altri: *consegnare una lettera **al** destinatario* Ⓢ recapitare. **2** Dare in custodia: *consegnare il cappotto **al** cameriere; consegnare il ladro **ai** carabinieri* Ⓢ affidare. || **consegnarsi** RIFL. Arrendersi, costituirsi: *consegnarsi **alla** giustizia.*

> La prima persona plurale dell'indicativo presente e quella del congiuntivo presente è *consegniamo*, con la *i*: la forma *consegnamo* è sempre scorretta. La seconda persona plurale dell'indicativo presente è *consegnate* senza *i*, mentre quella del congiuntivo presente è *consegniate* con la *i*.

conseguente (con-se-guèn-te) AGG. **1** Che deriva da qualcosa, che viene come conseguenza: *i danni conseguenti **alla** guerra; le ferite conseguenti **all'**incidente* Ⓢ risultante. **2** Che rispetta le regole della logica: *le tue deduzioni non sono conseguenti **alle** premesse* Ⓢ logico, coerente.

conseguenza (con-se-guèn-za) N.F. **1** Sviluppo di un'azione o di un fatto: *gli scontri di stamani hanno avuto tragiche conseguenze; la disoccupazione è una conseguenza della crisi economica* Ⓢ effetto Ⓒ causa. **2** Conclusione che deriva in modo logico da una premessa: *a voi trarre le conseguenze di quello che ho ap-*

A B C D E F G H I J K L M N O P Q R S T U V W X Y Z

pena detto Ⓢ deduzione. Ⓔ ***Di conseguenza***, perciò, quindi • ***In conseguenza di***, a causa di, per effetto di: *in conseguenza di un imprevisto la partenza fu rimandata.*

C

conseguimento (con-se-gui-mén-to) N.M. · Il raggiungimento di un risultato: *il conseguimento della laurea* Ⓢ ottenimento.

conseguire (con-se-guì-re) V.TR. e INTR. (*conséguo*, ecc.) || TR. Ottenere, raggiungere, conquistare: *conseguire una promozione, il successo.* || INTR. (aus. *essere*) Risultare come conseguenza: ***dalla*** *guerra conseguì un periodo di instabilità politica* Ⓢ derivare.

consenso (con-sèn-so) N.M. **1** Accordo di idee e di intenti: *c'era pieno consenso* ***sui*** *provvedimenti da prendere.* **2** Permesso, approvazione: *chiedere, dare, negare il consenso; partirò anche senza il tuo consenso.* **3** Giudizio favorevole: *il film ha ottenuto un grande consenso di pubblico* Ⓢ successo.

consensuale (con-sen-su-à-le) AGG. · Basato sul comune accordo o sul consenso: *decisione consensuale; separazione consensuale fra coniugi.*

consentire (con-sen-tì-re) V.INTR. e TR. (*consènto*, ecc.) || INTR. (aus. *avere*) Essere d'accordo: *consento* ***con*** *te* ***su*** *tutto ciò che hai detto* Ⓢ concordare • Dire di sì, dare il proprio assenso: *consentire* ***a*** *una richiesta* Ⓢ acconsentire. || TR. Permettere, concedere, ammettere: *non è consentito fumare negli uffici.*

consenziente (con-sen-zièn-te) AGG. · Che è d'accordo: *la sorella non era consenziente* ***alla*** *vendita della casa* Ⓢ favorevole, concorde.

conserva (con-sèr-va) N.F. **1** Trattamento dei cibi per farli durare a lungo: *mettere, tenere in conserva.* **2** Cibo preparato per poter durare a lungo, di solito in vasetti: *conserva di pomodoro.* Ⓔ ***Conserva di frutta***, marmellata.

conservante (con-ser-vàn-te) AGG. e N.M. · Di sostanza che, aggiunta a certi alimenti, permette di farli durare a lungo.

conservare (con-ser-và-re) V.TR. (*consèrvo*, ecc.) || TR. **1** Tenere con cura: *conserva il denaro* ***in*** *cassaforte* Ⓢ custodire, serbare • Mantenere nel tempo: *alla sua età conserva un aspetto giovanile.* **2** Trattare un cibo in modo che non vada a male: *conservare sott'olio, sott'aceto.* **3** Non usare né sprecare in previsione di un uso futuro: *conservare una bottiglia* ***per*** *un'occasione particolare.* || **conservarsi** INTR. PRONOM. Mantenersi in buono stato o in buona salute: *un vino che non si conserva a lungo; per avere novant'anni si conserva bene.*

conservatore (con-ser-va-tó-re) AGG. e N.M. (f. *-trìce*) · Che, chi è contrario al cambiamento politico, sociale o culturale: *partito conservatore; i conservatori inglesi* Ⓢ tradizionalista Ⓒ progressista.

conservatorio (con-ser-va-tò-rio) N.M. (pl. *-ri*) · Istituto dove si studia la musica: *si è diplomata in violino al conservatorio.*

conservazione (con-ser-va-zió-ne) N.F. · Mantenimento in buono stato, senza alterazioni: *la conservazione degli alimenti; un dipinto in cattivo stato di conservazione.* Ⓔ ***Istinto di conservazione***, l'istinto, caratteristico di uomini e animali, di mantenersi in vita.

consesso (con-sès-so) N.M. · Riunione di persone importanti: *domani si riunisce il consesso dei parlamentari.*

considerare (con-si-de-rà-re) V.TR. (*consìdero*, ecc.) || TR. **1** Esaminare con attenzione: *hai considerato i pericoli del viaggio?; hai mai considerato quanto mi costa mantenerti?* Ⓢ valutare. **2** Stimare, apprezzare: *i suoi superiori non lo considerano abbastanza* • Prestare attenzione a qualcuno: *non mi hai considerato per tutta la sera.* **3** Ritenere, reputare, giudicare: *prima di conoscerlo meglio lo consideravo uno stupido.* || **considerarsi** RIFL. Ritenersi, giudicarsi: *si considera un genio; puoi considerarti fortunato.*

considerazione (con-si-de-ra-zió-ne) N.F. **1** Attento esame: *la questione richiede profonda considerazione* Ⓢ valutazione. **2** Commento, osservazione, riflessione: *vorrei fare alcune considerazioni sui recenti avvenimenti.* **3** Rispetto, riguardo: *non ha nessuna considerazione per gli altri.* Ⓔ ***Prendere in considerazione***, tenere presente, analizzare: *ho preso in considerazione tutti gli aspetti del problema* • ***Tenere in considerazione***, stimare, apprezzare: *lo tengono tutti in grande considerazione.*

considerevole (con-si-de-ré-vo-le) AGG. · Notevole, importante, rilevante: *ho dovuto spendere una somma considerevole* Ⓒ esiguo.

consigliabile (con-si-glià-bi-le) AGG. · Che si può consigliare, che è conveniente: *un film di guerra consigliabile anche **a** chi non ama il genere.*

consigliare (con-si-glià-re) V.TR. (*consìglio*, ecc.) || TR. **1** Suggerire a qualcuno come dovrebbe agire in una certa situazione: *consigliami tu **sul** da farsi; vi consiglio **di** prenotare con un certo anticipo.* **2** Suggerire qualcosa che si ritiene valido: *mi consigli un nuovo romanzo?; il medico consigliò **a** mia madre una dieta* Ⓒ sconsigliare. || **consigliarsi** INTR. PRONOM. Chiedere il parere di qualcuno: *mi consiglierò **con** mia moglie **sulla** decisione da prendere* Ⓢ consultarsi.

consigliere (con-si-gliè-re) N.M. (f. *-a*; pl.m. *-i*, pl.f. *-e*) **1** Persona a cui si chiede un consiglio: *ognuno ha bisogno di un consigliere.* **2** Membro di un consiglio politico o amministrativo: *consigliere comunale; consigliere d'amministrazione.*

consiglio (con-sì-glio) N.M. (pl. *-gli*) **1** Suggerimento che si dà a qualcuno su cosa sia meglio fare in una certa situazione: *ascoltare, seguire un consiglio; un consiglio amichevole, disinteressato* Ⓢ suggerimento • Parere di un esperto: *chiedere il consiglio di un avvocato.* **2** Riunione di più persone su questioni di interesse pubblico o privato: *riunirsi a consiglio; consiglio di famiglia.* **3** Organo politico, composto da più persone, che decide su questioni di interesse generale: *consiglio comunale, provinciale, regionale.* Ⓔ ***Consiglio dei ministri***, costituito dai ministri e presieduto dal capo del governo, applica le leggi votate dal Parlamento • ***Consiglio di amministrazione***, l'assemblea in cui si prendono le decisioni che riguardano un'azienda o una società.

consistente (con-si-stèn-te) AGG. **1** Robusto, resistente, compatto: *un legno consistente; un tessuto consistente* Ⓒ inconsistente. **2** Fondato, valido, convincente: *esistono prove consistenti della sua colpevolezza.* **3** Grande, ingente, notevole: *una somma consistente.*

consistenza (con-si-stèn-za) N.F. **1** Solidità, resistenza, compattezza: *la consistenza di un terreno; biscotti di consistenza friabile* • Densità: *una crema di giusta consistenza.* **2** Validità di un ragionamento: *una tesi priva di consistenza* Ⓢ fondatezza. **3** Entità, rilevanza: *un patrimonio di una certa consistenza.*

consistere (con-sì-ste-re) V.INTR. (aus. *essere*) **1** Avere il proprio fondamento: *non so proprio **in** cosa consista la sua bravura* Ⓢ fondarsi, basarsi. **2** Essere costituito, essere composto: *la casa consiste **di** due stanze; la mia colazione consiste **di** latte e biscotti.*

Il termine deriva dal latino *consistere* 'stabilirsi, star saldo, essere composto di', che viene a sua volta da *sistere* 'stare, fermarsi' con il prefisso con- (→ ***assistere***).

consociativismo (con-so-cia-ti-vì-ṣmo) N.M. · Tendenza a governare attraverso compromessi che risultino favorevoli sia alla maggioranza che all'opposizione: *una legge nata dal consociativismo della sinistra.*

consociativistico (con-so-cia-ti-vì-sti-co) AGG. (pl.m. *-ci*, pl.f. *-che*) · Ispirato al consociativismo: *politica consociativistica.*

consolare[1] (con-so-là-re) V.TR. (*consólo*, ecc.) || TR. **1** Sollevare il morale di qualcuno che soffre: *consolare un bambino che piange; consolare un amico **di** una perdita* Ⓢ confortare. **2** Dare piacere o sollievo: *mi consola il pensiero che presto ci rivedremo; consolare il pianto di un amico **con** parole gentili.* || **consolarsi** INTR. PRONOM. Trovare conforto in una situazione triste o difficile: *si consola **con** poco; consolarsi **di** una delusione **con** i successi professionali.*

consolare[2] (con-so-là-re) AGG. **1** Del console di uno Stato: *ufficio consolare; visto consolare*, rilasciato dal console o dal consolato. **2** Del console nell'antica Roma: *dignità consolare; esercito consolare*, al comando del console. Ⓔ ***Vie consolari***, le grandi strade, tracciate in passato dagli antichi Romani e tuttora utilizzate, che partono da Roma, come la via Appia, l'Aurelia, la Flaminia e l'Emilia.

consolato (con-so-là-to) N.M. **1** Incarico e ufficio del console in una nazione straniera: *ha ottenuto il consolato italiano a Praga; per il* *visto devi andare al consolato americano.* **2** Il ruolo di console presso gli antichi Romani • L'anno in cui un certo console era in carica: *durante il consolato di Cicerone.*

C

consolazione (con-so-la-zió-ne) N.F. **1** Sollievo morale: *cercare consolazione nel cibo; non ha avuto neanche una parola di consolazione* Ⓢ conforto, sostegno. **2** Motivo di soddisfazione, di speranza, di gioia: *il figlio è la sua unica consolazione.* Ⓔ ***Premio di consolazione*** → ***premio***.

console[1] (còn-so-le) N.M. **1** Rappresentante di uno Stato in una città straniera, con il compito di assistere i connazionali che vi abitano o vi passano: *il console si sta muovendo per aiutare i superstiti.* **2** Ciascuno dei due supremi magistrati che governavano per un anno nell'antica Roma repubblicana.

console[2] (con-so-le; pronuncia *consòl*) N.F. FR., in it. N.F. INVAR. **1** Il quadro dei comandi di un'apparecchiatura elettronica. **2** Tavolino lungo e stretto con due gambe, che sta vicino al muro.

consolidamento (con-so-li-da-mén-to) N.M. · Rafforzamento: *consolidamento di una struttura; consolidamento di un governo.*

consolidare (con-so-li-dà-re) V.TR. (*consòlido*, ecc.) · Rendere saldo, stabile, resistente: *le fondamenta sono state consolidate; bisogna consolidare le istituzioni democratiche* Ⓢ rafforzare, rinforzare.

consonante (con-so-nàn-te) N.F. · In grammatica, suono articolato con la bocca chiusa o semichiusa che ha bisogno di una vocale per formare una sillaba: *questa parola è difficile da pronunciare: ci sono troppe consonanti* • Lettera dell'alfabeto che rappresenta questo tipo di suoni (in italiano *b, c, d, f, g, l, m, n, p, q, r, s, t, v, z*).

Il termine deriva dal latino *consonare* 'suonare insieme', poiché una consonante non può essere pronunciata in assenza di vocale; il verbo latino *consonare* viene a sua volta da *sonare* 'suonare' con il prefisso con- (→ ***suonare***).

consonantico (con-so-nàn-ti-co) AGG. (pl.m. *-ci*, pl.f. *-che*) · In grammatica, che riguarda la pronuncia e la disposizione delle consonanti: *suono, nesso, gruppo consonantico.*

consonantismo (con-so-nan-tì-smo) N.M. · In grammatica, il sistema delle consonanti di una lingua: *consonantismo italiano, francese, spagnolo.*

consonanza (con-so-nàn-za) N.F. **1** Combinazione gradevole all'orecchio di due o più suoni musicali Ⓢ accordo Ⓒ dissonanza. **2** Corrispondenza, convergenza, armonia: *consonanza di idee.*

consono (còn-so-no) AGG. · Conforme, adeguato, adatto: *devi assumere un atteggiamento consono* ***al*** *tuo nuovo ruolo.*

consorte (con-sòr-te) N.M. e F. · Coniuge, soprattutto nel linguaggio ufficiale: *arrivò accompagnato dalla consorte.*

Il termine deriva dal latino *consors* 'che ha la stessa sorte'.

consorteria (con-sor-te-rì-a) N.F. (pl. *-rìe*) · Gruppo che agisce in modo più o meno nascosto per il proprio interesse, anche a danno degli altri: *una consorteria mafiosa.*

consorzio (con-sòr-zio) N.M. (pl. *-zi*) · Unione di più persone o enti, che gestiscono insieme un'attività o realizzano opere di pubblico interesse: *consorzio di comuni montani; consorzio agrario* Ⓢ società, associazione.

constare (con-stà-re) V.INTR. (*cònsto*, ecc.; aus. *essere*) **1** Essere costituito o composto: *la biblioteca consta* ***di*** *seimila volumi* Ⓢ consistere, comporsi. **2** IMPERS. Essere noto a qualcuno: *per quanto mi consta, la notizia non è vera* Ⓢ risultare.

constatare (con-sta-tà-re) V.TR. (*constàto*, ecc.; o *cònstato*, ecc.) **1** Stabilire con certezza: *constatare l'entità di un danno* Ⓢ accertare, verificare. **2** Riconoscere come vero: *devo constatare* ***che*** *avevi ragione* Ⓢ ammettere.

constatazione (con-sta-ta-zió-ne) N.F. · Riconoscimento di una realtà basato su prove concrete: *fare una constatazione; ecco l'ennesima constatazione della sua ignoranza* Ⓢ verifica, riscontro.

consueto (con-su-è-to) AGG. e N.M. || AGG. Usuale, abituale, solito: *in inverno la neve è un fenomeno consueto* Ⓒ incosueto. || N.M. Ciò che è abituale, che avviene di solito: *bere più del consueto* Ⓢ normale, solito. Ⓔ

Di consueto, di solito, normalmente, abitualmente.

consuetudine (con-sue-tù-di-ne) N.F. · Abitudine, usanza, tradizione: *a Pasqua è consuetudine far benedire le uova.*

consulente (con-su-lèn-te) N.M. e F. · Persona esperta in una materia, a cui si chiedono pareri o consigli: *consulente legale, scientifico, editoriale* Ⓢ esperto, specialista.

consulenza (con-su-lèn-za) N.F. · Parere di un esperto: *realizzare un film con la consulenza di un esperto* Ⓢ consiglio.

consulta (con-sùl-ta) N.F. · In diritto, assemblea di persone che si riuniscono per decidere qualcosa. Ⓔ ***La Consulta***, la Corte Costituzionale (→ ***costituzionale***).

consultare (con-sul-tà-re) V.TR. || TR. **1** Chiedere un parere o un consiglio a un esperto: *consultare un avvocato, un medico.* **2** Leggere per cercare informazioni: *consultare il dizionario, l'oroscopo.* || **consultarsi** INTR. PRONOM. Chiedere un parere a qualcuno: *consultarsi **con** un esperto.* || **consultarsi** RIFL. RECIPROCO Scambiarsi pareri, osservazioni, consigli: *ci siamo consultati a lungo prima di decidere.*

consultazione (con-sul-ta-zió-ne) N.F. **1** Richiesta di un consiglio o di un parere: *quell'avvocato chiede una cifra altissima per una consultazione.* **2** SPESSO AL PL. La serie di colloqui tra personalità politiche e il capo dello Stato: *il capo dello Stato inizierà domani le consultazioni.* **3** Lettura di un testo per cercare informazioni: *la consultazione di una grammatica, dell'orario ferroviario.* Ⓔ ***Consultazione elettorale***, in politica, espressione della volontà dei cittadini attraverso il voto, elezioni • ***Opere di consultazione***, quelle che danno una rapida informazione su svariati argomenti come i dizionari o le enciclopedie.

consultivo (con-sul-tì-vo) AGG. · Che ha il compito di esprimere pareri ma non di decidere: *assemblea consultiva.*

consulto (con-sùl-to) N.M. **1** Visita di due o più medici a un ammalato fatta per stabilire la diagnosi e le cure necessarie: *chiedere un consulto.* **2** Riunione di più persone per discutere di un certo argomento: *un consulto di famiglia.*

consultorio (con-sul-tò-rio) N.M. (pl. *-ri*) · Centro pubblico che offre assistenza su problemi sociali o di salute: *consultorio familiare, ginecologico.*

consumare (con-su-mà-re) V.TR. || TR. **1** Rovinare con l'uso: *consumare le suole delle scarpe.* **2** Tormentare, logorare: *l'invidia lo consuma.* **3** Usare qualcosa fino a non averne più: *abbiamo consumato tutte le provviste* Ⓢ finire, esaurire. **4** Usare un bene o una fonte di energia: *un'auto che consuma poca benzina* Ⓢ utilizzare, impiegare. **5** Di cibi e bevande, mangiare o bere: *è costretto a consumare i pasti fuori casa.* || **consumarsi** INTR. PRONOM. **1** Logorarsi, sciuparsi: *mi si sono già consumate le scarpe* • Esaurirsi: *la candela si è consumata.* **2** Tormentarsi: *consumarsi **di** rabbia, **per** amore.*

> Il termine deriva dal latino *consumere* 'esaurire, divorare', che viene a sua volta da *sumere* 'prendere' con il prefisso **con-** (→ ***assumere***).

consumatore (con-su-ma-tó-re) N.M. (f. *-trì-ce*) **1** Chi compra prodotti o servizi: *associazione in difesa dei consumatori.* **2** Chi consuma, chi utilizza qualcosa: *è un grande consumatore di pane.*

consumazione (con-su-ma-zió-ne) N.F. · Cibo o bevanda che viene servita ai clienti di un locale pubblico: *il biglietto d'ingresso non comprende le consumazioni.*

consumismo (con-su-mì-ṣmo) N.M. · Tendenza, spesso spinta dalla pubblicità, ad acquistare e consumare beni anche non necessari.

consumo (con-sù-mo) N.M. **1** Uso di materiali, di energia o di sostanze varie, che ne comporta il graduale esaurimento: *consumo, di elettricità, di benzina; fare un notevole consumo di frutta* Ⓢ utilizzo. **2** Tutto ciò che viene richiesto dai consumatori: *aumentare, ridurre i consumi.* Ⓔ ***Di consumo***, di libri, film o musica, prodotti per il mercato di massa senza alcun fine artistico; ***beni di consumo***, prodotti destinati al consumo e non alla produzione di altri beni.

C

consuntivo (con-sun-ti-vo) N.M. · Bilancio di ciò che si è fatto in un dato periodo di tempo: *fare il consuntivo della propria vita.*

consunto (con-sùn-to) AGG. · Ridotto male per il troppo uso: *una vecchia giacca consunta* Ⓢ liso, logoro.

conta (cón-ta) N.F. · Conteggio. Ⓔ ***Fare la conta,*** nei giochi dei bambini, decidere a sorte chi deve fare una determinata cosa.

contabile (con-tà-bi-le) AGG. e N.M. e F. || AGG. Che riguarda la contabilità: *reparto contabile.* || N.M. e F. Chi si occupa di contabilità: *il contabile della società.* Ⓔ ***Libri contabili,*** quelli su cui vengono registrati crediti e debiti.

contabilità (con-ta-bi-li-tà) N.F. INVAR. · Parte della ragioneria che riguarda la registrazione e il controllo dei conti di una ditta o di un ente pubblico: *tenere, aggiornare la contabilità* • L'ufficio che se ne occupa: *faccio un salto in contabilità* Ⓢ amministrazione.

contachilometri (con-ta-chi-lò-me-tri) N.M. INVAR. · Strumento installato sui veicoli per contare il numero dei chilometri percorsi.

contadino (con-ta-dì-no) AGG. e N.M. (f. *-a*) || N.M. (f. *-a*) Chi lavora la terra: *fare il contadino; gli attrezzi dei contadini* Ⓢ agricoltore. || AGG. Che abita e lavora in campagna: *una famiglia contadina* • Campestre, rurale: *costumi contadini.*

contado (con-tà-do) N.M. · La campagna che si estende intorno alla città: *il contado senese.*

contagiare (con-ta-già-re) V.TR. (*contàgio,* ecc.) **1** Trasmettere una malattia infettiva a qualcuno: *il bimbo ha contagiato suo padre* Ⓢ infettare. **2** Influenzare, coinvolgere: *la sua allegria ha contagiato tutti.*

contagio (con-tà-gio) N.M. (pl. *-gi*) **1** Trasmissione di una malattia infettiva da una persona all'altra: *si recarono fuori città per evitare il contagio.* **2** Influenza negativa o dannosa: *il contagio delle cattive compagnie.*

contagioso (con-ta-gió-so) AGG. **1** Di malattia che si trasmette per contagio: *il morbillo è una malattia contagiosa* Ⓢ infettivo. **2** Che si trasmette facilmente agli altri: *l'entusiasmo è contagioso; Paola ha una risata contagiosa.*

contagiri (con-ta-gì-ri) N.M. INVAR. · Strumento che conta il numero dei giri fatti da un elemento che ruota: *il contagiri del motore.*

contagocce (con-ta-góc-ce) N.M. INVAR. · Piccolo tubo di vetro o di plastica con un cappuccio di gomma, usato per versare un liquido goccia a goccia. Ⓔ ***Con il contagocce,*** poco alla volta, con troppa moderazione: *pagare con il contagocce; il nuovo attaccante segna con il contagocce.*

container (con-tai-ner; pronuncia *contèiner*) N. INGL., in it. N.M. INVAR. · Grande cassa metallica per il trasporto di merci in nave, treno o aereo.

contaminare (con-ta-mi-nà-re) V.TR. (*contàmino,* ecc.) **1** Rendere sporco o infetto: *i gas tossici hanno contaminato una vasta zona* Ⓢ inquinare. **2** Corrompere, guastare: *l'avidità ha contaminato il suo cuore.*

contaminazione (con-ta-mi-na-zió-ne) N.F. · Inquinamento dell'ambiente, diffusione di sostanze dannose: *la contaminazione del fiume è causata dagli scarichi della fabbrica di vernici* Ⓒ decontaminazione • Diffusione di radiazioni nucleari dannosa per l'uomo e l'ambiente: *pericolo di contaminazione radioattiva.*

contante (con-tàn-te) AGG. e N.M. (spesso al pl.) · Di denaro costituito da monete e banconote: *qui accettano solo denaro contante; sono a corto di contanti.* Ⓔ ***In contanti,*** con denaro in moneta o banconote, non con assegni o carte di credito: *pagare in contanti.*

contare (con-tà-re) V.TR. e INTR. (*cónto,* ecc.) || TR. **1** Dire in ordine una serie di numeri: *il bambino sa contare* ***fino a*** *dieci; contare* ***da*** *uno* ***a*** *dieci.* **2** Stabilire il numero di persone, animali o cose che costituiscono un insieme: *contare gli alunni presenti; le persone che non hanno la televisione si contano sulle dita,* sono pochissime; *gli errori in questo compito non si contano,* sono tantissimi. **3** Comprendere in un calcolo: *saranno stati un centinaio senza contare le donne e i bambini* Ⓢ conteggiare, considerare. || INTR. (aus. *avere*) **1** Avere autorità o potere: *è una persona che conta* • Essere importante: *questo non conta.* **2** Fare affidamento: *conto* ***su*** *di te* Ⓢ confidare. **3** Avere in programma: *conto* ***di*** *partire domani* Ⓢ intendere. Ⓔ ***Contare le ore, contare i giorni***, attendere con impazienza.

contato (con-tà-to) AGG. · In quantità limitata: *non mi piace viaggiare con il denaro contato* Ⓢ scarso. Ⓔ ***Avere il tempo contato***, essere molto impegnato, oppure stare per morire.

contatore (con-ta-tó-re) N.M. · Apparecchio che misura la quantità di acqua, gas o energia elettrica che si consuma.

contattare (con-tat-tà-re) V.TR. · Prendere contatto con qualcuno: *contattare un cliente.*

contatto (con-tàt-to) N.M. **1** Situazione di due elementi che sono abbastanza vicini da toccarsi: *una camicia a contatto della pelle; una malattia che si trasmette per contatto*, stando vicini. **2** Relazione, rapporto: *mantenere i contatti* ***con*** *qualcuno; stare a contatto* ***con*** *il pubblico*, soprattutto per lavoro. **3** Collegamento, comunicazione: *stabilire un contatto radio; essere in contatto telefonico.* Ⓔ ***Lenti a contatto*** → *lente*.

conte (cón-te) N.M. (f. *-éssa*; pl.m. *-i*, pl.f. *-ésse*) · Titolo nobiliare inferiore a quello di marchese • La persona che ha tale titolo.

Il termine deriva dal latino *comes* 'compagno di viaggio', perché i nobili avevano l'abitudine di accompagnare il loro signore.

contea (con-tè-a) N.F. (pl. *-tèe*) · Territorio posto sotto il dominio di un conte.

conteggiare (con-teg-già-re) V.TR. (*contéggio*, ecc.) **1** Calcolare, valutare: *conteggiamo la distanza per capire a che ora arriveremo.* **2** Mettere in conto: *ha conteggiato anche le spese di spedizione* Ⓢ includere.

conteggio (con-tég-gio) N.M. (pl. *-gi*) · Calcolo che ha scopi pratici o immediati: *fare il conteggio delle spese di manutenzione* Ⓢ conto, computo.

contegno (con-té-gno) N.M. · Il modo con cui una persona si presenta e si comporta: *dovrai tenere un contegno corretto; ha sempre un contegno serio* Ⓢ atteggiamento, comportamento. Ⓔ ***Darsi un contegno*** → *dare*.

contemplare (con-tem-plà-re) V.TR. (*contèmplo*, ecc.) **1** Guardare a lungo, con particolare intensità e ammirazione: *stava contemplando il lago* Ⓢ ammirare, osservare. **2** Di legge o regolamento, ammettere come possibile: *la legge non contempla un caso del genere* Ⓢ prevedere, considerare.

contemplativo (con-tem-pla-ti-vo) AGG. · Dedito soltanto alla meditazione religiosa o filosofica: *vita contemplativa; atteggiamento contemplativo.*

contemplazione (con-tem-pla-zió-ne) N.F. **1** Il trattenere a lungo lo sguardo o il pensiero su qualcosa che è fonte di meraviglia o di ammirazione: *se ne stava in contemplazione delle stelle* Ⓢ osservazione. **2** Meditazione sulle cose divine o spirituali: *una vita di preghiera e di contemplazione* Ⓢ raccoglimento.

contempo (con-tèm-po) N.M. · Solo nelle espressioni ***nel contempo*** e ***al contempo***, nello stesso tempo, contemporaneamente: *parlava al telefono e nel contempo guardava la televisione.*

contemporaneamente (con-tem-po-ra-ne-a-mén-te) AVV. · Nello stesso momento, allo stesso tempo: *deve lavorare e contemporaneamente occuparsi della casa.*

contemporaneità (con-tem-po-ra-nei-tà) N.F.INVAR. **1** Coincidenza nel tempo: *la contemporaneità dei due avvenimenti.* **2** L'insieme delle caratteristiche culturali e spirituali dell'epoca presente: *la contemporaneità della pittura di Matisse* Ⓢ attualità.

contemporaneo (con-tem-po-rà-ne-o) AGG. e N.M. (f. *-a*; pl.m. *-nei*, pl.f. *-nee*) || AGG. **1** Che accade nello stesso tempo: *due avvenimenti contemporanei* Ⓢ simultaneo. **2** Del nostro tempo, della nostra epoca: *la società contemporanea* Ⓢ odierno. || N.M. (f. *-a*) Chi vive nello stesso periodo, nella stessa epoca: *i contemporanei non capirono la grandezza di Van Gogh* Ⓢ coevo.

contendente (con-ten-dèn-te) AGG. e N.M. e F. · Rivale, avversario, soprattutto in campo legale: *convocare in tribunale le parti contendenti; cercare un accordo fra contendenti.*

contendere (con-tèn-de-re) V.INTR. e TR. (irreg.: coniugato come *tendere*) || INTR. (aus. *avere*) **1** Essere in contrasto: *contendere* ***per*** *questioni di soldi* Ⓢ litigare, contendere. **2** Essere in gara: *contendere* ***con*** *un avversario difficile*

A B C D E F G H I J K L M N O P Q R S T U V W X Y Z

Ⓢ competere, gareggiare. || TR. Cercare di ottenere qualcosa opponendosi ad altri: *non c'è nessuno in grado di contendermi quel posto.* || **contendersi** RIFL. RECIPROCO Fare a gara per ottenere qualcosa: *le due squadre si contendono il primato in classifica* Ⓢ disputarsi.

C

contenere (con-te-né-re) V.TR. (irreg.: coniugato come *tenere*) || TR. **1** Avere dentro di sé, nel proprio interno: *lo stadio contiene circa centomila spettatori; il fiasco contiene un litro di vino* • Comprendere come argomento: *quel libro di cucina contiene ottime ricette.* **2** Bloccare l'avanzata di qualcuno o qualcosa: *contenere il nemico, la piena di un fiume* • Frenare, trattenere, reprimere: *contenere il riso, la collera* • Controllare, limitare, ridurre: *contenere le spese, i danni.* || **contenersi** RIFL. Limitarsi, moderarsi, frenarsi: *contenersi **nel** bere, **negli** acquisti* Ⓒ eccedere.

contenitore (con-te-ni-tó-re) N.M. · Oggetto vuoto al suo interno, dentro al quale si mette qualcosa: *contenitore in plastica; contenitore per alimenti* Ⓢ recipiente.

contentare (con-ten-tà-re) V.TR. (*contènto*, ecc.) || TR. Rendere soddisfatto qualcuno acconsentendo a un suo desiderio: *nessuno riesce mai a contentarlo; i genitori lo contentano **in** tutto* Ⓢ accontentare, soddisfare. || **contentarsi** INTR. PRONOM. Essere soddisfatto: *mi contento **di** poco; per ora contentati **di** vederlo.*

contentezza (con-ten-téz-za) N.F. · Lo stato d'animo di chi è molto soddisfatto o felice di qualcosa: *si mise a piangere per la contentezza* Ⓢ gioia.

contento (con-tèn-to) AGG. **1** Pienamente soddisfatto: *sono molto contenta **del** mio acquisto; credo che siano contenti **di** me* Ⓒ scontento. **2** Lieto, allegro, felice: *aveva un bel viso contento; come mai sei così contento?*

contenuto[1] (con-te-nù-to) AGG. **1** Che si comporta o si esprime rimanendo entro certi limiti: *è una persona molto contenuta; un modo di fare contenuto* Ⓢ sobrio, misurato. **2** Limitato, modesto, ridotto: *un'auto dai consumi contenuti; disagi contenuti per i passeggeri.*

contenuto[2] (con-te-nù-to) N.M. **1** Ciò che si trova all'interno di un recipiente: *il contenuto di un fiasco; rovesciò il contenuto del bicchiere.* **2** Argomento, soggetto, tema: *il contenuto di un film, di un romanzo.*

contenzioso (con-ten-zió-so) AGG. e N.M. || AGG. Che riguarda una lite giudiziaria: *procedimento contenzioso.* || N.M. Contrasto fra persone o enti che viene discusso in tribunale: *contenzioso amministrativo.*

conterraneo (con-ter-rà-ne-o) AGG. e N.M. (f. *-a*; pl.m. *-nei*, pl.f. *-nee*) · Dello stesso luogo d'origine Ⓢ concittadino, compaesano.

contesa (con-té-sa) N.F. **1** Lite, contrasto, disputa: *sono entrati in contesa per quel terreno.* **2** Gara, competizione: *dopo una lunga contesa i nostri hanno vinto.*

contessa (con-tés-sa) N.F. **1** Femminile → ***conte***. **2** La moglie del conte.

contestare (con-te-stà-re) V.TR. (*contèsto*, ecc.) **1** Negare la verità o la validità di qualcosa: *contestare un'affermazione; contestare una sentenza* Ⓢ confutare. **2** Criticare qualcuno o qualcosa: *contestare il potere; spesso gli adolescenti contestano l'autorità dei* genitori Ⓒ acclamare. **3** Comunicare formalmente a un imputato il reato di cui lo si accusa: *contestare una contravvenzione; contestare un furto **a** qualcuno* Ⓢ notificare.

contestatore (con-te-sta-tó-re) N.M. (f. *-trìce*) · Chi critica, di solito con un'accesa protesta, la società o il sistema politico.

contestazione (con-te-sta-zió-ne) N.F. **1** Opposizione, soprattutto da parte dei giovani, nei confronti del sistema sociale, politico e culturale: *gli anni Settanta sono stati caratterizzati dalla contestazione giovanile.* **2** Comunicazione formale di un reato alla persona accusata.

contesto (con-tè-sto) N.M. **1** L'insieme degli elementi che formano uno scritto o un discorso, visti nel loro rapporto reciproco: *il significato delle singole parole si deduce dal contesto* Ⓢ insieme. **2** Situazione complessiva che fa da sfondo a un fatto o a un personaggio: *descrivi il contesto in cui si è svolta la vicenda* Ⓢ ambiente, situazione.

contestualizzare (con-te-stua-liz-zà-re) V.TR. · Inserire in un contesto: *contestualizzare il pensiero di un autore* Ⓒ decontestualizzare.

contiguo (con-tì-guo) AGG. · Che si trova vicino: *due terreni contigui; la casa è contigua* ***allo*** *stadio* Ⓢ limitrofo, confinante.

continentale (con-ti-nen-tà-le) AGG. e N.M. e F. || AGG. Che si trova in un continente o lo riguarda: *regione continentale.* || N.M. e F. Chi proviene dal continente, o vi risiede, rispetto agli abitanti di un'isola. Ⓔ ***Clima continentale***, quello delle regioni lontane dal mare, in cui gli inverni sono molto freddi e le estati molto calde.

continente (con-ti-nèn-te) N.M. **1** Ciascuna delle grandi estensioni di terre emerse, circondate dagli oceani. **2** Terraferma, contrapposta alle isole vicine. Ⓔ ***Continente antartico***, l'Antartide • ***Continente antico***, l'Europa, l'Asia e l'Africa; ***continente nuovo***, le due Americhe; ***continente nuovissimo***, l'Australia.

Il termine deriva dal latino *continens (terra)* '(terra) continua, non interrotta dal mare'.

contingente (con-tin-gèn-te) AGG. e N.M. || N.M. Gruppo di soldati inviati in un luogo: *l'ultimo contingente è partito a giugno.* || AGG. Legato a un certo momento o a una certa situazione: *per cause contingenti l'evento è stato annullato.*

contingenza (con-tin-gèn-za) N.F. · Occasione straordinaria, triste o dolorosa: *le contingenze della vita* Ⓢ circostanza. Ⓔ ***(Indennità di) contingenza***, parte non fissa dello stipendio, che varia a seconda degli aumenti del costo della vita.

continuamente (con-ti-nua-mén-te) AVV. · Senza interruzione, di continuo: *da qui si sente continuamente il rombo dell'oceano* • A ogni momento, con insistenza: *non chiedermi continuamente le stesse cose.*

continuare (con-ti-nu-à-re) V.TR. e INTR. (*continuo*, ecc.) || TR. Portare avanti un'azione, andare avanti nel fare qualcosa: *continuare il viaggio,* ***a*** *mangiare* Ⓢ proseguire • Riprendere a fare qualcosa dopo un'interruzione: *continuerò il lavoro domani.* || INTR. (aus. *essere* o *avere*) Andare avanti nello spazio o nel tempo, non cessare: *la strada continua oltre la piazza; la pioggia continuerà fino a domani* • Insistere: *continuava* ***con*** *le sue provocazioni.*

continuazione (con-ti-nua-zió-ne) N.F. · Proseguimento di qualcosa che è cominciato, nel tempo o nello spazio: *il Comune ha deciso la continuazione dei lavori; il tratto in salita è la continuazione della via principale* Ⓢ prosecuzione. Ⓔ ***In continuazione***, di seguito, senza interruzione.

continuità (con-ti-nui-tà) N.F. INVAR. **1** Svolgimento senza interruzioni nello spazio e nel tempo: *i campi si succedevano per chilometri con continuità.* **2** Regolarità, costanza: *manca di continuità nello studio.*

continuo (con-tì-nuo) AGG. **1** Non interrotto nello spazio e nel tempo: *una fila continua di cipressi; un neonato richiede un impegno continuo* Ⓒ discontinuo. **2** Che si ripete molto spesso: *non riesco a concentrarmi per le continue telefonate.* Ⓔ ***Di continuo***, senza interruzione.

conto (cón-to) N.M. **1** Operazione fatta con i numeri: *il conto non torna; faceva il conto delle spese* Ⓢ calcolo, conteggio. **2** Somma da pagare o da ricevere per un servizio o un consumo: *il conto del ristorante, del parrucchiere; ci porti il conto, per favore.* **3** Stima, pregio, considerazione: *è tenuto in gran conto al lavoro* • Importanza: *è un problema di poco conto.* **4** Assegnamento, affidamento: *faccio conto* ***su*** *di te per quel progetto; fai troppo conto* ***sulle*** *sue promesse.* Ⓔ ***A conti fatti***, tutto considerato: *a conti fatti non mi sembra una cattiva idea* • ***Alla fine dei conti*** o ***in fin dei conti***, tutto sommato, infine: *alla fine dei conti le cose non sono andate male* • ***A ogni buon conto***, a ogni modo, per il momento: *a ogni buon conto le ho consigliato di restare a letto* • ***Chiedere conto***, chiedere a qualcuno la ragione delle sue azioni • ***Conto alla rovescia*** → ***rovescia*** • ***Conto (corrente)***, somma di denaro depositata in banca o alla posta, il cui uso è stabilito da un contratto: *conto corrente bancario, postale; aprire, avere un conto in banca* • ***Dare conto*** o ***rendere conto***, essere responsabile, rispondere delle proprie azioni: *posso rendere conto di quello che faccio in qualsiasi momento* • ***Fare conto che*** o ***fare conto di***, considerare certo o molto probabile: *quei soldi puoi fare conto di averli presi; fai conto che io non ci sia,* fai come se io non ci fossi • ***Fare i***

A B C D E F G H I J K L M N O P Q R S T U V W X Y Z

C

conti con qualcuno, affrontarlo per discutere una questione in sospeso: *prima o poi facciamo i conti io e te!* • ***Fare i conti in tasca a qualcuno***, interessarsi di quanto uno guadagna e spende • ***Per conto di qualcuno***, a suo nome: *ho fatto fare dei lavori per conto dell'ufficio* • ***Per conto mio***, per quel che mi riguarda: *per conto mio puoi andare*; da solo: *me ne stavo seduto per conto mio* • ***Rendersi conto di qualcosa***, accorgersene, capire: *si è reso conto che stava sbagliando* • ***Sul conto di qualcuno***, nei suoi riguardi, su di lui: *cosa c'è da dire sul suo conto?* • ***Tener conto di qualcosa***, tenerlo presente, considerarlo: *tieni conto che non siamo neanche a metà del lavoro.*

contorcersi (con-tòr-cer-si) V.RIFL. (irreg.: coniugato come *torcere*) · Muoversi in modo disordinato, agitando il corpo e gli arti: *si sta contorcendo dal dolore* S dimenarsi.

contornare (con-tor-nà-re) V.TR. (*contórno*, ecc.) || TR. Cingere, circondare: *una folta siepe contorna il giardino; contornare una tovaglia* ***con*** *un ricamo.* || **contornarsi** RIFL. Tenere intorno a sé: *ama contornarsi* ***di*** *persone strane* S circondarsi.

contorno (con-tór-no) N.M. **1** Linea o insieme di linee che circondano una figura: *un disegno dai contorni sfumati* • Linea immaginaria che delimita una forma: *un volto dai contorni delicati* S profilo. **2** Porzione di cibi vegetali che si mangia con la carne o il pesce: *una bistecca con contorno di insalata.*

contorsione (con-tor-sió-ne) N.F. **1** Movimento del corpo e degli arti, che si piegano in modo non normale, talvolta a fini di spettacolo. **2** Ragionamento disordinato e poco chiaro: *le sue contorsioni mentali mi confondono le idee.*

contorto (con-tòr-to) AGG. **1** Piegato in modo innaturale o eccessivo: *un albero contorto; le lamiere contorte dall'incidente* S storto. **2** Difficile da capire: *un ragionamento contorto; è un tipo un po' troppo contorto* S oscuro, complicato.

contra- · Prefisso che indica 'contrasto, opposizione'; se seguito da consonante semplice, ne provoca il raddoppiamento: *contraccolpo; contrapporre.*

contrabbandiere (con-trab-ban-diè-re) N.M. e AGG. (f. *-a*; pl.m. *-i*, pl.f. *-e*) · Chi, che pratica il contrabbando: *contrabbandiere di armi; nave contrabbandiera.*

contrabbando (con-trab-bàn-do) N.M. · L'attività illegale di esportare o importare merci di nascosto, senza pagare le tasse: *contrabbando di sigarette.* E ***Di contrabbando***, introdotto in uno Stato illegalmente: *merce di contrabbando*; illecitamente, di nascosto: *importare prodotti di contrabbando.*

> Il termine è un composto di **contra-** e **bando** e significa letteralmente 'azione compiuta contro i bandi', cioè contro le leggi.

contrabbasso (con-trab-bàs-so) N.M. · Strumento ad arco, con tre, quattro o cinque corde che produce suoni molto bassi: *suona il contrabbasso in un gruppo jazz.*

contraccambiare (con-trac-cam-bià-re) V.TR. (*contraccàmbio*, ecc.) **1** Dare o fare in cambio di qualcosa che si è ricevuto: *contraccambiare i saluti; contraccambiare un favore* ***con*** *un regalo* S ricambiare, restituire. **2** Ricompensare qualcuno: *non so come contraccambiarti* ***per*** *la tua gentilezza.*

contraccambio (con-trac-càm-bio) N.M. (pl. *-bi*) · Restituzione di qualcosa che vale quanto ciò che si è ricevuto: *accetta il nostro invito come contraccambio per il tuo favore* S contropartita • La cosa data o ricevuta in cambio: *un contraccambio modesto, esagerato.*

contraccettivo (con-trac-cet-ti-vo) AGG. e N.M. · Di metodo, dispositivo o farmaco che impedisce la fecondazione: *metodi contraccettivi; usare un contraccettivo* S anticoncezionale.

contraccezione (con-trac-ce-zió-ne) N.F. · Tecnica che impedisce la fecondazione: *i metodi di contraccezione.*

contraccolpo (con-trac-cól-po) N.M. **1** Spinta causata da un colpo, che va in direzione contraria a quella del colpo stesso: *la palla sbatté sul palo e di contraccolpo entrò in rete.* **2** La conseguenza di un evento: *i mercati subiscono i contraccolpi della crisi* S ripercussione, effetto.

contrada (con-trà-da) N.F. · Ciascuno dei quartieri in cui si dividevano le città medievali • Ciascuno dei diciassette quartieri in cui si divide la città di Siena.

contraddire (con-trad-dì-re) V.TR. (irreg.: coniugato come *dire*; imperat. *contraddìci*) || TR. Dire o dimostrare il contrario di ciò che sembra o di ciò che qualcuno sostiene: *contraddici sempre quel che dico; la realtà contraddice molte previsioni.* || **contraddirsi** RIFL. Parlare o agire in contrasto con quanto si è detto o fatto prima: *durante la testimonianza l'imputato si è contraddetto più volte* Ⓢ smentirsi.

contraddistinguere (con-trad-di-stìn-gue-re) V.TR. (irreg.: coniugato come *distinguere*) || TR. Rendere riconoscibile, differenziare con un segno: *la divisa rossa contraddistingue la nostra squadra* Ⓢ contrassegnare, distinguere • Di una qualità, essere proprio di qualcuno o qualcosa: *quel modo di parlare contraddistingueva il suo stile* Ⓢ caratterizzare, identificare. || **contraddistinguersi** INTR. PRONOM. Essere riconoscibile: *la sua prosa si contraddistingue **per** la semplicità.*

contraddittorio (con-trad-dit-tò-rio) AGG. e N.M. (pl.m. *-ri*, pl.f. *-rie*) || AGG. Che contiene contraddizioni, che non ha coerenza: *un comportamento contraddittorio; discorso contraddittorio* Ⓢ ambiguo, equivoco • AL PL. Di fatti o parole contrastanti, che si negano a vicenda: *ha dato dei giudizi contraddittori sulla vicenda* Ⓢ opposto, contrario. || N.M. Discussione pubblica fra due persone che sostengono opinioni contrarie: *durante il contraddittorio i due imputati si sono duramente confrontati* Ⓢ confronto.

contraddizione (con-trad-di-zió-ne) N.F. · Contrasto tra discorsi, pensieri o fatti che si negano a vicenda: *c'è una forte contraddizione tra ciò che dici e ciò che fai; l'indagato è caduto più volte in contraddizione* • AL PL. Parole o fatti che si negano fra loro: *un discorso pieno di contraddizioni; una vita piena di contraddizioni.* Ⓔ ***Spirito di contraddizione***, tendenza ostinata a contraddire gli altri.

contraereo (con-tra-è-re-o) AGG. (pl.m. *-rei*, pl.f. *-ree*) · Che serve a combattere gli aerei nemici: *missile contraereo.*

contraffare (con-traf-fà-re) V.TR. (irreg.: coniugato come *fare*) · Riprodurre qualcosa in modo da farlo sembrare originale: *ha contraffatto la mia firma; contraffare i prodotti di marca* Ⓢ falsificare. Ⓔ ***Contraffare la voce***, modificarla in modo da sembrare un'altra persona.

contraffatto (con-traf-fàt-to) AGG. **1** Imitato o falsificato a scopo di truffa: *firma contraffatta; monete contraffatte.* **2** Modificato nel suo aspetto: *una voce contraffatta; lineamenti contraffatti dal dolore* Ⓢ deformato, alterato.

contraffazione (con-traf-fa-zió-ne) N.F. · Imitazione, falsificazione: *contraffazione di un dipinto.*

contrafforte (con-traf-fòr-te) N.M. **1** Rinforzo verticale esterno di un muro. **2** Parte secondaria di una catena montuosa che si estende in una pianura.

contralto (con-tràl-to) N.M. e AGG. || N.M. La più bassa delle voci femminili • Chi canta con tale voce. || AGG. INVAR. Di strumento musicale che, all'interno della propria famiglia, ha il suono più basso: *sassofono contralto.*

contrappeso (con-trap-pé-so) N.M. **1** Peso che, messo sul lato opposto, equilibra un altro peso: *un ascensore con due contrappesi; questo masso dovrebbe fare da contrappeso.* **2** Cosa che si oppone a un'altra, creando un equilibrio: *le tue idee fanno da contrappeso alle mie.*

contrapporre (con-trap-pór-re) V.TR. (irreg.: coniugato come *porre*) || TR. Opporre come ostacolo o termine di confronto: *contrapporre un argine **alla** piena del fiume; cos'hai da contrapporre **ai** miei argomenti?* || **contrapporsi** RIFL. Mettersi o essere in contrasto: *nessuno osava contrapporsi **al** tiranno; i vostri due punti di vista si contrappongono* Ⓢ opporsi, contrastare.

contrapposizione (con-trap-po-ṣi-zió-ne) N.F. · Contrasto, opposizione: *il mio progetto è in contrapposizione con i vostri interessi.*

contrapposto (con-trap-pó-sto) AGG. **1** Messo di fronte: *squadre contrapposte; disporsi in due file contrapposte.* **2** Che è in contrasto: *partiti, argomenti contrapposti* Ⓢ contrario, opposto.

contrappunto (con-trap-pùn-to) N.M. **1** Tecnica di composizione musicale che consiste nel combinare tra loro due o più melodie. 2 Nell'arte o nella letteratura, fusione di stili contrastanti che crea un risultato piacevole. Ⓔ ***Fare il contrappunto***, accompagnare un canto o un suono.

C

contrariare (con-tra-rià-re) V.TR. (*contràrio*, ecc.) 1 Ostacolare ponendosi contro: *mi contraria in tutto quel che dico* Ⓢ contrastare, avversare. 2 Innervosire, irritare, infastidire: *l'insuccesso lo ha molto contrariato*.

contrarietà (con-tra-rie-tà) N.F. INVAR. 1 Situazione sfavorevole: *le contrarietà della vita; non cedere di fronte alle contrarietà* Ⓢ avversità. 2 Sentimento di ostilità: *esprimere, manifestare la propria contrarietà* Ⓢ avversione.

contrario (con-trà-rio) AGG. e N.M. (pl.m. *-ri*, pl.f. *-rie*) || AGG. 1 Che è in opposizione, in contrasto: *idee, opinioni contrarie; io sono di parere contrario* Ⓢ opposto. 2 Che va o viene in senso inverso: *venti contrari* ***alla*** *navigazione; procedeva in direzione contraria.* 3 Ostile, sfavorevole, avverso: *la sorte gli fu contraria; suo padre è contrario* ***al*** *matrimonio.* || N.M. La cosa opposta, l'inverso: *dice sempre il contrario di quel che pensa; invece accadde proprio il contrario.* Ⓔ ***Al contrario***, all'opposto, invece: *uno è ottimista, l'altro al contrario vede tutto nero* • ***Avere qualcosa in contrario, non avere nulla in contrario***, da opporre, da ridire: *non ho nulla in contrario alla tua proposta.*

contrarre (con-tràr-re) V.TR. (irreg.: coniugato come *trarre*) 1 Stringere e irrigidire una parte del corpo: *contrarre un muscolo.* 2 Ridurre, limitare, contenere: *cerchiamo di contrarre le spese.* 3 Prendere per contagio: *contrarre una malattia* • Fare proprio: *contrarre un vizio, un'abitudine* Ⓢ acquisire. 4 Prendere come obbligo, come impegno: *contrarre un debito.* Ⓔ ***Contrarre matrimonio***, sposarsi.

contrassegnare (con-tras-se-gnà-re) V.TR. (*contrasségno*, ecc.) · Distinguere con un segno particolare: *contrassegnare le camicie* ***con*** *le proprie iniziali* Ⓢ contraddistinguere.

La prima persona plurale dell'indicativo presente e quella del congiuntivo presente è *contrassegniamo*, con la *i*: la forma *contrassegnamo* è sempre scorretta. La seconda persona plurale dell'indicativo presente è *contrassegnate* senza *i*, mentre quella del congiuntivo presente è *contrassegniate* con la *i*.

contrassegno[1] (con-tras-sé-gno) AVV. · Modalità di spedizione di una merce, che consiste nel pagare al momento della consegna: *spedire, ricevere una merce contrassegno.*

contrassegno[2] (con-tras-sé-gno) N.M. · Segno particolare che serve a distinguere: *mettere un contrassegno sulla valigia, alla biancheria.*

contrastare (con-tra-stà-re) V.INTR. e TR. || INTR. (aus. *avere*) Essere in opposizione, in contrasto: *la luminosità delle figure contrastava* ***con*** *i colori dello sfondo* Ⓢ opporsi. || TR. Avversare, ostacolare: *contrastare l'avanzata del nemico.*

contrasto (con-trà-sto) N.M. 1 Ciò che si oppone al compimento di qualcosa: *l'approvazione del mio progetto ha incontrato forti contrasti* Ⓢ opposizione, resistenza, ostacolo • Reciproca opposizione: *i due pareri sono in evidente contrasto; le tue parole sono in contrasto* ***con*** *le tue azioni* Ⓢ contraddizione. 2 Motivo di scontro: *dobbiamo risolvere i nostri contrasti* Ⓢ contesa, conflitto Ⓒ accordo. 3 L'effetto dato dall'accostamento di colori od oggetti diversi: *un felice contrasto di luci e ombre; il contrasto tra mobili antichi e accessori moderni* Ⓢ contrapposizione. 4 Negli sport di squadra, intervento di un giocatore per togliere la palla all'avversario: *un contrasto duro, deciso.* 5 ***Mezzo di contrasto***, in radiologia, sostanza che, introdotta nell'organismo, permette di vedere meglio gli organi.

contrattaccare (con-trat-tac-cà-re) V.TR. (*contrattàcco, contrattàcchi*, ecc.) · Passare all'attacco per contrastare l'azione del nemico o dell'avversario: *contrattaccare il nemico, la squadra avversaria.*

contrattacco (con-trat-tàc-co) N.M. (pl. *-chi*) 1 Azione di guerra fatta per reagire a un attacco nemico: *il contrattacco è stato molto violento.* 2 Nello sport, azione diretta a recuperare uno svantaggio: *la squadra passa al contrattacco con un veloce contropiede.*

contrattare (con-trat-tà-re) V.TR. · Discutere il prezzo e le condizioni di acquisto o di vendita di un oggetto: *contrattare la vendita di una casa.*

contrattazione (con-trat-ta-zió-ne) N.F. · Discussione tra le parti interessate per giungere a un accordo: *dopo una lunga contrattazione i presidenti hanno firmato la pace tra i due Stati* Ⓢ trattativa.

contrattempo (con-trat-tèm-po) N.M. · Ostacolo imprevisto che fa perdere tempo o impedisce un'azione: *un contrattempo mi ha costretto a rimandare la cena* Ⓢ imprevisto, impedimento.

contrattile (con-tràt-ti-le) AGG. · Che può contrarsi: *muscoli, nervi contrattili.*

contratto (con-tràt-to) N.M. · Accordo tra due o più parti che ha un valore legale: *contratto di compravendita, di affitto; firmare, stipulare, annullare un contratto* • Il documento in cui è scritto tale accordo: *strappare un contratto.* Ⓔ ***Contratto a progetto***, contratto con cui si viene assunti per lavorare a un progetto specifico in un periodo di tempo prestabilito • ***Contratto a termine***, forma di assunzione al lavoro per un periodo di tempo prestabilito • ***Contratto collettivo di lavoro***, accordo tra associazioni di lavoratori e di imprenditori con il quale vengono regolati i rapporti di lavoro.

contrattuale (con-trat-tu-à-le) AGG. · Che riguarda un contratto: *clausole contrattuali; obbligo contrattuale.* Ⓔ ***Forza contrattuale*** o ***potere contrattuale***, possibilità di imporre il proprio punto di vista in una trattativa.

contravvenire (con-trav-ve-nì-re) V.INTR. (irreg.: coniugato come *venire*; aus. *avere*) · Agire in modo contrario a una regola o a un patto: *contravvenire **alle** leggi* Ⓢ trasgredire.

contravvenzione (con-trav-ven-zió-ne) N.F. **1** Violazione di un divieto imposto dalla legge: *la sua è una contravvenzione **al** regolamento comunale* Ⓢ violazione, infrazione. **2** La multa data per non aver rispettato un divieto di legge: *il vigile gli ha fatto la contravvenzione; sono andato a pagare una contravvenzione* Ⓢ ammenda, multa.

contrazione (con-tra-zió-ne) N.F. **1** Restringimento e irrigidimento di una parte del corpo: *contrazione delle pupille; contrazione muscolare.* **2** Riduzione, diminuzione, calo: *la contrazione delle vendite.* Ⓔ ***Contrazioni uterine***, quelle che nel parto fanno uscire il feto dal ventre materno.

contribuente (con-tri-bu-èn-te) N.M. e F. · Chi paga le tasse: *guida dei contribuenti per il pagamento delle imposte.*

contribuire (con-tri-bu-ì-re) V.INTR. (*contribuìsco, contribuìsci*, ecc.; aus. *avere*) **1** Dare il proprio aiuto per raggiungere un risultato insieme con altri: *contribuire **con** una piccola cifra **alle** spese; contribuire **al** successo della squadra* Ⓢ collaborare, partecipare. **2** Di cosa, aggiungersi ad altre per produrre un certo effetto: *diversi fattori contribuirono **alla** caduta del governo; le notizie hanno contribuito **ad** accrescere la sfiducia degli investitori* Ⓢ concorrere.

contributivo (con-tri-bu-tì-vo) AGG. · Che riguarda le tasse e i contributi: *capacità contributiva.*

contributo (con-tri-bù-to) N.M. **1** Offerta o partecipazione di qualcuno per raggiungere uno scopo a cui collaborano più persone: *contributo in denaro, in natura; il contributo dei volontari **alle** operazioni di soccorso è stato determinante* Ⓢ aiuto. **2** Pagamento di una somma di denaro a favore di un ente in cambio di un certo servizio: *contributi sindacali* Ⓢ contribuzione. Ⓔ ***Contributi (previdenziali)***, quelli che il datore di lavoro deve per legge versare ai vari enti sociali per garantire ai propri dipendenti l'assicurazione e la pensione.

contribuzione (con-tri-bu-zió-ne) N.F. **1** Partecipazione con denaro, energie o risorse a un'attività comune: *è necessaria la contribuzione di tutti i partecipanti* Ⓢ contributo. **2** Ciò che si dà come contributo: *contribuzione in generi alimentari.*

contrito (con-trì-to) AGG. · Pentito, dispiaciuto, mortificato: *mostrarsi contrito; espressione contrita.*

contro (cón-tro) PREP., AVV. e N.M. INVAR. || PREP. Indica il movimento di opposizione oppure la posizione di fronte: *battere contro il muro; era voltato contro il muro; erano in piedi l'uno contro l'altro* • Indica avversione o contrasto:

agire contro la volontà del padre; lavorare contro voglia. || AVV. Indica opposizione forte: *votare contro; essere contro.* || N.M. L'insieme degli aspetti negativi di una situazione: *valutare i pro e i contro.* Ⓔ ***Dare contro a qualcuno***, criticarlo con aggressività.

Quando *contro* è usato come preposizione e precede un pronome personale, deve essere seguito dalla preposizione *di*: *si scagliò contro di me.*

contro- · Prefisso che indica 'contrasto, opposizione' (*controsenso; controvoglia*) oppure 'reazione, movimento contrario' (*contropiede; controcorrente*).

controbattere (con-tro-bàt-te-re) V.TR. 1 Rispondere a un'affermazione dimostrando che non è vera: *devi controbattere le sue accuse* Ⓢ ribattere, contestare, replicare. 2 Reagire con un'azione: *la nostra squadra sta cercando di controbattere.*

controbilanciare (con-tro-bi-lan-cià-re) V.TR. (*controbilàncio*, ecc.) 1 Riportare in equilibrio con un contrappeso: *controbilanciare il carico.* 2 Bilanciare, compensare: *gli utili controbilanciano le perdite.*

controcorrente (con-tro-cor-rèn-te) (o **contro corrente**) AVV. e AGG. INVAR. || AVV. In direzione opposta a una corrente: *navigare controcorrente.* || AVV. e AGG. Contro le usanze, le opinioni e i gusti più diffusi: *andare controcorrente; idee controcorrente; una scrittrice controcorrente.*

controffensiva (con-trof-fen-sì-va) N.F. 1 Azione militare diretta a riconquistare posizioni perdute in battaglia: *sferrare una controffensiva.* 2 Energica reazione a un attacco o a una polemica altrui: *la controffensiva del deputato non si è fatta attendere* Ⓢ replica.

controfigura (con-tro-fi-gù-ra) N.F. · Persona che, somigliando nel fisico a un attore cinematografico, lo sostituisce in particolari riprese: *nelle scene più pericolose hanno usato una controfigura.*

controindicato (con-tro-in-di-cà-to) AGG. · Che può essere dannoso: *un farmaco controindicato* ***per*** *questa malattia* Ⓒ indicato, adatto.

controindicazione (con-tro-in-di-ca-zió-ne) N.F. · Nel linguaggio medico, situazione in cui l'uso di un farmaco o di una terapia può essere dannoso: *una cura che non ha controindicazioni.*

controllare (con-trol-là-re) V.TR. (*contròllo*, ecc.) || TR. 1 Esaminare qualcosa per accertarsi che sia come dovrebbe essere o funzioni bene: *controllare il motore; controllare la pressione sanguigna; controlla* ***che*** *la finestra sia chiusa* Ⓢ verificare. 2 Tenere d'occhio: *controllare le mosse dell'avversario; paga un investigatore perché controlli sua moglie* Ⓢ vigilare. 3 Tenere sotto il proprio dominio, avere potere su qualcosa: *controllare il mercato della droga; controllare la situazione* Ⓢ dominare. 4 Non eccedere in qualcosa: *controllare le spese, l'alimentazione* Ⓢ moderare, contenere • Frenare, dominare: *devi imparare a controllare i nervi.* || **controllarsi** RIFL. Dominare i propri impulsi o sentimenti: *controllarsi* ***nel*** *bere; riesce a controllarsi anche di fronte alle peggiori offese.*

controllo (con-tròl-lo) N.M. 1 Esame che serve a stabilire se qualcosa è come dovrebbe essere o funzioni bene: *controllo dei documenti; controllo di un impianto* Ⓢ verifica, riscontro. 2 Sorveglianza, vigilanza: *sfuggire al controllo dei genitori; tenere sotto controllo un sospettato.* 3 Azione con cui si regola o si mette un limite a qualcosa: *controllo del traffico, delle nascite.* 4 Capacità di manovrare qualcosa: *perdere il controllo dell'automobile.* 5 Dominio, padronanza: *avere il controllo di un territorio; mantenere il controllo di sé.*

controllore (con-trol-ló-re) N.M. (f. *-a*; pl.m. *-i*, pl.f. *-e*) · Chi controlla che i viaggiatori sui treni o sugli autobus abbiano il biglietto. Ⓔ ***Controllore di volo***, negli aeroporti, chi dirige da terra il decollo e l'atterraggio degli aerei.

Il femminile di *controllore* è *controllora*, ma è usato poco. Spesso si usa il maschile anche quando ci si riferisce a una donna: *Giovanna fa il controllore sul treno.*

controluce (con-tro-lù-ce) AVV. · In posizione o direzione opposta a una fonte di luce: *mettere (in) controluce.* Ⓔ ***Guardare (in) controluce***, in trasparenza e rivolto a una fonte di luce: *se guardi la banconota in controluce puoi vedere la filigrana.*

contromano (con-tro-mà-no) AVV. · Sul lato della strada riservato ai veicoli che vengono in senso inverso: *non si era accorto che stava andando contromano* Ⓢ controsenso.

contromarca (con-tro-màr-ca) N.F. (pl. *-che*) · Biglietto o gettone che viene dato a chi si allontana temporaneamente da un locale per potervi rientrare, o a chi lascia un indumento al guardaroba per poterlo ritirare.

contromisura (con-tro-mi-ṣù-ra) N.F. · Provvedimento che si usa per prevenire o combattere situazioni dannose o pericolose: *visti gli ultimi furti, bisognerà prendere delle contromisure.*

controparte (con-tro-pàr-te) N.F. **1** La parte avversaria in un processo: *la controparte ha presentato una richiesta di proroga.* **2** La parte avversaria in un confronto sindacale o politico: *le controparti hanno trovato un accordo.*

contropartita (con-tro-par-ti-ta) N.F. · Ricompensa, compenso, contraccambio: *mi chiedo cosa vorrà in contropartita.*

contropiede (con-tro-piè-de) N.M. INVAR. · Nel calcio e in altri sport con la palla, attacco che segue in modo rapido e improvviso un'azione di attacco dell'avversario: *dopo un veloce contropiede l'attaccante infilò la palla in rete.* Ⓔ ***Prendere in contropiede***, di sorpresa, alla sprovvista: *mi hai preso in contropiede: non so cosa risponderti.*

controproducente (con-tro-pro-du-cèn-te) AGG. · Di azione che ha un risultato opposto alle intenzioni e alle previsioni: *mettergli fretta mi sembra controproducente* Ⓢ dannoso, svantaggioso.

controprova (con-tro-prò-va) N.F. · Seconda prova con cui si verifica l'esattezza della prima: *il risultato dell'esperimento richiede una controprova.*

contrordine (con-trór-di-ne) N.M. · Ordine che annulla o modifica un ordine precedente: *c'è stato un contrordine: partiremo domani anziché oggi.*

controriforma (con-tro-ri-fór-ma) N.F. · La vasta azione di riforma morale e religiosa realizzata dalla Chiesa cattolica tra il Cinquecento e il Seicento, in opposizione ai valori laici del Rinascimento e al rinnovamento portato dalla Riforma protestante.

controsenso (con-tro-sèn-so) N.M. e AVV. || N.M. Atto o discorso contraddittorio, che non ha senso: *quel che dici è un controsenso* Ⓢ assurdità, paradosso. || AVV. Nella direzione vietata: *l'auto procedeva controsenso al momento dell'incidente* Ⓢ contromano.

controspionaggio (con-tro-spio-nàg-gio) N.M. (pl. *-gi*) · Organizzazione segreta usata da uno Stato per contrastare le azioni di spionaggio di altri Stati: *un agente del controspionaggio* • L'attività svolta da questa organizzazione: *operazione di controspionaggio.*

controvento (con-tro-vèn-to) AVV. · In direzione contraria a quella del vento: *l'aquila volava controvento.* ▸ Ⓕ **vento**

controversia (con-tro-vèr-sia) N.F. (pl. *-sie*) **1** Discussione tra persone che sostengono opinioni diverse: *tra i due studiosi è nata un'interessante controversia; risolvere una controversia* Ⓢ polemica, contesa. **2** Contrasto per il quale ci si rivolge al giudice: *portare una controversia in tribunale.*

controverso (con-tro-vèr-so) AGG. **1** Che provoca molte discussioni: *un caso controverso; una tesi controversa* Ⓢ discusso, discutibile. **2** Che può essere interpretato in modi diversi: *la soluzione della crisi è ancora controversa.*

controvoglia (con-tro-vò-glia) AVV. · Senza averne voglia: *studiare, mangiare controvoglia* Ⓢ malvolentieri.

contumacia (con-tu-mà-cia) N.F. (pl. *-cie*, raro) · La situazione dell'imputato che non si presenta al processo: *condannare in contumacia.*

contumelia (con-tu-mè-lia) N.F. (pl. *-lie*) · Offesa, ingiuria, insulto: *lanciare contumelie.*

contundente (con-tun-dèn-te) AGG. · In diritto, di qualsiasi oggetto non tagliente usato per colpire qualcuno: *è stato colpito con un corpo contundente.*

conturbante (con-tur-bàn-te) AGG. · Che provoca turbamento e desiderio: *una donna* *dalla bellezza conturbante* Ⓢ eccitante, provocante.

contusione (con-tu-ṣió-ne) N.F. · Lesione di una parte del corpo senza ferite della pelle, causata da un urto o da un colpo: *ha riportato solo una leggera contusione.*

contuso (con-tù-ṣo) AGG. e N.M. (f. *-a*) || AGG. e N.M. (f. *-a*) Che, chi ha subito una contusione: *è rimasto contuso alla schiena; sono stati numerosi i contusi nell'incidente.* || AGG. Che presenta una contusione: *ha una spalla contusa.*

convalescente (con-va-le-scèn-te) AGG. e N.M. e F. · Che, chi si sta rimettendo in salute dopo aver superato una malattia: *non posso uscire, sono ancora convalescente; i convalescenti devono mangiare cibi leggeri.*

convalescenza (con-va-le-scèn-za) N.F. · Periodo intermedio tra la fine di una malattia e il recupero completo delle forze e della salute: *avrà bisogno di un lungo periodo di convalescenza; entrare, essere in convalescenza.*

convalida (con-và-li-da) N.F. **1** Atto con cui un'autorità dichiara che qualcosa è valido: *chiedere, ottenere la convalida di una nomina; convalida di una firma.* **2** La timbratura del biglietto di un mezzo di trasporto pubblico per renderlo valido: *convalida del biglietto del treno.* **3** Conferma, riprova, riscontro: *ho ricevuto la convalida dei miei sospetti.*

convalidare (con-va-li-dà-re) V.TR. (*convàlido*, ecc.) **1** Rendere o confermare valido, soprattutto a livello legale: *la sentenza è stata convalidata.* **2** Rafforzare, confermare: *deve convalidare la sua tesi* ***con*** *nuovi argomenti.*

convegno (con-vé-gno) N.M. **1** Riunione di esperti per discutere una certa materia: *partecipare, invitare a un convegno; il convegno sull'ambiente si terrà domani* Ⓢ congresso, conferenza. **2** Incontro di due o più persone in un luogo e momento prestabilito: *convegno amoroso; darsi convegno* Ⓢ appuntamento.

convenevoli (con-ve-né-vo-li) N.M.PL. · Frasi convenzionali che si dicono in certe circostanze: *perdersi in inutili convenevoli* Ⓢ cerimonie, complimenti.

conveniente (con-ve-nièn-te) AGG. **1** Adatto alle circostanze: *usare parole convenienti* ***alla*** *situazione* Ⓢ opportuno, appropriato. **2** Vantaggioso, economico, favorevole: *prezzi convenienti.*

convenienza (con-ve-nièn-za) N.F. **1** Vantaggio personale: *la convenienza di un affare; matrimonio di convenienza* Ⓢ utilità, tornaconto. **2** AL PL. Le regole della buona educazione: *rispettare le convenienze.*

convenire (con-ve-ni-re) V.INTR. e TR. (irreg.: coniugato come *venire*) || INTR. (aus. *essere*) **1** Radunarsi, riunirsi: *centinaia di studiosi sono convenuti* ***in*** *città per il congresso.* **2** Tornare utile, essere vantaggioso: *l'affare è convenuto* ***a*** *tutti.* || TR. Decidere insieme: *convenire un prezzo, un orario per la partenza* Ⓢ concordare, fissare.

convento (con-vèn-to) N.M. · Casa in cui vive una comunità di religiosi o religiose: *il convento di San Francesco.* Ⓔ ***Entrare in convento***, farsi frate o suora • ***Mangiare quel che passa il convento***, nel linguaggio familiare, accontentarsi di quello che c'è.

> Il termine deriva dal verbo latino *convenire* 'riunirsi' e in origine significava 'riunione (di fratelli)'.

convenuto (con-ve-nù-to) N.M. (f. *-a*) || N.M. (f. *-a*) Chi partecipa a un convegno, a un incontro: *porgere il saluto ai convenuti.* || N.M. Il risultato di una decisione comune: *secondo il convenuto, la spesa verrà divisa tra i condomini* Ⓢ accordo, patto.

convenzionale (con-ven-zio-nà-le) AGG. **1** Stabilito con un accordo precedente: *segno convenzionale.* **2** Che si attiene a un uso comune o a una tradizione: *una formula di saluto convenzionale* Ⓢ usuale, tradizionale. **3** Che segue passivamente il modo di agire o di pensare più comune: *è una persona troppo convenzionale per apprezzare un film così originale* Ⓢ ordinario • Poco spontaneo: *tra vicini si scambiano solo poche frasi convenzionali* Ⓢ formale. Ⓔ ***Armi non convenzionali***, quelle che causano la morte di molte persone come le armi chimiche, batteriologiche e nucleari.

convenzione (con-ven-zió-ne) N.F. **1** Accordo in base al quale due o più parti si obbligano a mantenere precisi impegni: *l'università* *ha stipulato una convenzione con alcuni istituti di ricerca.* **2** Scelta condivisa con cui si fissa una norma o il valore di qualcosa, perché ne derivino vantaggi pratici: *il sistema metrico decimale è adottato per convenzione da molti Paesi europei.* **3** Regola di comportamento accettata e seguita dalla maggioranza: *il rispetto delle convenzioni sociali* Ⓢ consuetudine. **4** Assemblea politica o legislativa: *la Convenzione di Ginevra ha stabilito i diritti dei prigionieri politici.*

convergente (con-ver-gèn-te) AGG. **1** Che va verso lo stesso punto: *strade convergenti* Ⓒ divergente. **2** Che tende verso lo stesso fine: *interessi convergenti.*

convergenza (con-ver-gèn-za) N.F. **1** Caratteristica di due o più linee che si incontrano in uno stesso punto di arrivo: *convergenza di due rette* Ⓒ divergenza. **2** Punto d'incontro di opinioni diverse: *convergenza di giudizi, di intenti* Ⓢ concordanza, accordo.

convergere (con-vèr-ge-re) V.INTR. (irreg.: ind. pres. *convèrgo, convèrgi*, ecc.; pass. rem. *convèrsi, convergésti, convèrse, convergémmo, convergéste, convèrsero*; rari il part. pass. *convèrso* e i tempi composti; aus. *essere*) **1** Incontrarsi partendo da punti diversi: *i sentieri convergevano* ***in*** *una radura* Ⓢ dirigersi, confluire Ⓒ divergere. **2** Tendere allo stesso fine: *i loro sforzi convergono* ***verso*** *lo stesso scopo* Ⓢ concordare, coincidere.

conversare (con-ver-sà-re) V.INTR. (*convèrso*, ecc.; aus. *avere*) · Parlare in modo amichevole con qualcuno di argomenti piacevoli: *mi fa sempre piacere conversare* ***con*** *gli amici* Ⓢ discorrere, dialogare.

conversazione (con-ver-sa-zió-ne) N.F. **1** Dialogo amichevole su argomenti piacevoli: *fare conversazione; una conversazione animata, brillante, interessante* Ⓢ chiacchierata. **2** Scambio di idee o di informazioni: *conversazione telefonica; abbiamo avuto una conversazione molto tesa* Ⓢ colloquio.

conversi (con-vèr-si) · Pass. rem., 1ª pers. sing. → ***convergere***.

conversione (con-ver-sió-ne) N.F. **1** Netto cambiamento di fede o di opinione: *una conversione politica; la sua conversione* ***al*** *buddismo.* **2** Cambiamento di una cosa in un'altra: *la conversione dell'acqua* ***in*** *vapore; la conversione* ***in*** *legge di un decreto* Ⓢ trasformazione. Ⓔ ***Conversione a U***, inversione a U (→ ***inversione***).

converso (con-vèr-so) · Participio pass. → ***convergere***.

convertire (con-ver-tì-re) V.TR. (*convèrto*, ecc.) || TR. **1** Convincere qualcuno a cambiare la sua religione o le sue opinioni: *il santo convertì molti peccatori con il suo esempio; convertire qualcuno* ***alle*** *proprie idee* Ⓢ convincere, persuadere. **2** Trasformare una cosa in un'altra: *convertire la ghisa* ***in*** *acciaio; convertire la palestra* ***in*** *ambulatorio.* || **convertirsi** RIFL. Scegliere una nuova religione o una nuova idea: *convertirsi* ***all****'Islam,* ***al*** *socialismo.* || **convertirsi** INTR. PRONOM. Diventare qualcos'altro: *l'acqua si converte* ***in*** *ghiaccio; l'amore si convertì* ***in*** *odio* Ⓢ trasformarsi, cambiare.

convertitore (con-ver-ti-tó-re) N.M. (f. *-trice*) · Apparecchio che trasforma dati, sostanze o energie per renderle adatte all'uso: *convertitore di frequenza.*

convesso (con-vès-so) AGG. **1** Curvo verso l'esterno: *lente convessa; specchio convesso* Ⓒ concavo. **2** Di figura geometrica in cui ogni segmento che unisce due punti qualsiasi all'interno di essa è contenuto per intero nella figura stessa. Ⓔ ***Angolo convesso***, inferiore a 180°.

convincente (con-vin-cèn-te) AGG. · Che ha la capacità di convincere: *un'interpretazione convincente; un discorso poco convincente* Ⓢ persuasivo.

convincere (con-vìn-ce-re) V.TR. (irreg.: coniugato come *vincere*) || TR. Spingere qualcuno, con valide spiegazioni, a riconoscere la verità di un fatto o a compiere un'azione: *mi ha convinto* ***della*** *sua sincerità; lo convincerò io* ***ad*** *aggregarsi alla gita* Ⓢ persuadere. || **convincersi** RIFL. Rendersi conto che qualcosa è vero o conveniente: *si convinse* ***della*** *necessità di ridurre le spese; alla fine mi sono convinto* ***ad*** *accettare l'incarico.*

convincimento (con-vin-ci-mén-to) N.M. **1** L'azione di persuadere qualcuno a fare qualcosa: *fare opera di convincimento* Ⓢ persua-

A B **C** D E F G H I J K L M N O P Q R S T U V W X Y Z

sione. **2** Certezza, convinzione: *rimango fermo nel mio convincimento.*

convinzione (con-vin-zió-ne) N.F. **1** Il credere in qualcosa: *convinzione religiosa, morale; nessuno riesce a smuoverlo dalle sue convinzioni politiche* Ⓢ idea, opinione. **2** Cosa di cui si è certi: *ho la ferma convinzione che non verrà* Ⓢ certezza, convincimento.

convitato (con-vi-tà-to) N.M. (f. *-a*) · Chi è invitato a un pranzo: *i convitati prendano posto* Ⓢ commensale. Ⓔ ***Convitato di pietra***, presenza silenziosa e spiacevole, che ricorda qualcosa che si vuole dimenticare.

convitto (con-vìt-to) N.M. · Collegio.

convivente (con-vi-vèn-te) AGG. e N.M. e F. || AGG. e N.M. e F. Che, chi vive insieme ad altre persone: *coniugi non conviventi; i miei conviventi sono tutti studenti.* || N.F. e M. Chi vive insieme a un'altra persona con cui ha un legame sentimentale senza averla sposata: *non sono marito e moglie ma conviventi.*

convivenza (con-vi-vèn-za) N.F. **1** Vita in comune: *la convivenza familiare; la difficile convivenza tra studenti* Ⓢ coabitazione. **2** La vita in comune di una coppia non sposata: *abbiamo fatto una convivenza di prova prima di sposarci.*

convivere (con-vì-ve-re) V.INTR. (irreg.: coniugato come *vivere*; aus. *essere* o *avere*) **1** Vivere insieme: *il figlio minore convive* ***con*** *il padre* Ⓢ coabitare. **2** Di una coppia di persone, vivere insieme senza essere sposati: *preferiscono convivere piuttosto che sposarsi.* **3** Vivere sopportando una situazione difficile o dolorosa: *convive da anni* ***con*** *una terribile malattia.*

convocare (con-vo-cà-re) V.TR. (*cònvoco, cònvochi*, ecc.) **1** Invitare ufficialmente a una riunione o a un incontro: *convocare i soci; convocare i testimoni in questura* Ⓢ riunire. **2** Scegliere come membro di una squadra: *convocare un giocatore in nazionale.* **3** Fissare una riunione comunicando la data e il luogo: *l'assemblea è stata convocata per lunedì mattina* Ⓢ indire.

convocazione (con-vo-ca-zió-ne) N.F. **1** Invito a presentarsi o a riunirsi: *ricevere una convocazione; la convocazione delle Camere.* **2** Raduno ufficiale dei membri di una squadra: *la convocazione degli atleti per la squadra olimpica.*

convogliare (con-vo-glià-re) V.TR. (*convòglio*, ecc.) **1** Riunire e dirigere verso un luogo preciso: *convogliare le acque* ***in*** *un bacino; convogliare il traffico* ***su*** *una strada secondaria* Ⓢ canalizzare, incanalare. **2** Far convergere: *convogliare tutte le proprie energie* ***in*** *un'impresa; convogliare i voti* ***verso*** *un candidato* Ⓢ indirizzare, concentrare.

convoglio (con-vò-glio) N.M. (pl. *-gli*) · Gruppo di veicoli che procedono insieme lungo una stessa strada: *sull'autostrada c'era un piccolo convoglio funebre; la polizia scortava il convoglio militare* Ⓢ corteo, carovana. Ⓔ ***Convoglio ferroviario***, treno.

convulsione (con-vul-sió-ne) N.F. · Contrazione rapida e involontaria dei muscoli, causata da alcune malattie: *il bambino aveva le convulsioni; soffrire di convulsioni.*

convulso (con-vùl-so) AGG. **1** Mosso da scosse rapide e incontrollate del corpo e dei muscoli: *tosse convulsa; movimento convulso.* **2** Disordinato, caotico: *traffico convulso* • Frenetico, intenso, febbrile: *una giornata dal ritmo convulso.*

cooperare (co-o-pe-rà-re) V.INTR. (*coòpero*, ecc.; aus. *avere*) · Contribuire attivamente al raggiungimento di un fine: *coopera* ***con*** *altre due persone in questo lavoro* Ⓢ collaborare.

cooperativa (co-o-pe-ra-ti-va) N.F. · Società che gestisce un'attività, organizzata in modo da offrire dei vantaggi a tutti i soci. Ⓔ ***Cooperativa di consumo***, quella che rivende al pubblico prodotti acquistati a prezzi vantaggiosi direttamente dai produttori • ***Cooperativa di lavoro***, società di produzione in cui i soci forniscono direttamente il capitale e il lavoro, per poi dividersi i guadagni.

cooperativo (co-o-pe-ra-ti-vo) AGG. · Fondato sulla cooperazione: *credito cooperativo.*

cooperazione (co-o-pe-ra-zió-ne) N.F. **1** Contributo dato per il raggiungimento di un obiettivo: *è stata richiesta la sua cooperazione* Ⓢ collaborazione, aiuto. **2** Impegno comune rivolto a un fine: *cooperazione internazionale.*

coordinamento (co-or-di-na-mén-to) N.M. · Organizzazione di persone o cose per un fine preciso: *il coordinamento di un gruppo di lavoro.*

coordinare (co-or-di-nà-re) V.TR. (*coórdino*, ecc.) **1** Organizzare persone o elementi nel modo migliore per raggiungere un certo scopo: *coordinare le fasi di un progetto; coordinare il movimento delle braccia* ***con*** *quello delle gambe* Ⓢ collegare. **2** In grammatica, collegare per mezzo di una congiunzione coordinativa due elementi che hanno la stessa funzione sintattica.

coordinata (co-or-di-nà-ta) N.F. · Ciascuno dei numeri che permettono di individuare la posizione di un punto all'interno di un sistema. Ⓔ ***Coordinate cartesiane*** → ***cartesiano*** • ***Coordinate geografiche***, la latitudine e la longitudine.

coordinativo (co-or-di-na-tì-vo) AGG. · In grammatica: ***congiunzioni coordinative***, quelle che servono a collegare proposizioni coordinate (*e*, *ma*, *o*, ecc.).

coordinato (co-or-di-nà-to) AGG. e N.M. || AGG. Che procede o funziona secondo un ordine prestabilito: *i movimenti delle gambe devono essere coordinati* ***a*** *quelli delle braccia; meccanismi coordinati* Ⓒ scoordinato. || N.M. Insieme di abiti, tessuti od oggetti di arredamento fatti per essere usati insieme: *un coordinato di asciugamani, di biancheria intima.* Ⓔ ***Proposizioni coordinate***, in grammatica, quelle che hanno la stessa funzione sintattica e che sono collegate attraverso una congiunzione coordinativa (*ho mangiato una pasta e bevuto un caffè; ieri pioveva ma sono andato lo stesso allo stadio*).

coordinazione (co-or-di-na-zió-ne) N.F. **1** La capacità che persone o elementi hanno di agire o muoversi insieme per un certo scopo: *coordinazione di movimenti; tra i due uffici non c'è coordinazione.* **2** In grammatica, il rapporto sintattico di equivalenza che nasce tra due elementi collegati da una congiunzione coordinativa.

coperchio (co-pèr-chio) N.M. (pl. *-chi*) · Oggetto che si mette sopra a un recipiente per coprirlo o chiuderlo: *il coperchio della pentola, del barattolo.*

coperta (co-pèr-ta) N.F. **1** Panno largo che serve per coprirsi e ripararsi dal freddo, soprattutto nel letto: *il bimbo era avvolto in una coperta.* **2** Nelle navi, la zona superiore scoperta, che va da poppa a prua: *salire in coperta; scendere sotto coperta.* Ⓔ ***Sotto le coperte***, a letto: *ficcarsi sotto le coperte.*

copertina (co-per-tì-na) N.F. · Rivestimento esterno di carta, cartoncino, pelle o altro materiale, che ricopre libri, riviste, quaderni: *una copertina rigida; mi piace quel quaderno con la copertina rossa.*

coperto[1] (co-pèr-to) AGG. || Participio pass. → ***coprire***. || AGG. **1** Che ha un tetto: *piscina coperta* Ⓒ scoperto. **2** Che indossa abiti pesanti per ripararsi dal freddo: *essere molto, poco, ben coperto.* **3** Che ha sopra di sé uno strato uniforme o una grande quantità di qualcosa: *libri coperti* ***di*** *polvere; cielo, tempo coperto*, nuvoloso. **4** Garantito: *rischio coperto.* Ⓔ ***Assegno coperto*** → ***assegno***.

coperto[2] (co-pèr-to) N.M. **1** Tutto ciò che serve per apparecchiare un posto a tavola per ogni persona: *aggiungere un coperto; un ristorante con cento coperti* Ⓢ posto • Prezzo fisso che si paga al ristorante per ogni posto apparecchiato. **2** SOLO SING. Luogo riparato: *essere, stare, dormire al coperto* Ⓢ riparo.

copertone (co-per-tó-ne) N.M. · Parte esterna dello pneumatico: *si è consumato il copertone.*

copertura (co-per-tù-ra) N.F. **1** Elemento che sta sopra e copre o riveste qualcosa: *la copertura della piscina; una torta con una copertura di cioccolato fuso.* **2** Garanzia contro un rischio: *copertura assicurativa per furto o incendio.* **3** Apparenza che nasconde la realtà: *i suoi viaggi d'affari sono una copertura per il traffico d'armi.*

copia (cò-pia) N.F. (pl. *-pie*) **1** Riproduzione di un testo o di un documento: *la copia del contratto; copia scritta a mano, a macchina* Ⓢ duplicato. **2** Riproduzione di un'opera d'arte, anche con scopi illeciti: *una copia della Gioconda* Ⓢ falso. **3** Di persona che somiglia a un'altra in modo eccezionale: *è la copia esatta*

A B C D E F G H I J K L M N O P Q R S T U V W X Y Z

C

di suo padre Ⓢ sosia. **4** Esemplare di un'opera stampata: *un volume stampato in 10.000 copie.* Ⓔ ***Bella copia*** → ***bello*** • ***Brutta copia*** → ***brutto***.

copiare **(co-pià-re)** V.TR. (*còpio*, ecc.) **1** Riscrivere in modo uguale: *copiare un tema in bella copia; i documenti sono stati copiati* Ⓢ trascrivere. **2** Riprodurre da un modello: *ha copiato la versione dal compagno di banco.* **3** Imitare: *copiavano tutto quello che facevamo.* Ⓔ ***Copia e incolla***, al computer, operazione con cui si salvano temporaneamente in una particolare area di memoria un testo, un'immagine o un file per utilizzarli altrove.

copione **(co-pió-ne)** N.M. · Il testo di un'opera teatrale, di un film o di una trasmissione radiofonica o televisiva, che contiene tutte le parti dei singoli attori: *seguire il copione; dopo aver letto il copione, accettò la parte.*

copioso **(co-pió-so)** AGG. · Abbondante per numero o per quantità: *un raccolto copioso; piogge copiose.*

copista **(co-pì-sta)** N.M. e F. (pl.m. *-i*, pl.f. *-e*) **1** Chi per lavoro copia documenti, lettere, scritture • Prima dell'invenzione della stampa, chi trascriveva i codici a mano Ⓢ amanuense. **2** Chi fa riproduzioni di dipinti o sculture.

coppa **(còp-pa)** N.F. **1** Recipiente concavo a forma di mezza sfera, in cristallo, metallo o altro materiale, sorretto da uno stelo con base spesso circolare, usato per contenere bevande o cibi: *coppa da spumante; coppa da gelato* • La quantità di liquido o cibo in essa contenuta. **2** Trofeo assegnato al vincitore di una gara di atletica o sportiva: *la Coppa Davis; la Coppa dei Campioni.* **3** Negli autoveicoli, il recipiente che contiene l'olio per la lubrificazione del motore. **4** Ciascuna delle due parti concave del reggiseno. **5** AL PL. Uno dei quattro semi delle carte da gioco italiane: *l'asso di coppe.*

coppia **(còp-pia)** N.F. (pl. *-pie*) **1** Insieme di due persone, due animali o due cose: *una coppia di ballerini; una coppia di buoi; una coppia di orecchini.* **2** Insieme di due persone sposate o comunque legate da un rapporto amoroso: *una bella coppia.* Ⓔ ***Coppia di fatto***, due persone che convivono senza essere sposate.

copricapo **(co-pri-cà-po)** N.M. · Parte dell'abbigliamento usata per riparare la testa Ⓢ cappello, berretto. ▸ Ⓕ **caput**

coprifuoco **(co-pri-fuò-co)** N.M. (pl. *-chi*) · Divieto di uscire durante le ore della sera e della notte, imposto per ragioni di sicurezza in tempo di guerra o in situazioni di emergenza: *a mezzanotte scatta il coprifuoco.*

coprire **(co-prì-re)** V.TR. (irreg.: ind. pres. *còpro*, ecc.; part. pass. *copèrto*) || TR. **1** Mettere qualcosa sopra un oggetto per ripararlo, nasconderlo o migliorarne l'aspetto: *coprire uno strappo **con** una toppa; coprire una parete **di** quadri; coprire una pentola **con** il coperchio;* anche TR. PRONOM.: *coprirsi gli occhi **con** le mani* Ⓒ scoprire. **2** Essere disteso sopra qualcosa, occupandone tutta la superficie: *uno strato di muffa copriva la pittura; boschi di querce coprono la montagna.* **3** Vestire per proteggere, soprattutto dal freddo: *copri bene la bambina quando la mandi fuori;* anche TR. PRONOM.: *coprirsi il capo **con** un cappello.* **4** Fornire di protezione: *coprire la ritirata; coprire qualcuno **da** un pericolo* Ⓢ proteggere, difendere • Proteggere una persona nascondendo le sue responsabilità: *coprire i difetti dei figli.* **5** Garantire contro qualcosa: *l'assicurazione copre anche il furto.* **6** Riempire, colmare, ricoprire: *coprire **di** baci; coprire **di** insulti.* **7** Superare d'intensità un suono impedendone l'ascolto: *le urla della folla coprirono le sue parole.* **8** Percorrere una distanza in un certo tempo, soprattutto nel linguaggio sportivo: *coprì i cento metri **in** 11 secondi e 10 centesimi.* || **coprirsi** RIFL. **1** Vestirsi per proteggersi dal freddo: *copritevi bene prima di uscire.* **2** Ottenere qualcosa in grande quantità: *si è coperto **di** gloria in guerra.* || **coprirsi** INTR. PRONOM. Diventare coperto: *il cielo si è coperto **di** nuvole* Ⓢ riempirsi. Ⓔ ***Coprire le spese***, pareggiare, compensare: *con i nostri guadagni non riusciamo a coprire tutte le spese.*

copto **(còp-to)** AGG. e N.M. (f. *-a*) || AGG. e N.M. (f. *-a*) Dei Copti, termine che indica gli egiziani non arabi, i cristiani che seguono la chiesa di Alessandria d'Egitto e i cristiani d'Etiopia seguaci della stessa fede. || N.M. Ultimo stadio nello sviluppo della lingua egiziana, che oggi è usata solo come lingua rituale, mentre per tutto il resto è stata sostituita dall'arabo.

copula (cò-pu-la) N.F. · In grammatica, la voce del verbo *essere*, che unisce il soggetto con la parte nominale, che può essere un aggettivo o un nome, del predicato (*il padre è severo; Sergio è un maestro*).

copulativo (co-pu-la-ti-vo) AGG. · In grammatica, di congiunzione che unisce due elementi coordinati: *rose e viole; non sa leggere né scrivere*. E ***Verbo copulativo***, che serve a unire il soggetto alla parte nominale del predicato, per es. *essere, sembrare, rimanere, diventare, nascere, morire* (*Marta è bionda; Andrea sembra stanco; rimaniamo stupiti; è morto povero*).

coraggio (co-ràg-gio) N.M. **1** Forza d'animo che permette di affrontare pericoli o situazioni difficili e di sopportare sventure e dolori: *fare, farsi coraggio; ha dato prova di grande coraggio* S audacia, forza C paura. **2** Mancanza di ritegno: *ha avuto il coraggio di chiedermi un altro prestito* S sfacciataggine, impudenza. E ***Avere il coraggio delle proprie azioni***, sostenerle e difenderle di fronte a chiunque e in qualsiasi situazione • ***Il coraggio della disperazione***, quello che viene in situazioni per le quali non sembra esistere una via d'uscita.

Il termine deriva dal latino tardo *coratum*, forma popolare di *cor cordis* 'cuore', attraverso il provenzale.

coraggioso (co-rag-gió-so) AGG. **1** Che possiede coraggio: *un soldato coraggioso* S ardito, valoroso. **2** Che richiede o dimostra coraggio: *un'azione coraggiosa*.

corale (co-rà-le) AGG. **1** Del coro, fatto per il coro: *canto corale; musica corale*. **2** Unanime, concorde: *adesione corale; consenso corale* • Di un'opera narrativa in cui i vari elementi partecipano contemporaneamente e con la stessa importanza all'azione: *una scena corale; un romanzo corale*.

corallino (co-ral-lì-no) AGG. · Formato da coralli: *atolli corallini*. E ***Barriera corallina*** → ***barriera***.

corallo (co-ràl-lo) N.M. **1** Piccolo animale marino che vive in colonie sui fondali rocciosi lungo le coste; produce uno scheletro calcareo che somiglia a un arbusto ramificato, di colore rosso o rosa, e forma barriere o piccole isole. **2** Il materiale ricavato dallo scheletro del corallo, di colore rosso, usato per creare gioielli: *una collana, un bracciale di corallo*.

Corano (Co-rà-no) N.M. · Il libro sacro dell'Islam.

Il termine deriva da una parola araba che significa 'lettura ad alta voce, recitazione'.

corazza (co-ràz-za) N.F. **1** Armatura di cuoio o metallo usata in passato da guerrieri e soldati per proteggere il busto. **2** In alcuni sport, indumento rigido o imbottito per proteggere il torace degli atleti da colpi troppo violenti. **3** Scheletro calcareo che protegge il corpo delle tartarughe • Scheletro esterno dei crostacei e di altri invertebrati.

Il termine deriva dal latino tardo *coriacea* 'fatta di cuoio'.

corazzata (co-raz-zà-ta) N.F. · Grande nave da guerra, con lo scafo rivestito da grosse lamiere d'acciaio.

corazziere (co-raz-ziè-re) N.M. **1** Carabiniere a cavallo che fa parte della guardia d'onore del Presidente della Repubblica italiana. **2** In passato, soldato armato di corazza.

corbelleria (cor-bel-le-rì-a) N.F. (pl. *-rìe*) · Nel linguaggio familiare, sciocchezza, stupidaggine: *ma non dire corbellerie!*

corbezzolo (cor-béz-zo-lo) N.M. · Piccolo albero sempreverde che produce frutti rossi commestibili, dai quali si ricavano marmellate e bevande. E ***Corbezzoli!***, esprime stupore: *corbezzoli quanto è bello!*

corda (còr-da) N.F. **1** Oggetto formato da fibre intrecciate che serve per legare, appendere o tirare qualcosa; viene anche usato nella fabbricazione di alcuni oggetti: *corda vegetale, metallica, di nylon; la corda dell'arco; scarpe di corda; scala di corda*. **2** Nel pugilato, ciascuno degli elementi che delimitano il quadrato su cui si svolge l'incontro. **3** Filo di materiale vario che vibra producendo un suono; viene impiegato in alcuni strumenti musicali. Ⓔ ***Corde vocali***, le quattro pieghe della laringe che, vibrando al passaggio dell'aria, producono i toni della voce • ***Dare corda*** → *dare* • ***Giù di corda***, fiacco, abbattuto • ***Mettere alle corde***, mettere in difficoltà • ***Strumenti a corda*** → *strumento* • ***Sulla corda***, in una situazione di incertezza o rischio: *non tenermi sulla corda, raccontami com'è andata!* • ***Tagliare la corda***, allontanarsi in fretta e di nascosto • ***Teso come una corda di violino***, molto nervoso o suscettibile • ***Tirare troppo la corda***, esagerare: *non tirare troppo la corda con questa storia del motorino.*

cordata (cor-dà-ta) N.F. **1** Gruppo di alpinisti che scalano una montagna legati insieme da una corda. **2** Gruppo di politici o imprenditori che si uniscono per raggiungere uno scopo o concludere un affare di comune interesse.

cordiale (cor-dià-le) AGG. **1** Che mostra un affetto sincero e spontaneo: *un'accoglienza cordiale; un cordiale saluto* Ⓢ affettuoso, amichevole • Profondamente sentito: *provo per lui una cordiale antipatia* Ⓢ profondo, sincero. **2** Di persona, amichevole, socievole: *mi sembra un tipo cordiale.*

cordialità (cor-dia-li-tà) N.F. INVAR. · Dimostrazione spontanea di affetto e simpatia: *mi ha ricevuto con grande cordialità.*

cordigliera (cor-di-gliè-ra) N.F. · Grande catena montuosa; in particolare quella che si trova nell'America centro-meridionale: *la Cordigliera delle Ande.*

cordoglio (cor-dò-glio) N.M. (pl. *-gli*) · Dolore profondo causato dalla morte di qualcuno o da una grave sciagura: *parole di cordoglio; il ministro ha espresso il cordoglio dell'intero Paese* Ⓢ compianto.

cordone (cor-dó-ne) N.M. **1** Corda di media grossezza, usata per vari scopi: *i cordoni delle tende.* **2** Fila di persone affiancate che proteggono una zona o un percorso: *la folla ruppe i cordoni di polizia.* Ⓔ ***Cordone ombelicale***, nei mammiferi, quello che unisce il feto alla placenta, facendo passare il nutrimento; ***tagliare il cordone ombelicale***, in senso figurato, acquistare la propria autonomia e libertà: *non è mai riuscito a tagliare il cordone ombelicale con la sua famiglia* • ***Cordone sanitario***, i provvedimenti che si prendono per isolare una zona colpita da una malattia infettiva.

coreografia (co-re-o-gra-fì-a) N.F. (pl. *-fie*) **1** L'arte di comporre e dirigere una danza. **2** Scenografia di un evento pubblico o solenne, in cui più elementi creano un effetto spettacolare: *la magnifica coreografia della cerimonia inaugurale.*

coreografico (co-re-o-grà-fi-co) AGG. (pl.m. *-ci*, pl.f. *-che*) **1** Che riguarda la coreografia: *effetti coreografici.* **2** Di manifestazione o cerimonia fastosa e spettacolare.

coriaceo (co-rià-ce-o) AGG. (pl.m. *-cei*, pl.f. *-cee*) **1** Duro come il cuoio: *materia, sostanza coriacea.* **2** Ostinato, tenace: *un avversario coriaceo.*

coriandolo[1] (co-riàn-do-lo) N.M. · Ciascuno dei piccoli pezzetti di carta colorata che si lanciano a manciate per gioco durante il Carnevale: *lanciare i coriandoli.*

coriandolo[2] (co-riàn-do-lo) N.M. · Pianta erbacea i cui frutti aromatici, una volta seccati, vengono usati in cucina per insaporire i cibi.

coricare (co-ri-cà-re) V.TR. (*còrico, còrichi*, ecc.) || TR. Mettere disteso: *coricare un ferito sulla barella* Ⓢ sdraiare, distendere. || **coricarsi** RIFL. Distendersi, sdraiarsi: *coricarsi per terra* • Andare a letto: *mi sono coricato dopo mezzanotte* Ⓒ alzarsi.

corinzio (co-rìn-zio) AGG. e N.M. (f. *-a*; pl.m. *-zi*, pl.f. *-zie*) || AGG. Di Corinto, città greca sull'istmo omonimo. || N.M. (f. *-a*) Abitante, nativo di Corinto. Ⓔ ***Ordine corinzio***, stile dell'architettura greca antica caratterizzato dalla colonna con scanalature e dal capitello scolpito con foglie di acanto.

corista (co-rì-sta) N.M. e F. (pl.m. *-i*, pl.f. *-e*) · Chi canta in un coro.

cormorano (cor-mo-rà-no) N.M. · Uccello di colore scuro che vive lungo le rive del mare, dei fiumi e dei laghi e si nutre di pesci, che cattura tuffandosi sott'acqua.

cornacchia (cor-nàc-chia) N.F. (pl. *-chie*) **1** Uccello di colore grigio o nero, simile al corvo, con becco robusto e curvo e voce rauca e sgradevole. 2 Persona pettegola o che si ritiene porti sfortuna: *non ascoltare quella cornacchia!*

Il verbo che indica il verso della cornacchia è *gracchiare* e il nome è *gracchiamento*.

cornamusa (cor-na-mù-ṣa) N.F. · Strumento musicale a fiato formato da un sacco di pelle in cui sono inserite tre o quattro canne; una di esse serve per soffiare dentro l'aria, che poi esce attraverso le altre canne, producendo il suono.

cornea (còr-ne-a) N.F. (pl. *-nee*) · Membrana trasparente che riveste la parte anteriore dell'occhio: *lesione alla cornea; trapianto di cornea.*

corneo (còr-ne-o) AGG. (pl.m. *-nei*, pl.f. *-nee*) · Di corno, simile al corno: *materiale corneo.*

corner (còr-ner) N. INGL., in it. N.M. INVAR. · Nel calcio, calcio d'angolo. Ⓔ ***Salvarsi in corner***, riuscire a evitare il peggio all'ultimo momento.

cornetta (cor-nét-ta) N.F. · Il ricevitore del telefono: *alzare, attaccare la cornetta.*

cornetto (cor-nét-to) N.M. 1 Pasta dolce o brioche a forma di mezzaluna: *un cornetto alla crema.* 2 Piccolo portafortuna a forma di corno.

cornice (cor-nì-ce) N.F. 1 Telaio che si mette intorno a dipinti, fotografie, specchi: *una cornice d'argento.* 2 Qualsiasi elemento che sta intorno o fa da sfondo a qualcosa: *una cornice di capelli neri metteva in risalto il suo pallore; una piazza affollata ha fatto da cornice alla sfilata di moda.*

cornicione (cor-ni-ció-ne) N.M. · Bordo orizzontale in muratura che sporge sotto il tetto di un edificio.

corniola (cor-niò-la) N.F. · Minerale di colore rosso, usato per fare gioielli: *una collana di corniola.*

corno (còr-no) N.M. 1 (pl.f. *le còrna*) Formazione ossea che sporge dalla parte anteriore della testa di vari mammiferi, usata come arma di difesa o di attacco: *le corna ramificate del cervo; le corna dello stambecco; il corno del rinoceronte.* 2 AL PL. Nel linguaggio familiare, simbolo di tradimento, soprattutto coniugale: *avere le corna*, subire un tradimento; *mettere, fare le corna*, tradire. 3 SOLO SING. La materia tratta dalle corna degli animali con cui si fabbricano vari oggetti: *un pettine di corno.* 4 (pl.m. *i còrni*) Oggetto fatto di corno. 5 (pl.m. *i còrni*) Strumento musicale a fiato formato da un tubo curvato più volte su se stesso, stretto all'imboccatura e più largo nella parte finale. 6 (pl.m. *i còrni*) Estremità appuntita di qualcosa: *i corni dell'incudine* • Cima appuntita di una montagna: *il corno del Pasubio* Ⓢ vetta, punta • Punta di una regione o di un continente: *il Corno d'Africa.* Ⓔ ***Corno da scarpe***, arnese che aiuta a infilare il piede nella scarpa, calzascarpe • ***Dire peste e corna di qualcuno*** → ***peste*** • ***Far le corna***, gesto che consiste nel sollevare dal pugno chiuso l'indice e il mignolo della mano, in segno di disprezzo o di scongiuro • ***Prendere il toro per le corna*** → ***toro*** • ***Rompersi le corna***, subire una sconfitta • ***Un corno***, nel linguaggio familiare, niente, nulla: *non me ne importa un corno.*

Il plurale maschile *corni* si usa solo per indicare oggetti a forma di corno o fatti di corno.

cornucopia (cor-nu-cò-pia) N.F. (pl. *-pie*) · Vaso a forma di corno, riempito di frutti e ornato di erbe e fiori, simbolo di abbondanza e fertilità.

cornuto (cor-nù-to) AGG. e N.M. (f. *-a*) || AGG. Che ha le corna: *il cervo è un animale cornuto.* || AGG. e N.M. (f. *-a*) Nel linguaggio volgare, che, chi è stato tradito dal proprio marito o dalla propria moglie.

coro (cò-ro) N.M. 1 Gruppo di persone che cantano insieme: *il coro della Scala; il coro degli alpini* • Composizione musicale scritta per essere cantata da un coro: *nelle gite si cantavano i cori di montagna.* 2 Canto o verso prodotto da più animali insieme: *un coro di ranocchie, di grilli.* 3 Reazione o espressione comune di più persone che la pensano allo stesso modo: *alla decisione di chiudere la strada, seguì un coro di proteste.* Ⓔ ***In coro***, concordemente, insieme: *i ragazzi risposero in coro che non ci volevano andare.*

corolla (co-ról-la; *meno correttamente ma più com.* co-ròl-la) N.F. · L'insieme dei petali di un fiore.

C

corollario (co-rol-là-rio) N.M. (pl. *-ri*) **1** Verità che deriva da un'altra dimostrata in precedenza. **2** Teorema che si può dedurre come logica conseguenza di un altro già dimostrato.

corona (co-ró-na) N.F. **1** Ornamento a forma di cerchio che si mette sulla testa, come simbolo di potere, onore o vittoria: *corona d'oro, di fiori* Ⓢ diadema, ghirlanda. **2** Il potere del re: *usurpare la corona; il tesoro, i beni della corona,* appartenenti al re. **3** Ghirlanda usata nei funerali in omaggio alla memoria del defunto: *la bara era coperta di corone di fiori.* **4** Gruppo di cose o persone disposte in cerchio: *una corona di colline* Ⓢ cerchia, circolo. **5** Antica moneta d'oro o d'argento • L'attuale moneta di Islanda, Svezia, Danimarca, Norvegia e Repubblica Ceca. Ⓔ ***Corona d'alloro,*** nell'antica Roma, quella che veniva posta sul capo dei poeti o dei generali vittoriosi • ***Corona dentaria,*** la parte del dente al di fuori delle gengive • ***Corona di spine,*** la corona messa sul capo di Gesù Cristo dai soldati per tormentarlo durante la Passione • ***Fare corona,*** attorniare, circondare: *i parenti fecero corona intorno agli sposi* • ***Corona del rosario*** → *rosario*.

coronamento (co-ro-na-mén-to) N.M. · Felice conclusione: *il premio è il degno coronamento della sua fatica.*

coronare (co-ro-nà-re) V.TR. (*coróno*, ecc.) **1** Circondare formando una specie di corona: *alte montagne coronano la valle; le mura del castello sono coronate di merli* Ⓢ cingere, attorniare. **2** Portare a felice conclusione: *coronare un'opera; finalmente hanno coronato il loro sogno d'amore* Ⓢ realizzare. **3** Premiare, compensare: *il successo coronò i suoi sforzi.*

coronaria (co-ro-nà-ria) N.F. (spesso al pl. *-rie*) · In anatomia, ciascuna delle arterie che partono dall'aorta e circondano il cuore, rifornendolo di sangue.

corpetto (cor-pét-to) N.M. **1** Gilè, panciotto. **2** La parte di un abito femminile che copre il busto.

corpo (còr-po) N.M. **1** Ciò che ha una forma e una massa ben precise e occupa uno spazio. **2** La struttura fisica dell'uomo e degli animali: *ha un bel corpo; un corpo robusto, snello, slanciato* Ⓢ organismo, fisico. **3** Cadavere, salma, spoglia: *è stato un cacciatore il primo a trovare il corpo.* **4** Nel linguaggio familiare, ventre, pancia: *dolori di corpo.* **5** La parte principale di qualcosa: *il corpo di un edificio; il corpo di un discorso.* **6** Raccolta completa delle opere di un autore o di opere sulla stessa materia: *il corpo delle opere di Aristotele.* **7** Insieme di persone che hanno una stessa funzione o uno stesso ruolo: *corpo diplomatico.* **8** Divisione dell'esercito: *il corpo dei bersaglieri.* **9** Grandezza di un carattere tipografico. Ⓔ ***A corpo morto,*** abbandonandosi con tutto il peso: *si è gettato a corpo morto sul divano;* con il massimo impegno: *lavorare a corpo morto* • ***Andare di corpo,*** nel linguaggio familiare, espellere le feci, evacuare • ***Anima e corpo*** → *anima* • ***Avere il diavolo in corpo*** → *diavolo* • ***Corpi celesti,*** le stelle e i pianeti • ***Corpo a corpo,*** nella lotta libera e nel pugilato, combattimento a diretto contatto fisico • ***Corpo del reato,*** l'oggetto materiale per il quale è stato commesso un delitto (per es. il denaro rubato), o l'arma usata per compierlo • ***Corpo di ballo,*** l'insieme dei ballerini di un teatro: *il corpo di ballo della Scala* • ***Finché avrò fiato in corpo,*** finché avrò vita: *griderò la mia innocenza finché avrò fiato in corpo* • ***Guardia del corpo*** → *guardia* • ***Prendere corpo,*** diventare sempre più probabile: *prende corpo l'ipotesi di un trasferimento all'estero* • ***Spirito di corpo,*** sentimento orgoglioso di solidarietà all'interno di un gruppo di persone.

corporale (cor-po-rà-le) AGG. · Che riguarda il corpo umano: *bisogni corporali; pene corporali* Ⓢ fisico Ⓒ spirituale.

corporativismo (cor-po-ra-ti-vi-ṣmo) N.M. · Tendenza di una categoria professionale a difendere solo i propri interessi, anche a scapito degli altri.

corporativistico (cor-po-ra-ti-vi-sti-co) AGG. (pl.m. *-ci*, pl.f. *-che*) · Che si basa sul corporativismo: *rivendicazioni corporativistiche.*

corporativo (cor-po-ra-ti-vo) AGG. · Che difende gli interessi di una certa corporazione: *sciopero corporativo; rivendicazioni corporative.*

corporatura (cor-po-ra-tù-ra) N.F. · La struttura del corpo umano: *essere di corporatura robusta; avere una corporatura atletica* Ⓢ costituzione, fisico.

corporazione (cor-po-ra-zió-ne) N.F. **1** Associazione medievale che riuniva persone che svolgevano lo stesso lavoro, per difenderne gli interessi economici: *la corporazione dei lavoratori della lana.* **2** Categoria professionale che difende i propri interessi: *la corporazione dei commercianti.*

corporeo (cor-pò-re-o) AGG. (pl.m. *-rei*, pl.f. *-ree*) **1** Fatto di materia: *consistenza corporea* Ⓢ materiale, fisico Ⓒ incorporeo. **2** Del corpo umano: *temperatura corporea.*

corposità (cor-po-si-tà) N.F. INVAR. · Densità, consistenza: *la corposità di una crema.*

corposo (cor-pó-so) AGG. **1** Che presenta una certa consistenza: *una colla corposa* Ⓢ denso, compatto. **2** Consistente, voluminoso: *la sua tesi di laurea ha una bibliografia corposa.*

corpulento (cor-pu-lèn-to) AGG. · Di persona, molto robusto o grasso: *un uomo corpulento* Ⓢ grosso, massiccio.

corpuscolare (cor-pu-sco-là-re) AGG. · In fisica, che riguarda i corpuscoli: *moti corpuscolari* • Costituito da corpuscoli: *radiazioni corpuscolari.*

corpuscolo (cor-pù-sco-lo) N.M. · In fisica, particella piccolissima di materia.

corredare (cor-re-dà-re) V.TR. (*corrèdo*, ecc.) || TR. Fornire di ciò che è necessario o utile: *corredare un laboratorio* ***di*** *tutto l'occorrente; corredare un'auto* ***con*** *numerosi accessori* Ⓢ munire, dotare. || **corredarsi** RIFL. Rifornirsi, provvedersi, munirsi: *corredarsi* ***dell'****attrezzatura per la montagna.*

corredo (cor-rè-do) N.M. **1** L'insieme dei vestiti, della biancheria e degli accessori che una sposa porta con sé nella nuova casa al momento delle nozze: *il corredo di una sposa; preparare il corredo.* **2** L'attrezzatura necessaria a svolgere una certa attività: *il corredo fotografico, scolastico* Ⓢ dotazione, equipaggiamento. **3** L'insieme delle nozioni e delle esperienze che arricchiscono la cultura o la preparazione di una persona: *un ampio corredo di nozioni* Ⓢ bagaglio, patrimonio. Ⓔ ***Corredo genetico***, l'insieme dei geni presenti nei cromosomi di ogni essere vivente.

correggere (cor-règ-ge-re) V.TR. (irreg.: coniugato come *reggere*) || TR. **1** Migliorare eliminando o segnalando errori, difetti, imperfezioni: *il professore ha corretto i compiti; lenti che correggono la vista; correggere il tracciato di una strada.* **2** Ammonire qualcuno, facendogli notare i propri errori: *i figli vanno corretti in tempo* Ⓢ riprendere. **3** Di cibi o bevande, renderne il gusto migliore o più forte con delle aggiunte: *correggere il caffè* ***con*** *la grappa.* || **correggersi** RIFL. **1** Migliorare il proprio carattere o comportamento: *se non si corregge finirà male; correggersi* ***di*** *un vizio*, liberarsene Ⓢ cambiare. **2** Sostituire, parlando, un'espressione sbagliata con una più giusta: *ho sbagliato il tempo del verbo, ma mi sono subito corretto.*

correggia (cor-rég-gia) N.F. (pl. *-ge*) · Striscia o cinghia di cuoio.

correlare (cor-re-là-re) V.TR. (*corrèlo*, ecc.) || TR. Mettere in relazione: *correlare due fatti; correlare un fenomeno* ***a*** *un contesto* Ⓢ collegare. || **correlarsi** INTR. PRONOM. Essere in relazione: *il decreto si correla* ***a*** *una più vasta politica di riforme.*

correlazione (cor-re-la-zió-ne) N.F. · Collegamento fra due o più elementi: *non c'è correlazione tra i due fatti* Ⓢ rapporto, relazione.

corrente[1] (cor-rèn-te) AGG. **1** Di acqua, che scorre continuamente: *l'acqua corrente della sorgente* Ⓢ fluente Ⓒ stagnante • Che si può prendere da un rubinetto: *pensione con acqua corrente in tutte le camere.* **2** Del modo di scrivere o di parlare, scorrevole e corretto: *uno stile corrente; parla un inglese corrente* Ⓢ fluente. **3** Che è in corso o in uso: *nel mese corrente; ai prezzi correnti* Ⓢ presente, attuale. **4** Che è seguito dalla maggioranza: *secondo l'uso corrente; segue sempre le opinioni correnti* Ⓢ comune, diffuso. **5** Che riguarda la normale amministrazione: *la metà dei soldi se ne va per le spese correnti* Ⓢ quotidiano, ordinario, abituale Ⓒ straordinario. Ⓔ ***Al corrente***, informato, aggiornato: *siamo al corrente del vostro arrivo;* ***mettere al corrente***, informare, aggiornare: *lo abbiamo messo al corrente*

A B C D E F G H I J K L M N O P Q R S T U V W X Y Z

C

dei** progressi raggiunti* • ***Conto corrente → ***conto*** • ***Lingua corrente***, quella usata nel parlare quotidiano, familiare; ***termine corrente***, usato comunemente • ***Moneta corrente***, che è in circolazione, valida.

corrente² (cor-rèn-te) N.F. **1** Massa d'acqua che si muove lungo un percorso: *la corrente di un fiume, di un canale* Ⓢ flusso • Spostamento regolare delle acque dei mari o degli oceani in una certa direzione: *correnti calde, fredde; la corrente del Golfo.* **2** Massa d'aria in movimento • Movimento d'aria in un luogo chiuso: *cerco sempre di evitare le correnti* Ⓢ spiffero. **3** Movimento di veicoli, persone o merci in una certa direzione: *regolare le correnti del traffico in entrata e in uscita.* **4** Tendenza culturale, politica, artistica: *le correnti del pensiero moderno; il partito era diviso in tre correnti* • Gruppo organizzato all'interno di un partito politico: *la corrente di centro, di destra, di sinistra.* Ⓔ ***Andare contro corrente***, rifiutare comportamenti, mode, opinioni, agendo in modo completamente diverso da quello delle altre persone; ***seguire la corrente***, seguire comportamenti, mode, opinioni comuni alla maggioranza • ***Corrente (elettrica)***, energia elettrica: *in questa casa si consuma troppa corrente.*

correntemente (cor-ren-te-mén-te) AVV. **1** In modo spedito: *parla correntemente diverse lingue* Ⓢ bene. **2** Comunemente, normalmente: *un termine adoperato correntemente.*

correre (cór-re-re) V.INTR. e TR. (irreg.: ind. pres. *córro*, ecc.; pass. rem. *córsi*, *corrésti*, *córse*, *corrémmo*, *corréste*, *córsero*; part. pass. *córso*) || INTR. **1** (aus. *avere*) Avanzare in modo veloce, sollevando un piede prima di avere appoggiato l'altro: *ho dovuto correre per non perdere l'autobus; il cane correva sul prato.* **2** (aus. *avere*) Partecipare a una gara sportiva di corsa: *è il terzo anno che corre **per** la Ferrari* Ⓢ competere, gareggiare. **3** (aus. *essere*) Affrettarsi, accorrere, precipitarsi: *corri **a** chiamare un medico; corri **a** vedere cosa è successo.* **4** (aus. *avere*) Andare a forte velocità con un veicolo: *non correre troppo nelle curve!* **5** (aus. *essere*) Andare subito, dirigersi rapidamente: *la mano corse **al** coltello; in questi casi il pensiero corre subito **ai** figli.* **6** (aus. *essere*) Svolgersi in una direzione: *la strada corre lungo il lago* Ⓢ snodarsi. **7** (aus. *essere*) Essere diffuso: *corrono brutte voci sul tuo conto* Ⓢ circolare. **8** (aus. *essere*) Del tempo, trascorrere, passare: *come corre il tempo!* **9** (aus. *essere*) Di anno, essere in corso: *correva l'anno 1321.* || TR. **1** Andare incontro a qualcosa di negativo: *corre un grave pericolo, un rischio* Ⓢ affrontare, sostenere. **2** Partecipare a una gara di corsa: *correre il Giro d'Italia; correre i cento metri* Ⓢ disputare. Ⓔ ***Ci corre***, c'è differenza: *fra quei due giocatori ci corre un abisso;* ***ci corre come dal giorno alla notte***, di cose o persone completamente diverse: *tra i due ci corre come dal giorno alla notte* • ***Correre ai ripari***, cercare un rimedio • ***Correre dietro a qualcuno***, inseguirlo correndo, rincorrerlo; corteggiarlo con insistenza: *le corre dietro da una vita, ma lei non ne vuole sapere; corre dietro a tutte le donne* • ***Lasciar correre*** → ***lasciare***.

correttamente (cor-ret-ta-mén-te) AVV. • Secondo le buone regole: *parla correttamente tre lingue; comportati correttamente* Ⓢ bene.

correttezza (cor-ret-téz-za) N.F. **1** Comportamento che segue le regole della morale e della buona educazione: *agisce sempre con correttezza; la informo solo per correttezza* Ⓢ educazione, civiltà Ⓒ scorrettezza. **2** Mancanza di errori o difetti: *la correttezza di una frase; la correttezza nell'uso dei termini scientifici* Ⓢ esattezza.

correttivo (cor-ret-tì-vo) AGG. e N.M. || AGG. Che serve per migliorare o correggere: *giudizio correttivo.* || N.M. Mezzo per migliorare o correggere: *l'esempio dei suoi errori è stato un efficace correttivo per tutti noi.* Ⓔ ***Ginnastica correttiva*** → ***ginnastica***.

corretto (cor-rèt-to) AGG. **1** Che non contiene errori o difetti: *un compito corretto; una corretta interpretazione dei fatti* Ⓢ esatto, giusto Ⓒ scorretto. **2** Di persona o comportamento, che segue le regole della morale e dell'educazione: *un professionista corretto; non è stato un gesto corretto* Ⓢ onesto, leale. **3** Di bevanda, resa più gradevole o più forte con particolari aggiunte: *un caffè corretto alla grappa.*

correttore (cor-ret-tó-re) N.M. (f. *-trìce*) || N.M. (f. *-trìce*) Chi fa lavori di correzione: *correttore* *di bozze.* || N.M. **1** Strumento che serve a correggere errori o difetti di funzionamento. **2** Liquido bianco che serve a cancellare errori in uno scritto: *aspetta che il correttore sia asciutto prima di scriverci sopra.* Ⓔ ***Correttore ortografico***, nei programmi di scrittura per il computer, strumento che segnala gli errori di ortografia.

correzione (cor-re-zió-ne) N.F. **1** Sostituzione della forma giusta con quella sbagliata: *correzione dei compiti* Ⓢ controllo, revisione • Il segno che la indica: *le correzioni vanno scritte a margine; un tema pieno di correzioni.* **2** Intervento fatto per modificare o migliorare qualcosa: *ho fatto alcune correzioni alla giacca* Ⓢ ritocco. **3** Modifica allo svolgersi di un'azione: *si era resa necessaria una correzione di rotta* Ⓢ variazione.

corrida (cor-rì-da) N.M. · Spettacolo tipico della Spagna in cui un uomo armato di spade, detto *torero*, lotta con un toro in un'arena.

corridoio (cor-ri-dó-io) N.M. (pl. *-dói*) · Ambiente, spesso lungo e stretto, che mette in comunicazione le stanze di un edificio: *la mia camera è in fondo al corridoio* • Nei treni, lo stretto passaggio che dà accesso agli scompartimenti: *ho fatto il viaggio in piedi nel corridoio.* Ⓔ ***Corridoio umanitario***, striscia di territorio neutrale creata all'interno di una zona di guerra per consentire il passaggio dei profughi e l'intervento delle organizzazioni umanitarie.

corridore (cor-ri-dó-re) N.M. · Atleta che partecipa a una gara di corsa: *i corridori stanno per affrontare l'ultima curva.*

corriera (cor-riè-ra) N.F. · Autobus che serve per il trasporto pubblico di persone e collega località diverse: *la corriera è in ritardo; prendere la corriera* Ⓢ pullman, autobus.

corriere (cor-riè-re) N.M. **1** Chi offre un servizio privato di trasporto di posta o merci: *aspetto il corriere per inviare il lavoro* • Il mezzo usato per il trasporto o il servizio stesso: *spedire la merce per corriere.* **2** Titolo molto diffuso di giornali e periodici: *il Corriere della Sera; il Corriere dei Piccoli.*

corrimano (cor-ri-mà-no) N.M. · Sbarra che si trova sui parapetti, negli autobus o alle pareti delle scale per appoggiarsi o sostenersi.

corrispettivo (cor-ri-spet-ti-vo) AGG. e N.M. || AGG. Proporzionato, adeguato, corrispondente a qualcosa che si dà o si riceve in cambio: *un compenso corrispettivo* ***al*** *lavoro prestato.* || N.M. Equivalente in denaro: *ricevere il corrispettivo di una prestazione professionale* Ⓢ compenso.

corrispondente (cor-ri-spon-dèn-te) AGG. e N.M. e F. || AGG. **1** Che ha lo stesso valore, che coincide con qualcos'altro: *non esistono in italiano voci corrispondenti* ***a*** *certe espressioni inglesi; i giorni corrispondenti* ***alle*** *feste di Pasqua* • Che è in relazione o ha un rapporto di dipendenza reciproca con qualcos'altro: *se premi il pulsante, si accende la luce corrispondente* Ⓢ relativo. **2** Proporzionato, adeguato, appropriato: *un compenso corrispondente* ***alle*** *ore di lavoro svolte.* || N.M. e F. Chi collabora con giornali o trasmissioni radiofoniche e televisive inviando regolarmente servizi da un luogo lontano: *corrispondente dagli Stati Uniti; vi parla il vostro corrispondente dal luogo dell'incidente* Ⓢ inviato, reporter. Ⓔ ***Corrispondente di guerra***, giornalista inviato in zone di guerra.

corrispondenza (cor-ri-spon-dèn-za) N.F. **1** Rapporto fra due cose che coincidono o sono uguali: *corrispondenza di idee, di punti di vista* Ⓢ coincidenza • Rapporto di dipendenza reciproca: *la leva in corrispondenza con il tergicristallo si è rotta.* **2** Scambio di lettere: *teniamo da anni una fitta corrispondenza* Ⓢ carteggio • Tutto ciò che si riceve o si invia per posta: *leggere la corrispondenza; vendita per corrispondenza* Ⓢ posta. **3** Servizio giornalistico inviato o trasmesso da un corrispondente al giornale o alla televisione per cui lavora: *leggo sempre le sue corrispondenze dalla Francia* Ⓢ servizio.

corrispondere (cor-ri-spón-de-re) V.INTR. e TR. (irreg.: coniugato come *rispondere*) || INTR. (aus. *avere*) **1** Essere uguale a qualcosa, avere lo stesso valore: *i risultati delle sue ricerche non corrispondono* ***a*** *quelli ufficiali; la somma versata corrisponde* ***alla*** *metà del totale* Ⓢ coincidere, equivalere. **2** Essere adeguato:

la realtà non corrisponderà mai ***alle*** *sue fantasie.* 3 Essere in un rapporto di dipendenza reciproca: ***a*** *ogni azione corrisponde una reazione.* 4 Scambiare abitualmente lettere con qualcuno: *corrispondo* ***con*** *un amico spagnolo da dieci anni* Ⓢ scriversi. || TR. 1 Di sentimenti, ricambiare, contraccambiare: *il suo sentimento non è corrisposto.* 2 Pagare in cambio di una prestazione o di un servizio: *corrispondere uno stipendio* • Versare una certa somma: *ogni mese corrisponde* ***alla*** *moglie un terzo del suo stipendio.*

C

corrivo (cor-rì-vo) AGG. 1 Superficiale e frettoloso, per disattenzione o mancanza di riflessione: *agire in modo corrivo.* 2 Eccessivamente tollerante: *un insegnante troppo corrivo* ***con*** *i propri alunni* Ⓢ accomodante.

corroborante (cor-ro-bo-ràn-te) AGG. · Che serve a rinforzare il fisico: *liquore, bevanda corroborante* Ⓢ tonificante.

corrodere (cor-ró-de-re) V.TR. (irreg.: coniugato come *rodere*) 1 Consumare a poco a poco: *l'acqua dei fiumi corrode la pietra* • Consumare con un'azione chimica: *gli acidi corrodono i metalli.* 2 Logorare, tormentare, divorare: *è corroso dalla gelosia; i rimorsi gli corrodono l'anima.*

corrompere (cor-róm-pe-re) V.TR. (irreg.: coniugato come *rompere*) 1 Convincere a fare cattive azioni o a non rispettare le regole della morale: *corrompere i giovani con false promesse* Ⓢ traviare. 2 Convincere qualcuno a fare azioni contrarie al suo dovere dandogli del denaro in cambio: *corrompere un giudice, un poliziotto* Ⓢ comprare.

corrosione (cor-ro-ṣió-ne) N.F. · Lenta alterazione o distruzione di un materiale per effetto di fenomeni naturali o di sostanze chimiche.

corrosivo (cor-ro-ṣì-vo) AGG. e N.M. || AGG. 1 Che distrugge con un'azione lenta e continua: *azione corrosiva; fenomeni corrosivi.* 2 Sarcastico, tagliente, mordace: *critica corrosiva; spirito corrosivo.* || AGG. e N.M. Di sostanza chimica capace di danneggiare certi materiali: *acidi corrosivi; un potente corrosivo.*

corrotto (cor-rót-to) AGG. 1 Che si comporta in modo contrario alla morale: *una famiglia corrotta; un ambiente corrotto* Ⓢ dissoluto, vizioso. 2 Spinto a venire meno al proprio dovere in cambio di denaro: *un politico corrotto.*

corrucciarsi (cor-ruc-ciàr-si) V.INTR. PRONOM. (*mi corrùccio*, ecc.) 1 Provare un sentimento di dolore misto a ira: *si è corrucciato* ***per*** *l'incidente* Ⓢ risentirsi, sdegnarsi. 2 Del viso, mostrare un sentimento di ira o dolore: *a quelle parole gli si corrucciò la fronte* Ⓢ aggrottarsi, corrugarsi.

corruccio (cor-rùc-cio) N.M. (pl. *-ci*) · Sentimento di dolore misto a ira: *sul volto gli si leggeva tutto il suo corruccio* Ⓢ risentimento, sdegno.

corrugamento (cor-ru-ga-mén-to) N.M. 1 Increspamento della fronte per collera, preoccupazione o sforzo mentale. 2 Sollevamento della crosta terrestre che porta alla formazione di catene di montagne.

corrugare (cor-ru-gà-re) V.TR. (*corrùgo, corrùghi*, ecc.) || TR. Increspare le sopracciglia o la fronte in segno di collera, di preoccupazione o di sforzo mentale: *corrugare la fronte, le sopracciglia* Ⓢ aggrottare Ⓒ distendere. || **corrugarsi** INTR. PRONOM. Incresparsi, aggrottarsi: *la sua fronte si corrugò nel tentativo di afferrare qualche parola.*

corruzione (cor-ru-zió-ne) N.F. 1 Degenerazione morale: *la corruzione del gusto, dei costumi; è difficile far rispettare la legge quando la corruzione è così diffusa* Ⓢ depravazione. 2 Offerta di denaro a qualcuno perché non faccia il proprio dovere: *corruzione di pubblico ufficiale.*

corsa (cór-sa) N.F. 1 Andatura veloce durante la quale si solleva un piede prima di aver posato l'altro: *era affaticato dalla corsa; per arrivare in tempo ho fatto una corsa di due chilometri.* 2 Nel linguaggio familiare, breve viaggio o spostamento: *devo fare una corsa* ***a*** *Roma; faccio una corsa* ***in*** *banca e torno subito* Ⓢ salto. 3 Lo sport del correre, gara di velocità: *corsa campestre; corsa a ostacoli; cavallo da corsa* Ⓢ competizione • AL PL. Gara di velocità tra cavalli o altri animali: *andare alle corse*, all'ippodromo. 4 Viaggio fatto da un mezzo di trasporto pubblico: *l'ultima corsa è* *alle 24* • Il movimento del mezzo stesso: *è proibito scendere dal tram in corsa.* **5** Avida ricerca di qualcosa: *la corsa **al** successo, **ai** soldi.* **E** ***Di corsa***, in fretta, rapidamente, velocemente: *vieni, e di corsa!*

corsaro (cor-sà-ro) N.M. e AGG. (f. -*a*) || N.M. (f. -*a*) Pirata: *i corsari dei mari del sud.* || AGG. Che assalta e saccheggia navi: *nave corsara; equipaggio corsaro.*

corsetto (cor-sét-to) N.M. **1** Busto da donna, elastico o rafforzato da stecche, che copre dalla vita fin sotto il seno. **2** Apparecchio ortopedico per immobilizzare o sostenere la colonna vertebrale.

corsi (cór-si) · Pass. rem., 1ª pers. sing. → ***correre***.

corsia (cor-sì-a) N.F. (pl. -*sìe*) **1** Negli ospedali, grande stanza con diversi letti: *aveva fatto amicizia con gli altri malati della corsia.* **2** Ciascuna delle parti in cui è divisa, per mezzo di strisce, una strada: *corsia di sorpasso, di emergenza; un'autostrada a quattro corsie.* **3** Nelle gare di nuoto o di corsa, lo spazio riservato a ciascun concorrente: *il favorito si trova in terza corsia.*

corsivo (cor-sì-vo) N.M. e AGG. || AGG. e N.M. Della scrittura comunemente usata per scrivere a mano: *non devi scrivere in corsivo, ma in stampatello* • In tipografia, del carattere inclinato verso destra: *carattere corsivo.* || N.M. Breve articolo giornalistico su questioni d'attualità, stampato in carattere corsivo per dargli maggior rilievo: *ho letto in un corsivo che il presidente non ama le lunghe trattative.*

corso[1] (cór-so) · Participio pass. → ***correre***.

corso[2] (cór-so) N.M. **1** Lo svolgimento di qualcosa nel tempo: *il corso della vita, delle stagioni* **S** durata, andamento. **2** Il movimento delle acque dei fiumi e il loro percorso: *risalire il corso di un fiume.* **3** Serie regolare di lezioni su una materia: *seguire un corso di storia medievale.* **4** Circolazione legale delle monete: *moneta in corso.* **5** Via centrale, spesso molto frequentata, di una città o di un paese: *ha un bel negozio sul corso.* **E** ***Corso d'acqua***, fiume, torrente, ruscello, ecc. • ***Dar corso a qualcosa***, cominciarlo, iniziarlo • ***Fuori corso***, di studente universitario che, al termine degli anni previsti per il suo corso di laurea, non ha ancora dato tutti gli esami e deve iscriversi di nuovo • ***In corso***, di cosa o periodo di tempo che si sta svolgendo: *lavori in corso; il mese in corso* • ***Moneta fuori corso***, non più valida e quindi non più utilizzabile per pagare • ***Nel corso di***, durante: *nel corso del viaggio in treno ho letto diversi giornali.*

corte (cór-te) N.F. **1** Cortile di un edificio: *due finestre danno sulla corte* • Nelle case di campagna, aia. **2** Palazzo di un sovrano: *andare a corte; essere invitato, ricevuto a corte* **S** reggia • La famiglia e tutto il seguito di un sovrano: *ballo, ricevimento di corte; dama di corte; poeta di corte.* **3** Gruppo che circonda personaggi potenti: *ecco il primario con la sua corte di assistenti* **S** seguito. **4** L'insieme delle attenzioni che si rivolgono a qualcuno, soprattutto a una donna, per conquistarlo od ottenerne i favori: *fare la corte a una ragazza; è tanto che mi fa la corte perché gli venda questo quadro* **S** corteggiamento. **5** Collegio di giudici. **E** ***Corte costituzionale*** → ***costituzionale*** • ***Corte d'appello*** → ***appello*** • ***Corte d'assise*** → ***assise*** • ***Corte di cassazione*** → ***cassazione***.

> Il termine deriva dal latino tardo *cohors cohortis* '(spazio) che comprende l'orto, recinto'; nel latino classico significava anche 'unità di seicento soldati', accezione da cui è derivata quella di 'guardia del corpo, seguito' che, nel latino medievale, ha finito per designare la residenza del sovrano, nella quale alloggiava insieme al suo 'seguito'.

corteccia (cor-téc-cia) N.F. (pl. -*ce*) **1** La parte esterna del tronco e della radice delle piante. **2** Crosta: *la corteccia del pane, del formaggio.* **3** Apparenza esterna dura e impenetrabile: *si nasconde dietro una corteccia di indifferenza* **S** facciata. **4** ***Corteccia cerebrale***, la sostanza grigia che forma la parte più esterna del cervello.

corteggiamento (cor-teg-gia-mén-to) N.M. · L'insieme delle attenzioni e dei complimenti verso qualcuno, soprattutto una donna, per conquistarne l'amore o il favore: *dopo un lungo corteggiamento finalmente gli ha detto che sarebbe uscita con lui* **S** corte • Negli animali, il comportamento del maschio per conquistare la femmina nel periodo degli amori.

C

corteggiare (cor-teg-già-re) V.TR. (*cortéggio*, ecc.) · Rivolgere attenzioni e complimenti a qualcuno, soprattutto a una donna, per conquistarne l'amore o il favore: *è tanto che corteggia quella ragazza, ma senza risultati.*

corteggiatore (cor-teg-gia-tó-re) N.M. (f. *-trì-ce*) · Chi con gesti affettuosi e gentili cerca di conquistare un'altra persona: *ha una fila di corteggiatori* Ⓢ ammiratore, pretendente.

corteo (cor-tè-o) N.M. (pl. *-tèi*) **1** Gruppo di persone che seguono in modo ordinato una cerimonia pubblica o privata: *il corteo nuziale; il corteo funebre* Ⓢ processione. **2** Gruppo di persone che sfilano per fare una dimostrazione: *il corteo dei lavoratori in occasione del 1° maggio.*

Corteo è un nome collettivo: indica tante persone, ma è un sostantivo singolare.

cortese (cor-té-ṣe) AGG. · Che dimostra gentilezza e buona educazione: *una persona molto cortese; modi cortesi; una cortese accoglienza* Ⓢ gentile, cordiale Ⓒ scortese.

cortesia (cor-te-ṣì-a) N.F. (pl. *-ṣìe*) **1** Comportamento gentile ed educato verso gli altri: *una persona sempre piena di cortesia; i nostri assistenti di volo vi accoglieranno con cortesia* Ⓢ gentilezza, educazione Ⓒ maleducazione, scortesia. **2** Azione gentile: *mi faresti una cortesia?; ha avuto la cortesia di venirmi a prendere* Ⓢ favore, piacere. **3** Atto di gentilezza: *mi colma sempre di cortesie* Ⓢ attenzione, premura. Ⓔ ***Per cortesia***, per piacere, per favore: *per cortesia, mi potrebbe porgere il cappotto?*

Quando indica la qualità della persona, *cortesia* si usa solo al singolare; si può usare il plurale solo per intendere azioni cortesi.

cortigiano (cor-ti-già-no) AGG. e N.M. (f. *-a*) || AGG. Della corte di un sovrano: *costumi cortigiani.* || N.M. (f. *-a*) **1** Chi vive alla corte di un sovrano o vi ricopre un incarico: *i cortigiani del re di Francia.* **2** Chi adula i potenti per ottenerne i favori: *si è circondato di cortigiani che non si azzardano a contrariarlo* Ⓢ leccapiedi, adulatore.

cortile (cor-ti-le) N.M. **1** Area scoperta all'interno di un edificio o delimitata da più edifici: *il cortile di Palazzo Vecchio; i bimbi giocavano nel cortile della scuola* Ⓢ corte. **2** Nelle case di campagna, aia. Ⓔ ***Animali da cortile***, polli, anatre, conigli, ecc.

cortina (cor-ti-na) N.F. **1** Tenda usata per separare una stanza o parte di essa dall'ambiente circostante. **2** Barriera densa e opaca che impedisce di vedere: *una cortina di nebbia, di fumo.* Ⓔ ***Cortina di ferro***, la barriera ideologica e politica che separava i Paesi comunisti dell'Europa orientale da quelli capitalisti del mondo occidentale.

cortisone (cor-ti-ṣó-ne) N.M. · Ormone prodotto dalla ghiandola che si trova al di sopra del rene; è usato come farmaco per curare molte malattie, soprattutto le infiammazioni.

corto (cór-to) AGG. **1** Di lunghezza più o meno limitata: *il tragitto è molto corto; camicia con le maniche corte* • Di lunghezza inferiore al normale: *la giacca è corta* ***di*** *maniche* Ⓒ lungo. **2** Di breve durata: *il loro colloquio fu molto corto* Ⓢ breve. **3** Scarso, insufficiente, limitato: *avere la memoria corta.* Ⓔ ***Avere la vista corta***, vederci poco; in senso figurato, non riuscire a vedere al di là delle apparenze • ***Corto di mente*** o ***corto di cervello***, poco intelligente, limitato • ***Essere a corto di qualcosa***, averne in quantità insufficiente: *sono a corto di spiccioli* • ***Onde corte*** → **onda** • ***Tagliare corto*** → **tagliare**.

cortocircuito (cor-to-cir-cùi-to) (o **corto circuito**) N.M. (pl. *cortocircùiti* o *córti circùiti*) · Aumento dell'intensità della corrente in un tratto di circuito elettrico, che provoca un riscaldamento eccessivo, con conseguenze anche dannose: *andare in cortocircuito; provocare un cortocircuito.*

cortometraggio (cor-to-me-tràg-gio) (o **corto metraggio**) N.M. (pl. *cortometràggi*) · Breve film, in genere documentario, di durata non superiore ai 15 minuti.

corvè (cor-vè) (o **corvé**) N.F. INVAR. **1** Nell'epoca feudale, serie di lavori che i vassalli dovevano fare per il loro signore, senza essere pagati. **2** Lavoro faticoso che nelle caserme viene assegnato a turno ai soldati. **3** Lavoro o incarico pesante e fastidioso: *sabato siamo di corvè dai suoceri.*

corvetta (cor-vét-ta) N.F. · Piccola nave da guerra.

corvino (cor-vì-no) AGG. · Di un nero intenso come le piume di un corvo: *capelli corvini.*

corvo (còr-vo) N.M. **1** Uccello con piume nere, molto simile alla cornacchia, da cui però si distingue soprattutto per la forma del becco. **2** Persona che si crede porti sfortuna: *il nuovo direttore è un vero corvo.*

Il verbo che indica il verso del corvo è *gracchiare* e il nome è *gracchiamento.*

cosa (cò-sa) N.F. **1** Nome generico che può indicare un oggetto, un'idea astratta, un fatto, un'azione, ecc.: *cose visibili, invisibili; abbiamo visto delle cose bellissime; l'uomo è misura di tutte le cose; mi ha detto delle cose interessanti; per questo esame so poche cose e male; la vuoi sapere una cosa?* **2** Oggetto materiale: *se sarai buono, ti regalerò una bella cosa.* **3** Fatto accaduto: *raccontami la cosa come sta* • Azione o iniziativa: *fare una cosa per volta.* **4** AL PL. Oggetti personali o necessari: *mettere in ordine le proprie cose* • Cibi: *sono stufo di mangiare sempre le stesse cose* • Affari, situazioni o avvenimenti pubblici e privati: *pensare alle cose di casa; le cose si mettono male; nessuno deve mettere il naso nelle mie cose!* **5** Causa, motivo: *litigano sempre per cose da nulla* • Scopo, uso: *un elettrodomestico che serve per molte cose.* **6** Unito a un aggettivo qualificativo, prende il significato del nome astratto corrispondente: *cosa nuova,* novità. **7** In grammatica, può accompagnare *che* nelle frasi interrogative o esclamative: *che cosa vuoi?; guarda che cosa mi doveva capitare!* • Nel linguaggio familiare, in frasi interrogative o esclamative, che cosa: *cosa vuoi?; cosa dici!; dimmi cosa ti occorre.* Ⓔ ***Cosa che, la qual cosa,*** introduce una frase relativa che si riferisce all'intera frase precedente: *gli hanno chiesto di andare a lavorare in un'altra città, cosa che non si aspettava; è un ragazzo sincero, la qual cosa è molto importante* • ***Cosa nostra,*** espressione gergale che indica la mafia italo-americana • ***Cose da pazzi*** o ***cose da matti*** o ***cose dell'altro mondo,*** assurde, incredibili • ***Cose grosse,*** fatti di notevole gravità, guai seri: *son successe cose grosse* • ***Fare le cose in grande,*** senza badare a spese • ***La stessa cosa,*** lo stesso • ***Ogni cosa,*** tutto • ***Per prima cosa,*** innanzi tutto • ***Poca cosa,*** poco • ***Questa cosa,*** questo • ***Sopra ogni cosa,*** più di tutto • ***Tante cose!*** o ***tante belle cose!*** o ***tante buone cose!,*** espressioni di buon augurio • ***Tra le altre cose,*** oltre al resto • ***Una cosa giusta,*** nel linguaggio familiare, né troppo né poco: *"Quanta pasta vuoi?" "Una cosa giusta".*

cosacco (co-ṣàc-co) AGG. e N.M. (f. *-a*; pl.m. *-chi*, pl.f. *-che*) **1** Dei Cosacchi, antica popolazione della Russia meridionale. **2** Soldato di cavalleria dell'esercito russo reclutato fra la popolazione cosacca: *un reparto di cosacchi.*

cosca (cò-sca) N.F. (pl. *-sche*) · Gruppo di mafiosi: *guerra tra cosche.*

coscia (cò-scia) N.F. (pl. *-sce*) **1** Nel corpo umano, la parte della gamba compresa fra l'anca e il ginocchio • La parte dei pantaloni che ricopre la coscia: *pantaloni stretti, larghi di coscia.* **2** La parte corrispondente delle zampe degli animali, soprattutto cucinati: *preferisci il petto o la coscia del pollo?*

cosciente (co-scièn-te) AGG. **1** Che si rende perfettamente conto: *sono cosciente* ***dei*** *miei doveri* Ⓢ conscio, consapevole Ⓒ incosciente, inconsapevole. **2** Coscienzioso, scrupoloso: *un medico cosciente.* **3** Che è in stato di coscienza: *il paziente è cosciente?* Ⓢ lucido. **4** Che dimostra consapevolezza e senso di responsabilità: *una scelta cosciente* Ⓢ responsabile Ⓒ irresponsabile, imprudente.

La parola *cosciente* si scrive con la *i*, scrivere *coscente* è un grave errore!

coscienza (co-scièn-za) N.F. **1** La capacità di rendersi conto delle proprie azioni e degli eventi esterni: *ho piena coscienza* ***della*** *gravità del momento; avere coscienza* ***dei*** *propri limiti* Ⓢ consapevolezza Ⓒ incoscienza. **2** Capacità di giudicare le proprie azioni da un punto di vista morale: *agire con coscienza, secondo coscienza.* **3** Senso di responsabilità: *lavorare con coscienza* Ⓢ impegno, serietà. **4** Consapevolezza o sensibilità per alcuni aspetti o problemi della realtà: *coscienza civile, politica.* Ⓔ ***Avere la coscienza sporca,*** sentirsi colpevole di qualcosa • ***Avere la coscienza tranquilla,*** non sentirsi colpevole di nulla • ***Avere sulla coscienza,*** essere colpevole di

A B C D E F G H I J K L M N O P Q R S T U V W X Y Z

C

qualcosa: *l'azienda ha sulla coscienza la morte di due operai* • ***Caso di coscienza***, problema morale che una persona pone a se stessa: *non riesco a mentire, per me è un caso di coscienza* • ***Coscienza di classe***, la consapevolezza che una classe sociale (specie il proletariato) possiede riguardo ai propri diritti e interessi • ***Esame di coscienza***, l'esame delle proprie azioni dal punto di vista morale e religioso • ***Obiettore di coscienza*** → ***obiettore*** • ***Perdere coscienza***, svenire • ***Riprendere coscienza***, riprendere i sensi dopo uno svenimento.

La parola *coscienza* si scrive con la *i*, scrivere *coscenza* è un grave errore!

coscienzioso (co-scien-zió-so) AGG. · Che svolge i propri doveri con la massima diligenza e serietà: *un impiegato coscienzioso*; un medico coscienzioso Ⓢ scrupoloso, serio • Che dimostra grande scrupolo e attenzione: *un'indagine coscienziosa* Ⓢ attento.

coscritto (co-scrit-to) N.M. · Soldato di leva appena arruolato Ⓢ recluta.

coscrizione (co-scri-zió-ne) N.F. · Reclutamento di soldati • Iscrizione dei giovani nelle liste di leva annuale: *in Italia la coscrizione obbligatoria è stata abolita.*

così (co-sì) AVV. e CONGIUNZ. || AVV. **1** In questo modo: *così va il mondo!; perché fai così?; così in prosa come in poesia* • Accompagnato dal gesto dà idea di grande o piccola quantità: *ne mangiò una fetta così, una fettina così.* **2** In tale misura; introduce una proposizione consecutiva: *erano così numerosi che non entravano in classe; era così immerso nei suoi pensieri da non riconoscere l'amico.* || CONGIUNZ. In conseguenza: *hanno litigato e così non si parlano più* Ⓢ perciò. Ⓔ ***Così così*** o ***così cosà***, né bene né male: *"Oggi come stai?" "Così così"* • ***E così via***, e tutto il resto, per concludere un elenco che non si considera finito • ***Per così dire***, per moderare un'affermazione: *è, per così dire, un po' sciocca.*

cosicché (co-sic-ché) (o **così che**) CONGIUNZ. · Di modo che: *ho fatto tardi, cosicché ho perso l'autobus* Ⓢ perciò.

cosiddetto (co-sid-dét-to) (o **così detto**) AGG. · Che viene chiamato così, per convenzione oppure in senso ironico: *la cosiddetta valvola a farfalla; era sempre in cerca del cosiddetto principe azzurro.*

cosmesi (co-ṣmè-ṣi) N.F. INVAR. · L'insieme delle tecniche usate per curare la bellezza del volto e del corpo.

cosmetico (co-ṣmè-ti-co) AGG. e N.M. (pl.m. *-ci*, pl.f. *-che*) · Di sostanza che serve a curare la bellezza del corpo e della pelle: *prodotti cosmetici; l'industria dei cosmetici.*

cosmico (cò-ṣmi-co) AGG. (pl.m. *-ci*, pl.f. *-che*) **1** Che riguarda il cosmo, cioè lo spazio, e i corpi celesti: *leggi cosmiche; fenomeni cosmici.* **2** Universale, totale: *poesia cosmica; dolore cosmico.*

cosmo (cò-ṣmo) N.M. · L'universo: *la navicella fu lanciata nel cosmo; stava contemplando la bellezza del cosmo.*

Il termine deriva dal greco *kósmos* che in origine significava 'ordine' e poi 'universo'.

cosmo- · Primo elemento di parole composte che significa 'mondo, universo', spesso con riferimento alla navigazione spaziale: *cosmogonia*, l'origine del mondo; *cosmonauta*, chi naviga nello spazio.

cosmogonia (co-ṣmo-go-nì-a) N.F. (pl. *-nìe*) · Origine dell'universo • Mito, dottrina o poema che dà un'interpretazione dell'origine dell'universo.

cosmologia (co-ṣmo-lo-gi-a) N.F. (pl. *-gìe*) · Scienza che studia la formazione, la struttura e l'evoluzione dell'universo.

cosmologico (co-ṣmo-lò-gi-co) AGG. (pl.m. *-ci*, pl.f. *-che*) · Che riguarda la cosmologia.

cosmonauta (co-ṣmo-nàu-ta) N.M. e F. (pl.m. *-i*, pl.f. *-e*) · Astronauta.

cosmonave (co-ṣmo-nà-ve) N.F. · Astronave.

cosmopolita (co-ṣmo-po-li-ta) N.M. e F. e AGG. (pl.m. *-i*, pl.f. *-e*) || N.M. e F. Chi ha una mentalità aperta a tutte le culture e considera il mondo come sua patria: *un vero cosmopolita non conosce frontiere.* || AGG. **1** Di luogo in cui si incontrano culture e nazionalità diverse: *Londra è una città cosmopolita.* **2** Che dimostra una visione aperta del mondo: *mentalità cosmopolita* Ⓢ aperto, tollerante.

coso (cò-so) N.M. · Nel linguaggio familiare, oggetto o persona di cui non si sa o non si ricorda il nome: *passami quel coso.*

cospargere (co-spàr-ge-re) V.TR. (irreg.: coniugato come *spargere*) **1** Spargere in abbondanza: *cospargere il concime **sul** terreno* Ⓢ disseminare. **2** Ricoprire con una sostanza: *cospargere la torta **di** zucchero a velo* Ⓢ rivestire.

cospetto (co-spèt-to) N.M. · Solo nell'espressione ***al cospetto di***, alla presenza di, davanti a, di fronte a: *quando si trovò al cospetto del re ebbe paura.*

cospicuo (co-spì-cuo) AGG. · Notevole, considerevole, importante: *ha raggiunto una cospicua posizione sociale; la ditta ha avuto perdite cospicue.*

cospirare (co-spi-rà-re) V.INTR. (aus. *avere*) **1** Prendere accordi in segreto per preparare un'azione rivoluzionaria: *cospirare **contro** lo Stato, **contro** un dittatore* Ⓢ congiurare, complottare. **2** Contribuire a un certo effetto, spesso dannoso: *anche il tempo cospira **contro** il nostro viaggio.*

cospiratore (co-spi-ra-tó-re) N.M. (f. *-trice*) · Chi elabora in segreto programmi rivoluzionari o accordi a danno di qualcuno: *i cospiratori furono scoperti e arrestati.*

cospirazione (co-spi-ra-zió-ne) N.F. · Accordo segreto tra più persone per rovesciare una situazione politica: *una cospirazione **contro** il regime* Ⓢ congiura, complotto.

cossi (còs-si) · Pass. rem., 1ª pers. sing. → ***cuocere***.

costa (cò-sta) N.F. **1** Striscia di terra che confina con il mare: *coste diritte, frastagliate, alte, basse.* **2** Lato di un monte piuttosto ripido: *hai presente quella casa a mezza costa?* Ⓢ fianco, pendio. **3** Il dorso di un libro o di una lama • La nervatura centrale di una foglia. **4** Costola della gabbia toracica.

costante (co-stàn-te) AGG. e N.F. || AGG. **1** Che non cambia e non si interrompe: *mantenere una velocità costante; ho un costante mal di testa* Ⓢ stabile, fisso Ⓒ incostante, discontinuo. **2** Di persona, ferma nei propri intenti o nello svolgimento dei propri doveri: *è molto costante **nello** studio* Ⓢ tenace. || N.F. **1** Grandezza matematica o fisica che non varia al variare delle altre con cui è in relazione. **2** Modo consueto di comportarsi o di agire: *l'arroganza è una costante nei suoi rapporti con gli altri* • Tratto caratteristico: *le costanti della politica inglese.*

costantemente (co-stan-te-mén-te) AVV. **1** Con costanza e continuità: *devi allenarti costantemente se vuoi vedere dei risultati* Ⓢ regolarmente. **2** Di continuo, senza interruzione: *piove costantemente da due giorni* Ⓢ continuamente.

costanza (co-stàn-za) N.F. **1** Tendenza a mantenere uguali certi comportamenti o caratteristiche fondamentali: *la costanza di rendimento di un motore; vado al cinema con una certa costanza* Ⓢ continuità, regolarità. **2** Fermezza di carattere: *avere costanza **nel** lavoro; la sua costanza di carattere è ammirevole* Ⓢ tenacia Ⓒ incostanza.

costare (co-stà-re) V.INTR. (*còsto*, ecc.; aus. *essere*) **1** Avere un dato prezzo: *quanto costa il tappeto che hai visto ieri?; il lavoro finito **le** verrà a costare mille euro* Ⓢ valere • Avere un prezzo alto: *mangiare fuori tutte le sere costa.* **2** Comportare dei sacrifici: *il successo costa fatica e rinunce* Ⓢ richiedere, esigere. **3** Dispiacere molto, richiedere fatica: ***mi** è costato doverti dire di no; **ti** costa tanto accompagnarmi alla stazione?* Ⓢ rincrescere, pesare.

costato (co-stà-to) N.M. · Parte del busto dove si trovano le costole: *una ferita al costato* Ⓢ torace.

costeggiare (co-steg-già-re) V.TR. (*costéggio*, ecc.) **1** Navigare vicino alla costa o alla riva: *costeggiare un'isola, un promontorio.* **2** Procedere lungo il margine di qualcosa: *una fila di pioppi costeggiava la strada* Ⓢ fiancheggiare.

costei (co-stèi) · Femminile → ***costui***.

costellare (co-stel-là-re) V.TR. (*costèllo*, ecc.) **1** Essere presente qua e là su una superficie, come le stelle sono sparse in cielo: *fiori di vari colori costellavano il prato* Ⓢ punteggiare. **2** Cospargere, disseminare: *costellare un compito **di** errori.*

costellato (co-stel-là-to) AGG. · Disseminato, cosparso: *un abito costellato **di** macchie.*

costellazione (co-stel-la-zió-ne) N.F. · Raggruppamento di stelle nel cielo che sembra-

C

no formare un'immagine particolare: *la costellazione dell'Orsa maggiore.*

costernato (co-ster-nà-to) AGG. · Avvilito, abbattuto, afflitto: *sono costernato* ***per*** *l'accaduto.*

costernazione (co-ster-na-zió-ne) N.F. · Profondo dolore, abbattimento morale: *la sua morte precoce provocò la costernazione di tutti gli amici* Ⓢ sgomento.

costiera (co-stiè-ra) N.F. · Tratto di costa marina molto alta o piena di scogli: *ammirare la bellezza della costiera ligure.*

costiero (co-stiè-ro) AGG. · Che riguarda la costa: *zona costiera; strada costiera,* prossima alla costa • Che avviene vicino alla costa: *navigazione costiera; pesca costiera.*

costituente (co-sti-tu-èn-te) AGG. e N.M. || AGG. Che contribuisce a formare qualcosa: *i tratti costituenti di un carattere; le parti costituenti del corpo umano.* || N.M. Elemento chimico che entra nella composizione di una sostanza: *l'ossigeno è il costituente fondamentale degli ossidi.* Ⓔ ***Assemblea costituente*** (o *la Costituente* N.F.), assemblea eletta con l'incarico di stabilire le norme fondamentali dello Stato.

costituire (co-sti-tu-ì-re) V.TR. (*costituìsco, costituìsci,* ecc.) || TR. **1** Dare vita a un gruppo organizzato di persone: *costituire una società, una squadra di calcio* Ⓢ fondare, creare, istituire. **2** Formare un insieme: *la commissione è costituita* ***da*** *medici e avvocati; l'appartamento è costituito* ***di*** *sei stanze* Ⓢ comporre. **3** Avere valore di: *il fatto non costituisce reato; il suo gesto costituisce un esempio per tutti noi* Ⓢ rappresentare, essere. || **costituirsi** RIFL. Presentarsi spontaneamente alla giustizia dichiarandosi colpevole: *l'omicida si è costituito* ***alla*** *polizia.* || **costituirsi** INTR. PRONOM. Formarsi, organizzarsi: *si è costituito un centro di ricerca; alla fine della guerra l'Algeria si costituì* ***in*** *Stato indipendente.* Ⓔ ***Costituirsi parte civile,*** partecipare a un processo per ottenere il risarcimento dei danni subiti a causa di un reato.

costitutivo (co-sti-tu-tì-vo) AGG. **1** Che è parte essenziale di qualcosa: *i principi costitutivi della democrazia; le sostanze costitutive di un medicinale.* **2** Che crea un rapporto giuridico: *atto costitutivo di una società.*

costituzionale (co-sti-tu-zio-nà-le) AGG. **1** Che si fonda su una Costituzione: *Stato costituzionale* • Che riguarda o segue la Costituzione: *norme costituzionali; diritto costituzionale.* **2** Legato alle caratteristiche fisiche o mentali di una persona: *malattie costituzionali; la timidezza è un suo tratto costituzionale.* Ⓔ ***Corte costituzionale,*** organo collegiale che ha il compito di garantire ai cittadini l'esatta applicazione della Costituzione italiana Ⓢ la Consulta • ***Monarchia costituzionale*** → **monarchia**.

costituzione (co-sti-tu-zió-ne) N.F. **1** Fondazione, formazione, creazione: *la costituzione di un centro culturale, di una giuria.* **2** L'insieme delle qualità e delle caratteristiche di un oggetto o di un corpo: *la costituzione di uno strato roccioso; la costituzione dei pianeti* Ⓢ natura, struttura. **3** L'insieme delle caratteristiche fisiche e mentali di un individuo: *certificato di sana e robusta costituzione; è di costituzione nervosa.* **4** L'insieme delle leggi che definiscono l'ordinamento di uno Stato e stabiliscono i diritti e i doveri dei cittadini: *redigere, votare una nuova Costituzione.*

costo (cò-sto) N.M. · Il denaro che bisogna spendere per ottenere o produrre qualcosa: *il costo di un terreno, di un'automobile; costi di fabbricazione, di produzione* Ⓢ prezzo. Ⓔ ***A costo di,*** a rischio di: *interverrò al congresso, a costo di essere fischiato* • ***A nessun costo,*** in nessun caso, mai: *a nessun costo accetterò di uscire con loro* • ***A ogni costo*** o ***a tutti i costi,*** a qualsiasi condizione, assolutamente: *devo essere a tutti i costi a casa alle sei* • ***Costo del denaro,*** il tasso di interesse che deve pagare chi ottiene prestiti in denaro • ***Costo della vita,*** quantità di denaro che serve in media a una famiglia per acquistare i prodotti e i servizi necessari • ***Costo del lavoro,*** la spesa sostenuta dall'azienda per pagare stipendi e contributi ai lavoratori.

costola (cò-sto-la) N.F. **1** Ciascuna delle ossa piatte a forma di arco che formano la gabbia toracica: *rompersi una costola* Ⓢ costa. **2** Il dorso di un libro o di una lama • La nervatura centrale di una foglia: *costole di bietola.*

E ***Alle costole,*** molto vicino; ***avere qualcuno alle costole,*** venir seguito o controllato continuamente da lui: *aveva i poliziotti alle costole;* ***stare alle costole di qualcuno,*** seguirlo o controllarlo continuamente.

costoro (co-stó-ro) PRON. DIMOSTR. PL.M. e PL.F. · Plurale di *costui* e *costei*: *chi sono costoro?*

costoso (co-stó-so) AGG. · Che costa molto: *è il supermercato più costoso della città* **S** caro, dispendioso **C** economico, conveniente.

costringere (co-strin-ge-re) V.TR. (irreg.: coniugato come *stringere*) **1** Obbligare qualcuno a fare qualcosa contro la sua volontà: *la stanchezza lo costrinse* ***a*** *una sosta; se piove saremo costretti* ***a*** *rimandare la partenza* **S** forzare. **2** Impedire a qualcuno di muoversi: *un'influenza lo ha costretto* ***a*** *letto per una settimana* **S** immobilizzare.

costrizione (co-stri-zió-ne) N.F. · Azione con cui si obbliga qualcuno a fare una cosa contraria alla sua volontà: *sentire i doveri familiari come una costrizione* **S** obbligo.

costruire (co-stru-ì-re) V.TR. (*costruìsco, costruìsci*, ecc.) **1** Tirare su un edificio o parte di esso: *costruire un muro, un palazzo* **S** fabbricare, edificare. **2** Realizzare mettendo insieme tutti i pezzi: *costruire un motore, un aereo.* **3** Mettere insieme: *costruire una teoria; costruire la società del futuro* **S** creare, realizzare. **E** ***Costruire sulla roccia,*** fare qualcosa con solide basi, in modo saldo • ***Costruire sulla sabbia,*** fare qualcosa che non ha basi solide e che quindi non durerà.

costruttivo (co-strut-tì-vo) AGG. **1** Che riguarda una costruzione: *tecnica costruttiva.* **2** Che mira a un risultato positivo e concreto: *politica costruttiva* **S** efficiente **C** distruttivo • Che dà un contributo originale e positivo: *fare una critica costruttiva* **S** utile.

costrutto (co-strùt-to) N.M. **1** Struttura di una frase o di un periodo: *un costrutto particolare; un costrutto poetico* **S** costruzione. **2** Sostanza di un discorso **S** senso, significato. **E** ***Senza costrutto,*** senza senso: *un discorso senza costrutto;* senza risultati, inutilmente: *lavorare senza costrutto.*

costruttore (co-strut-tó-re) N.M. e AGG. (f. *-trìce*) || N.M. (f. *-trìce*) Chi progetta e dirige la costruzione di qualcosa: *costruttore navale, edile.* || AGG. Che si occupa di costruzioni: *società, impresa costruttrice.*

costruzione (co-stru-zió-ne) N.F. **1** Realizzazione di qualcosa mediante l'unione di tutti gli elementi necessari: *la costruzione di una casa, di una nave, di una strada* **S** fabbricazione **C** distruzione. **2** Edificio, casa, stabile: *una costruzione vecchia, recente; una costruzione degli anni Venti.* **3** In grammatica, disposizione degli elementi sintattici in una frase o in un periodo: *la costruzione tipica della frase italiana è soggetto, predicato e complemento* **S** costrutto. **E** ***In costruzione,*** che si sta fabbricando: *casa in costruzione;* in fase di lavorazione: *un sito web in costruzione.*

costui (co-stùi) PRON. DIMOSTR. (f. *costèi*; pl.m. e pl.f. *costóro*) · Persona vicina a chi parla, spesso usato in senso ostile o spregiativo: *ma chi si crede d'essere costui?*

costume (co-stù-me) N.M. **1** Modo abituale di pensare e di comportarsi: *non è mio costume mentire; una persona dai costumi raffinati* **S** consuetudine, abitudine. **2** L'insieme delle usanze, dei gusti e delle idee di un popolo in un certo periodo storico o in un certo luogo: *il costume italiano del Seicento; uno studioso dei costumi dei popoli africani* **S** tradizioni (PL.), usanze (PL.). **3** Modo di vestire tipico di certi luoghi, tempi o ambienti: *i costumi sardi; il costume di Arlecchino* **S** abbigliamento. **4** Abito che un attore indossa quando recita: *ha disegnato i costumi per il Nabucco.* **5** Abito tipico di una certa attività: *costume da ballerina.* **E** ***Costume (da bagno),*** indumento per andare al mare o in piscina • ***Donna di facili costumi,*** poco seria, che ha molte relazioni con uomini diversi • ***In costume,*** in cui si indossano abiti d'epoca: *il calcio in costume a Firenze; una festa in costume;* ***film in costume,*** film storico.

cotechino (co-te-chì-no) N.M. · Salume che si mangia cotto, composto da un impasto di carni e cotenne di maiale: *il cotechino con le lenticchie.*

cotenna (co-tén-na) N.F. · Pelle dura e spessa del maiale o del cinghiale.

A B C D E F G H I J K L M N O P Q R S T U V W X Y Z

C

cotoletta (co-to-lét-ta) N.F. · Fettina di carne, con o senza osso. Ⓔ ***Cotoletta alla milanese***, impanata e fritta.

Il termine deriva dal francese *côtelette*, diminutivo di *côte* 'costola'.

cotone (co-tó-ne) N.M. **1** Pianta tropicale i cui frutti sono ricoperti di una peluria bianca; è largamente coltivata per la produzione di fibre. **2** Il filo e il tessuto che si ricavano da questa pianta: *lenzuola, camicie di cotone.* Ⓔ ***Cotone (idrofilo)***, in fiocchi soffici, usato per pulire e disinfettare le ferite.

cotonificio (co-to-ni-fì-cio) N.M. (pl. *-ci*) · Fabbrica in cui si lavora il cotone per produrre tessuti o filati.

cotta (còt-ta) N.F. · Innamoramento intenso e improvviso: *ha una cotta per tua sorella.*

cottimo (còt-ti-mo) N.M. · Forma di pagamento calcolata in base alla quantità di lavoro effettivamente svolto: *pagare a cottimo; lavoro a cottimo.*

cotto (còt-to) AGG. e N.M. || Participio pass. → *cuocere*. || AGG. **1** Di cibo cucinato con il calore, non crudo: *verdura cotta; mele cotte; carne poco cotta.* **2** Scottato, bruciato: *un viso cotto dal sole.* **3** Nel linguaggio familiare, molto stanco: *dopo tante ore di lavoro sono proprio cotto* Ⓢ esausto, stremato. **4** Nel linguaggio familiare, perdutamente innamorato: *è proprio cotto* ***di*** *lei.* || N.M. Mattone reso particolarmente duro e resistente mediante speciali metodi di cottura: *un pavimento di cotto* Ⓢ terracotta. Ⓔ ***Di cotte e di crude***, di tutti i colori, di ogni genere: *dirne di cotte e di crude;* ***farne di cotte e di crude***, combinare un sacco di guai.

cottura (cot-tù-ra) N.F. · Preparazione di cibi o trattamento di materiali che sfrutta l'azione del calore: *la cottura del pane; la cottura dei mattoni* • La durata di tale procedimento: *ci vogliono almeno due ore di cottura.* Ⓔ ***Angolo cottura***, in una stanza, la zona attrezzata a cucina.

coupé (cou-pé; pronuncia *cupé*) N.M. FR., in it. N.M. INVAR. · Tipo di carrozzeria per automobili sportive, a due porte e con tetto basso.

cova (có-va) N.F. · L'azione di covare e il tempo in cui gli uccelli covano le uova.

covare (co-và-re) V.TR. e INTR. (*cóvo*, ecc.) || TR. **1** Di uccelli, stare sopra le uova per tenerle al caldo, in modo da permettere lo sviluppo degli embrioni e la nascita dei piccoli: *la tortora cova le uova; la chioccia ha cominciato a covare.* **2** Coltivare dentro di sé in segreto un sentimento o un'intenzione: *covare una speranza, un proposito; covare odio, rancore* Ⓢ nutrire, maturare. || INTR. (aus. *avere*) Rimanere nascosto, non manifestarsi, essere latente: *covava in lui un odio ostinato.* Ⓔ ***Covare sotto la cenere***, di passione che continua a turbare l'animo senza che all'esterno appaia niente: *il desiderio di vendetta covava sotto la cenere* • ***Covare una malattia***, nel linguaggio familiare, sentire un leggero malessere prima che si manifestino i sintomi veri e propri di una malattia.

covata (co-và-ta) N.F. **1** L'insieme delle uova che vengono deposte e covate insieme nel nido degli uccelli • La nidiata dei pulcini. **2** Gran numero di figli: *era accompagnato da una covata di marmocchi.*

cover (co-ver; pronuncia *cóver*) N. INGL., in it. N.F. INVAR. **1** Rifacimento di una canzone famosa da parte di un altro cantante. **2** Rivestimento esterno del cellulare.

covile (co-vì-le) N.M. · Luogo riparato in cui si rifugiano gli animali: *il covile della volpe* Ⓢ covo, tana.

covo (có-vo) N.M. **1** Luogo dove si rifugia un animale selvatico: *il covo di una lepre* Ⓢ tana. **2** Rifugio di malviventi: *un covo di assassini, di terroristi* Ⓢ nascondiglio.

covone (co-vó-ne) N.M. · Fascio di spighe di grano o di altri cereali messi insieme e legati.

cowboy (cow-boy; pronuncia *caubòi*) N. INGL., in it. N.M. INVAR. · Guardiano di mandrie nelle praterie del Nord America.

coyote (co-yo-te; pronuncia *coiòte*) N.M. SP., in it. N.M. INVAR. · Mammifero carnivoro che vive nel Nord America; ha pelo folto e grigio, muso aguzzo e orecchie appuntite.

cozza (còz-za) N.F. · Mollusco con una conchiglia formata da due valve nere ovali; è molto apprezzato in cucina e perciò allevato in abbondanza: *cozze alla marinara; zuppa di cozze* Ⓢ mitilo.

cozzare (coz-zà-re) V.INTR. (còzzo, ecc.; aus. *avere*) **1** Urtare con violenza: *la macchina sbandò e cozzò* ***contro*** *il muro* Ⓢ battere, sbattere. **2** Essere in aperta contraddizione: *le mie opinioni cozzano* ***con*** *le sue* Ⓢ contrastare, discordare.

cozzo (còz-zo) N.M. **1** Scontro frontale, violento e improvviso: *un cozzo contro un cipresso* Ⓢ collisione, urto. **2** Colpo dato con le corna: *è stato ferito da un cozzo del toro.*

crac N.M. INVAR. **1** Rumore di qualcosa che si spezza o si frantuma: *crac! Il tavolo cedette per il troppo peso.* **2** Fallimento grosso e improvviso: *il crac delle borse europee* Ⓢ rovina, crollo.

> Il termine deriva da una serie di origine onomatopeica.

craccare (crac-cà-re) V.TR. (*cràcco, cràcchi*, ecc.) · Violare la protezione di un programma informatico in modo da poterlo usare anche se non lo si acquista regolarmente: *craccare un programma.*

crack (pronuncia *crak*) N. INGL., in it. N.M. INVAR. **1** Programma che permette di violare i sistemi di protezione di un software commerciale, per utilizzarlo senza averlo regolarmente acquistato. **2** Droga di bassa qualità e molto pericolosa, ottenuta mescolando cocaina e altre droghe.

cracker (cra-cker; pronuncia *crècher*) N. INGL., in it. N.M. INVAR. · Biscotto salato sottile e croccante.

crampo (cràm-po) N.M. · Contrazione involontaria dei muscoli, dolorosa e di breve durata: *mi è venuto un crampo al polpaccio sinistro* Ⓢ spasmo, contrazione.

cranico (crà-ni-co) AGG. (pl.m. *-ci*, pl.f. *-che*) · Che riguarda il cranio: *cavità cranica.* Ⓔ ***Scatola cranica***, l'insieme delle ossa del cranio.

cranio (crà-nio) N.M. (pl. *-ni*) **1** Lo scheletro della testa nell'uomo e negli animali. **2** Nel linguaggio familiare, testa, cervello, mente: *avere il cranio duro.* Ⓔ ***A cranio***, nel linguaggio familiare, a persona: *quanto spetta a cranio?*

crasso (cràs-so) AGG. **1** ***Intestino crasso*** (anche *il crasso* N.M.), la parte finale dell'intestino, che comprende il cieco, il colon e il retto. **2** Rozzo, volgare, grossolano: *un'intelligenza crassa; ignoranza crassa*, assoluta.

-crate · Secondo elemento di parole composte che significa 'chi ha un certo potere': *burocrate.*

cratere (cra-tè-re) N.M. **1** Nei vulcani, l'apertura a forma di imbuto da cui esce la lava: *un nuovo cratere si è aperto sul fianco del vulcano* Ⓢ bocca. **2** Buca prodotta nel terreno dallo scoppio di una bomba oppure dalla caduta di un grosso meteorite Ⓢ voragine, cavità. **3** Ampio vaso usato nell'antichità per mescolare e servire acqua e vino nei banchetti. Ⓔ ***Cratere lunare***, cavità di forma circolare caratteristica del suolo della luna.

-cratico · Secondo elemento di parole composte che hanno la funzione di aggettivi corrispondenti agli astratti in *-crazia* (per es. *burocratico*).

cravatta (cra-vàt-ta) N.F. · Striscia di stoffa che si fa passare sotto il colletto della camicia e si annoda sul davanti; è un accessorio tipico dell'abbigliamento elegante maschile: *fare il nodo alla cravatta.* Ⓔ ***Cravatta a farfalla*** → ***farfalla***.

crawl (pronuncia *cròl*) N. INGL., in it. N.M. INVAR. · Stile di nuoto, detto anche *stile libero*, in cui ci si muove a pancia in giù con ampie rotazioni delle braccia e il battito alternato delle gambe.

-crazia · Secondo elemento di parole composte che significa 'potere': *aristocrazia*, il potere dei migliori.

creanza (cre-àn-za) N.F. · Modo di comportarsi Ⓢ educazione. Ⓔ ***Buona creanza***, buone maniere, buona educazione • ***Mala creanza***, scortesia, maleducazione.

creare (cre-à-re) V.TR. (crèo, ecc.) || TR. **1** Far esistere, far nascere dal nulla: *Dio creò l'universo in sei giorni* Ⓢ generare • Fondare, istituire, costituire: *creare un impero, un'industria.* **2** Realizzare qualcosa di nuovo: *creare una linea di abbigliamento; creare un'opera d'arte* Ⓢ ideare, inventare. **3** Far succedere: *non crearmi altri problemi; la notizia ha creato* *un certo imbarazzo* Ⓢ causare, provocare, suscitare. || **crearsi** TR. PRONOM. Concepire, farsi: *non voglio che vi creiate inutili illusioni.* || **crearsi** INTR. PRONOM. Sorgere, formarsi, determinarsi: *si è creata una situazione imbarazzante.*

creatività (cre-a-ti-vi-tà) N.F. INVAR. · Capacità di produrre idee nuove o di trovare soluzioni originali: *la creatività di un artista, di un calciatore* Ⓢ fantasia, estro.

creativo (cre-a-ti-vo) AGG. **1** Che riguarda la progettazione o la realizzazione di qualcosa: *processo creativo; lavoro creativo.* **2** Ricco di fantasia: *mente creativa.*

creato (cre-à-to) N.M. · L'universo visto come frutto della creazione divina.

creatore (cre-a-tó-re) N.M. (f. *-trìce*) || N.M. Chi crea dal nulla: *il creatore di tutte le cose.* || N.M. (f. *-trìce*) Chi realizza cose nuove e originali: *creatrice di moda; il creatore di un nuovo stile musicale* Ⓢ inventore, fondatore. Ⓔ ***Il Creatore***, Dio; ***andare al Creatore***, morire; ***mandare al Creatore***, uccidere.

creatura (cre-a-tù-ra) N.F. **1** Qualsiasi essere vivente: *amare tutte le creature* Ⓢ individuo. **2** Bambino piccolo: *ha tre creature da sfamare* Ⓢ fanciullo, bimbo. **3** Prodotto, frutto, creazione: *i personaggi dei suoi romanzi sono tutte creature della sua fantasia.*

creazione (cre-a-zió-ne) N.F. **1** Nel linguaggio religioso, atto con cui la divinità dà vita a qualcosa dal nulla: *la creazione del mondo* Ⓢ genesi. **2** Invenzione e realizzazione di un'opera: *la creazione di un quadro, di un poema* Ⓢ produzione. **3** Il prodotto di un'attività pratica, intellettuale, artistica: *creazione musicale, letteraria* Ⓢ opera • Nel linguaggio della moda, modello originale di vestito: *le nuove creazioni per l'estate.* **4** Fondazione, istituzione: *la creazione di un centro di ricerca.*

crebbi (crébbi) · Pass. rem., 1ª pers. sing. → ***crescere***.

credente (cre-dèn-te) AGG. e N.M. e F. · Che, chi segue una fede religiosa: *è una ragazza molto credente; una folla di credenti riempiva la chiesa.*

credenza[1] (cre-dèn-za) N.F. **1** Fede religiosa: *tutte le credenze devono essere rispettate* Ⓢ confessione, credo. **2** Convinzione diffusa: *è credenza comune che con il pesce vada bevuto solo vino bianco* Ⓢ opinione. **3** Leggenda, tradizione: *le antiche credenze dei popoli germanici* • Pregiudizio, superstizione: *secondo una credenza popolare i gatti neri portano sfortuna.*

credenza[2] (cre-dèn-za) N.F. · Mobile della cucina in cui si mettono stoviglie e cibi: *rimetti i piatti nella credenza* Ⓢ dispensa.

> Il termine deriva dall'espressione *far la credenza,* cioè assicurare all'ospite che i cibi che vengono dal mobile non sono avvelenati.

credere (cré-de-re) V.INTR. e TR. (*crédo*, ecc.) || INTR. (aus. *avere*) **1** Essere convinto che qualcosa è vero o giusto: *credere* ***all'****innocenza di qualcuno; credere* ***in*** *un programma di partito* • Essere convinto che qualcuno dice la verità: *devi credere* ***a*** *me, non* ***ai*** *tuoi amici!* **2** Essere certo dell'esistenza di qualcuno o di qualcosa: *credere* ***in*** *Dio; credere* ***a*** *Babbo Natale; credere* ***nelle*** *streghe.* **3** Avere fiducia in qualcuno o qualcosa: *siamo in molti a credere* ***in*** *lui; credere* ***nell'****efficacia di una medicina* Ⓢ confidare. || TR. **1** Avere una certa opinione: *credi* ***che*** *sia meglio rimandare l'incontro?; non credevo* ***di*** *offenderti* Ⓢ pensare, ritenere. **2** Giudicare giusto o utile: *ho creduto necessario andare di persona; fa' come credi.* **3** Giudicare qualcuno in un certo modo: *sbagliavo a crederlo un incapace.* **4** Solo nella forma passiva, essere considerato sincero: *ho detto la verità ma non sono stato creduto.* || **credersi** RIFL. Avere una certa opinione di sé: *si crede irresistibile; smettila di crederti un genio.* Ⓔ ***Credere sulla parola***, senza bisogno di prove • ***Non credere ai propri occhi***, essere stupito di fronte a qualcosa di inatteso o straordinario.

credibile (cre-dì-bi-le) AGG. **1** Che può essere accettato come vero: *una storia poco credibile; non è credibile che riescano a vincere in quelle condizioni* Ⓢ attendibile, verosimile Ⓒ incredibile. **2** Di persona, che merita fiducia: *come attore non mi sembri molto credibile* Ⓢ convincente.

credibilità (cre-di-bi-li-tà) N.F. INVAR. **1** Possibilità di essere accettato come vero: *ha messo in dubbio la credibilità della notizia.* **2** Prestigio personale, buona reputazione: *il tuo avvocato non ha nessuna credibilità; quello scandalo ha compromesso la sua credibilità.*

creditizio (cre-di-tì-zio) AGG. (pl.m. *-zi*, pl.f. *-zie*) · Che riguarda il credito economico: *politica, legislazione creditizia.*

credito (cré-di-to) N.M. **1** Considerazione, stima: *una notizia degna di credito; gode di un certo credito presso i suoi superiori.* **2** Rinvio del pagamento di una cosa comprata o venduta: *far credito; vendere, comprare a credito* • Diritto a riscuotere una somma di denaro che è dovuta: *avere un credito con qualcuno; sono in credito di due mesi di stipendio* Ⓒ debito • La somma stessa: *riscuotere un credito.* Ⓔ ***Carta di credito***, tessera che permette al titolare di pagare merci e servizi senza usare i contanti, addebitandone il costo sul conto corrente • ***Dare credito***, concedere fiducia • ***Istituto di credito***, banca.

creditore (cre-di-tó-re) AGG. e N.M. (f. *-trìce*) · Che, chi ha diritto a riscuotere una somma di denaro da qualcuno: *ditta creditrice; i creditori non gli danno tregua* Ⓒ debitore.

credo (cré-do) N.M. INVAR. **1** Fede religiosa: *una famiglia di credo ebraico.* **2** La preghiera che elenca tutti i principi della religione cattolica: *dire, recitare il credo.* **3** Ideale che guida ogni azione di una persona: *è sempre stato fedele al suo credo politico* Ⓢ idea, convinzione.

credulità (cre-du-li-tà) N.F. INVAR. · Eccessiva facilità a credere a ciò che gli altri dicono Ⓢ dabbenaggine, ingenuità.

credulo (crè-du-lo) AGG. · Che crede agli altri con troppa facilità: *è così credulo che si è bevuto la storia dell'ufo atterrato nel mio giardino!* Ⓢ ingenuo.

credulone (cre-du-ló-ne) AGG. e N.M. (f. *-a*; pl.m. *-i*, pl.f. *-e*) · Che, chi crede con facilità a tutto ciò che gli altri dicono Ⓢ ingenuo, semplicione.

crema (crè-ma) N.F. e M. e AGG. || N.F. **1** La parte grassa del latte, da cui si ricava il burro Ⓢ panna. **2** Composto dolce a base di latte, uova e zucchero: *paste con la crema.* **3** Passato di legumi o altri vegetali: *crema di fagioli, di asparagi.* **4** La parte più nobile di una collettività: *frequenta la crema della città* Ⓢ élite (*fr.*) Ⓒ feccia. **5** Prodotto denso che si spalma sulla pelle: *crema nutriente; crema di bellezza; crema contro le rughe.* || AGG. e N.M. INVAR. Di colore bianco giallognolo: *un cappotto color crema; una parete bianca tendente al crema.* Ⓔ ***Crema da barba***, sapone per farsi la barba che facilita la rasatura.

cremagliera (cre-ma-gliè-ra) N.F. · Asta dentata collegata a una ruota anch'essa dentata, usata in alcune macchine o in ferrovie speciali.

cremare (cre-mà-re) V.TR. (*crèmo*, ecc.) · Bruciare un cadavere fino a ridurlo in cenere: *il suo corpo è stato cremato.*

crematorio (cre-ma-tò-rio) AGG. (pl.m. *-ri*, pl.f. *-rie*) · Che serve alla cremazione di cadaveri: *forno crematorio.*

cremazione (cre-ma-zió-ne) N.F. · L'operazione di bruciare un cadavere fino a ridurlo in cenere: *dopo la cremazione le ceneri furono sparse al largo di Lerici.*

cremisi (crè-mi-ṣi) AGG. e N.M. INVAR. · Di colore rosso vivo: *una gonna cremisi; il cremisi è un colore estivo.*

cremoso (cre-mó-so) AGG. · Della crema, ricco di crema: *consistenza cremosa; latte cremoso.*

creolo (crè-o-lo) AGG. e N.M. (f. *-a*) · Nato nell'America centrale e meridionale da genitori europei, oppure da un genitore europeo e uno indigeno. Ⓔ ***Lingue creole***, lingue nate dalla convivenza delle lingue dei coloni europei con quelle degli abitanti di altri continenti.

crepa (crè-pa) N.F. **1** Spaccatura sulla superficie di un muro o di un terreno: *si erano formate lunghe crepe sulle pareti* Ⓢ fessura. **2** Dissidio, contrasto, dissapore: *quell'episodio aprì una crepa nella loro relazione.*

crepaccio (cre-pàc-cio) N.M. (pl. *-ci*) · Spaccatura stretta e profonda aperta nel terreno o in un ghiacciaio: *cadere, precipitare in un crepaccio.*

crepacuore (cre-pa-cuò-re) N.M. · Dispiacere profondo e insopportabile: *morire di crepacuore* Ⓢ disperazione, dolore.

C

crepapelle (cre-pa-pèl-le) N.M. · Solo nell'espressione ***a crepapelle***, a più non posso, quasi fino a scoppiare: *ridere a crepapelle.*

crepare (cre-pà-re) V.INTR. (*crèpo*, ecc.; aus. *essere*) **1** Spaccarsi, incrinarsi, fendersi: *l'intonaco sta crepando in più punti.* **2** Provare una sensazione talmente intensa da risultare insopportabile: *crepare* ***dal*** *caldo; crepare* ***dalle*** *risate; crepare* ***di*** *invidia* Ⓢ scoppiare, morire. **3** Nel linguaggio familiare, morire: *è crepato solo come un cane.* Ⓔ ***Crepi l'avarizia!***, espressione usata quando si sta per fare una spesa non necessaria o più alta del solito.

crepitare (cre-pi-tà-re) V.INTR. (*crèpito*, ecc.; aus. *avere*) · Fare rumori secchi e continui: *la legna crepita nel camino; le mitragliatrici crepitavano in lontananza.*

crepitio (cre-pi-ti-o) N.M. (pl. *-tìi*) · Serie di rumori brevi e secchi che si ripetono con insistenza: *il crepitio della pioggia; il crepitio dei fucili.*

crepuscolare (cre-pu-sco-là-re) AGG. **1** Del crepuscolo: *luce, cielo crepuscolare.* **2** Incerto, vago, indefinito: *un paesaggio crepuscolare.*

crepuscolo (cre-pù-sco-lo) N.M. **1** La luce tenue del cielo fra il tramonto del sole e il buio della notte • Il tempo che segue il tramonto. **2** Momento finale di qualcosa che presto non esisterà più: *il crepuscolo dell'Impero romano; il crepuscolo della vita* Ⓢ declino, fine.

crescente (cre-scèn-te) AGG. · Che aumenta in modo continuo: *la pressione crescente delle imposte* Ⓒ calante. Ⓔ ***Luna crescente*** → *luna.*

crescere (cré-sce-re) V.INTR. e TR. (irreg.: ind. pres. *crésco*, *crésci*, ecc.; pass. rem. *crébbi*, *crescésti*, *crébbe*, *crescémmo*, *crescéste*, *crébbero*; part. pass. *cresciùto*) || INTR. (aus. *essere*) **1** Di uomini, animali, piante, aumentare di dimensioni, statura, peso: *questo ragazzo cresce a vista d'occhio; alberi che crescono lentamente; la mia barba cresce presto* Ⓢ svilupparsi. **2** Diventare adulto: *il ragazzo è ormai cresciuto; deciditi un po' a crescere!* Ⓢ maturare • Passare l'infanzia e l'adolescenza, essere allevato: *è cresciuto in campagna.* **3** Diventare maggiore, più numeroso, più intenso: *la popolazione del mondo cresce a dismisura; a maggio i prezzi sono cresciuti* ***del*** *3%; questo mese sono cresciuto* ***di*** *due chili* Ⓢ aumentare. **4** Diventare migliore: *crescere* ***in*** *bellezza,* ***in*** *virtù* Ⓢ progredire, perfezionarsi. || TR. Allevare, educare, accudire: *ha cresciuto il figlio con tanti sacrifici.*

crescita (cré-sci-ta) N.F. **1** Aumento di dimensioni: *la crescita del bambino prosegue bene; l'umidità è indispensabile per la crescita dei funghi* Ⓢ sviluppo. **2** Aumento quantitativo o numerico: *la crescita dei prezzi, dell'inflazione* Ⓢ incremento.

cresima (crè-ṣi-ma) N.F. · Nella religione cattolica, il sacramento che conferma l'appartenenza alla Chiesa di chi ha ricevuto il battesimo: *fare la cresima.*

> Il termine deriva dal greco *khrîsma* 'unzione'.

crespo (cré-spo) AGG. e N.M. || AGG. Che ha riccioli piccoli e fitti: *capelli crespi* Ⓒ liscio • Che ha piccole pieghe molto fitte: *una gonna di cotone crespo.* || N.M. Tessuto dal caratteristico aspetto ondulato: *crespo di lana, di seta.*

cresta (cré-sta) N.F. **1** Sporgenza rossa e carnosa che cresce sulla testa dei polli e di altri uccelli simili: *la cresta del gallo.* **2** Il punto in cui si incontrano i due versanti di un monte Ⓢ crinale. **3** La cima spumeggiante di un'onda. Ⓔ ***Abbassare la cresta***, diventare più umile; ***alzare la cresta***, darsi importanza • ***Essere sulla cresta dell'onda***, avere successo, godere del favore generale: *a quel tempo l'attrice era ancora sulla cresta dell'onda* • ***Fare la cresta***, quando si fa la spesa per un'altra persona, dire di aver speso più soldi del vero, per poter intascare la differenza.

creta (cré-ta) N.F. · Argilla: *un vaso di creta; modellare la creta.*

cretaceo (cre-tà-ce-o) AGG. (pl.m. *-cei*, pl.f. *-cee*) · ***Periodo cretaceo*** (o *il Cretaceo* N.M.), il periodo geologico più recente dell'era mesozoica, in cui si svilupparono molluschi e rettili.

cretese (cre-té-se) AGG. e N.M. e F. || AGG. Di Creta, isola del Mediterraneo orientale. || N.M. e F. Abitante, nativo dell'isola di Creta.

cretinata (cre-ti-nà-ta) N.F. · Nel linguaggio familiare, azione o frase da cretino: *hai detto una cretinata* Ⓢ stupidaggine, sciocchezza.

cretino (cre-tì-no) AGG. e N.M. (f. *-a*) · Nel linguaggio familiare, che, chi dimostra poca intelligenza: *ha certe idee davvero cretine; uno che fa così mi sembra solo un cretino!* Ⓢ stupido, imbecille.

cric N.M. INVAR. · Apparecchio azionato da una leva, che si usa per sollevare grossi pesi: *per cambiare la gomma della macchina serve il cric.*

cricca (crìc-ca) N.F. (pl. *-che*) · Gruppo di persone poco oneste che si aiutano fra loro Ⓢ combriccola, congrega.

criceto (cri-cè-to o cri-cé-to) N.M. · Piccolo roditore simile a un topo, con la pelliccia morbida, allevato per esperimenti di laboratorio o come animale di compagnia.

criminale (cri-mi-nà-le) AGG. e N.M. e F. || AGG. **1** Che riguarda il crimine: *la polizia criminale; un'indagine criminale.* **2** Degno di un delinquente: *non fermarsi dopo un incidente è un comportamento criminale* Ⓢ delittuoso, malvagio. || N.M. e F. Colpevole di gravi delitti: *la polizia ha catturato il pericoloso criminale* Ⓢ delinquente, malvivente.

criminalità (cri-mi-na-li-tà) N.F. INVAR. · L'attività dei criminali: *anche in provincia la criminalità è in aumento* • L'insieme dei criminali: *combattere la criminalità organizzata* Ⓢ delinquenza, malavita.

crimine (crì-mi-ne) N.M. · Reato molto grave: *un crimine crudele, feroce; pagherà per i suoi terribili crimini* Ⓢ delitto. Ⓔ ***Crimini contro l'umanità***, ciascun crimine che colpisce un gran numero di persone, come il genocidio, la riduzione in schiavitù, la deportazione, la persecuzione di persone per motivi politici, religiosi, razziali o culturali.

criminoso (cri-mi-nó-so) AGG. · Che ha carattere di crimine, che costituisce un crimine: *intenzioni criminose; gesto criminoso* Ⓢ criminale, delittuoso.

crinale (cri-nà-le) N.M. · Il profilo dei rilievi di una catena montuosa Ⓢ cresta.

crine (crì-ne) N.M. · Ciascuno dei peli della criniera o della coda del cavallo.

criniera (cri-niè-ra) N.F. · L'insieme dei lunghi peli che crescono dietro al collo del cavallo o intorno alla testa del leone: *il cavallo scuoteva la criniera.*

crinolina (cri-no-lì-na) N.F. · Sottana modellata a forma di campana con cerchi di legno all'interno, che le donne dell'Ottocento indossavano sotto la veste per mantenerla gonfia.

crioconservazione (crio-con-ser-va-zió-ne) N.F. · Tecnica usata per la conservazione di organismi viventi, in particolare degli embrioni umani, a bassissime temperature.

cripta (crìp-ta) N.F. · Insieme di stanze sotterranee di una chiesa, usate per il culto o come cimitero: *il santo è sepolto nella cripta.*

Il termine deriva da una parola greca connessa con il verbo *krýpto* 'nascondere'.

criptare (crip-tà-re) V.TR. · Attribuire un codice a un segnale o a un dato, in modo da renderlo comprensibile solo a chi ne ha diritto: *criptare un programma televisivo.*

criptato (crip-tà-to) AGG. · Scritto o trasmesso in codice: *messaggio criptato; programma criptato.*

criptografia (crip-to-gra-fì-a) N.F. (pl. *-fie*) · Scrittura segreta che può essere decifrata solo da chi ne conosce il codice.

crisalide (cri-ṣà-li-de) N.F. · Lo stadio di vita di alcuni insetti, in particolare delle farfalle, durante il quale la larva è racchiusa dentro un bozzolo che la protegge.

Il termine deriva da una parola greca connessa con *khrysós* 'oro', per l'aspetto dorato dell'involucro che racchiude la larva.

crisantemo (cri-ṣan-tè-mo) N.M. · Pianta erbacea originaria della Cina e del Giappone, con fiori di vari colori; dato che fiorisce in autunno, in Italia è usato per ornare le tombe in occasione della commemorazione dei defunti.

crisi (crì-ṣi) N.F. INVAR. **1** Momento di difficoltà nella vita di una persona o di una collettività, con effetti più o meno gravi: *crisi spirituale, religiosa; una crisi di coscienza; la crisi della società; essere, mettere, andare in crisi.* **2** Improvviso cambiamento nel decorso di una malattia, a cui può seguire la guarigione o un peggioramento: *la malata sembra aver superato bene la crisi.* **3** Scoppio improvviso e violento di una malattia o di un problema emotivo: *crisi cardiaca; crisi di pianto.* Ⓔ ***Crisi di astinenza*** → **astinenza** • ***Crisi di governo***, la caduta di un governo e il periodo tra la sua caduta e la formazione di un nuovo governo • ***Crisi economica***, situazione di difficoltà, fase in cui non vi è crescita economica.

crisma (crì-ṣma) N.M. (pl. *-i*) **1** Nella religione cattolica, l'olio consacrato usato per i sacramenti del battesimo, della cresima, dell'ordine e dell'estrema unzione. **2** Approvazione da parte di un'autorità: *il concerto organizzato dagli studenti non ha ancora il crisma del preside* Ⓢ benestare. Ⓔ ***Con tutti i crismi***, perfettamente in regola: *un'operazione condotta con tutti i crismi.*

cristalleria (cri-stal-le-rì-a) N.F. (pl. *-rìe*) **1** Insieme di oggetti di cristallo che si usano a tavola nelle occasioni importanti: *per la cena di Natale ha tirato fuori tutta la cristalleria.* **2** Fabbrica o negozio di oggetti di cristallo: *comprare un regalo di nozze in una cristalleria.*

cristallino[1] (cri-stal-lì-no) AGG. **1** Di cristallo o simile al cristallo. **2** Limpido, trasparente, puro: *acque cristalline; voce cristallina*, squillante.

cristallino[2] (cri-stal-lì-no) N.M. · Parte trasparente dell'occhio situata dietro la pupilla.

cristallizzare (cri-stal-liẓ-ẓà-re) V.TR. e INTR. || TR. **1** Dare la forma di un cristallo. **2** Fissare in una forma definitiva, rigida, astratta: *cristallizzare un pensiero originale in uno schema tradizionale* Ⓢ irrigidire. || INTR. (aus. *avere*) e **cristallizzarsi** INTR. PRONOM. Solidificarsi assumendo la struttura di un cristallo: *il sale cristallizza; l'acqua si cristallizza in brina o neve.*

cristallizzazione (cri-stal-liẓ-ẓa-zió-ne) N.F. **1** Processo chimico per cui una sostanza assume una struttura cristallina: *la cristallizzazione dello zolfo.* **2** Trasformazione in schemi rigidi o astratti: *la cristallizzazione del pensiero dei grandi filosofi.*

cristallo (cri-stàl-lo) N.M. **1** Particolare tipo di vetro, molto trasparente e lucente: *un vaso di cristallo* • Oggetto di cristallo: *la tavola era apparecchiata con cristalli e porcellane.* **2** Sostanza solida di origine naturale e di forma geometrica: *un cristallo di quarzo.* Ⓔ ***Cristalli liquidi***, sostanze in uno stato intermedio tra quello liquido e quello solido, utilizzate nella fabbricazione di schermi di computer, cellulari, ecc.

cristianamente (cri-stia-na-mén-te) AVV. **1** Secondo i principi della fede cristiana: *vivere cristianamente.* **2** In modo decente e dignitoso: *mangiare cristianamente.*

cristianesimo (cri-stia-né-ṣi-mo) N.M. **1** Religione monoteista, fondata da Gesù Cristo e basata sulla pace, l'amore reciproco fra gli uomini e la vita eterna in paradiso dopo la morte: *professare il cristianesimo; convertirsi al cristianesimo.* **2** La civiltà e la cultura cristiana: *l'incontro tra islamismo e cristianesimo è molto evidente in Spagna.*

cristianità (cri-stia-ni-tà) N.F. INVAR. **1** L'insieme dei cristiani di tutto il mondo e dei Paesi che essi abitano: *il Papa si rivolge a tutta la cristianità.* **2** Sentimento o spirito cristiano: *la cristianità di uno scrittore.*

cristiano (cri-stià-no) AGG. e N.M. (f. *-a*) || AGG. Che riguarda o segue il cristianesimo: *religione cristiana; morale cristiana* • Ispirato al cristianesimo: *l'arte cristiana.* || N.M. (f. *-a*) Ogni battezzato che segue la religione fondata da Gesù Cristo: *le persecuzioni contro i cristiani.*

criterio (cri-tè-rio) N.M. (pl. *-ri*) **1** Norma che viene scelta come punto di riferimento per fare confronti, dare giudizi o fare scelte: *adottare, fissare un criterio di scelta; non capisco in base a quale criterio abbia preso questa decisione* Ⓢ regola, principio. **2** Buonsenso, senno, giudizio: *un ragazzo pieno di criterio; tu parli senza criterio.*

critica (crì-ti-ca) N.F. (pl. *-che*) **1** L'attività di interpretare e giudicare qualcosa: *critica costruttiva, distruttiva; capacità di critica* Ⓢ esame, giudizio. **2** L'analisi di opere letterarie, artistiche o scientifiche: *critica letteraria, teatrale, cinematografica; occuparsi di critica d'arte* • Scritto in cui si giudica un'opera letteraria, artistica o scientifica: *leggere una critica; la critica di un film, di un concerto* Ⓢ recensione, commento. **3** L'insieme di coloro che esercitano la professione di critico: *la critica ha stroncato lo spettacolo.* **4** Giudizio negativo: *accettare, rifiutare le critiche* Ⓢ biasimo, disapprovazione Ⓒ elogio, encomio.

criticare (cri-ti-cà-re) V.TR. (*crìtico, crìtichi*, ecc.) **1** Giudicare in modo negativo: *lo criticano tutti* ***per*** *la sua mancanza di serietà* Ⓢ biasimare, disapprovare. **2** Esaminare un'opera o un autore mettendone in risalto soprattutto i difetti: *il suo ultimo film è stato duramente criticato.*

critico (crì-ti-co) AGG. e N.M. (f. *-a*; pl.m. *-ci*, pl.f. *-che*) || AGG. **1** Che serve a interpretare e giudicare qualcosa: *esame, metodo critico; avere, mancare di capacità critica.* **2** Che esprime un giudizio negativo: *atteggiamento critico; è sempre molto critico nei confronti di sua madre.* **3** Che riguarda l'analisi di un testo letterario: *saggi critici; lettura critica di un canto di Dante.* **4** Che riguarda una crisi: *la fase critica di una malattia* • Grave, difficile, pericoloso: *situazione critica; è un momento critico per l'economia del Paese.* || N.M. (f. -a) Chi per lavoro interpreta e giudica opere letterarie, artistiche, ecc.: *il mio professore è un grande critico di Leopardi* • Autore di articoli di critica su giornali e riviste: *critico d'arte; critico musicale, teatrale, cinematografico.*

Il femminile di *critico* nel senso di 'chi giudica opere artistiche' è *critica*, ma è usato poco. Spesso si usa il maschile anche quando ci si riferisce a una donna: *Giovanna è un apprezzato critico cinematografico.*

crittare (crit-tà-re) → ***criptare***.

crittografia (crit-to-gra-fì-a) → ***criptografia***.

crivellare (cri-vel-là-re) V.TR. (*crivèllo*, ecc.) · Colpire facendo numerosi fori, soprattutto con colpi di arma da fuoco: *fu crivellato* ***con*** *una scarica di mitra; il cadavere era crivellato* ***di*** *pallottole.*

crivello (cri-vèl-lo) N.M. · Arnese formato da un telaio con fondo a rete, usato per separare sostanze diverse Ⓢ setaccio, vaglio.

croato (cro-à-to) AGG. e N.M. (f. *-a*) || AGG. Della Croazia. || N.M. (f. *-a*) Abitante, nativo della Croazia. || N.M. Lingua slava scritta in caratteri latini, parlata in Croazia.

croccante (croc-càn-te) AGG. · Di cibo ben cotto o secco che scricchiola in modo gradevole sotto i denti: *panino, biscotto croccante.*

crocchia (cròc-chia) N.F. (pl. *-chie*) · Treccia di capelli avvolta su se stessa e fermata sulla testa o dietro la nuca Ⓢ chignon (*fr.*).

crocchio (cròc-chio) N.M. (pl. *-chi*) · Piccolo gruppo di persone che conversano tra loro: *far crocchio intorno a qualcuno.*

croce (cró-ce) N.F. **1** Antico strumento di pena, formato da due legni fissati insieme, uno in orizzontale e uno in verticale, sui quali venivano legati o inchiodati i condannati a morte: *condannare alla croce; inchiodare sulla croce.* **2** La croce su cui fu inchiodato Gesù Cristo, simbolo della religione cristiana: *il sacrificio della croce* Ⓢ crocifisso • Qualsiasi riproduzione di una croce, con o senza l'immagine di Gesù Cristo: *portava un bracciale con una croce d'oro.* **3** Motivo di dolore continuo o di tormento: *ognuno ha la sua croce; quel figliolo è la sua croce* Ⓢ sofferenza, pena. **4** Distintivo di onorificenze o di ordini cavallereschi: *croce di guerra; croce di cavaliere del lavoro.* **5** Nome e simbolo di enti di assistenza o di soccorso: *Croce Rossa; Croce Verde* • Disegno a forma di croce presente in stemmi o bandiere: *la croce della bandiera svizzera.* **6** Segno grafico formato da due linee che s'incrociano, usato dagli analfabeti al posto della firma: *chi non sa scrivere metta una croce qui.* Ⓔ ***A croce*** o ***in croce***, incrociato, a forma di X: *mettere due assi a croce; tenere le braccia in croce* • ***A croce latina***, di edifici sacri che hanno la pianta a forma di croce con il braccio verticale molto più lungo di quello orizzontale; ***a croce greca***, quando i quattro bracci sono uguali • ***A occhio e croce*** → ***occhio*** • ***Fare una croce su qualcosa***, rinunciarci, non pensarci più: *ormai ho fatto una croce sulle vacanze in Francia* • ***Mettere in croce***, infastidire, tormentare: *ha messo in croce tutta la famiglia* • ***Segno della croce*** → ***segno*** • ***Testa o croce***, gioco fatto gettando in aria una moneta, sulle cui facce in passato erano rappresentate una testa e una croce, e scommettendo su quale faccia sarà rivolta verso l'alto quando la moneta ricadrà a terra o in mano.

C

crocevia (cro-ce-vì-a) N.M. INVAR. · Punto d'incontro di più vie: *al prossimo crocevia gira a destra* Ⓢ incrocio.

crociata (cro-cià-ta) N.F. **1** Nel Medioevo, spedizione militare dei cristiani d'Europa contro i musulmani per la riconquista del Santo Sepolcro a Gerusalemme: *partire per la prima crociata; le crociate* ***contro*** *gli infedeli.* **2** Lotta organizzata contro qualcosa ritenuto dannoso, illecito, immorale: *la crociata* ***contro*** *la droga,* ***contro*** *l'analfabetismo* Ⓢ lotta, battaglia.

crociato (cro-cià-to) AGG. e N.M. || AGG. **1** Che raffigura una croce: *una bandiera crociata.* **2** Fatto o disposto a forma di croce. || N.M. Chi prendeva parte a una crociata. Ⓔ ***Parole crociate***, cruciverba.

crocicchio (cro-cìc-chio) N.M. (pl. *-chi*) · Punto in cui si incontrano due o più strade: *al crocicchio prendi la prima a destra* Ⓢ crocevia, incrocio.

crociera[1] (cro-ciè-ra) N.F. · Incrocio di due strutture architettoniche. Ⓔ ***A crociera***, a forma di croce; ***volta a crociera*** → ***volta***[2].

crociera[2] (cro-ciè-ra) N.F. · Viaggio in mare lungo una rotta prestabilita, con soste nei vari porti, a scopo soprattutto scientifico o turistico: *fare una crociera tra le isole greche.* Ⓔ ***Velocità di crociera*** → ***velocità***.

crocifiggere (cro-ci-fìg-ge-re) V.TR. (irreg.: coniugato come *affiggere*) · Inchiodare o legare alla croce, uccidere mediante la crocifissione: *Gesù Cristo fu crocifisso.*

> Il termine deriva dal latino *crucifigere* 'inchiodare alla croce', composto a sua volta di *crux* 'croce' e *figere* 'conficcare' (→ ***affiggere***).

crocifissione (cro-ci-fis-sió-ne) N.F. **1** Antica pena che consisteva nel lasciar morire il condannato inchiodato o legato a una croce: *gli schiavi ribelli venivano condannati alla crocifissione* • Nella religione cattolica, il supplizio di Gesù Cristo sulla croce. **2** Immagine o rappresentazione artistica del supplizio di Gesù Cristo: *la Crocifissione del Masaccio; dipingere una Crocifissione.*

crocifisso (cro-ci-fìs-so) N.M. · Simbolo del culto cristiano, che rappresenta Gesù Cristo sulla croce: *baciare il crocifisso.*

crogiolare (cro-gio-là-re) V.TR. (*crògiolo*, ecc.) || TR. Cuocere a fuoco lento, riferito soprattutto a oggetti di vetro. || **crogiolarsi** INTR. PRONOM. Godersi il caldo: *crogiolarsi al sole* • Bearsi, cullarsi: *non crogiolarti* ***nelle*** *tue illusioni.*

crogiolo (cro-giò-lo) N.M. **1** Recipiente di materiale resistente alle alte temperature, usato per la fusione di metalli o leghe. **2** Ambiente in cui si incontrano e si fondono aspetti o elementi diversi: *Trieste è un crogiolo di popoli e culture.*

crollare (crol-là-re) V.INTR. (*cròllo*, ecc.; aus. *essere*) **1** Di costruzioni, cadere improvvisamente al suolo distruggendosi: *la torre crollò sotto il bombardamento* Ⓢ precipitare, cadere • Di animali, piante o persone, cadere pesantemente a terra: *la quercia crollò sulla capanna; crollò a terra per un malore.* **2** Non opporre più resistenza: *la squadra è crollata nel secondo tempo* Ⓢ cedere, piegarsi • Abbattersi psicologicamente: *dopo il licenziamento è crollato* Ⓢ deprimersi. **3** Svanire, sfumare, dissolversi: *ogni nostra speranza è crollata.* **4** Di prezzi o altri valori, diminuire fortemente: *l'euro crolla su tutti i mercati.*

crollo (cròl-lo) N.M. **1** Caduta improvvisa e rovinosa: *il crollo del ponte* Ⓢ cedimento. **2** Disastro economico o politico: *il crollo di un regime politico; si teme il crollo dell'azienda* Ⓢ rovina, tracollo • Di prezzi o altri valori, forte e improvvisa diminuzione: *il crollo dei titoli in borsa* Ⓢ caduta. **3** Di persona, perdita improvvisa di forze o di equilibrio psicologico: *l'eccessivo allenamento mi ha portato al crollo.*

cromare (cro-mà-re) V.TR. (*cròmo*, ecc.) · Rivestire di un sottile strato di cromo, per rendere l'oggetto più lucido e resistente.

cromatico (cro-mà-ti-co) AGG. (pl.m. *-ci*, pl.f. *-che*) · Dei colori, che riguarda i colori: *nei suoi dipinti la varietà cromatica è molto evidente.*

cromatismo (cro-ma-tì-ṣmo) N.M. · In pittura, evidenza particolare data al colore: *uno stile caratterizzato da un forte cromatismo.*

-cromia · Secondo elemento di parole composte che significa 'colore': *quadricromia*, unione di quattro colori.

cromo (crò-mo) N.M. · Metallo grigio splendente usato per il rivestimento di oggetti metallici e per la preparazione di leghe molto resistenti (il simbolo chimico è *Cr*).

Il termine deriva dal greco *khrôma* 'colore', per l'intensa colorazione dei suoi sali.

-cromo · Secondo elemento di parole composte che significa 'colore': *monocromo*, che ha un solo colore.

cromosoma (cro-mo-sò-ma) N.M. (pl. *-i*) · Ciascuno dei segmenti che si trovano nel nucleo delle cellule di ogni essere vivente; contiene i geni che trasmettono i caratteri ereditari.

cronaca (crò-na-ca) N.F. (pl. *-che*) **1** Racconto di fatti in ordine cronologico: *le cronache dell'anno Mille; una cronaca fiorentina del Trecento* Ⓢ resoconto. **2** Rubrica dei giornali in cui sono registrati gli avvenimenti di maggior interesse: *cronaca politica, cittadina; fatto, notizia di cronaca,* vicenda di interesse pubblico. **3** Resoconto dettagliato: *la cronaca di una partita di calcio; mi ha fatto la cronaca di tutta la serata.* Ⓔ ***Cronaca nera*** (o *la nera* N.F.), resoconto giornalistico che riguarda omicidi, furti o altri reati violenti; ***cronaca giudiziaria***, che informa sui processi penali e civili più importanti; ***cronaca rosa***, dedicata alle storie personali e sentimentali di personaggi famosi.

cronico (crò-ni-co) AGG. (pl.m. *-ci*, pl.f. *-che*) **1** Di malattia che dura molto e tende a non guarire: *bronchite cronica.* **2** Di situazione dannosa o di difetto senza rimedio: *la cronica disorganizzazione delle poste; il vizio cronico di fumare* Ⓢ persistente, radicato. **3** Di persona che ha una malattia, un'abitudine o un vizio cui non si può porre rimedio: *è un diabetico cronico; un bugiardo cronico,* che non cambierà mai Ⓢ inguaribile.

cronista (cro-nì-sta) N.M. e F. (pl.m. *-i*, pl.f. *-e*) · Giornalista che si occupa della cronaca: *cronista sportivo.*

cronistoria (cro-ni-stò-ria) N.F. (pl. *-rie*) · Racconto ricco di particolari dei fatti nell'ordine in cui sono avvenuti: *la cronistoria di un viaggio.*

cronologia (cro-no-lo-gì-a) N.F. (pl. *-gìe*) **1** L'ordine secondo il quale certi fatti si susseguono nel tempo: *la cronologia delle opere di Platone.* **2** Descrizione di fatti storici nell'ordine in cui sono avvenuti: *una cronologia degli avvenimenti più importanti conclude l'opera.*

cronologico (cro-no-lò-gi-co) AGG. (pl.m. *-ci*, pl.f. *-che*) · Che riguarda l'ordine in cui certi fatti si susseguono nel tempo: *criterio cronologico.*

cronometrare (cro-no-me-trà-re) V.TR. (*cronòmetro*, ecc.) · Misurare con un cronometro: *cronometrare una gara.*

cronometrico (cro-no-mè-tri-co) AGG. (pl.m. *-ci*, pl.f. *-che*) **1** Che riguarda la misurazione del tempo o l'uso del cronometro. **2** Preciso come un cronometro: *puntualità cronometrica* Ⓢ esatto.

cronometro (cro-nò-me-tro) N.M. · Apparecchio per misurare il tempo • Orologio di grande precisione. Ⓔ ***A cronometro*** (anche *la cronometro* N.F.), di gara o tappa ciclistica in cui ogni corridore parte da solo e vince chi arriva al traguardo nel tempo più breve.

cross (pronuncia *cròs*) N. INGL., in it. N.M. INVAR. · Nel calcio, tiro a mezza altezza eseguito dalla fascia laterale del campo verso il centro dell'area di rigore.

crossare (cros-sà-re) V.INTR. (*cròsso*, ecc.; aus. *avere*) · Eseguire un cross.

crossover (cross-over; pronuncia *crossóver*) N. INGL., in it. N.M. INVAR. **1** In genetica, il meccanismo con cui si mescola il materiale genetico. **2** Mescolanza di stili musicali in una stessa canzone.

crosta (crò-sta) N.F. **1** Strato superficiale esterno, diventato duro per effetto naturale o per azione del calore: *una crosta di ghiaccio; la crosta del pane.* **2** Strato di sangue duro e secco che si forma su una ferita. **3** Quadro di nessun valore artistico: *cercava di vendermi quella crosta.* **4** La parte superficiale che nasconde la vera natura di una persona: *sotto una crosta di ingenuità nasconde un'astuzia diabolica* Ⓢ apparenza, facciata. **5** Rivestimento esterno di alcuni animali, per es. dei crostacei: *la crosta dei gamberi.* Ⓔ ***Crosta terrestre***, lo strato più esterno della Terra.

crostaceo (cro-stà-ce-o) N.M. (pl. *-cei*) · Tipo di animale marino o d'acqua dolce, con il corpo ricoperto da un rivestimento duro, detto *crosta*; ha un numero di zampe variabile e spesso un paio di pinze: *i gamberi, i granchi e le aragoste sono crostacei.*

crostata (cro-stà-ta) N.F. · Dolce cotto al forno, formato da una base di pasta friabile ricoperta con marmellata, crema o frutta fresca.

crostino (cro-stì-no) N.M. **1** Fetta di pane arrostita e servita con ingredienti vari come antipasto: *crostino ai formaggi* Ⓢ tartina. **2** Dadino di pane arrostito o fritto che si serve con zuppe o minestre.

crucciare (cruc-cià-re) V.TR. (*crùccio*, ecc.) || TR. Tormentare, affliggere, preoccupare: *cos'è che ti cruccia?* || **crucciarsi** INTR. PRONOM. Tormentarsi, affliggersi, preoccuparsi: *si crucciava **di** essere stato bocciato.*

cruccio (crùc-cio) N.M. (pl. *-ci*) · Dispiacere che tormenta l'animo: *il futuro dei figli è il suo unico cruccio* Ⓢ preoccupazione, tormento.

cruciale (cru-cià-le) AGG. · Decisivo, critico, fatidico: *la fase cruciale delle trattative; siamo in un momento cruciale.*

cruciverba (cru-ci-vèr-ba) N.M. INVAR. · Gioco enigmistico consistente nel trovare, rispondendo a precise definizioni, una serie di parole da scrivere in orizzontale o in verticale in uno schema, in modo che ogni lettera occupi una casella e che le parole così formate si incrocino: *fare, completare un cruciverba.*

> Il termine deriva dal latino *crux crucis* 'croce' e *verba* 'parole', e cioè 'parole in croce'.

crudele (cru-dè-le) AGG. **1** Che prova piacere a far soffrire gli altri: *un animo crudele; un crudele dittatore* Ⓢ feroce, disumano. **2** Che provoca grandi sofferenze: *una punizione crudele; una crudele vendetta* Ⓢ atroce, terribile • Avverso, ostile: *un destino crudele.*

crudeltà (cru-del-tà) N.F. INVAR. **1** Mancanza di pietà o addirittura godimento per le sofferenze altrui: *la crudeltà del tiranno; agire con crudeltà* Ⓢ malvagità, cattiveria. **2** Di un'azione, ferocia, brutalità: *la spietata crudeltà di un delitto* • Ostilità, avversità: *la crudeltà della sorte.* **3** Azione o comportamento crudele: *i soldati commisero terribili crudeltà* Ⓢ atrocità.

> Quando indica la qualità della persona, *crudeltà* si usa solo al singolare; si può usare il plurale solo per intendere azioni crudeli.

crudismo (cru-dì-ṣmo) N.M. · Dieta a base esclusivamente di cibi crudi.

crudista (cru-dì-sta) N.M. e F. (pl.m. *-i*, pl.f. *-e*) · Chi mangia soltanto cibi crudi.

crudo (crù-do) AGG. **1** Di cibo, non cucinato con il calore, non cotto o poco cotto: *carne cruda; questa pasta è ancora cruda.* **2** Di clima, rigido, freddo, aspro: *il crudo inverno.* **3** Che dice o mostra le cose così come sono: *la cruda verità; quel film presenta scene troppo crude.* Ⓔ ***Di cotte e di crude*** → *cotto* • ***Nudo e crudo***, puro e semplice.

cruento (cru-èn-to) AGG. · Che comporta spargimento di sangue: *cruenti combattimenti; morte cruenta* Ⓢ sanguinoso Ⓒ incruento.

crumiro (cru-mì-ro) N.M. (f. *-a*) · Chi non partecipa a uno sciopero e accetta di fare anche il lavoro di chi sciopera.

> Il termine deriva dall'arabo *humayr*, nome di una tribù dell'Africa settentrionale la cui ribellione offrì alla Francia il pretesto per occupare la Tunisia nel 1881, impiegato poi come termine ingiurioso in occasione di scioperi.

cruna (crù-na) N.F. · Piccola fessura dell'ago da cucire, attraverso la quale si fa passare il filo.

crusca (crù-sca) N.F. (raro il pl. *-sche*) · Residuo della macinazione dei cereali, costituito dalle bucce dei semi; è usato come mangime per animali o nella preparazione di prodotti dietetici.

cruscotto (cru-scòt-to) N.M. · Nei veicoli a motore, il pannello che si trova davanti al guidatore, in cui sono installati gli strumenti di comando e di controllo.

cubatura (cu-ba-tù-ra) N.F. · Il volume di un ambiente: *misurare la cubatura della stanza.*

cubetto (cu-bét-to) N.M. · Piccolo oggetto o pezzo a forma di cubo: *un cubetto di ghiaccio; tagliare il prosciutto a cubetti.*

cubico (cù-bi-co) AGG. (pl.m. *-ci*, pl.f. *-che*) **1** Che ha forma di cubo: *superficie cubica; corpo cubico.* **2** ***Radice cubica***, operazione inversa a quella della potenza che permette di trovare la base di un numero elevato al cubo: *la radice cubica di otto è due.*

cubismo (cu-bì-ṣmo) N.M. · Corrente artistica nata in Francia all'inizio del Novecento, caratterizzata dalla riproduzione di figure umane e di oggetti attraverso forme geometriche.

cubitale (cu-bi-tà-le) AGG. · Solo nelle espressioni ***caratteri cubitali*** o ***lettere cubitali***, di grandi dimensioni: *la notizia del rapimento è riportata a lettere cubitali.*

cubito (cù-bi-to) N.M. · Antica unità di misura di lunghezza, in uso presso vari popoli mediterranei.

cubo (cù-bo) N.M. e AGG. || N.M. **1** Solido geometrico regolare che ha per facce sei quadrati uguali • Qualsiasi oggetto che abbia una forma simile. **2** In matematica, la terza potenza di un numero: *il cubo di due è otto.* || AGG. Aggiunto a un'unità di misura di lunghezza, la trasforma in unità di misura di volume; per es. *metro cubo*, il volume di un cubo con spigolo di un metro.

cuccagna (cuc-cà-gna) N.F. **1** Paese immaginario, dove si mangia, si beve e la vita scorre lieta. **2** Possibilità di facili guadagni: *da quando ha aperto il ristorante, ha trovato la cuccagna* Ⓢ abbondanza, ricchezza • Vita allegra e spensierata: *domani si torna a scuola, è finita la cuccagna!* Ⓢ pacchia. Ⓔ ***Albero della cuccagna*** → *albero*.

cuccetta (cuc-cét-ta) N.F. · Ciascuno dei lettini, di solito uno sopra l'altro, usati per dormire sulle navi o sui treni: *prenotare una cuccetta.*

cucchiaiata (cuc-chia-ià-ta) N.F. · Quantità che si può prendere con un cucchiaio: *mangia almeno una cucchiaiata di minestra.*

cucchiaino (cuc-chia-ì-no) N.M. · Piccolo cucchiaio usato per gelati, caffè, ecc.: *cucchiaino da caffè; un cucchiaino di zucchero.*

cucchiaio (cuc-chià-io) N.M. (pl. *-chiài*) · Posata usata per portare alla bocca cibi liquidi, costituita da un manico terminante con una parte ovale incavata: *un cucchiaio d'argento; cucchiaio da minestra* • La quantità che può esservi contenuta: *un cucchiaio di zucchero; aggiungi un cucchiaio di farina* Ⓢ cucchiaiata.

> Il termine deriva dal latino *cochlea* 'chiocciola', perché in origine era uno strumento usato per mangiare le chiocciole.

cuccia (cùc-cia) N.F. (pl. *-ce*) · Il giaciglio del cane. Ⓔ ***A cuccia!***, ordine che si dà al cane perché stia seduto sulle zampe di dietro.

cucciolata (cuc-cio-là-ta) N.F. · L'insieme dei cuccioli nati dallo stesso parto: *una cucciolata di quattro gattini.*

cucciolo (cùc-cio-lo) N.M. (f. *-a*) · Il piccolo del cane domestico o di altri animali: *i cuccioli giocano nel prato* Ⓢ piccolo.

cuccuma (cùc-cu-ma) N.F. · Bricco per il caffè.

cucina (cu-cì-na) N.F. **1** Stanza in cui si preparano e si cuociono i cibi: *pranzare, cenare in cucina; pulire la cucina* • L'arredamento della stanza stessa: *ho comprato una cucina nuova.* **2** Apparecchio a fornelli usato per cuocere i cibi: *cucina a gas, a carbone, a legna.* **3** Preparazione e cottura dei cibi: *intendersi di cucina* • Il modo di cucinare secondo certe regole e ricette che riflettono i gusti e la tradizione di un luogo, oppure in relazione a certi ingredienti: *la cucina romana, francese; una cucina piccante, raffinata.* Ⓔ ***Cucina economica***, apparecchio per cucinare alimentato a legna o a carbone e costruito in modo da poter servire anche come stufa.

cucinare (cu-ci-nà-re) V.TR. · Preparare e cuocere i cibi: *ha cucinato un ottimo risotto; sua moglie sa cucinare veramente bene.*

cucire (cu-cì-re) V.TR. (ind. pres. *cùcio, cùci, cùce, cuciàmo, cucìte, cùciono*) || TR. **1** Unire parti di stoffa o cuoio con ago e filo, a mano oppure a macchina: *cucire le maniche, una federa; cucire una borsa, una cintura.* **2** Realizzare indumenti: *la mamma **gli** ha cucito un paio di pantaloni.* **3** In chirurgia, fissare con punti o graffette i margini di una ferita per facilitarne la guarigione. || TR. PRONOM. Farsi

A B C D E F G H I J K L M N O P Q R S T U V W X Y Z

C

un abito o una riparazione con le proprie mani: *cucirsi l'orlo della gonna.* Ⓔ ***Cucirsi la bocca,*** trattenersi dal parlare o dal rispondere per nascondere ciò che si pensa davvero: *con mia suocera ho dovuto cucirmi la bocca* • ***Macchina da cucire*** → ***macchina***.

cucito (cu-cì-to) AGG. e N.M. || AGG. Messo insieme mediante cuciture: *orlo cucito.* || N.M. L'arte di cucire: *lavori di cucito; maestra di cucito.*

cucitrice (cu-ci-trì-ce) N.F. **1** Attrezzo che serve a unire due o più fogli con punti metallici. **2** Macchina per cucire tessuti.

cucitura (cu-ci-tù-ra) N.F. · Unione di parti di stoffa o cuoio fatta con ago e filo oppure per mezzo di una macchina da cucire: *la cucitura di una gonna, di una borsa* • La linea seguita dal filo e l'insieme dei punti che la costituiscono: *una cucitura quasi invisibile.*

cucù (cu-cù) N.M. INVAR. || N.M. Il cuculo e il suo verso. || **cucù!** INTER. Esclamazione scherzosa pronunciata quando si compare all'improvviso. Ⓔ ***(Orologio a) cucù,*** orologio a pendolo che segna le ore producendo un suono simile al verso del cuculo, mentre da una finestrella esce un uccellino.

Il termine deriva da una serie onomatopeica.

cuculo (cu-cù-lo o cù-cu-lo) N.M. · Uccello di colore grigio, caratteristico per il verso (*cucù*) emesso dal maschio.

Come per altri uccelli che emettono suoni musicali, il verbo che indica il verso del cuculo è *cantare* e il nome è *canto*.

cuffia (cùf-fia) N.F. (pl. *-fie*) **1** Copricapo leggero, usato per scopi igienici o per proteggere dal freddo i neonati • Copricapo aderente di gomma, usato per non bagnarsi i capelli quando si fa il bagno o la doccia o in piscina. **2** Coppia di ricevitori, uniti insieme da un filo e da un supporto a forma di arco, che si appoggiano alle orecchie per ascoltare i suoni: *cuffia telefonica, stereofonica.* Ⓔ ***Per il rotto della cuffia*** → ***rotto***.

cugino (cu-gì-no) N.M. (f. *-a*) · Figlio di uno zio o di una zia: *siamo cugine; Luca e Marco sono cugini per parte di padre.*

cui (cùi) PRON. REL. e AGG. INVAR. || PRON. REL. **1** Preceduto da preposizione, il quale, la quale, i quali, le quali: *il mezzo con cui speravi di vincere; i ragazzi di cui mi hai parlato; il luogo da cui venivi; la stanza in cui entrasti; le mete a cui aspiravi.* **2** Senza preposizione, al quale, alla quale, ai quali, alle quali: *le persone cui ti riferisci.* || AGG. Preceduto dall'articolo determinativo e seguito da un nome, del quale, della quale, dei quali, delle quali: *un artista la cui fama si è diffusa in tutto il mondo.* Ⓔ ***Per cui,*** perciò, dunque, pertanto: *s'era fatto tardi, per cui ce ne andammo.*

culinario (cu-li-nà-rio) AGG. (pl.m. *-ri*, pl.f. *-rie*) · Che riguarda la preparazione e la cottura dei cibi: *specialità culinarie* Ⓢ gastronomico. Ⓔ ***Arte culinaria*** (o *la culinaria* N.F.), l'arte di cucinare.

culla (cùl-la) N.F. **1** Lettino per neonati che a volte si può dondolare per facilitare il sonno: *una bella culla di vimini.* **2** Luogo di nascita: *l'isola che fu la culla del poeta* • Luogo di origine e sviluppo di una cultura, di una civiltà: *Firenze fu la culla dell'arte.* Ⓔ ***Fin dalla culla,*** dalla nascita.

cullare (cul-là-re) V.TR. || TR. **1** Dondolare un bambino piccolo per calmarlo o farlo addormentare. **2** Far oscillare dolcemente: *si lasciava cullare dalle onde.* || **cullarsi** RIFL. **1** Dondolarsi. **2** Abbandonarsi a una speranza troppo ottimistica, spesso illusoria: *cullarsi* ***nell'****illusione di facili guadagni.*

culminante (cul-mi-nàn-te) AGG. **1** Che si trova più in alto: *il punto culminante della torre.* **2** Il più importante, interessante o impegnativo: *il momento culminante del dramma; la fase culminante di una malattia* Ⓢ decisivo, cruciale.

culminare (cul-mi-nà-re) V.INTR. (*cùlmino*, ecc.; aus. *essere*) · Raggiungere il punto più alto, importante o interessante: *le sue ricerche culminarono* ***con*** *la scoperta di un nuovo vaccino.*

culmine (cùl-mi-ne) N.M. **1** La parte più alta: *il culmine del tetto* Ⓢ cima, sommità. **2** Il punto o il momento più intenso, più alto, più importante: *la mia gioia ha raggiunto il culmi-*

ne; essere al culmine della carriera Ⓢ apice, colmo.

culo (cù-lo) N.M. · Nel linguaggio volgare, sedere. Ⓔ ***Avere culo***, essere fortunato: *ha avuto culo negli affari*.

culto (cùl-to) N.M. **1** In una religione, l'insieme dei riti con cui si venera o si prega una divinità: *il culto di Venere; il culto della Madonna* Ⓢ adorazione, venerazione. **2** Credo religioso: *libertà di culto* Ⓢ fede, religione. **3** Profondo rispetto o passione nei confronti di un ideale o di un'attività: *in quella famiglia hanno il culto della scienza*. **4** Cura esagerata per qualcosa: *il culto della forma fisica*. Ⓔ ***Ministro di culto***, sacerdote.

cultore (cul-tó-re) N.M. (f. *-trìce*) · Chi si dedica con impegno e passione a un'arte o a una scienza: *un cultore della matematica* Ⓢ appassionato, amante.

cultura (cul-tù-ra) N.F. **1** L'insieme delle conoscenze e delle nozioni che una persona ha fatto proprie studiando: *cultura scientifica, letteraria; un uomo di grande cultura; farsi una cultura* Ⓢ sapere, conoscenza. **2** L'insieme delle idee e delle opere artistiche e scientifiche che caratterizzano un ambiente o un periodo storico: *la cultura dell'Europa contemporanea*. **3** L'insieme delle usanze e delle tradizioni di un popolo: *la cultura primitiva; la cultura asiatica*.

culturale (cul-tu-rà-le) AGG. **1** Che riguarda la cultura e la sua diffusione: *attività culturali; manifestazioni culturali; scambi culturali*. **2** Che riguarda la cultura di un popolo o di un Paese: *beni culturali*.

culturismo (cul-tu-rì-ṣmo) N.M. · Tipo di ginnastica che fa sviluppare notevolmente i muscoli.

culturista (cul-tu-rì-sta) N.M. e F. (pl.m. *-i*, pl.f. *-e*) · Chi pratica il culturismo: *ama esibire il suo fisico da culturista*.

cumulativo (cu-mu-la-tì-vo) AGG. · Che comprende più cose: *prezzo cumulativo; biglietto cumulativo*, valido per più percorsi o più persone Ⓢ complessivo.

cumulo (cù-mu-lo) N.M. **1** Mucchio disordinato di cose: *un cumulo di libri, di pietre* Ⓢ ammasso, catasta. **2** Grande quantità: *ha detto un cumulo di sciocchezze* Ⓢ mucchio, sacco. **3** Grossa nuvola densa, bianca o grigia, di forma tondeggiante.

cuneiforme (cu-ne-i-fór-me) AGG. · A forma di cuneo. Ⓔ ***Scrittura cuneiforme***, quella degli Assiro-babilonesi e dei Persiani, fatta di caratteri a forma di cuneo incisi nella pietra o nell'argilla.

cuneo (cù-ne-o) N.M. (pl. *-nei*) · Pezzo di ferro o di legno, schiacciato a un'estremità e più largo alla base; si usa per spaccare materiali oppure, incastrato in una fessura, per tenere separati due corpi vicini.

cunetta (cu-nét-ta) N.F. · Avvallamento del terreno o del fondo stradale Ⓢ buca Ⓒ dosso.

cunicolo (cu-nì-co-lo) N.M. · Stretta galleria sotterranea: *una talpa ha scavato un cunicolo nel nostro giardino*.

cuocere (cuò-ce-re) V.TR. e INTR. (irreg.: ind. pres. *cuòcio, cuòci, cuòce, cuociàmo, cuocéte, cuòciono*; pass. rem. *còssi, cuocésti, còsse, cuocémmo, cuocéste, còssero*; cong. pres. *cuòcia, cuòcia, cuòcia, cuociàmo, cuociàte, cuòciano*; part. pass. *còtto*) || TR. **1** Mettere un cibo sul fuoco o vicino a una fonte di calore, per renderlo più buono e digeribile: *cuocere la carne, la torta; cuocere in padella, in forno; cuocere alla brace, alla griglia* Ⓢ cucinare. **2** Trattare con il calore oggetti o materiali diversi, per modificarne le caratteristiche o renderli adatti a certi usi: *cuocere il vetro, l'argilla*. || INTR. (aus. *essere*) e **cuocersi** INTR. PRONOM. Di cibi o materiali, trasformarsi per effetto del calore o del fuoco: *i mattoni cuociono nella fornace; la bistecca si sta cuocendo*. Ⓔ ***Cuocere a fuoco lento***, tenere qualcuno a lungo in attesa di una notizia, di una risposta • ***Lasciar cuocere qualcuno nel suo brodo*** → ***brodo***.

cuoco (cuò-co) N.M. (f. *-a*; pl.m. *-chi*, pl.f. *-che*) **1** Esperto nell'arte del cucinare: *fa il cuoco in una mensa aziendale*. **2** Chi si occupa di far da mangiare: *mia moglie è un'ottima cuoca*.

cuoia (cuò-ia) · Plurale femminile → ***cuoio***.

cuoio (cuò-io) N.M. (pl.m. *i cuòi*, pl.f. *le cuòia*) · Pelle animale lavorata in modo da essere resistente e adatta a particolari usi: *un portafoglio, una cintura di cuoio*. Ⓔ ***Cuoio capelluto***,

C

la pelle che ricopre il cranio • ***Tirare le cuoia***, nel linguaggio familiare, morire.

Il plurale femminile *cuoia* si usa solo nell'espressione *tirare le cuoia*, negli altri casi si usa il plurale maschile *cuoi*.

cuore (cuò-re) N.M. **1** Nel corpo umano e animale, il muscolo che pompa il sangue facendolo scorrere nelle arterie e nelle vene. **2** Nell'uomo, la parte del petto dove si trova il cuore: *si portò una mano al cuore*. **3** La sede dei sentimenti, dell'affetto, delle emozioni e delle passioni dell'uomo: *un cuore tenero, ardente, generoso; l'amico del cuore*. **4** SOLO SING. Forza d'animo Ⓢ coraggio, ardimento. **5** Nel linguaggio sportivo, impegno tenace, generoso e pieno di entusiasmo: *metterci il cuore*. **6** Oggetto a forma di cuore: *nella nicchia del santo erano appesi molti cuori d'argento*. **7** AL PL. Uno dei quattro semi delle carte da gioco francesi: *asso di cuori*. **8** La parte più interna e migliore: *il cuore del carciofo, della lattuga* • La parte o il momento centrale: *nel cuore della notte, dell'inverno* Ⓢ mezzo, pieno • La zona più spessa o più fitta: *nel cuore della giungla*. Ⓔ ***A cuore***, a forma di cuore: *le foglie a cuore dell'edera* • ***A cuor leggero***, in modo spensierato, senza pensarci troppo: *una decisione presa a cuor leggero* • ***Aprire il proprio cuore***, sfogarsi, confessare i propri sentimenti a qualcuno • ***Avere a cuore***, avere grande interesse per qualcosa, tenerci • ***Avere cuore di far qualcosa***, averne il coraggio: *non ha avuto cuore di dirle la verità* • ***Avere il cuore in gola***, essere affannato o molto agitato • ***Con (tutto) il cuore*** o ***di (tutto) cuore***, molto volentieri: *accetto di cuore il tuo pensiero*; con affetto e partecipazione: *ti ringrazio con tutto il cuore* • ***Cuor di leone***, persona coraggiosa • ***Cuore di pietra***, temperamento freddo e spietato: *un professore dal cuore di pietra* • ***Essere di (buon) cuore*** o ***avere cuore***, essere generoso, disponibile: *il mio vicino è una persona di (buon) cuore* • ***In cuor mio***, dentro di me: *in cuor mio sapevo che c'era qualcosa che non andava* • ***Mettersi il cuore in pace***, rassegnarsi • ***Parlare con il cuore (in mano)***, sinceramente • ***Prendere a cuore qualcuno*** o ***qualcosa*** → *prendere* • ***Ridere di cuore***, con piacere e allegria • ***Senza cuore***, cattivo, malvagio • ***Stare a cuore***, premere, interessare: *a sua madre sta a cuore la serenità della famiglia* • ***Toccare il cuore***, commuovere: *quella scena mi ha toccato il cuore* • ***Tuffo al cuore*** → *tuffo* • ***Venire dal cuore***, dal profondo dell'animo.

cupidigia (cu-pi-dì-gia) N.F. (pl. *-gie*) · Avidità esagerata, desiderio sfrenato: *cupidigia **di** potere* Ⓢ brama, bramosia.

cupido (cù-pi-do) AGG. · Avido di beni o di vantaggi materiali: *cupido **di** denaro, **di** onori* Ⓢ bramoso, assetato.

cupo (cù-po) AGG. **1** Profondo e buio: *un mare cupo e tempestoso; una notte cupa*, nuvolosa, senza luna né stelle Ⓢ oscuro, tenebroso Ⓒ chiaro, limpido. **2** Di colore, molto scuro: *verde cupo* • Scuro e minaccioso: *il cupo colore del cielo durante il temporale* Ⓢ fosco. **3** Di suono o rumore, basso, sordo, profondo: *il cupo brontolare del tuono*. **4** Di persona, chiuso, silenzioso, oppure molto preoccupato: *è un tipo cupo e inquietante; rientrò a casa cupo*.

cupola (cù-po-la) N.F. **1** La copertura di un edificio monumentale, a forma di mezza sfera: *la cupola di Santa Maria del Fiore a Firenze*. **2** Il gruppo di persone che dirigono un'organizzazione criminale: *una potente cupola mafiosa*.

cura (cù-ra) N.F. **1** Impegno continuo nel fare qualcosa o nel perseguire un proposito: *dedicare ogni cura a un progetto* Ⓢ attenzione, precisione. **2** Attenzione verso qualcuno: *avere cura dei propri cari* Ⓢ riguardo, premura. **3** L'attività per la quale si è impegnati: *la cura dei campi; la cura della casa*. **4** L'insieme delle medicine e dei trattamenti usati per guarire una malattia: *la cura del cancro; non esistono cure efficaci contro il raffreddore* Ⓢ terapia • L'uso continuato di farmaci o di mezzi terapeutici: *fare una cura di vitamine; cura delle acque, del sonno* • L'assistenza medica a un malato: *avere qualcuno in cura; essere in cura da uno specialista*. Ⓔ ***A cura di***, per opera di: *il volume esce a cura di tre professori inglesi* • ***Avere cura di qualcuno*** o ***di qualcosa*** o ***prendersi cura di qualcuno*** o ***di qualcosa*** , occuparsene: *abbi cura di lui mentre io non ci sono; avere cura della propria salute; prendersi cura del giardino* • ***Casa di cura***, clinica privata • ***Con cura***, con precisione e attenzione: *un lavoro svolto con cura.*

curare (cu-rà-re) V.TR. || TR. **1** Svolgere un'attività, occuparsi di qualcuno o di qualcosa con impegno e attenzione: *curare le amicizie; curare l'edizione di un'opera; curare l'igiene personale.* **2** Sottoporre a cure mediche: *curare un malato; curare un animale ferito* Ⓢ assistere • Trattare con una terapia: *curare un'infezione.* || **curarsi** RIFL. Sottoporsi a cure mediche: *non vuole curarsi; se non ti curi di più ti ammalerai.* || **curarsi** INTR. PRONOM. Dare importanza, prendersi cura: *curarsi **del** proprio avvenire; non ti curerai mica **dei** pettegolezzi dei vicini?* Ⓢ occuparsi.

curativo (cu-ra-tì-vo) AGG. · Che serve a curare una malattia: *un infuso di erbe curative* Ⓢ terapeutico.

curato (cu-rà-to) AGG. · Tenuto bene e in ordine: *una casa curata* Ⓒ trascurato • Fatto con attenzione: *un lavoro molto curato* Ⓢ accurato, preciso.

curatore (cu-ra-tó-re) N.M. (f. *-trìce*) **1** Chi segue gli interessi di persone che non sono in grado di farlo, oppure svolge particolari funzioni legali: *curatore di un minore; curatore di un'eredità.* **2** Chi segue e organizza l'edizione di uno o più libri: *curatore di un'antologia; curatrice di una collana di racconti per l'infanzia.* Ⓔ ***Curatore fallimentare***, chi amministra i beni di una persona o di un'azienda che ha subito un fallimento.

curia (cù-ria) N.F. (pl. *-rie*) · Nella Chiesa cattolica, l'insieme delle persone e degli uffici che collaborano con il Papa o con il vescovo • La sede di tali uffici.

curiosamente (cu-rio-sa-mén-te) AVV. **1** In modo bizzarro: *comportarsi curiosamente* Ⓢ stranamente. **2** Con curiosità: *guardare curiosamente in giro.*

curiosare (cu-rio-sà-re) V.INTR. (*curióso*, ecc.; aus. *avere*) **1** Cercare di scoprire di nascosto cose altrui: *cosa stai curiosando nella mia stanza?* **2** Osservare con curiosità: *curiosare fra i libri della biblioteca.*

curiosità (cu-rio-si-tà) N.F. INVAR. · Desiderio di sapere qualcosa, per amore di conoscenza o per fare pettegolezzo: *nutrire curiosità per le scienze naturali; stuzzicare, soddisfare la curiosità di qualcuno.*

curioso (cu-rió-so) AGG. e N.M. (f. *-a*) || AGG. e N.M. (f. *-a*) Che, chi è desideroso di sapere qualcosa, per amore di conoscenza o per fare pettegolezzo: *un bambino curioso **di** tutto; è meglio stare alla larga dai curiosi.* || AGG. **1** Strano, insolito, bizzarro: *un fatto curioso; un'avventura curiosa.* **2** Degno di attenzione: *è curioso osservare come certi fenomeni si ripetano nel tempo* Ⓢ interessante.

> Il termine deriva da una parola latina che significa letteralmente 'che si cura, che si interessa di qualcosa', connessa con *cura* 'premura, sollecitudine'.

curriculum (cur-rì-cu-lum) N.M. INVAR. · L'elenco degli studi e dei lavori fatti da una persona: *curriculum scolastico; non tutti possono vantare un curriculum del tuo livello* • Il documento su cui è scritto tale elenco: *scrivere il proprio curriculum; inviare il curriculum a un'azienda.*

> Il termine deriva dall'espressione latina *curriculum vitae* 'corso della vita'.

cursore (cur-só-re) N.M. **1** Parte mobile di uno strumento: *il cursore della velocità di una macchina da cucire.* **2** Segnale luminoso che lampeggia sullo schermo di un computer per indicare il punto in cui ci si trova o in cui verrà eseguita l'operazione successiva.

curtense (cur-tèn-se) AGG. · Che riguarda la corte medievale: *economia curtense; sistema curtense.*

curva (cùr-va) N.F. **1** In geometria, linea continua piegata, senza angoli o punte. **2** Tratto di strada piegato ad arco: *è una strada piena di curve; sbandare in curva* Ⓢ svolta, tornante. **3** La parte di una pista sportiva o di un percorso che disegna un arco • In uno stadio, i posti dietro ciascuna porta: *i tifosi della curva sud.* **4** Punto in cui un profilo o una superficie si piega ad arco o si arrotonda: *la curva del collo, del cielo.* **5** AL PL. Nel linguaggio familiare, le rotondità del corpo femminile: *una ragazza tutta curve* Ⓢ forme.

curvare (cur-và-re) V.TR. e INTR. || TR. Piegare ad arco: *curvare un ramo, una sbarra.* || INTR. (aus. *avere*) Voltare, girare: *in quel punto la*

C

strada curva a destra. || **curvarsi** RIFL. Piegarsi ad arco, divenire curvo: *si curvò per raccogliere la penna* Ⓢ chinarsi. Ⓔ ***Curvare il capo***, ubbidire senza reagire; ***curvare la schiena***, sottomettersi, umiliarsi.

curvatura **(cur-va-tù-ra)** N.F. **1** Operazione di piegare qualcosa ad arco: *la curvatura di una lamiera.* **2** Forma ad arco, profilo curvo: *la curvatura della spina dorsale.*

curvilineo **(cur-vi-lì-ne-o)** AGG. (pl.m. *-nei*, pl.f. *-nee*) · Che ha la forma di una linea curva: *profilo curvilineo; superficie curvilinea* Ⓢ curvo Ⓒ dritto, rettilineo.

curvo **(cùr-vo)** AGG. **1** Piegato ad arco: *linea, superficie curva* Ⓢ ricurvo, curvilineo Ⓒ dritto. **2** Con la schiena piegata: *passa le notti curvo sui libri* Ⓢ chino.

cuscinetto **(cu-sci-nét-to)** N.M. **1** Piccolo cuscino destinato a vari usi: *il cuscinetto degli aghi da cucito.* **2** In un meccanismo, elemento che serve per diminuire l'attrito: *cuscinetto a sfere, a rulli,* formato da due anelli di acciaio uno dentro l'altro, in mezzo ai quali rotola una serie di piccole sfere. **3** Nel linguaggio familiare, strato di grasso sotto la cute: *se dimagrisci un po', spariranno anche quei brutti cuscinetti sui fianchi.* Ⓔ ***Fare da cuscinetto***, trovarsi in mezzo tra due persone che litigano o in una situazione tesa o difficile, cercando di ridurre la tensione.

cuscino **(cu-scì-no)** N.M. · Involucro di tessuto, riempito di materiale morbido, su cui ci si siede o si appoggia la testa sdraiandosi, per stare più comodi: *i colori dei cuscini stanno bene con il divano* Ⓢ guanciale.

> Il termine deriva dal latino *coxa* 'coscia', perché in origine era usato solo per sedersi.

cuspide **(cù-spi-de)** N.F. **1** Estremità appuntita, soprattutto di un'arma da lancio: *la cuspide di una lancia.* **2** Copertura a forma di triangolo o di piramide, di un edificio o di una sua parte: *la cuspide di una torre* • Cima di un monte Ⓢ vetta.

custode **(cu-stò-de)** N.M. e F. · Chi per lavoro si occupa della sorveglianza di qualcuno o qualcosa: *il custode di una scuola; il custode di un museo* Ⓢ sorvegliante, guardiano. Ⓔ ***Angelo custode*** → ***angelo***.

custodia **(cu-stò-dia)** N.F. (pl. *-die*) **1** Incarico di sorveglianza, vigilanza, controllo: *ottenere la custodia dei figli; la custodia di un patrimonio; affidare, ricevere in custodia.* **2** Astuccio o scatola per conservare oggetti fragili o preziosi: *la custodia degli occhiali, del violino* Ⓢ fodero. Ⓔ ***Agente di custodia***, guardia carceraria • ***Custodia cautelare***, tempo passato in carcere in attesa di un processo.

custodire **(cu-sto-dì-re)** V.TR. (*custodisco, custodisci*, ecc.) **1** Sorvegliare qualcosa perché non venga rubato o danneggiato: *custodire un parcheggio, un'auto; puoi custodire i miei gioielli quando andrò in vacanza?* • Sorvegliare una persona perché non fugga o non faccia danno: *custodire un prigioniero, un malato di mente* Ⓢ vigilare. **2** Assistere qualcuno, provvedere alle sue necessità: *custodire i bambini, un malato.* **3** Conservare con cura: *in quel cassetto custodisco tutte le mie lettere.*

cutaneo **(cu-tà-ne-o)** AGG. (pl.m. *-nei*, pl.f. *-nee*) **1** Della pelle: *malattia cutanea.* **2** Che avviene attraverso la pelle: *assorbimento cutaneo.*

cute **(cù-te)** N.F. · La pelle del corpo dell'uomo e degli animali: *un'irritazione della cute.*

cuticola **(cu-tì-co-la)** N.F. · Strato sottile di pelle che ricopre alcune formazioni del corpo: *la cuticola delle unghie, dei peli.*

cybernauta **(ci-ber-nau-ta; pronuncia *saibernàuta* o *cibernàuta*)** N.M. e F. (pl.m. *-i*, pl.f. *-e*) · Chi naviga in Internet.

cyberspazio **(ci-ber-spa-zio; pronuncia *saiberspàzio* o *ciberspàzio*)** N.M. (pl. *-zi*) · Universo virtuale creato dalle persone che sono collegate a Internet e dalle informazioni in esso contenute.

cyclette **(cy-clet-te; pronuncia *siclèt*)** N.F. FR., in it. N.F. INVAR. · Nome commerciale ® di una speciale bicicletta senza ruote, utilizzata come attrezzo per fare ginnastica: *per dimagrire devi usare la cyclette tutti i giorni.*

d

A B C **D** E F G H I J K L M N O P Q R S T U V W X Y Z

d, D N.F. O M. INVAR. · Quarta lettera dell'alfabeto italiano; è una consonante (nome della lettera: *di*). **E** ***D***, nella numerazione romana, simbolo del numero 500.

da PREP. **1** La preposizione *da* serve a introdurre: il complemento di moto da luogo: *venire da Roma*; il complemento di moto a luogo (solo con nomi di persona o pronomi personali): *vado da Pietro, dalla zia; verrò da te domattina*; il complemento di stato in luogo: *ti aspetterò dal farmacista; l'auto è ammaccata dal lato destro*; il complemento di moto per luogo: *il ladro è passato dalla finestra*; il complemento di separazione o allontanamento: *togliere un chiodo dal muro; scampare da un pericolo*; il complemento di origine o provenienza: *discende da una nobile famiglia*; il complemento di distanza: *ci troviamo a cinque chilometri dal confine*; il complemento di tempo: *abito a Pisa dal 1990*; il complemento di agente o di causa efficiente: *saccheggiato dai ladri; ucciso dal fulmine*; il complemento di causa: *battere i denti dal freddo*; il complemento predicativo del soggetto o dell'oggetto: *cadde da eroe; ha fatto tutto da solo; trattare da amico*; il complemento di qualità: *una ragazza dai capelli rossi*; il complemento di limitazione: *cieco da un occhio*; il complemento di stima o di prezzo: *un oggetto da poco; un quaderno da due euro*; il complemento di fine o scopo: *cappello da ciclista; macchina da scrivere; vino da pasto*. **2** Seguita da un infinito, indica un'azione passiva che deve o può essere compiuta: *libro da leggere* (= che deve essere letto), *uova da bere* (= che possono essere bevute); *vado a comprare (qualcosa) da mangiare*. **3** Seguita da un infinito in corrispondenza con *tale* o *tanto* introduce una proposizione consecutiva: *c'è tanto rumore da impazzire*.

Unendosi agli articoli determinativi, *da* forma le preposizioni articolate *dal, dallo, dalla, dai, dagli, dalle*.

dabbenaggine (dab-be-nàg-gi-ne) N.F. · Eccessiva ingenuità, credulità.

dabbene (dab-bè-ne) AGG. INVAR. · Onesto, corretto, perbene: *un uomo, una famiglia dabbene*.

daccapo (dac-cà-po) (o **da capo**) AVV. · Di nuovo, dall'inizio: *devo ricominciare tutto daccapo*.

dacia (dà-cia) N.F. (pl. *-cie* o *-ce*) · Tipica villetta russa di campagna.

dado (dà-do) N.M. **1** Piccolo cubo con le facce numerate da uno a sei, usato in molti giochi. **2** Qualsiasi oggetto a forma di cubetto: *dadi di prosciutto* • Estratto di carne o di verdure per la preparazione di brodi o minestre, generalmente confezionato in cubetti: *brodo di dado; dado vegetale*. **3** Piccolo elemento di metallo, in genere di forma esagonale, usato per bloccare viti e bulloni. **E** ***Il dado è tratto***, la decisione ormai è presa e non si torna indietro.

daffare (daf-fà-re) N.M. INVAR. · Cose da fare, che richiedono tempo e impegno: *torna domani, perché oggi ho troppo daffare*. **E** ***Darsi (un gran) daffare*** → ***dare***.

dagli (dà-gli) · Preposizione articolata m. pl. formata da ***da*** + ***gli***[1].

dai (dài) · Preposizione articolata m. pl. formata da ***da*** + ***i***.

daino (dài-no) N.M. · Mammifero simile al cervo, ma più piccolo, con corna dalle estremità larghe e piatte; vive soprattutto in Europa ed è cacciato per la carne e la pelle, usata per scarpe, accessori e capi di abbigliamento.

Il verbo che indica il verso del daino è *bramire* e il nome è *bramito*.

dal · Preposizione articolata m. sing. formata da ***da*** + ***il***.

dalia (dà-lia) N.F. (pl. *-lie*) · Pianta erbacea molto coltivata nei giardini per la bellezza dei suoi fiori.

Il termine deriva dal nome del botanico svedese A. *Dahl* (1751-1789), allievo di Linneo.

D

dalla (dàl-la) · Preposizione articolata f. sing. formata da ***da*** + ***la***[1].

dalle (dàl-le) · Preposizione articolata f. pl. formata da ***da*** + ***le***[1].

dallo (dàl-lo) · Preposizione articolata m. sing. formata da ***da*** + ***lo***[1].

dalmata (dàl-ma-ta) AGG. e N.M. e F. (pl.m. *-i*, pl.f. *-e*) || AGG. Della Dalmazia, regione costiera dei Balcani. || N.M. e F. **1** Abitante, nativo della Dalmazia. **2** Di cane alto e slanciato dal pelo raso, bianco a macchie nere.

daltonico (dal-tò-ni-co) AGG. e N.M. (f. *-a*; pl.m. *-ci*, pl.f. *-che*) · Che, chi non distingue bene alcuni colori, generalmente il rosso e il verde.

daltonismo (dal-to-ni-ṣmo) N.M. · Difetto della vista che impedisce di distinguere bene alcuni colori, generalmente il rosso e il verde.

d'altronde (d'al-trón-de) AVV. · Del resto, d'altra parte: *d'altronde è anche colpa tua!*

dama (dà-ma) N.F. **1** Donna di nobili origini: *la zia si dà arie da gran dama* Ⓢ nobildonna, signora. **2** Compagna di ballo: *la sua dama è un'ottima ballerina.* **3** Gioco che si svolge su una scacchiera con caselle bianche e nere tra due giocatori, ognuno dei quali ha 12 pedine e deve cercare di eliminare tutte quelle dell'avversario. Ⓔ ***Dama di compagnia***, signora che per lavoro assiste o fa compagnia a persone sole.

Il termine deriva dalla parola latina *domina* 'signora'; il gioco si chiama così perché, quando una pedina raggiunge l'ultima fila del campo avversario, domina la situazione.

damascato (da-ma-scà-to) AGG. · Di tessuto, lavorato come il damasco, con disegni di lucentezza diversa da quella del fondo.

damasco (da-mà-sco) N.M. (pl. *-schi*) · Tessuto di seta con disegni che risaltano dal fondo per la diversa lucentezza.

Il termine deriva dal nome della città di *Damasco*, capitale della Siria, che nel Medioevo era un importante centro artigianale e commerciale.

damigella (da-mi-gèl-la) N.F. · Ragazza di nobile famiglia. Ⓔ ***Damigella d'onore***, ragazza che accompagna la sposa all'altare.

damigiana (da-mi-già-na) N.F. · Grosso recipiente di vetro con collo corto e corpo tondeggiante rivestito di vimini; è usato per contenere liquidi, soprattutto olio e vino • Il liquido che vi è contenuto: *travasare una damigiana di vino.*

danaro (da-nà-ro) → ***denaro***.

danaroso (da-na-ró-so) AGG. · Che ha molto denaro: *ha ereditato la casa da uno zio danaroso* Ⓢ ricco, facoltoso Ⓒ povero.

dandy (dan-dy; pronuncia *dèndi*) N. INGL., in it. N.M. INVAR. · Giovane elegante e alla moda.

danese (da-né-se) AGG. e N.M. e F. || AGG. Della Danimarca. || N.M. e F. Abitante, nativo della Danimarca. || N.M. La lingua parlata in Danimarca.

dannare (dan-nà-re) V.TR. || TR. Condannare qualcuno alle pene dell'inferno: *i peccatori saranno dannati.* || **dannarsi** TR. PRONOM. Nell'espressione ***dannarsi l'anima***, mettercela tutta per raggiungere uno scopo. || **dannarsi** RIFL. Impegnarsi con tutte le forze: *mi sono dannato* ***per*** *risolvere il problema* Ⓢ affannarsi. Ⓔ ***Far dannare***, far disperare, preoccupare o far arrabbiare: *mio figlio mi fa dannare* ***per*** *addormentarsi.*

dannato (dan-nà-to) AGG. e N.M. (f. *-a*) || AGG. e N.M. (f. *-a*) Condannato all'inferno: *anime dannate; i lamenti dei dannati.* || AGG. Maledetto, disgraziato: *ha avuto una dannata sfortuna* • Intollerabile, terribile: *ho un freddo dannato.* Ⓔ ***Come un dannato***, in modo disperato, con tutte le forze: *lavorare come un dannato.*

dannazione (dan-na-zió-ne) N.F. || N.F. **1** Condanna alle pene dell'inferno: *la dannazione delle anime.* **2** Causa di pena o di preoccupazione: *sei la mia dannazione* Ⓢ disgrazia, tormento. || **dannazione!** INTER. Esprime rabbia o fastidio: *dannazione, ti ho detto di smetterla!*

danneggiamento (dan-neg-gia-mén-to) N.M. · Il danneggiare qualcuno o qualcosa: *il danneggiamento di un monumento storico.*

danneggiare (dan-neg-già-re) V.TR. (*dannéggio*, ecc.) || TR. Provocare un danno a qualcosa o a qualcuno: *la grandine danneggia il raccolto; lo scandalo ha danneggiato la mia reputazione* S nuocere, rovinare. || **danneggiarsi** INTR. PRONOM. Subire un danno: *l'auto si è danneggiata nell'incidente.*

danno (dàn-no) N.M. · Effetto negativo di un fatto o di un'azione subito da cose o da persone: *la grandine causò gravi danni all'agricoltura; arrecare danni a qualcuno* S danneggiamento C beneficio. E ***A danno di qualcuno*** o ***ai danni di qualcuno***, a suo svantaggio: *una manovra fatta ai danni dei lavoratori* • ***Danno collaterale*** → *collaterale*.

dannoso (dan-nó-so) AGG. · Che provoca un danno, che fa male: *il fumo è dannoso* ***alla*** *salute* S nocivo.

danza (dàn-za) N.F. · L'insieme dei movimenti del corpo eseguiti al ritmo di una musica: *danza classica; danza moderna; scuola di danza* S ballo.

danzare (dan-zà-re) V.INTR. (aus. *avere*) · Muoversi a ritmo di musica: *i ballerini hanno danzato per tutta la notte*; anche TR.: *danzammo un tango* S ballare.

danzatore (dan-za-tó-re) N.M. (f. *-trice*) · Chi danza: *un agile danzatore* S ballerino.

dappertutto (dap-per-tùt-to) (o **da per tutto**) AVV. · In ogni luogo, ovunque: *l'ho cercato dappertutto, ma non l'ho trovato.*

dappoco (dap-pò-co) AGG. INVAR. **1** Di scarse capacità o qualità morali: *un uomo dappoco* S mediocre, meschino. **2** Di poca importanza o valore: *una questione dappoco.*

dapprima (dap-prì-ma) (o **da prima**) AVV. · In un primo momento, all'inizio: *dapprima ne dubitavo, poi ho cambiato idea.*

dardo (dàr-do) N.M. · Freccia che si lancia a mano, con l'arco oppure con la balestra.

dare (dà-re) V.TR. e INTR. (irreg.: ind. pres. *do, dài, dà, diàmo, dàte, dànno*; ind. imperf. *dàvo*, ecc.; pass. rem. *dièdi* o *dètti, désti, diède* o *dètte, démmo, déste, dièdero* o *dèttero*; fut. *darò*, ecc.; cong. pres. *dìa, dìa, dìa, diàmo, diàte, dìano*; cong. imperf. *déssi*, ecc.; condiz. pres. *darèi*, ecc.; imperat. *dài* o *da'*, ecc.) || TR. **1** Far avere un oggetto a qualcuno: *dammi la penna;* ***le*** *diedi da bere* S passare, porgere, consegnare. **2** Mettere a disposizione: *dare ospitalità*, ospitare; *dare aiuto*, aiutare; *i partigiani diedero la vita* ***per*** *la libertà* S offrire, donare. **3** Far usare per un tempo limitato: *dare* ***in*** *affitto una casa; dare* ***in*** *prestito la macchina* S prestare, affittare. **4** Consegnare in cambio di denaro: *mi diede un panino* ***per*** *un euro* S vendere. **5** Assegnare come ricompensa: *al lavoro* ***le*** *danno mille euro al mese* S pagare. **6** Fare una concessione a qualcuno: *dammi un'altra possibilità* S concedere, accordare. **7** Riconoscere un giusto merito o una colpa: *dare importanza* ***a*** *qualcosa; dare la colpa* ***a*** *qualcuno* S attribuire, assegnare. **8** Assegnare qualcosa di sgradito: *dare un compito; dare una punizione*, punire S accollare, conferire. **9** Rivolgere un gesto di affetto, di rabbia, ecc.: *dare una carezza, uno schiaffo* • Nella forma ***darle***, picchiare: *suo padre gliele ha date di santa ragione.* **10** Produrre come rendita: *questa vigna dà cento barili di vino all'anno* S rendere. **11** Considerare in un certo modo: *mai dare nulla* ***per*** *scontato* S ritenere • Rivolgersi a qualcuno con un certo titolo: *dare* ***del*** *cretino,* ***del*** *genio.* **12** Far prendere: *stasera* ***le*** *darò la medicina* S somministrare. **13** Causare una sensazione: *il bambino dà fastidio* ***a*** *tutti* S provocare. **14** Avere in programma: *cosa danno* ***al*** *cinema stasera?; per il mio compleanno do una grande festa* S programmare, organizzare. **15** Fare una comunicazione: *ho una bella notizia da darti* S comunicare, dire. **16** Sostenere una prova: *dare un esame, un concorso* S affrontare. **17** Imporre un limite temporale: *dare un termine*; anche TR. PRONOM.: *darsi una scadenza* S fissare. **18** Far uscire: *dare un urlo; dare calore* S emettere, emanare. || INTR. (aus. *avere*) **1** Andare a sbattere contro qualcosa: *dare* ***con*** *la testa* ***nella*** *porta* S battere, urtare. **2** Essere rivolto: *la stanza dà* ***sul*** *cortile* S affacciarsi. || **darsi** RIFL. **1** Svolgere con dedizione un'attività: *darsi* ***al*** *ballo,* ***allo*** *sport* S dedicarsi • Lasciarsi andare a un vizio: *darsi* ***all'****alcol* S abbandonarsi. **2** Dire di essere in

D

una data condizione: *darsi* **per** *vinto*, arrendersi; *darsi malato* Ⓢ dichiararsi. || **darsi** INTR. PRONOM. Accadere, succedere: *si dà il caso che io sia molto stanco.* Ⓔ ***Darci dentro***, lavorare con molto impegno • ***Dare addosso a qualcuno***, rivolgergli dure critiche • ***Dare adito*** o ***dare luogo***, suscitare, provocare: *dare adito* ***a*** *dubbi,* ***a*** *sospetti* • ***Dare ai nervi*** o ***dare sui nervi***, irritare, innervosire • ***Dare alla luce***, partorire • ***Dare alla testa***, stordire • ***Dare ascolto***, ascoltare • ***Dare a vedere***, mostrare • ***Dare conto*** → *conto* • ***Dare corda*** o ***dare spago***, assecondare, incoraggiare, anche comportamenti fastidiosi: *se continui a dargli corda non la smetterà più di parlare* • ***Dare credito***, concedere fiducia • ***Dare da fare***, impegnare: *i nipotini* **le** *danno molto da fare* • ***Dare da pensare***, preoccupare • ***Dare del lei***, rivolgersi a qualcuno in terza persona in segno di rispetto; ***dare del tu***, rivolgersi a qualcuno in seconda persona in segno di confidenza • ***Dare i numeri*** → *numero* • ***Dare l'anima***, impegnarsi al massimo, dare tutto se stesso: *ho dato l'anima* **per** *vincere il concorso* • ***Dare l'esempio*** → *esempio* • ***Dare l'idea***, sembrare: *mi dà l'idea* **di** *essere un viaggio faticoso* • ***Dare modo***, offrire la possibilità: *mi ha dato modo* **di** *dimostrare quanto valgo* • ***Dare nell'occhio***, attirare l'attenzione • ***Dare prova***, dimostrare: *diede prova* **di** *grande forza* • ***Dare una mano***, aiutare • ***Darla a bere*** o ***darla a intendere***, far credere una cosa falsa: ***mi*** *vuol dare a bere* **che** *non ne sa nulla* • ***Darla vinta***, cedere dopo una discussione; ***darle tutte vinte***, viziare: *la nonna gliele dà tutte vinte* • ***Darsi alla fuga***, fuggire • ***Darsi da fare*** o ***darsi (un gran) daffare***, impegnarsi a fondo in un'attività • ***Darsi pace***, rassegnarsi • ***Darsi una mossa***, sbrigarsi, affrettarsi • ***Darsi una regolata***, agire con più equilibrio • ***Darsi un contegno*** o ***darsi un tono***, assumere un atteggiamento dignitoso • ***Può darsi***, è probabile: *può darsi che tu abbia ragione.*

La terza persona singolare del presente indicativo si deve scrivere sempre con l'accento (*dà*), mentre l'accento non è obbligatorio alla prima e alla seconda persona singolare (*do* o *dò*, *dai* o *dài*) e alla terza plurale (*danno* o *dànno*); la seconda persona singolare dell'imperativo *da'*, invece, si scrive con l'apostrofo.

dark (**pronuncia *dark***) AGG. e N. INGL., in it. N.M. e F. e AGG. INVAR. **1** Di genere musicale che utilizza temi cupi e pessimisti. **2** Che, chi si riconosce in questo genere musicale o si ispira al suo abbigliamento tipico, prevalentemente nero.

darsena (**dàr-se-na**) N.F. · La parte più interna e più sicura di un porto, dove vengono riparate o custodite piccole imbarcazioni.

darvinismo (**dar-vi-nì-ṣmo**) (o **darwinismo**) N.M. · La teoria elaborata da Charles Darwin (1809-1882), secondo la quale l'evoluzione delle specie è dovuta alla selezione naturale.

data (**dà-ta**) N.F. **1** Indicazione del giorno, del mese e dell'anno in cui un fatto è accaduto o si prevede che accadrà: *data di nascita; data di scadenza.* **2** L'indicazione del tempo in cui è stato scritto o pubblicato un libro: *il volume non ha la data.* Ⓔ ***Di vecchia data***, che dura da molto tempo: *un'amicizia di vecchia data.*

Il termine deriva dall'espressione latina *(epistula) data* 'lettera consegnata', le parole con cui cominciava la formula che indicava il giorno e il mese della consegna di una lettera.

data base (**da-ta ba-se; pronuncia *dàta bèiṣ***) N. INGL., in it. N.M. INVAR. · Insieme di dati registrati su un computer e organizzati secondo un certo criterio.

databile (**da-tà-bi-le**) AGG. · Che si può far risalire a un certo periodo: *un documento databile* **al** *Duecento.*

datare (**da-tà-re**) V.TR. **1** Contrassegnare con la data: *il documento non è datato.* **2** Assegnare una data a qualcosa, collocarlo nel tempo: *il quadro si può datare* **al** *Trecento.* Ⓔ ***A datare da***, a partire da una certa data: *a datare dal 15 aprile.*

datato (**da-tà-to**) AGG. **1** Che ha la data: *una lettera datata 19 giugno.* **2** Che riguarda una moda o una cultura non più attuale: *idee datate; un film datato* Ⓢ superato, obsoleto.

datazione (**da-ta-zió-ne**) N.F. · Indicazione della data: *la datazione di un documento* • Operazione con cui si cerca di assegnare una data a un oggetto antico: *la datazione di un fossile*.

dativo (da-ti-vo) AGG. · In grammatica: ***caso dativo*** (o *il dativo* N.M.), in latino e in altre lingue, il caso della declinazione che svolge la funzione di complemento di termine.

dato (dà-to) AGG. e N.M. || AGG. **1** Con valore indefinito, certo: *un dato periodo di tempo* Ⓢ determinato. **2** Visto, considerato: *dati i tempi che corrono*. || N.M. **1** Elemento utile per formulare un giudizio o per risolvere un problema: *non ho dati sufficienti per decidere chi ha ragione* Ⓢ informazione. **2** Il singolo elemento di cui sono composte le informazioni inserite in un computer. Ⓔ ***Banca dati*** → *banca* • ***Dato che***, dal momento che, poiché: *dato che domani sei impegnato, vieni oggi* • ***Dato di fatto***, elemento certo.

datore (da-tó-re) N.M. (f. *-trìce*) · Chi dà: *Dio è datore di pace*. Ⓔ ***Datore di lavoro***, chi dà lavoro e offre un compenso.

dattero (dàt-te-ro) N.M. · Frutto di una varietà di palma, con una forma allungata e una polpa carnosa e molto dolce: *datteri freschi, secchi; una palma da datteri*.

dattilografare (dat-ti-lo-gra-fà-re) V.TR. (*dattilògrafo*, ecc.) · Scrivere a macchina: *dattilografare una lettera*.

dattilografia (dat-ti-lo-gra-fì-a) N.F. (pl. *-fie*) · La scrittura per mezzo della macchina da scrivere: *insegnante di dattilografia*.

dattilografo (dat-ti-lò-gra-fo) N.M. (f. *-a*) · Chi scrive a macchina per lavoro: *un bravo dattilografo*.

dattiloscritto (dat-ti-lo-scrìt-to) AGG. e N.M. · Che è scritto a macchina: *lettera dattiloscritta; leggere un dattiloscritto*.

dattorno (dat-tór-no) AVV. · Attorno, vicino: *le sta sempre dattorno*. Ⓔ ***Darsi dattorno***, impegnarsi a fondo.

davanti (da-vàn-ti) AVV., AGG. e N.M. INVAR. || AVV. Di fronte: *si mise davanti **a** me; si sedette davanti*, in prima linea rispetto a chi osserva Ⓒ dietro. || AGG. Anteriore: *era seduto nella poltrona davanti*. || N.M. La parte anteriore: *mi sono messa la maglia con il davanti di dietro*.

davanzale (da-van-zà-le) N.M. · Il ripiano inferiore della finestra: *appoggiarsi al davanzale*.

davvero (dav-vé-ro) AVV. **1** Veramente, proprio, effettivamente: *mi ha fatto davvero piacere vedervi; sai che sei davvero graziosa?* **2** Seriamente, sul serio: *dici davvero?*

day hospital (day ho-spi-tal; pronuncia *déi òspital*) N. INGL., in it. N.M. INVAR. · Ospedale in cui vengono svolte operazioni minori, per le quali i pazienti rimangono ricoverati solo dalla mattina alla sera.

dazio (dà-zio) N.M. (pl. *-zi*) · Tassa sui beni di consumo, pagata quando la merce attraversa i confini di uno Stato o, in passato, di un Comune: *dazio d'importazione, d'esportazione* Ⓢ imposta, tributo.

d.C. (pronuncia *diccì*) · Abbreviazione di *dopo Cristo*, usata per indicare se un fatto è avvenuto dopo la nascita di Gesù Cristo che, in modo convenzionale, è fissata all'anno 0.

de- · Prefisso che già fin dal latino indica 'negazione' (*decompressione*), 'sottrazione' (*deprezzare*), 'durata' (*decorrere*).

dea (dè-a) N.F. (pl. *dèe*) · Divinità femminile della mitologia classica e delle religioni che venerano più divinità: *Diana era la dea della caccia*.

deambulare (de-am-bu-là-re) V.INTR. (*deàmbulo*, ecc.; aus. *avere*) · Camminare, passeggiare.

deambulazione (de-am-bu-la-zió-ne) N.F. · La capacità, propria dell'uomo e di molti animali superiori, di muoversi camminando: *dopo l'operazione ha problemi di deambulazione*.

débâcle (dé-bâ-cle; pronuncia *debàcl*) N.F. FR., in it. N.F. INVAR. · Disfatta, sconfitta clamorosa.

debellare (de-bel-là-re) V.TR. (*debèllo*, ecc.) · Sconfiggere o eliminare in modo definitivo: *debellare il nemico; debellare un'epidemia* Ⓢ annientare, distruggere.

debilitare (de-bi-li-tà-re) V.TR. (*debìlito*, ecc.) || TR. Privare delle forze fisiche: *la malattia l'ha debilitato* Ⓢ indebolire, fiaccare. || **debilitarsi** INTR. PRONOM. Perdere le forze.

D

debito (dé-bi-to) AGG. e N.M. || AGG. Che è dovuto, per obbligo o per consuetudine: *le rispose con il debito rispetto* Ⓢ doveroso. || N.M. 1 Dovere morale, obbligo: *ho un debito di riconoscenza nei suoi confronti; mi sento in debito* ***con*** *lui*. 2 L'obbligo di restituire un prestito, soprattutto una somma di denaro; il prestito stesso: *avere, fare un debito; pagare, saldare un debito* Ⓒ credito. Ⓔ ***A tempo debito***, al momento opportuno.

debitore (de-bi-tó-re) AGG. e N.M. (f. *-trice*) 1 Che, chi ha un obbligo morale nei confronti di qualcuno: ***mi*** *è debitore* ***di*** *molti consigli utili*. 2 Chi deve restituire un prestito, soprattutto una somma di denaro: ***le*** *è debitore* ***di*** *cento euro* Ⓒ creditore.

debole (dé-bo-le) AGG. e N.M. e F. || AGG. 1 Che ha scarsa forza fisica: *il paziente è ancora debole* ***per*** *la lunga malattia* Ⓢ fragile Ⓒ forte, vigoroso • Che svolge le proprie funzioni con difficoltà: *è debole* ***di*** *stomaco; ha una memoria debole* • Che produce un effetto appena percepibile: *un debole raggio di sole; il segnale radio è molto debole* Ⓢ leggero, tenue. 2 Di scarsa capacità, rendimento o valore: *la ragazza è debole* ***in*** *fisica* Ⓢ scarso • Non convincente: *un argomento debole; una scusa troppo debole per essere creduta*. || AGG. e N.M. e F. Che, chi ha scarsa forza morale, decisione o autorità: *ha un carattere debole; è un debole* Ⓢ remissivo, arrendevole. || N.M. 1 Il punto in cui qualcuno è meno capace o più vulnerabile: *la chimica è sempre stata il suo debole*. 2 Predilezione particolare: *ho un debole per la mia compagna di banco; ha il debole del gioco d'azzardo*.

debolezza (de-bo-léz-za) N.F. 1 Mancanza di forza fisica o di determinazione: *la malattia gli portò un lungo periodo di debolezza; odio la sua debolezza di carattere* Ⓒ forza. 2 Difetto, mancanza: *la sua unica debolezza è credersi un artista*.

debordare (de-bor-dà-re) V.INTR. (*debórdo*, ecc.; aus. *avere*) · Uscire dai bordi: *l'acqua deborda* ***dalla*** *vasca* Ⓢ traboccare, straripare.

debosciato (de-bo-scià-to) AGG. e N.M. (f. *-a*) · Dissoluto, depravato, vizioso: *i troppi lussi l'hanno reso un debosciato*.

debuttante (de-but-tàn-te) AGG. e N.M. e F. || AGG. e N.M. e F. Che, chi si presenta davanti a un pubblico per la prima volta: *un attore debuttante; in politica è un debuttante* Ⓢ esordiente. || N.F. Ragazza di diciotto anni che si presenta per la prima volta in società: *ballo delle debuttanti*.

debuttare (de-but-tà-re) V.INTR. (aus. *avere*) 1 Presentarsi per la prima volta davanti a un pubblico: *debuttare* ***a*** *teatro,* ***nel*** *cinema* Ⓢ esordire. 2 Iniziare un'attività o una professione: *debuttare* ***in*** *politica; debuttare* ***come*** *avvocato*.

debutto (de-bùt-to) N.M. 1 Prima apparizione di un artista davanti a un pubblico: *il debutto del pianista fu un vero trionfo*. 2 Inizio di un'attività professionale o di una carriera: *quel romanzo segnò il suo debutto* ***come*** *scrittore* Ⓢ esordio.

deca- · Primo elemento di parole composte che significa 'dieci': *decagono*, poligono con dieci angoli • Posto prima del nome di un'unità di misura, ne moltiplica il valore per dieci: *decalitro*, dieci litri.

decade (dè-ca-de) N.F. · Periodo di dieci giorni: *mi tratterrò al mare per tutta la prima decade di luglio*.

decadente (de-ca-dèn-te) AGG. e N.M. e F. || AGG. 1 Che è in fase di declino: *una civiltà decadente* Ⓒ fiorente. 2 Della corrente artistica e letteraria del decadentismo: *poeta decadente; arte decadente*. || N.M. e F. Chi appartiene alla corrente del decadentismo: *la poetica dei decadenti*.

decadentismo (de-ca-den-tì-ṣmo) N.M. · Movimento culturale che, tra la fine dell'Ottocento e l'inizio del Novecento, dava molta più importanza alla bellezza della forma e all'espressione della personalità dell'artista che al rapporto dell'arte con la realtà concreta: *Gabriele D'Annunzio fu un grande esponente del decadentismo italiano*.

decadenza (de-ca-dèn-za) N.F. · Progressiva diminuzione di vitalità: *decadenza fisica, morale* Ⓢ declino, degenerazione • Perdita di valori e di ideali: *la decadenza dei costumi, delle istituzioni*.

decadere (de-ca-dé-re) V.INTR. (irreg.: coniugato come *cadere*; aus. *essere*) · Perdere in modo progressivo forza, influenza o autorità: *con l'età decade l'entusiasmo* Ⓢ tramontare.

decadimento (de-ca-di-mén-to) N.M. · Perdita progressiva di forza, vitalità, autorità o prestigio: *decadimento del senso civico* Ⓢ declino, disfacimento.

decagono (de-cà-go-no) N.M. · Poligono con dieci lati e dieci angoli.

decagrammo (de-ca-gràm-mo) N.M. · Unità di misura di peso pari a dieci grammi; il simbolo è *dag*.

decalcomania (de-cal-co-ma-nì-a) N.F. (pl. *-nìe*) · Disegno che può essere trasportato su una superficie da un foglio dipinto o impresso.

decalitro (de-cà-li-tro) N.M. · Unità di misura di capacità e volume pari a dieci litri; il simbolo è *dal*.

decalogo (de-cà-lo-go) N.M. (pl. *-ghi*) **1** L'insieme dei dieci comandamenti che Dio diede a Mosè sul Monte Sinai per il popolo ebraico, passati in seguito nella religione cristiana. **2** Insieme di regole fondamentali per svolgere un'attività o una professione: *il decalogo del commerciante*.

decametro (de-cà-me-tro) N.M. · Unità di misura di lunghezza pari a dieci metri; il simbolo è *dam*.

decano (de-cà-no) N.M. (f. *-a*) · Il membro più anziano di un gruppo accademico o professionale: *il decano dei medici, degli avvocati*.

decantare[1] (de-can-tà-re) V.TR. · Lodare, spesso in modo eccessivo: *decantare le virtù di un attore; decantare le capacità di un alunno* Ⓢ elogiare, esaltare.

decantare[2] (de-can-tà-re) V.TR. e INTR. || TR. Sottoporre un liquido a un processo di decantazione: *decantare l'acqua, il vino*. || INTR. (aus. *avere*) Di un liquido, diventare limpido dopo un processo di decantazione: *lascia che il vino decanti*.

decantazione (de-can-ta-zió-ne) N.F. · Processo con cui si lasciano depositare le particelle solide sospese in un liquido, che così diventa limpido.

decanter (de-can-ter; pronuncia *decànter*) N. INGL., in it. N.M. INVAR. · Bottiglia dal fondo piuttosto largo per far riposare il vino prima di berlo.

decapitare (de-ca-pi-tà-re) V.TR. (*decàpito*, ecc.) · Uccidere tagliando il capo: *decapitò l'avversario con un colpo di spada*. ▸ Ⓕ **caput**

decapitazione (de-ca-pi-ta-zió-ne) N.F. · Taglio del capo, soprattutto come forma di pena capitale: *fu condannato alla decapitazione*. ▸ Ⓕ **caput**

decathlon (de-ca-thlon; pronuncia *dècatlon*) N.M. INVAR. · Gara di atletica maschile che comprende dieci prove: quattro di corsa, tre di salto e tre di lancio.

decedere (de-cè-de-re) V.INTR. (*decèdo*, ecc.; aus. *essere*) · Morire: *il paziente è deceduto dopo l'operazione*.

deceduto (de-ce-dù-to) AGG. e N.M. (f. *-a*) · Morto, defunto: *il paziente è deceduto dopo l'operazione*.

decelerare (de-ce-le-rà-re) V.TR. e INTR. (*decèlero*, ecc.; aus. *avere*) · Diminuire la velocità: *decelerare la macchina; il treno sta decelerando* Ⓢ rallentare Ⓒ accelerare.

decelerazione (de-ce-le-ra-zió-ne) N.F. · Diminuzione della velocità: *la decelerazione di un veicolo* Ⓢ rallentamento Ⓒ accelerazione.

decennale (de-cen-nà-le) AGG. e N.M. || AGG. Che dura dieci anni o ricorre ogni dieci anni: *il preside ha un'esperienza decennale*. || N.M. Il decimo anniversario: *il decennale della morte di uno scrittore*.

decennio (de-cèn-nio) N.M. (pl. *-ni*) · Periodo di dieci anni: *il primo decennio del nuovo secolo*.

decente (de-cèn-te) AGG. **1** Che rispetta il senso del decoro: *un comportamento decente; una scollatura poco decente* Ⓢ decoroso Ⓒ indecente. **2** Che soddisfa le esigenze proprie e degli altri: *un lavoro decente; un ristorante decente* Ⓢ dignitoso, accettabile.

decentramento (de-cen-tra-mén-to) N.M. **1** Trasferimento di poteri politici o amministrativi dallo Stato agli enti locali: *decentra-*

A B C D E F G H I J K L M N O P Q R S T U V W X Y Z

mento politico, economico Ⓒ accentramento. **2** Spostamento di sedi, uffici e attività dal centro alla periferia: *il decentramento dei servizi.*

decentrare (de-cen-trà-re) V.TR. (*decèntro*, ecc.) **1** Allontanare dal centro, spostare in periferia: *la ditta ha decentrato i propri uffici.* **2** Trasferire agli enti locali compiti e poteri dello Stato: *il governo decentrerà la riscossione delle tasse* Ⓒ centralizzare, accentrare.

D

decenza (de-cèn-za) N.F. · Rispetto del pudore e del decoro: *vestire, comportarsi con decenza* Ⓒ indecenza.

decesso (de-cès-so) N.M. · Morte: *il medico legale accerterà l'ora esatta del decesso.*

Il termine deriva dal latino *decessus* 'partenza'.

deci- · Prefisso che, posto prima del nome di un'unità di misura, ne indica la decima parte: *decigrammo,* la decima parte di un grammo.

decibel (de-ci-bèl) N.M. INVAR. · Unità di misura dell'intensità dei suoni.

decidere (de-ci-de-re) V.TR. (irreg.: pass. rem. *decìṣi, decidésti, decìṣe, decidémmo, decidéste, decìṣero*; part. pass. *decìṣo*) || TR. **1** Stabilire in seguito a un giudizio o a una scelta: *il tribunale deciderà questa lite; domani verrà decisa la data dell'incontro* Ⓢ concludere; scegliere. **2** Proporsi di fare: *ho deciso* ***che*** *domani studierò latino* Ⓢ stabilire. **3** Determinare, condizionare: *il suo gol ha deciso il risultato della partita.* || **decidersi** RIFL. Risolversi a realizzare un proposito: *ti sei deciso* ***a*** *uscire!* Ⓢ convincersi.

deciduo (de-ci-duo) AGG. · Di organo che cade una volta esaurita la propria funzione: *denti decidui; foglie decidue.*

decifrabile (de-ci-frà-bi-le) AGG. · Che si può interpretare e capire: *una scrittura difficilmente decifrabile* Ⓢ comprensibile Ⓒ indecifrabile.

decifrare (de-ci-frà-re) V.TR. **1** Interpretare un testo in codice, una lingua sconosciuta o una scrittura poco chiara: *nell'Ottocento fu possibile decifrare i geroglifici; è difficile decifrare la tua grafia* Ⓢ decodificare, comprendere. **2** Riuscire a capire ciò che è poco chiaro: *Edipo decifrò l'enigma della Sfinge* Ⓢ risolvere.

decigrammo (de-ci-gràm-mo) N.M. · Unità di misura di peso pari alla decima parte del grammo; il simbolo è *dg*.

decilitro (de-ci-li-tro) N.M. · Unità di misura di capacità e volume pari alla decima parte del litro; il simbolo è *dl*.

decima (dè-ci-ma) N.F. · Nel Medioevo, la decima parte del raccolto, pagata come tributo al signore feudale, al sovrano o alla Chiesa.

decimale (de-ci-mà-le) AGG. · Che si basa sul dieci. Ⓔ ***Numero decimale***, numero non intero, diviso in decimi e in centesimi, secondo il sistema di numerazione che procede per dieci; ***cifre decimali*** (o *i decimali* N.M.PL.), in un numero decimale, i decimi e i centesimi posti dopo la virgola, a destra dell'unità • ***Sistema metrico decimale***, sistema di misura in cui i multipli e i sottomultipli delle unità sono espressi con numeri decimali.

decimare (de-ci-mà-re) V.TR. (*dècimo*, ecc.) **1** Uccidere un soldato ogni dieci come punizione per gravi reati. **2** Ridurre di numero, di quantità: *il colera decimò la popolazione; all'esame i candidati sono stati decimati* Ⓢ falcidiare, sterminare.

decimazione (de-ci-ma-zió-ne) N.F. **1** Pena militare che consiste nell'uccisione di un soldato ogni dieci. **2** Notevole riduzione del numero dei membri di una comunità a causa di guerre, epidemie o disastri naturali Ⓢ strage, sterminio.

decimetro (de-ci-me-tro) N.M. · Unità di misura di lunghezza pari alla decima parte del metro; il simbolo è *dm*.

decimo (dè-ci-mo) AGG. NUM. ORD. · Che in una serie ordinata rappresenta il numero dieci (in numeri arabi *10º*). Ⓔ ***Il decimo secolo***, il secolo compreso tra il 901 e il 1000 (in numeri romani *X secolo*).

decina (de-cì-na) N.F. **1** Insieme di dieci o circa dieci elementi: *ha una decina di penne; ci sono stato una decina di volte.* **2** Nel sistema di numerazione decimale, la cifra che occupa il secondo posto, dopo quello delle unità.

decisamente (de-ci-ṣa-mén-te) AVV. **1** In modo deciso, con decisione: *il ministro si oppose decisamente al disegno di legge.* **2** Senza dubbio, in modo evidente: *dopo il tuo intervento la situazione è decisamente migliorata.*

decisi (de-cì-ṣi) · Pass. rem., 1ª pers. sing. → *decidere*.

decisionale (de-ci-ṣio-nà-le) AGG. · Che ha il compito di decidere: *potere decisionale.*

decisione (de-ci-ṣió-ne) N.F. **1** Comportamento sicuro ed energico: *rispose con decisione a tutte le accuse* Ⓢ determinazione, grinta Ⓒ indecisione. **2** Scelta di fronte a una determinata situazione: *prendere una decisione; non condivido la sua decisione* ***di*** *abbandonare gli studi.*

decisivo (de-ci-ṣì-vo) AGG. · Che determina la sorte di qualcuno o di qualcosa: *è una partita decisiva* ***per*** *vincere lo scudetto* Ⓢ determinante, risolutivo.

deciso (de-cì-ṣo) AGG. || Participio pass. → *decidere*. || AGG. **1** Che dimostra sicurezza ed energia: *una risposta decisa; un atteggiamento deciso* Ⓢ risoluto Ⓒ indeciso, dubbioso. **2** Pronto, disposto, intenzionato: *è deciso* ***a*** *lottare fino alla fine.*

declamare (de-cla-mà-re) V.TR. · Recitare a voce alta e con tono solenne, talvolta sottolineando le parole con i gesti: *declamò una poesia.*

declinare (de-cli-nà-re) V.INTR. e TR. || INTR. (aus. *avere*) **1** Andare verso il basso: *il colle declina verso il mare* Ⓢ scendere, abbassarsi • Tramontare: *il sole declinava all'orizzonte.* **2** Perdere energia e vitalità: *il suo potere declina con gli anni* Ⓢ indebolirsi, decadere. || TR. **1** Rifiutare in modo cortese ma deciso: *declinò il mio invito a cena.* **2** Elencare le forme che esprimono le varie categorie grammaticali (es. maschile, femminile, singolare, plurale) di nomi, aggettivi e pronomi. **3** Dichiarare, rendere noto: *i testimoni declinarono le loro generalità.*

declinazione (de-cli-na-zió-ne) N.F. · L'insieme delle forme che esprimono le varie categorie grammaticali (es. maschile, femminile, singolare, plurale) di nomi, aggettivi e pronomi.

declino (de-clì-no) N.M. · Perdita di potere o di vitalità: *il declino di una potenza; una moda in declino* Ⓢ decadenza Ⓒ ascesa.

decodificare (de-co-di-fi-cà-re) V.TR. (*decodìfico, decodìfichi*, ecc.) **1** Trascrivere in modo chiaro e comprensibile un testo in codice: *decodificare un messaggio* Ⓢ decifrare. **2** Interpretare, capire: *decodificare i sentimenti di qualcuno.*

decollare (de-col-là-re) V.INTR. (*decòllo*, ecc.; aus. *avere*) **1** Di aereo, partire alzandosi in volo dal suolo o dall'acqua: *l'aereo per Roma decolla alle 8.50.* **2** Iniziare ad avere prestigio: *l'industria del turismo sta decollando* Ⓢ affermarsi, svilupparsi.

> Il termine deriva dal verbo francese *décoller* che significa letteralmente 'scollare, togliere la colla', cioè 'staccare'.

décolleté (dé-col-le-té; pronuncia *decolté*) AGG. e N.M. FR., in it. AGG. e N.M. INVAR. || AGG. Scollato: *scarpa décolleté.* || N.M. Scollatura di vestiti femminili • Tipo di calzatura che lascia scoperto il collo del piede.

decollo (de-còl-lo) N.M. **1** La manovra con cui un aereo si alza in volo dal suolo o dall'acqua. **2** Graduale acquisizione di prestigio: *il decollo di un'azienda, di un progetto* Ⓢ affermazione, sviluppo.

decolonizzazione (de-co-lo-niẓ-ẓa-zió-ne) N.F. · Il processo di conquista dell'indipendenza da parte dei Paesi colonizzati dalle potenze europee: *la decolonizzazione cambiò gli equilibri politici dell'Africa* Ⓒ colonizzazione.

decolorare (de-co-lo-rà-re) V.TR. (*decolóro*, ecc.) · Togliere il colore: *decolorare un tessuto* Ⓢ scolorire.

decomporre (de-com-pór-re) V.TR. (irreg.: coniugato come *porre*) || TR. **1** Dividere negli elementi costitutivi Ⓢ scomporre. **2** Causare la putrefazione: *il caldo decompone le materie organiche.* || **decomporsi** INTR. PRONOM. Putrefarsi, corrompersi: *i cadaveri si decompongono.*

decomposizione (de-com-po-ṣi-zió-ne) N.F. · Distruzione di materia organica: *il cadavere era in avanzato stato di decomposizione* Ⓢ putrefazione.

D

decomposto (de-com-pó-sto) AGG. · Putrefatto, corrotto: *carne decomposta*.

decompressione (de-com-pres-sió-ne) N.F. · Diminuzione della pressione Ⓒ compressione • Serie di operazioni che i subacquei devono compiere per risalire in superficie in maniera graduale.

decomprimere (de-com-prì-me-re) V.TR. (irreg.: coniugato come *comprimere*) · Diminuire la pressione di un gas contenuto in un recipiente Ⓒ comprimere.

deconcentrare (de-con-cen-trà-re) V.TR. (*deconcèntro*, ecc.) || TR. Far perdere la concentrazione: *tutto questo rumore mi deconcentra* Ⓢ distogliere, distrarre. || **deconcentrarsi** RIFL. Perdere la concentrazione Ⓒ concentrarsi.

decongelamento (de-con-ge-la-mén-to) N.M. · Ritorno alla temperatura ambiente di una sostanza congelata o surgelata: *il decongelamento di un prodotto alimentare* Ⓢ scongelamento.

decongelare (de-con-ge-là-re) V.TR. (*decongèlo*, ecc.) · Riportare a temperatura ambiente alimenti congelati o surgelati: *decongelare la carne, il pesce* Ⓢ scongelare.

decongelazione (de-con-ge-la-zió-ne) N.F. · Decongelamento.

decongestionare (de-con-ge-stio-nà-re) V.TR. (*decongestióno*, ecc.) **1** In medicina, eliminare o diminuire la congestione in una parte del corpo: *decongestionare i polmoni*. **2** Liberare da un ingorgo, migliorando la viabilità: *decongestionare il traffico*.

decontaminazione (de-con-ta-mi-na-zió-ne) N.F. · Eliminazione delle sostanze inquinanti o radioattive da luoghi, persone od oggetti: *la decontaminazione di un terreno* Ⓒ contaminazione.

decontestualizzare (de-con-te-stua-liz-zà-re) V.TR. · Togliere dal contesto: *decontestualizzare un'espressione* Ⓒ contestualizzare.

decorare (de-co-rà-re) V.TR. (*decòro*, ecc.) **1** Abbellire con ornamenti: *decorare una sala* **con** *affreschi; decorare una torta* Ⓢ ornare. **2** Dare una medaglia a qualcuno: *decorare un cittadino* **al** *valore civile*.

decorativo (de-co-ra-ti-vo) AGG. · Che abbellisce: *elementi decorativi* Ⓢ ornamentale.

decorato (de-co-rà-to) AGG. e N.M. (f. *-a*) || AGG. Pieno di ornamenti: *un soffitto decorato* Ⓢ ornato. || AGG. e N.M. (f. *-a*) Che, chi ha ricevuto una medaglia al valore: *un ufficiale decorato* **di** *medaglia d'oro; i decorati* **al** *valore militare*.

decorazione (de-co-ra-zió-ne) N.F. **1** Elemento che si aggiunge per abbellire: *la decorazione di una facciata, di un teatro* Ⓢ ornamento, abbellimento. **2** Riconoscimento, soprattutto titolo o medaglia, dato per particolari meriti militari o civili: *era carico di decorazioni*.

decoro (de-cò-ro) N.M. **1** Dignità che si manifesta nell'aspetto o nel comportamento: *tutelare il decoro dell'edificio; vestire con decoro* Ⓢ decenza. **2** Il sentimento di tale dignità: *è una persona priva di decoro* Ⓢ onore.

decoroso (de-co-ró-so) AGG. · Che ha dignità: *ha trovato un lavoro decoroso* Ⓢ decente, dignitoso Ⓒ indecoroso.

decorrenza (de-cor-rèn-za) N.F. **1** Inizio del periodo di validità di una legge o di un impegno: *il mutuo verrà pagato a rate mensili con decorrenza dal mese prossimo*. **2** Scadenza: *la domanda fu respinta per decorrenza dei termini di legge*.

decorrere (de-cór-re-re) V.INTR. (irreg.: coniugato come *correre*; aus. *essere*) **1** Iniziare ad avere validità: *la sua nomina decorre* **dall'***inizio di giugno* • Iniziare a essere calcolato: *lo stipendio decorre* **dal** *primo del mese* Ⓢ partire. **2** Passare, trascorrere, scadere: *è decorso il termine per l'iscrizione*.

decorso (de-cór-so) N.M. · Sviluppo di un fenomeno nelle sue fasi successive: *il decorso della malattia è stato regolare* Ⓢ svolgimento, evoluzione.

decotto (de-còt-to) N.M. · Bevanda curativa ottenuta facendo bollire in acqua erbe o spezie: *un decotto di aloe*.

decremento (de-cre-mén-to) N.M. · Diminuzione, calo, flessione: *la crisi economica provoca un decremento dei consumi* Ⓒ incremento, aumento.

decrepito (de-crè-pi-to) AGG. **1** Di persona, privo di ogni energia a causa dell'età: *un vecchio decrepito.* **2** Rovinato dal tempo: *una casa decrepita* Ⓢ cadente • Non più attuale: *una società decrepita* Ⓢ superato, datato.

decrescente (de-cre-scèn-te) AGG. · Che diminuisce progressivamente: *velocità decrescente.*

decrescere (de-cré-sce-re) V.INTR. (irreg.: coniugato come *crescere*; aus. *essere*) · Diminuire di dimensioni o d'intensità: *la piena del fiume sta decrescendo* Ⓢ ridursi, scendere.

decretare (de-cre-tà-re) V.TR. (*decréto*, ecc.) **1** Ordinare, stabilire con un decreto: *il governo decretò un'amnistia* Ⓢ decidere, deliberare • Stabilire d'autorità: *l'arbitro decretò la fine dell'incontro* Ⓢ sancire. **2** Attribuire in modo solenne: ***ai*** *reduci furono decretati grandi onori* Ⓢ riconoscere, tributare.

decretazione (de-cre-ta-zió-ne) N.F. · Emanazione di un decreto.

decreto (de-cré-to) N.M. · Provvedimento legislativo o amministrativo emesso da un'autorità: *emanare un decreto ministeriale; firmare un decreto presidenziale* Ⓢ ordinanza. Ⓔ ***Decreto legge***, ordinanza con valore di legge che il governo emana in casi urgenti.

Il termine deriva dal participio passato del verbo latino *decernere* 'ciò che è stato deciso, che è stato deliberato'.

decubito (de-cù-bi-to) N.M. · Posizione distesa del corpo. Ⓔ ***Piaghe da decubito***, piaghe che si formano sulle parti del corpo che stanno a contatto con le lenzuola in pazienti che stanno a lungo immobilizzati a letto.

decumano (de-cu-mà-no) N.M. · Nell'antica Roma, la via principale che attraversava da est a ovest le città e gli accampamenti militari; era perpendicolare al *cardo.*

decuplicare (de-cu-pli-cà-re) V.TR. (*decùplico, decùplichi*, ecc.) · Moltiplicare per dieci: *decuplicare il prezzo del latte* • Aumentare in modo considerevole: *decuplicare gli sforzi* Ⓢ moltiplicare.

decurtare (de-cur-tà-re) V.TR. · Ridurre una somma di denaro: *decurtare lo stipendio* ***del*** *cinque per cento* Ⓢ diminuire.

dedalo (dè-da-lo) N.M. · Complicato intreccio di vie e di passaggi: *la città vecchia è un dedalo di strade* Ⓢ labirinto.

Il termine deriva dal nome di *Dedalo*, il mitico architetto che progettò il labirinto di Minosse a Creta.

dedica (dè-di-ca) N.F. (pl. *-che*) **1** Breve frase con cui un autore offre una propria opera a qualcuno: *la dedica dei "Sepolcri".* **2** Scritto con cui si accompagna un dono, soprattutto un libro o un ritratto: *una fotografia con dedica autografa.*

dedicare (de-di-cà-re) V.TR. (*dèdico, dèdichi*, ecc.) || TR. **1** Offrire una propria opera a qualcuno in segno di affetto o di stima, indirizzandogli una breve frase introduttiva: *dedicò il suo primo romanzo* ***alla*** *moglie.* **2** Destinare a uno scopo: *dedicò la sua vita* ***agli*** *studi* • Riservare, destinare: *la stampa dedicò poche righe* ***all'****episodio.* **3** Intitolare un luogo a qualcuno per onorarne il ricordo: *il sindaco dedicò un monumento* ***ai*** *martiri della Resistenza.* || **dedicarsi** RIFL. Darsi interamente: *mi dedicherò* ***all'****insegnamento* Ⓢ consacrarsi, votarsi • Occuparsi: *si dedica spesso* ***al*** *ricamo.*

dedito (dè-di-to) AGG. · Che si impegna con costanza e con passione in un'attività: *i popoli primitivi erano dediti* ***alla*** *caccia.*

dedizione (de-di-zio-ne) N.F. · Impegno totale e appassionato verso un'attività o una persona: *la sua dedizione* ***al*** *lavoro gli fa trascurare la famiglia* Ⓢ attaccamento, devozione.

deducibile (de-du-ci-bi-le) AGG. **1** Che si può ricavare come conclusione: *il suo vero scopo è deducibile* ***dalle*** *sue azioni.* **2** Che si può sottrarre: *le spese mediche sono deducibili* ***dalle*** *tasse.*

dedurre (de-dùr-re) V.TR. (irreg.: coniugato come *condurre*) **1** Ricavare come conclusione: ***dalle*** *ultime indagini si deduce la sua innocenza* Ⓢ concludere, desumere. **2** Sottrarre, detrarre, togliere: *deducendo le spese mediche paghi meno tasse.*

Il termine deriva dal latino *deducere* 'condurre via, derivare, sottrarre', che viene a sua volta da *ducere* 'condurre, portare' con il prefisso de- (→ ***condurre***).

A B C D E F G H I J K L M N O P Q R S T U V W X Y Z

D

deduttivo (de-dut-tì-vo) AGG. · Che si ricava per deduzione: *metodo, ragionamento deduttivo* Ⓒ induttivo.

deduzione (de-du-zió-ne) N.F. **1** Ragionamento che, a partire da alcune premesse, porta a una conclusione conseguente: *ragionare per deduzione* Ⓒ induzione • La conclusione stessa: *le sue deduzioni si rivelarono esatte.* **2** Sottrazione: *la deduzione dei contributi* ***dallo*** *stipendio.*

deejay (dee-jay; pronuncia *digèi*) N. INGL., in it. N.M. e F. INVAR. · Disc jockey.

défaillance (dé-fail-lan-ce; pronuncia *defaiàns*) N.F. FR., in it. N.F. INVAR. · Improvvisa e momentanea debolezza: *ho avuto un attimo di défaillance.*

defalcare (de-fal-cà-re) V.TR. (*defàlco, defàlchi*, ecc.) · Togliere una somma da una maggiore: *defalcare* ***dal*** *totale il trenta per cento* Ⓢ dedurre, detrarre.

default (de-fault; pronuncia *defòlt*) N. INGL., in it. N.M. INVAR. · In informatica, impostazione che il sistema usa in mancanza di istruzioni diverse da parte dell'utente: *valore di default.*

defecare (de-fe-cà-re) V.INTR. (*defèco, defèchi*, ecc.; aus. *avere*) · Espellere le feci, andare di corpo Ⓢ evacuare.

defenestrare (de-fe-ne-strà-re) V.TR. (*defenèstro*, ecc.) **1** Buttare giù dalla finestra. **2** Allontanare da un incarico: *il ministro è stato defenestrato* Ⓢ destituire, silurare.

deferente (de-fe-rèn-te) AGG. · Che rispetta la volontà degli altri: *è deferente* ***verso*** *i suoi superiori* Ⓢ rispettoso, ossequioso.

deferenza (de-fe-rèn-za) N.F. · Rispetto della volontà degli altri: *mostra deferenza nei confronti dei suoi compagni* Ⓢ riguardo, ossequio.

deferimento (de-fe-ri-mén-to) N.M. · Assegnazione all'autorità giudiziaria competente: *fu ordinato il suo deferimento alla procura della Repubblica.*

deferire (de-fe-rì-re) V.TR. (*deferìsco, deferìsci*, ecc.) · Sottoporre qualcosa ad altri per averne un giudizio: *l'atleta è stato deferito* ***al*** *giudice sportivo; deferire qualcuno* ***all'****autorità giudiziaria*, denunciarlo.

defezione (de-fe-zió-ne) N.F. · Abbandono di un gruppo, un partito o un esercito: *la sua defezione fu un duro colpo per la squadra.*

deficiente (de-fi-cièn-te) AGG. e N.M. e F. · Che, chi dimostra poca intelligenza: *sei proprio un deficiente!* Ⓢ cretino, imbecille.

> La parola *deficiente* si scrive con la *i*, scrivere *deficente* è un grave errore!

deficienza (de-fi-cièn-za) N.F. · Grave mancanza: *deficienza di alimenti; deficienza mentale* Ⓢ carenza, lacuna.

> La parola *deficienza* si scrive con la *i*, scrivere *deficenza* è un grave errore!

deficit (dè-fi-cit) N.M. INVAR. · Perdita di denaro che si verifica quando le spese superano i guadagni: *l'amministrazione comunale è in deficit* • Perdita, insufficienza: *deficit visivo; deficit di valori.*

deficitario (de-fi-ci-tà-rio) AGG. (pl.m. *-ri*, pl.f. *-rie*) **1** Che è in perdita: *bilancio deficitario* Ⓢ passivo. **2** Insufficiente, carente: *alimentazione deficitaria.*

defilarsi (de-fi-làr-si) V.RIFL. **1** Di soldati, sottrarsi alla vista o al tiro del nemico: *il reparto riuscì a defilarsi nel bosco* Ⓢ nascondersi. **2** Nascondersi per evitare una situazione imbarazzante, impegnativa o noiosa: *non appena gli parli di lavoro, si defila.*

défilé (dé-fi-lé; pronuncia *defilé*) N.M. FR., in it. N.M. INVAR. · Sfilata di moda: *un défilé di abiti da sposa.*

definire (de-fi-nì-re) V.TR. (*definisco, definìsci*, ecc.) **1** Descrivere in modo chiaro e preciso le caratteristiche di qualcosa: *definisci il concetto di circonferenza; è difficile definire il suo carattere* Ⓢ chiarire, illustrare, spiegare • Spiegare il significato di una parola: *definire un vocabolo.* **2** Formulare un giudizio su qualcosa o qualcuno: *non so se definirlo geniale o pazzo.* **3** Stabilire qualcosa a partire dai suoi limiti: *vanno definiti i poteri della commissione* Ⓢ fissare. **4** Risolvere, decidere, concludere: *definire una lite.*

definitivo (de-fi-ni-tì-vo) AGG. · Che ha valore di conclusione: *mi chiede una risposta definitiva; l'autore consegnò la versione definitiva del suo romanzo* Ⓢ decisivo, conclusivo Ⓒ

provvisorio, temporaneo. Ⓔ ***In definitiva***, in conclusione, insomma: *in definitiva mi sembra un'ottima idea.*

definito (de-fi-nì-to) AGG. · Preciso, determinato, chiaro: *il suo progetto resta poco definito* Ⓒ indefinito.

definizione (de-fi-ni-zió-ne) N.F. **1** L'insieme degli elementi che spiegano un concetto o il significato di una parola: *una definizione esatta del problema; la definizione di un vocabolo.* **2** Precisione e chiarezza di un'immagine: *in questa foto ad alta definizione si nota ogni dettaglio* Ⓢ risoluzione. **3** Atto risolutivo di una questione giuridica: *la definizione di una lite.*

deflagrazione (de-fla-gra-zió-ne) N.F. · Esplosione, scoppio: *una forte deflagrazione svegliò tutta la città.*

deflettere (de-flèt-te-re) V.INTR. (irreg.: coniugato come *flettere*; aus. *avere*) **1** Allontanarsi dalla direzione prestabilita: *deflettere dalla strada principale* Ⓢ deviare. **2** Abbandonare un comportamento, un proposito: *deflettere da una decisione* Ⓢ recedere.

deflettore (de-flet-tó-re) N.M. · Parte anteriore del finestrino di un autoveicolo che si può orientare.

deflorare (de-flo-rà-re) V.TR. (*deflòro*, ecc.) · Togliere la verginità.

defluire (de-flu-ì-re) V.INTR. (*defluìsco, defluìsci*, ecc.; aus. *essere*) **1** Di liquidi, scorrere in pendenza. **2** Allontanarsi in massa da un luogo: *la folla silenziosa defluiva* ***dal*** *cinema* Ⓢ uscire.

deflusso (de-flùs-so) N.M. **1** Scorrimento verso il basso di un liquido: *i lavori miglioreranno il deflusso delle acque.* **2** Allontanamento in massa da un luogo: *il deflusso della folla dallo stadio* Ⓢ uscita.

deforestazione (de-fo-re-sta-zió-ne) N.F. · Taglio di un bosco operato dall'uomo per permetterne il rinnovamento naturale, per procurarsi legname o per ottenere terreni coltivabili: *la deforestazione selvaggia provoca molte calamità naturali* Ⓢ disboscamento.

deformabile (de-for-ma-bì-le) AGG. · Che può cambiare forma: *la creta è un materiale deformabile* Ⓒ indeformabile.

deformare (de-for-mà-re) V.TR. (*defórmo*, ecc.) || TR. **1** Alterare la forma originaria o naturale di qualcosa: *l'artrite deforma le ossa* • Rendere deforme: *una smorfia* ***le*** *deformava il viso* Ⓢ imbruttire, deturpare. **2** Falsare, distorcere, alterare: *il tuo racconto deforma la realtà dei fatti.* || **deformarsi** INTR. PRONOM. **1** Perdere la propria forma: *la lamiera si è deformata* ***per*** *il calore.* **2** Trasformarsi, mutarsi: *nel ricordo la realtà si deforma.*

deformazione (de-for-ma-zió-ne) N.F. **1** Alterazione della forma originaria o naturale: *ha una deformazione della colonna vertebrale.* **2** Consapevole alterazione della verità: *la deformazione dei fatti* Ⓢ falsificazione, distorsione.

deforme (de-fór-me) AGG. · Che appare sgradevole perché ha una forma o un aspetto diversi dal normale: *un corpo deforme; una mano deforme* Ⓢ brutto, anormale.

deformità (de-for-mi-tà) N.F. INVAR. · Difetto che altera in modo sgradevole l'aspetto di una persona o di una parte del suo corpo: *la deformità di una mano* Ⓢ malformazione.

defraudare (de-frau-dà-re) V.TR. (*defràudo*, ecc.) · Sottrarre o negare con l'inganno ciò che è dovuto: *defraudare i bambini* ***dei*** *loro diritti* Ⓢ derubare.

defunto (de-fùn-to) AGG. e N.M. (f. *-a*) · Che, chi è morto: *vive con la pensione del marito defunto; domani si celebra la messa per i defunti* Ⓢ estinto.

> Il termine deriva dall'espressione latina *defunctus (vita)*, che significa letteralmente 'che ha esaurito il tempo della vita'.

degenerare (de-ge-ne-rà-re) V.INTR. (*degènero*, ecc.; aus. *avere*) **1** Trasformarsi in peggio: *la bronchite degenerò* ***in*** *polmonite; l'incontro degenerò* ***in*** *una rissa* Ⓢ peggiorare. **2** Subire un processo di degenerazione: *le cellule degenerano per l'azione del virus.*

degenerativo (de-ge-ne-ra-tì-vo) AGG. · Che riguarda o deriva da un processo di degenerazione: *stato degenerativo.*

degenerato (de-ge-ne-rà-to) AGG. e N.M. (f. *-a*) || AGG. Che ha subito un processo di degenerazione: *un tessuto, un organismo degenerato.* || AGG. e N.M. (f. *-a*) Che, chi è corrotto dal

A B C **D** E F G H I J K L M N O P Q R S T U V W X Y Z

punto di vista morale: *una famiglia di degenerati* Ⓢ depravato.

degenerazione (de-ge-ne-ra-zió-ne) N.F. **1** Cambiamento in peggio: *la degenerazione dei costumi, della politica* Ⓢ corruzione, decadimento. **2** Alterazione della struttura o della forma originaria di un organo, di un tessuto o di una cellula, che ne ostacola la funzionalità.

degenere (de-gè-ne-re) AGG. · Che altera le sue caratteristiche originarie: *un figlio, un nipote degenere.*

degente (de-gèn-te) AGG. e N.M. e F. · Che, chi per una malattia è costretto a letto o ricoverato in un ospedale o in una clinica.

degenza (de-gèn-za) N.F. · Il periodo in cui un malato è costretto a letto o in un luogo di cura: *per guarire avrà bisogno di una lunga degenza.*

degli (dé-gli) || Preposizione articolata m. pl. formata da ***di***[2] + ***gli***[1]. || ART. PARTITIVO M. PL. Una certa quantità di, alcuni: *ho invitato a cena degli amici.*

deglutire (de-glu-ti-re) V.TR. (*deglutìsco, deglutìsci*, ecc.) · Inghiottire, ingerire: *mastica bene prima di deglutire.*

deglutizione (de-glu-ti-zió-ne) N.F. · Il processo per cui cibo o bevande passano dalla bocca allo stomaco.

degnare (de-gnà-re) V.TR. (*dégno*, ecc.) || TR. Giudicare qualcuno degno di una dimostrazione d'interesse: *non lo degnò **di** uno sguardo.* || **degnarsi** INTR. PRONOM. Concedere, acconsentire, soprattutto con atteggiamento di sufficienza: *non si degna neppure **di** parlarmi.*

La prima persona plurale dell'indicativo presente e quella del congiuntivo presente è *degniamo*, con la *i*: la forma *degnamo* è sempre scorretta! La seconda persona plurale dell'indicativo presente è *degnate* senza *i*, mentre quella del congiuntivo presente è *degniate* con la *i*.

degno (dé-gno) AGG. **1** Che merita qualcosa: *parole degne **di** lode; una persona degna **di** fede*, di cui ci si può fidare Ⓢ meritevole Ⓒ indegno • Integro, onesto: *una degna persona.* **2** Che si addice a qualcuno: *sono parole degne **di** un grande maestro* Ⓢ adeguato a • Giusto, appropriato: *avrà una degna accoglienza.*

degradante (de-gra-dàn-te) AGG. · Che toglie l'onore o la dignità: *un'azione degradante; una proposta degradante* Ⓢ umiliante, disonorevole.

degradare (de-gra-dà-re) V.TR. || TR. **1** Privare un ufficiale del grado militare: *il tribunale militare degradò il tenente.* **2** Privare della dignità o dei diritti più elementari: *la menzogna degrada lo spirito* Ⓢ umiliare. || **degradarsi** INTR. PRONOM. Subire un progressivo degrado: *il parco si sta degradando* Ⓢ rovinarsi.

degradato (de-gra-dà-to) AGG. **1** Di un ufficiale, privato del grado: *un militare degradato.* **2** Privato della dignità e dei diritti più elementari: *un uomo degradato.* **3** Cambiato in peggio: *un paesaggio degradato* Ⓢ peggiorato, deteriorato.

degradazione (de-gra-da-zió-ne) N.F. **1** Punizione esemplare che comporta la perdita del grado, inflitta a militari: *la degradazione di un ufficiale.* **2** Perdita della dignità o dei diritti più elementari: *degradazione morale* Ⓢ umiliazione.

degrado (de-grà-do) N.M. · Deterioramento, rovina: *il sindaco è intervenuto contro il degrado delle periferie.*

degustare (de-gu-stà-re) V.TR. · Assaggiare soprattutto cibi o bevande: *degustare un tè* Ⓢ assaporare.

degustazione (de-gu-sta-zió-ne) N.F. · Assaggio di cibi o bevande per provarne la qualità: *degustazione di vini, di formaggi.*

dehors (de-hors; pronuncia deòr) AVV. FR., in it. N.M.INVAR. · Spazio all'aperto di bar e ristoranti, fornito di tavolini.

dei[1] (déi) || Preposizione articolata m. pl. formata da ***di***[2] + ***i***. || ART. PARTITIVO M. PL. Una certa quantità di, alcuni: *ho portato dei panini.*

dei[2] (dèi) · Plurale → ***Dio***.

deiezione (de-ie-zió-ne) N.F. **1** Espulsione delle feci • AL PL. Le feci. **2** Insieme di materiali che si depositano dopo essere stati trasportati dal vento o dall'acqua.

déjà vu (dé-jà vu; pronuncia *dejavù*) N.M. FR., in it. AGG. e N.M. INVAR. || AGG. Che ha poca originalità: *una pittura déjà vu.* || N.M. Sensazione di aver già vissuto una situazione che si sta verificando per la prima volta.

del (dél) || Preposizione articolata m. sing. formata da ***di***[2] + ***il***. || ART. PARTITIVO M. SING. Una certa quantità di, un po' di: *vorrei del pane.*

delatore (de-la-tó-re) N.M. (f. *-trìce*) · Chi denuncia in segreto qualcuno a un'autorità per denaro, per interesse o per vendetta Ⓢ spia.

delazione (de-la-zió-ne) N.F. · Denuncia segreta fatta per vendetta o per un proprio guadagno.

delega (dè-le-ga) N.F. (pl. *-ghe*) · Il documento che permette a un'altra persona di esercitare un potere o di svolgere un incarico al proprio posto: *firmare, presentare una delega.*

delegare (de-le-gà-re) V.TR. (*dèlego, dèleghi*, ecc.) · Incaricare qualcuno di agire al proprio posto: *ho delegato mio figlio* ***a*** *riscuotere il mio stipendio; il Parlamento ha delegato* ***al*** *governo la realizzazione della riforma* Ⓢ autorizzare.

Il termine deriva dal latino *delegare* 'mandare con un incarico', connesso a sua volta a *lex legis* 'legge'.

delegato (de-le-gà-to) AGG. e N.M. (f. *-a*) · Che, chi ha ricevuto l'incarico di esercitare un potere o di svolgere un compito per conto di un'altra persona: *i delegati sindacali si riuniranno domani* Ⓢ rappresentante.

delegazione (de-le-ga-zió-ne) N.F. · Gruppo di persone incaricate di rappresentare un governo, un partito o una categoria: *il sindaco ha ricevuto una delegazione di studenti universitari* Ⓢ rappresentanza.

delegittimare (de-le-git-ti-mà-re) V.TR. (*delegìttimo*, ecc.) · Togliere l'autorità di svolgere una funzione o di esercitare un potere: *delegittimare la magistratura* Ⓒ legittimare.

deleterio (de-le-tè-rio) AGG. (pl.m. *-ri*, pl.f. *-rie*) · Molto nocivo alla salute: *il fumo è deleterio* ***per*** *i polmoni* Ⓢ dannoso.

delfinario (del-fi-nà-rio) N.M. (pl. *-ri*) · Grande acquario in cui vivono delfini.

delfino[1] (del-fì-no) N.M. **1** Mammifero diffuso nei mari temperati, dal corpo affusolato, bianco sul ventre e grigio sui fianchi; è noto per la sua agilità. **2** Stile di nuoto in cui le braccia compiono un movimento circolare mentre le gambe, a ginocchia unite, battono l'acqua.

Per indicare il verso acuto del delfino può essere usato il verbo *fischiare*.

delfino[2] (del-fì-no) N.M. **1** Il principe ereditario della monarchia francese. **2** Discepolo o erede del pensiero di un uomo politico, di cui è ritenuto il probabile successore.

Il termine deriva dal francese *dauphin*, titolo che indicava il conte del *Dauphiné* 'Delfinato', regione storica della Francia, che fu assegnato al primogenito dei re di Francia, e quindi all'erede al trono, quando il territorio passò alla corona.

delibera (de-li-be-ra) N.F. · Decisione ufficiale presa da un'autorità o da un gruppo di persone: *la delibera del giudice.*

deliberare (de-li-be-rà-re) V.TR. e INTR. (*delìbero*, ecc.; aus. *avere*) · Decidere dopo aver esaminato e discusso tutti gli aspetti di una questione, soprattutto in un organo collegiale: *il governo ha deliberato* ***di*** *aumentare il prezzo della benzina* Ⓢ stabilire.

deliberatamente (de-li-be-ra-ta-mén-te) AVV. · Di proposito, con precisa volontà: *ha tradito deliberatamente la mia fiducia* Ⓢ apposta.

deliberato (de-li-be-rà-to) AGG. · Fatto di proposito: *un danno deliberato* Ⓢ intenzionale, volontario.

deliberazione (de-li-be-ra-zió-ne) N.F. · Decisione relativa a un programma o a un'iniziativa presa da un organo collegiale: *la deliberazione di un'assemblea.*

delicatezza (de-li-ca-téz-za) N.F. **1** Finezza, morbidezza, leggerezza: *la delicatezza di un colore, di un profumo.* **2** Sensibilità nei sentimenti o nei modi: *dimostra sempre una grande delicatezza d'animo* Ⓢ gentilezza, cortesia, tatto. **3** Riservatezza, discrezione: *l'affare va trattato con estrema delicatezza.*

delicato (de-li-cà-to) AGG. **1** Fine, morbido, leggero: *ha dei lineamenti delicati; indossava una delicata veste di seta* • Di cibo, preparato con cura e facile da digerire • Di colore, tenue e sfumato. **2** Che dimostra sensibilità e raffinatezza: *un pensiero, un gesto delicato* Ⓢ gentile Ⓒ indelicato. **3** Che richiede tatto o discrezione: *è una questione molto delicata* Ⓢ problematico • Che esige attenzione e accuratezza: *si tratta di un lavoro delicato.* **4** Che si rompe o si guasta con facilità: *uno strumento assai delicato* Ⓢ fragile • Di persona, che ha bisogno di cure: *una bambina delicata; essere di salute delicata,* di chi tende ad ammalarsi facilmente Ⓢ gracile, cagionevole.

delimitare (de-li-mi-tà-re) V.TR. (*delìmito*, ecc.) · Definire i limiti o i confini di qualcosa: *le Alpi delimitano a nord l'Italia; il recinto delimita il suo terreno* Ⓢ racchiudere.

delineare (de-li-ne-à-re) V.TR. (*delìneo*, ecc.) || TR. Raffigurare o descrivere qualcosa nei suoi tratti essenziali: *delineare una figura; delineare il quadro della situazione* Ⓢ disegnare, tracciare. || **delinearsi** INTR.PRONOM. Mostrarsi nelle linee essenziali: *l'alba si delineò all'orizzonte* • Prospettarsi, presentarsi: *la situazione si delinea piuttosto critica.*

delinquente (de-lin-quèn-te) N.M. e F. **1** Chi ha violato la legge commettendo un reato: *la polizia ha arrestato il pericoloso delinquente* Ⓢ criminale. **2** Persona malvagia e perversa: *suo marito è un vero delinquente* Ⓢ mascalzone.

delinquenza (de-lin-quèn-za) N.F. · Insieme di azioni compiute contro la legge: *la lotta contro la delinquenza minorile* Ⓢ criminalità.

delinquere (de-lìn-que-re) V.INTR. (irreg.: usato solo all'inf. e nel part. pres. sostantivato *delinquente*) · Violare la legge commettendo un reato. Ⓔ ***Associazione a delinquere*** → ***associazione***.

delirare (de-li-rà-re) V.INTR. (aus. *avere*) **1** Agire o parlare in uno stato di delirio: *sta delirando* ***per*** *la febbre.* **2** Dire o fare cose insensate: *delirare* ***d'amore*** Ⓢ farneticare • Provare un acceso entusiasmo o una forte ammirazione: *il pubblico delirava* ***per*** *la sua musica.*

> Il termine deriva dal latino *lira* 'solco', nel senso di 'uscire dal solco, dalla normalità'.

delirio (de-lì-rio) N.M. (pl. *-ri*) **1** Stato di confusione mentale, talvolta dovuto alla febbre, che provoca comportamenti e discorsi insensati: *era in preda al delirio febbrile.* **2** Perdita del controllo razionale dovuta a un eccesso di passione o di fantasia: *delirio* ***di*** *gelosia; delirio* ***di*** *grandezza* • Fanatica manifestazione di entusiasmo collettivo: *la folla era in delirio.*

delitto (de-lit-to) N.M. **1** Grave reato contro la persona o contro la società: *la rapina è un delitto contro il patrimonio* Ⓢ crimine • Assassinio, omicidio: *un pazzo ha commesso un orribile delitto.* **2** Peccato, colpa, errore: *restare in casa con questo sole è davvero un delitto.*

delittuoso (de-lit-tuó-so) AGG. · Che costituisce un delitto o tende al delitto: *azione delittuosa; pensieri delittuosi* Ⓢ criminale, criminoso.

delizia (de-lì-zia) N.F. (pl. *-zie*) · Intenso piacere dei sensi o dello spirito: *questo gelato è proprio una delizia* Ⓢ godimento, diletto.

deliziare (de-li-zià-re) V.TR. (*delìzio*, ecc.) || TR. Provocare piacere: *una musica che delizia lo spirito* Ⓢ dilettare. || **deliziarsi** INTR. PRONOM. Provare piacere: *si deliziava* ***di*** *quella vista* Ⓢ godere.

delizioso (de-li-zió-so) AGG. **1** Che provoca piacere per la sua delicatezza, raffinatezza o eleganza: *una deliziosa ragazzina; un cappellino delizioso* Ⓢ grazioso. **2** Molto gradevole: *una torta deliziosa* Ⓢ squisito.

della (dél-la) || Preposizione articolata f. sing. formata da ***di***[2] + ***la***[1]. || ART. PARTITIVO M. SING. Una certa quantità di, un po' di: *vorrei della frutta.*

delle (dél-le) || Preposizione articolata f. pl. formata da ***di***[2] + ***le***[1]. || ART. PARTITIVO F. PL. Una certa quantità di, alcune: *ho comprato delle mele.*

dello (dél-lo) || Preposizione articolata m. sing. formata da ***di***[2] + ***lo***[1]. || ART. PARTITIVO M. SING. Una certa quantità di, un po' di: *ho sempre fatto dello sport.*

delta (dèl-ta) N.M. O F. INVAR. || N.M. O F. La quarta lettera dell'alfabeto greco, corrispondente alla *d* latina; in maiuscolo ha la forma di un triangolo. || N.M. Deposito di detriti alla foce di un fiume, con forma triangolare: *delta marino, lacustre* • La foce stessa che, insieme alle sue ramificazioni, forma un caratteristico triangolo: *il delta del Nilo.*

Il termine deriva dal nome della quarta lettera dell'alfabeto greco, per via della sua forma triangolare.

deltaplano (del-ta-plà-no) N.M. · Velivolo leggero a forma di grande aquilone triangolare, sotto il quale si appende il guidatore che, lanciandosi dall'alto e sfruttando le correnti d'aria, può compiere lunghi voli.

delucidazione (de-lu-ci-da-zió-ne) N.F. · Chiarimento, spiegazione: *dare, chiedere delucidazioni.*

deludente (de-lu-dèn-te) AGG. · Che provoca delusione: *una partita deludente; un'esperienza deludente* Ⓢ sconfortante. ▸ Ⓕ **ludus**

deludere (de-lù-de-re) V.TR. (irreg.: pass. rem. *delùṣi, deludésti, delùṣe, deludémmo, deludéste, delùṣero*; part. pass. *delùṣo*) · Tradire le aspettative o le speranze di qualcuno: *il suo terzo libro ha deluso la critica; se mi dai un'altra possibilità non ti deluderò.* ▸ Ⓕ **ludus**

Il termine deriva dal latino *deludere* 'ingannare, illudere', che viene a sua volta da *ludere* 'giocare' con il prefisso **de-** (→ ***alludere***).

delusi (de-lù-ṣi) · Pass. rem., 1ª pers. sing. → ***deludere***.

delusione (de-lu-ṣió-ne) N.F. **1** Disappunto o sconforto provocato da un risultato contrario alle aspettative o alle speranze: *dare, avere, provare una delusione* Ⓢ amarezza, disillusione. **2** Persona o fatto che tradisce un'aspettativa o una speranza: *dal vivo quell'attore è una vera delusione; non si è ancora ripreso dall'ultima delusione amorosa.* ▸ Ⓕ **ludus**

deluso (de-lù-ṣo) AGG. || Participio pass. → ***deludere***. || AGG. · Scontento per il fallimento di una speranza o di un'aspettativa: *un uomo deluso dalla vita; i tifosi delusi* ***per*** *la sconfitta della loro squadra.* ▸ Ⓕ **ludus**

demagogia (de-ma-go-gì-a) N.F. (pl. *-gìe*) · Pratica politica che consiste nell'ingannare il popolo con lusinghe e false promesse per mantenere o per conquistare il potere.

demagogico (de-ma-gò-gi-co) AGG. (pl.m. *-ci*, pl.f. *-che*) · Che lusinga il popolo per conquistarne il favore immediato: *discorsi demagogici; politica demagogica.*

Il termine deriva da una parola greca che significa 'trascinatore di popolo', composta di *dêmos* 'popolo' e *ágo* 'condurre'.

demandare (de-man-dà-re) V.TR. · Affidare ad altri: *l'inchiesta fu demandata* ***a*** *una commissione speciale* Ⓢ deferire, delegare.

demaniale (de-ma-nià-le) AGG. · Del demanio: *territori demaniali.*

demanio (de-mà-nio) N.M. (pl. *-ni*) · L'insieme dei beni dello Stato destinati all'uso dei cittadini: *un terreno, una spiaggia del demanio.*

demarcare (de-mar-cà-re) V.TR. (*demàrco, demàrchi*, ecc.) · Segnare, tracciare: *quella rete demarca i confini della mia proprietà.*

demarcazione (de-mar-ca-zió-ne) N.F. · Segno o traccia in corrispondenza di un confine: *linea di demarcazione.*

demente (de-mèn-te) AGG. e N.M. e F. **1** Affetto da demenza. **2** Del tutto privo di senno: *fa discorsi da demente* Ⓢ pazzo, idiota.

demenza (de-mèn-za) N.F. **1** Perdita grave delle facoltà mentali, dovuta soprattutto a lesioni cerebrali: *demenza senile.* **2** Idiozia: *la sua demenza non ha limiti.*

demenziale (de-men-zià-le) AGG. **1** Che riguarda la demenza patologica. **2** Di incredibile stupidità o assurdità: *un comportamento demenziale; comicità demenziale.*

demerito (de-mè-ri-to) N.M. **1** Azione o comportamento che merita rimprovero o castigo: *conosco bene i suoi meriti e i suoi demeriti* Ⓒ merito. **2** Rimprovero dovuto a un cattivo comportamento o risultato: *ebbe una nota di demerito.*

demiurgo (de-miùr-go o de-mi-ùr-go) N.M. (pl. *-ghi* o *-gi*) · Nella filosofia antica, il creatore dell'universo.

demo (dè-mo) N.M. O F. INVAR. · Versione ridotta di un programma informatico o di una riproduzione musicale distribuita come dimostrazione.

demo- · Primo elemento di parole composte che significa 'popolo, popolazione': *democrazia*, il potere del popolo; *demografia*, lo studio della popolazione.

A B C D E F G H I J K L M N O P Q R S T U V W X Y Z

D

democratico (de-mo-crà-ti-co) AGG. e N.M. (f. -*a*; pl.m. -*ci*, pl.f. -*che*) || AGG. e N.M. (f. -*a*) Che, chi segue i principi della democrazia: *elezioni democratiche; i democratici credono nella libertà.* || AGG. Rispettoso delle esigenze e dei diritti degli altri: *ha dei genitori molto democratici* Ⓢ aperto, liberale.

democrazia (de-mo-cra-zì-a) N.F. (pl. -*zìe*) · Sistema politico e forma di governo che assicura libertà e uguali diritti a tutti i cittadini, che eleggono con il voto i loro rappresentanti: *lottare per la democrazia; vivere in una democrazia.*

Il termine deriva da una parola greca che significa 'potere al popolo', composta di *dêmos* 'popolo' e del verbo *kratéo* 'comandare'.

démodé (dé-mo-dé; pronuncia *demodé*) AGG. FR., in it. AGG. INVAR. · Passato di moda: *un abito démodé* Ⓢ antiquato, superato.

demografia (de-mo-gra-fì-a) N.F. · Lo studio statistico dei fenomeni che riguardano la popolazione, considerata soprattutto nelle variazioni dovute alle nascite e alle morti.

demografico (de-mo-grà-fi-co) AGG. (pl.m. -*ci*, pl.f. -*che*) **1** Che riguarda la demografia: *indagini demografiche.* **2** Della popolazione: *l'incremento demografico del Paese.*

demolire (de-mo-li-re) V.TR. (*demolisco, demolisci*, ecc.) **1** Abbattere qualcosa che è fuori uso o d'intralcio: *lo zio ha demolito la vecchia auto; le bombe hanno demolito l'edificio* Ⓢ distruggere. **2** Criticare, stroncare: *demolire una tesi, una teoria.*

demolizione (de-mo-li-zió-ne) N.F. · Distruzione, abbattimento: *il sindaco ordinò la demolizione delle vecchie mura.*

demone (dè-mo-ne) N.M. **1** Spirito intermedio tra l'uomo e la divinità. **2** Passione ossessiva, mania: *il demone della gelosia.*

demoniaco (de-mo-nì-a-co) AGG. (pl.m. -*ci*, pl.f. -*che*) **1** Del demonio o dei demoni: *forze demoniache.* **2** Ispirato dal male o che tende al male: *un essere demoniaco; una mente demoniaca* Ⓢ diabolico, satanico.

demonio (de-mò-nio) N.M. (pl. -*ni*) **1** Lo spirito del male: *la sua anima era posseduta dal demonio* Ⓢ diavolo. **2** Chi è capace di ogni cattiveria: *quella donna è un demonio* Ⓢ malvagio • Chi ha eccezionale abilità o energia: *negli affari è un vero demonio; i suoi figli sono due demoni.*

Il termine deriva da una parola greca che significa 'divinità' e che, nel greco della Bibbia, è divenuto 'spirito maligno'.

demonizzare (de-mo-niz-zà-re) V.TR. · Considerare o far apparire come malvagio o molto negativo: *demonizzare un avversario politico.*

demoralizzare (de-mo-ra-liz-zà-re) V.TR. || TR. Scoraggiare, abbattere, avvilire: *non devi farti demoralizzare da un brutto voto.* || **demoralizzarsi** INTR. PRONOM. Perdere fiducia nelle proprie possibilità: *la squadra si demoralizzò per la dura sconfitta* Ⓢ deprimersi.

demordere (de-mòr-de-re) V.INTR. (irreg.: coniugato come *mordere*; aus. *avere*) · Rinunciare a un'impresa iniziata: *è un giocatore tenace, non demorde mai* Ⓢ cedere, desistere.

demotivato (de-mo-ti-và-to) AGG. · Privo di interesse o di stimoli: *mia sorella è demotivata* ***nello*** *studio della musica* Ⓢ apatico.

denaro (de-nà-ro) N.M. **1** Con valore collettivo, spesso al singolare, insieme di monete e di banconote: *il denaro non fa la felicità* Ⓢ soldi (PL.), quattrini (PL.). **2** AL PL. Uno dei quattro semi delle carte da gioco italiane: *il re di denari.* Ⓔ ***Denaro sporco***, ottenuto con attività illegali.

denaturato (de-na-tu-rà-to) AGG. · Di sostanza, che è stata alterata con additivi per impedirne l'uso alimentare o particolari impieghi industriali: *alcol denaturato.*

denigrare (de-ni-grà-re) V.TR. · Danneggiare la reputazione o il prestigio di qualcuno con parole offensive: *denigrare un collega; denigrare l'opera di un artista* Ⓢ calunniare.

Il termine deriva dal latino tardo *denigrare* 'annerire', nel senso di 'sporcare, infangare il buon nome di qualcuno'.

denigrazione (de-ni-gra-zió-ne) N.F. · Il parlar male di qualcuno Ⓢ diffamazione, maldicenza.

denominare (de-no-mi-nà-re) V.TR. (*denòmino*, ecc.) || TR. Dare un nome: *la città fu deno-*

minata Alessandria in onore di chi la fondò Ⓢ chiamare. || **denominarsi** INTR. PRONOM. Prendere o avere il nome.

denominatore (de-no-mi-na-tó-re) N.M. · In aritmetica, il termine posto sotto il segno di frazione, che indica in quante parti uguali è diviso l'intero. Ⓔ ***Denominatore comune***, qualunque multiplo comune ai denominatori di due o più frazioni.

denominazione (de-no-mi-na-zió-ne) N.F. **1** Nome assunto o attribuito a qualcosa: *questi fiori hanno varie denominazioni regionali.* **2** In grammatica: ***complemento di denominazione***, il nome proprio che appartiene al nome comune che lo precede (*l'isola d'Elba; il lago di Garda*).

denotare (de-no-tà-re) V.TR. (*denòto*, ecc.) · Esprimere con chiarezza: *la sua voce denotava un certo imbarazzo* Ⓢ rivelare, manifestare.

denotazione (de-no-ta-zió-ne) N.F. · In linguistica, il significato proprio di una parola o di un'espressione.

densità (den-si-tà) N.F. INVAR. **1** Stato di fluidità ridotta: *la densità della nebbia, della folla* Ⓢ compattezza, consistenza. **2** Ricchezza di significato: *densità di contenuti* Ⓢ spessore. Ⓔ ***Densità di popolazione***, il rapporto tra il numero degli abitanti e l'area in cui vivono.

denso (dèn-so) AGG. **1** Di sostanza, poco fluido: *la vernice non è abbastanza densa* Ⓢ concentrato, condensato Ⓒ fluido • Compatto, spesso: *fumo denso* Ⓒ rarefatto • Fitto, folto: *vegetazione molto densa.* **2** Pieno, ricco: *una frase densa* ***di*** *significati.*

dentale (den-tà-le) AGG. **1** Dei denti: *igiene, carie dentale.* **2** In grammatica: ***consonante dentale*** (o *una dentale* N.F.), consonante pronunciata appoggiando la punta della lingua contro i denti anteriori (*t, d, s, z, n, l, r*).

dentario (den-tà-rio) AGG. (pl.m. *-ri*, pl.f. *-rie*) · Dei denti: *smalto dentario.*

dentato (den-tà-to) AGG. · Fornito di denti o di sporgenze simili a denti: *foglia, ruota dentata.*

dentatura (den-ta-tù-ra) N.F. · L'insieme dei denti di un uomo o di un animale: *una dentatura sana, forte.*

dente (dèn-te) N.M. **1** Organo che si trova nella bocca, costituito da tessuto osseo e ricoperto di smalto nella parte che sporge dalle gengive; serve a masticare il cibo: *denti incisivi, canini, premolari, molari.* **2** Elemento che ricorda la forma di un dente: *i denti del pettine, della sega.* Ⓔ ***A denti stretti***, in modo forzato, controvoglia: *ridere a denti stretti* • ***Al dente***, di pasta o riso, non troppo cotti: *gli spaghetti mi piacciono al dente* • ***Avere il dente avvelenato con qualcuno***, portargli profondo rancore • ***Battere i denti***, tremare dal freddo, dalla febbre o dalla paura. • ***Dente canino*** → *canino* • ***Dente del giudizio***, il terzo molare, che di solito compare fra i 18 e i 25 anni • ***Dente di leone***, pianta erbacea molto diffusa, con fiori gialli, semi bianchi pelosi e foglie dai margini dentati • ***Denti di latte***, quelli che compaiono per primi e sono poi sostituiti da quelli definitivi • ***Fuori dai denti***, con estrema franchezza: *te lo dico fuori dai denti: stai facendo una sciocchezza!* • ***Mettere sotto i denti***, mangiare • ***Mostrare i denti***, assumere un atteggiamento minaccioso • ***Stringere i denti***, resistere con tutte le forze.

dentellato (den-tel-là-to) AGG. · Che presenta piccole sporgenze: *il margine dentellato dei francobolli.*

dentice (dèn-ti-ce) N.M. · Pesce dal corpo allungato e dai grossi denti, assai comune nel Mediterraneo; è ricercato per le sue carni molto pregiate.

dentiera (den-tiè-ra) N.F. · Protesi che sostituisce una o entrambe le arcate dentarie.

dentifricio (den-ti-frì-cio) N.M. (pl. *-ci*) · Prodotto cosmetico per la pulizia dei denti e per l'igiene della bocca.

> Il termine deriva da una parola latina composta di *dens dentis* 'dente' e *fricare* 'strofinare'.

dentista (den-tì-sta) N.M. e F. (pl.m. *-i*, pl.f. *-e*) · Medico chirurgo specializzato nelle malattie dei denti e della bocca.

dentizione (den-ti-zió-ne) N.F. · Comparsa e crescita dei denti.

D

dentro (dén-tro) AVV. e PREP. || AVV. **1** Nell'interno, nella parte interna: *essere dentro; entrare, andare dentro* Ⓒ fuori. **2** Nel linguaggio familiare, in prigione: *è stato sei mesi dentro.* || PREP. All'interno di, nella parte interna di: *dentro il bar c'era molta gente; dentro **alla** stalla.* Ⓔ ***Con dentro***, che ha al suo interno: *la cesta con dentro la frutta* • ***Da dentro***, attraverso la parte interna: *passare da dentro* • ***Di dentro***, interno: *il pavimento di dentro è in legno* • ***In dentro***, verso l'interno, indietro: *stai più in dentro.*

Quando *dentro* è usato come preposizione e precede un pronome personale, deve essere seguito dalla preposizione *di*: *dentro di me.*

denuclearizzato (de-nu-cle-a-riz-zà-to) AGG. · Di territorio in cui le autorità locali hanno deciso di non costruire armamenti o centrali nucleari: *zona denuclearizzata.*

denudare (de-nu-dà-re) V.TR. · Spogliare, svestire: *il medico denudò il paziente per la visita.*

denuncia (de-nùn-cia) N.F. (pl. *-ce* o *-cie*) **1** Atto formale con cui si comunica un reato all'autorità competente: *sporgere, presentare denuncia.* **2** Dichiarazione imposta dalla legge per scopi vari: *denuncia sanitaria, di nascita.* **3** Accusa pubblica: *la denuncia dei pericoli della guerra.* Ⓔ ***Denuncia dei redditi*** → ***reddito.***

denunciare (de-nun-cià-re) V.TR. (*denùncio*, ecc.) **1** Comunicare all'autorità competente: *denunciare un reato, il proprio reddito* Ⓢ dichiarare • Accusare qualcuno di un reato presso l'autorità competente: *denunciare i propri aggressori.* **2** Far conoscere all'opinione pubblica: *il giornale ha denunciato un caso di corruzione* Ⓢ segnalare. **3** Rendere evidente: *il suo silenzio denunciava un profondo imbarazzo* Ⓢ manifestare, rivelare.

denutrito (de-nu-trì-to) AGG. · Poco robusto e privo di vitalità a causa della scarsa alimentazione: *spesso bambini poveri e denutriti* Ⓢ deperito.

denutrizione (de-nu-tri-zió-ne) N.F. · Debolezza fisica causata da un'alimentazione insufficiente.

deodorante (de-o-do-ràn-te) AGG. e N.M. · Di sostanza, che elimina o corregge odori sgradevoli: *crema deodorante; deodorante per auto.*

depauperare (de-pau-pe-rà-re) V.TR. (*depàupero*, ecc.) · Rendere povero: *i cittadini furono depauperati **di** tutti i loro beni* Ⓢ impoverire.

dépendance (dé-pen-dan-ce; pronuncia *depandàns*) N.F. FR., in it. N.F. INVAR. · Edificio più piccolo e separato, che fa parte di un edificio principale: *la dépendance dell'albergo.*

depennare (de-pen-nà-re) V.TR. (*depénno*, ecc.) · Cancellare con un tratto di penna: *ho depennato tutte le voci **dalla** lista della spesa.*

deperibile (de-pe-rì-bi-le) AGG. · Che si deteriora con facilità: *le uova e la panna sono alimenti deperibili.*

deperimento (de-pe-ri-mén-to) N.M. **1** Indebolimento delle condizioni fisiche: *dopo la malattia ha subito un notevole deperimento.* **2** Deterioramento di merci o alimenti.

deperire (de-pe-rì-re) V.INTR. (*deperìsco, deperìsci*, ecc.; aus. *essere*) **1** Perdere salute o bellezza: *lo zio è deperito **per** la lunga malattia.* **2** Deteriorarsi, guastarsi: *questa merce deperisce in fretta.*

depilare (de-pi-là-re) V.TR. || TR. Privare dei peli: *l'estetista depilava le gambe **a** una signora.* || **depilarsi** RIFL. e TR. PRONOM. Togliersi i peli dal corpo: *depilarsi con la ceretta; depilarsi le sopracciglia.*

depilazione (de-pi-la-zió-ne) N.F. · Eliminazione di peli superflui, soprattutto a fini cosmetici: *ho fatto la depilazione delle gambe.*

depistaggio (de-pi-stàg-gio) N.M. (pl. *-gi*) · Allontanamento di un'indagine dalla verità, effettuato tramite prove o indizi falsi.

depistare (de-pi-stà-re) V.TR. · Allontanare dalla pista giusta, suggerendone una sbagliata: *depistare le indagini, gli investigatori* Ⓢ sviare.

dépliant (dé-pliant; pronuncia *depliàn*) N.M. FR., in it. N.M. INVAR. · Foglietto pubblicitario stampato e spesso illustrato.

La pronuncia corretta è *depliàn*; da evitare *dèplian.*

deplorare (de-plo-rà-re) V.TR. (*deplòro*, ecc.) · Disapprovare, biasimare, condannare: *deplorare un comportamento incivile, un'azione scorretta.*

deplorazione (de-plo-ra-zió-ne) N.F. · Disapprovazione, condanna, biasimo: *esprimere la propria deplorazione.*

deplorevole (de-plo-ré-vo-le) AGG. **1** Che suscita pena o pietà: *i vicini vivono in condizioni deplorevoli* Ⓢ miserevole, penoso. **2** Che merita critica o condanna: *hai avuto un comportamento deplorevole!* Ⓢ deprecabile.

deporre (de-pór-re) V.TR. e INTR. (irreg.: coniugato come *porre*) || TR. **1** Mettere giù, depositare, poggiare: *deporre lo zaino* ***per*** *terra; deporre le uova* ***nel*** *nido.* **2** Privare di una carica, di un grado o di un titolo: *deporre un re; il pugile fu deposto* ***dal*** *trono dei pesi massimi* Ⓢ destituire. **3** Testimoniare in un processo: *deporre il vero, il falso.* || INTR. (aus. *avere*) Fare una deposizione in un processo: *il testimone depose* ***contro*** *il boss; ha deposto* ***a favore*** *dell'imputato.* Ⓔ ***Deporre le armi*** → *arma*.

deportare (de-por-tà-re) V.TR. (*depòrto*, ecc.) · Trasferire qualcuno in un luogo di prigionia o di pena lontano dal proprio Paese: *i prigionieri furono deportati in Germania.*

deportato (de-por-tà-to) AGG. e N.M. (f. *-a*) · Che, chi è condannato alla deportazione: *i prigionieri deportati in Siberia; i deportati nei campi di concentramento.*

deportazione (de-por-ta-zió-ne) N.F. · Pena che comporta la prigionia in colonie penali o in campi di lavoro lontani dal Paese di origine: *condannare alla deportazione.*

depositare (de-po-ṣi-tà-re) V.TR. (*depòṣito*, ecc.) || TR. **1** Mettere giù, deporre: *depositò lo zaino sul divano.* **2** Affidare qualcosa alla custodia degli altri, lasciare in deposito: *depositare una somma in banca; depositare la giacca al guardaroba.* **3** Di liquido, far cadere sul fondo le particelle solide che contiene in sospensione: *il fiume deposita i detriti.* || **depositarsi** INTR. PRONOM. Raccogliersi sul fondo: *le foglie di tè si depositano nella tazza* Ⓢ posarsi, sedimentarsi.

depositario (de-po-ṣi-tà-rio) AGG. e N.M. (f. *-a*; pl.m. *-ri*, pl.f. *-rie*) **1** Che, chi riceve in deposito valori o cose di altri Ⓢ custode. **2** Che, chi custodisce informazioni o conserva conoscenze che gli sono state tramandate o insegnate: *il farmacista è il depositario delle tradizioni del paese.*

deposito (de-pò-ṣi-to) N.M. **1** Consegna momentanea di un oggetto o di denaro a qualcuno perché lo custodisca: *dare, lasciare, tenere in deposito* Ⓢ custodia. **2** Luogo usato per raccogliere e per custodire oggetti, materiali o merci: *deposito bagagli* Ⓢ magazzino • Rimessa per mezzi di trasporto pubblici: *il deposito degli autobus.* **3** Il sedimento di un liquido: *il deposito del caffè sul fondo della tazzina* • Accumulo di materiali dovuto soprattutto all'azione degli agenti atmosferici. Ⓔ ***Deposito bancario, deposito postale***, contratto con cui si affida la gestione di una somma di denaro a una banca o a un ufficio postale; anche la somma di denaro stessa.

deposizione (de-po-ṣi-zió-ne) N.F. **1** Dichiarazione di un testimone davanti al giudice: *la sua deposizione dimostrò l'innocenza dell'imputato* Ⓢ testimonianza. **2** Allontanamento dal potere di un re o di un capo di Stato: *il popolo ottenne la deposizione del feroce tiranno* Ⓢ destituzione. **3** Il distacco del corpo di Gesù Cristo dalla croce • La rappresentazione artistica di quest'episodio: *la Deposizione di Caravaggio.*

depravato (de-pra-và-to) AGG. e N.M. (f. *-a*) · Che, chi è privo di moralità: *ambiente depravato; un locale frequentato da depravati* Ⓢ corrotto, vizioso.

depravazione (de-pra-va-zió-ne) N.F. · Profonda corruzione morale: *la depravazione dei costumi* Ⓢ perversione.

deprecabile (de-pre-cà-bi-le) AGG. **1** Che merita critica o condanna: *un atteggiamento deprecabile* Ⓢ deplorevole, condannabile. **2** Che si vuole non accada: *nella deprecabile ipotesi che il treno ritardi, arriverò a riunione finita* Ⓢ malaugurato.

deprecare (de-pre-cà-re) V.TR. (*deprèco*, *deprèchi*, ecc.) · Criticare, condanna, disapprovare: *tutti deprecarono il suo gesto violento.*

depredare (de-pre-dà-re) V.TR. (*deprèdo*, ecc.) · Sottrarre con violenza, saccheggiare:

i nemici depredarono il museo ***di*** *tutte le sue opere.*

depressi (de-près-si) · Pass. rem., 1ª pers. sing. → ***deprimere***.

depressione (de-pres-sió-ne) N.F. **1** Avvallamento: *una depressione del fondo stradale.* **2** Zona che si trova sotto il livello del mare o a un livello inferiore rispetto alla regione circostante: *una depressione continentale; la depressione del Mar Caspio.* **3** Fase di forte calo della produzione economica, caratterizzata da un notevole aumento della disoccupazione: *la grande depressione del 1929 negli Stati Uniti* Ⓢ crisi, recessione. **4** Grave riduzione dell'energia fisica e psichica che comporta ansia, mancanza di interessi e profondo sconforto • Avvilimento, sconforto, tristezza: *uscire da un periodo di depressione.*

depresso (de-près-so) AGG. || Participio pass. → ***deprimere***. || AGG. **1** Che si trova sotto il livello del mare o a un livello inferiore rispetto alla regione circostante: *terreno depresso.* **2** Povero, arretrato, sottosviluppato: *aree depresse.* **3** Che soffre di depressione: *un uomo depresso* • Avvilito, scoraggiato, abbattuto: *non hai motivi per essere così depressa.*

deprezzare (de-prez-zà-re) V.TR. (*deprèzzo*, ecc.) · Far diminuire di valore: *deprezzare una merce* Ⓢ ribassare, svalutare.

deprimente (de-pri-mèn-te) AGG. · Che causa sconforto e sfiducia: *notizie deprimenti* Ⓢ avvilente, sconfortante.

deprimere (de-prì-me-re) V.TR. (irreg.: pass. rem. *deprèssi, depriméstì, deprèsse, deprimémmo, depriméstì, deprèssero*; part. pass. *deprèsso*) || TR. Provocare sconforto e sfiducia: *la bocciatura lo ha molto depresso* Ⓢ abbattere, avvilire. || **deprimersi** INTR. PRONOM. Perdere fiducia, energia e interessi: *non deprimerti* ***per*** *così poco!* Ⓢ scoraggiarsi.

> Il termine deriva dal latino *deprimere* 'spingere giù, abbassare', che viene a sua volta da *premere* 'premere' con il prefisso **de-** (→ ***comprimere***).

depurare (de-pu-rà-re) V.TR. · Liberare da impurità, rendere puro: *depurare l'organismo; depurare l'acqua* ***dai*** *batteri* Ⓢ purificare.

depuratore (de-pu-ra-tó-re) N.M. · Apparecchio per l'eliminazione di sostanze nocive da liquidi o da gas: *con il nuovo depuratore l'acqua del fiume è meno inquinata.*

depurazione (de-pu-ra-zió-ne) N.F. · L'eliminazione delle impurità da un materiale liquido o solido: *l'impianto di depurazione; la depurazione dell'acqua.*

deputato (de-pu-tà-to) AGG. e N.M. (f. *-a*) || AGG. Che ha un incarico o una funzione specifica: *una persona deputata* ***ad*** *accogliere gli ospiti.* || N.M. (f. *-a*) Chi è eletto dai cittadini per rappresentarli in Parlamento: *la Camera dei deputati.*

dequalificare (de-qua-li-fi-cà-re) V.TR. (*dequalìfico, dequalìfichi*, ecc.) · Diminuire il valore, il livello professionale o il prestigio: *dequalificare la scuola con riforme sbagliate* Ⓢ degradare, screditare.

deragliare (de-ra-glià-re) V.INTR. (*deràglio*, ecc.; aus. *avere* o *essere*) · Di tram o treno, uscire dalle rotaie.

derby (der-by; pronuncia *dèrbi*) N. INGL., in it. N.M. INVAR. **1** Partita tra due squadre della stessa città o regione: *oggi si disputa il derby Milan-Inter.* **2** Gara al galoppo per puledri di tre anni.

derelitto (de-re-lit-to) AGG. e N.M. (f. *-a*) · Che, chi è privo di sostegno familiare o sociale e di mezzi di sostentamento: *un vecchio derelitto; ospizio per derelitti* Ⓢ abbandonato, emarginato.

deretano (de-re-tà-no) N.M. · Sedere, posteriore.

deridere (de-rì-de-re) V.TR. (irreg.: pass. rem. *derìṣi, deridésti, derìṣe, deridémmo, deridéste, derìṣero*; part. pass. *derìṣo*) · Prendere in giro qualcuno mettendolo in ridicolo: *lo deridevano per la sua ingenuità* Ⓢ dileggiare, schernire.

derisi (de-rì-ṣi) · Pass. rem., 1ª pers. sing. → ***deridere***.

derisione (de-ri-ṣió-ne) N.F. · Presa in giro: *osservò la scena con un sorriso di derisione* Ⓢ scherno, beffa.

deriso (de-rì-ṣo) · Participio pass. → ***deridere***.

derisorio (de-ri-sò-rio) AGG. (pl.m. *-ri*, pl.f. *-rie*) · Che ha l'intento di prendere in giro: *una lettera derisoria*.

deriva (de-rì-va) N.F. · Spostamento causato da un fluido in movimento su un corpo che vi è immerso o che galleggia su di esso: *una lenza, una boa alla deriva*. E ***Andare alla deriva***, di imbarcazione, essere abbandonato ai venti e alle correnti; in senso figurato, di persona, subire gli eventi senza reagire • ***Deriva dei continenti***, teoria secondo cui i continenti si sposterebbero pian piano da est a ovest.

derivare (de-ri-và-re) V.INTR. e TR. || INTR. (aus. *essere*) Avere origine: *sua madre deriva* ***da*** *una famiglia nobile; "caraffa" deriva* ***da*** *una parola araba* S provenire, discendere. || TR. Far provenire: *non so* ***da*** *cosa egli derivi il suo odio* S ricavare, trarre.

Il termine viene dal latino *derivare* 'trarre l'acqua da un ruscello'.

derivato (de-ri-và-to) AGG. e N.M. || AGG. Che ha origine: *le parole derivate* ***dal*** *latino sono in maggioranza nella lingua italiana*. || N.M. **1** Prodotto che si ottiene da un altro con una trasformazione chimica: *la benzina e il gasolio sono derivati del petrolio*. **2** Vocabolo che si forma da un altro: *"cartone" è un derivato di "carta"*.

derivazione (de-ri-va-zió-ne) N.F. **1** Provenienza, origine: *la derivazione di acqua* ***da*** *un canale*. **2** In grammatica, formazione di una parola mediante l'aggiunta di un suffisso o di un prefisso alla radice della parola stessa: *"cucinare" è una derivazione di "cucina"*.

-derma · Secondo elemento di parole composte che significa 'pelle': *pachiderma*, animale dalla pelle spessa.

dermatologia (der-ma-to-lo-gì-a) N.F. (pl. *-gìe*) · Settore della medicina che si occupa delle malattie della pelle.

dermatologo (der-ma-tò-lo-go) N.M. (f. *-a*; pl.m. *-gi*, pl.f. *-ghe*) · Medico specializzato nelle malattie della pelle.

deroga (dè-ro-ga) N.F. (pl. *-ghe*) · Eccezione a una regola o a una consuetudine: *non è prevista alcuna deroga* ***alle*** *norme vigenti*.

derogare (de-ro-gà-re) V.INTR. (*dèrogo, dèroghi*, ecc.; aus. *avere*) · Venir meno a una legge, a una consuetudine o a un impegno: *derogare* ***a*** *una legge,* ***a*** *un accordo*.

derrata (der-rà-ta) N.F. · Prodotto agricolo di largo consumo, usato come cibo: *le derrate alimentari quest'anno scarseggiano*.

derubare (de-ru-bà-re) V.TR. · Privare qualcuno di qualcosa che gli appartiene con il furto o con l'inganno: *il nonno è stato derubato* ***del*** *portafogli* S rapinare, defraudare.

derubricare (de-ru-bri-cà-re) V.TR. (*derubrìco, derubrìchi*, ecc.) · Giudicare un reato meno grave di quanto era stato fatto in precedenza: *il reato è stato derubricato da tentato omicidio* ***in*** *lesioni*.

desco (dé-sco) N.M. (pl. *-schi*) · Tavola su cui si mangia: *sedersi al desco* S mensa.

descrittivo (de-scrit-tì-vo) AGG. · Che descrive: *stile, racconto descrittivo*.

descrivere (de-scrì-ve-re) V.TR. (irreg.: coniugato come *scrivere*) · Rappresentare con le parole le caratteristiche principali di qualcuno o di qualcosa: *descrivere un paesaggio* S delineare • Riferire in modo dettagliato: *descrivere un avvenimento* S raccontare.

descrizione (de-scri-zió-ne) N.F. · Rappresentazione a parole: *descrizione fedele, sommaria; la descrizione di un luogo, di un episodio* S racconto, esposizione.

desertico (de-sèr-ti-co) AGG. (pl.m. *-ci*, pl.f. *-che*) · Che presenta le caratteristiche o la natura del deserto: *zona desertica* • Tipico del deserto: *clima desertico*.

desertificazione (de-ser-ti-fi-ca-zió-ne) N.F. · La graduale trasformazione di un terreno in deserto a causa di lunghi periodi di siccità o per l'eccessivo sfruttamento da parte dell'uomo.

deserto (de-sèr-to) AGG. e N.M. || AGG. Privo di persone: *campagna deserta; strade deserte* S disabitato, spopolato. || N.M. **1** Grande distesa di terreno arido che non può essere coltivata né abitata: *il Sahara è il più grande deserto del mondo*. **2** Luogo poco abitato: *di sera la piazza era un deserto*. ▸▸

A B C D E F G H I J K L M N O P Q R S T U V W X Y Z

Il termine deriva dal participio passato del verbo latino *deserere* 'abbandonare'.

desiderabile (de-si-de-rà-bi-le) AGG. **1** Di persona, che suscita desiderio, attrazione fisica: *una donna desiderabile.* **2** Che è da augurarsi: *sarebbe desiderabile un maggiore impegno da parte tua.*

D

desiderare (de-si-de-rà-re) V.TR. (*desìdero*, ecc.) **1** Volere fortemente qualcosa per soddisfare i propri bisogni o i propri gusti: *desiderare un fratellino, un'auto nuova; desidero **che** tutto vada per il meglio* Ⓢ volere, sognare. **2** Richiedere, chiedere, cercare: *sei desiderato al telefono.* Ⓔ ***Farsi desiderare***, andare raramente o con molto ritardo in un luogo • ***Lasciare a desiderare*** → *lasciare*.

Il termine deriva dal latino *sidera* 'stelle' con il prefisso de-; nel linguaggio degli indovini il verbo significava 'notare la mancanza delle costellazioni' necessarie per fare predizioni ed è poi diventato 'sentire la mancanza di'.

desiderio (de-si-dè-rio) N.M. (pl. *-ri*) · Il proposito o la speranza di ottenere qualcosa per soddisfare i propri bisogni o i propri gusti: *soddisfare i propri desideri; esprimere, realizzare un desiderio* Ⓢ voglia, aspirazione.

desideroso (de-si-de-ró-so) AGG. · Che desidera qualcosa: *desideroso **di** affetto; desideroso **di** cambiamenti* Ⓢ bramoso.

design (de-sign; pronuncia *deṣàin*) N. INGL., in it. N.M. INVAR. **1** Ideazione e progettazione di oggetti d'uso da produrre in serie: *frequenta una scuola di design.* **2** La forma di un oggetto prodotto in serie, disegnata da uno specialista: *design classico, sperimentale; il design di una poltrona.*

designare (de-si-gnà-re) V.TR. **1** Proporre per svolgere un incarico: *ha designato il figlio come suo successore; designarono lui **a** guidare l'azienda* Ⓢ nominare, eleggere. **2** Stabilire, determinare, fissare: *il luogo e il giorno dell'incontro sono già stati designati.* **3** Di espressione linguistica, voler dire: *non esiste in italiano un termine per designare questo fenomeno* Ⓢ significare, indicare.

La prima persona plurale dell'indicativo presente e quella del congiuntivo presente è *designiamo*, con la *i*: la forma *designamo* è sempre scorretta! La seconda persona plurale dell'indicativo presente è *designate* senza *i*, mentre quella del congiuntivo presente è *designiate* con la *i*.

designazione (de-si-gna-zió-ne) N.F. · Scelta per un compito o una carica: *la designazione del successore* Ⓢ indicazione.

designer (de-si-gner; pronuncia *deṣàiner*) N. INGL., in it. N.M. e F. INVAR. · Chi progetta oggetti di design.

desinare (de-ṣi-nà-re) V.INTR. (*déṣino*, ecc.; aus. *avere*) · Pranzare.

Il termine deriva da un verbo del latino volgare che significa 'rompere il digiuno'.

desinenza (de-ṣi-nèn-za) N.F. · In grammatica, parte della parola che varia secondo il genere e il numero del nome o la persona, il numero, il modo e il tempo del verbo: *la desinenza del femminile plurale degli aggettivi in -co è -che; la desinenza della prima persona plurale del presente indicativo è -iamo.*

desio (de-ṣì-o) N.M. (pl. *-ṣìi*) · Desiderio, usato soprattutto in poesia.

desistere (de-sì-ste-re) V.INTR. (irreg.: coniugato come *assistere*; aus. *avere*) · Abbandonare un'azione, un progetto o un'attività: *non desiste mai **dai** suoi propositi* Ⓢ rinunciare, demordere.

Il termine deriva dal latino *desistere* 'cessare, rinunciare', che viene a sua volta da *sistere* 'stare, fermarsi' con il prefisso de- (→ ***assistere***).

desktop (desk-top; pronuncia *desktòp*) N. INGL., in it. N.M. INVAR. · Parte dello schermo del computer su cui si trovano le icone dei programmi e delle cartelle: *lo sfondo del desktop* • Computer da tavolo costituito da un'unità centrale, da uno schermo e da una tastiera.

Il termine significa letteralmente 'piano della scrivania' ed è un composto di *desk* 'scrivania' e *top* 'piano'.

desolante (de-ṣo-làn-te) AGG. · Che provoca tristezza e sconforto: *che notizia desolante!* Ⓢ triste, sconfortante.

desolato (de-ṣo-là-to) AGG. **1** Di luogo, privo di vita: *un paesaggio desolato* Ⓢ deserto, abbandonato. **2** Di persona, molto dispiaciuto: *vide una donna desolata **per** la morte del figlio; sono desolato **di** non poter accettare la sua offerta* Ⓢ afflitto, addolorato.

desolazione (de-ṣo-la-zió-ne) N.F. 1 Condizione di abbandono o di rovina: *nel paese regnava un profondo senso di desolazione* Ⓢ squallore. 2 Stato di afflizione e di solitudine senza possibilità di conforto: *la disgrazia lo gettò nella più cupa desolazione* Ⓢ disperazione, sconforto.

desossiribonucleico (de-ṣos-si-ri-bo-nu-clèi-co) AGG. (pl.m. *-ci*, pl.f. *-che*) · Solo nell'espressione ***acido desossiribonucleico***, dna.

despota (dè-spo-ta) N.M. e F. (pl.m. *-i*, pl.f. *-e*) 1 Chi governa con poteri assoluti Ⓢ tiranno. 2 Chi esercita la propria autorità in modo tirannico: *il nostro capufficio è un despota.*

desquamare (de-squa-mà-re) V.TR. || TR. Provocare la formazione di piccole squame che poi si staccano: *malattie che desquamano la pelle.* || **desquamarsi** INTR. PRONOM. Perdere piccole squame: *con il freddo la pelle si desquama.*

dessert (des-sert; pronuncia *dessèr*) N.M. FR., in it. N.M. INVAR. · L'ultima portata di un pasto, a base di frutta, formaggi o dolci: *desideri qualcosa per dessert?*

destabilizzare (de-sta-bi-liẓ-ẓà-re) V.TR. · Rendere instabile una struttura politica, istituzionale o sociale: *la crisi economica destabilizza l'economia del Paese.*

destare (de-stà-re) V.TR. (*désto*, ecc.) || TR. 1 Scuotere dal sonno: *quel rumore violento la destò* Ⓢ svegliare. 2 Suscitare, provocare, risvegliare: *le sue parole destarono l'entusiasmo del pubblico.* || **destarsi** INTR. PRONOM. Svegliarsi: *si destò all'improvviso con la sensazione di essere osservato.*

destinare (de-sti-nà-re) V.TR. 1 Riservare a un compito o a una funzione: *destinò il terreno **alla** coltivazione* Ⓢ assegnare. 2 Rivolgere, indirizzare, inviare: *i miei rimproveri non erano destinati **a** te.* 3 Stabilire, decidere: *la riunione è rinviata a data da destinare.*

destinatario (de-sti-na-tà-rio) N.M. (f. *-a*; pl.m. *-ri*, pl.f. *-rie*) · Chi riceve qualcosa, soprattutto tramite la posta: *nell'indirizzo mancava il nome del destinatario.*

destinazione (de-sti-na-zió-ne) N.F. 1 Il fine o l'uso a cui qualcosa è destinato: *la destinazione di un edificio a scuola pubblica* Ⓢ utilizzo. 2 Il luogo dove viene spedito qualcosa: *la lettera arriverà a destinazione entro lunedì* Ⓢ recapito, indirizzo. 3 La meta di un viaggio: *partì per una destinazione sconosciuta* Ⓢ località, luogo.

destino (de-stì-no) N.M. · Il corso degli eventi della vita che si ritiene prestabilito e indipendente dalla volontà umana: *il destino ha voluto che ci incontrassimo; è destino che,* è inevitabile Ⓢ sorte, caso.

destituire (de-sti-tu-ì-re) V.TR. (*destituìsco, destituìsci*, ecc.) · Allontanare da un incarico o da un impiego: *il funzionario è stato destituito dall'incarico* Ⓢ rimuovere, esonerare.

destituito (de-sti-tu-ì-to) AGG. · Privo, mancante: *una notizia destituita **di** ogni fondamento.*

destituzione (de-sti-tu-zió-ne) N.F. · Allontanamento da una carica o da un impiego Ⓢ rimozione.

desto (dé-sto) AGG. · Che non dorme ancora o ha smesso di dormire: *sono stato desto tutta la notte* Ⓢ sveglio.

destra (dè-stra) N.F. 1 La mano sul lato destro del corpo: *scrivi con la destra o con la sinistra?* Ⓒ sinistra. 2 Il lato, la parte, la direzione corrispondenti: *sulla destra sorgeva un grande edificio.* 3 L'insieme dei partiti moderati, conservatori o reazionari che in Parlamento siedono alla destra del presidente: *la destra votò compatta per quella legge.*

destreggiarsi (de-streg-giàr-si) V.INTR. PRONOM. (*mi destréggio*, ecc.) · Agire con abilità per superare una situazione difficile: *è molto bravo a destreggiarsi **nel** traffico; mio padre riesce sempre a destreggiarsi **tra** i fornelli* Ⓢ districarsi, cavarsela.

destrezza (de-stréz-za) N.F. · Abilità fisica o mentale: *gioca a basket con grande destrezza; affrontò il discorso con estrema destrezza* Ⓢ prontezza, bravura.

destriero (de-strièro) N.M. 1 Nel Medioevo, cavallo da battaglia o da torneo. 2 Cavallo addestrato.

A B C D E F G H I J K L M N O P Q R S T U V W X Y Z

D

destro (dè-stro) AGG. e N.M. || AGG. **1** Che in un corpo si trova dallo stesso lato del fegato: *il braccio destro; la mano destra* Ⓒ sinistro. **2** Che sa il fatto suo: *è un commerciante molto destro negli affari* Ⓢ accorto, abile. || N.M. **1** Nel pugilato, pugno dato con la mano destra: *colpì l'avversario con un rapido destro.* **2** Occasione, opportunità: *colse il destro per dichiararle il suo amore.*

destrutturare (de-strut-tu-rà-re) V.TR. · Scomporre una struttura nei suoi elementi per riorganizzarla: *destrutturare un'azienda.*

desueto (de-su-è-to) AGG. · Caduto in disuso: *un vocabolo, uno stile desueto* Ⓢ superato, disusato.

desumere (de-sù-me-re) V.TR. (irreg.: coniugato come *assumere*) **1** Ricavare come conclusione: ***da** cosa desumi che sia stato io?* Ⓢ concludere, dedurre. **2** Ricavare, prendere, trarre: *ho desunto questa notizia **dal** giornale.*

Il termine deriva dal latino *desumere* 'prendersi, assumersi', che viene a sua volta da *sumere* 'prendere' con il prefisso **de-** (→ ***assumere***).

detective (de-tec-ti-ve; pronuncia *detèctiv*) N.INGL., in it. N.M. e F.INVAR. · Poliziotto o investigatore privato: *hanno assunto un detective per ritrovare la figlia scomparsa.*

detenere (de-te-né-re) V.TR. (irreg.: coniugato come *tenere*) **1** Possedere per diritto o in seguito a un accordo: *detiene il titolo di campione d'Europa* Ⓢ avere, possedere. **2** Tenere presso di sé: *detenere armi da fuoco.* **3** Trattenere in prigione: *era detenuto per furto.*

detentivo (de-ten-tì-vo) AGG. · Che comporta la prigione: *pene detentive.*

detentore (de-ten-tó-re) N.M. (f. *-trìce*) · Chi possiede o custodisce qualcosa: *il detentore del titolo mondiale dei 100 metri; i detentori abusivi di armi* Ⓢ possessore.

detenuto (de-te-nù-to) AGG. e N.M. (f. *-a*) · Che, chi sconta una pena in carcere: *ha due fratelli detenuti; una rivolta di detenute* Ⓢ carcerato.

detenzione (de-ten-zió-ne) N.F. **1** Il possesso, spesso illegale, di qualcosa: *detenzione di armi, di stupefacenti.* **2** Pena del carcere: *fu condannato a un anno di detenzione* Ⓢ prigione, carcerazione.

detergente (de-ter-gèn-te) AGG. e N.M. · Di prodotto che ha la proprietà di eliminare le impurità: *crema detergente; detergente intimo.*

detergere (de-tèr-ge-re) V.TR. (irreg.: ind. pres. *detèrgo, detèrgi*, ecc.; pass. rem. *detèrsi, detergésti*, ecc.; part. pass. *detèrso*) **1** Pulire: *detergere il parabrezza.* **2** Asciugare: *detergere il sudore dalla fronte.*

deteriorabile (de-te-rio-rà-bi-le) AGG. · Che si guasta con facilità: *merci deteriorabili* Ⓢ deperibile.

deterioramento (de-te-rio-ra-mén-to) N.M. · Peggioramento della qualità: *fuori dal frigo i cibi freschi subiscono un deterioramento* Ⓢ alterazione, degenerazione.

deteriorare (de-te-rio-rà-re) V.TR. (*deterióro*, ecc.) || TR. Alterare, guastare, danneggiare: *il caldo deteriora gli alimenti.* || **deteriorarsi** INTR. PRONOM. Ridursi in cattivo stato: *l'affresco si è deteriorato a causa dell'umidità* Ⓢ danneggiarsi, rovinarsi.

deteriore (de-te-rió-re) AGG. · Peggiore, scadente: *merce di qualità deteriore* Ⓒ migliore.

determinante (de-ter-mi-nàn-te) AGG. · Decisivo, risolutivo, fondamentale: *il mio voto fu determinante **per** la vittoria.*

determinare (de-ter-mi-nà-re) V.TR. (*detèrmino*, ecc.) || TR. **1** Stabilire o definire con esattezza: *determinare i confini di un terreno* Ⓢ delimitare • Calcolare, misurare: *determinare l'altezza di un triangolo equilatero conoscendo il lato.* **2** Produrre come effetto: *la sua grande forza di volontà ne ha determinato il successo* Ⓢ causare, provocare. || **determinarsi** INTR. PRONOM. Convincersi, decidersi, risolversi: *alla fine si è determinato **a** partire.*

determinativo (de-ter-mi-na-tì-vo) AGG. · In grammatica: ***aggettivo determinativo*** → ***aggettivo***; ***articolo determinativo***, quello che si mette davanti al nome per indicare una cosa ben precisa o conosciuta (opposto all'*articolo indeterminativo*); gli articoli determinativi sono: *il, lo, la, i, gli, le.*

determinato (de-ter-mi-nà-to) AGG. **1** Che presenta uno o più elementi particolari: *lo* *rivelò solo a determinate persone* Ⓢ particolare, preciso • Con valore indefinito, certo: *in determinate condizioni; in determinati momenti* Ⓢ dato. **2** Stabilito, fissato, definito: *una determinata quantità; un determinato valore* Ⓒ indeterminato. **3** Risoluto, deciso: *è un uomo molto determinato; era determinato **a** superare l'esame.*

determinazione (de-ter-mi-na-zió-ne) N.F. **1** Indicazione esatta: *la determinazione dei confini* Ⓢ definizione. **2** Volontà risoluta: *in quell'occasione agì con determinazione* Ⓢ decisione, fermezza.

deterrente (de-ter-rèn-te) AGG. e N.M. · Che scoraggia un individuo o uno Stato dal compiere un'azione ostile: *i giudici credono nell'effetto deterrente delle pene.* Ⓔ ***Deterrente nucleare***, l'insieme delle armi atomiche possedute da uno Stato che dovrebbero servire a spaventare i nemici e a ridurre il rischio di venire attaccati.

detersi (de-tèr-si) · Pass. rem., 1ª pers. sing. → ***detergere***.

detersivo (de-ter-sì-vo) N.M. · Sostanza in polvere o liquida, usata per pulire, lavare o sgrassare: *detersivo liquido, in polvere; detersivo per lavatrice* Ⓢ sapone, detergente.

deterso (de-tèr-so) · Participio pass. → ***detergere***.

detestabile (de-te-stà-bi-le) AGG. · Insopportabile, odioso: *è una persona detestabile* Ⓒ amabile.

detestare (de-te-stà-re) V.TR. (*detèsto*, ecc.) · Provare odio od orrore: *detesto la guerra con tutte le mie forze* Ⓢ odiare, disprezzare • Ritenere molto sgradevole, non sopportare: *detesto alzarmi presto la mattina.*

detonatore (de-to-na-tó-re) N.M. · Dispositivo che mette in funzione le cariche esplosive: *il detonatore di una mina.*

detonazione (de-to-na-zió-ne) N.F. · Scoppio assordante prodotto da un'esplosione: *la detonazione di una bomba ruppe il silenzio della notte.*

detrarre (de-tràr-re) V.TR. (irreg.: coniugato come *trarre*) · Togliere, sottrarre, dedurre: ***dall'****incasso bisogna detrarre le spese* Ⓒ aggiungere, sommare.

detrattore (de-trat-tó-re) N.M. (f. *-trìce*) · Chi danneggia la reputazione o i meriti di qualcuno con parole offensive: *è un accanito detrattore dei suoi nemici.*

detrazione (de-tra-zió-ne) N.F. · Operazione di togliere una somma da un totale: *la detrazione delle imposte* Ⓢ sottrazione • La somma sottratta.

detrimento (de-tri-mén-to) N.M. · Danno morale o materiale: *fumare va a detrimento della tua salute* Ⓢ scapito, svantaggio.

detrito (de-trì-to) N.M. **1** Qualsiasi frammento di materiale non utilizzabile: *vicino alla fabbrica si innalzano mucchi di detriti* Ⓢ scoria, rifiuto. **2** Frammento roccioso prodotto dalla disgregazione delle rocce compiuta dagli agenti atmosferici: *il fiume trasporta con sé molti detriti.*

detronizzare (de-tro-niz-zà-re) V.TR. **1** Costringere all'abbandono del trono: *detronizzare un re.* **2** Privare di un primato o di una posizione di prestigio: *detronizzare il presidente di un'azienda, il campione del mondo dei pesi massimi* Ⓢ destituire, spodestare.

dettagliante (det-ta-gliàn-te) N.M. e F. · Chi vende merci in piccole quantità a privati.

dettagliare (det-ta-glià-re) V.TR. (*dettàglio*, ecc.) **1** Descrivere con abbondanza di dettagli: *dettagliare una storia, una scena curiosa.* **2** Vendere al dettaglio.

dettagliato (det-ta-glià-to) AGG. · Descritto con abbondanza di particolari: *mi fece un resoconto dettagliato del suo viaggio* Ⓢ minuzioso, particolareggiato Ⓒ sommario.

dettaglio (det-tà-glio) N.M. (pl. *-gli*) · Dato particolare: *mi raccontò tutti i dettagli dell'episodio* Ⓢ particolare, minuzia. Ⓔ ***Al dettaglio***, con riferimento a prodotti venduti in piccole quantità e direttamente ai consumatori: *ha un negozio al dettaglio* • ***Entrare nei dettagli*** → ***entrare*** • ***In dettaglio***, in modo particolareggiato.

Il termine deriva dal verbo francese *détailler* 'tagliare a pezzi', nel senso di 'vendere in piccole quantità'.

A B C **D** E F G H I J K L M N O P Q R S T U V W X Y Z

D

dettame (det-tà-me) N.M. · Regola autorevole: *rispettare i dettami della scienza* Ⓢ principio, norma • Suggerimento, consiglio: *seguire i dettami della moda.*

dettare (det-tà-re) V.TR. (*détto*, ecc.) **1** Pronunciare in modo lento e chiaro un testo per farlo scrivere ad altre persone: *l'insegnante dettò **alla** classe la traccia del compito.* **2** Imporre, ordinare, stabilire: *il vincitore dettò le condizioni della resa.* **3** Indicare, consigliare, suggerire: *si comportò come dettavano le circostanze.* Ⓔ ***Dettar legge***, imporre la propria volontà agli altri.

dettato (det-tà-to) N.M. · Testo scritto sotto dettatura come esercizio scolastico: *nel mio dettato c'era solo un errore.*

dettatura (det-ta-tù-ra) N.F. · L'azione di dettare: *ho scritto sotto dettatura un brano in inglese.*

detti (dèt-ti) · Pass. rem., 1ª pers. sing. → ***dare***.

detto (dét-to) AGG. e N.M. || Participio pass. → ***dire***. || AGG. Chiamato, soprannominato: *Sandro Filipepi detto Botticelli* • Nominato prima: *la detta persona; nel detto giorno.* || N.M. Modo di dire, massima, proverbio: *un antico detto; secondo un detto popolare.*

deturpare (de-tur-pà-re) V.TR. · Alterare in modo grave l'aspetto originario: *una brutta cicatrice **le** deturpava il volto; le nuove costruzioni deturpano il paese* Ⓢ sfigurare, deformare.

deturpato (de-tur-pà-to) AGG. · Reso brutto: *un viso deturpato dalle ferite.*

devastante (de-va-stàn-te) AGG. **1** Che causa una profonda distruzione: *gli effetti devastanti del terremoto* Ⓢ distruttivo. **2** Sconvolgente, tremendo: *quando mi lasciò provai un dolore devastante.*

devastare (de-va-stà-re) V.TR. **1** Sottoporre a saccheggio e distruzione: *i barbari devastarono gran parte dell'Impero romano* Ⓢ saccheggiare, depredare, distruggere • Danneggiare in modo grave: *il ciclone ha devastato tutta la regione* Ⓢ rovinare. **2** Sconvolgere, stravolgere: *quell'uomo è devastato dal dolore.*

devastazione (de-va-sta-zió-ne) N.F. · Distruzione, rovina: *l'incendio ha provocato la devastazione di un bosco.*

deviante (de-vi-àn-te) AGG. · Che si allontana dalla normalità: *un comportamento deviante* Ⓢ aberrante, anomalo.

devianza (de-vi-àn-za) N.F. · Enorme difficoltà ad adattarsi alle regole fondamentali di una società o di un gruppo.

deviare (de-vi-à-re) V.INTR. e TR. (*devìo*, *devìi*, ecc.) || INTR. (aus. *avere*) **1** Cambiare la propria direzione, uscire dalla via consueta o principale: *deviò a destra in una via laterale* Ⓢ girare, voltare. **2** Allontanarsi dal bene: *deviare **dagli** insegnamenti ricevuti in famiglia.* || TR. Allontanare qualcosa dalla sua direzione: *deviare il traffico, un fiume, la palla* Ⓢ dirottare, sviare.

Le tre persone singolari e la terza plurale del presente indicativo e le tre persone singolari del congiuntivo si pronunciano con l'accento sulla *i*: *devìo*, *devìi*, *devìa*, *devìano*, *che io devìi* e non *dèvio*, ecc.

deviazione (de-via-zió-ne) N.F. **1** Uscita o allontanamento da un certo percorso: *gli autobus subiranno una deviazione a causa di una manifestazione.* **2** Spostamento dalla linea o dalla posizione normale: *il medico gli diagnosticò una deviazione della spina dorsale.*

devitalizzare (de-vi-ta-liz-zà-re) V.TR. · In medicina, sottoporre a devitalizzazione: *il dentista mi devitalizzò un molare.*

devitalizzazione (de-vi-ta-liz-za-zió-ne) N.F. · In medicina, operazione che toglie sensibilità al dente.

devo (dè-vo) · Ind. pres., 1ª pers. sing. → ***dovere***[1].

devolution (de-vo-lu-tion; pronuncia *devolùscion*) N. INGL., in it. N.F. INVAR. · Trasferimento di poteri dallo Stato agli enti locali.

devoluto (de-vo-lù-to) · Participio pass. → ***devolvere***.

devolvere (de-vòl-ve-re) V.TR. (irreg.: ind. pres. *devòlvo*, ecc.; part. pass. *devolùto*) · Destinare qualcosa, soprattutto una somma di denaro, a un uso diverso da quello normale o a favore di qualcuno: *ha devoluto tutti i suoi beni **a***

*un'associazione di volontari; l'incasso della serata sarà devoluto **in** beneficenza* Ⓢ donare, offrire.

devoto (de-vò-to) AGG. e N.M. (f. -*a*) || AGG. e N.M. (f. -*a*) Che, chi esprime la sua fede con la preghiera e la partecipazione seria e convinta al culto: *è devoto **alla** Madonna; mia nonna è una devota **di** sant'Antonio* Ⓢ credente, fedele. || AGG. **1** Che riflette un profondo sentimento religioso: *una devota preghiera.* **2** Che nutre rispettoso affetto per qualcuno: *un amico devoto* Ⓢ affezionato, fedele. **3** Consacrato, votato: *devoto **alla** causa.*

devozione (de-vo-zió-ne) N.F. **1** Partecipazione sincera e convinta al culto religioso: *pregavano con devozione* Ⓢ fede, religiosità. **2** Rispettoso affetto nei confronti di qualcuno: *ha una vera devozione per sua madre* Ⓢ dedizione, affezione.

di[1] N.M. O F. INVAR. · Nome della quarta lettera dell'alfabeto italiano e del segno che la rappresenta (*d, D*).

di[2] PREP. **1** La preposizione *di* serve a introdurre: il complemento di moto da luogo: *uscì di casa alle due; vai via di qui!*; il complemento di moto attraverso luogo: *passiamo di qui*; il complemento di privazione: *un ambiente privo d'aria*; il complemento di origine o provenienza: *è figlia di un medico; era originario di Bari*; il complemento di denominazione: *l'isola d'Elba, la città di Pisa*; il complemento di argomento: *un libro di storia; parlare degli ultimi avvenimenti*; il complemento di specificazione: *i lacci delle scarpe; la zia di Luca; il romanzo del Manzoni; l'amore di una madre è insostituibile per il bambino*; il complemento di abbondanza: *un uomo pieno di quattrini*; il complemento di età: *un ragazzo di tredici anni*; il complemento di estensione: *un sentiero di duecento metri*; il complemento di peso o misura: *un pollo di due chili; una strada di 65 km*; il complemento di stima o prezzo: *un oggetto di enorme valore*; il complemento di qualità: *una donna di buon cuore*; il complemento di materia: *un anello d'oro*; il complemento di modo o maniera: *rideva di gusto*; il complemento di causa: *morire di fame*; il complemento di fine o scopo: *mettersi di vedetta; non mi fu di alcun aiuto*; il complemento di mezzo o strumento: *lavorare di braccia*; il complemento di colpa: *lo accusò di furto*; il complemento di pena: *fu multato di cento euro*; il complemento partitivo: *parecchi di voi non ritorneranno; c'è qualcosa di strano?*; anche con il superlativo relativo: *il più intelligente di tutti voi*; il complemento di tempo: *non amo guidare di notte; uscire di sera*; il complemento di paragone: *mio fratello è più alto di me*; il complemento predicativo dell'oggetto: *dare a qualcuno dello scemo; darsi del tu*; il complemento distributivo: *la malattia peggiora di giorno in giorno.* **2** Seguita da un infinito, introduce proposizioni soggettive od oggettive implicite: *non mi è permesso di entrare qui; pensava di liberarsene facilmente.* **3** Può avere funzione di articolo indeterminativo con nomi plurali o nomi di materia: *ho invitato degli amici; dammi del pane.*

Unendosi agli articoli determinativi, *di* forma le preposizioni articolate *del, dello, dei, degli, della, delle*; davanti a vocale *di* può subire elisione: *una notte d'inverno*; *un pezzo d'artiglieria*.

di-[1] · Prefisso verbale che già fin dal latino indica 'discesa' (*discendere*), 'negazione' (*disperare*) o 'intensità' (*divorare*).

di-[2] · Prefisso di parole composte nelle quali significa 'doppio, due volte'.

di' o **dì** · Imperat., 2ª pers. sing. → ***dire***.

dì N.M. INVAR. · Giorno: *domani passerò tutto il dì al mare.* ▸ Ⓕ **dies**

Dì nel senso di giorno si scrive con l'accento, non con l'apostrofo.

dia- · Prefisso che significa 'attraverso' oppure indica 'separazione, diversità': *diametro*, segmento che attraversa il cerchio; *diaframma*, elemento che divide.

diabete (dia-bè-te) N.M. · Malattia caratterizzata dalla presenza di zucchero nell'urina e dal suo aumento nel sangue.

diabetico (dia-bè-ti-co) AGG. e N.M. (f. -*a*; pl.m. -*ci*, pl.f. -*che*) || AGG. Del diabete: *sintomo diabetico.* || AGG. e N.M. (f. -*a*) Che, chi soffre di diabete: *alimenti per diabetici.*

diabolico (dia-bò-li-co) AGG. (pl.m. -*ci*, pl.f. -*che*) **1** Del diavolo, degno del diavolo: *un* *piano diabolico; un'astuzia diabolica* Ⓢ demoniaco, crudele. **2** Infernale, atroce, micidiale: *un ordigno diabolico; un'arma diabolica.*

diacono (di-à-co-no) N.M. · Nella Chiesa cattolica, religioso che assiste il sacerdote nell'esercizio del culto e delle opere di carità.

D

diacritico (dia-crì-ti-co) AGG. (pl.m. *-ci*, pl.f. *-che*) · In grammatica, di segno grafico che serve a precisare particolarità di pronuncia: *la dieresi è un segno diacritico.*

diadema (dia-dè-ma) N.M. (pl. *-i*) **1** Gioiello a forma di fascia o di cerchio d'oro; si mette in testa come simbolo di autorità: *nel ritratto il re indossava un diadema d'oro* Ⓢ corona. **2** Prezioso ornamento femminile per la testa: *indossava un diadema di brillanti.*

diafano (di-à-fa-no) AGG. **1** Di elemento o materiale che può essere attraversato dalla luce: *un velo diafano* Ⓢ trasparente. **2** Esile, fragile, smunto: *mani diafane; volto diafano.*

diaframma (dia-fràm-ma) N.M. (pl. *-i*) **1** Muscolo a forma di cupola che si trova tra il torace e l'addome; ha un ruolo fondamentale nella respirazione. **2** Di macchina fotografica, parete opaca con un foro che regola l'apertura dell'obiettivo.

diagnosi (di-à-gno-ṣi) N.F. INVAR. **1** La definizione di una malattia in base all'analisi dei sintomi: *formulare, sbagliare la diagnosi.* **2** Giudizio su un fenomeno di una certa gravità: *fece un'accurata diagnosi della situazione politica* Ⓢ esame, valutazione.

diagnosticare (dia-gno-sti-cà-re) V.TR. (*diagnòstico, diagnòstichi*, ecc.) · Fare la diagnosi di qualcosa: *diagnosticare una malattia, le cause di un problema* Ⓢ riconoscere, individuare.

diagnostico (dia-gnò-sti-co) AGG. (pl.m. *-ci*, pl.f. *-che*) · Che riguarda la diagnosi: *esame diagnostico.*

diagonale (dia-go-nà-le) N.F. e AGG. || N.F. In un poligono, segmento che unisce due vertici non consecutivi: *le diagonali di un rombo, di un trapezio.* || AGG. e N.F. Di linea o direzione obliqua: *tagliò la stoffa in diagonale; un tiro diagonale.*

diagramma (dia-gràm-ma) N.M. (pl. *-i*) · Rappresentazione grafica del modo in cui varia un fenomeno nel tempo: *mi mostrò un diagramma della diffusione di Internet nell'ultimo decennio* Ⓢ grafico, tracciato.

dialettale (dia-let-tà-le) AGG. · Del dialetto: *una parola dialettale* • Scritto in dialetto: *una canzone dialettale.*

dialettica (dia-lèt-ti-ca) N.F. (pl. *-che*) **1** L'arte di ragionare e di discutere in modo abile e convincente: *con la sua dialettica può convincere chiunque* Ⓢ eloquenza, oratoria. **2** Il processo che risulta dalla lotta o dal contrasto di due forze: *la dialettica tra religione e cultura, tra il bene e il male* Ⓢ opposizione.

dialettico (dia-lèt-ti-co) AGG. (pl.m. *-ci*, pl.f. *-che*) · Che riguarda la dialettica: *ha una grande abilità dialettica.*

dialetto (dia-lèt-to) N.M. · Modo di parlare tipico di un'area geografica limitata: *il dialetto veneto, calabrese; parlare in dialetto.*

dialisi (di-à-li-ṣi) N.F. INVAR. · L'eliminazione delle scorie che si accumulano nel sangue di chi soffre di insufficienza renale.

dialogare (dia-lo-gà-re) V.INTR. (*diàlogo, diàloghi*, ecc.; aus. *avere*) · Conversare con qualcuno confrontando le proprie opinioni: *è sempre piacevole dialogare* ***con*** *i miei amici* Ⓢ conversare, parlare.

dialogo (di-à-lo-go) N.M. (pl. *-ghi*) **1** Colloquio tra due o più persone: *un dialogo animato; prendere parte al dialogo* Ⓢ conversazione, discussione. **2** Comunicazione basata sulla comprensione reciproca: *non ho mai avuto un vero dialogo con i miei genitori* Ⓢ rapporto, intesa. **3** L'insieme delle battute di un'opera letteraria, teatrale o cinematografica: *questo romanzo ha dei dialoghi brillanti.*

diamante (dia-màn-te) N.M. · Il minerale più duro esistente in natura, dal colore molto variabile, costituito da carbonio purissimo in cristalli; per la sua lucentezza, è usato soprattutto come pietra preziosa: *un bracciale, una spilla di diamanti.* Ⓔ ***Punta di diamante***, l'elemento o la persona più efficace e determinante in un gruppo: *la squadra femminile è la punta di diamante della nazionale di scherma.*

diametralmente (dia-me-tral-mén-te) AVV. · Lungo la linea del diametro: *dividere diametralmente un'ellisse.* E ***Diametralmente opposto***, all'estremità opposta: *procedevano in direzioni diametralmente opposte*; in senso figurato, di idee, modo di pensare, completamente diverso e in totale disaccordo: *sul tema hanno opinioni diametralmente opposte.*

diametro (di-à-me-tro) N.M. · Segmento che unisce due punti di una circonferenza passando per il centro.

diamine (dià-mi-ne) INTER. · Esprime meraviglia, impazienza o disapprovazione: *diamine! quant'è bella; che diamine fate?* S caspita, diavolo.

diapason (di-à-pa-ṣon) N.M. INVAR. **1** Strumento formato da una forcella d'acciaio che, percosso, suona la nota *la*; serve per accordare gli strumenti musicali. **2** Apice, culmine: *la lite giunse al diapason.*

Il termine deriva dall'espressione greca *dià pasôn (khordôn)* 'attraverso tutte (le corde)'.

diapositiva (dia-po-ṣi-tì-va) N.F. · Immagine ottenuta su un supporto trasparente che si può proiettare su uno schermo: *al suo ritorno proiettò le diapositive del viaggio in Cina.*

diaria (di-à-ria) N.F. (pl. *-rie*) · Compenso giornaliero che si dà a lavoratori dipendenti quando svolgono la loro attività in una sede diversa da quella solita. ▸ F **dies**

Il termine deriva dal latino *diaria*, plurale di *diarium* 'razione di cibo quotidiana', che viene a sua volta da *dies* 'giorno'.

diario (di-à-rio) N.M. (pl. *-ri*) **1** Quaderno usato per annotare ogni giorno le proprie esperienze o riflessioni personali: *mia sorella tiene un diario segreto.* **2** Registro giornaliero: *scrivete sul diario i compiti per domani.* ▸ F **dies**

Il termine deriva dal latino *diarium* 'razione di cibo quotidiana', connesso a sua volta a *dies* 'giorno', passato poi a indicare 'il registro giornaliero'.

diarrea (diar-rè-a) N.F. (pl. *-rèe*) · Eliminazione abbondante e frequente di feci liquide.

diaspora (di-à-spo-ra) N.F. · Dispersione nel mondo di un popolo costretto ad abbandonare il suo Paese d'origine: *la diaspora degli Ebrei.*

diastole (di-à-sto-le) N.F. · Dilatazione del cuore mediante la quale il sangue affluisce alle cavità cardiache C sistole.

diatesi (di-à-te-ṣi) N.F. INVAR. · La forma del verbo in funzione del soggetto e del complemento oggetto, che può essere attiva, media e passiva.

diatriba (di-à-tri-ba o dia-trì-ba) N.F. · Discussione aspra e violenta: *li divide una vecchia diatriba sull'eredità paterna* S lite, disputa.

diavoleria (dia-vo-le-rì-a) N.F. (pl. *-rìe*) **1** Idea intelligente e astuta: *come ti vengono in mente simili diavolerie?* S astuzia, stratagemma. **2** Oggetto bizzarro e fuori del comune: *come si usa questa diavoleria?*

diavolo (dià-vo-lo) N.M. **1** Lo spirito del male, simbolo di bruttezza e malvagità: *si è lasciato tentare dal diavolo* S demonio. **2** Nel linguaggio familiare, persona abile e spregiudicata o molto vivace e irrequieta: *è un diavolo d'uomo; è un diavolo scatenato.* E ***A casa del diavolo***, nel linguaggio familiare, lontano e fuori mano • ***Andare al diavolo***, nel linguaggio familiare, andare in rovina, a finire male; anche come espressione offensiva: *ma vai al diavolo!*; ***mandare al diavolo qualcuno***, mandarlo via, non volerne più sapere • ***Avere il diavolo addosso*** o ***avere il diavolo in corpo***, nel linguaggio familiare, essere irrequieto, non stare mai fermo • ***Avere un diavolo per capello*** → *capello* • ***Buon diavolo***, nel linguaggio familiare, persona umile e onesta, senza particolari capacità • ***Fare il diavolo a quattro***, nel linguaggio familiare, fare un gran chiasso; impegnarsi a fondo per ottenere qualcosa: *ho dovuto fare il diavolo a quattro per avere il certificato* • ***Povero diavolo***, nel linguaggio familiare, persona sfortunata.

Il termine deriva dal greco *diábolos* 'calunniatore'.

dibattere (di-bàt-te-re) V.TR. || TR. Esaminare a fondo qualcosa valutandone tutti gli aspetti: *la questione è stata a lungo dibattuta* S discutere, trattare. || **dibattersi** RIFL. **1** Agitarsi compiendo movimenti violenti: *i pesci si dibattevano per liberarsi dalla rete* S contorcer-

A B C D E F G H I J K L M N O P Q R S T U V W X Y Z

D

si, dimenarsi. **2** Reagire in modo confuso e disordinato a una situazione di disagio o di incertezza: *dibattersi* ***nel*** *dubbio,* ***tra*** *mille difficoltà.*

dibattimento (di-bat-ti-mén-to) N.M. **1** Dibattito. **2** La fase del processo penale in cui si esaminano le prove e si discute il reato.

dibattito (di-bàt-ti-to) N.M. · Discussione pubblica su un argomento prestabilito: *partecipare a un dibattito; un dibattito sull'energia nucleare.*

dicastero (di-ca-stè-ro) N.M. · Ministero: *il dicastero del Tesoro.*

dicembre (di-cèm-bre) N.M. · Il dodicesimo mese dell'anno, di 31 giorni.

Il termine deriva dal latino *december (mensis)* 'decimo (mese)', perché nell'antico calendario romano si conteggiavano solo dieci mesi a partire da marzo; in seguito vennero aggiunti anche gennaio e febbraio.

diceria (di-ce-rì-a) N.F. (pl. *-rìe*) · Voce maligna o notizia priva di fondamento: *hanno messo in giro un sacco di dicerie sul suo conto* Ⓢ maldicenza, pettegolezzo.

dichiarare (di-chia-rà-re) V.TR. || TR. **1** Manifestare, esporre in modo esplicito: ***le*** *dichiarò tutta la sua amicizia* Ⓢ annunciare, esprimere. **2** Rendere noto all'autorità: *dichiarare il proprio reddito* Ⓢ denunciare. **3** Annunciare in modo ufficiale: *dichiarare guerra* ***al*** *Paese vicino; lo dichiarò vincitore del concorso* Ⓢ proclamare. || **dichiararsi** RIFL. **1** Affermare di essere in una data condizione: *dichiararsi innocente, colpevole; si dichiarò disponibile ad aiutarla* Ⓢ dirsi. **2** Confessare il proprio amore o fare una proposta di matrimonio: *dopo un lungo corteggiamento si dichiarò* ***alla*** *donna amata.*

dichiarazione (di-chia-ra-zió-ne) N.F. **1** Comunicazione ufficiale di fatti o di notizie importanti: *le dichiarazioni del ministro suscitarono molte polemiche* Ⓢ comunicazione. **2** Documento in cui si dichiara qualcosa, soprattutto di importanza giuridica: *firmare una dichiarazione; dichiarazione di nascita.* **3** Documento in cui uno o più Stati esprimono la propria posizione su questioni relative alla politica internazionale o ai diritti fondamentali: *dichiarazione d'indipendenza, dei diritti dell'uomo* Ⓢ proclamazione. **4** Manifestazione di un sentimento: *una dichiarazione d'amore, di amicizia, di stima* Ⓢ attestazione. Ⓔ ***Dichiarazione dei redditi*** → ***reddito***.

diciannove (di-cian-nò-ve) AGG. NUM. CARD. e N.M. INVAR. || AGG. Numero formato da dieci unità più nove. || N.M. Il numero diciannove e il segno che lo rappresenta (*19* in numeri arabi, *XIX* in numeri romani). Ⓔ ***Le (ore) diciannove***, le sette di sera.

diciannovesimo (di-cian-no-vè-ṣi-mo) AGG. NUM. ORD. · Che in una serie ordinata rappresenta il numero diciannove (in numeri arabi *19º*). Ⓔ ***Il diciannovesimo secolo***, il secolo compreso tra il 1801 e il 1900 (in numeri romani *XIX secolo*).

diciassette (di-cias-sèt-te) AGG. NUM. CARD. e N.M. INVAR. || AGG. Numero formato da dieci unità più sette. || N.M. Il numero diciassette e il segno che lo rappresenta (*17* in numeri arabi, *XVII* in numeri romani). Ⓔ ***Le (ore) diciassette***, le cinque del pomeriggio.

diciassettesimo (di-cias-set-tè-ṣi-mo) AGG. NUM. ORD. · Che in una serie ordinata rappresenta il numero diciassette (in numeri arabi *17º*). Ⓔ ***Il diciassettesimo secolo***, il secolo compreso tra il 1601 e il 1700 (in numeri romani *XVII secolo*).

diciottesimo (di-ciot-tè-ṣi-mo) AGG. NUM. ORD. · Che in una serie ordinata rappresenta il numero diciotto (in numeri arabi *18º*). Ⓔ ***Il diciottesimo secolo***, il secolo compreso tra il 1701 e il 1800 (in numeri romani *XVIII secolo*).

diciotto (di-ciòt-to) AGG. NUM. CARD. e N.M. INVAR. || AGG. Numero formato da dieci unità più otto. || N.M. Il numero diciotto e il segno che lo rappresenta (*18* in numeri arabi, *XVIII* in numeri romani). Ⓔ ***Le (ore) diciotto***, le sei del pomeriggio.

dicitura (di-ci-tù-ra) N.F. · Breve frase che serve da insegna, avviso al pubblico o didascalia: *un gran cartello con la dicitura "VIETATO FUMARE"* Ⓢ scritta.

dico (dì-co) · Ind. pres., 1ª pers. sing. → ***dire***.

dicotomia (di-co-to-mì-a) N.F. (pl. *-mìe*) · Rigida divisione in due parti spesso contrapposte: *la dicotomia **tra** bene e male.*

didascalia (di-da-sca-lì-a) N.F. (pl. *-lìe*) · Scritta che spiega un'illustrazione o una sequenza cinematografica, se il film è muto o parlato in una lingua straniera: *le didascalie delle illustrazioni sono opera dell'autore.*

didascalico (di-da-scà-li-co) AGG. (pl.m. *-ci*, pl.f. *-che*) · Che si propone di insegnare: *un poema didascalico* Ⓢ didattico, istruttivo.

didattica (di-dàt-ti-ca) N.F. (pl. *-che*) · Parte della pedagogia che si occupa dei metodi d'insegnamento: *didattica dell'italiano, delle lingue straniere.*

didattico (di-dàt-ti-co) AGG. (pl.m. *-ci*, pl.f. *-che*) · Che riguarda l'insegnamento: *materiale didattico; capacità didattica.*

dieci (diè-ci) AGG. NUM. CARD. e N.M. INVAR. || AGG. Il numero che segue il nove. || N.M. Il numero dieci e il segno che lo rappresenta (*10* in numeri arabi, *X* in numeri romani).

diedi (diè-di) · Pass. rem., 1ª pers. sing. → *dare*.

dieresi (di-è-re-ṣi) N.F. INVAR. · In grammatica, divisione di un gruppo di vocali, in cui ciascuna forma una sillaba a sé (*pa-u-ra*, non *pau-ra*) • Il segno che la indica, costituito da due puntini posti sopra la prima vocale (*rëale*).

diesel (die-sel; pronuncia *dìṣel*) AGG. e N.M. INVAR. · Di motore a combustione interna che funziona con il gasolio o con la nafta; l'auto che ha tale motore: *guidava un diesel.*

> Il termine deriva dal nome dell'ingegnere tedesco R. *Diesel* (1858-1913) che lo inventò.

diesis (di-è-ṣis) N.M. INVAR. · Segno musicale che indica l'innalzamento di mezzo tono della nota a cui si riferisce.

dieta[1] (diè-ta) N.F. **1** Controllo dell'alimentazione dovuto a precisi scopi terapeutici: *dieta vegetale, liquida, dimagrante.* **2** Riduzione o eliminazione temporanea di alcuni cibi: *stare, tenere a dieta.*

dieta[2] (diè-ta) N.F. · Assemblea politica o parlamentare: *in Polonia la dieta si riunisce a Varsavia* • L'assemblea dei rappresentanti degli Stati che componevano il Sacro Romano Impero.

dietetico (die-tè-ti-co) AGG. (pl.m. *-ci*, pl.f. *-che*) · Che riguarda la dieta alimentare: *cura dietetica; prodotto dietetico.*

dietro (diè-tro) AVV., PREP. e N.M. || AVV. Alle spalle: *non guardare dietro; preferisco star dietro; qua dietro, là dietro; mettiti davanti, io sto di dietro* Ⓒ avanti, davanti. || PREP. **1** Alle spalle di, nella parte posteriore di: *il cane correva dietro la lepre; dietro **alla** casa c'è il giardino.* **2** Dopo: *un guaio dietro l'altro.* || N.M. La parte posteriore: *c'è un orto sul dietro.* Ⓔ ***Buttarsi qualcosa dietro le spalle***, non interessarsene più • ***Correre dietro a qualcuno*** → *correre* • ***Di dietro***, posteriore: *la parte di dietro* • ***Ridere dietro a qualcuno*** → *ridere*.

> Quando *dietro* è usato come preposizione e precede un pronome personale, deve essere seguito dalla preposizione *di*: *non venire dietro di me; si è seduto dietro di lui.*

dietrofront (die-tro-frónt) (o **dietro-front**) INTER. e N.M. INVAR. || INTER. e N.M. Comando che si dà ai militari per farli girare dalla parte opposta a quella in cui si trovano: *ordinare il dietrofront.* || N.M. Improvviso cambiamento di opinione: *il dietrofront del partito* Ⓢ voltafaccia.

difatti (di-fàt-ti) CONGIUNZ. · Infatti, in effetti: *"Ma non la amava alla follia?" "E difatti la sposò".*

difendere (di-fèn-de-re) V.TR. (irreg.: pass. rem. *diféṣi*, *difendésti*, *diféṣe*, *difendémmo*, *difendéste*, *diféṣero*; part. pass. *diféṣo*) || TR. **1** Proteggere da un pericolo, da un danno o da un'offesa: *difendere la città **dai** nemici; difendere l'organismo **dalle** malattie; difendere un amico **dalle** calunnie* Ⓢ tutelare. **2** Fornire il proprio sostegno a un'idea: *difendere una tesi* Ⓢ sostenere, appoggiare. **3** Sostenere la difesa di un imputato durante un processo: *lo difenderà un bravo avvocato* Ⓒ accusare. || **difendersi** RIFL. **1** Proteggersi da un pericolo: *difendersi **dal** sole di mezzogiorno* Ⓢ ripararsi. **2** Respingere un attacco: *l'esercito si difese con grande tenacia* Ⓢ opporsi. **3** Sostenere i propri diritti e le proprie ragioni: *so difendermi da solo* ***dalle*** *critiche.*

difensiva (di-fen-sì-va) N.F. · Tattica di combattimento o di gioco per cui, anziché attaccare, si cerca di difendersi dagli attacchi dell'avversario: *stare sulla difensiva; mettersi sulla difensiva*, assumere un atteggiamento di prudente attesa.

D

difensivo (di-fen-sì-vo) AGG. · Che serve a difendere o a difendersi: *strategia difensiva; hai sempre un atteggiamento difensivo!* Ⓢ protettivo.

difensore (di-fen-só-re) N.M. e AGG. || N.M. **1** Chi difende: *un difensore della libertà dei popoli; un difensore degli oppressi.* **2** In una squadra, giocatore che ha il compito di ostacolare gli attacchi degli avversari. || AGG. e N.M. Dell'avvocato che rappresenta e assiste l'imputato: *ho ingaggiato un ottimo avvocato difensore.*

difesa (di-fé-sa) N.F. **1** Protezione da un pericolo, da un danno o da un'offesa: *accorse in mia difesa appena lo chiamai; i soldati si accinsero alla difesa della città.* **2** Attività che serve a ostacolare gli attacchi degli avversari: *la squadra tentò di giocare in difesa* Ⓒ attacco • I giocatori che svolgono tale funzione: *quest'anno abbiamo una buona difesa* Ⓢ difensori (PL.). **3** L'avvocato o gli avvocati difensori: *dopo l'arringa dell'accusa, la parola passò alla difesa* Ⓒ accusa. **4** Quel che serve a proteggere o a riparare: *le Alpi sono la difesa naturale dell'Italia; leggi per la difesa dell'ambiente* Ⓢ protezione, tutela. Ⓔ ***Legittima difesa***, reazione a un'aggressione • ***Prendere le difese di qualcuno***, difenderlo.

difesi (di-fé-si) · Pass. rem., 1ª pers. sing. → ***difendere***.

difeso (di-fé-so) · Participio pass. → ***difendere***.

difettare (di-fet-tà-re) V.INTR. (*difètto*, ecc.; aus. *avere*) **1** Avere qualcosa in quantità inferiore alle necessità: *l'ospedale difetta* ***di*** *medicinali* Ⓢ mancare, scarseggiare. **2** Essere in quantità inferiore al necessario: *non* ***gli*** *difetta l'intelligenza.*

difettivo (di-fet-tì-vo) AGG. · In grammatica, di nomi o verbi che non hanno tutte le forme previste, per es. i sostantivi *latte* e *prole* che non hanno plurale, o i verbi *prudere* e *incombere*, che non hanno il participio passato.

difetto (di-fèt-to) N.M. **1** Mancanza, carenza, scarsità: *difetto di energia, di entusiasmo.* **2** Imperfezione fisica o morale: *un difetto di fabbricazione; è una donna piena di difetti* Ⓒ pregio. **3** Brutta abitudine: *ha il difetto di dire le bugie* Ⓢ vizio. Ⓔ ***Essere in difetto***, essere dalla parte del torto • ***Fare difetto***, mancare, scarseggiare: *non le fanno certo difetto gli argomenti.*

difettoso (di-fet-tó-so) AGG. · Che ha dei difetti: *un meccanismo difettoso* Ⓒ efficiente, perfetto.

diffamare (dif-fa-mà-re) V.TR. · Danneggiare la reputazione o il prestigio di qualcuno con parole false od offensive: *i giornali continuano a diffamarlo* Ⓢ calunniare, denigrare.

diffamazione (dif-fa-ma-zió-ne) N.F. · Danno alla reputazione o al prestigio di qualcuno: *fu denunciato per diffamazione* Ⓢ calunnia.

differente (dif-fe-rèn-te) AGG. · Che è in parte o del tutto diverso: *ha opinioni differenti* ***dalle*** *mie* Ⓒ uguale.

differenza (dif-fe-rèn-za) N.F. **1** Diversità parziale o totale tra due o più elementi: *differenza di età, di gusti; la differenza tra un racconto e la realtà dei fatti* Ⓢ scarto. **2** Il risultato della sottrazione: *dieci meno tre dà come differenza sette.* Ⓔ ***A differenza di***, diversamente da • ***Fare differenze***, trattare in modo diverso: *un buon genitore non fa differenze tra i figli* • ***Non fa differenza***, è lo stesso.

differenziale (dif-fe-ren-zià-le) AGG. e N.M. || AGG. Delle differenze, che si basa su una o più differenze: *elemento, tariffa differenziale.* || N.M. In un automezzo, congegno che permette alle ruote di muoversi in curva in modo indipendente l'una dall'altra.

differenziare (dif-fe-ren-zià-re) V.TR. (*differènzio*, ecc.) || TR. Distinguere, rendere differente: *è importante differenziare i rifiuti; l'amore per la lettura lo differenzia* ***dal*** *fratello.* || **differenziarsi** INTR. PRONOM. Distinguersi, diversificarsi: *le nostre esigenze si differenziano di giorno in giorno.*

differenziato (dif-fe-ren-zià-to) AGG. · Che presenta differenze: *trattamento differenziato.* Ⓔ ***Raccolta differenziata*** (o *la differenziata* N.F.), raccolta che prevede contenitori diversi per i differenti tipi di rifiuti (vetro, carta, pile, ecc.).

differimento (dif-fe-ri-mén-to) N.M. · Rinvio, proroga, dilazione: *differimento di una riunione.*

differire (dif-fe-rì-re) V.TR. e INTR. (*differìsco, differìsci*, ecc.) || TR. Rimandare a un tempo successivo: *differì la partenza* ***di*** *un mese* Ⓢ rinviare, ritardare. || INTR. (aus. *essere*) Essere diverso o contrastante: *la mia opinione differisce* ***dalla*** *tua; i due vestiti differivano* ***per*** *stile ed eleganza* Ⓢ distinguersi, differenziarsi.

differita (dif-fe-rì-ta) N.F. · Trasmissione televisiva o radiofonica che viene mandata in onda in un momento successivo alla sua registrazione: *la differita della partita è alle 22; un programma in differita* Ⓒ diretta.

difficile (dif-fi-ci-le) AGG. e N.M. || AGG. **1** Che richiede sforzo o capacità particolari: *un compito difficile* Ⓢ complesso, difficoltoso Ⓒ facile • Faticoso da capire: *un testo difficile* Ⓢ complicato, oscuro. **2** Di esito incerto: *è difficile che riesca a finire il libro stasera* Ⓢ dubbio, improbabile. **3** Duro da vivere, da sopportare o da superare: *ha avuto una vita difficile; sono tempi difficili per trovare un lavoro* Ⓢ critico, penoso. **4** Scontroso, intrattabile: *è una donna difficile; ha un carattere difficile* • Molto esigente e raffinato: *ha gusti difficili.* || N.M. Ciò che presenta difficoltà o crea complicazioni: *il difficile viene adesso* Ⓢ ostacolo, problema. Ⓔ ***Fare il difficile, fare la difficile***, darsi troppa importanza o concedersi con difficoltà.

difficilmente (dif-fi-cil-mén-te) AVV. **1** Con difficoltà, a fatica, a stento: *si rinuncia difficilmente alle proprie abitudini* Ⓒ facilmente. **2** Con poche probabilità: *difficilmente potrò venire.*

difficoltà (dif-fi-col-tà) N.F. INVAR. **1** Presenza di ostacoli al regolare svolgimento o alla realizzazione di qualcosa: *la difficoltà di un lavoro, di un testo* Ⓢ complessità Ⓒ facilità. **2** Condizione sfavorevole: *superare le difficoltà economiche; imbattersi in una difficoltà imprevista* Ⓢ problema. **3** Sforzo, fatica: *ha imparato tre lingue senza alcuna difficoltà.* Ⓔ ***Con difficoltà***, con notevole sforzo o incertezza: *ho risolto il problema con difficoltà* • ***Fare difficoltà***, ostacolare lo svolgimento o la realizzazione di qualcosa: *ha fatto difficoltà a lasciarci entrare* • ***In difficoltà***, in una situazione difficile da superare • ***Non avere difficoltà***, non avere motivo di opporsi a fare qualcosa: *non ho difficoltà ad ammettere di aver sbagliato.*

difficoltoso (dif-fi-col-tó-so) AGG. · Che presenta difficoltà o si svolge con difficoltà: *un percorso difficoltoso; certi movimenti mi riescono difficoltosi* Ⓢ complicato, faticoso.

diffida (dif-fi-da) N.F. · Invito formale a evitare un comportamento o un'attività per non avere una sanzione.

diffidare (dif-fi-dà-re) V.INTR. e TR. **1** INTR. (aus. *avere*) Dubitare di qualcuno o di qualcosa: *diffido* ***delle*** *persone che non hanno opinioni proprie; diffidate* ***delle*** *imitazioni.* **2** TR. Ordinare a qualcuno di evitare una certa azione o un certo comportamento: *l'ho diffidato* ***dal*** *presentarsi un'altra volta in ritardo* Ⓢ intimare.

diffidente (dif-fi-dèn-te) AGG. · Che non ha fiducia negli altri e nelle loro azioni: *è diffidente persino* ***dei*** *suoi amici* Ⓢ sospettoso.

diffidenza (dif-fi-dèn-za) N.F. · Mancanza di fiducia negli altri: *nutre diffidenza persino nei confronti del fratello* Ⓢ sfiducia.

diffondere (dif-fón-de-re) V.TR. (irreg.: coniugato come *fondere*) || TR. **1** Spargere intorno: *il sole diffondeva la sua luce* ***tra*** *le case* Ⓢ emanare, effondere. **2** Propagare una malattia: *l'aids si diffonde per contagio* Ⓢ trasmettere. **3** Far conoscere a molte persone: *la radio diffuse la notizia* ***in*** *tutta la città* Ⓢ divulgare. || **diffondersi** INTR. PRONOM. **1** Spargersi intorno: *il suo canto si diffuse* ***in*** *tutto il cortile.* **2** Affermarsi, propagarsi: *la solidarietà si diffuse* ***tra*** *la popolazione.* **3** Divulgarsi, circolare: *la notizia dell'incidente si diffuse* ***in*** *un batter d'occhio.*

D

difforme (dif-fór-me) AGG. · Non conforme: *le consegnò una copia difforme **dall'**originale* Ⓢ diverso, differente Ⓒ conforme, uguale.

difformità (dif-for-mi-tà) N.F. INVAR. · Diversità, differenza, discordanza: *la difformità di due idee* Ⓒ conformità, uguaglianza.

diffrazione (dif-fra-zió-ne) N.F. · Fenomeno che si verifica quando un'onda luminosa, elastica, ecc., incontra un ostacolo e da tutti i punti dell'ostacolo si propagano altre onde.

diffusamente (dif-fu-ṣa-mén-te) AVV. · A lungo, con abbondanza di particolari: *mi parlò diffusamente del suo progetto.*

diffusione (dif-fu-ṣió-ne) N.F. **1** Estensione nello spazio: *i vaccini limitano la diffusione delle malattie* Ⓢ propagazione, trasmissione. **2** Propagazione in ogni direzione di un fascio di onde luminose, sonore o elettromagnetiche: *la diffusione della luce, del suono.*

diffuso (dif-fù-ṣo) AGG. **1** Distribuito in modo uniforme: *ho comprato una lampada a luce diffusa* Ⓢ sparso. **2** Esteso a un gran numero di persone: *un'usanza molto diffusa* Ⓢ comune Ⓒ raro • Molto conosciuto: *un libro molto diffuso* Ⓢ noto.

difilato (di-fi-là-to) AVV. · In fretta e senza deviazioni: *correre difilato a casa* • Di seguito: *parlare per due ore difilato.*

difterite (dif-te-rì-te) N.F. · Grave malattia infettiva che colpisce la gola.

diga (dì-ga) N.F. (pl. *-ghe*) · Costruzione idraulica che, bloccando un corso d'acqua naturale, serve a proteggere coste e porti o a creare un lago artificiale.

digerente (di-ge-rèn-te) AGG. · Che serve alla digestione: *succhi digerenti.* Ⓔ ***Apparato digerente***, insieme degli organi che servono a digerire gli alimenti • ***Tubo digerente*** → ***tubo***.

digeribile (di-ge-rì-bi-le) AGG. · Che può essere digerito con facilità: *un cibo ben digeribile; alimenti poco digeribili* Ⓢ leggero.

digeribilità (di-ge-ri-bi-li-tà) N.F. INVAR. · Possibilità di essere digerito con facilità: *la scarsa digeribilità del latte.*

digerire (di-ge-rì-re) V.TR. (*digerìsco, digerìsci*, ecc.) **1** Trasformare il cibo in sostanze utili a nutrire l'organismo: *digerisco con difficoltà alcuni cibi.* **2** Nel linguaggio familiare, sopportare, tollerare: *quel tipo non riesco proprio a digerirlo* • Comprendere, assimilare: *il latino non l'ho mai digerito.* Ⓔ ***Digerire anche i sassi***, nel linguaggio familiare, avere una digestione eccellente.

digestione (di-ge-stió-ne) N.F. · Processo per cui gli alimenti ingeriti vengono scomposti e modificati in modo da poter essere assimilati dall'organismo.

digestivo (di-ge-stì-vo) AGG. e N.M. || AGG. Che riguarda la digestione: *funzione digestiva* • Che favorisce la digestione: *tisana digestiva.* || N.M. Bevanda che stimola la produzione dei succhi necessari alla digestione: *prenderò un digestivo.*

digitale[1] (di-gi-tà-le) AGG. · Del dito, delle dita. Ⓔ ***Impronte digitali*** → ***impronta***.

digitale[2] (di-gi-tà-le) AGG. e N.M. || AGG. Di dispositivi che rappresentano dati sotto forma di numeri: *mi ha regalato una macchina fotografica digitale* Ⓢ numerico Ⓒ analogico • Che è prodotto con tali dispositivi: *immagine digitale.* || N.M. L'insieme dei dispositivi che usano questo metodo. Ⓔ ***Digitale terrestre***, sistema di diffusione del segnale televisivo attraverso ripetitori, che consente di ricevere i programmi con le normali antenne • ***Orologio digitale*** → ***orologio***.

digitalizzato (di-gi-ta-liẓ-ẓà-to) AGG. · Trasformato in formato digitale: *un'immagine digitalizzata.*

digitare (di-gi-tà-re) V.TR. (*digito*, ecc.) · Battere con le dita su una tastiera per scrivere o per introdurre dati: *digitava una mail sulla tastiera del computer.*

digiunare (di-giu-nà-re) V.INTR. (aus. *avere*) · Rinunciare al cibo per un determinato periodo di tempo: *digiunò per tre giorni.*

digiuno (di-giù-no) AGG. e N.M. || AGG. **1** Che non ha mangiato: *sono digiuno da due giorni.* **2** Privo di conoscenza: *sono del tutto digiuno **di** filosofia* Ⓢ ignorante, incompetente. || N.M. Rinuncia a nutrirsi, per motivi di salute o religiosi: *osservare, rispettare, rompere il digiuno.* Ⓔ ***A digiuno***, a stomaco vuoto: *questo farmaco va preso a digiuno.*

dignità (di-gni-tà) N.F. INVAR. 1 Rispetto verso se stessi: *tutelare, difendere la propria dignità; ferire la dignità di qualcuno* Ⓢ onore. 2 Decoro, rispettabilità: *quelle parole offesero la dignità della sua famiglia.* 3 AL PL. Ufficio, carica di grande responsabilità: *aspirare alle più alte dignità dello Stato.*

dignitario (di-gni-tà-rio) N.M. (pl. *-ri*) · Chi ha una carica importante: *i dignitari della corte imperiale.*

dignitoso (di-gni-tó-so) AGG. 1 Che esprime equilibrio, serietà e rispetto: *una persona dignitosa; un comportamento dignitoso* Ⓢ distinto, nobile. 2 Di buon livello, decente, decoroso: *un lavoro dignitoso; un albergo dignitoso.*

digradare (di-gra-dà-re) V.INTR. (aus. *avere* o *essere*) 1 Abbassarsi o scendere a poco a poco: *le colline digradavano verso il mare* Ⓢ discendere, declinare. 2 Diminuire di intensità o di chiarezza: *il colore digrada* ***dal*** *verde cupo* ***al*** *verde pisello* Ⓢ sfumare.

digressione (di-gres-sió-ne) N.F. · Deviazione dall'argomento principale di uno scritto o di un discorso: *trovo noiosi i romanzi pieni di digressioni* Ⓢ divagazione.

digrignare (di-gri-gnà-re) V.TR. · Mostrare i denti facendoli stridere, per rabbia o per minaccia: *il cane digrignò i denti.*

diktat (dik-tat; pronuncia *dictàt* o *dìctat*) N.NEUTRO TED., in it. N.M. INVAR. · Ordine a cui si deve obbedire: *alle mie proteste ha risposto con un secco diktat* Ⓢ imposizione.

dilagante (di-la-gàn-te) AGG. · Che si espande con rapidità: *tra il pubblico si diffuse un dilagante entusiasmo.*

dilagare (di-la-gà-re) V.INTR. (*dilàgo, dilàghi,* ecc.; aus. *avere* o *essere*) 1 Di acque, espandersi con rapidità tutto intorno: *il fiume in piena dilagava per la campagna* Ⓢ straripare, riversarsi. 2 Diffondersi con rapidità: *il colera dilagava nella regione; la paura dilaga in città* Ⓢ propagarsi.

dilaniare (di-la-nià-re) V.TR. (*dilànio,* ecc.) 1 Fare a pezzi, ridurre in brandelli: *l'esplosione dell'ordigno dilaniò il quartiere.* 2 Tormentare, torturare, straziare: *il rimorso lo dilaniava.*

dilapidare (di-la-pi-dà-re) V.TR. (*dilàpido,* ecc.) · Consumare senza regole né limiti: *dilapidò lo stipendio* Ⓢ dissipare, sperperare.

dilatare (di-la-tà-re) V.TR. || TR. Aumentare la superficie o il volume di qualcosa: *dilatare i polmoni, le pupille; il calore dilata i metalli* Ⓢ espandere, allargare. || **dilatarsi** INTR. PRONOM. Crescere di superficie o di volume: *le molecole dell'acqua si dilatano con il freddo.*

dilatazione (di-la-ta-zió-ne) N.F. 1 Aumento delle dimensioni o della superficie di un corpo: *dilatazione delle arterie; la dilatazione dei corpi a contatto con una fonte di calore* Ⓢ accrescimento, allargamento. 2 Espansione, diffusione: *la dilatazione della criminalità.*

dilazionare (di-la-zio-nà-re) V.TR. (*dilazióno,* ecc.) · Prolungare o rimandare nel tempo: *il cliente vorrebbe dilazionare il pagamento in tre rate mensili* Ⓢ protrarre.

dilazione (di-la-zió-ne) N.F. · Spostamento ad una data successiva: *chiedere una dilazione di pagamento* Ⓢ proroga, rinvio.

dileggiare (di-leg-già-re) V.TR. (*diléggio,* ecc.) · Prendere in giro Ⓢ deridere, schernire.

dileggio (di-lég-gio) N.M. (pl. *-gi*) · Azione o parola con cui si prende in giro qualcuno Ⓢ derisione, scherno.

dileguare (di-le-guà-re) V.TR. (*diléguo,* ecc.) || TR. Far sparire, allontanare, disperdere: *il sole aveva dileguato la nebbia; le sue parole dileguarono ogni dubbio.* || **dileguarsi** INTR. PRONOM. Sparire, scomparire: *il ladro si dileguò tra la folla.*

dilemma (di-lèm-ma) N.M. (pl. *-i*) · Scelta tra due soluzioni: *mi trovo di fronte a un dilemma: studiare o uscire?* Ⓢ alternativa, bivio.

dilettante (di-let-tàn-te) AGG. e N.M. e F. || AGG. e N.M. e F. Che, chi coltiva un'attività, un'arte o uno sport per piacere personale: *un pittore dilettante; una compagnia teatrale di dilettanti* Ⓢ amatore, appassionato Ⓒ professionista. || N.M. e F. Chi non ha capacità o esperienza: *un errore da dilettante* Ⓢ principiante.

dilettantesco (di-let-tan-té-sco) AGG. (pl.m. *-schi,* pl.f. *-sche*) · Da dilettante: *una regia dilettantesca.*

D

dilettantistico (di-let-tan-ti-sti-co) AGG. (pl.m. *-ci*, pl.f. *-che*) **1** Che rivela superficialità, scarso impegno e mancanza di preparazione: *un lavoro dilettantistico.* **2** Praticato da dilettanti o riservato a dilettanti: *una gara dilettantistica di ciclismo* Ⓢ amatoriale.

dilettare (di-let-tà-re) V.TR. (*dilètto*, ecc.) || TR. Provocare piacere: *uno spettacolo che diletta la vista* Ⓢ allietare, deliziare. || **dilettarsi** INTR. PRONOM. Provare piacere a fare una cosa: *mi diletto* ***ad*** *ascoltare musica classica* • Dedicarsi a un'attività come passatempo: *dilettarsi* ***di*** *pittura.*

diletto (di-lèt-to) AGG. e N.M. || AGG. Amato con tenerezza: *rivolse uno sguardo affettuoso al suo figlio diletto* Ⓢ caro, adorato. || N.M. **1** Piacere, soddisfazione, appagamento: *provava diletto nel dipingere.* **2** Divertimento, passatempo, svago: *non canta per denaro, ma solo per diletto.*

diligente (di-li-gèn-te) AGG. **1** Che dimostra impegno e precisione nello svolgimento di un lavoro o di un compito: *uno scolaro diligente* Ⓢ coscienzioso, solerte. **2** Fatto con precisione e accuratezza: *un diligente lavoro di ricerca* Ⓢ accurato, meticoloso. ▸ Ⓕ **legere**

diligenza[1] (di-li-gèn-za) N.F. · Impegno e precisione nello svolgimento di un lavoro o di un compito: *studia con diligenza* Ⓢ scrupolo, zelo. ▸ Ⓕ **legere**

diligenza[2] (di-li-gèn-za) N.F. · Carrozza a quattro ruote, trainata da coppie di cavalli, usata per il trasporto di viaggiatori e di bagagli prima della diffusione del treno. ▸ Ⓕ **legere**

Il termine deriva da **diligenza**[1] nell'antico significato di 'fretta, rapidità', attraverso il francese *(carrosse de) diligence* 'carrozza rapida'.

diluente (di-lu-èn-te) N.M. · Sostanza che, aggiunta ad altri prodotti, ne aumenta il volume e ne diminuisce la concentrazione.

diluire (di-lu-i-re) V.TR. (*diluìsco, diluìsci*, ecc.) · Sciogliere o diminuire la concentrazione di una sostanza con l'aggiunta di acqua o di altri liquidi: *diluire la menta* ***nell'****acqua; diluire una vernice* ***con*** *un solvente* Ⓒ addensare.

diluizione (di-lui-zió-ne) N.F. · Operazione con cui si scioglie una sostanza in un liquido o si allunga un liquido con un altro: *la diluizione della vernice.*

dilungarsi (di-lun-gàr-si) V.INTR. PRONOM. (*mi dilùngo, ti dilùnghi*, ecc.) · Parlare in modo prolisso e dettagliato di qualcosa: *tende a dilungarsi su argomenti secondari.* ▸ Ⓕ **longus**

diluviare (di-lu-vià-re) V.INTR. (*dilùvio*, ecc.; aus. *essere* o *avere*) · Piovere a dirotto: *ha diluviato tutta la notte.*

diluvio (di-lù-vio) N.M. (pl. *-vi*) **1** Pioggia violenta e abbondante: *non vorrai mica uscire con questo diluvio!* Ⓢ nubifragio. **2** Grande quantità senza interruzione: *lo assalì con un diluvio di insulti* Ⓢ fiume, raffica. Ⓔ ***Diluvio universale***, la violenta pioggia che sommerse la Terra secondo il racconto della Bibbia.

dimagrante (di-ma-gràn-te) AGG. · Che fa diminuire il peso del corpo: *dieta, cura dimagrante.*

dimagrimento (di-ma-gri-mén-to) N.M. · Diminuzione dei grassi dell'organismo con conseguente riduzione del peso del corpo.

dimagrire (di-ma-gri-re) V.INTR. (*dimagrìsco, dimagrìsci*, ecc.; aus. *essere*) · Diventare magro, perdere peso: *è dimagrita* ***di*** *due chili in un mese* Ⓒ ingrassare.

dimenare (di-me-nà-re) V.TR. (*diméno*, ecc.) || TR. Muovere in qua e in là in maniera continua, soprattutto parti del corpo: *il cane dimenava la coda in segno di festa* Ⓢ agitare, dondolare. || **dimenarsi** RIFL. Agitarsi in maniera scomposta: *si dimenava nel letto senza chiudere occhio* Ⓢ contorcersi, dibattersi.

dimensione (di-men-sió-ne) N.F. **1** Ognuna delle misure che determinano l'estensione di un corpo sia in volume che in superficie, ovvero la *lunghezza*, la *larghezza*, l'*altezza* e la *profondità*: *le dimensioni di un campo; un pacco di grandi dimensioni.* **2** AL PL. Misura, grandezza, proporzione: *un'azienda di grandi dimensioni.*

dimenticanza (di-men-ti-càn-za) N.F. · Temporanea perdita di memoria: *non rispondere alla sua lettera è stata una grave dimenticanza.*

dimenticare (di-men-ti-cà-re) V.TR. (*diméntico, diméntichi*, ecc.) || TR. **1** Non ricordare più, cancellare dalla memoria: *dimenticai* ***di*** *farle gli auguri per il compleanno; dimenticò* ***che*** *era stato invitato a cena*; anche TR. PRONOM.: *mi sono dimenticato il giorno del tuo compleanno* Ⓢ scordare Ⓒ ricordare. **2** Lasciare in un luogo per distrazione: *ho dimenticato a casa le chiavi*; anche TR. PRONOM.: *si dimenticò lo zaino a scuola.* **3** Trascurare, tralasciare, omettere: *dimenticava i suoi doveri con troppa facilità*; anche TR. PRONOM.: *non dimenticarti gli impegni che hai preso.* **4** Non tenere più in considerazione, passare sopra a qualcosa: *dimentichiamo i vecchi rancori.* || **dimenticarsi** INTR. PRONOM. Non ricordarsi: *mi sono dimenticato* ***del*** *nostro appuntamento; si dimenticò* ***di*** *avvertirmi.*

dimentico (di-mén-ti-co) AGG. (pl.m. *-chi*, pl.f. *-che*) · Che non ricorda qualcosa: *dimentico* ***della*** *promessa fatta* • Che non si preoccupa di qualcosa: *dimentico* ***dei*** *rischi* Ⓢ indifferente, noncurante.

> Il termine deriva dal latino *demens* 'senza testa', nel senso di 'mancanza di attenzione'.

dimesso (di-més-so) AGG. **1** Modesto, umile, sottomesso: *un contegno dimesso.* **2** Del modo di vestire, trascurato, trasandato: *un abbigliamento dimesso.*

dimestichezza (di-me-sti-chéz-za) N.F. · Familiarità, confidenza: *essere in dimestichezza con qualcuno* • Pratica, esperienza: *ha molta dimestichezza coi classici.*

dimettere (di-mét-te-re) V.TR. (*dimétto*, ecc.) || TR. Far uscire da un luogo di cura o di pena: *dimettere* ***dall'****ospedale,* ***dal*** *carcere.* || **dimettersi** RIFL. Abbandonare un incarico o un impiego, dare le dimissioni: *si è dimesso* ***da*** *presidente.*

> Il termine deriva dal latino *dimittere* 'congedare, liberare', che viene a sua volta da *mittere* 'mandare' con il prefisso dis-[1] (→ ***mettere***).

dimezzare (di-meẓ-ẓà-re) V.TR. (*dimèẓẓo*, ecc.) **1** Dividere a metà: *dimezzare un panino, una mela* Ⓒ raddoppiare. **2** Diminuire in modo considerevole: *dimezzare le spese, le ore di studio.*

diminuire (di-mi-nu-ì-re) V.TR. e INTR. (*diminuìsco, diminuìsci*, ecc.) || TR. Rendere minore, ridurre: *a mensa hanno diminuito le razioni* Ⓒ aumentare, accrescere. || INTR. (aus. *essere*) Diventare minore, ridursi: *con il passare delle ore la luce diminuiva* ***di*** *intensità.*

diminutivo (di-mi-nu-tì-vo) AGG. e N.M. || AGG. In grammatica, di suffisso (per es. *-ino, -ello, -etto, -uccio*) che fa diminuire in quantità o qualità il significato di un nome, di un aggettivo o di un avverbio Ⓒ accrescitivo. || N.M. La forma che si ottiene aggiungendo a una parola un suffisso diminutivo: *"lettino" è il diminutivo di "letto", "carino" di "caro", "benino" di "bene".*

diminuzione (di-mi-nu-zió-ne) N.F. · Riduzione, abbassamento, calo: *d'inverno la temperatura subisce una diminuzione* Ⓒ aumento, incremento.

dimissione (di-mis-sió-ne) N.F. (spesso al pl.) **1** L'atto con cui un paziente viene fatto uscire da un ospedale al termine della cura. **2** AL PL. Rinuncia a una carica o a un impiego: *dare le dimissioni; le sue dimissioni da ministro misero in crisi il governo.*

dimora (di-mò-ra) N.F. · Il luogo dove qualcuno abita: *stabilì la sua dimora a Torino* Ⓢ abitazione, domicilio. Ⓔ ***Senza fissa dimora*** ***→ fisso***.

dimorare (di-mo-rà-re) V.INTR. (*dimòro*, ecc.; aus. *avere*) · Avere la propria abitazione in un luogo: *dimorare* ***in*** *campagna* Ⓢ abitare, risiedere.

dimostrante (di-mo-stràn-te) N.M. e F. · Chi partecipa a una manifestazione pubblica di carattere politico o sindacale: *il corteo dei dimostranti attraversava il centro della città* Ⓢ manifestante.

dimostrare (di-mo-strà-re) V.TR. e INTR. (*dimóstro*, ecc.) || TR. **1** Mostrare in modo chiaro: *l'alunno dimostra interesse per la materia; ha sessant'anni, ma non li dimostra* Ⓢ manifestare. **2** Provare con opportuni argomenti o ragionamenti: *l'insegnante dimostrò il teorema alla lavagna; l'avvocato dimostrò* ***che*** *il suo assistito era innocente.* || INTR. (aus. *avere*) Fare una dimostrazione pubblica: *oggi gli studenti hanno dimostrato* ***contro*** *la riforma della scuo-*

la; gli operai dimostrarono ***per*** *il rinnovo del contratto.* || **dimostrarsi** RIFL. Far conoscere per mezzo di un comportamento qualità o sentimenti: *si dimostrò un grande bugiardo; ti dimostri sempre generoso con me* Ⓢ rivelarsi.

D

dimostrativo (di-mo-stra-tì-vo) AGG. **1** Che serve a dimostrare qualcosa: *esperimento dimostrativo; azione dimostrativa,* che serve a dimostrare la propria forza. **2** In grammatica, di pronomi e di aggettivi che indicano persone o cose in base alla vicinanza a chi parla o a chi ascolta (*questo,* vicino a chi parla; *codesto,* vicino a chi ascolta; *quello,* lontano da entrambi).

dimostrazione (di-mo-stra-zió-ne) N.F. **1** Manifestazione evidente: *una dimostrazione di simpatia; dare una dimostrazione di coraggio* Ⓢ prova, attestato. **2** Ragionamento che dimostra la verità di un'impostazione teorica: *una dimostrazione scientifica del fenomeno; la dimostrazione del teorema* Ⓢ spiegazione, argomentazione. **3** Spiegazione o prova pratica che prova la funzionalità di un oggetto: *ci diede una dimostrazione della bontà dei suoi prodotti.* **4** Manifestazione pubblica spesso di protesta, soprattutto di natura politica o sindacale: *tutta la cittadinanza partecipò alla dimostrazione in piazza* Ⓢ corteo.

dinamica (di-nà-mi-ca) N.F. (pl. *-che*) **1** Lo studio del movimento dei corpi in relazione alle cause che lo producono: *la dinamica dei gas, dei liquidi.* **2** L'insieme delle fasi e delle cause che determinano lo svolgimento di un fenomeno: *ricostruiamo la dinamica dell'incidente.*

dinamico (di-nà-mi-co) AGG. (pl.m. *-ci,* pl.f. *-che*) **1** Della dinamica: *leggi dinamiche.* **2** Energico e vivace, in movimento: *un imprenditore dinamico; uno stile di vita dinamico.*

> Il termine deriva dal greco *dýnamis* 'forza, potenza'.

dinamismo (di-na-mì-smo) N.M. · Energia, rapidità, vitalità: *gli invidio il suo dinamismo.*

dinamitardo (di-na-mi-tàr-do) AGG. e N.M. (f. -*a*) || AGG. Compiuto con esplosivi: *attentato dinamitardo.* || AGG. e N.M. (f. -*a*) Che, chi compie attentati con esplosivi: *un dinamitardo ha fatto esplodere un furgone.*

dinamite (di-na-mì-te) N.F. · Esplosivo a base di nitroglicerina mescolata ad altre sostanze.

dinamo (dì-na-mo) N.F. INVAR. · Macchina per convertire energia meccanica in energia elettrica.

dinanzi (di-nàn-zi) AVV. · Davanti, di fronte: *si fermò proprio dinanzi* ***a*** *me; abbiamo molti mesi dinanzi.*

dinastia (di-na-stì-a) N.F. (pl. *-stìe*) **1** Serie di sovrani di una stessa famiglia, che si succedono al trono: *la dinastia dei Tudor; la dinastia Ming* Ⓢ stirpe. **2** Famiglia i cui membri acquistano un particolare rilievo in un determinato settore: *una dinastia di industriali, di banchieri.*

dinastico (di-nà-sti-co) AGG. (pl.m. *-ci,* pl.f. *-che*) · Della dinastia: *interessi dinastici.*

diniego (di-niè-go) N.M. (pl. *-ghi*) · Rifiuto, negazione: *opporre un diniego; un cenno di diniego* Ⓒ assenso.

dinoccolato (di-noc-co-là-to) AGG. · Che fa movimenti sciolti ma un po' ciondolanti: *un ragazzo alto e dinoccolato; andatura dinoccolata.*

dinosauro (di-no-sàu-ro) N.M. · Nome comune dei rettili di grandi dimensioni che vissero in epoca preistorica: *i dinosauri si sono estinti diversi milioni di anni fa.*

> Il termine deriva dal greco *deinós* 'terribile' e *saûros* 'lucertola' e significa letteralmente 'lucertola mostruosa'.

dintorni (din-tór-ni) N.M.PL. · I luoghi vicini, la zona circostante: *i dintorni di Siena; Genova e dintorni* Ⓢ paraggi, vicinanze.

dintorno (din-tór-no) (o **d'intorno**) AVV. · Intorno: *erano tutti dintorno* ***a*** *lei; gli stavano tutti dintorno.*

Dio (Dì-o) N.M. **1** SOLO SING. Con la lettera maiuscola, nelle religioni monoteistiche, essere supremo ed eterno, creatore dell'universo: *pregare Dio; credere in Dio; il Dio degli ebrei, dei cristiani, dei musulmani* Ⓢ Signore, Creatore. **2** (pl. *dèi*) Nelle religioni politeistiche, essere superiore all'uomo, che ha poteri soprannaturali e vita eterna: *gli dei di Roma, della mitologia greca* Ⓢ divinità. **3** Simbolo di ciò che è massimo ed estremo: *bello come un* *dio; sciare da dio; in tavola c'era ogni ben di Dio; mi è costato un'ira di Dio.*

diocesi (di-ò-ce-ṣi) N.F.INVAR. · Il territorio posto sotto l'autorità di un vescovo.

diossina (di-os-sì-na) N.F. · Composto chimico organico, altamente tossico per l'organismo umano.

diottria (diot-trì-a) N.F. (pl. *-trìe*) · Unità di misura della capacità visiva.

dipanare (di-pa-nà-re) V.TR. **1** Svolgere la matassa raccogliendone il filo in gomitolo: *dipanare la lana.* **2** Giungere alla soluzione di una faccenda complicata: *dipanare una questione* Ⓢ risolvere, sbrogliare.

dipartimento (di-par-ti-mén-to) N.M. **1** Suddivisione amministrativa di un territorio: *la Francia è divisa in 102 dipartimenti.* **2** Nell'università italiana, struttura che riunisce cattedre e istituti di ricerca dello stesso settore scientifico: *dipartimento di storia antica, di arti visive.* **3** In Francia e negli Stati Uniti, ministero: *il Dipartimento di Stato statunitense corrisponde al Ministero degli esteri italiano.*

dipartita (di-par-tì-ta) N.F. **1** Morte, decesso. **2** Allontanamento, distacco, partenza.

dipendente (di-pen-dèn-te) AGG. e N.M. e F. || AGG. **1** Che dipende da qualcosa o da qualcuno: *lavoro dipendente; lavoratori dipendenti* Ⓢ subordinato. **2** Che non può fare a meno di una sostanza o di una persona: *dipendente **dall'**alcol; è completamente dipendente **dalla** volontà di sua moglie.* **3** In grammatica: ***proposizione dipendente*** (o *una dipendente* N.F.), frase subordinata a un'altra, detta *reggente.* || N.M. e F. Chi svolge un lavoro alle dipendenze di un'altra persona o di un ente: *mio padre lavora in un'azienda con più di mille dipendenti.*

dipendenza (di-pen-dèn-za) N.F. **1** Rapporto di subordinazione: *la dipendenza economica dei figli dai genitori è un grave problema sociale; lavora alle dipendenze di una ditta belga* Ⓒ indipendenza. **2** L'incapacità di fare a meno di una sostanza o di una persona: *la dipendenza dal fumo provoca molte malattie; ha una totale dipendenza psicologica dal padre* Ⓢ assuefazione.

dipendere (di-pèn-de-re) V.INTR. (irreg.: ind. pres. *dipèndo*, ecc.; pass. rem. *dipési, dipendésti, dipése, dipendémmo, dipendéste, dipésero*; part. pass. *dipéso*; aus. *essere*) **1** Avere origine, derivare, provenire: *le sue bronchiti dipendono **dal** fumo.* **2** Essere determinato o condizionato da qualcuno o da qualcosa: *l'incidente è dipeso **da** una distrazione dell'autista; dipende **dal** tempo se partiremo o no.* **3** Essere soggetto all'autorità di qualcuno o di qualcosa: *fino agli anni Sessanta l'Algeria dipendeva **dalla** Francia* Ⓢ sottostare. **4** Di una proposizione, essere retta da un'altra proposizione: *la relativa dipende **dalla** principale.*

Il termine deriva dal latino *dependere* 'essere sospeso a, dipendere da', che viene a sua volta da *pendere* 'essere sospeso' con il prefisso **di-**[1] (→ ***appendere***).

dipesi (di-pé-si) · Pass. rem., 1ª pers. sing. → ***dipendere***.

dipeso (di-pé-so) · Participio pass. → ***dipendere***.

dipingere (di-pìn-ge-re) V.TR. (irreg.: ind. pres. *dipìngo, dipìngi*, ecc.; pass. rem. *dipìnsi, dipingésti, dipìnse, dipingémmo, dipingéste, dipìnsero*; part. pass. *dipìnto*) || TR. **1** Raffigurare mediante la pittura: *stava dipingendo un paesaggio nordico* • Decorare con pitture: *Michelangelo dipinse la Cappella Sistina* Ⓢ affrescare. **2** Tingere, verniciare, tinteggiare: *dipingere **di** rosso le pareti della camera.* || **dipingersi** TR. PRONOM. Nel linguaggio familiare, truccarsi: *dipingersi le labbra, le unghie.*

dipinsi (di-pìn-si) · Pass. rem., 1ª pers. sing. → ***dipingere***.

dipinto (di-pìn-to) AGG. e N.M. || Participio pass. → ***dipingere***. || AGG. **1** Ornato con figure a colori: *comprai un vaso dipinto **con** motivi orientali.* **2** Colorato, pitturato: *la cucina aveva le pareti dipinte **di** rosa.* **3** Nel linguaggio familiare, truccato: *occhi dipinti **con** matita nera; labbra dipinte **di** un rosso acceso.* || N.M. Opera di pittura: *la Gioconda è un dipinto di Leonardo da Vinci* Ⓢ quadro.

diploma (di-plò-ma) N.M. (pl. *-i*) · Documento ufficiale che dimostra il conseguimento di un titolo di studio o di una qualifica professionale: *diploma di maturità; diploma di sarta.* ▸▸

Il termine deriva da una parola greca che significa letteralmente '(foglio) piegato in due'.

diplomarsi (di-plo-màr-si) V.INTR. PRONOM. (*mi diplòmo*, ecc.) · Ottenere un diploma: *si è diplomato al liceo artistico; mi diplomerò in ragioneria.*

diplomatico (di-plo-mà-ti-co) AGG. e N.M. (f. *-a*; pl.m. *-ci*, pl.f. *-che*) || AGG. **1** Che riguarda la politica internazionale: *missione diplomatica; relazioni diplomatiche,* quelle esistenti tra due o più Stati. **2** Abile, accorto, prudente: *è un tipo molto diplomatico nel trattare coi clienti.* || N.M. (f. *-a*) **1** Chi ha l'incarico di rappresentare il proprio Paese all'estero: *fu organizzato un incontro tra i diplomatici dei due Paesi* Ⓢ ambasciatore, console. **2** Dolce di pasta sfoglia farcito con crema e liquore.

diplomato (di-plo-mà-to) AGG. e N.M. (f. *-a*) · Che, chi ha ottenuto un diploma: *un'infermiera diplomata; i diplomati delle scuole tecniche.*

diplomazia (di-plo-ma-zì-a) N.F. (pl. *-zìe*) **1** L'insieme delle attività, delle strutture e dei funzionari che rappresentano uno Stato nelle sue relazioni con gli altri Paesi: *la diplomazia inglese, russa.* **2** Abilità nell'affrontare questioni delicate o persone suscettibili: *procedere, parlare con diplomazia* Ⓢ tatto, discrezione.

diporto (di-pòr-to) N.M. · Divertimento, svago, spasso: *leggere per diporto.* Ⓔ ***Imbarcazione da diporto,*** imbarcazione a remi, a vela o a motore usata per sport o divertimento.

diradare (di-ra-dà-re) V.TR. || TR. Rendere meno fitto o frequente: *diradare gli alberi di un bosco; diradare le visite* Ⓢ ridurre, sfoltire. || **diradarsi** INTR. PRONOM. Diventare meno fitto o meno frequente: *la folla si andava diradando; gli si sono diradati i capelli.*

diramare (di-ra-mà-re) V.TR. || TR. Inviare o trasmettere a più destinatari contemporaneamente: *diramare una notizia, un comunicato* Ⓢ diffondere, comunicare. || **diramarsi** INTR. PRONOM. Dividersi in più rami, ramificarsi: *a pochi chilometri dalla foce il fiume si dirama* ***in*** *numerosi canali;* ***dalla*** *piazza si diramano tre strade.*

diramazione (di-ra-ma-zió-ne) N.F. **1** Ognuno dei rami secondari che si staccano dalla linea o dalla direzione principale: *le diramazioni di una strada, di un fiume* Ⓢ ramificazione. **2** Invio di una comunicazione a più destinatari in contemporanea: *la diramazione di un comunicato.*

dire (dì-re) V.TR. (irreg.: ind. pres. *dico, dìci, dìce, diciàmo, dìte, dìcono*; ind. imperf. *dicévo*, ecc.; pass. rem. *dìssi, dicésti, dìsse, dicémmo, dicéste, dìssero*; fut. *dirò, diràì*, ecc.; cong. pres. *dìca, dìca, dìca, diciàmo, diciàte, dìcano*; cong. imperf. *dicéssi*, ecc.; condiz. pres. *dirèi*, ecc.; imperat. *di'* o *dì*; part. pass. *détto*; gerundio *dicèndo*) **1** Emettere parole con la voce: *dire una frase, un nome; non* ***le*** *ho detto una parola* Ⓢ pronunciare • Recitare un testo a memoria: *dire le preghiere, una poesia* Ⓢ declamare. **2** Fare una data affermazione a voce o in un testo scritto: *dice sempre quel che pensa; la radio dice* ***che*** *domani pioverà tutto il giorno* Ⓢ affermare, dichiarare, sostenere. **3** Esporre un pensiero o un racconto: *dimmi la tua opinione;* ***su*** *quest'argomento ti ho già detto tutto* Ⓢ spiegare, raccontare. **4** Dare un giudizio: *tu che ne dici* ***di*** *questa storia?* Ⓢ interpretare, pensare. **5** Invitare, comandare, ordinare: *digli* ***di*** *entrare; chi ti ha detto* ***di*** *chiudere la porta?* **6** Esprimere in un'altra lingua: *come si dice "cane" in inglese?* Ⓢ tradurre. **7** IMPERS. Sembrare, parere: *si dice che abbia lasciato la fidanzata.* Ⓔ ***A dire il vero*** → *vero* • ***A dir poco,*** per non esagerare: *è a dir poco una bellissima ragazza;* almeno: *costerà a dir poco 50 euro* • ***Dire di no,*** negare o rifiutare; ***dire di sì,*** annuire o accettare • ***Dire la propria,*** esprimere la propria opinione • ***È tutto dire,*** non c'è bisogno di aggiungere altro • ***Non c'è che dire,*** non si può giudicare diversamente: *è un artista bravissimo, non c'è che dire!*

directory (di-rec-to-ry; pronuncia *dairèctori*) N.INGL., in it. N.F.INVAR. **1** L'indice dei documenti contenuti in una unità di memoria di un computer. **2** Suddivisione della memoria di un computer usata per riunire file e altre directory Ⓢ cartella.

diressi (di-rès-si) · Pass. rem., 1ª pers. sing. → *dirigere*.

diretta (di-rèt-ta) N.F. · Trasmissione radiofonica o televisiva che va in onda nello stesso momento in cui viene realizzata: *intervista in diretta* Ⓒ differita.

direttamente (di-ret-ta-mén-te) AVV. **1** Senza soste o deviazioni: *dalla stazione vado direttamente a casa* Ⓢ immediatamente, subito. **2** Senza intermediari, di persona: *preferisco parlare direttamente con il capo.*

direttiva (di-ret-tì-va) N.F. · Norma imposta da un'autorità sul comportamento da seguire: *l'insegnante seguiva le direttive del preside* Ⓢ disposizione, istruzione.

direttivo (di-ret-tì-vo) AGG. **1** Che ha il compito di dirigere: *l'organo direttivo di una società; il comitato direttivo di un partito* Ⓢ direzionale. **2** Che riguarda il compito di dirigente: *funzioni, capacità direttive.*

diretto (di-rèt-to) AGG. e N.M. || Participio pass. → ***dirigere***. || AGG. **1** Che procede verso una meta, nel modo più breve e veloce: *vado diretto a casa* Ⓢ dritto. **2** Che non presenta livelli intermedi: *è un mio diretto superiore; ne parlo per conoscenza diretta* Ⓢ immediato Ⓒ indiretto. **3** Avviato verso una direzione: *sono diretto **in** ufficio* Ⓢ incamminato. **4** Indirizzato, rivolto: *la battuta non era diretta **a** te.* **5** In grammatica: ***complemento diretto*** → ***complemento*** • ***Discorso diretto*** → ***discorso***. || N.M. **1** In passato, treno che fermava solo alle stazioni principali. **2** Nel pugilato, colpo che percorre una traiettoria lineare.

direttore (di-ret-tó-re) N.M. (f. *-trìce*) · Chi ha la responsabilità e la guida di un'attività o di un'organizzazione: *il direttore d'orchestra; il direttore didattico*, di una scuola primaria Ⓢ responsabile, capo.

direttrice (di-ret-trì-ce) N.F. · Principio che guida un'azione, soprattutto politica o militare: *le direttrici della manovra economica.*

direzionale (di-re-zio-nà-le) AGG. **1** Che indica o individua una direzione: *freccia direzionale; microfono direzionale.* **2** Che riguarda la direzione come attività: *uffici, organi direzionali.*

direzione (di-re-zió-ne) N.F. **1** L'insieme dei compiti e delle responsabilità di chi dirige una certa attività: *la direzione del cantiere fu affidata a un esperto* Ⓢ comando, guida. **2** Chi dirige un'attività o un ufficio: *la direzione del partito ha indetto lo sciopero* • La sede di un ufficio direttivo o la stanza del direttore: *ti vogliono in direzione.* **3** Il senso in cui si procede o il punto verso cui si è diretti: *prendi l'autostrada in direzione di Bologna.*

dirigente (di-ri-gèn-te) N.M. e F. · Chi ha funzioni direttive all'interno di una certa organizzazione: *dirigente d'azienda; dirigente scolastico* Ⓢ direttore, capo.

dirigenza (di-ri-gèn-za) N.F. · Insieme di attività o di persone che hanno funzioni direttive: *la dirigenza sindacale, aziendale.*

dirigere (di-rì-ge-re) V.TR. (irreg.: ind. pres. *dirìgo, dirìgi*, ecc.; pass. rem. *dirèssi, dirigésti, dirèsse, dirigémmo, dirigéste, dirèssero*; part. pass. *dirètto*) || TR. **1** Rivolgere verso qualcuno o qualcosa: *le mie critiche non sono dirette **a** te; la palla si diresse **in** porta* Ⓢ indirizzare. **2** Rivolgere verso un obiettivo: *tutti i suoi sforzi sono diretti **a** un unico obiettivo* Ⓢ concentrare, destinare. **3** Guidare un'organizzazione, un'impresa o un'attività: *dirigere un giornale; dirigere il traffico* Ⓢ gestire, coordinare. || **dirigersi** RIFL. Andare in una certa direzione: *si diresse **verso** la biglietteria; le truppe nemiche si dirigevano **sulla** città.*

dirigibile (di-ri-gì-bi-le) N.M. · Mezzo di trasporto aereo a elica formato da un grande pallone in seta o in alluminio riempito di gas e da cabine per i passeggeri.

dirimere (di-rì-me-re) V.TR. (raro il pass. rem. *diriméi* o *dirimètti, diriméstì*, ecc.; mancano il part. pass. e i tempi composti) · Risolvere, per lo più con una decisione autorevole: *dirimere una lite.*

dirimpettaio (di-rim-pet-tà-io) N.M. (f. *-a*; pl.m. *-tài*, pl.f. *-tàie*) · Chi abita nella casa o nell'appartamento di fronte.

dirimpetto (di-rim-pèt-to) AVV. e AGG. INVAR. || AVV. Di fronte: *abita dirimpetto* Ⓢ davanti Ⓒ dietro. || AGG. Che sta di fronte: *la casa dirimpetto.* Ⓔ ***Dirimpetto a***, di fronte a.

diritto[1] (di-rìt-to) AGG., AVV. e N.M. || AGG. **1** Che procede o si estende in linea retta: *la strada correva diritta; ha un bel paio di gambe lunghe e diritte* Ⓢ dritto, rettilineo Ⓒ storto, curvo.

D

2 In posizione verticale: *stai su diritto!* Ⓢ eretto. || AVV. **1** In linea retta: *continua diritto e poi gira a destra.* **2** Direttamente: *dopo la scuola se ne tornò diritto a casa; il suo discorso arrivò diritto al punto.* || N.M. **1** La faccia principale, rivolta verso l'alto o verso l'esterno: *il diritto di una moneta; il diritto di una stoffa* Ⓢ davanti Ⓒ rovescio. **2** Nel tennis, il colpo più frequente, dato alla palla a braccio teso. Ⓔ ***Tirare diritto*** → *tirare*.

diritto[2] (di-rìt-to) N.M. **1** L'insieme delle leggi che regolano i rapporti sociali in una o più comunità: *diritto civile, penale; diritto pubblico, privato.* **2** Possibilità, riconosciuta dalla legge o basata sulle consuetudini, di comportarsi nel rispetto dei propri interessi: *diritto di voto, di sciopero; tutti avrebbero diritto a una casa e a un lavoro.* **3** SPESSO AL PL. Compenso che si paga in cambio di un servizio o di una concessione: *diritti di segreteria; diritti d'asta.* Ⓔ ***A buon diritto***, per giusti motivi • ***Di diritto***, secondo quanto è sancito dalla legge: *mi spetta di diritto* • ***Diritti d'autore***, il compenso che l'editore paga all'autore per sfruttarne l'opera sul mercato.

dirittura (di-rit-tù-ra) N.F. **1** Tratto rettilineo di una strada o di un percorso. **2** Consapevolezza di ciò che è giusto e onesto: *è un uomo di grande dirittura morale* Ⓢ rettitudine, integrità. Ⓔ ***Dirittura d'arrivo***, l'ultima parte del percorso di una gara sportiva; ***in dirittura d'arrivo***, in senso figurato, sul punto di essere risolto o approvato: *la discussione sulla legge è in dirittura d'arrivo.*

diroccato (di-roc-cà-to) AGG. · Crollato in più punti, in rovina, cadente: *un vecchio castello diroccato.*

dirompente (di-rom-pèn-te) AGG. **1** Che spacca o frantuma: *bomba dirompente.* **2** Sconvolgente, esplosivo, clamoroso: *la notizia ebbe un effetto dirompente.*

dirottamento (di-rot-ta-mén-to) N.M. · Deviazione dalla rotta stabilita: *dirottamento del traffico; dirottamento di un aereo.*

dirottare (di-rot-tà-re) V.TR. e INTR. (*dirótto*, ecc.; aus. *avere*) · Deviare dal percorso stabilito: *i terroristi dirottarono due aerei per New York; la nave dirottò* ***verso*** *il porto più vicino.*

dirottatore (di-rot-ta-tó-re) N.M. (f. *-trìce*) · Chi costringe, sotto la minaccia delle armi, il pilota di un aereo o il capitano di una nave a deviare dalla rotta e a dirigersi verso uno scalo o un porto diverso da quello stabilito: *il dirottatore è sfuggito alla polizia.*

dirotto (di-rót-to) AGG. · Che vien giù abbondante e impetuoso, soprattutto del pianto e della pioggia. Ⓔ ***A dirotto***, in abbondanza, con impeto e forza: *piovere a dirotto; piangere a dirotto*, in modo disperato.

dirupo (di-rù-po) N.M. · Luogo scosceso e roccioso Ⓢ precipizio, burrone.

dis-[1] · Prefisso che già fin dal latino indica 'separazione, dispersione' (*disunire-unire; disperdere-perdere*) oppure 'opposizione, negazione' (*disonore-onore; discontinuo-continuo*).

dis-[2] · Prefisso che indica 'peggioramento': *disfunzione*, il peggioramento di una funzione.

disabile (di-ṣà-bi-le) AGG. e N.M. e F. · Che, chi ha alcune capacità fisiche o mentali limitate.

disabilitato (di-ṣa-bi-li-tà-to) AGG. · Che non può più svolgere alcune funzioni: *telefono disabilitato* ***alle*** *chiamate internazionali* Ⓒ abilitato.

disabitato (di-ṣa-bi-tà-to) AGG. · Di luogo, che non ha abitanti: *una casa disabitata* Ⓢ vuoto, deserto Ⓒ abitato.

disabituare (di-ṣa-bi-tu-à-re) V.TR. (*diṣabìtuo*, ecc.) · Far togliere un'abitudine: *disabituare un bambino* ***dal*** *succhiarsi il dito* Ⓒ abituare.

disabituato (di-ṣa-bi-tu-à-to) AGG. · Che non ha l'abitudine a qualcosa: *un giovane disabituato* ***al*** *sacrificio* Ⓒ abituato.

disaccordo (di-ṣac-còr-do) N.M. · Mancanza di accordo tra due o più elementi: *i due fratelli si trovano in disaccordo su tutto* Ⓢ contrasto, divergenza.

disadattato (di-ṣa-dat-tà-to) AGG. e N.M. (f. -a) · Che, chi non riesce a inserirsi nell'ambiente sociale in cui vive: *ragazzi disadattati; sentirsi un disadattato.*

disadatto (di-ṣa-dàt-to) AGG. · Non adatto, inadatto, inadeguato: *un terreno disadatto* ***alla*** *coltivazione del grano* Ⓒ adatto.

disadorno (di-ṣa-dór-no) AGG. 1 Privo o povero di ornamenti: *una stanza disadorna* Ⓢ nudo, spoglio. 2 Di un'assoluta semplicità: *una prosa disadorna* Ⓢ sobrio, essenziale.

disaffezione (di-ṣaf-fe-zió-ne) N.F. · Diminuzione o perdita dell'affetto o dell'interesse verso qualcuno o qualcosa: *non capisco i motivi della sua disaffezione ai genitori* Ⓢ distacco, allontanamento Ⓒ affetto, affezione.

disagevole (di-ṣa-gé-vo-le) AGG. · Pieno di difficoltà: *un sentiero disagevole* Ⓢ difficile, malagevole Ⓒ agevole. • Pieno di disagi, di scomodità: *un viaggio disagevole* Ⓢ faticoso, scomodo.

disagiato (di-ṣa-già-to) AGG. 1 Che è in cattive condizioni economiche: *una famiglia disagiata* Ⓢ bisognoso, povero. 2 Privo di comodità: *una sede disagiata* Ⓢ scomodo.

disagio (di-ṣà-gio) N.M. (pl. *-gi*) 1 Condizione o situazione sgradevole: *si sentiva a disagio su una sedia troppo alta; non voleva affrontare i disagi di un lungo viaggio* Ⓢ fastidio, noia. 2 Senso di molestia o d'imbarazzo: *quel suo modo di guardare mette tutti a disagio* Ⓢ impaccio.

disamina (di-ṣà-mi-na) N.F. · Esame attento e minuzioso: *fare una disamina di un problema.*

disamorare (di-ṣa-mo-rà-re) V.TR. (*disamóro*, ecc.) || TR. Far perdere l'amore o l'interesse per qualcuno o qualcosa: *l'insuccesso elettorale l'ha disamorato* ***dalla*** *politica.* || **disamorarsi** INTR. PRONOM. Perdere l'interesse o l'amore per qualcuno o qualcosa: *disamorarsi* ***della*** *famiglia; disamorarsi* ***dal*** *lavoro.*

disappetenza (di-ṣap-pe-tèn-za) N.F. · Abituale mancanza d'appetito: *lo stress provoca insonnia e disappetenza* Ⓢ inappetenza.

disapprovare (di-ṣap-pro-và-re) V.TR. (*disappròvo*, ecc.) · Non approvare: *disapprovava il suo comportamento* Ⓢ biasimare, criticare Ⓒ approvare.

disapprovazione (di-ṣap-pro-va-zió-ne) N.F. · Giudizio negativo: *le sue parole suscitarono la disapprovazione generale* Ⓢ condanna, critica.

disappunto (di-ṣap-pùn-to) N.M. · Senso di delusione e di irritazione per una contrarietà o per un'aspettativa delusa: *a quella notizia non riuscì a nascondere il suo disappunto* Ⓢ dispetto.

disarcionare (di-ṣar-cio-nà-re) V.TR. (*diṣarcióno*, ecc.) · Far cadere da cavallo: *il cavallo disarcionò il suo fantino.*

disarmante (di-ṣar-màn-te) AGG. · Che vince la resistenza o la cattiva disposizione di qualcuno: *un sorriso disarmante; una risposta disarmante.*

disarmare (di-ṣar-mà-re) V.TR. 1 Togliere le armi: *la guardia disarmò il rapinatore.* 2 Togliere ogni capacità di reagire: *la sua ingenuità mi disarma* Ⓢ smontare.

disarmato (di-ṣar-mà-to) AGG. 1 Privo delle armi: *un soldato disarmato* Ⓒ armato. 2 Di persona, incapace di reagire o di difendersi: *mi sento del tutto disarmata* ***contro*** *la falsità* Ⓢ impotente, indifeso.

disarmo (di-ṣàr-mo) N.M. · Riduzione o abolizione delle proprie armi da parte di uno Stato: *gli alleati avviarono il disarmo* Ⓒ riarmo. Ⓔ ***In disarmo***, che non funziona o non produce più: *una nave in disarmo stazionava nel porto da anni.*

disarticolato (di-ṣar-ti-co-là-to) AGG. · Privo di unità e di coerenza: *un discorso disarticolato* Ⓢ sconnesso.

disastro (di-ṣà-stro) N.M. 1 Sciagura che provoca gravi danni e perdite di vite umane: *disastro ambientale, aereo; evitare un disastro* Ⓢ catastrofe, incidente. 2 Danno gravissimo: *la morte del padre è stata un disastro per tutta la famiglia* Ⓢ disgrazia, tragedia. 3 Fallimento di un'impresa o di un'iniziativa: *la festa è stata un vero disastro* Ⓢ fiasco. 4 Persona incapace, buono a nulla: *come cuoca sei proprio un disastro* Ⓢ frana. ▸ Ⓕ **astro**

disastroso (di-ṣa-stró-so) AGG. 1 Che provoca gravi danni a cose e a persone: *un incidente disastroso* Ⓢ tragico, catastrofico. 2 Caratterizzato da sciagure e calamità: *un periodo disastroso* Ⓢ disgraziato, difficoltoso. 3 Del tutto negativo: *un risultato disastroso* Ⓢ pessimo. ▸ Ⓕ **astro**

disattendere (di-ṣat-tèn-de-re) V.TR. (irreg.: coniugato come *tendere*) · Non applicare, non seguire: *disattendere una norma* Ⓢ contravvenire, ignorare Ⓒ rispettare, osservare.

disattento (di-ṣat-tèn-to) AGG. · Che non ha o non presta la dovuta attenzione: *uno studente disattento; una lettura disattenta* Ⓢ distratto, sbadato Ⓒ attento.

D

disattenzione (di-ṣat-ten-zió-ne) N.F. · Mancanza di concentrazione, di partecipazione o di interesse: *per la sua disattenzione ha avuto un incidente* Ⓢ distrazione.

disattivare (di-ṣat-ti-và-re) V.TR. · Rendere inattivo o non funzionante: *l'artificiere disattivò la bomba; i ladri riuscirono a disattivare il sistema di allarme della villa* Ⓒ attivare.

disavanzo (di-ṣa-vàn-zo) N.M. · Perdita di denaro che si verifica quando le uscite superano le entrate: *il disavanzo ammonta a trentamila euro* Ⓢ passivo, deficit.

disavventura (di-ṣav-ven-tù-ra) N.F. · Contrattempo spiacevole, avversità, disgrazia: *una serie di disavventure; un viaggio pieno di disavventure.*

disboscamento (di-ṣbo-sca-mén-to) N.M. · Deforestazione.

disboscare (di-ṣbo-scà-re) V.TR. (*disbòsco, disbòschi*, ecc.) · Spogliare del tutto o in parte degli alberi: *disboscare una collina.*

disbrigo (di-ṣbri-go) N.M. (pl. *-ghi*) · Svolgimento veloce di un lavoro: *il disbrigo della corrispondenza.*

discapito (di-scà-pi-to) N.M. · Danno morale o economico: *fai tutto questo a tuo discapito* Ⓢ perdita, svantaggio. ▸ Ⓕ **caput**

discarica (di-scà-ri-ca) N.F. (pl. *-che*) · Luogo di scarico dei rifiuti.

discendente (di-scen-dèn-te) AGG. e N.M. e F. || AGG. **1** Che procede verso il basso: *moto discendente; linea discendente* Ⓢ calante, decrescente. **2** Che diminuisce di forza, di importanza o di valore: *la fase discendente di una civiltà.* || N.M. e F. Chi discende da una stessa famiglia o da una stessa stirpe: *gli ultimi discendenti degli indiani d'America* Ⓢ successore, erede.

discendenza (di-scen-dèn-za) N.F. **1** La provenienza di una persona dai propri antenati: *vantava la propria discendenza da una famiglia nobile.* **2** L'insieme di coloro che discendono da un'unica famiglia o da un'unica stirpe: *ebbe una numerosa discendenza.*

discendere (di-scén-de-re) V.INTR. (irreg.: coniugato come *scendere*; aus. *essere*) **1** Spostarsi verso il basso o a un livello inferiore: *lo speleologo discese **in** una grotta; il fantino discese **da** cavallo* Ⓢ scendere. **2** Avere origine per nascita: *discende **da** una famiglia di grandi viaggiatori.*

discente (di-scèn-te) N.M. e F. · Alunno, scolaro.

discepolo (di-scé-po-lo) N.M. (f. *-a*) · Chi segue i principi appresi da un maestro: *i discepoli di Gesù* Ⓢ seguace.

discernere (di-scèr-ne-re) V.TR. (irreg.: ind. pres. *discèrno*, ecc.; pass. rem. *discernéi*, ecc.; mancano il part. pass. e i tempi composti) · Vedere o capire con chiarezza: *non riesco a discernere il suo volto tra la folla; discernere il bene **dal** male* Ⓢ distinguere, riconoscere.

discernimento (di-scer-ni-mén-to) N.M. · Capacità di giudicare o di scegliere: *agire con discernimento; mancare di discernimento* Ⓢ saggezza, senno.

discesa (di-scé-sa) N.F. **1** Spostamento verso il basso o a un livello inferiore: *durante la discesa inciampò; la temperatura è in netta discesa* Ⓒ salita, ascesa. **2** Percorso in pendenza verso il basso: *percorse una via tutta salite e discese* Ⓢ pendio. Ⓔ ***Discesa libera***, gara di sci su un percorso breve e in forte pendenza.

discettare (di-scet-tà-re) V.INTR. (*discètto*, ecc.; aus. *avere*) · Discutere a lungo di un argomento: *discettare **di** religione.*

dischetto (di-schét-to) N.M. **1** Nel calcio, il punto del campo, segnato con un piccolo disco bianco, da cui si batte il calcio di rigore: *dischetto del rigore.* **2** Supporto magnetico mobile usato un tempo per registrare dati informatici.

dischiudere (di-schiù-de-re) V.TR. (irreg.: coniugato come *chiudere*) || TR. Aprire di poco: *dischiudere la porta* Ⓢ socchiudere. || **dischiudersi** INTR. PRONOM. Aprirsi, schiudersi: *il fiore si dischiuse.*

Il termine deriva dal latino *discludere* 'chiudere fuori, dividere in parti', che viene a sua volta da *claudere* 'chiudere' con il prefisso **dis-**[1] (→ ***concludere***).

discinto (di-scìn-to) AGG. · Con le vesti scomposte o aperte: *uscì dalla stanza tutto discinto* Ⓢ svestito, seminudo.

disciogliere (di-sciò-glie-re) V.TR. (irreg.: coniugato come *sciogliere*) || TR. Far passare una sostanza solida allo stato liquido: *disciolse la pastiglia* ***in*** *acqua* Ⓢ sciogliere. || **disciogliersi** INTR. PRONOM. Sciogliersi, dissolversi: *la neve si discioglieva al sole.*

disciplina (di-sci-plì-na) N.F. **1** L'insieme delle norme che regolano la vita di una persona o di una collettività: *disciplina religiosa, militare* • L'osservanza di tali norme: *far rispettare la disciplina* Ⓒ indisciplina. **2** Impegno assiduo, esercizio, pratica continua: *per studiare ci vogliono disciplina e volontà.* **3** Materia di insegnamento, di studio e di applicazione pratica: *discipline filosofiche, matematiche.*

disciplinare[1] (di-sci-pli-nà-re) AGG. · Che serve a garantire la disciplina: *prendere provvedimenti disciplinari.*

disciplinare[2] (di-sci-pli-nà-re) V.TR. · Regolare, controllare: *il vigile riuscì a disciplinare il traffico.*

disciplinato (di-sci-pli-nà-to) AGG. **1** Che rispetta la disciplina: *è una classe di scolari disciplinati* Ⓒ indisciplinato. **2** Regolato, ordinato: *il traffico stamattina è disciplinato.*

disc jockey (disc jo-ckey; pronuncia *diskgiòchei*) N. INGL., in it. N.M. e F. INVAR. · Chi alla radio o alla televisione presenta una trasmissione scegliendone i brani musicali Ⓢ deejay, dj • In discoteca, chi sceglie e presenta i brani musicali.

disco (dì-sco) N.M. (pl. *-schi*) **1** Oggetto o figura di forma circolare: *un disco di cartone, di plastica.* **2** Sottile piastra circolare di materiale plastico che permette di incidere e di riprodurre dei suoni: *ho una vasta collezione di dischi degli anni Ottanta.* **3** Supporto magnetico di vario materiale usato per registrare dati. **4** Piastra piatta e rotonda di metallo o di legno, usata dagli atleti nelle gare di lancio: *ho partecipato a una gara di lancio del disco.* **5** In anatomia, formazione di tessuto connettivo di cartilagine tra due vertebre vicine: *ernia del disco.* Ⓔ ***Disco fisso*** o ***disco rigido*** → ***hard disk*** • ***Disco orario***, dispositivo per segnalare il tempo di sosta di un autoveicolo • ***Disco ottico*** → ***compact disc***.

discografia (di-sco-gra-fì-a) N.F. (pl. *-fìe*) **1** Elenco dei dischi relativi a un'opera, a un autore, a un esecutore: *lo zio ha tutta la discografia dei Beatles.* **2** La tecnica di produrre e diffondere dischi.

discografico (di-sco-grà-fi-co) AGG. e N.M. (f. *-a*; pl.m. *-ci*, pl.f. *-che*) || AGG. Che riguarda la discografia: *casa, industria discografica.* || N.M. (f. -a) Imprenditore o tecnico dell'industria discografica.

discolo (dì-sco-lo) AGG. e N.M. (pl. *-la*) · Monello, birbone, birichino: *un fratello discolo; sei proprio un discolo!*

discolpa (di-scól-pa) N.F. · Difesa da un'accusa: *cosa rispondi a tua discolpa?* Ⓢ giustificazione.

discolpare (di-scol-pà-re) V.TR. (*discólpo*, ecc.) || TR. Difendere da un'accusa con prove o valide argomentazioni: *il testimone l'ha discolpato di tutto* Ⓢ scagionare. || **discolparsi** RIFL. Difendersi, scagionarsi, giustificarsi: *riuscì a discolparsi* ***dall'****accusa di furto.*

disconnettere (di-scon-nèt-te-re o di-scon-nét-te-re) V.TR. (irreg.: coniugato come *annettere*) || TR. Separare ciò che è connesso o unito: *disconnettere un circuito* Ⓒ connetere. || **disconnettersi** INTR. PRONOM. Interrompere un collegamento a Internet o a una rete: *disconnettersi* ***dal*** *server.*

disconoscere (di-sco-nó-sce-re) V.TR. (irreg.: coniugato come *conoscere*) · Non riconoscere o non ammettere: *disconoscere i propri errori* Ⓢ negare, rinnegare.

discontinuo (di-scon-tì-nuo) AGG. **1** Che non è continuo: *essere discontinuo nello studio* Ⓢ incostante Ⓒ continuo, costante. **2** Che presenta interruzioni o intervalli: *una superficie discontinua* Ⓢ irregolare.

discordante (di-scor-dàn-te) AGG. · Che non è concorde: *ci sono versioni discordanti*

A B C D E F G H I J K L M N O P Q R S T U V W X Y Z

dell'incidente Ⓢ contrastante, contraddittorio.

discordanza (di-scor-dàn-za) N.F. · Mancanza di accordo: *discordanza di suoni; discordanza di opinioni* Ⓢ contrasto, divario.

D

discordare (di-scor-dà-re) V.INTR. (*discòrdo, discòrdi*, ecc.; aus. *avere*) 1 Non essere concorde, essere in contrasto: *le due versioni dei fatti discordavano* ***in*** *più punti* Ⓢ contrastare Ⓒ concordare. 2 Non essere d'accordo: *su questo punto discordo* ***da*** *te* Ⓢ dissentire.

discorde (di-scòr-de) AGG. · Contrastante, diverso, opposto: *il suo gesto suscitò reazioni discordi tra gli amici* Ⓒ concorde.

discordia (di-scòr-dia) N.F. (pl. *-die*) 1 Mancanza di accordo che provoca rivalità e liti: *l'eredità del padre seminò la discordia tra i figli* Ⓢ disaccordo, dissidio. 2 Divergenza di opinioni: *sul progetto di legge c'è discordia tra i parlamentari* Ⓢ contrasto, dissenso.

discorrere (di-scór-re-re) V.INTR. (irreg.: coniugato come *correre*; aus. *avere*) · Parlare, conversare, chiacchierare: *mi piace discorrere* ***di*** *musica* ***con*** *gli amici.*

discorsivo (di-scor-sì-vo) AGG. · Scorrevole e facile da seguirsi o da comprendere: *stile discorsivo* Ⓢ semplice, chiaro.

discorso (di-scór-so) N.M. 1 L'atto di chi, parlando con gli altri, esprime il proprio pensiero: *cominciare, finire un discorso* Ⓢ ragionamento, argomentazione • Le cose che vengono dette: *non mi piacciono certi discorsi.* 2 Conversazione: *attaccare discorso con qualcuno; far cadere il discorso su qualcosa*, introdurre nella conversazione un argomento. 3 Esposizione orale, di solito di fronte a un pubblico, di un argomento di interesse generale: *discorso commemorativo, inaugurale; fare, tenere un discorso* Ⓢ orazione, conferenza. 4 In grammatica: ***discorso diretto***, il discorso che viene riferito come è stato pronunciato ed è introdotto da specifici segni di interpunzione (*le chiese: "Che ne pensi?"*); ***discorso indiretto***, il discorso parlato che viene riferito in forma indiretta, adattando le persone e le forme verbali alla subordinazione al verbo del dire (*le chiese che ne pensava*) • ***Parti del discorso***, le categorie in cui sono distribuite le parole di una lingua; in italiano sono nove: articolo, sostantivo, pronome, aggettivo, verbo, avverbio, preposizione, congiunzione, interiezione. Ⓔ ***Cambiare discorso***, passare a un altro argomento, parlare d'altro.

discoteca (di-sco-tè-ca) N.F. (pl. *-che*) 1 Locale pubblico attrezzato per l'ascolto di dischi e per il ballo: *lavora come barista in una discoteca.* 2 Raccolta di dischi: *ha una discoteca di almeno diecimila titoli.*

discrasia (di-scra-ṣì-a) N.F. (pl. *-ṣìe*) · Mancanza di ordine e di organizzazione: *la discrasia della pubblica amministrazione.*

discredito (di-scré-di-to) N.M. · Perdita della stima, della reputazione o della fiducia avuta in precedenza: *come avvocato è caduto in discredito.*

discrepante (di-scre-pàn-te) AGG. · Diverso, contrastante, divergente: *testimonianze discrepanti.*

discretamente (di-scre-ta-mén-te) AVV. · In modo o in quantità appena superiore alla media, abbastanza bene: *guadagnare discretamente.*

discreto (di-scré-to) AGG. 1 Appena superiore alla media, abbastanza buono: *ho un discreto numero di amici; è un atleta discreto* Ⓢ soddisfacente. 2 Riservato e rispettoso nei confronti degli altri: *è un ospite discreto; lo dico a te perché sei una persona discreta* Ⓢ riservato, educato Ⓒ indiscreto.

discrezionalità (di-scre-zio-na-li-tà) N.F. INVAR. · Possibilità di essere autonomo in una certa attività: *mi assicurò piena discrezionalità per la scelta del menù.*

discrezione (di-scre-zió-ne) N.F. 1 Senso della misura nel trattare con gli altri: *un uomo di grande discrezione; chiediglielo con discrezione* Ⓢ giudizio. 2 Capacità di mantenere un segreto: *conto sulla tua discrezione* Ⓢ riservatezza Ⓒ indiscrezione. 3 Possibilità di decidere liberamente: *il menu è a tua discrezione* Ⓢ scelta.

discriminante (di-scri-mi-nàn-te) AGG. e N.F. || AGG. Che discrimina, che fa delle distinzioni: *questa legge è discriminante nei confronti delle donne.* || N.F. 1 Elemento che risulta decisivo per esprimere un giudizio o per scegliere tra cose simili: *nella scelta dell'abito l'unica discriminante è stata il colore.* **2** Motivo di discriminazione, soprattutto sul piano politico e sociale.

discriminare (di-scri-mi-nà-re) V.TR. (*discrìmino*, ecc.) · Trattare qualcuno in modo diverso dagli altri: *in quella scuola i ragazzi di colore vengono discriminati* Ⓢ emarginare, isolare.

discriminazione (di-scri-mi-na-zió-ne) N.F. · Differenza di comportamento nei confronti di una persona o di un gruppo, rispetto a quello stabilito per l'intera comunità: *la discriminazione razziale non riconosce l'uguaglianza fra gli uomini* Ⓢ emarginazione, isolamento. Ⓔ ***Discriminazione razziale*** → ***razziale***.

discussi (di-scùs-si) · Pass. rem., 1ª pers. sing. → ***discutere***.

discussione (di-scus-sió-ne) N.F. **1** Scambio di opinioni su un argomento da parte di due o più persone: *partecipare a una discussione; mettere in discussione*, esprimere dei dubbi, portare delle critiche Ⓢ dibattito. **2** Contrasto, litigio, battibecco: *ho avuto un'accesa discussione con il mio migliore amico.*

discusso (di-scùs-so) AGG. || Participio pass. → ***discutere***. || AGG. Che causa discussioni o critiche: *una teoria molto discussa* Ⓢ controverso, dibattuto.

discutere (di-scù-te-re) V.TR. e INTR. (irreg.: pass. rem. *discùssi*, *discutésti*, *discùsse*, *discutémmo*, *discutéste*, *discùssero*; part. pass. *discùsso*) || TR. Confrontare attraverso il dialogo opinioni diverse su uno stesso argomento: *l'assemblea discusse il piano dei lavori* Ⓢ dibattere. || INTR. (aus. *avere*) **1** Conversare con partecipazione su un dato argomento: *discutere **di** filosofia; discutere **su** un problema* Ⓢ discorrere. **2** Litigare, bisticciare: *discusse **con** il cugino **per** delle sciocchezze.*

discutibile (di-scu-tì-bi-le) AGG. · Che può causare critiche o discussioni: *un'affermazione discutibile; una persona discutibile* Ⓢ dubbio, controverso.

disdegnare (di-ṣde-gnà-re) V.TR. (*disdégno*, ecc.) · Respingere disprezzare, rifiutare: *disdegna la compagnia di certe persone.*

La prima persona plurale dell'indicativo presente e quella del congiuntivo presente è *disdegniamo*, con la *i*: la forma *disdegnamo* è sempre scorretta! La seconda persona plurale dell'indicativo presente è *disdegnate* senza *i*, mentre quella del congiuntivo presente è *disdegniate* con la *i*.

disdegno (di-ṣdé-gno) N.M. · Sentimento di profonda avversione o di disprezzo: *esprime il proprio disdegno per gli ipocriti.*

disdetta[1] (di-ṣdét-ta) N.F. · Atto con cui si comunica l'annullamento di un contratto: *il padrone di casa ha mandato la disdetta all'inquilino.*

disdetta[2] (di-ṣdét-ta) N.F. · Disgrazia, sfortuna: *che disdetta, ho perso il treno per un minuto!*

disdicevole (di-ṣdi-cé-vo-le) AGG. · Sconveniente, inopportuno, indecoroso: *un comportamento disdicevole.*

disdire (di-ṣdì-re) V.TR. (irreg.: coniugato come *dire*) · Dichiarare di non poter rispettare un impegno o un contratto: *disdire un appuntamento, una prenotazione* Ⓢ annullare, cancellare.

diseducare (di-ṣe-du-cà-re) V.TR. (*diṣèduco*, *diṣèduchi*, ecc.) · Dare un'educazione sbagliata: *letture che diseducano i giovani.*

diseducativo (di-ṣe-du-ca-tì-vo) AGG. · Che ha effetti negativi sull'educazione: *spettacoli diseducativi; un discorso diseducativo* Ⓒ educativo.

disegnare (di-se-gnà-re) V.TR. (*diségno*, ecc.) · Rappresentare con linee tracciate su una superficie: *disegnare un fiore con la matita; disegnare un cerchio al computer* Ⓢ raffigurare, delineare.

La prima persona plurale dell'indicativo presente e quella del congiuntivo presente è *disegniamo*, con la *i*: la forma *disegnamo* è sempre scorretta! La seconda persona plurale dell'indicativo presente è *disegnate* senza *i*, mentre quella del congiuntivo presente è *disegniate* con la *i*.

disegnatore (di-se-gna-tó-re) N.M. (f. *-trìce*) · Chi disegna per professione: *disegnatore di moda.*

disegno (di-sé-gno) N.M. **1** Rappresentazione grafica di tipo tecnico o artistico: *disegno a matita; disegno di fantasia; disegno geometrico.* **2** Motivo ornamentale: *una seta bianca a disegni floreali blu* Ⓢ ornamento. **3** L'arte o il modo di disegnare: *ha sempre avuto un talento per il disegno.* **4** Progetto, proposito, idea: *è andato tutto secondo i suoi disegni.* Ⓔ ***Disegno di legge***, proposta di legge che viene discussa dal Parlamento per essere approvata.

D

diseguaglianza (di-ṣe-gua-gliàn-za) → ***disuguaglianza***.

diseguale (di-ṣe-guà-le) → ***disuguale***.

diserbante (di-ṣer-bàn-te) N.M. · Prodotto chimico usato per eliminare le erbe nocive o infestanti.

diseredare (di-ṣe-re-dà-re) V.TR. (*diṣerèdo*, ecc.) · Privare dell'eredità: *il padre minaccia spesso di diseredarlo.*

diseredato (di-ṣe-re-dà-to) AGG. e N.M. (f. *-a*) · Che, chi è povero e vive ai margini della società: *le classi diseredate; aiutare i diseredati* Ⓢ indigente, miserabile.

disertare (di-ṣer-tà-re) V.INTR. e TR. (*diṣèrto, diṣèrti*, ecc.) || INTR. (aus. *avere*) Abbandonare il proprio esercito: *alcuni soldati hanno disertato.* || TR. Non presentarsi in un luogo in cui si dovrebbe andare: *gli studenti disertarono le lezioni per partecipare allo sciopero.*

disertore (di-ṣer-tó-re) N.M. (f. *-trìce*) · Soldato che abbandona il proprio esercito Ⓢ traditore, fuggiasco.

diserzione (di-ṣer-zió-ne) N.F. · Reato militare che consiste nell'abbandono del proprio esercito Ⓢ defezione.

disfaccio (di-sfàc-cio) · Ind. pres., 1ª pers. sing. → ***disfare***.

disfacimento (di-sfa-ci-mén-to) N.M. **1** Decomposizione, putrefazione: *corpi in disfacimento.* **2** Rovina, decadenza, declino: *il lento disfacimento della famiglia.*

disfare (di-sfà-re) V.TR. (irreg.: ind. pres. *disfàccio* o *disfò* o *dìsfo, disfài, disfà* o *dìsfa, disfacciàmo, disfàte, disfànno* o *dìsfano*; per il resto coniugato come *fare*) || TR. **1** Scomporre qualcosa che era stato fatto in precedenza: *disfare un puzzle.* **2** Sciogliere, liquefare: *il caldo ha disfatto il ghiaccio.* || **disfarsi** RIFL. Sbarazzarsi, liberarsi: *con il trasloco dovrò disfarmi* ***di*** *tutti i vestiti vecchi.* || **disfarsi** INTR. PRONOM. **1** Rovinarsi, guastarsi, deteriorarsi: *con questo caldo le pere si disfanno.* **2** Sciogliersi, liquefarsi: *il burro si è tutto disfatto.*

disfatta (di-sfàt-ta) N.F. **1** Sconfitta militare disastrosa: *l'esercito nemico subì una terribile disfatta* Ⓢ rotta Ⓒ trionfo. **2** Clamoroso fallimento o sconfitta sportiva schiacciante: *la squadra ha riportato una pesante disfatta* Ⓢ batosta.

disfattismo (di-sfat-tì-ṣmo) N.M. · Atteggiamento di sfiducia o di critica nei confronti del successo di un'iniziativa o di un'istituzione: *il suo disfattismo non ostacolò il nostro entusiasmo* Ⓢ pessimismo, sfiducia.

disfattista (di-sfat-tì-sta) AGG. e N.M. e F. (pl.m. *-i*, pl.f. *-e*) · Che, chi nutre sfiducia o pessimismo nei confronti di qualcosa: *ha sempre avuto un atteggiamento disfattista; non sopporto i disfattisti* Ⓢ pessimista.

disfatto (di-sfàt-to) AGG. · Di persona, malandato nell'aspetto o molto abbattuto: *aveva un viso disfatto* ***per*** *la stanchezza; era disfatto* ***dal*** *dolore.*

disfida (di-sfì-da) N.F. · Sfida a un duello: *la disfida di Barletta.*

disfò (di-sfò) (o *dìsfo*) · Ind. pres., 1ª pers. sing. → ***disfare***.

disfunzione (di-sfun-zió-ne) N.F. **1** Cattivo funzionamento di un organo Ⓢ anomalia. **2** Cattivo funzionamento di un servizio o di un'organizzazione pubblica: *la disfunzione dei servizi pubblici* Ⓢ disservizio, inefficienza.

disgelo (di-ṣgè-lo) N.M. **1** Fusione delle nevi e dei ghiacci: *il riscaldamento globale provoca il disgelo dei ghiacciai* Ⓢ scioglimento. **2** Miglioramento nei rapporti tra due Stati: *il disgelo tra Stati Uniti e Unione Sovietica* Ⓢ distensione.

disgiungere (di-ṣgiùn-ge-re) V.TR. (irreg.: coniugato come *giungere*) || TR. Separare, dividere, staccare: *disgiunse le mani* Ⓒ congiungere.

|| **disgiungersi** RIFL. Separarsi, dividersi, staccarsi: *il gruppo si disgiunse* ***dalla*** *folla.*

disgiuntivo (di-sgiun-tì-vo) AGG. · In grammatica: ***congiunzione disgiuntiva***, quella che stabilisce un'alternativa, per es. le congiunzioni *o, ovvero, oppure.*

disgiunto (di-sgiùn-to) AGG. · Staccato, separato, diviso: *tenere le mani disgiunte* Ⓒ congiunto, giunto.

disgrazia (di-sgrà-zia) N.F. (pl. *-zie*) 1 Evento tragico e improvviso: *è capitata una disgrazia; le disgrazie non vengono mai sole* Ⓢ incidente, sciagura. 2 Sorte avversa: *la disgrazia ci perseguita; ha la disgrazia di incontrare sempre le persone sbagliate* Ⓢ sfortuna, sventura. 3 Perdita del favore o della protezione degli altri: *dopo il grande successo è caduto in disgrazia.* Ⓔ ***Per disgrazia***, per sfortuna o per sbaglio: *è andato perso per disgrazia.*

disgraziatamente (di-sgra-zia-ta-mén-te) AVV. · Per sfortuna, purtroppo: *disgraziatamente questo vestito non è della mia taglia.*

disgraziato (di-sgra-zià-to) AGG. e N.M. (f. -a) || AGG. e N.M. (f. -a) 1 Di persona, che, chi ha sfortuna: *è sempre stato disgraziato* ***in*** *amore; è un povero disgraziato* Ⓢ sfortunato, sventurato. 2 Di persona che si vuol criticare, condannare o compatire: *quel disgraziato di suo figlio la fa sempre preoccupare* Ⓢ sciagurato. || AGG. 1 Di cosa, che ha avuto un esito infelice: *un matrimonio disgraziato* Ⓢ fallito. 2 Pieno di disagi e di imprevisti: *un viaggio disgraziato; un periodo disgraziato* Ⓢ spiacevole.

disgregare (di-sgre-gà-re) V.TR. (*disgrègo, disgrèghi*, ecc.) || TR. 1 Scomporre, frantumare, sgretolare: *il gelo disgrega le rocce.* 2 Privare di unità o di compattezza: *l'invidia reciproca sgretolò il loro gruppo di amici* Ⓢ disunire, sgretolare. || **disgregarsi** INTR. PRONOM. Frammentarsi, sgretolarsi: *la roccia si disgrega per l'azione del vento; dopo lo scandalo la famiglia si è disgregata.*

disgregazione (di-sgre-ga-zió-ne) N.F. 1 Perdita di unità, soprattutto morale e organizzativa: *la disgregazione di una famiglia, di un partito* Ⓢ crollo, sfacelo. 2 Frantumazione delle rocce dovuta a processi fisici e all'azione degli agenti atmosferici.

disguido (di-sguì-do) N.M. 1 Errore di spedizione o di consegna: *la lettera non è arrivata per un disguido postale.* 2 Equivoco, contrattempo, malinteso: *ci deve essere stato un disguido.*

disgustare (di-sgu-stà-re) V.TR. || TR. 1 Provocare disgusto, nauseare: *lo sciroppo mi ha disgustato.* 2 Provocare fastidio o avversione: *un simile comportamento mi disgusta.* || **disgustarsi** INTR. PRONOM. 1 Provare nausea per cibi o bevande: *disgustarsi* ***della*** *carne,* ***del*** *vino.* 2 Provare fastidio o avversione: *disgustarsi* ***dell'****ozio e* ***del*** *lusso.*

disgusto (di-sgù-sto) N.M. · Intenso senso di avversione per certi cibi o bevande o per certi comportamenti: *prova disgusto per l'alcol; il suo cinismo mi ispira disgusto* Ⓢ nausea.

disgustoso (di-sgu-stó-so) AGG. 1 Che provoca la nausea: *un sapore, un odore disgustoso* Ⓢ nauseante, schifoso. 2 Indecente, ripugnante: *il suo comportamento è stato disgustoso.*

disidratare (di-si-dra-tà-re) V.TR. || TR. Privare dell'acqua un organismo o una sostanza: *disidratare la verdura; una malattia che disidrata il corpo* Ⓒ idratare. || **disidratarsi** INTR. PRONOM. Di un organismo o di una sostanza, perdere molta acqua.

disidratato (di-si-dra-tà-to) AGG. · Di sostanza o di organismo, che ha eliminato il suo normale contenuto di acqua: *alimenti disidratati; pelle disidratata* Ⓒ idratato.

disidratazione (di-si-dra-ta-zió-ne) N.F. · Perdita di acqua da parte di una sostanza o di un organismo: *una lunga esposizione al sole provoca la disidratazione della pelle* Ⓒ idratazione.

disilludere (di-sil-lù-de-re) V.TR. (irreg.: coniugato come *illudere*) || TR. Togliere ogni illusione: *gli ultimi avvenimenti mi hanno disilluso* ***sul*** *suo conto* Ⓒ illudere. || **disilludersi** INTR. PRONOM. Perdere ogni illusione: *ormai si è disilluso* ***sul*** *futuro del suo progetto.* ▸ Ⓕ **ludus**

disillusione (di-sil-lu-sió-ne) N.F. · Perdita di un'illusione: *che disillusione è stata scoprire che era tutto completamente falso!* Ⓢ disincanto, disinganno. ▸ Ⓕ **ludus**

D

disilluso (di-ṣil-lù-ṣo) AGG. e N.M. (f. *-a*) || Participio pass. → ***disilludere***. || AGG. Che, in seguito a varie delusioni, non si aspetta più nulla di buono dalla vita: *essere disilluso* ***dalla*** *politica* Ⓢ disincantato Ⓒ illuso. || N.M. (f. -*a*) Chi ha perso ogni illusione. ▸ Ⓕ **ludus**

disimparare (di-ṣim-pa-rà-re) V.TR. · Dimenticare ciò che si è imparato: *ho disimparato* ***a*** *sciare* Ⓢ scordare.

disimpegnare (di-ṣim-pe-gnà-re) V.TR. (*diṣimpégno*, ecc.) || TR. **1** Liberare da un obbligo o da una promessa: *ti disimpegno* ***dal*** *tuo giuramento* Ⓢ esonerare. **2** Di oggetti dati in pegno, riscattare: *disimpegnò i gioielli dal suo creditore.* || **disimpegnarsi** RIFL. **1** Liberarsi da un impegno: *se riesco a disimpegnarmi* ***dalle*** *visite, ti raggiungo alla festa.* **2** Comportarsi bene, cavarsela, destreggiarsi: ***nel*** *nuovo lavoro si disimpegna proprio bene.* **3** Nel linguaggio sportivo, liberarsi dalla pressione dell'avversario: *il giocatore si disimpegnò con agilità.*

La prima persona plurale dell'indicativo presente e quella del congiuntivo presente è *disimpegniamo*, con la *i*: la forma *disimpegnamo* è sempre scorretta! La seconda persona plurale dell'indicativo presente è *disimpegnate* senza *i*, mentre quella del congiuntivo presente è *disimpegniate* con la *i*.

disimpegno (di-ṣim-pé-gno) N.M. **1** Modo per uscire da una difficoltà: *cercava un pretesto che le servisse di disimpegno.* **2** Mancanza di impegno sociale o politico. **3** Locale che permette di raggiungere altri locali: *una stanza di disimpegno.*

disincagliare (di-ṣin-ca-glià-re) V.TR. (*diṣincàglio*, ecc.) || TR. **1** Liberare un'imbarcazione che si è incagliata: *disincagliare una nave.* **2** Liberare da un ostacolo: *disincagliare una trattativa* Ⓢ sbloccare. || **disincagliarsi** INTR. PRONOM. Liberarsi da una difficoltà: *la pratica si è finalmente disincagliata.*

disincanto (di-ṣin-càn-to) N.M. · Sentimento di chi vede smentite le proprie illusioni ed è costretto ad accettare la realtà Ⓢ disillusione, disinganno.

disinfestare (di-ṣin-fe-stà-re) V.TR. (*diṣinfèsto*, ecc.) · Liberare da parassiti, piante o animali nocivi: *disinfestare un terreno* ***dalle*** *erbacce.*

disinfettante (di-ṣin-fet-tàn-te) N.M. · Sostanza capace di distruggere i microbi: *pulire la ferita con un disinfettante.*

disinfettare (di-ṣin-fet-tà-re) V.TR. (*diṣinfètto*, ecc.) · Trattare con un disinfettante: *disinfettare una ferita* Ⓢ sterilizzare.

disinfezione (di-ṣin-fe-zió-ne) N.F. · Operazione che ha lo scopo di distruggere i microbi: *la disinfezione di un locale* Ⓢ sterilizzazione.

disinganno (di-ṣin-gàn-no) N.M. · Perdita di un'illusione: *un amaro disinganno* Ⓢ disillusione, disincanto.

disinibito (di-ṣi-ni-bì-to) AGG. **1** In psicologia, di chi non è frenato da nessuna inibizione Ⓒ inibito. **2** Libero da condizionamenti sociali e culturali: *ammiro le persone disinibite e sicure di sé* Ⓢ disinvolto, spregiudicato.

disinnescare (di-ṣin-ne-scà-re) V.TR. (*diṣinnésco*, *diṣinnéschi*, ecc.) · Togliere a una carica esplosiva il dispositivo che la fa scoppiare: *disinnescare una mina* Ⓒ innescare.

disintegrare (di-ṣin-te-grà-re) V.TR. (*diṣìntegro*, ecc.) || TR. Ridurre in piccolissimi frammenti: *la bomba ha disintegrato l'edificio* Ⓢ distruggere, frantumare. || **disintegrarsi** INTR. PRONOM. Ridursi in piccolissimi frammenti: *l'aereo si è disintegrato in volo.*

disintegrazione (di-ṣin-te-gra-zió-ne) N.F. · Riduzione in piccolissimi frammenti Ⓢ frammentazione, frantumazione.

disinteressarsi (di-ṣin-te-res-sàr-si) V.INTR. PRONOM. (*mi diṣinterèsso*, ecc.) · Non provare più interesse per qualcuno o per qualcosa: *disinteressarsi* ***della*** *scuola* Ⓢ trascurare, infischiarsene.

disinteressato (di-ṣin-te-res-sà-to) AGG. **1** Che non ha interesse: *è del tutto disinteressato* ***ai*** *problemi ecologici.* **2** Che non è mosso o dettato da interesse personale: *un amico disinteressato; un consiglio disinteressato* Ⓢ generoso, altruista.

disinteresse (di-ṣin-te-rès-se) N.M. **1** Mancanza di interesse: *il suo disinteresse* ***per*** *lo studio è noto a tutti* Ⓢ indifferenza, noncuranza.

2 Comportamento che non è motivato dall'interesse personale: *presta sempre il suo aiuto con disinteresse* Ⓢ generosità, altruismo.

disintossicare (di-ṣin-tos-si-cà-re) V.TR. (*diṣintòssico, diṣintòssichi*, ecc.) || TR. Liberare da sostanze tossiche o nocive: *disintossicare l'organismo* Ⓢ depurare, purificare Ⓒ intossicare. || **disintossicarsi** RIFL. Curarsi da un'intossicazione, liberarsi da sostanze tossiche o nocive: *è riuscito a disintossicarsi* ***dall'****eroina.*

disintossicazione (di-ṣin-tos-si-ca-zió-ne) N.F. · Processo di eliminazione dall'organismo delle sostanze tossiche ingerite o prodotte dall'organismo stesso: *si sottoporrà a una cura di disintossicazione* ***dall'****alcol* Ⓒ intossicazione.

disinvolto (di-ṣin-vòl-to) AGG. **1** Che affronta persone e situazioni con spontaneità e sicurezza: *mio fratello è molto disinvolto nel parlare* Ⓢ sicuro, spigliato. **2** Senza impacci e incertezze: *modi disinvolti; comportamento disinvolto* Ⓢ deciso.

Il termine deriva dallo spagnolo *desenvuelto*, composto di *des-* 'non' ed *envuelto* 'impacciato'.

disinvoltura (di-ṣin-vol-tù-ra) N.F. **1** Atteggiamento di sicurezza e di naturalezza: *comportati con disinvoltura* Ⓢ spontaneità. **2** Comportamento sfacciato e impertinente: *sa mentire con gran disinvoltura* Ⓢ leggerezza, sfrontatezza.

dislivello (di-ṣli-vèl-lo) N.M. **1** Differenza di livello: *la funicolare supera un dislivello di 800 metri.* **2** Disparità, differenza, divario: *dislivello culturale, sociale.*

dislocare (di-ṣlo-cà-re) V.TR. (*diṣlòco, diṣlòchi*, ecc.) · Disporre nei luoghi più opportuni: *la pattuglia della polizia fu dislocata* ***nel*** *quartiere.*

dislocazione (di-ṣlo-ca-zió-ne) N.F. · Spostamento, trasferimento: *dislocazione dell'esercito al fronte.*

dismisura (di-ṣmi-ṣù-ra) N.F. · Mancanza della giusta misura. Ⓔ ***A dismisura***, senza limite o controllo, in eccesso: *quando è nervoso mangia a dismisura.*

disobbediente (di-ṣob-be-dièn-te) → ***disubbidiente***.

disobbedienza (di-ṣob-be-dièn-za) → ***disubbidienza***.

disobbedire (di-ṣob-be-dì-re) → ***disubbidire***.

disoccupato (di-ṣoc-cu-pà-to) AGG. e N.M. (f. -*a*) · Che, chi ha perduto o non ha ancora trovato un lavoro: *mio fratello è disoccupato; un corteo di disoccupati sfilava per le strade della città* Ⓒ occupato.

disoccupazione (di-ṣoc-cu-pa-zió-ne) N.F. · La mancanza di un lavoro retribuito: *il problema della disoccupazione giovanile è molto grave.*

disomogeneo (di-ṣo-mo-gè-ne-o) AGG. (pl.m. -*nei*, pl.f. -*nee*) · Costituito da elementi differenti: *un insieme disomogeneo* Ⓒ omogeneo.

disonestà (di-ṣo-ne-stà) N.F. INVAR. · Mancanza di onestà nei confronti degli altri: *agire con disonestà; a causa della sua disonestà non ha più amici* Ⓢ slealtà, scorrettezza.

disonesto (di-ṣo-nè-sto) AGG. e N.M. (f. -*a*) · Che, chi manca di onestà nei rapporti con gli altri: *un uomo disonesto; agire in modo disonesto* Ⓢ sleale, scorretto Ⓒ onesto.

disonorare (di-ṣo-no-rà-re) V.TR. (*diṣonóro*, ecc.) · Privare del prestigio e della dignità: *un gesto vile disonora chi lo commette* Ⓢ infangare, screditare.

disonorato (di-ṣo-no-rà-to) AGG. · Che ha perso l'onore: *un nome disonorato; una famiglia disonorata.*

disonore (di-ṣo-nó-re) N.M. **1** Perdita della dignità, del prestigio o della stima degli altri: *con quel vile gesto coprì di disonore la sua casa* Ⓢ discredito. **2** Persona o comportamento che causa vergogna o perdita di dignità: *lo zio è il disonore della famiglia; è un disonore tradire la fiducia degli altri* Ⓢ vergogna.

disonorevole (di-ṣo-no-ré-vo-le) AGG. · Che è motivo di disonore o di vergogna: *un'azione disonorevole; una sconfitta disonorevole* Ⓢ vergognoso, degradante.

disopra (di-só-pra) (o **di sopra**) AVV., AGG. e N.M. INVAR. || AVV. Nel luogo o nella parte superiore: *io abito disopra; guarda disopra* Ⓢ sopra. || AGG. Superiore: *l'appartamento disopra*, al piano superiore. || N.M. Parte superiore: *il disopra del cappello.* Ⓔ ***Al disopra di***, superiore a: *i numeri al di sopra del dieci;* ***al disopra di ogni sospetto***, che viene ritenuto assolutamente innocente: *un cittadino al di sopra di ogni sospetto.*

D

disordinatamente (di-ṣor-di-na-ta-mén-te) AVV. **1** Senza chiarezza o precisione: *si esprime disordinatamente.* **2** In modo scomposto e confuso: *si misero disordinatamente in fuga.* **3** Senza moderazione, in modo sregolato: *vive disordinatamente.*

disordinato (di-ṣor-di-nà-to) AGG. **1** Privo di ordine: *la sua stanza è sempre disordinata; per strada c'era un viavai disordinato di persone* Ⓢ confuso, caotico Ⓒ ordinato. **2** Privo di chiarezza e di precisione: *fece un racconto disordinato del suo viaggio; mio figlio è molto disordinato* ***nello*** *studio* Ⓢ confusionario, sconclusionato. **3** Privo di moderazione: *conduce una vita disordinata* Ⓢ sregolato, sfrenato.

disordine (di-ṣór-di-ne) N.M. **1** Mancanza di ordine: *non sopporto di vivere in mezzo al disordine; ha molto disordine nelle sue idee* Ⓢ confusione, caos Ⓒ ordine. **2** AL PL. Agitazione popolare: *durante la manifestazione si verificarono gravi disordini* Ⓢ tumulto. Ⓔ ***In disordine***, fuori posto: *i suoi giochi sono tutti in disordine; hai i capelli sempre in disordine*, spettinati.

disorganico (di-ṣor-gà-ni-co) AGG. (pl.m. *-ci*, pl.f. *-che*) · Privo di un ordine o di una struttura: *un romanzo disorganico* Ⓢ disordinato, disorganizzato Ⓒ organico.

disorganizzato (di-ṣor-ga-niẓ-ẓà-to) AGG. · Privo di organizzazione: *è troppo disorganizzato per fare il capoclasse* Ⓢ disordinato, inefficiente.

disorganizzazione (di-ṣor-ga-niẓ-ẓa-zió-ne) N.F. · Mancanza di organizzazione in una comunità o in un organismo: *la disorganizzazione degli uffici pubblici, dei trasporti* Ⓢ disordine, confusione.

disorientamento (di-ṣo-rien-ta-mén-to) N.M. · Confusione causata dall'impossibilità di adeguarsi a una situazione: *la notizia creò disorientamento nell'opinione pubblica* Ⓢ incertezza, smarrimento.

disorientare (di-ṣo-rien-tà-re) V.TR. (*diṣoriènto*, ecc.) **1** Rendere incerto sul percorso da seguire: *camminare nel bosco li aveva disorientati.* **2** Provocare incertezza sul modo di comportarsi, di giudicare o di reagire: *la sua reazione mi disorientò* Ⓢ confondere, turbare.

disorientato (di-ṣo-rien-tà-to) AGG. · Che non sa bene quale comportamento avere: *si sentiva disorientato nel nuovo ambiente di lavoro* Ⓢ smarrito, spaesato.

disossare (di-ṣos-sà-re) V.TR. (*diṣòsso*, ecc.) · Togliere l'osso o le ossa alla carne o il nocciolo da un frutto: *disossare un pollo; disossare le olive.*

disossato (di-ṣos-sà-to) AGG. · Che non ha l'osso o il nocciolo: *bistecche disossate; olive disossate.*

disotto (di-sót-to) (o **di sotto**) AVV., AGG. e N.M. INVAR. || AVV. Nel luogo sottostante, nella parte inferiore: *io abito disotto; guarda disotto* Ⓢ sotto, giù Ⓒ sopra, su. || AGG. Inferiore: *l'appartamento disotto*, al piano inferiore Ⓒ superiore. || N.M. Parte inferiore o sottostante: *vernicia anche il disotto del mobile.* Ⓔ ***Al disotto di***, nella parte inferiore: *al di sotto del palco c'era l'orchestra*; a un livello inferiore rispetto alle aspettative o alle capacità: *ti impegni sempre al disotto delle tue possibilità.*

dispaccio (di-spàc-cio) N.M. (pl. *-ci*) **1** Comunicazione ufficiale inviata da un'autorità: *il console ha ricevuto un dispaccio militare.* **2** Comunicazione scritta, telegramma: *in redazione arrivano migliaia di dispacci di agenzia.*

disparato (di-spa-rà-to) AGG. · Di natura diversa: *qui vendono gli oggetti più disparati* Ⓢ eterogeneo, vario.

dispari (dì-spa-ri) AGG. INVAR. · Di numero, non divisibile per due: *il 19 è un numero dispari* Ⓒ pari.

disparità (di-spa-ri-tà) N.F. INVAR. · Disuguaglianza, differenza, diversità: *tra poveri e ricchi ci sono evidenti disparità sociali* Ⓒ parità.

disparte (di-spàr-te) AVV. · Solo nell'espressione ***in disparte***, in luogo isolato, da parte: *è molto timido: se ne sta sempre in disparte.*

dispendio (di-spèn-dio) N.M. (pl. *-di*) · Consumo eccessivo o dannoso: *un inutile dispendio di energie; con grande dispendio di forze* Ⓢ spreco, sperpero.

dispendioso (di-spen-diό-so) AGG. · Che ha un prezzo molto alto: *un viaggio dispendioso* Ⓢ caro, costoso.

dispensa (di-spèn-sa) N.F. **1** Ambiente o mobile usato per le provviste alimentari: *la dispensa era vuota* Ⓢ credenza. **2** Ognuno dei fascicoli di un'opera che si pubblica a intervalli regolari: *ci manca l'ultima dispensa per completare il corso di cinese* Ⓢ fascicolo, numero. **3** Permesso che consente di rimanere liberi da un ufficio, da un servizio o da un obbligo: *dispensa dal servizio militare; dispensa dalle tasse scolastiche* Ⓢ esenzione, esonero.

dispensare (di-spen-sà-re) V.TR. (*dispènso*, ecc.) **1** Distribuire con generosità: *dispensare farmaci **ai** malati; dispensare sorrisi **a** tutti* Ⓢ elargire. **2** Liberare da un obbligo o da un impegno: *i medici lo dispensarono **dal** servizio militare* Ⓢ esentare.

disperare (di-spe-rà-re) V.TR. e INTR. (*dispèro*, ecc.) || TR. e INTR. (aus. *avere*) Perdere la speranza: *i medici disperano **di** salvarlo; disperare **nel** futuro.* || **disperarsi** INTR. PRONOM. Abbandonarsi alla disperazione: *si dispera **per** la sconfitta subita* Ⓢ abbattersi, deprimersi. Ⓔ ***Far disperare qualcuno***, nel linguaggio familiare, farlo dannare: *quel ragazzo mi fa disperare.*

disperatamente (di-spe-ra-ta-mén-te) AVV. **1** Senza speranza né conforto: *piangere disperatamente* Ⓢ moltissimo. **2** Senza sosta né riposo, a più non posso: *lavorare disperatamente.*

disperato (di-spe-rà-to) AGG. e N.M. (f. *-a*) || AGG. **1** Privo di speranza o di rimedio: *la situazione era disperata; tentò di consolare il suo amico disperato.* **2** Che ha pochissime possibilità di riuscita: *è un'impresa disperata; fece un ultimo disperato tentativo di salvarlo* Ⓢ impossibile. **3** Che è causato dalla disperazione: *un gesto disperato; un pianto disperato.* || N.M. (f. *-a*) **1** Nel linguaggio familiare, chi non ha soldi né lavoro: *è un povero disperato* Ⓢ miserabile, disgraziato. **2** Chi si impegna con tutte le sue energie in un'attività: *lavora come un disperato.*

disperazione (di-spe-ra-zió-ne) N.F. **1** Stato di angoscia e di sconforto, dovuto a un evento doloroso o all'incapacità di reagire di fronte alle avversità: *abbandonarsi alla disperazione; essere in preda alla disperazione* Ⓢ abbattimento. **2** Motivo di tormento, di fastidio o di preoccupazione: *quella donna è la sua disperazione* Ⓢ croce, dannazione.

disperdere (di-spèr-de-re) V.TR. (irreg.: coniugato come *perdere*) || TR. **1** Separare allontanando tra loro gli elementi di un insieme: *la polizia ha disperso i manifestanti* Ⓢ sparpagliare, disseminare Ⓒ riunire. **2** Sprecare, sperperare, consumare: *disperde troppe energie **in** attività noiose.* || **disperdersi** RIFL. Darsi a una fuga disordinata: *il gregge si disperse **per** la collina.* || **disperdersi** INTR. PRONOM. Di calore o di energia, andare perduto: *se tieni aperte le finestre il calore si disperde.*

dispersione (di-sper-sió-ne) N.F. **1** Separazione violenta o dannosa degli elementi di un insieme: *la dispersione dell'esercito nemico; la dispersione dei beni di famiglia* Ⓢ divisione, spreco. **2** Spreco, perdita, sperpero: *dispersione di calore, di energia, di gas.*

dispersivo (di-sper-sì-vo) AGG. **1** Che spreca le proprie forze o il proprio tempo: *uno studente dispersivo* Ⓢ disordinato, disorganizzato. **2** Compiuto con inutile spreco di energia: *studia in modo dispersivo.*

disperso (di-spèr-so) AGG. e N.M. (f. *-a*) · Di persona di cui non si hanno più tracce o notizie dopo una battaglia o una catastrofe: *si continuano a cercare i dispersi tra le macerie del terremoto.*

dispetto (di-spèt-to) N.M. **1** Azione spiacevole provocata da rabbia, risentimento o malignità: *fare un dispetto a qualcuno* Ⓢ sgarbo Ⓒ gentilezza. **2** Contrarietà o irritazione, spesso provocata da invidia: *provò dispetto per il successo del cugino* Ⓢ risentimento, rabbia. Ⓔ ***A dispetto di***, nonostante, malgrado: *a dispet-*

A B C D E F G H I J K L M N O P Q R S T U V W X Y Z

D

to del vento contrario la nave riuscì a salpare • ***Per dispetto***, per dare fastidio di proposito: *lascia tutto in disordine solo per dispetto.*

dispettoso (di-spet-tó-so) AGG. 1 Che prova gusto a fare dispetti: *sei una bambina proprio dispettosa* Ⓢ fastidioso, molesto. 2 Che provoca irritazione: *un gesto dispettoso; uno sguardo dispettoso* Ⓢ indisponente, irritante.

dispiacere[1] (di-spia-cé-re) N.M. · Sconforto provocato da contrarietà o da delusioni: *un dispiacere sincero, profondo; provare, sentire dispiacere* Ⓢ dolore, pena Ⓒ piacere. Ⓔ ***Affogare i dispiaceri nell'alcol*** o ***annegare i dispiaceri nell'alcol***, ubriacarsi per non pensare o per dimenticare.

dispiacere[2] (di-spia-cé-re) V.INTR. (irreg.: coniugato come *piacere*; aus. *essere*) || INTR. 1 Non piacere, risultare sgradevole: *dispiace **che** tu dica queste parole* Ⓢ spiacere, urtare Ⓒ piacere • Preceduto dalla negazione esprime un giudizio positivo o un desiderio: *il film non **mi** è dispiaciuto.* 2 Provocare amarezza: ***mi** dispiace, ma non posso accettare il tuo invito; **mi** dispiace **che** tu debba partire* Ⓢ rincrescere, dolere • In espressioni di cortesia, per introdurre una richiesta: ***ti** dispiacerebbe aprire la finestra?* || **dispiacersi** INTR. PRONOM. Amareggiarsi, dolersi, rammaricarsi: *si è dispiaciuto **per** il tuo comportamento di ieri; mi dispiace **di** non poter venire.*

dispiaciuto (di-spia-ciù-to) AGG. · Che prova dispiacere: *sono veramente dispiaciuto **per** l'accaduto; è molto dispiaciuto **di** averti offeso* Ⓢ desolato, spiacente.

display (di-splay; pronuncia *displéi*) N. INGL., in it. N.M. INVAR. · Dispositivo usato per visualizzare i dati sotto forma di caratteri luminosi: *il display di un computer, di una calcolatrice.*

disponibile (di-spo-nì-bi-le) AGG. 1 Che è a disposizione, che può essere utilizzato o acquistato: *per il concerto non c'è più nemmeno un posto disponibile* Ⓢ utilizzabile. 2 Di persona, libero da impegni: *appena sarò disponibile potremo incontrarci.* 3 Ben disposto verso qualcuno o qualcosa: *questo insegnante si mostra sempre disponibile verso i propri alunni* Ⓢ aperto.

disponibilità (di-spo-ni-bi-li-tà) N.F. INVAR. 1 Possibilità di usare liberamente qualcosa: *al momento non ho disponibilità di denaro.* 2 Impegno a fornire la propria collaborazione in certe situazioni: *per organizzare la festa puoi contare sulla mia disponibilità.*

disporre (di-spór-re) V.TR. e INTR. (irreg.: coniugato come *porre*) || TR. 1 Collocare in un certo ordine: *disporre i libri **sullo** scaffale; disporre le schede **in** ordine alfabetico* Ⓢ sistemare, ordinare. 2 Organizzare, allestire, predisporre: *ho già disposto tutto **per** la partenza.* 3 Ordinare, prescrivere, stabilire: *per questo reato la legge dispone l'arresto.* || INTR. (aus. *avere*) 1 Fare affidamento su qualcuno o su qualcosa: *disponi **del** tuo tempo come meglio credi* Ⓢ contare, confidare. 2 Avere a disposizione: *non dispongo **di** una simile somma; la fabbrica dispone **di** 700 operai* Ⓢ avere, possedere. || **disporsi** RIFL. Collocarsi in un certo ordine: *gli alunni si disposero **in** fila.*

dispositivo (di-spo-ṣi-tì-vo) N.M. · Congegno che serve a determinate funzioni: *dispositivo elettrico, automatico; dispositivo di sicurezza; dispositivo antifurto* Ⓢ meccanismo, apparecchio.

disposizione (di-spo-ṣi-zió-ne) N.F. 1 Modo in cui qualcosa è posto: *la disposizione dei banchi nell'aula; la disposizione degli argomenti in un testo* Ⓢ collocazione, sistemazione. 2 Inclinazione o attitudine affettiva, morale o intellettuale: *ha una buona disposizione **verso** di te; ha molta disposizione **per** la musica* Ⓢ predisposizione, propensione. 3 Ordine, comando: *diede disposizioni **per** la cena.* 4 Possibilità di servirsi di qualcuno o di qualcosa: *mettere a disposizione una somma, una stanza.* Ⓔ ***Essere a disposizione di qualcuno***, dare la propria disponibilità totale ad aiutarlo: *se hai bisogno di aiuto sono a tua completa disposizione.*

disposto (di-spó-sto) AGG. 1 Collocato in un certo modo: *nomi disposti **in** ordine alfabetico* Ⓢ sistemato, posizionato. 2 Pronto, propenso, intenzionato: *è un uomo disposto **a** tutto; è molto ben disposto nei miei confronti.* 3 Stabilito, ordinato, prescritto: *secondo le misure disposte per legge.*

dispotico (di-spò-ti-co) AGG. (pl.m. *-ci*, pl.f. *-che*) **1** Tirannico, dittatoriale: *un regime dispotico*. **2** Che impone con eccessivo rigore la propria volontà: *un padre dispotico* Ⓢ autoritario, prepotente.

dispotismo (di-spo-tì-ṣmo) N.M. **1** Regime tirannico che si basa sulla violenta imposizione della volontà del più forte: *il dispotismo reprime la libertà individuale* Ⓢ dittatura, assolutismo. **2** Potere imposto con eccessivo rigore: *il dispotismo del padre l'ha costretta ad andarsene di casa* Ⓢ prepotenza.

dispregiativo (di-spre-gia-tì-vo) AGG. e N.M. || AGG. **1** Che esprime ostilità, ripugnanza o disprezzo: *un atteggiamento, un tono dispregiativo* Ⓢ sprezzante. **2** In grammatica, di suffisso (per es. *-accio*) che dà una sfumatura di disprezzo al significato di un nome o di un aggettivo Ⓒ vezzeggiativo. || N.M. In grammatica, la forma che si ottiene aggiungendo a una parola un suffisso dispregiativo: *"gattaccio" è il dispregiativo di "gatto"*.

disprezzabile (di-sprez-zà-bi-le) AGG. · Che non merita considerazione né rispetto: *un comportamento disprezzabile*.

disprezzare (di-sprez-zà-re) V.TR. (*disprèzzo*, ecc.) **1** Considerare indegno della propria stima: *disprezzava i colleghi* Ⓒ stimare. **2** Non tenere in considerazione: *tu disprezzi sempre i consigli degli altri* Ⓢ sdegnare.

disprezzo (di-sprèz-zo) N.M. · Profonda mancanza di stima nei confronti di qualcuno o di qualcosa: *nutro un profondo disprezzo per l'ipocrisia* Ⓒ stima.

disputa (dì-spu-ta) N.F. **1** Discussione animata e vivace tra sostenitori di due tesi opposte: *nell'aula si accese un'aspra disputa* ***sulla*** *questione* Ⓢ dibattito, controversia. **2** Gara, competizione: *la disputa della finale avverrà domani sera*.

disputare (di-spu-tà-re) V.INTR. e TR. (*dìsputo*, ecc.) || INTR. (aus. *avere*) Discutere su questioni per cui vi è contrasto di opinioni o di giudizi: *disputare* ***di*** *filosofia,* ***sul*** *senso della vita* Ⓢ dibattere. || TR. Partecipare a una competizione sportiva: *ha disputato tre finali olimpiche* Ⓢ gareggiare. || **disputarsi** RIFL. RECIPROCO Contendersi l'un l'altro: *nella gara di oggi le due squadre si disputano lo scudetto*.

disquisizione (di-squi-ṣi-zió-ne) N.F. · Trattazione precisa e approfondita di un argomento: *una dotta disquisizione* ***sulla*** *pittura del Seicento* Ⓢ dissertazione, trattazione.

dissacrante (dis-sa-cràn-te) AGG. · Critico e irriverente nei confronti di qualcosa ritenuto sacro e certo: *uno scritto dissacrante; una battuta dissacrante* Ⓢ insolente, impertinente.

dissacrare (dis-sa-crà-re) V.TR. · Criticare in modo irriverente qualcosa ritenuto sacro e certo: *si divertiva a dissacrare le convinzioni religiose dei suoi avversari*.

dissacratore (dis-sa-cra-tó-re) AGG. e N.M. (f. *-trice*) · Che, chi critica in modo irriverente.

dissanguamento (dis-san-gua-mén-to) N.M. · Perdita abbondante di sangue: *è morto per dissanguamento*.

dissanguare (dis-san-guà-re) V.TR. (*dissànguo*, ecc.) || TR. **1** Privare di una grande quantità di sangue: *l'emorragia lo ha dissanguato*. **2** Ridurre qualcuno alla miseria e alla fame: *gli strozzini lo dissanguarono* Ⓢ rovinare, sfruttare. || **dissanguarsi** RIFL. Ridursi in miseria: *si sono dissanguati per pagare i debiti del figlio*. || **dissanguarsi** INTR. PRONOM. Perdere una grande quantità di sangue: *per le molte ferite si era quasi dissanguato*.

dissapore (dis-sa-pó-re) N.M. · Contrasto, dissenso, discordia: *dissapore tra coniugi*.

disseminare (dis-se-mi-nà-re) V.TR. (*dissémino*, ecc.) **1** Spargere qua e là: *il bambino disseminò briciole per tutta la casa* Ⓢ sparpagliare. **2** Diffondere, seminare, propagare: *disseminare il terrore, il malcontento*.

dissennato (dis-sen-nà-to) AGG. · Che non ha senno: *commise un gesto dissennato* Ⓢ folle, insensato.

dissenso (dis-sèn-so) N.M. **1** Mancanza di accordo nei giudizi o nelle opinioni: *esprimere, manifestare il proprio dissenso; sono spesso in dissenso su questioni fondamentali* Ⓢ divergenza, disaccordo Ⓒ assenso. **2** Disapprovazione, critica: *la commedia fu accolta da molti dissensi*.

D

dissenteria (dis-sen-te-rì-a) N.F. (pl. *-rìe*) · Malattia infettiva dell'intestino con grave diarrea e dolori addominali.

dissentire (dis-sen-tì-re) V.INTR. (*dissènto*, *dissènti*, ecc.; aus. *avere*) · Essere in disaccordo nelle opinioni o nei giudizi: *dissentiva **da** me **su** vari punti* Ⓢ discordare, divergere.

dissenziente (dis-sen-zièn-te) AGG. e N.M. e F. · Che, chi manifesta opinioni diverse o in contrasto con quelle della maggioranza.

disseppellire (dis-sep-pel-lì-re) V.TR. (irreg.: ind. pres. *disseppellìsco*, *disseppellìsci*, ecc.; part. pass. *dissepólto* o *disseppellìto*) **1** Levare dalla sepoltura: *disseppellire un cadavere* Ⓢ dissotterrare, esumare Ⓒ seppellire. **2** Riportare alla luce qualcosa che era sotto terra: *disseppellire un'antica città* • Far ricordare cose o persone dimenticate: *disseppellire vecchie usanze* Ⓢ rivangare.

dissertazione (dis-ser-ta-zió-ne) N.F. · Ampia e dettagliata esposizione di interesse scientifico o letterario: *lo studioso fece un'interessante dissertazione **sull'**uso delle energie rinnovabili* Ⓢ disquisizione, trattazione.

disservizio (dis-ser-vì-zio) N.M. (pl. *-zi*) · Pessimo funzionamento di un servizio pubblico: *disservizio postale, ferroviario.*

dissestare (dis-se-stà-re) V.TR. (*dissèsto*, ecc.) **1** Ridurre in cattive condizioni, rendendo instabile: *le continue piogge hanno dissestato la strada.* **2** Ridurre in cattive condizioni economiche: *dissestare le finanze dello Stato* Ⓢ rovinare.

dissesto (dis-sè-sto) N.M. · Grave crisi che compromette la vita di una persona, di un organismo, di un'azienda o di una comunità: *causare, provocare un dissesto* Ⓢ rovina, fallimento.

dissetante (dis-se-tàn-te) AGG. · Che toglie la sete: *in estate bevo molte bevande dissetanti.*

dissetare (dis-se-tà-re) V.TR. (*disséto*, ecc.) || TR. Togliere la sete: *il tè freddo mi disseta.* || **dissetarsi** RIFL. Togliersi la sete: *si dissetò **a** una fontana* Ⓢ bere.

dissezione (dis-se-zió-ne) N.F. · Operazione con cui si separano, tagliandole, le varie parti del corpo di un uomo o di un animale, a scopo di studio.

dissi (dìs-si) · Pass. rem., 1ª pers. sing. → ***dire***.

dissidente (dis-si-dèn-te) AGG. e N.M. e F. · Di persona o gruppo che è in disaccordo con le idee della maggioranza: *i dissidenti uscirono dall'aula* Ⓢ oppositore.

dissidio (dis-sì-dio) N.M. (pl. *-dî*) · Contrasto di opinioni: *un dissidio grave, profondo* Ⓢ conflitto, disaccordo.

dissimile (dis-sì-mi-le) AGG. · Diverso, differente: *la stoffa della giacca è molto dissimile **da** quella della gonna* Ⓒ simile.

dissimulare (dis-si-mu-là-re) V.TR. (*dissìmulo*, ecc.) · Non far trasparire le proprie intenzioni, emozioni o reazioni: *a quella notizia non riuscì a dissimulare la sua gioia; dissimulava la noia dietro un sorriso di convenienza* Ⓢ nascondere, mascherare.

dissipare (dis-si-pà-re) V.TR. (*dìssipo*, ecc.) || TR. **1** Far sparire: *il vento ha dissipato le nubi; il suo sorriso dissipò tutti i miei dubbi* Ⓢ disperdere, dissolvere. **2** Spendere o consumare senza misura e senza freno: *sta dissipando tutto il patrimonio di famiglia* Ⓢ sperperare, sprecare. || **dissiparsi** INTR. PRONOM. Disperdersi, dileguarsi, svanire: *la nebbia si è dissipata; tutti i suoi sospetti si dissiparono.*

Le tre persone singolari e la terza plurale del presente indicativo e le tre persone singolari del congiuntivo si pronunciano con l'accento sulla prima *i*: *dìssipo, dìssipi, dìssipa, dìssipano, che io dìssipi* e non *dissìpo*, ecc.

dissociare (dis-so-cià-re) V.TR. (*dissòcio*, ecc.) || TR. Separare, distinguere, dividere: *dissociare le proprie responsabilità **da** quelle degli altri.* || **dissociarsi** RIFL. Prendere le distanze da qualcuno o da qualcosa: *mi dissocio **dalle** decisioni della maggioranza* Ⓢ distaccarsi, separarsi.

dissociato (dis-so-cià-to) AGG. e N.M. (f. *-a*) || AGG. **1** Separato, diviso, distinto: *una politica dissociata **dalla** società.* **2** Estraneo al proprio ambiente e alla società: *tra i suoi compagni di classe si sente dissociato* Ⓢ isolato. || N.M. (f. *-a*) Chi dopo la cattura per reati di terrorismo o di associazione criminale si dissocia dalla violenza armata.

dissociazione (dis-so-cia-zió-ne) N.F. 1 Distinzione, separazione: *la polizia ha sottolineato la dissociazione tra i due fatti di cronaca.* 2 Presa di distanza: *scrivere una lettera di dissociazione* ***dalle*** *decisioni del proprio partito.*

dissodare (dis-so-dà-re) V.TR. (*dissòdo*, ecc.) · Rompere in zolle un terreno per prepararlo alla coltivazione.

dissolsi (dis-sòl-si) · Pass. rem., 1ª pers. sing. → *dissolvere*.

dissolto (dis-sòl-to) · Participio pass. → *dissolvere*.

dissolutezza (dis-so-lu-téz-za) N.F. · Eccesso provocato dal vizio: *una vita di dissolutezze.*

dissoluto (dis-so-lù-to) AGG. · Pieno di vizi: *è un uomo dissoluto; conduce una vita dissoluta* Ⓢ vizioso, licenzioso.

dissoluzione (dis-so-lu-zió-ne) N.F. 1 Disfacimento, dispersione: *la dissoluzione della materia.* 2 Decadenza, rovina, declino: *la dissoluzione di un impero economico.*

dissolvenza (dis-sol-vèn-za) N.F. · Operazione con cui si ottiene la graduale apparizione o sparizione delle immagini sullo schermo cinematografico o televisivo.

dissolvere (dis-sòl-ve-re) V.TR. (irreg.: ind. pres. *dissòlvo*, ecc.; pass. rem. *dissòlsi, dissolvésti, dissòlse, dissolvémmo, dissolvéste, dissòlsero*; part. pass. *dissòlto*) || TR. Far sparire: *il sole dissolve la nebbia; le tue parole hanno dissolto i miei dubbi* Ⓢ disperdere, dissipare. || **dissolversi** INTR. PRONOM. 1 Sciogliersi, disfarsi: *la neve si dissolse al sole.* 2 Dileguarsi, svanire, scomparire: *certe sostanze si dissolvono a contatto con l'aria.*

Il termine deriva dal latino *dissolvere* 'sciogliere, liquefare, distruggere', che viene a sua volta da *solvere* 'sciogliere' con il prefisso dis-[1] (→ ***risolvere***).

dissolvimento (dis-sol-vi-mén-to) N.M. 1 Dissoluzione, rovina: *il dissolvimento di un'antica casata.* 2 Esaurimento sul piano ideale o spirituale: *il dissolvimento di tanti valori morali.*

dissonante (dis-so-nàn-te) AGG. · Di suono, che non si accorda con un altro.

dissonanza (dis-so-nàn-za) N.F. 1 Contrasto di suoni di uno stesso gruppo armonico Ⓒ consonanza, accordo. 2 Contrasto, discordanza: *dissonanza di colori, di giudizi.*

dissotterrare (dis-sot-ter-rà-re) V.TR. (*dissottèrro*, ecc.) · Togliere di sotto terra: *dissotterrare un cadavere* Ⓢ esumare Ⓒ sotterrare.

dissuadere (dis-sua-dé-re) V.TR. (irreg.: coniugato come *persuadere*) || TR. Allontanare da un proposito: *il cattivo tempo ci dissuase* ***dal*** *partire* Ⓢ scoraggiare, distogliere Ⓒ persuadere. || **dissuadersi** INTR. PRONOM. Allontanarsi da un proposito: *sembra che si sia dissuaso* ***dal*** *fargli causa.*

La pronuncia corretta è *dissuadére*, con l'accento sulla *e*; la pronuncia *dissuàdere* con l'accento sulla *a* è sbagliata!

dissuasione (dis-sua-ṣió-ne) N.F. · Azione che serve ad allontanare da un proposito: *tutti conoscono le sue capacità di dissuasione* Ⓒ persuasione.

distaccare (di-stac-cà-re) V.TR. (*distàcco, distàcchi*, ecc.) || TR. 1 Rimuovere qualcosa da una certa posizione: *il restauratore distaccò l'affresco* ***dal*** *muro* Ⓢ staccare, separare. 2 Portare via da qualcuno o da qualcosa: *non riesce a distaccarlo* ***dalla*** *madre.* 3 Lasciare a notevole distanza: *il campione distaccò subito gli altri concorrenti* Ⓢ distanziare. || **distaccarsi** INTR. PRONOM. 1 Staccarsi, separarsi: *l'intonaco si è distaccato* ***dal*** *muro.* 2 Distinguersi per qualità o per doti: *si distacca* ***da*** *tutti* ***per*** *la sua intelligenza* Ⓢ emergere, risaltare.

distaccato (di-stac-cà-to) AGG. 1 Privo di partecipazione affettiva: *le rispose con tono distaccato* Ⓢ freddo, distante Ⓒ partecipe. 2 Di atleta, che non riesce a recuperare uno svantaggio: *è arrivato al traguardo distaccato* ***di*** *un minuto rispetto al primo.* 3 Staccato, separato, diviso: *frequentava la sezione distaccata della scuola.*

distacco (di-stàc-co) N.M. (pl. *-chi*) 1 Allontanamento da una posizione o da una condizione precedente: *da quando è partito soffre il distacco* ***dalla*** *sua famiglia.* 2 Mancanza di partecipazione affettiva: *trattare con distacco* Ⓢ freddezza, indifferenza. 3 Distanza tra i

A B C D E F G H I J K L M N O P Q R S T U V W X Y Z

concorrenti in una gara: *vincere con un distacco minimo* Ⓢ differenza.

distante (di-stàn-te) AGG. e AVV. || AGG. 1 Separato nello spazio o nel tempo rispetto a qualcosa o a qualcuno: *lo stadio è distante un chilometro **dalla** stazione; l'ultimo giorno di scuola è ancora distante* Ⓢ lontano Ⓒ vicino. 2 Divergente, diverso, differente: *le mie opinioni sono distanti **dalle** tue.* 3 Che manifesta distacco o freddezza nei rapporti con gli altri: *ha un atteggiamento distante nei miei confronti* Ⓢ distaccato, freddo. || AVV. Lontano: *abita distante **da** qui; non vedo da così distante.*

distanza (di-stàn-za) N.F. 1 Lo spazio che separa tra loro due luoghi, due oggetti o due persone: *stava a tre passi di distanza da me; che distanza c'è tra casa tua e la scuola?* 2 Lunghezza del percorso di una gara: *ha coperto tutta la distanza in appena due minuti.* 3 Intervallo di tempo: *tra l'inizio e la fine del processo c'è una distanza di due anni.* 4 Differenza, diversità, divario: *c'è una grande distanza tra il dire e il fare.* 5 In grammatica: ***complemento di distanza***, quello che indica la distanza da un punto di riferimento: *la casa dista cinque chilometri dal mare.* Ⓔ ***Prendere le distanze***, distinguersi, dissociarsi • ***Tenere qualcuno a distanza***, non dargli troppa confidenza.

distanziare (di-stan-zià-re) V.TR. (*distànzio*, ecc.) 1 Superare lasciando a notevole distanza: *a metà gara aveva già distanziato gli avversari **di** 10 minuti* Ⓢ distaccare. 2 Collocare a una certa distanza: *distanziò il tavolo **dalla** parete* Ⓢ allontanare.

distare (di-stà-re) V.INTR. (i tempi composti non sono in uso) · Trovarsi a una data distanza: *quanto dista l'hotel **dalla** stazione?*

distendere (di-stèn-de-re) V.TR. (irreg.: coniugato come *tendere*) || TR. 1 Aprire un oggetto piegato o avvolto: *distesi la tovaglia **sul** tavolo* Ⓢ stendere. 2 Di parti del corpo, allargare, allungare in tutta l'ampiezza consentita: *distendere le braccia, le gambe* Ⓢ tendere. 3 Rendere meno teso: *quando sono stanco la musica mi distende* Ⓢ rilassare, calmare. 4 Mettere in posizione orizzontale: *l'infermiere distese il paziente **sulla** barella* Ⓢ adagiare, sdraiare. || **distendersi** RIFL. 1 Di persona, mettersi in posizione distesa: *mi distendo un po' **sul** letto* Ⓢ stendersi, sdraiarsi, coricarsi. 2 Rilassarsi, riposarsi: *vado al mare perché ho bisogno di distendermi.*

distensione (di-sten-sió-ne) N.F. 1 Allungamento di un arto: *la distensione delle braccia e delle gambe è un utile esercizio ginnico.* 2 Rilassamento fisico e spirituale: *avrei bisogno di pace e di distensione* Ⓢ riposo, relax. 3 Miglioramento delle relazioni tra due o più Stati dopo un periodo di tensione: *la guerra fredda si concluse con la distensione dei rapporti tra Usa e Urss* Ⓢ disgelo.

distensivo (di-sten-sì-vo) AGG. 1 Rilassante, riposante: *una lettura distensiva; un paesaggio distensivo.* 2 Che riduce le cause di dissenso o di rivalità: *il governo sta attuando una politica distensiva.*

distesa (di-sté-sa) N.F. 1 Grande quantità di oggetti o di esseri animati disposti in serie continua: *sul banco del mercato c'era un'enorme distesa di cocomeri* Ⓢ fila, successione. 2 Grande estensione: *la distesa del mare, dei campi.* Ⓔ ***A distesa***, a lungo e senza interruzioni: *le campane suonavano a distesa.*

disteso (di-sté-so) AGG. 1 Disposto in tutta la sua dimensione per lungo o per largo: *rimase con le braccia distese lungo i fianchi; sul terrazzo c'era la biancheria distesa ad asciugare* Ⓢ steso, allungato. 2 In posizione orizzontale: *se ne restava disteso sul letto; lo mandò lungo disteso per terra con un pugno* Ⓢ sdraiato. 3 Rilassato, calmo, sereno: *oggi ti trovo molto più disteso.*

distillare (di-stil-là-re) V.TR. · Sottoporre a distillazione: *distillare l'acqua, il legno* • Ottenere per distillazione: *distillare grappa.*

distillato (di-stil-là-to) AGG. e N.M. || AGG. Di liquido ottenuto da una distillazione o purificato per distillazione: *acqua distillata.* || N.M. Prodotto, soprattutto alcolico, ottenuto per distillazione: *la grappa è un distillato.*

distillazione (di-stil-la-zió-ne) N.F. · Separazione di un liquido volatile dalle sostanze non volatili in esso disciolte.

distinguere (di-stìn-gue-re) V.TR. (irreg.: ind. pres. *distìnguo*, ecc.; pass. rem. *distìnsi*, *distinguésti*, *distìnse*, *distinguémmo*, *distinguéste*, *di-*

stìnsero; part. pass. *distìnto*) || TR. **1** Riconoscere come diverso: *distinguere il verde* ***dal*** *turchese; distinguere il bene* ***dal*** *male* Ⓢ differenziare. **2** Individuare attraverso caratteristiche particolari: *distinguere gli odori, i suoni* Ⓢ riconoscere. **3** Rendere riconoscibile o diverso: *ogni targa è distinta* ***con*** *una sigla; la ragione distingue l'uomo* ***dall'****animale* Ⓢ caratterizzare. || **distinguersi** INTR. PRONOM. **1** Essere riconoscibile, caratterizzarsi, differenziarsi: *il dromedario si distingue dal cammello per la presenza di un'unica gobba.* **2** Segnalarsi per particolari doti: *si distinse* ***per*** *il suo coraggio* Ⓢ brillare, emergere.

Il termine deriva dal latino *distinguere* 'separare, differenziare', che viene a sua volta da *stinguere* 'pungere, spegnere' con il prefisso **dis-**[1]; dal latino *stinguere* deriva anche il verbo, coniugato allo stesso modo, **estinguere**.

distinsi (di-stìn-si) · Pass. rem., 1ª pers. sing. → ***distinguere***.

distintivo (di-stin-tì-vo) AGG. e N.M. || AGG. Che caratterizza e individua: *è un altro segno distintivo della sua bontà* Ⓢ proprio, caratteristico. || N.M. Piccolo elemento decorativo che, portato su un abito o su un cappello, indica l'appartenenza a un'organizzazione: *il distintivo della Fiorentina; il distintivo del suo club* Ⓢ contrassegno, emblema.

distinto (di-stìn-to) AGG. || Participio pass. → ***distinguere***. || AGG. **1** Separato, diviso: *le due biblioteche hanno sedi distinte.* **2** Diverso, differente: *questa parola ha tre significati distinti.* **3** Facile da percepire: *le voci giungevano distinte all'orecchio* Ⓢ chiaro, preciso. **4** Che ha un'eleganza fine e disinvolta: *i suoi modi distinti affascinarono tutti* Ⓢ raffinato, signorile. **5** Sulle lettere o negli indirizzi, espressione di cortesia che si mette prima del nome o dei saluti: *al distinto signor Belli; distinti saluti.*

distinzione (di-stin-zió-ne) N.F. **1** Appartenenza a due o più categorie diverse, dovuta a precise differenze: *devi fare una distinzione tra quello che speri e quello che puoi ottenere* Ⓢ separazione. **2** Diversità, differenza, discordanza: *c'è una netta distinzione fra la teoria e la pratica.* **3** Eleganza fine e disinvolta: *è una persona di grande distinzione* Ⓢ signorilità, garbo. Ⓔ ***Senza distinzioni***, senza valutare ogni caso separatamente: *ha criticato tutti, senza distinzioni.*

distogliere (di-stò-glie-re) V.TR. (irreg.: coniugato come *togliere*) **1** Rivolgere altrove: *non distoglieva mai gli occhi* ***da*** *lei* Ⓢ allontanare. **2** Allontanare da un proposito o da una consuetudine: *i tuoi amici ti distolgono* ***dallo*** *studio* Ⓢ distrarre, dissuadere.

distorcere (di-stòr-ce-re) V.TR. (irreg.: coniugato come *torcere*) || TR. Alterare, deformare, falsare: *distorcere un suono, un segnale; la tua versione distorce la realtà dei fatti.* || **distorcersi** TR. PRONOM. Procurarsi una distorsione: *cadde e si distorse un polso* Ⓢ slogarsi.

distorsione (di-stor-sió-ne) N.F. **1** In medicina, lesione dei legamenti di un'articolazione causata da un movimento forzato: *inciampando si procurò una distorsione alla caviglia* Ⓢ slogatura. **2** In acustica e in elettronica, alterazione subita da un suono o da un segnale nella trasmissione: *un volume troppo alto provoca la distorsione del suono.*

distrarre (di-stràr-re) V.TR. (irreg.: coniugato come *trarre*) || TR. **1** Allontanare qualcuno da un'azione o dall'attenzione necessaria per fare qualcosa: *il suo arrivo lo distrasse* ***dallo*** *studio; il rumore che viene dalla strada mi distrae* ***dalla*** *lettura* Ⓢ distogliere, deconcentrare. **2** Catturare l'attenzione di qualcuno perché non si accorga di quel che si fa o si ha intenzione di fare: *mentre voi lo distraete io cerco di prendergli il portafoglio* • Far svagare, divertire: *giocare a carte lo distrae.* || **distrarsi** RIFL. **1** Perdere l'attenzione, deconcentrarsi: *appena il portiere si distrasse gli avversari segnarono un gol.* **2** Prendersi un po' di svago: *alla tua età dovresti distrarti un po' di più* Ⓢ divertirsi, svagarsi.

distrattamente (di-strat-ta-mén-te) AVV. · In modo disattento e distratto: *lo ascoltò distrattamente* Ⓒ attentamente.

distratto (di-stràt-to) AGG. · Che dimostra scarsa attenzione: *è spesso distratto durante la lezione; un'aria distratta; un'occhiata distratta* Ⓢ sbadato, disattento Ⓒ attento.

distrazione (di-stra-zió-ne) N.F. **1** Mancanza di attenzione: *ho commesso un errore di distra-*

zione; *ho lasciato la finestra aperta per distrazione* Ⓢ disattenzione, sbadataggine. **2** Motivo esterno che distoglie la mente da un'attività o da un'occupazione: *a casa tua ci sono troppe distrazioni per poter leggere in pace.* **3** Svago, divertimento, diversivo: *dopo tanta fatica si concesse qualche distrazione.*

D

distretto (di-strét-to) N.M. · Suddivisione amministrativa o giudiziaria all'interno di un territorio nazionale o provinciale: *distretto postale; distretto scolastico.*

distribuire (di-stri-bu-ì-re) V.TR. (*distribuìsco, distribuìsci*, ecc.) **1** Ripartire qualcosa secondo un certo criterio: *la nonna distribuì i regali di Natale* ***a*** *tutti i nipoti; il regista distribuì le parti della commedia* ***tra*** *i diversi attori* Ⓢ dare, assegnare. **2** Fornire in più luoghi con continuità: *distribuire l'acqua, l'energia elettrica* Ⓢ rifornire, erogare. **3** Disporre secondo un certo criterio: *la colf distribuì la biancheria* ***nei*** *cassetti; il giornalaio distribuisce le nuove riviste* ***sul*** *suo banco* Ⓢ ordinare, sistemare.

distributivo (di-stri-bu-tì-vo) AGG. **1** Che riguarda la distribuzione: *rete distributiva; giustizia distributiva.* **2** In grammatica: ***complemento distributivo***, quello che indica il rapporto di proporzione o di distribuzione di qualcosa o di qualcuno (*marciate in fila per tre; la medicina va presa due volte al giorno; duecento chilometri all'ora; la situazione migliora di giorno in giorno*). Ⓔ ***Proprietà distributiva***, proprietà della moltiplicazione secondo cui per moltiplicare un numero per la somma di più numeri, basta moltiplicare quel numero per ciascuno di loro e poi sommare i risultati parziali ottenuti.

distributore (di-stri-bu-tó-re) N.M. · Apparecchio che serve a distribuire sostanze, prodotti e oggetti vari: *distributore di benzina; distributore automatico*, apparecchio che funziona con l'introduzione di gettoni, tessere, monete.

distribuzione (di-stri-bu-zió-ne) N.F. **1** Suddivisione e assegnazione secondo un criterio: *la distribuzione dei compiti, delle imposte* Ⓢ ripartizione. **2** Consegna al destinatario: *la distribuzione dei premi, della posta.* **3** Rifornimento a domicilio dei singoli utenti mediante servizi pubblici: *distribuzione dell'acqua, dell'energia elettrica* Ⓢ fornitura, erogazione. **4** Nell'industria e nel commercio, l'insieme delle attività, dei servizi e delle strutture che si occupano della vendita delle merci prodotte su un certo territorio. Ⓔ ***Grande distribuzione***, la vendita di prodotti per mezzo di catene di grandi magazzini.

districare (di-stri-cà-re) V.TR. (*distrìco, distrìchi*, ecc.) || TR. **1** Liberare da un insieme di nodi: *districare una matassa* Ⓢ sciogliere, sbrogliare Ⓒ aggrovigliare. **2** Risolvere, chiarire: *districare una questione, una situazione difficile.* || **districarsi** RIFL. **1** Liberarsi, sciogliersi: *districarsi* ***da*** *una rete.* **2** Uscire da una situazione complicata: *districarsi* ***da*** *un brutto affare,* ***da*** *un imbroglio* Ⓢ cavarsi.

Le tre persone singolari e la terza plurale del presente indicativo e le tre persone singolari del congiuntivo si pronunciano con l'accento sulla seconda *i*: *distrìco, distrìchi, distrìca, distrìcano, che io distrìchi* e non *dìstrico*, ecc.

distrofia (di-stro-fì-a) N.F. (pl. *-fie*) · Distribuzione anomala delle sostanze nutritive a organi o a tessuti animali. Ⓔ ***Distrofia muscolare***, malattia degenerativa a carattere ereditario che si manifesta con un indebolimento progressivo dei muscoli.

distruggere (di-strùg-ge-re) V.TR. (irreg.: ind. pres. *distrùggo, distrùggi*, ecc.; pass. rem. *distrùssi, distruggésti, distrùsse, distruggémmo, distruggéste, distrùssero*; part. pass. *distrùtto*) || TR. **1** Rovinare qualcosa in modo che non sia più utilizzabile o che non ne resti traccia: *il terremoto ha distrutto la città; la grandine ha distrutto il raccolto* Ⓢ devastare, disintegrare. **2** Ridurre in cattive condizioni: *la malattia lo sta distruggendo.* **3** Uccidere, sterminare, annientare: *i soldati americani distrussero intere tribù di indiani.* **4** Togliere completamente: *questa notizia mi ha distrutto ogni speranza.* || **distruggersi** INTR. PRONOM. Ridursi male: *si distrugge* ***di*** *lavoro; mi distruggo* ***per*** *amore* Ⓢ rovinarsi.

distrussi (di-strùs-si) · Pass. rem., 1ª pers. sing. → ***distruggere***.

distruttivo (di-strut-tì-vo) AGG. · Che distrugge: *il potere distruttivo di una bomba; l'azione distruttiva del terrorismo* Ⓒ costruttivo.

distrutto (di-strùt-to) AGG. || Participio pass. → *distruggere*. || AGG. 1 Ridotto in rovina: *vidi la città distrutta dalle bombe* Ⓢ devastato, abbattuto. 2 Privo di forza e di energia: *è un uomo distrutto dal dolore.*

distruttore (di-strut-tó-re) AGG. e N.M. (f. *-trì-ce*) · Che, chi distrugge: *la furia distruttrice dell'uragano spazzò via molte case.*

distruzione (di-stru-zió-ne) N.F. · Annientamento, devastazione, rovina: *la guerra ha portato morte e distruzione nel Paese* Ⓒ costruzione.

disturbare (di-stur-bà-re) V.TR. || TR. 1 Ostacolare lo svolgimento di qualcosa: *un gruppo di maleducati ha disturbato lo spettacolo* Ⓢ interrompere, intralciare. 2 Dare fastidio: *il suo comportamento mi ha molto disturbato* Ⓢ molestare, importunare • In espressioni di cortesia, per introdurre una richiesta: *ti disturba se accendo la radio?* 3 Distogliere l'attenzione da un'attività impegnativa: *quando studio non voglio essere disturbato* Ⓢ distrarre, deconcentrare. || **disturbarsi** RIFL. In espressioni di cortesia, per invitare qualcuno a non fare qualcosa che si considera troppo pesante per lui: *non disturbarti **ad** accompagnarmi a casa* Ⓢ scomodarsi.

disturbo (di-stùr-bo) N.M. 1 Ostacolo allo svolgimento di qualcosa: *recare, procurare disturbo; scusa il disturbo* Ⓢ impedimento, molestia. 2 Lieve malessere: *sono a dieta perché ho avuto un disturbo di stomaco.* Ⓔ ***Prendersi il disturbo***, darsi pena, scomodarsi, preoccuparsi: *non dovevi prenderti il disturbo di venire fino qui* • ***Togliere il disturbo*** o ***levare il disturbo***, andarsene.

disubbidiente (di-ṣub-bi-dièn-te) AGG. · Che per natura è portato a non rispettare gli ordini o le regole: *è stato disubbidiente e la mamma lo ha punito* Ⓢ indisciplinato, ribelle Ⓒ ubbidiente.

disubbidienza (di-ṣub-bi-dièn-za) N.F. · Rifiuto di ubbidire a un ordine, una regola o una legge: *commettere, punire una disubbidienza* Ⓒ ubbidienza.

disubbidire (di-ṣub-bi-dì-re) V.INTR. (*diṣubbidisco, diṣubbidisci*, ecc.; aus. *avere*) · Non rispettare un ordine o una regola o agire in modo contrario a quanto è permesso: *disubbidire **ai** genitori; disubbidire **alla** legge* Ⓢ trasgredire, ribellarsi Ⓒ ubbidire.

disuguaglianza (di-ṣu-gua-gliàn-za) N.F. · Diversità, divario, differenza, sia qualitativa che quantitativa: *tra i due c'è una grande disuguaglianza di età* Ⓒ uguaglianza.

disuguale (di-ṣu-guà-le) AGG. 1 Diverso sia per qualità che per quantità: *due stoffe disuguali* Ⓢ dissimile, differente Ⓒ uguale. 2 Privo di unità, di continuità o di uniformità: *una superficie disuguale* Ⓢ irregolare, difforme Ⓒ uniforme.

disumanità (di-ṣu-ma-ni-tà) N.F. INVAR. · Crudeltà, efferatezza, ferocia: *comportarsi con disumanità* Ⓒ umanità.

disumano (di-ṣu-mà-no) AGG. 1 Privo di umanità: *lo trattano in modo disumano* Ⓢ spietato, bestiale Ⓒ umano. 2 Che non ha o non conserva nulla di umano: *vivono in condizioni disumane* Ⓢ atroce, insopportabile.

disunire (di-ṣu-nì-re) V.TR. (*diṣunìsco, diṣunìsci*, ecc.) || TR. 1 Dividere, disgiungere, separare: *il meccanico disunì due pezzi del motore* Ⓒ unire. 2 Creare divisioni: *le rivalità disunirono la famiglia.* || **disunirsi** INTR. PRONOM. Perdere coesione: *dopo le ultime sconfitte la squadra si è disunita.*

disunito (di-ṣu-nì-to) AGG. · Privo di unità o di unione: *un popolo disunito* Ⓢ diviso, frammentario Ⓒ unito.

disusato (di-ṣu-ṣà-to) AGG. · Che non è più usato, caduto in disuso: *una parola disusata* Ⓢ antiquato, superato.

disuso (di-ṣù-ṣo) N.M. · Solo nell'espressione ***in disuso***, di qualcosa non più in uso, superato: *sono parole cadute in disuso da tempo.*

ditale (di-tà-le) N.M. · Piccolo oggetto in metallo o in plastica in cui si introduce, per proteggerlo, il dito con il quale si spinge l'ago da cucito.

ditata (di-tà-ta) N.F. · Colpo dato con un dito: *una ditata in un occhio* • Impronta lasciata da un dito: *il libro è pieno di ditate.*

dito (dì-to) N.M. (pl.f. *le dita*, meno com. il pl.m. *i diti*) 1 Ognuna delle parti terminali delle mani e dei piedi, costituita di ossa, dette *fa-*

langi, articolate fra loro: *tutte le dita hanno tre falangi, eccetto il pollice e l'alluce che ne hanno solo due.* 2 Quantità o distanza minima: *potrei avere un dito d'acqua?; abbassa il quadro di un dito.* Ⓔ ***Da leccarsi le dita***, di cibo, squisito • ***Legarsela al dito***, non dimenticare un'offesa per vendicarsi al momento opportuno • ***Mettere il dito sulla piaga***, individuare il vero motivo di una situazione spiacevole • ***Non alzare un dito*** o ***non muovere un dito***, non fare niente: *non ha mosso un dito tutto il giorno; nessuno ha alzato un dito per aiutarlo* • ***Si contano sulle dita di una mano***, di cose o persone in numero molto limitato: *i veri amici si contano sulle dita di una mano.*

D

Quando ci si riferisce alle *dita* nel loro insieme si usa il plurale femminile: *Anna ha le dita lunghe e affusolate*; il plurale maschile *diti* si usa solo per indicare queste parti del corpo prese una a una: *ha dolore a entrambi i diti mignoli.*

ditta (dìt-ta) N.F. · Impresa commerciale o industriale: *lo zio lavora in una ditta di giocattoli* Ⓢ azienda, società.

dittatore (dit-ta-tó-re) N.M. (f. *-trìce*) 1 Capo di un governo assoluto e totalitario: *Mussolini era un dittatore* Ⓢ tiranno, despota. 2 Chi tende a esercitare un dominio assoluto sugli altri: *in classe fa il dittatore con tutti.*

dittatoriale (dit-ta-to-rià-le) AGG. 1 Che riguarda il dittatore o la dittatura: *regime dittatoriale.* 2 Tipico di un dittatore, di un prepotente: *atteggiamento dittatoriale* Ⓢ dispotico, tirannico.

dittatura (dit-ta-tù-ra) N.F. 1 Regime politico autoritario e totalitario: *la dittatura fascista ha costretto all'esilio molti oppositori* Ⓢ dispotismo, totalitarismo. 2 Predominio assoluto sugli altri: *si ribellò alla dittatura del padre* Ⓢ supremazia.

dittongo (dit-tòn-go) N.M. (pl. *-ghi*) · In grammatica, unione di due vocali che formano una sola sillaba: *ia e au formano dittongo in "piano" e "causa".*

Il termine deriva da una parola greca che significa 'due suoni', composta di *di-* 'due' e *phthóngos* 'suono'.

diuretico (diu-rè-ti-co) AGG. e N.M. (pl.m. *-ci*, pl.f. *-che*) · Di farmaco o sostanza che aumenta la produzione di urina: *sali diuretici; un efficace diuretico.*

diurno (di-ùr-no) AGG. · Del giorno: *le ore diurne; la luce diurna* Ⓒ notturno. Ⓔ ***Animali diurni***, quelli che sono attivi durante il giorno. ▸ Ⓕ **dies**

Il termine deriva dal latino tardo *diurnus* 'del giorno, quotidiano', che viene a sua volta da *dies* 'giorno' (→ ***giorno***).

diva (dì-va) N.F. · Attrice o cantante molto famosa: *una diva del cinema* Ⓢ star, stella.

divagare (di-va-gà-re) V.INTR. (*divàgo, divàghi*, ecc.; aus. *avere*) · Allontanarsi, mentre si parla o si scrive, dall'argomento di cui si sta trattando: *cerca di non divagare **dal** tema* Ⓢ deviare, sconfinare.

divagazione (di-va-ga-zió-ne) N.F. · Allontanamento dal tema principale per trattarne altri secondari: *basta con le divagazioni, veniamo al dunque* Ⓢ digressione.

divampare (di-vam-pà-re) V.INTR. (aus. *essere*) 1 Accendersi e ardere con una gran fiamma: *l'incendio divampò nella pineta durante la notte.* 2 Manifestarsi con violenza: *il suo furore divampò; i tumulti divamparono in vari punti della città* Ⓢ esplodere, scatenarsi.

divano (di-và-no) N.M. · Ampio sedile imbottito con schienale e a volte braccioli, destinato a più persone: *divano a due, a tre posti.* Ⓔ ***Divano letto***, che si può aprire trasformandosi in un letto.

Il termine deriva da una parola di origine persiana che significava 'consiglio di Stato', passata poi a indicare 'l'ufficio' e, infine, 'il lungo sedile' che costituiva l'elemento principale di arredamento dell'ufficio stesso.

divaricare (di-va-ri-cà-re) V.TR. (*divàrico, divàrichi*, ecc.) · Allargare, aprire: *divaricare le gambe; divaricare i labbri di una ferita.*

divario (di-và-rio) N.M. (pl. *-ri*) · Differenza, divergenza, diversità: *tra le due squadre c'è un divario di esperienza.*

divellere (di-vèl-le-re) V.TR. (irreg.: ind. pres. *divèllo*, ecc.; pass. rem. *divèlsi, divelléstì*, ecc.; part. pass. *divèlto*) · Tirare via con violenza:

un fulmine ha divelto l'albero; la piena ha divelto i binari Ⓢ sradicare, svellere.

divelsi (di-vèl-si) · Pass. rem., 1ª pers. sing. → ***divellere***.

divelto (di-vèl-to) · Participio pass. → ***divellere***.

divenire[1] (di-ve-nì-re) V.INTR. (irreg.: coniugato come *venire*; aus. *essere*) · Evolversi in modo graduale: *il ragazzo diviene ogni anno più forte; con il tempo è divenuta più saggia* Ⓢ diventare, farsi.

divenire[2] (di-ve-nì-re) N.M. · Svolgimento nel tempo: *il divenire della scienza; il divenire della storia* Ⓢ sviluppo, evoluzione.

diventare (di-ven-tà-re) V.INTR. (*divènto*, ecc.; aus. *essere*) · Passare a una condizione diversa dalla precedente: *il ragazzo diventò uomo; all'improvviso il mare diventò mosso; leggere prima di dormire è diventata un'abitudine* Ⓢ divenire, farsi.

diverbio (di-vèr-bio) N.M. (pl. *-bi*) · Vivace scontro verbale tra due o più persone: *i miei amici hanno avuto un diverbio sulla meta delle loro vacanze* Ⓢ discussione, lite.

divergente (di-ver-gèn-te) AGG. **1** Che procede in una direzione diversa, spesso opposta: *strade divergenti* Ⓒ convergente. **2** Contrastante, discordante, opposto: *opinioni divergenti; gusti divergenti*. **3** Di due o più semirette che partendo da uno stesso punto si allontanano l'una dall'altra.

divergenza (di-ver-gèn-za) N.F. **1** Graduale allontanamento reciproco: *la divergenza di due strade* Ⓢ separazione, divisione Ⓒ convergenza. **2** Disparità, differenza, contrasto: *divergenza di opinioni, di giudizi*.

divergere (di-vèr-ge-re) V.INTR. (irreg.: ind. pres. *divèrgo, divèrgi*, ecc.; raro il pass. rem. *divergéi, divergésti*, ecc.; mancano il part. pass. e i tempi composti) **1** Muoversi in direzione diversa partendo da uno stesso punto: ***dall'****incrocio divergono tre strade* Ⓢ allontanarsi, dividersi Ⓒ convergere. **2** Essere in contrasto: *le mie opinioni divergono* ***dalle*** *tue* Ⓢ differire.

diversamente (di-ver-sa-mén-te) AVV. **1** In modo diverso: *giudico questo fatto diversamente* ***da*** *te*. **2** In caso contrario: *se la mia proposta ti va, bene, diversamente fai come vuoi* Ⓢ altrimenti. Ⓔ ***Diversamente abile***, disabile.

diversificare (di-ver-si-fi-cà-re) V.TR. (*diversìfico, diversìfichi*, ecc.) || TR. Rendere diverso, differenziare, variare: *per mangiare bene bisogna diversificare l'alimentazione*. || **diversificarsi** INTR. PRONOM. Essere diverso, distinguersi, differenziarsi: *i due schieramenti si diversificano* ***per*** *la politica ambientale*.

diversificato (di-ver-si-fi-cà-to) AGG. · Reso diverso, differenziato: *investimenti diversificati; fonti energetiche diversificate*.

diversificazione (di-ver-si-fi-ca-zió-ne) N.F. **1** Diversità individuata e definita tra persone o cose: *diversificazione dei generi letterari, delle fonti di energia*. **2** Varietà dei beni prodotti o dei servizi offerti per ridurre il rischio finanziario, industriale o commerciale: *diversificazione degli investimenti, della produzione*.

diversità (di-ver-si-tà) N.F. INVAR. **1** Differenza tra le caratteristiche di cose o persone: *diversità di forma; diversità di opinioni* Ⓢ discordanza, divario Ⓒ uguaglianza, identità. **2** Motivo di opposizione o di conflitto: *queste diversità andranno pian piano scomparendo* Ⓢ differenza, disuguaglianza.

diversivo (di-ver-si-vo) N.M. **1** Motivo di distrazione da un pensiero o da un'attività: *ogni tanto qualche diversivo fa bene* Ⓢ svago. **2** Argomento che anima o devia una conversazione: *cercare un diversivo; ricorse a un diversivo per rimediare alla brutta figura* Ⓢ espediente.

diverso (di-vèr-so) AGG. e PRON. INDEF. || AGG. Differente, opposto, divergente: *io la penso in modo diverso* ***da*** *te; sono due tipi del tutto diversi* Ⓒ uguale, analogo. || AGG. e PRON. INDEF. Molto, parecchio: *ieri a teatro c'era diversa gente; diversi hanno detto di sì*.

divertente (di-ver-tèn-te) AGG. · Che fa divertire: *un ragazzo divertente; una storia divertente* Ⓢ piacevole, allegro, spiritoso Ⓒ noioso.

divertimento (di-ver-ti-mén-to) N.M. · Tutto ciò che rallegra e distrae dalle fatiche, dai doveri e dalle preoccupazioni quotidiane: *ho bisogno di un po' di divertimento; la moto è il suo divertimento* Ⓢ svago, distrazione.

divertire (di-ver-tì-re) V.TR. (*divèrto*, ecc.) || TR. Rallegrare procurando il buon umore: *la sua compagnia mi diverte molto* Ⓢ svagare, allietare. || **divertirsi** RIFL. **1** Passare il tempo in modo piacevole: *mi sono molto divertito alla tua festa.* **2** Provare piacere, prenderci gusto: *si diverte* ***a*** *farmi i dispetti.*

D

dividendo (di-vi-dèn-do) N.M. **1** Quantità da dividere; primo termine dell'operazione di divisione: *nella divisione 16:2, il 16 è il dividendo.* **2** Parte dell'utile netto annuale di una società per azioni, che spetta al titolare di un'azione: *i soci hanno diviso tra loro i dividendi.*

dividere (di-vì-de-re) V.TR. (irreg.: pass. rem. *divịsi, dividésti, divịse, dividémmo, dividéste, divịsero*; part. pass. *divịso*) || TR. **1** Separare o scomporre in più parti: *la nonna divise la torta* ***in*** *quattro fette* Ⓢ suddividere, frazionare Ⓒ unire. **2** Separare due o più elementi: *l'Atlantico divide l'Europa* ***dall'****America; per dividerli c'è voluta la polizia.* **3** Spartire tra più persone: *il nonno ha diviso il patrimonio* ***tra*** *i figli*; anche TR. PRONOM.: *i ladri si sono divisi il bottino* Ⓢ ripartire, distribuire. **4** Avere in comune: *divido la stanza* ***con*** *mio fratello* Ⓢ condividere. **5** Eseguire l'operazione matematica della divisione: *se dividi 12* ***per*** *3, il quoziente sarà 4.* || **dividersi** RIFL. **1** Separarsi da qualcuno: *cambiando città ha dovuto dividersi* ***dai*** *vecchi amici* Ⓢ allontanarsi, distaccarsi. **2** Interrompere una convivenza amorosa: *si è diviso* ***dalla*** *compagna* Ⓢ separarsi, divorziare. **3** Di persona, dedicarsi a più attività in contemporanea: *devo dividermi* ***tra*** *la casa e la scuola.* || **dividersi** INTR. PRONOM. Risultare suddiviso: *il romanzo si divide* ***in*** *sei capitoli* Ⓢ ripartirsi.

divieto (di-viè-to) N.M. · Proibizione di compiere certe azioni o di svolgere certe attività, imposta da un'autorità o stabilita per legge: *divieto* ***di*** *sosta; divieto* ***di*** *caccia* Ⓢ veto Ⓒ permesso.

divinamente (di-vi-na-mén-te) AVV. **1** In modo stupendo: *era una donna divinamente bella.* **2** In modo eccellente: *ho mangiato divinamente.*

divinatorio (di-vi-na-tò-rio) AGG. e N.M. (f. *-a*; pl.m. *-ri*, pl.f. *-rie*) · Che riguarda la divinazione: *aveva capacità divinatorie* Ⓢ profetico.

divinazione (di-vi-na-zió-ne) N.F. · Arte d'indovinare il futuro da segni o da manifestazioni dirette della divinità.

divincolarsi (di-vin-co-làr-si) V.RIFL. (*mi divìncolo*, ecc.) · Muoversi con violenta rapidità per liberarsi da qualcosa o da qualcuno: *si divincolava come un pazzo; il ladro riuscì a divincolarsi e fuggire per i vicoli* Ⓢ contorcersi, dimenarsi.

divinità (di-vi-ni-tà) N.F. INVAR. **1** Oggetto del culto nelle varie religioni: *adorare una divinità; Odino è una divinità nordica* Ⓢ dio. **2** Natura divina: *i cristiani ammettono la divinità di Gesù Cristo.*

divinizzare (di-vi-niẓ-ẓà-re) V.TR. · Considerare come un dio: *nell'antichità gli eroi erano spesso divinizzati.*

divino (di-vì-no) AGG. **1** Che riguarda la divinità: *la grazia divina; gli esseri divini* Ⓢ soprannaturale, celeste. **2** Straordinario, stupendo, eccezionale: *una donna dalla bellezza divina; una musica divina.*

divisa (di-vì-ṣa) N.F. · Vestito di forma e colore particolari che indica l'appartenenza a una certa categoria, soprattutto militare: *per Carnevale mi travesto con una divisa da ferroviere* Ⓢ uniforme.

divisi (di-vì-ṣi) · Pass. rem., 1ª pers. sing. → ***dividere***.

divisibile (di-vi-ṣi-bi-le) AGG. **1** Che si può dividere: *beni non divisibili; un capitolo divisibile* ***in*** *tre paragrafi* Ⓢ separabile, scomponibile. **2** Di un numero rispetto a un altro, quando il primo diviso per il secondo dà come resto zero: *15 è divisibile* ***per*** *3.*

divisione (di-vi-ṣió-ne) N.F. **1** Azione di scomporre in parti: *divisione della torta* ***in*** *fette; divisione di una parola* ***in*** *sillabe* Ⓢ suddivisione, ripartizione. **2** Operazione inversa della moltiplicazione con la quale si calcola quante volte un numero (*divisore*) è contenuto in un altro numero (*dividendo*); il risultato è detto *quoziente.* **3** Mancanza di unione: *crescono le divisioni all'interno del gruppo* Ⓢ discordia, contrasto. **4** Distribuzione di un contenuto in più parti, secondo un criterio omogeneo: *la divisione di un libro* ***in*** *capitoli* Ⓢ suddivisione. **5** Unità tattica fondamentale dell'esercito, dell'aviazione e della marina. **6** Gruppo di squadre che partecipano a un campionato.

diviso (di-vì-so) AGG. || Participio pass. → ***dividere***. || AGG. **1** Che non è in contatto con qualcosa: *in camera io e mio fratello abbiamo armadi divisi* Ⓢ disunito Ⓒ unito. **2** Che ha opinioni o posizioni diverse: *su questo punto i sindacati sono divisi* Ⓢ spaccato, scisso.

divisore (di-vi-só-re) N.M. · Secondo termine della divisione: *nella divisione 8:4=2, 8 è il dividendo e 4 il divisore.* Ⓔ ***Massimo comun divisore***, il più grande tra i divisori comuni a due o più numeri interi.

divisorio (di-vi-sò-rio) AGG. e N.M. (pl.m. *-ri*, pl.f. *-rie*) · Di ciò che serve a separare due zone di un ambiente: *muro divisorio; mettere un divisorio tra l'ingresso e il soggiorno.*

divo (dì-vo) N.M. (f. *-a*) · Attore, cantante o campione sportivo di grande popolarità: *Brad Pitt è un divo del cinema* Ⓢ celebrità, stella.

divorare (di-vo-rà-re) V.TR. (*divóro*, ecc.) **1** Mangiare con avidità: *il lupo divorò la pecora; ha divorato la cena.* **2** Consumare con incredibile rapidità: *ha divorato tutto il patrimonio in pochi anni; l'incendio divorò la nave.* **3** Di passioni, dominare con forza: *l'invidia lo divora* Ⓢ consumare. **4** Leggere tutto d'un fiato: *stanotte ho divorato il libro che mi hai regalato.*

divorziare (di-vor-zià-re) V.INTR. (*divòrzio*, ecc.; aus. *avere*) · Sciogliere il matrimonio con il divorzio: *Lara ha divorziato* ***dal*** *marito un anno fa.*

divorziato (di-vor-zià-to) AGG. e N.M. (f. *-a*) · Che, chi ha ottenuto il divorzio: *Luca ha i genitori divorziati; ha conosciuto una divorziata.*

divorzio (di-vòr-zio) N.M. (pl. *-zi*) **1** Scioglimento legale del matrimonio: *chiedere, ottenere il divorzio; ha ottenuto il divorzio* ***dalla*** *moglie.* **2** Separazione, allontanamento: *il divorzio del giocatore* ***dalla*** *società pare inevitabile.*

divulgare (di-vul-gà-re) V.TR. (*divùlgo, divùlghi*, ecc.) || TR. **1** Rendere noto a tutti o a molti: *non divulgate il segreto; la radio ha divulgato la notizia della sua morte* Ⓢ diffondere, comunicare. **2** Spiegare in modo chiaro e semplice un argomento a un gran numero di persone: *con le sue opere ha divulgato le teorie di Einstein in Italia.* || **divulgarsi** INTR. PRONOM. Divenire molto noto: *la notizia dell'incidente si divulgò in poco tempo* Ⓢ propagarsi.

divulgativo (di-vul-ga-ti-vo) AGG. · Chiaro e accessibile a tutti: *la nonna legge solo opere divulgative di medicina.*

divulgatore (di-vul-ga-tó-re) N.M. (f. *-trice*) · Chi fa sapere ad altri ciò di cui è venuto a conoscenza: *un divulgatore di notizie* • Chi spiega in modo semplice argomenti specialistici al grande pubblico: *un ottimo divulgatore scientifico.*

divulgazione (di-vul-ga-zió-ne) N.F. **1** Diffusione di notizie o di informazioni: *il funzionario fu accusato di divulgazione di segreti d'ufficio* Ⓢ comunicazione, rivelazione. **2** Esposizione chiara e semplice rivolta a un pubblico vasto: *è una rivista di divulgazione scientifica.*

dizionario (di-zio-nà-rio) N.M. (pl. *-ri*) · Raccolta di parole e di espressioni di una lingua, disposte in ordine alfabetico e seguite da una definizione del loro significato: *sto consultando un dizionario della lingua italiana; ho comprato un dizionario dei sinonimi e contrari* Ⓢ vocabolario. Ⓔ ***Dizionario bilingue*** → ***bilingue*** • ***Dizionario enciclopedico***, opera che dà informazioni dettagliate su parole, concetti o personaggi di varie discipline, come la storia, la letteratura o l'arte, disposti in ordine alfabetico.

dizione (di-zió-ne) N.F. · Modo di pronunciare le parole: *mia sorella prende lezioni di dizione* Ⓢ pronuncia.

dj (pronuncia *digèi*) N.M. e F. INVAR. · Sigla di *disc jockey.*

dna o **DNA** (pronuncia *dienneà*) N.M. INVAR. · Sigla usata per indicare un acido presente nei cromosomi di quasi tutti gli organismi viventi e responsabile della trasmissione dei caratteri ereditari. ▸▸

Il termine è la sigla dell'inglese *Deoxyribo-Nucleic Acid* 'acido desossiribonucleico'.

do[1] (dò) N.M. INVAR. · Prima nota della scala musicale di *do*.

Il termine deriva probabilmente dal nome di G.B. *Do(ni)* (1594-1647), che la introdusse al posto di *ut*, termine che fino a quel momento aveva indicato la prima nota della scala musicale; per l'etimologia completa dei nomi delle note musicali → ***re***[1].

D

do[2] (dò) · Ind. pres., 1ª pers. sing. → ***dare***.

doc (dòc) AGG. INVAR. 1 Che presenta la sigla di *denominazione di origine controllata*, soprattutto di vini pregiati in bottiglia: *uno spumante doc; un Chianti doc.* 2 Che offre qualità, genuinità e originalità: *musica doc; un italiano doc.*

doccia (dóc-cia) N.F. (pl. *-ce*) · Tipo di bagno effettuato con sottili getti d'acqua fatti cadere sul corpo dall'alto: *fare la doccia; farsi una doccia* • L'impianto idraulico o il locale usato per tale scopo: *il tubo della doccia perde.* Ⓔ ***Doccia fredda***, fatto inaspettato che toglie ogni illusione o speranza: *quella notizia fu una doccia fredda.*

docente (do-cèn-te) AGG. e N.M. e F. · Che, chi si occupa dell'insegnamento: *il corpo docente della scuola si è riunito ieri in assemblea; il mio docente di storia è molto preparato* Ⓢ insegnante.

docile (dò-ci-le) AGG. · Che si adatta con facilità alla volontà degli altri: *è un ragazzo dal carattere docile* Ⓢ mite, remissivo Ⓒ indocile, ribelle.

docilità (do-ci-li-tà) N.F. INVAR. · Tendenza ad adattarsi alla volontà degli altri: *la docilità di un bambino, di un cavallo* Ⓢ mitezza, mansuetudine.

documentare (do-cu-men-tà-re) V.TR. (*documénto*, ecc.) || TR. Dimostrare con documenti o con prove la verità o la validità di qualcosa: *documentò la notizia con numerose fotografie* Ⓢ provare, certificare. || **documentarsi** RIFL. Raccogliere informazioni, prove o documenti: *mi sto documentando **sul** cinema inglese contemporaneo* Ⓢ informarsi, prepararsi.

documentario (do-cu-men-tà-rio) AGG. e N.M. (pl.m. *-ri*, pl.f. *-rie*) || AGG. Che offre informazioni o notizie: *servizio documentario.* || N.M. Film di carattere divulgativo che ha lo scopo di informare su fatti, avvenimenti o problemi legati alla realtà: *è un regista di documentari storici.*

documentato (do-cu-men-tà-to) AGG. 1 Attestato da prove o da fonti sicure: *un saggio ben documentato* Ⓢ attendibile, fondato. 2 Ben informato o esperto su un certo argomento: ***sui*** *fumetti nessuno è più documentato di lui.*

documentazione (do-cu-men-ta-zió-ne) N.F. · L'insieme delle prove e delle informazioni necessarie a dimostrare qualcosa: *la documentazione del processo è stata resa pubblica.*

documento (do-cu-mén-to) N.M. 1 Certificato, spesso rilasciato da un'autorità, che offre una prova di tipo burocratico, amministrativo o giuridico: *richiesi al comune un nuovo documento di identità; la polizia ha controllato i documenti di tutti i passeggeri* Ⓢ attestato, atto. 2 Qualsiasi oggetto che può essere utilizzato per studi, ricerche, informazioni: *documenti grafici, visivi; documenti storici.* 3 Testimonianza di valore storico: *questo castello è uno dei più importanti documenti dell'architettura medievale* Ⓢ monumento, reperto. 4 File che contiene testo o immagini, creato da un programma specifico e contrassegnato da un nome: *ho copiato il documento sulla scrivania del computer.*

dodicesimo (do-di-cè-ṣi-mo) AGG. NUM. ORD. · Che in una serie ordinata rappresenta il numero dodici (in numeri arabi *12º*). Ⓔ ***Il dodicesimo secolo***, il secolo compreso tra il 1101 e il 1200 (in numeri romani *XII secolo*).

dodici (dó-di-ci) AGG. NUM. CARD. e N.M. INVAR. || AGG. Numero formato da dieci unità più due. || N.M. Il numero dodici e il segno che lo rappresenta (*12* in numeri arabi, *XII* in numeri romani).

doga (dó-ga) N.F. (pl. *-ghe*) 1 Ciascuna delle tavole ricurve di legno che formano il corpo di botti e di barili. 2 Ciascuna delle assi che sorreggono il materasso nei letti privi di rete.

dogana (do-gà-na) N.F. · L'ufficio che controlla le merci che attraversano il confine dello Stato: *le merci sono ferme alla dogana.*

doganiere (do-ga-niè-re) N.M. (f. -*a*; pl.m. -*i*, pl.f. -*e*) · Chi lavora alla dogana.

doge (dò-ge) N.M. · Capo dello Stato nelle antiche repubbliche di Venezia e di Genova.

Il termine deriva dal latino *dux ducis* 'duce, condottiero'.

doglia (dò-glia) N.F. (pl. -*glie*) · Il dolore causato dalle contrazioni dell'utero durante il parto.

dogma (dòg-ma) N.M. (pl. -*i*) **1** Principio considerato vero o giusto, senza possibilità di critica o di discussione: *dogma politico, filosofico* Ⓢ verità. **2** Nella religione cattolica, verità rivelata da Dio o definita dalla Chiesa come tale: *il dogma della Trinità.*

dogmatico (dog-mà-ti-co) AGG. e N.M. (f. -*a*; pl.m. -*ci*, pl.f. -*che*) || AGG. **1** Che riguarda o rappresenta un dogma della religione cattolica. **2** Che si basa su un principio considerato vero e giusto senza discussione: *un'affermazione dogmatica* Ⓢ categorico. || AGG. e N.M. (f. -*a*) Che, chi non accetta che si metta in dubbio o in discussione la verità o la validità di quanto dice: *ha un atteggiamento troppo dogmatico* Ⓢ intransigente.

dolce (dól-ce) AGG. e N.M. || AGG. **1** Di sapore tipico dello zucchero: *ho mangiato un'uva molto dolce; caffè poco, troppo dolce,* con poco, troppo zucchero Ⓢ zuccherino Ⓒ amaro. **2** Facile da sopportare o da modellare: *amo i Paesi dal clima dolce; il pino ha un legno dolce* Ⓢ mite, malleabile. **3** Di sapore delicato: *formaggio, prosciutto dolce.* **4** Che provoca piacere o tenerezza: *un dolce abbraccio; lo sguardo dolce di mia madre* Ⓢ piacevole, affettuoso. **5** Mite, gradevole, piacevole: *è una donna molto dolce.* || N.M. **1** Alimento in cui prevalgono i sapori e gli ingredienti che contengono zucchero: *un dolce alla frutta; vado matta per i dolci.* **2** Sapore dolce: *preferisco il dolce al salato.* Ⓔ ***Acqua dolce*** → ***acqua***.

dolcemente (dol-ce-mén-te) AVV. **1** In modo tenero o delicato: *la baciò dolcemente.* **2** Con attenzione o con cautela: *lo poggiò dolcemente a terra* Ⓒ bruscamente.

dolcezza (dol-céz-za) N.F. **1** Sapore dolce e gradevole al palato: *adoro la dolcezza dei fichi.* **2** Qualità che provoca sensazioni piacevoli o tenere: *la dolcezza di una melodia; le dolcezze dell'amore* Ⓢ delicatezza. **3** Mitezza, delicatezza: *la dolcezza del clima; dolcezza di carattere.*

dolciastro (dol-cià-stro) AGG. **1** Di sapore, che tende al dolce, ma non è gradevole: *un vino dolciastro.* **2** Che tende a lusingare: *una voce dolciastra* Ⓢ sdolcinato, affettato.

dolcificante (dol-ci-fi-càn-te) N.M. · Sostanza naturale o artificiale che dà un sapore dolce a qualcosa: *al posto dello zucchero uso un dolcificante.*

dolcificare (dol-ci-fi-cà-re) V.TR. (*dolcìfico, dolcìfichi*, ecc.) · Rendere dolce, soprattutto per conservare un prodotto: *dolcificare una conserva di frutta.*

dolciume (dol-ciù-me) N.M. (spesso al pl.) · Assortimento di dolci: *troppi dolciumi rovinano i denti.*

dolente (do-lèn-te) AGG. **1** Che fa male: *dimmi qual è la parte dolente del braccio* • Dolorante: *mi sento tutto dolente* ***per*** *lo sforzo.* **2** Addolorato, dispiaciuto, spiacente: *sono dolente* ***per*** *quanto è successo; sono dolente* ***di*** *non poter accettare il tuo invito.* Ⓔ ***Un tasto dolente*** → ***tasto***.

dolere (do-lé-re) V.INTR. (irreg.: ind. pres. *dòlgo, duòli, duòle, doliàmo, doléte, dòlgono*; pass. rem. *dòlsi, dolésti, dòlse, dolémmo, doléste, dòlsero*; fut. *dorrò*, ecc.; cong. pres. *dòlga, dòlga, dòlga, doliàmo, doliàte, dòlgano*; condiz. pres. *dorrèi*, ecc.; imperat. *duòli, doléte*; part. pass. *dolùto*; aus. *avere* o *essere*) || INTR. **1** Far male, provocare dolore: ***mi*** *duole la testa; dove* ***ti*** *duole?* **2** Dispiacere, spiacere, addolorare: *mi duole* ***di*** *non poterti aiutare.* || **dolersi** INTR. PRONOM. Dispiacersi, rammaricarsi, rattristarsi: *si doleva* ***per*** *il ritardo; si doleva* ***di*** *non aver partecipato all'incontro.*

dolgo (dòl-go) · Ind. pres., 1ª pers. sing. → ***dolere***.

dolina (do-lì-na) N.F. · Cavità che si forma per l'erosione o il cedimento delle rocce provocato dall'acqua; è tipica della regione del Carso.

D

dollaro (dòl-la-ro) N.M. · La moneta degli Stati Uniti e di numerosi altri Paesi, come Canada, Nuova Zelanda o Australia.

Il termine deriva da un adattamento del tedesco *Taler* 'tallero', moneta in uso fin dal 1400 in molti Paesi germanici.

dolmen (dòl-men) N.M. INVAR. · Monumento funerario preistorico, presente in varie località dell'Europa, formato di una grande pietra piatta che poggia su altre fissate in verticale nel suolo.

Il termine deriva dalle parole bretoni *tol* 'tavola' e *men* 'pietra'.

dolo (dò-lo) N.M. · Volontà di violare la legge: *un incendio con dolo; un contratto con dolo* S frode, imbroglio.

dolomite (do-lo-mì-te) N.F. · Minerale di colore chiaro di cui sono costituite le Dolomiti. E ***Le Dolomiti***, montagne del Veneto e Trentino che appartengono alle Alpi orientali.

dolomitico (do-lo-mì-ti-co) AGG. (pl.m. *-ci*, pl.f. *-che*) · Delle Dolomiti: *paesaggio dolomitico; alpinismo dolomitico.*

dolorante (do-lo-ràn-te) AGG. · Colpito da dolori insistenti e acuti: *era tutto dolorante* ***per*** *la caduta* S dolente, sofferente.

dolore (do-ló-re) N.M. **1** Sensazione di sofferenza fisica: *provare un dolore allo stomaco; dolore di denti, di testa* S male C piacere. **2** Sensazione di sofferenza, di insoddisfazione o di infelicità: *impazzire di dolore; la bocciatura le ha procurato un grande dolore* S dispiacere, pena.

doloroso (do-lo-ró-so) AGG. **1** Che provoca dolore: *un'operazione dolorosa; una notizia dolorosa* S triste, tragico. **2** Triste, penoso, infelice: *un destino doloroso; una circostanza dolorosa.*

doloso (do-ló-so) AGG. · Commesso con la precisa volontà di danneggiare: *reato doloso; incendio doloso* S intenzionale.

dolsi (dòl-si) · Pass. rem., 1ª pers. sing. → ***dolere***.

domanda (do-màn-da) N.F. **1** L'insieme delle parole con cui si chiede qualcosa: *fare, porre, rivolgere una domanda a qualcuno; mi stai facendo troppe domande* S questione C risposta. **2** Interrogazione su un argomento che è materia di studio o di indagine: *lo studente ha risposto a tutte le domande; il commissario vorrebbe porle alcune domande* S quesito. **3** Richiesta scritta a un'autorità: *domanda di separazione, di assunzione; presentare, respingere una domanda* S istanza. **4** Quantità di un bene richiesta sul mercato: *cresce la domanda di telefoni cellulari* C offerta.

domandare (do-man-dà-re) V.TR. e INTR. || TR. **1** Chiedere un'informazione o un chiarimento: *domandare l'ora, la strada; mi domandò se il compito era andato bene* S chiedere. **2** Chiedere per ottenere qualcosa: *domandai una caramella alla zia; le domanderò scusa.* || INTR. (aus. *avere*) **1** Chiedere notizie o informazioni su qualcuno: *da quando sei malato, a scuola tutti mi domandano* ***di*** *te.* **2** Chiedere di vedere o di parlare con qualcuno: *al telefono domandano* ***di*** *te.* || **domandarsi** INTR. PRONOM. Chiedersi per sciogliere un dubbio: *mi domando se faremo in tempo a salutarlo prima che parta.*

domani (do-mà-ni) AVV. e N.M. INVAR. || AVV. **1** Il giorno che segue quello di oggi: *domani è sabato; ci vediamo domani; a domani!* **2** In un futuro più o meno prossimo: *domani sarà troppo tardi.* || N.M. I giorni che verranno: *i bambini sono le speranze del domani* S futuro, avvenire. E ***Dall'oggi al domani*** → ***oggi*** • ***Domani l'altro***, dopodomani • ***Non avere un domani***, non avere prospettive per il futuro.

domare (do-mà-re) V.TR. (*dómo*, ecc.) **1** Rendere docile un animale feroce o selvatico: *domare un leone, un cavallo* S addomesticare, ammaestrare. **2** Reprimere, sedare: *domare una sommossa; domare un incendio*, spegnerlo. **3** Controllare, dominare: *non riesce a domare le proprie passioni.*

domatore (do-ma-tó-re) AGG. e N.M. (f. *-trìce*) · Che, chi addestra gli animali feroci per gli spettacoli del circo: *domatore di tigri, di leoni, di pantere.*

domattina (do-mat-tì-na) AVV. · Domani mattina: *parto domattina alle otto.*

domenica (do-mé-ni-ca) N.F. (pl. *-che*) · Il settimo giorno della settimana, dedicato al riposo.

Il termine deriva dal latino tardo *dominica (dies)* 'giorno del Signore'.

domenicale (do-me-ni-cà-le) AGG. · Della domenica: *riposo domenicale; picnic domenicale.*

domestico (do-mè-sti-co) AGG. e N.M. (f. *-a*; pl.m. *-ci*, pl.f. *-che*) || AGG. **1** Che riguarda la casa o la famiglia: *le faccende domestiche; le pareti domestiche* Ⓢ casalingo, familiare. **2** Di animale, che vive vicino all'uomo: *il cane è un animale domestico.* || N.M. (f. *-a*) Chi per lavoro svolge le faccende di casa in una famiglia: *la nonna ha assunto una brava domestica* Ⓢ cameriere, colf.

domiciliare[1] (do-mi-ci-lià-re) AGG. · Del domicilio, nel domicilio: *perquisizione domiciliare.* Ⓔ ***Arresti domiciliari*** (o *i domiciliari* N.M.PL.), forma di pena alternativa al carcere che si sconta nel proprio domicilio.

domiciliare[2] (do-mi-ci-lià-re) V.TR. (*domicìlio*, ecc.) || TR. Dare un domicilio a qualcosa: *domiciliare una società.* || **domiciliarsi** INTR. PRONOM. Prendere domicilio: *si è domiciliato **in** Italia, **a** Milano.*

domicilio (do-mi-cì-lio) N.M. (pl. *-li*) **1** Il luogo in cui una persona ha stabilito la sede dei propri affari o delle proprie attività: *avere, fissare il domicilio in un luogo* Ⓢ sede, recapito. **2** Luogo in cui si abita: *consegna a domicilio* Ⓢ casa, dimora.

dominante (do-mi-nàn-te) AGG. **1** Che tiene gli altri sotto il proprio dominio: *la nazione dominante; la classe dominante* Ⓢ predominante, egemone. **2** Che prevale per importanza, diffusione o intensità: *il colore dominante del quadro è il viola; il tema dominante del romanzo è l'amore* Ⓢ prevalente, principale. **3** In genetica, di carattere forte che si trasmette sempre a tutti gli individui Ⓒ recessivo.

dominare (do-mi-nà-re) V.INTR. e TR. (*dòmino*, ecc.) || INTR. (aus. *avere*) **1** Esercitare un potere assoluto: *i Romani dominarono **su** gran parte dell'Europa* Ⓢ regnare. **2** Imporsi come caratteristica principale: ***in** questa stanza domina il disordine* Ⓢ prevalere. || TR. **1** Tenere sotto il proprio dominio o sotto il proprio controllo: *dominare un popolo, un Paese; è un prodotto che domina il mercato* Ⓢ comandare. **2** Controllare, frenare: *dominare i propri nervi, i propri istinti.* **3** Essere in una posizione più elevata: *il campanile domina tutti gli edifici della città* Ⓢ sovrastare. **4** Abbracciare con lo sguardo: *dalla cima del monte si domina l'intera vallata.* || **dominarsi** RIFL. Frenare gli istinti e le passioni: *per la rabbia riusciva a stento a dominarsi* Ⓢ trattenersi, controllarsi.

dominatore (do-mi-na-tó-re) AGG. e N.M. (f. *-trìce*) · Che, chi domina in maniera assoluta: *il dominatore dei mari; le imprese dominatrici del mercato.*

dominazione (do-mi-na-zió-ne) N.F. · Sovranità assoluta, dominio politico: *durante la dominazione normanna la Sicilia conobbe un grande sviluppo culturale.*

dominio (do-mì-nio) N.M. (pl. *-nî*) **1** Potere assoluto: *per secoli l'Italia ha vissuto sotto il dominio straniero* Ⓢ sovranità, supremazia. **2** Territorio su cui qualcuno esercita il proprio potere: *il Brasile era un dominio del Portogallo* Ⓢ possedimento. **3** Padronanza, controllo: *il dominio di sé, delle proprie azioni.* **4** In Internet, il gruppo di lettere che segue un punto in un indirizzo web; può indicare il nome di un sito, una categoria o una nazionalità. Ⓔ ***Di pubblico dominio***, di notizie e di fatti che sono noti a tutti: *ormai è di pubblico dominio che darà le dimissioni.*

domino (dò-mi-no) N.M. INVAR. · Gioco da tavola in cui 28 tessere rettangolari segnate con due numeri vengono distribuite ai giocatori; lo scopo del gioco è affiancare tessere con numeri uguali, finché uno dei giocatori non esaurisca le sue vincendo la partita. Ⓔ ***Effetto domino***, serie di eventi provocati ciascuno dal precedente.

don (dòn) N.M. INVAR. · Titolo d'onore che si mette prima del nome proprio o del cognome, e che oggi viene attribuito soprattutto ai sacerdoti: *don Milani; don Abbondio; Mastro don Gesualdo.* ▸▸

Il termine deriva dalla forma tronca di *donno*, che viene dal latino *dominus* 'signore', come titolo di rispetto.

donare (do-nà-re) V.TR. e INTR. (*dóno*, ecc.) || TR. Dare spontaneamente senza chiedere niente in cambio: *il nonno ha donato tutti i propri libri* ***alla*** *biblioteca comunale; Lara* ***mi*** *donò un bellissimo anello* Ⓢ regalare, offrire. || INTR. (aus. *avere*) Aggiungere qualità all'aspetto: *quel colore* ***ti*** *dona molto* Ⓢ giovare. Ⓔ ***Donare il sangue***, per le trasfusioni; ***donare un organo***, per i trapianti.

donatore (do-na-tó-re) N.M. (f. *-trìce*) · Chi fa un dono, persona generosa e benefica: *la sede del gruppo è offerta da un donatore straniero* • Chi offre periodicamente il proprio sangue per le trasfusioni, chi concede organi o parti del proprio corpo per un trapianto oppure il proprio seme per la fecondazione artificiale.

donazione (do-na-zió-ne) N.F. **1** L'atto del donare, offerta: *quando ha fatto l'ultima donazione di sangue?* **2** La cosa donata: *questo dipinto è una donazione dell'artista al museo* Ⓢ regalo, dono. **3** Contratto con cui si dona a un'altra persona un proprio bene patrimoniale: *effettuare, firmare una donazione.*

donde (dón-de) AVV. · Da dove: *il luogo donde viene.* Ⓔ ***Averne ben donde***, avere buone ragioni: *è arrabbiato e ne ha ben donde.*

dondolare (don-do-là-re) V.TR. e INTR. (*dóndolo*, ecc.) || TR. Far oscillare in modo più o meno uniforme: *dondolare la culla, la testa.* || INTR. (aus. *avere*) Muoversi oscillando: *il lampadario dondolava mosso dal vento* Ⓢ oscillare, ondeggiare. || **dondolarsi** RIFL. Di persone, muoversi oscillando: *smettila di dondolarti sulla sedia.*

dondolio (don-do-lì-o) N.M. (pl. *-lìi*) · Continuo movimento avanti e indietro: *il dondolio dell'altalena.*

dondolo (dón-do-lo) N.M. · Divano sospeso dove ci si può dondolare: *sedersi sul dondolo in giardino.* Ⓔ ***A dondolo***, di sedia, poltrona o cavallino giocattolo, sostenuti da due assi curve che permettono di oscillare avanti e indietro.

dongiovanni (don-gio-vàn-ni) N.M. INVAR. · Chi corteggia le donne con audacia e successo Ⓢ seduttore, donnaiolo.

Il termine deriva dal nome di *don Giovanni* Tenorio, leggendario seduttore di donne, le cui avventure vennero narrate per la prima volta in un'opera del Seicento attribuita allo scrittore spagnolo Tirso de Molina.

donna (dòn-na) N.F. **1** L'individuo femminile della specie umana; è opposto a *uomo*: *è una bella donna; una donna colta e raffinata; scarpe, abiti da donna; i diritti, l'emancipazione della donna.* **2** Moglie o compagna: *ti presento la mia donna.* **3** Domestica, cameriera: *donna a ore; donna di servizio.* **4** Nel gioco delle carte, ognuna delle quattro figure femminili: *la donna di fiori, di picche* Ⓢ regina, dama.

donnaiolo (don-na-iò-lo) N.M. · Chi corteggia le donne, in cerca di facili amori e di avventure erotiche Ⓢ dongiovanni, seduttore.

donnola (dòn-no-la) N.F. · Piccolo mammifero carnivoro, molto comune e feroce; ha un corpo lungo e sottile, con zampe corte, e una pregiata pelliccia color giallo-bruno.

Il termine deriva dal diminutivo del latino *domina* 'signora', per le forme aggraziate dell'animale.

dono (dó-no) N.M. **1** Ciò che viene dato o ricevuto in regalo: *ho ricevuto un dono meraviglioso* Ⓢ regalo, offerta. **2** Dote, qualità, virtù: *aveva il dono della simpatia.*

dopare (do-pà-re) V.TR. (*dòpo*, ecc.) || TR. Dare sostanze stupefacenti a un atleta o a un cavallo per aumentarne il rendimento durante le competizioni sportive: *l'esame rivelò che il fantino aveva dopato il suo cavallo.* || **doparsi** RIFL. Di atleta, assumere sostanze stupefacenti per migliorare le proprie prestazioni sportive: *il ciclista fu squalificato perché si dopava.*

doping (do-ping; pronuncia *dòping*) N. INGL., in it. N.M. INVAR. · L'uso da parte di un atleta di sostanze eccitanti, proibite dai regolamenti, allo scopo di aumentare il proprio rendimento fisico durante una competizione.

dopo (dó-po) AVV., PREP., CONGIUNZ. e AGG. INVAR. || AVV. **1** In un tempo successivo: *prima studi e dopo vai a giocare; te lo dirò dopo* Ⓢ poi Ⓒ

prima. **2** Più in là, oltre: *voltate l'angolo, dopo troverete un bar.* || PREP. **1** Successivamente a, in seguito a: *usciremo dopo cena; dopo la cerimonia ci fu un rinfresco.* **2** Oltre, più in là di: *dopo la casa c'era una cappella.* || CONGIUNZ. Introduce una proposizione temporale: *dopo esser partita, non mi ha più scritto.* || AGG. Successivo: *la settimana dopo; il giorno dopo; la strada dopo.* Ⓔ ***A dopo!***, formula di saluto usata per lasciare qualcuno che si pensa di rivedere poco più tardi.

Quando *dopo* è usato come preposizione e precede un pronome personale, deve essere seguito dalla preposizione *di*: *entreremo soltanto dopo di voi.*

dopobarba (do-po-bàr-ba) N.M. INVAR. · Prodotto cosmetico che gli uomini mettono sul viso dopo aver fatto la barba.

dopodiché (do-po-di-ché) AVV. · In seguito, successivamente: *è stato qui il mese scorso, dopodiché non l'abbiamo più rivisto.*

dopodomani (do-po-do-mà-ni) AVV. · Il giorno successivo a domani, fra due giorni: *domani è presto: tornerò senz'altro dopodomani.*

dopoguerra (do-po-guèr-ra) N.M. INVAR. · Il periodo immediatamente successivo a una guerra: *i problemi del dopoguerra; il secondo dopoguerra*, il periodo che segue la seconda guerra mondiale.

dopopranzo (do-po-pràn-zo) AVV. e N.M. INVAR. || AVV. Nelle prime ore del pomeriggio: *ci vediamo in ufficio dopopranzo.* || N.M. Le prime ore del pomeriggio: *ho passato il dopopranzo in un bar.*

doposcuola (do-po-scuò-la) N.M. INVAR. · Istituzione, pubblica o privata, che completa l'opera educativa della scuola con varie attività che si svolgono dopo le ore d'insegnamento.

doposole (do-po-só-le) AGG. e N.M. INVAR. · Di cosmetico che si mette sulla pelle dopo aver preso il sole.

dopotutto (do-po-tùt-to) AVV. · Insomma, in conclusione, alla fin fine: *dopotutto, chi ci rimette è lui; dopotutto non spetta a te decidere.*

doppiaggio (dop-piàg-gio) N.M. (pl. *-gi*) · Nel cinema, registrazione della colonna sonora di un film successiva alla ripresa delle immagini, effettuata soprattutto per tradurre i dialoghi in una lingua diversa da quella originale.

doppiamente (dop-pia-mén-te) AVV. **1** Per due motivi diversi, a maggior ragione, tanto più: *la sua proposta è doppiamente interessante.* **2** Con inganno, in maniera ipocrita e falsa: *agire doppiamente.*

doppiare[1] (dop-pià-re) V.TR. (*dóppio*, ecc.) **1** Superare un punto durante la navigazione: *la nave ha doppiato il capo Palinuro* Ⓢ oltrepassare, superare. **2** Nelle gare su circuito o su pista, superare di un intero giro: *l'auto sta per essere doppiata.*

doppiare[2] (dop-pià-re) V.TR. (*dóppio*, ecc.) · Eseguire il doppiaggio del parlato di un film. Ⓔ ***Doppiare un attore***, sostituirne la voce nella colonna sonora.

doppiatore (dop-pia-tó-re) N.M. (f. *-trìce*) · Attore che presta la propria voce per doppiare un film.

doppietta (dop-piét-ta) N.F. **1** Fucile da caccia con due canne. **2** Nel calcio, coppia di gol segnati da un giocatore nella stessa partita.

doppiezza (dop-piéz-za) N.F. · Ipocrisia, falsità: *quel gesto rivelò la doppiezza del suo atteggiamento* Ⓒ sincerità.

doppifondi (dop-pi-fón-di) · Plurale → ***doppiofondo***.

doppigiochi (dop-pi-giò-chi) · Plurale → ***doppiogioco***.

doppio (dóp-pio) AGG. e N.M. (pl.m. *-pi*, pl.f. *-pie*) || AGG. **1** Che è due volte la dimensione o la quantità normale o consueta: *il prossimo mese riceverò una paga doppia; mangiò una doppia razione di pasta.* **2** Che è formato da due elementi: *fucile a doppia canna; dà sempre una doppia mandata alla porta di casa* Ⓢ duplice. **3** Ambiguo, falso, ipocrita: *un individuo doppio; una persona doppia.* **4** In grammatica: ***consonante doppia*** (o *una doppia* N.F.), consonante che viene ripetuta o prolungata nella pronuncia e ripetuta nella grafia: *nella parola "ditta" la "t" è una consonante doppia.* || N.M. **1** Quantità o dimensione due volte maggiore: *è il doppio di me; prende il doppio di stipendio.* **2** Nel tennis e nel ping-pong, la gara a coppie maschili, femminili o miste. Ⓔ ***Doppio mento***, strato di grasso tra il collo e il mento delle persone in sovrappeso • ***Doppio senso*** → *senso* • ***Vedere doppio***, vedere in modo confuso per la fame o per aver bevuto troppo.

D

doppiofondo (dop-pio-fón-do) (o **doppio fondo**) N.M. (pl. *doppifóndi*) · Spazio nascosto sotto il fondo di un oggetto: *il bottino è nascosto nel doppiofondo della valigia.*

doppiogioco (dop-pio-giò-co) (o **doppio gioco**) N.M. (pl. *doppigiòchi*) · Il comportamento di chi finge di essere d'accordo con due avversari: *è una persona sleale: fa sempre il doppiogioco.*

doppione (dop-pió-ne) N.M. · Oggetto identico a un altro: *con lo scambio dei doppioni ho trovato tante figurine nuove* Ⓢ copia, duplicato.

doppiopetto (dop-pio-pèt-to) (o **doppio petto**) N.M. (pl. *doppiopètto* o *doppiopètti*) · Giacca con le due parti anteriori tenute unite, una sull'altra, da due file di bottoni: *indossava un elegante doppiopetto.*

dorare (do-rà-re) V.TR. (*dòro*, ecc.) **1** Coprire con un sottile strato d'oro: *dorare una cornice* Ⓢ indorare. **2** Far prendere un colore biondo scuro durante la cottura: *dorare la cipolla.*

dorato (do-rà-to) AGG. **1** Rivestito od ornato di un sottile strato d'oro o del colore dell'oro: *un libro con la copertina dorata.* **2** Del colore dell'oro: *indossava delle scarpe dorate* • Biondo intenso e luminoso: *capelli dorati.*

dorico (dò-ri-co) AGG. (pl.m. *-ci*, pl.f. *-che*) **1** Dei Dori, antica popolazione greca: *poesia dorica; dialetto dorico.* **2** Dell'ordine dorico: *capitello dorico.* Ⓔ ***Ordine dorico***, stile dell'architettura greca antica caratterizzato dalla colonna con scanalature priva di base e dal capitello a lastra quadrata.

dormicchiare (dor-mic-chià-re) V.INTR. (*dormìcchio*, ecc.; aus. *avere*) · Dormire di un sonno breve e leggero: *dormicchiare dopo pranzo* Ⓢ sonnecchiare.

dormiglione (dor-mi-glió-ne) N.M. (f. *-a*; pl.m. *-i*, pl.f. *-e*) · Chi dorme a lungo o si addormenta con molta facilità: *alzati, dormiglione!* Ⓢ poltrone, pigrone.

dormire (dor-mì-re) V.INTR. e TR. (*dòrmo*, ecc.) || INTR. (aus. *avere*) **1** Riposarsi con il sonno, essere nello stato di sonno: *non riesco a dormire; è già andato a dormire perché era stanco; dormire su un fianco* Ⓢ riposare. **2** Stare in ozio: *smettila di dormire e aiutami!* Ⓢ poltrire, ciondolare. || TR. Fare un sonno di un certo tipo: *dormire sonni tranquilli, agitati.* Ⓔ ***Dormirci sopra***, rinviare una decisione per rifletterci meglio • ***Dormire in piedi***, nel linguaggio familiare, non poterne più dal sonno.

dormita (dor-mì-ta) N.F. · Sonno lungo e riposante: *ho bisogno di fare una bella dormita.*

dormitorio (dor-mi-tò-rio) N.M. e AGG. (pl. *-ri*) || N.M. Locale con molti letti usato da un certo numero di persone per dormire: *il dormitorio di un collegio.* || AGG. INVAR. e N.M. Di quartiere periferico povero di servizi e di spazi verdi, usato dagli abitanti solo per dormire: *quartieri dormitorio.*

dormiveglia (dor-mi-vé-glia) N.M. INVAR. · Stato tra il sonno e la veglia: *l'ho sentito partire mentre ero ancora nel dormiveglia.*

dorsale (dor-sà-le) AGG. e N.F. || AGG. In anatomia, del dorso o vicino al dorso. || N.F. In geografia fisica, rilievo o catena montuosa: *dorsale alpina, appenninica.* Ⓔ ***Spina dorsale*** → *spina.*

dorso (dór-so) N.M. **1** La parte posteriore del torace Ⓢ schiena. **2** Negli animali da soma, la parte del tronco su cui è posta la sella: *andare, trasportare a dorso di mulo.* **3** Stile di nuoto in cui il corpo è disposto sul dorso. **4** La parte esterna, posteriore o superiore di qualcosa: *il dorso della mano,* la parte opposta al *palmo*; *il dorso di un coltello,* la parte opposta al *taglio*.

dosaggio (do-ṣàg-gio) N.M. (pl. *-gi*) · Quantità di una sostanza; misurazione della dose giusta: *il dosaggio di un farmaco.*

dosare (do-ṣà-re) V.TR. (*dòṣo*, ecc.) **1** Calcolare, misurare la quantità esatta di una sostanza: *dosare un condimento; dosare il sale in una ricetta.* **2** Distribuire, usare con saggezza e moderazione: *dosare le parole, le energie.*

dosatore (do-ṣa-tó-re) N.M. e AGG. (f. *-trìce*) || N.M. Recipiente per dosare la giusta quantità di una sostanza: *il dosatore dello sciroppo* Ⓢ misurino. || AGG. Che permette di misurare la quantità di una sostanza: *tappo dosatore.*

dose (dò-ṣe) N.F. · Quantità necessaria o conveniente: *nella pasta hai messo una dose eccessiva di sale; Luca ha una buona dose di coraggio.* Ⓔ ***A piccole dosi***, poco per volta, in modo graduale • ***Rincarare la dose*** → ***rincarare***.

dossier (dos-sier; pronuncia *dossié*) N.M. FR., in it. N.M. INVAR. · Raccolta di documenti relativi a un fatto, a un argomento o a una persona: *quel giornalista lavora a un dossier su uno scandalo politico* Ⓢ cartella, fascicolo.

dosso (dòs-so) N.M. **1** Dorso: *il dosso della mano.* **2** Nella segnaletica stradale, gobba: *divieto di sorpasso in prossimità di un dosso* Ⓒ cunetta. **3** Piccola altura: *dosso roccioso.* Ⓔ ***Di dosso***, dal proprio corpo: *si tolse lo scialle di dosso.*

dotare (do-tà-re) V.TR. (*dòto*, ecc.) · Fornire di ciò che è necessario o utile: *dotare un ospedale* ***di*** *apparecchiature moderne; la natura lo ha dotato* ***di*** *un'intelligenza eccezionale* Ⓢ provvedere.

dotato (do-tà-to) AGG. **1** Fornito del necessario per svolgere la propria funzione: *un albergo dotato* ***di*** *tutte le comodità* Ⓢ munito Ⓒ sprovvisto • Provvisto di una certa caratteristica o qualità: *una pianta dotata* ***di*** *proprietà medicinali.* **2** Che ha una qualità fisica o intellettuale: *uno studente dotato* ***per*** *la matematica; un atleta molto dotato* Ⓢ abile, capace.

dotazione (do-ta-zió-ne) N.F. · L'insieme dei mezzi e dei materiali di cui dispone un'organizzazione per il proprio funzionamento: *assegnare, ricevere in dotazione; la dotazione di macchinari di un laboratorio* Ⓢ attrezzatura, equipaggiamento.

dote (dò-te) N.F. **1** L'insieme dei beni che la moglie porta al marito come contributo alle spese del matrimonio: *portare in dote; la sposa ha una ricca dote.* **2** Qualità, pregio, virtù: *gli manca la dote della sincerità.*

dotto[1] (dót-to) N.M. · In anatomia, canale che permette il passaggio di liquido organico: *dotto epatico.*

Il termine deriva dal latino *ductus* 'conduttura, canale', che viene a sua volta da *ducere* 'condurre, portare' (→ ***condurre***).

dotto[2] (dòt-to) AGG. **1** Di persona, molto preparato in una o più materie: *mia sorella è molto dotta* ***in*** *storia* Ⓢ istruito, informato • Di grande cultura: *un insegnante molto dotto* Ⓢ colto. **2** Di cosa, colto, erudito: *un libro pieno di citazioni dotte.*

-dotto · Secondo elemento di parole composte che significa 'conduttura': *acquedotto*, conduttura di acqua.

dottore (dot-tó-re) N.M. (f. *-éssa*; pl.m. *-i*, pl.f. *-ésse*) **1** Titolo di chi ha ottenuto una laurea: *dottore* ***in*** *lettere; dottore* ***in*** *medicina.* **2** Nel linguaggio comune, il medico: *il dottore gli ha prescritto una cura per l'ulcera.*

Il termine deriva dal verbo latino *docere* 'insegnare'; nel Medioevo indicava chi, in ambito universitario, poteva insegnare una certa disciplina.

dottrina (dot-trì-na) N.F. **1** Insieme di conoscenze o di principi, elaborati in modo organico: *dottrine sociali, economiche, politiche* Ⓢ scienza, teoria • L'insieme delle conoscenze che derivano da uno studio approfondito o che formano la cultura di una persona: *è un uomo di grande dottrina* Ⓢ cultura, sapere. **2** L'insieme dei principi della religione cristiana da insegnare ai giovani: *manda i figli a dottrina; fanno dottrina a scuola* Ⓢ catechismo.

dottrinale (dot-tri-nà-le) AGG. · Che riguarda la dottrina: *interpretazioni dottrinali.*

dove (dó-ve) AVV. **1** In domande dirette o indirette, in quale luogo: *dove sei?; dove vai?* • Preceduto da una preposizione, quale luogo: *da dove vieni?; non so di dov'è; per dove passiamo?* **2** In proposizioni relative, nel luogo in cui: *resta dove sei; vado dove mi pare* • Dopo un sostantivo, in cui, a cui: *la stanza dove dormo; il punto dove dobbiamo arrivare.*

dovere[1] (do-vé-re) V.TR. (irreg.: ind. pres. *dèvo* o *dèbbo*, *dèvi*, *dève*, *dobbiàmo*, *dovéte*, *dèvono* o *dèbbono*; fut. *dovrò*, ecc.; cong. pres. *dèva* o *dèbba*, *dèva* o *dèbba*, *dèva* o *dèbba*, *dobbiàmo*, *dobbiàte*, *dèvano* o *dèbbano*; condiz. pres. *dovrèi*, ecc.; manca l'imperat.; le altre forme sono regolari dal tema *dov-*; usato assolutamente ha

A B C D E F G H I J K L M N O P Q R S T U V W X Y Z

l'aus. *avere*; come verbo servile ha l'aus. del verbo a cui si accompagna) || SERVILE **1** Avere l'obbligo, la necessità di fare qualcosa: *devo finire i compiti per domani; devo andare dal dentista.* **2** Sembrare, parere, essere probabile: *devi essere molto stanco; a quest'ora dovrebbe essere già partito.* || TR. **1** Avere l'obbligo di dare o di restituire qualcosa: ***ti*** *devo dieci euro;* ***gli*** *devi gratitudine.* **2** Ricevere, ottenere da qualcuno o da qualcosa: *la città deve il suo nome* ***al*** *fiume che la attraversa; il suo successo si deve* ***al*** *grande talento* Ⓢ trarre, derivare. Ⓔ ***Come si deve***, in modo corretto o preciso: *mi raccomando, questo lavoro va fatto come si deve!*

Usato come verbo servile *dovere* prende l'ausiliare del verbo a cui si accompagna: *ha dovuto farlo; ci sono dovuta andare.*

dovere[2] (do-vé-re) N.M. · Obbligo di agire secondo quanto è imposto dalla legge o dalla propria coscienza: *fare, compiere il proprio dovere; non bisogna trascurare i propri doveri; mi sento in dovere di dirtelo.* Ⓔ ***A dovere***, come si deve, per bene: *bisogna fare le cose a dovere.*

doveroso (do-ve-ró-so) AGG. · Che è un dovere o è considerato come un dovere: *è doveroso ringraziare chi ha fatto tanto per noi; mi sembra doveroso avvertirlo* Ⓢ giusto, dovuto.

dovizia (do-vì-zia) N.F. (pl. *-zie*) · Grande abbondanza: *mi ha raccontato tutto con dovizia di particolari* Ⓢ ricchezza.

dovunque (do-vùn-que) AVV. || AVV. Dappertutto: *dovunque si vedevano macerie e rovine.* || AVV. REL. In ogni luogo nel quale: *dovunque andrà lo seguirò; lo troverò dovunque egli sia.*

dovuto (do-vù-to) AGG. e N.M. || AGG. **1** Che si deve per obbligo: *pagò la somma dovuta; scontò la pena dovuta.* **2** Necessario, doveroso: *bisogna parlargli con la dovuta cautela; non sempre si rivolge agli insegnanti con il dovuto rispetto.* **3** Che è la conseguenza di un evento o di un'azione: *ferite dovute* ***a*** *un incidente d'auto.* || N.M. Somma da pagare come compenso: *l'hai pagato più del dovuto* Ⓢ necessario, giusto.

down (pronuncia *dàun*) AGG. e N.M. e F. INVAR. · In medicina, di persona colpita da un'anomalia di cromosomi, detta *sindrome di Down,* caratterizzata da grave insufficienza mentale e vistose malformazioni.

download (down-load; pronuncia *daunlód*) N. INGL., in it. N.M. INVAR. · In informatica, operazione che consiste nello scaricare da Internet un file o un programma e copiarlo sul proprio computer.

dozzina (doẓ-ẓì-na) N.F. · Insieme di dodici o circa dodici elementi: *preparò la frittata con una dozzina di uova; te l'avrò detto una dozzina di volte.* Ⓔ ***A dozzine***, in gran quantità.

dozzinale (doẓ-ẓi-nà-le) AGG. · Di poco o di nessun valore: *un abito dozzinale; è gente proprio dozzinale* Ⓢ mediocre, scadente.

draga (drà-ga) N.F. (pl. *-ghe*) · Macchina per ripulire il fondo di fiumi, di laghi o del mare dai detriti.

dragamine (dra-ga-mi-ne) N.M. INVAR. · Piccola nave militare che si usa per eliminare le mine dal fondo del mare.

dragare (dra-gà-re) V.TR. (*dràgo, dràghi*, ecc.) **1** Scavare con la draga: *dragare il fondo di un canale.* **2** Liberare dalle mine un tratto di mare.

drago (drà-go) N.M. (pl. *-ghi*) · Animale favoloso dall'aspetto di uno spaventoso rettile alato che sputa fuoco.

dragoncello (dra-gon-cèl-lo) N.M. · Erba aromatica usata in cucina.

dramma (dràm-ma) N.M. (pl. *-i*) **1** Qualsiasi opera che viene rappresentata a teatro: *dramma musicale, storico, sacro* • Opera teatrale caratterizzata da vicende dolorose e forti contrasti tra i personaggi: *ieri a teatro ho visto un dramma di Ibsen.* **2** Fatto o situazione dolorosa e difficile: *il dramma della guerra; il dramma della solitudine* Ⓢ tragedia, sciagura • Fatto a cui si dà eccessiva importanza: *non è successo niente, non farne un dramma!*

drammaticità (dram-ma-ti-ci-tà) N.F. INVAR. · L'insieme delle sensazioni tristi e contrastanti legate a un'esperienza personale o a un'opera d'arte: *un ritratto carico di drammaticità; la drammaticità di un ricordo.*

drammatico (dram-mà-ti-co) AGG. (pl.m. *-ci*, pl.f. *-che*) **1** Che riguarda il dramma, del dramma: *stile drammatico; opera drammatica; il carattere drammatico di un'opera* • Che scrive o interpreta drammi: *autore drammatico; attrice drammatica.* **2** Molto grave e doloroso: *la situazione è drammatica; il malato si trova in condizioni drammatiche* Ⓢ tragico, terribile.

drammatizzare (dram-ma-tiz-zà-re) V.TR. · Esagerare l'importanza e la gravità di qualcosa: *tende a drammatizzare ogni imprevisto; non drammatizziamo!* Ⓢ ingigantire Ⓒ sdrammatizzare.

drammaturgo (dram-ma-tùr-go) N.M. (f. *-a*; pl.m. *-ghi*, pl.f. *-ghe*) · Scrittore di drammi: *Pirandello è il più grande drammaturgo italiano del Novecento.*

drappello (drap-pèl-lo) N.M. **1** Gruppo di soldati con compiti particolari: *il comandante ordinò al suo drappello di ritirarsi.* **2** Gruppo di persone unite nel fare qualcosa: *un drappello di turisti arrivò a tarda notte in città.*

drappo (dràp-po) N.M. · Stoffa pregiata usata per arredamento o per vesti di lusso Ⓢ tessuto.

drastico (drà-sti-co) AGG. (pl.m. *-ci*, pl.f. *-che*) **1** Che ha un effetto rapido e radicale: *aveva bisogno di una cura drastica* Ⓢ efficace. **2** Energico, deciso, risoluto: *il preside adottò misure drastiche contro il bullismo.*

drenaggio (dre-nàg-gio) N.M. (pl. *-gi*) **1** Sistema che utilizza una rete di tubi o di canali per sottrarre acqua da un terreno e raccoglierla in appositi bacini. **2** In chirurgia, tecnica che permette di eliminare il pus o altri liquidi dall'organismo.

drenare (dre-nà-re) V.TR. (*drèno*, ecc.) **1** Prosciugare con operazioni di drenaggio: *drenare un terreno.* **2** In chirurgia, far uscire un liquido dall'organismo mediante drenaggio: *drenare un ascesso.*

dribblare (drib-blà-re) V.TR. e INTR. (aus. *avere*) · Nel calcio, schivare un avversario con una serie di finte mantenendo il pallone Ⓢ scartare.

dribbling (drib-bling; pronuncia *drìbbling*) N. INGL., in it. N.M. INVAR. · Nel calcio, nel rugby e nel basket, abile manovra che serve a liberarsi dell'avversario, eseguita con leggeri e rapidi spostamenti della palla.

drink (pronuncia *drink*) N. INGL., in it. N.M. INVAR. **1** Bevanda alcolica: *vuoi un drink?* **2** Ricevimento in cui si consumano bevande alcoliche: *ho invitato i miei amici a un drink.*

dritta (drìt-ta) N.F. · La destra: *andare a dritta* • Il lato destro della nave, guardando verso prua Ⓢ tribordo.

dritto (drìt-to) AGG. e N.M. (f. *-a*) || AGG. Diritto: *aveva le gambe dritte e snelle; stai su dritto.* || AGG. e N.M. (f. *-a*) Furbo, scaltro, astuto: *è proprio dritto; non fare il dritto!*

drizzare (driz-zà-re) V.TR. || TR. **1** Rendere dritto qualcosa che è curvo o piegato: *drizzare un tubo, un chiodo* Ⓢ raddrizzare. **2** Mettere in posizione verticale: *drizzare un palo, una scala* Ⓢ innalzare. || **drizzarsi** RIFL. Rizzarsi, levarsi, alzarsi: *drizzarsi in piedi.* Ⓔ ***Drizzare gli orecchi*** → ***orecchio***.

droga (drò-ga) N.F. (pl. *-ghe*) **1** Sostanza vegetale aromatica che serve a dar sapore a cibi o a bevande: *il pepe, la cannella e la vaniglia sono droghe ottime per cucinare* Ⓢ spezia. **2** Sostanza che agisce sull'equilibrio fisico e psichico di chi l'assume, con un effetto eccitante o stupefacente: *l'eroina è una droga pesante; è stato arrestato per spaccio di droga.*

drogare (dro-gà-re) V.TR. (*drògo*, *dròghi*, ecc.) || TR. **1** Di cibo, condire con una spezia: *drogare le salsicce* Ⓢ aromatizzare. **2** Dare sostanze stupefacenti o eccitanti a una persona o a un animale: *il fantino drogò il suo cavallo per tentare di vincere la gara.* || **drogarsi** RIFL. Fare uso di stupefacenti: *ho visto un uomo che si drogava per strada.*

drogato (dro-gà-to) AGG. e N.M. (f. *-a*) · Che, chi fa uso abituale di droga: *un ragazzo drogato; centro di recupero per drogati* Ⓢ tossicodipendente.

drogheria (dro-ghe-rì-a) N.F. (pl. *-rìe*) · Negozio di spezie, generi alimentari e prodotti per la casa: *vado in drogheria a comprare un po' di caffè.*

droghiere (dro-ghiè-re) N.M. (f. *-a*; pl.m. *-i*, pl.f. *-e*) · Chi lavora in una drogheria.

dromedario (dro-me-dà-rio) N.M. (pl. *-ri*) · Mammifero diffuso in tutta l'Africa, simile al cammello, ma con una sola gobba; oltre a essere un prezioso animale da trasporto, dà un ottimo latte e il suo pelo rossiccio è usato per tessuti di notevole qualità.

Il termine deriva da un aggettivo greco che significa 'rapido nella corsa'.

Il verbo che indica il verso del dromedario è *bramire* e il nome è *bramito*.

-dromo · Secondo elemento di parole composte che significa 'luogo in cui si corre': *ippodromo*, luogo in cui corrono i cavalli.

drupa (drù-pa) N.F. · Frutto con una buccia esterna, una parte centrale carnosa e una più interna legnosa, detta *nocciolo*, che contiene uno o due semi (per es. l'oliva, la pesca, ecc.).

dualismo (dua-li-ṣmo) N.M. **1** Teoria filosofica, religiosa o scientifica che si basa su due principi distinti od opposti: *il dualismo di Platone*. **2** Opposizione tra due elementi: *il dualismo tra il bene e il male* Ⓢ contrasto, rivalità.

dubbio[1] (dùb-bio) AGG. (pl.m. *-bi*, pl.f. *-bie*) **1** Che non offre certezze né sicurezze: *una notizia dubbia; il risultato della gara è ancora dubbio* Ⓢ incerto, controverso Ⓒ indubbio, certo. **2** Discutibile, sgradevole: *uno scherzo di dubbio gusto*.

dubbio[2] (dùb-bio) N.M. (pl. *-bi*) **1** Incertezza che ostacola un giudizio, una conoscenza o un'azione sicura e definitiva: *mi viene un dubbio; ho ancora dubbi sulla decisione da prendere* Ⓢ esitazione, incertezza Ⓒ certezza • Con la negazione esprime assoluta certezza: *farà senza dubbio un lavoro eccellente; non c'è dubbio che sia il migliore*. **2** Sospetto, timore, paura: *il suo comportamento suscita dei dubbi; ho il dubbio che non stia tanto bene*. **3** Punto oscuro o controverso: *chiarire un dubbio* Ⓢ problema. Ⓔ ***Essere in dubbio***, essere incerto, indeciso: *sono in dubbio sulla data della partenza*; ***mettere in dubbio***, ritenere non vero o impossibile, mettere in discussione: *osi mettere in dubbio la mia sincerità?*

dubbioso (dub-bió-so) AGG. **1** Che è incerto: *sono dubbioso se leggere o guardare un film* Ⓢ esitante, indeciso Ⓒ deciso, risoluto. **2** Che esprime incertezza o perplessità: *uno sguardo, un atteggiamento dubbioso*.

dubitare (du-bi-tà-re) V.INTR. (*dùbito*, ecc.; aus. *avere*) **1** Essere incerto su cosa credere, pensare o fare: *dubito* ***che*** *le sue parole siano sincere; dubito* ***se*** *andare o no*. **2** Ritenere poco probabile: *dubito* ***che*** *le cose siano andate come dici*. **3** Preceduto da una negazione, essere assolutamente certo: *non dubito* ***che*** *tu abbia ragione; ti scriverò, non dubitare*. **4** Non fidarsi di qualcosa o di qualcuno: *non dubitare* ***delle*** *tue forze; ho sempre dubitato* ***delle*** *sue promesse* Ⓢ diffidare. **5** Avere il sospetto: *comincio a dubitare* ***che*** *sia al corrente di tutto* Ⓢ temere, sospettare.

dubitativo (du-bi-ta-tì-vo) AGG. · Che esprime dubbio o incertezza: *una risposta dubitativa* Ⓢ perplesso, dubbioso.

duca (dù-ca) N.M. (f. *-chéssa*; pl.m. *-chi*, pl.f. *-chésse*) · Titolo nobiliare che nella gerarchia segue quello di principe • La persona che ha tale titolo.

ducale (du-cà-le) AGG. · Del duca, di duca: *il palazzo ducale a Mantova; titolo ducale*.

ducato (du-cà-to) N.M. **1** Il titolo di duca. **2** Il territorio che è sotto l'autorità di un duca.

duce (dù-ce) N.M. · Capo, comandante, condottiero; in particolare, titolo assunto da Benito Mussolini durante la dittatura fascista in Italia.

duchessa (du-chés-sa) N.F. **1** Femminile → *duca*. **2** La moglie del duca.

due (dù-e) AGG. NUM. CARD. e N.M. INVAR. || AGG. **1** Il numero che segue l'uno e precede il tre: *ha corso con il numero due*. **2** Con valore indeterminato, indica una piccola quantità: *detto in due parole*, in breve, in sintesi; *andiamo a fare due passi*, una breve passeggiata. || N.M. Il numero due e il segno che lo rappresenta (2 in numeri arabi, *II* in numeri romani).

duecento (due-cèn-to) AGG. NUM. CARD. e N.M. INVAR. || AGG. Numero uguale a due volte cento: *duecento euro*. || N.M. Il numero duecento e il segno che lo rappresenta (*200* in numeri arabi, CC in numeri romani). Ⓔ ***Il Duecento***, il secolo compreso tra il 1201 e il 1300.

duellare (du-el-là-re) V.INTR. (*duèllo*, ecc.; aus. *avere*) **1** Combattere in un duello: *duellare **con** un nemico.* **2** Avere uno scontro fisico o verbale con qualcuno: *i due candidati hanno duellato in televisione* Ⓢ affrontarsi, battersi.

duello (du-èl-lo) N.M. **1** Combattimento ad armi pari tra due avversari: *sfidare a duello; battersi in duello; duello all'ultimo sangue* Ⓢ sfida, scontro. **2** Gara accanita fra due avversari: *quest'anno sarà un bel duello tra le due squadre milanesi* Ⓢ lotta, contesa.

duetto (du-ét-to) N.M. · Composizione per due voci o per due strumenti: *un duetto per violino e pianoforte.*

duna (dù-na) N.F. · Rilievo di sabbia a forma di collina che si forma per azione del vento lungo le coste o nelle zone desertiche.

> Il termine deriva da una parola olandese che significa 'altura'.

dunque (dùn-que) CONGIUNZ., AVV. e N.M. INVAR. || CONGIUNZ. Quindi, perché, con valore conclusivo: *ha sbagliato, dunque paghi; noi siamo i più forti, e dunque siamo i migliori.* || AVV. Insomma, alla fine: *cosa succede dunque?; dunque, ti decidi?; confessi dunque?* || N.M. Conclusione, punto fondamentale: *non arriva mai al dunque del discorso.*

duo (dù-o) N.M. INVAR. · Coppia di musicisti che si esibiscono insieme: *un duo pianistico.*

duodeno (duo-dè-no) N.M. · La prima parte dell'intestino tenue.

> Il termine deriva dal latino *duodecim* 'dodici', perché si credeva che nell'uomo fosse lungo circa 12 pollici.

duomo (duò-mo) N.M. · La chiesa principale di una città: *il duomo di Milano, di Orvieto* Ⓢ cattedrale.

> Il termine deriva dal latino *domus* 'casa (di Dio)'.

duplicare (du-pli-cà-re) V.TR. (*dùplico, dùplichi*, ecc.) · Fare una copia: *duplicare un documento, una chiave* Ⓢ riprodurre.

duplicato (du-pli-cà-to) N.M. **1** Copia di un documento smarrito o distrutto: *richiedere, rilasciare un duplicato.* **2** Copia, riproduzione, doppione: *ho fatto il duplicato delle chiavi di casa.*

duplicazione (du-pli-ca-zió-ne) N.F. · Riproduzione fedele: *duplicazione di una chiave, di un cd.*

duplice (dù-pli-ce) AGG. **1** Che è il risultato di due elementi distinti: *la questione presenta un duplice aspetto.* **2** Doppio: *i documenti vanno consegnati in duplice copia.*

duramente (du-ra-mén-te) AVV. **1** Con eccessiva severità: *gli rispose duramente; fui trattato molto duramente.* **2** Con molto impegno: *dovrò studiare duramente se voglio passare l'esame.*

durante (du-ràn-te) PREP. · Nel corso di, all'epoca di: *durante la notte scoppiò un temporale; durante il regno di Luigi XIV la Francia raggiunse la sua massima potenza.* Ⓔ ***Vita natural durante***, per tutta la vita: *dovrò sopportarlo vita natural durante?*

durare (du-rà-re) V.INTR. (aus. *essere* o *avere*) **1** Continuare nel tempo: *la nostra amicizia durerà per sempre; la guerra durava da cinque anni* Ⓢ protrarsi, prolungarsi. **2** Prolungarsi oltre il normale o il previsto: *sembra che l'estate duri ancora; quanto hai intenzione di durare con le tue chiacchiere?* Ⓢ continuare, seguitare. **3** Resistere al tempo e all'uso: *la bellezza non dura per sempre; in frigorifero i cibi durano di più* Ⓢ conservarsi. Ⓔ ***Chi la dura la vince***, chi dimostra tenacia e forza d'animo raggiunge il proprio scopo.

durata (du-rà-ta) N.F. · Periodo di tempo necessario allo svolgimento di qualcosa: *la lezione ha la durata di un'ora.* Ⓔ ***Di breve durata***, momentaneo, passeggero, temporaneo: *era solo una passione di breve durata;* ***di lunga durata***, che dura molto tempo: *l'auto è un investimento di lunga durata.*

durativo (du-ra-tì-vo) AGG. · In linguistica, di un verbo presentato nella sua durata, per es. *dormire* è durativo rispetto ad *addormentarsi.*

duraturo (du-ra-tù-ro) AGG. · Che durerà a lungo: *un affetto duraturo; una fama duratura* Ⓢ durevole.

durevole (du-ré-vo-le) AGG. · Di lunga durata: *una pace, un'amicizia durevole* Ⓢ duraturo.

durezza (du-réz-za) N.F. **1** Capacità di un corpo di resistere alle pressioni e alla lavora-

A B C D E F G H I J K L M N O P Q R S T U V W X Y Z

zione: *la durezza del terreno; la durezza del diamante; un legno di grande durezza* Ⓒ duttilità, morbidezza. **2** Severità eccessiva: *i suoi genitori la trattavano con durezza* Ⓢ asprezza, rigidità Ⓒ tenerezza • Mancanza di sensibilità: *durezza di modi, di cuore*.

D

duro (dù-ro) AGG. e N.M. (f. *-a*) || AGG. **1** Che oppone resistenza alla pressione, alla deformazione, all'incisione: *la dura terra; duro come l'acciaio; il diamante è più duro dell'acciaio* Ⓒ morbido, tenero. **2** Difficile da sopportare: *sono tempi duri per tutti*; anche con costruzione impersonale: *è dura essere rimproverati dopo aver lavorato tanto* Ⓢ spiacevole, doloroso. **3** Che dimostra severità e scarsa sensibilità: *non esser duro con tua sorella; è molto duro con i suoi cuginetti* Ⓢ insensibile, severo, rigido. **4** Testardo, ostinato, rigido: *è più duro d'un mulo*. || N.M. (f. *-a*) **1** Persona decisa e priva di scrupoli o addirittura violenta: *fare il duro; essere un duro*. **2** Persona molto sicura di sé: *comportarsi da duro*. Ⓔ ***Acqua dura***, ricca di sali di calcio e magnesio • ***Duro di cuore***, insensibile • ***Duro d'orecchio***, un po' sordo • ***Gioco duro***, nel calcio e in altri sport, quello di una squadra che compie numerosi falli sugli avversari • ***Tenere duro***, non cedere, resistere • ***Un osso duro*** → *osso*.

durone (du-ró-ne) N.M. **1** Callo delle mani o dei piedi. **2** Tipo di ciliegia grande e soda.

duttile (dùt-ti-le) AGG. **1** Di materiale, facile da modellare o da ridurre in fili sottili: *duttile come il pongo; l'oro è un metallo molto duttile* Ⓢ malleabile. **2** Che si adatta con facilità alle nuove circostanze o alla volontà altrui: *mente, carattere duttile* Ⓢ accomodante, versatile.

duttilità (dut-ti-li-tà) N.F. INVAR. **1** Capacità di un metallo di lasciarsi modellare o ridurre in fili sottilissimi: *la duttilità del rame; la duttilità dell'argilla* Ⓒ durezza. **2** Capacità di adattamento: *duttilità del carattere; duttilità d'ingegno* Ⓢ docilità.

dvd o **DVD** (pronuncia *divvuddì* o *dividì*) N.M. INVAR. · Compact disc usato per la registrazione digitale di materiali audiovisivi.

e

e, E N.F. O M. INVAR. · Quinta lettera dell'alfabeto italiano; è una vocale.

e (é) CONGIUNZ. · Unisce due elementi sintattici dello stesso tipo (due nomi, due verbi, due avverbi, due proposizioni): *il vino e il pane; essere e avere; presto e bene; sono tornato e non c'era nessuno.*

La congiunzione e ha sempre la forma *ed* prima di una parola che inizia per e; talvolta può avere questa forma anche quando precede un'altra vocale: *ed ecco; mi lavo velocemente ed esco di casa.*

e- · Primo elemento di parole composte inglesi che significa 'elettronico' o che indica 'effettuato tramite Internet': *e-mail*, posta elettronica; *e-commerce*, commercio effettuato tramite Internet.

ebanista (e-ba-nì-sta) N.M. e F. (pl.m. *-i*, pl.f. *-e*) · Chi lavora l'ebano o altri legni pregiati.

ebano (è-ba-no) N.M. · Albero tipico dell'India e della Malesia che produce un legno pregiato, molto duro e di colore nero, usato per fabbricare strumenti musicali, mobili di lusso e oggetti ornamentali.

ebbene (eb-bè-ne) CONGIUNZ. · Dunque, allora, per concludere un discorso: *ebbene, verrò; ebbene, cosa pensi di fare?*

ebbi (èb-bi) · Pass. rem., 1ª pers. sing. → *avere*[1].

ebbrezza (eb-bréz-za) N.F. **1** Stato di euforica confusione mentale causato da un uso eccessivo di alcol: *la guida in stato di ebbrezza è pericolosa per sé e per gli altri* Ⓢ ubriachezza. **2** Stato di esaltazione causato da un piacere molto intenso: *l'ebbrezza della velocità* Ⓢ esaltazione, euforia.

ebbro (éb-bro) AGG. **1** Che è preda di una forte emozione: *ebbro **di** felicità* Ⓢ esaltato, euforico. **2** Ubriaco.

ebete (è-be-te) AGG. e N.M. e F. · Che, chi è privo di intelligenza: *mi rivolse uno sguardo ebete; è un povero ebete* Ⓢ idiota, deficiente.

ebollizione (e-bol-li-zió-ne) N.F. **1** Il passaggio di una sostanza dallo stato liquido allo stato di gas, che avviene attraverso la formazione di bolle. **2** Stato di eccitazione: *da alcuni giorni la città è in ebollizione* Ⓢ agitazione, effervescenza.

e-book (pronuncia *ibùk*) N. INGL., in it. N.M. INVAR. · Testo in formato digitale che riproduce l'impostazione tipografica di un libro stampato.

ebraico (e-brài-co) AGG. e N.M. (pl.m. *-ci*, pl.f. *-che*) || AGG. Degli Ebrei: *il popolo ebraico; cultura ebraica.* || N.M. La lingua parlata dagli Ebrei.

ebraismo (e-bra-ì-ṣmo) N.M. **1** Parola o espressione ebraica accolta in altra lingua. **2** La cultura e la tradizione ebraiche.

ebreo (e-brè-o) AGG. e N.M. (f. *-a*; pl.m. *ebrèi*, pl.f. *ebrèe*) · Del popolo che nella seconda metà del secondo millennio a.C. si stabilì in Palestina, dove nel 1948 ha costituito lo Stato d'Israele.

ecatombe (e-ca-tóm-be) N.F. **1** Sacrificio di più vittime presso gli antichi Greci. **2** Strage, massacro, eccidio: *il bombardamento causò un'ecatombe di civili.*

ecc. (pronuncia *èč*) · Abbreviazione di *eccetera.*

eccedente (ec-ce-dèn-te) AGG. e N.M. || AGG. Che è in più, che avanza: *merce eccedente* Ⓢ rimanente, superfluo. || N.M. Ciò che è in più, che avanza: *calcolare l'eccedente* Ⓢ eccedenza, surplus.

eccedenza (ec-ce-dèn-za) N.F. · Quantità in più rispetto al normale o al previsto: *un'eccedenza di cento euro* Ⓢ rimanenza, avanzo.

A B C D **E** F G H I J K L M N O P Q R S T U V W X Y Z

E

eccedere (ec-cè-de-re) V.TR. e INTR. (ind. pres. *eccèdo*, ecc.; pass. rem. *eccedéi* o *eccedètti*, *eccedésti*, ecc.) || TR. Superare un'aspettativa o un limite: *le tue spese eccedono le nostre possibilità* Ⓢ oltrepassare. || INTR. (aus. *avere*) Superare la giusta misura: *se eccedi* ***nel*** *mangiare rischi di diventare obeso* Ⓢ esagerare Ⓒ contenersi.

eccellente (ec-cel-lèn-te) AGG. · Che supera gli altri per qualità, doti o meriti: *un compito eccellente; una cuoca eccellente* Ⓢ ottimo Ⓒ scadente, mediocre.

eccellenza (ec-cel-lèn-za) N.F. **1** Altissima qualità, perfezione: *il ristorante è noto per l'eccellenza dei suoi cibi.* **2** Titolo che si dà alle autorità dello Stato e della Chiesa: *Sua Eccellenza il console è atteso in Italia il mese prossimo.* Ⓔ ***Per eccellenza***, per definizione: *Dante Alighieri è il poeta italiano per eccellenza.*

eccellere (ec-cèl-le-re) V.INTR. (irreg.: ind. pres. *eccèllo*, ecc.; pass. rem. *eccèlsi*, *eccelléstì*, *eccèlse*, *eccellémmo*, *eccelléste*, *eccèlsero*; part. pass. *eccèlso*; aus. *essere* o *avere*; le forme composte sono rarissime) · Essere superiore per doti, capacità o qualità straordinarie: *Luca eccelle* ***nella*** *musica; Lisa eccelle* ***tra*** *tutti per intelligenza* Ⓢ brillare, emergere.

eccelsi (ec-cèl-si) · Pass. rem., 1ª pers. sing. → ***eccellere***.

eccelso (ec-cèl-so) AGG. || Participio pass. → ***eccellere***. || AGG. Fuori del comune: *una mente eccelsa; un romanzo eccelso* Ⓢ straordinario, sommo Ⓒ infimo.

eccentrico (ec-cèn-tri-co) AGG. (pl.m. *-ci*, pl.f. *-che*) **1** Di un cerchio, che è contenuto in un altro ma non ha lo stesso centro: *cerchi eccentrici.* **2** Fuori dalla norma: *la zia ama vestirsi in modo eccentrico* Ⓢ stravagante, bizzarro.

> Il termine deriva dal francese *excentrique* 'stravagante, eccentrico', che viene a sua volta dal greco *ékkentros* 'che sta fuori dal cerchio (della normalità)'; infatti è un composto di *ek-* 'fuori' e *kéntron* 'centro del cerchio'.

eccepire (ec-ce-pì-re) V.TR. (*eccepìsco*, *eccepìsci*, ecc.) · Obiettare, criticare: *non hanno niente da eccepire* ***sul*** *tuo comportamento.*

eccessivo (ec-ces-sì-vo) AGG. · Che supera i limiti: *un prezzo eccessivo; una punizione eccessiva* Ⓢ esagerato.

eccesso (ec-cès-so) N.M. **1** Superamento del limite ritenuto normale o conveniente: *eccesso di peso; eccesso di prudenza* Ⓢ esagerazione. **2** Comportamento che tende all'esagerazione: *dopo una vita di eccessi ha trovato un suo equilibrio.* Ⓔ ***All'eccesso***, in modo esagerato: *mia madre è premurosa all'eccesso* • ***In eccesso***, in eccedenza, in più: *la merce in eccesso va tenuta in magazzino.*

eccetera (ec-cè-te-ra) AVV. · E così via, e tutto il resto, e tutte le altre cose; si usa per interrompere un lungo elenco e si abbrevia con ecc.: *per disegnare prendo carta, matita, gomma, eccetera.*

> Il termine deriva dal latino *et cetera* 'e le altre cose'.

eccetto (ec-cèt-to) PREP. · Fuorché, tranne: *l'ufficio è aperto tutti i pomeriggi eccetto il sabato.*

eccettuare (ec-cet-tu-à-re) V.TR. (*eccèttuo*, ecc.) · Non tenere in considerazione: *se si eccettuano un paio di episodi, in gita mi sono molto divertito* Ⓢ escludere, scartare.

eccettuato (ec-cet-tu-à-to) AGG. · Escluso, eccetto, a eccezione di: *eccettuati pochi amici, nessuno sa dove abita.*

eccezionale (ec-ce-zio-nà-le) AGG. **1** Straordinario, fantastico, meraviglioso: *un talento eccezionale.* **2** Molto conveniente, di favore: *prezzi eccezionali; un'offerta eccezionale* Ⓢ ottimo, speciale. **3** Fuori della norma: *un caso eccezionale* Ⓢ particolare Ⓒ normale, comune. Ⓔ ***In via del tutto eccezionale***, eccezionalmente, solo per una volta: *ci ha concesso un'intervista in via del tutto eccezionale.*

eccezionalmente (ec-ce-zio-nal-mén-te) AVV. **1** In modo straordinario: *è una bambina eccezionalmente dotata per la musica* Ⓢ particolarmente. **2** Per una volta, in via eccezionale: *eccezionalmente il museo resterà aperto anche dopo cena* Ⓒ normalmente.

eccezione (ec-ce-zió-ne) N.F. **1** Allontanamento dalla regola comune o dalla normalità: *stasera farò un'eccezione e andrò a letto tar-*

di; ogni regola ha la sua eccezione. **2** Obiezione, critica, riserva: *fare, avanzare delle eccezioni.* **E** ***A eccezione di***, tranne, escluso, all'infuori di: *a eccezione della III B, tutta la scuola parteciperà alla gita* • ***D'eccezione***, eccezionale, straordinario: *sta per arrivare un ospite d'eccezione* • ***Senza eccezioni***, nessuno escluso: *la visita medica è obbligatoria per tutti, senza eccezioni.*

ecchimosi (ec-chi-mo-ṣi) N.F. INVAR. · Piccolo accumulo di sangue sotto la pelle causato da un urto **S** livido, ematoma.

eccidio (ec-ci-dio) N.M. (pl. *-di*) · Strage molto violenta con un gran numero di vittime: *nel 1944 i nazisti compirono l'eccidio delle Fosse Ardeatine* **S** massacro, sterminio.

eccipiente (ec-ci-pièn-te) AGG. e N.M. · Di sostanza liquida o solida che si aggiunge a un farmaco per somministrarlo meglio: *l'estratto di liquirizia è usato come eccipiente per le pillole.*

eccitante (ec-ci-tàn-te) AGG. e N.M. || AGG. Che causa tensione o curiosità: *uno spettacolo eccitante; una proposta eccitante* **S** elettrizzante, emozionante. || AGG. e N.M. Di sostanza che stimola il sistema nervoso: *il caffè è una bevanda eccitante; l'atleta fu squalificato per abuso di eccitanti.*

eccitare (ec-ci-tà-re) V.TR. (*èccito*, ecc.) || TR. **1** Mettere in uno stato di agitazione il corpo o la mente: *eccitare gli animi, la fantasia* **S** provocare, stimolare. **2** Suscitare, provocare, spingere: *eccitare la curiosità; eccitare la folla **alla** rivolta.* || **eccitarsi** INTR. PRONOM. Agitarsi, emozionarsi, accendersi: *mentre raccontava si eccitava sempre di più.*

eccitazione (ec-ci-ta-zió-ne) N.F. · Stato di forte tensione mentale, emotiva o sessuale: *tra il pubblico in attesa c'era molta eccitazione* **S** agitazione.

ecclesiastico (ec-cle-ṣià-sti-co) AGG. e N.M. (pl.m. *-ci*, pl.f. *-che*) || AGG. Che riguarda la Chiesa o il clero cattolico: *la gerarchia ecclesiastica; abito ecclesiastico.* || N.M. Membro del clero cattolico: *laici ed ecclesiastici sono a favore della proposta* **S** sacerdote, prete.

ecco (èc-co) AVV. · Richiama l'attenzione su qualcuno o qualcosa che compare: *ecco laggiù il paese; ecco Paolo; ecco il sole finalmente;* anche con pronomi atoni: *eccoci; eccolo.*

eccome (ec-có-me) (o **e come**) AVV. e INTER. · Sì, certamente, di sicuro; serve ad affermare o a confermare con energia: *"Fa freddo?" "Eccome!".*

echeggiare (e-cheg-già-re) V.INTR. e TR. (*echéggio*, ecc.) || INTR. (aus. *avere* o *essere*) Ripetersi per effetto dell'eco: *il tuono echeggiò nella vallata; il bosco echeggiava **del** canto degli uccelli* **S** risuonare. || TR. Evocare, ricordare: *il suo stile echeggia quello del maestro.*

echinoderma (e-chi-no-dèr-ma) N.M. (pl. *-i*) · Invertebrato marino, con corpo provvisto di uno scheletro calcareo e numerosi aculei: *il riccio di mare è un echinoderma.*

eclatante (e-cla-tàn-te) AGG. · Evidente, sensazionale, sorprendente: *una notizia eclatante.*

eclettico (e-clèt-ti-co) AGG. e N.M. (f. *-a*; pl.m. *-ci*, pl.f. *-che*) **1** Che, chi si ispira a elementi di origine diversa e li sviluppa in modo originale. **2** Che, chi si dedica con buoni risultati ad attività o a interessi diversi: *ha una mente eclettica; si appassiona a tutto: è un vero eclettico* **S** versatile.

eclissare (e-clis-sà-re) V.TR. || TR. **1** Oscurare durante un'eclissi: *la Luna eclisserà il Sole per alcuni minuti.* **2** Superare per merito o per prestigio: *grazie al suo talento Giotto eclissò la fama di Cimabue* **S** offuscare, oscurare. || **eclissarsi** INTR. PRONOM. **1** Oscurarsi per un'eclissi: *il Sole si eclissò dietro la Luna.* **2** Andarsene di nascosto: *per paura di un rimprovero, il bimbo si è eclissato* **S** scomparire, dileguarsi.

eclissi (e-clìs-si) N.F. INVAR., o **eclisse** (e-clìs-se) N.F. (pl. *-i*) **1** Oscuramento di un astro che avviene quando un corpo celeste si pone davanti ad esso. **2** Decadenza, tramonto, declino: *l'eclissi di un personaggio famoso.* **E** ***Eclissi lunare***, quando la Terra si pone tra Luna e Sole; ***eclissi solare***, quando la Luna si pone tra Terra e Sole.

Il termine deriva dal greco *ékleipsis*, connesso al verbo *ekléipo* 'mancare, abbandonare'.

A B C D E F G H I J K L M N O P Q R S T U V W X Y Z

E

eclittico (e-clìt-ti-co) AGG. (pl.m. *-ci*, pl.f. *-che*) 1 Dell'eclissi. 2 Dell'eclittica.

eco (è-co) N.F. O M. (pl. *èchi*, solo m.) 1 Ripetizione di un suono, che si verifica quando un suono colpisce un ostacolo e torna indietro: *l'eco della mia voce risuonava in tutta la vallata.* 2 Vivo interesse per qualcosa, seguito da commenti o da pettegolezzi: *lo scandalo suscitò una grande eco su tutti i giornali* Ⓢ clamore, risonanza.

eco- · Primo elemento di parole composte che significa 'ambiente': *ecologia*, la scienza dell'ambiente; *ecosostenibile*, che rispetta l'ambiente.

ecocardiogramma (e-co-car-dio-gràm-ma) N.M. (pl. *-i*) · Immagine del cuore ottenuta con un'ecografia.

ecocompatibile (e-co-com-pa-ti-bi-le) AGG. · Di prodotto o processo produttivo, che non ha effetti negativi sull'ambiente: *azienda, agricoltura ecocompatibile.*

ecodiesel (e-co-die-sel; pronuncia *ecodìṣel*) AGG. INVAR. · Di auto con motore diesel, che rispetta le leggi contro l'inquinamento ambientale.

ecodoppler (e-co-dòp-pler) N.M. O F. INVAR. · Esame clinico che mediante gli ultrasuoni verifica la velocità del flusso del sangue.

ecografia (e-co-gra-fi-a) N.F. (pl. *-fie*) · Esame clinico di un organo che si basa sull'eco degli ultrasuoni inviati sull'organo stesso.

ecoincentivo (e-co-in-cen-ti-vo) N.M. · Aiuto economico concesso dallo Stato a chi sostituisce il proprio automezzo con un nuovo modello meno inquinante.

ecologia (e-co-lo-gì-a) N.F. (pl. *-gìe*) · Scienza che studia i rapporti tra l'uomo, gli organismi vegetali e animali e l'ambiente in cui vivono.

> Il termine deriva da una parola greca che significa 'studio dell'ambiente', composta di *oîkos* 'casa, abitazione' e *logía* 'studio, teoria'.

ecologico (e-co-lò-gi-co) AGG. (pl.m. *-ci*, pl.f. *-che*) 1 Che riguarda l'ecologia: *disastro ecologico*, che danneggia gravemente l'ambiente naturale. 2 Che rispetta l'ambiente e gli organismi viventi: *detersivi ecologici; auto ecologica.* Ⓔ ***Operatore ecologico***, chi per lavoro pulisce le strade delle città • ***Pelliccia ecologica***, pelliccia realizzata in materiale sintetico.

ecologista (e-co-lo-gi-sta) N.M. e F. e AGG. (pl.m. *-i*, pl.f. *-e*) · Chi, che promuove e sostiene la difesa dell'ambiente da ogni forma d'inquinamento: *l'impegno degli ecologisti contro le centrali nucleari; politica ecologista* Ⓢ ambientalista.

ecomafia (e-co-mà-fia) N.F. (pl. *-fie*) · L'insieme delle operazioni illecite della mafia che hanno un effetto devastante sul territorio e sull'ambiente.

e-commerce (e-com-mer-ce; pronuncia *icòmmers*) N. INGL., in it. N.M. INVAR. · Le attività di vendita e di acquisto di prodotti effettuate tramite Internet.

ecomostro (e-co-mó-stro) N.M. · Edificio costruito senza tener conto di esigenze ambientali o estetiche: *è stato distrutto con la dinamite l'ecomostro di Bari.*

economia (e-co-no-mì-a) N.F. (pl. *-mìe*) 1 Uso razionale del denaro e delle risorse: *vivere in economia; fare economia* Ⓢ risparmio. 2 AL PL. Denaro risparmiato: *ho investito tutte le mie economie in una nuova bicicletta.* 3 L'insieme delle risorse e delle attività che servono a produrre, a organizzare e a distribuire la ricchezza in un luogo: *l'economia tedesca è la più avanzata d'Europa.* 4 La scienza che studia le leggi che regolano la produzione, la distribuzione e il consumo delle ricchezze: *lo zio è un esperto di economia.*

> Il termine deriva da una parola greca che significa 'amministrazione della casa', composta di *oîkos* 'dimora' e *-nomia* 'governo, amministrazione'.

economico (e-co-nò-mi-co) AGG. (pl.m. *-ci*, pl.f. *-che*) 1 Che riguarda l'economia: *crisi economica; politica economica.* 2 Poco costoso, a buon mercato: *un viaggio, un ristorante economico* Ⓢ conveniente Ⓒ caro, costoso. Ⓔ ***Edizione economica***, edizione di un libro realizzata con materiali poco costosi: *compro solo romanzi in edizione economica.*

economizzare (e-co-no-miz-zà-re) V.TR. e INTR. || TR. Usare con saggezza e moderazione: *se economizzi il consumo di gas risparmi sulla bolletta; economizzare le proprie energie* Ⓢ risparmiare. || INTR. (aus. *avere*) Evitare spese inutili: *economizzare **sul** telefono, **sul** vestiario* Ⓒ scialacquare.

economo (e-cò-no-mo) N.M. e AGG. (f. *-a*) || N.M. (f. *-a*) Chi gestisce i fondi necessari al funzionamento di un ente o di una comunità: *l'economo dell'università, del collegio* Ⓢ amministratore. || AGG. Di persona, che spende poco: *è un direttore molto economo* Ⓢ oculato, parsimonioso.

ecosistema (e-co-si-stè-ma) N.M. (pl. *-i*) · L'insieme delle relazioni che gli organismi viventi e la materia non vivente stabiliscono in un certo ambiente: *l'ecosistema dei laghi alpini, della savana africana.*

ecosostenibile (e-co-so-ste-nì-bi-le) AGG. · Ecocompatibile.

ecstasy (ec-sta-sy; pronuncia *èczstasi*) N. INGL., in it. N.F. INVAR. · Droga chimica che deriva dall'anfetamina; ha un effetto stimolante, che produce allucinazioni e alterazioni del sistema nervoso.

ecumenico (e-cu-mè-ni-co) AGG. (pl.m. *-ci*, pl.f. *-che*) **1** Che riguarda tutto il mondo: *il valore ecumenico delle religioni* Ⓢ universale. **2** Che riguarda tutto il mondo cattolico: *il concilio ecumenico riunisce vescovi di tutte le nazionalità.*

eczema (ec-zè-ma) N.M. (pl. *-i*) · Malattia della pelle che causa prurito e la comparsa di piccole vesciche.

> Il termine deriva da una parola greca connessa al verbo *ekzéo* 'bollire', per l'effetto che le bollicine fanno sulla pelle.

ed (éd) → ***e***.

edema (e-dè-ma; *alla greca* è-de-ma) N.M. (pl. *-i*) · Aumento eccessivo del liquido presente nei tessuti: *edema polmonare, cardiaco.*

edera (é-de-ra) N.F. · Pianta rampicante sempreverde comune nell'Europa mediterranea, con radici che aderiscono a rocce, alberi e muri.

edicola (e-dì-co-la) N.F. **1** Costruzione usata per la vendita di giornali e di periodici: *vado all'edicola a comprare il quotidiano* Ⓢ chiosco. **2** Piccola costruzione a forma di tempio creata come ornamento e protezione di statue e immagini sacre: *l'edicola custodisce una statuetta della Madonna* Ⓢ tempietto, tabernacolo.

edicolante (e-di-co-làn-te) N.M. e F. · Giornalaio.

edificante (e-di-fi-càn-te) AGG. · Che spinge a compiere il bene: *un racconto, un esempio edificante* Ⓢ educativo, istruttivo.

edificare (e-di-fi-cà-re) V.TR. (*edìfico, edìfichi*, ecc.) **1** Costruire, fabbricare, erigere: *ha edificato un palazzo di dieci piani.* **2** Costruire con solide basi: *quell'uomo edificò un vero impero industriale* Ⓢ fondare, creare. **3** Spingere a compiere il bene dando l'esempio: *molti libri mirano a edificare la gioventù* Ⓢ educare, elevare.

edificio (e-di-fì-cio) N.M. (pl. *-ci*) · Qualsiasi struttura di grandi dimensioni usata come abitazione o per svolgervi attività lavorative e di servizio al pubblico: *nella strada sorgevano eleganti edifici; l'ospedale è un bell'edificio moderno* Ⓢ costruzione, fabbricato.

edile (e-dì-le; *errato* è-di-le) AGG. · Che si occupa della costruzione di edifici: *costruttore edile; impresa edile.*

> La pronuncia corretta è *edìle*, con l'accento sulla *i*; la pronuncia *èdile* con l'accento sulla *e* è sbagliata!

edilizia (e-di-lì-zia) N.F. (pl. *-zie*) · L'insieme delle attività necessarie alla costruzione di edifici: *l'edilizia scolastica; l'edilizia sociale.*

edilizio (e-di-lì-zio) AGG. (pl.m. *-zi*, pl.f. *-zie*) · Che riguarda la costruzione di edifici: *il piano edilizio del Comune è stato approvato.*

edito (è-di-to) AGG. · Pubblicato: *possiede tutte le opere edite di Pasolini.*

editore (e-di-tó-re) N.M. e AGG. (f. *-trìce*) || N.M. (f. *-trìce*) Chi lavora alla pubblicazione di opere letterarie o musicali, di riviste o di giornali sostenendone le spese: *ho conosciuto un editore di libri per bambini.* || AGG. Che pubblica libri, riviste, ecc.: *casa editrice.*

E

editoria (e-di-to-rì-a) N.F. (pl. *-rìe*) **1** L'industria del libro e l'insieme delle sue attività: *editoria scolastica; editoria elettronica.* **2** L'insieme degli editori: *alla conferenza partecipò gran parte dell'editoria italiana.*

editoriale (e-di-to-rià-le) AGG. e N.M. || AGG. Che riguarda l'editoria o l'editore: *industria editoriale.* || N.M. In un giornale o in una rivista, l'articolo in prima pagina, di solito non firmato, che riflette il pensiero della direzione.

editto (e-dìt-to) N.M. · Ordine diffuso da un'autorità, soprattutto nell'antica Roma: *l'editto di Milano fu emanato dall'imperatore Costantino I.*

edizione (e-di-zió-ne) N.F. **1** Pubblicazione di un'opera a stampa o in formato digitale: *edizione integrale, ridotta.* **2** L'insieme delle copie di un'opera pubblicata in una volta sola: *la prima edizione è andata esaurita nel giro di pochi giorni* Ⓢ tiratura • Ciascuna copia di un'opera pubblicata: *un'edizione rarissima dell'"Iliade"* Ⓢ copia, esemplare. **3** L'insieme delle copie stampate da un giornale e diffuse in una zona o in momento della giornata: *edizione del mattino; edizione straordinaria.* **4** La trasmissione dei notiziari della radio o della televisione: *l'edizione della notte del telegiornale.* **5** Svolgimento di una manifestazione sportiva o artistica: *la prossima edizione del festival del cinema si terrà a settembre.*

edonismo (e-do-nì-ṣmo) N.M. **1** Concezione filosofica secondo cui lo scopo della vita umana è il raggiungimento del piacere. **2** Qualsiasi atteggiamento motivato dalla ricerca del piacere: *l'edonismo ha trionfato negli anni Ottanta del Novecento.*

educare (e-du-cà-re) V.TR. (*èduco, èduchi,* ecc.) **1** Portare a un buon livello di maturità intellettuale, morale e di comportamento: *i genitori educano i figli con il loro esempio* Ⓢ formare, istruire. **2** Sviluppare con l'esercizio o con lo studio: *educare la voce **al** canto; educare l'orecchio, il gusto* Ⓢ esercitare, allenare.

educativo (e-du-ca-tì-vo) AGG. **1** Che riguarda l'educazione: *metodi educativi.* **2** Che serve a educare: *un gioco educativo* Ⓢ istruttivo, formativo Ⓒ diseducativo.

educato (e-du-cà-to) AGG. **1** Che tratta gli altri con civiltà e con cortesia: *un giovane educato* Ⓢ corretto, gentile. **2** Che manifesta una buona educazione: *una risposta educata* Ⓢ civile.

educazione (e-du-ca-zió-ne) N.F. **1** L'insieme dei principi intellettuali e morali, appresi in famiglia, a scuola, ecc., che formano il carattere di una persona: *Luca ha ricevuto un'educazione molto severa* Ⓢ formazione, istruzione. **2** Nome di alcune materie di studio: *educazione civica; educazione musicale.* **3** L'insieme delle buone maniere da usare nei rapporti con gli altri: *la sua mancanza di educazione lo rende antipatico a tutti* Ⓢ cortesia, correttezza.

edulcorante (e-dul-co-ràn-te) AGG. e N.M. · Di sostanza che dà sapore dolce a un alimento: *il lattosio è un edulcorante naturale; un prodotto edulcorante* Ⓢ dolcificante.

edulcorare (e-dul-co-rà-re) V.TR. (*edùlcoro,* ecc.) **1** Rendere dolce: *la bevanda è stata edulcorata con un po' di miele* Ⓢ dolcificare, addolcire. **2** Rendere meno grave o meno sgradevole: *la notizia fu edulcorata dalla stampa* Ⓢ attenuare, mitigare.

efebico (e-fè-bi-co) AGG. (pl.m. *-ci,* pl.f. *-che*) · Che conserva i tratti delicati e armoniosi di un adolescente: *un corpo efebico; una bellezza efebica* Ⓢ delicato.

efelide (e-fè-li-de) N.F. · Piccola macchia scura della pelle, frequente nelle persone dai capelli biondi o rossi Ⓢ lentiggine.

effe (èf-fe) N.F. O M. INVAR. · Nome della sesta lettera dell'alfabeto italiano e del segno che la rappresenta (*f, F*).

effeminato (ef-fe-mi-nà-to) AGG. · Che ha aspetto o comportamento femminile: *modi effeminati; un giovane effeminato.*

efferatezza (ef-fe-ra-téz-za) N.F. · Crudeltà disumana: *l'efferatezza delle stragi naziste* Ⓢ atrocità, ferocia.

efferato (ef-fe-rà-to) AGG. · Feroce, disumano, atroce: *un efferato delitto.*

effervescente (ef-fer-ve-scèn-te) AGG. **1** Che presenta piccole bolle gassose: *preferisci l'acqua effervescente o naturale?* Ⓢ frizzante, gassato. **2** Molto dinamico, vivace, spumeggiante: *ha un carattere effervescente.* Ⓔ ***Pastiglia effervescente***, quella che si scioglie a contatto con l'acqua producendo bolle gassose.

Il termine deriva dal verbo latino *effervescere* 'bollire'.

effervescenza (ef-fer-ve-scèn-za) N.F. · Fenomeno per cui in un liquido si formano numerose bollicine di gas a causa di una reazione chimica.

effettivamente (ef-fet-ti-va-mén-te) AVV. · Veramente, in realtà, proprio: *effettivamente avevi ragione tu.*

effettivo (ef-fet-tì-vo) AGG. e N.M. || AGG. **1** Evidente, reale, concreto: *se il problema si risolve, ne avranno tutti un vantaggio effettivo.* **2** Che è iscritto o ha un incarico in un'organizzazione: *socio, membro effettivo* Ⓢ titolare. || N.M. Numero di soldati assegnati a un'unità militare: *le forze armate italiane contano oltre trecentomila effettivi.*

effetto (ef-fèt-to) N.M. **1** Tutto ciò che deriva da una certa causa: *il suo discorso non ha avuto l'effetto che si aspettava; la grandine ha prodotto effetti disastrosi* Ⓢ risultato, conseguenza Ⓒ causa. **2** Risultato artificioso ottenuto con tecniche particolari: *effetti di luce.* **3** In alcuni sport, rotazione impressa alla palla colpendola di lato, in modo da farle percorrere una traiettoria imprevedibile per l'avversario: *un tiro a effetto; dare l'effetto alla palla.* **4** Impressione, suggestione: *un discorso di grande effetto; i serpenti mi fanno effetto.* **5** AL PL. Capi di abbigliamento. Ⓔ ***A effetto***, fatto per provocare una reazione: *una battuta a effetto* • ***A tutti gli effetti***, per ogni scopo, da tutti i punti di vista: *il mio passaporto è valido a tutti gli effetti* • ***Effetti personali***, indumenti e accessori di una persona: *ho messo in valigia solo i miei effetti personali* • ***Effetti speciali***, nel cinema, artifici della scenografia e della fotografia, realizzati anche elaborando le immagini al computer • ***Fare effetto***, risultare efficace: *il farmaco farà effetto entro un'ora* • ***Fare l'effetto di***, sembrare, dare l'impressione di: *il vento tra le rocce fa l'effetto di un violino* • ***In effetti***, in realtà, davvero, proprio: *in effetti mi sono sbagliato* • ***Per effetto di***, a causa di, in seguito a: *per effetto della pioggia molte strade erano allagate.*

effettuare (ef-fet-tu-à-re) V.TR. (*effèttuo*, ecc.) || TR. Realizzare, compiere, eseguire: *effettuare un pagamento; il treno non effettua fermate intermedie.* || **effettuarsi** INTR. PRONOM. Realizzarsi, aver luogo, avvenire: *la reazione chimica si effettuò nei tempi previsti.*

efficace (ef-fi-cà-ce) AGG. **1** Che produce l'effetto voluto o sperato: *un rimedio efficace; una strategia efficace* Ⓢ valido, utile Ⓒ inefficace. **2** Che convince o coinvolge chi legge o ascolta: *una spiegazione efficace* Ⓢ convincente.

efficacia (ef-fi-cà-cia) N.F. (pl. *-cie*) · Capacità di produrre l'effetto voluto o sperato: *questo vaccino è di grande efficacia* Ⓢ validità, utilità Ⓒ inefficacia.

efficiente (ef-fi-cièn-te) AGG. **1** Che svolge bene i propri compiti o la propria funzione: *è l'infermiere più efficiente dell'ospedale; l'azienda fu lodata per la sua organizzazione efficiente* Ⓢ valido, funzionante Ⓒ inefficiente. **2** In grammatica: ***complemento di causa efficiente*** → ***causa***.

La parola *efficiente* si scrive con la *i*, scrivere *efficente* è un grave errore!

efficientismo (ef-fi-cien-tì-smo) N.M. · Atteggiamento di chi vuole mostrarsi efficiente a tutti i costi, anche quando non ce n'è bisogno: *il suo efficientismo l'ha reso antipatico a tutti i colleghi.*

efficienza (ef-fi-cièn-za) N.F. · Capacità di lavorare bene e nel pieno delle proprie funzioni: *l'efficienza dell'impiegato fu premiata con un aumento di stipendio* Ⓢ produttività, funzionalità Ⓒ inefficienza.

effigiare (ef-fi-già-re) V.TR. (*effigio*, ecc.) · Rappresentare con un'immagine: *nel quadro il pittore ha effigiato la figlia* Ⓢ raffigurare, ritrarre.

effigie (ef-fì-gie) N.F. (pl. *effigi* o *effigie*) · Immagine di una persona rappresentata in un dipinto, una scultura, ecc.: *l'effigie della Madonna* Ⓢ ritratto.

effimero (ef-fi-me-ro) AGG. · Che ha breve durata: *speranze effimere; successo effimero* Ⓢ passeggero, fugace.

effluvio (ef-flù-vio) N.M. (pl. *-vi*) · Emanazione di un odore gradevole o sgradevole: *gli effluvi della primavera.*

effondere (ef-fón-de-re) V.TR. (irreg.: coniugato come *fondere*) · Emanare, sprigionare, emettere: *effondere un profumo* • Far sapere ad altri.

effrazione (ef-fra-zió-ne) N.F. · Reato commesso da chi forza una serratura per entrare in un luogo chiuso: *furto con effrazione* Ⓢ scasso.

effusione (ef-fu-ṣió-ne) N.F. **1** Fuoriuscita da un'apertura: *dalla bocca del vulcano si vedeva una spettacolare effusione lavica.* **2** Abbondante spargimento: *effusione di sangue, di lacrime.* **3** Calda manifestazione d'affetto: *l'abbracciò con effusione* Ⓢ trasporto, slancio.

effusivo (ef-fu-ṣi-vo) AGG. · Che riguarda la fuoriuscita della lava: *attività effusiva.* Ⓔ ***Rocce effusive,*** quelle formate dalla lava indurita.

egemone (e-gè-mo-ne) AGG. · Che esercita un'egemonia o ha funzioni di guida: *per secoli la Francia è stata la potenza egemone in Europa* Ⓢ dominante.

egemonia (e-ge-mo-nì-a) N.F. (pl. *-nìe*) · Superiorità, predominio politico o culturale: *l'egemonia culturale europea è finita con la seconda guerra mondiale* Ⓢ supremazia.

> Il termine deriva dal greco *hegemonía* 'comando', connesso a sua volta a un verbo che significa 'condurre, guidare'.

egemonico (e-ge-mò-ni-co) AGG. (pl.m. *-ci*, pl.f. *-che*) · Che si basa sull'egemonia: *potenza, autorità egemonica* Ⓢ dominante, egemone.

egemonizzare (e-ge-mo-niz-zà-re) V.TR. · Mettere sotto il proprio potere: *egemonizzare la cultura, i mezzi di informazione* Ⓢ controllare, dominare.

egeo (e-gè-o) AGG. (pl.m. *egèi*, pl.f. *egèe*) · Che si riferisce al Mar Egeo, situato tra la Grecia e la Turchia: *isole egee.*

-eggiare · Suffisso che serve a formare verbi a partire da aggettivi o nomi: *biancheggiare* da *bianco*; *ondeggiare* da *onda.*

egida (è-gi-da) N.F. · Protezione, difesa: *porsi sotto l'egida della Croce Rossa* • Patrocinio, sostegno: *l'evento si è svolto sotto l'egida della regione.*

> Il termine deriva da una parola greca che significa 'capra', perché nella mitologia greca lo scudo, cioè la protezione, di Zeus e di Atena era ricoperto da una pelle di capra.

egiziano (e-gi-zià-no) AGG. e N.M. (f. *-a*) || AGG. Dell'Egitto. || N.M. (f. *-a*) Abitante, nativo dell'Egitto. || N.M. La lingua parlata nell'antico Egitto.

egizio (e-gì-zio) AGG. e N.M. (f. *-a*; pl.m. *-zi*, pl.f. *-zie*) || AGG. Dell'antico Egitto: *museo egizio.* || AGG. e N.M. (f. *-a*) Che, chi abitava nell'antico Egitto.

egli (é-gli) PRON. PERS. M. · Pronome di terza persona singolare maschile, usato sempre come soggetto: *"Sarò felice di aiutarti", egli disse.*

> *Egli* non è molto usato e spesso viene sostituito da *lui.*

egocentrico (e-go-cèn-tri-co) AGG. e N.M. (f. *-a*; pl.m. *-ci*, pl.f. *-che*) · Che, chi riconduce tutto a sé e al proprio punto di vista: *ha un temperamento egocentrico; è un egocentrico pieno di sé.*

egocentrismo (e-go-cen-trì-ṣmo) N.M. · Tendenza a mettere se stessi al centro di ogni cosa, senza considerare le esigenze e il punto di vista degli altri.

egoismo (e-go-ì-ṣmo) N.M. · Amore eccessivo ed esclusivo di sé e delle proprie esigenze, che spesso porta a ignorare il volere degli altri: *è una persona chiusa nel proprio egoismo* Ⓢ individualismo Ⓒ altruismo.

egoista (e-go-ì-sta) AGG. e N.M. e F. (pl.m. *-i*, pl.f. *-e*) · Che, chi si occupa solo di sé e delle proprie esigenze: *è un uomo egoista e arrogante; è* *un egoista che pensa solo a se stesso* Ⓢ individualista Ⓒ altruista.

egregio (e-grè-gio) AGG. (pl.m. *-gi*, pl.f. *-gie*) **1** Eccellente, magnifico, ottimo: *mi consegnò un lavoro egregio.* **2** In lettere e in indirizzi, espressione di cortesia che si mette prima del nome: *Egregio sig. Neri; Egregio professore* Ⓢ distinto, illustre.

Il termine deriva dal latino *egregius* 'che è fuori dal gregge, che si distingue dalla massa', che viene a sua volta da *grex gregis* 'gregge' con il prefisso *ex-*.

eguaglianza (e-gua-gliàn-za) → ***uguaglianza***.

eguagliare (e-gua-glià-re) → ***uguagliare***.

eguale (e-guà-le) → ***uguale***.

egualitario (e-gua-li-tà-rio) AGG. (pl.m. *-ri*, pl.f. *-rie*) · Che si fonda sull'uguaglianza, in senso politico e sociale: *una società egualitaria.*

egualitarismo (e-gua-li-ta-rì-ṣmo) N.M. · Concezione che tende a realizzare un'uguaglianza economica, politica e sociale tra tutti i cittadini.

eh (pronuncia *è* o *hè*) INTER. · Secondo l'intensità del tono con cui viene pronunciata, può significare rimprovero, stupore, rassegnazione: *eh! certe cose non si fanno; eh! ma questa è una follia; eh! così va il mondo!*

ehi (pronuncia *éi* o *héi*) INTER. · Serve ad attirare l'attenzione di qualcuno per salutarlo o rimproverarlo: *ehi, ciao! Come stai?; ehi, tu! Dove credi di scappare?*; anche come risposta a un saluto: *"Lisa! Ciao!" "Ehi! Che piacere, rivederti!".*

ehilà (ehi-là; pronuncia *eilà* o *heilà*) INTER. · Esclamazione usata per salutare qualcuno o richiamare la sua attenzione: *ehilà, chi si vede!* Ⓢ ehi.

ehm (pronuncia *èm* o *hèm*) INTER. · Secondo il tono con cui viene pronunciata, può esprimere incertezza, imbarazzo, dubbio; può servire anche per interrompere qualcuno che parla invitandolo a cambiare discorso.

eiaculazione (e-ia-cu-la-zió-ne) N.F. · Fuoriuscita di sperma.

elaborare (e-la-bo-rà-re) V.TR. (*elàboro*, ecc.) **1** Sviluppare in modo approfondito un'idea, un'intuizione, un problema, un argomento: *il filosofo elaborò una tesi molto originale; il ladro ha elaborato un piano per evitare gli allarmi* Ⓢ articolare, studiare. **2** Trattare e trasformare informazioni tramite apparecchiature elettroniche: *il computer sta elaborando dei nuovi dati.*

elaborato (e-la-bo-rà-to) AGG. e N.M. || AGG. **1** Preparato con cura e precisione: *ho scritto un articolo molto elaborato sul mio quartiere* Ⓢ accurato, preciso. **2** Difficile da eseguire: *è un piano troppo elaborato per essere realizzabile* Ⓢ complesso, complicato. || N.M. Compito scritto da un alunno o dal candidato a un concorso: *l'insegnante sta correggendo i nostri elaborati di storia.*

elaboratore (e-la-bo-ra-tó-re) AGG. e N.M. (f. *-trìce*) || AGG. Che elabora: *organo elaboratore.* || N.M. Apparecchio che elabora dati: *la scuola ha acquistato dieci elaboratori elettronici* Ⓢ computer (*ingl.*).

elaborazione (e-la-bo-ra-zió-ne) N.F. · Organizzazione di un contenuto mediante un accurato lavoro di raccolta, di analisi e di trasformazione dei dati a disposizione: *l'elaborazione del progetto richiese molti mesi; elaborazione dei dati fatta al computer* Ⓢ sviluppo.

elargire (e-lar-gì-re) V.TR. (*elargìsco*, *elargìsci*, ecc.) · Donare, distribuire con generosità e con abbondanza: *il conte elargì una grossa somma di denaro in beneficenza; il clown elargiva sorrisi **a** tutti i bambini* Ⓢ regalare, offrire.

elargizione (e-lar-gi-zió-ne) N.F. · Offerta generosa: *le elargizioni di grano alla plebe romana* Ⓢ donazione.

elasticità (e-la-sti-ci-tà) N.F. INVAR. **1** La proprietà dei corpi di deformarsi per azione di una forza e di riprendere la forma e le dimensioni iniziali quando la forza viene meno: *l'elasticità di una molla, del caucciù.* **2** Capacità di muoversi con facilità e leggerezza: *scivolò ma si riprese con elasticità* Ⓢ agilità. **3** Capacità di adattarsi a situazioni nuove: *in certe situazioni ci vuole un po' di elasticità mentale* Ⓢ flessibilità.

elasticizzato (e-la-sti-ciz-zà-to) AGG. · Reso elastico con l'aggiunta di fili di gomma nella trama del tessuto: *gonna elasticizzata.*

elastico (e-là-sti-co) AGG. e N.M. (pl.m. *-ci*, pl.f. *-che*) || AGG. **1** Che ha elasticità: *molti tessuti elastici sono sintetici* Ⓒ rigido. **2** Che si muove con agilità e scioltezza: *avere un fisico elastico* Ⓢ agile, sciolto. **3** Che può cambiare in base alle circostanze: *una mente elastica; un orario elastico* Ⓢ flessibile, aperto. || N.M. **1** Nastro o cordoncino di cotone o di seta intrecciato con fili di gomma: *elastico per capelli.* **2** Strisciolina di gomma per confezionare pacchetti o per riunire oggetti.

E

e-learning (e-lear-ning; pronuncia *ilèrnin*) N. INGL., in it. N.M.INVAR. · Apprendimento per mezzo di corsi multimediali accessibili soprattutto grazie a Internet.

elefante (e-le-fàn-te) N.M. **1** Mammifero di grosse dimensioni diffuso in Asia e in Africa, con grandi orecchie, zanne d'avorio e una lunga proboscide: *ha la grazia di un elefante,* non è aggraziato • Chi è grosso e goffo: *tua cugina sta ballando con quell'elefante del tuo amico.* **2** ***Elefante marino***, mammifero diffuso in prossimità del Polo Sud, simile alla foca ma più grande, chiamato così perché il maschio adulto ha il muso prolungato in una breve proboscide. Ⓔ ***Memoria da elefante***, un'ottima memoria.

Il verbo che indica il verso dell'elefante è *barrire* e il nome è *barrito*.

elefantiaco (e-le-fan-tì-a-co) AGG. (pl.m. *-ci*, pl.f. *-che*) · Che per le sue dimensioni esagerate non riesce a funzionare bene: *un'amministrazione elefantiaca.*

elegante (e-le-gàn-te) AGG. **1** Che rivela raffinatezza e buongusto: *la penna è contenuta in un elegante astuccio* Ⓢ fine, distinto. **2** Che soddisfa o convince per abilità o convenienza: *trovò un modo elegante per rifiutare la proposta* Ⓢ disinvolto. ▸ Ⓕ **legere**

eleganza (e-le-gàn-za) N.F. · Raffinatezza, buongusto, stile: *la donna si muoveva con eleganza.* ▸ Ⓕ **legere**

eleggere (e-lèg-ge-re) V.TR. (irreg.: coniugato come *leggere*) · Nominare qualcuno per una carica o per un ruolo, spesso mediante votazione: *i cittadini eleggono i membri del Parlamento* Ⓢ designare, proclamare. ▸ Ⓕ **legere**

Il termine deriva dal latino *eligere* 'scegliere, eleggere', che viene a sua volta da *legere* 'scegliere, raccogliere, leggere' con il prefisso *ex-* (→ ***leggere***).

elegia (e-le-gì-a) N.F. (pl. *-gìe*) · Componimento poetico su temi autobiografici o sentimentali.

elementare (e-le-men-tà-re) AGG. **1** Che riguarda gli elementi fondamentali di una scienza, di uno studio, di un'arte: *le nozioni elementari della matematica* Ⓢ essenziale, basilare. **2** Fondamentale, essenziale, primario: *non conosce le più elementari regole dell'educazione.* **3** Molto facile da capire: *il compito era così elementare che lo consegnò in anticipo.* Ⓔ ***Scuola elementare*** (o *le elementari* N.F.PL.), quella obbligatoria e gratuita destinata ai bambini dai sei agli undici anni; oggi è detta *scuola primaria.*

elemento (e-le-mén-to) N.M. **1** Ciascuna delle parti che formano un'unità: *gli elementi di un insieme; l'orologiaio smontò la sveglia in tutti i suoi elementi* Ⓢ parte, componente. **2** In chimica, sostanza pura formata da atomi dello stesso tipo: *l'alluminio e il ferro sono tra gli elementi chimici più diffusi in natura.* **3** Punto essenziale su cui formarsi un'opinione o elaborare un giudizio: *non ho elementi per esprimere un parere* Ⓢ dato • Fattore determinante, requisito necessario: *ha tutti gli elementi per riuscire* Ⓢ qualità, caratteristica. **4** AL PL. I principi fondamentali di una scienza, di uno studio, di un'arte: *elementi di geometria* Ⓢ basi, fondamenti. **5** Individuo che fa parte di un gruppo: *penso che si tratti di un ottimo elemento; che elemento!*, che tipo Ⓢ persona.

elemosina (e-le-mò-ṣi-na) N.F. **1** Offerta che si dà ai poveri, in segno di carità: *chiedere, dare, fare l'elemosina* Ⓢ carità, beneficenza. **2** Compenso o dono talmente scarso da risultare umiliante od offensivo: *non ho bisogno della tua elemosina, posso farcela da sola!*

elemosinare (e-le-mo-ṣi-nà-re) V.TR. e INTR. (*elemòṣino*, ecc.) || TR. **1** Chiedere in dono ciò di cui si ha bisogno: *elemosinare un po' di* *pane* Ⓢ mendicare. **2** Chiedere con insistenza e umiltà: *elemosinare favori* ***da*** *qualcuno.* || INTR. (aus. *avere*) Chiedere l'elemosina.

elencare (e-len-cà-re) V.TR. (*elènco, elènchi,* ecc.) **1** Registrare o includere in un elenco: *gli ultimi libri devono ancora essere elencati* Ⓢ catalogare. **2** Esporre uno per uno gli elementi di una serie: *elencò* ***agli*** *amici le città che aveva visitato* Ⓢ enumerare.

elenco (e-lèn-co) N.M. (pl. *-chi*) · Lista ordinata secondo un certo criterio: *la maestra lesse l'elenco dei partecipanti alla gita.* Ⓔ ***Elenco telefonico,*** lista alfabetica con nome, cognome, indirizzo e numero di telefono degli abbonati di una provincia.

elettivo (e-let-tì-vo) AGG. **1** Assegnato tramite elezione: *carica elettiva.* **2** Scelto in modo volontario: *patria elettiva.* Ⓔ ***Affinità elettiva*** → *affinità.* ▸ Ⓕ **legere**

eletto (e-lèt-to) AGG. **1** Nominato per una carica o per un ruolo, spesso tramite votazione: *i candidati eletti* ***in*** *Parlamento,* ***al*** *Senato* Ⓢ nominato, designato. **2** Che si distingue per doti morali o intellettuali: *animo eletto; una mente eletta* Ⓢ nobile, elevato. ▸ Ⓕ **legere**

elettorale (e-let-to-rà-le) AGG. · Che riguarda le elezioni o gli elettori: *riforma elettorale; seggio elettorale.* Ⓔ ***Cabina elettorale*** → *cabina* • ***Corpo elettorale,*** l'insieme degli elettori. ▸ Ⓕ **legere**

elettorato (e-let-to-rà-to) N.M. · L'insieme degli elettori: *l'elettorato ligure sarà chiamato alle urne il mese prossimo* Ⓢ votanti (PL.), elettori (PL.). ▸ Ⓕ **legere**

elettore (e-let-tó-re) N.M. (f. *-trìce*) · Chi ha o esercita il diritto di voto in un'elezione: *ha votato solo il 60% degli elettori* Ⓢ votante. ▸ Ⓕ **legere**

elettrauto (e-let-tràu-to) N.M. INVAR. · Officina in cui si riparano gli impianti elettrici delle automobili • Tecnico che svolge tali riparazioni.

elettricista (e-let-tri-cì-sta) N.M. e F. (pl.m. *-i,* pl.f. *-e*) · Chi per lavoro installa o ripara apparecchi o impianti elettrici.

elettricità (e-let-tri-ci-tà) N.F. INVAR. **1** Proprietà di un corpo di attrarre o di respingere un altro corpo in base alla natura delle particelle che lo costituiscono; questo fenomeno genera cariche elettriche che a loro volta generano energia. **2** Corrente elettrica: *domani mancherà l'elettricità per un paio d'ore.* **3** Tensione, nervosismo, eccitazione: *quell'ambiente è saturo di elettricità.*

elettrico (e-lèt-tri-co) AGG. (pl.m. *-ci,* pl.f. *-che*) **1** Che riguarda l'elettricità: *centrale elettrica; energia elettrica; luce elettrica.* **2** Teso, nervoso, irrequieto: *l'atmosfera era elettrica; mi sentivo elettrico.* Ⓔ ***Blu elettrico,*** colore azzurro intenso, come quello di una scintilla elettrica.

> Il termine deriva dal greco *élektron* 'ambra', materiale che, se strofinato, ha la proprietà di attirare i corpi leggeri.

elettrizzante (e-let-triz-zàn-te) AGG. · Che causa una piacevole eccitazione: *una notizia, un ritmo elettrizzante* Ⓢ eccitante, entusiasmante.

elettrizzare (e-let-triz-zà-re) V.TR. || TR. **1** Dare o togliere elettricità a un corpo. **2** Mettere in uno stato di viva eccitazione: *quella notizia inaspettata lo aveva elettrizzato* Ⓢ entusiasmare, eccitare. || **elettrizzarsi** INTR. PRONOM. **1** Caricarsi di elettricità. **2** Entusiasmarsi, eccitarsi, esaltarsi: *non appena il cantante apparve sul palco la folla si elettrizzò.*

elettro- · Primo elemento di parole composte che significa 'elettricità': *elettrostimolazione,* la stimolazione tramite l'elettricità.

elettrocardiogramma (e-let-tro-car-dio-gràm-ma) N.M. (pl. *-i*) · Registrazione grafica delle correnti elettriche prodotte dalle contrazioni del cuore, effettuata per controllare la presenza di eventuali disfunzioni.

elettrodo (e-lèt-tro-do) N.M. · Parte terminale di un apparecchio che produce energia; permette il passaggio di corrente elettrica.

elettrodomestico (e-let-tro-do-mè-sti-co) AGG. e N.M. (pl.m. *-ci,* pl.f. *-che*) · Di qualsiasi apparecchio di uso domestico che funzioni a corrente elettrica.

E

elettrodotto (e-let-tro-dót-to) N.M. · Conduttore per il trasporto a distanza di energia elettrica.

elettroencefalogramma (e-let-tro-en-ce-fa-lo-gràm-ma) N.M. (pl. *-i*) · Registrazione grafica dei fenomeni elettrici che si svolgono nel cervello, effettuata per individuare eventuali disturbi o lesioni.

elettrogeno (e-let-trò-ge-no) AGG. · Che produce energia elettrica. Ⓔ ***Gruppo elettrogeno***, apparecchio per produrre energia elettrica, alimentato da una diversa fonte energetica, che si usa in situazioni di emergenza.

elettrolisi (e-let-trò-li-ṣi; *anche* e-let-tro-lì-ṣi) N.F. INVAR. · Fenomeno per cui una sostanza immersa in acqua o in altri solventi, sottoposta all'azione della corrente elettrica, si divide in ioni positivi e ioni negativi.

elettrolitico (e-let-tro-lì-ti-co) AGG. (pl.m. *-ci*, pl.f. *-che*) · Che riguarda l'elettrolisi; ottenuto per elettrolisi: *fenomeno elettrolitico*.

elettromagnetico (e-let-tro-ma-gnè-ti-co) AGG. (pl.m. *-ci*, pl.f. *-che*) · Che riguarda le relazioni esistenti tra i fenomeni elettrici e quelli magnetici: *campo elettromagnetico*.

elettromagnetismo (e-let-tro-ma-gne-ti-ṣmo) N.M. · Parte della fisica che studia le relazioni tra i fenomeni elettrici e quelli magnetici; l'insieme di tali fenomeni.

elettrone (e-let-tró-ne) N.M. · Una delle particelle elementari che costituiscono la materia, dotata di una carica elettrica negativa che è la più piccola tra quelle esistenti.

elettronica (e-let-trò-ni-ca) N.F. (pl. *-che*) · Parte dell'elettrotecnica che studia gli elettroni e l'applicazione pratica dei fenomeni legati al movimento delle cariche elettriche nei solidi e nei fluidi.

elettronico (e-let-trò-ni-co) AGG. (pl.m. *-ci*, pl.f. *-che*) **1** Che riguarda l'elettrone: *carica elettronica*. **2** Che si basa sull'elettronica: *dispositivo, elaboratore elettronico*. **3** Che si effettua o si gestisce tramite Internet: *biglietto elettronico; posta elettronica*. Ⓔ ***Musica elettronica***, musica prodotta creando suoni per mezzo di apparecchi elettronici.

elettroshock (e-let-tro-shock; pronuncia *elettrosciòk*) N.M. INVAR. · Metodo di cura di alcune malattie mentali per mezzo di scariche di corrente elettrica, inviate al cervello del paziente.

elettrosmog (e-let-tro-ṣmòg) N.M. INVAR. · Inquinamento provocato dalle onde elettromagnetiche di apparecchi elettrici, di linee di trasmissione dell'energia elettrica o di antenne radio.

elettrostatico (e-let-tro-stà-ti-co) AGG. (pl.m. *-ci*, pl.f. *-che*) · ***Carica elettrostatica***, carica elettrica acquistata da un corpo per strofinio.

elettrostimolazione (e-let-tro-sti-mo-la-zió-ne) N.F. · La stimolazione elettrica di muscoli per svilupparli e di rinforzarli.

elettrotecnica (e-let-tro-tèc-ni-ca) N.F. (pl. *-che*) · L'insieme delle applicazioni pratiche dei fenomeni elettrici.

elevare (e-le-và-re) V.TR. (*elèvo*, ecc.) || TR. **1** Portare a un'altezza o a un livello superiore: *elevare il piano stradale* • Sollevare: *elevò lo sguardo **al** cielo*. **2** Rendere migliore, far avanzare: *la lettura eleva la mente; la scuola contribuisce a elevare il livello culturale del Paese* Ⓢ migliorare, nobilitare. **3** Calcolare la potenza di un numero: *elevare un numero **alla** seconda, **alla** terza potenza*. || **elevarsi** INTR. PRONOM. **1** Innalzarsi: *la montagna si eleva oltre i duemila metri*. **2** Distinguersi per qualità e valore: *si eleva **su** tutti **per** generosità* Ⓢ emergere, spiccare. **3** Aumentare di qualità o di quantità: *il tenore di vita della popolazione si è elevato negli ultimi anni; la temperatura si è molto elevata* Ⓢ crescere.

elevato (e-le-và-to) AGG. **1** Che si distingue per altezza o è posto in alto: *un colle elevato; un luogo elevato*. **2** Molto alto, notevole, rilevante: *il prezzo di quell'abito è troppo elevato; l'esercito subì perdite elevate*. **3** Che ha un'eccezionale qualità: *stile elevato; sentimenti elevati* Ⓢ nobile, fine.

elevazione (e-le-va-zió-ne) N.F. **1** Aumento di altezza, di livello o di tono: *elevazione di un argine* Ⓢ innalzamento Ⓒ abbassamento. **2** Miglioramento, crescita: *l'elevazione del proprio livello culturale*. **3** Spinta verso l'alto che un atleta si dà per colpire la palla o per superare un ostacolo Ⓢ slancio. **4** ***Elevazione a potenza,*** calcolo che consiste nel moltiplicare un numero per se stesso tante volte quante viene indicato dall'esponente.

elezione (e-le-zió-ne) N.F. **1** Nomina di qualcuno a una carica o a un ruolo mediante votazione: *l'elezione del Papa viene annunciata con una fumata bianca.* **2** AL PL. In democrazia, la scelta delle persone adatte a rappresentare e a governare i cittadini, effettuata mediante un voto libero e segreto: *elezioni comunali, provinciali, regionali* Ⓢ votazioni.
▸ Ⓕ **legere**

elfo (èl-fo) N.M. · Nella mitologia germanica, folletto che vive nei boschi in festose comunità, in genere benevole.

elica (è-li-ca) N.F. (pl. *-che*) · Organo meccanico che, muovendo l'aria o l'acqua con delle pale, permette lo spostamento di aerei o di navi: *le eliche dell'aeroplano furono danneggiate dalla tempesta.*

Il termine deriva dal greco *helíke* 'spirale', per il movimento che impone all'aria o all'acqua.

elicoidale (e-li-coi-dà-le) AGG. · A forma di elica: *rampa, scala elicoidale.*

elicottero (e-li-còt-te-ro) N.M. · Veicolo aereo dotato di una o più eliche che gli consentono di muoversi in volo, di decollare e di atterrare.

elidere (e-lì-de-re) V.TR. (irreg.: pass. rem. *elịsi, elidésti, elịse, elidémmo, elidéste, elịsero*; part. pass. *elịso*) · Eliminare la vocale finale di una parola davanti a un'altra che comincia anch'essa per vocale; nella grafia, al posto della vocale eliminata si mette l'apostrofo (*un'amica* invece di *una amica*; *l'elica* invece di *la elica*).

eliminare (e-li-mi-nà-re) V.TR. (*elimino*, ecc.) **1** Far scomparire: *quella bella notizia eliminò ogni malumore* Ⓢ cancellare, escludere. **2** Uccidere, ammazzare, sopprimere: *i banditi eliminarono l'unico testimone del loro misfatto.* **3** Sconfiggere un avversario o una squadra, escludendoli dalle fasi successive di un torneo: *l'Italia ha eliminato la Germania al primo turno.*

eliminatorio (e-li-mi-na-tò-rio) AGG. (pl.m. *-ri*, pl.f. *-rie*) · Che serve a eliminare alcuni partecipanti: *gara eliminatoria.*

eliminazione (e-li-mi-na-zió-ne) N.F. **1** Azione di togliere: *eliminazione di un errore; eliminazione di sostanze tossiche* ***dall'****organismo* Ⓢ cancellazione, espulsione. **2** Uccisione, omicidio, assassinio: *ordinò l'eliminazione di tutti i capi delle bande rivali.* **3** Esclusione di un concorrente o di una squadra dalla gara: *questo turno porterà all'eliminazione di quattro squadre su otto.*

elio (è-lio) N.M. · Gas abbondante nel Sole e in altre stelle, presente anche nell'aria e in alcuni gas naturali; è il più leggero in natura dopo l'idrogeno (il simbolo chimico è *He*).

elio- · Primo elemento di parole composte che significa 'sole': *eliocentrico,* di antica teoria astronomica che considerava il sole come il centro dell'universo.

eliocentrico (e-lio-cèn-tri-co) AGG. (pl.m. *-ci*, pl.f. *-che*) · Di teoria astronomica del passato che considerava il Sole come il centro dell'universo.

eliporto (e-li-pòr-to) N.M. · Area attrezzata per la partenza e l'arrivo di elicotteri: *l'eliporto dell'ospedale.*

elisi (e-lì-ṣi) · Pass. rem., 1ª pers. sing. → ***elidere***.

elisione (e-li-ṣió-ne) N.F. · In grammatica, eliminazione della vocale finale di una parola davanti a un'altra che comincia per vocale (*l'eroe* invece di *lo eroe*).

L'elisione non va confusa con il troncamento che può verificarsi anche davanti a consonante; nella scrittura solo l'elisione viene indicata con l'apostrofo, mentre il troncamento non presenta alcun segno; perciò *l'eroe* è elisione, *qual* è è troncamento.

elisir (e-li-ṣìr) N.M. INVAR. **1** Liquore a base di erbe aromatiche o medicinali. **2** Farmaco miracoloso: *elisir d'amore; elisir di lunga vita.*

Il termine deriva da una parola araba che significa 'la pietra filosofale', che era ritenuta efficace anche come medicamento.

E

eliso (e-li-ṣo) · Participio pass. → *elidere*.

élite (é-li-te; pronuncia *elìt*) N.F. FR., in it. N.F. INVAR. · La parte più autorevole o raffinata di un gruppo, di un ambiente, di una collettività: *far parte di un'élite, appartenere a un'élite* Ⓢ aristocrazia, crema.

ella (él-la) PRON. PERS. F. · Forma femminile del pronome personale di terza persona *egli*, usata sempre come soggetto.

Ella viene usata solo nel linguaggio letterario, di solito si usa *lei* sia nella lingua parlata sia in quella scritta.

-ellare · Suffisso che serve a formare verbi con valore attenuato rispetto al verbo di base: *girellare* da *girare*.

elle (èl-le) N.F. O M. INVAR. · Nome della decima lettera dell'alfabeto italiano e del segno che la rappresenta (*l*, *L*).

ellenico (el-lè-ni-co) AGG. (pl.m. *-ci*, pl.f. *-che*) · Dei Greci: *la civiltà ellenica; il governo ellenico* Ⓢ greco.

ellenismo (el-le-nì-ṣmo) N.M. **1** Il periodo storico che segue la morte di Alessandro Magno (323 a.C.), in cui la cultura greca si diffuse nei territori da lui conquistati. **2** Gusto per l'arte e la letteratura raffinata ed elaborata, tipica di quel periodo.

ellenistico (el-le-nì-sti-co) AGG. (pl.m. *-ci*, pl.f. *-che*) · Che riguarda l'ellenismo: *periodo ellenistico*.

ellisse (el-lis-se) N.F. **1** Curva piana chiusa che ha la forma di un ovale. **2** Il percorso descritto da un corpo celeste che ruota intorno a un altro corpo.

Il termine deriva dal greco *élleipsis* 'mancanza, difetto', perché l'ellisse veniva considerata un cerchio imperfetto.

ellissi (el-lìs-si) N.F. INVAR. · Il tralasciare nella frase un elemento che si può ricavare dal contesto, per es. *a buon intenditor* (bastano) *poche parole*.

ellittico (el-lìt-ti-co) AGG. (pl.m. *-ci*, pl.f. *-che*) · Che ha la forma di un'ellisse: *figura ellittica*.

elmetto (el-mét-to) N.M. · Casco metallico usato dai soldati e da chi svolge attività rischiose per proteggere la testa: *l'elmetto dei pompieri, dei minatori*.

elmo (él-mo) N.M. · Parte dell'armatura che proteggeva la testa del guerriero, di varie forme a seconda dei popoli e delle epoche.

elogiare (e-lo-già-re) V.TR. (*elògio*, ecc.) · Lodare in pubblico: *gli ospiti elogiarono la sua ottima cucina* Ⓢ celebrare, esaltare.

elogio (e-lò-gio) N.M. (pl. *-gi*) **1** Discorso o scritto solenne in cui si loda qualcuno o qualcosa: *voleva tessere il suo elogio*. **2** Approvazione calorosa: *la critica ha fatto grandi elogi del suo ultimo romanzo* Ⓢ lode, riconoscimento Ⓒ critica, rimprovero.

eloquente (e-lo-quèn-te) AGG. **1** Che parla in modo chiaro e convincente: *un oratore eloquente*. **2** Che ha un significato chiaro: *un'occhiata eloquente; un silenzio eloquente* Ⓢ significativo, evidente.

eloquenza (e-lo-quèn-za) N.F. **1** L'arte di trattare al meglio un argomento per ottenere gli effetti desiderati: *è un predicatore dotato di una rara eloquenza*. **2** Forza espressiva: *l'eloquenza dei suoi gesti rendeva chiara la situazione* Ⓢ efficacia, espressività.

elsa (él-sa) N.F. · L'impugnatura della spada.

eludere (e-lù-de-re) V.TR. (irreg.: pass. rem. *elùsi, eludésti, elùse, eludémmo, eludéste, elùsero*; part. pass. *elùso*) · Evitare con astuzia e con abilità: *i ladri riuscirono a eludere la sorveglianza; eludere una domanda*, evitare di rispondere Ⓢ sfuggire a, sottrarsi a.

▸ Ⓕ **ludus**

Il termine deriva dal latino *eludere* 'ingannare, scansare', che viene a sua volta da *ludere* 'giocare' con il prefisso *ex-* (→ *alludere*).

elusi (e-lù-ṣi) · Pass. rem., 1ª pers. sing. → *eludere*.

elusivo (e-lu-ṣì-vo) AGG. · Che tende a sfuggire: *mi ha dato solo risposte elusive* Ⓢ sfuggente, evasivo. ▸ Ⓕ **ludus**

eluso (e-lù-ṣo) · Participio pass. → *eludere*.

elvetico (el-vè-ti-co) AGG. e N.M. (f. *-a*; pl.m. *-ci*, pl.f. *-che*) || AGG. **1** Dell'Elvezia, territorio corrispondente all'attuale Svizzera. **2** Della

Svizzera Ⓢ svizzero. || N.M. (f. *-a*) Abitante, nativo della Svizzera.

emaciato (e-ma-cià-to) AGG. · Molto magro e sciupato: *un bambino emaciato; volto emaciato* Ⓢ macilento.

e-mail (pronuncia *imèil*) N. INGL., in it. N.F. INVAR. **1** Posta elettronica: *puoi spedirmi il documento per e-mail.* **2** Messaggio inviato tramite posta elettronica: *scrivere, ricevere, spedire un'e-mail.*

Il termine deriva dall'espressione *e(lectronic) mail* 'posta elettronica'.

emanare (e-ma-nà-re) V.INTR. e TR. || INTR. (aus. *essere*) Avere origine, provenire, derivare: ***dal** forno emanava un forte calore.* || TR. **1** Mandar fuori, diffondere, sprigionare: *l'erba appena tagliata emanava un ottimo profumo.* **2** Emettere un atto ufficiale: *il Parlamento emanò il nuovo piano economico* Ⓢ pubblicare, promulgare.

emanazione (e-ma-na-zió-ne) N.F. **1** Diffusione di un fluido o di un gas: *emanazione di vapori* Ⓢ emissione, esalazione. **2** Pubblicazione di un atto ufficiale: *l'emanazione del decreto è prevista per domani.*

emancipare (e-man-ci-pà-re) V.TR. (*emàncipo*, ecc.) || TR. Liberare da uno stato di schiavitù o di inferiorità: *Nelson Mandela lottò per emancipare il popolo sudafricano* Ⓢ liberare, affrancare. || **emanciparsi** RIFL. Liberarsi da uno stato di dipendenza o di inferiorità: *il Venezuela fu il primo Stato americano a emanciparsi **dal** dominio spagnolo.*

emancipato (e-man-ci-pà-to) AGG. **1** Libero da dominazioni o schiavitù: *popoli emancipati.* **2** Che agisce liberamente, senza essere condizionato da altri: *una ragazza emancipata.*

emancipazione (e-man-ci-pa-zió-ne) N.F. · Liberazione da una condizione di inferiorità: *l'emancipazione della donna, degli omosessuali.*

emarginare (e-mar-gi-nà-re) V.TR. (*emàrgino*, ecc.) · Escludere qualcuno dalla vita sociale trattandolo con indifferenza o con superiorità: *le persone razziste emarginano gli immigrati* Ⓢ isolare, discriminare.

emarginato (e-mar-gi-nà-to) AGG. e N.M. (f. *-a*) · Escluso da un gruppo o da una comunità: *nella nuova classe si sentiva emarginato; molte associazioni aiutano i poveri e gli emarginati* Ⓢ isolato.

emarginazione (e-mar-gi-na-zió-ne) N.F. **1** Azione o comportamento che esclude dai normali rapporti di convivenza civile una persona o un gruppo Ⓢ esclusione, discriminazione Ⓒ integrazione, accoglienza. **2** La condizione di chi subisce tale azione o tale comportamento: *vive nell'emarginazione e nella povertà* Ⓢ isolamento.

emat(o)- · Primo elemento di parole composte che significa 'sangue, sanguigno': *ematoma*, raccolta di sangue.

ematoma (e-ma-tò-ma) N.M. (pl. *-i*) · Raccolta di sangue che si forma nei tessuti di un corpo, in seguito alla rottura di vasi sanguigni: *la caduta gli provocò un ematoma al ginocchio* Ⓢ livido.

embargo (em-bàr-go) N.M. (pl. *-ghi*) **1** Sequestro di navi mercantili straniere, che uno Stato impone nei propri porti per ragioni militari, politiche o di sicurezza. **2** Divieto di esportare merci in un Paese deciso da uno Stato: *da cinquant'anni gli Stati Uniti impongono un embargo contro Cuba.*

emblema (em-blè-ma) N.M. (pl. *-i*) · Figura simbolica: *il gallo è l'emblema della Francia* Ⓢ simbolo, immagine.

emblematico (em-ble-mà-ti-co) AGG. (pl.m. *-ci*, pl.f. *-che*) · Molto simbolico o significativo: *il suo è un caso emblematico* Ⓢ esemplare, rappresentativo.

embolia (em-bo-lì-a) N.F. (pl. *-lìe*) · Chiusura di un vaso sanguigno da parte di un corpo estraneo trasportato dal sangue: *embolia cerebrale, polmonare.*

embolo (èm-bo-lo) N.M. · Corpo di varia natura capace di provocare la chiusura di un vaso sanguigno.

embrio- · Primo elemento di parole composte della terminologia scientifica nelle quali significa 'embrione, feto'.

embrionale (em-brio-nà-le) AGG. **1** Dell'embrione: *vita embrionale.* **2** Che è nella fase iniziale o di abbozzo: *un progetto ancora allo stato embrionale* Ⓢ iniziale.

embrione (em-bri-ó-ne) N.M. **1** Nell'uomo, il risultato del concepimento fino alla fine del terzo mese di vita all'interno dell'utero. **2** Primo accenno, ancora indefinito, di un pensiero o di un'attività Ⓢ abbozzo. Ⓔ ***In embrione***, allo stato iniziale: *un progetto in embrione.*

E

emendamento (e-men-da-mén-to) N.M. · Ogni cambiamento che si propone di inserire nel testo di un disegno di legge durante una discussione parlamentare: *proporre, approvare, respingere un emendamento.*

emendare (e-men-dà-re) V.TR. (*emèndo*, ecc.) || TR. **1** Liberare da imperfezioni o da difetti: *emendare il proprio carattere* Ⓢ correggere, migliorare • Eliminare, correggere: *emendare gli errori.* **2** Inserire delle modifiche in un disegno di legge. || **emendarsi** RIFL. Correggersi moralmente: *emendarsi **da** una colpa.*

emergente (e-mer-gèn-te) AGG. **1** Che esce dalla superficie dell'acqua: *un gruppo di scogli emergenti **dal** mare.* **2** Che si impone come elemento nuovo e importante: *i giovani scrittori emergenti* Ⓢ nascente. Ⓔ ***Paesi emergenti***, Paesi che, usciti da una condizione di sottosviluppo, hanno acquisito un buon livello tecnologico, conquistando una certa importanza nell'economia mondiale.

emergenza (e-mer-gèn-za) N.F. **1** Evento imprevisto: *bisogna essere pronti per tutte le emergenze.* **2** Situazione di crisi o di pericolo: *l'inquinamento ha raggiunto il livello di emergenza* Ⓢ difficoltà, urgenza.

emergere (e-mèr-ge-re) V.INTR. (irreg.: ind. pres. *emèrgo, emèrgi*, ecc.; pass. rem. *emèrsi, emergésti, emèrse, emergémmo, emergéste, emèrsero*; part. pass. *emèrso*; aus. *essere*) **1** Venire a galla, affiorare alla superficie dell'acqua: *il delfino emerse all'improvviso davanti alla barca.* **2** Apparire in modo chiaro ed evidente: ***dalle** indagini emerse il vero colpevole; il fenomeno è emerso solo negli ultimi anni* Ⓢ risultare. **3** Farsi notare: *in classe emerge **sui** compagni **per** la sua simpatia; è così deciso che riuscirà a emergere senza difficoltà* Ⓢ distinguersi, risaltare • Imporsi all'attenzione, acquistare importanza: *nel panorama politico stanno emergendo forze nuove.*

Il termine deriva dal latino *emergere* 'venire a galla', che viene a sua volta da *mergere* 'immergere, affondare' con il prefisso *ex-* (→ ***immergere***).

emerito (e-mè-ri-to) AGG. **1** Chi mantiene i vantaggi che gli derivano da un incarico senza esercitarlo più: *presidente emerito.* **2** Illustre, celebre: *un emerito studioso* • In tono scherzoso, famigerato, notorio: *un emerito furfante.*

emersi (e-mèr-si) · Pass. rem., 1ª pers. sing. → ***emergere***.

emersione (e-mer-sió-ne) N.F. · Uscita dall'acqua, apparizione in superficie: *con una manovra di emersione il sommergibile tornò a galla* Ⓒ immersione.

emerso (e-mèr-so) · Participio pass. → ***emergere***.

emettere (e-mét-te-re) V.TR. (irreg.: coniugato come *mettere*) **1** Mandar fuori: *emettere un grido, un sibilo; emettere calore, vapore* Ⓢ sprigionare, diffondere. **2** Mettere in circolazione: *emettere un assegno, un nuovo francobollo.* **3** Pronunciare o promulgare, soprattutto in forma solenne e ufficiale: *emettere una sentenza; emettere un ordine.*

Il termine deriva dal latino *emittere* 'mandar fuori, liberare', che viene a sua volta da *mittere* 'mandare' con il prefisso *ex-* (→ ***mettere***).

emiciclo (e-mi-cì-clo) N.M. · Spazio a forma di semicerchio ricavato in un edificio o in un complesso architettonico.

emicrania (e-mi-crà-nia) N.F. (pl. *-nie*) · Dolore localizzato a metà o a parte della testa Ⓢ cefalea • Mal di testa.

Il termine deriva dal greco *hemikranía*, composto a sua volta di *hemi-* 'metà' e *kraníon* 'cranio'.

emigrante (e-mi-gràn-te) N.M. e F. · Chi si trasferisce all'estero, o in una regione diversa dalla propria, per trovare lavoro o migliori condizioni economiche: *molti emigranti arrivano in Italia per sfuggire alla guerra* Ⓢ emigrato Ⓒ immigrante.

emigrare (e-mi-grà-re) V.INTR. (aus. *essere*; anche *avere*, quando non è specificato il luogo dove si emigra) · Trasferirsi in un Paese o in una regione diversa dalla propria, in cerca di lavoro o per motivi politici: *in passato molti* ***dall'****Italia sono emigrati* ***in*** *Francia; mio nonno è emigrato* ***a*** *New York negli anni Cinquanta* Ⓢ espatriare Ⓒ immigrare.

emigrato (e-mi-grà-to) AGG. e N.M. (f. *-a*) · Che, chi si è trasferito all'estero, o in una regione diversa dalla propria, per ragioni economiche o politiche: *è nato in Belgio da emigrati italiani* Ⓒ immigrato.

emigrazione (e-mi-gra-zió-ne) N.F. · Allontanamento dal proprio Paese o dalla propria regione, soprattutto per motivi politici o di lavoro Ⓒ immigrazione.

emiliano (e-mi-lià-no) AGG. e N.M. (f. *-a*) || AGG. Dell'Emilia. || N.M. (f. *-a*) Abitante, nativo dell'Emilia.

eminente (e-mi-nèn-te) AGG. · Che si distingue dagli altri per autorità o per qualità: *un politico eminente; un eminente scrittore* Ⓢ illustre, insigne.

eminentemente (e-mi-nen-te-mén-te) AVV. · In massimo grado, soprattutto: *in Italia la ricerca scientifica è eminentemente universitaria.*

emirato (e-mi-rà-to) N.M. · Titolo di emiro • Territorio governato da un emiro.

emiro (e-mì-ro) N.M. · Nei Paesi arabi, capo politico o militare.

emisfero (e-mi-sfè-ro) N.M. **1** La metà di una sfera. **2** Ciascuna metà in cui il globo terrestre risulta diviso da un meridiano o dall'equatore: *emisfero occidentale, orientale; emisfero boreale* o *settentrionale*, in cui si trova il Polo Nord; *emisfero australe* o *meridionale*, in cui si trova il Polo Sud. **3** ***Emisfero cerebrale***, ciascuna delle due masse di sostanza nervosa che nell'uomo formano la parte più rilevante del cervello.

emissario (e-mis-sà-rio) N.M. (pl. *-ri*) **1** Fiume o canale che scarica le acque di un lago o devia quelle di un fiume Ⓒ immissario. **2** Agente segreto di un governo o di un potente personaggio.

emissione (e-mis-sió-ne) N.F. **1** Passaggio all'esterno, fuoriuscita: *l'emissione della voce.* **2** In un corpo, diffusione di materia o di energia: *l'emissione di onde radio, di radiazioni* Ⓢ emanazione. **3** L'operazione con cui si mettono in circolazione banconote, assegni bancari, azioni, cambiali, francobolli, ecc.: *un francobollo di nuova emissione.*

emittente (e-mit-tèn-te) AGG. e N.F. || AGG. Che emette, trasmette segnali radio: *ripetitore emittente.* || N.F. Stazione che trasmette programmi radiofonici o televisivi: *un'emittente televisiva, radiofonica indipendente.*

emme (èm-me) N.F. o M. INVAR. · Nome dell'undicesima lettera dell'alfabeto italiano e del segno che la rappresenta (*m, M*).

em(o)- · Primo elemento di parole composte che significa 'sangue, sanguigno': *emorragia*, perdita di sangue.

emofilia (e-mo-fi-lì-a) N.F. (pl. *-lie*) · Malattia ereditaria caratterizzata da frequenti fuoriuscite di sangue dovute alla sua scarsa capacità di coagularsi.

emoglobina (e-mo-glo-bì-na) N.F. · Sostanza presente nei globuli rossi del sangue, che permette il trasporto dell'ossigeno dai polmoni ai tessuti.

emolliente (e-mol-lièn-te) AGG. e N.M. · Di rimedio che serve a proteggere le mucose e a diminuirne l'infiammazione: *sciroppo emolliente per la tosse.*

emorragia (e-mor-ra-gì-a) N.F. (pl. *-gìe*) · Fuoriuscita di sangue dovuta alla rottura di un vaso sanguigno: *soffre di emorragie dal naso.*

emostatico (e-mo-stà-ti-co) AGG. e N.M. (pl.m. *-ci*, pl.f. *-che*) · Di rimedio o farmaco capace di fermare il sangue nelle emorragie: *laccio, cotone emostatico.*

emoticon (e-mò-ti-con) N.F. INVAR. · Simbolo con cui un utente esprime il proprio stato d'animo su Internet o negli sms Ⓢ faccina.

> Il termine deriva dall'incrocio delle parole inglesi *emotion* 'emozione' e *icon* 'simbolo'.

emotività (e-mo-ti-vi-tà) N.F. INVAR. · Tendenza a reagire in modo visibile di fronte a situazioni piacevoli o spiacevoli: *quando lo vede viene travolta dall'emotività e non riesce a parlargli* Ⓢ sensibilità Ⓒ freddezza.

emotivo (e-mo-tì-vo) AGG. **1** Che cede alle emozioni con facilità: *ha un temperamento emotivo; sono troppo emotiva* Ⓢ sensibile Ⓒ imperturbabile, freddo. **2** Che dipende da un'emozione o provoca un'emozione: *ha avuto una reazione emotiva.*

E

emozionante (e-mo-zio-nàn-te) AGG. · Che suscita un'intensa eccitazione o partecipazione: *una scena emozionante* Ⓢ coinvolgente, entusiasmante.

emozionare (e-mo-zio-nà-re) V.TR. (*emozióno*, ecc.) || TR. Provocare eccitazione o turbamento: *il finale tragico del film emozionò il pubblico in sala* Ⓢ agitare, commuovere. || **emozionarsi** INTR. PRONOM. Provare un'emozione, abbandonarsi all'emozione: *non ti emozionare quando toccherà a te salire sul palco.*

emozione (e-mo-zió-ne) N.F. **1** Improvviso e intenso turbamento provocato da commozione o da agitazione: *l'emozione dell'incontro impediva loro di parlare.* **2** Avventura rischiosa ed eccitante: *andare a caccia di emozioni.*

empietà (em-pie-tà) N.F. INVAR. **1** Aperto e consapevole disprezzo verso tutto ciò che è ritenuto sacro o morale: *l'empietà del suo gesto fu condannata dall'opinione pubblica.* **2** Atto crudele e malvagio: *rapire i bambini è una grande empietà* Ⓢ malvagità, cattiveria.

empio (ém-pio) AGG. (pl.m. *-pi*, pl.f. *-pie*) **1** Che ha commesso gravissime ingiustizie o crudeltà: *l'empio assassino* Ⓢ crudele • Provocato da malvagità e crudeltà: *tutti condannarono quell'empio delitto.* **2** Contrario alla religione o alla morale: *un comportamento empio* Ⓢ sacrilego, blasfemo.

empirico (em-pì-ri-co) AGG. (pl.m. *-ci*, pl.f. *-che*) · Che si basa sull'esperienza immediata e sulla pratica, quindi non ha valore scientifico: *rimedio empirico* Ⓒ teorico.

emporio (em-pò-rio) N.M. (pl. *-ri*) **1** Grande magazzino per la vendita al pubblico di prodotti di ogni genere. **2** Importante centro di attività commerciali che raccoglie e distribuisce le merci di una o più regioni o anche di Paesi diversi: *Roma fu il grande emporio commerciale dell'antichità.*

emulare (e-mu-là-re) V.TR. (*èmulo*, ecc.) · Tentare di imitare o di superare qualcuno per merito o qualità: *quando giocava a calcio cercava di emulare Maradona* Ⓢ seguire, imitare.

emulazione (e-mu-la-zió-ne) N.F. · Impegno per imitare o superare qualcuno: *un grande sportivo spinge i giovani all'emulazione.*

emulsione (e-mul-sió-ne) N.F. · Dispersione di un liquido, sotto forma di piccolissime goccioline, in un altro liquido nel quale non possono sciogliersi, come l'olio nell'acqua o l'acqua nell'olio • Il miscuglio così ottenuto, usato per alimenti, cosmetici, vernici e lubrificanti: *il burro e la maionese sono emulsioni alimentari.* Ⓔ ***Emulsione fotografica***, lo strato di sostanze sensibili alla luce applicato su lastre, pellicole o carte fotografiche.

encefalo (en-cè-fa-lo) N.M. · L'insieme delle parti centrali del sistema nervoso, che comprendono il cervello, il cervelletto e il midollo allungato, e che sono contenute nella scatola cranica.

encefalogramma (en-ce-fa-lo-gràm-ma) N.M. (pl. *-i*) · Il risultato radiografico che si ottiene dall'esame della struttura e delle funzioni dell'encefalo.

enciclica (en-cì-cli-ca) N.F. (pl. *-che*) · Lettera che il Papa indirizza ai vescovi e ai fedeli, su argomenti legati alla fede cattolica o a particolari questioni religiose, politiche o sociali: *nella sua ultima enciclica il Papa invita tutti a impegnarsi per la pace.*

> Il termine deriva dal latino ecclesiastico *(epistula) encyclica* '(lettera) circolare', che viene a sua volta dal greco *enklýkios* 'che sta all'interno di un cerchio, circolare'.

enciclopedia (en-ci-clo-pe-dì-a) N.F. (pl. *-dìe*) · Pubblicazione che si propone di raccogliere e di trattare, in modo ordinato e approfondito, tutta la conoscenza in uno o più campi del sapere: *enciclopedia medica, universale.*

Il termine deriva dal francese *encyclopédie* 'enciclopedia', che viene a sua volta dal greco *enkýklios paideía* 'educazione circolare', cioè 'compiuta, completa'.

enciclopedico (en-ci-clo-pè-di-co) AGG. (pl.m. *-ci*, pl.f. *-che*) **1** Che ha o comprende una straordinaria quantità di conoscenze su campi e discipline molto diverse tra loro: *un'opera enciclopedica* Ⓢ universale. **2** Organizzato sul modello dell'enciclopedia: *dizionario enciclopedico.* Ⓔ ***Dizionario bilingue*** → ***dizionario***.

enclitico (en-clì-ti-co) AGG. (pl.m. *-ci*, pl.f. *-che*) · In grammatica, di parola che non ha un accento e che si pronuncia appoggiandola alla parola precedente, per es. *mi* in *guàrdami* Ⓒ proclitico.

encomiabile (en-co-mià-bi-le) AGG. · Che merita lodi: *un gesto encomiabile* Ⓢ ammirevole, lodevole.

encomio (en-cò-mio) N.M. (pl. *-mi*) **1** Manifestazione di lode, di onore o di ammirazione: *il preside rivolse parole di encomio a tutti gli insegnanti* Ⓢ elogio Ⓒ critica, biasimo. **2** Riconoscimento del valore militare di un soldato: *l'ufficiale ottenne un encomio solenne.*

endecasillabo (en-de-ca-sìl-la-bo) AGG. e N.M. · Di verso composto di undici sillabe, con accento sulla decima.

endemico (en-dè-mi-co) AGG. (pl.m. *-ci*, pl.f. *-che*) **1** Di malattia, presente in modo costante o frequente in una popolazione o in un territorio: *in certe zone dell'Asia la malaria è endemica.* **2** Di fenomeno dannoso, costante o ricorrente in un certo Paese: *l'obesità è un male endemico della nostra società.*

endo- · Primo elemento di parole composte che significa 'dentro, interno': *endogeno*, che ha origine interna.

endocarpo (en-do-càr-po) N.M. · La parte più interna del frutto, che può essere legnosa o costituita da membrane.

endocrino (en-dò-cri-no) AGG. · Che produce ed emette una sostanza, detta *ormone*, che passa all'interno dell'organismo, nei vasi sanguigni e linfatici: *ghiandole endocrine; sistema endocrino*, l'insieme delle ghiandole endocrine.

endogeno (en-dò-ge-no) N.F. **1** Che ha origine interna: *fonti endogene di energia* Ⓒ esogeno. **2** Che deriva da fattori interni all'organismo: *malattie endogene.* **3** Di fenomeno, che ha origine nelle zone profonde della Terra, come i terremoti o l'attività dei vulcani.

endovenoso (en-do-ve-nó-so) AGG. · Di iniezione, praticata direttamente in una vena; anche come N.F.: *fare un'endovenosa.*

energetico (e-ner-gè-ti-co) AGG. (pl.m. *-ci*, pl.f. *-che*) **1** Che stimola o dà nuove energie: *il miele è un alimento energetico.* **2** Che riguarda l'energia: *politica energetica; crisi energetica.* Ⓔ ***Fonte energetica***, sorgente di energia: *l'acqua e il vento sono fonti energetiche* • ***Risparmio energetico***, uso attento e razionale delle fonti di energia, nel rispetto dell'ambiente.

energia (e-ner-gì-a) N.F. (pl. *-gìe*) **1** Vigore fisico: *si riposò per recuperare le energie* Ⓢ forza. **2** Forza d'animo, fermezza di carattere: *riesce ad avere energia anche nelle situazioni più difficili* Ⓢ determinazione. **3** In fisica, capacità di un corpo o di un sistema di corpi di compiere un lavoro che si presenta sotto varie forme a seconda di come viene prodotta. Ⓔ ***Energia alternativa***, prodotta da fonti che riducono al minimo il rischio di inquinamento • ***Energia atomica*** o ***energia nucleare***, dovuta a reazioni nucleari • ***Energia chimica***, dovuta a reazioni chimiche • ***Energia cinetica***, dovuta al movimento • ***Energia elettrica***, dovuta al passaggio di correnti elettriche • ***Energia eolica***, dovuta alla forza del vento • ***Energia idroelettrica***, dovuta alla forza dell'acqua • ***Energia pulita***, prodotta da fonti che non inquinano l'ambiente • ***Energia solare***, dovuta a radiazioni solari • ***Energia termica***, dovuta alla produzione di calore.

energico (e-nèr-gi-co) AGG. (pl.m. *-ci*, pl.f. *-che*) **1** Che dimostra lucidità e decisione: *un carattere energico; una donna energica* Ⓢ deciso, determinato. **2** Efficace, radicale, efficiente: *solo un rimedio energico lo può aiutare.*

energizzante (e-ner-giẓ-zàn-te) AGG. e N.M. · Di farmaco o prodotto che dà energia: *una lozione energizzante* Ⓢ tonificante, stimolante.

energumeno (e-ner-gù-me-no) N.M. (f. *-a*) · Persona in preda all'ira, accecata dalla passione: *si comporta sempre come un energumeno.*

E

enfasi (èn-fa-ṣi) N.F. INVAR. · Voluta esagerazione dell'espressione con toni di voce o parole solenni e gesti teatrali: *parla sempre con troppa enfasi; la sua recitazione è piena di enfasi* Ⓢ solennità, retorica.

enfatico (en-fà-ti-co) AGG. (pl.m. *-ci*, pl.f. *-che*) · Caratterizzato da eccessiva solennità: *una recitazione enfatica* Ⓢ solenne, ampolloso.

enfatizzare (en-fa-tiẓ-ẓà-re) V.TR. **1** Pronunciare con enfasi: *enfatizzare un racconto.* **2** Mettere troppo in risalto: *non enfatizziamo l'episodio.*

enfisema (en-fi-ṣè-ma) N.M. (pl. *-i*) · Infiltrazione anormale di aria o di gas in organi o in tessuti dell'organismo: *enfisema polmonare.*

enigma (e-nìg-ma) N.M. (pl. *-i*) **1** Discorso o testo misterioso in cui viene proposto un tema da interpretare o indovinare: *decifrare, risolvere un enigma* Ⓢ indovinello, rompicapo. **2** Cosa o persona misteriosa o incomprensibile: *quella donna è un vero enigma* Ⓢ mistero, rebus.

enigmatico (e-nig-mà-ti-co) AGG. (pl.m. *-ci*, pl.f. *-che*) **1** Oscuro, misterioso, indecifrabile: *uno sguardo enigmatico; una risposta enigmatica.* **2** Di persona, che non lascia in alcun modo intendere quel che pensa o desidera: *è un ragazzo davvero enigmatico* Ⓢ misterioso.

enigmistica (e-nig-mì-sti-ca) N.F. (pl. *-che*) · L'arte di comporre o risolvere giochi enigmistici (cruciverba, indovinelli, rebus, ecc.): *essere appassionati di enigmistica.*

enigmistico (e-nig-mì-sti-co) AGG. (pl.m. *-ci*, pl.f. *-che*) · Di gioco, che propone un tema da indovinare o un quesito da risolvere.

enne (èn-ne) N.F. O M. INVAR. · Nome della dodicesima lettera dell'alfabeto italiano e del segno che la rappresenta (*n, N*).

-enne · Secondo elemento che, in parole composte che indicano l'età, significa 'anno': *diciottenne,* che ha diciotto anni.

ennesimo (en-nè-ṣi-mo) AGG. **1** Che riguarda l'indice *n*, simbolo di un numero intero qualsiasi: *un'equazione di ennesimo grado.* **2** Nel linguaggio familiare, l'ultimo di una lunga serie: *è l'ennesima volta che glielo dico.*

-ennio · Secondo elemento che, in parole composte che indicano un periodo di tempo, significa 'anno': *ventennio,* periodo di venti anni.

enologia (e-no-lo-gì-a) N.F. (pl. *-gìe*) · Studio della produzione e conservazione del vino.

enorme (e-nór-me) AGG. **1** Di proporzioni o di dimensioni molto al di là del normale: *la sequoia è un albero enorme* Ⓢ gigantesco, immenso. **2** Imponente, eccezionale, straordinario: *il concerto ha avuto un enorme successo.*

enormità (e-nor-mi-tà) N.F. INVAR. **1** Assurda esagerazione: *mi arrabbiai molto per l'enormità delle sue bugie.* **2** Prezzo eccessivo: *per una pizza e una birra abbiamo speso un'enormità* Ⓢ esagerazione. **3** Errore gravissimo: *il tuo compito è pieno di enormità* Ⓢ sproposito.

enoteca (e-no-tè-ca) N.F. (pl. *-che*) **1** Collezione di vini pregiati in bottiglia Ⓢ cantina. **2** Locale per l'assaggio e la vendita di vini pregiati in bottiglia.

ente (èn-te) N.M. · Istituzione riconosciuta dalla legge, organizzazione che svolge un'attività di pubblico interesse: *ente pubblico, privato; ente culturale, sportivo.* Ⓔ ***Enti locali***, i comuni, le province, le regioni.

-ente · Suffisso che serve a formare aggettivi e nomi a partire da verbi: *accogliente* da *accogliere; studente* da *studiare.*

entità (en-ti-tà) N.F. INVAR. **1** Valore, importanza, gravità: *dopo il terremoto fu valutata l'entità dei danni; aveva un patrimonio di notevole entità.* **2** Essere, ente: *gli angeli e i demoni sono entità religiose.*

entomologia (en-to-mo-lo-gì-a) N.F. (pl. *-gìe*) · Parte della zoologia che studia gli insetti.

entrambi (en-tràm-bi) PRON. e AGG. PL.M. (pl.f. *-e*) · Tutti e due: *entrambi erano stanchi e de-*

cisero di fermarsi; come agg. è seguito sempre dall'articolo: *entrambi gli occhi*; *entrambe le pagine* Ⓢ ambedue.

entrante (en-tràn-te) AGG. **1** Che sta per cominciare: *il mese entrante* Ⓢ prossimo, venturo Ⓒ uscente. **2** Che ha appena assunto un incarico: *il presidente entrante*.

entrare (en-trà-re) V.INTR. (*éntro*, ecc.; aus. *essere*) **1** Passare dall'esterno all'interno di un luogo: *entrare **in** casa*; *entrare **a** scuola*; *entrare **dal** cancello*; *entrare **per** la finestra* Ⓢ accedere Ⓒ uscire. **2** Introdursi attraverso un'apertura: *la chiave non entra **nella** serratura*; *è così alto che non entra **dalle** porte* Ⓢ passare. **3** Trovare spazio, capacità o disponibilità: ***nel** frigo non entra più niente*; ***nella** bottiglia entra poco più di un litro* Ⓢ stare • Di indumenti, poter essere indossati: *questi pantaloni non **mi** entrano più* • Di numero, essere contenuto in un altro: *il 4 entra tre volte nel 12*. **4** Essere ammesso, cominciare a far parte di un gruppo: *entrare **in** un nuovo giro di amicizie* Ⓢ inserirsi • Nella forma ***entrarci***, avere a che fare: *in questa storia io non c'entro niente*. **5** Iniziare una professione o un corso di studi: *entrare **in** magistratura*; *entrare **all'**università*. **6** Passare a una nuova condizione o situazione: *entrare **nell'**età adulta*; *entrare **in** coma*. Ⓔ ***Entrare in argomento***, cominciare a parlarne • ***Entrare in ballo*** o ***entrare in gioco***, di persona, intervenire in una situazione; di cosa, acquistare peso o importanza: *in quest'affare entrano in gioco troppi interessi* • ***Entrare in campo***, di giocatori, partecipare a una gara; intervenire in una discussione, in una questione • ***Entrare in carica*** → ***carica*** • ***Entrare in guerra***, dare inizio a un conflitto: *Francia e Germania entrarono in guerra* • ***Entrare in possesso***, diventare proprietario: *entrò in possesso **di** un'enorme somma di denaro* • ***Entrare in vigore***, di legge, diventare esecutiva • ***Entrare nei dettagli***, descrivere nei particolari: *spiegami velocemente, senza entrare nei dettagli*.

Non si devono confondere le forme di *entrarci* con quelle di *centrare*, anche se a volte il significato sembra simile: *questo non c'entra nulla* ma *il tuo discorso non centra il problema*.

entrata (en-trà-ta) N.F. **1** Passaggio dall'esterno all'interno: *l'entrata è vietata ai non addetti ai lavori*; *al cinema si paga il biglietto d'entrata* Ⓢ ingresso, accesso. **2** Luogo o passaggio d'accesso: *lo stadio conta otto entrate*; *ti aspetto di fronte all'entrata del teatro* Ⓒ uscita. **3** Il momento in cui un attore, un cantante o un musicista entrano in scena. **4** Nel calcio, l'intervento di un giocatore per togliere la palla all'avversario: *è stato ammonito per entrata pericolosa*. **5** SPESSO AL PL. Rendita, guadagno, incasso: *quest'anno abbiamo avuto delle buone entrate*.

entro (én-tro) PREP. **1** All'interno di: *entro certi limiti*. **2** Con riferimento a periodi di tempo, nel limite massimo di: *entro tre mesi finirò di pagare*; *entro e non oltre il 30 aprile*.

entropia (en-tro-pì-a) N.F. (pl. *-pìe*) · In fisica, grandezza che indica la capacità di un corpo o di un sistema di passare da uno stato di disordine a uno stato di equilibrio.

entroterra (en-tro-tèr-ra) N.M. INVAR. · Territorio interno rispetto alla costa: *l'entroterra ligure*.

entusiasmante (en-tu-ṣia-ṣmàn-te) AGG. · Che suscita entusiasmo ed intensa partecipazione: *una vittoria entusiasmante*; *uno spettacolo entusiasmante* Ⓢ appassionante, esaltante.

entusiasmare (en-tu-ṣia-ṣmà-re) V.TR. || TR. Causare un consenso e un entusiasmo totale e appassionato: *la gara entusiasmò gli spettatori* Ⓢ appassionare, esaltare. || **entusiasmarsi** INTR. PRONOM. Farsi prendere da entusiasmo: *si entusiasmò **per** la mia proposta di un viaggio*.

entusiasmo (en-tu-ṣià-ṣmo) N.M. · Spinta ad agire con passione, gioia e partecipazione totale: *suscitare, destare entusiasmo*; *accettò l'offerta con grande entusiasmo* Ⓢ slancio.

entusiasta (en-tu-ṣià-sta) AGG. (pl.m. *-i*, pl.f. *-e*) · Che dimostra trasporto, fiducia e dedizione totale: *il pubblico era entusiasta **del** suo ultimo romanzo* Ⓢ appassionato, euforico.

entusiastico (en-tu-ṣià-sti-co) AGG. (pl.m. *-ci*, pl.f. *-che*) · Motivato dall'entusiasmo: *un entusiastico applauso*.

E

enumerare (e-nu-me-rà-re) V.TR. (*enùmero*, ecc.) · Esporre uno per uno gli elementi di una serie: *enumerare i rischi, i vantaggi di un'impresa* Ⓢ elencare.

enumerazione (e-nu-me-ra-zió-ne) N.F. · Esposizione dettagliata, spesso in forma di elenco: *ci annoiò con l'enumerazione delle sue qualità* Ⓢ lista.

enunciare (e-nun-cià-re) V.TR. (*enùncio*, ecc.) · Esporre in modo chiaro e approfondito: *enunciò i principi della sua nuova teoria* Ⓢ presentare, illustrare.

enunciato (e-nun-cià-to) N.M. · Frase con cui si riassume un pensiero, un argomento o si esprime un teorema matematico: *formulò un enunciato filosofico*.

-enza · Suffisso che serve a formare nomi femminili astratti a partire dai participi presenti in *-ente*: *accoglienza* da *accogliente*.

enzima (en-zì-ma) N.M. (pl. *-i*) · Sostanza organica capace di provocare una reazione chimica; è di importanza fondamentale in tutti i processi vitali.

Il termine deriva da una parola greca che significa 'fermento interno', composta di *en-* 'dentro' e *zýme* 'fermento'.

Eocene (E-o-cè-ne) N.M. · Periodo geologico, secondo dell'era terziaria, caratterizzato da palme e altre piante tropicali e dalla comparsa di scimmie e di altri mammiferi.

eolico (e-ò-li-co) AGG. (pl.m. *-ci*, pl.f. *-che*) · Che riguarda la natura o l'azione del vento: *energia eolica; erosione eolica.* Ⓔ ***Energia eolica*** → ***energia***.

Il termine deriva dal nome di *Eolo*, dio dei venti nella mitologia greca.

epatico (e-pà-ti-co) AGG. (pl.m. *-ci*, pl.f. *-che*) · Del fegato, che riguarda il fegato: *cellule epatiche*.

epatite (e-pa-ti-te) N.F. · Malattia del fegato dovuta a un'infiammazione provocata da virus o da batteri.

epi- · Prefisso che significa 'sopra': *epigrafe*, iscrizione scritta sopra una tomba.

epica (è-pi-ca) N.F. (pl. *-che*) · Genere poetico che narra imprese e leggende di eroi • L'insieme delle opere di questo tipo prodotte da un popolo: *l'epica greca* Ⓢ epopea.

epicentro (e-pi-cèn-tro) N.M. **1** Il punto sulla superficie terrestre che viene colpito per primo e in modo più intenso da un terremoto: *un terremoto con epicentro a Tokyo.* **2** Centro di diffusione di un fenomeno: *l'epicentro del buddismo è il Nepal* Ⓢ centro, origine.

epico (è-pi-co) AGG. (pl.m. *-ci*, pl.f. *-che*) **1** Che riguarda le grandi narrazioni poetiche, scritte per esaltare gli eroi: *Omero è il maggiore poeta epico della Grecia antica* Ⓢ eroico. **2** Memorabile, mitico, leggendario: *un'impresa epica*.

epidemia (e-pi-de-mì-a) N.F. (pl. *-mìe*) **1** Diffusione rapida, in una zona più o meno vasta, di una malattia contagiosa: *epidemia di colera, di influenza* Ⓢ contagio. **2** Qualsiasi fenomeno dannoso o spiacevole che si manifesta in modo esteso o frequente: *un'epidemia di furti, di scandali*.

epidermico (e-pi-dèr-mi-co) AGG. (pl.m. *-ci*, pl.f. *-che*) **1** Che riguarda l'epidermide: *infiammazione epidermica* Ⓢ cutaneo. **2** Superficiale, apparente: *un'impressione epidermica*.

epidermide (e-pi-dèr-mi-de) N.F. **1** Il tessuto più superficiale della pelle: *questa crema protegge l'epidermide dai raggi solari* Ⓢ cute, pelle. **2** Il rivestimento superficiale delle piante.

epifania (e-pi-fa-nì-a) N.F. (pl. *-nìe*) · Nella tradizione cristiana, apparizione di Gesù Cristo ai Re Magi in visita a Betlemme, che si celebra il 6 gennaio.

Il termine deriva dal greco *epipháneia* '(feste) dell'apparizione (della divinità)', perché connesso a un verbo che significa 'apparire, manifestarsi'; è la forma dotta, quella popolare è *befana*.

epigrafe (e-pì-gra-fe) N.F. **1** Iscrizione che celebra o ricorda un defunto o un fatto di rilievo: *sulla lapide fu scolpita una breve epigrafe.* **2** Dedica o citazione posta all'inizio di un'opera: *nell'epigrafe ha dedicato il romanzo alla moglie*.

epigrafico (e-pi-grà-fi-co) AGG. (pl.m. *-ci*, pl.f. *-che*) · Che riguarda le epigrafi: *dizionario epigrafico*.

epigramma (e-pi-gràm-ma) N.M. (pl. *-i*) · Breve componimento che, in modo ironico o satirico, fornisce l'interpretazione personale di un fatto: *gli epigrammi di Marziale.*

epilessia (e-pi-les-sì-a) N.F. (pl. *-sìe*) · Malattia caratterizzata da crisi improvvise, talvolta brevissime, di perdita di conoscenza e da attacchi di convulsioni.

epilettico (e-pi-lèt-ti-co) AGG. e N.M. (f. *-a*; pl.m. *-ci*, pl.f. *-che*) || AGG. Che riguarda l'epilessia: *attacco epilettico.* || AGG. e N.M. (f. *-a*) Che, chi soffre di epilessia.

epilogo (e-pì-lo-go) N.M. (pl. *-ghi*) **1** La parte finale di un'opera teatrale o letteraria: *l'epilogo del romanzo è molto coinvolgente* Ⓢ finale Ⓒ introduzione, prologo. **2** La parte conclusiva di una vicenda: *il loro viaggio ebbe un triste epilogo* Ⓢ conclusione, fine.

episcopale (e-pi-sco-pà-le) AGG. **1** Del vescovo: *palazzo episcopale.* **2** Di ogni Chiesa organizzata in base a una gerarchia ecclesiastica che ha al proprio vertice il vescovo: *la Chiesa episcopale di Scozia.*

episodico (e-pi-ṣò-di-co) AGG. (pl.m. *-ci*, pl.f. *-che*) **1** Che è accaduto una sola volta: *non preoccuparti, è stato solo un disturbo episodico* Ⓢ occasionale, sporadico. **2** Costituito da un certo numero di episodi: *racconto episodico.*

episodio (e-pi-ṣò-dio) N.M. (pl. *-di*) **1** Parte autonoma di un'opera letteraria o cinematografica: *ho visto tutti gli episodi dei Simpson.* **2** Avvenimento di importanza secondaria o limitata: *ci raccontò alcuni episodi della sua vita* Ⓢ fatto, evento.

epistola (e-pì-sto-la) N.F. **1** Lettera privata o ufficiale di un grande scrittore: *Dante scrisse delle epistole in latino* Ⓢ missiva. **2** Ciascuna delle lettere degli Apostoli raccolte nel Vangelo: *il Nuovo Testamento contiene sette epistole.*

epistolare (e-pi-sto-là-re) AGG. **1** Che riguarda le lettere: *stile epistolare.* **2** Che avviene attraverso le lettere: *corrispondenza epistolare.* Ⓔ ***Romanzo epistolare*** → ***romanzo***[2].

epitaffio (e-pi-tàf-fio) N.M. (pl. *-fi*) · Iscrizione posta su una tomba per ricordare i meriti e le virtù del defunto.

epiteto (e-pì-te-to) N.M. **1** Sostantivo, aggettivo o espressione che si aggiungono a un nome per definirlo o ricordarlo meglio: *Achille aveva l'epiteto di "piè veloce"* Ⓢ appellativo. **2** Offesa, ingiuria: *gli lanciò contro ogni sorta di epiteti.*

epoca (è-po-ca) N.F. (pl. *-che*) **1** Lungo periodo di tempo definito da eventi storici di particolare rilievo: *la scoperta dell'America segnò l'inizio di una nuova epoca* Ⓢ età, periodo. **2** Tempo, periodo: *non lo vedo dall'epoca dell'Università.* Ⓔ ***D'epoca***, antico: *mobili d'epoca; palazzo d'epoca; auto d'epoca* • ***Fare epoca***, di fatto o evento, lasciare il segno, venire ricordato come simbolo di un periodo: *le canzoni di Beatles hanno fatto epoca.*

eponimo (e-pò-ni-mo) AGG. e N.M. (f. *-a*) · Di personaggio storico o mitico che dà il proprio nome a una città, a una famiglia, a un popolo, ecc.: *Tirreno è l'eroe eponimo del popolo dei Tirreni.*

epopea (e-po-pè-a) N.F. (pl. *-pèe*) **1** Ampia narrazione poetica di imprese eroiche: *l'epopea omerica.* **2** L'insieme delle opere epiche che appartengono alla cultura e alla letteratura di un popolo: *l'epopea germanica.* **3** Serie di imprese straordinarie: *l'epopea napoleonica.*

eppure (ep-pù-re) CONGIUNZ. · Tuttavia, nondimeno: *una tesi seducente eppure inaccettabile; eppure ti avevo avvertito!*

equamente (e-qua-mén-te) AVV. **1** In modo giusto e imparziale: *i figli divisero equamente l'eredità.* **2** In modo appropriato o proporzionato: *è stato equamente ricompensato.*

equanime (e-quà-ni-me) AGG. · Sereno, disinteressato, imparziale: *un giudice equanime.*

equatore (e-qua-tó-re) N.M. **1** Circolo lungo 40.076 chilometri equidistante dai due poli; rappresenta la circonferenza massima della Terra e divide il globo in due emisferi, boreale e australe. **2** Le regioni geografiche situate nella zona attraversata da questa linea ideale. ››

Il termine deriva dal latino medievale *aequari* 'rendere uguale', perché 'rende uguale (il giorno e la notte)'.

equatoriale (e-qua-to-rià-le) AGG. · Dell'equatore o delle zone vicino all'equatore: *regione equatoriale; venti equatoriali.* Ⓔ ***Clima equatoriale***, clima caldo-umido, caratterizzato da abbondante umidità e da piogge quotidiane, tipico delle foreste della Guinea, del Congo, dell'Amazzonia.

E

equazione (e-qua-zió-ne) N.F. · Uguaglianza tra due espressioni algebriche che si verifica solo attribuendo alle variabili, dette *incognite*, particolari valori.

equestre (e-què-stre) AGG. · Che comporta la presenza o l'uso del cavallo: *statua equestre; sport equestri.*

equi- · Primo elemento di parole composte che significa 'uguale': *equilatero*, che ha i lati uguali.

equidistante (e-qui-di-stàn-te) AGG. **1** Che ha la stessa distanza da un punto di riferimento rispetto a uno o più oggetti: *tutti i punti di una circonferenza sono equidistanti **dal** centro.* **2** Che ha una posizione intermedia tra due parti o tra due idee in contrasto tra loro: *mantenne un atteggiamento equidistante **tra** le due diverse fazioni* Ⓢ neutrale, imparziale.

equilatero (e-qui-là-te-ro) AGG. · Di poligono, che ha i lati uguali: *il triangolo equilatero.*

equilibrare (e-qui-li-brà-re) V.TR. || TR. Mettere o tenere in equilibrio: *equilibrare le spese **con** le entrate* Ⓢ bilanciare. || **equilibrarsi** RIFL. RECIPROCO Mettersi o tenersi in equilibrio l'un l'altro: *due forze uguali si equilibrano.*

equilibrato (e-qui-li-brà-to) AGG. **1** Che è in equilibrio: *un'asse equilibrata* Ⓢ bilanciato Ⓒ squilibrato • Distribuito in modo uniforme o armonico: *un carico ben equilibrato; una dieta equilibrata* Ⓢ armonico. **2** Che dimostra saggezza, misura e moderazione: *è un giovane molto equilibrato; dovresti essere più equilibrato **nel** mangiare* Ⓢ moderato, saggio.

equilibrio (e-qui-lì-brio) N.M. (pl. *-bri*) **1** Condizione per cui un oggetto o una persona mantiene una posizione stabile: *tiene la palla in perfetto equilibrio sulla testa; perdere l'equilibrio*, cadere. **2** Condizione o situazione in cui forze diverse si compensano tra di loro: *equilibrio **tra** i poteri dello Stato; equilibrio **tra** due gruppi rivali* Ⓒ squilibrio. **3** Capacità individuale di dominare i propri impulsi e istinti, di giudicare e comportarsi con saggezza: *è una persona dotata di grande equilibrio* Ⓢ moderazione.

equilibrismo (e-qui-li-brì-ṣmo) N.M. **1** L'insieme degli esercizi di equilibrio e delle relative regole. **2** Abilità nel mantenere la posizione più opportuna fra interessi o partiti opposti: *è un maestro di equilibrismo politico.*

equilibrista (e-qui-li-brì-sta) N.M. e F. (pl.m. *-i*, pl.f. *-e*) **1** Chi esegue esercizi di equilibrio Ⓢ acrobata. **2** Chi sa cavarsela con abilità in situazioni difficili.

equino (e-quì-no) AGG. e N.M. || AGG. Di cavallo: *razze equine; carne, macelleria equina.* || N.M. Ogni cavallo, asino, mulo e bardotto.

equinozio (e-qui-nò-zio) N.M. (pl. *-zi*) · Ciascuno dei due momenti dell'anno in cui, per la posizione del Sole, il giorno e la notte hanno la stessa durata in tutti i luoghi della Terra. Ⓔ ***Equinozio di primavera***, il 21 marzo • ***Equinozio di autunno***, il 23 settembre.

Il termine deriva dal latino *aequinoctium* '(giorno) uguale alla notte', composto a sua volta di *aequus* 'uguale' e *nox noctis* 'notte'.

equipaggiamento (e-qui-pag-gia-mén-to) N.M. · L'insieme degli oggetti, indumenti, strumenti, ecc., necessari a un individuo per svolgere certe imprese o attività, soprattutto in ambito militare o sportivo: *equipaggiamento da sci* Ⓢ attrezzatura.

equipaggiare (e-qui-pag-già-re) V.TR. (*equipàggio*, ecc.) **1** Fornire di equipaggio: *il capitano equipaggiò la nave.* **2** Fornire dei materiali e degli attrezzi necessari per svolgere un'impresa o un'attività, soprattutto militare o sportiva: *l'allenatore ha equipaggiato la squadra **dell'**occorrente* Ⓢ dotare, attrezzare.

equipaggio (e-qui-pàg-gio) N.M. (pl. *-gi*) **1** L'insieme del personale, agli ordini del comandante e degli ufficiali, su una nave mercantile o militare: *l'equipaggio diede il benve-*

nuto ai passeggeri della nave. 2 L'insieme del personale a bordo di un aereo: *un equipaggio di sei hostess* Ⓢ personale di volo.

equiparabile (e-qui-pa-rà-bi-le) AGG. · Che si può equiparare: *il suo titolo di studio è equiparabile **al** diploma* Ⓢ paragonabile, assimilabile.

equiparare (e-qui-pa-rà-re) V.TR. (*equipàro*, ecc.; alla latina *equìparo*, ecc.) · Rendere equivalente, mettere alla pari: *la nuova legge equipara i salari degli impiegati* Ⓢ parificare, uguagliare.

équipe (é-qui-pe; pronuncia *echìp*) N.F. FR., in it. N.F. INVAR. 1 Gruppo di persone che lavorano insieme: *équipe medica; équipe di laboratorio.* 2 Nel linguaggio sportivo, squadra: *l'équipe belga ha vinto il torneo.* Ⓔ ***Lavoro d'équipe***, di gruppo, di squadra: *fare una rivista è un lavoro d'équipe.*

equità (e-qui-tà) N.F. INVAR. · Virtù che consente di formulare giudizi giusti e imparziali: *l'arbitro giudica con equità le squadre in gara* Ⓢ imparzialità, giustizia Ⓒ parzialità.

equitazione (e-qui-ta-zió-ne) N.F. 1 L'arte e l'attività del cavalcare: *scuola di equitazione.* 2 Svolgimento di gare sportive a cavallo: *è arrivato terzo alla gara di equitazione.*

equivalente (e-qui-va-lèn-te) AGG. e N.M. || AGG. 1 Che ha lo stesso valore: *il suo stipendio non è equivalente **al** tuo* Ⓢ corrispondente, uguale. 2 Di due figure piane o solide, che hanno la stessa area o lo stesso volume: *disegnate un cerchio e un rettangolo equivalenti.* || N.M. Ciò che ha lo stesso valore di qualcos'altro: *la zia ha sostituito il premio con il suo equivalente in denaro* Ⓢ corrispettivo.

equivalenza (e-qui-va-lèn-za) N.F. 1 Esatta corrispondenza di valore: *il giudice sottolineò l'equivalenza delle due testimonianze* Ⓢ uguaglianza. 2 La relazione per cui due figure geometriche, pur non essendo uguali, hanno la stessa area, se sono piane, o lo stesso volume, se sono solide.

equivalere (e-qui-va-lé-re) V.INTR. (irreg.: coniugato come *valere*; aus. *avere* o *essere*) || INTR. Essere uguale per valore o per efficacia a un'altra cosa: *mille metri equivalgono **a** un chilometro; la sua risposta equivale **a** un insulto* Ⓢ corrispondere. || **equivalersi** RIFL. RECIPROCO Avere l'uno lo stesso valore o lo stesso significato dell'altro: *queste espressioni si equivalgono.*

equivocare (e-qui-vo-cà-re) V.INTR. (*equìvoco*, *equìvochi*, ecc.; aus. *avere*) · Confondersi riguardo all'aspetto o al significato di qualcosa: *hai equivocato **sulle** mie parole* Ⓢ fraintendere, travisare.

equivoco (e-qui-vo-co) AGG. e N.M. (pl.m. *-ci*, pl.f. *-che*) || AGG. 1 Che può essere interpretato in più modi: *si espresse in termini equivoci* Ⓢ ambiguo, dubbio Ⓒ univoco. 2 Che suscita un'impressione di scarsa onestà: *quel comportamento equivoco nascondeva qualcosa* Ⓢ falso, ambiguo, sospetto • Mal frequentato: *è un locale squallido e piuttosto equivoco* Ⓢ losco, malfamato. || N.M. Errore di valutazione o di interpretazione causato da uno scambio di elementi: *ci deve essere un equivoco: io non sono Luigi* Ⓢ malinteso, fraintendimento.

equo (è-quo) AGG. · Giusto, proporzionato, obiettivo: *un'equa ricompensa; un giudice equo* Ⓒ iniquo. Ⓔ ***Commercio equo e solidale*** → ***commercio***.

era (è-ra) N.F. 1 Periodo di tempo caratterizzato da un fenomeno storico di grande importanza, il cui inizio viene preso come punto di riferimento per la numerazione successiva degli anni. 2 Periodo storico caratterizzato da avvenimenti di particolare rilievo: *l'era atomica, l'era industriale* Ⓢ epoca, età. 3 ***Era geologica***, unità di tempo in cui viene suddivisa l'età della Terra. Ⓔ ***Era cristiana***, periodo che comincia con la nascita di Gesù Cristo.

erario (e-rà-rio) N.M. (pl. *-ri*) · Le finanze dello Stato: *tutte le spese sono a carico dell'erario.*

erba (èr-ba) N.F. 1 Pianta bassa dal fusto verde e non legnoso: *il trifoglio è un'erba poco resistente al freddo* • Tipo di pianta dalle caratteristiche più diverse: *erba cipollina; erba medica; erba gatta.* 2 Insieme di piante che ricoprono una porzione di terreno: *un picnic sull'erba* Ⓢ prato. Ⓔ ***Erbe aromatiche***, usate per dar sapore ai cibi • ***Fare di ogni erba un fascio***, mettere insieme cose che vanno tenute separate • ***In erba***, di persona, molto giovane o all'inizio della carriera: *è un musicista in erba.*

Erba con il valore di insieme di piante che ricoprono un terreno è un nome collettivo: indica tante piante, ma è un sostantivo singolare.

E

erbaccia (er-bàc-cia) N.F. (pl. *-ce*) · Erba dannosa per le coltivazioni: *estirpare le erbacce.*

erbaceo (er-bà-ce-o) AGG. (pl.m. *-cei*, pl.f. *-cee*) · Di pianta, che ha consistenza piuttosto tenera, non legnosa.

erbario (er-bà-rio) N.M. (pl. *-ri*) **1** Libro che raccoglie e illustra le piante medicinali. **2** Collezione di piante seccate e classificate scientificamente.

erbicida (er-bi-cì-da) AGG. e N.M. (pl.m. *-i*, pl.f. *-e*) · Di prodotto chimico capace di distruggere le erbe dannose Ⓢ diserbante.

erbivendolo (er-bi-vén-do-lo) N.M. (f. *-a*) · Chi vende ortaggi Ⓢ ortolano.

erbivoro (er-bì-vo-ro) AGG. e N.M. · Di animale, che si nutre solo di erbe: *il panda è un animale erbivoro.*

erborista (er-bo-rì-sta) N.M. e F. (pl.m. *-i*, pl.f. *-e*) **1** Venditore di erbe medicinali. **2** Esperto di erboristeria.

erboristeria (er-bo-ri-ste-rì-a) N.F. (pl. *-rìe*) **1** L'arte di raccogliere e preparare piante medicinali e aromatiche. **2** Negozio di erborista.

erboso (er-bó-so) AGG. · Coperto d'erba: *terreno, pendio erboso.*

erculeo (er-cù-le-o) AGG. (pl.m. *-lei*, pl.f. *-lee*) · Che richiede o dimostra una forza eccezionale: *sforzo erculeo* Ⓢ sovrumano, poderoso.

Il termine deriva dal nome di *Ercole*, eroe della mitologia greca dotato di forza eccezionale.

erede (e-rè-de) N.M. e F. **1** Chi entra in possesso totale o parziale del patrimonio di un defunto: *il principe Alberto nominerà il suo erede al trono* Ⓢ successore. **2** Successore e custode di un patrimonio intellettuale o morale: *è l'ultimo erede dei grandi pittori del Rinascimento* Ⓢ seguace.

eredità (e-re-di-tà) N.F. INVAR. **1** Il patrimonio totale o parziale di cui entra in possesso l'erede: *lasciare, ricevere in eredità; i figli si sono contesi l'eredità paterna* Ⓢ patrimonio. **2** Patrimonio ideale trasmesso alle generazioni future: *i poeti latini hanno raccolto l'eredità della cultura greca* Ⓢ retaggio. **3** La capacità degli esseri viventi di trasmettere ai discendenti i propri caratteri fisici e psicologici per mezzo del patrimonio genetico.

ereditare (e-re-di-tà-re) V.TR. (*erèdito*, ecc.) **1** Ricevere in eredità: *ereditare una fortuna; ha ereditato una casa* **da** *una vecchia zia.* **2** Riprendere certe caratteristiche dai genitori: ***dalla*** *madre ha ereditato il colore degli occhi.*

ereditarietà (e-re-di-ta-rie-tà) N.F. INVAR. **1** Possibilità di essere trasmesso in eredità: *l'ereditarietà di un titolo nobiliare.* **2** Possibilità di alcuni caratteri fisici e psicologici di essere trasmessi dai genitori ai figli: *l'ereditarietà di certe malattie.*

ereditario (e-re-di-tà-rio) AGG. (pl.m. *-ri*, pl.f. *-rie*) **1** Che si possiede o si trasmette per eredità: *beni ereditari; monarchia ereditaria.* **2** Che i genitori trasmettono ai figli: *malattie ereditarie.* Ⓔ ***Patrimonio ereditario*** → ***patrimonio*** • ***Principe ereditario*** → ***principe***.

eremita (e-re-mì-ta) N.M. e F. (pl.m. *-i*, pl.f. *-e*) **1** Chi si ritira in luoghi solitari o deserti per dedicarsi alla preghiera, alla contemplazione e alla penitenza. **2** Chiunque conduca una vita solitaria: *vive da eremita; con gli anni è diventato un eremita.*

eremo (è-re-mo) N.M. **1** Luogo isolato e solitario dove si ritira chi intende dedicarsi alla preghiera e alla contemplazione. **2** Luogo tranquillo e solitario: *questo angolo del giardino è il mio eremo.*

eresia (e-re-ṣì-a) N.F. (pl. *-ṣìe*) **1** Dottrina che si oppone a una verità rivelata da Dio e proposta come tale dalla Chiesa cattolica: *Galileo Galilei fu accusato di eresia.* **2** Enorme sproposito, incredibile esagerazione: *che eresie stai dicendo?* Ⓢ assurdità.

eressi (e-rès-si) · Pass. rem., 1ª pers. sing. → ***erigere***.

eretico (e-rè-ti-co) AGG. e N.M. (f. *-a*; pl.m. *-ci*, pl.f. *-che*) || AGG. e N.M. (f. *-a*) Che, chi nega le verità della Chiesa cattolica o dubita di essa: *un tempo gli eretici venivano condannati al rogo*. || N.M. (f. *-a*) Chi dissente in modo fermo e deciso da una dottrina o da un'ideologia, soprattutto politica. || AGG. Che rappresenta un'eresia: *una setta eretica*.

erettile (e-rèt-ti-le) AGG. · Di organo che ha la capacità di erigersi per azione di particolari stimoli.

eretto (e-rèt-to) AGG. || Participio pass. → ***erigere***. || AGG. In posizione verticale: *stai con il busto eretto* Ⓢ dritto, ritto.

erezione (e-re-zió-ne) N.F. **1** Costruzione, innalzamento: *l'erezione di un monumento, di una chiesa*. **2** Il divenire gonfio e teso di un organo erettile, soprattutto del pene, dovuto alla dilatazione dei suoi vasi sanguigni.

ergastolano (er-ga-sto-là-no) N.M. (f. *-a*) · Chi sconta la pena del carcere a vita: *un ergastolano è evaso dal carcere di Padova*.

ergastolo (er-gà-sto-lo) N.M. · Pena che consiste nel carcere a vita: *fu condannato all'ergastolo*.

> Il termine deriva dal greco *ergastérion* 'casa di lavoro', dove lavoravano gli schiavi.

ergere (èr-ge-re) V.TR. (irreg.: ind. pres. *èrgo*, *èrgi*, ecc.; pass. rem. *èrsi*, *ergésti*, *èrse*, *ergémmo*, *ergéste*, *èrsero*; part. pass. *èrto*) || TR. Innalzare, edificare, erigere: *la città ha eretto un monumento in suo onore*. || **ergersi** INTR. PRONOM. Innalzarsi, elevarsi, alzarsi: *le montagne si ergono all'orizzonte*.

ergonomico (er-go-nò-mi-co) AGG. (pl.m. *-ci*, pl.f. *-che*) · Di oggetto, costruito pensando alle esigenze pratiche e alla comodità di chi lo dovrà usare: *sedia ergonomica*.

-eria **1** Suffisso che serve a formare nomi femminili astratti e che indica 'attività' e 'luogo dove si svolgono le attività': *gelateria*, locale dove si prepara e si vende il gelato. **2** Suffisso che serve a formare nomi femminili astratti e indica 'qualità e comportamenti': *vigliaccheria*, mancanza di coraggio. **3** Suffisso che serve a formare nomi femminili astratti con valore collettivo: *argenteria*, insieme di oggetti d'argento.

erica (è-ri-ca) N.F. (pl. *-che*) · Arbusto sempreverde con foglie a forma di ago e piccoli fiori rosei.

erigere (e-rì-ge-re) V.TR. (irreg.: ind. pres. *erìgo*, *erìgi*, ecc.; pass. rem. *erèssi*, *erigésti*, *erèsse*, *erigémmo*, *erigéste*, *erèssero*; part. pass. *erètto*) || TR. **1** Costruire un'opera di una certa importanza: *in suo onore fu eretto un monumento* Ⓢ innalzare, costruire, edificare. **2** Istituire, fondare: *erigere una scuola, un ospizio*. || **erigersi** RIFL. Attribuirsi in modo arbitrario una qualifica, un'autorità o un diritto: *erigersi **a** giudice*.

eritema (e-ri-tè-ma) N.M. (pl. *-i*) · Colorazione rossa della pelle dovuta all'aumento dell'afflusso del sangue.

eritrocita (e-ri-tro-cì-ta) (o **eritrocito**) N.M. (pl. *-i*) · Globulo rosso del sangue.

ermafrodito (er-ma-fro-dì-to) AGG. e N.M. · Che, chi possiede le ghiandole genitali di entrambi i sessi: *il lombrico è un animale ermafrodito; nella specie umana gli ermafroditi sono molto rari*.

ermellino (er-mel-lì-no) N.M. · Piccolo mammifero che vive in Europa, in Asia e in Nord America; viene cacciato per la sua pelliccia di particolare morbidezza, che in inverno cambia colore e diventa completamente bianca.

> Il termine deriva dal latino medievale *armeninus (mus)* '(topo) dell'Armenia', regione dell'Asia Minore da cui proveniva.

ermetico (er-mè-ti-co) AGG. (pl.m. *-ci*, pl.f. *-che*) **1** Che impedisce il passaggio di fluidi: *un barattolo a chiusura ermetica*. **2** Enigmatico, incomprensibile, oscuro: *un volto ermetico* Ⓒ chiaro, evidente.

ernia (èr-nia) N.F. (pl. *-nie*) · Fuoriuscita di un organo interno dalla cavità che normalmente lo contiene. Ⓔ ***Ernia del disco***, quella molto dolorosa provocata dallo spostamento avanti o indietro del disco che si trova tra due vertebre.

erodere (e-ró-de-re) V.TR. (irreg.: coniugato come *rodere*) · Consumare in modo lento e gradualе: *il mare sta erodendo la costa* Ⓢ disgregare, corrodere.

eroe (e-rò-e) N.M. (f. *eroìna*; pl.m. *eròi*, pl.f. *eroìne*) **1** Persona che per eccezionali virtù di coraggio o spirito di sacrificio s'impone all'ammirazione di tutti: *comportarsi da eroe* Ⓢ valoroso, prode. **2** Il protagonista di un'opera letteraria o artistica: *l'eroe di un romanzo* Ⓢ protagonista • Nella mitologia, individuo che compie imprese prodigiose, spesso figlio di un Dio: *Achille è un eroe dell'antica Grecia.* Ⓔ ***L'eroe dei due mondi***, Giuseppe Garibaldi.

E

erogare (e-ro-gà-re) V.TR. (*èrogo*, *èroghi*, ecc.) **1** Destinare una somma di denaro a un fine preciso, soprattutto per beneficenza o per opere pubbliche: *erogare fondi* ***per*** *i poveri; erogare un rimborso* ***ai*** *cittadini* Ⓢ devolvere, assegnare. **2** Fornire a un utente un servizio mediante una rete di distribuzione: *erogare l'acqua, l'energia elettrica* Ⓢ fornire.

erogazione (e-ro-ga-zió-ne) N.F. **1** Assegnazione straordinaria di denaro: *il Comune accordò l'erogazione di una grossa somma per nuovi investimenti* • La somma assegnata Ⓢ finanziamento. **2** Distribuzione a domicilio mediante apposita rete: *erogazione del gas, dell'acqua* Ⓢ fornitura.

eroico (e-ròi-co) AGG. (pl.m. *-ci*, pl.f. *-che*) **1** Che dimostra virtù e fermezza degne di un eroe: *sopportava le avversità con eroico coraggio* Ⓢ coraggioso, valoroso. **2** Eccezionale, straordinario, sovrumano: *la pazienza di mia madre è davvero eroica.*

eroina[1] (e-ro-ì-na) N.F. · Femminile → ***eroe***.

eroina[2] (e-ro-ì-na) N.F. · Droga derivata dalla morfina, molto pericolosa per la forte dipendenza che provoca e per gli effetti devastanti che ha sul cervello e sul fegato.

eroismo (e-ro-ì-ṣmo) N.M. · Coraggio eccezionale, degno di un eroe: *per salvare la donna il bagnino compì un vero atto di eroismo.*

erompere (e-róm-pe-re) V.INTR. (irreg.: coniugato come *rompere*; mancano il part. pass. e i tempi composti) · Uscire fuori con forza: *la lava erompeva* ***dal*** *cratere.*

erosione (e-ro-ṣió-ne) N.F. · Azione di corrosione lenta e progressiva esercitata sulla superficie terrestre da agenti naturali come il vento, i fiumi, il mare, i ghiacci: *erosione fluviale, marina.*

erosivo (e-ro-ṣì-vo) AGG. · Che consuma in modo lento e graduale: *l'acqua esercita un'azione erosiva sulle rocce* Ⓢ corrosivo.

erotico (e-rò-ti-co) AGG. (pl.m. *-ci*, pl.f. *-che*) **1** Suscitato o condizionato dall'amore fisico: *piacere erotico* Ⓢ sessuale. **2** Che suscita desiderio sessuale: *danza erotica* Ⓢ eccitante.

> Il termine deriva dal nome di *Eros*, divinità greca dell'amore.

erotismo (e-ro-ti-ṣmo) N.M. · L'insieme delle passioni, degli istinti e delle azioni di un individuo nei riguardi del sesso.

erpice (èr-pi-ce) N.M. · Macchina agricola usata per frantumare le zolle e spianare il terreno.

errante (er-ràn-te) AGG. · Che si sposta senza una direzione precisa: *animali erranti* • Nomade.

errare (er-rà-re) V.INTR. (*èrro*, ecc.; aus. *avere*) **1** Vagare senza una direzione o una meta precisa: *amava errare* ***per*** *le vie della città* Ⓢ girovagare, vagabondare. **2** Commettere un errore: *errare è umano* Ⓢ sbagliare.

errato (er-rà-to) AGG. · Che non corrisponde al vero o al giusto: *questo calcolo è errato* Ⓢ sbagliato, erroneo Ⓒ giusto. Ⓔ ***Andare errato***, sbagliarsi: *se non vado errato, questo è tuo cugino.*

erre (èr-re) N.F. O M. INVAR. · Nome della sedicesima lettera dell'alfabeto italiano e del segno che la rappresenta (*r*, *R*). Ⓔ ***Erre moscia***, difetto di pronuncia per cui la erre viene pronunciata come se fosse una V.

erroneo (er-rò-ne-o) AGG. (pl.m. *-nei*, pl.f. *-nee*) · Che non risponde a verità o riporta un errore: *un'interpretazione erronea* Ⓢ errato, sbagliato Ⓒ giusto.

errore (er-ró-re) N.M. **1** Allontanamento dalla verità e dalla logica causato da ignoranza, fretta, incapacità o scarsa conoscenza dei fatti: *correggere un errore; il mio compito di inglese era pieno di errori di grammatica* Ⓢ sbaglio, imprecisione. **2** Azione sbagliata secondo certi principi morali: *cadere in errore; ammettere un errore* Ⓢ colpa.

ersi (èr-si) · Pass. rem., 1ª pers. sing. → ***ergere***.

erta (èr-ta) N.F. · Strada o terreno in ripida salita: *la villa si trovava in cima all'erta* Ⓢ salita. Ⓔ ***Stare all'erta***, stare attento.

erto (èr-to) AGG. || Participio pass. → ***ergere***. || AGG. Che ha una forte pendenza: *un cammino, un sentiero erto* Ⓢ ripido, scosceso.

erudito (e-ru-dì-to) AGG. e N.M. (f. -*a*) || AGG. e N.M. (f. -*a*) Che, chi possiede una vasta preparazione in una o più discipline: *è un uomo molto erudito **nella** storia antica* Ⓢ dotto, colto Ⓒ ignorante. || AGG. Che rivela una preparazione accurata e minuziosa: *un'opera erudita*.

erudizione (e-ru-di-zió-ne) N.F. · Ampio bagaglio di conoscenze relative a una o più discipline: *erudizione storica, giuridica; quando fa sfoggio di erudizione, è insopportabile* Ⓢ cultura, conoscenza.

eruttare (e-rut-tà-re) V.TR. · Di vulcano, mandare materiali fuori del cratere: *l'Etna eruttava lava e lapilli infuocati*.

eruttivo (e-rut-tì-vo) AGG. **1** Che riguarda o è prodotto da un'eruzione vulcanica: *roccia eruttiva*. **2** Di malattia, caratterizzato dalla comparsa dei primi sintomi, come macchie, bolle o pustole, sulla pelle: *il paziente ha superato la fase eruttiva del morbillo*.

eruzione (e-ru-zió-ne) N.F. **1** Fuoriuscita di materiali e di sostanze come gas, lave e lapilli dal camino di un vulcano. **2** In una malattia, rapida comparsa di macchie, bolle o pustole sulla pelle.

es- · Prefisso che indica 'privazione' (*esautorare*, privare dell'autorità legata a una funzione di comando), 'intensità' (*esclamare*, pronunciare a voce alta), 'estrazione' (*espellere*, mandare via).

esa- · Primo elemento di parole composte che significa 'sei': *esagono*, poligono con sei angoli.

esagerare (e-ṣa-ge-rà-re) V.TR. e INTR. (*eṣàgero*, ecc.) || TR. **1** Far sembrare qualcosa maggiore di quanto sia realmente: *i giornali hanno esagerato la gravità dell'incidente* Ⓢ amplificare, ingigantire. **2** Superare la giusta misura: *ora stai davvero esagerando!* || INTR. (aus. *avere*) Superare i limiti del giusto o del conveniente: *esagera sempre **nei** complimenti; stasera ho esagerato **con** il cibo* Ⓢ eccedere.

> Il termine deriva da una parola latina che in origine significava 'innalzare come argine', divenuto poi 'ampliare', che viene a sua volta da *agger* 'argine' con il prefisso *ex-*.

esagerato (e-ṣa-ge-rà-to) AGG. e N.M. (f. -*a*) || AGG. Che supera i limiti del giusto o del conveniente: *è una spesa esagerata* Ⓢ eccessivo. || AGG. e N.M. (f. -*a*) Che, chi parla o agisce senza moderazione né controllo: *sei sempre esagerato **in** tutto; è il solito esagerato!*

esagerazione (e-ṣa-ge-ra-zió-ne) N.F. **1** Superamento dei limiti del giusto o del conveniente: *ti ho raccontato tutta la verità, senza esagerazioni*. **2** Nel linguaggio familiare, richiesta o prezzo eccessivi: *costa un'esagerazione* Ⓢ sproposito.

esagitato (e-ṣa-gi-tà-to) AGG. e N.M. (f. -*a*) · Che, chi è in uno stato di forte agitazione: *tifosi esagitati; una folla di esagitati* Ⓢ esaltato, scalmanato.

esagonale (e-ṣa-go-nà-le) AGG. · Che ha forma di esagono: *figura esagonale*.

esagono (e-ṣà-go-no) N.M. · Poligono con sei angoli e sei lati.

esalare (e-ṣa-là-re) V.TR. e INTR. || TR. Spargere nell'aria in modo più o meno intenso: *le rose esalavano un intenso profumo* Ⓢ emettere, diffondere. || INTR. (aus. *essere*) Diffondersi nell'aria: ***dalla** palude esalavano miasmi terribili*. Ⓔ ***Esalare l'ultimo respiro***, morire.

esalazione (e-ṣa-la-zió-ne) N.F. · Diffusione di vapori o di odori provenienti da un luogo o da un oggetto determinato: *le esalazioni delle fabbriche sono dannose per la salute* Ⓢ emissione, emanazione.

esaltante (e-ṣal-tàn-te) AGG. **1** Che provoca entusiasmo ed eccitazione: *un'esperienza esaltante* Ⓢ entusiasmante, eccitante. **2** Che è motivo di gioia o di orgoglio: *un successo esaltante* Ⓢ eccezionale.

esaltare (e-ṣal-tà-re) V.TR. || TR. **1** Celebrare attribuendo meriti e virtù eccezionali: *Omero esaltò le imprese degli eroi greci* Ⓢ lodare, elogiare. **2** Eccitare la fantasia e l'immaginazione: *le avventure a fumetti esaltano i miei fratelli* Ⓢ entusiasmare, appassionare. || **esaltarsi** INTR. PRONOM. Eccitarsi, entusiasmarsi, appassionarsi: *non esaltarti troppo* ***per*** *un buon voto.*

E

esaltato (e-ṣal-tà-to) AGG. e N.M. (f. *-a*) · Che, chi è in preda a un'eccitazione incontrollata: *il treno fu bloccato da una folla di tifosi esaltati; lo scontro fu provocato da un gruppo di esaltati.*

esaltazione (e-ṣal-ta-zió-ne) N.F. **1** Eccitazione senza controllo: *la vittoria della gara lo mise in uno stato di esaltazione* Ⓢ entusiasmo, euforia. **2** Attribuzione o riconoscimento di meriti e di qualità eccezionali: *questa esaltazione del suo talento mi sembra eccessiva* Ⓢ elogio.

esame (e-ṣà-me) N.M. **1** Analisi attenta e dettagliata realizzata allo scopo di prendere una decisione o di formulare un giudizio: *la giuria prese in esame tutte le candidature* Ⓢ analisi. **2** In medicina, ricerca fatta su un malato per rilevare eventuali malattie e stabilire una diagnosi: *ho accompagnato la zia a fare l'esame del sangue.* **3** Prova a cui viene sottoposto un candidato per ottenere un titolo di studio, una licenza, una qualifica professionale o a un impiego al fine di accertarne la preparazione: *esame scritto, orale; esame di maturità; esame di guida; dare, sostenere un esame* Ⓢ prova. Ⓔ ***Esame di coscienza*** → ***coscienza*** • ***Esami di Stato***, quelli che hanno valore ufficiale per la concessione di determinati diplomi e abilitazioni.

esaminare (e-ṣa-mi-nà-re) V.TR. (*eṣàmino*, ecc.) **1** Valutare con grande attenzione, prendere in esame: *gli esperti stanno esaminando il fenomeno* Ⓢ analizzare. **2** Sottoporre a una prova di esame: *il candidato sarà esaminato* ***in*** *storia.*

esangue (e-ṣàn-gue) AGG. **1** Di persona, che ha perso molto sangue per ferite o per malattia: *giaceva esangue nel letto.* **2** Pallido, smorto, smunto: *aveva un volto esangue.*

esanime (e-ṣà-ni-me) AGG. · Privo di sensi: *cadde esanime al suolo* Ⓢ incosciente • Senza vita Ⓢ morto.

esasperante (e-ṣa-spe-ràn-te) AGG. · Irritante oltre ogni possibilità di sopportazione: *la sua pigrizia è esasperante* Ⓢ insopportabile.

esasperare (e-ṣa-spe-rà-re) V.TR. (*eṣàspero*, ecc.) **1** Rendere più grave o più doloroso: *l'incidente diplomatico ha esasperato la tensione tra i due Paesi; l'indifferenza degli amici esasperò il suo dolore* Ⓢ aggravare, inasprire. **2** Di persona, irritare provocando risentimento e rabbia: *quest'attesa mi esaspera* Ⓢ innervosire.

esasperato (e-ṣa-spe-rà-to) AGG. **1** Che ha perso la pazienza: *era esasperato per la lunga attesa* Ⓢ irritato. **2** Estremo, eccessivo: *una ricerca esasperata della novità.*

esasperazione (e-ṣa-spe-ra-zió-ne) N.F. · Forte irritazione o risentimento: *discutere con lui mi porta all'esasperazione* Ⓢ rabbia.

esattamente (e-ṣat-ta-mén-te) AVV. **1** In modo corretto e preciso: *rispose esattamente a tutte le domande.* **2** Proprio, giusto, per l'appunto: *avevo capito esattamente il contrario.*

esattezza (e-ṣat-téz-za) N.F. · Perfetta corrispondenza a quanto richiesto o dovuto: *verificate l'esattezza di questo calcolo; risposi al quesito con esattezza* Ⓢ precisione, correttezza.

esatto (e-ṣàt-to) AGG. || Participio pass. → ***esigere***. || AGG. **1** Preciso, scrupoloso: *è un cliente esatto* ***nei*** *pagamenti.* **2** Compiuto con estrema accuratezza: *preparai un'esatta relazione dell'accaduto* Ⓢ minuzioso, accurato. **3** Di unità di misura, preciso, giusto: *può dirmi l'ora esatta, per favore?; un chilo esatto.* **4** Che risponde a verità: *la nostra ipotesi si rivelò esatta; il giudice fece un'esatta ricostruzione dei fatti* Ⓢ giusto Ⓒ sbagliato, inesatto. **5** Nelle risposte, sì, certamente, esattamente: *"Quindi pensi che sia colpa mia?" "Esatto!".*

esattore (e-ṣat-tó-re) N.M. (f. *-trìce*) · Chi ha l'incarico di riscuotere denaro destinato a un ente pubblico o privato: *l'esattore delle imposte, dell'acqua.*

esaudire (e-ṣau-dì-re) V.TR. (*eṣaudisco, eṣaudisci*, ecc.) · Soddisfare pienamente: *esaudire una richiesta, un desiderio* Ⓢ realizzare.

esauriente (e-ṣau-rièn-te) AGG. **1** Che non tralascia né omette alcun particolare: *una ricerca esauriente* Ⓢ approfondito, minuzioso. **2** Che non lascia dubbi: *una risposta esauriente* Ⓢ convincente, soddisfacente.

esaurimento (e-ṣau-ri-mén-to) N.M. **1** Fine della disponibilità o della possibilità di impiego: *lo sconto è valido fino all'esaurimento della merce; sono giunto all'esaurimento delle forze* Ⓢ fine. **2** Grave affaticamento fisico e mentale: *lo stress intenso gli provocò un esaurimento nervoso* Ⓢ sfinimento.

esaurire (e-ṣau-rì-re) V.TR. (*eṣaurisco, eṣaurisci*, ecc.) || TR. **1** Consumare del tutto: *abbiamo esaurito le scorte; ho esaurito le mie energie* Ⓢ finire, terminare. **2** Privare delle forze e della capacità di agire: *il lavoro è talmente duro che esaurisce chiunque* Ⓢ sfinire, stancare. **3** Trattare o compiere qualcosa in modo accurato e definitivo: *esaurire un'indagine; esaurire un argomento.* || **esaurirsi** INTR. PRONOM. **1** Consumarsi del tutto: *le pile si sono esaurite; sembra che le sue risorse non si esauriscano mai.* **2** Di persona, logorare le proprie energie fisiche o mentali: *esaurirsi* ***per*** *il troppo lavoro.*

esaurito (e-ṣau-rì-to) AGG. **1** Consumato completamente o non più disponibile: *i miei risparmi sono esauriti* Ⓢ finito, terminato. **2** Di persona, che soffre di esaurimento: *la mamma è esaurita* ***per*** *i troppi impegni.* Ⓔ ***Tutto esaurito***, vendita di tutti i biglietti di uno spettacolo: *oggi a teatro c'è il tutto esaurito.*

esausto (e-ṣàu-sto) AGG. · Privo di forze: *si abbandonò esausto su una sedia* Ⓢ sfinito, spossato.

esautorare (e-ṣau-to-rà-re) V.TR. (*eṣàutoro*, ecc.) · Privare della stima, del prestigio o dell'autorità legata a una funzione di comando: *è stato esautorato* ***dalla*** *carica di ministro* Ⓢ destituire, deporre.

esborso (e-ṣbór-so) N.M. · Nel linguaggio burocratico, pagamento, spesa.

esca (é-sca) N.F. (pl. *ésche*) **1** Qualsiasi cibo o boccone con cui si attirano e catturano gli animali selvatici o i pesci: *il pescatore mise l'esca all'amo.* **2** Richiamo ingannevole per attirare qualcuno: *una poliziotta accettò di fare da esca per il maniaco.*

escandescenza (e-scan-de-scèn-za) N.F. · Manifestazione improvvisa e violenta di rabbia Ⓢ ira. Ⓔ ***Dare in escandescenze***, urlare e agitarsi senza controllo: *quando lo accusarono diede in escandescenze.*

escatologia (e-sca-to-lo-gì-a) N.F. (pl. *-gìe*) · Dottrina religiosa o filosofica sui destini ultimi dell'uomo e dell'universo.

escatologico (e-sca-to-lò-gi-co) AGG. (pl.m. *-ci*, pl.f. *-che*) · Che riguarda l'interpretazione dei destini ultimi dell'uomo e dell'universo.

escavatrice (e-sca-va-trì-ce) N.F. · Macchina per scavare il terreno Ⓢ ruspa, scavatrice.

eschimese (e-schi-mé-se) AGG. e N.M. e F. || AGG. e N.M. e F. Del popolo che vive sulle coste artiche dell'America, tra la Groenlandia e l'Alaska. || N.M. La lingua parlata da tale popolo.

esclamare (e-scla-mà-re) V.TR. · Pronunciare a voce alta per una reazione vivace e inattesa: *esclamò* ***che*** *voleva andarsene; "Bene!" esclamò con soddisfazione* Ⓢ gridare.

esclamativo (e-scla-ma-tì-vo) AGG. · Che esprime esclamazione: *tono esclamativo; frase esclamativa.* Ⓔ ***Punto esclamativo*** → *punto*².

esclamazione (e-scla-ma-zió-ne) N.F. **1** Espressione formata da una o più parole pronunciate con un tono che manifesta una reazione improvvisa e vivace: *un'esclamazione di gioia, di meraviglia, di dolore.* **2** In grammatica, interiezione.

escludere (e-sclù-de-re) V.TR. (irreg.: pass. rem. *esclùṣi, escludésti, esclùṣe, escludémmo, escludéste, esclùṣero*; part. pass. *esclùṣo*) **1** Lasciare fuori, non ammettere: *i minorenni sono esclusi* ***dal*** *diritto di voto; il capitano lo escluse* ***dalla*** *squadra* Ⓢ respingere, estromettere Ⓒ includere, coinvolgere. **2** Non ritenere vero o possibile: *escludere un'ipotesi; escludo* ***di*** *potercela fare.* Ⓔ ***Non escludere***, ritenere possibile: *non escludo* ***che*** *si possa trovare un accordo.* ▸▸

Il termine deriva dal latino *excludere* 'chiudere fuori', che viene a sua volta da *claudere* 'chiudere' con il prefisso *ex-* (→ ***concludere***).

esclusi (e-sclù-ṣi) · Pass. rem., 1ª pers. sing. → ***escludere***.

esclusione (e-sclu-ṣió-ne) N.F. · Mancata possibilità di partecipare, di godere di un bene o di un diritto: *l'esclusione* ***dal*** *concorso fu un errore; la sua esclusione* ***dal*** *gruppo mi ha molto deluso* Ⓢ eliminazione, allontanamento. Ⓔ ***A esclusione di***, tranne, eccetto, all'infuori di: *posso mangiare tutto a esclusione dei latticini* • ***Senza esclusione di colpi***, accanito o scorretto: *è uno scontro senza esclusione di colpi* • ***Senza esclusioni***, senza escludere nessuno: *la scadenza vale per tutti, senza esclusioni.*

esclusiva (e-sclu-ṣi-va) N.F. · Possibilità di godere di un diritto o di un bene da cui ogni altro è escluso: *la rivista ha ottenuto l'esclusiva del servizio sulle nozze reali.* Ⓔ ***In esclusiva***, nel linguaggio giornalistico, comprato e pubblicato da un solo quotidiano o periodico: *un articolo in esclusiva; un'intervista in esclusiva.*

esclusivamente (e-sclu-ṣi-va-mén-te) AVV. · Con esclusione di ogni altra cosa o persona: *questa discussione riguarda esclusivamente noi due* Ⓢ solamente, unicamente.

esclusivo (e-sclu-ṣi-vo) AGG. **1** Non prodotto in serie: *quest'auto è un modello esclusivo prodotto in Giappone.* **2** Riservato a un numero ristretto e qualificato di persone: *frequenta solo locali esclusivi* Ⓢ ristretto, chiuso. **3** In grammatica: ***proposizione esclusiva*** (o *un'esclusiva* N.F.), la frase subordinata che indica la condizione in assenza della quale si svolge l'azione espressa nella principale (*partì senza avvertire nessuno*).

escluso (e-sclù-ṣo) AGG. e N.M. (f. *-a*) || Participio pass. → ***escludere***. || AGG. **1** Che non può godere di qualcosa o partecipare a qualcosa: *gli atleti esclusi* ***dalla*** *finale tornarono a casa* Ⓒ ammesso. **2** Impossibile, improbabile: *è esclusa una nostra prossima partenza; non è escluso* ***che*** *vinca*, è probabile che vinca. **3** Tranne, eccetto, a eccezione di: *il museo è aperto tutti i giorni escluso il lunedì.* || N.M. (f. *-a*) **1** Chi è stato scartato, non ammesso: *gli esclusi* ***dal*** *concorso hanno protestato.* **2** SPESSO AL PL. Persona emarginata da un punto di vista sociale o morale.

esco (è-sco) · Ind. pres., 1ª pers. sing. → ***uscire***.

-esco · Suffisso che serve a formare aggettivi a partire da nomi e che indica 'appartenenza': *cavalleresco*, della cavalleria.

escogitare (e-sco-gi-tà-re) V.TR. (*escògito*, ecc.) · Trovare con la mente, riflettendo o immaginando: *ha escogitato un nuovo piano; devo escogitare un sistema per uscire di qui* Ⓢ ideare, architettare.

escoriazione (e-sco-ria-zió-ne) N.F. · Lesione superficiale della pelle: *se l'è cavata con qualche escoriazione* Ⓢ abrasione.

escort (e-scort; pronuncia *èscort*) N. INGL., in it. N.M. e F. INVAR. · Chi viene pagato per accompagnare qualcuno in un viaggio o in un'occasione particolare • Chi, oltre ad accompagnare, si fa pagare anche per avere rapporti sessuali.

escremento (e-scre-mén-to) N.M. (spesso al pl.) · Quanto degli alimenti non digeriti viene espulso dall'intestino: *escrementi umani; escrementi di animale* Ⓢ sterco; feci (PL.).

escrescenza (e-scre-scèn-za) N.F. **1** Protuberanza sulla superficie della pelle o delle mucose. **2** Qualsiasi cosa che sporge da una superficie piana: *un'escrescenza sull'intonaco del muro* Ⓢ sporgenza.

escretore (e-scre-tó-re) AGG. (f. *-trice*) · Che aiuta o serve all'escrezione: *canale, apparato escretore.*

escrezione (e-scre-zió-ne) N.F. **1** Processo con cui i prodotti di rifiuto vengono eliminati dall'organismo: *l'escrezione dell'urina, delle feci, del sudore.* **2** Il materiale espulso dall'organismo.

escursione (e-scur-sió-ne) N.F. **1** Breve viaggio a scopo scientifico o turistico, soprattutto in montagna: *sabato farò un'escursione in montagna* Ⓢ gita, passeggiata. **2** ***Escursione termica***, differenza tra la temperatura massima e quella minima registrate in un certo intervallo di tempo: *escursione termica diurna, stagionale, annua.*

escursionismo (e-scur-sio-nì-ṣmo) N.M. · La pratica delle escursioni, soprattutto a scopo turistico: *le Alpi sono il luogo ideale per l'escursionismo.*

escursionista (e-scur-sio-nì-sta) N.M. e F. (pl.m. *-i*, pl.f. -e) · Chi partecipa a un'escursione.

-ese · Suffisso che serve a formare aggettivi e nomi; indica 'provenienza geografica': *francese*, che viene dalla Francia; abitante della Francia.

esecrabile (e-ṣe-crà-bi-le) AGG. · Che provoca orrore e sdegno: *un delitto esecrabile* Ⓢ abominevole, odioso.

esecrare (e-ṣe-crà-re) V.TR. (*eṣècro*, ecc.; alla latina *èṣecro*, ecc.) · Avere in orrore, detestare, deprecare: *bisogna esecrare la violenza; il suo comportamento fu esecrato da tutti.*

esecrazione (e-ṣe-cra-zió-ne) N.F. · Manifestazione di orrore e condanna: *dalla folla si levò un grido di esecrazione* Ⓢ biasimo, disprezzo.

esecutivo (e-ṣe-cu-tì-vo) AGG. e N.M. || AGG. Che ha il compito di realizzare quanto progettato o stabilito in precedenza: *la fase esecutiva dei lavori avrà inizio il mese prossimo* Ⓢ operativo. || N.M. **1** Il governo: *i provvedimenti dell'esecutivo sono di pubblico interesse.* **2** Comitato che ha il compito di attuare le decisioni e di definire la politica di un partito. Ⓔ ***Potere esecutivo***, uno dei tre poteri dello Stato, che ha il compito di far eseguire le leggi emanate dal potere legislativo.

esecutore (e-ṣe-cu-tó-re) N.M. (f. *-trìce*) **1** Chi ha il compito di mettere in pratica quanto progettato o stabilito da altri: *l'esecutore del delitto ha confessato; lui è un semplice esecutore di ordini.* **2** Interprete di un brano musicale: *il miglior esecutore riceverà un premio.*

esecuzione (e-ṣe-cu-zió-ne) N.F. **1** Realizzazione pratica: *l'esecuzione di un progetto, di un ordine* Ⓢ compimento, attuazione. **2** Interpretazione di un brano musicale o di uno spettacolo: *l'esecuzione di una sinfonia, di una canzone.* **3** L'insieme delle operazioni necessarie a realizzare quanto stabilito da un'autorità: *l'esecuzione di una legge, di una sentenza.* Ⓔ ***Esecuzione capitale***, esecuzione di una condanna a morte.

eseguire (e-ṣe-guì-re) V.TR. (*eṣeguìsco*, *eṣeguìsci*, ecc.; o *eṣéguo*, *eṣégui*, ecc.) **1** Mettere in pratica quanto stabilito: *l'ordine fu eseguito; il progetto sarà eseguito l'anno prossimo* Ⓢ realizzare, attuare. **2** Compiere un'azione o un lavoro: *il nuotatore eseguì un tuffo eccellente; il meccanico ha eseguito le riparazioni necessarie* Ⓢ effettuare, fare. **3** Interpretare o rappresentare sulla scena o davanti a un pubblico: *l'orchestra eseguì una sinfonia di Beethoven.*

esempio (e-ṣèm-pio) N.M. (pl. *-pi*) **1** Fatto particolare che serve a chiarire un'affermazione, una regola o un concetto: *citare un esempio; l'insegnante di scienze fa molti esempi per rendere più chiara la spiegazione.* **2** Cosa o individuo tipici del proprio genere o della propria specie: *la cupola del Duomo di Firenze è un esempio di architettura del Rinascimento* Ⓢ modello, esemplare. **3** Cosa o persona che si propone o appare come modello da seguire o da evitare: *la tua stanza è un esempio di disordine.* **4** Insegnamento, ammonimento, lezione: *questa storia serva di esempio a tutti.* Ⓔ ***Ad esempio*** o ***per esempio***, espressione che precede un elenco o una frase con cui si spiega meglio un'affermazione: *in estate mangio molta frutta, per esempio meloni, ciliegie o pesche* • ***Dare l'esempio***, agire come modello da seguire; ***dare il buon esempio, dare il cattivo esempio***, comportarsi in modo da spingere gli altri al bene o al male • ***Seguire l'esempio di qualcuno***, prenderlo come modello da seguire.

esemplare[1] (e-ṣem-plà-re) AGG. **1** Che può essere preso a esempio o servire da esempio: *un comportamento esemplare.* **2** Tipico, caratteristico, rappresentativo: *è un testo esemplare della letteratura barocca.*

esemplare[2] (e-ṣem-plà-re) N.M. **1** Individuo od oggetto che rappresenta una specie o un genere: *è un bellissimo esemplare di tigre del Bengala* Ⓢ esempio. **2** Ciascuna copia di un libro o di una riproduzione artistica: *questa edizione è stata stampata in cento esemplari* Ⓢ copia.

esemplificare (e-ṣem-pli-fi-cà-re) V.TR. (*eṣemplìfico*, *eṣemplìfichi*, ecc.) · Spiegare con

A B C D E F G H I J K L M N O P Q R S T U V W X Y Z

uno o più esempi: *esemplificare una regola, un concetto.*

esentare (e-ṣen-tà-re) V.TR. (*eṣènto*, ecc.) · Rendere o dichiarare libero da un obbligo: *esentare* ***dalle*** *tasse* Ⓢ esonerare, liberare.

esente (e-ṣèn-te) AGG. **1** Libero da un obbligo: *esente* ***da*** *tasse* Ⓢ esonerato, dispensato. **2** Libero da un male, da un vizio, ecc.: *esente* ***da*** *difetti; non è esente* ***da*** *colpe* Ⓢ privo.

esenzione (e-ṣen-zió-ne) N.M. · Privilegio o posizione giuridica che consente di rimanere liberi da un obbligo: *ho ottenuto l'esenzione* ***dalle*** *tasse scolastiche* Ⓢ esonero, dispensa.

esequie (e-ṣè-quie) N.F.PL. · I riti e le cerimonie di sepoltura di un defunto: *esequie solenni* Ⓢ funerali.

esercente (e-ṣer-cèn-te) N.M. e F. · Proprietario o gestore di un negozio o di un locale pubblico: *gli esercenti dei bar protestano contro la chiusura anticipata* Ⓢ commerciante, negoziante.

esercitare (e-ṣer-ci-tà-re) V.TR. (*eṣèrcito*, ecc.) || TR. **1** Tenere in attività, in esercizio o in allenamento: *esercitare la voce* ***al*** *canto; imparare le poesie aiuta a esercitare la memoria* Ⓢ allenare. **2** Far valere, rendere operante: *esercitare il potere; esercitare un diritto* Ⓢ usare, utilizzare. **3** Praticare un'attività, svolgere una professione: *la zia esercita l'insegnamento del latino; è avvocato, ma non esercita da tempo.* || **esercitarsi** RIFL. Tenersi in esercizio, allenarsi: *esercitarsi* ***nel*** *nuoto; esercitarsi* ***a*** *dipingere.* Ⓔ ***Esercitare pressioni*** o ***esercitare la propria influenza***, insistere per ottenere concessioni o favori.

esercitazione (e-ṣer-ci-ta-zió-ne) N.F. **1** Qualsiasi attività che permette di acquisire o di migliorare determinati strumenti fisici o mentali: *esercitazioni fisiche; oggi a scuola ho fatto un'esercitazione di storia* Ⓢ esercizio, allenamento. **2** Addestramento militare: *esercitazione di tiro.*

esercito (e-ṣèr-ci-to) N.M. **1** L'insieme delle forze armate di uno Stato: *esercito italiano, tedesco; Napoleone guidò il suo esercito in battaglia* Ⓢ forze armate (PL.) • Le forze militari terrestri contrapposte alla *marina*, che opera in mare, e all'*aeronautica*, che opera nell'aria. **2** Quantità straordinaria o eccessiva: *nel mio quartiere vive un esercito di gatti randagi* Ⓢ moltitudine.

> *Esercito* è un nome collettivo: indica tante persone, ma è un sostantivo singolare.

esercizio (e-ṣer-ci-zio) N.M. (pl. *-zi*) **1** Azione o serie di azioni compiute in modo ripetitivo per migliorare una capacità intellettuale o una dote fisica: *fare esercizio*, allenarsi con cura e con costanza • Prova fatta per verificare le proprie conoscenze o per mettere in pratica certe capacità: *esercizi di matematica; esercizi di rilassamento* Ⓢ esercitazione. **2** Praticare una determinata professione: *l'esercizio della medicina* • Messa in pratica: *l'esercizio del potere, di un diritto.* **3** Azienda che svolge un'attività di vendita diretta al pubblico: *gestisce un esercizio commerciale* Ⓢ negozio. Ⓔ ***Essere in esercizio*** o ***tenersi in esercizio***, essere allenato; ***essere fuori esercizio***, non essere allenato.

esibire (e-ṣi-bi-re) V.TR. (*eṣibìsco, eṣibìsci*, ecc.) || TR. **1** Presentare all'esame o al controllo di qualcuno: *esibì il passaporto alla dogana* Ⓢ presentare, mostrare. **2** Mettere in mostra: *il conte esibì tutta la propria ricchezza* Ⓢ ostentare, sfoggiare. || **esibirsi** RIFL. **1** Eseguire uno spettacolo di fronte a un pubblico: *si esibirà* ***in*** *concerto domani sera.* **2** Mettersi in mostra, farsi notare: *non perde l'occasione per esibirsi.*

esibizione (e-ṣi-bi-zió-ne) N.F. **1** Presentazione di documenti a un'autorità o al personale di controllo: *i passeggeri procedettero all'esibizione dei loro documenti.* **2** Esposizione ostentata e compiaciuta: *al ricevimento c'è stata un'esibizione eccessiva di lusso* Ⓢ sfoggio, ostentazione. **3** Numero di attrazione in uno spettacolo: *ho assistito a un'ottima esibizione di danza del ventre* Ⓢ numero, spettacolo.

esibizionista (e-ṣi-bi-zio-ni-sta) N.M. e F. (pl.m. *-i*, pl.f. *-e*) · Chi cerca con ogni mezzo di mettersi in mostra.

esigente (e-ṣi-gèn-te) AGG. · Che pretende molto, che non si accontenta facilmente: *un professore esigente; una clientela molto esigente.*

esigenza (e-ṣi-gèn-za) N.F. **1** Bisogno, necessità, occorrenza: *comincio a sentire una certa esigenza di svago.* **2** Richiesta eccessiva e non sempre legittima: *non posso soddisfare tutte le tue esigenze* Ⓢ pretesa.

esigere (e-ṣì-ge-re) V.TR. (irreg.: ind. pres. *eṣìgo, eṣìgi*, ecc.; pass. rem. *eṣigéi* o *eṣigètti, eṣigésti*, ecc.; part. pass. *eṣàtto*) **1** Pretendere, richiedere, reclamare: *esigo una risposta immediata; esigo* **che** *domani arriviate tutti puntuali.* **2** Rendere necessario: *è un lavoro che esige la massima accuratezza* Ⓢ richiedere, imporre. **3** Riscuotere una somma dovuta: *esigere un credito* **da** *un debitore* Ⓢ incassare.

esiguo (e-ṣì-guo) AGG. · Scarso, insufficiente, trascurabile: *uno spazio esiguo; un guadagno piuttosto esiguo* Ⓒ considerevole.

Il termine deriva dal verbo latino *exigere* che in origine significava 'pesare esattamente', divenuto poi 'pesare troppo strettamente'.

esilarante (e-ṣi-la-ràn-te) AGG. · Che fa ridere a crepapelle: *una battuta esilarante; un tipo esilarante* Ⓢ divertente, spassoso.

esile (è-ṣi-le) AGG. **1** Di corpo e di membra, sottile, snello, gracile: *un ragazzo esile* Ⓒ robusto. **2** Che si vede o si sente appena: *un esile raggio di sole; una vocina esile* Ⓢ tenue, debole.

esiliare (e-ṣi-lià-re) V.TR. (*eṣìlio*, ecc.) · Condannare all'esilio, mandare in esilio: *i dissidenti venivano esiliati o condannati a morte* Ⓢ confinare, bandire.

esilio (e-ṣì-lio) N.M. (pl. *-li*) **1** Pena che consiste nell'allontanare qualcuno dalla patria: *Napoleone fu mandato in esilio a Sant'Elena* • Volontario abbandono della patria, per motivi politici, morali o religiosi: *Mazzini andò in esilio a Londra* Ⓢ espatrio. **2** La condizione di esule e il luogo e il periodo di tempo trascorsi lontano dalla patria: *essere, vivere, morire in esilio.*

esimere (e-ṣì-me-re) V.TR. (irreg.: mancano il part. pass. e i tempi composti) || TR. Dichiarare libero: *esimere* **da** *un obbligo,* **da** *un lavoro* Ⓢ esonerare, dispensare. || **esimersi** RIFL. Sottrarsi a un obbligo o a un dovere: *non puoi esimerti* **dalle** *tue responsabilità* Ⓢ astenersi.

-esimo[1] · Suffisso dei numeri ordinali che seguono il dieci: *undicesimo; ventesimo.*

-esimo[2] · Suffisso che serve a formare nomi maschili astratti: *umanesimo,* periodo storico e artistico.

esistente (e-ṣi-stèn-te) AGG. **1** Che esiste: *cerca di risolvere i problemi esistenti* Ⓢ concreto, reale Ⓒ inesistente. **2** Conosciuto, disponibile, reperibile: *ha raccolto tutti i documenti esistenti su un argomento.*

esistenza (e-ṣi-stèn-za) N.F. **1** Appartenenza alla realtà: *da secoli l'uomo discute sull'esistenza di Dio; hanno scoperto l'esistenza di una miniera d'oro* Ⓢ presenza. **2** Vita: *ha avuto un'esistenza felice.*

esistere (e-ṣì-ste-re) V.INTR. (irreg.: pass. rem. *eṣistéi* o *eṣistètti, eṣistésti*, ecc.; part. pass. *eṣistìto*; aus. *essere*) **1** Essere nella realtà: *per gli atei Dio non esiste; crede che le fate esistano davvero* Ⓢ esserci. **2** Essere noto o importante: *esistono prove di quanto affermo; per lui esiste solo il lavoro.* **3** Essere in vita: *nel Cinquecento sono esistiti i più grandi esploratori* Ⓢ vivere.

Il termine deriva dal latino *existere* 'comparire, esserci', che viene a sua volta da *sistere* 'stare, fermarsi' con il prefisso *ex-* (→ ***assistere***).

esitante (e-ṣi-tàn-te) AGG. · Incerto, dubbioso, indeciso: *essere esitante* **tra** *due alternative; essere esitante* **nel** *decidere.*

esitare (e-ṣi-tà-re) V.INTR. (*èṣito*, ecc.; aus. *avere*) **1** Essere o mostrarsi incerto o dubbioso: *esitava* **nel** *prendere una decisione; esitavo* **a** *credergli* Ⓢ indugiare, dubitare. **2** Con la negazione, indica rapidità e prontezza nell'agire: *rispose senza esitare; non esitò un attimo* **a** *fare le valigie.*

esitazione (e-ṣi-ta-zió-ne) N.F. · Atteggiamento o stato d'animo di incertezza o di dubbio: *rispose senza alcuna esitazione; fallì il gol per un attimo di esitazione* Ⓢ indecisione.

esito (è-ṣi-to) N.M. · Conclusione, risultato, fine: *la vicenda ebbe un buon esito; l'esito dell'esame fu soddisfacente.*

E

eso- · Primo elemento di parole composte che significa 'fuori, esterno': *esogeno*, che ha origine esterna.

esodo (è-ṣo-do) N.M. **1** Emigrazione volontaria di una comunità dovuta a motivi morali, religiosi o politici: *l'esodo dei civili* ***dalle*** *zone di guerra* • L'uscita degli Ebrei dall'Egitto sotto la guida di Mosè, narrata nell'omonimo libro della Bibbia. **2** Partenza in massa o in gran numero: *il grande esodo dei turisti* ***dalle*** *località di villeggiatura*.

esofago (e-ṣò-fa-go) N.M. (pl. *-gi*) · Il tratto del tubo digerente che collega la faringe allo stomaco.

esogeno (e-ṣò-ge-no) AGG. **1** Che proviene o nasce dal di fuori: *fonti esogene di energia; malattie esogene* Ⓒ endogeno. **2** Di fenomeno, che si manifesta sulla superficie terrestre: *agenti esogeni*.

esondare (e-ṣon-dà-re) V.INTR. (*eṣóndo*, ecc.; aus. *essere* e *avere*) · Straripare: *il fiume rischia di esondare*. ▸ Ⓕ **unda**

Il termine deriva dal latino *exundare* 'straripare', che viene a sua volta da *unda* 'onda' con il prefisso *ex-* (→ ***onda***).

esondazione (e-ṣon-da-zió-ne) N.F. · Straripamento, inondazione: *la pioggia violenta ha provocato l'esondazione del fiume*. ▸ Ⓕ **unda**

esonerare (e-ṣo-ne-rà-re) V.TR. (*eṣònero*, ecc.) **1** Liberare da un obbligo per una certa ragione: *fu esonerato* ***dalle*** *lezioni di educazione fisica per motivi di salute* Ⓢ esentare, dispensare. **2** Rimuovere da un impiego o da un incarico: *l'allenatore della mia squadra è stato esonerato*.

Il termine deriva da una parola latina che significa 'liberare da un peso, da un onere', che viene a sua volta da *onus* 'onere, peso' con il prefisso *ex-*.

esonero (e-ṣò-ne-ro) N.M. **1** Motivata esenzione da un obbligo: *esonero* ***dalle*** *lezioni di religione* Ⓢ esenzione, dispensa. **2** Allontanamento da un incarico: *è stato deciso l'esonero dell'allenatore*.

esorbitante (e-ṣor-bi-tàn-te) AGG. · Che supera la giusta misura: *ha chiesto una cifra esorbitante* Ⓢ eccessivo, esagerato.

esorcismo (e-ṣor-cì-smo) N.M. · Rito religioso che serve a liberare qualcuno o qualcosa da una forza occulta e malefica.

esorcista (e-ṣor-cì-sta) N.M. e F. (pl.m. *-i*, pl.f. *-e*) · Chi compie esorcismi.

esordiente (e-ṣor-dièn-te) AGG. e N.M. e F. · Che, chi comincia un'attività, soprattutto artistica o sportiva: *un attore esordiente; un esordiente ha vinto il premio letterario* Ⓢ debuttante, principiante Ⓒ veterano.

esordio (e-ṣòr-dio) N.M. (pl. *-di*) **1** La parte iniziale di un discorso o di uno scritto Ⓢ introduzione, prologo. **2** Inizio, principio, debutto: *un giovane avvocato agli esordi; un giovane attore al suo esordio* ***in*** *teatro* • Prima esibizione in pubblico: *l'esordio di un cantante* Ⓢ debutto.

esordire (e-ṣor-dì-re) V.INTR. (*eṣordisco*, *eṣordisci*, ecc.; aus. *avere*) **1** Dare inizio a un discorso o a uno scritto: *lo scrittore esordì con una dotta citazione* Ⓢ cominciare, iniziare. **2** Iniziare un'attività o una professione: *esordì* ***in*** *teatro a soli vent'anni* Ⓢ debuttare.

Il termine deriva dal verbo latino *exordiri* che in origine significava 'cominciare a tessere'.

esortare (e-ṣor-tà-re) V.TR. (*eṣòrto*, ecc.) · Spingere a un certo comportamento facendo leva sugli affetti oltre che sulla ragione: *ti esorto* ***alla*** *prudenza; esortai il mio amico* ***a*** *confidarsi* Ⓢ incitare, spronare.

esortativo (e-ṣor-ta-tì-vo) AGG. **1** Che serve a esortare: *discorso, gesto esortativo*. **2** In grammatica: ***congiuntivo esortativo***, quello che esprime una forma di comando (*che torni subito; vogliate rispondermi il prima possibile*).

esortazione (e-ṣor-ta-zió-ne) N.F. · Azione o parola che spinge a un certo comportamento: *le tue esortazioni mi hanno dato fiducia* Ⓢ invito, incitamento.

esoso (e-ṣò-ṣo) AGG. **1** Eccessivamente attaccato al denaro: *un negoziante esoso* Ⓢ avido. **2** Di spesa, troppo elevata: *prezzi esosi* Ⓢ salato.

esoterico (e-ṣo-tè-ri-co) AGG. (pl.m. *-ci*, pl.f. *-che*) **1** Riservato ai discepoli o alle persone ammesse alla conoscenza di un sistema segreto: *riti esoterici*. **2** Accessibile o comprensibile soltanto per una cerchia ristretta di persone: *linguaggio esoterico* Ⓢ oscuro, enigmatico.

esotico (e-ṣò-ti-co) AGG. e N.M. (pl.m. *-ci*, pl.f. *-che*) · Di ciò che proviene o è ispirato da Paesi stranieri, soprattutto dall'Oriente: *piante esotiche; cibi esotici; il gusto dell'esotico* Ⓢ forestiero, straniero.

Il termine deriva dal greco *ékso* 'fuori' e quindi significa 'che viene da fuori'.

espandere (e-spàn-de-re) V.TR. (irreg.: pass. rem. *espànsi, espandésti, espànse, espandémmo, espandéste, espànsero*; part. pass. *espànso*) || TR. Estendere, ampliare, ingrandire: *nel Novecento gli Stati Uniti hanno espanso la loro sfera di influenza.* || **espandersi** INTR. PRONOM. **1** Aumentare di volume: *aumentando la loro temperatura, i fluidi si espandono* Ⓢ dilatarsi. **2** Estendersi, allargarsi, ingrandirsi: *la nebbia si espandeva nella vallata* • Ampliare i propri territori o la propria attività: *quell'industria si sta espandendo anche all'estero* Ⓢ estendersi. **3** Diffondersi, propagarsi: *l'epidemia continua a espandersi.*

espansi (e-spàn-si) · Pass. rem., 1ª pers. sing. → ***espandere***.

espansione (e-span-sió-ne) N.F. **1** Ampliamento della superficie o del volume occupati Ⓢ allargamento Ⓒ riduzione • Aumento di volume di un fluido. **2** Aumento di territorio o di potere: *l'espansione coloniale dell'Inghilterra in Asia si affermò nel Settecento* Ⓢ ampliamento • Sviluppo o ampliamento di un'attività, soprattutto commerciale o industriale: *è un'industria in grande espansione* Ⓢ crescita, incremento. **3** Affermazione di una dottrina, di una ideologia o di un partito: *le persecuzioni dei cristiani non fermarono l'espansione della loro religione* Ⓢ diffusione.

espansionismo (e-span-sio-nì-ṣmo) N.M. · Tendenza all'espansione politica o economica da parte di uno Stato o all'ampliamento della propria attività da parte di un'industria o di un'impresa: *l'espansionismo coloniale delle potenze europee; l'espansionismo dell'industria vinicola toscana.*

espansivo (e-span-sì-vo) AGG. **1** Sincero e cordiale nei rapporti con gli altri: *ha un carattere molto espansivo; mi piace perché è una persona espansiva* Ⓢ aperto, socievole Ⓒ introverso. **2** Che può diffondersi o dilatarsi: *la forza espansiva del vapore.*

espanso (e-spàn-so) · Participio pass. → ***espandere***.

espatriare (e-spa-trià-re) V.INTR. (*espàtrio*, ecc.; aus. *essere*) · Lasciare la propria patria: *l'artista fu costretto a espatriare **in** Francia; per sfuggire all'arresto espatriò **dall'**Italia* Ⓢ emigrare.

espatrio (e-spà-trio) N.M. (pl. *-tri*) · Uscita dai confini dello Stato: *la carta d'identità consente l'espatrio nei Paesi dell'Unione Europea* Ⓒ rimpatrio.

espediente (e-spe-dièn-te) N.M. · Accorgimento utile a risolvere una difficoltà o a superare una situazione imbarazzante o critica: *si servì di un espediente per liberarsi di quel seccatore* Ⓢ trovata, stratagemma. Ⓔ ***Vivere di espedienti***, vivere arrangiandosi.

espellere (e-spèl-le-re) V.TR. (irreg.: ind. pres. *espèllo*, ecc.; pass. rem. *espùlsi, espelléstì, espùlse, espellémmo, espelléste, espùlsero*; part. pass. *espùlso*) **1** Mandare via, allontanare, scacciare: *l'insegnante lo espulse **dall'**aula* • Allontanare un giocatore dal campo per una grave violazione del regolamento: *il calciatore fu espulso alla fine del primo tempo.* **2** Eliminare dall'organismo: *questo sciroppo aiuta a espellere il catarro.*

esperienza (e-spe-rièn-za) N.F. **1** Conoscenza acquisita nel contatto diretto con un certo settore della realtà: *ho una certa esperienza di computer; ha acquistato esperienza in cucina* Ⓢ pratica, abilità Ⓒ inesperienza • Conoscenza pratica del mondo e della vita: *i vecchi hanno più esperienza dei giovani* Ⓢ saggezza. **2** Vicenda individuale che lascia una traccia nell'anima: *va sempre in cerca di nuove esperienze; narrò le sue esperienze di viaggio* Ⓢ avventura.

esperimento (e-spe-ri-mén-to) N.M. **1** Verifica pratica della validità di un'ipotesi o di una teoria: *l'esperimento non è riuscito* Ⓢ verifica, test. **2** Tentativo, prova: *facciamo anche questo esperimento!*

esperto (e-spèr-to) AGG. e N.M. (f. *-a*) || AGG. Che ha notevoli competenze e abilità in un certo settore: *lo zio è un esperto chirurgo; non sono esperto* ***di*** *queste faccende* Ⓢ abile, capace Ⓒ inesperto • Che ha esperienza della vita e del mondo: *è un uomo esperto* Ⓢ navigato. || N.M. (f. *-a*) Perito, specialista, tecnico: *sono stati consultati gli esperti legali.*

E

espiantare (e-spian-tà-re) V.TR. · Compiere il prelievo di organi o di tessuti da trapiantare: *i medici espiantarono il fegato* ***da*** *un uomo appena deceduto.*

espianto (e-spiàn-to) N.M. · L'operazione con cui vengono asportati organi o parti di organi da destinare a trapianti chirurgici.

espiare (e-spi-à-re) V.TR. (*espìo, espìi*, ecc.) · Scontare una colpa, con la relativa punizione o con una penitenza volontaria: *sta espiando in carcere il suo delitto.*

espiatorio (e-spia-tò-rio) AGG. (pl.m. *-ri*, pl.f. *-rie*) · Che serve a liberare e a purificare dalla colpa, soprattutto per intervento divino: *rito, sacrificio espiatorio.* Ⓔ ***Capro espiatorio*** → ***capro***.

espiazione (e-spia-zió-ne) N.F. **1** Azione di scontare una colpa accettandone la punizione. **2** Nella religione cristiana, il sacrificio di Gesù Cristo sulla croce per riscattare l'umanità dal peccato originale.

espirare (e-spi-rà-re) V.TR. · Mandare fuori l'aria dai polmoni e dai bronchi Ⓒ inspirare.

espirazione (e-spi-ra-zió-ne) N.F. · Fase della respirazione in cui l'aria contenuta nei polmoni e nei bronchi viene espulsa Ⓒ inspirazione.

espletamento (e-sple-ta-mén-to) N.M. · Compimento, esecuzione, realizzazione: *l'espletamento di un incarico, di una pratica.*

espletare (e-sple-tà-re) V.TR. (*esplèto*, ecc.) · Portare a termine, compiere, eseguire: *espletare un incarico.*

Le tre persone singolari e la terza plurale del presente indicativo e le tre persone singolari del congiuntivo si pronunciano con l'accento sulla seconda e: *esplèto, esplèti, esplèta, esplètano, che io esplèti* e non *èspleto*, ecc.

esplicare (e-spli-cà-re) V.TR. (*èsplico, èsplichi*, ecc.) **1** Spiegare, chiarire: *esplicare un concetto.* **2** Svolgere, esercitare: *esplicare un'attività.*

Il termine deriva dal latino *explicare* 'distendere le pieghe, esporre', che viene a sua volta da *plicare* 'piegare, avvolgere' con il prefisso *ex-* (→ ***piegare***); la forma di *explicare* passata direttamente in italiano attraverso la lingua parlata è **spiegare**.

esplicativo (e-spli-ca-tì-vo) AGG. · Che serve a chiarire, a rendere comprensibile: *note esplicative* Ⓢ illustrativo.

esplicito (e-splì-ci-to) AGG. **1** Espresso con chiarezza e precisione: *un rifiuto esplicito* Ⓢ chiaro, netto Ⓒ implicito, tacito. **2** Di persona, che si esprime con chiarezza e precisione: *cerca di essere più esplicita nelle tue richieste* Ⓢ diretto. **3** In grammatica: ***proposizione esplicita***, quella che ha il verbo di modo finito (indicativo, congiuntivo, condizionale, imperativo).

esplodere (e-splò-de-re) V.INTR. (irreg.: ind. pres. *esplòdo*, ecc.; pass. rem. *esplòṣi, esplodésti, esplòṣe, esplodémmo, esplodéste, esplòṣero*; part. pass. *esplòṣo*; aus. *essere*) **1** Scoppiare producendo un'esplosione: *la miniera è esplosa all'alba; l'aereo è esploso in volo* Ⓢ scoppiare. **2** Sfogarsi in modo intenso o violento: *il pubblico esplose* ***in*** *un applauso fragoroso* Ⓢ erompere. **3** Manifestarsi in modo intenso e improvviso: *la protesta esplose incontenibile* Ⓢ scatenarsi • Ottenere un successo clamoroso: *nel 1970 esplode la minigonna in tutta Europa* Ⓢ affermarsi.

esplorare (e-splo-rà-re) V.TR. (*esplòro*, ecc.) **1** Percorrere un luogo con grande attenzione a scopo di indagine o di ricerca, soprattutto geografica: *esplorare una caverna* Ⓢ perlustrare. **2** Cercare di scoprire, indagare, investigare: *esplorare le intenzioni dell'avversario.*

esploratore (e-splo-ra-tó-re) N.M. (f. *-trìce*) · Chi effettua una spedizione in luoghi ignoti o poco noti a scopo di ricerca geografica: *Vasco da Gama fu il primo esploratore europeo a raggiungere l'India.*

esplorazione (e-splo-ra-zió-ne) N.F. 1 Spedizione geografica in luoghi ignoti o poco noti, a scopo di studio: *l'esplorazione delle coste africane meridionali.* 2 Nel linguaggio militare, lavoro di ricerca condotto in una certa zona per individuare le mosse del nemico: *il comandante mandò due soldati in esplorazione* Ⓢ perlustrazione.

esplosi (e-splò-ṣi) · Pass. rem., 1ª pers. sing. → ***esplodere***.

esplosione (e-splo-ṣió-ne) N.F. 1 Fenomeno improvviso e violento che avviene quando una sostanza esplosiva viene sottoposta a un urto, a forte calore o al contatto con un'altra sostanza che provoca una reazione chimica: *l'esplosione di una mina, di una bomba* • Il forte scoppio prodotto da tale fenomeno: *l'esplosione fu udita oltre le montagne* Ⓢ boato, botto. 2 Sfogo inaspettato e violento: *un'esplosione di rabbia* Ⓢ scoppio. 3 ***Esplosione demografica***, forte aumento di una popolazione.

esplosivo (e-splo-ṣì-vo) AGG. e N.M. || AGG. 1 Capace di esplodere: *gelatina esplosiva* • Che riguarda un'esplosione: *reazione esplosiva; urto esplosivo.* 2 Inaspettato e sconvolgente: *una notizia esplosiva; carattere esplosivo*, capace di reazioni improvvise e violente Ⓢ sensazionale, clamoroso • Critico, pericoloso: *una situazione esplosiva.* || N.M. Prodotto o sostanza capace di esplodere: *la polizia ha scoperto un deposito di esplosivi.*

esploso (e-splò-ṣo) · Participio pass. → ***esplodere***.

esponente (e-spo-nèn-te) N.M. e F. || N.M. e F. Rappresentante autorevole: *gli esponenti più in vista del partito si riuniranno domani* Ⓢ membro. || N.M. Il numero che compare in alto a destra di un altro numero e che indica quante volte esso deve essere moltiplicato per se stesso: *in* 7^3, *il 3 è l'esponente.*

esponenziale (e-spo-nen-zià-le) AGG. 1 Elevato a potenza: *numero esponenziale.* 2 Di aumento vistoso e di grandi proporzioni: *crescita esponenziale.*

esporre (e-spór-re) V.TR. (irreg.: coniugato come *porre*) || TR. 1 Offrire alla vista o all'attenzione degli altri: *la commessa espose la merce in vetrina* Ⓢ mostrare, presentare • Fare una mostra: *quel pittore esporrà al museo comunale.* 2 Mettere fuori, soprattutto all'aria o alla luce: *la zia espose il bucato **ad** asciugare.* 3 Mettere in pericolo o in una situazione difficile: *quella frase lo espose **al** ridicolo; sta esponendo il suo patrimonio in pericolosi investimenti.* 4 Riferire in modo adeguato e conveniente: *mi esponga la sua opinione; ci espose i risultati del colloquio* Ⓢ descrivere, raccontare. || **esporsi** RIFL. 1 Sottoporsi all'azione di qualcosa: *esporsi **al** vento, **alla** pioggia.* 2 Mettersi in una situazione tale da andare incontro a un pericolo, a un rischio o a un disagio: *non voglio che ti esponga **a** questi rischi.*

esportare (e-spor-tà-re) V.TR. (*espòrto*, ecc.) 1 Vendere un prodotto nazionale fuori del territorio dello Stato: *esportare materie prime, prodotti agricoli* Ⓒ importare. 2 Diffondere oltre i confini nazionali: *esportare una moda.*

esportazione (e-spor-ta-zió-ne) N.F. 1 Trasporto di merci fuori del territorio dello Stato: *esportazione di automobili, di prodotti agricoli* Ⓒ importazione • L'insieme delle merci esportate da uno Stato: *le esportazioni italiane sono in costante aumento.* 2 Diffusione oltre i confini nazionali: *esportazione di capitali, di idee.*

esposizione (e-spo-ṣi-zió-ne) N.F. 1 Presentazione approfondita con scopo informativo: *la sua esposizione fu molto chiara* Ⓢ spiegazione, descrizione. 2 Presentazione alla vista o all'attenzione degli altri: *esposizione di prodotti in vetrina.* 3 Mostra pubblica di opere d'arte o di prodotti agricoli, industriali o artigianali: *il Comune organizza un'esposizione del grande pittore; un'esposizione di automobili.* 4 La posizione rispetto ai punti cardinali: *l'esposizione **a** sud di una vigna.* 5 Periodo durante il quale qualcosa viene sottoposto a certe radiazioni: *l'esposizione **alla** luce rovina la pellicola.*

esposto (e-spó-sto) AGG. e N.M. || AGG. 1 Offerto alla vista o all'attenzione del pubblico: *i quadri esposti non sono in vendita* Ⓢ esibito. 2 Soggetto all'azione di forze esterne: *un luogo esposto **al** vento; un giardino esposto **al** sole.*

3 Soggetto a situazioni negative, difficili o dannose: *era esposto **a** un pericolo; i personaggi pubblici sono più esposti **alle** critiche.* **4** Collocato, orientato, rivolto: *una casa esposta **a** nord.* || N.M. Scritto con cui si informa un'autorità di certi fatti, perché essa prenda provvedimenti: *presentai un esposto al Comune.*

E

espressamente (e-spres-sa-mén-te) AVV. **1** In modo chiaro ed esplicito: *è vietato espressamente dal regolamento.* **2** Appositamente, apposta, proprio: *ho comprato il dolce espressamente per te.*

espressi (e-sprès-si) · Pass. rem., 1ª pers. sing. → ***esprimere***.

espressione (e-spres-sió-ne) N.F. **1** Quanto rivela o comunica un'esperienza individuale: *accetta questo regalo come espressione del mio affetto* Ⓢ manifestazione, dimostrazione. **2** La parola o la frase con cui si esprime il proprio pensiero o il proprio stato d'animo: *mi accolse con grandi espressioni di gioia.* **3** Vocabolo o locuzione: *quando scrive usa molte espressioni straniere.* **4** Atteggiamento o aspetto del volto che indica uno stato d'animo: *aveva un'espressione stupita* Ⓢ aria • Tono della voce che corrisponde alle parole pronunciate: *recita con molta espressione.* **5** Insieme di operazioni con gruppi di numeri o di lettere: *non è riuscito a risolvere le espressioni del compito di matematica.*

espressività (e-spres-si-vi-tà) N.F. INVAR. · Capacità di esprimere con intensità uno stato d'animo: *l'espressività di uno sguardo.*

espressivo (e-spres-sì-vo) AGG. · Efficace nell'esprimere pensieri o stati d'animo: *un'occhiata espressiva* Ⓢ significativo Ⓒ inespressivo.

espresso (e-sprès-so) AGG. e N.M. || Participio pass. → ***esprimere***. || AGG. Pronunciato o comunicato in modo chiaro: *non posso far passare nessuno per espressa volontà del direttore* Ⓢ preciso. || AGG. e N.M. **1** Di lettera o pacco, che viene spedito e recapitato rapidamente: *ho ricevuto una raccomandata espressa dal Brasile; mi spedì un espresso.* **2** Di treno, che collega due centri importanti con poche fermate intermedie: *l'espresso per Monaco è rimasto bloccato a causa di un guasto.* **3** Di caffè, preparato sul momento, con una macchina automatica: *al bar ho ordinato un caffè espresso; bere un espresso.*

esprimere (e-sprì-me-re) V.TR. (irreg.: pass. rem. *esprèssi, espriméstì, esprèsse, esprimémmo, espriméste, esprèssero*; part. pass. *esprèsso*) || TR. **1** Manifestare o rivelare un pensiero o uno stato d'animo: *esprimere un'opinione; il suo sorriso esprimeva soddisfazione.* **2** Rappresentare con un'opera d'arte: *il pittore ha voluto esprimere gli orrori della guerra* Ⓢ mostrare, rappresentare. || **esprimersi** INTR. PRONOM. **1** Manifestare il proprio pensiero o il proprio stato d'animo: *esprimersi **a** parole, **con** uno sguardo* Ⓢ spiegarsi. **2** Parlare: *si esprime perfettamente **in** tre lingue.*

Il termine è un recupero del latino *exprimere* 'spremere fuori, far uscire', che viene a sua volta da *premere* 'premere' con il prefisso *ex-*; la forma di *exprimere* passata direttamente in italiano attraverso la lingua parlata è **spremere** (→ ***comprimere***).

espropriare (e-spro-prià-re) V.TR. (*espròprio*, ecc.) **1** Privare di un diritto di proprietà: *il tribunale sta espropriando i beni della mafia* Ⓢ confiscare. **2** Privare qualcuno di ciò che possiede: *i figli lo hanno espropriato **di** tutto* Ⓢ spogliare, privare.

esproprio (e-sprò-prio) N.M. (pl. *-pri*) · Intervento con cui lo Stato priva un cittadino delle sue proprietà per ragioni di pubblica utilità oppure per saldarne i debiti.

espugnare (e-spu-gnà-re) V.TR. · Di luogo fortificato, occupare con la forza delle armi: *la città fu espugnata dopo un lungo assedio.*

La prima persona plurale dell'indicativo presente e quella del congiuntivo presente è *espugniamo*, con la *i*: la forma *espugnamo* è sempre scorretta! La seconda persona plurale dell'indicativo presente è *espugnate* senza *i*, mentre quella del congiuntivo presente è *espugniate* con la *i*.

espulsi (e-spùl-si) · Pass. rem., 1ª pers. sing. → ***espellere***.

espulsione (e-spul-sió-ne) N.F. **1** Allontanamento da un luogo o da un gruppo: *fu punito per la sua maleducazione con l'espulsione **dall'**aula* Ⓢ cacciata • Negli sport a squadre, allontanamento di un giocatore dal campo, deciso dall'arbitro per gravi infrazioni al regolamento di gioco: *è la terza espulsione del giocatore in questo campionato.* **2** Emissione, fuoriuscita: *l'espulsione delle feci.*

espulso (e-spùl-so) · Participio pass. → ***espellere***.

esse (ès-se) N.F. O M.INVAR. · Nome della diciassettesima lettera dell'alfabeto italiano e del segno che la rappresenta (*s*, *S*). Ⓔ ***A esse***, che presenta due anse come la lettera: *curva a esse.*

essenza (es-sèn-za) N.F. **1** La parte fondamentale di qualcosa: *subito individuò l'essenza del problema* Ⓢ sostanza, natura. **2** Sostanza estratta da piante o fiori e utilizzata in farmacia, per profumi o per liquori: *un profumo all'essenza di mandorle* Ⓢ estratto, profumo.

essenziale (es-sen-zià-le) AGG. e N.M. || AGG. **1** Che costituisce l'essenza: *la sua presenza nel gruppo è essenziale; la simpatia è una qualità essenziale dei miei amici* Ⓢ fondamentale, indispensabile. **2** Ridotto al minimo: *un arredamento essenziale; fece un resoconto essenziale ma esauriente* Ⓢ semplice. || N.M. La cosa più importante: *l'essenziale è che nessuno sia rimasto ferito; lascia perdere le chiacchiere e vieni all'essenziale.*

essenzialmente (es-sen-zial-mén-te) AVV. · Nella sostanza, fondamentalmente, principalmente: *è una crema composta essenzialmente di latte; le due questioni sono essenzialmente diverse.*

essere[1] (ès-se-re) V.INTR. (ind. pres. *sóno*, *sèi*, *è*, *siamo*, *siète*, *sóno*; ind. imperf. *èro*, *èri*, *èra*, *eravàmo*, *eravàte*, *èrano*; pass. rem. *fùi*, *fósti*, *fu*, *fùmmo*, *fóste*, *fùrono*; fut. *sarò*, *sarài*, ecc.; cong. pres. *sìa*, *sìa*, *sìa*, *siàmo*, *siàte*, *sìano*; cong. imperf. *fóssi*, ecc.; condiz. pres. *sarèi*, ecc.; imperat. *sìi*, *siàte*; part. pass. *stàto*; gerundio *essèndo*; i tempi composti si coniugano con l'aus. *essere*: *sono stato*, ecc.) || INTR. **1** Avere realtà: *Dio è* Ⓢ esistere. **2** Nella forma ***esserci***, esistere in un certo luogo e in un certo tempo: *ci sono molte specie di animali; c'era una volta un re; non c'è nessuno al bar* • Di eventi avere luogo: *a che ora c'è la lezione?; c'è stato un incidente sulla statale* Ⓢ avvenire, verificarsi • Riuscire a capire, a indovinare: *ci sono!* • Di distanza spaziale o temporale, intercorrere: *dalla mia casa al centro ci sono dieci chilometri; tra me e Giulio ci sono due anni di differenza* Ⓢ passare. **3** Nel predicato nominale, ha funzione di collegamento (*copula*) fra il soggetto e il predicato che può essere rappresentato da un aggettivo, un sostantivo, un verbo all'infinito, un pronome o espressioni introdotte da varie preposizioni: *la neve è bianca; quel gatto è nero; Paolo è medico; questa è Marta; questo non è mangiare; so bene chi è lui; è di alta statura, di grande intelligenza; questo regalo è per te; questi spettacoli non sono per bambini.* **4** Avere come misure: *la cucina è tre metri per due; quel ragazzo è quasi due metri* Ⓢ misurare • Avere come peso: *è almeno cento chili* Ⓢ pesare. **5** Stare in un luogo o in compagnia di qualcuno: *essere in casa, a scuola; mio fratello è da te?; il cane è fuori; la bambina è con la nonna* Ⓢ trovarsi. **6** Trovarsi in una situazione o condizione: *essere in forma; essere nei guai, al sicuro; essere in viaggio; essere in guerra.* **7** IMPERS. Del clima o del tempo, verificarsi, attuarsi: *è sera; è tardi; è l'una di notte; sono le undici.* || AUS. In unione al participio passato, forma i tempi composti di molti verbi intransitivi (*è arrivato*), dei verbi riflessivi (*mi sono lavato*), intransitivi pronominali (*mi sono pentito*), riflessivi reciproci (*si sono abbracciati*) e transitivi pronominali (*mi sono mangiato una mela*); forma, infine, i tempi semplici e composti del passivo dei verbi transitivi (*sono stato baciato dalla fortuna*). Ⓔ ***Come se niente fosse***, con naturalezza e facilità • ***Essere da***, seguito da verbo all'infinito, dover essere: *questa maglia è da stirare*; seguito da nome o pronome, essere degno: *questo comportamento non è da te* • ***Essere il caso***, convenire, essere opportuno • ***Essere tutto qualcuno***, assomigliargli: *è tutto sua madre* • ***Può essere***, è possibile • ***Quant'è?***, quanto costa? • ***Sarà***, esprime dubbio sull'esistenza o sulla realtà di qualcosa.

La terza persona singolare del presente indicativo è ha l'accento grave; scrivere é con l'accento acuto è un errore!

E

essere[2] (ès-se-re) N.M. **1** Esistenza, vita: *il problema dell'essere è alla base della filosofia.* **2** Qualsiasi individuo che faccia parte della realtà e della natura: *gli esseri viventi* Ⓢ organismo, creatura. **3** Nel linguaggio familiare, persona, individuo, creatura: *è un essere odioso.*

essiccare (es-sic-cà-re) V.TR. e INTR. (*essìcco, essìcchi*, ecc.) || TR. Rendere asciutto: *essiccare una palude* Ⓢ prosciugare • Privare del contenuto di acqua: *essiccare la frutta.* || INTR. (aus. *essere*) e **essiccarsi** INTR. PRONOM. Diventare secco, asciutto: *questa vernice essicca rapidamente; il lago si è essiccato.*

essiccazione (es-sic-ca-zió-ne) N.F. · Operazione con cui si toglie da un materiale o da una sostanza l'acqua in esso contenuta: *l'essiccazione dei pomodori.*

esso (és-so) PRON. PERS. M. (f. *-a*) · Pronome che richiama un nome detto in precedenza, di solito di animale o di cosa: *rinunciai al suo aiuto, anche se esso rappresentava l'unica fonte di sopravvivenza.*

Essi ed *esse* hanno valore di plurale anche per *egli* ed *ella*: *essi, esse studiano.*

est (èst) N.M. e AGG. INVAR. || N.M. **1** Il punto cardinale che corrisponde al luogo dell'orizzonte dove sorge il sole; è detto anche *levante* e *oriente* e si abbrevia in *E* Ⓒ ovest. **2** La parte orientale di una regione rispetto a un punto di riferimento: *a est degli Urali comincia l'Asia; Paesi dell'est,* quelli dell'Europa orientale. || AGG. Situato a oriente: *la zona est della città.*

estasi (è-sta-ṣi) N.F.INVAR. **1** Stato di isolamento e di distacco dalla realtà che prova chi è totalmente concentrato nella contemplazione delle cose divine: *le estasi di Santa Caterina da Siena* Ⓢ contemplazione. **2** Stato di totale immersione della mente e dei sensi quando si contempla o si assapora qualcosa: *la musica rock lo manda in estasi.*

estate (e-stà-te) N.F. · La seconda stagione dell'anno compresa, nell'emisfero boreale, tra il 21 giugno e il 23 settembre e, in quello australe, tra il 21 dicembre e il 21 marzo; è la stagione in cui si ha la temperatura più elevata dell'anno.

Il termine deriva dal latino *aestas aestatis* 'estate', che viene dalla stessa radice di *aedes* 'focolare'.

estemporaneo (e-stem-po-rà-ne-o) AGG. (pl.m. *-nei*, pl.f. *-nee*) **1** Pronunciato o scritto senza preparazione: *discorso estemporaneo* Ⓢ improvvisato • Di persona, che parla o compone improvvisando: *poeta estemporaneo.* **2** Improvviso, immediato: *decisione estemporanea.*

estendere (e-stèn-de-re) V.TR. (irreg.: ind. pres. *estèndo*, ecc.; pass. rem. *estési, estendésti, estése, estendémmo, estendéste, estésero*; part. pass. *estéso*) || TR. **1** Rendere più largo o più ampio: *estendere una proprietà, i confini* Ⓢ ampliare, ingrandire Ⓒ restringere. **2** Sviluppare, espandere, aumentare: *estendere le proprie conoscenze, i propri affari.* **3** Distendere nel senso della lunghezza: *estendere un arto* Ⓢ allungare. **4** Attribuire o conferire a un maggior numero di persone: *estendere il diritto di voto* ***agli*** *immigrati.* || **estendersi** INTR. PRONOM. **1** Acquisire maggiore superficie o sviluppo: *la città si estende verso nord; i suoi affari si estendono anche all'estero.* **2** Avere una certa area o lunghezza: *la foresta si estende* ***per*** *un centinaio di ettari.* **3** Distendersi nel senso della lunghezza: *un corpo elastico si estende con grande facilità.* **4** Propagarsi, diffondersi, espandersi: *il contagio va estendendosi.*

estensione (e-sten-sió-ne) N.F. **1** Aumento di superficie o di lunghezza: *l'estensione di un elastico.* **2** Allargamento: *l'estensione del voto* ***alle*** *donne.* **3** Dimensione di un corpo, di un territorio o di un fenomeno: *l'estensione di un quartiere, di un'attività.* **4** In ginnastica, il passaggio del corpo o di una parte di esso da una posizione raccolta a una distesa. **5** In grammatica: ***complemento di estensione***, quello che indica la dimensione di un oggetto (*la corda è lunga sette metri; il deserto si estendeva per cento chilometri*).

estensivo (e-sten-sì-vo) AGG. **1** Che supera il significato originario o proprio: *interpretazione estensiva di una legge* Ⓢ allargato, ampio. **2** Che tende a svilupparsi su un'area sempre più vasta. Ⓔ ***Coltura estensiva***, quella praticata su vaste superfici, ma con pochi mezzi **C** coltura intensiva.

estenuante (e-ste-nu-àn-te) AGG. · Che priva di ogni capacità di resistenza fisica o mentale: *un lavoro estenuante; un'attesa estenuante* **S** logorante, massacrante.

estenuare (e-ste-nu-à-re) V.TR. (*estènuo*, ecc.) || TR. Rendere molto debole: *il lungo digiuno l'aveva estenuato* **S** sfinire, spossare. || **estenuarsi** INTR.PRONOM. Perdere le forze: *estenuarsi **in** un lavoro senza costrutto* **S** esaurirsi.

esteriore (e-ste-rió-re) AGG. · Che si può percepire solo dall'esterno, spesso senza una vera partecipazione: *pregi, qualità esteriori* **C** interiore.

esteriorità (e-ste-rio-ri-tà) N.F. INVAR. · Limitazione alla semplice apparenza: *l'esteriorità di alcune convenzioni.*

esteriormente (e-ste-rior-mén-te) AVV. · Relativamente agli aspetti esterni, più visibili o vistosi: *l'edificio esteriormente era in buone condizioni.*

esternamente (e-ster-na-mén-te) AVV. · All'esterno, al di fuori: *la chiesa è stata restaurata solo esternamente.*

esternare (e-ster-nà-re) V.TR. (*estèrno*, ecc.) · Manifestare, esprimere, palesare: *esternare i propri sentimenti.*

esterno (e-stèr-no) AGG. e N.M. || AGG. **1** Che si trova o appare di fuori: *le parti esterne del corpo; le pareti esterne di un edificio* **S** esteriore **C** interno. **2** Nel linguaggio sportivo, fuori casa: *una vittoria esterna.* || N.M. **1** La parte visibile dal di fuori: *l'esterno di un edificio; le grida provenivano dall'esterno.* **2** AL PL. Nel cinema, le riprese girate all'aperto. **E** ***All'esterno***, dalla parte di fuori: *una casa bianca all'esterno* • ***Per uso esterno***, di medicamenti, da non prendere per bocca.

estero (è-ste-ro) AGG. e N.M. || AGG. **1** Situato oltre i confini dello Stato: *territori esteri; nazioni estere.* **2** Che viene da un altro Stato o appartiene a un altro Stato: *giornali esteri; vini esteri* **S** straniero, forestiero. **3** Che riguarda i rapporti con altri Stati: *politica estera; commercio estero* **S** internazionale. || N.M. **1** AL PL. L'insieme delle attività con cui il governo si occupa dei suoi rapporti internazionali: *ministro, ministero degli Esteri.* **2** Con valore collettivo, l'insieme dei Paesi che si trovano oltre i confini: *per viaggiare all'estero spesso serve il passaporto.*

esterofilia (e-ste-ro-fi-lì-a) N.F. (pl. *-ìe*) · Esagerata simpatia o preferenza per tutto ciò che proviene dall'estero: *l'esterofilia per il cinema americano ha messo in crisi i registi italiani.*

esterrefatto (e-ster-re-fàt-to) AGG. · Assalito da intenso e improvviso stupore: *a quella notizia rimasi esterrefatto* **S** stupito, sbalordito.

La parola *esterrefatto* si scrive con due erre, scrivere *esterefatto* con una sola erre è un errore!

estesi (e-sté-si) · Pass. rem., 1ª pers. sing. → ***estendere***.

esteso (e-sté-so) AGG. || Participio pass. → ***estendere***. || AGG. Che comprende una superficie molto ampia: *una pianura molto estesa* **S** ampio, vasto **C** limitato, circoscritto • Diffuso, sviluppato: *nei Paesi ricchi si fa un uso molto esteso di nuove tecnologie.* **E** ***Per esteso***, per intero, senza tralasciare nulla: *espose i fatti per esteso; firmò per esteso*, senza abbreviazioni.

estetica (e-stè-ti-ca) N.F. (pl. *-che*) **1** Parte della filosofia che si occupa dell'arte e del bello. **2** Aspetto esteriore: *curare l'estetica del corpo* **S** bellezza.

estetico (e-stè-ti-co) AGG. (pl.m. *-ci*, pl.f. *-che*) **1** Che riguarda o soddisfa il senso della forma, del gusto o della bellezza: *gusto, giudizio estetico.* **2** Che migliora l'aspetto fisico: *massaggi estetici; chirurgia estetica.*

estetista (e-ste-ti-sta) N.M. e F. (pl.m. *-i*, pl.f. *-e*) · Chi è specializzato nelle cure di bellezza per il corpo: *vado dall'estetista per la pulizia del viso.*

estimatore (e-sti-ma-tó-re) N.M. (f. *-trìce*) · Chi mostra stima o ammirazione nei confronti di qualcuno o di qualcosa: *è un grande estimatore dell'arte antica.*

estinguere (e-stìn-gue-re) V.TR. (irreg.: ind. pres. *estìnguo*, ecc.; pass. rem. *estìnsi, estinguésti, estìnse, estinguémmo, estinguéste, estìnse-*

ro; part. pass. *estìnto*) || TR. **1** Spegnere del tutto: *i pompieri estinsero l'incendio.* **2** Cancellare, annullare, eliminare: *estinguere un reato; estinguere un debito*, pagarlo. || **estinguersi** INTR. PRONOM. **1** Spegnersi: *la fiamma si estinse quando la candela finì.* **2** Di famiglia, restare senza discendenti: *con la morte del principe la dinastia si estinse.* **3** Di specie animale o vegetale, finire per estinzione: *il panda rischia di estinguersi* Ⓢ scomparire.

Il termine deriva dal latino *exstinguere* 'spegnere del tutto', che viene a sua volta da *stinguere* 'spegnere' con il prefisso *ex-* (→ ***distinguere***).

estinsi (e-stìn-si) · Pass. rem., 1ª pers. sing. → ***estinguere***.

estinto (e-stìn-to) AGG. e N.M. (f. *-a*) || Participio pass. → ***estinguere***. || AGG. **1** Morto, defunto: *gli amici estinti.* **2** Scomparso dalla Terra, non più esistente: *una specie estinta.* **3** Cancellato, annullato: *un debito estinto*, interamente pagato. || N.M. (f. *-a*) Persona defunta: *il caro estinto.*

estintore (e-stin-tó-re) N.M. · Apparecchio per spegnere piccoli incendi.

estinzione (e-stin-zió-ne) N.F. **1** Spegnimento: *l'estinzione di un incendio.* **2** Cancellazione, annullamento: *estinzione di un debito; estinzione di una pena.* **3** La definitiva scomparsa di una specie animale o vegetale dalla Terra: *la foca monaca è una specie in via di estinzione.* **4** Scomparsa per mancanza di discendenti: *l'estinzione dell'illustre famiglia.*

estirpare (e-stir-pà-re) V.TR. · Togliere via del tutto per eliminare gli effetti dannosi: *lo zio estirpò tutte le erbacce* ***dal*** *giardino; bisogna estirpare la corruzione* ***dalla*** *politica* Ⓢ sradicare, eliminare.

estivo (e-stì-vo) AGG. · Dell'estate, tipico dell'estate: *stagione estiva; temporale estivo.*

estorcere (e-stòr-ce-re) V.TR. (irreg.: coniugato come *torcere*) · Ottenere con la forza, con la minaccia o con l'inganno: *estorcere una somma di denaro; estorcere una confessione* Ⓢ strappare, carpire.

estorsione (e-stor-sió-ne) N.F. · Reato che consiste nell'ottenere un ingiusto profitto con la violenza, la minaccia o l'inganno.

estra- · Primo elemento di parole composte che significa 'fuori': *estromettere*, allontanare qualcuno fuori da un gruppo.

In numerose parole composte è preferita la forma *extra-*; il prefisso nella forma *extra-* indica 'qualità superlativa': *extravergine*, di olio pregiatissimo.

estradizione (e-stra-di-zió-ne) N.F. · La consegna, da uno Stato a un altro, di una persona che si trovi nel territorio del primo, ma sia imputata o condannata dinanzi alla giustizia del secondo: *la richiesta di estradizione avanzata dallo Stato italiano fu respinta.*

estraneo (e-strà-ne-o) AGG. e N.M. (f. *-a*; pl.m. *-nei*, pl.f. *-nee*) || AGG. e N.M. (f. *-a*) Che non ha alcun rapporto con la cosa o la persona di cui si parla: *è una questione estranea* ***all'*** *argomento; per me è un estraneo* Ⓢ sconosciuto. || AGG. Incapace di partecipare: *si sente estraneo* ***alla*** *famiglia* Ⓢ distaccato, indifferente.

estraniarsi (e-stra-niàr-si) V.RIFL. (*mi estrànio, ti estràni*, ecc.) · Sentirsi estraneo a qualcuno o qualcosa: *estraniarsi* ***dalla*** *politica* Ⓢ allontanarsi, staccarsi • Allontanarsi dalla realtà, chiudersi in se stesso: *è un bambino che tende a estraniarsi* Ⓢ astrarsi, isolarsi.

estrarre (e-stràr-re) V.TR. (irreg.: coniugato come *trarre*) · Tirare fuori, togliere: *estrarre un dente; estrarre il petrolio; il sale viene estratto* ***dall'*** *acqua marina.* Ⓔ ***Estrarre (a sorte)***, sorteggiare: *estrarre a sorte i biglietti vincenti; estrarre un numero della tombola* • ***Estrarre la radice quadrata*** → ***quadrato***[1].

estrattivo (e-strat-tì-vo) AGG. · Che riguarda l'estrazione dei minerali dal sottosuolo: *procedimento estrattivo; industria estrattiva.*

estratto (e-stràt-to) AGG. e N.M. || AGG. **1** Tirato fuori, ricavato: *è una sostanza estratta* ***da*** *una pianta medicinale.* **2** Tirato a sorte: *l'elenco dei numeri estratti è già disponibile* Ⓢ sorteggiato. || N.M. **1** Sostanza concentrata ricavata da organismi animali o vegetali: *estratto di carne, di pomodoro* Ⓢ concentrato. **2** Testo che riassume un libro o un documento nei suoi dati essenziali: *un estratto dei "Promessi Sposi"*. **3** Fascicolo che contiene un articolo comparso su una rivista o in una raccolta: *il giornale ha pubblicato un estratto dell'intervista*. **E** ***Estratto conto***, lista delle operazioni eseguite in un dato periodo di tempo dal titolare di un conto corrente.

estrazione (e-stra-zió-ne) N.F. **1** Operazione con cui si ricava o si toglie qualcosa mediante un procedimento specifico: *l'estrazione del ferro **da** una miniera; l'estrazione di un dente*. **2** Operazione con cui si calcola la radice quadrata o cubica di un numero. **3** Sorteggio: *le estrazioni del lotto; l'estrazione dei nomi dei vincitori*. **4** Origine o condizione sociale: *un ragazzo di estrazione borghese* **S** provenienza, nascita.

estremamente (e-stre-ma-mén-te) AVV. · Al massimo grado, molto, assai: *è una faccenda estremamente complicata; sono estremamente dispiaciuto*.

estremismo (e-stre-mì-ṣmo) N.M. **1** Atteggiamento radicale e intransigente nel campo dell'ideologia o dell'azione politica: *l'estremismo dei vescovi cattolici in materia di contraccezione*. **2** Tendenza a sostenere posizioni o idee estreme: *il tuo estremismo non tiene conto della situazione reale*.

estremista (e-stre-mì-sta) AGG. e N.M. e F. (pl.m. *-i*, pl.f. *-e*) · Che, chi, soprattutto in politica, sostiene idee, programmi e azioni molto radicali: *estremista di destra, di sinistra; gruppo estremista* **S** radicale.

estremità (e-stre-mi-tà) N.F. INVAR. **1** La parte terminale: *l'estremità di una corda, delle dita* **S** fine. **2** Ciascuna delle appendici del corpo di alcuni animali, detta anche *arto* • AL PL. Le mani e i piedi: *sento freddo alle estremità*.

estremo (e-strè-mo) AGG. e N.M. || AGG. **1** Ultimo nello spazio o nel tempo: *ha viaggiato fino agli estremi confini del mondo; fece l'estremo tentativo di convincerla*. **2** Grandissimo, straordinario, massimo: *si rivolse a lui con estrema cortesia*. **3** Gravissimo, irreparabile, disperato: *si trovava in estremo pericolo; era una situazione di estrema urgenza*. || N.M. **1** Il punto ultimo o più lontano: *gli estremi di una corda* **S** estremità. **2** Eccesso, esagerazione: *passa sempre da un estremo all'altro*. **3** Il limite ultimo: *è l'estremo della maleducazione* **S** colmo, massimo. **4** AL PL. Gli elementi che rappresentano un reato: *gli estremi di una truffa; non ci sono gli estremi per una denuncia*. **5** AL PL. I dati essenziali di un documento o di una pratica: *grazie ai suoi estremi la polizia riuscì a identificarlo* **S** dati, generalità. **E** ***Estrema destra, estrema sinistra***, le posizioni politiche di chi promuove le idee più radicali e intransigenti dei partiti di destra o di sinistra • ***Estrema unzione*** → ***unzione*** • ***Estremo Oriente*** → ***oriente***.

estrinseco (e-strìn-se-co) AGG. (pl.m. *-ci*, pl.f. *-che*) · Estraneo, esterno, esteriore: *la crisi è dovuta a ragioni estrinseche; non giudicare una persona solo per le sue qualità estrinseche* **C** intrinseco.

estro (è-stro) N.M. **1** Slancio della fantasia e dell'immaginazione: *estro poetico, musicale* **S** inventiva, ispirazione. **2** Fantasia improvvisa, capriccio: *gli è saltato l'estro di sposarsi*.

> Il termine deriva dal greco *oîstros* 'tafano', nel senso di 'ciò che pungola'.

estrogeno (e-strò-ge-no) N.M. · Ormone sessuale che svolge un'importante funzione per la comparsa e il mantenimento dei caratteri sessuali femminili.

estromettere (e-stro-mét-te-re) V.TR. (irreg.: coniugato come *mettere*) · Escludere da un gruppo o da un accordo: *hanno estromesso due giocatori **dalla** squadra* **S** allontanare.

estroso (e-stró-so) AGG. **1** Pieno di estro: *indossava un abito estroso* **S** originale, fantasioso. **2** Di persona, capriccioso, bizzarro, stravagante: *è così estroso che non riesco mai a prevedere le sue decisioni*.

estroverso (e-stro-vèr-so) AGG. e N.M. (f. *-a*) · Che, chi è molto aperto e comunicativo con gli altri: *ha un carattere estroverso; è un estroverso* **S** socievole, espansivo **C** introverso.

estuario (e-stu-à-rio) N.M. (pl. *-ri*) · Foce di un fiume a forma di imbuto, tipica delle coste oceaniche: *il Tago ha una foce a estuario*.

> Il termine deriva dal verbo latino *aestuare* 'ribollire', nel senso di 'luogo dove le acque si agitano'.

esuberante (e-ṣu-be-ràn-te) AGG. · Che dimostra un'istintiva e spesso eccessiva vitalità: *una ragazza esuberante; un carattere esuberante* Ⓢ vivace, frizzante.

esuberanza (e-ṣu-be-ràn-za) N.F. **1** Vitalità istintiva, non controllata: *ci accolse con la solita esuberanza* Ⓢ vivacità, brio. **2** Sovrabbondanza, eccedenza: *in ufficio c'è esuberanza di personale.*

E

esubero (e-ṣù-be-ro) N.M. · Quantità superiore al necessario: *personale in esubero; esubero di merci* Ⓢ eccesso, eccedenza.

esulare (e-ṣu-là-re) V.INTR. (*èṣulo*, ecc.; aus. *avere*) · Essere estraneo da qualcosa: *la tua decisione esula **dai** nostri accordi.*

esule (è-ṣu-le) N.M. e F. · Chi va o vive in esilio: *Dante morì esule a Ravenna* Ⓢ esiliato.

esultanza (e-ṣul-tàn-za) N.F. · Grande gioia espressa con gesti esteriori: *gli studenti festeggiarono con esultanza l'ultimo giorno di scuola* Ⓢ entusiasmo.

esultare (e-ṣul-tà-re) V.INTR. (aus. *avere*) · Provare una grande gioia, spesso accompagnata da manifestazioni esteriori: *esultammo **di** gioia per quella notizia* Ⓢ gioire.

esumare (e-ṣu-mà-re) V.TR. **1** Togliere dalla tomba o dalla sepoltura: *il cadavere fu esumato per verificarne l'identità* Ⓢ dissotterrare, disseppellire. **2** Riportare alla luce, rimettere in uso: *gli studiosi hanno esumato importanti documenti storici **dall'**archivio comunale.*

> Il termine deriva da una parola del latino medievale che significava 'tirar fuori dalla terra', che viene a sua volta da *humus* 'terra' con il prefisso *ex-*.

età (e-tà) N.F. INVAR. **1** Ciascuno dei periodi in cui si suddivide la vita umana: *l'età infantile; l'età adulta; l'età senile* • Gli anni esatti di una persona, ma anche di animali, di piante e di rocce: *è arrivato all'età di 97 anni; gli elefanti raggiungono spesso l'età di 70 anni.* **2** Tempo, epoca, era: *l'età di Augusto; l'età contemporanea* • Ciascuno dei periodi nei quali viene suddivisa la preistoria: *l'età del ferro, del bronzo.* **3** In grammatica: ***complemento di età***, indica l'età di un essere animato o di un oggetto (*un uomo che avrà una cinquantina d'anni; a vent'anni si riesce solo a pensare a divertirsi*). Ⓔ ***Avere una certa età***, essere in là con gli anni • ***Di mezza età***, fra giovane e vecchio • ***Maggiore età***, quando l'individuo viene considerato adulto, in Italia dopo i 18 anni • ***Terza età***, la vecchiaia.

etere[1] (è-te-re) N.M. **1** Secondo gli antichi, la parte più alta, pura e luminosa dello spazio • Aria, cielo. **2** Mezzo in cui si propagano le onde elettromagnetiche: *trasmissione via etere.*

etere[2] (è-te-re) N.M. · Sostanza usata un tempo come anestetico.

eternamente (e-ter-na-mén-te) AVV. **1** Per sempre, per l'eternità: *ti amerò eternamente.* **2** Continuamente, sempre: *è eternamente arrabbiato.*

eternità (e-ter-ni-tà) N.F. INVAR. **1** L'infinita estensione nel tempo, che non ha avuto inizio e non avrà termine: *l'ebreo errante fu condannato a vagare per l'eternità.* **2** Nel linguaggio familiare, tempo infinitamente lungo: *è un'eternità che non vado a sciare.* **3** L'immortalità ottenuta grazie alla fama: *l'artista aspira all'eternità.*

eterno (e-tèr-no) AGG. **1** Senza inizio né fine: *Dio è eterno* Ⓢ immortale • Che durerà per sempre: *l'eterno riposo*, la morte; *la vita eterna*, la vita dopo la morte. **2** Che durerà quanto il mondo: *la fama eterna di un diva* • Che durerà per tutta la vita: *si giurarono eterno amore* Ⓢ illimitato. **3** Nel linguaggio familiare, che dura per un tempo infinitamente lungo: *non ne posso più di ascoltare i suoi eterni lamenti* • Di persona, che si comporta sempre allo stesso modo: *un eterno bambino.* Ⓔ ***La città eterna***, Roma.

etero- · Primo elemento di parole composte che significa 'altro, diverso': *eterosessuale*, chi è attratto da persone dell'altro sesso; *eterogeneo*, che ha una natura diversa.

eterogeneo (e-te-ro-gè-ne-o) AGG. (pl.m. *-nei*, pl.f. *-nee*) · Di diversa natura o qualità: *oggetti eterogenei* Ⓢ diverso, differente Ⓒ omogeneo • Formato da elementi diversi e non armonizzati: *un gruppo eterogeneo di persone.*

eterosessuale (e-te-ro-ses-su-à-le) AGG. e N.M. e F. || AGG. Che riguarda il sesso opposto: *rapporti eterosessuali.* || N.M. e F. Chi si sente attratto, dal punto di vista sessuale, solo dall'altro sesso Ⓒ omosessuale.

eterozigote (e-te-ro-zi-gò-te) (o **eterozigoto**) AGG. e N.M. · In genetica, di individuo in cui uno o più caratteri sono determinati da coppie di geni diversi: *gemelli eterozigoti* Ⓒ monozigote.

etica (è-ti-ca) N.F. (pl. *-che*) 1 Disciplina che si occupa del comportamento pratico dell'uomo di fronte al bene e al male: *etica cristiana; etica protestante.* 2 Morale, moralità: *la sua etica professionale glielo impedisce.*

etichetta[1] (e-ti-chét-ta) N.F. 1 Cartellino che riporta i dati necessari a riconoscere e a classificare un oggetto o un contenuto: *il negoziante applicò l'etichetta del prezzo su tutti i prodotti.* 2 Nome con cui si classifica una persona o una cosa in modo superficiale: *ormai gli hanno affibbiato l'etichetta di stupido.*

etichetta[2] (e-ti-chét-ta) N.F. · Insieme di regole di comportamento che bisogna seguire soprattutto nell'alta società: *tenere all'etichetta* Ⓢ galateo.

etichettare (e-ti-chet-tà-re) V.TR. (*etichétto*, ecc.) 1 Mettere un'etichetta: *il nonno etichetta le bottiglie di vino per annata.* 2 Classificare in modo generico e sbrigativo: *quel libro fu subito etichettato come noioso* Ⓢ bollare.

etico (è-ti-co) AGG. (pl.m. *-ci*, pl.f. *-che*) 1 Che riguarda l'attività umana, valutata in base alla distinzione tra il bene e il male: *questa scelta ci pone dinanzi a un problema etico* Ⓢ morale. 2 Di attività, che non comporta o non dà profitto e che prevede l'uso di una parte degli interessi per iniziative di solidarietà: *banca etica.*

etilene (e-ti-lè-ne) N.M. · Gas incolore usato per le anestesie e come materia prima per numerose sostanze organiche.

etilico (e-tì-li-co) AGG. (pl.m. *-ci*, pl.f. *-che*) · ***Alcol etilico*** → ***alcol***.

etilometro (e-ti-lò-me-tro) N.M. · Apparecchio che misura il livello di alcol assorbito dall'organismo.

etilotest (e-ti-lo-tèst) N.M. INVAR. · Esame che consente di determinare il livello di alcol assorbito dall'organismo.

etimo (è-ti-mo) N.M. · La forma più antica cui si possa risalire ricostruendo la storia di una parola Ⓢ etimologia.

> Il termine deriva dal greco *étymos* 'verace, genuino', secondo l'antica idea che la forma più antica di una parola costituisse 'il vero (significato della parola)'.

etimologia (e-ti-mo-lo-gì-a) N.F. (pl. *-gìe*) 1 La disciplina che individua o ricostruisce gli etimi. 2 L'etimo stesso: *l'etimologia di "farfalla" è molto controversa.*

etimologico (e-ti-mo-lò-gi-co) AGG. (pl.m. *-ci*, pl.f. *-che*) · Che riguarda l'etimologia: *il significato etimologico di una parola.* Ⓔ ***Dizionario etimologico***, quello che spiega l'etimologia delle parole.

etnia (et-nì-a) N.F. (pl. *-nìe*) · Gruppo di persone che hanno gli stessi caratteri fisici, culturali e linguistici: *in India convivono decine di etnie diverse* Ⓢ razza.

etnico (èt-ni-co) AGG. (pl.m. *-ci*, pl.f. *-che*) 1 Che riguarda i caratteri che individuano un popolo da un punto di vista scientifico, in particolare la lingua e la cultura: *nonostante le differenze etniche i due popoli convivono in pace.* 2 Che riguarda le tradizioni popolari di un Paese: *è un amante di musica etnica africana.*

etnografia (et-no-gra-fì-a) N.F. (pl. *-fìe*) · Studio e descrizione dei popoli della Terra e delle loro usanze.

etnologia (et-no-lo-gì-a) N.F. (pl. *-gìe*) · Lo studio che mette a confronto le diverse culture umane.

etologia (e-to-lo-gì-a) N.F. (pl. *-gìe*) · Disciplina che studia il comportamento degli animali e l'adattamento delle piante all'ambiente.

etrusco (e-trù-sco) AGG. e N.M. (f. *-a*; pl.m. *-schi*, pl.f. *-sche*) || AGG. e N.M. (f. *-a*) Dell'antica Etruria, regione dell'Italia centrale compresa tra l'odierna Toscana e il Lazio settentrionale. || N.M. La lingua parlata nell'antica Etruria.

E

ettagono (et-tà-go-no) N.M. · Poligono con sette lati e sette angoli.

-ettare · Suffisso che serve a formare verbi con valore attenuato rispetto al verbo di base: *fischiettare* da *fischiare*.

ettaro (èt-ta-ro) N.M. · Unità di misura di superficie agraria che equivale a 10.000 metri quadrati.

etto (èt-to) N.M. · Abbreviazione di *ettogrammo*: *mi dia un etto di salame*.

etto- · Prefisso che, posto prima del nome di un'unità di misura, ne moltiplica il valore per cento: *ettometro*, cento metri.

-etto · Suffisso che serve a formare nomi con valore diminutivo: *borsetta*, piccola borsa.

ettogrammo (et-to-gràm-mo) N.M. · Unità di misura di peso pari a cento grammi; il simbolo è *hg*: *un panino di due ettogrammi*; spesso abbreviato in *etto*: *costa due euro all'etto*.

ettolitro (et-tò-li-tro) N.M. · Unità di misura di capacità e volume pari a cento litri; il simbolo è *hl*.

ettometro (et-tò-me-tro) N.M. · Unità di misura di lunghezza pari a cento metri; il simbolo è *hm*.

eu- · Prefisso che significa 'bene, buono': *eufemismo*, parola di buon augurio.

eucalipto (eu-ca-lip-to) N.M. · Albero originario dell'Australia e della Tasmania; è molto alto e ha foglie di colore verde-grigio, da cui si estrae una sostanza balsamica usata in medicina e in profumeria.

> Il termine deriva dal greco *eu-* 'bene' e *kalyptós* 'nascosto, coperto', perché il calice che contiene i semi rimane chiuso anche dopo la fioritura.

eucarestia (eu-ca-re-stì-a) (o **eucaristia**) N.F. (pl. *-stìe*) · Il principale sacramento della religione cristiana che, con la trasformazione del pane e del vino nel corpo e nel sangue di Gesù Cristo, rinnova il suo sacrificio sulla croce e realizza la comunione dei fedeli con Dio Ⓢ comunione • L'ostia consacrata: *le persone divorziate non possono ricevere l'eucarestia*.

> Il termine deriva da una parola greca che significa 'gratitudine, rendimento di grazie, ringraziamento'.

eufemismo (eu-fe-mì-ṣmo) N.M. · In grammatica, la sostituzione di un'espressione con una più attenuata per non urtare la sensibilità di chi ascolta, per es. *andarsene* invece di *morire*.

eufemistico (eu-fe-mì-sti-co) AGG. (pl.m. *-ci*, pl.f. *-che*) · Usato come eufemismo: *espressione eufemistica*.

eufonico (eu-fò-ni-co) AGG. (pl.m. *-ci*, pl.f. *-che*) · In grammatica, che serve a evitare l'incontro spiacevole di alcuni suoni: *d eufonica* (per es. *ed ecco* invece di *e ecco*).

euforia (eu-fo-rì-a) N.F. (pl. *-rìe*) · Sensazione di intenso benessere con tendenza all'ottimismo e al buonumore: *il viaggio le procurò una grande euforia* Ⓢ eccitazione, entusiasmo.

euforico (eu-fò-ri-co) AGG. (pl.m. *-ci*, pl.f. *-che*) **1** Che è causato da euforia: *era in uno stato euforico*. **2** Di persona, che dimostra esuberante e spensierata vivacità: *un ragazzo euforico*; *un temperamento euforico* Ⓢ eccitato, entusiasta.

eunuco (eu-nù-co) N.M. (pl. *-chi*) **1** Individuo privo dei testicoli, per un difetto o in seguito a intervento chirurgico. **2** Ciascuno dei servi sottoposti a tale intervento che sorvegliavano l'harem dei signori orientali.

> Il termine deriva da una parola greca che significa 'custode del letto', composta di *euné* 'letto nuziale' e *ékho* 'tenere'.

euristico (eu-rì-sti-co) AGG. (pl.m. *-ci*, pl.f. *-che*) · Che riguarda la premessa o l'ipotesi di partenza in una ricerca scientifica.

euro (èu-ro) N.M. INVAR. · Moneta comune di numerosi Paesi dell'Unione Europea, in corso dal gennaio 2002; il simbolo è €.

euro- · Primo elemento di parole composte che significa 'dell'Europa, dell'Unione europea': *europeizzare*, rendere europeo; *eurodeputato*, deputato dell'Unione europea.

eurocity (eu-ro-ci-ty; pronuncia *eurosìti*) AGG. e N.M. INVAR. · Di treno che collega le principali città europee.

eurodeputato (eu-ro-de-pu-tà-to) N.M. · Deputato al Parlamento europeo.

europarlamento (eu-ro-par-la-mén-to) N.M. · Il Parlamento europeo.

europeismo (eu-ro-pe-ì-ṣmo) N.M. · Atteggiamento politico che tende a creare un'unità di interessi e una stretta collaborazione tra i vari Paesi e popoli europei.

europeizzare (eu-ro-peiz-ẓà-re) V.TR. || TR. Adattare al costume e al gusto europei: *con la colonizzazione gli spagnoli hanno europeizzato l'Argentina.* || **europeizzarsi** INTR. PRONOM. Adattarsi alla cultura, agli usi, al modo di vivere degli europei: *la Tunisia si è largamente europeizzata.*

europeo (eu-ro-pè-o) AGG. e N.M. (f. *-a*; pl.m. *-pèi*, pl.f. *-pèe*) || AGG. Dell'Europa. || N.M. (f. *-a*) Abitante, nativo dell'Europa.

eurostar (eu-ro-stàr) N.M. INVAR. · Treno ad alta velocità che collega le principali città europee.

eurozona (eu-ro-ẓò-na) N.F. · L'insieme dei Paesi dell'Unione europea che utilizzano come moneta l'euro.

eutanasia (eu-ta-na-ṣì-a) N.F. (pl. *-ṣìe*) · Morte indolore provocata per porre fine alle sofferenze di un malato inguaribile in presenza di assistenza medica: *in Italia chi pratica l'eutanasia agisce contro la legge.*

Il termine deriva da una parola greca che significa 'buona morte', composta di *eu-* 'buono, bene' e *thánatos* 'morte'.

evacuare (e-va-cu-à-re) V.TR. (*evàcuo*, ecc.) **1** Abbandonare o sgomberare un luogo per motivi di emergenza: *in seguito all'alluvione la popolazione è stata evacuata* ***dal*** *paese.* **2** Eliminare le feci dall'intestino: *evacuare l'intestino* Ⓢ svuotare, liberare.

evacuazione (e-va-cua-zió-ne) N.F. **1** Abbandono di un luogo imposto da motivi di emergenza: *il paese fu costretto all'evacuazione per il pericolo di frane* Ⓢ sgombero. **2** Eliminazione delle feci dall'intestino.

evadere (e-và-de-re) V.INTR. e TR. (irreg.: pass. rem. *evàṣi*, *evadésti*, *evàṣe*, *evadémmo*, *evadéste*, *evàṣero*; part. pass. *evàṣo*) || INTR. (aus. *essere*) **1** Fuggire da un luogo in cui si è rinchiusi o sorvegliati: *sono evasi due prigionieri* ***dal*** *carcere* Ⓢ scappare, fuggire. **2** Liberarsi da una situazione divenuta intollerabile: *per evadere* ***dalla*** *realtà quotidiana si rifugiò in campagna* Ⓢ distrarsi. || TR. **1** Violare la legge non pagando le tasse: *il mio vicino ha evaso il fisco per centomila euro.* **2** Portare a termine: *l'impiegata evaderà la pratica in giornata* Ⓢ concludere, sbrigare.

evanescente (e-va-ne-scèn-te) AGG. · Che si percepisce appena, soprattutto con la vista o con l'udito: *colori evanescenti; un suono evanescente* Ⓢ sfumato, indistinto.

evangelico (e-van-gè-li-co) AGG. (pl.m. *-ci*, pl.f. *-che*) **1** Del Vangelo: *parabole evangeliche* • Che segue i principi del Vangelo: *povertà, carità evangelica.* **2** Nome dato ad alcune Chiese nate dalla Riforma protestante: *la Chiesa evangelica luterana.*

evangelista (e-van-ge-lì-sta) N.M. (pl. *-i*) · Ciascuno dei quattro autori del Vangelo, ovvero Matteo, Marco, Luca e Giovanni: *gli evangelisti hanno testimoniato la vita di Gesù Cristo.*

evangelizzare (e-van-ge-liz-ẓà-re) V.TR. · Convertire al cristianesimo predicando il Vangelo: *i missionari hanno evangelizzato molte tribù africane.*

evaporare (e-va-po-rà-re) V.INTR. (*evàporo*, ecc.; aus. *essere*) **1** Passare dallo stato liquido a quello gassoso, trasformandosi in vapore: *l'acqua del mare evapora.* **2** Di aromi o profumi, svanire, dissolversi: *questo profumo è tutto evaporato.*

evaporazione (e-va-po-ra-zió-ne) N.F. · Il passaggio di un liquido allo stato di vapore che si verifica, a differenza dell'ebollizione, solo in superficie e a qualsiasi temperatura: *l'evaporazione dell'acqua marina.*

evasi (e-và-ṣi) · Pass. rem., 1ª pers. sing. → ***evadere***.

evasione (e-va-ṣió-ne) N.F. **1** Fuga da un luogo in cui si è rinchiusi o sorvegliati: *il detenuto progettò un'evasione* ***dal*** *carcere.* **2** Distacco temporaneo dalla noia e dai doveri quotidiani: *dopo una giornata di studio ci vuole un po'* *di evasione* Ⓢ distrazione, svago. **3** ***Evasione fiscale***, reato che consiste nel non pagare le tasse.

evasivo (e-va-ṣi-vo) AGG. · Che non esprime chiaramente un'intenzione o un'opinione: *è molto evasivo riguardo alla sua vita privata; mi diede una risposta evasiva* Ⓢ sfuggente, elusivo.

E

evaso (e-và-ṣo) AGG. e N.M. (f. *-a*) || Participio pass. → ***evadere***. || AGG. e N.M. (f. *-a*) Che, chi è fuggito dal carcere: *è stato trovato il detenuto evaso; la polizia dà la caccia ai tre evasi.*

evasore (e-va-ṣó-re) N.M. · Chi si sottrae all'obbligo di pagare le tasse.

evenienza (e-ve-nièn-za) N.F. · Circostanza ipotetica e imprevista, spesso sfavorevole: *prepariamoci ad affrontare qualsiasi evenienza; per ogni evenienza portate con voi delle provviste* Ⓢ eventualità, imprevisto.

evento (e-vèn-to) N.M. · Fatto o avvenimento che già si è verificato o che può verificarsi: *gli eventi mi hanno dato ragione; è un evento memorabile*, di grandissima importanza Ⓢ circostanza. Ⓔ ***Lieto evento*** → ***lieto***.

eventuale (e-ven-tu-à-le) AGG. · Che può accadere: *per eventuali problemi si rivolga all'assistenza* Ⓢ possibile.

eventualità (e-ven-tua-li-tà) N.F.INVAR. **1** Possibilità che qualcosa accada: *non è da escludere l'eventualità che lo spettacolo venga rimandato* Ⓢ ipotesi. **2** Caso, circostanza, evenienza: *tieniti pronto per ogni eventualità.* Ⓔ ***Nell'eventualità che***, nel caso che: *nell'eventualità che io faccia tardi avviatevi pure senza di me.*

eventualmente (e-ven-tual-mén-te) AVV. · Caso mai, semmai, nel caso: *eventualmente ti darò conferma per telefono.*

eversione (e-ver-sió-ne) N.F. · Distruzione dell'ordine costituito e delle istituzioni, compiuta con atti rivoluzionari o terroristici: *l'eversione dello Stato democratico.*

eversivo (e-ver-sì-vo) AGG. · Che tende a distruggere o a rovesciare l'ordine esistente: *gruppi eversivi* Ⓢ sovversivo.

evidente (e-vi-dèn-te) AGG. **1** Che si vede con chiarezza: *commise un errore evidente; la porta mostrava segni evidenti di scasso* Ⓢ chiaro, palese Ⓒ oscuro, ermetico. **2** Che non lascia dubbi: *ha dato una prova evidente della sua incapacità; è evidente che ha ragione lei* Ⓢ certo, indubbio.

evidentemente (e-vi-den-te-mén-te) AVV. **1** In modo evidente, chiaramente: *il tuo calcolo era evidentemente sbagliato.* **2** Certamente, senza dubbio: *se non ha chiamato evidentemente è ancora in viaggio.*

evidenza (e-vi-dèn-za) N.F. · Immediata e totale chiarezza o certezza: *è impossibile negare l'evidenza dei fatti.* Ⓔ ***Mettere in evidenza***, far risaltare, evidenziare: *con quella risposta mise in evidenza la sua ignoranza;* ***mettersi in evidenza***, mettersi in mostra, farsi notare: *è così esibizionista che ama mettersi sempre in evidenza.*

evidenziare (e-vi-den-zià-re) V.TR. (*evidènzio*, ecc.) **1** Mettere in evidenza, far notare, sottolineare: *il trucco evidenziava il pallore del suo volto; la vicenda ha evidenziato l'incompetenza del ministro.* **2** Segnare con un evidenziatore: *evidenziare una parola, una frase.*

evidenziatore (e-vi-den-zia-tó-re) N.M. · Pennarello a punta larga con inchiostro fluorescente e trasparente, usato per mettere in evidenza una parola o una frase di uno scritto: *ho sottolineato il testo con un evidenziatore blu.*

evitabile (e-vi-tà-bi-le) AGG. · Che può essere evitato: *un danno evitabile* Ⓒ inevitabile.

evitare (e-vi-tà-re) V.TR. (*èvito*, ecc.) **1** Fare a meno di una cosa ritenuta dannosa o spiacevole: *evitava i cibi grassi; vorrei evitare* **di** *viaggiare di notte.* **2** Sfuggire qualcosa o qualcuno: *evitare un ostacolo; evitare un seccatore* Ⓢ schivare, scansare. **3** Fare in modo che qualcosa di negativo non accada: *evitare una sciagura, una strage* Ⓢ scongiurare, sventare. **4** Cercare di non procurare qualcosa agli altri: ***gli*** *ho evitato una spesa inutile* Ⓢ risparmiare.

evo (è-vo) N.M. · Ciascuno dei lunghi periodi di tempo in cui è suddivisa la storia dell'umanità: *l'evo antico, il Medio Evo, l'evo moderno.*

evocare (e-vo-cà-re) V.TR. (*èvoco, èvochi*, ecc.) **1** Chiamare dal mondo soprannaturale a quello dell'esperienza sensibile: *evocò lo spirito di una zia defunta.* 2 Richiamare alla mente, far venire in mente: *evocavamo insieme i ricordi lieti; quel poeta evoca spesso immagini di Paesi orientali.*

evocativo (e-vo-ca-tì-vo) AGG. · Che ricorda o suggerisce un particolare stato d'animo: *parole evocative; pagine evocative* Ⓢ suggestivo.

-evole · Suffisso che serve a formare aggettivi a partire da verbi e che ha significato attivo (*girevole*, che può girare) o passivo (*pieghevole*, che può essere piegato).

(mi) evolsi (mi e-vòl-si) · Pass. rem., 1ª pers. sing. → *evolversi*.

evolutivo (e-vo-lu-tì-vo) AGG. · Che riguarda l'evoluzione: *processo evolutivo.* Ⓔ ***Età evolutiva***, in psicologia, il periodo della vita umana dalla nascita fino al raggiungimento della maturità fisica e mentale.

evoluto (e-vo-lù-to) AGG. || Participio pass. → *evolversi*. || AGG. 1 Che presenta un notevole livello di maturità civile e sociale: *una società evoluta; un Paese evoluto* Ⓢ avanzato, moderno. 2 Libero da pregiudizi e da convenzioni sociali: *una mentalità evoluta* Ⓢ aperto, emancipato Ⓒ retrogrado.

evoluzione (e-vo-lu-zió-ne) N.F. 1 Sviluppo graduale e completo: *l'evoluzione di una malattia; l'evoluzione della società* Ⓢ sviluppo, trasformazione. 2 Passaggio degli organismi viventi da forme semplici a forme sempre più complesse: *sto studiando le teorie di Darwin sull'evoluzione della specie.* 3 Manovra o serie di movimenti ordinati in cui mezzi militari o gruppi di atleti o di cavalieri cambiano posizione: *le evoluzioni degli acrobati al trapezio.*

evoluzionismo (e-vo-lu-zio-nì-ṣmo) N.M. · L'insieme delle teorie che ammettono la mutazione delle specie viventi da forme primitive ed elementari verso forme più complesse, escludendo qualsiasi intervento divino.

evolvere (e-vòl-ve-re) V.INTR. (irreg.: ind. pres. *evòlvo*, ecc.; pass. rem. *evolvètti* o *evolvéi* o *evòlsi*, *evolvésti*, *evòlse*, *evolvémmo*, *evolvéste*, *evòlsero*; part. pass. *evolùto*; aus. *essere* o *avere*) e **evolversi** INTR. PRONOM. 1 Svilupparsi gradualmente: *la situazione sta evolvendo a nostro favore* Ⓢ trasformarsi, modificarsi. 2 Passare gradualmente verso forme più progredite: *la società evolve di giorno in giorno; la specie umana si è evoluta* Ⓢ svilupparsi, progredire.

evviva (ev-vì-va) INTER. · Esprime approvazione, augurio o gioia: *evviva la libertà!; evviva le vacanze!* Ⓢ viva, urrà Ⓒ abbasso.

ex (pronuncia *ècs*) AGG. INVAR. · Messo davanti a sostantivi, indica una condizione, una funzione o un ruolo non più attuali: *ho incontrato ieri il tuo ex marito; quella è la mia ex scuola.*

ex aequo (ex ae-quo; pronuncia *ecsèquo*) LOC. LAT., in it. AVV. · Alla pari, a pari merito: *i due concorrenti sono giunti primi ex aequo.*

ex novo (ex no-vo; pronuncia *ecsnòvo*) LOC. LAT., in it. AVV. · Daccapo, dall'inizio: *il lavoro va rifatto ex novo.*

exploit (ex-ploit; pronuncia *ecsplua*) N.M. FR., in it. N.M. INVAR. · Impresa eccezionale e di notevole valore, soprattutto sportiva: *nella gara di nuoto Mara fece un vero exploit* Ⓢ prodezza.

expo (ex-po; pronuncia *ecspo*) N.F. FR., in it. N.F. INVAR. · Grande esposizione.

export (ex-port; pronuncia *ècsport*) N. INGL., in it. N.M. INVAR. · Esportazione: *è in aumento l'export italiano in Cina* Ⓒ import. Ⓔ ***Import-export*** → *import*.

extension (ex-ten-sion; pronuncia *ecstènscion*) N. INGL., in it. N.F. INVAR. · Allungamento dei capelli ottenuto con l'applicazione di ciocche naturali o artificiali • Le ciocche applicate.

extra (èx-tra) AGG. e N.M. INVAR. || AGG. Di qualità superiore: *ho mangiato un gelato veramente extra* Ⓢ speciale. || AGG. e N.M. Di ciò che non è previsto in un accordo o in un contratto: *il mese prossimo avrò delle spese extra; nel prezzo dell'albergo non sono compresi gli extra* Ⓢ straordinario.

extra- 1 Primo elemento di parole composte che significa 'fuori, esterno': *extraurbano*, esterno rispetto alla città. 2 Posto davanti a nomi o aggettivi, ha valore rafforzativo o superlativo: *extravergine*, di olio d'oliva di alta qualità.

A B C D **E** F G H I J K L M N O P Q R S T U V W X Y Z

extracomunitario (ex-tra-co-mu-ni-tà-rio) AGG. e N.M. (f. *-a*; pl.m. *-ri*, pl.f. *-rie*) || AGG. Che non fa parte dell'Unione Europea: *prodotti extracomunitari; Paesi extracomunitari.* || AGG. e N.M. (f. *-a*) Che, chi è immigrato da un Paese che non fa parte dell'Unione Europea: *in classe è arrivato un bambino extracomunitario; gli extracomunitari devono avere il permesso di soggiorno* Ⓢ immigrato.

extraconiugale (ex-tra-co-niu-gà-le) AGG. · Che avviene al di fuori del matrimonio: *relazione extraconiugale.*

extraeuropeo (ex-tra-eu-ro-pè-o) AGG. (pl.m. *-pèi*, pl.f. *-pèe*) · Che non fa parte dell'Europa: *l'Egitto è un Paese extraeuropeo.*

extraparlamentare (ex-tra-par-la-men-tà-re) AGG. **1** Che avviene in seguito a un'azione estranea a quella del Parlamento: *crisi extraparlamentare.* **2** Di movimento politico, che non è rappresentato in Parlamento: *la destra extraparlamentare.*

extrasensoriale (ex-tra-sen-so-rià-le) AGG. · Che avviene senza l'intervento dei sensi: *percezione extrasensoriale.*

extraterrestre (ex-tra-ter-rè-stre) AGG. e N.M. e F. || AGG. Che avviene, esiste o vive fuori della Terra: *fenomeni extraterrestri; civiltà extraterrestri* Ⓢ alieno. || N.M. e F. L'ipotetico abitante di un altro pianeta: *l'invasione degli extraterrestri; un film sugli extraterrestri.*

extraterritoriale (ex-tra-ter-ri-to-rià-le) AGG. · Che, pur trovandosi all'interno del territorio di uno Stato, non deve sottostare alle sue leggi: *le ambasciate sono sedi extraterritoriali.*

extraterritorialità (ex-tra-ter-ri-to-ria-li-tà) N.F. INVAR. · Nel diritto internazionale, la libertà di persone o cose dalle leggi dello Stato in cui si trovano: *le ambasciate godono del diritto di extraterritorialità.*

extraurbano (ex-tra-ur-bà-no) AGG. · Esterno al territorio della città: *strade extraurbane; autobus extraurbani* Ⓢ periferico.

extravergine (ex-tra-vér-gi-ne) AGG. INVAR. · Di olio vergine di oliva con acidità molto ridotta e perciò pregiatissimo: *l'olio extravergine di oliva italiano è apprezzato in tutto il mondo.*

eyeliner (eye-li-ner; pronuncia *ailàiner*) N. INGL., in it. N.M. INVAR. · Cosmetico liquido per il trucco degli occhi, da applicare con un pennellino al di sopra delle ciglia.

eziologico (e-zio-lò-gi-co) AGG. (pl.m. *-ci*, pl.f. *-che*) · Che serve a individuare le cause di un fenomeno, soprattutto medico: *una terapia eziologica la aiutò a combattere la sua malattia.*

-ezza · Suffisso che serve a formare nomi femminili astratti a partire da aggettivi: *altezza* da *alto*.

f

f, F N.F. O M. INVAR. · Sesta lettera dell'alfabeto italiano; è una consonante (nome della lettera: *èffe*).

fa[1] N.M. INVAR. · Quarta nota della scala musicale di *do*.

Il termine deriva dalla prima sillaba della parola latina con cui inizia il quarto versetto dell'inno liturgico a san Giovanni Battista; per l'etimologia completa dei nomi delle note → *re*[1].

fa[2] AVV. · Usato sempre dopo espressioni di tempo, indica un determinato momento nel passato: *si è sposata due anni fa; era qui poco tempo fa.*

fabbisogno (fab-bi-ṣó-gno) N.M. · Quantità necessaria: *il fabbisogno giornaliero di vitamine* Ⓢ necessario, occorrente.

fabbrica (fàb-bri-ca) N.F. (pl. *-che*) · Stabilimento industriale attrezzato per una certa produzione: *una fabbrica di scarpe* Ⓢ industria.

fabbricare (fab-bri-cà-re) V.TR. (*fàbbrico, fàbbrichi*, ecc.) **1** Di industria o attività artigianale, produrre, realizzare: *la FIAT fabbrica automobili.* **2** Costruire un edificio: *sul viale hanno fabbricato un altro palazzo* Ⓢ edificare.

fabbricato (fab-bri-cà-to) N.M. · Edificio di grandi dimensioni: *fabbricato civile, industriale* Ⓢ immobile.

fabbricazione (fab-bri-ca-zió-ne) N.F. · L'insieme delle operazioni per realizzare prodotti industriali o artigianali: *la fabbricazione della carta, del sapone* Ⓢ produzione.

fabbro (fàb-bro) N.M. · Artigiano che lavora oggetti in ferro.

faccenda (fac-cèn-da) N.F. **1** Attività da svolgere: *sbrigo una faccenda e arrivo* Ⓢ compito, impegno. **2** Cosa spesso noiosa o spiacevole: *come è andata a finire quella brutta faccenda?* Ⓢ affare, vicenda. Ⓔ ***Fare le faccende***, nel linguaggio familiare, svolgere i lavori di casa: *devo fare le faccende prima di uscire.*

faccendiere (fac-cen-diè-re) AGG. e N.M. (f. *-a*; pl.m. *-i*, pl.f. *-e*) · Che, chi si occupa di affari poco onesti: *è stato arrestato un faccendiere politico.*

facchino (fac-chì-no) N.M. (f. *-a*) · Chi per lavoro porta i bagagli o i pesi degli altri: *per il trasloco ho chiamato un facchino.*

faccia (fàc-cia) N.F. (pl. *-ce*) **1** La parte anteriore della testa, dalla fronte al mento: *una bella faccia; una faccia da delinquente* Ⓢ volto, viso. **2** Modo di presentarsi: *così la questione cambia faccia* Ⓢ aspetto. **3** La parte esterna di un corpo: *le facce di un cubo; le due facce di una moneta.* Ⓔ ***Di faccia***, di fronte, davanti: *la scuola sta proprio di faccia **alla** gelateria* • ***Dire le cose in faccia***, con grande franchezza • ***Faccia a faccia***, l'uno di fronte all'altro: *trovarsi faccia a faccia **con** il nemico* • ***Faccia di bronzo, faccia tosta***, persona o modo di fare sfacciato e arrogante: *hai una bella faccia tosta; ha proprio una faccia di bronzo* • ***Gettare in faccia***, rinfacciare • ***La faccia della Terra***, tutta la Terra, il mondo: *è il più grande bugiardo sulla faccia della Terra* • ***Non guardare in faccia a nessuno***, cercare di raggiungere i propri scopi senza rispetto per nessuno • ***Perdere la faccia, salvare la faccia***, perdere o mantenere la stima degli altri dopo una situazione difficile.

facciale (fac-cià-le) AGG. · Della faccia: *muscoli facciali.*

facciata (fac-cià-ta) N.F. **1** Il lato esterno anteriore e principale di un edificio: *stanno restaurando la facciata della mia casa* Ⓢ davanti. **2** Aspetto esteriore: *non bisogna giudicare dalla facciata* Ⓢ apparenza, esteriorità. **3** Ciascuna delle superfici di un foglio: *ho scritto un tema di tre facciate* Ⓢ pagina.

faccina (fac-cì-na) N.F. · Disegno semplificato di una faccia con cui un utente rappresenta il proprio stato d'animo su Internet o negli sms Ⓢ emoticon.

faccio (fàc-cio) · Ind. pres., 1ª pers. sing. → *fare*.

faceto (fa-cè-to) AGG. · Spiritoso, scherzoso: *un discorso faceto* Ⓒ serio.

facezia (fa-cè-zia) N.F. (pl. *-zie*) · Battuta di spirito: *dire facezie* Ⓢ spiritosaggine.

F

fachiro (fa-chì-ro) N.M. · In India, religioso mendicante che si sottopone a dure prove di resistenza fisica per diventare insensibile al dolore.

facile (fà-ci-le) AGG. **1** Che non richiede capacità o sforzo particolari: *un esame facile* Ⓢ semplice Ⓒ difficile • Comodo, privo di disagi: *ha avuto un'esistenza fin troppo facile.* **2** Che si può ottenere, superare o comprendere senza difficoltà: *guadagni facili; quel romanzo è molto facile.* **3** Probabile, possibile: *è facile che si metta a piovere.* **4** Di persona, che tende per natura a un certo atteggiamento: *facile **all'**ira; facile **al** bere* Ⓢ incline. **5** Di carattere, mite, tollerante, disponibile: *non ha un carattere facile.* **6** Che rivela leggerezza e superficialità: *non abbandonarti a un facile ottimismo.*

facilità (fa-ci-li-tà) N.F. INVAR. **1** Possibilità immediata di realizzare, capire o risolvere qualcosa: *la facilità di un incarico, di un testo, di un problema* Ⓢ semplicità Ⓒ difficoltà. **2** Capacità naturale di fare qualcosa senza sforzo: *il bambino dimostra una grande facilità **di** apprendimento* Ⓢ inclinazione, attitudine. Ⓔ **Con facilità**, senza fatica, facilmente: *ha superato la prova con facilità.*

facilitare (fa-ci-li-tà-re) V.TR. (*facìlito*, ecc.) · Rendere più facile: *i tuoi consigli mi facilitano il lavoro* Ⓢ agevolare, semplificare Ⓒ complicare.

facilitazione (fa-ci-li-ta-zió-ne) N.F. · Condizione vantaggiosa o favorevole: *il padre gli ha concesso molte facilitazioni nella carriera* Ⓢ aiuto, agevolazione.

facilmente (fa-cil-mén-te) AVV. **1** Senza difficoltà: *è un lavoro che puoi fare facilmente da solo* Ⓢ comodamente Ⓒ difficilmente. **2** Senza motivo, per nulla: *è un tipo che si angoscia facilmente.* **3** Probabilmente, forse: *facilmente domani pioverà.*

facilone (fa-ci-ló-ne) N.M. (f. *-a*; pl.m. *-i*, pl.f. *-e*) · Chi si comporta con leggerezza e scarsa responsabilità: *agire da facilone* Ⓢ irresponsabile, superficiale.

facinoroso (fa-ci-no-ró-so) AGG. e N.M. (f. *-a*) · Che, chi tende a commettere azioni violente: *una banda di giovani facinorosi; un gruppo di facinorosi* Ⓢ violento.

facoltà (fa-col-tà) N.F. INVAR. **1** Capacità naturale: *l'uomo ha la facoltà **di** scegliere* Ⓢ possibilità. **2** Possibilità riconosciuta dalla legge di fare qualcosa: *il sindaco ha la facoltà **di** stabilire gli orari dei negozi* Ⓢ potere, diritto. **3** Ciascuno dei corsi di studio universitari che permettono di conseguire la laurea: *la facoltà di biologia, di medicina* • La sede di tali corsi di studio: *mio fratello è andato in facoltà.*

facoltativo (fa-col-ta-tì-vo) AGG. · Che si può fare o non fare, a seconda della propria volontà: *l'ultimo esercizio è facoltativo* Ⓒ obbligatorio.

facoltoso (fa-col-tó-so) AGG. · Che ha molto denaro: *ha un parente molto facoltoso* Ⓢ ricco, benestante.

factotum (fac-tò-tum) N.M. e F. INVAR. · Chi svolge compiti di diverso tipo: *è il factotum dell'ufficio* Ⓢ tuttofare.

> Il termine deriva dall'espressione latina *fac totum* 'fa' tutto'.

faggio (fàg-gio) N.M. (pl. *-gi*) · Albero molto alto, con una grande chioma e il tronco rivestito di una corteccia chiara da cui si ricava un legno molto usato in falegnameria.

fagiano (fa-già-no) N.M. · Uccello diffuso in tutta Italia e molto ricercato per la bontà delle sue carni; il maschio ha una coda lunghissima e piume di vari colori.

fagiolino (fa-gio-lì-no) N.M. · Il baccello, tenero e verde, delle piante di fagiolo: *fagiolini all'olio.*

fagiolo (fa-giò-lo) N.M. · Pianta erbacea originaria dell'America, coltivata in numerose varietà per i suoi frutti a legume e i suoi semi • Il seme della pianta: *fagioli secchi, lessi.* Ⓔ ***An-***

dare a fagiolo, nel linguaggio familiare, piacere molto • ***Capitare a fagiolo***, nel linguaggio familiare, capitare al momento giusto.

faglia (fà-glia) N.F. (pl. *-glie*) · Spaccatura della crosta terrestre accompagnata dallo spostamento di una delle parti separate.

fagocita (fa-go-ci-ta) (o **fagocito**) N.M. (pl. *-i*) · Cellula capace di inglobare altre cellule o particelle di varia natura.

fagocitare (fa-go-ci-tà-re) V.TR. (*fagòcito*, ecc.) **1** Di cellula, inglobare e assimilare altre cellule o particelle. **2** Inserire nel proprio ambito: *le grandi industrie fagocitano le piccole imprese* Ⓢ assorbire, incorporare.

fagotto[1] (fa-gòt-to) N.M. · Pacco ingombrante fatto senza particolare cura: *un fagotto di biancheria* Ⓢ involto. Ⓔ ***Far fagotto***, andarsene, partire alla svelta: *ha fatto fagotto ed è tornato a casa.*

fagotto[2] (fa-gòt-to) N.M. · Strumento musicale a fiato dal suono molto grave.

Fahrenheit (Fàh-ren-heit; pronuncia *fàrenait*) AGG. INVAR. · ***Grado Fahrenheit***, unità di misura della temperatura secondo la scala Fahrenheit, in uso nei paesi anglosassoni, che assegna valore 32 alla temperatura in cui il ghiaccio fonde e 212 a quella in cui l'acqua bolle.

faida (fài-da) N.F. **1** Nel Medioevo, legge dei popoli germanici che rendeva possibile a un privato vendicare un torto subito punendo il colpevole personalmente. **2** Vendetta privata che coinvolge due o più famiglie per motivi di interesse o di onore.

faina (fa-ì-na) N.F. · Carnivoro che vive nei boschi d'Europa con corpo allungato, coda lunga e pelliccia abbastanza pregiata; è un'accanita cacciatrice di animali da cortile.

falange (fa-làn-ge) N.F. **1** Ciascuna delle ossa che formano lo scheletro delle dita di mani e piedi. **2** Nell'antica Grecia, disposizione compatta della fanteria in battaglia.

falcata (fal-cà-ta) N.F. **1** Salto eseguito dal cavallo quando supera gli ostacoli. **2** L'andatura di un atleta: *quel podista ha una falcata travolgente* Ⓢ passo.

falce (fàl-ce) N.F. · Attrezzo agricolo per tagliare erbe e spighe, formato da una lama curvata ad arco con una lunga impugnatura. Ⓔ ***Falce di luna***, spicchio illuminato della luna • ***Falce e martello***, simbolo del comunismo.

falcetto (fal-cét-to) N.M. · Piccola falce usata soprattutto per potare i rami degli alberi o tagliare l'erba.

falciare (fal-cià-re) V.TR. (*fàlcio*, ecc.) **1** Tagliare con la falce: *falciare l'erba, il fieno* Ⓢ tagliare. **2** Uccidere in modo improvviso o violento: *la peste falciò molti soldati* Ⓢ sterminare, abbattere.

falciatrice (fal-cia-trì-ce) N.F. · Macchina agricola per tagliare le erbe.

falciatura (fal-cia-tù-ra) N.F. · Operazione con cui si tagliano erbe o cereali: *la falciatura del grano* • Il periodo in cui si svolge tale operazione.

falcidia (fal-cì-dia) N.F. (pl. *-die*) **1** Diminuzione, riduzione. **2** Massacro, strage, sterminio: *la bomba causò la falcidia degli abitanti.*

falcidiare (fal-ci-dià-re) V.TR. (*falcìdio*, ecc.) **1** Ridurre notevolmente: *le sue finanze sono state falcidiate da quel fallimento.* **2** Fare una strage: *l'artiglieria nemica ha falcidiato il battaglione* Ⓢ decimare, sterminare.

falco (fàl-co) N.M. (pl. *-chi*) · Uccello rapace con ali lunghe e a punta, becco ricurvo e artigli potenti; diverse specie venivano usate un tempo nella caccia. Ⓔ ***Occhi di falco***, dalla vista molto acuta.

> Il termine deriva dal latino *falx falcis* 'falce', per la forma arcuata degli artigli.

> Per indicare il verso acuto e stridulo del falco possono essere usati i verbi *urlare, strillare, gridare* o *stridere.*

falcone (fal-có-ne) N.M. · Falco di grandi dimensioni, spesso addestrato per la caccia.

falda (fàl-da) N.F. **1** Strato largo e sottile: *una falda di pasta, di metallo; nevica a larghe falde*, a grandi fiocchi. **2** ***Falda acquifera***, acqua assorbita dal terreno che scorre su uno strato di roccia impermeabile; ***falda freatica***, falda acquifera costituita da acque piovane. **3** Lembo di un vestito che pende nella parte inferiore: *le falde del frac.* 4 La tesa del cappello: *un cappello a falde larghe.* 5 La parte di un monte più vicina al piano: *alle falde del Monte Rosa* Ⓢ pendice. 6 Ciascuna delle superfici inclinate del tetto Ⓢ spiovente.

Il termine deriva da una parola germanica che significa 'piega'.

falegname (fa-le-gnà-me) N.M. · Artigiano che lavora il legno: *arnesi da falegname.*

F

falegnameria (fa-le-gna-me-rì-a) N.F. (pl. *-rìe*) 1 L'arte della lavorazione del legno: *un mobile di alta falegnameria.* 2 La bottega del falegname.

falena (fa-lè-na) N.F. · Nome comune di diverse farfalle notturne.

falesia (fa-lè-ṣia) N.F. (pl. *-ṣie*) · Costa rocciosa dalle pareti molto ripide a causa dell'azione erosiva del mare: *si è arrampicato su una falesia.*

falla (fàl-la) N.F. 1 Ampio squarcio in una parete a contatto con l'acqua: *nella carena della nave si è aperta una falla* Ⓢ apertura, buco. 2 Motivo di perdita continua e notevole: *l'azienda cerca di tamponare le falle del suo bilancio.*

fallace (fal-la-ce) AGG. · Che può illudere o ingannare: *una promessa fallace* Ⓢ ingannevole.

fallimentare (fal-li-men-tà-re) AGG. 1 Che riguarda il fallimento in senso giuridico: *procedimento fallimentare.* 2 Che si rivela un grave insuccesso: *il mio tentativo è stato fallimentare* Ⓢ disastroso, rovinoso. Ⓔ ***Curatore fallimentare*** → *curatore*.

fallimento (fal-li-mén-to) N.M. 1 L'incapacità di un imprenditore di pagare i propri debiti: *fare, dichiarare fallimento* Ⓢ bancarotta. 2 Esito negativo: *il fallimento delle trattative* Ⓢ insuccesso, disastro.

fallire (fal-lì-re) V.INTR. e TR. (*fallìsco, fallìsci,* ecc.) || INTR. 1 (aus. *essere*) Risultare inutile: *tutte le cure sono fallite; è un progetto destinato a fallire* Ⓒ riuscire. 2 (aus. *essere*) Fare fallimento in senso giuridico: *la ditta è fallita per la crisi.* 3 (aus. *avere*) Non raggiungere un certo scopo: *ha fallito* **in** *tutto nella vita.* || TR. Sbagliare, mancare: *fallire il colpo, il bersaglio.*

fallito (fal-lì-to) AGG. e N.M. (f. *-a*) 1 Che, chi non ha raggiunto risultati soddisfacenti: *è un'iniziativa fallita; si sente un fallito.* 2 Che, chi ha fatto fallimento: *un commerciante fallito.*

fallo[1] (fàl-lo) N.M. 1 Errore di comportamento spesso dovuto a disattenzione Ⓢ sbaglio, errore. 2 Nello sport, il mancato rispetto di una delle regole del gioco da parte del giocatore: *il calciatore ha commesso fallo* Ⓢ infrazione. Ⓔ ***In fallo***, in errore: *cerca sempre di coglierlo in fallo;* ***mettere un piede in fallo***, posarlo male rischiando di cadere.

fallo[2] (fàl-lo) N.M. · Organo genitale maschile Ⓢ pene.

falloso (fal-ló-so) AGG. · Di gioco o giocatore solitamente scorretto: *è un difensore molto falloso* Ⓒ corretto.

falò (fa-lò) N.M. INVAR. · Grande fuoco di breve durata, acceso per distruggere o per segnalare qualcosa o solo per fare festa: *un falò sulla spiaggia; vorrei fare un bel falò con tutti questi documenti.*

falsare (fal-sà-re) V.TR. · Riportare in modo diverso dal vero o dall'originale: *falsare una notizia* Ⓢ alterare, contraffare.

falsariga (fal-sa-rì-ga) N.F. (pl. *falsarìghe*) 1 Foglio a righe che viene messo sotto a uno bianco per scrivere diritto su quest'ultimo. 2 Schema o modello seguito fedelmente: *dipinge sulla falsariga degli antichi maestri* Ⓢ traccia, esempio.

falsario (fal-sà-rio) N.M. (f. *-a*; pl.m. *-ri*, pl.f. *-rie*) · Chi falsifica denaro, oggetti di valore e opere d'arte.

falsetto (fal-sét-to) N.M. · Timbro di voce più acuto di quello naturale: *cantare in falsetto.*

falsificare (fal-si-fi-cà-re) V.TR. (*falsìfico, falsìfichi,* ecc.) · Riprodurre qualcosa spacciandolo per originale: *falsificare una firma; falsificare banconote* Ⓢ contraffare, alterare.

falsificazione (fal-si-fi-ca-zió-ne) N.F. · Riproduzione, imitazione per scopi illegali: *la falsificazione di un documento, di un'opera d'arte.*

falsità (fal-si-tà) N.F. INVAR. 1 Mancanza di corrispondenza con il vero o con l'originale:

ciò dimostra la falsità della sua testimonianza Ⓢ infedeltà Ⓒ veridicità. **2** Affermazione falsa: *questo resoconto è pieno di falsità* Ⓢ menzogna, bugia. **3** Mancanza di lealtà: *con il tempo scoprirai la sua falsità* Ⓢ ipocrisia.

falso[1] (fàl-so) AGG. **1** Che non corrisponde al vero: *i giornali riportano una notizia falsa* Ⓢ sbagliato, errato Ⓒ vero. **2** Alterato di proposito per scopi illegali: *soldi falsi; una firma falsa* Ⓢ contraffatto Ⓒ autentico. **3** Che manca di naturalezza: *il suo atteggiamento è falso e sfuggente* Ⓢ finto. **4** Di persona, che finge o sostiene di essere ciò che non è: *un falso amico* Ⓢ ipocrita Ⓒ sincero. Ⓔ ***Fare carte false*** → ***carta***.

falso[2] (fàl-so) N.M. **1** Ciò che è contrario al vero: *non sa distinguere il falso dal vero; testimoniare il falso.* **2** Opera d'arte falsificata: *la polizia ha sequestrato un falso di Tiziano* Ⓢ copia, imitazione.

falsopiano (fal-so-pià-no) N.M. (pl. *falsipiàni*) · Zona di terreno che sembra piana, ma che presenta dislivelli: *ha affrontato un falsopiano in bicicletta.*

fama (fà-ma) N.F. **1** Modo in cui qualcosa o qualcuno sono considerati: *avere una buona, una cattiva fama* Ⓢ reputazione, considerazione, credito. **2** Conoscenza e ammirazione da parte di tante persone: *ha finalmente raggiunto la fama che meritava; è un chirurgo di fama internazionale* Ⓢ celebrità, successo, notorietà. **3** Notizia conosciuta da tutti: *la fama delle sue imprese è arrivata fin qui.*

fame (fà-me) N.F. **1** Necessità di cibo: *oggi non ho fame; ho una fame da lupi; durante la guerra hanno sofferto la fame* Ⓢ appetito. **2** Insufficienza o mancanza di cibo: *il problema della fame in Africa causa molte vittime* Ⓢ carestia. **3** Miseria, povertà, indigenza: *guadagna uno stipendio da fame; si è ridotto alla fame.* **4** Desiderio intenso: *fame **di** ricchezze* Ⓢ avidità, brama.

famelico (fa-mè-li-co) AGG. (pl.m. -*ci*, pl.f. -*che*) · Che ha molta fame: *un branco di lupi famelici* Ⓢ affamato.

famigerato (fa-mi-ge-rà-to) AGG. · Che ha cattiva fama: *un famigerato criminale.*

famiglia (fa-mì-glia) N.F. (pl. -*glie*) **1** Gruppo formato da due o più persone legate tra loro da matrimonio, da rapporti di parentela o di affinità: *una famiglia numerosa.* **2** L'insieme delle persone legate da vincoli di sangue: *passerò il Natale in famiglia* • Stirpe, dinastia: *proviene da una famiglia nobile.* **3** Insieme di lingue riconducibili a un ceppo comune: *la famiglia delle lingue romanze.* **4** Gruppo di animali o piante con caratteristiche comuni: *la famiglia degli equini.* **5** Gruppo di strumenti della stessa specie: *la famiglia degli strumenti a corda.* Ⓔ ***Essere di famiglia***, essere di casa, intimo amico • ***Famiglia di parole***, insieme di parole che hanno un'origine comune: *'panificio' e 'panettiere' fanno parte della famiglia di parole di 'pane'* • ***Mettere su famiglia***, sposarsi • ***Stato di famiglia*** → ***stato***[2].

familiare (fa-mi-lià-re) o **famigliare** (fa-mi-glià-re) AGG. e N.M. e F. || AGG. **1** Della famiglia, che riguarda la famiglia: *nucleo familiare; ha avuto problemi familiari* Ⓢ domestico. **2** Noto, conosciuto: *amava tornare nei luoghi a lui familiari; questa voce mi è familiare.* **3** Semplice, alla buona: *trattamento familiare; linguaggio familiare.* || N.M. e F. Chi appartiene alla stessa famiglia: *alla festa invitò solo i suoi familiari* Ⓢ parente. Ⓔ ***Auto familiare*** (o *una familiare* N.F.), auto con grande portabagagli.

familiarità (fa-mi-lia-ri-tà) N.F.INVAR. **1** Confidenza, intimità: *ha grande familiarità con i suoi vicini di casa.* **2** Ottima conoscenza dovuta all'esperienza: *ha familiarità con i motori.*

familiarizzare (fa-mi-lia-riz-zà-re) V.INTR. (aus. *avere*) || INTR. Entrare in confidenza con qualcuno: *familiarizza facilmente **con** tutti* Ⓢ socializzare. || INTR. e **familiarizzarsi** INTR. PRONOM. Prendere confidenza con qualcosa: *ha familiarizzato **con** un ambiente nuovo; si è familiarizzato **con** il computer.*

famoso (fa-mó-so) AGG. **1** Noto a molte persone: *è un professore famoso per la sua severità* Ⓢ celebre, illustre Ⓒ sconosciuto. **2** Indimenticabile, straordinario: *la famosa partita dell'Italia contro la Germania è passata alla storia.*

fan N.M. e F. INVAR. **1** Ammiratore di un personaggio del mondo dello spettacolo: *mia ma-*

dre è una fan dei Beatles. **2** Tifoso, sostenitore: *i fan del Torino festeggiano la vittoria.*

Il termine deriva dall'inglese *fan*, abbreviazione della parola *fanatic*, nel senso di '(ammiratore) entusiasta'.

fanale (fa-nà-le) N.M. · Apparecchio per illuminare o per fare segnalazioni che si trova soprattutto sui veicoli: *i fanali dell'auto erano spenti* Ⓢ faro, proiettore.

F

fanalino (fa-na-lì-no) N.M. · Ciascuno dei due piccoli fanali di posizione che si trovano sul retro degli autoveicoli. Ⓔ ***Fanalino di coda***, il fanale rosso sul vagone di coda di un treno; in senso figurato, chi occupa l'ultimo posto in una gerarchia o in una classifica.

fanatico (fa-nà-ti-co) AGG. e N.M. (f. *-a*; pl.m. *-ci*, pl.f. *-che*) || AGG. e N.M. (f. *-a*) Che, chi è dominato da fanatismo religioso o politico: *un razzista fanatico; una setta di fanatici* Ⓢ estremista. || AGG. Esagerato, eccessivo: *un entusiasmo fanatico.* || N.M. (f. *-a*) Ammiratore animato da un entusiasmo eccessivo o esclusivo per qualcuno o qualcosa: *solo un fanatico* ***del*** *calcio può andare ogni domenica allo stadio.*

Il termine deriva dal latino *fanum* 'tempio'; in origine significava 'che riguarda il tempio', poi 'ispirato da sacro furore'.

fanatismo (fa-na-ti-ṣmo) N.M. **1** Atteggiamento di chi sostiene una fede religiosa o un'idea politica diventando intollerante verso le altre: *il fanatismo religioso è causa di molti conflitti* Ⓢ intolleranza, estremismo. **2** Entusiasmo eccessivo o esclusivo: *a volte il suo fanatismo mi spaventa* Ⓢ esaltazione.

fanciullezza (fan-ciul-léz-za) N.F. · L'età compresa tra i sei e gli undici anni circa: *conservava molti ricordi della sua fanciullezza.*

fanciullo (fan-ciùl-lo) N.M. (f. *-a*) · Chi è nell'età della fanciullezza: *giochi di fanciulli; una graziosa fanciulla* Ⓢ bambino, ragazzo.

fan club (pronuncia *fanclàb* o *fanclèb*) N. INGL., in it. N.M. INVAR. · Associazione che riunisce gli ammiratori più accesi di un personaggio famoso.

fandonia (fan-dò-nia) N.F. (pl. *-nie*) · Bugia, menzogna, frottola: *non crederai mica a tutte le sue fandonie?*

fanfara (fan-fà-ra) N.F. **1** Banda musicale di strumenti a fiato e a percussione: *gli alpini marciavano al suono della fanfara.* **2** La musica eseguita da tale banda.

fanfarone (fan-fa-ró-ne) N.M. (f. *-a*; pl.m. *-i*, pl.f. *-e*) · Chi si vanta di meriti che non ha: *non dargli retta, è solo un fanfarone!* Ⓢ gradasso, spaccone.

fanghiglia (fan-ghì-glia) N.F. (pl. *-glie*) · Strato di fango viscido e molle: *la piena del fiume ha coperto i campi di fanghiglia* Ⓢ melma.

fango (fàn-go) N.M. (pl. *-ghi*) **1** La terra dei campi o la polvere delle strade ridotta dall'acqua a una poltiglia: *camminare nel fango* Ⓢ melma. **2** ***Fanghi (termali)***, fanghi caldi che provengono da fessure del suolo usati nella cura di varie malattie. **3** Vergognoso degrado: *cadere, trascinare nel fango* Ⓢ disonore, vergogna. Ⓔ ***Gettar fango su qualcuno***, danneggiarne la reputazione.

fangoso (fan-gó-so) AGG. · Coperto o sporco di fango: *un sentiero fangoso; un paio di scarponi fangosi* Ⓢ infangato.

fannullone (fan-nul-ló-ne) N.M. (f. *-a*; pl.m. *-i*, pl.f. *-e*) · Chi non ha voglia di fare nulla: *non fare il fannullone e aiutami!* Ⓢ pigro, bighellone.

fanone (fa-nó-ne) N.M. · Ciascuna delle lamine che si trovano sulla mascella delle balene e che servono all'animale per filtrare l'acqua e trattenere i piccolissimi animali di cui si nutre.

fantascienza (fan-ta-scièn-za) N.F. · Genere narrativo e cinematografico caratterizzato da vicende fantastiche basate su ipotesi apparentemente scientifiche, spesso ambientate nel futuro: *un film di fantascienza.*

Il termine deriva da *fanta(sia)* e *scienza*, sul modello dell'inglese *science-fiction*; la parola fu coniata nel 1952 per presentare la collana di narrativa fantastica *I Romanzi di Urania*.

fantasia (fan-ta-ṣì-a) N.F. e AGG. (pl. *-ṣìe*) || N.F. **1** Capacità della mente di creare immagini diverse dalla realtà: *ha una gran fantasia* Ⓢ immaginazione, creatività • L'immagine prodotta da tale capacità: *non ti perdere in fantasie!* Ⓢ sogno, fantasticheria. **2** Idea bizzarra: *gli è venuta la fantasia di cambiare l'au-*

tomobile Ⓢ capriccio. **3** L'esecuzione di vari brani musicali collegati insieme in un unico pezzo musicale: *ascolteremo una fantasia di canzoni di De André.* || AGG. INVAR. Nel linguaggio della moda, a disegni o tinte vivaci: *ho comprato una camicetta fantasia.* Ⓔ ***Di fantasia***, di racconto, disegno, che non rappresenta la realtà; ***lavorare di fantasia***, abbandonarsi all'immaginazione, fantasticare.

Il termine deriva dal greco *phaínomai* 'mostrare, apparire' e significa 'ciò che mostra le cose'.

fantasioso (fan-ta-ṣió-so) AGG. **1** Che ha una grande capacità di immaginare: *un artista fantasioso* • Pieno di fantasia: *un racconto fantasioso.* **2** Stravagante, imprevedibile, bizzarro: *ha sempre delle idee fantasiose.*

fantasma (fan-tà-ṣma) N.M. e AGG. (pl. *-i*) || N.M. **1** Essere soprannaturale privo di consistenza materiale immaginato dalla fantasia popolare: *di notte il fantasma del barone vaga nelle sale del castello* Ⓢ spettro, spirito. **2** Frutto dell'immaginazione: *sta tutto il giorno perso dietro ai suoi fantasmi* Ⓢ illusione, sogno. || AGG. INVAR. Di cosa o persona di cui si ignorano la vera natura o l'identità: *una nave fantasma.* Ⓔ ***Città fantasma***, abbandonata dai suoi abitanti.

fantasticare (fan-ta-sti-cà-re) V.INTR. e TR. (*fantàstico, fantàstichi*, ecc.) || INTR. (aus. *avere*) Abbandonarsi alla fantasia: *fantastica spesso **sul** suo futuro* Ⓢ divagare. || TR. Concepire con la fantasia: *fantasticava **di** compiere grandi imprese* Ⓢ immaginare.

fantasticheria (fan-ta-sti-che-rì-a) N.F. (pl. *-rìe*) · Idea fantastica o irreale: *questa è una tua fantasticheria* Ⓢ fantasia, sogno.

fantastico (fan-tà-sti-co) AGG. (pl.m. *-ci*, pl.f. *-che*) **1** Che è frutto di fantasia: *una creatura fantastica; il mondo fantastico delle fiabe* Ⓢ immaginario, irreale. **2** Eccezionale, straordinario, magnifico: *un'avventura fantastica; un uomo fantastico.*

fantasy (fan-ta-sy; pronuncia *fàntaṣi*) N. INGL., in it. AGG. e N.M. o F. INVAR. · Di genere narrativo e cinematografico caratterizzato da luoghi immaginari e personaggi fantastici, come fate, gnomi, maghi, ecc.

fante (fàn-te) N.M. **1** Soldato di fanteria: *un reparto di fanti.* **2** La figura di minor valore delle carte da gioco italiane: *il fante di picche.*

fanteria (fan-te-rì-a) N.F. (pl. *-rìe*) · L'insieme delle truppe che combattono a piedi: *la fanteria nemica avanzava verso la capitale.*

fantino (fan-tì-no) N.M. (f. *-a*) · L'atleta che monta e guida il cavallo nelle gare ippiche: *i fantini incitavano i loro cavalli.*

fantoccio (fan-tòc-cio) N.M. (pl. *-ci*) **1** Pupazzo con tratti umani fatto di materiali diversi e usato come giocattolo, come spaventapasseri o come bersaglio nel tiro a segno: *un fantoccio di paglia.* **2** Chi è privo di volontà: *è solo un fantoccio nelle mani del direttore* Ⓢ burattino, marionetta.

fantomatico (fan-to-mà-ti-co) AGG. (pl.m. *-ci*, pl.f. *-che*) · Difficile da identificare, come se fosse un fantasma: *un ladro fantomatico.*

farabutto (fa-ra-bùt-to) N.M. (f. *-a*) · Chi è capace di qualsiasi brutta azione: *quei farabutti mi hanno rapinato!* Ⓢ mascalzone, furfante.

faraglione (fa-ra-glió-ne) N.M. · Scoglio con pareti a picco che emerge dal mare dinanzi alle coste: *i faraglioni di Capri.*

faraona (fa-ra-ó-na) N.F. · Uccello selvatico con testa e parte del collo nude e piumaggio nerastro, allevato per la sua carne.

Il termine deriva dal femminile di *faraone*, perché l'uccello è di provenienza egiziana.

faraone (fa-ra-ó-ne) N.M. · Titolo dei re nell'antico Egitto: *la valle dei Faraoni; la tomba del faraone.*

faraonico (fa-ra-ò-ni-co) AGG. (pl.m. *-ci*, pl.f. *-che*) **1** Dei faraoni e della loro epoca: *l'Egitto faraonico; in epoca faraonica.* **2** Di un lusso senza uguali: *una villa faraonica* Ⓢ sontuoso, sfarzoso.

farcire (far-cì-re) V.TR. (*farcìsco, farcìsci*, ecc.) · Imbottire con un ripieno: *farcire i peperoni **con** la carne.*

fardello (far-dèl-lo) N.M. **1** Pacco grosso e pesante da portare, soprattutto sulle spalle: *caricarsi addosso un pesante fardello.* **2** Contrarietà, fastidio o peso morale: *il fardello degli anni; il fardello delle responsabilità.*

F

fare (**fà-re**) V.TR. e INTR. (irreg.: ind. pres. *fo* o *fàccio, fài, fa, facciàmo, fàte, fànno*; ind. imperf. *facévo*, ecc.; pass. rem. *féci, facésti, féce, facémmo, facéste, fécero*; fut. *farò*; cong. pres. *fàccia, fàccia, fàccia, facciàmo, facciàte, fàcciano*; cong. imperf. *facéssi*, ecc.; condiz. pres. *farèi*, ecc.; imperat. *fài* o *fa'* o *fa*; part. pres. *facènte*; part. pass. *fàtto*; gerundio *facèndo*) || TR. **1** Compiere una certa azione: *fare un gesto; fare una buona azione; fare una rapina*; anche TR. PRONOM.: *farsi una dormita* Ⓢ eseguire, realizzare. **2** Realizzare un oggetto: *fare un mobile; fare una casa; fare un quadro*, dipingerlo; *fare un libro*, scriverlo Ⓢ costruire, creare. **3** Provocare una sensazione o un sentimento: ***mi*** *fai il solletico;* ***mi*** *fa piacere conoscerlo* Ⓢ causare, suscitare • Produrre un certo effetto: *smettila di fare rumore.* **4** Comporre una data unità: *sessanta minuti fanno un'ora* Ⓢ formare, costituire • In matematica, dare come risultato: *tre per tre fa nove.* **5** Rivolgere un'azione comunicativa a qualcuno: *fare un invito, un saluto; fare una promessa* ***a*** *qualcuno* Ⓢ indirizzare. **6** Essere iscritto a una scuola o a un corso: *fare la terza media* Ⓢ frequentare • Esercitare con assiduità uno sport, un hobby, ecc.: *fare nuoto; fare danza classica* Ⓢ praticare. **7** Imitare, mimare: *mio fratello fa benissimo il cane.* **8** Credere qualcuno in un dato modo: *non ti facevo così furbo* Ⓢ ritenere, giudicare. **9** Procurarsi una scorta sufficiente di qualcosa: *fare legna nel bosco; fare benzina; fare il pieno*, di carburante Ⓢ rifornirsi, approvvigionarsi di. **10** Svolgere come professione: *fare il medico* Ⓢ essere • Tenere un certo comportamento: *non fare lo stupido!* Ⓢ comportarsi da. **11** Far diventare in un certo modo: *quella notizia mi fece felice* Ⓢ rendere. **12** Sostenere una prova: *fare un esame, un test* Ⓢ affrontare. **13** Seguito da verbo all'infinito, consentire l'azione espressa da quel verbo: *fammi lavorare* Ⓢ lasciare, permettere • Seguito da verbo all'infinito, obbligare a compiere l'azione espressa da quel verbo: *lo fecero parlare con la forza* Ⓢ costringere, indurre. **14** Nella forma ***farla***, prendersi gioco di qualcuno: *il ladro riuscì a farla* ***ai*** *poliziotti* Ⓢ beffare. **15** Nella forma ***farcela***, concludere qualcosa felicemente: *ce l'ha fatta* ***a*** *vincere; non ce la faccio più*, non riesco più a sopportare la situazione Ⓢ riuscire. || INTR. (aus. *avere*) **1** Essere adatto: *questo lavoro non fa* ***per*** *me* Ⓢ andare bene. **2** Svolgere l'attività specificata: *fare* ***a*** *palle di neve; fare* ***a*** *pugni*, picchiarsi. **3** Passare all'azione: *bisogna fare, non parlare; fa' come meglio credi* Ⓢ agire. **4** IMPERS. Del clima, essere: *fa freddo, caldo.* **5** Essere in grado: *come fai* ***a*** *studiare tanto?* Ⓢ riuscire, potere. **6** Compiere la giusta procedura per ottenere uno scopo: *come faccio* ***ad*** *azionare il motore?; come faccio* ***per*** *spedire questo pacco?* Ⓢ operare, procedere. || **farsi** RIFL. **1** Collocarsi in un punto diverso dello spazio: *fatti avanti, indietro; fatti più in là* Ⓢ spostarsi, andare. **2** Seguito da verbo all'infinito, permettere a qualcuno di rivolgerci l'azione espressa da quel verbo: *farsi consigliare* Ⓢ lasciarsi • Seguito da verbo all'infinito, spingere qualcuno a rivolgerci l'azione espressa da quel verbo: *farsi pregare; farsi amare* ***da*** *tutti.* || **farsi** INTR. PRONOM. **1** Acquisire una nuova condizione: *la faccenda si fa ingarbugliata; si è fatto uomo*; con uso impers., riferito al tempo: *si è fatto tardi* Ⓢ diventare. **2** Seguito da infinito, di cosa, rendere facile il proprio uso grazie alle proprie qualità: *questo libro si fa leggere* Ⓢ lasciarsi. Ⓔ ***Dare da fare*** → ***dare*** • ***È fatta***, è stato portato a buon fine qualcosa di difficile • ***Fare animo*** o ***fare coraggio a qualcuno***, confortarlo; ***farsi animo*** o ***farsi coraggio***, cercare di affrontare qualcosa che provoca dolore o paura con forza e dignità • ***Fare bella figura, fare brutta figura***, suscitare consensi o disprezzo • ***Fare colpo*** → ***colpo*** • ***Fare finta*** → ***finta*** • ***Fare fuoco***, sparare • ***Fare la fame***, vivere nella miseria • ***Fare l'impossibile*** → ***impossibile*** • ***Far fuori qualcuno*** o ***fare la pelle a qualcuno***, nel linguaggio familiare, ucciderlo • ***Farla breve*** o ***farla corta***, sbrigarsi, sintetizzare; ***per farla breve, per farla corta***, concludendo, per concludere • ***Farla finita***, smetterla: *falla finita* ***con*** *questi pettegolezzi*; uccidersi, suicidarsi: *era stanco della vita e ha deciso di farla finita* • ***Farla franca*** → ***franco***[2] • ***Farla grossa*** → ***grosso*** • ***Farla lunga*** → ***lungo***[1] • ***Non fa niente***, non importa.

La terza persona singolare del presente indicativo si scrive *fa* senza accento; la seconda persona singolare dell'imperativo si scrive *fa'* con l'apostrofo o *fa* senza accento e senza apostrofo.

faretra (fa-rè-tra) N.F. · Astuccio per riporre le frecce dell'arco.

farfalla (far-fàl-la) N.F. 1 Insetto di varie dimensioni dotato di ali colorate; le larve sono note con il nome di *bruchi*: *la farfalla si posò sul fiore.* 2 Stile di nuoto sul petto in cui le braccia compiono un contemporaneo movimento circolare e le gambe battono insieme sull'acqua: *ha vinto la gara dei 200 m a farfalla.* 3 ***Cravatta a farfalla***, la cravatta annodata in quattro punti, che ricorda una piccola farfalla.

farfallone (far-fal-ló-ne) N.M. (f. *-a*; pl.m. *-i*, pl.f. *-e*) · Chi dimostra leggerezza e incostanza in amore: *quel farfallone ha corteggiato tutte le ragazze della sua classe.*

farfugliare (far-fu-glià-re) V.INTR. e TR. (*farfù-glio*, ecc.) || INTR. (aus. *avere*) Parlare in modo confuso, pronunciando male le parole: *per la paura cominciò a farfugliare* Ⓢ balbettare. || TR. Dire qualcosa in modo confuso e stentato: *farfugliava frasi senza senso.*

farina (fa-rì-na) N.F. · Polvere fine che si ottiene macinando i chicchi di molti cereali o semi secchi, usata per l'alimentazione: *farina di grano, di castagne.* Ⓔ ***Non è farina del suo sacco***, non è opera sua: *questo tema non è farina del suo sacco.*

farinaceo (fa-ri-nà-ce-o) AGG. e N.M. (pl.m. *-cei*, pl.f. *-cee*) || AGG. Che ha l'aspetto della farina: *sostanze farinacee* Ⓢ farinoso. || N.M. Sostanza che contiene molto amido: *il pane, la pasta e le patate sono farinacei.*

faringe (fa-rìn-ge) N.F. o M. · Cavità a forma di imbuto che si trova nella parte alta del collo dietro la bocca; permette il passaggio del cibo e dell'aria necessaria alla respirazione.

faringite (fa-rin-gì-te) N.F. · Infiammazione della faringe.

farinoso (fa-ri-nó-so) AGG. 1 Di sostanza, che permette di ricavare farina. 2 Che ha una consistenza polverosa, simile alla farina: *neve farinosa.*

fariseo (fa-ri-ṣè-o) N.M. (f. *-a*; pl.m. *-ṣèi*, pl.f. *-ṣèe*) 1 Nell'antico mondo ebraico, chi faceva parte di un gruppo religioso che seguiva in modo molto rigido la legge di Mosè. 2 In senso negativo, persona ipocrita, che basa le proprie azioni su una vuota formalità Ⓢ falso.

farmaceutico (far-ma-cèu-ti-co) AGG. (pl.m. *-ci*, pl.f. *-che*) · Che riguarda le sostanze e i prodotti usati per curare una malattia: *industria farmaceutica; ricerca farmaceutica.*

farmacia (far-ma-cì-a) N.F. (pl. *-cìe*) 1 Studio delle sostanze utili alla preparazione di medicinali: *si è laureato in farmacia.* 2 Negozio dove si vendono medicinali: *è andato in farmacia a comprare le aspirine.*

farmacista (far-ma-cì-sta) N.M. e F. (pl.m. *-i*, pl.f. *-e*) · Chi prepara o vende medicinali: *il farmacista le ha consigliato delle nuove pillole.*

farmaco (fàr-ma-co) N.M. (pl. *-ci* o *-chi*) 1 Sostanza che, producendo sull'organismo un effetto benefico, serve a curare le malattie: *ha un farmaco per il mal di testa?; è stato scoperto un farmaco che agisce sul virus* Ⓢ medicinale, medicina. 2 Rimedio, cura, terapia: *una bella vacanza è il miglior farmaco contro lo stress.*

Il termine deriva dal greco *phármakon* 'medicina', ma anche 'veleno'; la parola deriva, infatti, da una radice indoeuropea che significava 'incantare', cioè agire magicamente su qualcuno, sia nel bene che nel male.

farneticare (far-ne-ti-cà-re) V.INTR. (*farnètico*, *farnètichi*, ecc.; aus. *avere*) 1 Parlare in modo sconclusionato a causa della febbre, di uno stato confusionale o di una forte eccitazione: *il malato ha farneticato tutta la notte* Ⓢ delirare, vaneggiare. 2 Fare discorsi assurdi, irragionevoli: *mi pare che tu stia farneticando.*

faro (fà-ro) N.M. 1 Torre per le segnalazioni luminose costruita in posizione ben visibile sulla costa per facilitare la navigazione notturna: *il faro del porto ci guidò nella tempesta.* 2 Luce esterna installata su un aereo o su un autoveicolo: *accendere, spegnere i fari.* Ⓔ ***Fari abbaglianti*** → *abbagliante*; ***fari anabbaglianti*** → *anabbagliante*.

Il termine deriva dal nome greco dell'isolotto di *Faro*, davanti ad Alessandria d'Egitto, sul quale fu costruita la prima torre che

A B C D E F G H I J K L M N O P Q R S T U V W X Y Z

emetteva luce visibile da lontano dai naviganti, considerato una delle sette meraviglie dell'antichità.

farro (fàr-ro) N.M. · Varietà di frumento usata nell'alimentazione: *farina, zuppa di farro.*

farsa (fàr-sa) N.F. **1** Spettacolo teatrale, cinematografico o televisivo di contenuto comico: *abbiamo messo in scena una farsa.* **2** Comportamento poco serio: *smettiamola con questa farsa!* Ⓢ buffonata, pagliacciata.

F

fascia (fà-scia) N.F. (pl. *-sce*) **1** Striscia di stoffa che serve ad avvolgere, a stringere o a ornare: *l'abito è ornato da una fascia in vita* Ⓢ nastro, banda • Striscia di stoffa usata per proteggere le ferite: *terrà la fascia al polso per un mese* Ⓢ fasciatura, benda. **2** Striscia di territorio, di terreno: *la fascia di confine; la fascia costiera,* la zona vicina al mare Ⓢ lembo, zona. **3** Gruppo che si distingue per certe caratteristiche: *ci divisero per fasce di età* Ⓢ classe, categoria. Ⓔ ***In fasce,*** di bambino, appena nato.

fasciare (fa-scià-re) V.TR. (*fàscio*, ecc.) **1** Avvolgere con una o più fasce: *devi fasciarle la ferita* Ⓢ bendare. **2** Avvolgere aderendo perfettamente: *la gonna **le** fasciava i fianchi* Ⓢ stringere.

fasciatura (fa-scia-tù-ra) N.F. · Applicazione di fasce per proteggere una ferita o per tenere insieme una frattura: *questa fasciatura è troppo stretta.*

fascicolo (fa-scì-co-lo) N.M. **1** Insieme di pochi fogli, uniti da una cucitura centrale: *sono in vendita i primi tre fascicoli dell'enciclopedia medica.* **2** L'insieme di carte e documenti che riguardano un certo tema: *grazie a quel fascicolo il caso è stato riaperto* Ⓢ pratica; dossier (*fr.*).

fascina (fa-scì-na) N.F. · Fascio di ramoscelli da bruciare: *tornò dal bosco con un'enorme fascina* Ⓢ fastello.

fascino (fà-sci-no) N.M. · Capacità di attrarre qualcuno: *ha sempre subìto il fascino dell'avventura* Ⓢ incanto, seduzione.

fascio (fà-scio) N.M. (pl. *-sci*) · Insieme di oggetti dello stesso tipo, riuniti e legati insieme: *un fascio di lettere* Ⓢ mazzo. Ⓔ ***Fare di ogni erba un fascio*** → ***erba***.

fascismo (fa-scì-ṣmo) N.M. · Movimento e partito politico fondato in Italia da Benito Mussolini che, tra il 1922 e il 1943, si è trasformato in dittatura di governo.

fascista (fa-scì-sta) AGG. e N.M. e F. (pl.m. *-i*, pl.f. *-e*) || AGG. Del fascismo, che si basa sul fascismo: *partito fascista* • Che si ispira agli ideali autoritari tipici del fascismo: *metodi fascisti* Ⓢ violento, autoritario. || N.M. e F. Chi sostiene le idee del fascismo: *i partigiani liberarono l'Italia dai fascisti.*

fase (fà-ṣe) N.F. **1** Ciascuno degli intervalli di tempo con caratteristiche proprie che compongono un fenomeno o un avvenimento in evoluzione: *superò la faṣe acuta della malattia; le fasi di un'eruzione vulcanica* Ⓢ stadio, periodo. **2** Ciascuno dei vari aspetti mostrati dalla Luna o da alcuni pianeti a seconda di come sono illuminati dal Sole e della loro posizione rispetto alla Terra: *le fasi lunari; le fasi di Venere.* Ⓔ ***Essere in fase,*** di motore, funzionare bene; ***essere fuori fase,*** di motore, funzionare male: *questo motore è fuori fase;* di persona, non essere al meglio delle proprie forze: *oggi sono proprio fuori fase.*

fastello (fa-stèl-lo) N.M. (pl.m. *fastèlli* o pl.f. *le fastèlla*) · Grosso fascio di legna o erba: *un fastello di paglia, di legna* Ⓢ fascina.

fast food (pronuncia *fast fud*) N. INGL., in it. N.M. INVAR. **1** Pasto veloce a base di cibi già pronti. **2** Locale dove tale pasto viene servito o venduto.

fastidio (fa-stì-dio) N.M. (pl. *-di*) **1** Sensazione di insofferenza o di malessere: *mi dà fastidio il fumo* Ⓢ disturbo, noia Ⓒ piacere. **2** Motivo di disturbo: *questo lavoro mi dà un sacco di fastidi* Ⓢ seccatura, preoccupazione. **3** Malessere, malanno: *ho mangiato qualcosa che mi ha dato fastidio.*

fastidioso (fa-sti-dió-so) AGG. · Che provoca insofferenza o irritazione: *ho avuto un fastidioso contrattempo* Ⓢ seccante, sgradevole.

fastigio (fa-stì-gio) N.M. (pl. *-gi*) **1** La parte più alta di un edificio: *sul fastigio del palazzo c'è un'iscrizione antica.* **2** Il punto o il grado più alto: *giunse ai fastigi del successo* Ⓢ culmine.

fasto (fà-sto) N.M. · Esibizione di lusso e ricchezza: *la tavola era apparecchiata con grande fasto* Ⓢ sfarzo.

fastoso (fa-stó-so) AGG. · Che dimostra una grande ricchezza: *un ricevimento fastoso* Ⓢ lussuoso, sfarzoso.

fasullo (fa-ṣùl-lo) AGG. · Falso, contraffatto, falsificato: *documenti fasulli* Ⓒ autentico.

fata (fà-ta) N.F. **1** Figura femminile delle fiabe, bellissima e dotata di poteri magici e benefici: *racconti di fate* Ⓢ maga. **2** Donna di straordinaria bellezza: *restò incantato dal fascino di quella fata.* Ⓔ ***Avere le mani di fata***, essere abile e preciso nei lavori domestici, soprattutto ricamo e cucito.

Il termine deriva dal latino *fatum* 'fato, destino', considerato come femminile con il significato di '(dea del) destino'.

fatale (fa-tà-le) AGG. **1** Deciso dal destino: *era fatale che le cose andassero così* Ⓢ inevitabile • Che provoca la morte: *l'incidente gli fu fatale* Ⓢ mortale, letale • Che ha effetti molto negativi: *il terremoto ebbe fatali conseguenze* Ⓢ disastroso, tragico. **2** Molto importante: *un giorno, un incontro fatale* Ⓢ decisivo, risolutivo, cruciale. **3** Che ha un fascino irresistibile: *una donna fatale* Ⓢ attraente, seducente. Ⓔ ***L'ora fatale***, quella della morte.

fatalismo (fa-ta-li-ṣmo) N.M. · Atteggiamento rassegnato di fronte agli eventi di chi crede che l'uomo non possa modificarne il corso: *non devi accettare la tua sorte con fatalismo* Ⓢ rassegnazione.

fatalista (fa-ta-lì-sta) N.M. e F. (pl.m. *-i*, pl.f. *-e*) · Chi subisce ogni cosa che accade come se fosse inevitabile: *da bravo fatalista, non ha mosso un dito!*

fatalità (fa-ta-li-tà) N.F.INVAR. **1** Ciò che non è possibile evitare perché è voluto dal destino: *è stata una fatalità a farci incontrare* Ⓢ fato, caso. **2** Evento negativo inevitabile: *l'incidente è stato una fatalità* Ⓢ disgrazia, sciagura.

fatato (fa-tà-to) AGG. · Che ha poteri magici: *uno scrigno fatato* Ⓢ incantato, magico.

fatica (fa-tì-ca) N.F. (pl. *-che*) **1** Sforzo intenso e prolungato di tipo fisico o mentale: *affrontare, sopportare una fatica* Ⓢ lavoro, impegno. **2** Difficoltà: *faceva fatica **a** capirmi.* **3** Il risultato di un lavoro fisico o mentale: *tutte le mie fatiche sono andate in fumo!*; *è l'ultima fatica dell'artista*, l'ultima sua opera. Ⓔ ***A fatica***, con grande sforzo, a stento: *a fatica sono arrivato fino qui* • ***Da fatica***, in grado di sopportare lavori pesanti: *animali da fatica* • ***Senza fatica***, con facilità: *l'ha trovato senza fatica.*

faticare (fa-ti-cà-re) V.INTR. (*fatìco*, *fatìchi*, ecc.; aus. *avere*) **1** Sottoporsi a uno sforzo intenso e prolungato: *faticò molto **per** arrivare in cima* Ⓢ sforzarsi, affaticarsi. **2** Incontrare difficoltà: *con la vecchiaia fatica un po' **a** leggere* Ⓢ stentare.

faticata (fa-ti-cà-ta) N.F. · Sforzo prolungato che toglie energie: *è stata una faticata pazzesca fare il trasloco* Ⓢ sfacchinata.

faticoso (fa-ti-có-so) AGG. · Che richiede uno sforzo fisico o mentale: *un lavoro faticoso*; *una lettura faticosa* Ⓢ pesante, stancante.

fatidico (fa-tì-di-co) AGG. (pl.m. *-ci*, pl.f. *-che*) **1** Che rivela il futuro: *parole fatidiche* Ⓢ profetico. **2** Molto importante: *il giorno fatidico dell'esame* Ⓢ fatale, decisivo.

fatiscente (fa-ti-scèn-te) AGG. · Di edificio, che sta per crollare: *un albergo fatiscente* Ⓢ cadente, pericolante.

fato (fà-to) N.M. · Potere misterioso e assoluto che governa il corso degli eventi: *il fato ha deciso così* Ⓢ destino, sorte.

fattezza (fat-téz-za) N.F. (spesso al pl.) · Caratteristica fisica, soprattutto del viso: *fattezze delicate* Ⓢ lineamenti (PL.).

fattibile (fat-tì-bi-le) AGG. · Che si può realizzare: *mi sembra un progetto fattibile* Ⓒ irrealizzabile.

fattispecie (fat-ti-spè-cie) N.F.INVAR. · Il caso particolare di cui si parla: *nella fattispecie, hai ragione tu.*

fatto[1] (fàt-to) AGG. || Participio pass. → ***fare***. || AGG. **1** Costruito in un dato modo: *un oggetto fatto **a** mano, **a** macchina*; *un sedile fatto **di** legno*; *un lampadario fatto **a** cerchio* Ⓢ eseguito, realizzato. **2** Portato a termine: *arrivai a cose fatte* Ⓢ compiuto. **3** Che ha raggiunto il pieno sviluppo: *è ormai un uomo fatto; arrivai a casa a giorno fatto,* inoltrato Ⓢ maturo, adulto. **4** Adatto, idoneo, adeguato: *è fatto* ***per*** *quel lavoro.* Ⓔ ***A conti fatti*** → *conto* • ***Detto fatto***, in un attimo, immediatamente: *gli chiesi di scrivere un tema e detto fatto me lo consegnò.*

F

fatto[2] (fàt-to) N.M. **1** Episodio o risultato di un'azione: *i giornali riportano un terribile fatto di cronaca; mi chiese di riassumerle i fatti del giorno* Ⓢ avvenimento, vicenda. **2** Quanto riguarda esclusivamente una o più persone: *occupati dei fatti tuoi; sono fatti miei!* Ⓢ affare, questione. **3** Cosa concreta: *voglio fatti, non parole!* Ⓔ ***Alle vie di fatto*** → *via*[2] • ***Dato di fatto***, elemento certo • ***Dire a qualcuno il fatto suo***, quel che si merita • ***In fatto di***, per quanto riguarda: *in fatto di pigrizia non lo batte nessuno* • ***Sapere il fatto proprio***, saper badare a se stessi: *puoi fidarti a lasciarlo solo, sa il fatto suo*; essere molto esperto in una certa attività: *il nuovo amministratore sa il fatto suo* • ***Sul fatto***, nell'atto di compiere qualcosa di disonesto o poco corretto: *il ladro fu colto sul fatto.*

fattore (fat-tó-re) N.M. (f. *-éssa*; pl.m. *-i*, pl.f. *-ésse*) || N.M. **1** Elemento che provoca o condiziona una certa situazione: *i fattori che portarono all'unità d'Italia* Ⓢ causa, motivo. **2** Ciascuno dei termini della moltiplicazione. || N.M. (f. *-éssa*) Chi si occupa di un'azienda agricola.

fattoria (fat-to-rì-a) N.F. (pl. *-rìe*) · Azienda agricola gestita da un fattore: *mio padre compra il vino in una fattoria.*

fattorino (fat-to-rì-no) N.M. (f. *-a*) · Chi fa consegne e piccoli lavori, soprattutto per conto di un negozio: *il nostro fattorino le consegnerà la spesa a domicilio.*

fattucchiera (fat-tuc-chiè-ra) N.F. · Donna capace di fare incantesimi o magie Ⓢ maga, strega.

fattura (fat-tù-ra) N.F. **1** Il lavoro necessario alla realizzazione di un oggetto: *la fattura dell'abito richiederà una settimana.* **2** Documento in cui si indica il costo di una merce venduta o di un lavoro eseguito: *la mamma ha pagato la fattura del sarto.* **3** Incantesimo, sortilegio, stregoneria: *gli hanno fatto una fattura.*

fatturare (fat-tu-rà-re) V.TR. · Indicare in una fattura l'importo di una merce venduta o di un lavoro eseguito: *fatturare una consulenza.*

fatturato (fat-tu-rà-to) N.M. · La quantità di merce venduta da un'azienda in un certo periodo di tempo: *il fatturato dell'impresa è raddoppiato rispetto allo scorso anno* Ⓢ ricavato.

fatuo (fà-tuo) AGG. · Superficiale, insignificante: *è un giovane fatuo e pieno di sé; fa solo discorsi fatui.* Ⓔ ***Fuoco fatuo***, fiammella che appare a volte nei cimiteri dovuta ai gas prodotti dalla decomposizione dei cadaveri; in senso figurato, passione che si esaurisce rapidamente: *il tuo amore per la pittura è un fuoco fatuo.*

fatwa (fa-twa; pronuncia *fàtua*) N.F. INVAR. · Nella cultura islamica, l'opinione espressa da un esperto di legge islamica a proposito di questioni dottrinali.

fauci (fàu-ci) N.F.PL. · La bocca degli animali feroci carnivori: *le fauci del leone.*

fauna (fàu-na) N.F. · L'insieme delle specie animali che vivono in un certo ambiente o territorio: *fauna marina, terrestre; la fauna australiana.*

> Il termine deriva dal nome della dea latina *Fauna*, scelto, sul modello di Flora, dal naturalista Linneo (1707-1778) per il suo libro *Fauna Suecica* (1746), in cui descrisse gli animali della Svezia.

faunistico (fau-ni-sti-co) AGG. (pl.m. *-ci*, pl.f. *-che*) · Che riguarda la fauna: *ho visitato l'osservatorio faunistico della mia regione.*

Fauno (fàu-no) N.M. · Antica divinità protettrice dei campi e delle greggi, raffigurata con orecchie appuntite, corna e piedi di capra.

fausto (fàu-sto) AGG. · Che porta o promette felicità: *oggi è un fausto giorno; un fausto evento,* una nascita attesa e desiderata Ⓢ propizio Ⓒ infausto.

fautore (fau-tó-re) N.M. (f. *-trìce*) · Sostenitore convinto di un'idea o di una persona: *un* *fautore* ***della*** *pace,* ***della*** *democrazia* **S** sostenitore, promotore.

fava (fà-va) N.F. · Pianta erbacea con frutto a legume dai semi piatti e grossi; è coltivata fin dall'antichità per l'alimentazione di uomini e animali • Il seme della pianta contenuto nel frutto, detto *baccello,* che si mangia fresco e cotto: *fave e pecorino; zuppa di fave.* **E** ***Prendere due piccioni con una fava*** → *piccione.*

favilla (fa-vìl-la) N.F. · Piccolissimo frammento incandescente che si stacca da una fiamma e si solleva in aria per spegnersi immediatamente: *le faville del falò illuminavano la spiaggia* **S** scintilla. **E** ***Far faville,*** riscuotere un grande successo: *al torneo di tennis ho fatto faville.*

favo (fà-vo) N.M. · Costruzione di cera formata da un insieme di cellette esagonali, dove le api depositano il miele e il polline: *le api operaie depositano il miele nei favi.*

favola (fà-vo-la) N.F. **1** Breve racconto che ha per protagonisti persone, animali o cose, e che cerca di trasmettere un insegnamento: *Esopo ha scritto la favola della volpe e l'uva* • Qualsiasi narrazione fantastica: *la favola di Cenerentola.* **2** Cosa meravigliosa, che va oltre l'immaginazione: *un vestito da favola,* straordinario. **3** Notizia inventata: *non dar retta alle favole che racconta* **S** bugia, invenzione. **E** ***La morale della favola,*** l'insegnamento che se ne ricava; in senso figurato, la conclusione di una situazione: *la morale della favola è che non hai finito i compiti* • ***Vivere nel mondo delle favole,*** fuori della realtà.

favoloso (fa-vo-ló-so) AGG. **1** Che appartiene al mondo delle favole e della fantasia: *il favoloso regno di Re Artù* **S** fantastico, mitico. **2** Fuori dell'ordinario: *ho scoperto un ristorante favoloso* **S** eccezionale, straordinario.

favore (fa-vó-re) N.M. **1** Buona disposizione d'animo nei confronti di qualcuno o di qualcosa: *vuole conquistare il favore dei suoi compagni; la commedia ottenne il favore del pubblico* **S** approvazione, consenso **C** sfavore. **2** Protezione, sostegno, aiuto: *i ladri fuggirono con il favore del buio; gode del favore di una persona influente.* **3** Azione fatta senza chiedere nulla in cambio: *fare, chiedere un favore a qualcuno* **S** cortesia, piacere. **E** ***A favore di*** o ***in favore di,*** in aiuto di, a vantaggio di: *ho versato una somma in favore dei terremotati; le testimonianze sono tutte a suo favore* • ***Di favore,*** di quanto viene concesso per generosità: *trattamento di favore* • ***Per favore,*** per piacere, per cortesia: *te lo chiedo per favore;* in espressioni di cortesia, per chiedere qualcosa: *per favore, mi passi il pane?*

favorevole (fa-vo-ré-vo-le) AGG. **1** Che rivela la benevolenza o consenso: *ha espresso un giudizio favorevole* **S** benevolo, positivo. **2** Che aiuta a ottenere il risultato desiderato: *la sentenza* ***gli*** *è stata favorevole* **S** vantaggioso **C** sfavorevole, contrario.

favorire (fa-vo-rì-re) V.TR. (*favorìsco, favorìsci,* ecc.) **1** Facilitare con aiuti e protezione: *questa tisana favorisce il sonno; l'arbitro ha favorito gli avversari* **S** aiutare, agevolare **C** sfavorire. **2** Presentare, mostrare, esibire: *favorisca i documenti.* **3** In formule di cortesia, per invitare qualcuno a fare qualcosa: *vuole favorire?,* offrendo, mentre si mangia o si sta per mangiare.

favoritismo (fa-vo-ri-tì-ṣmo) N.M. · Azione con cui si aiuta qualcuno a svantaggio di altri: *non voglio favoritismi* **S** preferenza.

favorito (fa-vo-rì-to) AGG. e N.M. (f. -a) || AGG. e N.M. (f. -a) **1** Che, chi gode del favore di qualcuno: *Leopardi è il mio poeta favorito; è il favorito del direttore* **S** preferito, prediletto. **2** Che, chi ha più probabilità di vincere una competizione, soprattutto sportiva: *Luca è il corridore favorito della maratona; la Juventus è tra le favorite nella corsa allo scudetto.* || N.M.PL. ***I favoriti,*** lunghe basette dalle tempie al mento, con l'estremità rivolta in fuori: *nell'Ottocento erano di gran moda i favoriti.*

fax N.M. INVAR. **1** Apparecchio collegato al telefono che consente di inviare e ricevere a distanza copie di documenti: *ho trasmesso il certificato via fax.* **2** Il documento così trasmesso: *ho ricevuto un fax dalla banca.*

> Il termine deriva dalla parola *telefax,* formata dal greco *têle-* 'da lontano' e dall'espressione latina *fac s(imile)* 'fai una cosa simile'.

faxare (fa-xà-re) V.TR. · Mandare con un fax: *faxare un documento.*

fazione (fa-zió-ne) N.F. · Insieme di persone che condividono le stesse idee, soprattutto politiche, e si mostrano intolleranti verso chi ha idee diverse dalle loro: *il Paese è lacerato dalle fazioni.*

fazioso (fa-zió-so) AGG. · Intollerante verso le idee diverse dalle proprie: *discorsi faziosi; comportamento fazioso* Ⓢ parziale Ⓒ obiettivo.

F

fazzoletto (faz-zo-lét-to) N.M. **1** Quadrato di stoffa o di carta usato per soffiarsi il naso, asciugarsi le lacrime o il sudore, ecc: *tiene sempre un fazzoletto in tasca.* **2** Quadrato di stoffa portato intorno al collo o per coprire la testa: *la zia indossa sempre fazzoletti colorati* Ⓢ foulard (*fr.*). **3** Spazio molto limitato: *possiede appena un fazzoletto di terra* Ⓢ lembo. Ⓔ ***Fare un nodo al fazzoletto***, per ricordarsi di qualcosa.

febbraio (feb-brà-io) N.M. (pl. *-brài*) · Il secondo mese dell'anno, di 28 giorni (29 negli anni bisestili).

Il termine deriva dal latino *februarius (mensis)* '(mese) purificatore', perché nel calendario romano era il mese dedicato alla purificazione dei campi e del bestiame.

febbre (fèb-bre) N.F. **1** Aumento della temperatura del corpo dovuto a una malattia: *devi misurare la febbre; ha la febbre a 39.* **2** Passione intensa: *febbre **d'**amore* Ⓢ smania, frenesia. Ⓔ ***Febbre da cavallo***, nel linguaggio familiare, febbre molto alta • ***Febbre dell'oro***, la corsa alla scoperta dei giacimenti d'oro negli Stati Uniti nel secondo Ottocento.

febbricitante (feb-bri-ci-tàn-te) AGG. · Che ha la febbre: *il bimbo era febbricitante.*

febbrile (feb-bri-le) AGG. **1** Di febbre: *il malato è in uno stato febbrile da giorni.* **2** Senza sosta: *c'è una febbrile attività per preparare i Mondiali* Ⓢ frenetico, intenso • Irrequieto, agitato, smanioso: *la sua impazienza febbrile mi dà sui nervi.*

fecale (fe-cà-le) AGG. · Che riguarda gli escrementi: *batterio fecale.*

feccia (féc-cia) N.F. (pl. -*ce*) **1** Deposito rossastro che si forma sul fondo dei recipienti per il vino Ⓢ sedimento, fondo. **2** La parte peggiore di una società, di un ambiente o di una categoria: *frequenta la feccia della scuola.*

feci[1] (fé-ci) N.F.PL. · Gli escrementi umani: *esame chimico delle feci.*

feci[2] (fé-ci) · Pass. rem., 1ª pers. sing. → ***fare***.

fecola (fè-co-la) N.F. · Polvere bianca fatta di amido che si ricava da varie piante e si usa in cucina per rendere più morbidi o più densi certi impasti: *fecola di patate.*

fecondare (fe-con-dà-re) V.TR. (*fecóndo*, ecc.) **1** Dare inizio al processo di riproduzione: *l'uovo viene fecondato durante il periodo fertile.* **2** Rendere fertile: *i concimi fecondano la terra* Ⓢ fertilizzare.

fecondazione (fe-con-da-zió-ne) N.F. · Unione della cellula sessuale maschile con quella femminile da cui ha origine un nuovo essere vivente. Ⓔ ***Fecondazione assistita***, l'insieme delle pratiche mediche che consentono di avere figli a una coppia non fertile.

fecondità (fe-con-di-tà) N.F. INVAR. **1** Di una femmina, capacità di generare. **2** Fertilità, produttività: *la fecondità di un terreno.*

fecondo (fe-cón-do) AGG. **1** Capace di generare: *una donna è feconda almeno fino a quarant'anni* Ⓢ fertile Ⓒ sterile • Che ha molti figli: *un matrimonio fecondo* Ⓢ prolifico. **2** Che produce molti frutti: *un terreno fecondo* Ⓢ produttivo. **3** Che garantisce sviluppi positivi: *una pace feconda di benessere.* **4** Molto creativo: *uno scrittore fecondo.*

fede (fé-de) N.F. **1** Profonda e intima convinzione dell'esistenza o della verità di qualcosa: *avere fede **in** Dio, **nei** principi democratici* • Fiducia: *ho fede **nelle** sue capacità.* **2** L'insieme delle idee in cui si crede: *fede religiosa, politica* Ⓢ ideale; principi (PL.) • L'insieme dei valori e delle verità di una religione: *tutte le fedi devono essere rispettate.* **3** Rispetto di un impegno preso: *ha mantenuto fede **alla** parola data.* **4** L'anello del matrimonio: *lo sposo le mise la fede al dito.* Ⓔ ***Far fede***, costituire prova, attestare: *fa fede la data di spedizione.*

fedele (fe-dé-le) AGG. e N.M. e F. || AGG. **1** Che mantiene gli impegni presi o la parola data, che si dimostra degno di fiducia: *è un amico fedele; è sempre rimasto fedele* ***alle*** *sue idee* Ⓢ devoto, leale Ⓒ infedele. **2** Abituale, assiduo, affezionato: *quel bar ha molti clienti fedeli.* **3** Che corrisponde alla verità o all'originale: *un ritratto fedele della realtà; una traduzione fedele* Ⓢ preciso. || N.M. e F. **1** Chi crede in una religione: *i fedeli* ***di*** *Allah; i fedeli cristiani* Ⓢ credente. **2** Sostenitore, seguace, tifoso: *i fedelissimi* ***del*** *Milan si riunirono davanti allo stadio.*

fedelmente (fe-del-mén-te) AVV. **1** Con fedeltà: *il suo cane lo seguiva fedelmente ovunque andasse.* **2** Con rispetto scrupoloso: *ho eseguito fedelmente quanto mi avevi chiesto.*

fedeltà (fe-del-tà) N.F. INVAR. **1** Rispetto dei patti e degli impegni: *gli sposi si giurarono fedeltà; l'amico gli diede una prova di fedeltà* Ⓢ lealtà Ⓒ infedeltà. **2** Corrispondenza alla verità, alla realtà o all'originale: *la fedeltà di una cronaca, di una riproduzione* Ⓢ esattezza, precisione. **3** La capacità di un apparecchio di riprodurre un suono senza alterarlo: *ho comprato un registratore ad alta fedeltà.*

federa (fè-de-ra) N.F. · Sacco di tessuto usato per ricoprire i cuscini.

federale (fe-de-rà-le) AGG. **1** Che riguarda una federazione di Stati: *governo federale; legge federale.* **2** Che riguarda una federazione politica, sindacale o sportiva: *consiglio federale.* Ⓔ ***Stato federale***, federazione: *la Svizzera è uno Stato federale.*

federalismo (fe-de-ra-lì-ṣmo) N.M. · Sistema politico basato sull'unione di più Stati autonomi che hanno, tuttavia, una sola Costituzione e sono governati da un potere centrale per le questioni economiche, militari e nei rapporti con i Paesi stranieri: *il federalismo americano.* Ⓔ ***Federalismo fiscale***, riconoscimento a regioni, province e comuni del diritto di imporre tasse ai cittadini.

federazione (fe-de-ra-zió-ne) N.F. **1** Unione di più Stati che esercitano in modo autonomo particolari compiti e poteri, ma hanno in comune la Costituzione, il governo centrale e la politica estera: *la federazione degli Stati Uniti d'America* Ⓢ confederazione. **2** Associazione politica, sindacale o sportiva: *Federazione nazionale della stampa italiana.*

fedifrago (fe-dì-fra-go) AGG. (pl.m. *-ghi*, pl.f. *-ghe*) · Che tradisce la parola data: *è un marito fedifrago* Ⓢ sleale, traditore.

fedina (fe-dì-na) N.F. · Documento ufficiale che riporta le condanne penali subite da una persona: *avere la fedina sporca, pulita.*

feedback (pronuncia *fidbèk*) N.M. INVAR. **1** In informatica, segnale di ritorno che un sistema automatico dà per controllare e correggere eventuali errori. **2** Valutazione, giudizio sul lavoro o sul comportamento di qualcuno: *feedback positivo, negativo.*

fegato (fé-ga-to) N.M. **1** La più grossa ghiandola dell'organismo, che si trova nella parte superiore destra dell'addome; produce la bile e interviene nella digestione di grassi, zuccheri e proteine: *ammalarsi, soffrire di fegato.* **2** L'organo di animali macellati, usato come cibo: *pasticcio di fegato d'oca.* **3** SOLO SING. Audacia, coraggio, eroismo: *ha dimostrato di avere fegato; è un uomo di fegato.* Ⓔ ***Farsi venire il mal di fegato***, prendersela troppo per qualcosa • ***Mangiarsi il fegato*** o ***rodersi il fegato***, tormentarsi per la rabbia.

> Il termine deriva dal latino *ficatum* 'ingrassato con i fichi'; la parola rimanda alla tradizione culinaria romana di ingrassare alcuni animali, come maiali e oche, con mangime a base di fichi per ingrossarne il fegato, conferendogli un sapore che consideravano molto gradevole.

felce (fél-ce) N.F. · Pianta erbacea con foglie grandi e frastagliate che cresce in luoghi umidi: *nel sottobosco c'erano molte felci.*

feldspato (feld-spà-to) N.M. · Minerale diffuso in tutte le rocce vulcaniche della crosta terrestre; data la varietà dei suoi colori, viene usato soprattutto per realizzare gemme.

felice (fe-lì-ce) AGG. **1** Sereno e soddisfatto: *vissero felici per lunghi anni; sono felice* ***di*** *averti incontrata* Ⓢ contento, lieto Ⓒ infelice. **2** Che si compie nel migliore dei modi: *il felice esito degli esami.* **3** Opportuno, appropriato: *fece una battuta non troppo felice*, inopportuna, sconveniente. **4** Concepito ed eseguito in modo soddisfacente: *il libro contiene alcuni dei suoi racconti più felici* Ⓢ riuscito.

felicemente (fe-li-ce-mén-te) AVV. **1** Serenamente, beatamente: *vivono felicemente insieme da trent'anni.* **2** In maniera conforme a ogni esigenza e aspettativa: *il volo si è concluso felicemente* Ⓢ bene, positivamente.

felicità (fe-li-ci-tà) N.F. INVAR. · Sensazione che si prova quando ogni desiderio sembra essersi realizzato: *io aspiro soltanto alla felicità; godere giorni di felicità* Ⓢ gioia, contentezza Ⓒ infelicità.

F

felicitarsi (fe-li-ci-tàr-si) V.INTR. PRONOM. (*mi felicito*, ecc.) · Congratularsi, complimentarsi: *mi felicito* ***con*** *te* ***per*** *la tua vittoria nel torneo di tennis.*

felicitazioni (fe-li-ci-ta-zió-ni) N.F.PL. · Complimenti, congratulazioni: *felicitazioni per la tua laurea.*

felino (fe-li-no) AGG. || AGG. **1** Del gatto e di altri animali simili: *occhio felino; passo felino.* **2** Astuto, rapido, svelto: *una mossa felina; un balzo felino.* || N.M. Animale appartenente a una famiglia di mammiferi carnivori agili nel salto, capaci di arrampicarsi, con unghie affilate e pelliccia folta e morbida; di questa famiglia fanno parte il gatto, il leone, la tigre, il leopardo, ecc.

fellone (fel-ló-ne) N.M. (f. *-a*; pl.m. *-i*, pl.f. *-e*) · Nel Medioevo, colpevole di tradimento o di ribellione.

felpa (fél-pa) N.F. **1** Tessuto, soprattutto di cotone, morbido e vellutato all'interno, usato per capi di abbigliamento sportivo: *i pantaloni di felpa sono molto comodi.* **2** Maglia sportiva confezionata con tale tessuto: *vorrei una felpa con il cappuccio.*

felpato (fel-pà-to) AGG. · Foderato di felpa: *una tuta felpata.* Ⓔ ***Passo felpato***, molto silenzioso e leggero.

feltro (fél-tro) N.M. · Panno compatto formato da fibre di lana, usato soprattutto nell'industria dell'abbigliamento: *cappello di feltro.*

femmina (fém-mi-na) N.F. **1** Individuo che produce cellule sessuali femminili: *la leonessa è la femmina del leone.* **2** Nella specie umana, chi è di sesso femminile: *in classe ci sono sedici maschi e venti femmine* Ⓒ maschio. **3** Elemento di un congegno che può accogliere un altro elemento, detto *maschio*, al suo interno: *la femmina di una vite, di una presa di corrente.*

femminile (fem-mi-nì-le) AGG. **1** Proprio della donna: *grazia femminile; abiti femminili* • Riservato alle donne: *collegio femminile; torneo femminile.* **2** In biologia, proprio della femmina: *sesso, gamete femminile* Ⓒ maschile. Ⓔ ***Genere femminile*** (o *il femminile* N.M.), il genere grammaticale cui appartiene un gruppo di nomi, pronomi e aggettivi; si distingue dal *genere maschile.*

femminilità (fem-mi-ni-li-tà) N.F. INVAR. · L'insieme delle caratteristiche tipiche dell'aspetto e del comportamento della donna: *è una ragazza priva di femminilità.*

femminismo (fem-mi-ni-ṣmo) N.M. · In storia, movimento per la conquista della parità dei diritti tra uomo e donna.

femminista (fem-mi-nì-sta) AGG. e N.M. e F. (pl.m. *-i*, pl.f. *-e*) || AGG. Che si ispira al femminismo, che riguarda le attività del femminismo: *manifestazione femminista.* || N.M. e F. Chi sostiene il femminismo: *un'appassionata femminista.*

femore (fè-mo-re) N.M. · Osso lungo interno alla coscia, che si trova tra il bacino e la tibia.

fendente (fen-dèn-te) N.M. · Colpo dato di taglio con una sciabola o un'altra arma: *colpì l'avversario con un fendente.*

fendere (fèn-de-re) V.TR. (irreg.: ind. pres. *fèndo*, ecc.; pass. rem. *fendètti* o *fendéi*, *fendésti*, *fendé*, *fendémmo*, *fendéste*, *fendèttero* o *fendérono*; part. pass. *fendùto*) **1** Dividere con un taglio netto: *il taglialegna fende un tronco* ***con*** *l'ascia* Ⓢ spaccare, spezzare. **2** Aprire un passaggio in una superficie: *un sentiero fendeva la pianura; il ladro fuggì fendendo la folla* Ⓢ attraversare, solcare.

fenditura (fen-di-tù-ra) N.F. · Apertura stretta e lunga: *l'esplosivo aprì una fenditura nella roccia* Ⓢ fessura, crepa.

fenice (fe-nì-ce) N.F. · Nella mitologia egizia, uccello sacro simile a una grossa aquila, che muore bruciato ogni 500 anni e rinasce dalle proprie ceneri. **E** ***Essere un'araba fenice***, essere più unico che raro.

fenicottero (fe-ni-còt-te-ro) N.M. · Uccello con collo e zampe molto lunghi, becco piegato verso il basso e piume bianche tinte di rosso o rosa; vive soprattutto vicino a laghi e lagune.

Il termine deriva da una parola greca che significa '(uccello) dalle ali di porpora', composta di *phoîniks* 'porpora' e *pterón* 'ala'.

fenomenale (fe-no-me-nà-le) AGG. · Straordinario, eccezionale, meraviglioso: *un film fenomenale; una donna fenomenale.*

fenomeno (fe-nò-me-no) N.M. **1** Fatto degno di osservazione o di considerazione: *il fenomeno della violenza negli stadi è una vergogna* **S** fatto, evento. **2** Nel linguaggio familiare, chi suscita meraviglia e ammirazione per le sue qualità straordinarie: *in matematica è un vero fenomeno* **S** meraviglia, prodigio.

fenomenologia (fe-no-me-no-lo-gì-a) N.F. (pl. *-gìe*) · Insieme dei fenomeni con cui un evento o un processo si manifesta • Lo studio e la descrizione di tali fenomeni.

fenotipo (fe-no-tì-po) N.M. · In biologia, l'insieme delle caratteristiche visibili di un organismo dovute al suo corredo genetico e a fattori ambientali.

ferace (fe-rà-ce) AGG. · Fertile, fecondo: *campagne feraci; fantasia ferace.*

ferale (fe-rà-le) AGG. · Che riguarda o annuncia la morte: *la ferale notizia* **S** funesto, luttuoso.

feretro (fè-re-tro) N.M. · La bara coperta dal drappo funebre **S** cassa da morto.

feriale (fe-rià-le) AGG. · Non festivo, lavorativo: *giorno, periodo feriale* **C** festivo. • Del giorno lavorativo: *orario, turno feriale.*

ferie (fè-rie) N.F.PL. · Periodo di riposo, soprattutto estivo, per chi svolge un lavoro o un'attività: *domani il negozio sarà chiuso per ferie; la zia andrà in ferie il mese prossimo* **S** vacanze.

ferimento (fe-ri-mén-to) N.M. · Il provocare o il riportare una ferita.

ferino (fe-ri-no) AGG. **1** Delle belve: *urlo ferino.* **2** Di ferocia o crudeltà primitiva: *violenza ferina.*

ferire (fe-rì-re) V.TR. (*ferìsco, ferìsci*, ecc.) || TR. **1** Procurare una ferita: *il ladro lo ferì **a** una gamba*; anche TR. PRONOM.: *si ferì un dito **con** il martello.* **2** Provocare un dolore morale: *le tue parole mi feriscono **nell'**onore* **S** offendere, addolorare, umiliare. || **ferirsi** INTR. PRONOM. e RIFL. Procurarsi una ferita: *si ferì **alla** testa cadendo; si ferì **con** un coltello.*

ferita (fe-rì-ta) N.F. **1** Lacerazione o taglio di una parte del corpo: *una ferita leggera; medicare la ferita.* **2** Grave offesa, profondo dolore: *quel discorso gli ha riaperto antiche ferite* **S** pena, dispiacere.

ferito (fe-rì-to) AGG. e N.M. (f. -a) · Che, chi ha subito una ferita: *un bambino ferito; i feriti sono stati trasportati in ospedale.*

feritoia (fe-ri-tó-ia) N.F. (pl. *-tóie*) **1** Stretta apertura che si trova nelle mura difensive di una città o di un castello, per permettere ai soldati di guardare all'esterno e di usare le armi. **2** Stretta apertura che permette il passaggio di aria e luce in ambienti chiusi o sotterranei.

feritore (fe-ri-tó-re) N.M. (f. *-trìce*) · Chi ferisce: *il feritore è stato subito arrestato.*

fermaglio (fer-mà-glio) N.M. (pl. *-gli*) · Congegno usato per fissare ciocche di capelli o unire parti separate di un vestito, di una cintura, di una collana, ecc.

fermamente (fer-ma-mén-te) AVV. · Senza alcun dubbio o esitazione: *rifiutò fermamente la proposta.*

fermare (fer-mà-re) V.TR. e INTR. (*férmo*, ecc.) || TR. **1** Interrompere un movimento o un'attività: *l'arbitro fermò la partita; il vigile fermò i lavori* **S** bloccare, sospendere • Trattenere, bloccare qualcuno: *ho fermato un passante **per** un'informazione.* **2** Fissare in una certa posizione, rendere stabile: *ferma il quadro con un chiodo.* **3** Prenotare, riservare: *ho fermato un tavolo in pizzeria per stasera.* **4** Sottoporre al fermo di polizia: *la polizia ha fermato due sospetti* **S** trattenere, arrestare. || INTR. (aus. *avere*) Fare una fermata, sostare: *il treno ferma **a** Firenze; l'autobus ferma **davan-***

ti alla scuola. || **fermarsi** INTR. PRONOM. **1** Interrompersi in un movimento o in un'attività: *si fermò* ***a*** *guardare una vetrina; leggi tutta la pagina senza fermarti* Ⓢ sostare. **2** Smettere di funzionare: *l'orologio* ***mi*** *si è fermato.* **3** Trattenersi in un luogo: *mi fermerò* ***da*** *te solo pochi minuti* Ⓢ rimanere.

fermata (fer-mà-ta) N.F. **1** Sosta durante un percorso: *fece una fermata per riposare* Ⓢ tappa, pausa. **2** Il luogo dove si ferma un mezzo di trasporto per far salire e scendere i passeggeri: *ti aspetto alla fermata dell'autobus.*

F

fermentare (fer-men-tà-re) V.INTR. (*ferménto*, ecc.; aus. *avere*) **1** Subire un processo di fermentazione: *il mosto fermenta nelle botti.* **2** Aumentare di intensità: *la rivolta fermenta nei quartieri poveri della città.*

fermentazione (fer-men-ta-zió-ne) N.F. · Il processo chimico in cui alcuni microrganismi trasformano delle sostanze organiche: *la fermentazione del malto produce la birra.*

fermento (fer-mén-to) N.M. **1** Ogni microrganismo che provoca la fermentazione: *lo yogurt è ricco di fermenti lattici.* **2** Stato di agitazione: *gli studenti sono in fermento per la riforma della scuola.*

fermezza (fer-méz-za) N.F. **1** Solidità, stabilità: *la fermezza di un'impalcatura.* **2** Comportamento energico e deciso: *fermezza d'animo* Ⓢ tenacia.

fermo (fér-mo) AGG. e N.M. || AGG. **1** Che non si muove o non funziona: *l'orologio è fermo; mano ferma,* che non trema Ⓢ immobile. **2** Stabilito, deciso: *resta fermo che festeggerò il compleanno sabato prossimo.* **3** Privo di dubbi o di incertezze: *è un uomo fermo* ***nelle*** *proprie convinzioni* Ⓢ risoluto. || N.M. **1** Congegno applicato a un meccanismo per arrestarne il funzionamento: *inserisci il fermo alla porta* Ⓢ blocco, sicura. **2** ***Fermo di polizia,*** arresto temporaneo di chi è sospettato di aver commesso un reato. Ⓔ ***Salto da fermo, tiro da fermo,*** senza prendere slancio.

-fero · Secondo elemento di parole composte che significa 'che porta, che produce': *sonnifero,* che porta il sonno; *calorifero,* impianto che produce calore.

feroce (fe-ró-ce) AGG. **1** Che dimostra violenza e crudeltà: *un feroce tiranno; una battaglia feroce* Ⓢ spietato, atroce. **2** Caratterizzato da dura aggressività: *una critica feroce* Ⓢ crudele. Ⓔ ***Animali feroci*** o ***bestie feroci,*** animali selvaggi che possono attaccare l'uomo per fame.

ferocia (fe-rò-cia) N.F. (pl. *-cie*) · Aggressività selvaggia e bestiale: *la ferocia dei nazisti provocò milioni di vittime* Ⓢ barbarie, brutalità.

ferraglia (fer-rà-glia) N.F. (pl. *-glie*) · Insieme disordinato di pezzi o rottami di ferro: *un ammasso di ferraglia.*

ferragosto (fer-ra-gó-sto) N.M. **1** La festa che ricorre il 15 agosto, in cui la Chiesa celebra l'Assunzione. **2** Breve periodo di vacanza a metà agosto: *dove andate a ferragosto?*

ferramenta (fer-ra-mén-ta) N.F. INVAR. **1** Assortimento di oggetti, arnesi e utensili in ferro. **2** Il negozio dove si vendono questi materiali: *vado in ferramenta a comprare dei chiodi.*

ferrare (fer-rà-re) V.TR. (*fèrro*, ecc.) · Rinforzare con il ferro, soprattutto gli zoccoli di equini e bovini: *ferrare un cavallo.*

ferrato (fer-rà-to) AGG. **1** Rinforzato con il ferro: *suole ferrate.* **2** Che conosce a fondo un certo argomento: *è molto ferrato* ***in*** *matematica* Ⓢ esperto, preparato.

ferreo (fèr-re-o) AGG. (pl.m. *-rei*, pl.f. *-ree*) **1** Di ferro lavorato: *scudo ferreo.* **2** Robusto, resistente, solido: *volontà ferrea* • Duro, rigoroso, severo: *disciplina, dieta ferrea.*

ferrivecchi (fer-ri-vèc-chi) · Plurale → ***ferrovecchio.***

ferro (fèr-ro) N.M. **1** Metallo grigio molto diffuso, resistente e facile da modellare, usato da solo o in lega con altri elementi (il simbolo chimico è *Fe*). **2** Oggetto di ferro: *lo colpì in testa con un ferro* • AL PL. Gli strumenti per svolgere un lavoro: *i ferri del mestiere, del dentista* Ⓢ attrezzi, utensili. **3** Arma da taglio impiegata nella scherma. **4** AL PL. Griglia, gratella. Ⓔ ***Ai ferri,*** cucinato alla griglia: *pesce, pollo ai ferri* • ***Andare sotto i ferri*** o ***finire sotto i ferri,*** subire un intervento chirurgico • ***Battere il ferro finché è caldo*** → ***battere*** • ***Di ferro,*** molto resistente: *salute, memoria di ferro* •

Essere ai ferri corti, in conflitto, prossimi al litigio: *è ai ferri corti con il suo vicino di casa* • ***Età del ferro***, il periodo della preistoria in cui l'uomo inizia a lavorare il ferro • ***Ferri da calza***, arnesi per lavorare a maglia • ***Ferro da stiro***, apparecchio elettrico con un manico e una piastra liscia che quando è calda si passa sul bucato per eliminare le pieghe • ***Ferro di cavallo***, barra ricurva a forma di U che si fissa agli zoccoli del cavallo; ***a ferro di cavallo***, che ricorda la forma di questo oggetto: *tavoli disposti a ferro di cavallo* • ***Mettere a ferro e fuoco***, saccheggiare, distruggere un luogo: *i soldati misero il paese a ferro e fuoco* • ***Toccare ferro***, fare gli scongiuri • ***Usare il pugno di ferro***, agire con durezza e autorità.

ferroso (fer-ró-so) AGG. · Che contiene ferro: *materiali ferrosi.*

ferrotranviario (fer-ro-tran-vià-rio) AGG. (pl.m. *-ri*, pl.f. *-rie*) · Che riguarda i trasporti su rotaia: *personale ferrotranviario.*

ferrotranviere (fer-ro-tran-viè-re) N.M. (f. -a; pl.m. -i, pl.f. -e) · Chi lavora nel trasporto su rotaia: *sciopero dei ferrotranvieri.*

ferrovecchio (fer-ro-vèc-chio) N.M. (pl. *ferrivècchi*) · Oggetto rovinato o che non funziona più: *la sua macchina è ridotta ormai a un ferrovecchio.*

ferrovia (fer-ro-vì-a) N.F. (pl. *-vìe*) **1** Via di comunicazione formata da binari su cui transitano i treni. **2** Il trasporto sui binari: *la merce verrà spedita tramite ferrovia.* **3** AL PL. L'azienda dei trasporti ferroviari: *lo zio lavora alle ferrovie.*

ferroviario (fer-ro-vià-rio) AGG. (pl.m. *-ri*, pl.f. *-rie*) · Che riguarda le ferrovie: *trasporto ferroviario; stazione ferroviaria.*

ferroviere (fer-ro-viè-re) N.M. (f. -a; pl.m. -i, pl.f. -e) · Chi lavora nelle ferrovie: *oggi è previsto uno sciopero dei ferrovieri.*

fertile (fèr-ti-le) AGG. **1** Di terreno coltivato, che dà frutti in abbondanza: *il concime rende fertile il terreno* Ⓢ fruttifero. **2** Di donna o femmina di animale, capace di generare Ⓢ prolifico, fecondo Ⓒ sterile. **3** Pieno di idee e di fantasia: *una fertile immaginazione* Ⓢ vivace.

fertilità (fer-ti-li-tà) N.F. INVAR. **1** La capacità di un terreno di essere produttivo: *la regione è nota per la sua fertilità.* **2** Capacità di generare Ⓢ fecondità Ⓒ sterilità.

fertilizzante (fer-ti-liz-zàn-te) AGG. e N.M. · Di sostanza o prodotto usato per concimare un terreno agricolo: *fertilizzanti chimici, naturali* Ⓢ concime.

fertilizzare (fer-ti-liz-zà-re) V.TR. · Rendere più produttivo un terreno: *fertilizzare un campo prima della semina* Ⓢ concimare.

fervente (fer-vèn-te) AGG. · Pieno di passione: *un fervente amore* Ⓢ appassionato, intenso.

fervere (fèr-ve-re) V.INTR. (irreg.: ind. pres. *fèrvo*, ecc.; pass. rem. *fervéi* o *fervètti*, *fervésti*, ecc.; mancano il part. pass. e i tempi composti) **1** Svolgersi con grande impegno e intensità: *fervono i preparativi per la gita.* **2** Essere nel pieno di un sentimento: *fervere di entusiasmo.*

fervido (fèr-vi-do) AGG. **1** Pieno di calore e di sincero trasporto: *le rivolgo i miei più fervidi saluti* Ⓢ caloroso, sentito. **2** Pieno di fantasia e di immaginazione: *una mente, un'immaginazione fervida* Ⓢ creativo.

fervore (fer-vó-re) N.M. **1** Intensa partecipazione: *studia con fervore* Ⓢ slancio, passione. **2** Il momento di maggiore eccitazione o intensità: *nel fervore delle danze* Ⓢ culmine.

fesseria (fes-se-rì-a) N.F. (pl. *-rìe*) **1** Grossa sciocchezza: *chissà quante fesserie avrà combinato* Ⓢ stupidaggine. **2** Cosa di poco conto: *non arrabbiarti per queste fesserie* Ⓢ inezia.

fesso (fés-so) AGG. e N.M. (f. -a), *fam.* · Nel linguaggio familiare, che, chi commette sciocchezze: *è stato un fesso a farsi ingannare così* Ⓢ scemo, stupido. Ⓔ ***Fare il fesso***, agire da sciocco • ***Far fesso qualcuno***, ingannarlo, imbrogliarlo.

fessura (fes-sù-ra) N.F. · Apertura stretta e lunga: *il vento fischia attraverso le fessure della porta.*

festa (fè-sta) N.F. **1** Giorno in cui si celebra un avvenimento civile, religioso o familiare: *la festa del lavoro, della Liberazione* Ⓢ ricorrenza, festività • Nel linguaggio familiare, onomastico o compleanno: *ho comprato un*

A B C D E F G H I J K L M N O P Q R S T U V W X Y Z

regalo per la festa della zia • Giorno di riposo, di vacanza: *domani è festa e non si va a scuola.* **2** Ritrovo di persone per celebrare un evento o per divertirsi: *dare, organizzare una festa; una festa in maschera, da ballo.* **3** Motivo di allegria o di divertimento: *quando arriva il circo in città per i bambini è sempre una festa* Ⓢ gioia, felicità. Ⓔ ***Conciare per le feste qualcuno*** → **conciare** • ***Fare festa a qualcuno***, accoglierlo con calore • ***Fare la festa a qualcuno***, ucciderlo • ***Le feste***, il periodo compreso tra Natale e Capodanno: *buone feste!*

F

festante (fe-stàn-te) AGG. · Allegro, festoso: *il pubblico lo accolse festante.*

festeggiamento (fe-steg-gia-mén-to) N.M. (spesso al pl.) · Celebrazione di un evento o di una persona: *mia sorella sta organizzando i festeggiamenti per la sua laurea* Ⓢ festa.

festeggiare (fe-steg-già-re) V.TR. (*festéggio*, ecc.) **1** Celebrare con una festa: *i tifosi festeggiano la vittoria della loro squadra.* **2** Accogliere con affetto o gioia: *stasera festeggiamo un collega per la sua promozione.*

festival (fè-sti-val; *alla francese* fe-sti-vàl) N.M. INVAR. · Manifestazione periodica di musica, teatro o cinema: *il festival del fumetto di Bologna.*

festività (fe-sti-vi-tà) N.F. INVAR. · Giorno in cui si celebra una ricorrenza: *la festività del primo maggio* Ⓢ festa, ricorrenza.

festivo (fe-sti-vo) AGG. **1** Di giorno in cui non si lavora: *l'ufficio è chiuso nei giorni festivi* Ⓒ feriale, lavorativo. **2** Del giorno di festa: *abito festivo.*

festone (fe-stó-ne) N.M. · Elemento decorativo, spesso a forma di arco, fatto con rami, foglie e fiori, oppure con stoffa e carta colorata, per ornare stanze, giardini o strade in occasione di feste: *per Natale abbiamo appeso molti festoni colorati.*

festoso (fe-stó-so) AGG. · Che dimostra allegria e contentezza: *un'accoglienza festosa* Ⓢ allegro, gioioso, gaio Ⓒ cupo.

fetale (fe-tà-le) AGG. · Che riguarda il feto: *cellule fetali.*

feticcio (fe-tic-cio) N.M. (pl. *-ci*) **1** Nei popoli primitivi, oggetto considerato magico e quindi venerato. **2** Cosa o persona che è oggetto di ammirazione fanatica: *le merci sono i feticci della civiltà dei consumi* Ⓢ idolo.

> Il termine deriva dal latino *facticius* 'artificiale, finto'.

feticismo (fe-ti-ci-ṣmo) N.M. **1** Forma di religiosità primitiva, fondata sul culto di oggetti materiali. **2** Ammirazione fanatica di oggetti materiali: *non capisco il suo feticismo per le moto* Ⓢ fanatismo, esaltazione.

fetido (fè-ti-do) AGG. **1** Che emana un odore schifoso, insopportabile: *che aria fetida!* Ⓢ puzzolente, maleodorante. **2** Disgustoso, nauseante: *una stanza fetida.*

feto (fè-to) N.M. · Nei mammiferi, l'individuo frutto del concepimento durante la vita all'interno dell'utero materno; si sviluppa dalla comparsa dei caratteri della specie al parto.

fetore (fe-tó-re) N.M. · Puzzo forte e disgustoso: *un fetore di fogna* Ⓢ tanfo.

fetta (fét-ta) N.F. **1** Porzione tagliata con un coltello di qualcosa, soprattutto di cibo: *una fetta di torta* Ⓢ pezzo. **2** Parte, porzione, quota: *vuole anche lui la sua fetta di guadagno.* Ⓔ ***Fare a fette*** o ***tagliare a fette***, affettare: *fare a fette il pane; tagliate a fette il salame.*

fettuccia (fet-tùc-cia) N.F. (pl. *-ce*) · Nastro di tessuto usato per rinforzare e rifinire gli abiti.

feudale (feu-dà-le) AGG. · Che riguarda il feudo o il feudalesimo: *signore feudale; società feudale.*

feudalesimo (feu-da-lé-ṣi-mo) N.M. · Nel Medioevo, organizzazione sociale, economica e politica basata sul feudo.

feudatario (feu-da-tà-rio) N.M. (f. *-a*; pl.m. *-ri*, pl.f. *-rie*) · Nel Medioevo, il governatore di un feudo.

feudo (fèu-do) N.M. · Nel Medioevo, organizzazione basata sulla concessione di un territorio da parte del signore, detto *feudatario*, a un suddito fedele, detto *vassallo*: *concedere, ricevere un feudo* • Il territorio stesso: *gli abitanti del feudo.*

> Il termine deriva da una parola di origine germanica che significava 'bestiame', quindi 'proprietà' e poi 'territorio concesso in beneficio'.

fiaba (fià-ba) N.F. · Racconto fantastico, spesso di origine popolare, destinato ai bambini: *ogni sera la mamma ci racconta una fiaba* Ⓢ favola.

fiabesco (fia-bé-sco) AGG. (pl.m. *-schi*, pl.f. *-sche*) **1** Che ha le caratteristiche di ciò che fa parte di una fiaba: *un personaggio fiabesco*. **2** Fantastico, meraviglioso: *uno spettacolo fiabesco*.

fiacca (fiàc-ca) N.F. (pl. *-che*) · Mancanza di forza ed energia, soprattutto fisica: *ho una grande fiacca addosso* Ⓢ debolezza, stanchezza. Ⓔ ***Battere la fiacca***, agire con pigrizia.

fiaccare (fiac-cà-re) V.TR. (*fiàcco*, *fiàcchi*, ecc.) · Privare della forza: *le delusioni* ***gli*** *fiaccano il morale* Ⓢ indebolire, stancare.

fiacco (fiàc-co) AGG. (pl.m. *-chi*, pl.f. *-che*) · Senza forza ed energia: *quando fa così caldo mi sento fiacco* Ⓢ spossato, stanco.

fiaccola (fiàc-co-la) N.F. · Mezzo d'illuminazione, spesso portatile, formato da un supporto e da materiale infiammabile: *gli sciatori portano delle fiaccole sulla neve* Ⓢ torcia.

fiaccolata (fiac-co-là-ta) N.F. · Corteo di persone che portano in mano una fiaccola accesa: *una fiaccolata in onore del santo patrono*.

fiala (fià-la) N.F. · Piccolo recipiente di vetro con corpo cilindrico e collo allungato, usato per contenere medicinali o profumi: *fiale di vitamina C*.

fiamma (fiàm-ma) N.F. **1** Fonte di calore e di luce originata da una sostanza che brucia: *la fiamma di una candela, del gas*. **2** Ardore, passione: *la fiamma dell'amore* • La donna o l'uomo del cuore: *l'ho incontrato con la sua ultima fiamma* Ⓢ amore. Ⓔ ***Andare in fiamme***, bruciare • ***Dare alle fiamme***, incendiare • ***Fare fuoco e fiamme*** → ***fuoco*** • ***Ritorno di fiamma***, nei motori, accensione anticipata del combustibile causata da una valvola difettosa; in senso figurato, ricomparsa di una passione che si riteneva finita: *tra i due ex fidanzati c'è stato un ritorno di fiamma*.

fiammante (fiam-màn-te) AGG. · Di un rosso intenso e luminoso: *un'auto rossa fiammante*. Ⓔ ***Nuovo fiammante***, di oggetto, mai usato prima: *arrivò con una moto nuova fiammante*.

fiammata (fiam-mà-ta) N.F. · Fiamma improvvisa e molto intensa: *l'interruttore ha fatto una fiammata*.

fiammeggiante (fiam-meg-giàn-te) AGG. · Che risplende come una fiamma: *un cielo fiammeggiante al tramonto*.

fiammifero (fiam-mì-fe-ro) N.M. · Asticella di legno con un'estremità ricoperta di materiale infiammabile che si accende per sfregamento.

fiammingo (fiam-mìn-go) AGG. e N.M. (f. *-a*; pl.m. *-ghi*, pl.f. *-ghe*) || AGG. Delle Fiandre, la parte settentrionale del Belgio. || N.M. (f. *-a*) Abitante, nativo delle Fiandre. || N.M. La lingua parlata nelle Fiandre.

fiancata (fian-cà-ta) N.F. · Superficie laterale: *la fiancata destra della mia auto* Ⓢ fianco, lato.

fiancheggiare (fian-cheg-già-re) V.TR. (*fianchéggio*, ecc.) **1** Delimitare o accompagnare a lato: *i palazzi fiancheggiano la strada* Ⓢ costeggiare. **2** Sostenere, appoggiare: *il comitato fiancheggerà Luca come candidato a sindaco*.

fiancheggiatore (fian-cheg-gia-tó-re) N.M. (f. *-trìce*) · Sostenitore di un movimento politico: *è un convinto fiancheggiatore del partito*.

fianco (fiàn-co) N.M. (pl. *-chi*) **1** La parte laterale del corpo compresa tra le costole e il bacino: *di solito dormo sul fianco*. **2** Parte laterale di una struttura: *i fianchi del palazzo, del battello* Ⓢ lato, fiancata. **3** In geografia, versante, pendio: *i fianchi del colle, del monte*. Ⓔ ***A fianco, al fianco, di fianco***, vicino e di lato: *camminava al suo fianco* • ***Offrire il fianco*** o ***prestare il fianco***, esporsi al rischio di venire attaccati o criticati: *quel discorso offriva il fianco a dure critiche*.

fiasco (fià-sco) N.M. (pl. *-schi*) **1** Recipiente di vetro con corpo tondeggiante e collo lungo e stretto, usato per contenere liquidi, soprattutto olio e vino • Il liquido che vi è contenuto: *bere un fiasco di Chianti*. **2** Fallimento, disastro: *il suo ultimo libro è stato un vero fiasco* Ⓒ successo. Ⓔ ***Fare fiasco***, subire un insuccesso clamoroso: *la commedia ha fatto fiasco*.

fiatare (fia-tà-re) V.INTR. (aus. *avere*) · Aprire la bocca per parlare: *se ne andò senza fiatare*.

fiato (fià-to) N.M. **1** L'aria che durante la respirazione esce dai polmoni attraverso la bocca e il naso: *appannare un vetro con il fiato* Ⓢ respiro, alito. **2** Nello sport, capacità di resistere alla fatica: *avere, non avere fiato.* Ⓔ ***Avere il fiato grosso***, avere il respiro affannato • ***Sprecare il fiato***, parlare senza ottenere risultati; ***fiato sprecato***, parole che non hanno nessun effetto: *parlare con te è solo fiato sprecato* • ***Mozzare il fiato*** o ***togliere il fiato***, far trattenere il respiro, per una sensazione forte: *un film horror, una bellezza che mozza il fiato* • ***Senza fiato***, sorpreso: *a quella notizia rimase senza fiato* • ***Strumenti a fiato*** (o *i fiati* N.M.PL.) → ***strumento*** • ***(Tutto) d'un fiato***, senza interruzioni, in modo rapido: *quel romanzo si legge d'un fiato.*

fiatone (fia-tó-ne) N.M. · Nel linguaggio familiare, respiro affannato: *quando faccio le scale mi viene il fiatone* Ⓢ affanno.

fibbia (fib-bia) N.F. (pl. *-bie*) · Fermaglio usato per chiudere cinture, borse, scarpe: *una cintura con una grossa fibbia.*

fibra (fi-bra) N.F. **1** La struttura allungata e filamentosa di alcuni tessuti animali e vegetali: *fibre muscolari, nervose* Ⓢ filamento. **2** Materiale che può essere lavorato in fili: *fibre tessili.* **3** Costituzione fisica: *un uomo di fibra robusta.* Ⓔ ***Fibra ottica***, nelle telecomunicazioni, dispositivo che consente di trasmettere segnali anche a grandi distanze • ***Fibra tessile***, nell'industria, ogni prodotto che può essere trasformato in filato e poi in tessuto.

fibrillazione (fi-bril-la-zió-ne) N.F. **1** In medicina, contrazione anomala di un muscolo: *fibrillazione cardiaca.* **2** Stato di agitazione o di nervosismo: *il governo è in fibrillazione.*

fibrosi (fi-brò-ṣi) N.F. INVAR. · In medicina, aumento del tessuto connettivo di un organo. Ⓔ ***Fibrosi cistica***, grave malattia ereditaria, caratterizzata dalla secrezione anormale di alcune ghiandole, che causa danni all'apparato respiratorio e digerente.

fibroso (fi-bró-so) AGG. · Formato di fibre.

fica (fi-ca) N.F. (pl. *-che*) · Nel linguaggio volgare, l'organo genitale femminile.

-ficare · Suffisso che serve a formare verbi a partire da nomi: *edificare* da *edificio.*

ficcanaso (fic-ca-nà-so) N.M. e F. (pl.m. *ficcanàsi* o *ficcanàso*, pl.f. *ficcanàso*) · Nel linguaggio familiare, chi si interessa a faccende che non lo riguardano: *sua sorella è una vera ficcanaso.*

ficcare (fic-cà-re) V.TR. (*ficco, ficchi*, ecc.) || TR. **1** Far penetrare, spingere all'interno con forza: *mi hai ficcato un dito* ***nell'****occhio!* Ⓢ conficcare, piantare. **2** Nel linguaggio familiare, mettere: *non ricordo dove ho ficcato le chiavi* Ⓢ cacciare, infilare. || **ficcarsi** RIFL. **1** Nel linguaggio familiare, mettersi in un posto: *il gatto si è ficcato* ***nell'****armadio* Ⓢ infilarsi, cacciarsi. **2** Farsi coinvolgere: *si è ficcato* ***nei*** *pasticci* Ⓢ mettersi. Ⓔ ***Ficcare il naso*** → ***naso*** • ***Ficcarsi in testa***, mettersi in testa (→ ***testa***).

-ficio · Secondo elemento di parole composte che significa 'luogo in cui si lavora': *oleificio*, luogo in cui si lavora l'olio; *panificio*, luogo in cui si lavora il pane.

fico (fi-co) N.M. (pl. *-chi*) **1** Albero originario dell'Asia Minore, con corteccia liscia e ampie foglie palmate, che dà frutti molto dolci • Il frutto della pianta, che si mangia sia fresco che secco. **2** ***Fico d'India***, pianta grassa con rami verdi, piatti e carnosi provvisti di spine • Il frutto di questa pianta, dalla polpa molto dolce. Ⓔ ***Un fico (secco)***, nel linguaggio familiare, in frasi negative, proprio niente: *non me ne importa un fico secco; non valere un fico.*

-fico · Secondo elemento di parole composte che significa 'che fa, che produce': *benefico*, che fa del bene.

fiction (fi-ction; pronuncia *ficscion*) N. INGL., in it. N.F. INVAR. · Racconto, film o sceneggiato televisivo basato su fatti e personaggi di fantasia: *una fiction televisiva in tre puntate.*

fidanzamento (fi-dan-za-mén-to) N.M. · Promessa di matrimonio: *anello di fidanzamento* • Periodo di tempo compreso tra la promessa e il matrimonio: *si sono sposati dopo tre anni di fidanzamento.*

fidanzarsi (fi-dan-zàr-si) V.RIFL. · Legarsi per amore a qualcuno, in vista o meno del matrimonio: *si è fidanzata* ***con*** *un mio amico.*

fidanzato (fi-dan-zà-to) AGG. e N.M. (f. *-a*) · Che, chi è promesso in matrimonio o legato da amore a qualcuno: *ho lasciato la mia fidanzata* Ⓢ innamorato.

fidarsi (fi-dàr-si) V.INTR. PRONOM. **1** Avere fiducia in qualcuno o in qualcosa: *fidarsi* ***di*** *un amico; fidarsi* ***della*** *propria memoria* Ⓢ contare, credere. **2** Nel linguaggio familiare, avere il coraggio di fare qualcosa: *non mi fido* ***a*** *guidare di notte* Ⓢ azzardarsi, osare.

fidato (fi-dà-to) AGG. · Che merita fiducia: *amico, compagno fidato* Ⓢ affidabile Ⓒ infido.

fidelity card (fi-de-li-ty card; pronuncia *fidèliti card*) N. INGL., in it. N.F. INVAR. · Carta di credito fornita da una catena di negozi ai propri clienti; permette di avere sconti e premi sugli acquisti e altri vantaggi simili.

fidelizzare (fi-de-liz-zà-re) V.TR. · Rendere fedeli i consumatori a un prodotto o a una catena di negozi con opportune tecniche pubblicitarie o di marketing: *una strategia per fidelizzare i clienti.*

fido (fì-do) N.M. · Credito che una banca concede a un cliente in base a certe garanzie: *lo zio ha chiesto un fido alla banca.*

fiducia (fi-dù-cia) N.F. (pl. *-cie*) · Senso di sicurezza che qualcuno o qualcosa corrisponda alle proprie aspettative: *è una persona che mi ispira fiducia; ho fiducia* ***nelle*** *mie forze* Ⓒ sfiducia, diffidenza. Ⓔ ***Di fiducia***, di persona, di cui ci si fida: *medico di fiducia*; di grande responsabilità: *un incarico di fiducia* • ***Voto di fiducia***, votazione del Parlamento a favore della politica del governo.

fiducioso (fi-du-ció-so) AGG. · Convinto delle proprie possibilità o della buona riuscita di qualcosa: *è fiducioso* ***di*** *vincere; sono fiduciosa* ***riguardo all'****esito dell'esame* Ⓢ ottimista Ⓒ sfiduciato, pessimista.

fiele (fiè-le) N.M. **1** Liquido di colore giallo verdastro e di sapore amarissimo, prodotto dal fegato: *è amaro come il fiele* Ⓢ bile. **2** Astio, rancore, odio: *fra loro c'è del fiele.*

fienile (fie-nì-le) N.M. · Costruzione usata per conservare il fieno.

fieno (fiè-no) N.M. · Miscuglio di erbe che crescono nei prati, tagliate e lasciate seccare all'aria; è usato come cibo per il bestiame.

fiera[1] (fiè-ra) N.F. **1** Mercato per la vendita di bestiame e altri prodotti, che spesso ha frequenza annuale e coincide con una festa religiosa o di paese. **2** Mercato annuale per l'esposizione di prodotti industriali: *la fiera del libro per ragazzi di Bologna.* Ⓔ ***Fiera di beneficenza***, vendita organizzata per la raccolta di denaro a scopi umanitari.

fiera[2] (fiè-ra) N.F. · Animale selvatico e feroce Ⓢ belva.

fierezza (fie-réz-za) N.F. · Coscienza del proprio valore che traspare dall'atteggiamento: *la fierezza dello sguardo, del portamento* Ⓢ dignità, orgoglio.

fiero (fiè-ro) AGG. **1** Che ispira rispetto e timore: *sguardo, atteggiamento fiero* Ⓒ umile. **2** Orgoglioso, soddisfatto, felice: *è un popolo fiero* ***delle*** *proprie tradizioni; sono fiero* ***di*** *te.* **3** Crudele, feroce: *un fiero nemico.*

fievole (fiè-vo-le) AGG. · Di scarsa intensità ed efficacia: *un suono fievole; una luce fievole* Ⓢ debole, fioco.

fifa (fì-fa) N.F. · Nel linguaggio familiare, paura, spavento, timore: *hai avuto fifa?*

fifone (fi-fó-ne) AGG. e N.M. (f. *-a*; pl.m. *-i*, pl.f. *-e*) · Nel linguaggio familiare, che, chi si spaventa per nulla: *quel fifone ha paura del buio* Ⓢ codardo, pauroso Ⓒ coraggioso.

figlia (fì-glia) N.F. (pl. *-glie*) · La persona di sesso femminile, rispetto ai genitori: *mia figlia studia al conservatorio* Ⓢ bambina, ragazza.

figliare (fi-glià-re) V.TR. (*figlio*, ecc.) · Di animali, dare alla luce: *la gatta ha figliato tre gattini* Ⓢ partorire, generare.

figliastro (fi-glià-stro) N.M. (f. *-a*) · Il figlio (o la figlia) che il proprio marito o la propria moglie ha avuto da un matrimonio precedente.

figlio (fì-glio) N.M. (f. *-a*; pl.m. *-gli*, pl.f. *-glie*) **1** L'individuo rispetto ai genitori: *Luca è figlio unico; ha quattro figli, tre femmine e un maschio* Ⓢ bambino, ragazzo. **2** Ciò che si ottiene come risultato: *la saggezza è figlia dell'esperienza* Ⓢ prodotto, conseguenza. Ⓔ ***Figlio di papà***, giovane favorito nella vita e nella carriera dal prestigio o dall'autorità del padre • ***Figlio naturale***, nato da genitori non sposati.

figlioccio (fi-gliòc-cio) N.M. (f. *-a*; pl.m. *-ci*, pl.f. *-ce*) · Chi è stato tenuto a battesimo o a cresima, rispetto al padrino o alla madrina.

figliolanza (fi-glio-làn-za) N.F. · Insieme dei figli nati dagli stessi genitori: *una figliolanza numerosa* Ⓢ prole.

F

figliolo (fi-gliò-lo) N.M. (f. *-a*) **1** Figlio; si usa spesso con tono affettuoso: *ti presento i miei figlioli*. **2** Adolescente, giovane, ragazzo: *che bella figliola!*

figura (fi-gù-ra) N.F. **1** Aspetto esteriore di una cosa: *un vaso dalla figura rotonda* Ⓢ forma, aspetto. **2** Aspetto generale del corpo umano: *una figura snella, atletica* Ⓢ corporatura, linea. **3** In geometria, insieme di punti, linee e superfici: *figura piana*, quella delimitata da linee, come il quadrato; *figura solida*, quella delimitata da superfici, come il cubo. **4** Illustrazione, immagine: *un libro pieno di figure*. **5** Il soggetto di un'opera d'arte costituito dal corpo umano: *il quadro rappresenta una figura in primo piano*. **6** Il personaggio di un evento storico o di un libro: *Don Rodrigo è una figura dei "Promessi Sposi"*. **7** Nella ginnastica e nella danza, la posizione assunta dal corpo durante un esercizio: *una figura di pattinaggio*. **8** Immagine simbolica: *la colomba è la figura della pace* Ⓢ simbolo, emblema. **9** Impressione suscitata con un certo atteggiamento o comportamento: *fare la figura dello stupido*. Ⓔ ***Fare bella figura, fare brutta figura***, suscitare consensi o disprezzo.

figuraccia (fi-gu-ràc-cia) N.F. (pl. *-ce*) · Brutta figura: *all'interrogazione ho fatto una figuraccia*.

figurare (fi-gu-rà-re) V.INTR. (aus. *avere*) || INTR. **1** Essere presente: *il suo nome non figura* ***nel****l'elenco* Ⓢ comparire, risultare. **2** Fare bella figura: *con gli ospiti gli piace figurare*. || **figurarsi** TR. PRONOM. **1** Immaginarsi: *me lo figuravo più alto; mi figuravo* ***che*** *il film fosse più interessante*. **2** In espressioni di cortesia, per rispondere in modo negativo o positivo, a seconda del contesto: *"Disturbo?" "Ma si figuri, entri pure!"; "Posso?" "Certo, figurati!"*.

figurativo (fi-gu-ra-ti-vo) AGG. · Di artista o corrente artistica che si esprime attraverso figure: *un pittore figurativo*. Ⓔ ***Arti figurative*** **→ *arte***.

figurato (fi-gu-rà-to) AGG. **1** Che ha immagini, illustrazioni: *un libro figurato* Ⓢ illustrato. **2** Di parole o espressioni usate in un senso diverso da quello letterale: *gli scrittori usano spesso un linguaggio figurato* Ⓢ simbolico, metaforico Ⓒ proprio.

figurina (fi-gu-ri-na) N.F. **1** Statua di piccole dimensioni: *le figurine del presepio*. **2** Piccola illustrazione a colori da inserire in una collezione: *album di figurine; le figurine dei calciatori*.

figuro (fi-gù-ro) N.M. · Uomo dall'aspetto losco: *quel locale è frequentato da brutti figuri* Ⓢ ceffo.

fila[1] (fì-la) N.F.PL. · Gli elementi di maggiore importanza di un piano, di un affare o di un progetto: *è il momento di tirare le fila del nostro lavoro*.

fila[2] (fì-la) N.F. **1** Serie di persone o cose disposte una di seguito all'altra: *una fila di auto; una poltrona di seconda fila*. **2** Serie continuata nel tempo: *una fila di disgrazie, di elogi* Ⓢ successione. Ⓔ ***Di fila***, di seguito: *ha piovuto per due giorni di fila* • ***Fare la fila***, attendere il proprio turno in piedi, uno dietro l'altro: *fanno la fila da ore per il concerto* • ***In fila indiana***, uno dietro l'altro: *camminare in fila indiana*.

filamento (fi-la-mén-to) N.M. **1** Corpo o elemento di forma sottile e allungata: *filamenti nervosi; i filamenti del tessuto*. **2** In fisica, corpo lungo e sottile che, riscaldato dalla corrente elettrica, emette luce: *il filamento della lampadina*.

filamentoso (fi-la-men-tó-so) AGG. · Formato da elementi lunghi e sottili: *materiale filamentoso; struttura filamentosa*.

filanda (fi-làn-da) N.F. · Fabbrica in cui si lavorano le fibre tessili.

filantropico (fi-lan-trò-pi-co) AGG. (pl.m. *-ci*, pl.f. *-che*) · Che ha lo scopo di aiutare le persone bisognose: *associazione filantropica* Ⓢ altruista, umanitario.

filantropo (fi-làn-tro-po) N.M. (f. *-a*) · Chi svolge o sostiene un'attività benefica: *un gesto da filantropo* Ⓢ benefattore.

filare[1] (fi-là-re) N.M. · Serie di piante o di alberi allineati: *un filare di cipressi, di viti* Ⓢ fila.

filare[2] (fi-là-re) V.TR. e INTR. || TR. Trasformare in filo mediante lavorazione: *filare la lana, la seta; filare a mano, a macchina; il ragno filava la tela.* || INTR. **1** (aus. *avere*) Assumere l'aspetto di un filo, soprattutto di formaggi che fondono al calore: *la mozzarella sulla pizza deve filare.* **2** (aus. *essere*) Avanzare a grande velocità: *filavano sull'autostrada a 180 km all'ora* Ⓢ correre • Nel linguaggio familiare, andarsene di corsa: *fila, prima che mi arrabbi!*; anche nella forma ***filarsela***: *sarà meglio filarcela* Ⓢ battersela. **3** (aus. *essere*) Di discorso o ragionamento, svolgersi in modo logico e coerente: *mi sembra che quel che dice non fili affatto* Ⓢ scorrere, procedere. Ⓔ ***Filare diritto*** o ***filare dritto***, comportarsi bene: *con il nuovo preside bisogna filare diritto.*

filarmonica (fi-lar-mò-ni-ca) N.F. (pl. *-che*) **1** Associazione di amanti della musica. **2** Nome di numerose orchestre: *la Filarmonica di Vienna.*

filastrocca (fi-la-stròc-ca) N.F. (pl. *-che*) · Poesia per bambini, spesso con versi brevi e molto musicale.

filatelia (fi-la-te-lì-a) N.F. (pl. *-lie*) · Lo studio e la raccolta in collezioni dei francobolli.

filatelico (fi-la-tè-li-co) AGG. e N.M. (f. *-a*; pl.m. *-ci*, pl.f. *-che*) || AGG. Che riguarda la collezione di francobolli: *raccolta filatelica.* || N.M. (f. *-a*) Chi colleziona o vende francobolli.

filato (fi-là-to) AGG. e N.M. || AGG. **1** Trasformato in filo mediante lavorazione: *zucchero filato.* **2** Che si svolge senza ostacoli e con coerenza: *un discorso filato* Ⓢ chiaro, coerente. **3** Senza interruzione, di fila: *lavorare per dodici ore filate.* || N.M. Il prodotto della lavorazione delle fibre tessili: *filato di seta* Ⓢ filo.

filatura (fi-la-tù-ra) N.F. **1** La trasformazione delle fibre tessili in filati. **2** Luogo in cui si lavorano le fibre tessili.

file (fi-le; pronuncia *fàil*) N.INGL., in it. N.M. INVAR. · Insieme di dati registrati in un computer, che può avere la forma di un documento, di una foto, di un video o altro; ha un nome e una sigla che ne identifica il contenuto: *un file di testo, di calcolo; puoi farmi una copia del file?*

> Il termine significa letteralmente 'archivio, schedario'.

filetto (fi-lét-to) N.M. **1** Sottile ornamento, applicato o impresso su una superficie di colore diverso: *quel libro ha una copertina in pelle con filetti d'oro.* **2** L'elemento continuo a forma di elica della vite, che permette di avvitare. **3** Muscolo della coscia del bue, molto ricercato perché tenerissimo: *tre etti di filetto* • Ciascuna delle parti carnose del petto dei polli e quelle, prive di lische, del dorso dei pesci: *filetti di pollo, di sogliola.*

-filia · Secondo elemento di parole composte che significa 'amore, simpatia': *esterofilia*, simpatia per quel che proviene dall'estero.

filiale (fi-lià-le) AGG. e N.F. || AGG. Del figlio, dei figli: *amore filiale; dovere filiale.* || N.F. Azienda o ufficio distaccati dalla sede principale: *la nostra banca ha molte filiali in tutta Italia* Ⓢ agenzia, succursale.

filiazione (fi-lia-zió-ne) N.F. **1** Il rapporto che c'è tra figlio e genitori, soprattutto dal punto di vista giuridico. **2** Derivazione, provenienza: *la filiazione di una legge da un principio costituzionale.*

filibustiere (fi-li-bu-stiè-re) N.M. **1** Nel Seicento, pirata o predone dei mari Ⓢ bucaniere. **2** Persona priva di scrupoli Ⓢ furfante, mascalzone.

> Il termine deriva da una parola olandese che significa 'libero predatore'.

filiera (fi-liè-ra) N.F. · L'insieme dei settori produttivi e delle aziende coinvolte per realizzare un prodotto dalla materia prima al consumatore: *filiera tessile, automobilistica.*

filiforme (fi-li-fór-me) AGG. · Allungato e sottile come un filo: *elemento, corpo filiforme.*

filigrana (fi-li-grà-na) N.F. **1** Lavoro di oreficeria realizzato con sottili fili di metallo intrecciati tra loro: *una spilla in filigrana d'oro, d'argento.* **2** Disegno o scritta visibili solo in trasparenza, impressi su banconote e francobolli per impedirne la falsificazione: *una banconota falsa non ha la filigrana.*

filippica (fi-lìp-pi-ca) N.F. (pl. *-che*) · Discorso violento indirizzato a qualcuno: *una filippica contro la suocera* Ⓢ invettiva.

Il termine deriva dal titolo dato alle orazioni pronunciate da Demostene contro Filippo II di Macedonia fra il 351 e il 340 a.C.

filisteo (fi-li-stè-o) AGG. e N.M. (f. *-a*; pl.m. *-stèi*, pl.f. *-stèe*) **1** Dei Filistei, antico popolo che viveva sulle coste della Palestina. **2** Che ha una mentalità meschina e conformista Ⓢ meschino, gretto.

F

film N.M. INVAR. **1** Pellicola cinematografica o fotografica: *un film in bianco e nero, a colori*. **2** Opera cinematografica: *un film avventuroso, comico* Ⓢ pellicola.

filmare (fil-mà-re) V.TR. · Riprendere con la macchina da presa: *filmare una scena* Ⓢ girare.

filmato (fil-mà-to) AGG. e N.M. || AGG. Registrato con la telecamera: *ho guardato le scene filmate della festa*. || N.M. Brano cinematografico, soprattutto di cronaca o di storia: *il filmato dello sbarco sulla Luna*.

filo (fì-lo) N.M. **1** Filato ricavato da fibre tessili usato per cucire o tessere: *filo di cotone, di lana*. **2** Corpo allungato e sottile di materiale e forma diversi, utilizzato per varie funzioni: *filo di ferro; filo elettrico; filo del telefono*. **3** Qualsiasi oggetto di forma sottile e allungata: *ho strappato un filo d'erba; dal rubinetto esce un filo d'acqua*. **4** Il lato sottile e tagliente di una lama: *il filo del rasoio* Ⓢ taglio. **5** Minima quantità: *non tira un filo di vento*. **6** Continuità logica in una successione di elementi: *sto perdendo il filo del ragionamento*. Ⓔ ***Dare del filo da torcere***, creare ostacoli, difficoltà • ***Essere attaccato a un filo***, in grave pericolo: *la mia vita è attaccata a un filo*; a rischio: *la promozione è attaccata a un filo* • ***Fare il filo***, nel linguaggio familiare, fare la corte: *le faccio il filo, ma lei non mi vede neanche* • ***Filo spinato***, filo di ferro munito di punte, usato per recinti, trincee, ecc. • ***Per filo e per segno***, in ogni particolare, senza tralasciare nulla: *raccontò tutto per filo e per segno*.

-filo · Secondo elemento di parole composte che significa 'amante, cultore': *cinefilo*, chi è amante del cinema.

filobus (fì-lo-bus) N.M. INVAR. · Autobus alimentato a energia elettrica attraverso una rete di fili: *prendere il filobus* Ⓢ filovia.

filodiffusione (fi-lo-dif-fu-ṣió-ne) N.F. · Sistema per trasmettere programmi radiofonici attraverso le linee telefoniche.

filologia (fi-lo-lo-gì-a) N.F. (pl. *-gìe*) **1** La disciplina che tenta di ricostruire e interpretare correttamente i documenti antichi: *filologia classica, romanza, italiana*. **2** L'insieme degli studi dei documenti e delle testimonianze, che servono a descrivere o comprendere un fenomeno storico, letterario o artistico.

Il termine deriva da una parola greca che significa 'amore per la parola', composta del verbo *philéo* 'amare' e *logos* 'parola, discorso'.

filologico (fi-lo-lò-gi-co) AGG. (pl.m. *-ci*, pl.f. *-che*) · Che riguarda la filologia: *studio filologico dei testi*.

filologo (fi-lò-lo-go) N.M. (f. *-a*; pl.m. *-gi*, pl.f. *-ghe*) · Studioso di filologia.

filone (fi-ló-ne) N.M. **1** Giacimento di metalli o minerali che si trova in una spaccatura della roccia: *un filone di rame, d'oro* Ⓢ vena. **2** Fenomeno culturale o linguistico che si prolunga nel tempo: *in Germania si è affermato un nuovo filone di musica rock*. **3** Grosso pane di forma allungata: *vai dal fornaio a comprare un filone di pane*.

filosofia (fi-lo-ṣo-fì-a) N.F. (pl. *-fìe*) **1** Ricerca che ha lo scopo di conoscere e di definire i modi di pensare e di agire dell'uomo: *filosofia morale, politica; filosofia della scienza* Ⓢ pensiero, dottrina. **2** L'insieme del pensiero e delle dottrine di un autore o di un periodo storico: *la filosofia di Platone; la filosofia del Rinascimento*. **3** Serena rassegnazione nelle difficoltà: *prendere le cose con filosofia* Ⓢ serenità, distacco.

Il termine deriva da una parola greca che significa 'amore per la sapienza', composta del verbo *philéo* 'amare' e *sophía* 'sapienza'.

filosoficamente (fi-lo-ṣo-fi-ca-mén-te) AVV. **1** Secondo i metodi o i principi della filosofia: *dimostrare filosoficamente l'esistenza dell'anima*. **2** Con serena rassegnazione: *sopportava filosoficamente ogni difficoltà*.

filosofico (fi-lo-sò-fi-co) AGG. (pl.m. *-ci*, pl.f. *-che*) **1** Che riguarda la filosofia: *studi filosofici*. **2** Che ha eccellenti capacità di analisi: *una mente filosofica* Ⓢ analitico.

filosofo (fi-lò-so-fo) N.M. (f. *-a*) **1** Studioso di filosofia: *Platone fu un grande filosofo*. **2** Persona saggia, che prende la vita con sereno distacco Ⓢ saggio.

filovia (fi-lo-vì-a) N.F. (pl. *-vìe*) **1** Sistema di trasporto pubblico per mezzo di filobus. **2** Filobus.

filtrare (fil-trà-re) V.TR. e INTR. || TR. Far passare un fluido attraverso un filtro: *filtrare la camomilla, il tè* Ⓢ colare. || INTR. (aus. *essere*) **1** Passare con lentezza e continuità attraverso una parete porosa: *l'umidità filtra **dai** muri* Ⓢ penetrare. **2** Penetrare attraverso uno spiraglio: *il sole filtrava **dalle** nuvole*. **3** Diffondersi, trapelare, divulgarsi, soprattutto di notizia riservata: *è filtrata la notizia delle sue dimissioni*.

filtro[1] (fil-tro) N.M. **1** Corpo o dispositivo usato per liberare dalle impurità una sostanza liquida o gassosa: *filtro dell'aria; filtro dell'olio*. **2** Piccolo cilindro di carta applicato alle sigarette per liberare il fumo dalle impurità: *sigarette senza filtro*.

filtro[2] (fil-tro) N.M. · Bevanda magica che si ritiene influisca su una passione, soprattutto amorosa: *la strega preparava un filtro d'amore*.

filza (fil-za) N.F. **1** Serie di oggetti uniti l'uno all'altro con un filo che li attraversa: *una filza di salsicce*. **2** Serie continua e numerosa: *una filza di brutti voti* Ⓢ sequela, sfilza.

finale (fi-nà-le) AGG. e N.M. e F. || AGG. **1** Ultimo e conclusivo: *il tratto finale di una strada; il giudizio finale* Ⓢ terminale. **2** In grammatica: ***proposizione finale*** (o *una finale* N.F.), frase subordinata che indica lo scopo per cui si verifica ciò che è detto nella principale (*gli ho telefonato affinché fosse informato di tutto; vado a Mosca per perfezionarmi nel russo*); ***congiunzione finale***, quella che introduce una proposizione finale, per es. *affinché, perché, in modo che, per, a, di*. || N.M. La parte conclusiva di una narrazione, di uno spettacolo, di una composizione musicale: *il finale di un romanzo, di un film* Ⓢ fine, epilogo. || N.F. L'incontro conclusivo di un torneo, da cui risulta il vincitore assoluto: *vincere, perdere la finale*.

finalità (fi-na-li-tà) N.F.INVAR. · Fine, obiettivo, scopo: *le finalità di un'associazione*.

finalizzare (fi-na-liz-zà-re) V.TR. · Indirizzare a un fine, a un traguardo: *finalizzava tutti i suoi sforzi **al** raggiungimento del successo*.

finalmente (fi-nal-mén-te) AVV. · Alla fine, infine, in conclusione: *sei arrivato, finalmente!*

finanza (fi-nàn-za) N.F. **1** AL PL. I beni e le risorse di cui dispone un ente pubblico o privato per esercitare la propria attività: *le finanze dello Stato, del Comune* Ⓢ patrimonio (SING.) • Disponibilità di denaro di una persona: *le mie finanze non me lo permettono* Ⓢ mezzi, averi. **2** Il settore della pubblica amministrazione che si occupa delle entrate dello Stato e delle attività per procurarle: *ministero delle finanze*. **3** L'insieme delle attività che si occupano di gestire i capitali in imprese economiche: *il mondo della finanza*. Ⓔ ***Guardia di Finanza*** (o *la Finanza*), corpo militare che controlla le dogane e l'effettivo pagamento delle tasse da parte dei cittadini.

finanziamento (fi-nan-zia-mén-to) N.M. · Il denaro necessario a svolgere una certa attività: *chiedere un finanziamento* Ⓢ sovvenzione.

finanziare (fi-nan-zià-re) V.TR. (*finànzio*, ecc.) · Fornire il denaro necessario per svolgere una certa attività: *finanziare un'impresa*.

finanziaria (fi-nan-zià-ria) N.F. (pl. *-rie*) **1** Legge finanziaria: *il governo ha approvato la nuova finanziaria*. **2** Società finanziaria: *una finanziaria russa investirà un milione di euro nella mia città*.

finanziario (fi-nan-zià-rio) AGG. (pl.m. *-ri*, pl.f. *-rie*) **1** Che riguarda la finanza: *la situazione finanziaria del Paese è drammatica* Ⓢ economico. **2** Che stabilisce la politica economica di un governo: *legge finanziaria*. **3** Che si occupa dell'investimento di capitali: *una nuova società finanziaria è stata quotata in borsa*.

finanziatore (fi-nan-zia-tó-re) N.M. (f. *-trìce*) · Chi fornisce capitali o aiuti in denaro: *i finanziatori di un giornale, di un ospedale*.

finanziere (fi-nan-ziè-re) N.M. (f. -a; pl.m. -*i*, pl.f. -e) **1** Esperto di problemi di finanza. **2** Agente della Guardia di finanza.

finché (fin-ché) CONGIUNZ. · Fino a quando, fino al momento che: *finché c'è vita c'è speranza; starò con te finché vorrai.*

L'accento sulla e di *finché* è acuto; scrivere *finchè* con l'accento grave è un errore!

F

fine[1] (fì-ne) AGG. **1** Di spessore o diametro molto piccolo: *una carta fine; capelli fini* Ⓢ sottile, fino Ⓒ grosso • Formato da particelle molto piccole: *sabbia, polvere fine.* **2** Eseguito con gusto e precisione, di ottima qualità: *un ricamo molto fine; seta fine.* **3** Acuto, penetrante, sottile: *una vista fine; ha un'intelligenza molto fine.* **4** Che dimostra sensibilità e raffinatezza: *una signora molto fine; un gusto finissimo* Ⓢ raffinato, elegante Ⓒ rozzo.

fine[2] (fì-ne) N.F. e M. || N.F. Il punto ultimo o il momento in cui qualcosa si conclude: *alla fine della strada; la fine delle vacanze; che fine ha fatto il mio libro?* Ⓢ conclusione, termine Ⓒ inizio, principio • La morte: *fare una brutta fine; essere in fin di vita*, in punto di morte Ⓢ decesso. || N.F. O M. **1** Modo in cui si conclude qualcosa: *condurre a buon fine un'impresa* Ⓢ esito, risultato. **2** Conclusione di un racconto, di un film, ecc.: *la fine del film; un dramma a lieto fine* Ⓢ finale, epilogo. || N.M. **1** Risultato a cui si tende: *il fine dei miei viaggi è di conoscere nuovi Paesi* Ⓢ scopo, obiettivo. **2** In grammatica: ***complemento di fine*** o ***scopo***, indica l'obiettivo per cui si fa o avviene qualcosa (*si batte per la realizzazione di un sogno; materiali da costruzione; occhiali da sole; una legge a difesa dei più deboli; una festa in suo onore*). Ⓔ ***A fin di bene***, con buone intenzioni: *studia di più, te lo dico a fin di bene!* • ***Al fine di***, allo scopo di: *li spiava al fine di conoscere le loro reali intenzioni* • ***Alla fine***, da ultimo, infine: *alla fine ho deciso di venire* • ***Alla fin fine***, in fondo, tutto sommato: *alla fin fine, non è brutto come avevi detto* • ***Essere la fine del mondo***, di cosa unica o migliore in assoluto: *fanno un gelato che è la fine del mondo* • ***Mettere fine a qualcosa*** o ***porre fine a qualcosa***, terminarlo, interromperlo: *hanno messo fine alla loro relazione*; bloccare, impedire: *bisogna porre fine a questo scandalo!* • ***Secondo fine***, scopo non dichiarato che guida un'azione: *ho capito che aveva un secondo fine* • ***Senza fine***, illimitato nel tempo, eterno: *un amore senza fine.*

fine settimana (fi-ne set-ti-mà-na) N.M. O F. INVAR. · Gli ultimi due giorni della settimana, sabato e domenica, destinati soprattutto allo svago e al riposo: *tutti i fine settimana vanno al mare* Ⓢ weekend (*ingl.*).

finestra (fi-nè-stra) N.F. **1** Apertura nella parete esterna di un edificio per dare luce e aria all'interno: *affacciarsi alla finestra; aprire, chiudere la finestra.* **2** In un computer, area dello schermo in cui è possibile visualizzare ed elaborare informazioni e dati precisi: *finestra di dialogo.*

finestrino (fi-ne-strì-no) N.M. · Piccola apertura chiusa da un unico vetro o da una sola imposta: *il finestrino del treno; il finestrino del bagno.*

finezza (fi-néz-za) N.F. **1** Sottigliezza di spessore: *la finezza di un foglio, di un capello* Ⓢ sottigliezza Ⓒ grossezza. **2** Acutezza, acume, sagacia: *finezza d'udito, d'ingegno.* **3** Eleganza, raffinatezza, grazia: *la finezza di una stoffa; finezza nei modi.*

fingere (fin-ge-re) V.TR. (irreg.: ind. pres. *fingo, fingi*, ecc.; pass. rem. *finsi, fingésti, finse, fingémmo, fingéste, finsero*; part. pass. *finto*) || TR. **1** Far credere ciò che non è vero: *fingere un incidente; fingere **di** studiare* Ⓢ simulare. **2** Immaginare, supporre: *fingiamo **che** sia andato tutto bene.* || **fingersi** RIFL. Farsi credere diverso da come si è in realtà: *fingersi pazzo; fingersi malato.*

finimento (fi-ni-mén-to) N.M. (spesso al pl.) · Quel che serve a bardare il cavallo da sella o ad attaccare a un veicolo l'animale da tiro: *mettere i finimenti ai cavalli.*

finimondo (fi-ni-món-do) N.M. **1** Grande confusione o frastuono: *con tutti quei bambini, in casa c'era il finimondo* Ⓢ pandemonio. **2** Scandalo, vespaio: *le sue dichiarazioni hanno scatenato un finimondo.*

finire (fi-nì-re) V.TR. e INTR. (*finìsco, finìsci*, ecc.) || TR. **1** Portare a termine un'attività: *finire un disegno; ho finito **di** studiare* Ⓢ terminare, concludere Ⓒ cominciare, iniziare. **2** Concludere un periodo di tempo: *finire le vacanze.* **3** Smettere di fare qualcosa: *non finiva più **di** lamentarsi*; anche nella forma ***finirla***: *finiamola **con** queste sciocchezze!* Ⓢ smettere. **4** Consumare interamente: *ho finito i biscotti* Ⓢ esaurire. **5** Uccidere qualcuno già in fin di vita: *lo finì **con** un colpo di pistola.* || INTR. (aus. *essere*) **1** Avere termine, avere fine: *il convegno finì **con** un banchetto* Ⓢ cessare. **2** Avere una certa conclusione o un certo esito: *la discussione è finita **a** botte; lo scherzo è finito **in** tragedia* Ⓢ risolversi. **3** Andare incontro a un prevedibile risultato: *se continui così finirai **per** restare solo.* **4** Venirsi a trovare in una certa condizione, spesso negativa: *siamo finiti **in** un bel guaio!* **5** Terminare in un certo modo: *la parola finisce **in** vocale; il film finisce **con** un colpo di scena.* **6** Di strade e corsi d'acqua, immettersi, sfociare: *il Po finisce **nel** Mare Adriatico.* **7** Andare in un certo posto: *è finito **in** un paesino sperduto; finire **in** galera,* venire incarcerato; *finire **all'**ospedale,* essere ricoverato • Cadere in un certo posto: *scivolando sono finito **in** un fosso.* **8** Cacciarsi, ficcarsi: *dove sarà finita la mia penna?*

finito (fi-nì-to) AGG. **1** Portato a termine: *arrivò a spettacolo finito* Ⓢ compiuto, terminato, concluso Ⓒ iniziato. **2** Di persona, esaurito sul piano spirituale o fisico: *è un uomo finito* Ⓢ rovinato. **3** In grammatica, di modo verbale che presenti forme diverse a seconda della persona e del numero: *l'indicativo, il congiuntivo, il condizionale e l'imperativo sono i modi finiti del verbo.* Ⓔ ***Farla finita*** → ***fare***.

finitura (fi-ni-tù-ra) N.F. **1** L'insieme delle operazioni necessarie per completare un lavoro: *manca solo qualche finitura e la libreria è pronta* Ⓢ rifinitura, ritocco. **2** Elemento aggiunto per decorare: *una tovaglia con finiture in pizzo.*

finlandese (fin-lan-dé-se) AGG. e N.M. e F. || AGG. Della Finlandia. || N.M. e F. Abitante, nativo della Finlandia. || N.M. La lingua parlata in Finlandia.

finnico (fìn-ni-co) AGG. e N.M. (f. *-a*; pl.m. *-ci*, pl.f. *-che*) · Dell'antico popolo dei Finni, che abitava sulle coste del Baltico orientale.

fino[1] (fi-no) PREP. · Indica il limite di spazio e di tempo a cui si può arrivare: *fin qui, fin dove, fin quando; fino **alla** fine della notte; ho deciso di andare fino **in** fondo; alzare un peso fin **sopra** la testa.* Ⓔ ***Fino da***, indica il luogo di provenienza o il momento di inizio di qualcosa: *sono venuti qui fin dall'America; fin dall'infanzia disegna benissimo.*

fino[2] (fi-no) AGG. **1** Di spessore o diametro molto piccolo: *filo fino; sale fino* Ⓢ sottile Ⓒ grosso. **2** Puro: *oro fino.* **3** Capace di valutare con esattezza: *avere l'occhio fino, l'odorato fino* Ⓢ acuto.

finocchio (fi-nòc-chio) N.M. (pl. *-chi*) · Pianta erbacea con semi aromatici da cui si estrae un olio usato in medicina, in profumeria e nella produzione di liquori; il suo corpo bianco a forma di bulbo viene consumato crudo o cucinato in vari modi: *sformato di finocchi.*

finora (fi-nó-ra) AVV. · Fino a questo momento: *i risultati ottenuti finora sono buoni.*

finsi (fin-si) · Pass. rem., 1ª pers. sing. → ***fingere***.

finta (fin-ta) N.F. **1** Atteggiamento o comportamento falso: *la sua è tutta una finta* Ⓢ finzione, inganno. **2** Nello sport, azione simulata per ingannare l'avversario: *ha superato i difensori con una splendida finta.* Ⓔ ***Fare finta***, fingere: *ho fatto finta di crederci;* ***fare finta di nulla***, mostrare indifferenza.

finto (fin-to) AGG. || Participio pass. → ***fingere***. || AGG. **1** Non vero, non naturale, non autentico: *una finestra finta; denti finti* Ⓢ falso Ⓒ vero. **2** Che cerca di trarre in inganno: *il suo dolore è finto; non fare il finto tonto.* **3** Di prodotto, ottenuto come imitazione: *finta pelle; finto oro* Ⓒ autentico.

finzione (fin-zió-ne) N.F. · Atteggiamento o comportamento falso o simulato: *il suo dolore è tutta una finzione* Ⓢ finta.

fioccare (fioc-cà-re) V.INTR. (*fiòcco, fiòcchi*, ecc.) **1** (aus. *essere*) Della neve, cadere a fiocchi. **2** IMPERS. (aus. *essere* o *avere*) Nevicare: *come fiocca ora!* **3** (aus. *essere*) Susseguirsi velocemente e in gran quantità: *fioccano le proteste, le multe* Ⓢ piovere.

fiocco (fiòc-co) N.M. (pl. *-chi*) **1** Piccola quantità di lana o di altre fibre tessili: *lana, cotone in fiocco* Ⓢ batuffolo. **2** Piccolo insieme di cristalli di neve: *il vento faceva danzare i fioc-*

A B C D E F G H I J K L M N O P Q R S T U V W X Y Z

chi di neve. **3** Nastro annodato in modo che le estremità restino libere: *ornava i suoi capelli con un fiocco.* Ⓔ ***Coi fiocchi***, nel linguaggio familiare, ottimo, eccellente: *un pranzo coi fiocchi* • ***Fiocchi d'avena, fiocchi di riso***, chicchi di cereali soffiati e trattati per renderli più leggeri da digerire.

fiocina **(fiò-ci-na)** N.F. · Arnese da pesca la cui asta termina con una o più punte di ferro: *pescare con la fiocina* Ⓢ arpione.

F

fioco **(fiò-co)** AGG. (pl.m. *-chi*, pl.f. *-che*) · Di luce o suono, attenuato o percepito con difficoltà: *una voce fioca; un fioco chiarore* Ⓢ tenue, debole.

fionda **(fión-da)** N.F. **1** Antica arma da lancio formata da due capi di corda in mezzo ai quali, in una specie di tasca, sta il proiettile, che viene liberato dopo una forte rotazione. **2** Strumento usato dai ragazzi per lanciare sassi o altro, fatto con due elastici legati alle estremità di un supporto a Y e riuniti tra loro da un pezzo di cuoio.

fioraio **(fio-rà-io)** N.M. (f. *-a*; pl.m. *-rài*, pl.f. *-ràie*) · Venditore di fiori.

fiordaliso **(fior-da-lì-ṣo)** N.M. · Pianta erbacea molto comune nei prati e nei campi, coltivata per il bel colore azzurro dei fiori.

> Il termine deriva dall'espressione francese *fleur de lis* 'fiore di giglio'.

fiordo **(fiòr-do)** N.M. · Stretta insenatura costiera, allungata e profonda, con fianchi ripidi: *i fiordi della Norvegia.*

> Il termine deriva da una parola norvegese che significa 'approdo'.

fiore **(fió-re)** N.M. **1** La parte della pianta che contiene gli organi necessari alla sua riproduzione, e al tempo stesso la più appariscente e bella: *fiori di campo; un mazzo di fiori; cogliere, annaffiare i fiori.* **2** La parte eletta o migliore: *il fiore della gioventù; il fior fiore degli studenti* Ⓢ crema; élite (*fr.*). **3** AL PL. Uno dei quattro semi delle carte da gioco francesi: *il re di fiori.* **4** Parte superiore o superficiale: *piantare a fior di terra.* Ⓔ ***A fior d'acqua*** → *acqua* • ***A fior di labbra*** → *labbro* • ***A fior di pelle*** → *pelle* • ***Essere il fiore all'occhiello***, essere il motivo di maggior vanto per una persona, un'azienda, ecc.: *la nuova auto sarà il fiore all'occhiello dell'azienda* • ***Essere rose e fiori***, di situazione felice, senza problemi: *la vita non è mai tutta rose e fiori* • ***Essere un fiore***, di persona, eccellere per bellezza, salute o qualità: *ha una figlia che è un fiore* • ***Fior di quattrini***, nel linguaggio familiare, molti soldi: *mi è costato fior di quattrini* • ***In fiore***, fiorito: *un giardino in fiore*; in senso figurato, nel pieno della salute, della bellezza, dello sviluppo, ecc.: *una bellezza in fiore.*

fiorente **(fio-rèn-te)** AGG. **1** Rigoglioso, prospero: *una civiltà fiorente; commerci fiorenti* Ⓒ decadente. **2** Che è al massimo della bellezza e della gioventù: *una ragazza fiorente* Ⓢ florido.

fiorentino **(fio-ren-tì-no)** AGG. e N.M. (f. *-a*) || AGG. Di Firenze, città toscana capoluogo di provincia e di regione. || N.M. (f. *-a*) Abitante, nativo di Firenze. || N.M. Il dialetto italiano su cui si è costituita nel Duecento la tradizione della lingua letteraria italiana. Ⓔ ***Bistecca alla fiorentina***, bistecca di manzo tagliata molto spessa e cotta alla brace.

fioretto[1] **(fio-rét-to)** N.M. **1** AL PL. Raccolta dei più begli episodi di una storia o leggenda: *i "Fioretti" di san Francesco.* **2** Rinuncia volontaria a qualcosa, in segno di offerta: *fare un fioretto* Ⓢ sacrificio.

fioretto[2] **(fio-rét-to)** N.M. · Nella scherma, arma con lama diritta e flessibile e, all'estremità, un bottone protettivo perché destinata a colpire solo di punta • Una delle tre specialità della scherma: *hanno vinto la medaglia nel fioretto.*

fioriera **(fio-riè-ra)** N.F. · Cassetta per contenere piantine e fiori ornamentali.

fiorino **(fio-rì-no)** N.M. **1** Antica moneta fiorentina d'oro zecchino: *sul fiorino era impresso il simbolo del giglio.* **2** Nome di varie monete d'oro emesse nei secoli scorsi in diversi Paesi europei: *fiorino olandese, ungherese.*

fiorire **(fio-rì-re)** V.INTR. (*fiorìsco, fiorìsci*, ecc.; aus. *essere*) **1** Di piante, mettere i fiori: *sono fiorite le violette* Ⓢ sbocciare. **2** Prosperare, svilupparsi, espandersi: *nella Firenze del Quattrocento fiorirono le arti.* **3** Manifestarsi, apparire, comparire: *un sorriso **le fiorì** **sulle** labbra.*

fiorista (fio-rì-sta) N.M. e F. (pl.m. *-i*, pl.f. *-e*) · Fioraio.

fiorito (fio-rì-to) AGG. **1** In fiore: *peschi e ciliegi fioriti.* **2** Cosparso di fiori: *colli fioriti.*

fioritura (fio-ri-tù-ra) N.F. **1** La fase in cui si aprono i fiori delle piante: *grandinò durante il periodo della fioritura* S sboccio • L'insieme dei fiori sbocciati: *la fioritura della mimosa.* **2** Affermazione rapida e diffusa in un certo ambiente culturale: *una fioritura di poeti, di matematici.*

fiotto (fiòt-to) N.M. **1** Onda rapida e vistosa: *i fiotti del mare in tempesta* S ondata. **2** Getto improvviso e violento di liquido: *un fiotto di sangue sgorgò dalla ferita* S schizzo, zampillo. E ***A fiotti***, a getti discontinui: *l'acqua usciva a fiotti dai tombini*; in gran quantità: *la gente sta uscendo a fiotti dallo stadio.*

firma (fir-ma) N.F. **1** Il nome e il cognome scritti in fondo a una lettera, a un documento, ecc.: *apporre la propria firma; raccoglieva le firme per la petizione.* **2** Persona molto nota e stimata, soprattutto in campo culturale e commerciale: *le grandi firme del giornalismo, della moda.* **3** L'azione di firmare per convalidare qualcosa: *il decreto verrà sottoposto alla firma del capo dello Stato.* E ***Ci metterei la firma***, nel linguaggio familiare, di condizione che si accetterebbe volentieri.

firmamento (fir-ma-mén-to) N.M. · Il cielo, soprattutto in quanto pieno di stelle: *gli astri del firmamento.*

> Il termine deriva dal latino *firmare* 'tener saldo', nel senso di 'sostegno (del cielo)'.

firmare (fir-mà-re) V.TR. · Scrivere la propria firma in fondo a una lettera o a un documento per convalidarlo: *devi far firmare la giustificazione da tuo padre* S sottoscrivere.

firmatario (fir-ma-tà-rio) AGG. e N.M. (f. *-a*; pl.m. *-ri*, pl.f. *-rie*) · Che, chi si impegna a rispettare ciò che viene scritto in un contratto o in un accordo mettendo la propria firma: *gli Stati firmatari dell'accordo.*

firmato (fir-mà-to) AGG. **1** Che è provvisto di firma: *ho ricevuto una lettera non firmata.* **2** Di capo d'abbigliamento, che ha la firma o il marchio di un noto stilista: *indossa solo abiti firmati.*

fisarmonica (fi-ṣar-mò-ni-ca) N.F. (pl. *-che*) · Strumento musicale portatile, formato da un mantice con due tastiere ai lati; la tastiera di destra serve per la melodia, quella di sinistra per l'accompagnamento.

fisarmonicista (fi-ṣar-mo-ni-cì-sta) N.M. e F. (pl.m. *-i*, pl.f. *-e*) · Chi suona la fisarmonica: *i fisarmonicisti della banda del paese.*

fiscale (fi-scà-le) AGG. **1** Che riguarda il fisco: *oneri fiscali; pressione fiscale* S tributario. **2** Rigoroso, inflessibile, severo: *un atteggiamento troppo fiscale con gli studenti non serve.* E ***Codice fiscale*** → ***codice***.

fischiare (fi-schià-re) V.INTR. e TR. (*fischio*, ecc.) || INTR. (aus. *avere*) **1** Emettere un suono acuto e stridulo con la bocca o con uno strumento: *arrivato davanti alla porta fischiò tre volte.* **2** Sibilare nell'aria: *il vento fischia tra le canne; i proiettili fischiavano sulle loro teste.* || TR. **1** Accennare una melodia emettendo l'aria con le labbra: *fischiando un motivetto se ne andò.* **2** Nello sport, segnalare con l'uso del fischietto: *l'arbitro ha fischiato la fine della partita.* **3** Disapprovare con fischi insistenti e sonori: *la commedia fu fischiata.*

fischiettare (fi-schiet-tà-re) V.TR. e INTR. (*fischiétto*, ecc.; aus. *avere*) · Fischiare tra sé e sé: *mentre si fa la doccia fischietta sempre una canzone.*

fischietto (fi-schiét-to) N.M. · Piccolo strumento che produce un fischio acuto: *il fischietto dell'arbitro.*

fischio (fi-schio) N.M. (pl. *-schi*) **1** Il sibilo acuto e stridulo che si produce facendo passare l'aria tra i denti e le labbra quasi chiuse: *i fischi del pubblico coprirono le sue parole.* **2** Fischietto: *il fischio dell'arbitro.* **3** Il verso di alcuni animali simile a un sibilo: *il fischio del merlo.* **4** Il sibilo del vento o di un corpo che attraversa rapidamente l'aria: *il fischio della pallottola.* **5** Segnale acustico ottenuto con speciali strumenti o dispositivi: *il fischio del treno.* E ***Prendere fischi per fiaschi***, capire tutto il contrario.

fisco (fì-sco) N.M. · L'apparato finanziario dello Stato, soprattutto in relazione al cittadino che paga le tasse: *è stato arrestato per una frode ai danni del fisco* Ⓢ tesoro.

Il termine deriva dal latino *fiscus* che in origine significava 'cesto', poi 'cassa dello Stato, tesoro'.

fisica (fì-ṣi-ca) N.F. (pl. *-che*) · Scienza che studia i fenomeni naturali e le leggi che li governano: *le leggi della fisica; la fisica classica, moderna.* Ⓔ ***Fisica atomica***, parte della fisica che studia le proprietà degli atomi; ***fisica nucleare***, quella che studia la produzione di energia attraverso le reazioni nucleari.

fisicamente (fi-ṣi-ca-mén-te) AVV. **1** Con i sensi o con l'esperienza diretta: *ho fisicamente provato cosa vuol dire aver paura.* **2** Per quanto riguarda il fisico, il corpo umano, la salute: *mi sento fisicamente bene.*

fisico (fì-ṣi-co) AGG. e N.M. (pl.m. *-ci*, pl.f. *-che*) || AGG. **1** Che riguarda la natura e i suoi fenomeni: *leggi fisiche; l'evaporazione è un fenomeno fisico* Ⓢ naturale. **2** Che riguarda il corpo umano: *dà troppa importanza all'aspetto fisico; ha un leggero difetto fisico.* || N.M. **1** Studioso di fisica: *ho partecipato a un convegno di fisici nucleari.* **2** La conformazione del corpo umano: *ha un bel fisico; la malattia sta minando il suo fisico* Ⓢ corpo, corporatura.

fisio- · Primo elemento di parole composte che significa 'natura' oppure 'che riguarda il corpo': *fisiologia*, lo studio della natura; *fisioterapia*, terapia che stimola il corpo.

fisiologia (fi-ṣio-lo-gì-a) N.F. (pl. *-gìe*) · Scienza che studia le funzioni vitali degli organismi viventi, animali e vegetali.

fisiologico (fi-ṣio-lò-gi-co) AGG. (pl.m. *-ci*, pl.f. *-che*) · Che riguarda le funzioni vitali dell'organismo: *le sue condizioni fisiologiche erano ottime.* Ⓔ ***Funzioni fisiologiche*** o ***bisogni fisiologici***, le necessità elementari del corpo, in particolare l'evacuazione e la minzione.

fisionomia (fi-ṣio-no-mì-a) N.F. (pl. *-mìe*) **1** L'insieme dei tratti e degli atteggiamenti tipici del volto: *negli ultimi anni ha cambiato fisionomia* Ⓢ lineamenti (PL.). **2** L'insieme delle caratteristiche di qualcosa: *la fisionomia del paesaggio* Ⓢ aspetto.

fisionomista (fi-ṣio-no-mì-sta) N.M. e F. (pl.m. *-i*, pl.f. *-e*) · Chi ricorda e riconosce facilmente le persone a prima vista.

fisioterapia (fi-ṣio-te-ra-pì-a) N.F. (pl. *-pìe*) · Settore della medicina che cura certe malattie mediante mezzi fisici come il massaggio e la ginnastica: *ho fatto una seduta di fisioterapia.*

fisioterapista (fi-ṣio-te-ra-pi-sta) N.M. e F. (pl.m. *-i*, pl.f. *-e*) · Persona specializzata in fisioterapia.

fissare (fis-sà-re) V.TR. || TR. **1** Rendere fisso, stabile: *ho fissato uno scaffale* ***alla*** *parete; fissare i capelli* ***con*** *il gel* Ⓢ fermare, bloccare. **2** Di sguardo o pensiero, tenerlo rivolto con insistenza su qualcuno o qualcosa: *fissava un punto all'orizzonte; fissa l'attenzione* ***su*** *un problema.* **3** Stabilire, decidere, concordare: *fissare un appuntamento; fissare il prezzo* • Prenotare, riservare: *fissare una camera in albergo.* || **fissarsi** INTR. PRONOM. Ostinarsi in un pensiero o in un'idea: *non ti fissare* ***su*** *quelle sciocchezze!; si è fissato* ***di*** *voler partire* Ⓢ intestardirsi, impuntarsi.

fissato (fis-sà-to) AGG. e N.M. (f. *-a*) || AGG. Stabilito, concordato, convenuto: *ha pagato il prezzo fissato.* || AGG. e N.M. (f. *-a*) Che, chi è totalmente preso da un'idea fissa, da una mania: *è fissato* ***con*** *il calcio.*

fissazione (fis-sa-zió-ne) N.F. · Idea fissa: *a volte gli vengono strane fissazioni* Ⓢ mania, ossessione.

fissione (fis-sió-ne) N.F. · Reazione nucleare che consiste nella suddivisione del nucleo di un atomo in due o tre nuclei di elementi più leggeri; si ottiene bombardando il nucleo e permette di produrre enormi quantità di energia.

fisso (fis-so) AGG. **1** Collocato o applicato in modo stabile, che non si può spostare: *vetro fisso; telefono fisso*, collegato mediante cavi, a differenza del cellulare. **2** Presente in modo ossessivo e senza interruzioni: *idea fissa; pensiero fisso* Ⓢ assillante, ossessivo. **3** Completamente immobile: *il suo sguardo era fisso nel vuoto* Ⓢ puntato, rivolto. **4** Che non subisce variazioni o interruzioni: *lavoro fisso; prezzo fisso* Ⓢ stabile. Ⓔ ***Chiodo fisso***, idea fissa •

Senza fissa dimora, di persona che non ha un'abitazione e che vive per strada, spesso a causa di un'estrema povertà: *molte persone senza fissa dimora dormono all'aperto*.

Il termine deriva dal latino *fixus* 'conficcato, inchiodato', participio passato di *figere* 'conficcare' (→ ***affiggere***).

fitness (**fit-ness; pronuncia *fìtnes***) N. INGL., in it. N.M. INVAR. **1** Buona forma fisica. **2** L'insieme degli esercizi di ginnastica che, uniti a un corretto stile di vita, permettono di raggiungere una buona forma fisica.

fito- · Primo elemento di parole composte che significa 'pianta': *fitoterapia*, terapia a base di piante.

fitofarmaco (**fi-to-fàr-ma-co**) N.M. (pl. *-ci* o *-chi*) · Rimedio usato per proteggere le piante dai parassiti o per curarle dalle malattie.

fitoplancton (**fi-to-plànc-ton**) N.M. INVAR. · L'insieme degli organismi vegetali acquatici che formano il plancton.

fitoterapia (**fi-to-te-ra-pì-a**) N.F. (pl. *-pìe*) · Terapia condotta con medicamenti di origine vegetale.

fitta (**fìt-ta**) N.F. **1** Dolore improvviso e localizzato: *aveva delle fitte al petto*. **2** Sensazione acuta di angoscia e di amarezza: *provò una fitta al cuore*.

fittizio (**fit-tì-zio**) AGG. (pl.m. *-zi*, pl.f. *-zie*) · Che non corrisponde alla realtà: *il quadro rappresenta un paesaggio fittizio; la pubblicità induce bisogni fittizi* Ⓢ finto, immaginario Ⓒ reale.

fitto[1] (**fìt-to**) AGG. e AVV. || AGG. **1** Formato da elementi molto vicini tra loro: *un bosco fitto; un fitto gruppo di persone; una pagina fitta **di** errori* Ⓢ folto, denso Ⓒ rado. **2** Oscuro, incomprensibile, inspiegabile: *un fitto mistero*. **3** Abbondante, frequente, insistente: *una pioggia fitta*. || AVV. In modo insistente: *nevica fitto fitto*.

fitto[2] (**fìt-to**) N.M. · Affitto, locazione.

Il termine deriva dall'espressione non più usata *canone fitto* 'canone stabilito, fissato'.

fittone (**fit-tó-ne**) N.M. · La radice principale di una pianta, grossa e a forma di cono rovesciato.

fiumana (**fiu-mà-na**) N.F. **1** Ampia corrente di fiume in piena: *la fiumana allagò tutti i campi* Ⓢ piena. **2** Massa di persone o di cose in movimento: *una fiumana di gente*.

fiumara (**fiu-mà-ra**) N.F. · Fiume o torrente dal letto molto largo e ciottoloso che resta asciutto per gran parte dell'anno; è tipico dell'Italia meridionale.

fiume (**fiù-me**) N.M. e AGG. || N.M. **1** Corso d'acqua continuo, con portata più o meno costante: *il Po è il fiume più lungo d'Italia*. **2** Quantità abbondante e impetuosa: *un fiume di lacrime; fiumi di parole*. || AGG. INVAR. Che ha eccessiva lunghezza o durata: *processo fiume; romanzo fiume*. Ⓔ ***A fiumi***, in gran quantità: *caviale e spumante a fiumi*.

fiutare (**fiu-tà-re**) V.TR. **1** Sentire o riconoscere all'odore: *il cane fiutò subito la lepre* Ⓢ annusare. **2** Intuire per esperienza o per astuzia: *devi imparare a fiutare il pericolo* Ⓢ presagire.

fiuto (**fiù-to**) N.M. **1** Il senso dell'odorato, soprattutto negli animali: *il cane ha un fiuto finissimo*. **2** Capacità di intuizione: *ha molto fiuto per gli affari* Ⓢ naso, intuito. Ⓔ ***A fiuto***, nel linguaggio familiare, per istinto: *i guai li riconosco a fiuto*.

flaccido (**flàc-ci-do**) AGG. **1** Poco consistente: *pelle flaccida; un corpo flaccido* Ⓢ floscio Ⓒ sodo, tonico. **2** Privo di forza morale, di volontà e di carattere: *un uomo flaccido* Ⓢ debole.

flacone (**fla-có-ne**) N.M. · Piccola bottiglia per profumi o medicinali: *il profumo è disponibile in due flaconi di diversa grandezza* Ⓢ boccetta.

flagellare (**fla-gel-là-re**) V.TR. (*flagèllo*, ecc.) **1** Percuotere, punire con il flagello: *Pilato fece flagellare Gesù Cristo* Ⓢ frustare, fustigare. **2** Colpire con cieca violenza: *la grandine flagellava le piantagioni*.

flagellazione (**fla-gel-la-zió-ne**) N.F. · Pena che consiste nel colpire il corpo con un flagello: *la flagellazione di Gesù Cristo*.

flagello (**fla-gèl-lo**) N.M. **1** Frusta fatta di funi sottili sparse di nodi o di strisce di cuoio che terminano con palline metalliche, usata un tempo come strumento di pena o di penitenza: *condannare al flagello.* **2** Grave sciagura collettiva: *il flagello della guerra, della peste* Ⓢ calamità. **3** Di persona, capace di provocare danni irreparabili agli altri: *Attila era detto flagello di Dio* Ⓢ demonio.

flagrante (fla-gràn-te) AGG. **1** Di reato, scoperto nel momento in cui viene commesso. **2** Lampante, evidente: *una flagrante contraddizione.* Ⓔ ***In flagrante***, nell'atto di commettere un reato: *un piromane sorpreso in flagrante.*

F

flagranza (fla-gràn-za) N.F. · La condizione del colpevole del reato quando viene sorpreso nell'atto di commetterlo: *il truffatore fu arrestato in flagranza di reato.*

flamenco (fla-mén-co) N.M. (pl. *-chi*) · Componimento musicale o danza originari del sud della Spagna e caratterizzati da una profonda malinconia.

flanella (fla-nèl-la) N.F. · Tessuto molto morbido di lana o cotone: *un pigiama di flanella.*

flash (pronuncia *flèš*) N. INGL., in it. N.M. INVAR. **1** Lampo per fotografare in luoghi bui o poco illuminati • L'apparecchio o il dispositivo per ottenere tale lampo. **2** Nel linguaggio giornalistico, breve notizia importante e con precedenza assoluta: *un flash d'agenzia.*

flauto (flàu-to) N.M. · Strumento musicale a fiato già in uso nell'antica musica egiziana, greca e romana; nella forma moderna più diffusa è formato da un tubo cilindrico con 14 fori.

flebile (flè-bi-le) AGG. · Di voce o suono appena percepibile: *un lamento flebile* Ⓢ fievole, sommesso.

flemma (flèm-ma) N.F. **1** Temperamento o atteggiamento calmo e composto: *gli inglesi sono famosi per la loro flemma* Ⓢ calma. **2** Eccessiva lentezza e svogliatezza: *lavora con una flemma insopportabile* Ⓢ indolenza.

flemmatico (flem-mà-ti-co) AGG. (pl.m. *-ci*, pl.f. *-che*) **1** Che si comporta in modo composto e riflessivo, quasi distaccato: *con quel suo fare flemmatico riesce a gestire ogni situazione* Ⓢ calmo, imperturbabile. **2** Svogliato, pigro, indolente: *oggi mi sembri un po' troppo flemmatico.*

flessi (flès-si) · Pass. rem., 1ª pers. sing. → ***flettere***.

flessibile (fles-si-bi-le) AGG. **1** Che si piega con notevole facilità: *una sbarra flessibile* Ⓢ elastico Ⓒ rigido. **2** Che si adatta con facilità a situazioni o a esigenze diverse: *temperamento flessibile; orario flessibile* Ⓢ duttile.

flessibilità (fles-si-bi-li-tà) N.F. INVAR. **1** Facilità a piegarsi: *la flessibilità di una molla* Ⓢ elasticità Ⓒ rigidità. **2** Capacità di adattarsi: *flessibilità di opinioni* Ⓢ duttilità.

flessione (fles-sió-ne) N.F. **1** L'azione di piegare o di piegarsi: *la flessione del braccio, del gomito.* **2** Nella ginnastica, esercizio che consiste nel piegare il corpo sul tronco o nel passare da una posizione distesa a una raccolta per irrobustire alcuni arti: *flessioni **sulle** braccia, **sulle** gambe.* **3** Calo o riduzione progressiva: *l'occupazione ha subito una forte flessione* Ⓢ diminuzione, riduzione. **4** In grammatica, cambiamento della parola in alcuni suoi elementi (radici, suffissi, desinenze) per esprimere i diversi rapporti grammaticali. Ⓔ ***Flessione nominale***, la declinazione del nome e degli aggettivi • ***Flessione verbale***, la coniugazione del verbo.

flesso (flès-so) · Participio pass. → ***flettere***.

flessuoso (fles-su-ó-so) AGG. · Caratterizzato da un agile alternarsi di morbide curve: *un flessuoso corpo femminile; il flessuoso corso del fiume* Ⓢ sinuoso.

flettere (flèt-te-re) V.TR. (irreg.: ind. pres. *flètto*, ecc.; pass. rem. *flettéi* o *flèssi*, *flettésti*, *fletté*, *flettémmo*, *flettéste*, *flettérono*; part. pass. *flèsso*) || TR. **1** Piegare, curvare, incurvare: *flettere le gambe; flettere un ramo.* **2** In grammatica, declinare o coniugare: *flettere un pronome; flettere un verbo.* || **flettersi** INTR. PRONOM. **1** Piegarsi, curvarsi, incurvarsi: *le cime degli alberi si flettevano al vento.* **2** Subire una diminuzione: *le vendite tendono a flettersi* Ⓢ calare.

flipper (flip-per) N.M. INVAR. · Gioco elettrico in cui una sfera di acciaio, lanciata da due leve, colpisce alcuni ostacoli per guadagnare punti.

Il termine deriva dall'inglese *flipper* 'pinna', per la forma e i movimenti delle leve.

flirt (pronuncia *flèrt*) N. INGL., in it. N.M. INVAR. · Relazione amorosa passeggera e superficiale: *ha un flirt con un compagno di classe.*

flirtare (flir-ta-re; pronuncia *flertàre*) V.INTR. (aus. *avere*) · Avere una relazione amorosa passeggera e superficiale: *ha flirtato tutta l'estate* **con** *un ragazzo di Bari* Ⓢ amoreggiare.

flop (pronuncia *flòp*) N. INGL., in it. N.M. INVAR. · Insuccesso, fallimento: *il suo ultimo film è stato un flop* Ⓒ successo.

flora (flò-ra) N.F. · L'insieme delle piante che vivono in un certo territorio: *flora alpina, marina; flora italiana.* Ⓔ ***Flora batterica***, l'insieme dei batteri presenti in una certa regione dell'organismo umano: *la flora batterica intestinale.*

Il termine deriva dal nome della dea latina della fioritura e fu introdotto nell'uso con questo significato tecnico nel libro del 1633 *Flora sive florum cultura* 'Flora ossia la coltura dei fiori' del gesuita G.B. Ferrari (1584-1655).

floreale (flo-re-à-le) AGG. · Formato da fiori: *ornamento floreale; omaggio floreale.*

floricoltore (flo-ri-col-tó-re) (o **floricultore**) N.M. (f. *-trìce*) · Chi coltiva fiori o piante ornamentali.

floricoltura (flo-ri-col-tù-ra) (o **floricultura**) N.F. · La coltivazione di fiori o di piante ornamentali Ⓢ giardinaggio.

florido (flò-ri-do) AGG. **1** Che dimostra benessere e prosperità: *un florido commercio* Ⓢ fiorente • Fisicamente attraente e vigoroso: *una donna ancora florida.* **2** Esuberante, vivace, fecondo: *una florida immaginazione.*

floscio (flò-scio) AGG. (pl.m. *-sci*, pl.f. *-sce*) · Privo di consistenza o di rigidità: *cappello floscio; pelle floscia* Ⓢ molle, cascante Ⓒ sodo, rigido.

flotta (flòt-ta) N.F. · L'insieme delle navi da guerra o mercantili possedute da uno Stato o da una società di navigazione: *la flotta inglese era considerata invincibile.* Ⓔ ***Flotta aerea***, l'insieme degli aerei militari di uno Stato; l'insieme degli aerei di una compagnia di trasporti aerei.

fluente (flu-èn-te) AGG. **1** Che scorre con regolarità: *le acque fluenti del fiume.* **2** Di scritto, discorso, ecc., che procede con agilità e scioltezza: *uno stile fluente; parla inglese in modo fluente.* **3** Lungo e folto: *aveva una fluente barba bianca.*

fluidità (flui-di-tà) N.F. INVAR. **1** Capacità delle particelle di un liquido o di un gas di scorrere le une sulle altre. **2** Scioltezza: *per questo lavoro serve una certa fluidità* **nel** *parlare.* **3** Instabilità, soprattutto politica: *la fluidità della situazione politica sta diventando grave.*

fluido (flùi-do) AGG. e N.M. || AGG. **1** Di sostanza, che scorre perché ha una consistenza e una densità limitate: *un detergente fluido* Ⓒ denso. **2** Sciolto, scorrevole, convincente: *un discorso fluido.* **3** Instabile, incerto, mutevole: *la situazione è ancora fluida.* || N.M. Corpo o sostanza le cui particelle sono poco legate tra loro, quindi libere di scorrere le une sulle altre: *i liquidi e i gas sono fluidi* Ⓒ solido.

fluire (flu-i-re) V.INTR. (*fluìsco, fluìsci*, ecc.; aus. *essere*) **1** Di liquidi, scorrere in modo abbondante e costante: *il sangue fluiva* **dalla** *ferita.* **2** Svolgersi in modo agile o continuo: *le parole fluivano* **dalle** *sue labbra* Ⓢ scorrere.

fluorescente (flu-o-re-scèn-te) AGG. · Di corpo o sostanza che, se esposta alla luce, emette radiazioni luminose tra il celeste e il verde chiaro: *vernice fluorescente.*

fluoro (flu-ò-ro) N.M. · Gas velenoso di colore giallo pallido presente in natura in diversi minerali; viene utilizzato per produrre medicinali, dentifrici, collutori (il simbolo chimico è *F*).

flusso (flùs-so) N.M. **1** Scorrimento costante di un fluido: *il flusso delle acque in un canale.* **2** Fuoriuscita di un liquido dall'organismo: *il flusso di sangue dal naso era inarrestabile.* **3** Movimento continuo di persone o cose: *il flusso dei turisti non sembra diminuire.* **4** Alta marea: *osservava il flusso e il riflusso del mare.*

flutto (flùt-to) N.M. · Onda marina: *la nave fu inghiottita dai flutti.*

fluttuare (flut-tu-à-re) V.INTR. (*flùttuo*, ecc.; rari i tempi composti con l'aus. *avere*) **1** Essere mosso dalle onde o dal vento: *la barca fluttuava sul mare in tempesta; i suoi capelli fluttuano al vento* Ⓢ ondeggiare. **2** Variare di continuo:

l'euro continua a fluttuare nei confronti del dollaro Ⓢ oscillare, variare.

fluviale (flu-vià-le) AGG. · Del fiume: *bacini fluviali; navigazione fluviale.*

fo (fò) · Ind. pres., 1ª pers. sing. → *fare.*

fobia (fo-bì-a) N.F. (pl. *-bìe*) **1** Paura angosciosa e ingiustificata: *ha superato la sua fobia **per** il buio* Ⓢ orrore. **2** Avversione istintiva e invincibile per qualcosa o qualcuno: *ha una vera fobia **per** la montagna* Ⓢ antipatia.

F

-fobia · Secondo elemento di parole composte che significa 'paura, avversione': *claustrofobia*, la paura degli ambienti chiusi.

-fobo · Secondo elemento di parole composte che significa 'che prova paura o avversione': *xenofobo*, che prova avversione nei confronti degli stranieri.

foca (fò-ca) N.F. (pl. *-che*) · Mammifero con testa ovale, muso corto provvisto di baffi e pelliccia di color grigio-bruno e biancastro sul ventre; diffuso lungo le coste dell'Atlantico settentrionale e dei mari artici, viene cacciato per la carne, il grasso e la pelliccia. Ⓔ ***Foca monaca***, quella presente nel Mediterraneo, anche sulle coste della Sardegna, con occhi grandi e sporgenti e pelliccia grigio-bruna.

focacceria (fo-cac-ce-rì-a) N.F. (pl. *-rìe*) · Locale pubblico per la produzione e la vendita di focacce.

focaccia (fo-càc-cia) N.F. (pl. -ce) **1** Pane di forma schiacciata, spesso con l'aggiunta di condimenti e di ingredienti vari: *mangerò una focaccia.* **2** Dolce di forma rotonda e schiacciata, fatto con uova, farina, zucchero: *le focacce della nonna sono buonissime.* Ⓔ ***Rendere pan per focaccia*** → *pane.*

focaia (fo-cà-ia) AGG.F. · ***Pietra focaia*** (o *la focaia* N.F.), pietra compatta, di colore bruno, rossastro o nerastro, anticamente usata per ottenere scintille mediante percussione.

focale (fo-cà-le) AGG. **1** Che riguarda il fuoco di un sistema ottico: *punto focale.* **2** Centrale, importante, fondamentale: *concentrarsi sul punto focale del problema.*

focalizzare (fo-ca-liz-zà-re) V.TR. **1** Mettere a fuoco: *focalizzare un cannocchiale, un'immagine.* **2** Mettere in evidenza i vari aspetti di una questione o di una situazione: *focalizzare i termini di un problema* Ⓢ individuare. **3** Concentrare, incentrare: *focalizzare l'attenzione **su** un particolare.*

foce (fó-ce) N.F. · Il punto terminale di un corso d'acqua che si getta nel mare, in un lago o in un altro corso d'acqua: *foce a estuario, a delta; la foce del Po.*

focolaio (fo-co-là-io) N.M. (pl. *-lài*) · Il punto da cui si diffonde qualcosa, soprattutto una malattia: *il focolaio di un'infezione; il focolaio della rivolta.*

focolare (fo-co-là-re) N.M. · La parte del camino dove si accende e alimenta il fuoco; è simbolo della casa e dell'intimità familiare: *il focolare domestico.*

focoso (fo-có-so) AGG. · Esuberante, impulsivo, impetuoso: *temperamento focoso; un uomo focoso* Ⓒ freddo.

fodera (fò-de-ra) N.F. · Tessuto di rivestimento interno per capi di abbigliamento o esterno per materassi, divani e altre suppellettili: *giacca con fodera in seta; la fodera del divano, del libro.*

foderare (fo-de-rà-re) V.TR. (*fòdero*, ecc.) · Rivestire di fodera: *foderare un cappotto, una poltrona.*

fodero (fò-de-ro) N.M. · Custodia per armi da taglio: *ripose la spada nel fodero* Ⓢ guaina.

foga (fó-ga) N.F. (pl. *-ghe*) · Impeto, slancio, passione: *nella foga della corsa perse le chiavi di casa.*

foggia (fòg-gia) N.F. (pl. *-ge*) **1** Aspetto, forma di qualcosa: *un bicchiere a foggia di calice.* **2** Modo di vestirsi o di pettinarsi: *è sempre vestito in fogge strane.*

foggiare (fog-già-re) V.TR. (*fòggio, fòggi*, ecc.; aus. *avere*) **1** Dare forma a qualcosa: *foggiare un vaso* Ⓢ modellare, plasmare. **2** Formare, modellare: *le difficoltà hanno foggiato il suo carattere.*

foglia (fò-glia) N.F. (pl. *-glie*) · Organo delle piante di forma spesso appiattita e di colore verde per la presenza di clorofilla; ha la funzione di assimilare l'anidride carbonica e di eliminare, mediante la traspirazione, l'eccesso di acqua: *una foglia di quercia; gli alberi mettono le foglie.* E ***Al cadere delle foglie***, in autunno • ***Mangiare la foglia***, nel linguaggio familiare, accorgersi di un inganno • ***Tremare come una foglia***, avere molta paura.

fogliame (fo-glià-me) N.M. · L'insieme delle foglie di una pianta: *gli uccelli si nascondono nel fogliame dell'olmo.*

Fogliame è un nome collettivo: indica tante foglie, ma è un sostantivo singolare.

foglio (fò-glio) N.M. (pl. *-gli*) **1** Pezzo di carta rettangolare, di vario formato secondo l'uso cui è destinato: *un foglio da disegno.* **2** Strato sottile di vario materiale: *un foglio di compensato, di lamiera.* **3** Documento, attestato rilasciato da un'autorità pubblica: *leggere, compilare un foglio.* E ***Foglio di via***, documento con cui la polizia dispone di rimandare nel comune d'origine persone sospette o ritenute pericolose • ***Foglio rosa***, autorizzazione temporanea alla guida di un autoveicolo rilasciata a chi ha fatto domanda per ottenere la patente di guida.

fogna (fó-gna) N.F. **1** Canale sotterraneo per la raccolta e l'eliminazione delle acque piovane e di rifiuto S cloaca. **2** Ambiente sudicio, ripugnante: *finalmente si è tolta da quella fogna.*

fognatura (fo-gna-tù-ra) N.F. · L'insieme delle condutture per scaricare e allontanare le acque piovane e di rifiuto dalle aree abitate.

foiba (fòi-ba) N.F. **1** Depressione a forma d'imbuto, sul cui fondo si apre una spaccatura che assorbe le acque; è diffusa nella zona del Carso. **2** AL PL. Fosse comuni per le vittime di rappresaglie e di assassini politici a opera soprattutto dei partigiani della Iugoslavia alla fine della seconda guerra mondiale.

folata (fo-là-ta) N.F. · Soffio impetuoso e improvviso di vento: *la porta si è chiusa per una folata di vento* S raffica, ventata.

folclore (fol-cló-re) N.M. · L'insieme delle tradizioni popolari di un luogo e delle loro manifestazioni, ovvero usi, costumi, leggende, proverbi, ecc.: *ho assistito a uno spettacolo di folclore sardo.*

Il termine deriva da due parole di origine sassone *folk* 'popolo' e *lore* 'dottrina'; la parola è stata usata per la prima volta nel 1846 per indicare lo studio scientifico delle tradizioni popolari.

folcloristico (fol-clo-rì-sti-co) AGG. (pl.m. *-ci*, pl.f. *-che*) · Che riguarda le tradizioni di un popolo o di un luogo: *i canti folcloristici delle valli alpine.*

folgorare (fol-go-rà-re) V.TR. (*fólgoro*, ecc.) **1** Colpire con un fulmine o con una scarica elettrica: *fu folgorato da una scarica elettrica* S fulminare. **2** Lanciare un'occhiata di avvertimento: *lo folgorò* **con** *lo sguardo.* **3** Provocare un improvviso e ammirato stupore: *la bellezza di quella donna mi ha folgorato* S colpire, impressionare. **4** Provocare un'intuizione improvvisa: *fu folgorato da un'idea.*

folgorazione (fol-go-ra-zió-ne) N.F. **1** In medicina, l'insieme degli effetti prodotti su un organismo da un fulmine o da una forte scarica elettrica. **2** Intuizione improvvisa: *ebbe una folgorazione e riuscì a risolvere quel caso complicato.*

folgore (fól-go-re) N.F. · Forte scarica elettrica: *una folgore colpì la casa* S fulmine.

folk (pronuncia *fólk*) AGG. INGL., in it. AGG. INVAR. · Popolare, detto soprattutto di espressioni musicali: *un cantante folk.*

folklore (fol-kló-re) → ***folclore***.

folkloristico (fol-klo-rì-sti-co) → ***folcloristico***.

folla (fòl-la) N.F. **1** Insieme di persone: *si persero tra la folla* S moltitudine, massa. **2** Massa confusa e opprimente: *una folla di ricordi* S mucchio.

Folla è un nome collettivo: indica tante persone, ma è un sostantivo singolare.

folle (fòl-le) AGG. e N.M. e F. || AGG. e N.M. e F. Che, chi è spinto o motivato da una visione deformata della realtà: *è riuscito nella sua folle impresa; un folle ha dato fuoco alla casa* S pazzo. || AGG. Eccessivo, sconsiderato, smisurato: *spese folli; un amore folle.* E ***In folle***, di motore di veicolo acceso e senza marcia inserita: *mettere in folle.* ▸▸

Il termine deriva dal latino *follis* 'mantice, sacco di cuoio, pallone', come simbolo di testa vuota.

folleggiare (fol-leg-già-re) V.INTR. (*folléggio*, ecc.; aus. *avere*) · Darsi alla pazza gioia: *abbiamo folleggiato tutta la notte* Ⓢ divertirsi, spassarsela.

follemente (fol-le-mén-te) AVV. **1** In modo folle, sconsiderato: *quando è arrabbiato agisce follemente.* **2** Moltissimo, alla follia: *i miei genitori sono follemente innamorati.*

F

folletto (fol-lét-to) N.M. · Essere fiabesco, piccolo e astuto, che opera con magie a danno o a vantaggio dell'uomo.

follia (fol-lì-a) N.F. (pl. *-lìe*) **1** Perdita di ogni forma di giudizio: *fu colto da un impeto di follia* Ⓢ pazzia. **2** Azione o discorso privo di giudizio: *è una follia uscire in barca con questo tempo.* Ⓔ ***Alla follia***, moltissimo: *dice che mi ama alla follia* • ***Fare follie***, essere disposto a tutto: *ha fatto follie per vedere quel concerto.*

follicolo (fol-lì-co-lo) N.M. · In anatomia, piccola cavità a forma di sacco: *follicolo ovarico*, quello che contiene la cellula uovo.

folto (fól-to) AGG. e N.M. || AGG. **1** Molto fitto: *una folta capigliatura* Ⓢ spesso Ⓒ rado. **2** Molto numeroso, abbondante, nutrito: *alla gara ha partecipato un folto gruppo di ciclisti.* || N.M. La zona in cui più fitti ed evidenti sono gli ostacoli o i pericoli: *si addentrò nel folto del bosco.*

fomentare (fo-men-tà-re) V.TR. (*foménto*, ecc.) · Provocare passioni o azioni dannose o negative: *fomentare l'odio, disordini* Ⓢ eccitare, istigare.

fon (pronuncia *fòn*) N.M. INVAR. · Apparecchio elettrico che asciuga i capelli con aria calda: *ricordati di mettere il fon in valigia* Ⓢ asciugacapelli.

fonda (fón-da) N.F. · Tratto di mare dove si possono ancorare le navi. Ⓔ ***Alla fonda***, di nave ancorata lontano dalla riva.

fondale (fon-dà-le) N.M. **1** L'altezza della superficie del mare o di un lago rispetto al fondo: *un fondale basso non permette ai battelli di navigare.* **2** La decorazione dipinta sulla tela di fondo del palcoscenico.

fondamenta (fon-da-mén-ta) N.F.PL. · Ciascuna delle strutture murarie su cui si costruisce e su cui poggia un edificio: *le fondamenta di un palazzo.* Ⓔ ***Gettare le fondamenta*** → ***gettare***.

fondamentale (fon-da-men-tà-le) AGG. **1** Che rappresenta la base di qualcosa: *le nozioni fondamentali di una scienza* Ⓢ essenziale Ⓒ accessorio. **2** Di grandissima importanza: *è fondamentale che ci sia anche tu alla mia festa* Ⓢ principale, primario.

fondamentalismo (fon-da-men-ta-lì-ṣmo) N.M. · Posizione religiosa o politica molto conservatrice e rigorosa: *il fondamentalismo religioso non accetta la diversità* Ⓢ integralismo.

fondamento (fon-da-mén-to) N.M. · La parte o l'elemento più importante di qualcosa: *il rispetto è uno dei fondamenti del vivere civile* Ⓢ base, principio. Ⓔ ***Privo di fondamento*** o ***senza fondamento***, infondato, inconsistente: *questa notizia è priva di fondamento; è un discorso senza fondamento.*

fondare (fon-dà-re) V.TR. (*fóndo*, ecc.) || TR. **1** Gettare le fondamenta di una costruzione: *fondare un edificio; Romolo ha fondato Roma* Ⓢ costruire, edificare. **2** Dar vita: *fondare un partito, un'associazione* Ⓢ istituire. **3** Basare, appoggiare, imperniare: *fondare un'accusa **su** prove certe.* || **fondarsi** INTR. PRONOM. Basarsi, poggiarsi: *la tua ipotesi si fonda **su** un ragionamento sbagliato.*

fondatezza (fon-da-téz-za) N.F. · Certezza e validità di qualcosa: *dimostrare la fondatezza di una tesi* Ⓒ infondatezza.

fondato (fon-dà-to) AGG. · Valido, certo, solido: *i suoi sospetti sono fondati* Ⓒ infondato.

fondatore (fon-da-tó-re) N.M. (f. *-trìce*) · Chi promuove la nascita di un'organizzazione o formula una teoria: *il fondatore di un ospedale* Ⓢ promotore.

fondazione (fon-da-zió-ne) N.F. **1** Costruzione, istituzione, nascita: *la fondazione di un partito.* **2** Istituzione privata con fini sociali o culturali, spesso senza scopo di lucro: *la Fondazione Toscana Spettacolo promuove il teatro nella regione.*

fondente (fon-dèn-te) AGG. · Di sostanza che si scioglie o fonde facilmente. E ***Cioccolato fondente*** → *cioccolato*.

fondere (fón-de-re) V.TR. e INTR. (irreg.: ind. pres. *fóndo*, ecc.; pass. rem. *fùṣi*, *fondésti*, *fùṣe*, *fondémmo*, *fondéste*, *fùṣero*; part. pass. *fùṣo*) || TR. **1** Far passare dallo stato solido a quello liquido: *fondere il ghiaccio, la cera* S liquefare, sciogliere C solidificare. **2** Di metalli o leghe metalliche, sottoporre a fusione, facendo colare in apposite forme: *fondere un lingotto d'oro, una statua di bronzo.* **3** Riunire in un tutt'uno: *fondere due società* S unificare, accorpare. || INTR. (aus. *avere*) e **fondersi** INTR. PRONOM. Passare allo stato liquido: *il ghiaccio fonde* ***al*** *sole; la cera si sta fondendo.* || **fondersi** INTR. PRONOM. Unirsi, mescolarsi: *la sua azienda si è fusa* ***con*** *un'impresa straniera.*

fonderia (fon-de-rì-a) N.F. (pl. *-rìe*) · Stabilimento per la fusione dei metalli: *lavora in una fonderia.*

fondiario (fon-dià-rio) AGG. (pl.m. *-ri*, pl.f. *-rie*) · Che riguarda i beni immobili, ovvero terreni e case: *patrimonio fondiario.*

fondina (fon-dì-na) N.F. · Custodia di cuoio o di tela per la pistola: *si allacciò la fondina alla cintura.*

fondista (fon-dì-sta) N.M. e F. (pl.m. *-i*, pl.f. -e) · Atleta specializzato in gare sulla lunga distanza.

fondivalle (fon-di-vàl-le) · Plurale → ***fondovalle***.

fondo[1] (fón-do) AGG. · Profondo, alto: *in questo punto l'acqua è più fonda.* E ***A notte fonda*** → ***notte*** • ***Piatto fondo*** → ***piatto***[2].

fondo[2] (fón-do) N.M. **1** La parte più bassa di un recipiente o di una cavità: *il fondo di una bottiglia; il fondo del mare* C cima. **2** Estremità inferiore: *il fondo dei pantaloni; il fondo della pagina.* **3** Residuo, avanzo: *scolare il fondo di un bicchiere.* **4** La parte più interna e profonda di qualcosa: *il fondo del cassetto; nel fondo del cuore non è cattivo.* **5** La parte più lontana rispetto all'osservatore: *ha costruito un'altalena in fondo al cortile.* **6** In pittura, il colore su cui risaltano le figure: *dipinse un ritratto su fondo oro* S sfondo. **7** Conclusione definitiva: *ho letto il libro fino al fondo* S fine, termine. **8** ***Articolo di fondo***, il primo a sinistra della pagina di un giornale che riporta l'opinione della redazione sull'argomento del giorno. **9** Gara che si svolge su lunghe distanze e richiede doti notevoli di resistenza: *ciclismo di fondo.* E ***A fondo***, perfettamente, molto bene: *ha studiato a fondo l'argomento* • ***Andare a fondo*** → ***andare*** • ***Andare fino in fondo*** o ***andare in fondo*** o ***andare a fondo*** → ***andare*** • ***Dare fondo a qualcosa***, consumarlo, esaurirlo: *dare fondo alle provviste; dare fondo a un argomento* • ***Fondi di magazzino***, la merce non venduta • ***Fondo stradale***, la superficie della strada: *stanno rifacendo il fondo stradale* • ***In fondo***, alla fine, tutto sommato: *in fondo non hai tutti i torti* • ***Sci di fondo*** → ***sci*** • ***Senza fondo***, che non si sazia mai: *sei davvero senza fondo*; ***pozzo senza fondo***, chi mangerebbe sempre • ***Toccare il fondo*** → ***toccare***.

fondo[3] (fón-do) N.M. **1** Proprietà terriera, destinata soprattutto a uso agricolo: *possiede un fondo coltivato a grano* S podere. **2** Bene immobile, ovvero edificio o terreno: *ha ereditato dei fondi in Francia.* **3** AL PL. Patrimonio o somma di denaro di cui dispone una persona, una società o un ente: *il giornale ha sospeso le pubblicazioni per mancanza di fondi.* E ***A fondo perduto***, di versamento di denaro, senza garanzia di restituzione: *ha ottenuto un prestito a fondo perduto.*

fondocampo (fon-do-càm-po) N.M. INVAR. · Ciascuna delle due estremità del campo da calcio o da tennis: *fare un cross da fondocampo.* ▸ Ⓕ **campo**

fondotinta (fon-do-tìn-ta) N.M. INVAR. · Prodotto cosmetico di colore rosa-beige che si stende sul viso prima del trucco per rendere la pelle omogenea e compatta: *fondotinta fluido, cremoso, compatto.*

fondovalle (fon-do-vàl-le) N.M. (pl. *fondivàlle*) · La parte più bassa di una valle.

fonema (fo-nè-ma) N.M. (pl. *-i*) · In linguistica, suono utilizzato nella formazione delle parole: *sostituendo con "b" il fonema iniziale di "gare" si ottiene la parola "bare".*

fonetica (fo-nè-ti-ca) N.F. (pl. *-che*) · Parte della linguistica che studia i suoni con cui si pronunciano le parole di una lingua.

fonetico (fo-nè-ti-co) AGG. (pl.m. *-ci*, pl.f. *-che*) · Che riguarda i suoni di una lingua. Ⓔ ***Alfabeto fonetico***, alfabeto che fa corrispondere a ogni suono un solo segno caratteristico.

-fonia · Secondo elemento di parole composte che significa 'voce, suono': *radiofonia*; *telefonia*.

fonico (fò-ni-co) AGG. e N.M. (f. *-a*; pl.m. *-ci*, pl.f. *-che*) || AGG. Che riguarda il suono e il modo di pronunciare i suoni di una lingua. || N.M. (f. *-a*) Chi si occupa di registrare suoni per film, trasmissioni televisive e simili.

-fonico · Secondo elemento di parole composte, formate modernamente, per lo più derivate da sostantivi in *-fono* e in *-fonia*.

fono- e **-fono** · Primo e secondo elemento di parole composte che significa 'voce, suono': *fonologia*, lo studio dei suoni; *afono*, privo di voce.

fonografo (fo-nò-gra-fo) N.M. · Apparecchio che riproduce i suoni incisi su un disco Ⓢ giradischi, grammofono.

fonologia (fo-no-lo-gì-a) N.F. (pl. *-gìe*) **1** Lo studio dei fonemi di una lingua o di un dialetto. **2** Il sistema dei fonemi propri di una lingua o di un dialetto: *la fonologia inglese*.

font (pronuncia *fònt*) N. INGL., in it. N.M. O F. INVAR. · Carattere usato per la stampa: *scegliere un font*.

fontana (fon-tà-na) N.F. · Costruzione, spesso di tipo ornamentale, che serve a distribuire l'acqua proveniente da una sorgente o dall'acquedotto: *Roma è piena di fontane antiche*.

> Il termine deriva dal latino tardo *(aqua) fontana* 'acqua di fonte'.

fontanella (fon-ta-nèl-la) N.F. **1** Piccola fontana, spesso a forma di colonna, situata in luogo pubblico: *beveva alla fontanella del parco*. **2** Nome delle membrane che collegano le ossa del cranio in via di sviluppo: *i neonati hanno la fontanella ancora aperta*.

fontanile (fon-ta-nì-le) N.M. · Sorgente d'acqua che sgorga naturalmente dal terreno Ⓢ risorgiva.

fonte (fón-te) N.F. e M. || N.F. **1** Getto d'acqua continuo: *ha attinto acqua alla fonte*; *ho bevuto a una fonte di montagna* Ⓢ sorgente. **2** Principio da cui qualcosa deriva o proviene: *quella notizia era una fonte di speranza*; *il vento è una preziosa fonte di energia* Ⓢ origine, causa. **3** Persona o documento che fornisce informazioni attendibili e di prima mano: *l'ho saputo da fonte certa*; *non intendo rivelare le mie fonti* • Nelle discipline storiche, elemento che documenta qualcosa: *fonti scritte, orali*. || N.M. ***Fonte battesimale***, la vasca che contiene l'acqua per il battesimo: *il prete immerse il bambino nel fonte battesimale*.

football (foot-ball; pronuncia *fùtbol*) N. INGL., in it. N.M. INVAR. · Gioco del calcio. Ⓔ ***Football americano***, quello originario degli Stati Uniti e oggi diffuso anche in Italia, che si gioca con palla ovale su un campo da rugby tra due squadre di undici giocatori.

footing (foo-ting; pronuncia *fùtin*) N. INGL., in it. N.M. INVAR. · Corsa o marcia su strada in cui si alternano scatti di velocità a esercizi ginnici; è praticata come allenamento o per il solo benessere fisico: *ogni sera faccio un'ora di footing al parco*.

foraggio (fo-ràg-gio) N.M. (pl. *-gi*) · Qualsiasi alimento per il bestiame domestico.

forare (fo-rà-re) V.TR. (*fóro*, ecc.) || TR. Passare da una parte all'altra con un arnese o con un'arma: *il controllore forò il biglietto del treno*; *la pallottola* ***gli*** *aveva forato l'elmetto* Ⓢ bucare, perforare. || **forarsi** INTR. PRONOM. Rompersi in modo da presentare uno o più fori: *la tenda si è forata in più punti*. Ⓔ ***Forare (una gomma)***, subire la foratura di uno pneumatico: *ha forato a pochi metri da casa*.

foratura (fo-ra-tù-ra) N.F. · La realizzazione o la presenza di uno o più fori: *sono state fatte delle forature nei tubi di scarico* • Buco nella camera d'aria di uno pneumatico provocato da un oggetto appuntito: *il gommista ha riparato la foratura*.

forbice (fòr-bi-ce) N.F. **1** AL PL. Strumento che serve per tagliare, formato da due lame appuntite d'acciaio, incrociate e collegate da un perno, provviste di anelli in cui si infilano le dita: *forbici da sarto, da giardiniere, da parrucchiere.* **2** Differenza, divario: *la forbice tra ricchi e poveri si sta allargando.*

forbito (for-bi-to) AGG. · Elegante, raffinato, ricercato: *è molto forbito **nel** parlare.*

forca (fór-ca) N.F. (pl. *-che*) **1** Attrezzo agricolo per spostare il fieno o la paglia, formato da un manico di legno che termina con due punte di legno o di metallo. **2** Strumento per impiccare i condannati, in genere costituito da due pali verticali che ne sostengono un terzo orizzontale da cui pende la corda: *condannare alla forca; morire sulla forca* Ⓢ patibolo.

forcella (for-cèl-la) N.F. **1** Elemento a forma di Y che serve a collegare due punti di sostegno con un punto di attacco: *la forcella della bicicletta, della fionda.* **2** Forcina: *mise una forcella tra i capelli.*

forchetta (for-chét-ta) N.F. · Tipo di posata che termina con due o più punte, per portare alla bocca i cibi solidi. Ⓔ ***Una buona forchetta***, nel linguaggio familiare, persona che ama mangiare, buongustaio.

forcina (for-ci-na) N.F. · Tipo semplice di fermaglio per capelli, formato da un pezzo più o meno sottile di metallo o di materiale plastico, ripiegato in due: *la nonna si acconcia i capelli con le forcine.*

forcone (for-có-ne) N.M. · Attrezzo formato da un manico di legno che termina con un ferro munito di punte, usato soprattutto per spostare fieno, paglia, letame.

foresta (fo-rè-sta) N.F. · Insieme di alberi, in genere d'alto fusto, che ricopre una vasta superficie di terreno: *ci perdemmo nella foresta* Ⓢ bosco.

Il termine deriva dal latino *forestis (silva)* 'bosco esterno'.

forestale (fo-re-stà-le) AGG. · Che riguarda le foreste: *scienze forestali.* Ⓔ ***Corpo forestale*** (o *la Forestale* N.F.), le guardie che si occupano della tutela dei boschi.

foresteria (fo-re-ste-rì-a) N.F. (pl. *-rìe*) · Insieme delle stanze usate per ospitare persone di passaggio, soprattutto nei conventi o nei collegi.

forestiero (fo-re-stiè-ro) AGG. e N.M. (f. *-a*) · Che, chi proviene da un'altra nazione, regione o città: *dall'accento si capisce che è forestiero; la città è piena di forestieri* Ⓢ straniero.

forfait[1] (for-fait; pronuncia *forfè*) N.M. FR., in it. N.M. INVAR. · Accordo di compenso globale, basato su una valutazione complessiva del lavoro, al di là della sua frequenza e dei prezzi di mercato: *per quel lavoro abbiamo stabilito un forfait; ho un contratto a forfait.*

forfait[2] (for-fait; pronuncia *forfè*) N.M. FR., in it. N.M. INVAR. · Rinuncia a partecipare a una competizione sportiva cui il concorrente o la squadra avevano aderito; equivale al riconoscimento della vittoria dell'avversario. Ⓔ ***Dare forfait*** o ***dichiarare forfait***, abbandonare una competizione lasciando la vittoria all'avversario: *il tennista ha dato forfait per un problema al polso;* in senso figurato, rinunciare a una possibilità di riuscita: *dopo mesi di lavoro, ha dichiarato improvvisamente forfait.*

Il termine deriva dall'inglese *forfeit* 'perdita, penalità'; in origine la parola indicava la somma che doveva pagare, come penalità, chi decideva di ritirare il proprio cavallo da una corsa all'ultimo momento.

forfora (fór-fo-ra) N.F. · Distacco di piccole squame di pelle, frequente sul cuoio capelluto, vicino alla radice dei capelli: *uso un ottimo shampoo contro la forfora.*

forgia (fòr-gia) N.F. (pl. *-ge*) · Apparecchio usato dal fabbro per riscaldare il metallo Ⓢ fucina.

forgiare (for-già-re) V.TR. (*fòrgio*, ecc.) **1** Lavorare a caldo un metallo: *forgiare l'acciaio; forgiare un ferro di cavallo.* **2** Formare, plasmare, educare: *quell'esperienza lo aveva forgiato.*

foriero (fo-riè-ro) AGG. e N.M. (f. *-a*) · Che, chi annuncia o precede qualcosa: *questo vento è foriero **di** tempesta* Ⓢ messaggero, portatore.

Il termine deriva dal francese *fourrier* 'colui che si occupa del foraggio', passato poi a indicare l'ufficiale con l'incarico di precedere il principe e il suo seguito per provvedere al vitto e all'alloggio.

F

forma (fór-ma) N.F. **1** L'aspetto con cui un oggetto si presenta esteriormente: *forma quadrata, circolare; la forma di un foglio, di un vassoio.* **2** AL PL. Il corpo umano, considerato nella sua struttura: *forme snelle, slanciate; quel vestito le metteva in risalto le forme* Ⓢ corporatura, costituzione. **3** Struttura organizzativa: *forma di governo repubblicana; la forma democratica di uno Stato.* **4** Modo di essere, di presentarsi o di svolgersi: *il tumore ha forma benigna; la cerimonia si tenne in forma privata.* **5** Modo di comportarsi o di esprimersi nei rapporti sociali: *si rivolse a me in forma educata* Ⓢ modi (PL.) • Aspetto esteriore: *salviamo almeno la forma* Ⓢ esteriorità, apparenza. **6** Genere, stile: *nuove forme d'arte, di poesia.* **7** In grammatica, aspetto morfologico di una parola: *la forma attiva, passiva del verbo; "bella" è la forma femminile di "bello".* **8** Recipiente o modello usato per modellare la materia o la sostanza cui venga applicato o che vi venga versata: *una forma per scarpe, per dolci; colò il metallo in una forma quadrata.* **9** Il recipiente in cui si mette il latte per ottenere il formaggio; il formaggio così ottenuto: *una forma di pecorino, di parmigiano.* **10** L'insieme delle condizioni fisiche e mentali che consentono il massimo rendimento: *essere in forma, giù di forma; faccio sport per rimettermi in forma.* Ⓔ ***A forma di*** o ***in forma di*** o ***sotto forma di***, con l'aspetto di: *ho un paio di orecchini a forma di stella; l'articolo è scritto in forma di dialogo* • ***Peso forma***, il peso ideale di una persona • ***Prendere forma***, assumere consistenza, definirsi: *il progetto cominciava a prendere forma.*

formaggiera (for-mag-giè-ra) (o **formaggera**) N.F. · Recipiente per servire in tavola il formaggio grattugiato.

formaggino (for-mag-gì-no) N.M. · Formaggio cremoso confezionato in piccole porzioni di varia forma.

formaggio (for-màg-gio) N.M. (pl. *-gi*) · Alimento che si ricava facendo coagulare il latte o la crema: *lo stracchino è il mio formaggio preferito.*

Il termine deriva dal latino medievale *formaticum* '(cacio) messo in forma', che viene a sua volta da *forma* nel significato di 'stampo'.

formale (for-mà-le) AGG. **1** Che riguarda l'aspetto esteriore: *quel regista è un maestro di perfezione formale* • Che tiene conto solo della forma esteriore: *il suo gesto di cortesia era puramente formale.* **2** Esplicito, ufficiale: *fece una richiesta formale di rimborso* Ⓒ informale.

formalismo (for-ma-lì-ṣmo) N.M. **1** Cura eccessiva della forma, rigido rispetto delle convenzioni: *lasciamo stare i formalismi, siamo tra amici.* **2** Teoria estetica che stabilisce il valore di un'opera d'arte sulla base delle sue caratteristiche formali, ovvero il suono, il colore, lo stile, ecc.

formalità (for-ma-li-tà) N.F. INVAR. **1** Modo di agire stabilito da una norma: *per avere quel documento devo compiere tutte le formalità fissate dalla legge* Ⓢ procedura. **2** Rispetto delle convenzioni sociali: *si è complimentato con me per pura formalità* Ⓢ forma.

formalizzare (for-ma-liẓ-ẓà-re) V.TR. || TR. Rendere formale, ufficiale: *formalizzare una richiesta, una candidatura* Ⓢ ufficializzare. || **formalizzarsi** INTR. PRONOM. **1** Risentirsi per il mancato rispetto di certe convenzioni sociali: *non è il caso di formalizzarsi **per** così poco* Ⓢ scandalizzarsi. **2** Comportarsi in modo molto formale: *togliti pure la giacca, **con** me non devi formalizzarti.*

formalmente (for-mal-mén-te) AVV. **1** In modo chiaro, esplicito: *mi ha formalmente invitato a partecipare al congresso.* **2** Ufficialmente: *dichiaro formalmente aperta la seduta.*

formare (for-mà-re) V.TR. (*fórmo*, ecc.) || TR. **1** Modellare o comporre dando una forma: *formare un vaso con l'argilla; i bambini si dispongono a formare un cerchio.* **2** Far nascere: *formare un governo, una squadra* Ⓢ costituire, istituire. **3** Costituire con l'unione o la disposizione di elementi diversi: *formare una frase.* **4** Educare, forgiare, plasmare: *formare un atleta; certe esperienze formano il carattere.* || **formarsi** TR. PRONOM. Sviluppare con il ragionamento: *formarsi un'opinione.* || **formarsi**

INTR. PRONOM. **1** Prendere forma, acquistare consistenza: ***sulla*** *strada si è formato il ghiaccio* Ⓢ crearsi, prodursi. **2** Crescere, svilupparsi: ***dal*** *seme si forma la pianta.* **3** Maturare nel corpo o nella mente: *è un pianista che si è formato* ***al*** *conservatorio.*

format (for-mat; pronuncia *fòrmat*) N. INGL., in it. N.M. INVAR. · Lo schema di una trasmissione televisiva o radiofonica, spesso rivenduto a emittenti di altre nazioni: *mi piace il format del nuovo programma di musica che danno in tv.*

formativo (for-ma-tì-vo) AGG. · Che forma l'educazione e la personalità: *studi formativi; un'esperienza formativa.*

formato (for-mà-to) N.M. · Forma e dimensioni di un oggetto: *una scatola di biscotti formato famiglia; il formato di un libro; una foto formato tessera* Ⓢ misura, dimensione.

formattare (for-mat-tà-re) V.TR. **1** Preparare un supporto di memoria in modo che sia in grado di ricevere e immagazzinare dati da un computer: *formattare un hard disk.* **2** Impaginare un testo al computer: *mia sorella ha formattato la sua tesi di laurea.*

formattazione (for-mat-ta-zió-ne) N.F. **1** Operazione con cui si prepara un supporto magnetico per memorizzare dei dati. **2** Impaginazione di un testo al computer.

formazione (for-ma-zió-ne) N.F. **1** Acquisizione di una certa forma materiale o spirituale: *la formazione delle rocce; la formazione della personalità* • Nascita, costituzione, creazione: *è stata annunciata la formazione di un nuovo partito.* **2** La maturazione intellettuale e morale di un individuo: *la scuola è fondamentale per la formazione dei giovani* Ⓢ educazione, preparazione. **3** La disposizione degli uomini e dei mezzi prima o durante una battaglia: *l'esercito avanzava in una formazione a rombo* Ⓢ schieramento. **4** Schieramento con cui una squadra scende in campo per una gara: *una formazione di attacco* • La squadra stessa e i nomi dei giocatori che la compongono: *l'allenatore ha comunicato la formazione ai giornalisti.*

-forme · Secondo elemento di parole composte che significa 'che ha forma': *filiforme,* che ha la forma di un filo; *multiforme,* che ha più forme.

formella (for-mèl-la) N.F. **1** Riquadro di varia forma e materiale su cui sono scolpite figure o motivi ornamentali: *le formelle in bronzo delle porte del Battistero di Firenze.* **2** Mattonella per pavimenti o per rivestimenti: *una formella di marmo.*

formica (for-mì-ca) N.F. (pl. *-che*) **1** Insetto a sei zampe organizzato in società, vive in nidi scavati nel terreno o nel legno. **2** Persona operosa e prudente che agisce tenendo conto di eventuali necessità o difficoltà future, con riferimento alla favola di Esopo Ⓒ cicala.

formicaio (for-mi-cà-io) N.M. (pl. *-cài*) **1** Nido di formiche: *ho trovato un formicaio sotto un vaso del terrazzo.* **2** Insieme di persone in movimento: *al mercato c'era un vero formicaio.*

formichiere (for-mi-chiè-re) N.M. · Mammifero dell'America centrale e meridionale, con testa molto allungata e bocca stretta dalla lunga lingua, con cui cattura formiche e termiti di cui si nutre.

formicolare (for-mi-co-là-re) V.INTR. (*formìcolo*, ecc.) **1** (aus. *avere*) Muoversi in gran numero e in molte direzioni: *la folla formicolava per le strade* • Di luogo, riempirsi di persone o cose in movimento: *la piazza formicola* ***di*** *gente* Ⓢ brulicare. **2** (aus. *essere*) Dare una sensazione di formicolio: ***mi*** *formicola un piede.*

formicolio (for-mi-co-lì-o) N.M. (pl. *-lii*) **1** Movimento confuso: *in piazza c'era un gran formicolio di gente* Ⓢ brulichio. **2** Sensazione fastidiosa di solletico, dovuta soprattutto a cause circolatorie: *mi sono svegliata con un formicolio al piede destro.*

formidabile (for-mi-dà-bi-le) AGG. **1** Fuori del comune, straordinario, eccezionale: *una formidabile forza di volontà.* **2** Tanto forte e potente da incutere paura: *un esercito formidabile.*

formoso (for-mó-so) AGG. · Che ha forme armoniose e piene: *braccia bianche e formose; una ragazza formosa* Ⓢ florido.

formula (fòr-mu-la) N.F. **1** Espressione fissa, imposta dalla norma o consacrata dalla tradi-

A B C D E F G H I J K L M N O P Q R S T U V W X Y Z

zione: *formula magica; formula di saluto.* **2** Nelle scienze matematiche, fisiche e naturali, nome convenzionale, spesso espresso in simboli, dato a una relazione o a un rapporto tra elementi: *formula chimica, algebrica.* **3** L'insieme di ingredienti che entrano in certe dosi in una composizione, soprattutto cosmetica o medicinale: *la nuova formula della crema contro l'invecchiamento è segreta.* **4** L'insieme dei principi su cui si fonda un movimento, un organismo o un'attività: *la formula di governo del centro-sinistra; una nuova formula di finanziamento* Ⓢ modello, schema. **5** Nell'automobilismo, ciascuna delle categorie in cui sono suddivise le automobili da corsa: *una Ferrari di Formula Uno.* Ⓔ ***Assolvere con formula piena***, in un processo, dichiarare l'imputato innocente perché non ha commesso il fatto o perché il fatto non è un reato.

formulare (for-mu-là-re) V.TR. (*fòrmulo*, ecc.) **1** Esprimere in modo compiuto e corretto: *sono state formulate varie ipotesi sul fenomeno* Ⓢ elaborare. **2** Esprimere con una formula: *formulare una proposta di acquisto.*

formulazione (for-mu-la-zió-ne) N.F. · Chiara espressione di un pensiero in parole o per scritto: *la formulazione di un quesito* • Il testo che ne risulta: *questa formulazione è poco chiara.*

fornace (for-nà-ce) N.F. **1** Opera in muratura usata per la cottura di materiali da costruzione. **2** Luogo oppresso da un caldo soffocante: *questa stanza è una fornace.*

fornaio (for-nà-io) N.M. (f. *-a*; pl.m. *-nài*, pl.f. *-nàie*) · Chi prepara e vende il pane.

fornello (for-nèl-lo) N.M. · Apparecchio usato in casa per riscaldare e cuocere; funziona con diversi tipi di combustibile: *fornello a gas; mettere la caffettiera sul fornello.*

fornire (for-ni-re) V.TR. (*fornìsco, fornìsci*, ecc.) || TR. **1** Dare ciò che è utile o necessario: *fornire viveri, aiuti; la natura lo ha fornito* ***di*** *un talento eccezionale.* **2** Dare come prodotto: *le mucche forniscono il latte* Ⓢ produrre. **3** Esibire, mostrare: *ha fornito i documenti* ***al*** *poliziotto.* || **fornirsi** RIFL. Dotarsi di quanto serve: *si fornirono* ***di*** *provviste per il viaggio; devi fornirti* ***di*** *molta pazienza.*

fornitore (for-ni-tó-re) N.M. e AGG. (f. *-trice*) · Di industriale o commerciante che fornisce di certi prodotti un negozio, un ufficio o un privato: *si serve da anni dello stesso fornitore di fiducia; la ditta fornitrice chiuderà per ferie.*

fornitura (for-ni-tù-ra) N.F. **1** L'insieme dei prodotti necessari a completare o a far funzionare qualcosa: *forniture sanitarie; forniture militari.* **2** Quantità di merce fornita: *una fornitura di carne, di carbone.*

forno (fór-no) N.M. **1** Impianto che può essere riscaldato fino a temperature molto alte, necessarie alla cottura del pane e di altri cibi: *accendere, spegnere il forno; agnello cotto in forno.* **2** La bottega del fornaio: *il forno era pieno di clienti* Ⓢ panificio, panetteria. **3** Impianto industriale per la cottura, la fusione e la lavorazione di vari materiali. **4** Ambiente caldo e soffocante: *quella stanza era un forno* Ⓢ fornace. Ⓔ ***Forno a microonde*** → **microonda**.

foro[1] (fó-ro) N.M. **1** Apertura più o meno regolare, in genere tonda e di dimensioni limitate: *dovrei fare un altro foro nella cintura* Ⓢ buco. **2** Ferita provocata da un'arma: *la vittima presentava un foro di proiettile alla gamba.*

foro[2] (fò-ro) N.M. **1** Il centro commerciale, amministrativo e culturale delle antiche città romane: *a Roma ho visitato i fori imperiali* • Oggi, grande complesso monumentale urbano: *il foro italico fu costruito in epoca fascista.* **2** Il luogo in cui si trova il giudice che ha la competenza di un certo territorio e di certe cause: *in caso di ricorso il foro competente è quello di Milano* Ⓢ tribunale.

-foro · Secondo elemento di parole composte che significa 'che porta, che produce': *semaforo*, apparecchio che produce un segnale.

forra (fór-ra) N.F. · Gola stretta e profonda tra due monti, sul fondo della quale scorre un corso d'acqua.

forse (fór-se) AVV. · Indica il dubbio, la probabilità o un'approssimazione: *forse è lui il colpevole; forse è già arrivato; ci sarà forse un chi-*

lometro. **E** ***In forse,*** in dubbio: *la partenza è stata in forse fin all'ultimo minuto.*

Il termine deriva dall'espressione latina *fors sit* 'sia sorte', cioè 'si dia il caso'.

forsennato (for-sen-nà-to) AGG. e N.M. (f. *-a*) · Che, chi è caratterizzato da un insensato e violento furore: *un'ira forsennata; urlava come un forsennato* **S** folle.

forte[1] (fòr-te) AGG., N.M. e AVV. || AGG. **1** Che può sopportare facilmente uno sforzo o una difficoltà: *è un ragazzo forte come un toro; un fisico forte; ha un carattere molto forte* **S** resistente, vigoroso **C** debole. **2** Che dimostra notevoli capacità: *è molto forte **in** filosofia* **S** abile, preparato. **3** Che si manifesta con violenza: *è stata registrata una forte scossa di terremoto* **S** potente, poderoso • Che colpisce molto i sensi: *un profumo troppo forte; un suono molto forte; un forte mal di testa* **S** intenso, acuto. **4** Che dimostra durezza: *usare le maniere forti* **S** duro, severo • Che agisce in modo deciso: *governo forte* **S** energico, autoritario. || N.M. **1** La disciplina o l'attività in cui si eccelle: *la matematica non è mai stata il mio forte.* **2** Opera difensiva di limitate dimensioni che racchiude installazioni militari: *i nemici assediavano il forte* **S** fortezza. || AVV. **1** Molto, in abbondanza: *è uno che mangia forte; gli piace scommettere forte alle corse.* **2** Ad alta voce: *non parlare così forte.* **3** A grande velocità: *corre molto forte; stai andando troppo forte!* **S** velocemente **C** piano. **4** Con forza: *bussano forte alla porta; stringere forte,* con molta forza. **E** ***Farsi forte di qualcosa,*** servirsene come principale argomento a proprio vantaggio: *si fa forte della fama dei genitori* • ***Pezzo forte*** → ***pezzo*** • ***Taglie forti,*** taglie per persone dalla corporatura molto robusta.

forte[2] (fòr-te) N.M. · Opera difensiva di limitate dimensioni che racchiude installazioni militari: *gli indiani assediavano il forte* **S** fortezza.

fortemente (for-te-mén-te) AVV. **1** In modo forte e deciso: *tirò fortemente la fune verso di sé.* **2** Molto, intensamente: *desideravano fortemente la vittoria.*

fortezza (for-téz-za) N.F. **1** Capacità di reazione e di resistenza morale: *ha una fortezza d'animo eccezionale* **S** forza. **2** Costruzione fortificata formata da una cinta di mura di notevole spessore e da altre opere in muratura: *assediare una fortezza* **S** forte.

fortificare (for-ti-fi-cà-re) V.TR. (*fortìfico, fortìfichi,* ecc.) **1** Rendere forte, robusto, resistente: *la ginnastica fortifica il corpo; quell'esperienza dolorosa lo ha fortificato* **S** rafforzare, irrobustire. **2** Dotare di opere di difesa: *fortificare una città.*

fortificazione (for-ti-fi-ca-zió-ne) N.F. · L'insieme delle opere di difesa di un luogo: *munire una città di fortificazioni.*

fortilizio (for-ti-lì-zio) N.M. (pl. *-zi*) · Piccola fortezza: *assediare un fortilizio* **S** fortino.

fortino (for-ti-no) N.M. · Piccolo forte difensivo.

fortuito (for-tùi-to) AGG. · Che accade per caso: *un incontro fortuito* **S** casuale, accidentale.

fortuna (for-tù-na) N.F. **1** Causa presunta di eventi e di circostanze che non si possono spiegare con la ragione: *buona, cattiva fortuna; la fortuna ci ha favoriti* **S** destino, sorte. **2** La maggiore o minore importanza attribuita a un autore da una certa epoca: *nel Novecento Dante ha avuto notevole fortuna* **S** fama, successo. **3** Sorte favorevole, successo: *ha avuto sempre fortuna **in** amore; ho avuto un colpo di fortuna,* un beneficio inatteso **C** sfortuna • Occasione favorevole: *dopo la laurea ha avuto la fortuna di trovare subito un lavoro.* **4** Capitale, ricchezza, patrimonio: *ereditare una fortuna; in America ha fatto fortuna,* si è arricchito. **E** ***Di fortuna,*** improvvisato o di ripiego adottato in casi eccezionali o per necessità: *un atterraggio di fortuna; viaggiare con mezzi di fortuna* • ***Per fortuna,*** per buona sorte: *per fortuna il treno è arrivato in orario!*

fortunale (for-tu-nà-le) N.M. · Violenta tempesta che provoca gravi devastazioni a terra e notevoli difficoltà alla navigazione: *dopo il fortunale la spiaggia era coperta di detriti.*

fortunatamente (for-tu-na-ta-mén-te) AVV. · Per fortuna: *fortunatamente nessuno è rimasto ferito nell'incidente* **C** sfortunatamente.

fortunato (for-tu-nà-to) AGG. **1** Che ottiene prosperità e successo grazie a circostanze favorevoli: *è sempre stato fortunato **in** amore; è stato fortunato **a** trovare un buon lavoro* Ⓒ sfortunato. **2** Che ha esito favorevole: *questa impresa è stata davvero fortunata* Ⓢ felice • Che ha conseguenze positive: *il nostro è stato un incontro fortunato* Ⓢ vantaggioso, utile. **3** Che porta fortuna: *il tre è il mio numero fortunato.*

fortunoso (for-tu-nó-so) AGG. **1** Caratterizzato da una serie di imprevisti, ma a finale favorevole: *la nave affrontò una fortunosa traversata* Ⓢ avventuroso. **2** Dovuto al caso e alla fortuna: *il capitano ha segnato un gol fortunoso* Ⓢ casuale, fortuito.

F

forum (fò-rum) N.M. INVAR. **1** Riunione pubblica per discutere problemi di grande importanza: *si terrà domani il forum internazionale sul commercio.* **2** Servizio di Internet che permette di discutere on-line su un dato argomento: *sto partecipando a un forum sul fumetto giapponese.*

foruncolo (fo-rùn-co-lo) N.M. · Infiammazione della pelle con formazione di pus: *aveva la fronte piena di foruncoli* Ⓢ brufolo.

forza (fòr-za) N.F. **1** Qualità che consente o determina lo svolgersi di un'azione: *ha abbastanza forza nelle braccia per spostare l'armadio; ha una grande forza d'animo* Ⓢ vigore, energia Ⓒ debolezza. **2** Mezzo o metodo di costrizione: *ricorrere alla forza; prendere con la forza* Ⓢ violenza. **3** Manifestazione violenta: *la forza del vento, delle onde* Ⓢ furia, impeto. **4** Efficacia per uno scopo: *questo documento ha forza di legge* Ⓢ valore, validità. **5** Qualsiasi causa capace di modificare lo stato di quiete o di moto di un corpo. **6** Gruppo armato di uomini o di mezzi: *le forze di una divisione; le forze del nemico* Ⓢ truppe (PL.). **7** Gruppo politico con obiettivi comuni: *le forze politiche; le forze dell'opposizione* Ⓢ schieramento. Ⓔ ***A forza***, con la violenza: *l'ha trascinato qui a forza* • ***A forza di***, continuando con ostinata tenacia in un'attività: *a forza di provare c'è riuscito* • ***Farsi forza***, darsi coraggio, imporsi di resistere • ***Forza bruta***, quella che risiede solo nei muscoli e non è guidata dalla ragione • ***Forza centrifuga*** → *centrifugo* • ***Forza centripeta*** → *centripeto* • ***Forza di gravità*** → *gravità* • ***Forza maggiore***, circostanza che renda necessario un certo comportamento: *ti telefono solo per cause di forza maggiore* • ***Forza motrice***, quella che agisce in una macchina • ***Forza muscolare***, capacità di un muscolo di compiere un lavoro • ***Forza pubblica, forze dell'ordine***, la polizia e i carabinieri • ***Forze armate***, la marina militare, l'esercito e l'aviazione considerati nel loro complesso di uomini e armi • ***Per forza***, per obbligo: *ho dovuto partecipare per forza*; controvoglia: *sta mangiando per forza*; a tutti i costi: *è voluto venire per forza.*

> Il termine deriva da una parola del latino tardo, che viene a sua volta da *fortis* 'robusto, forte'.

forzare (for-zà-re) V.TR. (*fòrzo*, ecc.) **1** Sottoporre a una notevole pressione o a un eccessivo sforzo: *forzare una vite; forzare il motore di una macchina* • Spingere oltre la misura consueta: *forzare il ritmo di marcia; forzare l'andatura* • Aprire con la forza: *forzare una serratura.* **2** Esagerare, esasperare: *forzare il senso di una frase.* **3** Costringere con la forza: *lo hanno forzato **ad** accettare; se non vuoi uscire non ti voglio forzare* Ⓢ obbligare. Ⓔ ***Forzare i tempi***, affrettarli • ***Forzare la mano a qualcuno***, esercitare forti pressioni su di lui.

> Il termine deriva da una parola del latino tardo, che viene a sua volta da *fortis* 'robusto, forte'.

forzato (for-zà-to) AGG. e N.M. (f. *-a*) || AGG. **1** Privo di spontaneità e naturalezza: *una risata forzata* Ⓢ affettato, artificioso. **2** Dovuto a necessità, estraneo alla propria volontà: *la febbre lo costrinse a un'assenza forzata* Ⓢ involontario. **3** Imposto dalla legge, sia per necessità pubbliche sia come pena: *esilio forzato* Ⓢ obbligatorio, coatto. || N.M. (f. *-a*) Persona condannata ai lavori forzati: *i forzati furono deportati in Siberia.* Ⓔ ***Lavori forzati***, pena in cui al carcere si aggiunge l'obbligo di lavori molto pesanti • ***Marcia forzata*** → *marcia* • ***Rimozione forzata***, spostamento di vetture lasciate in sosta vietata o d'intralcio alla circolazione.

forzatura (for-za-tù-ra) N.F. **1** Interpretazione che non risponde alla realtà: *forzatura del* *senso di una frase*. **2** Alterazione voluta: *forzatura della voce*.

forziere (for-ziè-re) N.M. · Cassa molto robusta provvista di serrature, per custodirvi denaro e oggetti preziosi **S** cassa, scrigno.

forzoso (for-zó-so) AGG. · Imposto dalla legge: *prestito forzoso*.

forzuto (for-zù-to) AGG. · Che ha muscoli vistosi: *solo un uomo forzuto poteva sollevare quel peso* **S** muscoloso, forte.

foschia (fo-schì-a) N.F. (pl. *-schìe*) · Leggera diminuzione di trasparenza dell'aria, dovuta a umidità, fumo o polvere: *al mare la mattina c'è sempre un po' di foschia* **S** bruma.

fosco (fó-sco) AGG. (pl.m. *-schi*, pl.f. *-sche*) **1** Di colore grigio scuro: *un dipinto dai colori foschi; un cielo fosco* **S** cupo, scuro. **2** Minaccioso, torvo: *le rivolse uno sguardo fosco* • Cupo, triste: *pensieri foschi*. **E** ***A tinte fosche*** → ***tinta***.

fosforescente (fo-sfo-re-scèn-te) AGG. **1** Che presenta il fenomeno della fosforescenza: *sostanze fosforescenti*. **2** Che risplende nell'oscurità: *gli occhi fosforescenti del gatto* **S** luminoso.

fosforescenza (fo-sfo-re-scèn-za) N.F. · Proprietà di certi corpi di emettere radiazioni luminose per un certo periodo di tempo, dopo che sono stati illuminati.

fosforo (fò-sfo-ro) N.M. · Elemento chimico diffuso in natura sotto forma di minerali e nelle ossa degli animali; alcuni suoi composti sono impiegati come concimi, nella fabbricazione dei fiammiferi e dei fuochi d'artificio (il simbolo chimico è *P*).

> Il termine deriva dal greco *phosphóros* 'portatore di luce'.

fossa (fòs-sa) N.F. **1** Scavo nel terreno, di grandezza diversa secondo l'uso cui è destinato: *scavare le fosse per le viti, per gli ulivi* **S** buca. **2** Tomba, sepoltura: *nel cimitero sono state scavate alcune fosse*. **3** Area in cui sprofonda la crosta terrestre. **E** ***Essere con un piede nella fossa*** o ***avere un piede nella fossa***, essere vicino alla morte • ***Fossa biologica***, impianto per l'eliminazione delle acque di rifiuto anche in assenza di fognature • ***Fossa comune***, quella in cui si seppelliscono più cadaveri insieme • ***Fosse oceaniche***, stretti avvallamenti, con fianchi ripidi, del fondo degli oceani • ***Scavarsi la fossa***, essere causa della propria rovina.

fossato (fos-sà-to) N.M. **1** Canale di scolo delle acque, lungo i campi o le strade di campagna **S** canale, fossa. **2** Nelle antiche fortificazioni, scavo che seguiva all'esterno il perimetro delle opere difensive, per impedire ai nemici di avvicinarsi.

fossetta (fos-sét-ta) N.F. **1** Piccola fossa. **2** Piccola rientranza sul volto di una persona: *quando ridi ti si formano due fossette sulle guance*.

fossile (fòs-si-le) AGG. e N.M. · Di qualsiasi impronta o resto di piante o di animali conservati negli strati della crosta terrestre fino da epoche remote; spesso si tratta di avanzi o di tracce di organismi appartenuti a specie estinte: *conchiglia fossile; il ritrovamento di fossili*.

> Il termine deriva dal latino *fossilis* 'che si ottiene scavando', che viene a sua volta da *fossus*, participio passato di *fodere* 'scavare'.

fossilizzare (fos-si-liz-zà-re) V.TR. || TR. **1** Ridurre allo stato fossile: *il ghiaccio ha fossilizzato molti animali preistorici*. **2** Fissare in una certa forma, impedendo ogni ulteriore sviluppo: *l'abitudine ha fossilizzato il loro rapporto* **S** cristallizzare. || **fossilizzarsi** INTR. PRONOM. **1** Diventare fossile: *queste conchiglie si fossilizzarono alcuni milioni di anni fa*. **2** Rimanere legati a principi o a schemi del tutto superati: *vivendo così isolato finirai per fossilizzarti!* **S** irrigidirsi.

fossilizzazione (fos-si-liz-za-zió-ne) N.F. · Conservazione nella crosta terrestre di resti o di impronte di organismi vissuti nel passato: *la fossilizzazione dello scheletro di un animale preistorico*.

fosso (fòs-so) N.M. · Solco ampio e profondo per lo scolo delle acque: *gli operai scavarono un fosso per far scorrere l'acqua a valle* **S** fossato, canale. **E** ***Saltare il fosso***, prendere una decisione importante: *ha saltato il fosso e ha deciso di sposarsi*.

foto (fò-to) N.F. INVAR. · Immagine fotografica: *può farci una foto?*

foto-[1] · Primo elemento di parole composte che significa 'luce': *fotografia,* la scrittura della luce.

foto-[2] · Primo elemento di parole composte che significa 'fotografia': *fotocopia,* copia fotografica; *fotomontaggio,* montaggio fotografico.

F

fotocellula (fo-to-cèl-lu-la) N.F. · Dispositivo che, grazie all'azione della luce, produce o interrompe l'emissione di corrente elettrica; ha diversi usi, per es. nei sistemi di allarme antifurto.

fotocopia (fo-to-cò-pia) N.F. (pl. *-pie*) · Riproduzione su carta di documenti, testi o disegni, ottenuta con apposite macchine: *vorrei fare una fotocopia a colori di questa pagina.*

fotocopiare (fo-to-co-pià-re) V.TR. (*fotocòpio*, ecc.) · Riprodurre in fotocopia mediante apposite macchine: *devo fotocopiare questi documenti.*

fotocopiatrice (fo-to-co-pia-tri-ce) N.F. · Macchina per fare fotocopie.

fotoelettrico (fo-to-e-lèt-tri-co) AGG. (pl.m. *-ci*, pl.f. *-che*) · Che riguarda i fenomeni provocati dalla luce su particolari sostanze e in certe circostanze. Ⓔ ***Cellula fotoelettrica***, fotocellula.

fotogenico (fo-to-gè-ni-co) AGG. (pl.m. *-ci*, pl.f. *-che*) · Adatto a essere ripreso nelle immagini fotografiche o cinematografiche: *è un'attrice molto fotogenica.*

fotografare (fo-to-gra-fà-re) V.TR. (*fotògrafo*, ecc.) **1** Ritrarre per mezzo della fotografia: *mi piace fotografare i paesaggi.* **2** Descrivere qualcosa con estrema precisione: *nel suo saggio l'autore ha fotografato la situazione politica del Paese* Ⓢ rappresentare, descrivere.

fotografia (fo-to-gra-fi-a) N.F. (pl. *-fie*) **1** L'arte e la tecnica con cui un'immagine viene fissata in formato digitale oppure su una pellicola e poi su carta, entrambe rese sensibili alla luce mediante uno speciale trattamento chimico: *dedicarsi alla fotografia; mostra di fotografia* • L'immagine ottenuta con tale procedimento: *fare, scattare una fotografia; fotografia a colori, in bianco e nero.* **2** Nel cinema, la parte della realizzazione di un film che riguarda la scelta delle inquadrature, dell'illuminazione, della luce: *direttore della fotografia.* **3** Descrizione precisa e minuziosa: *l'articolo è una fotografia della società italiana contemporanea* Ⓢ rappresentazione • Ritratto, replica: *la figlia più piccola è la fotografia di sua madre.*

> Il termine deriva dal greco *phôs photós* 'luce' e *-graphía* 'descrizione'; la parola fu proposta nel 1839 da J. Herschel (1792-1871), astronomo e chimico britannico.

fotografico (fo-to-grà-fi-co) AGG. (pl.m. *-ci*, pl.f. *-che*) **1** Che riguarda la fotografia: *studio fotografico* • Ottenuto con la fotografia: *riproduzione fotografica.* **2** Che serve a fare fotografie: *apparecchio fotografico; macchina fotografica.* **3** Realizzato con fotografie: *documentazione fotografica.*

fotografo (fo-tò-gra-fo) N.M. (f. *-a*) · Chi, per lavoro o per diletto, fa fotografie.

fotogramma (fo-to-gràm-ma) N.M. (pl. *-i*) · Ciascuna delle immagini che appartengono a una stessa pellicola fotografica o cinematografica.

fotomodella (fo-to-mo-dèl-la) N.F. · Donna che posa per foto pubblicitarie.

fotomontaggio (fo-to-mon-tàg-gio) N.M. (pl. *-gi*) · Tecnica fotografica che permette di ottenere un'unica immagine dalla combinazione di due o più immagini • L'immagine così ottenuta: *le immagini dello scandalo non erano altro che fotomontaggi.* ▸ Ⓕ **monte**

fotone (fo-tó-ne) N.M. · Particella elementare della radiazione elettromagnetica.

fotoreporter (fo-to-re-pòr-ter) N.M. e F. INVAR. · Fotografo che collabora con giornali e riviste: *un fotoreporter di guerra.*

fotosensibile (fo-to-sen-sì-bi-le) AGG. · Che reagisce all'azione della luce: *sostanza fotosensibile.*

fotosintesi (fo-to-sìn-te-ṣi) N.F. INVAR. · Reazione chimica alla luce. Ⓔ ***Fotosintesi clorofilliana***, processo con cui, in presenza di luce solare, una pianta verde trasforma l'anidride carbonica e l'acqua in ossigeno e in composti organici fondamentali per la sua crescita; avviene grazie alla presenza nella pianta di clorofilla.

foulard (fou-lard; pronuncia *fulàr*) N.M. FR., in it. N.M. INVAR. · Fazzoletto di seta o di altro tessuto leggero da collo o da testa: *indossava un foulard blu.*

foyer (fo-yer; pronuncia *fuaié*) N.M. FR., in it. N.M. INVAR. · Atrio posto davanti alla platea di un teatro o di un cinema, in cui il pubblico si intrattiene negli intervalli dello spettacolo: *prima del concerto ho atteso i miei amici nel foyer.*

fra PREP. → ***tra***.

frac (pronuncia *frak*) N.M. FR., in it. N.M. INVAR. · Abito maschile da cerimonia, con giacca lunga che termina in due falde: *in chiesa lo sposo indossava il frac* Ⓢ marsina.

fracassare (fra-cas-sà-re) V.TR. || TR. Ridurre in pezzi, rompere con colpi violenti: *un teppista ha fracassato la vetrina del negozio* Ⓢ rompere • Ridurre in cattivo stato: *lo hanno fracassato* ***di*** *botte.* || **fracassarsi** INTR. PRONOM. Andare in pezzi in seguito a un urto violento: *la nave si fracassò* ***sugli*** *scogli.*

fracasso (fra-càs-so) N.M. **1** Rumore assordante prodotto da cose che vanno in pezzi: *un fracasso di lamiere, di vetri rotti* Ⓢ frastuono, fragore. **2** Rumore intenso e confuso: *quei ragazzi fanno un gran fracasso* Ⓢ chiasso, baccano.

fradicio (frà-di-cio) AGG. (pl.m. *-ci*, pl.f. *-ce*) **1** Molto bagnato: *i suoi vestiti erano fradici* ***di*** *pioggia; era sudato fradicio* Ⓢ zuppo, grondante. **2** Andato a male: *un uovo fradicio* Ⓢ marcio.

fragile (frà-gi-le) AGG. **1** Che si rompe con facilità: *il vetro è un materiale fragile* Ⓢ delicato Ⓒ solido, infrangibile. **2** Di aspetto e di salute delicata: *un ragazzo di fragile costituzione* Ⓢ gracile Ⓒ robusto. **3** Incapace di resistere alle difficoltà o alle tentazioni: *il suo carattere fragile non lo ha mai aiutato* Ⓢ debole. **4** Poco consistente: *una scusa, un'argomentazione fragile* Ⓢ inconsistente.

fragilità (fra-gi-li-tà) N.F. INVAR. **1** Facilità a rompersi al minimo urto: *la fragilità del cristallo* Ⓢ delicatezza. **2** Incapacità di resistere alle tentazioni o alle difficoltà: *la fragilità della natura umana* Ⓢ debolezza.

fragola (frà-go-la) N.F. · Pianta erbacea comune nei boschi e largamente coltivata per il frutto commestibile, molto ricercato, di colore rosso, profumato e carnoso, consumato fresco o utilizzato per marmellate e gelati: *una coppa di fragole con la panna.*

fragore (fra-gó-re) N.M. · Rumore assordante, che rimbomba nell'aria: *il fragore del temporale, di un'esplosione* Ⓢ clamore, frastuono.

fragoroso (fra-go-ró-so) AGG. · Molto rumoroso: *una risata fragorosa; un applauso fragoroso* Ⓢ assordante.

fragrante (fra-gràn-te) AGG. · Che emana un profumo intenso e gradevole: *pane caldo e fragrante* Ⓢ profumato.

fragranza (fra-gràn-za) N.F. · Profumo intenso e gradevole: *la fragranza dei fiori si diffuse nella stanza* Ⓢ odore.

fraintendere (fra-in-tèn-de-re) V.TR. (irreg.: coniugato come *tendere*) · Interpretare in maniera sbagliata il valore di una parola, di un gesto o di un comportamento: *hai frainteso il significato della mia lettera* Ⓢ travisare, equivocare.

fraintendimento (fra-in-ten-di-mén-to) N.M. · Interpretazione incompleta o sbagliata delle parole o delle azioni di qualcuno: *è vittima di uno stupido fraintendimento* Ⓢ equivoco, malinteso.

frammentare (fram-men-tà-re) V.TR. (*framménto*, ecc.) || TR. Ridurre in frammenti, suddividere in tante piccole parti: *frammentare un terreno; frammentare un testo* ***in*** *paragrafi brevi* Ⓢ spezzettare. || **frammentarsi** INTR. PRONOM. **1** Dividersi, ridursi in frammenti: *l'azienda si è frammentata* ***in*** *tante piccole società.* **2** Riprodursi per frammentazione.

frammentario (fram-men-tà-rio) AGG. (pl.m. *-ri*, pl.f. *-rie*) **1** Privo di unità e di coerenza: *lo studente ha una preparazione molto frammentaria* Ⓢ incompleto, lacunoso. **2** Formato da frammenti: *un testo frammentario.*

frammentazione (fram-men-ta-zió-ne) N.F. **1** Suddivisione in frammenti o in piccole parti: *frammentazione di una proprietà terrie-*

A B C D E F G H I J K L M N O P Q R S T U V W X Y Z

*ra **in** piccoli appezzamenti.* **2** Tipo di riproduzione asessuale che consiste nella separazione da un individuo di parti capaci di ricostruire un nuovo individuo: *la maggior parte dei funghi si riproduce per frammentazione.*

frammento (fram-mén-to) N.M. **1** Ciascuno dei piccoli pezzi di un oggetto rotto: *i frammenti di un vaso* Ⓢ scheggia. **2** Parte superstite di un'opera letteraria in gran parte andata perduta: *di quell'antica poesia è giunto fino a noi solo un breve frammento.*

F

frammisto (fram-mì-sto) AGG. · Mescolato, misto: *sabbia frammista **a** sassi.*

frana (frà-na) N.F. · Spostamento naturale verso il basso, più o meno rapido, di grandi masse di terra o di materiali rocciosi: *l'alluvione ha provocato una frana* Ⓢ smottamento. Ⓔ ***Essere una frana***, di persona, combinare sempre guai; essere un buono a nulla, un disastro.

franare (fra-nà-re) V.INTR. (aus. *essere*) **1** Distaccarsi e precipitare per una frana: *la montagna è franata per le forti piogge.* **2** Crollare, cedere: *è franato il ponte; sono franate le nostre ultime speranze.*

francescano (fran-ce-scà-no) AGG. e N.M. (f. *-a*) || AGG. Che riguarda san Francesco d'Assisi e l'ordine da lui fondato: *la regola francescana; l'abito francescano* • Di un'estrema semplicità: *ha un tenore di vita francescano* Ⓢ semplice, umile. || AGG. e N.M. (f. *-a*) Che, chi appartiene all'ordine religioso fondato da san Francesco: *frate francescano; un convento di francescani.*

francese (fran-cé-ṣe) AGG. e N.M. e F. || AGG. Della Francia. || N.M. e F. Abitante, nativo della Francia. || N.M. La lingua parlata in Francia, in parte della Svizzera e del Belgio e in molti altri Paesi.

franchezza (fran-chéz-za) N.F. · Sincerità, schiettezza, onestà: *ti dirò con franchezza che il tuo progetto non mi piace.*

franchising (fran-chi-sing; pronuncia *franciàiṣin*) N. INGL., in it. N.M. INVAR. · Contratto con cui un'azienda concede il diritto di usare il suo nome o il suo marchio ad un'altra azienda: *una catena di abbigliamento in franchising.*

franco[1] (fràn-co) AGG. e N.M. (f. *-a*; pl.m. *-chi*, pl.f. *-che*) · Dell'antico popolo dei Franchi, che viveva nella parte centro-settentrionale dell'attuale Francia.

franco[2] (fràn-co) AGG. (pl.m. *-chi*, pl.f. *-che*) **1** Sincero, schietto, onesto: *sarò franco con te.* **2** Libero da obblighi, da tasse o da pene. Ⓔ ***Farla franca***, evitare le conseguenze di una cattiva azione • ***Franco tiratore***, soldato non appartenente a formazioni regolari, impegnato in azioni di guerriglia isolate; in senso figurato, parlamentare che vota in segreto in maniera contraria alle direttive del proprio partito • ***Porto franco*** → ***porto***[3].

franco[3] (fràn-co) N.M. (pl. *-chi*) · Moneta di vari Paesi europei e africani; in Francia, Belgio e Lussemburgo dal 2002 è stata sostituita dall'euro.

francobollo (fran-co-ból-lo) N.M. · Piccolo rettangolo o quadrato di carta, stampato da una parte, che viene applicato come affrancatura alla corrispondenza: *collezione di francobolli.*

francofono (fran-cò-fo-no) AGG. e N.M. (f. *-a*) · Di territorio, popolazione o individuo che ha come lingua principale il francese: *le regioni francofone del Canada.*

frangente (fran-gèn-te) N.M. **1** Onda marina di grandi dimensioni che si rompe contro la costa: *la barca lottava contro i frangenti.* **2** Momento particolare, situazione difficile: *si trova in un brutto frangente; in simili frangenti bisogna sapersela cavare da soli* Ⓢ circostanza, momento.

frangere (fràn-ge-re) V.TR. (irreg.: ind. pres. *fràngo, fràngi*, ecc.; pass. rem. *frànsi, frangésti, frànse, frangémmo, frangéste, frànsero*; part. pass. *frànto*) || TR. Ridurre in pezzi: *frangere le olive* Ⓢ frantumare. || **frangersi** INTR. PRONOM. Delle onde, rompersi contro un ostacolo o rovesciarsi sul lido: *l'onda si frange **contro** la nave; il cavallone si frange **sugli** scogli* Ⓢ infrangersi.

frangetta (fran-gét-ta) N.F. · Ciuffo di capelli corti che ricadono sulla fronte.

frangia (fràn-gia) N.F. (pl. *-ge*) **1** Ornamento che si ottiene sfilando i fili orizzontali della stoffa dopo aver fermato il margine del tessuto: *la nonna ha cucito una coperta con le frange.* **2** Pettinatura che consiste in una fila di capelli corti lasciati ricadere sulla fronte: *questa frangia ti dona molto* Ⓢ frangetta. **3** Minoranza o gruppo ai margini di un partito o di un movimento politico: *la frangia di estremisti è in disaccordo con i vertici del partito* Ⓢ gruppo, fazione.

frangiflutti (fran-gi-flùt-ti) N.M. INVAR. · Scoglio od ostacolo artificiale che serve a bloccare la forza delle onde: *sulla spiaggia hanno costruito un frangiflutti.*

franoso (fra-nó-so) AGG. · Che frana facilmente: *terreno franoso* Ⓢ friabile.

fransi (fràn-si) · Pass. rem., 1ª pers. sing. → ***frangere***.

franto (fràn-to) · Participio pass. → ***frangere***.

frantoio (fran-tó-io) N.M. (pl. *-tói*) **1** Macchina usata per frantumare vari materiali, tra cui le olive per ricavarne olio: *quest'olio è prodotto dal frantoio del paese.* **2** Il luogo o l'edificio in cui si svolgono tali operazioni: *ho visitato un vecchio frantoio.*

frantumare (fran-tu-mà-re) V.TR. || TR. Ridurre in piccoli pezzi: *frantumare le pietre* Ⓢ rompere. || **frantumarsi** INTR. PRONOM. Andare in frantumi: *il vaso cadde e si frantumò* Ⓢ fracassarsi.

frantumazione (fran-tu-ma-zió-ne) N.F. · Di oggetti o materiali solidi, riduzione in piccoli pezzi: *la frantumazione di una pietra.*

frantumi (fran-tù-mi) N.M.PL. · Pezzetti, spesso irregolari, in cui un oggetto si riduce rompendosi: *raccogliere i frantumi del piatto; andare in frantumi* Ⓢ pezzi.

frappè (frap-pè) N.M. INVAR. · Bevanda a base di latte, ghiaccio tritato e ingredienti vari: *frappè al cioccolato.*

frapporre (frap-pór-re) V.TR. (irreg.: coniugato come *porre*) || TR. Mettere in mezzo per ritardare o impedire qualcosa: *ha sempre frapposto ostacoli* ***alla*** *realizzazione del mio progetto* Ⓢ interporre. || **frapporsi** RIFL. Mettersi in mezzo per dividere od ostacolare: *l'arbitro si è frapposto* ***tra*** *i due pugili.* || **frapporsi** INTR. PRONOM. Intervenire come ostacolo o intralcio: *si è frapposta una difficoltà.*

frasca (fra-sca) N.F. (pl. *-sche*) · Ramoscello con le foglie: *si fece un letto di frasche.* Ⓔ ***Saltare di palo in frasca*** → ***saltare***.

frase (frà-se) N.F. · L'unità linguistica fondamentale, formata da un insieme di parole di senso compiuto: *frase esclamativa, interrogativa; non gli lasciò finire la frase* Ⓢ proposizione. Ⓔ ***Frase fatta***, espressione convenzionale, luogo comune.

fraseologia (fra-se-o-lo-gì-a) N.F. (pl. *-gìe*) · In linguistica, serie di frasi o espressioni tipiche di una lingua o di un ambiente.

frassino (fràs-si-no) N.M. · Albero con corteccia di colore grigio chiaro, chioma di forma ovale e fiori violetti o porpora; fornisce un legno leggero, solido e flessibile, usato per fabbricare mobili e attrezzi sportivi.

frastagliato (fra-sta-glià-to) AGG. · Interrotto da un alternarsi di sporgenze e rientranze o da irregolarità di superficie: *coste frastagliate.*

frastornare (fra-stor-nà-re) V.TR. (*frastórno*, ecc.) · Provocare un senso di smarrimento: *tutte quelle emozioni mi hanno frastornato* Ⓢ confondere, stordire.

frastornato (fra-stor-nà-to) AGG. · Stordito, confuso, disorientato: *dopo il lungo viaggio mi sento frastornato* Ⓒ lucido.

frastuono (fra-stuò-no) N.M. · Rumore confuso e assordante: *un frastuono di clacson* Ⓢ baccano, fracasso.

frate (frà-te) N.M. · Chi appartiene a un ordine religioso mendicante: *i frati domenicani, francescani; farsi frate.*

Davanti a un nome proprio che inizia per consonante il sostantivo *frate* può essere troncato in *fra* senza accento e senza apostrofo: *fra Giuseppe, fra Luigi.*

fratellanza (fra-tel-làn-za) N.F. · Forte sentimento di affetto fraterno: *la fratellanza tra i popoli* Ⓢ fraternità.

fratellastro (fra-tel-là-stro) N.M. · Fratello che ha in comune con un altro uno solo dei genitori: *è molto legato al fratellastro.*

fratello (fra-tèl-lo) N.M. **1** Ciascuna delle persone di sesso maschile nate dagli stessi genitori: *tuo, suo fratello; i loro fratelli; fratelli ge-*

A B C D E F G H I J K L M N O P Q R S T U V W X Y Z

melli; il fratello maggiore, minore • AL PL. I figli maschi e femmine degli stessi genitori: *Carlo e Maria sono fratelli.* **2** Simbolo di intenso affetto o di evidente somiglianza: *si amano come fratelli; sembrano fratello e sorella.* **3** Chi condivide una condizione spirituale, civile, religiosa: *preghiamo per i nostri fratelli carissimi.* Ⓔ ***Fratelli siamesi*** → ***siamese***.

fraternità (fra-ter-ni-tà) N.F. INVAR. · Forte sentimento di affetto e di solidarietà, come tra fratelli: *la fraternità dei popoli* Ⓢ fratellanza.

F

fraternizzare (fra-ter-niẓ-ẓà-re) V.INTR. (aus. *avere*) · Stabilire un rapporto amichevole o solidale con qualcuno: *ha subito fraternizzato* ***con*** *i compagni di classe* Ⓢ familiarizzare, simpatizzare.

fraterno (fra-tèr-no) AGG. **1** Di fratelli, che avviene tra fratelli: *affetto fraterno; legame fraterno.* **2** Affettuoso, fiducioso, caloroso: *un'amicizia fraterna; amore fraterno per il prossimo.*

fratricida (fra-tri-cì-da) N.M. e F. e AGG. (pl.m. *-i*, pl.f. *-e*) || N.M. e F. Chi uccide il proprio fratello o la propria sorella. || AGG. Che provoca la morte del fratello o di persone appartenenti alla stessa nazione, città o comunità: *guerra fratricida.*

fratta (fràt-ta) N.F. · Luogo pieno di cespugli folti e intricati Ⓢ macchia, sterpaglia.

frattaglie (frat-tà-glie) N.F.PL. · Le interiora dell'animale macellato: *frattaglie di vitello, di maiale.*

frattanto (frat-tàn-to) AVV. · Nello stesso momento, nel frattempo: *guarda tu i bambini, frattanto vado a fare la spesa.*

frattempo (frat-tèm-po) N.M. · Intervallo di tempo. Ⓔ ***In quel frattempo*** o ***nel frattempo***, frattanto, intanto: *in quel frattempo molte cose erano cambiate; tu preparati, nel frattempo io chiamo un taxi.*

fratto (fràt-to) AGG. · In matematica, diviso: *otto fratto due fa quattro.*

frattura (frat-tù-ra) N.F. **1** Rottura, soprattutto di ossa: *frattura del femore.* **2** Spaccatura di notevoli dimensioni in una massa rocciosa Ⓢ crepa, fenditura. **3** Interruzione di un fenomeno, di un'attività o di un rapporto: *dopo un periodo di frattura, i due vicini fecero la pace.*

fratturare (frat-tu-rà-re) V.TR. || TR. Provocare una frattura ossea: *la pallottola* ***gli*** *fratturò un braccio*; anche TR. PRONOM.: *si è fratturato un polso* Ⓢ rompere, spezzare. || **fratturarsi** INTR. PRONOM. Riportare, subire una frattura: *la tibia si è fratturata in più punti.*

fraudolento (frau-do-lèn-to) AGG. · Che mira a danneggiare gli altri con l'inganno: *comportamento fraudolento; bancarotta fraudolenta.*

frazionare (fra-zio-nà-re) V.TR. (*frazióno*, ecc.; aus. *avere*) · Dividere, ripartire, suddividere: *frazionare una proprietà.*

frazionario (fra-zio-nà-rio) AGG. (pl.m. *-ri*, pl.f. *-rie*) · Che rappresenta una frazione o che contiene frazioni: *numero frazionario; calcoli frazionari.*

frazione (fra-zió-ne) N.F. **1** Ciascuna delle parti in cui si suddivide un'unità: *il secondo è una frazione del minuto.* **2** Zona di un Comune che gode di una certa autonomia: *non abita in paese, ma in una frazione vicina.* **3** Rapporto tra due grandezze dello stesso tipo, rappresentato da due numeri posti l'uno sopra l'altro e separati da un trattino: il numero inferiore, detto *denominatore*, indica in quante parti è diviso l'intero, mentre il numero superiore, detto *numeratore*, indica quante parti di quell'intero si debbano considerare: *4/3, che si legge "quattro terzi", è una frazione, in cui 4 è il numeratore e 3 il denominatore.*

freatico (fre-à-ti-co) AGG. (pl.m. *-ci*, pl.f. *-che*) · Quasi solo nell'espressione ***falda freatica*** → ***falda***.

freccia (fréc-cia) N.F. (pl. *-ce*) **1** Arma formata da un'asticella di legno munita di una punta a un'estremità; viene lanciata con un arco o una balestra: *una freccia avvelenata; lanciare, tirare frecce.* **2** Simbolo di velocità in una data direzione: *correre, partire come una freccia* Ⓢ fulmine, razzo. **3** Dispositivo luminoso che segnala il cambio di direzione di marcia di un veicolo: *mise la freccia prima di girare a destra.* **4** Segno a forma di freccia che indica la direzione da tenere nel traffico o da prendere per raggiungere una certa località: *segui le frecce per lo stadio.* Ⓔ ***Avere molte frecce al proprio arco***, avere solidi argomenti o valide possibilità di ottenere qualcosa.

frecciata (frec-cià-ta) N.F. **1** Ferita o colpo di freccia. **2** Frase pungente, allusione maliziosa o maligna: *gli ha lanciato frecciate per tutta la sera.*

freddamente (fred-da-mén-te) AVV. **1** Con indifferenza e distacco: *mi accolse freddamente.* **2** Senza mostrare la minima emozione: *ha ordinato freddamente che lo uccidessero.*

freddare (fred-dà-re) V.TR. (*fréddo*, ecc.) || TR. **1** Riportare alla temperatura adatta per l'uso: *freddare la minestra, il latte* Ⓢ raffreddare. **2** Uccidere sul colpo: *lo freddò* ***con*** *un colpo alla nuca* Ⓢ ammazzare. **3** Turbare profondamente, far rimanere allibito: *mi ha freddato* ***con*** *lo sguardo.* || **freddarsi** INTR. PRONOM. Diventare freddo: *bevi il tè prima che si freddi.*

freddezza (fred-déz-za) N.F. **1** Atteggiamento distaccato o indifferente, quasi ostile: *la proposta fu accolta con freddezza* Ⓢ distacco, indifferenza. **2** Capacità di dominare le proprie emozioni: *la sua freddezza ha evitato il disastro* Ⓢ autocontrollo.

freddo (fréd-do) AGG. e N.M. || AGG. **1** Che ha una temperatura inferiore a quella dell'ambiente circostante o a quella normale del corpo: *la stanza era fredda e umida* Ⓒ caldo, ardente. **2** Di cibi o bevande, che si trovano o si consumano non riscaldati: *latte freddo; piatti freddi.* **3** Privo di sensibilità o di partecipazione affettiva: *si mostrò freddo e indifferente; ha un temperamento freddo e calcolatore* Ⓢ distaccato Ⓒ caloroso, focoso. **4** Di colore, che tende al grigio, all'azzurro, al verde. || N.M. La bassa temperatura e la sensazione che provoca: *è arrivato il freddo; sentiva freddo alla schiena* Ⓒ caldo, calore. Ⓔ ***A freddo***, senza usare il fuoco: *lavorava il metallo a freddo*; in senso figurato, senza emozioni o con cinica determinazione: *l'ha ucciso a freddo davanti alla moglie* • ***Animali a sangue freddo***, animali in cui la temperatura del corpo si adegua a quella dell'ambiente: *i pesci e i rettili sono animali a sangue freddo* • ***Non fare né caldo né freddo*** → ***caldo*** • ***Sangue freddo*** → ***sangue***.

Il termine deriva dal latino *frigidus* 'freddo, indifferente', che viene a sua volta da *frigus* 'freddo, gelo', ed è passato direttamente in italiano attraverso la lingua parlata; il recupero successivo del latino *frigidus* ha dato la parola **frigido**; dal latino *frigus* derivano anche **frigorifero** e **refrigerare**.

freddoloso (fred-do-ló-so) AGG. · Di persona che soffre molto il freddo: *come sei freddolosa!*

freddura (fred-dù-ra) N.F. · Battuta spiritosa, spesso basata su un gioco di parole: *le tue freddure non fanno ridere nessuno* Ⓢ spiritosaggine.

free climbing (free clim-bing; pronuncia *friclàimbin*) N. INGL., in it. N.M. INVAR. · Nell'alpinismo, scalata libera a mani nude.

free lance (free lan-ce; pronuncia *frilèns*) N. INGL., in it. N.M. e F. e AGG. INVAR. · Chi, che in mancanza di un contratto esclusivo con un'azienda, svolge la sua attività da libero professionista: *è un free lance dell'editoria; lavora come giornalista free lance.*

free press (pronuncia *friprès*) N. INGL., in it. N.F. e AGG. INVAR. · Stampa quotidiana o periodica diffusa gratuitamente: *il fenomeno editoriale della free press.*

free shop (pronuncia *frisciòp*) N. INGL., in it. N.M. INVAR. · Negozio i cui prodotti sono liberi dalle tasse di dogana; si trova in genere negli aeroporti e sulle navi.

freeware (free-wa-re; pronuncia *frìuer*) N. INGL., in it. N.M. INVAR. · Programma per computer distribuito gratuitamente, soprattutto tramite Internet.

freezer (free-zer; pronuncia *frìṣer*) N. INGL., in it. N.M. INVAR. · La parte del frigorifero in cui si ha la più bassa temperatura consentita dall'impianto, utile per conservare gli alimenti surgelati: *ho messo il gelato nel freezer* Ⓢ congelatore.

fregare (fre-gà-re) V.TR. (*frégo, fréghi*, ecc.) || TR. **1** Strofinare qualcosa su una superficie: *fregare un fiammifero* ***sul*** *muro; fregare il pavimento* ***con*** *uno straccio*; anche TR. PRONOM.: *fregarsi le mani*, strofinarle l'una con l'altra per riscaldarle o in segno di soddisfazione Ⓢ strofinare, sfregare. **2** Nel linguaggio familia-

F

re, truffare, ingannare, imbrogliare: *fregava i clienti aumentando i prezzi; si è fatto fregare un'altra volta* • Rubare: ***mi** hanno fregato la bicicletta.* || **fregarsi** INTR. PRONOM. Nella forma ***fregarsene***, nel linguaggio familiare, mostrare indifferenza o noncuranza verso qualcuno o qualcosa: *me ne frego **dei** tuoi rimproveri* Ⓢ infischiarsene.

fregata (fre-gà-ta) N.F. · Antica nave da guerra di media grandezza, veloce e maneggevole • Oggi, nave militare dotata di armi contro le incursioni aeree.

fregatura (fre-ga-tù-ra) N.F. · Nel linguaggio familiare, truffa, delusione, imbroglio: *quest'orologio è stato una fregatura.*

fregio (fré-gio) N.M. (pl. *-gi*) · Elemento decorativo in genere orizzontale: *questo libro ha una copertina con fregi in oro.*

> Il termine deriva dal latino *(opus) Phrygium* '(lavoro) frigio', perché si riferiva al bordo delle vesti ricamate in oro provenienti dalla Frigia, regione dell'odierna Turchia occidentale.

frego (fré-go) N.M. (pl. *-ghi*) · Linea tracciata con la penna, la matita o altro, per cancellare o per imbrattare: *cancellò con un frego tutta la frase* Ⓢ segno.

fremere (frè-me-re) V.INTR. (*frèmo*, ecc.; aus. *avere*) · Essere agitato da un sentimento intenso: *fremere **di** passione, **per** l'impazienza, **dall'**orrore* Ⓢ palpitare.

fremito (frè-mi-to) N.M. · Agitazione improvvisa dovuta a un sentimento intenso: *un fremito di sdegno, di desiderio* Ⓢ brivido.

frenare (fre-nà-re) V.TR. e INTR. (*fréno*, ecc.; o *frèno*, ecc.) || TR. **1** Rallentare il movimento di un corpo, soprattutto di un veicolo: *frenare la bicicletta in discesa; frenare l'auto* Ⓒ accelerare • Azionare il freno di un veicolo: *stai andando troppo veloce, frena!* **2** Moderare, contenere, trattenere: *cerca di frenare l'entusiasmo.* || INTR. (aus. *avere*) Di veicolo, rispondere all'azione dei freni, diminuendo la velocità: *quest'auto non frena bene.* || **frenarsi** RIFL. Controllarsi, trattenersi, dominarsi: *avrebbe voluto esprimere il suo sdegno, ma si frenò.*

frenata (fre-nà-ta) N.F. · Messa in funzione di un freno: *frenata brusca, improvvisa.*

frenesia (fre-ne-ṣì-a) N.F. (pl. *-ṣìe*) **1** Eccitazione, entusiasmo eccessivo: *nella frenesia della partenza ha dimenticato la valigia.* **2** Desiderio violento ed eccessivo: *gli è venuta la frenesia di uscire tutte le sere* Ⓢ smania.

frenetico (fre-nè-ti-co) AGG. (pl.m. *-ci*, pl.f. *-che*) **1** Che rivela un'agitazione violenta ed eccessiva o una passione furiosa: *pazzo frenetico* Ⓢ sfrenato. **2** Molto movimentato: *conduce una vita frenetica; danzava al ritmo frenetico del samba* Ⓢ agitato.

freno (frè-no) N.M. **1** Dispositivo capace di contrastare il movimento di un corpo: *prima di partire voglio far controllare i freni.* **2** Il morso cui sono collegate le redini per reggere e guidare il cavallo. **3** Qualsiasi mezzo che serva a contenere o a regolare un comportamento istintivo o disordinato: *il freno della legge; non c'è più freno alla violenza* Ⓢ limite. Ⓔ ***Allentare il freno***, concedere maggiore libertà • ***Mettere un freno*** o ***porre un freno***, mettere un limite: *mettere un freno alle spese* • ***Mordere il freno*** → **mordere** • ***Tenere a freno***, controllare, moderare.

frequentare (fre-quen-tà-re) V.TR. (*frequènto*, ecc.) **1** Visitare di frequente un luogo, incontrare spesso qualcuno: *frequentare un teatro; frequenta ancora i compagni dell'asilo.* **2** Seguire con regolarità lezioni o corsi a cui si è iscritti: *frequenterò la facoltà di biologia.*

frequentatore (fre-quen-ta-tó-re) N.M. (f. *-trice*) · Chi frequenta certi luoghi o ambienti: *i frequentatori della palestra.*

frequente (fre-quèn-te) AGG. · Che si ripete o si verifica spesso: *le tue assenze sono diventate troppo frequenti; è un errore frequente nei primi mesi di studio* Ⓢ abituale, ricorrente Ⓒ raro, rado. Ⓔ ***Di frequente***, spesso: *veniva a trovarci di frequente.*

frequenza (fre-quèn-za) N.F. **1** Ripetizione di fatti o fenomeni simili a intervalli più o meno brevi: *la frequenza delle assenze danneggia il suo rendimento.* **2** Il numero di volte che un fatto o un fenomeno si ripete in un certo tempo: *la frequenza delle corse degli autobus diminuisce dalle ore 21.* **3** Presenza e partecipazione: *la frequenza al corso è obbligatoria.* **4** Il numero delle volte che un fenomeno periodico si ripete nell'unità di tempo: *la frequenza delle onde radio.*

fresa (frè-ṣa) N.F. · Utensile a spigoli taglienti che, ruotando, incide, modella o rimuove materiale da un pezzo metallico con cui viene in contatto.

freschezza (fre-schéz-za) N.F. **1** Freddo naturale, moderato e gradevole: *la freschezza dell'acqua della fonte; la freschezza dell'aria.* **2** Di un prodotto, mantenimento delle qualità originarie o genuine: *la freschezza delle uova, del pesce.* **3** Spontaneità, naturalezza: *freschezza di linguaggio.*

fresco (fré-sco) AGG. e N.M. (pl.m. *-schi*, pl.f. *-sche*) || AGG. **1** Di un freddo moderato e piacevole: *una fresca brezza primaverile; un bicchiere d'acqua fresca* • Di luogo, ventilato, ombreggiato o non esposto al sole: *le stanze più fresche si trovano dalla parte del giardino* • Di persona o parte del corpo, che ha una temperatura corretta: *il malato ha la fronte abbastanza fresca.* **2** Di alimento, appena preparato o colto: *latte fresco; uova fresche,* di giornata. **3** Vivace, naturale, spontaneo: *un linguaggio fresco e colorito* • Recente: *è una notizia fresca; questa lettera è arrivata fresca fresca.* **4** Che è nel pieno delle energie: *aveva un volto fresco nonostante l'età* **S** florido, riposato. || N.M. Il freddo moderato e la sensazione piacevole che provoca: *si godeva il fresco sotto un albero; copriti bene, si è fatto fresco.* **E** ***Carne fresca***, macellata da poco • ***Formaggio fresco***, non stagionato • ***Fresco di stampa***, appena finito di stampare • ***Fresco di studi***, che li ha compiuti da poco • ***Frutta fresca***, di stagione • ***Pane fresco***, del giorno • ***Pasta fresca***, fatta in casa e non essiccata • ***Pesce fresco***, pescato e messo subito in vendita • ***Stare al fresco***, nel linguaggio familiare, essere in prigione • ***Tenere in fresco***, di cibi o bevande, tenerli in luogo mantenuto a basse temperature perché si conservino meglio o si raffreddino.

frescura (fre-scù-ra) N.F. · Aria fresca: *va' fuori a goderti un po' di frescura* **S** fresco.

fretta (frét-ta) N.F. **1** Desiderio o necessità di fare presto: *ho fretta di tornare a casa* **S** urgenza, premura. **2** Rapidità nel compiere un'azione: *non bisogna giudicare con troppa fretta; si vede che hai lavorato con molta fretta* **S** velocità **C** calma, lentezza. **E** ***Di fretta*** o ***in fretta***, in modo precipitoso, velocemente: *mangiare in fretta; andare di fretta,* avere urgenza, poco tempo • ***Mettere fretta a qualcuno***, invitarlo a fare presto.

frettoloso (fret-to-ló-so) AGG. **1** Che procede o agisce con troppa fretta: *camminava con passo frettoloso; non essere frettoloso* ***nel*** *prendere le tue decisioni* **S** rapido, veloce. **2** Fatto in fretta: *un saluto, un lavoro frettoloso* **S** superficiale, sbrigativo.

friabile (fri-à-bi-le) AGG. · Che si riduce in frammenti con facilità: *rocce friabili; biscotti friabili.*

friggere (frìg-ge-re) V.TR. e INTR. (irreg.: ind. pres. *frìggo, frìggi*, ecc.; pass. rem. *frìssi, friggésti, frìsse, friggémmo, friggéste, frìssero*; part. pass. *frìtto*) || TR. Cuocere in olio, burro o altro grasso bollente: *friggere il pesce, le patate; friggere le zucchine* ***in*** *padella.* || INTR. (aus. *avere*) **1** Di olio, burro o altro grasso, bollire: *l'olio frigge nella padella.* **2** Di alimenti, cuocere nell'olio, nel burro o in altro grasso bollente. **3** Fremere di ira o d'impazienza: *friggeva* ***di*** *rabbia* **S** rodersi. **E** ***Andare a farsi friggere***, nel linguaggio familiare, andare in rovina, in malora: *l'affare è andato a farsi friggere;* ***mandare qualcuno a farsi friggere***, mandarlo al diavolo, a quel paese (→ ***mandare***).

frigido (frì-gi-do) AGG. e N.M. (f. *-a*) || AGG. Incapace di reazioni sul piano dei sentimenti. || N.M. (f. *-a*). Persona incapace di provare desiderio o piacere sessuale.

> Il termine è un recupero del latino *frigidus* 'freddo, indifferente' (→ ***freddo***).

frignare (fri-gnà-re) V.INTR. (aus. *avere*) · Lamentarsi in modo insistente e fastidioso: *smettila di frignare per così poco* **S** lagnarsi, piagnucolare.

frigo (frì-go) AGG. e N.M. INVAR. · Nel linguaggio familiare, frigorifero: *ha vuotato il frigo.*

frigorifero (fri-go-rì-fe-ro) AGG. e N.M. || AGG. Che produce e mantiene basse temperature per un certo uso: *impianto frigorifero; borsa frigorifera.* || N.M. Elettrodomestico usato per conservare alimenti a bassa temperatura: *prendi il latte dal frigorifero?* **E** ***Cella frigori-***

fera, ambiente mantenuto a basse temperature per conservare cibi o sostanze che possono deteriorarsi facilmente.

fringuello (frin-guèl-lo) N.M. (f. *-a*) · Uccello diffuso in gran parte dell'Europa con piumaggio grigio o bruno e un canto melodioso: *cantare come un fringuello*, con voce limpida e armoniosa.

♫ Il verbo che indica il verso del fringuello è *chioccolare* e il nome è *chioccolio*.

F

frinire (fri-nì-re) V.INTR. (*frinìsco*, *frinìsci*, ecc.; aus. *avere*) · Delle cicale e dei grilli, emettere il caratteristico verso stridente.

frissi (frìs-si) · Pass. rem., 1ª pers. sing. → ***friggere***.

frittata (frit-tà-ta) N.F. · Pietanza a base di uova sbattute, condita con parmigiano, verdure, carne, ecc. e fritta in padella: *frittata di spinaci*. Ⓔ ***Fare una frittata***, nel linguaggio familiare, combinare un grosso guaio • ***Rivoltare la frittata***, nel linguaggio familiare, rimangiarsi quanto detto o promesso in precedenza.

frittella (frit-tèl-la) N.F. · Cucchiaiata di pasta semiliquida, spesso a base di farina e altri ingredienti, fritta in padella: *frittelle di riso, di mele*.

fritto (frìt-to) AGG. e N.M. || Participio pass. → ***friggere***. || AGG. Cotto in olio, burro o altro grasso bollente: *patate fritte; carciofi fritti*. || N.M. Piatto di cibi fritti: *un fritto di pesce; un fritto misto*, frittura di diversi tipi di carne, pesce o verdure Ⓢ frittura. Ⓔ ***Essere fritto***, nel linguaggio familiare, trovarsi in una situazione spiacevole, senza via d'uscita.

frittura (frit-tù-ra) N.F. · Cottura in olio, burro o altro grasso bollente: *questa ricetta prevede una frittura a fuoco vivo* • Cibo fritto o da friggere: *ho comprato mezzo chilo di frittura*.

friulano (friu-là-no) AGG. e N.M. (f. *-a*) || AGG. Del Friuli. || N.M. (f. *-a*) Abitante, nativo del Friuli.

frivolezza (fri-vo-léz-za) N.F. **1** Mancanza di serietà o d'importanza. **2** SPESSO AL PL. Discorso o comportamento poco serio: *non diciamo frivolezze!*

frivolo (frì-vo-lo) AGG. · Di poca o nessuna serietà: *sono stufo dei tuoi discorsi frivoli; è troppo frivolo per assumersi le sue responsabilità* Ⓢ superficiale.

frizionare (fri-zio-nà-re) V.TR. (*frizióno*, ecc.) · Sottoporre a frizione: *frizionò le gambe* **con** *un unguento* Ⓢ massaggiare, strofinare.

frizione (fri-zió-ne) N.F. **1** Rapido ed energico massaggio della pelle a scopo igienico o curativo: *le fece una frizione di alcol*. **2** Disaccordo, contrasto, attrito: *tra i due c'erano molti motivi di frizione*. **3** Sfregamento tra due superfici a contatto di cui almeno una è in movimento. **4** Negli autoveicoli, dispositivo meccanico che permette di passare da una marcia all'altra, quindi di cambiare velocità: *il pedale della frizione è accanto a quello del freno*.

frizzante (friz-zàn-te) AGG. **1** Che dà la sensazione di piccole punture: *l'aria frizzante del mattino facilita il risveglio* Ⓢ fresco, pungente. **2** Che dà al palato una gradevole sensazione di solletico: *un vinello frizzante* Ⓢ spumeggiante • Di acqua, gassato: *acqua frizzante* Ⓢ effervescente. **3** Vivace, arguto, brillante: *uno scrittore frizzante; una battuta frizzante*.

frodare (fro-dà-re) V.TR. (*fròdo*, ecc.; aus. *avere*) **1** Derubare qualcuno commettendo una frode: *ha frodato un suo cliente* Ⓢ imbrogliare, truffare. **2** Privare con l'inganno qualcuno o qualcosa di ciò che gli spetta: *frodare il fisco* **di** *una grossa somma*.

frode (frò-de) N.F. · Azione che inganna e danneggia qualcuno approfittando della sua buona fede: *è stata scoperta una frode ai danni dello Stato*. Ⓔ ***Frode fiscale***, truffa per evitare il pagamento delle tasse.

frodo (frò-do) N.M. (solo sing.) · Azione per sottrarsi al controllo della dogana o al pagamento della tassa sulla produzione o sulla vendita delle merci: *merce di frodo* Ⓢ contrabbando. Ⓔ ***Caccia di frodo, pesca di frodo***, non autorizzata • ***Cacciatore di frodo, pescatore di frodo***, chi pratica la caccia o la pesca senza averne il permesso.

frollare (frol-là-re) V.TR. e INTR. (*fròllo*, ecc.) || TR. Far diventare frollo: *frollare la selvaggina*.

|| INTR. (aus. *essere*) e **frollarsi** INTR. PRONOM. Di carni, diventare più tenere tramite frollatura: *lasciare la lepre a frollare.*

frollatura (frol-la-tù-ra) N.F. · Operazione con cui si lasciano stagionare qualche giorno le carni macellate perché diventino più tenere e saporite.

frollo (fròl-lo) AGG. · Di carne, tenera poiché è rimasta a stagionare. Ⓔ ***Pasta frolla*** → ***pasta***.

fronda (frón-da) N.F. · Ramoscello di foglie: *portava una corona di fronde d'alloro* • L'insieme delle foglie di un albero: *il vento agitava le fronde* Ⓢ fogliame.

frondoso (fron-dó-so) AGG. · Pieno di foglie: *un albero frondoso* Ⓒ spoglio.

frontale (fron-tà-le) AGG. **1** Della fronte: *osso frontale.* **2** Che si trova o avviene di fronte: *la parte frontale del palazzo era gialla; le due vetture si urtarono in un violento scontro frontale.*

fronte (frón-te) N.F. O M. || N.F. **1** La parte della faccia compresa tra le sopracciglia e la radice dei capelli: *una fronte bassa, alta, spaziosa.* **2** La parte anteriore di qualcosa, rivolta verso chi guarda: *la fronte di un edificio, di un ghiacciaio* Ⓒ retro. || N.M. **1** Nel linguaggio militare, linea su cui combattono due eserciti nemici: *lo hanno inviato al fronte.* **2** Unione di forze per fronteggiare un nemico, un avversario o un pericolo: *fare fronte comune contro la disoccupazione.* **3** Alleanza di partiti o di gruppi politici uniti da interessi e obiettivi comuni: *il fronte popolare; il fronte delle opposizioni* Ⓢ alleanza, coalizione. Ⓔ ***A fronte***, a fianco: *traduzione con testo a fronte* • ***A fronte alta***, senza aver nulla di cui vergognarsi: *camminava a fronte alta* • ***Agire su due fronti***, essere impegnato contemporaneamente su due campi d'azione diversi • ***Di fronte***, di faccia: *abita nella casa di fronte* • ***Di fronte a***, in presenza di: *non devi aver paura di fronte al nemico* • ***Far fronte a qualcosa***, affrontarlo: *bisognava far fronte ai debiti.*

fronteggiare (fron-teg-già-re) V.TR. (*frontéggio*, ecc.) · Opporsi agli attacchi di una forza ostile: *l'esercito fronteggiò l'assalto nemico; era pronto a fronteggiare ogni difficoltà* Ⓢ contrastare.

frontespizio (fron-te-spì-zio) N.M. (pl. *-zi*) · La pagina che in un libro riporta il nome dell'autore, il titolo e l'editore.

Il termine deriva da una parola del latino tardo che significava 'ciò che si vede di fronte, che è posto davanti', composta a sua volta di *frons frontis* 'fronte' e *specere* 'guardare'.

frontiera (fron-tiè-ra) N.F. **1** Linea di confine di uno Stato: *varcare la frontiera; un paese di frontiera* Ⓢ confine. **2** Linea di separazione: *la frontiera tra vero e falso; l'amore non conosce frontiere.*

frontone (fron-tó-ne) N.M. · Ornamento architettonico a forma di triangolo o di arco, posto sulla parte alta di una facciata: *i frontoni dei templi greci.*

fronzolo (frón-zo-lo) N.M. **1** Ornamento inutile e di cattivo gusto: *una tenda piena di fronzoli.* **2** Elemento inutile di un discorso: *raccontami cosa è successo senza tanti fronzoli* Ⓢ orpello.

frotta (fròt-ta) N.F. · Folto gruppo di persone o animali in movimento: *una frotta di contadini si radunò sulla piazza* Ⓢ moltitudine. Ⓔ ***A frotte***, in gran numero.

frottola (fròt-to-la) N.F. · Affermazione o notizia non vera: *racconta un sacco di frottole* Ⓢ bugia, menzogna.

frugale (fru-gà-le) AGG. · Moderato nel mangiare e nel bere: *un uomo frugale* Ⓢ parco • Semplice e modesto: *una cena frugale.*

frugare (fru-gà-re) V.INTR. e TR. (*frùgo, frùghi*, ecc.) || INTR. (aus. *avere*) Cercare qualcosa muovendo o spostando alla rinfusa: *frugando **nei** cassetti ho trovato la mia agenda; non frugare **tra** le mie cose!* Ⓢ rovistare. || TR. Perquisire, ispezionare: *mi hanno frugato da capo a piedi.*

fruire (fru-ì-re) V.INTR. (*fruìsco, fruìsci*, ecc.; aus. *avere*) **1** Godere di un diritto riconosciuto: *i soci fruiscono **di** molti sconti* Ⓢ beneficiare, disporre. **2** Avere il possesso o la disponibilità di un bene: *che gioia poter fruire **di** simili opere d'arte!* Ⓢ godere.

fruizione (frui-zió-ne) N.F. · L'uso di un bene o di un servizio da parte del pubblico: *la fruizione di un diritto; la fruizione di un prodotto.*

frullare (frul-là-re) V.TR. e INTR. || TR. Sbattere con il frullino o ridurre in poltiglia con il frullatore: *frullare le uova, la frutta.* || INTR. **1** (aus. *avere*) Girare velocemente su se stesso o intorno a un asse: *senti come frulla questo motore!* **2** (aus. *avere*) Di uccelli, alzarsi in volo sbattendo forte le ali: *il fagiano frullò a due passi da me.* **3** (aus. *essere*) Agitarsi nella mente: *mi chiedo cosa gli frulla* **in** *testa.*

frullato (frul-là-to) AGG. e N.M. || AGG. Sbattuto con il frullino o ridotto in poltiglia con il frullatore: *mela frullata; uova frullate.* || N.M. Bevanda preparata con polpa o estratto di frutti e latte, mescolati con il frullatore: *adoro il frullato alla banana.*

frullatore (frul-la-tó-re) N.M. · Elettrodomestico dotato di lame che ruotano, usato per ridurre in poltiglia gli ingredienti di bevande o salse.

frullino (frul-lì-no) N.M. · Utensile usato in cucina per montare la panna o gli albumi, o per mescolare impasti morbidi, costituito da una o due fruste mosse da una manovella.

frullo (frùl-lo) N.M. · Rumore prodotto dagli uccelli quando sbattono le ali per alzarsi in volo.

frumento (fru-mén-to) N.M. · Nome delle piante dai cui chicchi si ricavano le farine per il pane e le paste alimentari: *il frumento e il mais sono cereali* Ⓢ grano.

frusciare (fru-scià-re) V.INTR. (*frùscio*, ecc.; aus. *avere*) · Produrre un fruscio: *la serpe fuggì frusciando tra l'erba.*

fruscio (fru-scì-o) N.M. (pl. *-scìi*) · Rumore lieve e prolungato prodotto da due superfici che sfregano tra loro: *il fruscio delle foglie; sentì un fruscio di passi.*

frusta (frù-sta) N.F. **1** Bacchetta lunga e flessibile, alla cui estremità è fissata una corda sottile; serve per incitare i cavalli o gli animali da tiro oppure, in passato, come strumento di pena. **2** Arnese da cucina usato per montare la panna o la chiara d'uovo o per altre preparazioni. Ⓔ ***Colpo di frusta***, dolore forte e improvviso alla colonna vertebrale causato da un contraccolpo.

frustare (fru-stà-re) V.TR. · Colpire più volte con la frusta: *il fantino frustò il cavallo.*

frustata (fru-stà-ta) N.F. · Colpo dato con la frusta: *in passato i criminali venivano presi a frustate.*

frustino (fru-sti-no) N.M. · Bacchetta sottile ed elastica con cui i fantini incitano il cavallo a correre.

frustrare (fru-strà-re) V.TR. **1** Far fallire, rendere vano: *frustrare le speranze, gli sforzi di qualcuno* Ⓢ vanificare. **2** Ridurre in uno stato di frustrazione: *l'insuccesso lo ha frustrato.*

frustrato (fru-strà-to) AGG. e N.M. (f. *-a*) · Che, chi si sente deluso e demoralizzato: *è frustrato per i continui insuccessi; sentirsi un frustrato.*

frustrazione (fru-stra-zió-ne) N.F. · In psicologia, stato di profonda depressione o di sconfitta, che nasce di fronte a difficoltà sentite come insormontabili: *il non trovare lavoro è spesso motivo di profonda frustrazione* Ⓢ depressione • Mancata realizzazione di qualcosa: *la frustrazione di un desiderio.*

frutta (frùt-ta) N.F. · L'insieme dei frutti commestibili di alberi o piante erbacee: *frutta fresca, esotica.* Ⓔ ***Essere alla frutta***, nel linguaggio familiare, aver esaurito tutte le risorse o tutte le energie: *la squadra è alla frutta* • ***Frutta secca***, quella fatta seccare, come i fichi e le prugne, o quella con il guscio, di cui si mangia la parte interna, come le castagne, le noci o le mandorle.

Frutta è un nome collettivo: indica tanti frutti, ma è un sostantivo singolare.

fruttare (frut-tà-re) V.TR. **1** Dare come frutto, come risultato: *il terreno frutta un quintale di grano l'anno; quel gesto* **gli** *frutterà molte critiche.* **2** Produrre come utile, come rendita: *l'investimento ha fruttato molti milioni* **all'***azienda* Ⓢ rendere.

frutteto (frut-té-to) N.M. · Terreno coltivato ad alberi da frutto.

frutticoltore (frut-ti-col-tó-re) N.M. (f. *-trìce*) · Chi coltiva alberi da frutto.

fruttiera (frut-tiè-ra) N.F. · Vassoio per servire la frutta in tavola.

fruttifero (frut-tì-fe-ro) AGG. **1** Che produce frutti: *albero fruttifero*. **2** Che produce guadagno: *un investimento fruttifero* Ⓢ fruttuoso, redditizio.

fruttivendolo (frut-ti-vén-do-lo) N.M. (f. *-a*) · Venditore di frutta e verdura.

frutto (frùt-to) N.M. **1** In una pianta, l'insieme degli organi che contengono i semi • Qualsiasi prodotto della fioritura di piante e alberi usato dall'uomo come alimento: *alberi da frutto; il frutto del pero è la pera*. **2** Prodotto della terra usato dall'uomo come nutrimento: *i frutti dei campi* Ⓢ prodotto, raccolto. **3** Quanto si ricava da un'attività: *un investimento che dà buoni frutti; vive con i frutti del proprio ingegno* Ⓢ guadagno • Risultato, effetto, conseguenza: *quel gesto è frutto della disperazione*. Ⓔ ***Frutti di bosco***, mirtilli, lamponi, more, ribes: *gelato ai frutti di bosco* • ***Frutti di mare***, molluschi che si possono anche consumare crudi.

fruttosio (frut-tò-ṣio) N.M. · Lo zucchero contenuto nella frutta e nel miele: *l'uva è ricca di fruttosio*.

fruttuoso (frut-tu-ó-so) AGG. · Che dà risultati soddisfacenti: *un accordo fruttuoso* Ⓢ proficuo, vantaggioso Ⓒ infruttuoso.

fucilare (fu-ci-là-re) V.TR. · Uccidere con la fucilazione: *i prigionieri verranno fucilati sul posto*.

fucilata (fu-ci-là-ta) N.F. · Colpo sparato con il fucile: *fu colpito a una gamba da una fucilata*.

fucilazione (fu-ci-la-zió-ne) N.F. · Esecuzione di una condanna a morte mediante una scarica di fucili: *il traditore fu condannato alla fucilazione*.

fucile (fu-cì-le) N.M. · Arma da fuoco portatile formata da una lunga canna di acciaio: *fucile militare; fucile da caccia*. Ⓔ ***Fucile subacqueo***, arma a molla o ad aria compressa usata nella pesca subacquea.

fucina (fu-cì-na) N.F. **1** Forno aperto usato per riscaldare pezzi di metallo da lavorare a caldo • Il luogo in cui si eseguono tali operazioni. **2** Ambiente che promuove attività o personalità importanti dal punto di vista sociale e culturale: *una fucina di artisti, di scrittori* Ⓢ vivaio.

fuco (fù-co) N.M. (pl. *-chi*) · Il maschio dell'ape.

fucsia (fùc-sia) N.F. e M. e AGG. || N.F. (pl. *-sie*) Pianta coltivata per i suoi fiori colorati dal rosso al viola: *ha piantato una fucsia in giardino*. || AGG. e N.M. INVAR. Di una tonalità di viola tendente al rosa: *indossava una camicia fucsia; usa il fucsia per colorare i fiori*.

fuga (fù-ga) N.F. (pl. *-ghe*) **1** Improvviso, precipitoso o segreto abbandono di un luogo: *nella notte si è dato alla fuga; l'esercito ha messo in fuga la popolazione*. **2** Nelle gare di velocità, l'azione di uno o più concorrenti che si staccano dal gruppo acquistando un vantaggio sugli altri: *dalla curva sbucano i primi corridori in fuga*. **3** Fuoriuscita di un fluido dal condotto in cui scorre: *una fuga d'acqua, di gas* Ⓢ perdita. **4** Componimento per più voci, che ripetono lo stesso tema attaccando in momenti diversi. Ⓔ ***Darsi alla fuga***, fuggire • ***Fuga di notizie***, diffusione di documenti o informazioni che dovrebbero rimanere segreti.

fugace (fu-gà-ce) AGG. · Di breve durata: *una passione fugace; uno sguardo fugace* Ⓢ effimero, passeggero.

fugare (fu-gà-re) V.TR. (*fùgo*, *fùghi*, ecc.) · Spazzare via: *il vento fugò le nubi; per fugare ogni dubbio, parla con lui* Ⓢ disperdere, dissipare.

fuggiasco (fug-già-sco) AGG. e N.M. (f. *-a*; pl.m. *-schi*, pl.f. *-sche*) · Che, chi fugge dalla cattura o da un grave pericolo: *aiutò un prigioniero fuggiasco; un gruppo di fuggiaschi si è rifugiato tra i monti* Ⓢ fuggitivo.

fuggifuggi (fug-gi-fùg-gi) (o **fuggi fuggi**) N.M. INVAR. · Fuga veloce e disordinata di più persone: *il terremoto provocò il fuggifuggi generale*.

fuggire (fug-gì-re) V.INTR. e TR. (*fùggo*, *fùggi*, ecc.) || INTR. (aus. *essere*) **1** Allontanarsi in fretta da un luogo per evitare una minaccia o un pericolo: *è riuscito a fuggire* ***da*** *un edificio in fiamme; non devi fuggire* ***di fronte alle*** *difficoltà* • Rifugiarsi in un luogo più sicuro: *fuggire* ***all'****estero,* ***sulle*** *montagne*. **2** Uscire da un

A B C D E F G H I J K L M N O P Q R S T U V W X Y Z

luogo di prigionia: *il canarino è fuggito* ***dalla*** *gabbia; il prigioniero ha tentato di fuggire due volte* Ⓢ scappare. **3** Trascorrere, passare, volare: *come fugge il tempo!* || TR. Evitare per viltà, timore o prudenza: *fuggire i pericoli, le cattive compagnie* Ⓢ sfuggire, eludere.

fuggitivo (fug-gi-tì-vo) AGG. e N.M. (f. *-a*) **1** Che, chi fugge: *i soldati fuggitivi sparirono nella notte; la polizia inseguiva i fuggitivi* Ⓢ fuggiasco. **2** Nel linguaggio sportivo, di corridore in fuga: *il gruppo dei fuggitivi aveva un minuto di vantaggio.*

F

-fugo · Secondo elemento di parole composte che significa 'che allontana' o 'che si allontana': *ignifugo*, che allontana il fuoco; *centrifugo*, che si allontana dal centro.

fui (fù-i) · Pass. rem., 1ª pers. sing. → ***essere***[1].

fulcro (fùl-cro) N.M. **1** L'asse di rotazione e il punto d'appoggio di una leva. **2** Motivo o elemento centrale: *la scena dell'incontro è il fulcro del romanzo* Ⓢ cardine, perno.

fulgido (fùl-gi-do) AGG. · Luminoso, splendente, brillante: *una fulgida gemma; un fulgido esempio di virtù.*

fulgore (ful-gó-re) N.M. · Splendore vivo ed abbagliante: *il fulgore del sole; il fulgore della bellezza.*

fuliggine (fu-lìg-gi-ne) N.F. · Deposito di carbone scuro e polveroso, che si forma nei camini per effetto del fumo e dei materiali bruciati.

full-time (full-ti-me; pronuncia *fultàim*) AGG. e AVV. INGL., in it. AGG. INVAR. e AVV. · Di attività che occupa l'intera giornata di lavoro e della persona che la svolge: *ha un contratto full-time; fa il professore full-time* Ⓒ part-time (*ingl.*).

fulminare (ful-mi-nà-re) V.TR. (*fùlmino*, ecc.) || TR. **1** Colpire con un fulmine o con una scarica elettrica: *è stato fulminato dai fili dell'alta tensione* Ⓢ folgorare. **2** Uccidere sul colpo: *la vittima è stata fulminata con una raffica di mitra* Ⓢ abbattere, annientare. **3** Raggelare soprattutto con lo sguardo: *lo fulminò con un'occhiata.* || **fulminarsi** INTR. PRONOM. Di lampadina elettrica, smettere di funzionare: *si sono fulminate le lampadine del salotto* Ⓢ bruciarsi.

fulmine (fùl-mi-ne) N.M. **1** Scarica elettrica molto intensa tra due nubi o tra una nube e la terra, accompagnata da un lampo e da un tuono: *la quercia del giardino è stata colpita da un fulmine* Ⓢ saetta, folgore. **2** Simbolo di rapidità, impeto, violenza: *il ragazzino scappò via come un fulmine* Ⓢ razzo. Ⓔ ***Colpo di fulmine***, amore improvviso, a prima vista: *con suo marito è stato un colpo di fulmine* • ***Fulmine a ciel sereno***, evento inaspettato e spesso sgradito: *la notizia della tua partenza è un fulmine a ciel sereno.*

fulmineo (ful-mì-ne-o) AGG. (pl.m. *-nei*, pl.f. *-nee*) · Rapido come un fulmine: *una mossa fulminea* Ⓢ repentino • Istantaneo: *ha avuto una morte fulminea.*

fulvo (fùl-vo) AGG. · Di colore biondo tendente al rosso: *il leone ha una fulva criniera.*

fumaiolo (fu-ma-iò-lo) N.M. **1** La parte di un camino che sporge dal tetto Ⓢ comignolo. **2** Ciminiera di un impianto industriale. **3** Nelle locomotive a vapore e nelle navi, tubo verticale per lo scarico dei fumi di combustione. ▸ Ⓕ **fumo**

fumare (fu-mà-re) V.INTR. e TR. || INTR. (aus. *avere*) Emettere, produrre fumo o vapore: *si vedevano fumare i camini delle case; l'arrosto fumava al centro della tavola.* || TR. Aspirare ed espirare il fumo del tabacco o di altre sostanze che bruciano: *fumare la pipa, una sigaretta; sta cercando di smettere di fumare.* ▸ Ⓕ **fumo**

fumario (fu-mà-rio) AGG. (pl.m. *-ri*, pl.f. *-rie*) · Che serve al passaggio o all'espulsione del fumo: *canna fumaria.* ▸ Ⓕ **fumo**

fumata (fu-mà-ta) N.F. **1** Nube di fumo, fatta soprattutto per segnalazioni a distanza • Nube di fumo che annuncia l'esito delle votazioni durante l'elezione di un nuovo Papa; è bianca se l'elezione è avvenuta, nera in caso contrario; può riferirsi anche ad altre votazioni: *fumata nera in Parlamento per l'elezione del Presidente della Repubblica.* **2** Il consumo di una certa quantità o confezione di tabacco: *farsi una fumata.* ▸ Ⓕ **fumo**

fumatore (fu-ma-tó-re) N.M. (f. *-trìce*) · Chi ha l'abitudine o il vizio di fumare tabacco: *un fumatore accanito, occasionale.* ▸ Ⓕ **fumo**

fumettistico (fu-met-tì-sti-co) AGG. (pl.m. -*ci*, pl.f. -*che*) 1 Che riguarda i fumetti: *ha una grande cultura fumettistica.* 2 Banale e di facile effetto: *un film di tono fumettistico.* ▸ Ⓕ fumo

fumetto (fu-mét-to) N.M. 1 Spazio a forma di nuvoletta che contiene le parole pronunciate dai personaggi di racconti o romanzi illustrati. 2 SPESSO AL PL. I racconti e i romanzi realizzati con tale tecnica, oppure i libri e i giornali che li contengono: *è un disegnatore di fumetti; legge solo fumetti.* 3 Il genere grafico e letterario che si basa su questa tecnica: *fumetto di avventura, di fantascienza.* ▸ Ⓕ fumo

fumo (fù-mo) N.M. 1 L'insieme dei gas, delle ceneri e delle scorie che si innalzano sotto forma di nuvola grigia da qualcosa che brucia: *il fumo di un incendio, della legna; una colonna di fumo si alzò dalla casa in fiamme.* 2 Il prodotto della combustione del tabacco: *le dà noia il fumo?* • Il vizio o l'abitudine di fumare: *il fumo fa male alla salute.* 3 Vapore emesso da un liquido ad alta temperatura: *quando l'acqua bolle esce del fumo dalla pentola.* 4 Simbolo di inconsistenza: *le tue proposte sono solo fumo.* Ⓔ ***Andare in fumo***, scomparire, dissolversi, svanire: *le sue speranze sono andate in fumo* • ***Essere come il fumo negli occhi***, di persona, essere molesta, fastidiosa, detestabile: *per me Clara è come il fumo negli occhi* • ***Mandare in fumo*** → *mandare* • ***Molto fumo e poco arrosto*** o ***tutto fumo e niente arrosto***, molta apparenza e poca sostanza • ***Vendere fumo***, vantarsi di cose mai fatte, fare credere di essere migliori di quello che si è. ▸ Ⓕ fumo

fumogeno (fu-mò-ge-no) AGG. · Che produce fumo: *candelotto fumogeno.* Ⓔ ***Sostanze fumogene*** (o *i fumogeni* N.M.PL.), sostanze chimiche che producono un fumo denso che impedisce di vedere e irrita i polmoni: *hanno lanciato i fumogeni per far uscire i rapinatori dalla banca.* ▸ Ⓕ fumo

fumosità (fu-mo-si-tà) N.F. INVAR. · Fastidiosa mancanza di visibilità o di chiarezza: *la fumosità di un ambiente; la fumosità di una risposta.* ▸ Ⓕ fumo

fumoso (fu-mó-so) AGG. 1 Che produce fumo bruciando: *un camino fumoso* • Pieno di fumo o di vapori: *una stanza fumosa.* 2 Difficile da comprendere: *un ragionamento fumoso* Ⓢ oscuro, confuso. ▸ Ⓕ fumo

funambolo (fu-nàm-bo-lo) N.M. (f. -*a*) 1 Acrobata capace di camminare su una corda tesa nel vuoto Ⓢ equilibrista. 2 Chi sa cavarsela con facilità nelle situazioni più difficili: *quel politico è un funambolo.*

fune (fù-ne) N.F. · Insieme di fili di vario materiale intrecciati tra loro a elica: *la fune del pozzo; funi d'acciaio sostengono l'ascensore* Ⓢ corda. Ⓔ ***Tiro alla fune***, gara di forza tra due squadre che, poste alle due estremità, impugnano la fune tirandola a sé.

funebre (fù-ne-bre) AGG. 1 Che riguarda il defunto o il funerale: *cerimonia funebre; marcia funebre* Ⓢ funereo, funerario. 2 Che esprime una cupa desolazione: *parlava in tono funebre* Ⓢ tetro, lugubre. Ⓔ ***Pompe funebri*** → *pompa*[2] • ***Carro funebre*** → *carro*.

funerale (fu-ne-rà-le) N.M. · L'insieme delle cerimonie in onore di un defunto: *i funerali della vittima verranno celebrati nella cattedrale; aveva una faccia da funerale,* un'espressione triste Ⓢ esequie (PL.).

funerario (fu-ne-rà-rio) AGG. (pl.m. -*ri*, pl.f. -*rie*) · Che riguarda la morte, la sepoltura: *urna funeraria; iscrizione funeraria.*

funereo (fu-nè-re-o) AGG. (pl.m. -*rei*, pl.f. -*ree*) · Funebre: *canto funereo; aspetto funereo.*

funestare (fu-ne-stà-re) V.TR. (*funèsto*, ecc.) · Colpire con lutti o sciagure: *la guerra civile continua a funestare il Paese* Ⓢ affliggere.

funesto (fu-nè-sto) AGG. 1 Che provoca o ricorda morte, lutti, danni irreparabili: *la guerra ha sempre effetti funesti* Ⓢ fatale. 2 Disastroso, dannoso, tragico: *il suo gesto ha avuto conseguenze funeste.*

fungere (fùn-ge-re) V.INTR. (irreg.: ind. pres. *fùngo*, *fùngi*, ecc.; pass. rem. *fùnsi*, *fungésti*, *fùnse*, *fungémmo*, *fungéste*, *fùnsero*; part. pass. *fùnto*; aus. *avere*) · Esercitare per un periodo limitato funzioni diverse da quelle originarie: *questa cassetta funge **da** sedia; il professore fungerà **da** preside.*

F

fungo (fùn-go) N.M. (pl. *-ghi*) · Organismo vegetale di dimensioni e colori vari che, nelle specie più comuni, è formato da un gambo e da una parte superiore a forma di cappello: *funghi commestibili, velenosi; sono andato in cerca di funghi con il nonno.* Ⓔ ***Funghi secchi***, quelli che vengono fatti seccare per conservarli e si utilizzano come ingredienti di salse e sughi • ***Fungo (atomico)***, la massa di gas e vapori che si condensano dopo un'esplosione nucleare, dalla forma simile a quella di un fungo • ***Venir su come i funghi***, di cose che nascono o si moltiplicano alla svelta: *in questa zona i palazzi vengono su come i funghi.*

funicolare (fu-ni-co-là-re) N.F. · Impianto di trasporto usato per superare notevoli pendenze; è trainato da funi metalliche: *raggiunse la cima del monte con la funicolare.*

funivia (fu-ni-vì-a) N.F. (pl. *-vìe*) · Impianto per il trasporto di persone tramite cabine che viaggiano sospese a una fune.

funsi (fùn-si) · Pass. rem., 1ª pers. sing. → ***fungere***.

funto (fùn-to) · Participio pass. → ***fungere***.

funzionale (fun-zio-nà-le) AGG. · Che soddisfa le funzioni per cui è stato ideato o lo scopo per cui è stato costruito: *un mobile, un arredamento funzionale; il servizio è funzionale* ***alle*** *esigenze dei bambini* Ⓢ efficiente, pratico.

funzionalità (fun-zio-na-li-tà) N.F. INVAR. **1** Capacità di funzionare bene: *la funzionalità di questo attrezzo permette di risparmiare molto tempo.* **2** In medicina, la capacità di un organo di funzionare: *la funzionalità del cuore.*

funzionamento (fun-zio-na-mén-to) N.M. · Lo svolgimento di un'attività o di una funzione specifica: *il funzionamento di un motore; cattivo, buon funzionamento.*

funzionare (fun-zio-nà-re) V.INTR. (*funzióno*, ecc.; aus. *avere*) **1** Svolgere bene una funzione, un'attività o un compito: *il forno funziona a meraviglia; le gambe non mi funzionano bene.* **2** Rendere in modo soddisfacente, risultare efficace: *la cura comincia a funzionare; la tua idea funziona.*

funzionario (fun-zio-nà-rio) N.M. (f. *-a*; pl.m. *-ri*, pl.f. *-rie*) · Chi, in un ente pubblico o privato, svolge incarichi di responsabilità o di rappresentanza: *funzionario statale; funzionario di banca* Ⓢ dirigente.

funzione (fun-zió-ne) N.F. **1** Compito specifico nell'ambito di un'attività organizzata o di una struttura: *funzioni direttive, amministrative* • Attività compiuta da un dispositivo o da un organo che consente il funzionamento di un sistema più complesso: *la funzione di un ingranaggio; lo stomaco svolge una funzione digestiva.* **2** Cerimonia del culto cattolico: *funzione funebre, domenicale* Ⓢ messa, rito. **3** In matematica, dipendenza di una grandezza da un'altra grandezza, per cui a un valore della seconda corrisponde un valore della prima. Ⓔ ***In funzione***, in moto, in azione: *ha messo in funzione il macchinario* • ***In funzione di***, in rapporto a, in relazione a: *i tempi di consegna sono stabiliti in funzione della difficoltà del lavoro.*

fuoco (fuò-co) N.M. (pl. *-chi*) **1** L'insieme del calore e della luce prodotti da qualcosa che brucia: *accendere, spegnere un fuoco; il vento alimenta il fuoco* • Incendio, rogo: *il fuoco divampò per tutta la notte.* **2** Fiamma che serve per cucinare: *metti la pentola sul fuoco* • Focolare, camino: *erano tutti riuniti intorno al fuoco.* **3** Calore intenso per la febbre o per l'eccitazione: *ha la fronte di fuoco; il fuoco della passione.* **4** L'insieme dei colpi sparati: *uno scontro a fuoco.* **5** In ottica, il punto di una lente o di uno specchio in cui convergono i raggi luminosi. Ⓔ ***Andare a fuoco***, bruciare • ***Arma da fuoco*** → ***arma*** • ***Dare fuoco a qualcosa***, incendiarlo • ***Fare fuoco***, sparare • ***Fare fuoco e fiamme***, strepitare; tentare di raggiungere uno scopo con ogni mezzo • ***Fuochi d'artificio*** o ***fuochi artificiali***, razzi che lanciati in aria producono effetti luminosi di varie forme e colori • ***Fuoco di paglia***, passione o entusiasmo passeggeri • ***Mettere a ferro e fuoco*** → ***ferro*** • ***Mettere a fuoco***, regolare una macchina fotografica in modo da cercare di ottenere un'immagine nitida; in senso figurato, esaminare una questione attentamente nei suoi vari aspetti: *voglio cercare di mettere a fuoco la situazione prima di prendere una decisione in merito* • ***Mettere la mano sul fuoco*** → ***mano*** • ***Mettere troppa carne al fuoco*** → ***car-***

ne • ***Prendere fuoco***, cominciare a bruciare: *la casa sta prendendo fuoco* • ***Scherzare con il fuoco*** → scherzare • ***Soffiare sul fuoco*** → soffiare • ***Tra due fuochi***, in mezzo a due avversari o pericoli.

fuorché (fuor-ché) CONGIUNZ. · Eccetto, tranne: *vuol fare di tutto fuorché studiare; gli piace tutto fuorché lo studio.*

fuori (fuò-ri) AVV. e PREP. || AVV. All'esterno, nella parte esterna: *fuori fa freddo; guardare fuori* Ⓒ dentro • In un luogo diverso dalla propria casa o dal proprio Paese: *mangiare fuori; è gente venuta da fuori.* || PREP. All'esterno di: *abito fuori città;* spesso seguita dalla preposizione *di*: *fuori* ***di*** *casa; fuori* ***d'****Italia.* Ⓔ ***Fuori di sé***, incapace di controllarsi per una forte emozione: *è fuori di sé dalla rabbia* • ***Fuori di testa***, che non ragiona, impazzito: *da qualche tempo è un po' fuori di testa* • ***Fuori pericolo***, in salvo.

Quando *fuori* è usato come preposizione e precede un pronome personale, deve essere seguito dalla preposizione *di*: *fuori di me.*

fuoribordo (fuo-ri-bór-do) N.M. INVAR. · Motoscafo leggero e veloce, con motore esterno allo scafo • Il motore di questo motoscafo.

fuoriclasse (fuo-ri-clàs-se) N.M. e F. INVAR. · Chi ha doti eccezionali, soprattutto sportive: *solo un fuoriclasse poteva vincere questa gara; è una squadra piena di fuoriclasse* Ⓢ campione, asso.

fuorigioco (fuo-ri-giò-co) (o **fuori gioco**) N.M. INVAR. · Nel calcio e in altri sport di squadra, posizione irregolare di un giocatore, se riceve la palla nella metà campo avversaria e non ha davanti nessun difensore ma solo il portiere: *fischiare il fuorigioco.*

fuorilegge (fuo-ri-lég-ge) N.M. e F. INVAR. · Chi agisce come se la legge non esistesse: *un pericoloso fuorilegge è fuggito di prigione* Ⓢ bandito, delinquente.

fuoriserie (fuo-ri-sè-rie) (o **fuori serie**) AGG. e N.F. INVAR. · Di prodotto che non è stato fabbricato in serie; si dice soprattutto di un'autovettura con una carrozzeria diversa dal comune modello.

fuoristrada (fuo-ri-strà-da) AGG. e N.F. e M. INVAR. · Autoveicolo o motoveicolo capace di muoversi su terreni accidentati e di attraversare corsi d'acqua: *moto fuoristrada; guidare un fuoristrada.*

fuoriuscire (fuo-ri-u-scì-re) o **fuoruscire** (fuo-ru-sci-re) V.INTR. (irreg.: coniugato come *uscire*; aus. *essere*) · Uscire fuori, spesso in modo anormale: ***dalle*** *tubature fuoriusciva gas;* ***dalla*** *ferita fuoriesce sangue* Ⓢ uscire.

fuoriuscita (fuo-ri-u-scì-ta) o **fuoruscita** (fuo-ru-scì-ta) N.F. · Anormale passaggio all'esterno: *fuoriuscita di gas; fuoriuscita di sangue* ***dal*** *naso* Ⓢ perdita.

fuoriuscito (fuo-ri-u-scì-to) o **fuoruscito** (fuo-ru-scì-to) N.M. (f. *-a*) · Chi è costretto a vivere all'estero per ragioni politiche Ⓢ esule.

fuorviante (fuor-vi-àn-te) AGG. · Che induce in errore: *le tue indicazioni sono state fuorvianti.*

fuorviare (fuor-vi-à-re) V.TR. (*fuorvìo, fuorvìi,* ecc.) · Allontanare dalla strada giusta: *fuorviare le indagini* Ⓢ sviare.

furbacchione (fur-bac-chió-ne) N.M. (f. *-a*; pl.m. *-i*, pl.f. *-e*) · Persona molto furba: *quel furbacchione mi ha ingannato* Ⓢ dritto, volpone.

furberia (fur-be-rì-a) N.F. (pl. *-rìe*) · Furbizia, astuzia: *la sua furberia lo porterà lontano* • Azione che dimostra furbizia: *con quella furberia ho risolto la situazione* Ⓢ stratagemma, trovata.

furbesco (fur-bé-sco) AGG. (pl.m. *-schi*, pl.f. *-sche*) · Da furbo: *mi guardò con un sorriso furbesco* Ⓢ malizioso.

furbizia (fur-bì-zia) N.F. (pl. *-zie*) · Abilità nel raggiungere i propri scopi: *è dotato di grande furbizia* Ⓢ astuzia, scaltrezza Ⓒ ingenuità.

furbo (fùr-bo) AGG. e N.M. (f. *-a*) · Che, chi riesce a trarre vantaggio o a cavarsela in una situazione grazie all'astuzia: *è stato più furbo di noi ed è riuscito a scappare; non fare il furbo con me!* Ⓢ astuto, scaltro Ⓒ ingenuo.

Il termine deriva dal francese *fourbir* 'ripulire', nel senso di 'ladro astuto', perché 'ripulisce (le tasche)'.

furente (fu-rèn-te) AGG. · Pieno di furore: *era furente contro di lui; le lanciò un'occhiata furente* Ⓢ furioso, furibondo.

furfante (fur-fàn-te) N.M. e F. · Chi imbroglia gli altri: *i tuoi amici sono dei veri furfanti* Ⓢ farabutto, mascalzone.

furgone (fur-gó-ne) N.M. · Veicolo coperto o completamente chiuso per il trasporto di merci o persone.

furia (fù-ria) N.F. (pl. *-rie*) **1** Impeto di rabbia violenta: *ha spaccato tutto per la furia; a quella notizia è andato su tutte le furie*, si è arrabbiato moltissimo Ⓢ collera, furore • Impeto travolgente o violenza incontrollata: *la furia degli elementi; una furia distruttrice.* **2** Persona in preda all'ira: *ieri sera papà era una furia.* **3** Fretta eccessiva: *non avere furia a fare le cose* Ⓢ smania, premura. Ⓔ ***A furia di***, con una grande quantità di: *gli fece scendere le scale a furia di calci* • ***In fretta e furia***, in modo veloce e confuso: *ha fatto le valigie in fretta e furia ed è partita.*

F

furibondo (fu-ri-bón-do) AGG. **1** Molto arrabbiato: *è furibondo per il tuo ritardo; le gettava occhiate furibonde* Ⓢ furioso, infuriato. **2** Furioso, violento, accanito: *c'è stata una rissa furibonda.*

furioso (fu-rió-so) AGG. **1** Accanito, violento, impetuoso: *un furioso combattimento.* **2** Che dà segni di violenza per malattia mentale: *è un pazzo furioso.* **3** In preda al furore: *sono furioso **con** te!; era furioso **per** il ritardo* Ⓢ furibondo, infuriato.

furore (fu-ró-re) N.M. **1** Violenta agitazione causata da una passione travolgente: *il furore lo accecava; in preda al furore lo aggredì* Ⓢ impeto, furia. **2** Violenza incontrollata: *il furore della tormenta non accennava a placarsi.* Ⓔ ***A furor di popolo***, con l'entusiastica approvazione di tutti: *è stato eletto a furor di popolo* • ***Far furore***, suscitare un entusiasmo o un'ammirazione eccezionali: *quell'attrice ai suoi tempi ha fatto furore*; essere di gran moda: *le gonne corte fanno furore quest'anno.*

furtivo (fur-tì-vo) AGG. · Non notato, fatto di nascosto: *un'occhiata furtiva; un incontro furtivo.*

furto (fùr-to) N.M. · Sottrazione illecita di qualcosa a qualcuno: *fu arrestato per aver commesso un furto con scasso; lo zio ha subito un furto d'auto.*

fusa (fù-sa o fù-ṣa) N.F.PL. · Solo nell'espressione ***fare le fusa***, di gatto, emettere un verso particolare che esprime desiderio di carezze o soddisfazione.

fuscello (fu-scèl-lo) N.M. · Corto ramoscello secco • Persona piccola e magra e quindi leggera.

fusi (fù-ṣi) · Pass. rem., 1ª pers. sing. → ***fondere***.

fusibile (fu-ṣì-bi-le) AGG. e N.M. || AGG. Che si può fondere: *metalli fusibili; lega fusibile.* || N.M. Negli impianti elettrici, filo o piastrina d'argento o di piombo che fonde quando la corrente è eccessiva, fungendo da valvola di sicurezza.

fusione (fu-ṣió-ne) N.F. **1** Passaggio di un corpo dallo stato solido a quello liquido: *la fusione del ferro, dell'alluminio* Ⓢ liquefazione. **2** ***Fusione nucleare***, reazione tra nuclei leggeri di atomo che si uniscono a formare un unico nucleo più pesante liberando un'enorme quantità di energia. **3** Unione di due o più elementi a formare un tutt'uno: *la fusione di due aziende.* Ⓔ ***Punto di fusione***, la temperatura alla quale un materiale fonde.

fuso[1] (fù-ṣo) AGG. || Participio pass. → ***fondere***. || AGG. **1** Che è passato dallo stato solido a quello liquido: *cera fusa; burro fuso.* **2** Nel linguaggio familiare, stanco morto, sfinito, esausto: *oggi ho studiato troppo, sono fuso.*

fuso[2] (fù-so o fù-ṣo) N.M. **1** Arnese di legno di forma rotonda e allungata, e più sottile alle estremità, usato un tempo per filare a mano. **2** ***Fuso orario***, ognuna delle 24 aree in cui la Terra viene suddivisa allo scopo di regolare la misurazione del tempo; all'interno di ogni fuso l'ora è la stessa e varia di un'ora in più o in meno rispetto al fuso vicino.

fusoliera (fu-ṣo-liè-ra) N.F. · La parte centrale dell'aeroplano, a cui sono attaccate le ali.

fustagno (fu-stà-gno) N.M. · Stoffa di scarsa qualità, spesso di cotone, vellutata da una parte e liscia dall'altra; è usata soprattutto per confezionare vestaglie, pigiami o come fodera di giacche.

fustella (fu-stèl-la) N.F. **1** Utensile di acciaio che riproduce una certa sagoma, per ritagliare da carta e cartone una certa forma. **2** Nelle scatole dei medicinali, talloncino che segna il prezzo e che il farmacista stacca nel caso in cui la medicina sia rimborsabile dal servizio sanitario.

fustigare **(fu-sti-gà-re)** V.TR. (*fùstigo, fùstighi,* ecc.) || TR. **1** Colpire con la verga o con la frusta: *fustigare i prigionieri* Ⓢ frustare. **2** Criticare aspramente: *fustigare la corruzione* Ⓢ condannare. || **fustigarsi** RIFL. Colpirsi con la verga o la frusta.

fustigazione **(fu-sti-ga-zió-ne)** N.F. **1** Pena che consiste nel colpire un condannato con la verga o la frusta. **2** Penitenza che consiste nel colpirsi con la verga o la frusta.

fustino **(fu-stì-no)** N.M. · Contenitore di cartone a forma di cilindro o di parallelepipedo, usato per contenere detersivi in polvere.

fusto **(fù-sto)** N.M. **1** La parte centrale di una pianta che, partendo dalle radici, si sviluppa fino al fogliame Ⓢ tronco, stelo. **2** La parte centrale ed essenziale di una colonna, compresa tra la base e il capitello. **3** Il tronco della persona umana, soprattutto se alta, diritta e robusta Ⓢ busto, torace • Uomo dalla corporatura atletica: *che bel fusto!* **4** Recipiente di legno o di metallo per liquidi: *un fusto di vino; un fusto di benzina* Ⓢ barile, tanica. Ⓔ ***Piante d'alto fusto***, gli alberi lasciati crescere intatti fino alla maturità; formano i boschi d'alto fusto.

futile **(fù-ti-le)** AGG. · Di scarsissima importanza, banale: *hanno litigato per motivi futili; è solo un futile pretesto* Ⓢ insignificante, inconsistente.

futurismo **(fu-tu-rì-ṣmo)** N.M. · Movimento artistico italiano fondato nel 1909 da Filippo Tommaso Marinetti, che esaltava il dinamismo, la modernità e la tecnica, in contrasto polemico con ogni forma artistica tradizionale.

futuro **(fu-tù-ro)** AGG. e N.M. || AGG. Che riguarda il tempo successivo al presente: *le età future, i secoli futuri* Ⓢ prossimo, venturo Ⓒ presente, passato • Che sarà o si pensa che sarà: *il futuro presidente; la sua futura sposa.* || N.M. Quanto dovrà o potrà verificarsi: *dobbiamo pensare al futuro del bambino; faceva progetti per il futuro* Ⓢ avvenire, domani. || AGG. e N.M. In grammatica, del tempo del verbo che definisce l'azione come successiva rispetto al momento in cui si parla (*partirò*, in un momento successivo a quello in cui parlo); può indicare anche il dubbio (*sarà, ma non ci credo*). Ⓔ ***In futuro***, nel tempo che deve venire: *ti giuro che in futuro sarò più prudente.*

> Il termine deriva dal participio futuro del verbo *essere* in latino e significa 'ciò che sarà'.

A B C D E **F** G H I J K L M N O P Q R S T U V W X Y Z

g

g, G N.F. O M.INVAR. · Settima lettera dell'alfabeto italiano; è una consonante (nome della lettera: *gi*).

gabbare (gab-bà-re) V.TR. · Imbrogliare, raggirare, truffare: *ti sei fatto gabbare da quei due mascalzoni.*

gabbia (gàb-bia) N.F. (pl. *-bie*) **1** Strumento, formato da reti o sbarre, che serve a imprigionare o a custodire animali vivi: *la gabbia dei canarini, dei leoni.* **2** Nel linguaggio familiare, prigione, carcere: *l'hanno beccato a rubare e l'hanno messo in gabbia.* **3** Recinto a sbarre in cui vengono chiusi gli imputati durante i processi. **4** Struttura che ricorda la forma di una gabbia: *la gabbia dell'ascensore.* **E** ***Gabbia di matti***, ambiente disordinato e caotico: *questa casa è una gabbia di matti.* • ***Gabbia toracica*** → ***toracico***.

gabbiano (gab-bià-no) N.M. · Uccello con piumaggio bianco nelle parti superiori e grigio chiaro sul dorso, lunghe ali e becco ricurvo; vive soprattutto lungo le coste marine.

Per indicare il verso acuto e stridulo del gabbiano possono essere usati i verbi *gridare* o *stridere*.

gabella (ga-bèl-la) N.F. · Imposta pagata a uno Stato o a un Comune per introdurvi merci o generi di consumo: *pagare la gabella del sale* **S** dazio, tributo.

gabinetto (ga-bi-nét-to) N.M. **1** Locale di un'abitazione o di un edificio dotato di servizi igienici **S** bagno; toilette (*fr.*). **2** Studio medico: *il gabinetto del dentista* **S** ambulatorio. **3** L'ufficio dei funzionari e dei collaboratori di un ministro • L'insieme dei ministri di uno Stato: *il primo gabinetto Giolitti* **S** governo.

Il termine deriva dal francese *cabinet* 'piccola cabina'; in origine la parola indicava la stanza privata dove il re chiamava a consulto i suoi più fidati consiglieri.

gaelico (ga-è-li-co) AGG. e N.M. (pl.m. *-ci*, pl.f. *-che*) · Dell'antico popolo dei Gaeli, originario dell'Irlanda e della Scozia.

gaffe (gaf-fe; pronuncia *gaf*) N.F. FR., in it. N.F. INVAR. · Azione o frase inopportuna che rivela mancanza di esperienza o di delicatezza: *ha fatto una gaffe dietro l'altra* **S** figuraccia.

gag (pronuncia *ghèg*) N. INGL., in it. N.F. INVAR. · Battuta o scenetta comica presente in spettacoli teatrali, televisivi o cinematografici: *un film pieno di gag.*

gagliardetto (ga-gliar-dét-to) N.M. · Piccola bandiera triangolare usata da formazioni militari, partiti politici o associazioni sportive: *il gagliardetto della Fiorentina.*

gagliardo (ga-gliàr-do) AGG. **1** Robusto, vigoroso, forte: *un giovane gagliardo.* **2** Che rivela forza, energia, vitalità: *un colpo gagliardo* **S** energico.

gaglioffo (ga-gliòf-fo) AGG. e N.M. (f. *-a*) · Persona sciocca, inaffidabile e presuntuosa: *come hai potuto fidarti di quel gaglioffo?* **S** cialtrone, buono a nulla.

gaio (gà-io) AGG. (pl.m. *gài*, pl.f. *gàie*) · Festoso, allegro, spensierato: *una gaia festa* **C** cupo.

gala[1] (gà-la) N.F. · Lusso, fasto, sfarzo. **E** ***Di gala***, adatto a una cerimonia solenne: *pranzo di gala; abito di gala.*

gala[2] (gà-la) N.F. · Ornamento di merletto o di stoffa increspata, che si applica a indumenti femminili.

galà (ga-là) N.M. INVAR. · Ricevimento solenne o elegante: *un galà di corte* • Manifestazione culturale o sportiva: *il gran galà di atletica leggera.*

galante (ga-làn-te) AGG. · Che dimostra cortesia e attenzione nei confronti delle donne: *è un signore molto galante; mi colpirono i suoi modi galanti.*

Il termine deriva dal francese *galant* 'che si diverte', participio presente di *galer* 'divertirsi'.

galanteria (ga-lan-te-rì-a) N.F. (pl. *-rìe*) · Piacevole e cortese attenzione nei riguardi delle donne • Complimento amoroso.

galantuomo (ga-lan-tuò-mo) N.M. (pl. *galantuòmini*) · Uomo onesto e leale nei rapporti sociali: *si è comportato da galantuomo* Ⓢ signore, gentiluomo.

galassia (ga-làs-sia) N.F. (pl. *-sie*) · Ciascuno dei gruppi di stelle dell'universo, in particolare quello cui appartengono il Sole e la Terra, detto anche *Via Lattea*: *la navicella vagava senza meta nella galassia.*

Il termine deriva dal greco *(kýklos) galaksías* '(cerchio) latteo', poiché si credeva che la Via Lattea fosse scaturita dal latte della dea Giunone.

galateo (ga-la-tè-o) N.M. (pl. *-tèi*) · L'insieme delle regole per comportarsi in modo conveniente e dignitoso nei rapporti sociali: *il galateo non è più di moda* Ⓢ etichetta.

Il termine deriva dal nome di *Galateo* (forma latinizzata del nome Galeazzo) Florimonte (1503-1556), vescovo di Sessa, che suggerì a Monsignor G. Della Casa l'idea di scrivere un libro sui comportamenti da tenere in società; l'autore dedicò a lui la sua opera intitolandola *Galateo ovvero de' costumi.*

galattico (ga-làt-ti-co) AGG. (pl.m. *-ci*, pl.f. *-che*) **1** Che riguarda la galassia: *polo galattico.* **2** Smisurato, straordinario, eccezionale: *ho avuto un'idea galattica.*

galeone (ga-le-ó-ne) N.M. · Grosso veliero militare del Cinquecento, dotato di potenti armi da fuoco.

galeotto[1] (ga-le-òt-to) N.M. (f. *-a*) **1** N.M. In passato, chi remava sulle navi, spesso in seguito a una condanna. **2** N.M. (f. *-a*) Condannato ai lavori forzati o al carcere a vita.

galeotto[2] (ga-le-òt-to) AGG. e N.M. (f. *-a*) · Intermediario in una storia d'amore.

Il termine deriva dal nome di *Galehault*, personaggio presente in vari romanzi del ciclo bretone, che favorisce gli amori segreti di Lancillotto e Ginevra.

galera (ga-lè-ra) N.F. · Prigione, penitenziario, carcere: *ha fatto vent'anni di galera.* Ⓔ ***Avanzo di galera***, persona poco raccomandabile, pessimo individuo.

galla (gàl-la) N.F. · Vescica che si forma soprattutto in seguito a scottatura. Ⓔ ***A galla***, a fior d'acqua, in superficie; ***stare a galla***, galleggiare; ***rimanere a galla***, riuscire a superare una situazione critica; ***venire a galla***, risultare evidente: *la verità verrà a galla.*

galleggiamento (gal-leg-gia-mén-to) N.M. · La condizione di un corpo che si mantiene alla superficie di un liquido.

galleggiante (gal-leg-giàn-te) AGG. e N.M. || AGG. Che si mantiene alla superficie di un liquido: *hanno costruito un ponte galleggiante.* || N.M. **1** Barcone o zattera senza motore impiegati soprattutto per rimorchio nei porti e nei canali. **2** Pezzo di sughero o altro materiale leggero attraversato dalla lenza e usato per mantenere l'amo a profondità costante.

galleggiare (gal-leg-già-re) V.INTR. (*galléggio*, ecc.; aus. *avere*) · Mantenersi alla superficie di un liquido: *una barchetta di carta galleggia* ***nella*** *vasca; un ramo galleggiava* ***sulle*** *acque del fiume.*

galleria (gal-le-ri-a) N.F. (pl. *-rìe*) **1** Scavo praticato soprattutto nella roccia di un monte, per permettere a una via di comunicazione o a un corso d'acqua di proseguire: *la galleria del Monte Bianco* Ⓢ tunnel, traforo. **2** Locale o insieme di ambienti usati per la raccolta e l'esposizione di opere d'arte: *ho visitato la Galleria degli Uffizi; gestisce una galleria d'arte.* **3** Strada cittadina coperta da strutture in ferro e vetro riservata ai pedoni: *passeggiava in galleria.* **4** Nei teatri e nei cinema, ciascuno degli ordini dei posti nelle parti più alte della sala: *ho trovato due posti in galleria* Ⓢ balconata, loggione.

gallese (gal-lé-se) AGG. e N.M. e F. || AGG. Del Galles, regione della Gran Bretagna. || N.M. e F. Abitante, nativo del Galles. || N.M. La lingua parlata nel Galles.

galletta (gal-lét-ta) N.F. · Pane friabile che si conserva a lungo, usato soprattutto dai militari • Biscotto secco.

G

gallina (gal-lì-na) N.F. · La femmina adulta del gallo, più piccola, dal piumaggio meno vivace e con la cresta floscia, allevata per la produzione di uova e carne: *gallina in brodo.* Ⓔ ***Andare a letto con le galline***, molto presto • ***Avere un cervello di gallina***, essere poco intelligente • ***La gallina dalle uova d'oro***, fonte sicura di grande guadagno: *con quel lavoro ha trovato la gallina dalle uova d'oro* • ***Zampe di gallina*** → *zampa*.

♫ Il verbo che indica il verso della gallina è *chiocciare* e il nome è *chiocciolio*.

gallo (gàl-lo) N.M. · Il maschio del pollo, dal piumaggio a colori vivaci, la cresta rossa e il becco ricurvo, che viene allevato per la sua carne e per la riproduzione. Ⓔ ***Al canto del gallo***, all'alba • ***Fare il gallo***, agire con superbia, darsi arie • ***Pesi gallo***, una delle categorie in cui sono divisi, a seconda del peso, i lottatori e i pugili.

♫ Per indicare il verso musicale del gallo può essere usato il verbo *cantare*.

gallone[1] (gal-ló-ne) N.M. **1** Nastro schiacciato, di seta a fili intrecciati, spesso dorato, usato come ornamento di tende, tappezzerie e abiti: *ha un divano di velluto con galloni dorati.* **2** Nelle divise militari, ornamento che indica il grado di un militare: *i galloni di caporale* Ⓢ grado, distintivo.

gallone[2] (gal-ló-ne) N.M. · Unità di misura di capacità inglese e americana pari a circa 4 litri.

galoppare (ga-lop-pà-re) V.INTR. (*galòppo*, ecc.; aus. *avere*) **1** Andare al galoppo: *il cavallo galoppava nella prateria.* **2** Di persona, affannarsi nel lavoro: *mi tocca galoppare tutto il giorno* Ⓢ trottare.

galoppata (ga-lop-pà-ta) N.F. · Cavalcata al galoppo: *una galoppata nei boschi* • Corsa veloce e faticosa: *per venire fin qui ho fatto una galoppata.*

galoppo (ga-lòp-po) N.M. · Nell'ippica, l'andatura più rapida del cavallo, formata da una serie continua di salti in tre tempi: *partire, correre, andare al galoppo.*

galvanizzare (gal-va-niẓ-ẓà-re) V.TR. || TR. **1** Stimolare un muscolo o un nervo con la corrente elettrica. **2** Stimolare con energia, suscitando entusiasmo e vitalità: *il cantante galvanizzò il suo pubblico* Ⓢ eccitare, elettrizzare. || **galvanizzarsi** INTR. PRONOM. Riempirsi di entusiasmo: *dopo la vittoria la squadra si è galvanizzata.*

gamba (gàm-ba) N.F. **1** La parte dell'arto inferiore compresa tra il ginocchio e la caviglia: *gambe corte, grosse, esili, robuste* • Tutto l'arto inferiore, compresa la coscia: *ha delle belle gambe.* **2** Ciascuno degli arti degli animali: *i ragni hanno otto gambe* Ⓢ zampa. **3** Ciascuno degli elementi con cui un mobile o un oggetto poggia su un piano: *le gambe del tavolo* Ⓢ piede. **4** Linea verticale, soprattutto di alcune lettere e note musicali: *la "m" ha tre gambe* Ⓢ asta. Ⓔ ***A gambe all'aria***, all'indietro: *è caduto finendo a gambe all'aria*; in rovina: *per la sua incompetenza è andato tutto a gambe all'aria* • ***Darsela a gambe*** o ***fuggire a gambe levate***, scappare • ***Essere in gamba***, avere buone capacità e spirito di iniziativa: *un avvocato, un meccanico in gamba* • ***Fare il passo più lungo della gamba*** → *passo*[1] • ***Prendere qualcosa sotto gamba***, sottovalutarne l'importanza o la difficoltà.

gambero (gàm-be-ro) N.M. · Crostaceo dal corpo allungato, provvisto di coda e di cinque coppie di piedi, che vive in mare o in acque dolci; è molto apprezzato per le sue carni: *gambero di fiume, di mare.* Ⓔ ***Camminare come i gamberi*** o ***fare come i gamberi***, tornare indietro, regredire • ***Diventare rosso come un gambero***, diventare molto rosso per la vergogna o per essere stato troppo al sole.

gambo (gàm-bo) N.M. **1** La parte delle piante erbacee che collega le radici con le foglie e i fiori, con funzioni di sostegno Ⓢ stelo • L'elemento che sostiene le foglie, i fiori e i frutti o quello che sorregge il cappello dei funghi. **2** Elemento allungato che sostiene un oggetto: *il gambo del candeliere, del calice.*

game (ga-me; pronuncia *ghéim*) N. INGL., in it. N.M. INVAR. · Nel tennis, ciascuna delle frazioni che compongono un set: *il tennista russo ha vinto i primi due game del secondo set* Ⓢ gioco.

gamete (ga-mè-te) N.M. · Ciascuna delle cellule sessuali maschili o femminili che si uniscono nella fecondazione per dare origine a un nuovo organismo; negli animali il gamete maschile è detto *spermatozoo*, quello femminile è detto *uovo*.

-gamia · Secondo elemento di parole composte che significa 'nozze, matrimonio': *bigamia*, matrimonio doppio.

gamma[1] (gàm-ma) N.M. O F. e AGG. INVAR. || N.M. O F. La terza lettera dell'alfabeto greco, corrispondente alla *g* latina. || AGG. ***Raggi gamma***, radiazione emessa da elementi radioattivi.

gamma[2] (gàm-ma) N.F. 1 L'insieme delle sfumature di uno stesso colore nella loro naturale gradazione: *la gamma dei gialli, dei verdi* S scala. 2 Insieme di elementi dello stesso tipo: *quel negozio offre una gamma completa di vernici* S serie, assortimento.

Gamma è un nome collettivo: indica tanti elementi, ma è un sostantivo singolare.

-gamo · Secondo elemento di parole composte che significa 'che è sposato': *poligamo*, che è sposato con più persone.

ganascia (ga-nà-scia) N.F. (pl. *-sce*) 1 La parte della faccia che comprende la mascella e la guancia. 2 Elemento mobile di dispositivi che servono a bloccare e a frenare: *le ganasce delle pinze, dei freni.* E ***Mangiare a quattro ganasce***, con avidità.

gancio (gàn-cio) N.M. (pl. *-ci*) 1 Strumento ricurvo usato per afferrare, sostenere o trattenere qualcosa: *tirò la barca a riva con un gancio.* 2 Nel pugilato, colpo eseguito con il braccio piegato ad angolo retto e il gomito alzato all'altezza della spalla.

gang (pronuncia *ghèng*) N. INGL., in it. N.F. INVAR. 1 Gruppo di malviventi: *una lotta tra gang rivali* S banda, cosca. 2 Gruppo di amici: *sono una gang di burloni* S brigata, combriccola.

ganghero (gàn-ghe-ro) N.M. · Perno metallico, fissato al telaio o allo stipite di porte e finestre, che consente loro di ruotare S cardine. E ***Essere fuori dei gangheri***, essere molto arrabbiato • ***Uscire dai gangheri***, arrabbiarsi molto.

ganglio (gàn-ĝlio) N.M. (pl. *-ĝli*) 1 In anatomia, formazione tondeggiante di tessuto nervoso o linfatico: *ganglio nervoso, linfatico.* 2 Punto vitale di un'organizzazione o di un sistema: *Prato è un ganglio dell'industria tessile italiana* S centro, fulcro.

gangster (gang-ster; pronuncia *ghèngster*) N. INGL., in it. N.M. e F. INVAR. · Chi appartiene alla criminalità organizzata: *una banda di gangster è stata arrestata dalla polizia* S bandito, malvivente.

gap (pronuncia *ghèp* o *gap*) N. INGL., in it. N.M. INVAR. · Scarto, divario: *bisogna colmare il gap tecnologico tra i vari Paesi del mondo.* E ***Gap generazionale***, la differenza di mentalità tra persone di generazioni diverse.

gara (gà-ra) N.F. · Competizione tra due o più persone o tra due squadre che cercano di superarsi a vicenda per conquistare una vittoria o un premio: *una gara di corsa; vincere, perdere la gara* S incontro, sfida. E ***Fare a gara***, fare del proprio meglio: *i ragazzi fecero a gara per aiutare il loro compagno.*

garage (ga-ra-ge; pronuncia *garàj*) N.M. FR., in it. N.M. INVAR. · Locale dove si custodiscono gli autoveicoli: *parcheggiare la macchina in garage* S autorimessa.

garante (ga-ràn-te) AGG. e N.M. e F. || AGG. e N.M. e F. Che, chi assicura il mantenimento di un impegno preso da un'altra persona: *si farà garante* ***della*** *restituzione del prestito* ***per*** *il suo amico.* || N.M. e F. Persona o struttura che ha il compito di garantire il rispetto delle leggi riguardanti un certo settore sociale, economico o produttivo: *il garante* ***per*** *l'editoria.*

garantire (ga-ran-tì-re) V.TR. (*garantìsco, garantìsci*, ecc.) || TR. 1 Assicurare che sarà rispettato un impegno proprio o preso da un'altra persona: *ha garantito* ***che*** *rimborserà le spese.* 2 Vendere qualcosa con l'impegno, limitato nel tempo, di sostituirlo o ripararlo in caso di difetti o inconvenienti: *la lavatrice è garantita per due anni.* 3 Rendere sicuro, dare per certo: *bisogna prendere accordi che garantiscano la pace; ti garantisco* ***che*** *la notizia è vera.* || **garantirsi** INTR. PRONOM. Assicurarsi contro un eventuale danno: *si è garantito* ***contro*** *ogni rischio* S tutelarsi.

garantismo (ga-ran-ti-ṣmo) N.M. · In una democrazia, l'insieme delle garanzie offerte al cittadino per il rispetto dei suoi diritti civili

A B C D E F G H I J K L M N O P Q R S T U V W X Y Z

e costituzionali contro gli eccessi del potere pubblico.

garanzia (ga-ran-zì-a) N.F. (pl. *-zìe*) **1** Assicurazione che sarà rispettato un impegno proprio o preso da un'altra persona: *offrire, pretendere garanzie*. **2** Impegno, limitato nel tempo, da parte di un venditore di sostituire o riparare l'oggetto venduto in caso di difetti o inconvenienti: *il mio stereo è ancora in garanzia*. **3** Promessa certa: *non posso darti alcuna garanzia di riuscita* Ⓢ sicurezza, certezza.

G

garbare (gar-bà-re) V.INTR. (aus. *essere*) · Essere gradito: *quella ragazza **mi** garba molto; non **mi** garba **che** mi parli con questo tono* Ⓢ piacere.

garbato (gar-bà-to) AGG. · Che dimostra gentilezza e buona educazione: *è sempre garbato con tutti* Ⓢ cortese, gentile Ⓒ sgarbato.

garbo (gàr-bo) N.M. · Modo educato e gradevole di agire o di esprimersi: *è una persona piena di garbo*.

garbuglio (gar-bù-glio) N.M. (pl. *-gli*) · Insieme disordinato e intricato: *un garbuglio di fili; un garbuglio di idee* Ⓢ groviglio, viluppo.

gardenia (gar-dè-nia) N.F. (pl. *-nie*) · Arbusto con foglie sempreverdi, coltivato per i suoi fiori bianchi, di un profumo intenso.

> Il termine deriva dal nome del botanico scozzese Alex *Garden* (1728-1791).

gareggiare (ga-reg-già-re) V.INTR. (*garéggio*, ecc.; aus. *avere*) **1** Partecipare a una competizione, soprattutto sportiva: *oggi gli atleti gareggiano **nei** cento metri* Ⓢ competere. **2** Misurarsi con qualcuno nel tentativo di superarlo: *nessuno può gareggiare **con** lui **in** eleganza*.

garganella (gar-ga-nèl-la) N.F. · Solo nell'espressione ***bere a garganella***, senza accostare le labbra al recipiente, oppure abbondantemente e con avidità.

gargarismo (gar-ga-rì-ṣmo) N.M. · Cura delle malattie della parte posteriore della bocca e della faringe che consiste nel sorseggiare una soluzione medicinale, emettendo aria per evitare di inghiottirla: *fare i gargarismi per il mal di gola*.

garibaldino (ga-ri-bal-dì-no) AGG. e N.M. (f. *-a*) || AGG. Che riguarda il condottiero Giuseppe Garibaldi: *le imprese garibaldine*. || N.M. (f. *-a*) Ciascuno dei volontari partecipanti alle imprese militari di Garibaldi. Ⓔ ***Alla garibaldina***, in modo affrettato e senza particolare cura: *ho fatto le pulizie un po' alla garibaldina*.

garitta (ga-rìt-ta) N.F. · Piccola costruzione che serve a riparare la sentinella di guardia.

garofano (ga-rò-fa-no) N.M. · Pianta erbacea con fiori a calice di diverso colore; la sua coltivazione è tra le più estese in Italia. Ⓔ ***Chiodi di garofano*** → ***chiodo***.

garrese (gar-ré-se) N.M. · Nei quadrupedi, parte del tronco che corrisponde alle prime vertebre dorsali e ai muscoli che le ricoprono e vi si inseriscono; è il punto da cui si misura l'altezza: *l'alce è alto al garrese circa due metri*.

garretto (gar-rét-to) N.M. · Nei quadrupedi come cavalli e buoi, punto della zampa posteriore che corrisponde al tallone umano, ma sporgente e collocato a metà gamba.

garrire (gar-rì-re) V.INTR. (*garrìsco, garrìsci*, ecc.; aus. *avere*) **1** Di alcuni uccelli, emettere un verso stridulo e insistente: *le rondini garriscono*. **2** Di vele o bandiere, sventolare rumorosamente.

garrito (gar-rì-to) N.M. · Verso stridulo di alcuni uccelli: *i garriti delle rondini*.

garrulo (gàr-ru-lo) AGG. **1** Di animale, che garrisce: *i garruli uccelli* Ⓢ stridulo. **2** Di persona, loquace, chiacchierone, chiassoso.

garza (gàr-ẓa) N.F. · Tessuto leggero a trama larga molto soffice e assorbente, usato soprattutto per le medicazioni: *bisogna cambiare le garze sulla ferita* Ⓢ fascia, benda.

garzone (gar-ẓó-ne) N.M. · Chi per lavoro sbriga le commissioni e le attività meno impegnative: *il garzone del fornaio* Ⓢ fattorino.

gas (pronuncia *gas*) N.M.INVAR. **1** Ogni sostanza aerea che non ha forma e volume propri e tende a occupare tutto lo spazio disponibile: *l'idrogeno e l'elio sono gas*. **2** Combustibile usato per cucinare o riscaldare le abitazioni: *cucina, stufa a gas; accendere, spegnere il gas*, accendere o spegnere il fornello. **3** Il carburante che alimenta il motore a scoppio: *dare* *gas*, accelerare schiacciando il pedale dell'acceleratore. **E** ***A tutto gas***, alla velocità massima; in senso figurato, impegnando ogni energia: *sto lavorando a tutto gas* • ***Gas naturale***, presente nel sottosuolo, formato da metano, azoto e anidride carbonica, usato come combustibile e come materia prima nell'industria chimica. ▸ Ⓕ **kháos**

Il termine deriva dal greco *kháos* 'spazio vuoto, immensità' (→ ***caos***); la parola fu coniata nel Seicento dallo scienziato belga J.B. van Helmont (1579-1644) per dare un nome a questa sostanza da lui scoperta.

gasare (ga-ṣà-re) V.TR. || TR. **1** → ***gassare***. **2** Nel linguaggio familiare, rendere euforico: *la vittoria l'aveva gasato* Ⓢ eccitare, elettrizzare. || **gasarsi** RIFL. Nel linguaggio familiare, montarsi la testa: *non gasarti **per** così poco!* Ⓢ esaltarsi. ▸ Ⓕ **kháos**

gasato (ga-ṣà-to) AGG. e N.M. (f. *-a*) || AGG. → ***gassato***. || AGG. e N.M. (f. *-a*) Nel linguaggio familiare, che, chi è esaltato per qualche motivo: *è tutto gasato **per** la promozione; è un gasato che racconta solo bugie.* ▸ Ⓕ **kháos**

gasdotto (gas-dót-to) N.M. · Conduttura per il trasporto del gas dai luoghi di produzione a quelli di consumo. ▸ Ⓕ **kháos**

gasolio (ga-ṣò-lio) N.M. (pl. *-li*) · Miscela ricavata dal petrolio, usata come combustibile per riscaldamento o come carburante per motori diesel Ⓢ nafta. ▸ Ⓕ **kháos**

gassare (gas-sà-re) V.TR. **1** Sciogliere un gas in un liquido per renderlo effervescente: *gassare l'acqua.* **2** Uccidere con gas velenosi: *i nazisti gassarono milioni di Ebrei.* ▸ Ⓕ **kháos**

gassato (gas-sà-to) AGG. **1** Di bevanda, leggermente frizzante o effervescente per l'aggiunta di anidride carbonica: *bevi acqua gassata o naturale?* **2** Di persona, ucciso da gas velenosi. ▸ Ⓕ **kháos**

gassificare (gas-si-fi-cà-re) V.TR. (*gassìfico, gassìfichi*, ecc.) || TR. Far passare allo stato gassoso. || **gassificarsi** INTR. PRONOM. Trasformarsi in gas. ▸ Ⓕ **kháos**

gassificatore (gas-si-fi-ca-tó-re) N.M. · Impianto in cui si bruciano alcuni rifiuti per ricavare combustibili gassosi, utili per produrre energia elettrica. ▸ Ⓕ **kháos**

gassosa (gas-só-sa) → ***gazzosa***.

gassoso (gas-só-so) AGG. **1** Che si presenta come un gas, ovvero manca di forma e volume propri e tende a occupare tutto lo spazio disponibile: *miscuglio gassoso; stato gassoso.* **2** Che contiene gas: *emanazioni gassose.* ▸ Ⓕ **kháos**

gastrico (gà-stri-co) AGG. (pl.m. *-ci*, pl.f. *-che*) · Che riguarda lo stomaco: *parete gastrica.* **E** ***Lavanda gastrica***, il lavaggio dello stomaco eseguito per eliminare sostanze tossiche • ***Succhi gastrici***, le sostanze prodotte dallo stomaco per favorire la digestione.

gastrite (ga-strì-te) N.F. · Infiammazione dello stomaco.

gastro- · Primo elemento di parole composte che significa 'stomaco': *gastroscopia*, esame dello stomaco.

gastronomia (ga-stro-no-mì-a) N.F. (pl. *-mìe*) **1** L'arte di preparare i cibi: *un libro di gastronomia* Ⓢ cucina. **2** Assortimento di specialità alimentari: *il reparto gastronomia del supermercato.*

Il termine deriva dal greco *gastronomía* 'arte di cucinare', composto a sua volta di *gastér gastrós* 'stomaco' e *-nomía* 'regola'.

gastronomico (ga-stro-nò-mi-co) AGG. (pl.m. *-ci*, pl.f. *-che*) · Che riguarda l'arte della cucina: *prodotti gastronomici* Ⓢ culinario.

gastronomo (ga-strò-no-mo) N.M. (f. *-a*) · Chi è esperto nell'arte della cucina.

gastroscopia (ga-stro-sco-pì-a) N.F. · Esame dell'interno dello stomaco eseguito con un apparecchio apposito.

gatta (gàt-ta) N.F. · La femmina del gatto domestico. **E** ***Gatta ci cova!***, c'è qualcosa sotto • ***Gatta da pelare***, impegno fastidioso: *ho preso una bella gatta da pelare* • ***Gatta morta***, di persona, che si dimostra semplice e ingenua per ingannare il prossimo: *fa la gatta morta, ma è molto furba.*

gattabuia (gat-ta-bù-ia) N.F. (pl. *gattabùie*) · Nel linguaggio familiare, prigione, carcere: *finire in gattabuia.*

gatto (gàt-to) N.M. (f. *-a*) **1** Mammifero domestico diffuso ovunque, dal corpo agile con pelo di vari colori, baffi sul labbro superiore,

A B C D E F G H I J K L M N O P Q R S T U V W X Y Z

zampe corte e unghie retrattili: *il gatto si lasciava accarezzare volentieri.* **2** ***Gatto delle nevi***, motoveicolo capace di muoversi su terreni coperti di neve, anche in forte pendenza, usato soprattutto per battere le piste da sci. **E** ***Essere come cane e gatto*** → ***cane*** • ***Lingua di gatto*** → ***lingua*** • ***Quattro gatti***, nel linguaggio familiare, pochissime persone: *ieri sera a teatro c'erano solo quattro gatti.*

> Il verbo che indica il verso del gatto è *miagolare* e il nome è *miagolio.*

G

gattonare (gat-to-nà-re) V.INTR. (*gattóno*, ecc.; aus. *avere*) **1** Di animali, strisciare sul terreno per avvicinare la preda senza farsi scoprire. **2** Di bambini che ancora non sanno camminare, procedere strisciando per terra con le mani e le ginocchia.

gattoni (gat-tó-ni) AVV. · Camminando con le mani e i piedi: *quel bimbo cammina ancora gattoni* **S** carponi.

gattopardo (gat-to-pàr-do) N.M. · Felino africano, più grosso di un gatto, con corpo snello, testa lunga e stretta, pelliccia folta a pelo corto, giallastra, con macchie nere sul dorso e sui fianchi.

gaucho (gau-cho; pronuncia *gàucio*) N.M. SP., in it. N.M. (pl. alla spagnola *gàuchos*) · Mandriano a cavallo delle praterie argentine: *il gaucho sorveglia le vacche al pascolo.*

gaudio (gàu-dio) N.M. · Gioia intensa **S** felicità, contentezza. **E** ***Mal comune mezzo gaudio***, si dice per sottolineare che i problemi sembrano meno gravi quando sono condivisi con altri.

gavetta (ga-vét-ta) N.F. · Recipiente di alluminio o di latta in cui i soldati al campo consumano il pasto. **E** ***Fare la gavetta***, imparare un mestiere partendo dagli incarichi più semplici: *per arrivare al successo ha fatto anni di gavetta* • ***Venire dalla gavetta***, aver ottenuto una solida posizione economica solo con le proprie forze e partendo dal nulla: *quel dirigente viene dalla gavetta.*

gay (pronuncia *ghéi*) AGG. INGL., in it. N.M. e F. e AGG. INVAR. · Omosessuale: *una coppia di gay; un locale gay.*

gazebo (ga-ẓè-bo) N.M. INVAR. · Chiosco da giardino • Struttura mobile che viene montata in luoghi pubblici durante manifestazioni o iniziative politiche.

gazza (gàẓ-ẓa) N.F. · Uccello simile al corvo, con piume nere e bianche e una lunga coda; è detto anche *gazza ladra* per la sua abitudine di impossessarsi di oggetti luccicanti.

> Il verbo che indica il verso della gazza è *gracchiare* e il nome è *gracchiamento.*

gazzarra (gaẓ-ẓàr-ra) N.F. · Confusione, chiasso, baccano: *i bambini giocando facevano gazzarra.*

gazzella (gaẓ-ẓèl-la) N.F. · Mammifero che vive in gruppi nelle regioni aride o desertiche dell'Africa e dell'Asia; ha corpo slanciato e molto agile, orecchie lunghe e corna ricurve: *corre come una gazzella.*

gazzetta (gaẓ-ẓét-ta) N.F. · In passato, quotidiano o periodico dedicato a temi d'informazione e di attualità **S** giornale • Oggi, nome di alcuni quotidiani o periodici: *La Gazzetta dello Sport; La Gazzetta di Parma.* **E** ***Gazzetta ufficiale***, pubblicazione che riporta tutte le nuove leggi, i bandi di concorso e i decreti approvati dallo Stato italiano.

> Il termine deriva dal nome di un giornale di Venezia, chiamato così per il fatto che costava una gazzetta, moneta in circolazione a Venezia nel Cinquecento.

gazzosa (gaẓ-ẓó-sa) N.F. · Bevanda gassata a base di acqua, zucchero e aromi vari: *mi dà una gazzosa al limone, per favore?* ▸ **F** **kháos**

geco (gè-co) N.M. (pl. *-chi*) · Piccolo rettile che vive in tutte le regioni calde e temperate della Terra; si nutre di insetti e ha zampe provviste di particolari formazioni adesive che gli permettono di muoversi sulle superfici verticali.

geisha (gei-sha; pronuncia *ghèiscia*) N.F. (pl. *gèishe*) · Ragazza giapponese attraente, colta e raffinata, addetta a intrattenere gli ospiti di una casa da tè.

gel (pronuncia *gèl*) N.M. INVAR. · Sostanza gelatinosa usata come cosmetico o come conservante nell'industria alimentare: *un gel per i capelli; un dentifricio in gel.*

gelare (ge-là-re) V.TR. e INTR. (*gèlo*, ecc.) || TR. **1** Rendere freddo come il ghiaccio: *il vento* ***mi*** *gelava la faccia; il freddo ha gelato l'acqua del fiume* Ⓢ ghiacciare, congelare. **2** Riempire di orrore o di paura: *quella terribile notizia mi ha gelato* • Creare tensione o disagio: *il suo arrivo improvviso gelò l'ambiente* Ⓢ raggelare. || INTR. (aus. *essere* o *avere*), IMPERS. Fare talmente freddo da produrre la formazione di ghiaccio: *questa notte è gelato.* || INTR. (aus. *essere*) e **gelarsi** INTR. PRONOM. **1** Solidificarsi per il freddo: *il lago è gelato; l'acqua si è gelata.* **2** Diventare o provare molto freddo: *in quella stanza si gela.*

gelata (ge-là-ta) N.F. · Freddo intenso, caratterizzato dalla formazione di ghiaccio: *una terribile gelata ha rovinato tutte le piante* Ⓢ gelo.

gelataio (ge-la-tà-io) N.M. (f. -*a*; pl.m. -*tài*, pl.f. -*tàie*) · Chi prepara o vende gelati: *il carretto del gelataio.*

gelateria (ge-la-te-rì-a) N.F. (pl. -*rìe*) · Locale pubblico in cui si preparano e vendono gelati: *in paese ha aperto una nuova gelateria.*

gelatina (ge-la-ti-na) N.F. **1** Brodo di carne che raffreddandosi è diventato denso: *pollo in gelatina.* **2** Conserva alimentare zuccherata, ottenuta cuocendo la frutta fino a far evaporare la maggior parte dell'acqua: *gelatina di arance.* **3** Sostanza di origine animale o vegetale usata per la lavorazione di fibre tessili nell'industria della carta e per la preparazione di pastiglie, supposte, creme: *gelatine animali, vegetali.*

gelatinoso (ge-la-ti-nó-so) AGG. · Che ha consistenza e aspetto simili a quelli della gelatina: *massa, sostanza gelatinosa.*

gelato[1] (ge-là-to) AGG. · Molto freddo: *il fiume è gelato; tira un vento gelato* Ⓢ ghiacciato, gelido Ⓒ caldo, bollente.

gelato[2] (ge-là-to) N.M. · Dolce composto di latte, uova, frutta, cioccolato o altri ingredienti, portato a congelamento in modo da assumere consistenza cremosa: *una coppa di gelato al limone.*

gelido (gè-li-do) AGG. **1** Molto freddo: *ho i piedi gelidi; una notte gelida* Ⓢ ghiacciato, gelato Ⓒ caldo, bollente. **2** Che dimostra indifferenza o distacco: *mi rivolse un'occhiata gelida; gli riservarono una gelida accoglienza* Ⓢ distaccato, indifferente.

gelo (gè-lo) N.M. **1** Freddo intenso e penetrante che si ha quando la temperatura minima è uguale o inferiore a 0° C: *il gelo invernale; una giornata di gelo.* **2** Sensazione o impressione di freddo, dovuta a una forte emozione, a uno spavento, a un intenso stupore: *udendo quei passi, sentì il gelo nelle ossa; il suo sguardo si fece di gelo.* **3** Situazione o ambiente caratterizzati da freddezza e difficoltà di rapporti: *tra di loro scese il gelo* Ⓢ freddezza.

gelone (ge-ló-ne) N.M. · Infiammazione dolorosa provocata dal freddo intenso: *avere i geloni ai piedi.*

gelosia (ge-lo-si-a) N.F. (pl. -*sìe*) **1** Ansioso tormento di chi teme di perdere la persona amata per colpa di un rivale: *soffre di gelosia; è accecato dalla gelosia.* **2** Sentimento di invidia e di rivalità: *la sua promozione ha suscitato la gelosia dei colleghi* Ⓢ invidia. **3** Cura attenta e scrupolosa: *custodiva con gelosia quel caro ricordo* Ⓢ premura.

geloso (ge-ló-so) AGG. **1** Tormentato dalla gelosia: *è molto gelosa* ***del*** *suo ragazzo* Ⓢ possessivo. **2** Invidioso: *sono geloso* ***dei*** *suoi successi scolastici.* **3** Molto attento e scrupoloso con ciò che gli appartiene o a cui tiene molto: *è geloso* ***dei*** *suoi giocattoli.*

gelso (gèl-so) N.M. · Pianta di origine asiatica diffusa in due specie: il *gelso bianco*, coltivato per le foglie di cui si nutrono i bachi da seta, e il *gelso nero*, dalle foglie più piccole e dai frutti grossi e succosi.

gelsomino (gel-so-mì-no) N.M. · Arbusto coltivato come pianta ornamentale per il profumo dei suoi fiori bianchi da cui si estrae un'essenza usata in profumeria.

gemellaggio (ge-mel-làg-gio) N.M. (pl. -*gi*) · Legame di amicizia che stringono due città di Stati diversi, per favorire scambi culturali ed economici: *il gemellaggio tra Roma e Parigi.*

gemellare (ge-mel-là-re) AGG. · Di gravidanza o parto in cui vi sono due figli.

gemello (ge-mèl-lo) AGG. e N.M. (f. -*a*) || AGG. e N.M. (f. -*a*) Nato con uno o più fratelli da uno

A B C D E F G H I J K L M N O P Q R S T U V W X Y Z

stesso parto: *sono sorelle gemelle; il mio gemello è più alto di me.* || AGG. Di elementi che formano una coppia o che hanno le stesse caratteristiche: *letti gemelli; le torri gemelle.* || N.M.PL. **1** I doppi bottoni per i polsini della camicia, soprattutto maschile: *dove sono i miei gemelli d'oro?* **2** In astrologia, segno che comprende i nati dal 22 maggio al 21 giugno. Ⓔ ***Anime gemelle*** → *anima*.

gemere (gè-me-re) V.INTR. (ind. pres. *gèmo*, ecc.; pass. rem. *geméi* o *gemètti*, *geméstì*, ecc.; aus. *avere*) · Lamentarsi con voce bassa e indistinta: *il ferito gemeva nella barella* Ⓢ dolersi.

G

gemito (gè-mi-to) N.M. · Lamento emesso con voce bassa e indistinta: *la donna emise un gemito e svenne.*

gemma (gèm-ma) N.F. **1** La parte terminale del fusto di una pianta da cui si sviluppano nuovi germogli, foglie o fiori: *il ciliegio era pieno di gemme* Ⓢ bocciolo. **2** Qualsiasi pietra preziosa lavorata: *la corona del re era ornata di gemme.*

gendarme (gen-dàr-me) N.M. · Membro di un corpo militare con compiti di polizia Ⓢ guardia, agente.

gene (gè-ne) N.M. · Ciascuna delle piccolissime particelle presenti nei cromosomi che trasmettono a un individuo i caratteri ereditari dei genitori.

Il termine deriva dal tedesco *Gen*, parola coniata dal biologo danese V. Johansen nel 1909 ricavandola dal greco *génesis* 'origine, generazione'.

genealogia (ge-ne-a-lo-gì-a) N.F. (pl. *-gìe*) **1** La serie dei discendenti di una persona o di una famiglia: *la nonna conosce tutta la genealogia della nostra famiglia.* **2** Disciplina che si occupa dell'origine e della discendenza di famiglie e di stirpi.

genealogico (ge-ne-a-lò-gi-co) AGG. (pl.m. *-ci*, pl.f. *-che*) · Che riguarda la genealogia. Ⓔ ***Albero genealogico***, lo schema a forma di albero in cui sono indicati tutti i discendenti di una famiglia e i loro rapporti di parentela.

generale[1] (ge-ne-rà-le) AGG. **1** Comune o applicabile a un intero gruppo di cose o di persone: *regole generali; il benessere generale* Ⓢ complessivo, globale Ⓒ particolare • Svolto con la partecipazione di tutti: *sciopero generale* Ⓢ collettivo • Comune a tutti o alla maggioranza: *ha ottenuto l'approvazione generale* Ⓢ universale. **2** Che riguarda nel complesso un servizio o un'amministrazione: *direzione generale; procuratore generale.* Ⓔ ***In generale***, senza entrare nei dettagli: *sto parlando in generale*; nella maggior parte dei casi: *in generale la domenica si va al cinema.*

generale[2] (ge-ne-rà-le) N.M. (f. *-éssa*) · Comandante militare che ha il grado più alto nella gerarchia: *generale di brigata, di divisione.*

Il femminile di *generale* è *generalessa*, ma è usato poco. Spesso si usa il maschile anche quando ci si riferisce a una donna: *Paola vorrebbe diventare generale.*

generalità (ge-ne-ra-li-tà) N.F. INVAR. **1** La maggior parte: *nella generalità dei casi è sempre stato puntuale* Ⓢ maggioranza. **2** AL PL. L'insieme dei dati che determinano l'identità di un individuo, ovvero il nome, il cognome, la data di nascita, ecc.: *la polizia gli chiese le generalità* Ⓢ estremi.

generalizzare (ge-ne-ra-liz-zà-re) V.TR. **1** Rendere generale: *generalizzare un'usanza, un metodo* Ⓢ estendere, diffondere. **2** Attribuire a un intero gruppo ciò che è valido sono in casi particolari: *non si può generalizzare un giudizio in questo modo.*

generalizzato (ge-ne-ra-liz-zà-to) AGG. · Esteso a tutti, o quasi, i componenti di un certo gruppo: *la perdita dei voti è netta e generalizzata* Ⓢ comune, generale.

generalmente (ge-ne-ral-mén-te) AVV. · Nella maggior parte dei casi, in generale, di solito: *generalmente a quell'ora sono in casa.*

generare (ge-ne-rà-re) V.TR. (*gènero*, ecc.) **1** Mettere al mondo: *Abramo generò Isacco; il seme genererà la pianta* Ⓢ procreare. **2** Creare, produrre, sviluppare: *il fuoco genera calore.* **3** Provocare, suscitare, causare: *quel discorso ha generato solo equivoci.*

generatore (ge-ne-ra-tó-re) N.M. · Apparecchio capace di produrre energia in una certa forma: *generatore di gas, di vapore; generatore elettrico*, quello che produce energia elettrica.

generazionale (ge-ne-ra-zio-nà-le) AGG. · Che riguarda l'insieme degli individui nati nell'arco di una o più generazioni: *problemi generazionali; conflitto generazionale.* Ⓔ ***Gap generazionale*** → *gap*.

generazione (ge-ne-ra-zió-ne) N.F. **1** Il processo per cui gli esseri viventi ne producono altri della stessa specie: *la generazione di uomini, di animali, di piante* Ⓢ riproduzione, procreazione. **2** L'insieme dei discendenti da un comune progenitore: *prima, seconda generazione*, i figli, i nipoti. **3** L'insieme dei coetanei o dei contemporanei: *la nostra generazione; le nuove generazioni.* **4** Produzione: *generazione di elettricità.* Ⓔ ***Tramandare di generazione in generazione***, trasmettere di padre in figlio.

genere (gè-ne-re) N.M. **1** L'insieme dei caratteri essenziali e distintivi di un gruppo: *è un genere di vestito che non indosserei; frequenta persone di ogni genere* Ⓢ tipo, categoria. **2** Raggruppamento che comprende specie diverse ma con certi caratteri comuni. **3** SPESSO AL PL. Merce, prodotto, bene: *generi alimentari; generi di lusso.* **4** Ciascuna delle suddivisioni basate sui contenuti o sulla forma con cui si distinguono i vari tipi di produzione letteraria, musicale e cinematografica: *genere epico, narrativo; genere rock, pop; genere western, horror.* **5** Categoria grammaticale che distingue il maschile dal femminile e, in alcune lingue, dal neutro: *"banco" è un nome di genere maschile; "cattedra" è un nome di genere femminile.* Ⓔ ***Del genere***, simile: *vorrei anch'io una gonna del genere* • ***Il genere umano***, l'umanità intera • ***In genere***, generalmente: *in genere non compro settimanali.*

genericità (ge-ne-ri-ci-tà) N.F. INVAR. · Mancanza di precisione: *rispondere con genericità* Ⓢ imprecisione, vaghezza Ⓒ precisione.

generico (ge-nè-ri-co) AGG. (pl.m. *-ci*, pl.f. *-che*) **1** Che non si basa su particolari noti e concreti: *ha espresso un giudizio generico sul film; significato generico di una parola*, quello più ampio Ⓢ generale, indeterminato. **2** Privo di chiarezza o di precisione: *il tuo discorso è talmente generico da risultare incomprensibile* Ⓢ vago, approssimativo Ⓒ specifico. **3** Non specializzato: *operaio generico; medico generico*, di base, contrapposto a *specialista*.

genero (gè-ne-ro) N.M. · Il marito della figlia: *è venuto a trovarmi mio genero.*

generosità (ge-ne-ro-si-tà) N.F. INVAR. **1** Bontà d'animo che si manifesta con l'altruismo: *ha dato prova di grande generosità.* **2** Capacità di donare: *la generosità della tua offerta mi ha commosso; la sua generosità con i poveri è ammirevole* Ⓢ munificenza Ⓒ avarizia.

generoso (ge-ne-ró-so) AGG. **1** Che dimostra bontà d'animo e altruismo: *è un amico generoso; il tuo è stato davvero un gesto generoso* Ⓢ altruista Ⓒ egoista. **2** Che dona con facilità: *è molto generoso con i poveri* Ⓢ prodigo, munifico Ⓒ avaro • Dato o fatto con generosità: *una mancia generosa* Ⓢ ricco, lauto.

genesi (gè-ne-ṣi) N.F. INVAR. **1** Origine, nascita, inizio: *la genesi dell'universo.* **2** La creazione del mondo, secondo la descrizione dell'omonimo libro della Bibbia.

genetica (ge-nè-ti-ca) N.F. (pl. *-che*) · Parte della biologia che studia le cause e il modo in cui vengono trasmessi i caratteri ereditari degli esseri viventi.

genetico (ge-nè-ti-co) AGG. (pl.m. *-ci*, pl.f. *-che*) · Che riguarda l'eredità biologica di un essere vivente: *caratteri genetici; sistema genetico.* Ⓔ ***Patrimonio genetico*** → *patrimonio*.

gengiva (gen-gì-va) N.F. · La mucosa che riveste le arcate dei denti.

geniale (ge-nià-le) AGG. · Che dimostra talento, originalità e inventiva: *uno scienziato geniale; un'idea geniale* Ⓢ brillante, originale.

-genico **1** Secondo elemento di parole composte che significa 'che dà origine, che ha origine': *transgenico.* **2** Secondo elemento di parole composte che significa 'che si presta a essere riprodotto': *fotogenico.*

genio[1] (gè-nio) N.M. (pl. *-ni*) **1** Straordinaria capacità creativa: *il genio di Michelangelo* Ⓢ talento • Chi possiede tale capacità: *Leonardo è stato un genio universale.* **2** Inclinazione naturale: *ha genio **per** la musica, **per** la pittura* Ⓢ attitudine. **3** Nei racconti fantastici, essere immaginario dotato di poteri magici: *il genio della lampada di Aladino.* Ⓔ ***Andare a ge-***

A B C D E F **G** H I J K L M N O P Q R S T U V W X Y Z

nio, piacere: *il tuo amico non mi va proprio a genio* • ***Colpo di genio*** o ***lampo di genio***, intuizione o trovata geniale: *con un colpo di genio sono riuscito a risolvere il problema.*

Il termine deriva dal latino *Genius*, nome della divinità personale che proteggeva ciascuno fin della nascita; la parola, alla fine, ha preso a indicare la personalità stessa di ogni individuo.

genio² (gè-nio) N.M. (pl. *-ni*) · Organismo militare che si occupa della costruzione di opere pubbliche necessarie all'azione militare. Ⓔ ***Genio civile***, organismo statale che si occupa della costruzione delle opere pubbliche.

G

genitale (ge-ni-tà-le) AGG. · Che riguarda la riproduzione sessuale: *apparato genitale* Ⓢ riproduttivo. Ⓔ ***Organi genitali*** (o *i genitali* N.M.PL.), gli organi sessuali, maschili o femminili.

genitivo (ge-ni-ti-vo) AGG. e N.M. || AGG. In grammatica: ***caso genitivo*** (o *il genitivo* N.M.), in latino e in altre lingue, il caso della declinazione che svolge la funzione di complemento di specificazione. || N.M. ***Genitivo sassone*** o ***genitivo possessivo***, in inglese, costruzione in cui il nome del possessore seguito da *'s* viene anteposto al nome della cosa posseduta.

genitore (ge-ni-tó-re) N.M. (f. *-trìce*) · Il padre o la madre: *la domanda dev'essere firmata da un genitore; i miei genitori lavorano fuori città*, mio padre e mia madre.

gennaio (gen-nà-io) N.M. (pl. *-nài*) · Il primo mese dell'anno, di 31 giorni.

Il termine deriva dal latino tardo *(mensis) Ienuarius* '(mese) consacrato a Giano'.

-geno · Secondo elemento di parole composte che significa 'che genera, che produce': *patogeno*, che genera una malattia; *fumogeno*, che produce fumo.

genocida (ge-no-cì-da) N.M. e F. (pl.m. *-i*, pl.f. *-e*) · Chi compie un genocidio.

genocidio (ge-no-cì-dio) N.M. (pl. *-di*) · Sterminio di massa di un popolo: *il genocidio degli Ebrei durante la seconda guerra mondiale.*

genoma (ge-nò-ma) N.M. (pl. *-i*) · L'insieme dei geni di una cellula o di un organismo.

genotipo (ge-no-ti-po) N.M. · In biologia, l'insieme dei caratteri ereditari di un organismo.

gentaglia (gen-tà-glia) N.F. (pl. *-glie*) · Insieme di persone volgari o poco raccomandabili: *non frequento certa gentaglia* Ⓢ feccia, marmaglia.

gente (gèn-te) N.F. **1** Insieme indeterminato di persone: *c'era molta gente al cinema; abbiamo gente a cena.* **2** Insieme di individui appartenenti a una certa categoria sociale o professionale: *gente istruita; gente per bene.*

Gente è un nome collettivo: indica tante persone, ma è un sostantivo singolare.

gentile (gen-ti-le) AGG. **1** Cortese con gli altri: *è gentile con tutti; ti avevo chiesto di essere gentile con lui; è un uomo dai modi gentili* Ⓢ cordiale, affabile Ⓒ scortese, sgarbato. **2** Delicato, fine: *ha tratti del viso gentili.*

gentilezza (gen-ti-léz-za) N.F. **1** Cortesia nei rapporti con gli altri: *rispondere con gentilezza; trattare con gentilezza; gentilezza di modi* Ⓢ cordialità, educazione Ⓒ scortesia, maleducazione. **2** Atto gentile: *a cosa devo tutte queste gentilezze?* Ⓢ attenzione, premura. **3** Finezza, delicatezza, grazia: *gentilezza d'aspetto.* Ⓔ ***Per gentilezza***, espressione di cortesia per chiedere qualcosa: *per gentilezza, mi passi il sale?*

Quando indica la qualità della persona, *gentilezza* si usa solo al singolare; si può usare il plurale solo per intendere azioni gentili.

gentilizio (gen-ti-li-zio) AGG. (pl.m. *-zi*, pl.f. *-zie*) · Di una famiglia nobile: *stemma gentilizio* Ⓢ nobiliare.

gentilmente (gen-til-mén-te) AVV. · In modo cortese e cordiale: *ha rifiutato gentilmente l'invito; si rivolge gentilmente agli estranei.*

gentiluomo (gen-ti-luò-mo) N.M. (pl. *gentiluòmini*) · Uomo dai modi signorili ed eleganti, molto corretto nei rapporti umani: *è un vero gentiluomo; si è comportato da gentiluomo* Ⓢ signore, galantuomo.

genuflessione (ge-nu-fles-sió-ne) N.F. · Atto di devozione che consiste nel piegare a terra un ginocchio o entrambi.

genuflettersi (ge-nu-flèt-ter-si) V.INTR. PRONOM. (irreg.: coniugato come *flettere*) · Inginocchiarsi come segno di devozione o sottomissione: *genuflettersi davanti al vescovo.*

genuinità (ge-nui-ni-tà) N.F. INVAR. · Autenticità, naturalezza: *la genuinità di un prodotto, di un sentimento.*

genuino (ge-nu-i-no) AGG. **1** Non alterato nei suoi elementi originali o naturali: *prodotto, cibo genuino* Ⓢ naturale, autentico Ⓒ sofisticato, artificiale. **2** Spontaneo, sincero: *la sua risata genuina ispira simpatia.*

Il termine deriva dal latino *genu* 'ginocchio', perché si riferiva al figlio che il padre riconosceva come legittimo sollevandolo da terra e mettendoselo sulle ginocchia.

genziana (gen-zià-na) N.F. · Pianta erbacea con fiori gialli o azzurro-violetti; la sua radice contiene principi attivi che favoriscono la digestione ed è usata in medicina e nella fabbricazione di liquori.

Il termine deriva, secondo lo scrittore latino Plinio il Vecchio (23-79 d.C.), da *Genthius*, nome dell'ultimo re degli Illiri, che avrebbe scoperto la pianta.

geo- · Primo elemento di parole composte che significa 'Terra, globo terrestre': *geologia*, lo studio della Terra.

geocentrico (ge-o-cèn-tri-co) AGG. (pl.m. *-ci*, pl.f. *-che*) · Che considera la Terra il centro dell'universo.

geografia (ge-o-gra-fì-a) N.F. (pl. *-fie*) · Scienza che si occupa dello studio, della descrizione e della rappresentazione della Terra. Ⓔ ***Geografia astronomica***, quella che si occupa della posizione della Terra nell'universo • ***Geografia fisica***, quella che si occupa delle caratteristiche della superficie terrestre • ***Geografia politica***, quella che descrive la distribuzione dei popoli sulla Terra in rapporto a fattori economici e politici • ***Geografia umana***, quella che si occupa della distribuzione degli uomini sulla Terra e del loro rapporto con l'ambiente.

geografico (ge-o-grà-fi-co) AGG. (pl.m. *-ci*, pl.f. *-che*) · Che riguarda la geografia: *atlante geografico; carta geografica dell'Italia.*

geografo (ge-ò-gra-fo) N.M. (f. *-a*) · Studioso di geografia.

geologia (ge-o-lo-gì-a) N.F. (pl. *-gìe*) · Scienza che studia la formazione, la struttura e l'evoluzione della crosta terrestre.

geologico (ge-o-lò-gi-co) AGG. (pl.m. *-ci*, pl.f. *-che*) · Che riguarda la geologia: *ere geologiche; scienze geologiche.*

geologo (ge-ò-lo-go) N.M. (f. *-a*; pl.m. *-gi*, pl.f. *-ghe*) · Studioso di geologia.

geometra (ge-ò-me-tra) N.M. e F. (pl.m. *-i*, raro il pl.f. *-e*) · Professionista che esegue misurazioni di terreni e si occupa della progettazione e della direzione dei lavori di costruzioni civili di piccole dimensioni: *il direttore dei lavori della ditta è un geometra.*

geometria (ge-o-me-trì-a) N.F. (pl. *-trìe*) · Parte della matematica che studia lo spazio e le sue figure: *geometria piana, geometria solida*, quelle che studiano rispettivamente le figure piane e le figure solide.

Il termine deriva da una parola greca che significa 'misura della terra', composta di *geo-* 'terra' e *-metría* 'misura'.

geometrico (ge-o-mè-tri-co) AGG. (pl.m. *-ci*, pl.f. *-che*) **1** Che riguarda la geometria: *figura geometrica; problema geometrico.* **2** Esatto, rigoroso, preciso: *la sua precisione è geometrica.*

geopolitica (ge-o-po-lì-ti-ca) N.F. (pl. *-che*) · Lo studio dei fattori geografici che hanno un'influenza sulla politica.

geostazionario (ge-o-sta-zio-nà-rio) AGG. (pl.m. *-ri*, pl.f. *-rie*) · Di satellite, che compie la sua orbita in 24 ore, rimanendo in posizione fissa rispetto alla Terra; viene impiegato nelle telecomunicazioni, nella meteorologia e nella navigazione.

geotermico (ge-o-tèr-mi-co) AGG. (pl.m. *-ci*, pl.f. *-che*) **1** Che riguarda la temperatura del suolo: *sistema geotermico.* **2** Che sfrutta il calore interno della Terra: *centrale geotermica.*

geranio (ge-rà-nio) N.M. (pl. *-ni*) · Pianta erbacea con fiori di svariati colori; viene coltivata in numerose varietà e usata come pianta da giardino o da appartamento. ▸▸

Il termine deriva dal greco *géranos* 'gru', per la somiglianza dei frutti al becco dell'uccello.

gerarca (ge-ràr-ca) N.M. (pl. *-chi*) **1** In passato, chi era a capo di una comunità religiosa. **2** Chi occupava alte cariche nel partito fascista.

gerarchia (ge-rar-chì-a) N.F. (pl. *-chìe*) **1** Rapporto di dipendenza in base al quale chi ha un grado inferiore deve obbedienza e rispetto ai suoi superiori: *il generale è il massimo rappresentante della gerarchia militare.* **2** L'insieme delle cariche e delle persone a capo di un'attività o di una struttura basata su tale rapporto: *erano presenti le alte gerarchie dello Stato* Ⓢ carica.

G

gerarchico (ge-ràr-chi-co) AGG. (pl.m. *-ci*, pl.f. *-che*) · Che riguarda una gerarchia: *scala gerarchica; ordinamento gerarchico.*

gerente (ge-rèn-te) N.M. e F. · Chi gestisce per conto di altri un'azienda o un negozio Ⓢ gestore.

gergale (ger-gà-le) AGG. · Di un gergo: *usa molte espressioni gergali.*

gergo (gèr-go) N.M. (pl. *-ghi*) **1** Lingua speciale di un certo gruppo sociale, o anche criminale, che ha lo scopo di comunicare senza farsi comprendere dagli estranei: *il gergo della mafia.* **2** Linguaggio ricco di parole ed espressioni particolari o di termini tecnici specializzati, usato da certi ambienti o categorie di persone: *gergo militare; gergo medico, bancario.*

geriatria (ge-ria-trì-a) N.F. (pl. *-trìe*) · Disciplina medica che studia i mezzi per prevenire e curare le malattie tipiche della vecchiaia.

geriatrico (ge-rià-tri-co) AGG. (pl.m. *-ci*, pl.f. *-che*) · Che riguarda le malattie della vecchiaia: *ospedale geriatrico.*

gerla (gèr-la) N.F. · Grossa cesta che, grazie a due cinghie, si può portare sulle spalle come uno zaino.

germanico (ger-mà-ni-co) AGG. e N.M. (pl.m. *-ci*, pl.f. *-che*) || AGG. **1** Dell'antico popolo dei Germani, originario dell'Europa centrale. **2** Della Germania moderna Ⓢ tedesco. || N.M. Gruppo di lingue che comprende l'inglese, il tedesco, l'olandese e le lingue scandinave.

germano (ger-mà-no) N.M. · Uccello, detto anche *germano reale*, considerato il capostipite di quasi tutte le razze di anatre domestiche; il maschio ha il capo verde, uno stretto collare bianco e il petto marrone scuro.

germe (gèr-me) N.M. **1** Primo stadio di sviluppo dell'embrione • Fase del ciclo vitale dei batteri: *i germi dell'influenza* Ⓢ microbo. **2** Seme o germoglio, soprattutto di vegetali: *germe di grano, di mais.* **3** Quanto richiede o promette possibilità di sviluppo: *il germe della virtù, della corruzione* Ⓢ causa, origine.

germogliare (ger-mo-glià-re) V.INTR. (*germóglio*, ecc.; aus. *essere* o *avere*) **1** Di pianta, svilupparsi da un seme o da una gemma: *gli alberi cominciano a germogliare.* **2** Avere origine: *nella sua mente germogliavano idee sempre nuove* Ⓢ nascere, sorgere.

germoglio (ger-mó-glio) N.M. (pl. *-gli*) **1** Il ramo che si sviluppa dall'apertura di una gemma. **2** La piccola pianta che si sviluppa dal seme.

geroglifico (ge-ro-glì-fi-co) AGG. e N.M. (pl.m. *-ci*, pl.f. *-che*) **1** Di ciascuno dei segni della scrittura degli Egizi: *hanno decifrato i geroglifici dell'antica iscrizione.* **2** Di segno o scrittura difficili da decifrare: *nei suoi geroglifici non si capisce mai niente.*

Il termine deriva dal greco *hieroglyphikía* 'scritture sacre'.

gerundio (ge-rùn-dio) N.M. (pl. *-di*) · In grammatica, modo del verbo che non ha distinzioni di persona e di numero, con tempo presente e passato, usato in proposizioni temporali, modali o causali implicite (*parlando, si accorse dell'errore*, mentre parlava; *arrivava barcollando*, in modo barcollante; *avendo già visto il film, sapeva che non le sarebbe piaciuto*, poiché aveva già visto il film).

gessato (ges-sà-to) AGG. e N.M. · Di abito di colore scuro con sottili righe chiare: *un tailleur gessato; indossava un elegante gessato.*

gesso (gès-so) N.M. **1** Minerale molto diffuso in natura, limpido e privo di colore se puro: *cava di gesso* • Bastoncino di tale sostanza che serve per scrivere sulla lavagna o su altra superficie adatta: *gessi colorati.* **2** Il gesso in polvere usato per modelli e stucchi o per preparare tele e tavole: *ha realizzato una statua di gesso.* **3** In medicina, fasciatura o apparecchio imbevuti di gesso usati per le fratture ossee: *ha messo il gesso al braccio.*

gesta (gè-sta) N.F.PL. · Azioni memorabili ed eroiche: *le gesta dei paladini* Ⓢ imprese, prodezze.

gestante (ge-stàn-te) N.F. · Donna incinta: *certi farmaci sono pericolosi per le gestanti.*

gestazione (ge-sta-zió-ne) N.F. **1** Il periodo della gravidanza: *i primi mesi di gestazione sono i più delicati.* **2** Il processo di formazione o di elaborazione di un'opera: *il suo nuovo romanzo è ancora in gestazione* Ⓢ preparazione.

gesticolare (ge-sti-co-là-re) V.INTR. (*gestìcolo*, ecc.; aus. *avere*) · Fare gesti con le mani o le braccia per richiamare l'attenzione o per dare più forza alle proprie parole: *un uomo gesticolava in cerca di aiuto.*

gestione (ge-stió-ne) N.F. · Amministrazione di un'azienda o di un'impresa pubblica o privata: *suo padre ha assunto la gestione della ditta* Ⓢ direzione.

gestire (ge-stì-re) V.TR. (*gestìsco, gestìsci*, ecc.) **1** Amministrare per conto proprio o di altri: *gestire un'impresa, un ristorante* Ⓢ condurre, dirigere. **2** Organizzare o distribuire in modo opportuno: *gestire il proprio tempo libero.*

gesto (gè-sto) N.M. **1** Movimento della mano, del capo, del braccio, fatto per accompagnare le parole o per esprimere uno stato d'animo o un proposito: *un gesto di rabbia, di tenerezza; comunicare a gesti* Ⓢ mossa, cenno. **2** Atto, azione, comportamento: *è stato un bel gesto di amicizia da parte sua.*

gestore (ge-stó-re) N.M. · Chi amministra beni o affari per conto proprio o di altri: *è il gestore di un bar* Ⓢ responsabile.

gestuale (ge-stu-à-le) AGG. · Che si esprime o comunica a gesti: *linguaggio gestuale.*

gesuita (ge-ṣu-i-ta) N.M. (pl. *-i*) · Religioso appartenente all'ordine della Compagnia di Gesù, fondato da sant'Ignazio di Loyola nel 1534: *ha studiato in un istituto di gesuiti.*

gettare (get-tà-re) V.TR. (*gètto*, ecc.) || TR. **1** Lanciare lontano da sé con forza: *la vicina ha gettato un vaso* ***dalla*** *finestra; per la gioia gettò* ***in*** *aria il cappello* Ⓢ tirare, scagliare • Spingere con violenza: *la tempesta gettò la nave* ***sugli*** *scogli; un compagno mi ha gettato a terra*, mi ha fatto cadere. **2** Disfarsi di ciò che non serve più: *gettare la spazzatura; gettare via i vestiti vecchi* • Sprecare qualcosa di prezioso: *hai gettato il tuo tempo inutilmente; gettare via la propria vita.* **3** Mandare fuori: *gettare un grido, un urlo* Ⓢ emettere. || **gettarsi** RIFL. **1** Lanciarsi o lasciarsi cadere: *gettarsi* ***in*** *mare,* ***dalla*** *finestra; l'aquila si gettò* ***sulla*** *preda* Ⓢ buttarsi • Lanciarsi con impeto e audacia: *si gettarono* ***nella*** *mischia; gettarsi* ***in*** *un'impresa.* **2** Di un fiume, sfociare, sboccare, confluire: *il Tevere si getta* ***nel*** *Tirreno.* Ⓔ ***Gettare la spugna*** → *spugna* • ***Gettare le braccia al collo di qualcuno*** o ***gettarsi al collo di qualcuno***, abbracciarlo con slancio • ***Gettare le fondamenta***, cominciare a costruire un edificio; in senso figurato, creare le premesse per il verificarsi di un evento: *con questo progetto abbiamo gettato le fondamenta di un futuro migliore.*

gettata (get-tà-ta) N.F. · L'azione di versare del materiale semiliquido in uno stampo: *una gettata di cemento* Ⓢ colata.

gettito (gèt-ti-to) N.M. · Entrata economica a favore dello Stato: *aumento del gettito fiscale.*

getto (gèt-to) N.M. **1** Lancio, tiro: *il getto di un sasso; armi da getto.* **2** Emissione, talvolta improvvisa o vistosa, di un liquido o di un gas: *un getto d'acqua, di vapore* Ⓢ flusso, fuoriuscita. **3** Nelle piante, germoglio: *si cominciano a vedere i primi getti del pesco.* Ⓔ ***A getto continuo***, senza interruzione, continuamente: *pubblica romanzi a getto continuo* • ***Di getto***, d'istinto, senza pensarci troppo e senza interruzioni: *scrivere di getto.*

gettonato (get-to-nà-to) AGG. · Richiesto, apprezzato, ricercato: *è il cantante più gettonato del momento.*

gettone (get-tó-ne) N.M. **1** Dischetto di metallo o di plastica che corrisponde a un certo valore in denaro; si introduce in un apparecchio per farlo funzionare: *la macchina per il caffè funziona a gettoni.* **2** Pezzetto di plastica

A B C D E F G H I J K L M N O P Q R S T U V W X Y Z

o di altro materiale, tondo o rettangolare, usato in alcuni giochi in sostituzione del denaro: *fatti cambiare i gettoni alla cassa.*

geyser (gey-ser; pronuncia *gàiṣer*) N. INGL., in it. N.M. INVAR. · Sorgente termale che lancia in aria, a intermittenza, acqua calda e vapori; è un fenomeno vulcanico tipico dell'Islanda.

Il termine deriva dal nome di una sorgente termale dell'Islanda, che letteralmente significa 'pozzo nel quale avviene un'eruzione'.

G

ghepardo (ghe-pàr-do) N.M. · Felino velocissimo, diffuso in Africa e in Asia Minore, con testa corta e rotonda e mantello di color giallo ocra con macchie nere tondeggianti.

gheriglio (ghe-ri-glio) N.M. (pl. *-gli*) · La parte interna commestibile della noce.

ghermire (gher-mi-re) V.TR. (*ghermìsco, ghermìsci*, ecc.) **1** Afferrare con gli artigli: *l'aquila ghermisce la sua preda.* **2** Prendere con violenza e rapidità: *ghermì il denaro e fuggì via* Ⓢ strappare.

ghetto (ghét-to) N.M. **1** In passato, quartiere cittadino in cui erano costretti a vivere gli Ebrei: *il ghetto di Varsavia è stato il più grande d'Europa.* **2** La parte vecchia, squallida e sporca di una città, in cui vivono poveri ed emarginati: *a Chicago il ghetto nero è molto popoloso.*

Il termine deriva dal veneziano *ghèto*, letteralmente *getto*, usato nel senso di 'fonderia'; a Venezia, nel Cinquecento, gli Ebrei furono per la prima volta confinati su un'isoletta dove esisteva, appunto, una fonderia che le dava il nome; da qui la parola si estese poi anche alle altre città d'Italia.

ghiacciaia (ghiac-cià-ia) N.F. (pl. *-ciàie*) **1** In passato, locale in cui si conservava il ghiaccio quando non c'erano i frigoriferi. **2** Ambiente freddissimo: *la sala era una ghiacciaia.*

ghiacciaio (ghiac-cià-io) N.M. (pl. *-ciài*) · Accumulo naturale di ghiaccio in lento movimento che si forma quando la neve diventa solida: *i ghiacciai del Monte Bianco.*

ghiacciare (ghiac-cià-re) V.TR. e INTR. (*ghiàccio*, ecc.) || TR. **1** Far diventare ghiaccio: *il gelo ha ghiacciato l'acqua nelle tubature* Ⓢ gelare • Rendere freddo come il ghiaccio: *questo vento **mi** sta ghiacciando le orecchie.* **2** Privare all'improvviso di ogni possibilità di reazione: *mi ha ghiacciato con un'occhiata.* || INTR. (aus. *essere* o *avere*), IMPERS. Fare gelo: *stanotte è ghiacciato.* || INTR. (aus. *essere*) e **ghiacciarsi** INTR. PRONOM. **1** Solidificarsi per il freddo: *il lago è ghiacciato; il fiume si è ghiacciato.* **2** Diventare gelido, raffreddarsi: ***mi** si sono ghiacciati i piedi* Ⓢ congelarsi.

ghiacciato (ghiac-cià-to) AGG. **1** Che presenta uno strato di ghiaccio: *un fiume ghiacciato; una strada ghiacciata.* **2** Molto freddo: *questa camera è ghiacciata* Ⓢ gelato, gelido Ⓒ caldo, bollente.

ghiaccio (ghiàc-cio) N.M. (pl. *-ci*) · Acqua allo stato solido: *attenti a non scivolare sul ghiaccio; pattinaggio sul ghiaccio.* Ⓔ ***Di ghiaccio***, freddissimo: *mani, piedi di ghiaccio*; in senso figurato, deluso, impietrito, allibito: *è rimasto di ghiaccio quando ha visto cos'era successo;* ***essere di ghiaccio***, essere insensibile agli affetti e alle passioni • ***Rompere il ghiaccio***, superare un'atmosfera di iniziale disagio e imbarazzo: *dopo aver rotto il ghiaccio si è dimostrato un ragazzo allegro e vivace.*

ghiacciolo (ghiac-ciò-lo) N.M. **1** Colonnina di acqua che si è ghiacciata mentre gocciolava, per es. da fontane o grondaie. **2** Piccolo pezzo di ghiaccio aromatizzato con sciroppi di vario sapore, fornito di un bastoncino per consumarlo come un gelato: *ghiacciolo al limone.*

ghiaia (ghià-ia) N.F. (pl. *ghiàie*) · Roccia ridotta in frammenti arrotondati di piccole dimensioni, usata per ricoprire viali, giardini, strade: *il giardiniere spianava la ghiaia nel viale.*

ghiaioso (ghia-ió-so) AGG. · Ricoperto di ghiaia: *terreno ghiaioso.*

ghianda (ghiàn-da) N.F. · Il frutto della quercia: *i maiali sono ghiotti di ghiande.*

ghiandola (ghiàn-do-la) N.F. · Organo che produce sostanze utili all'organismo o elimina quelle nocive: *le ghiandole della bocca producono la saliva.*

ghiandolare (ghian-do-là-re) AGG. · Delle ghiandole: *tessuto ghiandolare.*

ghibellino (ghi-bel-lì-no) AGG. e N.M. (f. *-a*) · Nel Medioevo, di sostenitore dell'imperatore contro il potere del papato **C** guelfo.

ghibli (ghì-bli) N.M. INVAR. · Vento caldo e asciutto che spira sulla Libia trasportando sabbia finissima.

ghigliottina (ghi-gliot-tì-na) N.F. · Macchina per tagliare la testa ai condannati a morte, molto diffusa in Francia nel periodo della Rivoluzione: *molti nobili furono condannati alla ghigliottina*.

Il termine deriva dal nome del medico francese J.J. *Guillotin* (1738-1814) che ne propose l'uso nel 1789, durante la Rivoluzione francese.

ghigliottinare (ghi-gliot-ti-nà-re) V.TR. · Tagliare la testa con la ghigliottina: *i rivoluzionari francesi ghigliottinarono re Luigi XVI*.

ghignare (ghi-gnà-re) V.INTR. (aus. *avere*) · Ridere con espressione beffarda o maliziosa **S** sogghignare.

ghigno (ghì-gno) N.M. · Riso beffardo o malizioso: *mi guardò con un ghigno sinistro* **S** sogghigno.

ghingheri (ghìn-ghe-ri) N.M.PL. · Solo nell'espressione ***in ghingheri***, vestito in modo elegante.

ghiotto (ghiót-to) AGG. **1** Goloso di cibi gustosi: *sono ghiotto **di** cioccolata*. **2** Di cibo, che stimola l'appetito: *sceglie sempre il boccone più ghiotto* **S** gustoso, appetitoso.

ghiottone (ghiot-tó-ne) N.M. (f. *-a*; pl.m. *-i*, pl.f. *-e*) · Persona molto golosa: *quel ghiottone ha finito le scorte di dolciumi* **S** mangione.

ghiottoneria (ghiot-to-ne-rì-a) N.F. (pl. *-rìe*) **1** Golosità, ingordigia. **2** Cibo buono e appetitoso: *un negozio di ghiottonerie* **S** leccornia, manicaretto.

ghiribizzo (ghi-ri-bìẓ-ẓo) N.M. · Idea strana e improvvisa: *gli è venuto il ghiribizzo di comprarsi un'auto d'epoca* **S** capriccio, grillo.

ghirigoro (ghi-ri-gò-ro) N.M. · Disegno fatto da un intreccio di linee tracciate in modo casuale: *un foglio pieno di ghirigori*.

ghirlanda (ghir-làn-da) N.F. · Corona di foglie, di fiori o di erbe intrecciate usata come ornamento del capo, come addobbo o come segno di affetto verso i defunti: *una ghirlanda di margherite*.

ghiro (ghì-ro) N.M. · Piccolo roditore notturno con testa piccola, lunga pelliccia soffice, di colore grigio o castano; vive soprattutto sugli alberi e d'inverno va in letargo. **E** ***Dormire come un ghiro***, profondamente.

ghisa (ghì-ṣa) N.F. · Lega di ferro e carbonio, usata soprattutto per la produzione di acciaio.

gi N.M. O F. INVAR. · Nome della settima lettera dell'alfabeto italiano e del segno che la rappresenta (*g*, *G*).

già (già) AVV. **1** Indica che un'azione è ormai compiuta: *quando sei arrivato, era già uscita* • Indica il tempo trascorso: *sono già due ore che ti aspetto*. **2** Prima d'ora: *ho già sentito questo nome*. **3** Fin d'ora: *già m'immagino come andrà a finire*. **4** Messo prima di un titolo o di una qualifica, li riferisce al passato: *già ministro; già campione del mondo* **S** ex. **5** Sì, proprio così: *già, hai ragione; già, lo dovevo prevedere*. **E** ***Di già***, esprime la meraviglia che qualcosa avvenga o sia avvenuto prima del previsto: *"Bisogna andar via" "Di già?"*.

giacca (giàc-ca) N.F. (pl. *-che*) · Indumento maschile e femminile con le maniche, che copre le spalle e la vita: *giacca classica, sportiva; giacca a doppio petto*. **E** ***Giacca a vento***, di tessuto impermeabile, con cerniera lampo e spesso cappuccio, per riparare dall'aria e dalla pioggia.

giacché (giac-ché) CONGIUNZ. · Dal momento che: *giacché insisti, ti dirò come stanno le cose* **S** poiché, siccome.

giaccone (giac-có-ne) N.M. · Giacca pesante, lunga e piuttosto ampia.

giacenza (gia-cèn-za) N.F. · Quantità di merce non venduta o di denaro non utilizzato: *giacenze di magazzino; giacenze di cassa*.

giacere (gia-cé-re) V.INTR. (irreg.: ind. pres. *giàccio, giàci, giàce, giacciàmo* o *giaciàmo, giacéte, giàcciono*; pass. rem. *giàcqui, giacésti, giàcque, giacémmo, giacéste, giàcquero*; cong. pres. *giàccia, giàccia, giàccia, giacciàmo, giacciàte, giàcciano*; part. pass. *giaciùto*; aus. *essere*) **1** Stare disteso, in posizione orizzontale: *giacere **a** letto, **in** terra, **sull'**erba; giacere **su** un* *fianco, supino* • Stare a letto, spesso per malattia: *giaceva ammalato in ospedale* • Essere sepolto: *giacere* ***nella*** *tomba* Ⓢ riposare. **2** Di luogo, essere situato: *la città giace* ***in*** *un'ampia vallata* Ⓢ trovarsi. **3** Rimanere abbandonato o non utilizzato: *molta merce giace* ***nei*** *magazzini.*

giaciglio (gia-cì-glio) N.M. (pl. *-gli*) · Letto improvvisato con mezzi di fortuna: *dormiva su un misero giaciglio di paglia.*

G

giacimento (gia-ci-mén-to) N.M. · Deposito di rocce, minerali o metalli all'interno della crosta terrestre, che può essere sfruttato economicamente: *un giacimento di diamanti, di petrolio.*

giacinto (gia-cin-to) N.M. · Pianta erbacea coltivata in numerose varietà per la bellezza dei fiori dal profumo intenso e di colori diversi.

giacobino (gia-co-bi-no) AGG. e N.M. (f. *-a*) **1** Che, chi durante la Rivoluzione francese apparteneva al partito politico più radicale ed estremista. **2** Che, chi sostiene idee politiche radicali ed egualitarie: *posizioni, idee giacobine.*

giacqui (giàc-qui) · Pass. rem., 1ª pers. sing. → *giacere.*

giada (già-da) N.F. e M. e AGG. || N.F. Pietra dura di colore verde usata per realizzare statue, vasi, gioielli: *indossava una collana di giada.* || AGG. e N.M. INVAR. Di colore verde, simile a quello della pietra: *aveva una camicia color giada.*

Il termine deriva dallo spagnolo *(piedra de la) ijada* '(pietra del) fianco', perché si credeva che fosse efficace contro il mal di reni causato dai calcoli.

giaggiolo (giag-giò-lo) N.M. · Iris.

Il termine deriva dal latino *gladiolus* 'piccola spada' ed è passato direttamente in italiano attraverso la lingua parlata; il recupero successivo del latino *gladiolus* ha dato la parola **gladiolo**.

giaguaro (gia-guà-ro) N.M. · Felino simile al leopardo, che vive nei boschi dell'America Latina; ha pelliccia rossiccia con macchie nere di varie dimensioni ed è molto abile nel salto.

Il verbo che indica il verso del giaguaro è *ruggire* e il nome è *ruggito.*

giallastro (gial-là-stro) AGG. · Di un giallo spento o pallido: *aveva un viso giallastro.*

giallo (giàl-lo) N.M. e AGG. || N.M. **1** Il colore dei limoni: *un giallo carico, spento.* **2** Una delle tre luci del semaforo che indica che sta per scattare il rosso oppure, se lampeggia, che il semaforo non è in funzione: *passare con il giallo.* || AGG. Del colore dei limoni: *le donò un mazzo di fiori gialli.* || AGG. e N.M. Nel cinema e in letteratura, di opera di argomento poliziesco, dalla trama avventurosa e dal finale imprevisto: *adoro i film gialli; sto leggendo un giallo* Ⓢ poliziesco. Ⓔ ***Farina gialla***, di granturco.

Il termine deriva da una parola dell'antico francese, che viene a sua volta dal latino *galbinus* 'giallastro'; il significato di 'poliziesco' si deve al colore della copertina di una collana di libri di questo genere letterario che cominciarono a essere pubblicati in Italia dal 1929, ottenendo un grande successo.

giammai (giam-mài) AVV. · Assolutamente mai: *giammai mi arrenderò.*

gianduia (gian-dù-ia) N.M. INVAR. · Tipo di cioccolato morbido alla nocciola: *torta al gianduia.*

giapponese (giap-po-né-se) AGG. e N.M. e F. || AGG. Del Giappone. || N.M. e F. Abitante, nativo del Giappone. || N.M. La lingua parlata in Giappone.

giara (già-ra) N.F. · Grosso recipiente di terracotta, usato per conservare olio, vino o altri liquidi Ⓢ orcio.

giardinaggio (giar-di-nàg-gio) N.M. (pl. *-gi*) · L'arte e la tecnica di coltivare le piante ornamentali nei giardini: *lo zio si dedica al giardinaggio.*

giardiniere (giar-di-niè-re) N.M. (f. *-a*; pl.m. *-i*, pl.f. *-e*) · Chi cura un giardino per mestiere: *il nostro giardiniere ci ha consigliato le rose.*

giardino (giar-dì-no) N.M. · Porzione di terreno coltivata con fiori e piante ornamentali e usata come luogo di svago e di passeggio: *la* *casa è circondata da un enorme giardino.* Ⓔ ***Giardino botanico*** → ***botanico*** • ***Giardino d'infanzia***, scuola per l'istruzione e l'educazione dei bambini dai tre ai sei anni • ***Giardino pubblico***, zona verde e alberata, aperta a tutti, che si trova all'interno o nei pressi di un centro abitato • ***Giardino zoologico***, zoo.

giarrettiera (giar-ret-tiè-ra) N.F. · Nell'abbigliamento femminile, nastro di tessuto o di elastico che sostiene le calze all'altezza della coscia.

giavellotto (gia-vel-lòt-to) N.M. · Antica arma da lancio, formata da un'asta con una punta di metallo; usata nell'antichità per l'esercizio sportivo, oggi è impiegata nell'atletica leggera: *lancio del giavellotto.*

gibboso (gib-bó-so) AGG. · Che ha una gobba: *schiena gibbosa* • Di terreno, che ha delle sporgenze: *sentiero gibboso* Ⓢ ondulato.

giberna (gi-bèr-na) N.F. · Custodia per contenere le cartucce, che i militari portano legata alla cintura.

gigante (gi-gàn-te) N.M. e AGG. (f. *-éssa*; pl.m. *-i*, pl.f. *-ésse*) || N.M. (f. *-éssa*) **1** Personaggio mitico con statura e forza straordinarie: *il gigante Golia fu colpito con una fionda.* **2** Persona di corporatura robusta: *era grande e grosso, un vero gigante* Ⓢ colosso. **3** Persona dal talento eccezionale, che domina in un certo campo o in una data epoca: *un gigante della pittura, della letteratura* Ⓢ grande, genio. || AGG. Di proporzioni superiori al normale: *gli alberi della savana sono giganti; ho comprato un dentifricio formato gigante* Ⓢ enorme Ⓒ minuscolo. Ⓔ ***Fare passi da gigante*** → ***passo***[1] • ***Slalom gigante*** → ***slalom***.

gigantesco (gi-gan-té-sco) AGG. (pl.m. *-schi*, pl.f. *-sche*) · Di dimensioni eccezionalmente grandi e imponenti: *una diga gigantesca; alberi giganteschi* Ⓢ colossale, enorme.

gigione (gi-gió-ne) N.M. (f. *-a*; pl.m. *-i*, pl.f. *-e*) · Attore che recita esagerando le espressioni e i gesti per fare effetto sul pubblico • Persona vanitosa che vuole attirare su di sé tutte le attenzioni Ⓢ esibizionista.

giglio (gì-glio) N.M. (pl. *-gli*) **1** Pianta erbacea con grandi fiori bianchi a forma di campana, profumatissimi, disposti in grappoli. **2** Simbolo di purezza e candore: *la fanciulla era pura come un giglio.*

gilda (gìl-da) N.F. · Nel Medioevo, associazione di tipo religioso, mercantile o artigiano dell'Europa settentrionale con l'obiettivo di fornire assistenza, soprattutto economica, ai suoi membri.

gilè (gi-lè) N.M. INVAR. · Indumento senza maniche che si indossa sotto la giacca Ⓢ panciotto.

Gimnosperme (Gim-no-spèr-me) N.F.PL. · Piante Spermatofite, caratterizzate dall'avere gli ovuli non racchiusi nell'ovario; sono spesso piante legnose con foglie aghiformi o squamose.

gin N.M. INVAR. · Acquavite che si ricava dai cereali e che viene aromatizzata con bacche di ginepro.

> Il termine deriva dall'abbreviazione di una parola olandese che significa 'ginepro'.

gincana (gin-cà-na) N.F. · Gara automobilistica o motociclistica effettuata su un percorso pieno di curve e ostacoli • Percorso lungo e difficile: *il traffico lo ha costretto a una gincana interminabile* Ⓢ slalom.

gineceo (gi-ne-cè-o) N.M. (pl. *-cèi*) · La parte più interna dell'antica casa greca, riservata alle donne.

ginecologia (gi-ne-co-lo-gì-a) N.F. (pl. *-gìe*) · Settore della medicina che studia e cura gli organi sessuali femminili.

ginecologico (gi-ne-co-lò-gi-co) AGG. (pl.m. *-ci*, pl.f. *-che*) · Che riguarda la ginecologia: *esame ginecologico; visita ginecologica.*

ginecologo (gi-ne-cò-lo-go) N.M. (f. *-a*; pl.m. *-gi*, pl.f. *-ghe*) · Medico specialista in ginecologia.

ginepraio (gi-ne-prà-io) N.M. (pl. *-prài*) **1** Luogo in cui crescono molti ginepri: *si nascose in un ginepraio.* **2** Faccenda complicata, di difficile soluzione: *accettando quell'invito si è cacciato in un ginepraio* Ⓢ intrico, guaio.

ginepro (gi-né-pro) N.M. · Arbusto sempreverde con foglie rigide e pungenti e frutti di colore azzurro, usati per preparare medicinali e liquori e per aromatizzare diversi cibi.

ginestra (gi-nè-stra) N.F. · Arbusto con fiori grandi e profumati, di colore giallo oro, riuniti in grappoli.

gingillarsi (gin-gil-làr-si) V.INTR. PRONOM. **1** Distrarsi con un passatempo: *il bambino si gingillava **con** delle palline* Ⓢ trastullarsi. **2** Perdere il tempo in cose inutili: *smettila di gingillarti e vieni ad aiutarmi!* Ⓢ ciondolare.

gingillo (gin-gìl-lo) N.M. · Oggetto di poco valore e utilità: *una casa piena di gingilli* Ⓢ ninnolo • Giocattolo semplice e di poco conto.

G

Il termine deriva dal latino *cingillum* 'cinturino da donna'.

ginnasio (gin-nà-ṣio) N.M. (pl. *-ṣi*) · Il biennio che seguiva la scuola media inferiore e precedeva il liceo classico: *si è iscritto al ginnasio; l'ho conosciuto quando frequentavo la quarta ginnasio.*

ginnasta (gin-nà-sta) N.M. e F. (pl.m. *-i*, pl.f. *-e*) · Atleta specializzato negli esercizi di ginnastica.

ginnastica (gin-nà-sti-ca) N.F. (pl. *-che*) **1** Attività fisica o disciplina sportiva che, con una serie di esercizi muscolari, dà al corpo armonia, forza e agilità: *faccio ginnastica tutte le mattine; vado a ginnastica due volte alla settimana.* **2** Qualsiasi esercizio che sviluppa le facoltà della mente: *i cruciverba sono un'ottima ginnastica per la mente* Ⓢ allenamento. Ⓔ ***Ginnastica artistica***, disciplina sportiva che prevede esercizi agli attrezzi e a corpo libero • ***Ginnastica correttiva***, attività fisica diretta a correggere certi difetti, specie della colonna vertebrale • ***Ginnastica ritmica***, disciplina sportiva che richiede l'uso di attrezzi come la palla, il nastro o il cerchio, a ritmo di musica.

ginnico (gìn-ni-co) AGG. (pl.m. *-ci*, pl.f. *-che*) · Che riguarda la ginnastica: *attrezzi, esercizi ginnici.*

-gino · Secondo elemento di parole composte che significa 'donna': *misogino*, che ha avversione nei confronti delle donne.

ginocchiata (gi-noc-chià-ta) N.F. · Colpo dato o battuto con un ginocchio: *mi ha dato una ginocchiata nello stomaco; dare una ginocchiata su uno spigolo.*

ginocchiera (gi-noc-chiè-ra) N.F. · Fascia elastica, spesso imbottita, che serve per proteggere il ginocchio.

ginocchio (gi-nòc-chio) N.M. (pl.m. *i ginòcchi* o pl.f. *le ginòcchia*) · Articolazione della gamba che si trova tra il femore e la tibia: *piegare le ginocchia.* Ⓔ ***In ginocchio***, con le ginocchia piegate a terra in atto di preghiera o di sottomissione: *si mise in ginocchio per chiederle scusa*; in senso figurato, a terra, in crisi: *l'economia nazionale è in ginocchio.*

giocare (gio-cà-re) V.INTR. e TR. (*giòco, giòchi*, ecc.) || INTR. (aus. *avere*) **1** Dedicarsi a un gioco per svago o per passatempo: *i bambini giocavano **a** nascondino; mi piace giocare **con** le bambole* Ⓢ divertirsi, svagarsi. **2** Agire o parlare senza serietà: *credi forse che stia giocando?* Ⓢ scherzare • Mettere a rischio, non dare la giusta importanza: *non devi giocare **con** la salute!; ha giocato **con** i miei sentimenti.* **3** Partecipare, con una o più persone, a un gioco o a uno sport: *giocare **a** carte; giocare **a** calcio* • Disputare una gara: *il Milan ha giocato **in** casa **contro** la Roma* Ⓢ gareggiare. **4** Scommettere in giochi d'azzardo o di fortuna: *gli piace giocare **ai** cavalli; ha giocato **al** totocalcio e ha vinto.* **5** Avere un certo peso: *nel suo successo ha giocato molto la fortuna* Ⓢ agire, incidere. || TR. **1** Disputare una competizione: *giocare la finale.* **2** Mettere in gioco: *giocò il sei di cuori; ha giocato il numero tre **al** lotto* • Scommettere, puntare: *ha giocato venti euro **su** un cavallo.* || **giocarsi** TR. PRONOM. Rischiare di perdere o perdere qualcosa, per un comportamento irresponsabile: *se continua così si gioca il posto di lavoro; con le sue bugie si è giocato la mia fiducia.* Ⓔ ***Giocare in borsa***, tentare di arricchirsi con la vendita e l'acquisto di titoli finanziari.

giocatore (gio-ca-tó-re) N.M. (f. *-trìce*) **1** Chi partecipa a un gioco: *per il poker servono almeno quattro giocatori.* **2** Chi pratica con costanza un gioco: *è un grande giocatore di biliardo.* **3** Chi ha la passione o il vizio del gioco, soprattutto d'azzardo: *è un giocatore accanito.* **4** Atleta che pratica uno sport: *un giocatore di calcio, di basket.*

giocattolo (gio-càt-to-lo) N.M. · Qualsiasi oggetto fabbricato per far divertire i bambini:

nella stanza erano sparsi dei giocattoli Ⓢ gioco, balocco.

giocherellare (gio-che-rel-là-re) V.INTR. (*giocherèllo*, ecc.; aus. *avere*) · Giocare in modo distratto: *il bambino giocherellava* ***con*** *le automobiline* Ⓢ trastullarsi, gingillarsi • Muovere ripetutamente un piccolo oggetto tra le mani: *giocherellare* ***con*** *le chiavi.*

gioco (giò-co) N.M. (pl. *-chi*) **1** Qualsiasi attività, individuale o di gruppo, cui si dedichino adulti o bambini per passatempo e per svago: *fare un gioco; gioco all'aperto; giochi di società; giochi di prestigio.* **2** Attività o competizione sportiva: *il gioco del calcio è sempre stato la sua passione.* **3** Competizione tra due o più persone con regole precise e il cui risultato dipende dall'abilità o dalla fortuna: *il gioco dell'oca, della dama, del lotto.* **4** L'insieme delle regole e delle tecniche di una competizione o di uno sport: *conosco il gioco*, le regole del gioco; *gioco d'attacco, di squadra.* **5** L'insieme delle carte di cui dispone un giocatore durante una partita: *aveva un buon gioco a cuori.* **6** Atto compiuto per divertimento, senza intenzioni serie: *è stato solo un gioco; l'ho fatto per gioco* Ⓢ scherzo, burla, beffa. **7** Effetto artificiale basato sul contrasto e sul movimento: *giochi di luce, d'acqua.* Ⓔ ***Doppio gioco*** → doppiogioco • ***Fare buon viso a cattivo gioco*** → viso • ***Giochi d'azzardo*** → azzardo • ***Giochi olimpici***, le gare che si disputano nelle Olimpiadi • ***Gioco da ragazzi***, cosa facilissima: *convincerla è stato un gioco da ragazzi* • ***Essere in gioco***, essere a rischio, in pericolo: *è in gioco la nostra vita;* ***mettere in gioco***, versare come posta: *ha messo in gioco dieci euro;* rischiare: *stai mettendo in gioco la tua reputazione* • ***Prendersi gioco di qualcuno***, divertirsi alle sue spalle • ***Stare al gioco***, lasciarsi coinvolgere in una situazione, spesso scherzosa.

giocoforza (gio-co-fòr-za) N.M. · Solo nell'espressione ***essere giocoforza***, essere inevitabile: *è stato giocoforza accettare la sua offerta.*

giocoliere (gio-co-liè-re) N.M. (f. *-a*; pl.m. *-i*, pl.f. *-e*) · Chi si esibisce in giochi di equilibrio e di abilità.

giocondo (gio-cón-do) AGG. · Che esprime serenità o allegria: *un uomo giocondo; un viso giocondo* Ⓢ contento, lieto.

giocoso (gio-có-so) AGG. **1** Che ama lo scherzo e il riso: *ha un carattere giocoso* Ⓢ allegro, gaio. **2** Vivace, scherzoso: *fa sempre battute giocose.*

giogo (gió-go) N.M. (pl. *-ghi*) **1** Strumento usato per attaccare una coppia di bovini al carro o all'aratro. **2** Dominio oppressivo: *sottomettersi, ribellarsi al giogo* Ⓢ oppressione, dominazione.

gioia[1] (giò-ia) N.F. (pl. *giòie*) **1** Stato di completa soddisfazione: *grida, lacrime di gioia; era pazzo di gioia; ho provato una grande gioia per la tua visita* Ⓢ felicità, allegria Ⓒ tristezza, dolore. **2** Motivo di felicità o di soddisfazione: *quel bambino è la gioia dei nonni.* Ⓔ ***Darsi alla pazza gioia***, dedicarsi ai divertimenti e alla vita spensierata.

gioia[2] (giò-ia) N.F. (pl. *giòie*) · Gioiello o pietra preziosa: *lo scrigno delle gioie.*

gioielleria (gio-iel-le-rì-a) N.F. (pl. *-rìe*) · Negozio dove si vendono gioielli Ⓢ oreficeria.

gioielliere (gio-iel-liè-re) N.M. (f. *-a*; pl.m. *-i*, pl.f. *-e*) · Chi lavora o vende gioielli: *un gioielliere è stato rapinato sul treno.*

gioiello (gio-ièl-lo) N.M. **1** Ornamento in metallo prezioso lavorato, spesso decorato con gemme: *lo scrigno dei gioielli è nella cassaforte; quella donna è carica di gioielli.* **2** Cosa o persona giudicata bella e perfetta: *questa macchina è un gioiello* Ⓢ meraviglia, capolavoro.

gioioso (gio-ió-so) AGG. **1** Pieno di gioia: *è un ragazzo gioioso e solare* Ⓢ felice, allegro. **2** Che esprime o procura gioia: *un sorriso gioioso; una notizia gioiosa.*

gioire (gio-ì-re) V.INTR. (*gioìsco*, *gioìsci*, ecc.; manca il part. pres.; aus. *avere*) · Sentire o esprimere gioia: *gioisco* ***per*** *il meritato premio; tutti gioirono* ***di*** *quella bella notizia* Ⓢ rallegrarsi, esultare Ⓒ rattristarsi.

giornalaio (gior-na-là-io) N.M. (f. *-a*; pl.m. *-lài*, pl.f. *-làie*) · Chi vende giornali e riviste Ⓢ edicolante. ▸ Ⓕ dies

giornale (gior-nà-le) N.M. **1** Pubblicazione quotidiana in cui vengono riportate e com-

A B C D E F **G** H I J K L M N O P Q R S T U V W X Y Z

mentate le notizie del giorno: *giornale indipendente, di partito; giornale sportivo* Ⓢ quotidiano, testata • Qualsiasi rivista o pubblicazione periodica: *il Giornale del cinema; un giornale a fumetti.* **2** Notiziario diffuso alla radio o in televisione: *giornale radio.* **3** La sede di un quotidiano: *al giornale sono arrivate molte telefonate di sostegno* Ⓢ redazione. **4** Diario o registro in cui si annotano giorno per giorno i fatti più importanti: *giornale di viaggio; giornale di classe.* Ⓔ ***Giornale di bordo***, il diario dove sono riportati gli eventi salienti avvenuti durante la navigazione. ▸ Ⓕ **dies**

G

giornaliero (gior-na-liè-ro) AGG. · Di ogni giorno, che avviene ogni giorno: *incasso giornaliero; lavoro giornaliero* Ⓢ quotidiano. ▸ Ⓕ **dies**

giornalino (gior-na-li-no) N.M. · Periodico illustrato per ragazzi o fatto da ragazzi: *giornalino a fumetti; giornalino scolastico.* ▸ Ⓕ **dies**

giornalismo (gior-na-lì-ṣmo) N.M. **1** L'insieme delle attività necessarie a fornire e a commentare notizie attraverso la stampa quotidiana e periodica Ⓢ stampa. **2** La professione del giornalista: *è entrato nel giornalismo da giovanissimo* • La categoria professionale dei giornalisti: *è una delle più belle firme del giornalismo politico.* **3** L'insieme dei giornali di una città, di una regione o di un Paese: *il giornalismo inglese ha fatto scuola.* ▸ Ⓕ **dies**

giornalista (gior-na-lì-sta) N.M. e F. (pl.m. *-i*, pl.f. *-e*) · Chi per lavoro scrive articoli per un giornale o si occupa del servizio informazioni di una radio o di una rete televisiva: *è il giornalista di un quotidiano olandese.* ▸ Ⓕ **dies**

giornalistico (gior-na-lì-sti-co) AGG. (pl.m. *-ci*, pl.f. *-che*) · Che riguarda il giornalismo o i giornalisti: *attività giornalistica; stile giornalistico.* ▸ Ⓕ **dies**

giornata (gior-nà-ta) N.F. **1** Il tempo compreso tra l'alba e il tramonto, in relazione alle condizioni del tempo o al modo in cui viene trascorso: *una giornata serena, nebbiosa; domani ho la giornata libera* Ⓢ giorno Ⓒ nottata. **2** Il lavoro compiuto in un giorno e il salario corrispondente: *sai quanto costa la giornata di un muratore?; fa un lavoro pagato a giornata.* **3** Giorno dedicato a una celebrazione speciale: *oggi è la giornata mondiale per la pace* Ⓢ festa, ricorrenza. **4** Nello sport, giorno destinato agli incontri tra le diverse squadre che partecipano a un campionato: *la partita Milan-Roma si giocherà nella terza giornata* Ⓢ turno. Ⓔ ***Andare a giornate***, essere incostante: *il lavoro va a giornate* • ***Di giornata***, dello stesso giorno: *sono uova fresche di giornata* • ***In giornata***, entro lo stesso giorno: *il pacco sarà consegnato in giornata* • ***Vivere alla giornata***, un giorno alla volta, senza preoccuparsi del domani. ▸ Ⓕ **dies**

giorno (giór-no) N.M. **1** L'intervallo di tempo impiegato dalla Terra per compiere una rotazione completa intorno al proprio asse. **2** Lo spazio di tempo compreso tra una mezzanotte e l'altra: *aprile è un mese di trenta giorni; la settimana ha sette giorni* Ⓢ dì • Periodo di 24 ore: *la traversata richiede dieci giorni.* **3** Il tempo compreso tra l'alba e il tramonto: *è un giorno sereno, tempestoso; domani è un giorno di festa; alzarsi prima di giorno* Ⓢ giornata Ⓒ notte. **4** AL PL. Vita, esistenza: *ormai gli restano pochi giorni.* Ⓔ ***Al giorno***, ogni giorno: *guadagna cento euro al giorno* • ***Al giorno d'oggi***, di questi tempi, attualmente • ***Avere i giorni contati***, essere prossimo alla morte • ***Ci corre come dal giorno alla notte*** → **correre** • ***Del giorno***, di oggi, odierno: *il piatto del giorno*; alla moda, di successo: *il film del giorno* • ***Di giorni***, di breve durata: *è una questione di giorni* • ***Di giorno in giorno***, progressivamente: *il costo della vita aumenta di giorno in giorno* • ***Di tutti i giorni***, comune, ordinario: *la vita, il vestito di tutti i giorni* • ***Giorno per giorno***, in ciascun giorno, per quello stesso giorno: *il menu si prepara giorno per giorno* • ***In pieno giorno***, nelle ore di maggior luce e di più intenso movimento: *c'è stata una rapina in pieno giorno* • ***In questi giorni*** o ***a giorni***, prossimamente: *dovrebbe arrivare a giorni* • ***Sul far del giorno***, all'alba • ***Un giorno o l'altro***, in un futuro indeterminato, ma prossimo: *un giorno o l'altro verrò a trovarti.* ▸ Ⓕ **dies**

Il termine deriva dal latino tardo *(tempus) diurnum* 'il tempo del giorno', che viene a sua volta da *dies* 'giorno'; dal latino *dies* derivano anche **dì**, **diurno**, **meridiano**, **odierno**, **oggi** e **quotidiano**.

giostra (giò-stra) N.F. **1** Piattaforma girevole che ruota a suon di musica, dotata di modelli di cavalli, auto, astronavi, ecc., su cui salgono i bambini per divertimento: *mia sorella adora le giostre.* **2** In passato, gara che consisteva in un combattimento a cavallo Ⓢ torneo. Ⓔ ***Le giostre***, il luna park: *sono andato alle giostre con i miei amici.*

giostrare (gio-strà-re) V.INTR. e TR. (*giòstro*, ecc.) || INTR. (aus. *avere*) Partecipare a una giostra: *i cavalieri hanno giostrato di fronte al re.* || TR. Gestire qualcosa a proprio vantaggio: *è riuscito a giostrare la situazione* Ⓢ dominare, controllare • Nella forma ***giostrarsela***, cavarsela bene: *anche stavolta ha saputo giostrarsela.* || **giostrarsi** INTR. PRONOM. Agire con abilità in una situazione difficile: *è riuscito a giostrarsi* ***tra*** *le critiche* Ⓢ destreggiarsi.

giovamento (gio-va-mén-to) N.M. · Effetto benefico: *questa cura dà grande giovamento; ho tratto giovamento da quel rimedio* Ⓢ vantaggio, beneficio Ⓒ danno.

giovane (gió-va-ne) AGG. e N.M. e F. || AGG. e N.M. e F. Che, chi si trova nell'età della giovinezza: *era una giovane donna di ventidue anni; un bel giovane* Ⓒ anziano, vecchio. || AGG. **1** Adulto, ma non abbastanza esperto o maturo: *sei troppo giovane per un incarico del genere; alla sua età si sente ancora giovane* • Di aspetto giovanile: *quella donna ha un viso giovane* Ⓢ fresco. **2** Nato o formato da poco: *i giovani Stati dell'Africa centrale* Ⓢ nuovo. **3** Di animale o pianta, nato da poco: *un albero giovane; un cane giovane.* **4** Di vino o prodotto alimentare, non ancora invecchiato o stagionato: *un Chianti giovane; un formaggio troppo giovane.* Ⓔ ***Da giovane***, nell'età della giovinezza: *da giovane era un bell'uomo.*

giovanile (gio-va-ni-le) AGG. **1** Tipico della giovinezza: *ingenuità giovanile* Ⓒ senile • Che appare giovane di aspetto o di spirito: *ha una certa età, ma è molto giovanile* • Che fa sembrare più giovane: *un taglio di capelli giovanile.* **2** Che riguarda i giovani: *movimento giovanile; disoccupazione giovanile* • Destinato ai giovani, formato di giovani: *moda giovanile; squadra giovanile.*

giovanotto (gio-va-nòt-to) N.M. · Giovane uomo: *è un giovanotto educato* Ⓢ giovane, ragazzo.

giovare (gio-và-re) V.INTR. (*gióvo*, ecc.; aus. *avere* o anche, se il soggetto è una cosa, *essere*) || INTR. **1** Apportare un rimedio o un vantaggio: *l'aria di montagna giova* ***ai*** *polmoni; i tuoi consigli non sono giovati* ***a*** *nulla* Ⓢ servire. **2** IMPERS. Essere o rivelarsi utile: *non giova prendersela troppo.* || **giovarsi** RIFL. Servirsi di qualcosa: *si giovarono* ***del*** *mio aiuto* Ⓢ avvalersi, beneficiare.

giovedì (gio-ve-dì) N.M. INVAR. · Il quarto giorno della settimana. Ⓔ ***Giovedì grasso***, l'ultimo giovedì di carnevale • ***Giovedì santo***, quello che precede la Pasqua.

Il termine deriva dal latino *Iovis dies* 'giorno di Giove'.

giovenca (gio-vèn-ca) N.F. (pl. *-che*) · Vacca giovane.

gioventù (gio-ven-tù) N.F. INVAR. **1** L'età della giovinezza: *è stato un errore di gioventù; in gioventù era bellissima.* **2** Con valore collettivo, i giovani: *che bella gioventù!; alla gioventù piace divertirsi* Ⓢ ragazzi (PL.).

gioviale (gio-vià-le) AGG. · Che dimostra un'allegra cordialità nei confronti degli altri: *un ospite gioviale; un'accoglienza gioviale* Ⓢ cordiale, affabile.

Il termine deriva da una parola del latino tardo che significava 'di Giove', per la credenza astrologica che questo pianeta avesse un'influenza benefica sul carattere.

giovinastro (gio-vi-nà-stro) N.M. (f. *-a*) · Giovane maleducato e violento: *quel giovinastro non ha rispetto per nessuno* Ⓢ scapestrato, teppista.

giovinezza (gio-vi-néz-za) N.F. · L'età compresa tra l'adolescenza e la maturità: *gli anni della giovinezza; una donna nel fiore della giovinezza* Ⓢ gioventù.

giradischi (gi-ra-dì-schi) N.M. INVAR. · Apparecchio elettrico per l'ascolto di dischi; è formato da un piatto che gira e da un organo che trasforma in suoni le vibrazioni impresse a una punta dai movimenti del solco del disco.

giraffa (gi-ràf-fa) N.F. **1** Mammifero che vive in branchi nella steppa africana; alto fino a cinque metri, ha il collo lunghissimo e un mantello giallastro a macchie scure. **2** Dispositivo formato da un braccio mobile di lunghezza variabile, impiegato negli studi cinematografici, radiofonici e televisivi per sostenere macchine o apparecchiature, soprattutto microfoni.

G

giramento (gi-ra-mén-to) N.M. · Movimento circolare o rotatorio. Ⓔ ***Giramento di testa***, vertigine, capogiro: *non è niente, solo un breve giramento di testa.*

giramondo (gi-ra-món-do) N.M. e F. INVAR. · Chi è sempre in giro per il mondo senza meta o scopi precisi: *fa la vita del giramondo.*

girandola (gi-ràn-do-la) N.F. **1** Fuoco d'artificio che consiste in una ruota su cui sono applicati dei piccoli razzi che, appena accesi, la fanno girare velocemente: *le girandole brillavano ai balconi delle case.* **2** Giocattolo formato da un'elica di plastica che, applicata a un'asticella, gira per effetto del vento: *la mamma le comprò delle girandole colorate.* **3** Rapido succedersi di fatti, parole, emozioni: *fu trascinato in una girandola di impegni* Ⓢ turbine, vortice.

girare (gi-rà-re) V.TR. e INTR. || TR. **1** Far ruotare: *girare la poltrona **verso** la finestra; girare la chiave nella serratura* • Mescolare: *girare la polenta.* **2** Percorrere in lungo e in largo: *ho girato tutta la città per trovare un medico; quest'estate ho girato la Grecia* • Passare attorno a un luogo: *per arrivare a casa basta girare l'angolo; il muro gira tutto il giardino.* **3** Spostare modificando la direzione: *girò la testa **verso** di me; girò lo sguardo per non vedere; girare le spalle,* voltarsi Ⓢ volgere, voltare. **4** Trasferire o passare qualcosa a un'altra persona: ***ti** giro un problema che non riesco a risolvere; **ti** giro la mail appena posso; girare un assegno, una cambiale.* **5** Nel cinema, riprendere con la macchina da presa: *girare una scena; girare un film,* riprenderne le varie scene Ⓢ filmare. || INTR. (aus. *avere*) **1** Seguire un moto circolare o rotatorio: *la Terra gira **su** se stessa e **intorno al** Sole; le lancette dell'orologio non girano più* Ⓢ ruotare, roteare. **2** Passare tutt'intorno: *le mura girano **intorno alla** città* Ⓢ circondare. **3** Andare in giro: *girava **per** la città senza sosta; ho girato tutto il giorno senza combinare niente* Ⓢ muoversi, girovagare • Circolare, passare: *nel quartiere girano brutte facce; gira molto denaro da queste parti* • Diffondersi, propagarsi: *girano strane voci sul tuo conto.* **4** Cambiare direzione: *in fondo alla strada deve girare **a** sinistra* Ⓢ svoltare. **5** Nel linguaggio familiare, avere voglia, andare: *se **mi** gira me ne vado un po' al mare.* || **girarsi** RIFL. Volgersi, voltarsi: *quando dorme si gira spesso su un fianco; si girò **verso** di lui.* Ⓔ ***Far girare la testa a qualcuno***, farlo innamorare • ***Girare le scatole***, nel linguaggio familiare, essere di cattivo umore: *oggi **mi** girano le scatole; **far girare le scatole a qualcuno**,* infastidirlo o irritarlo • ***Girare la testa***, avere le vertigini: ***mi** gira un po' la testa.*

girarrosto (gi-rar-rò-sto) N.M. INVAR. · Dispositivo che serve a far girare uno o più spiedi per la preparazione degli arrosti.

girasole (gi-ra-só-le) N.M. · Pianta erbacea a fusto alto, con grandi fiori gialli che si rivolgono sempre verso il sole; dai suoi frutti secchi si ricava un olio impiegato in cucina o per usi industriali.

girata (gi-rà-ta) N.F. **1** Movimento compiuto da un corpo che ruota o che viene fatto ruotare su se stesso: *dai una girata alla chiave* Ⓢ giro, rotazione. **2** Nei giochi di carte, ciascuna distribuzione all'intero giro dei giocatori Ⓢ mano.

giravolta (gi-ra-vòl-ta) N.F. · Giro del corpo su se stesso: *è una ballerina molto brava nelle giravolte* Ⓢ piroetta.

girellare (gi-rel-là-re) V.INTR. (*girèllo*, ecc.; aus. *avere*) · Andare qua e là senza una meta precisa: *girellava per la città* Ⓢ gironzolare, girovagare.

girello (gi-rèl-lo) N.M. **1** Attrezzo montato su rotelle, entro il quale viene messo il bambino perché impari a camminare. **2** Taglio di carne bovina ricavato nella parte posteriore della coscia: *girello arrosto.*

giretto (gi-rét-to) N.M. · Breve passeggiata: *vado a fare un giretto in giardino.*

girevole (gi-ré-vo-le) AGG. · Che può girare: *ponte girevole; sedia girevole.*

girino (gi-rì-no) N.M. · Larva di alcuni anfibi, come il rospo e la rana, che vive nell'acqua; ha la forma di un piccolo pesce dal corpo tozzo, con una coda che si accorcia pian piano fino a scomparire.

giro (gì-ro) N.M. **1** Linea circolare, più o meno regolare, che racchiude il perimetro di un corpo o di uno spazio: *il giro delle mura è lungo un chilometro; ha fatto tre giri di campo* Ⓢ circolo, cerchio. **2** Movimento circolare o rotatorio: *il giro della Terra* ***intorno al*** *Sole; il giro della chiave nella serratura.* **3** Visita, percorso, tragitto: *fece il giro della città* • Passeggiata, camminata, escursione: *vieni a fare un giro in montagna?* **4** Gara sportiva, soprattutto ciclistica, lungo un itinerario prestabilito: *il Giro d'Italia, di Lombardia.* **5** Nel gioco delle carte, numero di partite che equivale a quello dei giocatori Ⓢ mano. **6** Circolazione di denaro o di merci: *ha un giro d'affari internazionale* Ⓢ movimento, traffico. **7** Gruppo di persone in contatto tra loro: *ha un bel giro di amicizie* Ⓢ ambiente, cerchia. **8** Periodo di tempo: *nel giro di pochi giorni tutto sarà risolto* Ⓢ arco, intervallo. **9** AL PL. Il numero di rotazioni compiuto in una certa unità di tempo da un ingranaggio o da un motore: *disco a 33 giri; è un motore con un numero elevato di giri.* Ⓔ ***A giro collo***, lungo la linea della base del collo: *un maglione a giro collo* • ***Angolo giro***, angolo di 360 gradi con i due lati che coincidono • ***Giro di parole***, modo di esprimersi poco diretto: *dimmi la verità senza tanti giri di parole* • ***In giro***, intorno, in cerchio: *guardarsi in giro;* ***andare in giro***, gironzolare: *va in giro tutto il giorno;* ***essere in giro***, spostarsi da un luogo all'altro: *è in giro per lavoro;* ***mettere in giro***, far circolare, diffondere: *chi ha messo in giro certe voci sul mio conto?;* ***prendere in giro***, mettere in ridicolo • ***Su di giri***, in uno stato di grande eccitazione.

girocollo (gi-ro-còl-lo) N.M. e AGG. INVAR. · Di indumento con scollatura rotonda: *un maglione girocollo* • Di collana corta che aderisce alla base del collo: *le regalò un girocollo di coralli.*

girone (gi-ró-ne) N.M. · L'insieme degli incontri che formano un campionato o un torneo. Ⓔ ***Girone d'andata, girone di ritorno***, il primo e il secondo turno di partite in quei campionati che prevedono un doppio incontro tra le squadre che vi partecipano.

gironzolare (gi-ron-zo-là-re) V.INTR. (*girónzolo*, ecc.; aus. *avere*) · Andare qua e là senza una meta o uno scopo preciso: *smettila di gironzolare per casa!* Ⓢ girellare, bighellonare.

girotondo (gi-ro-tón-do) N.M. · Gioco per bambini che consiste nel girare in tondo tenendosi per mano e cantando una filastrocca.

girovagare (gi-ro-va-gà-re) V.INTR. (*giròvago, giròvaghi*, ecc.; aus. *avere*) · Vagare senza meta e senza scopo: *girovagò tutta la notte per la città* Ⓢ vagabondare, gironzolare.

girovago (gi-rò-va-go) AGG. e N.M. (f. *-a*; pl.m. *-ghi*, pl.f. *-ghe*) · Che, chi non ha una dimora e un'occupazione fisse in un luogo: *un venditore girovago che cambia sempre città; ho ospitato un girovago* Ⓢ vagabondo.

girovita (gi-ro-vì-ta) N.F. INVAR. · Circonferenza della vita di una persona o di un abito: *ho misurato il girovita; la sarta ha stretto il girovita della gonna.*

gita (gì-ta) N.F. · Lunga passeggiata o breve viaggio compiuti per turismo o per svago: *fare una gita in montagna, al mare; andare in gita* Ⓢ escursione.

gitano (gi-tà-no) N.M. e AGG. (f. *-a*) || N.M. (f. *-a*) Nomade spagnolo. || AGG. Che si riferisce ai nomadi spagnoli: *danze gitane.*

> Il termine deriva dallo spagnolo *gitano* 'gitano', che viene a sua volta da una parola del latino tardo che significava 'egiziano' perché, all'epoca della prima diffusione nei Balcani e nei Paesi mediterranei, i popoli Rom vantavano un'origine egiziana.

gitante (gi-tàn-te) N.M. e F. · Chi partecipa a una gita: *una guida accompagnava i gitanti.*

gittata (git-tà-ta) N.F. · La distanza che può percorrere un proiettile o un missile: *missili a lunga gittata.*

giù (giù) AVV. · In un luogo più basso rispetto a quello in cui si trova chi parla: *sta giù; l'acqua*

A B C D E F G H I J K L M N O P Q R S T U V W X Y Z

*viene giù **dal** tetto e va giù **nelle** tubature* Ⓢ sotto Ⓒ su. Ⓔ ***Andar giù***, di oggetto, perdere di valore: *l'euro è andato nuovamente giù* • ***Buttare giù*** → ***buttare*** • ***Essere giù***, in cattive condizioni di salute o di spirito: *dopo l'operazione è molto giù* • ***Giù di lì, su per giù***, all'incirca, più o meno: *saranno cento pagine o giù di lì; ho lavorato su per giù dieci ore* • ***Non andare giù***, non riuscire a sopportare: *il tuo modo di comportarti non mi va proprio giù* • ***Su e giù*** → ***su***.

G

giubba (giùb-ba) N.F. · Giacca, casacca, soprattutto quella usata dai militari.

giubbotto (giub-bòt-to) N.M. · Corta giacca sportiva, in pelle o stoffa, chiusa da bottoni o cerniera lampo Ⓢ giaccone. Ⓔ ***Giubbotto antiproiettile***, indumento che protegge il busto impedendo il passaggio di proiettili • ***Giubbotto di salvataggio***, corpetto in tela o plastica gonfio d'aria che tiene a galla chi cade in acqua.

giubileo (giu-bi-lè-o) N.M. (pl. *-lèi*) · Nella religione cattolica, perdono dei peccati che ogni 25 anni il Papa concede ai fedeli che si recano in pellegrinaggio a Roma.

giubilo (giù-bi-lo) N.M. · Manifestazione di grande gioia: *all'annuncio della nuova nascita scoppiarono grida di giubilo* Ⓢ esultanza, tripudio.

giuda (giù-da) N.M. INVAR. · Chi, per denaro o per interesse, tradisce chi lo ama e ha fiducia in lui Ⓢ traditore.

giudaismo (giu-da-i-ṣmo) N.M. · La civiltà, la cultura e la religione ebraica in Palestina, a cominciare dal periodo di esilio a Babilonia (587 a.C.).

giudeo (giu-dè-o) N.M. e AGG. (f. *-a*; pl.m. *-dèi*, pl.f. *-dèe*) · Ebreo.

giudicare (giu-di-cà-re) V.TR. (*giùdico, giùdichi*, ecc.) **1** Esprimere un parere o un giudizio dopo un'attenta valutazione: *è facile giudicare gli altri* Ⓢ valutare. **2** Nel linguaggio giuridico, stabilire con una sentenza: *l'imputato è stato giudicato innocente* Ⓢ dichiarare. **3** Considerare, ritenere, stimare: *giudicò opportuno andarsene*.

giudice (giù-di-ce) N.M. e F. **1** Chi ha l'autorità e la competenza di emettere giudizi: *i giudici di un concorso, di una gara* • Chi esprime giudizi, avendo o no la capacità di farlo: *non atteggiarti a giudice*. **2** Il magistrato che ha l'autorità di emettere sentenze in un processo penale, civile o amministrativo: *deve comparire davanti al giudice* Ⓢ magistrato.

Il sostantivo *giudice* può essere usato sia al maschile che al femminile, ma a volte si usa il maschile anche quando ci si riferisce a una donna: *il giudice Paolo Verdi*; *la giudice* o *il giudice Anna Rossi*.

giudiziale (giu-di-zià-le) AGG. · Che riguarda il giudice o il procedimento giudiziario: *sentenza giudiziale; spese giudiziali*.

giudiziario (giu-di-zià-rio) AGG. (pl.m. *-ri*, pl.f. *-rie*) · Che riguarda l'amministrazione della giustizia: *atti giudiziari; autorità giudiziaria*. Ⓔ ***Cronaca giudiziaria*** → ***cronaca*** • ***Potere giudiziario***, uno dei tre poteri fondamentali dello Stato, che consiste nell'amministrare la giustizia.

giudizio (giu-dì-zio) N.M. (pl. *-zi*) **1** Capacità di esprimere una valutazione dopo un attento esame: *raggiungere l'età del giudizio* • Parere motivato: *ha espresso un giudizio favorevole sul film; formula spesso giudizi negativi su chi non conosce* Ⓢ opinione, valutazione. **2** Senno, prudenza, saggezza: *mi raccomando, abbiate giudizio*. **3** Causa penale o civile: *deve presentarsi in giudizio domani* Ⓢ processo, dibattimento • Sentenza, verdetto emesso da un giudice o da un arbitro: *giudizio di condanna*. Ⓔ ***A mio giudizio***, secondo me: *a mio giudizio il più simpatico della classe è Luca* • ***Dente del giudizio*** → ***dente*** • ***Giudizio universale***, in alcune religioni, quello subito dalle anime alla fine del mondo • ***Mettere giudizio***, diventare più maturo • ***Rinviare a giudizio***, decidere di sottoporre un imputato a processo.

giudizioso (giu-di-zió-so) AGG. · Che manifesta giudizio: *è un ragazzo molto giudizioso* Ⓢ saggio, prudente Ⓒ avventato.

giuggiola (giùg-gio-la) N.F. **1** Il frutto di un arbusto, molto diffuso in Italia, di forma ovale e colore marrone, dal sapore molto dolce; è usato per preparare decotti e conserve alimentari. **2** Cosa da nulla: *sono tre milioni di* *euro, altro che giuggiole!* Ⓢ sciocchezza, inezia. Ⓔ ***In brodo di giuggiole***, in uno stato d'animo di grande gioia: *gli basta un complimento per andare in brodo di giuggiole.*

giugno (giù-gno) N.M. · Il sesto mese dell'anno, di 30 giorni.

Il termine deriva dal latino *Iunius (mensis)* '(mese) di Giunone'.

giulivo (giu-lì-vo) AGG. · Contento, gioioso, festoso.

giullare (giul-là-re) N.M. **1** Nel Medioevo, artista girovago che si esibiva nelle piazze e nelle corti, intrattenendo il pubblico con musica, canti, danze, esercizi acrobatici e giochi di abilità. **2** Persona priva di dignità e di serietà: *smettila di fare il giullare!* Ⓢ buffone.

Il termine deriva dal latino *iocularis* 'scherzoso'.

giumenta (giu-mén-ta) N.F. · La femmina dell'asino, del mulo o del cavallo da sella.

giunca (giùn-ca) N.F. (pl. *-che*) · Imbarcazione da trasporto di origine cinese, con fondo piatto e vele quadrate rinforzate da canne di bambù.

giunchiglia (giun-chì-glia) N.F. (pl. *-glie*) · Pianta erbacea con foglie cilindriche e fiori gialli, profumati, molto ricercati nell'industria dei profumi.

giunco (giùn-co) N.M. (pl. *-chi*) · Pianta erbacea di palude usata per realizzare stuoie, panieri, attrezzi per la pesca e altri oggetti lavorati a mano.

giungere (giùn-ge-re) V.INTR. e TR. (irreg.: ind. pres. *giùngo*, ecc.; pass. rem. *giùnsi, giungésti, giùnse, giungémmo, giungéste, giùnsero*; part. pass. *giùnto*) || INTR. (aus. *essere*) Arrivare, pervenire, sopraggiungere: *l'aereo è giunto **a** Fiumicino alle dieci di sera; finalmente è giunta l'estate* Ⓒ partire. || TR. Unire, congiungere: *giunse le mani per pregare.* Ⓔ ***Giungere all'orecchio***, venire a conoscenza: ***mi** è giunta all'orecchio la notizia della sua partenza* • ***Giungere in porto*** → *porto*[3] • ***Giungere nuovo***, risultare inaspettato e inatteso: *questa **mi** giunge nuova.*

giungla (giùn-gla) N.F. **1** Vasto territorio, tipico dei Paesi equatoriali e tropicali, interamente coperto da fitta vegetazione e abitato da belve e serpenti velenosi: *è molto difficile avanzare nella giungla indiana.* **2** Luogo pieno di pericoli: *quella città è una giungla* Ⓢ intrico.

giunsi (giùn-si) · Pass. rem., 1ª pers. sing. → *giungere*.

giunta (giùn-ta) N.F. **1** Gruppo di persone elette per amministrare un ente pubblico: *giunta comunale, provinciale, regionale* Ⓢ consiglio. **2** Dittatura instaurata soprattutto in seguito a un colpo di Stato: *giunta militare.*

giunto (giùn-to) AGG. e N.M. || Participio pass. → *giungere*. || AGG. Unito, congiunto: *pregava a mani giunte* Ⓒ disgiunto. || N.M. Organo che collega due elementi in un congegno o in un impianto: *giunto idraulico, elettrico* Ⓢ raccordo.

giuntura (giun-tù-ra) N.F. **1** Il punto di unione tra due pezzi complementari. **2** La connessione tra due ossa: *mi fanno male tutte le giunture* Ⓢ articolazione.

giuramento (giu-ra-mén-to) N.M. · Affermazione solenne che ciò che si dice corrisponde al vero, espressa in nome della divinità o di valori ritenuti sacri: *mantenere, tradire il giuramento; ha prestato giuramento in tribunale.*

giurare (giu-rà-re) V.TR. **1** Affermare, attestare, promettere con un giuramento: *lo giuro **sui** miei nonni; giurò amore eterno **alla** sua futura sposa; **ti** giuro **di** dire la verità* • Nella forma ***giurarla***, proporsi di recare danno a qualcuno con ogni mezzo: *l'ha giurata **a** tutti quelli che lo hanno tradito.* **2** Garantire come certo: *vi giuro **che** le cose stanno così; mi ha giurato **di** non aver visto nessuno* Ⓢ assicurare. Ⓔ ***Giurare il falso***, mentire sotto giuramento.

giurassico (giu-ràs-si-co) AGG. e N.M. (f. *-a*; pl.m. *-ci*, pl.f. *-che*) · Di periodo geologico, secondo dell'era mesozoica, caratterizzato dalla presenza di numerosi rettili e dallo sviluppo della flora, soprattutto delle conifere.

giurato (giu-rà-to) AGG. e N.M. (f. *-a*) || AGG. Affermato o impegnato con un giuramento: *testimonianza giurata; perito giurato.* || N.M. (f. *-a*) Membro di una giuria in un processo o in un concorso: *i giurati emetteranno il verdet-*

to domani. Ⓔ ***Guardia giurata***, persona a cui viene affidata da privati la vigilanza delle loro proprietà • ***Nemico giurato***, nemico accanito, ostinato.

giuria (giu-ri-a) N.F. (pl. *-rìe*) **1** L'insieme dei giurati in un processo: *nominare la giuria; la giuria si è ritirata per decidere il verdetto.* **2** L'insieme dei giurati in competizioni sportive o in concorsi artistici e culturali: *la giuria di un concorso di bellezza* Ⓢ commissione.

giuridico (giu-ri-di-co) AGG. (pl.m. *-ci*, pl.f. *-che*) · Che riguarda il diritto: *norma giuridica; scienze giuridiche* Ⓢ giudiziario, legale.

giurisdizione (giu-ri-ṣdi-zió-ne) N.F. **1** L'attività e l'organizzazione dello Stato che si attua nell'applicazione delle leggi: *giurisdizione civile, penale.* **2** Competenza, sfera d'azione: *non è materia di mia giurisdizione.*

giurisprudenza (giu-ri-spru-dèn-za) N.F. · La scienza del diritto: *giurisprudenza civile, penale, commerciale.*

giurista (giu-rì-sta) N.M. e F. (pl.m. *-i*, pl.f. *-e*) · Studioso di scienza del diritto.

giustamente (giu-sta-mén-te) AVV. **1** Secondo giustizia: *si comporta giustamente con tutti* Ⓢ equamente Ⓒ ingiustamente. **2** A ragione, a buon diritto: *dice giustamente che non spetta a lui farlo.* **3** Appunto, in verità, proprio: *è giustamente quello che sostiene anche lei.*

giustapporre (giu-stap-pór-re) V.TR. (irreg.: coniugato come *porre*) · Avvicinare due o più elementi senza che tra loro vi sia unione o fusione: *in quel quadro ha giustapposto il rosso **al** nero* Ⓢ affiancare, accostare.

giustapposizione (giu-stap-po-ṣi-zió-ne) N.F. · Avvicinamento di due o più elementi senza che tra loro vi sia unione o fusione: *giustapposizione di tinte, di parole* Ⓢ accostamento.

giustapposto (giu-stap-pó-sto) AGG. · Posto accanto: *la libreria è fatta di scaffali giustapposti* Ⓢ accostato.

giustezza (giu-stéz-za) N.F. · Correttezza, esattezza: *la giustezza di una misura, di un ragionamento.*

giustificare (giu-sti-fi-cà-re) V.TR. (*giustìfico, giustìfichi*, ecc.) || TR. **1** Riconoscere legittimo o comprensibile: *è difficile giustificare un assassino* Ⓢ legittimare. **2** Dare ragione di qualcosa: *giustificare un'assenza* Ⓢ motivare, documentare. || **giustificarsi** RIFL. Rendere ragione delle proprie azioni dimostrando la propria buona fede: *si giustificò **per** il ritardo* Ⓢ scusarsi.

giustificazione (giu-sti-fi-ca-zió-ne) N.F. **1** Dimostrazione dell'opportunità, della convenienza o della regolarità di un comportamento: *dovrà produrre documenti a propria giustificazione* Ⓢ motivazione, spiegazione. **2** Elemento che serve a scusare: *il tuo comportamento non ha giustificazioni* Ⓢ scusa, difesa, discolpa. **3** Il documento con cui i genitori motivano le assenze dell'alunno dalle lezioni scolastiche.

giustizia (giu-stì-zia) N.F. (pl. *-zie*) **1** La virtù per cui si riconoscono e si rispettano i diritti degli altri dando a ciascuno ciò che gli è dovuto secondo la ragione e la legge: *ha un forte senso della giustizia* Ⓢ equità Ⓒ ingiustizia. **2** Il potere di giudicare in base alle leggi: *amministrare la giustizia; Ministero della Giustizia* • La magistratura e tutti gli organi che si occupano di mantenere l'ordine e di tutelare la sicurezza dei cittadini: *il criminale fu consegnato alla giustizia.* **3** Sentenza o decisione giuridica: *chiedere, ottenere, rendere giustizia.* Ⓔ ***Fare giustizia***, pronunciare o eseguire una condanna; ***farsi giustizia da sé***, vendicarsi senza ricorrere alle autorità competenti.

giustiziare (giu-sti-zià-re) V.TR. (*giustìzio*, ecc.) · Eseguire una condanna a morte: *il condannato fu giustiziato all'alba.*

giustiziere (giu-sti-ziè-re) N.M. (f. *-a*; pl.m. *-i*, pl.f. *-e*) **1** Chi esegue una condanna a morte: *cadde sotto la lama del giustiziere* Ⓢ carnefice, boia. **2** Chi si fa giustizia da sé, spesso per vendetta: *si investì del ruolo di giustiziere.*

giusto (giù-sto) AGG., N.M. e AVV. || AGG. **1** Che agisce e giudica secondo giustizia: *un giudice, un arbitro giusto; i commissari d'esame sono stati giusti con tutti* Ⓢ equo, obiettivo Ⓒ ingiusto • Che rispetta i principi della giustizia: *una sentenza giusta; una giusta ricompensa.* **2** Che si basa su motivazioni fondate: *dopo* *quello che ti ha fatto, il tuo è un giusto risentimento* Ⓢ legittimo, ragionevole, giustificato. **3** Che risponde a verità: *è una giusta osservazione* Ⓢ vero, corretto Ⓒ sbagliato, errato • Adeguato allo scopo: *non trovo le parole giuste; l'armadio è della larghezza giusta* ***per*** *la camera da letto* Ⓢ adatto • Esatto, preciso, corretto: *il calcolo mi sembra giusto; qual è l'indirizzo giusto?* || N.M. Ciò che spetta di diritto, ciò che è adeguato o conveniente: *chiedo solo il giusto; non pretendere più del giusto* Ⓢ dovuto. || AVV. **1** Con esattezza: *colpire giusto; rispondere giusto* Ⓢ esattamente, precisamente. **2** Per l'appunto, proprio: *sei arrivata giusto in tempo; stavo parlando giusto di te.*

glabro (glà-bro) AGG. · Privo di barba o di peli: *era un ragazzo dal volto glabro.*

glaciale (gla-cià-le) AGG. **1** Caratterizzato dalla presenza o dall'espansione dei ghiacci: *epoca glaciale; periodo glaciale.* **2** Caratterizzato da un freddo intenso e continuo: *un vento glaciale* Ⓢ gelato, gelido. **3** Chiuso in un'ostile indifferenza: *una donna glaciale; un silenzio glaciale* Ⓢ freddo, indifferente.

glaciazione (gla-cia-zió-ne) N.F. · Il fenomeno dell'espansione dei ghiacci su certe regioni della Terra, che provoca un'evidente trasformazione della loro superficie.

gladiatore (gla-dia-tó-re) N.M. (f. *-trìce*) · Nell'antica Roma, schiavo o prigioniero di guerra che combatteva nel circo contro belve feroci o altri uomini per il divertimento del pubblico.

gladiolo (gla-dì-o-lo) N.M. · Pianta erbacea con spesse foglie a punta e grandi fiori a campana, di colore rosa-violetto.

> Il termine è un recupero del latino *gladiolus* 'piccola spada', per la forma delle foglie; la forma di *gladiolus* passata direttamente in italiano attraverso la lingua parlata è **giaggiolo**.

glande (glàn-de) N.M. · La parte terminale del pene.

glassa (glàs-sa) N.F. · Strato di zucchero fuso e indurito che, spesso con l'aggiunta di altri ingredienti, viene usato per decorare i dolci: *una torta con la glassa al caffè.*

glaucoma (glau-cò-ma) N.M. (pl. *-i*) · Malattia dell'occhio caratterizzata da un forte aumento della sua pressione interna, che può provocare danni alla retina e cecità.

> Il termine deriva dal greco *glaukós* 'azzurrognolo', per il colore che assume l'occhio quando è colpito dalla malattia.

gleba (glè-ba) N.F. · Zolla di terra. Ⓔ ***Servo della gleba***, nel Medioevo, contadino che era legato alla terra che coltivava senza poterla abbandonare ed era costretto a dividere i frutti del suo raccolto con il feudatario.

gli[1] (gli) ART. DETERM. M. PL. · Corrisponde al singolare *lo*: *gli astri; gli scopi; gli psicologi; gli pneumatici; gli gnocchi; gli xenofobi; gli zeri; gli dei* • Unito alle preposizioni *a, con, da, di, in, su* forma le preposizioni articolate *agli, cogli, dagli, degli, negli, sugli.*

gli[2] (gli) PRON. PERS. · Forma atona del pronome maschile di terza persona singolare *lui*, usato come complemento di termine: *gli disse*, disse a lui; *dirgli*, dire a lui • Forma atona del pronome maschile di terza persona plurale, usata come complemento di termine soprattutto nelle lingua parlata: *gli disse*, disse a loro.

> Il pronome *gli* si mette sempre prima del verbo; si mette dopo solo quando il verbo è all'imperativo, all'infinito, al gerundio o al participio: *gli parlo*; *parlagli*; *parlargli*; quando è seguito dai pronomi *lo*, *la*, *li*, *le*, *ne* si fonde con questi in una parola unica con il valore anche di singolare femminile e di plurale maschile e femminile: *glielo farò sapere*, lo farò sapere a lui, a lei o a loro.

glicemia (gli-ce-mì-a) N.F. (pl. *-mìe*) · Il contenuto di zucchero nel sangue.

glicerina (gli-ce-rì-na) N.F. · Alcol molto diffuso negli oli e nei grassi; si presenta come un liquido denso, trasparente e dolciastro e viene impiegato per usi industriali, cosmetici e in medicina.

glicine (glì-ci-ne) N.M. · Pianta ornamentale con fusto sottile e fiori azzurro-violacei dall'intenso profumo, disposti a grappolo.

globale (glo-bà-le) AGG. **1** Considerato nel suo insieme: *il giudizio globale sul compito è positivo; una visione globale della città* Ⓢ generale, complessivo. **2** Mondiale, universale: *la lingua inglese ha una diffusione globale.*

globalizzare (glo-ba-liz-zà-re) V.TR. · Assumere una dimensione mondiale: *globalizzare il mercato, l'informazione.*

globalizzazione (glo-ba-liz-za-zió-ne) N.F. **1** Diffusione su scala mondiale, grazie ai nuovi mezzi di comunicazione, di tendenze, idee e problematiche: *la globalizzazione rischia di cancellare le tradizioni locali.* **2** Tendenza dell'economia ad assumere una dimensione mondiale, superando i confini nazionali: *la globalizzazione favorisce soprattutto le multinazionali.*

G

globo (glò-bo) N.M. · Qualsiasi corpo di forma sferica Ⓢ sfera, palla • La Terra: *è riuscito a fare il giro del globo.* Ⓔ ***Globo oculare***, l'occhio.

globulo (glò-bu-lo) N.M. · Ciascuno dei corpi piccolissimi presenti del sangue. Ⓔ ***Globuli bianchi***, quelli che proteggono l'organismo dalle malattie distruggendo virus e batteri; ***globuli rossi***, quelli che trasportano ossigeno ai tessuti.

gloria (glò-ria) N.F. (pl. *-rie*) **1** Onore riconosciuto da tutti, acquisito per meriti o virtù eccezionali: *con quel nobile gesto si è coperto di gloria* Ⓢ fama, celebrità. **2** Motivo di onore e di vanto: *è una gloria nazionale* Ⓢ orgoglio. Ⓔ ***Lavorare per la gloria***, senza alcun compenso o con un compenso minimo • ***Vecchie glorie***, i grandi campioni del passato tuttora viventi.

gloriarsi (glo-riàr-si) V.INTR. PRONOM. (*mi glòrio*, ecc.) · Vantarsi, compiacersi: *molti si gloriano **delle** loro malefatte.*

glorificare (glo-ri-fi-cà-re) V.TR. (*glorìfico, glorìfichi*, ecc.) · Celebrare, esaltare: *glorificare un eroe, un'impresa.*

glorificazione (glo-ri-fi-ca-zió-ne) N.F. · Esaltazione, celebrazione: *la glorificazione degli eroi.*

glorioso (glo-rió-so) AGG. · Che ha o procura ammirazione generale e assoluta: *un popolo glorioso; un'impresa gloriosa* Ⓢ eroico, epico Ⓒ inglorioso.

glossa (glòs-sa) N.F. **1** Annotazione tra le righe o a margine di un testo. **2** Nota che interpreta o spiega un brano Ⓢ postilla, commento.

glossario (glos-sà-rio) N.M. (pl. *-ri*) · Raccolta di vocaboli non comuni, in quanto propri di una certa disciplina, accompagnati ognuno dalla spiegazione del significato e da altre osservazioni: *in fondo al libro c'è un glossario dei termini scientifici.*

glottide (glòt-ti-de) N.F. · Apertura nella parte superiore della laringe, posta tra le corde vocali.

glotto- · Primo elemento di parole composte che significa 'lingua, linguaggio': *glottologia*, lo studio delle lingue.

glottologia (glot-to-lo-gì-a) N.F. (pl. *-gìe*) · Lo studio della struttura o della storia delle diverse lingue Ⓢ linguistica.

glucosio (glu-cò-sio) N.M. · Lo zucchero più diffuso in natura presente nella frutta, nel miele e nel sangue; è una grande fonte di energia per l'organismo e viene usato anche nell'industria alimentare e farmaceutica.

gluteo (glù-te-o) N.M. (pl. *-tei*) **1** Ciascuno dei tre muscoli del bacino che formano la natica, fondamentali per mantenere la posizione eretta: *faceva degli esercizi per tonificare i glutei.* **2** SPESSO AL PL. Natica: *scivolando dalle scale è caduta sui glutei.*

glutine (glù-ti-ne) N.M. · Miscela di proteine contenuta in alcuni cereali, usata per alimenti speciali, nell'industria degli adesivi e della carta.

gnocco (gnòc-co) N.M. (pl. *-chi*) · Ciascuno dei bocconcini fatti con un impasto di farina e patate, che si mangiano come primo piatto, lessati e conditi in vari modi. Ⓔ ***Gnocchi alla romana***, a base di un impasto di semolino con l'aggiunta di latte, uova e burro, tagliato a pezzetti e cotto al forno, con burro e parmigiano.

gnomo (gnò-mo) N.M. · Personaggio delle fiabe, dall'aspetto di nano vecchio e barbuto, custode di tesori nascosti nei boschi e nelle grotte.

gnorri (gnòr-ri) N.M. e F. INVAR. · Solo nell'espressione ***fare lo gnorri***, far finta di non sapere o di non capire.

gnu (gnu) N.M. INVAR. · Grossa antilope africana, con massiccia testa dalle corna ricurve, criniera e coda con folti peli; vive in branchi nella savana.

goal (goal; pronuncia *gòl*) N. INGL., in it. N.M. INVAR. → ***gol***.

gobba (gòb-ba) N.F. **1** Deformazione del profilo posteriore del torace. **2** La parte più sporgente della groppa nel cammello e nel dromedario: *il cammello ha due gobbe.* **3** Sporgenza più o meno irregolare o vistosa: *la palla rimbalzò su una gobba del terreno* Ⓢ rilievo, dosso.

gobbo (gòb-bo) AGG. e N.M. (f. -*a*) || AGG. e N.M. (f. -*a*) Che, chi ha il torace deformato dalla gobba. || AGG. Con le spalle curve: *perché cammini gobbo?* Ⓢ curvo. Ⓔ ***Colpo gobbo***, successo imprevisto ottenuto con astuzia o con slealtà.

goccia (góc-cia) N.F. (pl. -*ce*) **1** Piccola quantità di liquido, di forma tondeggiante, che si stacca da una quantità più grande: *una goccia d'acqua, di sangue; gocce di sudore* • AL PL. Pioggia: *cominciano a cadere le prime gocce.* **2** Misura per le dosi di alcuni medicinali liquidi. **3** Parte o quantità minima di liquido: *lasciami una goccia di aranciata* Ⓢ goccio. Ⓔ ***(Due) gocce d'acqua***, persone o cose molto simili: *si assomigliano come gocce d'acqua* • ***La goccia che fa traboccare il vaso***, l'elemento di rottura di una situazione intollerabile.

goccio (góc-cio) N.M. (pl. -*ci*) · Minima quantità di liquido, soprattutto da bere: *non è rimasto neanche un goccio d'acqua* Ⓢ goccia.

gocciolare (goc-cio-là-re) V.TR. e INTR. (*gócciolo*, ecc.) || TR. Versare, far cadere a gocce: *la candela gocciola cera* Ⓢ colare. || INTR. **1** (aus. *avere*) Lasciar cadere gocce: *il rubinetto ha gocciolato tutta la notte.* **2** (aus. *essere*) Uscire o cadere a gocce: *la resina gocciola* ***dal*** *tronco.*

godere (go-dé-re) V.INTR. e TR. (irreg.: ind. pres. *gòdo*, ecc.; fut. *godrò*, ecc.; condiz. pres. *godrèi*, ecc.) || INTR. (aus. *avere*) **1** Provare piacere o soddisfazione: *mio fratello gode* ***a*** *farmi i dispetti* Ⓢ gioire Ⓒ soffrire • Trarre gioia da qualcosa: *godeva* ***del*** *successo dell'amico* Ⓢ rallegrarsi. **2** Trarre vantaggi da qualcosa: *gode* ***di*** *molti privilegi* Ⓢ beneficiare, usufruire, disporre. || TR. **1** Trascorrere o impiegare con piacere: *godiamo un periodo di riposo; ora può godere i suoi risparmi.* **2** Avere a proprio vantaggio: *gode ottima salute; l'albergo gode un ottimo panorama* Ⓢ possedere. || **godersi** TR. PRONOM. Apprezzare qualcosa o la compagnia di qualcuno: *voglio godermi le vacanze; oggi voglio proprio godermi i miei nonni* Ⓢ gustare • Nella forma ***godersela***, darsi alla bella vita, divertirsi: *lui sì che se la gode.*

godimento (go-di-mén-to) N.M. **1** Motivo o sensazione di completa soddisfazione: *prova godimento nell'aiutare gli altri* Ⓢ gioia, piacere. **2** L'uso di un bene o l'esercizio di un diritto: *il godimento di un appartamento* Ⓢ fruizione.

goffaggine (gof-fàg-gi-ne) N.F. · Modo di fare impacciato: *muoversi con goffaggine* Ⓢ impaccio.

goffo (gòf-fo) AGG. · Privo di disinvoltura, di grazia o di gusto: *un'andatura goffa; quella giacca ti rende goffo* Ⓢ impacciato Ⓒ agile, elegante.

gogna (gó-gna) N.F. · Collare di ferro che veniva messo al collo dei condannati per esporli allo scherno della folla: *fu condannato alla gogna.* Ⓔ ***Mettere alla gogna***, far vergognare davanti a tutti, svergognare.

gol (gòl) N.M. INVAR. · Nel calcio, punto segnato da una squadra quando un suo giocatore fa entrare la palla nella porta della squadra avversaria: *fare, segnare, realizzare un gol* Ⓢ rete.

gola (gó-la) N.F. **1** Regione del corpo che corrisponde alla faringe e alla parte alta delle vie respiratorie e dell'esofago: *ho un forte mal di gola* • La parte anteriore del collo: *aveva un bel foulard intorno alla gola.* **2** L'inizio del tubo digerente. **3** Desiderio eccessivo di cibi e di bevande: *non mangia per fame ma per gola; fare un peccato di gola* Ⓢ golosità, ghiottoneria. **4** Nelle regioni montuose, valle molto stretta con pareti assai ripide: *il ruscello scorre in una profonda gola.* Ⓔ ***Acqua alla gola*** → ***acqua*** • ***Alzarsi da tavola con il boccone in gola***, avendo appena finito di mangiare • ***Far gola***, di cibo, stuzzicare l'appetito; in senso figurato, suscitare un intenso desiderio: *il potere gli fa gola* • ***Nodo alla gola***

o ***groppo alla gola***, sensazione che impedisce di inghiottire e di parlare, dovuta a un'intensa emozione: *aveva un nodo alla gola tutte le volte che lo incontrava* • ***Prendere per la gola***, attirare con cibi prelibati.

goletta (go-lét-ta) N.F. · Imbarcazione a vela con due alberi.

golf[1] (gòlf) N.M. INVAR. · Gioco di origine scozzese, praticato su campi di vaste dimensioni; consiste nel colpire con un bastone una pallina per farla arrivare, attraverso una serie di buche disposte lungo un percorso, fino alla piazzola d'arrivo con il minor numero di colpi possibile.

G

golf[2] (gòlf) N.M. INVAR. · Maglia di lana, per uomo o donna, con maniche lunghe: *indossava un golf di lana rosso* Ⓢ maglione, pullover.

golfo (gól-fo) N.M. · Tratto di mare che si insinua nella terraferma in modo più o meno profondo: *il golfo di Napoli*.

goliardia (go-liar-dì-a) N.F. **1** La comunità dei giovani universitari. **2** Lo spirito solidale e spensierato tipico dei giovani.

goliardico (go-liàr-di-co) AGG. (pl.m. *-ci*, pl.f. *-che*) **1** Degli studenti universitari: *ho partecipato a una festa goliardica.* **2** Giovanile, generoso, spensierato: *è animato da un forte spirito goliardico.*

golosità (go-lo-si-tà) N.F. INVAR. **1** Desiderio sfrenato di cibi e bevande gustosi: *non ha più fame, mangia solo per golosità* Ⓢ gola, ghiottoneria. **2** Cibo delicato e gustoso: *preparò una degustazione di golosità francesi* Ⓢ prelibatezza, leccornia.

goloso (go-ló-so) AGG. **1** Che ama alcuni cibi o bevande o non si stanca mai di mangiarne o di berne: *sono molto golosa **di** dolci; non è goloso **di** formaggi* Ⓢ ghiotto, ingordo. **2** Di cibo o bevanda, gustoso: *ti preparerò qualche piatto goloso* Ⓢ appetitoso, prelibato.

golpe (gól-pe) N.M. INVAR. · Colpo di Stato, soprattutto militare: *organizzare un golpe*.

gomena (gó-me-na o go-mè-na) N.F. · Grosso cavo di canapa usato per ormeggiare o rimorchiare le navi.

gomitata (go-mi-tà-ta) N.F. · Colpo dato o ricevuto con il gomito: *l'attaccante ha dato una gomitata al difensore.*

gomito (gó-mi-to) N.M. **1** Articolazione che si trova tra l'omero e l'ulna, cioè tra il braccio e l'avambraccio: *non appoggiare i gomiti sul tavolo!* **2** Curva ad angolo acuto: *la strada in quel punto fa un gomito* Ⓢ svolta. Ⓔ ***Alzare il gomito***, bere troppo • ***Olio di gomito***, sforzo, fatica.

gomitolo (go-mì-to-lo) N.M. · Palla di filo continuo avvolto in modo da poter essere facilmente svolto man mano che viene usato: *un gomitolo di lana; fare, disfare un gomitolo.*

gomma (góm-ma) N.F. **1** Sostanza elastica ottenuta dal tronco di alcune piante o con processi chimici, e poi trasformata per diversi usi: *palla di gomma; gomma da cancellare; il caucciù è una gomma naturale.* **2** Pneumatico per veicoli: *forare, riparare, cambiare una gomma; avere una gomma a terra*, del tutto sgonfia. **3** Prodotto adesivo ottenuto da diverse specie di piante. Ⓔ ***Gomma americana*** o ***gomma da masticare***, striscia o pastiglia ricoperta di zucchero, a base di una gomma naturale aromatizzata con vari gusti, che si mastica per il sapore senza ingoiarla • ***Gomma arabica***, resina gommosa ricavata da alcune specie di acacia, usata in medicina, in farmacia e nella preparazione di colle, dolci e liquori.

gommapiuma (gom-ma-più-ma) N.F. · Nome commerciale ® di un tipo di gomma sintetica leggera e spugnosa, usata per l'imbottitura di cuscini e materassi.

gommista (gom-mì-sta) N.M. e F. (pl.m. *-i*, pl.f. *-e*) · Chi vende o ripara pneumatici.

gommone (gom-mó-ne) N.M. · Grosso canotto di gomma ad aria compressa, spesso dotato di un motore esterno allo scafo.

gommoso (gom-mó-so) AGG. **1** Che è simile alla gomma per aspetto o consistenza: *pane gommoso.* **2** Che contiene gomma: *sostanza gommosa* Ⓢ elastico.

gonade (gò-na-de) N.F. · Ciascuna delle ghiandole che hanno la funzione di produrre le cellule sessuali; nell'uomo sono i due *testicoli*, nella donna le due *ovaie*.

gondola (gón-do-la) N.F. · La snella ed elegante imbarcazione tipica della laguna di Venezia; ha estremità molto rialzate, un solo remo, ed è usata per il trasporto delle persone: *le gondole sono lunghe circa undici metri.*

gonfalone (gon-fa-ló-ne) N.M. · Stendardo di un Comune medievale, di una comunità o di un'associazione: *il gonfalone di Firenze* S insegna, vessillo.

gonfiare (gon-fià-re) V.TR. e INTR. (*gónfio*, ecc.) || TR. **1** Riempire d'aria o di gas un corpo elastico: *gonfiare un pallone; gonfiare le gomme dell'auto* • Distendere e incurvare una superficie: *il vento gonfiava le vele* S tendere. **2** Aumentare di livello o di volume: *gonfiare il petto, le guance; la pioggia aveva gonfiato il fiume* S dilatare. **3** Esagerare, ingigantire, enfatizzare: *gonfiare una notizia, il prezzo di un prodotto.* || INTR. (aus. *essere*) e **gonfiarsi** INTR. PRONOM. Aumentare di volume: *la torta sta gonfiando; ogni sera* ***le*** *si gonfiano i piedi.*

gonfiato (gon-fià-to) AGG. **1** Gonfio: *pneumatici ben gonfiati.* **2** Aumentato in modo ingiustificato: *un preventivo gonfiato.* E ***Pallone gonfiato***, persona molto vanitosa.

gonfio (gón-fio) AGG. (pl.m. *-fi*, pl.f. *-fie*) **1** Riempito d'aria o di gas: *il pallone è troppo gonfio; controllo se le gomme sono gonfie* C sgonfio • Pieno, ricolmo: *sentirsi il cuore gonfio* ***di*** *amarezza,* ***di*** *dolore,* ***di*** *felicità.* **2** Che presenta un gonfiore più o meno diffuso: *ho le gambe gonfie; aveva gli occhi gonfi* ***di*** *pianto.* **3** Di corso d'acqua, ingrossato, in piena: *il fiume gonfio faceva paura.* **4** Disteso, teso: *le vele erano gonfie per il vento.* E ***A gonfie vele*** → ***vela***.

gonfiore (gon-fió-re) N.M. · Ingrossamento di una parte del corpo, dovuto soprattutto a infiammazione: *un gonfiore al ginocchio* S tumefazione.

gong (gòng) N.M. INVAR. · Strumento a percussione di origine cinese, formato da un grande piatto metallico che, tenuto sospeso e colpito con una mazza, vibra producendo un suono forte e prolungato.

gongolante (gon-go-làn-te) AGG. · Che dimostra contentezza e soddisfazione: *era gongolante* ***per*** *la notizia* S raggiante.

gongolare (gon-go-là-re) V.INTR. (*góngolo*, ecc.; aus. *avere*) · Provare e manifestare contentezza e soddisfazione: *gongolare* ***di*** *gioia; gongolare* ***per*** *le disgrazie altrui* S esultare, gioire.

goniometro (go-niò-me-tro) N.M. · Strumento per misurare gli angoli.

gonna (gòn-na o gón-na) N.F. · Indumento femminile che copre il corpo dalla cintura in giù: *indossava una gonna a quadri rossi e blu.* E ***Gonna pantalone***, gonna ampia che si divide in due calzoni, lunga all'incirca fino al ginocchio.

> Il termine deriva da una parola del latino tardo di origine balcanica che significa 'pelliccia', per l'abitudine di coprire la vita e parte delle gambe con un indumento di pelle.

gonzo (gón-ẓo) AGG. e N.M. (f. *-a*) · Che, chi si lascia facilmente imbrogliare: *quel gonzo ci è cascato di nuovo* S babbeo, sciocco.

gorgheggiare (gor-gheg-già-re) V.INTR. (*gorghéggio*, ecc.; aus. *avere*) · Cantare modulando una stessa sillaba con rapidi passaggi su diverse note: *la cantante gorgheggiava per prepararsi al concerto* • Di uccelli, emettere un canto modulato: *un usignolo gorgheggia in giardino.*

gorgheggio (gor-ghég-gio) N.M. (pl. *-gi*) · Rapido passaggio di note eseguito dalla voce su una stessa sillaba: *Mara riempiva la stanza dei suoi gorgheggi* • Canto modulato: *i gorgheggi del canarino.*

gorgo (gór-go) N.M. (pl. *-ghi*) · Vortice o mulinello d'acqua a notevole profondità: *fu attratto nel gorgo e sparì.*

gorgogliare (gor-go-glià-re) V.INTR. (*gorgóglio*, ecc.; aus. *avere*) · Produrre il rumore caratteristico di un liquido che scorre tra ostacoli, fuoriesce da una stretta apertura oppure bolle: *il ruscello gorgogliava fra i sassi.*

gorgoglio[1] (gor-go-glì-o) N.M. (pl. *-glii*) · Un gorgogliare intenso e continuo: *il gorgoglio del ruscello.*

gorgoglio[2] (gor-gó-glio) N.M. (pl. *-gli*) · Rumore di un liquido che gorgoglia: *il gorgoglio della sorgente* • Brontolio dell'intestino.

gorgonzola (gor-gon-zò-la) N.M. INVAR. · Formaggio morbido, dal gusto forte e piccante, con righe verdastre dovute a una muffa che si sviluppa all'interno delle forme dopo che sono state perforate con aghi di rame.

Il termine deriva dal nome della cittadina della Lombardia che un tempo era il luogo di maggiore produzione di questo formaggio.

gorilla (go-rìl-la) N.M. INVAR. **1** Grossa scimmia dell'Africa equatoriale, che può superare i due metri di altezza e i tre quintali di peso; ha capo grande con muso privo di pelame e tronco ricoperto da un mantello folto, tendente al nero. **2** Uomo di corporatura robusta che lavora come guardia del corpo: *due gorilla allontanavano i curiosi dal cancello della villa.*

G

gossip (gos-sip; pronuncia *gòssip*) N. INGL., in it. N.M. INVAR. · Pettegolezzo mondano: *non mi piacciono i giornali di gossip.*

gota (gò-ta) N.F. · Guancia: *la baciò sulle gote.*

Gotha (Go-tha; pronuncia *gòta*) N.M. INVAR. · L'insieme dei più importanti esponenti di un certo ambiente: *alla festa erano presenti i più bei nomi del Gotha della finanza* Ⓢ crema; élite (*fr.*).

Il termine deriva dal nome della città tedesca di *Gotha* dove, fra il 1763 e il 1944, venne compilato un elenco comprendente le genealogie dei sovrani e delle più importanti famiglie aristocratiche.

gotico (gò-ti-co) AGG. e N.M. (pl.m. *-ci*, pl.f. *-che*) **1** Dell'antico popolo germanico dei Goti. **2** Relativo all'arte tipica del basso Medioevo, caratterizzata da strutture verticali e dall'arco a sesto acuto: *l'architettura gotica nasce in Europa nel dodicesimo secolo; il Duomo di Milano è un bellissimo esempio di gotico.* Ⓔ ***Romanzo gotico*** → ***romanzo***[2].

gotta (gót-ta) N.F. · Malattia delle articolazioni, caratterizzata da dolori acuti soprattutto ai piedi, alle ginocchia e alle mani.

governante (go-ver-nàn-te) N.M. e F. || N.M. e F. Chi governa uno Stato: *i governanti rappresentano i loro elettori.* || N.F. Donna che per lavoro si occupa della cura della casa o dell'educazione dei bambini: *mia cugina è stata educata dalla sua governante* Ⓢ bambinaia, domestica.

governare (go-ver-nà-re) V.TR. (*govèrno*, ecc.) **1** Esercitare un potere politico, amministrativo, spirituale: *governare lo Stato, una nazione; governare con giustizia, con rigore* Ⓢ guidare, dirigere. **2** Curare il buon andamento e la gestione di qualcosa: *governare un'azienda* Ⓢ amministrare, gestire. **3** Manovrare un'imbarcazione: *il capitano stava governando la nave* Ⓢ condurre • Guidare un veicolo: *governava la macchina con concentrazione.* **4** Occuparsi di una persona o di un animale: *la nonna governava il piccolo Luca; il mandriano governava i suoi buoi*, dava loro da mangiare e da bere Ⓢ assistere, curare.

Il termine deriva dal latino *gubernare* 'tenere il timone'.

governativo (go-ver-na-ti-vo) AGG. · Che riguarda il governo o l'attività del governo: *partito governativo; decreto governativo.*

governatore (go-ver-na-tó-re) N.M. (f. *-trice*) **1** Alto funzionario incaricato da un'autorità politica di amministrare un territorio: *il governatore inglese in India.* **2** Negli Stati Uniti, il capo di ciascuno Stato: *il governatore del Texas, dell'Ohio* • In Italia, il presidente di una regione: *il governatore della Puglia, del Veneto.* **3** Direttore generale di un ente o di un istituto finanziario: *il governatore della Banca d'Italia.*

governo (go-vèr-no) N.M. **1** Direzione politica e morale: *il governo di un popolo, di uno Stato; ha assunto il governo della nazione* Ⓢ guida • Direzione e amministrazione di una comunità: *il governo della casa era affidato alla zia* Ⓢ gestione. **2** L'organismo politico che amministra lo Stato esercitando il potere esecutivo: *governo di destra, di sinistra, di centro; questo partito sta al governo da quattro anni* • La forma politica di uno Stato: *governo democratico, costituzionale.*

gozzo (góz-zo) N.M. **1** Negli uccelli, parte dell'esofago in cui il cibo può venire trattenuto per un certo periodo. **2** Nel linguaggio familiare, stomaco o gola: *vado a riempirmi il gozzo*, a mangiare a sazietà. **3** Vistoso gonfiore che appare nel collo per un anormale aumento di volume della tiroide. Ⓔ ***Restare sul gozzo***, nel linguaggio familiare, di affronto o sgarbo, essere difficile da dimenticare; ***stare sul gozzo***, di persona, risultare antipatica.

gozzoviglia (goz-zo-vì-glia) N.F. (pl. *-glie*) · Occasione in cui si mangia e beve molto e in maniera chiassosa: *trascorrere una sera in gozzoviglie* Ⓢ baldoria, bisboccia.

gps (pronuncia *gipièsse*) N.M. INVAR. · Sistema che permette di rilevare la propria posizione sulla superficie terrestre grazie ai segnali inviati dai satelliti.

Il termine è la sigla inglese *Global Positioning System* 'sistema globale di posizionamento'.

gracchiamento (grac-chia-mén-to) N.M. · Il verso prolungato del corvo e della cornacchia.

gracchiare (grac-chià-re) V.INTR. (*gràcchio*, ecc.; aus. *avere*) **1** Di alcuni uccelli, produrre un verso rauco e stridente: *il corvo e la cornacchia gracchiano.* **2** Parlare con voce sgradevole, emettere suoni stridenti: *volete smetterla di gracchiare voi due?; la radio gracchiava nel silenzio della sera.*

gracidare (gra-ci-dà-re) V.INTR. (*gràcido*, ecc.; aus. *avere*) · Di rane e rospi, produrre un verso rauco e intermittente: *le rane gracidavano nello stagno.*

Il termine deriva dal verbo del latino tardo *gracitare* 'fare il verso dell'oca', da una serie onomatopeica.

gracile (grà-ci-le) AGG. · Di debole costituzione fisica: *è un bimbo gracile che ha bisogno di cure* Ⓢ delicato, cagionevole Ⓒ robusto • Esile, sottile, delicato: *il vento spezzò il gracile stelo del fiore.*

gradasso (gra-dàs-so) N.M. (f. *-a*) · Chi si vanta con esagerazione e spesso senza alcun fondamento: *non fare il gradasso con me* Ⓢ smargiasso, spaccone.

gradazione (gra-da-zió-ne) N.F. **1** Passaggio per gradi successivi: *gradazione di difficoltà; gradazione di luci* Ⓢ progressione, successione • Sfumatura di colore: *il cielo ha una bella gradazione di blu* Ⓢ tonalità. **2** ***Gradazione alcolica***, la percentuale di alcol contenuta in vini o liquori: *produce un vino ad alta gradazione alcolica.*

gradevole (gra-dé-vo-le) AGG. · Che si rivela piacevole o soddisfacente: *un sapore gradevole; un viaggio gradevole* Ⓢ amabile, gradito Ⓒ sgradevole.

gradimento (gra-di-mén-to) N.M. · Soddisfazione o approvazione dovuta a motivi pratici: *il nuovo programma ha ottenuto il gradimento del pubblico; questa cena non è di mio gradimento* Ⓢ apprezzamento.

gradinata (gra-di-nà-ta) N.F. **1** Serie di gradini che formano una scala monumentale: *a Roma la gradinata di Trinità dei Monti conta 135 gradini.* **2** In teatri, stadi e altri luoghi di spettacolo, serie di file di posti: *sulle gradinate il pubblico fece un caloroso applauso* Ⓢ spalti (PL.).

gradino (gra-di-no) N.M. **1** Ciascuno degli elementi che formano la scala, ovvero un ripiano di appoggio per il piede posto più in alto di quello precedente: *scendi i gradini con attenzione* Ⓢ scalino. **2** Grado, livello, stadio, soprattutto morale o sociale: *ha percorso tutti i gradini della scala sociale.*

gradire (gra-dì-re) V.TR. (*gradisco, gradisci*, ecc.) **1** Ricevere o accettare con piacere: *gradire un regalo, una visita, una notizia* Ⓢ apprezzare • In espressioni di cortesia, per introdurre un'offerta o una richiesta: *gradisce una tazza di tè?* **2** Desiderare, volere, apprezzare: *gradirei venire con te.*

gradito (gra-dì-to) AGG. · Che si accoglie o si accetta con piacere: *un dono molto gradito* Ⓢ gradevole, piacevole Ⓒ sgradito.

grado[1] (grà-do) N.M. **1** In uno sviluppo ordinato, ciascun passaggio intermedio che conduce da un livello a un altro: *procedere, aumentare, diminuire per gradi*, con lentezza e regolarità • In una serie ordinata secondo criteri di valore o di importanza, il posto di ciascun elemento rispetto a un altro: *c'è stato un terremoto di sesto grado; il paziente ha una scottatura di terzo grado* • Stadio, livello, gradino: *ha raggiunto un elevato grado di benessere.* **2** La posizione in un ordine gerarchico, civile o militare: *ha ottenuto il grado di tenente; è stato rimosso dal grado di direttore* • Il segno distintivo che un militare porta sulla divisa: *cuciva i gradi sulla giacca.* **3** Condizione: *non sono in grado* ***di*** *aiutarla; ormai è in grado* ***di*** *camminare.* **4** In grammatica: ***grado dell'aggettivo***, la misura in cui la qualità espressa dall'aggettivo può essere attribuita al sostantivo; può essere *positivo, comparativo* o *superlativo.* **5** In geometria, unità di misura degli angoli: *l'angolo retto misura novanta gradi.* **6** In fisica, unità di misura della temperatura: *in estate il termometro supera i quaranta gradi; ha trentotto gradi di febbre.* Ⓔ ***Grado di parentela***, il legame più o meno stretto che risulta tra una persona e i suoi familiari.

G

grado[2] (grà-do) N.M. · Gradimento. Ⓔ ***Buon grado*** → **buongrado**; ***mal grado*** → **malgrado**.

graduale (gra-du-à-le) AGG. **1** Che procede o si svolge per gradi: *in inverno si registra una graduale diminuzione della temperatura* Ⓢ progressivo. **2** Grado, livello, stadio, soprattutto morale o sociale: *ha percorso tutti i gradini della scala sociale.*

gradualità (gra-dua-li-tà) N.F. INVAR. · Procedimento o svolgimento per gradi: *il peso forma deve essere raggiunto con gradualità.*

gradualmente (gra-dual-mén-te) AVV. · Con lentezza e regolarità, per gradi: *aumentare, diminuire gradualmente* Ⓒ bruscamente.

graduare (gra-du-à-re) V.TR. (*gràduo*, ecc.) **1** Regolare, distribuire, ordinare per gradi: *graduare le difficoltà di un esercizio.* **2** Suddividere in gradi: *graduare un termometro, un barometro* Ⓢ tarare.

graduato (gra-du-à-to) AGG. e N.M. (f. *-a*) || AGG. Suddiviso od ordinato per gradi: *la scala graduata del termometro; le lenti graduate degli occhiali.* || N.M. (f. *-a*) Militare che ha un grado superiore al soldato semplice: *il caporale è un graduato.*

graduatoria (gra-dua-tò-ria) N.F. (pl. *-rie*) · Ordine di successione in cui si trovano i partecipanti a una gara, a un esame o a un concorso, stabilito in base a certi requisiti o ai risultati ottenuti: *la graduatoria dei supplenti, dei vincitori* Ⓢ classifica.

graffa (gràf-fa) N.F. **1** Segno grafico ({ }) usato per raggruppare due o più righe o per racchiudere un'espressione numerica. **2** Graffetta: *con la graffa i fogli sono tutti ordinati.*

graffetta (graf-fét-ta) N.F. · Fermaglio formato da un filo metallico piegato per tenere insieme più fogli Ⓢ graffa.

graffiare (graf-fià-re) V.TR. (*gràffio*, ecc.) || TR. **1** Lacerare con le unghie: *il gatto* ***mi*** *ha graffiato una mano.* **2** Segnare con uno o più graffi: *le spine* ***gli*** *graffiarono le gambe.* **3** Incidere in superficie: *qualcuno* ***mi*** *ha graffiato lo sportello dell'auto* Ⓢ scalfire, rigare. || **graffiarsi** RIFL. Farsi o procurarsi dei graffi: *mi sono graffiato con il filo spinato.*

graffio (gràf-fio) N.M. (pl. *-fi*) **1** Traccia di taglio superficiale prodotto dall'unghia o da un oggetto a punta: *aveva le gambe piene di graffi.* **2** Traccia di incisione su una superficie liscia: *hai dei graffi sulle lenti degli occhiali* Ⓢ scalfittura.

graffito (graf-fi-to) AGG. e N.M. || AGG. Inciso su una superficie: *in ascensore c'è una scritta graffita sulla parete.* || N.M. **1** La tecnica del disegno mediante incisione: *sta restaurando delle decorazioni a graffito* • Il disegno ottenuto in tal modo: *questi graffiti primitivi rappresentano una scena di caccia.* **2** Disegno o scritta fatti su un muro con bomboletta spray o altro materiale: *sulla parete della casa c'era un coloratissimo graffito.*

grafia (gra-fi-a) N.F. (pl. *-fie*) · Scrittura: *"squola" è la grafia scorretta per "scuola".*

-grafia · Secondo elemento di parole composte che significa 'descrizione' o 'scrittura': *geografia*, la descrizione della Terra; *calligrafia*, la bella scrittura.

grafica (grà-fi-ca) N.F. (pl. *-che*) · L'arte e la tecnica di produrre scritte e disegni destinati alla stampa: *grafica pubblicitaria.*

grafico (grà-fi-co) AGG. e N.M. (f. *-a*; pl.m. *-ci*, pl.f. *-che*) || AGG. **1** Che riguarda la scrittura o il disegno: *la selezione prevede una prova grafica.* **2** Che riguarda la stampa o il disegno come opera d'arte: *l'opera grafica di Giorgio Morandi sarà esposta a Bologna il mese prossimo.* || N.M. Rappresentazione di un fenomeno o di un meccanismo con un disegno convenzionale: *il grafico mostra l'aumento della temperatura nel mese di aprile* Ⓢ schema, diagramma. || N.M. (f. *-a*) Tecnico specializzato che si occupa della composizione e della disposizione sulla pagina del testo di un'opera a stampa, oppure di disegni e testi pubblicitari. E ***Arti grafiche***, l'insieme dei processi con cui si riproduce a stampa un testo o un'immagine.

-grafico · Secondo elemento di composizione di aggettivi derivati dai sostantivi in *-grafia* o in *-grafo*, con riferimento alla rappresentazione grafica (scrittura o disegno).

grafite (gra-fi-te) N.F. · Minerale di colore nero, tenero al tatto, che si sfalda con facilità; ha diversi impieghi nell'industria: *la mina della matita è in grafite.*

-grafo **1** Secondo elemento di parole composte che indica 'chi scrive, chi disegna' oppure 'che registra': *scenografo*, chi disegna la scena di uno spettacolo teatrale; *sismografo*, apparecchio che registra i terremoti. **2** Secondo elemento di parole composte che significa 'scritto in un certo modo': *autografo*, scritto di propria mano.

gragnola (gra-gnò-la) N.F. · Serie fitta: *una gragnola di pugni* S raffica, scarica.

gramigna (gra-mi-gna) N.F. · Pianta erbacea che si diffonde nei terreni coltivati danneggiando le altre piante. E ***Crescere come la gramigna***, svilupparsi con rapidità, soprattutto di qualcosa di dannoso.

graminacea (gra-mi-nà-ce-a) N.F. (spesso al pl. *-cee*) · Famiglia di piante erbacee con fusto nodoso e fiori a spiga: *i cereali e la canna da zucchero sono graminacee.*

-gramma · Secondo elemento di parole composte che significa 'scrittura': *ideogramma*, scrittura che rappresenta un'idea.

grammatica (gram-mà-ti-ca) N.F. (pl. *-che*) **1** L'insieme delle regole su cui si basa una lingua in un dato spazio e in un dato tempo: *la grammatica italiana, tedesca, russa.* **2** La conoscenza e il rispetto delle regole di una lingua: *errore di grammatica.* **3** Il testo che descrive il sistema grammaticale di una lingua: *ho comprato una grammatica italiana.*

Il termine deriva dal latino *grammatica (ars)* '(arte) dello scrivere le lettere dell'alfabeto'.

grammaticale (gram-ma-ti-cà-le) AGG. · Che riguarda la grammatica: *analisi grammaticale; esercizi grammaticali.*

grammo (gràm-mo) N.M. · Unità di misura di peso del sistema metrico decimale; il simbolo è *g*: *questa lettera pesa 15 grammi.*

-grammo · Secondo elemento di parole composte che indicano multipli e sottomultipli del grammo: *decagrammo; centigrammo.*

grammofono (gram-mò-fo-no) N.M. · Apparecchio che un tempo si usava per ascoltare i dischi incisi S fonografo.

gramo (grà-mo) AGG. · Misero, triste: *condurre una vita grama* • Scarso, insufficiente: *un raccolto gramo.*

gran → ***grande***.

grana[1] (grà-na) N.F. **1** La maggiore o minore compattezza della sostanza che forma un materiale: *ho mangiato un ottimo formaggio a grana fine.* **2** Nel linguaggio familiare, fastidio, seccatura, noia: *non voglio grane con quella gente.* E ***Piantare una grana*** → ***piantare***.

grana[2] (grà-na) N.M. INVAR. · Formaggio cotto, a pasta dura e di colore giallastro, prodotto in Emilia Romagna e in Lombardia: *il grana è il mio formaggio preferito.*

grana[3] (grà-na) N.F. (solo sing.) · Nel linguaggio familiare, denaro: *è un uomo pieno di grana* S quattrini (PL.), soldi (PL.).

granaglie (gra-nà-glie) N.F.PL. · L'insieme dei cereali destinati all'alimentazione: *un magazzino di granaglie.*

granaio (gra-nà-io) N.M. (pl. *-nài*) · Locale in cui si conserva il grano.

granata[1] (gra-nà-ta) N.F. · Arnese per spazzare i pavimenti o le strade, formato da un manico inserito in un mazzo di scopa o di filamenti di materiale plastico: *spazzavano le strade con la granata* S scopa.

granata[2] (gra-nà-ta) N.F. · Proiettile che esplode a tempo o per impatto con il terreno: *era ripreso il lancio delle granate.*

granatiere (gra-na-tiè-re) N.M. · In passato, soldato di fanteria addestrato al lancio delle granate a mano • Soldato di un corpo scelto di fanteria.

grancassa (gran-càs-sa) N.F. · Tamburo di grandi dimensioni, usato soprattutto dalle bande e dai gruppi jazz.

granché (gran-ché) PRON. INDEF. · Qualcosa di eccezionale, quasi sempre in frasi negative: *l'ultimo suo articolo non mi pare granché.*

L'accento sulla *e* di *granché* è acuto; scrivere *granchè* con l'accento grave è un errore!

granchio (gràn-chio) N.M. (pl. *-chi*) **1** Piccolo crostaceo commestibile, sia marino che d'acqua dolce, con otto zampe e due chele; vive sotto i sassi e nelle buche lungo le rive dei torrenti e dei fiumi. **2** Nel linguaggio familiare, sbaglio causato da un equivoco: *prendere un granchio*, sbagliarsi Ⓢ abbaglio.

grande (gràn-de) AGG. e N.M. e F. (comparativo *maggiore* o *più grande*, superlativo *massimo* o *grandissimo*) || AGG. **1** Che supera i valori o le dimensioni normali: *un grande talento; una grande montagna; un gran palazzo* Ⓢ grosso Ⓒ piccolo • Seguito da un aggettivo ha funzione rafforzativa: *è stata una gran bella festa; è una gran brutta notizia* • Esteso nello spazio o nel tempo: *la città ha avuto un grande sviluppo; è da gran tempo che non ti vedo* • Di notevole quantità o intensità: *ha accumulato grandi guadagni; provava un grande dolore* Ⓢ enorme • Di alta qualità: *ha organizzato un gran ricevimento; ho visto un grande film* Ⓢ eccellente, straordinario • Importante, rilevante, considerevole: *fece una grande scoperta; oggi è il gran giorno*, quello di un evento importante. **2** Di persona, che ha qualità o potere eccezionali: *un grande scrittore; un grande industriale* • Di alta statura: *è un ragazzo grande e grosso* Ⓢ alto Ⓒ basso • Nel linguaggio familiare, adulto: *ha tre figli già grandi; cosa vuoi fare da grande?* || N.M. e F. **1** Nel linguaggio familiare, adulto: *vuole stare sempre con i grandi; i grandi fanno discorsi complicati.* **2** Chi ha qualità o potere eccezionali: *i grandi della Terra si riuniranno domani a Parigi.* || N.M. Grandezza, magnificenza. Ⓔ ***Alla grande***, in grande stile, senza risparmio: *ha festeggiato alla grande* • ***Gran che*** o ***gran cosa***, motivo di ammirazione o di considerazione: *si crede un gran che; lo spettacolo non era una gran cosa* • ***In grande***, in grandi dimensioni: *ha riprodotto l'immagine in grande su un muro*; ad alto livello: *fare le cose in grande*, senza economia.

Al singolare *grande* può essere troncato in *gran* (senza apostrofo) davanti alle parole che iniziano per consonante, a parte quelle che iniziano per *s + consonante*, *z*, *x*, *gn*, *pn* e *ps*: *gran partita*, *gran colpo* ma *un grande scandalo*, *una grande zizzania*. Davanti a parola che inizia per vocale, invece, si può usare la forma elisa *grand'* (con apostrofo): *un grand'esempio*.

grandezza (gran-déz-za) N.F. **1** L'insieme delle dimensioni di un corpo: *la grandezza di un albero; un ritratto a grandezza naturale* Ⓢ dimensione, misura • Altezza, statura, proporzioni: *un pesce di eccezionale grandezza.* **2** Eccezionale pregio o valore: *la grandezza di un'opera d'arte; la grandezza di un evento storico* Ⓢ importanza. **3** Prestigio sociale o economico: *ha sogni di grandezza.* **4** Ogni elemento o fenomeno che può essere misurato. Ⓔ ***Grandezza d'animo***, generosità, nobiltà • ***Mania di grandezza***, esibizione di potere o di lusso: *la sua mania di grandezza lo ridurrà sul lastrico.*

grandinare (gran-di-nà-re) V.INTR. (*gràndina*, ecc.; aus. *essere* o *avere*) **1** IMPERS. Della grandine, cadere: *ieri ha grandinato per un'ora.* **2** Venire giù con abbondanza e violenza: *le frecce grandinavano **sui** nemici* Ⓢ piombare, abbattersi.

grandinata (gran-di-nà-ta) N.F. · Caduta di grandine: *le grandinate hanno devastato il raccolto.*

grandine (gràn-di-ne) N.F. · Precipitazione di acqua congelata in masse di forma più o meno sferica, delle dimensioni di un pisello: *la grandine ha rovinato le viti.*

grandiosità (gran-dio-si-tà) N.F. INVAR. **1** Aspetto imponente e maestoso: *la grandiosità di un palazzo, di un paesaggio di montagna* Ⓢ imponenza. **2** Vastità di concezione e di esecuzione: *la grandiosità dell'opera di Leonardo* Ⓢ grandezza.

grandioso (gran-dió-so) AGG. **1** Di dimensioni imponenti e maestose: *un edificio grandioso; un'impresa grandiosa* Ⓢ imponente, solenne Ⓒ modesto. **2** Di persona, che ostenta prestigio e ricchezza: *essere, mostrarsi grandioso.* **3** Straordinario, geniale: *hai avuto un'idea grandiosa!*

granduca (gran-dù-ca) N.M. (f. *-chéssa*; pl.m. *-chi*, pl.f. *-chésse*) · Nobile che ha un titolo inferiore a quello del re e superiore a quello del duca.

granducato (gran-du-cà-to) N.M. · Titolo di granduca • Territorio governato da un granduca: *il granducato di Toscana.*

granello (gra-nèl-lo) N.M. **1** Chicco di grano o di altri cereali: *un granello di riso.* **2** Corpo di dimensioni piccolissime, spesso di forma tondeggiante: *un granello di pepe, di sabbia.* **3** Quantità minima: *non ha neanche un granello di giudizio* Ⓢ briciolo, pizzico.

granita (gra-nì-ta) N.F. · Bibita a base di ghiaccio finemente tritato, con l'aggiunta di aromi vari: *granita al caffè, al limone.*

granito (gra-nì-to) N.M. · Roccia vulcanica molto dura e compatta, di colore variabile a seconda dei minerali che la costituiscono, usata come materiale da costruzione e da decorazione: *in cucina c'è un ripiano di granito.*

grano (grà-no) N.M. **1** Cereale a spighe, dai cui semi si ricava la farina impiegata per produrre pane o paste alimentari: *con la farina di grano tenero si produce il pane, con quella di grano duro la pasta* Ⓢ frumento. **2** Corpo di piccolissime dimensioni: *un grano di pepe, d'incenso* Ⓢ chicco, granello. **3** Quantità minima: *non ha neppure un grano di sale in zucca* Ⓢ pizzico, briciolo.

granturco (gran-tùr-co) o **granoturco** (gra-no-tùr-co) N.M. (pl. *-chi*) · Mais.

> Il termine è un composto di *grano* e *turco*, nel senso di 'esotico, straniero'.

granulare (gra-nu-là-re) AGG. · Formato da granelli: *un composto granulare.*

granulo (grà-nu-lo) N.M. **1** Piccolissima porzione di materia. **2** Pillola di peso e dimensioni ridottissimi.

granuloso (gra-nu-ló-so) AGG. · Formato da granuli: *sostanza granulosa.*

grappa (gràp-pa) N.F. · Liquore a forte gradazione alcolica, ricavato dalla distillazione di quanto resta dei grappoli d'uva spremuti.

grappolo (gràp-po-lo) N.M. · Insieme di fiori o di frutti attaccati a uno stelo centrale: *ho colto un grappolo d'uva dalla vite del giardino.*

grassetto (gras-sét-to) AGG. e N.M. · Di carattere tipografico più marcato del normale: *comporre un titolo in grassetto* Ⓢ neretto.

grasso (gràs-so) AGG. e N.M. (f. *-a*) || AGG. **1** Che presenta abbondanza di tessuto adiposo: *un uomo grasso; un pollo grasso* Ⓢ corpulento Ⓒ magro. **2** Ricco di sostanze grasse di origine animale: *brodo grasso; formaggio grasso.* **3** Impregnato di unto: *ha la pelle grassa; i suoi capelli sono molto grassi* Ⓢ untuoso, oleoso. **4** Abbondante e molto produttivo: *un'annata grassa; grassi guadagni.* || N.M. **1** Il tessuto adiposo del corpo umano e animale: *grasso di maiale; grasso d'oca.* **2** Sostanza untuosa di origine animale o vegetale: *grassi animali; grassi vegetali.* **3** Traccia untuosa: *hai una macchia di grasso sulla camicia* Ⓢ unto. || N.M. (f. *-a*) Chi presenta abbondanza di tessuto adiposo: *i grassi sono più soggetti alle malattie.* Ⓔ ***Grassa risata***, incontrollata o di gusto • ***Piante grasse***, dalle foglie carnose per la presenza di tessuti ricchi d'acqua.

grata (grà-ta) N.F. · Struttura di elementi in legno o metallo, spesso incrociati, che chiude un vano senza impedire il passaggio dell'aria e della luce: *la grata della cella, della finestra* Ⓢ griglia.

gratella (gra-tèl-la) N.F. · Utensile da cucina, formato da una serie di sottili sbarre metalliche, per arrostire, sulla brace o sul fuoco, carne, pesce o altre vivande Ⓢ griglia, graticola.

graticcio (gra-tìc-cio) N.M. (pl. *-ci*) · Struttura fatta di canne o vimini intrecciati, usata come riparo o per far seccare la frutta.

graticola (gra-tì-co-la) N.F. **1** Piccola grata di legno o metallo posta a riparo di aperture: *la graticola del confessionale.* **2** Gratella, griglia: *ho cotto le verdure sulla graticola.* **3** Strumento di tortura su cui veniva fatto bruciare il condannato: *san Lorenzo morì sulla graticola.*

gratifica (gra-tì-fi-ca) N.F. (pl. *-che*) · Compenso straordinario concesso dal datore di lavoro a un proprio dipendente in particolari occasioni: *riscuotere la gratifica.*

gratificante (gra-ti-fi-càn-te) AGG. · Che procura soddisfazione: *un lavoro gratificante* Ⓢ appagante, soddisfacente.

gratificare (gra-ti-fi-cà-re) V.TR. (*gratìfico, gratìfichi*, ecc.) **1** Compensare con una somma di denaro in più rispetto allo stipendio o alla paga stabiliti: *l'azienda ha gratificato i dipendenti* ***di*** *mille euro* Ⓢ premiare. **2** Rendere soddisfatto o compiaciuto: *lo studio mi gratifica molto* Ⓢ soddisfare, appagare.

gratificazione (gra-ti-fi-ca-zió-ne) N.F. · Il sentimento di chi è soddisfatto di se stesso: *il nuovo lavoro mi dà una profonda gratificazione* Ⓢ soddisfazione.

G

gratis (grà-tis) AVV. · Senza compenso o pagamento: *oggi si possono visitare i musei gratis* Ⓢ gratuitamente.

Il termine deriva dal latino *gratis*, contrazione della forma *gratiis* 'per le grazie, per favore'.

gratitudine (gra-ti-tù-di-ne) N.F. · Sentimento di riconoscenza per un beneficio o un favore ricevuto: *provava una profonda gratitudine nei suoi confronti* Ⓢ riconoscenza Ⓒ ingratitudine.

grato (grà-to) AGG. · Che conserva un ricordo costante e cordiale del beneficio ricevuto: ***ti*** *sono grato* ***di*** *quanto hai fatto per me* Ⓢ riconoscente Ⓒ ingrato • In espressioni di cortesia, per introdurre una richiesta: ***le*** *sarò veramente grato se vorrà rispondermi*.

grattacapo (grat-ta-cà-po) N.M. · Motivo assillante di preoccupazione o di fastidio: *ha dato molti grattacapi a suo padre* Ⓢ noia, problema. ▸ Ⓕ **caput**

grattacielo (grat-ta-ciè-lo) N.M. · Edificio molto alto e con un grande numero di piani: *il grattacielo più alto del mondo ha 160 piani*.

grattare (grat-tà-re) V.TR. e INTR. || TR. **1** Sfregare la pelle con le unghie per ridurre il prurito: ***mi*** *gratti la schiena?* • Sfregare un corpo con le unghie: *il gatto gratta la porta per entrare*. **2** Togliere raschiando: *grattava l'intonaco* ***dalla*** *parete* Ⓢ raschiare • Grattugiare: *gratta il formaggio, per favore*. **3** Nel linguaggio familiare, rubare: ***gli*** *hanno grattato la bicicletta*. || INTR. (aus. *avere*) Produrre un insistente e sgradevole rumore metallico: *la puntina del giradischi gratta* Ⓢ stridere • Inserire male la marcia di un veicolo provocando l'attrito rumoroso degli ingranaggi del cambio: *devi ingranare bene la marcia, altrimenti gratti*. || **grattarsi** TR.PRONOM. Sfregarsi con le unghie una parte del corpo: *grattarsi la testa; si grattava una gamba*. || **grattarsi** RIFL. Sfregarsi la pelle con le unghie per ridurre il prurito: *si grattava come se avesse le pulci*. Ⓔ ***Grattarsi la pancia***, nel linguaggio familiare, rimanere in ozio.

grattugia (grat-tù-gia) N.F. (pl. *-gie* o *-ge*) · Utensile da cucina di lamiera o altro materiale, cosparso di buchi con punte in rilievo, usato per ridurre in minuscoli frammenti o in poltiglia il formaggio, il pane, la mela, ecc.

grattugiare (grat-tu-già-re) V.TR. (*grattùgio*, ecc.) · Ridurre in minuscoli frammenti o in poltiglia con la grattugia: *stava grattugiando la mela per la bambina; grattugi un po' di parmigiano?* Ⓢ grattare.

gratuitamente (gra-tui-ta-mén-te) AVV. **1** Gratis: *è entrato al cinema gratuitamente*. **2** Senza motivo: *mi stai accusando gratuitamente*.

gratuito (gra-tùi-to) AGG. **1** Che non prevede alcuna forma di pagamento o di compenso: *ingresso gratuito; prestazione gratuita*. **2** Privo di motivo o di fondamento: *un'offesa gratuita; un'accusa gratuita* Ⓢ immotivato, ingiustificato.

gravare (gra-và-re) V.TR. e INTR. || TR. Caricare con un peso: *i marinai stavano gravando la nave* ***di*** *un carico eccessivo* Ⓢ appesantire • Opprimere con un obbligo: *l'insegnante aveva gravato gli alunni* ***di*** *compiti*. || INTR. (aus. *avere*) Premere con tutto il proprio peso: *l'arco grava* ***sui*** *pilastri* Ⓢ pesare, poggiare • Pesare come obbligo o impegno: *tutte le spese gravano* ***su*** *di me*. || **gravarsi** RIFL. Caricarsi di un peso, farsi carico di un obbligo: *gravarsi* ***di*** *impegni,* ***di*** *debiti*.

grave (grà-ve) AGG. e N.M. || AGG. **1** Di peso notevole o eccessivo: *il carico era troppo grave per il cavallo* Ⓢ pesante Ⓒ leggero. **2** Che richiede impegno e fatica: *ho un grave compito da affrontare* Ⓢ duro, faticoso, impegnativo • Di notevole importanza per le sue conseguenze: *ha commesso un grave errore; ha avuto un grave incidente* Ⓢ serio • Che causa molte preoccupazioni: *è stato colpito da una grave malattia; la situazione è molto grave* Ⓢ preoccupante. **3** Autorevole, solenne, serio: *aveva un atteggiamento grave* • Pensieroso, triste, addolorato: *all'improvviso il suo volto divenne grave.* **4** Di suono, che corrisponde a una frequenza poco elevata: *cantava con voce grave* Ⓢ basso, profondo, cupo Ⓒ alto, acuto. **5** In grammatica: ***accento grave*** → ***accento***. || N.M. Corpo soggetto alla forza di gravità: *sto studiando le leggi della caduta dei gravi* Ⓢ peso.

gravemente (gra-ve-mén-te) AVV. · In modo serio: *gravemente ammalato.*

gravidanza (gra-vi-dàn-za) N.F. · Nei mammiferi, la condizione della femmina nel periodo che va dal concepimento al parto, durante il quale si sviluppa il feto: *mia madre è all'ottavo mese di gravidanza* Ⓢ gestazione.

gravido (grà-vi-do) AGG. **1** Di femmina, in gravidanza: *la gatta del vicino è gravida.* **2** Pieno, carico, colmo: *le sue parole erano gravide* ***di*** *minacce.*

gravità (gra-vi-tà) N.F. INVAR. **1** Preoccupante difficoltà o portata: *la gravità di una situazione; la gravità di un danno* Ⓢ importanza, serietà. **2** Serietà, solennità, compostezza: *parlava con gravità.* **3** ***(Forza di) gravità***, quella con cui la Terra attrae i corpi verso il proprio centro.

gravitare (gra-vi-tà-re) V.INTR. (*gràvito*, ecc.; aus. *avere*) **1** Muoversi verso un punto o intorno a esso: *i pianeti gravitano* ***intorno al*** *Sole* Ⓢ ruotare, orbitare. **2** Subire fortemente l'influenza di un centro economico o politico: *i Paesi più piccoli gravitano* ***intorno ai*** *più potenti.*

gravitazionale (gra-vi-ta-zio-nà-le) AGG. · Che riguarda la gravitazione: *campo gravitazionale; forza gravitazionale.*

gravitazione (gra-vi-ta-zió-ne) N.F. · L'attrazione reciproca che si esercita tra due corpi. Ⓔ ***Gravitazione universale***, il moto dei pianeti intorno al Sole e quello dei satelliti intorno ai pianeti.

gravoso (gra-vó-so) AGG. · Che richiede uno sforzo e un impegno notevoli: *un incarico gravoso* Ⓢ faticoso, pesante.

grazia (grà-zia) N.F. (pl. *-zie*) **1** L'insieme delle qualità, soprattutto la bellezza e la raffinatezza, per cui una persona ispira ammirazione e simpatia: *la grazia del suo volto mi colpì subito; si muoveva con grazia* Ⓢ delicatezza, finezza. **2** Spontanea e piacevole cortesia: *tratta tutti con grazia e rispetto* Ⓢ gentilezza. **3** AL PL. Considerazione favorevole: *è entrato nelle grazie del suo capo; si è guadagnato le grazie dei vicini* Ⓢ benevolenza (SING.), favore (SING.). **4** Concessione straordinaria, dovuta alla generosità di un potente: *domandare una grazia.* **5** Nel diritto penale, annullamento parziale o totale di una pena: *chiedere, ottenere la grazia.* **6** L'aiuto che Dio, la Madonna o i santi concedono all'uomo guidandolo sulla strada del bene o intervenendo in suo favore in una situazione difficile: *Dio gli ha fatto la grazia; solo la grazia della Madonna potrebbe guarirlo* Ⓢ miracolo. Ⓔ ***Colpo di grazia*** → ***colpo*** • ***Essere fuori dalla grazia di Dio***, nel linguaggio familiare, essere sconvolto dalla rabbia • ***La grazia di Dio***, nel linguaggio familiare, abbondanza di cibo: *non buttare via la grazia di Dio.*

graziare (gra-zià-re) V.TR. (*gràzio*, ecc.) · Annullare del tutto o in parte una pena: *il Presidente della Repubblica lo ha graziato.*

grazie (grà-zie) INTER. e N.M. INVAR. || INTER. In espressioni di cortesia, esprime gratitudine o cortese rifiuto: *"Tante grazie!"; "Gradisce qualcosa?" "No, grazie"; grazie per la visita; grazie di tutto!* || N.M. Ringraziamento: *un grazie di tutto cuore; se l'è cavata con un semplice grazie.* Ⓔ ***Grazie a***, con l'aiuto di, per merito di: *grazie a lui, ho trovato un lavoro;* ***grazie a Dio*** o ***grazie al cielo***, per fortuna: *grazie a Dio ha smesso di piovere.*

> Il termine deriva dall'espressione latina *gratias agere* 'rendere grazie'.

grazioso (gra-zió-so) AGG. **1** Pieno di grazia: *una ragazza davvero graziosa; un sorriso grazioso* Ⓢ carino, attraente. **2** Divertente, piacevole, gradevole: *una storia graziosa.*

greca (grè-ca) N.F. (pl. *-che*) · Decorazione architettonica formata da una serie di motivi uguali e collegati tra loro, spesso in rilievo.

grecale (gre-cà-le) N.M. · Vento di nord-est: *soffia un grecale gelido*.

greco (grè-co) AGG. e N.M. (f. *-a*; pl.m. *-ci*, pl.f. *-che*) || AGG. Della Grecia, antica o moderna. || N.M. (f. *-a*) Abitante, nativo della Grecia. || N.M. La lingua parlata in Grecia.

gregario (gre-gà-rio) AGG. e N.M. (f. *-a*; pl.m. *-ri*, pl.f. *-rie*) || N.M. (f. *-a*) **1** Nel ciclismo, atleta che ha il compito di aiutare il capitano della squadra: *i gregari hanno fatto un ottimo lavoro di squadra*. **2** Chi fa parte di un gruppo organizzato senza avere responsabilità direttive: *è un umile gregario*. || AGG. **1** Privo di spirito di iniziativa o di autonomia: *ha sempre avuto un ruolo gregario* Ⓢ passivo. **2** Di animale, che tende a vivere in gruppo: *la zebra è un animale gregario che vive in branco*.

G

Il termine deriva dal latino *gregarius* 'che fa parte del gregge, che segue il gregge', che viene a sua volta da *grex gregis* 'gregge'.

gregge (grég-ge) N.M. (pl.f. *le gréggi*) **1** Insieme di ovini guidato e sorvegliato da uno o più pastori: *un gregge di pecore mi ha attraversato la strada*. **2** Insieme di persone unito da una fede religiosa o da un atteggiamento passivo: *il gregge dei fedeli entrava in chiesa; smettila di seguire il gregge e sii più autonomo* Ⓢ massa, folla.

Gregge è un nome collettivo: indica tanti animali o tante persone, ma è un sostantivo singolare.

greggio (grég-gio) AGG. e N.M. (pl.m. *-gi*, pl.f. *-ge*) || AGG. Di prodotto, allo stato naturale, che non ha subito alcuna lavorazione: *diamante greggio; petrolio greggio* Ⓢ naturale, grezzo Ⓒ raffinato. || N.M. Petrolio non raffinato: *il prezzo del greggio tende ad aumentare*.

grembiule (grem-biù-le) (o **grembiale**) N.M. **1** Indumento formato da un rettangolo che, legato attorno ai fianchi, scende sul davanti fino alle ginocchia o alle caviglie; serve per proteggere i vestiti durante il lavoro: *il grembiule del giardiniere, del fabbro; mettiti un grembiule per cucinare*. **2** Indumento con le maniche che si indossa sopra il vestito; è portato dai bambini, dagli scolari o da commessi e impiegati: *i bambini delle elementari indossano il grembiule*.

grembo (grèm-bo) N.M. **1** La rientranza compresa tra le ginocchia e il seno di una persona seduta: *la nonna teneva un gatto in grembo*. **2** La parte del corpo femminile in cui si forma il bambino: *portava in grembo un figlio* Ⓢ ventre. **3** Cavità interna, segreta o misteriosa: *il tesoro era nascosto nel grembo della terra*.

gremire (gre-mì-re) V.TR. (*gremìsco, gremìsci*, ecc.) · Riempire, affollare: *gli spettatori gremivano il teatro*.

gremito (gre-mì-to) AGG. · Affollato, strapieno: *uno stadio gremito* **di** *tifosi*.

greppia (grép-pia) N.F. (pl. *-pie*) · Recipiente fissato al muro di una stalla sopra la mangiatoia, usato per contenere il foraggio per gli animali: *la greppia è colma del fieno raccolto* Ⓢ rastrelliera.

greto (gré-to) N.M. · Margine asciutto del letto di un fiume, cosparso di ciottoli e di ghiaia: *facciamo un picnic sul greto del fiume?*

grettezza (gret-téz-za) N.F. **1** Atteggiamento chiuso e meschino, dovuto a scarsa apertura mentale: *giudica tutto con grettezza* Ⓢ meschinità. **2** Eccessiva moderazione nello spendere o nel donare: *dimostra la sua grettezza nei regali che fa agli amici* Ⓢ avarizia.

gretto (grét-to) AGG. **1** Limitato per mancanza di apertura mentale: *ha una mentalità gretta* Ⓢ meschino. **2** Molto moderato nello spendere o nel donare: *è troppo gretto per invitarci a cena* Ⓢ avaro Ⓒ generoso.

greve (grè-ve) AGG. **1** Pesante, opprimente, soffocante: *l'atmosfera era greve*. **2** Di persona, volgare: *come sei greve con questi discorsi!* Ⓢ rozzo.

grezzo (gréz-zo) AGG. **1** Di prodotto, che non ha subito alcuna lavorazione: *materiale grezzo; colore grezzo* Ⓢ naturale, greggio. **2** Di persona, maleducato e grossolano: *è un uomo grezzo; ha un animo grezzo* Ⓢ rozzo.

gridare (gri-dà-re) V.INTR. e TR. || INTR. (aus. *avere*) Emettere suoni o parole a voce molto alta: *gridava a gran voce, a squarciagola* Ⓢ urlare, strillare • Parlare a voce troppo alta: *non* *gridare, non sono sordo.* || TR. Dire o chiedere a voce molto alta: *gridare aiuto, soccorso; sentì qualcuno gridare il suo nome; le gridò* ***di*** *fermarsi.* **E** ***Gridare vendetta,*** di azioni ingiuste o disoneste, meritare una punizione: *è un omicidio che grida vendetta.*

Il termine deriva dal latino *quiritare* 'chiamare in aiuto i Quiriti', cioè i Romani, quindi i propri concittadini.

grido (grì-do) N.M. **1** (pl.f. *le grìda*) Voce emessa con forza: *si levò un grido di aiuto; l'oratore fu accolto dalle grida della folla* **S** urlo, strillo. **2** (pl.m. *i grìdi*) Di animali, verso acuto e prolungato: *il grido dell'aquila.* **E** ***All'ultimo grido,*** di gran moda: *ho comprato un abito all'ultimo grido* • ***Di grido,*** di successo, famoso, celebre: *un locale di grido.*

Il plurale femminile *grida* si usa quando ci si riferisce a un insieme di urli di una stessa persona o di tante persone diverse: *le sue grida erano strazianti*; *le grida dei tifosi.* Il plurale maschile *gridi* è usato per indicare i lamenti degli animali o gli urli di una persona presi uno a uno: *i gridi del lupo*; *si sentirono due gridi nella notte.*

griffato (grif-fà-to) AGG. · Che ha la firma, il marchio o la sigla di uno stilista: *veste solo abiti griffati* **S** firmato.

griffe (grif-fe; pronuncia *grìf*) N.F. FR., in it. N.F. INVAR. · Nel linguaggio della moda, firma o marchio di uno stilista.

grifone (gri-fó-ne) N.M. **1** Grande uccello rapace, con testa e parte del collo quasi nude e piume color caffellatte; si nutre di carogne. **2** Mitico animale alato, dalla testa d'uccello, ma dal corpo di leone o di serpente.

grigiastro (gri-già-stro) AGG. · Di un grigio incerto e sgradevole: *lenzuola grigiastre.*

grigio (grì-gio) AGG. e N.M. (pl.m. *-gi*, pl.f. *-gie* o *-ge*) || AGG. e N.M. Di un colore intermedio tra il bianco e il nero: *un abito grigio; veste solo di grigio.* || AGG. **1** Del cielo, nuvoloso o nebbioso: *oggi il cielo è grigio; era una grigia giornata di novembre* • Di barba o capelli, brizzolato: *capelli grigi.* **2** Scialbo, monotono: *viveva momenti grigi; è una città grigia che ispira tristezza.* **E** ***Materia grigia*** → ***materia***.

grigiore (gri-gió-re) N.M. **1** Il grigio come colore unico o prevalente: *il grigiore del cielo.* **2** Squallore, monotonia, mediocrità: *il grigiore dell'esistenza.*

griglia (grì-glia) N.F. (pl. *-glie*) **1** Graticola, gratella: *ho mangiato un ottimo pollo alla griglia.* **2** Telaio formato da barre parallele o incrociate usato per chiudere, separare, riparare: *la griglia delle finestre del convento* **S** grata, inferriata. **3** ***Griglia di partenza,*** nelle corse automobilistiche, la disposizione delle macchine prima della partenza.

grigliare (gri-glià-re) V.TR. (*grìglio*, ecc.) · Cuocere sulla griglia: *grigliare la carne, il pesce.*

grigliata (gri-glià-ta) N.F. · Piatto di carne o di pesce cotti sulla griglia: *una grigliata di carne di maiale.*

grill (pronuncia *grìl*) N. INGL., in it. N.M. INVAR. · Griglia, graticola, gratella: *arrostiva la carne sul grill.*

grilletto (gril-lét-to) N.M. · Nelle armi da fuoco portatili, dispositivo che, se premuto con un dito, provoca lo sparo: *premere il grilletto.*

grillo (grìl-lo) N.M. **1** Insetto che si muove a salti ed è solito emettere un verso stridulo e continuo, soprattutto al tramonto: *i grilli frinivano nel silenzio della sera; salta come un grillo,* è molto vivace. **2** Idea improvvisa e stravagante: *gli è saltato il grillo di partire* **S** capriccio. **E** ***Grillo parlante,*** persona noiosa che dà sempre giudizi morali, con riferimento al personaggio del "Pinocchio" di Collodi.

Il verbo che indica il verso del grillo è *frinire.*

grimaldello (gri-mal-dèl-lo) N.M. · Ferro con un'estremità ricurva per forzare le serrature: *i ladri hanno usato un grimaldello.*

grinfia (grìn-fia) N.F. (pl. *-fie*) · Zampa con artigli: *il gatto aveva un topo tra le grinfie; è finito nelle grinfie di uno strozzino,* nelle sue mani.

grinta (grìn-ta) N.F. **1** Espressione truce e minacciosa della faccia: *ha una grinta che non mi piace affatto* **S** cipiglio. **2** Aggressività nell'affrontare un impegno, una gara o un avversario: *per farsi valere nella vita occorre molta grinta* **S** determinazione, decisione.

grintoso (grin-tó-so) AGG. · Combattivo, aggressivo, deciso: *un atleta grintoso.*

grinza (grin-za) N.F. · Ruga o piega sgradevole che interrompe una superficie uniforme: *un volto pieno di grinze; il lenzuolo è tutto una grinza.* Ⓔ ***Non fare una grinza***, di abito, stare molto bene; in senso figurato, di ragionamento essere corretto e non prestarsi ad alcuna critica.

grinzoso (grin-zó-so) AGG. · Pieno di grinze: *una mano grinzosa; un abito tutto grinzoso* Ⓢ raggrinzito.

G

grisaglia (gri-ṣà-glia) N.F. (pl. *-glie*) · Tessuto di lana o di cotone a piccoli punti neri e bianchi, che danno l'effetto del grigio.

grissino (gris-sì-no) N.M. · Bastoncino di pane friabile e croccante: *i grissini sono un prodotto tipico di Torino.*

gronda (grón-da) N.F. · Il margine del tetto, che sporge dal muro esterno di un edificio: *camminava sotto le gronde per ripararsi dalla pioggia.*

grondaia (gron-dà-ia) N.F. (pl. *-dàie*) · Il canale posto lungo la gronda, che raccoglie le acque piovane: *la grondaia è intasata.*

grondante (gron-dàn-te) AGG. · Che gocciola: *essere grondante **di** sudore* Ⓢ fradicio, zuppo.

grondare (gron-dà-re) V.INTR. e TR. (*gróndo*, ecc.) || INTR. 1 (aus. *essere*) Di acqua piovana, venire giù dalla gronda: *l'acqua gronda **dai** tetti, **sul** marciapiede* Ⓢ colare • Di liquido, colare in abbondanza da una superficie: *il sudore gli grondava **dalla** fronte* Ⓢ gocciolare. 2 (aus. *avere*) Versare in abbondanza: *le frasche grondano **di** pioggia.* || TR. Versare a grosse gocce: *gronda sangue **dal** naso.*

groppa (gròp-pa) N.F. · Il dorso degli quadrupedi: *saltò in groppa al suo cavallo.*

groppo (gróp-po) N.M. · Intreccio stretto e vistoso Ⓢ groviglio, intrico. Ⓔ ***Groppo alla gola*** → ***gola***.

grossa (gròs-sa) N.F. · La terza dormita dei bachi da seta, che è la più lunga. Ⓔ ***Dormire della grossa***, essere immerso in un sonno profondo.

grossezza (gros-séz-za) N.F. 1 Le dimensioni di un oggetto in riferimento al volume, al diametro o allo spessore: *la grossezza di una pietra, di un tubo, di un libro* Ⓢ grandezza. 2 Diametro, spessore o livello notevole: *la grossezza del fiume è aumentata dopo il temporale* Ⓒ sottigliezza, finezza.

grossista (gros-sì-sta) N.M. e F. (pl.m. *-i*, pl.f. *-e*) · Chi commercia all'ingrosso.

grosso (gròs-so) AGG. e N.M. || AGG. 1 Di dimensioni superiori al normale: *un grosso albero; una grossa campana; una grossa vincita* Ⓢ grande Ⓒ piccolo. 2 Di persona, robusto: *era un uomo grande e grosso* Ⓢ corpulento • Autorevole per la posizione sociale che occupa: *un grosso finanziere; è un pezzo grosso* Ⓢ influente, potente. 3 Molto esteso o importante: *un grosso centro abitato; una grossa industria* • Che dimostra notevoli qualità: *un grosso artista* Ⓢ grande, notevole. 4 Di dimensioni maggiori rispetto a qualcosa della stessa specie: *filo grosso; sale grosso,* non raffinato. 5 Che richiede fatica e impegno: *una grossa responsabilità* Ⓢ difficile, faticoso, impegnativo • Che può avere conseguenze dannose: *una grossa bugia; un grosso sbaglio* Ⓢ grave. || N.M. La parte più numerosa o più rilevante di un tutto: *il grosso della classe parteciperà alla gita; il grosso del lavoro è ancora da fare.* Ⓔ ***Avere il fiato grosso*** → ***fiato*** • ***Di grosso***, di molto: *ti sbagli di grosso* • ***Dirla grossa***, raccontare un'evidente bugia • ***Fare la voce grossa*** → ***voce*** • ***Farla grossa***, combinare un bel guaio • ***Fiume grosso***, in piena • ***Mare grosso***, in tempesta.

grossolano (gros-so-là-no) AGG. 1 Lavorato o eseguito senza precisione né finezza: *una stoffa grossolana; ornamenti grossolani* Ⓢ grezzo Ⓒ raffinato. 2 Privo di gusto o di educazione: *uno scherzo grossolano; modi grossolani* Ⓢ rozzo. 3 Dovuto a grande ignoranza o a inesperienza: *ha commesso un errore grossolano* Ⓢ madornale.

grossomodo (gros-so-mò-do) (o **grosso modo**) AVV. · Più o meno, all'incirca: *peserà grossomodo sessanta chili.*

grotta (gròt-ta) N.F. · Cavità sotterranea o nei fianchi di un monte: *la grotta Azzurra a Capri* Ⓢ caverna.

grottesco (grot-té-sco) AGG. (pl.m. *-schi*, pl.f. *-sche*) · Bizzarro, deforme, paradossale: *un volto grottesco; non colse l'aspetto grottesco della faccenda.*

Il termine deriva da *grotta*, perché durante il Rinascimento alcuni artisti, tra cui Raffaello e Pinturicchio, si calarono nelle cosiddette *grotte*, che erano in realtà i resti sotterranei della *Domus Aurea*, il palazzo dell'imperatore Nerone, andato distrutto; qui trovarono sui soffitti e sulle pareti affreschi antichi che rappresentavano bizzarre figure e animali deformi; il termine passò dal significato originario di 'alla maniera delle figure delle grotte' a quello di 'mostruoso, ridicolo'.

groviera (gro-viè-ra) N.M. O F. INVAR. · Formaggio svizzero a pasta dura e gialla caratterizzato dalla presenza di numerosi buchi.

Il termine deriva dal francese *Gruyère*, nome di una località svizzera, luogo originario di produzione di questo formaggio.

groviglio (gro-vì-glio) N.M. (pl. *-gli*) · Intreccio di elementi confusi: *un groviglio di strade; un groviglio di passioni* Ⓢ intrico, viluppo.

gru[1] N.F. INVAR. · Macchina usata per sollevare e spostare carichi, formata da un braccio lungo, fisso o girevole, alla cui estremità è posta una carrucola con una fune o una catena.

gru[2] N.F. INVAR. · Uccello con becco, collo e zampe molto lunghi; vive vicino alle paludi e sta spesso a terra, riposandosi su una sola zampa.

gruccia (grùc-cia) N.F. (pl. *-ce*) **1** Apparecchio ortopedico, formato da un lungo bastone con un'impugnatura per la mano e un sostegno per l'avambraccio; è usato da pazienti con problemi a uno degli arti inferiori Ⓢ stampella. **2** Arnese formato da una barra orizzontale con un gancio nella parte superiore, usato per tenere appesi i vestiti.

grufolare (gru-fo-là-re) V.INTR. (*grùfolo*, ecc.; aus. *avere*) **1** Di maiali e cinghiali, frugare con il muso alla ricerca di cibo: *grufolare nel trogolo.* **2** Dell'uomo, mangiare con ingordigia: *grufolare nel piatto.*

grugnire (gru-gnì-re) V.INTR. (*grugnìsco, grugnìsci*, ecc.; aus. *avere*) **1** Di maiale o cinghiale, emettere grugniti: *un cinghiale grugniva nel bosco.* **2** Di persona, brontolare o borbottare in modo incomprensibile: *invece di parlare grugnisce.*

La prima persona plurale dell'indicativo presente e quella del congiuntivo presente è *grugniamo*, con la *i*: la forma *grugnamo* è sempre scorretta! La seconda persona plurale del congiuntivo presente è *grugniate* con la *i*.

grugnito (gru-gnì-to) N.M. **1** Verso stridulo e nasale tipico del maiale e del cinghiale. **2** Suono o espressione incomprensibili: *accolse la notizia con un grugnito* Ⓢ brontolio, mugugno.

grugno (grù-gno) N.M. **1** Il muso del maiale e del cinghiale. **2** In senso spregiativo, la faccia dell'uomo: *se non la smetti ti spacco il grugno* • Muso lungo: *basta poco che mette su il grugno* Ⓢ broncio.

grullo (grùl-lo) AGG. e N.M. (f. *-a*) · Ingenuo, sciocco, credulone: *non dare retta a quel grullo!*

grumo (grù-mo) N.M. **1** Piccola massa di liquido solidificato: *un grumo di sangue, di latte.* **2** Piccolo ammasso di sostanza solida che si forma in un impasto male amalgamato: *questo budino è pieno di grumi.*

gruppo (grùp-po) N.M. **1** Insieme di persone o cose della stessa natura o con caratteristiche o interessi simili: *un gruppo di amici; un gruppo di abeti; gruppo musicale; foto di gruppo.* **2** Nel ciclismo, l'insieme di tutti o quasi i concorrenti durante la gara: *il campione è riuscito a staccare il gruppo.* **3** Insieme di aziende controllate da una stessa società: *il gruppo Fiat.* Ⓔ ***Gruppo montuoso***, insieme di montagne vicine: *la catena delle Alpi è formata da 112 gruppi montuosi* • ***Gruppo sanguigno***, ognuna delle quattro classi in cui è suddiviso il sangue umano: *appartengo al gruppo sanguigno A positivo.*

Gruppo è un nome collettivo: indica tante cose o tante persone, ma è un sostantivo singolare.

gruviera (gru-viè-ra) → ***groviera***.

gruzzolo (grùz-zo-lo) N.M. · Somma di denaro: *possiede un discreto gruzzolo* Ⓢ risparmi (PL.).

G

guadagnare (gua-da-gnà-re) V.TR. || TR. **1** Ottenere o ricevere come compenso o profitto da un lavoro, da un'attività o da uno scambio: *guadagna mille euro al mese* Ⓢ realizzare, ricavare. **2** Ottenere come riconoscimento di meriti: *hai guadagnato una promozione; con quel gesto guadagnò la stima di tutti* Ⓢ conquistare, meritare. **3** Raggiungere superando delle difficoltà: *ha guadagnato la cima del monte; hai guadagnato un importante traguardo.* || **guadagnarsi** TR. PRONOM. **1** Realizzare, ricavare: *si è guadagnato un bel po' di soldi.* **2** Conquistare, meritare: *si è guadagnato tutta la mia riconoscenza.* Ⓔ ***Guadagnare tempo***, rimandare una decisione o un impegno: *prima di decidere cerco di guadagnare tempo*; fare in anticipo ciò che si potrebbe fare più tardi: *sto guadagnando tempo per finire prima il lavoro*; risparmiare tempo: *se prendi il motorino guadagni tempo* • ***Guadagnare terreno*** → ***terreno***[2] • ***Guadagnarsi da vivere*** o ***guadagnarsi il pane***, procurarsi i mezzi necessari per vivere.

> La prima persona plurale dell'indicativo presente e quella del congiuntivo presente è *guadagniamo*, con la *i*: la forma *guadagnamo* è sempre scorretta! La seconda persona plurale dell'indicativo presente è *guadagnate* senza *i*, mentre quella del congiuntivo presente è *guadagniate* con la *i*.

guadagno (gua-dà-gno) N.M. **1** Utile o profitto economico: *quest'anno l'azienda ha avuto un buon guadagno* Ⓢ ricavo Ⓒ perdita. **2** Vantaggio, beneficio, utilità: *che guadagno hai a trattare sempre male tutti?*

guadare (gua-dà-re) V.TR. · Attraversare un corso d'acqua toccando il fondo, senza dover nuotare: *guadare un fiume a cavallo.*

guado (guà-do) N.M. · Il tratto dove è possibile attraversare un corso d'acqua toccando il fondo: *cercare un guado.*

guai (guài) INTER. · Esprime una minaccia: *guai **a** te se lo racconti a qualcuno!*

guaina (gua-ì-na; *meno correttamente* guài-na) N.F. **1** Custodia per armi con la lama o per arnesi da taglio: *la guaina del pugnale, del coltello* Ⓢ fodero. **2** Membrana che riveste interamente un organo: *la guaina delle fibre nervose; la guaina dello stelo.*

guaio (guà-io) N.M. (pl. *guài*) **1** Incidente spiacevole: *hai combinato un guaio.* **2** Ostacolo o impedimento: *il progetto è bello, l'unico guaio è che mancano i soldi* Ⓢ problema, inconveniente. **3** Situazione difficile o dolorosa: *mi trovo in un brutto guaio.*

guaire (gua-ì-re) V.INTR. (*guaìsco, guaìsci*, ecc.; aus. *avere*) · Emettere guaiti: *il cane guaiva perché voleva uscire.*

guaito (gua-ì-to) N.M. · Verso acuto e lamentoso, emesso con insistenza dal cane: *si sentivano i guaiti del cane ferito.*

gualdrappa (gual-dràp-pa) N.F. · Stoffa riccamente ornata, che si mette tra la sella e la groppa del cavallo.

guancia (guàn-cia) N.F. (pl. -ce) · La parte laterale carnosa del viso, compresa tra lo zigomo e la bocca: *guance paffute; mi diede un bacio sulla guancia* Ⓢ gota. Ⓔ ***Porgere l'altra guancia***, sopportare un'offesa senza reagire.

guanciale (guan-cià-le) N.M. · Cuscino su cui si poggia la testa: *ho messo una federa al guanciale.* Ⓔ ***Dormire tra due guanciali***, essere al sicuro da preoccupazioni o da rischi.

guano (guà-no) N.M. · Deposito di escrementi di uccelli usati come concime.

guanto (guàn-to) N.M. · Indumento che copre la mano: *guanti di pelle, di lana; mettersi, togliersi i guanti.* Ⓔ ***Calzare come un guanto***, stare a perfezione, soprattutto di scarpe • ***Trattare con i guanti***, con riguardo e considerazione.

guantone (guan-tó-ne) N.M. (spesso al pl.) · Guanto di cuoio imbottito, con un solo dito per il pollice, usato dai pugili.

guarda- · Primo elemento di parole composte che significa 'addetto alla sorveglianza': *guardacoste*, guardia che sorveglia le coste.

guardaboschi (guar-da-bò-schi) N.M. e F. INVAR. · Guardia che si occupa di sorvegliare i boschi e di difenderli da eventuali danni.

guardacaccia (guar-da-càc-cia) N.M. e F. INVAR. · Guardia che si occupa di far rispettare le leggi sulla caccia.

guardacoste (guar-da-cò-ste) N.M. INVAR. **1** Nave militare usata per sorvegliare le coste. **2** Guardia addetta a sorvegliare le coste.

guardalinee (guar-da-li-ne-e) N.M. e F. INVAR. · Nel calcio e in altri giochi a squadre, aiutante dell'arbitro che controlla il regolare svolgimento della gara, seguendo il gioco dalle linee laterali del campo: *il guardalinee segnalò il fallo alzando la bandierina.*

guardare (guar-dà-re) V.TR. e INTR. || TR. **1** Soffermare o volgere lo sguardo su qualcuno o qualcosa: *guardava le stelle dal balcone; guardava una ragazza con insistenza* Ⓢ osservare, vedere. **2** Sottoporre ad attento esame: *il medico ha guardato la mia ferita; devi guardare il problema dal suo punto di vista* Ⓢ analizzare • Controllare, sorvegliare, vigilare: *il prigioniero era guardato a vista; guardò **che** non entrasse nessuno.* || INTR. (aus. *avere*) **1** Fare attenzione: *guarda solo **al** proprio interesse; ha fatto le cose in grande, senza guardare **a** spese* Ⓢ badare, preoccuparsi • Fare in modo: *guarda **che** non ti venga un raffreddore* Ⓢ cercare, sforzarsi • Prendere in considerazione, tenere presente: *guardate **che** facciamo tardi.* **2** Proporsi come scopo o come modello: *questa musica guarda **al** passato.* **3** Dare un'occhiata, fare un controllo: *ho guardato, ma lui non c'era.* **4** Di luogo, essere rivolto, orientato: *la terrazza guarda **sul** mare; la porta della città guarda **a** sud.* || **guardarsi** RIFL. **1** Osservare la propria immagine: *guardarsi allo specchio.* **2** Stare in guardia contro eventuali pericoli: *guardati **dalle** cattive compagnie* • Evitare di fare qualcosa: *guardati bene **dal** riferire a qualcuno quel che ti ho detto!* **3** RIFL. RECIPROCO Osservarsi l'un l'altro: *si guardavano con odio* Ⓢ fissarsi. Ⓔ ***Guardare con la coda dell'occhio***, cercando di non farsi vedere • ***Guardare dall'alto in basso***, con aria di superiorità, con disprezzo • ***Guardare di traverso***, con ostilità • ***Guardare in faccia***, affrontare con coraggio: *guarda in faccia il pericolo* • ***Guardare negli occhi***, con franchezza e sicurezza: *guardami negli occhi e dimmi la verità* • ***Stare a guardare***, seguire lo sviluppo di una situazione senza intervenire: *dammi una mano, invece di stare a guardare!*

guardaroba (guar-da-rò-ba) N.M. INVAR. **1** Ambiente o armadio dove si ripongono i vestiti e la biancheria: *appendere gli abiti nel guardaroba* • Nei teatri o in altri locali pubblici, luogo dove si depositano cappotti, ombrelli, borse: *lasci pure la giacca al guardaroba.* **2** L'insieme degli abiti di una persona: *vorrei rinnovare il mio guardaroba* Ⓢ vestiario.

guardasigilli (guar-da-si-gìl-li) N.M. INVAR. · In Italia, il ministro di Grazia e Giustizia.

guardaspalle (guar-da-spàl-le) N.M. e F. INVAR. · Guardia del corpo.

guardia (guàr-dia) N.F. (pl. *-die*) **1** Azione di custodia, di sorveglianza, di protezione: *un agente faceva la guardia alla banca* Ⓢ vigilanza. **2** Militare o civile con compiti di custodia e di vigilanza: *montare, smontare la guardia; il corpo di guardia sorveglia il presidente giorno e notte.* **3** Corpo di agenti o soldati che ha il compito di vigilare e di proteggere qualcosa o qualcuno: *guardia di finanza; guardia nazionale, forestale, carceraria.* **4** Nella scherma e nel pugilato, la posizione di difesa di un atleta nei confronti dell'avversario. **5** Limite cui l'acqua di un fiume può giungere senza pericolo in caso di piena: *il Po ha superato il livello di guardia.* Ⓔ ***Cane da guardia***, che difende la casa e segnala la presenza di estranei • ***Guardia del corpo***, chi si occupa della protezione di personaggi politici o pubblici • ***Guardia medica***, il servizio sanitario pubblico di pronto soccorso • ***In guardia***, attento, vigile, all'erta: *stai in guardia, mi raccomando;* ***mettere in guardia***, avvertire qualcuno di un pericolo, di una difficoltà, ecc. • ***Medico di guardia***, quello di turno negli ospedali o nelle cliniche.

guardiano (guar-dià-no) N.M. (f. *-a*) · Chi ha il compito di sorvegliare e custodire una proprietà: *il guardiano di una villa; un guardiano di buoi* Ⓢ sorvegliante, custode.

guardina (guar-di-na) N.F. · Camera di sicurezza dove vengono rinchiuse temporaneamente le persone fermate dalla polizia: *passare la notte in guardina.*

guardingo (guar-dìn-go) AGG. (pl.m. *-ghi*, pl.f. *-ghe*) · Che agisce con cautela: *camminava guardingo per non farsi scoprire* Ⓢ prudente, circospetto.

A B C D E F G H I J K L M N O P Q R S T U V W X Y Z

guardiola (guar-diò-la) N.F. · Piccolo locale all'ingresso di un edificio, riservato al portiere Ⓢ portineria.

guardrail (guard-rail; pronuncia *gardrèil*) N. INGL., in it. N.M. INVAR. · Ringhiera elastica di metallo, posta lungo strade e autostrade per impedire l'uscita di strada o di corsia dei veicoli oppure per ridurne le conseguenze.

guarigione (gua-ri-gió-ne) N.F. · Il recupero della salute in seguito al superamento di una malattia: *il malato è in via di guarigione.*

G

guarire (gua-rì-re) V.TR. e INTR. (*guarìsco, guarìsci*, ecc.) || TR. **1** Di persona, rimettere in salute: *lo psichiatra non è riuscito a guarirlo* ***dalla*** *depressione.* **2** Di malattia, curare: *i medici le hanno guarito l'infezione alla gamba.* **3** Liberare da vizi o difetti: *la sua vicinanza mi ha guarito* ***dalla*** *pigrizia.* || INTR. (aus. essere) **1** Di persona, recuperare la salute: *è guarito* ***da*** *una polmonite,* ***da*** *una brutta influenza* Ⓢ rimettersi, ristabilirsi Ⓒ ammalarsi. **2** Di malattia, scomparire, passare, regredire: *l'otite è guarita in pochi giorni.* **3** Liberarsi da vizi o difetti: *sta guarendo* ***dal*** *vizio del gioco.*

guarnigione (guar-ni-gió-ne) N.F. **1** Gruppo di soldati con il compito di difendere una città o una fortezza Ⓢ presidio, difesa. **2** L'insieme delle truppe stanziate in una certa località: *la guarnigione arriverà tra breve.*

guarnire (guar-ni-re) V.TR. (*guarnìsco, guarnìsci*, ecc.) **1** Abbellire con ornamenti: *guarniva la sua camicetta* ***di*** *nastri colorati* Ⓢ decorare, ornare. **2** Accompagnare una pietanza con un contorno: *guarnirò l'arrosto* ***con*** *delle patate al forno.*

guarnizione (guar-ni-zió-ne) N.F. **1** Accessorio decorativo: *la tenda ha una guarnizione di raso* Ⓢ ornamento, decorazione, rifinitura. **2** Contorno di una pietanza: *il bollito aveva una guarnizione di patate.* **3** Pezzo di gomma o di altro materiale, che si inserisce nei punti di giuntura di un recipiente o di un tubo per assicurarne la perfetta tenuta: *devi cambiare la guarnizione della caffettiera.*

guastafeste (gua-sta-fè-ste) N.M. e F. INVAR. · Chi disturba con il suo comportamento inopportuno l'allegria di una festa o impedisce la realizzazione di un progetto: *quel guastafeste ha mandato tutto a monte!* Ⓢ rompiscatole.

guastare (gua-stà-re) V.TR. || TR. **1** Ridurre in cattivo stato: *la grandine ha guastato le piante; l'alcol guasta il fegato* Ⓢ rovinare, danneggiare • Rendere impossibile da usare: *ho guastato l'orologio facendolo cadere* Ⓢ rompere. **2** Fare andare a male cibi o bevande: *il caldo ha guastato la carne* Ⓢ sciupare. **3** Turbare l'andamento di un evento: *con la tua scenata hai guastato la cerimonia* Ⓢ rovinare • Compromettere una relazione: *guastare un'amicizia* Ⓢ incrinare. **4** Mettere sulla cattiva strada: *lo hanno guastato le cattive amicizie* Ⓢ corrompere. **5** Recare disturbo o danno: *un po' di pepe non guasta mai.* || **guastarsi** INTR. PRONOM. **1** Ridursi in cattivo stato: *il motore si è guastato.* **2** Di cibi o bevande, andare a male: *la frutta si è guastata* Ⓢ marcire. **3** Del tempo atmosferico, diventare brutto: *ormai la stagione si sta guastando* Ⓢ peggiorare. **4** Di rapporto o relazione, rovinarsi, incrinarsi, rompersi: *la loro amicizia si è guastata con il tempo.*

guasto (guà-sto) AGG. e N.M. || AGG. **1** Di congegno o meccanismo, che non funziona: *il televisore è guasto; ho il telefono guasto* Ⓢ rotto. **2** Di organo o parte del corpo, malato: *ha lo stomaco guasto; ha tre denti guasti*, cariati. **3** Di cibo, andato a male: *carne guasta; uova guaste* Ⓢ avariato, marcio. || N.M. Danno, rottura: *i guasti prodotti dalla grandine sono ancora visibili; ho avuto un guasto al motore.*

guazza (guàz-za) N.F. · Rugiada abbondante che bagna il terreno: *l'erba era fradicia di guazza.*

guazzabuglio (guaz-za-bù-glio) N.M. (pl. *-gli*) · Insieme confuso di elementi diversi: *questo tema è un guazzabuglio di frasi senza senso* Ⓢ caos, accozzaglia.

guelfo (guèl-fo) AGG. e N.M. (f. *-a*) · Nel Medioevo, di sostenitore del papato contro il potere dell'imperatore Ⓒ ghibellino.

guercio (guèr-cio) AGG. e N.M. (f. *-a*; pl.m. *-ci*, pl.f. *-ce*) **1** Strabico. **2** Che, chi è cieco da un occhio o ha una forte miopia.

guerra (guèr-ra) N.F. **1** Lotta armata tra Stati o gruppi organizzati: *guerra d'indipendenza,* *di religione; dichiarare la guerra; entrare in guerra* Ⓢ conflitto Ⓒ pace. **2** La zona delle operazioni belliche e la partecipazione a esse: *partire per la guerra; andare in guerra* Ⓢ fronte. **3** Contrasto fra Stati dovuto a motivi ideologici, politici o economici. **4** Lotta dura e accanita in nome di un ideale sociale o religioso: *guerra contro la mafia, contro la droga* • Serie di atti ostili: *in famiglia ci fu una guerra per l'eredità* Ⓢ contesa, controversia. Ⓔ ***Guerra civile***, tra gruppi di cittadini di uno stesso Stato • ***Guerra di trincea*** o ***guerra di posizione***, quella dove gli eserciti avversari si affrontano dalle rispettive trincee • ***Guerra fredda***, l'insieme di azioni ostili, di tipo politico e diplomatico, tra potenze avversarie: *la guerra fredda tra gli Stati Uniti e l'Unione Sovietica* • ***Guerra lampo***, quella che, con attacchi massicci e improvvisi, porta a una veloce distruzione dell'avversario • ***Guerra partigiana***, l'insieme delle operazioni, condotte da gruppi di volontari, contro l'esercito che occupa il loro Paese • ***Guerra santa***, in difesa della religione o per la sua diffusione.

Il termine deriva da una parola germanica che significa 'mischia'.

guerreggiare (guer-reg-già-re) V.INTR. (*guerréggio*, ecc.; aus. *avere*) · Fare la guerra: *Roma guerreggiò* ***contro*** *i popoli confinanti* Ⓢ combattere.

guerriero (guer-riè-ro) N.M. e AGG. (f. *-a*) || N.M. (f. *-a*) Chi è armato per il combattimento: *un valoroso guerriero; i guerrieri di Carlo Magno* Ⓢ soldato, combattente. || AGG. Preparato e addestrato alla guerra: *un popolo guerriero* Ⓢ bellicoso.

guerriglia (guer-rì-glia) N.F. (pl. *-glie*) · Serie irregolare di azioni di guerra condotte contro un esercito da gruppi autonomi: *sulle montagne è in corso una violenta guerriglia.*

guerrigliero (guer-ri-gliè-ro) N.M. (f. *-a*) · Chi partecipa alla guerriglia: *un commando di guerriglieri ha assaltato il Parlamento.*

gufo (gù-fo) N.M. · Uccello rapace notturno con testa grossa, becco corto e zampe con artigli robusti; vive nei boschi e si nutre di insetti e di topi.

Il verbo che indica il verso del gufo è *bubolare.*

guglia (gù-glia) N.F. (pl. *-glie*) **1** Elemento a forma di piramide sottile e slanciata, posto come ornamento in cima a strutture architettoniche molto alte: *le guglie del Duomo di Milano* Ⓢ pinnacolo. **2** Massa rocciosa isolata e appuntita: *aveva deciso di scalare quella guglia* Ⓢ picco.

guida (guì-da) N.F. **1** La funzione di chi conduce altre persone lungo un percorso o verso una meta: *ci affideremo alla guida di un esperto; il Presidente della Repubblica è alla guida dello Stato.* **2** L'insieme dei comandi di un veicolo: *si trovava alla guida di un camion* • Il modo in cui si conduce un veicolo: *ha una guida prudente, veloce.* **3** Chi ha il compito di accompagnare qualcuno lungo un percorso o verso una meta: *guida turistica; guida alpina* Ⓢ accompagnatore. **4** Fonte di ispirazione per un comportamento o un'attività: *il padre è stato la sua unica guida nella vita* Ⓢ modello, esempio. **5** Libro che riporta le informazioni necessarie per comprendere una disciplina o un'attività: *guida alla cucina sarda* Ⓢ manuale • Libro che riporta le notizie storiche e artistiche più importanti di una nazione, una regione, una città: *guida turistica di Roma, della Bretagna.* **6** Striscia di tappeto posta lungo un corridoio o al centro di una scala per motivi ornamentali o pratici. **7** Nelle costruzioni meccaniche, dispositivo che ne dirige e facilita il movimento. Ⓔ ***Scuola guida***, quella in cui si insegna a condurre un veicolo a chi vuole ottenere la patente automobilistica.

guidare (gui-dà-re) V.TR. **1** Condurre lungo un percorso, accompagnare come guida: *il giovane ha guidato i turisti in giro per la città; il pastore guidava gli animali* ***al*** *pascolo.* **2** Essere a capo di un gruppo: *guidare lo Stato; guidare un'azienda; guidare una rivolta* Ⓢ dirigere, governare. **3** Indirizzare verso un certo fine: *guidare una nazione* ***verso*** *la pace.* **4** Regolare la direzione e la velocità di un veicolo: *guidare un autobus, l'automobile; sta imparando a guidare* Ⓢ condurre. Ⓔ ***Guidare una classifica***, essere in testa, al primo posto: *la Juve guida la classifica.*

guidatore (gui-da-tó-re) N.M. (f. *-trìce*) · Chi guida un veicolo: *è un guidatore prudente, spericolato* Ⓢ conducente.

guinness (guin-ness; pronuncia *ghìnnes*) N. INGL., in it. N.M. INVAR. · Raccolta di prove sportive o primati eccezionali, i cui dati superano quelli conseguiti in precedenza: *il guinness dei primati.*

Il termine deriva dal nome della casa editrice *Guinness*, che pubblica l'almanacco dei record ottenuti nelle più diverse attività intitolato *The Guinness book of records* 'Il libro Guinness dei primati'.

G

guinzaglio (guin-zà-glio) N.M. (pl. *-gli*) **1** Striscia di cuoio o catena metallica che, fermata a un anello del collare, serve a trattenere il cane: *passeggiava tenendo il cane al guinzaglio.* **2** Rigido controllo: *vogliono mettere il guinzaglio alla stampa* Ⓢ freno.

guizzare (guiz-zà-re) V.INTR. (aus. essere) · Muoversi a scatti agili e improvvisi, schizzare via: *i pesci guizzavano* ***nella*** *vasca; appena lo vide guizzò* ***dalla*** *sedia e gli corse incontro.*

guizzo (guiz-zo) N.M. · Movimento improvviso rapido e scattante: *il guizzo della trota, della fiamma; con un guizzo il portiere deviò la palla* Ⓢ schizzo, balzo.

guscio (gù-scio) N.M. (pl. *-sci*) **1** Involucro che avvolge e protegge i semi o il frutto di alcune piante, le uova di uccelli e rettili e anche certi organismi animali: *il guscio delle mandorle; il guscio dell'uovo; il guscio della tartaruga.* **2** Ambiente limitato e ristretto, proprio di una vita da egoista o schiava dell'abitudine: *è sempre rimasto chiuso nel suo guscio.*

gustare (gu-stà-re) V.TR. **1** Percepire con il senso del gusto: *con questo raffreddore non riesco a gustare nulla.* **2** Assaggiare per sentire il sapore di un cibo o di una bevanda: *gusta un po' questo dolce e dimmi se ti piace* Ⓢ degustare • Assaporare con piacere: *gli piace gustare i cibi che mangia.* **3** Apprezzare con soddisfazione o piacere: *gustare un film, la quiete della campagna* Ⓢ godersi.

gustativo (gu-sta-tì-vo) AGG. · Che riguarda il gusto: *sensazione gustativa; papille gustative.*

gusto (gù-sto) N.M. **1** Il senso che permette di distinguere i sapori: *è una bevanda piacevole al gusto; con questo raffreddore ho perso il gusto* • Il sapore percepito: *ho assaggiato una torta dal gusto squisito* Ⓢ sapore. **2** Godimento, soddisfazione, piacere: *che gusto ci provi a prendere in giro le persone?* **3** Opinione o scelta personale motivata da preferenze individuali: *è stato uno scherzo di pessimo gusto; quel vestito non è di mio gusto.* **4** Capacità di riconoscere il bello e di valutare le opere artistiche: *è una persona priva di gusto; si veste con molto gusto* Ⓢ buongusto, eleganza. Ⓔ ***Prenderci gusto***, provare sempre più piacere e soddisfazione nel fare qualcosa: *ho iniziato a giocare a tennis per caso, poi ci ho preso gusto* • ***Ridere di gusto***, con grande soddisfazione.

gustoso (gu-stó-so) AGG. **1** Gradito al gusto: *una gustosa bistecca* Ⓢ saporito. **2** Che procura piacere o divertimento: *una scena gustosa* Ⓢ piacevole, divertente.

gutturale (gut-tu-rà-le) AGG. **1** Di suono, pronunciato in gola: *ha emesso solo dei suoni gutturali* Ⓢ cupo, profondo. **2** In grammatica: ***consonante gutturale*** (o *una gutturale* N.F.), consonante velare (→ ***velare***[1]).

h

h, H N.F. O M.INVAR. · Ottava lettera dell'alfabeto italiano; non ha un suono proprio, ma ha doppio valore grafico (nome della lettera: *acca*): dopo vocale ne prolunga il suono, soprattutto nelle interiezioni *ah!, eh!, oh!*; dopo *c* e *g* ne indica il suono duro davanti a *e, i*: *chele, ghetto, chilo, ghisa*.

habitat (ha-bi-tat; pronuncia *àbitat*) N.M. INVAR. · Insieme delle condizioni ambientali in cui vive una certa specie di animali o di piante: *i boschi pieni di cespugli e arbusti sono l'habitat preferito dall'orso bruno*.

Il termine è una forma del verbo latino *habitare* e significa letteralmente '(esso) abita'; l'uso deriva dalle descrizioni scientifiche del tipo 'la pianta (o l'animale) abita...'.

habitué (ha-bi-tué; pronuncia *abitué*) N.M. FR., in it. N.M. e F. INVAR. · Chi frequenta spesso un certo luogo o locale: *è un habitué di questo ristorante*.

hacker (ha-cker; pronuncia *hàcher*) N. INGL., in it. N.M. e F. INVAR. · Esperto informatico che si inserisce attraverso il proprio computer nella memoria e nei programmi di un altro, violandone i sistemi di sicurezza.

hall (pronuncia *ól*) N. INGL., in it. N.F. INVAR. · Spaziosa sala d'ingresso tipica dei grandi alberghi: *l'appuntamento è nella hall* Ⓢ atrio.

hamburger (ham-bur-ger; pronuncia *ambùrgher*) N.M. INVAR. · Polpetta di carne macinata appiattita, che si mangia cotta alla griglia o in padella, spesso dentro un panino: *ho mangiato un hamburger con patatine fritte*.

Il termine deriva dall'espressione inglese *Hamburger steak* 'bistecca di Amburgo'.

handicap (han-di-cap; pronuncia *èndicap*) N. INGL., in it. N.M. INVAR. **1** Gara sportiva in cui viene attribuito uno svantaggio ai concorrenti migliori, in genere atleti o cavalli, per permettere anche agli altri di competere. **2** Motivo di svantaggio o di pregiudizio: *in molti lavori essere donna rappresenta ancora un handicap* Ⓢ svantaggio, ostacolo. **3** Limite nell'uso o nello sviluppo di una certa funzione fisica o mentale, che colpisce e condiziona un individuo fin dalla nascita o nel corso della sua esistenza. Ⓔ ***Portatore di handicap***, disabile.

Il termine deriva dall'espressione inglese *hand in the cap* 'mano nel cappello (per estrarne a sorte delle monete)', che in origine indicava un gioco d'azzardo, passata poi nel linguaggio sportivo.

handicappare (han-di-cap-pa-re; pronuncia *andicappàre* o *endicappàre*) V.TR. · Mettere in condizioni di inferiorità: *la mancata conoscenza dell'inglese lo ha notevolmente handicappato nel lavoro* Ⓢ penalizzare.

handicappato (han-di-cap-pa-to; pronuncia *andicappàto* o *endicappàto*) AGG. e N.M. (f. -a) · Disabile: *gli studenti hanno accolto con affetto il compagno handicappato; mancano strutture adeguate per gli handicappati*.

Dato che il termine *handicappato* può essere percepito come spregiativo, è preferibile usare i sinonimi *disabile* o *diversamente abile*.

hangar (han-gar; pronuncia *àngar*) N.M. INVAR. · Rimessa in cui vengono controllati e riparati gli aerei.

happy end (hap-py end; pronuncia *hèppi ènd*) N. INGL., in it. N.M. INVAR. · Lieto fine (→ ***lieto***).

happy hour (hap-py hour; pronuncia *hèppi àuar*) N. INGL., in it. N.F. INVAR. · Fascia oraria in cui bar, caffè e altri locali pubblici praticano sconti sulle consumazioni.

harakiri (ha-ra-ki-ri; pronuncia *arachìri*) N.M. INVAR. · Suicidio praticato dai samurai giapponesi tagliandosi il ventre con una spada.

Il termine deriva da una parola giapponese composta di *hara* 'ventre' e *kiri* 'tagliare'.

hard discount (hard di-scount; pronuncia *hardiscàunt*) N. INGL., in it. N.M. INVAR. · Supermercato in cui merci di marche poco note sono in vendita a prezzi bassi.

hard disk (pronuncia *ardìsk*) N. INGL., in it. N.M. INVAR. · In informatica, disco magnetico usato come memoria di un computer.

hardware (hard-wa-re; pronuncia *àrduer*) N. INGL., in it. N.M. INVAR. · In informatica, l'insieme delle componenti meccaniche, elettriche ed elettroniche di un computer.

harem (ha-rem; pronuncia *àrem*) N.M. INVAR. **1** Nel mondo musulmano, la parte della casa riservata a donne e bambini • L'insieme delle donne che vi abitano. **2** In senso scherzoso, l'insieme delle donne con cui un uomo ha contemporaneamente relazioni amorose.

Il termine deriva da una parola araba che significa 'luogo proibito'.

H

hashish (ha-shish; pronuncia *àsciš o ascìš*) N.M. INVAR. · Droga estratta dalla canapa indiana.

hashtag (hash-tag; pronuncia *hàštag*) N. INGL., in it. N.M. INVAR. · Il simbolo del cancelletto (#) associato a una o più parole per facilitare le ricerche in un blog o in un social network.

herpes (her-pes; pronuncia *èrpes*) N.M. LAT., in it. N.M. INVAR. · Malattia della pelle causata da un virus, che provoca la formazione di vesciche: *gli è venuto un herpes sulla bocca.*

hi-fi (pronuncia *aifài*) AGG. e N. INGL., in it. N.F. e M. e AGG. INVAR. || N.F. La tecnica per riprodurre suoni ad alta fedeltà, cioè molto simili a quelli registrati all'origine. || AGG. e N.M. Di impianto per registrare e riprodurre suoni ad alta fedeltà: *componenti hi-fi; comprare un nuovo hi-fi.*

Il termine è l'abbreviazione dell'espressione inglese *hi(gh) fi(delity)* 'alta fedeltà'.

high tech (pronuncia *haitèk*) AGG. e N. INGL., in it. N.M. e F. e AGG. INVAR. · Di prodotto ottenuto mediante i più moderni processi industriali: *mio padre mi ha portato alla fiera dell'high tech; ha un meraviglioso salotto high tech.*

Il termine deriva dalla forma abbreviata dell'espressione inglese *high technology* 'alta tecnologia'.

hinterland (hin-ter-land; pronuncia *ìnterland*) N.M. INVAR. · La zona che si estende intorno a una grande città: *l'hinterland milanese.*

Il termine deriva da una parola tedesca composta di *hinter* 'dietro' e *Land* 'terra'.

hippy (hip-py; pronuncia *ìppi*) N. INGL., in it. N.M. e F. e AGG. INVAR. · Del movimento giovanile nato negli Stati Uniti intorno al 1960 e poi diffusosi in tutto il mondo, contrario alla società dei consumi e alla cultura di massa: *ho conosciuto un hippy; indossava un abito hippy, largo e a fiori colorati.*

hit parade (hit pa-ra-de; pronuncia *hit paréid*) N. INGL., in it. N.F. INVAR. · Classifica delle canzoni di maggiore successo, stabilita in base alla vendita dei dischi: *da mesi è ai primi posti nella hit parade.*

HIV o **Hiv** o **hiv** (pronuncia *accaivvù*) N.M. INVAR. · Il virus responsabile dell'aids.

Il termine è la sigla inglese *Human Immunodeficiency Virus* 'virus dell'immunodeficienza umana'.

ho (pronuncia *ò*) · Ind. pres., 1ª pers. sing. → ***avere***[1].

hobby (hob-by; pronuncia *òbbi*) N. INGL., in it. N.M. INVAR. · Qualsiasi attività svolta con passione nel tempo libero per divertimento e passatempo: *ho l'hobby della fotografia; si dedica alla pittura per hobby* Ⓢ passione.

Il termine deriva dalla forma abbreviata dell'espressione *hobbyhorse* 'cavallo irlandese di piccola taglia', passato poi a indicare un tipo di cavallo a dondolo con cui giocavano i bambini, quindi il 'giocattolo preferito'.

hockey (ho-ckey; pronuncia *òchei*) N. INGL., in it. N.M. INVAR. · Sport a squadre in cui i giocatori devono fare entrare nella porta avversaria un disco o una palla, per mezzo di una mazza ricurva: *hockey su ghiaccio, su pista, su prato.*

holter (hol-ter; pronuncia *òlter*) N. INGL., in it. N.M. o F. INVAR. · Apparecchio portatile che permette di ottenere un elettrocardiogramma o la registrazione della pressione di un'intera giornata.

home page (ho-me pa-ge; pronuncia *óm péiğ*) N. INGL., in it. N.F. INVAR. **1** In Internet, la pagina d'apertura di un sito: *ha messo le foto* *della festa sulla sua home page.* **2** La pagina con cui si apre il collegamento a Internet: *ho scelto come home page il sito dell'università.*

home video **(ho-me vi-de-o; pronuncia *hom-vìdeo*)** N. INGL., in it. N.M. INVAR. **1** La produzione e il commercio di videocassette: *con la nascita del dvd il mercato dell'home video è entrato in crisi.* **2** Film o programma registrato su videocassetta.

homo sapiens **(ho-mo sa-pi-ens; pronuncia *òmo sàpiens*)** LOC. LAT., in it. N.M. INVAR. · La specie umana che comprende l'uomo attuale.

honoris causa **(ho-no-ris cau-sa; pronuncia *onòris càuṣa*)** LOC. LAT., in it. AGG. INVAR. · Di laurea assegnata per meriti speciali a una persona senza che questa abbia seguito il normale corso di studi universitari.

horror **(hor-ror; pronuncia *òrror*)** N. INGL., in it. AGG. e N.M. INVAR. · Di genere letterario o cinematografico che mira a provocare sensazioni di paura o di orrore: *guarda solo film horror; l'horror è il mio genere letterario preferito.*

hostess **(ho-stess; pronuncia *òstes*)** N. INGL., in it. N.F. INVAR. **1** Addetta all'assistenza dei passeggeri sugli aerei. **2** Addetta al ricevimento e all'accompagnamento di gruppi di turisti o di partecipanti a congressi Ⓢ guida, accompagnatrice.

hot dog **(pronuncia *hòt dòg*)** N. INGL., in it. N.M. INVAR. · Panino di forma allungata farcito con senape e würstel.

hotel **(ho-tel; pronuncia *otèl*)** N.M. INVAR. · Albergo: *ho prenotato un hotel in centro.*

> Il termine deriva una parola del francese antico, che a sua volta viene dal latino *hospitale* 'luogo di ospitalità, ospedale'.

humour **(hu-mour; pronuncia *iùmor*)** N. INGL., in it. N.M. INVAR. · Capacità di considerare i vari aspetti della vita con divertita intelligenza e piacevole ironia: *è un film ricco di humour; è un uomo privo di humour* Ⓢ umorismo, spirito.

humus **(hu-mus; pronuncia *ùmus*)** N.M. INVAR. · Miscuglio di sostanze che derivano dalla decomposizione di resti animali o vegetali, presente nel terreno.

hurrah **(hur-rah; pronuncia *urrà*)** → ***urrà***.

A B C D E F G H I J K L M N O P Q R S T U V W X Y Z

i, I N.F. O M. INVAR. · Nona lettera dell'alfabeto italiano; è una vocale. Ⓔ *I*, nella numerazione romana, simbolo del numero 1 • ***I lunga*** o ***i lungo***, la lettera *j*.

i ART. DETERM. M. PL. · Corrisponde al singolare *il*: *i crampi, i ghiacci, i sassi* • Unito alle preposizioni *a, con, da, di, in, su*, forma le preposizioni articolate *ai, coi, dai, dei, nei, sui*.

I

-ia · Suffisso che serve a formare nomi astratti a partire da aggettivi: *pazzia* da *pazzo*.

iato (i-à-to) N.M. · In grammatica, incontro di vocali che formano ciascuna una sillaba autonoma (*e ancora; pa-ù-ra*).

-iatra · Secondo elemento di parole composte che significa 'medico': *pediatra*, il medico che cura i bambini; *odontoiatra*, il medico che cura i denti.

-iatria · Secondo elemento di parole composte che significa 'cura medica': *geriatria*, la cura delle persone anziane; *psichiatria*, la cura delle malattie mentali.

-iatrico · Secondo elemento di aggettivi corrispondenti ai nomi in *-iatra, -iatria*.

iattanza (iat-tàn-za) N.F. · Arroganza, superbia.

iattura (iat-tù-ra) N.F. · Disgrazia, sfortuna: *che iattura! Ho perso il portafoglio*.

iberico (i-bè-ri-co) AGG. e N.M. (f. -a; pl.m. *-ci*, pl.f. *-che*) || AGG. Della penisola europea costituita da Spagna e Portogallo. || N.M. (f. -a) Abitante, nativo di tale penisola.

ibernare (i-ber-nà-re) V.INTR. e TR. (*ibèrno*, ecc.) || INTR. (aus. *avere*) Di alcuni animali, passare l'inverno in letargo. || TR. In medicina, sottoporre a ibernazione.

> Il termine deriva dal verbo latino *hibernare* 'ritirarsi per passare l'inverno', che viene a sua volta da *hibernus* 'invernale'; veniva detto in primo luogo dell'esercito alloggiato nei quartieri invernali.

ibernazione (i-ber-na-zió-ne) N.F. **1** Il letargo invernale degli animali: *dopo mesi di ibernazione, gli orsi escono dai loro rifugi.* **2** In medicina, tecnica di abbassamento artificiale della temperatura del corpo, impiegata per ridurre le attività fisiologiche durante un intervento chirurgico.

ibis (i-bis) N.M. INVAR. · Grande uccello di palude con lunghe zampe e becco sottile e ricurvo.

ibrido (i-bri-do) AGG. e N.M. **1** Che proviene da un incrocio di razze o specie diverse: *il mulo è un animale ibrido che nasce dall'incrocio tra un asino e una cavalla.* **2** Che deriva dalla mescolanza di elementi diversi: *il suo ultimo libro è un ibrido tra un romanzo e un saggio.*

-icare · Suffisso che serve a formare verbi: *morsicare*, addentare con uno o più morsi.

icastico (i-cà-sti-co) AGG. (pl.m. *-ci*, pl.f. *-che*) · Che rappresenta con efficacia la realtà: *una descrizione icastica* Ⓢ incisivo, realistico.

-iccio · Suffisso che serve a formare aggettivi con valore diminutivo e peggiorativo: *alticcio*, che ha bevuto un po' troppo.

iceberg (i-ce-berg; pronuncia *àisberg*) N. INGL., in it. N.M. INVAR. · Enorme blocco di ghiaccio che, staccatosi dai ghiacciai polari, galleggia sui mari, mostrando solo una minima parte del suo volume: *il naufragio del Titanic fu causato da un iceberg.* Ⓔ ***La punta dell'iceberg***, la parte più evidente di un fenomeno molto più vasto: *i due funzionari sospettati di corruzione potrebbero essere solo la punta dell'iceberg.*

> Il termine deriva dall'olandese *ijsberg* 'montagna di ghiaccio', composto a sua volta di *ijs* 'ghiaccio' e *berg* 'monte'.

-ico · Suffisso che serve a formare aggettivi e indica 'appartenenza, relazione': *dolomitico*, delle Dolomiti; *atomico*, che riguarda l'atomo.

icona (i-cò-na o i-có-na) N.F. **1** Immagine sacra dipinta su legno, tipica dell'arte cristiana orientale. **2** Piccolo simbolo grafico che rappresenta un programma o un file e che compare sullo schermo di un computer: *per aprire il file clicca sull'icona.* **3** Personaggio famoso divenuto simbolo di un'epoca, di una corrente culturale, di un movimento artistico: *John Wayne è un'icona del western.*

iconico (i-cò-ni-co) AGG. (pl.m. *-ci*, pl.f. *-che*) · Che rappresenta la realtà attraverso le immagini: *linguaggio iconico.*

iconoclasta (i-co-no-clà-sta) N.M. e F. (pl.m. *-i*, pl.f. *-e*) **1** Seguace di un movimento religioso nato nell'ottavo secolo nella chiesa bizantina, che proponeva di distruggere le immagini sacre, perché contrario alla loro venerazione. **2** Chi combatte la religione o le tradizioni, le convinzioni e le opinioni ritenute fondamentali dalla società a cui appartiene.

iconografia (i-co-no-gra-fì-a) N.F. (pl. *-fie*) **1** L'insieme delle immagini ispirate a un certo personaggio o argomento: *l'iconografia dell'Ultima Cena.* **2** L'insieme delle illustrazioni di un libro: *curare l'iconografia di un manuale di storia.*

> Il termine deriva da una parola greca che significa 'descrizione, schizzo', composta a sua volta di *eikón* 'immagine' e *-graphía* 'scrittura'.

ics N.F. O M. INVAR. · Nome della lettera *x*.

ictus (ìc-tus) N.M. LAT., in it. N.M. INVAR. · Emorragia cerebrale: *ha avuto un ictus* Ⓢ colpo.

idea (i-dè-a) N.F. (pl. *idèe*) **1** Il risultato del pensiero: *idee chiare; non ha alcuna idea del bene e del male; questa è la sua idea di giustizia* Ⓢ concetto, nozione • Principio su cui si fonda una dottrina filosofica, politica o religiosa: *l'idea cristiana; le idee del comunismo* Ⓢ concezione • Impressione suscitata da certe apparenze: *ho l'idea che non funzioni; mi dà l'idea che gli piaccia.* **2** Punto di vista personale: *farsi un'idea di un libro; qual è la tua idea in proposito?* Ⓢ opinione, giudizio, parere • Convinzione, credenza, ideale: *idee politiche, religiose; combattere per un'idea.* **3** Concepimento di un'opera o di un progetto: *l'idea centrale del romanzo; un'idea geniale* Ⓢ spunto, intuizione • Iniziativa, ispirazione, trovata: *di chi è stata la brillante idea di uscire con questo tempo?* Ⓔ ***Dare l'idea*** → ***dare*** • ***Nemmeno per idea***, assolutamente no • ***Non avere la più pallida idea, non avere la (benché) minima idea***, non sapere assolutamente: *non ho la più pallida idea di dove sia.*

ideale (i-de-à-le) AGG. e N.M. || AGG. **1** Che esiste soltanto nell'immaginazione: *una storia ambientata in un pianeta ideale* Ⓢ immaginario, fantastico. **2** Che corrisponde alla perfezione assoluta: *la donna ideale; è la stagione ideale per i funghi* Ⓢ perfetto. || N.M. **1** Aspirazione nobile: *morire per un ideale; la società moderna ignora i grandi ideali* Ⓢ idea, valore. **2** La cosa migliore per una persona: *il suo ideale sarebbe vivere senza lavorare; l'ideale sarebbe mettersi in marcia prima del caldo.*

idealismo (i-de-a-lì-ṣmo) N.M. **1** Concezione filosofica che considera il pensiero più importante della materia. **2** L'atteggiamento di chi crede in un ideale, spesso senza considerare la realtà delle cose: *il suo idealismo si è scontrato con la realtà della politica.*

idealista (i-de-a-lì-sta) N.M. e F. (pl.m. *-i*, pl.f. *-e*) **1** Chi crede in un ideale: *gli idealisti della Rivoluzione americana.* **2** Chi ha una visione poco concreta della realtà: *nonostante le delusioni è rimasta un'idealista* Ⓢ sognatore Ⓒ realista.

idealistico (i-de-a-lì-sti-co) AGG. (pl.m. *-ci*, pl.f. *-che*) **1** Che riguarda la dottrina filosofica dell'idealismo. **2** Che crede nella superiorità dei valori ideali: *una visione idealistica della società.*

idealizzare (i-de-a-liẓ-ẓà-re) V.TR. · Ritenere qualcosa o qualcuno assolutamente perfetto: *idealizzare l'amore; da piccolo avevo idealizzato il mio fratello maggiore* Ⓢ mitizzare.

idealizzazione (i-de-a-liẓ-ẓa-zió-ne) N.F. · Rappresentazione di qualcosa o qualcuno come assolutamente perfetto: *idealizzazione dell'amore, di una donna.*

ideare (i-de-à-re) V.TR. (*idèo*, ecc.) · Concepire un progetto: *ideare un nuovo sistema di comunicazione* Ⓢ creare, progettare.

ideativo (i-de-a-tì-vo) AGG. · Che riguarda l'ideazione: *processo ideativo* Ⓢ creativo.

ideatore (i-de-a-tó-re) N.M. (f. *-trìce*) · Chi concepisce un'idea: *l'ideatore di un progetto; l'ideatore di una campagna pubblicitaria* Ⓢ creatore.

ideazione (i-de-a-zió-ne) N.F. · Formulazione di un progetto: *l'ideazione del nuovo aeroporto ha coinvolto i più importanti architetti europei* Ⓢ creazione.

idem (ì-dem) PRON. LAT., in it. PRON. DIMOSTR. INVAR. e AVV. || PRON. DIMOSTR. La stessa cosa; si usa negli elenchi e nelle citazioni per evitare di ripetere cifre o parole. || AVV. Nel linguaggio familiare, lo stesso: *ieri non è venuto al lavoro e oggi idem* Ⓢ ugualmente, pure.

identico (i-dèn-ti-co) AGG. (pl.m. *-ci*, pl.f. *-che*) · Che coincide perfettamente con qualcos'altro: *copia identica **all'**originale* Ⓢ uguale Ⓒ diverso.

identificare (i-den-ti-fi-cà-re) V.TR. (*identìfico, identìfichi*, ecc.) || TR. **1** Individuare con certezza: *identificare un cadavere; identificare i colpevoli* Ⓢ riconoscere. **2** Porre sullo stesso piano: *identificare il bello **con** il giusto* Ⓢ equiparare. || **identificarsi** RIFL. Sentirsi uguale a un'altra persona: *identificarsi **nell'**eroe di un romanzo* Ⓢ immedesimarsi.

identificazione (i-den-ti-fi-ca-zió-ne) N.F. · Riconoscimento dell'identità di qualcuno: *procedere all'identificazione degli arrestati.*

identikit (i-den-ti-kìt) N.M. INVAR. · L'immagine della faccia di una persona sospettata di aver commesso un crimine, che viene ricostruita dalla polizia grazie a delle testimonianze.

identità (i-den-ti-tà) N.F. INVAR. **1** Uguaglianza perfetta: *identità di vedute; l'identità di due firme* Ⓢ corrispondenza Ⓒ diversità. **2** L'insieme dei dati fondamentali che servono per individuare una persona: *stabilire l'identità dei responsabili del delitto.* Ⓔ ***Carta d'identità*** → *carta*.

identitario (i-den-ti-tà-rio) AGG. (pl.m. *-ri*, pl.f. *-rie*) · Che riguarda le radici culturali e sociali di un individuo o di una comunità: *lingua identitaria.*

ideo- · Primo elemento di parole composte che significa 'idea': *ideogramma*, simbolo che rappresenta un'idea.

ideografico (i-de-o-grà-fi-co) AGG. (pl.m. *-ci*, pl.f. *-che*) · Formato da ideogrammi: *scrittura ideografica.*

ideogramma (i-de-o-gràm-ma) N.M. (pl. *-i*) · Simbolo grafico che rappresenta un concetto: *la lingua cinese si scrive con ideogrammi.*

ideologia (i-de-o-lo-gì-a) N.F. (pl. *-gìe*) · L'insieme delle idee di un gruppo sociale o politico: *l'ideologia americana; l'ideologia marxista* Ⓢ teoria, dottrina.

ideologico (i-de-o-lò-gi-co) AGG. (pl.m. *-ci*, pl.f. *-che*) · Che si basa su un'idea o un'ideologia: *guerra ideologica.*

ideologizzare (i-de-o-lo-giz-zà-re) V.TR. · Giudicare secondo criteri ideologici: *ideologizzare un avvenimento storico.*

ideologo (i-de-ò-lo-go) N.M. (f. *-a*; pl.m. *-gi*, pl.f. *-ghe*) · Chi elabora un'ideologia: *un ideologo dell'economia capitalista.*

idilliaco (i-dil-li-a-co) AGG. (pl.m. *-ci*, pl.f. *-che*) **1** Che provoca serenità e gioia: *un paesaggio idilliaco; un rapporto idilliaco* Ⓢ sereno • Caratterizzato da un ingenuo ottimismo: *una visione idilliaca della vita.* **2** Che riguarda l'idillio come genere poetico: *poeta idilliaco.*

idillio (i-dìl-lio) N.M. (pl. *-li*) **1** Convivenza serena: *nella loro famiglia regna l'idillio* Ⓢ pace, serenità • Relazione amorosa tenera e delicata: *fra quei due è nato un idillio* Ⓢ amore. **2** Breve poesia che esalta la serenità della vita dei campi.

idioma (i-diò-ma) N.M. (pl. *-i*) · Lingua propria di una nazione: *l'idioma italiano* • Dialetto: *l'idioma lombardo, siciliano.*

idiomatico (i-dio-mà-ti-co) AGG. (pl.m. *-ci*, pl.f. *-che*) · Caratteristico di una lingua o di un dialetto. Ⓔ ***Frase idiomatica*** o ***espressione idiomatica***, il cui significato non corrisponde al significato delle sue singole parti, per es. *mangiare la foglia*, che significa accorgersi di un inganno.

idiota (i-diò-ta) AGG. e N.M. e F. (pl.m. *-i*, pl.f. *-e*) · Che, chi dimostra scarsa intelligenza o stupidità: *un'idea idiota; è una perfetta idiota* Ⓢ stupido, cretino.

Il termine deriva dal latino *idiota* 'ignorante', che viene a sua volta dal greco *idiótes* 'individuo privo di cariche pubbliche', quindi 'inesperto, incompetente'.

idiozia (i-dio-zì-a) N.F. (pl. *-zìe*) **1** Enorme stupidità: *le sue battute sono di un'idiozia assoluta.* **2** Azione o discorso da idiota: *cerca di non fare idiozie* Ⓢ sciocchezza, stupidaggine.

idolatra (i-do-là-tra) N.M. e F. (pl.m. *-i*, pl.f. *-e*) **1** Chi adora gli idoli. **2** Chi ha un'ammirazione eccessiva per qualcuno o qualcosa: *gli idolatri dei Beatles* Ⓢ fanatico.

idolatrare (i-do-la-trà-re) V.TR. **1** Adorare come idolo: *alcune tribù idolatrano gli animali* Ⓢ venerare. **2** Ammirare o amare in maniera esagerata: *idolatrare una donna, un cantante* Ⓢ adorare.

idolatria (i-do-la-trì-a) N.F. (pl. *-trìe*) **1** Culto basato sull'adorazione di idoli: *popoli che praticano l'idolatria.* **2** Ammirazione eccessiva per qualcuno o qualcosa: *ha un'idolatria per quel calciatore* Ⓢ fanatismo, venerazione.

idolo (ì-do-lo) N.M. **1** Statua o immagine adorata come una divinità: *gli idoli pagani.* **2** Oggetto di ammirazione fanatica: *è l'idolo dei tifosi* Ⓢ mito.

idoneità (i-do-nei-tà) N.F. INVAR. · Il possesso delle qualità richieste per svolgere un'attività: *idoneità **all'**insegnamento* Ⓢ attitudine, capacità.

idoneo (i-dò-ne-o) AGG. (pl.m. *-nei*, pl.f. *-nee*) · Che possiede le qualità richieste per una certa attività: *essere idoneo **all'**insegnamento; un abito idoneo **all'**occasione* Ⓢ adatto, adeguato Ⓒ inidoneo, inadatto.

idrante (i-dràn-te) N.M. **1** Dispositivo collegato agli acquedotti, che fornisce acqua per spegnere gli incendi o lavare le strade. **2** Autobotte dei vigili del fuoco.

idratante (i-dra-tàn-te) AGG. e N.M. · Di prodotto che serve a mantenere l'umidità naturale della pelle o dell'organismo: *crema idratante; un idratante alle erbe.*

idratare (i-dra-tà-re) V.TR. · Rendere ricco di acqua o riportare al giusto grado di umidità: *idratare l'organismo; idratare la pelle con una crema* Ⓒ disidratare.

idratazione (i-dra-ta-zió-ne) N.F. · Il conferimento o ripristino, mediante opportune sostanze, del normale grado di umidità della pelle o dell'organismo Ⓒ disidratazione.

idraulico (i-dràu-li-co) AGG. e N.M. (pl.m. *-ci*, pl.f. *-che*) || AGG. Che riguarda l'acqua o che funziona con l'acqua: *impianto idraulico; freni idraulici.* || N.M. Chi per lavoro installa e ripara i tubi dell'acqua e gli impianti igienici.

idrico (ì-dri-co) AGG. (pl.m. *-ci*, pl.f. *-che*) · Che riguarda l'acqua: *riserva idrica.*

idro- · Primo elemento di parole composte che significa 'acqua': *idromassaggio*, massaggio mediante getti d'acqua.

idrocarburo (i-dro-car-bù-ro) N.M. · Composto chimico formato da carbonio e idrogeno; è usato come solvente o combustibile e per produrre materiali sintetici.

idroelettrico (i-dro-e-lèt-tri-co) AGG. (pl.m. *-ci*, pl.f. *-che*) · Di energia elettrica ottenuta dalla forza dell'acqua in movimento: *centrale idroelettrica.* Ⓔ ***Energia idroelettrica*** → ***energia***.

idrofilo (i-drò-fi-lo) AGG. · Di sostanza capace di assorbire acqua o altri liquidi. Ⓔ ***Cotone idrofilo*** → ***cotone***.

idrofobia (i-dro-fo-bì-a) N.F. (pl. *-bìe*) · Malattia contagiosa che colpisce soprattutto i cani e che può essere trasmessa all'uomo in seguito a un morso Ⓢ rabbia.

Il termine deriva da una parola greca che significa 'terrore dell'acqua'; uno dei sintomi della malattia, infatti, è l'impossibilità di inghiottire acqua o altri liquidi.

idrofobo (i-drò-fo-bo) AGG. **1** Affetto da rabbia, da idrofobia Ⓢ rabbioso. **2** Molto arrabbiato: *essere, diventare idrofobo* Ⓢ furibondo.

idrogeno (i-drò-ge-no) N.M. · Gas molto leggero, infiammabile, senza odore, sapore né colore; unito all'ossigeno forma l'acqua (il simbolo chimico è *H*).

idrogeologico (i-dro-ge-o-lò-gi-co) AGG. (pl.m. *-ci*, pl.f. *-che*) · Che riguarda il rapporto tra le acque e le condizioni del terreno: *rischio idrogeologico.*

idrografia (i-dro-gra-fì-a) N.F. (pl. *-fìe*) · Lo studio delle caratteristiche e della distribuzione delle acque di mari, fiumi e laghi: *idrografia marina, lacustre.*

idrografico (i-dro-grà-fi-co) AGG. (pl.m. *-ci*, pl.f. *-che*) · Che riguarda l'idrografia. Ⓔ ***Bacino idrografico*** → ***bacino***.

idrolisi (i-drò-li-ṣi) N.F. INVAR. · Separazione di un composto chimico causata dall'acqua.

idromassaggio (i-dro-mas-sàg-gio) N.M. (pl. *-gi*) · Massaggio del corpo eseguito con getti d'acqua calda o tiepida, per rilassare i muscoli • Dispositivo per eseguire questo massaggio: *vasca con idromassaggio.*

idrorepellente (i-dro-re-pel-lèn-te) AGG. · Che respinge l'acqua: *tessuto idrorepellente* Ⓢ impermeabile.

idroscalo (i-dro-scà-lo) N.M. · Specchio d'acqua attrezzato per la partenza e l'arrivo degli idrovolanti.

idrosolubile (i-dro-so-lù-bi-le) AGG. · Che si scioglie in acqua: *composto idrosolubile.*

idroterapia (i-dro-te-ra-pì-a) N.F. (pl. *-pìe*) · Cura che si basa su bagni, docce, impacchi, ecc. con acque naturali o termali.

idrovolante (i-dro-vo-làn-te) N.M. · Aeroplano che può decollare e posarsi direttamente sull'acqua.

idrovora (i-drò-vo-ra) N.F. · Pompa che aspira grandi masse d'acqua, usata per es. in caso di alluvione.

iella (ièl-la) N.F. · Nel linguaggio familiare, sfortuna: *portare iella; che iella!*

iena (iè-na) N.F. · Mammifero carnivoro simile al lupo, che vive nelle steppe dell'Africa e dell'Asia; è un cacciatore notturno, ma si nutre anche di carogne.

♫ Il verbo che indica il verso della iena è *ridere.*

-iera · Suffisso che serve a formare nomi concreti a partire da nomi: *oliera* da *olio.*

ieratico (ie-rà-ti-co) AGG. (pl.m. *-ci*, pl.f. *-che*) · Solenne, grave: *atteggiamento ieratico.*

-iere · Suffisso che serve a formare nomi a partire da nomi e che indica 'categoria professionale' (*ferroviere* da *ferrovia*) oppure oggetti (*candeliere* da *candela*).

ieri (iè-ri) AVV. **1** Il giorno che precede quello in cui siamo: *ieri il mare era più mosso di oggi; è da ieri che non mangio.* **2** In un passato molto recente: *fino a ieri era ancora uno sconosciuto.* Ⓔ ***Ieri l'altro*** o ***l'altro ieri***, il giorno ancora precedente, due giorni fa.

-iero · Suffisso che serve a formare aggettivi di relazione a partire da nomi: *terriero*, di un terreno agrario.

iettatore (iet-ta-tó-re) N.M. (f. *-trìce*) · Chi viene accusato di portare sfortuna Ⓢ menagramo.

iettatura (iet-ta-tù-ra) N.F. · Influsso negativo che, secondo alcune credenze popolari, può essere esercitato da alcune cose o persone Ⓢ malocchio.

-igia · Suffisso che serve a formare nomi astratti femminili a partire da aggettivi: *alterigia* da *altero.*

-igiano · Suffisso che indica 'appartenenza geografica' (*valligiano; parmigiano*) oppure 'categoria professionale, condizione' (*artigiano; partigiano*).

igiene (i-giè-ne) N.F. **1** L'insieme delle norme che riguardano la pulizia personale o degli ambienti: *curare, trascurare l'igiene; l'igiene della bocca* Ⓢ pulizia. **2** Settore della medicina che studia le misure individuali e collettive per mantenere la salute fisica e mentale.

igienico (i-giè-ni-co) AGG. (pl.m. *-ci*, pl.f. *-che*) **1** Che riguarda l'igiene: *norme igieniche* Ⓢ sanitario. **2** Che rispetta le norme dell'igiene: *non è igienico mangiare con le mani sporche* Ⓢ sano, salutare. Ⓔ ***Carta igienica*** → ***carta*** • ***Impianti igienici***, gli apparecchi del bagno: water, lavandino, bidè, vasca e doccia.

igloo (i-gloo; pronuncia *iglù*) N. INGL., in it. N.M. INVAR. · La caratteristica abitazione degli Eschimesi, formata da blocchi di neve disposti a forma di cupola.

ignaro (i-gnà-ro) AGG. · Che non si rende conto o che non è informato di qualcosa: *è ancora ignaro* ***dell'****incidente* Ⓢ inconsapevole.

igneo (ì-gne-o) AGG. (pl.m. *ìgnei*, pl.f. *ìgnee*) · Che ha l'aspetto o la natura del fuoco: *materia ignea* Ⓢ infuocato.

ignifugo (i-gnì-fu-go) AGG. e N.M. (pl.m. *-ghi*, pl.f. *-ghe*) · Di materiale che non prende fuoco: *il tessuto per i sipari è ignifugo* Ⓒ infiammabile.

ignobile (i-gnò-bi-le) AGG. · Immorale o privo di senso dell'onore: *un gesto ignobile; una persona ignobile* Ⓢ meschino, indegno.

ignominia (i-gno-mì-nia) N.F. (pl. *-nie*) **1** Il disprezzo o la vergogna che accompagnano azioni disonorevoli: *coprirsi di ignominia* Ⓢ vergogna, disonore. **2** Azione disonorevole: *commettere un'ignominia* Ⓢ infamia.

ignominioso (i-gno-mi-nió-so) AGG. · Vergognoso, disonorevole.

ignorante (i-gno-ràn-te) AGG. e N.M. e F. || AGG. Privo delle nozioni richieste: *sono del tutto ignorante* ***in*** *botanica* Ⓢ incompetente, impreparato. || AGG. e N.M. e F. **1** Privo di istruzione o di cultura: *certi concetti li capirebbe anche un ignorante* Ⓢ analfabeta. **2** Maleducato, scortese, villano: *una risposta ignorante.*

ignoranza (i-gno-ràn-za) N.F. **1** Mancanza di conoscenza o di competenza: *l'ignoranza* ***della*** *legge; confesso la mia ignoranza* ***in*** *materia.* **2** Mancanza di istruzione o di cultura: *lottare contro l'ignoranza* Ⓢ analfabetismo. **3** Mancanza di buone maniere: *ha risposto con la solita ignoranza* Ⓢ maleducazione.

ignorare (i-gno-rà-re) V.TR. (*ignòro*, ecc.) **1** Non conoscere, non sapere qualcosa: *ignorare il significato di una parola; ignoravo* ***che*** *ti fossi sposato.* **2** Non prendere in considerazione: *ignorare un consiglio* Ⓢ trascurare. **3** Fingere di non conoscere: *mi ha ignorato per tutta la sera* Ⓢ evitare.

ignoto (i-gnò-to) AGG. e N.M. (f. *-a*) || AGG. Non conosciuto: *opera di autore ignoto; sono ignote le cause dell'incendio* Ⓢ sconosciuto Ⓒ noto. || N.M. (f. *-a*) Persona sconosciuta, non identificata: *un furto commesso da ignoti.* || N.M. Ciò che non si conosce: *il fascino dell'ignoto.*

igrometro (i-grò-me-tro) N.M. · Strumento per misurare l'umidità dell'aria.

iguana (i-guà-na) N.F. · Rettile dell'America centro-meridionale, simile a una grossa lucertola, con lunga coda e cresta sul dorso.

ikebana (i-ke-bà-na) N.M. INVAR. · L'arte giapponese di creare composizioni con fiori ed elementi vegetali.

> Il termine deriva da una parola giapponese che significa 'fiore che prende vita'.

il ART. DETERM. M. SING. · Precede i nomi maschili che cominciano per consonante che non sia *x, z, s* seguita da altra consonante, *gn, pn, ps* (nel qual caso si usa *lo*): *il crampo, il ghiaccio, il sasso* • Unito alle preposizioni *a, con, da, di, in, su,* forma le preposizioni articolate *al, col, dal, del, nel, sul.*

ilare (ì-la-re) AGG. · Pieno di buonumore: *un volto ilare* Ⓢ allegro, contento.

> La pronuncia corretta è *ìlare*, con l'accento sulla *i*; la pronuncia *ilàre* con l'accento sulla *a* è sbagliata!

ilarità (i-la-ri-tà) N.F. INVAR. · Buonumore, allegria • Scoppio di riso: *le sue battute hanno suscitato l'ilarità dei presenti.*

ileo (ì-le-o) N.M. (pl. *ìlei*) · Parte dell'intestino tenue.

illazione (il-la-zió-ne) N.F. **1** Processo mentale con cui da alcune premesse si ricava una conseguenza: *procedere per illazioni.* **2** Ipotesi non del tutto giustificata: *non è vero, le tue sono illazioni* Ⓢ congettura, supposizione.

illecito (il-lé-ci-to) AGG. e N.M. || AGG. Non consentito dalla legge: *guadagni illeciti* Ⓢ illegale, proibito Ⓒ lecito • Che va contro le regole morali: *un comportamento illecito.* || N.M. Azione che va contro una legge: *un illecito civile, penale.*

illegale (il-le-gà-le) AGG. · Contrario alla legge: *mezzi illegali* Ⓢ illecito, vietato Ⓒ legale.

illegalità (il-le-ga-li-tà) N.F. INVAR. **1** L'essere contro la legge: *vivere nell'illegalità.* **2** Azione illegale: *commettere delle illegalità* Ⓢ illecito.

illeggibile (il-leg-gì-bi-le) AGG. · Difficile da leggere o da comprendere: *una calligrafia illeggibile; un libro illeggibile* Ⓢ oscuro, incomprensibile Ⓒ leggibile. ▸ Ⓕ **legere**

illegittimo (il-le-gìt-ti-mo) AGG. · Non riconosciuto valido secondo la legge: *governo illegittimo* Ⓢ illegale, illecito Ⓒ legittimo.

illeso (il-lé-ṣo) AGG. · Di persona che non ha subito danni o ferite: *uscire illeso da un incidente* Ⓢ indenne, incolume.

illimitato (il-li-mi-tà-to) AGG. **1** Che non ha limiti o confini: *un numero illimitato di perso-*

ne; un potere illimitato Ⓢ infinito, sconfinato Ⓒ limitato. **2** Pieno, assoluto, totale: *fiducia illimitata.*

illogico (il-lò-gi-co) AGG. (pl.m. *-ci*, pl.f. *-che*) · Privo di logica e di buon senso: *il tuo ragionamento mi sembra del tutto illogico* Ⓢ assurdo, irragionevole Ⓒ logico.

illudere (il-lù-de-re) V.TR. (irreg.: pass. rem. *illùṣi, illudésti, illùṣe, illudémmo, illudéste, illùṣero*; part. pass. *illùṣo*) || TR. Ingannare qualcuno con false speranze: *la illuse con grandi promesse d'amore* Ⓒ disilludere. || **illudersi** RIFL. Avere vane speranze od opinioni errate: *non mi sono mai illusa* ***sul*** *suo conto; si illude* ***di*** *riuscire a convincerla* Ⓢ ingannarsi. ▸ Ⓕ **ludus**

Il termine deriva dal latino *illudere* 'prendersi gioco di, ingannare', che viene a sua volta da *ludere* 'giocare' con il prefisso **in-**[2] (→ ***alludere***).

illuminare (il-lu-mi-nà-re) V.TR. (*illùmino*, ecc.) || TR. **1** Rendere chiaro, diffondendo una luce: *il teatro era illuminato a giorno* Ⓢ rischiarare. **2** Di espressione del viso, rendere felice, radioso: *un bel sorriso le illuminava il volto.* **3** Rendere capace di capire: *i suoi insegnamenti mi hanno illuminato* Ⓢ guidare. || **illuminarsi** INTR. PRONOM. **1** Riempirsi di luce: *la stanza si illuminò all'improvviso.* **2** Di espressione del viso, diventare felice: *il suo volto s'illuminò* ***di*** *gioia.*

illuminato (il-lu-mi-nà-to) AGG. **1** Rischiarato da una luce: *una strada scarsamente illuminata.* **2** Che ha idee aperte e grande saggezza: *un giudice illuminato* Ⓢ saggio.

illuminazione (il-lu-mi-na-zió-ne) N.F. **1** La diffusione della luce in un luogo: *l'illuminazione dello stadio* • L'insieme delle luci di un luogo: *illuminazione elettrica* Ⓢ luce. **2** Intuizione straordinaria: *ho avuto un'illuminazione e ho risolto il problema* Ⓢ folgorazione.

illuminismo (il-lu-mi-nì-ṣmo) N.M. · Movimento culturale nato in Europa nel Settecento, caratterizzato dalla piena fiducia nelle capacità critiche e razionali dell'uomo.

illuminista (il-lu-mi-nì-sta) AGG. e N.M. e F. (pl.m. *-i*, pl.f. *-e*) || N.M. e F. Seguace dell'illuminismo: *Voltaire era un illuminista.* || AGG. Che riguarda o si ispira all'illuminismo: *idee illuministe.*

illusi (il-lù-ṣi) · Pass. rem., 1ª pers. sing. → ***illudere***.

illusione (il-lu-ṣió-ne) N.F. **1** Speranza vana, ingannevole: *non farti troppe illusioni* ***sulla*** *sua lealtà* Ⓢ sogno. **2** Impressione dei sensi che non corrisponde alla realtà: *illusioni ottiche* Ⓢ miraggio, inganno. ▸ Ⓕ **ludus**

illusionismo (il-lu-ṣio-nì-ṣmo) N.M. · L'arte di eseguire giochi di prestigio sorprendenti e spettacolari. ▸ Ⓕ **ludus**

illusionista (il-lu-ṣio-nì-sta) N.M. e F. (pl.m. *-i*, pl.f. *-e*) · Artista che si esibisce in giochi di prestigio Ⓢ mago, prestigiatore. ▸ Ⓕ **ludus**

illusionistico (il-lu-ṣio-nì-sti-co) AGG. (pl.m. *-ci*, pl.f. *-che*) · Ottenuto con l'illusionismo: *effetti illusionistici.* ▸ Ⓕ **ludus**

illuso (il-lù-ṣo) AGG. e N.M. (f. *-a*) || Participio pass. → ***illudere***. || AGG. e N.M. (f. *-a*) Di chi crede in modo cieco nell'avverarsi delle proprie speranze o dei propri progetti: *sei un povero illuso se credi ancora nella sua buona fede* Ⓢ ingenuo, sognatore Ⓒ disilluso. ▸ Ⓕ **ludus**

illusorio (il-lu-ṣò-rio) AGG. (pl.m. *-ri*, pl.f. *-rie*) · Che inganna con false apparenze: *promesse illusorie* Ⓢ ingannevole, falso. ▸ Ⓕ **ludus**

illustrare (il-lu-strà-re) V.TR. **1** Fornire un testo di illustrazioni: *l'opera è illustrata* ***con*** *tavole descrittive.* **2** Rendere più comprensibile: ***ci*** *illustri il concetto* ***con*** *degli esempi* Ⓢ chiarire, spiegare.

illustrativo (il-lu-stra-tì-vo) AGG. · Che serve a spiegare: *nota illustrativa.*

illustrato (il-lu-strà-to) AGG. · Fornito di illustrazioni: *cartolina illustrata.*

illustrazione (il-lu-stra-zió-ne) N.F. **1** Figura, disegno o fotografia che accompagna un testo per renderlo più chiaro o più bello: *un libro per bambini pieno di illustrazioni* Ⓢ immagine. **2** Spiegazione, commento: *l'illustrazione di un passo poetico.*

illustre (il-lù-stre) AGG. · Che gode di meritata fama e prestigio: *un illustre scienziato; le sue imprese illustri* Ⓢ famoso, eminente • Nobile: *è di nascita illustre.*

imam (i-màm) (o **iman**) N.M.INVAR. **1** Nella religione musulmana, guida spirituale: per gli sciiti, ciascuno dei dodici eredi di Maometto; per i sunniti, la massima autorità politica e religiosa. **2** Fedele musulmano che dirige la preghiera rituale.

imbacuccare (im-ba-cuc-cà-re) V.TR. (*imbacùcco, imbacùcchi*, ecc.) || TR. Avvolgere qualcuno con abiti pesanti perché non prenda freddo. || **imbacuccarsi** RIFL. Avvolgersi con abiti pesanti fin sopra la testa.

imbacuccato (im-ba-cuc-cà-to) AGG. · Completamente coperto con vestiti pesanti: *uscire tutto imbacuccato* Ⓢ infagottato.

imballaggio (im-bal-làg-gio) N.M. (pl. *-gi*) **1** La sistemazione di merci in contenitori adatti per poterle trasportare: *l'imballaggio dei piatti*. **2** Contenitore per oggetti che devono essere spediti o trasportati: *togliere dall'imballaggio* Ⓢ confezione.

imballare (im-bal-là-re) V.TR. · Sistemare oggetti o merce in contenitori adatti, in modo che non si danneggino durante il trasporto: *imballare le sedie* Ⓢ confezionare.

imballo (im-bàl-lo) N.M. · Imballaggio: *un imballo resistente*.

imbalsamare (im-bal-sa-mà-re) V.TR. (*imbàlsamo*, ecc.) · Trattare il cadavere di una persona o di un animale con particolari sostanze che ne impediscono la decomposizione: *nell'antico Egitto i faraoni venivano imbalsamati*.

imbalsamazione (im-bal-sa-ma-zió-ne) N.F. · Operazione con cui si mira a impedire la decomposizione di un cadavere trattandolo con particolari sostanze.

imbambolato (im-bam-bo-là-to) AGG. · Che ha lo sguardo fisso e assente: *restare imbambolato* Ⓢ attonito, incantato • Immobile, inespressivo: *sguardo imbambolato*.

imbandierare (im-ban-die-rà-re) V.TR. (*imbandièro*, ecc.) · Ornare con bandiere: *imbandierare la piazza per l'anniversario dell'unità d'Italia*.

imbandire (im-ban-dì-re) V.TR. (*imbandisco, imbandisci*, ecc.) · Mettere in tavola un pranzo sontuoso: *imbandire la tavola di ogni ben di Dio* Ⓢ preparare.

imbarazzante (im-ba-raz-zàn-te) AGG. · Che mette a disagio: *una domanda imbarazzante* Ⓢ scomodo, spinoso.

imbarazzare (im-ba-raz-zà-re) V.TR. || TR. Mettere a disagio: *il suo comportamento mi imbarazza* Ⓢ confondere. || **imbarazzarsi** INTR. PRONOM. Sentirsi a disagio: *si imbarazza sempre alle mie domande*.

imbarazzato (im-ba-raz-zà-to) AGG. · Confuso, turbato, impacciato: *un sorriso imbarazzato*.

imbarazzo (im-ba-ràz-zo) N.M. **1** Sensazione di disagio o turbamento: *mettere, sentirsi in imbarazzo* Ⓢ difficoltà, confusione. **2** Impedimento, ostacolo, impiccio: *tutti questi pacchi mi sono d'imbarazzo*. Ⓔ ***Avere l'imbarazzo della scelta***, avere la più vasta scelta possibile.

imbarcadero (im-bar-ca-dè-ro) N.M. · Molo per imbarcare e sbarcare passeggeri e merci.

imbarcare (im-bar-cà-re) V.TR. (*imbàrco, imbàrchi*, ecc.) || TR. Accogliere o caricare a bordo di una nave o di un aereo: *imbarcare i passeggeri; imbarcare un carico di grano*. || **imbarcarsi** RIFL. **1** Salire a bordo di una nave o di un aereo: *i miei amici si imbarcheranno domani per la Grecia*. **2** Impegnarsi in un'attività incerta o rischiosa: *imbarcarsi* **in** *un'impresa difficile* Ⓢ ficcarsi, cacciarsi. || **imbarcarsi** INTR. PRONOM. Di legno, incurvarsi, deformarsi: *le persiane di questa finestra si sono imbarcate*. Ⓔ ***Imbarcare acqua***, di barca o nave in cui entri acqua per una falla o per il mare grosso.

imbarcazione (im-bar-ca-zió-ne) N.F. · Mezzo di trasporto galleggiante di piccole o medie dimensioni: *la lista delle imbarcazioni che partecipano alla regata* Ⓢ barca, natante.

imbarco (im-bàr-co) N.M. (pl. *-chi*) **1** La sistemazione di merci o persone a bordo di un aereo o di una nave: *le operazioni di imbarco* Ⓒ sbarco. **2** Il luogo da cui si sale a bordo: *avviarsi all'imbarco* Ⓢ molo, banchina.

imbastire (im-ba-stì-re) V.TR. (*imbastisco, imbastisci*, ecc.) **1** Cucire provvisoriamente con punti lunghi usando un filo grezzo di cotone: *imbastire un orlo*. **2** Preparare a grandi linee: *imbastire un piano di lavoro* Ⓢ abbozzare.

imbattersi (im-bàt-ter-si) V.INTR. PRONOM. **1** Ritrovarsi per caso faccia a faccia con qualcuno o a contatto di qualcosa: *imbattersi **nei** ladri; scavando si imbatté **nella** roccia* Ⓢ incappare, incorrere. **2** Trovarsi per caso ad avere a che fare con qualcuno o a dover fronteggiare qualcosa: *mi sono imbattuto **in** un direttore esigente; imbattersi **in** un problema.*

imbattibile (im-bat-ti-bi-le) AGG. e N.M. · Che, chi non può essere sconfitto: *un atleta imbattibile* Ⓢ invincibile • Che, chi non può essere migliorato: *prezzi imbattibili* Ⓢ insuperabile.

imbavagliare (im-ba-va-glià-re) V.TR. (*imbavàglio*, ecc.) **1** Mettere un bavaglio sulla bocca a qualcuno per impedirgli di parlare o gridare: *la vittima è stata imbavagliata.* **2** Privare della libertà di espressione: *imbavagliare la stampa* Ⓢ censurare.

imbeccare (im-bec-cà-re) V.TR. (*imbécco, imbécchi*, ecc.) **1** Introdurre il cibo nel becco: *la rondine imbeccava i piccoli.* **2** Istruire su cosa dire: *imbeccare un alunno* Ⓢ suggerire.

imbeccata (im-bec-cà-ta) N.F. **1** Il cibo che viene introdotto volta per volta nel becco di un uccellino. **2** Suggerimento: *dare, aspettare l'imbeccata.*

imbecille (im-be-cìl-le) AGG. e N.M. e F. · Che, chi dimostra scarsa intelligenza o stupidità: *che discorso imbecille!; quell'imbecille continua a suonare il clacson* Ⓢ stupido, cretino.

imbellettare (im-bel-let-tà-re) V.TR. (*imbellétto*, ecc.) || TR. **1** Truccare: *imbellettare le guance.* **2** Aggiungere inutili ornamenti: *imbellettare un tema di citazioni.* || **imbellettarsi** TR. PRONOM. e RIFL. Truccarsi: *imbellettarsi il naso e il collo.*

imbellire (im-bel-lì-re) V.TR. e INTR. (*imbellìsco, imbellìsci*, ecc.) || TR. Rendere più bello: *l'abbronzatura ti imbellisce* Ⓢ abbellire. || INTR. (aus. *essere*) Diventare più bello: *crescendo è imbellito.*

imberbe (im-bèr-be) AGG. **1** Ancora privo di barba: *un volto imberbe; un ragazzo imberbe* Ⓢ glabro. **2** Privo di esperienza Ⓢ inesperto, immaturo.

imbestialire (im-be-stia-lì-re) V.INTR. (*imbestialìsco, imbestialìsci*, ecc.; aus. *essere*) e **imbestialirsi** INTR. PRONOM. · Andare su tutte le furie: *si è imbestialito **contro** il negoziante* Ⓢ infuriarsi, inferocirsi.

imbevere (im-bé-ve-re) V.TR. (*imbévo*, ecc.) || TR. Impregnare di un liquido: *imbevere i biscotti **nel** latte* Ⓢ inzuppare. || **imbeversi** INTR. PRONOM. **1** Impregnarsi di un liquido: *lo straccio si era imbevuto **di** petrolio.* **2** Assorbire idee e pensieri: *si è imbevuto **di** cultura classica.*

imbevibile (im-be-vì-bi-le) AGG. · Che non si può bere, soprattutto perché ha un sapore cattivo: *questo vino è imbevibile.*

imbevuto (im-be-vù-to) AGG. · Che ha assorbito un liquido: *cotone imbevuto **di** disinfettante* Ⓢ inzuppato, bagnato.

imbiancare (im-bian-cà-re) V.TR. e INTR. (*imbiànco, imbiànchi*, ecc.) || TR. **1** Rendere bianco: *la neve imbiancava le colline.* **2** Ricoprire le pareti con una vernice bianca o di altro colore: *devo imbiancare la casa* Ⓢ tinteggiare. || INTR. (aus. *essere*) e **imbiancarsi** INTR. PRONOM. Diventare bianco: *le si sono imbiancati i capelli.*

imbianchino (im-bian-chi-no) N.M. · Chi per mestiere imbianca i muri.

imbizzarrire (im-biẓ-ẓar-rì-re) V.INTR. (*imbiẓẓarrìsco, imbiẓẓarrìsci*, ecc.; aus. *essere*) e **imbizzarrirsi** INTR. PRONOM. · Di cavallo, diventare irrequieto: *il cavallo si è imbizzarrito di fronte alla folla.*

imbizzarrito (im-biẓ-ẓar-rì-to) AGG. · Del cavallo divenuto irrequieto, nervoso, spaventato.

imboccare (im-boc-cà-re) V.TR. (*imbócco, imbócchi*, ecc.) **1** Introdurre il cibo nella bocca di chi non è capace di mangiare da sé: *imboccare il bambino.* **2** Entrare in un luogo da percorrere: *hanno imboccato la strada sbagliata* Ⓢ prendere. ▸ Ⓕ **bocca**

imboccatura (im-boc-ca-tù-ra) N.F. **1** Apertura di un oggetto di forma allungata: *l'imboccatura di una damigiana* • Tratto iniziale di entrata: *l'imboccatura del tunnel, del porto* Ⓢ imbocco. **2** Di strumento a fiato, la parte su cui si mette la bocca per suonarlo: *l'imboccatura del sassofono.* ▸ Ⓕ **bocca**

imbocco (im-bóc-co) N.M. (pl. *-chi*) · Punto di accesso a un luogo: *l'imbocco della galleria* Ⓢ imboccatura, entrata. ▸ Ⓕ **bocca**

imbonitore (im-bo-ni-tó-re) N.M. (f. *-trìce*) · Chi presenta qualcosa esagerandone i vantaggi per convincere gli altri: *offriva la sua merce con toni da imbonitore.*

imborghesire (im-bor-ghe-ṣì-re) V.TR. e INTR. (*imborgheṣìsco, imborgheṣìsci*, ecc.) || TR. Far diventare le abitudini e la mentalità di qualcuno simili a quelle del tradizionale borghese: *il potere lo ha imborghesito.* || INTR. (aus. *essere*) e **imborghesirsi** INTR. PRONOM. Acquisire la mentalità e le abitudini del tradizionale borghese: *con il tempo si è imborghesito.*

imboscata (im-bo-scà-ta) N.F. · Assalto improvviso compiuto da persone nascoste: *cadere in un'imboscata* Ⓢ trappola, agguato.

imboscato (im-bo-scà-to) AGG. e N.M. (f. *-a*) **1** Che, chi, soprattutto in tempo di guerra, riesce a evitare l'obbligo militare. **2** Che, chi si sottrae a impegni faticosi o di responsabilità.

imbottigliamento (im-bot-ti-glia-mén-to) N.M. **1** Operazione con cui si mette un liquido nelle bottiglie per conservarlo: *l'imbottigliamento dell'olio.* **2** Ingorgo di veicoli: *c'è un grosso imbottigliamento sulla tangenziale.*

imbottigliare (im-bot-ti-glià-re) V.TR. (*imbottìglio*, ecc.) · Mettere un liquido in bottiglie.

imbottigliato (im-bot-ti-glià-to) AGG. **1** Messo in bottiglia: *vino imbottigliato.* **2** Bloccato nel traffico: *sono rimasto imbottigliato al casello dell'autostrada.*

imbottire (im-bot-tì-re) V.TR. (*imbottìsco, imbottìsci*, ecc.) || TR. **1** Riempire con materiali adatti a rendere soffice e comodo: *imbottire un materasso, una giacca.* **2** Farcire con carne, verdure, affettati, ecc.: *imbottire un panino **di** prosciutto.* || **imbottirsi** RIFL. Riempirsi di cibo o assumere medicine in quantità eccessiva: *imbottirsi **di** dolci, **di** sonniferi.*

imbottito (im-bot-ti-to) AGG. · Fornito di imbottitura: *giacca imbottita.* Ⓔ ***Panino imbottito*** → *panino*.

imbottitura (im-bot-ti-tù-ra) N.F. · Il materiale usato per imbottire un oggetto: *l'imbottitura delle spalle della giacca.*

imbracare (im-bra-cà-re) V.TR. (*imbràco, imbràchi*, ecc.) · Legare con funi, cinghie o cavi qualcuno o qualcosa per poterlo sollevare o trasportare: *imbracare un carico.*

imbracatura (im-bra-ca-tù-ra) N.F. **1** Insieme di cavi e cinghie con cui si lega un oggetto o una persona per sollevarli o trasportarli. **2** Particolare cintura con le bretelle usata dagli alpinisti.

imbracciare (im-brac-cià-re) V.TR. (*imbràccio, imbràcci*, ecc.) · Sistemare sul braccio o sulla spalla: *imbracciare lo scudo; imbracciare il fucile.*

imbranato (im-bra-nà-to) AGG. e N.M. (f. *-a*) · Nel linguaggio familiare, che, chi è goffo e maldestro: *che imbranato, ha fatto cadere tutto.*

imbrattare (im-brat-tà-re) V.TR. || TR. Sporcare in maniera vistosa: *imbrattare **d'**olio una camicia* Ⓢ insudiciare. || **imbrattarsi** RIFL. Sporcarsi, macchiarsi: *imbrattarsi **di** vernice.*

imbrigliare (im-bri-glià-re) V.TR. (*imbrìglio*, ecc.) **1** Mettere le briglie: *imbrigliare il cavallo.* **2** Tenere a freno: *imbrigliare la fantasia* Ⓢ disciplinare, frenare. **3** Rinforzare un terreno contro l'erosione o le frane: *imbrigliare la parete di una montagna* • Contenere le acque di un fiume o di un torrente con argini o altre opere: *imbrigliare un torrente.*

imbroccare (im-broc-cà-re) V.TR. (*imbròcco, imbròcchi*, ecc.) **1** Colpire nel segno: *imbroccare il bersaglio* Ⓢ centrare. **2** Azzeccare, indovinare: *imbroccare una risposta.*

imbrogliare (im-bro-glià-re) V.TR. (*imbròglio*, ecc.) || TR. **1** Far credere a qualcuno cose false per trarne vantaggio o guadagno: *vive imbrogliando il prossimo* Ⓢ ingannare, raggirare. **2** Mettere in disordine: *imbrogliare una matassa* Ⓢ confondere, ingarbugliare. **3** Rendere più complicata una situazione: *imbrogliare una faccenda* Ⓢ complicare. || **imbrogliarsi** INTR. PRONOM. **1** Annodarsi, intrecciarsi: *si sono imbrogliate le reti.* **2** Diventare più difficile: *l'affare si sta imbrogliando.* **3** Confondersi in un ragionamento: *tentò di giustificarsi ma si imbrogliò subito.*

imbroglio (im-brò-glio) N.M. (pl. *-gli*) **1** Inganno, truffa, raggiro: *cadere in un imbroglio.*

2 Situazione complicata: *trovarsi in un imbroglio* Ⓢ guaio, pasticcio.

imbroglione (im-bro-glió-ne) N.M. (f. *-a*; pl.m. *-i*, pl.f. *-e*) · Chi inganna gli altri per ottenere un vantaggio personale Ⓢ impostore, truffatore.

imbronciarsi (im-bron-ciàr-si) V.INTR. PRONOM. (*mi imbróncio*, ecc.; aus. *essere*) · Mettere il broncio: *si imbroncia* ***per*** *ogni sciocchezza* Ⓢ adombrarsi, corrucciarsi.

imbronciato (im-bron-cià-to) AGG. **1** Che esprime malumore mettendo il broncio: *essere tutto imbronciato* Ⓢ immusonito. **2** Nuvoloso, scuro: *cielo imbronciato*.

I

imbrunire (im-bru-ni-re) V.INTR. (*imbrunìsco*, *imbrunìsci*, ecc.; aus. *essere*) · Del cielo dopo il tramonto, diventare scuro: *il cielo ormai imbrunisce*; anche IMPERS.: *comincia a imbrunire* Ⓢ scurirsi • Come N.M., il tramonto: *ci vediamo all'imbrunire*, verso sera.

imbruttire (im-brut-tì-re) V.TR. e INTR. (*imbruttìsco*, *imbruttìsci*, ecc.) || TR. Rendere brutto: *quella pettinatura lo imbruttisce*. || INTR. (aus. *essere*) Diventare brutto: *è molto imbruttito negli ultimi mesi*.

imbucare (im-bu-cà-re) V.TR. (*imbùco*, *imbùchi*, ecc.) || TR. Introdurre nella cassetta postale: *imbucare una lettera* Ⓢ impostare. || **imbucarsi** RIFL. **1** Nascondersi: *dove ti eri imbucato?* **2** Introdursi senza invito a una festa: *è riuscito a imbucarsi al mio pranzo di nozze*.

imburrare (im-bur-rà-re) V.TR. · Spalmare di burro: *imburrare una teglia, un panino*.

imbuto (im-bù-to) N.M. · Attrezzo a forma di cono rovesciato che termina con un piccolo tubo, usato per versare i liquidi in recipienti con l'imboccatura stretta. Ⓔ ***A imbuto***, di forma conica.

imene (i-mè-ne) N.M. · Membrana che nella donna vergine chiude in parte l'accesso alla vagina.

imitare (i-mi-tà-re) V.TR. (*ìmito*, ecc.) **1** Prendere a esempio: *imitare le imprese dei grandi del passato* Ⓢ emulare, seguire. **2** Riprodurre qualcosa in modo somigliante: *imitare il verso del gufo* Ⓢ rifare, ripetere • Realizzare una copia di qualcosa facendo credere che sia originale: *imitare una banconota* Ⓢ contraffare, falsificare.

imitatore (i-mi-ta-tó-re) N.M. (f. *-trìce*) · Chi imita qualcuno • Chi sa riprodurre voci o gesti di qualcuno o voci di animali: *è un irresistibile imitatore dei tic degli amici*.

imitazione (i-mi-ta-zió-ne) N.F. **1** Atteggiamento o comportamento condizionato da un esempio o da un modello: *un gesto degno di imitazione* Ⓢ emulazione. **2** Riproduzione fedele di voci, gesti o versi di animali: *sa fare molte imitazioni di cantanti*. **3** Riproduzione di qualcosa che viene presentato come originale: *questo non è un vero Picasso, ma solo un'imitazione* Ⓢ copia, falso.

immacolato (im-ma-co-là-to) AGG. **1** Senza macchia: *nevi immacolate; una tovaglia immacolata* Ⓢ candido. **2** Senza colpe: *una coscienza immacolata* Ⓢ puro. Ⓔ ***Maria immacolata*** (o *l'Immacolata* N.F.), nella religione cattolica, la Madonna, perché nata senza il peccato originale.

immagazzinare (im-ma-gaz-zi-nà-re) V.TR. **1** Raccogliere in un magazzino: *immagazzinare il grano*. **2** Accumulare nella memoria: *immagazzinare nozioni*.

immaginare (im-ma-gi-nà-re) V.TR. (*immàgino*, ecc.) **1** Raffigurare nel pensiero, creare nell'immaginazione: *immaginate una città senza traffico*; anche TR.PRONOM.: *non è successo niente, ti sei immaginato tutto* Ⓢ fantasticare, sognare. **2** Concepire un progetto: *è stata mia moglie a immaginare il nuovo arredamento della casa* Ⓢ ideare, progettare. **3** Fare una supposizione: *non immaginavo* ***di*** *trovarti già pronto* Ⓢ ritenere, credere, pensare. **4** Comprendere, capire: *non potete immaginare quanto abbia sofferto*; anche TR. PRONOM.: *non puoi immaginarti il mio stupore*. Ⓔ ***Immaginati!, s'immagini!***, in risposte di cortesia, certamente no, tutt'altro: *"La disturbo?" "S'immagini!"*.

immaginario (im-ma-gi-nà-rio) AGG. (pl.m. *-ri*, pl.f. *-rie*) · Che esiste solo nell'immaginazione: *pericoli immaginari* Ⓢ fantastico, irreale.

immaginazione (im-ma-gi-na-zió-ne) N.F. **1** La capacità della mente di produrre immagini o idee che corrispondono più o meno alla realtà: *sono fatti che vanno al di là di ogni immaginazione* Ⓢ fantasia, inventiva. **2** Cosa immaginata, idea che non corrisponde alla realtà: *questo non è vero, è solo una tua immaginazione* Ⓢ fantasticheria.

immagine (im-mà-gi-ne) N.F. **1** La forma di una persona o di una cosa percepita con la vista: *vedere la propria immagine riflessa in uno specchio* Ⓢ figura. **2** Figura disegnata o fotografata: *un libro con immagini a colori* Ⓢ illustrazione. **3** Rappresentazione di qualcosa nella mente: *mi sono fatto un'immagine abbastanza chiara della tua situazione* Ⓢ idea. **4** Manifestazione visibile e concreta di qualcosa: *quel ragazzo è l'immagine della salute* Ⓢ simbolo, ritratto. **5** L'idea del proprio modo di essere che si dà agli altri: *promuovere l'immagine dell'azienda; difendere la propria immagine* Ⓢ reputazione.

immalinconire (im-ma-lin-co-nì-re) V.TR. e INTR. (*immalinconìsco, immalinconìsci*, ecc.) || TR. Rendere malinconico: *questo tempo mi immalinconisce* Ⓢ deprimere, rattristare. || INTR. (aus. *essere*) e **immalinconirsi** INTR. PRONOM. Diventare malinconico: *se continui a stare chiuso in casa ti immalinconisci.*

immancabile (im-man-cà-bi-le) AGG. · Che non manca mai, che ci sarà sicuramente: *l'immancabile festa di fine d'anno* Ⓢ certo, inevitabile.

immane (im-mà-ne) AGG. · Di enorme grandezza, di eccezionale gravità: *una fatica immane; un immane disastro* Ⓢ enorme, immenso.

Il termine deriva dal latino *immanis* 'brutale, feroce', passato a significare 'spaventoso' e poi 'gigantesco, enorme'.

immangiabile (im-man-già-bi-le) AGG. · Che non si può mangiare perché è troppo duro o ha un cattivo sapore: *questo arrosto è immangiabile.*

immarcescibile (im-mar-ce-scì-bi-le) AGG. **1** Che non può marcire: *merce immarcescibile.* **2** Che dura per sempre: *la fede è un bene immarcescibile* Ⓢ eterno, imperituro.

immatricolare (im-ma-tri-co-là-re) V.TR. (*immatrìcolo*, ecc.) || TR. Iscrivere per la prima volta in un registro pubblico, assegnando un numero che ne permette il riconoscimento: *immatricolare un'automobile* Ⓢ registrare. || **immatricolarsi** RIFL. Iscriversi al primo anno di università: *immatricolarsi a ingegneria.*

immatricolazione (im-ma-tri-co-la-zió-ne) N.F. · L'iscrizione di persone o di beni in pubblici registri: *l'immatricolazione di un veicolo.*

immaturità (im-ma-tu-ri-tà) N.F. INVAR. · Mancanza di maturità, di spirito adulto: *l'esame ha rivelato l'immaturità del candidato* Ⓒ maturità.

immaturo (im-ma-tù-ro) AGG. **1** Di frutto non ancora maturo: *l'uva immatura* Ⓢ acerbo Ⓒ maturo. **2** Che non ha ancora raggiunto una mentalità da adulto: *un ragazzo immaturo per la sua età* Ⓢ infantile • Inesperto: *come dirigente è ancora immaturo.* **3** Che è nato o che è avvenuto troppo presto: *un neonato immaturo; l'immatura morte di un giovane* Ⓢ prematuro.

immedesimarsi (im-me-de-ṣi-màr-si) V.RIFL. (*mi immedéṣimo*, ecc.) · Partecipare a una situazione o a uno stato d'animo con tale intensità da viverli come propri: *m'immedesimo **nel** tuo dolore* Ⓢ identificarsi.

immedesimazione (im-me-de-ṣi-ma-zió-ne) N.F. · Operazione con cui ci si immedesima in qualcuno: *gli attori devono dimostrare una buona capacità di immedesimazione* Ⓢ identificazione.

immediatamente (im-me-dia-ta-mén-te) AVV. · All'istante, senza indugio: *ha detto che deve partire immediatamente* Ⓢ subito.

immediatezza (im-me-dia-téz-za) N.F. **1** Straordinaria rapidità: *l'immediatezza di una decisione.* **2** Spontaneità, naturalezza: *l'immediatezza del suo comportamento ha messo tutti a proprio agio.*

immediato (im-me-dià-to) AGG. e N.M. || AGG. **1** Che avviene subito: *pagamento immediato; l'intervento immediato dei pompieri spense l'incendio* Ⓢ rapido. **2** Che si trova subito accanto nello spazio: *l'edicola è nelle immediate vicinanze della scuola* • In una gerarchia, senza gradi intermedi: *il suo immediato superiore* Ⓢ diretto. **3** Spontaneo, istintivo, impulsivo: *una reazione immediata.* || N.M. Nell'espressio-

A B C D E F G H I J K L M N O P Q R S T U V W X Y Z

ne ***nell'immediato***, in questo momento, subito: *un provvedimento da realizzare nell'immediato.*

immemorabile (im-me-mo-rà-bi-le) AGG. · Lontano nel tempo e impossibile da ricordare: *è una storia finita ormai da tempo immemorabile* Ⓢ remoto.

immensamente (im-men-sa-mén-te) AVV. · Infinitamente, moltissimo: *mi dispiace immensamente.*

immensità (im-men-si-tà) N.F. INVAR. **1** Grandezza straordinaria ed eccezionale: *l'immensità dell'oceano; puoi immaginare l'immensità della mia gioia?* Ⓢ vastità. **2** Enorme quantità: *un'immensità di impegni* Ⓢ infinità, sacco.

immenso (im-mèn-so) AGG. **1** Che è così grande da non poter essere misurato: *un parco immenso; immense ricchezze* Ⓢ sconfinato, smisurato. **2** Di eccezionale intensità: *un'immensa stanchezza* Ⓢ intenso, profondo.

immergere (im-mèr-ge-re) V.TR. (irreg.: ind. pres. *immèrgo, immèrgi*, ecc.; pass. rem. *immèrsi, immergésti, immèrse, immergémmo, immergéste, immèrsero*; part. pass. *immèrso*) || TR. **1** Introdurre qualcosa in un liquido: *immergere i piedi* ***nell'****acqua* Ⓢ tuffare, intingere. **2** Avvolgere, gettare: *un guasto alla centrale elettrica immerse la città* ***nel*** *buio.* || **immergersi** RIFL. **1** Entrare nell'acqua: *dopo mangiato è meglio non immergersi* • Di sommergibili o subacquei, scendere al di sotto della superficie dell'acqua: *i sommozzatori si sono immersi alla ricerca del relitto.* **2** Lasciarsi prendere totalmente da qualcosa: *immergersi* ***nello*** *studio* Ⓢ sprofondarsi.

> Il termine deriva dal latino *immergere* 'immergere, sommergere', che viene a sua volta da *mergere* 'immergere, affondare' con il prefisso **in-**²; dal verbo latino *mergere* derivano anche i verbi, coniugati allo stesso modo, **emergere** e **sommergere**.

immeritato (im-me-ri-tà-to) AGG. · Che non è meritato: *lodi immeritate; un rimprovero immeritato* Ⓢ ingiusto.

immersi (im-mèr-si) · Pass. rem., 1ª pers. sing. → ***immergere***.

immersione (im-mer-sió-ne) N.F. · L'andare o lo stare sott'acqua: *l'immersione del sommozzatore* Ⓒ emersione.

immerso (im-mèr-so) AGG. || Participio pass. → ***immergere***. || AGG. **1** Che sta dentro l'acqua: *i piedi immersi* ***nell'****acqua.* **2** Completamente avvolto: *un campeggio immerso* ***nella*** *natura; la casa era immersa* ***nel*** *silenzio* Ⓢ circondato da, sprofondato. **3** Totalmente assorbito da un'attività: *era immerso* ***nei*** *suoi pensieri* Ⓢ concentrato.

immettere (im-mét-te-re) V.TR. (irreg.: coniugato come *mettere*) || TR. Mettere dentro, far entrare: *immettere acqua* ***in*** *un bacino; il corridoio immetteva* ***in*** *una grande sala* Ⓢ introdurre • Inserire dei dati nella memoria di un computer. || **immettersi** INTR. PRONOM. Introdursi, entrare: *immettersi* ***in*** *una strada.*

> Il termine deriva dal latino *immittere* 'introdurre', che viene a sua volta da *mittere* 'mandare' con il prefisso **in-**² (→ ***mettere***).

immigrante (im-mi-gràn-te) N.M. e F. · Chi immigra: *gli immigranti italiani nel mondo sono molto numerosi* Ⓒ emigrante.

immigrare (im-mi-grà-re) V.INTR. (aus. *essere*) · Andare a vivere in un luogo diverso da quello in cui si è nati, di solito per trovare lavoro o migliori condizioni di vita: *negli anni Sessanta molti meridionali sono immigrati* ***in*** *Germania* Ⓢ trasferirsi Ⓒ emigrare.

immigrato (im-mi-grà-to) AGG. e N.M. (f. *-a*) · Che, chi si è trasferito in un luogo diverso da quello in cui è nato, di solito per trovare lavoro: *i lavoratori immigrati; gli immigrati extracomunitari* Ⓒ emigrato.

immigrazione (im-mi-gra-zió-ne) N.F. · Il trasferimento in un luogo di persone provenienti dall'estero o da altre regioni dello stesso Paese, di solito per trovare lavoro: *l'immigrazione italiana* ***negli*** *Stati Uniti* Ⓒ emigrazione.

imminente (im-mi-nèn-te) AGG. · Che sta per accadere: *il matrimonio è ormai imminente* Ⓢ vicino, prossimo.

imminenza (im-mi-nèn-za) N.F. · Vicinanza di un avvenimento nel futuro: *l'imminenza del suo arrivo ci costringe ad accelerare i preparativi* Ⓢ prossimità.

immischiare (im-mi-schià-re) V.TR. (*immìschio*, ecc.) || TR. Coinvolgere qualcuno in una situazione contro la sua volontà: *non immischiare tuo fratello* ***in*** *questa vicenda* Ⓢ trascinare. || **immischiarsi** RIFL. Interessarsi di questioni che non ci riguardano: *non voglio immischiarmi* ***negli*** *affari degli altri* Ⓢ impicciarsi, intromettersi.

immissario (im-mis-sà-rio) N.M. (pl. *-ri*) · Corso d'acqua che sfocia in un fiume più grande o in un lago Ⓢ affluente Ⓒ emissario.

immissione (im-mis-sió-ne) N.F. **1** Introduzione di qualcosa o qualcuno in un ambiente con un preciso scopo: *l'immissione di aria* ***nei*** *polmoni* Ⓢ inserimento. **2** Introduzione di dati nella memoria di un computer.

immobile (im-mò-bi-le) AGG. · Che non può o non vuole muoversi: *essere, rimanere immobile* Ⓢ fermo, fisso Ⓒ mobile. Ⓔ ***Bene immobile*** (o *un immobile* N.M.), bene che non si può trasportare, come una casa o un terreno, contrapposto ai *beni mobili* (come denaro e titoli): *un immobile di proprietà del Comune*.

immobiliare (im-mo-bi-lià-re) AGG. · Che riguarda beni immobili: *proprietà immobiliare*. Ⓔ ***Agenzia immobiliare*** → ***agenzia***.

immobilità (im-mo-bi-li-tà) N.F. INVAR. · Assenza o impossibilità di movimento: *la frattura del femore la costrinse all'immobilità* Ⓢ inattività.

immobilizzare (im-mo-bi-liz-zà-re) V.TR. || TR. Costringere all'immobilità: *il ladro fu immobilizzato e disarmato* Ⓢ fermare, bloccare. || **immobilizzarsi** INTR. PRONOM. Fermarsi di scatto.

immolare (im-mo-là-re) V.TR. (*immòlo*, ecc.) || TR. **1** Uccidere un animale o una persona per offrirli a una divinità: *immolare un agnello* ***agli*** *dei*. **2** Sacrificare in nome di un ideale: *immolare la propria vita* ***per*** *il bene dell'umanità*. || **immolarsi** RIFL. Dare tutto se stesso per un ideale: *immolarsi* ***per*** *la libertà* Ⓢ sacrificarsi.

Il termine deriva dal latino *immolare* 'cospargere di farina di farro', che viene a sua volta da *mola* 'farina di farro' con il prefisso **in-**[2]; presso i Greci e i Romani la farina di farro veniva sparsa insieme al sale sulla vittima del sacrificio.

immondezzaio (im-mon-dez-zà-io) N.M. (pl. *-zài*) · Luogo in cui si raccolgono i rifiuti • Luogo pieno di sporcizia e di disordine: *quella casa è un immondezzaio* Ⓢ letamaio, porcile.

immondizia (im-mon-dì-zia) N.F. (pl. *-zie*) · Tutto ciò che si butta via: *gettare tra l'immondizia* Ⓢ spazzatura; rifiuti (PL.).

immondo (im-món-do) AGG. **1** Che provoca ribrezzo: *una bestia immonda* Ⓢ ripugnante, schifoso. **2** Moralmente impuro: *un individuo immondo* Ⓢ ignobile, abietto.

immorale (im-mo-rà-le) AGG. · Apertamente contrario alle norme morali: *presso alcuni popoli, il furto non è considerato immorale* • Che offende il comune senso del pudore: *una pubblicazione immorale* Ⓢ osceno, scandaloso.

immoralità (im-mo-ra-li-tà) N.F. INVAR. · L'essere immorale: *l'immoralità di un ambiente* Ⓢ depravazione, corruzione.

immortalare (im-mor-ta-là-re) V.TR. **1** Rendere immortale nella memoria degli uomini: *immortalare un eroe in un poema*. **2** Fotografare: *l'attrice è stata immortalata mentre usciva dall'albergo*.

immortale (im-mor-tà-le) AGG. **1** Che non muore mai: *gli dei immortali* Ⓢ eterno Ⓒ mortale. **2** Che non ha fine, che non può essere cancellato: *amore immortale* Ⓢ imperituro, perenne • Che rimane per sempre nella storia: *la sua opera è immortale*.

immortalità (im-mor-ta-li-tà) N.F. INVAR. **1** L'essere immortale: *l'immortalità dell'anima* Ⓢ eternità. **2** Fama o gloria eterna.

immotivato (im-mo-ti-và-to) AGG. · Fatto o detto senza motivo: *un rifiuto immotivato* Ⓢ ingiustificato Ⓒ motivato.

immune (im-mù-ne) AGG. **1** Privo, esente, libero: *immune* ***da*** *difetti*. **2** In medicina, resistente a una malattia infettiva: *il vaccino lo ha reso immune* ***dal*** *contagio*.

immunità (im-mu-ni-tà) N.F. INVAR. **1** Insieme di garanzie che liberano alcune persone da un obbligo: *immunità fiscale* Ⓢ privilegio. **2** In medicina, resistenza dell'organismo a malattie infettive o virus: *immunità* ***da*** *una malattia*. Ⓔ ***Immunità parlamentare***, privilegio di cui godono i parlamentari italiani di non poter essere sottoposti a processi per reati penali senza l'autorizzazione del Parlamento.

immunitario (im-mu-ni-tà-rio) AGG. (pl.m. *-ri*, pl.f. *-rie*) · In medicina, che riguarda la resistenza dell'organismo a malattie infettive o a virus. Ⓔ ***Sistema immunitario***, l'insieme di organi, cellule e molecole che proteggono l'organismo da sostanze estranee.

immunizzare (im-mu-niz-zà-re) V.TR. · Rendere immune da una malattia con una vaccinazione: *immunizzare i bambini* ***dal*** *vaiolo.*

immuno- · Primo elemento di parole composte che indica 'lo stato di immunità dell'organismo': *immunodeficienza.*

I

immunodeficienza (im-mu-no-de-fi-cièn-za) N.F. · In medicina, mancanza delle difese che proteggono l'organismo dalle malattie infettive. Ⓔ ***Sindrome da immunodeficienza acquisita***, aids.

immunologia (im-mu-no-lo-gì-a) N.F. (pl. *-gìe*) · Settore della medicina che studia i fenomeni immunitari.

immunologico (im-mu-no-lò-gi-co) AGG. (pl.m. *-ci*, pl.f. *-che*) · In medicina, che riguarda l'immunologia: *reazione immunologica.*

immusonito (im-mu-so-nì-to) AGG. · Imbronciato, serio: *perché te ne stai lì tutto immusonito?*

immutabile (im-mu-tà-bi-le) AGG. · Sempre uguale, che non cambia o non può essere cambiato: *l'immutabile corso delle stagioni; una decisione immutabile* Ⓢ invariabile, costante.

immutato (im-mu-tà-to) AGG. · Uguale a prima, che non è cambiato: *gli ordini restano immutati* Ⓢ invariato.

impacchettare (im-pac-chet-tà-re) V.TR. (*impacchétto*, ecc.) · Confezionare qualcosa in uno o più pacchetti: *impacchettare i regali di Natale.*

impacciare (im-pac-cià-re) V.TR. (*impàccio*, ecc.) || TR. Essere di ostacolo nei movimenti: *il cappotto m'impaccia* ***nella*** *guida* Ⓢ intralciare. || **impacciarsi** RIFL. Essere a disagio: *si impaccia sempre a parlare in pubblico* Ⓢ imbarazzarsi.

impacciato (im-pac-cià-to) AGG. **1** Ostacolato nei movimenti: *con i tacchi alti si sentiva impacciata* Ⓢ impedito. **2** Imbarazzato, timido, confuso: *aveva un'aria impacciata.*

impaccio (im-pàc-cio) N.M. (pl. *-ci*) **1** Ostacolo fastidioso: *la giacca mi è d'impaccio al lavoro* Ⓢ impiccio, impedimento. **2** Situazione difficile: *cerca di toglierti d'impaccio da solo per una volta* Ⓢ seccatura. **3** Imbarazzo, disagio: *non nascondeva il suo impaccio.*

impacco (im-pàc-co) N.M. (pl. *-chi*) · Applicazione su una parte del corpo di garze o panni bagnati con acqua o medicinali liquidi: *fare un impacco.*

impadronirsi (im-pa-dro-nìr-si) V.INTR. PRONOM. (*mi impadronìsco, ti impadronìsci*, ecc.) **1** Diventare padrone, impossessarsi di qualcosa, soprattutto con la forza: *l'esercito si è impadronito* ***del*** *potere* Ⓢ appropriarsi. **2** Imparare bene: *prima ti devi impadronire* ***della*** *lingua* Ⓢ apprendere.

impagabile (im-pa-gà-bi-le) AGG. · Di valore grandissimo, che non ha prezzo: *un favore impagabile* Ⓢ inestimabile • Straordinario, eccezionale: *un marito impagabile.*

impaginare (im-pa-gi-nà-re) V.TR. (*impàgino*, ecc.) · Sistemare testi e immagini nelle pagine di un giornale o di un libro che deve essere stampato.

impaginazione (im-pa-gi-na-zió-ne) N.F. · La sistemazione delle pagine di un giornale o di un libro che deve essere stampato.

impagliare (im-pa-glià-re) V.TR. (*impàglio*, ecc.) **1** Rivestire di paglia: *impagliare una sedia.* **2** Imbottire i cadaveri degli animali, per conservarli nel loro aspetto: *impagliare una volpe.*

impalato (im-pa-là-to) AGG. · Dritto e fermo in piedi, come un palo: *dammi una mano invece di rimanere lì impalato!* Ⓢ immobile.

impalcatura (im-pal-ca-tù-ra) N.F. · Struttura a più piani, fatta con tubi di metallo e assi di legno, usata dagli operai per fare lavori lungo i muri di un edificio.

impallidire (im-pal-li-dì-re) V.INTR. (*impallidìsco, impallidìsci*, ecc.; aus. *essere*) **1** Diventare bianco in volto, per una forte emozione o per un malore: *a quelle parole impallidì* Ⓢ sbiancare. **2** Diventare meno luminoso: *le stelle impallidiscono all'avvicinarsi dell'alba.* **3** Perdere forza: *la sua fama non impallidirà mai* Ⓢ diminuire.

impallinare (im-pal-li-nà-re) V.TR. **1** Colpire con una scarica di pallini da caccia: *impallinare una quaglia.* **2** Colpire con una serie di critiche o di voti contrari: *voleva candidarsi, ma i membri del suo partito l'hanno impallinato.*

impalpabile (im-pal-pà-bi-le) AGG. **1** Talmente fine o sottile che si sente appena sotto le dita: *una polvere impalpabile; un velo impalpabile* Ⓒ palpabile. **2** Indefinito, vago, tenue: *un'impalpabile sensazione di disagio.*

impanare (im-pa-nà-re) V.TR. · Passare nel pan grattato un cibo prima di friggerlo: *impanare le fettine di carne.* ▸ Ⓕ **pane**

impantanarsi (im-pan-ta-nàr-si) V.INTR. PRONOM. **1** Finire in un terreno fangoso: *il carro s'è impantanato.* **2** Trovarsi in una situazione da cui è difficile uscire: *si è impantanata* ***nello*** *studio di una materia che non le piace* Ⓢ arenarsi, impelagarsi.

impaperarsi (im-pa-pe-ràr-si) V.INTR. PRONOM. (*mi impàpero*, ecc.) · Fare degli errori nel parlare: *durante l'interrogazione si è impaperato più volte* Ⓢ impappinarsi.

impappinarsi (im-pap-pi-nàr-si) V.INTR. PRONOM. · Confondersi nel parlare: *quando ripete la lezione si impappina spesso* Ⓢ impaperarsi.

imparabile (im-pa-rà-bi-le) AGG. · Di tiro, che non si può parare: *un rigore imparabile.*

imparare (im-pa-rà-re) V.TR. · Arrivare a conoscere qualcosa attraverso lo studio e l'esercizio: *imparare una lingua; imparare a memoria una poesia* Ⓢ apprendere • Ottenere la capacità di fare qualcosa attraverso l'esperienza: *imparare un mestiere; imparare* ***a*** *nuotare.*

impareggiabile (im-pa-reg-già-bi-le) AGG. · Che non ha niente o nessuno che possa stare al suo livello, senza pari: *un amico impareggiabile; una generosità impareggiabile* Ⓢ unico, ineguagliabile.

imparentarsi (im-pa-ren-tàr-si) V.RIFL. (*mi imparènto*, ecc.) · Diventare parenti, soprattutto dopo un matrimonio: *si è imparentato* ***con*** *i Pacini.*

imparentato (im-pa-ren-tà-to) AGG. · Diventato parente di qualcuno, di solito in seguito a un matrimonio: *è imparentato* ***con*** *una famiglia nobile.*

impari (ìm-pa-ri) AGG. INVAR. **1** Differente, diseguale: *due cime di altezza impari* • Così inferiore da escludere ogni possibilità di confronto o di successo: *forze impari; si è dimostrato impari* ***al*** *compito affidato* Ⓢ inadeguato. **2** Di numero, dispari. Ⓔ ***Lotta impari***, tra forze così squilibrate da escludere il confronto.

impartire (im-par-tì-re) V.TR. (*impartìsco, impartìsci*, ecc.) · Dare qualcosa, soprattutto in situazioni formali: *impartire un ordine; impartire un sacramento.*

imparziale (im-par-zià-le) AGG. · Che giudica secondo criteri obiettivi, che non fa preferenze: *giudice imparziale; una critica imparziale* Ⓢ obiettivo, equo Ⓒ parziale.

imparzialità (im-par-zia-li-tà) N.F. INVAR. · Atteggiamento imparziale Ⓢ equità Ⓒ parzialità.

impassibile (im-pas-sì-bi-le) AGG. · Che non mostra emozioni: *restò impassibile di fronte agli insulti* Ⓢ indifferente, imperturbabile.

impastare (im-pa-stà-re) V.TR. · Mescolare alimenti o altri materiali solidi e liquidi per ottenere una pasta omogenea: *impastare i colori; impastare il pane, la pizza*, prepararne la pasta Ⓢ amalgamare, mischiare.

impasto (im-pà-sto) N.M. · Sostanza omogenea ottenuta mescolando insieme elementi solidi e liquidi: *l'impasto per fare la pizza; l'impasto della calcina* Ⓢ amalgama, miscuglio.

impatto (im-pàt-to) N.M. **1** Scontro violento: *l'impatto dell'auto* ***con*** *l'albero fu terribile* Ⓢ urto, collisione. **2** Incontro con una situazione nuova, spesso difficile: *l'impatto* ***con*** *il mondo del lavoro* Ⓢ contatto, scontro. **3** Influenza, effetto, riscontro: *la campagna pub-*

blicitaria non ha avuto l'impatto sperato. Ⓔ ***Impatto ambientale***, l'insieme delle conseguenze dannose per l'ambiente provocate dall'intervento umano in una certa area.

impaurire (im-pau-rì-re) V.TR. (*impaurìsco, impaurìsci*, ecc.) || TR. Fare paura, fare spavento: *li ha impauriti con le minacce* Ⓢ spaventare. || **impaurirsi** INTR. PRONOM. Prendersi paura: *il bambino s'impauriva* ***per*** *i tuoni.*

impavesare (im-pa-ve-ṣà-re) V.TR. (*impavéṣo*, ecc.) · Ornare una nave con bandierine colorate in segno di festa.

impavido (im-pà-vi-do) AGG. · Che non ha paura: *un guerriero impavido* Ⓢ coraggioso, audace Ⓒ pavido.

I

impaziente (im-pa-zièn-te) AGG. **1** Che non ha pazienza, che non sa restare calmo: *una madre impaziente con i figli* Ⓢ insofferente, nervoso Ⓒ paziente • Che rivela impazienza: *un'occhiata impaziente.* **2** Fortemente desideroso di fare o di sapere qualcosa, tanto da non riuscire ad aspettare: *sono impaziente* ***di*** *cominciare il nuovo lavoro* Ⓢ ansioso.

impazientirsi (im-pa-zien-tìr-si) V.INTR. PRONOM. (*mi impazientìsco, ti impazientìsci*, ecc.) · Perdere la pazienza: *si impazientisce al più piccolo ritardo* Ⓢ spazientirsi.

impazienza (im-pa-zièn-za) N.F. **1** Mancanza di pazienza, incapacità di rimanere calmo di fronte a una difficoltà: *rispose con impazienza a tutte quelle domande* Ⓢ nervosismo, insofferenza Ⓒ pazienza. **2** Grande desiderio, attesa nervosa: *l'impazienza di rivederla* Ⓢ smania.

impazzata (im-paz-zà-ta) N.F. · Solo nell'espressione ***all'impazzata***, a velocità pazzesca: *correre all'impazzata.*

impazzire (im-paz-zì-re) V.INTR. (*impazzìsco, impazzìsci*, ecc.; aus. *essere*) **1** Perdere la ragione, diventare pazzo: *è impazzito* ***per*** *il dolore* Ⓢ ammattire. **2** Perdere la testa nel fare qualcosa di assillante e complicato: *sono impazzito* ***per*** *procurarmi quei documenti* Ⓢ scervellarsi. **3** Essere preso dalla passione per qualcuno o qualcosa: *impazzire* ***per*** *una donna; impazzire* ***per*** *il jazz.* **4** Funzionare male: *la bussola è impazzita.* **5** In cucina, di creme e salse, perdere omogeneità: *la maionese è impazzita.* Ⓔ ***Da impazzire***, nel linguaggio familiare, moltissimo: *mi piace da impazzire; ho una sete da impazzire.*

impeccabile (im-pec-cà-bi-le) AGG. · Privo di difetti: *un ragionamento impeccabile* Ⓢ perfetto, ineccepibile.

impedimento (im-pe-di-mén-to) N.M. · Motivo di ostacolo che non permette di fare qualcosa: *essere d'impedimento* Ⓢ intralcio.

impedire (im-pe-dì-re) V.TR. (*impedìsco, impedìsci*, ecc.) **1** Rendere difficile o impossibile che si svolga o si compia qualcosa: *la malattia* ***gli*** *impedisce qualsiasi attività; la tempesta impedì* ***alla*** *nave* ***di*** *entrare in porto; un alto muro impedisce la vista* Ⓢ intralciare, ostacolare. **2** Proibire, vietare: *nessuno ti impedisce* ***di*** *andartene.* **3** Limitare la libertà di movimento: *era impedito dalla giacca troppo stretta* Ⓢ impacciare.

Il termine deriva dal latino *impedire* 'mettere ceppi, impacci ai piedi', che viene a sua volta da *pes* 'piede' con il prefisso **in-**[2].

impegnare (im-pe-gnà-re) V.TR. (*impégno*, ecc.) || TR. **1** Dare in pegno, cioè a garanzia di un debito: *impegnare i gioielli di famiglia* Ⓢ ipotecare. **2** Obbligare con una promessa o un accordo: *il documento che hai firmato ti impegna* ***a*** *rispettare i patti* Ⓢ vincolare. **3** Tenere occupato in un'attività: *tutti gli agenti sono stati impegnati* ***nelle*** *indagini.* || **impegnarsi** RIFL. **1** Assumersi l'impegno di fare qualcosa: *mi sono impegnato* ***ad*** *aiutarlo economicamente.* **2** Dedicarsi a qualcosa con tutte le proprie capacità ed energie: *impegnarsi* ***nello*** *studio* Ⓢ applicarsi.

La prima persona plurale dell'indicativo presente e quella del congiuntivo presente è *impegniamo*, con la *i*: la forma *impegnamo* è sempre scorretta! La seconda persona plurale dell'indicativo presente è *impegnate* senza *i*, mentre quella del congiuntivo presente è *impegniate* con la *i*.

impegnativo (im-pe-gna-tì-vo) AGG. · Che richiede un uso considerevole di mezzi e di energie: *un lavoro impegnativo* Ⓢ duro, difficile.

impegnato (im-pe-gnà-to) AGG. **1** Di persona, occupato in un'attività: *sarò impegnato* *tutto il giorno* ***con*** *una traduzione* Ⓢ indaffarato. **2** Fidanzato: *la ragazza è già impegnata.* **3** Interessato attivamente ai problemi sociali o politici: *uno scrittore impegnato.*

impegno (im-pé-gno) N.M. **1** Obbligo assunto in base alla legge o alla morale: *prendere un impegno; mancare, tener fede a un impegno.* **2** Cosa da fare: *avere molti impegni* Ⓢ compito, incombenza. **3** L'uso di tutte le proprie capacità ed energie nel fare qualcosa: *studiare con impegno; i figli richiedono un impegno assoluto* Ⓢ diligenza, dedizione. **4** Interesse attivo ai problemi sociali e politici: *impegno politico.* Ⓔ ***D'impegno***, che richiede un notevole sforzo: *un affare d'impegno; lavorare d'impegno* • ***Senza impegno***, di promessa fatta o ricevuta senza garanzie formali.

impegolarsi (im-pe-go-làr-si) V.RIFL. (*mi impégolo*, ecc.) · Impantanarsi, impelagarsi: *si è andato a impegolare* ***in*** *un'impresa più grande di lui.*

impelagarsi (im-pe-la-gàr-si) V.RIFL. (*mi impèlago, ti impèlaghi*, ecc.) · Mettersi in una situazione spiacevole da cui è difficile uscire: *s'è impelagato* ***in*** *un brutto affare* Ⓢ impantanarsi, impegolarsi.

impellente (im-pel-lèn-te) AGG. · Che deve essere soddisfatto immediatamente: *un bisogno impellente* Ⓢ urgente.

impenetrabile (im-pe-ne-trà-bi-le) AGG. **1** Attraverso cui niente o nessuno può passare: *un bosco impenetrabile* Ⓢ inaccessibile. **2** Che non si può capire o spiegare: *gli impenetrabili misteri dell'universo* Ⓢ incomprensibile, oscuro. **3** Che non mostra le proprie emozioni e intenzioni: *sguardo impenetrabile* Ⓢ enigmatico, imperscrutabile.

impennarsi (im-pen-nàr-si) V.INTR. PRONOM. (*mi impénno*, ecc.) **1** Del cavallo, alzarsi sulle zampe posteriori. **2** Di nave, aereo, bicicletta o moto, sollevare la parte anteriore.

impennata (im-pen-nà-ta) N.F. **1** Movimento brusco del cavallo che si alza all'improvviso sulle zampe posteriori. **2** Reazione di rabbia o di orgoglio: *con un'ultima impennata la squadra ha raggiunto il pareggio.* **3** Sollevamento della parte anteriore di una nave, di un aereo o di un motociclo in movimento. **4** Aumento forte e improvviso del valore economico di qualcosa: *il prezzo del petrolio ha avuto l'ennesima impennata* Ⓢ rialzo.

impensabile (im-pen-sà-bi-le) AGG. · Che non può essere pensato o immaginato perché è troppo assurdo: *un esito impensabile* Ⓢ inconcepibile.

impensato (im-pen-sà-to) AGG. · Che non si poteva immaginare o prevedere: *raggiunse risultati impensati; certe notizie arrivano nei momenti più impensati* Ⓢ inaspettato, imprevisto.

impensierire (im-pen-sie-rì-re) V.TR. (*impensierìsco, impensierìsci*, ecc.) || TR. Mettere in uno stato di preoccupazione o di ansia: *la sua scomparsa improvvisa impensierì tutti gli amici* Ⓢ preoccupare, inquietare. || **impensierirsi** INTR. PRONOM. Stare in ansia: *non vi impensierite se ritardo un po'.*

imperante (im-pe-ràn-te) AGG. **1** Che impera, che ha il potere: *la dinastia imperante.* **2** Che è molto diffuso: *la moda imperante* Ⓢ dilagante, dominante.

imperare (im-pe-rà-re) V.INTR. (*impèro*, ecc.; aus. *avere*) **1** Avere l'autorità imperiale: *imperò* ***su*** *molti popoli diversi tra loro.* **2** Avere un potere assoluto: *le flotte olandesi imperavano* ***sui*** *mari* Ⓢ dominare, regnare. **3** Essere molto diffuso: *la gonna lunga torna a imperare nella moda* Ⓢ imperversare, predominare.

imperativo (im-pe-ra-tì-vo) AGG. e N.M. · In grammatica, del modo del verbo che esprime un comando o un invito (*lavora!; studiate!; chiuda subito quella porta!*).

imperatore (im-pe-ra-tó-re) N.M. · Il sovrano di un impero: *gli imperatori della Cina.*

imperatrice (im-pe-ra-trì-ce) N.F. **1** La sovrana di un impero: *l'imperatrice Maria Teresa d'Austria.* **2** La moglie dell'imperatore.

impercettibile (im-per-cet-tì-bi-le) AGG. · Che si nota o si sente pochissimo: *movimenti impercettibili; un fruscio impercettibile* Ⓢ minimo, leggero.

imperdonabile (im-per-do-nà-bi-le) AGG. · Così grave che non può essere perdonato o giustificato: *un errore imperdonabile; un'offesa imperdonabile* Ⓢ irreparabile.

imperfetto (im-per-fèt-to) AGG. **1** Che ha dei difetti, che non funziona bene: *un meccanismo imperfetto* Ⓢ difettoso, impreciso Ⓒ perfetto. **2** In grammatica: ***tempo imperfetto*** (o *l'imperfetto* N.M.), tempo del verbo che indica l'azione che dura nel passato (*mentre faceva la doccia, squillò il telefono; le piacevano le lunghe passeggiate sul mare*).

imperfezione (im-per-fe-zió-ne) N.F. · Difetto, mancanza: *il meccanismo ha ancora delle imperfezioni.*

imperiale (im-pe-rià-le) AGG. · Che riguarda l'imperatore o l'impero: *esercito imperiale; età imperiale.*

imperialismo (im-pe-ria-lì-ṣmo) N.M. · La volontà di uno Stato di estendere il proprio dominio su territori sempre più vasti: *l'imperialismo inglese dell'Ottocento* • La tendenza delle nazioni ricche a dominare quelle più povere dal punto di vista economico.

imperioso (im-pe-rió-so) AGG. **1** Che comanda in modo minaccioso: *piglio imperioso* Ⓢ autoritario, dispotico. **2** Che non si può rimandare: *un imperioso bisogno di sfogo* Ⓢ urgente, impellente.

imperituro (im-pe-ri-tù-ro) AGG. · Destinato a durare nel tempo: *gloria imperitura* Ⓢ eterno, immortale.

imperizia (im-pe-rì-zia) N.F. (pl. *-zie*) · Mancanza di abilità e di preparazione nel fare qualcosa: *l'imperizia di un medico* Ⓢ incapacità.

imperlare (im-per-là-re) V.TR. (*impèrlo*, ecc.) · Coprire di goccioline: *la paura cominciò a imperlargli la fronte **di** sudore.*

impermalirsi (im-per-ma-lìr-si) V.INTR. PRONOM. (*mi impermalisco, ti impermalisci*, ecc.) · Offendersi, risentirsi, indispettirsi: *non ti impermalire **per** così poco!*

impermeabile (im-per-me-à-bi-le) AGG. e N.M. || AGG. Che non lascia passare l'acqua o altri liquidi: *tessuto impermeabile **all'**acqua* Ⓒ permeabile. || N.M. Soprabito per ripararsi dalla pioggia.

impermeabilità (im-per-me-a-bi-li-tà) N.F. INVAR. · La proprietà di un corpo di non far penetrare i fluidi Ⓒ permeabilità.

impermeabilizzare (im-per-me-a-bi-liẓ-ẓà-re) V.TR. · Rendere impermeabile: *impermeabilizzare una stoffa.*

imperniare (im-per-nià-re) V.TR. (*impèrnio*, ecc.) || TR. **1** Collegare due pezzi mediante uno o più perni: *imperniare una finestra.* **2** Fondare qualcosa su un punto di riferimento: *imperniare un ragionamento **su** un'ipotesi* Ⓢ basare. || **imperniarsi** INTR. PRONOM. **1** Collegarsi mediante uno o più perni: *la porta si impernia **sui** cardini.* **2** Fondarsi, basarsi: *l'accusa si impernia **su** solidi elementi.*

imperniato (im-per-nià-to) AGG. · Basato su un punto di riferimento fisso: *un ragionamento imperniato **su** un'ipotesi.*

impero (im-pè-ro) N.M. **1** Paese o insieme di Paesi governati da un imperatore: *l'Impero romano* • L'insieme dei territori sotto il controllo di uno Stato: *l'Impero britannico* Ⓢ domini (PL.), possedimenti (PL.). **2** Il potere dell'imperatore: *durante l'impero di Napoleone.* **3** Potere assoluto in un certo ambito, soprattutto economico: *creare un impero finanziario* Ⓢ supremazia.

imperscrutabile (im-per-scru-tà-bi-le) AGG. · Che non può essere esaminato e compreso: *un sorriso imperscrutabile* Ⓢ misterioso, impenetrabile.

imperscrutabilità (im-per-scru-ta-bi-li-tà) N.F. INVAR. · Impossibilità di essere compreso: *l'imperscrutabilità della morte.*

impersonale (im-per-so-nà-le) AGG. **1** Che non si riferisce a una persona precisa: *allusioni impersonali* Ⓢ generico, indeterminato. **2** Che non ha originalità: *stile impersonale* Ⓢ piatto, anonimo. **3** In grammatica, di verbo che non ha un soggetto e che viene coniugato alla terza persona singolare (*piove, nevica; si dice che lo sciopero sarà revocato*).

impersonare (im-per-so-nà-re) V.TR. (*impersóno*, ecc.) **1** Di persona o animale, essere il simbolo di qualcosa: *nella "Divina Commedia" la lupa impersona l'avarizia* Ⓢ rappresentare. **2** Interpretare come attore: *in quel film impersona un poliziotto.*

imperterrito (im-per-tèr-ri-to) AGG. · Che va avanti senza lasciarsi influenzare da nulla: *nonostante le nostre critiche, è andato avanti im-*

perterrito nel suo progetto Ⓢ indifferente, ostinato.

impertinente (im-per-ti-nèn-te) AGG. e N.M. e F. · Che, chi non porta rispetto: *una risposta impertinente; sei il solito impertinente* Ⓢ insolente, sfacciato.

impertinenza (im-per-ti-nèn-za) N.F. · Mancanza di rispetto: *la sua impertinenza mi irrita* Ⓢ sfrontatezza, sfacciataggine • Azione o parola sfacciata: *riservale ad altri le tue impertinenze* Ⓢ insolenza.

imperturbabile (im-per-tur-bà-bi-le) AGG. · Che non si lascia turbare da nulla: *un uomo imperturbabile; un volto imperturbabile* Ⓢ impassibile, indifferente.

imperversare (im-per-ver-sà-re) V.INTR. (*impervèrso*, ecc.; aus. *avere*) **1** Manifestarsi con violenza: *imperversava il maltempo* Ⓢ infuriare. **2** Di persona, agire in modo violento e crudele: *i soldati imperversavano* ***contro*** *la popolazione civile* Ⓢ accanirsi.

impervio (im-pèr-vio) AGG. (pl.m. *-vi*, pl.f. *-vie*) · Di luogo, difficile o impossibile da raggiungere o da percorrere: *un sentiero impervio* Ⓢ impraticabile, inaccessibile.

impeto (ìm-pe-to) N.M. **1** Forza violenta che colpisce alla cieca: *l'impeto del mare in tempesta* Ⓢ furia, violenza. **2** Stato d'animo che si manifesta all'improvviso e senza controllo: *nell'impeto della gioia lo abbracciò; nell'impeto della discussione disse cose di cui poi si pentì* Ⓢ foga, slancio. Ⓔ ***D'impeto***, in modo impulsivo, senza riflettere.

impettito (im-pet-ti-to) AGG. · Che tiene il busto dritto e il petto in fuori, con un senso di superiorità: *camminava impettito* Ⓢ tronfio.

impetuoso (im-pe-tu-ó-so) AGG. **1** Spinto da una forza violenta: *un vento impetuoso; una passione impetuosa* Ⓢ violento, travolgente. **2** Che agisce d'istinto e senza riflettere: *un temperamento impetuoso* Ⓢ impulsivo, istintivo.

impiantare (im-pian-tà-re) V.TR. **1** Iniziare a costruire: *impiantare un capannone.* **2** Installare: *impiantare un telefono.* **3** Avviare, aprire: *impiantare uno studio medico.*

impiantistica (im-pian-tì-sti-ca) N.F. (pl. *-che*) · Settore dell'ingegneria che si occupa di progettare, costruire e installare gli impianti industriali.

impiantito (im-pian-tì-to) N.M. · Pavimento.

impianto (im-piàn-to) N.M. **1** L'insieme di apparecchi e attrezzature, oppure di edifici e terreni, che hanno una funzione comune: *impianti sportivi; impianto di riscaldamento; impianto elettrico.* **2** Struttura, impostazione: *l'impianto di un romanzo.*

impiastrare (im-pia-strà-re) V.TR. **1** Coprire con sostanze untuose: *impiastrare le scarpe* ***con*** *il grasso.* **2** Sporcare, insudiciare: *impiastrare la tovaglia* ***di*** *sugo.*

impiastro (im-pià-stro) N.M. **1** Medicazione esterna, che si mette su una parte del corpo avvolgendola con una garza: *un impiastro di erbe.* **2** Nel linguaggio familiare, persona noiosa e lamentosa: *si porta sempre dietro quell'impiastro di suo marito* • Persona molto debole di salute.

impiccagione (im-pic-ca-gió-ne) N.F. · Modo di uccidere una persona appendendola per la gola con una corda: *condannare all'impiccagione.*

impiccare (im-pic-cà-re) V.TR. (*impìcco, impìcchi*, ecc.) || TR. Uccidere qualcuno appendendolo per la gola con una corda: *i banditi lo impiccarono* ***a*** *un albero.* || **impiccarsi** RIFL. Uccidersi appendendosi per la gola con una corda e lasciandosi cadere: *l'uomo si è impiccato* ***alla*** *trave del soffitto.*

impicciare (im-pic-cià-re) V.TR. (*impìccio*, ecc.) || TR. Essere di ostacolo mentre una persona fa qualcosa: *non stare sempre in mezzo a impicciare chi studia* Ⓢ intralciare, ostacolare. || **impicciarsi** INTR.PRONOM. Interessarsi dei fatti altrui senza averne il diritto: *non t'impicciare* ***degli*** *affari miei* Ⓢ intromettersi, immischiarsi.

impiccio (im-pic-cio) N.M. (pl. *-ci*) **1** Ostacolo che disturba un'azione: *tutte queste carte sul tavolo mi sono solo d'impiccio* Ⓢ intralcio. **2** Situazione complicata: *ti sei cacciato in un bell'impiccio* Ⓢ guaio, pasticcio.

impiegare (im-pie-gà-re) V.TR. (*impiègo, impièghi*, ecc.) || TR. **1** Usare per uno scopo: *im-*

A B C D E F G H I J K L M N O P Q R S T U V W X Y Z

piegare i propri soldi Ⓢ adoperare. **2** Usare una certa quantità di tempo per fare qualcosa: *impiegherò più di un'ora* ***per*** *arrivare da voi; impiegare due ore* ***a*** *fare i compiti.* **3** Dare a qualcuno un lavoro stabile: *la nuova fabbrica impiegherà mille operai* Ⓢ occupare. || **impiegarsi** RIFL. Ottenere un lavoro: *si è impiegato in Comune.*

Il termine deriva dal latino *implicare* 'avvolgere intorno, intrecciare, impegnare', che viene a sua volta da *plicare* 'piegare, avvolgere' con il prefisso **in-**[2] (→ ***piegare***); il termine *impiegare* è passato direttamente in italiano attraverso la lingua parlata, mentre il recupero successivo del latino *implicare* ha dato il verbo **implicare**.

I

impiegato (im-pie-gà-to) N.M. (f. *-a*) · Chi lavora in un ufficio pubblico o privato.

impiego (im-piè-go) N.M. (pl. *-ghi*) **1** Uso di qualcosa per un preciso scopo: *l'impiego di macchinari più moderni ha ridotto i costi di produzione* Ⓢ utilizzo. **2** Posto di lavoro stabile in un ufficio: *trovare, ottenere, lasciare un impiego* Ⓢ occupazione.

impietosire (im-pie-to-si-re) V.TR. (*impietosìsco, impietosìsci*, ecc.) || TR. Provocare la pietà di qualcuno: *non mi impietosisci con le tue lacrime* Ⓢ commuovere. || **impietosirsi** INTR. PRONOM. Provare pietà: *vedendolo in quelle condizioni si impietosì.*

impietrito (im-pie-tri-to) AGG. · Che sta fermo e non riesce a reagire per la forte emozione: *era impietrito per la paura.*

impigliarsi (im-pi-gliàr-si) V.INTR. PRONOM. (*mi impìglio*, ecc.) · Rimanere agganciato in qualcosa che impedisce di muoversi: *nella corsa i vestiti le si impigliavano* ***nei*** *rovi.*

impigrire (im-pi-grì-re) V.TR. e INTR. (*impigrìsco, impigrìsci*, ecc.) || TR. Rendere pigro: *l'ozio impigrisce sia il corpo che la mente.* || INTR. (aus. *essere*) e **impigrirsi** INTR. PRONOM. Diventare pigro: *quel ragazzo s'impigrisce ogni giorno di più.*

implacabile (im-pla-cà-bi-le) AGG. · Che non dà tregua: *un nemico implacabile* Ⓢ irriducibile, accanito.

implicare (im-pli-cà-re) V.TR. (*ìmplico, ìmplichi*, ecc.) **1** Avere come inevitabile conseguenza: *la convivenza implica dei sacrifici* Ⓢ comportare, presupporre. **2** Coinvolgere in qualcosa di poco chiaro o che va contro la legge: *implicare* ***in*** *uno scandalo* Ⓢ trascinare.

Il termine deriva dal latino *implicare* 'avvolgere intorno, intrecciare, impegnare', che viene a sua volta da *plicare* 'piegare, avvolgere' con il prefisso **in-**[2] (→ ***piegare***); la forma di *implicare* passata direttamente in italiano attraverso la lingua parlata è **impiegare**.

implicazione (im-pli-ca-zió-ne) N.F. **1** Connessione, coinvolgimento: *non è dimostrata la sua implicazione* ***in*** *quell'affare.* **2** Conseguenza logica.

implicito (im-plì-ci-to) AGG. **1** Che si capisce anche se non è stato detto chiaramente: *visto che ti avevo invitato era implicito che dovesse venire anche tua moglie* Ⓢ sottinteso Ⓒ esplicito. **2** In grammatica: ***proposizione implicita***, quella in cui il predicato è di modo indefinito (infinito, gerundio o participio): *"dovendo partire" è una proposizione implicita che corrisponde a "poiché devo partire".*

implodere (im-plò-de-re) V.INTR. (*implòdo*, ecc.; aus. *essere*) · Rompersi per implosione.

implorare (im-plo-rà-re) V.TR. (*implòro*, ecc.) · Chiedere con delle preghiere: *implorare pietà; ti imploro* ***di*** *perdonarmi* Ⓢ supplicare, pregare.

implosione (im-plo-ṣió-ne) N.F. · Rottura violenta di un oggetto che ricade su se stesso.

implume (im-plù-me) AGG. · Che non ha ancora piume o penne: *uccellini implumi.*

impluvio (im-plù-vio) N.M. (pl. *-vi*) · Nelle case dell'antica Roma, vasca posta nel pavimento dell'atrio, usata per raccogliere l'acqua piovana.

impollinare (im-pol-li-nà-re) V.TR. (*impòllino*, ecc.) · Portare il polline da un fiore a un altro, permettendone così la fecondazione.

impollinazione (im-pol-li-na-zió-ne) N.F. · Trasporto del polline sulle parti del fiore destinate alla fecondazione.

impolverare (im-pol-ve-rà-re) V.TR. (*impólvero*, ecc.) || TR. Coprire di polvere: *spazzando la stanza ha impolverato tutti i mobili.* || **impolverarsi** INTR. PRONOM. Coprirsi di polvere: *i libri s'impolverano facilmente.*

imponderabile (im-pon-de-rà-bi-le) AGG. e N.M. || AGG. Di cui non si può misurare il peso. || AGG. e N.M. Di ciò che non si può prevedere: *fattore imponderabile; è successo l'imponderabile* Ⓢ oscuro, imprevedibile.

imponente (im-po-nèn-te) AGG. **1** Che provoca ammirazione o stupore, per le dimensioni o la potenza: *una cerchia imponente di montagne; sono state prese imponenti misure di sicurezza* Ⓢ grandioso, maestoso. **2** Che mette soggezione: *un uomo dall'aspetto imponente.*

imponenza (im-po-nèn-za) N.F. **1** Straordinaria grandiosità: *l'imponenza di una manifestazione.* **2** Aspetto o atteggiamento che incute rispetto e soggezione.

impopolare (im-po-po-là-re) AGG. · Che non incontra la simpatia della gente: *governo, decreto impopolare* Ⓢ inviso Ⓒ popolare.

impopolarità (im-po-po-la-ri-tà) N.F. INVAR. · Mancanza di simpatia da parte della gente: *l'impopolarità di una legge* Ⓒ popolarità.

imporre (im-pór-re) V.TR. (irreg.: coniugato come *porre*) || TR. **1** Stabilire come obbligo da parte di un'autorità: *imporre le proprie condizioni; imporre* ***alle*** *parti il rispetto degli accordi* Ⓢ dettare. **2** Ordinare a qualcuno di fare qualcosa: *mi hanno imposto* ***di*** *non muovermi da qui.* **3** Rendere necessario: *le circostanze impongono una certa prudenza* Ⓢ richiedere. **4** Far accettare: *è stato suo padre a imporlo* ***all'****azienda come direttore di reparto.* **5** Attribuire un nome: ***al*** *bambino fu imposto il nome di Marco.* || **imporsi** RIFL. Far valere la propria autorità: *è un tipo che sa imporsi.* || **imporsi** INTR. PRONOM. **1** Avere successo, incontrare favore: *una moda che si è imposta da poco* Ⓢ affermarsi. **2** Riportare una vittoria: *la squadra di casa si è imposta per due a zero* Ⓢ vincere. **3** Rendersi necessario: *in certe situazioni si impongono rimedi radicali* Ⓢ occorrere.

import (im-port; pronuncia *ìmport*) N. INGL., in it. N.M. INVAR. · Importazione: *aumenta l'import di materie prime* Ⓒ export. Ⓔ ***Import-export***, l'attività delle aziende che si occupano dell'importazione e dell'esportazione di merci.

importante (im-por-tàn-te) AGG. e N.M. || AGG. **1** Che ha grande significato o grande valore: *un affare importante; una notizia importante* Ⓢ notevole, rilevante Ⓒ irrilevante, insignificante. **2** Che richiede grande impegno e responsabilità: *un incarico importante* Ⓢ prestigioso. **3** Molto potente o famoso: *un personaggio importante; un pittore importante* Ⓢ celebre. || N.M. La cosa che conta più di tutte: *l'importante è che tu sia contento.*

importanza (im-por-tàn-za) N.F. **1** Grande valore o significato: *un evento di notevole importanza; il suo giudizio non deve avere importanza per il tuo lavoro* Ⓢ rilievo, rilevanza. **2** Fama, prestigio: *una persona di grande importanza.* Ⓔ ***Dare importanza***, dare peso, tenere in considerazione: *dai troppa importanza alle opinioni degli altri;* ***darsi importanza***, darsi delle arie, considerarsi superiore.

importare[1] (im-por-tà-re) V.INTR. (*impòrto*, ecc.; aus. *essere*) **1** Essere necessario: *non importa* ***che*** *venga anche tu* Ⓢ occorrere. **2** Avere importanza: *non importa quanto tempo ci vorrà, basta che arriviamo* Ⓢ contare. **3** Stare a cuore: *non m'importa niente* ***di*** *cosa pensi di me* Ⓢ interessare.

importare[2] (im-por-tà-re) V.TR. (*impòrto*, ecc.) · Introdurre o acquistare da Paesi esteri: *importare grano; importare una nuova moda* ***dagli*** *Stati Uniti* Ⓒ esportare.

importazione (im-por-ta-zió-ne) N.F. **1** L'introduzione nel proprio Paese di merci provenienti da Paesi esteri: *tasse d'importazione* Ⓒ esportazione • L'insieme delle merci importate: *le eccessive importazioni hanno aggravato il debito con l'estero.* **2** Introduzione di mode provenienti dall'estero: *l'importazione di un nuovo genere di musica.*

importo (im-pòr-to) N.M. · La somma complessiva di una spesa: *versare, riscuotere un importo* Ⓢ cifra, costo.

importunare (im-por-tu-nà-re) V.TR. · Dare fastidio: *importunare i passanti* Ⓢ disturbare, molestare.

importuno (im-por-tù-no) AGG. e N.M. (f. -*a*) · Che, chi disturba o dà fastidio: *non vorrei essere importuno; una richiesta importuna; leva-*

temi di torno questi importuni Ⓢ inopportuno, fastidioso.

imposizione (im-po-ṣi-zió-ne) N.F. **1** Ordine considerato ingiusto: *non tollero imposizioni da nessuno.* **2** Obbligo stabilito da un'autorità: *l'imposizione di nuove tasse ha suscitato molte proteste.*

impossessarsi (im-pos-ses-sàr-si) V.INTR. PRONOM. (*mi impossèsso*, ecc.) **1** Diventare padrone, soprattutto con la forza o con l'inganno: *impossessarsi* ***di*** *una città nemica,* ***di*** *documenti importanti* Ⓢ impadronirsi, appropriarsi. **2** Imparare molto bene: *impossessarsi* ***di*** *una lingua,* ***dei*** *segreti del mestiere.*

impossibile (im-pos-sì-bi-le) AGG. e N.M. || AGG. e N.M. Di ciò che non può accadere o essere fatto: *è impossibile mettersi in viaggio con questo tempo; chiedere l'impossibile* Ⓒ possibile. || AGG. Che non si può sopportare o approvare: *un carattere impossibile; un traffico impossibile* Ⓢ insopportabile, intollerabile. Ⓔ ***Fare l'impossibile*** o ***tentare l'impossibile,*** impiegare ogni sforzo: *ho fatto l'impossibile per salvarlo.*

impossibilità (im-pos-si-bi-li-tà) N.F. INVAR. · Condizione per cui qualcosa non può accadere o essere fatto: *l'impossibilità di un accordo; essere, trovarsi nell'impossibilità di leggere,* non poterlo fare assolutamente Ⓒ possibilità.

imposta[1] (im-pò-sta) N.F. · Sportello mobile che gira sui cardini della finestra, che serve per impedire il passaggio della luce o la vista dall'esterno: *aprire, chiudere le imposte* Ⓢ scuro.

imposta[2] (im-pò-sta) N.F. · Somma che ogni cittadino deve pagare allo Stato per contribuire alle spese dei servizi pubblici: *imposta sugli immobili* Ⓢ tassa, tributo.

impostare[1] (im-po-stà-re) V.TR. (*impòsto*, ecc.) · Mettere le basi per iniziare un'opera o cercare una soluzione: *impostare una pagina di giornale; impostare un problema* Ⓢ preparare.

impostare[2] (im-po-stà-re) V.TR. (*impòsto*, ecc.) · Mettere la posta nella buca delle lettere: *impostare una lettera, una cartolina* Ⓢ spedire, imbucare.

impostazione (im-po-sta-zió-ne) N.F. · Il modo in cui si organizza un'attività o la ricerca di una soluzione: *l'impostazione di un problema.*

impostore (im-po-stó-re) N.M. (f. *-a*; pl.m. *-i*, pl.f. -e) · Chi inganna gli altri raccontando bugie: *non fidarti di lui, è un impostore* Ⓢ imbroglione.

impostura (im-po-stù-ra) N.F. · Abitudine all'inganno: *non sopporto l'impostura* Ⓢ falsità • Azione o discorso con cui si inganna: *l'impostura fu presto scoperta* Ⓢ imbroglio, raggiro.

impotente (im-po-tèn-te) AGG. e N.M. || AGG. **1** Che non ha la possibilità o la capacità di fare qualcosa: *l'esercito si dimostrò impotente* ***a*** *fronteggiare il nemico* Ⓢ incapace di. **2** Che non riesce a imporsi: *il governo assiste impotente al dilagare della criminalità.* || AGG. e N.M. In medicina, di uomo che non riesce ad avere un rapporto sessuale.

impotenza (im-po-tèn-za) N.F. **1** La mancanza totale della forza o della capacità di fare qualcosa: *impotenza* ***a*** *reagire; impotenza di fronte alle avversità del destino.* **2** In medicina, l'incapacità di un uomo di avere rapporti sessuali.

impoverire (im-po-ve-rì-re) V.TR. e INTR. (*impoverìsco, impoverìsci*, ecc.) || TR. Rendere povero: *le nuove tasse impoverirono la popolazione* Ⓒ arricchire. || INTR. (aus. *essere*) e **impoverirsi** INTR. PRONOM. Diventare povero: *si è impoverito per la troppa generosità.*

impraticabile (im-pra-ti-cà-bi-le) AGG. · Che non si può percorrere: *a causa di una frana la strada è impraticabile* Ⓢ inaccessibile, inagibile Ⓒ praticabile, agibile.

impratichire (im-pra-ti-chì-re) V.TR. (*impratichìsco, impratichìsci*, ecc.) || TR. Rendere pratico in qualcosa: *impratichire qualcuno* ***in*** *un mestiere* Ⓢ addestrare, esercitare. || **impratichirsi** INTR. PRONOM. Diventare pratico in qualcosa: *impratichirsi* ***con*** *il tedesco; mi sono impratichito* ***nell'****uso del computer.*

imprecare (im-pre-cà-re) V.INTR. (*imprèco, imprèchi*, ecc.; aus. *avere*) · Dire con rabbia offese o bestemmie: *è inutile imprecare* ***contro*** *il governo* Ⓢ inveire.

imprecazione (im-pre-ca-zió-ne) N.F. · Parola o frase con cui si offende con rabbia qualcuno: *mi ha investito con una serie di imprecazioni* Ⓢ maledizione.

imprecisato (im-pre-ci-sà-to) AGG. · Che non si può sapere con precisione: *è ancora imprecisato il numero delle vittime* Ⓢ incerto, indeterminato.

imprecisione (im-pre-ci-sió-ne) N.F. · Errore non grave: *un articolo pieno di imprecisioni* Ⓢ inesattezza, imperfezione.

impreciso (im-pre-cì-so) AGG. · Che non è esatto, che è poco preciso: *notizie imprecise; una definizione imprecisa* Ⓢ imperfetto, approssimativo.

impregnare (im-pre-gnà-re) V.TR. (*imprégno*, ecc.) || TR. **1** Bagnare completamente: *impregnare **d'**acqua un asciugamano* Ⓢ inzuppare. **2** Di sostanze che si liberano nell'aria, riempire un luogo chiuso: *il fumo impregnava l'aria* Ⓢ saturare. || **impregnarsi** INTR. PRONOM. Di cose, bagnarsi completamente: *la camicia si era impregnata **di** sudore.*

La prima persona plurale dell'indicativo presente e quella del congiuntivo presente è *impregniamo*, con la *i*: la forma *impregnamo* è sempre scorretta! La seconda persona plurale dell'indicativo presente è *impregnate* senza *i*, mentre quella del congiuntivo presente è *impregniate* con la *i*.

imprenditore (im-pren-di-tó-re) N.M. (f. *-trìce*) · Chi dirige in proprio un'azienda: *piccolo, grande imprenditore.*

imprenditoriale (im-pren-di-to-rià-le) AGG. · Che riguarda le imprese e gli imprenditori: *attività imprenditoriale.*

impreparato (im-pre-pa-rà-to) AGG. **1** Che non ha le competenze necessarie su un argomento: *uno studente impreparato* Ⓢ incompetente Ⓒ preparato. **2** Che non si aspetta ciò che sta accadendo: *la notizia mi ha colto impreparato; era impreparato **ad** affrontare una malattia così lunga.*

impresa (im-pré-sa) N.F. **1** Compito particolarmente importante e difficile: *un'impresa rischiosa; riuscire, fallire nell'impresa* Ⓢ iniziativa, progetto. **2** Azione eroica: *le imprese di Giulio Cesare.* **3** Azienda che offre beni o servizi: *impresa commerciale; impresa di navigazione* Ⓢ ditta, società.

impresario (im-pre-sà-rio) N.M. (f. *-a*; pl.m. *-ri*, pl.f. *-rie*) · Chi organizza spettacoli.

imprescindibile (im-pre-scin-dì-bi-le) AGG. · Che si deve tenere assolutamente in considerazione: *esigenze imprescindibili.*

impresentabile (im-pre-sen-tà-bi-le) AGG. · Che non è in condizioni tali da poter essere mostrato agli altri: *vestita così sei veramente impresentabile* Ⓢ indecoroso, indecente.

impressi (im-près-si) · Pass. rem., 1ª pers. sing. → ***imprimere***.

impressionabile (im-pres-sio-nà-bi-le) AGG. **1** Che si emoziona facilmente: *una ragazza impressionabile* Ⓢ emotivo. **2** Di pellicola fotografica, sensibile alla luce.

impressionante (im-pres-sio-nàn-te) AGG. · Che provoca grande turbamento, spavento o stupore: *uno spettacolo impressionante* Ⓢ emozionante.

impressionare (im-pres-sio-nà-re) V.TR. (*impressióno*, ecc.) || TR. **1** Alterare la serenità di qualcuno: *la scena finale del film mi ha profondamente impressionato* Ⓢ turbare, colpire. **2** Colpire l'attenzione di qualcuno: *non lasciarti impressionare dalle sue buone maniere.* **3** Agire su una pellicola fotografica per riprodurvi immagini: *impressionare una pellicola.* || **impressionarsi** INTR. PRONOM. **1** Lasciarsi prendere dal turbamento o dall'emozione: *è un ragazzo che si impressiona facilmente.* **2** Di pellicola fotografica, subire l'azione della luce.

impressione (im-pres-sió-ne) N.F. **1** Forte emozione: *la sua morte ha suscitato grande impressione in tutto il mondo* Ⓢ turbamento, commozione. **2** Opinione soggettiva e istintiva: *ho l'impressione che sia rimasto deluso* Ⓢ idea, sensazione. Ⓔ ***Fare impressione***, provocare ansia, paura o ribrezzo: *il sangue mi fa impressione* • ***Fare una buona impressione, fare una cattiva impressione***, suscitare un'opinione positiva o negativa: *se ti presenti così non farai certo una buona impressione.*

impressionismo (im-pres-sio-nì-smo) N.M. · Movimento artistico nato in Francia nella seconda metà dell'Ottocento, i cui pittori cercavano di riprodurre nelle loro opere, spesso eseguite all'aperto, l'impressione immediata della realtà, attraverso un nuovo uso della luce e del colore.

impressionista (im-pres-sio-nì-sta) N.M. e F. (pl.m. *-i*, pl.f. *-e*) · Seguace dell'impressionismo.

Il termine deriva dal francese *impressionniste* 'impressionista', inventato dal critico d'arte L. Leroy riferendosi al quadro di Monet intitolato *Impression. Soleil levant* 'Impressione. Il sole che sorge', esposto nel 1874.

impresso (im-près-so) · Participio pass. → *imprimere*.

I

imprestare (im-pre-stà-re) V.TR. (*imprèsto*, ecc.) · Nel linguaggio familiare, dare in prestito: *mi impresti la tua bici?* Ⓢ prestare.

imprevedibile (im-pre-ve-di-bi-le) AGG. · Che non si può prevedere: *un risultato imprevedibile; a volte ha delle reazioni imprevedibili* Ⓢ inatteso Ⓒ prevedibile.

imprevidente (im-pre-vi-dèn-te) AGG. · Che non tiene conto di ciò che può accadere: *sei stato imprevidente **a** spendere tutti i risparmi* Ⓢ imprudente, incauto Ⓒ previdente.

imprevidenza (im-pre-vi-dèn-za) N.F. · Mancanza di capacità di prevedere cosa potrebbe succedere: *sei rimasto al verde a causa della tua imprevidenza* Ⓢ avventatezza, imprudenza Ⓒ previdenza • Azione incauta, poco prudente: *è stata un'imprevidenza uscire senza documenti.*

imprevisto (im-pre-vì-sto) AGG. e N.M. || AGG. Che non ci si aspetta: *ostacolo imprevisto; spese impreviste* Ⓢ inatteso, inaspettato Ⓒ previsto. || N.M. Evento improvviso che non ci si aspetta: *salvo imprevisti arriviamo domani* Ⓢ contrattempo.

imprigionare (im-pri-gio-nà-re) V.TR. (*imprigióno*, ecc.) **1** Mettere in prigione: *fu imprigionato **per** furto* Ⓢ incarcerare. **2** Bloccare in un luogo: *siamo rimasti imprigionati dalla neve* Ⓢ intrappolare.

imprimere (im-prì-me-re) V.TR. (irreg.: pass. rem. *imprèssi, imprimésti, imprèsse, imprimémmo, impriméste, imprèssero*; part. pass. *imprèsso*) || TR. **1** Lasciare un'impronta o un segno premendo su qualcosa: *imprimere un marchio a fuoco; imprimere le orme **sulla** sabbia.* **2** Fissare bene in mente: *imprimerò questo ricordo **nella** memoria;* anche TR. PRONOM.: *imprimiti bene **in** mente i miei consigli.* **3** Dare un movimento: *ha impresso velocità **alla** palla.* || **imprimersi** RIFL. Fissarsi saldamente: *il suo volto si impresse **nel** mio cuore.*

Il termine deriva dal latino *imprimere* 'premere sopra, imprimere', che viene a sua volta da *premere* 'premere' con il prefisso **in-**[2] (→ ***comprimere***).

improbabile (im-pro-bà-bi-le) AGG. · Che ha pochissime possibilità di accadere: *mi sembra improbabile che arrivi a quest'ora* Ⓢ inverosimile Ⓒ probabile.

improbo (ìm-pro-bo) AGG. · Molto faticoso, senza una ricompensa adeguata allo sforzo fatto: *una fatica improba* Ⓢ duro, arduo.

improduttivo (im-pro-dut-tì-vo) AGG. · Che non dà frutti, guadagni o risultati: *terreni improduttivi* Ⓢ sterile Ⓒ produttivo.

impronta (im-prón-ta) N.F. **1** Il segno che un corpo produce su un altro con una pressione: *l'impronta del sigillo; le impronte dei piedi sulla sabbia* Ⓢ traccia, orma. **2** Segno caratteristico: *dare un'impronta personale a un lavoro* Ⓢ tocco. Ⓔ ***Impronte digitali***, quelle lasciate dalle dita delle mani, diverse in ogni individuo e perciò usate dalla polizia per identificare le persone.

improntare (im-pron-tà-re) V.TR. (*imprónto*, ecc.) || TR. Dare un carattere particolare: *improntare il proprio comportamento **al** massimo rigore.* || **improntarsi** INTR. PRONOM. Essere caratterizzato da un'espressione o da un tono particolare: *la pagina si impronta **a** un vivace umorismo.*

improperio (im-pro-pè-rio) N.M. (pl. *-ri*) · Insulto, offesa, ingiuria: *coprire qualcuno d'improperi.*

improprio (im-prò-prio) AGG. (pl.m. *-pri*, pl.f. *-prie*) · Usato in modo non corretto: *un vocabolo improprio* Ⓢ inadatto. Ⓔ ***Arma impropria*** → ***arma***.

La parola *improprio* si scrive con la erre sia dopo la prima pi sia dopo la seconda, scrivere *impropio* è un grave errore!

improrogabile (im-pro-ro-gà-bi-le) AGG. · Che non può essere rinviato: *una scadenza improrogabile.*

improvvisamente (im-prov-vi-ṣa-mén-te) AVV. · Tutto d'un tratto, in modo inaspettato, all'improvviso: *improvvisamente cominciò a piovere.*

improvvisare (im-prov-vi-ṣà-re) V.TR. || TR. 1 Preparare qualcosa in fretta, senza averlo organizzato prima: *improvvisare una cena.* 2 Fare un discorso o uno spettacolo seguendo l'ispirazione del momento: *improvvisare una poesia.* || **improvvisarsi** RIFL. Mettersi a fare un lavoro che non è il proprio: *improvvisarsi cuoco, idraulico.*

improvvisata (im-prov-vi-ṣà-ta) N.F. · Sorpresa piacevole. Ⓔ ***Fare un'improvvisata***, andare a trovare qualcuno senza preavviso.

improvvisazione (im-prov-vi-ṣa-zió-ne) N.F. 1 Capacità di eseguire un discorso o uno spettacolo senza averlo preparato prima: *l'improvvisazione di un sonetto.* 2 Spettacolo o discorso tenuto senza essere stato preparato prima: *ha raccolto in un disco le sue improvvisazioni alla chitarra.*

improvviso (im-prov-vì-ṣo) AGG. · Che accade tutto d'un tratto senza essere previsto: *un improvviso cambiamento d'umore, del tempo* Ⓢ imprevisto, repentino. Ⓔ ***All'improvviso*** o ***d'improvviso***, d'un tratto, improvvisamente: *d'improvviso il cielo si oscurò.*

imprudente (im-pru-dèn-te) AGG. · Che non pensa alle possibili conseguenze pericolose delle sue azioni: *sei stato imprudente **a** partire con questa nebbia* Ⓢ incauto, incosciente Ⓒ prudente.

imprudenza (im-pru-dèn-za) N.F. 1 Mancanza di prudenza: *l'incidente è avvenuto per l'imprudenza dell'autista.* 2 Atto compiuto senza pensare ai rischi che comporta: *non commettere imprudenze* Ⓢ leggerezza.

impudente (im-pu-dèn-te) AGG. e N.M. e F. · Che, chi non mostra alcun pudore o rispetto: *un ragazzo, un gesto impudente; taci impudente!* Ⓢ insolente, spudorato.

impudenza (im-pu-dèn-za) N.F. · Mancanza di pudore e di rispetto: *la sua impudenza mi fa innervosire* Ⓢ insolenza, spudoratezza.

impudicizia (im-pu-di-cì-zia) N.F. (pl. *-zie*) · Mancanza di pudore Ⓢ indecenza, spudoratezza.

impudico (im-pu-dì-co) AGG. (pl.m. *-chi*, pl.f. *-che*) 1 Che non ha pudore: *una ragazza impudica* Ⓢ svergognato. 2 Che offende il senso del pudore: *sguardo, pensiero impudico* Ⓢ osceno, licenzioso.

La pronuncia corretta è *impudìco*, con l'accento sulla *i*; la pronuncia *impùdico* con l'accento sulla *u* è sbagliata!

impugnare[1] (im-pu-gnà-re) V.TR. · Stringere nella mano: *impugnare l'ascia, il remo* Ⓢ tenere, afferrare.

La prima persona plurale dell'indicativo presente e quella del congiuntivo presente è *impugniamo*, con la *i*: la forma *impugnamo* è sempre scorretta! La seconda persona plurale dell'indicativo presente è *impugnate* senza *i*, mentre quella del congiuntivo presente è *impugniate* con la *i*.

impugnare[2] (im-pu-gnà-re) V.TR. · Nel linguaggio giuridico, chiedere che un atto venga esaminato di nuovo: *gli eredi hanno impugnato il testamento.*

impugnatura (im-pu-gna-tù-ra) N.F. 1 La parte di un oggetto che si stringe con la mano: *l'impugnatura della racchetta* Ⓢ manico. 2 Il modo di impugnare un oggetto: *impugnatura difficoltosa.*

impulsività (im-pul-si-vi-tà) N.F. INVAR. · Tendenza ad agire senza riflettere.

impulsivo (im-pul-sì-vo) AGG. 1 Portato ad agire senza riflettere: *una ragazza impulsiva* Ⓢ istintivo Ⓒ riflessivo. 2 Fatto d'istinto, senza riflettere: *un gesto impulsivo* Ⓢ avventato, precipitoso.

impulso (im-pùl-so) N.M. 1 Spinta istintiva a compiere un'azione: *sentì l'impulso di prenderlo a schiaffi; reagire d'impulso* Ⓢ impeto, slancio. 2 Stimolo allo sviluppo: *dare grande impulso all'industria* Ⓢ spinta.

impunemente (im-pu-ne-mén-te) AVV. · Senza essere punito: *ha rubato per anni impunemente.*

impunità (im-pu-ni-tà) N.F. INVAR. · Il non dover scontare la pena per un reato commesso: *garantire l'impunità.*

impunito (im-pu-nì-to) AGG. · Che non ha avuto la giusta punizione: *l'assassino non resterà impunito.*

impuntarsi (im-pun-tàr-si) V.INTR. PRONOM. **1** Puntare i piedi per terra, rifiutandosi di proseguire: *il bambino si impuntò sulla soglia dello studio del dentista.* **2** Fissarsi in un'idea: *perché ti impunti sempre* ***a*** *dire di no?* Ⓢ ostinarsi, intestardirsi.

impurità (im-pu-ri-tà) N.F. INVAR. **1** Presenza di elementi estranei: *l'impurità di un liquido.* **2** Elemento estraneo che toglie purezza a qualcosa: *eliminare le impurità dell'acqua.*

impuro (im-pù-ro) AGG. **1** Mescolato con elementi estranei che tolgono purezza: *acqua impura* Ⓢ contaminato, inquinato. **2** Contrario alla purezza in senso morale e religioso: *avere desideri impuri; non commettere atti impuri* Ⓢ immorale.

imputabile (im-pu-tà-bi-le) AGG. **1** Che può essere attribuito a qualcosa o qualcuno: *l'incidente è imputabile* ***alla*** *distrazione del guidatore.* **2** Che può essere accusato di qualcosa: *l'allenatore è imputabile* ***della*** *sconfitta* Ⓢ responsabile.

imputare (im-pu-tà-re) V.TR. (*ìmputo*, ecc.) **1** Attribuire a qualcuno o qualcosa la colpa di un evento negativo: *il disastro è da imputare* ***al*** *caso; imputarono il fallimento* ***all'****amministratore dell'azienda* Ⓢ addebitare. **2** Indicare come colpevole: *imputare qualcuno* ***di*** *un delitto* Ⓢ accusare, incolpare.

imputato (im-pu-tà-to) N.M. (f. -a) · Chi in un processo è accusato di un reato: *interrogare un imputato.*

imputazione (im-pu-ta-zió-ne) N.F. · Reato di cui una persona è accusata in un processo: *sostenere un'imputazione; difendersi dall'imputazione* ***di*** *furto* Ⓢ accusa, incriminazione.

imputridire (im-pu-tri-dì-re) V.INTR. (*imputridisco, imputridisci*, ecc.; aus. *essere*) · Diventare putrido: *la frutta mal conservata tende a imputridire* Ⓢ marcire, putrefarsi.

in PREP. · La preposizione *in* serve a introdurre: il complemento di stato in luogo: *una casa in campagna; ha alcuni parenti in Sicilia;* il complemento di moto a luogo: *è andato in montagna;* il complemento di moto attraverso luogo: *nella pianura scorreva un fiume dalle acque giallastre;* il complemento di tempo determinato: *sono nato nel 1974;* il complemento di tempo continuato: *ripasserò in mattinata; ha preparato tre esami in un mese;* il complemento di modo o maniera: *vivere in pace; lavorare in silenzio;* il complemento di mezzo o strumento: *viaggiare in treno; pagare in contanti;* il complemento di limitazione: *superare in velocità;* il complemento di materia: *oggetti in bronzo;* il complemento di scopo o fine: *fu fatto un brindisi in onore del vincitore; in suo aiuto non è accorso nessuno;* il complemento di causa: *tormentarsi nella gelosia;* il complemento di stima: *lo tiene in grande considerazione.*

Unendosi agli articoli determinativi, *in* forma le preposizioni articolate *nel, nello, nella, nei, negli, nelle.*

in-[1] · Prefisso che indica 'opposizione, negazione'; si mette prima di aggettivi e sostantivi (*capace-incapace; capacità-incapacità*) oppure di participi presenti e passati (*coerente-incoerente; compreso-incompreso*); davanti a *b* e *p*, la *n* diventa *m* (*imberbe; impotente*).

in-[2] · Prefisso che serve a formare un verbo a partire da un aggettivo (*intimidire* da *timido*) o da un sostantivo (*incenerire* da *cenere*) • In alcune parole, significa 'dentro': *incarcerare*, 'mettere dentro il carcere'.

-ina · Suffisso che serve a formare nomi femminili animati a partire dai maschili corrispondenti (*gallina* da *gallo*) e nomi femminili con valore collettivo a partire da aggettivi numerali (*cinquina* da *cinque; quartina* da *quarto*).

inabile (i-nà-bi-le) AGG. e N.M. e F. · Che, chi non è in grado di svolgere un compito: *inabile* ***al*** *servizio militare; gli inabili* ***al*** *lavoro hanno diritto alla pensione* Ⓒ abile.

inabissare (i-na-bis-sà-re) V.TR. || TR. Mandare a fondo nell'acqua: *l'uragano ha inabissato le barche ormeggiate nel porto* Ⓢ affondare. || **inabissarsi** INTR. PRONOM. Andare a fondo nell'acqua: *la nave si inabissò in pochi istanti.*

inaccessibile (i-nac-ces-sì-bi-le) AGG. **1** Che non può essere raggiunto: *cime inaccessibili* Ⓢ irraggiungibile Ⓒ accessibile. **2** Di persona, che è impossibile o difficilissimo avvicinare: *un uomo inaccessibile.* **3** Incomprensibile, oscuro: *linguaggio inaccessibile* ***ai*** *più.*

inaccettabile (i-nac-cet-tà-bi-le) AGG. · Che non si può accettare: *una proposta inaccettabile* Ⓢ inammissibile, intollerabile Ⓒ accettabile.

inacidire (i-na-ci-dì-re) V.TR. e INTR. (*inacidisco, inacidisci*, ecc.) || TR. **1** Rendere acido: *il succo di limone ha inacidito la salsa.* **2** Rendere astioso, scontroso: *le delusioni lo hanno inacidito* Ⓢ inasprire. || INTR. (aus. *essere*) e **inacidirsi** INTR. PRONOM. **1** Prendere sapore acido: *il latte è inacidito.* **2** Diventare astioso e scostante: *con l'età si è inacidito.*

inadatto (i-na-dàt-to) AGG. · Che non ha le qualità richieste per qualcosa: *hanno iniziato il lavoro con strumenti inadatti; parole inadatte* ***alle*** *circostanze* Ⓢ inadeguato Ⓒ adatto.

inadeguato (i-na-de-guà-to) AGG. **1** Insufficiente rispetto a quello che sarebbe giusto: *un compenso inadeguato* ***alle*** *richieste* Ⓢ inadatto Ⓒ adeguato. **2** Di persona, che non ha le qualità necessarie per svolgere un compito: *sentirsi inadeguato.*

inadempiente (i-na-dem-pièn-te) AGG. e N.M. e F. · Che, chi non rispetta un obbligo dettato dalla legge: *contribuente inadempiente; sono previste sanzioni contro gli inadempienti.*

inadempienza (i-na-dem-pièn-za) N.F. · Mancato rispetto di un obbligo dettato dalla legge: *l'inadempienza di un debitore.*

inafferrabile (i-naf-fer-rà-bi-le) AGG. **1** Che non si riesce a catturare: *un ladro inafferrabile.* **2** Che è molto difficile da capire: *concetti inafferrabili* Ⓢ impenetrabile, incomprensibile.

inaffidabile (i-naf-fi-dà-bi-le) AGG. · Di cui non ci si può fidare, su cui non si può fare affidamento: *un medico inaffidabile; un motore inaffidabile* Ⓢ inattendibile Ⓒ affidabile.

inagibile (i-na-gì-bi-le) AGG. · Di edificio o luogo in cui non si può entrare perché non sicuro: *un appartamento inagibile; strada inagibile* Ⓒ agibile.

inagibilità (i-na-gi-bi-li-tà) N.F. INVAR. · Impossibilità di utilizzare o attraversare un luogo perché non sicuro: *l'inagibilità di un teatro, di una funivia* Ⓒ agibilità.

inalare (i-na-là-re) V.TR. **1** Prendere una medicina aspirandola con il naso o la bocca: *inalare oli balsamici.* **2** Respirare sostanze dannose: *inalare un gas tossico.*

inalazione (i-na-la-zió-ne) N.F. **1** Cura che consiste nel prendere medicine aspirandole con il naso o la bocca. **2** Atto di inspirare.

inalberare (i-nal-be-rà-re) V.TR. (*inàlbero*, ecc.) || TR. Alzare in cima a un palo o all'albero di una nave: *inalberare la bandiera* Ⓢ issare. || **inalberarsi** INTR. PRONOM. **1** Arrabbiarsi bruscamente: *s'inalbera facilmente* Ⓢ adirarsi. **2** Del cavallo, impennarsi.

inalienabile (i-na-lie-nà-bi-le) AGG. **1** Che per legge non può essere né venduto né ceduto: *beni inalienabili.* **2** Che non può essere soppresso o abolito: *la libertà è un diritto inalienabile.*

inalterabile (i-nal-te-rà-bi-le) AGG. · Che non subisce alterazioni, che non si rovina: *una tinta inalterabile.*

inalterato (i-nal-te-rà-to) AGG. · Che non è cambiato nel tempo: *la nostra amicizia è rimasta inalterata* Ⓢ invariato, immutato.

inamidare (i-na-mi-dà-re) V.TR. (*inàmido*, ecc.) · Bagnare con amido un tessuto perché diventi più rigido quando lo si stira: *inamidare il colletto della camicia.*

inamidato (i-na-mi-dà-to) AGG. · Rigido perché trattato con l'amido: *polsini inamidati.*

inammissibile (i-nam-mis-sì-bi-le) AGG. · Che non si può accettare o giustificare: *scuse inammissibili; un comportamento inammissibile* Ⓢ inaccettabile Ⓒ ammissibile.

inanimato (i-na-ni-mà-to) AGG. **1** Privo di vita: *i minerali sono inanimati* Ⓒ animato. **2** Morto o svenuto: *per terra giaceva un corpo inanimato.*

inappagato (i-nap-pa-gà-to) AGG. · Non appagato, non esaudito: *desideri inappagati* • Di persona, insoddisfatto, deluso, frustrato: *sentirsi inappagato.*

inappellabile (i-nap-pel-là-bi-le) AGG. · Che è stato deciso e non può essere cambiato:

giudizio inappellabile Ⓢ definitivo, irrevocabile.

inappetente (i-nap-pe-tèn-te) AGG. e N.M. e F. · Che, chi non ha appetito: *un bambino inappetente.*

inappetenza (i-nap-pe-tèn-za) N.F. · Mancanza di appetito: *la sua inappetenza è dovuta all'ansia.*

inappuntabile (i-nap-pun-tà-bi-le) AGG. · Che non ha difetti: *un ristorante con un servizio inappuntabile* Ⓢ impeccabile, ineccepibile.

inarcare (i-nar-cà-re) V.TR. (*inàrco, inàrchi*, ecc.) || TR. Curvare ad arco: *il gatto inarcò la schiena.* || **inarcarsi** INTR. PRONOM. Curvarsi ad arco: *il sentiero s'inarcava sulla collina.* Ⓔ ***Inarcare le sopracciglia***, sollevarle in segno di stupore o di perplessità.

inaridire (i-na-ri-di-re) V.TR. e INTR. (*inaridìsco, inaridìsci*, ecc.) || TR. **1** Privare d'acqua: *la siccità ha inaridito tutta la campagna* Ⓢ seccare, prosciugare. **2** Privare di vitalità e di speranza: *esperienze che inaridiscono il cuore.* || INTR. (aus. *essere*) e **inaridirsi** INTR. PRONOM. **1** Diventare arido: *con questa siccità tutti i fiori inaridiscono.* **2** Indebolirsi, esaurirsi, spegnersi: *la sua vena poetica si è ormai inaridita.*

inarrestabile (i-nar-re-stà-bi-le) AGG. · Che non può essere fermato: *l'inarrestabile avanzata del nemico; un pianto inarrestabile.*

inarrivabile (i-nar-ri-và-bi-le) AGG. **1** Impossibile o difficile da raggiungere: *vette inarrivabili* Ⓢ inaccessibile, irraggiungibile. **2** Che non ha pari, che non si può eguagliare: *un uomo di un ingegno inarrivabile* Ⓢ impareggiabile, insuperabile.

inarticolato (i-nar-ti-co-là-to) AGG. · Che non viene pronunciato chiaramente: *emettere suoni inarticolati* Ⓢ indistinto.

inaspettatamente (i-na-spet-ta-ta-mén-te) AVV. · In un modo o in un momento imprevisto: *ha vinto inaspettatamente l'atleta africano; mi è piombato in casa inaspettatamente.*

inaspettato (i-na-spet-tà-to) AGG. · Non previsto, che trova impreparati: *una promozione inaspettata; è giunto inaspettato quando eravamo a tavola* Ⓢ imprevisto, inatteso Ⓒ atteso, previsto.

inasprimento (i-na-spri-mén-to) N.M. · Peggioramento, aggravamento, esasperazione: *l'inasprimento degli animi* • Aumento, incremento: *un inasprimento della pressione fiscale.*

inasprire (i-na-sprì-re) V.TR. (*inasprìsco, inasprìsci*, ecc.) || TR. **1** Rendere più duro o più grave: *inasprire la pressione fiscale; il rimorso inaspriva la sua pena* Ⓢ esasperare. **2** Rendere ostile e chiuso: *le difficoltà hanno inasprito il suo animo* Ⓢ irrigidire. || **inasprirsi** INTR. PRONOM. **1** Diventare più aspro: *questo vino si è inasprito.* **2** Diventare più ostile o difficile: *il freddo si sta inasprendo; i rapporti tra i due tendono a inasprirsi* Ⓢ peggiorare.

inattendibile (i-nat-ten-di-bi-le) AGG. · A cui non si può credere: *una notizia inattendibile; una persona inattendibile* Ⓢ inaffidabile Ⓒ attendibile, sicuro.

inatteso (i-nat-té-so) AGG. · Diverso dal previsto: *una notizia inattesa* Ⓢ inaspettato, imprevisto Ⓒ atteso, previsto.

inattitudine (i-nat-ti-tù-di-ne) N.F. · Mancanza delle doti e delle capacità necessarie per fare qualcosa: *ha dimostrato inattitudine* ***allo*** *sport* Ⓒ attitudine.

inattività (i-nat-ti-vi-tà) N.F. INVAR. · L'essere inattivo, il non agire: *la malattia lo ha costretto a un periodo di inattività* Ⓢ ozio, inerzia Ⓒ attività.

inattivo (i-nat-tì-vo) AGG. · Che non fa nessuna attività: *non mi piace stare inattivo tutto il giorno* Ⓒ attivo. Ⓔ ***Vulcano inattivo***, in stato di riposo.

inattuabile (i-nat-tu-à-bi-le) AGG. · Che non si può realizzare: *un progetto inattuabile* Ⓢ impossibile, irrealizzabile Ⓒ realizzabile.

inaudito (i-nau-dì-to) AGG. · Straordinario, incredibile: *violenza inaudita; un successo inaudito.*

inaugurale (i-nau-gu-rà-le) AGG. · D'inaugurazione: *serata, discorso inaugurale.*

inaugurare (i-nau-gu-rà-re) V.TR. (*inàuguro*, ecc.) **1** Celebrare con una cerimonia una nuova opera o l'inizio di un evento: *il ministro ha inaugurato la nuova scuola.* **2** Cominciare, iniziare: *il trattato inaugura un periodo di pace fra i due Paesi.*

inaugurazione (i-nau-gu-ra-zió-ne) N.F. · La cerimonia che accompagna l'inizio di un evento o il completamento di un'opera: *l'inaugurazione dell'anno giudiziario; l'inaugurazione della nuova linea ferroviaria* Ⓢ apertura.

inavvertenza (i-nav-ver-tèn-za) N.F. · Scarsa attenzione nel fare qualcosa: *l'incidente è dovuto a inavvertenza da parte del macchinista* Ⓢ disattenzione, distrazione.

inavvertitamente (i-nav-ver-ti-ta-mén-te) AVV. 1 Senza volere, per sbaglio: *lo urtò inavvertitamente* Ⓢ accidentalmente. 2 Senza accorgersene: *le chiavi mi devono essere scivolate inavvertitamente dalla tasca.*

inavvertito (i-nav-ver-tì-to) AGG. · Che non è stato notato: *la sua assenza è passata inavvertita* Ⓢ inosservato.

inavvicinabile (i-nav-vi-ci-nà-bi-le) AGG. 1 Di persona con cui è difficile mettersi in contatto: *la timidezza lo rende inavvicinabile.* 2 Troppo costoso: *un prezzo inavvicinabile* Ⓢ inaccessibile.

inazione (i-na-zió-ne) N.F. · Ozio, inattività, inerzia: *la malattia lo costrinse all'inazione.*

incagliarsi (in-ca-gliàr-si) V.INTR. PRONOM. (*mi incàglio*, ecc.) 1 Di navi, urtare sul fondo del mare o contro un ostacolo: *il bastimento s'incagliò* ***in*** *una secca,* ***su*** *uno scoglio.* 2 Interrompersi bruscamente: *la trattativa si è incagliata* Ⓢ bloccarsi.

incaico (in-cài-co) AGG. (pl.m. *-ci*, pl.f. *-che*) · Degli Inca, le popolazioni che vivevano nell'antico Impero del Perù.

incalcolabile (in-cal-co-là-bi-le) AGG. · Così grande che non può essere calcolato: *danni incalcolabili.*

incallito (in-cal-lì-to) AGG. 1 Incapace di liberarsi di un vizio: *fumatori incalliti; un bugiardo incallito* Ⓢ accanito. 2 Coperto di calli: *mani incallite.*

incalzante (in-cal-zàn-te) AGG. 1 Che si avvicina sempre di più: *pericolo incalzante.* 2 Che non dà tregua: *domande incalzanti.*

incalzare (in-cal-zà-re) V.TR. e INTR. || TR. Inseguire da vicino, senza dare tregua: *il gruppo sta incalzando il fuggitivo* Ⓢ tallonare. || INTR. (aus. *avere*) Essere imminente, incombere: *il pericolo incalza; gli avvenimenti incalzavano.*

incamerare (in-ca-me-rà-re) V.TR. (*incàmero*, ecc.) 1 Dello Stato, prendere i beni di un privato: *i suoi beni sono stati incamerati dallo Stato* Ⓢ confiscare. 2 Impadronirsi di cose che appartengono ad altri: *tutti i mesi incamera metà del mio stipendio.*

incamminarsi (in-cam-mi-nàr-si) V.INTR. PRONOM. · Mettersi in cammino: *incamminarsi verso casa; incamminarsi sulla strada del successo* Ⓢ avviarsi.

incanalare (in-ca-na-là-re) V.TR. || TR. 1 Mandare le acque in un canale: *incanalare le acque di un fiume in piena.* 2 Mandare in una direzione precisa: *incanalare il traffico* ***verso*** *la periferia* Ⓢ indirizzare, dirigere. || **incanalarsi** INTR. PRONOM. 1 Di acque, entrare in un canale Ⓢ confluire. 2 Andare in una certa direzione: *la folla si incanalò* ***verso*** *l'uscita.*

incancellabile (in-can-cel-là-bi-le) AGG. 1 Che non si può cancellare: *un segno incancellabile* Ⓢ indelebile. 2 Che non si può dimenticare: *un dolore incancellabile* Ⓢ indimenticabile.

incancrenire (in-can-cre-nì-re) V.INTR. (*incancrenìsco, incancrenìsci*, ecc.; aus. *essere*) 1 Andare in cancrena: *la ferita è incancrenita.* 2 Diventare sempre più grave: *il malessere dei cittadini sta ormai incancrenendo.*

incandescente (in-can-de-scèn-te) AGG. 1 Così infuocato da essere luminoso: *ferro, lava incandescente* Ⓢ rovente. 2 Acceso, animato: *la situazione sta diventando incandescente.*

incantare (in-can-tà-re) V.TR. || TR. 1 Privare della coscienza con la magia: *la Sfinge incantava chiunque la guardasse* Ⓢ stregare. 2 Attrarre irresistibilmente: *incanta tutti con la sua bellezza; non credere di incantarmi con le tue chiacchiere* Ⓢ affascinare. || **incantarsi** INTR. PRONOM. 1 Rimanere immobile, perso nei propri pensieri: *sbrigatevi, non vi incantate!* 2 Nel linguaggio familiare, smettere di funzionare: *l'orologio s'è incantato* Ⓢ bloccarsi, fermarsi. ▸▸

Il termine deriva dal latino *incantare* 'recitare formule magiche', che viene a sua volta da *cantare* 'cantare, recitare' con il prefisso **in-**[2].

incantato (in-can-tà-to) AGG. **1** Dotato di virtù magiche: *un anello incantato; una foresta incantata* Ⓢ fatato, magico. **2** Di grande bellezza: *un paesaggio incantato* Ⓢ incantevole, meraviglioso. **3** Affascinato da qualcosa o qualcuno: *stavano tutti incantati ad ascoltare quella musica* • Trasognato, imbambolato: *muoviti, non te ne stare lì incantato!*

incantatore (in-can-ta-tó-re) N.M. e AGG. (f. *-trìce*) || N.M. (f. *-trìce*) Chi fa incantesimi. || AGG. Che incanta, attrae: *sorriso incantatore* Ⓢ affascinante, seducente. Ⓔ ***Incantatore di serpenti***, chi dà spettacolo facendo alzare un serpente da una cesta suonando un piffero.

incantesimo (in-can-té-ṣi-mo) N.M. **1** Rito magico: *con un incantesimo la strega lo trasformò in rospo* Ⓢ magia, sortilegio. **2** Fascino, bellezza: *l'incantesimo di un tramonto sul mare.*

incantevole (in-can-té-vo-le) AGG. · Che incanta per la sua bellezza: *un panorama incantevole; una fanciulla incantevole* Ⓢ affascinante, meraviglioso.

incanto (in-càn-to) N.M. **1** Incantesimo, magia, prodigio. **2** Fascino straordinario, grande bellezza: *non voleva rompere l'incanto di quel tramonto.* Ⓔ ***(Come) per incanto***, improvvisamente, come per magia: *la musica cessò (come) per incanto* • ***Stare d'incanto***, molto bene: *quel vestito ti sta d'incanto; oggi si stava d'incanto sul mare.*

incanutire (in-ca-nu-tì-re) V.INTR. (*incanutìsco, incanutìsci*, ecc.; aus. *essere*) · Diventare canuto, cioè bianco di capelli: *è incanutito in giovane età.*

incapace (in-ca-pà-ce) AGG. e N.M. e F. || AGG. Che non è in grado di fare qualcosa: *è incapace* ***di*** *concentrarsi.* || AGG. e N.M. e F. Che, chi non sa fare il proprio lavoro: *si è dimostrato il solito incapace* Ⓢ incompetente. Ⓔ ***Incapace di intendere e di volere***, non responsabile delle proprie azioni di fronte alla legge, a causa dell'età o di una malattia mentale.

incapacità (in-ca-pa-ci-tà) N.F. INVAR. **1** Il non essere in grado di fare qualcosa: *è rimasto solo per la sua incapacità* ***di*** *prendere una decisione* Ⓒ capacità. **2** Mancanza di bravura nel proprio lavoro: *fu licenziato per incapacità* Ⓢ incompetenza.

incaponirsi (in-ca-po-nìr-si) V.INTR. PRONOM. (*mi incaponìsco, ti incaponìsci*, ecc.) · Insistere in un comportamento irragionevole: *si incaponisce* ***nelle*** *sue pretese* Ⓢ intestardirsi, ostinarsi. ▸ Ⓕ **caput**

incappare (in-cap-pà-re) V.INTR. (aus. *essere*) **1** Incontrare un ostacolo imprevisto: *incappare* ***in*** *un agguato,* ***in*** *un ingorgo.* **2** Incontrare per caso una persona negativa: *incappare* ***in*** *un imbroglione.*

incappucciato (in-cap-puc-cià-to) AGG. · Che indossa un cappuccio: *un frate incappucciato.*

incapricciarsi (in-ca-pric-ciàr-si) V.INTR. PRONOM. (*mi incaprìccio*, ecc.) · Essere preso dal capriccio di qualcosa: *incapricciarsi* ***di*** *un gioiello* • Invaghirsi: *s'è incapricciato* ***di*** *una ventenne.*

incapsulare (in-ca-psu-là-re) V.TR. (*incàpsulo*, ecc.) · Rinchiudere in una capsula: *incapsulare una polvere medicinale; incapsulare un dente* • Munire di capsula una bottiglia o un flacone.

incarcerare (in-car-ce-rà-re) V.TR. (*incàrcero*, ecc.) · Chiudere in carcere: *i sospetti sono stati incarcerati* Ⓢ imprigionare Ⓒ scarcerare.

incaricare (in-ca-ri-cà-re) V.TR. (*incàrico, incàrichi*, ecc.) || TR. Dare un incarico o un compito specifico: *incaricare* ***di*** *un acquisto; sono stato incaricato* ***di*** *seguire i lavori.* || **incaricarsi** INTR. PRONOM. Prendersi l'impegno di fare una cosa: *chi si incarica* ***di*** *dargli la notizia?*

incaricato (in-ca-ri-cà-to) AGG. e N.M. (f. *-a*) · Di persona a cui è stato affidato un certo compito: *il geometra incaricato* ***di*** *seguire i lavori; un incaricato della banca* Ⓢ addetto.

incarico (in-cà-ri-co) N.M. (pl. *-chi*) · Compito assegnato: *assumere, ricevere, affidare un incarico; mi hanno lasciato l'incarico* ***di*** *sbrigare la corrispondenza* Ⓢ mansione, compito.

incarnare (in-car-nà-re) V.TR. || TR. Rappresentare concretamente: *incarnare lo spirito del tempo* Ⓢ impersonare. || **incarnarsi** INTR.

PRONOM. Assumere natura umana: *Gesù Cristo si è incarnato per la salvezza di tutti gli uomini.*

incarnato (in-car-nà-to) AGG. e N.M. · Del colore rosa proprio della pelle umana: *ha un bell'incarnato.*

incarnazione (in-car-na-zió-ne) N.F. **1** Nel cristianesimo, l'atto con cui Dio si è fatto uomo in Gesù Cristo: *il mistero dell'Incarnazione.* **2** Manifestazione fisica di un'idea astratta: *è l'incarnazione della bellezza* Ⓢ espressione, personificazione.

incartamento (in-car-ta-mén-to) N.M. · L'insieme dei documenti che riguardano una pratica: *prendimi l'incartamento per l'iscrizione all'università.*

incartare (in-car-tà-re) V.TR. · Avvolgere in un pezzo di carta o di altro materiale: *incartare il prosciutto* Ⓒ scartare.

incasellare (in-ca-sel-là-re) V.TR. (*incasèllo*, ecc.) **1** Mettere in caselle: *incasellare la posta.* **2** Disporre secondo uno schema ordinato: *incasellare le proprie nozioni; non incasellarmi* ***nei*** *tuoi schemi* Ⓢ catalogare.

incasinato (in-ca-si-nà-to) AGG., *fam.* **1** Nel linguaggio familiare, disordinato, intricato: *una situazione incasinata.* **2** Di persona in difficoltà per i troppi impegni o problemi: *oggi sono proprio incasinato.*

incassare (in-cas-sà-re) V.TR. **1** Riscuotere una somma di denaro: *un negozio che incassa duemila euro; incassare un assegno*, ottenerne il pagamento in contanti. **2** Nel pugilato, ricevere i colpi dell'avversario. **3** Subire senza reagire: *incassare un colpo basso, una critica* Ⓢ sopportare. **4** Incastrare in uno spazio stretto: *incassare la lavatrice* ***nel*** *mobile.* Ⓔ ***Incassare una rete***, nel calcio, subire un gol.

incassato (in-cas-sà-to) AGG. **1** Di denaro, ricevuto, riscosso. **2** Stretto fra due pareti molto vicine: *una valle incassata* ***tra*** *i monti; un armadio incassato* ***nel*** *muro.*

incassatore (in-cas-sa-tó-re) N.M. (f. *-trìce*) **1** Nello sport, pugile capace di resistere a ripetuti attacchi. **2** Chi sopporta offese o difficoltà senza turbarsi.

incasso (in-càs-so) N.M. · Il denaro ricavato dalle vendite: *l'incasso della giornata; il concerto ha fatto un buon incasso* Ⓢ entrata, ricavo.

incastonare (in-ca-sto-nà-re) V.TR. (*incastóno*, ecc.) · Incastrare una pietra preziosa in un gioiello: *incastonare uno smeraldo* ***in*** *un anello* Ⓢ montare.

incastrare (in-ca-strà-re) V.TR. || TR. **1** Inserire con precisione una cosa in uno spazio ristretto: *incastrare i pezzi di un modellino; incastrare il cuneo* ***nel*** *legno.* **2** Costringere qualcuno a fare qualcosa contro la sua volontà: *sono stato ingenuo e mi hanno incastrato* Ⓢ coinvolgere. || **incastrarsi** INTR. PRONOM. Penetrare saldamente: *il proiettile si è incastrato* ***nella*** *parete* Ⓢ conficcarsi.

incastro (in-cà-stro) N.M. · Inserimento di un elemento in un altro, in modo che non possa più uscirne.

incatenare (in-ca-te-nà-re) V.TR. (*incaténo*, ecc.) **1** Legare con delle catene: *incatenare la bicicletta, un cane.* **2** Bloccare, costringere: *questo lavoro mi incatena in casa.*

incatramare (in-ca-tra-mà-re) V.TR. · Coprire di catrame: *incatramare un cavo.*

incattivire (in-cat-ti-vì-re) V.TR. e INTR. (*incattivìsco, incattivìsci*, ecc.) || TR. Rendere cattivo: *le disgrazie l'hanno incattivito* Ⓢ inasprire. || INTR. (aus. *essere*) e **incattivirsi** INTR. PRONOM. Diventare cattivo: *si è incattivito per la lunga prigionia.*

incauto (in-càu-to) AGG. · Che non usa prudenza: *sei stato incauto ad accettare subito* Ⓢ imprudente, avventato Ⓒ cauto.

incavare (in-ca-và-re) V.TR. · Rendere cavo facendo un solco: *incavare un tronco* Ⓢ scavare.

incavato (in-ca-và-to) AGG. **1** Che ha una cavità: *una pietra incavata* Ⓢ cavo, concavo. **2** Scavato per l'eccessiva magrezza: *guance incavate* Ⓢ magro, smunto • Infossato: *occhi incavati.*

incavatura (in-ca-va-tù-ra) N.F. · Cavità, incavo: *un'incavatura nel terreno.*

incavo (in-cà-vo) N.M. · La parte cava di qualcosa: *l'incavo delle ascelle* Ⓢ cavità.

La pronuncia corretta è *incàvo*, con l'accento sulla *a*; la pronuncia *ìncavo* con l'accento sulla *i* è sbagliata!

A B C D E F G H **I** J K L M N O P Q R S T U V W X Y Z

incedere (in-cè-de-re) V.INTR. (*incèdo*, ecc.; aus. *avere*) · Camminare con passo solenne: *gli sposi incedevano verso l'altare* Ⓢ procedere • Come N.M., modo di camminare: *un incedere regale, esitante* Ⓢ andatura, portamento.

incendiare (in-cen-dià-re) V.TR. (*incèndio*, ecc.) || TR. **1** Dare alle fiamme, dare fuoco a qualcosa: *incendiare una catasta di legna* Ⓢ bruciare. **2** Eccitare in modo incontrollabile: *incendiare la folla, gli animi* Ⓢ infiammare, accendere. || **incendiarsi** INTR. PRONOM. Prendere fuoco: *gli sterpi si incendiarono in un attimo.*

incendiario (in-cen-dià-rio) AGG. e N.M. (f. *-a*; pl.m. *-ri*, pl.f. *-rie*) || AGG. **1** Che provoca incendi: *bombe incendiarie.* **2** Che provoca passioni violente: *discorsi incendiari.* || N.M. (f. *-a*) Chi provoca volontariamente un incendio.

incendio (in-cèn-dio) N.M. (pl. *-di*) · Fuoco violento e distruttivo: *spegnere, domare l'incendio; incendi dolosi.*

incenerire (in-ce-ne-rì-re) V.TR. (*incenerìsco*, *incenerìsci*, ecc.) || TR. **1** Bruciare fino a ridurre in cenere: *incenerire i rifiuti* Ⓢ bruciare. **2** Minacciare con uno sguardo severo: *lo incenerì con uno sguardo* Ⓢ fulminare. || **incenerirsi** INTR. PRONOM. Bruciare fino a diventare cenere: *i rami si erano inceneriti* Ⓢ bruciarsi.

inceneritore (in-ce-ne-ri-tó-re) N.M. · Impianto che brucia i rifiuti.

incensare (in-cen-sà-re) V.TR. (*incènso*, ecc.) **1** Spargere il fumo dell'incenso su qualcosa, soprattutto durante un rito religioso: *incensare l'altare.* **2** Lodare in modo eccessivo e spesso con secondi fini: *incensare i potenti* Ⓢ adulare, blandire.

incenso (in-cèn-so) N.M. · Sostanza profumata ricavata da varie piante diffuse soprattutto in Asia e in Africa, che bruciando diffonde un aroma intenso; è usata durante le cerimonie religiose: *nella cappella si sentiva un forte profumo d'incenso.*

> Il termine deriva dal latino *incensum* 'ciò che è stato acceso', participio passato sostantivato di *incendere* 'incendiare'.

incensurabile (in-cen-su-rà-bi-le) AGG. · Che non può essere criticato: *un impiegato incensurabile* Ⓢ inappuntabile, irreprensibile.

incensurato (in-cen-su-rà-to) AGG. e N.M. (f. *-a*) · Che, chi non ha mai avuto condanne: *il colpevole è incensurato.*

incentivare (in-cen-ti-và-re) V.TR. **1** Promuovere o stimolare mediante aiuti: *incentivare la produzione; incentivare le imprese straniere* ***a*** *investire in Italia.* **2** Stimolare a fare qualcosa: *incentivare i ragazzi* ***allo*** *studio* Ⓢ invogliare.

incentivo (in-cen-tì-vo) N.M. **1** Notevole impulso: *le sue parole furono un incentivo* ***ad*** *andare avanti con il lavoro* Ⓢ stimolo, spinta. **2** Aiuto economico dato per stimolare un aumento di produzione: *sono stati promessi incentivi* ***per*** *l'agricoltura.*

incentrare (in-cen-trà-re) V.TR. (*incèntro*, ecc.) || TR. Basare, imperniare: *incentrare il racconto* ***su*** *un unico personaggio.* || **incentrarsi** INTR. PRONOM. Basarsi, imperniarsi: *il romanzo si incentra* ***sulla*** *figura di Garibaldi.*

inceppare (in-cep-pà-re) V.TR. (*incéppo*, ecc.) || TR. Bloccare o limitare nel movimento: *una scheggia di metallo ha inceppato il meccanismo.* || **incepparsi** INTR. PRONOM. Smettere di funzionare: *la stampante si è inceppata; mi sono inceppato a metà del discorso* Ⓢ bloccarsi.

incertezza (in-cer-téz-za) N.F. **1** Mancanza di chiarezza o di stabilità: *l'incertezza di una notizia; l'incertezza della situazione* Ⓒ certezza. **2** Mancanza di sicurezza: *avere un momento di incertezza* Ⓢ insicurezza.

incerto (in-cèr-to) AGG. e N.M. || AGG. **1** Che non si conosce con certezza o non si può prevedere: *è una notizia ancora incerta; le sue condizioni di salute rimangono incerte* Ⓢ dubbio. **2** Che non ha ancora preso una decisione: *sono incerto se accettare il suo invito* Ⓢ indeciso, dubbioso, esitante Ⓒ certo. **3** Che dimostra poca sicurezza: *è ancora incerta nella guida* Ⓢ insicuro Ⓒ sicuro. || N.M. (SPESSO AL PL.) Incidente che si può prevedere: *gli incerti del mestiere, della vita* Ⓢ imprevisto, rischio. Ⓔ ***Tempo incerto***, variabile.

incespicare (in-ce-spi-cà-re) V.INTR. (*incéspico*, *incéspichi*, ecc.; aus. *avere*) **1** Urtare con i piedi in qualche ostacolo: *incespicare* ***in*** *un gradino* Ⓢ inciampare. **2** Essere insicuro nel fare qualcosa: *incespicare* ***nella*** *lettura* Ⓢ esitare.

incessante **(in-ces-sàn-te)** AGG. · Che non smette: *una pioggia incessante; pensieri incessanti* Ⓢ continuo, inarrestabile.

incesto **(in-cè-sto)** N.M. · Rapporto sessuale fra parenti.

incestuoso **(in-ce-stu-ó-so)** AGG. **1** Che è frutto di incesto: *relazione incestuosa.* **2** Colpevole d'incesto: *amanti incestuosi.*

incetta **(in-cèt-ta)** N.F. · Raccolta di una grande quantità di qualcosa: *fare incetta di viveri, di voti.*

inchiesta **(in-chiè-sta)** N.F. · Indagine o ricerca che raccoglie dati approfonditi su un fatto o un fenomeno: *inchiesta giudiziaria; un'inchiesta sui rapporti tra mafia e politica.*

inchinare **(in-chi-nà-re)** V.TR. || TR. Piegare verso il basso una parte del corpo: *inchinare la fronte* Ⓢ chinare. || **inchinarsi** RIFL. Piegarsi verso terra, soprattutto in segno di rispetto: *inchinarsi di fronte all'altare.*

inchino **(in-chì-no)** N.M. · Gesto di rispetto che si fa piegando il corpo o anche solo il capo: *fare un inchino di fronte alla regina* Ⓢ riverenza.

inchiodare **(in-chio-dà-re)** V.TR. (*inchiòdo*, ecc.) **1** Fissare in modo stabile con uno o più chiodi: *inchiodare stecche di legno per farne una persiana.* **2** Bloccare, immobilizzare: *la polmonite lo ha inchiodato* ***al*** *letto.* **3** Frenare di colpo: *ha inchiodato (l'auto) davanti alle strisce pedonali.* Ⓔ ***Inchiodare qualcuno alle sue responsabilità***, costringerlo ad assumersele per intero.

inchiostro **(in-chiò-stro)** N.M. **1** Liquido di vari colori, usato per scrivere o stampare: *l'inchiostro della penna, della stampante.* **2** Liquido scuro prodotto dalla seppia e da altri animali per difendersi dai nemici.

Il termine deriva dal greco *énkauston* 'bruciato all'interno', con cui in origine si indicava una pittura rossiccia ottenuta riscaldando delle sostanze colorate, che veniva utilizzata per la firma dagli imperatori romani d'Oriente.

inciampare **(in-ciam-pà-re)** V.INTR. (aus. *essere* o *avere*) **1** Urtare con il piede in un ostacolo: *attento a non inciampare* ***nel*** *tappeto.* **2** Imbattersi in qualcosa di negativo: *inciampare* ***in*** *una coda lunghissima* Ⓢ incappare.

inciampo **(in-ciàm-po)** N.M. **1** Ostacolo in cui si può inciampare: *togliere un inciampo dal percorso.* **2** Difficoltà che può fermare o ritardare un'attività: *il lavoro procede senza inciampi* Ⓢ intoppo, ostacolo.

incidentale **(in-ci-den-tà-le)** AGG. **1** Che è accaduto per caso: *fatto incidentale* Ⓢ casuale. **2** Poco importante: *un'osservazione incidentale* Ⓢ secondario, marginale. **3** In grammatica: ***proposizione incidentale*** (o *un'incidentale* N.F.), frase inserita in un discorso per aggiungere un'osservazione o un chiarimento; si trova spesso tra due trattini o tra due virgole (*lo dico – e a me puoi credere – solo nel tuo interesse*).

incidentalmente **(in-ci-den-tal-mén-te)** AVV. · Per inciso, di sfuggita: *incidentalmente, ti faccio notare che oggi i negozi sono chiusi; sia detto incidentalmente*, sia detto fra parentesi.

incidente **(in-ci-dèn-te)** N.M. **1** Evento imprevisto che provoca un danno: *un incidente di volo, d'auto; un gravissimo incidente sul lavoro* Ⓢ disgrazia, infortunio. **2** Polemica che nasce durante una discussione: *chiudiamo l'incidente.*

incidenza **(in-ci-dèn-za)** N.F. · Effetto che una cosa può avere su un'altra: *l'incidenza di una spesa* ***sul*** *bilancio familiare* Ⓢ influenza, peso.

incidere[1] **(in-cì-de-re)** V.INTR. (irreg.: pass. rem. *incìṣi, incidésti, incìṣe, incidémmo, incidéste, incìṣero*; part. pass. *incìṣo*; aus. *avere*) · Avere conseguenze importanti: *le ultime spese hanno inciso gravemente* ***sul*** *bilancio* Ⓢ pesare, influire.

incidere[2] **(in-cì-de-re)** V.TR. (irreg.: pass. rem. *incìṣi, incidésti, incìṣe, incidémmo, incidéste, incìṣero*; part. pass. *incìṣo*) **1** Fare un taglio: *incidere la corteccia di un albero* Ⓢ tagliare, intagliare. **2** Lavorare un materiale mediante incisione: *incidere il legno.* **3** Registrare voci o suoni su dischi, nastri o altri supporti: *incidere una canzone.*

incinta (in-cìn-ta) AGG.F. · Di donna che aspetta un bambino: *rimanere incinta; è incinta del terzo figlio.*

incipiente (in-ci-pièn-te) AGG. · Che è appena iniziato: *calvizie incipiente.*

incirca (in-cìr-ca) AVV. · Solo nell'espressione ***all'incirca***, pressappoco, più o meno: *le cose sono andate all'incirca così; è costato all'incirca dieci euro.*

incisi (in-cì-ṣi) · Pass. rem., 1ª pers. sing. → ***incidere***[1,2].

incisione (in-ci-ṣió-ne) N.F. **1** Taglio più o meno profondo, di solito netto e sottile: *l'incisione della corteccia di un albero; l'incisione di un ascesso.* **2** Disegno eseguito su una superficie dura, con uno strumento a punta o con sostanze chimiche corrosive: *incisione **su** legno, **su** matrici di metallo; un'incisione di Dürer.* **3** Registrazione del suono o della voce su dischi, nastri o altri supporti: *l'incisione della Nona Sinfonia di Beethoven.*

incisivo (in-ci-ṣì-vo) AGG. **1** Che ha la funzione o la capacità d'incidere. **2** Preciso ed efficace nell'esprimersi o nell'agire: *un oratore incisivo; un'azione incisiva* Ⓢ efficace, energico. Ⓔ ***Denti incisivi*** (o *gli incisivi* N.M.PL.), gli otto denti davanti, quattro superiori e quattro inferiori, che servono per tagliare il cibo.

inciso (in-ci-ṣo) AGG. e N.M. || Participio pass. → ***incidere***[1,2]. || AGG. Ottenuto facendo dei solchi su una superficie dura: *un nome inciso **sulla** corteccia di un albero.* || N.M. Frase posta tra due virgole, lineette o parentesi. Ⓔ ***Per inciso***, tra l'altro, tra parentesi.

incitamento (in-ci-ta-mén-to) N.M. · Stimolo forte e diretto ad agire: *un incitamento **alla** vendetta* Ⓢ spinta.

incitare (in-ci-tà-re) V.TR. (*ìncito*, ecc.) · Stimolare in modo forte e diretto ad agire: *il pubblico incita la squadra; mia madre mi incitava **allo** studio* Ⓢ spingere.

inciucio (in-ciù-cio) N.M. (pl. *-ci*) · Nel linguaggio dei giornali, compromesso segreto tra forze politiche.

incivile (in-ci-vì-le) AGG. **1** Che non rispetta le regole della convivenza e della cortesia: *è stato un atto incivile; comportarsi da incivile* Ⓢ maleducato, sgarbato Ⓒ civile. **2** Che ha un basso livello di civiltà: *popoli ancora incivili* Ⓢ arretrato, barbaro.

inciviltà (in-ci-vil-tà) N.F. INVAR. · Azione o comportamento che va contro le regole della convivenza e della cortesia: *è una vera inciviltà buttare la spazzatura per strada* Ⓢ maleducazione.

inclassificabile (in-clas-si-fi-cà-bi-le) AGG. **1** Che non può essere classificato o valutato: *un minerale inclassificabile.* **2** Di compito scolastico, a cui non si può dare un voto perché contiene troppi errori: *un tema inclassificabile.*

inclemente (in-cle-mèn-te) AGG. **1** Che non mostra pietà: *un giudizio inclemente* Ⓢ duro, severo. **2** Di tempo atmosferico, rigido, avverso: *una stagione inclemente.*

inclemenza (in-cle-mèn-za) N.F. **1** Mancanza di pietà: *l'inclemenza di un giudice* Ⓢ durezza, severità. **2** Di tempo atmosferico, l'essere rigido e avverso: *l'inclemenza dell'inverno.*

inclinare (in-cli-nà-re) V.TR. || TR. Piegare da un lato, mettere in posizione obliqua: *inclinare un'asse, il fiasco.* || **inclinarsi** INTR.PRONOM. Piegarsi su un lato: *la nave si inclinò paurosamente.*

inclinazione (in-cli-na-zió-ne) N.F. **1** L'essere piegato verso il basso: *l'inclinazione del tetto* Ⓢ pendenza. **2** Tendenza naturale a fare bene qualcosa: *seguire le proprie inclinazioni; avere inclinazione **per** le lingue* Ⓢ attitudine, vocazione. **3** Simpatia: *ha sempre avuto una certa inclinazione **per** Mauro.*

incline (in-clì-ne) AGG. · Disposto, propenso: *oggi non è molto incline **a** chiacchierare.*

includere (in-clù-de-re) V.TR. (irreg.: pass. rem. *inclùṣi, includésti, inclùṣe, includémmo, includéste, inclùṣero*; part. pass. *inclùṣo*) **1** Mettere dentro: *includere un assegno **in** una lettera* Ⓢ unire, inserire. **2** Inserire in un elenco o in una serie: *includere **nella** giuria* Ⓒ escludere. **3** Contenere, comprendere: *il prezzo include le spese di spedizione.*

Il termine deriva dal latino *includere* 'chiudere dentro', che viene a sua volta da *claudere* 'chiudere' con il prefisso **in-**[2] (→ ***concludere***).

inclusi (in-clù-ṣi) · Pass. rem., 1ª pers. sing. → ***includere***.

inclusione (in-clu-ṣió-ne) N.F. · Inserimento stabile: *l'inclusione di un nome* ***in*** *una lista.*

inclusivo (in-clu-ṣì-vo) AGG. · Che comprende più elementi: *il prezzo è inclusivo* ***degli*** *extra* Ⓢ comprensivo.

incluso (in-clù-ṣo) AGG. || Participio pass. → ***includere***. || AGG. **1** Inserito all'interno di qualcosa: *vide che c'era un biglietto incluso* Ⓢ allegato. **2** Compreso in una serie o in un elenco: *studiare da pagina 37 a pagina 42 inclusa.*

incoerente (in-co-e-rèn-te) AGG. · Pieno di contraddizioni: *discorso incoerente; persona incoerente* Ⓢ contraddittorio Ⓒ coerente.

incoerenza (in-co-e-rèn-za) N.F. **1** Mancanza di coerenza o di logica: *non si rende conto dell'incoerenza del suo comportamento* Ⓢ contraddizione Ⓒ coerenza. **2** Discorso o azione incoerente: *un ragionamento pieno di incoerenze.*

incognita (in-cò-gni-ta) N.F. **1** Situazione di cui non si può prevedere l'esito: *l'affare presenta molte incognite; il risultato delle elezioni è tuttora un'incognita* Ⓢ enigma, interrogativo. **2** Elemento di un problema matematico di cui non si conosce il valore: *un'equazione a due incognite.*

incognito (in-cò-gni-to) AGG. e N.M. || AGG. Che non può essere identificato: *rimanere incognito* Ⓢ sconosciuto, ignoto Ⓒ noto. || N.M. **1** Il fatto di tener nascosta la propria identità: *mantenere, svelare l'incognito.* **2** Ignoto: *temere l'incognito.* Ⓔ ***In incognito***, senza rivelare la propria identità, senza farsi riconoscere: *viaggiare in incognito.*

incollare (in-col-là-re) V.TR. (*incòllo*, ecc.) || TR. Unire con la colla: *incollare un manifesto; incollare i pezzi di una cornice* Ⓢ attaccare, appiccicare Ⓒ scollare. || **incollarsi** INTR. PRONOM. **1** Aderire strettamente a qualcosa: *si è incollato così bene che non riesco più a staccarlo.* **2** Tenersi stretto a qualcuno, seguirlo da vicino: *quella donna* ***gli*** *si è incollata e non lo molla più.* Ⓔ ***Copia e incolla*** → ***copiare***.

incollato (in-col-là-to) AGG. **1** Attaccato con la colla: *un manifesto incollato* ***alla*** *parete.* **2** Che non si allontana mai da qualcosa: *sta incollato per ore davanti al televisore.*

incollerirsi (in-col-le-rìr-si) V.INTR. PRONOM. (*mi incollerìsco, ti incollerìsci*, ecc.) · Andare in collera: *incollerirsi* ***per*** *un'inezia* Ⓢ adirarsi, arrabbiarsi.

incolmabile (in-col-mà-bi-le) AGG. **1** Che non può essere colmato né compensato: *una lacuna incolmabile; la sua scomparsa ha lasciato un vuoto incolmabile.* **2** Nel linguaggio sportivo, irrecuperabile: *un distacco incolmabile.*

incolonnare (in-co-lon-nà-re) V.TR. (*incolónno*, ecc.) || TR. Mettere in colonna, mettere in fila: *incolonnare le cifre; incolonnare i soldati.* || **incolonnarsi** INTR. PRONOM. Mettersi in fila per andare in una certa direzione: *le vetture s'incolonnano al casello.*

incolore (in-co-ló-re) AGG. **1** Che non ha un colore proprio: *un liquido incolore.* **2** Noioso, grigio, monotono: *un'esistenza incolore; una persona incolore.*

incolpare (in-col-pà-re) V.TR. (*incólpo*, ecc.) **1** Dare la responsabilità di un'azione negativa: *incolpare un innocente; incolpare un dipendente* ***di*** *un errore sul lavoro* Ⓢ accusare. **2** Considerare come causa di situazioni sfavorevoli: *non si può incolpare il destino* ***della*** *propria incapacità.*

incolpevole (in-col-pé-vo-le) AGG. · Che non ha colpa Ⓢ innocente Ⓒ colpevole.

incolto (in-cól-to) AGG. **1** Luogo o terreno non coltivato: *campi incolti* Ⓢ selvatico Ⓒ coltivato. **2** Disordinato e trascurato nell'aspetto: *aspetto incolto; barba incolta* Ⓢ trasandato, sciatto. **3** Privo di istruzione o di cultura: *un uomo incolto* Ⓢ rozzo, ignorante Ⓒ colto.

incolume (in-cò-lu-me) AGG. · Di persona che non ha avuto alcun danno o ferita: *è uscito incolume dall'incidente* Ⓢ indenne, illeso.

incombente (in-com-bèn-te) AGG. · Che può accadere da un momento all'altro, che minaccia di accadere: *un pericolo incombente* Ⓢ imminente.

incombenza (in-com-bèn-za) N.F. · Compito affidato o ricevuto: *devo ancora sbrigare alcune incombenze* Ⓢ incarico, commissione.

incombere (in-cóm-be-re) V.INTR. (irreg.: *incómbo*, ecc.; mancano il part. pass. e i tempi composti) · Di pericolo o fatto grave, essere sul punto di accadere: *un grave pericolo incombe **su** di noi* Ⓢ sovrastare (TR.), minacciare (TR.).

incominciare (in-co-min-cià-re) V.TR. e INTR. (*incomìncio*, ecc.) || TR. Dare inizio a un'azione: *incominciare un discorso, un viaggio* Ⓢ cominciare, iniziare Ⓒ finire. || INTR. (aus. *essere*) Avere inizio: *la lezione incomincerà con qualche minuto di ritardo.*

incommensurabile (in-com-men-su-rà-bi-le) AGG. · Talmente grande che non si può misurare: *una distanza incommensurabile; nutre per loro un affetto incommensurabile* Ⓢ immenso, smisurato.

incomodare (in-co-mo-dà-re) V.TR. (*incòmodo*, ecc.) || TR. Disturbare, importunare: *non vorrei incomodare nessuno.* || **incomodarsi** INTR. PRONOM. Disturbarsi, scomodarsi: *non s'incomodi, lo so fare da me.*

incomodo (in-cò-mo-do) N.M. · Disturbo, fastidio, disagio: *gli incomodi di un lungo viaggio.* Ⓔ ***Terzo incomodo** → **terzo**.*

incomparabile (in-com-pa-rà-bi-le) AGG. · Che non si può paragonare a niente e a nessuno, che non ha confronti: *bellezza incomparabile; ingegno incomparabile* Ⓢ straordinario, impareggiabile.

incompatibile (in-com-pa-tì-bi-le) AGG. **1** Che non può esistere insieme a qualcos'altro: *un errore incompatibile **con** le sue responsabilità* Ⓒ compatibile. **2** Che non può andare d'accordo: *si sono divisi perché avevano caratteri incompatibili* Ⓢ opposto, inconciliabile.

incompetente (in-com-pe-tèn-te) AGG. · Privo di conoscenze e di esperienza in un certo campo: *dichiararsi incompetente **in materia di** arte contemporanea; un tecnico incompetente* Ⓢ incapace, ignorante Ⓒ competente.

incompetenza (in-com-pe-tèn-za) N.F. · Mancanza di preparazione o di conoscenze in un certo campo: *confessare la propria incompetenza **in** medicina; il danno è da attribuire all'incompetenza dell'architetto* Ⓢ ignoranza, incapacità Ⓒ competenza.

incompiuto (in-com-più-to) AGG. · Non finito, realizzato solo in parte: *non voglio lasciare un lavoro incompiuto* Ⓢ incompleto Ⓒ compiuto, completo.

incompleto (in-com-plè-to) AGG. · Che manca di alcune parti: *un'esposizione incompleta dei fatti; questi dati sono incompleti* Ⓒ completo.

incomprensibile (in-com-pren-sì-bi-le) AGG. · Difficile o impossibile da capire: *una scrittura incomprensibile; tenere un atteggiamento incomprensibile* Ⓢ oscuro, indecifrabile Ⓒ comprensibile.

incomprensione (in-com-pren-sió-ne) N.F. · Mancanza di comprensione o accordo tra due o più persone: *spesso tra genitori e figli vi sono molte incomprensioni.*

incompreso (in-com-pré-so) AGG. · Che non è capito o non è apprezzato dagli altri: *un capolavoro incompreso; si sente incompreso persino dai suoi amici* Ⓒ compreso.

incomunicabile (in-co-mu-ni-cà-bi-le) AGG. · Che non può essere espresso agli altri: *uno stato d'animo incomunicabile* Ⓒ comunicabile.

incomunicabilità (in-co-mu-ni-ca-bi-li-tà) N.F.INVAR. **1** Mancanza di dialogo e di rapporto con gli altri: *l'incomunicabilità tra genitori e figli.* **2** Impossibilità di essere condiviso: *l'incomunicabilità di un dolore.*

inconcepibile (in-con-ce-pì-bi-le) AGG. · Che non può essere neanche immaginato: *un errore inconcepibile; per me è inconcepibile passare le giornate senza far nulla* Ⓢ impensabile, inammissibile.

inconciliabile (in-con-ci-lià-bi-le) AGG. · Che non si può conciliare, mettere d'accordo: *due esigenze inconciliabili* Ⓢ incompatibile.

inconcludente (in-con-clu-dèn-te) AGG. e N.M. e F. || AGG. Che non porta a nulla, che non ha nessun risultato: *sono stufo di questi discorsi inconcludenti.* || AGG. e N.M. e F. Di persona che non riesce a combinare nulla: *un impiegato inconcludente; sei un inconcludente* Ⓢ incapace, inetto.

incondizionato (in-con-di-zio-nà-to) AGG. · Che non ha limitazioni, che non è sottoposto a condizioni: *godeva della mia fiducia incondizionata; sono stati costretti a una resa incondizionata* Ⓢ assoluto, totale.

inconfessabile (in-con-fes-sà-bi-le) AGG. · Che non si può raccontare per vergogna: *propositi, colpe inconfessabili.*

inconfondibile (in-con-fon-dì-bi-le) AGG. · Che non si può confondere con altri perché ha caratteristiche uniche: *ha una voce inconfondibile; uno scrittore dallo stile inconfondibile.*

inconfutabile (in-con-fu-tà-bi-le) AGG. · Che non può essere confutato, messo in discussione: *prove inconfutabili* Ⓢ inoppugnabile Ⓒ confutabile.

incongruenza (in-con-gru-èn-za) N.F. **1** Mancanza di logica e coerenza: *l'incongruenza di un ragionamento* Ⓢ incoerenza, assurdità Ⓒ congruenza. **2** Discorso o comportamento privo di coerenza: *è un'incongruenza parlar male di lui e poi frequentarlo* Ⓢ contraddizione.

inconsapevole (in-con-sa-pé-vo-le) AGG. · Che non è informato o che non si rende conto di qualcosa: *inconsapevole* ***dell'****accaduto; inconsapevole* ***del*** *pericolo* Ⓢ ignaro Ⓒ consapevole.

inconsapevolezza (in-con-sa-pe-vo-léz-za) N.F. · Il non rendersi assolutamente conto di qualcosa: *inconsapevolezza* ***del*** *pericolo; restare nell'inconsapevolezza* Ⓢ ignoranza, incoscienza Ⓒ consapevolezza.

inconsciamente (in-con-scia-mén-te) AVV. · Senza essere cosciente di qualcosa, senza rendersi conto: *una decisione presa inconsciamente.*

inconscio (in-còn-scio) AGG. e N.M. (pl.m. *-sci*, pl.f. *-sce* o *-scie*) || AGG. Di cui non ci si rende conto, non controllato dalla coscienza: *atti inconsci; tendenze inconsce* Ⓢ inconsapevole. || N.M. Il livello della mente in cui nascono pensieri o azioni di cui non ci rendiamo conto: *disturbi dell'inconscio.*

inconsistente (in-con-si-stèn-te) AGG. **1** Che non ha una base solida: *ragionamento inconsistente; tesi inconsistente* Ⓢ infondato Ⓒ solido, fondato. **2** Che non ha solidità, poco resistente: *un tessuto inconsistente* Ⓒ consistente, robusto.

inconsistenza (in-con-si-stèn-za) N.F. **1** Mancanza di un fondamento, di una base solida: *l'inconsistenza di un'accusa.* **2** Mancanza di solidità o di resistenza: *l'inconsistenza di una stoffa.*

inconsolabile (in-con-so-là-bi-le) AGG. · Che non si può consolare, che non trova conforto: *dolore inconsolabile; era inconsolabile* ***per*** *la morte del padre* Ⓢ desolato, sconsolato.

inconsueto (in-con-su-è-to) AGG. · Diverso dal normale: *uno spettacolo inconsueto; svegliarsi presto è piuttosto inconsueto per lei* Ⓢ insolito, strano Ⓒ consueto.

inconsulto (in-con-sùl-to) AGG. · Fatto senza riflettere: *gesto inconsulto* Ⓢ avventato, impulsivo.

incontaminato (in-con-ta-mi-nà-to) AGG. · Non contaminato: *mari incontaminati; spirito incontaminato* Ⓢ puro, intatto.

incontenibile (in-con-te-nì-bi-le) AGG. · Che non può essere contenuto o controllato: *l'assalto incontenibile del nemico; un pianto incontenibile* Ⓢ inarrestabile, irrefrenabile.

incontentabile (in-con-ten-tà-bi-le) AGG. · Che non si accontenta mai, che è sempre insoddisfatto: *un cliente incontentabile* Ⓢ esigente.

incontestabile (in-con-te-stà-bi-le) AGG. · Che non si può mettere in dubbio: *una prova incontestabile.*

incontinente (in-con-ti-nèn-te) AGG. e N.M. e F. || AGG. Che non sa controllare i propri istinti: *essere incontinente* ***nel*** *bere,* ***nel*** *mangiare* Ⓢ sfrenato, smodato. || AGG. e N.M. e F. Di persona che non riesce a trattenere le urine o le feci.

incontrare (in-con-trà-re) V.TR. (*incóntro*, ecc.) || TR. **1** Trovare per caso sulla propria strada: *incontrare un vecchio amico in un bar; incontrare una difficoltà.* **2** Vedere qualcuno in un giorno e a un'ora stabilita: *domani incontreremo i nostri vecchi compagni di scuola.* **3** Entrare in contatto per la prima volta: *mio fratello ha incontrato una ragazza al mare e dopo un anno l'ha sposata* Ⓢ conoscere. **4** Ottenere, avere, raccogliere: *incontrare il favore del pubblico.* **5** Avere come avversario in una gara sportiva: *domani la nostra squadra incontrerà la prima in classifica* Ⓢ affrontare. **6** Avere uno o più punti in comune: *la retta incontra la circonferenza* ***in*** *due punti.* || **incontrarsi** INTR. PRONOM. Avere un appuntamento con qualcuno: *mi incontrerò* ***con*** *lui davanti alla stazione domattina* Ⓢ vedersi.

incontrario (in-con-trà-rio) AVV. · Solo nell'espressione del linguaggio familiare ***all'incontrario***, al contrario, all'opposto: *fa sempre all'incontrario di quel che gli si dice.*

incontrastabile (in-con-tra-stà-bi-le) AGG. · A cui non ci si può opporre: *un'obiezione incontrastabile* Ⓢ incontestabile, inarrestabile.

I

incontrastato (in-con-tra-stà-to) AGG. · Privo di opposizioni o di difficoltà: *vittoria incontrastata.*

incontro[1] (in-cón-tro) AVV. · In direzione di: *andare, correre incontro* ***a*** *qualcuno; andare incontro* ***a*** *grosse spese* Ⓢ verso. Ⓔ ***Andare incontro, venire incontro***, cambiare il proprio punto di vista per avvicinarsi a quello di un altro, trovare un compromesso: *se non mi vieni un po' incontro non troveremo mai un accordo*; dare una mano, aiutare: *se non mi vieni incontro non riuscirò a pagare l'affitto di questo mese.*

incontro[2] (in-cón-tro) N.M. **1** Il ritrovarsi, casuale o stabilito in precedenza, di due o più persone: *fare un incontro spiacevole, gradito, inaspettato; festeggiano ogni anno la data del loro primo incontro.* **2** Appuntamento, riunione: *fissare un incontro.* **3** Competizione sportiva: *disputare un incontro di calcio* Ⓢ partita; match (*ingl.*). Ⓔ ***Punto d'incontro***, il punto in cui due o più cose si incontrano: *il punto d'incontro di due strade*; argomento in comune: *trovare un punto d'incontro tra due opinioni contrastanti.*

incontrollabile (in-con-trol-là-bi-le) AGG. · Che non può essere controllato né frenato: *una notizia incontrollabile; un desiderio incontrollabile.*

incontrollato (in-con-trol-là-to) AGG. **1** Di cui è impossibile accertare la verità: *notizie incontrollate* Ⓢ dubbio. **2** Dominato dall'istinto: *panico incontrollato* Ⓢ sfrenato.

inconveniente (in-con-ve-nièn-te) N.M. · Fatto spiacevole: *verrei volentieri, ma c'è un piccolo inconveniente: non ho soldi* Ⓢ imprevisto, contrattempo.

incoraggiamento (in-co-rag-gia-mén-to) N.M. · Benevola esortazione: *ha solo bisogno di qualche parola d'incoraggiamento* Ⓢ stimolo, incitamento.

incoraggiante (in-co-rag-giàn-te) AGG. · Che dà fiducia e coraggio: *un sorriso incoraggiante; risultati incoraggianti* Ⓢ confortante, rassicurante.

incoraggiare (in-co-rag-già-re) V.TR. (*incoràggio*, ecc.) **1** Dare coraggio e fiducia: *incoraggiare* ***allo*** *studio; il suo esempio mi ha incoraggiato* ***a*** *resistere* Ⓢ incitare, spingere Ⓒ scoraggiare. **2** Favorire, promuovere: *incoraggiare un'iniziativa; incoraggiare la delinquenza.*

incorniciare (in-cor-ni-cià-re) V.TR. (*incornìcio*, ecc.) · Mettere in cornice: *incorniciare un ritratto.*

incoronare (in-co-ro-nà-re) V.TR. (*incoróno*, ecc.) **1** Mettere una corona sul capo di qualcuno: *il re fu incoronato nella cattedrale.* **2** Dare un titolo a qualcuno: *incoronare un atleta campione del mondo.*

incoronazione (in-co-ro-na-zió-ne) N.F. · Cerimonia solenne in cui una persona riceve la corona, come simbolo di sovranità o di vittoria: *l'incoronazione del pontefice; l'incoronazione dei campioni d'Italia.*

incorporare (in-cor-po-rà-re) V.TR. (*incòrporo*, ecc.) **1** Mescolare più elementi in modo da formare un composto omogeneo: *incorporare gesso e colla per preparare lo stucco* Ⓢ amalgamare Ⓒ scorporare. **2** Assorbire: *la calce incorpora l'acqua.* **3** Annettere, unire, inglobare: *incorporare una società* ***in*** *una finanziaria.*

incorporato (in-cor-po-rà-to) AGG. · Che è inserito già in partenza in una struttura: *apparecchio fotografico con flash incorporato.*

incorporeo (in-cor-pò-re-o) AGG. (pl.m. *-rei*, pl.f. *-ree*) · Privo di corpo, che non è fatto di materia: *la natura incorporea degli angeli* Ⓢ spirituale Ⓒ corporeo, materiale.

incorreggibile (in-cor-reg-gì-bi-le) AGG. **1** Che non si lascia convincere ad abbandonare un vizio o un difetto: *un bevitore incorreggibile; sei proprio incorreggibile!* Ⓢ incallito, irriducibile. **2** Impossibile da correggere: *un difetto fisico incorreggibile.*

incorrere (in-cór-re-re) V.INTR. (irreg.: coniugato come *correre*; aus. *essere*) · Andare incontro a un danno, soprattutto per propria colpa: *incorrere* ***in*** *un brutto guaio* Ⓢ ritrovarsi, incappare.

incorruttibile (in-cor-rut-tì-bi-le) AGG. **1** Che non si lascia corrompere: *un giudice incorruttibile* Ⓢ onesto, integro. **2** Che non è portato a sciuparsi o alterarsi: *sostanze incorruttibili.*

incosciente (in-co-scièn-te) AGG. e N.M. e F. || AGG. Privo di sensi, svenuto: *è rimasto incosciente per un quarto d'ora* Ⓒ cosciente. || AGG. e N.M. e F. Che, chi non si preoccupa delle possibili conseguenze del proprio comportamento: *sei stato incosciente* ***a*** *bere prima di metterti al volante* Ⓢ irresponsabile, imprudente.

incoscienza (in-co-scièn-za) N.F. **1** Perdita temporanea dei sensi: *è rimasto per qualche minuto in stato d'incoscienza* Ⓒ coscienza. **2** Indifferenza verso le conseguenze del proprio comportamento: *la tua incoscienza è pericolosa anche per gli altri.*

incostante (in-co-stàn-te) AGG. **1** Che cambia spesso: *tempo incostante; rendimento incostante* Ⓢ instabile, variabile Ⓒ costante. **2** Di persona, che cambia spesso il suo modo di agire o di pensare: *un carattere incostante; essere incostante* ***nello*** *studio* Ⓢ volubile.

incostanza (in-co-stàn-za) N.F. **1** Variabilità nel comportamento Ⓒ costanza. **2** Mancanza di perseveranza Ⓒ tenacia.

incostituzionale (in-co-sti-tu-zio-nà-le) AGG. · Che va contro la Costituzione: *provvedimento incostituzionale.*

incredibile (in-cre-dì-bi-le) AGG. **1** Difficile o impossibile da credere: *una storia incredibile* Ⓢ assurdo, inaudito Ⓒ credibile, attendibile. **2** Straordinario, enorme, eccezionale: *una ricchezza incredibile; un dolore incredibile.*

incredulità (in-cre-du-li-tà) N.F. INVAR. · L'atteggiamento di chi fatica a credere qualcosa.

incredulo (in-crè-du-lo) AGG. · Che dubita di qualcosa, che esita a credere: *mostrarsi incredulo.*

incrementare (in-cre-men-tà-re) V.TR. (*increménto*, ecc.) · Aiutare a crescere: *incrementare il turismo* Ⓢ favorire, sviluppare.

incremento (in-cre-mén-to) N.M. · Sviluppo, crescita, aumento, soprattutto nel linguaggio economico: *l'incremento della produzione* Ⓒ decremento, diminuzione.

increscioso (in-cre-sció-so) AGG. · Che provoca disagio o imbarazzo: *una situazione incresciosa; un ritardo increscioso* Ⓢ spiacevole, imbarazzante.

increspare (in-cre-spà-re) V.TR. (*incréspo*, ecc.) || TR. Riempire di onde o di pieghe: *il vento increspava la superficie del lago; increspare la stoffa di una gonna.* || **incresparsi** INTR. PRONOM. Riempirsi di onde o di pieghe: *il mare si stava increspando.* Ⓔ ***Increspare la fronte***, corrugarla in segno di collera, di preoccupazione o di concentrazione.

incriminare (in-cri-mi-nà-re) V.TR. (*incrìmino*, ecc.) · Accusare di un reato: *era già stato incriminato* ***per*** *traffico di droga* Ⓢ imputare.

incriminazione (in-cri-mi-na-zió-ne) N.F. · Accusa di reato: *incriminazione* ***per*** *truffa.*

incrinare (in-cri-nà-re) V.TR. || TR. **1** Produrre una sottile spaccatura in un oggetto fragile: *l'acqua bollente ha incrinato il bicchiere.* **2** Compromettere, danneggiare: *quell'episodio aveva incrinato il loro rapporto.* || **incrinarsi** INTR. PRONOM. **1** Subire un'incrinatura: *il vaso si è incrinato.* **2** Rovinarsi, guastarsi: *l'alleanza di governo si è incrinata.*

incrinatura (in-cri-na-tù-ra) N.F. **1** Fessura sottile in un oggetto fragile: *la caraffa presenta un'incrinatura* Ⓢ crepa. **2** Leggero peggioramento della purezza di qualcosa o nei rapporti fra persone: *ho notato una lieve incrinatura* ***nella*** *sua voce; quel litigio segnò la prima incrinatura* ***nel*** *loro rapporto.*

incrociare (in-cro-cià-re) V.TR. (*incrócio*, ecc.) || TR. **1** Mettere due cose una sopra l'altra in modo da formare una X: *incrociare due sbarre di ferro.* **2** Passare attraverso: *prima del paese la strada incrocia la ferrovia* Ⓢ attraversare, intersecare. **3** Incontrare qualcuno che è diretto in senso opposto: *l'ho incrociato ieri in via Duse.* **4** Accoppiare animali o piante di razze o specie diverse: *incrociare due razze di conigli, due varietà di garofani.* || **incrociarsi** RIFL. RECIPROCO Incontrarsi in un punto provenendo da direzioni opposte: *i due treni si incrociano a Bologna.* Ⓔ ***Incrociare le braccia*** → **braccio** • ***Incrociare le dita***, mettere il medio sopra l'indice come gesto portafortuna.

I

incrociatore (in-cro-cia-tó-re) N.M. · Nave da guerra veloce armata di missili e cannoni.

incrocio (in-cró-cio) N.M. (pl. *-ci*) **1** Il luogo in cui si incontrano, formando una X, due cose e soprattutto due strade: *incrocio stradale; continui diritto fino al prossimo incrocio.* **2** Unione tra piante o animali di razze o specie diverse: *l'incrocio di due varietà di gladioli.*

incrollabile (in-crol-là-bi-le) AGG. · Che non può crollare: *principi incrollabili; una fiducia incrollabile* Ⓢ solido, saldo.

incrostare (in-cro-stà-re) V.TR. (*incròsto*, ecc.) || TR. Coprire con uno strato di materiale che forma una specie di crosta: *l'acqua marina ha incrostato il motore della barca.* || **incrostarsi** INTR. PRONOM. Coprirsi con uno strato indurito che forma una specie di crosta: *il lavandino s'è incrostato* ***di*** *calcare.*

incrostazione (in-cro-sta-zió-ne) N.F. · Formazione di uno strato di materiale indurito, simile a una crosta, su una superficie: *incrostazione calcarea; le incrostazioni di un tubo.*

incruento (in-cru-èn-to) AGG. · Che avviene senza che qualcuno venga ferito o muoia: *una lite incruenta* Ⓒ cruento.

incubatrice (in-cu-ba-trì-ce) N.F. **1** Apparecchiatura che consente di covare le uova in maniera artificiale. **2** Apparecchiatura simile a una culla in cui vengono messi i bambini nati prima del tempo; grazie a temperatura e umidità costanti permette che il neonato completi il suo sviluppo.

incubazione (in-cu-ba-zió-ne) N.F. **1** Negli animali che fanno l'uovo, il periodo in cui l'embrione si sviluppa dentro l'uovo: *incubazione naturale, artificiale.* **2** In medicina, il tempo che passa fra il contatto con i germi di una malattia infettiva e la comparsa dei sintomi della malattia: *il morbillo ha un periodo di incubazione di 7-14 giorni.* **3** Periodo in cui matura lentamente un avvenimento o una decisione: *la crisi era in incubazione da mesi.*

incubo (ìn-cu-bo) N.M. **1** Brutto sogno: *ogni notte ha lo stesso incubo.* **2** Pensiero angosciante, grave preoccupazione: *l'incubo degli esami* Ⓢ ossessione, tormento.

> Il termine deriva dal latino tardo *(daemon) incubus* '(spirito maligno) che sta sopra', perché si credeva che certi spiriti maligni giacessero sul petto della persona che dormiva, procurandogli incubi e affanno.

incudine (in-cù-di-ne) N.F. · Grosso blocco di acciaio su cui si appoggia il metallo per lavorarlo. Ⓔ ***Tra l'incudine e il martello***, tra due situazioni ugualmente difficili: *essere, trovarsi tra l'incudine e il martello.*

inculcare (in-cul-cà-re) V.TR. (*incùlco, incùlchi*, ecc.) · Imprimere profondamente nell'animo di qualcuno: ***ai*** *miei figli ho inculcato il rispetto per gli altri.*

incuneare (in-cu-ne-à-re) V.TR. (*incùneo*, ecc.) || TR. Spingere a forza: *incuneare un tassello nel muro* Ⓢ incastrare. || **incunearsi** INTR. PRONOM. **1** Aprirsi un varco, penetrando in profondità: *il fiume si incunea* ***in*** *una gola rocciosa* Ⓢ infilarsi. **2** Imprimersi profondamente: *quel pensiero gli s'incuneò* ***nella*** *mente.*

incupire (in-cu-pì-re) V.TR. e INTR. (*incupìsco, incupìsci*, ecc.) || TR. **1** Rendere cupo o più cupo: *incupire una tinta* Ⓢ scurire. **2** Rendere triste o malinconico: *la brutta notizia lo incupì* Ⓢ rattristare. || INTR. (aus. *essere*) e **incupirsi** INTR. PRONOM. **1** Diventare cupo, assumere un colore scuro: *il cielo s'incupì d'un tratto.* **2** Diventare pensieroso, triste o minaccioso: *a quelle parole s'incupì.*

incurabile (in-cu-rà-bi-le) AGG. · Di malattia o malato che non possono essere guariti Ⓢ inguaribile.

incurante (in-cu-ràn-te) AGG. · Che mostra indifferenza o disprezzo per ciò che lo riguarda direttamente: *incurante* ***della*** *propria salute; incurante* ***del*** *pericolo* Ⓢ noncurante, indifferente a.

incuranza (in-cu-ràn-za) N.F. · Noncuranza, disinteresse, indifferenza.

incuria (in-cù-ria) N.F. (pl. *-rie*) · Mancanza di cura e attenzione che spesso provoca un danno: *l'incuria di un impiegato; la garanzia non copre i guasti dovuti a incuria* Ⓢ negligenza, trascuratezza.

incuriosire (in-cu-rio-sì-re) V.TR. (*incuriosìsco, incuriosìsci*, ecc.) || TR. Rendere desideroso di conoscere, di imparare: *ho letto un articolo che mi ha incuriosito* Ⓢ interessare. || **incuriosirsi** INTR. PRONOM. Provare curiosità o interesse: *di fronte al suo riserbo ci incuriosimmo ancora di più.*

incursione (in-cur-sió-ne) N.F. **1** Attacco militare improvviso, soprattutto aereo, su territorio nemico: *incursione aerea* Ⓢ assalto. **2** Azione di sorpresa, anche a scopo di rapina: *i ladri hanno fatto un'incursione* ***nella*** *villa* Ⓢ irruzione.

incurvare (in-cur-và-re) V.TR. || TR. Piegare secondo una linea curva: *incurvare un ramo; incurvare la schiena* Ⓢ curvare. || **incurvarsi** INTR. PRONOM. Diventare curvo, fare una curva: *con l'età le spalle si incurvano; con l'umidità la porta si è incurvata* Ⓢ piegarsi.

incustodito (in-cu-sto-dì-to) AGG. · Che non è sorvegliato: *parcheggio incustodito; non lasciate i bambini incustoditi.*

incutere (in-cù-te-re) V.TR. (irreg.: coniugato come *discutere*) · Provocare un certo stato d'animo: *incutere rispetto, soggezione; il suo aspetto incuteva paura* ***a*** *tutti* Ⓢ ispirare.

indaco (ìn-da-co) AGG. e N.M. INVAR. · Di colore tra l'azzurro e il violetto; è uno dei sette colori dell'arcobaleno.

indaffarato (in-daf-fa-rà-to) AGG. · Molto preso dai propri compiti o dal proprio lavoro: *mia madre è sempre indaffarata ai fornelli* Ⓢ impegnato, affaccendato.

indagare (in-da-gà-re) V.INTR. e TR. (*indàgo, indàghi*, ecc.) || INTR. (aus. *avere*) Fare ricerche approfondite per scoprire la verità su qualcosa: *la polizia sta indagando* ***sui*** *parenti della vittima* Ⓢ investigare. || TR. Studiare a fondo: *indagare le cause di un fenomeno* Ⓢ esaminare.

indagine (in-dà-gi-ne) N.F. · Ricerca fatta per scoprire la verità su un certo fatto: *indagine storica, scientifica; proseguono le indagini* ***sul*** *misterioso omicidio* Ⓢ inchiesta.

indebitare (in-de-bi-tà-re) V.TR. (*indébito*, ecc.) || TR. Riempire di debiti: *quell'affare sbagliato lo ha molto indebitato.* || **indebitarsi** RIFL. Fare dei debiti: *per comprare la casa si sono indebitati fino al collo* ***con*** *la banca* Ⓒ sdebitarsi.

indebito (in-dé-bi-to) AGG. **1** Che non è dovuto: *pagamento indebito.* **2** Che non è meritato: *accuse indebite* Ⓢ immeritato, ingiusto. **3** Non permesso dalla legge: *guadagno indebito* Ⓢ illecito, illegittimo.

indebolimento (in-de-bo-li-mén-to) N.M. · Diminuzione della forza o dell'efficienza: *indebolimento fisico; indebolimento della vista* Ⓒ rafforzamento.

indebolire (in-de-bo-lì-re) V.TR. (*indebolìsco, indebolìsci*, ecc.) || TR. Ridurre la forza o l'efficienza: *la malattia lo ha indebolito; indebolire la difesa nemica* Ⓒ rafforzare, rinforzare. || **indebolirsi** INTR. PRONOM. Perdere forza e vigore: *con gli anni la memoria si indebolisce.*

indecente (in-de-cèn-te) AGG. **1** Che offende il pudore e la morale comune: *un vestito indecente; un contegno indecente* Ⓢ scandaloso, sconveniente Ⓒ decente. **2** Nel linguaggio familiare, eccessivo, inaccettabile: *prezzi indecenti.* **3** Nel linguaggio familiare, bruttissimo o molto sporco: *una tovaglia indecente.*

indecenza (in-de-cèn-za) N.F. · Mancanza di pudore e di rispetto per gli altri: *andare in giro vestiti così è un'indecenza!* Ⓢ scandalo, vergogna.

indecifrabile (in-de-ci-frà-bi-le) AGG. · Che non si riesce a decifrare, a capire: *è un tipo veramente indecifrabile; una scrittura indecifrabile* Ⓢ incomprensibile Ⓒ decifrabile.

indecisione (in-de-ci-sió-ne) N.F. · Incapacità di prendere una decisione: *avere un attimo di indecisione; è rimasto vittima della propria*

A B C D E F G H **I** J K L M N O P Q R S T U V W X Y Z

indecisione Ⓢ incertezza, esitazione Ⓒ decisione, determinazione.

indeciso (in-de-cì-ṣo) AGG. · Incapace di prendere decisioni: *sono indeciso* ***tra*** *due offerte di lavoro; è ancora indecisa* ***sulla*** *scelta dei mobili* Ⓢ esitante, incerto Ⓒ deciso.

indecoroso (in-de-co-ró-so) AGG. · Che offende la dignità della persona: *un comportamento indecoroso; i bagni della stazione erano in condizioni indecorose* Ⓢ indegno, indecente Ⓒ decoroso.

indefesso (in-de-fès-so) AGG. · Che non si stanca mai: *un lavoratore indefesso* Ⓢ instancabile.

indefinibile (in-de-fi-nì-bi-le) AGG. · Che non si può descrivere con precisione: *un odore indefinibile; un sentimento indefinibile* Ⓢ indescrivibile.

indefinito (in-de-fi-nì-to) AGG. 1 Che non è determinato in modo preciso: *la riunione è stata rimandata a tempo indefinito* Ⓢ indeterminato, imprecisato Ⓒ definito, preciso. 2 In grammatica, di pronome e aggettivo che individuano persone o cose in modo generico, per es. *qualcuno, nessuno, qualsiasi* • Di modo verbale che non presenta indicazioni di numero e di persona: *l'infinito, il participio e il gerundio sono i modi indefiniti del verbo.* Ⓔ ***Articolo indefinito***, in grammatica, articolo indeterminativo (→ ***indeterminativo***).

indeformabile (in-de-for-mà-bi-le) AGG. · Che non subisce alterazioni nella forma: *scarpe indeformabili* Ⓒ deformabile.

indegnità (in-de-gni-tà) N.F. INVAR. · Azione o comportamento indegno: *ha commesso un'indegnità imperdonabile.*

indegno (in-dé-gno) AGG. 1 Non meritevole, non degno di qualcosa o qualcuno: *si è dimostrato indegno* ***della*** *nostra stima* Ⓒ degno • Che merita disprezzo: *un individuo indegno; un'azione indegna* Ⓢ spregevole, ignobile. 2 Inferiore ai meriti o alle qualità di una persona: *questo lavoro è indegno* ***di*** *te.*

indelebile (in-de-lè-bi-le) AGG. 1 Che non si può cancellare: *inchiostro indelebile.* 2 Indimenticabile, incancellabile: *ricordo indelebile.*

indelicato (in-de-li-cà-to) AGG. · Che manca di sensibilità e di tatto: *una domanda, una persona indelicata* Ⓢ indiscreto, inopportuno Ⓒ delicato.

indemoniato (in-de-mo-nià-to) AGG. e N.M. (f. -a) || AGG. e N.M. (f. -a) Che, chi è posseduto da uno spirito maligno: *urlava come un indemoniato.* || AGG. 1 Molto arrabbiato: *una folla indemoniata chiedeva la condanna a morte dell'assassino* Ⓢ furioso, inferocito. 2 Eccessivamente vivace: *un gruppo di ragazzini indemoniati mi ha messo sottosopra la casa* Ⓢ scatenato, scalmanato.

indenne (in-dèn-ne) AGG. · Che non ha avuto alcun danno: *solo poche case sono rimaste indenni* ***dal*** *terremoto; è uscito indenne* ***dall'****incidente* Ⓢ illeso.

indennità (in-den-ni-tà) N.F. INVAR. 1 Risarcimento in denaro per un danno causato da altri: *pagare, riscuotere un'indennità* Ⓢ indennizzo. 2 Rimborso dato dall'azienda al lavoratore per le spese sostenute durante lo svolgimento di un lavoro: *indennità di fine rapporto; indennità di trasferta.*

indennizzare (in-den-niẓ-ẓà-re) V.TR. · Dare del denaro a qualcuno per risarcirlo di un danno subito o delle spese sostenute durante lo svolgimento di un lavoro: *indennizzare le vittime di un incidente* Ⓢ rimborsare.

indennizzo (in-den-nìẓ-ẓo) N.M. · Somma data o ricevuta come risarcimento: *chiedere, pagare un indennizzo; ottenere l'indennizzo delle spese mediche* Ⓢ rimborso.

inderogabile (in-de-ro-gà-bi-le) AGG. · A cui non ci si può sottrarre, che deve essere assolutamente rispettato: *termine inderogabile; impegno inderogabile* Ⓢ tassativo.

indescrivibile (in-de-scri-vì-bi-le) AGG. · Che non si può descrivere o spiegare: *una sensazione indescrivibile; una confusione indescrivibile* Ⓢ incredibile, straordinario.

indesiderabile (in-de-si-de-rà-bi-le) AGG. · Che non è gradito: *un ospite indesiderabile* Ⓢ sgradito.

indesiderato (in-de-si-de-rà-to) AGG. · Che non è previsto e risulta sgradito: *un ospite indesiderato; gli effetti indesiderati di un farmaco.*

indeterminativo (in-de-ter-mi-na-tì-vo) AGG. · In grammatica: ***articolo indeterminativo***, quello che si mette davanti al nome per indicare una cosa non definita o non conosciuta (opposto all'*articolo determinativo*); gli articoli indeterminativi sono: *un, uno, una*.

indeterminato (in-de-ter-mi-nà-to) AGG. · Che non può essere definito in modo preciso: *una quantità indeterminata; rimandare a tempo indeterminato* Ⓢ indefinito, imprecisato Ⓒ determinato. Ⓔ ***Articolo indeterminato***, in grammatica, articolo indeterminativo (→ ***indeterminativo***).

indeuropeo (in-deu-ro-pè-o) AGG. (pl.m. *-pèi*, pl.f. *-pèe*) · ***Lingue indeuropee*** (o *l'indeuropeo* N.M.), gruppo di lingue asiatiche ed europee che hanno un'origine comune; vi appartengono fra le altre le lingue romanze, il greco, le lingue slave, le lingue germaniche.

indiano (in-dià-no) AGG. e N.M. (f. *-a*) || AGG. **1** Dell'India. **2** Delle Indie Occidentali, come fu chiamata l'America quando fu scoperta da Colombo. || N.M. (f. *-a*) **1** Abitante, nativo dell'India. **2** Abitante, nativo dell'America centro-settentrionale Ⓢ pellerossa. Ⓔ ***Fare l'indiano***, far finta di non capire • ***In fila indiana*** → ***fila***[2].

indiavolato (in-dia-vo-là-to) AGG. · Vivace e sfrenato: *quei monelli indiavolati; un chiasso indiavolato* Ⓢ turbolento, scatenato.

indicare (in-di-cà-re) V.TR. (*ìndico, ìndichi*, ecc.) **1** Mostrare con parole, gesti o segnali: ***ci*** *può indicare qual è la strada?; il barometro indica bel tempo* Ⓢ segnalare. **2** Consigliare, suggerire, raccomandare: *potreste indicarmi un buon ristorante?* **3** Rendere evidente: *ciò indica* ***che*** *sei in errore* Ⓢ dimostrare, significare. **4** Di parole, esprimere un concetto: *un verbo che indica un'azione duratura* Ⓢ designare.

indicativo (in-di-ca-tì-vo) AGG. e N.M. || AGG. **1** Che può fornire informazioni utili per identificare qualcosa: *un sintomo indicativo della malattia* Ⓢ significativo, rappresentativo. **2** Che dà un'idea approssimativa di qualcosa: *abbiamo proposto una cifra soltanto indicativa; mi dia una scadenza indicativa* Ⓢ approssimativo, orientativo. || AGG. e N.M. In grammatica, del modo del verbo che presenta un fatto come reale (*guardo* rispetto a *guarderei*).

indicato (in-di-cà-to) AGG. · Adatto a uno scopo: *è la persona indicata* ***per*** *quell'incarico* Ⓒ controindicato.

indicatore (in-di-ca-tó-re) AGG. e N.M. (f. *-trìce*) || AGG. Che segnala qualcosa, che dà indicazioni: *tabella indicatrice; cartelli indicatori.* || N.M. Strumento che serve per segnalare qualcosa: *indicatore di pressione.*

indicazione (in-di-ca-zió-ne) N.F. **1** Informazione su come prodecere: *non ci ha fornito molte indicazioni; segua le indicazioni e ci arriverà* Ⓢ consiglio. **2** Spiegazione su quando e come si deve prendere una medicina: *medicinali da prendere su indicazione del medico* Ⓢ prescrizione.

indice (in-di-ce) N.M. **1** Il secondo dito della mano, tra il pollice e il medio. **2** Elenco dei capitoli o delle parti di un libro, con il numero della pagina in cui si trovano: *indice generale, alfabetico; se consulti l'indice lo trovi* Ⓢ sommario. **3** Lancetta di uno strumento di misurazione: *l'indice del barometro, della bussola* Ⓢ ago. **4** Misura statistica: *indice di natalità, di mortalità; l'indice di ascolto di una trasmissione televisiva* Ⓢ tasso, quoziente. **5** Segno, segnale: *la tua risposta è soltanto indice di maleducazione.* Ⓔ ***Mettere all'indice***, vietare, proibire, censurare un libro, un film, ecc.: *mettere all'indice uno spettacolo teatrale* • ***Puntare l'indice contro qualcuno***, accusarlo o denunciarlo.

indicibile (in-di-cì-bi-le) AGG. · Che non si può esprimere a parole: *morì tra indicibili sofferenze* Ⓢ indescrivibile, ineffabile • Grandissimo, eccezionale, straordinario: *nella sua stanza c'era una confusione indicibile.*

indicizzare (in-di-ciz-zà-re) V.TR. **1** Adeguare il valore di un bene alle variazioni di un indice di riferimento: *indicizzare le pensioni al costo della vita.* **2** Inserire un sito web nell'archivio di un motore di ricerca, in modo che possa essere trovato dagli utenti.

indietreggiare (in-die-treg-già-re) V.INTR. (*indietréggio*, ecc.; aus. *avere* o *essere*) **1** Spostarsi indietro: *il camion indietreggiava lungo la strada* Ⓢ arretrare Ⓒ avanzare. **2** Tirarsi indietro, ritirarsi: *indietreggiare di fronte al nemico, di fronte al pericolo.*

A B C D E F G H I J K L M N O P Q R S T U V W X Y Z

indietro (in-diè-tro) AVV. e AGG. INVAR. || AVV. Alle spalle della persona che parla o di cui si parla: *tornare, voltarsi indietro* Ⓒ avanti. || AGG. · Rivolto in senso contrario a quello di marcia. || **indietro!** INTER. Esprime l'ordine di retrocedere. Ⓔ ***All'indietro***, in senso opposto a quello normale: *camminare all'indietro* • ***Avanti e indietro*** → *avanti* • ***Dare indietro*** o ***ridare indietro***, restituire, rendere: *puoi darmi indietro il libro che ti ho prestato?* • ***Essere indietro***, di orologio, in ritardo rispetto al tempo reale: *la sveglia è indietro*; di persona, in ritardo con un'attività o in difficoltà con un corso o un programma: *sono ancora indietro con la cena; mio fratello è indietro in fisica* • ***Lasciare indietro***, andare avanti rispetto a qualcuno o qualcosa: *ha lasciato indietro suo fratello ed è corso a casa*; trascurare: *ho lasciato indietro tutti i miei impegni per aiutarti* • ***Marcia indietro*** → *marcia* • ***Rimanere indietro*** o ***restare indietro***, perdere terreno, non riuscire a stare al passo con gli altri: *aspettiamo quelli che sono rimasti indietro*; in ritardo con un'attività o in difficoltà con un corso o un programma: *sono rimasto indietro con il lavoro; sono rimasta indietro in matematica* • ***Tirarsi indietro***, sottrarsi a un impegno o a una promessa.

I

indifeso (in-di-fé-so) AGG. · Che non è difeso o non è in grado di difendersi: *lasciare indifeso un punto del confine; aggredire un vecchio debole e indifeso.*

indifferente (in-dif-fe-rèn-te) AGG. **1** Che non mostra interesse o emozioni: *quando le ho detto quello che era successo è rimasta indifferente; si mostra sempre indifferente* ***a*** *tutto* Ⓢ insensibile, impassibile. **2** Di fatto o persona che non interessa: *quella ragazza mi è del tutto indifferente.* **3** Uguale, equivalente: *andare a piedi o in auto per me è indifferente.* Ⓔ ***Fare l'indifferente***, fare finta di niente • ***Non indifferente***, notevole, elevato: *l'auto è costata una cifra non indifferente.*

indifferentemente (in-dif-fe-ren-te-mén-te) AVV. · Senza distinzione: *due sinonimi che si possono usare indifferentemente.*

indifferenza (in-dif-fe-rèn-za) N.F. · Mancanza di interesse o di emozione: *ascoltava con la massima indifferenza le sue proposte; mostrava indifferenza* ***verso*** *il suo dolore* Ⓢ disinteresse, distacco.

indigeno (in-di-ge-no) AGG. e N.M. (f. *-a*) || AGG. e N.M. (f. *-a*) Nativo od originario del luogo in cui vive: *le popolazioni indigene dell'Amazzonia; gli indigeni della Tasmania.* || AGG. Originario di un certo luogo, non importato: *piante indigene; prodotti indigeni* Ⓢ tipico, locale.

indigente (in-di-gèn-te) AGG. e N.M. e F. · Che, chi non ha il necessario per vivere: *famiglie indigenti; aiutare gli indigenti* Ⓢ povero, bisognoso.

indigenza (in-di-gèn-za) N.F. · Grande povertà: *vivere nella più nera indigenza* Ⓢ miseria.

indigestione (in-di-ge-stió-ne) N.F. · Disturbo di stomaco, causato dall'aver mangiato troppo: *avere l'indigestione; fare indigestione* ***di*** *dolciumi.*

indigesto (in-di-gè-sto) AGG. **1** Di cibo, difficile da digerire: *un sugo indigesto; la cena di ieri sera mi è rimasta indigesta* Ⓢ pesante. **2** Eccezionalmente antipatico: *quel suo amico mi rimane indigesto* • Noioso o difficile da comprendere: *un saggio indigesto.*

indignare (in-di-gnà-re) V.TR. || TR. Provocare indignazione, rabbia, sdegno: *mi indigna il suo egoismo.* || **indignarsi** INTR. PRONOM. Provare indignazione, rabbia, sdegno: *indignarsi* ***per*** *un'ingiustizia; si indignò* ***con*** *i responsabili.*

La prima persona plurale dell'indicativo presente e quella del congiuntivo presente è *indigniamo*, con la *i*: la forma *indignamo* è sempre scorretta! La seconda persona plurale dell'indicativo presente è *indignate* senza *i*, mentre quella del congiuntivo presente è *indigniate* con la *i*.

indignazione (in-di-gna-zió-ne) N.F. · Rabbia o ribellione verso qualcosa che si considera ingiusto o immorale: *suscitare l'indignazione popolare; manifestare la propria indignazione* Ⓢ sdegno, risentimento.

indimenticabile (in-di-men-ti-cà-bi-le) AGG. · Impossibile da dimenticare, che sarà ricordato sempre, soprattutto per la particolare bellezza o il carattere straordinario: *un'esperienza indimenticabile.*

indio (in-dio) AGG. e N.M. (f. -a; pl.m. *ìndi* o, alla spagnola, *ìndios*, pl.f. *ìndie*) · Indigeno dei Paesi dell'America centro-meridionale.

indipendente (in-di-pen-dèn-te) AGG. 1 Che non dipende da niente o da nessuno, libero da legami: *quotidiano indipendente; mantenersi indipendenti* ***da*** *legami di ogni tipo.* 2 A sé stante: *abitazione con ingresso indipendente* Ⓢ autonomo. 3 In grammatica: ***proposizione indipendente***, proposizione autonoma dal punto di vista sintattico.

indipendentemente (in-di-pen-den-te-mén-te) AVV. 1 In modo autonomo, da solo: *devi poter decidere indipendentemente* Ⓢ liberamente. 2 A prescindere, senza tenere conto: *ha sempre agito indipendentemente* ***dal*** *giudizio altrui.*

indipendentista (in-di-pen-den-tì-sta) AGG. e N.M. e F. (pl.m. *-i*, pl.f. *-e*) · Che, chi lotta per l'indipendenza politica: *movimento indipendentista; gli indipendentisti stanno organizzando la rivolta.*

indipendenza (in-di-pen-dèn-za) N.F. · Assenza di legami di dipendenza o di subordinazione: *indipendenza economica, politica, intellettuale; guerra d'indipendenza* Ⓢ autonomia, libertà Ⓒ dipendenza.

indire (in-dì-re) V.TR. (irreg.: coniugato come *dire*) · Proclamare, annunciare pubblicamente: *indire le elezioni, un concorso; indire uno sciopero.*

indirettamente (in-di-ret-ta-mén-te) AVV. · In un modo diverso da quello più semplice o consueto: *lo ha saputo indirettamente.*

indiretto (in-di-rèt-to) AGG. 1 Non immediato, che non segue la via più breve, logica o consueta: *una delle cause indirette della guerra; conseguenza indiretta; l'ho saputo per vie indirette* Ⓒ diretto. 2 In grammatica: ***complemento indiretto*** → ***complemento*** • ***Discorso indiretto*** → ***discorso***.

indirizzare (in-di-riz-zà-re) V.TR. 1 Dirigere verso una meta: *indirizzò i passi* ***verso*** *casa; indirizzare* ***da*** *un medico di fiducia* Ⓢ mandare, inviare • Destinare a un fine: *indirizzare ogni sforzo* ***alla*** *riuscita di un lavoro.* 2 Rivolgere a qualcuno: *indirizzare un messaggio* ***al*** *Paese.* 3 Inviare a un dato indirizzo: *indirizzare una lettera; indirizzare una domanda* ***all'ufficio*** *competente.*

indirizzo (in-di-rìz-zo) N.M. 1 L'indicazione del nome, della via e della località in cui abita una persona o ha sede una ditta: *scrivere l'indirizzo su una busta; invia il pacco a questo indirizzo* Ⓢ recapito. 2 Orientamento, tendenza, direzione: *un corso di laurea a indirizzo scientifico.* Ⓔ ***Indirizzo Internet*** o ***indirizzo web***, il nome di ogni pagina di un sito Internet che va scritto nella barra di navigazione per potervi accedere.

indisciplina (in-di-sci-plì-na) N.F. · Mancanza di disciplina, mancato rispetto delle regole: *un atto d'indisciplina* Ⓒ disciplina.

indisciplinato (in-di-sci-pli-nà-to) AGG. 1 Che non rispetta la disciplina e le regole: *un alunno indisciplinato; sono troppi gli automobilisti indisciplinati* Ⓢ disubbidiente, ribelle Ⓒ disciplinato. 2 Disordinato, caotico: *traffico indisciplinato.*

indiscreto (in-di-scré-to) AGG. · Privo di rispetto per la riservatezza altrui, eccessivamente curioso: *una domanda indiscreta; sei stato indiscreto ad aprirgli la posta* Ⓢ invadente, importuno Ⓒ discreto.

indiscrezione (in-di-scre-zió-ne) N.F. 1 Mancanza di tatto e di rispetto della riservatezza altrui: *non sopporto la tua indiscrezione; è stata un'indiscrezione parlare a tutti dei miei problemi* Ⓢ invadenza, sfacciataggine Ⓒ discrezione. 2 Rivelazione di notizie che dovevano rimanere segrete: *strappare, lasciarsi sfuggire un'indiscrezione sul conto di qualcuno.*

indiscriminato (in-di-scri-mi-nà-to) AGG. · Che è fatto senza le dovute distinzioni, senza criterio: *un uso indiscriminato del potere.*

indiscusso (in-di-scùs-so) AGG. · Riconosciuto da tutti come valido e vero: *un talento indiscusso; l'indiscussa superiorità dell'avversario* Ⓢ indubbio.

indispensabile (in-di-spen-sà-bi-le) AGG. e N.M. || AGG. Assolutamente o strettamente necessario: *la tua presenza è indispensabile* ***alla*** *riuscita del progetto* Ⓢ essenziale. || N.M. Il minimo, lo stretto necessario: *ho portato con me solo l'indispensabile.*

indispettire (in-di-spet-tì-re) V.TR. (*indispettì-sco, indispettìsci*, ecc.) || TR. Far arrabbiare: *con le sue domande impertinenti mi ha indispettito* Ⓢ irritare. || **indispettirsi** INTR. PRONOM. Arrabbiarsi, stizzirsi: *si è indispettito* ***con*** *me* ***per*** *un nonnulla.*

indisponente (in-di-spo-nèn-te) AGG. · Che provoca reazioni ostili: *un modo di fare indisponente* Ⓢ irritante.

indisporre (in-di-spór-re) V.TR. (irreg.: coniugato come *porre*) · Provocare in qualcuno reazioni ostili o antipatia: *ha un modo di fare che indispone* Ⓢ indispettire.

indisposizione (in-di-spo-ṣi-zió-ne) N.F. · Disturbo di salute passeggero e non grave Ⓢ malessere.

I

indisposto (in-di-spó-sto) AGG. · Leggermente malato, che non si sente bene: *non è andato al lavoro perché era indisposto.*

indissolubile (in-dis-so-lù-bi-le) AGG. · Che non si può sciogliere, sempre valido: *un patto indissolubile.*

indistinto (in-di-stin-to) AGG. · Poco chiaro: *un'immagine indistinta; un rumore indistinto* Ⓢ confuso, vago.

indistruttibile (in-di-strut-ti-bi-le) AGG. 1 Molto resistente: *un materiale praticamente indistruttibile.* 2 Che dura per sempre: *ideali indistruttibili* Ⓢ eterno, incrollabile.

indisturbato (in-di-stur-bà-to) AGG. · Che non subisce nessun disturbo o intralcio: *i ladri si allontanarono indisturbati.*

individuabile (in-di-vi-du-à-bi-le) AGG. · Riconoscibile con certezza: *la sua altezza lo rende facilmente individuabile.*

individuale (in-di-vi-du-à-le) AGG. 1 Proprio di ogni individuo: *diritti individuali; libertà individuale* Ⓢ personale. 2 Che riguarda una singola persona: *caratteristiche individuali; lavoro individuale* Ⓢ particolare, specifico Ⓒ collettivo. Ⓔ ***Gara individuale***, quella che si disputa tra concorrenti singoli.

individualismo (in-di-vi-dua-li-ṣmo) N.M. · Tendenza a considerare più importanti i propri interessi rispetto a quelli degli altri: *peccare di individualismo nei rapporti professionali* Ⓢ egoismo.

individualista (in-di-vi-dua-lì-sta) N.M. e F. (pl.m. *-i*, pl.f. *-e*) 1 Chi si allontana dal gruppo di cui fa parte per agire da solo: *è un individualista e non ama lavorare in gruppo.* 2 Chi mette i propri bisogni e il proprio punto di vista al di sopra di quello degli altri Ⓢ egoista.

individualità (in-di-vi-dua-li-tà) N.F. INVAR. · Insieme delle caratteristiche che rendono ogni individuo unico e diverso dagli altri: *bisogna rispettare l'individualità degli altri* Ⓢ personalità.

individualmente (in-di-vi-dual-mén-te) AVV. · Uno per uno: *i candidati saranno esaminati individualmente* Ⓢ singolarmente, separatamente.

individuare (in-di-vi-du-à-re) V.TR. (*indivìduo*, ecc.) 1 Riconoscere con certezza una persona o una cosa dalle sue caratteristiche: *individuare un amico tra la folla.* 2 Scoprire, identificare, determinare: *individuare un guasto.*

individuazione (in-di-vi-dua-zió-ne) N.F. · Riconoscimento certo di qualcosa o qualcuno: *l'individuazione dei colpevoli; l'individuazione delle cause* Ⓢ identificazione.

individuo (in-di-vì-duo) N.M. 1 Persona considerata in quanto distinta rispetto alla collettività: *i diritti dell'individuo* Ⓢ singolo. 2 Persona verso cui si prova diffidenza: *ti ha cercato uno strano individuo* Ⓢ tipo, tizio. 3 Essere animale o vegetale che ha caratteristiche uniche rispetto agli altri della stessa specie: *il virus colpisce soltanto gli individui di sesso maschile.*

indivisibile (in-di-vi-ṣi-bi-le) AGG. 1 Che non può essere diviso o separato: *i due amici erano indivisibili* Ⓢ inseparabile. 2 Di numero che non è multiplo di un altro, e che quindi può essere diviso solo per se stesso: *il cinque è un numero indivisibile.*

indiziato (in-di-zià-to) AGG. e N.M. (f. *-a*) · Che, chi è sospettato di aver commesso un reato sulla base di indizi: *essere indiziato* ***di*** *omicidio; essere il principale indiziato.*

indizio (in-dì-zio) N.M. (pl. *-zi*) · Segno che consente di scoprire o di prevedere qualcosa: *l'accusa si basa su numerosi indizi* Ⓢ segnale, indice.

indocile (in-dò-ci-le) AGG. · Che non obbedisce e non sopporta la disciplina: *un ragazzo indocile* Ⓢ ribelle Ⓒ docile.

indoeuropeo (in-do-eu-ro-pè-o) → ***indeuropeo***.

indole (ìn-do-le) N.F. · Carattere, temperamento, personalità: *una persona d'indole buona; ognuno agisce secondo la propria indole.*

indolente (in-do-lèn-te) AGG. e N.M. e F. · Che, chi cerca di evitare ogni fatica: *un impiegato indolente; cerca di scuotere un po' quell'indolente!* Ⓢ pigro, svogliato.

indolenza (in-do-lèn-za) N.F. · Pigrizia, svogliatezza: *l'indolenza vanifica tutte le sue qualità.*

indolenzimento (in-do-len-zi-mén-to) N.M. · Dolore lieve ma diffuso, soprattutto ai muscoli: *ho un indolenzimento fastidioso al collo e alle spalle.*

indolenzire (in-do-len-zì-re) V.TR. e INTR. (*indolenzìsco, indolenzìsci*, ecc.) || TR. Provocare un indolenzimento: *la corsa mi ha indolenzito le gambe.* || INTR. (aus. *essere*) e **indolenzirsi** INTR. PRONOM. Essere preso da un indolenzimento: *a forza di remare mi si sono indolenzite le braccia.*

indolenzito (in-do-len-zì-to) AGG. · Che fa un po' male: *ho il braccio indolenzito per aver portato la valigia* • Che ha lievi dolori: *oggi mi sento tutto indolenzito.*

indolore (in-do-ló-re) AGG. · Che non provoca dolore, che non fa male: *ago indolore; parto indolore.*

indomabile (in-do-mà-bi-le) AGG. **1** Che non si può domare o frenare: *un cavallo indomabile; un incendio indomabile.* **2** Che non si lascia vincere o sottomettere: *un popolo fiero e indomabile; una volontà indomabile.*

indomani (in-do-mà-ni) AVV. e N.M. INVAR. · Il giorno che viene dopo (sempre preceduto dall'articolo): *promise di tornare l'indomani.*

indomito (in-dò-mi-to) AGG. · Che non si arrende alle minacce o alla violenza: *animo, coraggio indomito* Ⓢ fiero, coraggioso.

indoor (in-door; pronuncia *indòr*) AGG. INGL., in it. AGG. INVAR. · Di incontro sportivo, che si svolge al coperto: *gara indoor di atletica.*

indorare (in-do-rà-re) V.TR. (*indòro*, ecc.) **1** Rivestire con uno strato d'oro. **2** Dare un colore simile a quello dell'oro: *il sole indorava le cime dei monti.* Ⓔ ***Indorare la pillola***, far apparire meno grave un evento spiacevole, presentandolo in modo non del tutto negativo.

indossare (in-dos-sà-re) V.TR. (*indòsso*, ecc.) · Mettere o avere addosso un vestito: *indossò il cappotto e uscì; indossava un abito nero* Ⓢ portare.

indossatore (in-dos-sa-tó-re) N.M. (f. *-trìce*) · Chi per lavoro indossa e presenta al pubblico i vestiti nelle sfilate di moda: *ha sposato una famosa indossatrice* Ⓢ modello.

indosso (in-dòs-so) AVV. · Addosso, sul corpo: *ha indosso solo pochi stracci.*

indotto (in-dót-to) AGG. e N.M. || AGG. Provocato da cause esterne: *violenza indotta dalla cattiva televisione.* || N.M. L'insieme delle attività economiche che si sviluppano intorno a una grande industria: *la nuova fabbrica creerà sul territorio un indotto da milioni di euro.*

indovinare (in-do-vi-nà-re) V.TR. **1** Scoprire una cosa ignota o futura affidandosi all'intuito, al caso o a semplici ipotesi: *indovinare la soluzione; indovina chi è arrivato!* Ⓢ azzeccare. **2** Fare una buona scelta: *indovinare il momento giusto.* Ⓔ ***Tirare a indovinare***, rispondere a caso.

indovinello (in-do-vi-nèl-lo) N.M. · Breve poesia in cui si descrive in modo volutamente oscuro e ambiguo quel che si deve indovinare: *ti faccio un indovinello; sciogliere, risolvere un indovinello.*

indovino (in-do-vì-no) N.M. (f. *-a*) · Chi prevede il futuro: *non dovresti credere alle parole degli indovini.*

indù (in-dù) AGG. e N.M. e F. INVAR. || AGG. Che riguarda l'induismo: *un tempio indù.* || AGG. e N.M. e F. Di abitante dell'India seguace dell'induismo.

indubbiamente (in-dub-bia-mén-te) AVV. · Senza dubbio: *il responsabile è indubbiamente lui* Ⓢ certamente, sicuramente.

indubbio (in-dùb-bio) AGG. (pl.m. *-bi*, pl.f. *-bie*) · Dimostrato con assoluta certezza: *un ragazzo di indubbio valore; il significato del suo* *gesto mi sembra indubbio* Ⓢ sicuro, certo Ⓒ dubbio.

indugiare (in-du-già-re) V.INTR. (*indùgio*, ecc.; aus. *avere*) **1** Tardare a fare qualcosa: *indugiare **a** rispondere, **a** partire* Ⓢ esitare, temporeggiare. **2** Soffermarsi a fare qualcosa: *indugiare **nella** contemplazione di un quadro* Ⓢ trattenersi, attardarsi.

indugio (in-dù-gio) N.M. (pl. *-gi*) · Ritardo o esitazione nel fare qualcosa: *basta con gli indugi.* Ⓔ ***Rompere gli indugi*** o ***troncare gli indugi***, prendere l'iniziativa, passare all'azione • ***Senza indugio***, subito, immediatamente.

induismo (in-du-i-ṣmo) N.M. · L'insieme delle credenze religiose che si affermarono in India nel quarto secolo d.C. e che considerano la religione e lo spirito più importanti di ogni altro aspetto della vita quotidiana e civile.

indulgente (in-dul-gèn-te) AGG. · Che mostra comprensione e tolleranza nei confronti di persone o situazioni: *uno sguardo indulgente; un professore indulgente con i suoi alunni* Ⓢ comprensivo, benevolo Ⓒ duro, severo.

indulgenza (in-dul-gèn-za) N.F. **1** Atteggiamento comprensivo: *giudicare con indulgenza* Ⓢ comprensione, benevolenza, tolleranza Ⓒ rigore, severità. **2** Nella religione cattolica, la cancellazione della pena per i peccati commessi.

indulto (in-dùl-to) N.M. · Provvedimento con cui il capo dello Stato perdona o alleggerisce la pena di chi ha commesso un reato.

indumento (in-du-mén-to) N.M. · Vestito, abito: *indumenti intimi; bancarella di indumenti usati.*

indurimento (in-du-ri-mén-to) N.M. · Il diventare duro o rigido: *l'indurimento del cemento, della cute.*

indurire (in-du-rì-re) V.TR. e INTR. (*indurìsco, indurìsci*, ecc.) || TR. **1** Rendere duro o rigido: *la siccità ha indurito il terreno* Ⓒ ammorbidire. **2** Rendere insensibile alle emozioni o ai sentimenti: *le sventure lo hanno indurito.* || INTR. (aus. *essere*) e **indurirsi** INTR. PRONOM. **1** Diventare duro: *il pane di ieri si è già indurito.* **2** Diventare freddo e insensibile: *con il passare degli anni il suo cuore s'è indurito.*

indurre (in-dùr-re) V.TR. (irreg.: coniugato come *condurre*) **1** Spingere a un certo comportamento o atteggiamento: *indurre **in** tentazione; indurre **alla** pietà.* **2** Causare, provocare: *certi farmaci inducono sonnolenza.*

> Il termine deriva dal latino *inducere* 'indurre, condurre, introdurre', che viene a sua volta da *ducere* 'condurre, portare' con il prefisso in-[2] (→ ***condurre***).

industria (in-dù-stria) N.F. (pl. *-strie*) **1** Attività economica che produce grandi quantità di merci o trasforma materie prime usando macchinari e operai: *nell'industria italiana è in calo l'occupazione.* **2** Azienda, fabbrica, stabilimento: *lavora in una grande industria chimica.*

industriale (in-du-strià-le) AGG. e N.M. e F. || AGG. Che riguarda l'industria: *attività industriale; chimica industriale* • Di luogo in cui ci sono molte industrie: *città, regione industriale.* || N.M. e F. Proprietario di un'industria: *un industriale conosciuto in tutta Europa* Ⓢ imprenditore, produttore.

industrializzare (in-du-stria-liẓ-ẓà-re) V.TR. **1** Far nascere industrie in un Paese o in un territorio: *industrializzare una regione.* **2** Dare a un'attività economica le caratteristiche di un'industria: *industrializzare l'agricoltura.*

industrializzato (in-du-stria-liẓ-ẓà-to) AGG. **1** Che ha molte industrie: *Paesi industrializzati.* **2** Di attività economica gestita con i metodi tipici dell'industria: *agricoltura industrializzata.*

industrializzazione (in-du-stria-liẓ-ẓa-zió-ne) N.F. **1** Sviluppo dell'attività industriale: *l'industrializzazione del Mezzogiorno.* **2** Gestione di un'attività economica con i metodi tipici dell'industria: *l'industrializzazione dell'agricoltura.*

industriarsi (in-du-striàr-si) V.INTR. PRONOM. (*mi indùstrio*, ecc.) **1** Darsi da fare per raggiungere uno scopo: *industriarsi **per** trovare un lavoro* Ⓢ adoperarsi, ingegnarsi. **2** Darsi da fare per procurarsi il necessario per vivere: *s'industria come può* Ⓢ arrabattarsi, arrangiarsi.

industrioso (in-du-strió-so) AGG. · Che si dà da fare, che si impegna sempre: *una persona industriosa; l'industrioso popolo delle formiche* Ⓢ laborioso, operoso.

induttivo (in-dut-tì-vo) AGG. · Che si basa sull'induzione: *ragionamento induttivo; fenomeno induttivo* Ⓒ deduttivo.

induzione (in-du-zió-ne) N.F. **1** Ragionamento che parte da fatti particolari per arrivare a conclusioni generali: *ci sono arrivata per induzione* Ⓒ deduzione. **2** L'azione che un corpo, interessato da fenomeni elettrici o magnetici, esercita a distanza su altri corpi vicini: *induzione magnetica.*

inebetire (i-ne-be-ti-re) V.TR. e INTR. (*inebetìsco, inebetìsci*, ecc.) || TR. Istupidire, rincretinire: *l'ozio finirà per inebetirti.* || INTR. (aus. *essere*) e **inebetirsi** INTR. PRONOM. Istupidirsi, rincretinirsi: *a forza di guardare la televisione i ragazzi si inebetiscono.*

inebriante (i-ne-bri-àn-te) AGG. · Che dà un senso di piacere e di euforia: *un profumo inebriante.*

inebriare (i-ne-bri-à-re) V.TR. (*inèbrio*, ecc.) || TR. **1** Ubriacare leggermente: *quel vino mi ha inebriato.* **2** Dare euforia, eccitazione fisica o mentale: *un profumo che inebria i sensi; la vittoria inebriò i tifosi* Ⓢ eccitare. || **inebriarsi** INTR. PRONOM. Provare grande piacere ed euforia: *inebriarsi **d'**amore; inebriarsi **a** guardare una donna.*

ineccepibile (i-nec-ce-pi-bi-le) AGG. · Che non può essere criticato in alcun modo: *un ragionamento ineccepibile; una persona ineccepibile* Ⓢ irreprensibile, impeccabile.

inedia (i-nè-dia) N.F. (pl. *-die*) · Lungo digiuno, fame prolungata: *morire d'inedia.*

> Il termine deriva dal latino *inedia* 'il (fatto di) non mangiare', che viene a sua volta da *edere* 'mangiare' con il prefisso **in-**[1].

inedito (i-nè-di-to) AGG. e N.M. || AGG. e N.M. Di scritto non ancora pubblicato: *l'opera è rimasta inedita; nel prossimo numero della rivista uscirà un inedito di Pavese.* || AGG. Non ancora conosciuto: *i retroscena inediti della vicenda* Ⓢ nuovo.

ineffabile (i-nef-fà-bi-le) AGG. · Che non si può esprimere a parole: *provava un'ineffabile gioia* Ⓢ indescrivibile.

inefficace (i-nef-fi-cà-ce) AGG. · Che non ha l'effetto voluto: *rimedio inefficace; esortazioni inefficaci* Ⓢ vano, inutile Ⓒ efficace.

inefficacia (i-nef-fi-cà-cia) N.F. (raro il pl. *-cie*) · Mancanza di efficacia, impossibilità di avere l'effetto voluto: *l'inefficacia di un farmaco; l'inefficacia di un discorso* Ⓢ inutilità Ⓒ efficacia.

inefficiente (i-nef-fi-cièn-te) AGG. · Che non lavora o non funziona come dovrebbe: *un impiegato inefficiente; un impianto inefficiente* Ⓒ efficiente.

> La parola *inefficiente* si scrive con la *i*, scrivere *inefficente* è un grave errore!

inefficienza (i-nef-fi-cièn-za) N.F. **1** Mancanza di impegno o di rendimento: *l'inefficienza di una segretaria* Ⓒ efficienza. **2** Cattivo funzionamento: *l'inefficienza dell'apparato burocratico.*

> La parola *inefficienza* si scrive con la *i*, scrivere *inefficenza* è un grave errore!

ineguagliabile (i-ne-gua-glià-bi-le) AGG. · Che non ha uguali, superiore a tutti: *talento ineguagliabile* Ⓢ incomparabile, impareggiabile.

ineluttabile (i-ne-lut-tà-bi-le) AGG. · Contro cui non si può lottare: *una decisione ineluttabile* Ⓢ inevitabile.

ineluttabilità (i-ne-lut-ta-bi-li-tà) N.F. INVAR. · L'essere inevitabile: *l'ineluttabilità di una separazione.*

inenarrabile (i-ne-nar-rà-bi-le) AGG. · Che non si può esprimere a parole: *strazio inenarrabile* Ⓢ indescrivibile, indicibile.

inequivocabile (i-ne-qui-vo-cà-bi-le) AGG. · Che non ha possibilità di equivoco, che non può essere interpretato male: *il significato del suo gesto è inequivocabile* Ⓢ indubbio, chiaro.

inerente (i-ne-rèn-te) AGG. · Che riguarda direttamente qualcosa: *esercizi inerenti **al** programma d'esame* Ⓢ relativo, attinente.

inerme (i-nèr-me) AGG. e N.M. e F. · Che, chi non può difendersi: *assalire popolazioni iner-*

*mi; essere inerme **di fronte alle** critiche; proteggere gli inermi* Ⓢ indifeso, disarmato.

inerpicarsi (i-ner-pi-càr-si) V.INTR. PRONOM. (*mi inèrpico, ti inèrpichi*, ecc.) · Salire su un percorso molto ripido aiutandosi anche con le mani: *inerpicarsi **per** un pendio; inerpicarsi **su** una parete rocciosa* Ⓢ arrampicarsi.

inerte (i-nèr-te) AGG. **1** Che non fa niente, che non si impegna: *se ne stava inerte a osservare la scena* Ⓢ immobile, inattivo • Immobile, fermo: *il braccio destro gli pendeva inerte.* **2** Di elemento o composto chimico che non si combina con altre sostanze: *gas inerti.*

inerzia (i-nèr-zia) N.F. (pl. *-zie*) **1** Immobilità, inattività, pigrizia: *essere condannato all'inerzia dalla malattia; vivere nell'inerzia.* **2** In fisica, tendenza di un corpo a rimanere nello stato in cui si trova (di quiete o di movimento) se non intervengono forze esterne. Ⓔ ***Per forza d'inerzia***, per abitudine, senza partecipazione attiva: *sono così stanca che vado avanti per forza d'inerzia.*

inesattezza (i-ne-ṣat-téz-za) N.F. **1** Mancanza di correttezza o precisione: *l'inesattezza di un giudizio* Ⓢ imprecisione. **2** Errore lieve: *nella traduzione c'è qualche inesattezza* Ⓢ sbaglio.

inesatto (i-ne-ṣàt-to) AGG. · Non esatto: *calcolo inesatto; citazione inesatta* Ⓢ impreciso, sbagliato.

inesauribile (i-ne-ṣau-rì-bi-le) AGG. · Che non può esaurirsi o finire: *una miniera inesauribile; immaginazione inesauribile* Ⓢ illimitato, infinito.

inesistente (i-ne-ṣi-stèn-te) AGG. · Che non esiste nella realtà: *pericoli inesistenti; ricchezze inesistenti* Ⓢ irreale, immaginario Ⓒ esistente, reale.

inesorabile (i-ne-ṣo-rà-bi-le) AGG. **1** Contro cui non si può fare niente: *una malattia inesorabile; l'inesorabile trascorrere del tempo* Ⓢ ineluttabile. **2** Che non si lascia commuovere: *un giudice inesorabile* Ⓢ inflessibile, implacabile.

inesperienza (i-ne-spe-rièn-za) N.F. · Mancanza di esperienza, di pratica in un'attività o, più in generale, nella vita: *sbagliare per inesperienza* Ⓒ esperienza.

inesperto (i-ne-spèr-to) AGG. · Che non ha abbastanza esperienza o pratica in qualcosa: *un falegname inesperto; è ancora molto giovane e inesperto **della** vita* Ⓒ esperto.

inesplicabile (i-ne-spli-cà-bi-le) AGG. · Che non si può spiegare o che è troppo difficile da capire: *un mistero inesplicabile* Ⓢ inspiegabile, incomprensibile.

inesplorato (i-ne-splo-rà-to) AGG. · Che non è ancora stato esplorato o studiato: *regioni inesplorate; un campo di studi ancora inesplorato* Ⓢ sconosciuto.

inespressivo (i-ne-spres-sì-vo) AGG. · Che non trasmette nessuna emozione: *un volto, un ritratto inespressivo* Ⓒ espressivo.

inesprimibile (i-ne-spri-mì-bi-le) AGG. · Che non si può descrivere a parole: *una gioia, un dolore inesprimibile* Ⓢ indescrivibile, indicibile.

inespugnabile (i-ne-spu-gnà-bi-le) AGG. · Impossibile da conquistare: *un castello inespugnabile.*

inestimabile (i-ne-sti-mà-bi-le) AGG. **1** Che ha un valore così alto che non si può calcolare: *il mare nasconde tesori inestimabili.* **2** Eccezionale, straordinario, enorme: *una persona di inestimabile valore.*

inestricabile (i-ne-stri-cà-bi-le) AGG. **1** Che non si può sciogliere o districare: *una matassa inestricabile* Ⓢ ingarbugliato. **2** Incredibilmente complicato: *un mistero inestricabile* Ⓢ confuso.

inettitudine (i-net-ti-tù-di-ne) N.F. · Mancanza di attitudine a fare qualcosa: *dimostrare inettitudine **allo** studio; la sua inettitudine è scoraggiante* Ⓢ incapacità.

inetto (i-nèt-to) AGG. e N.M. (f. *-a*) · Che, chi non sa svolgere i propri compiti, buono a nulla: *è totalmente inetto **al** comando; sei proprio un inetto!* Ⓢ incapace.

inevitabile (i-ne-vi-tà-bi-le) AGG. · Che non si può evitare: *una disgrazia inevitabile; certe spese sono inevitabili* Ⓒ evitabile.

inezia (i-nè-zia) N.F. (pl. *-zie*) · Cosa di poco valore, senza importanza: *l'ho pagato un'inezia; offendersi per un'inezia* Ⓢ sciocchezza, bazzecola.

infagottato (in-fa-got-tà-to) AGG. · Completamente avvolto in indumenti pesanti: *è arrivato tutto infagottato* Ⓢ imbacuccato.

infallibile (in-fal-lì-bi-le) AGG. · Che non sbaglia mai: *ha una mira infallibile.*

infallibilità (in-fal-li-bi-li-tà) N.F. INVAR. · Impossibilità di sbagliare: *dimostrare la propria infallibilità nel tiro; l'infallibilità di un metodo.*

infamante (in-fa-màn-te) AGG. · Che provoca disonore e vergogna: *accuse infamanti* Ⓢ disonorevole, infame.

infamare (in-fa-mà-re) V.TR. · Coprire di vergogna qualcuno con accuse o calunnie: *infamare il buon nome di qualcuno* Ⓢ calunniare, diffamare.

infame (in-fà-me) AGG. **1** Malvagio, cattivo, ignobile: *un'azione infame; l'infame assassino.* **2** Nel linguaggio familiare, orribile, pessimo, terribile: *un lavoro infame; un tempo infame.*

infamia (in-fà-mia) N.F. (pl. *-mie*) **1** Azione o comportamento malvagio, che suscita disprezzo: *ha commesso l'infamia di rovinare una famiglia; non coprirti d'infamia.* **2** Nel linguaggio familiare, cosa pessima, bruttissima: *questo quadro è un'infamia!* Ⓔ ***Senza infamia e senza lode***, senza difetti ma anche senza pregi, mediocre: *una prestazione senza infamia e senza lode.*

infangare (in-fan-gà-re) V.TR. (*infàngo, infànghi*, ecc.) || TR. **1** Sporcare di fango: *aveva infangato le scarpe e l'orlo dei pantaloni.* **2** Coprire di vergogna o disonore: *le sue rivelazioni hanno infangato un personaggio molto in vista; infangare il ricordo di qualcuno* Ⓢ oltraggiare. || **infangarsi** INTR. PRONOM. **1** Sporcarsi di fango: *mi sono infangato giocando a pallone.* **2** Coprirsi di vergogna o disonore: *si è infangato **con** la sua disonestà.*

infantile (in-fan-tì-le) AGG. **1** Che riguarda l'infanzia: *linguaggio infantile.* **2** Immaturo, puerile: *un comportamento infantile; una reazione infantile* Ⓒ maturo.

infanzia (in-fàn-zia) N.F. (pl. *-zie*) **1** La prima età dell'essere umano, compresa fra la nascita e l'adolescenza: *ricordi d'infanzia; infanzia felice, triste.* **2** Con valore collettivo, i bambini: *letteratura per l'infanzia.* Ⓔ ***Scuola dell'infanzia***, scuola materna (→ ***materno***).

infarcire (in-far-cì-re) V.TR. (*infarcìsco, infarcìsci*, ecc.) **1** Imbottire con un ripieno: *infarcire un tacchino **con** mele e castagne* Ⓢ farcire. **2** Riempire di elementi inutili o negativi: *infarcire un discorso **di** sciocchezze.*

infarinare (in-fa-ri-nà-re) V.TR. · Coprire o cospargere di farina: *infarinare i petti di pollo per la frittura.*

infarinatura (in-fa-ri-na-tù-ra) N.F. · Conoscenza poco approfondita di un argomento: *avere un'infarinatura di latino.*

infarto (in-fàr-to) N.M. · Blocco della circolazione del sangue in un organo del corpo: *ha avuto un infarto cardiaco*, quello che colpisce il cuore.

infastidire (in-fa-sti-dì-re) V.TR. (*infastidìsco, infastidìsci*, ecc.) || TR. Dare fastidio: *smettila di infastidirmi con le tue domande sciocche* Ⓢ disturbare, seccare. || **infastidirsi** INTR. PRONOM. Innervosirsi, irritarsi: *s'infastidisce **per** un nonnulla.*

infaticabile (in-fa-ti-cà-bi-le) AGG. · Che non si stanca mai: *un operaio infaticabile* Ⓢ instancabile.

infatti (in-fàt-ti) CONGIUNZ. · In realtà, in effetti, per confermare un'affermazione precedente: *non l'ho trovato: infatti era già uscito.*

infatuazione (in-fa-tua-zió-ne) N.F. · Passione intensa ma passeggera per qualcuno o qualcosa: *ha un'infatuazione **per** il barista; un'infatuazione **per** la politica* Ⓢ capriccio, sbandata.

infausto (in-fàu-sto) AGG. · Che provoca tristezza, dolore, lutto: *notizia infausta; prognosi infausta*, che non lascia speranze di guarigione Ⓢ funesto, nefasto Ⓒ fausto.

infedele (in-fe-dé-le) AGG. e N.M. e F. || AGG. **1** Che non è fedele, che tradisce la fiducia: *infedele **ai** patti; la moglie **gli** è stata infedele per anni* Ⓢ traditore di, sleale verso Ⓒ fedele. **2** Che non corrisponde alla realtà o all'originale: *una versione infedele dei fatti; una traduzione infedele* Ⓢ inesatto, impreciso. || AGG. e N.M. e F. Che, chi ha una religione diversa dalla propria, ritenuta l'unica vera: *popoli infedeli; combattere gli infedeli.*

infedeltà (in-fe-del-tà) N.F. INVAR. **1** Mancanza di fedeltà, di lealtà: *infedeltà in amore; infedel-*

A B C D E F G H I J K L M N O P Q R S T U V W X Y Z

*tà **alla** parola data* Ⓢ disonestà verso, tradimento di Ⓒ fedeltà. 2 Diversità rispetto al vero o all'originale: *l'infedeltà di un resoconto* Ⓢ imprecisione, inesattezza.

infelice (in-fe-lì-ce) AGG. 1 Che è in uno stato di tristezza: *un uomo infelice* Ⓢ triste, addolorato Ⓒ felice. 2 Pieno di infelicità: *una vita infelice; un amore infelice.* 3 Che non è andato bene: *un esperimento infelice* Ⓢ negativo. 4 Non adatto alla circostanza: *una risposta infelice; sei arrivato in un momento infelice* Ⓢ inopportuno, sbagliato. 5 Contrario, avverso, sfavorevole: *un tempo infelice; un clima infelice.*

I

infelicità (in-fe-li-ci-tà) N.F. INVAR. 1 Condizione di chi è molto triste: *infelicità provocata da un ricordo* Ⓢ tristezza, sofferenza Ⓒ felicità. 2 Il non essere opportuno o adatto: *l'infelicità di una battuta.*

infeltrire (in-fel-trì-re) V.INTR. (*infeltrìsco, infeltrìsci*, ecc.; aus. *essere*) e **infeltrirsi** INTR. PRONOM. · Di tessuto di lana, perdere morbidezza ed elasticità: *con il lavaggio il maglione si è infeltrito.*

infeltrito (in-fel-trì-to) AGG. · Di tessuto di lana che, a causa di lavaggi ripetuti o sbagliati, è diventato compatto e duro come il feltro: *un maglione infeltrito.*

Inferi (ìn-fe-ri) N.M.PL. · Nell'antica religione pagana, il regno dei morti e i suoi abitanti: *Orfeo discese agli Inferi per salvare la sua sposa Euridice.*

> Il termine deriva dal latino *(di) inferi* '(divinità) infernali', cioè 'abitanti del mondo che si trova sotto'.

inferiore (in-fe-rió-re) AGG. e N.M. e F. || AGG. 1 Che sta sotto, più in basso: *la parte inferiore di una pagina; l'appartamento del piano inferiore* Ⓢ sottostante Ⓒ superiore • In geografia, del corso di un fiume più vicino alla foce: *il corso inferiore del Po.* 2 Minore per quantità, numero o dimensioni rispetto a qualcosa: *una statura inferiore **al** normale; un esercito inferiore per numero di soldati.* 3 Meno buono, di qualità più scarsa: *il nuovo giocatore ha avuto un rendimento inferiore **al** previsto.* || N.M. e F. Chi sta a un livello più basso in una gerarchia: *sa trattare con i suoi inferiori* Ⓢ sottoposto, subalterno. Ⓔ ***Arti inferiori***, le gambe.

inferiorità (in-fe-rio-ri-tà) N.F. INVAR. · L'essere inferiore: *l'inferiorità di un prodotto rispetto alla concorrenza; essere, trovarsi in una condizione di inferiorità* Ⓒ superiorità. Ⓔ ***Complesso di inferiorità***, paura ossessiva di essere inferiore agli altri.

infermeria (in-fer-me-ri-a) N.F. (pl. *-rìe*) · Luogo dove si curano feriti o malati non gravi: *l'infermeria del carcere.*

infermiere (in-fer-miè-re) N.M. (f. *-a*; pl.m. *-i*, pl.f. *-e*) · Persona specializzata nell'assistenza ai malati in ospedale: *scuola per infermieri.*

infermità (in-fer-mi-tà) N.F. INVAR. · Malattia grave o cronica: *è stato costretto a trasferirsi a causa dell'infermità del padre.* Ⓔ ***Infermità mentale***, in psichiatria e in diritto, disturbo mentale per cui una persona non si rende conto delle sue azioni.

infermo (in-fér-mo) AGG. e N.M. (f. *-a*) · Di chi è colpito da una malattia grave o cronica: *un'anziana donna inferma; assistere gli infermi.*

infernale (in-fer-nà-le) AGG. 1 Che riguarda l'inferno: *gli spiriti infernali; le pene infernali.* 2 Malvagio, diabolico, malefico: *è di una cattiveria infernale.* 3 Terribile, spaventoso, tremendo: *un caldo infernale; è un posto infernale.*

inferno (in-fèr-no) N.M. 1 Nella religione cristiana, il luogo in cui le anime dei peccatori non pentiti scontano la pena eterna decisa da Dio: *andrai all'inferno se continui così; l'inferno di Dante* Ⓒ paradiso. 2 Situazione che dà dolore e tormento: *la sua vita in quel posto di lavoro è un inferno.* Ⓔ ***D'inferno***, terribile, spaventoso, tremendo: *fanno un chiasso d'inferno; c'era un buio d'inferno* • ***Mandare all'inferno*** → *mandare* • ***Soffrire le pene dell'inferno***, dolori terribili.

inferocirsi (in-fe-ro-cìr-si) V.INTR. PRONOM. (*m'inferocìsco, t'inferocìsci*, ecc.) · Arrabbiarsi enormemente: *inferocirsi **con** un automobilista; inferocirsi **per** un'offesa* Ⓢ infuriarsi.

inferriata (in-fer-rià-ta) N.F. · Struttura costituita da sbarre di ferro incrociate, montata su porte o finestre per impedire che entrino estranei.

infervorare (in-fer-vo-rà-re) V.TR. (*infervóro*, ecc.; o *infèrvoro*, ecc.) || TR. Riempire di entusiasmo: *quel discorso li aveva tutti infervorati* Ⓢ elettrizzare, entusiasmare. || **infervorarsi** INTR. PRONOM. Lasciarsi prendere dall'entusiasmo: *infervorarsi* ***per*** *un'idea; infervorarsi* ***nella*** *discussione.*

infervorato (in-fer-vo-rà-to) AGG. · Pieno di entusiasmo: *era tutto infervorato* ***nella*** *discussione* Ⓢ appassionato, esaltato.

infestante (in-fe-stàn-te) AGG. · Di pianta o animale, che si diffonde eccessivamente in un luogo danneggiando l'ambiente: *prodotti per l'eliminazione delle erbe infestanti.*

infestare (in-fe-stà-re) V.TR. (*infèsto*, ecc.) · Diffondersi in un luogo, causando danni: *la gramigna ha infestato il terreno; la scuola era infestata dai pidocchi* Ⓢ invadere.

infettare (in-fet-tà-re) V.TR. (*infètto*, ecc.) || TR. Causare un'infezione: *il cadavere di una talpa infettò l'acqua della fontana; il soldato aveva infettato molti dei suoi compagni* Ⓢ contaminare, contagiare. || **infettarsi** INTR. PRONOM. Prendere un'infezione: *la ferita si era infettata.*

infettivo (in-fet-tì-vo) AGG. · Che provoca infezione o è causato da infezione: *agente infettivo; processo infettivo.* Ⓔ ***Malattia infettiva***, causata da infezione contagiosa che può essere trasmessa ad altri.

infetto (in-fèt-to) AGG. 1 Colpito da un'infezione: *una ferita infetta.* 2 Contaminato e quindi capace di trasmettere un'infezione: *acque infette; bruciarono i corpi infetti.*

infezione (in-fe-zió-ne) N.F. · Malattia causata dall'ingresso nell'organismo di virus, batteri o germi: *infezione polmonare; avere un'infezione a un dente.*

infiacchire (in-fiac-chì-re) V.TR. e INTR. (*infiacchìsco, infiacchìsci*, ecc.) || TR. Rendere fiacco: *questo caldo ci infiacchisce* Ⓢ indebolire, spossare. || INTR. (aus. *essere*) e **infiacchirsi** INTR. PRONOM. Diventare fiacco: *nell'ozio il corpo e lo spirito infiacchiscono.*

infiammabile (in-fiam-mà-bi-le) AGG. · Che prende fuoco facilmente: *liquido infiammabile* Ⓒ ignifugo.

infiammare (in-fiam-mà-re) V.TR. || TR. 1 Dare fuoco Ⓢ incendiare. 2 Esaltare, entusiasmare, appassionare: *il suo discorso infiammò l'animo dei presenti.* || **infiammarsi** INTR. PRONOM. 1 Prendere fuoco: *è un gas che si infiamma facilmente.* 2 Esaltarsi, entusiasmarsi, appassionarsi: *il suo cuore si infiammò* ***di*** *desiderio.* 3 In medicina, avere un'infiammazione: ***le*** *si è infiammata l'appendice.*

infiammatorio (in-fiam-ma-tò-rio) AGG. (pl.m. *-ri*, pl.f. *-rie*) · Che è causato da infiammazione, che provoca infiammazione: *processo infiammatorio; agente infiammatorio.*

infiammazione (in-fiam-ma-zió-ne) N.F. · In medicina, stato di gonfiore, arrossamento e dolore di una parte del corpo, causato dalla reazione dell'organismo a virus, batteri o germi: *l'infiammazione di un nervo; un'infiammazione alla gola* Ⓢ irritazione.

inficiare (in-fi-cià-re) V.TR. (*inficio*, ecc.) 1 Dimostrare che qualcosa è falso, negarne la validità: *la deposizione del testimone è inficiata da evidenti contraddizioni.* 2 Condizionare pesantemente: *questo episodio rischia di inficiare la sua carriera* Ⓢ compromettere, danneggiare.

infido (in-fì-do) AGG. 1 Di cui non ci si può fidare: *il suo migliore amico si è rivelato una persona infida* Ⓢ subdolo Ⓒ fidato. 2 Di luogo, pericoloso, insidioso: *non inoltratevi per sentieri infidi.*

infierire (in-fie-rì-re) V.INTR. (*infierìsco, infierìsci*, ecc.; aus. *avere*) · Insistere nel colpire con crudeltà chi non è in grado di difendersi: *non infierite* ***sui*** *vinti* Ⓢ accanirsi.

infiggere (in-fìg-ge-re) V.TR. (irreg.: coniugato come *affiggere*) || TR. Conficcare, piantare: *infiggere un chiodo* ***nella*** *parete.* || **infiggersi** INTR. PRONOM. Conficcarsi, piantarsi: *la freccia gli s'infisse* ***nel*** *petto.*

Il termine deriva dal latino *infigere* 'piantare, conficcare', che viene a sua volta da *figere* 'conficcare' con il prefisso in-[2] (→ ***affiggere***).

infilare (in-fi-là-re) V.TR. || TR. 1 Introdurre un oggetto sottile in un foro o in uno spazio stretto: *infilare il filo* ***nell'****ago; infilare la chiave* ***nella*** *toppa.* **2** Far passare un oggetto forato su qualcosa di sottile: *infilare le perle; infilare un anello al dito.* **3** Passare da parte a parte con un oggetto a punta: *infilare un fagiano* ***nello*** *spiedo* Ⓢ infilzare. **4** Nel linguaggio familiare, entrare in un percorso: *infilare la porta, una strada.* || **infilarsi** TR. PRONOM. Mettersi, indossare: *infilarsi gli scarponi, il cappotto.* || **infilarsi** RIFL. Introdursi, entrare: *infilarsi* ***nel*** *letto; il cane si infilò tra i rovi.*

infiltrarsi (in-fil-tràr-si) V.INTR. PRONOM. **1** Penetrare lentamente attraverso crepe o fessure: *l'acqua si infiltrava attraverso il muro.* **2** Introdursi di nascosto: *la spia si era infiltrata* ***nell'****ambasciata* Ⓢ insinuarsi.

I

infiltrazione (in-fil-tra-zió-ne) N.F. **1** Penetrazione lenta e continua di un liquido attraverso fessure o crepe: *si è formata una macchia di umido per un'infiltrazione d'acqua.* **2** Penetrazione di persone ostili: *si teme l'infiltrazione di spie* ***nell'****organizzazione.* **3** Introduzione di medicinali sotto la pelle con un ago: *ho fatto delle infiltrazioni al ginocchio.*

infilzare (in-fil-zà-re) V.TR. **1** Passare da parte a parte con un oggetto appuntito: *lo infilzò con la spada* Ⓢ trafiggere, trapassare. **2** Mettere uno dietro l'altro lungo un filo: *infilzare le perle* Ⓢ infilare • Fare o dire di seguito: *infilzare una bugia dopo l'altra.*

infimo (ìn-fi-mo) AGG. **1** Che non ha nessun valore o nessuna qualità: *merce di infima qualità* Ⓢ pessimo Ⓒ eccelso. **2** Che occupa il livello più basso di tutti: *occupare l'infimo posto in una gerarchia.*

infine (in-fi-ne) AVV. **1** Alla fine: *infine raggiungemmo la vetta della montagna.* **2** Insomma, finalmente, dunque: *è ora infine che tu ti decida.*

infinità (in-fi-ni-tà) N.F. INVAR. **1** Quantità grandissima: *c'era un'infinità di gente; te l'ho già detto un'infinità di volte.* **2** Estensione illimitata Ⓢ immensità.

infinitamente (in-fi-ni-ta-mén-te) AVV. · Oltre ogni limite: *la vita è infinitamente ricca di sorprese; ti sono infinitamente grato* Ⓢ moltissimo, immensamente.

infinitesimale (in-fi-ni-te-ṣi-mà-le) AGG. · Così piccolo da essere trascurabile: *ha ottenuto una parte infinitesimale di quanto aveva chiesto* Ⓢ minimo.

infinito (in-fi-nì-to) AGG. e N.M. || AGG. **1** Che non ha limiti di quantità, dimensioni o durata: *l'universo infinito; i numeri sono infiniti* Ⓢ illimitato • Straordinariamente grande o numeroso: *con te ci vuole una pazienza infinita* Ⓢ immenso, enorme. **2** In grammatica: ***modo infinito*** (o *l'infinito* N.M.), la forma verbale che esprime l'azione in se stessa, indicando il tempo, ma non il numero (singolare o plurale) né la persona (io, tu, egli, noi, voi, essi). || N.M. Ciò che non ha limiti di spazio o di tempo: *il concetto di infinito.* Ⓔ ***All'infinito***, di fatti o situazioni che si ripetono senza limite o senza fine: *ripetere le stesse cose all'infinito; la strada sembrava proseguire all'infinito.*

infinocchiare (in-fi-noc-chià-re) V.TR. (*infinòcchio*, ecc.) · Nel linguaggio familiare, ingannare, raggirare, imbrogliare: *s'è fatto infinocchiare da quel truffatore.*

infiorescenza (in-fio-re-scèn-za) N.F. · In una pianta, gruppo di piccoli fiori vicini sullo stesso stelo.

infischiarsene (in-fi-schiàr-se-ne) V.INTR. PRONOM. (*me ne infischio, te ne infischi*, ecc.) · Nel linguaggio familiare, non curarsi assolutamente di qualcuno o qualcosa: *se ne infischia* ***di*** *tutto e* ***di*** *tutti!*

infisso (in-fìs-so) N.M. · La parte di una porta o di una finestra che è fissata nel muro: *infissi d'abete.*

infittire (in-fit-tì-re) V.TR. e INTR. (*infittìsco, infittìsci*, ecc.) || TR. Rendere più fitto, più folto: *infittire un'aiuola* • Rendere più frequente: *infittire le visite* Ⓢ moltiplicare. || INTR. (aus. *essere*) e **infittirsi** INTR. PRONOM. Diventare più fitto, più folto: *qui il bosco s'infittisce* • Diventare più frequente: *gli incontri cominciarono a infittirsi.*

inflazione (in-fla-zió-ne) N.F. · L'aumento costante dei prezzi che riduce il valore della moneta.

inflessibile (in-fles-sì-bi-le) AGG. · Che non cambia idea, che non si lascia piegare: *un giu-*

dice inflessibile; un carattere inflessibile Ⓢ fermo, rigido.

inflessione (in-fles-sió-ne) N.F. **1** Tono della voce: *inflessione acuta, grave* Ⓢ intonazione. **2** Pronuncia, accento: *parla con una forte inflessione dialettale.*

infliggere (in-flìg-ge-re) V.TR. (irreg.: coniugato come *affliggere*) · Far subire un castigo, un dolore, un danno: ***gli*** *hanno inflitto una dura condanna; il nemico sta infliggendo gravi perdite* ***al*** *nostro esercito* Ⓢ imporre.

influente (in-flu-èn-te) AGG. · Che ha autorità, che può influire sugli altri: *una personalità influente; ho un amico al ministero che è molto influente* Ⓢ autorevole, importante.

influenza (in-flu-èn-za) N.F. **1** Azione che cambia lo stato di qualcosa: *l'influenza della Luna* ***sulle*** *maree* Ⓢ influsso, effetto. **2** Capacità di determinare le decisioni o il comportamento di una persona: *non ho alcuna influenza* ***sulle*** *sue scelte* Ⓢ autorità, potere. **3** Malattia contagiosa che colpisce soprattutto le vie respiratorie: *prendersi, avere l'influenza.*

influenzare (in-fluen-zà-re) V.TR. (*influènzo*, ecc.) · Avere influenza su qualcosa o qualcuno: *la famiglia non l'ha influenzata* ***nella*** *scelta della facoltà universitaria* Ⓢ influire, condizionare. Ⓔ ***Lasciarsi influenzare***, farsi convincere facilmente di qualcosa; fare, dire o pensare le stesse cose delle persone che si frequentano.

influire (in-flu-ì-re) V.INTR. (*influìsco, influìsci*, ecc.; aus. *avere*) · Avere influenza su qualcosa o qualcuno: *il clima può influire* ***sullo*** *stato di salute* Ⓢ incidere.

influsso (in-flùs-so) N.M. · Azione che ha un effetto determinante su qualcosa o qualcuno: *esercitare un influsso benefico* ***su*** *qualcuno* Ⓢ influenza, effetto.

infondatezza (in-fon-da-téz-za) N.F. · Mancanza di fondamento, di prove: *l'infondatezza di un'accusa* Ⓢ inconsistenza Ⓒ fondatezza.

infondato (in-fon-dà-to) AGG. · Che non è basato su niente di certo o su ragioni valide: *timori infondati; accuse infondate* Ⓢ ingiustificato Ⓒ fondato.

infondere (in-fón-de-re) V.TR. (irreg.: coniugato come *fondere*) · Far nascere un sentimento nell'animo di qualcuno: *infondere coraggio* ***a*** *un amico in difficoltà* Ⓢ ispirare, suscitare.

info-point (in-fo-point; pronuncia *infopòint*) N. INGL., in it. N.M. INVAR. · Punto o spazio dove si danno informazioni: *l'info-point dell'ateneo, di un museo.*

inforcare (in-for-cà-re) V.TR. (*infórco, infórchi*, ecc.) **1** Prendere con la forca: *inforcare la paglia.* **2** Montare a cavalcioni su qualcosa: *inforcare la bicicletta.* Ⓔ ***Inforcare gli occhiali***, metterli sul naso.

informale (in-for-mà-le) AGG. **1** Non ufficiale, senza formalità: *un colloquio informale; maniere informali* Ⓢ amichevole Ⓒ formale. **2** ***Arte informale***, corrente dell'arte astratta, nata subito dopo la seconda guerra mondiale.

informare (in-for-mà-re) V.TR. (*infórmo*, ecc.) || TR. Dare informazioni su qualcosa, far sapere: *informare i viaggiatori* ***di*** *un ritardo dell'aereo; vi informo* ***che*** *domani sarò fuori città* Ⓢ avvisare, avvertire. || **informarsi** INTR. PRONOM. Cercare informazioni su qualcosa: *informarsi* ***sull'****andamento di un affare.*

informatica (in-for-mà-ti-ca) N.F. (pl. *-che*) · La scienza che consente di ordinare, elaborare e trasmettere dati attraverso i computer.

Il termine deriva dal francese *informatique*, composto a sua volta di *informat(ion)* 'informazione' e *(automat)ique* 'automatica', voce coniata nel 1962.

informatico (in-for-mà-ti-co) AGG. e N.M. (f. *-a*; pl.m. *-ci*, pl.f. *-che*) || AGG. Che riguarda l'informatica: *conoscere la terminologia informatica.* || N.M. (f. *-a*) Esperto o studioso di informatica.

informativo (in-for-ma-tì-vo) AGG. · Che dà informazioni: *opuscolo, bollettino informativo.*

informatizzare (in-for-ma-tiz-zà-re) V.TR. · Organizzare con sistemi informatici: *informatizzare una banca* Ⓢ computerizzare.

informato (in-for-mà-to) AGG. · Che è in possesso di notizie o informazioni: *un giornale informato; è sempre informato* ***su*** *tutte le novità* Ⓢ aggiornato. Ⓔ ***Bene informato***,

male informato, in possesso di notizie giuste o sbagliate.

informatore (in-for-ma-tó-re) N.M. e AGG. (f. *-trìce*) || N.M. (f. *-trìce*) Chi ha il compito di raccogliere e comunicare informazioni per una certa attività: *informatore della polizia; informatore scientifico.* || AGG. Che dà un carattere particolare: *l'idea informatrice di un'opera.*

informazione (in-for-ma-zió-ne) N.F. **1** Notizia o dato utile su qualcosa o qualcuno: *chiedere, fornire informazioni; ufficio informazioni; raccogliere informazioni* ***su*** *una persona.* **2** La diffusione di dati o notizie utili: *libertà d'informazione; programmi di informazione; organi di informazione*, i giornali.

informe (in-fór-me) AGG. · Che non ha una forma definita: *una massa informe; un progetto ancora informe* Ⓢ amorfo, indefinito.

infornare (in-for-nà-re) V.TR. (*infórno*, ecc.) · Mettere a cuocere nel forno: *infornare le pizze.*

infornata (in-for-nà-ta) N.F. **1** Quantità di cibo che viene infornato: *un'infornata di melanzane.* **2** Serie numerosa di persone o cose: *un'infornata di nuovi scolari.*

infortunarsi (in-for-tu-nàr-si) V.INTR. PRONOM. · Subire un infortunio o un incidente: *infortunarsi sul lavoro; il giocatore si è infortunato all'inizio della partita.*

infortunato (in-for-tu-nà-to) AGG. e N.M. (f. *-a*) · Che, chi si è fatto male in seguito a un incidente: *gli infortunati riceveranno un'indennità.*

infortunio (in-for-tù-nio) N.M. (pl. *-ni*) · Incidente che causa un danno fisico abbastanza grave: *subire un infortunio; sono in aumento gli infortuni sul lavoro.*

infossato (in-fos-sà-to) AGG. · Incavato, smunto: *occhi infossati; guance infossate.*

infra- · Primo elemento di parole composte che significa 'che sta dentro' o 'che sta sotto': *infrasettimanale*, che sta in mezzo alla settimana; *infrasuono*, suono molto basso.

infradiciare (in-fra-di-cià-re) V.TR. (*infràdicio*, ecc.) || TR. **1** Rendere marcio: *il caldo ha infradiciato la frutta* Ⓢ guastare, imputridire. **2** Bagnare completamente: *il sudore* ***gli*** *aveva infradiciato la maglietta* Ⓢ inzuppare. || **infradiciarsi** INTR. PRONOM. **1** Andare a male: *la carne si è infradiciata* Ⓢ marcire. **2** Bagnarsi completamente: *non avevo l'ombrello e mi sono tutto infradiciato.*

inframmezzare (in-fram-mez-zà-re) V.TR. (*inframmèzzo*, ecc.) · Mettere in mezzo: *inframmezzare la ricreazione* ***allo*** *studio* Ⓢ alternare, interporre.

infrangere (in-fràn-ge-re) V.TR. (irreg.: coniugato come *frangere*) || TR. **1** Rompere, spezzare, frantumare: *infrangere un vetro.* **2** Rendere inutile, distruggere: *infrangere la resistenza del nemico.* **3** Trasgredire, violare: *infrangere un divieto, una promessa.* || **infrangersi** INTR. PRONOM. **1** Frantumarsi, rompersi: *i cavalloni s'infrangevano* ***sulla*** *scogliera.* **2** Bloccarsi a causa di un ostacolo: *ogni mio tentativo s'infranse* ***contro*** *la sua ostinazione.*

infrangibile (in-fran-gi-bi-le) AGG. · Che non si può rompere: *vetro infrangibile.*

infrarosso (in-fra-rós-so) AGG. · ***Radiazioni infrarosse*** o ***raggi infrarossi*** (o *gli infrarossi* N.M.PL.), radiazioni invisibili all'occhio umano, che sviluppano un notevole calore.

infrasettimanale (in-fra-set-ti-ma-nà-le) AGG. · Che capita in mezzo alla settimana: *festività infrasettimanali.*

infrastruttura (in-fra-strut-tù-ra) N.F. (spesso al pl.) · L'insieme di strutture e servizi (strade, ferrovie, fogne, rete elettrica e telefonica, scuole, ospedali, ecc.) necessari per lo sviluppo economico di una zona.

infrasuono (in-fra-suò-no) N.M. · Onda sonora con frequenza troppo bassa per essere udita dall'orecchio umano.

infrazione (in-fra-zió-ne) N.F. · Mancato rispetto di una legge o di una norma: *un'infrazione al codice della strada* Ⓢ violazione.

infreddatura (in-fred-da-tù-ra) N.F. · Raffreddore: *prendersi un'infreddatura.*

infreddolito (in-fred-do-li-to) AGG. · Preso da una fastidiosa sensazione di freddo: *avvicinò alla stufa le mani infreddolite; sono tutto infreddolito* Ⓢ intirizzito.

infruttuoso (in-frut-tu-ó-so) AGG. · Che non dà frutti, che non ha successo: *tentativi infruttuosi; indagini infruttuose* C fruttuoso.

infuocare (in-fuo-cà-re) V.TR. (*infuòco, infuòchi*, ecc.) || TR. **1** Rendere caldissimo, rovente: *infuocare un metallo* S arroventare. **2** Accendere di un'improvvisa passione o esaltazione: *infuocare gli animi* S infiammare. || **infuocarsi** INTR. PRONOM. **1** Diventare caldissimo, rovente: *la piastra si è infuocata*. **2** Accendersi di un sentimento o di una passione: *infuocarsi* ***di*** *sdegno*.

infuocato (in-fuo-cà-to) AGG. **1** Molto caldo: *un ferro infuocato* S rovente, incandescente. **2** Rosso come il fuoco: *avere il viso infuocato*. **3** Agitato o spinto da una forte passione: *animi infuocati; parole infuocate; essere infuocato* ***di*** *sdegno*.

infuori (in-fuò-ri) AVV. · Verso l'esterno: *sporgere infuori*. E ***All'infuori***, all'esterno: *una trave sporgente all'infuori* • ***All'infuori di***, a eccezione di: *non so altro all'infuori di questo*.

infuriare (in-fu-rià-re) V.INTR. (*infùrio*, ecc.; aus. *avere*) || INTR. Manifestarsi con violenza: *la tempesta infuriava; la battaglia infuria* S scatenarsi, imperversare. || **infuriarsi** INTR. PRONOM. Arrabbiarsi molto, diventare furioso: *infuriarsi* ***con*** *i dipendenti*.

infuriato (in-fu-rià-to) AGG. · Arrabbiatissimo, furioso, furibondo: *è infuriato* ***per*** *tutte le falsità che circolano sul suo conto*.

infusione (in-fu-ṣió-ne) N.F. · Operazione che consiste nel lasciare una sostanza nell'acqua bollente per ottenere un infuso: *tisana preparata per infusione* • L'infuso stesso.

infuso (in-fù-ṣo) N.M. · Bevanda ottenuta immergendo a lungo in acqua bollente erbe medicinali: *un infuso di camomilla* S tisana.

ingabbiare (in-gab-bià-re) V.TR. (*ingàbbio*, ecc.) **1** Mettere in una gabbia: *ingabbiare un uccello; ingabbiare un macchinario*. **2** Chiudere in un luogo da cui non sia possibile uscire: *ingabbiare le truppe nemiche* S intrappolare.

ingaggiare (in-gag-già-re) V.TR. (*ingàggio*, ecc.) **1** Dare un lavoro a qualcuno: *ingaggiare una squadra di facchini per un trasloco* S assumere, reclutare • Nel linguaggio sportivo, far entrare un atleta in una squadra: *ingaggiare un calciatore straniero*. **2** Iniziare un combattimento: *ingaggiare battaglia*.

Il termine deriva da una parola del francese antico che significava 'dare in pegno, in garanzia'.

ingaggio (in-gàg-gio) N.M. (pl. *-gi*) **1** Assunzione per un lavoro: *offrire, ottenere, accettare un ingaggio; mio cugino ha trovato un ingaggio in un teatro* S assunzione. **2** Il denaro pagato a chi viene ingaggiato: *gli pagheranno un ingaggio favoloso* S compenso; cachet (*fr.*).

ingannare (in-gan-nà-re) V.TR. || TR. **1** Spingere all'errore, far sbagliare: *la sua aria mite mi ha ingannato; l'apparenza inganna*. **2** Far cadere in un imbroglio: *vive ingannando il prossimo* S imbrogliare, truffare, raggirare. **3** Evitare, aggirare: *ingannare la sorveglianza*. **4** Riuscire a sopportare con delle distrazioni: *ingannare il tempo, la noia*. || **ingannarsi** INTR. PRONOM. Giudicare in modo errato: *mi sono ingannato* ***sul*** *suo conto* S sbagliarsi.

ingannevole (in-gan-né-vo-le) AGG. · Che inganna, che fa credere ciò che non è: *promesse ingannevoli; stai attento, la sua gentilezza è ingannevole* S falso, illusorio.

inganno (in-gàn-no) N.M. **1** Azione o discorso con cui si imbroglia qualcuno: *rimanere vittima di un inganno; ottenere un vantaggio con l'inganno* S truffa, imbroglio. **2** Errore di valutazione. E ***Trarre in inganno***, ingannare.

ingarbugliare (in-gar-bu-glià-re) V.TR. (*ingarbùglio*, ecc.) || TR. Mescolare disordinatamente: *ingarbugliare i fili di una matassa* S aggrovigliare, imbrogliare • Rendere difficile: *ingarbugliare una questione* S complicare, intricare. || **ingarbugliarsi** INTR. PRONOM. **1** Mescolarsi in modo disordinato: *i fili si sono ingarbugliati* S intricarsi. **2** Diventare difficile: *la situazione si va ingarbugliando* S complicarsi, intricarsi.

ingegnarsi (in-ge-gnàr-si) V.INTR. PRONOM. (*mi ingégno*, ecc.) · Impegnarsi con ogni mezzo per risolvere un problema: *s'ingegnano con ogni mezzo* ***per*** *sopravvivere; bisogna ingegnarsi* ***a*** *trovare una soluzione* S arrangiarsi.

La prima persona plurale dell'indicativo presente e quella del congiuntivo presente è *ci ingegniamo*, con la *i*: la forma *inge-*

A B C D E F G H I J K L M N O P Q R S T U V W X Y Z

gnamo è sempre scorretta! La seconda persona plurale dell'indicativo presente è *vi ingegnate* senza *i*, mentre quella del congiuntivo presente è *vi ingegniate* con la *i*.

ingegnere (in-ge-gnè-re) N.M. (f. *-a*; pl.m. *-i*, pl.f. *-e*) · Laureato in ingegneria che progetta e dirige la realizzazione di costruzioni come edifici, strade, impianti, ecc.: *ingegnere edile, navale, nucleare.*

Il femminile di *ingegnere* è *ingegnera*, ma è usato poco. Spesso si usa il maschile anche quando ci si riferisce a una donna: *l'ingegnere Anna Bianchi.*

ingegneria (in-ge-gne-rì-a) N.F. (pl. *-rìe*) 1 Scienza che studia le costruzioni e l'industria. 2 ***Ingegneria genetica,*** insieme di tecniche usate per modificare i geni di un organismo.

ingegno (in-gé-gno) N.M. 1 Capacità di capire velocemente e trovare soluzioni: *un ingegno acuto, vivace; una persona d'ingegno* Ⓢ intelligenza, acume. 2 Chi è dotato di grande intelligenza e talento: *diamo spazio ai migliori ingegni del Paese.*

ingegnosità (in-ge-gno-si-tà) N.F. INVAR. · Intelligenza pronta e sveglia, grande abilità nel risolvere problemi: *l'ingegnosità di uno scienziato; l'ingegnosità di una soluzione.*

ingegnoso (in-ge-gnó-so) AGG. · Che ha o dimostra intelligenza e abilità nel risolvere problemi: *un narratore ingegnoso; una soluzione ingegnosa* Ⓢ intelligente, geniale.

ingelosire (in-ge-lo-sì-re) V.TR. (*ingelosìsco, ingelosìsci*, ecc.) || TR. Rendere geloso o invidioso: *le attenzioni dell'amico per la sua ragazza l'avevano ingelosito.* || **ingelosirsi** INTR. PRONOM. Soffrire di gelosia o invidia: *si è ingelosito **dei** successi del collega.*

ingenerare (in-ge-ne-rà-re) V.TR. (*ingènero*, ecc.) · Causare, provocare: *atti che ingenerano odio.*

ingente (in-gèn-te) AGG. · Molto grande: *un'ingente vincita; il terremoto ha inflitto ingenti danni alla regione* Ⓢ rilevante, considerevole.

ingenuità (in-ge-nui-tà) N.F. INVAR. · Eccessiva fiducia negli altri, dovuta a semplicità d'animo, mancanza di malizia o inesperienza: *è stata un'ingenuità fidarsi di lui; l'ingenuità della ragazza lo disarmò* Ⓢ candore, innocenza Ⓒ scaltrezza.

ingenuo (in-gè-nuo) AGG. e N.M. (f. *-a*) || AGG. e N.M. (f. *-a*) Che, chi è eccessivamente fiducioso per semplicità d'animo, mancanza di malizia o inesperienza: *sei troppo ingenuo per capire certe cose; smettila di fare l'ingenuo* Ⓢ semplice, innocente Ⓒ scaltro, furbo. || AGG. Privo di malizia: *un sorriso ingenuo; una domanda ingenua* Ⓢ spontaneo.

ingerenza (in-ge-rèn-za) N.F. · Intervento non richiesto in affari altrui: *non tollera ingerenze **nel** suo lavoro* Ⓢ interferenza.

ingerimento (in-ge-ri-mén-to) N.M. · Ingestione: *l'ingerimento di sostanze tossiche.*

ingerire (in-ge-rì-re) V.TR. (*ingerìsco, ingerìsci*, ecc.) || TR. Mandare giù: *ingerire un veleno, una medicina* Ⓢ inghiottire, ingoiare. || **ingerirsi** RIFL. Intervenire senza autorizzazione negli affari altrui: *preferirei che nessuno si ingerisse **nelle** mie faccende* Ⓢ intromettersi, immischiarsi.

ingessare (in-ges-sà-re) V.TR. (*ingèsso*, ecc.) · Immobilizzare con un'ingessatura: *hanno dovuto ingessargli la gamba.*

ingessatura (in-ges-sa-tù-ra) N.F. · Fasciatura di un arto rotto con bende imbevute di gesso e acqua che asciugandosi diventa rigida: *devo tenere l'ingessatura per un mese.*

ingestione (in-ge-stió-ne) N.F. · Introduzione di cibi o bevande nello stomaco: *l'ingestione di una medicina* Ⓢ ingerimento.

inghiottire (in-ghiot-tì-re) V.TR. (*inghiótto, inghiótti*, ecc.; o *inghiottìsco, inghiottìsci*, ecc.) 1 Mandare giù attraverso la gola: *inghiottire una medicina* Ⓢ ingoiare, ingerire. 2 Sopportare senza reagire: *inghiottire un'umiliazione.* 3 Sommergere: *la nave fu inghiottita dalle onde.*

ingiallire (in-gial-lì-re) V.TR. (*ingiallìsco, ingiallìsci*, ecc.) || TR. Far diventare giallo: *l'autunno ingiallisce le foglie.* || INTR. (aus. essere) e **ingiallirsi** INTR. PRONOM. Diventare giallo: *le pagine si sono ingiallite.*

ingigantire (in-gi-gan-tì-re) V.TR. e INTR. (*ingigantìsco, ingigantìsci*, ecc.) || TR. Presentare qualcosa come più importante o più grave rispetto alla realtà: *ingigantire un problema, una notizia* Ⓢ esagerare, gonfiare. || INTR. (aus. *essere*) e **ingigantirsi** INTR. PRONOM. Diventare enorme, crescere moltissimo: *i sospetti sul suo conto si ingigantivano di giorno in giorno* Ⓢ ingrandirsi, accrescersi.

inginocchiarsi (in-gi-noc-chiàr-si) V.INTR. PRONOM. (*mi inginòcchio*, ecc.) · Piegare a terra uno o entrambi i ginocchi, soprattutto per pregare o in segno di rispetto: *s'inginocchiò* ***ai*** *suoi piedi; mi sono inginocchiato* ***per*** *allacciarmi le scarpe.*

inginocchiatoio (in-gi-noc-chia-tó-io) N.M. (pl. *-tói*) · Mobile che in basso ha un gradino su cui ci si inginocchia a pregare.

ingioiellarsi (in-gio-iel-làr-si) V.RIFL. (*mi ingioièllo*, ecc.) · Mettersi addosso dei gioielli: *le piace ingioiellarsi per uscire la sera.*

ingiù (in-giù) AVV. · Solo nell'espressione ***all'ingiù***, verso il basso Ⓒ insù.

ingiungere (in-giùn-ge-re) V.TR. (irreg.: coniugato come *giungere*) · Ordinare in modo deciso: *il giudice* ***gli*** *ha ingiunto* ***di*** *lasciare la città* Ⓢ intimare.

ingiunzione (in-giun-zió-ne) N.F. · Ordine deciso che proviene da un'autorità: *ingiunzione* ***di*** *sfratto; all'ingiunzione* ***di*** *fermarsi, il bandito rispose con il fuoco* Ⓢ intimazione.

ingiuria (in-giù-ria) N.F. (pl. *-rie*) · Offesa grave e intenzionale contro l'onore di una persona: *coprire d'ingiurie; si vuole vendicare dell'ingiuria subita* Ⓢ affronto, oltraggio.

ingiuriare (in-giu-rià-re) V.TR. (*ingiùrio*, ecc.) · Rivolgere a qualcuno parole offensive: *ingiuriare un vigile* Ⓢ insultare.

ingiurioso (in-giu-rió-so) AGG. · Che offende l'onore altrui in modo grave e intenzionale: *trattamento ingiurioso; un'allusione ingiuriosa* Ⓢ oltraggioso.

ingiustificabile (in-giu-sti-fi-cà-bi-le) AGG. · Che non si può giustificare: *un errore ingiustificabile* Ⓢ inaccettabile, imperdonabile.

ingiustificato (in-giu-sti-fi-cà-to) AGG. · Che non ha giustificazione, che non ha un buon motivo: *assenza ingiustificata; sospetti ingiustificati.*

ingiustizia (in-giu-stì-zia) N.F. (pl. *-zie*) **1** Azione ingiusta: *commettere, subire un'ingiustizia; rendersi responsabile di un'ingiustizia* Ⓢ torto, sopruso. **2** L'essere ingiusto: *l'ingiustizia di una sentenza* Ⓢ iniquità Ⓒ giustizia.

ingiusto (in-giù-sto) AGG. **1** Che giudica o agisce senza giustizia: *un giudice ingiusto; sei stato ingiusto con me* Ⓢ parziale, scorretto. **2** In contrasto con la giustizia: *un'ingiusta sentenza; un provvedimento ingiusto* Ⓢ iniquo Ⓒ giusto. **3** Che non ha una valida motivazione: *la tua diffidenza nei suoi confronti è ingiusta* Ⓢ immotivato, ingiustificato.

inglese (in-glé-se) AGG. e N.M. e F. || AGG. Dell'Inghilterra, regione della Gran Bretagna. || N.M. e F. Abitante, nativo dell'Inghilterra. || N.M. La lingua parlata in Inghilterra, negli Stati Uniti d'America, in Australia e in molti altri Paesi. Ⓔ ***Prato all'inglese***, con erba molto fitta e rasata • ***Zuppa inglese*** → ***zuppa***.

inglobare (in-glo-bà-re) V.TR. (*inglòbo*, ecc.) · Assorbire in un tutto unico: *inglobare una ditta concorrente; la periferia della metropoli ha inglobato i villaggi circostanti* Ⓢ incorporare.

inglorioso (in-glo-rió-so) AGG. **1** Privo di gloria: *un sovrano inglorioso* Ⓢ oscuro Ⓒ glorioso. **2** Vergognoso, disonorevole: *una morte ingloriosa.*

ingobbire (in-gob-bì-re) V.INTR. (*ingobbìsco, ingobbìsci*, ecc.; aus. *essere*) e **ingobbirsi** INTR. PRONOM. · Diventare gobbo: *Giulio si è ingobbito sui libri.*

ingoiare (in-go-ià-re) V.TR. (*ingóio*, ecc.) **1** Inghiottire alla svelta e con avidità: *ingoiava i pasticcini uno dietro l'altro.* **2** Subire senza ribellarsi: *nella vita ho dovuto ingoiare tante amarezze* Ⓢ sopportare. Ⓔ ***Ingoiare il rospo*** → ***rospo***.

ingolfare (in-gol-fà-re) V.TR. (*ingólfo*, ecc.) || TR. **1** Mandare troppa benzina nel carburatore di un motore a scoppio, che per questo motivo non parte: *ingolfare un motore.* **2** Intasare, ostruire: *le auto ingolfano le strade del centro.* || **ingolfarsi** INTR. PRONOM. **1** Di auto, avere difficoltà ad avviarsi perché nel carburatore arriva troppa benzina. **2** Mettersi o trovarsi in una situazione difficile: *ingolfarsi* ***nei*** *debiti* Ⓢ cacciarsi, impelagarsi.

ingollare (in-gol-là-re) V.TR. (*ingóllo*, ecc.) · Mandare giù in fretta, con avidità: *ha ingollato tutto in meno di dieci minuti* Ⓢ ingurgitare, trangugiare.

ingombrante (in-gom-bràn-te) AGG. **1** Che occupa troppo spazio: *un mobile ingombrante* Ⓢ grande, voluminoso. **2** Di persona la cui presenza mette a disagio o dà fastidio: *un testimone ingombrante* Ⓢ fastidioso, scomodo.

ingombrare (in-gom-brà-re) V.TR. (*ingómbro*, ecc.) · Occupare molto spazio, tanto da essere d'ostacolo: *ingombrare la strada; la folla ingombrava l'uscita* Ⓢ ostruire, bloccare.

I

Il termine deriva da un verbo del francese antico, che viene a sua volta dalla parola di origine celtica *combre* 'sbarramento di un fiume (con alberi)'.

ingombro (in-góm-bro) AGG. e N.M. || AGG. Coperto da molte cose che intralciano: *strada ingombra* ***dalla*** *frana; un tavolo ingombro* ***di*** *carte.* || N.M. **1** Ciò che occupa troppo spazio od ostacola un'attività: *queste scatole in mezzo alla stanza sono un ingombro* Ⓢ intralcio, impedimento. **2** Spazio occupato da un oggetto: *il tavolo ha un ingombro* ***di*** *150 × 80 centimetri.*

ingordigia (in-gor-dì-gia) N.F. (raro il pl. *-gie*) · Desiderio eccessivo di cibo: *mangiare con ingordigia* Ⓢ ghiottoneria, voracità • Desiderio esagerato di avere qualcosa: *ingordigia* ***di*** *denaro* Ⓢ avidità, brama.

ingordo (in-gór-do) AGG. e N.M. (f. *-a*) · Goloso o avido in modo esagerato: *ingordo* ***di*** *dolci; ingordo* ***di*** *denari; non si accontenta mai, quell'ingordo* Ⓢ vorace.

ingorgare (in-gor-gà-re) V.TR. (*ingórgo, ingórghi*, ecc.) || TR. Ostruire una conduttura: *ingorgare il lavandino* Ⓢ intasare • Bloccare una strada o un passaggio: *una colonna di camion ingorgava il casello.* || **ingorgarsi** INTR. PRONOM. Rimanere bloccato a causa di un ingorgo: *a quell'incrocio il traffico s'ingorga* • Ostruirsi, intasarsi: *il tubo di scarico s'è ingorgato.*

ingorgo (in-gór-go) N.M. (pl. *-ghi*) **1** Blocco che limita o impedisce il passaggio di liquidi in un tubo: *l'ingorgo di un condotto* Ⓢ ostruzione, occlusione. **2** Rallentamento nel traffico causato da una grande quantità di auto: *ingorgo stradale; sono arrivato tardi a causa di un ingorgo* Ⓢ congestione.

ingozzare (in-goz-zà-re) V.TR. (*ingózzo*, ecc.) || TR. **1** Mandare giù in fretta o con avidità: *ingozzare due fette di torta; ingozzò la medicina tutta d'un sorso.* **2** Nutrire più del necessario: *ingozzare le oche; ingozzare un bambino* ***di*** *dolci.* || **ingozzarsi** INTR. PRONOM. Mangiare troppo in fretta o con avidità: *ingozzarsi* ***di*** *pasta* Ⓢ abbuffarsi.

ingranaggio (in-gra-nàg-gio) N.M. (pl. *-gi*) **1** Sistema di ruote dentate collegate tra loro per trasmettere un movimento. **2** Attività complessa che coinvolge in modo inevitabile: *venir preso negli ingranaggi della politica, del lavoro.*

ingranare (in-gra-nà-re) V.INTR. e TR. || INTR. (aus. *avere*) **1** Delle parti di un ingranaggio, coincidere in modo da trasmettere il moto l'una all'altra • Delle marce di un motore, innestarsi: *la seconda non ingrana.* **2** Andare avanti bene dopo un inizio incerto: *gli affari cominciano a ingranare* Ⓢ decollare • Di persona, rendere bene in un'attività, soprattutto in frasi negative: *oggi non ingrano.* || TR. Mettere in movimento o inserire l'una nell'altra le parti di un ingranaggio: *ingranare una catena* • Nell'automobile, innestare una marcia: *ingranare la prima, la seconda.*

ingrandimento (in-gran-di-mén-to) N.M. **1** Aumento di dimensioni o proporzioni: *l'ingrandimento della città; l'ingrandimento dell'azienda* Ⓢ accrescimento, ampliamento. **2** Copia ingrandita di un originale: *l'ingrandimento di una foto.* Ⓔ ***Lente d'ingrandimento*** ***→ lente***.

ingrandire (in-gran-dì-re) V.TR. (*ingrandisco, ingrandisci*, ecc.) || TR. **1** Rendere più grande: *ingrandire un negozio; ingrandire una fotografia*, farne una copia più grande Ⓢ ampliare, allargare Ⓒ rimpiccolire. **2** Di strumenti ottici, aumentare l'immagine di un oggetto. **3** Far sembrare più grande: *ingrandire i pericoli; ingrandisce sempre i suoi meriti* Ⓢ esagerare. || **ingrandirsi** INTR. PRONOM. Diventare più grande, aumentare di dimensioni: *negli anni Cin-*

quanta la città si è ingrandita; il volume degli affari si è notevolmente ingrandito.

ingrassare (in-gras-sà-re) V.TR. e INTR. || TR. **1** Far diventare grasso: *ingrassare i maiali; i dolci ingrassano.* **2** Ungere con grasso: *ingrassare i freni di una bicicletta* Ⓢ lubrificare, oliare. || INTR. (aus. *essere*) Di persona, diventare grasso o più grasso: *sta bene, è anche ingrassato; sono ingrassato **di** dieci chili* Ⓒ dimagrire.

ingratitudine (in-gra-ti-tù-di-ne) N.F. · Mancanza di riconoscenza per il bene ricevuto: *l'ingratitudine dei figli **verso** i genitori; dimostrare ingratitudine **per** qualcuno* Ⓒ gratitudine.

ingrato (in-grà-to) AGG. **1** Che non dimostra riconoscenza per il bene ricevuto: *un cuore ingrato; essere ingrato **verso** gli amici* Ⓒ grato. **2** Che richiede molto sforzo e non dà soddisfazione: *un compito, un lavoro ingrato* Ⓢ faticoso, gravoso.

ingraziarsi (in-gra-ziàr-si) V.TR.PRONOM. (*mi ingràzio*, ecc.) · Conquistare le simpatie di qualcuno: *ingraziarsi il direttore.*

ingrediente (in-gre-dièn-te) N.M. · Ciascuna delle sostanze che si usano per preparare un cibo, una medicina, ecc.: *gli ingredienti di una ricetta, di un farmaco* Ⓢ componente.

ingresso (in-grès-so) N.M. **1** L'atto o la possibilità di entrare in un luogo: *è vietato l'ingresso ai non addetti ai lavori; gli sposi fecero il loro ingresso **nella** sala* Ⓢ entrata, accesso • Il denaro che si paga per entrare in un luogo: *ingresso libero; l'ingresso è di trenta euro.* **2** Lo spazio attraverso il quale si entra in un luogo: *l'ingresso del teatro.* **3** La prima stanza di una casa, che si trova subito dopo la porta principale: *una casa con un ingresso buio.*

ingrossamento (in-gros-sa-mén-to) N.M. · Aumento non normale delle dimensioni: *l'ingrossamento del fegato; la pioggia ha provocato l'ingrossamento del fiume.*

ingrossare (in-gros-sà-re) V.TR. e INTR. (*ingròsso*, ecc.) || TR. Rendere più grosso, più grande o più numeroso: *l'umidità ha ingrossato il legno; nuovi iscritti sono andati a ingrossare le file del partito* • Far apparire più grosso: *questa giacca ti ingrossa.* || INTR. (aus. *essere*) e **ingrossarsi** INTR. PRONOM. Diventare più grosso, più grande o più numeroso: *dopo le ultime piogge il fiume è ingrossato; la folla si sta ingrossando* Ⓒ assottigliarsi.

ingrosso (in-gròs-so) AVV. · Solo nell'espressione ***all'ingrosso***, di merce che si vende o si acquista, in grandi quantità: *vendere, comprare all'ingrosso.*

inguaiare (in-gua-ià-re) V.TR. (*inguàio*, ecc.), *fam.* || TR. Nel linguaggio familiare, mettere nei guai: *quell'affare sbagliato l'ha inguaiato.* || **inguaiarsi** RIFL. Mettersi nei guai: *si è inguaiato con troppi creditori.*

inguaribile (in-gua-rì-bi-le) AGG. **1** Che non può guarire: *una malattia inguaribile* Ⓢ incurabile. **2** Nel linguaggio familiare, che non cambia: *un'inguaribile romantica* Ⓢ incorreggibile.

inguine (ìn-gui-ne) N.M. · Parte bassa della pancia, in cui inizia la coscia.

ingurgitare (in-gur-gi-tà-re) V.TR. (*ingùrgito*, ecc.) · Mandare giù in fretta: *ingurgitare un boccale di birra* Ⓢ ingollare, trangugiare.

inibire (i-ni-bì-re) V.TR. (*inibìsco*, *inibìsci*, ecc.) **1** Mettere a disagio, causare insicurezza: *mi inibisce dover parlare in pubblico* Ⓢ intimidire, imbarazzare. **2** Vietare in modo assoluto: *il guardiano **ci** ha inibito l'accesso* Ⓢ proibire, impedire. **3** Rallentare o bloccare le funzioni o lo sviluppo di un organismo: *certi farmaci inibiscono l'attività del fegato.*

inibito (i-ni-bì-to) AGG. e N.M. (f. *-a*) · In psicologia, di chi è frenato da qualche inibizione: *un ragazzo inibito nei rapporti con i coetanei* Ⓒ disinibito.

inibizione (i-ni-bi-zió-ne) N.F. **1** Proibizione, divieto. **2** In psicologia, freno che impedisce a una persona di fare qualcosa: *superare le proprie inibizioni.*

inidoneo (i-ni-dò-ne-o) AGG. (pl.m. *-nei*, pl.f. *-nee*) · Non idoneo: *inidoneo **al** servizio militare* Ⓢ inadatto Ⓒ idoneo.

iniettare (i-niet-tà-re) V.TR. (*inièto*, ecc.) · Introdurre un liquido nel corpo di qualcuno, bucando la pelle: *iniettare cortisone; la vipera inietta il veleno.*

iniezione (i-nie-zió-ne) N.F. · Introduzione di medicinali liquidi nell'organismo attraverso una siringa: *fare un'iniezione; prescrivere una serie di iniezioni.*

inimicare (i-ni-mi-cà-re) V.TR. (*inimìco, inimìchi*, ecc.) || TR. Rendere due o più persone ostili l'una all'altra: *è riuscita a inimicare i due fratelli.* || **inimicarsi** TR. PRONOM. Rendersi nemico qualcuno: *si è inimicato tutti.* || **inimicarsi** INTR. PRONOM. Diventare nemico: *si è inimicato* ***con*** *il suo superiore.*

inimicizia (i-ni-mi-cì-zia) N.F. (pl. *-zie*) · Sentimento di ostilità nei confronti di qualcuno: *provare inimicizia per un compagno di classe* Ⓢ rancore.

inimitabile (i-ni-mi-tà-bi-le) AGG. · Che non può essere imitato o uguagliato: *un artista inimitabile; una grazia inimitabile* Ⓢ impareggiabile, unico.

inimmaginabile (i-nim-ma-gi-nà-bi-le) AGG. · Che va al di là di ogni immaginazione: *è accaduto un fatto inimmaginabile* Ⓢ inconcepibile, impensabile • Eccezionale, straordinario: *ha una forza inimmaginabile.*

ininfluente (i-nin-flu-èn-te) AGG. **1** Che non ha potere o efficacia: *un socio totalmente ininfluente.* **2** Poco importante: *un dettaglio ininfluente* Ⓢ trascurabile, irrilevante.

ininterrotto (i-nin-ter-rót-to) AGG. · Che non si ferma mai, che non concede alcuna sosta: *pioggia ininterrotta; dopo due mesi di lavoro ininterrotto vado finalmente in ferie* Ⓢ continuo, incessante.

iniquità (i-ni-qui-tà) N.F. INVAR. **1** Mancanza di giustizia o di equità: *l'iniquità di una legge, di una sentenza.* **2** Azione o cosa ingiusta: *commettere un'iniquità; questa tassa è un'iniquità.* **3** Cattiveria, malvagità: *l'iniquità di un tiranno.* **4** Ostilità, avversità: *l'iniquità della sorte.*

iniquo (i-nì-quo) AGG. **1** Che non segue la giustizia: *un giudice iniquo; un trattamento iniquo* Ⓢ ingiusto Ⓒ equo. **2** Malvagio, cattivo: *un gesto iniquo.* **3** Avverso, ostile, sfavorevole: *sorte iniqua.*

iniziale (i-ni-zià-le) AGG. e N.F. || AGG. Che sta all'inizio: *difficoltà iniziali; la fase iniziale di un progetto* Ⓢ primo Ⓒ finale, terminale. || N.F. La prima lettera di una parola: *i nomi di città si scrivono con l'iniziale maiuscola* • AL PL. La prima lettera del nome e del cognome: *firmare un articolo solo con le iniziali* Ⓢ sigla (SING.), cifra.

inizialmente (i-ni-zial-mén-te) AVV. · Al principio, all'inizio: *inizialmente sembrava guarito, poi ha avuto una ricaduta.*

iniziare (i-ni-zià-re) V.TR. e INTR. (*inìzio*, ecc.) || TR. **1** Dare inizio a qualcosa: *iniziare un discorso, un lavoro* Ⓢ cominciare, avviare Ⓒ finire, terminare, concludere. **2** Introdurre qualcuno alla pratica di una religione, di un'arte, di un'attività, ecc. || INTR. **1** (aus. *essere*) Avere inizio: *lo spettacolo inizia alle 21 in punto.* **2** (aus. *avere*) Cominciare a fare qualcosa: *iniziare* ***a*** *scrivere una lettera.*

iniziativa (i-ni-zia-tì-va) N.F. **1** L'idea di fare qualcosa e il metterla in pratica: *ha preso l'iniziativa di tagliare il prato; l'ho fatto di mia iniziativa* Ⓢ idea, progetto. **2** Capacità di progettare e realizzare cose nuove: *un ragazzo pieno d'iniziativa.* Ⓔ ***Spirito d'iniziativa***, intraprendenza: *avere spirito d'iniziativa.*

iniziazione (i-ni-zia-zió-ne) N.F. **1** Cerimonia che introduce una persona in un gruppo ristretto, spesso di tipo religioso: *iniziazione* ***a*** *un culto; riti d'iniziazione.* **2** Introduzione alla pratica di un'arte o di un'attività: *iniziazione* ***alla*** *politica,* ***a*** *un'arte.*

inizio (i-nì-zio) N.M. (pl. *-zi*) · Il primo momento, il punto in cui comincia qualcosa: *l'inizio dell'estate; l'inizio di un viaggio; gli inizi della nostra amicizia risalgono alle scuole medie; l'inizio del libro è appassionante* Ⓢ avvio, principio Ⓒ fine, conclusione, termine. Ⓔ ***All'inizio***, inizialmente, da principio, dapprima: *all'inizio non ero molto convinto delle sue capacità* • ***Avere inizio***, cominciare, iniziare • ***Dare inizio a qualcosa***, avviarlo, cominciarlo.

innaffiare (in-naf-fià-re) → ***annaffiare***.

innaffiatoio (in-naf-fia-tó-io) → ***annaffiatoio***.

innalzamento (in-nal-za-mén-to) N.M. **1** Aumento di altezza o di livello: *innalzamento delle acque del mare; innalzamento del tenore di vita.* **2** Costruzione: *innalzamento di un muro, di un edificio.* **3** Crescita di grado, assunzione di un ruolo più importante: *innalzamento* ***alla*** *dignità pontificia.*

innalzare (in-nal-zà-re) V.TR. || TR. **1** Portare a un'altezza o a un livello maggiore: *innalzare un peso; le piogge hanno innalzato il livello del fiume* Ⓢ alzare, elevare • Portare a un livello più alto sul piano morale, culturale, sociale: *la cultura innalza lo spirito.* **2** Costruire, erigere, edificare: *verrà innalzato un monumento in sua memoria.* **3** Sollevare o rivolgere verso l'alto: *innalzare una bandiera; innalzò lo sguardo* ***al*** *cielo.* || **innalzarsi** INTR. PRONOM. Salire, elevarsi, ergersi: *il fumo s'innalzava* ***al*** *cielo; le montagne si innalzano lontane.*

innamoramento (in-na-mo-ra-mén-to) N.M. · L'innamorarsi di qualcuno: *ha vissuto il suo primo innamoramento.*

innamorarsi (in-na-mo-ràr-si) V.INTR. PRONOM. (*mi innamóro*, ecc.) || INTR. PRONOM. **1** Cominciare a sentire amore per qualcuno: *appena la vide, s'innamorò* ***di*** *lei.* **2** Entusiasmarsi per qualcosa: *m'innamorai subito* ***di*** *quella casa* Ⓢ appassionarsi a. || RIFL. RECIPROCO Provare amore l'uno per l'altro: *si sono innamorati al primo incontro.*

innamorato (in-na-mo-rà-to) AGG. e N.M. (f. -*a*) || AGG. **1** Che prova un sentimento d'amore: *una donna innamorata è imprevedibile* • Che esprime amore: *uno sguardo innamorato* Ⓢ ardente, appassionato. **2** Che è appassionato di qualcosa: *innamorato* ***del*** *teatro.* || N.M. (f. -a) La persona che si ama: *se ne andava al cinema con la sua innamorata.*

innanzi (in-nàn-zi) AVV. e PREP. || AVV. **1** Avanti, di fronte: *venire, farsi innanzi.* **2** Prima: *il giorno innanzi.* || PREP. Davanti: *camminava innanzi* ***a*** *noi.* Ⓔ ***Innanzi tutto*** → ***innanzitutto***.

innanzitutto (in-nan-zi-tùt-to) (o **innanzi tutto**) AVV. · Prima di ogni altra cosa: *innanzitutto calmati e poi spiegami che cos'è successo.*

innato (in-nà-to) AGG. · Che si ha per natura, fin dalla nascita: *l'istinto di conservazione è innato; una bontà innata; il senso del dovere è innato in lui* Ⓢ congenito, naturale.

innaturale (in-na-tu-rà-le) AGG. · Non naturale, non normale: *un comportamento innaturale; un sorriso innaturale* Ⓢ artificioso Ⓒ naturale, spontaneo.

innegabile (in-ne-gà-bi-le) AGG. · Assolutamente evidente, che non si può negare: *una verità innegabile* Ⓢ incontestabile.

inneggiare (in-neg-già-re) V.INTR. (*innéggio*, ecc.; aus. *avere*) · Esprimere con passione il proprio sostegno a qualcuno o qualcosa: *inneggiare* ***alla*** *vittoria* Ⓢ osannare (TR.).

innervosire (in-ner-vo-sì-re) V.TR. (*innervosìsco, innervosìsci*, ecc.) || TR. Rendere nervoso: *i rumori lo innervosiscono; le domande indiscrete l'hanno innervosito* Ⓢ irritare, infastidire. || **innervorsirsi** INTR. PRONOM. Diventare nervoso, perdere la calma: *non innervosirti* ***per*** *questa sciocchezza.*

innescare (in-ne-scà-re) V.TR. (*innésco, innéschi*, ecc.) || TR. **1** Inserire il meccanismo che fa scoppiare una bomba, una mina, un carico di esplosivo: *innescare una bomba* Ⓒ disinnescare. **2** Dare inizio a qualcosa, provocare: *la sua reazione ha innescato un'aspra polemica.* || **innescarsi** INTR. PRONOM. Di fenomeno o processo, iniziare, avviarsi: *si è innescata una reazione a catena.*

Non si deve confondere *innescare* che significa 'far partire un meccanismo' o 'dare inizio a qualcosa' con *innestare* che significa 'fare un innesto a una pianta' o 'inserire, congiungere'.

innesco (in-né-sco) N.M. (pl. -*schi*) · Meccanismo che serve ad accendere una carica esplosiva: *l'innesco di una bomba.*

innestare (in-ne-stà-re) V.TR. (*innèsto*, ecc.) || TR. **1** In agricoltura, sottoporre a innesto: *innestare un pesco.* **2** Inserire una parte di un meccanismo dentro un'altra: *innestare la spina; innestare la prima*, ingranarla. || **innestarsi** INTR. PRONOM. Inserirsi, congiungersi, introdursi: *all'incrocio la provinciale si innesta* ***alla*** *statale.*

Non si deve confondere *innestare* che significa 'fare un innesto a una pianta' o 'inserire, congiungere' con *innescare* che significa 'far partire un meccanismo' o 'dare inizio a qualcosa'.

innesto (in-nè-sto) N.M. **1** Operazione che consiste nell'inserire in una pianta un rametto di un'altra pianta di specie o varietà diversa, per ottenere frutti migliori: *l'innesto di un*

A B C D E F G H I J K L M N O P Q R S T U V W X Y Z

susino. **2** Meccanismo che serve per fare un collegamento: *innesto a frizione; innesto a spina*.

innevare (in-ne-và-re) V.TR. (*innévo*, ecc.) || TR. Coprire di neve: *innevare una pista da sci*. || **innevarsi** INTR. PRONOM. Coprirsi di neve.

inno (ìn-no) N.M. · Poesia o canto solenne che esalta ideali politici, religiosi, sportivi: *l'inno nazionale; un inno* ***alla*** *Vergine; l'inno della squadra*.

innocente (in-no-cèn-te) AGG. e N.M. e F. || AGG. e N.M. e F. Che, chi non ha nessuna colpa: *dichiararsi innocente; condannare un innocente* S incolpevole C colpevole. || AGG. **1** Che non conosce il male: *un bambino innocente; un sorriso innocente* S puro, candido. **2** Fatto senza cattiveria: *uno scherzo innocente* S innocuo.

innocenza (in-no-cèn-za) N.F. **1** Assoluta mancanza di colpa: *dichiarare, proclamare, dimostrare la propria innocenza* C colpevolezza. **2** Incapacità di fare o di pensare il male: *l'innocenza dei bambini* S purezza. **3** Mancanza di malizia o di cattiveria: *l'innocenza di uno sguardo; l'ho detto in tutta innocenza* S semplicità.

innocuo (in-nò-cuo) AGG. · Che non può fare danno: *un frutto, un animale innocuo; è una persona innocua; una bugia innocua* S inoffensivo C pericoloso.

La parola *innocuo* si scrive con la *c*, scrivere *innoquo* con la *q* è un grave errore!

innominabile (in-no-mi-nà-bi-le) AGG. · Che non si può neanche chiamare con il proprio nome perché troppo cattivo o vergognoso: *atti, vizi innominabili* S indicibile, infame.

innovare (in-no-và-re) V.TR. (*innòvo*, ecc.) · Migliorare introducendo delle novità: *innovare l'ordinamento scolastico* S modernizzare, rinnovare.

innovativo (in-no-va-ti-vo) AGG. · Che presenta elementi di novità: *un metodo innovativo per imparare l'inglese*.

innovatore (in-no-va-tó-re) AGG. e N.M. (f. *-trìce*) · Che, chi introduce importanti cambiamenti e novità: *un innovatore della musica; un'idea innovatrice*.

innovazione (in-no-va-zió-ne) N.F. **1** Introduzione di novità che migliorano qualcosa: *portare innovazioni in un'azienda; è contrario a qualsiasi innovazione dello statuto*. **2** Elemento nuovo: *innovazioni scientifiche, tecnologiche; l'ultimo modello presenta alcune innovazioni* S novità.

innumerevole (in-nu-me-ré-vo-le) AGG. · Talmente numeroso che non si può contare: *ebbe da lui innumerevoli favori* S incalcolabile.

-ino · Suffisso che serve a formare aggettivi e nomi e che ha valore diminutivo o vezzeggiativo: *carino; gattino*; negli aggettivi può indicare 'appartenenza geografica' (*argentino*, dell'Argentina) o 'collegamento con sostanze' (*salino*, fatto di sale); nei nomi può indicare 'categoria professionale' (*ciabattino*) o 'strumenti e apparecchi' (*temperino; lavandino*); serve a formare anche nomi a partire da verbi: *imbianchino* da *imbiancare*.

inoculare (i-no-cu-là-re) V.TR. (*inòculo*, ecc.) **1** Introdurre nell'organismo un liquido per iniezione: *inoculare un antidoto* ***a*** *qualcuno; inoculare un vaccino* ***nel*** *braccio* S iniettare. **2** Far nascere un sentimento negativo nell'animo altrui: *inoculare* ***a*** *qualcuno il germe dell'odio*.

inodore (i-no-dó-re) AGG. · Che non ha odore: *un gas inodore*.

inoffensivo (i-nof-fen-sì-vo) AGG. · Che non può fare male, che non può nuocere: *un animale inoffensivo; rendere inoffensivo un serpente* S innocuo.

inoltrare (i-nol-trà-re) V.TR. (*inóltro*, ecc.) || TR. Nel linguaggio burocratico, inviare qualcosa all'ufficio o alla persona che se ne deve occupare: *ho inoltrato domanda di trasferimento* ***all'****ufficio competente; ho già inoltrato la corrispondenza* S trasmettere, consegnare. || **inoltrarsi** INTR. PRONOM. Procedere verso l'interno: *la bambina si inoltrò* ***nella*** *foresta* S addentrarsi, penetrare.

inoltrato (i-nol-trà-to) AGG. · Che è già iniziato da un po': *a notte inoltrata* S avanzato, tardo.

inoltre (i-nól-tre) AVV. · Oltre a ciò, per di più: *sono in ritardo e inoltre c'è molto traffico*.

inoltro (i-nól-tro) N.M. · Invio di un documento all'ufficio o alla persona che se ne deve occupare: *inoltro di una pratica.*

inondare (i-non-dà-re) V.TR. (*inóndo*, ecc.) **1** Di acqua, allagare con violenza: *il fiume ha rotto gli argini e ha inondato i campi.* **2** Arrivare in grande quantità: *i film americani hanno inondato il mercato; la luce inondava la stanza* Ⓢ riempire, invadere. ▸ Ⓕ **unda**

inondazione (i-non-da-zió-ne) N.F. **1** Allagamento provocato dalle acque di fiumi o mari: *l'inondazione della pianura* Ⓢ alluvione. **2** Grande diffusione di cose o persone: *un'inondazione di giocattoli giapponesi* Ⓢ invasione, valanga. ▸ Ⓕ **unda**

inoperoso (i-no-pe-ró-so) AGG. · Che non fa nulla: *sono rimasto inoperoso per tutto il pomeriggio* Ⓢ inattivo, ozioso.

inopportuno (i-nop-por-tù-no) AGG. · Non adatto alla situazione: *una frase inopportuna* Ⓒ opportuno • Che viene nel momento sbagliato: *un ospite inopportuno.*

inoppugnabile (i-nop-pu-gnà-bi-le) AGG. · Che non si può contestare o mettere in dubbio: *una prova inoppugnabile* Ⓢ incontestabile.

inorganico (i-nor-gà-ni-co) AGG. (pl.m. *-ci*, pl.f. *-che*) · Che non ha vita, soprattutto di sostanze appartenenti al regno minerale Ⓒ organico. Ⓔ ***Chimica inorganica***, settore della chimica che studia i composti che non contengono carbonio.

inorgoglire (i-nor-go-glì-re) V.TR. e INTR. (*inorgoglisco, inorgoglisci*, ecc.) || TR. Riempire di orgoglio e di soddisfazione: *questo fatto mi inorgoglisce.* || INTR. (aus. *essere*) e **inorgoglirsi** INTR. PRONOM. Diventare orgoglioso: *inorgoglirsi* ***di*** *una lode,* ***per*** *la buona riuscita di un'impresa.*

inorridire (i-nor-ri-dì-re) V.TR. e INTR. (irreg.: *inorridisco, inorridisci*, ecc.) || TR. Riempire di orrore: *il suo racconto ci ha inorriditi* Ⓢ spaventare, terrorizzare. || INTR. (aus. *essere*) Provare orrore o spavento: *inorridimmo alla vista delle macerie* Ⓢ rabbrividire.

inospitale (i-no-spi-tà-le) AGG. **1** Di luogo dove è impossibile o scomodo vivere: *regioni inospitali; una casa inospitale* Ⓢ desolato Ⓒ accogliente. **2** Di persona, che non tratta bene gli ospiti: *popolazioni inospitali* Ⓒ ospitale.

inosservanza (i-nos-ser-vàn-za) N.F. · Mancato rispetto di una legge o di una tradizione: *l'inosservanza* ***del*** *codice stradale provoca numerosi incidenti* Ⓢ trasgressione, violazione Ⓒ osservanza.

inosservato (i-nos-ser-và-to) AGG. **1** Che non viene visto o notato: *l'uomo si allontanò inosservato.* **2** Di norma che non viene rispettata: *una disposizione rimasta a lungo inosservata.*

inossidabile (i-nos-si-dà-bi-le) AGG. · Che non si ossida, che non arrugginisce. Ⓔ ***Acciaio inossidabile*** → ***acciaio***.

input (in-put; pronuncia *ìmput*) N.INGL., in it. N.M. INVAR. **1** L'introduzione dei dati in un computer. **2** Impulso che dà il via a qualcosa: *le sue parole ci hanno dato l'input per partire* Ⓢ spinta.

inquadrare (in-qua-drà-re) V.TR. || TR. **1** Mettere in cornice: *inquadrare un ritratto* Ⓢ incorniciare • Nella fotografia e nel cinema, puntare l'obiettivo su un soggetto per riprenderlo. **2** Inserire in un contesto, descrivere nelle caratteristiche fondamentali: *inquadrare un personaggio dal punto di vista storico.* **3** Accogliere in una struttura organizzata: *inquadrare* ***in*** *un partito.* || **inquadrarsi** INTR. PRONOM. Inserirsi in un contesto più ampio: *il convegno si inquadra* ***in*** *una serie di iniziative.*

inquadratura (in-qua-dra-tù-ra) N.F. · Nella fotografia e nel cinema, il modo in cui si riprende un'immagine con l'obiettivo: *ottenne un'inquadratura perfetta.*

inqualificabile (in-qua-li-fi-cà-bi-le) AGG. · Così offensivo o indegno che non ci sono parole per descriverlo: *un comportamento inqualificabile; una persona inqualificabile* Ⓢ spregevole.

inquietante (in-quie-tàn-te) AGG. **1** Che preoccupa, che dà ansia: *una prospettiva inquietante* Ⓢ preoccupante, allarmante. **2** Che provoca allo stesso tempo fascino e turbamento: *una bellezza inquietante* Ⓢ sconvolgente.

inquietare (in-quie-tà-re) V.TR. (*inquièto*, ecc.) || TR. Provocare ansia, preoccupazione o turbamento: *un pensiero che mi inquieta* Ⓢ agitare, turbare. || **inquietarsi** INTR. PRONOM. **1** Perdere la pazienza: *si inquieta* ***con*** *me* ***per*** *ogni sciocchezza* Ⓢ irritarsi, spazientirsi. **2** Preoccuparsi, turbarsi.

inquieto (in-quiè-to) AGG. **1** Agitato, irrequieto: *un sonno inquieto; un carattere inquieto* Ⓒ quieto. **2** Preoccupato, ansioso: *sono inquieto* ***per*** *il risultato del concorso* Ⓒ tranquillo. **3** Arrabbiato, risentito: *sono inquieto con te* ***per*** *il tuo comportamento di ieri.*

inquietudine (in-quie-tù-di-ne) N.F. · Ansia, agitazione, preoccupazione: *destare, suscitare inquietudine; è tormentato da un'inquietudine di cui non vuole parlare.*

I

inquilino (in-qui-lì-no) N.M. (f. -*a*) · Chi abita in una casa in affitto: *l'inquilino del piano di sotto.*

inquinamento (in-qui-na-mén-to) N.M. · Diffusione nell'ambiente di sostanze dannose per la natura e la salute: *inquinamento atmosferico; inquinamento delle acque* Ⓢ contaminazione.

inquinante (in-qui-nàn-te) AGG. e N.M. || AGG. Che provoca inquinamento: *agenti inquinanti.* || N.M. Ciò che produce inquinamento: *gli inquinanti chimici.*

inquinare (in-qui-nà-re) V.TR. · Provocare inquinamento, riempire di sostanze dannose per l'ambiente e per la salute: *gli scarichi delle fabbriche inquinano l'aria* Ⓢ avvelenare, contaminare. Ⓔ ***Inquinare le prove***, in un processo, modificarle illegalmente a proprio favore.

inquinato (in-qui-nà-to) AGG. **1** Contaminato da sostanze dannose: *acqua inquinata.* **2** Immorale, corrotto: *una società inquinata.*

inquirente (in-qui-rèn-te) AGG. e N.M. e F. · Che, chi dirige o svolge un'inchiesta giudiziaria: *magistrato inquirente; gli inquirenti sono sulla pista giusta.*

inquisire (in-qui-ṣì-re) V.TR. (*inquiṣìsco, inquiṣìsci*, ecc.) · Sottoporre a indagine per accertare eventuali reati: *inquisire un individuo sospetto* Ⓢ indagare.

inquisizione (in-qui-ṣi-zió-ne) N.F. · Inchiesta condotta senza rispettare i diritti e la dignità di una persona • Tribunale religioso che interrogava e condannava chi aveva idee contrarie alla religione cattolica: *l'inquisizione spagnola; il tribunale dell'Inquisizione.*

insabbiare (in-sab-bià-re) V.TR. (*insàbbio*, ecc.) || TR. **1** Coprire di sabbia: *insabbiare un mozzicone di sigaretta.* **2** Impedire il normale svolgimento di procedimenti o inchieste: *insabbiare un'indagine* • Nascondere: *insabbiare le prove, la verità.* || **insabbiarsi** INTR. PRONOM. **1** Di imbarcazioni, bloccarsi nel fondo sabbioso: *la nave si è insabbiata a pochi chilometri dal porto* Ⓢ arenarsi. **2** Incontrare ostacoli: *l'inchiesta si è insabbiata* Ⓢ bloccarsi.

insaccare (in-sac-cà-re) V.TR. (*insàcco, insàcchi*, ecc.) **1** Mettere in un sacco: *insaccare lo zucchero.* **2** Mettere nei budelli la carne di maiale lavorata, per fare salumi o salsicce. **3** Nel calcio, mandare in rete: *insaccare la palla.*

insaccato (in-sac-cà-to) AGG. e N.M. · Di salume fatto con carni tritate conservate in budella: *una merenda a base di formaggi e insaccati.*

insalata (in-sa-là-ta) N.F. **1** Piatto costituito da verdure, soprattutto crude, condite di solito con olio, sale, aceto o limone: *insalata mista di lattuga, pomodori, cetrioli* • Verdura in foglie che si mangia condita in tal modo: *un cesto d'insalata; insalata di campo.* **2** Piatto freddo a base d'ingredienti vari, crudi o cotti, condito con olio, aceto o limone: *insalata di riso, di pollo; insalata di mare*, con frutti di mare. Ⓔ ***Insalata russa***, piatto freddo composto con verdure cotte, uova sode, sottaceti e maionese.

insalatiera (in-sa-la-tiè-ra) N.F. · Recipiente nel quale si condisce e si serve l'insalata.

insalubre (in-sa-lù-bre) AGG. · Che fa male alla salute: *clima insalubre* Ⓢ malsano, nocivo.

insanguinare (in-san-gui-nà-re) V.TR. (*insànguino*, ecc.) **1** Macchiare o bagnare di sangue: *i morti insanguinavano il terreno.* **2** Provocare stragi e morti violente: *la guerra civile insanguinava il Paese* Ⓢ devastare.

insanguinato (in-san-gui-nà-to) AGG. **1** Macchiato o bagnato abbondantemente di sangue: *il macellaio aveva il grembiule insanguinato.* **2** Colpito da guerre, stragi, violenze: *Paesi insanguinati; una vigilia di Natale insanguinata.*

insano (in-sà-no) AGG. · Dettato dalla pazzia: *un'insana passione; commettere un gesto insano* Ⓢ folle, irragionevole.

insaponare (in-sa-po-nà-re) V.TR. (*insapóno*, ecc.) · Strofinare con il sapone: *insaponare il colletto della camicia; insaponati bene il collo!*

insapore (in-sa-pó-re) AGG. · Che non ha sapore: *l'acqua è un liquido insapore.*

insaporire (in-sa-po-rì-re) V.TR. (*insaporìsco, insaporìsci*, ecc.) || TR. Rendere saporito: *insaporire la carne* ***con*** *le spezie.* || **insaporirsi** INTR. PRONOM. Acquistare sapore: *aggiungendo un po' di vino gli stufati si insaporiscono.*

insaputa (in-sa-pù-ta) N.F. · Solo nell'espressione ***all'insaputa di***, senza far sapere qualcosa a qualcuno: *può averlo fatto solo a mia insaputa; è partito all'insaputa di tutti.*

insaziabile (in-sa-zià-bi-le) AGG. · Che ha sempre fame, che non si sazia mai: *una fame insaziabile; ambizione insaziabile.*

inscatolare (in-sca-to-là-re) V.TR. (*inscàtolo*, ecc.) · Mettere in una o più scatole: *inscatolare i libri* • Mettere in scatola i cibi per conservarli o venderli: *inscatolare i fagioli, il tonno.*

inscenare (in-sce-nà-re) V.TR. (*inscèno*, ecc.) **1** Mettere in scena: *inscenare una commedia musicale.* **2** Organizzare una manifestazione vistosa: *inscenare uno sciopero di protesta.* **3** Simulare, fingere: *inscenare un incidente.*

inscindibile (in-scin-dì-bi-le) AGG. · Che non si può separare: *la forma è inscindibile* ***dal*** *contenuto; un legame inscindibile* Ⓢ inseparabile, indivisibile.

inscritto (in-scrìt-to) AGG. · ***Cerchio inscritto in un poligono***, quando il cerchio è tangente ai lati del poligono • ***Poligono inscritto in un cerchio***, quando i vertici del poligono sono punti della circonferenza Ⓒ circoscritto.

inscrivere (in-scrì-ve-re) V.TR. (irreg.: coniugato come *scrivere*) · In geometria, tracciare una circonferenza dentro un poligono, oppure un poligono dentro una circonferenza.

insediamento (in-se-dia-mén-to) N.M. **1** Presa ufficiale di possesso di una carica importante; anche, la cerimonia relativa: *oggi avverrà l'insediamento del nuovo sindaco.* **2** Luogo in cui vive una popolazione: *insediamento rurale, urbano, industriale; sull'isola c'erano tracce di antichi insediamenti umani* Ⓢ stanziamento.

insediare (in-se-dià-re) V.TR. (*insèdio*, ecc.) || TR. Mettere qualcuno a svolgere una carica importante: *insediare un insegnante* ***in*** *una cattedra.* || **insediarsi** INTR. PRONOM. **1** Prendere ufficialmente possesso di una carica o di un ufficio: *insediarsi* ***sul*** *trono*, diventare re. **2** Stabilirsi in un territorio: *gli Arabi si insediarono* ***in*** *Spagna* Ⓢ stanziarsi. **3** Prendere possesso di un luogo: *alcuni vagabondi si sono insediati* ***in*** *un vecchio edificio abbandonato* Ⓢ stabilirsi.

insegna (in-sé-gna) N.F. **1** Segno che indica un'autorità o una carica ufficiale: *insegne papali; lo scettro e la corona sono le insegne del re* Ⓢ emblema • Stemma di una famiglia o di una città: *Firenze ha come insegna il giglio.* **2** Scritta o disegno che sta sopra l'entrata di un negozio o di un locale pubblico: *troviamoci davanti all'insegna della libreria.* **3** Cartello stradale: *insegne stradali.* Ⓔ ***All'insegna di***, seguendo il principio di, sulla base di: *vivere all'insegna dell'onestà.*

insegnamento (in-se-gna-mén-to) N.M. **1** L'attività di insegnare: *l'insegnamento del latino, della chimica; sistemi, metodi d'insegnamento* • La professione dell'insegnante: *dedicarsi all'insegnamento.* **2** Consiglio, esempio, lezione: *seguire gli insegnamenti paterni; quello che è successo ti serva da insegnamento per il futuro.*

insegnante (in-se-gnàn-te) AGG. e N.M. e F. || AGG. Che ha la funzione di insegnare. || N.M. e F. Chi per lavoro insegna: *il nuovo insegnante di lettere; un insegnante di scuola media* Ⓢ docente, professore, maestro. Ⓔ ***Corpo insegnante***, l'insieme dei docenti di una scuola.

insegnare (in-se-gnà-re) V.TR. (*inségno*, ecc.) **1** Spiegare ad altri gli elementi fondamentali di una materia, di un'attività o di una tecnica: *insegnare* ***a*** *leggere,* ***a*** *nuotare; insegnare un mestiere, un gioco* • Fare il lavoro di insegnante:

insegnare latino, storia; insegnare al liceo. **2** Indicare, mostrare, spiegare: *insegnare la strada **a** uno straniero.*

La prima persona plurale dell'indicativo presente e quella del congiuntivo presente è *insegniamo*, con la *i*: la forma *insegnamo* è sempre scorretta! La seconda persona plurale dell'indicativo presente è *insegnate*, mentre quella del congiuntivo presente è *insegniate* con la *i*.

inseguimento (in-se-gui-mén-to) N.M. · Azione di correre dietro a qualcuno o qualcosa per raggiungerlo: *l'inseguimento di un ladro, del successo* Ⓢ caccia, ricerca.

inseguire (in-se-gui-re) V.TR. (*inséguo*, ecc.) · Correre dietro a qualcuno o qualcosa per raggiungerlo: *inseguire l'esercito nemico; inseguire la palla; inseguire un sogno* Ⓢ rincorrere, seguire.

inseguitore (in-se-gui-tó-re) AGG. e N.M. (f. *-trìce*) · Che, chi insegue: *il gruppo inseguitore; sfuggire ai propri inseguitori* • Nelle gare sportive, l'atleta che cerca di raggiungere quelli che sono più avanti: *il primo ha un minuto di vantaggio sugli inseguitori.*

insenatura (in-se-na-tù-ra) N.F. · Parte di mare, fiume o lago che si spinge verso la terra formando un piccolo golfo: *una spiaggia che si affaccia su splendide insenature* Ⓢ seno, baia.

insensatezza (in-sen-sa-téz-za) N.F. **1** Mancanza di buon senso e di giudizio: *l'insensatezza di una risposta.* **2** Azione o discorso senza senso: *quante insensatezze stai dicendo!*

insensato (in-sen-sà-to) AGG. · Che manca di buon senso o di razionalità: *agire da insensato; un discorso insensato* Ⓢ irragionevole Ⓒ sensato.

insensibile (in-sen-sì-bi-le) AGG. **1** Che non prova emozioni o sentimenti: *è insensibile **alle** lusinghe; è un uomo gretto e insensibile* Ⓢ indifferente, freddo Ⓒ sensibile. **2** Che non reagisce a stimoli fisici: *insensibile **al** freddo, **al** dolore; l'arto fu reso insensibile mediante anestesia.* **3** Così piccolo o lieve che non può essere percepito con i sensi: *una variazione insensibile di peso; uno spostamento insensibile* Ⓢ impercettibile.

inseparabile (in-se-pa-rà-bi-le) AGG. · Che non può essere diviso o separato: *due amici inseparabili; due concetti inseparabili* Ⓢ indivisibile.

inserimento (in-se-ri-mén-to) N.M. · Atto di inserire, di collocare: *l'inserimento della spina **nella** presa di corrente; l'inserimento di un nuovo alunno **nella** classe* Ⓢ collocazione, introduzione.

inserire (in-se-rì-re) V.TR. (*inserìsco, inserìsci*, ecc.) || TR. Mettere una cosa dentro un'altra, in un punto preciso o con una precisa funzione: *inserire una citazione **nel** testo; inserire il gettone **nell'**apposita fessura* Ⓢ introdurre, infilare. || **inserirsi** RIFL. Entrare a far parte di un gruppo: *è riuscito a inserirsi **fra** gli invitati* • Integrarsi, ambientarsi: *ha difficoltà a inserirsi **nella** nuova città.*

inserto (in-sèr-to) N.M. **1** Foglio o libretto allegato a un libro, a un giornale o a una rivista: *un inserto a colori dedicato alle vacanze* Ⓢ supplemento, allegato • Breve filmato inserito in un programma televisivo: *inserto pubblicitario.* **2** Insieme di documenti che riguardano uno stesso affare: *la pratica che cerchi è nell'inserto di cartone verde* Ⓢ fascicolo, cartella.

inservibile (in-ser-vì-bi-le) AGG. · Che non può essere utilizzato perché danneggiato o non adatto: *un elettrodomestico ormai inservibile.*

inserviente (in-ser-vièn-te) N.M. e F. · Chi fa le pulizie o altri lavori pesanti in aziende, ospedali, ecc.: *gli inservienti dell'ufficio.*

inserzione (in-ser-zió-ne) N.F. · Annuncio pubblicitario o economico pubblicato su giornali o riviste: *le inserzioni pubblicitarie sono la nostra principale fonte di guadagno.*

insetticida (in-set-ti-cì-da) AGG. e N.M. (pl.m. *-i*, pl.f. *-e*) · Di sostanza che uccide gli insetti: *polvere insetticida; un potente insetticida.*

insettivoro (in-set-tì-vo-ro) AGG. · Animale o pianta che si nutre soprattutto di insetti.

insetto (in-sèt-to) N.M. · Piccolo animale invertebrato con il corpo diviso in tre parti (capo, torace, addome); ha tre paia di zampe, due antenne e, a seconda delle specie, può avere uno o due paia di ali.

Il termine deriva da *insectum* 'diviso (in segmenti)', participio passato del verbo latino *insecare* 'tagliare'.

insicurezza (in-si-cu-réz-za) N.F. **1** Mancanza di sicurezza e di stabilità: *insicurezza economica; l'insicurezza della situazione politica* Ⓢ incertezza, instabilità Ⓒ sicurezza. **2** Mancanza di fiducia in se stesso e nelle proprie capacità: *insicurezza nelle scelte; la sua insicurezza gli ha impedito di fare carriera.*

insicuro (in-si-cù-ro) AGG. **1** Che non dà stabilità, sicurezza o affidamento: *un ponte insicuro; un'impresa dall'esito insicuro* Ⓢ incerto, instabile Ⓒ sicuro. **2** Che non ha fiducia in se stesso: *un temperamento insicuro; mi sento ancora insicura su certi argomenti* Ⓢ dubbioso, indeciso.

insidia (in-sì-dia) N.F. (pl. *-die*) **1** Azione organizzata di nascosto ai danni di qualcuno: *tendere un'insidia; non sono riuscito a sfuggire alle sue insidie* Ⓢ intrigo, inganno. **2** Pericolo nascosto: *le insidie della montagna* Ⓢ trappola, rischio.

insidiare (in-si-dià-re) V.TR. (*insìdio*, ecc.) · Mettere in pericolo: *insidiare la vita di qualcuno; era insidiato da falsi amici* Ⓢ minacciare.

insidioso (in-si-dió-so) AGG. **1** Pericoloso, rischioso: *un tratto di mare insidioso.* **2** Che nasconde un inganno o un tranello: *una domanda insidiosa* Ⓢ ambiguo.

insieme (in-siè-me) AVV. e N.M. || AVV. **1** In compagnia l'uno dell'altro: *uscire, mangiare insieme; uscirono tutti insieme* • In modo compatto: *tieni insieme il gruppo di ragazzi.* **2** Nello stesso tempo: *rideva e piangeva insieme; sono arrivati insieme.* || N.M. **1** Gruppo di più elementi visto come un tutto: *un insieme di arnesi; l'insieme dell'edificio non ha risentito alcun danno; la squadra manca d'insieme* Ⓢ complesso. **2** In matematica, gruppo di elementi che hanno caratteristiche comuni: *l'insieme dei numeri interi.* Ⓔ ***D'insieme***, complessivo: *un giudizio d'insieme* • ***Insieme con*** o ***insieme a***, con: *sono uscito insieme con mio fratello; mangia il pane insieme agli spaghetti!* • ***Mettere insieme***, formare, costituire: *ha messo insieme un discreto patrimonio* • ***Nell'insieme***, dando un giudizio complessivo.

insigne (in-sì-gne) AGG. · Che ha qualità o meriti eccezionali: *un insigne studioso; un'opera insigne* Ⓢ illustre.

Il termine deriva dal latino *insignis* 'che ha un segno (caratteristico)', quindi 'che si distingue dagli altri', che viene a sua volta da *signum* 'marchio, insegna, segno' con il prefisso in-[2] (→ ***segno***).

insignificante (in-si-gni-fi-càn-te) AGG. **1** Che non ha valore o significato, che non è di alcun interesse: *un uomo insignificante; un'opera insignificante* Ⓢ banale, insulso Ⓒ importante, significativo. **2** Trascurabile, irrilevante: *un particolare insignificante; un errore insignificante.*

insignire (in-si-gnì-re) V.TR. (*insignìsco, insignìsci*, ecc.) · Dare un titolo o un premio: *fu insignito* ***del*** *titolo di cavaliere* Ⓢ decorare.

La prima persona plurale dell'indicativo presente e quella del congiuntivo presente è *insigniamo*, con la *i*: la forma *insignamo* è sempre scorretta! La seconda persona plurale del congiuntivo presente è *insigniate* con la *i*.

insinuare (in-si-nu-à-re) V.TR. (*insìnuo*, ecc.) || TR. Far credere qualcosa, far nascere idee negative o giudizi errati: *insinuare un dubbio, un sospetto; vorresti insinuare* ***che*** *la colpa è mia?* || **insinuarsi** RIFL. Introdursi con l'astuzia: *insinuarsi* ***nelle*** *grazie di qualcuno.* || **insinuarsi** INTR. PRONOM. Penetrare, entrare, introdursi: *il mare si insinuava* ***fra*** *gli scogli; la sfiducia si sta insinuando* ***nei*** *loro animi.*

insinuazione (in-si-nua-zió-ne) N.F. · Accusa maligna espressa in modo indiretto: *fare, respingere un'insinuazione* Ⓢ malignità.

insipido (in-sì-pi-do) AGG. **1** Poco saporito, che manca di sale: *una zuppa insipida* Ⓢ insapore Ⓒ saporito. **2** Non interessante, senza personalità: *una ragazza insipida; un libro insipido* Ⓢ insignificante.

insistente (in-si-stèn-te) AGG. **1** Di persona, che continua in modo fastidioso a dire o a fare qualcosa: *ti ho già detto di no, non essere così insistente* Ⓢ ostinato, pressante. **2** Di cosa, fatta con insistenza: *domande, preghiere* *insistenti* Ⓢ ripetuto, ossessivo • Che dura molto, che non smette: *piogge insistenti; una febbre insistente* Ⓢ incessante, persistente.

insistenza (in-si-stèn-za) N.F. **1** Il continuare in modo ostinato a fare qualcosa: *guardare, chiedere con insistenza; la sua insistenza mi ha spinto a cedere.* **2** Lunga durata: *l'insistenza del maltempo.*

insistere (in-sì-ste-re) V.INTR. (irreg.: coniugato come *assistere*; aus. *avere*) · Continuare con ostinazione a dire o a fare qualcosa: *insistere **a** mentire; insistere **in** una richiesta; a furia di insistere è riuscita a convincerlo.*

> Il termine deriva dal latino *insistere* 'stare sopra, persistere', che viene a sua volta da *sistere* 'stare, fermarsi' con il prefisso in-[2] (→ ***assistere***).

I

insito (ìn-si-to) AGG. · Profondamente radicato in qualcosa o qualcuno: *proprietà insite **nella** materia; certi atteggiamenti sono insiti **nel** suo carattere* Ⓢ innato, intrinseco.

insoddisfacente (in-sod-di-sfa-cèn-te) AGG. · Che non soddisfa, che non corrisponde alle attese: *un risultato insoddisfacente* Ⓢ deludente Ⓒ soddisfacente.

insoddisfatto (in-sod-di-sfàt-to) AGG. **1** Che non ha avuto soddisfazione, che non si è realizzato: *desideri, bisogni insoddisfatti* Ⓢ inappagato Ⓒ soddisfatto. **2** Scontento, deluso: *sono rimasto insoddisfatto **dell'**esito degli esami.*

insoddisfazione (in-sod-di-sfa-zió-ne) N.F. · Delusione, scontentezza: *non ti nascondo la mia insoddisfazione per il modo in cui lavori* Ⓒ soddisfazione.

insofferente (in-sof-fe-rèn-te) AGG. **1** Impaziente, irritabile: *carattere insofferente.* **2** Che non riesce a sopportare qualcosa: *un ragazzo insofferente **a** ogni disciplina.*

insofferenza (in-sof-fe-rèn-za) N.F. **1** Impazienza, smania: *avere un moto di insofferenza.* **2** Incapacità di adattarsi o di sopportare: *insofferenza **ai** rimproveri; la sua insofferenza **delle** ingiustizie lo ha spinto a reagire* Ⓢ intolleranza, avversione.

insolazione (in-so-la-zió-ne) N.F. **1** Malore causato dallo stare troppo a lungo sotto il sole. **2** Esposizione ai raggi solari.

insolente (in-so-lèn-te) AGG. · Estremamente maleducato e offensivo: *parole insolenti; un atteggiamento insolente* Ⓢ sfacciato, strafottente.

insolenza (in-so-lèn-za) N.F. **1** Insopportabile arroganza, grave maleducazione: *tratta tutti con insolenza.* **2** Insulto, offesa: *gli disse un sacco d'insolenze.*

insolito (in-sò-li-to) AGG. · Diverso dal solito, fuori del normale: *mangiai con insolito appetito; era accaduto qualcosa d'insolito* Ⓢ inconsueto, strano Ⓒ consueto, solito.

insolubile (in-so-lù-bi-le) AGG. **1** Che non si può risolvere: *un problema insolubile* Ⓒ risolvibile. **2** Che non si scioglie in un liquido: *il bario è insolubile **nell'**acqua* Ⓒ solubile.

insoluto (in-so-lù-to) AGG. **1** Non risolto: *un mistero ancora insoluto* Ⓢ irrisolto, aperto. **2** Che non è stato pagato: *debito insoluto.*

> Il termine deriva dal latino *insolutus* 'insoluto', che viene a sua volta da *solutus*, participio passato di *solvere* 'sciogliere', con il prefisso in-[1] (→ ***risolvere***).

insomma (in-sóm-ma) AVV. || AVV. In conclusione, dunque: *insomma, questa è la questione essenziale; insomma, si può sapere che ti ha detto?* • Nelle risposte, così così: *"Ti senti un po' meglio?" "Insomma".* || **insomma!** INTER. Esprime impazienza o irritazione: *insomma, ci vogliamo decidere!; insomma, la volete smettere!*

insonne (in-sòn-ne) AGG. **1** Che non riesce a dormire: *sono rimasto insonne per due notti consecutive* Ⓢ sveglio. **2** Del tempo trascorso senza dormire: *una lunga notte insonne.*

insonnia (in-sòn-nia) N.F. (pl. *-nie*) · Difficoltà a prendere sonno o a dormire bene: *soffrire d'insonnia.*

insonnolito (in-son-no-lì-to) AGG. · Che ha sonno, che non è completamente sveglio: *ieri ha fatto tardi e ora è tutto insonnolito* Ⓢ assonnato.

insonorizzare (in-so-no-riẓ-ẓà-re) V.TR. · Rendere un ambiente impenetrabile ai rumori: *insonorizzare un locale.*

insopportabile (in-sop-por-tà-bi-le) AGG. · Che non si può sopportare: *la situazione di-*

venta insopportabile; quando è nervoso, è insopportabile Ⓢ intollerabile.

insorgenza (in-sor-gèn-za) N.F. · La prima comparsa dei sintomi di una malattia: *l'insorgenza della febbre.*

insorgere (in-sór-ge-re) V.INTR. (irreg.: coniugato come *sorgere*; aus. *essere*) **1** Ribellarsi in modo violento: *la gente insorge* ***contro*** *il governo corrotto del Paese* Ⓢ sollevarsi. **2** Presentarsi improvvisamente, soprattutto di fatti negativi: *si spera che non insorgano nuove difficoltà* Ⓢ nascere, manifestarsi.

insormontabile (in-sor-mon-tà-bi-le) AGG. · Che non può essere risolto o superato: *un ostacolo insormontabile; insormontabili divergenze di opinione* Ⓢ insuperabile. ▸ Ⓕ **monte**

insorto (in-sór-to) AGG. e N.M. (f. -a) || Participio pass. → ***insorgere***. || AGG. Capitato all'improvviso: *per complicazioni insorte, il malato è deceduto.* || AGG. e N.M. (f. -a) Che, chi partecipa a un'insurrezione: *le popolazioni insorte; gli insorti hanno conquistato la sede della televisione* Ⓢ ribelle.

insospettabile (in-so-spet-tà-bi-le) AGG. **1** Che non suscita sospetti: *una persona insospettabile.* **2** Che nessuno avrebbe previsto: *mostrare un coraggio insospettabile* Ⓢ impensabile, inaspettato.

insospettato (in-so-spet-tà-to) AGG. **1** Che non è sospettato: *i testimoni della rapina sono tutti insospettati.* **2** Che non ci si aspettava: *ha messo in mostra capacità insospettate* Ⓢ inatteso, imprevedibile.

insospettire (in-so-spet-tì-re) V.TR. e INTR. (*insospettisco, insospettìsci*, ecc.) || TR. Destare sospetto in qualcuno: *le sue risposte vaghe insospettirono i poliziotti.* || INTR. (aus. *essere*) e **insospettirsi** INTR. PRONOM. Diventare sospettoso, avere dei sospetti: *insospettisce al minimo rumore; mi sono insospettito a non trovarlo in casa.*

insostenibile (in-so-ste-nì-bi-le) AGG. **1** Che non si può dimostrare: *un'accusa, una tesi insostenibile* Ⓢ assurdo Ⓒ sostenibile. **2** Che non si può sopportare o affrontare: *un dolore insostenibile; una spesa insostenibile,* impossibile da fare per mancanza di soldi Ⓢ intollerabile.

insostituibile (in-so-sti-tu-i-bi-le) AGG. · Così buono e valido che non può essere sostituito: *una presenza insostituibile; un tecnico insostituibile* Ⓢ indispensabile, unico.

insozzare (in-soz-zà-re) V.TR. (*insózzo*, ecc.) || TR. Sporcare, macchiare: *insozzare la tovaglia* ***di*** *vino.* || **insozzarsi** RIFL. Sporcarsi, macchiarsi: *insozzarsi* ***con*** *il catrame.*

insperato (in-spe-rà-to) AGG. · Che non si sperava, che non ci si aspettava: *un successo insperato* Ⓢ inaspettato, inatteso.

inspiegabile (in-spie-gà-bi-le) AGG. · Che non si può spiegare o comprendere: *un fenomeno inspiegabile; un'assenza inspiegabile* Ⓢ incomprensibile.

inspiegabilmente (in-spie-ga-bil-mén-te) AVV. · Senza motivo né giustificazione: *si è comportato inspiegabilmente male; è inspiegabilmente in ritardo.*

inspirare (in-spi-rà-re) V.TR. · Introdurre aria nei polmoni Ⓒ espirare.

inspirazione (in-spi-ra-zió-ne) N.F. · La fase della respirazione in cui l'aria viene introdotta nei polmoni Ⓒ espirazione.

instabile (in-stà-bi-le) AGG. **1** Che non è stabile, che non sta in equilibrio: *un tavolo instabile* Ⓢ malfermo Ⓒ stabile. **2** Che cambia spesso: *indole, tempo instabile; una persona instabile* Ⓢ volubile, incostante.

instabilità (in-sta-bi-li-tà) N.F. INVAR. · Tendenza a cambiare spesso, mancanza di stabilità e di equilibrio: *l'instabilità della sorte; preoccupa l'instabilità del governo* Ⓢ precarietà Ⓒ stabilità.

installare (in-stal-là-re) V.TR. **1** Montare un apparecchio o un impianto e farlo funzionare: *installare la caldaia del riscaldamento.* **2** Inserire un programma su un computer.

installazione (in-stal-la-zió-ne) N.F. **1** Montaggio di impianti o attrezzature: *l'installazione di una nuova turbina.* **2** L'insieme degli impianti e delle attrezzature installate: *installazioni ferroviarie, portuali.* **3** Inserimento di un programma su un computer.

instancabile (in-stan-cà-bi-le) AGG. · Che non si stanca mai: *un lavoratore instancabile; un viaggiatore instancabile* Ⓢ infaticabile, assiduo.

instaurare (in-stau-rà-re) V.TR. (*instàuro*, ecc.) || TR. Di fenomeni politici, sociali o culturali, avviare, introdurre, stabilire: *instaurare un nuovo regime, una nuova moda.* || **instaurarsi** INTR.PRONOM. Avere inizio, costituirsi: *si instaurò la repubblica.*

instillare (in-stil-là-re) → ***istillare***.

instradare (in-stra-dà-re) V.TR. **1** Far andare in una data direzione: *instradare il traffico* ***su*** *percorsi alternativi* Ⓢ convogliare. **2** Indirizzare qualcuno verso una professione, un progetto, un comportamento: *instradare un giovane* ***allo*** *studio del greco* Ⓢ guidare, orientare.

I

insù (in-sù) AVV. · Solo nell'espressione ***all'insù***, verso l'alto Ⓒ ingiù.

insubordinato (in-su-bor-di-nà-to) AGG. e N.M. (f. *-a*) · Che, chi non rispetta gli ordini o le istruzioni dei superiori: *truppe insubordinate; punire gli insubordinati.*

insubordinazione (in-su-bor-di-na-zió-ne) N.F. · Grave mancanza di rispetto verso gli ordini dei superiori: *un atto di insubordinazione; il battaglione è stato punito per insubordinazione* Ⓢ indisciplina, disubbidienza.

insuccesso (in-suc-cès-so) N.M. · Risultato negativo: *un'iniziativa destinata all'insuccesso; dopo gli ultimi insuccessi il cantante ha abbandonato la carriera artistica* Ⓢ fallimento, fiasco; flop (*ingl.*) Ⓒ successo.

insudiciare (in-su-di-cià-re) V.TR. (*insùdicio*, ecc.) || TR. **1** Rendere sporco: *insudiciare il pavimento* ***di*** *fango*; anche TR.PRONOM.: *insudiciarsi le scarpe* Ⓢ sporcare, macchiare. **2** Danneggiare sul piano dell'onore: *quelle amicizie* ***gli*** *hanno insudiciato la reputazione* Ⓢ infangare. || **insudiciarsi** INTR. PRONOM. Sporcarsi, macchiarsi: *insudiciarsi* ***con*** *la vernice.*

insufficiente (in-suf-fi-cièn-te) AGG. e N.M. || AGG. **1** Che non basta: *provviste insufficienti; la preparazione atletica della squadra è ancora insufficiente* Ⓢ carente, scarso Ⓒ sufficiente. **2** Nel linguaggio scolastico, al di sotto della sufficienza: *voto insufficiente; un tema insufficiente.* || N.M. Insufficienza: *ho preso insufficiente all'ultima interrogazione.*

La parola *insufficiente* si scrive con la *i*, scrivere *insufficente* è un grave errore!

insufficienza (in-suf-fi-cièn-za) N.F. **1** Mancanza, scarsità: *insufficienza di mezzi, di viveri; l'imputato è stato assolto per insufficienza di prove* Ⓒ sufficienza. **2** In medicina, debolezza di un organo: *insufficienza cardiaca.* **3** Nel linguaggio scolastico, voto negativo, inferiore alla sufficienza: *prendere un'insufficienza in matematica.*

La parola *insufficienza* si scrive con la *i*, scrivere *insufficenza* è un grave errore!

insulare (in-su-là-re) AGG. · Che riguarda le isole, tipico delle isole: *clima insulare.*

insulina (in-su-lì-na) N.F. · Ormone prodotto dal pancreas che serve per bruciare gli zuccheri.

insulso (in-sùl-so) AGG. · Poco originale: *un libro insulso; discorsi insulsi* Ⓢ banale, sciocco.

Il termine deriva dal latino *insulsus* 'privo di sale', che viene a sua volta da *salsus* 'salato, spiritoso' con il prefisso **in-**[1].

insultare (in-sul-tà-re) V.TR. · Offendere gravemente: *non mi lascerò insultare in questo modo.*

insulto (in-sùl-to) N.M. · Frase o atto che offende gravemente: *coprire di insulti.*

insuperabile (in-su-pe-rà-bi-le) AGG. **1** Che non si può superare: *un ostacolo insuperabile; distanze insuperabili* Ⓢ insormontabile Ⓒ superabile. **2** Eccezionale, ottimo, imbattibile: *un prodotto insuperabile; un campione insuperabile.*

insurrezionale (in-sur-re-zio-nà-le) AGG. · Che nasce da una rivolta armata: *moto insurrezionale; tribunale insurrezionale.*

insurrezione (in-sur-re-zió-ne) N.F. · Ribellione violenta di molte persone contro l'autorità: *insurrezione armata; soffocare un'insurrezione popolare* Ⓢ rivolta.

intaccare (in-tac-cà-re) V.TR. (*intàcco, intàcchi*, ecc.) **1** Fare incisioni o tacche su qualcosa: *intaccare un bastone; la lama del coltello si è* *intaccata.* **2** Corrodere, consumare: *la ruggine intacca il ferro.* **3** Cominciare a consumare una scorta: *intaccare i risparmi, le provviste.* **4** Danneggiare nel prestigio: *intaccare l'onore di una persona* Ⓢ compromettere.

intagliare (in-ta-glià-re) V.TR. (*intàglio*, ecc.) · Incidere disegni o scritte su un materiale: *intagliare un mobile; intagliare una figura* ***nel*** *legno.*

intaglio (in-tà-glio) N.M. (pl. *-gli*) · L'arte dell'intagliare • Figura intagliata: *delicati intagli in ebano.*

intangibile (in-tan-gì-bi-le) AGG. **1** Che non si può toccare o usare: *patrimonio intangibile* Ⓢ intoccabile. **2** Che deve essere rispettato: *diritto intangibile* Ⓢ inviolabile.

intanto (in-tàn-to) AVV. **1** Nel frattempo, nello stesso momento: *va' pure, intanto io mi vesto; lui si diverte, intanto io lavoro!* **2** Per il momento: *intanto finisci il lavoro poi decideremo dove andare a cena* Ⓢ adesso. Ⓔ ***Intanto che***, mentre: *intanto che parli io finisco di vestirmi.*

intarsiare (in-tar-sià-re) V.TR. (*intàrsio*, ecc.) · Decorare a intarsio: *intarsiare un mobile.*

intarsio (in-tàr-sio) N.M. (pl. *-si*) · Decorazione realizzata incastrando pezzetti di varia forma, colore e materiale in una superficie, in modo da creare figure particolari: *mobile con intarsi di avorio.*

intasamento (in-ta-sa-mén-to) N.M. **1** Ostruzione di un tubo o di un'apertura: *l'intasamento del lavandino.* **2** Ingorgo del traffico: *c'è un intasamento sulla strada statale.*

intasare (in-ta-sà-re) V.TR. || TR. **1** Ostruire tubi o condotti: *le foglie hanno intasato il tombino* Ⓢ otturare. **2** Provocare un ingorgo nel traffico: *un incidente ha intasato il viale* Ⓢ bloccare. || **intasarsi** INTR. PRONOM. Ostruirsi, bloccarsi, tapparsi: *si è intasato lo scarico della doccia; con il raffreddore* ***mi*** *si è intasato il naso.*

intascare (in-ta-scà-re) V.TR. (*intàsco, intàschi*, ecc.) · Di soldi, mettere in tasca, riscuotere, incassare: *intascare una mancia, un premio; ha intascato tutto il denaro ed è sparito.*

intatto (in-tàt-to) AGG. · Che non è stato toccato, modificato o danneggiato: *l'onore è intatto; per miracolo il campanile è rimasto intatto* Ⓢ integro.

intavolare (in-ta-vo-là-re) V.TR. (*intàvolo*, ecc.) · Avviare, iniziare, intraprendere: *intavolare una discussione; intavolare le trattative.*

integerrimo (in-te-gèr-ri-mo) AGG. · Assolutamente onesto e corretto: *un politico integerrimo.*

Integerrimo è il superlativo di *integro*, quindi non si può dire *molto integerrimo*.

integrale (in-te-grà-le) AGG. **1** Completo di tutti i suoi componenti: *edizione integrale; rinnovamento integrale* Ⓢ intero, totale. **2** Di farina prodotta con i chicchi interi dei cereali, degli alimenti preparati con questa farina o dei cereali stessi non lavorati: *pane integrale; biscotti integrali; riso, orzo integrale* • Non raffinato: *zucchero integrale.* Ⓔ ***A trazione integrale*** → ***trazione***.

integralismo (in-te-gra-lì-ṣmo) N.M. · Tendenza a imporre in modo esclusivo e rigoroso un'ideologia o una religione: *integralismo cattolico, islamico.*

integralista (in-te-gra-lì-sta) AGG. e N.M. e F. (pl.m. *-i*, pl.f. *-e*) || N.M. e F. Sostenitore dell'integralismo: *un integralista cattolico.* || AGG. **1** Ispirato all'integralismo: *movimento integralista.* **2** Intransigente: *non assumere posizioni integraliste.*

integralmente (in-te-gral-mén-te) AVV. · In maniera totale: *rimborsare integralmente* Ⓢ interamente.

integrante (in-te-gràn-te) AGG. · Che è necessario in un insieme di cose: *queste letture sono parte integrante del programma d'esame* Ⓢ indispensabile, essenziale.

integrare (in-te-grà-re) V.TR. (*ìntegro*, ecc.) **1** Completare aggiungendo ciò che manca: *integrare la dieta* ***con*** *frutta e verdura.* **2** Inserire in una comunità sociale o politica: *integrare una minoranza etnica* ***nella*** *comunità nazionale.*

integrativo (in-te-gra-tì-vo) AGG. · Che serve a integrare, a completare: *assegno integrativo; corso integrativo.*

integrato (in-te-grà-to) AGG. **1** Di chi è inserito bene nell'ambiente in cui vive Ⓒ emarginato • In senso spregiativo, di chi segue passivamente la mentalità comune Ⓢ conformista. 2 ***Circuito integrato*** → ***circuito***.

integratore (in-te-gra-tó-re) N.M. · Miscela a base di vitamine e sali minerali, che serve contro le carenze dell'alimentazione: *integratore alimentare; integratore di sodio.*

integrazione (in-te-gra-zió-ne) N.F. 1 Completamento: *esperimento di laboratorio a integrazione dell'insegnamento teorico.* 2 Inserimento di una persona all'interno di un gruppo: *integrazione* ***in*** *un nuovo ambiente di lavoro* Ⓒ emarginazione • Inserimento di una persona o di un gruppo di etnia diversa all'interno di una società: *l'integrazione degli extracomunitari parte dalla scuola.* Ⓔ ***Cassa integrazione*** → ***cassa***.

integrità (in-te-gri-tà) N.F. INVAR. 1 Assenza di danni o modifiche: *controllare l'integrità dei sigilli del pacco; la confezione garantisce l'integrità del prodotto.* 2 Onestà assoluta: *un uomo di grande integrità* Ⓢ moralità. Ⓔ ***Integrità fisica, integrità mentale***, assenza di malattie o difetti fisici o mentali.

integro (in-te-gro) AGG. 1 Che non ha subito danni o riduzioni: *conservare integre le proprie forze* Ⓢ intatto. 2 Di assoluta onestà: *un dirigente integro e indifferente alla corruzione* Ⓢ onesto, irreprensibile.

intelaiatura (in-te-la-ia-tù-ra) N.F. · L'insieme dei pezzi che compongono la struttura di sostegno di una cosa: *l'intelaiatura della tenda canadese; l'intelaiatura di una finestra* Ⓢ telaio, struttura • Struttura: *l'intelaiatura del romanzo è piuttosto fragile.*

intellegibile (in-tel-le-gì-bi-le) AGG. · Che può essere capito: *nozioni facilmente intellegibili; suoni intellegibili anche a grande distanza* Ⓢ chiaro, comprensibile. ▸ Ⓕ **legere**

intellettivo (in-tel-let-tì-vo) AGG. · Che riguarda l'intelletto: *facoltà intellettive.* Ⓔ ***Quoziente intellettivo*** → ***quoziente***. ▸ Ⓕ **legere**

intelletto (in-tel-lèt-to) N.M. 1 La capacità di pensare, capire e giudicare: *un uomo di grande intelletto* Ⓢ intelligenza, mente. 2 Persona di grande intelligenza: *i migliori intelletti della nazione.* Ⓔ ***Perdere il bene dell'intelletto***, non ragionare più, perdere la testa. ▸ Ⓕ **legere**

intellettuale (in-tel-let-tu-à-le) AGG. e N.M. e F. || AGG. 1 Che riguarda l'intelletto e la mente: *doti intellettuali.* 2 Che riguarda il pensiero e la cultura: *il progresso intellettuale; gli ambienti intellettuali di Parigi* Ⓢ culturale. || N.M. e F. Persona colta, studioso: *per quel giornale scrivono famosi intellettuali.* ▸ Ⓕ **legere**

intelligente (in-tel-li-gèn-te) AGG. 1 Che ha un'intelligenza pronta e vivace: *un ragazzo vivace e intelligente* Ⓢ sveglio. 2 Che rivela intelligenza: *una domanda intelligente; uno sguardo intelligente.* ▸ Ⓕ **legere**

intelligenza (in-tel-li-gèn-za) N.F. · Capacità della mente umana di capire, pensare, giudicare: *un'intelligenza acuta, mediocre, vivace* Ⓢ mente, intelletto. Ⓔ ***Quoziente d'intelligenza*** → ***quoziente***. ▸ Ⓕ **legere**

intemperante (in-tem-pe-ràn-te) AGG. · Che non sa moderarsi o controllarsi: *un uomo intemperante; essere intemperante* ***nel*** *bere* Ⓢ sfrenato, smodato.

intemperanza (in-tem-pe-ràn-za) N.F. 1 Mancanza di moderazione, incapacità di controllarsi: *intemperanza* ***nel*** *bere.* 2 Azione o discorso che mostra l'incapacità di controllare i propri impulsi: *non sopporto più le sue intemperanze* Ⓢ eccesso.

intemperie (in-tem-pè-rie) N.F.PL. · Qualsiasi situazione di brutto tempo (pioggia, vento, neve, ecc.): *essere esposto alle intemperie.*

intempestivo (in-tem-pe-stì-vo) AGG. · Che accade o viene fatto nel momento sbagliato: *domanda intempestiva* Ⓢ importuno, inopportuno Ⓒ tempestivo.

intendere (in-tèn-de-re) V.TR. (irreg.: coniugato come *tendere*) || TR. 1 Dare un significato: *che cosa intendi tu per "dovere"?; questi versi sono stati intesi in vario modo* Ⓢ interpretare, comprendere. 2 Avere l'intenzione: *che cosa intendi fare?; non intendevo offenderla* Ⓢ volere, desiderare. 3 Udire, sentire: *ho inteso dire che si è trasferito a Roma.* || **intendersi** INTR. PRONOM. Essere esperto: *s'intende* ***di*** *pittura; non me* ***ne*** *intendo.* || **intendersi** RIFL. RECIPROCO Andare d'accordo: *ci intendiamo alla perfezione* Ⓢ capirsi. Ⓔ ***Darla a intendere*** → ***dare*** • ***Fare intendere, lasciare intendere***, far capire con allusioni, alludere, suggerire: *mi ha la-*

sciato intendere ***che*** *è successo qualcosa di grave* • ***Intendersela con qualcuno***, avere una relazione segreta: *se la intende con la figlia del principale*; essere d'accordo di nascosto: *è accusato di intendersela con il nemico* • ***S'intende***, è ovvio, naturalmente.

intendimento (in-ten-di-mén-to) N.M. · Proposito, intenzione: *è nostro intendimento concludere al più presto.*

intenditore (in-ten-di-tó-re) N.M. (f. *-trìce*) · Chi conosce bene qualcosa: *un intenditore di vini, di musica classica* Ⓢ conoscitore, esperto.

intenerire (in-te-ne-rì-re) V.TR. (*intenerìsco, intenerìsci*, ecc.) || TR. Destare tenerezza: *quelle lacrime lo intenerirono* Ⓢ commuovere, impietosire. || **intenerirsi** INTR. PRONOM. Provare tenerezza o compassione: *alla vista di quei poveri bambini s'intenerì.*

intensamente (in-ten-sa-mén-te) AVV. · Con forza, con energia: *ha lavorato intensamente al progetto; piove intensamente da ieri.*

intensificare (in-ten-si-fi-cà-re) V.TR. (*intensìfico, intensìfichi*, ecc.) || TR. Rendere più intenso: *devi intensificare lo studio; fu intensificata la vigilanza* Ⓢ aumentare, rafforzare. || **intensificarsi** INTR. PRONOM. Diventare più intenso: *il ritmo della produzione si è intensificato* Ⓢ crescere.

intensità (in-ten-si-tà) N.F. INVAR. · Energia con cui si presenta o viene fatto qualcosa: *studiare con intensità; l'intensità del freddo; l'intensità di uno sguardo.*

intensivo (in-ten-sì-vo) AGG. · Concentrato e frequente nel tempo per essere più efficace: *un corso intensivo di lingue.* Ⓔ ***Coltura intensiva***, che sfrutta al massimo il terreno, con grande uso di macchinari e fertilizzanti Ⓒ coltura estensiva • ***Terapia intensiva*** → ***terapia***.

intenso (in-tèn-so) AGG. **1** Di fenomeno o sensazione, forte, profondo: *un intenso calore; un amore intenso; uno sguardo intenso* Ⓒ tenue • Di un colore, acceso, vivo: *un rosso intenso* Ⓒ pallido. **2** Fatto con grande energia e impegno: *un lavoro intenso; un'intensa partecipazione.* **3** Pieno di impegni: *ho avuto una giornata intensa* Ⓒ tranquillo.

intentare (in-ten-tà-re) V.TR. (*intènto*, ecc.) · Dare inizio a un'azione legale: *intentare causa* ***contro*** *qualcuno.*

intento[1] (in-tèn-to) AGG. · Concentrato al massimo: *essere intento* ***allo*** *studio,* ***alle*** *faccende di casa; avere la mente intenta* ***a*** *un problema* Ⓢ impegnato in.

intento[2] (in-tèn-to) N.M. · Proposito, intenzione, scopo: *dichiarazione d'intenti; è mio intento favorirlo come posso; riuscire nell'intento.*

intenzionale (in-ten-zio-nà-le) AGG. · Fatto apposta, con intenzione: *fallo intenzionale; un'offesa intenzionale* Ⓢ deliberato, volontario.

intenzionato (in-ten-zio-nà-to) AGG. · Che ha in mente una precisa intenzione: *l'imprenditore è intenzionato* ***a*** *chiudere l'azienda* Ⓢ deciso, risoluto. Ⓔ ***Bene intenzionato, male intenzionato***, di chi ha buone o cattive intenzioni.

intenzione (in-ten-zió-ne) N.F. · Idea o volontà di fare qualcosa: *ho intenzione di confessare tutto; non era mia intenzione offenderlo; vorrei conoscere le sue intenzioni* Ⓢ intento, proposito. Ⓔ ***Con intenzione***, apposta, di proposito • ***Senza intenzione***, senza volerlo, involontariamente.

inter- · Prefisso che indica 'posizione intermedia nello spazio o nel tempo' (*intercorrere; intercalare*) oppure 'relazione reciproca' (*internazionale; interlocutore*).

interagire (in-te-ra-gì-re) V.INTR. (*interagìsco, interagìsci*, ecc.; aus. *avere*) **1** Di persone, essere in relazione avendo un'influenza l'uno sull'altro: *i responsabili dei vari uffici interagiscono* ***tra*** *loro; l'insegnante interagisce* ***con*** *gli studenti.* **2** Di fenomeni, produrre insieme un effetto: *il disastro è provocato da una serie di cause che interagiscono* ***tra*** *loro.*

interamente (in-te-ra-mén-te) AVV. · Totalmente, completamente: *raccontò interamente l'accaduto; il lavoro è interamente da rifare.*

interazione (in-te-ra-zió-ne) N.F. · Influenza reciproca di persone, cose o fenomeni: *interazione chimica; interazione sociale.*

intercalare[1] (in-ter-ca-là-re) N.M. · Parola o breve frase messa di continuo in un discorso senza necessità: *"cioè" è un tipico intercalare del linguaggio giovanile.*

intercalare[2] (in-ter-ca-là-re) V.TR. · Inserire a intervalli precisi: *intercalare il riposo* ***al*** *lavoro.*

intercambiabile (in-ter-cam-bià-bi-le) AGG. · Che può essere sostituito con un altro elemento simile: *macchina fotografica con obiettivi intercambiabili; io e la mia collega abbiamo ruoli intercambiabili.*

intercapedine (in-ter-ca-pè-di-ne) N.F. · Spazio vuoto compreso fra due muri.

intercedere (in-ter-cè-de-re) V.INTR. (*intercèdo*, ecc.; aus. *avere*) · Chiedere un favore a un personaggio autorevole per conto di qualcun altro: *intercedere* ***presso*** *il re per la liberazione dei prigionieri; non potresti intercedere* ***per*** *me?* Ⓢ adoperarsi, intervenire.

intercessione (in-ter-ces-sió-ne) N.F. · Richiesta di un favore a un personaggio autorevole in nome di altri: *grazie all'intercessione di un ministro il dittatore ha rilasciato alcuni prigionieri politici* Ⓢ mediazione • Nella religione cattolica, l'intervento di un santo in favore di chi lo prega.

intercettare (in-ter-cet-tà-re) V.TR. (*intercètto*, ecc.) **1** Bloccare qualcuno o qualcosa in modo che non arrivi a destinazione: *intercettare un avversario fuori dell'area di rigore; intercettare una lettera* Ⓢ fermare, ostacolare. **2** Inserirsi in una telefonata per ascoltarla di nascosto: *la telefonata fu intercettata dalla polizia.*

intercettazione (in-ter-cet-ta-zió-ne) N.F. · Intervento fatto per ostacolare o interrompere un'azione: *intercettazione del gioco; intercettazione di una pattuglia nemica.* Ⓔ ***Intercettazione ambientale***, registrazione segreta di colloqui con microfoni spia • ***Intercettazione telefonica***, ascolto e registrazione delle telefonate di nascosto da chi parla.

intercontinentale (in-ter-con-ti-nen-tà-le) AGG. **1** Che si trova tra due continenti: *acque intercontinentali.* **2** Che collega due o più continenti: *volo intercontinentale.*

intercorrere (in-ter-cór-re-re) V.INTR. (irreg.: coniugato come *correre*; aus. *essere*) · Essere compreso tra due punti nello spazio o nel tempo: ***tra*** *le colonne intercorrono sei metri;* ***tra*** *i due avvenimenti intercorsero dieci anni* • Di rapporti tra persone, esserci: ***tra*** *loro non intercorre un buon rapporto.*

intercostale (in-ter-co-stà-le) AGG. · Che si trova fra due costole: *dolore intercostale.*

interdetto (in-ter-dét-to) AGG. e N.M. (f. -a) || AGG. **1** Proibito, vietato: *passaggio interdetto.* **2** Confuso o perplesso per lo stupore: *rimanere interdetto* Ⓢ sconcertato. || AGG. e N.M. (f. -a) Di persona dichiarata da un giudice incapace di badare a se stessa: *gli interdetti per infermità mentale.*

interdipendente (in-ter-di-pen-dèn-te) AGG. · Di fatti o fenomeni che dipendono l'uno dall'altro: *due cause interdipendenti.*

interdire (in-ter-dì-re) V.TR. (irreg.: coniugato come *dire*) **1** Proibire con un atto d'autorità: *interdire l'accesso a una strada.* **2** Colpire con l'interdizione: *interdire un pregiudicato* ***dall'****esercizio dei diritti civili.*

interdisciplinare (in-ter-di-sci-pli-nà-re) AGG. · Che riguarda due o più discipline: *studio interdisciplinare.*

interdizione (in-ter-di-zió-ne) N.F. · Divieto imposto da un'autorità • Nel linguaggio giuridico, esclusione da certi diritti a causa di una malattia mentale o di una condanna: *interdizione* ***dai*** *pubblici uffici,* ***dall'****esercizio di una professione.*

interessamento (in-te-res-sa-mén-to) N.M. · Attenzione alla situazione di qualcuno; intervento a favore di qualcuno: *l'interessamento del padre per i problemi dei figli* Ⓢ interesse.

interessante (in-te-res-sàn-te) AGG. · Che provoca attenzione o interesse: *una proposta interessante; un romanzo interessante* Ⓢ stimolante, coinvolgente • Di persona, affascinante, attraente: *un tipo interessante.* Ⓔ ***In stato interessante***, di donna, incinta.

interessare (in-te-res-sà-re) V.TR. e INTR. (*interèsso*, ecc.) || TR. **1** Provocare attenzione e interesse: *lo interessano tutti i generi di musica; la guerra in Medio Oriente sta interessando l'opinione pubblica* Ⓢ attrarre, coinvolgere. **2** Riguardare da vicino: *il concorso interessa solo i laureati in legge; in futuro la crisi degli alloggi interesserà anche i giovani* • Coinvolgere, colpire: *il maltempo interessa tutta l'Italia settentrionale.* || INTR. (aus. *essere* o *avere*) Stare a cuore: *i tuoi guai non interessano **a** nessuno* Ⓢ importare. || **interessarsi** INTR. PRONOM. **1** Avere interesse per qualcosa: *non mi interesso **di** politica; ha cominciato a interessarsi **alla** magia* Ⓢ occuparsi. **2** Prendersi cura, darsi da fare attivamente: *mi sto interessando per trovarti un lavoro; durante le vacanze è la nonna che si interessa **dei** bambini.*

interessato (in-te-res-sà-to) AGG. e N.M. (f. -*a*) || AGG. **1** Che mostra interesse o attenzione: *un pubblico interessato; i docenti sono interessati **alla** riforma della scuola.* **2** Che pensa solo al proprio vantaggio: *un amico, un consiglio interessato* Ⓢ opportunista. || AGG. e N.M. (f. -*a*) Che, chi è chiamato direttamente in causa: *i documenti saranno consegnati soltanto agli interessati.*

interesse (in-te-rès-se) N.M. **1** Attenzione, sentimento di partecipazione: *avere interessi artistici; seguiva il racconto con grande interesse; ha un grande interesse **per** la storia.* **2** Capacità di destare attenzione o partecipazione: *un argomento di scarso interesse; un problema di grande interesse sociale* Ⓢ importanza. **3** Convenienza, vantaggio, tornaconto: *agisce solo per interesse.* **4** AL PL. Gli affari economici di una persona: *curare i propri interessi.* **5** Somma che viene pagata a chi presta soldi o li deposita in banca: *interesse attivo, passivo; pagare, riscuotere gli interessi.*

interfaccia (in-ter-fàc-cia) N.F. (pl. -*ce* o -*cie*) **1** Congegno che collega due sistemi che funzionano in modi diversi. **2** Elemento di contatto o di mediazione: *un'interfaccia tra imprenditori e sindacati.* Ⓔ ***Interfaccia utente***, in informatica, il modo in cui un programma o un sistema operativo si presentano graficamente sullo schermo.

interfacciare (in-ter-fac-cià-re) V.TR. (*interfàccio, interfàcci*, ecc.) || TR. **1** Stabilire un collegamento per mezzo di un'interfaccia: *interfacciare un sito **a** una banca dati; interfacciare un programma **con** un sistema operativo.* **2** Mettere in contatto, creare un rapporto di collaborazione: *interfacciare due uffici.* || **interfacciarsi** INTR. PRONOM. Tenere i contatti: *interfacciarsi **con** i fornitori.*

interferenza (in-ter-fe-rèn-za) N.F. **1** Sovrapposizione di fenomeni sonori o luminosi che si disturbano a vicenda: *un'interferenza ci ha impedito di proseguire la telefonata.* **2** Intervento non richiesto in faccende altrui: *non tollero interferenze politiche nel lavoro* Ⓢ ingerenza.

interferire (in-ter-fe-rì-re) V.INTR. (*interferìsco, interferìsci*, ecc.; aus. *avere*) **1** Creare ostacoli: *i problemi familiari non devono interferire **con** il lavoro* Ⓢ disturbare. **2** Occuparsi di faccende altrui: *interferire **nelle** decisioni, **nelle** faccende altrui* Ⓢ intromettersi, immischiarsi.

interiezione (in-te-rie-zió-ne) N.F. · In grammatica, parte invariabile del discorso che esprime uno stato d'animo, soprattutto in espressioni esclamative, per es. *addio, ahi, ahimè.*

interinale (in-te-ri-nà-le) AGG. · Di un incarico, provvisorio, temporaneo: *ministro interinale; lavoro interinale.* Ⓔ ***Agenzia interinale***, agenzia che procura lavoro provvisorio.

interiora (in-te-rió-ra) N.F.PL. · Gli intestini e gli altri organi interni degli animali: *le interiora del pollo* Ⓢ frattaglie.

interiore (in-te-rió-re) AGG. **1** Interno o rivolto verso l'interno: *ha un tatuaggio sulla parte interiore del polso* Ⓒ esteriore. **2** Che riguarda l'anima di una persona: *una persona ricca di vita interiore; un dramma interiore* Ⓢ intimo, spirituale.

interlinea (in-ter-lì-ne-a) N.F. (pl. -*nee*) · Lo spazio bianco tra una riga e l'altra in un testo stampato: *aumentare, ridurre l'interlinea.*

interlocutore (in-ter-lo-cu-tó-re) N.M. (f. -*trì-ce*) **1** Persona che partecipa a un dialogo: *nella discussione c'erano troppi interlocutori.* **2** La persona con cui si parla: *mi rivolsi al mio interlocutore con gentilezza* • Persona a cui ci si rivolge in una trattativa: *se vuoi finanziamenti per la tua ricerca devi trovare l'interlocutore giusto.*

intermediario (in-ter-me-dià-rio) AGG. e N.M. (f. -*a*; pl.m. -*ri*, pl.f. -*rie*) · Che, chi interviene per facilitare un accordo, soprattutto economico: *ha svolto una funzione intermediaria*

A B C D E F G H **I** J K L M N O P Q R S T U V W X Y Z

nelle trattative; ha fatto da intermediario nella conclusione dell'affare Ⓢ mediatore.

intermediazione (in-ter-me-dia-zió-ne) N.F. · Svolgimento di attività o funzione di intermediario: *intermediazione immobiliare, finanziaria.*

intermedio (in-ter-mè-dio) AGG. (pl.m. *-di*, pl.f. *-die*) · Che si trova tra due punti di riferimento: *un colore intermedio **fra** il rosso e il viola; ci sono varie soluzioni intermedie **fra** queste due estreme.*

intermezzo (in-ter-mèẓ-ẓo) N.M. **1** Pausa nel corso di uno spettacolo: *ci siamo incontrati al bar durante l'intermezzo tra il primo e il secondo atto.* **2** Breve spettacolo, brano musicale o trasmissione che riempie una pausa: *un intermezzo pubblicitario.*

interminabile (in-ter-mi-nà-bi-le) AGG. · Così lungo che sembra non finire mai: *una discussione interminabile; un viaggio interminabile* Ⓢ eterno, infinito.

intermittente (in-ter-mit-tèn-te) AGG. · Di fatto o fenomeno che va e viene a intervalli: *suono intermittente; luce intermittente.*

internazionale (in-ter-na-zio-nà-le) AGG. **1** Che riguarda più nazioni: *commercio internazionale; politica internazionale; l'ONU è un'organizzazione internazionale* • Usato da più nazioni: *le unità di misura internazionali.* **2** Che va oltre i confini di una nazione: *uno scienziato di fama internazionale.*

internazionalismo (in-ter-na-zio-na-lì-ṣmo) N.M. · Tendenza economica o politica che sostiene la partecipazione di più Stati a una stessa attività.

Internet (in-ter-net) N.M.INVAR. · Rete che collega i computer di tutto il mondo e permette di cercare informazioni o scambiare messaggi: *navigare in Internet; ho trovato molte indicazioni bibliografiche attraverso Internet.*

> Il termine deriva dall'inglese *Inter(national) Net(work)* 'rete telematica internazionale'.

Internet café (In-ter-net ca-fé; pronuncia *ìnternet cafè*) N.INGL., in it. N.M.INVAR. · Bar nel quale i clienti hanno a disposizione dei computer per navigare in Internet.

internettiano (in-ter-net-tià-no) AGG. e N.M. (f. *-a*) || AGG. Che riguarda Internet: *galateo internettiano.* || AGG. e N.M. (f. *-a*) Che, chi usa Internet: *il popolo degli internettiani.*

interno (in-tèr-no) AGG. e N.M. || AGG. **1** Che sta dentro: *le regioni interne di un Paese; cortile interno* Ⓒ esterno. **2** Che si trova o che si svolge dentro i confini di uno Stato: *politica interna* Ⓢ nazionale Ⓒ estero. || N.M. **1** La parte che sta dentro qualcosa: *l'interno di un'auto, di un palazzo.* **2** ***Gli Interni***, le attività del governo che riguardano lo Stato entro i suoi confini: *ministero, ministro degli Interni.* Ⓔ ***All'interno***, dentro: *nascondersi all'interno di una grotta* • ***Dall'interno***, da dentro: *dall'interno della casa venivano rumori sospetti.*

intero (in-té-ro) AGG. e N.M. || AGG. **1** Completo di ogni sua parte, non rotto: *il poema ci è pervenuto intero* Ⓢ intatto. **2** Tutto fino alla fine: *ha percorso l'intera regione; siamo rimasti un anno intero senza sue notizie.* || N.M. Il tutto, l'unità completa: *le varie parti che costituiscono l'intero.* Ⓔ ***Biglietto intero***, venduto senza sconti, a prezzo pieno • ***Latte intero***, non scremato • ***Numeri interi*** (o *gli interi* N.M.PL.), le unità, senza decimali o frazioni • ***Per intero***, senza lasciare fuori niente, per esteso: *scriva il suo nome per intero.*

interpellare (in-ter-pel-là-re) V.TR. (*interpèllo*, ecc.) **1** Chiedere un parere o un consiglio tecnico a qualcuno: *interpellare un avvocato* Ⓢ consultare. **2** Interrogare: *non parlare se non sei interpellato.*

interplanetario (in-ter-pla-ne-tà-rio) AGG. (pl.m. *-ri*, pl.f. *-rie*) · Che si trova o si svolge tra i pianeti: *spazio, viaggio interplanetario.*

interporre (in-ter-pór-re) V.TR. (irreg.: coniugato come *porre*) || TR. **1** Mettere in mezzo: *è stato interposto un pannello isolante **fra** la stufa e la parete* Ⓢ frapporre. **2** Portare ostacoli o ritardi a qualcosa che si vuole impedire: *interporre difficoltà **alla** realizzazione di un progetto.* || **interporsi** RIFL. Fare da intermediario, intervenire per la soluzione di una questione: *interporsi **fra** due litiganti.* || **interporsi** INTR. PRONOM. Mettersi o trovarsi in mezzo: *un braccio di mare s'interpone **fra** le due regioni.*

interpretare (in-ter-pre-tà-re) V.TR. (*intèrpreto*, ecc.) **1** Rendere comprensibile: *il passo è stato interpretato in vari modi; interpretare i sogni* Ⓢ spiegare. **2** Dare un significato: *hai interpretato male le mie parole* Ⓢ intendere. **3** Rappresentare un personaggio a teatro o in un film: *interpreterà Amleto in teatro* • Eseguire un brano musicale.

interpretativo (in-ter-pre-ta-tì-vo) AGG. · Che riguarda l'interpretazione: *originalità interpretativa.*

interpretazione (in-ter-pre-ta-zió-ne) N.F. **1** Spiegazione del significato di qualcosa: *l'interpretazione di un testo; l'interpretazione dei sogni; hai dato una cattiva interpretazione dei fatti.* **2** Il modo in cui un attore recita una parte o un musicista esegue un brano: *ci ha regalato un'ottima interpretazione della musica di Verdi.*

interprete (in-tèr-pre-te) N.M. e F. **1** Chi per lavoro traduce a voce i discorsi fra persone che parlano lingue diverse, perché possano capirsi: *fa l'interprete presso l'ambasciata americana* Ⓢ traduttore. **2** L'attore che recita una parte o il musicista che esegue un brano: *è una magnifica interprete teatrale; un sensibile interprete di Chopin.*

interpunzione (in-ter-pun-zió-ne) N.F. · In grammatica, il sistema di segni grafici che servono a mettere in rilievo gli elementi che formano una frase (*punto, due punti, punto e virgola, virgola*) oppure l'intonazione della frase stessa (*punto esclamativo, punto interrogativo*).

inter-rail (in-ter-rail; pronuncia *interréil*) N. INGL., in it. N.M. INVAR. · Biglietto ferroviario che permette ai giovani di viaggiare sui treni europei a prezzi molto vantaggiosi.

interrare (in-ter-rà-re) V.TR. (*intèrro*, ecc.) || TR. **1** Mettere sotto terra: *interrare un tesoro; interrare un bulbo* Ⓢ sotterrare. **2** Coprire o riempire di terra: *interrare l'alveo di un fiume.* || **interrarsi** INTR. PRONOM. Riempirsi di terra: *il canale si è interrato.*

interrato (in-ter-rà-to) AGG. e N.M. · Di piano di un edificio situato sotto il livello della strada: *piano interrato; abitare in un interrato.*

interregno (in-ter-ré-gno) N.M. · Periodo compreso tra la morte di un re e l'ascesa al trono del suo successore.

interrogare (in-ter-ro-gà-re) V.TR. (*intèrrogo, intèrroghi*, ecc.) · Fare domande a qualcuno per avere informazioni o per valutare la sua preparazione: *interrogare un imputato; interrogare le carte* ***sul*** *proprio futuro; interrogare un alunno* ***in*** *latino.*

interrogativo (in-ter-ro-ga-tì-vo) AGG. e N.M. || AGG. **1** Che esprime una domanda: *uno sguardo, un tono interrogativo.* **2** In grammatica, di aggettivo, pronome o avverbio che introduce o esprime una domanda, per es. *quale, chi, quando.* || N.M. Domanda, quesito, dubbio: *una questione che suscita gravi interrogativi.* Ⓔ ***Proposizione interrogativa*** (o *un'interrogativa* N.F.), quella con cui si pone una domanda; può essere diretta (*a Natale verrai a Roma?*) o indiretta (*ti ho domandato se a Natale verrai a Roma*) • ***Punto interrogativo*** → ***punto***[2].

interrogatorio (in-ter-ro-ga-tò-rio) N.M. (pl. *-ri*) **1** Serie di domande fatte dalla polizia o da un giudice a chi è accusato di un reato o ai testimoni di un fatto: *sottoporre qualcuno a interrogatorio; fare, subire, condurre un interrogatorio.* **2** Serie di domande insistenti: *per un ritardo da niente mi ha fatto un interrogatorio.*

interrogazione (in-ter-ro-ga-zió-ne) N.F. **1** Serie di domande fatte da un insegnante per verificare la preparazione di un alunno: *interrogazione di matematica; prendere un bel voto all'interrogazione.* **2** ***Interrogazione parlamentare***, richiesta che uno o più parlamentari fanno al governo per avere spiegazioni sulle decisioni del governo stesso: *presentare un'interrogazione parlamentare.*

interrompere (in-ter-róm-pe-re) V.TR. (irreg.: coniugato come *rompere*) || TR. **1** Far cessare qualcosa in modo temporaneo o definitivo: *interrompere la stesura di un'opera; la trasmissione fu interrotta per cause tecniche* Ⓒ proseguire. **2** Intervenire mentre qualcuno parla: *non mi interrompere quando parlo!* **3** Bloccare: *una frana ha interrotto la strada.* || **interrompersi** INTR. PRONOM. Fermarsi, smettere di fare qualcosa: *il getto d'acqua si era interrotto; la telefonata si è interrotta.*

interruttore (in-ter-rut-tó-re) N.M. · Apparecchio con il quale si apre o si chiude il passaggio della corrente elettrica: *premere l'interruttore; abbassare la leva dell'interruttore* Ⓢ pulsante, bottone.

interruzione (in-ter-ru-zió-ne) N.F. **1** Sospensione momentanea o definitiva di qualcosa: *l'interruzione di una partita a causa del maltempo; ho ripreso la cura dopo un'interruzione di un mese.* **2** Blocco, chiusura: *l'interruzione di una strada.*

intersecare (in-ter-se-cà-re) V.TR. (*intèrseco, intèrsechi*, ecc.) || TR. Attraversare lungo una linea immaginaria o reale: *la retta r interseca l'asse x* ***in*** *un punto P; qui la strada provinciale interseca la ferrovia* Ⓢ incrociare. || **intersecarsi** RIFL. RECIPROCO Di linee, incrociarsi, attraversarsi: *lì i due sentieri s'intersecano.*

intersezione (in-ter-se-zió-ne) N.F. **1** Il punto d'incontro fra due linee, due strade, ecc.: *l'intersezione di due strade* Ⓢ incrocio. **2** L'insieme dei punti comuni a due linee, a due piani, a una linea e a un piano, ecc.: *l'intersezione di due piani è una retta.*

interstizio (in-ter-sti-zio) N.M. (pl. *-zi*) · Spazio molto stretto fra due elementi ravvicinati: *gli interstizi tra pietra e pietra in un muro; nascose il biglietto in un interstizio della parete* Ⓢ fessura.

interurbano (in-te-rur-bà-no) AGG. · Che collega due o più città: *trasporti interurbani.* Ⓔ ***Telefonata interurbana*** (o *un'interurbana* N.F.), quella tra località di distretti telefonici diversi.

intervallare (in-ter-val-là-re) V.TR. **1** Distanziare con intervalli di spazio o di tempo: *intervallare gli alberi; intervallare le partenze.* **2** Alternare: *intervallare il lavoro* ***con*** *periodi di riposo.*

intervallo (in-ter-vàl-lo) N.M. **1** Periodo di tempo che separa due momenti: *l'intervallo tra due lezioni* Ⓢ pausa, interruzione. **2** Spazio che separa due cose: *un intervallo di due metri* Ⓢ distanza.

intervenire (in-ter-ve-nì-re) V.INTR. (irreg.: coniugato come *venire*; aus. *essere*) **1** Prendere parte, essere presente a qualcosa: *intervenire* ***in*** *una lite; intervenire* ***a*** *una manifestazione* Ⓢ partecipare. **2** Prendere la parola in una riunione: *nessun altro vuole intervenire?* Ⓢ parlare. **3** Mettersi tra due persone o tra due gruppi come intermediario: *è intervenuto in mia difesa; puoi intervenire presso la banca per farmi avere un prestito?* • Intromettersi, metter bocca: *nessuno ti ha chiesto di intervenire* ***in*** *faccende che non ti riguardano.* **4** Fare un'operazione chirurgica: *intervenire* ***sul*** *cuore; intervenire d'urgenza* Ⓢ operare.

interventista (in-ter-ven-tì-sta) AGG. e N.M. e F. (pl.m. *-i*, pl.f. *-e*) · Che, chi sostiene l'intervento di uno Stato neutrale in una guerra: *manifestazione interventista.*

intervento (in-ter-vèn-to) N.M. **1** Partecipazione a un avvenimento: *l'intervento del sindaco* ***a*** *una manifestazione* Ⓢ presenza. **2** Discorso tenuto in una riunione: *un intervento efficace.* **3** L'entrare in una situazione per portare aiuto o risolvere un problema: *l'intervento della polizia mise fine agli scontri* Ⓢ azione • Inserimento non richiesto in situazioni o fatti altrui: *non tollero interventi esterni* ***nella*** *mia vita privata.* **4** Negli sport a squadre, azione di singoli giocatori: *intervento scorretto; intervento* ***sulla*** *palla,* ***sull'****avversario.* **5** In medicina, operazione chirurgica: *ha subito un difficile intervento al fegato.*

intervista (in-ter-vi-sta) N.F. · Colloquio in cui un giornalista fa una serie di domande a una persona importante per diffonderle poi sui giornali o in televisione: *chiedere, rilasciare, concedere un'intervista.*

intervistare (in-ter-vi-stà-re) V.TR. · Fare un'intervista a qualcuno: *intervistare il protagonista di un film.*

intervistatore (in-ter-vi-sta-tó-re) N.M. (f. *-trice*) · Chi fa un'intervista: *il politico non rispose alla domanda dell'intervistatore.*

intesa (in-té-sa) N.F. **1** Accordo tra più persone: *agire d'intesa; trovare un'intesa* Ⓢ accordo • Patto politico o militare: *intesa tra destra e sinistra per far passare la proposta di legge* Ⓢ accordo, alleanza. **2** Armonia di idee e sentimenti: *tra i due fratelli c'è un'intesa perfetta* Ⓢ concordia.

intéso (in-té-so) AGG. || Participio pass. → *intendere*. || AGG. **1** Rivolto a uno scopo: *il provvedimento è inteso* ***a*** *tutelare i lavoratori autonomi* Ⓢ indirizzato. **2** Compreso, capito, interpretato: *bene, male inteso; una frase intesa a rovescio.* Ⓔ ***Essere intesi, rimanere intesi***, tra persone, essere o rimanere d'accordo: *allora rimaniamo intesi* ***di*** *vederci alle sette* • ***Resta inteso, rimane inteso***, è stabilito: *resta inteso* ***che*** *domani firmeremo il contratto.*

intessere (in-tès-se-re) V.TR. (*intèsso*, ecc.) **1** Tessere, intrecciare: *intessere un cesto di vimini; intessere stuoie.* **2** Esprimere: *intessere lodi, canti.*

intestardirsi (in-te-star-dìr-si) V.INTR. PRONOM. (*mi intestardisco, ti intestardisci*, ecc.) · Ostinarsi testardamente: *quando s'intestardisce* ***in*** *un'idea, non c'è modo di toglierglıela dalla testa* Ⓢ impuntarsi.

intestare (in-te-stà-re) V.TR. (*intèsto*, ecc.) **1** Indicare qualcuno come proprietario di un bene: *intestare una casa* ***alla*** *moglie.* **2** Scrivere l'intestazione in cima a un foglio o a una pagina: *intestare una lettera, la carta da lettere.*

intestatario (in-te-sta-tà-rio) AGG. e N.M. (f. *-a*; pl.m. *-ri*, pl.f. *-rie*) · Che, chi è indicato come proprietario di un bene: *la ditta intestataria dell'immobile; l'intestatario di un'auto* Ⓢ titolare.

intestazione (in-te-sta-zió-ne) N.F. **1** Breve scritta nella parte superiore di un foglio che indica nome e indirizzo di una persona, di un'azienda, ecc.: *l'intestazione di una busta, di una lettera* • Titolo di un libro, di uno scritto, di un giornale: *l'intestazione di un articolo.* **2** L'atto di intestare un bene a qualcuno: *intestazione di un appartamento alla moglie.*

intestinale (in-te-sti-nà-le) AGG. · Che riguarda l'intestino: *anse intestinali.* Ⓔ ***Blocco intestinale*** → *blocco*[2].

intestino (in-te-stì-no) N.M. e AGG. || N.M. La parte dell'apparato digerente, a forma di tubo ripiegato più volte, che va dallo stomaco all'ano; serve ad assorbire le sostanze nutritive e a eliminare le scorie. || AGG. Di fatto negativo che avviene all'interno di un gruppo: *lotte, discordie intestine* Ⓢ interno.

intiepidire (in-tie-pi-dì-re) V.TR. e INTR. (*intiepidisco, intiepidisci*, ecc.) || TR. Far diventare tiepido: *intiepidire il caffè bollente con latte freddo* • Di sentimenti, affievolire, attenuare: *la lontananza intiepidisce l'affetto.* || INTR. (aus. *essere*) e **intiepidirsi** INTR. PRONOM. Diventare tiepido: *in aprile l'aria intiepidisce* • Di sentimenti, affievolirsi, attenuarsi: *con il passare del tempo la sua passione si è intiepidita.*

intifada (in-ti-fà-da) N.F. INVAR. · La rivolta degli Arabi palestinesi all'interno dello Stato d'Israele e nei territori da questo occupati.

intimare (in-ti-mà-re) V.TR. (*intìmo*, ecc.; o *ìntimo*, ecc.) **1** Ordinare in modo deciso: *intimare l'alt; l'esercito intimò* ***agli*** *assediati di arrendersi* Ⓢ ingiungere. **2** Comunicare in nome di un'autorità: *intimare lo sfratto.*

intimazione (in-ti-ma-zió-ne) N.F. **1** Ordine da parte di un'autorità: *ricevere l'intimazione* ***di*** *fermarsi* Ⓢ ingiunzione. **2** Nel linguaggio giuridico, comunicazione: *intimazione* ***di*** *sfratto.*

intimidatorio (in-ti-mi-da-tò-rio) AGG. (pl.m. *-ri*, pl.f. *-rie*) · Che tende a minacciare o a far paura a qualcuno: *lettera intimidatoria* Ⓢ minaccioso, minatorio.

intimidazione (in-ti-mi-da-zió-ne) N.F. · Minaccia con cui si vuole fare paura a qualcuno e obbligarlo a un certo comportamento: *subire, ricevere delle intimidazioni.*

intimidire (in-ti-mi-dì-re) V.TR. e INTR. (*intimidisco, intimidisci*, ecc.) || TR. Impaurire, intimorire: *l'espressione del volto del maestro intimidiva gli alunni; non lasciarti intimidire dal suo atteggiamento.* || INTR. (aus. *essere*) e **intimidirsi** INTR. PRONOM. Diventare timido e imbarazzato: *di fronte alla brillante collega si intimidì.*

intimità (in-ti-mi-tà) N.F. INVAR. **1** L'ambito dei sentimenti che appartengono alla vita privata di una persona: *l'intimità tra marito e moglie; difendere la propria intimità.* **2** Rapporto di fiducia e amicizia: *essere in intimità con il ministro; fra loro c'è molta intimità* Ⓢ confidenza. **3** Ambiente, luogo intimo: *la sera mi rifugio nell'intimità della mia casa.*

intimo (ìn-ti-mo) AGG. e N.M. (f. *-a*) || AGG. **1** Che riguarda la vita privata di una persona:

A B C D E F G H **I** J K L M N O P Q R S T U V W X Y Z

vita intima; gli rivelò i suoi più intimi segreti Ⓢ privato. **2** Che si trova nella parte più interna e profonda: *le intime viscere della terra.* **3** Essenziale, profondo: *il significato intimo delle sue parole.* || N.M. (f. *-a*) Amico o parente stretto: *alla festa sono stati invitati solo pochi intimi.* || N.M. **1** La parte più interna, più profonda: *bisogna penetrare nell'intimo delle cose; nel suo intimo soffre molto* Ⓢ profondità. **2** Biancheria intima. Ⓔ ***Amico intimo***, legato da un rapporto molto stretto: *è amico intimo del ministro* • ***Biancheria intima***, gli indumenti personali, come mutande, canottiere, pigiami, ecc. • ***Igiene intima***, la pulizia delle parti intime • ***Le parti intime***, le zone del corpo dove si trovano gli organi genitali.

I

intimorire (in-ti-mo-ri-re) V.TR. (*intimorìsco, intimorìsci*, ecc.) || TR. Destare timore in qualcuno: *la sua presenza mi intimorisce* Ⓢ intimidire. || **intimorirsi** RIFL. Provare timore: *di fronte agli estranei i bambini si intimoriscono.*

intingere (in-tìn-ge-re) V.TR. (irreg.: coniugato come *tingere*) · Bagnare tuffando in un liquido: *intingere un pezzo di pane* ***nell'****olio* Ⓢ inzuppare.

intingolo (in-tìn-go-lo) N.M. · Condimento gustoso in cui è stato cotto un cibo: *l'intingolo dello spezzatino* • Cibo gustoso e ben condito: *un intingolo saporito.*

intirizzire (in-ti-riz-zi-re) V.TR. (*intirizzìsco, intirizzìsci*, ecc.) || TR. Di freddo intenso, rendere gelida e poco sensibile una parte del corpo: *il vento* ***mi*** *ha intirizzito le mani.* || **intirizzirsi** INTR. PRONOM. Perdere la sensibilità e diventare gelido: *con questo freddo* ***mi*** *si sono intirizziti i piedi.*

intirizzito (in-ti-riz-zì-to) AGG. · Reso rigido e insensibile dal freddo: *avere i piedi intirizziti; è tornato a casa tutto intirizzito* Ⓢ gelato.

intitolare (in-ti-to-là-re) V.TR. (*intìtolo*, ecc.) || TR. **1** Dare un titolo: *intitolare un libro, una canzone.* **2** Dare un nome che ricorda un personaggio o un avvenimento: *la strada verrà intitolata* ***al*** *regista recentemente scomparso* Ⓢ dedicare. **3** Dedicare a un santo: *la chiesa è stata intitolata* ***a*** *san Francesco* Ⓢ consacrare. || **intitolarsi** INTR. PRONOM. Avere come titolo: *come s'intitola il suo ultimo libro?*

intoccabile (in-toc-cà-bi-le) AGG. e N.M. e F. || AGG. Che non si può in alcun modo toccare o usare: *questo denaro è intoccabile.* || AGG. e N.M. e F. Che, chi non si può criticare perché protetto da persone importanti: *sul lavoro è un disastro, ma è intoccabile; si ritiene un intoccabile.* || N.M. e F. Paria.

intollerabile (in-tol-le-rà-bi-le) AGG. **1** Che non si può sopportare: *un freddo intollerabile* Ⓢ terribile, insopportabile Ⓒ tollerabile. **2** Che non può essere scusato o permesso: *un'offesa intollerabile* Ⓢ inaccettabile, inammissibile.

intollerante (in-tol-le-ràn-te) AGG. e N.M. e F. || AGG. e N.M. e F. Che, chi non accetta opinioni in contrasto con le proprie: *non essere così intollerante con tua figlia; è impossibile parlare con gli intolleranti* Ⓒ tollerante. || AGG. **1** Incapace di sopportare: *un ragazzo intollerante* ***di*** *qualsiasi disciplina* Ⓢ insofferente, ribelle. **2** Allergico o troppo sensibile a certe sostanze: *uno bambino intollerante* ***ai*** *latticini.*

intolleranza (in-tol-le-ràn-za) N.F. **1** Rigido rifiuto delle opinioni diverse dalle proprie: *intolleranza razziale, politica, religiosa; intolleranza* ***verso*** *gli immigrati* Ⓢ razzismo, fanatismo Ⓒ tolleranza. **2** Assoluta incapacità di sopportare: *intolleranza* ***del*** *freddo; intolleranza* ***della*** *disciplina* Ⓢ insofferenza. **3** Allergia: *intolleranze alimentari; intolleranza* ***all'****amido.*

intonacare (in-to-na-cà-re) V.TR. (*intònaco, intònachi*, ecc.) · Rivestire con l'intonaco: *intonacare un muro.*

intonaco (in-tò-na-co) N.M. (pl. *-ci* o *-chi*) · Sottile strato di calce e cemento che si mette sui muri per renderli lisci e uniformi prima di imbiancarli.

intonare (in-to-nà-re) V.TR. (*intòno*, ecc.) || TR. **1** Cantare le prime note di un brano: *intonare una canzone.* **2** Abbinare due o più cose in modo che i loro colori stiano bene insieme: *intonare i cuscini* ***con*** *la tappezzeria del divano.* || **intonarsi** INTR. PRONOM. Essere in armonia con qualcosa, stare bene insieme: *un abito che non si intona* ***alla*** *circostanza.*

intonato (in-to-nà-to) AGG. **1** Di strumento musicale, che suona con il giusto tono: *una* *chitarra intonata* • Di persona, che canta senza stonare: *essere intonato* Ⓒ stonato. 2 Che si accorda bene con gli elementi che ha vicino: *questa cravatta non è intonata* ***alla*** *camicia*.

intonazione (in-to-na-zió-ne) N.F. 1 L'altezza di un suono prodotto da un cantante o da uno strumento: *un'intonazione giusta; una falsa intonazione*. 2 Tono di voce nel parlare: *parlava con un'intonazione monotona*.

intonso (in-tón-so) AGG. 1 Con barba e capelli lunghi e non curati: *un volto intonso*. 2 Di libro a cui non sono state ancora tagliate le pagine, quindi non ancora aperto e letto Ⓢ nuovo, intatto.

Il termine deriva dal latino *intonsus* 'non tosato', che viene a sua volta da *tonsus*, participio passato di *tondere* 'tosare', con il prefisso **in-**[1].

intontimento (in-ton-ti-mén-to) N.M. · Stato di confusione, stanchezza e stordimento.

intontire (in-ton-tì-re) V.TR. e INTR. (*intontìsco, intontìsci*, ecc.) || TR. Confondere, stordire, frastornare: *con le sue chiacchiere mi ha intontito; è intontito dal vino*. || INTR. (aus. *essere*) e **intontirsi** INTR.PRONOM. Avere la testa confusa, rimanere stordito: *con tutto quel rumore mi sono intontito!*

intoppo (in-tòp-po) N.M. · Ostacolo inatteso o fastidioso: *la produzione del film sta andando avanti senza intoppi*.

intorbidare (in-tor-bi-dà-re) V.TR. e INTR. (*intórbido*, ecc.) || TR. 1 Rendere torbido, far perdere la limpidezza: *le piogge hanno intorbidato il torrente* Ⓢ sporcare. 2 Confondere, offuscare, annebbiare: *la gelosia intorbida la mente*. || INTR. (aus. *essere*) e **intorbidarsi** INTR.PRONOM. 1 Diventare torbido, perdere limpidezza: *il vino si è intorbidato*. 2 Confondersi, offuscarsi, annebbiarsi: ***gli*** *si intorbidò la vista*. Ⓔ ***Intorbidare le acque***, rendere una situazione confusa di proposito per trarne guadagno.

intorbidire (in-tor-bi-dì-re) V.TR. e INTR. (*intorbidìsco, intorbidìsci*, ecc.) → ***intorbidare***.

intorno (in-tór-no) AVV. · In un'area che circonda il punto in cui si svolge l'azione: *aveva tutti i suoi ammiratori intorno; si guardò intorno un po' sperduta*. Ⓔ ***Intorno a***, all'incirca, di solito seguito da un numero o da una data: *intorno al 1900; una cifra intorno al milione di euro*.

intorpidire (in-tor-pi-dì-re) V.TR. e INTR. (*intorpidìsco, intorpidìsci*, ecc.) || TR. Diminuire la sensibilità e l'agilità di una parte del corpo o annebbiare le facoltà mentali: *il freddo* ***mi*** *ha intorpidito le mani; l'ozio intorpidisce la mente*. || INTR. (aus. *essere*) e **intorpidirsi** INTR.PRONOM. Perdere sensibilità o diventare fiacco dal punto di vista fisico o mentale: *l'intelligenza non esercitata intorpidisce;* ***mi*** *si è intorpidita una gamba* Ⓢ addormentarsi.

intorpidito (in-tor-pi-dì-to) AGG. · Temporaneamente privo di sensibilità e agilità o della normale vivacità: *aveva i piedi intorpiditi per il freddo; ha la mente intorpidita dal sonno* Ⓢ addormentato.

intossicare (in-tos-si-cà-re) V.TR. (*intòssico, intòssichi*, ecc.) || TR. Causare un'intossicazione: *mi hanno intossicato le cozze; aria intossicata dallo smog* Ⓒ disintossicare. || **intossicarsi** RIFL. Prendere un'intossicazione: *intossicarsi con il fumo*.

intossicazione (in-tos-si-ca-zió-ne) N.F. · Avvelenamento causato da sostanze dannose entrate nell'organismo: *intossicazione alimentare; intossicazione da farmaci* Ⓒ disintossicazione.

intra- · Prefisso che indica 'interno a un corpo o a uno spazio': *intranet*, rete informatica interna a un'azienda.

intralciare (in-tral-cià-re) V.TR. (*intràlcio*, ecc.) · Ostacolare, impedire, rallentare: *la fitta vegetazione intralciava il loro cammino*.

intralcio (in-tràl-cio) N.M. (pl. *-ci*) · Ostacolo, impedimento: *tutti questi pacchi mi sono d'intralcio; l'aumento del greggio crea nuovi intralci all'economia europea*.

intrallazzare (in-tral-laz-zà-re) V.INTR. (aus. *avere*) · Fare affari poco chiari per mezzo di accordi segreti e disonesti: *ha fatto carriera intrallazzando; intrallazzare* ***con*** *i politici*.

intrallazzo (in-tral-làz-zo) N.M. · Affare poco chiaro e disonesto: *non voglio sapere niente dei tuoi intrallazzi finanziari* Ⓢ intrigo.

intramontabile (in-tra-mon-tà-bi-le) AGG. · Che mantiene le sue caratteristiche o la sua fama nonostante il passare del tempo: *un sentimento intramontabile; un'attrice intramontabile* Ⓢ eterno, immortale. ▸ Ⓕ **monte**

intranet (**in-tra-net; pronuncia *ìntranet***) N. INGL., in it. N.F. INVAR. · Collegamento dei computer interni a un'azienda basato sulla stessa tecnologia di Internet.

intransigente (**in-tran-si-gèn-te**) AGG. · Che non fa concessioni o non accetta compromessi: *un critico intransigente; un padre intransigente* Ⓢ rigido, severo.

intransigenza (**in-tran-si-gèn-za**) N.F. · Severità verso chi sbaglia: *un'aspra intransigenza politica; l'intransigenza religiosa* Ⓢ rigore.

intransitabile (**in-tran-si-tà-bi-le**) AGG. · Che non si può percorrere: *strada intransitabile a causa della neve* Ⓢ impraticabile, inagibile.

intransitivo (**in-tran-si-tì-vo**) AGG. e N.M. · In grammatica, di verbo che si costruisce senza complemento oggetto, per es. *venire, morire* Ⓒ transitivo.

intrappolare (**in-trap-po-là-re**) V.TR. (*intràppolo*, ecc.) **1** Prendere in trappola: *intrappolare un animale* Ⓢ catturare. **2** Chiudere in un luogo da cui sia difficile uscire: *restare intrappolato nell'ascensore, in mezzo al traffico* Ⓢ bloccare, imprigionare. **3** Imbrogliare, truffare, ingannare: *mi sono fatto intrappolare come uno sprovveduto.*

intraprendente (**in-tra-pren-dèn-te**) AGG. · Pieno di iniziativa: *è un po' troppo intraprendente* Ⓢ attivo, dinamico.

intraprendenza (**in-tra-pren-dèn-za**) N.F. · Capacità di mettere in pratica le proprie idee con coraggio: *è una mossa che dimostra una grande intraprendenza* Ⓢ iniziativa.

intraprendere (**in-tra-prèn-de-re**) V.TR. (irreg.: coniugato come *prendere*) · Iniziare un'opera lunga e impegnativa: *è stata intrapresa la bonifica della pianura; l'autore ha già intrapreso la stesura del suo prossimo romanzo* Ⓢ avviare.

intrattabile (**in-trat-tà-bi-le**) AGG. · Di cattivo umore, tanto che non ci si può nemmeno parlare: *un vecchio intrattabile; oggi sei proprio intrattabile* Ⓢ scontroso.

intrattenere (**in-trat-te-né-re**) V.TR. (irreg.: coniugato come *tenere*) || TR. Fare compagnia a qualcuno in modo piacevole, soprattutto parlando: *vuoi intrattenere gli ospiti prima del pranzo?; l'ho intrattenuto **su** vari argomenti.* || **intrattenersi** INTR.PRONOM. **1** Passare del tempo con qualcuno: *si intrattenne a lungo **con** noi.* **2** Trattare un argomento: *il professore si è intrattenuto poco **sul** Leopardi.*

intrattenimento (**in-trat-te-ni-mén-to**) N.M. **1** Divertimento, passatempo, svago: *offrire vari intrattenimenti ai propri ospiti.* **2** Tipo di spettacolo basato su temi divertenti e leggeri: *trasmissione d'intrattenimento.*

intravedere (**in-tra-ve-dé-re**) V.TR. (irreg.: coniugato come *vedere*) **1** Vedere in modo confuso o di sfuggita: *la intravidi tra la folla* Ⓢ scorgere. **2** Intuire o prevedere vagamente: *non intravedo nessuna possibilità di cavarmela.*

intrecciare (**in-trec-cià-re**) V.TR. (*intréccio*, ecc.) || TR. **1** Unire cose avvolgendole insieme o incrociandole: *intrecciare i capelli; intrecciare una ghirlanda* Ⓢ legare. **2** Iniziare un rapporto: *intrecciare una relazione **con** qualcuno* Ⓢ allacciare, stringere. || **intrecciarsi** INTR. PRONOM. Incrociarsi, annodarsi: *i fili si sono tutti intrecciati.* Ⓔ ***Intrecciare le dita, intrecciare le mani***, unire le mani incrociando le dita fra loro.

intreccio (**in-tréc-cio**) N.M. (pl. *-ci*) **1** Disposizione di fili, corde, ecc. incrociati fra loro: *l'intreccio di cordoni colorati* Ⓢ groviglio. **2** L'insieme degli avvenimenti raccontati in un film o in un'opera letteraria: *l'intreccio del racconto.*

intrepido (**in-trè-pi-do**) AGG. · Che affronta il pericolo senza paura: *soldati intrepidi; combattere con animo intrepido* Ⓢ coraggioso Ⓒ codardo.

intricare (**in-tri-cà-re**) V.TR. (*intrìco, intrìchi*, ecc.) || TR. **1** Aggrovigliare, arruffare: *intricare una matassa.* **2** Rendere complicato o confuso: *intricare una questione* Ⓢ complicare, ingarbugliare. || **intricarsi** INTR. PRONOM. **1** Aggrovigliarsi, arruffarsi: *lo spago si è intricato.* **2** Diventare complicato o confuso: *la situazione si sta intricando.*

intricato (in-tri-cà-to) AGG. **1** Che forma un intreccio disordinato: *una matassa intricata; capelli intricati* Ⓢ ingarbugliato • Tanto fitto da essere quasi inaccessibile: *vegetazione intricata.* **2** Difficile da capire o da risolvere: *un discorso, un problema intricato* Ⓢ complicato.

intrico (in-trì-co) N.M. (pl. *-chi*) · Intreccio confuso e disordinato: *un intrico di rami, di vicoli* Ⓢ groviglio.

Non si deve confondere il termine *intrico* con *intrigo*, anche se le due parole appaiono molto simili: *un intrico di vie* ma *un intrigo a corte.*

intridere (in-trì-de-re) V.TR. (irreg.: pass. rem. *intrìṣi, intridésti*, ecc.; part. pass. *intrìṣo*) · Bagnare completamente: *intridere il gesso* ***d'****acqua; intridere la farina* ***con*** *il latte* Ⓢ imbevere, inzuppare.

intrigante (in-tri-gàn-te) AGG. e N.M. e F. || AGG. e N.M. e F. **1** Che, chi cerca di ottenere vantaggi con inganni: *un avvocato intrigante; guardatevi da quell'intrigante.* **2** Che, chi si interessa degli affari altrui: *una vicina di casa intrigante; la tua amica è proprio un'intrigante!* Ⓢ invadente. || AGG. Interessante, appassionante, affascinante: *una storia intrigante; un personaggio intrigante.*

intrigare (in-tri-gà-re) V.TR. e INTR. (*intrìgo, intrìghi*, ecc.) || TR. Attrarre, incuriosire, affascinare: *questo film mi intriga.* || INTR. (aus. *avere*) Darsi da fare per ottenere vantaggi e favori: *ha raggiunto quella posizione senza mai intrigare* Ⓢ brigare, intrallazzare. || **intrigarsi** INTR. PRONOM. Impicciarsi, immischiarsi: *intrigarsi* ***dei*** *fatti degli altri.*

intrigo (in-trì-go) N.M. (pl. *-ghi*) · Azione che mira a ottenere un vantaggio con mezzi scorretti: *a forza di intrighi è riuscito a ottenere un appalto dal Comune* Ⓢ trama, maneggio.

Non si deve confondere il termine *intrigo* con *intrico*, anche se le due parole appaiono molto simili: *un intrigo a corte* ma *un intrico di vie.*

intrinseco (in-trìn-se-co) AGG. (pl.m. *-ci*, pl.f. *-che*) · Che appartiene all'essenza più profonda di una cosa o di una persona: *proprietà intrinseche di una sostanza; il desiderio di sapere è intrinseco alla natura umana* Ⓢ proprio Ⓒ estrinseco.

intriso (in-trì-ṣo) AGG. || Participio pass. → ***intridere.*** || AGG. **1** Completamente bagnato di un liquido: *farina intrisa* ***d'****acqua; una canottiera intrisa* ***di*** *sudore* Ⓢ inzuppato. **2** Pieno, pervaso: *pagine intrise* ***di*** *cinismo.*

intro- · Primo elemento di parole composte che significa 'verso l'interno': *introdurre*, condurre all'interno; *introverso*, rivolto verso il proprio intimo.

introdurre (in-tro-dùr-re) V.TR. (irreg.: coniugato come *condurre*) || TR. **1** Fare entrare, mettere dentro: *introdusse la chiave* ***nella*** *serratura* • Importare: *sono state introdotte* ***nel*** *Paese merci illegali.* **2** Fare iniziare: *introduci tu il discorso per primo* Ⓢ avviare. **3** Far entrare nell'uso: *Mary Quant introdusse la moda della minigonna;* ***nelle*** *scuole verrà introdotto l'insegnamento del russo* Ⓢ diffondere. **4** Presentare una persona: *fu introdotto* ***dal*** *ministro; introdurre* ***in*** *una cerchia di amici; nel primo capitolo l'autore introduce la protagonista del libro.* || **introdursi** RIFL. Entrare in un luogo, soprattutto di nascosto o con l'inganno: *non ci si può introdurre così* ***in*** *casa d'altri* Ⓢ infilarsi, intrufolarsi.

Il termine deriva dal latino *introducere* 'far entrare, apportare, introdurre', che viene a sua volta da *ducere* 'condurre, portare' con il prefisso **intro-** (→ ***condurre***).

introduttivo (in-tro-dut-ti-vo) AGG. · Che fa da introduzione, che presenta qualcosa: *un lungo capitolo introduttivo; un discorso introduttivo* ***alla*** *manifestazione.*

introduzione (in-tro-du-zió-ne) N.F. **1** L'atto di mettere dentro: *l'introduzione di un cd* ***nel*** *lettore; l'introduzione di nuovi termini* ***nel*** *dizionario* Ⓢ inserimento, immissione. **2** Presentazione di una persona in un ambiente: *l'introduzione di un ambasciatore* ***a*** *corte.* **3** Diffusione: *l'introduzione* ***in*** *Europa della coltura del tabacco.* **4** Parte iniziale di un discorso, di uno scritto o di un componimento musicale: *il saggio è preceduto da una breve introduzione* Ⓒ epilogo. **5** Preparazione allo studio di qualcosa: *introduzione* ***allo*** *studio di Dante.*

introito (in-tròi-to) N.M. · Entrata di denaro in cassa: *calcolare gli introiti giornalieri* Ⓢ incasso.

intromettersi (in-tro-mét-ter-si) V.RIFL. (irreg.: coniugato come *mettere*) · Intervenire in faccende o discorsi che non ci riguardano: *intromettersi* ***in*** *una discussione,* ***negli*** *affari altrui* Ⓢ impicciarsi.

Il termine deriva dal latino *intromittere* 'introdurre', che viene a sua volta da *mittere* 'mandare' con il prefisso **intro-** (→ ***mettere***).

intromissione (in-tro-mis-sió-ne) N.F. · Intervento non richiesto in faccende che riguardano altri: *non ho gradito la tua intromissione* ***nei*** *miei affari* Ⓢ ingerenza, intrusione.

I

introspettivo (in-tro-spet-tì-vo) AGG. · Che si basa sull'introspezione o che tende all'introspezione: *esame introspettivo.*

introspezione (in-tro-spe-zió-ne) N.F. · L'analisi interiore che una persona fa dei propri pensieri e sentimenti: *un carattere incline all'introspezione.*

introvabile (in-tro-và-bi-le) AGG. · Che non si riesce a trovare: *il direttore è introvabile* Ⓢ irreperibile • Che non è facile da trovare nei negozi: *un libro ormai introvabile* Ⓢ raro.

introverso (in-tro-vèr-so) AGG. e N.M. (f. *-a*) · Che, chi tende a chiudersi nel proprio mondo, che non ama comunicare con gli altri: *un ragazzo introverso; è un'introversa, non fa amicizia facilmente* Ⓢ chiuso, schivo Ⓒ estroverso.

intrufolare (in-tru-fo-là-re) V.TR. (*intrùfolo*, ecc.) || TR. Introdurre di nascosto: *intrufolò una mano* ***nella*** *borsa* Ⓢ infilare. || **intrufolarsi** RIFL. Introdursi di nascosto: *riuscì a intrufolarsi* ***tra*** *gli invitati.*

intruglio (in-trù-glio) N.M. (pl. *-gli*) **1** Miscuglio disgustoso di cibi o bevande: *non voglio bere questo intruglio* Ⓢ brodaglia. **2** Imbroglio, intrigo: *non immischiarti nei loro intrugli.*

intrusione (in-tru-ṣió-ne) N.F. **1** Ingresso in un luogo privato senza autorizzazione o invito. **2** Intervento nelle faccende di altri Ⓢ ingerenza, intromissione.

intruso (in-trù-ṣo) N.M. (f. *-a*) · Chi entra in un ambiente dove non è invitato o non è gradito: *cacciate quegli intrusi dal palazzo!* Ⓢ estraneo.

intuire (in-tu-i-re) V.TR. (*intuìsco, intuìsci*, ecc.) **1** Comprendere subito qualcosa senza bisogno di rifletterci sopra: *intuire la verità; dalla tua faccia intuisco* ***che*** *ti è successo qualcosa di grave* Ⓢ indovinare. **2** Prevedere, immaginare: *intuire l'avvicinarsi di un pericolo.*

intuitivo (in-tui-tì-vo) AGG. **1** Che può essere capito immediatamente, senza bisogno di spiegazioni o di ragionamenti: *nozioni intuitive* Ⓢ evidente. **2** Che intuisce prontamente: *mente intuitiva* Ⓢ perspicace.

intuito (in-tùi-to) N.M. **1** Capacità di comprendere rapidamente senza troppi ragionamenti: *basta un minimo d'intuito per capire le sue intenzioni* Ⓢ perspicacia, intuizione. **2** Capacità di prevedere: *grazie al suo intuito si è evitato un disastro* Ⓢ istinto, fiuto.

intuizione (in-tui-zió-ne) N.F. **1** Comprensione rapida senza ragionamenti: *un ragazzo dotato di grande intuizione* Ⓢ intuito, perspicacia. **2** Presentimento, percezione: *avere l'intuizione di un pericolo.* **3** Idea brillante che viene all'improvviso: *un'intuizione geniale.*

inumano (i-nu-mà-no) AGG. **1** Così cattivo e crudele da non sembrare umano: *è inumano gettare una famiglia sul lastrico; il trattamento inumano inflitto ai prigionieri* Ⓢ crudele, disumano Ⓒ umano. **2** Superiore alle capacità umane: *sforzi inumani.*

inumare (i-nu-mà-re) V.TR. · Seppellire una persona morta: *inumare una salma.*

inumazione (i-nu-ma-zió-ne) N.F. · Sepoltura di un cadavere.

inumidire (i-nu-mi-dì-re) V.TR. (*inumidìsco, inumidìsci*, ecc.) · Bagnare leggermente: *inumidire una camicia prima di stirarla*; anche TR. PRONOM.: *inumidirsi le labbra.*

inurbamento (i-nur-ba-mén-to) N.M. · Trasferimento di numerose persone dalla campagna in città.

inurbarsi (i-nur-bàr-si) V.INTR. PRONOM. · Trasferirsi dalla campagna in città.

inusuale (i-nu-ṣu-à-le) AGG. · Non comune: *una predisposizione inusuale per la matemati-*

ca; un comportamento inusuale Ⓢ insolito, inconsueto Ⓒ usuale.

inutile (i-nù-ti-le) AGG. · Che non serve a nulla, che non dà alcun risultato: *continui a comprare cose inutili; è inutile rimpiangere il passato* Ⓢ superfluo Ⓒ utile.

inutilità (i-nu-ti-li-tà) N.F. INVAR. · Mancanza di utilità: *l'inutilità di un soprammobile; l'inutilità di uno sforzo* Ⓒ utilità.

inutilmente (i-nu-til-mén-te) AVV. · Senza alcun risultato: *abbiamo lavorato inutilmente; sono anni che ripete inutilmente le stesse cose* Ⓢ invano.

invadente (in-va-dèn-te) AGG. · Che si intromette negli affari altrui o impone continuamente la propria presenza: *ha dei vicini di casa troppo invadenti.*

invadenza (in-va-dèn-za) N.F. · Abitudine a intromettersi nelle faccende di altri: *la sua invadenza lo ha reso antipatico a tutti.*

invadere (in-và-de-re) V.TR. (irreg.: coniugato come *evadere*) **1** Occupare un luogo con la forza: *i barbari avevano invaso l'Italia* Ⓢ conquistare. **2** Arrivare in gran numero o quantità: *i turisti hanno invaso la città; i prodotti cinesi stanno invadendo il mercato* Ⓢ affollare, riempire. **3** Inondare, allagare: *il fiume in piena ha invaso la campagna.* **4** Diventare comune: *il malcostume ha invaso la vita politica del Paese* Ⓢ diffondersi in. **5** Di un sentimento, occupare l'animo di una persona: *un odio cieco lo invase.*

invaghire (in-va-ghì-re) V.TR. (*invaghìsco, invaghìsci*, ecc.) || TR. Suscitare un desiderio intenso, soprattutto di natura amorosa. || **invaghirsi** INTR. PRONOM. Provare desiderio per qualcuno o qualcosa: *invaghirsi **di** uno sconosciuto, **di** un gioiello.*

invalicabile (in-va-li-cà-bi-le) AGG. · Che non si può attraversare perché troppo difficile o vietato: *montagne invalicabili; limite invalicabile* Ⓢ insormontabile, insuperabile.

invalidità (in-va-li-di-tà) N.F. INVAR. **1** Malattia o difetto fisico o mentale che non permette di lavorare: *invalidità permanente.* **2** Nel linguaggio giuridico, mancanza di validità: *l'invalidità di un testamento* Ⓢ nullità. Ⓔ ***Pensione d'invalidità*** → *pensione*.

invalido (in-và-li-do) AGG. e N.M. (f. *-a*) · Che, chi non può lavorare a causa di una malattia, dell'età avanzata o di un infortunio: *all'accettazione c'è una signora invalida; il problema dei falsi invalidi; un invalido di guerra.*

invano (in-và-no) AVV. · Inutilmente, senza risultato: *non nominare il nome di Dio invano; sperava invano di rivederlo.*

> Il termine deriva dal latino cristiano *in vanum* 'per cose vane, futili o false'; l'espressione si è diffusa per la sua presenza nel primo comandamento.

invariabile (in-va-rià-bi-le) AGG. **1** Che non cambia, che è sempre uguale: *norme invariabili; condizioni del tempo invariabili* Ⓢ fisso, costante Ⓒ variabile. **2** In grammatica, di parte del discorso che non presenta flessione, come le interiezioni, le preposizioni, gli avverbi, le congiunzioni e alcuni nomi o aggettivi che hanno la stessa forma al maschile, al femminile, al singolare e al plurale (per es. *boia* e *pari*).

invariato (in-va-rià-to) AGG. · Che non è cambiato, che è rimasto uguale: *i prezzi resteranno invariati rispetto all'anno scorso* Ⓢ immutato, stabile.

invasione (in-va-ṣió-ne) N.F. **1** Occupazione di un territorio con le armi o con la forza: *le invasioni barbariche.* **2** Arrivo in gran numero di persone o cose spesso dannose: *un'invasione di scarafaggi; un'invasione di prodotti stranieri.*

invasivo (in-va-ṣì-vo) AGG. **1** Di malattia grave che si diffonde nell'organismo: *tumore invasivo.* **2** Di analisi medica o terapia che richiede la penetrazione all'interno dell'organismo: *un intervento chirurgico poco invasivo.*

invasore (in-va-ṣó-re) AGG. e N.M. · Che, chi occupa con la forza o con le armi un territorio: *l'esercito invasore; gli invasori furono respinti* Ⓢ conquistatore.

invecchiamento (in-vec-chia-mén-to) N.M. **1** Il diventare vecchio: *ha subito un vistoso invecchiamento; l'invecchiamento della pelle.* **2** Di alcuni alimenti, il periodo di tempo necessario perché raggiungano il gusto e la qualità migliori: *invecchiamento del formaggio, dei vini.*

A B C D E F G H I J K L M N O P Q R S T U V W X Y Z

invecchiare (in-vec-chià-re) V.INTR. e TR. (*invècchio*, ecc.) || INTR. (aus. *essere*) **1** Diventare vecchio: *per i dispiaceri è invecchiato velocemente* • Trascorrere la vecchiaia: *vorrei invecchiare in campagna.* **2** Di alcuni alimenti, diventare più buono con il tempo o con particolari trattamenti: *questo vino deve invecchiare almeno tre anni in botti apposite* Ⓢ stagionare. || TR. **1** Far sembrare vecchio: *la barba ti invecchia* Ⓒ ringiovanire. **2** Di alcuni alimenti, lasciare che diventino vecchi perché siano più buoni: *invecchiare un liquore in botti di rovere.*

invece (in-vé-ce) AVV. · Al contrario: *lo credevo onesto, invece è un delinquente.* Ⓔ ***Invece di***, in luogo di, al posto di: *fischi invece di applausi.*

I

inveire (in-ve-ì-re) V.INTR. (*inveìsco*, *inveìsci*, ecc.; aus. *avere*) · Rivolgersi contro qualcuno con parole violente: *inveire **contro** un passante distratto* Ⓢ imprecare.

inventare (in-ven-tà-re) V.TR. (*invènto*, ecc.) **1** Pensare qualcosa di nuovo e realizzarlo: *inventare una macchina; inventare un nuovo metodo di ricerca scientifica* Ⓢ creare. **2** Creare con la fantasia: *inventare una storia; Collodi ha inventato Pinocchio.* **3** Immaginare o dire cose non vere: *inventare una scusa; inventare calunnie;* anche TR. PRONOM.: *non dargli retta, si sta inventando tutto.*

inventario (in-ven-tà-rio) N.M. (pl. *-ri*) **1** Elenco preciso di tutti gli oggetti che esistono in un certo momento in un dato luogo: *compilare l'inventario delle merci di un negozio* Ⓢ lista. **2** Il libro in cui viene scritto tale elenco: *controllare l'inventario* Ⓢ registro, catalogo. **3** Elenco noioso: *ho dovuto stare a sentire tutto l'inventario delle sue prodezze.* Ⓔ ***Con beneficio d'inventario*** → ***beneficio***.

inventiva (in-ven-tì-va) N.F. · Capacità di creare qualcosa con la fantasia: *uno scrittore ricco di inventiva* Ⓢ immaginazione, creatività.

inventore (in-ven-tó-re) N.M. (f. *-trìce*) · Chi inventa qualcosa di nuovo: *Gutenberg fu l'inventore della stampa* Ⓢ creatore.

invenzione (in-ven-zió-ne) N.F. **1** Idea e realizzazione di qualcosa di nuovo e utile: *l'invenzione del microscopio, della bussola* Ⓢ creazione • L'oggetto realizzato: *il telefono è un'invenzione di Meucci.* **2** Creazione della fantasia, idea originale: *le ultime invenzioni della moda* Ⓢ trovata. **3** Cosa non vera: *le accuse contro il ministro sono un'invenzione dei giornali* Ⓢ bugia, falsità.

invernale (in-ver-nà-le) AGG. · Che riguarda l'inverno o avviene in inverno: *la stagione invernale; piogge invernali; vestiti invernali*, adatti alla stagione fredda. Ⓔ ***Sport invernali***, che si fanno sulla neve o sul ghiaccio come lo sci, il pattinaggio e l'hockey su ghiaccio.

inverno (in-vèr-no) N.M. · La quarta stagione dell'anno compresa, nell'emisfero boreale, tra il 22 dicembre e il 20-21 marzo e, in quello australe, tra il 21 giugno e il 23 settembre; è la stagione più fredda e meno illuminata.

inverosimile (in-ve-ro-si-mi-le) AGG. · Che non sembra vero o possibile: *il finale del film è proprio inverosimile; racconta vicende completamente inverosimili* Ⓢ improbabile, assurdo Ⓒ verosimile.

inversione (in-ver-sió-ne) N.F. **1** L'andare o il mandare nella direzione opposta: *inversione di rotta, inversione di marcia* Ⓢ cambiamento, cambio. **2** Cambiamento dell'ordine di più elementi: *una strana inversione di parole nella frase; l'inversione dei posti in classifica* Ⓢ scambio. Ⓔ ***Inversione a U***, cambio del senso di marcia di un veicolo fatto restando sulla stessa strada ma compiendo una curva stretta a forma di U: *non si può fare un'inversione a U in questo punto* • ***Inversione di tendenza***, cambiamento deciso di un comportamento o di un fenomeno in campo politico, economico o sociale: *positiva inversione di tendenza dell'andamento dell'euro.*

inverso (in-vèr-so) AGG. e N.M. || AGG. **1** Contrario od opposto rispetto a una direzione precedente: *abbiamo dovuto rifare il cammino inverso; procedeva in direzione inversa rispetto alla mia.* **2** Contrario od opposto rispetto alla posizione abituale: *le parole sono state messe in ordine inverso* Ⓢ rovesciato, invertito. || N.M. Caso contrario o situazione opposta: *sta succedendo l'inverso di quel che speravamo* Ⓢ opposto, contrario. Ⓔ ***All'inverso***, alla rovescia, al contrario: *si comporta sempre all'inverso di come dovrebbe.*

invertebrato (in-ver-te-brà-to) AGG. e N.M. (f. *-a*) · Di animale che non ha uno scheletro interno: *la lumaca è un animale invertebrato.*

invertire (in-ver-tì-re) V.TR. (*invèrto*, ecc.) **1** Mandare nel verso opposto: *invertire la marcia, la rotta.* **2** Mettere nell'ordine opposto: *invertire i nomi in una lista.* **E** ***Invertire le parti***, rovesciare una situazione, soprattutto a favore di chi prima era in svantaggio.

investigare (in-ve-sti-gà-re) V.INTR. (*invèstigo, invèstighi*, ecc.; aus. *avere*) · Fare indagini o ricerche approfondite: *investigare* ***su*** *un delitto; investigare negli ambienti della mafia* **S** indagare.

investigativo (in-ve-sti-ga-tì-vo) AGG. · Che riguarda lo svolgimento delle indagini su reati penali: *strategia investigativa; agente investigativo.*

investigatore (in-ve-sti-ga-tó-re) N.M. (f. *-trìce*) · Chi per lavoro fa indagini o raccoglie informazioni in modo approfondito. **E** ***Investigatore privato***, che fa indagini a pagamento per conto di una persona.

investigazione (in-ve-sti-ga-zió-ne) N.F. · Ricerca accurata e approfondita, soprattutto nel campo dell'attività della polizia: *le investigazioni della polizia non hanno ancora portato a niente* **S** indagine.

investimento (in-ve-sti-mén-to) N.M. **1** Uso di una somma di denaro per attività o acquisti che portino un guadagno futuro: *investimenti immobiliari; un investimento* ***in*** *buoni del tesoro; ha fatto degli ottimi investimenti.* **2** Scontro tra due veicoli o tra un veicolo e un pedone: *l'autista ha sterzato per evitare l'investimento di due persone* **S** incidente.

investire (in-ve-stì-re) V.TR. (*invèsto*, ecc.) **1** Usare una somma di denaro per ricavarne un guadagno: *dovresti investire* ***in*** *terreni; investirà i suoi soldi* ***in*** *azioni* • Mettere, spendere: *ho investito molte energie* ***in*** *questo lavoro.* **2** Urtare violentemente, soprattutto con un veicolo: *una raffica di vento la investì; l'auto non si è fermata allo stop e ha investito un ciclista* **S** travolgere. **3** Dare ufficialmente un titolo o un incarico importante: *è stato investito* ***del*** *grado di colonnello; il Parlamento ha investito il governo* ***di*** *pieni poteri.*

investitore (in-ve-sti-tó-re) AGG. e N.M. (f. *-trìce*) **1** Che, chi ha causato un incidente stradale: *l'auto investitrice; l'investitore si è dato alla fuga.* **2** Di chi investe una somma di denaro in qualcosa: *le banche devono tutelare gli interessi degli investitori.*

investitura (in-ve-sti-tù-ra) N.F. · Nel Medioevo, la concessione di un titolo o di un possesso con una cerimonia solenne: *l'investitura dei nobili vassalli.*

invettiva (in-vet-tì-va) N.F. · Discorso aggressivo e violento, soprattutto di accusa o di rimprovero: *lanciare un'invettiva contro qualcuno.*

inviare (in-vi-à-re) V.TR. (*invìo, invìi*, ecc.) · Mandare, spedire qualcuno o qualcosa: *il commissario inviò due uomini sul posto;* ***le*** *invierò un pacco postale.*

inviato (in-vi-à-to) N.M. (f. *-a*) · Chi viene mandato in un luogo per svolgere un incarico diplomatico o giornalistico: *gli inviati dell'ONU stanno cercando di far riaprire le trattative* **S** rappresentante, delegato. **E** ***Inviato speciale***, giornalista mandato in un luogo in occasione di avvenimenti importanti per raccontare i fatti.

invidia (in-vi-dia) N.F. (pl. *-die*) · Gelosia nei confronti della fortuna o della felicità altrui: *provare, nutrire invidia per qualcuno; ha sempre provato invidia nei tuoi confronti.* **E** ***Da fare invidia***, che desta ammirazione: *una salute da fare invidia.*

invidiabile (in-vi-dià-bi-le) AGG. · Che suscita ammirazione e insieme invidia: *ha un'invidiabile forza d'animo.*

invidiare (in-vi-dià-re) V.TR. (*invìdio*, ecc.) **1** Provare gelosia per la fortuna o la felicità altrui: *lo invidiano tutti* ***per*** *le sue ricchezze; molti invidiano* ***al*** *giovane imprenditore il suo successo.* **2** Ammirare e desiderare quello che altri possiedono: ***a*** *mio marito invidio soprattutto l'ottimismo.*

invidioso (in-vi-dió-so) AGG. · Pieno di invidia: *sono invidioso* ***della*** *sua fortuna; sguardi invidiosi.*

invincibile (in-vin-cì-bi-le) AGG. **1** Che non può essere sconfitto: *un esercito invincibile; una nuotatrice che si è dimostrata invincibile* Ⓢ insuperabile. **2** Che non si può reprimere, superare o controllare: *un desiderio invincibile di vederla; fu preso da un disgusto invincibile per quella situazione.*

invio (in-vì-o) N.M. (pl. *-vìi*) · Atto di spedire, di mandare verso una destinazione precisa: *l'invio di un pacco; l'invio degli ambasciatori non ha migliorato la situazione.*

inviolabile (in-vio-là-bi-le) AGG. **1** Che si deve rispettare assolutamente: *patto, diritto, segreto inviolabile.* **2** Di luogo, difficile o impossibile da raggiungere: *cime inviolabili* Ⓢ irraggiungibile.

I

inviperirsi (in-vi-pe-rìr-si) V.INTR. PRONOM. (*mi inviperìsco, ti inviperìsci*, ecc.) · Arrabbiarsi moltissimo: *se lo provochi s'inviperisce* Ⓢ infuriarsi, adirarsi.

inviperito (in-vi-pe-rì-to) AGG. · Arrabbiato, furioso: *gli rispose tutta inviperita.*

invischiare (in-vi-schià-re) V.TR. (*invìschio*, ecc.) || TR. **1** Spalmare di vischio per catturare gli uccelli: *invischiare i rami di un albero* • Catturare con il vischio: *invischiare gli uccelli.* **2** Attirare in una situazione difficile o pericolosa: *invischiare uno sprovveduto* ***in*** *un losco affare.* || **invischiarsi** INTR. PRONOM. Rimanere coinvolto in una situazione difficile o pericolosa: *invischiarsi* ***in*** *un amore impossibile.*

invisibile (in-vi-ṣì-bi-le) AGG. · Che non si può vedere perché non ha corpo oppure è troppo piccolo, lontano o nascosto: *gli angeli sono esseri invisibili; la nave è ormai invisibile all'orizzonte; all'interno c'è una molla invisibile* Ⓒ visibile.

inviso (in-vì-ṣo) AGG. · Guardato con antipatia: *l'inviso tiranno* Ⓢ malvisto, odiato.

invitante (in-vi-tàn-te) AGG. · Che attira, che provoca desiderio o curiosità: *un'offerta invitante; un sorriso invitante* Ⓢ allettante, attraente.

invitare (in-vi-tà-re) V.TR. **1** Chiedere a una persona di venire, di partecipare a qualcosa: *invitare un amico* ***a*** *cena,* ***a*** *una festa; mi hanno invitato* ***a*** *passare da loro le vacanze.* **2** Chiedere in modo cortese ma formale di fare qualcosa: *i presenti sono invitati* ***a*** *fare silenzio; il testimone fu invitato* ***a*** *presentarsi in tribunale.* **3** Far venire voglia: *questo bel sole invita* ***a*** *uscire* Ⓢ stimolare, invogliare.

invitato (in-vi-tà-to) AGG. e N.M. (f. *-a*) · Di persona che è stata chiamata a partecipare a un pranzo, a una festa, ecc.: *le autorità invitate* ***a*** *una cerimonia; preparare la lista degli invitati.*

invito (in-vì-to) N.M. **1** Proposta di partecipare a una festa, a un pranzo, a una cerimonia, ecc.: *fare, rivolgere, accettare un invito* • Il biglietto con cui si chiede di partecipare: *spedire gli inviti; ho ricevuto un invito* ***all'****inaugurazione della sua mostra.* **2** Richiesta cortese ma formale di fare qualcosa: *gli rivolse l'invito* ***ad*** *andarsene* Ⓢ preghiera. **3** Richiamo che viene da una cosa piacevole: *non so resistere all'invito della buona tavola* Ⓢ lusinga.

invivibile (in-vi-vì-bi-le) AGG. · Che non offre buone condizioni di vita: *l'inquinamento ha reso la città invivibile* Ⓒ vivibile.

invocare (in-vo-cà-re) V.TR. (*invòco, invòchi*, ecc.) **1** Rivolgersi a qualcuno con tono di preghiera per chiedere un aiuto: *invocare la Madonna; invocò la madre lontana* Ⓢ pregare, implorare. **2** Chiedere qualcosa di importante con solennità o con urgenza: *il Papa invoca la pace tra i popoli; i cittadini invocavano provvedimenti dalle autorità.*

invocazione (in-vo-ca-zió-ne) N.F. · Richiesta di aiuto fatta con urgenza o con solennità: *udimmo le sue invocazioni di soccorso; rivolse un'invocazione alla Vergine* Ⓢ preghiera, supplica.

invogliare (in-vo-glià-re) V.TR. (*invòglio*, ecc.) · Far venire la voglia di fare qualcosa: *invogliare gli allievi* ***allo*** *studio; questo caldo invoglia* ***a*** *bere* Ⓢ invitare, stimolare.

involontariamente (in-vo-lon-ta-ria-mén-te) AVV. · Senza alcuna intenzione, senza volerlo: *lo urtò involontariamente.*

involontario (in-vo-lon-tà-rio) AGG. (pl.m. *-ri*, pl.f. *-rie*) · Che è fatto senza volere, per caso: *un errore, un gesto involontario; omicidio involontario* Ⓒ volontario. Ⓔ ***Muscoli involontari*** → ***muscolo.***

involto (in-vòl-to) N.M. · Pacco, fagotto: *aveva un grosso involto sotto il braccio.*

involucro (in-vò-lu-cro) N.M. · Ciò che avvolge qualcosa, soprattutto gli oggetti in vendita: *il prodotto è protetto da un involucro di plastica* Ⓢ rivestimento, confezione.

involuto (in-vo-lù-to) AGG. · Complicato, contorto, oscuro: *discorsi involuti; una prosa involuta.*

involuzione (in-vo-lu-zió-ne) N.F. · Progressivo peggioramento, ritorno a un livello di sviluppo più basso: *la società sta subendo una grave involuzione politica* Ⓢ decadenza, regressione.

invulnerabile (in-vul-ne-rà-bi-le) AGG. **1** Che non può essere ferito: *Achille era invulnerabile in tutto il corpo tranne che nel tallone* Ⓒ vulnerabile. **2** Che non può essere attaccato: *è praticamente invulnerabile grazie al nome che porta.*

inzaccherare (in-zac-che-rà-re) V.TR. (*inzàcchero*, ecc.) · Sporcare di schizzi di fango: *una macchina **mi** ha inzaccherato il vestito* Ⓢ infangare.

inzuppare (in-zup-pà-re) V.TR. || TR. Bagnare completamente con un liquido: *inzuppare i biscotti **nel** tè; la pioggia ha inzuppato il terreno.* || **inzupparsi** INTR. PRONOM. Bagnarsi completamente: *mi sono inzuppato da capo a piedi.*

io (ì-o) PRON. PERS. M. e F. · Pronome di prima persona, usato solo come soggetto (per i complementi si usa *me*): *io vengo; vengo io; l'ho visto io stesso, l'ho visto proprio io; vengo anch'io.*

-io[1] · Suffisso che serve a formare nomi a partire da verbi e che indica 'insistenza di un'azione': *sventolio* da *sventolare.*

-io[2] · Suffisso che serve a formare aggettivi e che indica 'stato': *stantio*, rancido.

iodio (iò-dio) N.M. · Sostanza di colore violetto scuro che si trova in natura soprattutto nelle alghe, nelle acque minerali e nella tiroide di alcuni animali; i suoi composti sono usati nell'industria e in medicina (il simbolo chimico è *I*). Ⓔ ***Tintura di iodio***, disinfettante a base di iodio e alcol.

Il termine deriva dal greco *iódes* 'del colore della viola', per il colore violetto dei vapori di iodio.

ione (ió-ne) N.M. · Atomo o gruppo di atomi che ha perso o acquistato elettroni, e quindi ha una carica elettrica positiva o negativa.

-ione · Suffisso che serve a formare nomi femminili a partire da verbi e che indica 'azione': *aggressione*, l'atto di aggredire.

ionico[1] (iò-ni-co) AGG. e N.M. (f. *-a*; pl.m. *-ci*, pl.f. *-che*) · Della Ionia o degli Ioni, una delle antiche popolazioni greche. Ⓔ ***Ordine ionico***, stile dell'architettura greca antica, caratterizzato dalla colonna con base, scanalature lungo il fusto e capitello con due decorazioni a spirale.

ionico[2] (iò-ni-co) AGG. (pl.m. *-ci*, pl.f. *-che*) · Del Mar Ionio o delle Isole Ionie: *coste ioniche.*

ionico[3] (iò-ni-co) AGG. (pl.m. *-ci*, pl.f. *-che*) · Che riguarda gli ioni o qualsiasi atomo o molecola con una carica elettrica.

iosa (iò-ṣa) AVV. · Solo nell'espressione ***a iosa***, in grande quantità.

iper- · Prefisso che significa 'oltre, sopra la norma': *ipersensibile*, eccessivamente sensibile.

iperbole (i-pèr-bo-le) N.F. · Modo di dire che esprime un concetto in forma esagerata per dare vivacità al discorso, per es. *è un secolo che ti aspetto*, è molto tempo; *berrei un goccio di vino*, una piccola quantità; *te l'avrò detto mille volte*, molte volte; *vado e torno in un attimo*, in pochissimo tempo.

iperbolico (i-per-bò-li-co) AGG. (pl.m. *-ci*, pl.f. *-che*) **1** Che riguarda o usa l'iperbole: *uso iperbolico; espressioni iperboliche.* **2** Eccessivo, esagerato: *lodi, cifre iperboliche.*

ipercalorico (i-per-ca-lò-ri-co) AGG. (pl.m. *-ci*, pl.f. *-che*) · Che contiene o fornisce molte calorie: *bevanda ipercalorica* Ⓒ ipocalorico.

ipersensibile (i-per-sen-sì-bi-le) AGG. **1** Troppo sensibile, che subisce troppo i fatti esterni: *un impiegato ipersensibile **alle** critiche.* **2** In medicina, eccessivamente sensibile agli stimoli fisici: *gengive ipersensibili **al** caldo e **al** freddo.*

ipertensione (i-per-ten-sió-ne) N.F. · Pressione del sangue più alta del normale.

A B C D E F G H I J K L M N O P Q R S T U V W X Y Z

ipertesto (i-per-tè-sto) N.M. · In informatica, opera che si legge con il computer; contiene collegamenti che permettono di passare a piacere da un punto all'altro del testo, senza seguire per forza l'ordine delle pagine.

ipnosi (i-pnò-ṣi) N.F. INVAR. · Stato simile al sonno provocato da un esperto su una persona che, in tal modo, può ricordare fatti dimenticati del passato, o fare cose che non ricorderà poi da sveglia.

Il termine deriva dal greco *hýpnos* 'sonno', arrivato in italiano attraverso il francese.

ipnotico (i-pnò-ti-co) AGG. e N.M. (pl.m. *-ci*, pl.f. *-che*) || AGG. e N.M. Di sostanza capace di provocare l'ipnosi: *assuefazione agli ipnotici.* || AGG. **1** Che riguarda l'ipnosi: *stato ipnotico.* **2** Che affascina in modo irresistibile: *una melodia ipnotica; uno sguardo ipnotico.*

I

ipnotismo (i-pno-tì-ṣmo) N.M. · L'insieme delle tecniche usate per ottenere l'ipnosi e i fenomeni che la riguardano.

ipnotizzare (i-pno-tiẓ-zà-re) V.TR. **1** Far cadere in uno stato di ipnosi. **2** Affascinare in modo irresistibile: *quella sconosciuta lo aveva proprio ipnotizzato* Ⓢ incantare.

ipo- · Prefisso che significa 'sotto, al di sotto della norma': *ipocalorico.*

ipocalorico (i-po-ca-lò-ri-co) AGG. (pl.m. *-ci*, pl.f. *-che*) · Che contiene o fornisce poche calorie: *dieta ipocalorica* Ⓒ ipercalorico.

ipocentro (i-po-cèn-tro) N.M. · Il punto d'origine di un terremoto all'interno della crosta terrestre.

ipocondria (i-po-con-drì-a) N.F. (pl. *-drìe*) · Preoccupazione ossessiva per la propria salute, che porta spesso a credere di avere malattie inesistenti.

ipocondriaco (i-po-con-drì-a-co) AGG. e N.M. (f. *-a*; pl.m. *-ci*, pl.f. *-che*) · Di chi è convinto senza motivo di essere gravemente malato e si preoccupa per ogni minimo disturbo.

ipocrisia (i-po-cri-ṣì-a) N.F. (pl. *-ṣìe*) · Il comportamento di chi finge buone intenzioni per ingannare gli altri e conquistare la loro fiducia: *l'ipocrisia di tanti politici* Ⓢ falsità.

ipocrita (i-pò-cri-ta) N.M. e F. e AGG. (pl.m. *-i*, pl.f. *-e*) || N.M. e F. Chi finge buone intenzioni per conquistare la fiducia degli altri: *non aspettarti niente da un ipocrita come lui* Ⓢ falso. || AGG. Falso: *un discorso, un sorriso ipocrita.*

Il termine deriva dal greco *hypokrités* 'attore', quindi 'simulatore'.

iPod (i-Pod; pronuncia *aipòd*) N. INGL., in it. N.M. INVAR. · Nome commerciale ® di un lettore portatile di file musicali, che permette anche di memorizzare e riprodurre immagini e video.

ipofisi (i-pò-fi-si) N.F. INVAR. · Ghiandola che si trova alla base del cervello, che produce vari ormoni e controlla altre ghiandole.

ipogeo (i-po-gè-o) AGG. e N.M. (pl.m. *-gèi*, pl.f. *-gèe*) || AGG. Che vive o si sviluppa sotto terra: *fauna ipogea.* || N.M. Vano sotterraneo usato soprattutto come tomba o luogo di culto.

ipotalamo (i-po-tà-la-mo) N.M. · Parte del cervello che si trova alla base del cranio e controlla numerose funzioni dell'organismo, come la temperatura corporea, l'appetito, il sonno.

ipoteca (i-po-tè-ca) N.F. (pl. *-che*) · Garanzia che si dà per ottenere un prestito, rappresentata da un bene che si possiede come la casa, un terreno, ecc.; se non si restituisce la somma prestata, chi deve avere i soldi diventa proprietario di quel bene: *accendere, spegnere un'ipoteca; ha messo un'ipoteca sulla casa.* Ⓔ ***Mettere un'ipoteca su qualcosa***, avere grosse possibilità di ottenerlo: *con questa vittoria ha messo un'ipoteca sulla conquista del titolo.*

ipotecare (i-po-te-cà-re) V.TR. (*ipotèco*, *ipotèchi*, ecc.) · Mettere un'ipoteca su un bene: *ha dovuto ipotecare la casa.* Ⓔ ***Ipotecare il futuro***, contare su qualcosa che deve ancora avvenire: *non puoi ipotecare il futuro,* fare progetti senza sapere cosa accadrà.

ipotenusa (i-po-te-nù-ṣa) N.F. · Il lato più lungo di un triangolo rettangolo, opposto all'angolo retto.

ipotesi (i-pò-te-ṣi) N.F. INVAR. **1** Spiegazione provvisoria di un fatto non conosciuto, idea che si cerca di dimostrare con il ragionamento: *le ipotesi sono due: o ci prende in giro o fa sul serio; la tua è solo un'ipotesi* Ⓢ supposizione, congettura. **2** Caso, possibilità, eventualità:

nell'ipotesi che non riesca avrò la soddisfazione di aver tentato. **E** ***Per ipotesi***, per caso, eventualmente.

ipotetico (i-po-tè-ti-co) AGG. (pl.m. *-ci*, pl.f. *-che*) **1** Che deve essere verificato e dimostrato, basato su ipotesi: *ragionamento ipotetico; la ricostruzione ipotetica dell'incidente* **S** teorico, presunto. **2** Probabile, eventuale, possibile: *parla sempre di ipotetici guadagni; un ipotetico cliente.* **E** ***Periodo ipotetico***, in grammatica, quello formato da due proposizioni, di cui la prima, con il verbo generalmente al congiuntivo, esprime la condizione necessaria per il verificarsi di quanto espresso dalla seconda, con il verbo generalmente al condizionale (*se perdessi, lui ne sarebbe felice*).

ipotizzare (i-po-tiẓ-ẓà-re) V.TR. · Proporre come ipotesi: *ipotizziamo* ***che*** *l'abbia uccisa lui; sono stati ipotizzati vari reati a suo carico* **S** supporre, presumere.

ippica (ìp-pi-ca) N.F. (pl. *-che*) · Lo sport delle corse con i cavalli. **E** ***Datti all'ippica!***, invito ironico a cambiare mestiere.

ippico (ìp-pi-co) AGG. (pl.m. *-ci*, pl.f. *-che*) · Che riguarda i cavalli dal punto di vista sportivo: *concorso, torneo ippico.*

ippocampo (ip-po-càm-po) N.M. · Piccolo pesce che nuota in verticale; per la sua forma simile a quella di un cavallo è detto anche *cavalluccio marino.*

> Il termine deriva da una parola greca che significa 'cavallo bruco', composta di *híppos* 'cavallo' e *kámpe* 'bruco'.

ippocastano (ip-po-ca-stà-no) N.M. · Grande albero con frutti simili alle castagne, detti *castagne d'India*, che non si possono mangiare.

ippodromo (ip-pò-dro-mo) N.M. · Pista su cui si svolgono le corse dei cavalli.

ippopotamo (ip-po-pò-ta-mo) N.M. **1** Grosso mammifero erbivoro che vive presso fiumi e laghi africani e passa molto tempo in acqua; ha zampe corte e tozze, testa grossa con un'enorme bocca, pelle dura e grigia. **2** Simbolo di grossezza, lentezza e mancanza di grazia: *sembri un ippopotamo!*

> Il termine deriva da una parola greca che significa 'cavallo di fiume', composta di *híppos* 'cavallo' e *potamós* 'fiume'.

ipsilon (ì-psi-lon) N.F. O M. INVAR. · La ventesima lettera dell'alfabeto greco, trascritta nel nostro alfabeto con *y* e detta anche *i greco.*

ira (ì-ra) N.F. · Sentimento di rabbia violenta verso qualcosa o qualcuno: *ogni tanto ha dei tremendi scatti d'ira; si lasciò trasportare dall'ira* **S** collera, furia. **E** ***Costare un'ira di Dio***, nel linguaggio familiare, costare moltissimo.

iracheno (i-ra-chè-no) AGG. e N.M. (f. *-a*) || AGG. Dell'Iraq. || N.M. (f. *-a*) Abitante, nativo dell'Iraq.

iracondo (i-ra-cón-do) AGG. · Che si arrabbia spesso: *un carattere iracondo* **S** irascibile, iroso • Pieno di rabbia: *sguardo iracondo* **S** rabbioso.

iraniano (i-ra-nià-no) AGG. e N.M. (f. *-a*) || AGG. Dell'Iran. || N.M. (f. *-a*) Abitante, nativo dell'Iran.

irascibile (i-ra-scì-bi-le) AGG. · Che ha frequenti scatti d'ira, che si arrabbia spesso: *un temperamento irascibile* **S** collerico, rabbioso.

irato (i-rà-to) AGG. · Pieno d'ira: *un tono, uno sguardo irato* **S** infuriato, rabbioso.

iridato (i-ri-dà-to) AGG. · Che ha i colori dell'iride. **E** ***Maglia iridata***, quella data a chi vince il campionato del mondo di ciclismo.

iride (ì-ri-de) N.F. **1** Parte dell'occhio rotonda che circonda la pupilla; è quella che dà il colore all'occhio. **2** Arcobaleno. **E** ***I colori dell'iride***, i colori dell'arcobaleno: rosso, arancio, giallo, verde, azzurro, indaco e violetto.

iridescente (i-ri-de-scèn-te) AGG. · Che ha i riflessi dei colori dell'iride: *uno smalto iridescente* **S** cangiante.

iridescenza (i-ri-de-scèn-za) N.F. · Fenomeno ottico per cui alcune superfici, se colpite dalla luce, emanano i riflessi del colore dell'iride.

iris (ì-ris) N.F. INVAR. · Pianta erbacea dai fiori bianco-blu, azzurro-violacei o gialli, molto grandi.

irlandese (ir-lan-dé-se) AGG. e N.M. e F. || AGG. Dell'Irlanda. || N.M. e F. Abitante, nativo dell'Irlanda. || N.M. La lingua parlata in Irlanda.

ironia (i-ro-nì-a) N.F. (pl. *-nìe*) **1** Modo di criticare o prendere in giro, che consiste nel dare alle parole un significato opposto a quello letterale: *dire qualcosa con ironia; non è il caso di fare dell'ironia* ***su*** *certi argomenti; "Complimenti per la pulizia!" esclamò con ironia indicando la tovaglia macchiata di vino.* **2** Scherzo crudele, beffa: *è un'ironia lodarlo tanto e poi non farlo lavorare; l'ironia della sorte.*

ironico (i-rò-ni-co) AGG. (pl.m. *-ci*, pl.f. *-che*) · Pieno di ironia, che prende in giro: *uno sguardo ironico; una risposta ironica* Ⓢ beffardo.

ironizzare (i-ro-niz-zà-re) V.INTR. (aus. *avere*) · Fare dell'ironia: *ironizzare* ***sulle*** *paure degli altri.*

iroso (i-ró-so) AGG. · Pieno d'ira, che si arrabbia facilmente: *temperamento iroso; un vecchio iroso* Ⓢ irascibile.

irradiare (ir-ra-dià-re) V.TR. e INTR. (*irràdio*, ecc.) || TR. **1** Illuminare con la propria luce o con i propri raggi: *la luna irradia le cime coperte di neve* Ⓢ illuminare • Diffondere, emanare: *irradiare luce, calore.* **2** Rendere radioso, raggiante: *la gioia* ***gli*** *irradiava il volto.* **3** In medicina, curare con le radiazioni: *irradiare un tumore.* || INTR. (aus. *essere*) Diffondersi, emanare: *il calore che irradia* ***dal*** *sole; la luce irradia attraverso le tende.* || **irradiarsi** INTR. PRONOM. **1** Andare in direzioni diverse partendo da un'origine comune: *le strade che s'irradiano* ***dalla*** *capitale* Ⓢ diramarsi. **2** Propagarsi, diffondersi: ***da*** *Roma l'idea cristiana s'irradiò per il mondo.*

irradiazione (ir-ra-dia-zió-ne) N.F. **1** Diffusione, soprattutto di luce o calore. **2** Diffusione a partire da un centro in varie direzioni: *l'irradiazione di una sensazione dolorosa* Ⓢ propagazione.

irraggiungibile (ir-rag-giun-gì-bi-le) AGG. · Che non può essere raggiunto o realizzato: *una spiaggia irraggiungibile in auto; un obiettivo irraggiungibile.*

irragionevole (ir-ra-gio-né-vo-le) AGG. **1** Di persona, che si rifiuta di ragionare o di ascoltare le opinioni e i consigli altrui: *non essere irragionevole, ammetti il tuo errore.* **2** Che non segue la ragione e la logica: *una proposta irragionevole* Ⓢ assurdo, irrazionale Ⓒ ragionevole, logico • Che non ha una base nella realtà: *sospetti, timori irragionevoli* Ⓢ ingiustificato. **3** Eccessivo, esagerato, sproporzionato: *prezzi irragionevoli; richieste irragionevoli.*

irrancidire (ir-ran-ci-dì-re) V.INTR. (*irrancidìsco, irrancidìsci*, ecc.; aus. *essere*) · Andare a male: *il salame è irrancidito.*

irrazionale (ir-ra-zio-nà-le) AGG. **1** Che va contro la logica e la razionalità: *metodo irrazionale; sistemi di lavoro irrazionali* Ⓢ assurdo, illogico Ⓒ razionale. **2** Che non possiede la facoltà della ragione: *gli animali sono esseri irrazionali.*

irreale (ir-re-à-le) AGG. · Che non ha una base nella realtà o nell'esperienza, creato dalla fantasia: *un mondo irreale; un racconto irreale* Ⓢ fantastico, immaginario Ⓒ reale.

irrealizzabile (ir-re-a-liz-zà-bi-le) AGG. · Che non può essere realizzato: *un progetto, un sogno irrealizzabile* Ⓒ fattibile.

irrealtà (ir-re-al-tà) N.F. INVAR. · Mancanza di realtà: *l'irrealtà di un pericolo, di un'ipotesi* Ⓢ infondatezza Ⓒ realtà.

irrecuperabile (ir-re-cu-pe-rà-bi-le) AGG. **1** Perduto per sempre: *beni irrecuperabili; una serenità ormai irrecuperabile* • Di differenza, che non si può colmare: *il distacco dal primo in classifica è irrecuperabile.* **2** Di oggetto, che non può più essere usato: *macchinari irrecuperabili.* **3** Di persona, che non si può correggere o guarire: *una persona irrecuperabile* ***alla*** *società; un malato irrecuperabile.*

irredentismo (ir-re-den-tì-smo) N.M. · Movimento politico che mira a riunire alla madrepatria territori o popolazioni che hanno la stessa lingua e cultura ma si trovano in uno Stato straniero.

irrefrenabile (ir-re-fre-nà-bi-le) AGG. · Che non si può frenare o trattenere: *entusiasmo, riso irrefrenabile* Ⓢ sfrenato, inarrestabile.

irregolare (ir-re-go-là-re) AGG. **1** Che non è regolare, che non segue le regole: *abbiamo seguito una procedura irregolare; una condotta irregolare* Ⓢ anomalo, anormale Ⓒ regolare.

2 Di nomi o verbi che hanno una flessione diversa da quella della maggioranza degli altri nomi e verbi. **3** Che ha una forma non regolare, che ha qualche difetto: *i tratti irregolari del viso; una strada con il fondo irregolare* • Di figura geometrica che non ha lati o angoli uguali o simmetrici: *il triangolo scaleno è un poligono irregolare.* **4** Che non è costante o continuo nel tempo: *è molto irregolare nei pagamenti; polso irregolare.*

irregolarità (ir-re-go-la-ri-tà) N.F. INVAR. **1** L'essere irregolare, il non seguire le regole comuni: *l'irregolarità di una forma verbale; l'irregolarità della sua condotta* Ⓢ anomalia Ⓒ regolarità. **2** Atto che va contro una regola: *inchiesta su un'irregolarità amministrativa; sospensione della partita per un'irregolarità di gioco* Ⓢ scorrettezza.

irremovibile (ir-re-mo-vì-bi-le) AGG. · Che non cambia idea, che non si lascia convincere: *tutti gli ripetevano che avrebbe fatto una sciocchezza, ma lui fu irremovibile* Ⓢ inflessibile, ostinato.

irreparabile (ir-re-pa-rà-bi-le) AGG. · Così grave che non si può rimediare: *offesa irreparabile; errore irreparabile.*

irreperibile (ir-re-pe-rì-bi-le) AGG. · Che non si riesce a trovare o a rintracciare: *documenti irreperibili; il medico è irreperibile* Ⓢ introvabile.

irreprensibile (ir-re-pren-sì-bi-le) AGG. · Che non può essere criticato in alcun modo perché è sempre onesto e corretto: *una donna irreprensibile; una vita irreprensibile* Ⓢ ineccepibile.

irrequietezza (ir-re-quie-téz-za) N.F. · Irrequietudine.

irrequieto (ir-re-quiè-to) AGG. **1** Che è ansioso e agitato: *questa attesa mi rende irrequieto* Ⓢ inquieto Ⓒ quieto. **2** Che non sta mai fermo: *un ragazzo irrequieto* Ⓢ esuberante, vivace.

irrequietudine (ir-re-quie-tù-di-ne) N.F. · Stato di agitazione interiore: *non riusciva a nascondere la sua irrequietudine* Ⓢ inquietudine, irrequietezza.

irresistibile (ir-re-si-stì-bi-le) AGG. · A cui non si può resistere: *fascino irresistibile; un desiderio irresistibile di fuggire.*

irrespirabile (ir-re-spi-rà-bi-le) AGG. **1** Che non si può respirare: *la stanza era così piena di fumo che l'aria era irrespirabile.* **2** Di ambiente o situazione in cui ci si trova male: *in ufficio l'atmosfera è diventata irrespirabile* Ⓢ opprimente, pesante.

irresponsabile (ir-re-spon-sà-bi-le) AGG. **1** Che non ha prudenza, che non si rende conto delle conseguenze delle sue azioni: *un guidatore irresponsabile* Ⓢ imprudente, incosciente Ⓒ responsabile. **2** Che dimostra imprudenza e superficialità: *un gesto irresponsabile.*

irretire (ir-re-tì-re) V.TR. (*irretìsco, irretìsci,* ecc.) · Attirare con l'inganno o la seduzione: *farsi irretire da un imbroglione; quella donna l'ha irretito* ***con*** *le sue lusinghe* Ⓢ adescare, circuire.

irreversibile (ir-re-ver-sì-bi-le) AGG. **1** Che non può più tornare indietro, che va in una sola direzione: *moto, processo, sviluppo irreversibile* Ⓒ reversibile. **2** In medicina, che non può guarire: *coma irreversibile.*

irrevocabile (ir-re-vo-cà-bi-le) AGG. · Che non può essere cambiato o annullato: *giudizio irrevocabile.*

irriconoscibile (ir-ri-co-no-scì-bi-le) AGG. · Che non si può riconoscere dal suo aspetto: *la lunga malattia l'ha reso irriconoscibile* Ⓒ riconoscibile.

irriducibile (ir-ri-du-cì-bi-le) AGG. e N.M. e F. || AGG. **1** Che non può essere diminuito: *prezzi irriducibili* Ⓢ fisso. **2** Che non cede, che non si arrende: *volontà irriducibile; un avversario irriducibile* Ⓢ ostinato, accanito. || N.M. e F. Terrorista o detenuto politico che rimane fermo nelle sue convinzioni: *gli irriducibili delle Brigate Rosse.*

irrigare (ir-ri-gà-re) V.TR. (*irrìgo, irrìghi,* ecc.) **1** Bagnare con l'acqua un terreno di grandi dimensioni per far crescere le piante coltivate: *irrigare i campi.* **2** Di un fiume, attraversare un territorio: *l'Egitto è irrigato dal Nilo* Ⓢ bagnare.

irrigazione (ir-ri-ga-zió-ne) N.F. · La distribuzione di acqua su un terreno, per far crescere le piante che si coltivano: *il podere usufruisce di una buona irrigazione.* Ⓔ ***Irrigazione a pioggia***, per mezzo di spruzzi.

irrigidimento (ir-ri-gi-di-mén-to) N.M. **1** Il diventare rigido: *irrigidimento di un braccio; irrigidimento del clima.* **2** Tendenza a diventare severo e inflessibile: *all'irrigidimento del preside corrisposero atti di ribellione degli studenti.*

irrigidire (ir-ri-gi-dì-re) V.TR. (*irrigidìsco, irrigidìsci*, ecc.) || TR. **1** Rendere più rigido: *l'amido irrigidisce i tessuti* Ⓢ indurire. **2** Rendere più severo o duro: *irrigidire i controlli, le punizioni* Ⓢ inasprire. || **irrigidirsi** INTR. PRONOM. **1** Diventare rigido: *irrigidirsi **sull'**attenti.* **2** Diventare più severo, duro od ostinato: *irrigidirsi **in** un rifiuto.*

I

irriguo (ir-rì-guo) AGG. **1** Fornito di irrigazione, ben irrigato: *terreni irrigui.* **2** Usato per irrigare: *acque irrigue.*

irrilevante (ir-ri-le-vàn-te) AGG. · Che ha poca importanza, di scarsa o lieve entità: *ha subito solo danni irrilevanti* Ⓢ modesto, trascurabile Ⓒ rilevante, notevole.

irrimediabile (ir-ri-me-dià-bi-le) AGG. · Così grave che non può più essere risolto o rimediato: *un errore irrimediabile; danni irrimediabili* Ⓢ irreparabile.

irrinunciabile (ir-ri-nun-cià-bi-le) AGG. · A cui non si può rinunciare: *diritti irrinunciabili.*

irripetibile (ir-ri-pe-tì-bi-le) AGG. **1** Che non può accadere di nuovo: *un'esperienza irripetibile; un evento irripetibile* Ⓢ unico, straordinario. **2** Di parola o frase, così volgare che non si può ripetere o riferire: *offese irripetibili.*

irrisolto (ir-ri-sòl-to) AGG. · Che non è stato ancora risolto: *un problema irrisolto* Ⓢ insoluto.

irrisorio (ir-ri-ṣò-rio) AGG. (pl.m. *-ri*, pl.f. *-rie*) · Così piccolo o scarso che sembra una presa in giro: *compenso irrisorio; prezzi irrisori* Ⓢ ridicolo, inadeguato • Molto piccolo: *la differenza di valore tra i due anelli è irrisoria* Ⓢ minimo, irrilevante.

irritante (ir-ri-tàn-te) AGG. **1** Che dà fastidio, che irrita: *maniere irritanti* Ⓢ sgradevole, indisponente. **2** Di qualsiasi sostanza che provoca bruciore o infiammazione.

irritare (ir-ri-tà-re) V.TR. (*ìrrito*, ecc.) || TR. **1** Far arrabbiare, far perdere la pazienza: *mi irrita il suo modo arrogante* Ⓢ disturbare, contrariare. **2** Provocare bruciore o infiammazione: *il fumo irrita la gola.* || **irritarsi** INTR. PRONOM. Arrabbiarsi, innervosirsi, alterarsi: *si irrita **per** un nonnulla.*

irritato (ir-ri-tà-to) AGG. **1** Arrabbiato, contrariato: *è irritato **per** quel contrattempo.* **2** Infiammato: *avere la gola irritata.*

irritazione (ir-ri-ta-zió-ne) N.F. **1** Sentimento di rabbia e fastidio: *sul suo volto si leggeva l'irritazione* Ⓢ insofferenza. **2** Infiammazione, bruciore: *irritazione delle palpebre.*

irriverente (ir-ri-ve-rèn-te) AGG. · Che non porta rispetto: *un ragazzo irriverente nei confronti dei propri genitori; parole irriverenti verso la religione* Ⓢ insolente, impertinente.

irrobustire (ir-ro-bu-sti-re) V.TR. (*irrobustìsco, irrobustìsci*, ecc.) || TR. Rendere più forte e robusto: *il movimento all'aria aperta irrobustisce il corpo* Ⓢ fortificare, rafforzare. || **irrobustirsi** INTR. PRONOM. Diventare più robusto: *il ragazzo si è irrobustito.*

irrompere (ir-róm-pe-re) V.INTR. (irreg.: coniugato come *rompere*; mancano il part. pass. e i tempi composti) · Entrare all'improvviso con impeto o con la forza in un luogo: *la folla irruppe **nel** campo da gioco; le acque del fiume irrompono **nelle** campagne.*

irrorare (ir-ro-rà-re) V.TR. (*irròro*, ecc.) **1** Coprire di piccole gocce fitte: *il sudore **gli** irrorava la fronte* Ⓢ bagnare. **2** Cospargere o bagnare con un liquido: *irrorare le viti **con** antiparassitari.* **3** Del sangue, arrivare alle varie parti del corpo.

irruento (ir-ru-èn-to) AGG. **1** Che agisce con impeto: *modi irruenti; una ragazza irruenta* Ⓢ violento, impulsivo. **2** Che procede in modo travolgente: *una folla irruenta si riversò nelle strade* Ⓢ impetuoso.

irruenza (ir-ru-èn-za) N.F. · Tendenza a comportarsi in modo impulsivo e aggressivo: *parlare con irruenza* Ⓢ veemenza.

irruzione (ir-ru-zió-ne) N.F. · Entrata improvvisa e violenta: *la polizia ha fatto irruzione* ***in*** *un covo della mafia.*

irsuto (ir-sù-to) AGG. · Pieno di peli duri e lunghi: *capo irsuto; barba irsuta.*

irto (ìr-to) AGG. **1** Duro e pungente: *baffi irti.* **2** Pieno di sporgenze appuntite: *montagne irte* ***di*** *abeti; costa irta* ***di*** *scogli.* **3** Pieno di problemi o difficoltà: *un'impresa irta* ***di*** *ostacoli.*

iscritto (i-scrìt-to) AGG. e N.M. (f. *-a*) · Che, chi fa parte di un'associazione o di un gruppo organizzato: *assemblea degli iscritti; gli iscritti* ***al*** *club del golf.*

iscrivere (i-scrì-ve-re) V.TR. (irreg.: coniugato come *scrivere*) || TR. Inserire in un elenco, per motivi burocratici o per ammettere in un'organizzazione, in un'istituzione, ecc.: *iscrivere una spesa* ***nel*** *bilancio; iscrivere* ***all'****anagrafe; iscrivere i figli* ***a*** *scuola.* || **iscriversi** RIFL. Dare il proprio nome per entrare a far parte di un'istituzione o di un'organizzazione: *iscriversi* ***all'****università,* ***a*** *un partito politico.*

iscrizione (i-scri-zió-ne) N.F. **1** Testo inciso su pietra o metallo, per celebrare avvenimenti o personaggi: *iscrizione funebre su marmo; decifrare un'iscrizione.* **2** Inserimento in un documento o in un elenco ufficiale: *l'iscrizione* ***nel*** *registro dei pagamenti,* ***nelle*** *liste dei disoccupati* • L'atto formale con cui si entra a far parte di un'istituzione o di un'organizzazione, o ci si impegna a partecipare a un'iniziativa: *iscrizione* ***alla*** *prima liceo,* ***a*** *un club,* ***a*** *una gara ciclistica.*

Islam (I-ṣlàm) N.M. INVAR. · La collettività dei musulmani, il mondo musulmano.

> Il termine deriva da una parola araba che significa 'abbandono (di sé alla volontà divina)'.

islamico (i-ṣlà-mi-co) AGG. (pl.m. *-ci*, pl.f. *-che*) · Dell'Islam: *Paesi islamici; civiltà islamica.*

islamismo (i-ṣla-mì-ṣmo) N.M. · Religione monoteista fondata da Maometto all'inizio del settimo secolo d.C. e basata sulle rivelazioni che egli ricevette da Dio, scritte nel Corano, il libro sacro dei musulmani.

islandese (i-ṣlan-dé-se) AGG. e N.M. e F. || AGG. Dell'Islanda. || N.M. e F. Abitante, nativo dell'Islanda. || N.M. La lingua parlata in Islanda.

-ismo · Suffisso che serve a formare nomi astratti a partire da aggettivi e nomi e che indica 'dottrina, atteggiamento' (*socialismo, conformismo*) o 'difetto morale e fisico' (*egocentrismo, strabismo*); può formare anche nomi che indicano 'fenomeni grammaticali' (*consonantismo*) o 'sport' (*motociclismo*).

iso- · Primo elemento di parole composte che significa 'uguale, simile': *isotermia,* temperatura uguale nel tempo; *isoscele,* che ha i lati uguali.

isola (ì-ṣo-la) N.F. **1** Territorio più o meno grande, completamente circondato dalle acque: *isole coralline, vulcaniche.* **2** Luogo particolare, diverso da quelli che lo circondano: *la Svizzera sembra un'isola felice* Ⓢ oasi. Ⓔ ***Isola pedonale,*** zona del centro storico di una città in cui è vietato l'accesso ai veicoli a motore.

isolamento (i-ṣo-la-mén-to) N.M. **1** Separazione da tutto e da tutti, assenza di rapporti con l'ambiente circostante: *ormai vive in completo isolamento; cella d'isolamento.* **2** In medicina, il tenere le persone con malattie infettive in stanze speciali per impedire il contagio: *reparto d'isolamento; tenere in isolamento* Ⓢ quarantena. **3** Protezione di un ambiente, tramite materiali adatti, dai rumori (*isolamento acustico*), dal calore (*isolamento termico*) o dal passaggio di corrente elettrica (*isolamento elettrico*).

isolano (i-ṣo-là-no) AGG. e N.M. (f. *-a*) || AGG. Che è tipico di un'isola o che ci vive: *tradizioni isolane; popolazione isolana.* || N.M. (f. *-a*) Abitante, nativo di un'isola: *i fieri isolani della Sardegna.*

isolante (i-ṣo-làn-te) AGG. e N.M. · Di materiale che impedisce il passaggio dei suoni, del caldo, del freddo o dell'elettricità: *nastro isolante; isolanti acustici, elettrici, termici.*

isolare (i-ṣo-là-re) V.TR. (*ìṣolo*, ecc.) || TR. **1** Separare qualcosa da ciò che lo circonda: *la frana ha isolato il paese; isolare una parola* ***dal*** *contesto.* **2** Tenere lontano dagli altri, impedire i rapporti: *isolare un malato contagioso, un detenuto* Ⓢ segregare, emarginare. **3** Rivestire con materiale isolante: *isolare un filo elettrico.* **4** Separare una sostanza chimica dalle altre: *isolare un alcaloide.* **5** In medicina, trovare, individuare: *isolare un virus.* || **isolarsi** RIFL. Tenersi lontano dagli altri, rifiutare i rapporti sociali: *fin da piccolo aveva la tendenza a isolarsi* ***dai*** *compagni di classe* Ⓢ allontanarsi.

isolato (i-ṣo-là-to) AGG. e N.M. || AGG. **1** Privo di contatti, di collegamenti, di comunicazioni: *a causa della neve molti paesi sono rimasti isolati* • Lontano, solitario: *luogo isolato; un casolare isolato.* **2** Unico o molto raro: *un fenomeno isolato.* **3** Che non ha rapporti o contatti con gli altri: *vivere isolato; per quanto ancora forte, il partito oggi è isolato.* **4** Protetto con materiale isolante: *stanza isolata acusticamente.* || N.M. Gruppo di edifici circondato da strade: *la scuola si trova a pochi isolati da qui.*

isolazionismo (i-ṣo-la-zio-ni-ṣmo) N.M. · Scelta di uno Stato di non avere rapporti politici o economici con altri Stati, rinunciando ad accordi o alleanze: *l'isolazionismo americano tra le due guerre mondiali.*

isoscele (i-ṣò-sce-le) AGG. · Di triangolo con due lati uguali, oppure di trapezio con i due lati obliqui uguali.

isotermia (i-ṣo-ter-mì-a) N.F. · Situazione in cui la temperatura rimane uguale.

isotopo (i-ṣò-to-po) N.M. · Elemento chimico che ha lo stesso numero atomico (cioè lo stesso numero di protoni) ma diverso peso atomico (cioè numero diverso di neutroni), rispetto a un altro elemento chimico: *l'ozono è un isotopo dell'ossigeno.*

ispettore (i-spet-tó-re) N.M. (f. *-trìce*) · Persona inviata da un ente pubblico o da un'azienda privata a controllare l'andamento di qualcosa: *per far luce sull'episodio, nella scuola fu inviato un ispettore.* Ⓔ ***Ispettore di polizia***, poliziotto che organizza le attività della polizia e dirige le indagini.

ispezionare (i-spe-zio-nà-re) V.TR. (*ispezióno*, ecc.) · Sottoporre a un'ispezione: *ispezionare una scuola, un cantiere* Ⓢ controllare.

ispezione (i-spe-zió-ne) N.F. · Esame approfondito fatto per controllare che tutto sia in regola in un'attività o in una situazione: *fare un giro d'ispezione; durante l'ispezione non è stata trovata alcuna irregolarità* Ⓢ sopralluogo, accertamento.

ispido (i-spi-do) AGG. · Di peli o capelli duri e pungenti: *barba ispida; coda ispida.*

ispirare (i-spi-rà-re) V.TR. || TR. **1** Provocare un sentimento: *ispirare rispetto, invidia, antipatia* Ⓢ infondere. **2** Stimolare la fantasia, le idee o i sentimenti: *la prima guerra mondiale ha ispirato moltissimi scrittori; le sue parole sono ispirate dal rancore.* || **ispirarsi** INTR. PRONOM. Prendere ispirazione, trovare l'idea: *ispirarsi* ***a*** *un fatto di cronaca.*

ispirazione (i-spi-ra-zió-ne) N.F. **1** Stimolo a creare un'opera d'arte: *un poeta in cerca d'ispirazione.* **2** Impulso che porta a fare una scelta: *chi ha avuto l'ispirazione di fare questa gita?; ascoltare l'ispirazione del cuore* • Suggerimento, consiglio: *ho preso ispirazione dal tuo esempio.* **3** Tendenza politica o culturale: *un trattato di ispirazione liberale.* **4** Illuminazione che viene da Dio: *i profeti parlavano per ispirazione divina.*

israeliano (i-ṣra-e-lià-no) AGG. e N.M. (f. -*a*) || AGG. Dell'attuale Stato d'Israele. || N.M. (f. -*a*) Abitante, nativo dello Stato d'Israele.

israelita (i-ṣra-e-li-ta) AGG. e N.M. e F. (pl.m. -*i*, pl.f. -*e*) || AGG. Ebraico: *cultura israelita.* || AGG. e N.M. e F. Che, chi appartiene al popolo ebraico Ⓢ ebreo.

issare (is-sà-re) V.TR. || TR. Sollevare con sforzo, spesso usando cavi o carrucole: *issare le vele di una nave; issare un carico a bordo* Ⓢ alzare. || **issarsi** RIFL. Sollevarsi o salire con fatica: *issarsi* ***su*** *una sedia; issarsi a cavallo* Ⓢ montare, salire.

-ista · Suffisso che serve a formare nomi a partire da nomi in -*ismo* e che indica 'aderenza a una dottrina': *socialista,* che aderisce al socialismo; serve a formare anche nomi a partire da altri nomi e indica 'categoria professionale': *dentista* da *dente.*

istantaneo (i-stan-tà-ne-o) AGG. (pl.m. -*nei*, pl.f. -*nee*) · Che avviene all'improvviso o dura pochissimo tempo: *arresto istantaneo; la luce istantanea di un lampo* Ⓢ subitaneo, fulmineo. Ⓔ ***Fotografia istantanea*** (o *un'i-*

stantanea N.F.), quella presa senza che i soggetti siano in posa.

istante (i-stàn-te) N.M. · Momento brevissimo Ⓢ attimo. Ⓔ ***All'istante*** o ***sull'istante***, immediatamente • ***A ogni istante*** o ***in ogni istante***, continuamente: *ti penso in ogni istante*.

istanza (i-stàn-za) N.F. **1** Richiesta inviata a una pubblica autorità: *ha inoltrato un'istanza al governo*. **2** Esigenza, necessità, richiesta: *non si possono ignorare le istanze sociali che ci provengono dal basso*. **3** Nel linguaggio giuridico, ogni grado di un processo. Ⓔ ***In ultima istanza***, di decisione presa dopo lunghe discussioni.

istaurare (i-stau-rà-re) → ***instaurare***.

isteria (i-ste-rì-a) N.F. (pl. *-rìe*) · Stato di eccitazione eccessiva e incontrollata: *la notizia dell'esplosione ha scatenato l'isteria collettiva*.

isterico (i-stè-ri-co) AGG. e N.M. (f. *-a*; pl.m. *-ci*, pl.f. *-che*) || AGG. Di problemi mentali che si manifestano anche con disturbi fisici: *un'improvvisa crisi isterica* • Che soffre di tali disturbi: *una donna isterica*. || N.M. (f. *-a*) Chi ha spesso crisi di nervi o reazioni emotive esagerate: *non fare l'isterica!* Ⓢ nevrotico.

-istico · Suffisso che serve a formare aggettivi (*realistico*, fondato su fatti concreti) a volte con valore leggermente peggiorativo (*personalistico*, che tutela gli interessi personali).

istigare (i-sti-gà-re) V.TR. (*ìstigo*, *ìstighi*, ecc.) · Spingere qualcuno a compiere azioni illegali: *istigare **alla** prostituzione, **a** rubare*.

istigazione (i-sti-ga-zió-ne) N.F. · Incitamento a compiere azioni illegali: *istigazione **a** delinquere*.

istillare (i-stil-là-re) V.TR. **1** Versare goccia a goccia: *istillare un medicamento **nelle** narici*. **2** Mettere pian piano nell'animo: *istillare **in** qualcuno l'amore del bello* Ⓢ infondere, trasmettere.

istintivamente (i-stin-ti-va-mén-te) AVV. · Per impulso, senza riflettere: *istintivamente si protesse il viso*.

istintivo (i-stin-tì-vo) AGG. · Mosso dall'istinto, che è fatto o agisce senza riflettere: *un gesto istintivo; la sua reazione fu istintiva* Ⓢ spontaneo.

istinto (i-stìn-to) N.M. **1** La spinta interna ad agire in un certo modo: *agire d'istinto; il suo istinto l'ha messo sulla pista giusta* • Predisposizione naturale: *ha un buon istinto per gli affari* Ⓢ inclinazione, attitudine. **2** Ogni comportamento naturale che ha per scopo la conservazione dell'individuo e della sua specie: *istinto di conservazione; l'istinto materno; l'istinto sessuale*. Ⓔ ***Per istinto*** o ***di istinto***, senza riflettere o ragionare: *si ritrasse di istinto; per istinto quel ragazzo le era antipatico*.

istituire (i-sti-tu-ì-re) V.TR. (*istituìsco*, *istituìsci*, ecc.) **1** Creare qualcosa di pubblico interesse: *istituire un ente, un premio letterario* Ⓢ fondare, costituire. **2** Stabilire mettendo in relazione più elementi: *istituire un rapporto, un parallelo* Ⓢ instaurare.

istituto (i-sti-tù-to) N.M. **1** Ente pubblico o privato, fondato per un preciso scopo: *istituto bancario, ospedaliero*. **2** Nome di alcuni tipi di scuole superiori oppure, nelle università, ciascuno dei settori specializzati per le singole materie: *istituto tecnico, magistrale; istituto di botanica, di medicina legale*. **3** ***Istituto giuridico***, l'insieme delle norme che regolano un aspetto della vita sociale: *l'istituto giuridico del matrimonio*. Ⓔ ***Istituto di credito***, banca.

istituzionale (i-sti-tu-zio-nà-le) AGG. · Che riguarda un'istituzione, soprattutto politica: *compiti istituzionali; referendum istituzionale*.

istituzione (i-sti-tu-zió-ne) N.F. **1** L'insieme delle norme e delle usanze che regolano la vita sociale: *l'istituzione del matrimonio, della famiglia* • AL PL. Le leggi fondamentali dello Stato e le persone o gli organismi che le rappresentano: *la crisi delle istituzioni; istituzioni democratiche, repubblicane*. **2** Atto ufficiale che segna la creazione di qualcosa: *l'istituzione di un premio, di una cattedra universitaria, di un ordine religioso* Ⓢ costituzione, fondazione.

istmo (ìst-mo) N.M. · Striscia di terra abbastanza stretta che unisce due territori circondati dalle acque: *l'istmo di Corinto, di Panama*.

isto- · Primo elemento di parole composte che indica 'tessuto organico': *istologia*, lo studio dei tessuti organici.

istogramma (i-sto-gràm-ma) N.M. (pl. *-i*) · Presentazione grafica di un fenomeno con figure geometriche più o meno grandi a seconda del valore che rappresentano.

istologia (i-sto-lo-gì-a) N.F. (pl. *-gìe*) · Settore della biologia che studia al microscopio i tessuti degli organismi vegetali e animali.

istologico (i-sto-lò-gi-co) AGG. (pl.m. *-ci*, pl.f. *-che*) · Che riguarda o è basato sull'istologia: *esame istologico*.

I

istoriare (i-sto-rià-re) V.TR. (*istòrio*, ecc.) · Decorare con immagini che raffigurano imprese o leggende: *istoriare il portale di una chiesa*.

istradare (i-stra-dà-re) V.TR. → ***instradare***.

istrice (ì-stri-ce) N.M. · Roditore con corpo tozzo e schiena ricoperta di lunghe spine bianche e nere, che gli servono per difendersi quando viene attaccato; comunemente è detto anche *porcospino*.

Il termine deriva da una parola greca che significa 'porcospino', composta di *hys* 'porco' e *thriks* 'pelo'.

istrione (i-strió-ne) N.M. **1** Nell'antica Roma, attore di commedie • Attore scarso, che recita con toni esagerati e ridicoli: *un istrione da quattro soldi*. **2** Chi ama gli atteggiamenti esagerati: *è sempre il solito istrione!* Ⓢ attore.

istruire (i-stru-ì-re) V.TR. (*istruìsco*, *istruìsci*, ecc.) **1** Dare a qualcuno le nozioni fondamentali di una disciplina, di una tecnica: *istruire qualcuno* ***nella*** *matematica*, ***nella*** *lavorazione del ferro*. **2** Dare a qualcuno le basi della cultura: *istruire i giovani*. **3** Dare istruzioni o consigli su qualcosa: *mi ha istruito* ***su*** *come comportarmi al colloquio di lavoro*.

istruttivo (i-strut-tì-vo) AGG. · Che insegna qualcosa, che educa: *una lettura istruttiva*; *un'esperienza istruttiva* Ⓢ educativo, edificante.

istruttore (i-strut-tó-re) N.M. (f. *-trìce*) · Chi insegna una tecnica o un'attività: *istruttore di nuoto, di volo, di sci* Ⓢ maestro.

istruttoria (i-strut-tò-ria) N.F. (pl. *-rie*) · La fase iniziale di un processo, in cui si raccolgono le prove: *svolgimento dell'istruttoria*.

istruzione (i-stru-zió-ne) N.F. **1** Il possesso di nozioni culturali o tecniche: *essere privo di istruzione*; *dare, ricevere una buona istruzione* Ⓢ educazione • L'insieme delle conoscenze che si ricevono a scuola: *istruzione primaria, secondaria, universitaria*; *istruzione obbligatoria, pubblica*. **2** SPESSO AL PL. Spiegazione del modo in cui si deve fare qualcosa: *attendere istruzioni*; *dare istruzioni al personale*; *attenersi alle istruzioni del medico* Ⓢ indicazione • Foglio scritto che spiega come usare un prodotto: *istruzioni di montaggio*; *leggere le istruzioni per l'uso del medicinale*.

istupidire (i-stu-pi-dì-re) V.TR. e INTR. (*istupidìsco*, *istupidìsci*, ecc.) || TR. Rendere stupido Ⓢ rincretinire • Intontire, stordire: *questo baccano finirà con l'istupidirci*. || INTR. (aus. *essere*) e **istupidirsi** INTR. PRONOM. Diventare stupido: *con l'età si è istupidito* • Intontirsi, stordirsi.

-ità · Suffisso che serve a formare nomi femminili astratti a partire da aggettivi: *brevità* da *breve*.

italianizzare (i-ta-lia-niz-zà-re) V.TR. || TR. **1** Far diventare italiano nella cultura o nell'uso della lingua: *italianizzare un popolo*. **2** Adattare alla lingua italiana una parola straniera: *italianizzare una parola francese*. || **italianizzarsi** INTR. PRONOM. Assumere gli atteggiamenti e la cultura propri degli italiani.

italiano (i-ta-lià-no) AGG. e N.M. (f. *-a*) || AGG. Dell'Italia. || N.M. (f. *-a*) Abitante, nativo dell'Italia. || N.M. La lingua parlata in Italia. Ⓔ ***All'italiana***, tipicamente italiano: *mi piace mangiare all'italiana*; trovando un compromesso, come si ritiene che facciano sempre gli italiani: *hanno trovato una soluzione all'italiana*.

italico (i-tà-li-co) AGG. e N.M. (f. *-a*; pl.m. *-ci*, pl.f. *-che*) || AGG. **1** Delle antiche popolazioni dell'Italia centro-meridionale. **2** Italiano: *il cinismo è un tipico difetto italico*. || N.M. (f. *-a*) Chi apparteneva alle antiche popolazioni dell'Italia centro-meridionale.

-ite · Suffisso che serve a formare nomi scientifici; indica 'malattia' (*appendicite*, infiammazione dell'appendice) o 'minerali' (*grafite*, minerale di color nero).

iter (ì-ter) N.M. LAT., in it. N.M. INVAR. · Il percorso burocratico di un documento: *la legge deve seguire il suo iter al Senato* Ⓢ trafila, procedura.

iterativo (i-te-ra-tì-vo) AGG. · In grammatica: ***composto iterativo***, espressione formata dalla ripetizione di una sola parola, per es. *piano piano* • ***Verbo iterativo***, quello che indica il fatto che un'azione viene ripetuta, per es. *ripassare* rispetto a *passare*.

itinerante (i-ti-ne-ràn-te) AGG. · Che si sposta da un luogo a un altro: *mostra itinerante; spettacolo itinerante* • Di persona che svolge la propria attività in luoghi diversi: *compagnia teatrale itinerante; venditore itinerante* Ⓢ ambulante, girovago.

itinerario (i-ti-ne-rà-rio) N.M. (pl. *-ri*) · Il percorso di una gara sportiva, di un viaggio, di una manifestazione, di una visita turistica: *l'itinerario del Giro d'Italia, del corteo* Ⓢ percorso, tragitto.

ittico (ìt-ti-co) AGG. (pl.m. *-ci*, pl.f. *-che*) · Che riguarda i pesci: *il patrimonio ittico di una regione.*

iunior (iù-nior) AGG. LAT., in it. AGG. (pl. *iuniòres*) · Più giovane; quando in una stessa famiglia ci sono nomi propri uguali, indica la persona nata dopo: *Mario Rossi iunior nipote di Mario Rossi senior* Ⓒ senior.

iuta (iù-ta) N.F. · Fibra tessile che si ricava dalla corteccia di diverse piante; si usa per fare corde o sacchi.

> Il termine deriva da una parola sanscrita che significa 'treccia di capelli'.

Iva o **IVA** (Ì-va) N.F. INVAR. · Imposta indiretta sui consumi che si applica a ogni bene o servizio scambiato. Ⓔ ***Partita Iva*** → ***partita***.

> Il termine è la sigla di *Imposta sul Valore Aggiunto.*

ivi (ì-vi) AVV. · In quel luogo Ⓢ lì.

-ivo · Suffisso che serve a formare aggettivi a partire da participi: *decisivo* da *deciso*; serve a formare anche nomi femminili: *direttiva* da *diretto*.

-izzare · Suffisso che serve a formare verbi a partire da nomi e aggettivi: *materializzare* da *materiale*.

j, J N.F. O M. INVAR. · Decima lettera di vari alfabeti stranieri, è una consonante (nome della lettera: *i lungo* o *i lunga* oppure, all'inglese, *gèi*); è usata in italiano in parole di origine straniera.

jack (pronuncia *gèc*) N. INGL., in it. N.M. INVAR. · Il fante delle carte da gioco francesi: *jack di cuori*.

jackpot (jack-pot; pronuncia *gècpot*) N. INGL., in it. N.M. INVAR. · Nei giochi d'azzardo e nelle lotterie, il montepremi, costituito anche dal denaro che non è stato vinto nelle giocate precedenti.

J

jacquard (jac-quard; pronuncia *jacàr*) AGG. e N.M. FR., in it. AGG. e N.M. INVAR. · Di tessuto a disegno geometrico, ottenuto alternando fili di diverso colore.

jacuzzi (ja-cuz-zi; pronuncia *iacùzzi*) N.F. INVAR. · Nome commerciale ® di una vasca con idromassaggio.

jazz (pronuncia *gèz*) N. INGL., in it. N.M. e AGG. INVAR. · Di genere musicale nato agli inizi del Novecento negli Stati Uniti; ha un ritmo molto vivace ed è ricco di improvvisazioni: *gli piace molto il jazz; orchestra jazz*.

jazzista (jaz-zi-sta; pronuncia *giazzìsta* o *gezzìsta*) N.M. e F. (pl.m. *-i*, pl.f. *-e*) · Suonatore di jazz.

jeans (pronuncia *gins*) N. INGL., in it. N.M. INVAR. **1** Tela di cotone, in genere di colore blu, molto resistente: *un giubbotto di jeans*. **2** AL PL. Abbreviazione, molto comune, di *blue jeans*.

jeep (pronuncia *gip*) N. INGL., in it. N.F. INVAR. · Nome commerciale ® di un tipo di camioncino scoperto molto robusto, adatto a terreni accidentati: *con una jeep si arriva fino in cima alla montagna*.

Il termine deriva dalle lettere *G.P.*, sigla di *General Purpose* 'per tutti gli usi', che identificava la caratteristica principale del veicolo.

jersey (jer-sey; pronuncia *gèrsi*) N. INGL., in it. N.M. INVAR. · Tessuto di maglia molto morbido: *una gonna di jersey*.

jet (pronuncia *gèt*) N. INGL., in it. N.M. INVAR. · Aereo con motore a reazione: *la regina volerà con un jet privato*.

jet lag (pronuncia *gèt lèg*) N. INGL., in it. N.M. INVAR. · Senso di malessere e stanchezza che si prova dopo un lungo volo aereo, a causa del cambio di fuso orario.

jihad (ji-had; pronuncia *gi-àd*) N.M. e F. INVAR. **1** Nell'islamismo, la guerra santa contro gli infedeli. **2** Gruppo terroristico che segue l'integralismo islamico.

Il termine deriva da una parola araba che significa 'lotta'.

jingle (jin-gle; pronuncia *gìngol*) N. INGL., in it. N.M. INVAR. · Musichetta che accompagna una pubblicità.

job center (job cen-ter; pronuncia *giòb sènter*) N. INGL., in it. N.M. INVAR. · Ufficio di collocamento privato: *le offerte di lavoro di un job center*.

jogging (jog-ging; pronuncia *giògghin*) N. INGL., in it. N.M. INVAR. · Corsa a ritmo lento praticata per mantenere la forma fisica o per hobby: *fa jogging tutti i giorni*.

joint venture (joint ven-tu-re; pronuncia *giòint vènciur*) N. INGL., in it. N.F. INVAR. · Accordo fra aziende per realizzare un progetto dividendo i rischi e i guadagni.

jolly (jol-ly; pronuncia *giòlli*) AGG. INGL., in it. N.M. INVAR. **1** Carta da gioco che può assumere qualsiasi valore: *ha due jolly in mano*. **2** Persona capace di svolgere diversi compiti a seconda delle necessità: *fa un po' il jolly in ufficio*.

Il termine deriva dalla scritta inglese *The Jolly Joker* 'l'allegro buffone' che compare sulla carta da gioco dove è raffigurato.

joystick (joy-stick; pronuncia *giòistic*) N. INGL., in it. N.M. INVAR. · Strumento con leve e pulsanti usato nei videogiochi per controllare le immagini sullo schermo.

judo (ju-do; pronuncia *giùdo*) N.M. INVAR. · Tipo di lotta di origine giapponese praticata in molti Paesi come sport: *mio fratello è cintura nera di judo.*

Il termine deriva da una parola giapponese che significa 'arte dell'arrendevolezza'.

judoka (ju-do-ka; pronuncia *giudòca*) N.M. e F. INVAR. · Chi pratica il judo.

jujitsu (ju-jit-su; pronuncia *giugìzu*) N.M. e F. INVAR. · Tecnica di difesa personale nata in Giappone e diffusasi poi come arte marziale.

jukebox (ju-ke-box; pronuncia *giubòcs*) N. INGL., in it. N.M. INVAR. · Apparecchio musicale installato in locali pubblici, che consente di ascoltare canzoni a scelta inserendo delle monete: *ha comprato un jukebox degli anni Sessanta.*

jumbo (jum-bo; pronuncia *giàmbo* o *giùmbo*) N. INGL., in it. N.M. e AGG. INVAR. || N.M. Grande aereo capace di trasportare oltre quattrocento passeggeri: *prendere un jumbo.* || AGG. Di dimensioni superiori al normale: *confezione jumbo.*

junior (ju-nior; pronuncia *iùnior*) AGG. LAT., in it. AGG. e N.M. (pl. *juniòres*) · Variante grafica di *iunior*, preferita nel linguaggio sportivo, soprattutto per indicare atleti di età compresa fra i 16 e i 21 anni che partecipano a gare giovanili: *categoria juniores.*

junk food (pronuncia *giànk fùd*) N. INGL., in it. N.M. INVAR. · Cibo poco sano e molto calorico, pieno di zuccheri o grassi, come i dolciumi confezionati.

Il termine deriva da *junk* 'spazzatura' e *food* 'cibo'.

k

K

k, K N.F. O M. INVAR. · Undicesima lettera di vari alfabeti stranieri, è una consonante (nome della lettera: *cappa*); si pronuncia come una *c* dura (per es. la *c* di *casa*) ed è usata in italiano in parole di origine straniera.

kafkiano (kaf-kià-no) AGG. · Che riguarda lo scrittore Franz Kafka (1883-1924) • Assurdo e pieno d'angoscia come sono le situazioni narrate da Kafka.

kaki (kà-ki) → ***cachi***[1] e → ***cachi***[2].

kamikaze (ka-mi-kà-ze) N.M. e F. INVAR. **1** Durante la seconda guerra mondiale, pilota giapponese che si gettava con il suo aereo carico di esplosivo contro un obiettivo nemico. **2** Chi compie un attentato suicida. **3** Persona che non teme i pericoli e i rischi: *i folli kamikaze della Formula Uno.*

> Il termine deriva da una parola giapponese che significa 'vento divino'.

kappaò (kap-pa-ò) N.M. INVAR. · Nel linguaggio comune, knockout.

karakiri (ka-ra-kì-ri) → ***harakiri***.

karaoke (ka-ra-ò-ke) N.M. INVAR. · Gioco di origine giapponese in cui i partecipanti cantano una canzone su una base musicale registrata, mentre su un video scorre il testo del brano: *una serata di karaoke.*

karate (ka-rà-te) o **karatè** (ka-ra-tè) N.M. INVAR. · Tipo di lotta di origine giapponese caratterizzata da colpi dati con i piedi o con le mani; viene praticata in molti Paesi come sport: *praticare il karate.*

karma (kar-ma; pronuncia *càrma*) N.M. INVAR. · Nelle religioni orientali, il risultato delle azioni compiute da ogni vivente, anche nelle vite precedenti, che determina ciò che può capitare nel corso della vita: *avere un karma negativo, positivo.*

kasher (ka-sher; pronuncia *cascèr*) AGG. INVAR. · Di cibo che è puro secondo la legge religiosa ebraica.

> Il termine deriva da una parola ebraica che significa 'conveniente, idoneo'.

kayak (ka-yak; pronuncia *caiàc*) N. INGL., in it. N.M. INVAR. · Tipo di canoa lunga e stretta che si usa nelle gare di canottaggio.

kebab (ke-bab; pronuncia *chebàb*) N.M. INVAR. · Piatto di spiedini di carne di montone o di agnello arrostiti o cotti alla griglia; è tipico della cucina mediorientale.

kefiah (ke-fi-ah; pronuncia *chefià*) N.M. O F. INVAR. · Il caratteristico copricapo arabo, formato da un telo di stoffa che si pone in testa piegandolo a triangolo, con due punte che cadono sulle spalle e la terza sul collo.

kermesse (ker-mes-se; pronuncia *chermès*) N.F. FR., in it. N.F. INVAR. · Raduno o manifestazione pubblica molto importante: *a giorni la città sarà travolta dalla kermesse del festival della canzone* • Nel linguaggio sportivo, gara ciclistica che si svolge all'interno di una città.

ketchup (ket-chup; pronuncia *chèciap*) N. INGL., in it. N.M. INVAR. · Salsa a base di pomodoro con zucchero, aceto, erbe aromatiche: *una porzione di patatine fritte con ketchup.*

kibbutz (kib-butz; pronuncia *chibbùz*) N.M. INVAR. · Fattoria a gestione collettiva, tipica dell'odierno Stato di Israele.

kick boxing (kick bo-xing; pronuncia *chic-bòcsing*) N. INGL., in it. N.M. INVAR. · Sport simile al pugilato ma che ammette anche l'uso dei piedi per colpire l'avversario.

killer (kil-ler; pronuncia *chìller*) N. INGL., in it. N.M. e F. INVAR. · Assassino che viene pagato da altri per uccidere: *due killer gli hanno sparato mentre rientrava a casa* Ⓢ sicario.

kilo- → ***chilo-***.

kilt (pronuncia *chilt*) N. INGL., in it. N.M. INVAR. · Il tradizionale gonnellino scozzese a pieghe.

kimono (ki-mo-no; pronuncia *chimòno*) N.M. (invar. o, raro, pl. *-i*) · Lunga veste tradizionale giapponese, con ampie maniche, stretta in vita da un'ampia fascia legata dietro la schiena • Costume da judo.

Il termine deriva da una parola giapponese che significa 'vestito'.

kit (pronuncia *chit*) N. INGL., in it. N.M. INVAR. **1** L'insieme dei pezzi necessari per montare da soli un oggetto: *ho comprato una libreria in kit.* **2** Confezione che contiene tutti gli strumenti necessari per un dato scopo: *il kit dell'elettricista.* **3** Confezione omaggio per provare dei prodotti: *un kit di campioni di profumo.*

kitesurf (ki-te-surf; pronuncia *caitsérf*) N. INGL., in it. N.M. INVAR. · Sport che consiste nel fare surf trainati da un aquilone.

kitsch (pronuncia *chič*) N.M. TED., in it. N.M. e AGG. INVAR. · Di stile che vorrebbe essere artistico e decorativo, ma è in realtà banale e di cattivo gusto: *ha arredato la sua casa in maniera decisamente kitsch; hai visto quant'è kitsch quel vestito?*

kiwi (ki-wi; pronuncia *chìui*) N.M. INVAR. **1** Uccello della Nuova Zelanda, grosso come una gallina, con becco molto lungo e incapace di volare. **2** Frutto con buccia marrone e pelosa e polpa verde dal sapore dolce; cresce su una pianta ampiamente coltivata in Nuova Zelanda, e adesso anche in Italia: *il kiwi è ricco di vitamina C.*

kleenex (klee-nex; pronuncia *clìnecs*) N. INGL., in it. N.M. INVAR. · Nome commerciale ® di un tipo di fazzoletti per il naso di carta sottile.

knockout (knock-out; pronuncia *nocàut*) (o **knock-out**) N. INGL., in it. N.M. INVAR. e AVV. || N.M. Nel pugilato, colpo che abbatte l'avversario senza che egli riesca a rialzarsi entro dieci secondi: *ha subito solo due knockout nella sua carriera.* || AVV. Fuori combattimento: *ha messo knockout l'avversario.*

know-how (know-how; pronuncia *nouhàu*) N. INGL., in it. N.M. INVAR. · L'insieme delle conoscenze necessarie per usare una tecnologia o un macchinario, o per svolgere un'attività: *ai Paesi del Terzo mondo non mancano solo le risorse economiche, ma anche il know-how.*

ko o **K.O.** → ***knockout***.

koala (ko-a-la; pronuncia *coàla*) N.M. INVAR. · Marsupiale simile a un piccolo orso, privo di coda e con zampe corte; vive soltanto in Australia.

krapfen (krap-fen; pronuncia *cràpfen*) N.M. TED., in it. N.M. INVAR. · Frittella dolce spesso ripiena di marmellata.

kung fu (pronuncia *cunfù*) N.M. INVAR. · Tecnica di combattimento di origine cinese simile al karate.

K-way (pronuncia *cheiuéi* o *chiuéi*) N. INGL., in it. N.M. INVAR. · Nome commerciale ® di una giacca leggera e impermeabile, con una grande tasca anteriore nella quale l'indumento può essere ripiegato: *in gita portava un K-way azzurro.*

l, L N.F. O M.INVAR. · Decima lettera dell'alfabeto italiano; è una consonante (nome della lettera: *èlle*). **E** *L*, nella numerazione romana, simbolo del numero 50.

la[1] ART.DETERM.F.SING. · Corrisponde al maschile *il* e *lo*: *la sala, la psicologa; l'amica, l'isola* • Unito alle preposizioni *a, con, da, di, in, su*, forma le preposizioni articolate *alla, colla, dalla, della, nella, sulla.*

la[2] PRON. PERS. e DIMOSTR. F. SING. · Forma atona del pronome femminile di terza persona *lei*, con valore di complemento oggetto: *la vedo*, vedo lei • Come forma di cortesia può riferirsi anche a un maschile: *la prego, signore.*

Il pronome *la* si mette sempre prima del verbo; si mette dopo solo quando il verbo è all'imperativo, all'infinito, al gerundio o al participio: *la guardano*; *guardala*; *guardarla*; quando si appoggia a imperativi di una sola sillaba la consonante iniziale viene raddoppiata: *falla studiare*.

la[3] N.M.INVAR. · Sesta nota della scala musicale di *do*. **E** ***Dare il la***, dare la nota fondamentale per accordare gli strumenti musicali prima di suonare: *dammi il la per accordare la chitarra*; dare l'avvio, far iniziare: *il suo intervento ha dato il la alla discussione.*

Il termine deriva dalla prima sillaba della parola latina con cui inizia il sesto versetto dell'inno liturgico a san Giovanni Battista; per l'etimologia completa dei nomi delle note musicali → ***re***[1].

là AVV. · In un luogo lontano da chi parla e da chi ascolta: *andiamo là; eccolo là* • Preceduto da una preposizione, quel luogo: *vieni di là?*; *passiamo da là.* **E** ***Di là***, nell'altra stanza: *dove sono i ragazzi? Sono di là* • ***Di là da venire***, di cosa incerta o lontana: *la promozione è di là da venire* • ***Di là di, al di là di***, oltre: *di là d'Arno; al di là del fosso* • ***In là***, indica un movimento di allontanamento: *fatti in là* • ***Più di là che di qua***, sul punto di morire.

Con pronomi e aggettivi dimostrativi o con alcuni avverbi, svolge solo una funzione di rafforzativo: *quel cane là*; *quello là*; *là sopra.*

labbra (làb-bra) · Plurale femminile → ***labbro***.

labbro (làb-bro) N.M. **1** (pl.f. *le làbbra*) Ciascuna delle due pieghe carnose di colore rosso che circondano la bocca: *labbra sottili; accostare le labbra al bicchiere.* **2** (pl.m. *i làbbri*) Orlo sporgente, spesso arrotondato: *il labbro di una ferita* **S** bordo. **E** ***A fior di labbra***, a voce molto bassa: *dire qualcosa a fior di labbra*; leggermente: *sorridere a fior di labbra* • ***Mordersi le labbra***, cercare di trattenere la parola, il pianto o il riso • ***Pendere dalle labbra di qualcuno*** → ***pendere***.

Il plurale maschile *labbri* si usa solo per indicare i bordi sporgenti di qualcosa: *i labbri della ferita.*

labiale (la-bià-le) AGG. **1** Delle labbra: *movimenti labiali.* **2** In grammatica: ***consonante labiale*** (o *una labiale* N.F.), consonante pronunciata accostando le labbra (*p, b, f, v*).

labile (là-bi-le) AGG. · Destinato a scomparire velocemente: *un labile ricordo; un sentimento labile* **S** fugace, passeggero **C** duraturo.

labirinto (la-bi-rìn-to) N.M. **1** Costruzione caratterizzata da un intreccio di passaggi e corridoi così tortuoso da rendere difficile l'orientamento e l'uscita. **2** Qualsiasi edificio o insieme di strade in cui è difficile orientarsi: *quella zona è un labirinto di vicoli.* **3** La cavità dell'orecchio dove si trovano l'organo dell'udito e quello dell'equilibrio.

laboratorio (la-bo-ra-tò-rio) N.M. (pl. *-ri*) **1** Ambiente attrezzato per attività di ricerca tecnica o scientifica: *laboratorio di analisi mediche.* **2** Ambiente usato per la produzione o la riparazione di oggetti di artigianato: *il laboratorio di un falegname.*

laborioso (la-bo-rió-so) AGG. **1** Che richiede fatica e impegno: *ricerche laboriose; digestione laboriosa* Ⓢ impegnativo, difficoltoso. **2** Che mostra grande attività e amore per il lavoro: *un giovane laborioso; una vita laboriosa* Ⓢ attivo, operoso.

laburismo (la-bu-rì-ṣmo) N.M. · Movimento politico inglese di ispirazione socialista.

laburista (la-bu-rì-sta) AGG. e N.M. e F. (pl.m. *-i*, pl.f. *-e*) || AGG. e N.M. e F. Di sostenitore del laburismo: *ministro laburista.* || AGG. Che si basa sui principi del laburismo: *partito laburista.*

lacca (làc-ca) N.F. (pl. *-che*) **1** Sostanza colorante usata per produrre vernici e per ottenere effetti decorativi. **2** Prodotto liquido che si spruzza sui capelli per mantenere in ordine la pettinatura.

laccare (lac-cà-re) V.TR. (*làcco, làcchi*, ecc.) **1** Verniciare con lacca: *laccare una porta, un armadio.* **2** Tingere di smalto Ⓢ smaltare.

laccato (lac-cà-to) AGG. · Verniciato con lacca: *mobili laccati* • Tinto di smalto: *unghie laccate.*

laccio (làc-cio) N.M. (pl. *-ci*) **1** Corda chiusa con un nodo per catturare animali selvaggi. **2** In vestiti o scarpe, nastro adoperato per chiudere due parti: *i lacci delle scarpe* Ⓢ stringa. **3** Vincolo, legame: *i lacci dell'amore.*

lacerare (la-ce-rà-re) V.TR. (*làcero*, ecc.) || TR. **1** Strappare in modo violento riducendo in pezzi: *lacerare un biglietto* Ⓢ stracciare. **2** Straziare, ferire, tormentare: *un urlo **ci** lacerò le orecchie; era lacerato dai dubbi.* || **lacerarsi** INTR. PRONOM. Subire un violento strappo: *per colpa di quel chiodo **mi** si è lacerato il giubbotto* Ⓢ strapparsi, rompersi.

lacerazione (la-ce-ra-zió-ne) N.F. · Strappo violento: *la lacerazione di una veste* Ⓢ spaccatura.

lacero (là-ce-ro) AGG. **1** Stracciato in più punti: *un giaccone lacero* Ⓢ strappato, logoro. **2** Di persona, con gli abiti a brandelli: *una vecchia tutta lacera.*

laconico (la-cò-ni-co) AGG. (pl.m. *-ci*, pl.f. *-che*) **1** Della Laconia, regione della Grecia antica in cui si trovava Sparta. **2** Che parla poco, di poche parole: *un tipo laconico* • Breve, secco, conciso: *una risposta laconica.*

> Il termine deriva dal greco *Lakonikós* 'della Laconia, spartano', quindi 'tipico degli Spartani', che erano famosi per il modo estremamente conciso con cui si esprimevano.

lacrima (là-cri-ma) N.F. · Goccia di liquido che esce dalla fessura delle palpebre per irritazione degli occhi o per una forte commozione: *una lacrima le scendeva lungo la guancia; lacrime di dolore, di gioia.* Ⓔ ***Aver le lacrime agli occhi***, essere sul punto di piangere • ***Ingoiare le lacrime***, sforzarsi di non piangere • ***Lacrime di coccodrillo*** → ***coccodrillo*** • ***Piangere a calde lacrime, sciogliersi in lacrime***, abbandonarsi a un pianto dirotto.

lacrimale (la-cri-mà-le) AGG. · Che riguarda le lacrime: *condotto, sacco lacrimale.*

lacrimare (la-cri-mà-re) V.INTR. (*làcrimo*, ecc.; aus. *avere*) · Versare lacrime: *il fumo **gli** faceva lacrimare gli occhi.*

lacrimevole (la-cri-mé-vo-le) AGG. · Che provoca pietà e commozione: *mi ha raccontato una storia lacrimevole.*

lacrimogeno (la-cri-mò-ge-no) AGG. · Che contiene una sostanza che fa lacrimare gli occhi: *gas lacrimogeno.*

lacuna (la-cù-na) N.F. · Mancanza in una serie di parole o di informazioni: *ho molte lacune in matematica* Ⓢ carenza.

lacunoso (la-cu-nó-so) AGG. · Che è privo di parti importanti: *un testo lacunoso; una preparazione lacunosa* Ⓢ incompleto, carente.

lacustre (la-cù-stre) AGG. · Dei laghi: *clima lacustre; fauna lacustre.*

laddove (lad-dó-ve) AVV. e CONGIUNZ. || AVV. Dove, nel luogo in cui: *laddove è la mia casa, lì sono le mie radici.* || CONGIUNZ. **1** Nel caso che: *laddove non si presenti, lo si licenzi.* **2** Mentre, invece: *ha voluto parlare, laddove gli conveniva tacere.*

ladro (là-dro) N.M. (f. *-a*) **1** Chi compie un furto o chi ruba per abitudine: *ladro d'automo-*

A B C D E F G H I J K **L** M N O P Q R S T U V W X Y Z

bili; gli sono entrati i ladri in casa. **2** Chi fa guadagni eccessivi lavorando in modo disonesto o approfittando della propria posizione: *il proprietario di quel ristorante è un ladro* Ⓢ disonesto. Ⓔ ***Mondo ladro!, governo ladro!***, espressioni di rabbia • ***Vergognarsi come un ladro***, provare una forte sensazione di vergogna.

lager (**la-ger; pronuncia** ***làgher***) N.NEUTRO TED., in it. N.M. INVAR. **1** Campo di concentramento e di sterminio: *il lager di Auschwitz.* **2** Luogo in cui l'autorità viene esercitata in modo disumano: *quell'ospedale è un lager.*

laggiù (**lag-giù**) AVV. · Là in basso, là in fondo: *laggiù in fondo al burrone; che fai laggiù?*

lagna (**là-gna**) N.F. **1** Continua ripetizione di parole e frasi in tono di lamento: *finiscila con questa lagna!* Ⓢ cantilena, lamento. **2** Discorso, brano musicale monotono e noioso o persona fastidiosa e appiccicosa: *che lagna questa conferenza!; che lagna tua sorella!* Ⓢ barba, pizza.

lagnanza (**la-gnàn-za**) N.F. · Espressione di insoddisfazione: *ascoltare le lagnanze di un dipendente* Ⓢ lamentela.

lagnarsi (**la-gnàr-si**) V.INTR. PRONOM. · Manifestare scontentezza o disapprovazione: *tutti si lagnano* ***del*** *costo della vita* Ⓢ lamentarsi.

La prima persona plurale dell'indicativo presente e quella del congiuntivo presente è *ci lagniamo*, con la *i*: la forma *lagnamo* è sempre scorretta! La seconda persona plurale dell'indicativo presente è *vi lagnate* senza *i*, mentre quella del congiuntivo presente è *vi lagniate* con la *i*.

lago (**là-go**) N.M. (pl. *-ghi*) **1** Depressione del suolo dove è raccolta una massa d'acqua che non comunica con il mare: *lago d'acqua dolce, salata; il lago di Garda.* **2** Grande quantità di liquido: *sono in un lago di sudore.* Ⓔ ***Lago artificiale***, serbatoio d'acqua creato dall'uomo con una diga.

laguna (**la-gù-na**) N.F. · Bacino di acqua marina poco profonda vicino alla costa, separato dal mare da strisce di sabbia o terra: *la laguna di Venezia.*

laicismo (**lai-ci-ṣmo**) N.M. · Atteggiamento che sostiene la completa autonomia della cultura e della politica da qualsiasi potere religioso.

laico (**lài-co**) AGG. e N.M. (f. *-a*; pl.m. *-ci*, pl.f. *-che*) || AGG. Indipendente da qualsiasi confessione religiosa: *scuola laica; Stato laico.* || N.M. (f. *-a*) Credente cattolico che non fa parte del clero.

laido (**lài-do**) AGG. **1** Ripugnante, brutto, sudicio. **2** Immorale, osceno.

lama[1] (**là-ma**) N.F. · La parte di un utensile che serve a tagliare grazie al suo bordo affilato: *affilare la lama di un coltello.*

lama[2] (**là-ma**) N.M. INVAR. **1** Mammifero domestico delle Ande del Perù, con muso a punta, orecchie lunghe, mantello di pelo fitto; è usato come bestia da soma, per la carne, il cuoio e la lana. **2** La lana molto pregiata che si ricava dal mantello dell'animale.

lama[3] (**là-ma**) N.M. INVAR. · Monaco buddista del Tibet.

lambiccarsi (**lam-bic-càr-si**) V.TR. e INTR. PRONOM. (*mi lambìcco, ti lambìcchi*, ecc.) || TR. PRONOM. Solo nell'espressione ***lambiccarsi il cervello***, pensare intensamente per cercare di risolvere un problema. || INTR. PRONOM. Sforzare la mente alla ricerca di una soluzione difficile: *non stare lì a lambiccarti, due righe di ringraziamento basteranno.*

Il termine deriva da *(a)lambicco* e significa letteralmente 'distillare con l'alambicco'.

lambire (**lam-bì-re**) V.TR. (*lambìsco, lambìsci*, ecc.) **1** Leccare leggermente: *la cavalla lambì la testa del puledrino.* **2** Di un liquido che scorre o del fuoco, toccare appena: *farsi lambire i piedi dalle onde; le fiamme lambivano le scale* Ⓢ sfiorare.

lamella (**la-mèl-la**) N.F. **1** Lamina di spessore molto sottile: *lamella metallica.* **2** Ciascuna delle pieghe sottili che si trovano sotto il cappello di alcuni funghi.

lamentare (**la-men-tà-re**) V.TR. (*laménto*, ecc.) || TR. Provare dolore per qualcosa: *lamentare la morte di una persona cara* Ⓢ piangere • Notare con amarezza o con rabbia: *lamentare un ritardo nei voli* Ⓢ denunciare. || **lamen-**

tarsi INTR. PRONOM. Emettere lamenti di dolore: *il malato non ha fatto che lamentarsi tutta la notte* Ⓢ gemere • Esprimere il proprio sconforto o la propria rabbia: *i clienti si sono lamentati **del** pessimo servizio* Ⓢ lagnarsi.

lamentela (la-men-tè-la) N.F. · Espressione di protesta o di risentimento: *il rumore aveva suscitato le lamentele dei vicini* Ⓢ reclamo, lagnanza.

lamento (la-mén-to) N.M. **1** Manifestazione di dolore o di rammarico: *mandare lamenti strazianti* Ⓢ gemito. **2** Espressione di insoddisfazione o di risentimento: *i lamenti non bastano a migliorare la situazione* Ⓢ lamentela.

lamentoso (la-men-tó-so) AGG. **1** Accompagnato da lamenti: *tono lamentoso; preghiere lamentose.* **2** Di persona, che si lamenta sempre: *una vecchia lamentosa.*

lametta (la-mét-ta) N.F. · Piccola lama a due tagli che viene inserita nel rasoio di sicurezza.

lamiera (la-miè-ra) N.F. · Sottile lastra di materiale metallico: *un tetto in lamiera ondulata.*

lamina (là-mi-na) N.F. · Lastra di spessore molto sottile: *una lamina d'acciaio.*

lampada (làm-pa-da) N.F. · Apparecchio per l'illuminazione artificiale: *accendere una lampada; lampada al neon; lampada da tavolo* Ⓢ lume.

lampadario (lam-pa-dà-rio) N.M. (pl. *-ri*) · Apparecchio per l'illuminazione artificiale di ambienti interni collocato in alto: *un lampadario di cristallo.*

lampadina (lam-pa-dì-na) N.F. · Lampada elettrica formata da un bulbo di vetro che ha al suo interno un filamento di metallo da cui passa la corrente: *cambiare una lampadina.*

lampante (lam-pàn-te) AGG. · Evidente, palese, manifesto: *le prove della sua colpevolezza sono lampanti.*

lampara (lam-pà-ra) N.F. · Grossa lampada che si appende alla barca per attirare i pesci durante la pesca notturna • La barca usata per questo tipo di pesca.

lampeggiare (lam-peg-già-re) V.INTR. (*lampéggio*, ecc.; aus. *avere*) **1** IMPERS. Manifestarsi di lampi nel cielo: *ha lampeggiato tutta la notte.* **2** Emettere una luce intensa e intermittente come segnalazione: *stai attento agli incroci quando il semaforo lampeggia.*

lampeggiatore (lam-peg-gia-tó-re) N.M. · Negli autoveicoli, dispositivo di segnalazione a luce intermittente che serve a segnalare un cambiamento di direzione Ⓢ freccia.

lampione (lam-pió-ne) N.M. · Fanale per l'illuminazione di luoghi pubblici o di ambienti parzialmente aperti: *hanno risistemato i lampioni del viale.*

lampo (làm-po) N.M. **1** Luce di brevissima durata, dovuta alle scariche elettriche nell'atmosfera: *il bagliore dei lampi* Ⓢ fulmine. **2** Qualsiasi luce breve e intensa: *i lampi delle macchine fotografiche.* **3** Pensiero o sentimento che si manifesta in modo improvviso: *un lampo di gioia* Ⓢ sprazzo. Ⓔ ***Cerniera lampo*** o ***chiusura lampo*** (anche *la lampo* N.F.), chiusura per abiti, calzature, borse, custodie, formata da due serie di denti che si incastrano • ***Guerra lampo*** → ***guerra*** • ***In un lampo***, con grande velocità: *prepararsi in un lampo* • ***Lampo di genio*** → ***genio***[1].

lampone (lam-pó-ne) N.M. **1** Piccolo arbusto spontaneo nei boschi, coltivato in diverse varietà per i suoi frutti. **2** Il frutto della pianta, di colore rosso, usato fresco e per fare marmellate e sciroppi.

lana (là-na) N.F. · Fibra tessile di origine animale, soprattutto quella proveniente dal pelo degli ovini: *lana di pecora; lana di cammello; vestito di pura lana.* Ⓔ ***Lana di vetro***, prodotto isolante termico o acustico, di aspetto simile alla lana, fatto da filamenti di residui metallici o di vetro • ***Pura lana vergine***, ottenuta direttamente dal pelo dell'animale e non dal recupero o dal riciclaggio di fibre usate • ***Questione di lana caprina***, di poca importanza, per lo scarso valore attribuito alla lana di capra.

lancetta (lan-cét-ta) N.F. · Negli strumenti di misura, piccola asta che con la punta indica un valore: *spostare le lancette dell'orologio di un'ora.*

lancia[1] (làn-cia) N.F. (pl. *-ce*) · Arma costituita da un'asta lunga con un ferro appuntito all'estremità superiore: *impugnare la lancia.* Ⓔ ***Spezzare una lancia in favore di qualcuno***, prenderne le difese.

lancia² (làn-cia) N.F. (pl. *-ce*) · Imbarcazione leggera e veloce, usata per trasportare persone.

lanciafiamme (lan-cia-fiàm-me) N.M. INVAR. · Arma per lanciare a distanza getti di liquido infiammabile.

lanciamissili (lan-cia-mìs-si-li) AGG. e N.M. INVAR. || AGG. Attrezzato per lanciare missili: *nave lanciamissili.* || N.M. Impianto per lanciare missili.

lanciarazzi (lan-cia-ràz-zi) AGG. e N.M. INVAR. || AGG. Attrezzato per lanciare proiettili a razzo o razzi di segnalazione: *pistola lanciarazzi.* || N.M. Dispositivo per lanciare proiettili a razzo.

lanciare (lan-cià-re) V.TR. (*làncio*, ecc.) || TR. **1** Dare a un oggetto, con una spinta iniziale, la velocità necessaria per superare uno spazio: *lanciare un sasso; lanciare fiori* ***sul*** *palcoscenico* Ⓢ scagliare, tirare. **2** Far partire un programma in un computer: *oggi non riesco a lanciare il programma di scrittura.* **3** Far cadere dall'alto soprattutto ordigni bellici o rifornimenti: *lanciare bombe, viveri* Ⓢ gettare. **4** Presentare con grande pubblicità qualcosa di nuovo: *lanciare un prodotto; lanciare un giovane attore* Ⓢ promuovere. || **lanciarsi** RIFL. Gettarsi con impeto: *si lanciò* ***contro*** *il nemico* Ⓢ buttarsi • Affrontare un impegno con coraggio: *lanciarsi* ***in*** *un'ardua impresa.*

lancinante (lan-ci-nàn-te) AGG. · Di dolore, molto forte: *sentì una fitta lancinante* Ⓢ terribile, lacerante.

lancio (làn-cio) N.M. (pl. *-ci*) **1** L'azione di lanciare: *lancio di un sasso* Ⓢ tiro • In atletica leggera, ogni gara che prevede di scagliare alla maggior distanza possibile un attrezzo: *lancio del disco, del giavellotto.* **2** L'azione di gettarsi dall'alto: *lancio con il paracadute* Ⓢ tuffo. **3** Presentazione al pubblico con grande apparato pubblicitario: *il lancio di un prodotto; il lancio di un film* Ⓢ promozione.

landa (làn-da) N.F. · Terreno di solito incolto e sterile, tipico delle regioni fredde.

languido (làn-gui-do) AGG. **1** Privo di forze per malattia o digiuno: *era ancora languido per la malattia* Ⓢ debole. **2** Che mostra tenerezza e abbandono ai sentimenti: *musica languida; sguardo languido* Ⓢ struggente.

languire (lan-guì-re) V.INTR. (*languìsco, languìsci*, ecc.; o *lànguo, làngui*, ecc.; aus. *avere*) **1** Trovarsi in uno stato di debolezza fisica o morale: *languire* ***in*** *un letto; languire* ***di*** *desiderio per qualcuno* Ⓢ deperire. **2** Perdere di vigore o intensità: *la conversazione cominciava a languire; la luce languiva in lontananza.*

languore (lan-guó-re) N.M. **1** Sensazione di debolezza: *languore delle membra.* **2** Atteggiamento di abbandono: *occhi pieni di languore.* Ⓔ ***Languore di stomaco***, fame, appetito.

lanificio (la-ni-fi-cio) N.M. (pl. *-ci*) · Stabilimento dove si lavora la lana.

lanolina (la-no-lì-na) N.F. · Miscela organica, ottenuta dal grasso di lana, usata in farmaci e cosmetici.

lanterna (lan-tèr-na) N.F. · Apparecchio per illuminare, di solito portatile, formato da una gabbia metallica con all'interno un lumino, una candela o una lampadina Ⓢ lampada, lume. Ⓔ ***Lanterna magica***, apparecchio per la proiezione luminosa di immagini a colori dipinte su una lastra di vetro che ha rappresentato la prima forma di cinema • ***Prendere lucciole per lanterne***, cadere in errore.

lanugine (la-nù-gi-ne) N.F. **1** L'insieme dei peli sottili e morbidi che copre il neonato o il volto degli adolescenti Ⓢ peluria. **2** La peluria chiara e morbida di alcuni vegetali.

lanzichenecco (lan-zi-che-néc-co) N.M. (pl. *-chi*) · Soldato di una fanteria mercenaria tedesca all'epoca del Rinascimento.

lapalissiano (la-pa-lis-sià-no) AGG. · Così evidente che non c'è neanche bisogno di dirlo: *se vincerò alla lotteria sarò felicissimo, è lapalissiano* Ⓢ ovvio, scontato.

lapidare (la-pi-dà-re) V.TR. (*làpido*, ecc.) **1** Colpire a sassate fino a uccidere: *in alcuni Paesi arabi le adultere vengono lapidate.* **2** Insultare con ostilità e violenza: *a dire la verità, c'è da farsi lapidare* Ⓢ linciare.

lapidario (la-pi-dà-rio) AGG. (pl.m. *-ri*, pl.f. *-rie*) **1** Che riguarda le iscrizioni su pietra o marmo: *arte lapidaria.* **2** Essenziale, conciso, incisivo: *battuta lapidaria.*

lapide (là-pi-de) N.F. **1** Lastra di pietra o di marmo messa sopra una tomba: *non ha voluto scrivere nulla sulla lapide.* **2** Lastra di pietra o di marmo con un'iscrizione commemorativa: *una lapide ricorda che il poeta ha vissuto qui* Ⓢ targa.

lapillo (la-pìl-lo) N.M. · Piccolo frammento di lava eruttato da un vulcano nella fase esplosiva.

lapis (là-pis) N.M. INVAR. · Matita: *appuntare il lapis.*

Il termine deriva dal latino *lapis (haematites)* 'pietra (del color del sangue)' che nel Cinquecento indicava la sanguigna, un particolare pastello rosso da disegno.

lapislazzuli (la-pi-ṣlàẓ-ẓu-li) N.M. INVAR. · Pietra di colore azzurro intenso, usata per la fabbricazione di oggetti ornamentali.

lappone (làp-po-ne o lap-pó-ne) AGG. e N.M. e F. · Dei Lapponi, popolazione nomade sparsa nelle regioni settentrionali dell'Europa.

lapsus (làp-sus) N.M. LAT., in it. N.M. INVAR. · Errore di distrazione nel parlare o nello scrivere: *chiedo perdono, è stato un lapsus* Ⓢ papera, svista.

Il termine significa letteralmente 'scivolone', perché deriva dal latino *labi* 'cadere, scivolare'.

lardo (làr-do) N.M. · Strato di grasso che si trova sotto la pelle del maiale; si conserva salato o affumicato e si usa come condimento.

largamente (lar-ga-mén-te) AVV. **1** Con abbondanza: *pagare largamente.* **2** In modo completo: *l'argomento è già stato trattato largamente* Ⓢ completamente, diffusamente.

larghezza (lar-ghéz-za) N.F. **1** In geometria, una delle tre dimensioni spaziali, perpendicolare alla lunghezza nelle figure piane, alla lunghezza e alla profondità nei solidi: *la larghezza di un rettangolo, di un cubo.* **2** La misura della distanza fra due margini: *la larghezza di una strada* Ⓢ ampiezza. Ⓔ ***Larghezza di idee, larghezza di vedute***, mancanza di pregiudizi.

largo (làr-go) AGG. e N.M. (pl.m. *-ghi*, pl.f. *-ghe*) || AGG. **1** Esteso in larghezza: *un foglio largo venti centimetri.* **2** Che ha una grande ampiezza: *una strada larga; largo* ***di*** *fianchi; vincere con un largo margine di vantaggio* Ⓢ ampio, grande Ⓒ stretto. **3** Di persona, generoso, comprensivo, indulgente: *essere largo* ***nel*** *giudicare,* ***nel*** *dare i voti.* || N.M. **1** Spazio di una certa ampiezza che nasce dall'incrocio di più vie: *il Largo Argentina a Roma* Ⓢ spiazzo, slargo. **2** Mare aperto: *navigare, nuotare al largo.* Ⓔ ***Alla larga***, lontano: *stare alla larga* ***dalle*** *cattive compagnie* • ***Di larghe vedute***, privo di pregiudizi, aperto • ***Di manica larga*** → **manica** • ***Fare largo, farsi largo***, aprire, aprirsi un varco tra la folla: *fate largo* ***ai*** *pompieri!* • ***In lungo e in largo***, dappertutto • ***Prendere il largo***, allontanarsi dalla costa; in senso figurato, sparire quando una situazione si fa difficile • ***Prenderla larga***, divagare prima di entrare in argomento.

larice (là-ri-ce) N.M. · Albero alto fino a 40 metri che fornisce legno per costruzioni e mobili.

laringe (la-rìn-ge) N.F. O M. · La parte anteriore della trachea; è l'organo fondamentale per produrre i suoni.

laringite (la-rin-gì-te) N.F. · Infiammazione della laringe.

larva (làr-va) N.F. · Il primo stadio dello sviluppo degli animali soggetti a metamorfosi. Ⓔ ***Larva umana***, nel linguaggio familiare, persona in pessime condizioni fisiche: *sembrare una larva umana.*

larvale (lar-và-le) AGG. · Di larva: *stadio larvale.*

larvato (lar-và-to) AGG. · Che non è detto apertamente e in modo chiaro: *larvate minacce* Ⓢ velato Ⓒ esplicito, palese.

lasagna (la-ṣà-gna) N.F. · Pasta alimentare tagliata a larghe strisce: *le lasagne al forno sono un piatto della cucina bolognese.*

lasciapassare (la-scia-pas-sà-re) N.M. INVAR. · Permesso scritto che consente l'entrata in luoghi riservati: *ottenere un lasciapassare per entrare al ministero.*

lasciare (la-scià-re) V.TR. (*làscio*, ecc.) || TR. **1** Cessare di tenere o di premere: *lasciare la presa* Ⓢ allentare, abbandonare Ⓒ prendere, afferrare. **2** Abbandonare qualcuno o qualcosa: *lasciare la moglie, il marito; i tifosi stanno lasciando lo stadio* • Rinunciare a qualcosa: *lasciare un impiego; lasciare il posto **a** un invalido* Ⓢ cedere. **3** Dare in consegna: *lasciare i bambini **dalla** nonna; ha lasciato **al** figlio la direzione dell'azienda* Ⓢ affidare • Assegnare per testamento: *con quello che **gli** ha lasciato il padre, può vivere di rendita* • Tramandare, trasmettere: *Socrate non **ci** ha lasciato nessuno scritto.* **4** Dimenticare, scordare: *nella relazione hai lasciato un particolare; ho lasciato i miei libri **a** casa tua.* **5** Far restare in una certa condizione: *non lasciarmi solo proprio adesso; lascia tutto come l'hai trovato.* **6** Seguito da verbo all'infinito, consentire l'azione espressa da quel verbo: *non mi hai lasciato finire il discorso* Ⓢ fare, permettere. || **lasciarsi** RIFL. Subire una situazione senza reagire: *non lasciarti impaurire dalle sue minacce.* Ⓔ ***Lasciarci la pelle*** o ***lasciarci la vita***, morire • ***Lasciar detto, lasciar scritto***, dire qualcosa a voce o per scritto a qualcuno perché lo riferisca a qualcun altro • ***Lasciare a desiderare***, non convincere, non soddisfare pienamente • ***Lasciare a mezzo*** → ***mezzo***[1] • ***Lasciar fare, lasciar andare, lasciar correre***, non dare peso a qualcosa, passarci sopra: *perché non lasci correre invece di continuare a preoccuparti?* • ***Lasciarsi andare***, non prendersi cura di sé: *non devi lasciarti andare*; abbandonarsi a un'emozione: *lasciarsi andare **alla** rabbia* • ***Lasciar stare qualcuno***, non disturbarlo.

lascito (là-sci-to) N.M. · Donazione fatta per testamento: *fare un lascito a un istituto di beneficenza.*

lascivo (la-scì-vo) AGG. · Volto al piacere dei sensi: *gesti lascivi; una donna lasciva* Ⓢ dissoluto.

laser (là-ṣer) N.M. e AGG. INVAR. || N.M. Dispositivo che emette fasci molto concentrati di onde elettromagnetiche, usato in medicina, in biologia e nell'industria: *un intervento chirurgico eseguito con il laser.* || AGG. Ottenuto con tale dispositivo: *raggio laser.*

> Il termine deriva dall'inglese *laser*, sigla di *Light Amplification by Stimulated Emission of Radiation* 'amplificazione della luce (ottenuta mediante) emissione stimolata di radiazioni'.

lassativo (las-sa-ti-vo) AGG. e N.M. · Purgante: *effetto lassativo; per alcuni giorni dovrò prendere un lassativo.*

lassismo (las-sì-ṣmo) N.M. · Atteggiamento indifferente o permissivo di fronte a regole morali o comportamenti scorretti Ⓒ rigore.

lasso (làs-so) N.M. · Periodo, intervallo: *dopo un breve lasso di tempo.*

lassù (las-sù) AVV. · Là in alto: *sali con me lassù; di lassù si gode una vista incredibile.*

last minute (last mi-nu-te; pronuncia *last minut*) AGG. e N. INGL., in it. AGG. e N.M. INVAR. · Di viaggio acquistato a ridosso della partenza con forte sconto: *offerta last minute; i vantaggi del last minute.*

lastra (là-stra) N.F. **1** Corpo solido di limitato spessore e con una certa estensione in superficie: *una lastra di marmo.* **2** Radiografia: *dalle lastre non è emerso nulla.*

lastricare (la-stri-cà-re) V.TR. (*làstrico, làstrichi*, ecc.) · Fornire di pavimentazione a lastre di pietra: *lastricare una strada.*

lastricato (la-stri-cà-to) N.M. · Pavimentazione impiegata spesso nelle costruzioni stradali, fatta con lastre di pietra.

lastrico (là-stri-co) N.M. (pl. *-chi* o *-ci*) · La pavimentazione a lastre di una strada. Ⓔ ***Sul lastrico***, in estrema miseria: *ridursi sul lastrico.*

latente (la-tèn-te) AGG. · Che non si manifesta con segni esterni: *odio latente; infezione latente* Ⓢ nascosto Ⓒ manifesto.

laterale (la-te-rà-le) AGG. · Che si trova presso uno o entrambi i lati o fianchi di qualcosa: *ingresso laterale.* Ⓔ ***Fallo laterale***, nel calcio, uscita della palla al di là delle linee laterali del campo.

laterizio (la-te-rì-zio) N.M. (pl. *-zi*) · Materiale da costruzione, costituito di argilla lavorata e sottoposta a cottura: *industria, fabbrica di laterizi.*

latice (là-ti-ce) → *lattice*.

latifoglio (la-ti-fò-glio) AGG. (pl.m. *-gli*, pl.f. *-glie*) · Di albero, come il tiglio o il faggio, con foglie più o meno ampie: *un albero latifoglio*; anche N.F.: *un bosco di latifoglie*.

latifondista (la-ti-fon-dì-sta) N.M. e F. (pl.m. *-i*, pl.f. *-e*) · Proprietario di latifondi.

latifondo (la-ti-fón-do) N.M. · Grande estensione di terreno con un solo proprietario lasciato incolto o a pascolo: *i latifondi del sud.*

Il termine deriva dal latino *latifundium* 'grande podere', composto a sua volta di *latus* 'largo' e *fundus* nel significato di 'proprietà terriera'.

latinismo (la-ti-nì-ṣmo) N.M. · Parola o espressione latina introdotta in una lingua: *"curriculum" è un latinismo.*

latino (la-tì-no) AGG. e N.M. (f. *-a*) || AGG. e N.M. (f. *-a*) Del Lazio antico o dell'antica Roma. || N.M. La lingua dell'antica Roma. || AGG. Di popoli o di regioni che hanno la lingua ufficiale di origine latina. Ⓔ ***America Latina***, America centrale e meridionale.

latitante (la-ti-tàn-te) AGG. e N.M. e F. · Di persona che cerca di sfuggire alle ricerche della polizia: *due degli accusati sono latitanti.*

latitanza (la-ti-tàn-za) N.F. · Lo stato di chi cerca di sfuggire alle ricerche della polizia: *il colpevole è stato catturato dopo tre mesi di latitanza.*

latitudine (la-ti-tù-di-ne) N.F. · La distanza di un punto della Terra dall'equatore, misurata in gradi sull'arco del meridiano passante per quel punto; è una delle coordinate che servono per determinare la posizione di un luogo, l'altra è la *longitudine.*

lato (là-to) N.M. **1** Ciascuna delle parti esterne corrispondenti alla destra o alla sinistra di un oggetto o di una persona: *dorme sempre sul lato sinistro* Ⓢ fianco, parte. **2** Punto di vista: *esaminare un problema da tutti i lati* Ⓢ aspetto, prospettiva. **3** Ciascuno dei segmenti compresi tra due vertici consecutivi di un poligono: *il lato di un triangolo.* Ⓔ ***A lato***, a fianco: *un grande cancello con due cipressi a lato* • ***A lato di***, accanto a: *camminava a lato del padre* • ***D'altro lato***, del resto • ***Di lato***, di fianco: *si stenda di lato.*

latore (la-tó-re) N.M. (f. *-trìce*) · Chi ha l'incarico di consegnare lettere o messaggi: *essere latore di buone notizie* Ⓢ portatore.

Il termine deriva dalla parola latina *lator* 'portatore'.

-latra · Secondo elemento di parole composte che significa 'chi adora, chi ha il culto': *idolatra*, chi adora gli idoli.

latrare (la-trà-re) V.INTR. (aus. *avere*) · Abbaiare con forza: *i cani hanno latrato tutta la notte.*

latrato (la-trà-to) N.M. · L'abbaiare intenso del cane: *si sentivano in lontananza i latrati dei cani da caccia.*

-latria · Secondo elemento di parole composte che significa 'adorazione, culto': *idolatria*, adorazione degli idoli.

latrina (la-trì-na) N.F. · Locale con impianti igienici: *le latrine della stazione* Ⓢ gabinetto.

latta (làt-ta) N.F. **1** Lamiera sottile di ferro ricoperta da uno strato di stagno: *una vecchia scatola di latta.* **2** Recipiente di questo materiale a chiusura ermetica per contenere liquidi: *una latta di benzina.*

lattaio (lat-tà-io) N.M. (f. *-a*; pl.m. *-tài*, pl.f. *-tàie*) · Chi vende il latte.

lattante (lat-tàn-te) N.M. e F. · Il bambino durante l'allattamento Ⓢ poppante, neonato.

latte (làt-te) N.M. · Liquido bianco opaco prodotto dalle mammelle delle femmine dei mammiferi per nutrire i piccoli: *latte materno; latte di mucca, di capra* • Il latte della mucca bevuto dall'uomo in qualsiasi età: *un bicchiere di latte; latte condensato.* Ⓔ ***Denti di latte*** → *dente* • ***Di latte***, di vitellino, agnellino, maialino non ancora svezzato • ***Fior di latte***, formaggio fresco magro • ***Latte detergente***, prodotto per la pulizia della pelle.

latteo (làt-te-o) AGG. (pl.m. *-tei*, pl.f. *-tee*) · Del latte: *secrezione lattea.* Ⓔ ***Dieta lattea***, a base di latte • ***Via Lattea***, nome della galassia in cui si trova il nostro sistema solare, che appare come una fascia bianca.

latteria (lat-te-rì-a) N.F. (pl. *-rìe*) **1** Impianto industriale per la lavorazione del latte e dei suoi derivati. **2** Negozio in cui si vendono latte e latticini.

lattice (làt-ti-ce) N.M. · Liquido bianco e denso che si ottiene incidendo la corteccia di alcune piante; è usato per fabbricare la gomma.

latticino (lat-ti-cì-no) o **latticinio** (lat-ti-cì-nio) N.M. · Prodotto alimentare derivato dal latte: *la mozzarella è un latticino.*

La variante *latticinio* è meno usata, ma è quella più corretta.

lattico (làt-ti-co) AGG. (pl.m. *-ci*, pl.f. *-che*) · Proprio del latte. Ⓔ ***Acido lattico***, acido organico, presente in alcuni alimenti come il latte fermentato, usato come solvente; nei muscoli si forma dopo sforzi prolungati in mancanza di ossigeno • ***Fermentazione lattica***, processo che trasforma il lattosio o altri zuccheri in acido lattico per l'attività di alcuni microrganismi • ***Fermenti lattici***, microrganismi che operano la fermentazione lattica.

L

lattina (lat-tì-na) N.F. · Piccolo recipiente di latta in cui sono confezionati liquidi: *bere una lattina di aranciata.*

lattosio (lat-tò-șio) N.M. · Zucchero presente nel latte dei mammiferi.

lattuga (lat-tù-ga) N.F. (pl. *-ghe*) · Pianta erbacea coltivata in diverse varietà, tutte consumate in insalata.

laurea (làu-re-a) N.F. (pl. *-ree*) · Il titolo di dottore che si ottiene alla fine di un corso di studi universitari: *tesi di laurea; laurea* ***in*** *lettere.*

Il termine deriva dall'espressione latina *(corona) laurea* '(corona) di alloro', ornamento simbolo di vittoria, di gloria e di onore.

laureare (lau-re-à-re) V.TR. (*làureo*, ecc.) || TR. Conferire la laurea. || **laurearsi** INTR. PRONOM. Conseguire la laurea: *laurearsi* ***in*** *ingegneria.*

laureato (lau-re-à-to) AGG. e N.M. (f. *-a*) · Che, chi ha conseguito la laurea: *è laureato* ***in*** *legge; il concorso è riservato ai laureati* ***in*** *lettere.*

lauro (làu-ro) N.M. · Alloro • Simbolo di vittoria o di gloria poetica.

lauto (làu-to) AGG. · Abbondante, ricco, generoso: *una lauta ricompensa.*

Il termine deriva da *lautus*, participio passato del verbo latino *lavare*, che letteralmente significa 'lavato, pulito', passato poi a 'splendido, sontuoso' e quindi a 'ricco'.

lava (là-va) N.F. · Materiale ad alta temperatura che esce da un vulcano in eruzione.

Il termine deriva da una parola del dialetto napoletano che viene dal latino *labes* 'caduta, frana'.

lavabile (la-và-bi-le) AGG. · Che può essere lavato senza subire danni: *tessuto lavabile a mano e in lavatrice.*

lavabo (la-và-bo) N.M. **1** Piccola vasca di ceramica o di metallo, fissata al muro e fornita di acqua corrente per la pulizia della parte superiore del corpo Ⓢ lavandino. **2** Mobile con una brocca e una catinella sistemate su un trespolo, usato un tempo per lavarsi.

Il termine deriva dal latino e significa 'laverò', perché riprende la prima parola del salmo XXVI recitato dal sacerdote mentre si lava le mani durante la messa in latino.

lavaggio (la-vàg-gio) N.M. (pl. *-gi*) · Pulizia mediante acqua e sostanze detergenti: *il lavaggio dell'automobile; lavaggio a mano, in lavatrice.* Ⓔ ***Lavaggio a secco*** → **secco** • ***Lavaggio del cervello***, pressione psicologica per costringere a modificare opinioni o comportamenti: *le sorelle gli hanno fatto il lavaggio del cervello.*

lavagna (la-và-gna) N.F. **1** Roccia di colore scuro. **2** Lastra di ardesia o altro materiale usata per scrivere con il gesso: *scrivere alla lavagna.*

Il termine deriva dal nome dell'omonima cittadina nella Riviera di Levante, zona ricca di cave di questo materiale.

lavanda[1] (la-vàn-da) N.F. **1** Arbusto con foglie allungate e grigiastre e fiori piccoli, violetti, profumatissimi. **2** Profumo ottenuto dai fiori della pianta: *una bottiglia di lavanda.*

Il termine deriva dal verbo latino *lavare*, perché i fiori della pianta erano utilizzati per profumare l'acqua del bagno.

lavanda[2] (la-vàn-da) N.F. **1** Lavaggio, soprattutto come rito religioso: *la lavanda dei piedi.* **2** Lavaggio di cavità interne del corpo a scopo curativo: *lavanda gastrica, nasale.*

lavandaia (la-van-dà-ia) N.F. (pl. *-dàie*) · Donna che, soprattutto in passato, lavava per mestiere i panni degli altri.

lavanderia (la-van-de-rì-a) N.F. (pl. *-rìe*) · Locale fornito di impianti per il lavaggio di biancheria: *la lavanderia dell'albergo* • Negozio in cui vengono lavati indumenti a secco o ad acqua: *la lavanderia apre nel pomeriggio; lavanderia automatica, a gettone.*

lavandino (la-van-dì-no) N.M. · Piccola vasca con tubo di scarico e rubinetto per l'acqua, usato per la pulizia della persona o il lavaggio di oggetti vari: *il lavandino del bagno.*

lavapiatti (la-va-piàt-ti) N.M. e F. INVAR. || N.M. e F. Addetto a lavare le stoviglie in alberghi e ristoranti. || N.F. Lavastoviglie.

lavare (la-và-re) V.TR. || TR. Pulire con l'uso di acqua e sostanze detergenti: *lavare i pavimenti; lavare il bambino; lavare a mano, in lavatrice.* || **lavarsi** TR. PRONOM. Pulirsi una parte del corpo: *lavati bene le mani prima di mangiare.* || **lavarsi** RIFL. Compiere le azioni necessarie all'igiene del proprio corpo: *lavarsi sotto la doccia.* E ***Lavarsene le mani***, disinteressarsi completamente di qualcosa, con allusione al gesto di Ponzio Pilato nei confronti di Gesù Cristo.

lavastoviglie (la-va-sto-vì-glie) N.F. INVAR. · Elettrodomestico per il lavaggio delle stoviglie.

lavata (la-và-ta) N.F. · Lavaggio, pulita: *darsi una bella lavata alle mani.* E ***Lavata di capo*** o ***lavata di testa***, nel linguaggio familiare, energico rimprovero.

lavativo (la-va-tì-vo) N.M. (f. *-a*) · Persona che cerca di scansare qualsiasi fatica: *è un lavativo che non ha mai voglia di lavorare* S fannullone.

lavatoio (la-va-tó-io) N.M. (pl. *-tói*) · Vasca di pietra o di cemento per il lavaggio a mano degli indumenti • Il luogo dove si trovano una o più di queste vasche: *un lavatoio pubblico.*

lavatrice (la-va-trì-ce) N.F. · Elettrodomestico per lavare indumenti e biancheria.

lavavetri (la-va-vé-tri) N.M. e F. INVAR. || N.M. e F. Addetto alla pulizia dei vetri o delle vetrine • Chi, in cambio di qualche soldo, pulisce i parabrezza delle auto ai semafori. || N.M. Spatola di gomma usata per pulire i vetri.

lavello (la-vèl-lo) N.M. · Lavandino della cucina: *la cucina è dotata di lavello in acciaio* S acquaio.

lavico (là-vi-co) AGG. (pl.m. *-ci*, pl.f. *-che*) · Di lava: *corrente lavica.* E ***Colata lavica*** → ***colata***.

lavorante (la-vo-ràn-te) N.M. e F. · Chi lavora come dipendente in un laboratorio o in una bottega d'artigiano.

lavorare (la-vo-rà-re) V.INTR. e TR. (*lavóro*, ecc.) || INTR. (aus. *avere*) Impiegare le proprie energie fisiche e mentali per svolgere un mestiere, una professione o un'arte: *lavorare **in** banca; lavorare **a** un quadro; un ragazzo senza voglia di lavorare.* || TR. **1** Trattare una materia per darle una certa forma: *lavorare il ferro; lavorare i campi,* coltivarli S modellare. **2** Manipolare per cercare di ottenere un vantaggio: *lavorare il capo per farsi dare l'aumento;* anche TR. PRONOM.: *lavorarsi i professori per farsi alzare la media* S circuire, raggirare. E ***Lavorare qualcuno ai fianchi***, vincerne la resistenza continuando a insistere.

lavorativo (la-vo-ra-tì-vo) AGG. **1** Adatto o dedicato al lavoro: *giornata lavorativa.* **2** Del lavoro o della lavorazione: *attività lavorativa; ciclo lavorativo.*

lavoratore (la-vo-ra-tó-re) N.M. e AGG. (f. *-trì-ce*) || N.M. (f. *-trìce*) **1** Chi fornisce la propria opera in cambio di denaro: *lavoratore dipendente, autonomo; i lavoratori sono scesi in piazza per manifestare.* **2** Chi svolge il proprio lavoro con grande impegno: *è un gran lavoratore.* || AGG. Dei lavoratori: *la classe lavoratrice.*

lavorazione (la-vo-ra-zió-ne) N.F. **1** L'insieme delle operazioni da fare per dare a un materiale una certa forma: *la lavorazione del legno; fasi di lavorazione.* **2** L'insieme delle attività necessarie per realizzare un'opera: *la lavorazione di un film* Ⓢ realizzazione.

lavorio (la-vo-rì-o) N.M. (pl. *-rìi*) · Lavoro intenso e continuo: *c'è un gran lavorio in cucina per la cena di Natale* • Azione continua e nascosta, spesso a danno di altri: *contro di lui c'è un grande lavorio dei colleghi* Ⓢ macchinazione.

lavoro (la-vó-ro) N.M. **1** L'impiego di energia per raggiungere uno scopo: *lavoro intellettuale, manuale; un lavoro di pazienza* Ⓢ attività. **2** L'attività produttiva, dal punto di vista economico e sociale: *trovare lavoro; lavoro a domicilio* • Il luogo dove si svolge l'attività produttiva: *andare al lavoro; incidente sul lavoro.* **3** Il risultato di un'attività produttiva o artistica: *finire un lavoro; mi piacciono i suoi primi lavori a olio* Ⓢ opera, prodotto. **4** AL PL. Serie di attività connesse a un compito preciso: *aprire i lavori di un congresso; alla fine di agosto inizieranno i lavori per la riparazione del tetto.* Ⓔ ***Lavori forzati*** → ***forzato***.

L

laziale (la-zià-le) AGG. e N.M. e F. || AGG. Del Lazio. || N.M. e F. Abitante, nativo del Lazio. || AGG. e N.M. e F. Della Lazio, squadra di calcio romana.

lazzaretto (laz-za-rét-to) N.M. · In passato, ospedale per l'isolamento delle persone affette da malattie incurabili o contagiose.

> Il termine deriva da *Nazarethum*, nome latinizzato dell'isola di Santa Maria di Nazareth a Venezia, dove a partire dal Quattrocento venivano tenuti in isolamento i malati; la parola veniva accostata anche a *Lazzaro*, il nome del mendicante coperto di piaghe della parabola del Vangelo.

lazzarone (laẓ-ẓa-ró-ne) (o **lazzerone**) N.M. (f. -*a*; pl.m. -*i*, pl.f. -*e*) **1** Persona molto pigra: *di' a quel lazzarone di tuo figlio di alzarsi dal letto* Ⓢ fannullone, poltrone. **2** Persona priva di scrupoli: *è stato truffato da un lazzarone* Ⓢ mascalzone, delinquente.

lazzo (làẓ-ẓo) N.M. · Battuta scherzosa e spesso scurrile: *i lazzi di un comico.*

le[1] (lé) ART. DETERM. F. PL. · È la forma corrispondente al singolare *la*: *le sale, le amiche, le isole* • Unito alle preposizioni *a, con, da, di, in, su* forma le preposizioni articolate *alle, colle, dalle, delle, nelle, sulle.*

le[2] (lé) PRON. PERS. e DIMOSTR. F. PL. · Forma atona che corrisponde al singolare *la* usata come complemento oggetto: *le guardo*, guardo loro; *le compro*, compro queste, quelle.

le[3] (lé) PRON. PERS. · Forma atona del pronome femminile di terza persona *lei*, usata come complemento di termine • Come forma di cortesia può riferirsi anche a un maschile: *eccole il resto, signore.*

> Il pronome *le* si mette sempre prima del verbo; si mette dopo solo quando il verbo è all'imperativo, all'infinito, al gerundio o al participio: *le parlano*; *parlale*; *parlarle*; quando si appoggia a imperativi di una sola sillaba la consonante iniziale viene raddoppiata: *falle ascoltare la musica*; quando è seguito dai pronomi atoni *lo, la, li, le, ne* si usa *gli*: *glielo, gliela, glieli, gliele, gliene.*

leader (lea-der; pronuncia *lìder*) N. INGL., in it. N.M. e F. INVAR. · Guida di un partito politico o di un movimento culturale: *è stato un leader del movimento studentesco.*

leadership (lea-der-ship; pronuncia *lìderscip*) N. INGL., in it. N.F. INVAR. · Posizione di comando in uno schieramento politico o culturale: *la leadership degli Stati Uniti nell'economia mondiale.*

leale (le-à-le) AGG. · Che non tradisce e non inganna: *un avversario leale* Ⓢ sincero, onesto Ⓒ sleale, infido.

> Il termine deriva dal latino *legalis* 'conforme alle leggi, legale', quindi 'onesto'.

lealtà (le-al-tà) N.F. INVAR. · Onestà, sincerità, fedeltà: *agire con lealtà; lealtà d'animo* Ⓒ slealtà.

lebbra (lèb-bra) N.F. · Malattia infettiva della pelle, un tempo mortale, caratterizzata da piaghe al volto e alle mani.

lebbrosario (leb-bro-sà-rio) N.M. (pl. *-ri*) · Ospedale dove vengono ricoverati i malati di lebbra.

lebbroso (leb-bró-so) AGG. e N.M. (f. *-a*) · Malato di lebbra.

leccapiedi (lec-ca-piè-di) N.M. e F. INVAR. · Adulatore senza dignità: *i potenti amano circondarsi di leccapiedi.*

leccare (lec-cà-re) V.TR. (*lécco*, *lécchi*, ecc.) || TR. Passare la lingua su qualcosa: *il cane leccava la mano* ***al*** *padrone; leccare un gelato.* || **leccarsi** TR. PRONOM. Passare la lingua su una parte del proprio corpo: *il gatto si lecca il pelo.* E ***Da leccarsi i baffi, da leccarsi le dita***, di cibo, squisito • ***Leccare i piedi a qualcuno***, adularlo • ***Leccarsi le ferite***, consolarsi in solitudine.

leccata (lec-cà-ta) N.F. · Prolungato passaggio della lingua su qualcosa: *mi fai dare una leccata al tuo gelato?*

leccio (léc-cio) N.M. (pl. *-ci*) · Albero della macchia mediterranea; il suo legno è usato per costruire strutture portanti e attrezzi.

leccornia (lec-cor-nì-a) N.F. (pl. *-nìe*) · Cibo squisito: *il buffet era pieno di leccornie* S ghiottoneria, golosità.

lecito (lé-ci-to) AGG. e N.M. || AGG. Consentito dalla legge o dagli usi morali, sociali o religiosi: *un discorso lecito* S permesso C illecito. || N.M. Ciò che è giusto e legittimo: *agire nei limiti del lecito.*

led (lèd) N.M. INVAR. · Spia luminosa che fornisce informazioni sul funzionamento degli apparecchi elettronici.

Il termine deriva dalla sigla inglese *Light Emitting Diode* 'diodo che emette luce'.

ledere (lè-de-re) V.TR. (irreg.: ind. pres. *lèdo*, ecc.; pass. rem. *léṣi*, *ledésti*, *léṣe*, *ledémmo*, *ledéste*, *léṣero*; part. pass. *léṣo*) **1** Offendere, danneggiare, colpire: *ledere la reputazione, gli interessi di qualcuno.* **2** In medicina, provocare una ferita: *il proiettile* ***gli*** *ha leso un polmone.*

lega[1] (lé-ga) N.F. (pl. *-ghe*) · Prodotto ottenuto dall'unione di due o più metalli: *l'ottone è una lega di rame e di zinco.* E ***Di bassa lega***, scadente, mediocre: *umorismo di bassa lega.*

lega[2] (lé-ga) N.F. (pl. *-ghe*) **1** Associazione, di solito politica, costituita per ottenere fini comuni: *lega operaia; lega contro il fumo* S alleanza, associazione. **2** Federazione sportiva a livello nazionale: *Lega Nazionale Calcio.* E ***Lega Nord***, movimento politico nato nel 1991 nell'Italia settentrionale per promuovere l'organizzazione federale dello Stato.

legaccio (le-gàc-cio) N.M. (pl. *-ci*) · Cordoncino, laccio o nastro che serve per legare o per stringere: *i legacci delle scarpe.*

legale (le-gà-le) AGG. e N.M. e F. || AGG. **1** Che riguarda la legge: *ufficio legale; questione legale* S giuridico. **2** Stabilito o consentito dalla legge: *attività legale* S legittimo, regolare C illegale. || N.M. e F. Avvocato: *consulterò il mio legale.* E ***Ora legale*** → ***ora***[2].

legalità (le-ga-li-tà) N.F. INVAR. · Corrispondenza alla legge: *restare nei limiti della legalità* C illegalità.

legalizzare (le-ga-liz-zà-re) V.TR. **1** Dichiarare valido per legge: *legalizzare un certificato.* **2** Rendere legale: *legalizzare l'aborto.*

legalizzazione (le-ga-liz-za-zió-ne) N.F. **1** Dichiarazione dell'autenticità legale di un documento: *legalizzazione di un certificato.* **2** Eliminazione di un divieto imposto dalla legge: *legalizzazione delle droghe leggere.*

legame (le-gà-me) N.M. **1** Vincolo affettivo: *legame amoroso; non ha mai voluto legami* S rapporto, relazione. **2** Rapporto tra più elementi: *legame tra due fatti* S nesso, collegamento.

legamento (le-ga-mén-to) N.M. · Nel corpo umano, formazione di tessuto connettivo che tiene unite le ossa tra loro: *i legamenti del ginocchio.*

legare (le-gà-re) V.TR. e INTR. (*légo*, *léghi*, ecc.) || TR. Unire tra loro due o più oggetti con corde, nastri, fili, ecc.: *legare un sacco; legare il cane* ***alla*** *catena; legare le mani* ***a*** *qualcuno* S allacciare C sciogliere, slegare • Unire con un vincolo affettivo: *la legano* ***a*** *lui moltissimi ricordi.* || INTR. (aus. *avere*) Andare d'accordo: *quelle due non hanno mai legato; il marrone non lega* ***con*** *il rosso* S intendersi. || **legarsi** RIFL. Unirsi con un vincolo affettivo: *ultimamente si è legato molto* ***a*** *lei.*

legato (le-gà-to) AGG. **1** Privato della libertà di agire: *avere le mani legate; con questo vestito mi sento legato* ***nei*** *movimenti* C sciolto. **2** Vincolato da un impegno o da un legame af-

A B C D E F G H I J K L M N O P Q R S T U V W X Y Z

fettivo: *sentirsi legato* **alla** *propria terra; essere legati* **da** *una promessa.*

legenda (le-gèn-da) N.F. · Elenco dei segni adoperati in un testo, un documento, una cartina geografica ecc., con la loro spiegazione. ▸ Ⓕ **legere**

Il termine è un recupero del latino medievale *legenda* 'le cose da leggere', che viene a sua volta da *legere* 'scegliere, raccogliere, leggere' (→ ***leggere***); la forma del latino *legenda* passata direttamente in italiano attraverso la lingua parlata è **leggenda**.

legge (lég-ge) N.F. **1** Principio che regola i comportamenti umani: *legge morale; le leggi dell'amicizia; la legge del più forte* Ⓢ norma, regola. **2** Ogni norma che stabilisce i diritti e i doveri dei cittadini e a cui deve uniformarsi il comportamento di ciascuno: *rispettare la legge; votare una legge; legge finanziaria.* **3** L'autorità giudiziaria: *essere ricercato dalla legge* Ⓢ giustizia, magistratura. **4** Scienza del diritto: *studiare legge* Ⓢ giurisprudenza. **5** Nel linguaggio scientifico, il principio fondamentale per cui in presenza di certe cause si verificano certi effetti: *legge di gravità; le leggi della fisica.* Ⓔ ***Uomo di legge***, avvocato o magistrato.

leggenda (leg-gèn-da) N.F. · Racconto in cui fatti e personaggi reali risultano trasformati dalla fantasia e dalla tradizione: *la leggenda di Romolo e Remo* Ⓢ mito. ▸ Ⓕ **legere**

Il termine deriva dal latino medievale *legenda* 'le cose da leggere', che viene a sua volta da *legere* 'scegliere, raccogliere, leggere' (→ ***leggere***); in origine designava il racconto della vita del santo da leggere ai fedeli il giorno della sua festa; il termine *leggenda* è passato direttamente in italiano attraverso la lingua parlata, influenzato del verbo italiano *leggere*; il recupero successivo del latino *legenda* ha dato la parola **legenda**.

leggendario (leg-gen-dà-rio) AGG. (pl.m. *-ri*, pl.f. *-rie*) **1** Che appartiene a una leggenda: *tradizioni leggendarie* Ⓢ favoloso, mitico. **2** Straordinario, eccezionale, epico: *una partita leggendaria.* ▸ Ⓕ **legere**

leggere (lèg-ge-re) V.TR. (irreg.: ind. pres. *lèggo, lèggi*, ecc.; pass. rem. *lèssi, leggésti, lèsse, leggémmo, leggéste, lèssero*; part. pass. *lètto*) **1** Riconoscere e interpretare i segni della scrittura: *imparare a leggere; sto leggendo un bel libro.* **2** Individuare una condizione o un fatto non evidente: *il dolore* **gli** *si leggeva* **in** *faccia* Ⓢ vedere, intuire. **3** Interpretare un sistema di segni convenzionali: *non sa leggere la musica.* Ⓔ ***Leggere le carte, leggere la mano***, indovinare il destino di una persona per mezzo delle carte da gioco o dei tarocchi o dall'esame della sua mano. ▸ Ⓕ **legere**

Il termine deriva dal latino *legere* 'raccogliere, scegliere, leggere'; dal latino *legere* derivano anche **collezione**, **diligente**, **elegante**, **eleggere**, **intelligente**, **legenda**, **leggenda**, **lezione**, **negligente**, **sacrilego**, **scegliere**, **selezione** e **sortilegio**.

leggerezza (leg-ge-réz-za) N.F. **1** Caratteristica di ciò che è leggero: *la leggerezza di una piuma; la leggerezza di una salsa* Ⓢ delicatezza Ⓒ pesantezza. **2** Agilità, scioltezza: *leggerezza di movimenti.* **3** Scarsa serietà nel comportamento: *agire con leggerezza* Ⓢ superficialità • Azione che dimostra scarso senso di responsabilità: *è stata una leggerezza lasciare i bambini soli in casa* Ⓢ sciocchezza.

leggermente (leg-ger-mén-te) AVV. **1** Con delicatezza: *premere leggermente il campanello.* **2** Appena un poco: *i prezzi sono leggermente aumentati; è rimasto leggermente ferito.* **3** Senza riflessione o senso di responsabilità: *comportarsi leggermente.*

leggero (leg-gè-ro) AGG. **1** Limitato di peso, che pesa poco: *leggero come una piuma* Ⓢ lieve Ⓒ pesante • Agile, sciolto: *movimenti leggeri.* **2** Di cibo, che si digerisce facilmente: *il pesce è più leggero della carne* • Di vino, poco alcolico. **3** Di scarsa forza o intensità: *ho un leggero mal di testa; una leggera sfumatura di verde; un profumo leggero* Ⓢ tenue, debole Ⓒ forte, intenso. **4** Che richiede uno scarso impegno fisico o intellettuale: *un lavoro leggero; un film leggero* Ⓢ semplice. **5** Senza pensieri: *sentirsi leggero; avere il cuore leggero* Ⓢ sereno. **6** Di scarsa importanza o gravità: *una leggera ferita; una leggera differenza* Ⓢ piccolo. **7** Moderato, indulgente: *avere la mano leggera nel giudicare.* **8** Privo di serietà o di senso di responsabilità: *un comportamento leggero* Ⓢ superficiale, frivolo. Ⓔ ***Alla leggera***, senza serietà: *prendere le cose alla leggera* • ***Musica leggera***, quella accessibile a tutti, costituita di canzoni e motivi da ballare • ***Sonno leggero***, che si interrompe al minimo rumore • ***Stare leggeri, tenersi leggeri***, mangiare con moderazione.

leggiadro (leg-già-dro) AGG. · Pieno di grazia e di finezza: *una fanciulla leggiadra* Ⓢ armonioso, grazioso.

leggibile (leg-gì-bi-le) AGG. **1** Scritto in modo chiaro: *una grafia poco leggibile* Ⓢ comprensibile Ⓒ illeggibile. **2** Di opera letteraria che, pur non avendo grandi pregi, merita di essere letta: *ha scritto di meglio, ma anche questo romanzo è leggibile* Ⓢ passabile.
▸ Ⓕ **legere**

leggio (leg-gì-o) N.M. (pl. *-gìi*) · Sostegno per libri o spartiti aperti: *il leggio del pianoforte; in biblioteca c'era un grande leggio.*

leghismo (le-ghi-ṣmo) N.M. · Movimento sorto negli anni Ottanta del Novecento nell'Italia settentrionale per promuovere un assetto federale dello Stato.

leghista (le-ghì-sta) AGG. e N.M. e F. (pl.m. *-i*, pl.f. *-e*) || AGG. Che riguarda una lega politica, e in particolare la Lega Nord: *idee leghiste.* || AGG. e N.M. e F. Che, chi appartiene a una lega, e in particolare alla Lega Nord, o la sostiene.

legionario (le-gio-nà-rio) N.M. (pl. *-ri*) · Soldato della legione romana • Chi appartiene a un corpo militare volontario, detto *legione*, soprattutto con riferimento alla Legione straniera francese.

legione (le-gió-ne) N.F. **1** Nell'esercito degli antichi Romani, unità che comprendeva da quattromila a seimila uomini: *le legioni di Cesare.* **2** Nelle forze armate italiane, unità organica dei Carabinieri e della Guardia di Finanza: *la legione territoriale dei Carabinieri.*

legislativo (le-gi-ṣla-tì-vo) AGG. · Che riguarda la formulazione e l'emanazione delle leggi: *procedimento legislativo.* Ⓔ ***Potere legislativo***, uno dei tre poteri dello Stato, che ha il compito di emanare le leggi.

legislatore (le-gi-ṣla-tó-re) N.M. (f. *-trìce*) · Chi formula o emana le leggi: *il legislatore deve tenere conto delle esigenze di tutti i cittadini.*

legislatura (le-gi-ṣla-tù-ra) N.F. · Il periodo in cui un Parlamento rimane in carica: *è stato deputato per due legislature.*

legislazione (le-gi-ṣla-zió-ne) N.F. **1** L'insieme delle leggi di uno Stato o di un periodo storico: *la legislazione italiana; la legislazione francese dell'Ottocento* Ⓢ ordinamento, diritto. **2** L'insieme delle norme che regolano i vari settori della vita sociale: *legislazione scolastica, del lavoro* Ⓢ normativa, regolamento.

legittimare (le-git-ti-mà-re) V.TR. (*legìttimo*, ecc.) **1** Rendere legittimo o riconoscere come legittimo: *legittimare un figlio naturale* Ⓒ delegittimare. **2** Dare l'autorizzazione a un atto o comportamento: *sono stato legittimato **ad** adottare un bambino.* **3** Considerare lecito anche ciò che non lo è: *nulla legittima il suo comportamento* Ⓢ giustificare, scusare.

legittimità (le-git-ti-mi-tà) N.F. INVAR. **1** Corrispondenza alla legge: *la legittimità di un matrimonio, di un contratto* Ⓢ legalità, regolarità. **2** Corrispondenza alle regole sociali o alla logica: *la legittimità di una domanda* Ⓢ validità.

legittimo (le-gìt-ti-mo) AGG. **1** Corrispondente alla legge e quindi valido: *matrimonio legittimo; accordo legittimo* Ⓢ lecito, legale Ⓒ illegittimo. **2** Corrispondente a una regola: *uso legittimo di una parola* Ⓢ appropriato Ⓒ arbitrario • Giustificato da buoni motivi: *timore legittimo; pretese legittime* Ⓢ fondato, motivato. Ⓔ ***Legittima difesa*** → ***difesa***.

legna (lé-gna) N.F. INVAR. · Pezzi di tronchi e rami d'albero da ardere: *spaccare la legna con l'accetta.*

legnaia (le-gnà-ia) N.F. (pl. *-gnàie*) · Luogo riparato dove viene conservata la legna.

legname (le-gnà-me) N.M. · Legno usato come materiale da costruzione o da lavoro: *deposito di legname.*

legnata (le-gnà-ta) N.F. · Colpo dato con un pezzo di legno: *ricevere un sacco di legnate.*

legno (lé-gno) N.M. **1** La parte solida dei rami e delle radici degli alberi e degli arbusti, utilizzato in falegnameria, nella lavorazione ar-

A B C D E F G H I J K L M N O P Q R S T U V W X Y Z

tistica e in varie costruzioni: *legno dolce, duro; legno di rovere; mobile, pavimento di legno.* **2** AL PL. Il gruppo degli strumenti a fiato fabbricati con questo materiale (come fagotti, oboi, flauti, clarinetti): *il suono dei legni era meraviglioso.* Ⓔ ***Testa di legno***, persona stupida o testarda.

legnoso (le-gnó-so) AGG. **1** Formato di legno. **2** Di consistenza simile al legno. **3** Di persona, dai lineamenti duri o dai movimenti impacciati: *un viso legnoso; un calciatore legnoso* Ⓢ rigido, impacciato.

legume (le-gù-me) N.M. **1** Il frutto di alcune piante, che, quando diventa maturo, si apre in due parti a una delle quali sono attaccati i semi Ⓢ baccello. **2** AL PL. I semi contenuti nel frutto come i fagioli, i piselli, ecc.: *il valore nutritivo dei legumi.*

leguminosa (le-gu-mi-nó-sa) N.F. · Pianta erbacea che produce frutti a legume; molte piante di questo tipo hanno usi alimentari (fagioli, piselli, lenticchie), medicinali (liquirizia), ornamentali (mimosa, glicine).

L

lei (lèi) PRON. PERS. F. **1** Forma tonica del pronome di terza persona singolare femminile *ella*; può avere funzione di soggetto e di complemento: *nemmeno lei può aiutarmi; ho visto proprio lei; si tratta di lei; l'ho detto a lei; da lei c'è da aspettarsi di tutto; con lei non si può discutere* • Nelle esclamazioni indica il soggetto: *beata lei!* **2** Viene usato come forma di cortesia, sia per il maschile sia per il femminile: *lei cosa desidera, signore?* Ⓔ ***Dare del lei*** *→ dare.*

lembo (lém-bo) N.M. **1** Bordo inferiore di un indumento: *il lembo della camicia* Ⓢ estremità. **2** Zona estrema: *l'estremo lembo d'Europa* Ⓢ bordo, margine. **3** Striscia sottile: *un lembo di pelle; un lembo di terra* Ⓢ porzione.

lemma (lèm-ma) N.M. (pl. *-i*) · Ogni parola definita in un dizionario o in un'enciclopedia: *questo dizionario contiene ventimila lemmi.*

lemme lemme (lèm-me lèm-me) AVV. · Molto piano, adagio: *veniva lemme lemme verso di noi.*

lemming (lem-ming; pronuncia *lèmming*) N. INGL., in it. N.M. INVAR. · Topo con corpo tozzo e zampe cortissime con diti armati di forti unghie, noto per i danni che causa con le sue migrazioni in massa.

lemure (lè-mu-re) N.M. · Piccolo mammifero, di solito notturno, che vive nel Madagascar, caratterizzato da arti lunghi, muso appuntito e occhi molto grandi.

lena (lé-na) N.F. · Capacità di sostenere uno sforzo intenso: *pedalare di buona lena* Ⓢ energia, vigore.

lenire (le-nì-re) V.TR. (*lenìsco, lenìsci*, ecc.) · Calmare, attenuare, alleviare: *il tempo lenisce i dispiaceri; la pomata lenirà il dolore alla gamba.*

lenitivo (le-ni-ti-vo) AGG. e N.M. · Di farmaco in grado di calmare il dolore: *preparato lenitivo; applicare un lenitivo sulla ferita* Ⓢ calmante, analgesico.

lente (lèn-te) N.F. · Corpo di materiale trasparente con almeno una faccia curva, elemento fondamentale di alcuni apparecchi come occhiali, cannocchiali e microscopi. Ⓔ ***Lente d'ingrandimento***, che serve a dare l'immagine ingrandita di un oggetto • ***Lenti a contatto***, quelle che si applicano direttamente negli occhi per correggere difetti visivi.

lentezza (len-téz-za) N.F. · Notevole impiego di tempo nel fare qualcosa: *lentezza di movimenti; la lentezza della burocrazia* Ⓢ calma Ⓒ velocità, rapidità.

lenticchia (len-tic-chia) N.F. (pl. *-chie*) **1** Pianta erbacea coltivata fin dall'antichità per il potere nutritivo dei suoi semi. **2** Il seme della pianta, di forma sferica e schiacciata.

lentiggine (len-tig-gi-ne) N.F. · Piccola macchia che talvolta compare sul viso o sul corpo di individui di pelo biondo o rosso: *una bimba piena di lentiggini.*

lento (lèn-to) AGG. e N.M. || AGG. **1** Che impiega molto tempo per spostarsi, fare o pensare qualcosa: *un veicolo lento; un ragazzo lento* ***nel*** *capire; un veleno ad azione lenta* Ⓢ calmo Ⓒ veloce, rapido. **2** Non abbastanza stretto: *un nodo lento; tenere lente le redini* Ⓢ allentato Ⓒ stretto. || N.M. Ballo a ritmo lento: *ballare un lento.*

lenza (lèn-za) N.F. 1 Filo cui viene applicato l'amo per la pesca: *il pesce era così grosso che si ruppe la lenza.* 2 Nel linguaggio familiare, tipo eccezionalmente astuto: *è una lenza!*

lenzuolo (len-zuò-lo) N.M. (pl.m. *i lenzuòli*, pl.f. *le lenzuòla*) · Ciascuno dei due teli che si dispongono sul letto: *rimboccare le lenzuola; il lenzuolo di sotto, di sopra.*

Il plurale maschile *lenzuoli* si riferisce a un numero più o meno precisato di questo capo di biancheria preso singolarmente: *ho comprato due lenzuoli: uno giallo e uno rosso*; per indicare la coppia di lenzuoli usati per fare il letto si usa il plurale femminile: *ho messo le lenzuola nuove.*

leone (le-ó-ne) N.M. (f. *-éssa*; pl.m. *-i*, pl.f. *-ésse*) || N.M. (f. *-éssa*) 1 Grande felino carnivoro diffuso in Asia e in Africa; possiede diti provvisti di artigli robustissimi, testa grande circondata, nel maschio, da una folta criniera, bocca ampia con dentatura molto sviluppata. 2 Simbolo di forza e coraggio: *si batteva come un leone.* || N.M. In astrologia, segno che comprende i nati dal 23 luglio al 23 agosto. Ⓔ ***Cuor di leone***, persona coraggiosa • ***Dente di leone*** → ***dente***.

Il verbo che indica il verso del leone è *ruggire* e il nome è *ruggito*.

leopardo (le-o-pàr-do) N.M. · Felino diffuso in Africa e in Asia; carnivoro astuto e feroce, ha zampe con artigli molto robusti e una pregiata pelliccia a pelo raso di colore giallo scuro con macchie nere.

Il verbo che indica il verso del leopardo è *ruggire* e il nome è *ruggito*.

lepre (lè-pre) N.F. 1 Roditore selvatico simile al coniglio, con orecchie lunghe, labbro superiore diviso in due da una fessura, pelliccia corta e folta. 2 Simbolo di velocità nella corsa: *correre come una lepre.*

lercio (lèr-cio) AGG. (pl.m. *-ci*, pl.f. *-ce*) 1 Molto sporco: *mani lerce* Ⓢ lurido, sudicio. 2 Spregevole, ignobile: *un lercio individuo.*

lerciume (ler-ciù-me) N.M. · Sporcizia, sudiciume.

lesbica (lè-ṣbi-ca) N.F. (pl. *-che*) · Donna omosessuale.

lesbico (lè-ṣbi-co) AGG. (pl.m. *-ci*, pl.f. *-che*) · Dell'omosessualità femminile: *amore lesbico.*

lesi (lé-ṣi) · Pass. rem., 1ª pers. sing. → ***ledere***.

lesina (lé-ṣi-na) N.F. · Grosso ago ricurvo e appuntito che il calzolaio usa per forare il cuoio.

lesinare (le-ṣi-nà-re) V.TR. e INTR. (*léṣino*, ecc.; aus. *avere*) · Risparmiare il più possibile per avarizia: *lesinare il centesimo; lesinare **sul** cibo.*

Il termine deriva da *lesina*, l'attrezzo del calzolaio che serve per forare il cuoio, diventato simbolo di avarizia a causa della *Compagnia della lesina*, istituita a Firenze nel Cinquecento per amministrare i beni altrui in modo parsimonioso; la *Compagnia* scelse questo simbolo perché usare la lesina per ripararsi le scarpe da soli esprimeva una forte volontà di risparmio.

lesionare (le-ṣio-nà-re) V.TR. (*leṣióno*, ecc.) · Provocare lesioni o crepe: *il terremoto ha lesionato le pareti della casa* Ⓢ danneggiare, rovinare.

lesione (le-ṣió-ne) N.F. 1 Danno a un organo o a un tessuto: *l'incidente gli ha provocato gravi lesioni interne* Ⓢ ferita, trauma. 2 Crepa che si forma nei muri: *la facciata presenta molte lesioni.*

lesivo (le-ṣi-vo) AGG. · Che può provocare un danno: *un atto lesivo **dei** diritti dei lavoratori* Ⓢ nocivo.

leso (lé-ṣo) · Participio pass. → ***ledere***.

lessare (les-sà-re) V.TR. (*lésso*, ecc.) · Cuocere nell'acqua bollente: *lessare le patate* Ⓢ bollire.

lessi (lès-ṣi) · Pass. rem., 1ª pers. sing. → ***leggere***.

lessicale (les-si-cà-le) AGG. · Che riguarda il lessico: *studi lessicali.*

lessico (lès-si-co) N.M. (pl. *-ci*) 1 L'insieme delle parole di una lingua o di un linguaggio specifico: *nel lessico italiano entrano molte parole inglesi; il lessico dello sport* Ⓢ lingua, linguaggio. 2 Dizionario, vocabolario: *un lessico di greco.*

lesso (lés-so) AGG. e N.M. || AGG. Cotto in acqua bollente: *palombo lesso.* || N.M. Carne cotta in

A B C D E F G H I J K **L** M N O P Q R S T U V W X Y Z

acqua bollente: *lesso con salsa verde* Ⓢ bollito • Carne da brodo: *vorrei quattro etti di lesso.*

lesto (lè-sto) AGG. · Agile, svelto, veloce: *camminava lesto verso casa.*

lestofante (le-sto-fàn-te) N.M. e F. · Imbroglione, truffatore.

letale (le-tà-le) AGG. · Che causa la morte: *una malattia letale* Ⓢ mortale.

letamaio (le-ta-mà-io) N.M. (pl. *-mài*) **1** Luogo dove si ammucchia il letame. **2** Luogo molto sporco: *la tua camera è un letamaio* Ⓢ porcile.

letame (le-tà-me) N.M. · Concime di natura organica ricavato dagli escrementi del bestiame e dalla paglia delle stalle.

letargo (le-tàr-go) N.M. (pl. *-ghi*) **1** Stato di sonno lungo e profondo in cui vengono a trovarsi alcuni animali durante l'inverno: *l'orso va in letargo.* **2** Nell'uomo, sonno troppo lungo e profondo, sintomo di alcune malattie.

L

letizia (le-tì-zia) N.F. (pl. *-zie*) · Intima e serena gioia: *vivere in letizia; uno sguardo pieno di letizia* Ⓢ serenità, felicità.

lettera (lèt-te-ra) N.F. **1** Ogni segno di un alfabeto: *lettere maiuscole, minuscole.* **2** Il senso immediato di un testo scritto, al di fuori di interpretazioni soggettive. **3** Comunicazione scritta: *affrancare, spedire una lettera* Ⓢ missiva. **4** AL PL. Gli studi di letteratura: *si iscrisse alla facoltà di lettere.* Ⓔ ***A chiare lettere***, in modo chiaro: *gli ho detto a chiare lettere quel che pensavo* • ***Alla lettera***, in modo da rispettare il significato stretto delle parole, senza interpretarne il senso generale: *tradurre alla lettera* • ***Lettera anonima***, che non ha la firma di chi l'ha scritta • ***Rimanere lettera morta***, non avere alcun effetto: *i suoi avvertimenti rimasero lettera morta.*

letterale (let-te-rà-le) AGG. · Che riguarda il senso immediato di un testo, al di fuori di interpretazioni metaforiche o soggettive: *il significato letterale delle parole* Ⓢ proprio, testuale. Ⓔ ***Traduzione letterale***, parola per parola, senza nessuna interpretazione.

letteralmente (let-te-ral-mén-te) AVV. **1** Alla lettera: *tradurre letteralmente una poesia è impossibile* Ⓢ fedelmente. **2** Nel vero senso della parola: *l'aula era letteralmente vuota.*

letterario (let-te-rà-rio) AGG. (pl.m. *-ri*, pl.f. *-rie*) **1** Che riguarda la letteratura o gli studiosi di letteratura: *critica letteraria; un circolo letterario.* **2** Colto, ricercato: *linguaggio letterario.*

letterato (let-te-rà-to) N.M. (f. *-a*) · Appassionato di letteratura: *un letterato di grande fama.*

letteratura (let-te-ra-tù-ra) N.F. **1** L'insieme delle opere scritte proprie di una cultura o di un'epoca: *la letteratura italiana; storia della letteratura.* **2** L'insieme degli scritti che riguardano un argomento: *la letteratura scientifica; la letteratura per ragazzi.*

lettiera (let-tiè-ra) N.F. **1** Strato di foglie o paglia che, nelle stalle, è usato dagli animali per stendersi. **2** Vaschetta piena di sabbia assorbente in cui i gatti fanno i loro bisogni.

lettiga (let-tì-ga) N.F. (pl. *-ghe*) · Piccolo letto per trasportare malati o feriti, formato da due stanghe a cui è fissato un rettangolo di tela forte: *i feriti sono stati portati via in lettiga* Ⓢ barella.

letto[1] (lèt-to) · Participio pass. → ***leggere***.

letto[2] (lèt-to) N.M. **1** Mobile destinato al riposo e al sonno, fatto in modo che vi si possa stare in posizione orizzontale: *un letto comodo; andare a letto.* **2** Il solco dove scorre un corso d'acqua: *il letto del fiume* Ⓢ alveo, fondo. Ⓔ ***Andare a letto con qualcuno***, avere rapporti sessuali con lui • ***Divano letto*** → ***divano*** • ***Figlio di primo letto, figlio di secondo letto***, nato dal primo o dal secondo matrimonio • ***Letto a castello***, costituito da più letti sovrapposti • ***Rifare il letto***, riordinarne le lenzuola e le coperte.

lettore (let-tó-re) N.M. (f. *-trìce*) || N.M. (f. *-trìce*) **1** Chi è impegnato nella lettura: *un lettore attento; un'appassionata lettrice di gialli.* **2** Insegnante di madrelingua straniera che tiene lezioni nelle università. || N.M. Strumento elettronico per la lettura di dati registrati secondo varie tecniche: *un lettore di compact disc, di mp3.* ▸ Ⓕ **legere**

Il termine deriva dal latino *lector* 'colui che legge ad alta voce', che viene a sua volta da *legere* 'leggere'.

lettura (let-tù-ra) N.F. **1** Il riconoscimento e l'interpretazione dei segni della scrittura: *uno scolaro bravo in lettura; la lettura di un romanzo; dare una rapida lettura al giornale.* **2** Testo che si legge per studio o per divertimento: *letture per l'infanzia* Ⓢ libro, opera. **3** L'operazione di rilevare dati: *la lettura del contatore.* ▸ Ⓕ **legere**

leucemia (leu-ce-mì-a) N.F. (pl. *-mìe*) · Grave malattia che provoca un aumento eccessivo dei globuli bianchi.

leucocita (leu-co-cì-ta) (o **leucocito**) N.M. (pl. *-i*) · Globulo bianco (→ ***globulo***).

leva[1] (lè-va) N.F. **1** Macchina semplice, costituita da un'asta che gira intorno a un punto fisso, detto *fulcro*, su cui si esercita una forza (la *potenza*) che serve a vincerne un'altra (la *resistenza*); nella sua forma più comune è una sbarra che viene infilata sotto un peso per sollevarlo. **2** Stimolo a un'azione: *per convincermi hanno fatto leva sul mio senso del dovere.* **3** Asta su cui si agisce per comandare un dispositivo meccanico: *la leva del cambio* Ⓢ comando.

leva[2] (lè-va) N.F. · L'arruolamento dei giovani per il servizio militare: *visita di leva* Ⓢ reclutamento • Il servizio militare obbligatorio: *i militari di leva.* Ⓔ ***Le nuove leve***, i giovani che si stanno affermando in campo artistico, culturale o sportivo: *le nuove leve della musica, del calcio.*

levante (le-vàn-te) N.M. · L'oriente come punto di riferimento geografico: *andare a levante* Ⓢ est Ⓒ ovest, ponente.

levare[1] (le-và-re) V.TR. (*lèvo*, ecc.) || TR. **1** Sollevare in alto: *l'uomo levò le braccia **al** cielo sconsolato* Ⓢ alzare, innalzare. **2** Portar via un oggetto dal luogo in cui si trova: *levare un dente; leva quei libri **dal** tavolo; levami le mani di dosso; ho levato il cappotto **al** bambino* Ⓢ togliere, rimuovere. **3** Condurre via qualcuno o qualcosa: *levamelo di torno.* || **levarsi** TR. PRONOM. Togliersi qualcosa di dosso: *levati pure la giacca.* || **levarsi** RIFL. **1** Alzarsi, sollevarsi: *al suo ingresso la folla si è levata **in** piedi.* **2** Spostarsi, allontanarsi: *levati di torno!* || **levarsi** INTR. PRONOM. Di cose, alzarsi, sollevarsi: *si levò un forte vento di tramontana; si levò un grido.* Ⓔ ***Levare l'ancora***, salpare, partire • ***Levare le tende*** → ***tenda*** • ***Levarsi dai piedi*** o ***levarsi dalle scatole***, nel linguaggio familiare, andarsene • ***Levarsi dalla testa qualcosa***, rinunciare a un'idea • ***Levarsi il pane di bocca*** → ***bocca*** • ***Levarsi un capriccio*** o ***levarsi una voglia***, soddisfarli.

levare[2] (le-và-re) N.M. · Il sorgere di un astro all'orizzonte: *il levare del sole* Ⓒ calare.

levata (le-và-ta) N.F. · Il sorgere di un astro: *la levata della luna* • L'alzarsi dal letto: *domani la levata è alle sei* Ⓢ sveglia. Ⓔ ***Levata di scudi*** → ***scudo***.

levataccia (le-va-tàc-cia) N.F. (pl. -ce) · L'alzarsi dal letto molto presto al mattino: *domani mi aspetta una levataccia.*

levatoio (le-va-tó-io) AGG.M. (pl. *-tói*) · Solo nell'espressione ***ponte levatoio***, ponte che si può sollevare e abbassare.

levatrice (le-va-trì-ce) N.F. · Donna che assiste le madri che devono partorire Ⓢ ostetrica.

levigare (le-vi-gà-re) V.TR. (*lèvigo*, *lèvighi*, ecc.) · Rendere liscio: *levigare il marmo, il legno* Ⓢ lisciare.

levigato (le-vi-gà-to) AGG. · Liscio: *una superficie levigata.*

levriero (le-vriè-ro) N.M. (f. -a) · Cane da corsa, a pelo raso o lungo, dalle forme slanciate, fini, eleganti. Ⓔ ***Levriero afgano***, levriero dal mantello morbido, bianco, nero, grigio o rossastro.

lezione (le-zió-ne) N.F. **1** Ogni incontro tra un insegnante e uno o più allievi in cui viene svolta una parte di un programma di studio: *lezione di latino; lezione di ballo.* **2** Ciò che viene assegnato agli allievi da studiare a casa: *studiare la lezione; fare le lezioni.* **3** Insegnamento che serve da esempio: *che questo errore ti serva di lezione* • Castigo, punizione: *quel ragazzo ha bisogno di una bella lezione.* ▸ Ⓕ **legere** ▸▸

Il termine deriva dal latino *lectio* 'lettura, conferenza', che viene a sua volta da *legere* 'leggere' (→ ***leggere***).

lezioso (le-zió-so) AGG. · Sdolcinato, stucchevole: *frasi leziose; una bambina leziosa.*

lezzo (léẓ-ẓo) N.M. · Cattivo odore: *lezzo di stalla* Ⓢ fetore, puzza.

li PRON. PERS. e DIMOSTR. M. PL. · Forma atona che corrisponde al singolare *lo* usata come complemento oggetto: *li ho visti,* ho visto loro; *li compro,* compro questi, quelli.

lì AVV. · In un luogo lontano sia da chi parla che da chi ascolta: *è lì che ti aspetta* • Preceduto da una preposizione, quel luogo: *passiamo da lì; non muoverti di lì.* Ⓔ ***Giù di lì*** → ***giù*** • ***Lì (lì) per,*** sul punto di: *ero lì lì per uscire, quando squillò il telefono* • ***Lì per lì,*** sul momento: *lì per lì non ci feci caso.*

Con pronomi e aggettivi dimostrativi o con alcuni avverbi, svolge solo una funzione di rafforzativo: *quel libro lì; quello lì; lì vicino; lì dentro.*

L

liana (li-à-na) N.F. · Pianta tropicale legnosa o erbacea con fusto lungo e flessibile che si appoggia ad altre piante.

libagione (li-ba-gió-ne) N.F. **1** Cerimonia religiosa dell'antichità in cui si spargeva vino o latte in onore degli dèi. **2** Abbondante bevuta di alcolici.

libbra (lib-bra) N.F. · Antica unità di misura di peso che equivale a poco meno di mezzo chilo.

libeccio (li-béc-cio) N.M. (pl. *-ci*) · Vento umido tipico del bacino del Mediterraneo.

Il termine deriva dal greco *Libýkion* 'proveniente dalla Libia'.

libellula (li-bèl-lu-la) N.F. · Insetto con quattro grandi ali trasparenti, corpo allungato e sottile, zampe ben sviluppate.

Il termine deriva dal latino *libella* 'livella', diminutivo di *libra* 'bilancia', per il fatto che l'insetto, quando vola, batte le ali così rapidamente che sembra che siano ferme in posizione orizzontale.

liberale (li-be-rà-le) AGG. e N.M. e F. || AGG. e N.M. e F. Che, chi segue i principi del liberalismo politico ed economico: *partito liberale; i liberali hanno vinto le elezioni.* || AGG. **1** Che rispetta la libertà: *un'educazione liberale.* **2** Generoso, altruista: *un uomo liberale con i poveri; un gesto liberale.*

liberalismo (li-be-ra-lì-ṣmo) N.M. · Dottrina politica ed economica che sostiene che sia giusto limitare il potere dello Stato a favore dei diritti dei singoli individui.

liberalità (li-be-ra-li-tà) N.F. INVAR. · Generosità, larghezza nello spendere o nel dare agli altri: *un gesto di liberalità.*

liberalizzare (li-be-ra-liẓ-ẓà-re) V.TR. **1** Far corrispondere ai principi del liberismo economico, eliminando dazi, limitazioni, monopoli, ecc.: *liberalizzare gli scambi.* **2** Rendere libero eliminando norme o divieti: *liberalizzare il consumo di alcolici.*

liberamente (li-be-ra-mén-te) AVV. **1** Senza riguardi o timori: *parlate pure liberamente* Ⓢ apertamente, chiaramente. **2** Senza limitazioni: *tutti i libri della biblioteca possono essere consultati liberamente.*

liberare (li-be-rà-re) V.TR. (*libero,* ecc.) || TR. **1** Rendere libero: *liberare un popolo* ***dalla*** *tirannia; liberare un prigioniero.* **2** Togliere da una situazione spiacevole: *liberare qualcuno* ***da*** *un impiccio; liberare l'animo* ***dalla*** *paura* Ⓢ salvare. **3** Rendere libero da ciò che ingombra: *liberare il tavolo; liberare il campo* ***dalle*** *erbacce* Ⓢ sgombrare. || **liberarsi** RIFL. Riconquistare la libertà allontanando da sé ciò che opprime: *liberarsi* ***dalla*** *dominazione straniera; liberarsi* ***da*** *un obbligo.*

liberazione (li-be-ra-zió-ne) N.F. **1** La conquista della libertà: *liberazione di un popolo; liberazione* ***dalla*** *schiavitù* Ⓢ emancipazione, riscatto. **2** L'allontanamento di ciò che è motivo di oppressione: *liberazione* ***da*** *un impegno.* **3** L'eliminazione di uno stato di angoscia: *provare un senso di liberazione* Ⓢ sollievo.

liberismo (li-be-rì-ṣmo) N.M. · Teoria economica fondata sull'assoluta libertà di produzione e di commercio e contraria a qualsiasi controllo da parte dello Stato.

libero (lì-be-ro) AGG. **1** Che non ha obblighi o limitazioni sul piano morale, politico o sociale: *un popolo libero; sono libero **da** impegni; sei libero **di** agire come meglio credi* Ⓢ autonomo, indipendente. **2** Che non presenta ostacoli o impedimenti: *avere le mani libere; lasciare libero il passaggio.* **3** A disposizione per l'uso: *è rimasta una stanza libera* Ⓢ disponibile, utilizzabile Ⓒ occupato • Accessibile a tutti, gratuito: *ingresso libero.* **4** Privo di impegni: *avere la serata libera.* **5** Privo di controllo o di ritegno: *costumi liberi* Ⓢ audace, spregiudicato. Ⓔ ***A piede libero*** → ***piede*** • ***A ruota libera*** → ***ruota*** • ***Carta libera***, priva del bollo che ne attesta la validità legale: *certificato in carta libera* • ***Discesa libera*** → ***discesa*** • ***Esercizio a corpo libero***, nella ginnastica, quello eseguito senza attrezzi • ***Libero arbitrio*** → ***arbitrio*** • ***Libero professionista*** → ***professionista*** • ***Stile libero***, nel nuoto, quello in cui la spinta è data da ampi movimenti rotatori delle braccia e dal battito alternato delle gambe • ***Tempo libero***, quello che non presenta impegni di lavoro.

libertà (li-ber-tà) N.F. INVAR. **1** Stato di indipendenza, sentito come un diritto: *morire per la libertà; i martiri della libertà* Ⓢ indipendenza, autonomia Ⓒ schiavitù, servitù. **2** Assenza di limitazioni o costrizioni: *libertà **di** parlare; rimettere in libertà un prigioniero.* **3** Mancanza di obblighi o impegni: *prendersi una settimana di libertà **dal** lavoro.* **4** Condizione di agio o di comodità: *mettersi in libertà.* **5** Assenza di controllo per eccessiva confidenza o per mancanza di rispetto: *libertà di costumi; prendersi delle libertà con i colleghi* Ⓢ licenza, confidenza.

libertario (li-ber-tà-rio) AGG. e N.M. (f. *-a*; pl.m. *-ri*, pl.f. *-rie*) || AGG. e N.M. (f. *-a*) Che, chi sostiene in modo radicale un'assoluta libertà politica. || AGG. Ispirato alla difesa della libertà dell'individuo: *principi libertari.*

libertino (li-ber-tì-no) AGG. e N.M. (f. *-a*) || AGG. Spregiudicato, dissoluto: *vita libertina; costumi libertini.* || N.M. (f. *-a*) Chi tiene una condotta spregiudicata e disordinata.

liberto (li-bèr-to) N.M. (f. *-a*) · Nell'antica Roma, schiavo a cui il padrone donava la libertà.

liberty (li-ber-ty; pronuncia *lìberti*) AGG. e N.M. INVAR. · Dello stile artistico della fine dell'Ottocento e del primo Novecento caratterizzato da una ricca varietà di motivi ornamentali ispirati al mondo vegetale: *un palazzo liberty; il liberty si affermò in quasi tutti i Paesi dell'Europa.*

libico (lì-bi-co) AGG. e N.M. (f. *-a*; pl.m. *-ci*, pl.f. *-che*) || AGG. Della Libia. || N.M. (f. *-a*) Abitante, nativo della Libia.

libidine (li-bì-di-ne) N.F. **1** Forte appetito sessuale Ⓢ lussuria. **2** Desiderio vivo e ostinato: *libidine **di** ricchezza* Ⓢ brama, smania.

libra (lì-bra) → ***libbra***.

libraio (li-brà-io) N.M. (f. *-a*; pl.m. *-bràì*, pl.f. *-bràie*) · Venditore di libri: *il mio libraio di fiducia mi ha consigliato un autore americano.*

librarsi (li-bràr-si) V.INTR. PRONOM. · Rimanere sospeso in aria: *librarsi **in** cielo; l'aereo si libra fra le nubi.*

libreria (li-bre-rì-a) N.F. (pl. *-rìe*) **1** Negozio in cui si vendono libri: *libreria scolastica, specializzata.* **2** Mobile per conservare i libri: *riordinare la libreria.* **3** Raccolta di libri: *ha una ricchissima libreria di testi classici* Ⓢ biblioteca.

libresco (li-bré-sco) AGG. (pl.m. *-schi*, pl.f. *-sche*) · Di conoscenza dovuta alla lettura di libri più che all'esperienza: *cultura libresca.*

libretto (li-brét-to) N.M. **1** Taccuino di appunti o di conti Ⓢ blocco. **2** Testo, di solito in versi, preparato per un'opera lirica. **3** Documento rilegato in forma di piccolo libro. Ⓔ ***Libretto di circolazione***, che contiene i dati di un autoveicolo e lo autorizza a circolare • ***Libretto di lavoro***, che contiene i dati sull'attività di un lavoratore • ***Libretto universitario***, che contiene i dati amministrativi di uno studente universitario e i suoi voti.

libro (lì-bro) N.M. **1** Insieme di fogli stampati della stessa misura, rilegati e forniti di copertina: *un libro di cento pagine* Ⓢ volume • Il testo che vi è stampato: *un libro interessante; un libro di fiabe; un libro di storia* Ⓢ testo, opera. **2** Ogni parte in cui è divisa un'opera letteraria, soprattutto classica: *il primo libro dell'"Eneide".* **3** Registro in cui sono annotati i dati che riguardano un'attività: *libro contabile.* Ⓔ ***Essere un libro aperto,*** di persona molto leale, che non nasconde nulla • ***Libro di testo,*** usato nelle scuole per l'insegnamento di una materia • ***Parlare come un libro stampato,*** in modo molto appropriato.

Il termine deriva dal latino *liber* 'scorza dell'albero', perché in origine si scriveva su questo materiale.

licantropo (li-càn-tro-po) N.M. (f. *-a*) **1** Persona che soffre di un disturbo che lo porta a imitare il comportamento del lupo. **2** Secondo alcune credenze popolari, creatura capace di trasformarsi in lupo.

Il termine deriva da una parola greca che significa 'uomo-lupo', composta di *lýkos* 'lupo' e *ánthropos* 'uomo'.

liceale (li-ce-à-le) AGG. e N.M. e F. || AGG. Del liceo: *studi liceali; licenza liceale.* || AGG. e N.M. e F. Che, chi frequenta il liceo: *studente liceale; il treno è pieno di liceali che vanno a scuola.*

L

licenza (li-cèn-za) N.F. **1** L'autorizzazione a svolgere una certa attività: *non ha la licenza per vendere i tabacchi; licenza di caccia* Ⓢ permesso, diritto. **2** Permesso di assentarsi in modo temporaneo da un ufficio o dal servizio militare: *chiese licenza* ***di*** *assentarsi per motivi di servizio; alla prima licenza tornerà a casa.* **3** Il titolo rilasciato alla fine di un corso di studi: *licenza media* Ⓢ diploma, attestato. **4** Abuso, confidenza, libertà: *non voglio che si prenda certe licenze con me!*

licenziamento (li-cen-zia-mén-to) N.M. · Provvedimento con cui un datore di lavoro fa cessare definitivamente l'attività di un lavoratore alle sue dipendenze: *il licenziamento di alcuni operai* Ⓒ assunzione.

licenziare (li-cen-zià-re) V.TR. (*licènzio*, ecc.) || TR. **1** Allontanare da un impiego, sciogliendo il contratto di lavoro: *è stato licenziato in tronco* Ⓒ assumere. **2** Conferire la licenza alla fine di un corso di studi: *gli studenti sono stati tutti licenziati con ottimi voti* Ⓢ diplomare. || **licenziarsi** RIFL. Rinunciare al proprio impiego: *il nostro cassiere si è licenziato* Ⓢ dimettersi.

licenzioso (li-cen-zió-so) AGG. · Che non rispetta le norme del pudore e della decenza: *comportamento licenzioso; scritti licenziosi* Ⓢ osceno, scandaloso.

liceo (li-cè-o) N.M. (pl. *-cèi*) · Scuola secondaria superiore che prepara all'università: *liceo classico, scientifico, artistico, linguistico* • L'edificio in cui ha sede tale scuola: *ci ritrovammo tutti di fronte al liceo.*

Il termine deriva dal greco *Lýkeion*, nome della scuola in cui insegnava Aristotele ad Atene.

lichene (li-chè-ne) N.M. · Vegetale formato dall'associazione di funghi e alghe; si sviluppa soprattutto sugli alberi o sulle rocce con l'aspetto di un'incrostazione giallastra.

lido (lì-do) N.M. **1** Striscia di terra pianeggiante lungo il mare Ⓢ litorale, spiaggia. **2** Località marina attrezzata con stabilimenti balneari.

lieto (liè-to) AGG. **1** Che prova o esprime serena soddisfazione: *un volto lieto; sono lieto* ***di*** *rivederti* Ⓢ contento. **2** Che provoca gioia: *una lieta notizia* Ⓢ bello, piacevole. Ⓔ ***Lieto evento,*** la nascita di un bambino • ***Lieto fine,*** la felice conclusione della vicenda narrata in un romanzo o in un film: *una storia a lieto fine.*

lieve (liè-ve) AGG. **1** Facile da affrontare: *una lieve salita; un compito lieve* Ⓢ leggero Ⓒ duro, difficile. **2** Di importanza trascurabile: *un lieve difetto; un lieve rumore* Ⓢ piccolo, leggero.

lievitare (lie-vi-tà-re) V.INTR. (*lièvito*, ecc.; aus. *essere*) · Aumentare di volume per l'azione di un lievito: *la pasta sta lievitando.*

lievito (liè-vi-to) N.M. · Insieme di più microrganismi capaci di provocare un processo di fermentazione. Ⓔ ***Lievito artificiale, lievito di birra,*** prodotto a base di colture di funghi derivati artificialmente dalla barbabietola da zucchero, usato nella fabbricazione del pane • ***Lievito naturale,*** pasta a base di acqua e farina che, lasciata a temperatura moderatamente elevata, produce microrganismi.

lifting (lif-ting; pronuncia *lìfting*) N. INGL., in it. N.M. INVAR. · Intervento di chirurgia plastica per eliminare le rughe.

light (pronuncia *làit*) AGG. INGL., in it. AGG. INVAR. · Leggero, dietetico: *formaggio light*.

ligio (lì-gio) AGG. (pl.m. *-gi*, pl.f. *-gie*) · Che rispetta con rigore i propri doveri: *ligio* ***al*** *partito; ligio* ***alla*** *legge* Ⓢ fedele, rispettoso Ⓒ ribelle.

lignaggio (li-gnàg-gio) N.M. (pl. *-gi*) · Stirpe, discendenza: *un giovane di nobile lignaggio*.

ligneo (lì-gne-o) AGG. (pl.m. *-gnei*, pl.f. *-gnee*) · Di legno: *una statua lignea*.

lignite (li-gnì-te) N.F. · Carbone fossile con poca capacità di produrre calore: *giacimento di lignite*.

ligure (lì-gu-re) AGG. e N.M. e F. || AGG. Della Liguria. || N.M. e F. Abitante, nativo della Liguria.

ligustro (li-gù-stro) N.M. · Arbusto sempreverde dai fiori bianchi e profumati: *una siepe di ligustro*.

lilla (lìl-la) AGG. e N.M. INVAR. · Di colore tra il rosa e il viola, caratteristico di alcuni fiori di lillà: *una gonna lilla*.

lillà (lil-là) N.M. INVAR. · Arbusto con foglie a forma di cuore e fiori profumati di vario colore in grappoli.

lillipuziano (lil-li-pu-zià-no) AGG. e N.M. (f. *-a*) || AGG. Che ha dimensioni molto piccole: *un letto lillipuziano* Ⓢ minuscolo. || N.M. (f. *-a*) Persona molto bassa: *una famiglia di lillipuziani*.

> Il termine deriva dall'inglese *lilliputian* 'abitante di Lilliput', nome del favoloso paese immaginario, abitato da minuscoli individui, creato da J. Swift (1667-1745) nei *Viaggi di Gulliver*.

lima (lì-ma) N.F. · Utensile formato da una piccola sbarra di acciaio fornita di sporgenze taglienti per assottigliare o levigare materiali duri: *lima da legno; lima per unghie*.

limaccioso (li-mac-ció-so) AGG. · Denso di melma: *le acque limacciose del fiume in piena* Ⓢ fangoso.

limare (li-mà-re) V.TR. **1** Lavorare con la lima: *limare un pezzo di metallo*. **2** Liberare uno scritto dalle imperfezioni formali Ⓢ correggere, rifinire.

limbo (lìm-bo) N.M. **1** Nella religione cattolica, il luogo in cui si trovano le anime dei defunti che non hanno ricevuto il battesimo: *le anime del limbo*. **2** Ansiosa incertezza: *sono come in un limbo, non so cosa scegliere*.

limetta (li-mét-ta) N.F. · Piccola lima usata per pareggiare le unghie.

limitare[1] (li-mi-tà-re) V.TR. (*lìmito*, ecc.) || TR. **1** Ridurre o contenere dentro un certo limite: *limitare i danni* Ⓢ diminuire, ridurre. **2** Chiudere uno spazio con un confine: *le colline limitano a nord la città* Ⓢ delimitare, circoscrivere. || **limitarsi** RIFL. Controllarsi, contenersi, moderarsi: *limitarsi* ***nel*** *bere; si limitò* ***a*** *fare qualche domanda di circostanza*.

limitare[2] (li-mi-tà-re) N.M. **1** Soglia: *fermarsi sul limitare*. **2** Margine, confine, estremità: *il limitare del bosco*.

limitativo (li-mi-ta-tì-vo) AGG. · Restrittivo, riduttivo: *giudizio limitativo*.

limitato (li-mi-tà-to) AGG. **1** Ridotto nelle sue effettive possibilità: *poteri limitati; un'intelligenza limitata* Ⓢ scarso, modesto Ⓒ illimitato, smisurato. **2** Di persona, che ha una mentalità ristretta: *i suoi colleghi sono tutte persone limitate* Ⓢ ottuso. **3** Chiuso entro certi limiti: *ho a disposizione un numero limitato di giorni di ferie* Ⓢ definito, stabilito.

limitazione (li-mi-ta-zió-ne) N.F. **1** Misura che serve a contenere: *limitazione dei consumi, della libertà personale* Ⓢ riduzione, freno. **2** Condizione, limite, vincolo: *accettare una proposta con alcune limitazioni*. **3** In grammatica: ***complemento di limitazione***, che limita la validità di ciò che è espresso da un verbo o da un aggettivo (*è bravo in matematica; supera tutti per intelligenza*).

limite (lì-mi-te) N.M. **1** Linea di divisione: *il limite tra due territori; stabilire, oltrepassare un limite* Ⓢ confine. **2** Punto estremo che non si può o non si deve oltrepassare: *limite di velocità; la mia pazienza ha un limite!; mettere un limite alle spese* Ⓢ limitazione. Ⓔ ***Al***

A B C D E F G H I J K L M N O P Q R S T U V W X Y Z

limite, come estrema possibilità, tutt'al più: *al limite passo a prenderti io* • ***Caso limite***, caso estremo • ***Passare ogni limite***, esagerare.

limitrofo (li-mì-tro-fo) AGG. · Che è situato immediatamente oltre i confini: *territori limitrofi* Ⓢ confinante, vicino.

limo (lì-mo) N.M. · Fango portato dalle acque di un fiume o di un lago: *le piene del Nilo coprivano i campi di fertile limo.*

limonata (li-mo-nà-ta) N.F. · Bevanda di succo di limone diluito in acqua.

limone (li-mó-ne) N.M. e AGG. || N.M. **1** Piccolo albero con rami irregolari, gemme violacee, foglie piccole, frutti ovali, con scorza di colore giallo chiaro; è largamente coltivato per i suoi frutti. **2** Il frutto della pianta e il succo che se ne ottiene: *fragole con limone.* || AGG. e N.M. INVAR. Del colore della buccia del limone maturo: *una camicia giallo limone.*

> Il termine deriva da una parola araba, introdotta in Occidente tramite i Crociati.

L

limpidezza (lim-pi-déz-za) N.F. **1** Assoluta trasparenza e chiarezza: *la limpidezza dell'aria, dell'acqua* Ⓢ nitidezza, purezza. **2** Purezza estetica e morale: *limpidezza di stile; la limpidezza di uno sguardo.*

limpido (lìm-pi-do) AGG. **1** Pulito e privo di impurità: *acqua limpida* Ⓢ trasparente, chiaro • Del cielo, privo di nuvole: *una giornata limpida* Ⓢ nitido, sereno. **2** Che dimostra serenità e innocenza: *uno sguardo limpido* Ⓢ sereno, innocente. **3** Lucido, acuto, intuitivo: *una mente limpida.* **4** Coerente, rigoroso, integro: *un comportamento limpido.* **5** Di suono, chiaro: *voce limpida* Ⓢ cristallino.

lince (lìn-ce) N.F. · Felino dotato di sensi molto acuti; ha grandi orecchie a punta che terminano con un caratteristico ciuffo di peli, pelo di colore grigio-rossiccio con macchie scure. Ⓔ ***Occhio di lince***, di persona, che ha la vista acuta.

linciaggio (lin-ciàg-gio) N.M. (pl. *-gi*) · Esecuzione di individui ritenuti colpevoli compiuta senza un regolare processo da privati cittadini: *il bandito rischiò il linciaggio.*

linciare (lin-cià-re) V.TR. (*lìncio*, ecc.) **1** Uccidere a furor di popolo un presunto colpevole senza regolare processo: *linciare un assassino.* **2** Diffamare qualcuno per distruggerlo sul piano morale: *i giornali lo hanno linciato senza pietà.*

> Il termine deriva dal nome di W. *Lynch* (1742-1820), un giudice che fece approvare nel 1780 nello Stato americano della Virginia una legge che ammetteva questo tipo di esecuzione.

lindo (lìn-do) AGG. · Pulito e curato: *una casa linda; un signore lindo e cortese.*

linea (lì-ne-a) N.F. (pl. *-nee*) **1** Figura geometrica formata dalle successive posizioni di un punto in movimento; comunemente, un segno sottile e lungo: *linea retta, curva, spezzata; tracciare una linea* Ⓢ riga, tratto. **2** Ogni tratto in cui è suddivisa la scala graduata di uno strumento: *avere qualche linea di febbre.* **3** Lo stile di un oggetto: *la linea severa di un edificio; un abito di linea classica* Ⓢ aspetto, forma • La struttura snella della persona: *mantenere, perdere la linea.* **4** Programma, strategia, orientamento: *seguire una linea morbida, dura.* **5** Tracciato di limite o confine: *linea di divisione; linea di partenza, di arrivo.* **6** Disposizione in fila di oggetti o persone: *mettersi in linea; essere in linea* Ⓢ fila. **7** Configurazione di un fronte militare: *trovarsi in prima, seconda linea.* **8** Il percorso di un servizio di trasporto pubblico: *linea ferroviaria, aerea.* **9** Sistema di collegamento: *linea elettrica, telefonica.* **10** Serie di prodotti di una stessa marca per usi analoghi: *linea di prodotti di bellezza.* Ⓔ ***A grandi linee***, in sintesi: *te lo spiego a grandi linee* • ***Di linea***, di qualsiasi mezzo usato per il servizio di trasporto pubblico: *aereo, pullman di linea* • ***Distanza in linea d'aria***, la lunghezza del segmento che unisce due punti geografici senza tenere conto delle curve delle strade • ***Essere in linea***, essere in contatto telefonico con la persona o la località richiesta; ***è caduta la linea***, quando si verifica un'interruzione in un collegamento telefonico • ***Essere in prima linea***, essere schierato apertamente • ***In linea con***, in accordo a un modo di pensare o di agire: *essere in linea con le disposizioni del preside; in linea con i tempi* • ***In linea di massima***, in generale: *in linea di massima il lavoro è an-*

dato bene • ***In linea di principio***, in teoria: *in linea di principio la tua ipotesi è corretta* • ***Sconfitta su tutta la linea***, insuccesso totale.

Il termine deriva dal latino *linea* 'corda, linea', ed è il femminile dell'aggettivo *lineus* 'di lino', derivato di *linum* 'lino', dato che le corde erano fatte con questa fibra.

lineamenti (li-ne-a-mén-ti) N.M.PL. **1** L'insieme dei tratti del volto di una persona: *lineamenti sottili, delicati, duri* Ⓢ connotati. **2** Elementi essenziali: *lineamenti di storia* Ⓢ fondamenti, basi.

lineare (li-ne-à-re) AGG. **1** Che procede in linea retta: *traiettoria lineare* Ⓢ rettilineo. **2** Fatto di linee: *decorazione lineare.* **3** Logico, rigoroso, coerente: *ragionamento lineare.*

linearità (li-ne-a-ri-tà) N.F. INVAR. **1** Sviluppo rettilineo: *la linearità di un percorso.* **2** Assoluta coerenza e chiarezza: *la linearità della sua condotta; la linearità di un ragionamento* Ⓢ correttezza, limpidezza.

lineetta (li-ne-ét-ta) N.F. **1** Breve linea, usata nella scrittura come segno di punteggiatura Ⓢ trattino. **2** Simbolo della sottrazione, se singola (-), dell'uguaglianza, se doppia (=).

La lineetta è usata per indicare un discorso diretto, per racchiudere una frase, per dividere una parola alla fine del rigo o per legare due elementi di un composto (come *non-violenza*).

linfa (lìn-fa) N.F. **1** Liquido chiaro che circola nell'organismo di uomini e di animali. **2** Succo nutritivo delle piante. **3** Alimento, sostanza, soprattutto in ambito spirituale: *l'esperienza è la linfa della vita.*

linfatico (lin-fà-ti-co) AGG. (pl.m. *-ci*, pl.f. *-che*) · Della linfa: *vasi linfatici.* Ⓔ ***Sistema linfatico***, l'insieme degli organi che producono e fanno circolare la linfa.

linfo- · Primo elemento di parole composte che significa 'linfa': *linfocita.*

linfocita (lin-fo-cì-ta) (o **linfocito**) N.M. (pl. *-i*) · Cellula prodotta dal tessuto linfatico che si trova nel sangue e che produce anticorpi.

linfonodo (lin-fo-nò-do) N.M. · Piccola ghiandola che produce i linfociti e che difende l'organismo dalle aggressioni esterne.

lingotto (lin-gòt-to) N.M. · Blocco rettangolare di metallo ottenuto per colata in apposite forme: *un lingotto d'oro.*

lingua (lìn-gua) N.F. **1** Organo mobile della bocca, sede del gusto, importante per masticare, inghiottire e parlare • L'organo dell'animale macellato, di solito di manzo o di vitello, che viene cucinato in vari modi: *lingua lessa con salsa verde.* **2** Qualsiasi oggetto che ha la forma allungata di tale organo: *una lingua di fuoco.* **3** L'insieme delle parole, delle espressioni e delle regole grammaticali necessarie alle persone che appartengono a una comunità politica e culturale per comunicare tra loro: *la lingua italiana, francese, inglese.* **4** Il modo di esprimersi che caratterizza un certo ambiente: *lingua letteraria; la lingua della malavita* Ⓢ linguaggio, gergo. Ⓔ ***Avere la lingua lunga***, parlare troppo anche quando sarebbe meglio tacere • ***Avere la lingua sciolta*** o ***avere la lingua pronta***, possedere una grande facilità di parola • ***Lingua di gatto***, biscottino piatto e sottile • ***Lingua di terra***, striscia di terra emersa, lunga e stretta • ***Lingua materna***, la lingua del Paese in cui si è nati e vissuti nell'infanzia • ***Lingua morta***, non più parlata • ***Mala lingua***, chi parla male degli altri per abitudine • ***Mostrare la lingua***, per spregio o per scherno • ***Non avere peli sulla lingua*** → ***pelo*** • ***Parlare due lingue diverse***, non capirsi, avere opinioni molto differenti • ***Parlare la stessa lingua***, capirsi, intendersi • ***Sulla punta della lingua*** → ***punta*** • ***Tenere a freno la lingua*** o ***mordersi la lingua***, sforzarsi di tacere o pentirsi di aver detto qualcosa.

linguaccia (lin-guàc-cia) N.F. (pl. *-ce*) **1** Smorfia che consiste nel mostrare la lingua: *fare le linguacce* Ⓢ boccaccia. **2** Persona pettegola e maligna: *quel tuo amico è proprio una linguaccia.*

linguaggio (lin-guàg-gio) N.M. (pl. *-gi*) **1** La facoltà dell'uomo di comunicare con suoni articolati, organizzati in parole: *l'origine del linguaggio; lo sviluppo del linguaggio nel bambino* • L'insieme dei segnali con cui gli animali comunicano fra di loro: *il linguaggio delle formiche.* **2** Il modo di esprimersi di un autore o di particolari ambienti sociali o professionali: *il linguaggio del Leopardi; linguaggio scientifico, burocratico* Ⓢ lingua, gergo. **3** Il valore espressivo attribuito a gesti, segni od oggetti: *il linguaggio dei fiori.*

linguetta (lin-guét-ta) N.F. · Piccolo oggetto a forma di lingua: *la linguetta delle scarpe.*

linguina (lin-guì-na) N.F. (spesso al pl.) · Tipo di pasta simile a tagliatelle sottili: *linguine al pesto.*

linguista (lin-guì-sta) N.M. e F. (pl.m. -*i*, pl.f. -*e*) · Chi si occupa di linguistica.

linguistica (lin-guì-sti-ca) N.F. (pl. -*che*) · Lo studio delle lingue nella loro storia e nelle loro strutture: *linguistica storica.*

linguistico (lin-guì-sti-co) AGG. (pl.m. -*ci*, pl.f. -*che*) · Che riguarda la lingua come oggetto di studio: *teorie linguistiche.* Ⓔ ***Liceo linguistico***, scuola secondaria superiore, specializzata nell'insegnamento delle lingue straniere moderne.

L

link (pronuncia *link*) N. INGL., in it. N.M. INVAR. · In un ipertesto, per es. in Internet, parola o immagine che, quando viene selezionata, fa accedere a una nuova pagina.

linkare (lin-ka-re; pronuncia *lincàre*) V.TR. (*lìnko, lìnki*, ecc.) · Collegare mediante un link: *linkare due siti web.*

lino (lì-no) N.M. **1** Pianta erbacea con fusto sottile da cui si ricava una fibra tessile; dai suoi semi si ricavano invece una farina e un olio. **2** Il tessuto che si ottiene dal fusto della pianta: *una tovaglia di lino ricamata.*

liofilizzato (lio-fi-liẓ-ẓà-to) AGG. e N.M. · Di prodotto o sostanza a cui è stata tolta tutta l'acqua senza modificare le sue proprietà: *caffè, farmaco liofilizzato.*

liofilizzazione (lio-fi-liẓ-ẓa-zió-ne) N.F. · Tecnica di conservazione di sostanze alimentari o farmaceutiche che consiste nel togliere loro tutta l'acqua, senza modificarne le caratteristiche originarie.

lipide (li-pì-de) N.M. · Sostanza grassa che si trova negli organismi vegetali e animali.

liposuzione (li-po-su-zió-ne) N.F. · Intervento chirurgico per togliere grasso da alcune zone del corpo.

liquame (li-quà-me) N.M. · Il liquido formato da sostanze di rifiuto che si raccoglie nelle fogne.

liquefare (li-que-fà-re) V.TR. (irreg.: coniugato come *fare*) || TR. **1** Trasformare un gas in un liquido: *liquefare l'elio.* **2** Sciogliere, fondere: *il calore ha liquefatto il metallo.* || **liquefarsi** INTR. PRONOM. Passare allo stato liquido, disciogliersi.

liquefatto (li-que-fàt-to) AGG. · Passato allo stato liquido: *metallo liquefatto; neve liquefatta* Ⓢ sciolto, fuso.

liquefazione (li-que-fa-zió-ne) N.F. **1** Trasformazione di un gas in liquido: *la liquefazione dell'anidride carbonica.* **2** Fusione, scioglimento: *la liquefazione di un blocco di ghiaccio.*

liquidare (li-qui-dà-re) V.TR. (*lìquido*, ecc.) **1** Stabilire l'importo di un debito o di un credito ed eseguirne il pagamento: *liquidare un'eredità.* **2** Vendere la merce a un prezzo molto inferiore rispetto a quello solito: *quel negozio liquida tutto perché presto cesserà l'attività* Ⓢ svendere. **3** Risolvere in modo definitivo: *l'intera questione sarà liquidata in pochi minuti* Ⓢ concludere. **4** Allontanare per sempre una persona: *i dirigenti del partito lo liquidarono* • Uccidere, sopprimere, eliminare: *scoperto un piano mafioso per liquidare il giudice scomodo.*

liquidazione (li-qui-da-zió-ne) N.F. **1** Pagamento di ciò che è dovuto: *liquidazione della pensione* • La somma che viene data alla fine di un rapporto di lavoro: *ha riscosso una bella liquidazione.* **2** Vendita al pubblico a prezzi molto inferiori a quelli soliti: *articoli in liquidazione* Ⓢ saldo, svendita.

liquido (lì-qui-do) AGG. e N.M. || AGG. Di corpo che tende ad assumere la forma del recipiente che lo contiene: *il vino è una sostanza liquida* • Poco denso: *colla liquida; oro liquido* Ⓢ sciolto, fuso. || N.M. Sostanza non solida: *nella bottiglia c'era un liquido scuro.* Ⓔ ***Denaro liquido*** (o *il liquido* N.M.), in contanti: *bisogna pagare in denaro liquido; non ho liquidi.*

liquirizia (li-qui-rì-zia) N.F. (pl. -*zie*) **1** Pianta erbacea le cui radici giallastre e legnose sono usate per preparare dolciumi. **2** Qualsiasi prodotto dolciario ottenuto dalle radici della pianta: *mamma, mi compri la liquirizia?*

Il termine deriva da una parola greca che significa 'radice dolce', composta di *glykýs* 'dolce' e *rhíza* 'radice'.

liquore (li-quó-re) N.M. · Bevanda molto alcolica di solito ottenuta da vini, cereali o frutti: *dopo cena ci ha offerto un bicchierino di liquore.*

liquoroso (li-quo-ró-so) AGG. · Simile a un liquore: *vino liquoroso.*

lira[1] (lì-ra) N.F. **1** La moneta dello Stato italiano fino al 28 febbraio 2002, della Turchia e del Libano: *cambieremo le lire turche in euro.* **2** Soldo, quattrino: *non ha mai una lira in tasca.* Ⓔ ***Non valere una lira***, non valere assolutamente nulla.

Il termine deriva dal latino *libra* 'libbra', perché indicava in origine una 'moneta dal valore del peso di una libbra'.

lira[2] (lì-ra) N.F. · Strumento musicale a corda dell'antichità classica: *il poeta cantava accompagnandosi con la lira.* Ⓔ ***Uccello lira***, uccello australiano grande come un pollo; il maschio ha una lunga coda simile allo strumento musicale.

lirica (lì-ri-ca) N.F. (pl. *-che*) **1** Poesia che esprime le emozioni intime dell'artista: *comporre delle liriche; la lirica classica.* **2** Il genere musicale che comprende le opere teatrali in musica: *amo molto la lirica* Ⓢ opera, melodramma.

lirico (lì-ri-co) AGG. (pl.m. *-ci*, pl.f. *-che*) **1** Di forma poetica che esprime la realtà interiore dell'autore: *genere lirico, un poeta lirico* • Poetico, sentimentale, idilliaco: *una visione lirica della realtà.* **2** Che riguarda il melodramma: *stagione lirica; un cantante lirico.*

lirismo (li-rì-ṣmo) N.M. · Il carattere sentimentale nell'espressione artistica.

lisca (lì-sca) N.F. (pl. *-sche*) · Ogni elemento osseo che forma lo scheletro del pesce: *ingoiare una lisca; togliere le lische* Ⓢ spina.

lisciare (li-scià-re) V.TR. (*lìscio*, ecc.) || TR. **1** Rendere una superficie uniforme: *lisciare una tavola di legno, una lastra di marmo* Ⓢ levigare. **2** Accarezzare: *lisciare il pelo **al** gatto;* anche TR. PRONOM.: *si lisciava distrattamente la barba* • Lusingare, adulare: *basta che lo lisci un po' per ottenere qualsiasi cosa.* || **lisciarsi** RIFL. **1** Di animale, leccarsi il pelo per pulirsi: *il gatto si liscia spesso.* **2** Di persona, curare molto il proprio aspetto: *sta a lisciarsi in bagno per ore!*

liscio (lì-scio) AGG. (pl.m. *-sci*, pl.f. *-sce*) **1** Che presenta una superficie uniforme: *una pietra liscia; pelle liscia; un mare liscio come l'olio; capelli lisci*, privi di ricci Ⓢ levigato Ⓒ ruvido. **2** Che non ha aggiunte: *caffè, whisky liscio; acqua liscia*, non gassata Ⓢ schietto, puro. Ⓔ ***Andare liscio***, svolgersi secondo le migliori previsioni: *l'affare è andato liscio* • ***Ballo liscio*** (o *il liscio* N.M.), ballo tradizionale a coppie • ***Passarla liscia***, uscire senza danno da una situazione pericolosa.

-lisi · Secondo elemento di parole composte che significa 'scioglimento, separazione': *dialisi; elettrolisi.*

liso (lì-ṣo) AGG. · Di tessuto consumato dall'uso: *un cappotto liso* Ⓢ logoro.

lista (lì-sta) N.F. **1** Striscia lunga e stretta di vario materiale: *una sottile lista di legno.* **2** Elenco ordinato di cose o persone: *la lista della spesa; la lista degli invitati* Ⓢ elenco, nota. Ⓔ ***Lista delle vivande***, menu • ***Lista nera***, elenco di persone politicamente sospette; elenco di persone poco gradite: *sono nella sua lista nera* • ***Liste elettorali***, l'elenco dei cittadini che hanno diritto al voto o quello dei candidati di un partito a un'elezione.

listino (li-stì-no) N.M. · Elenco di prezzi e tariffe: *troverà i prezzi dei nostri articoli sul listino.*

litania (li-ta-nì-a) N.F. (pl. *-nìe*) **1** AL PL. Preghiera costituita da invocazioni ripetute a Dio, alla Madonna e ai santi. **2** Discorso lungo e ripetitivo, spesso lamentoso: *se attacca con le sue litanie, giuro che me ne vado* Ⓢ lagna, cantilena.

lite (lì-te) N.F. · Litigio, bisticcio: *attaccare lite.*

litigare (li-ti-gà-re) V.INTR. (*lìtigo*, *lìtighi*, ecc.; aus. *avere*) || INTR. Avere un violento contrasto con qualcuno: *non ho voglia di litigare; litigare **per** una sciocchezza* Ⓢ bisticciare. || **litigarsi**

A B C D E F G H I J K L M N O P Q R S T U V W X Y Z

TR. PRONOM. Contendersi il possesso di qualcosa: *litigarsi un giocattolo.*

litigio (li-tì-gio) N.M. (pl. *-gi*) · Violento scontro caratterizzato da parole offensive: *scatenare un litigio; la discussione è degenerata in litigio* Ⓢ discussione, lite.

litigioso (li-ti-gió-so) AGG. · Che litiga spesso o facilmente: *un tipo litigioso* Ⓢ aggressivo.

litio (lì-tio) N.M. · Metallo argenteo molto leggero usato nell'industria e in medicina (il simbolo chimico è *Li*).

lito- · Primo elemento di parole composte che significa 'pietra, roccia': *litografia.*

litografia (li-to-gra-fì-a) N.F. (pl. *-fie*) · Metodo di stampa che permette di riprodurre su carta scritti o disegni incisi su una lastra di pietra • La riproduzione così ottenuta: *una serie di litografie.*

litorale (li-to-rà-le) AGG. e N.M. || AGG. Che si trova lungo la costa o nelle sue immediate vicinanze: *zona litorale; fauna litorale* Ⓢ costiero. || N.M. Zona costiera: *abbiamo visitato tutte le città del litorale* Ⓢ costa.

litoraneo (li-to-rà-ne-o) AGG. (pl.m. *-nei*, pl.f. *-nee*) · Che si trova lungo la costa o vicino a questa: *strada litoranea.*

litosfera (li-to-sfè-ra) N.F. · La parte più esterna e solida della Terra Ⓢ crosta terrestre.

litro (lì-tro) N.M. · Unità di capacità e volume del sistema metrico decimale; il simbolo è *l*: *una bottiglia da un litro di olio; un litro di vino rosso.*

littorio (lit-tò-rio) AGG. (pl.m. *-ri*, pl.f. *-rie*) · Del fascio, come simbolo militare dell'antica Roma o come emblema del partito fascista: *palazzo littorio*, del partito fascista.

liturgia (li-tur-gì-a) N.F. (pl. *-gìe*) · L'insieme delle cerimonie e dei riti di una religione: *la liturgia cattolica; la liturgia della messa.*

liturgico (li-tùr-gi-co) AGG. (pl.m. *-ci*, pl.f. *-che*) · Che riguarda i riti del culto religioso: *libri liturgici; canto liturgico.*

liutaio (liu-tà-io) N.M. (f. *-a*; pl.m. *-tài*, pl.f. *-tàie*) · Chi fabbrica o ripara strumenti musicali a corde.

liuto (li-ù-to) N.M. · Strumento musicale a corde, tipico del Medioevo e del Rinascimento.

> Il termine deriva da una parola araba che significa 'strumento di legno'.

live (li-ve; pronuncia *làiv*) AGG. INGL., in it. AGG. INVAR. · Di esibizione musicale priva di basi registrate in precedenza • Di registrazione effettuata durante un concerto: *un album live.*

livella (li-vèl-la) N.F. · Strumento usato per controllare se una superficie è perfettamente orizzontale.

livellamento (li-vel-la-mén-to) N.M. · Operazione che porta a pareggiare gli elementi che costituiscono qualcosa: *livellamento di una strada; livellamento delle condizioni sociali.*

livellare (li-vel-là-re) V.TR. (*livèllo*, ecc.) || TR. Ridurre a un livello pari: *livellare un tratto di strada; livellare gli stipendi dei dipendenti* Ⓢ pareggiare. || **livellarsi** INTR. PRONOM. Portarsi allo stesso livello: *nei vasi comunicanti i liquidi si livellano; le condizioni sociali tendono a livellarsi* Ⓢ bilanciarsi.

livello (li-vèl-lo) N.M. **1** Altezza di un piano orizzontale rispetto a un altro preso come riferimento: *la porta è rialzata rispetto al livello della strada; il livello del fiume si alza.* **2** Valore, grado: *livello culturale; un incontro politico ad alto livello.* Ⓔ ***A livello di***, riguardo a: *a livello di testi scientifici la biblioteca è molto fornita* • ***Allo stesso livello***, alla pari: *mettere allo stesso livello*, non fare distinzioni • ***Livello del mare***, quello a cui si fa riferimento per misurare l'altitudine di un luogo: *un paese a trecento metri sul livello del mare* • ***Passaggio a livello*** → ***passaggio***.

livido (lì-vi-do) AGG. e N.M. || AGG. **1** Del colore verdastro che prende la pelle a causa di un colpo o del freddo: *le mani livide per il gelo* Ⓢ cianotico. **2** Del colore pallido del volto per una forte emozione: *era livido di rabbia.* **3** Che mostra una luce fredda e triste: *un'alba livida sorse sulla città devastata* Ⓢ grigio. || N.M. Macchia verdastra che si forma sulla pelle per una percossa: *aveva un grosso livido sotto l'occhio.*

livore (li-vó-re) N.M. · Sentimento di invidia mista a rancore: *mi ha rivolto parole piene di livore* S acrimonia, astio.

livrea (li-vrè-a) N.F. (pl. *-vrèe*) **1** L'abito indossato dalla servitù delle famiglie nobili o reali, caratterizzato da calzoni al polpaccio, calze bianche e scarpe con fibbia: *un maggiordomo in livrea.* **2** Insieme dei colori dei tessuti di rivestimento di vari animali.

Il termine deriva dal francese *(robe) livrée* '(veste) consegnata', perché il vestiario veniva regalato dal signore al proprio servitore.

lizza (lìz-za) N.F. · Recinto in cui in passato si svolgevano i tornei. E ***In lizza***, in gara, in competizione: *i due contendenti sono entrati in lizza*; in una contesa, in una discussione: *i parenti sono scesi in lizza per l'eredità.*

lo[1] (ló) ART. DETERM. M. SING. · Precede i nomi maschili che cominciano per vocale (*l'astro*), per *s* seguita da altra consonante (*lo scialle*), per i gruppi di consonanti *ps, pn, gn* (*lo psicologo, lo pneumatico, lo gnocco*), per *z* e *x* (*lo zio, lo zero, lo xenofobo*) e, nelle parole straniere, per *h* aspirata e *w* (*lo Hume, lo Webster*); davanti a vocale si elide (*l'uomo, l'erede*) • Unito alle preposizioni *a, con, da, di, in, su*, forma le preposizioni articolate *allo, collo, dallo, dello, nello, sullo.*

lo[2] (ló) PRON. PERS. e DIMOSTR. M. SING. · Forma atona del pronome maschile di terza persona singolare *lui, esso* usata come complemento oggetto: *lo incontrerò domani*, incontrerò lui domani • Questa, quella cosa, ciò: *non me lo dire.*

Il pronome *lo* si mette sempre prima del verbo; si mette dopo solo quando il verbo è all'imperativo, all'infinito, al gerundio o al participio: *lo guardano*; *guardalo*; *guardarlo*; quando si appoggia a imperativi di una sola sillaba la consonante iniziale viene raddoppiata: *fallo studiare.*

lobato (lo-bà-to) AGG. · A forma di lobo o con struttura a lobi: *organo lobato; foglia lobata.*

lobby (lob-by; pronuncia *lòbbi*) N. INGL., in it. N.F. INVAR. · Gruppo di persone molto potenti che possono influenzare le decisioni dei governanti: *le lobby finanziarie.*

lobo (lò-bo) N.M. · Parte tondeggiante di un organo animale o vegetale: *lobi polmonari.* E ***Lobo dell'orecchio***, la parte molle con cui termina in basso l'orecchio: *ha i lobi delle orecchie forati per mettere gli orecchini.*

locale[1] (lo-cà-le) AGG. **1** Che riguardano solo una certa zona: *usanze locali; enti locali; treno locale; televisione locale.* **2** In medicina, limitato a una sola parte del corpo: *infezione locale; anestesia locale.*

locale[2] (lo-cà-le) N.M. **1** Stanza, vano: *il locale macchine; un appartamento di tre locali.* **2** Luogo pubblico di ritrovo e divertimento: *un quartiere famoso per i suoi locali notturni.*

località (lo-ca-li-tà) N.F. INVAR. · Zona con particolari caratteristiche geografiche o ambientali: *una località di mare; una località montana* S luogo • Centro urbano di piccole dimensioni.

localizzabile (lo-ca-liz-zà-bi-le) AGG. · Che si può localizzare: *il nascondiglio dei rapitori è difficilmente localizzabile* S individuabile.

localizzare (lo-ca-liz-zà-re) V.TR. || TR. Individuare, trovare, scoprire: *localizzare il nascondiglio di una banda.* || **localizzarsi** INTR. PRONOM. Manifestarsi in una zona ristretta: *l'infezione si è localizzata* ***nella*** *gola.*

localizzazione (lo-ca-liz-za-zió-ne) N.F. · L'individuazione di una posizione esatta: *la localizzazione di un terremoto.*

locanda (lo-càn-da) N.F. · Albergo modesto che offre pasti e alloggio: *dormimmo in una piccola locanda di campagna.*

Il termine deriva dall'espressione latina *(est) locanda* '(è) da affittare'.

locandina (lo-can-dì-na) N.F. · Manifesto di piccole dimensioni che pubblicizza uno spettacolo: *locandina teatrale* • Manifesto in cui sono elencati i film in programmazione nei cinema della città • In un'edicola, il manifesto con le principali notizie di un giornale.

locare (lo-cà-re) V.TR. (*lòco, lòchi*, ecc.) · Dare in affitto, affittare: *locare un appartamento* ***ai*** *turisti.*

Il termine deriva dal latino *locare* 'collocare, affittare', che viene a sua volta da *locus* 'luogo'.

locatario (lo-ca-tà-rio) N.M. (f. *-a*; pl.m. *-ri*, pl.f. *-rie*) · Chi prende in affitto un bene: *il locatario è in ritardo con il pagamento* Ⓢ inquilino.

location (lo-ca-tion; pronuncia *lochéscion*) N. INGL., in it. N.F.INVAR. · Ambiente esterno in cui si gira un film, si realizza un servizio fotografico o si organizzano cerimonie.

locatore (lo-ca-tó-re) N.M. (f. *-trìce*) · Chi dà in affitto un bene: *il locatore di un appartamento.*

locazione (lo-ca-zió-ne) N.F. · Affitto: *dare in locazione un locale; la locazione di una casa.*

locomotiva (lo-co-mo-tì-va) N.F. · Veicolo ferroviario a motore, usato per trainare i convogli: *locomotiva a vapore.*

locomotore (lo-co-mo-tó-re) AGG. e N.M. (f. *-trìce*) || AGG. Che riguarda il movimento: *l'apparato locomotore del nostro corpo.* || N.M. Locomotiva con motore elettrico.

locomotrice (lo-co-mo-trì-ce) N.F. · Locomotiva elettrica Ⓢ locomotore.

locomozione (lo-co-mo-zió-ne) N.F. **1** La possibilità di spostarsi degli esseri viventi grazie agli organi che servono a tale scopo. **2** Trasporto mediante veicolo. Ⓔ ***Mezzo di locomozione***, veicolo.

loculo (lò-cu-lo) N.M. · Nei cimiteri, vano in cui si collocano i resti del defunto Ⓢ tomba.

locusta (lo-cù-sta) N.F. · Cavalletta.

locuzione (lo-cu-zió-ne) N.F. · In grammatica, gruppo di due o più parole che formano un'espressione fissa.

lodare (lo-dà-re) V.TR. (*lòdo*, ecc.) · Esprimere approvazione su qualcuno o su qualcosa: *lodare le capacità di qualcuno* Ⓢ approvare, elogiare Ⓒ rimproverare.

lode (lò-de) N.F. **1** Espressione di approvazione o di ammirazione: *parole di lode; un gesto degno di lode* Ⓢ apprezzamento, elogio Ⓒ rimprovero • Nelle votazioni scolastiche, giudizio positivo aggiunto come elogio al voto massimo: *30 e lode.* **2** Esaltazione, celebrazione, omaggio: *un sonetto in lode delle bellezze della natura; cantare le lodi del Signore.*

loden (lò-den) N.M. INVAR. · Panno di lana impermeabile usato per abiti sportivi e nei costumi tradizionali austriaci: *una mantella di loden* • Cappotto confezionato con questo panno: *indossava un loden verde.*

> Il termine deriva dal tedesco *Loden* 'coperta di pelo'.

lodevole (lo-dé-vo-le) AGG. · Che merita approvazione: *un'iniziativa lodevole* Ⓒ riprovevole.

loft (pronuncia *lòft*) N. INGL., in it. N.M. INVAR. · Magazzino, soffitta o capannone riadattato ad abitazione • Appartamento costituito da un unico grande locale.

log (pronuncia *lòg*) N. INGL., in it. N.M. INVAR. · File costituito da un elenco cronologico delle attività svolte da un sistema operativo o da un programma, generato per permettere una successiva verifica.

logaritmo (lo-ga-rìt-mo) N.M. · L'esponente al quale bisogna elevare un numero per ottenere un numero dato: *2 è il logaritmo di 100 in base 10.*

loggia (lòg-gia) N.F. (pl. *-ge*) **1** Costruzione sostenuta da pilastri o colonne e aperta su uno o più lati Ⓢ veranda. **2** Luogo in cui si tengono le riunioni della massoneria.

loggiato (log-già-to) N.M. · Serie di logge disposte lungo il perimetro di una costruzione: *il loggiato di un chiostro.*

loggione (log-gió-ne) N.M. · Nel teatro, l'insieme dei posti situati nella zona del teatro più alta e più lontana dal palcoscenico: *prenotare due posti nel loggione.*

-logia **1** Secondo elemento di parole composte che significa 'discorso': *mitologia*, il discorso sul mito. **2** Secondo elemento di parole composte che significa 'studio': *zoologia*, lo studio degli animali.

logica (lò-gi-ca) N.F. (pl. *-che*) **1** Parte della filosofia che si occupa dell'attività del pensiero. **2** Modo di ragionare: *segue una logica tutta sua* Ⓢ criterio • Coerenza di idee: *un ragionamento privo di logica.* Ⓔ ***A rigor di logica*** → ***rigore***.

logicamente (lo-gi-ca-mén-te) AVV. **1** In modo coerente e razionale: *cercò di disporre logicamente i fatti nella sua mente.* **2** Naturalmente, ovviamente, evidentemente: *logicamente, io non potevo saperlo.*

logico (lò-gi-co) AGG. (pl.m. *-ci*, pl.f. *-che*) **1** Che si basa su ragionamenti corretti: *nesso logico; essere logico in un'esposizione* Ⓢ razionale, coerente Ⓒ illogico. **2** Ovvio, naturale, normale: *la logica conseguenza di un fatto; è logico che si sia risentito dopo ciò che gli hai detto.*

-logico · Secondo elemento di aggettivi derivati dai nomi in *-logia* e connessi coi loro derivati in *-logo*.

login (log-in; pronuncia *loghìn*) N.INGL., in it. N.M. INVAR. · Il procedimento per accedere a un sistema informatico.

logistica (lo-gì-sti-ca) N.F. (pl. *-che*) **1** L'organizzazione dei rifornimenti per un esercito in guerra. **2** L'organizzazione dei movimenti di più persone o cose: *curare la logistica di un trasloco.*

loglio (lò-glio) N.M. (pl. *-gli*) · Pianta erbacea infestante a forma di spiga, che cresce nei campi di grano Ⓢ zizzania. Ⓔ ***Separare il grano dal loglio***, separare il buono dal cattivo.

-logo **1** Secondo elemento di parole composte che significa 'discorso': *analogo; dialogo.* **2** Secondo elemento di parole composte che significa 'studioso di una certa disciplina': *psicologo; biologo.*

logogrifo (lo-go-grì-fo) N.M. · Gioco enigmistico che consiste nel formare con le lettere di una parola altre parole costituite da un numero minore di lettere rispetto alla parola di partenza; per es. da *crostaceo*: *sacco, estro, astro, sarto*, ecc.

logopedia (lo-go-pe-dì-a) N.F. · La cura dei disturbi del linguaggio.

logopedista (lo-go-pe-dì-sta) N.M. e F. (pl.m. *-i*, pl.f. *-e*) · Medico specializzato nella cura dei disturbi del linguaggio.

logoramento (lo-go-ra-mén-to) N.M. · Lento e continuo decadimento della resistenza o dell'integrità: *materiali soggetti a logoramento; logoramento di nervi* Ⓢ usura.

logorante (lo-go-ràn-te) AGG. · Che logora il corpo e i nervi: *un lavoro logorante; un'attesa logorante* Ⓢ estenuante, sfibrante.

logorare (lo-go-rà-re) V.TR. (*lógoro*, ecc.) || TR. Privare dell'iniziale integrità o resistenza con un uso continuo: *logorare un vestito; i dispiaceri **gli** hanno logorato la salute* Ⓢ consumare, rovinare. || **logorarsi** INTR. PRONOM. Subire un forte deterioramento: *la camicia si è logorata sul collo; il loro rapporto si è ormai logorato* Ⓢ deteriorarsi.

logorio (lo-go-rì-o) N.M. (pl. *-rìi*) · Deterioramento progressivo: *il logorio dei pezzi di un motore; il logorio dei nervi* Ⓢ usura.

logoro (ló-go-ro) AGG. · Che presenta segni di deterioramento a causa dell'uso continuo: *un maglione logoro* Ⓢ lacero, liso.

logorroico (lo-gor-ròi-co) AGG. e N.M. (f. *-a*; pl.m. *-ci*, pl.f. *-che*) · Che, chi parla di continuo: *una ragazza logorroica.*

lombaggine (lom-bàg-gi-ne) N.F. · Dolore che colpisce la schiena all'altezza dei reni.

lombardo (lom-bàr-do) AGG. e N.M. (f. *-a*) || AGG. Della Lombardia. || N.M. (f. *-a*) Abitante, nativo della Lombardia. || N.M. Il dialetto parlato in Lombardia.

lombare (lom-bà-re) AGG. · Della parte della schiena situata fra il dorso, il sacro e i fianchi: *dolori nella zona lombare.*

lombata (lom-bà-ta) N.F. · Taglio di carne che include uno dei due lombi: *lombata di manzo.*

lombo (lóm-bo) N.M. · Ciascuna delle due parti muscolose ai lati della colonna vertebrale.

lombrico (lom-brì-co) N.M. (pl. *-chi*) · Verme terrestre, di dimensioni varie, dal corpo cilindrico, molto utile all'agricoltura poiché contribuisce a rendere fertile il terreno.

longevità (lon-ge-vi-tà) N.F. INVAR. · Durata della vita molto lunga: *la longevità è ereditaria.* ▸ Ⓕ **longus**

longevo (lon-gè-vo) AGG. · Che vive molto a lungo: *le donne della mia famiglia sono tutte longeve.* ▸ Ⓕ **longus** ▸▸

Il termine è un recupero del latino *longaevus* 'vecchio, antico', composto di *longus* 'lungo' e *aevum* 'età'; l'aggettivo *longus* 'lungo' è passato direttamente in italiano attraverso la lingua parlata nella forma **lungo**[1].

longi- · Primo elemento di parole composte che significa 'esteso in lunghezza': *longilineo*, che presenta una corporatura alta e slanciata. ▸ Ⓕ **longus**

longilineo (lon-gi-lì-ne-o) AGG. e N.M. (f. *-a*; pl.m. *-nei*, pl.f. *-nee*) · Che, chi presenta una corporatura alta e slanciata: *una ragazza longilinea* Ⓢ snello Ⓒ brevilineo. ▸ Ⓕ **longus**

longitudinale (lon-gi-tu-di-nà-le) AGG. · Disposto nel senso della lunghezza: *asse longitudinale; direzione longitudinale.* ▸ Ⓕ **longus**

longitudine (lon-gi-tù-di-ne) N.F. · La distanza di un punto della Terra dal meridiano fondamentale di Greenwich, misurata in gradi sull'arco del parallelo passante per quel punto; è una delle coordinate che servono per determinare la posizione di un luogo, l'altra è la *latitudine.* ▸ Ⓕ **longus**

Il termine è un recupero del latino *longitudo* 'lunghezza', che viene a sua volta da *longus* 'lungo'; l'aggettivo *longus* 'lungo' è passato direttamente in italiano attraverso la lingua parlata nella forma **lungo**[1].

longobardo (lon-go-bàr-do) AGG. e N.M. (f. *-a*) || AGG. e N.M. (f. *-a*) Dell'antico popolo dei Longobardi, che occupò l'Italia nel quarto secolo. || N.M. La lingua dei Longobardi.

lontanamente (lon-ta-na-mén-te) AVV. · In modo vago, alla lontana: *non immagini neanche lontanamente quello che ho passato.*

lontananza (lon-ta-nàn-za) N.F. **1** Distanza nello spazio: *la lontananza impediva di vedere la costa* Ⓒ vicinanza. **2** Dolorosa assenza di qualcuno: *soffriva per la lontananza dei figli* Ⓢ mancanza, separazione. Ⓔ ***In lontananza***, da lontano: *in lontananza si distinguevano le cime dei monti.*

lontano (lon-tà-no) AGG. e AVV. || AGG. **1** Separato da una notevole distanza nello spazio o nel tempo: *siamo ancora lontani **da** casa; un'epoca molto lontana* Ⓢ distante, remoto Ⓒ vicino. **2** Di persona, che non è presente: *rimpiangere gli amici lontani* Ⓢ assente • Legato da un vincolo non stretto: *un lontano parente* • Diverso, differente: *abbiamo gusti molto lontani* • Vago, indeterminato: *una lontana somiglianza; non ho la più lontana idea di dove sia andato.* || AVV. In un luogo distante: *abitare lontano; venire da lontano; cercare casa lontano **dalla** città.* Ⓔ ***Alla lontana***, legato da un vincolo non stretto: *un parente alla lontana*; in modo vago: *assomigliare alla lontana a qualcuno* • ***Andare lontano***, fare carriera: *quel ragazzo andrà lontano.*

lontra (lón-tra) N.F. · Mammifero che vive vicino ai fiumi e ai laghi, cacciando i pesci; ha corpo allungato e appiattito, orecchie che si possono chiudere quando si immerge; è ricercato per la sua pelliccia folta e morbida.

look (pronuncia *luk*) N. INGL., in it. N.M. INVAR. · Aspetto, immagine: *ha un look molto originale.*

loquace (lo-quà-ce) AGG. · Che parla con facilità e vivacità: *una ragazza loquace* Ⓒ taciturno.

lord (pronuncia *lòrd*) N. INGL., in it. N.M. INVAR. **1** Titolo inglese di chi è nobile. **2** Gran signore: *vestire come un lord.*

lordare (lor-dà-re) V.TR. (*lórdo*, ecc.) · Sporcare, insudiciare: *lordare un giardino **di** rifiuti.*

lordo (lór-do) AGG. **1** Sporco, sudicio: *scarpe lorde **di** fango.* **2** Nel linguaggio economico, totale, complessivo Ⓒ netto. Ⓔ ***Peso lordo*** → ***peso*** • ***Prodotto interno lordo*** → ***prodotto*** • ***Stipendio lordo***, calcolato senza tenere conto delle tasse.

lordosi (lor-dò-ṣi) N.F. INVAR. · Curvatura in avanti della colonna lombare.

loro (ló-ro) PRON. PERS. e AGG. e PRON. POSS. || PRON. PERS. Forma plurale del pronome di terza persona maschile e femminile (*essi, esse*): *loro dicono di non saperne nulla; ho invitato te, non loro; sta a loro fare il primo passo.* || AGG. POSS. **1** Che appartiene a essi o a esse per un rapporto di proprietà o appartenenza: *le loro case, i loro amici, le loro richieste.* **2** Di persona, che ha un legame di parentela o di affetto con essi o esse: *la loro madre, il loro padre, il loro figlio; ho incontrato un loro amico.* || PRON.

POSS. Preceduto dall'articolo determinativo, indica il rapporto di appartenenza o legame di un oggetto o di una persona detti in precedenza con essi o esse: *la nostra fotografia è venuta meglio della loro* [fotografia]; *il nostro insegnante è più simpatico del loro* [insegnante]. Ⓔ ***Dalla loro***, con uso sostantivato, dalla loro parte: *siete dalla loro* • ***La loro***, con uso sostantivato, la loro opinione: *hanno detto la loro.*

losanga (lo-ṣàn-ga) N.F. (pl. *-ghe*) · Rombo: *una vetrata a losanghe colorate.*

losco (ló-sco) AGG. (pl.m. *-schi*, pl.f. *-sche*) **1** Di sguardo, che rivela ostilità o invidia: *uno sguardo losco* Ⓢ sinistro, bieco. **2** Che non ispira fiducia: *un tipo losco* Ⓢ sospetto, equivoco • Disonesto, illecito: *affari loschi.*

Il termine deriva dal latino *luscus* 'cieco da un occhio, strabico'.

loto (lò-to) N.M. · Pianta acquatica dai fiori bianchi e dalle foglie grandi, diffusa soprattutto negli stagni dei Paesi asiatici.

lotta (lòt-ta) N.F. **1** Combattimento sportivo corpo a corpo tra due avversari: *gara di lotta; lotta libera* • Scontro corpo a corpo: *i tifosi iniziarono una lotta furibonda* ***con*** *la polizia* Ⓢ rissa, zuffa. **2** Contrasto duro e violento: *lotta all'ultimo sangue; i miei genitori sono sempre in lotta* ***con*** *mia sorella* Ⓢ conflitto, contrasto. **3** Insieme di iniziative che hanno lo scopo di eliminare fenomeni dannosi: *lotta* ***contro*** *la droga; lotta* ***per*** *l'uguaglianza* Ⓢ battaglia, campagna. Ⓔ ***Lotta di classe*** → ***classe***.

lottare (lot-tà-re) V.INTR. (*lòtto*, ecc.; aus. *avere*) · Impegnare le forze fisiche o intellettuali per avere la meglio o per difendersi: *i soldati lottarono* ***contro*** *i nemici; lottare* ***contro*** *la sfortuna; lottare* ***per*** *i propri ideali* Ⓢ combattere, impegnarsi.

lottatore (lot-ta-tó-re) N.M. (f. *-trìce*) **1** Atleta che pratica la lotta. **2** Chi si impegna a fondo per affermare o difendere i propri principi Ⓢ combattente.

lotteria (lot-te-rì-a) N.F. (pl. *-rìe*) · Gioco in cui viene estratto a sorte un numero e chi possiede il biglietto con il numero corrispondente vince un premio: *lotteria nazionale; lotteria di beneficenza.*

lottizzare (lot-tiẓ-ẓà-re) V.TR. **1** Suddividere in lotti: *lottizzare un terreno* Ⓢ frazionare. **2** Spartire in base a una convenienza politica: *lottizzare le nomine dei dirigenti pubblici.*

lotto (lòt-to) N.M. **1** Gioco a scommessa, gestito in Italia dallo Stato, in cui vince chi ha indicato dei numeri (da 1 a 90) compresi tra i cinque estratti a sorte ogni settimana in dieci città: *giocare al lotto; ricevitoria del lotto.* **2** Partita di merce: *un lotto di cotone.* **3** Ogni parte in cui è diviso un tutto da assegnare a un certo numero di persone: *l'eredità fu divisa in cinque lotti* Ⓢ porzione • Ogni parte in cui viene suddiviso un terreno per costruirci sopra: *comprare un lotto di terreno.* Ⓔ ***Vincere un terno al lotto*** → ***terno***.

Il termine deriva da una parola della lingua dei Franchi che significava 'eredità, sorte'.

low cost (pronuncia *lóu còst*) AGG. INGL., in it. AGG. INVAR. · A basso costo, a poco prezzo, soprattutto a proposito di compagnie aeree e dei voli da loro offerti: *per andare a Parigi ho preso un volo low cost.*

lozione (lo-zió-ne) N.F. · Preparazione liquida usata per la cura della pelle e dei capelli: *una lozione alle erbe.*

lubrificante (lu-bri-fi-càn-te) AGG. e N.M. · Di prodotto che serve a ridurre l'attrito fra due superfici che strisciano l'una sull'altra: *oli lubrificanti; metti del lubrificante sulla vite, altrimenti non gira.*

lubrificare (lu-bri-fi-cà-re) V.TR. (*lubrìfico, lubrìfichi*, ecc.) · Migliorare il movimento di un meccanismo con l'uso di lubrificanti: *lubrificare la serratura* Ⓢ oliare, ingrassare.

lubrificazione (lu-bri-fi-ca-zió-ne) N.F. · L'operazione di rendere più facile il movimento di un meccanismo attraverso l'uso di lubrificanti: *la lubrificazione di un motore.*

lucano (lu-cà-no) AGG. e N.M. (f. *-a*) || AGG. Dell'antica popolazione italica dei Lucani o dell'odierna Basilicata. || N.M. (f. *-a*) Abitante, nativo dell'antica Lucania o dell'odierna Basilicata.

lucchetto (luc-chét-to) N.M. · Serratura che si può mettere e togliere: *catena chiusa con un lucchetto.*

luccicare (luc-ci-cà-re) V.INTR. (*lùccico, lùccichi*, ecc.; aus. *avere*) **1** Emanare riflessi luminosi: *la neve luccicava al sole* Ⓢ splendere, brillare. **2** Degli occhi, manifestare una forte emozione: ***gli** luccicavano gli occhi **per** la gioia.*

luccichio (luc-ci-chì-o) N.M. (pl. *-chìi*) · Riflesso luminoso breve e frequente: *il luccichio del sole sul mare.*

luccio (lùc-cio) N.M. (pl. *-ci*) · Pesce d'acqua dolce, lungo talvolta fino a due metri, predatore di pesci più piccoli e di rane; viene pescato e allevato per le sue carni.

lucciola (lùc-cio-la) N.F. · Piccolo insetto che emette una luce dalla parte posteriore dell'addome. Ⓔ ***Prendere lucciole per lanterne***, cadere in errore.

L

luce (lù-ce) N.F. **1** Energia che si diffonde provocando una sensazione visiva: *luce diretta; luce naturale, artificiale; la luce del fuoco, del lampo* Ⓢ luminosità. **2** Mezzo di illuminazione spirituale: *la luce della fede, della scienza.* **3** Qualsiasi sistema di illuminazione artificiale: *accendere la luce; si è guastata la luce* • AL PL. I segnali luminosi che hanno i veicoli: *luci di posizione, di arresto* Ⓢ fanali, fari. Ⓔ ***Alla luce del sole***, senza inganni, apertamente: *fare tutto alla luce del sole* • ***Alla luce di***, tenendo conto di: *esaminare una questione alla luce delle ultime notizie* • ***Dare alla luce***, partorire • ***Fare luce su qualcosa***, chiarirne tutti gli aspetti • ***Mettere in luce qualcosa***, metterlo in risalto; ***mettersi in luce***, farsi notare; ***mettere in buona luce, mettere in cattiva luce***, mettere in evidenza i pregi o i difetti di qualcuno o qualcosa • ***Portare alla luce***, ritrovare • ***Venire alla luce*** → *venire.*

lucente (lu-cèn-te) AGG. · Luminoso, splendente, brillante: *stelle lucenti; occhi lucenti.*

lucentezza (lu-cen-téz-za) N.F. · Luminosità, splendore: *la lucentezza di una pietra preziosa.*

lucerna (lu-cèr-na) N.F. · Lampada a olio portatile.

lucernario (lu-cer-nà-rio) N.M. (pl. *-ri*) · Copertura a vetrate che serve a fornire luce all'interno: *il lucernario delle scale.*

lucertola (lu-cèr-to-la) N.F. · Rettile di piccole dimensioni con arti ben sviluppati e una lunga coda che può facilmente ricrescere se viene tagliata.

lucidare (lu-ci-dà-re) V.TR. (*lùcido*, ecc.) · Far risplendere qualcosa pulendolo con prodotti adatti: *lucidare un mobile.*

lucidatrice (lu-ci-da-trì-ce) N.F. · Elettrodomestico per rendere lucidi i pavimenti.

lucidità (lu-ci-di-tà) N.F. INVAR. **1** Chiarezza, evidenza: *la lucidità di una dimostrazione.* **2** Coscienza, consapevolezza: *la follia gli lascia qualche momento di lucidità.*

lucido (lù-ci-do) AGG. e N.M. || AGG. **1** Che presenta lucentezza per natura o grazie a particolari trattamenti: *animali dal pelo lucido; pavimento lucido* Ⓢ lustro Ⓒ opaco. **2** Chiaro, esauriente: *una lucida analisi della situazione* • Cosciente, in sé: *nonostante l'età è ancora lucido* Ⓒ stordito, confuso, frastornato. || N.M. **1** Olio o cera per lucidare: *dare il lucido alle scarpe.* **2** Disegno eseguito su carta trasparente. Ⓔ ***Avere gli occhi lucidi***, per la febbre o la commozione • ***Tirare a lucido***, pulire con cura: *ho tirato a lucido la casa in attesa degli ospiti.*

lucignolo (lu-cì-gno-lo) N.M. · Cordoncino inserito all'interno delle candele o nell'olio della lucerna che, quando viene acceso, fa luce consumandosi Ⓢ stoppino.

lucrare (lu-crà-re) V.TR. e INTR. || TR. Ricavare come guadagno, spesso in modo illegale: *lucrare forti somme **con** speculazioni edilizie.* || INTR. (aus. *avere*) Guadagnare denaro, speculare: *lucrare **con** operazioni di borsa; le banche lucrano **sugli** investimenti dei risparmiatori.*

lucrativo (lu-cra-ti-vo) AGG. · Che offre guadagno: *un affare molto lucrativo* Ⓢ redditizio, remunerativo.

lucro (lù-cro) N.M. · Guadagno economico: *attività a scopo di lucro* Ⓢ profitto, utile.

lucroso (lu-cró-so) AGG. · Che è fonte di grandi guadagni: *affare lucroso* Ⓢ redditizio, vantaggioso.

luculliano (lu-cul-lià-no) AGG. · Di pasto, abbondante e raffinato: *una cena luculliana.*

Il termine deriva dal nome di Lucio Licinio *Lucullo* (circa 106-57 a.C.), uomo politico romano, famoso per il lusso della sua casa e per lo sfarzo dei suoi banchetti.

ludibrio (lu-di-brio) N.M. (pl. *-bri*) · Derisione, scherno: *esporre al pubblico ludibrio* • Oggetto di scherno: *essere il ludibrio di tutti* Ⓢ zimbello. ▸ Ⓕ **ludus**

Il termine deriva dal latino *ludibrium* 'scherzo, derisione', che viene a sua volta da *ludere* 'giocare' (→ ***alludere***).

ludico (lù-di-co) AGG. (pl.m. *-ci*, pl.f. *-che*) · Che riguarda il gioco: *attività ludiche.* ▸ Ⓕ **ludus**

ludo (lù-do) N.M. · SPESSO AL PL. Gli spettacoli pubblici organizzati nell'antica Roma. ▸ Ⓕ **ludus**

Il termine deriva dal latino *ludus* 'gioco'; dal latino *ludus* derivano anche alludere, colludere, deludere, eludere, illudere, ludibrio, ludico, ludoteca e preludere.

ludoteca (lu-do-tè-ca) N.F. (pl. *-che*) · Locale attrezzato con giochi, giocattoli, mezzi audiovisivi e libri, per lo svago dei bambini. ▸ Ⓕ **ludus**

luglio (lù-glio) N.M. (pl. *-gli*) · Il settimo mese dell'anno, di 31 giorni.

Il termine deriva dal latino *Iulius (mensis)* '(mese) giulio', in onore di Giulio Cesare.

lugubre (lù-gu-bre) AGG. · Che provoca un senso di angoscia o tristezza: *la casa aveva un aspetto lugubre* Ⓢ triste, tetro.

lui (lùi) PRON. PERS. M. · Forma tonica del pronome di terza persona singolare maschile *egli*; può avere funzione di soggetto e di complemento: *lui dice di sì; hai visto lui o il fratello?; di lui si dice solo bene; dillo a lui, non a me; da lui c'è da aspettarsi di tutto* • Nelle esclamazioni indica il soggetto: *beato lui!*

lumaca (lu-mà-ca) N.F. (pl. *-che*) **1** Mollusco dal corpo allungato e vischioso, privo di conchiglia, che vive in luoghi freschi e umidi. **2** Chiocciola: *cucinare lumache alla piemontese.* Ⓔ ***A passo di lumaca*** → ***passo***[1].

lume (lù-me) N.M. **1** Apparecchio di illuminazione di solito mobile: *un lume a petrolio* Ⓢ lampada. **2** Luce, di solito artificiale, ma non elettrica: *cenare a lume di candela* Ⓢ chiarore. Ⓔ ***Il lume degli occhi*** o ***il lume della ragione***, la capacità di mantenere la giusta calma: *perdere il lume della ragione.*

lumicino (lu-mi-cì-no) N.M. · Piccolo lume che diffonde una luce molto debole. Ⓔ ***Al lumicino***, di persona o cosa, prossima alla fine.

luminare (lu-mi-nà-re) N.M. e F. · Persona celebre e autorevole in un campo: *è un luminare della medicina* Ⓢ autorità, celebrità.

luminaria (lu-mi-nà-ria) N.F. (pl. *-rie*) · Addobbo luminoso che viene esposto durante le feste civili o religiose: *le luminarie natalizie.*

lumino (lu-mì-no) N.M. · Candela bassa e larga che si tiene accesa davanti alle tombe o alle immagini sacre.

luminosità (lu-mi-no-si-tà) N.F. INVAR. · Possibilità di diffondere o ricevere la luce: *la luminosità di una lampada; la luminosità di una stanza* Ⓢ chiarore.

luminoso (lu-mi-nó-so) AGG. **1** Che può emettere luce: *una sorgente luminosa.* **2** Pieno di luce: *un ambiente luminoso* Ⓢ splendente Ⓒ buio.

luna (lù-na) N.F. · L'unico satellite naturale della Terra, che risplende della luce riflessa del Sole: *la luna splende nella notte; passeggiare al chiaro di luna.* Ⓔ ***Avere la luna storta*** o ***avere la luna di traverso***, essere di cattivo umore • ***Chiari di luna***, tempi difficili, soprattutto per difficoltà economiche • ***Luna di miele***, il primo periodo della vita matrimoniale; il viaggio di nozze • ***Luna nuova***, quando la faccia rivolta verso la Terra non è illuminata dal Sole; ***luna piena***, quando la faccia rivolta verso la Terra è completamente illuminata; ***luna calante***, nel periodo di passaggio dal giorno di luna piena a quello di luna nuova; ***luna crescente***, nel periodo di passaggio dal giorno di luna nuova a quello di luna piena.

luna park (lù-na pàrk) N.M. INVAR. · Parco di divertimenti: *domani porto i bambini al luna park* Ⓢ giostre (PL.).

lunare (lu-nà-re) AGG. · Della luna: *le fasi lunari; la luce lunare brillava sul mare.* Ⓔ ***Eclissi lunare*** → *eclissi*.

lunario (lu-nà-rio) N.M. (pl. *-ri*) · Calendario popolare che riporta, oltre ai giorni e i mesi, previsioni del tempo, consigli, proverbi, ecc. Ⓢ almanacco. Ⓔ ***Sbarcare il lunario***, riuscire a guadagnare quel poco che basta per sopravvivere.

lunatico (lu-nà-ti-co) AGG. (pl.m. *-ci*, pl.f. *-che*) · Che cambia facilmente idea o atteggiamento: *sua zia è un po' lunatica.*

lunedì (lu-ne-dì) N.M. INVAR. · Il primo giorno della settimana. Ⓔ ***Lunedì dell'Angelo***, il giorno dopo la Pasqua.

Il termine deriva dal latino *lunae dies* 'giorno della Luna'.

lunetta (lu-nét-ta) N.F. **1** Elemento in muratura a forma di semicerchio, che sta sopra una porta o una finestra • L'opera artistica che si trova all'interno di questo elemento: *una lunetta di Andrea Mantegna.* **2** Arnese da cucina a lama curva Ⓢ mezzaluna. **3** Nella pallacanestro, la parte del campo da gioco davanti al tabellone con il cesto.

lungaggine (lun-gàg-gi-ne) N.F. · Ritardo, lentezza: *le solite lungaggini della burocrazia.* ▸ Ⓕ **longus**

lungamente (lun-ga-mén-te) AVV. · Per lungo tempo: *un'occasione lungamente attesa.* ▸ Ⓕ **longus**

lunghezza (lun-ghéz-za) N.F. **1** In geometria, la dimensione spaziale perpendicolare alla larghezza nelle superfici piane, alla larghezza e alla profondità nei solidi: *la lunghezza di un lato del triangolo; la lunghezza di un parallelepipedo.* **2** La massima estensione di una superficie o di un volume: *la lunghezza di una strada; segare una tavola nel senso della lunghezza* • In senso temporale, durata: *la lunghezza della vita, di un viaggio.* **3** Nel ciclismo, nell'ippica e nel canottaggio, la dimensione della bicicletta, del cavallo o della canoa presa come unità di misura per stabilire il distacco tra i partecipanti a una gara: *il vincitore ha staccato di due lunghezze il secondo arrivato.* ▸ Ⓕ **longus**

lungi (lùn-gi) AVV. · Lontano. ▸ Ⓕ **longus**

lungimirante (lun-gi-mi-ràn-te) AGG. · Dotato di grande intuito nel prevedere gli sviluppi di una situazione: *un imprenditore lungimirante; un governo lungimirante* Ⓢ previdente, accorto. ▸ Ⓕ **longus**

lungimiranza (lun-gi-mi-ràn-za) N.F. · Qualità che permette di prevedere gli sviluppi di una situazione e agire di conseguenza. ▸ Ⓕ **longus**

lungo[1] (lùn-go) AGG. (pl.m. *-ghi*, pl.f. *-ghe*) · Indica la dimensione di un corpo nel senso della massima estensione: *una fune lunga cinque metri; ha le gambe lunghe* Ⓒ corto • Che ha una notevole durata: *una lunga malattia; tre anni di attesa sono lunghi* Ⓒ breve • Molto diluito: *caffè lungo; brodo lungo* Ⓒ ristretto. Ⓔ ***Alla lunga, a lungo andare***, con l'andar del tempo • ***Avere la lingua lunga*** → *lingua* • ***Di gran lunga***, decisamente • ***Fare il passo più lungo della gamba*** → *passo*[1] • ***Farla lunga***, prolungare inutilmente una questione o continuare a lamentarsi di cose passate: *non farla lunga, ormai è andata così* • ***In lungo e in largo***, dappertutto • ***Muso lungo***, espressione arrabbiata • ***Onde lunghe*** → *onda* • ***Per le lunghe***, per molto tempo: *la faccenda andrà per le lunghe*, durerà molto tempo; *mandare, tirare per le lunghe un lavoro*, impiegare molto tempo a terminarlo • ***Salto in lungo***, nell'atletica leggera, gara in cui l'atleta dopo aver preso la rincorsa deve fare un salto cadendo il più lontano possibile • ***Saperla lunga***, essere molto furbo • ***Tirare in lungo***, far durare più tempo del necessario. ▸ Ⓕ **longus**

Il termine deriva dal latino *longus* 'lungo, ampio, alto' ed è passato direttamente in italiano attraverso la lingua parlata; il recupero successivo del latino *longus* è avvenuto attraverso le parole **longevo**, **longitudine** e il prefisso **longi-**.

lungo[2] (lùn-go) PREP. **1** Indica la direzione parallela a qualcosa: *camminava lungo la ferrovia; la strada corre lungo il fiume.* **2** In senso temporale, durante: *lungo il viaggio non fece che dormire.* ▸ Ⓕ **longus**

lungolago (lun-go-là-go) N.M. (pl. *lungolàghi*) · Strada che costeggia la riva di un lago: *una passeggiata sul lungolago.* ▸ Ⓕ longus

lungomare (lun-go-mà-re) N.M. (pl. *lungomàri*) · Strada che costeggia il mare: *i negozi sul lungomare.* ▸ Ⓕ longus

lungometraggio (lun-go-me-tràg-gio) (o **lungo metraggio**) N.M. (pl. *lungometràggi*) · Film che dura almeno 60 minuti. ▸ Ⓕ longus

lunotto (lu-nòt-to) N.M. · Il vetro posteriore delle automobili. Ⓔ ***Lunotto termico***, attraversato all'interno da fili elettrici che lo riscaldano per evitare che si appanni.

luogo (luò-go) N.M. (pl. *-ghi*) **1** Porzione di spazio: *un luogo aperto, chiuso; la polizia è accorsa sul luogo del delitto; luogo di culto* Ⓢ posto. **2** In grammatica: ***complementi di luogo***, sono quelli che indicano uno spazio; ***complemento di stato in luogo***, indica lo spazio in cui si trovano qualcuno o qualcosa (*abita a Roma*); ***complemento di moto da luogo***, indica lo spazio da cui provengono qualcuno o qualcosa (*arriva da lontano*); ***complemento di moto a luogo***, indica lo spazio verso cui si dirigono qualcuno o qualcosa (*entrò in un bar; vado a casa; passo da Marco*); ***complemento di moto per luogo***, indica lo spazio attraverso il quale si muovono qualcuno o qualcosa (*il treno passa da Bologna*). Ⓔ ***Aver luogo***, avvenire, svolgersi • ***Dare luogo*** → *dare* • ***Fuori luogo***, inopportuno, infelice: *una battuta fuori luogo* • ***In primo luogo, in secondo luogo***, prima di tutto, secondariamente: *non la compro in primo luogo perché non ho soldi, in secondo luogo perché non mi piace* • ***Luogo comune***, opinione resa banale dal fatto di essere ripetuta da tutti.

luogotenente (luo-go-te-nèn-te) N.M. **1** Chi sostituisce per un tempo limitato il titolare del massimo grado di una gerarchia: *luogotenente del re.* **2** Negli eserciti degli antichi Romani, ufficiale che assisteva o sostituiva il comandante.

lupara (lu-pà-ra) N.F. · Il fucile usato per la caccia di lupi e cinghiali e per le esecuzioni fra membri della malavita siciliana.

lupino (lu-pì-no) N.M. · Pianta erbacea con fiori bianchi e frutti a legume con semi gialli commestibili • Il seme di questa pianta.

lupo (lù-po) N.M. (f. -a) **1** Mammifero carnivoro snello e agile, con testa grande, muso allungato, orecchie diritte e appuntite, pelame di colori diversi. **2** Simbolo di voracità e prepotenza: *ho una fame da lupo!* Ⓔ ***Cane lupo***, pastore tedesco (→ *pastore*) • ***In bocca al lupo!***, augurio a chi sta per affrontare una prova difficile • ***Lupo di mare***, uomo di mare di grande esperienza e abilità • ***Tempo da lupi***, clima molto rigido.

> Il verbo che indica il verso del lupo è *ululare* e il nome è *ululato*.

luppolo (lùp-po-lo) N.M. · Pianta erbacea largamente coltivata per i fiori verdi-giallastri che contengono una sostanza usata per dare sapore alla birra.

lurido (lù-ri-do) AGG. **1** Talmente sporco da suscitare ribrezzo: *mani luride.* **2** Moralmente indegno: *un lurido individuo* Ⓢ spregevole, ignobile.

luridume (lu-ri-dù-me) N.M. · Sporcizia, sudiciume: *vivere nel luridume.*

lusinga (lu-ṣin-ga) N.F. (pl. *-ghe*) **1** Adulazione: *attirare, conquistare con le lusinghe.* **2** Illusoria speranza per l'avvenire: *le lusinghe della gioventù* Ⓢ sogno, inganno.

> Il termine deriva da una parola franca che significava 'bugia'.

lusingare (lu-ṣin-gà-re) V.TR. (*luṣìngo, luṣìnghi*, ecc.) **1** Attrarre qualcuno con promesse illusorie o facendo leva sulla sua vanità: *lo lusingò* **con** *la promessa di un facile guadagno* Ⓢ adulare, blandire. **2** Suscitare piacere o soddisfazione: *mi lusingano molto i tuoi complimenti.*

lusinghiero (lu-ṣin-ghiè-ro) AGG. · Che dà soddisfazione, che è motivo di compiacimento: *un giudizio lusinghiero.*

lussare (lus-sà-re) V.TR. || TR. Provocare una lussazione: *il violento urto* ***gli*** *ha lussato la spalla;* anche TR. PRONOM.: *lussarsi il polso.* || **lussarsi** INTR. PRONOM. Subire una lussazione: *è caduto e* ***gli*** *si è lussata un'anca.*

lussazione (lus-sa-zió-ne) N.F. · Spostamento delle ossa di un'articolazione.

lusso (lùs-so) N.M. · Grande ricchezza: *vivere nel lusso; viaggiare è un lusso.* Ⓔ ***Di lusso,*** costoso ed elegante: *un'automobile di lusso* • ***Permettersi il lusso di,*** concedersi qualcosa che i propri mezzi non permettono: *non posso permettermi il lusso di stare a casa tre mesi.*

lussuoso (lus-su-ó-so) AGG. · Che presenta una costosa eleganza: *un albergo lussuoso* Ⓢ ricco, elegante.

lussureggiante (lus-su-reg-giàn-te) AGG. · Rigoglioso, fiorente: *un bosco lussureggiante.*

lussuria (lus-sù-ria) N.F. (pl. *-rie*) · Eccessiva ricerca del piacere sessuale Ⓢ sensualità, libidine.

lussurioso (lus-su-rió-so) AGG. · Che ricerca eccessivamente il piacere sessuale.

lustrare (lu-strà-re) V.TR. · Pulire un oggetto per renderlo lucido: *lustrare le scarpe* Ⓢ lucidare.

lustrascarpe (lu-stra-scàr-pe) N.M. e F. INVAR. · Chi per mestiere pulisce le scarpe degli altri.

lustrino (lu-strì-no) N.M. · Dischetto luccicante usato per ornare vestiti e accessori da donna: *un vestito da sera con lustrini.*

lustro (lù-stro) AGG. e N.M. || AGG. Lucido, lucente: *vetri lustri; occhi lustri.* || N.M. Motivo di prestigio: *la sua presenza dà lustro all'Accademia* Ⓢ onore, vanto.

luteranesimo (lu-te-ra-né-ṣi-mo) N.M. · Il pensiero di Martin Lutero (1483-1545) che divise il mondo cristiano in cattolici e protestanti.

luterano (lu-te-rà-no) AGG. e N.M. (f. *-a*) || AGG. Ispirato al pensiero di Martin Lutero: *la chiesa luterana.* || N.M. (f. -a) Chi segue la dottrina religiosa di Martin Lutero.

lutto (lùt-to) N.M. · Il dolore per la scomparsa di persone care: *quanti lutti ha provocato questa guerra!; lutto cittadino* Ⓢ cordoglio • Morte, perdita: *recentemente abbiamo avuto un grave lutto.* Ⓔ ***Vestire a lutto, portare il lutto,*** indossare abiti neri in segno di dolore per la morte di qualcuno.

Il termine deriva dal latino *luctus* 'pianto, lutto', che viene a sua volta da *lugere* 'piangere'.

luttuoso (lut-tu-ó-so) AGG. · Doloroso, tragico, drammatico: *un luttuoso avvenimento.*

m, M N.F. O M. INVAR. · Undicesima lettera dell'alfabeto italiano; è una consonante (nome della lettera: *èmme*). Ⓔ ***M***, nella numerazione romana, simbolo del numero 1000.

ma[1] CONGIUNZ. e N.M. INVAR. || CONGIUNZ. Bensì, tuttavia, con valore avversativo: *non parole ma fatti; non parlò ma agì* Ⓢ invece, però, al contrario • In principio di frase, indica il passaggio ad altri argomenti: *ma torniamo a noi* • Nel linguaggio familiare, può rafforzare delle esclamazioni: *ma che bravo!; ma smettila una buona volta!* || N.M. Incertezza, dubbio, ostacolo: *sei sempre pieno di ma e di se; non c'è ma che tenga.*

Ma è una congiunzione che esprime opposizione già da sola, quindi non bisogna dire *ma bensì* o *ma però* perché significa ripetere due volte la stessa cosa.

ma[2] INTER. · Esprime dubbio o incertezza: *"Ce la farà?" "Ma! e chi lo può dire?"; Ma! ho i miei dubbi* Ⓢ boh.

macabro (mà-ca-bro) AGG. · Che possiede gli aspetti più impressionanti della morte: *un macabro spettacolo; un gusto macabro* Ⓢ orribile, lugubre.

macaco (ma-cà-co) N.M. (f. *-a*; pl.m. *-chi*, pl.f. *-che*) **1** Scimmia senza coda che vive in piccoli branchi guidati da un vecchio maschio. **2** Uomo goffo e ingenuo: *quel macaco si fa prendere in giro da tutti* Ⓢ sciocco.

macché (mac-ché) (o **ma che**) INTER. · Esprime opposizione decisa: *macché cinema!; macché! non ci penso neppure!* Ⓢ niente affatto, neanche per idea.

maccherone (mac-che-ró-ne) N.M. (spesso al pl.) · Tipo di pasta alimentare da mangiarsi asciutta: *maccheroni al ragù.*

maccheronico (mac-che-rò-ni-co) AGG. (pl.m. *-ci*, pl.f. *-che*) · Di lingua straniera parlata in modo goffo: *un francese maccheronico* Ⓢ grossolano, scorretto.

macchia[1] (màc-chia) N.F. (pl. *-chie*) **1** Piccola zona sporca su una superficie: *macchia di unto* Ⓢ chiazza. **2** Chiazza di diverso colore: *un cane bianco a macchie marroni.* **3** Difetto morale: *avere una macchia sulla coscienza* Ⓢ colpa, peccato.

macchia[2] (màc-chia) N.F. (pl. *-chie*) · Fitto groviglio di piante selvatiche: *un sentiero nella macchia* Ⓢ boscaglia. Ⓔ ***Macchia mediterranea***, boscaglia costituita da arbusti e piccoli alberi spesso sempreverdi, tipica della zona mediterranea • ***Vivere alla macchia, darsi alla macchia***, nascondersi per sfuggire a una cattura o partecipare a un movimento di resistenza.

macchiare (mac-chià-re) V.TR. (*màcchio*, ecc.) || TR. **1** Sporcare con una o più macchie: *macchiare la tovaglia **di** vino* Ⓢ chiazzare, imbrattare. **2** Disonorare, rovinare, compromettere: *macchiare la propria reputazione.* **3** Modificare il colore di una bevanda con l'aggiunta di una piccola quantità di liquido diverso: *macchiare il caffè **con** una goccia di latte.* || **macchiarsi** INTR. PRONOM. **1** Sporcarsi con macchie: *il quaderno mi si è macchiato **d'**inchiostro.* **2** Diventare responsabile di una colpa: *macchiarsi **di** tradimento.*

macchiato (mac-chià-to) AGG. **1** Che ha una o più macchie: *una camicia tutta macchiata; una tovaglia macchiata **di** vino.* **2** Di bevanda servita con l'aggiunta di una minima quantità di un altro liquido. Ⓔ ***Caffè macchiato***, con l'aggiunta di un po' di latte • ***Latte macchiato***, con l'aggiunta di un po' di caffè.

macchietta (mac-chiét-ta) N.F. **1** Disegno o descrizione scritta in cui sono messi in risalto elementi ridicoli Ⓢ caricatura. **2** Persona bizzarra e singolare che suscita simpatia: *quel tipo è una macchietta* Ⓢ sagoma.

macchina (màc-chi-na) N.F. **1** Congegno destinato allo svolgimento di un lavoro di utilità pratica: *lavorazione a macchina; macchina da scrivere* Ⓢ apparecchio. **2** Automobile, automezzo, autoveicolo: *ha comprato la macchina nuova.* **3** Struttura organizzata e autonoma: *la macchina dello Stato, della giustizia* Ⓢ apparato. Ⓔ ***Macchina (da cucire)***, congegno che permette di eseguire lavori di cucito precisi e resistenti: *è cucito a mano o a macchina?* • ***Macchina da presa***, cinepresa.

> Il termine è un recupero del latino *machina* 'meccanismo, congegno'; la forma di *machina* passata direttamente in italiano attraverso la lingua parlata è **macina**.

macchinare (mac-chi-nà-re) V.TR. (*màcchino*, ecc.) · Preparare qualcosa a danno di altri: *macchinano trame* ***contro*** *di lui* Ⓢ complottare, ordire.

macchinario (mac-chi-nà-rio) N.M. (pl. *-ri*) · L'insieme delle macchine che servono a un'attività: *le spese per l'acquisto dei macchinari* Ⓢ apparecchiatura, impianto.

M

macchinazione (mac-chi-na-zió-ne) N.F. · Attività nascosta ai danni di qualcuno: *essere vittima di una macchinazione* Ⓢ complotto, intrigo, trama.

macchinetta (mac-chi-nét-ta) N.F. · Macchina di piccole dimensioni: *la macchinetta del caffè.*

macchinista (mac-chi-nì-sta) N.M. e F. (pl.m. *-i*, pl.f. *-e*) · Chi si occupa della cura e del funzionamento di una o più macchine • Nelle ferrovie, l'addetto alle locomotive.

macchinoso (mac-chi-nó-so) AGG. · Pieno di inutili complicazioni: *un progetto troppo macchinoso* Ⓢ complicato, intricato, contorto.

macedone (ma-cè-do-ne) AGG. e N.M. e F. || AGG. Della Macedonia, regione storica e Stato dei Balcani. || N.M. e F. Abitante, nativo della Macedonia. || N.M. La lingua parlata in Macedonia. Ⓔ ***Il Macedone***, Alessandro Magno (356-323 a.C.).

macedonia (ma-ce-dò-nia) N.F. (pl. *-nie*) · Miscuglio di frutta tagliata a piccoli pezzi e condita con zucchero e succo di limone: *una macedonia di fragole e banane.*

macellaio (ma-cel-là-io) N.M. (f. *-a*; pl.m. *-lài*, pl.f. *-làie*) · Chi vende la carne in una macelleria.

macellare (ma-cel-là-re) V.TR. (*macèllo*, ecc.) · Uccidere animali di allevamento e prepararne le carni per il consumo: *macellare i buoi* Ⓢ abbattere.

macelleria (ma-cel-le-rì-a) N.F. (pl. *-rìe*) · Negozio dove viene venduta la carne macellata.

macello (ma-cèl-lo) N.M. **1** Luogo attrezzato in cui si abbattono e si tagliano gli animali destinati all'alimentazione dell'uomo Ⓢ mattatoio. **2** Strage terrificante: *la rapina si è trasformata in un vero macello* Ⓢ carneficina, massacro. **3** Nel linguaggio familiare, esito disastroso di qualcosa: *agli esami quest'anno è stato un vero macello!* Ⓢ disastro, catastrofe. Ⓔ ***Carne da macello***, i soldati mandati incontro a morte sicura.

macerare (ma-ce-rà-re) V.TR. (*màcero*, ecc.) || TR. Tenere immerso qualcosa in un liquido per ammorbidirlo: *macerare il cuoio, la carta.* || **macerarsi** RIFL. Provare angoscia continua: *macerarsi* ***di*** *rimorsi; macerarsi* ***per*** *l'ansia* Ⓢ tormentarsi, angosciarsi.

maceria (ma-cè-ria) N.F. (spesso al pl. *-rie*) · L'insieme dei materiali che restano a terra dopo il crollo di un edificio: *dopo la guerra la città era ridotta a un cumulo di macerie* Ⓢ rovina, rudere.

macero (mà-ce-ro) N.M. **1** Operazione con cui si tengono a lungo in acqua la carta vecchia o gli stracci per fabbricare altra carta: *mettere, mandare al macero.* **2** Luogo o recipiente in cui si tengono carta o stracci a macerare.

machete (ma-che-te; pronuncia *macète*) N.M. SP., in it. N.M. INVAR. · Lungo e grosso coltello usato soprattutto in America Latina per disboscare o tagliare la canna da zucchero.

macigno (ma-cì-gno) N.M. · Grosso blocco di roccia: *la strada era bloccata da un macigno* Ⓢ masso.

macilento (ma-ci-lèn-to) AGG. · Molto magro: *bambini pallidi e macilenti* Ⓢ smunto, scheletrico, patito.

macina (mà-ci-na) N.F. · Macchina per tritare cereali e olive, formata da un grosso cilindro in pietra.

Il termine deriva dal latino *machina* 'meccanismo, congegno' ed è passato direttamente in italiano attraverso la lingua parlata; il recupero successivo del latino *machina* ha dato la parola **macchina**; dal latino *machina* derivano anche i termini **macigno** e **maciullare**.

macinare (ma-ci-nà-re) V.TR. (*màcino*, ecc.) · Tritare con un apparecchio: *macinare il caffè* Ⓢ frantumare. Ⓔ ***Macinare chilometri***, percorrerne molti, velocemente e senza fermarsi.

macinato (ma-ci-nà-to) AGG. e N.M. || AGG. Tritato o polverizzato: *carne macinata; caffè macinato.* || N.M. **1** La farina ottenuta macinando il grano: *l'aumento della tassa sul macinato scatenò una rivolta.* **2** La carne di manzo macinata: *vorrei due etti di macinato.*

macinazione (ma-ci-na-zió-ne) N.F. · Procedimento con cui si polverizzano o si tritano vari materiali con appositi apparecchi.

macinino (ma-ci-nì-no) N.M. **1** Apparecchio per macinare a mano caffè o pepe. **2** Automobile vecchia e ridotta male: *dove vai con quel macinino?* Ⓢ carretta.

maciste (ma-cì-ste) N.M. · Uomo molto forte e robusto: *solo un maciste potrebbe spostare questo armadio* Ⓢ colosso.

maciullare (ma-ciul-là-re) V.TR. · Ridurre in pezzi: *il rullo **gli** ha maciullato il braccio*; anche TR. PRONOM.: *si è maciullato una mano riparando un motore* Ⓢ stritolare, sfracellare.

macro- · Primo elemento di parole composte che significa 'grande, di grandi dimensioni': *macroscopico.*

macrobiotica (ma-cro-bi-ò-ti-ca) N.F. · Dottrina orientale che ricerca un perfetto equilibrio tra spirito e corpo tramite diete a base di cibi vegetali.

macrobiotico (ma-cro-bi-ò-ti-co) AGG. (pl.m. -*ci*, pl.f. -*che*) · Di cibo, che conserva le sue proprietà nutritive originarie: *cereali macrobiotici.* Ⓔ ***Dieta macrobiotica***, basata sul consumo di alimenti macrobiotici.

macroscopico (ma-cro-scò-pi-co) AGG. (pl.m. -*ci*, pl.f. -*che*) **1** Che si può vedere senza l'aiuto di strumenti d'ingrandimento: *organismo macroscopico.* **2** Molto evidente: *errore macroscopico* Ⓢ enorme, spropositato.

maculato (ma-cu-là-to) AGG. · Coperto di macchie: *il leopardo ha il mantello maculato.*

madama (ma-dà-ma) N.F. · Titolo di riguardo con cui un tempo ci si rivolgeva a una signora; oggi viene usato solo in tono scherzoso o ironico.

made in (ma-de in; pronuncia *mèid in*) AGG. INGL., in it. AGG. INVAR. · Fatto, fabbricato in un certo Paese: *made in Italy; made in China.*

madia (mà-dia) N.F. (pl. -*die*) · Mobile rustico formato da una cassa rettangolare che un tempo serviva a conservare il pane.

madido (mà-di-do) AGG. · Cosparso di gocce: *fronte madida **di** sudore* Ⓢ bagnato.

madonna (ma-dòn-na) N.F. **1** Maria di Nazareth, madre di Gesù Cristo: *invocare la Madonna* • Dipinto o scultura che la rappresenta: *una Madonna di Raffaello.* **2** Antico termine di rispetto per la donna: *madonna Laura.*

madornale (ma-dor-nà-le) AGG. · Di errore così evidente che suscita stupore e indignazione: *uno sproposito madornale* Ⓢ enorme, clamoroso, inconcepibile.

madrasa (mà-dra-sa) N.F. INVAR. · Collegio musulmano dove si insegnano religione e diritto.

madre (mà-dre) N.F. e AGG. || N.F. **1** Donna che ha avuto uno o più figli: *madre di molti figli; una madre affettuosa* Ⓢ mamma • La femmina di un animale in rapporto ai piccoli: *i cuccioli erano accuditi dalla madre.* **2** Titolo attribuito ad alcune suore: *madre Teresa; la madre superiora.* **3** Ciò che è considerato l'origine di qualcosa: *l'esperienza è madre della scienza* Ⓢ origine, fonte. || AGG. Più importante: *la casa madre di un ordine religioso* Ⓢ principale. Ⓔ ***Lingua madre***, madrelingua • ***Scena madre*** → ***scena***.

madrelingua (ma-dre-lìn-gua) N.F. e M. e AGG. || N.F. (pl. *madrelìngue*) La lingua appresa per prima dai genitori: *l'inglese è la sua madrelin-*

gua; un traduttore di madrelingua spagnola. || N.M. e F. e AGG. INVAR. Chi, che parla la propria lingua: *un madrelingua inglese; un interprete madrelingua.*

madrepatria (ma-dre-pà-tria) N.F. (pl. *madrepàtrie*) · Il Paese di origine: *conservare le tradizioni della madrepatria* Ⓢ patria.

madreperla (ma-dre-pèr-la) N.F. (pl. *madrepèrle*) · Lo strato interno della conchiglia di alcuni molluschi, di colore chiaro e lucente: *intarsio di madreperla.*

madrepora (ma-drè-po-ra) N.F. · Materiale calcareo formato dagli scheletri esterni di piccoli animali, che nei mari tropicali formano barriere, atolli, scogliere: *colonie di madrepore.*

madrina (ma-drì-na) N.F. **1** La donna che accompagna un bambino al battesimo o alla cresima prendendosi la responsabilità della sua educazione spirituale: *è stata la mia madrina al battesimo; deve fare da madrina alla cresima del nipote.* **2** Donna che assiste a cerimonie di inaugurazione: *l'attrice sarà la madrina della manifestazione.*

maestà (ma-e-stà) N.F. INVAR. **1** Aspetto grandioso che provoca ammirazione e rispetto: *la maestà del creato; un portamento pieno di maestà* Ⓢ grandezza, solennità. **2** Titolo di imperatore o di re: *Sua Maestà il re.*

maestoso (ma-e-stó-so) AGG. · Che suscita ammirazione per la sua grandiosità o solennità: *aspetto maestoso; la bellezza maestosa delle Alpi* Ⓢ grandioso, imponente, solenne.

maestra (ma-è-stra o ma-é-stra) N.F. **1** Donna cui è affidata l'educazione dei bambini: *maestra di scuola* Ⓢ insegnante. **2** Donna che insegna un'attività: *maestra di disegno, di canto.* **3** Donna abile in un certo campo: *in cucina è maestra* Ⓢ esperta.

maestrale (ma-e-strà-le) N.M. · Vento freddo che soffia da nord-ovest.

maestranze (ma-e-stràn-ze) N.F.PL. · L'insieme degli operai che lavorano in un luogo: *sciopero delle maestranze* Ⓢ personale (SING.).

maestria (ma-e-strì-a) N.F. (pl. *-strìe*) · Grande abilità: *disegnare con maestria* Ⓢ bravura.

maestro (ma-è-stro o ma-é-stro) N.M. e AGG. || N.M. **1** Persona esperta in una materia che è un esempio per gli altri: *maestro di stile; nel suo lavoro è un maestro* • Artista di grande valore: *i maestri della pittura del Rinascimento.* **2** Persona cui è affidata l'educazione dei bambini nella scuola: *maestro di scuola* Ⓢ insegnante. **3** Persona che insegna un'attività: *maestro di sci, di ballo* Ⓢ istruttore. **4** Direttore d'orchestra: *dirigerà il maestro Riccardo Muti.* || AGG. Che ha dimensioni più grandi e funzioni più importanti: *muro maestro; strada maestra* Ⓢ principale. Ⓔ ***Albero maestro***, il maggiore della nave • ***Vela maestra***, la vela più grande dell'albero maestro.

mafia (mà-fia) N.F. (pl. *-fie*) · Organizzazione criminale nata in Sicilia, ma diffusa anche in altri Paesi: *la mafia controlla il traffico della droga.*

mafioso (ma-fió-so) AGG. e N.M. (f. -a) || AGG. Che riguarda la mafia, tipico della mafia: *organizzazione mafiosa; l'omertà è un atteggiamento mafioso.* || AGG. e N.M. (f. -a) Che, chi appartiene alla mafia: *polemiche per l'evasione di un mafioso* • Che, chi cerca di ottenere vantaggi con mezzi illegali Ⓢ malavitoso.

magagna (ma-gà-gna) N.F. · Difetto o imperfezione di solito non subito evidente: *il nuovo modello di auto è pieno di magagne.*

magari (ma-gà-ri) INTER. e AVV. || INTER. Esprime un forte desiderio impossibile da realizzare: *magari potessi venire anch'io!* • Esprime adesione a una proposta: *"Prendiamo un aperitivo?" "Magari"* Ⓢ con piacere, volentieri. || AVV. Perfino, addirittura: *loro, magari, ti diranno che non lo sanno* • Forse, probabilmente: *magari è solo in ritardo.*

> Il termine deriva dal greco *makários* 'felice', nel senso di 'beato te!'.

magazziniere (ma-gaz-zi-niè-re) N.M. (f. *-a*; pl.m. *-i*, pl.f. *-e*) · Chi per lavoro cura un magazzino e smista le merci che vi sono depositate.

magazzino (ma-gaz-zì-no) N.M. · Luogo dove vengono depositati e conservati materiali vari: *abbiamo il magazzino pieno di questa roba; controllo se hanno la taglia in magazzino* Ⓢ deposito. Ⓔ ***Grande magazzino***, grande negozio che vende prodotti diversi: *i grandi magazzini della Rinascente.*

magenta (ma-gèn-ta) AGG. e N.M. INVAR. · Di colore rosso carico: *un'auto magenta; mi piace molto il magenta.*

maggese (mag-gé-se) N.M. · Terreno agricolo lasciato a riposo perché recuperi la sua fertilità.

maggio (màg-gio) N.M. (pl. *-gi*) · Il quinto mese dell'anno, di 31 giorni.

Il termine deriva dal latino *Maius (mensis)* '(mese di) Maia', la madre del dio Mercurio a cui era dedicato.

maggiolino (mag-gio-lì-no) N.M. · Insetto con ali tra il rosso e il marrone che si nutre delle gemme di varie piante, spesso causando danni all'agricoltura.

Il termine deriva da maggio con il suffisso -olino, perché le larve dell'insetto escono dal loro involucro a primavera inoltrata.

maggiorana (mag-gio-rà-na) N.F. · Pianta aromatica dalle foglie piccole e ovali, usata in cucina per insaporire i cibi.

maggioranza (mag-gio-ràn-za) N.F. **1** La maggior parte, la parte più numerosa: *la maggioranza dei temi è al di sopra della sufficienza* Ⓒ minoranza. **2** Il numero di voti necessario perché la decisione di un'assemblea sia valida: *raggiungere la maggioranza.* **3** L'insieme dei partiti che formano lo schieramento più numeroso in Parlamento e che sostengono il governo Ⓒ opposizione. Ⓔ ***Maggioranza assoluta***, costituita dalla metà più uno dei votanti; ***maggioranza relativa***, quella dello schieramento che, senza raggiungere la metà più uno dei voti, ne raccoglie più di qualsiasi altro • ***Nella maggioranza dei casi***, di solito.

maggiorare (mag-gio-rà-re) V.TR. (*maggióro*, ecc.) · Aumentare: *il prezzo della carta è stato maggiorato* **del** *5 per cento.*

maggiordomo (mag-gior-dò-mo) N.M. · Chi dirige il buon andamento della casa nei palazzi signorili: *il maggiordomo dava le disposizioni al personale di servizio.*

Il termine deriva da un'espressione del latino tardo che significava 'il servo più importante della casa', composta a sua volta da *maior* 'maggiore' e *domus* 'casa'.

maggiore (mag-gió-re) AGG. e N.M. e F. || AGG. **1** Più grande per età, misura, quantità o qualità: *figlio maggiore; presta maggiore attenzione; la maggior parte degli studenti* Ⓒ minore. **2** Più importante: *altare maggiore* Ⓢ principale. **3** Nel linguaggio militare, che ha un grado superiore: *sergente maggiore.* || N.M. e F. **1** Chi ha più anni: *chi è il maggiore di voi?* • Il primogenito, la primogenita: *ho due figli, il maggiore ha diciotto anni.* **2** Nelle forze armate, l'ufficiale che ha il comando di un battaglione. Ⓔ ***Maggiore età*** → ***età*** • ***Stato maggiore*** → ***stato***[2].

Maggiore è il comparativo di *grande*; preceduto dall'articolo determinativo, ha valore di superlativo relativo: *la maggior parte dei ragazzi partirà oggi.*

maggiorenne (mag-gio-rèn-ne) AGG. e N.M. e F. · Che, chi ha raggiunto la maggiore età: *in Italia si diventa maggiorenni a diciotto anni* Ⓒ minorenne.

maggioritario (mag-gio-ri-tà-rio) AGG. (pl.m. *-ri*, pl.f. *-rie*) · Che rappresenta o riguarda la maggioranza: *gruppo maggioritario; decisione maggioritaria* Ⓒ minoritario. Ⓔ ***Sistema maggioritario*** (o *il maggioritario* N.M.), sistema elettorale nel quale viene eletto solo chi ha riportato la maggioranza dei voti (contrapposto a *proporzionale*).

maggiormente (mag-gior-mén-te) AVV. · In misura maggiore, di più: *bisogna che ti applichi maggiormente allo studio.*

magia (ma-gì-a) N.F. (pl. *-gìe*) **1** Secondo le credenze popolari, l'arte di agire sulla natura e sugli uomini attraverso formule e pratiche segrete: *credere alla magia* • Incantesimo, fattura: *la strega gli fece una magia.* **2** Potere suggestivo: *la magia dei colori di un quadro; la magia del cinema* Ⓢ fascino, incanto, seduzione. Ⓔ ***Magia bianca***, quella usata per fare del bene; ***magia nera***, quella usata per fare del male.

magiaro (mà-gia-ro o ma-già-ro) AGG. e N.M. (f. *-a*) · Ungherese.

magico (mà-gi-co) AGG. (pl.m. *-ci*, pl.f. *-che*) **1** Che può modificare la realtà con la magia: *bacchetta magica; arti magiche.* **2** Dotato di grande fascino: *un magico tramonto* Ⓢ suggestivo, incantevole.

magio (mà-gio) N.M. (pl. *-gi*) · Sacerdote dell'antica religione persiana. Ⓔ ***I re magi***, i tre sapienti che secondo il Vangelo giunsero a Betlemme per onorare Gesù Cristo.

magistrale (ma-gi-strà-le) AGG. **1** Che riguarda i maestri della scuola primaria o dell'infanzia: *concorso magistrale.* **2** Da maestro: *un'interpretazione magistrale* Ⓢ eccellente, ottimo.

magistrato (ma-gi-strà-to) N.M. · Chi amministra la giustizia: *magistrato di Cassazione* Ⓢ giudice.

magistratura (ma-gi-stra-tù-ra) N.F. · L'insieme degli organi e delle persone che amministrano la giustizia: *entrare in magistratura; Consiglio Superiore della Magistratura.*

M

maglia (mà-glia) N.F. (pl. *-glie*) **1** Ogni elemento di un lavoro fatto intrecciando fili di materiale vario: *lavorare a maglia* • Ciascuno degli elementi che formano una rete o una catena: *si è rotta una maglia della catenina.* **2** Indumento di tessuto che aderisce al torace e si indossa anche a diretto contatto con la pelle: *maglia di lana, di cotone.* **3** Indumento indossato dagli atleti come segno di riconoscimento: *la maglia granata del Torino.* Ⓔ ***Maglia rosa***, simbolo distintivo del primo in classifica nel giro ciclistico d'Italia.

magliaia (ma-glià-ia) N.F. (pl. *-gliàie*) · Donna che per lavoro esegue lavori a maglia • Donna che lavora in un maglificio.

maglieria (ma-glie-rì-a) N.F. (pl. *-rìe*) **1** Insieme di tessuti o capi in maglia: *negozio di maglierie.* **2** Laboratorio artigiano di indumenti a maglia.

maglietta (ma-gliét-ta) N.F. · Indumento di maglia leggero, da portarsi sulla pelle: *aveva una maglietta molto stretta.*

maglificio (ma-gli-fì-cio) N.M. (pl. *-ci*) · Fabbrica di capi e tessuti in maglia: *Prato è famosa per i suoi maglifici.*

maglio (mà-glio) N.M. (pl. *-gli*) **1** Grosso martello a due teste, per lo più di legno. **2** Macchina costituita da una mazza che batte su un'incudine, usata per lavorare il metallo.

maglione (ma-glió-ne) N.M. · Indumento pesante di lana che copre il busto, con maniche lunghe: *un maglione rosso di lana* Ⓢ golf, pullover.

magma (màg-ma) N.M. (pl. *-i*) · Massa di minerali fusi che si trova dentro la crosta terrestre; esce dalle bocche dei vulcani durante le eruzioni sotto forma di lava.

magnanimità (ma-gna-ni-mi-tà) N.F. INVAR. · Grandezza e nobiltà d'animo: *la sua magnanimità è apprezzata da tutti* Ⓢ generosità Ⓒ meschinità.

magnanimo (ma-gnà-ni-mo) AGG. · Che mostra grande nobiltà d'animo: *un re magnanimo; un gesto magnanimo* Ⓢ generoso, nobile Ⓒ meschino.

magnate (ma-gnà-te) N.M. · Persona autorevole e potente: *i magnati della città hanno organizzato una serata di beneficenza; i magnati del petrolio.*

magnesia (ma-gnè-ṣia) N.F. (pl. *-ṣie*) · Sostanza derivata dal magnesio usata per preparare prodotti che aiutano la digestione.

> Il termine deriva dal nome della città di *Magnesia*, in Asia Minore, famosa nell'antichità per i giacimenti di magnesite, il minerale da cui si estrae il magnesio.

magnesio (ma-gnè-ṣio) N.M. · Il più leggero dei metalli, di colore bianco lucente; viene usato per formare leghe leggere, in medicina e in fotografia (il simbolo chimico è *Mg*).

magnete (ma-gnè-te) N.M. · Corpo che ha la capacità di attrarre il ferro Ⓢ calamita.

magnetico (ma-gnè-ti-co) AGG. (pl.m. *-ci*, pl.f. *-che*) **1** Del magnetismo: *fenomeno magnetico.* **2** Di oggetto che ha le proprietà di una calamita: *ago magnetico.* **3** Che suscita fascino irresistibile: *uno sguardo magnetico* Ⓢ affascinante, seducente. Ⓔ ***Campo magnetico***, la regione in cui ha effetto il magnetismo.

magnetismo (ma-gne-tì-ṣmo) N.M. **1** La capacità di attrarre corpi contenenti ferro. **2**

Grande capacità di attrarre e sedurre: *il magnetismo del suo sguardo* Ⓢ fascino. Ⓔ ***Magnetismo terrestre***, l'insieme dei fenomeni dovuti al fatto che la Terra si comporta come un'enorme calamita.

magnetizzare (ma-gne-tiz-zà-re) V.TR. · Rendere un corpo capace di attirare il ferro con l'azione di un campo magnetico: *la calamita magnetizza il ferro.*

magnificamente (ma-gni-fi-ca-mén-te) AVV. · Molto bene: *mi sembra che stia magnificamente.*

magnificare (ma-gni-fi-cà-re) V.TR. (*magnìfico, magnìfichi*, ecc.) · Lodare con parole solenni: *il venditore magnificava* ***ai*** *clienti la nuova auto* Ⓢ elogiare, esaltare.

magnificenza (ma-gni-fi-cèn-za) N.F. **1** Dimostrazione di grandezza d'animo e di generosità: *la magnificenza dei principi del Rinascimento* • Grande sfoggio di ricchezza: *la magnificenza della reggia di Versailles* Ⓢ fasto, sfarzo. **2** Oggetto, aspetto, fenomeno degno di grande ammirazione: *la magnificenza del creato* Ⓢ incanto, meraviglia.

magnifico (ma-gnì-fi-co) AGG. (pl.m. *-ci*, pl.f. *-che*) · Che suscita ammirazione: *un magnifico spettacolo; una festa magnifica* Ⓢ meraviglioso, grandioso.

magniloquente (ma-gni-lo-quèn-te) AGG. · Che usa uno stile solenne: *un oratore magniloquente* Ⓢ enfatico, retorico.

magniloquenza (ma-gni-lo-quèn-za) N.F. · Solennità di stile esagerata e fastidiosa Ⓢ enfasi.

magnitudine (ma-gni-tù-di-ne) N.F. · ***Magnitudine stellare***, il numero che indica la luminosità di una stella.

magnitudo (ma-gni-tù-do) N.F. INVAR. · Unità di misura dell'intensità di un terremoto.

magno (mà-gno) AGG. · Grande. Ⓔ ***Aula magna***, l'aula di università o istituti usata per le cerimonie più solenni • ***In pompa magna*** → *pompa*[2].

magnolia (ma-gnò-lia) N.F. (pl. *-lie*) · Albero coltivato nei giardini, con fiori di colore bianco crema, profumatissimi.

Il termine deriva dal nome del medico e botanico francese L. *Magnol* (1638-1715), a cui fu dedicata la pianta.

mago (mà-go) N.M. (f. *-a*; pl.m. *màghi*; pl.f. *màghe*) **1** Personaggio immaginario che ha poteri soprannaturali: *il mago Merlino; la maga Circe* • Chi esercita la magia Ⓢ indovino, stregone. **2** Chi esegue giochi di prestigio: *il mago Silvan* Ⓢ prestigiatore, illusionista. **3** Chi ha grande abilità in qualcosa: *quel regista è un mago del brivido* Ⓢ maestro, genio.

magone (ma-gó-ne) N.M. · Tristezza che si esprime con una sensazione di nodo alla gola: *la sua partenza mi ha fatto venire il magone.*

magra (mà-gra) N.F. **1** Scarsità di acqua in un fiume o in un torrente: *la siccità ha causato la magra del fiume.* **2** Situazione economica poco felice: *tempi di magra* Ⓢ crisi. **3** Nel linguaggio familiare, brutta figura: *che magra abbiamo fatto!* Ⓢ figuraccia; gaffe (*fr.*).

magrebino (ma-gre-bì-no) AGG. e N.M. (f. *-a*) || AGG. Del Magreb, la regione costiera dell'Africa nord-occidentale. || N.M. (f. *-a*) Abitante, nativo del Magreb.

magrezza (ma-gréz-za) N.F. · Scarsezza di grasso nel corpo umano e animale: *la magrezza delle gambe; è di una magrezza spaventosa.*

magro (mà-gro) AGG. e N.M. (f. *-a*) || AGG. e N.M. (f. *-a*) Di persona, povero di grassi di riserva, quindi caratterizzato da una figura sottile e asciutta: *un bambino troppo magro; certi vestiti stanno bene solo alle magre* Ⓢ secco, snello Ⓒ grasso. || AGG. **1** Di alimento, che ha pochi grassi: *carne magra; latte magro* Ⓢ leggero. **2** Che è insufficiente rispetto alle necessità: *un'annata magra per il raccolto; un magro stipendio* Ⓢ povero, misero, scarso.

mah (pronuncia *ma*) → *ma*[2].

mai (mài) AVV. **1** In nessun momento, in nessun caso: *non ci sono mai stato; mai avrei immaginato una cosa del genere; "Dovrai chiedergli scusa" "Mai!"*; con maggiore intensità *"Mai e poi mai!"* Ⓒ sempre. **2** Qualche volta: *ti è mai capitato di avere davvero paura?; se mai lo dovessi sentire, digli che lo cerco.* Ⓔ ***Caso mai***

A B C D E F G H I J K L **M** N O P Q R S T U V W X Y Z

→ ***casomai*** • ***Come mai***, perché: *come mai ieri non sei venuto?*

maiale (ma-ià-le) N.M. (f. *-a*; pl.m. *-i*, pl.f. *-e*) **1** Mammifero domestico, con corpo grosso e coperto di setole, muso allungato, coda sottile avvolta su se stessa: *un allevamento di maiali* Ⓢ porco, suino • La carne dell'animale macellato: *una braciola di maiale; prosciutto di maiale.* **2** Nel linguaggio familiare, chi è sporco nel fisico o repellente dal punto di vista morale: *làvati, maiale!*; *si è comportato da vero maiale* • Chi è molto ingordo o grasso: *mangiare come un maiale.*

Il verbo che indica il verso del maiale è *grugnire* e il nome è *grugnito.*

mail (pronuncia *méil*) N. INGL., in it. N.F. INVAR. · Abbreviazione di *e-mail.*

maiolica (ma-iò-li-ca) N.F. (pl. *-che*) · Ceramica rivestita di vernice o smalto: *le maioliche di Faenza.*

Il termine deriva dal nome dell'isola di *Maiorca*, un tempo *Maiolica*, nelle Baleari, nota in passato per la produzione artigianale di stoviglie di ceramica.

maionese (ma-io-né-se) N.F. · Salsa fredda a base di rossi d'uovo con l'aggiunta di olio, succo di limone o aceto.

mais (màis) N.M. INVAR. · Pianta erbacea originaria del Messico e oggi molto coltivata per i suoi frutti inseriti in grosse spighe, dette *pannocchie*, impiegati nell'alimentazione Ⓢ granturco.

maiuscola (ma-iù-sco-la) N.F. · Lettera maiuscola dell'alfabeto: *i nomi propri si scrivono con la maiuscola* Ⓒ minuscola.

maiuscolo (ma-iù-sco-lo) AGG. · Delle lettere dell'alfabeto di maggiore altezza rispetto a quelle ordinarie: *un biglietto scritto a lettere maiuscole* Ⓒ minuscolo.

Le lettere maiuscole si usano dopo un punto, un punto interrogativo o esclamativo, come iniziali di nomi propri o per sottolineare la particolare importanza di una parola.

maizena (mai-ẓè-na) N.F. · Nome commerciale ® della farina di granturco bianco.

major (ma-jor; pronuncia *mègior*) N. INGL., in it. N.F. INVAR. · Grande azienda che finanzia o distribuisce opere musicali, televisive o cinematografiche.

make-up (ma-ke-up; pronuncia *meicàp*) (o **make up**) N. INGL., in it. N.M. INVAR. · Trucco del viso: *un make-up leggero.*

mal- · Primo elemento di parole composte che significa 'male': *maleducato*, educato male; *malfermo*, che non è fermo.

malaccorto (ma-lac-còr-to) AGG. · Che non dimostra prudenza: *un ragazzo malaccorto; un gesto malaccorto* Ⓢ incauto, imprudente Ⓒ accorto.

malachite (ma-la-chi-te) N.F. · Pietra di un bel colore verde con venature scure, usata per spille, collane, ecc.

malafatta (ma-la-fàt-ta) → ***malefatta***.

malafede (ma-la-fé-de) N.F. (pl. raro *malefédi*) · Comportamento di chi vuole ingannare gli altri: *parlare, agire, essere in malafede* Ⓢ disonestà, slealtà Ⓒ buonafede.

malaffare (ma-laf-fà-re) N.M. · Solo nell'espressione ***di malaffare***, contro la legge o le regole morali: *casa di malaffare; gente di malaffare.*

malagevole (ma-la-gé-vo-le) AGG. · Pieno di fatiche e difficoltà: *sentiero malagevole* Ⓢ disagevole, impervio Ⓒ agevole.

malalingua (ma-la-lin-gua) N.F. (pl. *malelingue*) · Chi parla sempre male degli altri: *non ascoltare le malelingue* Ⓢ maldicente.

malamente (ma-la-mén-te) AVV. · In modo sgradevole o dannoso: *un successo può finire malamente; è caduto malamente* Ⓢ male.

malandato (ma-lan-dà-to) AGG. · Ridotto in cattivo stato: *l'ho visto piuttosto malandato; un edificio malandato* Ⓢ malconcio, malridotto.

malandrino (ma-lan-drì-no) AGG. e N.M. (f. *-a*) || AGG. Disonesto: *gente malandrina* • Che esprime graziosa furbizia: *occhi malandrini* Ⓢ furbo, malizioso. || N.M. (f. *-a*) Chi si occupa di attività fuori dalla legge: *strade infestate di malandrini* Ⓢ malvivente, furfante • Ragazzo vivace: *sei proprio un bel malandrino* Ⓢ birichino.

malanimo (ma-là-ni-mo) N.M. · Ostilità, risentimento. Ⓔ ***Di malanimo***, controvoglia.

malanno (ma-làn-no) N.M. **1** Malattia non grave, ma fastidiosa: *attento a non buscarti un malanno* Ⓢ acciacco, disturbo. **2** Evento dannoso: *la grandine è stata un malanno per la raccolta* Ⓢ disgrazia, sventura, calamità.

malaparata (ma-la-pa-rà-ta) N.F. (pl. *maleparàte*) · Situazione di pericolo o di difficoltà: *vista la malaparata, filò via.*

malapena (ma-la-pé-na) N.F. · Solo nell'espressione ***a malapena***, con difficoltà: *con questo mare agitato si riesce a malapena a stare a galla; riescono a malapena a pagare l'affitto.*

malaria (ma-là-ria) N.F. (pl. *-rie*) · Malattia infettiva trasmessa all'uomo da una zanzara diffusa nelle zone paludose; è caratterizzata da una febbre violenta che torna ogni terzo o quarto giorno.

malarico (ma-là-ri-co) AGG. e N.M. (f. *-a*; pl.m. *-ci*, pl.f. *-che*) || AGG. Che indica la presenza della malaria: *febbre malarica.* || AGG. e N.M. (f. *-a*) Che, chi è affetto da malaria.

malasorte (ma-la-sòr-te) N.F. (pl. *malesòrti*) · Sfortuna: *è perseguitato dalla malasorte.*

malaticcio (ma-la-tìc-cio) N.M. (pl.m. *-ci*, pl.f. *-ce*) · Che si ammala con facilità: *un bambino malaticcio* Ⓢ cagionevole, delicato.

malato (ma-là-to) AGG. e N.M. (f. *-a*) || AGG. **1** Che ha una malattia: *è malato da due giorni; malato **di** cuore* Ⓢ ammalato Ⓒ sano. **2** Che manca di equilibrio mentale: *una mente malata; è malato **di** gelosia* Ⓢ pazzo, esaltato, squilibrato. || N.M. (f. *-a*) Chi ha una malattia: *ricoverare un malato; il malato sta riposando* Ⓢ paziente.

malattia (ma-lat-tì-a) N.F. (pl. *-tìe*) **1** Cattivo funzionamento di un organismo animale o vegetale: *malattie della pelle; malattia delle piante* Ⓢ infermità, malanno. **2** Vizio, difetto: *l'invidia è una gran brutta malattia.*

malauguratamente (ma-lau-gu-ra-ta-mén-te) AVV. · Purtroppo, sfortunatamente: *malauguratamente si è ammalato il giorno dell'esame.*

malaugurato (ma-lau-gu-rà-to) AGG. · Che è causato dalla sfortuna o destinato ad avere conseguenze brutte: *nella malaugurata ipotesi che perdiate il treno telefonatemi; un malaugurato incontro* Ⓢ sciagurato.

malaugurio (ma-lau-gù-rio) N.M. (pl. *-ri*) · Secondo le credenze popolari, segno di future disgrazie: *è di malaugurio rovesciare il sale.* Ⓔ ***Uccello del malaugurio***, uccello ritenuto portatore di sventure, come la civetta, il corvo o la cornacchia; in senso figurato, chi è solito fare previsioni molto negative.

malavita (ma-la-vì-ta) N.F. · L'insieme di coloro che svolgono attività contro la legge: *combattere la malavita; malavita organizzata* Ⓢ delinquenza, criminalità.

malavitoso (ma-la-vi-tó-so) AGG. e N.M. (f. *-a*) || AGG. Della malavita: *attività malavitosa.* || N.M. (f. *-a*) Chi fa parte della malavita: *un gruppo di malavitosi* Ⓢ delinquente, criminale.

malavoglia (ma-la-vò-glia) N.F. · Soprattutto nell'espressione ***di malavoglia***, svogliatamente, controvoglia: *studiare di malavoglia.*

malcapitato (mal-ca-pi-tà-to) (o **mal capitato**) AGG. e N.M. (f. *-a*) · Che, chi subisce le conseguenze negative di un fatto senza averne colpa: *nell'incidente sono stati coinvolti anche alcuni malcapitati* Ⓢ sfortunato.
▸ Ⓕ **caput**

malconcio (mal-cón-cio) AGG. (pl.m. *-ci*, pl.f. *-ce*) · Che è ridotto in cattivo stato: *un vestito malconcio; dalla rissa sono usciti malconci* Ⓢ malandato, malridotto.

malcontento (mal-con-tèn-to) N.M. · Senso di insoddisfazione e disagio: *sfogare il proprio malcontento; esplode il malcontento popolare* Ⓢ scontento, inquietudine.

malcostume (mal-co-stù-me) N.M. · Comportamento contrario alla legge o alla morale diffuso in un certo ambiente: *malcostume politico; combattere il malcostume* Ⓢ corruzione, disonestà.

maldestro (mal-dè-stro) AGG. · Che rivela una pericolosa mancanza di abilità: *un operaio maldestro; un lavoro maldestro.*

maldicente (mal-di-cèn-te) AGG. e N.M. e F. · Che, chi ha l'abitudine di parlar male degli altri: *gente pettegola e maldicente; stai alla larga dai maldicenti* Ⓢ pettegolo.

maldicenza (mal-di-cèn-za) N.F. **1** L'abitudine di parlar male degli altri: *la sua maldicenza finirà per nuocerti* Ⓢ denigrazione. **2** Discorso malevolo: *non dare retta alle maldicenze* Ⓢ insinuazione, pettegolezzo.

maldisposto (mal-di-spó-sto) AGG. · Che dimostra ostilità verso qualcuno o qualcosa: *il capufficio è maldisposto* ***verso*** *i dipendenti; mi è sembrato maldisposto* ***nei confronti di*** *questa iniziativa* Ⓢ avverso, ostile Ⓒ bendisposto.

male[1] (mà-le) AVV. (comparativo *peggio*) || AVV. **1** In modo non corretto, in modo non giusto: *un lavoro fatto male; trattare male; hai fatto male a non venire* Ⓒ bene. **2** In modo insoddisfacente, in modo spiacevole: *senza occhiali ci vedo male; la discussione è finita male* • Preceduto da una negazione, esprime anche giudizi favorevoli: *mica male questo vino!* || **male!** INTER. Esprime biasimo e disapprovazione: *"Non hai finito i compiti? Male!"*.

Il termine deriva dall'avverbio latino *male* 'male', che viene a sua volta dall'aggettivo *malus* 'cattivo, brutto'; dal latino *malus* derivano anche **male**[2], **maligno**, **malizia**, **malo** e **malvagio**.

male[2] (mà-le) N.M. **1** Ciò che porta un danno fisico o morale: *fare del male; i mali causati dal terremoto; scegliere tra il bene e il male* Ⓒ bene. **2** Evento dannoso: *augurare il male a qualcuno; godere dei mali altrui* Ⓢ disgrazia, avversità, sventura. **3** Dolore fisico: *sentir male al petto; le scarpe mi fanno male* • Malattia, malanno: *mal di cuore; mal di mare.* Ⓔ ***Far male***, nuocere alla salute • ***Voler male a qualcuno***, odiarlo.

maledettamente (ma-le-det-ta-mén-te) AVV. · Nel linguaggio familiare, estremamente, moltissimo: *sono maledettamente stanco.*

maledetto (ma-le-dét-to) AGG. **1** Colpito dalla maledizione divina: *le anime maledette dell'Inferno* Ⓢ dannato Ⓒ benedetto • Degno di odio e disprezzo: *sei un maledetto bugiardo; maledetti assassini!* Ⓢ disgraziato, dannato. **2** Che è causa di sofferenze e distruzione: *quando finirà questa maledetta guerra?* Ⓢ terribile. **3** Nel linguaggio familiare, spaventoso, tremendo: *ho avuto una maledetta paura.*

maledire (ma-le-dì-re) V.TR. (irreg.: coniugato come *dire* tranne l'imperat. *maledici*) **1** Lanciare una maledizione contro qualcuno: *maledire un nemico* Ⓒ benedire • Di Dio, colpire con il proprio castigo: *Dio maledisse Caino* Ⓢ dannare, condannare. **2** Riconoscere come dannoso: *maledirò sempre il giorno in cui ci siamo incontrati.*

maledizione (ma-le-di-zió-ne) N.F. || N.F. **1** Condanna a un destino infelice o alla punizione divina: *ha scagliato una maledizione su di lui* Ⓢ anatema Ⓒ benedizione. **2** Motivo di grave danno: *i debiti di gioco sono la sua maledizione* Ⓢ sciagura, disgrazia. || **maledizione!** INTER. Esprime rabbia o dispetto: *maledizione! abbiamo perso il treno!*

maleducato (ma-le-du-cà-to) AGG. e N.M. (f. -*a*) · Che, chi non ha cortesia nei rapporti con gli altri: *un gesto maleducato; solo un maleducato può rispondere così* Ⓢ scortese, sgarbato Ⓒ educato, beneducato.

maleducazione (ma-le-du-ca-zió-ne) N.F. · Mancanza di cortesia: *è maleducazione interrompere chi sta parlando* Ⓢ scortesia Ⓒ educazione.

malefatta (ma-le-fàt-ta) N.F. · Azione cattiva: *con le tue malefatte hai rovinato la nostra reputazione* Ⓢ mascalzonata.

maleficio (ma-le-fì-cio) N.M. (pl. -*ci*) · Rito magico compiuto per fare del male a qualcuno: *si crede vittima di un maleficio* Ⓢ malia, fattura.

malefico (ma-lè-fi-co) AGG. (pl.m. -*ci*, pl.f. -*che*) · Che può recare un danno: *c'è un'aria malefica; quel ragazzo ha un'influenza malefica su di te* Ⓢ dannoso, negativo Ⓒ benefico.

maleodorante (ma-le-o-do-ràn-te) (o **male odorante**) AGG. · Che manda cattivo odore: *una stanza maleodorante* Ⓢ puzzolente.

malessere (ma-lès-se-re) N.M. **1** Leggero disturbo fisico: *avvertire un lieve malessere* Ⓢ indisposizione. **2** Condizione di turbamen-

M

to: *tra il popolo c'è un diffuso malessere* Ⓢ insoddisfazione, disagio, inquietudine.

malevolenza (ma-le-vo-lèn-za) N.F. · Maligna ostilità nei confronti di qualcuno: *è una vittima della malevolenza dei colleghi* Ⓢ astio, rancore Ⓒ benevolenza.

malevolo (ma-lè-vo-lo) AGG. e N.M. (f. *-a*) · Che, chi dimostra una maligna ostilità: *risposta malevola; farò tacere i malevoli!* Ⓒ benevolo, benigno.

malfamato (mal-fa-mà-to) AGG. · Che ha una cattiva reputazione: *un quartiere malfamato* Ⓢ equivoco, losco.

malfattore (mal-fat-tó-re) N.M. (f. *-trìce*) · Chi commette spesso azioni contro la legge: *è stato aggredito da due malfattori* Ⓢ criminale, delinquente.

malfermo (mal-fér-mo) AGG. · Che non è saldo e sicuro: *camminava con passo malfermo; una struttura malferma* Ⓢ instabile.

malformazione (mal-for-ma-zió-ne) N.F. · Difetto di un organo o dell'intero organismo: *malformazione a un rene* Ⓢ anomalia, imperfezione.

malga (màl-ga) N.F. (pl. *-ghe*) · Pascolo estivo di alta montagna • Casa rustica in cui abitano i pastori.

malgoverno (mal-go-vèr-no) (o **mal governo**) N.M. · Cattiva amministrazione dello Stato e dei beni pubblici: *il malgoverno fa aumentare il debito pubblico.*

malgrado (mal-grà-do) (o **mal grado**) PREP. e CONGIUNZ. || PREP. A dispetto di: *continuava a lavorare, malgrado la stanchezza* Ⓢ nonostante. || CONGIUNZ. Benché, sebbene; introduce una proposizione concessiva: *malgrado (che) fosse tardi mi hanno accompagnato.* Ⓔ ***Mio*** (***tuo***, ecc.) ***malgrado***, controvoglia: *ho dovuto farlo mio malgrado.*

malia (ma-lì-a) N.F. (pl. *-lìe*) **1** Incantesimo fatto per dominare qualcuno Ⓢ sortilegio. **2** Capacità di attrarre in modo irresistibile: *la malia del suo sguardo* Ⓢ fascino.

maliardo (ma-liàr-do) AGG. · Che può esercitare un'irresistibile attrazione: *sorriso maliardo; una donna maliarda*; anche N.F.: *atteggiamenti da maliarda* Ⓢ affascinante, seducente.

malignare (ma-li-gnà-re) V.INTR. (aus. *avere*) · Parlare o pensare male di qualcuno o qualcosa: *non fanno che malignare* ***su*** *di me* Ⓢ sparlare.

malignità (ma-li-gni-tà) N.F. INVAR. **1** Cattiveria o invidia verso gli altri: *parlare con malignità.* **2** Discorso fatto con intenzionale cattiveria: *le sue malignità non mi toccano* Ⓢ pettegolezzo, insinuazione.

maligno (ma-lì-gno) AGG. **1** Che rivela cattiveria verso gli altri: *risate maligne; ha un animo maligno* Ⓢ cattivo, malvagio Ⓒ buono, benigno • Di persona, che parla male degli altri per invidia o rabbia: *sono persone maligne e cattive.* **2** Di malattia, molto grave: *tumore maligno.*

malinconia (ma-lin-co-nì-a) N.F. (pl. *-nìe*) · Sentimento di vaga tristezza: *abbandonarsi alla malinconia; la malinconia di un tramonto.*

> Il termine deriva da una parola greca che significa 'bile nera', composta di *mélas* 'nero' e *kholé* 'bile'; secondo la medicina antica questo stato d'animo era infatti causato dalla bile.

malinconico (ma-lin-cò-ni-co) AGG. (pl.m. *-ci*, pl.f. *-che*) · Che provoca o mostra un sentimento di vaga tristezza: *una poesia malinconica; un sorriso malinconico* Ⓢ triste, mesto.

malincuore (ma-lin-cuò-re) AVV. · Solo nell'espressione ***a malincuore***, malvolentieri, controvoglia: *è partita a malincuore.*

malinformato (ma-lin-for-mà-to) AGG. · Di persona, che è in possesso di informazioni sbagliate: *un giornalista malinformato.*

malintenzionato (ma-lin-ten-zio-nà-to) AGG. e N.M. (f. *-a*) · Che, chi ha intenzione di fare del male agli altri: *è malintenzionato verso sua madre; un gruppo di malintenzionati.*

malinteso (ma-lin-té-so) N.M. · Errore nel comprendere il valore delle azioni o delle parole degli altri: *ci dev'essere stato un malinteso* Ⓢ equivoco, incomprensione.

malizia (ma-lì-zia) N.F. (pl. *-zie*) **1** Soddisfazione nel fare del male agli altri: *agire con ma-*

lizia; l'ha detto senza malizia Ⓢ cattiveria. **2** Atteggiamento seducente e provocante: *guardare con malizia* Ⓢ civetteria. **3** Trucco imparato con l'esperienza: *le malizie del mestiere* Ⓢ astuzia.

maliziosità (ma-li-zio-si-tà) N.F. INVAR. · Cattiveria, malignità: *mi ha colpito la maliziosità delle sue osservazioni.*

malizioso (ma-li-zió-so) AGG. **1** Che è animato da soddisfazione per fatti o atteggiamenti malvagi: *una domanda maliziosa* Ⓢ maligno. **2** Che mostra vivacità e furbizia: *un'occhiata maliziosa* Ⓢ furbo.

malleabile (mal-le-à-bi-le) AGG. **1** Di metallo, che può essere lavorato e ridotto in fogli sottili: *l'oro è malleabile.* **2** Che si lascia convincere facilmente: *un carattere malleabile* Ⓢ docile, remissivo.

malleolo (mal-lè-o-lo) N.M. · Ciascuna delle due sporgenze ossee ai lati del collo del piede.

M

mallo (màl-lo) N.M. · L'involucro verde e carnoso che ricopre le noci e le mandorle non ancora mature.

malloppo (mal-lòp-po) N.M. **1** Fagotto ingombrante: *camminava con un malloppo di fogli sotto il braccio* Ⓢ pacco, fardello. **2** Nel gergo della malavita, refurtiva: *i ladri hanno nascosto il malloppo* Ⓢ bottino.

malmenare (mal-me-nà-re) V.TR. (*malméno*, ecc.) · Picchiare con violenza: *è stato malmenato da un gruppo di teppisti* Ⓢ pestare.

malmesso (mal-més-so) AGG. **1** Vestito senza cura: *una donna malmessa* Ⓢ trasandato. **2** Che è in cattive condizioni di salute o economiche: *un paziente malmesso; una famiglia malmessa.* **3** Di cosa, che è in cattivo stato: *un'auto malmessa* Ⓢ malandato.

malo (mà-lo) AGG. · Cattivo. Ⓔ ***A mal partito*** → *partito* • ***In malo modo***, in modo scortese • ***Male parole***, offese.

malocchio (ma-lòc-chio) N.M. (pl. *-chi*) · Secondo le credenze popolari, forza malefica che si troverebbe nello sguardo di certe persone: *quella donna vi ha fatto il malocchio* Ⓢ fattura, maleficio. Ⓔ ***Di malocchio***, con cattiveria: *guardare di malocchio qualcuno.*

malora (ma-ló-ra) N.F. · Rovina, miseria: *andare in malora; mandare alla malora.* Ⓔ ***Della malora***, in espressioni di rabbia, maledetto: *arbitro della malora!*

malore (ma-ló-re) N.M. · Grave e improvviso malessere: *durante la cena è stato colto da un malore.*

malridotto (mal-ri-dót-to) AGG. · Che si trova in pessime condizioni: *una casa malridotta; un giovane malridotto **dall'**alcol* Ⓢ malconcio, malandato.

malsano (mal-sà-no) AGG. **1** Nocivo alla salute: *clima malsano* Ⓢ dannoso Ⓒ sano. **2** Che offende la moralità: *idee malsane* Ⓢ immorale, perverso.

malsicuro (mal-si-cù-ro) AGG. **1** Che può comportare pericoli: *un quartiere malsicuro* Ⓢ insidioso, pericoloso Ⓒ sicuro. **2** Che non ha stabilità: *un ponte malsicuro; un uomo malsicuro sulle gambe* Ⓢ instabile, malfermo.

malta (màl-ta) N.F. · Impasto di calce o cemento usato nelle opere di muratura.

maltempo (mal-tèm-po) N.M. · Brutto tempo: *la partita è stata sospesa a causa del maltempo.*

malto (màl-to) N.M. · Prodotto ricavato da alcuni cereali, soprattutto dall'orzo, usato per preparare bevande alcoliche.

maltolto (mal-tòl-to) N.M. · Ciò che è stato tolto ad altri in modo illecito: *restituire il maltolto.*

maltrattamento (mal-trat-ta-mén-to) N.M. · Atto di violenza contro qualcuno: *la moglie l'ha denunciato per maltrattamenti.*

maltrattare (mal-trat-tà-re) V.TR. · Trattare con durezza eccessiva o addirittura con violenza: *non bisogna maltrattare gli animali; maltrattava i figli.*

malumore (ma-lu-mó-re) N.M. **1** Stato di irritazione e tristezza, cattivo umore: *essere di malumore; la pioggia mi mette di malumore* Ⓒ buonumore. **2** Motivo non grave di litigio: *i soliti malumori tra fratelli* Ⓢ disaccordo. **3** Stato di insoddisfazione: *il malumore contro il governo sta crescendo di giorno in giorno* Ⓢ malcontento, disagio.

malva (màl-va) N.F. · Pianta erbacea con fiori rosei o rosa-violetti, molto usata per fare infusi e altre bevande medicinali.

malvagio (mal-và-gio) AGG. e N.M. (f. *-a*; pl.m. *-gi*, pl.f. *-gie*) · Che, chi prova piacere a compiere del male: *persone malvagie; solo un malvagio può godere del dolore altrui* Ⓢ cattivo.

Il termine deriva da una parola del latino volgare che significava 'che ha un cattivo destino', composta di *malus* 'cattivo' e *fatum* 'destino' (→ *male*[1]).

malvagità (mal-va-gi-tà) N.F. INVAR. · Cattiveria, crudeltà: *la sua malvagità non ha limiti.*

malvisto (mal-vì-sto) AGG. · Che viene considerato con antipatia e sospetto: *in paese è piuttosto malvisto* Ⓢ sgradito, inviso Ⓒ benvisto.

malvivente (mal-vi-vèn-te) N.M. e F. · Chi commette spesso azioni contro la legge: *la polizia è sulle tracce dei malviventi* Ⓢ delinquente, criminale.

malvolentieri (mal-vo-len-tiè-ri) AVV. · Senza averne voglia: *lavorare malvolentieri* Ⓢ controvoglia Ⓒ volentieri.

mamma (màm-ma) N.F. || N.F. Nome affettuoso con cui i figli chiamano la madre: *oggi viene la mia mamma a prendermi* • La femmina di un animale rispetto ai piccoli: *i gattini non possono essere separati dalla loro mamma.* || **mamma!** INTER. Esprime spavento, ansia, meraviglia: *mamma (mia), che paura!*

mammario (mam-mà-rio) AGG. (pl.m. *-ri*, pl.f. *-rie*) · Della mammella: *ghiandola mammaria.*

mammella (mam-mèl-la) N.F. · Ghiandola dei mammiferi che nella femmina serve a produrre il latte per i piccoli Ⓢ seno.

mammifero (mam-mì-fe-ro) N.M. · Ciascun animale, tra cui anche l'uomo, che partorisce i cuccioli e li nutre con il latte prodotto dalle sue mammelle: *i delfini sono mammiferi.*

Il termine deriva da una parola del latino scientifico che significa '(animale) con le mammelle', composta a sua volta di *mamma* 'mammella' e di un derivato di *ferre* 'portare'.

mammut (mam-mùt) N.M. INVAR. · Animale preistorico simile all'elefante; è diverso da quest'ultimo per il mantello rosso-bruno e per le zanne torte verso l'alto e in fuori.

manager (ma-na-ger; pronuncia *mènager* o *mànager*) N. INGL., in it. N.M. e F. INVAR. **1** Amministratore o dirigente di un'azienda: *a trent'anni era già un importante manager* Ⓢ dirigente, direttore. **2** Chi organizza le attività e cura gli interessi di un atleta, di un cantante, di un attore, di un musicista: *il manager del pugile ha rilasciato alcune dichiarazioni* Ⓢ agente.

manageriale (ma-na-ge-rià-le) AGG. · Del manager: *dimostrare doti manageriali.*

manata (ma-nà-ta) N.F. **1** Quello che può contenere una mano: *le tirò una manata di coriandoli* Ⓢ manciata. **2** Colpo dato con la mano aperta: *mi ha dato una manata sul viso.*

manca (màn-ca) N.F. · Solo nell'espressione ***a destra e a manca***, da ogni parte: *dava colpi a destra e a manca.*

mancamento (man-ca-mén-to) N.M. · Malore improvviso che fa svenire: *alla notizia ha avuto un mancamento* Ⓢ svenimento.

mancanza (man-càn-za) N.F. **1** Grave insufficienza o totale assenza di qualcosa: *mancanza di denaro* Ⓢ scarsità, penuria • Di persona, il non esserci: *in mancanza del direttore, chiamate la sua segretaria* Ⓢ assenza. **2** Motivo di colpevolezza: *punire, perdonare una mancanza* Ⓢ colpa, errore.

mancare (man-cà-re) V.INTR. e TR. (*mànco, mànchi*, ecc.) || INTR. **1** (aus. *essere*) Essere assente o essere insufficiente: *è mancato alla partita decisiva;* ***gli*** *manca la volontà; manca il pane.* **2** (aus. *essere*) Essere distante nello spazio o nel tempo: *mancano pochi chilometri* ***al*** *traguardo; mancava qualche giorno* ***al*** *Natale* Ⓢ restare. **3** (aus. *essere*) Provocare un sentimento di nostalgia: ***mi*** *manchi, torna presto;* ***le*** *mancherà molto la sua casa* • Perdere i sensi: *mi sento mancare* Ⓢ svenire • Morire: *ieri è venuta a mancare mia nonna.* **4** (aus. *avere*) Essere privo: *la città manca* ***d'****acqua da alcuni giorni; tu manchi* ***di*** *rispetto alla mamma* • Venire meno a un impegno: *ho mancato* ***al*** *mio dovere* Ⓢ sottrarsi. || TR. Non riuscire a colpire o a prendere: *hai mancato il bersaglio*

Ⓢ sbagliare Ⓒ centrare • Farsi sfuggire: *se manchi un'occasione così te ne pentirai* Ⓢ perdere Ⓒ cogliere. Ⓔ ***Mancarci poco che,*** di evento che sta per accadere ma che si riesce a evitare: *c'è mancato poco che finisse sotto il treno* • ***Non farsi mancare nulla,*** concedersi ogni lusso.

mancato (man-cà-to) AGG. · Che non è andato a segno, non riuscito: *un gol mancato* Ⓢ fallito.

manchevolezza (man-che-vo-léz-za) N.F. · Imperfezione, difetto: *è un'opera piena di manchevolezze.*

mancia (màn-cia) N.F. (pl. -ce) · Piccola somma di denaro che si dà in più a una persona già pagata per svolgere un servizio: *dare una generosa mancia al cameriere* Ⓢ extra.

> Il termine deriva dal francese *manche* 'manica', parte dell'abito che, durante i tornei medievali, le dame si sfilavano per farne dono ai cavalieri vincitori come premio.

manciata (man-cià-ta) N.F. · Quello che è contenuto in una mano: *aggiungere al minestrone una manciata di riso* Ⓢ pugno.

mancino (man-cì-no) AGG. e N.M. (f. -a) || AGG. e N.M. (f. -a) Di chi usa la mano sinistra meglio della destra: *un tennista mancino; aumenta il numero dei mancini.* || AGG. Di azione condotta in modo disonesto: *mi ha giocato un tiro mancino* Ⓢ sleale, scorretto.

manco (màn-co) AVV. · Nel linguaggio familiare, nemmeno, neanche: *manco morto ci vengo!; non l'ho manco visto.*

mandante (man-dàn-te) N.M. e F. · Chi ordina un crimine: *i mandanti di una strage.*

mandarancio (man-da-ràn-cio) N.M. (pl. *-ci*) · Frutto ottenuto dall'incrocio di arancia e mandarino, più piccolo del mandarino e dal sapore più dolce.

mandare (man-dà-re) V.TR. **1** Far andare qualcuno in un luogo: *mandare i bambini* ***a*** *letto; mandare* ***a*** *chiamare un medico; mandare* ***in*** *prigione un delinquente.* **2** Far giungere a destinazione: *mandare un pacco per corriere; mandare la palla* ***in*** *rete* Ⓢ inviare, spedire. **3** Emettere, emanare: *il gelsomino manda un intenso profumo; mandare un grido.* Ⓔ ***Mandare all'altro mondo,*** uccidere • ***Mandare all'aria*** o ***mandare in fumo,*** impedire la realizzazione di qualcosa: *ha mandato in fumo tutto il mio lavoro* Ⓢ rovinare • ***Mandare a memoria,*** imparare a memoria • ***Mandare a quel paese*** o ***mandare al diavolo*** o ***mandare all'inferno,*** troncare in modo brusco e offensivo il rapporto con qualcuno: *quando ti deciderai a mandarlo a quel paese?* • ***Mandare avanti,*** amministrare, gestire: *mandare avanti la casa* • ***Mandare in onda,*** diffondere alla radio o alla televisione Ⓢ trasmettere • ***Mandar giù,*** inghiottire: *nella sua vita ha dovuto mandar giù tanti soprusi* Ⓢ sopportare • ***Mandar via,*** allontanare in modo definitivo.

mandarino[1] (man-da-rì-no) N.M. · Funzionario civile e militare dell'Impero cinese.

mandarino[2] (man-da-rì-no) N.M. · Albero originario della Cina meridionale, largamente coltivato nella regione mediterranea per i suoi frutti dalla buccia arancione ricchi di succo e di zuccheri • Il frutto della pianta.

mandata (man-dà-ta) N.F. · Giro della chiave nella serratura: *chiudere la porta a due mandate.*

mandato (man-dà-to) N.M. **1** Incarico di svolgere un'azione per conto di altri: *accettare un mandato* Ⓢ compito, nomina. **2** Ordine dell'autorità giudiziaria: *mandato di perquisizione.* Ⓔ ***Mandato di cattura*** → *cattura*.

mandibola (man-dì-bo-la) N.F. · La mascella inferiore.

mandolino (man-do-lì-no) N.M. · Strumento popolare a corde con manico stretto e piegato all'estremità.

mandorla (màn-dor-la) N.F. · Il frutto del mandorlo • Il seme, dolce o amaro, contenuto nel nocciolo di questo frutto, consumato come frutta secca e usato nell'industria alimentare, in medicina e in profumeria. Ⓔ ***Latte di mandorle,*** bevanda ottenuta mischiando con acqua il succo delle mandorle.

mandorlo (màn-dor-lo) N.M. · Albero originario della Persia e coltivato nelle regioni mediterranee per i suoi frutti, detti *mandorle.*

mandria (màn-dria) N.F. (pl. *-drie*) · Branco di grossi animali: *una mandria di cavalli, di bisonti.*

Mandria è un nome collettivo: indica tanti animali, ma è un sostantivo singolare.

mandriano (man-dri-à-no) N.M. (f. *-a*) · Custode di mandrie.

-mane · Secondo elemento di parole composte che indica 'chi ha un'ossessione o una malattia': *cleptomane; tossicomane.*

maneggevole (ma-neg-gé-vo-le) AGG. · Che si usa con facilità: *un trapano maneggevole* Ⓢ pratico, comodo.

maneggiare (ma-neg-già-re) V.TR. (*manéggio*, ecc.) **1** Usare con abilità: *maneggiare i pennelli, le armi.* **2** Modellare con le mani: *maneggiare la creta* Ⓢ manipolare. **3** Amministrare, gestire: *maneggia molto denaro; maneggiare un capitale.*

maneggio (ma-nég-gio) N.M. (pl. *-gi*) **1** Capacità di usare: *il maneggio di un'arma* Ⓢ uso • Amministrazione, gestione: *il maneggio degli affari.* **2** Azione disonesta: *con i suoi maneggi è riuscito a ottenere il posto* Ⓢ intrigo, imbroglio. **3** L'insieme degli esercizi con cui si addestra il cavallo: *scuola di maneggio* • Il luogo in cui si addestrano i cavalli e i cavalieri: *stasera vado al maneggio.*

manesco (ma-né-sco) AGG. (pl.m. *-schi*, pl.f. *-sche*) · Sempre pronto ad alzare le mani sugli altri: *un tipo manesco* Ⓢ aggressivo, violento.

manetta (ma-nét-ta) N.F. **1** AL PL. Attrezzo di metallo usato dalla polizia per chiudere i polsi dell'arrestato: *lo sceriffo fece scattare le manette.* **2** Leva a mano per il comando di una valvola: *la manetta del gas* Ⓢ manopola.

manforte (man-fòr-te) N.F. (solo sing.) · Soccorso, aiuto: *dare manforte a qualcuno*, aiutarlo.

manganello (man-ga-nèl-lo) N.M. · Bastone corto usato per picchiare: *la polizia ha usato i manganelli per disperdere i tifosi.*

manganese (man-ga-né-se) N.M. · Metallo di color grigio lucente, usato nell'industria del vetro e del ferro (il simbolo chimico è *Mn*).

mangereccio (man-ge-réc-cio) AGG. (pl.m. *-ci*, pl.f. *-ce*) · Che si può mangiare: *funghi mangerecci* Ⓢ commestibile.

mangiare (man-già-re) V.TR. (*màngio*, ecc.) || TR. **1** Ingerire cibi per nutrirsi: *mangerei volentieri gli spaghetti; dai qualcosa da mangiare ai bambini.* **2** Consumare poco a poco: *la ruggine ha mangiato tutta la ringhiera di ferro* Ⓢ corrodere, deteriorare • Ridurre progressivamente: *il mare sta mangiando tutta la spiaggia.* **3** Prendere qualcosa in modo disonesto: *in quell'affare mangiano in troppi* Ⓢ rubare. **4** Nella dama e negli scacchi, sottrarre una pedina o un pezzo all'avversario: *mi ha mangiato il cavallo.* || **mangiarsi** TR. PRONOM. **1** Ingerire con gusto o ingordigia: *mi sono mangiato un bel gelato; si è mangiato un pollo intero.* **2** Sperperare, dilapidare: *si è mangiato tutto il patrimonio.* Ⓔ ***Fare da mangiare***, cucinare • ***Mangiare con gli occhi qualcuno*** o ***qualcosa*** → ***occhio*** • ***Mangiare la foglia*** → ***foglia*** • ***Mangiarsi il fegato*** → ***fegato*** • ***Mangiarsi le parole***, pronunciarle in modo imperfetto: *quando è emozionato si mangia le parole* • ***Mangiarsi le unghie***, rosicchiarsele per vizio • ***Mangiarsi qualcuno di baci***, dargliene tanti • ***Mangiarsi qualcuno vivo***, litigarci con rabbia.

mangiata (man-già-ta) N.F. · Pasto abbondante: *una mangiata di pesce* Ⓢ scorpacciata.

mangiatoia (man-gia-tó-ia) N.F. (pl. *-tóie*) · Recipiente dove si mette il foraggio per gli animali: *le mucche avevano il muso affondato nella mangiatoia* Ⓢ greppia.

mangime (man-gì-me) N.M. · Cibo per gli animali: *il mangime per i polli.*

mangione (man-gió-ne) N.M. (f. *-a*; pl.m. *-i*, pl.f. *-e*) · Chi mangia molto Ⓢ ghiottone.

mangiucchiare (man-giuc-chià-re) V.TR. (*mangiùcchio*, ecc.) · Mangiare poco e spesso: *mangiucchiare fuori pasto.*

mango (màn-go) N.M. (pl. *-ghi*) · Albero originario della Malesia, con un frutto dal sapore intermedio fra quello dell'albicocca e quello dell'ananas.

mangrovia (man-grò-via) N.F. (pl. *-vie*) · Formazione vegetale tipica delle spiagge e delle zone paludose dei Paesi tropicali, costituita da piante con radici che sporgono anche fuori dall'acqua.

mangusta (man-gù-sta) N.F. · Mammifero di piccole dimensioni che caccia serpenti velenosi.

mania (ma-nì-a) N.F. (pl. *-nìe*) **1** Malattia della mente che si manifesta con idee ossessive: *mania di persecuzione.* **2** Idea fissa: *ha la mania dei fumetti* Ⓢ fissazione, ossessione.

-mania · Secondo elemento di parole composte che indica 'ossessione, follia': *megalomania; mitomania.*

maniacale (ma-nia-cà-le) AGG. **1** Che è sintomo di una mania: *discorsi maniacali.* **2** Che si manifesta in maniera eccessiva: *in casa sua c'è un ordine maniacale* Ⓢ smodato.

maniaco (ma-nì-a-co) AGG. e N.M. (f. *-a*; pl.m. *-ci*, pl.f. *-che*) **1** Che, chi presenta un'ossessione malata: *un maniaco sessuale.* **2** Che, chi ha un interesse esclusivo per qualcosa: *mio zio è maniaco del calcio* Ⓢ fissato, fanatico.

M

manica (mà-ni-ca) N.F. (pl. *-che*) **1** La parte dell'abito che copre il braccio: *una camicia con le maniche corte.* **2** Gruppo di persone poco raccomandabili: *una manica di farabutti* Ⓢ branco, banda, combriccola. Ⓔ ***Asso nella manica*** → *asso* • ***Di manica larga***, indulgente, clemente: *un insegnante di manica larga;* ***di manica stretta***, molto rigoroso • ***Rimboccarsi le maniche***, affrontare un lavoro con impegno • ***Un altro paio di maniche***, un discorso, un problema completamente diverso.

manicaretto (ma-ni-ca-rét-to) N.M. · Cibo delizioso cucinato con estrema cura: *mia madre ha preparato un manicaretto squisito* Ⓢ ghiottoneria.

manichino (ma-ni-chì-no) N.M. · Fantoccio della grandezza di un uomo usato per provare o esporre vestiti. Ⓔ ***Sembrare un manichino***, essere vestito in modo troppo ricercato o sembrare impacciato e rigido.

> Il termine deriva da una parola fiamminga che significa 'piccolo uomo', in quanto diminutivo di *mann* 'uomo'.

manico (mà-ni-co) N.M. (pl. *-chi* o *-ci*) · Di oggetto, la parte che serve per impugnarlo e maneggiarlo: *il manico dell'ombrello; il manico della chitarra* Ⓢ impugnatura. Ⓔ ***Avere il coltello dalla parte del manico*** → *coltello*.

manicomio (ma-ni-cò-mio) N.M. (pl. *-mi*) **1** Luogo di ricovero per i malati di mente: *il marito l'ha fatta ricoverare in un manicomio* Ⓢ ospedale psichiatrico. **2** Luogo dove regna una grande confusione: *casa sua è un vero manicomio.*

manicotto (ma-ni-còt-to) N.M. **1** Cilindro di pelliccia in cui si infilano le mani per proteggerle dal freddo. **2** Piccolo tubo che si usa per collegarne altri due.

manicure (ma-ni-cù-re) N.M. e F. INVAR. || N.M. e F. Chi per lavoro cura le unghie delle persone. || N.F. La cura estetica delle unghie: *vado a fare la manicure.*

maniera (ma-niè-ra) N.F. **1** Modo di fare, di comportarsi, di presentarsi: *il problema va risolto in questa maniera; se glielo domandi in maniera gentile forse te lo dà* Ⓢ modo. **2** In grammatica: ***complemento di maniera***, complemento di modo (→ *modo*). Ⓔ ***Buone maniere***, buona educazione: *con le buone maniere si ottiene tutto* • ***Di maniera***, che non ha idee originali: *un artista di maniera* • ***In nessuna maniera***, a nessuna condizione: *non si è voluto convincere in nessuna maniera.*

manierato (ma-nie-rà-to) AGG. · Che non ha spontaneità: *una donna elegante, ma troppo manierata* Ⓢ affettato, lezioso.

manierismo (ma-nie-ri-ṣmo) N.M. **1** Corrente artistica della fine del Cinquecento basata sull'imitazione delle opere di Michelangelo e Raffaello. **2** Tendenza artistica e letteraria basata sull'imitazione di modelli riconosciuti.

maniero (ma-niè-ro) N.M. · Castello feudale.

manifattura (ma-ni-fat-tù-ra) N.F. · La lavorazione di una materia prima per trasformarla in oggetti di consumo: *la manifattura della seta* Ⓢ lavorazione • Stabilimento in cui si svolge questa lavorazione: *una manifattura di borse* Ⓢ laboratorio, officina.

manifestante (ma-ni-fe-stàn-te) N.M. e F. · Chi partecipa a una manifestazione pubblica: *un corteo di manifestanti* Ⓢ dimostrante.

manifestare (ma-ni-fe-stà-re) V.TR. e INTR. (*manifèsto*, ecc.) || TR. Rendere noto: ***le** manifestò il suo amore; il suo sguardo manifestava la sua inquietudine* Ⓢ mostrare, rivelare Ⓒ nascondere. || INTR. (aus. *avere*) Partecipare a una manifestazione pubblica: *manifestare **contro** l'aumento delle tasse scolastiche, **per** l'aumento dei salari.* || **manifestarsi** INTR. PRONOM. Rendersi evidente: *si manifestano i primi sintomi dell'influenza* Ⓢ mostrarsi, rivelarsi, apparire.

manifestazione (ma-ni-fe-sta-zió-ne) N.F. **1** Espressione evidente di un sentimento o di un pensiero: *manifestazione d'amore* Ⓢ espressione • Prova diretta di un fenomeno: *le prime manifestazioni di una malattia* Ⓢ sintomo. **2** Riunione di un insieme di persone che condividono idee e sentimenti: *manifestazione **per** la pace; manifestazione di protesta* Ⓢ dimostrazione, corteo. **3** Iniziativa sportiva o culturale: *assistere a una manifestazione sportiva; sono state organizzate delle manifestazioni per il centenario di Dante* Ⓢ evento.

manifestino (ma-ni-fe-stì-no) N.M. · Piccolo foglio distribuito per fare propaganda politica o pubblicità: *migliaia di manifestini furono gettati dall'aereo* Ⓢ volantino.

manifesto[1] (ma-ni-fè-sto) AGG. · Che appare con assoluta evidenza: *la sua gioia fu subito manifesta* Ⓢ chiaro, lampante, evidente.

manifesto[2] (ma-ni-fè-sto) N.M. **1** Foglio stampato esposto in luoghi pubblici per diffondere notizie o informazioni: *manifesto pubblicitario, elettorale* Ⓢ cartellone, avviso. **2** Scritto in cui un movimento politico o culturale espone il proprio programma: *il Manifesto del partito comunista.*

maniglia (ma-nì-glia) N.F. (pl. *-glie*) · Elemento di un oggetto che si impugna per far funzionare il suo meccanismo di chiusura, apertura, ecc.: *le maniglie d'ottone della porta d'ingresso.*

manigoldo (ma-ni-gól-do) N.M. (f. *-a*) · Chi è malvagio e senza scrupoli: *quel manigoldo mi ha truffato* Ⓢ delinquente, mascalzone.

manipolare (ma-ni-po-là-re) V.TR. (*manìpolo*, ecc.) **1** Lavorare con le mani: *manipolare la cera* Ⓢ maneggiare. **2** Alterare un cibo o una bevanda: *manipolare il vino* Ⓢ adulterare • Falsificare, alterare: *manipolare una notizia.* **3** Esercitare una forte influenza sui gusti o sul comportamento di qualcuno: *la pubblicità manipola i gusti dei bambini* Ⓢ condizionare.

manipolazione (ma-ni-po-la-zió-ne) N.F. **1** Impasto di vari ingredienti: *manipolazione di una pomata* Ⓢ lavorazione. **2** Alterazione di un cibo o di una bevanda: *vini sottoposti a manipolazione* • Falsificazione a proprio vantaggio: *manipolazione dei risultati di una gara.*

manipolo (ma-nì-po-lo) N.M. **1** Nell'esercito dell'antica Roma, unità di due centurie. **2** Piccolo gruppo di soldati o di persone unite da un ideale comune: *un manipolo di eroi.*

maniscalco (ma-ni-scàl-co) N.M. (pl. *-chi*) · Chi per lavoro prepara i ferri e li mette agli zoccoli dei bovini e dei cavalli.

manna (màn-na) N.F. **1** Sostanza che, secondo la Bibbia, fu offerta per miracolo come cibo da Dio al popolo ebreo nel deserto. **2** Aiuto prezioso e non sperato: *gli è caduta la manna dal cielo; quel biglietto della lotteria è stato una manna.*

mannaia (man-nà-ia) N.F. (pl. *-nàie*) **1** L'arma con cui il boia troncava la testa dei condannati sul ceppo Ⓢ scure. **2** Grosso coltello con la lama a forma di trapezio: *il macellaio squarta il bue con la mannaia.*

mano (mà-no) N.F. (pl. *le màni*) **1** La parte terminale degli arti superiori dell'uomo che ha la funzione di afferrare e di toccare: *le dita, il dorso della mano; mani ben curate.* **2** Stile proprio di un artista: *si riconosce la mano di Giotto.* **3** Nel gioco delle carte, la fase della partita che corrisponde alla distribuzione dell'intero mazzo tra i giocatori Ⓢ giro. **4** Strato di vernice dato con un solo passaggio di pennello: *ridare una mano di bianco al muro.* **5** Nella strada, ciascuno dei due sensi di marcia: *andare contro mano* Ⓢ senso. Ⓔ ***Alla mano***, cordiale, molto disponibile • ***A mani vuote***, senza regali: *l'ospite si presentò a mani vuote* • ***A mano a mano***, via via che • ***A portata di mano*** → *portata* • ***Avere le mani***

A B C D E F G H I J K L M N O P Q R S T U V W X Y Z

bucate, spendere molti soldi • ***Avere le mani d'oro, avere una buona mano***, essere abile nello svolgimento di un lavoro • ***Avere le mani in pasta***, essere coinvolti in un'attività • ***Chiedere la mano di una ragazza*** → ***chiedere*** • ***Con le mani in mano***, senza fare nulla • ***Con le mani legate***, senza poter fare nulla • ***Dare una mano***, aiutare • ***Darsi la mano*** o ***stringersi la mano***, in segno di saluto o per sancire un patto o un accordo • ***Di prima mano***, che viene direttamente dalla fonte: *notizia di prima mano*; ***di seconda mano***, di notizia, avuta indirettamente: *un'informazione di seconda mano*; di oggetto, acquistato già usato: *un'auto di seconda mano* • ***Fare man bassa***, portare via tutto • ***Fatto a mano***, fatto con le mani e non con una macchina: *un golfino fatto a mano* • ***Fuori mano***, lontano, difficile da raggiungere • ***In buone mani***, tra persone capaci e fidate: *non deve preoccuparsi di nulla, con noi suo figlio è in buone mani* • ***Mettere la mano sul fuoco***, essere molto sicuri di qualcuno o qualcosa, garantirne le qualità • ***Mettere mano a qualcosa*** o ***porre mano a qualcosa***, intraprenderlo, iniziarlo: *porre mano a un'impresa; mettere mano al portafoglio*, fare il gesto di voler pagare • ***Mettersi nelle mani di qualcuno***, affidarsi a lui • ***Venire alle mani con qualcuno***, picchiarsi con lui.

manodopera (ma-no-dò-pe-ra) (anche **mano d'opera**) N.F. **1** L'insieme delle persone che lavorano in uno o più settori dell'attività produttiva: *le imprese edili stanno assumendo manodopera* Ⓢ lavoratori (PL.), operai (PL.). **2** Nel costo di un prodotto, la parte dovuta agli operai e ai tecnici per il loro lavoro: *mi hanno preso un sacco di soldi di manodopera*.

manometro (ma-nò-me-tro) N.M. · Strumento per misurare la pressione di un liquido o di un gas.

manomettere (ma-no-mét-te-re) V.TR. (irreg.: coniugato come *mettere*) · Aprire senza permesso qualcosa spesso danneggiandolo: *i ladri hanno manomesso la serratura* Ⓢ forzare.

manomissione (ma-no-mis-sió-ne) N.F. · Violazione di qualcosa a scopi disonesti: *manomissione di una prova*.

manopola (ma-nò-po-la) N.F. **1** Guanto in cui il pollice è separato dalle altre dita, usato da bambini o sportivi. **2** Maniglia che si trova sui mezzi pubblici per sostenersi. **3** Parte di uno strumento di manovra, di controllo o di comando, destinata a essere impugnata: *le manopole della bicicletta, della radio*.

manoscritto (ma-no-scrìt-to) AGG. e N.M. || AGG. Scritto a mano: *una lettera manoscritta*. || N.M. **1** Testo scritto a mano dall'autore: *inviare il manoscritto di un romanzo a una casa editrice* Ⓢ originale, autografo. **2** Qualsiasi testo scritto a mano prima dell'invenzione della stampa: *i manoscritti medievali* Ⓢ codice.

manovale (ma-no-và-le) N.M. e F. **1** Operaio che svolge lavori manuali non specializzati. **2** Aiutante del muratore che si occupa dei lavori più pesanti e meno difficili.

manovella (ma-no-vèl-la) N.F. · Braccio rigido con un'impugnatura che serve per far girare a mano un congegno.

manovra (ma-nò-vra) N.F. **1** L'insieme delle operazioni necessarie a far funzionare una macchina: *la manovra di una gru*. **2** L'operazione necessaria per far muovere nella direzione voluta un mezzo di trasporto: *manovre di atterraggio; fare manovra per parcheggiare un'auto*. **3** AL PL. Esercitazioni militari: *grandi manovre*. **4** Insieme di operazioni economiche: *la manovra fiscale del governo*. **5** Serie di azioni condotte in segreto: *è tutta una manovra per ottenere il tuo appoggio* Ⓢ raggiro, stratagemma.

manovrare (ma-no-vrà-re) V.TR. e INTR. (*manòvro*, ecc.) || TR. **1** Far funzionare con una o più manovre: *manovrare i comandi di un aereo* Ⓢ azionare. **2** Fare andare di nascosto nella direzione voluta: *ha manovrato l'assemblea come voleva* Ⓢ influenzare. || INTR. (aus. *avere*) **1** Eseguire una o più manovre: *l'aereo sta manovrando*. **2** Darsi da fare di nascosto per un vantaggio personale: *sta manovrando* ***per*** *essere di nuovo eletto* Ⓢ tramare.

manovratore (ma-no-vra-tó-re) N.M. (f. *-trì-ce*) · Chi è addetto alla manovra di mezzi o macchine • Chi è addetto allo spostamento dei veicoli ferroviari.

manrovescio (man-ro-vè-scio) N.M. (pl. *-sci*) · Colpo violento dato con il dorso della mano.

mansarda (man-sàr-da) N.F. · Locale ricavato sotto il tetto: *faremo una festa in mansarda.*

Il termine deriva dal nome dell'architetto francese F. *Mansard* (1598-1666) che, nella seconda metà del Seicento, ne progettò alcune particolarmente belle sui palazzi di Parigi.

mansione (man-sió-ne) N.F. · Attività da svolgere nell'ambito di un lavoro: *svolgere una mansione; questo non rientra nelle mie mansioni* Ⓢ compito, incarico, funzione.

mansueto (man-su-è-to) AGG. · Caratterizzato da mitezza e tranquillità: *un animale molto mansueto; un atteggiamento mansueto* Ⓢ mite, docile, paziente Ⓒ aggressivo.

mansuetudine (man-sue-tù-di-ne) N.F. · Tendenza ad accettare la volontà degli altri: *la mansuetudine di un animale; la sua mansuetudine lo affascinò* Ⓢ mitezza, docilità.

-mante · Secondo elemento di parole composte che significa 'indovino': *rabdomante*, indovino per mezzo di una bacchetta.

mantecare (man-te-cà-re) V.TR. (*mantèco, mantèchi*, ecc.) **1** Impastare sostanze grasse: *mantecare oli ed essenze.* **2** In cucina, mescolare diversi ingredienti per ottenere un composto cremoso: *mantecare un risotto.*

mantella (man-tèl-la) N.F. · Mantello tipico dell'abbigliamento femminile o militare: *mantella impermeabile.*

mantello (man-tèl-lo) N.M. **1** Indumento, spesso con cappuccio, da indossare sopra il vestito, appoggiato sulle spalle e fermato al collo. **2** Strato dal colore uniforme che ricopre una superficie: *un mantello di neve; il verde mantello dell'erba* Ⓢ manto. **3** L'insieme dei peli che ricoprono il corpo di alcuni mammiferi.

mantenere (man-te-né-re) V.TR. (irreg.: coniugato come *tenere*) || TR. **1** Far rimanere in una condizione: *mantenere la pace; mantenere caldo il caffè* Ⓢ conservare, tenere • Continuare a tenere: *mantenere il potere; mantenere le proprie posizioni.* **2** Rispettare un obbligo: *mantenere una promessa, un segreto.* **3** Fornire dei mezzi necessari per vivere: *mantiene la moglie e i figli; farsi mantenere dai genitori* Ⓢ nutrire, sostentare. || **mantenersi** RIFL. **1** Rimanere nella condizione in cui ci si trova: *mantenersi calmo, in forma.* **2** Procurarsi i mezzi necessari per vivere: *non ha di che mantenersi; mantenersi* ***agli*** *studi.*

mantenimento (man-te-ni-mén-to) N.M. **1** Il conservare una data condizione: *il mantenimento dell'ordine pubblico, di un giardino* Ⓢ conservazione, difesa, custodia. **2** Rifornimento dei mezzi necessari alla vita: *il mantenimento dei figli* Ⓢ sostentamento.

mantice (màn-ti-ce) N.M. · Dispositivo che produce un soffio d'aria, usato di solito per attivare il fuoco.

mantide (màn-ti-de) N.F. · Insetto dal corpo snello e allungato, di colore verde, che assume spesso una posizione simile a quella di una persona che prega.

Il termine deriva dal greco *mántis* 'profeta, indovino', per la posizione che talvolta assumono le zampe anteriori dell'animale, congiunte come se pregasse.

manto (màn-to) N.M. **1** Mantello lungo in tessuto pregiato usato come veste solenne: *manto papale.* **2** Aspetto ingannevole: *sotto il manto della carità hanno rubato molti soldi* Ⓢ finzione, pretesto, apparenza. **3** Strato uniforme che ricopre una superficie: *un manto nevoso; un manto di fiori* Ⓢ mantello. **4** L'insieme dei peli che coprono un animale: *il manto di un cavallo.* Ⓔ ***Manto stradale***, rivestimento che copre una strada.

manuale[1] (ma-nu-à-le) AGG. · Che viene eseguito o azionato con le mani: *lavoro manuale; comandi manuali.*

manuale[2] (ma-nu-à-le) N.M. · Libro che contiene le nozioni fondamentali di un argomento: *il manuale dell'automobilista* Ⓢ guida, compendio. Ⓔ ***Da manuale***, perfetto, ottimo: *un'interpretazione da manuale.*

manualità (ma-nua-li-tà) N.F.INVAR. **1** Possibilità di essere fatto con le mani: *la manualità di un lavoro.* **2** Abilità nell'uso delle mani: *giocattoli che sviluppano la manualità.*

manubrio (ma-nù-brio) N.M. (pl. *-bri*) **1** Asta di comando a mano, con doppia impugnatura, tipica dei veicoli a due o tre ruote, che serve per dirigere la ruota anteriore: *il manubrio della bicicletta.* **2** Attrezzo per fare ginnastica formato da una sbarra con i pesi, da impugnare con una mano sola.

manufatto (ma-nu-fàt-to) N.M. · Prodotto derivato da una lavorazione a mano o a macchina: *manufatto di cotone; manufatti dell'età del bronzo.*

manutenzione (ma-nu-ten-zió-ne) N.F. · L'insieme delle operazioni necessarie per conservare la perfetta efficienza di qualcosa: *la manutenzione della caldaia, della ferrovia.*

-manzia · Secondo elemento di parole composte che significa 'arte di predire il futuro dai segni': *chiromanzia,* l'arte di predire il futuro dai segni della mano.

manzo (màn-ẓo) N.M. · Bue giovane, di età compresa tra uno e quattro anni • La carne di questo animale: *bistecca di manzo.*

M

maomettano (ma-o-met-tà-no) AGG. e N.M. (f. *-a*) || AGG. Di Maometto o della religione musulmana da lui fondata: *religione maomettana* Ⓢ musulmano, islamico. || N.M. (f. *-a*) Chi segue Maometto e crede nell'islamismo.

mappa (màp-pa) N.F. · Rappresentazione grafica dettagliata di una zona piuttosto ristretta: *le mappe del comune; la mappa della Bretagna* Ⓢ carta, pianta. Ⓔ ***Mappa genetica,*** in biologia, rappresentazione di come sono disposti i geni sui cromosomi.

mappamondo (map-pa-món-do) N.M. · Rappresentazione dell'intera superficie terrestre, talvolta riportata su una sfera girevole: *hanno un bel mappamondo in salotto.*

marachella (ma-ra-chèl-la) N.F. · Azione scorretta ma non grave, compiuta soprattutto da bambini: *fare, scoprire una marachella* Ⓢ birichinata, monelleria.

maragià (ma-ra-già) N.M.INVAR. · Principe dell'India.

marasma (ma-rà-ṣma) N.M. (pl. *-i*) · Grave confusione: *il marasma politico; in quest'ufficio c'è un marasma indescrivibile* Ⓢ disordine, caos.

maratona (ma-ra-tó-na) N.F. **1** Gara di corsa di circa 42 chilometri: *ha vinto la maratona alle Olimpiadi del 1960.* **2** Prova lunga e faticosa: *studiare per la verifica è stata una maratona.*

> La corsa è chiamata così in ricordo di quella del soldato Filippide, che corse per 42 chilometri da Maratona, dove si era svolta la battaglia, ad Atene per annunciare alla città la vittoria sui Persiani (490 a.C.).

maratoneta (ma-ra-to-nè-ta) N.M. e F. (pl.m. *-i*, pl.f. *-e*) · Atleta che corre la maratona.

marca[1] (màr-ca) N.F. (pl. *-che*) **1** Segno applicato su un oggetto per indicarne la provenienza: *ho strappato la marca dai pantaloni* Ⓢ marchio, etichetta • Casa produttrice: *controlla che il giocattolo sia di una buona marca* Ⓢ azienda, ditta. **2** ***Marca da bollo,*** tipo di francobollo che certifica il pagamento di una tassa: *applicare la marca da bollo su un certificato.* Ⓔ ***Di marca,*** fabbricato da una ditta famosa e quindi di qualità.

marca[2] (màr-ca) N.F. (pl. *-che*) · Nel Medioevo, regione di confine.

marcare (mar-cà-re) V.TR. (*màrco, màrchi,* ecc.) **1** Segnare con un marchio un oggetto, di solito per indicarne la provenienza: *tutti i prodotti vengono marcati* Ⓢ contrassegnare. **2** Nello sport, realizzare un punto a proprio vantaggio: *marcare un gol* Ⓢ segnare • Controllare l'avversario: *l'allenatore non ha scelto chi marcherà il centravanti avversario.* **3** Mettere in evidenza: *marcava le parole* Ⓢ evidenziare, accentuare.

marcato (mar-cà-to) AGG. **1** Segnato da un marchio: *bestiame marcato.* **2** Che ha i contorni evidenti e sporgenti: *lineamenti marcati* • Che si nota chiaramente: *parlare con un marcato accento romanesco* Ⓢ spiccato.

marcatore (mar-ca-tó-re) N.M. (f. *-trìce*) · Giocatore che segna punti a favore della propria squadra • Giocatore che marca un giocatore avversario.

marcatura (mar-ca-tù-ra) N.F. **1** L'applicazione di un contrassegno per indicare la provenienza di qualcosa: *la marcatura della biancheria; la marcatura del bestiame.* **2** Realizzazione di punti in una gara a squadre: *dopo la prima marcatura la squadra si è chiusa in difesa* • Il controllo esercitato da un giocatore su un altro della squadra avversaria: *marcatura stretta.*

marchesa (mar-ché-ṣa) N.F. **1** Femminile → ***marchese***. **2** Moglie di un marchese.

marchese (mar-ché-ṣe) N.M. (f. -*a*; pl.m. -*i*, pl.f. -*e*) · Titolo nobiliare che segue quello di duca • La persona che ha tale titolo.

marchiare (mar-chià-re) V.TR. (*màrchio*, ecc.) **1** Contrassegnare con un marchio: *qui il bestiame viene marchiato* Ⓢ marcare, bollare. **2** Coprire qualcuno di infamia: *marchiare* ***di*** *disonore.*

marchigiano (mar-chi-già-no) AGG. e N.M. (f. -*a*) || AGG. Delle Marche. || N.M. (f. -*a*) Abitante, nativo delle Marche.

marchingegno (mar-chin-gé-gno) N.M. **1** Apparecchio complicato o strano: *quel marchingegno è in grado di volare.* **2** Trovata furba per risolvere una situazione difficile: *ha ideato un marchingegno per tirarci fuori dai guai* Ⓢ stratagemma, espediente.

marchio (màr-chio) N.M. (pl. -*chi*) **1** Segno di riconoscimento: *hanno impresso a fuoco il marchio dell'allevamento sulle mucche* Ⓢ contrassegno. **2** Contrassegno applicato ai prodotti di una ditta: *marchio registrato; marchio di fabbrica.* **3** Impronta di disonore che accompagna una persona per tutta la vita: *il marchio del traditore.* Ⓔ ***Marchio di qualità***, che garantisce la qualità di un prodotto.

marcia (màr-cia) N.F. (pl. -*ce*) **1** Modo di camminare con un ritmo più sostenuto del passo: *camminare a passo di marcia* • Specialità dell'atletica leggera che consiste nel percorrere distanze fino a 50 chilometri camminando in modo che i piedi non siano mai staccati dal suolo nello stesso momento. **2** Cammino lungo un percorso faticoso: *mettersi in marcia; giunsero al rifugio dopo quattro ore di marcia.* **3** Manifestazione pubblica di gruppi che procedono in colonna lungo le vie di una città: *marcia per la pace; marcia di protesta* Ⓢ corteo. **4** Brano musicale che dà ritmo al passo di un gruppo di persone, in genere soldati, o sottolinea la solennità di una cerimonia: *marcia militare, nuziale.* **5** Nei veicoli, posizione del cambio che permette di cambiare velocità o direzione: *cambiare la marcia; un'auto a cinque marce* • La direzione di un mezzo di trasporto: *marcia avanti.* Ⓔ ***Avere una marcia in più***, avere capacità superiori a quelle delle altre persone • ***Marcia forzata***, con tappe molto lunghe e faticose; di attività svolta a ritmi molto sostenuti: *il lavoro procede a marce forzate* • ***Marcia indietro***, posizione del cambio che consente di far andare indietro il veicolo; ***fare marcia indietro***, far andare indietro un veicolo; in senso figurato, cambiare idea, non rispettando un impegno: *quando si è accorto dei rischi ha fatto marcia indietro* Ⓢ retromarcia.

marciapiede (mar-cia-piè-de) N.M. **1** Parte della strada leggermente rialzata riservata ai pedoni: *cammina sul marciapiede!* **2** Struttura rialzata lungo i binari nelle stazioni ferroviarie per il passaggio dei viaggiatori Ⓢ banchina.

marciare (mar-cià-re) V.INTR. (*màrcio*, ecc.; aus. *avere*) **1** Procedere a passo di marcia: *l'esercito marciò* ***sulla*** *capitale; i manifestanti marciano* ***verso*** *la piazza principale.* **2** Di veicoli, procedere, andare, avanzare: *il treno marcia a 100 chilometri all'ora.* **3** Essere in attività: *lo stabilimento marcia a pieno ritmo* Ⓢ funzionare.

marciatore (mar-cia-tó-re) N.M. (f. -*trìce*) · Atleta che pratica la marcia.

marcio (màr-cio) AGG. e N.M. (pl.m. -*ci*, pl.f. -*ce*) || AGG. **1** In avanzata decomposizione, andato a male: *frutta marcia; uova marce* Ⓢ guasto, avariato • Rovinato a causa dell'umidità: *il legno delle travi è tutto marcio* Ⓢ fradicio. **2** Moralmente corrotto: *un popolo marcio* Ⓢ immorale. || N.M. **1** La parte andata a male di una sostanza: *togliere il marcio dalla mela.* **2** Corruzione morale: *in questa faccenda c'è del marcio* Ⓢ disonestà, immoralità. Ⓔ ***Avere torto marcio***, completamente torto.

marcire (mar-cì-re) V.INTR. (*marcìsco*, *marcìsci*, ecc.; aus. *essere*) **1** Andare a male: *la frutta è marcita* Ⓢ guastarsi. **2** Perdere le forze fisiche o spirituali: *marcire* ***nell'****ozio; marcire* ***in*** *prigione* Ⓢ consumarsi.

marcita (mar-cì-ta) N.F. · Terreno su cui si fa scorrere continuamente uno strato d'acqua, in modo che l'erba cresca anche d'inverno.

marco (màr-co) N.M. (pl. *-chi*) · Moneta della Germania e della Finlandia, dal 2002 sostituita dall'euro.

mare (mà-re) N.M. **1** L'insieme delle acque salate che ricoprono per tre quarti la Terra e circondano i continenti e le isole: *le onde del mare; mare calmo, mosso; Mar Mediterraneo.* **2** Località marina di villeggiatura: *avere una casa al mare.* **3** Nel linguaggio familiare, enorme quantità o eccezionale grandezza: *ho un mare di cose da fare; sono in un mare di guai* Ⓢ infinità. Ⓔ ***In alto mare*** → *alto* • ***Per mare e per terra***, ovunque.

marea (ma-rè-a) N.F. (pl. *-rèe*) **1** Il periodico alzarsi e abbassarsi del livello dei mari a causa dell'attrazione della Luna e del Sole: *alta, bassa marea.* **2** Massa fluida in movimento: *una marea di lava.* **3** Grande quantità: *una marea di gente* Ⓢ mare, infinità.

M

mareggiata (ma-reg-già-ta) N.F. · Violento movimento del mare con onde alte che si infrangono sulle coste Ⓢ burrasca, tempesta.

maremma (ma-rém-ma) N.F. · Territorio basso e paludoso, situato vicino alla costa. Ⓔ ***Maremma toscana***, zona costiera situata tra la bassa Toscana e l'alto Lazio.

maremoto (ma-re-mò-to) N.M. · Scossa di terremoto sul fondo del mare che provoca onde molto alte e violente.

maresciallo (ma-re-sciàl-lo) N.M. (raro f. *-a*) · Il grado più alto di sottufficiale: *il padre è un maresciallo dei carabinieri.*

Il femminile di *maresciallo* è *marescialla*, ma è usato poco perché considerato scherzoso. Spesso si usa il maschile anche quando ci si riferisce a una donna: *è stata promossa maresciallo.*

maretta (ma-rét-ta) N.F. **1** Condizione in cui il mare è leggermente agitato e presenta piccole onde in superficie. **2** Situazione di discordia tra persone: *in famiglia c'è un po' di maretta* Ⓢ nervosismo, tensione.

margarina (mar-ga-rì-na) N.F. · Prodotto alimentare a base di oli e grassi soprattutto vegetali, che si usa al posto del burro.

margherita (mar-ghe-rì-ta) N.F. · Pianta erbacea con fiori gialli al centro e bianchi all'esterno. Ⓔ ***Pizza margherita***, con mozzarella, pomodoro, basilico.

marginale (mar-gi-nà-le) AGG. **1** Che si trova nella parte più estrema di un luogo: *zona marginale; spazio marginale* Ⓢ laterale Ⓒ centrale. **2** Riportato a margine di un foglio: *note marginali.* **3** Di poca importanza: *episodio, contributo marginale* Ⓢ secondario, accessorio.

margine (màr-gi-ne) N.M. **1** La parte estrema di un luogo: *i margini di un bosco; il margine di una ferita* Ⓢ estremità. **2** In una pagina, ciascuno dei quattro spazi bianchi che circondano la parte scritta: *scrivere una nota a margine* Ⓢ bordo, contorno. **3** Quantità in più rispetto al necessario per affrontare difficoltà impreviste: *abbiamo ancora un buon margine di tempo a disposizione.* **4** Il distacco del vincitore dagli avversari: *vincere con largo margine* Ⓢ vantaggio. Ⓔ ***In margine a***, riguardo a: *vorrei fare alcune considerazioni in margine all'ultimo intervento* • ***Vivere ai margini della società***, in una condizione di esclusione e disagio.

marijuana (ma-ri-jua-na; pronuncia *mariuàna*) N.F. INVAR. · Droga costituita dalle foglie seccate della canapa indiana.

marina (ma-rì-na) N.F. **1** La fascia di mare o di terra vicina alla costa: *passeggiando sulla marina* Ⓢ litorale. **2** L'insieme dei mezzi e delle persone impiegate nella navigazione: *marina militare, mercantile; ufficiale di marina.* **3** Dipinto che rappresenta un paesaggio di mare: *sopra al letto hanno una bellissima marina.*

marinaio (ma-ri-nà-io) N.M. (pl. *-nài*) · Chi lavora su una nave: *i marinai non hanno abbandonato la nave.* Ⓔ ***Promessa da marinaio***, che di sicuro non sarà mantenuta.

marinare (ma-ri-nà-re) V.TR. · Immergere il pesce o la carne in una salsa di aceto con erbe e spezie varie per conservarli o insaporirli prima della cottura: *marinare le acciughe.* Ⓔ ***Marinare la scuola***, non andare a scuola.

marinaro (ma-ri-nà-ro) AGG. · Legato al mare: *città marinara*. **E** ***Alla marinara***, cucinato secondo l'uso della gente di mare: *zuppa alla marinara* • ***Repubbliche marinare*** → ***repubblica***.

marine (ma-ri-ne; pronuncia *marìn*) N. INGL., in it. N.M. INVAR. · Soldato di un corpo speciale della marina americana, impiegato per missioni particolarmente impegnative.

marino (ma-rì-no) AGG. · Del mare: *paesaggio, vento marino* **S** marittimo. **E** ***Blu marino***, azzurro cupo.

marionetta (ma-rio-nét-ta) N.F. **1** Fantoccio di legno a figura intera, azionato per mezzo di fili: *spettacolo di marionette; teatro delle marionette*. **2** Chi si lascia manovrare dagli altri: *è una marionetta nelle mani del direttore* **S** fantoccio, pupazzo.

> Il termine deriva dal nome francese *Marion*, diminutivo di *Marie* 'Maria'; in origine significava 'immagine della Vergine' poi 'bambola'.

maritare (ma-ri-tà-re) V.TR. || TR. Dare in sposa: *maritare la figlia **a** un ricco industriale* **S** sposare. || **maritarsi** RIFL. Di donna, sposarsi: *si è maritata **con** un amico d'infanzia*.

marito (ma-rì-to) N.M. · L'uomo che una donna ha sposato: *è separata dal marito; è il suo secondo marito* **S** sposo, coniuge.

marittimo (ma-rìt-ti-mo) AGG. e N.M. || AGG. Di mare, tipico del mare: *città marittime; scalo marittimo* **S** marino. || N.M. Chi lavora nella marina, nel porto o nei cantieri navali: *lo sciopero dei marittimi causa disagi ai turisti diretti in Sardegna*. **E** ***Clima marittimo***, quello dei luoghi di mare, mite d'inverno e fresco d'estate.

marketing (mar-ke-ting; pronuncia *màrchetin*) N. INGL., in it. N.M. e AGG. INVAR. · L'insieme delle strategie che un'azienda mette in atto per vendere i suoi prodotti: *ricerche di marketing; reparto marketing*.

marmaglia (mar-mà-glia) N.F. (pl. *-glie*) · Gruppo di persone volgari o poco raccomandabili: *frequenta certa marmaglia!* **S** gentaglia.

marmellata (mar-mel-là-ta) N.F. · Conserva alimentare costituita dalla polpa di frutti diversi cotta con molto zucchero: *marmellata di albicocche* **S** confettura.

> Il termine deriva dal portoghese *marmelo* 'cotogno', per il fatto che un tempo veniva fatta quasi solo con le mele cotogne.

marmitta (mar-mìt-ta) N.F. **1** Grossa pentola usata di solito per preparare il pasto a molte persone: *nelle marmitte cuoceva il rancio dei soldati*. **2** Parte del tubo di scappamento del motore a scoppio che serve ad attenuare il rumore.

marmo (màr-mo) N.M. · Roccia di vari colori, spesso con venature, che viene lavorata e lucidata per farne materiale decorativo: *marmo di Carrara; una statua di marmo* • Scultura o lapide di questo materiale: *marmi romani*. **E** ***Di marmo***, molto freddo: *ha i piedi di marmo*; insensibile: *un cuore di marmo*.

marmocchio (mar-mòc-chio) N.M. (f. *-a*; pl.m. *-chi*, pl.f. *-chie*) · Bambino vivace, detto in tono affettuoso o scherzoso: *è una casa piena di marmocchi*.

marmoreo (mar-mò-re-o) AGG. (pl.m. *-rei*, pl.f. *-ree*) · Di marmo: *monumento marmoreo* • Che ricorda il marmo: *pallore marmoreo*.

marmotta (mar-mòt-ta) N.F. · Roditore con corpo robusto dalla pelliccia folta e pregiata; vegetariano, passa gran parte dell'inverno in letargo. **E** ***Dormire come una marmotta***, dormire sodo e a lungo.

maroso (ma-ró-so) N.M. · Grossa onda del mare in tempesta: *la nave fu inghiottita dai marosi*.

marrone (mar-ró-ne) N.M. e AGG. || N.M. Il frutto di un tipo di castagno, di forma simile a quella della castagna comune, ma più grosso e saporito: *la raccolta dei marroni*. || AGG. e N.M. (pl. *-e* o *-i*) Del colore del guscio delle castagne: *marrone scuro; un paio di scarpe marroni*.

marsala (mar-sà-la) N.M. INVAR. · Vino siciliano liquoroso e profumato.

> Il termine deriva dal nome della città siciliana in cui, nella seconda metà del Settecento, furono fondati i primi stabilimenti per la produzione industriale del vino.

A B C D E F G H I J K L **M** N O P Q R S T U V W X Y Z

marsina (mar-sì-na) N.F. · Abito maschile da cerimonia con giacca a coda di rondine Ⓢ frac.

marsupiale (mar-su-pià-le) N.M. · Mammifero diffuso in Australia, di cui la femmina ha una tasca sul ventre, detta *marsupio*, dove i piccoli completano il loro sviluppo dopo il parto.

marsupio (mar-sù-pio) N.M. (pl. *-pi*) **1** Tasca esterna sul ventre della femmina dei marsupiali in cui i neonati completano il loro sviluppo dopo il parto. **2** Piccola borsa da tenere appesa alla vita, sul davanti: *ho messo le chiavi nel marsupio.*

martedì (mar-te-dì) N.M. INVAR. · Il secondo giorno della settimana. Ⓔ ***Martedì grasso***, l'ultimo giorno di carnevale.

> Il termine deriva dal latino *Martis dies* 'giorno di Marte'.

martellante (mar-tel-làn-te) AGG. · Che insiste fino al tormento: *una campagna pubblicitaria martellante* Ⓢ ripetuto, insistente, assillante.

martellare (mar-tel-là-re) V.TR. e INTR. (*martèllo*, ecc.) || TR. **1** Battere con il martello un metallo per lavorarlo: *martellare il rame sull'incudine* Ⓢ percuotere. **2** Colpire in modo ripetuto: *martellava* ***di*** *pugni l'uscio sbarrato* Ⓢ battere. **3** Provocare un tormento continuo: *dubbi e angosce gli martellavano il cervello* Ⓢ assillare, tormentare • Infastidire con insistenza: *martellare qualcuno* ***di*** *domande* Ⓢ tempestare. || INTR. (aus. *avere*) Pulsare con ritmo intenso e accelerato: ***gli*** *martellavano le tempie.*

martellata (mar-tel-là-ta) N.F. · Colpo dato con il martello: *dare una martellata su un chiodo.*

martello (mar-tèl-lo) N.M. **1** Utensile che serve per battere, costituito da un blocco di metallo di un certo peso in cui è inserito un manico: *martello da falegname.* **2** Nell'atletica leggera, attrezzo per il lancio costituito da una sfera di metallo a cui è fissato un filo d'acciaio con una maniglia. Ⓔ ***Martello pneumatico***, macchina ad aria compressa per colpire e perforare • ***Suonare a martello***, suonare le campane a rintocchi lenti e regolari per avvertire di un pericolo imminente • ***Tra l'incudine e il martello*** → *incudine*.

martire (màr-ti-re) N.M. e F. **1** Chi accetta di morire per la propria fede o i propri ideali: *i martiri cristiani; i martiri della libertà.* **2** Chi subisce una situazione penosa: *quel povero marito è un martire* Ⓢ vittima. Ⓔ ***Fare il martire***, atteggiarsi a vittima.

> Il termine deriva dal greco *mártys mártyros* 'testimonio'.

martirio (mar-tì-rio) N.M. (pl. *-ri*) **1** Il sacrificio della vita accettato per la fede: *il martirio di san Lorenzo* Ⓢ supplizio, sacrificio. **2** Pena gravissima: *il figlio malato è un vero martirio per i genitori* Ⓢ sofferenza, tormento • Motivo di fastidio insopportabile: *che martirio quella conferenza!*

martora (màr-to-ra) N.F. · Mammifero carnivoro, diffuso nelle foreste dell'Europa settentrionale e dell'Asia, dalla pregiata pelliccia di color bruno scuro.

martoriare (mar-to-rià-re) V.TR. (*martòrio*, ecc.) || TR. Sottoporre a sofferenze fisiche o morali: *martoriare un animale; il marito la martoria* ***con*** *la sua gelosia* Ⓢ torturare. || **martoriarsi** RIFL. Affliggersi, tormentarsi: *si sta martoriando* ***per*** *i rimorsi.*

marxismo (mar-xi-ṣmo) N.M. · Dottrina economica e sociale, elaborata da Karl Marx (1818-83) e Friedrich Engels (1820-95), alla base del comunismo; sostiene la lotta di classe in nome di una società futura basata su una rigorosa uguaglianza.

marzapane (mar-za-pà-ne) N.M. · Pasta dolce a base di mandorle pestate, zucchero e albume d'uovo: *guarnizioni di marzapane.*

marziale (mar-zià-le) AGG. **1** Che riguarda la guerra: *legge, corte marziale.* **2** Che dimostra uno spirito fiero e bellicoso: *sguardo marziale.* Ⓔ ***Arti marziali***, antiche tecniche orientali di difesa personale senza armi.

> Il termine deriva dal latino *Mars* 'Marte', il dio della guerra per i Romani.

marziano (mar-zià-no) AGG. e N.M. (f. *-a*) || AGG. Del pianeta Marte: *i satelliti marziani.* || N.M. (f. *-a*) **1** L'immaginario abitante del pianeta Marte. **2** Persona fuori del comune: *lo guardò come se fosse un marziano.*

marzo (màr-zo) N.M. · Il terzo mese dell'anno, di 31 giorni.

Il termine deriva dal latino *Martius (mensis)* '(mese) di Marte', divinità a cui era dedicato.

masai (ma-ṣà-i) N.M. e F. e AGG. INVAR. · Chi, che appartiene a una popolazione africana di pastori e guerrieri diffusa nel Kenya e in Tanzania: *una tribù di masai; arte masai.*

mascalzonata (ma-scal-zo-nà-ta) N.F. · Azione scorretta, da mascalzone: *dopo quella mascalzonata non voglio più vederlo* Ⓢ malefatta.

mascalzone (ma-scal-zó-ne) N.M. (f. *-a*; pl.m. *-i*, pl.f. *-e*) · Persona vile e scorretta: *quel povero vecchio è stato imbrogliato da due mascalzoni* Ⓢ farabutto, delinquente.

mascara (ma-scà-ra) N.M. INVAR. · Cosmetico per colorare e allungare le ciglia: *usa il mascara quando si trucca* Ⓢ rimmel.

mascarpone (ma-scar-pó-ne) N.M. · Formaggio cremoso a base di panna.

mascella (ma-scèl-la) N.F. · Ognuna delle due ossa che delimitano la bocca e in cui si trovano i denti.

maschera (mà-sche-ra) N.F. **1** Sagoma che rappresenta un volto umano o il muso di un animale, con cui ci si copre il viso per non farsi riconoscere o per divertimento: *l'assassino aveva il volto coperto da una maschera; alla festa mi sono messo una maschera da cane* • Sagoma che copre solo la parte superiore del volto: *la maschera nera di Zorro.* **2** Travestimento fatto per divertimento: *vestirsi in maschera; ballo in maschera.* **3** Falsa apparenza: *gettare la maschera; sotto la maschera della bontà nascondeva una grande superbia.* **4** Personaggio della Commedia dell'Arte italiana, spesso caratteristico di una città o di una regione: *Arlecchino è la maschera di Bergamo.* **5** Chi nei cinema e nei teatri controlla il biglietto d'ingresso o accompagna lo spettatore al suo posto. **6** Dispositivo da applicare sulla faccia per proteggersi: *maschera per proteggere dal gas; maschera da scherma.* Ⓔ ***Maschera di bellezza***, crema che si applica a lungo sul viso per nutrire o purificare la pelle.

mascherare (ma-sche-rà-re) V.TR. (*màschero*, ecc.) || TR. **1** Travestire con una maschera o un costume: *mascherare un bambino* ***da*** *pirata.* **2** Nascondere sotto una falsa apparenza: *mascherare le proprie intenzioni* Ⓢ celare, dissimulare, camuffare. || **mascherarsi** RIFL. Travestirsi, camuffarsi: *si è mascherato* ***da*** *Arlecchino.*

mascherata (ma-sche-rà-ta) N.F. **1** Festa o corteo con persone in maschera: *una mascherata nelle vie del centro.* **2** Messinscena ridicola e disgustosa: *il suo esame è stato una mascherata* Ⓢ buffonata, farsa.

mascherina (ma-sche-rì-na) N.F. **1** Piccola maschera che copre il viso dalla fronte al naso • Bambino mascherato. **2** La parte della carrozzeria dell'automobile che protegge il radiatore.

maschile (ma-schì-le) AGG. **1** Proprio del maschio della specie umana: *sesso maschile; abiti maschili; campionato maschile.* **2** In biologia, proprio del maschio: *gamete maschile* Ⓒ femminile. Ⓔ ***Genere maschile*** (o *il maschile* N.M.), il genere grammaticale a cui appartengono i nomi, gli aggettivi, gli articoli e i pronomi che si riferiscono a persone di sesso maschile o a cose considerate maschili: *"coraggio" è un sostantivo di genere maschile.*

maschilismo (ma-schi-lì-ṣmo) N.M. · L'atteggiamento di chi crede che l'uomo sia superiore alla donna: *in certi settori professionali regna ancora il più bieco maschilismo.*

maschio (mà-schio) AGG. e N.M. (pl.m. *-schi*, pl.f. *-schie*) || AGG. e N.M. Di individuo che possiede gli organi necessari a fecondare la femmina della stessa specie al fine della riproduzione • Nella specie umana, che, chi è di sesso maschile: *ha tre figli maschi; nella mia classe ci sono più maschi che femmine* Ⓒ femmina. || AGG. INVAR. Di animale o pianta, che appartiene al sesso maschile: *tigre maschio; volpi maschio.* || AGG. Che rivela virilità e fierezza: *lineamenti maschi; voce maschia* Ⓢ fiero, energico, virile. || N.M. Elemento di un congegno che va a occupare la cavità corrispondente di un altro elemento, detto *femmina*: *il maschio di una vite*.

mascolino (ma-sco-lì-no) AGG. · Che ha caratteristiche molto maschili: *un volto mascolino; una donna mascolina*, poco femminile Ⓢ maschile, virile.

mascotte (ma-scot-te; pronuncia *mascòt*) N.F. FR., in it. N.F. INVAR. · Persona, oggetto o animale considerati come portafortuna presso una comunità: *il cagnolino è diventato la mascotte della squadra*.

> Il termine deriva da una parola provenzale che significa 'strega'.

masnada (ma-ṣnà-da) N.F. · Gruppo di persone disoneste o violente: *una masnada di furfanti* Ⓢ banda.

masochismo (ma-ṣo-chi-ṣmo) N.M. · Disturbo mentale che consiste nel provare piacere a farsi trattare male.

massa (màs-sa) N.F. **1** Quantità non precisata di materia compatta: *una massa di terra, di marmo* Ⓢ mucchio, cumulo. **2** Grande quantità: *una massa di carte; una massa di errori* Ⓢ moltitudine, miriade. **3** Grande raggruppamento di persone con caratteristiche sociali, economiche o politiche comuni: *le masse operaie; le esigenze delle masse*. **4** Quantità di materia di un corpo: *il peso dipende dalla massa*. Ⓔ ***Di massa***, che coinvolge un grandissimo numero di persone: *turismo di massa* • ***In massa***, tutti insieme in una sola volta: *i prigionieri furono fucilati in massa*.

massacrante (mas-sa-cràn-te) AGG. · Che richiede uno sforzo notevole: *un lavoro massacrante* Ⓢ estenuante.

massacrare (mas-sa-crà-re) V.TR. **1** Uccidere con violenza e crudeltà: *i soldati massacrarono l'intera comunità* Ⓢ ammazzare, trucidare • Picchiare con brutalità: *lo hanno massacrato **di** botte* Ⓢ pestare. **2** Danneggiare gravemente: *nell'incidente ho massacrato la macchina* Ⓢ rovinare. **3** Stancare molto: *questa giornata in montagna mi ha massacrato* Ⓢ sfinire.

massacro (mas-sà-cro) N.M. · Strage crudele e feroce: *il massacro degli indiani d'America* Ⓢ sterminio, eccidio. Ⓔ ***Al massacro***, verso una morte certa e orribile: *andare al massacro*.

massaggiare (mas-sag-già-re) V.TR. (*massàggio*, ecc.) · Sottoporre a massaggio: *prima della partita i calciatori vengono massaggiati*.

massaggiatore (mas-sag-gia-tó-re) N.M. (f. *-trìce*) · Chi per lavoro fa massaggi.

massaggio (mas-sàg-gio) N.M. (pl. *-gi*) · Trattamento che consiste nel praticare sul corpo delle pressioni con le mani o con speciali apparecchi per rilassare i muscoli o riattivare la circolazione: *fare un massaggio alle gambe*. Ⓔ ***Massaggio cardiaco***, forte pressione sul torace per far riprendere il battito cardiaco.

massaia (mas-sà-ia) N.F. (pl. *-sàie*) · Donna che si occupa della propria casa: *un'esperta massaia* Ⓢ casalinga.

massello (mas-sèl-lo) N.M. **1** Lingotto di metallo semilavorato. **2** Blocco di pietra squadrata usato per le costruzioni o per coprire i pavimenti delle strade. **3** Legno massiccio: *un tavolo in massello di noce*.

masserizie (mas-se-ri-zie) N.F.PL. · L'insieme dei mobili e delle suppellettili di una casa: *caricò le sue masserizie su un furgone*.

massicciata (mas-sic-cià-ta) N.F. · Strato di ghiaia e pietre che si trova sotto la pavimentazione di una strada o sotto le rotaie di una ferrovia.

massiccio (mas-sic-cio) AGG. e N.M. (pl.m. *-ci*, pl.f. *-ce*) || AGG. **1** Che è formato da una massa compatta di materia solida: *un lingotto d'oro massiccio*. **2** Caratterizzato da pesantezza e solidità: *una corporatura massiccia; un edificio massiccio* Ⓢ robusto, solido. **3** Condotto con grande impiego di mezzi: *un massiccio bombardamento; una massiccia campagna pubblicitaria* Ⓢ intenso, imponente, poderoso. || N.M. Gruppo di monti che costituisce un unico blocco imponente: *il massiccio del Gran Paradiso*.

massima (màs-si-ma) N.F. **1** Principio generale tenuto come regola di comportamento: *avere come massima il rispetto degli altri* Ⓢ regola. **2** Breve frase che contiene un insegnamento: *massime morali; le massime del Van-*

gelo Ⓢ motto, detto. Ⓔ ***Di massima***, generale, generico: *un accordo di massima.*

massimamente (mas-si-ma-mén-te) AVV. · Principalmente, soprattutto: *è una decisione difficile, massimamente nella tua situazione.*

massimo (màs-si-mo) AGG. e N.M. || AGG. Il più grande, grandissimo: *la velocità massima di una macchina; il massimo poeta del Novecento; trattare qualcuno con la massima gentilezza* Ⓒ minimo. || N.M. La misura più grande: *ottenere il massimo dei voti; essere al massimo della sopportazione.* Ⓔ ***Al massimo***, tutt'al più: *al massimo posso darti un anticipo* • ***Temperatura massima*** (o *la massima* N.F.), la temperatura più alta registrata in un luogo in un certo periodo di tempo Ⓒ temperatura minima.

Massimo è il superlativo di *grande*, quindi non si può dire *molto massimo.*

mass media (mass me-dia; pronuncia *màs mìdia* o *màs mèdia*) N.PL. INGL., in it. N.M.PL. · L'insieme dei mezzi di comunicazione di massa, cioè giornali, riviste, cinema, radio, televisione.

masso (màs-so) N.M. · Grosso blocco di roccia: *attenzione: caduta massi* Ⓢ macigno.

massoneria (mas-so-ne-rì-a) N.F. (pl. *-rìe*) **1** Associazione segreta, nata in Inghilterra nel Settecento, sostenitrice della lotta all'ignoranza, della liberazione dalla religione e della fratellanza universale. **2** Gruppo di persone che si associano in segreto per ottenere vantaggi personali.

massonico (mas-sò-ni-co) AGG. (pl.m. *-ci*, pl.f. *-che*) · Della massoneria: *simboli massonici.*

mastello (ma-stèl-lo) N.M. · Grande recipiente fatto di doghe di legno, usato un tempo per fare il bucato.

master (ma-ster; pronuncia *màster*) N. INGL., in it. N.M. INVAR. **1** Corso che si segue dopo l'università per specializzarsi: *master in direzione d'impresa.* **2** L'originale da cui si ottengono le copie successive di compact disc e dvd.

masterizzare (ma-ste-riz-zà-re) V.TR. · Copiare dati su un compact disc.

masterizzatore (ma-ste-riz-za-tó-re) N.M. · Apparecchio per registrare compact disc.

masticare (ma-sti-cà-re) V.TR. (*màstico, màstichi*, ecc.) **1** Schiacciare e tritare il cibo con i denti: *masticare un boccone di pane; mastica bene prima di inghiottire.* **2** Di una lingua, averne una conoscenza sommaria: *masticare un po' di tedesco* Ⓢ balbettare. Ⓔ ***Gomma da masticare*** → ***gomma***.

masticazione (ma-sti-ca-zió-ne) N.F. · L'atto di ridurre gli alimenti in piccoli frammenti con i denti: *l'importanza della masticazione per la digestione.*

mastice (mà-sti-ce) N.M. · Pasta che si indurisce rapidamente, usata come adesivo: *mastice per cuoio.*

mastino (ma-stì-no) N.M. · Cane da guardia o da difesa, robusto e massiccio con capo grosso e allargato, muso quadrato e labbra cadenti: *mastino inglese, napoletano.*

mastodontico (ma-sto-dòn-ti-co) AGG. (pl.m. *-ci*, pl.f. *-che*) · Straordinariamente grande: *un edificio mastodontico; un errore mastodontico* Ⓢ enorme, gigantesco, colossale.

mastro (mà-stro) N.M. e AGG. || N.M. Artigiano od operaio esperto: *mastro carpentiere; mastro falegname.* || AGG. ***Libro mastro*** (o *il mastro* N.M.), quello in cui si registrano tutti i conti: *aggiornare il libro mastro.*

masturbare (ma-stur-bà-re) V.TR. || TR. Provocare a qualcuno piacere sessuale manipolando i suoi organi genitali. || **masturbarsi** RIFL. Procurarsi piacere sessuale manipolando i propri organi genitali.

masturbazione (ma-stur-ba-zió-ne) N.F. · Stimolazione manuale degli organi genitali per procurare piacere.

matassa (ma-tàs-sa) N.F. · Quantità di filo avvolto in modo ordinato a spirale: *una matassa di lana.*

match (pronuncia *mèč*) N. INGL., in it. N.M. INVAR. · Nel linguaggio sportivo, gara: *un match di tennis, di pugilato.*

matematica (ma-te-mà-ti-ca) N.F. (pl. *-che*) · La scienza che studia i numeri e le figure geometriche.

matematicamente (ma-te-ma-ti-ca-mén-te) AVV. **1** Con il calcolo matematico: *dimostra*

A B C D E F G H I J K L M N O P Q R S T U V W X Y Z

matematicamente il teorema. **2** In modo certo: *sono matematicamente certa di averlo visto passare* Ⓢ assolutamente.

matematico (ma-te-mà-ti-co) AGG. e N.M. (f. -*a*; pl.m. -*ci*, pl.f. -*che*) || AGG. **1** Proprio della matematica: *calcoli matematici.* **2** Caratterizzato da assoluta esattezza: *un ragionamento matematico* Ⓢ preciso, rigoroso • Sicuro, assoluto: *ho la certezza matematica che era lui.* || N.M. (f. -*a*) Studioso di matematica: *i grandi matematici greci.*

materassino (ma-te-ras-sì-no) N.M. · Piccolo materasso di materiale sintetico, spesso gonfiabile, da usare in spiaggia, in campeggio o per fare ginnastica: *prendere il sole al largo sul materassino.*

materasso (ma-te-ràs-so) N.M. · Involucro di tessuto imbottito che si mette sul letto sopra la rete: *materasso a molle.*

materia (ma-tè-ria) N.F. (pl. -*rie*) **1** La sostanza che costituisce un corpo: *materia vegetale; la materia di questa statua è un marmo prezioso* Ⓢ materiale. **2** Contenuto di un'opera: *la materia di un saggio* Ⓢ argomento, tema • Occasione, motivo, pretesto: *dar materia a sospetti.* **3** Disciplina di studio e di insegnamento: *materie letterarie; è stato promosso in tutte le materie.* **4** In grammatica: ***complemento di materia***, quello che indica la sostanza di cui è composto un oggetto (*un anello d'oro; un vestito di velluto; una ringhiera in ferro*). Ⓔ ***Materia grigia***, il tessuto nervoso di cui è fatto il cervello; intelligenza, ingegno: *è povero di materia grigia* • ***Materie prime***, quelle che vengono lavorate dall'industria.

materiale (ma-te-rià-le) AGG. e N.M. || AGG. **1** Che presenta la concretezza della materia: *realtà materiale; beni materiali; interessi materiali* Ⓢ fisico, terreno Ⓒ spirituale. **2** Reale, effettivo: *mi è mancato il tempo materiale per telefonarti.* **3** Di persona, che manca di finezza: *un uomo materiale* Ⓢ rozzo, grossolano, volgare Ⓒ fine. || N.M. **1** Sostanza, materia: *materiale naturale, artificiale* • L'insieme delle attrezzature per svolgere un'attività: *materiali da costruzione; il materiale informatico della scuola.* **2** Insieme di appunti e documenti raccolti per un lavoro successivo: *raccogliere materiale per un romanzo* Ⓢ documentazione; dati (PL.).

materialismo (ma-te-ria-li-ṣmo) N.M. **1** Dottrina filosofica che vede nella materia l'unico principio costitutivo della realtà. **2** Atteggiamento di chi cerca solo i beni terreni.

materializzare (ma-te-ria-liẓ-ẓà-re) V.TR. || TR. Rendere concreto: *materializzare un progetto* Ⓢ attuare, concretizzare. || **materializzarsi** INTR. PRONOM. Prendere consistenza di corpo: *tutti i miei desideri si sono materializzati in lui.*

materialmente (ma-te-rial-mén-te) AVV. **1** In base ai limiti imposti dalla situazione reale: *mi è materialmente impossibile passare da te.* **2** In modo concreto: *ha compiuto lui materialmente il delitto.*

maternità (ma-ter-ni-tà) N.F. INVAR. **1** Il fatto di essere madre: *le gioie, i dolori della maternità.* **2** Reparto dell'ospedale in cui le donne partoriscono: *ricoverare in maternità.* **3** Il periodo prima e dopo il parto in cui una lavoratrice rimane a casa: *la mia collega è in maternità.*

materno (ma-tèr-no) AGG. **1** Della madre: *il latte materno; le cure materne.* **2** Da parte di madre: *nonno materno.* **3** Degno di una madre: *la zia li ha allevati con amore materno* Ⓢ premuroso, amorevole. Ⓔ ***Lingua materna*** → *lingua* • ***Scuola materna***, scuola per i bambini dai tre ai sei anni; oggi è detta *scuola dell'infanzia.*

matita (ma-tì-ta) N.F. **1** Strumento per scrivere e disegnare, formato da un sottile cilindro di grafite o altre materie coloranti, racchiuso in un involucro di legno o di altro materiale: *un errore segnato con la matita rossa* Ⓢ lapis. **2** Preparato cosmetico a forma di bastoncino: *la matita per gli occhi.*

matriarcale (ma-triar-cà-le) AGG. · Tipico dell'organizzazione sociale in cui la donna ha una posizione prevalente rispetto all'uomo: *società, famiglia matriarcale.*

matriarcato (ma-triar-cà-to) N.M. · Struttura sociale in cui la donna è a capo della famiglia e gode di numerosi privilegi.

matrice (ma-trì-ce) N.F. **1** Originale di un oggetto o di un documento da cui si ricavano più copie. **2** Ciò che origina un fatto o ispira un'esperienza: *un delitto di chiara matrice politica; uno scrittore di matrice cristiana* Ⓢ origine, causa, ispirazione. **3** Nei documenti formati da due elementi, la parte che resta al possessore come prova dell'avvenuta operazione: *la matrice di una ricevuta.*

matricida (ma-tri-cì-da) N.M. e F. (pl.m. *-i*, pl.f. *-e*) · Chi uccide la propria madre.

matricidio (ma-tri-cì-dio) N.M. (pl. *-di*) · Uccisione della propria madre.

matricola (ma-trì-co-la) N.F. **1** Registro di iscrizione in cui si trovano elencati con una numerazione progressiva le persone o gli oggetti di un ente pubblico o militare: *matricola dei soldati; matricola degli automezzi* Ⓢ albo • Il numero o la persona che vi corrisponde: *qual è il tuo numero di matricola?* **2** Lo studente che frequenta il primo anno di una facoltà: *la festa delle matricole all'università.*

matricolato (ma-tri-co-là-to) AGG. · Che è molto abile ad agire ai danni del prossimo: *un imbroglione matricolato; un furbo matricolato,* di un'astuzia senza uguali.

matrigna (ma-trì-gna) N.F. · La nuova moglie del padre: *la matrigna li mandò subito in collegio.*

matrimoniale (ma-tri-mo-nià-le) AGG. · Che riguarda il matrimonio: *diritto matrimoniale; doveri matrimoniali* Ⓢ coniugale, nuziale. Ⓔ ***Letto matrimoniale***, per due persone; ***camera matrimoniale*** (o *una matrimoniale* N.F.), con letto matrimoniale.

matrimonio (ma-tri-mò-nio) N.M. (pl. *-ni*) · Rapporto di convivenza tra un uomo e una donna regolato dalla legge: *un matrimonio felice; un matrimonio di convenienza* • Il rito, laico o religioso, con cui due persone si uniscono in questo rapporto: *essere invitato a un matrimonio* Ⓢ sposalizio; nozze (PL.).

matrona (ma-trò-na) N.F. **1** Nell'antica Roma, la donna sposata. **2** Donna matura, alta e imponente.

matroneo (ma-tro-nè-o) N.M. (pl. *-nèi*) · Nelle prime chiese cristiane, loggiato interno riservato alle donne.

mattacchione (mat-tac-chió-ne) N.M. (f. *-a*; pl.m. *-i*, pl.f. *-e*) · Persona allegra e bizzarra, che ama fare scherzi: *quel mattacchione di Luca mi ha fatto ridere a crepapelle* Ⓢ buontempone, burlone.

mattanza (mat-tàn-za) N.F. **1** Uccisione del tonno con gli arpioni. **2** Strage, massacro: *la mafia ha compiuto una mattanza nel centro di Palermo.*

mattarello (mat-ta-rèl-lo) N.M. · Arnese da cucina formato da un cilindro di legno per spianare la pasta.

mattatoio (mat-ta-tó-io) N.M. (pl. *-tói*) · Edificio dove si uccidono le bestie da macello e se ne lavorano le carni.

mattatore (mat-ta-tó-re) N.M. (f. *-trìce*) **1** Nel teatro, attore che attira su di sé tutta l'attenzione del pubblico. **2** Chi macella gli animali in un mattatoio.

matterello (mat-te-rèl-lo) → ***mattarello***.

mattina (mat-tì-na) N.F. · Il tempo tra l'alba e il mezzogiorno: *una mattina fresca; sabato mattina parto per le vacanze* Ⓢ mattino, mattinata. Ⓔ ***Dalla mattina alla sera***, tutto il giorno, in continuazione: *lavorare dalla mattina alla sera;* ***dalla sera alla mattina***, in poco tempo: *è uno che cambia idea dalla sera alla mattina* • ***Di prima mattina***, molto presto.

mattinata (mat-ti-nà-ta) N.F. · La durata della mattina: *una mattinata piovosa; ho passato la mattinata a letto* Ⓢ mattina, mattino. Ⓔ ***In mattinata***, entro mezzogiorno: *arriverò in mattinata.*

mattiniero (mat-ti-niè-ro) AGG. e N.M. (f. *-a*) · Che, chi si alza molto presto.

mattino (mat-tì-no) N.M. · La parte del giorno compresa tra l'alba e il mezzogiorno: *i treni del mattino; ci siamo incontrati un mattino d'estate* Ⓢ mattina, mattinata. Ⓔ ***Sul far del mattino, di buon mattino***, al sorgere del sole.

matto[1] (màt-to) AGG. e N.M. (f. *-a*) || AGG. e N.M. (f. *-a*) Che, chi ha perso l'uso della ragione: *è diventato completamente matto; urla come un matto; sei matto?* Ⓢ pazzo, folle. || AGG. **1** Che rivela stravaganza: *un'idea matta; è sempre stata un po' matta; è matto da legare,* in senso scherzoso, di chi si comporta in modo sven-

A B C D E F G H I J K L M N O P Q R S T U V W X Y Z

tato Ⓢ strano, bizzarro, stravagante. **2** Di sentimento o sensazione, molto forte: *ho una voglia matta di dirgli quello che penso* Ⓢ irrefrenabile. Ⓔ ***Andare matto per qualcosa***, esserne molto attratto: *vado matta per la pastasciutta* • ***Da matti***, moltissimo: *mi piace da matti* • ***Farsi delle matte risate***, ridere a più non posso • ***Mezzo matto***, stravagante.

matto² (màt-to) AGG. · Solo nell'espressione ***scacco matto*** → ***scacco***.

mattone (mat-tó-ne) N.M. **1** Materiale da costruzione di solito a forma di parallelepipedo: *un muro di mattoni*. **2** Motivo di pesantezza o di noia: *avere un mattone sullo stomaco; questo romanzo è un mattone*.

mattonella (mat-to-nèl-la) N.F. · Elemento di materiale compatto, di spessore sottile e di forma geometrica usato per rivestire pareti e pavimenti: *mattonelle di ceramica* Ⓢ piastrella.

mattutino (mat-tu-tì-no) AGG. · Della mattina: *luce mattutina; passeggiata mattutina*.

M

maturare (ma-tu-rà-re) V.TR. e INTR. || TR. **1** Far crescere: *il sole matura i frutti*. **2** Far diventare più consapevole e responsabile: *le difficoltà della vita lo hanno maturato in fretta*. **3** Elaborare dopo lunga riflessione: *maturare una decisione*. || INTR. (aus. *essere*) **1** Di frutti o semi, giungere al completo sviluppo: *le pesche stanno maturando*. **2** Diventare adulto e responsabile: *quando ti deciderai a maturare un po'?* Ⓢ crescere. **3** Giungere a un certo punto di sviluppo, raggiungere la scadenza: *l'affare sta maturando; gli interessi maturano ogni sei mesi*.

maturazione (ma-tu-ra-zió-ne) N.F. **1** Il raggiungimento del completo sviluppo del frutto: *le ciliege sono giunte a maturazione*. **2** Il raggiungimento della consapevolezza e della responsabilità dell'età adulta: *lo studio è molto importante per una completa maturazione* Ⓢ crescita.

maturità (ma-tu-ri-tà) N.F. INVAR. **1** La condizione degli animali e delle piante quando raggiungono il grado di sviluppo che li rende adatti alla riproduzione. **2** L'età dell'uomo compresa tra la giovinezza e la vecchiaia: *una persona nel pieno della maturità*. **3** Pieno sviluppo intellettuale di una persona che la rende consapevole e responsabile: *maturità di giudizio; maturità politica di un popolo* Ⓢ equilibrio, saggezza Ⓒ immaturità. **4** Il titolo di studio che si consegue alla fine degli studi secondari superiori sostenendo un esame: *avere la maturità classica; esame di maturità* Ⓢ diploma • L'esame con cui si consegue questo titolo.

maturo (ma-tù-ro) AGG. **1** Di prodotto vegetale che ha raggiunto la fase finale dello sviluppo, e quindi è pronto per l'uso: *mele mature; grano maturo* Ⓒ acerbo. **2** Che si trova nell'età adulta: *una donna matura*. **3** Che ha completato lo sviluppo intellettuale e morale: *un giovane già maturo per affrontare la vita* Ⓢ equilibrato, saggio Ⓒ immaturo. **4** Che ha superato gli esami di maturità: *lo studente è stato dichiarato maturo*. **5** Compiuto con attenzione: *dopo matura riflessione, abbiamo deciso per il sì* Ⓢ profondo, serio, attento Ⓒ superficiale. Ⓔ ***Tempi maturi***, opportuni perché si verifichi un certo avvenimento.

mausoleo (mau-ṣo-lè-o) N.M. (pl. *-lèi*) · Tomba monumentale: *il mausoleo di Augusto*.

> Il termine deriva dal nome di *Mausolo*, governatore della Caria, antica regione dell'Anatolia, per il quale la moglie fece costruire un grandioso monumento funebre nel quarto secolo a.C., considerato una delle sette meraviglie dell'antichità.

maxi- · Primo elemento di parole composte che significa 'grande, di grandi dimensioni': *maxischermo; maxiprocesso*.

mazurca (ma-ẓùr-ca) N.F. (pl. *-che*) · Danza di origine polacca, simile al valzer ma più lenta.

mazza (màz-za) N.F. **1** Bastone molto pesante: *un gruppo di ragazzi armati di mazze*. **2** In molti sport, l'attrezzo usato per colpire palle, palline o dischi: *mazza da baseball; mazza da golf*.

mazzata (maz-zà-ta) N.F. **1** Colpo dato con una mazza: *lo ha riempito di mazzate*. **2** Disgrazia improvvisa: *la morte del padre fu per lui una mazzata* • Evento spiacevole inatteso: *la sconfitta è stata una mazzata per i tifosi* Ⓢ batosta.

mazzetta (maz-zét-ta) N.F. **1** Gruppo di banconote dello stesso taglio: *il cassiere sta contando le mazzette da dieci euro.* **2** Somma di denaro data a qualcuno per corromperlo: *offrire mazzette ai politici* Ⓢ tangente.

mazzo (màz-zo) N.M. **1** Quantità di fiori o di erbe raccolti e legati insieme per i gambi: *un mazzo di rose, di spinaci* Ⓢ fascio. **2** Gruppo di oggetti simili legati insieme: *un mazzo di chiavi.* **3** Serie completa di carte da gioco: *un mazzo di carte napoletane.*

Mazzo è un nome collettivo: indica tanti oggetti, ma è un sostantivo singolare.

me[1] (mé) PRON. PERS. · Forma accentata del pronome di prima persona singolare *io* usata come complemento: *vide me; parlò di me; rimane in me; l'ha saputo da me* • Nelle esclamazioni indica il soggetto: *povero me!*

me[2] (mé) PRON. PERS. · Variante di *mi* come forma atona del pronome di prima persona singolare *io.*

Me si usa al posto di *mi* davanti ai pronomi *lo, li, la, le, ne* sia quando precedono il verbo che quando lo seguono: *me lo misi; me ne parlò; volle mettermelo.*

meandro (me-àn-dro) N.M. **1** Ciascuna delle curve tipiche del corso di un fiume Ⓢ ansa. **2** Profondità, abisso: *i meandri dell'animo umano.*

meccanica (mec-cà-ni-ca) N.F. (pl. *-che*) **1** Modo in cui si svolgono fatti o fenomeni: *la meccanica della digestione; ricostruire la meccanica di un'azione* Ⓢ dinamica. **2** Il funzionamento di un meccanismo: *la meccanica di un orologio, di un motore.* **3** Parte della fisica che studia il moto e l'equilibrio dei corpi.

meccanicamente (mec-ca-ni-ca-mén-te) AVV. **1** Con mezzi meccanici: *un oggetto prodotto meccanicamente.* **2** Senza pensare a quello che si fa: *compiere meccanicamente un gesto.*

meccanico (mec-cà-ni-co) AGG. e N.M. (f. *-a*; pl.m. *-ci*, pl.f. *-che*) || AGG. **1** Della meccanica come parte della fisica: *leggi meccaniche.* **2** Che riguarda la fabbricazione o il funzionamento di macchine o meccanismi: *guasto meccanico; officina meccanica* • Che si svolge o si compie per mezzo di macchine: *mietitura meccanica* Ⓢ automatico Ⓒ manuale. **3** Compiuto senza pensarci, per abitudine: *un gesto meccanico* Ⓢ istintivo, involontario. || N.M. (f. *-a*) Chi per lavoro ripara automobili, motociclette e biciclette.

meccanismo (mec-ca-ni-ṣmo) N.M. **1** L'insieme degli elementi di una macchina o di un congegno: *il meccanismo di un orologio.* **2** Modo in cui funziona un'attività organizzata o si svolge un processo: *il meccanismo della digestione; il meccanismo dell'amministrazione dello Stato.*

meccanizzare (mec-ca-niẓ-ẓà-re) V.TR. || TR. Dotare di macchine un'attività in precedenza svolta con il lavoro dell'uomo o degli animali: *meccanizzare l'agricoltura.* || **meccanizzarsi** INTR. PRONOM. Trasformarsi in seguito all'introduzione delle macchine: *l'industria del latte si è meccanizzata.*

mecenate (me-ce-nà-te) N.M. · Chi protegge studiosi e artisti finanziandone il lavoro: *molti signori del Rinascimento sono stati mecenati.*

Il termine deriva dal nome del patrizio romano Gaio Cilnio *Mecenate* (circa 68-8 a.C.), protettore e amico di Orazio e di altri poeti latini.

mecenatismo (me-ce-na-tì-ṣmo) N.M. · Tendenza a proteggere artisti e studiosi: *il mecenatismo dei principi del Rinascimento.*

mèche (mè-che; pronuncia *mèš*) N.F. FR., in it. N.F. INVAR. · Ciocca più chiara del resto dei capelli: *farsi le mèche; mèche bionde.*

medaglia (me-dà-glia) N.F. (pl. *-glie*) · Piccolo disco di metallo che ricorda o celebra una persona o un fatto: *medaglia al valore militare; ha vinto la medaglia d'oro alle ultime Olimpiadi.* Ⓔ ***Il rovescio della medaglia*** → ***rovescio.***

Il termine deriva dal latino *medialis* 'di metà valore', perché indicava in origine una moneta di poco valore.

medaglione (me-da-glió-ne) N.M. · Gioiello di forma rotonda od ovale, che contiene il ritratto di una persona cara.

medesimo (me-dé-ṣi-mo) AGG. e PRON. DIMOSTR. || AGG. **1** Proprio quello: *esercita la me-*

A B C D E F G H I J K L M N O P Q R S T U V W X Y Z

desima professione del padre Ⓢ stesso. **2** Che coincide perfettamente con qualcos'altro: *due quadri del medesimo valore; le due malattie presentano i medesimi sintomi* Ⓢ uguale, identico. || PRON. Preceduto dall'articolo determinativo, la stessa persona o la stessa cosa: *"Hai cambiato moto?" "No, è la medesima di prima"*.

media[1] **(mè-dia)** N.F. (pl. *-die*) **1** In un insieme di più valori, quello intermedio tra il minimo e il massimo; si ottiene dalla somma di tutti i valori dell'insieme divisa per il numero degli elementi che lo costituiscono: *la media delle spese mensili.* **2** Il voto intermedio tra quelli riportati nelle diverse materie scolastiche: *è stato promosso con la media del sette.* **3** Condizione di normalità: *avere capacità superiori alla media* Ⓢ norma. **4** La scuola obbligatoria e gratuita che si frequenta per tre anni dopo la primaria; oggi è detta *scuola secondaria di primo grado*: *frequentare le medie.* Ⓔ ***In media***, all'incirca: *lavoro in media otto ore al giorno.*

M

media[2] **(me-dia; pronuncia *mèdia* o *mìdia*)** N.PL. INGL., in it. N.M.PL. · Abbreviazione di *mass media.*

mediamente (me-dia-mén-te) AVV. **1** Non troppo né troppo poco: *un uomo mediamente intelligente.* **2** All'incirca, più o meno: *per arrivare al lavoro impiego mediamente venti minuti.*

mediana (me-dià-na) N.F. · In un triangolo, ciascuno dei tre segmenti che uniscono i vertici con il punto di mezzo dei lati a essi opposti; il loro punto d'incontro è detto *baricentro.*

mediano (me-dià-no) AGG. · Che sta nel mezzo: *la fila mediana di tavoli* Ⓢ centrale, intermedio.

mediante (me-diàn-te) PREP. · Per mezzo di: *si accede al piano superiore mediante una rampa di scale* Ⓢ tramite.

mediare (me-dià-re) V.TR. (*mèdio*, ecc.) · Risolvere un contrasto trovando un accordo: *le due parti stanno mediando una tregua; tra posizioni così contrapposte bisogna cercare di mediare.*

mediateca (me-dia-tè-ca) N.F. (pl. *-che*) · Locale che raccoglie videocassette, dvd, cd-rom, ecc.

mediatico (me-dià-ti-co) AGG. (pl.m. *-ci*, pl.f. *-che*) · Dei mass media: *fenomeno, potere mediatico.*

mediatore (me-dia-tó-re) N.M. e AGG. (f. *-trìce*) || N.M. (f. *-trice*) Chi interviene per favorire l'accordo di due parti: *l'ONU ha inviato i mediatori di pace; ha fatto da mediatore nelle trattative* Ⓢ intermediario, tramite. || AGG. Che favorisce un accordo: *grazie all'azione mediatrice del governo si è giunti a un accordo.* Ⓔ ***Mediatore culturale***, chi per lavoro cerca di favorire l'integrazione degli immigrati nel Paese d'immigrazione.

mediazione (me-dia-zió-ne) N.F. · L'azione di chi cerca di favorire un accordo tra due parti: *accettare la mediazione di un avvocato.*

medicamento (me-di-ca-mén-to) N.M. · Prodotto usato per curare: *un ottimo medicamento contro il mal di gola* Ⓢ medicina, farmaco.

medicamentoso (me-di-ca-men-tó-so) AGG. · Che ha proprietà medicinali: *erbe medicamentose* Ⓢ terapeutico.

medicare (me-di-cà-re) V.TR. (*mèdico, mèdichi*, ecc.) · Curare una parte del corpo: *medicare una ferita, un paziente.*

medicazione (me-di-ca-zió-ne) N.F. · Applicazione di medicinali per proteggere tessuti che presentano lesioni e favorirne la guarigione: *la medicazione di una ferita* Ⓢ cura.

medicina (me-di-cì-na) N.F. **1** La scienza che studia le malattie per curarle e prevenirle. **2** Preparazione che serve per curare o prevenire una malattia: *ricordati di prendere la medicina* Ⓢ farmaco, medicinale. **3** Rimedio per riacquistare la salute o la serenità: *il tempo è la miglior medicina per dimenticare* Ⓢ cura. Ⓔ ***Medicina alternativa***, che si basa su rimedi naturali o su tecniche come l'agopuntura o l'omeopatia.

medicinale (me-di-ci-nà-le) AGG. e N.M. || AGG. Che ha proprietà curative: *erbe, sostanze medicinali.* || N.M. Preparazione farmaceutica: *il governo ha deciso la riduzione del ticket sui medicinali* Ⓢ farmaco, medicina.

medico (mè-di-co) AGG. e N.M. (pl.m. *-ci*, pl.f. *-che*) || AGG. **1** Che riguarda la medicina: *pratica medica* • Di chi esercita la medicina: *visi-*

ta medica; certificato medico. **2** Che ha il potere di curare: *le virtù mediche di un'erba* Ⓢ medicinale, terapeutico. || N.M. **1** Professionista che può esercitare la medicina: *fare il medico; andare dal medico* Ⓢ dottore. **2** Mezzo utile a risolvere una condizione problematica: *il tempo è un gran medico* Ⓢ cura, rimedio, terapia.

La forma maschile *medico* si usa anche quando ci si riferisce a una donna: *mia madre è medico.*

medievale (me-die-và-le) AGG. · Del Medioevo: *cultura medievale; storia medievale.*

medio (mè-dio) AGG. (pl.m. *-di*, pl.f. *-die*) · Che occupa una posizione intermedia tra due punti estremi: *il punto medio di un segmento; una persona di media statura,* né alta né bassa Ⓢ mediano, centrale. Ⓔ ***Dito medio*** (o *il medio* N.M.), il terzo della mano • ***Medio Evo*** → *medioevo* • ***Onde medie*** → *onda* • ***Scuola media*** (o *la media* N.F.), quella obbligatoria e gratuita che si frequenta per tre anni dopo la primaria; oggi è detta *scuola secondaria di primo grado.*

mediocre (me-diò-cre) AGG. · Inferiore alla media: *merce mediocre; un musicista mediocre* Ⓢ modesto, scarso.

mediocrità (me-dio-cri-tà) N.F. INVAR. · Modesta qualità: *la mediocrità di uno spettacolo.*

medioevale (me-dio-e-và-le) → *medievale*.

medioevo (me-dio-è-vo) (o **medio evo**) N.M. · L'età compresa tra la caduta dell'Impero romano d'Occidente (476 d.C.) e la scoperta dell'America (1492).

mediorientale (me-dio-rien-tà-le) AGG. · Che riguarda il Medio Oriente, cioè i Paesi dell'Asia occidentale dall'Iran alle coste orientali del Mediterraneo.

meditabondo (me-di-ta-bón-do) AGG. · Concentrato in un pensiero: *sedeva meditabondo in un angolo* Ⓢ pensieroso, assorto.

meditare (me-di-tà-re) V.INTR. e TR. (*mèdito*, ecc.) || INTR. (aus. *avere*) Pensare a lungo e con intensità: *meditare* ***su*** *una proposta; un'osservazione che invita a meditare* Ⓢ riflettere. || TR. Preparare, progettare: *meditare la vendetta, la fuga.*

meditativo (me-di-ta-tì-vo) AGG. · Che è portato alla meditazione: *spirito meditativo.*

meditazione (me-di-ta-zió-ne) N.F. **1** Lunga e intensa riflessione: *un tema degno di meditazione; dopo lunga meditazione rifiutò l'offerta* Ⓢ valutazione. **2** Pratica ascetica che consiste nel concentrare il proprio pensiero sulle verità della fede: *raccogliersi in meditazione; esercizi di meditazione* Ⓢ raccoglimento.

mediterraneo (me-di-ter-rà-ne-o) AGG. (pl.m. *-nei*, pl.f. *-nee*) **1** ***Mar Mediterraneo*** (o *il Mediterraneo* N.M.), il mare che circonda l'Italia e che è compreso tra le coste meridionali dell'Europa, quelle occidentali dell'Asia e quelle settentrionali dell'Africa. **2** Delle terre bagnate dal Mediterraneo: *clima mediterraneo; dieta mediterranea.*

Il termine deriva dal latino *mediterraneus* 'che sta in mezzo alla terra', composto a sua volta di *medius* 'medio, che sta in mezzo' e *terra* 'terra'.

medium (mè-dium) N.M. e F. INVAR. · Chi sarebbe in grado di far comunicare i vivi con le anime dei defunti, perché dotato di poteri soprannaturali Ⓢ sensitivo.

medusa (me-dù-ṣa) N.F. · Animale marino a forma di ombrello con molti tentacoli; a contatto con la pelle provoca irritazione.

Il termine deriva dal nome greco della più terribile delle tre Gorgoni, mostri femminili della mitologia classica dalla testa circondata di serpenti, per i tentacoli dell'animale che ricordano i serpenti.

meeting (mee-ting; pronuncia *mìting*) N. INGL., in it. N.M. INVAR. **1** Riunione, congresso, convegno: *un meeting di lavoro; un meeting di cardiologia.* **2** Incontro sportivo: *un meeting di atletica leggera.*

mefistofelico (me-fi-sto-fè-li-co) AGG. (pl.m. *-ci*, pl.f. *-che*) · Che rivela malignità: *riso mefistofelico* Ⓢ diabolico, demoniaco.

mefitico (me-fì-ti-co) AGG. (pl.m. *-ci*, pl.f. *-che*) · Che emana un odore insopportabile: *vapori mefitici; ambiente mefitico* Ⓢ puzzolente, irrespirabile, malsano.

mega- **1** Primo elemento di parole composte che significa 'grande': *megaconcerto,* concerto a cui partecipa un gran numero di persone. **2** Prefisso che, posto prima del nome di un'unità di misura, ne moltiplica il valore per un milione: *megabyte*, circa un milione di byte.

megabyte (me-ga-by-te; pronuncia *mega-bàit*) N.M.INVAR. · Unità di misura della quantità di dati, corrispondente a circa un milione di byte.

megaconcerto (me-ga-con-cèr-to) N.M. · Spettacolo musicale che ha una enorme presenza di spettatori e che si svolge spesso in stadi o piazze.

megafono (me-gà-fo-no) N.M. · Strumento a forma di cono che serve ad aumentare l'intensità della voce: *uno dei manifestanti cominciò a parlare con il megafono.*

megalite (me-ga-lì-te) N.F. · Monumento preistorico costituito da grossi blocchi di pietra.

megalitico (me-ga-lì-ti-co) AGG. (pl.m. *-ci*, pl.f. *-che*) · Costituito da grossi blocchi di pietra: *tombe megalitiche.*

M

megalo- · Primo elemento di parole composte che significa 'grande, grandezza': *megalomania*, mania di grandezza.

megalomane (me-ga-lò-ma-ne) AGG. e N.M. e F. · Che, chi è affetto da mania di grandezza: *quel megalomane abita in una villa sulla scogliera.*

megalomania (me-ga-lo-ma-nì-a) N.F. (pl. *-nìe*) · Mania di grandezza che spinge a imprese che vanno al di là delle proprie possibilità economiche o intellettuali: *per soddisfare la sua megalomania ha sperperato un intero patrimonio.*

megastore (me-ga-sto-re; pronuncia *mega-stór*) N. INGL., in it. N.M. INVAR. · Grande negozio che di solito appartiene a una catena di punti vendita.

megera (me-gè-ra) N.F. · Donna dal carattere maligno e violento, spesso anche brutta e vecchia: *con gli anni è diventata una megera insopportabile* Ⓢ strega, arpia.

Il termine deriva dal nome di una delle tre Erinni, divinità infernali della mitologia greca, personificazioni dell'ira e della vendetta.

meglio (mè-glio) AVV., AGG. e N.M. e F.INVAR. || AVV. In modo migliore: *oggi mi sento meglio; l'affare è andato meglio di quanto sperassi; conosce l'argomento meglio di chiunque altro* Ⓒ peggio. || AGG. Migliore, più buono: *questo vino è meglio di quello che abbiamo bevuto ieri.* || N.M. La cosa, la situazione migliore: *il meglio che tu possa fare è tacere.* || N.F. La soluzione migliore: *la meglio è non parlarne più.* || **meglio!** INTER. Esprime soddisfazione o compiacimento: *non viene alla festa? Meglio!* Ⓔ ***Alla meglio, alla bell'e meglio***, in modo approssimativo: *ho studiato la lezione alla meglio* • ***Al meglio***, al massimo: *essere al meglio delle proprie possibilità* • ***Avere la meglio***, prevalere: *avere la meglio sull'avversario.*

Meglio è il comparativo di *bene*, quindi non si può dire *più meglio.*

meiosi (me-iò-ṣi) N.F. INVAR. · Divisione delle cellule sessuali che determina la riduzione a metà del numero di cromosomi rispetto alla cellula iniziale.

mela (mé-la) N.F. · Il frutto del melo, dalla polpa dolce e croccante e dalla buccia di colori diversi: *sbucciare, mangiare una mela* Ⓢ pomo.

melagrana (me-la-grà-na) N.F. (pl. *melagràne*) · Il frutto del melograno, formato da un guscio duro di colore rossastro che contiene semi ricchi di succo, rossi e trasparenti, che si possono mangiare.

melanina (me-la-nì-na) N.F. · Sostanza presente nell'uomo e negli animali che dà un colore più o meno scuro a pelle, capelli e peli.

melanzana (me-lan-ẓà-na) N.F. · Pianta erbacea coltivata per i suoi frutti a bacca carnosa, ovali o sferici, di colore viola • Il frutto della pianta, che si cucina in vari modi: *melanzane alla griglia.*

melassa (me-làs-sa) N.F. · Liquido dolce e denso che rimane dopo che dalla canna da zucchero o dalla barbabietola è stato estratto lo zucchero.

melenso (me-lèn-so) AGG. **1** Che mostra poca intelligenza: *un individuo melenso* Ⓢ sciocco. **2** Privo di interesse: *un film melenso* Ⓢ insignificante, insulso • Caratterizzato da una dolcezza non spontanea: *parole melense* Ⓢ sdolcinato, lezioso.

mellifluo (mel-lì-fluo) AGG. · Così dolce e gentile da apparire falso: *non farti ingannare dal tono mellifluo di quell'ipocrita!* Ⓢ affettato, lezioso.

Il termine deriva dal latino *mellifluus* 'che scorre come il miele', composto a sua volta di *mel* 'miele' e di *fluere* 'scorrere'.

melma (mél-ma) N.F. · Terra mista ad acqua: *ripulire il magazzino dalla melma* Ⓢ fango.

melmoso (mel-mó-so) AGG. · Pieno o coperto di melma: *terreno melmoso* Ⓢ fangoso.

melo (mé-lo) N.M. · Albero molto alto, con rami che formano una chioma a ombrello, foglie ovali, fiori bianchi o rosei; viene coltivato per i suoi frutti commestibili, detti *mele*.

melodia (me-lo-dì-a) N.F. (pl. *-die*) **1** Successione di suoni che forma una struttura musicale: *il brano ha una melodia facile* Ⓢ motivo, aria. **2** Armoniosa dolcezza: *la melodia della sua voce* Ⓢ armonia.

melodico (me-lò-di-co) AGG. (pl.m. *-ci*, pl.f. *-che*) · Che ha le caratteristiche di una melodia: *un canto melodico*.

melodioso (me-lo-dió-so) AGG. · Pieno di armoniosa dolcezza: *voce melodiosa* Ⓢ dolce, armonioso.

melodramma (me-lo-dràm-ma) N.M. (pl. *-i*) · Opera teatrale cantata con accompagnamento musicale: *i grandi maestri del melodramma italiano* Ⓢ opera.

melodrammatico (me-lo-dram-mà-ti-co) AGG. (pl.m. *-ci*, pl.f. *-che*) **1** Del melodramma: *teatro melodrammatico*. **2** Troppo patetico o tragico: *atteggiamenti melodrammatici* Ⓢ teatrale.

melograno (me-lo-grà-no) N.M. (pl. *melogràni*) · Albero originario della Persia apprezzato per il suo frutto, detto *melagrana*.

melone (me-ló-ne) N.M. · Pianta erbacea originaria dell'Africa e dell'Asia tropicale; ha fusto strisciante, molti rami e fiori gialli, e viene coltivata per i suoi frutti • Il frutto della pianta, con buccia piuttosto dura, polpa succosa e profumata, di colore arancione o bianco, con molti semi.

melting pot (mel-ting pot; pronuncia *mèltin pòt*) N. INGL., in it. N.M. INVAR. · Miscuglio, spesso con riferimento a Paesi con etnie e culture varie e numerose: *un melting pot di etnie e religioni*.

membrana (mem-brà-na) N.F. **1** Struttura larga e sottile che avvolge un organo o ricopre una cavità del corpo: *i rumori possono danneggiare la membrana del timpano*. **2** Pelle conciata per usi diversi; in particolare quella che forma la parte essenziale degli strumenti a percussione: *la membrana del tamburo*.

membro (mèm-bro) N.M. **1** (pl.f. *le mèmbra*) Ogni parte del corpo dell'uomo: *membra forti*. **2** (pl.m. *i mèmbri*) Chi appartiene a un gruppo organizzato: *i membri della squadra* Ⓢ componente, appartenente.

Il plurale maschile *membri* si usa per indicare gli appartenenti a un gruppo organizzato: *i membri dell'assemblea*.

memorabile (me-mo-rà-bi-le) AGG. · Di grande importanza, da ricordare: *un'impresa, un discorso memorabile* Ⓢ straordinario, indimenticabile.

memorandum (me-mo-ràn-dum) N.M. INVAR. · Documento che riporta i punti principali di una questione: *ho fatto un breve memorandum sulla riunione*.

Il termine deriva dal latino *memorandum* 'da ricordare'.

memore (mè-mo-re) AGG. · Che ricorda bene: *sono ancora memore **delle** sue parole*.

memoria (me-mò-ria) N.F. (pl. *-rie*) **1** La capacità del cervello di ricordare le esperienze passate: *perdere la memoria; mi tornano spesso alla memoria i momenti vissuti insieme*. **2** SPESSO AL PL. Ciò che si ricorda della storia di una persona o di una collettività: *scriverò le mie memorie; le memorie dei nostri padri*. **3** La parte del computer in cui vengono registrate le informazioni: *archiviare in memoria*. Ⓔ ***Alla memoria***, in onore di un defunto: *una medaglia alla memoria* • ***A memoria***, di modo di imparare che permette di ripetere un testo parola per parola: *studiate la poesia a memoria.*

memorizzare (me-mo-riz-zà-re) V.TR. **1** Fissare nella memoria: *memorizzare un numero di telefono* Ⓢ ricordare Ⓒ dimenticare. **2** Registrare dati nella memoria di un computer: *memorizzare un documento.*

menadito (me-na-dì-to) N.M. · Solo nell'espressione ***a menadito***, benissimo, perfettamente: *conoscere a menadito una città.*

menagramo (me-na-grà-mo) N.M. e F. INVAR. · Chi viene accusato di portare sfortuna Ⓢ iettatore.

menare (me-nà-re) V.TR. (*méno*, ecc.) **1** Condurre, portare: *menare i buoi* ***al*** *pascolo.* **2** Dare con forza: *menava colpi* ***a*** *tutti quelli che gli erano vicino* Ⓢ assestare. **3** Nel linguaggio familiare, percuotere qualcuno: *smettila, se no ti meno!* Ⓢ picchiare. **4** Nella forma ***menarla***, nel linguaggio familiare, infastidire, seccare: *me l'ha menata due ore* ***con*** *il racconto delle sue avventure.* **5** Nella forma ***menarsela***, nel linguaggio familiare, perdere tempo in pensieri o discorsi inutili: *smettiamo di menarcela e passiamo ai fatti.* Ⓔ ***Menare il can per l'aia***, tirare in lungo le cose senza arrivare mai a una conclusione • ***Menare le mani***, picchiare • ***Menare qualcuno per il naso***, prenderlo in giro.

mendicante (men-di-càn-te) AGG. e N.M. e F. · Che, chi vive di elemosina: *frati mendicanti; le strade erano piene di mendicanti* Ⓢ povero.

mendicare (men-di-cà-re) V.INTR. e TR. (*méndico, méndichi*, ecc.) || INTR. (aus. *avere*) Chiedere l'elemosina: *è costretto a mendicare per vivere.* || TR. Chiedere con insistenza e in modo poco dignitoso: *non sto mendicando un lavoro.*

menefreghismo (me-ne-fre-ghì-smo) N.M. · Atteggiamento di chi pensa solo a se stesso e non si interessa agli altri.

menefreghista (me-ne-fre-ghì-sta) AGG. e N.M. e F. (pl.m. *-i*, pl.f. *-e*) · Che, chi dimostra egoismo e indifferenza nei confronti degli altri e dei propri doveri: *atteggiamento menefreghista; a scuola fa il menefreghista.*

menestrello (me-ne-strèl-lo) N.M. · Nel medioevo, chi cantava poemi e canzoni nelle corti o nelle piazze accompagnandosi con la musica.

menhir (men-hir; pronuncia *mènir* o *menìr*) N.M. INVAR. · Monumento preistorico formato da una sola pietra molto lunga conficcata verticalmente nel suolo.

> Il termine deriva da una parola bretone che significa 'pietra lunga', composta di *men* 'pietra' e *hir* 'lunga'.

meninge (me-nìn-ge) N.F. · Ciascuna delle membrane che circondano l'encefalo e il midollo spinale. Ⓔ ***Spremersi le meningi***, pensare intensamente per capire o risolvere qualcosa.

meningite (me-nin-gì-te) N.F. · Infiammazione acuta o cronica delle meningi; non curata può provocare gravi lesioni o anche la morte.

menisco (me-nì-sco) N.M. (pl. *-schi*) · Cartilagine che si trova nell'articolazione del ginocchio.

meno (mé-no) AVV., AGG. e N.M. INVAR. e PREP. || AVV. **1** In minore quantità, misura o grado Ⓒ più. **2** In matematica, indica sottrazione o numeri inferiori allo zero: *sette meno due fa cinque; il termometro è sceso a meno tre.* || AGG. Minore, inferiore per quantità: *dovevi mettere meno farina nel dolce.* || N.M. Senza articolo, quantità minore: *lo stesso vestito posso averlo per meno* • Con l'articolo determinativo, la minore quantità possibile o la cosa più piccola: *il meno che tu possa fare è ringraziare.* || PREP. A eccezione di: *ho spedito gli inviti a tutti meno* ***che*** *ai parenti più lontani* Ⓢ eccetto, tranne, salvo. Ⓔ ***A meno che***, salvo che: *non farà niente per te, a meno che tu non gli offra qualcosa in cambio* • ***Da meno***, inferiore: *quanto a capacità, non sono da meno di lui* • ***Fare a meno di qualcosa*** o ***qualcuno***, evitarlo: *potevi fare a meno di offenderlo*; rinunciarvi: *a cena non riesco a fare a meno del vino* • ***In meno*** o ***di meno***, in misura inferiore: *nel farmi il resto mi ha dato due euro in meno* • ***Meno male***, indica moderata soddisfazione: *meno male che siamo arrivati in tempo* • ***Né più né meno***, esattamente, proprio: *le cose sono andate né più né meno come ti ho riferito* • ***Niente meno che***, addirittura: *crede di essere niente meno che un genio* • ***O meno***, oppure no: *non* *ha importanza che tu intervenga o meno* • ***Più o meno***, all'incirca: *hanno più o meno la stessa età* • ***Quanto meno***, almeno: *dopo averlo umiliato di fronte a tutti dovresti quanto meno scusarti* • ***Venire meno*** → ***venire***.

Meno è il comparativo di *poco*; come avverbio unito a un aggettivo o a un altro avverbio forma il comparativo di minoranza e, quando è preceduto dall'articolo determinativo, il superlativo relativo di minoranza: *è meno intelligente di suo fratello*; *sei il meno elegante di tutti gli invitati*.

menomare (me-no-mà-re) V.TR. (*mènomo*, ecc.) · Danneggiare, rovinare: *l'incidente l'ha menomato* ***nella*** *vista*.

menomazione (me-no-ma-zió-ne) N.F. · Danno fisico: *essere affetto da una menomazione alla vista* Ⓢ invalidità; handicap (*ingl.*).

menopausa (me-no-pàu-ṣa) N.F. · Nella donna, il periodo in cui cessano in modo definitivo le mestruazioni.

mensa (mèn-sa) N.F. **1** La tavola preparata per il pasto: *sedersi a mensa*; *una mensa abbondante*. **2** Organizzazione che provvede alla preparazione e alla distribuzione dei pasti in aziende, scuole, ospedali, ecc.: *mensa aziendale* • Il luogo in cui vengono consumati questi pasti: *vieni a mangiare alla mensa?*

mensile (men-si-le) AGG. e N.M. || AGG. Legato a date che si ripetono di mese in mese: *stipendio mensile*; *abbonamento mensile*. || N.M. Rivista che si pubblica una volta al mese: *abbonarsi a un mensile* Ⓢ periodico.

mensilità (men-si-li-tà) N.F. INVAR. · Somma di denaro pagata o ricevuta una volta al mese: *il padrone di casa vuole tre mensilità anticipate*.

mensola (mèn-so-la) N.F. · Ripiano che si fissa al muro per sostenere oggetti vari: *sistemare i libri sulla mensola*.

menta (mén-ta) N.F. · Pianta erbacea con foglie dentate da cui viene estratta un'essenza usata in farmacia e nell'industria dei liquori e dei dolci • L'essenza e i prodotti da essa ottenuti: *caramelle di menta*.

mentale (men-tà-le) AGG. · Della mente: *malattie mentali*. Ⓔ ***Calcolo mentale***, eseguito senza scrivere le relative operazioni.

mentalità (men-ta-li-tà) N.F. INVAR. · Modo di pensare e di vedere le cose: *mentalità aperta, chiusa*; *cambiare mentalità*.

mentalmente (men-tal-mén-te) AVV. · Nella mente, senza parlare: *pregare mentalmente*; *ripetere mentalmente la lezione*.

mente (mén-te) N.F. · La sede del pensiero e della memoria: *ma che ti viene in mente?*; *rivolgere la mente a un problema*; *ne riparleremo a mente fresca* Ⓢ intelletto. Ⓔ ***Far mente locale***, concentrarsi su un argomento • ***Passare di mente*** o ***scappare di mente*** o ***uscire di mente***, di impegno, essere dimenticato involontariamente: *dovevo avvertirlo io, ma mi è passato di mente* • ***Porre mente a qualcosa***, dedicargli la propria attenzione • ***Richiamare alla mente***, ricordare: *richiamare alla mente il nome di una persona* • ***Ritornare in mente*** o ***tornare in mente*** o ***tornare alla mente***, di ricordi, ripresentarsi alla memoria: *quando guardo queste foto mi tornano in mente gli amici d'infanzia* • ***Tenere a mente***, non dimenticare: *tieni a mente che con lui la puntualità è importante* • ***Venire in mente***, presentarsi alla memoria: *mi viene in mente che domani sarà un anno da quando ci siamo conosciuti*.

-mente · Suffisso mediante il quale si forma in italiano la maggior parte degli avverbi di qualità; si unisce alla forma femminile degli aggettivi qualificativi: *stretta-mente*; *breve-mente*.

Il termine deriva dal latino *mens mentis* 'mente' che veniva spesso usato in espressioni come *devota mente*, *sincera mente* 'con mente devota, con mente sincera', in cui era interpretato con il significato di 'in modo'.

mentecatto (men-te-càt-to) AGG. e N.M. (f. *-a*) · Malato di mente: *comportarsi da mentecatto* Ⓢ pazzo, folle.

mentire (men-tì-re) V.INTR. (*mènto*, ecc.; o *ménto*, ecc.; aus. *avere*) · Dire bugie: *mentirebbe perfino* ***a*** *sua madre*.

mentitore (men-ti-tó-re) AGG. e N.M. (f. *-trìce*) · Che, chi mente Ⓢ bugiardo.

mento (mén-to) N.M. · La parte della faccia al di sotto del labbro inferiore: *mento sporgente*. Ⓔ ***Doppio mento*** → ***doppio***.

A B C D E F G H I J K L M N O P Q R S T U V W X Y Z

-mento · Suffisso che serve a formare nomi maschili a partire da verbi e indica 'un'azione e il suo effetto': *movimento* da *muovere*.

mentre (mén-tre) CONGIUNZ. e N.M. INVAR. || CONGIUNZ. **1** Nel tempo in cui, intanto che: *mentre facevo la doccia, squillò il telefono.* **2** Quando invece: *gli ha scritto, mentre avrebbe fatto meglio a dimenticarlo.* || N.M. Solo nell'espressione ***in quel mentre***, proprio in quel momento: *in quel mentre entrò suo padre.*

menu (me-nu; pronuncia *menù*) N.M. FR., in it. N.M. INVAR. **1** Nei ristoranti, lista dei cibi e dei vini: *ci porta il menu per favore?* Ⓢ carta • L'insieme delle portate di un pranzo: *è stato servito un menu molto vario.* **2** L'elenco delle possibili operazioni che viene visualizzato sullo schermo del computer.

menzionare (men-zio-nà-re) V.TR. (*menzióno*, ecc.) · Fare esplicito riferimento a qualcuno o a qualcosa: *menzionare un autore in un saggio* Ⓢ nominare, citare, ricordare.

menzione (men-zió-ne) N.F. · Citazione, ricordo, accenno: *un artista degno di menzione.* Ⓔ ***Far menzione di qualcuno*** o ***di qualcosa***, parlarne, nominarlo.

menzogna (men-zó-gna) N.F. · Affermazione falsa fatta in modo consapevole: *raccontare menzogne* Ⓢ bugia, falsità.

menzognero (men-zo-gnè-ro) AGG. **1** Che dice menzogne: *testimone menzognero* Ⓢ bugiardo, mentitore Ⓒ sincero. **2** Che non corrisponde alla verità: *accuse menzognere* Ⓢ falso Ⓒ veritiero.

meraviglia (me-ra-vì-glia) N.F. (pl. *-glie*) **1** Sentimento di stupore o di sorpresa: *suscitare meraviglia; noto con meraviglia che non sai rispondere.* **2** Grande piacere: *che meraviglia essere finalmente in vacanza!* **3** Motivo di ammirazione per caratteristiche eccezionali: *le sette meraviglie del mondo; quella bambina è una meraviglia.* Ⓔ ***Dire meraviglie di qualcosa*** o ***di qualcuno***, parlarne molto bene: *si dicono meraviglie del suo ultimo romanzo.*

meravigliare (me-ra-vi-glià-re) V.TR. (*meravìglio*, ecc.) || TR. Provocare stupore o sorpresa: *ha meravigliato tutti con la sua abilità* Ⓢ sorprendere, stupire. || **meravigliarsi** INTR. PRONOM. Provare stupore o sorpresa: *mi meraviglio **del** tuo cinismo; mi meraviglio **che** a quest'ora tu sia ancora a letto.*

meraviglioso (me-ra-vi-glió-so) AGG. · Che provoca una forte ammirazione: *uno spettacolo meraviglioso* Ⓢ stupendo, magnifico.

mercante (mer-càn-te) N.M. · Chi esercita un'attività commerciale, riferito soprattutto al passato: *mercante di seta; una famiglia di ricchi mercanti* Ⓢ commerciante. Ⓔ ***Fare orecchie da mercante***, far finta di non sentire • ***Mercante in fiera***, gioco di carte basato su un meccanismo simile a quello della vendita all'asta.

mercanteggiare (mer-can-teg-già-re) V.INTR. (*mercantéggio*, ecc.; aus. *avere*) · Discutere per accordarsi sul prezzo: *è stato un'ora a mercanteggiare **con** il negoziante* Ⓢ contrattare.

mercantile (mer-can-ti-le) AGG. e N.M. || AGG. **1** Che riguarda il commercio: *diritto mercantile; legge mercantile* Ⓢ commerciale. **2** Che si dedica ai traffici e al commercio: *città, regione mercantile.* || AGG. e N.M. Di mezzo di trasporto per mare che serve al commercio: *nave mercantile; un mercantile che batte bandiera italiana.*

mercanzia (mer-can-zì-a) N.F. (pl. *-zìe*) · Insieme di merci: *un magazzino pieno di mercanzia d'ogni genere.*

mercato (mer-cà-to) N.M. **1** Il luogo in cui si vendono vari generi di consumo: *fare la spesa al mercato; giovedì è giorno di mercato.* **2** L'insieme degli scambi commerciali: *il mercato dei fiori; mettere un prodotto sul mercato* Ⓢ commercio, traffico. **3** Possibilità di un prodotto di essere venduto: *un prodotto che non ha mercato.* Ⓔ ***A buon mercato***, a un prezzo conveniente: *ho comprato un paio di scarpe a buon mercato*; senza grave danno o senza sforzo: *cavarsela a buon mercato* • ***Economia di mercato***, quella fondata sulla libera concorrenza tra le aziende • ***Mercato delle pulci***, dove si vendono oggetti usati di ogni genere • ***Mercato nero***, quello clandestino in cui si vendono prodotti vietati • ***Prezzo di mercato***, il prezzo del momento.

merce (mèr-ce) N.F. · Ogni prodotto destinato alla vendita: *esporre la merce in vetrina.* Ⓔ

Treno merci, che trasporta esclusivamente merci.

mercé (mer-cé) N.F. INVAR. · Aiuto, pietà: *chiedere, domandare mercé*. Ⓔ ***Alla mercé di qualcuno***, in suo potere: *il ladro è alla mercé della folla furibonda*.

mercenario (mer-ce-nà-rio) AGG. e N.M. (f. *-a*; pl.m. *-ri*, pl.f. *-rie*) || AGG. e N.M. (f. *-a*) Che, chi svolge un'attività solo per trarne un guadagno: *truppe mercenarie; un esercito di mercenari*. || AGG. Di attività svolta solo per guadagnare denaro.

merceria (mer-ce-rì-a) N.F. (pl. *-rìe*) · Negozio in cui si vendono articoli per lavori di cucito, come aghi e fili, e alcuni capi di abbigliamento, come pigiami e calzini.

mercoledì (mer-co-le-dì) N.M. INVAR. · Il terzo giorno della settimana. Ⓔ ***Mercoledì delle Ceneri*** → ***cenere***.

Il termine deriva dal latino tardo *Mercuri dies* 'giorno di Mercurio'.

mercurio (mer-cù-rio) N.M. · Metallo di colore argenteo che si presenta liquido a temperatura ambiente; viene usato nell'industria farmaceutica, per estrarre oro e argento e per fabbricare barometri e termometri (il simbolo chimico è *Hg*).

Il termine deriva dal nome del pianeta *Mercurio*, con il quale gli alchimisti mettevano in relazione questo metallo.

merda (mèr-da) N.F. · Nel linguaggio volgare, escrementi umani o animali Ⓢ sterco; feci (PL.) • Di persona, veramente spregevole • Come esclamazione, esprime rabbia e fastidio. Ⓔ ***Di merda***, nel linguaggio volgare, brutto, schifoso: *un film di merda*.

merenda (me-rèn-da) N.F. · Pasto leggero fra il pranzo e la cena: *fare merenda con pane e salame; comprarsi la merenda* Ⓢ spuntino.

meridiana (me-ri-dià-na) N.F. · Orologio solare formato da un quadrante tracciato su un muro o su un pavimento, su cui un'asta proietta la propria ombra, indicando così l'ora del giorno. ▸ Ⓕ **dies**

meridiano (me-ri-dià-no) AGG. e N.M. || AGG. Di mezzogiorno: *il calore meridiano*. || N.M. Ognuna delle linee immaginarie a forma di semicerchio che uniscono il polo Nord e il polo Sud. Ⓔ ***Meridiano di Greenwich*** o ***meridiano zero***, quello situato presso l'osservatorio di Greenwich, vicino a Londra, che serve come riferimento per misurare la longitudine di un luogo e stabilirne l'ora. ▸ Ⓕ **dies**

meridionale (me-ri-dio-nà-le) AGG. e N.M. e F. || AGG. **1** Che si trova a sud: *emisfero meridionale; la Francia meridionale* Ⓒ settentrionale • Che viene da sud: *venti meridionali*. **2** Del sud d'Italia: *pronuncia meridionale; vini meridionali*. || AGG. e N.M. e F. Abitante, nativo dell'Italia del sud: *una ragazza meridionale; ha sposato un meridionale*. ▸ Ⓕ **dies**

meridione (me-ri-dió-ne) N.M. **1** Il sud: *si dissero a meridione*. **2** L'insieme delle regioni meridionali di un Paese: *il meridione della Francia* Ⓢ mezzogiorno Ⓒ settentrione • L'Italia del sud: *l'emigrazione dal Meridione*. ▸ Ⓕ **dies**

meringa (me-rìn-ga) N.F. (pl. *-ghe*) · Dolce preparato con la chiara d'uovo montata a neve con lo zucchero e cotto al forno: *meringa alla panna*.

meritare (me-ri-tà-re) V.TR. (*mèrito*, ecc.) · Essere degno di qualcosa: *meritare un premio, una punizione*; anche TR. PRONOM.: *meritarsi una promozione*.

meritatamente (me-ri-ta-ta-mén-te) AVV. · Con pieno merito: *vincere meritatamente una partita* Ⓢ giustamente.

meritevole (me-ri-té-vo-le) AGG. **1** Che ha le qualità richieste per ottenere qualcosa: *meritevole **di** stima, **di** biasimo*. **2** Degno di lode: *alunni meritevoli; un'azione meritevole* Ⓢ lodevole.

merito (mè-ri-to) N.M. **1** Qualità o azione con cui si ottiene la stima o la disapprovazione degli altri: *premiare secondo il merito; riconoscere i meriti di qualcuno* Ⓒ demerito. **2** Ciò che rende qualcuno degno di stima: *il suo maggior merito è la sincerità* Ⓢ pregio, valore, virtù. **3** Argomento essenziale: *entrare nel merito di una questione* Ⓢ cuore, nocciolo. Ⓔ ***A pari merito***, in una classifica, con punteggio pari: *sono arrivati primi a pari merito*

• ***In merito a***, a proposito di: *decidere in merito a una questione.*

meritorio (me-ri-tò-rio) AGG. (pl.m. *-ri*, pl.f. *-rie*) · Degno di lode: *un'azione meritoria* S meritevole, lodevole.

merletto (mer-lét-to) N.M. · Pizzo usato come ornamento del vestiario femminile: *una vestaglia con merletti* S trina.

merlo[1] (mèr-lo) N.M. (f. *-a*) · Uccello molto comune nei boschi e nei giardini; il maschio è nero lucido con becco giallo, la femmina è marrone con becco bruno in autunno e giallo in primavera.

Il verbo che indica il verso del merlo è *chioccolare* e il nome è *chioccolio.*

merlo[2] (mèr-lo) N.M. · Elemento in muratura di forma varia che si trova in cima ad alcuni edifici del passato per difesa o per decorazione: *i merli della torre.*

merluzzo (mer-lùz-zo) N.M. · Pesce diffuso nell'Atlantico e nel Baltico, di colore verdastro con macchie gialle, che può raggiungere i 50 kg di peso; è molto pescato a scopo alimentare.

mero (mè-ro) AGG. · Vero e proprio: *lo voglio sapere per mera curiosità* S puro, semplice.

mescere (mé-sce-re) V.TR. e INTR. (irreg.: ind. pres. *mésco, mésci*, ecc.; pass. rem. *mescéi* o *mescètti, mescésti*, ecc.; part. pass. *mesciùto*; aus. *avere*) · Versare da bere: *mescere il vino **agli** ospiti.*

meschinità (me-schi-ni-tà) N.F.INVAR. **1** Insufficienza di valore: *la meschinità di un dono* S miseria. **2** Grettezza d'animo: *la sua meschinità è sorprendente* S mediocrità • Atto o discorso gretto: *non lo credevo capace di simili meschinità.*

meschino (me-schì-no) AGG. **1** Che mostra grettezza morale: *un animo meschino; pensieri meschini* S misero, gretto. **2** Non adeguato o non sufficiente: *uno stipendio meschino* S povero, scarso, modesto.

Il termine deriva da una parola araba che significa 'povero'.

mescita (mé-sci-ta) N.F. **1** L'atto di versare da bere. **2** Locale in cui si servono al banco vini o liquori.

mescolanza (me-sco-làn-za) N.F. · Il risultato dell'unione di elementi diversi: *una mescolanza di stili; una mescolanza di spezie* S miscuglio.

mescolare (me-sco-là-re) V.TR. (*méscolo*, ecc.) || TR. **1** Mettere insieme elementi diversi formando una massa unica: *mescolare l'acqua **con** il vino; mescolare i colori sulla tavolozza* S mischiare. **2** Mettere in disordine: *chi ha mescolato tutti i miei documenti?* **3** Rigirare con uno strumento adatto: *mescolare la polenta.* || **mescolarsi** INTR.PRONOM. **1** Unirsi formando una massa omogenea: *l'olio non si mescola **con** l'acqua.* **2** Di persona, confondersi in una massa: *si mescolò **tra** la folla* • Avere a che fare: *non voglio mescolarmi **con** gente da poco.*

mese (mé-se) N.M. **1** Ciascuna delle dodici parti, che durano dai 28 ai 31 giorni, in cui è suddiviso l'anno: *ogni stagione dura tre mesi.* **2** Somma di denaro pagata o ricevuta una volta al mese: *il proprietario dell'appartamento vuole tre mesi anticipati* S mensilità.

mesocarpo (me-so-càr-po) N.M. · La parte di mezzo della parete del frutto.

mesolitico (me-so-li-ti-co) AGG. e N.M. (pl.m. *-ci*, pl.f. *-che*) · Del periodo preistorico compreso tra il Paleolitico e il Neolitico, caratterizzato da utensili di selce molto piccoli.

mesopotamico (me-so-po-tà-mi-co) AGG. (pl.m. *-ci*, pl.f. *-che*) · Della Mesopotamia, della sua civiltà e del suo popolo.

mesozoico (me-so-zòi-co) AGG. (pl.m. *-ci*, pl.f. *-che*) · ***Era mesozoica*** (o *il Mesozoico* N.M.), la terza era della storia geologica della Terra, suddivisa nei tre periodi *triassico, giurassico* e *cretaceo*; fu caratterizzata dalla presenza dei dinosauri, dallo sviluppo dei rettili e dalla comparsa degli uccelli e dei mammiferi.

messa[1] (més-sa) N.F. · Il più importante rito religioso del Cristianesimo cattolico e ortodosso, in cui viene ricordato il sacrificio di Gesù Cristo morto sulla croce: *il Papa ha celebrato la messa; va a messa tutte le domeniche.*

Il termine deriva dal latino *missa*, participio passato di *mittere* 'mandare' (→ ***mettere***); il termine *missa* è tratto dalla formula di congedo pronunciata al termine del rito *ite missa est*, che in origine significava 'andate, (l'Eucarestia) è stata mandata (agli assenti e alle comunità vicine)', poi passata a indicare 'congedo, scioglimento'.

messa[2] (més-sa) N.F. · L'atto di mettere: *l'azienda procederà alla messa **in** vendita delle azioni.* Ⓔ ***Messa in moto***, avviamento del motore • ***Messa in piega***, dei capelli, quando vengono asciugati e pettinati in modo da dar loro un aspetto ordinato • ***Messa in scena*** → ***messinscena***.

messaggero (mes-sag-gè-ro) N.M. (f. -*a*) · Chi ha il compito di comunicare notizie: *Mercurio era il messaggero degli dei* Ⓢ ambasciatore, messo.

messaggiare (mes-sag-già-re) V.TR. (*messàggio*, ecc.) · Contattare con un messaggino: *l'ho messaggiato ieri, ma non mi ha ancora risposto* • Comunicare con un messaggino: *messaggiami l'ora della lezione.*

messaggino (mes-sag-gì-no) N.M. · Breve messaggio di testo inviato o ricevuto con il telefono cellulare: *mandare un messaggino di auguri.*

messaggio (mes-sàg-gio) N.M. (pl. -*gi*) **1** Notizia inviata per mezzo di una persona incaricata o trasmessa attraverso i mezzi di telecomunicazione: *gli ho inviato un messaggio per mezzo di un amico; ti ho lasciato un messaggio nella segreteria telefonica* Ⓢ comunicazione, avviso. **2** Discorso ufficiale: *il messaggio del presidente alla nazione.* **3** Insegnamento, dottrina: *il messaggio di pace del cristianesimo.*

messale (mes-sà-le) N.M. · Libro che contiene i testi delle letture e delle preghiere per celebrare la messa.

messe (mès-se) N.F. **1** SPESSO AL PL. La quantità di cereali pronti per la raccolta: *le messi dorate ondeggiano al vento.* **2** Il risultato di un'intensa attività: *una messe di onori.*

Messia (Mes-sì-a) N.M.INVAR. **1** Per la religione ebraica, il Salvatore promesso da Dio; per i cristiani, Gesù Cristo. **2** In genere con iniziale minuscola, persona attesa da tempo per attuare un miracoloso rinnovamento: *il nuovo direttore è stato accolto come un messia* Ⓢ salvatore.

messicano (mes-si-cà-no) AGG. e N.M. (f. -*a*) || AGG. Del Messico. || N.M. (f. -*a*) Abitante, nativo del Messico.

messinscena (mes-sin-scè-na) (o **messa in scena**) N.F. **1** L'allestimento di un lavoro teatrale: *una messinscena molto originale.* **2** Comportamento falso: *il rapimento era solo una messinscena* Ⓢ finzione.

messo[1] (més-so) N.M. · Chi ha l'incarico di riferire comunicazioni ufficiali: *i messi del re furono ricevuti; messo comunale* Ⓢ messaggero, inviato.

messo[2] (més-so) · Participio pass. → ***mettere***.

mestiere (me-stiè-re) N.M. **1** L'attività con cui una persona si guadagna da vivere: *il mestiere del fabbro, del fornaio; fa il fotografo di mestiere* Ⓢ lavoro, attività. **2** Abilità nel lavoro dovuta all'esperienza: *avere mestiere; conoscere i segreti del mestiere.* Ⓔ ***Gli incerti del mestiere***, gli imprevisti che possono capitare nello svolgimento della propria attività.

mestizia (me-stì-zia) N.F. (pl. -*zie*) · Stato d'animo di chi è triste: *occhi pieni di mestizia* Ⓢ tristezza, malinconia.

mesto (mè-sto) AGG. · Che rivela tristezza: *un mesto sorriso* Ⓢ triste, malinconico.

mestolo (mé-sto-lo) N.M. · Arnese da cucina, in genere di legno, che si usa per mescolare i cibi.

mestruale (me-stru-à-le) AGG. · Della mestruazione: *disturbi mestruali.* Ⓔ ***Ciclo mestruale*** → ***ciclo***[1].

mestruazione (me-strua-zió-ne) N.F. · La perdita di sangue dall'apparato genitale che si verifica nella donna una volta al mese se non è in corso una gravidanza: *avere le mestruazioni; le sono venute le mestruazioni* Ⓢ ciclo.

mestruo (mè-struo) N.M. · Il sangue delle mestruazioni.

meta (mè-ta) N.F. **1** Punto d'arrivo: *la meta di un viaggio; camminare senza meta* Ⓢ destina-

A B C D E F G H I J K L M N O P Q R S T U V W X Y Z

zione. **2** Risultato a cui si mira: *una meta ambiziosa; la mia meta principale è la laurea* Ⓢ scopo, fine, obiettivo.

Il termine deriva dal latino *meta* 'oggetto a forma di cono', che indicava le due colonne attorno a cui i carri dovevano girare per completare il percorso di gara nel circo romano.

metà (me-tà) N.F. INVAR. · Ciascuna delle due parti uguali in cui può essere diviso qualcosa: *ha mangiato metà della torta; si vende a metà prezzo* • Il punto che divide in due parti uguali: *siamo alla metà del mese; incontriamoci a metà strada.* Ⓔ ***A metà***, in due parti uguali: *taglia la stoffa a metà*; ***fare a metà***, dividere qualcosa tra due persone in parti uguali • ***Dire a metà***, senza esprimere completamente il proprio pensiero • ***Lasciare a metà***, non finire.

metabolismo (me-ta-bo-li-ṣmo) N.M. · L'insieme delle reazioni chimiche che si svolgono in ogni organismo vivente e che consentono la trasformazione del cibo ingerito in energia.

M

metafisica (me-ta-fì-ṣi-ca) N.F. (pl. *-che*) · Parte della filosofia che studia l'essenza della realtà escludendo qualsiasi dato dell'esperienza: *la metafisica greca.*

metafisico (me-ta-fì-ṣi-co) AGG. (pl.m. *-ci*, pl.f. *-che*) **1** Che riguarda la metafisica: *problemi metafisici.* **2** Che non ha legami con la realtà concreta: *una visione metafisica del mondo* Ⓢ astratto.

metafora (me-tà-fo-ra) N.F. · Figura retorica che consiste nella sostituzione di un termine con un altro in base a un paragone: *le spighe ondeggiano*, come se fossero un mare; *il re della foresta*, come se il leone fosse un uomo. Ⓔ ***Fuor di metafora***, con chiarezza, esplicitamente.

metaforico (me-ta-fò-ri-co) AGG. (pl.m. *-ci*, pl.f. *-che*) · Che presenta un significato figurato: *espressione metaforica; linguaggio metaforico.*

metagramma (me-ta-gràm-ma) N.M. (pl. *-i*) · Gioco enigmistico consistente nel passare da una parola all'altra cambiando ogni volta una sola lettera: per es. *parto, pasto, fasto, tasto, testo, tetto, tatto*, ecc.

metallico (me-tàl-li-co) AGG. (pl.m. *-ci*, pl.f. *-che*) **1** Fatto di uno o più metalli: *pezzo metallico; materiali metallici.* **2** Che ha le caratteristiche dei metalli: *lucentezza metallica; suono metallico.*

metallifero (me-tal-lì-fe-ro) AGG. · Che contiene metalli: *giacimento metallifero.*

metallizzato (me-tal-liẓ-ẓà-to) AGG. · Trattato in modo da assumere un aspetto metallico: *carta metallizzata* • Di colore, che ha una lucentezza simile a quella del metallo: *grigio scuro metallizzato.* Ⓔ ***Vernice metallizzata***, che contiene polveri di metallo, usata soprattutto per la carrozzeria delle automobili.

metallo (me-tàl-lo) N.M. **1** Ogni elemento chimico caratterizzato dal fatto di trasmettere facilmente il calore e l'elettricità e di essere molto duttile e malleabile: *il piombo è un metallo.* **2** Lega metallica: *il bronzo e l'ottone sono metalli.*

metallurgia (me-tal-lur-gi-a) N.F. (pl. *-gìe*) · L'insieme dei procedimenti di estrazione e di lavorazione dei metalli fino alla loro trasformazione in prodotti industriali.

metallurgico (me-tal-lùr-gi-co) AGG. (pl.m. *-ci*, pl.f. *-che*) · Che riguarda l'estrazione e la lavorazione dei metalli: *l'industria metallurgica.*

metalmeccanico (me-tal-mec-cà-ni-co) AGG. e N.M. (f. *-a*; pl.m. *-ci*, pl.f. *-che*) || AGG. Dell'industria metallurgica e meccanica: *industria metalmeccanica.* || N.M. (f. *-a*) Chi lavora nelle industrie metallurgiche e meccaniche: *sindacato dei metalmeccanici.*

metamorfosi (me-ta-mòr-fo-ṣi) N.F. INVAR. **1** Nei racconti mitologici o di fantasia, trasformazione di un essere vivente o di un oggetto in un altro: *la metamorfosi degli alberi in ninfe.* **2** Il cambiamento di un essere vivente durante il suo sviluppo: *la metamorfosi del girino in rana.* **3** Profonda modificazione: *il suo comportamento ha subito una radicale metamorfosi* Ⓢ trasformazione, cambiamento, mutamento.

Il termine deriva da una parola greca che significa ‘trasformazione’, composta di *meta-* ‘oltre, dopo’ e *morphé* ‘forma’.

metano (me-tà-no) N.M. · Gas incolore, inodore, non tossico, presente in molti gas naturali; viene usato come combustibile per usi domestici e industriali.

metanodotto (me-ta-no-dót-to) N.M. · Impianto per il trasporto e la distribuzione del gas metano.

metastasi (me-tà-sta-ṣi) N.F. INVAR. · Diffusione di tumori nell’organismo in punti distanti da quello del tumore iniziale: *non sembra che ci siano metastasi.*

metatarso (me-ta-tàr-so) N.M. · L’insieme delle cinque ossa del piede fra il tarso e le dita.

metempsicosi (me-tem-psi-cò-ṣi) N.F. INVAR. · Secondo alcune dottrine filosofiche e religiose, il passaggio dell’anima in un altro corpo dopo la morte Ⓢ reincarnazione.

meteora (me-tè-o-ra) N.F. **1** Meteorite che lascia una scia luminosa mentre cade. **2** Persona o fenomeno che gode di grande successo per poco tempo: *non puoi ricordarti di quel cantante, è stato solo una meteora.*

meteorite (me-te-o-rì-te) N.M. O F. · Frammento di corpo celeste di varie dimensioni che cade sulla superficie terrestre.

meteorologia (me-te-o-ro-lo-gì-a) N.F. (pl. *-gìe*) · Scienza che si occupa dei fenomeni atmosferici.

meteorologico (me-te-o-ro-lò-gi-co) AGG. (pl.m. *-ci*, pl.f. *-che*) · Che riguarda l’osservazione dei fenomeni atmosferici: *bollettino meteorologico.*

meticcio (me-tìc-cio) N.M. (f. *-a*; pl.m. *-ci*, pl.f. *-ce*) **1** In America, chi è nato da un genitore di origine europea e uno nativo. **2** Animale nato da genitori di razze diverse.

meticoloso (me-ti-co-ló-so) AGG. · Eccessivamente scrupoloso: *un esame meticoloso della situazione; un cliente meticoloso.*

metodico (me-tò-di-co) AGG. (pl.m. *-ci*, pl.f. *-che*) **1** Svolto secondo un criterio preciso: *uno studio metodico* Ⓢ sistematico, ordinato. **2** Che opera con ordine e costanza: *un impiegato metodico* Ⓢ preciso • Che tende alla monotonia: *una vita metodica* Ⓢ abitudinario, monotono.

metodo (mè-to-do) N.M. **1** Insieme di regole che garantisce un risultato positivo: *metodo d’insegnamento, di studio; seguire un metodo* Ⓢ sistema. **2** Regolarità, costanza: *studiare con metodo.* **3** Modo di agire o di comportarsi: *il suo metodo mi piace poco* Ⓢ comportamento.

Il termine deriva da una parola greca che significa ‘strada che conduce più avanti’, composta di *meta-* ‘oltre, dopo’ e *hodós* ‘strada, via’.

metodologia (me-to-do-lo-gì-a) N.F. (pl. *-gìe*) **1** L’insieme dei principi di metodo su cui si basa una scienza. **2** L’impiego rigoroso di un certo metodo.

metodologico (me-to-do-lò-gi-co) AGG. (pl.m. *-ci*, pl.f. *-che*) · Che riguarda la metodologia o un metodo: *principi metodologici.*

metonimia (me-to-nì-mia) N.F. (pl. *-mie*) · Figura retorica che consiste nel sostituire una parola con un’altra che ha con la prima qualche rapporto; per es., il nome della causa per quello dell’effetto (*vivere del proprio lavoro*), della materia per l’oggetto (*collezionare bronzi antichi*), dell’astratto per il concreto (*battere la concorrenza*).

metraggio (me-tràg-gio) N.M. (pl. *-gi*) · Misurazione di una lunghezza in metri: *il metraggio di una stoffa.*

-metria · Secondo elemento di parole composte che significa ‘misura, misurazione’: *trigonometria*, la misurazione dei triangoli.

metrica (mè-tri-ca) N.F. (pl. *-che*) · L’insieme delle regole per comporre versi: *trattato di metrica.*

metrico (mè-tri-co) AGG. (pl.m. *-ci*, pl.f. *-che*) **1** Che riguarda le misure e la misurazione. **2** Che riguarda la metrica: *regole metriche.* Ⓔ ***Sistema metrico decimale*** → ***decimale***.

-metrico · Secondo elemento di parole composte che significa ‘che riguarda la misurazione’: *cronometrico*, che riguarda la misurazione del tempo.

A B C D E F G H I J K L **M** N O P Q R S T U V W X Y Z

metro (mè-tro) N.M. **1** Unità di misura di lunghezza del sistema metrico decimale; il simbolo è *m*: *la libreria è lunga due metri.* **2** Strumento per misurare la lunghezza: *il metro del falegname, della sarta.* **3** Insieme di principi che sono alla base di un giudizio: *giudicare solo con il proprio metro.* **4** Nella poesia, l'unità di misura del verso. Ⓔ ***Metro cubo***, unità di misura del volume (simbolo m^3 e *mc*) • ***Metro quadrato***, unità di misura della superficie (simbolo m^2 e *mq*).

> Il termine deriva dal greco *métron* 'misura', attraverso il francese; fu scelto come unità di misura lineare universale in Francia nel 1791.

-metro **1** Secondo elemento di parole composte che significa 'misura' o 'che misura': *perimetro*, la misura del contorno; *termometro*, strumento che misura la temperatura. **2** Secondo elemento di parole composte che indica multipli e sottomultipli del metro: *chilometro; decimetro.*

metronomo (me-trò-no-mo) N.M. · Strumento per battere il tempo in musica.

metronotte (me-tro-nòt-te) N.M. INVAR. · Guardia privata che è in servizio di notte.

metropoli (me-trò-po-li) N.F. INVAR. · Città molto grande e importante: *New York è una metropoli statunitense.*

> Il termine deriva dal greco *metrópolis* 'città madre', composto a sua volta di *méter* 'madre' e *pólis* 'città'.

metropolitana (me-tro-po-li-tà-na) N.F. · Ferrovia, di solito sotterranea, che collega velocemente le varie zone di una grande città: *la stazione della metropolitana; prendere la metropolitana.*

metropolitano (me-tro-po-li-tà-no) AGG. · Di una grande città: *traffico metropolitano.*

mettere (mét-te-re) V.TR. (irreg.: ind. pres. *métto*, ecc.; pass. rem. *mìṣi*, *mettésti*, *mìṣe*, *mettémmo*, *mettéste*, *mìṣero*; part. pass. *désso*) || TR. **1** Collocare in un luogo: *metti il libro **sullo** scaffale; mettete i piatti **in** tavola* Ⓢ sistemare, porre Ⓒ levare, togliere. **2** Sistemare con uno scopo: *metto **ad** asciugare i panni; mettere **a** letto i bambini* • Destinare a un incarico: *l'hanno messo **a** dirigere il traffico.* **3** Porre sopra: *mettere una trina **alla** tovaglia; mettere un cerotto **su** una ferita* Ⓢ applicare, attaccare. **4** Porsi addosso: *mettere la giacca, il casco*; anche TR. PRONOM.: *mettiti il cappotto perché fa freddo; si mise gli occhiali e cominciò a leggere* Ⓢ indossare, infilare, vestire. **5** Eseguire l'installazione di un impianto: *mettere il gas, il telefono* Ⓢ installare, impiantare. **6** Introdurre un elemento in aggiunta ad altri: *qui ci metterei una virgola; il governo metterà nuove tasse* Ⓢ inserire, aggiungere. **7** Considerare come supposizione: *mettiamo **che** abbia detto il vero* Ⓢ ammettere, supporre, ipotizzare. **8** Causare un effetto: *è una cosa che mette paura; l'aria di montagna mette appetito* Ⓢ suscitare, provocare. **9** Nella forma ***metterci***, impiegare una certa quantità di tempo: *il treno da Roma a Firenze ci mette due ore.* || **mettersi** RIFL. **1** Prendere posto: *si metta comoda; mettersi **a** tavola* Ⓢ collocarsi, posizionarsi. **2** Cominciare a fare qualcosa: *il treno si mise **a** correre; mettiamoci **al** lavoro.* || **mettersi** INTR. PRONOM. Procedere in un certo modo: *le cose si mettono male; il tempo si è messo **al** bello* Ⓢ evolversi, volgere. Ⓔ ***Mettere a fuoco*** → **fuoco** • ***Mettere al mondo***, partorire • ***Mettere al muro***, fucilare • ***Mettere bocca*** → **bocca** • ***Mettere giudizio***, diventare più maturo • ***Mettere (le) radici*** → **radice** • ***Mettere un freno*** → **freno** • ***Mettersi insieme***, associarsi o fidanzarsi: *si mise insieme a due amici e aprì un bar; da quando s'è messo con Maria non esce più* • ***Mettersi sotto***, impegnarsi con tutte le energie in un lavoro • ***Metter sotto qualcuno***, sopraffarlo: *la moglie lo ha messo sotto*; di veicoli, investire: *è stato messo sotto da una macchina* • ***Metter su qualcosa***, organizzarlo: *hanno messo su una bella festa* • ***Metter su qualcuno***, spingerlo alla violenza: *stanno cercando di mettere su la folla.*

> Il termine deriva dal latino *mittere* 'mandare'; dal latino *mittere* derivano anche i verbi, coniugati allo stesso modo, **ammettere**, **commettere**, **dimettere**, **emettere**, **immettere**, **intromettersi**, **manomettere**, **omettere**, **permettere**, **premettere**, **promettere**, **trasmettere** e i termini **messa**[1], **messaggio**, **missile**, **missione**, **missiva** e **mittente**.

mezza (mè̩z-z̩a) N.F. **1** Mezz'ora dopo un certo orario: *dovevamo vederci alle otto e sei arrivato alla mezza.* **2** Mezzogiorno e mezzo: *è tornato alla mezza.*

mezzadria (mez̩-z̩a-drì-a) N.F. (pl. *-drìe*) · Contratto agrario per cui il proprietario di un terreno e il contadino che vi lavora si dividono i prodotti.

mezzadro (mez̩-z̩à-dro) N.M. (f. *-a*) · Contadino che lavora un terreno con un contratto di mezzadria.

mezzaluna (mez̩-za-lù-na) (o **mezza luna**) N.F. (pl. *mez̩z̩elùne* o *mè̩z̩z̩e lùne*) **1** L'aspetto della Luna, quando è illuminata per metà • Il disegno che lo rappresenta: *la mezzaluna è il simbolo dell'Islam.* **2** Strumento a lama curva con due manici, usato in cucina per tritare: *passami la mezzaluna.*

mezzanino (mez̩-z̩a-nì-no) N.M. · In un edificio, il piano intermedio tra il piano terreno e il primo piano.

mezzanotte (mez̩-z̩a-nòt-te) N.F. (pl. raro *mez̩z̩enòtti* o *mez̩z̩anòtti*) · L'istante che corrisponde alle ore 24 e che segna l'inizio del giorno successivo: *andare a letto a mezzanotte; studiare fino a mezzanotte.*

mezzelune (mez̩-z̩e-lù-ne) · Plurale → ***mezzaluna***.

mezzeria (mez̩-z̩e-rì-a) N.F. (pl. *-rìe*) · Linea che divide una strada a metà nel senso della lunghezza.

mezzo[1] (mè̩z-z̩o) AGG. e N.M. || AGG. **1** Che corrisponde alla metà di un intero: *una mezza porzione; ci ho impiegato mezz'ora.* **2** Non certo, non ben definito: *avrei una mezza idea di rinunciare; ho fatto solo una mezza promessa* Ⓢ vago, confuso. **3** Che si trova nel punto centrale di uno spazio o di un periodo di tempo: *essere a mezza strada; una persona di mezza età.* || N.M. **1** La metà di un intero: *ti tocca un mezzo del guadagno.* **2** Il punto centrale di uno spazio o di un periodo di tempo: *nel mezzo del lago* Ⓢ centro. Ⓔ ***Di mezzo***, da davanti, dal passaggio: *leva di mezzo questa sedia!*; ***andarci di mezzo***, rimanere coinvolto in qualcosa di negativo: *non vorrei andarci di mezzo proprio io!* • ***Fare a mezzo***, spartirsi: *rubano e poi fanno a mezzo* • ***Il giusto mezzo***, la giusta misura • ***Lasciare a mezzo***, non terminare, interrompere: *lasciò il discorso a mezzo e se ne andò*; ***rimanere a mezzo***, interrompersi: *è rimasto a mezzo del discorso* • ***La via di mezzo***, la situazione intermedia.

mezzo[2] (mè̩z-z̩o) N.M. **1** Ciò che serve per uno scopo: *tentare con tutti i mezzi; il fine giustifica i mezzi* Ⓢ modo, maniera. **2** Ogni veicolo che trasporta persone o cose: *mezzi di trasporto; mezzi pubblici.* **3** AL PL. Risorse economiche: *essere privo di mezzi* Ⓢ denaro, ricchezza. **4** In grammatica: ***complemento di mezzo*** o ***strumento***, indica la persona o la cosa attraverso cui avviene l'azione (*con il fuoco ci si scalda; spedire per posta; coprire di fiori; le persone le giudico dalle azioni; barca a motore; te lo dirò in poche parole*). Ⓔ ***Per mezzo di***, tramite: *comunicare per mezzo di una trasmittente* • ***Vivere al di sopra dei propri mezzi***, spendere più di quanto consentirebbero le entrate.

mezzofondista (mez̩-z̩o-fon-dì-sta) N.M. e F. (pl.m. *-i*, pl.f. *-e*) · Atleta specialista di gare che si svolgono su percorsi di media lunghezza.

mezzofondo (mez̩-z̩o-fón-do) N.M. · Gara sportiva che, anche se richiede doti di velocità e resistenza, si svolge su percorsi limitati.

mezzogiorno (mez̩-z̩o-giór-no) N.M. **1** L'istante che corrisponde alle ore 12: *si mangia a mezzogiorno.* **2** Il sud: *la nostra finestra guarda a mezzogiorno.* **3** La parte meridionale di una regione: *il mezzogiorno della Francia* Ⓢ meridione Ⓒ settentrione. Ⓔ ***Il Mezzogiorno***, l'Italia meridionale. ▸ Ⓕ **dies**

mezzosangue (mez̩-z̩o-sàn-gue) (o **mezzo sangue**) N.M. e F. INVAR. · Cavallo nato dall'incrocio fra uno stallone di razza pura e una giumenta di razza comune.

mi[1] PRON. PERS. · Forma atona del pronome personale di prima persona singolare *io* usata come complemento oggetto e complemento di termine: *tu mi guardi*, guardi me; *tu mi dici*, tu dici a me.

Il pronome *mi* si mette sempre prima del verbo; si mette dopo solo quando il verbo è all'imperativo, all'infinito, al gerundio o al

A B C D E F G H I J K L **M** N O P Q R S T U V W X Y Z

participio: *mi guardano*; *guardami*; *guardarmi*; quando si appoggia a imperativi di una sola sillaba la consonante iniziale viene raddoppiata: *fammi vedere*; davanti a *lo*, *la*, *le*, *li*, *ne* è sostituito da *me*: *non me lo dice*; *non dirmelo*.

mi[2] N.M. INVAR. · Terza nota della scala musicale di *do*.

Il termine deriva dalla prima sillaba della parola con cui inizia il terzo versetto dell'inno liturgico a san Giovanni Battista; per l'etimologia completa dei nomi delle note musicali → *re*[1].

miagolare (mia-go-là-re) V.INTR. (*miàgolo*, ecc.; aus. *avere*) · Del gatto, fare il proprio verso caratteristico: *il gattino miagolava impaurito*.

miagolio (mia-go-lì-o) N.M. (pl. *-lìi*) · Il verso prolungato del gatto.

miasma (mi-à-ṣma) N.M. (pl. *-i*) · Gas o vapore malsano, proveniente da sostanze in decomposizione o da acque stagnanti: *i miasmi della palude*.

M

mica (mì-ca) AVV. **1** Non: *mica per sapere i fatti tuoi* • Affatto, usato per rafforzare una negazione: *non sono mica stato io!* **2** In una domanda, per caso: *non ti sarai mica offeso?* Ⓔ ***Mica male***, esprime un giudizio positivo: *mica male quella ragazza!*

miccia (mìc-cia) N.F. (pl. *-ce*) · Cordoncino formato da sostanze infiammabili che serve ad accendere le cariche esplosive: *dar fuoco alla miccia*.

micelio (mi-cè-lio) N.M. (pl. *-li*) · Corpo dei funghi, formato da numerosi filamenti intrecciati.

miceneo (mi-ce-nè-o) AGG. e N.M. (f. *-a*; pl.m. *-nèi*, pl.f. *-nèe*) · Dell'antica città greca di Micene: *civiltà, arte micenea*.

micete (mi-cè-te) N.M. · Fungo.

micidiale (mi-ci-dià-le) AGG. **1** Che può provocare la morte: *armi micidiali* Ⓢ letale, mortale. **2** Che dà molto fastidio: *un caldo micidiale* Ⓢ insopportabile, tremendo.

micio (mì-cio) N.M. (f. *-a*; pl.m. *-ci*, pl.f. *-cie* o *-ce*) · Nel linguaggio familiare, gatto: *dove è finito il micio?*

micosi (mi-cò-ṣi) N.F. INVAR. · Malattia infettiva causata da funghi parassiti: *micosi della pelle*.

micro- **1** Primo elemento di parole composte che significa 'piccolo, di piccole dimensioni': *microfilm*. **2** Primo elemento di parole composte che significa 'visibile solo al microscopio': *microrganismo*.

microbo (mì-cro-bo) o **microbio** (mi-crò-bio) N.M. · Microrganismo che provoca malattie: *isolare un microbo*.

La variante *microbio* è meno usata, ma è quella più corretta.

microfibra (mi-cro-fì-bra) N.F. · Tessuto sintetico leggerissimo: *tela in microfibra di nylon*.

microfilm (mi-cro-film) N.M. INVAR. · Pellicola fotografica di piccole dimensioni: *esaminare il microfilm di un antico manoscritto*.

microfono (mi-crò-fo-no) N.M. · Apparecchiatura che serve ad aumentare l'intensità dei suoni e a trasmettere programmi radiofonici e televisivi: *parlare, cantare al microfono*.

microonda (mi-cro-ón-da) N.F. · Onda elettromagnetica di lunghezza inferiore a 30 cm. Ⓔ ***Forno a microonde*** (o *il microonde* N.M.), che sfrutta le onde elettromagnetiche per riscaldare i cibi. ▸ Ⓕ **unda**

microorganismo (mi-cro-or-ga-nì-ṣmo) → ***microrganismo***.

microprocessore (mi-cro-pro-ces-só-re) N.M. · Dispositivo elettronico che costituisce l'unità centrale di un computer.

microrganismo (mi-cror-ga-nì-ṣmo) N.M. · Individuo animale o vegetale che si vede solo se viene molto ingrandito: *i batteri e i virus sono microrganismi*.

microscopico (mi-cro-scò-pi-co) AGG. (pl.m. *-ci*, pl.f. *-che*) · Così piccolo da poter essere visto solo con il microscopio: *organismi microscopici*.

microscopio (mi-cro-scò-pio) N.M. (pl. *-pi*) · Strumento che serve a dare immagini ingrandite di oggetti molto piccoli.

microsolco (mi-cro-sól-co) N.M. (pl.m. *-chi*) · Solco con cui vengono incisi i dischi musicali • Il disco così inciso.

microspia (mi-cro-spì-a) N.F. (pl. *-spìe*) · Apparecchio elettronico molto piccolo, usato per intercettare le conversazioni telefoniche Ⓢ cimice.

midolla (mi-dól-la) N.F. · Mollica del pane.

midollo (mi-dól-lo) N.M. · Sostanza bianca e molle che si trova nelle ossa. Ⓔ ***Fino al midollo***, fin dentro le ossa, totalmente: *mi sono bagnato fino al midollo* • ***Midollo spinale***, contenuto nella colonna vertebrale.

miele (miè-le) N.M. · Sostanza molto dolce di colore biondo, prodotta dalle api con il nettare dei fiori, che viene raccolta per essere usata come dolcificante: *miele di castagno.* Ⓔ ***Luna di miele*** → *luna*.

mietere (miè-te-re) V.TR. (*mièto*, ecc.) **1** Tagliare i cereali maturi: *mietere il grano; in collina non hanno ancora mietuto* Ⓢ falciare. **2** Far morire: *la guerra ha mietuto milioni di vittime* Ⓢ uccidere, abbattere, sterminare. **3** Raccogliere in gran quantità: *mietere successi* Ⓢ conquistare, ottenere.

mietitore (mie-ti-tó-re) N.M. (f. *-trìce*) · Chi miete il grano o altri cereali.

mietitura (mie-ti-tù-ra) N.F. · L'operazione di tagliare e raccogliere il grano o altri cereali Ⓢ raccolta • Il tempo in cui si effettua questa operazione: *durante la mietitura* • Il grano raccolto: *un'abbondante mietitura.*

miglia (mì-glia) · Plurale femminile → ***miglio***[1].

migliaio (mi-glià-io) N.M. (pl.f. *le migliàia*) **1** Insieme di mille o circa mille elementi: *i prigionieri saranno stati un migliaio* • Grande quantità: *abbiamo ricevuto migliaia di telefonate.* **2** Nel sistema di numerazione decimale, la cifra che occupa il quarto posto, dopo quello delle unità, delle decine e delle centinaia.

miglio[1] (mi-glio) N.M. (pl.f. *le mìglia*) **1** Unità di misura di lunghezza presso vari popoli antichi e moderni; nei Paesi anglosassoni oggi equivale a circa 1600 metri. **2** Distanza notevole: *si vede lontano un miglio che non hai studiato.*

miglio[2] (mi-glio) N.M. (pl. *-gli*) · Erba annua con fiori in pannocchie; i suoi chicchi sono impiegati nell'alimentazione degli animali, soprattutto degli uccelli.

miglioramento (mi-glio-ra-mén-to) N.M. · Cambiamento favorevole o vantaggioso: *il miglioramento delle condizioni di lavoro; il malato è in via di miglioramento* Ⓒ peggioramento.

migliorare (mi-glio-rà-re) V.TR. e INTR. (*miglióro*, ecc.) || TR. Cambiare qualcosa in meglio: *migliorare una legge; migliorare la propria posizione* Ⓒ peggiorare. || INTR. (aus. *essere*) **1** Modificarsi in meglio: *il suo carattere è migliorato molto; da domani il tempo migliorerà.* **2** Di persona, fare progressi negli studi o in un'attività: *a scuola è migliorato; migliorare* ***in*** *matematica* • Stare meglio in salute: *il paziente va migliorando.*

migliore (mi-glió-re) AGG. e N.M. e F. · Che, chi è più buono: *sperare in tempi migliori; i tuoi voti sono migliori* ***di*** *quelli dell'anno scorso; cercava la soluzione migliore al suo problema; è tra i migliori* ***della*** *sua classe* Ⓒ peggiore.

Migliore è il comparativo di *buono*; preceduto dall'articolo determinativo, ha valore di superlativo relativo: *è l'uomo migliore che abbia conosciuto.*

miglioria (mi-glio-rì-a) N.F. (pl. *-rìe*) · Ciò che serve a migliorare, soprattutto edifici e installazioni: *opere di miglioria alla facciata del palazzo* Ⓢ miglioramento.

mignolo (mì-gno-lo) N.M. · Il quinto dito della mano e del piede.

migrare (mi-grà-re) V.INTR. (aus. *essere*) · Trasferirsi in un luogo diverso: *quando arriva l'autunno molti uccelli migrano* ***verso*** *sud.*

migratore (mi-gra-tó-re) AGG. e N.M. (f. *-trìce*) · Che, chi cambia abitualmente il luogo in cui vive: *uccelli migratori; tribù di migratori.*

migratorio (mi-gra-tò-rio) AGG. (pl.m. *-ri*, pl.f. *-rie*) · Che riguarda la migrazione: *flussi migratori.*

migrazione (mi-gra-zió-ne) N.F. · Grande spostamento di uomini o animali da un luogo a un altro: *le migrazioni dei barbari; la migrazione delle anguille* Ⓢ trasferimento.

mila (mì-la) AGG. NUM. CARD. e N.F.PL. · Plurale di *mille,* quando il migliaio è moltiplicato da un numero precedente, con cui per lo più va unito nella scrittura: *duemila, venticinquemila.*

milanese (mi-la-né-se) AGG. e N.M. e F. || AGG. Di Milano. || N.M. e F. Abitante, nativo di Milano.

miliardario (mi-liar-dà-rio) AGG. e N.M. (f. *-a*; pl.m. *-ri*, pl.f. *-rie*) · Che, chi possiede uno o più miliardi: *aveva uno zio miliardario; è un club per miliardari.*

miliardo (mi-liàr-do) N.M. **1** Quantità composta da mille milioni di unità: *nel mondo ci sono sei miliardi di persone* • La somma di denaro che corrisponde a mille milioni: *il governo ha investito un miliardo di euro per la ricerca.* **2** Grandissima quantità: *te l'avrò detto un miliardo di volte* Ⓢ infinità.

miliare (mi-lià-re) AGG. · Solo nell'espressione ***pietra miliare***, sulle grandi strade romane quella che indicava la distanza, in miglia, dal punto di partenza; tappa fondamentale in un'evoluzione: *quest'opera è una pietra miliare nella storia della filosofia.*

M

milionario (mi-lio-nà-rio) AGG. e N.M. (f. *-a*; pl.m. *-ri*, pl.f. *-rie*) · Che, chi possiede uno o più milioni: *ha uno zio milionario; ha sposato un milionario.*

milione (mi-lió-ne) N.M. **1** Quantità composta da mille migliaia di unità: *una città con tre milioni di abitanti* • La somma di denaro che corrisponde a mille migliaia: *ha vinto due milioni alla lotteria.* **2** Grandissima quantità: *ha inventato un milione di scuse per non venire* Ⓢ infinità.

militante (mi-li-tàn-te) AGG. e N.M. e F. · Che, chi è impegnato in un movimento politico, culturale o religioso: *un cattolico militante; i militanti di un partito.*

militare[1] (mi-li-tà-re) AGG. e N.M. || AGG. Delle forze armate: *carriera militare; esercitazioni militari* • Dei soldati: *saluto militare; portamento militare.* || N.M. Chi fa parte delle forze armate: *un gruppo di militari in libera uscita* Ⓢ soldato.

militare[2] (mi-li-tà-re) V.INTR. (*mìlito*, ecc.; aus. *avere*) **1** Prestare servizio nelle forze armate: *militare **in** marina, **nella** fanteria* • Partecipare a una guerra: *militò **sotto** Napoleone durante la campagna d'Egitto* Ⓢ combattere. **2** Partecipare con impegno a un'attività politica, culturale o religiosa: *militare **in** un partito, **nel** movimento per la pace.*

militaresco (mi-li-ta-ré-sco) AGG. (pl.m. *-schi*, pl.f. *-sche*) · Da militare, proprio dei militari: *mentalità militaresca.*

militarismo (mi-li-ta-rì-smo) N.M. · Ideologia che sostiene il predominio delle istituzioni militari sulla vita politica.

milite (mi-li-te) N.M. · Soldato. Ⓔ ***Milite ignoto***, la salma di un combattente anonimo simbolo di tutti i caduti in guerra.

milizia (mi-lì-zia) N.F. (pl. *-zie*) · Insieme di uomini armati, sottoposti alla disciplina militare: *le milizie di Annibale.*

miliziano (mi-li-zià-no) N.M. (f. *-a*) · Chi fa parte di un reparto armato di volontari o di un corpo speciale: *un reparto di miliziani ha occupato la capitale.*

millantare (mil-lan-tà-re) V.TR. · Vantare qualcosa di falso o di molto esagerato: *millantare le proprie prodezze; millantava **di** aver scalato il Monte Bianco.*

millantatore (mil-lan-ta-tó-re) AGG. e N.M. (f. *-trìce*) · Che, chi si vanta di azioni spesso mai compiute.

millanteria (mil-lan-te-rì-a) N.F. (pl. *-rìe*) · Atteggiamento di chi si vanta di azioni mai compiute: *la sua millanteria è insopportabile* • Azione o discorso fatto per vantarsi Ⓢ bravata.

mille (mìl-le) AGG. NUM. CARD. e N.M. INVAR. || AGG. Numero uguale a dieci volte cento • Con valore indeterminato, indica una grande quantità: *mille grazie* Ⓢ molti (PL.). || N.M. Il numero mille e il segno che lo rappresenta (*1000* in numeri arabi, *M* in numeri romani). Ⓔ ***Il Mille***, l'anno millesimo dopo la nascita di Gesù Cristo • ***I Mille***, i volontari che seguirono Garibaldi in Sicilia nel 1860.

millenario (mil-le-nà-rio) AGG. e N.M. (f. *-a*; pl.m. *-ri*, pl.f. *-rie*) || AGG. **1** Della durata di uno o più millenni: *un impero millenario.* **2** Che si presenta ogni mille anni: *una ricorrenza millenaria.* || N.M. Millesimo anniversario di un avvenimento: *il millenario della fondazione di una città.*

millennio (mil-lèn-nio) N.M. (pl. *-ni*) · Periodo di tempo di mille anni: *siamo entrati nel terzo millennio.*

millepiedi (mil-le-piè-di) N.M. INVAR. · Invertebrato dal corpo allungato, con il tronco costituito da diversi segmenti, ognuno dei quali presenta uno o due paia di zampe; talvolta è dannoso alle coltivazioni perché si ciba di semi, bulbi e tuberi.

millesimo (mil-lè-ṣi-mo) AGG. NUM. ORD. e N.M. || AGG. Che in una serie ordinata occupa il posto corrispondente al numero mille: *il millesimo numero di una rivista* • Ennesimo: *è la millesima volta che te lo dico!* || N.M. La millesima parte in cui può essere suddiviso un tutto: *le spese condominiali sono divise in millesimi.*

milligrammo (mil-li-gràm-mo) N.M. · Unità di misura di peso pari alla millesima parte del grammo; il simbolo è *mg*.

millilitro (mil-lì-li-tro) N.M. · Unità di misura di capacità e volume pari alla millesima parte del litro; il simbolo è *ml*.

millimetro (mil-lì-me-tro) N.M. · Unità di misura di lunghezza pari alla millesima parte del metro; il simbolo è *mm*: *hai sbagliato la misurazione di qualche millimetro.* **E** ***Al millimetro***, con la massima precisione.

milza (mìl-za) N.F. · Organo di forma ovale che si trova nella parte superiore sinistra dell'addome; ha la funzione di distruggere i globuli rossi alterati e di produrre i globuli bianchi.

mimare (mi-mà-re) V.TR. · Rappresentare con soli gesti: *mimare una scena, un personaggio.*

mimesi (mi-mè-ṣi) N.F. INVAR. · Imitazione.

mimetico (mi-mè-ti-co) AGG. (pl.m. *-ci*, pl.f. *-che*) **1** Che riguarda l'imitazione: *capacità mimetiche.* **2** Che nasconde qualcosa facendolo confondere con l'ambiente: *tuta mimetica.* **3** Di animale o pianta che, per difendersi, assume colori e forme dell'ambiente in cui vive: *specie mimetiche.*

mimetismo (mi-me-tì-ṣmo) N.M. **1** Fenomeno per cui alcuni esseri viventi assumono colori e forme dell'ambiente per difendersi. **2** Capacità di adattarsi alle situazioni per opportunismo o mancanza di carattere.

mimetizzare (mi-me-tiẓ-ẓà-re) V.TR. || TR. Far confondere qualcosa con l'ambiente circostante per nasconderlo: *mimetizzare un carro armato.* || **mimetizzarsi** RIFL. **1** Di animale o pianta, assumere i colori dell'ambiente per nascondersi e proteggersi: *il camaleonte si mimetizza sentendosi in pericolo.* **2** Camuffarsi in modo da confondersi con l'ambiente circostante: *i soldati si mimetizzarono coprendosi con rami d'albero.*

mimica (mì-mi-ca) N.F. (pl. *-che*) · L'insieme dei gesti che, da soli o accompagnati dalle parole, permettono di comunicare: *la mimica di un attore.*

mimico (mì-mi-co) AGG. (pl.m. *-ci*, pl.f. *-che*) · Che riguarda il mimo o la mimica: *rappresentazione mimica; linguaggio mimico.*

mimo (mì-mo) N.M. · Attore che si esprime solo con i gesti: *un mimo drammatico, comico.*

mimosa (mi-mó-sa) N.F. · Albero dai fiori gialli profumatissimi: *per la festa della donna le regalerà un mazzetto di mimose.*

> Il termine deriva dal latino *mimus* 'mimo, attore', per il fatto che alcune specie reagiscono a qualsiasi contatto contraendo le foglie a imitazione del movimento della mano.

mina (mì-na) N.F. **1** Bomba che esplode a comando, a contatto o a breve distanza: *mine subacquee; far esplodere una mina.* **2** Il cilindro di grafite che si trova nelle matite. **E** ***Mina vagante***, cosa o persona pericolosamente imprevedibile.

minaccia (mi-nàc-cia) N.F. (pl. *-ce*) **1** Azione che serve a spaventare qualcuno per costringerlo a fare qualcosa: *minaccia di morte; non ho paura delle sue minacce* **S** intimidazione. **2** Imminenza di un evento pericoloso: *sull'economia incombe la minaccia di una crisi; la sua presenza è una minaccia per la mia serenità* **S** pericolo, rischio.

A B C D E F G H I J K L **M** N O P Q R S T U V W X Y Z

minacciare (mi-nac-cià-re) V.TR. (*minàccio*, ecc.) **1** Spaventare qualcuno promettendogli una punizione se non si comporta nel modo voluto: *il padrone di casa ha minacciato* ***di*** *sfrattarmi.* **2** Di pericolo, essere vicino: *il rischio di un'epidemia minacciava la popolazione* Ⓢ sovrastare • Di oggetto, rappresentare un pericolo: *i massi minacciano la strada.* **3** Di cose ed eventi naturali, far temere un evento spiacevole: *il cielo minacciava tempesta; il muro minaccia* ***di*** *crollare.*

minaccioso (mi-nac-ció-so) AGG. · Che fa paura: *parole minacciose; nubi minacciose* Ⓢ spaventoso.

minare (mi-nà-re) V.TR. **1** Riempire un luogo di mine: *minare il terreno intorno alla città, l'ingresso del porto.* **2** Provocare un indebolimento: *il fisico era già minato dalla malattia; minare le istituzioni* Ⓢ indebolire, logorare, distruggere.

minareto (mi-na-ré-to) N.M. · Costruzione a forma di torre vicina alla moschea, da dove il sacerdote invita alla preghiera i credenti musulmani: *i minareti di Istanbul.*

minato (mi-nà-to) AGG. **1** Di luogo, pieno di mine: *terreno minato.* **2** Indebolito, rovinato: *un fisico minato dal male.*

minatore (mi-na-tó-re) N.M. · Chi lavora in miniera.

minatorio (mi-na-tò-rio) AGG. (pl.m. *-ri*, pl.f. *-rie*) · Che contiene minacce: *lettera minatoria; discorso minatorio* Ⓢ minaccioso.

minerale[1] (mi-ne-rà-le) AGG. · Che ha rapporti con i minerali: *sostanza minerale; carbone minerale.* Ⓔ ***Acque minerali*** → *acqua* • ***Regno minerale***, l'insieme dei minerali presenti sulla Terra.

minerale[2] (mi-ne-rà-le) N.M. · Sostanza naturale, per lo più inorganica, di cui si compongono la crosta terrestre e le rocce.

mineralogia (mi-ne-ra-lo-gì-a) N.F. (pl. *-gìe*) · Scienza che studia i minerali.

minerario (mi-ne-rà-rio) AGG. (pl.m. *-ri*, pl.f. *-rie*) · Che riguarda i giacimenti di minerali: *produzione mineraria; ingegnere minerario.*

minestra (mi-nè-stra) N.F. · Piatto costituito da pasta, riso, verdure o legumi cotti in brodo: *minestra di cavolo, di fagioli* • Il primo piatto del pasto tradizionale italiano: *minestra asciutta; minestra in brodo.* Ⓔ ***La stessa minestra***, motivo di insopportabile monotonia • ***Minestra riscaldata***, cosa ormai passata che si cerca di far rivivere.

minestrone (mi-ne-stró-ne) N.M. · Minestra di legumi e verdura, con o senza riso o pasta: *minestrone surgelato.*

mingere (mìn-ge-re) V.INTR. (irreg.: ind. pres. *mìngo, mìngi*, ecc.; pass. rem. *mìnsi, mingésti, mìnse, mingémmo, mingéste, mìnsero*; mancano il part. pass. e i tempi composti) · Espellere l'urina.

mingherlino (min-gher-lì-no) AGG. · Di persona, che ha una corporatura minuta e gracile: *una bambina mingherlina.*

mini- · Primo elemento di parole composte che significa 'piccolo, di dimensioni ridotte': *minigolf; minigonna.*

miniappartamento (mi-ni-ap-par-ta-mén-to) N.M. · Piccolo appartamento, spesso costituito da una sola camera, cucina e bagno.

miniare (mi-nià-re) V.TR. (*mìnio, mìni*, ecc.) · Decorare con la tecnica della miniatura: *miniare un manoscritto.*

miniato (mi-nià-to) AGG. · Decorato con miniature: *un codice miniato.*

miniatura (mi-nia-tù-ra) N.F. · La tecnica di dipingere soggetti molto piccoli con grande cura per i particolari: *i monaci, maestri della miniatura, hanno decorato molti manoscritti* • Opera eseguita con questa tecnica: *una preziosa miniatura del Quattrocento.* Ⓔ ***In miniatura***, molto piccolo, ma che conserva molti particolari: *una casa in miniatura.*

miniera (mi-niè-ra) N.F. **1** Giacimento di minerali dotato delle attrezzature per il suo sfruttamento: *miniera di carbone, di diamanti* Ⓢ cava. **2** Fonte di eccezionale ricchezza: *quest'opera è una miniera di notizie.*

minigolf (mi-ni-gòlf) N.M.INVAR. · Gioco simile al golf praticato su piste artificiali di piccole dimensioni.

minigonna (mi-ni-gòn-na o mi-ni-gón-na) N.F. · Gonna molto corta.

minima (mì-ni-ma) N.F. · Figura musicale che indica una nota di due quarti.

minimalismo (mi-ni-ma-li-ṣmo) N.M. **1** La moda artistica e letteraria dei minimalisti. **2** Tendenza di un partito politico a sostenere posizioni moderate.

minimalista (mi-ni-ma-lì-sta) AGG. e N.M. e F. (pl.m. *-i*, pl.f. *-e*) || AGG. e N.M. e F. **1** Che, chi fa parte di una corrente artistica che privilegia forme geometriche e colore puro. **2** In letteratura, che, chi descrive ambienti o episodi di poca importanza con un linguaggio molto semplice. **3** In politica, che, chi sostiene programmi moderati. || AGG. Estremamente semplice: *uno stile minimalista* Ⓢ essenziale.

minimamente (mi-ni-ma-mén-te) AVV. · Nelle frasi negative, per nulla: *le tue accuse non mi toccano minimamente* Ⓢ affatto.

minimizzare (mi-ni-miẓ-ẓà-re) V.TR. · Presentare qualcosa come poco importante: *minimizzare la gravità della situazione.*

minimo (mì-ni-mo) AGG. e N.M. || AGG. Il più piccolo, piccolissimo: *quantità, grandezza minima; non avere il minimo dubbio; è il prezzo minimo che posso farvi* Ⓒ massimo. || N.M. **1** La misura più piccola: *sono passata agli esami con il minimo.* **2** Nei motori a scoppio, il più basso numero di giri che permette al motore di rimanere acceso: *tenere il motore al minimo.* Ⓔ ***Al minimo, come minimo***, per lo meno: *costerà come minimo cento euro* • ***Temperatura minima*** (o *la minima* N.F.), la temperatura più bassa registrata in un luogo in un certo periodo di tempo Ⓒ temperatura massima.

> *Minimo* è il superlativo di *piccolo*, quindi non si può dire *molto minimo*.

minio (mì-nio) N.M. (pl. *-ni*) · Minerale di colore rosso, usato per fabbricare vernici che proteggono il ferro dalla ruggine.

miniserie (mi-ni-sè-rie) N.F. INVAR. · Sceneggiato televisivo con poche puntate.

ministero (mi-ni-stè-ro) N.M. · Ogni settore fondamentale in cui è suddivisa l'amministrazione dello Stato, diretto da un ministro: *il ministero della Giustizia, dell'Interno.* Ⓔ ***Pubblico ministero***, il magistrato che nei processi penali sostiene l'accusa.

ministro (mi-nì-stro) N.M. (f. *-a*) **1** Membro del governo a capo di un settore dell'amministrazione dello Stato: *il ministro dell'Interno, degli Affari Esteri.* **2** Chi svolge un incarico per conto di un'autorità superiore: *i ministri del re; il sacerdote è un ministro di Dio.* Ⓔ ***Primo ministro***, presidente del consiglio dei ministri, capo del governo.

> Il termine deriva dal latino *minister* 'servitore', che viene a sua volta da *minus* 'meno'.

minoico (mi-nòi-co) AGG. (pl.m. *-ci*, pl.f. *-che*) · Della civiltà cretese antica: *arte minoica.*

minoranza (mi-no-ràn-za) N.F. **1** Parte piccola di un insieme: *solo una minoranza ha votato contro la proposta* Ⓒ maggioranza. **2** In uno Stato, gruppo di cittadini che si distinguono dalla maggioranza per etnia, lingua, cultura o religione: *minoranza linguistica; i diritti delle minoranze.* **3** Gruppo politico che ha ottenuto pochi voti alle elezioni: *ascoltare le richieste della minoranza* Ⓢ opposizione Ⓒ maggioranza. Ⓔ ***In minoranza***, di persona, che fa parte di un gruppo con un'opinione contraria a quella prevalente: *trovarsi in minoranza.*

minorato (mi-no-rà-to) AGG. e N.M. (f. *-a*) · Che, chi presenta ridotte facoltà fisiche o mentali: *un bambino minorato; un minorato mentale* Ⓢ menomato, invalido.

minorazione (mi-no-ra-zió-ne) N.F. · Invalidità, menomazione: *avere una minorazione agli arti superiori.*

minore (mi-nó-re) AGG. e N.M. e F. || AGG. **1** Più piccolo per età, misure, quantità o qualità: *un peso minore; scegliere il male minore; mia cugina è minore di me di tre anni* Ⓒ maggiore. **2** Meno importante: *un poeta minore.* || N.M. e F. **1** Chi ha meno anni: *chi è il minore di voi?* • Il figlio più piccolo: *ho due figli, il minore ha quattro anni.* **2** Chi non ha raggiunto la maggiore età: *tribunale dei minori; la tutela dei minori* Ⓢ minorenne Ⓒ maggiorenne.

> *Minore* è il comparativo di *piccolo*; preceduto dall'articolo determinativo, ha valore di superlativo relativo: *scegli il male minore!*

A B C D E F G H I J K L M N O P Q R S T U V W X Y Z

minorenne (mi-no-rèn-ne) AGG. e N.M. e F. · Che, chi non ha ancora compiuto la maggiore età: *mio fratello è minorenne; i minorenni non possono votare* Ⓢ minore Ⓒ maggiorenne.

minorile (mi-no-rì-le) AGG. · Dei minorenni: *delinquenza minorile; carcere minorile.*

minoritario (mi-no-ri-tà-rio) AGG. (pl.m. *-ri*, pl.f. *-rie*) · Di una minoranza: *governo minoritario* Ⓒ maggioritario.

minuendo (mi-nu-èn-do) N.M. · Il primo termine della sottrazione, al quale viene sottratto il secondo termine per ottenere la differenza.

minuetto (mi-nu-ét-to) N.M. · Danza popolare francese di moda tra il Seicento e il Settecento.

minuscola (mi-nù-sco-la) N.F. · Lettera minuscola dell'alfabeto: *i nomi comuni si scrivono con la minuscola.*

minuscolo (mi-nù-sco-lo) AGG. **1** Delle lettere dell'alfabeto scritte nella forma ordinaria: *un messaggio tutto in lettere minuscole* Ⓒ maiuscolo. **2** Di dimensioni molto ridotte: *mi è rimasta una minuscola cicatrice* Ⓢ microscopico Ⓒ enorme.

minuta (mi-nù-ta) N.F. · La prima versione di uno scritto, ancora provvisoria: *la minuta di un contratto* Ⓢ bozza, brutta.

minuto[1] (mi-nù-to) AGG. **1** Di dimensioni molto ridotte: *si è rotto in frammenti minuti* Ⓢ piccolo. **2** Di lineamenti o corporatura di una persona, delicato, fine, esile: *lineamenti minuti; ossatura minuta.* **3** Eseguito con grande accuratezza: *una minuta relazione* Ⓢ preciso, dettagliato, minuzioso. Ⓔ ***Al minuto***, in piccole quantità: *vendere al minuto*, direttamente ai consumatori.

minuto[2] (mi-nù-to) N.M. **1** Unità di misura di tempo pari alla sessantesima parte dell'ora: *sono le cinque e venti minuti; mancano cinque minuti alle sette.* **2** Brevissimo spazio di tempo: *in due minuti vado e torno* Ⓢ attimo, istante. Ⓔ ***All'ultimo minuto***, appena in tempo • ***Avere i minuti contati***, avere molta fretta: *è dovuto scappare perché aveva i minuti contati.*

minuzia (mi-nù-zia) N.F. (pl. *-zie*) · Minimo particolare: *non ti perdere in minuzie e vieni al sodo* Ⓢ piccolezza.

minuzioso (mi-nu-zió-so) AGG. · Molto preciso e accurato: *un impiegato minuzioso; un resoconto minuzioso* Ⓢ scrupoloso.

minzione (min-zió-ne) N.F. · L'espulsione dell'urina dalla vescica attraverso l'uretra.

mio (mì-o) AGG. e PRON. POSS. DI 1ª PERS. SING. (f. *mia*; pl.m. *mièi*; pl.f. *mie*) || AGG. **1** Che appartiene a me per un rapporto di proprietà o appartenenza: *la mia casa; questa casa è mia; dammi i miei libri; il mio corpo; la mia volontà; i miei pensieri.* **2** Di persona, che ha un legame di parentela o di affetto con me: *mia madre; mio padre; mia moglie; mio marito; mio figlio; la mia fidanzata è tedesca; la mia mamma sta poco bene.* || PRON. Preceduto dall'articolo determinativo, indica il rapporto di appartenenza o legame di un oggetto o di una persona detti in precedenza con me: *nell'elenco il suo nome viene subito dopo il mio* [nome]; *il tuo insegnante è più giovane del mio* [insegnante]. Ⓔ ***Dalla mia***, con uso sostantivato, dalla mia parte: *lo so che sei dalla mia* • ***I miei***, con uso sostantivato, i miei genitori, i miei familiari • ***La mia***, con uso sostantivato, la mia opinione: *ora dico la mia.*

Miocene (Mio-cè-ne) N.M. · Periodo geologico dell'era cenozoica, compreso fra l'Oligocene e il Pliocene, caratterizzato dall'avanzata del mare, dallo sviluppo delle Alpi e dal diffondersi di cetacei e ruminanti.

miope (mì-o-pe) AGG. e N.M. e F. **1** Che, chi è affetto da miopia: *un ragazzo miope; un'alta percentuale di miopi.* **2** Che, chi rivela scarsa capacità di guardare al futuro: *un ragionamento miope.*

> Il termine deriva da una parola greca che significa 'che chiude gli occhi', composta dal verbo *mýo* 'chiudere' e *óps* 'occhio', perché il miope tende a socchiudere gli occhi per vedere meglio.

miopia (mio-pi-a) N.F. (pl. *-pìe*) **1** Difetto della vista per cui non si vedono con chiarezza gli oggetti lontani. **2** Scarsa capacità di valutazione: *la miopia dei governanti accentuò il problema* Ⓢ cecità.

M

mira (mì-ra) N.F. 1 L'azione di puntare un'arma: *prendere la mira; avere una buona mira.* 2 Intenzione segreta: *ha mire molto ambiziose* S progetto, proposito. E ***Prendere di mira qualcuno***, perseguitarlo.

mirabile (mi-rà-bi-le) AGG. · Che suscita ammirazione o meraviglia: *agire con mirabile calma; un artista mirabile* S ammirevole, straordinario.

mirabolante (mi-ra-bo-làn-te) AGG. · Tanto insolito da non sembrare vero: *mi ha raccontato le sue mirabolanti avventure* S incredibile, strabiliante.

miracolo (mi-rà-co-lo) N.M. 1 Fatto che si ritiene dovuto a un intervento divino: *i miracoli di Gesù Cristo.* 2 Risultato straordinario: *è stato un miracolo essere riusciti a tanto; i miracoli della scienza* S prodigio. 3 Caso favorevole: *fu un miracolo che io mi trovassi lì per trattenerlo.* E ***Per miracolo***, a stento, a malapena: *si regge in piedi per miracolo.*

miracolosamente (mi-ra-co-lo-sa-mén-te) AVV. · In modo inaspettato: *nell'incidente il bambino è rimasto miracolosamente illeso.*

miracoloso (mi-ra-co-ló-so) AGG. 1 Capace di operare miracoli: *in quella chiesa c'è un'immagine miracolosa.* 2 Che può ottenere risultati eccezionali: *una cura miracolosa* S prodigioso. 3 Che rivela un intervento divino: *una guarigione miracolosa a Lourdes.*

miraggio (mi-ràg-gio) N.M. (pl. *-gi*) 1 Fenomeno ottico che si verifica su ampie distese di sabbia o strade asfaltate fortemente riscaldate dal sole, per cui oggetti lontani appaiono riflessi in una superficie liquida: *dopo giorni di marcia forzata nel deserto ebbero lo stesso miraggio: un'oasi all'orizzonte.* 2 Prospettiva ingannevole: *è stato attratto dal miraggio di facili guadagni* S sogno, speranza, illusione.

mirare (mi-rà-re) V.INTR. e TR. (aus. *avere*) || INTR. (aus. *avere*) 1 Disporre un'arma nel modo più adatto per centrare il bersaglio: *mirare **alla** testa; mirare attentamente* S puntare. 2 Tendere a uno scopo: *mirano **alla** conquista del potere; le mie domande miravano **a** ricostruire i fatti* S aspirare. || TR. Guardare, ammirare, contemplare: *scese dall'auto per mirare il panorama.*

miriade (mi-ri-a-de) N.F. · Quantità immensa: *una miriade di stelle* S moltitudine, infinità.

Miriade è un nome collettivo: indica tanti elementi, ma è un sostantivo singolare.

mirino (mi-rì-no) N.M. 1 In un'arma, dispositivo ottico che serve per prendere bene la mira: *mirino a specchio.* 2 Nella macchina fotografica, congegno per inquadrare il soggetto da riprendere. E ***Essere nel mirino***, essere sottoposto a vigilanza minacciosa.

mirra (mìr-ra) N.F. · Resina che scorre in gocce gialle dalla corteccia di alcune piante, soprattutto dell'Africa nord-orientale; è usata in farmacia e in profumeria, mentre nell'antichità serviva per imbalsamare i cadaveri.

mirtillo (mir-tìl-lo) N.M. · Arbusto con foglie dentate, fiori bianchi, rosa o rossi e frutti a piccole bacche rotonde che si possono mangiare o usare per preparare confetture e sciroppi • Il frutto di questa pianta: *adoro la marmellata di mirtilli.*

mirto (mìr-to) N.M. · Arbusto della macchia mediterranea con fiori bianchi, frutti a piccola bacca e foglie aromatiche da cui si estrae un olio balsamico usato anche in profumeria.

mis- · Prefisso che indica 'negazione' (*misconoscere*) o 'peggioramento' (*misfatto*).

misantropo (mi-ṣàn-tro-po) AGG. e N.M. (f. *-a*) · Che, chi non ama la compagnia degli altri: *non ti riceverà, è un misantropo* S solitario C socievole.

miscela (mi-scè-la) N.F. 1 Insieme di sostanze mescolate fra loro: *una miscela di caffè; una miscela esplosiva* S miscuglio. 2 Il carburante per i motocicli formato da benzina e olio lubrificante: *mettere la miscela; far miscela.*

miscelare (mi-sce-là-re) V.TR. (*miscèlo*, ecc.) · Mescolare insieme delle sostanze per ottenere un composto: *miscelare la benzina **con** olio lubrificante; miscelare diversi tipi di caffè tostato.*

miscellanea (mi-scel-là-ne-a) N.F. (pl. *-nee*) · Raccolta di scritti di argomenti o di autori diversi: *una miscellanea di autori latini.*

mischia (mì-schia) N.F. (pl. *-schie*) · Gruppo disordinato di persone che litigano o di sol-

A B C D E F G H I J K L M N O P Q R S T U V W X Y Z

dati in battaglia: *gettarsi, entrare nella mischia* Ⓢ zuffa.

mischiare (mi-schià-re) V.TR. (*mìschio*, ecc.) || TR. Mescolare elementi diversi: *mischiare acqua e zucchero.* || **mischiarsi** RIFL. Di persona, confondersi, mescolarsi: *non voglio mischiarmi* ***con*** *persone così.*

misconoscere (mi-sco-nó-sce-re) V.TR. (irreg.: coniugato come *conoscere*) · Non riconoscere o apprezzare come si dovrebbe: *misconoscere i meriti di qualcuno* Ⓢ disconoscere.

misconosciuto (mi-sco-no-sciù-to) AGG. · Che non ha ottenuto il riconoscimento del proprio valore: *un talento misconosciuto* Ⓢ incompreso.

miscredente (mi-scre-dèn-te) AGG. e N.M. e F. · Che, chi non ha una fede religiosa Ⓢ ateo Ⓒ credente.

miscuglio (mi-scù-glio) N.M. (pl. *-gli*) · Mescolanza disordinata di elementi diversi: *un miscuglio di semi, di sapori; un miscuglio di gente d'ogni tipo.*

M

miserabile (mi-ṣe-rà-bi-le) AGG. **1** Che provoca compassione per la sua miseria o il suo squallore: *vivere, trovarsi in condizioni miserabili* Ⓢ misero, povero. **2** Degno del massimo disprezzo: *sei un miserabile traditore; è un miserabile ricatto* Ⓢ ignobile, spregevole. **3** Che ha uno scarso valore economico: *uno stipendio miserabile.*

miserevole (mi-ṣe-ré-vo-le) AGG. · Che suscita compassione: *condurre una vita miserevole* Ⓢ miserabile, pietoso.

miseria (mi-ṣè-ria) N.F. (pl. *-rie*) **1** Grande povertà: *vivere, cadere, morire in miseria* Ⓢ indigenza Ⓒ ricchezza. **2** AL PL. Fatti che provocano dolore: *le miserie della vita; sopportare con dignità le proprie miserie* Ⓢ disgrazie, sventure. **3** Somma di denaro molto modesta: *ha venduto la sua auto per una miseria* Ⓢ sciocchezza. Ⓔ ***Pianger miseria*** → ***piangere*** • ***Porca miseria!***, esprime rabbia.

misericordia (mi-ṣe-ri-còr-dia) N.F. (pl. *-die*) · Sentimento di pietà che spinge ad aiutare e a perdonare gli altri: *sperare nella misericordia divina; abbiate misericordia di un povero infelice* Ⓢ pietà, clemenza.

misericordioso (mi-ṣe-ri-cor-dió-so) AGG. · Che aiuta o perdona facilmente gli altri: *un uomo misericordioso* Ⓢ pietoso.

misero (mì-ṣe-ro) AGG. **1** Che rivela miseria: *le misere condizioni di vita delle periferie* Ⓢ povero, desolato, squallido. **2** Molto inferiore al necessario: *un misero compenso; una porzione misera* Ⓢ scarso, inadeguato, insufficiente. **3** Che dimostra bassezza d'animo: *fare una misera figura; un animo misero* Ⓢ meschino, ignobile.

miserrimo (mi-ṣèr-ri-mo) AGG. · Molto misero: *un'esistenza miserrima.*

Miserrimo è il superlativo di *misero*, quindi non si può dire *molto miserrimo*.

misfatto (mi-sfàt-to) N.M. · Gravissima azione criminale: *punire un misfatto; un orrendo misfatto* Ⓢ delitto, crimine.

misi (mi-ṣi) · Pass. rem., 1ª pers. sing. → ***mettere***.

misogino (mi-ṣò-gi-no) AGG. e N.M. · Che, chi manifesta avversione nei confronti delle donne: *un vecchio misogino.*

miss (pronuncia *mis*) N. INGL., in it. N.F. INVAR. · Vincitrice di un concorso di bellezza: *Miss Italia.*

missile (mìs-si-le) N.M. · Veicolo aereo senza pilota, comandato a distanza e capace di percorrere ad altissima velocità una rotta prestabilita; è usato per ricerche scientifiche o come arma da guerra: *rampa di lancio per missili.*

Il termine deriva dal latino *missile* 'proiettile, arma da lancio', che viene a sua volta da *mittere* 'mandare, scagliare' (→ ***mettere***).

missionario (mis-sio-nà-rio) AGG. e N.M. (f. *-a*; pl.m. *-ri*, pl.f. *-rie*) || AGG. e N.M. (f. *-a*) **1** Che, chi si reca in luoghi lontani per diffondere la fede cristiana: *padre missionario; i missionari cattolici.* **2** Che, chi si dedica a una nobile causa: *i missionari della pace; era animato da spirito missionario.* || AGG. Delle missioni: *opere missionarie.*

missione (mis-sió-ne) N.F. **1** Incarico di portare a termine un compito di grande importanza: *missione diplomatica, di guerra; andare,* *mandare in missione* • L'insieme delle persone che hanno ricevuto questo incarico: *la missione italiana all'ONU* Ⓢ delegazione. **2** Funzione di grande importanza sul piano morale o sociale: *la missione dell'insegnante.* **3** L'insieme delle attività che servono a diffondere la fede cristiana dove non è seguita: *la missione della Chiesa cattolica* • La sede in cui si svolgono queste attività: *i bambini sono ospitati nella missione di Kinshasa.*

missiva (mis-sì-va) N.F. · Lettera: *hai ricevuto la mia missiva?*

mister (mi-ster; pronuncia *mìster*) N. INGL., in it. N.M. INVAR. **1** L'allenatore di una squadra: *il mister mi ha promosso titolare.* **2** Vincitore di un concorso di bellezza: *mister universo.*

misteriosamente (mi-ste-rio-sa-mén-te) AVV. · In modo misterioso o inspiegabile.

misterioso (mi-ste-rió-so) AGG. **1** Che non può essere compreso: *un comportamento misterioso; una malattia misteriosa* Ⓢ incomprensibile, inspiegabile, oscuro. **2** Che desta sospetti o curiosità: *una morte misteriosa; una donna misteriosa* Ⓢ enigmatico.

mistero (mi-stè-ro) N.M. · Fenomeno che non può essere spiegato: *i misteri della natura; penetrare nei misteri degli abissi marini* Ⓢ segreto, enigma. Ⓔ ***Far mistero di qualcosa,*** nasconderlo: *non fa mistero delle sue simpatie politiche.*

misticismo (mi-sti-cì-ṣmo) N.M. · Atteggiamento spirituale di chi cerca un rapporto diretto con Dio attraverso la meditazione, senza l'intervento della ragione.

mistico (mì-sti-co) AGG. (pl.m. *-ci*, pl.f. *-che*) · Che cerca di arrivare al divino superando i limiti terreni: *contemplazione mistica.*

mistificare (mi-sti-fi-cà-re) V.TR. (*mistìfico, mistìfichi*, ecc.) · Far sembrare qualcosa diverso dalla realtà: *mistificare i fatti* Ⓢ falsificare, manipolare.

mistificazione (mi-sti-fi-ca-zió-ne) N.F. · Deformazione della realtà: *mistificazione di un fatto* Ⓢ falsificazione, manipolazione.

misto (mì-sto) AGG. e N.M. || AGG. **1** Mescolato, unito: *acqua mista a neve; un sentimento misto di rabbia e di dolore.* **2** Composto di elementi diversi per qualità, sesso o provenienza: *fritto misto; classe mista,* composta di maschi e femmine; *matrimonio misto,* tra persone di etnia o religione diversa. || N.M. Unione di elementi diversi: *un misto di vari ingredienti* Ⓢ mescolanza, miscela.

mistral (mi-stràl) N.M. INVAR. · Vento freddo e forte che proviene da nord-ovest ed è caratteristico della valle del Rodano in Francia.

mistura (mi-stù-ra) N.F. · Miscuglio di sostanze diverse: *una mistura di olio e limone* Ⓢ miscela.

misura (mi-ṣù-ra) N.F. **1** Valore di una grandezza fisica ricavato dal paragone con un'altra assunta come unità: *unità di misura; misura di lunghezza, di tempo* • Le dimensioni di un oggetto o di una persona: *prendere le misure di una stanza; scarpe su misura.* **2** Grado, proporzione, maniera: *contribuire in ugual misura; rispondere in misura superiore alle attese.* **3** Criterio di giudizio: *l'uomo è la misura di tutte le cose* Ⓢ metro. **4** Limite che non si deve oltrepassare: *passare la misura; non avere il senso della misura.* **5** Azione diretta a garantire qualcosa: *misure di sicurezza; prendere le misure necessarie prima di agire* Ⓢ provvedimento, precauzione. **6** In grammatica: ***complemento di misura,*** quello che indica quanto misura un oggetto (*un tavolo di un metro e mezzo di larghezza; un palazzo di otto piani*). Ⓔ ***A misura di,*** che si basa sulle esigenze di qualcuno o qualcosa: *una città a misura d'uomo* • ***Di (stretta) misura,*** di pochissimo: *vincere di misura* • ***Mezze misure,*** provvedimenti inadeguati • ***Nella misura in cui,*** nei limiti in cui: *obbedirò agli ordini solo nella misura in cui non siano contrari ai miei principi* • ***Usare due pesi e due misure,*** cambiare criterio di giudizio a seconda dei casi.

misurabile (mi-ṣu-rà-bi-le) AGG. · Che può essere misurato: *temperatura misurabile.*

misurare (mi-ṣu-rà-re) V.TR. e INTR. || TR. **1** Valutare una quantità usando uno strumento di misurazione: *misurare una superficie; misurare con il metro.* **2** Provare un indumento: *misurare un cappotto, una giacca.* **3** Valutare, giudicare, considerare: *misurare le capacità di una persona; misurare l'entità di un danno.*

4 Contenere entro la giusta misura: *misurare le spese; misurare le parole* Ⓢ limitare, moderare. || INTR. (aus. *avere*) Risultare di una certa misura: *il divano misura due metri e mezzo.* || **misurarsi** RIFL. Mettersi alla prova: *misurarsi **in** una gara; misurarsi **con** un avversario* Ⓢ cimentarsi, confrontarsi. Ⓔ ***Misurare a occhio***, in modo approssimativo.

misurato (mi-ṣu-rà-to) AGG. · Che evita gli eccessi: *essere misurato **nel** bere; usare parole misurate* Ⓢ moderato, prudente.

misurazione (mi-ṣu-ra-zió-ne) N.F. · Atto di calcolare le dimensioni di qualcosa: *la misurazione di un terreno.*

misurino (mi-ṣu-rì-no) N.M. · Recipiente usato per misurare piccole quantità di liquidi o polveri: *il misurino del detersivo* Ⓢ dosatore.

mite (mì-te) AGG. **1** Che dimostra dolcezza e benevolenza: *carattere mite; il giudice fu mite con loro* Ⓢ paziente, benevolo, indulgente. **2** Che non mostra aggressività: *le miti colombe; uno sguardo mite* Ⓢ docile, mansueto. **3** Di clima, temperato, dolce: *un inverno mite* Ⓒ rigido.

M

mitezza (mi-téz-za) N.F. **1** Atteggiamento paziente e benevolo: *mitezza di carattere.* **2** Clemenza, dolcezza: *la mitezza del clima.*

mitico (mì-ti-co) AGG. (pl.m. *-ci*, pl.f. *-che*) **1** Che fa parte del mito: *il mitico viaggio di Ulisse.* **2** Così eccezionale da diventare esempio: *la mitica figura di Garibaldi* Ⓢ leggendario. **3** Nel linguaggio familiare, straordinario, fantastico: *abbiamo sentito un concerto mitico.*

mitigare (mi-ti-gà-re) V.TR. (*mìtigo, mìtighi*, ecc.) · Rendere meno intenso o meno grave: *il massaggio ha mitigato il dolore; i giudici mitigarono la pena* Ⓢ ridurre, diminuire, attenuare.

mitilo (mì-ti-lo) N.M. · Mollusco con conchiglia di colore nero violaceo all'esterno e madreperla all'interno, spesso allevato a scopo alimentare Ⓢ cozza.

mitizzare (mi-tiẓ-ẓà-re) V.TR. · Trasformare in leggenda una persona o un evento dandogli molto valore: *mitizzare una vittoria; mitizzare la figura paterna.*

mitizzazione (mi-tiẓ-ẓa-zió-ne) N.F. · Elevazione a valore di mito: *la mitizzazione della figura di Augusto.*

mito (mì-to) N.M. **1** Racconto fantastico che riguarda gli dei, gli eroi e le origini di antichi popoli: *i miti orientali; il mito degli Argonauti.* **2** Persona o evento che assume una grandissima importanza: *il mito di Napoleone; il mito dei Beatles* Ⓢ leggenda. **3** Desiderio molto diffuso tra le persone, ma che spesso non riesce a realizzarsi: *il mito del successo* Ⓢ sogno.

mitologia (mi-to-lo-gì-a) N.F. (pl. *-gìe*) · L'insieme dei miti di un'epoca o di una civiltà: *mitologia greca, indiana.*

mitologico (mi-to-lò-gi-co) AGG. (pl.m. *-ci*, pl.f. *-che*) · Della mitologia: *figure mitologiche.*

mitomane (mi-tò-ma-ne) N.M. e F. · Chi racconta come fatti veri le proprie fantasie per attirare l'attenzione degli altri: *non dare retta ai racconti di quel mitomane.*

mitomania (mi-to-ma-nì-a) N.F. (pl. *-nìe*) · Tendenza a raccontare come veri fatti e situazioni immaginari, per essere al centro dell'attenzione.

mitosi (mi-tò-ṣi) N.F.INVAR. · Processo di riproduzione delle cellule per cui dalla cellula madre si formano due cellule figlie con lo stesso numero di cromosomi.

mitra[1] (mì-tra) N.M.INVAR. · Mitragliatrice: *i rapinatori erano armati di mitra.*

mitra[2] (mì-tra) N.F. · Copricapo a due punte, di forma allungata, che il Papa, i cardinali e i vescovi portano nelle funzioni liturgiche solenni.

mitragliare (mi-tra-glià-re) V.TR. (*mitràglio*, ecc.) · Colpire con scariche di mitragliatrice: *mitragliare le postazioni nemiche.* Ⓔ ***Mitragliare qualcuno di domande***, fargli tante domande una dopo l'altra.

mitragliatore (mi-tra-glia-tó-re) AGG. (f. *-trìce*) · Di arma automatica, che può sparare colpi a ripetizione: *pistola mitragliatrice.*

mitragliatrice (mi-tra-glia-trì-ce) N.F. · Arma da fuoco che sviluppa una serie rapidissima di colpi: *mitragliatrice installata su un aereo.*

mitrale (mi-trà-le) AGG. · ***Valvola mitrale***, nel cuore, quella che separa l'atrio dal ventricolo sinistro.

mitria (mì-tria) → *mitra*[2].

mitteleuropeo (mit-te-leu-ro-pè-o) AGG. (pl.m. -*pèi*, pl.f. -*pèe*) · Dell'Europa centrale.

mittente (mit-tèn-te) N.M. e F. · Chi spedisce qualcosa: *indicare il mittente; respingere al mittente.*

mix (pronuncia *mìcs*) N. INGL., in it. N.M. INVAR. · Insieme di elementi diversi: *un mix di colori* Ⓢ mescolanza, miscela.

mixer (mi-xer; pronuncia *mìcser*) N. INGL., in it. N.M. INVAR. **1** Recipiente graduato per miscelare bevande: *metti nel mixer ghiaccio, rum e coca-cola.* **2** Piccolo elettrodomestico impiegato per frullare vari alimenti: *fare la maionese con il mixer.* **3** Nel cinema e nella televisione, l'apparecchio con cui si incidono insieme le musiche, i dialoghi e i rumori registrati separatamente • Nella musica, apparecchio che permette di ottenere alcuni effetti sonori durante l'incisione di dischi.

mnemonico (mne-mò-ni-co) AGG. (pl.m. -*ci*, pl.f. -*che*) **1** Della memoria: *esercizi mnemonici; fare uno sforzo mnemonico.* **2** Di modo di studiare limitato a memorizzare nozioni: *studio mnemonico.*

mobbing (mob-bing; pronuncia *mòbbing*) N. INGL., in it. N.M. INVAR. · Persecuzione continua di un individuo sul posto di lavoro da parte di colleghi o superiori.

mobile[1] (mò-bi-le) AGG. **1** Che può spostarsi o essere spostato nello spazio: *una libreria con scaffali mobili; la lingua è un organo mobile* Ⓒ immobile. **2** Che non ha stabilità: *sabbie mobili.* **3** Pieno di energia e vivacità: *ingegno mobile* Ⓢ vivace, agile, pronto. Ⓔ ***Beni mobili***, denaro e titoli, contrapposti ai *beni immobili* (come case o terreni) • ***Scala mobile*** → *scala* • ***Squadra mobile*** (o *la Mobile* N.F.), reparto speciale della polizia a disposizione dell'autorità giudiziaria.

mobile[2] (mò-bi-le) N.M. · Oggetto che fa parte dell'arredamento: *mobili di casa, da ufficio; un mobile dell'Ottocento.*

mobilia (mo-bì-lia) N.F. · L'insieme degli oggetti che formano l'arredamento di una casa: *rinnovare la mobilia.*

mobilificio (mo-bi-li-fì-cio) N.M. (pl. -*ci*) · Fabbrica di mobili.

mobilio (mo-bì-lio) N.M. · Mobilia: *ha sistemato il vecchio mobilio in un magazzino.*

mobilità (mo-bi-li-tà) N.F. INVAR. · Possibilità di spostarsi nello spazio: *mobilità degli arti; mobilità di un'armata.*

mobilitare (mo-bi-li-tà-re) V.TR. (*mobìlito*, ecc.) || TR. **1** Preparare armi e soldati in vista di una guerra: *mobilitare l'esercito.* **2** Impegnare a fondo in un'attività o in un'iniziativa: *i cittadini sono stati mobilitati **per** soccorrere i terremotati; mobilitare l'opinione pubblica **contro** la pena di morte* Ⓢ coinvolgere. || **mobilitarsi** RIFL. Impegnarsi a fondo in un'attività o in un'iniziativa: *mobilitarsi **per** raccogliere i fondi per la nuova biblioteca.*

mobilitazione (mo-bi-li-ta-zió-ne) N.F. **1** Preparazione di armi e soldati in vista di una guerra: *mobilitazione dell'esercito.* **2** Impegno attivo su un problema: *mobilitazione dell'opinione pubblica **contro** la riforma della scuola.*

mocassino (mo-cas-sì-no) N.M. · Scarpa di cuoio morbido senza lacci: *un paio di mocassini di camoscio.*

moccio (móc-cio) N.M. (pl. -*ci*) · Muco nasale: *ti cola il moccio dal naso.*

moccioso (moc-ció-so) N.M. (f. -*a*) · Ragazzino che si dà arie da grande: *non dar retta a quel moccioso!*

moccolo (mòc-co-lo o móc-co-lo) N.M. · Mozzicone di candela: *tolse i moccoli dal candeliere.* Ⓔ ***Reggere il moccolo***, nel linguaggio familiare, accompagnare una coppia di innamorati.

moda (mò-da) N.F. **1** Comportamento o gusto diffuso tra molte persone per un certo periodo di tempo: *lanciare una nuova moda; quest'anno impera la moda delle vacanze ai Caraibi.* **2** Il modo di vestire sia maschile che femminile di un certo luogo o di un certo tempo: *la moda francese; la moda italiana è diffusa in tutto il mondo.* Ⓔ ***Alla moda*** o ***all'ultima moda***, secondo il gusto del momento: *vestire alla moda* • ***Di moda***, diffuso, che riscuote molto successo: *all'epoca erano di moda i baffi; un profumo di moda* • ***Passare di moda*** → ***passare***.

modale (mo-dà-le) AGG. · In grammatica, di avverbio (per es. *lentamente*) o di altro elemento sintattico (per es. *con piacere*) che indica il modo in cui si svolge l'azione espressa dal verbo. Ⓔ ***Proposizione modale*** (o *una modale* N.F.), frase subordinata che indica la maniera in cui viene compiuta l'azione espressa dalla principale (*scrive come parla; avanzava a stento appoggiandosi al bastone*).

modalità (mo-da-li-tà) N.F. INVAR. · Modo in cui deve svolgersi qualcosa: *le modalità di pagamento* Ⓢ procedura, prassi.

modellare (mo-del-là-re) V.TR. (*modèllo*, ecc.) || TR. **1** Dare la forma voluta a una sostanza: *modellare la creta; modellare un busto* ***nel*** *marmo.* **2** Adeguare a un certo modello: *ha modellato il proprio stile* ***su*** *quello del Manzoni.* || **modellarsi** RIFL. Uniformarsi a un modello: *i bambini si modellano* ***sul*** *nostro esempio* Ⓢ conformarsi.

modellino (mo-del-lì-no) N.M. · Riproduzione su scala ridotta di un oggetto: *il modellino di un'automobile.*

modellismo (mo-del-lì-ṣmo) N.M. · L'attività di chi costruisce riproduzioni di oggetti o strutture in scala ridotta • Collezionismo di modellini: *è un appassionato di modellismo.*

modello[1] (mo-dèl-lo) N.M. e AGG. || N.M. **1** Ciò che viene preso a esempio da imitare: *il modulo va riempito secondo il modello; ha preso a modello il padre* Ⓢ esempio. **2** Chi è degno di essere imitato: *è un modello di virtù e di bontà* Ⓢ maestro. **3** Costruzione in scala ridotta di un'opera in fase di progettazione: *modello di nave; il modello in legno di San Pietro in Vaticano.* **4** Prodotto industriale: *un nuovo modello di computer; l'ultimo modello di un'auto.* **5** Capo di abbigliamento confezionato in base al disegno originale dello stilista: *una sfilata di modelli invernali* Ⓢ abito. **6** Modulo usato per una pratica burocratica: *presentare il modello della dichiarazione dei redditi.* || AGG. INVAR. Degno di essere imitato: *uno scolaro modello; un'azienda modello.*

modello[2] (mo-dèl-lo) N.M. (f. -a) **1** Chi posa davanti a un pittore, a uno scultore o a un fotografo: *si è rifiutata di fargli da modella per il quadro.* **2** Indossatore: *da grande vuole fare la modella.*

modem (mo-dem; pronuncia *mòdem*) N. INGL., in it. N.M. INVAR. · Dispositivo che serve a trasmettere i dati elaborati da un computer attraverso una linea telefonica.

moderare (mo-de-rà-re) V.TR. (*mòdero*, ecc.) || TR. Mantenere entro giusti limiti: *moderare la velocità; modera la tua rabbia* Ⓢ limitare, controllare. || **moderarsi** RIFL. Imporsi un limite: *moderarsi* ***nel*** *bere,* ***con*** *le spese* Ⓢ contenersi.

moderato (mo-de-rà-to) AGG. e N.M. (f. -a) || AGG. **1** Che è mantenuto nei giusti limiti: *fare un uso moderato di medicinali; procedere a velocità moderata* Ⓢ limitato, contenuto. **2** Di persona, controllato, misurato, equilibrato: *una persona moderata; essere moderati* ***nel*** *mangiare.* **3** Di idea o discorso, saggio, misurato: *opinioni moderate.* || AGG. e N.M. (f. -a) In politica, di chi è contrario a ogni posizione estrema: *idee moderate; i moderati hanno vinto le elezioni.*

moderatore (mo-de-ra-tó-re) N.M. (f. *-trice*) · Chi ha il compito di dirigere un dibattito.

moderazione (mo-de-ra-zió-ne) N.F. · L'atteggiamento di chi si mantiene entro i giusti limiti: *mancanza di moderazione; bere con moderazione* Ⓢ equilibrio, misura.

modernità (mo-der-ni-tà) N.F. INVAR. · Corrispondenza ai tempi attuali: *la modernità di un autore, di una costruzione* Ⓢ attualità.

modernizzare (mo-der-niẓ-ẓà-re) V.TR. || TR. Adattare alle esigenze dell'uso o del gusto attuale: *modernizzare un impianto; modernizzare il proprio abbigliamento* Ⓢ aggiornare, rinnovare. || **modernizzarsi** RIFL. Adeguarsi alle esigenze attuali: *l'azienda si è modernizzata in tutti i settori.*

moderno (mo-dèr-no) AGG. **1** Del tempo presente o recente: *le lingue moderne; le moderne scoperte della scienza; arte moderna* Ⓢ contemporaneo Ⓒ antico. **2** Del periodo storico che parte dalla scoperta dell'America

(1492) e giunge fino al Congresso di Vienna (1815): *storia moderna.* **3** Tipico dei nostri tempi: *usi moderni; genitori moderni* Ⓢ attuale.

modestamente (mo-de-sta a-mén-te) AVV. **1** In modo semplice, senza lusso: *vivere modestamente.* **2** Con modestia e umiltà, esprime una limitazione rispetto a un'affermazione troppo impegnativa o presuntuosa: *per quel che posso, modestamente, ti aiuterò; modestamente, sono il più bravo in matematica;* anche in senso ironico: *modestamente, ci arrivo anch'io a capire.*

modestia (mo-dè-stia) N.F. (pl. *-stie*) · La caratteristica di chi non ama vantarsi delle proprie qualità e dei propri meriti: *parlava di sé con grande modestia* Ⓢ umiltà Ⓒ presunzione.

modesto (mo-dè-sto) AGG. **1** Che non si vanta delle proprie qualità e dei propri meriti: *un giovane bravo e modesto* Ⓢ umile Ⓒ presuntuoso. **2** Ridotto sul piano quantitativo o qualitativo: *modeste possibilità economiche; risultati modesti* Ⓢ limitato, scarso, mediocre Ⓒ consistente, eccellente.

modico (mò-di-co) AGG. (pl.m. *-ci*, pl.f. *-che*) · Non eccessivo: *prezzi modici* Ⓢ contenuto, moderato Ⓒ esagerato.

modifica (mo-dì-fi-ca) N.F. (pl. *-che*) · Intervento per cambiare qualcosa in modo parziale: *apportare qualche modifica a un progetto* Ⓢ variazione, cambiamento.

modificare (mo-di-fi-cà-re) V.TR. (*modìfico, modìfichi*, ecc.) || TR. Sottoporre a cambiamento: *modificare una legge; modificare il tracciato di una gara* Ⓢ cambiare, variare. || **modificarsi** INTR.PRONOM. Divenire diverso: *le sue idee politiche si sono modificate.*

modificazione (mo-di-fi-ca-zió-ne) N.F. · Mutamento progressivo: *le modificazioni di struttura di una roccia* Ⓢ trasformazione, cambiamento.

modo (mò-do) N.M. **1** Maniera di compiere un'azione: *modo di camminare; disponeva gli oggetti in modo disordinato; si comporta in modo strano.* **2** La maniera in cui ci si comporta: *modi gentili; che modo è questo?* Ⓢ comportamento, atteggiamento. **3** Metodo per ottenere qualcosa: *non c'è modo di fargli cambiare idea?* Ⓢ maniera, mezzo. **4** Procedimento che si segue per attuare qualcosa: *agire nei modi previsti dalla legge* Ⓢ procedura, modalità, prassi. **5** Circostanza che permette il verificarsi di qualcosa: *non ho più avuto modo di vederlo; non mi ha neanche dato modo di scusarmi* Ⓢ occasione, opportunità, possibilità. **6** In grammatica, categoria del verbo che indica come si presenta un'azione che può essere certa (*modo indicativo*), possibile (*modo congiuntivo*), possibile a una data condizione (*modo condizionale*), comandata (*modo imperativo*) o indeterminata senza distinzione di persona (*modo infinito, gerundio*). Ⓔ ***A modo***, per bene, educato: *è una persona veramente a modo* • ***A ogni modo, in ogni modo*** (→ *ogni*) • ***Avverbi di modo***, quelli che indicano come si svolge un'azione (di solito sono quelli ottenuti da un aggettivo con l'aggiunta del suffisso *-mente*: *felicemente* da *felice*) • ***Complemento di modo*** o ***maniera***, quello che indica come si compie l'azione espressa dal verbo (*ricordare con nostalgia; agire da criminale; cadere di schianto; respirare a fatica; mangiare in fretta; procedere per tentativi*) • ***Dare modo*** → *dare* • ***In che modo***, come: *in che modo pensate di cominciare?* • ***In modo da, di modo che***, così che: *leggi bene le istruzioni, in modo da non sbagliare* • ***In nessun modo***, per nessuna ragione: *non accetterò in nessun modo* • ***In tutti i modi***, ad ogni costo: *bisogna vincere in tutti i modi* • ***In un certo qual modo***, in un certo senso: *in un certo qual modo non è un cattivo ragazzo* • ***Modo di dire***, parola o frase tipica di una persona o di una lingua • ***Modo di fare***, comportamento • ***Modo di vedere***, opinione: *a mio modo di vedere*, secondo me, a mio parere.

modulare (mo-du-là-re) V.TR. (*mòdulo*, ecc.) · Cambiare un suono da un tono all'altro per produrre un effetto gradevole: *modulare la voce.*

modulazione (mo-du-la-zió-ne) N.F. **1** Variazione di tono della voce o del suono. **2** Variazione di una grandezza nel tempo e nello spazio: *modulazione della luce.*

A B C D E F G H I J K L M N O P Q R S T U V W X Y Z

modulo (mò-du-lo) N.M. **1** Documento stampato, usato soprattutto nella pubblica amministrazione, da riempire nel modo richiesto: *compilare un modulo* Ⓢ modello. **2** Parte di un apparecchio con una certa funzione: *il modulo di comando di un'astronave.*

mogano (mò-ga-no) N.M. · Legno pregiato di alcuni alberi delle regioni tropicali; di colore marrone rossiccio, viene usato per costruire mobili.

mogio (mò-gio) AGG. (pl.m. *-gi*, pl.f. *-ge* o *-gie*) · Privo della solita vivacità: *è rientrato a casa mogio come un cane bastonato* Ⓢ abbattuto.

moglie (mó-glie) N.F. (pl. *-gli*) · La donna che un uomo ha sposato: *una moglie gelosa; le sei mogli di Enrico VIII* Ⓢ sposa, consorte.

moina (mo-ì-na) N.F. · Gesto molto affettuoso spesso compiuto per ottenere qualcosa: *con le sue moine riesce sempre a ottenere tutto.*

mola (mò-la) N.F. **1** Disco di materiale abrasivo per levigare, lucidare o affilare. **2** Macina da mulino o da frantoio.

M

molare[1] (mo-là-re) AGG. · ***Dente molare*** (o *il molare* N.M.), quello che ha la funzione di tritare il cibo.

Il termine deriva dal latino *mola* che significa 'macina'.

molare[2] (mo-là-re) V.TR. (*mòlo*, ecc.) · Lavorare con la mola per affilare, lucidare o levigare: *molare uno specchio per smussarne i bordi; molare la lama di un coltello.*

moldavo (mol-dà-vo) AGG. e N.M. (f. *-a*) || AGG. Della Moldavia. || N.M. (f. *-a*) Abitante, nativo della Moldavia.

mole (mò-le) N.F. **1** Massa compatta o voluminosa: *una roccia di mole enorme; la mole dell'elefante.* **2** Grande quantità: *una considerevole mole di lavoro.* **3** Edificio grandioso: *Mole Adriana; Mole Antonelliana.*

molecola (mo-lè-co-la) N.F. · La più piccola quantità esistente di una sostanza, di cui mantiene tutte le proprietà.

molecolare (mo-le-co-là-re) AGG. · Della molecola: *struttura molecolare.*

molestare (mo-le-stà-re) V.TR. (*molèsto*, ecc.) · Dare fastidio a qualcuno: *molestare un compagno di classe; smettila di molestarmi con le tue telefonate* Ⓢ disturbare, infastidire, importunare.

molestia (mo-lè-stia) N.F. (pl. *-stie*) · Senso di forte disagio provocato da qualcuno o da qualcosa: *la molestia degli insetti, del caldo* Ⓢ disturbo, fastidio, noia. Ⓔ ***Molestia sessuale***, atto o discorso non gradito che ha per scopo un approccio sessuale.

molesto (mo-lè-sto) AGG. · Che dà molto fastidio: *insetti molesti; rumori molesti* Ⓢ noioso, fastidioso.

Il termine deriva dal latino *molestus* 'pesante, difficile da sopportare', che viene a sua volta da *moles* 'mole, peso'.

molibdeno (mo-lib-dè-no) N.M. · Metallo grigio, usato per leghe, acciai speciali e come supporto per filamenti da lampadina (il simbolo chimico è *Mo*).

molisano (mo-li-sà-no) AGG. e N.M. (f. *-a*) || AGG. Del Molise. || N.M. (f. *-a*) Abitante, nativo del Molise.

molla (mòl-la) N.F. **1** Organo elastico che dopo essere stato compresso si deforma per tornare alla forma iniziale: *le molle della poltrona; congegni a molla.* **2** Ciò che spinge ad agire: *è spinto dalla molla dell'ambizione* Ⓢ stimolo, incentivo, motivazione. **3** AL PL. Arnese formato da due bracci metallici allungati, usato per rimuovere la legna e i carboni accesi. Ⓔ ***Prendere con le molle*** → ***prendere***.

mollare (mol-là-re) V.TR. e INTR. (*mòllo*, ecc.) || TR. **1** Lasciar andare: *mollare gli ormeggi* Ⓢ allentare. **2** Nel linguaggio familiare, abbandonare un impegno o un'attività: *ha mollato tutto e se n'è andato* • Dare un colpo di sorpresa e con violenza: ***gli*** *mollò un ceffone* Ⓢ assestare • Lasciare qualcuno interrompendo un rapporto sentimentale: *la fidanzata lo ha mollato* Ⓢ piantare. || INTR. (aus. *avere*) Rinunciare, arrendersi, desistere: *non puoi mollare adesso che sei alla fine.*

molle (mòl-le) AGG. **1** Che cede facilmente alla pressione: *molle come la cera; sedersi sull'erba molle* Ⓢ soffice, morbido, tenero. **2** Che non ha energia: *un carattere molle* Ⓢ debole. 3 Bagnato, fradicio: *era tutto molle **di** sudore.*

molleggiato (mol-leg-già-to) AGG. 1 Che ha una o più molle: *letto molleggiato.* 2 Dotato di grande agilità: *passo molleggiato* Ⓢ elastico, sciolto, flessuoso.

molleggio (mol-lég-gio) N.M. (pl. *-gi*) 1 Sistema di molle che dà elasticità a qualcosa: *il molleggio di un'automobile* • L'elasticità che ne deriva: *questo divano ha un buon molleggio.* 2 Esercizio di ginnastica che consiste nel piegarsi più volte sulle gambe.

molletta (mol-lét-ta) N.F. · Piccola molla usata per fermare i panni stesi ad asciugare o per trattenere i capelli.

mollezza (mol-léz-za) N.F. 1 Mancanza di forza: *mollezza di carattere* Ⓢ debolezza. 2 AL PL. Eccesso di vita comoda: *è cresciuto nelle mollezze* Ⓢ lusso, comodità.

mollica (mol-lì-ca) N.F. (pl. *-che*) · La parte interna e morbida del pane: *preferisco il pane con poca mollica.*

mollusco (mol-lù-sco) N.M. (pl. *-schi*) 1 Animale senza scheletro protetto da una conchiglia di varia forma. 2 Persona senza forza di volontà: *non ha coraggio, è proprio un mollusco!*

molo (mò-lo) N.M. · Nei porti, costruzione in muratura che da terra arriva al mare e che serve come luogo di approdo per le navi: *le onde si infrangevano sul molo* Ⓢ banchina, pontile.

molteplice (mol-té-pli-ce) AGG. (spesso al pl.) · Vario, numeroso, diverso: *avere molteplici interessi.*

Il termine deriva dal latino *multiplex* 'dalle molte pieghe', composto a sua volta di *multus* 'molto' e di *plicare* 'piegare'.

molteplicità (mol-te-pli-ci-tà) N.F. INVAR. · Quantità elevata di elementi vari: *molteplicità di idee* Ⓢ varietà, pluralità.

moltiplicando (mol-ti-pli-càn-do) N.M. · In una moltiplicazione, il primo dei numeri che si moltiplicano: *nell'operazione 6x7, il moltiplicando è 6.*

moltiplicare (mol-ti-pli-cà-re) V.TR. (*moltìplico, moltìplichi*, ecc.) || TR. 1 Rendere notevolmente maggiore: *moltiplicare gli sforzi; moltiplicare il proprio patrimonio* Ⓢ accrescere, aumentare, incrementare. 2 Dati due numeri, sommare il primo tante volte quante sono le unità del secondo. || **moltiplicarsi** INTR. PRONOM. Aumentare molto di numero: *i suoi amici si moltiplicavano di giorno in giorno* • Riprodursi: *crescete e moltiplicatevi.*

moltiplicatore (mol-ti-pli-ca-tó-re) N.M. · In una moltiplicazione, il secondo dei due numeri che si moltiplicano: *nell'operazione 4x2, il moltiplicatore è 2.*

moltiplicazione (mol-ti-pli-ca-zió-ne) N.F. 1 Operazione aritmetica tra due numeri, che consiste nel sommare il primo tante volte quante sono le unità del secondo. 2 Grande crescita: *la moltiplicazione delle entrate* Ⓢ accrescimento, aumento, incremento.

moltitudine (mol-ti-tù-di-ne) N.F. · Quantità notevole: *moltitudine di insetti, di ragazzi* Ⓢ infinità Ⓒ scarsità.

molto (mól-to) AGG., PRON. INDEF. e AVV. (comparativo *più*) || AGG. In grande quantità o in grande numero: *molto pane; molti errori; ho avuto molta paura; gli fu di molto aiuto* Ⓢ tanto Ⓒ poco. || PRON. Una grande quantità, un grande numero: *molti di noi non sono ancora convinti; di pazienza so che non ne ha molta; eravamo in molti ad aspettarlo.* || AVV. 1 A lungo: *ti ho aspettato molto, ma non sei arrivato.* 2 In grande misura: *leggere molto; è molto cambiato negli ultimi anni.* 3 Seguito da aggettivo o avverbio, forma il loro grado superlativo: *un uomo molto buono; accetto il tuo invito molto volentieri.* Ⓔ ***A dir molto***, a voler esagerare: *a dir molto, ci vorranno ancora due ore* • ***Fra non molto***, fra poco tempo: *fra non molto dovremmo arrivare.*

momentaneamente (mo-men-ta-ne-a-mén-te) AVV. · Per il momento: *il direttore è momentaneamente assente.*

momentaneo (mo-men-tà-ne-o) AGG. (pl.m. *-nei*, pl.f. *-nee*) · Che ha breve durata: *un momentaneo malessere* Ⓢ passeggero.

momento (mo-mén-to) N.M. 1 Tempo di breve durata: *aspetta un momento; non c'è un*

A B C D E F G H I J K L **M** N O P Q R S T U V W X Y Z

momento da perdere; posso avere un momento di pace? Ⓢ attimo, istante. **2** Situazione, occasione, circostanza: *la gravità del momento richiede una grande forza d'animo; sei arrivato in un brutto momento; approfittare del momento favorevole.* Ⓔ ***Al momento*** o ***per il momento***, per adesso: *al momento sono impegnato* • ***A momenti***, per poco: *a momenti cadevo*; anche, fra poco: *dovrebbe arrivare a momenti* • ***Dal momento che***, poiché: *dal momento che esci, puoi comprarmi il pane?*; anche, da quando: *dal momento che l'ho incontrato, la mia vita è cambiata* • ***Da un momento all'altro***, all'improvviso • ***Del momento***, di ora: *è la moda del momento* • ***Ogni momento***, di continuo: *non mi interrompere ogni momento* • ***Sul momento***, subito: *sul momento non seppi cosa rispondere.*

monaca (mò-na-ca) N.F. (pl. *-che*) · Donna che appartiene a un ordine religioso Ⓢ religiosa, suora.

monacale (mo-na-cà-le) AGG. · Del monaco o della monaca: *vita monacale; abito monacale* Ⓢ monastico.

M

monachesimo (mo-na-ché-ṣi-mo) N.M. · Forma di vita diffusa in molte religioni, per cui alcune persone si ritirano da sole o in comunità per dedicarsi alla preghiera.

monaco (mò-na-co) N.M. (pl. *-ci*) · Membro di un ordine religioso che dedica il suo tempo alla preghiera e al lavoro: *i monaci ci mostrarono il convento* Ⓢ frate.

> Il termine deriva da una parola greca che significa 'che vive da solo', che viene a sua volta da *mónos* 'solo'.

monarca (mo-nàr-ca) N.M. (pl. *-chi*) · Re, sovrano: *un monarca illuminato.*

> Il termine deriva da una parola greca che significa 'che comanda da solo', composta di *mónos* 'solo' e di *árkho* 'comandare'.

monarchia (mo-nar-chì-a) N.F. (pl. *-chie*) · Forma di governo in cui i supremi poteri sono nelle mani di una sola persona spesso per successione ereditaria. Ⓔ ***Monarchia assoluta***, quando il potere è esercitato soltanto dal re • ***Monarchia costituzionale***, quando il potere del sovrano è limitato da una Costituzione.

monarchico (mo-nàr-chi-co) AGG. e N.M. (f. *-a*; pl.m. *-ci*, pl.f. *-che*) || AGG. Della monarchia: *l'istituzione monarchica.* || AGG. e N.M. (f. -a) Che, chi sostiene la monarchia: *partito monarchico; sono due monarchici convinti.*

monastero (mo-na-stè-ro) N.M. · Edificio in cui vivono monaci o monache: *le celle del monastero.*

monastico (mo-nà-sti-co) AGG. (pl.m. *-ci*, pl.f. *-che*) · Dei monaci: *ordini monastici; abito monastico.*

moncherino (mon-che-rì-no) N.M. · Braccio a cui manca l'avambraccio o la mano.

monco (món-co) AGG. e N.M. (f. *-a*; pl.m. *-chi*, pl.f. *-che*) || AGG. **1** Di arto, privo di una parte: *anche con il braccio monco riesce a fare molte cose.* **2** Di testo o informazione, non completo: *le notizie giungevano monche e confuse* Ⓢ incompleto, frammentario. || AGG. e N.M. (f. -a) Che, chi è privo di un arto o di una sua parte: *ha uno zio monco* Ⓢ mutilato.

moncone (mon-có-ne) N.M. **1** Ciò che rimane di un arto dopo che ne è stata tagliata una parte con un'operazione: *un moncone di braccio* Ⓢ moncherino. **2** Ciò che rimane di un oggetto rotto o consumato: *un moncone di matita* Ⓢ mozzicone.

mondanità (mon-da-ni-tà) N.F.INVAR. **1** Atteggiamento leggero di chi ama il lusso e l'eleganza: *la mondanità di uno stile di vita.* **2** Insieme di persone che fanno parte dell'alta società: *allo spettacolo era presente tutta la mondanità cittadina.*

mondano (mon-dà-no) AGG. **1** Della vita terrena: *beni mondani; piaceri mondani* Ⓢ materiale, terreno. **2** Della vita di società: *abitudini, feste mondane.* Ⓔ ***Far vita mondana***, frequentare la società elegante.

mondare (mon-dà-re) V.TR. (*móndo*, ecc.) **1** Liberare da ciò che è inutile o dannoso: *mondare il riso, il grano* Ⓢ ripulire • Sbucciare, pelare: *mondare le castagne.* **2** Purificare: *mondare l'anima dal peccato.*

mondiale (mon-dià-le) AGG. **1** Di tutto il mondo: *guerra mondiale; un chirurgo di fama* *mondiale* S internazionale, universale. **2** Nel linguaggio familiare, eccezionale, straordinario: *che idea mondiale!* E ***Campionato mondiale*** (o *il mondiale* N.M.), torneo cui partecipano atleti o squadre di diverse nazioni per avere il titolo di campione del mondo.

mondo (món-do) N.M. **1** L'universo e tutte le cose che lo costituiscono: *l'origine del mondo; scoprire nuovi mondi.* **2** La Terra considerata come entità geografica: *i Paesi, le bellezze del mondo.* **3** La Terra come luogo in cui si svolgono le vicende degli uomini: *affrontare il mondo con coraggio* • L'insieme di tutti gli uomini: *la donna più bella del mondo; raccontare un segreto a tutto il mondo.* **4** Insieme di persone con caratteristiche comuni: *il mondo operaio; il mondo politico* S classe, ambiente • L'insieme degli elementi che caratterizzano un ambiente o un individuo: *il mondo di Dante; il mondo vegetale.* **5** Nel linguaggio familiare, grandissima quantità: *mi hanno fatto un mondo di complimenti* S infinità. E ***Caschi il mondo*** → *cascare* • ***Cose dell'altro mondo***, assurde, incredibili • ***Da che mondo è mondo***, da sempre • ***Il bel mondo***, la parte più elegante della società • ***L'altro mondo***, l'aldilà, la morte: *andare all'altro mondo*, morire; *mandare all'altro mondo*, uccidere • ***Mettere al mondo***, partorire • ***Nuovo Mondo***, l'America • ***Un mondo***, nel linguaggio familiare, moltissimo: *ci siamo divertiti un mondo* • ***Uomo di mondo*** → *uomo* • ***Vecchio Mondo***, l'Europa, l'Asia e l'Africa • ***Venire al mondo***, nascere.

monelleria (mo-nel-le-rì-a) N.F. (pl. *-rìe*) · Azione o comportamento da monello: *ha combinato un'altra delle sue monellerie* S birichinata, marachella.

monello (mo-nèl-lo) N.M. (f. *-a*) · Ragazzo molto vivace: *un branco di monelli faceva a sassate.*

moneta (mo-né-ta) N.F. **1** Disco di metallo messo in circolazione dallo Stato come mezzo di pagamento: *moneta d'oro; una raccolta di monete antiche* • Denaro spicciolo: *mi dispiace, ma non ho moneta.* **2** Qualsiasi mezzo di pagamento a cui ogni Stato conferisce un nome e un valore convenzionale: *la circolazione della moneta; moneta inglese, europea.* E ***Pagare*** o ***ripagare con la stessa moneta***, vendicarsi di un torto.

> Il termine deriva dal nome del tempio dedicato a *(Giunone) Moneta*, in cui si trovava la Zecca nell'antica Roma.

monetario (mo-ne-tà-rio) AGG. (pl.m. *-ri*, pl.f. *-rie*) · Della moneta: *circolazione monetaria; valore monetario.*

mongolfiera (mon-gol-fiè-ra) N.F. · Grosso pallone gonfiato con aria calda in grado di sollevarsi e a cui è appesa una cesta per i passeggeri: *la prima ascensione in mongolfiera avvenne in Francia nel 1783.*

> Il termine deriva dal nome dei fratelli *Montgolfier*, che la inventarono nel 1783.

mongolo (mòn-go-lo) AGG. e N.M. (f. *-a*) · Dei Mongoli, popolazione dell'Asia centrale.

mongoloide (mon-go-lòi-de) AGG. e N.M. e F. · Down, ma con un accento dispregiativo.

monile (mo-nì-le) N.M. · Gioiello: *un monile d'oro.*

monito (mò-ni-to) N.M. · Avvertimento molto serio: *un monito per l'avvenire; essere, servire di monito.*

monitor (mò-ni-tor) N.M. INVAR. **1** Apparecchio elettronico che permette di vedere su uno schermo l'andamento di un fenomeno: *durante l'ecografia abbiamo visto sul monitor il cuore battere.* **2** Schermo collegato a un computer che permette di visualizzarne i dati: *sul monitor è comparsa una scritta di avvertimento.*

monitoraggio (mo-ni-to-ràg-gio) N.M. (pl. *-gi*) · Controllo periodico e sistematico di alcuni parametri, tramite strumenti adatti, per valutare l'andamento di una situazione: *il monitoraggio dell'ambiente, di un malato.*

monitorare (mo-ni-to-rà-re) V.TR. (*monìtoro*, ecc.) · Controllare l'andamento di una situazione attraverso continue misurazioni: *monitorare i livelli di inquinamento.*

mono- · Primo elemento di parole composte che significa 'uno solo, formato da un solo elemento': *monocolore*, di un colore solo; *monolocale*, alloggio formato da una sola camera.

A B C D E F G H I J K L M N O P Q R S T U V W X Y Z

monocolo (mo-nò-co-lo) N.M. e AGG. || N.M. Lente che s'incastra nell'orbita di un occhio: *portare il monocolo.* || AGG. Che ha perduto un occhio.

monocolore (mo-no-co-ló-re) AGG. · Di un colore solo: *sfondo monocolore* Ⓢ monocromo Ⓒ multicolore. Ⓔ ***Governo monocolore,*** composto da rappresentanti di un solo partito.

monocoltura (mo-no-col-tù-ra) N.F. · Coltivazione di una sola varietà di piante per più anni sullo stesso terreno.

monocorde (mo-no-còr-de) AGG. · Privo di varietà: *stile monocorde* Ⓢ monotono, uniforme.

monocromo (mo-nò-cro-mo o mo-no-crò-mo) AGG. · Che presenta un solo colore: *affresco monocromo* Ⓒ policromo.

monogamia (mo-no-ga-mì-a) N.F. (pl. *-mìe*) · Matrimonio di un solo uomo con una sola donna Ⓒ poligamia.

M

monogamo (mo-nò-ga-mo) AGG. e N.M. (f. *-a*) · Che, chi pratica la monogamia Ⓒ poligamo.

monografia (mo-no-gra-fì-a) N.F. (pl. *-fie*) · Scritto che riguarda un solo argomento: *una monografia su Leopardi* Ⓢ saggio, studio.

monogramma (mo-no-gràm-ma) N.M. (pl. *-i*) · Simbolo che nasce dall'intreccio delle lettere iniziali di un nome proprio: *ricamò il suo monogramma sulla camicia.*

monolite (mo-no-lì-te) → ***monolito.***

monolitico (mo-no-lì-ti-co) AGG. (pl.m. *-ci*, pl.f. *-che*) **1** Formato da un solo blocco di pietra: *una colonna monolitica.* **2** Di persona, tutto d'un pezzo: *non si può convincere, è monolitico nelle sue convinzioni* Ⓢ fermo, rigido • Di gruppo di persone, molto compatto: *un partito monolitico* Ⓢ unitario.

monolito (mo-nò-li-to o mo-no-lì-to) N.M. · Blocco di pietra di grandi dimensioni.

monolocale (mo-no-lo-cà-le) N.M. · Appartamento di una sola stanza: *vive in un monolocale in centro.*

monologo (mo-nò-lo-go) N.M. (pl. *-ghi*) **1** Scena in cui un attore resta solo parlando come se pensasse ad alta voce: *il monologo di Amleto.* **2** Opera breve per un solo attore: *ha scritto vari monologhi teatrali.*

monomio (mo-nò-mio) N.M. (pl. *-mi*) · Espressione algebrica composta da numeri e lettere, per es. *2xy*.

monopattino (mo-no-pàt-ti-no) N.M. · Giocattolo costituito da una stretta pedana con le ruote e da un manubrio.

monopolio (mo-no-pò-lio) N.M. (pl. *-li*) **1** Controllo totale della produzione e del commercio di un prodotto da parte di uno o di pochi enti, che possono così stabilirne il prezzo e le condizioni di vendita: *il monopolio della carta; lo Stato ha il monopolio dei tabacchi.* **2** Diritto riservato a pochi membri di una comunità: *l'istruzione non può essere monopolio di una classe sociale* Ⓢ privilegio, prerogativa.

monopolista (mo-no-po-li-sta) N.M. e F. (pl.m. -*i*, pl.f. -*e*) · Chi detiene un monopolio.

monopolizzare (mo-no-po-liz-zà-re) V.TR. **1** Esercitare un'attività economica in condizioni di monopolio: *monopolizzare l'industria del tabacco.* **2** Riservare a sé o a pochi il controllo di qualcosa: *monopolizzare la cultura* • Accentrare su di sé: *monopolizzare l'attenzione.*

monoposto (mo-no-pó-sto) AGG. e N.M. e F. INVAR. · Di mezzo di trasporto che ha un solo posto: *un aereo monoposto; salire su una (vettura) monoposto.*

monosillabico (mo-no-sil-là-bi-co) AGG. (pl.m. *-ci*, pl.f. *-che*) · Formato da una sola sillaba: *esclamazione monosillabica* Ⓢ monosillabo Ⓒ polisillabo.

monosillabo (mo-no-sìl-la-bo) AGG. e N.M. || AGG. Monosillabico: *"dì" è una parola monosillaba* Ⓒ polisillabo. || N.M. Parola formata da una sola sillaba: *l'inglese è una lingua piena di monosillabi.* Ⓔ ***Rispondere a monosillabi,*** in modo sbrigativo o poco chiaro.

monossido (mo-nòs-si-do) N.M. · Ossido contenente nella molecola un solo atomo di ossigeno. Ⓔ ***Monossido di carbonio*** → ***carbonio.***

monoteismo (mo-no-te-ì-ṣmo) N.M. · Religione che ammette l'esistenza di un solo dio Ⓒ politeismo.

monoteista (mo-no-te-ì-sta) AGG. e N.M. e F. (pl.m. -*i*, pl.f. -e) || AGG. e N.M. e F. Che, chi crede in un solo dio Ⓒ politeista. || AGG. Del monoteismo: *le grandi religioni monoteiste* Ⓢ monoteistico.

monoteistico (mo-no-te-ì-sti-co) AGG. (pl.m. -*ci*, pl.f. -*che*) · Del monoteismo: *religione monoteistica* Ⓢ monoteista Ⓒ politeistico.

monotonia (mo-no-to-nì-a) N.F. (pl. -*nìe*) · Noiosa ripetizione di una situazione: *la monotonia di una giornata di pioggia* Ⓢ noia, uniformità.

monotono (mo-nò-to-no) AGG. **1** Che non presenta varietà: *voce monotona; uno stile monotono* Ⓢ uniforme. **2** Che non offre emozioni: *una vita monotona; una giornata grigia e monotona* Ⓢ noioso, piatto. **3** Di persona, che dice o fa sempre le stesse cose: *quanto sei monotono!*

monozigote (mo-no-ẓi-gò-te) AGG. · Derivante da un solo zigote: *gemelli monozigoti* Ⓒ eterozigote.

monsignore (mon-si-gnó-re) N.M. · Titolo che si dà a vescovi, abati e ad altri religiosi con alte cariche.

monsone (mon-só-ne) N.M. · Vento periodico tipico dei climi tropicali, che soffia dalla terra al mare durante l'inverno e dal mare alla terra durante l'estate.

montacarichi (mon-ta-cà-ri-chi) N.M. INVAR. · Grosso ascensore usato per trasportare merci o materiali da un piano all'altro. ▸ Ⓕ **monte**

montaggio (mon-tàg-gio) N.M. (pl. -*gi*) **1** L'insieme delle operazioni necessarie per collegare, fissare o unire tra loro i diversi elementi che costituiscono un oggetto o una struttura: *il montaggio della lavatrice* Ⓢ assemblaggio. **2** Nel cinema, la fase in cui vengono scelte e collegate tra loro le scene girate di un film. Ⓔ ***Catena di montaggio***, nelle fabbriche, il nastro che trasporta tutti gli elementi dell'oggetto da montare e che, scorrendo dinanzi agli operai, permette a ciascuno di loro di montare un singolo pezzo in modo che alla fine del passaggio si abbia l'oggetto montato. ▸ Ⓕ **monte**

montagna (mon-tà-gna) N.F. **1** Rilievo della superficie terrestre alto almeno 600 metri: *scalare una montagna* Ⓢ monte. **2** Zona montuosa: *alta montagna; strada di montagna*. **3** Nel linguaggio familiare, grande quantità: *ho una montagna di lavoro da sbrigare* Ⓢ infinità. Ⓔ ***Montagne russe***, nei luna park, pista con salite e discese ripidissime, su cui corrono vari carrelli che trasportano due o più persone. ▸ Ⓕ **monte**

montagnoso (mon-ta-gnó-so) AGG. · Che presenta numerose montagne: *paese montagnoso*. ▸ Ⓕ **monte**

montanaro (mon-ta-nà-ro) AGG. e N.M. (f. -*a*) || N.M. (f. -*a*) Chi è nato o vive in montagna: *un paese di montanari*. || AGG. Degli abitanti della montagna: *usanze montanare* Ⓢ montano. ▸ Ⓕ **monte**

montano (mon-tà-no) AGG. · Della montagna: *pascoli montani; comunità montana*. ▸ Ⓕ **monte**

montante (mon-tàn-te) N.M. **1** Elemento verticale usato per rinforzare una struttura: *i montanti di una libreria*. **2** Nel calcio, ciascuno dei due pali della porta: *il pallone ha colpito il montante destro*. **3** Nel pugilato, colpo eseguito con il braccio piegato dal basso verso l'alto: *lo stese con un montante*. ▸ Ⓕ **monte**

montare¹ (mon-tà-re) V.INTR. e TR. (*mónto*, ecc.) || INTR. (aus. *essere*) **1** Salire sopra qualcosa: *montare* ***sulla*** *sedia; montare* ***a*** *cavallo,* ***in*** *bicicletta*. **2** Aumentare di livello o di volume: *la piena sta montando; la panna non vuole montare*. || TR. **1** Cavalcare: *montare un cavallo; imparare a montare*. **2** Di animali, accoppiarsi alla femmina. **3** Far aumentare di volume una sostanza liquida: *montare le uova, la panna*. **4** Esagerare l'importanza di qualcosa: *la notizia è stata montata dai giornali* Ⓢ ingigantire. Ⓔ ***Montare in cattedra*** → *cattedra* • ***Montarsi la testa***, credersi superiore agli altri. ▸ Ⓕ **monte**

montare² (mon-tà-re) V.TR. (*mónto*, ecc.) **1** Mettere insieme nel modo opportuno le parti di un oggetto: *montare l'impianto di riscaldamento* Ⓢ assemblare Ⓒ smontare. **2** Nel cinema, unire le scene girate di un film. ▸ Ⓕ **monte**

montatore (mon-ta-tó-re) N.M. (f. *-trice*) · Chi è addetto a operazioni di montaggio: *montatore meccanico, cinematografico.* ▸ Ⓕ **monte**

montatura (mon-ta-tù-ra) N.F. **1** Struttura di sostegno: *la montatura degli occhiali; un rubino con montatura d'oro.* **2** Esagerazione: *sono tutte montature giornalistiche.* ▸ Ⓕ **monte**

monte (món-te) N.M. **1** Rilievo della superficie terrestre di altezza almeno superiore a 600 metri: *la cima di un monte; una catena di monti* Ⓢ montagna. **2** Nel linguaggio familiare, quantità notevole: *c'era un monte di gente* Ⓢ infinità. **3** Istituto di credito: *il Monte dei Paschi di Siena.* Ⓔ ***A monte***, nella parte superiore del corso di un fiume; in senso figurato, all'origine di un fatto: *il problema sta a monte* • ***Andare a monte, mandare a monte***, fallire o far fallire qualcosa: *l'affare andò a monte; mandare a monte una trattativa* • ***Monte di pietà***, luogo dove viene prestato del denaro lasciando come garanzia oggetti di valore • ***Per mari e per monti***, ovunque, da tutte le parti: *ti abbiamo cercato per mari e per monti* • ***Promettere mari e monti***, fare grandi promesse che poi non saranno mantenute. ▸ Ⓕ **monte**

montenegrino (mon-te-ne-gri-no) AGG. e N.M. (f. *-a*) || AGG. Del Montenegro, regione storica e Stato della penisola dei Balcani. || N.M. (f. *-a*) Abitante, nativo del Montenegro.

montepremi (mon-te-prè-mi) (o **monte premi**) N.M. INVAR. · La somma di denaro da dividere tra i vincitori di un concorso: *il montepremi di una lotteria.* ▸ Ⓕ **monte**

montone (mon-tó-ne) N.M. **1** Il maschio adulto della pecora: *lana di montone* Ⓢ ariete. **2** Nel linguaggio familiare, il cappotto confezionato con la pelle dell'animale.

montuoso (mon-tu-ó-so) AGG. · Che presenta rilievi di grande altezza: *regione montuosa.* ▸ Ⓕ **monte**

monumentale (mo-nu-men-tà-le) AGG. **1** Che riguarda i monumenti: *arte monumentale.* **2** Che presenta molti monumenti: *la zona monumentale della città.* **3** Di grandi dimensioni: *un edificio monumentale* Ⓢ imponente, enorme.

monumento (mo-nu-mén-to) N.M. **1** Opera di scultura o di architettura costruita per ricordare persone o avvenimenti famosi: *il monumento ai caduti; i fiorentini fecero erigere un monumento a Dante.* **2** Opera d'arte che ha un grande valore culturale: *visita ai monumenti della città.*

Il termine deriva dal latino *monumentum* 'ricordo, monumento', che viene a sua volta da *monere* 'ammonire, ricordare'.

moquette (mo-quet-te; pronuncia *mochèt*) N.F. FR., in it. N.F. INVAR. · Tessuto spesso e resistente usato per rivestire i pavimenti: *la moquette si sporca facilmente.*

mora[1] (mò-ra) N.F. **1** Il frutto del rovo, di forma tondeggiante e di colore nero: *raccogliere le more.* **2** Il frutto del gelso, di forma simile a quello del rovo.

mora[2] (mò-ra) N.F. **1** Ritardo nel pagamento di una tassa, di una bolletta o di un debito: *essere in mora.* **2** Somma di denaro dovuta per il ritardo di un pagamento: *pagare una forte mora.*

morale (mo-rà-le) AGG. e N.F. e M. || AGG. **1** Che riguarda la scelta tra il bene e il male: *libertà morale; un comportamento ottimo dal punto di vista morale* Ⓢ etico. **2** Rispettoso della sensibilità generale: *uno spettacolo morale* Ⓢ decoroso Ⓒ immorale • Che agisce seguendo i principi di rettitudine Ⓢ onesto, retto. **3** Che riguarda l'animo, lo spirito: *soddisfazione morale; aiuto morale* Ⓢ spirituale, interiore Ⓒ fisico, materiale. || N.F. **1** L'insieme dei principi che regolano il comportamento dell'uomo: *morale individuale, collettiva; un uomo senza morale* Ⓢ etica. **2** L'insegnamento che si ricava da una vicenda o da un racconto: *la morale della favola.* || N.M. Stato d'animo: *oggi sono un po' giù di morale; tenere alto il morale della truppa* Ⓢ umore. Ⓔ ***Schiaffo morale***, umiliazione • ***Vincitore morale***, chi, pur non vincendo, si è dimostrato il migliore.

moralismo (mo-ra-lì-ṣmo) N.M. · Tendenza a dare con facilità giudizi morali severi.

moralista (mo-ra-lì-sta) N.M. e F. (pl.m. *-i*, pl.f. *-e*) · Chi dà troppi giudizi morali.

moralità (mo-ra-li-tà) N.F. INVAR. **1** Corrispondenza con ciò che è considerato giusto: *la moralità della sua condotta è molto discutibile* Ⓢ onestà, integrità. **2** L'insieme dei principi morali: *la moralità pubblica* Ⓢ morale.

moralmente (mo-ral-mén-te) AVV. **1** Dal punto di vista morale: *il suo atteggiamento non è moralmente accettabile.* **2** Nell'animo, nell'intimo: *era moralmente a pezzi.*

moratoria (mo-ra-tò-ria) N.F. (pl. *-rie*) **1** L'atto di rimandare una scadenza: *concedere una moratoria per il pagamento.* **2** Sospensione di un'attività: *moratoria nucleare.*

morbidezza (mor-bi-déz-za) N.F. · Tendenza a piegarsi in modo piacevole al tatto: *l'impasto deve avere la giusta morbidezza* Ⓒ durezza.

morbido (mòr-bi-do) AGG. **1** Che si piega in modo piacevole quando viene toccato: *un morbido cuscino* Ⓢ soffice Ⓒ duro. **2** Che presenta una superficie liscia: *stoffa, pelle morbida* Ⓢ vellutato. **3** Di persona che tende a cedere: *tuo padre è fin troppo morbido con te* Ⓢ conciliante Ⓒ severo. **4** Che non ha contrasti forti: *un disegno dalle linee morbide* Ⓢ armonioso • Senza scosse: *una frenata morbida* Ⓢ graduale, progressivo.

morbillo (mor-bìl-lo) N.M. · Malattia contagiosa, tipica dell'infanzia, caratterizzata da febbre alta e da piccole macchie rosse sulla pelle.

morbo (mòr-bo) N.M. · Malattia, spesso grave e contagiosa: *è stato stroncato da un morbo crudele; morbo di Parkinson.*

morbosità (mor-bo-si-tà) N.F. INVAR. · Esagerata manifestazione di un sentimento: *la morbosità di una passione.*

morboso (mor-bó-so) AGG. · Privo di equilibrio e di misura: *curiosità morbosa; nutriva per la madre un affetto morboso* Ⓢ esagerato, ossessivo.

mordace (mor-dà-ce) AGG. **1** Che morde con facilità: *cane mordace.* **2** Che esprime malignità: *una battuta mordace* Ⓢ aggressivo, maligno, pungente.

mordente (mor-dèn-te) N.M. **1** Capacità di essere efficace: *discorso senza mordente; un gioco privo di mordente* Ⓢ forza, grinta, decisione. **2** Sostanza chimica che serve a fissare le colorazioni su vari materiali.

mordere (mòr-de-re) V.TR. (irreg.: ind. pres. *mòrdo*, ecc.; pass. rem. *mòrsi*, *mordésti*, *mòrse*, *mordémmo*, *mordéste*, *mòrsero*; part. pass. *mòrso*) || TR. Afferrare, stringere con i denti: *mordere un frutto; il cane lo ha morso **al** polpaccio* Ⓢ addentare. || **mordersi** TR.PRONOM. Mordere una parte del proprio corpo: *smettila di morderti le unghie!* Ⓔ ***Mordere il freno***, essere insofferente alla disciplina e alle regole • ***Mordersi la lingua*** → *lingua* • ***Mordersi le mani***, pentirsi con rabbia di essersi lasciato scappare un'occasione.

morena (mo-rè-na) N.F. · Accumulo di materiali rocciosi e terrosi depositato da un ghiacciaio.

morente (mo-rèn-te) AGG. e N.M. e F. · Che, chi sta per morire: *ha il padre morente; lo trovarono morente* Ⓢ moribondo.

moresco (mo-ré-sco) AGG. (pl.m. *-schi*, pl.f. *-sche*) · Dei Mori, i musulmani che occuparono la Spagna nell'ottavo secolo: *arte moresca.*

morfina (mor-fì-na) N.F. · Sostanza ricavata dall'oppio, usata in piccole dosi in medicina per combattere il dolore.

> Il termine deriva dal nome di *Morfeo*, divinità greca del sonno.

-morfo · Secondo elemento di parole composte che significa 'che ha la forma' di quanto espresso dal primo elemento: *amorfo*, che non ha una forma definita; *antropomorfo*, che ha forma umana.

morfologia (mor-fo-lo-gì-a) N.F. (pl. *-gìe*) **1** Parte della grammatica che si occupa della forma che assumono le varie parti del discorso nella loro flessione. **2** Studio delle strutture degli organismi viventi: *morfologia animale, vegetale.*

morfologico (mor-fo-lò-gi-co) AGG. (pl.m. *-ci*, pl.f. *-che*) · Che riguarda la morfologia: *il sistema morfologico di una lingua; i caratteri morfologici di un animale.*

morganatico (mor-ga-nà-ti-co) AGG. (pl.m. -*ci*, pl.f. -*che*) · Che riguarda l'unione matrimoniale tra un sovrano e una donna non nobile, in base alla quale sia la moglie che i figli sono esclusi da qualsiasi diritto di successione dinastica.

moria (mo-rì-a) N.F. (pl. -*rìe*) · Gran numero di morti dovuto a una malattia infettiva: *moria di bestiame.*

moribondo (mo-ri-bón-do) AGG. e N.M. (f. -*a*) · Che, chi sta per morire: *è ormai moribondo; assistere un moribondo* Ⓢ morente.

morigerato (mo-ri-ge-rà-to) AGG. · Che evita gli eccessi: *essere morigerato* ***nel*** *bere* Ⓢ misurato, moderato.

morire (mo-rì-re) V.INTR. (irreg.: ind. pres. *muòio, muòri, muòre, moriàmo, morìte, muòiono*; fut. *morirò* o *morrò*, ecc.; cong. pres. *muòia, muòia, muòia, moriàmo, moriàte, muòiano*; condiz. pres. *morirèi* o *morrèi*, ecc.; part. pass. *mòrto*; aus. *essere*) **1** Cessare di vivere: *morire giovane,* ***di*** *vecchiaia, in un incidente* Ⓢ perire Ⓒ nascere, vivere. **2** Provare una sensazione talmente intensa da risultare insopportabile: *fa un caldo da morire; morire* ***dal*** *ridere; morire* ***di*** *noia.* **3** Avere termine: *il sentiero muore nel bosco; il giorno sta morendo* Ⓢ finire, terminare. Ⓔ ***Peggio di così si muore,*** le cose non possono andare in maniera peggiore.

mormorare (mor-mo-rà-re) V.INTR. e TR. (*mórmoro*, ecc.) || INTR. (aus. *avere*) **1** Emettere un suono continuo e leggero: *il vento mormora tra i rami.* **2** Parlare a voce bassa: *il pubblico cominciò a mormorare* Ⓢ sussurrare, bisbigliare. || TR. Dire a bassa voce: ***le*** *mormorò il suo nome all'orecchio.*

mormorio (mor-mo-rì-o) N.M. (pl. -*rìi*) **1** Suono leggero e continuo: *il mormorio delle onde, delle foglie* Ⓢ brusio, sussurro. **2** Insieme di voci confuse: *mormorio di approvazione.*

moro (mò-ro) AGG. e N.M. (f. -*a*) · Che, chi ha la pelle scura e i capelli neri: *un bambino moro; una bella mora* Ⓢ bruno, scuro. Ⓔ ***I Mori,*** antichi abitanti del Nord Africa; in particolare, i musulmani che occuparono la Spagna nell'ottavo secolo.

Il termine deriva dal latino *Maurus* 'abitante della Mauritania', regione dell'Africa nord-occidentale.

morosità (mo-ro-si-tà) N.F. INVAR. · La condizione di chi è in ritardo nel pagamento di una tassa, una bolletta o un debito: *sfratto per morosità.*

moroso (mo-ró-so) AGG. · Che è in ritardo nel pagamento di una tassa, una bolletta o un debito: *inquilino moroso.*

morphing (mor-phing; pronuncia *mòrfing*) N. INGL., in it. N.M. INVAR. · Tecnica che permette di modificare le immagini con un computer, con effetti naturali.

morsa (mòr-sa) N.F. **1** Grossa tenaglia che serve a bloccare il pezzo sottoposto a lavorazione: *morsa da falegnami, da fabbri.* **2** Forte stretta: *la morsa del suo abbraccio.* **3** Situazione di disagio che blocca le normali attività: *la morsa del gelo, del terrore.*

morsi (mòr-si) · Pass. rem., 1ª pers. sing. → ***mordere***.

morsicare (mor-si-cà-re) V.TR. (*mòrsico, mòrsichi*, ecc.) · Addentare con uno o più morsi: *morsicare una mela; è stato morsicato da un cane* Ⓢ mordere.

morsicatura (mor-si-ca-tù-ra) N.F. · Segno lasciato da un morso o da una puntura d'insetto.

morso[1] (mòr-so) · Participio pass. → ***mordere***.

morso[2] (mòr-so) N.M. **1** L'atto di stringere qualcosa tra i denti: *mangiare a morsi una mela; il morso di un cane* • Boccone, pezzo: *dammi un morso del tuo panino.* **2** La puntura di insetti parassiti: *il morso della zanzara.* **3** Forte sensazione quasi dolorosa: *il morso della fame.* **4** Parte della briglia con cui si dirigono i movimenti del cavallo.

mortadella (mor-ta-dèl-la) N.F. · Salume tipico di Bologna, fatto con carne di maiale tritata e cubetti di lardo con l'aggiunta di aromi, cotto in modo lento e graduale.

Il termine deriva dal latino *murtatum* 'condito con bacche di mirto'.

mortaio (mor-tà-io) N.M. (pl. -*tài*) **1** Recipiente in cui vengono tritate varie sostanze con un pestello: *pestare l'aglio nel mortaio.* **2** Arma da fuoco con traiettoria molto lunga e curva: *sparare un colpo di mortaio.*

mortale (mor-tà-le) AGG. e N.M. e F. || AGG. e N.M. e F. Che, chi è destinato a morire: *la vita mortale; i miseri mortali* **C** immortale. || AGG. Che rappresenta un pericolo di morte: *colpo mortale; ferite mortali* **S** letale, fatale • Terribile, insopportabile, tremendo: *noia mortale; offesa mortale.* **E** ***Peccato mortale***, nella religione cattolica, quello compiuto contro i comandamenti di Dio, che causa la dannazione eterna dell'anima.

mortalità (mor-ta-li-tà) N.F. INVAR. · Il rapporto tra il numero dei morti e l'insieme di una popolazione in certo periodo di tempo o rispetto a un dato fenomeno: *mortalità infantile; la mortalità dovuta agli incidenti stradali.*

mortalmente (mor-tal-mén-te) AVV. **1** In modo tale da provocare la morte: *ferire mortalmente.* **2** In modo gravissimo o insopportabile: *offendere mortalmente; annoiarsi mortalmente.*

mortaretto (mor-ta-rét-to) N.M. · Piccolo cilindro di cartone pieno di polvere da sparo, che si fa esplodere durante un festeggiamento.

morte (mòr-te) N.F. **1** La fine della vita: *pericolo di morte; morte violenta, per annegamento* **S** decesso **C** nascita, vita. **2** Fase finale, atto conclusivo di un'istituzione, di una civiltà, ecc.: *la morte di un impero* **S** fine, declino, rovina. **E** ***A morte***, profondamente, in modo terribile: *odiare qualcuno a morte; annoiarsi a morte* • ***Avere la morte nel cuore***, essere molto triste • ***Dare la morte***, uccidere; ***darsi la morte***, suicidarsi • ***Di vita o di morte*** → ***vita*** • ***Essere in punto di morte***, stare per morire • ***Lottare con la morte***, essere in pericolo di vita • ***Pena di morte***, uccisione di una persona prevista come pena per reati molto gravi in alcuni Stati • ***Tra la vita e la morte*** → ***vita***.

mortificare (mor-ti-fi-cà-re) V.TR. (*mortìfico, mortìfichi*, ecc.) **1** Far rattristare e vergognare qualcuno: *non devi mortificare così quel povero ragazzo* **S** umiliare, offendere. **2** Reprimere i propri istinti come pratica religiosa: *mortificare il corpo.*

mortificazione (mor-ti-fi-ca-zió-ne) N.F. · Umiliazione, vergogna: *non voglio essere costretto a subire altre mortificazioni.*

morto (mòr-to) AGG. e N.M. (f. *-a*) || Participio pass. → ***morire***. || AGG. **1** Che ha smesso di vivere: *un uomo, un animale morto* **S** defunto **C** vivo. **2** Che non è più usato: *lingue morte* **S** scomparso, estinto • Privo di attività: *città morta; giornata morta.* || N.M. (f. -a) Chi è senza vita: *seppellire i morti; pregare per i morti.* **E** ***Binario morto*** → ***binario***[2] • ***Lingua morta***, non più parlata • ***Natura morta*** → ***natura*** • ***Più morto che vivo***, malconcio per la paura, la stanchezza o la malattia: *dopo la corsa di stamattina ero più morto che vivo.*

mortorio (mor-tò-rio) N.M. (pl. *-ri*) · Luogo o situazione in cui ci si annoia e non c'è allegria: *quella festa fu un mortorio.*

mortuario (mor-tu-à-rio) AGG. (pl.m. *-ri*, pl.f. *-rie*) · Dei morti: *stanza mortuaria; registro mortuario* **S** funebre.

mosaico (mo-ṣài-co) N.M. (pl. *-ci*) · Decorazione con pezzetti colorati, detti *tessere*, di pietra o ceramica attaccati a una superficie secondo un disegno: *un pavimento a mosaico; i mosaici del mausoleo di Galla Placidia.*

mosca (mó-sca) N.F. (pl. *-sche*) · Insetto con ali, bocca adatta a succhiare, zampe ben sviluppate, diffuso in tutte le regioni della terra; si nutre di escrementi e di tutti gli alimenti dell'uomo ed è molto pericoloso poiché trasporta i germi di numerose malattie. **E** ***Far venire la mosca al naso***, dare fastidio, innervosire • ***Mosca bianca***, rarità • ***Mosca cieca***, gioco in cui uno dei partecipanti, bendato, deve cercare di afferrare e riconoscere gli altri giocatori • ***Non fare male a una mosca***, essere del tutto innocuo • ***Non sentire volare una mosca***, non sentire il minimo rumore • ***Pesi mosca***, una delle categorie in cui sono divisi, a seconda del peso, i lottatori e i pugili • ***Restare con un pugno di mosche***, non ottenere nulla.

moscato (mo-scà-to) N.M. e AGG. || N.M. Nome di alcune varietà di vite che producono uve bianche o nere molto profumate e dolci • Il

A B C D E F G H I J K L M N O P Q R S T U V W X Y Z

vino che si ottiene da queste uve: *una bottiglia di moscato.* || AGG. Profumato di muschio: *pere moscate.* Ⓔ ***Noce moscata*** → ***noce***[2].

moscerino (mo-sce-rì-no) N.M. · Insetto piccolissimo che vola in sciami molto numerosi.

moschea (mo-schè-a) N.F. (pl. *-schèe*) · Edificio sacro per la religione musulmana, destinato alla preghiera e all'insegnamento religioso: *la prima moschea fu la casa di Maometto a Medina.*

> Il termine deriva da una parola araba che significa 'luogo dove ci si deve prostrare'.

moschettiere (mo-schet-tiè-re) N.M. **1** Soldato armato di moschetto. **2** Guardia del corpo dei Re di Francia sotto i regni di Luigi XIII e XIV: *"I tre moschettieri" di Dumas.*

moschetto (mo-schét-to) N.M. · Fucile da guerra leggero e dalla canna corta.

moschettone (mo-schet-tó-ne) N.M. · Gancio metallico chiuso con una piccola leva a molla: *i moschettoni per alpinismo.*

M

> Il termine deriva dalla parola *moschetto*, perché in origine indicava il gancio a cui si attaccava il fucile per portarlo a tracolla.

moschicida (mo-schi-cì-da) AGG. e N.M. (pl.m. *-i*, pl.f. *-e*) · Di sostanza che serve a uccidere le mosche. Ⓔ ***Carta moschicida,*** carta appiccicosa che attira le mosche e le cattura.

moscio (mó-scio) AGG. (pl.m. *-sci*, pl.f. *-sce*) **1** Che non ha consistenza: *carni mosce* Ⓢ molle. **2** Che non ha vitalità: *come mai sei così moscio oggi?* Ⓔ ***Erre moscia*** → ***erre***.

moscone (mo-scó-ne) N.M. · Insetto di grosse dimensioni simile a una mosca.

mossa (mòs-sa) N.F. **1** Movimento, gesto: *una mossa improvvisa, brusca.* **2** Nella dama e negli scacchi, lo spostamento di un pezzo da una casella all'altra della scacchiera. **3** Azione che ha uno scopo: *prevenire le mosse dell'avversario; una mossa intelligente* Ⓢ iniziativa, decisione. Ⓔ ***Darsi una mossa,*** sbrigarsi, affrettarsi • ***Fare la prima mossa,*** prendere l'iniziativa.

mossi (mòs-si) · Pass. rem., 1ª pers. sing. → ***muovere***.

mosso (mòs-so) AGG. || Participio pass. → ***muovere***. || AGG. Che presenta una condizione di movimento: *mare mosso,* agitato; *capelli mossi,* ondulati. Ⓔ ***Fotografia mossa,*** poco nitida a causa di uno spostamento del soggetto fotografato o della macchina fotografica al momento dello scatto.

mostarda (mo-stàr-da) N.F. · Condimento a base di senape impastata con aceto.

mosto (mó-sto) N.M. · Il succo dell'uva non fermentato.

mostra (mó-stra) N.F. **1** Esposizione aperta al pubblico di vari oggetti: *mostra di quadri; mostra fotografica; farà una mostra delle sue opere.* **2** Ostentazione vanitosa: *far mostra delle proprie ricchezze* Ⓢ esibizione, sfoggio. Ⓔ ***Mettere in mostra,*** esibire con orgoglio: *ha messo in mostra tutta la sua sapienza;* ***mettersi in mostra,*** cercare di attirare l'attenzione su di sé: *cerca sempre di mettersi in mostra.*

mostrare (mo-strà-re) V.TR. (*móstro*, ecc.) || TR. **1** Far vedere: *mostravano la merce* ***ai*** *clienti; gli mostrò la sua collezione di vetri antichi* Ⓢ presentare Ⓒ nascondere • Esibire, ostentare: *mostrare i muscoli.* **2** Fornire un'informazione con un gesto: *mostrò la strada* ***a*** *un passante* Ⓢ indicare, segnalare • Far capire: *mostrami come funziona il motore* Ⓢ spiegare, illustrare. **3** Rendere manifesto: *cerca almeno di mostrare un po' di pietà* Ⓢ manifestare, dimostrare. **4** Lasciar vedere: *mostrava nel volto i segni delle sofferenze; la valle mostra ancora tracce dell'alluvione* Ⓢ rivelare. || **mostrarsi** RIFL. **1** Farsi vedere: *non osa mostrarsi in pubblico* Ⓢ comparire. **2** Dimostrarsi, apparire: *mostrarsi contento; si mostrò indulgente con loro.* Ⓔ ***Mostrare il pugno*** o ***mostrare i pugni,*** minacciare.

mostrina (mo-strì-na) N.F. · Distintivo applicato alla divisa militare per contraddistinguere armi o corpi diversi: *portare le mostrine dei carabinieri.*

mostro (mó-stro) N.M. **1** Creatura mitologica o fantastica, di solito nata dall'incrocio di due animali diversi, che provoca orrore o stupore per il suo aspetto: *Cerbero è un mostro della mitologia greca.* **2** Feroce criminale: *il mostro ha colpito ancora.* **3** Chi ha doti eccezionali:

un mostro d'intelligenza; un mostro di bravura Ⓢ prodigio. Ⓔ ***Mostro sacro***, chi gode di un grandissimo prestigio nella propria attività: *un mostro sacro della letteratura.*

Il termine deriva dal latino *monstrum* 'prodigio, portento', che viene a sua volta da *monere* 'avvisare, ammonire'.

mostruosità (mo-struo-si-tà) N.F. INVAR. **1** Presenza di elementi che provocano orrore: *la mostruosità di un volto, di un'azione.* **2** Azione molto crudele: *le mostruosità commesse dai nazisti* Ⓢ atrocità, crudeltà.

mostruoso (mo-stru-ó-so) AGG. **1** Che presenta un aspetto così brutto da provocare orrore o ribrezzo: *una figura mostruosa* Ⓢ orribile, ripugnante. **2** Che dimostra una crudeltà disumana: *delitto mostruoso* Ⓢ atroce, crudele. **3** Nel linguaggio familiare, che va oltre i limiti del normale: *un'intelligenza mostruosa* Ⓢ enorme, pazzesco, incredibile.

motel (mo-tèl) N.M. INVAR. · Albergo per automobilisti che si trova lungo le grandi strade: *passeremo la notte in un motel.*

motivare (mo-ti-và-re) V.TR. **1** Causare, provocare, suscitare: *cosa può aver motivato una reazione simile?* **2** Chiarire un atto o un comportamento: *motivare un'assenza* Ⓢ giustificare, spiegare.

motivato (mo-ti-và-to) AGG. **1** Basato su motivi validi: *la sua richiesta è più che motivata* Ⓢ fondato, ragionevole Ⓒ immotivato. **2** Di persona, che ha le motivazioni e gli stimoli per raggiungere uno scopo: *un atleta motivato; un ragazzo poco motivato **allo** studio.*

motivazione (mo-ti-va-zió-ne) N.F. · L'insieme delle ragioni che giustificano un'azione o una decisione: *la motivazione di una sentenza* Ⓢ giustificazione.

motivo (mo-tì-vo) N.M. **1** La ragione che provoca un'azione o un comportamento: *motivi seri, futili; motivi di salute; ho i miei motivi per non voler trattare con lui* Ⓢ causa. **2** Melodia di un pezzo musicale: *suonare un motivo sul pianoforte.* **3** Disegno ripetuto a distanze regolari su un tessuto: *un motivo floreale.*

moto[1] (mò-to) N.F. INVAR. · Motocicletta: *un viaggio in moto.*

moto[2] (mò-to) N.M. **1** Lo spostamento di un corpo nello spazio: *il moto dei pianeti; moto circolare, rettilineo* Ⓢ movimento. **2** Il movimento di una persona o di una macchina per svolgere un'attività: *il moto giova alla circolazione; il moto della turbina.* **3** Manifestazione di un sentimento: *avere un moto d'impazienza, di simpatia* Ⓢ slancio, impulso. **4** Ribellione popolare: *i moti del Risorgimento* Ⓢ rivolta, sommossa, tumulto. **5** In grammatica: ***complemento di moto a luogo, complemento di moto da luogo, complemento di moto per luogo*** → *luogo*. Ⓔ ***Fare (del) moto***, svolgere un'attività fisica • ***In moto***, in movimento, in funzione: *mettere in moto la macchina*, avviarne il motore; *mettersi in moto*, darsi da fare.

moto- · Primo elemento di parole composte che significa 'che funziona a motore': *motonave*, nave a motore.

motocarro (mo-to-càr-ro) N.M. · Motoveicolo a tre ruote, usato per trasportare merci.

motocicletta (mo-to-ci-clét-ta) N.F. · Veicolo a due ruote con motore potente.

motociclismo (mo-to-ci-clì-ṣmo) N.M. · L'attività sportiva che si svolge correndo con la motocicletta: *campione di motociclismo.*

motociclista (mo-to-ci-clì-sta) N.M. e F. (pl.m. -*i*, pl.f. -e) · Chi pratica il motociclismo o guida una motocicletta.

motociclistico (mo-to-ci-clì-sti-co) AGG. (pl.m. -*ci*, pl.f. -*che*) · Che riguarda il motociclismo: *gare motociclistiche.*

motociclo (mo-to-cì-clo) N.M. · Veicolo a due ruote per il trasporto di una o due persone.

motocross (mo-to-cròss) N.M. INVAR. · Gara per motocicli su percorsi accidentati fuori dalla strada: *praticare il motocross.*

motonautica (mo-to-nàu-ti-ca) N.F. (pl. -*che*) **1** Sport praticato con imbarcazioni a motore. **2** La tecnica di progettare e costruire imbarcazioni a motore.

motonave (mo-to-nà-ve) N.F. · Nave a motore usata per trasportare merci o persone.

motopeschereccio (mo-to-pe-sche-réc-cio) N.M. (pl. *-ci*) · Imbarcazione a motore usata per la pesca.

motore (mo-tó-re) N.M. e AGG. (f. *-trìce*) || N.M. Macchina che sfrutta una forma di energia per produrre lavoro meccanico e far muovere veicoli o macchine industriali: *motore elettrico, termico* • Nel linguaggio comune, l'impianto che permette il movimento dei mezzi di trasporto: *accendere, spegnere il motore; motore a benzina; un guasto al motore.* || AGG. Che crea o trasmette il movimento: *organo motore; ruota motrice.* Ⓔ ***A motore***, che funziona con un motore: *veicoli a motore; trapano a motore* • ***Motore (a combustione interna** o **a scoppio)***, quello in cui il carburante produce una piccola esplosione che libera l'energia che si trasforma in lavoro meccanico • ***Motore di ricerca***, in informatica, programma usato per fare ricerche in un sito web o nell'intera rete.

motoretta (mo-to-rét-ta) N.F. · Motocicletta di piccola o media cilindrata Ⓢ motorino; scooter (*ingl.*).

motorino (mo-to-rì-no) N.M. · Veicolo a due ruote con motore di piccola cilindrata Ⓢ ciclomotore. Ⓔ ***Motorino d'avviamento***, piccolo motore elettrico che serve ad accendere un motore a scoppio.

motorio (mo-tò-rio) AGG. (pl.m. *-ri*, pl.f. *-rie*) · Che riguarda il movimento, soprattutto dei muscoli: *perdere le funzioni motorie.*

motorizzato (mo-to-riẓ-ẓà-to) AGG. **1** Dotato di motore: *imbarcazione motorizzata.* **2** Dotato di mezzi di trasporto a motore: *truppe motorizzate.*

motorscooter (mo-tor-scoo-ter; pronuncia *motorscùter*) N. INGL., in it. N.M. INVAR. · Veicolo a due ruote con motore di piccola o media cilindrata.

motoscafo (mo-to-scà-fo) N.M. · Imbarcazione leggera dotata di motore di piccola o media cilindrata.

motoveicolo (mo-to-ve-ì-co-lo) N.M. · Veicolo a motore con due o tre ruote.

motrice (mo-trì-ce) N.F. · Veicolo a motore che traina un rimorchio o un altro veicolo. Ⓔ ***Motrice ferroviaria***, locomotiva.

motto (mòt-to) N.M. · Frase breve in cui è riassunto un principio morale: *il mio motto è "vivi e lascia vivere"* Ⓢ massima, detto.

mouse (mou-se; pronuncia *màus*) N. INGL., in it. N.M. INVAR. · Nel computer, il dispositivo che, mosso su una superficie con la mano, permette di spostare il cursore sul monitor per eseguire varie operazioni.

> Il termine significa letteralmente 'topo', con allusione sia alla forma del dispositivo che alla rapidità degli spostamenti che esso consente di fare sullo schermo.

mousse (mous-se; pronuncia *mus*) N.F. FR., in it. N.F. INVAR. **1** Piatto freddo preparato con panna e altri ingredienti passati o frullati, e fatto ghiacciare in uno stampo: *mousse di tonno.* **2** Dolce semifreddo, soffice e leggero: *mousse di cioccolato.*

movente (mo-vèn-te) N.M. · Ciò che spinge qualcuno a compiere un'azione: *il movente del delitto fu la gelosia* Ⓢ causa, ragione.

movenza (mo-vèn-za) N.F. · Modo di muoversi: *una ragazza dalle movenze agili* Ⓢ movimento.

movimentare (mo-vi-men-tà-re) V.TR. (*movi-ménto*, ecc.) · Far diventare vivace: *movimentare una festa, una serata* Ⓢ animare, ravvivare.

movimentato (mo-vi-men-tà-to) AGG. · Molto vivace e animato: *fare una vita movimentata; è stato un viaggio piuttosto movimentato.*

movimento (mo-vi-mén-to) N.M. **1** Spostamento nello spazio: *mettersi in movimento* Ⓢ moto • Gesto, mossa: *un agile movimento del capo; essere lento nei movimenti.* **2** Intenso viavai di persone: *c'era molto movimento in città* Ⓢ animazione, confusione • Circolazione, traffico, giro: *movimento di treni, di denaro.* **3** Tendenza politica o culturale di un gruppo di persone unite per affermarla: *movimento femminista; movimento per la pace; movimento letterario di avanguardia.*

moviola (mo-viò-la) N.F. **1** Nel cinema, apparecchio usato per il montaggio di un film. **2** In televisione, strumento usato per osservare al rallentatore un'azione registrata: *la moviola ha dato ragione all'arbitro.*

mozione (mo-zió-ne) N.F. · In un'assemblea, richiesta presentata da uno o più partecipanti: *presentare una mozione* Ⓢ proposta, richiesta.

mozzafiato (moz-za-fià-to) AGG. INVAR. · Che provoca stupore, ammirazione o spavento: *un panorama mozzafiato; un finale mozzafiato.*

mozzare (moz-zà-re) V.TR. (*mózzo*, ecc.) **1** Tagliare con un colpo netto e deciso: *mozzare la coda **al** cane* Ⓢ tagliare, troncare. **2** Far cessare in modo brusco: *l'emozione **gli** mozzò la parola; questo freddo mozza il respiro* Ⓢ bloccare, interrompere. Ⓔ ***Mozzare il fiato*** → ***fiato***.

mozzarella (moz-za-rèl-la) N.F. · Formaggio fresco, tipico della Campania, prodotto con latte di bufala o di vacca. Ⓔ ***Mozzarella in carrozza***, fatta a fette, messa in mezzo a due fettine di pane e fritta in padella.

mozzicone (moz-zi-có-ne) N.M. · Ciò che rimane di un oggetto spezzato o consumato: *un mozzicone di candela, di sigaretta.*

mozzo[1] (mó-zo) N.M. · Nella marina, giovane marinaio che svolge i servizi più umili: *imbarcarsi come mozzo.*

mozzo[2] (mó-zo) AGG. **1** Privato di una parte: *braccio mozzo* Ⓢ tagliato, reciso, tronco. **2** Incerto a causa di una forte emozione: *parole, frasi mozze.*

mozzo[3] (mò-ẓo) N.M. · La zona centrale di una ruota o di un'elica.

Mp3 o **mp3** (pronuncia *emmepitré*) N.M. INVAR. · Metodo di compressione dei file musicali, che permette di ottenere brani ad alta qualità sonora; è usato soprattutto per diffondere musica su Internet • Il file ottenuto con questo metodo: *scaricare un Mp3.*

mucca (mùc-ca) N.F. (pl. *-che*) · Vacca che produce latte.

Il verbo che indica il verso della mucca è *muggire* o *mugghiare* e il nome è *muggito* o *mugghio.*

mucchio (mùc-chio) N.M. (pl. *-chi*) **1** Grande quantità di materiale ammassato: *un mucchio di carbone, di libri* Ⓢ cumulo, catasta. **2** Nel linguaggio familiare, quantità straordinaria: *ci vuole un mucchio di quattrini* Ⓢ infinità.

Mucchio è un nome collettivo: indica tanti oggetti, ma è un sostantivo singolare.

mucillagine (mu-cil-là-gi-ne) o **mucillaggine** (mu-cil-làg-gi-ne) N.F. · Sostanza vegetale simile alla gomma che può assorbire molto liquido diventando vischiosa o gelatinosa.

muco (mù-co) N.M. (pl. *-chi*) · Liquido denso e filante che serve a mantenere umide e a proteggere le mucose.

mucosa (mu-có-sa) N.F. · Membrana che riveste l'interno di alcuni organi: *mucosa nasale, intestinale.*

muezzin (muez-zìn) N.M. INVAR. · Nella moschea, chi dall'alto del minareto chiama i fedeli alla preghiera.

muffa (mùf-fa) N.F. · Sostanza verdastra, dal cattivo odore, formata da funghi che si nutrono di organismi o sostanze in decomposizione o che vivono come parassiti di animali e piante: *il formaggio ha fatto la muffa; dalle muffe si ricavano numerosi antibiotici.*

muflone (mu-fló-ne) N.M. · Pecora selvatica diffusa in Corsica e in Sardegna.

mugghiare (mug-ghià-re) V.INTR. (*mùgghio*, ecc.; aus. *avere*) **1** Di bovino, muggire in modo prolungato: *le vacche mugghiavano nella stalla.* **2** Di mare, vento o tuono, emettere un rumore cupo e prolungato: *mugghia il mare in tempesta* Ⓢ ululare.

mugghio (mùg-ghio) N.M. (pl. *-ghi*) **1** Muggito intenso e prolungato. **2** Rumore cupo: *il mugghio del vento.*

muggire (mug-gì-re) V.INTR. (*muggìsco, muggìsci, muggìsce* o *mùgge*, ecc.; aus. *avere*) **1** Di bovino, emettere un muggito: *il toro muggì in modo minaccioso.* **2** Di mare, vento o tuono, emettere un rumore cupo e prolungato: *il vento muggiva* Ⓢ ululare.

A B C D E F G H I J K L M N O P Q R S T U V W X Y Z

muggito (mug-gì-to) N.M. · Il verso dei bovini: *il muggito del vitellino.*

mughetto (mu-ghét-to) N.M. · Pianta erbacea con fiori bianchi a grappolo, dal profumo intenso, dai quali si estrae un'essenza usata in profumeria.

Il termine deriva dal francese *muguet*, probabilmente deformazione della parola *muscade* 'dall'odore di muschio', per il profumo intenso dei fiori.

mugnaio (mu-gnà-io) N.M. (f. *-a*; pl.m. *-gnài*, pl.f. *-gnàie*) · Chi possiede o gestisce un mulino.

mugolare (mu-go-là-re) V.INTR. (*mùgolo*, ecc.; aus. *avere*) **1** Del cane, emettere un verso triste e prolungato. **2** Di persona, emettere un suono indistinto per lamentarsi o esprimere soddisfazione: *mugolare* ***dal*** *dolore; mugolare* ***di*** *piacere.*

mugolio (mu-go-lì-o) N.M. (pl. *-lìi*) · Il mugolare: *il mugolio del cane* Ⓢ gemito, lamento.

M

mugugnare (mu-gu-gnà-re) V.INTR. (aus. *avere*) · Brontolare.

mugugno (mu-gù-gno) N.M. · Brontolio di scontento: *le rispose con un mugugno.*

mujaheddin (mu-ja-hed-din; pronuncia *mugiaeddìn*) N.M. INVAR. · Combattente della guerra santa islamica.

mulattiera (mu-lat-tiè-ra) N.F. · Strada stretta e tortuosa.

mulatto (mu-làt-to) AGG. e N.M. (f. *-a*) · Che, chi è nato da un genitore bianco e da uno di colore: *un giovane mulatto.*

mulinare (mu-li-nà-re) V.TR. · Agitare con un movimento circolare: *mulinare la spada* Ⓢ roteare.

mulinello (mu-li-nèl-lo) N.M. **1** Moto circolare molto veloce di acqua o aria: *il mulinello dell'acqua vicino alla diga* Ⓢ vortice, gorgo. **2** Congegno applicato alla canna da pesca che serve a riavvolgere velocemente la lenza.

mulino (mu-lì-no) N.M. · Impianto per macinare cereali o altri prodotti: *mulino ad acqua* • L'edificio in cui si trova questo impianto. Ⓔ ***Mulino a vento***, che gira sfruttando la forza del vento; ***combattere con i mulini a vento***, con nemici immaginari • ***Tirare acqua al proprio mulino***, agire a proprio vantaggio.

mulo (mù-lo) N.M. **1** Animale nato dall'unione di un asino e di una cavalla: *proseguirono a dorso di mulo.* **2** Chi è molto ostinato: *quando voglio una cosa sono un mulo* Ⓢ testardo, cocciuto.

Il verbo che indica il verso del mulo è *ragliare* e il nome è *raglio.*

multa (mùl-ta) N.F. · Pena in denaro stabilita dalla legge: *prendere, pagare una multa* Ⓢ contravvenzione, ammenda.

multare (mul-tà-re) V.TR. · Condannare al pagamento di una multa: *mi hanno multato* ***di*** *cento euro* ***per*** *aver sorpassato in curva.*

multi- · Primo elemento di parole composte che significa 'molto': *multisala*, cinema con molte sale.

multicolore (mul-ti-co-ló-re) AGG. · Che è di vari colori: *le magliette multicolori dei ragazzi* Ⓢ variopinto Ⓒ monocolore.

multiculturale (mul-ti-cul-tu-rà-le) AGG. · Che riguarda più culture o è composto di varie culture: *educazione multiculturale; società multiculturale.*

multietnico (mul-ti-èt-ni-co) AGG. (pl.m. *-ci*, pl.f. *-che*) · Composto di tanti popoli con diversa lingua e cultura: *un'Europa multietnica* Ⓢ multirazziale.

multiforme (mul-ti-fór-me) AGG. · Che ha molti aspetti diversi: *interessi multiformi* Ⓢ vario, molteplice.

multimediale (mul-ti-me-dià-le) AGG. e N.M. · Di sistema che usa diversi tipi di mezzi di comunicazione: *insegnamento multimediale; cresce l'interesse per il multimediale nella scuola.*

multimiliardario (mul-ti-mi-liar-dà-rio) AGG. e N.M. (f. *-a*; pl.m. *-ri*, pl.f. *-rie*) · Che, chi possiede molti miliardi: *un imprenditore multimiliardario; ha sposato un multimiliardario.*

multinazionale (mul-ti-na-zio-nà-le) AGG. · Che riguarda più nazioni: *trattato multinazionale.* Ⓔ ***Società multinazionale*** (o *una multinazionale* N.F.), società presente in vari

Paesi con le proprie aziende produttive: *la Fiat ormai è una multinazionale.*

multiplo (mùl-ti-plo) AGG. e N.M. || AGG. e N.M. Di numero, che contiene esattamente più volte un numero minore: *nove è multiplo di tre.* || AGG. Composto di più elementi: *presa di corrente multipla; valvola multipla.* E ***Minimo comune multiplo***, il minore fra i multipli comuni a più numeri.

multirazziale (mul-ti-raz-zià-le) AGG. · Composto da più razze: *società multirazziale* S multietnico.

La parola *multirazziale* si scrive con doppia zeta, al contrario della maggior parte delle parole che presentano *zi + vocale*, come *ozio, vizio.*

multisala (mul-ti-sà-la) AGG. e N.M. O F. INVAR. · Di cinema che ha più sale dove vengono proiettati film diversi: *locale multisala; i multisala sono molto diffusi.*

multivitaminico (mul-ti-vi-ta-mì-ni-co) AGG. (pl.m. *-ci*, pl.f. *-che*) · Che contiene varie vitamine: *preparato multivitaminico.*

mummia (mùm-mia) N.F. (pl. *-mie*) **1** Cadavere imbalsamato secondo i sistemi dell'antico Egitto: *la mummia del faraone.* **2** Persona vecchia o di idee antiquate: *non sopporto quella mummia di tua zia.*

Il termine deriva da una parola araba che indicava il miscuglio di bitume, zafferano, balsamo e altri aromi utilizzato per l'imbalsamazione.

mummificazione (mum-mi-fi-ca-zió-ne) N.F. · Conservazione di un cadavere grazie alla perdita dell'umidità necessaria ai processi di decomposizione.

mungere (mùn-ge-re) V.TR. (irreg.: ind. pres. *mùngo, mùngi*, ecc.; pass. rem. *mùnsi, mungésti, mùnse, mungémmo, mungéste, mùnsero*; part. pass. *mùnto*) **1** Estrarre il latte dalle mammelle degli animali: *mungere le capre; mungere a mano.* **2** Approfittarsi senza scrupoli dei sacrifici altrui: *dopo averlo munto ben bene, lo hanno licenziato* S sfruttare, spremere.

mungitrice (mun-gi-trì-ce) N.F. · Apparecchio per mungere in modo meccanico le vacche.

mungitura (mun-gi-tù-ra) N.F. · L'operazione di mungere: *preparare le vacche alla mungitura.*

municipale (mu-ni-ci-pà-le) AGG. · Del comune: *consiglio, impiegato municipale* S comunale.

municipio (mu-ni-cì-pio) N.M. (pl. *-pi*) · L'amministrazione comunale: *gli impiegati del municipio* S comune • La sua sede: *sposarsi in municipio.*

Il termine deriva dal latino *municipium* 'municipio', composto a sua volta di *munia* 'doveri, oneri' e di *capere* 'prendere, assumere'.

munificenza (mu-ni-fi-cèn-za) N.F. · Tendenza a donare o a spendere per gli altri: *la munificenza di un benefattore* S generosità, liberalità.

munifico (mu-nì-fi-co) AGG. (pl.m. *-ci*, pl.f. *-che*) · Che spende e dona agli altri con generosità: *un padre munifico* S generoso, liberale.

munire (mu-nì-re) V.TR. (*munìsco, munìsci*, ecc.) || TR. Fornire qualcosa o qualcuno di ciò che può servire: *munire una porta* ***di*** *serratura; munire lo sciatore* ***dell'****attrezzatura necessaria* S dotare. || **munirsi** RIFL. Fornirsi, dotarsi: *munirsi* ***di*** *passaporto; munirsi* ***di*** *coraggio.*

munizione (mu-ni-zió-ne) N.F. (spesso al pl.) · Ciò che serve al funzionamento delle armi da fuoco: *deposito di munizioni* S proiettile.

munsi (mùn-si) · Pass. rem., 1ª pers. sing. → ***mungere***.

munto (mùn-to) · Participio pass. → ***mungere***.

muoio (muò-io) · Ind. pres., 1ª pers. sing. → ***morire***.

muovere (muò-ve-re) V.TR. e INTR. (irreg.: ind. pres. *muòvo*, ecc.; pass. rem. *mòssi, muovésti* o *movésti, mòsse, muovémmo* o *movémmo, muovéste* o *movéste, mòssero*; part. pass. *mòsso*) || TR. **1** Mettere in movimento: *muovere un braccio, una gamba* • Agitare, scuotere: *i rami erano mossi dal vento* • Far cambiare di posizione: *muovere una pedina sulla scacchiera* S spostare • Far funzionare: *i pedali della bicicletta muovono le ruote* S azionare. **2** Suscitare una certa reazione: *le sue preghiere mi mossero **a** compassione* Ⓢ indurre. **3** Rivolgere, soprattutto azioni ostili: *muovere una critica **a** qualcuno; muovere guerra **a** uno Stato.* || INTR. (aus. *essere* o *avere*) Mettersi in marcia verso un luogo: *il corteo mosse **verso** il palazzo comunale; all'alba l'esercito muoverà **contro** il nemico* Ⓢ avviarsi, dirigersi. || **muoversi** INTR. PRONOM. **1** Mettersi in movimento: *il treno sta cominciando a muoversi* • Affrettarsi, sbrigarsi: *muoviamoci, che è tardi!* **2** Intraprendere un'azione: *muoversi **in** aiuto di qualcuno* Ⓢ agire. **3** Lasciarsi prendere da un sentimento: *muoversi **a** compassione.* Ⓔ ***Non muovere un dito → dito.***

mura (mù-ra) N.F.PL. **1** L'insieme delle opere murarie che circondava una città a scopo difensivo: *le mura di Lucca.* **2** L'insieme delle pareti che chiudono uno spazio: *le mura della prigione; stare chiuso fra quattro mura.*

muraglia (mu-rà-glia) N.F. (pl. *-glie*) · Grande muro di difesa: *la grande muraglia cinese.*

M

murale (mu-rà-le) AGG. e N.M. || AGG. Eseguito su muro o fatto per essere affisso al muro: *pittura murale; manifesto murale.* || N.M. Grande affresco che si trova di solito sul muro esterno di edifici pubblici.

murare (mu-rà-re) V.TR. || TR. **1** Chiudere con un muro: *murare una finestra.* **2** Fissare in un muro, con gesso o cemento: *murare una mensola.* **3** Chiudere in un muro: *la poveretta fu murata viva.* || **murarsi** RIFL. Chiudersi in se stesso: *s'è murato in casa e non vuole vedere nessuno.*

murario (mu-rà-rio) AGG. (pl.m. *-ri*, pl.f. *-rie*) · Di muratura: *opera muraria.*

muratore (mu-ra-tó-re) N.M. · Operaio che costruisce opere in muratura: *chiamare i muratori per rifare il tetto.*

muratura (mu-ra-tù-ra) N.F. · Costruzione fatta di pietre o mattoni tenuti insieme da calce o cemento: *cucina in muratura.*

murena (mu-rè-na) N.F. · Pesce presente nel Mediterraneo simile a un serpente, pescato per la bontà delle sue carni; nel palato ha delle ghiandole che producono un liquido tossico per chi viene morso.

murice (mù-ri-ce) N.M. · Mollusco marino con conchiglia robusta e fornita di spine; alcune specie sono provviste di una ghiandola con cui producono la porpora.

muro (mù-ro) N.M. **1** Struttura verticale in muratura: *un muro di mattoni, di pietra; muro portante, divisorio* Ⓢ parete. **2** In senso figurato, ciò che separa: *un muro d'indifferenza, d'incomprensione* Ⓢ barriera, divisione. Ⓔ ***A muro***, che non sporge dalla parete perché infilato in una rientranza del muro: *armadio a muro* • ***Mettere al muro***, fucilare • ***Mettere qualcuno con le spalle al muro***, obbligarlo a far qualcosa • ***Muro del suono***, il fenomeno di resistenza dell'aria che si verifica quando un corpo si muove alla velocità del suono.

musa (mù-ṣa) N.F. **1** Nella mitologia classica, ciascuna delle nove protettrici del canto e della danza: *invocare le muse.* **2** Motivo di ispirazione poetica: *Beatrice fu la musa di Dante.*

muschio (mù-schio) N.M. (pl. *-schi*) · Pianta che vive sul terreno, sulle rocce e sugli alberi, su cui forma un morbido tappeto verde: *raccogliere il muschio per il presepio.*

muscolare (mu-sco-là-re) AGG. · Dei muscoli: *forza muscolare; tono muscolare.* Ⓔ ***Sistema muscolare***, l'insieme dei muscoli del corpo.

muscolatura (mu-sco-la-tù-ra) N.F. · L'insieme dei muscoli del corpo o di una sua parte: *una muscolatura atletica; la muscolatura del dorso.*

muscolo (mù-sco-lo) N.M. · Ciascuno degli organi che servono al movimento nell'uomo e negli animali: *i muscoli della faccia; esercizi per i muscoli addominali.* Ⓔ ***Muscoli involontari***, che si muovono senza la nostra volontà, come il cuore; ***muscoli volontari***, che possiamo muovere come desideriamo.

Il termine deriva dal latino *musculus* 'topolino', perché certi movimenti muscolari ricordano il guizzare dei topi.

muscoloso (mu-sco-ló-so) AGG. · Che presenta muscoli forti e ben visibili: *un giovane muscoloso; braccia muscolose.*

museale (mu-ṣe-à-le) AGG. · Dei musei: *patrimonio museale.*

museo (mu-ṣè-o) N.M. (pl. -ṣèi) · Luogo pubblico dove sono in mostra opere d'arte od oggetti di interesse storico e scientifico: *museo etrusco; museo delle scienze.* Ⓔ ***Un pezzo da museo***, oggetto vecchio e inutile.

Il termine deriva dal greco *Museóon* 'luogo sacro alle Muse', nome dato all'edificio di Alessandria d'Egitto dove si trovava la famosa biblioteca.

museruola (mu-ṣe-ruò-la) N.F. · Arnese a forma di gabbia che si applica al muso dei cani per impedire loro di mordere. Ⓔ ***Mettere la museruola a qualcuno***, limitare la sua libertà di parlare o di agire.

musica (mù-ṣi-ca) N.F. (pl. -*che*) **1** Arte di combinare i suoni secondo regole precise: *musica classica, leggera; musica da camera; musica pop, rock; la musica di Bach; studiare musica* • Componimento musicale: *saranno eseguite musiche del Settecento.* **2** Soave armonia: *la tua voce è una musica per me* Ⓢ melodia. **3** Cosa monotona o fastidiosa: *è sempre la stessa musica* Ⓢ ritornello.

musical (mu-si-cal; pronuncia *miùṣicol*) N. INGL., in it. N.M. INVAR. · Commedia musicale, nata negli Stati Uniti, in cui si alternano dialoghi, canzoni e balli.

musicale (mu-ṣi-cà-le) AGG. **1** Che riguarda la musica: *composizione musicale; strumenti musicali.* **2** Fondato sulla musica: *opera musicale; film musicale.* **3** Che ha attitudine per la musica: *talento, orecchio musicale.* **4** Caratterizzato da soave armonia: *i versi di Pascoli sono molto musicali* Ⓢ armonioso, melodioso.

musicante (mu-ṣi-càn-te) N.M. e F. · Chi fa parte di una banda musicale.

musicare (mu-ṣi-cà-re) V.TR. (*mùṣico, mùṣichi*, ecc.) · Mettere in musica un testo: *musicare i versi di una poesia.*

musicassetta (mu-ṣi-cas-sét-ta) N.F. · Cassetta che contiene un nastro magnetico su cui sono stati incisi brani musicali o canzoni.

musicista (mu-ṣi-ci-sta) N.M. e F. (pl.m. -*i*, pl.f. -*e*) **1** Chi compone musica: *Luigi Tenco è un grande musicista italiano del passato.* **2** Chi esegue musica strumentale o vocale: *fa il musicista nell'orchestra della Scala.*

musivo (mu-ṣì-vo) AGG. · Del mosaico: *arte musiva* • Realizzato con la tecnica del mosaico: *iscrizione musiva.*

muso (mù-ṣo) N.M. **1** La parte della testa degli animali che si estende dagli occhi alla bocca: *il cane aveva il muso tutto sporco di fango.* **2** Nel linguaggio familiare, faccia, volto: *ti spacco il muso!; glielo dico sul muso quello che penso di lui* • Espressione del volto ostile e arrabbiata: *mi ha tenuto il muso per un mese* Ⓢ broncio. **3** La parte anteriore di un'automobile o di un aeroplano: *urtare il muso della macchina.* Ⓔ ***A muso duro***, in maniera sgarbata: *mi ha risposto a muso duro.*

musone (mu-ṣó-ne) N.M. (f. -*a*; pl.m. -*i*, pl.f. -*e*) · Chi ha un carattere chiuso e scontroso: *quel musone è sempre di malumore* Ⓢ orso.

mussola (mùs-so-la) o **mussolina** (mus-so-lì-na) N.F. · Tessuto leggerissimo e morbido di cotone o di lana.

musulmano (mu-sul-mà-no) o **mussulmano** (mus-sul-mà-no) AGG. e N.M. (f. -*a*) || AGG. Della religione e della civiltà dell'Islam, la religione fondata da Maometto nel settimo secolo: *dottrina musulmana* Ⓢ islamico. || AGG. e N.M. (f. -*a*) Che, chi segue la religione dell'Islam: *i matrimoni tra musulmani e cattolici.*

muta[1] (mù-ta) N.F. **1** Cambio, sostituzione: *la muta dei cavalli.* **2** In alcuni animali, rinnovamento del rivestimento esterno che avviene in certi periodi dell'anno o durante la crescita: *la muta delle penne degli uccelli, della pelle dei serpenti.* **3** Tuta aderente di gomma usata per immersioni subacquee.

muta[2] (mù-ta) N.F. · Gruppo di tre o più cani addestrati per la caccia.

mutamento (mu-ta-mén-to) N.M. · Passaggio da una condizione a un'altra: *mutamenti nel comportamento; mutamento della situazione* Ⓢ cambiamento, variazione, trasformazione.

mutande (mu-tàn-de) N.F.PL. · Indumento intimo a forma di calzoncini molto corti: *mutande di cotone, di seta.* ▸▸

Il termine deriva dal latino *(vestes) mutandae* '(indumenti) da cambiare'.

mutante (mu-tàn-te) N.M. e F. · Nella fantascienza, essere o specie che abbia acquisito caratteristiche fuori dal comune per una mutazione genetica.

mutare (mu-tà-re) V.TR. e INTR. || TR. **1** Sostituire una cosa con un'altra: *mutare opinioni, abitudini* Ⓢ cambiare, modificare. **2** Rendere diverso: *il matrimonio ti ha molto mutato* Ⓢ trasformare. || INTR. (aus. *essere*) Diventare diverso: *la situazione politica è molto mutata.* || **mutarsi** RIFL. Cambiare qualcosa nel proprio aspetto: *mutarsi* ***d'****abito.* || **mutarsi** INTR. PRONOM. Trasformarsi, diventare: *il bruco si muta* ***in*** *farfalla.*

mutazione (mu-ta-zió-ne) N.F. **1** Cambiamento, evoluzione, trasformazione: *ci saranno lievi mutazioni nel programma.* **2** Trasformazione del patrimonio genetico di un individuo: *le radiazioni nucleari provocano mutazioni genetiche.*

mutevole (mu-té-vo-le) AGG. · Che cambia facilmente: *tempo mutevole; carattere mutevole* Ⓢ variabile, incostante.

mutilare (mu-ti-là-re) V.TR. (*mùtilo*, ecc.) **1** Privare di una parte del corpo: *l'esplosione lo ha mutilato* ***alle*** *gambe; mutilare una statua* ***della*** *testa.* **2** Recidere una parte del corpo: *mutilare un piede* Ⓢ tagliare, amputare, mozzare.

mutilato (mu-ti-là-to) N.M. (f. -a) · Chi ha perso una parte del corpo: *mutilato di guerra* Ⓢ invalido.

mutilazione (mu-ti-la-zió-ne) N.F. **1** Perdita di una parte del corpo: *subire la mutilazione di un arto.* **2** Grave danno: *durante la guerra i palazzi del centro hanno subito gravi mutilazioni.*

mutismo (mu-tì-ṣmo) N.M. **1** Incapacità di parlare. **2** Rifiuto di parlare, per rabbia o per non rivelare qualcosa: *la ragazza si è chiusa in un ostinato mutismo.*

muto (mù-to) AGG. e N.M. (f. -a) || AGG. e N.M. (f. -a) Che, chi non può parlare: *in classe c'è una bambina muta; il linguaggio dei muti.* || AGG. **1** Che non si esprime a parole: *un muto dolore* Ⓢ silenzioso. **2** Di lettera che si scrive ma non si pronuncia: *in italiano la lettera h è muta.* Ⓔ ***Cinema muto, film muto***, senza il sonoro • ***Fare scena muta***, non rispondere a una domanda • ***Muto come un pesce***, senza dire una parola: *restare muto come un pesce.*

mutua (mù-tua) N.F. · In passato, ente che gestiva l'assistenza sanitaria.

mutuabile[1] (mu-tu-à-bi-le) AGG. · Che può essere pagato dagli enti di assistenza sanitaria statali: *analisi, medicinali mutuabili.*

mutuabile[2] (mu-tu-à-bi-le) AGG. **1** Che può essere concesso in prestito, a titolo di mutuo: *la metà del costo dell'appartamento è mutuabile.* **2** Che può essere ricavato da altri: *un concetto facilmente mutuabile.*

mutuare (mu-tu-à-re) V.TR. (*mùtuo*, ecc.) **1** Di banca, dare in prestito del denaro per l'acquisto di un bene: *la banca ha mutuato l'80% del valore della casa.* **2** Prendere a prestito: *l'italiano ha mutuato diverse parole* ***dal*** *francese* Ⓢ derivare.

mutuo[1] (mù-tuo) AGG. · Relativo al rapporto tra due soggetti: *mutuo consenso; società di mutuo soccorso* Ⓢ comune, reciproco.

mutuo[2] (mù-tuo) N.M. · Prestito di denaro che viene restituito a rate nel tempo: *ottenere un mutuo da una banca; comprare la casa con il mutuo.*

n

n, N N.F. O M.INVAR. · Dodicesima lettera dell'alfabeto italiano; è una consonante (nome della lettera: *ènne*).

nababbo (na-bàb-bo) N.M. **1** In passato, principe o alto funzionario indiano. **2** Persona molto ricca, che vive nel lusso: *vivere come un nababbo* Ⓢ pascià.

nacchera (nàc-che-ra) N.F. (spesso al pl.) · Strumento musicale originario della Spagna, composto di due pezzi di legno o d'avorio, rotondi e concavi nella parte interna, che vengono battuti l'uno contro l'altro per accompagnare il ritmo di danze popolari.

Il termine deriva da una parola araba che significa 'timpano'.

nacqui (nàc-qui) · Pass. rem., 1ª pers. sing. → ***nascere***.

nadir (na-dìr) N.M. INVAR. · In astronomia, punto del cielo opposto allo *zenit*, situato sulla verticale del punto di osservazione.

nafta (nàf-ta) N.F. · Liquido che si ottiene dal petrolio, usato come combustibile Ⓢ gasolio.

naftalina (naf-ta-lì-na) N.F. · Sostanza solida usata per proteggere gli indumenti di lana dalle tarme: *tenere sotto naftalina*.

nailon (nài-lon) → ***nylon***.

nanna (nàn-na) N.F. · Nel linguaggio infantile, il sonno: *far la nanna; andare, mettere a nanna*.

nano (nà-no) AGG. e N.M. (f. *-a*) || AGG. e N.M. (f. *-a*) Che, chi ha una statura molto inferiore alla media: *un fratello nano; i nani del circo*. || N.M. (f. *-a*) Personaggio delle fiabe di statura molto piccola: *Biancaneve e i sette nani* Ⓢ gnomo. || AGG. Di specie animale o vegetale con statura molto ridotta rispetto alla normale: *gallina nana; albero nano*. Ⓔ ***Stella nana*** (o *una nana* N.F.), stella di massa uguale o inferiore a quella del Sole.

napoleonico (na-po-le-ò-ni-co) AGG. (pl.m. *-ci*, pl.f. *-che*) · Che riguarda l'attività o l'epoca di Napoleone I (1769-1821): *le guerre napoleoniche*.

napoletano (na-po-le-tà-no) AGG. e N.M. (f. *-a*) || AGG. Di Napoli. || N.M. (f. *-a*) Abitante, nativo di Napoli. Ⓔ ***Pizza napoletana***, condita con pomodoro, mozzarella, acciughe e capperi.

nappa (nàp-pa) N.F. **1** Ornamento formato da un mazzetto di fili di seta, lana e simili, posto all'estremità di un cordone o sul bordo di un tessuto: *la nappa della tenda, del berretto*. **2** Tipo di pelle sottile e molto morbida: *guanti di nappa*.

narciso (nar-ci-ṣo) N.M. · Pianta erbacea dai fiori bianchi e profumati.

narco- · Primo elemento di parole composte che significa 'sonno': *narcotico*, farmaco che provoca il sonno • Nel linguaggio giornalistico, indica 'droga': *narcotrafficante*, trafficante di droga.

narcosi (nar-cò-ṣi) N.F. INVAR. · In medicina, eliminazione temporanea della sensibilità al dolore per rendere possibili le operazioni chirurgiche Ⓢ anestesia.

Il termine deriva dal greco *nárkosis* 'torpore'.

narcotico (nar-cò-ti-co) AGG. e N.M. (pl.m. *-ci*, pl.f. *-che*) || AGG. Che riguarda la narcosi: *stato narcotico; effetto narcotico*. || N.M. Farmaco che elimina in modo temporaneo la sensibilità al dolore Ⓢ anestetico.

narcotizzare (nar-co-tiẓ-ẓà-re) V.TR. · Sottoporre all'effetto di un narcotico: *narcotizzare un paziente prima dell'operazione* Ⓢ anestetizzare.

narcotrafficante (nar-co-traf-fi-càn-te) N.M. e F. · Trafficante di droga: *la polizia ha arrestato un pericoloso narcotrafficante*.

narcotraffico (nar-co-tràf-fi-co) N.M. (pl. *-ci*) · Traffico internazionale di droga: *la lotta al narcotraffico.*

narice (na-rì-ce) N.F. · Ciascuna delle aperture alla base del naso.

narrare (nar-rà-re) V.TR. e INTR. || TR. Esporre una vicenda vera o immaginaria: *narrare vecchie leggende; ho sentito narrare le avventure di un viaggiatore* Ⓢ raccontare. || INTR. (aus. *avere*) Trattare di un argomento: ***mi** narrava spesso **della** sua infanzia* Ⓢ parlare.

narrativa (nar-ra-tì-va) N.F. · Il genere letterario che comprende il romanzo, la novella e il racconto: *autore di narrativa; la narrativa italiana contemporanea.*

narrativo (nar-ra-tì-vo) AGG. · Che riguarda il racconto di vicende reali o fantastiche: *stile narrativo.*

narratore (nar-ra-tó-re) N.M. (f. *-trice*) **1** Autore di romanzi e racconti: *i narratori francesi dell'Ottocento* Ⓢ scrittore. **2** Chi racconta vicende reali o fantastiche: *un bravo narratore.*

narrazione (nar-ra-zió-ne) N.F. · Esposizione ordinata di vicende reali o immaginarie: *iniziare una narrazione; narrazione chiara, fantastica* Ⓢ racconto, storia.

nasale (na-sà-le) AGG. **1** Del naso: *fosse nasali; regione nasale.* **2** Di voce alterata da una fastidiosa risonanza nel naso: *a causa del raffreddore parla con voce nasale.* **3** In grammatica: ***consonante nasale*** (o *una nasale* N.F.), ogni consonante pronunciata con una risonanza nelle cavità nasali (*m*, *n* e *gn*).

nascente (na-scèn-te) AGG. · Che si trova nella fase iniziale della propria attività: *il sole nascente.*

nascere (nà-sce-re) V.INTR. (irreg.: ind. pres. *nàsco, nàsci*, ecc.; pass. rem. *nàcqui, nascésti, nàcque, nascémmo, nascéste, nàcquero*; part. pass. *nàto*; aus. *essere*) **1** Iniziare la propria vita: *Lara è nata a Roma nel 2001; **a** Paolo è nata un bambina; nascere **da** famiglia nobile; sta nascendo un vitellino, un fiore* Ⓒ morire • Di astro, apparire nel cielo: *domani il sole nascerà intorno alle sei* Ⓢ sorgere, spuntare. **2** Avere inizio, avere origine: *il Partito Popolare nacque nel 1919; il Po nasce **dal** Monviso* Ⓢ sorgere, formarsi • Avere come conseguenza: *non so cosa possa nascere **dalla** sua scelta* Ⓢ conseguire, derivare. Ⓔ ***Nascere con la camicia***, essere molto fortunato: *hai vinto ancora! Certo che sei proprio nato con la camicia* • ***Nascere sotto una buona stella, nascere sotto una cattiva stella***, essere fortunato o sfortunato • ***Sul nascere***, appena compare: *bisogna bloccare il fenomeno sul nascere.*

nascita (nà-sci-ta) N.F. **1** L'inizio della vita: *la nascita di un figlio; certificato di nascita* Ⓒ morte. **2** Provenienza familiare: *il nonno sposò una donna di nobile nascita* Ⓢ origine, famiglia, ceto. **3** Comparsa, fondazione, formazione: *la nascita di un'industria, di un partito.*

nascituro (na-sci-tù-ro) N.M. (f. *-a*) · Chi sta per nascere: *comprare la culla per il nascituro.*

nascondere (na-scón-de-re) V.TR. (irreg.: ind. pres. *nascóndo*, ecc.; pass. rem. *nascọ́si, nascondésti, nascọ́se, nascondémmo, nascondéste, nascọ́sero*; part. pass. *nascósto*) || TR. **1** Sottrarre alla vista: *nascondere i soldi in un cassetto; un alto muro nascondeva il giardino* Ⓢ celare Ⓒ scoprire. **2** Cercare di non far conoscere: *perché **mi** hai nascosto le tue vere intenzioni?* Ⓢ occultare. || **nascondersi** RIFL. Sottrarsi alla vista di qualcuno: *dove ti eri andato a nascondere?* || **nascondersi** INTR. PRONOM. Non essere visibile né evidente: *non so cosa si nasconda dietro questo mistero; sotto un'apparenza dura si nasconde un animo sensibile.*

nascondiglio (na-scon-dì-glio) N.M. (pl. *-gli*) · Luogo segreto per sottrarre qualcuno o qualcosa alla vista degli altri: *trovare un nascondiglio* Ⓢ rifugio.

nascondino (na-scon-dì-no) N.M. · Gioco in cui uno dei giocatori va alla ricerca degli altri che si sono nascosti: *giocare a nascondino.*

nascosi (na-scó-ṣi) · Pass. rem., 1ª pers. sing. → ***nascondere***.

nascosto (na-scó-sto) AGG. || Participio pass. → ***nascondere***. || AGG. **1** Sottratto alla vista: *un passaggio nascosto; se ne stava nascosta in un angolo.* **2** Non evidente: *un pensiero nascosto; ha delle doti nascoste* Ⓢ segreto. Ⓔ ***Di nascosto***, senza che qualcuno venga a saper-

N

lo: *si possono vedere solo di nascosto* ***dai*** *genitori.*

nasello (na-sèl-lo) N.M. · Pesce simile al merluzzo, dalle carni molto pregiate.

naso (nà-so) N.M. · Sporgenza nel volto dell'uomo e sul muso di alcuni animali, con due fori che consentono il passaggio dell'aria e con parti nervose che permettono di sentire gli odori: *il naso del cane; soffiarsi il naso.* **E** ***A (lume di) naso***, in modo istintivo • ***Avere naso***, avere intuito • ***Con un palmo di naso*** → ***palmo*** • ***Ficcare il naso*** o ***mettere il naso***, intromettersi nei fatti degli altri • ***Non vedere più in là del proprio naso***, essere di vedute ristrette • ***Sotto il naso***, davanti agli occhi • ***Storcere il naso*** o ***arricciare il naso***, manifestare disgusto o disapprovazione.

nassa (nàs-sa) N.F. · Grossa cesta di paglia con l'apertura a forma di imbuto, usata per la pesca di aragoste, seppie e gamberi.

nastro (nà-stro) N.M. **1** Striscia di tessuto lunga e stretta: *lettere legate con un nastro; il nastro del cappello.* **2** Striscia di vario materiale usata per scopi diversi. **E** ***Nastro adesivo***, striscia spalmata di sostanze adesive su un lato • ***Nastro isolante***, striscia di gomma per isolare piccoli conduttori elettrici • ***Nastro magnetico***, banda in plastica che può essere usata per registrare musica o filmati.

natale (na-tà-le) AGG. e N.M. || AGG. Che corrisponde al luogo o alla data di nascita: *la città natale; il giorno natale.* || N.M. Il giorno della nascita: *festeggiamo il suo natale* **S** compleanno • Con lettera maiuscola, la festa cristiana che ricorda il giorno della nascita di Gesù Cristo e ricorre il 25 dicembre: *le vacanze di Natale.* || N.M.PL. Nascita, origine, famiglia: *un uomo di umili natali.* **E** ***Albero di Natale*** → ***albero*** • ***Babbo Natale*** o ***Papà Natale***, personaggio che, secondo la tradizione, rappresenta il Natale; è un vecchio dalla barba bianca che porta regali ai bambini.

natalità (na-ta-li-tà) N.F. INVAR. · L'insieme delle nascite in una popolazione in un dato periodo: *un'indagine sulla natalità nel Paese.*

natalizio (na-ta-lì-zio) AGG. (pl.m. -*zi*, pl.f. -*zie*) · Della festa del Natale: *periodo natalizio; un'atmosfera natalizia.*

natante (na-tàn-te) AGG. e N.M. || AGG. Che può galleggiare sull'acqua: *velivolo natante.* || N.M. Imbarcazione di piccole o medie dimensioni.

natatorio (na-ta-tò-rio) AGG. (pl.m. -*ri*, pl.f. -*rie*) · Che riguarda il nuoto: *gara natatoria.* **E** ***Vescica natatoria*** → ***vescica***.

natica (nà-ti-ca) N.F. (pl. -*che*) · Ciascuna delle due parti rotonde e carnose che si trovano in fondo alla schiena **S** gluteo.

natio (na-tì-o) AGG. (pl.m. -*tìi*, pl.f. -*tìe*) · Nativo, originario: *il paese natio.*

natività (na-ti-vi-tà) N.F. INVAR. · Nascita di Gesù Cristo: *il giorno della Natività* **S** Natale • Opera artistica che rappresenta questo evento: *la Natività di Rembrandt.*

nativo (na-ti-vo) AGG. e N.M. (f. -*a*) || AGG. **1** Che corrisponde al luogo di nascita: *il paese nativo* **S** natale, natio. **2** Di persona, nato in un dato luogo: *è nativo* ***di*** *Pisa* **S** originario. || N.M. (f. -*a*) Indigeno: *i nativi delle isole* ***del*** *Pacifico.*

nato (nà-to) AGG. e N.M. (f. -*a*) || Participio pass. → ***nascere***. || AGG. Che ha un forte e naturale talento: *uno scrittore nato.* || N.M. (f. -*a*) Chi è venuto alla luce in un dato periodo: *i nati durante la guerra; i nati nel 1990.*

natura (na-tù-ra) N.F. **1** La forza che crea tutti gli esseri dell'universo: *le leggi, i segreti della natura.* **2** L'ambiente non ancora modificato dall'uomo e gli esseri che vi vivono: *lo studio della natura; rispettare la natura.* **3** L'insieme delle qualità che caratterizzano qualcuno o qualcosa: *un uomo di natura pacifica; una questione di natura politica* **S** carattere. **E** ***Natura morta***, quadro che raffigura oggetti inanimati: *le nature morte di Morandi* • ***Pagare in natura***, non in denaro, ma con prodotti o servizi.

naturale (na-tu-rà-le) AGG. **1** Della natura: *leggi, scienze naturali* • Che deriva dalla natura: *necessità naturali; desideri naturali* **C** innaturale • Non prodotto né modificato dall'uomo: *cibi naturali* **S** genuino **C** artificiale, sofisticato. **2** Privo di finzione: *un naturale moto di simpatia* **S** spontaneo, istintivo, sincero **C** artificioso, affettato. **3** Logico, ovvio: *una reazione naturale.* **4** Che fa parte delle caratteristiche proprie di qualcuno o qualcosa: *vincere la propria naturale timidezza.* Ⓔ ***Confini naturali***, che seguono la conformazione geografica dei luoghi • ***Figlio naturale*** → *figlio* • ***Morte naturale***, per vecchiaia o malattia.

naturalezza (na-tu-ra-léz-za) N.F. · Spontaneità e semplicità nel comportamento: *muoversi con naturalezza; un gesto privo di naturalezza* Ⓢ disinvoltura, spontaneità.

naturalismo (na-tu-ra-lì-ṣmo) N.M. **1** Dottrina filosofica che spiega tutto secondo le leggi di natura. **2** La corrente letteraria e artistica nata in Francia nella seconda metà dell'Ottocento, per cui l'artista deve riprodurre la realtà in modo fedele.

naturalista (na-tu-ra-lì-sta) N.M. e F. (pl.m. *-i*, pl.f. -e) **1** Chi studia le scienze naturali: *ricerche condotte da un gruppo di naturalisti.* **2** Artista o scrittore che segue il naturalismo: *scrittori naturalisti.*

naturalistico (na-tu-ra-lì-sti-co) AGG. (pl.m. *-ci*, pl.f. *-che*) **1** Che riguarda le scienze naturali: *ricerche naturalistiche.* **2** Ispirato al naturalismo: *il romanzo naturalistico dell'Ottocento.*

N

naturalizzare (na-tu-ra-liz-zà-re) V.TR. · Concedere la cittadinanza a uno straniero: *è stato naturalizzato italiano.*

naturalizzazione (na-tu-ra-liz-za-zió-ne) N.F. · La concessione della cittadinanza a uno straniero: *chiedere la naturalizzazione francese.*

naturalmente (na-tu-ral-mén-te) AVV. **1** In modo naturale o spontaneo: *è naturalmente dotato per la musica; comportati naturalmente.* **2** Evidentemente, ovviamente, certamente: *l'offerta era buona e io naturalmente ho accettato.*

naufragare (nau-fra-gà-re) V.INTR. (*nàufrago, nàufraghi*, ecc.; aus. *essere* o *avere*) **1** Di imbarcazione, colare a picco: *il peschereccio è naufragato a dieci chilometri dalla costa* Ⓢ affondare. **2** Avere un esito negativo: *l'impresa è naufragata alle prime difficoltà* Ⓢ fallire.

naufragio (nau-frà-gio) N.M. (pl. *-gi*) **1** Affondamento di una nave durante la navigazione in mare: *fare naufragio; scampare a un naufragio.* **2** Esito disastroso: *il naufragio di un'idea, di un progetto* Ⓢ fallimento, insuccesso.

naufrago (nàu-fra-go) N.M. (f. *-a*; pl.m. *-ghi*, pl.f. *-ghe*) · Chi è sopravvissuto a un naufragio: *portare in salvo i naufraghi.*

nausea (nàu-ṣe-a) N.F. (f. *-ṣee*) **1** Malessere caratterizzato dal disgusto per il cibo e dalla voglia di vomitare: *avere la nausea; troppi dolci mi provocano la nausea.* **2** Senso di disgusto morale: *i suoi discorsi mi fanno venire la nausea* Ⓢ schifo, ribrezzo.

> Il termine deriva dal greco *nausía* 'mal di mare', che viene a sua volta da *naûs* 'nave'.

nauseabondo (nau-ṣe-a-bón-do) AGG. · Che provoca un forte senso di disgusto: *un odore nauseabondo; un individuo nauseabondo* Ⓢ disgustoso, schifoso, nauseante.

nauseante (nau-ṣe-àn-te) AGG. **1** Che provoca nausea: *un sapore nauseante.* **2** Che provoca disgusto morale: *un discorso nauseante.*

nauseare (nau-ṣe-à-re) V.TR. (*nàuṣeo*, ecc.) **1** Provocare malessere fisico: *il fumo mi nausea* Ⓢ disgustare. **2** Provocare disgusto morale: *il suo comportamento mi ha nauseato.*

-nauta · Secondo elemento di parole composte che significa 'navigatore' o 'pilota', spesso con riferimento alla navigazione spaziale: *cybernauta*, navigatore informatico; *astronauta*, pilota di un veicolo spaziale.

nautica (nàu-ti-ca) N.F. (pl. *-che*) **1** Tecnica della navigazione: *scuola di nautica.* **2** Navigazione sportiva: *gare di nautica.*

nautico (nàu-ti-co) AGG. (pl.m. *-ci*, pl.f. *-che*) · Della navigazione: *carte nautiche; strumenti nautici.* Ⓔ ***Sport nautici***, quelli che si praticano con un'imbarcazione.

navale (na-và-le) AGG. · Che riguarda la tecnica per costruire le navi o l'uso di imbarcazioni: *cantiere navale; base navale.* Ⓔ ***Battaglia navale***, gioco da tavolo in cui due giocatori collocano le loro navi su un foglio quadrettato e cercano di indovinare la posizione di quelle dell'avversario.

navata (na-và-ta) N.F. · In una chiesa, lo spazio tra le file di colonne che dividono il suo interno: *una basilica a cinque navate.*

nave (nà-ve) N.F. · Grande imbarcazione per il trasporto di persone o cose: *nave da guerra, da crociera.* **E** ***Nave spaziale***, astronave.

navetta (na-vét-ta) N.F. e AGG. || N.F. **1** Organo della macchina da tessere e da cucire, che contiene la spola e si muove avanti e indietro. **2** ***Navetta spaziale***, veicolo spaziale, guidato da un equipaggio, che può essere riutilizzato perché atterra come un aeroplano. || AGG. INVAR. e N.F. Di mezzo di trasporto che compie sempre lo stesso percorso di andata e ritorno tra due luoghi: *autobus navetta; per andare all'aeroporto possiamo prendere la navetta.*

navicella (na-vi-cèl-la) N.F. · Nei dirigibili e nelle mongolfiere, la parte che contiene le persone. **E** ***Navicella spaziale***, veicolo spaziale.

navigabile (na-vi-gà-bi-le) AGG. · Che può essere percorso da imbarcazioni: *fiumi navigabili.*

navigante (na-vi-gàn-te) N.M. e F. · Marinaio, navigatore.

navigare (na-vi-gà-re) V.INTR. (*nàvigo, nàvighi*, ecc.; aus. *avere*) **1** Di persone, compiere un viaggio per acqua su un'imbarcazione: *navigammo per mare* • Di imbarcazione, viaggiare sull'acqua: *la barca navigava lentamente.* **2** Di persone, viaggiare in aereo: *navigavamo sopra le nuvole* • Di aerei, volare: *navigare ad alta quota.* **3** In Internet, spostarsi da un sito a un altro: *navigare in rete.* **E** ***Navigare in cattive acque*** → *acqua* • ***Navigare nell'oro***, essere molto ricco.

navigato (na-vi-gà-to) AGG. **1** Percorso da imbarcazioni: *un tratto di mare poco navigato.* **2** Di persona, che ha fatto molte esperienze: *è un politico navigato* **S** esperto, smaliziato.

navigatore (na-vi-ga-tó-re) N.M. (f. *-trìce*) **1** Chi si dedica all'attività marinara: *i grandi navigatori italiani* **S** marinaio, navigante. **2** Nelle gare di rally, chi siede accanto al guidatore indicandogli il percorso da seguire. **E** ***Navigatore (satellitare)***, piccolo computer da tenere in automobile che suggerisce il percorso più veloce e fornisce alcune notizie sul traffico.

navigazione (na-vi-ga-zió-ne) N.F. **1** Viaggio per acqua o per via aerea o spaziale: *navigazione a vela; navigazione spaziale.* **2** In Internet, passaggio da un sito a un altro: *iniziare la navigazione dal sito di un quotidiano.*

naviglio (na-vì-glio) N.M. (pl. *-gli*) **1** Insieme di imbarcazioni dello stesso tipo: *naviglio mercantile, da pesca.* **2** Canale artificiale su cui si può navigare: *i navigli di Milano.*

nazionale (na-zio-nà-le) AGG. · Della nazione come unità culturale: *lingua, letteratura, inno nazionale* • Dello Stato: *concorso nazionale; museo nazionale* **S** statale • Di tutto il territorio di uno Stato: *lutto nazionale; economia nazionale.* **E** ***Squadra nazionale*** (o *la nazionale* N.F.), squadra che rappresenta una nazione in uno sport: *la nazionale di calcio, di nuoto.*

nazionalismo (na-zio-na-lì-ṣmo) N.M. · Esaltazione eccessiva dei valori della propria nazione che provoca il disprezzo per ciò che appartiene ai Paesi stranieri **S** sciovinismo.

nazionalista (na-zio-na-lì-sta) N.M. e F. (pl.m. *-i*, pl.f. *-e*) · Chi sostiene il nazionalismo **S** sciovinista.

nazionalità (na-zio-na-li-tà) N.F. INVAR. · L'appartenenza a una nazione: *avere la nazionalità italiana* **S** cittadinanza.

nazionalizzare (na-zio-na-liẓ-ẓà-re) V.TR. · Dare allo Stato la gestione di un'attività o di un servizio: *nazionalizzare le ferrovie, i servizi sanitari.*

nazione (na-zió-ne) N.F. **1** L'insieme delle persone che appartengono a una stessa comunità per lingua e cultura: *la nazione spagnola; la bandiera della nazione.* **2** Paese dotato di unità politica e giuridica: *la Germania è una nazione europea* **S** Stato, Paese.

nazismo (na-zì-ṣmo) N.M. · Il movimento nazionalista tedesco che, sotto la guida di Adolf Hitler, dominò in Germania dal 1933 al 1945, portando avanti una politica di espansione territoriale e di persecuzione delle minoranze.

nazista (na-zì-sta) AGG. e N.M. e F. (pl.m. *-i*, pl.f. *-e*) || AGG. e N.M. e F. Che, chi sostiene il nazismo: *partito nazista; le stragi compiute dai na-*

A B C D E F G H I J K L M N O P Q R S T U V W X Y Z

zisti. || AGG. Tipico del nazismo: *metodi nazisti; regime nazista.*

ne (né) AVV. e PRON. || AVV. Da questo o da quel luogo, di lì: *ne vengo ora,* da quel luogo. || PRON. **1** Di questo, di ciò; da questo, da ciò: *ne parlerò a mia moglie,* di ciò; *non so che farne,* di questa cosa; *ne traggo le ovvie conseguenze,* da questo fatto. **2** Indica l'insieme totale di cui si considera una parte: *di soldi, ne ho spesi pochi.*

Il pronome *ne* si mette sempre prima del verbo; si mette dopo solo quando il verbo è all'imperativo, all'infinito, al gerundio o al participio: *ne mangio poco*; *mangiane poco*; *mangiarne poco*; quando si appoggia a imperativi di una sola sillaba la consonante iniziale viene raddoppiata: *fanne a meno*; in vicinanza di un altro pronome atono viene sempre collocato dopo: *me ne andrò*; *gliene parlò.*

né CONGIUNZ. · E non: *non l'ho detto né scritto; non mi piace studiare né lavorare.*

L'accento sulla *e* di *né* è acuto; scrivere *nè* con l'accento grave è un errore!

neanche (ne-àn-che) AVV. e CONGIUNZ. · Ripete o rafforza una negazione: *non mi rivolge neanche il saluto; non l'ho promesso io e neanche tu; non gli ho scritto e neanche gli scriverò* Ⓢ neppure, nemmeno. Ⓔ ***Neanche per idea*** o ***neanche per sogno,*** assolutamente no: *"Verrai stasera alla festa?" "Neanche per sogno!".*

nebbia (néb-bia) N.F. (pl. *-bie*) · Ammasso di piccolissime gocce d'acqua che si forma vicino al suolo, provocando una diminuzione della visibilità: *nebbia in Val Padana; molti voli sono stati annullati a causa della nebbia* Ⓢ foschia, caligine. Ⓔ ***Banco di nebbia,*** strato compatto e delimitato di nebbia • ***Una nebbia che si taglia col coltello,*** molto fitta.

nebbioso (neb-bió-so) AGG. · Coperto di nebbia: *cielo nebbioso.*

nebulizzare (ne-bu-liẓ-ẓà-re) V.TR. · Ridurre un liquido in piccolissime gocce per diffonderlo nell'aria: *nebulizzare un profumo, un insetticida.*

nebulizzatore (ne-bu-liẓ-ẓa-tó-re) N.M. · Apparecchio che diffonde nell'aria un liquido in gocce piccolissime.

nebulosa (ne-bu-ló-sa) N.F. · Ammasso di stelle e materia gassosa che somiglia a una nube.

nebuloso (ne-bu-ló-so) AGG. **1** Coperto dalla nebbia o dalle nuvole: *cielo nebuloso.* **2** Privo di chiarezza: *discorsi nebulosi; ho un ricordo nebuloso di quanto avvenne* Ⓢ confuso, oscuro, vago.

necessariamente (ne-ces-sa-ria-mén-te) AVV. · Per forza: *dovrà necessariamente seguire la procedura.*

necessario (ne-ces-sà-rio) AGG. e N.M. (pl.m. *-ri*, pl.f. *-rie*) || AGG. **1** Di cui non si può fare a meno: *il riposo è necessario* ***al*** *corpo e* ***allo*** *spirito; raccolse le informazioni necessarie* Ⓢ indispensabile, essenziale Ⓒ inutile, superfluo. **2** Richiesto dalla situazione: *è necessario arrivare puntuali; non è necessario che tu parta subito* Ⓢ obbligatorio, doveroso. || N.M. Ciò che permette di compiere un'azione: *il necessario* ***per*** *vivere* Ⓢ occorrente.

necessità (ne-ces-si-tà) N.F. INVAR. **1** Bisogno che si deve per forza soddisfare: *una necessità fisica, morale; ho la necessità di un periodo di riposo* Ⓢ esigenza. **2** Mancanza di mezzi di sostentamento: *la famiglia si trova in condizioni di necessità* Ⓢ miseria, povertà.

necessitare (ne-ces-si-tà-re) V.INTR. (*necèssito*, ecc.; aus. *essere*) · Avere bisogno: *il ragazzo necessita* ***di*** *cure.*

necro- · Primo elemento di parole composte che significa 'morte' o 'morto': *necropoli,* la città dei morti.

necroforo (ne-crò-fo-ro) N.M. · Becchino.

necrologio (ne-cro-lò-gio) N.M. (pl. *-gi*) · Breve annuncio funebre che si trova su giornali o riviste: *sul giornale legge solo i necrologi.*

necropoli (ne-crò-po-li) N.F. INVAR. · Gruppo di antiche tombe portate alla luce da scavi archeologici: *la necropoli di Tebe.*

Il termine deriva da una parola greca che significa 'città dei morti', composta da *nekrós* 'morto' e *pólis* 'città'.

nefandezza (ne-fan-déz-za) N.F. **1** Crudeltà, infamia: *la nefandezza di un'azione* Ⓢ empietà. **2** Atto crudele: *truffare gli anziani è una nefandezza.*

nefando (ne-fàn-do) AGG. · Che merita il generale disprezzo: *un gesto nefando; parole nefande* Ⓢ crudele, infame, turpe.

nefasto (ne-fà-sto) AGG. · Che porta un danno gravissimo: *giorno nefasto* Ⓢ luttuoso, infausto.

nefrite (ne-frì-te) N.F. · Malattia infiammatoria dei reni.

negare (ne-gà-re) V.TR. (*négo, néghi*, ecc.) || TR. 1 Affermare che qualcosa non è vero: *negare le proprie colpe; ho sbagliato, non lo nego*, lo ammetto Ⓢ contestare, smentire Ⓒ affermare. 2 Rifiutarsi di dare qualcosa: *negare un permesso;* ***mi*** *ha negato il suo aiuto.* || **negarsi** RIFL. Rifiutarsi di parlare con qualcuno: *negarsi al telefono.*

negativamente (ne-ga-ti-va-mén-te) AVV. 1 Dicendo di no: *rispondere negativamente.* 2 In modo dannoso: *il tuo atteggiamento mi ha influenzato negativamente.* 3 In modo contrario al previsto: *la trattativa si è risolta negativamente.*

negativo (ne-ga-tì-vo) AGG. 1 Che esprime un rifiuto: *risposta negativa; parere negativo* Ⓢ contrario, sfavorevole Ⓒ positivo, affermativo. 2 Non gradito, non favorevole: *risultato negativo; critiche negative.* 3 Che ha la tendenza a vedere sempre il lato peggiore delle situazioni: *non essere sempre così negativo!* Ⓢ pessimista. 4 Di numero, minore di zero. 5 Di carica di segno opposto a quello positivo. 6 ***Immagine negativa*** (o *la negativa* N.F. o *il negativo* N.M.), quella da cui si ottiene la foto definitiva, che presenta le parti chiare al posto di quelle scure oppure i colori invertiti. 7 In medicina, del risultato di un'analisi che permette di escludere la presenza di un fenomeno: *il test della tubercolosi è negativo.*

negato (ne-gà-to) AGG. 1 Non concesso: *diritti negati; bisogni negati.* 2 Che non ha alcuna disposizione per qualcosa: *è negato* ***per*** *la musica* Ⓢ inadatto, incapace.

negazione (ne-ga-zió-ne) N.F. 1 L'atto di dire di no: *una negazione decisa; la negazione di una verità* Ⓢ opposizione, rifiuto Ⓒ affermazione. 2 Ciò che rappresenta il contrario di un'altra cosa: *il cinismo è la negazione della vita* Ⓢ opposto. 3 In grammatica, espressione che nega una frase o una sua parte.

negazionismo (ne-ga-zio-ni-ṣmo) N.M. · Tendenza ad affermare che alcuni avvenimenti del passato, soprattutto del periodo nazista e fascista, non siano accaduti.

negletto (ne-glèt-to) AGG. 1 Tenuto in poca considerazione: *un autore negletto.* 2 Poco curato, poco ordinato: *abiti negletti; negletto* ***nel*** *vestire* Ⓢ trascurato, sciatto, trasandato. ▸ Ⓕ **legere**

negli (né-gli) · Preposizione articolata m. pl. formata da ***in*** + ***gli***[1].

negligente (ne-ġli-gèn-te) AGG. 1 Che compie il proprio lavoro in modo svogliato e con poca cura: *scolari negligenti.* 2 Che rivela scarso impegno: *un lavoro negligente.* ▸ Ⓕ **legere**

negligenza (ne-ġli-gèn-za) N.F. 1 Scarso impegno e poca cura nel compiere un lavoro: *dimostra sempre una certa negligenza* ***nello*** *studio* Ⓢ trascuratezza. 2 Grave errore dovuto a disattenzione: *commettere una negligenza* Ⓢ mancanza. ▸ Ⓕ **legere**

negoziante (ne-go-ziàn-te) N.M. e F. · Chi possiede o gestisce un negozio: *mi servo sempre dallo stesso negoziante* Ⓢ commerciante.

negoziare (ne-go-zià-re) V.TR. (*negòzio*, ecc.) 1 Discutere le condizioni di una vendita: *negoziare la vendita della casa* Ⓢ trattare, contrattare. 2 Cercare di raggiungere un accordo attraverso una trattativa: *negoziare le condizioni di pace.*

negoziato (ne-go-zià-to) N.M. · L'insieme delle trattative per concludere un contratto o un accordo: *negoziati di pace; negoziato tra governo e sindacati.*

negozio (ne-gò-zio) N.M. (pl. *-zi*) 1 Locale dove si vendono merci al pubblico: *un negozio di giocattoli; aprire un negozio.* 2 Operazione commerciale: *concludere un buon negozio* Ⓢ affare, impresa.

negriero (ne-griè-ro) AGG. e N.M. (f. *-a*) || AGG. Che riguarda il commercio di schiavi africani neri: *nave negriera; commercio negriero.* || N.M. (f. -*a*) Mercante di schiavi neri • Chi sfrutta in modo disumano i lavoratori alle proprie dipendenze.

negro (né-gro) AGG. e N.M. (f. *-a*) · Con uso spregiativo, che, chi è di colore: *una donna negra; i negri d'America.*

Il termine è sentito come spregiativo, pertanto è preferibile usare *nero*.

nei (néi) · Preposizione articolata m. pl. formata da ***in*** + ***i***.

nel (nél) · Preposizione articolata m. sing. formata da ***in*** + ***il***.

nella (nél-la) · Preposizione articolata f. sing. formata da ***in*** + ***la***[1].

nelle (nél-le) · Preposizione articolata f. pl. formata da ***in*** + ***le***[1].

nello (nél-lo) · Preposizione articolata m. sing. formata da ***in*** + ***lo***[1].

nembo (ném-bo) N.M. · Nube scura che porta pioggia.

nembostrato (nem-bo-strà-to) N.M. · Nube spessa e scura che porta pioggia o neve.

N

nemico (ne-mì-co) N.M. e AGG. (f. *-a*; pl.m. *-ci*, pl.f. *-che*) || N.M. (f. *-a*) **1** Chi cerca di provocare il danno e la sconfitta di un altro: *un nemico giurato, implacabile; farsi un nemico* S avversario, rivale C amico. **2** L'esercito di un Paese con cui si è in guerra: *affrontare il nemico* C alleato. || AGG. **1** Che è sfavorevole: *sorte nemica; sono nemico* ***dell'****ipocrisia* S avverso, ostile, contrario. **2** Del Paese con cui si è in guerra: *truppe nemiche; attacchi nemici.* E ***Passare al nemico***, tradire.

nemmeno (nem-mé-no) AVV. e CONGIUNZ. · Ripete o rafforza una negazione: *non ci sono andato nemmeno io; non solo non si alzò, ma nemmeno lo guardò* S neanche, neppure. E ***Nemmeno per sogno*** → ***sogno***.

nenia (nè-nia) N.F. (pl. *-nie*) **1** Canto lento e prolungato S cantilena, ninna nanna. **2** Discorso noioso e ripetuto più volte: *non ricominciare con la solita nenia* S litania, solfa.

neo (nè-o) N.M. (pl. *nèi*) **1** Macchia della pelle di colore bruno o tendente al nero. **2** Piccolo difetto: *l'unico neo di questo film è la colonna sonora* S pecca.

neo- · Primo elemento di parole composte che significa 'nuovo, recente': *neologismo*, nuova parola; *neonato*, nato di recente.

neofita (ne-ò-fi-ta) N.M. e F. (pl.m. *-i*, pl.f. *-e*) **1** Chi si è da poco convertito a una religione S proselito. **2** Chi ha aderito da poco a un'ideologia, a un partito o a un movimento: *i neofiti liberisti.*

neolatino (ne-o-la-tì-no) AGG. · Di lingua moderna, che deriva dal latino: *il francese è una lingua neolatina* S romanzo.

neolitico (ne-o-lì-ti-co) AGG. e N.M. (pl.m. *-ci*, pl.f. *-che*) · Dell'ultimo periodo dell'età della pietra, caratterizzato dall'uso della pietra levigata, nel quale l'uomo vive in capanne e inizia a praticare l'agricoltura e l'allevamento: *periodo neolitico; reperti del Neolitico.*

neologismo (ne-o-lo-gi-ṣmo) N.M. · Parola nuova che entra in una lingua.

neon (nè-on) N.M. · Gas che si illumina se percorso dalla corrente elettrica, usato per insegne luminose e lampade (il simbolo chimico è *Ne*): *lampada al neon.*

neonato (ne-o-nà-to) N.M. e AGG. (f. *-a*) || N.M. (f. *-a*) Il bambino nelle prime settimane di vita: *la pelle delicata dei neonati* S lattante. || AGG. Nato o fondato da poco: *i gattini neonati; la neonata associazione.*

neozoico (ne-o-ẓòi-co) AGG. (pl.m. *-ci*, pl.f. *-che*) · ***Era neozoica*** (o *il Neozoico* N.M.), era quaternaria (→ ***quaternario***).

nepotismo (ne-po-ti-ṣmo) N.M. · Tendenza a favorire parenti e amici nella vita politica o lavorativa.

neppure (nep-pù-re) AVV. e CONGIUNZ. · Ripete o rafforza una negazione: *non l'aveva neppure ascoltato* S neanche, nemmeno.

nerastro (ne-rà-stro) AGG. · Di colore che tende al nero: *questa carne è nerastra, sarà ancora buona?*

nerbo (nèr-bo) N.M. **1** Frusta fatta di tendini di bue seccati e intrecciati: *lo colpì con il nerbo.* **2** Forza fisica o morale: *è una squadra senza nerbo* S energia, vigore, grinta.

nerboruto (ner-bo-rù-to) AGG. · Che ha una muscolatura sviluppata: *uomo grande e nerboruto* S robusto, muscoloso, forte.

nerd (pronuncia *nèrd*) N. INGL., in it. N.M. e F. INVAR. · Giovane poco attraente e dai modi goffi, che ha una forte passione per la scienza e la tecnologia.

neretto (ne-rét-to) AGG. e N.M. · Di carattere di stampa più scuro e più spesso di quello normale: *usare il neretto per mettere in risalto una parola* Ⓢ grassetto.

nero (né-ro) AGG. e N.M. (f. -a) || AGG. **1** Del colore più scuro che ci sia: *gatto nero; inchiostro nero; capelli neri* • Scuro rispetto a qualcosa di simile più chiaro: *caffè nero*, senza latte; *pane nero*, integrale; *razza nera*, africana; *continente nero*, l'Africa • Nel linguaggio familiare, molto sporco: *mani, unghie nere* Ⓢ sudicio, lurido. **2** Di persona, originario dell'Africa a sud del Sahara e caratterizzato dal colore scuro della pelle: *una donna nera.* **3** Che manifesta pessimismo o malumore: *vedere tutto nero; umore nero; lascialo stare, oggi è proprio nero* Ⓢ negativo, triste, cupo. **4** Nel linguaggio politico, fascista o di estrema destra: *camicie nere; terrorismo nero.* **5** Che è al di fuori della legalità: *lavoro nero; fondi neri* Ⓢ clandestino, illegale. || N.M. Il colore nero: *vestire di nero.* || N.M. (f. -a) Persona di colore: *i neri d'America.* Ⓔ ***Borsa nera*** → ***borsa***[2] • ***Cronaca nera*** → ***cronaca*** • ***In bianco e nero*** → ***bianco*** • ***In nero***, di scambi economici svolti di nascosto per sfuggire a tasse e ad altri obblighi di legge: *pagamenti in nero* • ***Mercato nero*** → ***mercato*** • ***Mettere nero su bianco***, mettere per scritto.

nervatura (ner-va-tù-ra) N.F. **1** L'insieme dei nervi di un organismo animale. **2** L'insieme dei vasi linfatici di una pianta: *la nervatura di una foglia.* **3** L'insieme degli elementi di sostegno di una struttura architettonica: *le nervature del soffitto.*

nervo (nèr-vo) N.M. **1** Nell'uomo e negli animali, ciascuno dei filamenti che trasmettono gli impulsi nervosi e le sensazioni in ogni parte del corpo. **2** AL PL. Lo stato d'animo di una persona: *essere giù di nervi.* **3** Nel linguaggio familiare, muscolo, tendine: *ho un nervo accavallato; questo pezzo di carne è tutto nervi.* **4** Nelle foglie, ogni fascio di vasi linfatici. Ⓔ ***Avere i nervi (a fior di pelle)***, essere molto nervoso • ***Crisi di nervi***, pianto improvviso con rabbia, grida, ecc. • ***Dare ai nervi*** o ***dare sui nervi*** o ***irritare i nervi***, far perdere la calma • ***Far venire i nervi***, far innervosire.

nervosismo (ner-vo-sì-ṣmo) N.M. · Senso di agitazione e scontentezza: *un clima di grande nervosismo; uno scatto di nervosismo* Ⓢ irritazione.

nervoso (ner-vó-so) AGG. e N.M. || AGG. **1** Dei nervi: *cellule nervose; malattia nervosa.* **2** Che tende al malumore: *temperamento nervoso; mi sembri molto nervosa* Ⓢ agitato, teso. || N.M. Nel linguaggio familiare, senso di profondo malumore: *avere il nervoso; mi fai venire il nervoso* Ⓢ nervosismo, irritazione. Ⓔ ***Sistema nervoso***, l'insieme degli organi che ricevono e trasmettono al cervello gli stimoli dalle varie parti del corpo e dal mondo esterno.

nespola (nè-spo-la) N.F. · Il frutto del nespolo che ha forma rotonda, buccia di color ruggine e polpa tra il bianco e il rosa.

nespolo (nè-spo-lo) N.M. · Piccolo albero originario del Caucaso, con foglie allungate e pelose e frutti rotondi mangiabili.

nesso (nès-so o nés-so) N.M. · Rapporto tra più elementi: *non vedo che nesso ci sia tra i due episodi* Ⓢ legame, connessione, collegamento.

Il termine deriva dal latino *nexus* 'legame, nodo', che viene a sua volta da *nectere* 'congiungere' (→ ***annettere***).

nessuno (nes-sù-no) AGG. e PRON. INDEF. (f. -a; solo sing.) **1** Neppure uno, neanche uno: *nessuno si fece vivo; non noto nessun miglioramento; non c'era nessuno* Ⓒ tutti (PL.). **2** In frasi interrogative, qualche, qualcuno: *c'è stato nessun cambiamento nel frattempo?; hai visto nessuno?*

Al maschile singolare l'aggettivo *nessuno* presenta sempre la forma tronca *nessun* (senza apostrofo), tranne che prima di parole che iniziano per *i + vocale, s + consonante, gn, pn, ps, x, z*: *nessun partecipante, nessun albero* ma *nessuno iato, nessuno studente, nessuno zio, nessuno gnomo*; la forma femminile *nessuna* viene elisa in *nessun'* (con apostrofo) davanti a vocale: *nessun'amica.*

net (pronuncia *nèt*) N. INGL., in it. N.M. INVAR. · Nel tennis e nel ping-pong, fallo che il battitore compie se la palla sfiora la rete prima di ricadere nel campo avversario.

nettamente (net-ta-mén-te) AVV. **1** Con molta chiarezza: *ho sentito nettamente la tua ostilità* Ⓢ chiaramente. **2** Con fermezza e decisione: *una risposta nettamente contraria* Ⓢ decisamente, assolutamente.

nettare[1] (nèt-ta-re) N.M. **1** Liquido prodotto da alcune piante; è l'elemento succhiato dalle api per la produzione del miele. **2** La bevanda degli dei greci, che si diceva rendesse immortali. **3** Bevanda molto buona: *questo vino è un nettare!*

nettare[2] (net-tà-re) V.TR. (*nétto*, ecc.) · Liberare dallo sporco: *nettare l'insalata* Ⓢ pulire, mondare.

nettezza (net-téz-za) N.F. · Mancanza di sporco: *nettezza della casa* Ⓢ pulizia Ⓒ sporcizia. Ⓔ ***Nettezza urbana***, servizio che provvede a pulire le strade e a portare via i rifiuti.

netto (nét-to) AGG. **1** Nitido e preciso: *il profilo netto dei monti; una risposta netta* Ⓢ chiaro, limpido. **2** Di somma di denaro a cui sono state sottratte tasse e spese: *stipendio, guadagno netto* Ⓒ lordo. **3** Privo di macchie: *si sentiva la coscienza netta* Ⓢ pulito Ⓒ sporco. Ⓔ ***Di netto***, con un taglio secco: *la lama gli ha portato via la mano di netto* • ***Peso netto*** → ***peso***.

netturbino (net-tur-bì-no) N.M. (f. *-a*) · Chi è addetto alla pulizia delle strade e alla raccolta dell'immondizia Ⓢ operatore ecologico, spazzino.

network (net-work; pronuncia *nètuork*) N. INGL., in it. N.M. INVAR. **1** Gruppo di reti televisive associate fra loro per trasmettere gli stessi programmi in un'area più vasta: *network regionale.* **2** Rete di computer che comunicano tra loro.

neuro- · Primo elemento di parole composte che indica 'nervo, sistema nervoso': *neurologo*, studioso del sistema nervoso.

neurochirurgo (neu-ro-chi-rùr-go) N.M. (f. *-a*; pl.m. *-ghi*, pl.f. *-ghe*) · Chirurgo specializzato in interventi sul sistema nervoso.

neurologo (neu-rò-lo-go) N.M. (f. *-a*; pl.m. *-gi*, pl.f. *-ghe*) · Medico specializzato nella cura del sistema nervoso.

neurone (neu-ró-ne) N.M. · Cellula nervosa.

neuroscienza (neu-ro-sciè̀n-za) N.F. · Disciplina che studia il sistema nervoso.

neurotrasmettitore (neu-ro-tra-ṣmet-ti-tó-re) N.M. · Sostanza chimica che permette la trasmissione di uno stimolo da una cellula nervosa a un'altra.

neurovegetativo (neu-ro-ve-ge-ta-tì-vo) AGG. · Della parte del sistema nervoso che regola le funzioni vitali come la digestione e la respirazione: *disturbi neurovegetativi.*

neutrale (neu-trà-le) AGG. **1** Di nazione, che non entra in una guerra: *Paese neutrale; dichiararsi neutrale.* **2** Di persona, che non si schiera con nessuno in un litigio: *mantenersi neutrale in una lite* Ⓢ imparziale.

neutralità (neu-tra-li-tà) N.F. INVAR. **1** La condizione di una nazione che decide di non intervenire in una guerra: *mantenere la neutralità.* **2** La condizione di chi non si schiera con nessuno in un litigio.

neutralizzare (neu-tra-liẓ-ẓà-re) V.TR. · Rendere inefficace: *neutralizzare gli effetti di un veleno* Ⓢ annullare.

neutro (nèu-tro) AGG. e N.M. || AGG. Che non appartiene a nessuna di due categorie opposte • Di sostanza chimica, che non si comporta né da acido né da base. || AGG. e N.M. Del genere grammaticale che non è maschile né femminile: *sostantivo neutro; genere neutro; la lingua italiana non ha il neutro.* Ⓔ ***Campo neutro***, nello sport, quello che non appartiene a nessuna delle due squadre in gara: *giocare in campo neutro* • ***Colore neutro***, delicato, poco deciso.

neutrone (neu-tró-ne) N.M. · Particella che si trova nel nucleo dell'atomo; non ha carica né positiva né negativa.

nevaio (ne-và-io) N.M. (pl. *-vài*) · Terreno coperto di neve che non si scioglie.

neve (né-ve) N.F. · Precipitazione di cristalli di ghiaccio in fiocchi o granelli che si verifica quando la temperatura atmosferica scende sotto lo zero: *tormenta di neve; spalare la* *neve.* Ⓔ ***Da neve,*** di attrezzi o indumenti da usare in presenza di neve: *catene da neve* • ***Montare a neve,*** in cucina, sbattere la chiara dell'uovo fino a renderla soffice e bianca come la neve • ***Sport della neve,*** sport invernali (→ ***invernale***).

nevicare (ne-vi-cà-re) V.INTR. (*névica*, ecc.; aus. *essere* o *avere*), IMPERS. · Della neve, cadere dal cielo: *sta incominciando a nevicare.*

nevicata (ne-vi-cà-ta) N.F. · Caduta di neve: *le cime erano bianche per la nevicata notturna.*

nevischiare (ne-vi-schià-re) V.INTR. (*nevischia*; aus. *essere* o *avere*), IMPERS. · Della neve, cadere mista a pioggia: *quando siamo usciti dal cinema nevischiava.*

nevischio (ne-vi-schio) N.M. (pl. *-schi*) · Neve mista a pioggia.

nevoso (ne-vó-so) AGG. **1** Formato o coperto di neve: *precipitazione nevosa; colle nevoso.* **2** Caratterizzato dalla presenza di molta neve: *stagione nevosa.*

nevralgia (ne-vral-gì-a) N.F. (pl. *-gìe*) · Dolore dovuto a infiammazione di uno o più nervi.

nevralgico (ne-vràl-gi-co) AGG. (pl.m. *-ci*, pl.f. *-che*) · Che riguarda una nevralgia: *dolore nevralgico.* Ⓔ ***Punto nevralgico,*** quello dove il dolore è maggiore; in senso figurato, l'aspetto più difficile e delicato di una situazione: *il punto nevralgico della discussione sarà il problema delle pensioni.*

nevrastenico (ne-vra-stè-ni-co) AGG. e N.M. (f. *-a*; pl.m. *-ci*, pl.f. *-che*) · Che, chi è molto nervoso e irritabile: *sei un nevrastenico!* Ⓢ nevrotico, isterico.

nevrosi (ne-vrò-ṣi) N.F. INVAR. **1** Disturbo del comportamento caratterizzato da ansia, paura e ossessioni. **2** Stato di nervosismo e agitazione.

nevrotico (ne-vrò-ti-co) AGG. e N.M. (f. *-a*; pl.m. *-ci*, pl.f. *-che*) **1** Affetto da nevrosi. **2** Molto nervoso e agitato: *negli ultimi tempi è nevrotico* Ⓢ nevrastenico, isterico.

new economy (new e-co-no-my; pronuncia *niù ecònomi*) N. INGL., in it. N.F. INVAR. · L'insieme delle attività economiche legate all'informatica e a Internet.

new entry (new en-try; pronuncia *niù èntri*) N. INGL., in it. N.F. INVAR. **1** Disco o brano musicale entrato per la prima volta nella classifica dei dischi più venduti: *le new entry della settimana.* **2** Chi entra per la prima volta in un dato settore: *una new entry nel mondo della politica.*

newsgroup (news-group; pronuncia *niuṣgrùp*) N. INGL., in it. N.M. INVAR. · In Internet, gruppo di discussione che offre a chi si collega la possibilità di inviare messaggi sull'argomento discusso e di leggere quelli degli altri utenti.

newsletter (news-let-ter; pronuncia *niuṣlètter*) N. INGL., in it. N.M. INVAR. · Notiziario informatico inviato tramite posta elettronica a chi lo richiede: *la newsletter di un'associazione.*

newton (new-ton; pronuncia *niùton*) N.M. INVAR. · Unità di misura della forza (il simbolo è *N*).

nibbio (nìb-bio) N.M. (pl. *-bi*) · Uccello rapace con la coda biforcuta che vive soprattutto nei boschi e vola in cerchi concentrici per piombare a gran velocità sulle sue prede.

nicchia (nìc-chia) N.F. (pl. *-chie*) **1** Cavità decorativa in un muro che di solito accoglie una statua: *le nicchie nella facciata del duomo* Ⓢ edicola. **2** Sistemazione sicura: *in quell'ufficio ha trovato la sua nicchia* Ⓢ rifugio. Ⓔ ***Nicchia di mercato,*** settore dell'economia che si rivolge a un gruppo poco numeroso di clienti con esigenze particolari • ***Nicchia ecologica,*** ambiente adatto alla vita per una data specie di animali.

nicchiare (nic-chià-re) V.INTR. (*nìcchio*, ecc.; aus. *avere*) · Mostrarsi incerto ed esitante di fronte a qualcosa: *ha nicchiato a lungo prima di decidersi* Ⓢ esitare, tentennare.

nichel (nì-chel) N.M. · Metallo bianco, simile all'argento, usato per produrre monete o per ricoprire altri materiali a scopo protettivo (il simbolo chimico è *Ni*).

nichilismo (ni-chi-lì-ṣmo) N.M. · Posizione filosofica che nega ogni valore morale e religioso.

nickname (nick-na-me; pronuncia *nicnéim*) N. INGL., in it. N.M. INVAR. · In Internet, nome che si usa in un sistema di posta elettronica o in un gruppo di discussione.

nicotina (ni-co-ti-na) N.F. · Sostanza tossica presente nel tabacco: *la nicotina può provocare danni al cuore.*

Il termine deriva dal nome del medico e ambasciatore francese J. *Nicot* (1530-1600) che per primo introdusse in Europa la pianta del tabacco.

nidiata (ni-dià-ta) N.F. · Insieme di uccelli nati dalla stessa madre nello stesso nido: *una nidiata di pulcini.*

nidificare (ni-di-fi-cà-re) V.INTR. (*nidìfico, nidìfichi*, ecc.; aus. *avere*) · Fare il nido: *le rondini nidificano sotto i tetti.*

nido (nì-do) N.M. **1** Riparo che gli uccelli si costruiscono per deporre e covare le uova e allevare i piccoli: *il nido del merlo; uccellini di nido.* **2** Luogo in cui vari animali depongono le uova o si raggruppano: *un nido di vespe, di formiche.* Ⓔ ***Nido (d'infanzia)***, asilo nido (→ ***asilo***) • ***Nido di vipere***, ambiente pieno di persone invidiose e maligne.

niente (nièn-te) PRON. INDEF., AGG. e N.M. INVAR., AVV. || PRON. INDEF. Nessuna cosa: *niente mi farà cambiare idea; non mi sono fatta niente* Ⓢ nulla Ⓒ tutto • In alcune domande, qualcosa: *hai notato niente di strano?* || AGG. Nel linguaggio familiare, nessuno: *niente paura!* || N.M. Cosa di nessun valore: *quell'uomo è un niente; un uomo venuto su dal niente.* || AVV. Indica la mancanza di una quantità apprezzabile: *questo libro non vale niente; non m'importa niente di lei* • Può essere usato anche come semplice rafforzativo di una negazione: *non mi sembra niente affatto carino.* Ⓔ ***Da niente***, insignificante, da poco: *è una cosa da niente* • ***Di niente***, nelle espressioni di cortesia, in risposta a un ringraziamento: *"Grazie mille" "Di niente, si figuri"* • ***Per niente***, affatto, per nulla: *non mi piace per niente* • ***Un bel niente***, proprio niente: *non hanno ottenuto un bel niente.*

nientemeno (nien-te-mé-no) o **nientedimeno** (nien-te-di-mé-no) AVV. · Addirittura, come espressione di stupore: *conosce nientemeno* ***che*** *otto lingue.*

nightclub (night-club; pronuncia *naitclàb* o *naitclèb*) N.INGL., in it. N.M. INVAR. · Locale notturno con musica, danze e spettacoli.

ninfa (nìn-fa) N.F. **1** Nella mitologia classica, dea con aspetto di fanciulla: *le ninfe dei boschi, dei monti* • Graziosa fanciulla. **2** In alcuni insetti, lo stadio di sviluppo tra la larva e la forma adulta Ⓢ crisalide, pupa.

ninfea (nin-fè-a) N.F. (pl. *-fèe*) · Pianta acquatica con larghe foglie galleggianti e fiori bianchi o rosa: *lo stagno era pieno di ninfee fiorite.*

ninnananna (nin-na-nàn-na) (o **ninna nanna**) N.F. (pl. *ninnenànne* o *ninne nanne*) · Cantilena con cui si cullano i bambini per farli addormentare: *la donna cantava una ninnananna al suo piccolo.*

ninnolo (nìn-no-lo) N.M. **1** Giocattolo, gingillo: *ha regalato un ninnolo a mio figlio.* **2** Piccolo oggetto che serve da ornamento: *una vetrina piena di ninnoli* Ⓢ soprammobile.

nipote (ni-pó-te) N.M. e F. **1** Il figlio del figlio o della figlia: *il nonno fu festeggiato da tutti i suoi nipoti.* **2** Il figlio del fratello o della sorella: *zia e nipote si guardarono.*

nipponico (nip-pò-ni-co) AGG. e N.M. (f. *-a*; pl.m. *-ci*, pl.f. *-che*) · Giapponese.

nirvana (nir-và-na) N.M. INVAR. **1** Nel buddismo, la felicità che consiste nell'assenza di ogni sensazione: *raggiungere il nirvana.* **2** Intensa felicità Ⓢ estasi.

nitidezza (ni-ti-déz-za) N.F. · Caratteristica di ciò che è chiaro e distinto: *nitidezza di contorni, di suoni* Ⓢ chiarezza, precisione, purezza.

nitido (nì-ti-do) AGG. **1** Che si distingue con chiarezza: *una fotografia nitida* Ⓢ chiaro, definito, preciso. **2** Pulito, limpido: *un cielo nitido.*

nitrato (ni-trà-to) N.M. · Sale derivato dall'acido dell'azoto, usato come fertilizzante o colorante.

nitrire (ni-trì-re) V.INTR. (*nitrìsco, nitrìsci*, ecc.; aus. *avere*) · Di cavallo, emettere il suo verso tipico: *il cavallo imbizzarrito nitriva.*

nitrito (ni-trì-to) N.M. · Il verso tipico dei cavalli: *si udì un nitrito nella notte.*

nitroglicerina (ni-tro-gli-ce-rì-na) N.F. · Esplosivo molto potente derivato dalla glicerina e usato per produrre la dinamite.

N

nivale (ni-và-le) AGG. · Che riguarda le nevi: *limite nivale.* **E** ***Zona nivale,*** quella delle nevi permanenti.

no (nò) AVV. e N.M. INVAR. || AVV. **1** Esprime la risposta negativa: *"Hai visto quello spettacolo?" "No"*; spesso viene rafforzato da un altro avverbio: *certamente no; proprio no; no davvero* **C** sì. **2** In frasi interrogative, vero, giusto: *tu sei sicuro, no?; ve l'avevo detto, no, che sarebbe piovuto.* || N.M. Rifiuto: *il governo è di fronte al deciso no dei sindacati* • Voto o parere negativo: *la proposta è stata respinta con 36 sì e 323 no.* **E** ***Dire di no,*** negare o rifiutare • ***No, grazie,*** espressione cortese per rifiutare un invito o una proposta: *"Vuole ancora del caffè?" "No, grazie".*

nobildonna (no-bil-dòn-na) N.F. · Donna che appartiene a una famiglia nobile: *una nobildonna scozzese.*

nobile (nò-bi-le) AGG. e N.M. e F. || AGG. e N.M. e F. Che, chi appartiene a una delle famiglie che un tempo godevano di particolari privilegi: *famiglia nobile; gli antichi nobili fiorentini* **S** aristocratico, patrizio. || AGG. Che dimostra una grande generosità: *un cuore nobile; è stato un nobile gesto* **S** generoso, altruista, elevato. **E** ***Gas nobili,*** che non si combinano con altre sostanze • ***Metallo nobile,*** che non si rovina a contatto con l'ossigeno.

nobiliare (no-bi-lià-re) AGG. · Della nobiltà: *titolo nobiliare.*

nobilitare (no-bi-li-tà-re) V.TR. (*nobìlito*, ecc.) · Rendere nobile: *l'amore per la verità nobilita ogni ricerca* **S** elevare.

nobiltà (no-bil-tà) N.F. INVAR. **1** La classe sociale a cui appartenevano le famiglie che godevano di particolari privilegi: *antica nobiltà; la nobiltà inglese* **S** aristocrazia. **2** Superiorità, grandezza, generosità: *nobiltà d'animo.*

nobiluomo (no-bi-luò-mo) N.M. (pl. *nobiluòmini*) · Uomo che appartiene a una famiglia nobile: *la carrozza di un nobiluomo.*

nocca (nòc-ca) N.F. (pl. *-che*) · La parte del dito che corrisponde a un'articolazione: *battere le nocche sul tavolo.*

Il termine deriva da una parola longobarda che significa 'giuntura'.

nocchiere (noc-chiè-re) N.M. (f. *-a*; pl.m. *-i*, pl.f. *-e*) · Chi sta alla guida di una nave **S** comandante.

noccio (nòc-cio) · Ind. pres., 1ª pers. sing. → ***nuocere.***

nocciola (noc-ciò-la) N.F. e M. e AGG. || N.F. Il frutto e il seme del nocciòlo: *cioccolato con nocciole.* || AGG. e N.M. INVAR. Di colore marrone chiaro, simile a quello della nocciola: *pantaloni nocciola; stoffa di un bel nocciola chiaro.*

nocciolina (noc-cio-lì-na) N.F. · Il frutto dell'arachide e i suoi semi, che si mangiano tostati: *un sacchetto di noccioline* **S** arachide.

nocciolo[1] (noc-ciò-lo) N.M. · Albero coltivato in diverse varietà per i frutti a noce, detti *nocciole*, e per i semi usati nell'industria dei dolci.

nocciolo[2] (nòc-cio-lo) N.M. **1** La parte più interna e dura dei frutti: *il nocciolo della susina, della ciliegia.* **2** Il punto più importante di una questione: *arrivare al nocciolo della questione* **S** nucleo, nodo.

Attenzione alla pronuncia: il *nocciòlo* con l'accento sulla seconda *o* è un albero, mentre il *nòcciolo*, con accento sulla prima *o*, è la parte più interna dei frutti.

noce[1] (nó-ce) N.M. · Albero originario dell'Asia, con frutti con uno strato esterno verde chiaro che avvolge il nocciolo, all'interno del quale è contenuto un seme mangiabile; è molto coltivato per i frutti e per il legno pregiato.

noce[2] (nó-ce) N.F. · Il frutto del noce: *schiacciare le noci; un sacco di noci.* **E** ***Noce di burro,*** piccola quantità che corrisponde a circa 25 grammi • ***Noce di cocco*** → ***cocco***[1] • ***Noce moscata,*** seme dal sapore intenso e piccante usato come spezia.

nociuto (no-ciù-to) · Participio pass. → ***nuocere.***

nocività (no-ci-vi-tà) N.F. INVAR. · La capacità di provocare un danno: *la nocività dei gas di scarico.*

nocivo (no-cì-vo) AGG. · Che provoca un danno: *bevande nocive; mangiare troppo è nocivo **alla** salute* **S** dannoso, pericoloso.

nocqui (nòc-qui) · Pass. rem., 1ª pers. sing. → ***nuocere.***

nodo (nò-do) N.M. **1** Intreccio di due capi di una corda, di un filo, di un nastro, ecc.: *fare, sciogliere, stringere, allentare un nodo; il nodo alla cravatta.* **2** Groviglio disordinato: *sciogliere i nodi dei capelli.* **3** Punto essenziale di una questione: *il nodo di un problema* Ⓢ nocciolo, nucleo. **4** Ingrossamento dei tessuti di una pianta: *i nodi del tronco di un albero.* **5** Incrocio di due o più strade o linee ferroviarie: *nodo stradale, ferroviario.* **6** In marina, unità di misura della velocità delle navi pari a 1852 metri all'ora, usata anche per misurare la velocità degli aerei. Ⓔ ***Nodo alla gola*** → gola • ***Tutti i nodi vengono al pettine***, tutte le difficoltà non affrontate prima o poi ritornano fuori.

nodoso (no-dó-so) AGG. · Pieno di nodi: *tronco, ramo nodoso* Ⓢ bitorzoluto. Ⓔ ***Mani nodose***, ossute.

nodulo (nò-du-lo) N.M. · Nel corpo, formazione di piccole dimensioni di forma tondeggiante: *nodulo linfatico.*

no global (no glo-bal; pronuncia *noglòbal*) (o **no-global**) AGG. INGL., in it. AGG. e N.M. e F. INVAR. · Che, chi è contrario alla globalizzazione dell'economia e ai fenomeni di sfruttamento che si associano a essa: *movimento no global; manifestazione dei no global.*

noi (nói) PRON. PERS. M. e F. · È il plurale di *io*, usato sia come soggetto sia come complemento: *noi non possiamo; guardate noi; parlate con noi; rivolgetevi a noi; occupatevi di noi.*

noia (nò-ia) N.F. (pl. *nòie*) **1** Sensazione di malessere e fastidio dovuta all'inattività, a una situazione che si ripete o a scarso interesse per qualcosa: *la noia dell'attesa; ripetere fino alla noia; morire di noia* Ⓢ tedio. **2** Fastidio, disturbo: *non dare noia a tua sorella; le dà noia se fumo?* **3** SPESSO AL PL. Situazione spiacevole: *ha avuto delle noie con la polizia* Ⓢ seccatura, problema. Ⓔ ***Venire a noia***, annoiare, stancare: *il mare mi è venuto un po' a noia.*

noioso (no-ió-so) AGG. · Che provoca noia o fastidio: *uno spettacolo noioso; un noioso mal di testa* Ⓢ fastidioso, tedioso Ⓒ divertente.

noleggiare (no-leg-già-re) V.TR. (*noléggio*, ecc.) **1** Prendere a noleggio: *ho noleggiato un'automobile* Ⓢ affittare. **2** Dare a noleggio: *chi ti ha noleggiato quella bicicletta?*

noleggio (no-lég-gio) N.M. (pl. *-gi*) · Contratto che permette di avere in prestito un oggetto pagando una tariffa: *il noleggio di una macchina; prendere a noleggio un film* Ⓢ nolo, affitto • Il prezzo stabilito per questo uso: *pagare, riscuotere il noleggio* • Il luogo dove vengono noleggiati gli oggetti: *riportare al noleggio la bicicletta, il film.*

nolente (no-lèn-te) AGG. · Solo nell'espressione ***volente o nolente***, che piaccia o no: *volente o nolente, gli devi chiedere scusa.*

> Il termine deriva dal latino *nolens* 'che non vuole', participio presente di *nolle* 'non volere'.

nolo (nò-lo) N.M. · Ciò che viene pagato per il prestito di un oggetto: *il nolo di un pianoforte* Ⓢ noleggio, affitto. Ⓔ ***A nolo***, a noleggio: *prendere, dare a nolo.*

nomade (nò-ma-de) AGG. e N.M. e F. || AGG. Di popolo che non ha un insediamento stabile e si sposta continuamente: *popolazione nomade.* || N.M. e F. Chi appartiene a un popolo che non ha un insediamento stabile: *accampamenti di nomadi ai margini della città.*

> Il termine deriva da una parola greca che significa 'che si sposta in cerca di pascoli', connessa al verbo *némo* 'pascolare'.

nomadismo (no-ma-di-ṣmo) N.M. · Tipo di vita di chi non risiede in modo stabile in un luogo, ma si sposta a seconda delle esigenze: *il nomadismo di alcune tribù africane.*

nome (nó-me) N.M. **1** Parola che indica un oggetto, un animale, una persona, un sentimento • Il nome proprio di una persona: *Marco è il nome di mio fratello; la coppia è stata registrata sotto falso nome.* **2** Personaggio importante: *nella medicina è un nome* • Fama, reputazione: *s'è fatto un buon nome.* **3** In grammatica, parte del discorso che indica una persona, un oggetto o uno stato d'animo e che può essere maschile o femminile (*tetto, casa*) e singolare o plurale (*tetti, case*) Ⓢ sostantivo. Ⓔ ***A nome di***, per conto di: *la ringrazio a nome di tutti i parenti* • ***In nome di***, rappresentando l'autorità di: *in nome della legge la dichiaro in arresto* • ***Nome commercia-***

le, nome con cui viene venduto un prodotto: *rimmel è il nome commerciale di un mascara* • ***Nome composto***, in grammatica, quello formato da due o più parole che di solito sono autonome (*capotreno, bendisposto, portaombrelli*); ***nome comune***, che si riferisce a un qualsiasi esemplare di una categoria e si scrive con la minuscola (*bambino, paese, gatto, idea*); ***nome proprio***, che si riferisce solo a una persona o a un luogo e si scrive con iniziale maiuscola (*Carlo, Italia*); ***nome astratto***, che indica un sentimento o un'idea (*amore, virtù*); ***nome concreto***, che indica qualcosa che si può vedere e toccare (*sasso, tavolo, cane*); ***nome collettivo***, che indica un insieme di cose o persone (*sciame, popolo, schiera*).

nomea (no-mè-a) N.F. (pl. -mèe) · Cattiva reputazione: *ha la nomea di fannullone.*

nomenclatura (no-men-cla-tù-ra) N.F. · Elenco dei termini tecnici di una disciplina: *nomenclatura chimica.*

-nomia · Secondo elemento di parole composte che significa 'distribuzione ordinata, studio sistematico' (*economia*) oppure 'governo, amministrazione' (*autonomia*).

-nomico · Secondo elemento di aggettivi composti corrispondenti ai sostantivi in *-nomia*.

nomignolo (no-mì-gno-lo) N.M. · Soprannome dato a una persona con intenzioni scherzose: *era noto tra gli amici con il nomignolo di "canarino".*

nomina (nò-mi-na) N.F. · L'atto di assegnare un incarico o un ruolo: *la nomina dei ministri; professore di prima nomina* Ⓢ designazione.

nominale (no-mi-nà-le) AGG. **1** Che si riferisce a nomi di persona: *appello nominale*, che viene fatto per nome. **2** Che ha solo valore formale: *governo nominale; un incarico puramente nominale.* **3** In grammatica, che riguarda il nome: *suffisso nominale*, che serve per formare i nomi. Ⓔ ***Predicato nominale*** → ***predicato***.

nominare (no-mi-nà-re) V.TR. (*nòmino*, ecc.) **1** Chiamare per nome, pronunciare il nome di qualcuno: *nominò uno a uno tutti i partecipanti; non nominare il nome di Dio invano.* **2** Dare a qualcuno un incarico o un ruolo: *è stato nominato presidente* Ⓢ designare.

nominativo (no-mi-na-tì-vo) AGG. e N.M. || AGG. **1** Nel linguaggio burocratico, di uno o più nomi: *elenco nominativo.* **2** In grammatica: ***caso nominativo*** (o *il nominativo* N.M.), in latino e in altre lingue, il caso della declinazione che svolge la funzione di soggetto. || N.M. Nel linguaggio burocratico, nome di persona: *ordinò in modo alfabetico tutti i nominativi.*

non (nón) AVV. · Negazione che esclude il significato dell'azione espressa dal verbo: *non piove; non voglio; non parlo* • Può essere rafforzato con *affatto, mica, punto*: *non è affatto vero; non è mica vero; non è punto vero* • Collocato prima di un aggettivo, forma con quest'ultimo un'espressione indivisibile che indica il suo contrario: *un danno non indifferente*, un danno notevole • In una proposizione principale il *non* seguito dall'*infinito presente* forma la seconda persona singolare dell'imperativo al negativo: *non toccare! È sporco.*

nonché (non-ché) CONGIUNZ. · Per di più, e anche: *mi sono rivolto al sindaco, al prefetto, nonché al vescovo.*

L'accento sulla e di *nonché* è acuto; scrivere *nonchè* con l'accento grave è un errore!

noncurante (non-cu-ràn-te) AGG. · Di persona, che non si preoccupa di qualcosa a cui invece dovrebbe pensare: *noncurante* ***dei*** *rischi; noncurante* ***dei*** *suoi sentimenti, continuava a trattarla male* Ⓢ indifferente, incurante.

noncuranza (non-cu-ràn-za) N.F. · Atteggiamento di presuntuoso disinteresse: *noncuranza nel vestire; rispondere con noncuranza* Ⓢ indifferenza.

nondimeno (non-di-mé-no) CONGIUNZ. · Nonostante ciò: *la prova non è stata brillante, nondimeno è stato promosso* Ⓢ tuttavia.

nonno (nòn-no) N.M. (f. -a) · Il genitore del padre o della madre: *il nonno mi porta spesso a pescare; la nonna mi raccontava le favole.* Ⓔ ***Diventare nonno***, quando nasce il primo nipote.

nonnulla (non-nùl-la) N.M. INVAR. · Cosa di poca importanza: *basta un nonnulla per innervosirlo* Ⓢ sciocchezza, niente.

nono (nò-no) AGG. NUM. ORD. · Che in una serie ordinata rappresenta il numero nove (in numeri arabi 9º): *è al nono mese di gravidanza.* Ⓔ ***Il nono secolo***, il secolo compreso tra l'801 e il 900 (in numeri romani *IX secolo*).

nonostante (no-no-stàn-te) PREP. e CONGIUNZ. || PREP. A dispetto di: *nonostante la stanchezza, si mise in viaggio* Ⓢ malgrado. || CONGIUNZ. Sebbene, benché; introduce una proposizione concessiva: *nonostante (che) avesse ricevuto l'invito, non venne.* Ⓔ ***Ciò nonostante***, tuttavia, però: *era contrario, ciò nonostante accettò ugualmente.*

non profit (non prò-fit) (o **non-profit** o **no profit**) AGG. INGL., in it. AGG. INVAR. · Di associazione che non trae guadagni dalle proprie attività, ma le svolge per un'utilità sociale: *organizzazione non profit.*

nonsenso (non-sèn-so) (o **non senso**) N.M. · Assurdità, sciocchezza: *quello che stai dicendo mi sembra proprio un nonsenso.*

N

nonstop (non-stop; pronuncia *nonstòp*) (o **non-stop**) AGG. e AVV. INGL., in it. AGG. e N.F. INVAR. || AGG. Senza interruzione: *un volo nonstop; orario nonstop.* || N.F. Trasmissione televisiva o spettacolo senza pausa: *una nonstop di danza.*

nonviolenza (non-vio-lèn-za) N.F. · Atteggiamento che rifiuta qualsiasi forma di violenza fisica, anche di fronte alle lotte per i diritti civili o politici.

nord (nòrd) N.M. e AGG. INVAR. || N.M. **1** Il punto cardinale indicato dalla stella polare; è detto anche *settentrione* e si abbrevia in *N* Ⓒ sud. **2** La parte settentrionale di una regione rispetto a un punto di riferimento: *Firenze è a nord di Roma; America del nord* Ⓢ settentrione. || AGG. Situato a settentrione: *Polo Nord; la curva nord dello stadio.*

nordafricano (nor-da-fri-cà-no) AGG. e N.M. (f. *-a*) || AGG. Dell'Africa settentrionale. || N.M. (f. *-a*) Abitante, nativo dell'Africa settentrionale.

nordamericano (nor-da-me-ri-cà-no) AGG. e N.M. (f. *-a*) || AGG. Dell'America settentrionale, in particolare degli Stati Uniti d'America. || N.M. (f. *-a*) Abitante, nativo dell'America settentrionale.

nord-est (nòrd-èst) N.M. INVAR. · Punto situato a metà fra il nord e l'est; si abbrevia in *NE* • Regione posta a nord-est: *sole su tutto il nord-est.*

nordeuropeo (nor-deu-ro-pè-o) AGG. e N.M. (f. *-a*; pl.m. *-pèi*, pl.f. *-pèe*) || AGG. Dell'Europa settentrionale. || N.M. (f. *-a*) Abitante, nativo dell'Europa settentrionale.

nordico (nòr-di-co) AGG. (pl.m. *-ci*, pl.f. *-che*) · Delle regioni più settentrionali, soprattutto di quelle europee: *clima nordico; popoli nordici.*

nord-ovest (nòrd-ò-vest) N.M. INVAR. · Punto situato a metà fra il nord e l'ovest; si abbrevia in *NO* • Regione posta a nord-ovest: *il nord-ovest degli Stati Uniti.*

norma (nòr-ma) N.F. **1** Regola che deve essere seguita: *norme per l'uso di un prodotto; applicare una norma* Ⓢ principio, precetto. **2** Modo abituale di comportarsi: *seguire la norma; uscire dalla norma* Ⓢ consuetudine, abitudine, uso. Ⓔ ***A norma di***, secondo le regole di: *a norma di legge* • ***Di norma***, di solito: *di norma rientra a casa verso le otto* • ***Fuori della norma***, straordinario: *ha un'intelligenza fuori della norma* • ***Nella norma***, nella media: *le analisi hanno dato risultati nella norma* Ⓢ normale.

normale (nor-mà-le) AGG. **1** Che segue la regola: *temperatura normale; la situazione è tornata normale* Ⓢ regolare, ordinario Ⓒ eccezionale, anormale. **2** Sano di mente: *non è una persona normale.*

normalità (nor-ma-li-tà) N.F. INVAR. · Situazione che segue la consuetudine: *tornare alla normalità; il suo rendimento rientra nella normalità* Ⓢ regolarità, ordine Ⓒ anormalità.

normalmente (nor-mal-mén-te) AVV. **1** In modo regolare: *tutto procede normalmente* Ⓢ regolarmente. **2** Di solito: *normalmente mi alzo presto la mattina* Ⓢ generalmente Ⓒ eccezionalmente.

normanno (nor-màn-no) AGG. e N.M. (f. *-a*) || AGG. **1** Della Normandia, regione della Francia settentrionale. **2** Dei Normanni, antiche popolazioni germaniche; in particolare, dei gruppi che dall'ottavo secolo in Francia occuparono la Normandia, conquistando poi l'Inghilterra e l'Italia meridionale. || N.M. (f. -a) **1** Abitante, nativo della Normandia. **2** Chi apparteneva alle antiche popolazioni normanne.

normativa (nor-ma-tì-va) N.F. · L'insieme delle regole che riguardano una materia o un settore: *normativa scolastica*.

norvegese (nor-ve-gé-se) AGG. e N.M. e F. || AGG. Della Norvegia. || N.M. e F. Abitante, nativo della Norvegia. || N.M. La lingua parlata in Norvegia.

nosocomio (no-ṣo-cò-mio) N.M. (pl. *-mi*) · Ospedale: *nosocomio provinciale*.

nostalgia (no-stal-gì-a) N.F. (pl. *-gìe*) · Sentimento di tristezza dovuto a ciò che è lontano nello spazio o nel tempo: *avere nostalgia di casa, della giovinezza*.

nostalgico (no-stàl-gi-co) AGG. (pl.m. *-ci*, pl.f. *-che*) · Che esprime tristezza per ciò che è lontano o passato: *pensieri nostalgici*.

nostrano (no-strà-no) AGG. · Del nostro paese, della nostra regione: *fagioli nostrani* Ⓢ locale.

nostro (nò-stro) AGG. e PRON. POSS. || AGG. **1** Che appartiene a noi per un rapporto di proprietà o appartenenza: *la nostra casa; questa casa è nostra; i nostri libri; il nostro lavoro; i nostri tempi*. **2** Di persona, che ha un legame di parentela o di affetto con noi: *nostra madre; nostro padre; nostro figlio; la nostra nonna sta poco bene*. || PRON. Preceduto dall'articolo determinativo, indica il rapporto di appartenenza o il legame di un oggetto o di una persona detti in precedenza con noi: *il suo lavoro è molto più leggero rispetto al nostro* [lavoro]; *il suo insegnante è più bravo del nostro* [insegnante]. Ⓔ ***Dalla nostra***, con uso sostantivato, dalla nostra parte: *lo so che sei dalla nostra* • ***La nostra***, con uso sostantivato, la nostra opinione: *ora diciamo la nostra*.

nostromo (no-strò-mo) N.M. · Nella marina, sottufficiale che comanda l'equipaggio nelle manovre: *il comandante impartì gli ordini al nostromo*.

nota (nò-ta) N.F. **1** Breve appunto: *blocco per note; prendere nota di una telefonata* Ⓢ annotazione • Rimprovero scritto: *la maestra ha messo a mio fratello una nota sul quaderno*. **2** Breve spiegazione aggiunta a un testo: *nota a margine, a piè di pagina; nota introduttiva, finale* Ⓢ commento, postilla. **3** Elenco scritto: *la nota della spesa* Ⓢ lista • Parcella di un professionista: *la nota dell'avvocato* Ⓢ conto, fattura. **4** In musica, il segno che rappresenta un suono e che si scrive sul pentagramma: *le sette note; leggere le note* • Particolare molto evidente: *in questa situazione c'è una nota stonata; una nota di colore* Ⓢ particolare, aspetto, caratteristica. Ⓔ ***Degno di nota***, importante.

notabile (no-tà-bi-le) N.M. e F. · Persona importante: *i notabili della città*.

notaio (no-tà-io) N.M. (f. *-a*; pl.m. *-tài*, pl.f. *-tàie*) · Pubblico ufficiale che garantisce l'autenticità di contratti, accordi e testamenti.

Il femminile di *notaio* è *notaia*, ma è usato poco. Spesso si usa il maschile anche quando ci si riferisce a una donna: *il notaio Anna Verdi*.

notare (no-tà-re) V.TR. (*nòto*, ecc.) · Accorgersi di qualcosa: *dalla radiografia non si nota nessuna lesione; hai notato com'è cambiato il suo modo di fare?* Ⓢ rilevare. Ⓔ ***Farsi notare***, attirare l'attenzione degli altri • ***Nota bene, è da notare***, formula usata per richiamare l'attenzione su una parte di un discorso.

notarile (no-ta-rì-le) AGG. · Del notaio: *atto notarile; studio notarile*.

notebook (no-te-book; pronuncia *nótbuc*) N. INGL., in it. N.M.INVAR. · Computer portatile.

notes (nò-tes) N.M.INVAR. · Blocco per prendere appunti Ⓢ bloc-notes.

notevole (no-té-vo-le) AGG. · Superiore alla media: *una persona di notevole valore; una distanza notevole* Ⓢ rilevante, significativo.

notevolmente (no-te-vol-mén-te) AVV. · In modo considerevole: *il tempo è notevolmente migliorato* Ⓢ molto.

notifica (no-tì-fi-ca) N.F. (pl. *-che*) · Comunicazione ufficiale da parte di un'autorità pubblica: *mi è arrivata la notifica di una multa*.

notificare (no-ti-fi-cà-re) V.TR. (*notifico, notìfichi*, ecc.) · Comunicare in via ufficiale: *notificare una multa.*

notizia (no-tì-zia) N.F. (pl. *-zie*) · Comunicazione di un avvenimento importante avvenuto da poco: *notizie false, vere; buona, cattiva notizia; ascoltare le ultime notizie* Ⓢ informazione.

notiziario (no-ti-zià-rio) N.M. (pl. *-ri*) · Bollettino di notizie diffuso dalla stampa, dalla radio o dalla televisione: *il notiziario delle tredici.*

noto (nò-to) AGG. **1** Conosciuto: *un viso noto; fatti noti a tutti* Ⓒ ignoto. **2** Che gode di fama: *un personaggio assai noto; uno scrittore poco noto* Ⓢ famoso, celebre Ⓒ sconosciuto. Ⓔ ***Render noto***, far conoscere agli altri.

notorietà (no-to-rie-tà) N.F. INVAR. · Celebrità, fama, popolarità: *la notorietà di un attore.*

notorio (no-tò-rio) AGG. (pl.m. *-ri*, pl.f. *-rie*) · Noto a tutti: *è notorio che l'azienda sta per chiudere* Ⓢ conosciuto, risaputo.

N

nottambulo (not-tàm-bu-lo) AGG. e N.M. (f. *-a*) · Che, chi ha l'abitudine di trascorrere la notte in divertimenti: *un gruppo di amici nottambuli; fare vita da nottambulo.*

nottata (not-tà-ta) N.F. · La durata di una notte: *una nottata di pioggia; passare la nottata a studiare* Ⓢ notte. Ⓔ ***Far nottata***, restare sveglio tutta la notte.

notte (nòt-te) N.F. **1** Il periodo di tempo tra il tramonto e l'alba: *una notte piena di stelle; la notte di Natale; passare la notte a leggere* Ⓢ nottata Ⓒ giorno. **2** Mancanza di luce che caratterizza la notte: *notte fitta; scende la notte* Ⓢ buio, oscurità. Ⓔ ***A notte fonda***, nel cuore della notte: *tornò a casa a notte fonda* • ***Buona notte!***, espressione di saluto usata in tarda sera • ***Da notte***, che si usa nelle ore del riposo notturno: *camicia da notte* • ***Giorno e notte***, senza interruzione: *ha piovuto giorno e notte* • ***Notte bianca***, caratterizzata da eventi culturali, spettacoli e negozi aperti fino all'alba • ***Notte in bianco***, passata senza dormire.

nottetempo (not-te-tèm-po) AVV. · Durante la notte: *partire nottetempo.*

nottola (nòt-to-la) N.F. · Grosso pipistrello di colore bruno rossiccio diffuso in Europa; è molto utile all'agricoltura poiché si nutre di insetti nocivi.

notturna (not-tùr-na) N.F. · Incontro sportivo che si svolge di notte con illuminazione artificiale: *una notturna di calcio.*

notturno (not-tùr-no) AGG. **1** Della notte: *ore notturne; il riposo notturno* Ⓒ diurno. **2** Che svolge di notte la propria attività: *guardiano notturno; uccelli notturni.* **3** Che si svolge durante la notte: *lavoro notturno.* Ⓔ ***Locale notturno***, che offre musica e danze e resta aperto fino a tarda notte.

novanta (no-vàn-ta) AGG. NUM. CARD. e N.M. INVAR. || AGG. Numero formato da nove decine. || N.M. Il numero novanta e il segno che lo rappresenta (*90* in numeri arabi, *XC* in numeri romani). Ⓔ ***Gli anni Novanta***, il decennio che va dal 1990 al 2000.

nove (nò-ve) AGG. NUM. CARD. e N.M. INVAR. || AGG. Il numero che segue l'otto e precede il dieci: *ieri sera eravamo in nove.* || N.M. Il numero nove e il segno che lo rappresenta (*9* in numeri arabi, *IX* in numeri romani): *puntare sul nove.* Ⓔ ***Prova del nove***, calcolo che permette un controllo dell'esattezza delle operazioni aritmetiche; in senso figurato, ciò che conferma in pieno un'ipotesi.

novecento (no-ve-cèn-to) AGG. NUM. CARD. e N.M. INVAR. || AGG. Numero uguale a nove volte cento: *un libro di novecento pagine.* || N.M. Il numero novecento e il segno che lo rappresenta (*900* in numeri arabi, *CM* in numeri romani). Ⓔ ***Il Novecento***, il secolo compreso tra il 1901 e il 2000.

novella (no-vèl-la) N.F. **1** Breve racconto: *le novelle del Boccaccio.* **2** Notizia, novità: *che novelle mi porti?* Ⓔ ***La buona Novella***, il Vangelo.

novello (no-vèl-lo) AGG. e N.M. || AGG. Nato da poco: *fiori novelli; pollo novello* Ⓢ giovane • Che si trova in una condizione da poco tempo: *sposi novelli* • Che ha in sé le caratteristiche di personaggi o cose del passato: *un novello Michelangelo; una novella Atene.* || AGG. e N.M. Di vino, imbottigliato subito dopo la vendemmia.

novembre (no-vèm-bre) N.M. · L'undicesimo mese dell'anno, di 30 giorni.

Il termine deriva dal latino *november (mensis)* 'nono (mese)', perché l'antico calendario romano, rimasto in uso fino al 153 a.C., si componeva di dieci mesi, partendo da marzo.

novero (nò-ve-ro) N.M. · Insieme di persone o cose: *il nuovo romanzo ha fatto includere l'autore nel novero dei grandi scrittori* Ⓢ categoria, gruppo, numero.

novilunio (no-vi-lù-nio) N.M. (pl. *-ni*) · La fase in cui la Luna rivolge alla Terra la faccia non illuminata e quindi non è visibile.

novità (no-vi-tà) N.F. INVAR. **1** Ciò che rende qualcosa nuovo e originale: *la novità di un romanzo, di un metodo* Ⓢ originalità. **2** Ciò che viene presentato come cosa nuova: *le ultime novità della moda; ci sono novità?*

novizio (no-vì-zio) AGG. e N.M. (f. *-a*; pl.m. *-zi*, pl.f. *-zie*) **1** Che, chi compie un periodo di prova prima di entrare a far parte di un ordine religioso: *una suora novizia; i novizi del convento.* **2** Che, chi affronta qualcosa per la prima volta: *un medico novizio; negli affari è proprio un novizio!* Ⓢ principiante.

nozione (no-zió-ne) N.F. **1** Il conoscere qualcosa: *perdere la nozione del tempo* Ⓢ percezione, cognizione. **2** SPESSO AL PL. Conoscenza di base: *le sue nozioni storiche sono piuttosto scarse.*

nozionistico (no-zio-nì-sti-co) AGG. (pl.m. *-ci*, pl.f. *-che*) · Che si basa su un accumulo di dati senza nessuna conoscenza profonda: *studio nozionistico; cultura nozionistica.*

nozze (nòz-ze) N.F.PL. · La cerimonia del matrimonio: *la celebrazione delle nozze; il giorno delle nozze.* Ⓔ ***Andare a nozze***, fare una cosa con grande piacere.

Il termine deriva dal participio passato del latino *nubere* 'mettere il velo', perché il momento in cui la donna indossava il velo rosso, che simboleggiava l'ingresso sotto la potestà del marito, era quello più importante della cerimonia.

nube (nù-be) N.F. **1** Nuvola: *nubi rosate.* **2** Massa d'aria che contiene sostanze dannose per l'uomo: *nube tossica.* Ⓔ ***Nube radioattiva***, massa d'aria densa di particelle radioattive a causa di un'esplosione nucleare.

nubifragio (nu-bi-frà-gio) N.M. (pl. *-gi*) · Temporale improvviso con pioggia molto violenta, grandine e vento forte: *il nubifragio di ieri ha provocato frane e allagamenti.*

nubile (nù-bi-le) AGG. e N.F. · Di donna non sposata: *l'impiegato le chiese se era nubile.*

Il termine deriva dal latino *nubilis* 'che si può sposare', che viene a sua volta da *nubere* 'mettere il velo'.

nuca (nù-ca) N.F. (pl. *-che*) · La parte posteriore del collo: *un dolore alla nuca.*

nucleare (nu-cle-à-re) AGG. · Che riguarda il nucleo dell'atomo: *fisica nucleare.* Ⓔ ***Armi nucleari***, che sfruttano l'energia liberata durante una reazione nucleare • ***Centrale nucleare***, impianto per la trasformazione dell'energia nucleare in energia elettrica • ***Deterrente nucleare*** → ***deterrente*** • ***Energia nucleare*** → ***energia*** • ***Guerra nucleare***, in cui sono impiegate armi nucleari • ***Reazione nucleare***, processo durante il quale il nucleo dell'atomo subisce una mutazione provocando una forte emissione di energia.

nucleico (nu-clèi-co) AGG. (pl.m. *-ci*, pl.f. *-che*) · ***Acido nucleico***, composto chimico presente nel nucleo delle cellule; è l'elemento essenziale per ogni forma di vita.

nucleo (nù-cle-o) N.M. (pl. *-clei*) **1** La parte centrale dell'atomo formata da protoni e neutroni intorno alla quale ruotano gli elettroni. **2** La parte essenziale della cellula, che contiene i caratteri dell'individuo. **3** Piccolo gruppo di persone: *un primo nucleo di associati; nucleo familiare.* **4** La parte centrale di qualcosa: *il nucleo originario del romanzo.*

nudismo (nu-dì-ṣmo) N.M. · Atteggiamento a favore di un contatto più diretto dell'uomo con la natura, attraverso una vita all'aria aperta e l'abolizione dei vestiti: *praticare il nudismo.*

nudista (nu-dì-sta) N.M. e F. (pl.m. *-i*, pl.f. *-e*) · Chi pratica il nudismo: *campeggio per nudisti.*

nudità (nu-di-tà) N.F. INVAR. **1** La condizione di essere senza vestiti. **2** SPESSO AL PL. Le parti del corpo nude: *coprirsi le nudità.*

nudo (nù-do) AGG. e N.M. || AGG. 1 Privo di vestiti: *stare a torso nudo; era nudo come un verme* Ⓢ scoperto. 2 Che non ha copertura, protezione o accessori: *i rami nudi degli alberi; dormire sulla nuda terra; una stanza nuda* Ⓢ spoglio. || N.M. Rappresentazione artistica del corpo umano senza vestiti: *un nudo di donna.* Ⓔ ***A occhio nudo*** → *occhio* • ***A piedi nudi***, scalzo • ***Mettere a nudo***, rivelare: *mettere a nudo i propri sentimenti.*

nugolo (nù-go-lo) N.M. · Gran numero: *un nugolo di insetti* Ⓢ moltitudine.

Nugolo è un nome collettivo: indica tanti elementi, ma è un sostantivo singolare.

nulla (nùl-la) PRON. INDEF., N.M. INVAR. e AVV. || PRON. INDEF. Nessuna cosa: *non ne so nulla; nessuno mi ha detto nulla* Ⓢ niente Ⓒ tutto • In alcune domande, qualcosa: *hai notato nulla di strano?* || N.M. Cosa di nessun valore: *quell'uomo è un nulla.* || AVV. Niente: *non valere, non contare nulla.* Ⓔ ***Da nulla, di nulla, per nulla***, da niente, di niente, per niente (→ *niente*) • ***Il nulla***, il vuoto universale, il non essere: *Dio creò il mondo dal nulla.*

N

nullaosta (nul-la-ò-sta) (o **nulla osta**) N.M. INVAR. · Autorizzazione, permesso: *chiedere, dare il nullaosta.*

Il termine deriva dall'espressione *nulla osta* 'nessuna cosa è di impedimento'.

nullatenente (nul-la-te-nèn-te) AGG. e N.M. e F. · Che, chi non possiede nessun bene: *un padre di famiglia nullatenente; un nullatenente non paga le tasse* Ⓢ povero, indigente.

nullità (nul-li-tà) N.F. INVAR. 1 Persona di nessun valore: *il nuovo allenatore è una vera nullità* Ⓢ incapace. 2 Mancanza di validità: *la nullità di un documento* Ⓢ invalidità.

nullo (nùl-lo) AGG. 1 Senza valore, senza efficacia: *il suo contributo al progetto è stato quasi nullo* Ⓢ inutile, vano. 2 Che non ha validità: *contratto nullo* Ⓒ valido.

nume (nù-me) N.M. · Divinità della mitologia greca e romana: *secondo il volere dei numi.* Ⓔ ***Santi numi!***, esprime stupore o rabbia.

numerale (nu-me-rà-le) AGG. e N.M. || AGG. Che ha rapporto con i numeri: *sistema numerale; aggettivo numerale.* || N.M. In grammatica, aggettivo o sostantivo che indica un numero: *devo studiare i numerali latini.* Ⓔ ***Numerali cardinali***, che corrispondono a numeri cardinali (*quattro cani; ha preso un due in matematica*) • ***Numerali ordinali***, che corrispondono a numeri ordinali (*primo segretario*).

numerare (nu-me-rà-re) V.TR. (*nùmero*, ecc.) · Segnare con numeri progressivi: *le pagine del manoscritto non sono state numerate.*

numerato (nu-me-rà-to) AGG. · Segnato con un numero: *posti numerati.*

numeratore (nu-me-ra-tó-re) N.M. · In una frazione, il numero che sta sopra il segno di frazione e che indica quante parti del denominatore vanno considerate.

numerazione (nu-me-ra-zió-ne) N.F. 1 L'insieme dei numeri progressivi che servono a contraddistinguere qualcosa: *la numerazione delle pagine; la numerazione stradale.* 2 Il sistema dei numeri e il modo di scriverli: *la numerazione araba, romana.* Ⓔ ***Numerazione decimale***, basata su dieci cifre, che in varie combinazioni permettono di rappresentare qualsiasi numero.

numerico (nu-mè-ri-co) AGG. (pl.m. *-ci*, pl.f. *-che*) · Dei numeri: *serie numerica; maggioranza numerica* • Di apparecchio, digitale Ⓒ analogico.

numero (nù-me-ro) N.M. 1 Simbolo che esprime una quantità: *numeri pari, dispari; il suo posto è il numero 15 della terza fila; il numero degli abitanti di una città* Ⓢ cifra. 2 Cifra che distingue ogni elemento di una serie: *il numero di matricola; il numero di scarpe* • Codice convenzionale: *il numero di telefono.* 3 Ogni pubblicazione di una rivista periodica: *i numeri arretrati di Dylan Dog* Ⓢ fascicolo. 4 Ogni esibizione che compone uno spettacolo: *il numero degli acrobati.* 5 Categoria grammaticale che classifica come singolare o plurale, in base alla quantità, forme verbali, nomi, pronomi (per es. *amo/amiamo, fratello/fratelli, lui/loro*). Ⓔ ***Dare i numeri***, dire o fare cose senza senso • ***Fare numero***, rendere un gruppo più numeroso • ***Numeri arabi*** → *arabo* • ***Numeri primi*** → *primo* • ***Numeri interi*** → *intero* • ***Numeri romani*** → *romano* • ***Numero atomico***, il numero di protoni contenuti nel nucleo atomico • ***Numero cardinale*** → *cardinale*[1] • ***Numero chiuso,*** in alcune facoltà universitarie, la quantità massima di studenti che possono iscriversi ai corsi • ***Numero decimale*** → *decimale* • ***Numero ordinale*** → *ordinale*.

numeroso (nu-me-ró-so) AGG. **1** Formato da molti elementi: *una famiglia numerosa; una classe numerosa.* **2** AL PL. In gran numero: *intervennero numerosi alla manifestazione; commise numerosi errori* Ⓢ parecchi, molti.

numismatica (nu-mi-ṣmà-ti-ca) N.F. (pl. *-che*) · La scienza che studia le monete e le medaglie: *un esperto di numismatica.*

nunzio (nun-zio) N.M. (pl. *-zi*) · Chi ha il compito di riferire notizie e ordini Ⓢ messaggero. Ⓔ ***Nunzio apostolico,*** rappresentante del Papa in uno Stato estero.

nuoccio (nuòc-cio) · Ind. pres., 1ª pers. sing. → *nuocere*.

nuocere (nuò-ce-re) V.INTR. (irreg.: ind. pres. *nuòccio* o *nòccio*, *nuòci*, *nuòce*, *nuociàmo* o *nociàmo*, *nuocéte* o *nocéte*, *nuòcciono* o *nòcciono*; pass. rem. *nòcqui*, *nuocésti* o *nocésti*, *nòcque*, *nuocémmo* o *nocémmo*, *nuocéste* o *nocéste*, *nòcquero*; cong. pres. *nuòccia* o *nòccia*, *nuòccia* o *nòccia*, *nuòccia* o *nòccia*, *nuociàmo* o *nociàmo*, *nuociàte* o *nociàte*, *nuòcciano* o *nòcciano*; part. pass. *nuociùto* o *nociùto*; aus. *avere*) · Procurare un danno a qualcuno o a qualcosa: *nuocere* ***alla*** *salute,* ***al*** *buon nome di qualcuno.*

nuora (nuò-ra) N.F. · La moglie del figlio: *mia nuora ha smesso di lavorare per stare con i bambini.*

nuotare (nuo-tà-re) V.INTR. e TR. (*nuòto*, ecc.) || INTR. (aus. *avere*) Compiere i movimenti necessari per spostarsi nell'acqua: *nuotare bene; nuotare a rana, sul dorso.* || TR. Nello sport, percorrere a nuoto una certa distanza: *nuotare i cento metri.* Ⓔ ***Nuotare nell'oro*** o ***nuotare nell'abbondanza,*** essere molto ricco.

nuotata (nuo-tà-ta) N.F. · Azione di nuotare: *fare una nuotata di mezz'ora.*

nuotatore (nuo-ta-tó-re) N.M. (f. *-trìce*) · Chi pratica il nuoto: *i nuotatori stanno per entrare in piscina.*

nuoto (nuò-to) N.M. · Serie di movimenti che permettono di galleggiare e di spostarsi nell'acqua: *istruttore di nuoto; campione di nuoto.*

nuova (nuò-va) N.F. · Notizia recente: *buone, cattive nuove* Ⓢ novità.

nuovamente (nuo-va-mén-te) AVV. · Un'altra volta: *esamineremo nuovamente la questione* Ⓢ ancora.

nuovo (nuò-vo) AGG. e N.M. || AGG. **1** Che è stato prodotto o comprato di recente: *vino nuovo; il nuovo numero di una rivista* Ⓢ recente Ⓒ vecchio. **2** Che è iniziato da poco o che sta per iniziare: *fare propositi per il nuovo anno* Ⓢ prossimo Ⓒ passato. **3** Di persona, che ha cominciato da poco un'attività: *la nuova segretaria; essere nuovo* ***del*** *mestiere* Ⓢ novizio. **4** Che si vede o si sente per la prima volta: *cercare nuove idee; la cosa mi giunge nuova; quella faccia non mi è nuova,* di persona che si pensa di avere già visto. **5** Che viene dopo o si aggiunge a un altro elemento: *il malato ha avuto una nuova crisi; ha comprato una nuova pelliccia* Ⓢ altro, ulteriore. || N.M. Ciò che si vede o si sente per la prima volta: *la ricerca del nuovo* Ⓢ novità. Ⓔ ***Di nuovo,*** ancora una volta: *presentare di nuovo una domanda d'assunzione* • ***Luna nuova*** → *luna* • ***Rimettere a nuovo,*** riparare: *rimettere a nuovo un mobile.*

nuraghe (nu-rà-ghe) N.M. (invar. o pl. *-ghi*) · Costruzione preistorica tipica della Sardegna, di solito a forma di tronco di cono, con un'unica stanza rotonda interna.

nuragico (nu-rà-gi-co) AGG. (pl.m. *-ci*, pl.f. *-che*) · Della civiltà dei nuraghi: *architettura nuragica.*

nutria (nù-tria) N.F. (pl. *-trie*) · Roditore simile al castoro, con pelliccia di colore marrone scuro.

nutrice (nu-trì-ce) N.F. · Donna che allatta il bambino di un'altra: *la nutrice di Ulisse* Ⓢ balia.

nutriente (nu-tri-èn-te) AGG. e N.M. || AGG. Che ha un alto valore nutritivo: *un alimento nutriente* Ⓢ sostanzioso. || N.M. Sostanza nutritiva. Ⓔ ***Crema nutriente,*** che nutre e ammorbidisce la pelle.

nutrimento (nu-tri-mén-to) N.M. · L'insieme degli alimenti che servono a nutrire un organismo: *il nutrimento adatto al malato; procurare il nutrimento per i piccoli* Ⓢ cibo.

nutrire (nu-trì-re) V.TR. (*nùtro, nùtri*, ecc.; o *nutrìsco, nutrìsci*, ecc.) || TR. **1** Dare l'alimento necessario alla vita e alla crescita: *nutrire il proprio bambino; lo nutrì* ***con*** *il suo latte* Ⓢ alimentare • Di alimento, essere nutriente: *il pane nutre.* **2** Arricchire spiritualmente: *nutrire la mente* ***con*** *lo studio.* **3** Coltivare nell'animo: *nutrire odio per qualcuno; nutrire un sogno* Ⓢ concepire, provare. || **nutrirsi** RIFL. Cibarsi, mangiare: *il formichiere si nutre* ***di*** *termiti.*

nutritivo (nu-tri-ti-vo) AGG. · Utile a tenere in vita e a far crescere l'organismo: *il potere nutritivo di un prodotto.*

nutrito (nu-trì-to) AGG. **1** Che ha ricevuto una certa alimentazione. **2** Composto di molti elementi: *un nutrito gruppo di persone* Ⓢ numeroso, fitto Ⓒ esiguo. Ⓔ ***Ben nutrito, mal nutrito***, forte, robusto o debole, gracile, per l'alimentazione ricevuta: *un bambino ben nutrito; animali mal nutriti.*

N

nutrizionale (nu-tri-zio-nà-le) AGG. · Che riguarda lo stato di nutrizione: *carenze nutrizionali.*

nutrizione (nu-tri-zió-ne) N.F. · L'utilizzazione degli alimenti da parte dell'organismo Ⓢ alimentazione.

nuvola (nù-vo-la) N.F. **1** Massa di piccolissime particelle d'acqua o di ghiaccio sospesa nell'aria che impedisce di vedere il cielo: *il vento aveva spazzato via le nuvole* Ⓢ nube. **2** Massa a forma di nuvola: *una nuvola di polvere.* Ⓔ ***Avere la testa fra le nuvole***, essere distratto • ***Cadere dalle nuvole*** o ***cascare dalle nuvole***, rimanere molto sorpreso • ***Vivere tra le nuvole***, al di fuori della realtà.

nuvolaglia (nu-vo-là-glia) N.F. (pl. *-glie*) · Ammasso di nuvole: *c'è una nuvolaglia scura all'orizzonte.*

nuvolo (nù-vo-lo) AGG. e N.M. || AGG. Nuvoloso: *tempo, cielo nuvolo.* || N.M. Tempo nuvoloso: *se è nuvolo, la gita sarà rimandata.*

nuvolosità (nu-vo-lo-si-tà) N.F. INVAR. · Presenza di nuvole: *si prevede un aumento della nuvolosità.*

nuvoloso (nu-vo-ló-so) AGG. · Coperto di nuvole: *il cielo era nuvoloso* Ⓒ sereno.

nuziale (nu-zià-le) AGG. · Delle nozze: *banchetto nuziale; marcia nuziale* Ⓢ matrimoniale.

nylon (ny-lon; pronuncia *nàilon*) N.M. INVAR. · Nome commerciale ® di un materiale sintetico derivato dall'ammoniaca, usato soprattutto nell'industria dell'abbigliamento: *calze di nylon; telo di nylon.*

O

A B C D E F G H I J K L M N O P Q R S T U V W X Y Z

o, O N.F. O M. INVAR. · Tredicesima lettera dell'alfabeto italiano; è una vocale.

o (ó) CONGIUNZ. **1** Serve a contrapporre due unità sintattiche dello stesso tipo (due nomi, due verbi, due proposizioni): *carne o pesce?; prendere o lasciare; o vieni via subito o me ne vado da sola.* **2** Cioè, vale a dire: *l'antropologia o studio dell'uomo.*

La congiunzione *o* ha sempre la forma *od* prima di una parola che inizia per *o*; talvolta può avere questa forma anche quando precede un'altra vocale: *sgradevoli od opprimenti*; *occidente od ovest.*

oasi (ò-a-ṣi) N.F. INVAR. **1** In un deserto, zona dove sono presenti vegetazione e acqua: *i beduini si riposano nelle oasi.* **2** Luogo bello e rilassante: *una verde oasi di tranquillità.* **3** Luogo riservato dalla legge ad animali e piante: *un'oasi per specie protette* Ⓢ parco, riserva.

obbediente (ob-be-dièn-te) → ***ubbidiente***.

obbedienza (ob-be-dièn-za) → ***ubbidienza***.

obbedire (ob-be-dì-re) → ***ubbidire***.

obbiettare (ob-biet-tà-re) → ***obiettare***.

obbiettivamente (ob-biet-ti-va-mén-te) → ***obiettivamente***.

obbiettività (ob-biet-ti-vi-tà) → ***obiettività***.

obbiettivo (ob-biet-ti-vo) → ***obiettivo***.

obbiettore (ob-biet-tó-re) → ***obiettore***.

obbiezione (ob-bie-zió-ne) → ***obiezione***.

obbligare (ob-bli-gà-re) V.TR. (*òbbligo*, *òbblighi*, ecc.) **1** Costringere qualcuno a compiere un'azione in base alla legge o a una regola morale: *i cittadini sono obbligati **a** pagare le tasse; la coscienza mi obbliga **ad** aiutarlo.* **2** Costringere, forzare: *lo sciopero ci ha obbligato **a** rimandare la partenza.*

obbligato (ob-bli-gà-to) AGG. **1** Che prova riconoscenza o gratitudine: ***vi** sarò infinitamente obbligato se potrete aiutarmi; sentirsi obbligato **verso** qualcuno* Ⓢ debitore, grato. **2** Che non si può evitare o cambiare: *percorso obbligato; è stata una scelta obbligata* Ⓒ facoltativo, libero.

obbligatorio (ob-bli-ga-tò-rio) AGG. (pl.m. *-ri*, pl.f. *-rie*) · Imposto dalla legge o da altre norme: *durante il decollo è obbligatorio allacciarsi le cinture* Ⓒ facoltativo. Ⓔ ***Istruzione obbligatoria***, quella impartita nella scuola dell'obbligo.

obbligazione (ob-bli-ga-zió-ne) N.F. **1** Impegno che si deve rispettare: *avere un'obbligazione **verso** qualcuno* Ⓢ obbligo, dovere. **2** Documento che dà diritto a riscuotere una somma di denaro a titolo di credito: *firmare un'obbligazione.*

obbligo (òb-bli-go) N.M. (pl. *-ghi*) · Dovere imposto dalla legge o dalla morale: *rispettare gli obblighi del matrimonio; sentirsi in obbligo **verso** qualcuno; non hai l'obbligo di rispondere.* Ⓔ ***D'obbligo***, imposto dalla situazione: *per le signore è d'obbligo l'abito lungo* • ***Scuola dell'obbligo*** → ***scuola***.

obbrobrio (ob-brò-brio) N.M. (pl. *-bri*) **1** Cosa molto brutta: *questi quadri sono un obbrobrio* Ⓢ orrore, schifezza. **2** Perdita della dignità e della stima degli altri a causa di un comportamento ignobile: *cadere nell'obbrobrio* Ⓢ disonore, vergogna.

obelisco (o-be-lì-sco) N.M. (pl. *-schi*) · Monumento dell'antico Egitto di forma allungata che termina con punta a piramide; si trova spesso nelle piazze delle città come decorazione: *l'obelisco di Piazza del Popolo.*

Il termine deriva dal greco *obelós* 'spiedo', per la sua forma appuntita.

oberare (o-be-rà-re) V.TR. (*òbero*, ecc.) · Sottoporre a un carico eccessivo di impegni o doveri: *oberare **di** lavoro i propri dipendenti* Ⓢ sovraccaricare, gravare.

oberato (o-be-rà-to) AGG. · Sottoposto al peso di troppi doveri: *oberato **di** impegni; oberato **di** debiti* Ⓢ pieno, carico, oppresso da.

obesità (o-be-ṣi-tà) N.F. INVAR. · Aumento di peso anormale per eccessivo accumulo di grasso nel corpo: *l'obesità comporta molti rischi per la salute.*

obeso (o-bé-ṣo o o-bè-ṣo) AGG. e N.M. (f. *-a*) · Che, chi è troppo grasso: *una bambina obesa; gli obesi devono sottoporsi a regolari controlli medici.*

obice (ò-bi-ce) N.M. · Pezzo di artiglieria di grandezza intermedia tra il cannone e il mortaio, che spara proiettili a traiettoria molto curva.

obiettare (o-biet-tà-re) V.TR. (*obiètto*, ecc.) · Intervenire in un discorso per esprimere un'opinione contraria: *avrei qualcosa da obiettare; non ho nulla da obiettare **alle** vostre osservazioni* Ⓢ replicare, controbattere.

> Il termine deriva dal latino *obiectare* 'gettare contro, opporre', che viene a sua volta da *iacere* 'gettare' con il prefisso *ob-*.

O

obiettivamente (o-biet-ti-va-mén-te) AVV. · Da un punto di vista oggettivo: *riferire obiettivamente un fatto; giudicare obiettivamente.*

obiettività (o-biet-ti-vi-tà) N.F. INVAR. **1** Corrispondenza ai fatti: *l'obiettività di una notizia* Ⓢ oggettività. **2** Atteggiamento non condizionato da pregiudizi: *l'obiettività di un giudice* Ⓢ imparzialità Ⓒ parzialità.

obiettivo (o-biet-ti-vo) AGG. e N.M. || AGG. Che rispetta i dati di fatto: *un racconto obiettivo; un giudizio obiettivo; un insegnante obiettivo* Ⓢ imparziale, oggettivo Ⓒ parziale. || N.M. **1** In macchine fotografiche, cineprese e cannocchiali, il sistema di lenti che riproduce l'immagine: *l'obiettivo della macchina fotografica; l'obiettivo del cannocchiale.* **2** Nel linguaggio militare, bersaglio: *centrare l'obiettivo.* **3** Meta da raggiungere: *un obiettivo ambizioso; darsi degli obiettivi* Ⓢ scopo, fine. Ⓔ ***Obiettivo sensibile*** → ***sensibile***.

obiettore (o-biet-tó-re) N.M. (f. *-trìce*) · Chi obietta, si oppone a qualcosa. Ⓔ ***Obiettore di coscienza***, chi rifiuta, per motivi ideologici, morali o religiosi, di fare il servizio militare; anche, medico che rifiuta di praticare aborti.

obiezione (o-bie-zió-ne) N.F. · Intervento in un discorso per esprimere un'opinione contraria a quella espressa da altri: *muovere, sollevare un'obiezione.*

obitorio (o-bi-tò-rio) N.M. (pl. *-ri*) · Luogo dove sono conservati i cadaveri di persone sconosciute o in attesa di autopsia.

oblio (o-blì-o) N.M. (pl. *oblìi*) · Dimenticanza: *tradizioni cadute nell'oblio.*

obliquo (o-blì-quo) AGG. **1** Di retta o piano che incontrando un'altra retta o un altro piano non formano un angolo retto: *nel quadrato le diagonali sono oblique **rispetto ai** lati.* **2** Più o meno inclinato nel piano o nello spazio: *una linea obliqua; i raggi del sole entravano obliqui nella stanza* Ⓢ diagonale, trasversale. **3** Indiretto, traverso: *ho saputo la cosa per vie oblique.*

obliterare (o-bli-te-rà-re) V.TR. (*oblìtero*, ecc.) · Annullare con un timbro francobolli, marche da bollo, biglietti del treno o dell'autobus perché non siano riutilizzati.

> Il termine deriva dal latino *obliterare* 'cancellare', che viene a sua volta da *littera* 'lettera' con il prefisso *ob-*.

obliterazione (o-bli-te-ra-zió-ne) N.F. · Annullamento di un francobollo, di una marca da bollo, di biglietti di viaggio con un timbro.

oblò (o-blò) N.M. INVAR. **1** Finestrino rotondo che si trova nelle fiancate delle navi. **2** Lo sportello rotondo delle lavatrici.

oblungo (o-blùn-go) AGG. (pl.m. *-ghi*, pl.f. *-ghe*) · Più lungo che largo: *foglia oblunga.*
▸ Ⓕ **longus**

oboe (ò-bo-e) N.M. (pl. *òboi*) · Strumento musicale a fiato; è costituito da un tubo di legno più largo in fondo, lungo il quale si trovano i fori.

> Il termine deriva dal francese *hautbois* 'legno (dal suono) alto', composto a sua volta di *haut* 'alto' e *bois* 'legno', con riferimento al tipo di suono che produce.

obolo (ò-bo-lo) N.M. **1** Nell'antica Grecia, moneta di poco valore. **2** Piccola offerta in denaro: *versare un obolo per poveri* Ⓢ elemosina.

obsoleto (ob-so-lè-to) AGG. · Che non è più usato, caduto in disuso: *macchinari obsoleti; una parola obsoleta* Ⓢ vecchio, superato, antiquato.

oca (ò-ca) N.F. (pl. *òche*) **1** Grosso uccello domestico con becco arancione, ali lunghe, zampe con dita palmate: *pasticcio di fegato d'oca; piumino d'oca.* **2** Donna stupida o superficiale: *ha il cervello di un'oca.* Ⓔ ***Gioco dell'oca***, gioco con i dadi che si svolge tra più persone su un tabellone su cui ci sono delle caselle numerate che possono comportare vantaggi o penalità • ***Pelle d'oca***, formazione di piccoli rilievi sulla pelle causata da uno spavento, dal freddo o da emozioni violente: *avere la pelle d'oca*, rabbrividire.

> ♫ Il verbo che indica il verso dell'oca è *starnazzare.*

ocarina (o-ca-rì-na) N.F. · Piccolo strumento a fiato di terracotta.

occasionale (oc-ca-ṣio-nà-le) AGG. **1** Dovuto al caso: *incontro occasionale* Ⓢ casuale, fortuito. **2** Che non ha una continuità: *lavoro occasionale* Ⓢ saltuario.

occasione (oc-ca-ṣió-ne) N.F. **1** Circostanza che consente il verificarsi di un fatto: *non ho ancora avuto occasione di leggere la tua lettera* Ⓢ opportunità, possibilità. **2** Momento o circostanza particolare: *l'ho visto in occasione della mostra; mettere il vestito delle grandi occasioni.* **3** Ciò che provoca un'azione o un comportamento: *la gelosia è spesso occasione di litigi* Ⓢ motivo, causa, pretesto. **4** Acquisto molto conveniente: *quell'appartamento è una vera occasione; un'auto d'occasione* Ⓢ affare. Ⓔ ***Cogliere l'occasione*** → ***cogliere***.

occhiaia (oc-chià-ia) N.F. (pl. *-chiàie*) **1** La cavità del cranio dove si trovano gli occhi: *le occhiaie vuote di un teschio.* **2** AL PL. Zona di colore violaceo sotto gli occhi dovuta a stanchezza o a malattia: *avere le occhiaie.*

occhiali (oc-chià-li) N.M.PL. · Strumento ottico formato da due lenti e da un sostegno (detto *montatura*) per tenerlo davanti agli occhi: serve per correggere i difetti della vista o per proteggere gli occhi: *occhiali da vista; occhiali da sole; portare gli occhiali.*

occhiata (oc-chià-ta) N.F. · Sguardo rapido ma espressivo: *si fece capire con un'occhiata.* Ⓔ ***Dare un'occhiata***, guardare velocemente o controllare di tanto in tanto: *dare un'occhiata al giornale; dare un'occhiata ai bambini.*

occhieggiare (oc-chieg-già-re) V.TR. e INTR. (*occhiéggio*, ecc.) || TR. Guardare con interesse o desiderio: *passeggiando occhieggiava le ragazze* Ⓢ adocchiare. || INTR. (aus. *avere*) Fare capolino: *le arance occhieggiano* ***tra*** *le fronde* Ⓢ spuntare.

occhiello (oc-chièl-lo) N.M. **1** In un oggetto, ogni foro in cui passano i ganci o i lacci che servono per chiuderlo: *gli occhielli delle scarpe, delle vele* • Ogni piccolo taglio fatto nella stoffa di un vestito per farci passare un bottone Ⓢ asola. **2** Nei giornali, breve frase che sta sopra il titolo di un articolo per riassumerlo. Ⓔ ***Essere il fiore all'occhiello*** → ***fiore***.

occhio (òc-chio) N.M. (pl. *-chi*) || N.M. **1** Ciascuno dei due organi che permettono agli uomini e agli animali di vedere: *occhi castani, vivi, penetranti; aprire, chiudere gli occhi; le brillarono gli occhi.* **2** Giudizio su qualcosa o qualcuno: *guardare con occhio critico.* **3** Macchia rotonda: *gli occhi del pavone*, le macchie rotonde sulle sue piume; *fagioli dall'occhio*, varietà che presenta una macchia scura • Foro rotondo: *il martello ha un occhio per appenderlo.* || **occhio!** INTER. Richiama l'attenzione su qualcosa che può rappresentare un pericolo: *occhio, si scivola!; occhio* ***al*** *gradino!* Ⓔ ***A occhi chiusi***, con assoluta fiducia o con estrema facilità: *accettare un accordo a occhi chiusi; svolgere un compito a occhi chiusi* • ***A occhio e croce***, approssimativamente, all'incirca, più o meno: *a occhio e croce arriveremo alle nove* • ***A occhio nudo***, senza occhiali o altri strumenti che permettono di ingrandire le immagini • ***A perdita d'occhio*** → ***perdita*** • ***Avere occhio***, essere capace di giudicare subito in modo corretto • ***A vista d'occhio*** → ***vista*** • ***Chiudere gli occhi*** → ***chiudere*** • ***Chiudere un occhio*** → ***chiudere*** • ***Dare nell'occhio***, attirare l'attenzione • ***Essere come il fumo negli occhi*** → ***fumo*** • ***Mangiare con gli occhi*** o ***divorare con gli occhi qualcuno*** o ***qualcosa***, guardarlo con intensità e desiderio • ***Occhio del ciclone***, la zona tranquilla al centro del ciclone; ***nell'occhio del ciclone***, in senso figurato, al centro di discussioni o nel momento più difficile di una situazione • ***Sognare a occhi aperti***, fantasticare • ***Strizzare l'occhio a qualcuno*** → **strizzare** • ***Tenere d'occhio*** o ***non perdere d'occhio***, sorvegliare con attenzione • ***Tenere gli occhi aperti***, stare in guardia • ***Pagare un occhio (della testa)***, molto denaro: *pagare qualcosa un occhio (della testa)*, moltissimo • ***Vedere di buon occhio*** → **vedere**.

occhiolino (oc-chio-lì-no) N.M. · Solo nell'espressione ***fare l'occhiolino***, strizzare l'occhio in segno d'intesa.

occidentale (oc-ci-den-tà-le) AGG. e N.M. e F. || AGG. **1** Che proviene da ovest: *venti occidentali* • Che si trova a ovest: *la Spagna occidentale; l'Europa occidentale* Ⓒ orientale. **2** Dell'Europa dell'ovest e del Nord America, soprattutto con riferimento ai loro popoli e al loro sistema economico, politico e culturale: *il mondo occidentale; la civiltà occidentale.* || N.M. e F. Abitante, nativo dell'Europa dell'ovest o del Nord America.

occidente (oc-ci-dèn-te) N.M. · Ovest: *si diressero a occidente; la Francia è a occidente della Germania* Ⓒ oriente. Ⓔ ***L'Occidente***, i Paesi dell'Europa occidentale e del Nord America da un punto di vista politico, economico e culturale.

> Il termine deriva dal latino *occidere* 'cadere', in riferimento al Sole 'che cade' dietro alla linea dell'orizzonte quando tramonta.

occludere (oc-clù-de-re) V.TR. (irreg.: coniugato come *includere*) · Chiudere un passaggio: *un embolo ha occluso l'arteria* Ⓢ ostruire, bloccare.

> Il termine deriva dal latino *occludere* 'chiudere, serrare', che viene a sua volta da *claudere* 'chiudere' con il prefisso *ob-* (→ **concludere**).

occlusione (oc-clu-ṣió-ne) N.F. · In medicina, chiusura di condotti o cavità: *occlusione intestinale* Ⓢ ostruzione.

occorrente (oc-cor-rèn-te) AGG. e N.M. · Di ciò che è necessario per uno scopo: *mi mancano gli attrezzi occorrenti **per** la riparazione; preparare l'occorrente **per** un viaggio* Ⓢ necessario, utile.

occorrenza (oc-cor-rèn-za) N.F. · Necessità, bisogno, esigenza: *essere preparati per ogni occorrenza.* Ⓔ ***All'occorrenza***, in caso di bisogno: *all'occorrenza prenderemo i dovuti provvedimenti.*

occorrere (oc-cór-re-re) V.INTR. (irreg.: coniugato come *correre*; aus. *essere*) · Essere necessario: ***mi** occorrerebbe un prestito; **per** fare l'intero percorso occorrono almeno due ore* Ⓢ servire • IMPERS. Bisognare: *occorre far presto.*

occultare (oc-cul-tà-re) V.TR. · Nascondere, di solito per ingannare: *occultare un documento, un cadavere, la verità* Ⓢ celare.

occultismo (oc-cul-ti-ṣmo) N.M. · Studio e pratica di entità o poteri che non si possono conoscere né spiegare scientificamente: *pratica l'occultismo.*

occulto (oc-cùl-to) AGG. e N.M. || AGG. Che non può essere compreso dalla mente degli uomini comuni: *le forze occulte della natura, del terrorismo* Ⓢ misterioso, oscuro. || N.M. Ciò che non può essere compreso dalla ragione; *le forze dell'occulto.* Ⓔ ***Scienze occulte***, l'occultismo.

occupante (oc-cu-pàn-te) AGG. e N.M. e F. · Che, chi occupa un luogo, un territorio: *l'esercito occupante; gli occupanti della palazzina sono stati fatti sgomberare.*

occupare (oc-cu-pà-re) V.TR. (*òccupo*, ecc.) || TR. **1** Prendere possesso di un luogo: *occupare un appartamento di tre stanze; occupare una poltrona a teatro* Ⓒ liberare. **2** Invadere un luogo con la forza: *occupare la base nemica; gli studenti hanno occupato l'università per protesta* Ⓢ conquistare, prendere. **3** Tenere impegnato: *il lavoro mi occupa fino a tardi; le preoccupazioni **gli** occupano la mente* Ⓢ impegnare, assorbire. **4** Esercitare una funzione, un ruolo: *occupare un'alta carica* Ⓢ ricoprire, rivestire. **5** Impiegare il tempo: *occupa il suo tempo libero leggendo* Ⓢ passare, trascorrere. **6** Dare lavoro a qualcuno: *il nuovo stabilimento occuperà più di mille operai* Ⓢ assumere. || **occuparsi** RIFL. **1** Esercitare un'attività per lavoro o per interesse personale: *occu-*

O

parsi ***di*** *macchine usate; occuparsi* ***di*** *musica* Ⓢ interessarsi. **2** Prendersi cura: *occuparsi* ***dei*** *figli; non occuparti* ***di*** *cose che non ti riguardano* Ⓢ badare a. || **occuparsi** INTR. PRONOM. Ottenere un impiego: *si è occupata* ***in*** *una grande azienda.*

occupato (oc-cu-pà-to) AGG. e N.M. (f. *-a*) || AGG. **1** Non libero, non disponibile: *le camere sono tutte occupate; ho trovato la linea occupata* Ⓒ libero. **2** In possesso del nemico: *liberare i territori occupati.* **3** Sottoposto a occupazione per protesta: *fabbriche, scuole occupate.* **4** Assorbito da un'attività: *il direttore per il momento è occupato; è sempre occupato* ***in*** *mille attività* Ⓢ impegnato. || AGG. e N.M. (f. -a) Che, chi ha un posto di lavoro stabile: *diminuisce il numero degli occupati* Ⓒ disoccupato.

occupazione (oc-cu-pa-zió-ne) N.F. **1** Presa di possesso soprattutto nel quadro di operazioni militari o sindacali: *l'occupazione* ***di*** *una fabbrica; l'occupazione della Francia da parte della Germania nazista* Ⓢ invasione. **2** Attività svolta con piacere e interesse: *ho bisogno di qualche occupazione piacevole; se gli trovi un'occupazione, il bambino sta buono* Ⓢ impegno. **3** Attività retribuita: *cercare un'occupazione* Ⓢ impiego, lavoro, posto. **4** L'insieme dei lavoratori: *l'occupazione è diminuita.*

oceanico (o-ce-à-ni-co) AGG. (pl.m. *-ci*, pl.f. *-che*) **1** Dell'oceano: *le isole oceaniche; flora, fauna oceanica.* **2** Straordinariamente grande: *folle oceaniche* Ⓢ immenso, sterminato, enorme.

oceano (o-cè-a-no) N.M. · Vasta distesa di acqua che circonda i continenti: *Oceano Atlantico; Oceano Indiano; Oceano Pacifico.*

> Il termine deriva dal greco *Okeanós*, nome di un'antica divinità delle acque.

oceanografico (o-ce-a-no-grà-fi-co) AGG. (pl.m. *-ci*, pl.f. *-che*) · Che riguarda lo studio del mare: *ricerche oceanografiche.*

ocra (ò-cra) N.F. e M. e AGG. || N.F. Argilla di colore giallo-bruno. || AGG. e N.M. INVAR. Di colore giallo-bruno: *un maglione ocra.*

oculare (o-cu-là-re) AGG. · Dell'occhio. Ⓔ ***Testimone oculare***, che riferisce fatti visti coi propri occhi • ***Globo oculare***, l'occhio.

oculatezza (o-cu-la-téz-za) N.F. · Qualità di chi agisce in modo prudente e giudizioso: *oculatezza nelle spese* Ⓢ prudenza, cautela.

oculato (o-cu-là-to) AGG. · Che dimostra prudenza ed equilibrio: *un amministratore oculato; una scelta oculata* Ⓢ prudente, saggio, previdente.

oculista (o-cu-lì-sta) N.M. e F. (pl.m. *-i*, pl.f. *-e*) · Medico che cura le malattie dell'occhio: *andare dall'oculista.*

od (ód) → ***o***.

ode (ò-de) N.F. · Componimento poetico di vario contenuto e di stile elevato.

odiare (o-dià-re) V.TR. (*òdio*, ecc.) **1** Provare ostilità per qualcuno: *odiare a morte una persona* Ⓢ detestare Ⓒ amare. **2** Provare avversione per qualcosa: *odiare l'ingiustizia; odiare il calcio.*

odierno (o-dièr-no) AGG. · Di oggi: *la seduta odierna; l'odierna situazione del Paese.* ▸ Ⓕ **dies**

odio (ò-dio) N.M. (pl. *òdi*) · Sentimento di forte ostilità per qualcuno o di forte avversione per qualcosa: *provare un odio profondo per un avversario; non capisco il tuo odio per il mare* Ⓢ disprezzo, ostilità Ⓒ amore.

odioso (o-dió-so) AGG. **1** Che provoca odio o avversione: *un odioso atto di violenza* Ⓢ spregevole. **2** Che suscita un profondo senso di disgusto o di antipatia: *ha una faccia odiosa; sei odioso quando fai così* Ⓢ sgradevole, antipatico.

odissea (o-dis-sè-a) N.F. (pl. -sèe) · Serie di dolorose vicende: *i superstiti hanno commosso tutti con il racconto della loro odissea* Ⓢ avventura.

> Il termine deriva dal titolo del poema omerico che narra le peripezie di Ulisse, il cui nome greco è *Odisseo.*

odo (ò-do) · Ind. pres., 1ª pers. sing. → ***udire***.

odontoiatra (o-don-to-ià-tra) N.M. e F. (pl.m. *-i*, pl.f. *-e*) · Dentista.

odorare (o-do-rà-re) V.TR. e INTR. (*odóro*, ecc.) || TR. Sentire l'odore di qualcosa: *odorare un fiore, un'essenza* Ⓢ annusare. || INTR. (aus. *avere*) Mandare un odore: *odorare* ***di*** *mimosa; le*

A B C D E F G H I J K L M N **O** P Q R S T U V W X Y Z

lenzuola odoravano ***di*** *pulito* Ⓢ sapere, profumare.

odorato (o-do-rà-to) N.M. · Il senso dell'olfatto.

odore (o-dó-re) N.M. **1** La sensazione percepita dall'organo dell'olfatto: *sentire un buon odore, un cattivo odore; l'odore dei fiori; odore di muffa.* **2** Segno della presenza di qualcosa: *c'è odore di imbroglio* Ⓢ indizio, sentore. **3** AL PL. Le erbe aromatiche usate per dare sapore ai cibi.

odoroso (o-do-ró-so) AGG. · Che manda un odore gradevole: *un giardino odoroso* Ⓢ profumato Ⓒ puzzolente.

offendere (of-fèn-de-re) V.TR. (irreg.: ind. pres. *offèndo*, ecc.; pass. rem. *offési, offendésti, offése, offendémmo, offendéste, offésero*; part. pass. *offéso*) || TR. **1** Pronunciare parole o compiere atti che danneggiano la dignità di qualcuno: *offendere un pubblico ufficiale; offendere* ***nell'****onore* Ⓢ insultare, oltraggiare • Urtare la sensibilità di qualcuno: *non vorrei offenderlo dandogli una mancia.* **2** Essere in aperto contrasto con qualcosa: *è un ragionamento che offende il buon senso; un comportamento che offende la morale.* || **offendersi** INTR. PRONOM. Sentirsi o mostrarsi ferito nella propria sensibilità: *si è offeso* ***per*** *una battuta; se non lo saluti, si offende* Ⓢ risentirsi, prendersela.

offensiva (of-fen-si-va) N.F. **1** Attacco militare: *respingere un'offensiva; offensiva aerea, navale* Ⓢ assalto, aggressione. **2** Azione forte e decisa per ottenere qualcosa: *offensiva sindacale* Ⓢ attacco.

offensivo (of-fen-sì-vo) AGG. **1** Che danneggia la dignità di qualcuno: *un gesto offensivo; parole offensive* Ⓢ oltraggioso, insolente. **2** Nel linguaggio militare e sportivo, che serve all'attacco violento dell'avversario: *armi offensive; una squadra che pratica un gioco offensivo.*

offerente (of-fe-rèn-te) N.M. e F. · Chi offre una somma di denaro per acquistare qualcosa: *vendere al miglior offerente.*

offerta (of-fèr-ta) N.F. **1** L'atto di donare qualcosa: *fare un'offerta per i poveri; fare un'offerta* ***agli*** *dei* Ⓢ dono, regalo • Ciò che viene donato: *raccogliere le offerte.* **2** Proposta, promessa: *offerta di aiuto; offerta di lavoro, di matrimonio.* **3** La quantità di beni o servizi disponibile sul mercato: *equilibrio tra domanda e offerta* Ⓒ domanda, richiesta. **4** Il prezzo proposto da chi vuole comprare qualcosa: *mi hanno fatto una buona offerta per l'appartamento.* Ⓔ ***Offerta (speciale)***, vendita a prezzo ridotto di beni di largo consumo: *oggi la carne in scatola è in offerta (speciale).*

offerto (of-fèr-to) · Participio pass. → ***offrire***.

offesa (of-fé-sa) N.F. **1** Azione o discorso che danneggia la dignità di qualcuno: *un'offesa grave; vendicarsi di un'offesa* Ⓢ ingiuria, insulto. **2** Mancato rispetto di un obbligo morale: *offesa alla morale, al pudore* Ⓢ violazione, trasgressione.

offesi (of-fé-si) · Pass. rem., 1ª pers. sing. → ***offendere***.

offeso (of-fé-so) · Participio pass. → ***offendere***.

officiare (of-fi-cià-re) V.TR. e INTR. (*officio*, ecc.; aus. *avere*) · Celebrare una funzione religiosa: *il sacerdote officiò la messa; oggi officia il vescovo.*

officina (of-fi-ci-na) N.F. · Impianto in cui si fanno lavorazioni meccaniche o si riparano macchine: *portare la macchina in officina.*

officinale (of-fi-ci-nà-le) AGG. · Che serve per curare: *piante officinali; prodotti officinali*, quelli preparati dal farmacista.

offrire (of-frì-re) V.TR. (irreg.: ind. pres. *òffro*, ecc.; part. pass. *offèrto*) || TR. **1** Mettere a disposizione di qualcuno qualcosa di gradito: *offrire aiuto* ***a*** *qualcuno; offrire una cifra altissima per una casa; un tema che offre materia di discussione* Ⓢ dare. **2** Nel linguaggio familiare, provvedere al pagamento di una consumazione altrui: *oggi il caffè lo offro io;* ***ti*** *offro un gelato* Ⓢ pagare, donare, regalare. || **offrirsi** RIFL. Mettersi a disposizione: *si offrì* ***di*** *accompagnarci; si è offerto* ***come*** *collaboratore* Ⓢ proporsi. || **offrirsi** INTR. PRONOM. **1** Presentarsi alla vista: ***ai*** *nostri occhi si offrì uno spettacolo meraviglioso* Ⓢ comparire, manifestar-

O

si. **2** Capitare: ***mi** si è offerta un'occasione d'oro.*

offuscare (of-fu-scà-re) V.TR. (*offùsco, offùschi*, ecc.) || TR. **1** Rendere meno luminoso e chiaro: *un nuvolone offuscava il cielo* Ⓢ oscurare. **2** Far diminuire la possibilità di vedere: *il fumo offuscava la vista.* **3** Provocare la diminuzione di facoltà mentali: *la rabbia **ti** sta offuscando la ragione* Ⓢ confondere, annebbiare, appannare. || **offuscarsi** INTR. PRONOM. Diventare meno luminoso: *il cielo si è offuscato; la sua fama si è offuscata.*

oftalmico (of-tàl-mi-co) AGG. (pl.m. -*ci*, pl.f. -*che*) · Che riguarda l'occhio e le sue malattie: *arteria oftalmica; clinica oftalmica.*

oggettivamente (og-get-ti-va-mén-te) AVV. · Con obiettività: *il testimone ha raccontato oggettivamente i fatti* Ⓢ obiettivamente.

oggettività (og-get-ti-vi-tà) N.F. INVAR. · Imparzialità, obiettività: *l'oggettività di un giudizio* Ⓒ soggettività.

oggettivo (og-get-ti-vo) AGG. **1** Che si basa su fatti reali e concreti: *fatti oggettivi; descrizione oggettiva* Ⓢ effettivo, reale Ⓒ soggettivo. **2** Che rispetta i dati di fatto, privo di pregiudizi: *un giudizio oggettivo* Ⓢ imparziale, obiettivo. **3** In grammatica: ***proposizione oggettiva*** (o *un'oggettiva* N.F.), frase subordinata che ha la funzione di oggetto rispetto al predicato della principale (*penso che domani pioverà; ti ho detto di andartene*).

oggetto (og-gèt-to) N.M. **1** Qualsiasi corpo materiale che si può vedere e toccare: *un oggetto pesante; aveva la casa piena di oggetti inutili* Ⓢ cosa. **2** Il contenuto di un'esperienza o di un'attività: *l'oggetto dei miei studi; l'oggetto del discorso* Ⓢ argomento, materia. **3** In grammatica: ***complemento oggetto***, la persona o la cosa su cui agisce un verbo transitivo (*il falegname lavora il legno*).

oggi (òg-gi) AVV. e N.M. INVAR. || AVV. Nel giorno presente: *dovrebbe arrivare oggi; oggi non sto bene.* || N.M. **1** Il giorno presente: *il termine decorre da oggi; te lo comunicherò entro oggi.* **2** L'epoca moderna: *la musica d'oggi; al giorno d'oggi la vita va più veloce.* Ⓔ ***Dall'oggi al domani***, da un giorno all'altro, all'improvviso: *ha cambiato casa dall'oggi al domani.* ▸ Ⓕ **dies**

oggigiorno (og-gi-giór-no) AVV. e N.M. INVAR. || AVV. Nell'epoca presente: *oggigiorno nessuno crede più alle streghe.* || N.M. L'epoca moderna: *i giovani di oggigiorno non sono interessati alla politica* Ⓢ oggi. ▸ Ⓕ **dies**

ogiva (o-gi-va) N.F. **1** L'arco che forma un angolo acuto, tipico dell'architettura gotica. **2** La parte anteriore, affusolata, di un proiettile o di un missile.

OGM o **Ogm** o **ogm** (pronuncia *ogièmme*) N.M. INVAR. · Organismo che ha subito una parziale trasformazione nella sua struttura genetica.

ogni (ó-gni) AGG. INDEF. INVAR. **1** Ciascun elemento che forma un insieme: *ogni cittadino, ogni animale.* **2** Qualunque, qualsiasi: *accettava ogni sua affermazione.* **3** Seguito da un numerale o da un avverbio di quantità, indica l'intervallo di spazio o di tempo con cui si ripete un'azione: *ogni tanto; ogni tre giorni; ogni due chilometri.* Ⓔ ***A ogni modo***, comunque: *anche se piove, a ogni modo usciamo* • ***In ogni modo, in ogni caso***, a qualunque costo: *stasera voglio andare al cinema in ogni modo.*

ognuno (o-gnù-no) PRON. INDEF. (f. -*a*; solo sing.) · Ogni persona: *ebbe una parola di conforto per ognuno di noi; ognuno ha i suoi problemi* Ⓢ ciascuno.

oh (pronuncia *ò*) INTER. · Esprime stupore e piacere o fastidio e insofferenza: *oh, chi si vede!; oh, quant'è bello!; oh, che schifo!; oh, quant'è antipatica!*

ohé (o-hé; pronuncia *oé*) INTER. · Per richiamare l'attenzione di qualcuno o per rimproverarlo: *ohé! c'è nessuno?; ohé! bada come parli!* Ⓢ ehi.

ohi (pronuncia *òi*) INTER. · Esprime dolore fisico o disappunto: *ohi! mi fai male!; ohi ohi! qui le cose si mettono male!*

ohibò (ohi-bò; pronuncia *oibò*) INTER. · Esprime sorpresa o disapprovazione: *ohibò! cosa stai dicendo?*

ohimè (ohi-mè; pronuncia *oimè*) INTER. · Povero me, usata come espressione di sconforto: *ohimè, che ho fatto?* Ⓢ ahimè.

ohm (pronuncia *òm*) N.M. INVAR. · Unità di misura della resistenza elettrica.

-oide · Suffisso che serve a formare aggettivi e indica 'somiglianza': *umanoide*, simile all'uomo.

-oio · Suffisso che serve a formare nomi a partire da verbi e che indica 'nome di un luogo' (*lavatoio*, luogo dove si trovano le vasche per lavare i panni) o 'strumenti' (*annaffiatoio*, recipiente usato per annaffiare).

o.k. (pronuncia *ochèi* o *occhèi*) · Abbreviazione di *okay*.

okay (o-kay; pronuncia *ochèi* o *occhèi*) INTER. INGL., in it. INTER. e N.M. INVAR. || INTER. Esprime consenso: *"Ci vediamo domani?" "Okay"* Ⓢ va bene, d'accordo. || N.M. Approvazione, permesso, autorizzazione: *prima devo farmi dare l'okay dal capo.*

olandese (o-lan-dé-se) AGG. e N.M. e F. || AGG. Dell'Olanda. || N.M. e F. Abitante, nativo dell'Olanda. || N.M. La lingua parlata in Olanda. Ⓔ ***Formaggio olandese***, formaggio a pasta dura confezionato in forme sferiche tinte di rosso all'esterno.

O

oleandro (o-le-àn-dro) N.M. · Arbusto sempreverde con fiori grandi bianchi o rosa, usato spesso come ornamento nei giardini.

oleare (o-le-à-re) → ***oliare***.

oleario (o-le-à-rio) AGG. (pl.m. *-ri*, pl.f. *-rie*) · Che riguarda l'olio e la sua produzione: *industria olearia; mercato oleario.*

oleificio (o-lei-fi-cio) N.M. (pl. *-ci*) · Stabilimento dove si producono oli commestibili.

oleodotto (o-le-o-dót-to) N.M. · Impianto per trasportare il petrolio e i suoi derivati liquidi.

> Il termine è un composto di un derivato del latino *oleum* 'olio' e **-dotto**.

oleoso (o-le-ó-so) AGG. · Che contiene olio: *liquido oleoso.* Ⓔ ***Semi oleosi*** → ***seme***.

olfattivo (ol-fat-ti-vo) AGG. · Del senso dell'olfatto: *sensazioni olfattive.*

olfatto (ol-fàt-to) N.M. · Il senso che permette di percepire gli odori: *ha un olfatto molto fine; gradevole all'olfatto* Ⓢ odorato, fiuto.

oliare (o-lià-re) V.TR. (*òlio*, ecc.) · Cospargere di olio: *oliare gli ingranaggi* Ⓢ ungere, lubrificare.

oliera (o-liè-ra) N.F. · Ampolla per l'olio da portare a tavola • Accessorio da tavola che contiene l'ampolla dell'olio e quella dell'aceto.

oligarchia (o-li-gar-chì-a) N.F. (pl. *-chìe*) · Sistema politico in cui il potere si trova nelle mani di una minoranza: *l'oligarchia dei Trenta Tiranni nell'antica Atene; il Paese è in mano a un'oligarchia industriale.*

> Il termine deriva da una parola greca che significa 'governo di pochi', composta da *olígoi* 'pochi' e dal verbo *árkho* 'comandare'.

oligarchico (o-li-gàr-chi-co) AGG. (pl.m. *-ci*, pl.f. *-che*) · Di sistema politico, che si basa sull'oligarchia: *regime oligarchico.*

Oligocene (O-li-go-cè-ne) N.M. · Periodo geologico dell'era cenozoica, compreso fra l'Eocene e il Miocene, in cui compaiono le prime scimmie antropomorfe.

oligominerale (o-li-go-mi-ne-rà-le) AGG. · Di acqua in cui sono disciolti pochi sali minerali.

oligopolio (o-li-go-pò-lio) N.M. (pl. *-li*) · Situazione di mercato in cui una merce o un servizio è offerto da un piccolo numero di venditori.

olimpiade (o-lim-pì-a-de) N.F. (spesso al pl.) · L'insieme delle gare sportive che si tengono ogni quattro anni in un luogo diverso e a cui partecipano gli atleti di tutto il mondo: *l'atleta ha vinto la medaglia d'oro alle Olimpiadi* Ⓢ giochi olimpici (PL.). Ⓔ ***Olimpiadi invernali***, quelle degli sport della neve.

olimpico (o-lìm-pi-co) AGG. (pl.m. *-ci*, pl.f. *-che*) **1** Delle Olimpiadi: *giochi olimpici; stadio olimpico* Ⓢ olimpionico. **2** Che rivela serenità e indifferenza: *ostentare una calma olimpica* Ⓢ sereno, equilibrato, distaccato.

olimpionico (o-lim-piò-ni-co) N.M. e AGG. (f. *-a*; pl.m. *-ci*, pl.f. *-che*) || N.M. (f. *-a*) Il vincitore di una o più gare alle Olimpiadi: *olimpionico di scherma* • Atleta che partecipa a una Olimpiade. || AGG. Olimpico: *campione olimpionico.*

-olino · Suffisso che serve a formare aggettivi e nomi con valore diminutivo o vezzeggiativo: *verdolino*, verde chiaro; *tavolino*, piccolo tavolo.

olio (ò-lio) N.M. (pl. *òli*) **1** Sostanza liquida e untuosa, di densità minore dell'acqua, usata nelle più varie industrie: *olio di balena; olio solare; olio di ricino; oli minerali; oli essenziali.* **2** La sostanza estratta dalle olive o da vari semi usata per cucinare e per conservare i cibi: *olio d'oliva, di girasole; condire con poco olio; tonno sott'olio.* **3** La sostanza che serve a lubrificare i motori delle automobili: *il cambio dell'olio va effettuato almeno una volta all'anno.* **4** La tecnica di pittura in cui i colori sono sciolti in olio di lino: *un quadro a olio.* Ⓔ ***A macchia d'olio***, di espansione molto veloce: *la città si è estesa a macchia d'olio* • ***Gettare olio sul fuoco***, aggravare un contrasto • ***Liscio come l'olio***, del mare, molto calmo; di situazione, regolare, senza contrasti: *la trattativa è andata liscia come l'olio* • ***Olio di gomito***, sforzo, fatica • ***Olio santo***, l'olio consacrato usato per l'unzione dei malati.

oliva (o-lì-va) N.F. e AGG. || N.F. Il frutto dell'olivo di forma ovale, verde se immaturo e nero a maturità; dalla sua frantumazione si ottiene l'olio: *la raccolta delle olive; portare le olive al frantoio.* || AGG. INVAR. Del colore verde chiaro tipico del frutto immaturo: *verde oliva.*

olivastro (o-li-và-stro) AGG. · Di colore tra il verde e il bruno: *carnagione olivastra.*

oliveto (o-li-vé-to) N.M. · Terreno coltivato a olivi: *gli oliveti della Toscana.*

olivo (o-lì-vo) N.M. · Albero dell'Asia Minore, coltivato da tempi antichissimi in tutto il bacino mediterraneo per i suoi frutti ovali (*olive*) da cui si ricava l'olio.

olmo (ól-mo) N.M. · Albero molto alto che per la sua chioma ampia e folta è utilizzato come pianta ornamentale di viali, parchi e giardini.

-olo · Suffisso che serve a formare aggettivi e nomi e che indica 'provenienza geografica': *campagnolo*, della campagna.

olocausto (o-lo-càu-sto) N.M. **1** Nelle religioni antiche, il sacrificio alla divinità, in cui la vittima veniva bruciata. **2** Lo sterminio nazista degli Ebrei europei: *l'olocausto che si consumò nei campi di concentramento nazisti.*

> Il termine deriva da una parola del greco tardo composta da *hólos* 'tutto, intero' e dal verbo *kaío* 'bruciare'; nel significato 2, la parola rappresenta una traduzione decisamente impropria del termine ebraico *shoah* 'distruzione'.

Olocene (O-lo-cè-ne) N.M. · L'ultimo periodo geologico del Quaternario, successivo al Pleistocene, in cui la superficie della Terra raggiunge condizioni simili alle attuali.

oltraggiare (ol-trag-già-re) V.TR. (*oltràggio*, ecc.) · Offendere in modo grave: *oltraggiare il buon nome della famiglia; oltraggiare la patria.*

oltraggio (ol-tràg-gio) N.M. (pl. *-gi*) **1** Offesa grave contro la dignità di qualcuno: *subire, vendicare un oltraggio* Ⓢ ingiuria, insulto. **2** Atto che viola una norma o il buon senso: *oltraggio al pudore; le tue parole sono un oltraggio alla mia intelligenza* Ⓢ violazione, trasgressione.

> Il termine deriva da una parola del francese antico che significa 'che va oltre (ciò che si può tollerare)', connessa con il latino *ultra* 'al di là'.

oltraggioso (ol-trag-gió-so) AGG. · Molto offensivo: *parole oltraggiose; atti oltraggiosi* Ⓢ ingiurioso.

oltralpe (ol-tràl-pe) AVV. e N.M. INVAR. || AVV. Al di là delle Alpi, rispetto all'Italia: *emigrare oltralpe.* || N.M. ***D'oltralpe***, dei Paesi al di là delle Alpi.

oltranza (ol-tràn-za) N.F. · Solo nell'espressione ***a oltranza***, con ostinazione, fino alle estreme conseguenze: *resistenza a oltranza; continua a chiederglielo a oltranza finché non cede.*

oltre (ól-tre) AVV. e PREP. || AVV. **1** Al di là, più in là: *lo salutò e passò oltre.* **2** Per un tempo ulteriore: *non proseguire oltre con questi discorsi; non posso aspettare oltre.* || PREP. **1** Dall'altra parte di: *oltre il fiume; oltre il confine.* **2** Più di: *viaggiare per oltre cento chilometri; un candidato di oltre trent'anni.* Ⓔ ***Oltre a***, in aggiunta a: *oltre al vitto, l'alloggio*; all'infuori di, eccet-

A B C D E F G H I J K L M N **O** P Q R S T U V W X Y Z

to: *oltre a noi non lo sa nessuno* • ***Spingersi troppo oltre***, esagerare, eccedere: *ti consiglio di non spingerti troppo oltre in questo atteggiamento.*

oltremare (ol-tre-mà-re) AVV., N.M. e AGG. || AVV. Oltre il mare, al di là del mare: *andare, viaggiare oltremare.* || N.M. L'insieme dei Paesi situati al di là di un mare o di un oceano: *gente d'oltremare.* || AGG. e N.M.INVAR. Di colore azzurro intenso: *azzurro oltremare; blu oltremare.*

oltremodo (ol-tre-mò-do) AVV. · In modo eccezionale: *era oltremodo dispiaciuto; trovo la sua compagnia oltremodo noiosa* Ⓢ molto, assai.

oltrepassare (ol-tre-pas-sà-re) V.TR. · Andare oltre: *oltrepassare il confine; ormai hai oltrepassato il limite della mia pazienza!* Ⓢ superare, passare.

oltretomba (ol-tre-tóm-ba) N.M. INVAR. · Il mondo dei morti: *credere nell'oltretomba* Ⓢ aldilà.

oltretutto (ol-tre-tùt-to) AVV. · Inoltre, in più, per di più: *il suo comportamento, oltretutto, non mi è sembrato corretto.*

O

omaggio (o-màg-gio) N.M. (pl. *-gi*) **1** Manifestazione di stima e rispetto: *faccio omaggio alla tua intelligenza; l'omaggio della facoltà al famoso professore* Ⓢ ossequio. **2** Dono, regalo, offerta: *con il giornale oggi in omaggio un DVD.* **3** AL PL. Espressione di cortese saluto: *omaggi alla signora* Ⓢ ossequi, rispetti.

Il termine deriva da una parola del francese antico, che viene a sua volta dal latino *homo* 'uomo', perché in origine indicava l'atto di sottomissione feudale, con cui ci si dichiarava 'uomo (= vassallo) del proprio signore'.

ombelicale (om-be-li-cà-le) AGG. · Dell'ombelico. Ⓔ ***Cordone ombelicale*** → *cordone*.

ombelico (om-be-lì-co) N.M. (pl. *-chi*) · La cicatrice che rimane nella pancia dopo la caduta del cordone ombelicale.

ombra (óm-bra) N.F. **1** Zona scura prodotta su una superficie da un corpo che si inserisce tra questa e una sorgente di luce: *fare ombra; farsi ombra agli occhi con la mano; stare, mettersi all'ombra* Ⓒ luce. **2** La figura scura che un corpo proietta su una superficie e che ne riproduce la forma: *le ombre degli alberi.* **3** Immagine indistinta: *senza occhiali vedo solo ombre* Ⓢ figura, sagoma. **4** Luogo o situazione che rimane sconosciuto agli altri: *tramare nell'ombra; nella faccenda restano ancora numerosi punti in ombra.* **5** Aspetto negativo: *un periodo storico pieno di luci e ombre.* **6** Piccola quantità: *non ha nemmeno un'ombra di giudizio* Ⓢ pizzico • Manifestazione appena accennata: *un'ombra di tristezza negli occhi* Ⓢ accenno. **7** Spirito di un morto: *le ombre degli antenati* Ⓢ spettro, fantasma • Persona sciupata e depressa: *è l'ombra di se stesso.* Ⓔ ***All'ombra di***, grazie alla protezione di: *ha fatto carriera all'ombra del padre* • ***Aver paura della propria ombra***, aver paura di tutto • ***Essere l'ombra di qualcuno***, seguirlo sempre • ***Senz'ombra di dubbio***, di sicuro.

ombreggiare (om-breg-già-re) V.TR. (*ombréggio*, ecc.) **1** Fare ombra: *gli alberi ombreggiavano il viale.* **2** Nel disegno, nella pittura, dare rilievo alle immagini con le ombre e il chiaroscuro.

ombreggiato (om-breg-già-to) AGG. · Protetto dalla luce e dal calore del sole: *un viale ombreggiato* Ⓢ ombroso Ⓒ soleggiato.

ombreggiatura (om-breg-gia-tù-ra) N.F. · Nel disegno e nella pittura, la rappresentazione del rilievo eseguita usando i toni scuri.

ombrello (om-brèl-lo) N.M. · Strumento che serve a ripararsi dalla pioggia o dal sole, formato da un'asta con un manico e da una copertura di tessuto che quando è aperta ha la forma di una cupola: *chiudere, aprire l'ombrello.*

ombrellone (om-brel-ló-ne) N.M. · Grande ombrello di tela usato per ripararsi dal sole sulle spiagge, sulle terrazze e nei giardini.

ombretto (om-brét-to) N.M. · Polvere o pasta usata per truccare le palpebre: *si mette sempre l'ombretto azzurro.*

ombrina (om-brì-na) N.F. · Pesce dal corpo allungato di colore grigio argenteo; ha carni molto buone.

ombroso (om-bró-so) AGG. **1** Che fa ombra: *la chioma ombrosa di una quercia* • Che è situato all'ombra: *un giardino ombroso* Ⓢ ombreggiato, fresco ❸ soleggiato. **2** Di cavallo, che si spaventa con facilità • Di persona, scontroso e sospettoso: *un carattere ombroso*.

omega (o-mè-ga *o* ò-me-ga) N.M. O F. INVAR. · L'ultima lettera dell'alfabeto greco, che corrisponde a una *o*.

omelette (o-me-let-te; pronuncia *omlèt*) N.F. FR., in it. N.F. INVAR. · Frittata arrotolata e spesso ripiena: *preparare un'omelette ai funghi*.

omelia (o-me-lì-a) N.F. (pl. *-ìe*) · Spiegazione e commento di passi dei libri sacri durante la messa: *domenica il sacerdote ha pronunciato una lunga omelia*.

omeopatia (o-me-o-pa-tì-a) N.F. (pl. *-tìe*) · Metodo di cura in cui vengono somministrate in piccolissime dosi le sostanze che in una persona sana provocano la malattia che si vuole combattere.

omeopatico (o-me-o-pà-ti-co) AGG. (pl.m. *-ci*, pl.f. *-che*) **1** Che riguarda l'omeopatia: *cura omeopatica*. **2** Che segue l'omeopatia: *medico omeopatico*.

omero (ò-me-ro) N.M. · L'osso che va dalla spalla al gomito.

omertà (o-mer-tà) N.F. INVAR. · Rifiuto di dare informazioni utili a individuare il colpevole di un crimine per il timore di una vendetta: *l'omertà del paese protesse l'assassino; l'omertà delle zone controllate dalla mafia*.

omettere (o-mét-te-re) V.TR. (irreg.: coniugato come *mettere*) · Tralasciare qualcosa in un discorso o in un'esposizione di fatti: *omettere un particolare importante; nella tua relazione hai omesso* ***di*** *indicare le fonti* ❸ tralasciare, trascurare, dimenticare.

> Il termine deriva dal latino *omittere* 'tralasciare', che viene a sua volta da *mittere* 'mandare' con il prefisso *ob-* (→ ***mettere***).

omicida (o-mi-cì-da) N.M. e F. e AGG. (pl.m. *-i*, pl.f. *-e*) || N.M. e F. Chi ha ucciso qualcuno: *la condanna di un omicida* ❸ assassino. || AGG. Che provoca la morte di qualcuno: *un folle gesto omicida*.

omicidio (o-mi-ci-dio) N.M. (pl. *-di*) · Uccisione di una o più persone: *l'omicidio è stato commesso in pieno giorno; omicidio colposo; omicidio volontario* ❸ assassinio, delitto.

ominide (o-mì-ni-de) N.M. · Individuo della famiglia di primati, bipedi, terrestri, a posizione eretta, a cui appartiene l'uomo.

omissione (o-mis-sió-ne) N.F. · Mancata esecuzione di qualcosa: *omissione di alcuni dati* • Cosa tralasciata, omessa, dimenticata: *un resoconto pieno di omissioni*. ❺ ***Omissione di soccorso***, il reato di chi non soccorre la vittima di un incidente.

omnibus (òm-ni-bus) N.M. INVAR. · Grande carrozza a cavalli con molti posti, che nell'Ottocento svolgeva il servizio di trasporto pubblico nelle grandi città.

omnisciente (om-ni-scièn-te) → ***onnisciente***.

omo- · Primo elemento di parole composte che indica 'uguale, simile': *omonimo*, che ha lo stesso nome; *omosessuale*, chi è attratto da persone del proprio sesso.

omofobia (o-mo-fo-bì-a) N.F. (pl. *-bìe*) · Paura di scoprirsi omosessuale • Ostilità nei confronti degli omosessuali.

omofobo (o-mò-fo-bo) AGG. e N.M. (f. *-a*) · Che, chi dimostra omofobia: *un individuo omofobo*.

omofono (o-mò-fo-no) AGG. e N.M. · In grammatica, di lettere o parole che hanno lo stesso suono, come la *c* di *cuore* e la *q* di *quota* e le parole *fiera* 'belva' e *fiera* 'mercato'.

omogeneità (o-mo-ge-nei-tà) N.F. INVAR. **1** Presenza di elementi tra loro uniformi: *omogeneità di due sostanze; omogeneità di grandezze* ❸ uniformità. **2** Somiglianza, affinità: *omogeneità di gusti*.

omogeneizzare (o-mo-ge-neiz-zà-re) V.TR. · Rendere omogeneo: *omogeneizzare i colori, le abitudini* ❸ uniformare.

omogeneizzato (o-mo-ge-neiz-zà-to) AGG. e N.M. || AGG. Fatto diventare omogeneo: *latte omogeneizzato*. || N.M. Alimento ridotto in particelle molto fini usato soprattutto nell'alimentazione dei bambini: *omogeneizzato di carne, di frutta*.

omogeneo (o-mo-gè-ne-o) AGG. (pl.m. *-nei*, pl.f. *-nee*) **1** Formato di elementi uniformi fra loro: *un impasto omogeneo* Ⓒ disomogeneo, eterogeneo. **2** Dello stesso tipo: *materiali omogenei; gusti omogenei* Ⓢ simile, affine.

omogenizzato (o-mo-ge-niz-zà-to) → ***omogeneizzato***.

omografo (o-mò-gra-fo) AGG. · In grammatica, di suoni o parole che si scrivono nello stesso modo ma si pronunciano in modo diverso, come la *c* di *cane* e la *c* di *cena, pésca* (l'atto di pescare) e *pèsca* (il frutto).

omologare (o-mo-lo-gà-re) V.TR. (*omòlogo, omòloghi*, ecc.) **1** Riconoscere, dopo una verifica, che qualcosa è adeguato a una legge o a un regolamento: *omologare un motore* Ⓢ convalidare. **2** Adattare a un modello: *omologare il proprio abbigliamento **a** quello degli altri* Ⓢ conformare, uniformare.

omologazione (o-mo-lo-ga-zió-ne) N.F. **1** Riconoscimento ufficiale della validità di qualcosa: *omologazione di un primato, di un contratto*. **2** Perdita delle proprie caratteristiche particolari per uniformarsi alle tendenze della maggioranza: *omologazione del gusto*.

O

omologo (o-mò-lo-go) AGG. e N.M. (f. *-a*; pl.m. *-ghi*, pl.f. *-ghe*) || AGG. Simile, corrispondente, affine: *risultati omologhi*. || N.M. (f. *-a*) Chi svolge una funzione simile a quella di un'altra persona: *il ministro degli Esteri ha incontrato il suo omologo tedesco*.

omonimia (o-mo-ni-mì-a) N.F. (pl. *-mìe*) · Il fatto che due persone o due oggetti abbiano lo stesso nome: *l'omonimia di due alberghi*. Ⓔ ***Caso di omonimia***, vicenda dovuta al fatto che due persone abbiano lo stesso nome e cognome.

omonimo (o-mò-ni-mo) AGG. e N.M. (f. *-a*) || AGG. **1** Che ha lo stesso nome: *Como si affaccia sulle rive del lago omonimo*. **2** Di parole che hanno la stessa forma ma significato diverso: *"fiera" nel senso di "belva" e "fiera" nel senso di "mercato" sono parole omonime*. || AGG. e N.M. (f. *-a*) Che, chi ha lo stesso nome di un'altra persona: *è stato arrestato perché omonimo di un noto mafioso*.

omosessuale (o-mo-ses-su-à-le) AGG. e N.M. e F. || AGG. Che riguarda l'omosessualità: *rapporto omosessuale; coppia omosessuale*. || AGG. e N.M. e F. Che, chi sente un'attrazione erotica per persone del proprio sesso Ⓢ gay (*ingl.*) Ⓒ eterosessuale.

omosessualità (o-mo-ses-sua-li-tà) N.F. INVAR. · Attrazione amorosa verso persone del proprio sesso.

omozigote (o-mo-zi-gò-te) AGG. e N.M. e F. · Di individuo in cui una o più caratteristiche genetiche sono dovute a geni uguali ereditati da entrambi i genitori.

oncia (ón-cia) N.F. (pl. *-ce*) **1** Unità di misura di peso, del valore di circa trenta grammi, usata in Italia prima dell'adozione del sistema metrico decimale. **2** Quantità piccolissima: *non ha un'oncia di giudizio* Ⓢ briciolo.

oncologia (on-co-lo-gì-a) N.F. (pl. *-gìe*) · Settore della medicina che studia i tumori: *primario di oncologia*.

oncologico (on-co-lò-gi-co) AGG. (pl.m. *-ci*, pl.f. *-che*) · Che riguarda i tumori: *centro oncologico*.

oncologo (on-cò-lo-go) N.M. (f. *-a*; pl.m. *-gi*, pl.f. *-ghe*) · Medico specializzato nello studio e nella cura dei tumori.

onda (ón-da) N.F. **1** Massa di acqua che si alza e si abbassa sulla superficie di mari, fiumi e laghi: *la forza delle onde; l'onda si infrange sugli scogli* Ⓢ flutto. **2** Piega a forma di onda: *capelli a onde*, ondulati. **3** Grande quantità di cose, sentimenti o persone che arrivano all'improvviso: *un'onda di ricordi; un'onda di turisti*. **4** Nel linguaggio scientifico, oscillazione dell'aria o dell'acqua dovuta alla trasmissione di energia: *onde elettromagnetiche, luminose, sonore*. Ⓔ ***Essere sulla cresta dell'onda*** → ***cresta*** • ***In onda***, trasmesso tramite la radio o la televisione: *andare, mandare in onda* • ***Onde corte, onde medie, onde lunghe***, quelle elettromagnetiche usate nelle comunicazioni radio. ▸ Ⓕ **onda**

Il termine deriva dal latino *unda* 'onda'; dal latino *unda* derivano anche **abbondare**, **esondare**, **inondare**, **ondulato** e **ridondante**.

ondata (on-dà-ta) N.F. **1** Grossa onda: *un'ondata capovolse la barca* Ⓢ frangente. **2** Manifestazione improvvisa e intensa: *un'ondata di tristezza; un'ondata di freddo.* **3** Grande quantità di cose o persone: *un'ondata di scioperi è prevista nei prossimi giorni; un'ondata di tifosi è entrata nello stadio.* Ⓔ ***A ondate***, di fenomeno, che si svolge in modo discontinuo: *il caldo arriverà a ondate.* ▸ Ⓕ **unda**

ondeggiare (on-deg-già-re) V.INTR. (*ondéggio*, ecc.; aus. *avere*) **1** Dondolare a causa delle onde: *le barche ondeggiavano lente* Ⓢ oscillare. **2** Muoversi oscillando da una parte all'altra: *le cime degli alberi ondeggiano al vento.* **3** Essere dubbioso o incerto: *ondeggia sempre fra il sì e il no* Ⓢ tentennare, esitare. ▸ Ⓕ **unda**

ondoso (on-dó-so) AGG. · Delle onde: *moto ondoso in aumento.* ▸ Ⓕ **unda**

ondulare (on-du-là-re) V.TR. e INTR. (*òndulo*, ecc.) || TR. Piegare a onde: *ondulare una lamiera.* || INTR. (aus. *avere*) Ondeggiare, oscillare lievemente: *le vette degli alberi ondulavano alla brezza.* ▸ Ⓕ **unda**

ondulato (on-du-là-to) AGG. · Che presenta un aspetto a onde: *lamiera ondulata; capelli ondulati.* ▸ Ⓕ **unda**

ondulatorio (on-du-la-tò-rio) AGG. (pl.m. *-ri*, pl.f. *-rie*) · Che si diffonde per onde: *movimento ondulatorio.* Ⓔ ***Terremoto ondulatorio***, quello che presenta scosse orizzontali Ⓒ terremoto sussultorio. ▸ Ⓕ **unda**

-one · Suffisso che serve a formare nomi con valore accrescitivo: *barbone*, chi porta una lunga barba; *maglione*, maglia pesante di lana.

onere (ò-ne-re) N.M. **1** Obbligo previsto dalla legge. **2** Incarico gravoso: *mi assumo io l'onere della spesa* Ⓢ impegno, compito, responsabilità. Ⓔ ***Oneri fiscali***, l'insieme delle tasse da pagare.

oneroso (o-ne-ró-so) AGG. · Che rappresenta un obbligo pesante: *un incarico oneroso* Ⓢ gravoso.

onestà (o-ne-stà) N.F. INVAR. · Qualità di chi agisce nel rispetto delle leggi morali e giuridiche: *l'onestà di un magistrato; agire con onestà* Ⓢ lealtà, correttezza Ⓒ disonestà.

onestamente (o-ne-sta-mén-te) AVV. **1** Nel rispetto delle leggi morali e giuridiche: *vivere onestamente; soldi guadagnati onestamente.* **2** In coscienza, in verità, francamente: *onestamente non me la sento di accusarlo.*

onesto (o-nè-sto) AGG. **1** Di persona, che agisce nel rispetto delle leggi morali e giuridiche: *un uomo onesto* Ⓢ leale, corretto Ⓒ disonesto. **2** Che dimostra rispetto per le leggi morali e giuridiche: *un comportamento onesto* Ⓢ retto. **3** Ispirato a un giusto criterio di valutazione: *un prezzo onesto* Ⓢ ragionevole, equo, giusto.

ONG (pronuncia *oennegì*) N.F. INVAR. · Organizzazione che opera in ambito sociale e sanitario senza l'appoggio dei governi e senza percepirne un guadagno.

> Il termine è la sigla di *Organizzazione Non Governativa.*

-oni · Suffisso che serve a formare avverbi e che indica 'posizione del corpo': *bocconi*, in posizione distesa, con il ventre e la faccia in giù.

onice (ò-ni-ce) N.F. · Pietra dura e pregiata che presenta varie striature di colori; è usata per fare soprammobili o altri oggetti di arredamento.

> Il termine deriva dal greco *ónyks* 'unghia', per la somiglianza di una varietà della pietra al colore e all'aspetto dell'unghia.

-onimo · Secondo elemento di parole composte che significa 'nome': *anonimo*, che non ha un nome; *pseudonimo*, nome falso.

onirico (o-nì-ri-co) AGG. (pl.m. *-ci*, pl.f. *-che*) **1** Che riguarda il sogno: *fenomeni onirici.* **2** Che evoca uno scenario analogo a quello di un sogno: *l'atmosfera onirica di un racconto* Ⓢ sognante, irreale.

on-line (on-li-ne; pronuncia *òn làin*) (anche **online**) AGG. e AVV. INGL., in it. AGG. INVAR. e AVV. **1** Collegato con il computer: *la stampante è on-line.* **2** Disponibile in Internet: *il catalogo della biblioteca è on-line* • Che può essere compiuto tramite Internet: *acquisti on-line; ho prenotato le vacanze on-line.*

onlus (òn-lus) N.F. INVAR. · Organizzazione che opera in vari settori di assistenza e solidarietà sociale senza scopo di guadagno.

Il termine è la sigla di *Organizzazione Non Lucrativa* (cioè senza fini di guadagno) *di Utilità Sociale*.

onni- · Primo elemento di parole composte che significa 'tutto' o 'dappertutto': *onnipotente*, che può tutto; *onnipresente*, che è presente in ogni luogo.

onnipotente (on-ni-po-tèn-te) AGG. **1** Di una divinità, che ha una potenza senza limiti: *Dio onnipotente.* **2** Di persona, che ha un potere enorme: *il cardinale Richelieu era onnipotente a corte.* Ⓔ ***L'Onnipotente***, Dio.

onnipresente (on-ni-pre-ṣèn-te) AGG. **1** Di divinità, che è presente in ogni luogo: *Dio è onnipresente.* **2** Di persona, che si incontra dappertutto: *anche qui! Ma sei proprio onnipresente!*

onnisciente (on-ni-scièn-te) AGG. · Che sa tutto, soprattutto riferito a una divinità.

onnivoro (on-ni-vo-ro) AGG. e N.M. · Di animale che si nutre sia di carne sia di erbe: *il maiale è onnivoro.*

O

onomastico (o-no-mà-sti-co) AGG. e N.M. (pl.m. *-ci*, pl.f. *-che*) · Del giorno in cui la Chiesa festeggia il santo di cui si porta il nome: *non festeggio mai il mio onomastico.*

onomatopea (o-no-ma-to-pè-a) N.F. (pl. *-pèe*) · Parola che con il suo suono riproduce rumori o versi di animali: *"bau" è un'onomatopea.*

onomatopeico (o-no-ma-to-pèi-co) AGG. (pl.m. *-ci*, pl.f. *-che*) · Di parola che riproduce rumori o versi di animali con la sua forma: *"miao" è una parola onomatopeica.*

onoranze (o-no-ràn-ze) N.F.PL. · Manifestazioni pubbliche in onore di qualcuno: *le onoranze ai caduti.* Ⓔ ***Onoranze funebri***, funerali.

onorare (o-no-rà-re) V.TR. (*onóro*, ecc.) || TR. **1** Trattare con stima e rispetto: *onora il padre e la madre; onorare un grande poeta* Ⓢ rispettare. **2** Rendere degno di onore o di prestigio: *uomini come lui onorano la nazione* Ⓢ dar lustro a Ⓒ disonorare. **3** Rispettare un obbligo, soprattutto economico: *onorare un debito.* || **onorarsi** RIFL. Attribuirsi come motivo di onore: *mi onoro* ***della*** *sua stima; mi onoro* ***di*** *essere stato suo allievo* Ⓢ vantarsi.

onorario (o-no-rà-rio) AGG. e N.M. (pl.m. *-ri*, pl.f. *-rie*) || AGG. Di carica o titolo, dato in segno di stima, senza gli obblighi e i diritti che ne deriverebbero: *membro onorario del circolo; cittadinanza onoraria.* || N.M. Somma di denaro dovuta a un professionista per le sue prestazioni: *l'avvocato mi ha chiesto il suo onorario* Ⓢ compenso.

onorato (o-no-rà-to) AGG. **1** Degno di onore, di stima: *un uomo onesto e onorato.* **2** In formule di cortesia, felice, lieto: *onorato di fare la sua conoscenza.* Ⓔ ***Essere onorato, ritenersi onorato***, ritenere per sé un onore: *sono onorato della sua visita* • ***Onorata società***, nome dato alla camorra dai camorristi napoletani.

onore (o-nó-re) N.M. **1** Il valore morale di una persona che con il suo comportamento onesto conquista la stima e il rispetto degli altri: *una questione d'onore; ferire qualcuno nell'onore; difendere il proprio onore* Ⓢ prestigio Ⓒ disonore. **2** Motivo di orgoglio e soddisfazione: *per me è un onore essere tuo amico; un poeta che fa onore alla nazione.* **3** AL PL. Carica di grande prestigio: *elevare ai massimi onori* Ⓢ dignità. **4** SPESSO AL PL. Manifestazione esteriore con cui si rende omaggio a qualcuno: *rendere onore ai caduti; fu ricevuto con grandi onori.* Ⓔ ***A onor del vero*** → *vero* • ***Damigella d'onore*** → *damigella* • ***Fare gli onori di casa***, ricevere e intrattenere gli ospiti • ***Fare onore***, rendere degno di rispetto: *questo gesto ti fa onore;* ***farsi onore***, comportarsi in modo ammirevole • ***Ospite d'onore***, di prestigio • ***Parola d'onore***, promessa garantita solennemente: *ti do la mia parola d'onore che non ti abbandonerò* • ***Posto d'onore***, quello riservato a una persona importante; in una gara sportiva, il secondo posto • ***Uomo d'onore***, onesto e leale.

onorevole (o-no-ré-vo-le) AGG. e N.M. e F. || AGG. Degno di onore e prestigio: *un comportamento onorevole; una soluzione onorevole* Ⓢ ammirevole. || AGG. e N.M. e F. Titolo attribuito ai membri del Parlamento: *l'onorevole oggi non rilascia interviste.*

onorificenza (o-no-ri-fi-cèn-za) N.F. · Pubblico riconoscimento per meriti speciali e il titolo o la decorazione dati in questa occasione: *conferire un'onorificenza.*

onorifico (o-no-rì-fi-co) AGG. (pl.m. *-ci*, pl.f. *-che*) · Dato in segno di stima e di onore: *grado, titolo onorifico.*

onta (ón-ta) N.F. · Grave motivo di discredito: *è un'onta che pesa sul suo nome* S vergogna, disonore • Atto che offende la dignità altrui: *recare onta a qualcuno* S offesa, ingiuria. E ***A onta di***, malgrado, nonostante.

ontano (on-tà-no) N.M. · Arbusto con chioma lunga e folta che fornisce un legno che si lavora facilmente.

-onzolare · Suffisso che serve a formare verbi con valore attenuato rispetto al verbo di base: *gironzolare* da *girare.*

opacità (o-pa-ci-tà) N.F. INVAR. **1** Mancanza di trasparenza: *l'opacità di un vetro* C trasparenza. **2** Mancanza di lucentezza: *l'opacità di un metallo.*

opaco (o-pà-co) AGG. (pl.m. *-chi*, pl.f. *-che*) **1** Di corpo che non si fa attraversare dalla luce: *vetro opaco* C trasparente. **2** Che non presenta lucentezza: *marmo opaco* C lucido.

opale (o-pà-le) N.M. O F. · Pietra dura pregiata, di colore generalmente bianco o azzurro.

open source (o-pen sour-ce; pronuncia *ópen sórs*) AGG. INGL., in it. N.M. e AGG. INVAR. · Di programma per computer che non è protetto da diritti d'autore e che può essere modificato da chi lo usa.

opera (ò-pe-ra) N.F. **1** Lo svolgimento di un'attività: *l'opera di un medico, di un meccanico* S azione, lavoro. **2** Il risultato di un lavoro: *un'opera in muratura; i "Promessi Sposi" sono l'opera più importante di Manzoni* S prodotto, frutto. **3** Azione che ha un valore morale o religioso: *opere di misericordia; fare un'opera buona.* **4** Effetto, conseguenza: *l'incidente è stato opera della sua distrazione.* **5** Testo teatrale messo in musica: *ascoltare un'opera; amare l'opera lirica* S melodramma • La rappresentazione in teatro di questo genere di componimento: *andare all'opera.* E ***Mettersi all'opera***, cominciare a lavorare • ***Opera d'arte***, il prodotto di un artista cui sia attribuito un grande valore • ***Per opera di*** o ***a opera di***, con l'aiuto di: *ha ottenuto il posto per opera di amici importanti.*

operabile (o-pe-rà-bi-le) AGG. · Che può essere sottoposto a operazione chirurgica: *in queste condizioni il paziente non è operabile.*

operaio (o-pe-rà-io) N.M. e AGG. (f. *-a*; pl.m. *-rài*, pl.f. *-ràie*) || N.M. (f. *-a*) Chi svolge un lavoro manuale come dipendente: *operaio specializzato; gli operai tessili, edili.* || AGG. **1** Che riguarda i lavoratori dipendenti che svolgono un lavoro manuale: *la classe operaia; le lotte operaie.* **2** Nelle comunità di alcuni insetti sociali, di individuo che non si riproduce e che svolge i lavori che servono a tutti: *ape, formica operaia.*

operare (o-pe-rà-re) V.INTR. e TR. (*òpero*, ecc.) || INTR. (aus. *avere*) Svolgere un'attività: *operare nel commercio; operare con discrezione.* || TR. **1** Portare a compimento: *operare il bene, il male; operare miracoli* S compiere, eseguire. **2** Sottoporre a intervento chirurgico: *lo hanno operato **di** appendicite; lo opereranno **allo** stomaco.* || **operarsi** INTR. PRONOM. Sottoporsi a intervento chirurgico: *si dovrà operare **al** cuore.*

operativo (o-pe-ra-ti-vo) AGG. **1** Che riguarda l'azione concreta: *capacità operativa; proposta operativa* S pratico. **2** Di legge, che è in vigore: *il provvedimento è operativo da oggi.* E ***Sistema operativo*** → ***sistema***.

operato (o-pe-rà-to) N.M. · Il risultato di un'attività: *rispondere del proprio operato; approvare l'operato di qualcuno* S azione, opera, lavoro.

operatore (o-pe-ra-tó-re) N.M. (f. *-trìce*) **1** Persona specializzata nell'uso di certe macchine: *operatore cinematografico* S tecnico, addetto. **2** Persona che lavora in un certo settore: *operatore scolastico, sanitario, sociale* S addetto.

operatorio (o-pe-ra-tò-rio) AGG. (pl.m. *-ri*, pl.f. *-rie*) · Che riguarda le operazioni chirurgiche: *sala operatoria; tavolo operatorio* S chirurgico.

operazione (o-pe-ra-zió-ne) N.F. **1** Azione o serie di azioni che portano a realizzare uno scopo: *un'operazione semplice, complicata; un'operazione di polizia; operazioni militari* Ⓢ azione, manovra. **2** Intervento chirurgico: *sottoporsi a un'operazione; operazione* ***al*** *cuore.* **3** Calcolo che, a partire da dati numerici noti, permette di ottenere un risultato prima non conosciuto: *le quattro operazioni: addizione, sottrazione, moltiplicazione, divisione.*

opercolo (o-pèr-co-lo) N.M. **1** In vari organismi vegetali o animali, struttura rigida che chiude una cavità. **2** In un alveare, lo strato di cera che chiude ogni cella.

operetta (o-pe-rét-ta) N.F. · Spettacolo teatrale che rappresenta una vicenda divertente, alternando scene parlate a scene cantate e danzate. Ⓔ ***Da operetta,*** di persona o situazione poco seria, ridicola: *un eroe da operetta.*

operosità (o-pe-ro-si-tà) N.F. INVAR. · La qualità di chi lavora con impegno e attenzione: *dedicarsi al proprio lavoro con grande operosità.*

operoso (o-pe-ró-so) AGG. · Che lavora molto e con impegno: *un uomo operoso; nazione operosa* Ⓢ laborioso, attivo Ⓒ pigro.

-opia · Secondo elemento di parole composte che significa 'vista': *miopia.*

opificio (o-pi-fi-cio) N.M. (pl. *-ci*) · Stabilimento industriale Ⓢ fabbrica.

opinabile (o-pi-nà-bi-le) AGG. · Che dà luogo a opinioni diverse: *un'affermazione opinabile* Ⓢ discutibile.

opinione (o-pi-nió-ne) N.F. **1** Punto di vista personale sulla realtà: *cambiare opinione; difendere le proprie opinioni* Ⓢ idea, convinzione. **2** Giudizio, considerazione, stima: *avere una buona opinione di qualcuno; che opinione ti sei fatta di lui?* Ⓔ ***Opinione pubblica,*** il punto di vista della maggior parte dei cittadini: *influenzare l'opinione pubblica.*

opossum (o-pòs-sum) N.M. INVAR. · Piccolo mammifero marsupiale diffuso dal Canada all'Argentina; ha una bella pelliccia grigia o rossiccia molto ricercata.

oppio (òp-pio) N.M. (pl. *-pi*) · Succo ottenuto dal papavero indiano che è usato in medicina come sedativo e da cui si ricavano diverse droghe (morfina, eroina).

opporre (op-pór-re) V.TR. (irreg.: coniugato come *porre*) || TR. **1** Mettere come ostacolo: *opporre un argine* ***alla*** *forza delle acque; opporre resistenza* ***alla*** *polizia.* **2** Portare in aperto contrasto: *opporre un rifiuto; non ho nulla da opporre* ***alle*** *tue argomentazioni* Ⓢ obiettare, contrapporre. || **opporsi** RIFL. Prendere un atteggiamento di aperto contrasto: *opporsi* ***a*** *una decisione; le truppe si opposero con coraggio* ***all'****attacco nemico* Ⓢ contrapporsi. || **opporsi** INTR. PRONOM. Assumere una posizione opposta: *il pollice si oppone* ***alle*** *altre dita della mano.*

opportunismo (op-por-tu-nì-ṣmo) N.M. · Il comportamento di chi cerca di approfittare delle situazioni, anche andando contro i propri principi, pur di ottenere vantaggi personali: *l'opportunismo di un uomo politico.*

opportunista (op-por-tu-nì-sta) AGG. e N.M. e F. (pl.m. *-i*, pl.f. *-e*) || AGG. e N.M. e F. Che, chi cerca di ottenere un vantaggio personale da ogni situazione, anche andando contro i propri principi: *quel politico non ha veri ideali, è solo un opportunista* Ⓢ calcolatore. || AGG. Dovuto a opportunismo: *una scelta opportunista.*

opportunità (op-por-tu-ni-tà) N.F. INVAR. **1** Circostanza favorevole all'avverarsi di qualcosa di gradito: *ho l'opportunità* ***di*** *conoscerlo di persona; questo incarico è la grande opportunità della tua vita* Ⓢ occasione, possibilità. **2** Convenienza, utilità: *l'opportunità di un intervento.*

opportuno (op-por-tù-no) AGG. · Adatto a una circostanza o a uno scopo: *una risposta opportuna; aspettare il momento opportuno* Ⓢ idoneo, adeguato Ⓒ inopportuno.

> Il termine deriva dal latino *opportunus* 'che spinge (la nave) verso il porto', che viene a sua volta da *portus* 'porto' con il prefisso *ob-*, con riferimento a un vento favorevole.

oppositore (op-po-ṣi-tó-re) N.M. (f. *-trìce*) · Chi è contrario a qualcuno o a qualcosa: *gli oppositori del governo* Ⓢ avversario Ⓒ sostenitore.

opposizione (op-po-ṣi-zió-ne) N.F. **1** Atteggiamento decisamente contrario: *la sua proposta ha incontrato forti opposizioni; l'opposizione della famiglia* ***alla*** *sua decisione le ha fat-*

to cambiare idea Ⓢ dissenso, resistenza. **2** Nel linguaggio politico, l'insieme dei parlamentari che non fanno parte della maggioranza e non sostengono il governo: *il nuovo decreto è stato attaccato dall'opposizione* Ⓢ minoranza Ⓒ maggioranza • L'azione di questi parlamentari: *fare un'opposizione costruttiva.*

opposto (op-pó-sto) AGG. e N.M. || AGG. **1** Posto di fronte: *il lato opposto della strada; procedere in senso opposto* ***alla*** *direzione di marcia* Ⓢ contrario. **2** Di gusto o tendenza, che si trova in contrasto con quello di un'altra persona: *interessi opposti; opinioni opposte* Ⓢ contrario. || N.M. La cosa contraria: *è l'opposto di suo fratello; ha fatto esattamente l'opposto di quello che gli avevo detto* Ⓢ inverso. Ⓔ ***All'opposto,*** in modo completamente diverso: *purtroppo le cose sono andate all'opposto* ***di*** *come avrei voluto.*

oppressi (op-près-si) · Pass. rem., 1ª pers. sing. → ***opprimere***.

oppressione (op-pres-sió-ne) N.F. **1** Dominazione in contrasto con i diritti dell'uomo: *ribellarsi all'oppressione straniera; liberare un popolo dall'oppressione* Ⓢ tirannia. **2** Senso di disagio: *sentire un'oppressione allo stomaco* Ⓢ peso.

oppressivo (op-pres-sì-vo) AGG. **1** Che provoca una condizione di disagio continuo: *un caldo oppressivo; una famiglia oppressiva* Ⓢ pesante, soffocante. **2** Che domina con la forza: *un regime oppressivo.*

oppresso (op-près-so) AGG. e N.M. (f. *-a*) || Participio pass. → ***opprimere***. || AGG. e N.M. (f. *-a*) Che, chi è costretto a subire continue prepotenze da parte di chi è più forte: *un popolo oppresso; difendere gli oppressi* Ⓒ oppressore. || AGG. Tormentato da un continuo disagio: *sentirsi oppresso dall'afa; un uomo oppresso dalle preoccupazioni* Ⓢ afflitto.

oppressore (op-pres-só-re) N.M. · Chi compie continue prepotenze: *combattere gli oppressori* Ⓒ oppresso.

opprimente (op-pri-mèn-te) AGG. · Che provoca un continuo e forte disagio: *un caldo opprimente; una persona noiosa e opprimente* Ⓢ pesante, soffocante.

opprimere (op-prì-me-re) V.TR. (irreg.: pass. rem. *opprèssi, opprimésti, opprèsse, opprimémmo, oppriméste, opprèssero*; part. pass. *opprèsso*) **1** Premere con il proprio peso: *tutte queste coperte mi opprimono* Ⓢ pesare, soffocare. **2** Sottoporre a continue prepotenze e ingiustizie: *opprimere i deboli.* **3** Provocare un continuo senso di angoscia: *lo opprime il pensiero del figlio malato; era oppresso dai debiti* Ⓢ affliggere, tormentare.

> Il termine deriva dal latino *opprimere* 'schiacciare, calpestare', che viene a sua volta da *premere* 'premere' con il prefisso *ob-* (→ ***comprimere***).

oppure (op-pù-re) CONGIUNZ. **1** O invece: *vuoi venire oppure no?* **2** Se no, altrimenti: *o decidi ora, oppure sarà troppo tardi.*

-opsia · Secondo elemento di parole composte che indica 'vista' o 'esame visivo': *autopsia; biopsia.*

optare (op-tà-re) V.INTR. (*òpto*, ecc.; aus. *avere*) · Preferire fra due o più possibilità: *per le vacanze di quest'anno abbiamo optato* ***per*** *il mare* Ⓢ scegliere (TR.).

optional (op-tio-nal; pronuncia *òpscional*) AGG. INGL., in it. N.M. INVAR. · Elemento non indispensabile di un prodotto, che si può avere solo su richiesta e pagando una differenza di prezzo: *l'aria condizionata è di serie, mentre il navigatore satellitare è un optional.*

opulento (o-pu-lèn-to) AGG. · Abbondante, ricco: *pranzo opulento.* Ⓔ ***Società opulenta,*** quella in cui c'è abbondanza di beni e denaro.

opulenza (o-pu-lèn-za) N.F. · Abbondanza, lusso: *l'opulenza della corte di Luigi XIV.*

opuscolo (o-pù-sco-lo) N.M. · Libretto di poche pagine: *opuscoli di informazioni; opuscolo pubblicitario* Ⓢ fascicolo; dépliant (*fr.*).

opzionale (op-zio-nà-le) AGG. · Facoltativo: *esame opzionale* Ⓒ obbligatorio.

opzione (op-zió-ne) N.F. · Scelta fra due o più possibilità: *ha facoltà di opzione tra le due nazionalità.* Ⓔ ***Diritto di opzione,*** il diritto di acquistare qualcosa prima che venga fatta un'offerta a un'altra persona.

ora[1] **(ó-ra)** AVV. e CONGIUNZ. || AVV. **1** In questo momento: *ora sto meglio; ora ha da fare* Ⓢ adesso • In alcune formule, in un momento, in un altro: *ora dice una cosa ora un'altra.* **2** Tra poco: *ora lo faccio.* || CONGIUNZ. Dunque, pertanto: *ora, non avendo ricevuto risposta da parte sua, mi ritengo libero da ogni impegno.* Ⓔ ***Or ora***, proprio in questo istante: *se n'è andato or ora* • ***Per ora, ora come ora***, nel momento presente: *per ora è meglio lasciar perdere.*

ora[2] **(ó-ra)** N.F. **1** Ciascuna delle 24 parti della durata di 60 minuti primi in cui è suddiviso il giorno: *"Che ore sono?" "Sono le due, le quattordici"; arrivo fra un'ora; la macchina può raggiungere i 300 km all'ora.* **2** Momento della giornata: *rientrò a casa a tarda ora; viene gente a tutte le ore; l'ora di pranzo* • Momento giusto per fare qualcosa: *sarebbe l'ora di mettersi a studiare sul serio.* Ⓔ ***Non vedere l'ora***, essere impazienti che accada qualcosa: *non vedeva l'ora* ***che*** *sua madre tornasse* • ***Ora solare***, quella determinata dalla posizione del Sole; ***ora legale***, quella introdotta per legge, di solito anticipata di sessanta minuti rispetto a quella solare, per risparmiare energia elettrica • ***Ore di punta*** → ***punta*** • ***Ore piccole***, quelle dalla mezzanotte all'alba: *far le ore piccole*, stare alzato fino a notte fonda.

O

oracolo **(o-rà-co-lo)** N.M. · In molte religioni dell'antichità, la risposta data dalla divinità a una domanda sul presente, sul passato o sul futuro: *interpretare l'oracolo; l'oracolo di Apollo a Delfi.*

orafo **(ò-ra-fo)** N.M. (f. *-a*) · Artigiano che esegue lavori in oro e in altri metalli preziosi Ⓢ orefice.

orale **(o-rà-le)** AGG. e N.M. || AGG. **1** Della bocca: *igiene orale.* **2** Che viene comunicato con la voce: *tradizione orale; riassunto orale; esame orale.* || N.M. Esame sostenuto con un'interrogazione: *domani iniziano gli orali del concorso* Ⓒ scritto.

oralmente **(o-ral-mén-te)** AVV. **1** Per bocca: *medicine da prendersi oralmente.* **2** A voce: *rispondere oralmente.*

oramai **(o-ra-mài)** AVV. · Adesso, a questo punto: *oramai non c'è più niente da fare; oramai il fornaio ha chiuso.*

orango **(o-ràn-go)** N.M. (pl. *-ghi*) · Scimmia vegetariana che vive sugli alberi nelle foreste di Sumatra e del Borneo, di dimensioni simili a quelle dell'uomo, con gli arti anteriori molto più lunghi dei posteriori e pelliccia rada e ruvida.

orario[1] **(o-rà-rio)** AGG. (pl.m. *-ri*, pl.f. *-rie*) · Che riguarda l'ora: *segnale orario; velocità oraria.* Ⓔ ***Disco orario*** → ***disco*** • ***Fuso orario*** → ***fuso***[2] • ***Senso orario***, il verso in cui ruotano le lancette dell'orologio.

orario[2] **(o-rà-rio)** N.M. (pl. *-ri*) **1** Tempo previsto per lo svolgimento di un'attività: *l'orario delle lezioni; orario di apertura, di chiusura; orario estivo.* **2** Tabella su cui sono riportati i tempi in cui si svolge un servizio: *l'orario delle ferrovie; consultare l'orario* Ⓢ prospetto. Ⓔ ***In orario***, al momento stabilito: *il treno è partito in orario, ma è arrivato in ritardo.*

orata **(o-rà-ta)** N.F. · Pesce di mare di colore grigio con una fascia dorata fra gli occhi; è pescato per la bontà delle sue carni.

oratore **(o-ra-tó-re)** N.M. (f. *-trìce*) · Chi parla in pubblico: *è un ottimo oratore.*

oratoria **(o-ra-tò-ria)** N.F. (pl. *-rie*) · L'arte e la tecnica del parlare rivolgendosi a un pubblico: *l'oratoria antica; oratoria politica* Ⓢ eloquenza, retorica.

oratorio[1] **(o-ra-tò-rio)** N.M. (pl. *-ri*) **1** Luogo sacro per il culto e la preghiera. **2** Struttura che si trova presso una chiesa in cui i giovani imparano il catechismo e svolgono attività di svago.

oratorio[2] **(o-ra-tò-rio)** AGG. (pl.m. *-ri*, pl.f. *-rie*) · Relativo all'oratoria e all'oratore: *declamazioni oratorie* • Di stile, scritto o discorso, enfatico, solenne: *tono oratorio.*

orazione **(o-ra-zió-ne)** N.F. **1** Preghiera: *le orazioni del mattino, della sera; dire le orazioni.* **2** Discorso pubblico in tono solenne: *pronunciare un'orazione funebre.*

orbita **(òr-bi-ta)** N.F. **1** Percorso che compie un pianeta o un satellite intorno a un altro corpo celeste più grande: *l'orbita della Terra intorno al Sole.* **2** Centro di attrazione: *le grandi città attraggono nella propria orbita i paesi vicini.* **3** Ciascuna delle due cavità del cranio che contengono gli occhi. **E** ***Con gli occhi fuori dalle orbite***, di persona, con gli occhi sgranati per l'ira o lo stupore • ***In orbita***, nello spazio: *mandare in orbita la navicella spaziale*.

orbitale (or-bi-tà-le) AGG. **1** Che riguarda l'orbita di un corpo celeste: *moto orbitale* • Che si trova intorno a un corpo celeste: *base orbitale*. **2** Che riguarda le cavità del cranio che contengono gli occhi: *regione orbitale*.

orbitare (or-bi-tà-re) V.INTR. (*òrbito*, ecc.; aus. *avere*) **1** Muoversi nell'orbita di un corpo celeste: *la Luna orbita* ***intorno alla*** *Terra*. **2** Subire l'influenza di qualcuno o di qualcosa: *le attività del territorio orbitano tutte* ***intorno all'****industria alimentare*.

orbo (òr-bo) AGG. e N.M. (f. -a) · Che, chi è privo della vista **S** cieco. **E** ***Botte da orbi*** → ***botta***.

orca (òr-ca) N.F. (pl. *-che*) · Grosso mammifero che vive nel mare, di colore nero sulla parte superiore del corpo e bianco su quella inferiore, lungo circa 10 metri; caccia ogni tipo di animale che incontra nel mare, soprattutto giovani balene e foche.

orchestra (or-chè-stra) N.F. · L'insieme di tutti gli strumenti musicali, e dei musicisti che li suonano, necessari per eseguire una composizione musicale: *concerto per violino e orchestra; l'orchestra della RAI ha eseguito brani di Beethoven*.

Orchestra è un nome collettivo: indica tante persone, ma è un sostantivo singolare.

orchestrale (or-che-strà-le) AGG. e N.M. e F. || AGG. Di un'orchestra: *esecuzione orchestrale*. || N.M. e F. Suonatore che fa parte di un'orchestra: *gli orchestrali della Scala di Milano*.

orchestrare (or-che-strà-re) V.TR. (*orchèstro*, ecc.) **1** Scrivere la partitura per i vari strumenti di un'orchestra: *orchestrare un'opera*. **2** Organizzare un'azione coordinando i suoi vari elementi: *orchestrare una campagna elettorale* **S** preparare, coordinare.

orchidea (or-chi-dè-a) N.F. (pl. *-dèe*) · Pianta erbacea con fiori di vari colori; è molto usata a scopo ornamentale • Il fiore di questa pianta.

orcio (ór-cio) N.M. (pl. *-ci*) · Grande vaso di terracotta, usato per conservare l'olio: *due orci pieni d'olio nuovo*.

orco (òr-co) N.M. (pl. *-chi*) · Personaggio di molte fiabe rappresentato come un gigante con la barba e i capelli spinosi e folti che mangia i bambini: *Pollicino e i suoi fratelli finirono nella casa dell'orco*.

orda (òr-da) N.F. **1** Massa di persone violente che si muovono spesso spinte dalla miseria: *le orde dei barbari invasero l'Impero romano*. **2** Insieme di persone rumorose e scalmanate: *un'orda di ragazzi si riversò fuori della scuola* **S** branco.

Il termine deriva da una parola dialettale turca che in origine indicava 'la tenda del Khan', il signore delle popolazioni turche, e poi 'il quartier generale, l'esercito'.

ordalia (or-dà-lia o or-da-lì-a) N.F. (pl. *-lìe*) · Tra i popoli germanici del Medioevo, prova fisica dolorosa a cui veniva sottoposto, durante un processo, chi era accusato di un reato: l'esito della prova veniva considerato il giudizio di Dio sulla sua innocenza o colpevolezza.

ordigno (or-dì-gno) N.M. · Strumento dal meccanismo complicato; di solito è riferito a un congegno esplosivo: *un ordigno esplosivo; l'ordigno è stato disattivato dagli artificieri* **S** dispositivo.

ordinale (or-di-nà-le) AGG. e N.M. · In grammatica, di numero che esprime il posto occupato da un oggetto in una serie ordinata: *numero ordinale; abbiamo studiato gli ordinali in latino*.

ordinamento (or-di-na-mén-to) N.M. **1** Disposizione ordinata: *l'ordinamento di una biblioteca* **S** sistemazione, organizzazione. **2** L'insieme delle norme che regolano un'istituzione o un'attività: *ordinamento scolastico, carcerario* **S** normativa, regolamento.

ordinanza (or-di-nàn-za) N.F. **1** Ordine dato da un'autorità: *ordinanza del pretore, del sindaco* **S** disposizione, provvedimento, decreto. **2** Regolamento militare. **E** ***D'ordinanza***, che rispetta il regolamento: *pistola, divisa d'ordinanza.*

ordinare (or-di-nà-re) V.TR. (*órdino*, ecc.) **1** Disporre secondo un ordine, mettere in ordine: *ordinare* ***in*** *gruppi; ordinare la propria stanza.* **2** Comandare in base a un'autorità: *il prefetto ha ordinato la sospensione dei lavori;* ***gli*** *ordinò* ***di*** *tacere* Ⓢ disporre, ingiungere. **3** Nel linguaggio medico, prescrivere: *il medico* ***gli*** *ha ordinato riposo assoluto.* **4** Nel linguaggio commerciale, richiedere una merce o un servizio: *ordinare una partita di frutta; ordinare un vestito* ***al*** *sarto.* **5** Nei bar o ristoranti, chiedere ciò che si desidera consumare: *ordinare un caffè, un'insalata, una pizza.* **6** Far diventare qualcuno sacerdote: *il vescovo lo ordinò sacerdote.*

ordinario (or-di-nà-rio) AGG. e N.M. (pl.m. *-ri*, pl.f. *-rie*) || AGG. **1** Che corrisponde alla normalità: *statura ordinaria; tariffa ordinaria* Ⓢ consueto, normale Ⓒ straordinario. **2** Di scarso valore: *vestiti, mobili ordinari* Ⓢ scadente, andante. **3** Di persona, priva di raffinatezza: *un uomo piuttosto ordinario* Ⓢ volgare, rozzo. **4** ***Professore ordinario*** (o *un ordinario* N.M.), che insegna in modo stabile in un'università. || N.M. Norma, normalità, consuetudine: *una spesa fuori dell'ordinario.*

O

ordinata (or-di-nà-ta) N.F. · La coordinata cartesiana di un punto relativa all'asse verticale, espressa dal numero che indica la distanza di tale punto dall'asse orizzontale.

ordinato (or-di-nà-to) AGG. **1** Disposto secondo un ordine: *marciare in file ordinate; una stanza bene ordinata* Ⓒ disordinato. **2** Di persona, che agisce con precisione e cura: *uno studente ordinato; essere ordinato* ***nel*** *lavoro* Ⓢ preciso, scrupoloso.

ordinazione (or-di-na-zió-ne) N.F. · Richiesta da parte di un cliente: *ricevere un'ordinazione di legname; cameriere, può prendere le nostre ordinazioni?* Ⓢ ordine.

ordine (ór-di-ne) N.M. **1** Disposizione secondo una regola: *tenere in ordine la casa; disporre in ordine alfabetico le schede; l'ordine della natura* Ⓒ disordine. **2** Sequenza ordinata di oggetti che hanno la stessa funzione: *tre ordini di colonne; due ordini di remi* Ⓢ serie, fila. **3** Ceto sociale: *l'ordine della borghesia, del clero* Ⓢ classe • Insieme di persone che svolgono la stessa professione: *l'ordine dei medici, degli avvocati.* **4** Insieme di cose dello stesso tipo: *questo rientra nell'ordine dei fenomeni politici* Ⓢ categoria, classe. **5** Nel linguaggio militare, disposizione delle truppe: *ordine di marcia.* **6** Andamento regolare che prevede il rispetto di regolamenti o leggi: *richiamare all'ordine uno studente; mantenere l'ordine pubblico.* **7** Nelle scienze naturali, ciascuno dei gruppi in cui si divide una classe: *i roditori sono un ordine della classe dei mammiferi.* **8** Stile dell'architettura classica: *ordine dorico, ionico, corinzio.* **9** Nella Chiesa cattolica, il sacramento che fa diventare sacerdote. **10** Associazione di religiosi che vive in comunità seguendo certe regole: *l'ordine dei Benedettini.* **11** Espressione della volontà da parte di chi ha l'autorità per farsi obbedire: *dare, eseguire gli ordini* Ⓢ disposizione, comando. **12** Nel linguaggio commerciale, richiesta di un rifornimento di merce: *fare un ordine di un quintale di carta; annullare un ordine* Ⓢ ordinazione. Ⓔ ***Di ordine***, di carattere, di tipo: *necessità d'ordine pratico* • ***Di prim'ordine***, di alto livello, eccellente: *un artigiano di prim'ordine;* ***di second'ordine, di terz'ordine***, di basso livello, scadente: *un albergo di terz'ordine* • ***Essere agli ordini di qualcuno***, essere a sua disposizione • ***Ordine del giorno***, lista degli argomenti da discutere in un'assemblea; ***essere all'ordine del giorno***, essere molto comune: *gli scippi oggi sono all'ordine del giorno* • ***Ordine di cattura*** → ***cattura*** • ***Parola d'ordine***, nel linguaggio militare, parola segreta per ottenere l'accesso a luoghi protetti.

ordire (or-dì-re) V.TR. (*ordisco, ordisci*, ecc.) **1** Preparare di nascosto qualcosa che danneggia gli altri: *ordire una truffa* Ⓢ tramare, architettare. **2** Disporre sul telaio i fili per fare un tessuto: *ordire la tela.*

ordito (or-di-to) N.M. · In tessitura, l'insieme dei fili longitudinali di un tessuto che, intrecciandosi con quelli trasversali (la trama), formano il tessuto stesso.

-ore · Suffisso che serve a formare nomi astratti a partire da aggettivi o verbi: *chiarore* da *chiaro*; *bruciore* da *bruciare*; serve a formare anche nomi maschili: *professore*, chi insegna a scuola.

orecchia (o-réc-chia) N.F. (pl. *-chie*) · Piega che si fa o si forma agli angoli di un foglio: *un libro pieno di orecchie.*

orecchiabile (o-rec-chià-bi-le) AGG. · Di motivo musicale, che può essere ricordato facilmente: *una canzone orecchiabile.*

orecchie (o-réc-chie) · Plurale femminile → ***orecchio***.

orecchino (o-rec-chì-no) N.M. · Ornamento che si applica al lobo dell'orecchio: *un paio di orecchini di turchese.*

orecchio (o-réc-chio) N.M. (pl.m. *gli orécchi*, pl.f. *le orécchie*) **1** Negli animali e nell'uomo, l'organo dell'udito: *l'orecchio destro, sinistro; sentire un ronzio negli orecchi* • La parte esterna dell'orecchio: *il lobo dell'orecchio; avere gli orecchi piccoli, grandi.* **2** Il senso dell'udito: *l'ho sentito con i miei orecchi; esser duro d'orecchi.* **3** Sensibilità per la musica e capacità di ricordarla: *quel bambino ha molto orecchio.* Ⓔ ***Drizzare gli orecchi*** o ***rizzare gli orecchi***, di animali, sentire un rumore; di persona, prestare particolare attenzione a quanto viene detto • ***Entrare da un orecchio e uscire dall'altro***, di discorsi cui si presta poca attenzione • ***Essere tutt'orecchi***, prestare grande attenzione • ***Fare orecchie da mercante*** → ***mercante*** • ***Mettere una pulce nell'orecchio*** → ***pulce*** • ***Prestare orecchio***, ascoltare attentamente • ***Tirata d'orecchi***, brusco rimprovero.

orefice (o-ré-fi-ce) N.M. e F. **1** Artigiano che esegue lavori in metalli preziosi Ⓢ orafo. **2** Chi gestisce un negozio di gioielli.

oreficeria (o-re-fi-ce-rì-a) N.F. (pl. *-rìe*) **1** L'arte di lavorare i metalli preziosi e le gemme: *una collana di alta oreficeria.* **2** Laboratorio dell'orefice • Il negozio dell'orefice Ⓢ gioielleria.

orfano (òr-fa-no) AGG. e N.M. (f. *-a*) · Che, chi ha perso uno o entrambi i genitori: *è orfano* ***di*** *madre; asilo per gli orfani.*

orfanotrofio (or-fa-no-trò-fio) N.M. (pl. *-fi*) · Istituto in cui sono accolti gli orfani.

orfico (òr-fi-co) AGG. e N.M. (f. *-a*; pl.m. *-ci*, pl.f. *-che*) || AGG. Che riguarda il mito di Orfeo e il movimento religioso a lui ispirato: *culto orfico; misteri orfici.* || N.M. (f. *-a*) Chi segue tale movimento religioso.

organetto (or-ga-nét-to) N.M. · Strumento musicale costituito da un pianoforte meccanico montato su un carretto a due ruote e azionato da una manovella • Armonica a bocca • Piccola fisarmonica.

organicità (or-ga-ni-ci-tà) N.F. INVAR. · Organizzazione soddisfacente di tutte le parti di una struttura: *l'organicità di un romanzo, di un'amministrazione* Ⓢ coerenza, omogeneità.

organico (or-gà-ni-co) AGG. e N.M. (pl.m. *-ci*, pl.f. *-che*) || AGG. **1** Che riguarda gli organismi viventi, animali o vegetali: *mondo organico* Ⓒ inorganico. **2** Che riguarda gli organi del corpo: *funzioni organiche.* **3** Organizzato in modo efficiente: *un libro organico; bisogna elaborare un piano organico* Ⓢ sistematico, coerente Ⓒ disorganico. || N.M. L'insieme dei lavoratori di un'impresa: *ampliare l'organico* Ⓢ personale. Ⓔ ***Chimica organica***, parte della chimica che si occupa dei composti del carbonio • ***Malattia organica***, dovuta all'alterazione di un organo • ***Rifiuti organici*** (o *l'organico* N.M.), la parte dei rifiuti che deriva da organismi viventi, come avanzi di cibo o piante tagliate: *sacchetti per l'organico* • ***Sostanze organiche***, le sostanze di cui sono formati gli organismi viventi o quelle che essi producono.

organismo (or-ga-nì-ṣmo) N.M. **1** L'essere vivente formato dall'insieme di tutti i suoi organi: *organismo animale, vegetale, umano.* **2** Il corpo umano: *un organismo sano; sostanze nocive per l'organismo.* **3** Ente organizzato per svolgere alcune funzioni: *un organismo politico.*

organista (or-ga-nì-sta) N.M. e F. (pl.m. *-i*, pl.f. *-e*) · Suonatore d'organo.

organizzare (or-ga-niẓ-ẓà-re) V.TR. || TR. Preparare, predisporre, programmare: *organizzare un viaggio; organizzare la propria vita.* || **organizzarsi** RIFL. Prepararsi per svolgere al meglio un'attività: *organizzarsi* ***per*** *una gita in montagna.*

organizzativo (or-ga-niz-za-tì-vo) AGG. · Che riguarda l'organizzazione: *capacità organizzative; fase organizzativa di un lavoro* Ⓢ preparatorio.

organizzatore (or-ga-niz-za-tó-re) AGG. e N.M. (f. *-trìce*) · Che, chi organizza un evento: *gli organizzatori della manifestazione; il comitato organizzatore del festival* Ⓢ promotore.

organizzazione (or-ga-niz-za-zió-ne) N.F. **1** Preparazione di tutti gli elementi necessari a svolgere un'impresa: *organizzazione del lavoro; l'organizzazione di uno spettacolo.* **2** Criterio razionale con cui si struttura un'attività: *mancare di organizzazione; darsi una maggiore organizzazione* Ⓢ ordine, metodo. **3** Insieme strutturato di persone con scopi comuni: *organizzazioni sindacali, politiche* Ⓢ associazione, gruppo.

organo (òr-ga-no) N.M. **1** Parte del corpo di un essere vivente che svolge una certa funzione: *l'organo della vista, dell'udito; gli organi genitali.* **2** Dispositivo che svolge una data attività: *l'organo di trasmissione di un motore* Ⓢ strumento. **3** Strumento musicale a tastiera costituito da mantici che spingono l'aria in canne di metallo da cui esce il suono; è presente in molte chiese e anche in alcune orchestre. **4** Ente cui sono affidati dei compiti precisi all'interno di un'organizzazione: *i vari organi della polizia; organi di controllo* Ⓢ istituto, organismo. Ⓔ ***Organo (di stampa)***, giornale: *organi di partito.*

orgasmo (or-gà-smo) N.M. · Il momento di massima eccitazione sessuale: *raggiungere l'orgasmo* Ⓢ piacere.

orgia (òr-gia) N.F. (pl. *-ge*) · Ritrovo di più persone che danno libero sfogo ai propri istinti sessuali: *una notte di orge.*

orgoglio (or-gó-glio) N.M. (pl. *-gli*) **1** Sentimento della propria dignità e dei propri meriti: *sentirsi offeso, ferito nell'orgoglio; peccare d'orgoglio* Ⓢ amor proprio Ⓒ umiltà. **2** Motivo di vanto: *sei l'orgoglio della tua famiglia.*

orgoglioso (or-go-glió-so) AGG. **1** Dominato dall'orgoglio, chiuso nel proprio orgoglio: *un uomo orgoglioso* Ⓢ altezzoso • Che dimostra una superba fierezza: *nutrire un orgoglioso disprezzo per gli altri.* **2** Che prova grande soddisfazione per qualcosa: *sono orgogliosa* ***di*** *avere un'amica così; andava orgoglioso* ***della*** *vittoria della sua squadra* Ⓢ fiero, soddisfatto, contento.

orientale (o-rien-tà-le) AGG. e N.M. e F. || AGG. **1** Che proviene da est: *venti orientali* • Che si trova a est: *i confini orientali dell'Ungheria; l'Africa orientale* Ⓒ occidentale. **2** Dei Paesi asiatici, soprattutto con riferimento ai loro popoli e al loro sistema economico, politico e culturale: *popoli, nazioni orientali; le civiltà orientali* Ⓢ asiatico. || N.M. e F. Abitante, nativo dei Paesi asiatici: *ha sposato un'orientale.*

orientamento (o-rien-ta-mén-to) N.M. **1** La posizione o la direzione rispetto ai punti cardinali: *l'orientamento di una carta topografica.* **2** La capacità di capire dove ci si trova: *perdere l'orientamento; non ho senso d'orientamento.* **3** Preferenza all'interno di corsi di formazione o di attività intellettuali: *scuole di orientamento tecnico, professionale* Ⓢ indirizzo.

orientare (o-rien-tà-re) V.TR. (*oriènto*, ecc.) || TR. **1** Disporre in un certo verso rispetto ai punti cardinali: *la chiesa è orientata con la facciata a ovest.* **2** Dirigere qualcuno verso una determinata scelta: *orientare un giovane* ***agli*** *studi umanistici* Ⓢ indirizzare, spingere. || **orientarsi** RIFL. **1** Riuscire a capire dove ci si trova: *con questo buio non riesco a orientarmi* Ⓢ orizzontarsi. **2** Riuscire a capire qualcosa: *è difficile orientarsi* ***tra*** *tutti questi dati* Ⓢ raccapezzarsi. **3** Rivolgere la propria scelta verso qualcosa: *mi sto orientando* ***verso*** *l'acquisto di un appartamento.*

orientativo (o-rien-ta-tì-vo) AGG. · Che fornisce le informazioni necessarie per una prima conoscenza: *nozioni orientative.*

oriente (o-rièn-te) N.M. · Est, levante: *il tempio è rivolto a oriente; la Spagna è a oriente del Portogallo* Ⓒ occidente. Ⓔ ***L'Oriente***, i Paesi dell'Europa dell'est e dell'Asia da un punto di vista politico, economico e culturale; ***medio Oriente***, i Paesi dell'Asia e dell'Africa che si affacciano sul Mediterraneo orientale; ***estre-***

mo Oriente, i Paesi asiatici più lontani (Giappone, Cina, Corea, ecc.).

Il termine deriva dal latino *oriri* 'sorgere, nascere', perché si riferisce al punto dell'orizzonte in cui sorge il Sole al mattino.

orifizio (o-ri-fi-zio) N.M. (pl. *-zi*) **1** Foro per il passaggio di un liquido o di un gas Ⓢ buco. **2** Nel corpo dell'uomo o di alcuni animali, apertura verso l'esterno che si trova in certi organi cavi: *orifizio anale*.

origami (o-ri-gà-mi) N.M. INVAR. · L'arte di piegare più volte, secondo uno schema, un foglio di carta per ottenere figure di persone, oggetti, fiori, animali.

origano (o-rì-ga-no) N.M. · Erba aromatica usata in cucina per dare aroma a diverse preparazioni.

originale (o-ri-gi-nà-le) AGG. e N.M. || AGG. **1** Che rappresenta la prima realizzazione di un'opera o di un prodotto: *il manoscritto originale della lettera; è un modello originale della nostra fabbrica*. **2** Che presenta elementi di apprezzabile novità: *uno stile originale; l'attore ha fornito un'interpretazione originale del personaggio di Amleto* Ⓢ personale, particolare. **3** Che dimostra una certa stravaganza: *un tipo originale* Ⓢ stravagante, particolare, bizzarro. || N.M. Opera o documento autentico: *l'originale del diploma di laurea*. Ⓔ ***Peccato originale*** → *peccato*.

originalità (o-ri-gi-na-li-tà) N.F. INVAR. **1** Apprezzabile novità: *l'originalità di un'idea; artista privo di originalità*. **2** Atto o comportamento non comune: *le sue originalità non a tutti riescono gradite* Ⓢ stranezza, bizzarria, stravaganza.

originare (o-ri-gi-nà-re) V.TR. e INTR. (*orìgino*, ecc.) || TR. Far nascere: *una serie di contraddizioni che hanno originato molti sospetti* Ⓢ causare, provocare. || INTR. (aus. *essere*) e **originarsi** INTR. PRONOM. Derivare, nascere: ***dal*** *suo rifiuto si originarono molti guai; una lite che era originata* ***da*** *un banale malinteso*.

originario (o-ri-gi-nà-rio) AGG. (pl.m. *-ri*, pl.f. *-rie*) **1** Che ha la sua origine in un dato luogo: *la famiglia era originaria della Valsassina; la patata è originaria del Sud America* Ⓢ nativo. **2** Primitivo, iniziale, primo: *l'affresco è tornato all'originario splendore; il significato originario di una parola*.

origine (o-rì-gi-ne) N.F. **1** L'inizio di un fenomeno: *l'origine della vita* Ⓢ principio, nascita. **2** Il luogo da cui proviene qualcosa: *l'origine di un fiume*. **3** La classe sociale o il Paese da cui si proviene: *famiglia di nobile origine; una bambina di origine slava* Ⓢ provenienza. **4** Causa, motivo: *l'origine dei terremoti; la diversità di opinioni ha dato origine alla disputa; la delinquenza ha origine dalla miseria*. **5** In grammatica: ***complemento di origine*** o ***provenienza***, quello che indica ciò da cui qualcuno o qualcosa proviene (*nato da famiglia povera; la presunzione deriva dall'ignoranza*).

origliare (o-ri-glià-re) V.INTR. e TR. (*orìglio*, ecc.) || INTR. (aus. *avere*) Stare ad ascoltare di nascosto: *è stato sorpreso a origliare alla porta*. || TR. Ascoltare di nascosto: *origliare i discorsi degli altri*.

orina (o-rì-na) → ***urina***.

orinare (o-ri-nà-re) → ***urinare***.

-orio · Suffisso che serve a formare aggettivi di relazione a partire da verbi: *combinatorio*, che riguarda la combinazione di più elementi; serve a formare anche nomi e indica 'nomi di luogo': *conservatorio*, istituto dove si studia la musica.

oriundo (o-riùn-do) AGG. e N.M. (f. *-a*) · Che, chi discende da una famiglia di un Paese diverso da quello in cui è nato e vive: *uno spagnolo oriundo del Brasile; i miei genitori sono oriundi francesi* Ⓢ originario.

orizzontale (o-riz-zon-tà-le) AGG. · Parallelo alla superficie del suolo: *linea orizzontale; un edificio a sviluppo orizzontale*. Ⓔ ***Parole orizzontali*** (o *le orizzontali* N.F.PL.), nei cruciverba, le parole che si scrivono da sinistra a destra su una stessa riga Ⓒ parole verticali • ***Posizione orizzontale***, posizione supina: *stare, mettersi in posizione orizzontale*.

orizzontarsi (o-riz-zon-tàr-si) V.RIFL. (*mi orizzónto*, ecc.) **1** Sapere dove ci si trova: *non riesco a orizzontarmi* ***in*** *questo labirinto di strade* Ⓢ orientarsi. **2** Farsi un'idea di una situazione che si presenta confusa: *scriverò la relazio-*

ne appena mi sarò orizzontato ***tra*** *le informazioni che ho raccolto* Ⓢ raccapezzarsi.

orizzonte **(o-riz-zón-te)** N.M. **1** La linea lungo la quale il cielo sembra toccare la terra o il mare e che corrisponde al punto più lontano che l'occhio può vedere: *il sole si alza all'orizzonte; la nave scompare all'orizzonte.* **2** L'insieme delle possibilità future nell'ambito delle conoscenze e delle aspirazioni umane: *letture che rivelano orizzonti nuovi; gli orizzonti della scienza* Ⓢ prospettiva.

Il termine deriva dal greco *horízon (kýklos)* '(cerchio) che delimita, che taglia'.

orlare **(or-là-re)** V.TR. (*órlo*, ecc.) **1** Fornire di orlo: *orlare le lenzuola.* **2** Circondare come un orlo: *alte montagne orlano la città.*

orlo **(ór-lo)** N.M. **1** Il limite estremo di una superficie o di un oggetto: *l'orlo della riva; l'orlo del bicchiere; riempire la tazzina fino all'orlo* Ⓢ bordo, margine. **2** Situazione molto vicina alla rovina: *essere sull'orlo del fallimento, della disperazione* Ⓢ limite. **3** In oggetti di vestiario, bordo ripiegato e cucito dall'interno: *fare l'orlo ai pantaloni.*

orma **(ór-ma)** N.F. **1** L'impronta lasciata dal piede dell'uomo o dalla zampa di un animale: *lasciare le proprie orme sulla sabbia; le orme dei lupi sulla neve* Ⓢ traccia. **2** Traccia, testimonianza: *sono state rinvenute le orme di antiche civiltà.* Ⓔ ***Ricalcare le orme di qualcuno*** o ***seguire le orme di qualcuno***, rifare, seguire lo stesso percorso; imitarlo, seguirne l'esempio: *facendo l'avvocato, il figlio ha voluto seguire le orme del padre.*

ormai **(or-mài)** → ***oramai***.

ormeggiare **(or-meg-già-re)** V.TR. (*orméggio*, ecc.) · Fissare un'imbarcazione con ancore, catene, cavi perché l'acqua o il vento non la spostino.

ormeggio **(or-még-gio)** N.M. (pl. *-gi*) **1** Operazione con cui si ferma un'imbarcazione a un punto stabile • Il luogo scelto per questa operazione: *cercare un ormeggio sicuro* Ⓢ approdo. **2** AL PL. L'insieme dei cavi e delle ancore che servono a ormeggiare un'imbarcazione: *la tempesta ha rotto gli ormeggi; mollare gli ormeggi*, salpare.

ormonale **(or-mo-nà-le)** AGG. · Degli ormoni: *disfunzione ormonale.*

ormone **(or-mó-ne)** N.M. · Ogni sostanza, prodotta di solito da alcune ghiandole del corpo, capace di stimolare le attività di alcuni organi e di regolare importanti fenomeni, come la crescita e il metabolismo.

ornamentale **(or-na-men-tà-le)** AGG. · Che serve a decorare o ad abbellire: *disegno ornamentale; piante ornamentali* Ⓢ decorativo.

ornamento **(or-na-mén-to)** N.M. · Elemento che si aggiunge per abbellire: *ornamenti architettonici* Ⓢ decorazione.

ornare **(or-nà-re)** V.TR. (*órno*, ecc.) **1** Rendere più bello aggiungendo elementi accessori: *ornare un vestito* ***con*** *un ricamo; ornare un edificio* ***di*** *statue* Ⓢ decorare. **2** Avere la funzione di abbellire: *alcuni quadri ornavano le pareti.*

ornito- · Primo elemento di parole composte che significa 'uccello': *ornitologo*, lo studioso degli uccelli.

ornitologia **(or-ni-to-lo-gì-a)** N.F. (pl. *-gìe*) · Parte della zoologia che si occupa degli uccelli.

ornitologo **(or-ni-tò-lo-go)** N.M. (f. *-a*; pl.m. *-gi*, pl.f. *-ghe*) · Studioso di ornitologia.

ornitorinco **(or-ni-to-rìn-co)** N.M. (pl. *-chi*) · Mammifero diffuso in Australia, con zampe palmate e becco simile a quello dell'anatra; pur deponendo le uova allatta i suoi piccoli.

oro **(ò-ro)** N.M. (pl. *òri*) **1** Metallo giallo e splendente, molto malleabile, usato soprattutto per fare gioielli, monete e altri oggetti preziosi (il simbolo chimico è *Au*): *oro in lingotti; un bracciale d'oro massiccio.* **2** Simbolo di ciò che ha un grande valore economico o morale: *vale tant'oro quanto pesa; un affare d'oro; un cuore d'oro; non lo farei per tutto l'oro del mondo.* Ⓔ ***Medaglia d'oro***, in una gara sportiva, quella che viene assegnata al primo classificato; riconoscimento offerto a chi si è distinto per atti di coraggio • ***Navigare nell'oro*** o ***nuotare nell'oro***, essere molto ricco • ***Nozze d'oro***, il cinquantesimo anniversario del matrimonio • ***Oro nero***, il petrolio.

oro- · Primo elemento di parole composte che significa 'monte, montagna': *orografia*, lo studio delle montagne.

orogenesi (o-ro-gè-ne-ṣi) N.F. INVAR. · Il fenomeno geologico che porta alla formazione delle montagne: *orogenesi alpina*.

orografia (o-ro-gra-fì-a) N.F. (pl. *-fìe*) · Parte della geografia che studia le caratteristiche dei rilievi montuosi • La distribuzione dei rilievi montuosi in una certa regione: *l'orografia della Svizzera*.

orologeria (o-ro-lo-ge-rì-a) N.F. (pl. *-rìe*) · L'industria che fabbrica gli orologi: *l'orologeria svizzera* • Negozio in cui si vendono orologi. Ⓔ ***Bomba a orologeria*** → ***bomba***.

orologiaio (o-ro-lo-già-io) N.M. (f. *-a*; pl.m. *-giài*, pl.f. *-giàie*) · Chi fabbrica, vende o ripara orologi.

orologio (o-ro-lò-gio) N.M. (pl. *-gi*) · Strumento per misurare il tempo in ore, minuti e secondi: *orologio ad acqua; orologio da tasca, da polso; orologio di precisione*. Ⓔ ***Orologio a cucù*** → ***cucù*** • ***Orologio al quarzo***, elettrico, la cui corrente di alimentazione è fornita da cristalli di quarzo • ***Orologio a pendolo*** → ***pendolo*** • ***Orologio a sabbia***, clessidra • ***Orologio digitale***, a cristalli liquidi e in cui l'ora è visualizzata con successivi scatti di cifre • ***Orologio solare***, meridiana.

oroscopo (o-rò-sco-po) N.M. · Previsione riguardo al destino e al carattere di una persona, formulata in base alla posizione degli astri al momento della sua nascita o al suo segno zodiacale: *farsi fare l'oroscopo; la mattina ascolto l'oroscopo alla radio*.

Il termine deriva da una parola greca che significa 'osservazione dell'ora (della nascita)', perché si studiava la posizione dei pianeti nel momento della nascita per capire la loro influenza sulla vita del bambino appena nato.

orpello (or-pèl-lo) N.M. · Falsa apparenza Ⓢ finzione, artificio • AL PL. Ornamenti banali e vistosi: *si è presentata carica di orpelli; una prosa piena di inutili orpelli*.

Il termine deriva dal latino *aurea pellis* 'pelle d'oro', attraverso il provenzale; in origine indicava una lega di rame, zinco e stagno, usata per fare rivestimenti in apparenza simili all'oro.

orrendo (or-rèn-do) AGG. · Che provoca orrore e grave turbamento: *un orrendo delitto; un mostro orrendo* Ⓢ orribile, spaventoso, atroce.

orribile (or-rì-bi-le) AGG. **1** Che suscita orrore e indignazione: *una scena orribile; un orribile delitto* Ⓢ orrendo, spaventoso. **2** Molto spiacevole: *un tempo orribile; una nottata orribile; un sapore orribile* Ⓢ terribile, pessimo.

orrido (òr-ri-do) AGG. e N.M. || AGG. Che provoca angoscia o paura: *un'orrida selva* Ⓢ spaventoso, terrificante • Molto brutto: *un film orrido* Ⓢ orrendo, orribile. || N.M. Profonda gola fra le rocce: *l'Orrido di Bellano presso Como* Ⓢ forra.

orripilante (or-ri-pi-làn-te) AGG. · Orrendo, spaventoso, mostruoso, orribile: *una creatura orripilante; un delitto orripilante*.

orrore (or-ró-re) N.M. **1** Violento sentimento di repulsione mista a paura: *un grido di orrore; destare, suscitare orrore* Ⓢ terrore • Ciò che provoca questo sentimento: *gli orrori della guerra*. **2** Sentimento di forte avversione: *ho in orrore la menzogna* Ⓢ odio. Ⓔ ***Dell'orrore***, di film, racconto, romanzo che ha lo scopo di suscitare paura: *gli piacciono molto i film dell'orrore*.

orsa (ór-sa) N.F. · La femmina dell'orso. Ⓔ ***Orsa Maggiore*** e ***Orsa Minore***, nome di due costellazioni a forma di carro: *l'ultima stella dell'Orsa Minore è la stella polare*.

orsacchiotto (or-sac-chiòt-to) N.M. **1** Cucciolo d'orso. **2** Giocattolo a forma di piccolo orso.

orso (ór-so) N.M. (f. *-a*) **1** Grande mammifero onnivoro con muso a punta, arti corti con dita armate di unghie ricurve, coda corta; nei mesi più freddi dell'anno cade in letargo. **2** Persona dal carattere chiuso e scontroso: *sei il solito orso; non fare l'orso*. Ⓔ ***Orso bianco***, quello che vive nelle zone artiche • ***Orso bruno***, quello che vive in Europa e in Asia. ▸▸

A B C D E F G H I J K L M N O P Q R S T U V W X Y Z

Il verbo che indica il verso dell'orso è *bramire* e il nome è *bramito*.

orsù (or-sù) INTER. · Esprime esortazione: *orsù, qui bisogna deciderci!*

ortaggio (or-tàg-gio) N.M. (spesso al pl. *-gi*) · Pianta coltivata nell'orto e usata come alimento: *vende frutta e ortaggi.*

ortensia (or-tèn-sia) N.F. (pl. *-sie*) · Arbusto usato come pianta ornamentale; ha fiori di colore roseo, azzurro e bianco.

Il termine deriva dal nome della signora *Hortense* Barré Lepaute a cui il botanico F. Commerson (1727-1773) dedicò la pianta.

ortica (or-tì-ca) N.F. (pl. *-che*) · Erba che cresce in luoghi umidi e freschi; ha le foglie ricoperte di peli che irritano la pelle quando vengono toccati. Ⓔ ***Gettare qualcosa alle ortiche***, sprecarlo, sciuparlo: *gettare alle ortiche anni di studio;* **gettare la tonaca alle ortiche**, di religioso, tornare alla vita laica.

orticaria (or-ti-cà-ria) N.F. (pl. *-rie*) · Irritazione della pelle, spesso di origine allergica, accompagnata dalla comparsa di macchioline rosse e prurito.

O

orticoltore (or-ti-col-tó-re) N.M. (f. *-trìce*) · Chi per mestiere coltiva gli ortaggi.

orto (òr-to) N.M. · Piccolo pezzo di terreno recintato in cui si coltivano verdure e piante da frutto. Ⓔ ***Orto botanico*** → ***botanico***.

orto- · Primo elemento di parole composte che significa 'esatto, corretto': *ortografia*, la scrittura corretta.

ortodosso (or-to-dòs-so) AGG. e N.M. (f. *-a*) || AGG. **1** Che segue in modo integrale una dottrina: *cattolici, musulmani ortodossi.* **2** Della Chiesa cristiana orientale: *liturgia ortodossa, rito ortodosso.* || N.M. (f. *-a*) Chi appartiene alla Chiesa cristiana orientale: *gli ortodossi della Russia.* Ⓔ ***Poco ortodosso, non ortodosso***, scorretto, contrario alle regole: *comportarsi in modo poco ortodosso; metodi non ortodossi.*

ortofrutticolo (or-to-frut-tì-co-lo) AGG. · Della frutta e della verdura: *prodotti ortofrutticoli; mercato ortofrutticolo.*

ortogonale (or-to-go-nà-le) AGG. · Di due enti geometrici, che incontrandosi formano un angolo retto: *rette, segmenti, superfici ortogonali* Ⓢ perpendicolare.

ortografia (or-to-gra-fì-a) N.F. (pl. *-fie*) · Il modo di scrivere che rispetta le regole grammaticali: *correggere l'ortografia del tema; fa parecchi errori di ortografia.*

ortografico (or-to-grà-fi-co) AGG. (pl.m. *-ci*, pl.f. *-che*) · Che riguarda l'ortografia: *errori ortografici; regole ortografiche.*

ortolano (or-to-là-no) N.M. (f. *-a*) · Venditore di frutta e verdura: *il negozio dell'ortolano.*

ortopedia (or-to-pe-dì-a) N.F. (pl. *-die*) · Settore della medicina che studia i traumi e le malformazioni delle ossa e delle articolazioni.

ortopedico (or-to-pè-di-co) AGG. (pl.m. *-ci*, pl.f. *-che*) · Che riguarda la parte della medicina che si occupa di curare le malformazioni e i traumi delle ossa e delle articolazioni: *clinica ortopedica.* Ⓔ ***Apparecchi ortopedici***, quelli con cui si correggono le deformazioni delle ossa • ***Medico ortopedico*** (o *un ortopedico* N.M.), specializzato in ortopedia.

orzaiolo (or-za-iò-lo) N.M. · Foruncolo che si forma sull'orlo della palpebra.

orzata (or-zà-ta) N.F. · Bevanda composta da mandorle dolci pestate, zucchero e acqua.

orzo (òr-zo) N.M. · Erba i cui frutti in chicchi sono impiegati per fare il pane, come foraggio, per estrarre il malto per la birra e come surrogato del caffè.

osanna (o-ṣàn-na) N.M. INVAR. **1** Nella religione cristiana, espressione di lode a Dio. **2** Espressione di acclamazione collettiva: *entrò in campo tra gli osanna dei tifosi.*

osannare (o-ṣan-nà-re) V.INTR. e TR. || INTR. (aus. *avere*) Rendere pubbliche lodi: *il popolo applaudiva e osannava* ***al*** *dittatore.* || TR. Fare oggetto di grande ammirazione: *i tifosi osannavano il loro beniamino; quel film è stato osannato dalla critica* Ⓢ celebrare, esaltare.

osare (o-ṣà-re) V.TR. (òṣo, ecc.) **1** Tentare con coraggio un'azione difficile o rischiosa: *ha osato attraversare il deserto da solo; osare l'impossibile* Ⓢ ardire. **2** Permettersi di compiere un'azione arrogante o violenta: *non osare mai* *più insultarmi così; non oserebbe mai picchiare i suoi figli.*

oscar (ò-scar) N.M. INVAR. **1** Nome della statuetta del premio istituito nel 1928 dalla *Academy of motion pictures arts and sciences* ed assegnato ogni anno al migliore film e ai migliori artisti della produzione cinematografica dell'anno • L'artista premiato con questa statuetta: *nel nuovo film di Scorsese reciteranno tre premi Oscar.* **2** Premio ottenuto per aver svolto molto bene un'attività: *l'oscar della danza, della pubblicità.* Ⓔ ***Da oscar***, degno di un premio: *un'esecuzione da oscar.*

oscenità (o-sce-ni-tà) N.F. INVAR. **1** Esibizione volgare della sessualità che offende la morale e il pudore: *un film di un'oscenità sconvolgente; chi ha scritto queste oscenità sui muri?* Ⓢ indecenza, volgarità. **2** Cosa di cattivo gusto: *questi versi sono un'oscenità* Ⓢ orrore.

osceno (o-scè-no) AGG. **1** Che esibisce in modo volgare atteggiamenti o discorsi che riguardano la sfera sessuale: *parole oscene; scritte oscene* Ⓢ indecente, volgare. **2** Di cattivo gusto: *porta sempre delle cravatte oscene* Ⓢ brutto, orrendo.

oscillare (o-scil-là-re) V.INTR. (aus. *avere*) **1** Muoversi da una parte all'altra in modo alternato: *l'altalena oscillava spinta dal vento* Ⓢ ondeggiare, dondolare. **2** Di una grandezza, variare tra un valore massimo e un valore minimo: *la temperatura ieri ha oscillato* ***fra*** *i 10 e i 18 gradi.* **3** Di persona, essere indeciso fra due possibilità: *continua ad oscillare* ***fra*** *il sì e il no* Ⓢ esitare.

oscillatorio (o-scil-la-tò-rio) AGG. (pl.m. *-ri*, pl.f. *-rie*) · Che presenta un movimento alternato: *il moto oscillatorio del pendolo.*

oscillazione (o-scil-la-zió-ne) N.F. **1** Movimento alternato da una parte all'altra: *l'oscillazione del pendolo, dell'altalena, della barca.* **2** Variazione alternata fra due valori estremi: *le oscillazioni della temperatura; le oscillazioni dei prezzi.*

oscuramento (o-scu-ra-mén-to) N.M. **1** Scomparsa, parziale o totale, della luce: *l'oscuramento del sole a causa delle nuvole.* **2** Durante la guerra, l'eliminazione dell'illuminazione notturna per proteggere le città dagli attacchi aerei dei nemici.

oscurare (o-scu-rà-re) V.TR. || TR. Rendere scuro mettendosi in mezzo come ostacolo alla luce: *le nuvole oscuravano il Sole* Ⓢ offuscare, coprire Ⓒ rischiarare. || **oscurarsi** INTR. PRONOM. Diventare scuro: *il cielo si oscurò rapidamente.* Ⓔ ***Oscurare la fama di qualcuno***, ottenere un successo e un prestigio più grandi dei suoi • ***Oscurarsi in volto***, assumere un aspetto preoccupato o arrabbiato.

oscurità (o-scu-ri-tà) N.F. INVAR. **1** Mancanza di luce: *l'oscurità di una notte senza luna; è scappato approfittando dell'oscurità* Ⓢ buio Ⓒ luce. **2** Mancanza di chiarezza: *l'oscurità di un testo, di un comportamento* Ⓒ chiarezza.

oscuro (o-scù-ro) AGG. **1** Che manca di luce: *un cielo oscuro e nuvoloso; vicoli oscuri* Ⓢ buio, scuro Ⓒ chiaro, luminoso. **2** Difficile da capire: *parole oscure; ci sono molti punti oscuri in questa faccenda* Ⓢ incomprensibile, misterioso Ⓒ evidente, semplice • Poco conosciuto: *un periodo oscuro della nostra storia* Ⓢ ignoto, sconosciuto • Incerto, dubbio: *un avvenire oscuro; soldi di oscura provenienza.* Ⓔ ***All'oscuro di qualcosa***, nella condizione di non saperne nulla: *sembra che la moglie fosse all'oscuro di tutto* • ***Camera oscura*** → *camera*.

osmosi (o-ṣmò-ṣi) N.F. INVAR. **1** Passaggio di liquidi attraverso una membrana che li separa. **2** Influenza reciproca tra idee o culture diverse Ⓢ scambio, integrazione.

-oso · Suffisso che serve a formare aggettivi con valore accrescitivo: *valoroso*, coraggioso.

ospedale (o-spe-dà-le) N.M. · Istituto pubblico in cui si ricoverano e si assistono malati e feriti: *andare, ricoverarsi all'ospedale; ospedale militare* Ⓢ clinica. Ⓔ ***Mandare qualcuno all'ospedale***, picchiarlo fino a ridurlo male.

> Il termine deriva dal latino *hospitalis (domus)* '(alloggio) per forestieri'.

ospedaliero (o-spe-da-liè-ro) AGG. e N.M. (f. *-a*) || AGG. Che riguarda gli ospedali: *ricovero ospedaliero; amministrazione ospedaliera.* || N.M. (f. -a) Chi lavora in un ospedale.

ospitale (o-spi-tà-le) AGG. **1** Cortese e cordiale nei confronti degli ospiti: *una famiglia*

A B C D E F G H I J K L M N O P Q R S T U V W X Y Z

ospitale; gente molto ospitale Ⓢ accogliente, gentile Ⓒ inospitale. **2** Di luogo, piacevole e accogliente: *un paesino di montagna molto ospitale.*

ospitalità (o-spi-ta-li-tà) N.F. INVAR. **1** Disponibilità ad accogliere ospiti nella propria casa: *dare, offrire ospitalità; accettare l'ospitalità di un amico.* **2** L'atto di ricevere e accogliere qualcuno come ospite: *lo ringraziammo per la sua squisita ospitalità.*

ospitare (o-spi-tà-re) V.TR. (*òspito*, ecc.) **1** Di persona, offrire a qualcuno alloggio nella propria casa per un tempo limitato: *se verrai al mare, ti ospiterò volentieri* ***a*** *casa mia; i pellegrini venivano ospitati* ***nelle*** *famiglie* Ⓢ accogliere, ricevere • Di Paesi e nazioni, accogliere nei propri confini chi è stato costretto a lasciare il proprio Paese per motivi politici: *la Francia ospitò molti oppositori del regime fascista.* **2** Di località, essere la sede di una manifestazione: *la città di Torino ospita la fiera del libro* • Di museo o biblioteca, avere al proprio interno: *la biblioteca di Napoli ospita molti manoscritti di Giacomo Leopardi* Ⓢ contenere, custodire. Ⓔ ***Ospitare una squadra***, nello sport, giocare contro di essa sul proprio terreno.

ospite (ò-spi-te) N.M. e F. e AGG. || N.M. e F. **1** La persona che viene accolta in casa d'altri: *presso i popoli antichi l'ospite era sacro; essere ospite di una famiglia; accogliere, intrattenere gli ospiti; un ospite di riguardo.* **2** La persona che accoglie per un tempo limitato una o più persone nella propria casa: *un ospite gentile, generoso* Ⓢ padrone di casa. || AGG. Di squadra, che in una gara sportiva gioca in trasferta.

ospizio (o-spì-zio) N.M. (pl. *-zi*) · Istituto che ospita persone anziane che non possono più vivere in casa da sole: *hanno messo il nonno in un ospizio* Ⓢ ricovero, casa di riposo.

ossa (òs-sa) · Plurale femminile → ***osso***.

ossario (os-sà-rio) N.M. (pl. *-ri*) · Nei cimiteri, ambiente in cui vengono raccolti i resti dei defunti che sono stati disseppelliti • Edificio costruito per accogliere i resti dei caduti in battaglia: *l'ossario del Monte Grappa.*

ossatura (os-sa-tù-ra) N.F. **1** L'insieme delle ossa che formano lo scheletro del corpo: *l'ossatura di un uomo, di un cane; ossatura robusta.* **2** Struttura di sostegno: *l'ossatura di un edificio.*

osseo (òs-se-o) AGG. (pl.m. *-sei*, pl.f. *-see*) · Delle ossa: *midollo osseo; tessuto osseo.*

ossequio (os-sè-quio) N.M. (pl. *-qui*) **1** Profondo rispetto verso qualcuno o qualcosa: *atti, parole di ossequio* Ⓢ rispetto, riguardo. **2** AL PL. Espressione di cortese saluto: *ossequi alla signora* Ⓢ omaggi, rispetti.

ossequioso (os-se-quió-so) AGG. · Che dimostra rispetto e ossequio, spesso in modo esagerato: *un portiere molto ossequioso; un ossequioso inchino* Ⓢ cerimonioso, riverente.

osservante (os-ser-vàn-te) AGG. e N.M. e F. · Che, chi rispetta con rigore le leggi del proprio Stato o le regole della propria religione: *un cittadino osservante* ***delle*** *leggi; un cattolico osservante.*

osservanza (os-ser-vàn-za) N.F. · Il rispetto delle regole: *osservanza* ***della*** *legge; un cattolico di stretta osservanza* Ⓒ inosservanza. Ⓔ ***In osservanza a***, nel rispetto di: *in osservanza alle disposizioni ricevute.*

osservare (os-ser-và-re) V.TR. (*ossèrvo*, ecc.) **1** Guardare con attenzione: *osservare un quadro, un insetto; sentendosi osservata arrossì leggermente* Ⓢ esaminare. **2** Notare, rilevare, constatare: *hai osservato nulla di strano nel suo comportamento?; vorrei farti osservare un particolare curioso.* **3** Intervenire in un discorso per fare un'obiezione: *osservò* ***che*** *bisognava affrettarsi; avrei molto da osservare sul suo comportamento* Ⓢ obiettare. **4** Rispettare un impegno o una regola: *osservare le norme; osservare il digiuno* Ⓒ trasgredire, violare.

osservatore (os-ser-va-tó-re) N.M. (f. *-trìce*) **1** Chi osserva: *un osservatore più attento avrebbe notato quel piccolo difetto* • Chi ha spirito di osservazione: *sei proprio un osservatore!* **2** Chi è inviato a congressi o assemblee solo per garantirne la regolarità, ma senza partecipare: *gli osservatori delle Nazioni Unite.*

osservatorio (os-ser-va-tò-rio) N.M. (pl. *-ri*) · Luogo attrezzato per lo studio di fenomeni scientifici: *osservatorio astronomico, meteorologico, sismico.*

osservazione (os-ser-va-zió-ne) N.F. **1** Esame attento: *l'osservazione degli astri; strumenti di osservazione* Ⓢ studio, analisi. **2** Commento, giudizio su qualcosa: *fare un'osservazione sensata; mi hanno molto colpito le tue osservazioni su quel romanzo* Ⓢ considerazione, riflessione. **3** Appunto negativo: *mi ha fatto un'osservazione per il ritardo* Ⓢ obiezione, rimprovero. Ⓔ ***In osservazione***, sotto stretto controllo medico in ospedale: *tenere un paziente in osservazione per due giorni* • ***Spirito d'osservazione***, grande capacità di intuire le situazioni.

ossessionare (os-ses-sio-nà-re) V.TR. (*ossessióno*, ecc.) **1** Tormentare con insistenza qualcuno provocandogli angoscia: *è un'idea che lo ossessiona* Ⓢ opprimere. **2** Assillare in modo insistente: *mi ossessiona* ***con*** *i suoi problemi* Ⓢ esasperare.

ossessione (os-ses-sió-ne) N.F. **1** Malattia psichica caratterizzata dalla presenza continua nella mente di idee, parole o immagini Ⓢ psicosi. **2** Motivo di continua preoccupazione: *l'ossessione della gelosia; avere l'ossessione delle malattie* Ⓢ fissazione.

ossessivo (os-ses-sì-vo) AGG. **1** Tipico dell'ossessione: *nevrosi ossessiva.* **2** Che è motivo di continua angoscia: *idee ossessive; rumore ossessivo* Ⓢ tormentoso, angoscioso.

ossesso (os-sès-so) AGG. e N.M. (f. *-a*) **1** Posseduto dal demonio. **2** Di persona, in preda al furore: *dibattersi, piangere come un ossesso.*

> Il termine deriva dal latino *obsessus* 'assediato' che, nel latino cristiano, assunse il significato di 'attaccato, posseduto (dal demonio)'.

ossia (os-sì-a) CONGIUNZ. · Cioè, vale a dire: *la linguistica, ossia la scienza delle lingue.*

ossicino (os-si-cì-no) N.M. · Piccolo osso: *sputare un ossicino di pollo.*

ossidare (os-si-dà-re) V.TR. (*òssido*, ecc.) || TR. Far reagire una sostanza con l'ossigeno • Privare di lucentezza, coprire di una patina opaca: *l'aria ossida i metalli.* || **ossidarsi** INTR. PRONOM. Reagire con l'ossigeno, soprattutto di metalli che perdono la loro lucentezza al contatto dell'aria: *le viti si sono ossidate.*

ossidazione (os-si-da-zió-ne) N.F. · La perdita della lucentezza dei metalli a causa di una prolungata esposizione all'aria e all'umidità.

ossidiana (os-si-dià-na) N.F. · Roccia eruttiva nera o scura che si forma per il raffreddamento di lave vulcaniche.

ossido (òs-si-do) N.M. · In chimica, qualsiasi composto di una sostanza con l'ossigeno. Ⓔ ***Ossido di carbonio*** → **carbonio**.

ossigenare (os-si-ge-nà-re) V.TR. (*ossìgeno*, ecc.) · Arricchire di ossigeno: *ossigenare l'aria; ossigenare i capelli*, schiarirli con l'acqua ossigenata.

ossigenato (os-si-ge-nà-to) AGG. **1** Che contiene ossigeno: *composti ossigenati.* **2** Trattato con ossigeno o con un suo composto: *capelli ossigenati*, resi biondi con acqua ossigenata. Ⓔ ***Acqua ossigenata*** → **acqua**.

ossigeno (os-sì-ge-no) N.M. **1** Gas senza odore, sapore e colore, indispensabile alla vita; si trova sia libero nell'aria o combinato in numerosissimi composti (il simbolo chimico è O): *la molecola dell'acqua è composta di idrogeno e di ossigeno.* **2** Ciò che dà sollievo in una situazione difficile: *le vendite di Natale hanno portato un po' di ossigeno all'azienda; la nuova strada dovrebbe dare un po' d'ossigeno al traffico cittadino* Ⓢ aiuto, sollievo, respiro. Ⓔ ***Camera a ossigeno, tenda a ossigeno***, apparecchiature mediche per somministrare ossigeno ai malati.

ossimoro (os-si-mò-ro o os-sì-mo-ro) N.M. · Figura retorica in cui vengono accostate parole che esprimono concetti contrari, per es. *lucida pazzia, ghiaccio bollente.*

osso (òs-so) N.M. **1** (pl.f. *le òssa*) Ogni elemento duro, resistente, di colore bianco, che forma lo scheletro di uomini e animali: *le ossa del torace, della mano; la frattura di un osso; mi fanno male le ossa.* **2** (pl.m. *gli òssi*) Le parti ossee degli animali: *gli ossi del pollo; l'osso del prosciutto* • Parte dello scheletro di un animale usato per fare oggetti: *bottoni d'osso.* Ⓔ ***All'osso***, in miseria: *ridursi all'osso* • ***Farsi le ossa***, fare esperienza: *si è fatto le* *ossa in un'industria chimica di Milano* • ***In carne e ossa***, in persona • ***Pelle e ossa***, molto magro • ***Rimetterci l'osso del collo***, morire • ***Un osso duro***, una cosa difficile da affrontare: *il latino è sempre stato un osso duro per lui*; una persona difficile, che crea ostacoli e complicazioni: *suo padre è un osso duro da convincere*.

Il plurale maschile *ossi* si usa per indicare le parti ossee degli animali: *ossi di seppia*; *ho dato gli ossi al cane*; per indicare l'insieme delle strutture ossee dello scheletro si usa il plurale femminile *ossa*.

ossobuco (os-so-bù-co) (o **osso buco**) N.M. (pl. *ossibùchi* o *òssi bùchi*) · Taglio di carne di vitello con in mezzo un osso con il midollo: *ossibuchi con il riso alla milanese*.

ossuto (os-sù-to) AGG. · Che ha le ossa ben visibili: *un volto ossuto* Ⓢ magro, scarno.

ostacolare (o-sta-co-là-re) V.TR. (*ostàcolo*, ecc.) · Opporsi alla realizzazione di qualcosa: *ostacolare l'avanzata nemica; ostacolare un progetto* Ⓢ contrastare, boicottare Ⓒ agevolare.

ostacolo (o-stà-co-lo) N.M. **1** Ciò che si oppone a un'azione o a un movimento: *incontrare, superare un ostacolo; la forza di volontà non conosce ostacoli* Ⓢ impedimento, difficoltà. **2** Barriera lungo il percorso di una gara che i concorrenti devono saltare: *corsa a ostacoli*.

ostaggio (o-stàg-gio) N.M. (pl. *-gi*) · Persona catturata e tenuta prigioniera dal nemico durante una guerra oppure da malviventi per ottenere qualcosa in cambio della sua liberazione: *hanno chiesto una somma enorme per la liberazione degli ostaggi*.

oste (ò-ste) N.M. (f. *-éssa*; pl.m. *-i*, pl.f. *-ésse*) · Chi gestisce un'osteria. Ⓔ ***Fare i conti senza l'oste***, prendere decisioni su cose che dipendono dalla volontà degli altri senza chiederne il parere.

osteggiare (o-steg-già-re) V.TR. (*ostéggio*, ecc.) · Ostacolare, contrastare, avversare: *osteggiare un progetto; era osteggiato dalla maggior parte dei colleghi*.

ostello (o-stèl-lo) N.M. · Albergo molto economico frequentato soprattutto da giovani che viaggiano con pochi mezzi.

ostentare (o-sten-tà-re) V.TR. (*ostènto*, ecc.) · Mettere in mostra in modo sfacciato: *ostentare ricchezza, cultura; ostentare coraggio* Ⓢ esibire, vantare.

ostentazione (o-sten-ta-zió-ne) N.F. · Esibizione sfacciata: *parlare con ostentazione dei propri successi; ostentazione di ricchezza* Ⓢ sfoggio, mostra.

osteria (o-ste-rì-a) N.F. (pl. *-rìe*) · Locale modesto in cui si servono vino e cibo: *lo trovò all'osteria* Ⓢ taverna.

ostetrica (o-stè-tri-ca) N.F. (pl. *-che*) · Infermiera che assiste la donna durante la gravidanza e il parto.

Il termine deriva dal latino *obstare* 'stare davanti', perché l'ostetrica assiste una donna che partorisce standole di fronte.

ostia (ò-stia) N.F. (pl. *òstie*) · Nella liturgia cattolica, sottile disco di farina che per mezzo delle parole pronunciate dal sacerdote durante la Messa si trasforma nel corpo di Cristo, diventando nutrimento spirituale per i credenti.

ostico (ò-sti-co) AGG. (pl.m. *-ci*, pl.f. *-che*) · Difficile, complicato: *materie ostiche; un lavoro ostico* Ⓒ facile, agevole.

ostile (o-stì-le) AGG. · Nemico, contrario, avverso: *un atteggiamento ostile; la donna si mostrò molto ostile* ***verso di*** *noi* Ⓒ amichevole.

ostilità (o-sti-li-tà) N.F. INVAR. **1** Atteggiamento di avversione: *non è stato facile affrontare l'ostilità dei colleghi; non nasconde la sua ostilità* ***ai*** *miei progetti*. **2** AL PL. Le operazioni di guerra: *aprire le ostilità; la fine delle ostilità* Ⓢ guerra, conflitto.

ostinarsi (o-sti-nàr-si) V.INTR. PRONOM. · Insistere in un'idea o in un atteggiamento in modo irragionevole: *ostinarsi* ***nell'****errore; si ostina* ***a*** *voler avere ragione* Ⓢ impuntarsi, intestardirsi.

ostinato (o-sti-nà-to) AGG. **1** Di persona, che insiste con tenacia in un atteggiamento o in un'idea: *una ragazza ostinata; essere ostinato*

nei *propri pregiudizi* Ⓢ testardo, caparbio • Di atteggiamento, fermo, tenace: *un ostinato rifiuto.* **2** Che dura più del solito: *una pioggia ostinata; una tosse ostinata* Ⓢ insistente, continuo.

ostinazione (o-sti-na-zió-ne) N.F. **1** Fermezza irragionevole: *non sono riuscito a vincere la sua ostinazione; la tua ostinazione* ***nel*** *negare l'evidenza è ridicola* Ⓢ determinazione, caparbietà. **2** Grande impegno nel fare qualcosa: *lottare con ostinazione* Ⓢ tenacia, costanza.

ostracismo (o-stra-cì-ṣmo) N.M. **1** Nell'antica Grecia, esilio cui era condannato il cittadino ritenuto pericoloso per la sicurezza dello Stato. **2** Dura opposizione a qualcuno o a qualcosa: *è vittima dell'ostracismo dei colleghi; ha fatto ostracismo a tutte le proposte* Ⓢ resistenza, ostruzionismo.

Il termine deriva dal greco *óstrakon* 'coccio, conchiglia', perché nell'antica Atene i nomi dei cittadini che si volevano mettere al bando si scrivevano su frammenti di terracotta.

ostracizzare (o-stra-ciẓ-ẓà-re) V.TR. **1** Nell'antica Atene, condannare all'esilio un cittadino pericoloso per la sicurezza dello Stato. **2** Escludere, emarginare: *ostracizzare qualcuno per le sue idee.*

ostrica (ò-stri-ca) N.F. (pl. *-che*) · Mollusco diffuso in tutti i mari, con conchiglia di forma irregolare; viene allevato perché è considerato un cibo pregiato. Ⓔ ***Chiuso come un'ostrica,*** molto riservato.

ostrogoto (o-stro-gò-to) AGG. e N.M. (f. *-a*) · Degli Ostrogoti, la popolazione dei Goti occidentali che si stabilì in Italia nella prima metà del sesto secolo: *invasione ostrogota.*

ostruire (o-stru-ì-re) V.TR. (*ostruìsco, ostruìsci,* ecc.) · Chiudere, bloccare, intasare: *ostruire un canale; la neve aveva ostruito il passaggio.*

ostruzione (o-stru-zió-ne) N.F. · Chiusura, blocco: *l'ostruzione di un condotto.*

ostruzionismo (o-stru-zio-nì-ṣmo) N.M. · Tentativo di impedire un'attività: *fare ostruzionismo; è stato eletto nonostante l'ostruzionismo degli avversari* Ⓢ opposizione, boicottaggio. Ⓔ ***Ostruzionismo parlamentare,*** tentativo di rallentare i lavori del Parlamento da parte delle minoranze parlamentari per impedire le decisioni della maggioranza.

ostruzionista (o-stru-zio-nì-sta) AGG. e N.M. e F. (pl.m. *-i*, pl.f. *-e*) · Che, chi cerca di ostacolare un'attività.

otaria (o-tà-ria) N.F. (pl. *-rie*) · Mammifero carnivoro, detto anche *leone marino,* diffuso nei mari freddi dell'emisfero australe; è lungo circa 3 m, agile nel nuoto e ha una pelliccia che nei maschi forma una caratteristica criniera.

otite (o-tì-te) N.F. · Infiammazione dell'orecchio.

otorino (o-to-rì-no) N.M. e F. · Otorinolaringoiatra.

otorinolaringoiatra (o-to-ri-no-la-rin-go-ià-tra) N.M. e F. (pl.m. *-i*, pl.f. *-e*) · Medico specializzato nella cura delle malattie dell'orecchio, del naso e della gola.

otre (ó-tre) N.M. · Recipiente di pelle di capra usato nell'antichità per contenere e trasportare liquidi. Ⓔ ***Pieno come un otre,*** di chi ha mangiato o bevuto troppo.

otta- · Primo elemento di parole composte che significa 'otto': *ottagono.*

ottagono (ot-tà-go-no) N.M. · Poligono con otto lati e otto angoli.

ottanta (ot-tàn-ta) AGG. NUM. CARD. e N.M. INVAR. || AGG. Numero formato da otto decine. || N.M. Il numero ottanta e il segno che lo rappresenta (*80* in numeri arabi, *LXXX* in numeri romani). Ⓔ ***Gli anni Ottanta,*** il decennio che va dal 1980 al 1990.

ottava (ot-tà-va) N.F. **1** Intervallo di otto gradi della scala musicale. **2** Strofa di otto versi.

ottavo (ot-tà-vo) AGG. NUM. ORD. · Che in una serie ordinata rappresenta il numero otto (in numeri arabi *8º*): *l'ottavo capitolo.* Ⓔ ***L'ottavo secolo,*** il secolo compreso tra il 701 e l'800 (in numeri romani *VIII secolo*).

ottemperanza (ot-tem-pe-ràn-za) N.F. · Applicazione di una norma: *in ottemperanza al decreto.*

ottemperare (ot-tem-pe-rà-re) V.INTR. (*ottèmpero*, ecc.; aus. *avere*) · Obbedire a un dovere o a un obbligo: *ottemperare* ***alle*** *leggi*.

ottenebrare (ot-te-ne-brà-re) V.TR. (*ottènebro*, ecc.) · Oscurare, offuscare, annebbiare: *il sole è ottenebrato dalle nuvole; l'alcol ottenebra la mente.*

ottenere (ot-te-né-re) V.TR. (irreg.: coniugato come *tenere*) **1** Riuscire a raggiungere un risultato: *ottenere una promozione; alla fine ha ottenuto* ***di*** *poter tenere i figli* Ⓢ guadagnarsi, conquistare. **2** Avere come risultato di un'operazione o di un procedimento: *moltiplicando 3 per 5 si ottiene 15; lo zucchero si ottiene* ***dalla*** *barbabietola* Ⓢ ricavare.

ottenimento (ot-te-ni-mén-to) N.M. · Raggiungimento di un risultato.

ottentotto (ot-ten-tòt-to) AGG. e N.M. (f. *-a*) · Degli Ottentotti, popolazione indigena dell'Africa meridionale oggi notevolmente ridotta, ma molto numerosa all'epoca dei primi stanziamenti olandesi nel Seicento.

ottica (òt-ti-ca) N.F. (pl. *-che*) **1** Parte della fisica che studia i fenomeni luminosi. **2** La tecnica di fabbricazione di strumenti ottici • In un apparecchio ottico, l'insieme delle lenti e delle altre parti interne che lo fanno funzionare: *un cannocchiale dall'ottica perfetta.* **3** Modo di considerare un fatto: *considerare una questione in un'ottica diversa* Ⓢ punto di vista, prospettiva.

O

ottico (òt-ti-co) AGG. e N.M. (f. *-a*; pl.m. *-ci*, pl.f. *-che*) || AGG. **1** Che riguarda gli organi o la funzione della vista: *nervo ottico; illusione ottica*, errore nel valutare la forma o la grandezza di un oggetto. **2** Che riguarda la luce: *fenomeni ottici.* || N.M. (f. *-a*) Tecnico autorizzato alla confezione e alla vendita di occhiali e lenti. Ⓔ ***Fibra ottica*** → *fibra*.

ottimale (ot-ti-mà-le) AGG. · Che rappresenta ciò che di meglio si può avere: *condizioni ottimali di vita* Ⓢ ideale, perfetto.

ottimismo (ot-ti-mì-ṣmo) N.M. · Tendenza a vedere il lato positivo della realtà e a credere nel futuro: *conservare l'ottimismo non è sempre facile* Ⓢ fiducia Ⓒ pessimismo.

ottimista (ot-ti-mì-sta) AGG. e N.M. e F. (pl.m. *-i*, pl.f. *-e*) · Che, chi tende a vedere i lati positivi nel presente e a credere nel futuro: *è sempre stato un ottimista* Ⓢ fiducioso Ⓒ pessimista.

ottimistico (ot-ti-mì-sti-co) AGG. (pl.m. *-ci*, pl.f. *-che*) · Che dimostra ottimismo: *atteggiamento ottimistico; previsioni ottimistiche* Ⓢ positivo.

ottimo (òt-ti-mo) AGG. e N.M. || AGG. Molto buono: *un ottimo carattere; un ottimo padre; un'ottima idea; un ottimo vino* Ⓢ eccezionale, eccellente Ⓒ pessimo. || N.M. **1** Ciò che rappresenta il livello più alto di qualcosa: *l'ottimo della forma fisica* Ⓢ massimo. **2** Nel linguaggio scolastico, il giudizio più positivo in assoluto: *è stato promosso con ottimo.*

Ottimo è il superlativo di *buono*, quindi non si può dire *molto ottimo*.

otto (òt-to) AGG. NUM. CARD. e N.M. INVAR. || AGG. Il numero che segue il sette e precede il nove: *otto metri di stoffa; otto anni.* || N.M. Il numero otto e il segno che lo rappresenta (*8* in numeri arabi, *VIII* in numeri romani). Ⓔ ***In quattro e quattr'otto*** → *quattro*.

-otto · Suffisso che serve a formare aggettivi e nomi con valore diminutivo e attenuato: *pizzicotto*, pizzico sulla guancia; *anzianotto*, un po' anziano.

ottobre (ot-tó-bre) N.M. · Il decimo mese dell'anno, di 31 giorni.

Il termine deriva dal latino *october (mensis)* 'ottavo (mese)', perché l'antico calendario romano, rimasto in uso fino al 153 a.C., si componeva di dieci mesi, partendo da marzo.

ottocento (ot-to-cèn-to) AGG. NUM. CARD. e N.M. INVAR. || AGG. Numero uguale a otto volte cento. || N.M. Il numero ottocento e il segno che lo rappresenta (*800* in numeri arabi, *DCCC* in numeri romani). Ⓔ ***L'Ottocento***, il secolo compreso tra il 1801 e il 1900.

ottomano (ot-to-mà-no) AGG. e N.M. (f. *-a*) · Della Turchia, soprattutto nel periodo dal Trecento al Novecento: *Impero ottomano; arte ottomana.*

ottone (ot-tó-ne) N.M. **1** Lega di rame e zinco di colore giallo lucente: *maniglie d'ottone.* **2** AL PL. Il gruppo degli strumenti a fiato fabbricati con questo materiale (come trombe, cornette, corni).

ottuagenario (ot-tua-ge-nà-rio) AGG. e N.M. (f. -*a*; pl.m. -*ri*, pl.f. -*rie*) · Che, chi ha ottant'anni d'età: *benché ottuagenario è ancora vigoroso*.

otturare (ot-tu-rà-re) V.TR. || TR. Chiudere, tappare, ostruire: *otturare un dente cariato; le foglie hanno otturato la grata*. || **otturarsi** INTR. PRONOM. Ostruirsi, intasarsi: *il condotto si è otturato*.

otturatore (ot-tu-ra-tó-re) N.M. **1** Il meccanismo di chiusura della parte posteriore delle armi da fuoco. **2** Nella macchina fotografica, il meccanismo che regola la durata dell'esposizione della pellicola alla luce.

otturazione (ot-tu-ra-zió-ne) N.F. **1** Chiusura di un foro: *l'otturazione di una falla*. **2** La chiusura delle cavità che si formano nei denti a causa della carie: *cerchi di non masticare dalla parte dell'otturazione*.

ottusità (ot-tu-ṣi-tà) N.F. INVAR. · Lentezza nel capire le cose Ⓢ idiozia, stupidità Ⓒ acume.

ottuso (ot-tù-ṣo) AGG. **1** Che ha un'intelligenza poco pronta: *un ragazzo ottuso* Ⓢ tardo, lento Ⓒ arguto, intelligente. **2** ***Angolo ottuso***, angolo maggiore di un angolo retto e minore di un angolo piatto.

outing (pronuncia *àuting*) N. INGL., in it. N.M. INVAR. **1** Rivelazione pubblica di omosessualità: *ha sconvolto i genitori facendo outing*. **2** Confessione pubblica di un qualunque fatto personale.

outlet (out-let; pronuncia *àutlet*) N. INGL., in it. N.M. INVAR. · Negozio che vende i prodotti di marchi di lusso a prezzi scontati.

outsider (out-si-der; pronuncia *autsàider*) N. INGL., in it. N.M. e F. INVAR. · Chi non fa parte dei probabili vincitori in una competizione politica o sportiva.

ovaia (o-và-ia) N.F. (pl. *ovàie*) · L'organo genitale femminile dei mammiferi che produce gli ovuli.

ovale (o-và-le) AGG. e N.M. || AGG. Che ha una forma simile a un uovo: *un tavolo ovale; un viso ovale*. || N.M. La linea di contorno del volto: *l'ovale perfetto delle Madonne di Raffaello*. Ⓔ ***Palla ovale***, quella usata nel rugby.

ovarico (o-và-ri-co) AGG. (pl.m. -*ci*, pl.f. -*che*) · Delle ovaie: *funzione ovarica*.

ovario (o-và-rio) N.M. (pl. -*ri*) · L'organo genitale femminile in cui si trovano gli ovuli prima della fecondazione • Nei mammiferi, ovaia • Nei fiori, la parte che contiene gli ovuli e che dopo la fecondazione diventa frutto.

ovatta (o-vàt-ta) N.F. · Cotone in morbidi fiocchi usato per scopi igienici o per imbottiture e imballaggi.

ovazione (o-va-zió-ne) N.F. · Clamorosa manifestazione di entusiasmo da parte della folla: *quando apparve sul palco il cantante fu salutato da un'ovazione* Ⓢ acclamazione, applauso.

ove (ó-ve) AVV. · Nel linguaggio letterario, dove: *chiese alla fanciulla ove si recasse; il villaggio ove nacqui*.

overdose (o-ver-do-se; pronuncia *overdòṣ* o *overdòṣe*) N. INGL., in it. N.F. INVAR. · Dose eccessiva di droga che uccide chi la assume: *è morto per un'overdose di eroina*.

ovest (ò-vest) N.M. e AGG. INVAR. || N.M. **1** Il punto cardinale che corrisponde al luogo dove tramonta il sole; è detto anche *occidente* e *ponente*; si abbrevia in *O* Ⓒ est. **2** La parte occidentale di una regione rispetto a un punto di riferimento: *venire dall'Ovest*. || AGG. Situato a occidente: *l'ala ovest del castello*.

ovile (o-vì-le) N.M. **1** Luogo chiuso dove si custodiscono le pecore o le capre. **2** La propria casa, il proprio Paese: *tornare all'ovile*.

ovino (o-vì-no) AGG. e N.M. || AGG. Di pecore o di agnelli: *vendita di carni ovine*. || N.M. Ogni pecora, agnello o capra: *un allevamento di ovini*.

oviparo (o-vì-pa-ro) AGG. e N.M. · Di animale che depone uova dentro le quali si compie lo sviluppo dell'embrione.

ovo- · Primo elemento di parole composte che significa 'uovo': *ovoviviparo*, animale che nasce da un uovo.

ovolo (ò-vo-lo) N.M. · Fungo commestibile pregiato, con la parte superiore del cappello arancione e il gambo di colore giallo.

ovovia (o-vo-vì-a) N.F. (pl. *-vìe*) · Funivia con cabine a due posti a forma di uovo.

ovoviviparo (o-vo-vi-vì-pa-ro) AGG. e N.M. · Di animale (per es. la vipera) in cui lo sviluppo dell'embrione si compie in parte all'interno della madre, ma il nutrimento non è tratto dal corpo materno bensì dal tuorlo dell'uovo; una volta uscito dall'uovo, il piccolo viene partorito.

ovulazione (o-vu-la-zió-ne) N.F. · Uscita dall'ovario dell'ovulo pronto per la fecondazione.

ovulo (ò-vu-lo) N.M. · La cellula sessuale femminile.

ovunque (o-vùn-que) AVV. · Nel linguaggio letterario, dovunque: *ovunque si trovi spero che stia bene; mi segue ovunque.*

ovvero (ov-vé-ro) CONGIUNZ. · O invece: *non so se sia meglio tacere ovvero dire la verità* • Cioè, ossia, vale a dire: *è una cosa strana, ovvero incomprensibile.*

ovviamente (ov-via-mén-te) AVV. · Evidentemente, naturalmente, certamente: *ovviamente non l'ha fatto apposta.*

ovviare (ov-vi-à-re) V.INTR. (*ovvìo, ovvìi*, ecc.; aus. *avere*) · Trovare un rimedio: *ovviare **a** una difficoltà* Ⓢ rimediare, riparare.

Le tre persone singolari e la terza plurale del presente indicativo e le tre persone singolari del congiuntivo si pronunciano con l'accento sulla *i*: *ovvìo, ovvìi, ovvìa, ovvìano, che io ovvìi* e non *òvvio*, ecc.

ovvietà (ov-vie-tà) N.F. INVAR. **1** Certezza senza possibilità di dubbio: *l'ovvietà di un fatto* Ⓢ evidenza. **2** Discorso banale: *sai dire solo delle ovvietà* Ⓢ banalità.

ovvio (òv-vio) AGG. (pl.m. *-vi*, pl.f. *-vie*) · Che si dimostra evidente e senza possibilità di dubbi: *una supposizione ovvia; è ovvio che devi andarci tu* Ⓢ chiaro, naturale.

oziare (o-zià-re) V.INTR. (*òzio*, ecc.; aus. *avere*) · Passare il tempo senza far nulla: *oziare tutto il giorno.*

ozio (ò-zio) N.M. (pl. *òzi*) **1** Condizione di inattività, spesso dovuta a pigrizia: *vivere nell'ozio; stare in ozio; la malattia gli ha imposto un ozio forzato.* **2** Tempo libero dagli impegni: *dedica alla lettura le sue poche ore d'ozio.*

ozioso (o-zió-so) AGG. e N.M. (f. *-a*) || AGG. e N.M. (f. *-a*) Che, chi per pigrizia si abbandona all'inattività: *se ne sta ozioso tutto il giorno; al bar si riuniva un gruppetto di oziosi.* || AGG. Di questione o discorso, che non ha alcuna utilità e che fa solo perdere tempo: *una domanda oziosa; i soliti discorsi oziosi* Ⓢ futile, inutile.

ozono (o-zò-no) N.M. · Gas concentrato nella parte alta dell'atmosfera che serve a proteggere la Terra dai raggi del Sole; si usa come disinfettante e deodorante. Ⓔ ***Buco nell'ozono,*** riduzione della concentrazione di ozono negli strati alti dell'atmosfera, provocata da alcune sostanze chimiche; il fenomeno causa una minore protezione dai raggi del Sole e quindi un aumento della temperatura.

p

A B C D E F G H I J K L M N O **P** Q R S T U V W X Y Z

p, P N.F. O M. INVAR. · Quattordicesima lettera dell'alfabeto italiano; è una consonante (nome della lettera: *pi*).

pacato (pa-cà-to) AGG. · Che dimostra calma ed equilibrio: *rispondere con voce pacata; ragionamento pacato* Ⓢ sereno, calmo, equilibrato.

pacca (pàc-ca) N.F. (pl. *-che*) · Colpo dato amichevolmente con la mano aperta: *si sono salutati con grandi pacche sulle spalle.*

pacchetto (pac-chét-to) N.M. · Piccolo pacco: *spedire un pacchetto; un pacchetto di caramelle.*

pacchia (pàc-chia) N.F. (pl. *-chie*) · Situazione felice e spensierata: *che pacchia le vacanze!*

pacchiano (pac-chià-no) AGG. · Vistoso e di cattivo gusto: *vestito pacchiano* Ⓢ kitsch (*ted.*).

pacco (pàc-co) N.M. (pl. *-chi*) · Confezione di uno o più oggetti avvolti con carta o altro materiale e legati insieme: *un pacco di libri; un pacco postale* Ⓢ involucro.

pace (pà-ce) N.F. **1** La condizione in cui vivono i popoli che non sono in guerra: *difendere la pace; la pace tra i popoli* Ⓢ concordia Ⓒ guerra • L'accordo con cui si decide la fine di una guerra: *firmare la pace.* **2** Situazione di armonia tra le persone: *vivere in pace con tutti* Ⓢ serenità, concordia. **3** Tregua, quiete, sollievo: *il rimorso non gli dà pace.* **4** Condizione di tranquillità: *starsene in pace; essere in pace con se stessi* Ⓢ quiete, serenità. Ⓔ ***Darsi pace, mettersi il cuore in pace, mettersi l'animo in pace***, rassegnarsi • ***Fare la pace***, mettere fine a un litigio • ***Lasciare in pace***, non disturbare • ***Non avere (un minuto di) pace***, essere sempre indaffarato o molto preoccupato.

pacemaker (pa-ce-ma-ker; pronuncia *peismècher*) N.INGL., in it. N.M.INVAR. · Apparecchietto elettronico che aiuta un cuore a mantenere un battito regolare.

pachiderma (pa-chi-dèr-ma) N.M. (pl. *-i*) **1** Grosso mammifero erbivoro dalla pelle spessa e dura, per es. l'elefante e l'ippopotamo. **2** Persona grossa e sgraziata.

> Il termine deriva dal greco *pakhýdermos* '(animale) dalla pelle grossa', composto a sua volta di *pakhýs* 'spesso, grosso' e *dérma* 'pelle'.

paciere (pa-ciè-re) N.M. (f. *-a*; pl.m. *-i*, pl.f. *-e*) · Chi tenta di ristabilire la pace fra persone che litigano: *fare da paciere fra moglie e marito.*

pacificare (pa-ci-fi-cà-re) V.TR. (*pacìfico, pacìfichi*, ecc.) || TR. **1** Portare alla pace: *pacificare un Paese.* **2** Mettere pace tra persone o gruppi: *pacificare il padre* ***con*** *il figlio* Ⓢ riconciliare. || **pacificarsi** RIFL. RECIPROCO Fare pace l'uno con l'altro: *dopo tanto tempo i due si sono pacificati* Ⓢ riconciliarsi.

pacifico (pa-cì-fi-co) AGG. (pl.m. *-ci*, pl.f. *-che*) **1** Amante della pace e della tranquillità: *un uomo pacifico* Ⓢ calmo, tranquillo Ⓒ violento. **2** Estraneo alla violenza, non aggressivo: *un popolo pacifico; intenzioni pacifiche* Ⓒ bellicoso. **3** Certo, sicuro: *è pacifico che stasera ci sarò.*

pacifismo (pa-ci-fi-ṣmo) N.M. · Atteggiamento di chi è contrario alla guerra e favorevole alla soluzione pacifica dei problemi.

pacifista (pa-ci-fi-sta) AGG. e N.M. e F. (pl.m. *-i*, pl.f. *-e*) || AGG. Proprio del pacifismo: *movimento pacifista; idee pacifiste.* || N.M. e F. Sostenitore del pacifismo.

padano (pa-dà-no) AGG. · Del Po e della valle da esso attraversata: *pianura padana.*

padella (pa-dèl-la) N.F. · Pentola larga e rotonda, poco profonda e con un lungo manico: *friggere le patate in padella.* Ⓔ ***Dalla padella nella brace*** → ***brace***.

padiglione (pa-di-glió-ne) N.M. · Edificio all'interno di un complesso più grande: *il padiglione di cardiologia; il padiglione dell'elettro-*

nica alla fiera di Bologna. Ⓔ ***Padiglione dell'orecchio*** o ***padiglione auricolare***, la parte esterna dell'orecchio.

padre (pà-dre) N.M. **1** Uomo che ha avuto uno o più figli: *un buon padre di famiglia.* **2** Uomo che per primo ha dato inizio a qualcosa: *Walt Disney, il padre del cinema di animazione* Ⓢ creatore, fondatore. **3** Titolo attribuito a monaci, frati e preti: *padri missionari.* Ⓔ ***Il Santo Padre***, il Papa • ***Padre onnipotente***, ***Padre Eterno***, Dio.

padreterno (pa-dre-tèr-no) N.M. · Dio, Signore, Creatore: *sperare nell'aiuto del padreterno.* Ⓔ ***Credersi un padreterno***, darsi grande importanza, trattare gli altri con superiorità.

padrino (pa-drì-no) N.M. **1** L'uomo che accompagna un bambino al battesimo o alla cresima prendendosi la responsabilità della sua educazione spirituale: *è stato il mio padrino al battesimo.* **2** Testimone in un duello cavalleresco: *far da padrino in un duello* Ⓢ secondo. **3** Capo di una famiglia mafiosa: *il padrino dei Corleone.*

padronale (pa-dro-nà-le) AGG. · Del padrone o del proprietario: *la casa padronale e quella del contadino.*

padronanza (pa-dro-nàn-za) N.F. **1** Buona conoscenza: *avere la padronanza* ***di*** *una lingua.* **2** Controllo, dominio: *perdere la padronanza* ***di*** *sé.*

P

padrone (pa-dró-ne) N.M. e AGG. (f. *-a*; pl.m. *-i*, pl.f. *-e*) || N.M. (f. *-a*) **1** Chi ha la proprietà di qualcosa: *il padrone di casa* Ⓢ proprietario, possessore. **2** Datore di lavoro: *chiedere un aumento al padrone* Ⓢ titolare, principale. **3** Chi esercita un'autorità assoluta: *i re erano padroni dei loro Stati; si sente il padrone del mondo.* || AGG. **1** Che ha il pieno controllo di qualcosa: *era padrone della situazione.* **2** Che ha una profonda conoscenza di qualcosa: *diventare padrone della lingua inglese.* **3** Che ha libertà totale: *sei padronissimo* ***di*** *andartene; in casa mia sono padrone* ***di*** *fare quello che voglio.* Ⓔ ***Fare da padrone*** o ***farla da padrone***, comandare, spesso con arroganza e prepotenza.

padroneggiare (pa-dro-neg-già-re) V.TR. (*padronéggio*, ecc.) || TR. Dominare, controllare: *padroneggiare una situazione* • Conoscere bene: *padroneggiare una materia.* || **padroneggiarsi** RIFL. Mantenere il controllo sulle proprie emozioni: *se si arrabbia non riesce a padroneggiarsi* Ⓢ dominarsi.

paesaggio (pa-e-ṣàg-gio) N.M. (pl. *-gi*) **1** Panorama, vista: *dalla finestra si vede un bel paesaggio* • Quadro o foto che riproduce un paesaggio: *un paesaggio d'autore.* **2** Ambiente, territorio: *paesaggio montano, marino.*

paesaggistico (pa-e-ṣag-gì-sti-co) AGG. (pl.m. *-ci*, pl.f. *-che*) · Che riguarda il paesaggio: *fotografie paesaggistiche; aree di interesse paesaggistico.*

paesano (pa-e-ṣà-no) AGG. e N.M. (f. *-a*) || AGG. Di un paese: *festa paesana.* || AGG. e N.M. (f. *-a*) Abitante di un paese.

paese (pa-é-ṣe) N.M. **1** Centro abitato di limitate dimensioni: *un paese di mare; la piazza del paese* Ⓢ villaggio, borgo. **2** Nazione, Stato: *l'Inghilterra è un Paese libero; servire il proprio Paese.* **3** Vasto territorio: *paese desertico* Ⓢ terra. Ⓔ ***Mandare a quel paese*** → ***mandare***.

paffuto (paf-fù-to) AGG. · Bene in carne: *un bambino paffuto; guance paffute* Ⓢ rotondo.

paga (pà-ga) N.F. (pl. *-ghe*) · Somma di denaro che si riceve come compenso per aver eseguito un lavoro: *aumentare la paga; una paga alta* Ⓢ stipendio, salario. Ⓔ ***Busta paga***, che contiene lo stipendio e i dati serviti per calcolarlo.

pagaia (pa-gà-ia) N.F. (pl. *-gàie*) · Remo corto e leggero per manovrare canoe o piroghe.

pagamento (pa-ga-mén-to) N.M. **1** L'azione di dare una somma di denaro in cambio di un lavoro fatto o di una merce comprata: *pagamento dell'affitto; effettuare un pagamento.* **2** La somma pagata: *incassare un pagamento.* Ⓔ ***A pagamento***, che si paga, non gratuito: *parcheggio a pagamento.*

paganesimo (pa-ga-né-ṣi-mo) N.M. · Qualsiasi religione, specialmente del mondo antico greco e romano, che riconosce l'esistenza di più divinità.

pagano (pa-gà-no) AGG. e N.M. (f. *-a*) || AGG. Di una religione, specialmente dell'antichità, che riconosce l'esistenza di più divinità: *rito pagano.* || AGG. e N.M. (f. *-a*) Che, chi è seguace del paganesimo: *i pagani adoravano il Sole.*

Il termine deriva dal latino *paganus* 'abitante del villaggio', che viene a sua volta da *pagus* 'villaggio', perché gli abitanti delle campagne, più isolati, furono gli ultimi a essere convertiti al Cristianesimo.

pagare (pa-gà-re) V.TR. (*pàgo*, *pàghi*, ecc.) **1** Dare una somma di denaro in cambio di un lavoro eseguito o dell'acquisto di qualcosa: *pagare le bollette; pagare a rate, in contanti* • Nel linguaggio familiare, offrire: ***mi*** *paghi un caffè?* **2** Subire le conseguenze di cattive azioni o di gravi errori: *ha pagato* ***per*** *i suoi errori.* **3** Nella forma **pagarla**, subire le conseguenze: *pagarla cara; farla pagare a qualcuno*, vendicarsi di qualcuno; ***me*** *la pagherai!*, subirai la mia vendetta. **E** ***Pagare un occhio della testa***, moltissimo.

pagella (pa-gèl-la) N.F. · Documento in cui vengono registrati i voti ottenuti da uno studente nelle varie materie.

paggio (pàg-gio) N.M. (pl. *-gi*) · Giovinetto che serviva alla corte di principi o grandi personaggi.

pagina (pà-gi-na) N.F. **1** Ciascuna delle due facce di un foglio, soprattutto come parte di un libro, un quaderno, un giornale: *un libro di 500 pagine.* **2** Quanto è scritto su una pagina: *studiare dieci pagine di storia.* **3** Parte di un testo scritto: *una pagina di Salgari* **S** passo, brano. **E** ***Voltar pagina***, cambiare di colpo abitudini e stile di vita: *ha voltato pagina e ha lasciato il fidanzato.*

paglia (pà-glia) N.F. (pl. *-glie*) · Insieme di steli secchi di grano o altri cereali usato come mangime o come giaciglio per gli animali o per confezionare vari oggetti: *la mucca era sdraiata nella paglia; un cappello di paglia.* **E** ***Avere la coda di paglia*** → ***coda*** • ***Fuoco di paglia*** → ***fuoco***.

pagliacciata (pa-gliac-cià-ta) N.F. · Comportamento poco serio: *smettila con queste pagliacciate* **S** buffonata.

pagliaccio (pa-gliàc-cio) N.M. (pl. *-ci*) **1** Personaggio del circo vestito e truccato in modo buffo che interpreta scenette comiche: *i bambini aspettavano l'arrivo dei pagliacci* **S** clown (*ingl.*). **2** Persona dal comportamento poco serio: *non fidarti di quel pagliaccio* **S** buffone.

pagliaio (pa-gliài-o) N.M. (pl. *-gliài*) · Grande cumulo di paglia. **E** ***Cercare un ago in un pagliaio*** → ***ago***.

paglericcio (pa-glie-rìc-cio) N.M. (pl. *-ci*) · Saccone riempito con paglia o foglie, usato come materasso: *dormire su un paglericcio.*

pagliuzza (pa-gliùz-za) N.F. **1** Piccolo fuscello di paglia. **2** Piccola scaglia di metallo brillante presente in un minerale o in un blocco di terra: *una pagliuzza d'oro.*

pagnotta (pa-gnòt-ta) N.F. **1** Pane di forma rotonda. **2** Il necessario per mantenersi: *guadagnarsi la pagnotta.* ▸ **F** **pane**

pago (pà-go) AGG. (pl.m. *-ghi*, pl.f. *-ghe*) · Soddisfatto, appagato: *essere pago* ***dei*** *risultati ottenuti.*

pagoda (pa-gò-da) N.F. · Edificio sacro del buddismo, di solito a forma di piramide con vari piani e tetti curvi e sporgenti.

paia (pà-ia) · Plurale → ***paio***[2].

paio[1] (pà-io) · Ind. pres., 1ª pers. sing. → ***parere***[2].

paio[2] (pà-io) N.M. (pl.f. *le pàia*) **1** Due elementi considerati insieme: *un paio di scarpe* • Oggetto diviso in due parti collegate tra loro: *un paio di pantaloni; un paio di forbici.* **2** Due, più o meno due: *gli ha dato un paio di schiaffi; tornerò tra un paio di giorni.*

pala (pà-la) N.F. **1** Attrezzo con un lungo manico fissato a un elemento largo e piatto, spesso di metallo, usato per rimuovere o ammucchiare terra, sabbia o altro. **2** Elemento piatto e largo di un attrezzo: *la pala del remo; le pale dell'elica.*

paladino (pa-la-dì-no) N.M. (f. *-a*) **1** Cavaliere della guardia personale di Carlo Magno. **2** Difensore valoroso e leale: *i paladini della libertà; paladino degli oppressi* **S** protettore.

Il termine deriva dal latino medievale *(comes) Palatinus* 'conte del Palazzo', cioè membro della corte imperiale di Carlo Magno.

palafitta (pa-la-fìt-ta) N.F. · Nella preistoria e tra alcuni popoli dell'Asia e dell'Africa, abita-

A B C D E F G H I J K L M N O **P** Q R S T U V W X Y Z

zione sostenuta da pali conficcati sul fondo di laghi, lagune o paludi.

> Il termine è un composto di **pala** e *fitto*, participio passato del verbo non usato *figgere* 'conficcare', che deriva dal latino *figere* 'conficcare' (→ ***affiggere***).

palaghiaccio (pa-la-ghiàc-cio) N.M. INVAR. · Impianto sportivo coperto per gare sul ghiaccio.

palata (pa-là-ta) N.F. · La quantità di materiale che può essere raccolto con una pala: *una palata di ghiaia.* Ⓔ ***A palate***, nel linguaggio familiare, in gran quantità: *fare quattrini a palate.*

palatale (pa-la-tà-le) AGG. · In grammatica: ***consonante palatale*** (o *una palatale* N.F.), quella pronunciata accostando la lingua al palato, come *ce* (*cento*), *ci* (*cinta*), *gn* (*ragno*), *gl* (*aglio*), *sce* (*scena*), *sci* (*scimmia*) • ***Vocale palatale***, pronunciata nella parte anteriore della bocca (*e* e *i*).

palato (pa-là-to) N.M. **1** La parte superiore dell'interno della bocca. **2** Senso del gusto: *stuzzicare il palato; avere un palato fine*, saper apprezzare cibi raffinati.

palazzetto (pa-laz-zét-to) N.M. · Edificio attrezzato dove si svolgono manifestazioni sportive o spettacoli: *palazzetto dello sport.*

palazzina (pa-laz-zi-na) N.F. · Elegante edificio signorile non molto grande, spesso con giardino: *una palazzina di fine Ottocento.*

palazzo (pa-làz-zo) N.M. **1** Grande edificio a più piani diviso in appartamenti usati come abitazioni: *il portiere del palazzo* Ⓢ stabile. **2** Grande edificio usato come sede di pubblici uffici o di musei: *palazzo reale; palazzo di giustizia.* **3** Residenza del sovrano: *ricevere un invito a palazzo* Ⓢ reggia. Ⓔ ***Palazzo dello sport***, palazzetto dello sport (→ ***palazzetto***).

palco (pàl-co) N.M. (pl. *-chi*) **1** Struttura provvisoria rialzata da terra per spettacoli ed eventi pubblici: *il palco della banda* Ⓢ tribuna, podio. **2** Palcoscenico. **3** In un teatro, ogni piccola stanza che si affaccia sulla platea come balconcino, da cui si può assistere allo spettacolo: *un palco alla Scala.* **4** Ogni ramo delle corna dei maschi dei cervi.

> Il termine deriva da una parola longobarda che significa 'trave'.

palcoscenico (pal-co-scè-ni-co) N.M. (pl. *-ci*) · Nel teatro, il piano rialzato in legno dove si rappresenta lo spettacolo: *un teatro con un grande palcoscenico.* Ⓔ ***Calcare il palcoscenico***, fare l'attore.

paleo- · Primo elemento di parole composte che significa 'antico': *paleografia*, lo studio delle antiche scritture.

Paleocene (Pa-le-o-cè-ne) N.M. · Il primo periodo dell'era cenozoica, durato circa dieci milioni di anni.

paleolitico (pa-le-o-lì-ti-co) AGG. e N.M. (pl.m. *-ci*, pl.f. *-che*) · Del periodo preistorico in cui l'uomo impara a costruire utensili in pietra e scopre il fuoco: *manufatti paleolitici; strumenti del Paleolitico.*

paleontologia (pa-le-on-to-lo-gì-a) N.F. (pl. *-gìe*) · Lo studio dei resti fossili delle piante e degli animali.

paleontologo (pa-le-on-tò-lo-go) N.M. (f. *-a*; pl.m. *-gi*, pl.f. *-ghe*) · Studioso di paleontologia: *i paleontologi hanno scoperto impronte di dinosauri in Spagna.*

paleozoico (pa-le-o-zòi-co) AGG. (pl.m. *-ci*, pl.f. *-che*) · ***Era paleozoica*** (o *il Paleozoico* N.M.), era geologica caratterizzata dalla comparsa delle prime forme di vita.

palesare (pa-le-ṣà-re) V.TR. (*paléṣo*, ecc.) · Manifestare, rivelare, esternare: *palesare i propri sentimenti.*

palese (pa-lé-ṣe) AGG. · Evidente, chiaro, manifesto: *un errore palese.*

palestinese (pa-le-sti-né-se) AGG. e N.M. e F. || AGG. Della Palestina, regione del Medio Oriente: *il governo palestinese.* || N.M. e F. Abitante, nativo della Palestina.

palestra (pa-lè-stra) N.F. · Locale attrezzato per svolgere attività fisica: *far ginnastica in palestra.*

palestrato (pa-le-strà-to) AGG. e N.M. (f. *-a*) · Che, chi si allena continuamente in palestra per sviluppare al massimo i muscoli: *esce con un palestrato pieno di arie.*

paletta (pa-lét-ta) N.F. **1** Piccola pala: *raccogliere la cenere con la paletta; i bambini giocano con paletta e secchiello.* **2** Attrezzo formato da un disco piatto con manico, usato per dare il segnale di partenza al treno: *la paletta del capostazione* • Attrezzo di forma simile usato dai vigili o dalla polizia per segnalazioni stradali: *dare l'alt con la paletta.*

paletto (pa-lét-to) N.M. **1** Piccolo palo piantato nel terreno con funzione di sostegno o per segnalare un percorso: *i paletti della tenda; i paletti dello slalom.* **2** Sbarra di metallo scorrevole applicata a porte e finestre per rinforzarne la chiusura: *mettere il paletto alla porta* Ⓢ chiavistello.

palinsesto (pa-lin-sè-sto) N.M. · L'elenco dei programmi radiofonici e televisivi che una rete stabilisce di trasmettere: *eliminare un telefilm dal palinsesto.*

palio (pà-lio) N.M. (pl. *-li*) · Competizione tradizionale di origine medievale, con particolare riferimento a quella a cavallo che si svolge tra le varie contrade della città di Siena. Ⓔ ***In palio***, a disposizione come premio in una competizione: *mettere in palio un viaggio a New York.*

palizzata (pa-liz-zà-ta) N.F. · Serie di pali piantati nel terreno collegati tra loro, usata come recinto o protezione: *il cane saltò la palizzata* Ⓢ steccato.

palla (pàl-la) N.F. **1** Qualsiasi oggetto di forma sferica: *palla di neve; palla di carta.* **2** Sfera di dimensioni e materiali vari, in grado di rimbalzare, usata in diversi sport e giochi: *palla da tennis; calciare la palla; palla da rugby*, palla ovale. **3** Proiettile, pallottola: *venir colpito da una palla nemica.* Ⓔ ***Palla al piede***, grave impedimento, ostacolo, peso • ***Prendere la palla al balzo***, approfittare di un'occasione favorevole.

pallacanestro (pal-la-ca-nè-stro) N.F. INVAR. · Gioco in cui due squadre di cinque elementi, usando solo le mani, devono centrare più volte possibile con la palla un canestro bucato sistemato a una certa altezza nel campo avversario Ⓢ basket (*ingl.*).

pallanuoto (pal-la-nuò-to) N.F. INVAR. · Gioco praticato in acqua tra due squadre di sette elementi che, usando solo le mani, devono mandare più volte la palla nella rete avversaria.

pallavolo (pal-la-vó-lo) N.F. INVAR. · Gioco tra due squadre di sei elementi che devono rinviarsi la palla con le mani attraverso un campo rettangolare diviso da una rete tesa in alto al centro, cercando di farle toccare terra nel campo avversario.

palleggiare (pal-leg-già-re) V.TR. e INTR. (*palléggio*, ecc.; aus. *avere*) · Nella pallacanestro, far rimbalzare la palla più volte a terra; nel calcio, lanciare in alto il pallone e riprenderlo di testa o di piede: *esercitarsi a palleggiare* • Nel tennis e in altri sport, lanciarsi e rilanciarsi la palla fra due o più giocatori.

palleggio (pal-lég-gio) N.M. (pl. *-gi*) · Atto di palleggiare: *l'attaccante esegue alcuni palleggi di testa.*

palliativo (pal-lia-tì-vo) N.M. **1** Farmaco o terapia che combatte i sintomi di una malattia, ma non la malattia stessa. **2** Provvedimento che ritarda gli effetti negativi di un problema ma non lo risolve: *le manovre economiche del governo sono solo dei palliativi.*

pallido (pàl-li-do) AGG. **1** Di volto che perde il suo colorito naturale a causa di una forte emozione, di un malore o di una malattia: *pallido per la paura; dopo l'influenza era magro e pallido* Ⓢ bianco Ⓒ colorito. **2** Di colore o luce, poco intenso: *viola pallido; la pallida luce dell'alba* Ⓢ chiaro, tenue Ⓒ intenso, vivace. **3** Poco chiaro nella mente: *ne ho solo un pallido ricordo* Ⓢ indistinto, vago, confuso Ⓒ nitido.

pallino (pal-lì-no) N.M. **1** Nel gioco del biliardo e delle bocce, la palla più piccola alla quale i giocatori cercano di avvicinare le proprie: *tirare al pallino.* **2** Proiettile di piccolo calibro per fucili da caccia: *una scarica di pallini.* **3** AL PL. Piccoli cerchi colorati stampati su stoffa: *un vestito a pallini.* **4** Idea fissa, mania: *il pallino della pulizia.* **5** Passione naturale: *il pallino* ***della*** *matematica* Ⓢ bernoccolo.

pallonata (pal-lo-nà-ta) N.F. · Colpo di pallone: *tirare una pallonata.*

palloncino (pal-lon-cì-no) N.M. · Giocattolo costituito da un sacchettino di plastica sottile

A B C D E F G H I J K L M N O P Q R S T U V W X Y Z

e colorata che si può gonfiare riempiendolo d'aria o con un gas leggero: *gonfiare i palloncini a elio.* Ⓔ ***Prova del palloncino***, test per determinare se una persona ha bevuto troppo alcol.

pallone (pal-ló-ne) N.M. **1** Grossa palla di gomma o cuoio con all'interno una camera d'aria: *colpire il pallone; giocare a pallone*, a calcio Ⓢ palla. **2** Mongolfiera. Ⓔ ***Nel pallone***, in confusione: *durante l'interrogazione è andato nel pallone* • ***Pallone gonfiato***, persona molto vanitosa.

pallonetto (pal-lo-nét-to) N.M. · Nel calcio e nel tennis, tiro con traiettoria curva che scavalca l'avversario: *superare il difensore con un pallonetto.*

pallore (pal-ló-re) N.M. · Colorito bianco del volto: *un pallore cadaverico.*

palloso (pal-ló-so) AGG. · Nel linguaggio familiare, noioso, pesante: *un film palloso.*

pallottola (pal-lòt-to-la) N.F. **1** Proiettile di arma da fuoco portatile: *la pallottola gli perforò un polmone* Ⓢ munizione. **2** Palla fatta schiacciando qualcosa: *una pallottola di carta.*

pallottoliere (pal-lot-to-liè-re) N.M. · Strumento per imparare a contare formato da un piccolo telaio con dieci aste orizzontali su cui scorrono dieci palline colorate.

P

palma[1] (pàl-ma) N.F. · La parte interna della mano opposta al dorso, compresa fra il polso e le dita: *la palma della mano* Ⓢ palmo. Ⓔ ***Portare qualcuno in palma di mano, tenere qualcuno in palma di mano***, stimarlo molto.

palma[2] (pàl-ma) N.F. **1** Pianta tropicale molto alta che termina con un ciuffo di grandi foglie. **2** Nella religione cristiana, foglia di palma o di ulivo, simbolo della vita eterna. Ⓔ ***Domenica delle palme***, la domenica che precede la Pasqua • ***Palma della vittoria***, foglia della pianta che nell'antichità era simbolo della vittoria.

palmare (pal-mà-re) N.M. · Computer che può essere tenuto nel palmo di una mano: *un palmare di ultima generazione.*

palmato (pal-mà-to) AGG. **1** Del piede di alcuni animali, di solito uccelli, in cui le dita sono unite da una membrana. **2** Di foglia che per forma ricorda una mano aperta.

palmipede (pal-mì-pe-de) N.M. · Uccello acquatico con piedi palmati che lo rendono un ottimo nuotatore: *l'anatra è un palmipede.*

palmo (pàl-mo) N.M. **1** La distanza tra la punta del pollice e quella del mignolo di una mano aperta • Unità di misura della lunghezza corrispondente a circa 25 centimetri Ⓢ spanna. **2** Palma della mano. Ⓔ ***Con un palmo di naso***, senza poter reagire perché sorpreso o deluso: *restare con un palmo di naso.*

palo (pà-lo) N.M. **1** Asta di legno o metallo piantata a terra con funzione di sostegno: *palo del telegrafo; i pali del recinto.* **2** Il complice che sta di vedetta mentre i compagni compiono un furto: *fare il* (o *da*) *palo.* **3** Nel calcio e in altri sport analoghi, ciascuna delle aste che sorreggono la porta: *colpire il palo* Ⓢ montante. Ⓔ ***Saltare di palo in frasca*** → ***saltare***.

palombaro (pa-lom-bà-ro) N.M. (f. *-a*) · Chi si immerge sott'acqua protetto da uno scafandro per esplorare, fare ricerche o compiere riparazioni navali.

palombo (pa-lóm-bo) N.M. · Tipo di squalo lungo fino a due metri, pescato per le sue carni bianche e saporite, presente sui fondali sabbiosi del Mediterraneo.

palpabile (pal-pà-bi-le) AGG. **1** Che ha una consistenza tale da poter essere sentito bene sotto le dita Ⓒ impalpabile. **2** Evidente, palese, tangibile: *la tensione era palpabile.*

palpare (pal-pà-re) V.TR. · Toccare e premere ripetutamente con la mano aperta: *il medico palpò l'addome della paziente* Ⓢ tastare.

palpazione (pal-pa-zió-ne) N.F. · In medicina, pressione applicata con la mano in diverse zone del corpo per riconoscere al tatto possibili difetti nei tessuti e negli organi: *la palpazione del fegato.*

palpebra (pàl-pe-bra) N.F. · Ciascuna delle due membrane che muovendosi proteggono l'occhio dalla luce e dall'aria: *chiudere, battere le palpebre.*

palpitare (pal-pi-tà-re) V.INTR. (*pàlpito*, ecc.; aus. *avere*) **1** Del cuore o altri organi, pulsare con maggior frequenza per effetto di un'alterazione fisica, per lo sforzo o per un'emozione: *le palpitava il cuore per la paura* Ⓢ battere. **2** Provare una forte emozione: *palpitava d'amore per lei* Ⓢ fremere • Essere pieno di intensa attività: *la città palpita* ***di*** *vita.*

palpitazione (pal-pi-ta-zió-ne) N.F. (spesso al pl.) · Battito cardiaco accelerato per cause organiche, uno sforzo o un'emozione: *ha le palpitazioni per l'agitazione* Ⓢ batticuore.

palpito (pàl-pi-to) N.M. **1** Singolo battito del cuore. **2** Forte emozione: *palpiti d'amore* Ⓢ fremito.

paltò (pal-tò) N.M. INVAR. · Cappotto, soprabito: *un paltò di lana.*

palude (pa-lù-de) N.F. · Terreno più o meno esteso ricoperto da acqua stagnante, di solito poco profonda, e da una vegetazione particolare: *bonificare una palude* Ⓢ acquitrino, pantano.

paludoso (pa-lu-dó-so) AGG. · Coperto di acqua stagnante: *terreno paludoso.*

palustre (pa-lù-stre) AGG. · Tipico delle paludi: *erbe palustri; uccello palustre.*

pampa (pàm-pa) N.F. SP., in it. N.F. (pl. alla spagnola *pampas*) · Grande prateria tipica dell'Argentina dedicata soprattutto all'allevamento.

pamphlet (pam-phlet; pronuncia *panflé*) N.M. FR., in it. N.M. INVAR. · Breve scritto provocatorio o satirico su argomenti di interesse comune.

pampino (pàm-pi-no) N.M. · La foglia della vite.

panacea (pa-na-cè-a) N.F. (pl. -*cèe*) · Rimedio universale per ogni male: *il sonno è una panacea.*

panca (pàn-ca) N.F. (pl. -*che*) · Sedile di legno per più persone, quasi sempre senza schienale e braccioli: *le panche dell'osteria.*

pancetta (pan-cét-ta) N.F. **1** Pancia sporgente: *ho messo su un po' di pancetta.* **2** Salume ricavato dalla pancia del maiale che si mangia anche cotto: *pancetta affumicata.*

panchina (pan-chì-na) N.F. **1** Sedile per più persone, di solito con lo schienale, presente nei luoghi pubblici: *le panchine del parco.* **2** Negli sport a squadre, sedile ai bordi del campo di gioco per l'allenatore e le riserve durante gli incontri: *sedere in panchina; le proteste della panchina*, dell'allenatore e delle riserve.

pancia (pàn-cia) N.F. (pl. -*ce*) **1** Ventre, addome: *dolori di pancia* • Addome voluminoso: *lo zio ha la pancia; non avere un filo di pancia*, essere magro. **2** Parte sporgente e tondeggiante di un elemento: *la pancia del fiasco; la pancia della P.* Ⓔ ***A pancia piena***, sazio e soddisfatto • ***A pancia vuota***, a digiuno • ***Metter su pancia***, ingrassare in modo vistoso • ***Stare a pancia all'aria***, senza far niente.

panciotto (pan-ciòt-to) N.M. · Indumento maschile senza maniche, lungo poco oltre la vita, abbottonato sul davanti, usato sopra la camicia e di solito sotto la giacca Ⓢ gilè.

panciuto (pan-ciù-to) AGG. **1** Che ha una pancia vistosa e sporgente: *un oste panciuto* Ⓢ grasso, rotondo. **2** Di oggetto che ha un profilo tondeggiante: *recipiente panciuto.*

pancreas (pàn-cre-as) N.M. INVAR. · Ghiandola dell'apparato digerente, situata nell'addome, che produce una sostanza necessaria alla digestione.

panda (pàn-da) N.M. INVAR. · Mammifero diffuso in Asia che si nutre soprattutto di bambù; ne esistono due specie distinte. Ⓔ ***Panda maggiore*** o ***panda gigante***, è il più noto, simile a un orso, ha un caratteristico mantello bianco a macchie nere, specie intorno agli occhi • ***Panda minore***, ha la corporatura di un grosso gatto, la pelliccia bruno-rossiccia e una coda lunga e pelosa.

pandemonio (pan-de-mò-nio) N.M. (pl. -*ni*) · Rumore e confusione assordanti: *durante l'intervallo, è scoppiato un pandemonio* Ⓢ baraonda, finimondo.

Il termine deriva da *Pandaemonium*, parola coniata dal poeta inglese J. Milton (1608-1647) per indicare la città dei demoni nel suo poema *Paradiso perduto*, sulla base dei termini greci *pân* 'tutto' e *daimónion* 'demonio'.

pandoro (pan-dò-ro) N.M. · Soffice dolce natalizio, tipico di Verona, a forma di tronco di cono, a base di farina, zucchero, burro e uova. ▸ Ⓕ **pane**

A B C D E F G H I J K L M N O P Q R S T U V W X Y Z

pane (pà-ne) N.M. **1** Cibo alla base dell'alimentazione di quasi tutti i popoli, ottenuto dall'impasto di acqua, farina e lievito, cotto in forno, di forma e grandezza diversa e condito in vari modi: *impastare il pane; pane fresco; crosta del pane,* la parte esterna, scura e croccante; *mollica del pane,* la parte interna, più chiara e molle; *un pane,* una singola forma di pane. **2** Ciò che è necessario per vivere: *guadagnarsi il pane* Ⓢ cibo. **3** Massa compatta di materiale a cui viene data forma cilindrica o di parallelepipedo: *un pane di burro.* Ⓔ ***A pane e acqua,*** con poco cibo: *vivere a pane e acqua* • ***Buono come il pane,*** di persona di buon cuore • ***Pane per i propri denti,*** situazione adatta alle proprie capacità: *questo lavoro non è pane per i tuoi denti* • ***Per un pezzo di pane,*** per pochi soldi: *l'ho comprato per un pezzo di pane* • ***Rendere pan per focaccia,*** vendicarsi di un torto subito. ▸ Ⓕ **pane**

Il termine deriva dal latino *panis* che significa 'pane'.

panegirico (pa-ne-gì-ri-co) N.M. (pl. *-ci*) · Discorso di lode volutamente esagerato: *ha fatto il panegirico del presidente* Ⓢ elogio.

panetteria (pa-net-te-rì-a) N.F. (pl. *-rìe*) · Negozio che vende pane o prodotti da forno e talvolta li produce Ⓢ panificio, forno. ▸ Ⓕ **pane**

P

panettiere (pa-net-tiè-re) N.M. (f. *-a*; pl.m. *-i*, pl.f. *-e*) · Chi fa o vende il pane Ⓢ fornaio. ▸ Ⓕ **pane**

panetto (pa-nét-to) N.M. · Massa compatta di materiale a cui viene data forma cilindrica o di parallelepipedo: *un panetto di burro.* ▸ Ⓕ **pane**

panettone (pa-net-tó-ne) N.M. · Tipico dolce natalizio milanese, dalla caratteristica forma a cupola, a base di farina, zucchero, burro, uova, uvetta e canditi. ▸ Ⓕ **pane**

panfilo (pàn-fi-lo) N.M. · Grande imbarcazione di lusso: *una crociera in panfilo* Ⓢ yacht (*ingl.*).

panforte (pan-fòr-te) N.M. · Dolce tradizionale di Siena di forma tonda e appiattita, a base di farina, zucchero, spezie, mandorle e nocciole.

panico (pà-ni-co) N.M. (pl. *-ci*) · Violenta e incontrollabile reazione di paura di fronte a un pericolo: *farsi prendere dal panico; la folla in preda al panico travolse i cancelli* Ⓢ terrore.

Il termine deriva dal nome di *Pan,* divinità greca della natura selvaggia che si diceva spaventasse i viandanti con le sue urla disumane.

paniere (pa-niè-re) N.M. · Recipiente, in genere di vimini intrecciati, spesso fornito di un manico a forma di arco: *un paniere di frutta* Ⓢ canestro, cesto. ▸ Ⓕ **pane**

panificio (pa-ni-fì-cio) N.M. (pl. *-ci*) **1** Locale attrezzato per la produzione di pane e prodotti da forno. **2** Panetteria, forno. ▸ Ⓕ **pane**

panino (pa-nì-no) N.M. · Piccola forma di pane tonda od ovale: *panino al burro, all'olio.* Ⓔ ***Panino (imbottito),*** tagliato a metà e farcito con salumi, formaggi o altro: *mi sono fatta un panino per merenda.* ▸ Ⓕ **pane**

panna (pàn-na) N.F. · La parte grassa del latte che si condensa in superficie e dalla quale si ricava il burro: *tortellini alla panna* Ⓢ crema. Ⓔ ***Panna (montata),*** panna per dolci, sbattuta fino a farla diventare densa e soffice: *torta alla panna.*

panne (pan-ne; pronuncia *pan* o *pànne*) N.F. FR., in it. N.F. INVAR. · Solo nell'espressione ***in panne,*** fermo per un guasto: *la macchina era in panne; siamo rimasti in panne.*

panneggio (pan-nég-gio) N.M. (pl. *-gi*) · L'insieme delle pieghe di un tessuto disposte in modo da creare un effetto di morbidezza e armonia • Nella pittura e nella scultura, raffigurazione delle pieghe di un tessuto: *il panneggio della tunica della Nike di Samotracia.*

pannello (pan-nèl-lo) N.M. **1** Elemento piano, di solito rettangolare, con funzione ornamentale, protettiva, isolante: *armadio a pannelli scorrevoli.* **2** Struttura su cui sono fissati gli strumenti di controllo di apparecchiature elettriche o meccaniche: *pannello elettrico* Ⓢ quadro. Ⓔ ***Pannello solare,*** elemento che accumula il calore del Sole e lo trasforma in energia.

panno (pàn-no) N.M. **1** Spesso tessuto di lana: *un giaccone di panno blu* • Pezzo di tessuto usato per pulire o lucidare: *il panno per spolverare.* **2** AL PL. La biancheria personale o d'uso domestico, i vestiti: *lavare i panni.* Ⓔ ***Nei panni di qualcuno***, nella sua stessa situazione: *cerca di metterti nei suoi panni.*

pannocchia (pan-nòc-chia) N.F. (pl. -*chie*) · Spiga del granturco: *arrostire una pannocchia.*

pannolino (pan-no-lì-no) N.M. · Striscia di materiale assorbente usata per trattenere l'urina e le feci dei neonati o per l'igiene della donna durante le mestruazioni: *cambiare il pannolino al bambino.*

panorama (pa-no-rà-ma) N.M. (pl. -*i*) **1** Ampia veduta generale da un punto elevato: *da lassù si gode uno splendido panorama* Ⓢ vista. **2** Resoconto degli aspetti principali di un fenomeno: *un panorama della letteratura italiana dell'Ottocento* Ⓢ quadro.

panoramico (pa-no-rà-mi-co) AGG. (pl.m. -*ci*, pl.f. -*che*) · Che offre una visione ampia e varia del paesaggio: *una stanza con vista panoramica.* Ⓔ ***Schermo panoramico***, schermo televisivo o per computer molto grande.

pantaloncini (pan-ta-lon-cì-ni) N.M.PL. · Pantaloni corti che arrivano più o meno sopra il ginocchio: *pantaloncini da ginnastica.*

pantalone (pan-ta-ló-ne) N.M. **1** AL PL. Indumento che riveste il corpo dalla vita in giù, avvolgendo separatamente le gambe, fino al collo del piede: *un paio di pantaloni; ti piacciono i miei pantaloni nuovi?* Ⓢ calzoni. **2** Paio di pantaloni: *indossava un bel pantalone di marca.* Ⓔ ***Gonna pantalone*** → ***gonna***.

pantano (pan-tà-no) N.M. · Terreno coperto di fango e di acqua stagnante: *le strade sono ridotte a un pantano* Ⓢ acquitrino, palude.

pantera (pan-tè-ra) N.F. **1** Leopardo. **2** La macchina del pronto intervento della polizia Ⓢ volante. Ⓔ ***Pantera nera***, leopardo completamente nero, diffuso in Asia.

pantheon (pan-theon; pronuncia *pànteon*) N.M. INVAR. **1** Edificio sacro dedicato a tutti gli dèi • Il tempio che accoglie le tombe di re e personaggi illustri: *la chiesa di Santa Croce a Firenze è il pantheon dei grandi italiani.* **2** L'insieme delle divinità di una religione: *Zeus è il sovrano del pantheon greco.*

pantofola (pan-tò-fo-la) N.F. · Calzatura da casa morbida e leggera Ⓢ ciabatta. Ⓔ ***Mettersi in pantofole***, starsene comodamente a casa.

pantomima (pan-to-mì-ma) N.F. **1** Azione scenica muta dove gli attori si esprimono solo con movimenti mimici e destinata a suscitare il riso. **2** Serie di gesti per comunicare con qualcuno senza parlare, di nascosto da altri: *ho visto la pantomima che facevi alle mie spalle.* **3** Comportamento finto, non sincero: *non credere alla sua commozione, è la solita pantomima* Ⓢ commedia, recita.

paonazzo (pa-o-nàz-zo) AGG. · Di colorito rosso violaceo, spesso associato agli effetti del freddo o di una forte emozione: *avere il viso paonazzo per il freddo, per la vergogna* Ⓢ rosso.

> Il termine deriva da *pa(v)onazzo* 'del pavone', perché questo tono di rosso scuro è uno dei colori della coda dell'animale.

papa (pà-pa) N.M. (pl. -*i*) · Il vescovo di Roma e capo della Chiesa cattolica: *il Papa ha benedetto i fedeli* Ⓢ Santo Padre, pontefice. Ⓔ ***A ogni morte di Papa***, nel linguaggio familiare, assai raramente: *viene a trovarci a ogni morte di Papa.*

papà (pa-pà) N.M. INVAR. · Nel linguaggio familiare, padre: *hai chiesto il permesso a tuo papà?* Ⓔ ***Papà Natale*** → ***natale***.

papaia (pa-pà-ia) N.F. (pl. -*pàie*) · Albero tropicale di origine americana che produce frutti dolci simili a meloni.

papale (pa-pà-le) AGG. · Del Papa: *dignità papale; benedizione papale* Ⓢ pontificio. Ⓔ ***Papale papale***, nel linguaggio familiare, chiaramente, apertamente, chiaro e tondo: *gli disse papale papale che non lo sopportava più.*

papato (pa-pà-to) N.M. **1** La carica di Papa e il periodo di tempo durante il quale un Papa la esercita: *il papato di Giovanni XXIII.* **2** Storicamente, lo Stato della Chiesa: *la lotta tra il Papato e l'Impero.*

papavero (pa-pà-ve-ro) N.M. · Fiore rosso a quattro petali che cresce spontaneo, molto comune nei campi di grano. Ⓔ ***Alto papavero***, personaggio autorevole, pezzo grosso: *gli alti papaveri della finanza.*

papera (pà-pe-ra) N.F. **1** L'oca femmina. **2** Errore commesso parlando, in cui si scambia una parola o una sillaba con un'altra: *all'inizio dello spettacolo ha preso molte papere* Ⓢ lapsus.

papero (pà-pe-ro) N.M. · L'oca maschio.

papilla (pa-pìl-la) N.F. · In anatomia, piccola sporgenza della pelle o delle mucose in grado di percepire sensazioni: *papille gustative*, quelle della lingua, che fanno riconoscere i gusti.

papiro (pa-pì-ro) N.M. **1** Pianta acquatica con fusti lunghi e diritti e un ciuffo di foglie terminali. **2** Nell'antichità, specie di carta ricavata da questa pianta, usata per scrivere • Testo scritto su tale carta: *papiri egiziani*.

pappa (pàp-pa) N.F. **1** Pane o semolino cotti in acqua o brodo e conditi: *pappa al pomodoro* • Cibo troppo cotto e sgradevolmente denso e molle. **2** Nel linguaggio familiare, il cibo per i bambini piccoli: *mangia la pappa, da bravo!* Ⓔ ***Pappa reale***, cibo energetico che le api preparano per la regina e le larve, usato in cosmetica e come integratore dietetico.

pappafico (pap-pa-fi-co) N.M. (pl. *-chi*) · Nelle navi, la vela quadra più alta dell'albero di prua.

P

pappagallo (pap-pa-gàl-lo) N.M. **1** Uccello tropicale di dimensioni varie con becco curvo e penne dai colori vivaci che ha la capacità di imitare suoni o parole. **2** Persona che ripete le cose dette o fatte da altri: *Marco è un pappagallo, non ha mai un pensiero suo.* Ⓔ ***A pappagallo***, in modo meccanico, senza aver capito: *ripetere la lezione a pappagallo*.

pappagorgia (pap-pa-gòr-gia) N.F. (pl. *-ge*) · Doppio mento.

pappardella (pap-par-dèl-la) N.F. **1** AL PL. Larghe strisce di pasta condite di solito con sugo di carne: *pappardelle al sugo*. **2** Discorso o scritto lungo e noioso: *ha cominciato una pappardella che non finiva più* Ⓢ lagna.

pappare (pap-pà-re) V.TR. · Mangiare con avidità e in abbondanza; anche TR. PRONOM.: *mi sono pappato un bel piatto di lasagne*.

paprica (pà-pri-ca) N.F. (pl. *-che*) · Polvere piccante rossa ottenuta seccando e tritando un tipo di peperoncino, usata come spezia.

para (pà-ra) N.F. INVAR. · Tipo di gomma: *scarpe con la suola di para*.

para- · Prefisso che indica 'simile, che affianca': *paragonare*, rendere simile con un confronto; *paramedico*, che affianca il medico.

parà (pa-rà) N.M. e F. INVAR. · Paracadutista.

parabola[1] (pa-rà-bo-la) N.F. · Breve storia narrata come esempio per spiegare un insegnamento morale: *la parabola del buon Samaritano*.

parabola[2] (pa-rà-bo-la) N.F. **1** Linea curva con un andamento ascendente e poi discendente. **2** La traiettoria, prima ascendente e poi discendente, seguita da un corpo lanciato verso l'alto: *la parabola del proiettile*. **3** L'andamento di un fenomeno che sale fino al suo massimo e poi scende: *la parabola della carriera* Ⓢ corso.

parabolico (pa-ra-bò-li-co) AGG. (pl.m. *-ci*, pl.f. *-che*) · Simile a una parabola: *curva parabolica*. Ⓔ ***Antenna parabolica***, quella usata per ricevere o trasmettere a grande distanza e via satellite.

parabrezza (pa-ra-bréz-za) N.M. INVAR. · Nei veicoli a motore, vetro anteriore che protegge dalla pioggia e dal vento.

paracadute (pa-ra-ca-dù-te) N.M. INVAR. · Dispositivo simile a un grande ombrello, costituito da un telo di stoffa leggera e resistente trattenuto da un fascio di funi, che ha la funzione di frenare la caduta di una persona o di un carico lanciato da un aereo in volo: *si è salvato lanciandosi con il paracadute*.

paracadutista (pa-ra-ca-du-tì-sta) N.M. e F. (pl.m. *-i*, pl.f. *-e*) · Chi si lancia da un aereo con il paracadute.

paracarro (pa-ra-càr-ro) N.M. · Ciascuna delle colonnine di pietra o di plastica messe ai lati della strada per segnalarne i margini.

paradigma (pa-ra-dìg-ma) N.M. (pl. *-i*) · Esempio, modello • In grammatica, modello di declinazione di un nome o di coniugazione di un verbo.

paradiso (pa-ra-dì-ṣo) N.M. **1** Il luogo assolutamente felice dove vanno le anime dei giusti dopo la morte: *gli angeli del paradiso* **S** cielo **C** inferno. **2** Luogo bellissimo e pieno di pace: *un giardino che è un paradiso*. **E** ***Avere qualche santo in paradiso***, godere dell'appoggio di persone influenti • ***Paradiso terrestre***, nella religione cristiana, secondo l'Antico Testamento, il delizioso giardino dell'Eden dove vissero Adamo ed Eva prima di commettere il peccato originale.

Il termine deriva da una parola persiana che significa 'giardino'.

paradossale (pa-ra-dos-sà-le) AGG. · Contrario alla logica e al buon senso: *situazione paradossale* **S** assurdo, incredibile.

paradosso (pa-ra-dòs-so) N.M. · Affermazione sorprendente e assurda: *uno scrittore amante dei paradossi* • Fatto illogico: *è un paradosso che per ottenere la pace si faccia la guerra* **S** assurdità.

Il termine deriva dal greco *parádoxos* 'che va contro l'opinione comune', composto a sua volta di *para-* 'contro' e *dóksa* 'opinione'.

parafango (pa-ra-fàn-go) N.M. (pl. *-ghi*) · Elemento di metallo o plastica che copre in parte le ruote di un veicolo perché non schizzino fango o acqua.

paraffina (pa-raf-fì-na) N.F. · Sostanza bianca simile alla cera, ricavata dalla lavorazione del petrolio, usata in cosmetica e per la preparazione di candele, di fiammiferi e di isolanti elettrici.

parafrasare (pa-ra-fra-ṣà-re) V.TR. (*paràfraṣo*, ecc.) · Spiegare con parole proprie i concetti espressi in un testo: *parafrasare una poesia*.

parafrasi (pa-rà-fra-ṣi) N.F. INVAR. · Spiegazione di un testo usando parole proprie, di solito fatta come esercitazione scolastica: *fare la parafrasi della poesia*.

parafulmine (pa-ra-fùl-mi-ne) N.M. · Lunga asta metallica collocata sul tetto degli edifici che attira i fulmini durante i temporali e fa in modo che si scarichino a terra senza fare danni.

paraggi (pa-ràg-gi) N.M.PL. · Dintorni, vicinanze: *abito nei paraggi di casa tua*.

paragonare (pa-ra-go-nà-re) V.TR. (*paragóno*, ecc.) || TR. Stabilire un confronto fra cose o persone per evidenziare differenze o somiglianze: *paragonare un giovane scrittore **al** suo maestro* **S** confrontare. || **paragonarsi** RIFL. Mettersi a confronto: *non vorrai mica paragonarti **con** me?*

paragone (pa-ra-gó-ne) N.M. **1** Confronto fra cose o persone per evidenziare differenze o somiglianze: *fare un paragone; mettere a paragone due epoche; tra le due squadre non c'è paragone*, una è decisamente superiore all'altra; *una bellezza che non ha paragoni*, superiore a qualsiasi altra **S** comparazione. **2** Similitudine, esempio: *per spiegarmi meglio farò un paragone*. **3** In grammatica: ***complemento di paragone***, quello formato dal secondo termine di una comparazione (*il nuovo romanzo è molto più bello del precedente; come hai fatto ad arrivare prima di me?; i miei amici sono divertenti quanto i tuoi*). **E** ***A paragone di***, in confronto a: *a paragone di casa tua, la mia sembra piccolissima*.

paragrafo (pa-rà-gra-fo) N.M. · Ciascuna delle parti in cui è suddiviso un capitolo: *gli ultimi tre paragrafi del capitolo sono i più belli*.

paralisi (pa-rà-li-ṣi) N.F. INVAR. **1** Perdita della capacità di muovere un muscolo: *paralisi alle gambe*. **2** Interruzione improvvisa di un servizio, di un'attività lavorativa: *la paralisi dei trasporti pubblici* **S** blocco.

paralitico (pa-ra-lì-ti-co) AGG. e N.M. (f. *-a*; pl.m. *-ci*, pl.f. *-che*) · Che, chi non può muovere alcune parti del corpo: *un'anziana paralitica*.

paralizzare (pa-ra-liẓ-ẓà-re) V.TR. **1** Privare della capacità di movimento: *un colpo gli ha paralizzato il braccio*. **2** Provocare improvvisamente l'interruzione di un servizio, di un'attività lavorativa: *il vertice europeo ha paralizzato il traffico in città* **S** arrestare, bloccare.

parallela (pa-ral-lè-la) N.F. **1** Di retta che non ha nessun punto in comune con un'altra sullo stesso piano: *tracciate due parallele*. **2** AL PL. Attrezzo ginnico formato da due sbarre di legno orizzontali sostenute da supporti di

A B C D E F G H I J K L M N O P Q R S T U V W X Y Z

metallo che permettono di regolarne l'altezza da terra: *eseguirà degli esercizi alle parallele.*

parallelamente (pa-ral-le-la-mén-te) AVV. **1** In posizione parallela: *filari di viti disposti parallelamente.* **2** Contemporaneamente, di pari passo: *il nostro lavoro dovrà svolgersi parallelamente.*

parallelepipedo (pa-ral-le-le-pì-pe-do) N.M. · In geometria, figura solida con sei facce a forma di parallelogramma, uguali a due a due e parallele tra loro: *calcolare il volume del parallelepipedo.*

parallelismo (pa-ral-le-lì-ṣmo) N.M. · Confronto che evidenzia le somiglianze: *stabilire un parallelismo tra due momenti storici.*

parallelo (pa-ral-lè-lo) AGG. e N.M. || AGG. **1** In geometria, di rette, curve, piani che non hanno alcun punto in comune o che conservano distanza costante in ogni loro punto: *rette, curve parallele* • Che procede nella stessa direzione e sempre alla stessa distanza da un elemento analogo: *una maglia a righe parallele.* **2** Che avviene contemporaneamente ma in luoghi diversi: *il libro narra due storie parallele.* || N.M. **1** Confronto per evidenziare similitudini e differenze: *facciamo un parallelo fra il Tasso e l'Ariosto* Ⓢ paragone. **2** Ciascuna delle linee ideali (90 a nord dell'equatore e 90 a sud) secondo le quali la Terra è tagliata da piani perpendicolari al suo asse: *navigando sul 42º parallelo nord.*

P

parallelogramma (pa-ral-le-lo-gràm-ma) (o **parallelogrammo**) N.M. (pl. *-i*) · In geometria, figura piana con quattro lati paralleli e uguali a due a due, angoli opposti uguali e angoli adiacenti supplementari: *calcolare l'area del parallelogramma.*

paralume (pa-ra-lù-me) N.M. · Schermo protettivo che si fissa davanti a una lampada per attenuare la diffusione diretta della luce: *un paralume di stoffa.*

paramedico (pa-ra-mè-di-co) AGG. e N.M. (f. raro *-a*; pl.m. *-ci*, pl.f. *-che*) · Che, chi assiste i medici (come infermieri, fisioterapisti e tecnici di laboratorio): *personale paramedico.*

parametro (pa-rà-me-tro) N.M. · Criterio di valutazione: *giudicare gli altri in base ai propri parametri.*

paramilitare (pa-ra-mi-li-tà-re) AGG. · Simile per disciplina e gerarchia a un organismo militare: *gruppo paramilitare.*

paranco (pa-ràn-co) N.M. (pl. *-chi*) · Apparecchio per sollevare grossi pesi, costituito da un sistema di carrucole e cavi.

paranoia (pa-ra-nò-ia) N.F. (pl. *-nòie*) **1** Malattia mentale caratterizzata da varie manie e delirio. **2** AL PL. Nel linguaggio familiare, problemi immotivati ma ossessivi: *mi assilla con le sue paranoie.* Ⓔ ***In paranoia***, in stato di confusione e disagio: *mandare, cadere in paranoia.*

paranormale (pa-ra-nor-mà-le) AGG. · Che non si può spiegare secondo le leggi naturali conosciute: *la telepatia è un fenomeno paranormale.*

paraocchi (pa-ra-òc-chi) N.M. INVAR. **1** Ciascuna delle protezioni di cuoio fissate ai lati degli occhi del cavallo per impedirgli la vista laterale in modo da non distrarlo o spaventarlo. **2** Incapacità di vedere la realtà e di adeguarsi ai cambiamenti: *ha i paraocchi e non si rende conto che il mondo è cambiato.*

paraolimpiadi (pa-ra-o-lim-pì-a-di) N.F.PL. · Olimpiade riservata agli atleti portatori di handicap.

parapetto (pa-ra-pèt-to) N.M. · Struttura di protezione che consente di affacciarsi da balconi, ponti o finestre senza pericolo di cadere: *sporgersi dal parapetto* Ⓢ ringhiera.

parapiglia (pa-ra-pì-glia) N.M. INVAR. · Insieme confuso di persone che corrono e si agitano: *in quel parapiglia finii con il perdere il portafoglio* Ⓢ scompiglio, trambusto.

paraplegico (pa-ra-plè-gi-co) AGG. e N.M. (f. *-a*; pl.m. *-ci*, pl.f. *-che*) · Che, chi ha gli arti inferiori paralizzati (più raramente quelli superiori).

parare (pa-rà-re) V.TR. e INTR. || TR. **1** Fermare o deviare un colpo: *parare i pugni dell'avversario* Ⓢ stoppare, bloccare. **2** Nel linguaggio sportivo, impedire alla palla di entrare in rete: *parare un rigore.* **3** Impedire la vista di qualcosa: *spostati, che **mi** pari la visuale!* Ⓢ coprire, ostacolare. **4** Addobbare, ornare: *parare la chiesa a festa.* || INTR. Solo nell'espressione ***andare a parare***, arrivare, finire:

dove vuoi andare a parare con questi discorsi?, quale scopo vuoi raggiungere? || **pararsi** RIFL. Di persona o di cosa, presentarsi all'improvviso: *si parò* ***davanti a*** *lui per impedirgli l'ingresso* Ⓢ comparire, apparire. Ⓔ ***Parare il colpo***, far fronte ad atteggiamenti ostili o a situazioni difficili.

parasole (pa-ra-só-le) AGG. e N.M. INVAR. || AGG. Che ripara dal sole: *tendina parasole.* || N.M. Ombrellino per ripararsi dal sole.

parassita (pa-ras-sì-ta) AGG. e N.M. e F. (pl.m. *-i*, pl.f. -e) || AGG. e N.M. Di organismo animale o vegetale che vive a spese di un altro: *eliminare i parassiti del cane; piante parassite.* || N.M. e F. Persona che vive senza lavorare, sfruttando le fatiche altrui: *è circondato da parassiti* Ⓢ sanguisuga.

parassitario (pa-ras-si-tà-rio) AGG. (pl.m. *-ri*, pl.f. *-rie*) · Relativo ai parassiti.

parassitismo (pa-ras-si-tì-ṣmo) N.M. **1** La condizione di vita di un organismo che vive a spese di un altro. **2** Tendenza a vivere sfruttando gli altri come un parassita: *il parassitismo dei politici.*

parata (pa-rà-ta) N.F. **1** Nel calcio e in altri giochi a squadre, azione del portiere che impedisce alla palla avversaria di entrare in porta: *parata a terra, in tuffo.* **2** Rassegna di fronte al pubblico o alle autorità: *la parata dei carri di Carnevale; sfilare in parata* Ⓢ sfilata. Ⓔ ***Mala parata***, situazione che volge al peggio: *appena ha visto la mala parata è scappato.*

paratia (pa-ra-tì-a) N.F. (pl. *-tìe*) · Ciascuna delle pareti di acciaio che separa in compartimenti la parte sommersa di imbarcazioni e sommergibili: *paratia stagna*, quella scorrevole, a tenuta ermetica, che in caso di falla isola le zone allagate.

parato (pa-rà-to) N.M. · Rivestimento per pareti, di stoffa o carta Ⓢ tappezzeria. Ⓔ ***Carta da parati*** → ***carta***.

paraurti (pa-ra-ùr-ti) N.M. INVAR. · Elemento di metallo o plastica applicato sulla parte frontale e su quella posteriore di un veicolo per proteggere la carrozzeria in caso di urti leggeri: *nell'incidente si è piegato il paraurti.*

paravento (pa-ra-vèn-to) N.M. **1** Struttura mobile per separare una parte della stanza, costituita da pannelli che si possono aprire e richiudere a soffietto: *il medico le indicò un paravento dietro cui spogliarsi.* **2** Attività apparentemente onesta che ne nasconde un'altra disonesta: *la società serviva da paravento alle sue attività illecite.* ▸ Ⓕ **vento**

parcella (par-cèl-la) N.F. · La nota delle spese e del compenso presentata al cliente da un libero professionista: *la parcella dell'avvocato.*

parcheggiare (par-cheg-già-re) V.TR. (*parchéggio*, ecc.) · Lasciare in sosta un veicolo: *parcheggiare la macchina* Ⓢ posteggiare • Effettuare un parcheggio: *non ha ancora imparato a parcheggiare.*

parcheggio (par-chég-gio) N.M. (pl. *-gi*) **1** Spazio singolo o multiplo riservato alla sosta prolungata di veicoli: *parcheggio a pagamento; cercare un parcheggio* Ⓢ posteggio. **2** La manovra effettuata per parcheggiare: *eseguire un parcheggio perfetto.*

parco[1] (pàr-co) AGG. (pl.m. *-chi*, pl.f. *-che*) **1** Misurato, sobrio, moderato: *un uomo parco* ***nel*** *mangiare.* **2** Restio a fare alcune cose o a manifestare emozioni: *un uomo parco* ***di*** *parole.*

parco[2] (pàr-co) N.M. (pl. *-chi*) **1** Ampio giardino con alberi e piante ornamentali: *il parco del castello; i parchi di Londra.* **2** Zona protetta da leggi speciali per la conservazione del paesaggio e delle specie selvatiche: *il parco nazionale dello Stelvio; parco marino* Ⓢ riserva. **3** L'insieme dei veicoli di proprietà di un ente o di una società: *il parco macchine del Ministero.* Ⓔ ***Parco divertimenti***, spazio attrezzato con giostre e altre attrazioni popolari • ***Parco giochi***, area verde per bambini con scivoli e altalene.

parecchio (pa-réc-chio) AGG., PRON. INDEF. e AVV. · Molto: *parecchia gente; avere parecchi impegni; siamo in parecchi stasera; un vino parecchio forte; lavorare parecchio.*

pareggiare (pa-reg-già-re) V.TR. (*paréggio*, ecc.) **1** Portare allo stesso livello: *pareggiare il prato* Ⓢ livellare, uniformare. **2** In un bilancio, uguagliare le entrate con le uscite: *pareggiare i conti.* **3** In una competizione spor-

A B C D E F G H I J K L M N O **P** Q R S T U V W X Y Z

tiva, ottenere il pareggio: *pareggiare all'ultimo minuto; pareggiare una partita.*

pareggio (pa-rég-gio) N.M. (pl. *-gi*) **1** In un bilancio, uguaglianza fra le entrate e le uscite: *raggiungere il pareggio.* **2** In una competizione sportiva, risultato in cui entrambe le squadre o i concorrenti hanno ottenuto lo stesso punteggio: *la partita si è conclusa con un pareggio* Ⓢ parità.

parentale (pa-ren-tà-le) AGG. · Relativo ai genitori o ai parenti: *legami parentali.*

parente (pa-rèn-te) N.M. e F. · Chi ha con un'altra persona un legame di parentela: *parenti stretti, prossimi, lontani; parente acquisito,* che ha sposato un membro della famiglia Ⓢ familiare, consanguineo.

Il termine deriva dal latino *parens* 'genitore', participio presente di *parere* 'partorire, generare'.

parentela (pa-ren-tè-la) N.F. **1** Il legame esistente tra chi discende da una stessa persona: *grado di parentela.* **2** L'insieme dei parenti: *al matrimonio c'era tutta la parentela* Ⓢ familiari (PL.).

parentesi (pa-rèn-te-si) N.F. INVAR. **1** Ciascuno dei due segni grafici che in un testo racchiudono una parola o una frase autonoma dal resto del discorso: *( ).* **2** In matematica, ciascuno dei segni grafici che in un'espressione vengono usati per indicare l'ordine di precedenza in cui devono essere eseguite le operazioni: *parentesi tonde ( ), quadre [ ], graffe { }.* **3** Precisazione, chiarimento che interrompe la continuità di un discorso: *aprire, chiudere una parentesi* Ⓢ inciso. **4** Interruzione, pausa: *quella vacanza fu una parentesi distensiva fra tante fatiche.*

P

parere[1] (pa-ré-re) N.M. · Opinione personale: *esprimere un parere; ho cambiato parere su questo punto* Ⓢ idea, pensiero. Ⓔ ***A parer mio,*** secondo la mia opinione, secondo me.

parere[2] (pa-ré-re) V.INTR. (irreg.: ind. pres. *pàio, pàri, pàre, paiàmo, paréte, pàiono*; pass. rem. *pàrvi, parésti, pàrve, parémmo, paréste, pàrvero*; fut. *parrò*, ecc.; cong. pres. *pàia, pàia, pàia, paiàmo, paiàte, pàiano*; condiz. pres. *parrèi*, ecc.; part. pass. *pàrso*; aus. *essere*) **1** Sembrare, apparire: *un caffè che pare veleno; così vestito, pare un altro.* **2** Risultare come effetto di un'impressione: *pareva* ***di*** *essere in un sogno* • Risultare sulla base di un giudizio personale, di un'opinione: ***mi*** *pare* ***che*** *la situazione stia peggiorando; che* ***te*** *ne pare del film?* **3** Sembrare opportuno o conveniente: *in casa mia faccio entrare chi* ***mi*** *pare.* Ⓔ ***Pare ieri,*** non sembra che sia passato tanto tempo.

Il termine deriva dal latino *parere* 'apparire'; dal latino *parere* derivano anche **apparire, comparire** e **trasparente**.

paresi (pa-rè-si) N.F. INVAR. · Lieve paralisi.

parete (pa-ré-te) N.F. **1** Elemento verticale che serve a separare ambienti: *una parete di mattoni; le pareti della cabina* Ⓢ muro • La superficie interna del muro: *appendere un quadro alla parete.* **2** Superficie verticale che delimita uno spazio: *le pareti della grotta.* **3** In anatomia, qualsiasi superficie che delimita una cavità o un organo: *le pareti dello stomaco.* **4** Nell'alpinismo, fianco roccioso e ripido di una montagna: *la parete nord del Monte Bianco.*

pargolo (pàr-go-lo) N.M. (f. *-a*) · Bambino, usato in modo scherzoso: *chi va a prendere i pargoli a scuola oggi?*

pari (pà-ri) AGG. e N.M. e F. INVAR., AVV. || AGG. **1** Che è uguale o equivalente: *essere pari* ***di*** *età; un chilometro è pari* ***a*** *mille metri* • Medesimo, stesso, uguale: *avere pari diritti.* **2** Adeguato, adatto: *la retribuzione sarà pari* ***alla*** *qualità del lavoro.* **3** Di superficie regolare e priva di dislivelli: *una fila di libri tutti pari.* **4** Di numero divisibile per due Ⓒ dispari. || N.M. e F. Persona simile per ceto sociale, caratteristiche, comportamenti: *non mi confronto con i tuoi pari.* || N.M. Risultato di parità: *finire la partita con un pari.* || AVV. Con uguale punteggio di entrambe le squadre o dei concorrenti di una competizione: *la partita è finita pari.* Ⓔ ***Alla pari,*** senza fare differenze: *trattare alla pari operai e impiegati;* alle stesse condizioni: *combattere alla pari* • ***Al pari di,*** come: *guida al pari di un pilota professionista* • ***A piè pari,*** per intero: *saltare a piè pari alcune pagine di un libro* • ***Di pari passo,*** con la stessa andatura: *camminare di pari passo;* contemporaneamente: *i due fenomeni procedono di* *pari passo* • ***In pari***, in regola rispetto a determinati impegni o scadenze: *in pari* ***con*** *gli esami,* ***con*** *i pagamenti* • ***Pari pari***, alla lettera, tale e quale: *ha copiato pari pari il tema del compagno* • ***Ragazza alla pari***, giovane che in cambio di vitto e alloggio offre alcune prestazioni domestiche • ***Senza pari***, che non teme confronti, bravissimo: *è un artista senza pari.*

paria (pà-ria) N.M. e F. INVAR. · Persona che appartiene alla più bassa delle caste indiane.

parietale (pa-rie-tà-le) AGG. · Eseguito su parete: *pittura parietale.* Ⓔ ***Osso parietale*** (o *il parietale* N.M.), osso piatto, laterale, della volta cranica.

parificare (pa-ri-fi-cà-re) V.TR. (*parìfico, parìfichi*, ecc.) · Rendere uguale, pareggiare: *parificare i diritti dei cittadini.*

parità (pa-ri-tà) N.F. INVAR. **1** Mancanza di differenze: *parità di diritti* Ⓢ uguaglianza Ⓒ disparità. **2** Condizione per cui i concorrenti di una competizione ottengono lo stesso punteggio: *il primo tempo si è chiuso in parità* Ⓢ pareggio. Ⓔ ***A parità di***, nel caso di uguaglianza, senza differenze: *a parità di titoli, prevarrà il candidato con la migliore prova scritta.*

parlamentare[1] (par-la-men-tà-re) AGG. e N.M. e F. || AGG. Del Parlamento: *seduta parlamentare.* || N.M. e F. Membro del Parlamento (deputato o senatore).

parlamentare[2] (par-la-men-tà-re) V.INTR. (*parlaménto*, ecc.; aus. *avere*) · Discutere per raggiungere un accordo: *parlamentare* ***con*** *il nemico* Ⓢ negoziare, trattare.

parlamento (par-la-mén-to) N.M. **1** Assemblea delle persone elette dal popolo, che ha la funzione di fare le leggi e di controllare il lavoro del governo (spesso con iniziale maiuscola): *eleggere il Parlamento.* **2** L'edificio in cui ha sede il Parlamento: *andare al Parlamento.*

parlantina (par-lan-ti-na) N.F. · Capacità di parlare con scioltezza e a lungo: *l'ha convinto con la sua parlantina.*

parlare (par-là-re) V.INTR. e TR. || INTR. (aus. *avere*) **1** Usare la lingua come mezzo di comunicazione e di manifestazione dei propri sentimenti o delle proprie idee: *gli animali non parlano; parlare* ***a*** *qualcuno,* ***con*** *qualcuno* • Rivelare segreti: *non parlò neanche sotto tortura* Ⓢ confessare Ⓒ tacere • Avere una conversazione, un colloquio: *parlare* ***del*** *più e* ***del*** *meno; vorrei parlare* ***con*** *il responsabile dei servizi* • Scambiare commenti su argomenti vari, esporre le proprie opinioni: *si cominciò a parlare* ***di*** *mutamenti politici; parliamo* ***d'****altro*, cambiamo argomento Ⓢ conversare, discorrere • Fare un discorso in pubblico: *il Capo del Governo parlerà domani* ***alla*** *Nazione.* **2** Comunicare, esprimere con gesti, espressioni, segnali: *parlare con gli occhi; fatti che parlano chiaro*, che dimostrano qualcosa chiaramente. **3** Far tornare il pensiero a qualcosa: *qui tutto mi parla* ***della*** *mia povera mamma* Ⓢ ricordare (TR.), rammentare (TR.). || TR. Usare una data lingua: *parlare il tedesco* Ⓢ conoscere. || **parlarsi** RIFL. RECIPROCO Avere un rapporto di amicizia (spesso in frasi negative): *non si parlano più da mesi.* Ⓔ ***Parlare arabo*** → ***arabo*** • ***Parlar bene, parlare male***, dire cose positive o negative di qualcuno o qualcosa: *mi hanno parlato bene* ***di*** *questo ristorante; non fa che parlar male* ***dei*** *vicini* • ***Parlare chiaro***, dire le cose come stanno, in modo sincero e diretto • ***Parlare due lingue diverse, parlare la stessa lingua*** → ***lingua***.

parlata (par-là-ta) N.F. · Modo di parlare caratterizzato dall'accento e dall'uso di vocaboli ed espressioni tipici: *la parlata romana.*

parlato (par-là-to) AGG. e N.M. || AGG. Della lingua usata comunemente contrapposta a quella scritta, più raffinata e formale: *lingua parlata* Ⓢ colloquiale. || N.M. Lingua parlata: *espressioni che si usano solo nel parlato.*

parlatorio (par-la-tò-rio) N.M. (pl. *-ri*) · In edifici dove vivono comunità di persone, locale adibito a luogo d'incontro con visitatori esterni: *il parlatorio del carcere.*

parlottare (par-lot-tà-re) V.INTR. (*parlòtto*, ecc.; aus. *avere*) · Parlare a bassa voce, in modo fitto e talvolta misterioso: *parlottavano in un angolo* Ⓢ confabulare.

parmigiano (par-mi-già-no) AGG. e N.M. (f. *-a*) || AGG. Di Parma. || N.M. (f. *-a*) Abitante, nativo di Parma. || N.M. Formaggio grana (→ ***grana***[2]).

-paro · Secondo elemento di parole composte che significa 'che genera, che ha partorito o partorisce': *oviparo*.

parodia (pa-ro-dì-a) N.F. (pl. -*die*) **1** Versione satirica o umoristica di un testo o di uno stile: *fare la parodia di un romanzo*. **2** Buffa imitazione di una persona: *fare la parodia di un professore* Ⓢ caricatura.

parodiare (pa-ro-dià-re) V.TR. (*paròdio*, ecc.) · Fare la parodia di qualcuno o di qualcosa: *parodiare una tragedia; parodiare un personaggio famoso*.

parola (pa-rò-la) N.F. **1** Ciascuna delle unità distinte che costituiscono la frase: *nella frase c'è una parola che non capisco; le parole di una canzone*, il testo; *ripetere parola per parola*, riferire un discorso senza tralasciare nulla Ⓢ vocabolo, termine. **2** Comunicazione di un pensiero, di un sentimento o di un'opinione: *parole di conforto; metterci una buona parola*, cercare di convincere qualcuno di qualcosa; *non ho parole*, non so come esprimere quello che sento; *avere facilità di parola*, esprimersi con scioltezza. **3** Discorso, messaggio: *la parola del Presidente; chiedere la parola*, il diritto di parlare davanti a un pubblico. **4** Quello che si dice rispetto a ciò che si fa: *qui ci vogliono fatti e non parole* Ⓢ chiacchiera. **5** Capacità di parlare propria degli esseri umani: *perdere la parola*, diventare muto. **6** Impegno verbale: *ti do la mia parola che tutto ciò che ti ho raccontato è vero!* Ⓢ garanzia, promessa. Ⓔ ***Di parola***, che rispetta sempre le promesse fatte: *è una persona di parola, puoi fidarti di lui* • ***Di poche parole***, di persona, che parla poco • ***È una parola!***, è più facile da dire che da fare: *mi ha chiesto di finire il lavoro in tempo, è una parola!* • ***Famiglia di parole*** → ***famiglia*** • ***Giro di parole*** → ***giro*** • ***In poche parole***, brevemente e semplicemente: *te lo spiego in poche parole* • ***In una parola***, concludendo • ***Libertà di parola***, diritto di esprimere la propria opinione • ***L'ultima parola***, la decisione definitiva: *l'ultima parola spetta al presidente* • ***Parola d'onore*** → ***onore*** • ***Parola d'ordine*** → ***ordine*** • ***Parole crociate***, cruciverba • ***Prendere in parola***, attendersi il compimento di quanto viene promesso.

parolaccia (pa-ro-làc-cia) N.F. (pl. -*ce*) · Termine offensivo o volgare: *non dire parolacce*.

paroliere (pa-ro-liè-re) N.M. (f. -*a*; pl.m. -*i*, pl.f. -*e*) · Chi scrive i testi delle canzoni.

parquet (par-quet; pronuncia *parché*) N.M. FR., in it. N.M. INVAR. · Pavimento a listelli di legno: *mettere il parquet*.

parricida (par-ri-cì-da) N.M. e F. (pl.m. -*i*, pl.f. -*e*) **1** Chi ha ucciso il proprio padre. **2** Chi ha tradito la propria patria.

parrocchia (par-ròc-chia) N.F. (pl. -*chie*) **1** Parte di una diocesi costituita da un gruppo di fedeli guidati da un parroco: *appartiene alla parrocchia di san Francesco*. **2** La chiesa in cui il parroco dice messa e gli edifici vicini: *frequentare la parrocchia*.

parrocchiale (par-roc-chià-le) AGG. · Della parrocchia o del parroco: *chiesa parrocchiale*.

parroco (pàr-ro-co) N.M. (pl. -*ci*) · Prete responsabile di una parrocchia.

parrucca (par-rùc-ca) N.F. (pl. -*che*) · Capigliatura finta usata per nascondere la calvizie, cambiare aspetto o travestirsi: *parrucca di scena*.

parrucchiere (par-ruc-chiè-re) N.M. (f. -*a*; pl.m. -*i*, pl.f. -*e*) · Chi per mestiere pettina e taglia i capelli: *parrucchiere per signora*.

parsimonia (par-si-mò-nia) N.F. · Moderazione nello spendere o nel fare uso di qualcosa: *vivere con parsimonia; fumare con parsimonia*.

parsimonioso (par-si-mo-nió-so) AGG. · Moderato nello spendere o nel fare uso di qualcosa: *una padrona di casa parsimoniosa* Ⓒ spendaccione.

parso (pàr-so) · Participio pass. → ***parere***[2].

parte (pàr-te) N.F. e AVV. || N.F. **1** Ciascuno degli elementi che formano un intero: *le parti di una macchina; la gran parte della giornata; la maggior parte dei presenti* Ⓢ pezzo, elemento. **2** Luogo o direzione: *che fai da queste parti?; devi andare da quella parte*. **3** Nel linguaggio giuridico, ciascuna delle persone o dei gruppi di persone coinvolte in un processo • Ciascuno dei soggetti che stipulano un contratto. **4** Ciascuno degli avversari in un conflitto: *le parti hanno trovato un accordo* •

Gruppo, partito, fazione: *la parte dei democratici.* **5** In una rappresentazione teatrale o cinematografica, insieme delle battute recitate da ciascun personaggio: *imparare la parte; la parte di Otello,* il personaggio di Otello • Ruolo, compito: *le piace fare la parte della vittima.* || AVV. Parzialmente: *i miei amici parte lavorano e parte studiano.* Ⓔ ***A parte,*** non compreso: *il vino è a parte;* separatamente, in un secondo momento: *di questo ti scriverò a parte* • ***A questa parte,*** con riferimento temporale, in qua, fino a ora: *da un mese a questa parte non fa che piovere* • ***Costituirsi parte civile*** → *costituire* • ***Da parte mia,*** per conto mio, per mio incarico: *diglielo da parte mia* • ***Fare le parti,*** dividere • ***Fare una parte,*** rimproverare aspramente: *mi hanno fatto una parte terribile per il ritardo* • ***Far parte,*** appartenere: *far parte di un gruppo politico* • ***In buona parte,*** in misura significativa: *il merito è in buona parte anche mio* • ***In parte,*** non totalmente, parzialmente: *l'edificio è andato in parte distrutto* • ***Mettere a parte,*** mettere al corrente: *mi ha messo a parte del suo segreto* • ***Mettere da parte,*** tenere come riserva, non utilizzare: *ho messo da parte un po' di risparmi* • ***Non avere né arte né parte*** → *arte* • ***Parte avversa*** → *avverso* • ***Parte in causa,*** chi è personalmente interessato in un processo o in una questione • ***Prender parte,*** partecipare: *prender parte a una manifestazione.*

partecipante (par-te-ci-pàn-te) N.M. e F. · Chi prende parte a una manifestazione: *i partecipanti **al** convegno riceveranno un omaggio* Ⓢ presente.

partecipare (par-te-ci-pà-re) V.INTR. e TR. (*partécipo*, ecc.) || INTR. (aus. *avere*) Prendere parte insieme ad altri a un avvenimento: *partecipare **a** una gara; partecipare **alle** spese,* contribuirvi • Farsi coinvolgere emotivamente: *partecipare **alle** gioie degli amici.* || TR. Comunicare, annunciare, far sapere: *mi ha partecipato le nozze della figlia.*

partecipazione (par-te-ci-pa-zió-ne) N.F. **1** Presenza a un avvenimento: *non posso garantire la mia partecipazione **al** convegno.* **2** Manifestazione di interessamento a una vicenda altrui: *la sua partecipazione **al** tuo dolore è commovente.* **3** Il biglietto con cui si dà ai conoscenti l'annuncio di eventi lieti o dolorosi: *inviare una partecipazione di matrimonio* Ⓢ annuncio. **4** La spartizione di un guadagno tra i soci di un'azienda: *partecipazione **agli** utili di un'azienda* • Possesso delle azioni di una società: *partecipazione azionaria.*

partecipe (par-té-ci-pe) AGG. **1** Che interviene in modo attivo in un evento di interesse collettivo: *essere partecipe **dei** rischi di un'impresa.* **2** Che si fa coinvolgere emotivamente nelle vicende degli altri: *sono partecipe **della** tua gioia* Ⓒ distaccato.

parteggiare (par-teg-già-re) V.INTR. (*partéggio*, ecc.; aus. *avere*) · Essere apertamente a favore di una delle parti opposte in un conflitto, un dibattito, un incontro sportivo: *parteggiare **per** la sinistra; parteggiare **per** la squadra della propria città* Ⓢ sostenere (TR.).

partenopeo (par-te-no-pè-o) AGG. e N.M. (f. *-a*; pl.m. *-pèi*, pl.f. *-pèe*) · Napoletano: *la squadra di calcio partenopea.*

partenza (par-tèn-za) N.F. **1** Momento in cui si parte per una destinazione: *fissare la data della partenza; rimandare la partenza.* **2** Il punto da cui partono gli atleti in una gara: *allinearsi alla partenza* Ⓢ via • Inizio della gara: *ha sbagliato la partenza e ha perso secondi preziosi.* Ⓔ ***Di partenza,*** di base: *il prezzo di partenza è diecimila euro;* ***punto di partenza,*** avvio, inizio: *il punto di partenza di un'indagine* • ***Essere in partenza,*** stare per partire: *il treno è in partenza* • ***Falsa partenza,*** in una gara sportiva, quando un concorrente parte in anticipo e bisogna ridare il segnale di inizio.

particella (par-ti-cèl-la) N.F. **1** Il più piccolo elemento indivisibile che costituisce l'atomo (elettrone, protone, neutrone). **2** In grammatica: ***particelle pronominali,*** i pronomi *mi, ti, ci, vi, lo, la, li, le, gli, ci, si, ne* che precedono o seguono un verbo.

participio (par-ti-ci-pio) N.M. (pl. *-pi*) · In grammatica, modo del verbo che non ha distinzioni di persona, ma di genere e numero; ha un tempo presente e uno passato ed è usato come aggettivo o per formare proposizioni temporali: *il participio presente di "abbon-*

dare" è "abbondante"; il participio passato di "pelare" è "pelato".

particolare (par-ti-co-là-re) AGG. e N.M. || AGG. **1** Proprio di una persona, di un gruppo o di una cosa: *gli interessi particolari vengono dopo le esigenze della collettività* Ⓢ individuale Ⓒ generale. **2** Ben preciso: *per questo lavoro occorrono strumenti particolari* Ⓢ determinato, specifico. **3** Molto evidente: *ha una particolare inclinazione per la musica* Ⓢ notevole, speciale, eccezionale. **4** Fuori del comune: *ha idee tutte particolari* Ⓢ strano, bizzarro, insolito. || N.M. Elemento minimo: *lasciarsi sfuggire un particolare importante* Ⓢ dettaglio. Ⓔ ***In particolare***, soprattutto: *esaminiamo in particolare il primo capitolo.*

particolareggiato (par-ti-co-la-reg-già-to) AGG. **1** Che non tralascia alcun dettaglio: *relazione particolareggiata* Ⓢ dettagliato, minuzioso. **2** Accurato, scrupoloso, meticoloso: *fare un esame particolareggiato.*

particolaristico (par-ti-co-la-rì-sti-co) AGG. (pl.m. *-ci*, pl.f. *-che*) · Che cura esclusivamente i propri interessi, anche a svantaggio degli altri: *spirito particolaristico.*

particolarità (par-ti-co-la-ri-tà) N.F. INVAR. **1** Aspetto speciale o caratteristico, non comune: *la particolarità di una situazione.* **2** Elemento più o meno importante: *studiare un fenomeno in tutte le sue particolarità* Ⓢ dettaglio, particolare.

particolarmente (par-ti-co-lar-mén-te) AVV. **1** In misura notevole: *un film particolarmente interessante* Ⓢ molto, parecchio, eccezionalmente. **2** Principalmente, soprattutto, specialmente: *un alimento particolarmente indicato per i bambini.*

partigiano (par-ti-già-no) AGG. e N.M. (f. *-a*) || AGG. **1** Che riguarda i gruppi armati dei partigiani durante la seconda guerra mondiale: *guerriglia partigiana.* **2** Di parte, non obiettivo: *scegliere un candidato con spirito partigiano.* || N.M. (f. *-a*) **1** Durante la seconda guerra mondiale, chi apparteneva ai gruppi armati indipendenti che combattevano contro i nazisti e i loro alleati: *i partigiani si nascondevano sulle montagne.* **2** Chi sostiene un'idea, un gruppo politico, una fazione: *i partigiani della pace.*

P

partire (par-tì-re) V.INTR. (aus. *essere*) **1** Allontanarsi da un luogo, mettersi in viaggio: *partire **per** la Francia **in** missione; partire **in** treno* Ⓒ arrivare, giungere. **2** Mettersi in movimento, soprattutto velocemente: *il cavallo è partito al galoppo* • Cominciare a funzionare: *l'automobile non vuole partire.* **3** Iniziare, cominciare in un dato momento: *il corso parte alla fine di ottobre.* **4** Avere origine, iniziare da un determinato punto: ***dalla** piazza partono quattro strade.* **5** Provenire: *il grido partì **dalla** folla; l'idea è partita **da** me* • Uscire improvvisamente e casualmente: *pulendo la pistola **gli** è partito un colpo* • Volare via, cadere: ***gli** è partito il cappello per il vento.* **6** Nel linguaggio familiare, rompersi, guastarsi: *il motore ormai è partito.* **7** Nel linguaggio familiare, perdere la testa, il controllo di sé: *è completamente partito **per** quella ragazza.* Ⓔ ***A partire da***, a cominciare da: *la legge avrà vigore a partire dal prossimo mese.*

partita (par-tì-ta) N.F. **1** Incontro sportivo o gioco tra più persone che prevede un vincitore: *una partita di pallavolo; una partita a carte; andare alla partita,* quella di calcio. **2** Quantità di merce acquistata o venduta in un unico blocco: *una partita di grano; ordinare una partita di caffè.* **3** Nel linguaggio contabile, scrittura riferita a un certo oggetto o particolare forma di registrazione: *partita catastale.* Ⓔ ***Partita doppia***, nel linguaggio contabile, registrazione delle entrate e delle uscite di un'azienda • ***Partita Iva***, numero che identifica un professionista o un'impresa commerciale per fini contabili e fiscali.

partitivo (par-ti-tì-vo) AGG. · In grammatica: ***articolo partitivo***, la preposizione articolata *del, della, dello, delle* quando introduce una quantità non precisata di qualcosa o un numero imprecisato di cose o persone (*vorrei del pane; ho comprato dei libri; ho cenato con degli amici*) • ***Complemento partitivo***, quello che definisce una parte in opposizione a un tutto (*solo uno fra voi vincerà; il più bravo di tutti*).

partito (par-ti-to) N.M. **1** Associazione di cittadini con idee politiche e sociali comuni che partecipano attivamente alla vita pubblica e possono essere eletti per lavorare alla direzione dello Stato: *iscriversi a un partito; partito di governo*, quello che ha vinto le elezioni e governa il Paese. **2** Soluzione per superare una difficoltà o un ostacolo: *scegliere il partito migliore.* **E** ***A mal partito***, in una brutta situazione: *trovarsi a mal partito* • ***Mettere la testa a partito*** → ***testa*** • ***Per partito preso***, basandosi su un'opinione preconcetta: *parlare per partito preso* • ***Trarre partito***, trarre vantaggio: *occorre trarre partito dall'esperienza* • ***Un buon partito***, una persona benestante da sposare: *trovare un buon partito.*

partitocrazia (par-ti-to-cra-zì-a) N.F. (pl. *-zìe*) · Predominio dei partiti nella vita politica dello Stato a scapito del governo e del Parlamento.

partitura (par-ti-tù-ra) N.F. · Trascrizione complessiva delle parti vocali e strumentali di un'opera musicale.

partizione (par-ti-zió-ne) N.F. **1** Divisione, distribuzione: *la partizione in capitoli di un libro.* **2** Scomparto, sezione: *le partizioni di un armadio.*

partner (part-ner; pronuncia *pàrtner*) N. INGL., in it. N.M. e F. INVAR. **1** Chi collabora con un'altra persona in attività che si svolgono in coppia: *è stata la sua partner nell'ultimo film; partner commerciale* **S** socio. **2** La persona con la quale si vive il rapporto amoroso: *ha incontrato il suo partner ideale* **S** compagno, fidanzato.

parto (pàr-to) N.M. **1** Momento conclusivo della gravidanza che porta alla nascita di uno o più bambini oppure di piccoli di mammiferi: *un parto veloce; parto gemellare.* **2** Creazione della mente: *parto letterario; un parto della fantasia*, prodotto dell'immaginazione.

partorire (par-to-rì-re) V.TR. (*partorìsco, partorìsci*, ecc.) **1** Far nascere attraverso il processo fisiologico del parto: *partorì un bel bambino; la gatta ha partorito i piccoli* **S** generare. **2** Ideare, produrre: *ha partorito un nuovo romanzo* • Generare, causare: *la violenza partorisce odio e vendetta.*

part-time (part-ti-me; pronuncia *partàim*) AGG. INGL., in it. AGG. e N.M. INVAR., AVV. || AGG. Di attività che occupa solo una parte della giornata: *lavoro part-time* **C** full-time (*ingl.*) • Di persona che lavora solo per qualche ora al giorno: *una segretaria part-time.* || AVV. A tempo parziale: *lavorare part-time.* || N.M. Lavoro a tempo parziale: *cercare un part-time.*

party (par-ty; pronuncia *pàrti*) N. INGL., in it. N.M. INVAR. · Ricevimento, festa: *essere invitato a un party.*

parvenza (par-vèn-za) N.F. · Minima presenza: *una parvenza di giustizia* **S** apparenza, traccia.

parvi (pàr-vi) · Pass. rem., 1ª pers. sing. → ***parere***^{2}.

parziale (par-zià-le) AGG. **1** Relativo a una parte di un tutto: *un aspetto parziale del problema* **S** incompleto, limitato. **2** Che parteggia per qualcuno, non obiettivo: *arbitro parziale; giudizio parziale* **S** di parte **C** imparziale.

parzialità (par-zia-li-tà) N.F. INVAR. · Tendenza a privilegiare qualcuno a scapito di altri: *fare parzialità* • Scarsa obiettività, punto di vista troppo personale: *parzialità di giudizio* **C** imparzialità, equità.

pascià (pa-scià) N.M. INVAR. · Nell'Impero turco, titolo dato ad alte personalità: *Kemal pascià.* **E** ***Vivere come un pascià***, nel lusso e negli agi.

Il termine deriva da una parola turca, che a sua volta viene da un termine persiano che significa 'sovrano'.

pasciuto (pa-sciù-to) AGG. · Ben nutrito e in carne: *un bambino pasciuto* **S** florido.

pascolare (pa-sco-là-re) V.TR. e INTR. (*pàscolo*, ecc.) || TR. Condurre al pascolo: *pascolare il gregge.* || INTR. (aus. *avere*) Mangiare al pascolo: *le pecore stanno pascolando.*

pascolo (pà-sco-lo) N.M. · Terreno coperto di erbe spontanee riservate all'alimentazione del bestiame: *portare le mucche al pascolo.*

Pasqua (Pà-squa) N.F. · Presso i cristiani, la festa che commemora la resurrezione di Gesù Cristo e che cade la prima domenica dal plenilunio successivo al 21 marzo: *la do-*

menica di Pasqua; felice come una Pasqua, molto felice. Ⓔ ***Pasqua alta, Pasqua bassa,*** a seconda che cada in aprile oppure in marzo • ***Uovo di Pasqua,*** dolce a forma di grande uovo vuoto all'interno, tutto di cioccolata e con dentro una sorpresa.

Il termine deriva da una parola ebraica che significa 'passaggio', perché la Pasqua ebraica commemora la fuga degli Ebrei dall'Egitto e il passaggio del Mar Rosso.

pasquale (pa-squà-le) AGG. · Relativo alla Pasqua: *feste pasquali.*

passabile (pas-sà-bi-le) AGG. · Abbastanza buono, accettabile, discreto: *un'esecuzione passabile.*

passaggio (pas-sàg-gio) N.M. (pl. *-gi*) **1** Spostamento da un luogo a un altro: *attendere il passaggio del treno; il passaggio delle truppe durò molti giorni* Ⓢ transito. **2** Luogo attraverso cui si riesce a passare: *lasciare libero il passaggio; aprirsi un passaggio nel bosco* Ⓢ passo. **3** Breve tragitto offerto sul proprio mezzo di trasporto: *chiedere un passaggio.* **4** L'invio della palla da un giocatore all'altro della stessa squadra: *sbagliare il passaggio a un compagno.* **5** Cambiamento di condizione: *il passaggio da crisalide a farfalla; ottenere il passaggio alla classe superiore* Ⓢ trasformazione. **6** Brano di una composizione scritta o musicale: *un passaggio difficile da tradurre; un passaggio per i violini* Ⓢ passo, pezzo. Ⓔ ***Di passaggio,*** di sfuggita, brevemente: *l'ho visto solo di passaggio;* che si ferma in un luogo per poco tempo: *gente di passaggio* • ***Passaggio a livello,*** punto in cui una strada incrocia la ferrovia, protetto da barriere che impediscono il transito dei veicoli quando sta per passare il treno • ***Passaggio pedonale,*** quello dove le persone a piedi possono attraversare la strada, di solito indicato con delle strisce bianche • ***Stanza di passaggio,*** che mette in comunicazione con un'altra stanza.

passamontagna (pas-sa-mon-tà-gna) N.M. INVAR. · Berretto di lana che copre interamente la testa e il collo, lasciando scoperti solo gli occhi. ▸ Ⓕ **monte**

passante (pas-sàn-te) N.M. e F. || N.M. e F. Qualsiasi persona che percorre la pubblica via: *fermare un passante per chiedere un'informazione.* || N.M. Ciascuna striscia di stoffa o di cuoio applicata ai vestiti attraverso la quale si infila la cintura: *i passanti dei pantaloni.*

passaporto (pas-sa-pòr-to) N.M. · Documento di identificazione necessario per poter andare liberamente all'estero: *passaporto valido.*

passare (pas-sà-re) V.INTR. e TR. || INTR. (aus. *essere*) **1** Spostarsi da un luogo a un altro: *i soldati passarono di corsa; il treno è già passato?* • Attraversare un luogo: *questo sentiero passa* ***per*** *il bosco.* **2** Riuscire a entrare: *passare senza pagare* • Di liquido o gas, attraversare una superficie o entrare da un'apertura: ***dalla*** *finestra passa la luce; con il finestrino chiuso non passa aria* Ⓢ penetrare, filtrare • Cambiare stato o condizione: *passare* ***dalla*** *povertà* ***alla*** *ricchezza.* **3** Ottenere o dare la necessaria approvazione: *la legge è passata.* **4** Venire considerato: *non vorrei passare* ***per*** *ignorante; passare* ***per*** *secchione* Ⓢ apparire, sembrare. **5** Giungere al termine: *l'estate è già passata; sono passati quei bei tempi!* Ⓢ esaurirsi, finire. || TR. **1** Andare oltre: *passa la chiesa e gira a destra* Ⓢ superare • Spostarsi attraverso un luogo: *passare il confine* Ⓢ attraversare, oltrepassare, varcare. **2** Far avere qualcosa a qualcuno: *passare la palla* ***al*** *compagno;* ***mi*** *passi il sale per favore?* Ⓢ dare, trasferire, consegnare • Far entrare in un'apertura: *passare il filo* ***nell'****ago.* **3** Trascorrere: *passare le vacanze al mare.* **4** Promuovere a un livello superiore: *lo hanno passato* ***in*** *terza* • Ottenere un risultato positivo, superare: *ho passato l'esame.* **5** Far scorrere su una superficie: *passare la spugna* ***sulla*** *tavola; passare la vernice* ***sulla*** *ringhiera* Ⓢ strofinare, spalmare. Ⓔ ***Passare alla storia,*** acquistare grande e duratura fama • ***Passare al nemico,*** tradire • ***Passare a un altro argomento,*** trattare il tema successivo • ***Passare di cottura,*** essere troppo cotto • ***Passare di grado,*** ottenere un avanzamento di carriera • ***Passare di mente*** → ***mente*** • ***Passare di moda,*** venir superato da mode più recenti • ***Passare il testimone,*** in una gara di staffetta, dare il bastoncino al compagno successivo; anche, rinunciare a un'attività a favore di altri: *ha passato il testi-*

P

mone a suo figlio • ***Passare per la testa*** o ***passare per il capo***, di idea, venire in mente all'improvviso: *che cosa **ti** sta passando per la testa?* • ***Passare sopra***, far finta di niente: *per questa volta **ci** passo sopra.*

passata (pas-sà-ta) N.F. · Rapida applicazione di un prodotto, di uno strumento: *dare una passata di vernice; dare una passata con l'aspirapolvere.* Ⓔ ***Passata di pomodoro***, pomodoro cotto, frullato e confezionato • ***Passata di verdura***, minestra di verdura o legumi passati al setaccio.

passatempo (pas-sa-tèm-po) N.M. · Attività svolta per divertimento nei momenti liberi: *le parole crociate sono un bel passatempo* Ⓢ gioco; hobby (*ingl.*).

passato (pas-sà-to) AGG. e N.M. || AGG. **1** Avvenuto nel periodo di tempo ormai trascorso: *l'estate passata; la storia passata* Ⓒ presente, futuro, prossimo. **2** Che non è più fresco o invecchiato: *le rose ormai sono un po' passate.* **3** Ridotto in poltiglia: *verdura passata.* || N.M. **1** Periodo di tempo ormai trascorso: *i grandi del passato; non ripetere gli errori del passato.* **2** Minestra densa ottenuta riducendo in poltiglia verdura, patate o legumi: *un passato di piselli.* || AGG. e N.M. In grammatica, del tempo del verbo che definisce l'azione come precedente rispetto al momento in cui si parla (*pioveva*, prima che cominciassi a parlare). Ⓔ ***Passato di moda***, non più attuale, superato da mode più recenti: *un modello passato di moda.*

passeggero (pas-seg-gè-ro) AGG. e N.M. (f. -*a*) || AGG. Di breve durata e di scarsa gravità o importanza: *un malessere passeggero; nubi passeggere* Ⓢ temporaneo, momentaneo Ⓒ persistente. || N.M. (f. -*a*) Chi viaggia su un mezzo di trasporto: *passeggero di prima classe* Ⓢ viaggiatore.

passeggiare (pas-seg-già-re) V.INTR. (*passéggio*, ecc.; aus. *avere*) · Camminare per il piacere di farlo: *passeggiare lungo il fiume* Ⓢ fare due passi.

passeggiata (pas-seg-già-ta) N.F. **1** L'azione di camminare senza fretta per svago o per esercizio: *una passeggiata nel bosco* Ⓢ camminata • Breve gita fatta viaggiando su un mezzo di trasporto: *una passeggiata in macchina.* **2** Strada o percorso panoramico ideale per passeggiare: *la passeggiata lungo il mare a Viareggio.*

passeggino (pas-seg-gì-no) N.M. · Piccolo sedile su rotelle per portare a passeggio i bambini piccoli.

passeggio (pas-ség-gio) N.M. (pl. -*gi*) · Viavai di persone: *il passeggio nel Corso.* Ⓔ ***A passeggio***, a camminare senza una meta, per il piacere di farlo: *andare a passeggio; portare a passeggio il cane.*

passerella (pas-se-rèl-la) N.F. **1** Ponte stretto e leggero spesso provvisorio: *una passerella sul fiume; la passerella della barca*, ponte mobile per scendere o salire. **2** Nelle sfilate di moda, pedana sulla quale camminano le indossatrici. **3** Sfilata di personaggi famosi: *la passerella del festival del cinema.*

passero (pàs-se-ro) N.M. · Piccolo uccello di colore grigio o marrone, comune in tutto il mondo e molto diffuso in Italia.

> Il verbo che indica il verso del passero è *cinguettare* e il nome è *cinguettio.*

passibile (pas-sì-bi-le) AGG. · Che rischia una condanna, una multa: *chi non rispetta il divieto è passibile **di** multa.*

passionale (pas-sio-nà-le) AGG. · Dominato dalla passione: *un amore passionale; delitto passionale*, provocato dalla gelosia.

passione (pas-sió-ne) N.F. **1** Violenta emozione, sentimento forte che domina una persona e prevale sulla ragione: *lasciarsi travolgere dalla passione; è stata la sua prima passione*, il suo primo amore Ⓢ ardore, esaltazione. **2** Grande interesse per qualcosa: *avere passione **per** la musica* • Ciò che suscita interesse: *la caccia è la sua grande passione* Ⓢ pallino, mania. **3** La sofferenza fisica e spirituale di Gesù Cristo prima e durante la Crocifissione: *la Passione di Cristo.* Ⓔ ***Con passione***, intensamente, con totale dedizione: *amare con passione; lavorare con passione.*

passivo (pas-sì-vo) AGG. e N.M. || AGG. **1** Che non reagisce, che manca di iniziativa: *temperamento passivo* Ⓢ inerte, apatico Ⓒ attivo. **2** Nel bilancio, di attività economica in cui le

A B C D E F G H I J K L M N O P Q R S T U V W X Y Z

spese superano i guadagni. **3** In grammatica, della forma del verbo (contrapposta a quella *attiva*) in cui il soggetto subisce l'azione che viene svolta dal complemento d'agente o di causa efficiente (*sono oppresso da mia madre, dai pensieri*). || N.M. Parte del bilancio dove sono registrate le spese: *registrare il costo della manodopera al passivo* Ⓒ attivo. Ⓔ ***In passivo***, in perdita: *società in passivo*.

passo[1] **(pàs-so)** N.M. **1** Nell'uomo e negli animali, il movimento con cui si spingono le gambe (o le zampe) una alla volta, per spostarsi nella direzione voluta: *camminare a passi lenti, veloci; procedere di buon passo.* **2** L'orma lasciata dal piede sul suolo: *si vedevano dei passi sulla sabbia* • Rumore prodotto camminando: *ho sentito dei passi.* **3** L'intervallo di spazio tra un piede e l'altro nel movimento del camminare: *l'albergo dista un centinaio di passi dalla stazione.* **4** Iniziativa, azione: *ho fatto tutti i passi necessari per ottenere il rimborso.* **5** Brano di un'opera letteraria: *a scuola abbiamo letto un passo delle "Avventure di Pinocchio"* Ⓢ pezzo, passaggio. **6** Movimento di una danza: *ho imparato un nuovo passo del balletto.* Ⓔ ***Allungare il passo***, affrettarsi • ***Al passo con i tempi***, secondo le necessità dell'epoca in cui si vive: *bisogna andare al passo con i tempi* • ***A passo di lumaca***, con grande lentezza: *il lavoro procedeva a passo di lumaca* • ***A passo d'uomo***, a velocità ridottissima: *le auto si spostavano a passo d'uomo* • ***A un passo, a due passi, a pochi passi***, a breve distanza • ***Di pari passo*** → *pari* • ***Fare il passo più lungo della gamba***, sopravvalutare le proprie possibilità • ***Fare il primo passo***, prendere l'iniziativa, fare la prima mossa • ***Fare passi da gigante***, compiere rapidi progressi: *la scienza ha fatto passi da gigante in questo secolo* • ***Fare un passo avanti e uno indietro***, non progredire affatto; ***fare un passo avanti e due indietro***, tornare a un livello più basso, peggiorare • ***Passo falso***, errore, sbaglio: *ha commesso un passo falso accettando quell'invito* • ***Primi passi***, quelli fatti dai bambini quando imparano a camminare; in senso figurato, inizio di un'attività o di una disciplina: *ha mosso i primi passi nel mondo del lavoro* • ***Segnare il passo*** → *segnare*.

Il termine deriva dal latino *passus* che in origine significava 'apertura delle gambe per camminare' e poi 'spazio compreso in tale apertura'; viene a sua volta da *pandere* 'aprire, stendere'.

passo[2] **(pàs-so)** N.M. **1** Passaggio, transito. **2** Luogo attraverso cui si può passare: *lasciar libero il passo* Ⓢ apertura, varco. **3** Valico montano: *il Passo del Pordoi.* Ⓔ ***Passo carrabile*** o ***passo carraio*** → *carrabile* • ***Uccelli di passo***, quelli che mentre migrano attraversano una regione senza fermarsi.

password **(pass-word; pronuncia *pàssuord*)** N. INGL., in it. N.F. INVAR. · Insieme segreto di lettere e numeri che bisogna digitare per venire riconosciuti da un sito a cui si è iscritti, o da un programma o un file protetti.

pasta **(pà-sta)** N.F. **1** Impasto a base di farina, acqua, lievito e altri ingredienti usato per fare pane, pizze, focacce o dolci • Pasticcino, dolce: *pago un cappuccino e una pasta; paste fresche*, ripiene di creme; *paste secche*, senza creme. **2** Impasto di farina e acqua lavorato in diverse forme e fatto seccare, da cuocere in acqua o brodo e poi condire: *buttare, cuocere, scolare la pasta; pasta al forno; pasta al pomodoro, al tonno, alle vongole.* **3** Materiale di consistenza densa e morbida: *pasta dentifricia; pasta d'acciughe.* **4** Carattere, indole, natura: *fagli vedere di che pasta sei fatto.* Ⓔ ***Avere le mani in pasta*** → *mano* • ***Pasta asciutta*** → *pastasciutta* • ***Pasta d'uomo***, persona dal carattere mite: *quella pasta d'uomo di tuo papà* • ***Pasta frolla***, pasta per dolci composta di farina, zucchero e tuorli d'uovo • ***Pasta sfoglia***, a base di farina e burro; cuocendo si sfalda in molti strati sottili.

Il termine deriva dal greco *pastá* 'farina con acqua e sale'.

paştasciutta **(pa-sta-sciùt-ta)** (o **pasta asciutta**) N.F. (pl. *pastasciùtte* o *pàste asciùtte*) · Pasta alimentare cotta in acqua bollente, scolata e quindi condita in vari modi: *pastasciutta al burro, con salsa di pomodoro* Ⓢ pasta.

pasteggiare **(pa-steg-già-re)** V.INTR. (*pastéggio*, ecc.; aus. *avere*) · Consumare certi cibi o bevande durante i pasti: *pasteggiare* ***con*** *vino rosso,* ***a*** *caviale.*

pastella (pa-stèl-la) N.F. · Impasto liquido di farina, acqua e sale in cui si versano pezzetti di verdura o altri cibi da friggere: *fiori di zucca in pastella.*

pastello (pa-stèl-lo) N.M. e AGG. || N.M. Bastoncino fatto con un impasto di colore usato per disegnare o dipingere • La tecnica artistica e l'opera realizzata con questa tecnica: *ho appeso in sala un bel pastello.* || AGG. e N.M. INVAR. Di colore chiaro, tenue: *verde pastello.*

pasticca (pa-stìc-ca) N.F. (pl. *-che*) · Pastiglia.

pasticcere (pa-stic-cè-re) → ***pasticciere.***

pasticceria (pa-stic-ce-rì-a) N.F. (pl. *-rìe*) **1** L'arte di preparare dolci. **2** Negozio che vende dolciumi. **3** Assortimento di dolci e pasticcini: *pasticceria da tè* Ⓢ dolci (PL.), dolciumi (PL.).

pasticciare (pa-stic-cià-re) V.TR. e INTR. (*pastìccio*, ecc.) || TR. Eseguire in modo confuso e disordinato: *pasticciare un lavoro.* || INTR. (aus. *avere*) Combinare pasticci: *il ragioniere ha pasticciato* ***con*** *la contabilità.*

pasticciere (pa-stic-ciè-re) N.M. e AGG. (f. *-a*; pl.m. *-i*, pl.f. *-e*) || N.M. (f. *-a*) **1** Chi produce dolci. **2** Chi gestisce un negozio o un laboratorio di pasticceria. || AGG. Solo nell'espressione ***crema pasticciera***, crema densa e consistente, a base di latte, rossi d'uovo, farina e zucchero, usata per farcire dolci.

pasticcino (pa-stic-cì-no) N.M. · Dolce di piccole dimensioni e varie forme, di solito ripieno di creme o coperto di frutta Ⓢ dolce.

pasticcio (pa-stìc-cio) N.M. (pl. *-ci*) **1** Lavoro disordinato e confuso: *che pasticcio hai fatto?; combinare pasticci,* sporcare, mettere in disordine. **2** Faccenda o situazione molto complicata: *ci troviamo in un bel pasticcio* Ⓢ difficoltà, guaio. **3** Pietanza cotta al forno, con vari ingredienti mescolati, rivestita da una crosta di pasta: *pasticcio di maccheroni.*

pasticcione (pa-stic-ció-ne) N.M. (f. *-a*; pl.m. *-i*, pl.f. *-e*) · Persona molto disordinata o confusa: *guarda cosa hai combinato, pasticcione!*

pastiglia (pa-stì-glia) N.F. (pl. *-glie*) **1** Preparato medicinale a forma di piccolo disco: *pastiglie effervescenti; pastiglia per il mal di gola* Ⓢ pasticca. **2** Caramella, confetto: *una scatola di pastiglie alla menta.* **3** Negli autoveicoli, piccola piastra metallica che trasmette il comando dei freni alle ruote.

pastina (pa-stì-na) N.F. · Pasta alimentare di dimensioni molto piccole: *pastina in brodo.*

pasto (pà-sto) N.M. **1** L'azione di mangiare, che si svolge a intervalli più o meno regolari durante la giornata: *fare due pasti al giorno; saltare il pasto.* **2** Il cibo consumato in queste occasioni: *pasto abbondante.* Ⓔ ***Dare una notizia in pasto al pubblico***, rivelare una notizia riservata per soddisfare la curiosità collettiva.

pastorale (pa-sto-rà-le) AGG. e N.M. || AGG. **1** Dei pastori: *canti pastorali.* **2** Ispirato alla vita campestre idealizzata per la sua semplicità e armonia: *poesia pastorale.* **3** Del sacerdote o del vescovo: *le cure pastorali; anello pastorale.* || N.M. Lungo bastone con la parte terminale ricurva, usato dai vescovi nelle cerimonie solenni.

pastore (pa-stó-re) N.M. (f. *-a*; pl.m. *-i*, pl.f. *-e*) **1** Chi custodisce un gregge di pecore: *pastori nomadi.* **2** Nelle chiese protestanti, il ministro del culto: *ascoltare il sermone del pastore.* Ⓔ ***(Cane da) pastore***, tipo di cane usato per proteggere il gregge • ***Pastore tedesco***, cane di grossa taglia usato come cane da guardia, cane poliziotto e guida per i ciechi.

pastorizia (pa-sto-rì-zia) N.F. (pl. *-zie*) · L'allevamento del bestiame, specialmente delle pecore, e la lavorazione dei loro prodotti: *popoli dediti alla pastorizia.*

pastorizzare (pa-sto-riz-zà-re) V.TR. · Sottoporre a pastorizzazione: *pastorizzare la birra, il latte.*

pastorizzato (pa-sto-riz-zà-to) AGG. · Sottoposto a pastorizzazione: *latte pastorizzato.*

pastorizzazione (pa-sto-riz-za-zió-ne) N.F. · Trattamento per distruggere i germi presenti in certi alimenti liquidi e fare in modo che durino più a lungo; consiste nel riscaldare la bevanda a 70-80 °C per pochi secondi: *la pastorizzazione del latte, del vino.*

pastoso (pa-stó-so) AGG. **1** Che ha una consistenza morbida ed elastica: *lavorare l'argilla* *fino a renderla pastosa.* **2** Di suono, pieno e caldo: *voce pastosa.*

pastrano (pa-strà-no) N.M. · Pesante cappotto invernale da uomo.

patacca (pa-tàc-ca) N.F. (pl. *-che*) **1** Moneta o altro oggetto di nessun valore: *gli hanno rifilato una patacca.* **2** Nel linguaggio familiare, macchia d'unto sui vestiti: *una camicia piena di patacche.*

patata (pa-tà-ta) N.F. **1** Pianta originaria dell'America, oggi largamente coltivata per i suoi tuberi commestibili. **2** Il tubero della pianta, molto usato nel mondo, che si consuma cotto: *patate lesse, fritte, arrosto.* Ⓔ ***Naso a patata***, piccolo e tondo • ***Patata bollente***, problema difficile, scottante • ***Sacco di patate***, persona goffa e sgraziata: *sei un sacco di patate; corri come un sacco di patate*, in modo goffo, non disinvolto • ***Spirito di patata***, umorismo sciocco.

patatina (pa-ta-tì-na) N.F. · Patata tagliata a pezzetti o a fettine, fritta o al forno: *pollo e patatine; un sacchetto di patatine.*

patente (pa-tèn-te) N.F. · Documento che autorizza a esercitare un'attività, in particolare a guidare un veicolo: *rilasciare la patente; patente di guida* Ⓢ licenza, autorizzazione. Ⓔ ***Patente a punti***, patente di guida con un punteggio iniziale da cui vengono sottratti punti quando si commettono infrazioni.

patentino (pa-ten-tì-no) N.M. · Patente di breve durata o per un'attività temporanea: *patentino di caccia* • Patente di guida per motocicli.

paternità (pa-ter-ni-tà) N.F. INVAR. **1** Il rapporto di parentela che unisce il padre al figlio: *le gioie della paternità.* **2** L'appartenenza di un'opera artistica o letteraria a un dato autore: *la paternità di quest'opera è incerta* • La responsabilità di un'iniziativa: *la paternità di un attentato.*

paterno (pa-tèr-no) AGG. **1** Relativo al padre, soprattutto dal punto di vista giuridico: *la tutela paterna; zio, nonno paterno*, da parte di padre. **2** Del padre e della sua famiglia: *la casa paterna.* **3** Che dimostra premura e tenerezza: *lo sorvegliava con occhio paterno* Ⓢ affettuoso, amoroso.

patetico (pa-tè-ti-co) AGG. (pl.m. *-ci*, pl.f. *-che*) **1** Che suscita malinconia: *un racconto patetico* Ⓢ malinconico, commovente, triste. **2** Che dimostra un sentimentalismo eccessivo e troppo evidente: *parlava in tono patetico.* **3** Che provoca imbarazzo: *hai fatto una figura patetica* Ⓢ imbarazzante, ridicolo.

-patia **1** Secondo elemento di parole composte che indica 'sentimento, passione': *simpatia*, affinità di sentimenti. **2** Secondo elemento di parole composte che significa 'sofferenza, malattia': *cardiopatia*, malattia del cuore.

patibolo (pa-tì-bo-lo) N.M. · Strumento per eseguire una condanna a morte, come la ghigliottina o la forca • Il palco su cui si esegue questa condanna: *essere condotto al patibolo.*

-patico · Secondo elemento di parole composte che significa 'che soffre': *psicopatico*, che soffre di problemi mentali.

patimento (pa-ti-mén-to) N.M. · Tormento fisico o morale: *è morto dopo infiniti patimenti; i patimenti del carcere* Ⓢ sofferenza.

patina (pà-ti-na) N.F. **1** Sottile strato che si forma con il tempo sugli oggetti: *la patina dei vecchi quadri* Ⓢ velo, pellicola. **2** Strato sottile di una sostanza da applicare per la cura o la protezione di una superficie: *una patina di antiruggine.*

patinato (pa-ti-nà-to) AGG. **1** Di carta da stampa che è stata trattata con sostanze che la rendono liscia e lucida: *riviste patinate.* **2** Tanto perfetto da risultare poco naturale: *una bellezza patinata* Ⓢ artificiale.

patinatura (pa-ti-na-tù-ra) N.F. **1** Processo con cui la carta viene resa liscia e lucida. **2** Processo con cui una superficie metallica viene invecchiata artificialmente.

patio (pà-tio) N.M. SP., in it. N.M. INVAR. · Cortile interno circondato da un portico e con al centro un pozzo o una fontana, tipico di ville e case di campagna spagnole.

patire (pa-tì-re) V.TR. e INTR. (irreg.: *patìsco, patìsci*, ecc.) || TR. Sopportare con disagio o dolore: *patire il freddo, la fame* Ⓢ soffrire • Subire un danno: *patire un'ingiustizia; le piante hanno patito il gelo.* || INTR. (aus. *avere*) Soffri-

P

re, stare male: *patire* ***per*** *una malattia; i figli l'hanno fatta patire.*

patito (pa-tì-to) AGG. e N.M. (f. -*a*) || AGG. Dall'aspetto non sano, sofferente: *un viso patito* Ⓢ smunto. || N.M. (f. -*a*) Appassionato, fanatico, maniaco: *è un patito* ***del*** *jazz,* ***di*** *calcio.*

pato- · Primo elemento di parole composte che significa 'malattia': *patologia,* lo studio delle malattie.

patogeno (pa-tò-ge-no) AGG. · Che provoca malattie: *germi patogeni.*

patologia (pa-to-lo-gì-a) N.F. (pl. -*gìe*) **1** Studio delle malattie e delle loro cause. **2** Malattia: *una patologia curabile.*

patologico (pa-to-lò-gi-co) AGG. (pl.m. -*ci*, pl.f. -*che*) **1** Di condizione fisica anormale, da trattare come una malattia: *fenomeno patologico.* **2** Che riguarda lo studio delle malattie: *indagine patologica.* Ⓔ ***Caso patologico***, di persona o situazione problematica, spesso usato in senso scherzoso: *sei un caso patologico!*

patria (pà-tria) N.F. (pl. -*trie*) **1** La terra che ogni individuo considera propria e a cui si sente legato da vincoli affettivi per esservi nato e vissuto: *aver nostalgia della patria lontana; combattere per la patria* Ⓢ madrepatria. **2** La città o il Paese natale: *Venezia fu la patria del Tintoretto* Ⓢ terra. **3** Paese di origine: *Napoli è la patria della pizza.*

> Il termine deriva dal latino *patria (terra)* '(terra) dei padri'.

patriarca (pa-tri-àr-ca) N.M. (pl. -*chi*) **1** L'uomo più anziano e autorevole di una grande famiglia che gode di prestigio anche nella comunità in cui vive: *suo nonno è il vero patriarca della famiglia.* **2** Nelle religioni cristiane orientali, alto dignitario ecclesiastico a capo delle chiese più antiche e importanti: *il patriarca di Gerusalemme.*

patriarcale (pa-triar-cà-le) AGG. · Tipico dell'organizzazione sociale in cui l'uomo ha una posizione prevalente rispetto alla donna: *società patriarcale.* Ⓔ ***Famiglia patriarcale***, grande famiglia composta da più nuclei che ubbidisce all'autorità del membro maschio più anziano.

patricida (pa-tri-cì-da) N.M. e F. (pl.m. -*i*, pl.f. -*e*) · Chi uccide il proprio padre.

patricidio (pa-tri-cì-dio) N.M. (pl. -*di*) · Uccisione del proprio padre.

patrigno (pa-trì-gno) N.M. · Il nuovo marito della madre: *vado d'accordo con il mio patrigno.*

patrimoniale (pa-tri-mo-nià-le) AGG. · Del patrimonio: *rendite patrimoniali.* Ⓔ ***Imposta patrimoniale*** (o *la patrimoniale* N.F.), imposta sul patrimonio.

patrimonio (pa-tri-mò-nio) N.M. (pl. -*ni*) **1** Il complesso dei beni posseduti da una persona: *ha un patrimonio che ammonta a diversi milioni* • Di prezzo o spesa straordinariamente grande: *questo quadro mi è costato un patrimonio* Ⓢ cifra, capitale. **2** L'insieme dei beni, delle ricchezze culturali e dei valori di una comunità: *il patrimonio forestale di un Paese; il patrimonio artistico di una nazione* Ⓢ bagaglio, eredità. Ⓔ ***Patrimonio genetico*** o ***patrimonio ereditario***, l'insieme dei geni che ogni individuo eredita dai genitori, da cui dipendono l'aspetto fisico, le capacità, il carattere, ecc.

patrio (pà-trio) AGG. (pl.m. -*tri*, pl.f. -*trie*) **1** Della patria, per la patria: *la storia patria; amor patrio.* **2** Del padre. Ⓔ ***Patria potestà***, il complesso dei diritti e dei doveri che i genitori hanno nei confronti dei figli minori.

patriota (pa-tri-ò-ta) N.M. e F. (pl.m. -*i*, pl.f. -*e*) · Chi ama la patria e lotta per difenderla: *i patrioti del Risorgimento.*

patriottico (pa-tri-òt-ti-co) AGG. (pl.m. -*ci*, pl.f. -*che*) · Ispirato dall'amore per la patria: *gesto patriottico; inno patriottico.*

patriottismo (pa-triot-tì-ṣmo) N.M. · Amore per la patria e conseguente spirito di sacrificio: *il suo patriottismo non sarà dimenticato.*

patrizio (pa-trì-zio) AGG. e N.M. (f. -*a*; pl.m. -*zi*, pl.f. -*zie*) || N.M. (f. -*a*) Nell'antica Roma, chi apparteneva a una famiglia di ricchi possidenti terrieri ed era membro del Senato: *la lotta tra patrizi e plebei.* || AGG. Nobile, aristocratico: *villa patrizia.*

patrocinare (pa-tro-ci-nà-re) V.TR. **1** Difendere in giudizio: *patrocinare una delle parti* *in causa.* **2** Sostenere, appoggiare: *patrocinare un'iniziativa umanitaria.*

patrocinio (pa-tro-ci-nio) N.M. (pl. *-ni*) **1** Il compito di difendere in un processo. **2** Sostegno, appoggio economico: *la manifestazione si svolge con il patrocinio del Comune.*

patronimico (pa-tro-nì-mi-co) N.M. (pl. *-ci*) · Nome derivato da quello del padre o di un antenato, per es. *Pelide* (= *il figlio di Peleo,* cioè Achille) o cognomi come *Lorenzi, De Luca, Di Vittorio.*

patrono (pa-trò-no) N.M. (f. *-a*) · Il santo protettore di una regione, di una città, di una comunità o di una categoria di persone: *san Cristoforo è il patrono degli automobilisti.*

patta[1] (pàt-ta) N.F. · Risultato di parità nel gioco: *fare patta.*

patta[2] (pàt-ta) N.F. · Il risvolto esterno delle tasche • Striscia di stoffa che copre la chiusura dei pantaloni.

patteggiamento (pat-teg-gia-mén-to) N.M. **1** Accordo fra il pubblico ministero e la difesa che, ammettendo la colpevolezza dell'imputato, chiede che gli venga applicata una pena più lieve. **2** Trattativa per raggiungere un accordo.

P

patteggiare (pat-teg-già-re) V.TR. e INTR. (*pattéggio*, ecc.) || TR. **1** Discutere per raggiungere un accordo: *patteggiare una tregua* Ⓢ negoziare, trattare. **2** Trattare mediante patteggiamento: *patteggiare la pena.* || INTR. (aus. *avere*) Condurre trattative per raggiungere un accordo: *patteggiare* ***con*** *il nemico* ***per*** *la resa.*

pattinaggio (pat-ti-nàg-gio) N.M. (pl. *-gi*) · Sport che si pratica sul ghiaccio con i pattini a lamina o su pista con i pattini a rotelle.

pattinare (pat-ti-nà-re) V.INTR. (*pàttino*, ecc.; aus. *avere*) · Praticare il pattinaggio.

pattino[1] (pàt-ti-no) N.M. · Elemento piatto e liscio che consente di scivolare su una superficie: *i pattini della slitta.* Ⓔ ***Pattino a rotelle,*** telaio con quattro rotelle accoppiate a due a due che applicato alla scarpa consente di scivolare su pista o strada • ***Pattino da ghiaccio,*** lama di acciaio applicata alla scarpa per scivolare sul ghiaccio • ***Pattino in linea,*** pattino a rotelle con le ruote allineate.

pattino[2] (pat-tì-no) N.M. · Leggera imbarcazione a remi o a pedali costituita da due galleggianti paralleli uniti da traverse.

patto (pàt-to) N.M. **1** Impegno reciproco fra persone o parti: *stringere un patto; patto di alleanza fra Stati* Ⓢ intesa, accordo. **2** Condizione, clausola: *rispettare i patti.* Ⓔ ***A patto che, a patto di,*** purché, basta che: *verrò anch'io, a patto che si vada al cinema* • ***Scendere a patti*** → ***scendere***.

pattuglia (pat-tù-glia) N.F. (pl. *-glie*) · Piccolo gruppo di soldati o di agenti di polizia, con compiti di sorveglianza: *una pattuglia di carabinieri* Ⓢ squadra. Ⓔ ***Pattuglia stradale,*** coppia di agenti su un'autovettura per il pronto intervento nel traffico.

pattugliare (pat-tu-glià-re) V.INTR. e TR. (*pattùglio*, ecc.) || INTR. (aus. *avere*) Compiere il servizio di pattuglia: *le guardie sono uscite a pattugliare.* || TR. Controllare con servizio di pattuglia: *pattugliare il confine.*

pattuire (pat-tu-ì-re) V.TR. (*pattuìsco, pattuìsci*, ecc.) · Stabilire con un accordo: *pattuire il prezzo dell'auto; pattuire le condizioni di pace* Ⓢ concordare.

pattumiera (pat-tu-miè-ra) N.F. · Recipiente per buttare la spazzatura.

paupulare (pau-pu-là-re) V.INTR. (*pàupulo*, ecc.; aus. *avere*) · Del pavone, emettere il proprio verso caratteristico.

paura (pa-ù-ra) N.F. **1** Stato di ansia e turbamento causato da un pericolo reale o immaginario: *non avere paura; aver paura dei tuoni; è magro da far paura,* molto magro Ⓢ spavento, terrore Ⓒ audacia, coraggio. **2** Timore, preoccupazione: *mangia poco per paura di ingrassare.* Ⓔ ***Da paura,*** terribile: *un temporale da paura;* nel linguaggio giovanile, eccezionale: *un ristorante da paura.*

pauroso (pau-ró-so) AGG. **1** Che si spaventa facilmente, che ha sempre paura: *un ragazzo timido e pauroso* Ⓢ pavido Ⓒ audace, coraggioso. **2** Che provoca paura: *una velocità paurosa; un pauroso incidente* Ⓢ spaventoso, terrificante. **3** Fuori del comune: *un'ignoran-*

za paurosa; una forza paurosa Ⓢ enorme, straordinario.

pausa (pàu-ṣa) N.F. **1** Interruzione temporanea, intervallo: *fare una pausa; parlava con lunghe pause.* **2** Sospensione del suono durante un brano musicale indicata con un segno grafico sul pentagramma. Ⓔ ***Pausa pranzo***, interruzione nell'orario di lavoro per mangiare.

pavido (pà-vi-do) AGG. · Pauroso, vigliacco, codardo: *un soldato pavido* Ⓒ impavido, coraggioso.

pavimentare (pa-vi-men-tà-re) V.TR. (*paviménto*, ecc.) · Dotare di pavimento: *pavimentare una stanza; pavimentare un sentiero **con** lastroni.*

pavimentazione (pa-vi-men-ta-zió-ne) N.F. **1** L'operazione di mettere il pavimento a una stanza o di asfaltare una strada. **2** Strato di asfalto, lastricato o selciato che riveste una strada: *pavimentazione stradale.*

pavimento (pa-vi-mén-to) N.M. · Superficie orizzontale di un ambiente su cui si cammina: *il pavimento della cucina* • Il tipo di rivestimento che la ricopre e la decora: *un bel pavimento di marmo.*

pavone (pa-vó-ne) N.M. (f. *-a* o *-éssa*; pl.m. *-i*, pl.f. *-e* o *-ésse*) · Uccello dal magnifico piumaggio colorato originario dell'Asia, il cui maschio ha sul dorso e sulla coda lunghissime piume che tiene aperte a ventaglio: *la ruota del pavone.* Ⓔ ***Fare il pavone***, mettersi in mostra, pavoneggiarsi.

> Il verbo che indica il verso del pavone è *paupulare.*

pavoneggiarsi (pa-vo-neg-giàr-si) V.INTR. PRONOM. (*mi pavonéggio*, ecc.) · Cercare di farsi ammirare, mettersi in mostra per vanità: *l'attrice si pavoneggiava davanti ai suoi ammiratori.*

pazientare (pa-zien-tà-re) V.INTR. (*paziènto*, ecc.; aus. *avere*) · Avere pazienza, attendere, aspettare: *pazienta ancora un po', abbiamo quasi finito.*

paziente (pa-zièn-te) AGG. e N.M. e F. || AGG. Che sopporta a lungo senza arrabbiarsi, che non perde la calma facilmente: *un insegnante paziente; cerca di essere più paziente con lui* Ⓒ impaziente. • Che richiede attenzione e costanza: *un paziente lavoro di ricerca* Ⓢ accurato, attento. || N.M. e F. Chi è in cura da un medico: *visitare un paziente.*

pazienza (pa-zièn-za) N.F. || N.F. **1** Capacità di sopportare a lungo senza arrabbiarsi: *aspettare con pazienza; con i bambini ci vuole pazienza; abbi pazienza*, per scusarsi o per invitare alla calma; *santa pazienza!*, per esprimere irritazione Ⓢ tolleranza, sopportazione Ⓒ impazienza. **2** Costanza e precisione nel dedicarsi a un'attività: *un lavoro che richiede pazienza; giochi di pazienza.* || **pazienza!** INTER. Esprime rassegnazione: *se non si può, pazienza!* Ⓔ ***Perdere la pazienza***, arrabbiarsi; ***far perdere la pazienza, far scappare la pazienza a qualcuno***, irritarlo.

pazzesco (paz-zé-sco) AGG. (pl.m. *-schi*, pl.f. *-sche*) **1** Assurdo, esagerato, insensato: *correre a velocità pazzesca; quello che dici è pazzesco.* **2** Nel linguaggio familiare, eccezionale, straordinario: *memoria pazzesca; ho una fame pazzesca.*

pazzia (paz-zì-a) N.F. (pl. *-zìe*) **1** Grave malattia mentale: *dar segni di pazzia; essere in preda alla pazzia* Ⓢ follia. **2** Atto molto imprudente o violento, grave errore: *è una pazzia partire con questo tempo.*

> La parola *pazzia* si scrive con doppia zeta, al contrario della maggior parte delle parole che presentano *zi + vocale*, come *ozio*, *vizio*.

pazzo (pàz-zo) AGG. e N.M. (f. *-a*) || AGG. e N.M. (f. *-a*) Che, chi è malato di mente: *diventare pazzo* Ⓢ folle, matto. || AGG. **1** In preda a una forte passione: *pazzo di rabbia, di gelosia.* **2** Strano, bizzarro, stravagante: *un'idea pazza; è pazzo da legare*, in senso scherzoso, di chi si comporta in modo sventato. **3** Di sentimento o sensazione, molto forte: *ho una voglia pazza di andare in vacanza.* **4** Eccessivo: *spese pazze.* Ⓔ ***Andare pazzo per qualcosa***, esserne molto attratto: *va pazzo per la musica* • ***Come un pazzo***, in modo esagerato: *ha bevuto come un pazzo tutta la sera* • ***Da pazzi***, nel linguaggio familiare, moltissimo: *mi piace da pazzi* • ***Darsi alla pazza gioia*** → **gioia**[1] • ***Farsi delle pazze risate***, ridere a più

A B C D E F G H I J K L M N O **P** Q R S T U V W X Y Z

non posso • ***Innamorato pazzo***, innamoratissimo.

pc (pronuncia *piccì*) N.M. INVAR. · Sigla di *personal computer*: *comprare un pc.*

pecca (pèc-ca) N.F. (pl. *-che*) · Piccolo difetto: *qualche pecca nascosta la doveva avere* Ⓢ vizio, neo.

peccaminoso (pec-ca-mi-nó-so) AGG. · Pieno di peccati o che istiga a peccare: *una vita peccaminosa; pensieri peccaminosi* Ⓢ colpevole, proibito.

peccare (pec-cà-re) V.INTR. (*pècco, pècchi*, ecc.; aus. *avere*) **1** Commettere azioni contrarie alle regole imposte da una religione: *peccare* ***contro*** *Dio; peccare* ***in*** *pensieri,* ***in*** *parole.* **2** Avere un difetto, una carenza: *peccare* ***di*** *superbia,* ***di*** *inesperienza.*

peccato (pec-cà-to) N.M. || N.M. **1** Violazione di una regola imposta da una religione: *commettere un peccato; pentirsi dei peccati; confessare i peccati* Ⓢ colpa. **2** Fatto che provoca dispiacere: *è un peccato che tu abbia smesso di studiare.* || **peccato!** INTER. Esprime disappunto, dispiacere: *purtroppo sei arrivato troppo tardi: peccato!* Ⓔ ***Peccato di gioventù***, colpa commessa per inesperienza • ***Peccato di gola***, quello commesso mangiando per gola • ***Peccato mortale*** → *mortale* • ***Peccato originale***, nella religione cristiana, la colpa commessa da Adamo ed Eva, trasmessa a tutta l'umanità • ***Peccato veniale*** → *veniale* • ***Remissione dei peccati*** → *remissione*.

P

peccatore (pec-ca-tó-re) N.M. (f. *-trìce*) · Chi commette abitualmente peccati.

pece (pé-ce) N.F. · Materiale nero e appiccicoso, residuo della distillazione del catrame, usato per proteggere e isolare o per produrre l'asfalto. Ⓔ ***Esser nero come la pece***, essere scuro in volto, essere molto arrabbiato.

pechinese (pe-chi-né-se) AGG. e N.M. e F. || AGG. Di Pechino, la capitale della Cina. || N.M. e F. Abitante, nativo di Pechino. Ⓔ ***Cane pechinese***, piccolo cane da compagnia, dal pelo lungo e liscio e con il muso schiacciato.

pecora (pè-co-ra) N.F. **1** Mammifero ruminante molto diffuso nel mondo, dal caratteristico mantello riccio e morbido da cui si ottiene la lana, allevato anche per la carne e il latte: *un branco di pecore; tosare le pecore.* **2** Persona timida, paurosa e priva di iniziativa, che segue i comportamenti della maggioranza. Ⓔ ***Pecora nera***, chi all'interno di un gruppo si distingue per il suo comportamento negativo: *è la pecora nera della famiglia.*

Il verbo che indica il verso della pecora è *belare* e il nome è *belato*.

pecorino (pe-co-rì-no) AGG. · Della pecora: *lana pecorina.* Ⓔ ***Formaggio pecorino*** (o *il pecorino* N.M.), tipico dell'Italia centro-meridionale e insulare, prodotto con latte intero di pecora.

peculiare (pe-cu-lià-re) AGG. · Caratteristico di una persona o di una cosa: *tratti peculiari di una popolazione* Ⓢ tipico, specifico, distintivo.

peculiarità (pe-cu-lia-ri-tà) N.F. INVAR. · Aspetto particolare, caratteristica tipica: *la peculiarità di una situazione; le peculiarità di una lingua.*

pecuniario (pe-cu-nià-rio) AGG. (pl.m. *-ri*, pl.f. *-rie*) · Relativo al denaro: *danno pecuniario.* Ⓔ ***Pena pecuniaria***, multa.

pedaggio (pe-dàg-gio) N.M. (pl. *-gi*) · Somma da pagare per viaggiare su alcune autostrade, tangenziali o ponti.

Il termine deriva da una parola del latino medievale che significava 'diritto di mettere piede', che viene a sua volta da *pes* 'piede'.

pedagogia (pe-da-go-gì-a) N.F. (pl. *-gìe*) · Disciplina che studia i vari metodi per educare i giovani: *insegnare pedagogia.*

pedalare (pe-da-là-re) V.INTR. (aus. *avere*) · Spingere con i piedi i pedali di una bicicletta o di un altro mezzo per farlo muovere • Andare in bicicletta: *vado a pedalare nel parco.*

pedalata (pe-da-là-ta) N.F. · Ciascuna spinta data con il piede al pedale di una bicicletta o di un altro mezzo: *con poche pedalate lo raggiunse.*

pedale (pe-dà-le) N.M. · Comando che si aziona con la pressione del piede e che mette in moto un meccanismo: *i pedali della bicicletta; il pedale del freno.* Ⓔ ***A pedali***, di ciò che funziona spingendo i pedali: *macchina da cucire a pedali.*

pedana (pe-dà-na) N.F. **1** Struttura rialzata per appoggiare qualcosa: *la cattedra poggiava sulla pedana* • Piattaforma elevata per dare a chi vi sale maggiore visibilità: *la pedana per l'oratore era già pronta* Ⓢ palco. **2** Nella ginnastica, il piano inclinato di legno, rigido o elastico, su cui si batte il piede per ottenere lo slancio necessario per eseguire determinati esercizi • Nell'atletica, lo spazio di terra battuta dove l'atleta prende la rincorsa per il lancio e il salto • Nella scherma, il piano a volte rialzato su cui si svolgono gli incontri.

pedante (pe-dàn-te) AGG. e N.M. e F. · Che, chi dimostra una eccessiva, fastidiosa e spesso inutile precisione nel lavoro, nello studio: *un critico pedante* Ⓢ pignolo.

pedata (pe-dà-ta) N.F. **1** Impronta del piede su una superficie solida: *mi ha lasciato il salotto pieno di pedate* Ⓢ orma. **2** Colpo dato con il piede: *sfondò la cassa con una pedata; lo cacciò a pedate nel sedere* Ⓢ calcio.

pedemontano (pe-de-mon-tà-no) AGG. · Situato ai piedi di una catena montuosa: *strada pedemontana.* ▸ Ⓕ **monte**

pedestre (pe-dè-stre) AGG. · Di basso livello, mal fatto, mediocre: *stile pedestre.*

pediatra (pe-dià-tra) N.M. e F. (pl.m. *-i*, pl.f. *-e*) · Medico specializzato nella cura dei bambini.

pedigree (pe-di-gree; pronuncia *pedigrì*) N. INGL., in it. N.M. INVAR. · Certificato che elenca gli antenati di razza di un animale per attestare che è di razza pura: *un cane senza pedigree.*

> Il termine deriva dall'espressione del francese antico *pié de grue* 'zampa di gru', con riferimento al caratteristico segno, simile a una zampetta, usato per indicare i vari gradi di discendenza negli alberi genealogici.

pediluvio (pe-di-lù-vio) N.M. (pl. *-vi*) · Bagno ai piedi per curarli o eliminare la stanchezza: *un pediluvio in acqua calda e sale.*

pedina (pe-dì-na) N.F. **1** Ciascuno dei dodici dischetti bianchi o neri che nella dama vengono disposti e spostati sulla scacchiera: *muovere una pedina* Ⓢ pezzo. **2** Chi agisce come strumento di persone più potenti e per scopi non sempre leciti: *il sindaco è solo una pedina nelle loro mani* Ⓢ marionetta • Chi in un'organizzazione ha un ruolo poco importante.

pedinare (pe-di-nà-re) V.TR. · Seguire una persona a poca distanza e senza farsi vedere: *fece pedinare la moglie da un investigatore privato.*

pedissequo (pe-dìs-se-quo) AGG. · Che copia un modello senza aggiungere nulla di proprio: *è solo un imitatore pedissequo del suo maestro.*

pedofilia (pe-do-fi-lì-a) N.F. (pl. *-lìe*) · Attrazione sessuale morbosa verso i bambini e gli adolescenti.

pedofilo (pe-dò-fi-lo) AGG. e N.M. (f. *-a*) · Che, chi è attratto sessualmente da bambini o adolescenti: *hanno arrestato un pedofilo.*

pedonale (pe-do-nà-le) AGG. · Riservato ai pedoni: *sottopassaggio, area pedonale.*

pedone (pe-dó-ne) N.M. **1** Chi in città si sposta a piedi: *zona riservata ai pedoni.* **2** Negli scacchi, ciascuno degli otto pezzi di minor valore di cui dispone ognuno dei giocatori.

peduncolo (pe-dùn-co-lo) N.M. · Elemento sottile e allungato che sostiene o collega un organo: *il peduncolo della foglia.*

peggio (pèg-gio) AVV., AGG. e N.M. e F. INVAR. || AVV. In modo peggiore: *sto sempre peggio; peggio* ***di*** *così non poteva andare; andare di male in peggio* Ⓒ meglio. || AGG. Peggiore, meno bello: *oggi il tempo è peggio* ***di*** *ieri; non saprei dire quale soluzione sia peggio.* || N.M. La cosa, la situazione peggiore: *il peggio deve ancora venire.* || N.F. Solo nelle espressioni ***alla meno peggio***, come capita, in modo appena soddisfacente: *un lavoro fatto alla meno peggio;* ***alla peggio***, nell'ipotesi peggiore: *alla peggio dormiremo per terra;* ***avere la peggio***, restare sconfitto. Ⓔ ***Al peggio non c'è mai fine***, esiste sempre qualcosa di peggiore • ***Peggio di così si muore*** → ***morire*** • ***Prepararsi al peggio*** → ***preparare***.

> *Peggio* è il comparativo di *male*, quindi non si può dire *più peggio*.

peggioramento (peg-gio-ra-mén-to) N.M. · Cambiamento svantaggioso: *il peggioramento del tempo; le condizioni del malato hanno* *subito un improvviso peggioramento* Ⓢ deterioramento Ⓒ miglioramento.

peggiorare (peg-gio-rà-re) V.TR. e INTR. (*peggióro*, ecc.) || TR. Cambiare qualcosa in peggio: *il tuo comportamento non fa che peggiorare la situazione* Ⓢ aggravare, deteriorare Ⓒ migliorare. || INTR. (aus. *essere*) Modificarsi in peggio: *con l'età il suo carattere è peggiorato; il tempo peggiorerà* • Aggravarsi: *il malato peggiorò all'improvviso.*

peggiorativo (peg-gio-ra-ti-vo) AGG. e N.M. · In grammatica, dispregiativo Ⓒ vezzeggiativo.

peggiore (peg-gió-re) AGG. e N.M. e F. · Che, chi è meno buono, inferiore per qualità, più cattivo o più brutto: *una soluzione peggiore non si poteva trovare; è tra i peggiori* ***della*** *sua classe* Ⓒ migliore.

Peggiore è il comparativo di *cattivo*; preceduto dall'articolo determinativo, ha valore di superlativo relativo: *è il film peggiore che abbia visto.*

pegno (pé-gno) N.M. · L'oggetto dato come garanzia di un prestito e che viene restituito quando si salda il debito: *dare, ricevere in pegno; prestito su pegno.*

Il termine deriva dal latino *pignus* 'garanzia, pegno', che viene a sua volta da *pingere* 'dipingere', perché in origine era un segno fatto per ricordare un impegno preso.

P

pelagico (pe-là-gi-co) AGG. (pl.m. -*ci*, pl.f. -*che*) · Del mare aperto o dell'oceano. Ⓔ ***Fauna pelagica***, che vive in mare aperto.

pelame (pe-là-me) N.M. · L'insieme dei peli di un animale Ⓢ mantello.

pelandrone (pe-lan-dró-ne) N.M. (f. -*a*; pl.m. -*i*, pl.f. -*e*) · Persona pigra, che passa il tempo senza fare nulla: *alzati dal divano, pelandrone!* Ⓢ fannullone, scansafatiche.

pelare (pe-là-re) V.TR. (*pélo*, ecc.) **1** Asportare peli o penne: *pelare i polli; pelare le pelli.* **2** Sbucciare: *pelare le patate, le castagne.* **3** Sottrarre denaro soprattutto con l'inganno, far spendere tanto: *mi hanno pelato a poker; in quel ristorante pelano i clienti.*

pelato (pe-là-to) AGG. e N.M. (f. -*a*) || AGG. **1** Privo di peli: *un cane pelato* • Privo di capelli: *testa pelata* Ⓢ calvo. **2** Brullo, privo di vegetazione: *una collina pelata* Ⓢ spoglio. **3** Senza buccia: *patate pelate.* || N.M. (f. -*a*) Persona calva. || N.M.PL. Pomodori pelati: *due scatole di pelati.*

pellagra (pel-là-gra) N.F. · Malattia causata da mancanza di vitamina PP che provoca disturbi dell'apparato digerente e nervoso e lesioni della pelle, frequente nelle popolazioni che si nutrono in prevalenza di granturco.

pellame (pel-là-me) N.M. · Insieme di pelli conciate: *commerciante di pellame.*

pelle (pèl-le) N.F. **1** Rivestimento esterno del corpo dell'uomo o degli animali: *pelle bianca, abbronzata; malattie della pelle* Ⓢ cute. **2** Buccia, scorza: *la pelle vellutata della pesca.* **3** Pelle d'animale conciata, con o senza pelo: *un giubbotto di pelle.* Ⓔ ***A fior di pelle***, in superficie: *avere i brividi a fior di pelle;* ***avere i nervi a fior di pelle***, essere molto nervoso • ***Amici per la pelle*** → *amico* • ***Lasciarci la pelle, rimetterci la pelle***, morire • ***Non stare più nella pelle***, non riuscire a contenere la propria gioia o impazienza • ***Pelle d'oca*** → *oca* • ***Pelle e ossa***, molto magro • ***Vendere cara la pelle*** → *vendere*.

pellegrinaggio (pel-le-gri-nàg-gio) N.M. (pl. -*gi*) · Viaggio verso un luogo sacro per devozione o penitenza: *andare in pellegrinaggio a Lourdes.*

pellegrino (pel-le-grì-no) N.M. (f. -*a*) · Chi compie un pellegrinaggio: *il pullman dei pellegrini.*

pellerossa (pel-le-rós-sa) N.M. e F. INVAR. · Chi appartiene a una tribù indigena del Nord America: *le tende dei pellerossa* Ⓢ indiano.

pelletteria (pel-let-te-rì-a) N.F. (pl. -*rìe*) **1** Insieme di accessori in pelle per abbigliamento: *pelletteria da uomo, da donna* • Il negozio che vende o che produce questi oggetti in pelle. **2** Tecnica di lavorazione della pelle conciata e del cuoio.

pellicano (pel-li-cà-no) N.M. · Grande uccello acquatico bianco, con lungo collo e becco enorme, provvisto di una grossa sacca nella quale conserva il pesce di cui si nutre.

Il termine deriva dal greco *pélekys* 'ascia', con riferimento alla forma del becco dell'uccello.

pellicceria (pel-lic-ce-rì-a) N.F. (pl. *-rìe*) **1** Negozio che vende pellicce. **2** Tecnica di lavorazione delle pelli per confezionare pellicce.

pelliccia (pel-lìc-cia) N.F. (pl. -ce) **1** Il mantello di peli presente in molte specie di mammiferi: *la pelliccia dell'orso* Ⓢ pelame, vello. **2** Pelle di animale trattata in modo da conservare il pelo con le sue caratteristiche di morbidezza e lucentezza • L'indumento prodotto con queste pelli: *una pelliccia di visone.*

pellicola (pel-lì-co-la) N.F. **1** Strato sottile che riveste qualcosa: *la pellicola dell'aglio* Ⓢ membrana. **2** Sottile foglio di materiale plastico usato per avvolgere o proteggere: *metti la pellicola intorno al panino.* **3** Striscia di materiale sensibile su cui si imprimono le immagini, usato per fare fotografie o film: *sviluppare una pellicola* • Il film stesso: *una bella pellicola di guerra.*

pelo (pé-lo) N.M. **1** Ciascuna delle formazioni filiformi sulla pelle dell'uomo e di altri mammiferi: *peli folti, radi, sottili* • Formazione simile sulla superficie di alcune piante: *i peli irritanti delle foglie di ortica.* **2** Il manto degli animali: *un bel cane dal pelo lungo* Ⓢ pelame, pelliccia • Pelliccia: *collo e polsi di pelo.* Ⓔ ***Cercare il pelo nell'uovo***, essere troppo critico e pignolo • ***Di primo pelo***, inesperto, alle prime armi • ***Il pelo dell'acqua***, la sua superficie • ***Non avere peli sulla lingua***, parlare con estrema franchezza, senza riguardi per nessuno • ***Per un pelo***, per pochissimo: *ho perso il treno per un pelo* • ***Rizzare il pelo*** → ***rizzare***.

peloso (pe-ló-so) AGG. · Coperto di peli: *braccia pelose; mantello peloso; foglie pelose.*

peluche (pe-lu-che; pronuncia *pelùš*) N.F. FR., in it. N.F. e M. INVAR. || N.F. Stoffa dal pelo folto e morbido usata per fabbricare pupazzi a forma di animali: *un orsacchiotto di peluche.* || N.M. Pupazzo confezionato con questa stoffa: *ha la camera piena di peluche.*

peluria (pe-lù-ria) N.F. (pl. *-rie*) · L'insieme dei peli delicati e sottili presenti in alcune zone della pelle di donne e bambini: *una morbida peluria bionda sulle guance.*

pelvi (pèl-vi) N.F. INVAR. · Bacino.

pelvico (pèl-vi-co) AGG. (pl.m. *-ci*, pl.f. *-che*) · Relativo alla pelvi: *regione pelvica.*

pena (pé-na) N.F. **1** Punizione imposta a chi ha commesso un reato: *pena ingiusta; scontare una pena* Ⓢ sanzione, condanna. **2** Il castigo divino del peccatore: *pena eterna; le pene dell'Inferno.* **3** Sofferenza fisica o spirituale: *pene d'amore; è morto dopo terribili pene* Ⓢ dolore, tormento. **4** Sentimento di compassione: *fa pena a vederlo; provo pena per lui* Ⓢ pietà. **5** In grammatica: ***complemento di pena***, quello che indica la pena, il castigo, la multa che si infligge (*condannare all'ergastolo; punire con vent'anni di galera*). Ⓔ ***A mala pena***, con fatica, con difficoltà: *mi ha salutato a mala pena* • ***Darsi pena***, impegnarsi a fondo, affannarsi, disturbarsi: *non darti pena ad aiutarlo, non se lo merita* • ***Fare pena***, non essere bravo: *in matematica faccio pena*; essere brutto: *il film fa pena* • ***Pena di morte*** → ***morte*** • ***Stare in pena***, essere preoccupato: *non stare in pena per me* • ***Un'anima in pena*** → ***anima*** • ***Valere la pena*** → ***valere***.

penale (pe-nà-le) AGG. e N.F. || AGG. Relativo alle pene giudiziarie: *causa penale; la sezione penale del tribunale.* || N.F. Multa in denaro che deve essere pagata da chi non ha rispettato un accordo o un regolamento: *pagare una penale* Ⓢ ammenda, sanzione. Ⓔ ***Certificato penale***, documento che attesta i provvedimenti penali e civili a carico di una persona • ***Diritto penale***, ramo del diritto privato che stabilisce la pena per un reato.

penalità (pe-na-li-tà) N.F. INVAR. · Multa, penale, sanzione: *fissare, concordare una penalità* • Nel linguaggio sportivo, abbassamento del punteggio o altro svantaggio imposto a un concorrente che ha commesso un'irregolarità.

penalizzare (pe-na-liz-zà-re) V.TR. · Mettere in una condizione di svantaggio: *i nuovi provvedimenti del governo penalizzano le famiglie* Ⓢ danneggiare, sfavorire • Nel linguaggio sportivo, punire con una penalità: *penalizzare un atleta.*

penare (pe-nà-re) V.INTR. (*péno*, ecc.; aus. *avere*) **1** Soffrire, patire: *ha penato a lungo* ***per*** *la* *malattia*. **2** Affrontare molte difficoltà: *ha dovuto penare **per** ottenere un lavoro* Ⓢ faticare.

pendente (pen-dèn-te) AGG. e N.M. || AGG. **1** Appeso a un unico mezzo di sostegno: *i prosciutti pendenti **dal** soffitto* • Inclinato rispetto alla linea verticale: *la torre pendente di Pisa*. **2** Nel linguaggio giuridico, non ancora concluso: *causa pendente*. || N.M. **1** Grosso orecchino a goccia • Gioiello che pende da una collana o da una spilla. **2** Ciascuna delle appendici cutanee che pendono dal collo delle capre.

pendenza (pen-dèn-za) N.F. **1** Inclinazione di una superficie: *strada con forte pendenza; la pendenza di un tetto*. **2** Nel linguaggio giuridico, controversia in sospeso: *avere una pendenza con qualcuno* Ⓢ lite, vertenza.

pendere (pèn-de-re) V.INTR. (irreg.: ind. pres. *pèndo*, ecc.; pass. rem. *pendéi* o *pendètti*, *pendésti*, *pendé* o *pendètte*, *pendémmo*, *pendéste*, *pendérono* o *pendèttero*; non usati il part. pass. e i tempi composti) **1** Essere inclinato rispetto a un piano diritto: *il quadro pende **verso** destra*. **2** Essere appeso a un mezzo di sostegno e ricadere verso il basso: *i frutti pendono **dai** rami*. **3** Avere una preferenza: *una politica che pende **a** sinistra* Ⓢ tendere. Ⓔ ***Pendere dalla parte di qualcuno***, cercare di favorirlo • ***Pendere dalle labbra di qualcuno***, ascoltarlo con attenzione e partecipazione e senza riserve.

> Il termine deriva dal latino *pendere* 'essere sospeso'; dal latino *pendere* derivano anche **appendere**, **dipendere**, **propendere** e **sospendere**.

pendice (pen-dì-ce) N.F. (spesso al pl.) · Fianco o costa di un monte o di un colle: *un paese sulle pendici delle Alpi Apuane*.

pendio (pen-dì-o) N.M. (pl. *-dìi*) **1** Pendenza: *la strada è in leggero pendio*. **2** Terreno in pendenza: *un pendio boscoso*.

pendola (pèn-do-la) N.F. · Orologio a pendolo: *la pendola del salone non segna l'ora esatta*.

pendolare (pen-do-là-re) N.M. e F. · Chi si sposta ogni giorno per lavoro o per studio dal luogo dove abita in un altro: *la mattina il treno è pieno di pendolari*.

pendolo (pèn-do-lo) N.M. · Peso attaccato a un filo che oscilla avanti e indietro. Ⓔ ***(Orologio a) pendolo***, orologio il cui funzionamento dipende dalle oscillazioni del pendolo.

> Il termine deriva da una parola del latino medievale, che viene a sua volta da *pendere* 'essere sospeso'.

pene (pè-ne) N.M. · Organo esterno dell'apparato genitale e urinario maschile.

penetrante (pe-ne-tràn-te) AGG. **1** Molto intenso, pungente: *freddo penetrante; un odore penetrante; una voce penetrante*, acuta. **2** Che dimostra intuito e intelligenza: *uno sguardo penetrante* Ⓢ acuto, sottile.

penetrare (pe-ne-trà-re) V.INTR. e TR. (*pènetro*, ecc.) || INTR. (aus. *essere*) **1** Entrare in un luogo anche con un po' di difficoltà: *i ladri penetrarono **nell'**appartamento da una finestra* Ⓢ introdursi • Infilarsi in un materiale che oppone resistenza: *il chiodo è penetrato **nel** legno* • Infiltrarsi: *l'acqua è penetrata **nella** roccia*. **2** Trovare diffusione in un ambiente: *sono idee troppo ardite per penetrare **in** tutti gli strati della società* Ⓢ espandersi, diffondersi, far presa. **3** Inoltrarsi nello studio di una disciplina: *penetrare **nei** segreti della magia* Ⓢ addentrarsi. || TR. Riuscire a capire: *penetrare i segreti della natura* Ⓢ afferrare, comprendere.

penetrazione (pe-ne-tra-zió-ne) N.F. **1** L'azione di infilarsi in un materiale che oppone resistenza: *la penetrazione di un proiettile **nel** muro; la penetrazione dell'acqua **nel** terreno* Ⓢ introduzione. **2** Espansione, diffusione di un'usanza, una moda, un'ideologia: *penetrazione di usanze straniere*. **3** Capacità di comprendere: *una mente dotata di grande penetrazione* Ⓢ acutezza, intuito.

penicillina (pe-ni-cil-li-na) N.F. · Potente antibiotico, derivato da una muffa, in grado di eliminare moltissimi germi portatori di malattie.

peninsulare (pe-nin-su-là-re) AGG. · Di una penisola, a forma di penisola: *popoli peninsulari; l'Italia peninsulare*.

penisola (pe-nì-ṣo-la) N.F. · Territorio circondato dal mare tranne che per una parte che lo unisce alla terraferma: *la penisola italiana.*

penitenza (pe-ni-tèn-za) N.F. **1** Nella religione cattolica, il sacramento del perdono dei peccati che consiste nella confessione e nei successivi atti di pentimento richiesti dal sacerdote • Castigo dato ai bambini per punirli di qualche piccola mancanza: *per penitenza niente dolce stasera* Ⓢ punizione. **2** In qualche gioco di gruppo, lieve punizione data per scherzo a chi perde: *fare penitenza.*

penitenziale (pe-ni-ten-zià-le) AGG. · Relativo alla penitenza: *esercizi penitenziali; salmi penitenziali,* quelli recitati per esprimere pentimento.

penitenziario (pe-ni-ten-zià-rio) N.M. e AGG. (pl.m. *-ri*, pl.f. *-rie*) || N.M. Stabilimento carcerario dove i detenuti scontano la pena: *rinchiudere in un penitenziario* Ⓢ carcere, prigione. || AGG. Relativo all'organizzazione delle carceri: *il sistema penitenziario italiano* Ⓢ carcerario.

penna (pén-na) N.F. **1** Ciascuno degli elementi che costituisce il piumaggio degli uccelli e che serve a proteggerli dal freddo e a farli volare: *mettere, mutare le penne.* **2** Strumento per scrivere con l'inchiostro sulla carta. **3** Unità periferica per memorizzare o copiare dati dal computer. **4** SPESSO AL PL. Pasta corta liscia o rigata a forma di cilindro tagliato in senso obliquo: *penne al pomodoro.* Ⓔ ***Penna a sfera*** o ***penna biro***, che scrive grazie a una piccola sfera metallica che riceve l'inchiostro da un tubicino di plastica • ***Penna stilografica*** → **stilografico** • ***Rimetterci le penne***, subire un grave danno o scacco.

pennacchio (pen-nàc-chio) N.M. (pl. *-chi*) · Ciuffo di penne usato come ornamento: *il pennacchio dei bersaglieri.*

pennarello (pen-na-rèl-lo) N.M. · Nome commerciale ® di un tipo di penna con cartuccia di feltro imbevuta di inchiostro colorato, usata per disegnare: *una scatola di pennarelli colorati.*

pennellata (pen-nel-là-ta) N.F. **1** Tratto di colore dato con il pennello: *dare l'ultima pennellata al dipinto.* **2** Breve e incisiva descrizione: *con poche pennellate ha descritto la situazione.*

pennello (pen-nèl-lo) N.M. · Strumento costituito da un manico che termina con un ciuffetto di peli più o meno folto, usato soprattutto per verniciare o spolverare: *pennello di setola; pennello da imbianchino.* Ⓔ ***A pennello***, alla perfezione, a meraviglia: *questo vestito ti sta a pennello* • ***Pennello da barba***, per insaponare la faccia prima di radersi.

pennino (pen-nì-no) · Piccola lamina metallica che termina a punta e si applica alla penna stilografica per scrivere.

pennone (pen-nó-ne) N.M. **1** Lunga asta verticale, sulla quale viene issata la bandiera. **2** Nei velieri, lunga asta disposta in orizzontale su un albero per sostenere le vele quadre.

pennuto (pen-nù-to) AGG. e N.M. || AGG. Rivestito di penne: *animali pennuti.* || N.M. Uccello.

penombra (pe-nóm-bra) N.F. · Oscurità in cui filtra un po' di luce: *nella penombra non l'ho riconosciuto; la stanza era in penombra.*

penoso (pe-nó-so) AGG. **1** Che è causa di sofferenza o disagio spesso associato ad ansia: *una penosa incertezza* Ⓢ doloroso, sgradevole. **2** Che suscita pietà: *una vicenda penosa; ridursi in condizioni penose* Ⓢ pietoso, triste. **3** Brutto, pessimo: *un film penoso.* **4** Che provoca imbarazzo: *ha fatto una figura penosa* Ⓢ imbarazzante, patetico.

pensare (pen-sà-re) V.INTR. e TR. (pènso, ecc.) || INTR. (aus. *avere*) **1** Usare la mente: *un libro che fa pensare; pensa **a** quello che ti ho detto* Ⓢ riflettere su, meditare su. **2** Tornare con la mente al passato, spesso con nostalgia: *penso sempre **ai** bei giorni passati insieme* Ⓢ ripensare. **3** Valutare la possibilità di fare qualcosa: *sto pensando **a** un nuovo viaggio.* **4** Provvedere, badare: ***a** pagare la benzina ci penso io.* **5** Avere un'opinione: *cosa ne pensi **dello** spettacolo?* Ⓢ giudicare (TR.). || TR. **1** Raffigurare nella mente: *cosa stai pensando?; pensa quello che vuoi!* **2** Ricordare con affetto: *ti penso spesso.* **3** Avere in programma: *penso **di** trasferirmi al più presto* Ⓢ progettare. **4** Rappresentare nella mente: *pensa **che** gioia sarà per lui* Ⓢ immaginare. **5** Credere, supporre, ritenere: *non avrei mai pensato* **di** *darti un dispiacere.* Ⓔ ***Dare da pensare***, preoccupare.

pensata (pen-sà-ta) N.F. · Idea, trovata: *è stata davvero una bella pensata.*

pensatore (pen-sa-tó-re) N.M. (f. *-trìce*) · Chi riflette profondamente sui problemi dell'umanità: *un pensatore brillante, originale.* Ⓔ ***Libero pensatore***, chi sostiene che le persone abbiano diritto alla piena libertà di coscienza in materia religiosa.

pensiero (pen-siè-ro) N.M. **1** L'attività mentale con cui vengono elaborate idee e immagini: *il pensiero è una caratteristica dell'uomo* Ⓢ intelletto, intelligenza. **2** Ciò che si pensa: *pensieri gentili, cattivi; i miei pensieri corrono sempre a te* • Ragionamento filosofico: *il pensiero di Platone; il pensiero liberale* Ⓢ dottrina, concezione • Opinione, giudizio, parere: *vorrei conoscere il tuo pensiero sull'argomento.* **3** Memoria di qualcosa del passato: *ti rivedo nel pensiero* Ⓢ ricordo. **4** Ciò che preoccupa o agita: *vivere senza pensieri* Ⓢ preoccupazione, ansia, inquietudine. **5** Atto di cortesia: *non ha mai un pensiero per nessuno* Ⓢ attenzione, gentilezza • Dono, regalo: *accetta questo piccolo pensiero.* Ⓔ ***Stare in pensiero***, stare in ansia, preoccuparsi: *il tuo ritardo mi ha fatto stare in pensiero.*

P

pensieroso (pen-sie-ró-so) AGG. · Concentrato sui propri pensieri perché ansioso o preoccupato: *ti vedo pensieroso, c'è qualcosa che non va?* Ⓢ pensoso, assorto.

pensile (pèn-si-le) AGG. e N.M. || AGG. Sollevato da terra con dei sostegni: *mobili pensili.* || N.M. Piccolo mobile appeso al muro: *i pensili della cucina.* Ⓔ ***Giardino pensile***, giardino creato su una terrazza.

> Il termine deriva dal latino *pensilis* 'sospeso, pensile', che viene a sua volta da *pendere* 'stare sospeso'.

pensilina (pen-si-lì-na) N.F. · Tettoia per riparare dalla pioggia o dal sole le persone in un luogo pubblico o in attesa alla fermata di un mezzo di trasporto: *la pensilina della stazione.*

pensionamento (pen-sio-na-mén-to) N.M. · Il passaggio di un lavoratore alla condizione di pensionato: *fare domanda di pensionamento.*

pensionato (pen-sio-nà-to) AGG. e N.M. (f. *-a*) || AGG. e N.M. (f. *-a*) Che, chi ha smesso di lavorare e riceve la pensione: *un bar frequentato da pensionati.* || N.M. Istituto dove studenti o persone sole ricevono cibo e alloggio pagando un affitto mensile: *pensionato per studenti, per anziani.*

pensione (pen-sió-ne) N.F. **1** Somma mensile che un lavoratore riceve dallo Stato o da un ente privato al termine del suo periodo lavorativo obbligatorio, calcolata in base allo stipendio e agli anni lavorati: *aver diritto alla pensione; andare in pensione*, smettere di lavorare e ricevere la pensione. **2** La fornitura di pasti e alloggio e la somma giornaliera o mensile che si paga: *l'albergo fa anche pensione; pagare la pensione* • Piccolo albergo poco costoso che fornisce questo servizio: *gestire una pensione* Ⓢ albergo; hotel (*fr.*). Ⓔ ***Mezza pensione***, in un albergo, il trattamento che include l'alloggio e uno solo dei pasti principali; ***pensione completa***, il trattamento che include l'alloggio e tutti i pasti • ***Pensione d'invalidità***, quella versata dallo Stato a chi non può lavorare perché malato o invalido • ***Pensione reversibile*** → ***reversibile***.

pensoso (pen-só-so) AGG. · Pensieroso, assorto: *starsene pensoso in disparte.*

penta- · Primo elemento di parole composte che significa 'cinque, formato da cinque elementi': *pentagono.*

pentagono (pen-tà-go-no) N.M. · Poligono di cinque lati e cinque angoli.

pentagramma (pen-ta-gràm-ma) N.M. (pl. *-i*) · L'insieme di cinque linee orizzontali e parallele e dei quattro spazi da esse delimitati su cui vengono scritte le note musicali.

Pentecoste (Pen-te-cò-ste) N.F. · Festa cristiana che si festeggia la settima domenica dopo Pasqua per ricordare la discesa dello Spirito Santo sugli Apostoli riuniti con la Madonna.

> Il termine deriva dal greco *pentekosté (heméra)* 'cinquantesimo (giorno)' dopo la resurrezione di Cristo.

pentimento (pen-ti-mén-to) N.M. **1** Vivo dispiacere che si prova per aver commesso un grave sbaglio: *non mostra alcun pentimento per quanto ha fatto* **S** rimorso. **2** Cambiamento d'opinione: *una decisione che non ammette pentimenti* **S** ripensamento.

pentirsi (pen-tìr-si) V.INTR. PRONOM. (*mi pènto*, ecc.) **1** Provare un grande dispiacere, un sincero rimorso per aver commesso una cattiva azione o un grave sbaglio: *pentirsi* ***dei*** *propri peccati.* **2** Mutare opinione, cambiare idea: *disse di no, ma si pentì subito.*

pentito (pen-tì-to) AGG. e N.M. (f. *-a*) **1** Che, chi prova dispiacere e rimorso per aver fatto o non fatto qualcosa: *sono pentita* ***di*** *averti risposto male.* **2** Che, chi è un membro della malavita organizzata che, una volta catturato, collabora con la giustizia • Che, chi rivela pubblicamente un reato nel quale egli stesso è implicato.

pentola (pén-to-la) N.F. **1** Recipiente di materiale resistente al fuoco, di solito di forma cilindrica, provvisto di manici e di coperchio, usato per cucinare: *una pentola di metallo, di terracotta.* **2** Il contenuto di una pentola: *una pentola di minestrone.* **E** ***Pentola a pressione***, di acciaio inossidabile, con un coperchio speciale che trattiene il vapore, usata per la cottura rapida di cibi • ***Qualcosa bolle in pentola*** → ***bollire***.

penultimo (pe-nùl-ti-mo) AGG. e N.M. (f. *-a*) · Che, chi occupa il posto subito prima dell'ultimo: *il penultimo banco; è arrivato penultimo.*

penuria (pe-nù-ria) N.F. (pl. *-rie*) · Scarsità, carenza: *penuria d'acqua, di cibo.*

penzolare (pen-ẓo-là-re) V.INTR. (*pènẓolo*, ecc.; aus. *avere*) · Pendere dall'alto, di solito dondolando: *una corda penzolava* ***dall'****albero; faceva penzolare le gambe* ***dalla*** *sedia.*

peonia (pe-ò-nia) N.F. (pl. *-nie*) · Pianta ornamentale coltivata per i suoi fiori simili a rose, con petali dal bianco al rosso violaceo.

> Il termine deriva dal greco *paionía* 'che fa bene alla salute', perché le radici della pianta erano usate in medicina.

pepare (pe-pà-re) V.TR. (*pépo*, ecc.) · Cospargere di pepe per dare più sapore: *pepare la carne.*

pepato (pe-pà-to) AGG. **1** Che contiene pepe: *un salume molto pepato.* **2** Pungente, sarcastico: *una risposta pepata.*

pepe (pé-pe) N.M. · Pianta dell'India orientale che produce piccole bacche aromatiche • La spezia ottenuta dalle bacche di questa pianta, che dà al cibo un gusto piccante: *pepe nero, bianco, verde.* **E** ***Tutto pepe***, molto vivace: *una ragazzina tutta pepe.*

peperoncino (pe-pe-ron-cì-no) N.M. · Pianta diffusa nei climi caldi che produce una varietà di peperone rosso molto piccante • Il frutto essiccato e tritato della pianta, usato in cucina come condimento: *spaghetti aglio, olio e peperoncino.*

peperone (pe-pe-ró-ne) N.M. · Pianta erbacea del Brasile, che produce frutti commestibili di varie forme, dimensioni e colori, dolci o piccanti • Il frutto della pianta usato come contorno, sia crudo che cotto: *peperoni arrosto; peperoni sott'aceto, sott'olio.* **E** ***Rosso come un peperone***, per l'imbarazzo o per troppo sole: *attento a non bruciarti, sei rosso come un peperone.*

pepita (pe-pì-ta) N.F. · Piccolo pezzo di minerale pregiato: *pepite d'oro.*

> Il termine deriva dallo spagnolo *pepita* 'seme'.

peplo (pè-plo) N.M. · Nella Grecia classica, lungo abito femminile fatto con un rettangolo di lana bianca avvolto intorno al corpo e fermato con due fibbie sulle spalle e con una cintura alla vita.

per (pér) PREP. **1** La preposizione *per* serve a introdurre: il complemento di moto attraverso luogo: *passare per Pisa; cercare per mare e per terra*; il complemento di moto a luogo: *partire per Roma, per Parigi*; il complemento di stato in luogo: *stavano seduti per terra*; il complemento di tempo continuato: *piovve per tre giorni di seguito*; il complemento di tempo determinato: *verrò per Natale*; il complemento di causa: *impallidì per la rabbia; tutto bagnato per la pioggia*; il complemento di mezzo: *ricevere per posta*; il complemento di modo o maniera: *l'ho detto per scherzo*; il complemento di estensione: *un tratto di mare che si estende per diverse miglia;*

il complemento di prezzo: *l'ho avuto per cinquanta euro*; il complemento di stima: *sono stati rubati valori per varie migliaia di euro*; il complemento di colpa: *sarà processato per tentata corruzione*; il complemento di pena: *furono multati per duemila euro*; il complemento di termine: *c'è una lettera per te*; il complemento di vantaggio e svantaggio: *si sacrifica per i figli*; il complemento di fine o scopo: *lo fa solo per i soldi*; *andare per funghi*; il complemento di limitazione: *tutti l'apprezzano per la sua intelligenza*; il complemento predicativo dell'oggetto: *prese per moglie una tedesca*; *lo presero per un ladro*; il complemento distributivo: *uno per ciascuno*; *uno per volta*. **2** Seguita dal verbo all'infinito introduce: una proposizione consecutiva: *troppo vecchio per reggere alle fatiche*; una proposizione finale: *per resistere occorre fiducia*; una proposizione concessiva: *per grande che sia, non è sufficiente*; una proposizione causale: *assolto per non aver commesso il fatto*. Ⓔ ***Per altro***, del resto • ***Per l'appunto***, proprio: *mi ha risposto per l'appunto lui* • ***Per ora***, momentaneamente.

pera (pé-ra) N.F. **1** Il frutto del pero, dalla polpa succosa e di forma allungata, più larga alla base: *un chilo di pere*. **2** Nel linguaggio dei drogati, iniezione di droga: *farsi una pera* Ⓢ buco, dose.

P

peraltro (pe-ràl-tro) AVV. · Del resto, d'altra parte: *un film lunghissimo, peraltro molto noioso*.

perbene (per-bè-ne) (o **per bene**) AGG. INVAR. e AVV. || AGG. Che si comporta in modo onesto e corretto: *una ragazza perbene*; *una famiglia perbene*, che ha un'ottima reputazione. || AVV. Bene, attentamente, accuratamente: *se hai fatto le cose perbene non dovresti avere problemi*.

perbenismo (per-be-nì-ṣmo) N.M. · Atteggiamento falso di chi cerca di apparire socialmente rispettabile.

percentuale (per-cen-tu-à-le) AGG. e N.F. || AGG. Misurato in rapporto a cento unità: *crescita percentuale della popolazione*. || N.F. Cifra che si calcola in rapporto a cento unità: *ricevere una percentuale **del** 10% **sui** guadagni* Ⓢ tasso, compenso • Anche in rapporto a mille unità: *una percentuale **dell'**8 per mille*.

percepibile (per-ce-pi-bi-le) AGG. **1** Che si può ricevere: *una rendita percepibile ogni mese*. **2** Che si avverte con i sensi o con l'intuito: *un suono percepibile dall'orecchio umano*.

percepire (per-ce-pì-re) V.TR. (*percepìsco*, *percepìsci*, ecc.) **1** Avvertire con i sensi o con l'intuito: *percepire un odore*; *percepire un pericolo*. **2** Nel linguaggio amministrativo, prendere, ricevere: *percepire uno stipendio*.

percezione (per-ce-zió-ne) N.F. · Presa di coscienza della realtà con i sensi: *la percezione di un colore*; *mentre lavoravo ho perso la percezione del tempo* • Sensazione, impressione: *ho avuto la percezione che stesse accadendo qualcosa di strano*.

perché (per-ché) AVV., CONGIUNZ. e N.M. INVAR. || AVV. Per quale motivo: *perché non rispondi?*; *gli domandò perché avesse abbandonato il suo posto*; *non rispondi mai: perché?* || CONGIUNZ. **1** Dal momento che; introduce una proposizione causale: *si è addormentato perché si annoiava* Ⓢ poiché. **2** Allo scopo di, al fine di; introduce una proposizione finale: *lavora perché la sua famiglia possa vivere bene* Ⓢ affinché. || N.M. Causa, motivo: *ti dirò poi il perché* • Domanda, interrogativo: *non si possono spiegare tutti i perché della vita*.

L'accento sulla e di *perché* è acuto; scrivere *perchè* con l'accento grave è un errore!

perciò (per-ciò) CONGIUNZ. · Per questo motivo: *non so il tedesco, perciò mi servirò di un interprete*.

percorrere (per-cór-re-re) V.TR. (irreg.: coniugato come *correre*) **1** Attraversare in tutta la sua estensione, passare attraverso: *il fiume percorre la valle*. **2** Effettuare un certo tragitto: *percorrere tutta l'Italia*; *percorrere un sentiero* Ⓢ attraversare • Di una sensazione, diffondersi: *un brivido di paura percorse la folla* • Compiere con successo: *percorrere tutti i gradi di una carriera*.

percorribile (per-cor-rì-bi-le) AGG. · Che può essere percorso: *un sentiero percorribile solo a piedi*.

percorso (per-cór-so) N.M. **1** Il tratto di strada che si percorre: *il percorso di una sfilata; compiere un percorso in bicicletta, a piedi* Ⓢ tragitto, itinerario. **2** Tracciato su cui si svolge una gara: *il vincitore ha coperto il percorso in 2 ore.*

percossa (per-còs-sa) N.F. · Colpo violento dato per fare male: *ricevere insulti e percosse* Ⓢ botta.

percossi (per-còs-si) · Pass. rem., 1ª pers. sing. → ***percuotere***.

percosso (per-còs-so) · Participio pass. → ***percuotere***.

percuotere (per-cuò-te-re) V.TR. (irreg.: ind. pres. *percuòto*, ecc.; pass. rem. *percòssi*, *percotésti* o *percuotésti*, *percòsse*, *percotémmo* o *percuotémmo*, *percotéste* o *percuotéste*, *percòssero*; part. pass. *percòsso*) · Colpire ripetutamente: *fu percosso a sangue; percuotere un tamburo* Ⓢ battere, picchiare.

percussione (per-cus-sió-ne) N.F. · Il colpo provocato o subìto, spesso nel linguaggio scientifico e tecnico. Ⓔ ***Strumenti a percussione*** (o *le percussioni* N.F.PL.) → ***strumento***.

percussionista (per-cus-sio-nì-sta) N.M. e F. (pl.m. *-i*, pl.f. *-e*) · Chi suona gli strumenti a percussione: *fa la percussionista in un gruppo rock.*

perdente (per-dèn-te) AGG. e N.M. e F. **1** Che, chi perde una gara, un premio, ecc.: *la squadra perdente* Ⓢ sconfitto Ⓒ vincente, vincitore. **2** Che, chi non riesce mai ad avere successo e a realizzare i propri progetti: *idee da perdente.*

perdere (pèr-de-re) V.TR. e INTR. (irreg.: ind. pres. *pèrdo*, ecc.; pass. rem. *pèrsi* o *perdéi* o *perdètti*, *perdésti*, *pèrse* o *perdé* o *perdètte*, *perdémmo*, *perdéste*, *pèrsero* o *perdérono* o *perdèttero*; part. pass. *pèrso* o *perdùto*) || TR. **1** Non avere più qualcosa, non sapere più dov'è: *perdere l'anello, il portafoglio* Ⓢ smarrire • Lasciarsi sfuggire: *ho perso la palla.* **2** Rimanere privo di qualcosa: *perdere il posto nella fila; perdere il lavoro* • Subire la perdita di un familiare che muore: *perdere un figlio in guerra; perdere i genitori* • Non avere più una qualità, una capacità, una funzione oppure una parte del corpo: *perdere il sonno; perdere la memoria; perdere una gamba.* **3** Non avere più la considerazione di qualcuno: *perdere la reputazione, la stima, la fiducia.* **4** Lasciar uscire, non riuscire a fermare: *perdere sangue; il radiatore perde acqua; la bottiglia perde.* **5** Rimetterci dei soldi: ***in** quella faccenda ha perduto migliaia di euro.* **6** Non riuscire a prendere un mezzo di trasporto: *ho perso l'aereo* • Lasciarsi sfuggire: *ha perso una bella occasione* Ⓒ cogliere. **7** Non vincere, restare sconfitti: *ha perso la partita* Ⓒ vincere. || INTR. (aus. *avere*) Diminuire: *perdere **di** valore; perdere **d'**autorità.* || **perdersi** INTR. PRONOM. **1** Non sapere più dove ci si trova o che strada fare: ***in** città mi sono persa.* **2** Non seguire più un ragionamento: ***tra** tutti quei giri di parole mi sono perso* Ⓢ confondersi. **3** Sprecare tempo senza concludere nulla: *non perderti **nei** dettagli e vai al sodo.* Ⓔ ***A perdere***, di contenitore che può essere gettato via una volta consumato il contenuto: *vuoto a perdere* • ***Perdere (i) colpi*** → ***colpo*** • ***Perdere i sensi***, svenire • ***Perdere la bussola*** → ***bussola*** • ***Perdere la testa*** → ***testa*** • ***Perdere la vita***, morire • ***Perdere le staffe*** → ***staffa*** • ***Perdere tempo*** → ***tempo*** • ***Perdersi d'animo***, scoraggiarsi • ***Perdersi in un bicchier d'acqua*** → ***bicchiere***.

perdifiato (per-di-fià-to) N.M. INVAR. · Solo nell'espressione ***a perdifiato***, con tutto il fiato possibile: *correre, gridare a perdifiato.*

perdita (pèr-di-ta) N.F. **1** Improvvisa mancanza di qualcosa che si possedeva: *la perdita delle chiavi, del portafoglio* Ⓢ smarrimento. **2** L'essere privato di qualcosa: *non si è più ripreso dalla perdita del lavoro* • Di persona, morte, scomparsa: *la perdita del padre è stata dolorosa* • Privazione di una qualità, di una capacità, di una funzione o di una parte del corpo: *perdita della vista; la perdita di una gamba.* **3** Fuoriuscita di un liquido o di un gas: *perdita di sangue; perdita di benzina; c'è una perdita nel tubo di scarico.* **4** Danno economico: *subire gravi perdite al gioco.* **5** Eccedenza dei costi sui ricavi: *essere in perdita; l'azienda ha avuto una perdita di diecimila euro* Ⓢ passivo, deficit Ⓒ guadagno, profitto. **6** Spreco: *perdita di tempo.* **7** Diminuzione, calo: *una perdita di energie dovuta al troppo lavoro.* **8** Sconfitta: *la perdita della partita.*

Ⓔ ***A perdita d'occhio***, fin dove si può arrivare con lo sguardo: *i campi si estendevano a perdita d'occhio*.

perdizione (per-di-zió-ne) N.F. · Allontanamento dall'onestà, dalla retta via Ⓢ dannazione, peccato.

perdonare (per-do-nà-re) V.TR. (*perdóno*, ecc.) **1** Vincere il risentimento verso chi ci ha fatto del male: *perdonare un torto; non lo perdonerò mai* ***del*** *male che mi ha fatto*. **2** Passare sopra a una mancanza: *i genitori* ***gli*** *perdonano tutto* Ⓢ scusare, tollerare. **3** In espressioni di cortesia, per invitare a tollerare un possibile disturbo: *mi perdoni se la interrompo; perdonami* ***per*** *il ritardo*. **4** Lasciare scampo: *una malattia che non perdona* Ⓢ risparmiare.

perdono (per-dó-no) N.M. **1** Atto di generosità con cui si rinuncia a qualsiasi rivalsa contro chi ci ha fatto del male: *implorare, ottenere il perdono*. **2** Scusa: *chiedo perdono del disturbo*.

perdurare (per-du-rà-re) V.INTR. (aus. *avere*) · Durare ancora, non smettere: *il maltempo perdura su tutta la regione; perdurare* ***in*** *un errore* Ⓢ continuare, insistere.

perdutamente (per-du-ta-mén-te) AVV. · Con straordinaria intensità: *amare perdutamente qualcuno* Ⓢ alla follia, disperatamente.

P

perduto (per-dù-to) AGG. **1** Smarrito, scomparso: *ho ritrovato la chiave perduta*. **2** Sprecato, sciupato, buttato: *tempo perduto; occasioni perdute*. **3** Senza scampo: *senza la sua agenda si sente perduto* Ⓢ rovinato.

peregrinare (pe-re-gri-nà-re) V.INTR. (aus. *avere*) · Spostarsi senza meta da un luogo all'altro: *peregrinò* ***per*** *tutta Europa prima di stabilirsi in Francia* Ⓢ viaggiare, vagabondare.

peregrinazione (pe-re-gri-na-zió-ne) N.F. · Serie di spostamenti senza meta: *dopo tante peregrinazioni ritornò in patria*.

peregrino (pe-re-gri-no) AGG. · Strano, bizzarro: *che idea peregrina t'è mai venuta in mente?*

perenne (pe-rèn-ne) AGG. **1** Destinato a durare per sempre: *monumento eretto a perenne memoria; nevi perenni*, che non si sciolgono mai Ⓢ eterno, perpetuo. **2** Senza interruzione: *un mal di testa perenne* Ⓢ continuo. **3** Di pianta che vive più di due anni.

perentorio (pe-ren-tò-rio) AGG. (pl.m. *-ri*, pl.f. *-rie*) · Deciso, energico, categorico: *affermazioni perentorie; ordine perentorio*.

perfetto (per-fèt-to) AGG. **1** Immune da difetti, errori, mancanze: *funzionamento perfetto; nessuno è perfetto*, tutti hanno dei difetti Ⓢ ineccepibile Ⓒ imperfetto. **2** Totale, completo, assoluto: *stare in perfetto silenzio; tra loro c'è un'intesa perfetta*. **3** Che possiede una qualità al massimo grado: *un perfetto gentiluomo; un perfetto idiota*, completo Ⓢ vero, autentico.

perfezionamento (per-fe-zio-na-mén-to) N.M. · Modifica che conferisce maggiore capacità o efficienza: *perfezionamento di un lavoro; i perfezionamenti apportati alla macchina non sono ancora sufficienti* Ⓢ miglioramento. Ⓔ ***Scuola di perfezionamento, corso di perfezionamento***, nei quali si approfondisce un aspetto o una materia degli studi già compiuti.

perfezionare (per-fe-zio-nà-re) V.TR. (*perfezióno*, ecc.) || TR. **1** Fare delle modifiche per ottenere un miglioramento: *perfezionare un meccanismo* • Studiare, esercitarsi per migliorare una capacità: *devo perfezionare il mio inglese*. **2** Portare a compimento: *perfezionare un lavoro* Ⓢ ultimare. || **perfezionarsi** INTR. PRONOM. Progredire verso la perfezione: *perfezionarsi* ***nell'****uso del computer* Ⓢ migliorare.

perfezione (per-fe-zió-ne) N.F. · Totale assenza di difetti: *la perfezione divina; la perfezione dei suoi lineamenti* Ⓢ completezza, eccellenza Ⓒ imperfezione. Ⓔ ***A perfezione, alla perfezione***, in modo perfetto, benissimo: *conoscere un argomento alla perfezione*.

perfezionismo (per-fe-zio-nì-ṣmo) N.M. · Desiderio di raggiungere una perfezione ideale in ciò che si fa: *un perfezionismo quasi maniacale*.

perfidia (per-fì-dia) N.F. (pl. *-die*) · Crudeltà, malvagità, cattiveria: *la perfidia di quella donna non ha limiti*.

perfido (pèr-fi-do) AGG. · Crudele, malvagio, cattivo: *un perfido traditore*; *una perfida calunnia*.

Il termine deriva dal latino *perfidus* 'sleale, che manca alla parola data', che viene a sua volta da *fides* 'fedeltà' con il prefisso *per* nel significato di 'al di là'.

perfino (per-fi-no) AVV. · Anche, addirittura, pure: *arriverebbe perfino a saltare i pasti pur di non spendere*.

perforare (per-fo-rà-re) V.TR. (*perfóro*, ecc.) · Forare da parte a parte o in profondità: *perforare una parete* **con** *il trapano*; *perforare una roccia* Ⓢ bucare, trapassare.

perforazione (per-fo-ra-zió-ne) N.F. **1** L'apertura di uno o più fori specialmente nel terreno o nella roccia: *effettuare la perforazione del suolo per cercare il petrolio*. **2** Lesione, foro in un organo interno: *perforazione dell'appendice*.

performance (per-for-man-ce; pronuncia *perfòrmans*) N. INGL., in it. N.F. INVAR. · Prestazione, prova, esibizione: *una splendida performance degli atleti italiani*.

pergamena (per-ga-mè-na) N.F. **1** Pelle di pecora macerata nella calce e poi raschiata, seccata e levigata, usata in passato al posto della carta e oggi impiegata per fabbricare strumenti musicali od oggetti raffinati. **2** Documento scritto su pergamena: *sono state ritrovate delle antiche pergamene*.

Il termine deriva dal latino *(charta) pergamena* '(carta) di Pergamo', perché i metodi per preparare questo tipo di carta si svilupparono a Pergamo, in Asia Minore, nel secondo secolo a.C.

pergola (pèr-go-la) N.F. · Struttura a sostegno di viti o altre piante rampicanti costituita da un intreccio di listelli orizzontali sostenuto da pali verticali, usata per creare una zona d'ombra: *apparecchiare il tavolo sotto la pergola*.

pergolato (per-go-là-to) N.M. · Pergola estesa in lunghezza: *passeggiare sotto il pergolato*.

peri- **1** Prefisso che indica 'giro, movimento circolare': *perifrasi*, giro di parole. **2** In astronomia, prefisso che indica 'il punto più vicino a un astro': *perielio*, il punto più vicino al Sole.

pericolante (pe-ri-co-làn-te) AGG. · Che minaccia di crollare: *una casa pericolante* Ⓢ cadente, instabile.

pericolo (pe-rì-co-lo) N.M. **1** Situazione in cui sono minacciate la stabilità o la sicurezza: *la sua vita è in pericolo*; *il malato è ormai fuori pericolo* Ⓢ rischio. **2** Persona o cosa che possono essere causa di danno: *quel fosso scoperto è un grosso pericolo*. **3** Nel linguaggio familiare, probabilità, possibilità: *non c'è pericolo che una volta almeno obbedisca!* Ⓔ ***Pericolo pubblico***, chi costituisce una minaccia per gli altri.

pericoloso (pe-ri-co-ló-so) AGG. **1** Che comporta gravi rischi e può causare danni: *una curva pericolosa*; *è pericoloso fidarsi di lui* Ⓢ rischioso. **2** Che è capace di fare del male: *un uomo pericoloso* Ⓢ temibile Ⓒ innocuo.

perielio (pe-ri-è-lio) N.M. (pl. *-li*) · Il punto dell'orbita di un pianeta più vicino al Sole.

periferia (pe-ri-fe-rì-a) N.F. (pl. *-rìe*) · La zona più lontana dal centro di una città: *abitare nella periferia di Roma*.

periferico (pe-ri-fè-ri-co) AGG. (pl.m. *-ci*, pl.f. *-che*) **1** Della periferia: *i quartieri periferici di Londra*. **2** Nel linguaggio scientifico, situato nelle zone più esterne rispetto al centro: *sistema nervoso periferico*. Ⓔ ***Unità periferica*** (o *la periferica* N.F.), in informatica, apparecchio collegato a un'unità centrale, come la stampante, il compact disc, il mouse.

perifrasi (pe-rì-fra-ṣi) N.F. INVAR. · Giro di parole usato per dire qualcosa in modo più semplice o più adatto alla situazione: *per spiegarmi meglio ricorrerò a una perifrasi*; *dire qualcosa senza tante perifrasi*.

perimetro (pe-rì-me-tro) N.M. **1** Lunghezza della somma dei lati di un poligono: *calcolare il perimetro del quadrato*. **2** Linea che contorna uno spazio circoscritto: *la siepe seguirà tutto il perimetro del giardino*.

periodico (pe-ri-ò-di-co) AGG. e N.M. (pl.m. *-ci*, pl.f. *-che*) || AGG. Che si verifica a intervalli di tempo o di spazio regolari: *visite periodiche*; *pubblicazione periodica* Ⓢ regolare. || N.M. Qualsiasi pubblicazione che esce a intervalli regolari (ogni settimana, ogni mese, ecc.): *periodico letterario* Ⓢ giornale, rivista. Ⓔ ***Numero decimale periodico***, il numero decimale nel quale una o più cifre, dopo la virgola, si ripetono indefinitamente a gruppi identici (detti *periodi*) • ***Sistema periodico degli elementi*** → ***sistema***.

periodo (pe-rì-o-do) N.M. **1** Quantità di tempo più o meno definita: *non vedersi più per un periodo; un brutto periodo* Ⓢ momento, fase. **2** Nel linguaggio scientifico, il minimo intervallo di tempo dopo il quale un fenomeno o una grandezza variabile si ripetono. **3** In una cifra decimale, il gruppo di cifre dopo la virgola che si ripete all'infinito. **4** In medicina, fase di una malattia o di un fenomeno biologico: *il periodo fecondo della donna.* **5** In grammatica, insieme di due o più proposizioni coordinate tra loro che formano un testo autonomo: *tradurre un periodo lungo e complesso.* Ⓔ ***Andare a periodi***, essere incostante • ***Periodo di rivoluzione***, in astronomia, tempo impiegato da un astro per compiere un'intera rivoluzione intorno a un altro astro • ***Periodo di rotazione***, in astronomia, tempo impiegato da un astro per compiere un'intera rotazione intorno al proprio asse.

peripezia (pe-ri-pe-zì-a) N.F. (spesso al pl. *-zìe*) · Vicenda avventurosa e travagliata: *dopo tante peripezie l'eroe tornò in patria* Ⓢ traversia, avventura.

perire (pe-ri-re) V.INTR. (*perìsco, perìsci*, ecc.; aus. *essere*) · Perdere la vita, morire: *perire **in** un incendio, **in** un naufragio.*

periscopio (pe-ri-scò-pio) N.M. (pl. *-pi*) · Strumento che permette di osservare, da una posizione riparata, tutta la linea dell'orizzonte senza dover cambiare punto di vista: *il periscopio di un sommergibile, di un carro armato.*

peristaltico (pe-ri-stàl-ti-co) AGG. (pl.m. *-ci*, pl.f. *-che*) · Di contrazione del tubo digerente che facilita il passaggio del cibo e l'espulsione.

peristilio (pe-ri-stì-lio) N.M. (pl. *-li*) · Nei templi egizi e nelle case greche e romane, cortile interno circondato da un portico a colonne.

perito (pe-rì-to) N.M. (f. *-a*) **1** Esperto incaricato di effettuare una stima, una perizia: *il perito ha accertato il valore del quadro* Ⓢ tecnico, specialista. **2** Chi si è diplomato in una specializzazione tecnica: *perito agrario; perito chimico.*

Il femminile di *perito* è *perita*, ma è usato poco. Spesso si usa il maschile anche quando ci si riferisce a una donna: *la dottoressa Anna Rossi, perito incaricato dal tribunale.*

perizia (pe-rì-zia) N.F. (pl. *-zie*) **1** Competenza ottenuta con lo studio e l'esperienza: *lavora il ferro con rara perizia* Ⓢ abilità, bravura. **2** Esame eseguito da un esperto: *perizia psichiatrica; eseguire una perizia su un dipinto* Ⓢ valutazione.

perla (pèr-la) N.F. e AGG. || N.F. **1** Piccola sfera brillante che si trova all'interno della conchiglia dell'ostrica, usata in gioielleria: *una collana di perle; perle coltivate,* quelle ottenute artificialmente • Qualsiasi oggetto simile per forma e colore a una perla: *una perla di plastica colorata.* **2** Persona o luogo con qualità eccellenti: *sei una perla di bontà; Venezia è la perla dell'Adriatico* Ⓢ gioiello. **3** In senso ironico, errore madornale: *quante perle in questo compito!* Ⓢ sproposito. || AGG. INVAR. Di colore grigio molto chiaro: *un maglione grigio perla.*

perlina (per-lì-na) N.F. · Piccola sfera colorata, forata e usata per ornare abiti e accessori: *una borsa con le perline.*

perlomeno (per-lo-mé-no) (o **per lo meno**) AVV. **1** Almeno, se non altro: *guarirà, o perlomeno riprenderà a uscire.* **2** Con il congiuntivo imperfetto o trapassato, esprime speranza o dispiacere: *perlomeno mi avesse avvertito!*

perlopiù (per-lo-più) (o **per lo più**) AVV. · Nella maggior parte dei casi, il più delle volte, di solito: *le farfalle sono per lo più colorate.*

perlustrare (per-lu-strà-re) V.TR. **1** Esplorare attentamente una zona ben definita per prevenire un'azione nemica o per trovare indizi: *perlustrare i dintorni dell'accampamento nemico; perlustrare i boschi alla ricerca dei rapitori* Ⓢ setacciare. **2** Esaminare minuziosamente un luogo alla ricerca di qualcosa: *perlustrare tutti gli angoli della casa.*

P

perlustrazione (per-lu-stra-zió-ne) N.F. · Giro d'ispezione: *effettuare una perlustrazione; mandare una pattuglia in perlustrazione* Ⓢ esplorazione, ricognizione.

permaloso (per-ma-ló-so) AGG. · Che si offende facilmente: *è così permaloso che non gli si può dire niente* Ⓢ suscettibile.

permanente (per-ma-nèn-te) AGG. e N.F. || AGG. Che dura per un lungo periodo o per sempre: *mostra permanente; divieto di sosta permanente; invalidità permanente* Ⓢ stabile, duraturo. || N.F. Effetto ondulato dei capelli ottenuto con un trattamento a caldo o con prodotti chimici.

permanenza (per-ma-nèn-za) N.F. **1** Continuità nel tempo: *la permanenza della febbre* Ⓢ persistenza. **2** Soggiorno, sosta: *è tornato dopo un anno di permanenza all'estero.* Ⓔ ***In permanenza***, senza interruzioni, di continuo: *il governo è riunito in permanenza.*

permanere (per-ma-né-re) V.INTR. (irreg.: coniugato come *rimanere*; aus. *essere*) · Rimanere, restare: *le condizioni del malato permangono gravi.*

permeabile (per-me-à-bi-le) AGG. · Che si lascia attraversare da un liquido o da un gas: *rocce permeabili; terreno permeabile* Ⓒ impermeabile.

permeabilità (per-me-a-bi-li-tà) N.F. INVAR. · La proprietà di certi corpi di lasciarsi attraversare da liquidi o gas: *la permeabilità di un terreno* Ⓒ impermeabilità.

permeare (per-me-à-re) V.TR. (*pèrmeo*, ecc.) **1** Impregnare di una sostanza liquida o anche gassosa: *la pioggia ha permeato il soffitto.* **2** Influenzare, pervadere: *un senso di morte permea i suoi romanzi.*

permesso (per-més-so) N.M. **1** Autorizzazione con cui si dà la libertà di fare qualcosa: *chiedere alla maestra il permesso di uscire dall'aula; nessuno ti ha dato il premesso di intervenire* Ⓢ consenso Ⓒ divieto • In espressioni di cortesia, autorizzazione a fare qualcosa: *con permesso?, permesso?*, si può (entrare, passare, ecc.)? **2** Licenza data dall'autorità competente di svolgere una determinata attività: *permesso di caccia, di pesca.* **3** Autorizzazione data a un dipendente di assentarsi dal lavoro per un certo periodo: *chiedere un permesso di tre giorni.* Ⓔ ***Permesso di soggiorno***, documento che autorizza uno straniero a vivere per un certo periodo in un altro Paese.

permettere (per-mét-te-re) V.TR. (irreg.: coniugato come *mettere*) || TR. **1** Dare a qualcuno la libertà di fare qualcosa: *in questa zona non è permesso costruire; non permette **a** sua figlia **di** uscire dopo cena* Ⓢ concedere, autorizzare Ⓒ vietare, proibire • In espressioni di cortesia, per chiedere di essere autorizzati a fare qualcosa: *mi permette un'osservazione?; è permesso?*, prima di entrare in un luogo. **2** Rendere possibile, mettere in grado: *partiremo se il tempo lo permetterà* Ⓢ consentire. **3** Lasciare che qualcosa accada senza opporsi: *e tu permetti **che** accadano queste cose a casa tua?* Ⓢ accettare, sopportare, tollerare. || **permettersi** TR. PRONOM. **1** Prendersi la libertà: *come ti permetti **di** parlarmi con questo tono?; scusa se mi permetto*, per esprimere un'obiezione con cortesia Ⓢ osare. **2** Concedersi qualcosa, avendone la possibilità economica: *come fai a permetterti quella casa?*

Il termine deriva dal latino *permittere* 'lasciar andare, consentire', che viene a sua volta da *mittere* 'mandare' (→ ***mettere***).

permiano (per-mià-no) AGG. · ***Periodo permiano*** (o *il Permiano* N.M.), l'ultimo periodo dell'era paleozoica, caratterizzato dallo sviluppo dei rettili e di alcune specie di mammiferi.

permissivo (per-mis-sì-vo) AGG. · Che lascia molta libertà: *genitori permissivi; educazione permissiva* Ⓢ indulgente, tollerante Ⓒ rigoroso.

permuta (pèr-mu-ta) N.F. · Contratto che prevede il reciproco scambio di beni tra due parti: *ho fatto la permuta dell'auto **con** una moto* Ⓢ baratto.

permutare (per-mu-tà-re) V.TR. (*pèrmuto*, ecc.) · Scambiare una cosa con un'altra: *permutare una casa **con** un terreno* Ⓢ barattare.

pernacchia (per-nàc-chia) N.F. (pl. *-chie*) · Verso volgare di derisione che si esegue emettendo un suono sgradevole con le labbra chiuse e la lingua in fuori: *la squadra venne presa a pernacchie.*

pernice (per-nì-ce) N.F. · Uccello di medie dimensioni, di colore bruno, con zampe e becco rossi, cacciato per le sue ottime carni.

pernicioso (per-ni-ció-so) AGG. · Pericoloso, dannoso: *un errore pernicioso*.

perno (pèr-no) (o **pernio**) N.M. **1** In un congegno, organo in genere cilindrico che permette alle altre parti di ruotare: *gli ingranaggi ruotano intorno a un perno*. **2** Elemento più importante: *il perno di una teoria* Ⓢ fulcro, cardine.

pernottamento (per-not-ta-mén-to) N.M. · Sosta in un luogo per trascorrervi la notte: *per il pernottamento ci fermiamo al rifugio*.

pernottare (per-not-tà-re) V.INTR. (*pernòtto*, ecc.; aus. *avere*) · Sostare in un luogo per trascorrervi la notte: *pernottare* ***in*** *un albergo; pernottare* ***all'****aperto* Ⓢ dormire.

pero (pé-ro) N.M. · Albero con corteccia scura, fiori bianchi o rosa, coltivato per i suoi frutti, le pere, e anche per il legno duro e rossiccio.

però (pe-rò) CONGIUNZ. · Ma, con un senso di opposizione più forte: *sarà spiacevole, però è giusto; sarai anche un esperto, però credo che ti stia sbagliando*.

Però è una congiunzione che esprime opposizione già da sola, quindi non bisogna dire *ma però* perché significa ripetere due volte la stessa cosa.

perone (pe-ró-ne o pè-ro-ne) N.M. · Osso che accoppiato alla tibia va dalla caviglia al ginocchio.

perorare (pe-ro-rà-re) V.TR. (*pèroro*, ecc.) · Sostenere o difendere con impegno: *perorare i diritti dei bambini*.

Le tre persone singolari e la terza plurale del presente indicativo e le tre persone singolari del congiuntivo si pronunciano con l'accento sulla e: *pèroro, pèrori, pèrora, pèrorano, che io pèrori* e non *peròro*, ecc.

perpendicolare (per-pen-di-co-là-re) AGG. e N.F. || AGG. Esattamente verticale rispetto a una superficie: *il muro è perpendicolare* ***al*** *suolo* • In geometria, di rette o piani che si incrociano formando angoli retti. || N.F. Linea retta o direzione perpendicolare: *tracciare la perpendicolare* ***a*** *un piano*.

perpetrare (per-pe-trà-re) V.TR. (*pèrpetro*, ecc.) · Commettere un'azione illecita o malvagia: *perpetrare un delitto*.

Le tre persone singolari e la terza plurale del presente indicativo e le tre persone singolari del congiuntivo si pronunciano con l'accento sulla prima e: *pèrpetro, pèrpetri, pèrpetra, pèrpetrano, che io pèrpetri* e non *perpètro*, ecc.

perpetuare (per-pe-tu-à-re) V.TR. (*perpètuo*, ecc.) || TR. Tramandare nel tempo, far durare in eterno o per lungo tempo: *perpetuare la fama; perpetuare la stirpe*, generare figli per dare continuità alla famiglia. || **perpetuarsi** INTR. PRONOM. Venir tramandato nel tempo: *il suo nome si perpetuerà nella gloria*.

Non si deve confondere *perpetuare* che significa 'far durare per lungo tempo' con *perpetrare* che significa 'commettere un'azione malvagia'.

perpetuo (per-pè-tuo) AGG. **1** Che dura per sempre: *la fama perpetua del sommo poeta; moto perpetuo*, che non si interrompe mai; *carcere perpetuo*, a vita Ⓢ eterno, duraturo. **2** Continuo nel tempo: *vive in un perpetuo stato di ansia* Ⓢ costante.

perplessità (per-ples-si-tà) N.F. INVAR. · Dubbio, indecisione, sconcerto: *avere un momento di perplessità; non ti nascondo le mie perplessità su questa iniziativa*.

perplesso (per-plès-so) AGG. · Dubbioso, indeciso, sconcertato: *questa faccenda mi lascia perplesso*.

perquisire (per-qui-ṣì-re) V.TR. (*perquiṣìsco, perquiṣìsci*, ecc.) · Ispezionare un luogo o frugare addosso a una persona in modo rigoroso: *perquisire la casa di un mafioso; perquisire una persona sospetta*.

perquisizione (per-qui-ṣi-zió-ne) N.F. · Ricerca sistematica compiuta in un luogo o su una persona per trovare indizi o prove di un reato: *il giudice ha ordinato una perquisizione* ***in*** *casa dell'industriale; i carabinieri procederanno alla perquisizione dei presenti*.

persecuzione (per-se-cu-zió-ne) N.F. **1** L'insieme delle azioni spietate compiute per eliminare una minoranza religiosa, politica, etnica: *la persecuzione degli Ebrei durante il nazismo.* **2** Persona o situazione che provoca fastidio: *che persecuzione quella radio accesa a tutto volume* Ⓢ tormento, tortura. Ⓔ ***Mania di persecuzione***, tendenza a considerare ostili atti che in realtà non lo sono.

perseguire (per-se-guì-re) V.TR. (*perséguo*, ecc.) · Cercare tenacemente di raggiungere uno scopo: *perseguire il successo* Ⓢ inseguire.

perseguitare (per-se-gui-tà-re) V.TR. (*perséguito*, ecc.) **1** Sottoporre a violenze continue per motivi razziali e religiosi: *perseguitare una minoranza.* **2** Affliggere senza tregua: *essere perseguitato dal dubbio, dal rimorso* Ⓢ tormentare.

perseverante (per-se-ve-ràn-te) AGG. · Che agisce senza esitazioni o ripensamenti: *essere perseverante* ***nello*** *studio* Ⓢ costante, tenace.

perseveranza (per-se-ve-ràn-za) N.F. · Costanza nel cercare di raggiungere i propri obiettivi: *studiare con perseveranza* Ⓢ costanza, tenacia.

perseverare (per-se-ve-rà-re) V.INTR. (*persèvero*, ecc.; aus. *avere*) · Impegnarsi con costanza e tenacia: *perseverare* ***in*** *un proposito* Ⓢ insistere.

persi (pèr-si) · Pass. rem., 1ª pers. sing. → ***perdere***.

persiana (per-sià-na) N.F. · Imposta esterna per finestre che serve ad attenuare la luce permettendo il passaggio dell'aria, costituita da stecche orizzontali fissate a un telaio e inclinate.

persiano (per-sià-no) AGG. e N.M. (f. -*a*) || AGG. Della Persia antica, medievale o del moderno Iran: *le guerre persiane; un tappeto persiano.* || N.M. (f. -*a*) Abitante, nativo della Persia. || N.M. La lingua parlata in Persia. Ⓔ ***Gatto persiano*** (o *il persiano* N.M.), gatto domestico dal pelo lungo, grigio scuro o fulvo.

persino (per-sì-no) → ***perfino***.

persistente (per-si-stèn-te) AGG. · Che dura a lungo: *un dolore persistente; pioggia persistente* Ⓢ continuo, insistente Ⓒ passeggero.

persistenza (per-si-stèn-za) N.F. · Durata prolungata di un fenomeno negativo: *la persistenza della febbre, del brutto tempo* Ⓢ insistenza.

persistere (per-si-ste-re) V.INTR. (irreg.: coniugato come *assistere*; aus. *avere*) **1** Mantenere a lungo un comportamento, per ostinazione od ostilità: *persistere* ***nel*** *negare un errore; persisto* ***a*** *credere che mi abbia ingannato* Ⓢ insistere, ostinarsi. **2** Protrarsi nel tempo, non smettere: *il freddo persiste su tutta la regione.*

> Il termine deriva dal latino *persistere* 'rimanere, stare saldo', che viene a sua volta da *sistere* 'stare, fermarsi' con il prefisso *per-* con valore rafforzativo (→ ***assistere***).

perso (pèr-so) AGG. || Participio pass. → ***perdere***. || AGG. **1** Sprecato, buttato via: *sono state due giornate di lavoro perse.* **2** Disorientato, smarrito, confuso: *da quando è stato licenziato si sente perso; innamorato perso*, innamorato al punto da non capire più nulla. Ⓔ ***A tempo perso***, nei ritagli di tempo: *suona il pianoforte a tempo perso* • ***Perso per perso***, tanto per fare un ultimo tentativo, con tono di sfiducia: *perso per perso, conviene tentare di aggiustarlo* • ***Tempo perso***, tempo sprecato: *parlare con te è tempo perso.*

persona (per-só-na) N.F. **1** Ciascun essere umano senza specificazione di sesso: *una persona simpatica, riservata, onesta; cucinare per dieci persone* Ⓢ individuo. **2** Corpo, fisico: *igiene della persona; curare la persona.* **3** In grammatica, categoria che indica il soggetto dell'azione espressa dal verbo e identificata dalle desinenze con cui si coniuga il verbo: *"vado" è la prima persona dell'indicativo presente del verbo "andare".* Ⓔ ***Di persona***, direttamente: *verificare di persona;* ***pagare di persona***, assumersi tutti i rischi delle proprie azioni • ***In persona***, personalmente, senza intermediari: *è intervenuto il ministro in persona* • ***In prima persona***, direttamente, personalmente: *esporsi in prima persona* • ***Persona fisica***, individuo considerato dal punto di vista giuridico • ***Persona giuridica***, ente, associazione, società considerati dal punto di vista giuridico.

> Il termine deriva dal latino *persona* che in origine significava 'maschera teatrale', poi 'personaggio' e infine 'individuo'.

A B C D E F G H I J K L M N O **P** Q R S T U V W X Y Z

personaggio (per-so-nàg-gio) N.M. (pl. *-gi*) **1** Persona famosa o importante: *i personaggi della politica; i grandi personaggi della storia* Ⓢ personalità, nome. **2** Chi agisce con un ruolo preciso in un'opera narrativa, teatrale, cinematografica: *i personaggi dei cartoni animati; il personaggio di Pinocchio.* **3** Nel linguaggio familiare, tipo bizzarro: *il tuo amico è proprio un personaggio.*

personal computer (per-so-nal com-pu-ter; pronuncia *pèrsonal compiùter*) N. INGL., in it. N.M. INVAR. · Computer di piccole dimensioni e capace di modeste prestazioni, pensato per essere usato da una sola persona alla volta, a casa o nelle aziende Ⓢ pc.

personale[1] (per-so-nà-le) AGG. **1** Che è proprio di una persona: *documenti personali; opinioni personali; igiene personale,* intima Ⓢ individuale, privato Ⓒ comune. **2** In grammatica: ***pronomi personali***, quelli che distinguono le persone grammaticali, per es. *io, tu, egli, noi, voi, essi; mi, ti, gli, ci, vi.*

personale[2] (per-so-nà-le) N.M. **1** Fisico, figura, corporatura: *ha un bel personale.* **2** Il complesso dei dipendenti di un ufficio, di un'azienda, di un ente: *il personale dell'albergo; ufficio del personale* Ⓢ dipendenti (PL.).

personalistico (per-so-na-lì-sti-co) AGG. (pl.m. *-ci*, pl.f. *-che*) · Che tutela gli interessi personali: *gestione personalistica dello Stato.*

personalità (per-so-na-li-tà) N.F. INVAR. **1** L'insieme delle caratteristiche che distinguono un individuo: *avere una forte personalità; mancare di personalità* Ⓢ carattere, temperamento. **2** Persona famosa o importante: *le più alte personalità dello Stato* Ⓢ personaggio, nome.

personalizzare (per-so-na-liz-zà-re) V.TR. · Trasformare secondo il proprio gusto e i propri bisogni o rendere unico e originale: *personalizzare l'arredamento* • Adattare alle esigenze o alle necessità di una persona o di una categoria di persone: *personalizzare un programma per computer.*

personalizzazione (per-so-na-liz-za-zió-ne) N.F. · Trasformazione in base al proprio gusto e ai propri bisogni: *la personalizzazione dello schermo di un computer.*

personalmente (per-so-nal-mén-te) AVV. **1** In persona, direttamente: *intervenire personalmente su una questione.* **2** Secondo il parere personale: *personalmente, ritengo che tu stia sbagliando.*

personal trainer (per-so-nal trai-ner; pronuncia *pèrsonal trèiner*) N. INGL., in it. N.M. e F. INVAR. · Istruttore atletico che allena un singolo cliente attraverso un programma di allenamenti su misura.

personificare (per-so-ni-fi-cà-re) V.TR. (*personìfico, personìfichi*, ecc.) **1** Rappresentare dando caratteri umani: *la giustizia è personificata da una donna bendata* Ⓢ impersonare, incarnare. **2** Simboleggiare, rappresentare: *Ercole personifica la forza.*

personificazione (per-so-ni-fi-ca-zió-ne) N.F. **1** Rappresentazione di un'idea o di un fenomeno naturale dandogli aspetto e caratteristiche umane: *Venere è la personificazione dell'amore* Ⓢ simbolo. **2** Individuo che possiede una qualità in grado molto elevato: *quell'uomo è la personificazione della pazienza* Ⓢ quintessenza.

perspicace (per-spi-cà-ce) AGG. · Che ha un intuito acuto e sottile: *un ragazzino perspicace; un ingegno perspicace* Ⓢ penetrante, sagace • Che dimostra abilità e spirito di osservazione: *una politica perspicace.*

perspicacia (per-spi-cà-cia) N.F. (raro pl. *-cie*) · Capacità di intuizione immediata e profonda: *ha avuto grande perspicacia nel capire la situazione* Ⓢ intuito, fiuto.

perspicuo (per-spì-cuo) AGG. · Chiaro, evidente: *un ragionamento perspicuo.*

persuadere (per-sua-dé-re) V.TR. (irreg.: pass. rem. *persuàṣi, persuadésti, persuàṣe, persuadémmo, persuadéste, persuàṣero*; part. pass. *persuàṣo*) || TR. **1** Convincere: *non sono riuscito a persuaderlo* ***della*** *mia buona fede.* **2** Indurre a compiere una certa azione: *mi ha persuaso* ***a*** *riprendere gli studi* Ⓢ spingere Ⓒ dissuadere. **3** Rendere pienamente soddisfatto: *non mi persuade l'abbinamento dei colori* Ⓢ piacere. || **persuadersi** RIFL. Raggiungere una convinzione: *finalmente si è persuaso* ***a*** *farsi curare* Ⓢ convincersi • Rendersi conto, prendere coscienza, accettare: *non riesce a persuadersi* ***della*** *morte della moglie.*

La pronuncia corretta è *persuadére*, con l'accento sulla e; la pronuncia *persuàdere* con l'accento sulla *a* è sbagliata!

persuasi (per-su-à-ṣi) · Pass. rem., 1ª pers. sing. → ***persuadere***.

persuasione (per-sua-ṣió-ne) N.F. **1** L'azione con cui si convince qualcuno di qualcosa: *fare opera di persuasione; capacità di persuasione* Ⓒ dissuasione. **2** Certezza, sicurezza, convinzione: *ho la ferma persuasione* ***della*** *sua innocenza.*

persuasivo (per-ṣua-ṣì-vo) AGG. · Convincente, efficace: *un discorso persuasivo.*

persuaso (per-su-à-ṣo) · Participio pass. → ***persuadere***.

pertanto (per-tàn-to) CONGIUNZ. · Perciò, quindi: *non abbiamo prove contro di lui, pertanto lo rilasceremo.*

pertica (pèr-ti-ca) N.F. (pl. *-che*) **1** Lungo bastone di legno: *far cadere le noci con una pertica* Ⓢ palo, stanga. **2** Nel linguaggio familiare, persona alta e magra Ⓢ spilungone. **3** Attrezzo da palestra costituito da un palo sul quale ci si arrampica per esercizio.

pertinace (per-ti-nà-ce) AGG. · Ostinato, caparbio: *pertinace* ***nell'****errore.*

pertinente (per-ti-nèn-te) AGG. **1** Che riguarda direttamente: *osservazioni pertinenti* ***alla*** *questione trattata* Ⓢ attinente. **2** Appropriato, opportuno: *una domanda pertinente.*

pertinenza (per-ti-nèn-za) N.F. · Competenza: *la causa non è di pertinenza del tribunale.*

pertosse (per-tós-se) N.F. · Malattia infettiva dell'apparato respiratorio frequente nell'infanzia, caratterizzata da violenti attacchi di tosse.

pertugio (per-tù-gio) N.M. (pl. *-gi*) · Buco, fessura, apertura: *nascondere un biglietto in un pertugio nel muro* • Stretto passaggio: *aprirsi un pertugio tra le macerie.*

perturbare (per-tur-bà-re) V.TR. || TR. Provocare disordine, gettare nello scompiglio: *la rivolta perturbò a lungo la città; perturbare la quiete* Ⓢ agitare • Turbare, causare ansia: *perturbare l'animo.* || **perturbarsi** INTR. PRONOM. Del tempo, peggiorare.

perturbazione (per-tur-ba-zió-ne) N.F. **1** Turbamento, sconvolgimento: *perturbazione dell'animo.* **2** In meteorologia, peggioramento del tempo: *per domani è in arrivo una perturbazione* Ⓢ maltempo.

pervadere (per-và-de-re) V.TR. (irreg.: coniugato come *evadere*) · Entrare diffondendosi ovunque: *un acuto profumo pervase la stanza* Ⓢ impregnare, penetrare • Riempire, permeare: *la malinconia pervadeva il suo animo.*

pervenire (per-ve-nì-re) V.INTR. (irreg.: coniugato come *venire*; aus. *essere*) **1** Arrivare, giungere: ***mi*** *è pervenuta la notizia del suo trasferimento; i documenti devono pervenire entro oggi.* **2** Raggiungere, conseguire, arrivare: *pervenire* ***al*** *successo.*

perversione (per-ver-sió-ne) N.F. · Comportamento considerato anormale, specie in ambito sessuale.

perverso (per-vèr-so) AGG. **1** Che ama fare del male: *un uomo perverso* Ⓢ malvagio, crudele. **2** Corrotto, vizioso: *passioni perverse; un comportamento perverso.*

pervertire (per-ver-tì-re) V.TR. (*pervèrto*, ecc.) || TR. Indurre al male, influenzare negativamente: *pervertire le coscienze, i giovani* Ⓢ corrompere, traviare. || **pervertirsi** RIFL. Corrompersi, degenerare, guastarsi: *i costumi sociali si sono pervertiti.*

pervertito (per-ver-tì-to) AGG. e N.M. (f. *-a*) || AGG. Corrotto, degenerato, vizioso: *animo pervertito.* || AGG. e N.M. (f. *-a*) Che, chi mette in atto comportamenti ritenuti anormali specie in ambito sessuale.

pervicacia (per-vi-cà-cia) N.F. (pl. *-cie*) · Ostinazione, tenacia: *combattere con pervicacia.*

pesa (pé-sa) N.F. · Pesatura • Apparecchio per pesare grossi carichi: *la pesa pubblica*; anche, il luogo in cui si trova: *la polizia intimò al camionista di recarsi alla pesa.*

pesante (pe-sàn-te) AGG. **1** Che ha un peso notevole o superiore alla media: *una valigia pesante; un gas più pesante dell'aria* Ⓒ leggero. **2** Di abito o tessuto spesso, che protegge dal freddo. **3** Che costa fatica o richiede for-

A B C D E F G H I J K L M N O P Q R S T U V W X Y Z

za fisica: *lavoro pesante* Ⓢ faticoso • Che dà una sensazione di pesantezza o di oppressione: *aria pesante; sentirsi la testa pesante.* **4** Che risulta carico di tensione, di ansia: *un'atmosfera pesante.* **5** Che agisce con forza e violenza: *è una squadra che pratica un gioco pesante* Ⓢ duro. **6** Privo di agilità: *andatura pesante.* **7** Che provoca noia o fastidio: *una lettura pesante; discorsi pesanti* Ⓢ noioso. **8** Offensivo: *un giudizio pesante* • Volgare, grossolano: *uno scherzo pesante; battute pesanti.* **9** Grave, preoccupante, ingente: *pesanti responsabilità; subire una pesante sconfitta.* Ⓔ ***Avere la mano pesante***, colpire duramente; esagerare nei toni e nei modi • ***Cibo pesante***, difficile da digerire, indigesto • ***Industria pesante***, per la produzione di ferro e acciaio • ***Sonno pesante***, profondo.

pesantezza (pe-san-téz-za) N.F. **1** Peso notevole: *la pesantezza di un carico* Ⓒ leggerezza. **2** Caratteristica di ciò che è faticoso e impegnativo: *pesantezza di un lavoro.* **3** Senso di oppressione: *la pesantezza di una situazione.* **4** Mancanza di agilità: *pesantezza di movimenti.* **5** Eccessiva e pedante serietà che provoca la sensazione di noia: *la pesantezza di una lezione.* **6** Scarsa digeribilità: *la pesantezza di un cibo.* **7** Sensazione di malessere: *pesantezza di stomaco, di testa.*

P

pesare (pe-sà-re) V.TR. e INTR. (*péso*, ecc.) || TR. Misurare il peso con una bilancia: *pesare una cassa di frutta* • Valutare con attenzione e cautela: *pesa bene le parole prima di parlare* Ⓢ misurare, calibrare. || INTR. (aus. *avere*) **1** Avere un certo peso: *un baule che pesa un quintale* • Essere molto pesante: *il mobile pesa, aiutami a spostarlo.* **2** Appoggiarsi con il proprio peso: *il soffitto pesa tutto **su** quella trave* Ⓢ poggiare, reggersi • Essere un carico pesante di responsabilità e fatica: *il grosso del lavoro pesa tutto **sulle** mie spalle* Ⓢ gravare • Incombere: *una minaccia che pesa **su** tutti noi.* **3** Esercitare una grande influenza: *il suo giudizio peserà **nella** valutazione finale* Ⓢ contare, influire • Risultare molesto, fastidioso: *non sai quanto **mi** pesa uscire con questo tempo.*

pesatura (pe-sa-tù-ra) N.F. · L'operazione di pesare: *la pesatura del grano, di un pugile* Ⓢ pesa.

pesca[1] (pé-sca) N.F. (pl. *-sche*) · L'attività fatta a scopo alimentare o commerciale di catturare animali che vivono in acqua: *la pesca delle acciughe; pesca fluviale; una pesca abbondante.* Ⓔ ***Canna da pesca*** → *canna* • ***Pesca di beneficenza***, lotteria in cui si pescano dei biglietti a cui è associato un premio e il cui ricavato è destinato a enti benefici • ***Pesca di frodo***, non autorizzata • ***Pesca subacquea***, effettuata in immersione con un fucile subacqueo.

pesca[2] (pè-sca) N.F. e M. e AGG. (pl. *-sche*) || N.F. Il frutto del pesco, tondeggiante e con la buccia coperta di peluria, polpa dolce gialla o bianco-rossastra, che contiene un nocciolo legnoso: *sbucciare una pesca.* || AGG. e N.M. INVAR. Di colore tendente all'arancione: *rosa pesca.* Ⓔ ***Pesca noce***, pesca con la buccia priva di peluria.

Il termine deriva dal latino *Persica (malus)* '(mela) persiana'.

pescare (pe-scà-re) V.TR. (*pésco, péschi*, ecc.) **1** Praticare la pesca per mestiere o per divertimento: *pescare **con** le reti; ho pescato un luccio enorme.* **2** Estrarre a caso: *pescare una carta* Ⓢ prendere, scegliere • Trovare per caso: *dove hai pescato quella giacca?* Ⓢ scovare. **3** Sorprendere, cogliere, beccare: *l'ho pescato sul fatto.* Ⓔ ***Pescare nel torbido***, approfittare di una situazione difficile per trarne un vantaggio personale.

pescatore (pe-sca-tó-re) N.M. (f. *-trice*, fam. *-tóra*) · Chi pratica la pesca per mestiere o per divertimento. Ⓔ ***Pantaloni alla pescatora***, tagliati o arrotolati al polpaccio • ***Pescatore di frodo*** → *frodo* • ***Risotto alla pescatora***, con frutti di mare.

pesce (pé-sce) N.M. **1** Ciascun animale vertebrato a sangue freddo, dal corpo più o meno affusolato e coperto di squame, che vive sott'acqua, respira con le branchie e nuota con le pinne • Qualsiasi animale che vive sott'acqua, usato nell'alimentazione: *pesce fresco, surgelato; pesce fritto, arrosto; frittura di pesce; zuppa di pesce.* **2** AL PL. In astrologia, segno che comprende i nati dal 19 febbraio al 20 marzo: *nato sotto il segno dei Pesci.* Ⓔ ***A pesci in faccia***, con modi sgarbati e villani: *sono sta-*

to preso a pesci in faccia • ***Buttarsi a pesce,*** cogliere al volo un'occasione propizia, oppure accogliere con entusiasmo un'idea, una proposta, ecc. • ***Di pesce,*** di prodotto ricavato dalla lavorazione degli scarti del pesce: *olio di pesce* • ***Muto come un pesce*** → ***muto*** • ***Non essere né carne né pesce*** → ***carne*** • ***Non sapere che pesci prendere*** o ***non sapere che pesci pigliare,*** non sapere che cosa fare in una certa situazione • ***Pesce azzurro,*** l'insieme di acciughe, sardine, sgombri, per il colore azzurro-verdastro del dorso • ***Pesce d'aprile,*** burla che si usa fare il primo giorno del mese d'aprile • ***Pesce fuor d'acqua,*** chi si trova a disagio in una certa situazione o in un dato ambiente • ***Pesce grosso, pesce piccolo,*** chi riveste un ruolo di primaria o secondaria importanza in un gruppo, in una gerarchia • ***Pesce spada,*** pesce lungo fino a cinque metri, che ha sul muso un prolungamento osseo a forma di spada e viene pescato per le carni squisite • ***Sano come un pesce,*** in perfetta salute.

pescecane (pe-sce-cà-ne) N.M. (pl. *pescecàni* o *pescicàni*) **1** Pesce agile e vorace spesso pericoloso per l'uomo, con denti aguzzi e taglienti disposti su più file e branchie visibili ai lati del capo Ⓢ squalo. **2** Chi si è arricchito speculando senza scrupoli sulle difficoltà degli altri.

peschereccio (pe-sche-réc-cio) N.M. (pl. *-ci*) · Imbarcazione a motore usata per la pesca in mare.

pescheria (pe-sche-rì-a) N.F. (pl. *-rìe*) · Negozio per la vendita del pesce.

pescicani (pe-sci-cà-ni) · Plurale → ***pescecane.***

pescivendolo (pe-sci-vén-do-lo) N.M. (f. *-a*) · Chi vende pesce.

pesco (pè-sco) N.M. (pl. *-schi*) · Albero originario della Cina, con tronco a corteccia liscia, foglie a punta, dentate e fiori rosa; produce ottimi frutti, le pesche.

pescoso (pe-scó-so) AGG. · Che consente una pesca abbondante, ricco di pesce: *mari pescosi.*

peso (pé-so) N.M. **1** Forza che un corpo esercita su ciò che lo sostiene e che dipende dalla gravità terrestre: *il peso del carico può sfondare il tetto dell'auto.* **2** Misura di questa forza che si determina usando una bilancia: *controllare il peso del bambino* • In alcuni sport, categoria in cui rientra un atleta in base alla sua stazza: *un peso piuma non può combattere con un peso massimo.* **3** Oggetto pesante o di cui si conosce il peso: *portare un grosso peso sulle spalle; i pesi della bilancia,* quelli che servono per effettuare una misurazione • Attrezzo metallico di forma sferica che viene lanciato il più lontano possibile da un atleta: *lancio del peso* • Attrezzo usato nelle prove di sollevamento. **4** Senso di pesantezza per aver mangiato troppo: *avere un peso sullo stomaco* (anche, provare disagio per una grave preoccupazione o per il rimorso) • Disagio, oppressione: *sentiva il peso della responsabilità.* **5** La responsabilità del mantenimento economico di qualcuno o qualcosa: *sostenere il peso della famiglia* • Motivo di grosso impegno, obbligo, disagio: *da quando ha perso il lavoro è un peso per la sua famiglia.* **6** Importanza: *ha ancora un certo peso nell'azienda; non bisogna dar peso alle chiacchiere.* **7** In grammatica: ***complemento di peso,*** quello che indica quanto pesa un oggetto (*una scatola di dieci chili; quel pezzo di marmo pesa venti chili*). Ⓔ ***A peso d'oro,*** a un prezzo molto elevato: *pagare a peso d'oro* • ***Avere un peso sulla coscienza,*** provare disagio per una grave preoccupazione o per il rimorso • ***Di peso,*** sollevando completamente da terra: *prendere, portare di peso* • ***Peso lordo,*** quello della merce compreso l'imballaggio; ***peso netto,*** quello della sola merce • ***Peso specifico*** → ***specifico.***

pessimismo (pes-si-mì-ṣmo) N.M. · Tendenza a vedere solo il lato negativo della realtà e a non avere fiducia nel futuro: *tendere al pessimismo* Ⓒ ottimismo.

pessimista (pes-si-mì-sta) AGG. e N.M. e F. (pl.m. *-i*, pl.f. *-e*) · Che, chi è portato a vedere solo i lati negativi del presente e del futuro: *tende a essere pessimista* Ⓒ ottimista.

pessimo (pès-si-mo) AGG. · Molto cattivo o molto brutto: *un pessimo affare; tempo pessimo; una pessima impressione* Ⓒ ottimo. »

Pessimo è il superlativo di *cattivo*, quindi non si può dire *molto pessimo*.

pestaggio (pe-stàg-gio) N.M. (pl. *-gi*) · Serie di violente percosse: *è stato vittima di un pestaggio.*

pestare (pe-stà-re) V.TR. (*pésto*, ecc.) **1** Battere con forza e ripetutamente per ridurre in frantumi: *pestare il pepe* Ⓢ tritare. **2** Schiacciare con il piede: *pestò il mozzicone della sigaretta; sull'autobus* ***mi*** *hanno pestato i piedi* Ⓢ calpestare. **3** Picchiare con brutalità: *lo hanno pestato con violenza* Ⓢ percuotere, colpire. Ⓔ ***Pestare i calli a qualcuno, pestare i piedi a qualcuno***, disturbarne i piani provocandone il dispetto o il risentimento.

peste (pè-ste) N.F. **1** Malattia infettiva contagiosa trasmessa all'uomo dalle pulci dei ratti. **2** Fenomeno che provoca gravi conseguenze: *il cancro è la peste di questo secolo.* **3** Bambino molto vivace e irrequieto: *tuo figlio è una peste* Ⓢ monello. Ⓔ ***Dire peste e corna di qualcuno***, criticarlo in modo maligno e senza pietà • ***Fuggire come la peste***, evitare con tutte le forze qualcosa o qualcuno.

pestello (pe-stèl-lo) N.M. · Attrezzo per frantumare materiali o alimenti nel mortaio.

P

pesticida (pe-sti-cì-da) AGG. e N.M. (pl.m. *-i*, pl.f. -e) · Di prodotto chimico usato per eliminare animali e insetti nocivi alle piante.

pestifero (pe-stì-fe-ro) AGG. **1** Di bambino, molto vivace e irrequieto Ⓢ terribile. **2** Che emana un odore terribile: *sigari pestiferi* Ⓢ puzzolente.

pestilenza (pe-sti-lèn-za) N.F. **1** Epidemia di peste. **2** Odore insopportabile Ⓢ fetore, puzzo.

pesto (pé-sto) AGG. e N.M. || AGG. Pieno di lividi o di dolori: *dopo la febbre mi sentivo tutto pesto* Ⓢ dolorante, indolenzito. || N.M. Salsa tipica della cucina genovese, a base di basilico, pinoli e aglio pestati e conditi con olio e formaggio pecorino. Ⓔ ***Buio pesto***, fittissimo: *era buio pesto e non riuscivo a orientarmi* • ***Occhi pesti***, viola per le botte o i pugni, oppure lividi per malattia o stanchezza.

petalo (pè-ta-lo) N.M. · Ciascuna delle particolari foglie colorate che formano la corolla del fiore.

petardo (pe-tàr-do) N.M. · Piccolo ordigno che esplode rumorosamente e che si fa scoppiare durante le feste in segno di allegria.

petizione (pe-ti-zió-ne) N.F. · Richiesta firmata da più persone per ottenere qualcosa dalle autorità pubbliche: *presentare una petizione.*

peto (pé-to) N.M. · Emissione di gas intestinali dall'ano: *fare un peto.*

-peto · Secondo elemento di parole composte che significa 'che si muove': *centripeto*, che si muove verso il centro.

petrolchimico (pe-trol-chì-mi-co) (o **petrochimico**) AGG. (pl.m. *-ci*, pl.f. *-che*) · Che riguarda la lavorazione e l'utilizzo dei prodotti derivati dal petrolio e dai gas naturali: *industria petrolchimica.*

petroliera (pe-tro-liè-ra) N.F. · Nave che trasporta il petrolio e suoi derivati.

petrolifero (pe-tro-lì-fe-ro) AGG. **1** Ricco di petrolio: *giacimento petrolifero.* **2** Relativo all'estrazione, lavorazione e commercio del petrolio: *industria petrolifera.*

petrolio (pe-trò-lio) N.M. (pl. *-li*) · Miscela oleosa liquida giallo-bruna, che si estrae da depositi naturali posti nel sottosuolo e dalla cui lavorazione si ottengono prodotti come la benzina, la nafta, vari lubrificanti e diverse materie plastiche: *petrolio grezzo; pozzi di petrolio.*

Il termine deriva dall'espressione latina *petrae oleum* 'olio di pietra'.

pettegolezzo (pet-te-go-léz-zo) N.M. · Chiacchiera indiscreta o maligna: *essere oggetto di pettegolezzi* Ⓢ voce, maldicenza.

pettegolo (pet-té-go-lo) AGG. e N.M. (f. *-a*) · Che, chi per abitudine fa chiacchiere indiscrete o maligne sugli altri: *gente pettegola; è un gran pettegolo* Ⓢ maldicente.

pet therapy (pet the-ra-py; pronuncia *pèt tèrapì*) N. INGL., in it. N.F. INVAR. · Terapia che si basa sulla presenza di un animale domestico presso un ammalato e che sfrutta gli effetti benefici del loro rapporto affettivo.

pettinare (pet-ti-nà-re) V.TR. (*pèttino*, ecc.) || TR. **1** Mettere in ordine usando il pettine o la spazzola: *pettinare i capelli **a** una bambina.* **2** Di fibra tessile, essere sottoposta a pettinatura: *pettinare la lana.* || **pettinarsi** RIFL. Passarsi il pettine fra i capelli: *pettinarsi con cura.*

pettinatura (pet-ti-na-tù-ra) N.F. **1** L'azione e il modo in cui vengono pettinati i capelli: *una pettinatura elaborata.* **2** L'operazione alla quale vengono sottoposte le fibre tessili prima della filatura per renderle lisce e prive di impurità, eseguita con macchine tessili speciali.

pettine (pèt-ti-ne) N.M. · Strumento di materiale vario con piccoli denti ravvicinati e allineati, usato per mettere in ordine i capelli: *un bel pettine di madreperla.* Ⓔ ***A pettine***, di parcheggio in cui le auto si dispongono affiancate e parallele, come i denti di un pettine.

pettirosso (pet-ti-rós-so) N.M. · Piccolo uccello bruno molto comune in Italia, con la gola e il petto rosso-arancioni, e il ventre bianco.

Per indicare il verso musicale del pettirosso possono essere usati i verbi *cantare* e *gorgheggiare.*

petto (pèt-to) N.M. **1** Nel corpo umano, la parte anteriore del torace che sta fra il collo e l'addome, opposta al dorso: *petto ampio, muscoloso.* **2** Il seno femminile: *stringeva il figlio al petto* Ⓢ mammelle (PL.). **3** Negli animali, la stessa parte del corpo e in particolare quella carnosa di alcuni volatili, usata come cibo: *petto di pollo, di tacchino.* **4** La parte dell'abito che copre il petto. Ⓔ ***Giacca a doppio petto***, quella che si abbottona sul davanti, sovrapponendo le due parti • ***Prendere qualcosa di petto***, affrontarlo con decisione.

pettorale (pet-to-rà-le) AGG. e N.M. || AGG. Del petto: *muscolo pettorale.* || N.M. **1** AL PL. Muscolo del petto: *allenare i pettorali.* **2** Quadrato di stoffa che riporta un numero e che i concorrenti a una gara sportiva portano sul petto. **3** Striscia di cuoio che passa davanti al petto del cavallo.

petulante (pe-tu-làn-te) AGG. · Insistente e fastidioso nei toni e nei modi: *un vecchio petulante* Ⓢ assillante.

pezza (pèz-za) N.F. **1** Ritaglio o avanzo di stoffa: *una bambola di pezza; si fasciò la ferita con una pezza* Ⓢ panno, straccio. **2** Confezione del tessuto in rotolo: *una pezza di seta.* **3** Macchia chiara nel pelame di un animale: *un cavallo con pezze bianche* Ⓢ chiazza. Ⓔ ***Mettere una pezza***, rimediare in qualche modo, mettere una toppa • ***Pezza da piedi***, persona che viene trattata senza rispetto: *si fa trattare come una pezza da piedi.*

pezzente (pez-zèn-te) N.M. e F. · Chi vive in condizioni di estrema povertà Ⓢ straccione, miserabile.

pezzo (pèz-zo) N.M. **1** Parte di un intero: *un pezzo di torta; un pezzo di strada,* un tratto di strada Ⓢ porzione • Piccolo oggetto di materiale solido: *un pezzo di ghiaccio; un pezzo di plastica.* **2** Ciascun elemento che fa parte di un insieme: *ogni pezzo della collezione ha un grande valore.* **3** Brano • Nel linguaggio giornalistico, articolo. **4** Ciascuno degli elementi del gioco degli scacchi. Ⓔ ***A pezzi***, stanco morto, depresso, in crisi: *sentirsi a pezzi* • ***Cadere a pezzi***, andare in rovina: *questa macchina cade a pezzi* • ***Da un pezzo***, da molto tempo: *è da un pezzo che ti sto aspettando* • ***Due pezzi***, bikini • ***Fare a pezzi***, criticare aspramente: *la critica ha fatto a pezzi il suo ultimo film* • ***Pezzo di bravura*** → ***bravura*** • ***Pezzo di carta*** → ***carta*** • ***Pezzo forte***, quello in cui una persona riesce a dimostrare tutta la sua abilità: *le imitazioni degli attori sono il suo pezzo forte* • ***Pezzo grosso***, persona importante o potente • ***Tutto d'un pezzo***, di persona coerente e onesta: *un uomo tutto d'un pezzo.*

pi N.F. O M. INVAR. · Nome della quattordicesima lettera dell'alfabeto italiano e del segno che la rappresenta (*p, P*). Ⓔ ***Pi greco***, il numero, approssimativamente indicato con 3,14, che rappresenta il rapporto tra qualsiasi circonferenza e il suo diametro.

piaccio (piàc-cio) · Ind. pres., 1ª pers. sing. → ***piacere***[2].

piacere[1] (pia-cé-re) N.M. || N.M. **1** Senso di viva soddisfazione: *provare piacere; mi fa piacere sapere che stai bene; che piacere vederti!* Ⓢ gioia Ⓒ dispiacere, dolore, fastidio. **2** Ciò che è causa di godimento, di divertimento, di soddisfazione: *i piaceri della tavola; il piacere della lettura.* **3** Favore, cortesia: *chiedere un piacere.* || **piacere!** INTER. Espressione di cortesia che si dice quando si fa la conoscenza di qualcuno. Ⓔ ***A piacere***, senza limiti, quanto si vuole: *puoi mangiare a piacere* • ***Per piacere***, in formule di cortesia, per chiedere qualcosa: *per piacere, mi dici che ore sono?*

piacere[2] **(pia-cé-re)** V.INTR. (irreg.: ind. pres. *piàccio, piàci, piàce, piacciàmo, piacéte, piàcciono*; pass. rem. *piàcqui, piacésti, piàcque, piacémmo, piacéste, piàcquero*; cong. pres. *piàccia, piàccia, piàccia, piacciàmo, piacciàte, piàcciano*; part. pass. *piaciùto*; aus. *essere*) **1** Risultare gradito, incontrare il gusto di qualcuno: *non* ***gli*** *è mai piaciuta la carne;* ***mi*** *piace molto quel film; fa sempre come* ***gli*** *pare e piace* • Essere oggetto di desiderio: ***mi*** *piacerebbe prendermi una vacanza.* **2** Suscitare approvazione: ***mi*** *è piaciuto come ti sei difeso; non* ***mi*** *piacciono i pettegoli.* **3** Ispirare simpatia: ***mi*** *piace quella ragazza* Ⓢ attrarre.

L'espressione *a me mi piace* è scorretta perché *mi* significa *a me* e quindi è come dire due volte la stessa cosa.

piacevole (pia-cé-vo-le) AGG. · Che procura godimento e soddisfazione: *una piacevole compagnia; una serata piacevole* Ⓢ gradevole.

piacimento (pia-ci-mén-to) N.M. · Gusto, gradimento: *questo colore non è di mio piacimento.* Ⓔ ***A piacimento***, senza limiti, a piacere, a volontà: *bere a piacimento.*

piaciuto (pia-ciù-to) · Participio pass. → ***piacere***[2].

piacqui (piàc-qui) · Pass. rem., 1ª pers. sing. → ***piacere***[2].

piaga (pià-ga) N.F. (pl. *-ghe*) **1** Ferita della pelle che guarisce con difficoltà: *medicare una piaga; le piaghe di Cristo* Ⓢ lesione. **2** Grave danno per la società: *la piaga della droga* Ⓢ sciagura, rovina. **3** Nel linguaggio familiare, chi è molto noioso e lamentoso: *sei una piaga!* Ⓢ lagna. Ⓔ ***Girare il coltello nella piaga*** → ***coltello*** • ***Mettere il dito sulla piaga*** → ***dito***.

piagnisteo (pia-gni-stè-o) N.M. (pl. *-stèi*) · Pianto insistente e fastidioso: *quando non lo si accontenta fa il solito piagnisteo* Ⓢ lagna.

piagnucolare (pia-gnu-co-là-re) V.INTR. (*piagnùcolo*, ecc.; aus. *avere*) · Piangere o lamentarsi sottovoce in modo insistente: *smettila di piagnucolare come un bambino!* Ⓢ frignare, lagnarsi.

pialla (piàl-la) N.F. · Attrezzo del falegname per lisciare, pareggiare e portare il legno allo spessore voluto.

piallare (pial-là-re) V.TR. · Lisciare il legno con la pialla.

piana (pià-na) N.F. · Terreno piatto: *una piana vasta e desolata* Ⓢ pianura.

pianale (pia-nà-le) N.M. · Piano di carico di un veicolo: *il pianale di un camion.*

pianeggiante (pia-neg-giàn-te) AGG. · Di superficie quasi tutta in piano: *strada pianeggiante* Ⓢ piano.

pianerottolo (pia-ne-ròt-to-lo) N.M. · Ripiano fra le rampe di una scala da cui si accede agli appartamenti di un palazzo.

pianeta (pia-né-ta) N.M. (pl. *-i*) **1** Corpo celeste che non brilla di luce propria ma ruota intorno a una stella che lo illumina: *Mercurio è il pianeta più vicino al Sole.* **2** Nel linguaggio giornalistico, tutto ciò che riguarda un settore della società, considerato come se fosse un mondo a parte: *il pianeta cinema; il pianeta moda.*

Il termine deriva dal greco *planáo* 'vagare, errare', perché i pianeti sono corpi celesti che vagano nell'Universo.

piangere (piàn-ge-re) V.INTR. e TR. (irreg.: ind. pres. *piàngo, piàngi*, ecc.; pass. rem. *piànsi, piangésti, piànse, piangémmo, piangéste, piànsero*; part. pass. *piànto*) || INTR. (aus. *avere*) Versare lacrime in modo silenzioso o anche rumorosamente, con gemiti e lamenti: *piangere* ***di*** *dolore; piangere a dirotto.* || TR. Compiangere, rimpiangere: *piangere la perdita di una persona cara.* Ⓔ ***Far piangere***, a proposito di cosa fatta male: *un tema che fa piangere* • ***Piangere in cinese***, disperarsi senza ritegno: *puoi anche piangere in cinese, ma tanto stasera non esci!* • ***Piangere sul latte versato***, disperarsi in ritardo e inutilmente • ***Pianger miseria***, lamentarsi della propria povertà mentendo o esagerando.

pianificare (pia-ni-fi-cà-re) V.TR. (*pianìfico, pianìfichi*, ecc.) · Programmare con cura: *pianificare un viaggio* Ⓢ organizzare.

pianificazione (pia-ni-fi-ca-zió-ne) N.F. · Programmazione di un'attività secondo un piano accurato: *pianificazione della produzione.* Ⓔ ***Pianificazione familiare***, controllo delle nascite che si attua con l'uso di contraccettivi.

pianista (pia-nì-sta) N.M. e F. (pl.m. *-i*, pl.f. *-e*) · Chi suona il pianoforte per professione: *un pianista di fama internazionale.*

pianistico (pia-nì-sti-co) AGG. (pl.m. *-ci*, pl.f. *-che*) · Che riguarda il pianoforte: *musica pianistica.*

piano[1] (pià-no) AGG. e AVV. || AGG. **1** Che presenta una superficie uniforme, priva di dislivelli e orizzontale: *strada piana; terreno piano* Ⓢ pianeggiante • Di gara di corsa, senza ostacoli: *correre i 200 metri piani.* **2** Facile, semplice, chiaro: *stile piano; un ragionamento piano.* **3** In grammatica, di parola che ha l'accento sulla penultima sillaba, per es. *mangiàto, imbùto.* **4** In geometria, che ha due dimensioni: *il triangolo è una figura piana* Ⓒ solido. || AVV. **1** Con lentezza, con cautela: *guida più piano; posa piano quella cassa* Ⓢ adagio. **2** A bassa voce o con tono attenuato: *parlare piano; suonare piano* Ⓒ forte. Ⓔ ***Andarci piano***, agire con prudenza e cautela: *vacci piano con il vino!* • ***Piatto piano*** → *piatto*[2].

piano[2] (pià-no) N.M. **1** Superficie uniforme, priva di dislivelli e orizzontale: *piano stradale; il piano del tavolo; i piani di una libreria; piano di cottura*, quello dove si cucina, con i fornelli. **2** Pianura, piana: *scendere dai monti al piano.* **3** Ciascuno dei livelli in cui è diviso un edificio: *piano terreno; abitare all'ultimo piano.* **4** Superficie non curva, che si estende all'infinito: *due piani perpendicolari.* **5** Maggiore o minore distanza da chi guarda con cui viene riprodotto un oggetto o una persona: *figure in primo, in secondo piano; un bel primo piano*, fotografia del viso di una persona. **6** Progetto, programma, disegno: *piano di battaglia; piano economico; che piani hai per oggi?* Ⓔ ***Di primo piano***, importante: *un autore di primo piano;* ***di secondo piano***, trascurabile, secondario: *un personaggio di secondo piano* • ***In piano***, orizzontalmente: *procedere in piano;* senza salite né discese: *la strada era in piano per parecchi chilometri* • ***Mettere sullo stesso piano***, considerare allo stesso modo: *non puoi metterci sullo stesso piano;* ***porre la questione su un altro piano***, considerarla in modo diverso • ***Piano regolatore***, programma con cui un Comune pianifica la costruzione di edifici e aree verdi.

piano[3] (pià-no) N.M.INVAR. · Pianoforte: *lezione di piano.*

pianobar (pia-no-bàr) (o **piano bar**) N.M. INVAR. · Bar che apre la sera e in cui suona un pianista.

pianoforte (pia-no-fòr-te) N.M. · Strumento musicale che si suona premendo con le dita su una tastiera che aziona un meccanismo di corde percosse da martelletti posto all'interno di un mobile di legno Ⓢ piano. Ⓔ ***Pianoforte a coda***, quello con cassa e corde orizzontali, usato nei concerti; ***pianoforte a mezza coda***, più piccolo di quello a coda; ***pianoforte verticale***, quello con cassa e corde verticali.

pianoro (pia-nò-ro) N.M. · Altopiano non molto esteso né elevato.

pianoterra (pia-no-tèr-ra) N.M. INVAR. · Pianterreno: *la cucina è al pianoterra.*

piansi (piàn-si) · Pass. rem., 1ª pers. sing. → *piangere*.

pianta[1] (piàn-ta) N.F. · Ogni organismo vegetale provvisto di radici, fusto e foglie: *piante ornamentali, da frutto, acquatiche.*

pianta[2] (piàn-ta) N.F. **1** La superficie inferiore del piede che nel camminare poggia sul terreno: *ho le piante doloranti* • La suola delle scarpe: *scarpe a pianta larga.* **2** Rappresentazione delle strutture di un edificio in scala ridotta • Carta topografica: *la pianta di Roma.* Ⓔ ***Di sana pianta*** → *sano* • ***In pianta stabile***, di persona che ha un posto fisso in un'azienda; di chi sta in un posto e non si muove più da lì: *si è piazzato in pianta stabile a casa del fratello.* ▸▸

A B C D E F G H I J K L M N O P Q R S T U V W X Y Z

Il termine deriva dal latino *planta* che aveva il doppio significato di 'pianta del piede' e di 'germoglio'; dal latino *planta* derivano anche **pianta**[1] e **plantigrado**.

piantagione (pian-ta-gió-ne) N.F. · Vasta azienda agricola dove si coltiva una sola coltura: *una piantagione di tabacco.*

piantare (pian-tà-re) V.TR. || TR. **1** Mettere nel terreno un seme, una radice, un ramo affinché germogli e dia vita a una nuova pianta: *piantare un olivo; piantare un terreno* ***a*** *frutteto* Ⓢ seminare. **2** Infilare con forza: *gli piantarono un pugnale* ***nel*** *petto; piantare un chiodo* ***nel*** *muro* Ⓢ conficcare. **3** Nel linguaggio familiare, lasciare, abbandonare, mollare: *la fidanzata l'ha piantato; ha piantato il lavoro ed è partito.* **4** Nella forma ***piantarla***, nel linguaggio familiare, smetterla, finirla: *piantala* ***di*** *dare fastidio!* || **piantarsi** INTR. PRONOM. **1** Conficcarsi: *mi si è piantata una spina* ***nel*** *piede.* **2** Nel linguaggio familiare, bloccarsi, smettere di funzionare: *mi si è piantato lo scooter.* Ⓔ ***Piantare in asso***, nel linguaggio familiare, abbandonare all'improvviso, senza preavviso • ***Piantare una grana***, nel linguaggio familiare, creare fastidiose complicazioni.

Il termine deriva dal latino *plantare* 'piantare', che viene a sua volta da *planta* 'pianta del piede'; il verbo latino *plantare* in origine significava infatti 'spingere nel terreno con la pianta del piede'.

P

pianterreno (pian-ter-ré-no) N.M. · In un palazzo, il piano più basso che sta allo stesso livello del suolo: *abita al pianterreno* Ⓢ pianoterra.

piantina[1] (pian-tì-na) N.F. · Piccola pianta nata dal seme: *trapiantare le piantine dei gerani.*

piantina[2] (pian-tì-na) N.F. · Rappresentazione in scala ridotta: *la piantina di un appartamento* Ⓢ planimetria.

pianto[1] (piàn-to) · Participio pass. → ***piangere***.

pianto[2] (piàn-to) N.M. · Manifestazione di commozione o dolore che si esprime con le lacrime: *scoppiare in pianto; trattenere il pianto* Ⓢ lacrime (PL.).

piantonare (pian-to-nà-re) V.TR. (*piantóno*, ecc.) · Sorvegliare a vista un luogo, un edificio o una persona: *il detenuto ricoverato in ospedale era piantonato da due agenti.*

piantone (pian-tó-ne) N.M. · Soldato incaricato della sorveglianza di un luogo o di una persona: *star di piantone.*

pianura (pia-nù-ra) N.F. · Vasta zona di terreno in piano: *la pianura del Po* Ⓢ piana.

piastra (pià-stra) N.F. **1** Lastra di metallo, pietra o altro materiale: *una piastra di acciaio; la piastra della corazza.* **2** Nelle cucine, fornello elettrico a forma di disco usato per cucinare. **3** Attrezzo per stirare i capelli simile a una pinza, con due elementi piatti che si passano caldi sulle ciocche da lisciare.

piastrella (pia-strèl-la) N.F. · Elemento di forma geometrica, in ceramica o altro materiale, usato per rivestire pareti e pavimenti: *le piastrelle della cucina.*

piastrellare (pia-strel-là-re) V.TR. (*piastrèllo*, ecc.) · Rivestire di piastrelle: *piastrellare una parete, il bagno.*

piastrellista (pia-strel-li-sta) N.M. e F. (pl.m. *-i*, pl.f. *-e*) · Chi fabbrica piastrelle o le applica a muri e pavimenti.

piastrina (pia-stri-na) N.F. **1** Targhetta metallica che i soldati portano con sé con impressi i dati per identificarli. **2** Elemento presente nel sangue che ha un ruolo molto importante nella coagulazione, proteggendo l'organismo dalle emorragie.

piattaforma (piat-ta-fór-ma) N.F. **1** Superficie piana e senza ostacoli e talvolta rialzata: *piattaforma per il lancio di missili; piattaforma petrolifera*, montata in mezzo al mare e attrezzata per estrarre il petrolio. **2** Struttura metallica fissa e rigida per tuffarsi in piscina: *tuffi dalla piattaforma.* **3** Programma politico, sindacale o economico: *piattaforma elettorale* Ⓢ piano. **4** In informatica, sistema di base applicato a un computer che permette il funzionamento di altri programmi: *la piattaforma Windows.*

piattello (piat-tèl-lo) N.M. · Disco di materiale leggero che viene lanciato in aria e al quale si spara con il fucile in apposite gare (dette *tiro a volo* o *tiro al piattello*).

piatto[1] (piàt-to) AGG. **1** Che presenta una superficie senza rilievi: *una barca a fondo piatto* Ⓢ piano. **2** Privo di originalità e di interesse: *paesaggio piatto; una descrizione piatta; una vita piatta* Ⓢ monotono, uniforme. Ⓔ ***Angolo piatto***, quello che misura 180 gradi • ***Mare piatto***, senza onde, calmo.

piatto[2] (piàt-to) N.M. **1** Il recipiente per servire e mangiare il cibo: *piatti di plastica*, quelli che si buttano dopo l'uso. **2** Cibo, vivanda, pietanza: *un piatto semplice; un piatto tipico della cucina ligure; un primo piatto*, pasta o minestra; *un secondo piatto*, pietanza e contorno. **3** Qualsiasi arnese a forma di disco: *i piatti della bilancia*. **4** In alcuni giochi di carte, la puntata fatta dai giocatori e che può essere vinta da uno solo. **5** AL PL. Strumento a percussione consistente in due dischi di metallo che si battono l'uno contro l'altro. Ⓔ ***Piatto del giorno***, nei ristoranti, la vivanda che viene cucinata in giornata e consigliata dal cuoco • ***Piatto fondo***, piatto con bordi rialzati, adatto per minestra o pastasciutta • ***Piatto (piano)***, piatto con i bordi poco rialzati, adatto per pietanze e contorni.

piazza (piàz-za) N.F. **1** Nei centri abitati, ampio spazio libero circondato da edifici e da cui partono più strade: *la piazza principale del paese* Ⓢ piazzale. **2** La massa, il popolo, la gente: *conquistare il favore della piazza; cedere alle richieste della piazza*. **3** In economia, area dove si effettuano operazioni commerciali: *lanciare un prodotto sulla piazza di Bologna* Ⓢ mercato. **4** Posto per persona in un letto: *letto a una piazza, a una piazza e mezzo; lenzuolo a due piazze*, per letti matrimoniali. **5** Nel linguaggio familiare, lo spazio senza capelli di chi inizia a diventare calvo. **6** Nella classifica di gare sportive, posto: *lottare per la prima piazza* Ⓢ piazzamento, posizione. Ⓔ ***Fare piazza pulita***, fare sparire completamente: *i ragazzi hanno fatto piazza pulita dei dolci* • ***Mettere in piazza***, far sapere a tutti, sbandierare: *mettere in piazza gli affari di famiglia* • ***Piazza d'armi***, quella dove i militari si esercitano; anche, luogo molto ampio: *il salone di casa tua è una piazza d'armi* • ***Piazza d'onore***, il secondo o il terzo posto in una classifica sportiva • ***Rovinare la piazza a qualcuno***, rovinargli la reputazione o fargli concorrenza • ***Scendere in piazza*** → ***scendere***.

Il termine deriva dal latino *platea* 'via larga, piazza', che viene a sua volta dal greco *platýs* 'largo'; dal latino *platea* deriva anche **platea**.

piazzaforte (piaz-za-fòr-te) (o **piazza forte**) N.F. (pl. *piazzefòrti*) · Luogo con fortificazioni permanenti.

piazzale (piaz-zà-le) N.M. · Vasto spazio piano vicino a un edificio, talvolta in posizione panoramica: *il piazzale della chiesa; piazzale Michelangelo a Firenze* Ⓢ spiazzo.

piazzamento (piaz-za-mén-to) N.M. · Posto occupato in una classifica da un atleta o da una squadra: *ottenere un buon piazzamento* Ⓢ posizione.

piazzare (piaz-zà-re) V.TR. || TR. **1** Mettere, collocare, sistemare: *piazzare un vaso al centro del tavolo*. **2** Nel linguaggio commerciale, vendere: *piazzare un prodotto*. || **piazzarsi** RIFL. **1** Prendere posto in un luogo, senza nessuna intenzione di abbandonarlo: *piazzarsi **in** poltrona* Ⓢ sistemarsi. **2** Nel linguaggio sportivo, ottenere un buon posto in classifica: *si è piazzato secondo* Ⓢ classificarsi.

piazzata (piaz-zà-ta) N.F. · Scenata: *mi ha fatto una piazzata davanti a tutti*.

piazzato (piaz-zà-to) AGG. · Di chi ha una costituzione fisica massiccia: *un ragazzo ben piazzato*.

piazzista (piaz-zì-sta) N.M. e F. (pl.m. *-i*, pl.f. *-e*) · Chi lavora per una ditta commerciale con l'incarico di venderne i prodotti in una data zona Ⓢ rappresentante.

piazzola (piaz-zò-la) N.F. · Ciascuno spiazzo posto a intervalli regolari lungo un'autostrada per consentire alle macchine di sostare: *piazzola di sosta, di emergenza* • In un campeggio, area riservata a una tenda o a una roulotte.

picca (pìc-ca) N.F. (pl. *-che*) **1** Arma costituita da una lunga asta di legno con una punta di ferro aguzza. **2** AL PL. Uno dei quattro semi delle carte da gioco francesi: *asso di picche*. Ⓔ ***Rispondere picche***, rifiutare in maniera decisa.

piccante (pic-càn-te) AGG. **1** Che ha un sapore acuto e pungente che provoca un gradevole pizzicore alla lingua e al palato: *un cibo piccante.* **2** Spiritoso e audace: *una storiella piccante.*

picchetto (pic-chét-to) N.M. **1** Paletto di legno o di metallo, che si pianta nel terreno: *i picchetti della tenda.* **2** Gruppo di militari incaricati di un certo compito, come sorvegliare una zona o rendere onore a un'autorità. **3** Gruppo di lavoratori o di studenti che, durante uno sciopero, impedisce l'ingresso nel luogo di lavoro o nella scuola.

picchiare (pic-chià-re) V.TR. e INTR. (*pìcchio, pìcchi*, ecc.) || TR. Dare colpi violenti e rumorosi: *picchiare un chiodo con il martello; lo hanno picchiato fortissimo* Ⓢ battere, colpire. || INTR. (aus. *avere*) Dar colpi: *la pioggia picchiava* ***sui*** *vetri; vai ad aprire, picchiano* ***alla*** *porta* Ⓢ bussare • Andare a sbattere: *la macchina è andata a picchiare* ***contro*** *un albero.* || **picchiarsi** RIFL. RECIPROCO Fare a botte, colpirsi l'un l'altro: *ho separato quei due che si stavano picchiando.*

picchiata (pic-chià-ta) N.F. · Discesa velocissima di un aeroplano con la prua rivolta verso terra. Ⓔ ***In picchiata***, a grande velocità: *buttarsi, scendere in picchiata*; di titoli finanziari o monete in caduta vertiginosa: *il dollaro è ancora in picchiata.*

picchiettare (pic-chiet-tà-re) V.TR. e INTR. (*picchiétto*, ecc.; aus. *avere*) · Battere su una superficie con colpi piccoli e frequenti: *picchiettare la penna* ***sulla*** *scrivania; picchiettare* ***con*** *le dita contro la porta* Ⓢ tamburellare.

picchio (pìc-chio) N.M. (pl. *-chi*) · Uccello con il becco aguzzo con cui perfora la corteccia e il legno degli alberi per estrarne le larve d'insetti di cui si nutre.

piccino (pic-cì-no) AGG. e N.M. (f. *-a*) || AGG. **1** Piccolo di età: *sei troppo piccino per andare da solo a scuola.* **2** Di bassa statura: *è rimasto piccino* Ⓢ piccolo • Di piccole dimensioni: *una casa piccina piccina.* **3** Meschino, limitato, ristretto: *un uomo dalla mente piccina.* || N.M. (f. *-a*) Bambino, bimbo, piccolo: *uno spettacolo per grandi e piccini* • Cucciolo di animale: *una gatta con i suoi piccini.*

P

picciolo (pic-ciò-lo) N.M. **1** Elemento sottile e allungato che sostiene o collega la foglia al ramo Ⓢ peduncolo. **2** Nel linguaggio familiare, il gambo del frutto.

piccione (pic-ció-ne) N.M. · Colombo: *i piccioni di piazza San Marco.* Ⓔ ***Prendere due piccioni con una fava***, nel linguaggio familiare, raggiungere due obiettivi in una volta sola.

♫ Il verbo che indica il verso del piccione è *tubare.*

picco (pìc-co) N.M. (pl. *-chi*) **1** Cima aguzza di una montagna: *i picchi delle Ande* • Montagna a punta. **2** Il valore massimo raggiunto da un certo fenomeno: *il picco della crisi economica* Ⓢ apice, vertice. Ⓔ ***A picco***, con inclinazione quasi verticale, a strapiombo: *coste rocciose che si levano a picco sul mare*; ***andare a picco***, andare in rovina • ***Colare a picco*** → *colare*.

piccolezza (pic-co-léz-za) N.F. **1** Dimensione ridotta o inferiore al normale: *la piccolezza di una casa.* **2** Cosa di scarso valore: *ho ancora da pagare qualcosa, ma è una piccolezza* Ⓢ inezia, sciocchezza. **3** Meschinità, grettezza: *piccolezza d'animo.*

piccolo (pìc-co-lo) AGG. e N.M. (f. *-a*; comparativo *minore* o *più piccolo*, superlativo *minimo* o *piccolissimo*) || AGG. **1** Limitato o ridotto rispetto al normale: *una stanza piccola; un piccolo paese* Ⓒ grande, ampio. **2** Basso di statura: *è rimasto piccolo.* **3** Di periodo di tempo o di percorso, di breve durata: *facciamo una piccola pausa; un piccolo tragitto* Ⓢ corto. **4** Di giovane età: *ha due figli piccoli* Ⓢ piccino. **5** Di scarsa entità: *ha ricevuto una piccola eredità* Ⓢ modesto, limitato. **6** Meschino, limitato: *essere piccolo d'animo.* || N.M. (f. *-a*) Bambino, fanciullo, piccino: *un film adatto per grandi e piccoli* • Cucciolo: *una cagna con i suoi piccoli.* Ⓔ ***In piccolo***, in proporzioni ridotte: *sembra suo padre in piccolo.*

piccone (pic-có-ne) N.M. · Attrezzo per scavare costituito da un manico di legno che regge una sbarra di acciaio leggermente ricurva, con un estremo a punta e a un altro a taglio.

piccozza (pic-còz-za) N.F. · Piccolo piccone usato dagli alpinisti per incidere gradini in pareti o pendii ghiacciati.

picnic (pic-nic) N.M. INVAR. · Merenda all'aperto durante una gita: *cestino da picnic.*

Il termine deriva da una parola inglese, che a sua volta viene dal francese *piquenique* 'spizzicare', che è composta da *piquer* 'rubacchiare' e *nique* 'bazzecola'.

pidocchio (pi-dòc-chio) N.M. (pl. *-chi*) **1** Insetto di piccole dimensioni, privo di ali, parassita dell'uomo e degli animali. **2** Insetto nocivo alle piante: *pidocchio delle rose.* **3** Avaro, spilorcio: *quel pidocchio non mi ha offerto neppure un caffè.*

piè N.M. INVAR. · Piede. Ⓔ ***A piè di pagina***, in fondo alla pagina.

piede (piè-de) N.M. **1** Estremità dell'arto inferiore dell'uomo che permette di tenere la posizione eretta e di camminare o correre: *il collo, la pianta, le dita del piede.* **2** Parte terminale della zampa. **3** Struttura che serve di sostegno o di base: *i piedi del mobile.* Ⓔ ***Ai piedi di***, alla base di, in fondo a: *ai piedi del monte* • ***A piede libero***, che non è in stato d'arresto: *un criminale ancora a piede libero* • ***A piedi***, camminando: *preferisco tornare a casa a piedi* • ***Con i piedi per terra***, che non si lascia trascinare dalle illusioni: *è una ragazza con i piedi per terra* Ⓢ concreto, pratico • ***Da capo a piedi*** → *capo* • ***Essere tra i piedi***, ***stare tra i piedi***, ostacolare, dar noia • ***Fatto con i piedi***, malissimo, senza cura e attenzione: *un lavoro fatto con i piedi* • ***In piedi***, in posizione eretta, non seduti: *alzatevi in piedi quando entra la maestra* • ***Levarsi dai piedi*** o ***togliersi dai piedi***, nel linguaggio familiare, andarsene • ***Mettere in piedi***, organizzare, allestire: *mettere in piedi un'attività, uno spettacolo* • ***Metter piede in un luogo***, recarvisi: *non metto piede in casa sua da diversi mesi* • ***Pestare i piedi a qualcuno*** → *pestare* • ***Prendere piede***, diffondersi, affermarsi • ***Puntare i piedi***, impuntarsi, ostinarsi • ***Su due piedi***, da un momento all'altro, di punto in bianco, lì per lì: *fu licenziato su due piedi* • ***Sul piede di guerra***, pronto a scontrarsi con qualcuno • ***Tenere in piedi***, mandare avanti, sostenere: *tiene in piedi l'azienda tutto da solo.*

piedistallo (pie-di-stàl-lo) N.M. · Struttura che serve da sostegno: *il piedistallo di una statua* Ⓢ base, basamento. Ⓔ ***Mettere qualcuno su un piedistallo***, considerarlo migliore di tutti, idealizzarlo.

piega (piè-ga) N.F. (pl. *-ghe*) **1** Il punto in cui qualcosa si piega: *notò la piega amara della sua bocca; una gonna a pieghe.* **2** Andamento, direzione, verso: *le cose hanno preso una piega soddisfacente.* Ⓔ ***Messa in piega*** → *messa*[2] • ***Non fare una piega***, filare perfettamente, tornare: *questo ragionamento non fa una piega*; di persona, restare impassibile: *l'oratore, nonostante i fischi, non fece una piega* • ***Prendere una brutta piega***, prendere cattive abitudini.

piegamento (pie-ga-mén-to) N.M. · In ginnastica, movimento che comporta la flessione delle gambe o delle braccia.

piegare (pie-gà-re) V.TR. e INTR. (*piègo, pièghi*, ecc.) || TR. **1** Modificare la linea di qualcosa dandogli una forma curva o ad angolo: *piegare una sbarra di ferro; piegare le braccia, le gambe* Ⓢ curvare, flettere Ⓒ raddrizzare • Sovrapporre e far combaciare due o più parti di un oggetto: *piegare un foglio in quattro; piegare la tovaglia* Ⓢ ripiegare Ⓒ stendere. **2** Inclinare da una parte: *piegare la testa; il vento piegava le cime degli alberi* Ⓢ chinare, abbassare. **3** Indurre a un comportamento: *piegare qualcuno* ***ai*** *propri voleri* Ⓢ persuadere, costringere • Costringere alla sconfitta: *piegare il nemico; piegare un avversario* Ⓢ vincere, sottomettere, domare. || INTR. (aus. *avere*) Fare una curva: *in quel punto la strada piega bruscamente* Ⓢ voltare. || **piegarsi** RIFL. **1** Di una parte del corpo, flettersi, cedere: *mi si piegavano le gambe dalla debolezza.* **2** Lasciarsi convincere: *piegarsi* ***alle*** *preghiere,* ***alle*** *minacce di qualcuno* Ⓢ cedere, arrendersi. || **piegarsi** INTR. PRONOM. Inclinarsi, flettersi: *le canne si piegavano* ***al*** *vento.*

Il termine deriva dal latino *plicare* 'piegare, avvolgere'; dal latino *plicare* derivano anche **applicare**, **complicare**, **esplicare**, **impiegare**, **implicare**, **piega**, **plico**, **replicare** e **spiegare**.

piegatura (pie-ga-tù-ra) N.F. **1** Modifica della linea di qualcosa dandogli una forma curva o ad angolo: *la piegatura di una lamiera* • Sovrapposizione di due o più parti di un oggetto: *la piegatura di un foglio.* **2** Il segno in cui qualcosa è stato piegato: *tagliare la carta lungo la piegatura.*

pieghettare (pie-ghet-tà-re) V.TR. (*pieghétto,* ecc.) · Fare molte pieghe piccole e ravvicinate su un tessuto o altro materiale: *pieghettare una gonna, un foglio di carta.*

pieghettatura (pie-ghet-ta-tù-ra) N.F. · L'azione di fare molte pieghe piccole e ravvicinate • L'insieme di queste pieghe: *una camicetta con una raffinata pieghettatura.*

pieghevole (pie-ghé-vo-le) AGG. e N.M. || AGG. Che può essere piegato con facilità: *un legno pieghevole* • Che si può piegare su se stesso perché occupi meno spazio: *sedie pieghevoli; una bicicletta pieghevole.* || N.M. Foglio informativo stampato a colori e piegato due o più volte Ⓢ dépliant (*fr.*).

piemontese (pie-mon-té-se) AGG. e N.M. e F. || AGG. Del Piemonte. || N.M. e F. Abitante, nativo del Piemonte. || N.M. Il dialetto parlato in Piemonte.

piena (piè-na) N.F. · Forte aumento del livello dell'acqua in un fiume o in un torrente per le piogge o il disgelo: *un fiume in piena* • La massa d'acqua che talvolta esce dagli argini: *alcune case furono travolte dalla piena* Ⓢ inondazione.

P

pienamente (pie-na-mén-te) AVV. · Completamente, del tutto, in pieno: *hai pienamente ragione.*

pienezza (pie-néz-za) N.F. · Il momento di massima intensità: *la pienezza dell'estate; sentirsi nella pienezza delle forze.*

pieno (piè-no) AGG. e N.M. || AGG. **1** Di contenitore utilizzato al massimo della capacità: *una botte piena* ***di*** *vino; un cassetto pieno* ***di*** *biancheria* Ⓢ colmo, ripieno Ⓒ vuoto. **2** Che contiene in grande quantità: *un prato pieno* ***di*** *fiori; una piazza piena* ***di*** *gente* Ⓢ gremito. **3** Di qualcuno che possiede qualcosa in gran quantità: *è un tipo pieno* ***di*** *soldi; una persona piena* ***di*** *difetti* • Colmo di un'emozione: *essere pieno* ***di*** *rabbia; una vita piena,* di affetti e avvenimenti gratificanti; *una giornata piena,* con un sacco di impegni Ⓢ traboccante. **4** Nel linguaggio familiare, sazio: *sentirsi pieno.* **5** Florido, bene in carne: *un viso pieno e colorito.* **6** Nel punto centrale o nel momento di maggior sviluppo: *colpire in pieno petto; il furto è avvenuto in pieno giorno.* **7** Al massimo grado di qualcosa: *essere promosso a pieni voti; il motore funziona a pieno regime.* || N.M. **1** Culmine, fase di maggiore intensità: *essere nel pieno della giovinezza, dell'estate* Ⓢ apice. **2** Il carico massimo per un contenitore: *fare il pieno di benzina.* Ⓔ ***In pieno,*** del tutto, completamente: *hai sbagliato in pieno* • ***Luna piena*** → *luna* • ***Pieno di sé,*** presuntuoso e vanitoso.

pienone (pie-nó-ne) N.M. · Presenza di molte persone in un luogo: *sabato sera a teatro c'era un pienone.*

piercing (pier-cing; pronuncia *pìrsing*) N. INGL., in it. N.M. INVAR. · La pratica di forare orecchie, labbra, naso o altre parti del corpo per agganciarvi anelli, orecchini o spille • L'oggetto inserito: *ha un piercing all'ombelico.*

pietà (pie-tà) N.F. INVAR. **1** Sentimento di forte partecipazione alle sofferenze altrui: *provare pietà per qualcuno; ha avuto pietà di lui* Ⓢ compassione, misericordia. **2** Quadro o scultura che rappresenta Gesù Cristo morto in grembo alla Madonna: *la Pietà di Michelangelo.* Ⓔ ***Far pietà,*** a proposito di cosa mal riuscita, in disordine o in cattive condizioni: *presentare un lavoro che fa pietà; tiene una stanza da far pietà* • ***Monte di pietà*** → ***monte*** • ***Senza pietà,*** in modo feroce, spietato: *lo hanno ucciso senza pietà.*

pietanza (pie-tàn-za) N.F. **1** Cibo, vivanda, piatto. **2** Ciò che si mangia come seconda portata, di solito carne o pesce: *una pietanza di carne con contorno di verdura.*

> Il termine deriva da *pietà,* nell'antico significato di 'cibo straordinario', che si dava ai poveri in occasioni particolari come elemosina.

pietoso (pie-tó-so) AGG. **1** Pieno di un sentimento di forte partecipazione alle sofferenze altrui: *persona d'animo pietoso; sguardo pietoso* Ⓢ misericordioso. **2** Che suscita compassione: *una storia pietosa; essere in condizioni pietose,* mal ridotto Ⓢ commovente, triste. **3** Mal fatto, brutto, scadente: *uno spettacolo pietoso* • Pessimo, meschino: *ha fatto una figura pietosa.*

pietra (piè-tra) N.F. · Frammento di roccia più o meno grande di forma irregolare, che può essere lavorato e usato come materiale da costruzione: *un muro di pietra; sono inciampata in una pietra.* E ***Età della pietra***, il periodo della preistoria in cui l'uomo ricavava armi e utensili dalla roccia • ***Metterci una pietra sopra***, non pensare più a qualcosa, perdonare: *mi ha offeso, ma ci ho messo una pietra sopra* • ***Pietra dura***, pietra di un certo valore e durezza, che viene usata in oreficeria; ***pietra preziosa***, gemma.

pietraia (pie-trà-ia) N.F. (pl. *-tràie*) · Accumulo di pietre • Terreno sassoso.

pietrisco (pie-trì-sco) N.M. (pl. *-schi*) · Insieme di schegge o frammenti di pietra.

pieve (piè-ve) N.F. · Nel Medioevo, chiesa parrocchiale di campagna.

piffero (pìf-fe-ro) N.M. · Strumento usato nella musica popolare, simile a un flauto.

pigiama (pi-già-ma) N.M. (pl. *-i* o invar.) · Comodo completo di maglia e pantaloni che si indossa per dormire.

pigiare (pi-già-re) V.TR. (*pìgio*, ecc.) · Sottoporre a una spinta o a una pressione: *la folla lo pigiava da ogni parte; pigia il pulsante* S premere.

pigione (pi-gió-ne) N.F. · Affitto: *dare a pigione un appartamento; pagare la pigione.*

pigliare (pi-glià-re) V.TR. e INTR. (*pìglio*, ecc.; aus. *avere*) · Nel linguaggio familiare, prendere.

piglio (pì-glio) N.M. (pl. *-gli*) · Modo di guardare: *mi squadrò con piglio minaccioso* S espressione • Modo di comportarsi: *si rivolse a lui con piglio fiero* S atteggiamento.

pigmalione (pig-ma-lió-ne) N.M. · Chi scopre e valorizza le doti di un giovane trasformandolo in una persona di successo: *quel regista è stato il suo pigmalione.*

> Il termine deriva dal titolo di una commedia di G.B. Shaw (1856-1950), adattamento moderno del mito greco dello scultore Pigmalione che ottenne dagli dei che venisse trasformata in persona viva la statua della donna da lui scolpita e della quale si era innamorato.

pigmento (pig-mén-to) N.M. · Sostanza colorante di origine naturale o artificiale, impiegata nella produzione di vernici, inchiostri o cosmetici.

pigmeo (pig-mè-o) N.M. e AGG. (f. *-a*; pl.m. *-mèi*, pl.f. *-mèe*) || N.M. (f. *-a*) Membro di una popolazione africana caratterizzata da bassa statura: *una tribù di pigmei.* || AGG. Che riguarda la popolazione africana dei Pigmei: *popolazione pigmea.*

> Il termine deriva da una parola greca che significa 'alto come un cubito', che viene a sua volta da *pygmé* 'cubito', antica unità di misura pari a circa 44 centimetri.

pigna (pì-gna) N.F. · Il frutto del pino, di forma conica con squame legnose che proteggono i semi, detti pinoli.

pignolo (pi-gnò-lo) AGG. e N.M. (f. *-a*) · Che, chi è troppo preciso e attento a tutti i dettagli: *non fare il pignolo!* S meticoloso, preciso.

pigolare (pi-go-là-re) V.INTR. (*pìgolo*, ecc.; aus. *avere*) · Dei pulcini o degli uccelli, emettere brevi versi continui.

pigolio (pi-go-lì-o) N.M. (pl. *-lìi*) · Emissione di brevi versi continui, propria dei pulcini.

pigrizia (pi-grì-zia) N.F. (pl. *-zie*) · Tendenza a evitare tutto ciò che costa fatica e impegno: *scuotere qualcuno dalla sua pigrizia* S indolenza.

pigro (pì-gro) AGG. · Che evita ogni compito che costa fatica o necessita impegno: *un alunno pigro; esser pigro **nello** studio* S indolente, svogliato C operoso.

pila (pì-la) N.F. **1** Insieme di oggetti simili ammucchiati uno sopra l'altro: *una pila di libri, di piatti sporchi* S catasta, cumulo. **2** Dispositivo che produce elettricità trasformando l'energia chimica in energia elettrica S generatore. **3** Torcia elettrica: *prendi la pila e saliamo in soffitta.* E ***Pila (elettrica)***, quella metallica a forma cilindrica, usata per alimentare piccoli apparecchi: *le pile della radio.*

pilastro (pi-là-stro) N.M. **1** Robusto elemento strutturale verticale che serve da sostegno per edifici, archi, volte: *i pilastri del ponte* S colonna, pilone. **2** Elemento indispensabile: *è il pilastro della squadra.*

pilifero (pi-li-fe-ro) AGG. · Relativo ai peli e al loro sviluppo: *apparato pilifero.*

pillola (pìl-lo-la) N.F. · Preparato medicinale di forma sferica che si prende per bocca: *pillola per il mal di testa* Ⓢ pastiglia. Ⓔ ***Indorare la pillola*** → *indorare* • ***Pillola (anticoncezionale)***, farmaco che le donne assumono per non restare incinte.

pilone (pi-ló-ne) N.M. · Pilastro usato specie come sostegno per ponti o cavi sollevati da terra: *i piloni del ponte; i piloni della funivia.*

pilota (pi-lò-ta) N.M. e F. e AGG. (pl.m. *-i*, pl.f. *-e*) || N.M. e F. Chi guida gli aerei: *pilota militare, civile* • Chi guida automobili o motociclette: *un bravo pilota* Ⓢ guidatore. || AGG.INVAR. Che serve di esempio o modello: *un progetto pilota.* Ⓔ ***Pilota automatico***, strumento che in alcune fasi del viaggio può sostituire l'uomo nella guida di aerei o navi • ***Puntata pilota***, la prima puntata di una serie televisiva che serve a valutare il gradimento del pubblico.

pilotare (pi-lo-tà-re) V.TR. (*pilòto*, ecc.) · Guidare un veicolo a motore: *pilotare un aereo, un'auto, una nave* Ⓢ condurre • Manovrare le azioni di altri per ottenere lo scopo desiderato: *pilotare una protesta.*

piluccare (pi-luc-cà-re) V.TR. (*pilùcco, pilùcchi*, ecc.) **1** Staccare e mangiare a uno a uno i chicchi di un grappolo: *piluccare l'uva.* **2** Mangiare a piccoli bocconi: *piluccare un panino.*

pimpante (pim-pàn-te) AGG. · Vivace ed esuberante: *come mai sei così pimpante stasera?*

pinacoteca (pi-na-co-tè-ca) N.F. (pl. *-che*) · Museo che conserva ed espone quadri: *la pinacoteca di Brera.*

pineta (pi-né-ta) N.F. · Bosco di pini.

ping-pong (pronuncia *pinpòng* o *pìng pòng*) N.M. INVAR. · Sport simile al tennis in cui due o quattro giocatori fanno rimbalzare una pallina su un tavolo diviso da una rete, lanciandosela con piccole racchette di legno Ⓢ tennis da tavolo.

pingue (pìn-gue) AGG. **1** Grasso, obeso: *ventre pingue.* **2** Ricco, abbondante: *un pingue bottino.*

pinguedine (pin-guè-di-ne) N.F. · Condizione di chi è grasso Ⓢ obesità.

pinguino (pin-gui-no) N.M. · Grande uccello acquatico dell'Antartide con dorso nero e petto bianco, impacciato a terra, ma molto agile in acqua dove nuota usando le ali come pinne e nutrendosi di pesci.

pinna (pìn-na) N.F. **1** Organo che permette ai pesci di nuotare e controllare la direzione. **2** Speciale scarpetta di gomma con una prolunga piatta e larga che facilita il nuotatore e lo rende più veloce: *si immerge con le pinne, il fucile e la maschera.*

pinnacolo (pin-nà-co-lo) N.M. **1** Guglia tipica dello stile gotico: *i pinnacoli del Duomo di Milano.* **2** Formazione rocciosa slanciata e appuntita.

pinnipede (pin-nì-pe-de) N.M. · Mammifero carnivoro con gli arti trasformati in pinne, come la foca o il tricheco.

pino (pì-no) N.M. **1** Albero sempreverde dalla chioma a ombrello, con tronco diritto, foglie ad ago e frutti a squame legnose, detti *pigne.* **2** Il legno che se ne ricava. Ⓔ ***Pino marittimo*** o ***pino selvatico***, quello che ha il fusto ricurvo per l'azione dei venti marini, comune presso i litorali.

pinolo (pi-nò-lo) N.M. · Il seme commestibile dei pini, contenuto nelle pigne, che privato del guscio si usa come ingrediente per dolci, salse o pietanze.

pinta (pìn-ta) N.F. · Antica unità di misura per liquidi, oggi in vigore solo nei Paesi anglosassoni, che corrisponde all'incirca a mezzo litro: *una pinta di rum.*

pinza (pìn-za) N.F. (spesso al pl.) · Attrezzo utilizzato per afferrare o stringere pezzi metallici e bulloni: *stringere il bullone con le pinze* • Attrezzo simile usato per afferrare qualcosa senza toccarlo con le mani: *le pinze del chirurgo.* Ⓔ ***Prendere con le pinze***, con estrema cautela, senza crederci troppo: *è una notizia che va presa con le pinze.*

pinzatrice (pin-za-trì-ce) N.F. · Attrezzo usato per unire insieme più fogli con punti metallici Ⓢ cucitrice.

P

pinzetta (pin-zét-ta) N.F. (spesso al pl.) · Piccola pinza a molla: *pinzette per strappare le sopracciglia.*

pinzimonio (pin-zi-mò-nio) N.M. (pl. *-ni*) · Salsa per verdure crude a base di olio, pepe e sale: *carciofi in pinzimonio.*

pio (pì-o) AGG. (pl.m. *pìi*, pl.f. *pìe*) **1** Profondamente religioso, devoto: *condurre una vita pia.* **2** Buono, generoso, misericordioso: *ho trovato un'anima pia che mi ha aiutato.* **3** Vano, illusorio: *un pio desiderio.*

pioggia (piòg-gia) N.F. (pl. *-ge*) **1** L'insieme delle gocce d'acqua che cadono dal cielo come conseguenza della condensazione del vapore acqueo sotto forma di nuvole: *pioggia leggera, violenta; due giorni di pioggia* **S** precipitazione. **2** Grande quantità: *una pioggia di fiori; una pioggia d'insulti* **S** raffica, valanga. **E** ***A pioggia***, in modo uniforme, attraverso un setaccio: *spargere lo zucchero a pioggia*; in modo esteso e senza criteri di distinzione: *concedere finanziamenti a pioggia* • ***Piogge acide***, precipitazioni con un contenuto acido superiore alla norma.

piolo (pi-ò-lo) N.M. · Pezzo di legno o metallo appuntito, piantato nel muro o nel terreno, per sorreggere qualcosa: *ho appeso il giaccone al piolo; i pioli della tenda.* **E** ***Scala a pioli***, scala portatile, i cui gradini sono costituiti da pioli orizzontali infissi in due pertiche verticali.

piombare (piom-bà-re) V.TR. e INTR. (*piómbo*, ecc.) || TR. Chiudere con sigilli di piombo: *piombare una cassa, un vagone ferroviario* **S** sigillare. || INTR. (aus. *essere*) **1** Cadere dall'alto verso il basso all'improvviso e con violenza: ***gli*** *è piombata una tegola* ***sulla*** *testa; il fulmine piombò* ***sul*** *tetto della casa* **S** precipitare • Balzare, gettarsi: *piombare* ***sul*** *nemico; i rapinatori gli piombarono* ***addosso***. **2** Capitare all'improvviso: *ci è piombata* ***addosso*** *una terribile disgrazia* • Arrivare senza preavviso: *mi è piombato* ***in*** *casa con tutta la famiglia.*

piombo (pióm-bo) N.M. **1** Metallo bianco tendente al blu, presente in natura e impiegato nella fabbricazione di tubi, di rivestimenti per cavi elettrici e nella preparazione di molte leghe (il simbolo chimico è *Pb*). **2** Oggetto fatto con questo metallo. **3** L'insieme dei proiettili sparati nel corso di un'azione di guerra: *avanzare sotto il piombo nemico* **S** pallottole (PL.), fuoco. **E** ***Con i piedi di piombo***, con particolare cautela: *avanzare con i piedi di piombo* • ***In piombo, a piombo***, perfettamente perpendicolare: *la parete è a piombo;* ***filo a piombo***, filo da cui pende un piccolo peso di piombo che serve per verificare se una parete è perfettamente verticale.

pioniere (pio-niè-re) N.M. (f. *-a*; pl.m. *-i*, pl.f. *-e*) **1** Chi si avventura in un territorio inesplorato per viverci e sfruttarne le ricchezze: *i pionieri del Far West.* **2** Chi si dedica per primo a una nuova attività o diffonde nuove idee: *i pionieri delle esplorazioni spaziali* **S** precursore.

pioppo (piòp-po) N.M. · Albero dal fusto sottile e dalla folta chioma che cresce spontaneamente in luoghi umidi e freschi e viene coltivato per il legno leggero impiegato nella fabbricazione della carta, di fiammiferi e casse da imballaggio.

piovano (pio-và-no) AGG. · Di acqua caduta con la pioggia: *acqua piovana.*

piovasco (pio-và-sco) N.M. (pl. *-schi*) · Pioggia breve e violenta, accompagnata spesso da forte vento.

piovere (piò-ve-re) V.INTR. (irreg.: ind. pres. *piòve*; pass. rem. *piòvve*) **1** IMPERS. (aus. *essere* o *avere*) Cadere pioggia dal cielo: *è un mese che non piove; è piovuto tutta la settimana; ha piovuto tanto.* **2** (aus. *essere*) Cadere dall'alto in grande quantità o con una certa violenza: *piovono chicchi di grandine; le bombe piovevano* ***da*** *ogni parte* • Arrivare in gran quantità: *gli piovono addosso disgrazie di ogni tipo* • Arrivare all'improvviso e in modo spesso inopportuno: *mi sono piovuti* ***in*** *casa tutti i parenti* **S** piombare. **E** ***Non ci piove***, è certo, non ci sono dubbi: *domani vado al mare:* ***su*** *questo non ci piove!* • ***Piove sul bagnato***, la fortuna, o la sfortuna, arriva sempre a chi ne ha già in abbondanza.

piovigginare (pio-vig-gi-nà-re) V.INTR. (*piovìggina*; aus. *essere* o *avere*), IMPERS. · Piovere lentamente, a piccole gocce: *oggi pioviggina.*

piovigginoso (pio-vig-gi-nó-so) AGG. · Caratterizzato da pioggia lenta, sottile e persistente: *giornata piovigginosa.*

piovosità (pio-vo-si-tà) N.F. INVAR. · Tendenza di un luogo ad essere piovoso: *la piovosità della foresta tropicale.*

piovoso (pio-vó-so) AGG. **1** Tipico di quando piove o sta per piovere: *cielo piovoso.* **2** Caratterizzato dalla caduta di piogge: *stagione molto piovosa.*

piovra (piò-vra) N.F. **1** Gigantesco mollusco marino, con otto tentacoli armati di ventose. **2** Nel linguaggio giornalistico, qualsiasi organizzazione criminale in grado di infiltrarsi in ogni settore della società, come la mafia.

pipa (pì-pa) N.F. · Strumento per fumare costituito da un fornelletto tondeggiante per bruciare il tabacco da cui parte una cannuccia attraverso la quale si aspira il fumo.

pipì (pi-pì) N.F. INVAR. · Nel linguaggio dei bambini, urina: *fare pipì; mi scappa la pipì.*

Il termine deriva da una serie di origine onomatopeica.

pipistrello (pi-pi-strèl-lo) N.M. · Mammifero notturno, simile a un topo, che vola con ali a membrana, emette ultrasuoni per orientarsi al buio e di giorno riposa appeso a testa in giù.

pira (pì-ra) N.F. · Catasta di legna per bruciare cadaveri o condannati al rogo.

piramide (pi-rà-mi-de) N.F. **1** Solido che ha per base un poligono e per facce tanti triangoli quanti sono i lati della base, uniti in un punto detto vertice. **2** Monumento funebre dell'antico Egitto, a forma di piramide a base quadrata • In America Latina, monumento simile, ma con le pareti a gradoni: *le piramidi Azteche.*

piranha (pi-ra-nha; pronuncia *piràgna*) N.M. INVAR. · Pesce aggressivo e vorace diffuso nelle acque dolci del Sud America, lungo fino a 30 centimetri, con il corpo schiacciato ai lati e denti affilatissimi.

pirata (pi-rà-ta) N.M. e AGG. (pl. *-i*) || N.M. **1** Uomo di mare che dà la caccia alle navi per impossessarsi del loro carico: *mari infestati dai pirati.* **2** Persona senza scrupoli nel cercare di appropriarsi del denaro di altri: *quel negoziante è un pirata* Ⓢ bandito, ladro. || AGG. INVAR. **1** Dei pirati: *nave pirata.* **2** Abusivo, clandestino: *radio pirata.* Ⓔ ***Pirata della strada***, automobilista che dopo aver investito qualcuno fugge senza prestargli soccorso.

Il termine deriva dal greco *peiráo* che significa 'assalire'.

pirite (pi-ri-te) N.F. · Minerale ferroso di colore giallo che ad occhi inesperti può sembrare oro.

piro- · Primo elemento di parole composte che significa 'fuoco' o indica 'che funziona a vapore': *pirotecnico*, che riguarda i fuochi d'artificio; *piroscafo*, nave con motore a vapore.

piroetta (pi-ro-ét-ta) N.F. **1** Nella danza e nel pattinaggio, rapido giro su se stessi in equilibrio su un solo piede. **2** Agile movimento fatto per esprimere felicità: *i ragazzi si misero a fare piroette per la gioia.*

piroga (pi-rò-ga) N.F. (pl. *-ghe*) · Imbarcazione primitiva a remi scavata in un tronco d'albero o fabbricata con pelli e cortecce legate o cucite insieme.

piroscafo (pi-rò-sca-fo) N.M. · Nave con motore a vapore.

pirotecnico (pi-ro-tèc-ni-co) AGG. (pl.m. *-ci*, pl.f. *-che*) · Di fuochi artificiali: *spettacolo pirotecnico* • Sorprendente e vivace: *una pirotecnica imitazione del professore.*

pisciare (pi-scià-re) V.INTR. (*piscio*, ecc.; aus. *avere*), *volg.* || INTR. Nel linguaggio volgare, urinare: *pisciare a letto.* || **pisciarsi** INTR. PRONOM. Urinare nei propri vestiti: *pisciarsi nei pantaloni; pisciarsi addosso dalle risate*, ridere moltissimo; *pisciarsi sotto dalla paura*, avere una grande paura.

piscina (pi-sci-na) N.F. · Grande vasca piena d'acqua, di solito rettangolare e sufficientemente grande per nuotare, che si trova all'aperto oppure in un edificio: *albergo con piscina* • L'edificio che la ospita: *piscina comunale, privata; andare in piscina.*

pisello (pi-sèl-lo) N.M. e AGG. || N.M. **1** Pianta che produce frutti con semi lisci e sferici. **2** Il frutto prodotto da questa pianta usato come alimento: *piselli freschi, surgelati; minestra con piselli.* 3 Nel linguaggio dei bambini, pene. || AGG. e N.M. INVAR. Di colore verde chiaro: *color pisello; verde pisello.*

pisolino (pi-so-lì-no) N.M. · Nel linguaggio familiare, sonno breve e leggero: *schiacciare un pisolino* Ⓢ sonnellino.

pisside (pìs-si-de) N.F. · Coppa di metallo prezioso con coperchio per conservare le ostie consacrate.

pista (pì-sta) N.F. 1 Insieme di orme: *il leone seguiva la pista della selvaggina* Ⓢ traccia • Insieme di indizi: *la polizia è su una buona pista.* 2 Percorso battuto dal passaggio di uomini o animali: *una pista nel deserto* • Percorso su neve battuta per lo sci di fondo o la discesa: *una pista molto facile.* 3 Striscia di terreno ad anello destinata a vari tipi di competizioni sportive: *pista di atletica; pista per gare automobilistiche* Ⓢ circuito, tracciato. 4 Spiazzo dove si svolgono manifestazioni sportive o ricreative: *pista di pattinaggio; pista da ballo; la pista del circo* Ⓢ arena. 5 Superficie per effettuare le manovre a terra degli aerei: *pista di atterraggio, di decollo.*

pistacchio (pi-stàc-chio) N.M. e AGG. (pl. *-chi*) || N.M. 1 Albero diffuso nei climi caldi che produce frutti che contengono un seme. 2 Il seme di questa pianta, usato come ingrediente in pasticceria e in cucina: *gelato al pistacchio.* || AGG. e N.M. INVAR. Di colore verde tenero: *una maglia pistacchio.*

pistillo (pi-stìl-lo) N.M. · Organo del fiore che serve alla riproduzione.

pistola (pi-stò-la) N.F. · Arma da fuoco portatile a canna corta, da impugnare con una sola mano, usata contro bersagli a breve distanza: *tiro con la pistola* Ⓢ rivoltella • Ciascun apparecchio di forma e funzionamento simile: *giocare con la pistola ad acqua; verniciare con la pistola a spruzzo.*

pistone (pi-stó-ne) N.M. 1 In alcuni strumenti a fiato, ciascuno dei piccoli cilindri posti sul tubo dello strumento che premuti con le dita producono i suoni. 2 In meccanica, stantuffo.

pitagorico (pi-ta-gò-ri-co) AGG. (pl.m. *-ci*, pl.f. *-che*) · Di Pitagora, filosofo e matematico dell'antica Grecia. Ⓔ ***Tavola pitagorica***, tabella di dieci righe e dieci colonne, nella quale sono riportati tutti i risultati ottenuti moltiplicando fra loro due numeri compresi fra l'uno e il dieci.

pitale (pi-tà-le) N.M. · Vaso da notte per orinare.

pitone (pi-tó-ne) N.M. 1 Serpente lungo fino a 10 metri, che uccide la preda soffocandola prima di ingoiarla. 2 La pelle di questo serpente, ritenuta pregiata, utilizzata per fabbricare articoli in pelle e calzature: *una borsa di pitone.*

> Il termine deriva dal greco *Pýthon* 'Pitone', il mitico drago, figlio della Terra, che fu ucciso da Apollo.

pittogramma (pit-to-gràm-ma) N.M. (pl. *-i*) · Disegno stilizzato usato come forma di scrittura, tipico degli indiani d'America • Disegno o simbolo convenzionale per cartelli o segnali: *il pittogramma del cervo segnala il passaggio di animali selvatici.*

pittore (pit-tó-re) N.M. (f. *-trìce*) · Artista che si dedica alla pittura: *un pittore dell'Ottocento.*

pittoresco (pit-to-ré-sco) AGG. (pl.m. *-schi*, pl.f. *-sche*) 1 Caratteristico, originale, suggestivo: *paesaggio pittoresco; i pittoreschi vicoli del porto.* 2 Espressivo, colorito, vivace: *descrizione pittoresca.*

pittorico (pit-tò-ri-co) AGG. (pl.m. *-ci*, pl.f. *-che*) · Della pittura: *tecnica pittorica.*

pittura (pit-tù-ra) N.F. 1 L'arte di dipingere, di raffigurare la realtà o ciò che si immagina con linee e colori: *pittura su tela; pittura a olio, a tempera* • Stile pittorico di un determinato periodo o luogo: *la pittura italiana del Trecento.* 2 Dipinto, quadro: *mostra di pittura.* 3 Vernice: *dare una mano di pittura.*

pitturare (pit-tu-rà-re) V.TR. 1 Dipingere con pitture, decorare: *pitturare il soffitto a ghirlande.* 2 Verniciare: *pitturare le persiane.*

più AVV., AGG. e N.M. INVAR. || AVV. 1 In maggiore quantità, misura o grado: *mangio più* ***di*** *te; più grande* ***di*** *me; più alla svelta; abbiamo più soldi* ***di*** *voi* Ⓒ meno. 2 Piuttosto, invece: *più* ***che*** *coraggioso, mi sembra un incosciente.* 3 In frasi negative, indica la fine di un'azione: *non*

A B C D E F G H I J K L M N O **P** Q R S T U V W X Y Z

potevo più sopportare quella musica; non credo più nella sua buona fede; non lo farà più. **4** In matematica, indica l'addizione o numeri superiori allo zero: *sette più tre fa dieci; la minima della scorsa notte è stata più due.* || AGG. Maggiore, superiore per quantità: *mi ci vorrà più tempo* • Molto, parecchio: *più motivi hanno determinato la mia decisione.* || N.M. Senza articolo, una quantità maggiore: *ha avuto più di te* • Con l'articolo determinativo, la quantità maggiore: *il più è fatto.* Ⓔ ***Al più***, al massimo: *al più se la caverà con una multa* • ***A più non posso*** → **potere**[2] • ***I più***, la maggior parte delle persone: *i più tacciono* • ***Né più né meno***, esattamente, proprio: *è né più né meno come avevo previsto* • ***Parlare del più e del meno***, di argomenti poco importanti • ***Per di più***, oltretutto: *un film insulso e per di più recitato male* • ***Per lo più*** → **perlopiù** • ***Più che altro***, soprattutto: *più che altro è svogliato* • ***Più o meno***, all'incirca: *più o meno quanto è lontano dal mare?*

Più è il comparativo di *molto*; come avverbio prima di un aggettivo o di un altro avverbio forma il comparativo di maggioranza e, quando è preceduto dall'articolo determinativo, il superlativo relativo: *è più intelligente di suo fratello; sei il più elegante di tutti gli invitati.*

P

piuma (più-ma) N.F. · Ciascuna delle penne più morbide e leggere degli uccelli, utilizzate come imbottitura: *giacca a vento di piuma; leggero come una piuma*, leggerissimo. Ⓔ ***Pesi piuma***, una delle categorie in cui sono divisi, a seconda del peso, i lottatori e i pugili.

piumaggio (piu-màg-gio) N.M. (pl. *-gi*) · L'insieme dei vari tipi di penne degli uccelli.

piumino (piu-mì-no) N.M. **1** Sacco foderato e imbottito di piume, usato come coperta. **2** Giacca a vento imbottita di piuma. **3** Arnese per spolverare fatto con un ciuffo di piume fissate in cima a una bacchetta.

piuttosto (piut-tò-sto) AVV. **1** Di preferenza, più volentieri, invece: *non mi va il caffè, berrei piuttosto qualcosa di fresco.* **2** Alquanto, abbastanza, parecchio: *è stato un viaggio piuttosto faticoso.* **3** Invece, anzi: *compra del pane, o piuttosto un po' di focaccia.* Ⓔ ***Piuttosto che, piuttosto di***, pur di non: *piuttosto di uscire con lui, mi do malata*; anziché, invece di: *ha preferito perdere il lavoro piuttosto che mentire.*

L'espressione *piuttosto che* significa 'invece di, anziché'; l'uso con il significato di 'oppure' è molto comune ma non è corretto.

pivello (pi-vèl-lo) N.M. · Principiante inesperto: *sbagliare come un pivello.*

pixel (pi-xel; pronuncia *pìcsel*) N. INGL., in it. N.M. INVAR. · Ciascuno dei puntini che compongono un'immagine digitale: *i pixel dello schermo del computer.*

pizza (pìz-za) N.F. **1** Impasto sottile a base di farina, acqua e lievito, di forma rotonda o quadrata, condito con olio, sale, pomodoro, mozzarella o altri ingredienti e cotta in forno: *pizza margherita; pizza al prosciutto, ai funghi.* **2** Nel linguaggio familiare, chi o ciò che risulta molto noioso: *che pizza quel tuo amico!; questo libro è una vera pizza!* Ⓢ noia, strazio. **3** La scatola metallica piatta e rotonda in cui è contenuta una pellicola cinematografica • La pellicola stessa.

pizzeria (piz-ze-ri-a) N.F. (pl. *-rìe*) · Ristorante specializzato nel cucinare e servire pizze.

pizzicare (piz-zi-cà-re) V.TR. e INTR. (*pìzzico, pìzzichi*, ecc.) || TR. **1** Stringere brevemente la pelle tra pollice e indice: *pizzicare la guancia a un bambino.* **2** Di insetto, mordere, pungere: *è stato pizzicato da una zanzara.* **3** Nel linguaggio familiare, sorprendere, cogliere in flagrante: *la polizia lo ha pizzicato mentre scappava* Ⓢ beccare, pescare. **4** Far vibrare le corde di uno strumento con le dita: *pizzicare le corde del violino.* || INTR. (aus. *avere*) Dare prurito: ***mi*** *pizzica la schiena* Ⓢ prudere • Essere irritato, infiammato: ***mi*** *pizzicano gli occhi per il fumo* Ⓢ bruciare • Avere un sapore pungente: *come pizzica questo peperoncino!*

pizzico (pìz-zi-co) N.M. (pl. *-chi*) **1** Breve stretta della pelle con pollice e indice: *dare un pizzico sulla guancia* Ⓢ pizzicotto. **2** Morso o puntura di insetto. **3** Quantità che può essere presa tra due dita: *un pizzico di sale* Ⓢ presa • Minimo, briciolo: *non ha un pizzico di buon senso.*

pizzicore (piz-zi-có-re) N.M. · Leggero bruciore o prurito: *sento un pizzicore su tutto il corpo.*

pizzicotto (piz-zi-còt-to) N.M. · Pizzico: *gli ha dato un pizzicotto sulla guancia.*

pizzo (piz-zo) N.M. **1** Bordo a uncinetto o ad ago applicato a un tessuto: *un lenzuolo con i pizzi* S merletto, trina • Tessuto intrecciato leggero e trasparente: *una camicetta di pizzo.* **2** Picco aguzzo di una montagna. **3** Barba lasciata crescere a punta al centro del mento: *un signore con il pizzo.* **4** Tangente imposta dalla mafia a negozianti e imprenditori: *pagare il pizzo.*

placare (pla-cà-re) V.TR. (*plàco, plàchi*, ecc.) || TR. **1** Calmare, tranquillizzare: *placare la collera di qualcuno.* **2** Soddisfare una necessità: *placare la fame* • Alleviare, addolcire: *placare il dolore.* || **placarsi** INTR. PRONOM. Calmarsi: *la tempesta si è placata.*

placca (plàc-ca) N.F. (pl. *-che*) **1** Pezzo di metallo, pietra o altro materiale, largo e piatto usato come rivestimento o rinforzo S lastra, piastra. **2** In medicina, ciascuna delle formazioni che compaiono sulla cute o sulle mucose nel corso di infiammazioni: *avere delle placche in gola.* E ***Placca batterica***, materiale che si accumula sulla superficie dei denti favorendo la carie.

placcare (plac-cà-re) V.TR. (*plàcco, plàcchi*, ecc.) **1** Rivestire con uno strato di materiale prezioso o resistente: *placcare un braccialetto in oro.* **2** Nel rugby, fermare un avversario afferrandolo alla vita o alle gambe.

placebo (pla-cè-bo) N.M. INVAR. · Farmaco che non contiene medicine, dato a un malato per confrontare gli effetti della cura con quelli di un altro che è stato curato davvero. E ***Effetto placebo***, miglioramento dello stato di salute di chi crede di aver preso una medicina.

Il termine deriva dal latino *placebo*, letteralmente 'piacerò', termine usato per indicare un farmaco somministrato più per fare contento il paziente che per effettiva necessità.

placenta (pla-cèn-ta) N.F. · Nei Mammiferi, formazione che si sviluppa nell'utero durante la gravidanza: nutre e protegge il piccolo nella pancia della mamma e viene espulsa dopo il parto.

placido (plà-ci-do) AGG. · Tranquillo, calmo, sereno: *un'indole placida; acque placide.*

plafoniera (pla-fo-niè-ra) N.F. · Lampada applicata direttamente al soffitto.

plagio (plà-gio) N.M. (pl. *-gi*) · Falsa attribuzione a sé di opere o scoperte che sono state invece compiute da altri: *lo scrittore è stato accusato di plagio* • L'opera stessa: *questa canzone è un plagio.*

plaid (pronuncia *plèid*) N. INGL., in it. N.M. INVAR. · Coperta di lana, spesso a disegno scozzese, con frange.

planare (pla-nà-re) V.INTR. (aus. *avere*) · Di velivoli o uccelli, abbassarsi di quota sfruttando le correnti d'aria, senza usare il motore o battere le ali: *l'aliante scende planando.*

plancia (plàn-cia) N.F. (pl. *-ce*) **1** Il ponte di comando della nave. **2** Negli autoveicoli, aerei e motoscafi, il ripiano di fronte al pilota che contiene tutti gli strumenti di controllo, l'autoradio e gli airbag.

plancton (plànc-ton) N.M. INVAR. · L'insieme dei microscopici organismi acquatici, animali e vegetali che galleggiano nell'acqua e sono il nutrimento di pesci e mammiferi marini: *la balena si nutre di plancton.*

planetario (pla-ne-tà-rio) AGG. (pl.m. *-ri*, pl.f. *-rie*) **1** Dei pianeti: *sistema planetario.* **2** Di tutta la Terra: *la popolazione planetaria* S mondiale.

plani- · Primo elemento di parole composte che indica 'figura piana, riproduzione in piano': *planisfero*, rappresentazione in piano della superficie terrestre.

planimetria (pla-ni-me-trì-a) N.F. (pl. *-trìe*) · Disegno tecnico di un edificio o di un terreno: *la planimetria di un appartamento.*

planisfero (pla-ni-sfè-ro) N.M. · Carta geografica che rappresenta in piano tutta la superficie terrestre. E ***Planisfero celeste***, la carta che rappresenta la volta celeste.

plantigrado (plan-tì-gra-do) AGG. e N.M. (f. *-a*) · Di mammifero che cammina poggiando a terra tutta la pianta del piede: *l'orso è un plantigrado.*

Il termine deriva dal francese *plantigrade* 'plantigrado', composto a sua volta del latino *planta* 'pianta del piede' (→ ***pianta***[2]) e di un derivato del verbo *gradi* 'camminare, procedere' **grado**[1].

plasma (plà-ṣma) N.M. INVAR. · Parte liquida del sangue, di colore giallo, fatta di acqua, proteine, zuccheri, grassi, sali.

plasmare (pla-ṣmà-re) V.TR. **1** Dare un aspetto o una forma: *plasmare la cera* Ⓢ modellare. **2** Educare con l'insegnamento e con l'esempio: *plasmare la personalità di un giovane.*

plastica (plà-sti-ca) N.F. (pl. *-che*) **1** Materiale sintetico di natura organica, usato per la fabbricazione di molti oggetti: *contenitore di plastica; piatti di plastica.* **2** Intervento chirurgico fatto per migliorare un difetto fisico o ricostruire un organo danneggiato: *farsi la plastica al naso.*

plastico (plà-sti-co) AGG. e N.M. (pl.m. *-ci*, pl.f. *-che*) || AGG. Che può essere modellato senza rompersi o strapparsi: *la creta è un materiale plastico.* || N.M. Modello in rilievo e in scala ridotta di un edificio o di un insieme di edifici: *il plastico del nuovo quartiere residenziale.* Ⓔ ***Arti plastiche***, le arti figurative, perché capaci di creare una forma • ***Chirurgia plastica*** → *chirurgia* • ***Materie plastiche, sostanze plastiche***, composti chimici sintetici di natura organica che possono subire deformazioni senza rompersi quando vengono modellati con il calore o con la pressione.

P

plastificare (pla-sti-fi-cà-re) V.TR. (*plastìfico, plastìfichi*, ecc.) · Rivestire con uno strato di materia plastica: *plastificare le carte da gioco.*

plastilina (pla-sti-lì-na) N.F. · Nome commerciale ® di una pasta per modellare composta di olio, argilla, cera, zolfo e ossido di zinco.

platano (plà-ta-no) N.M. · Albero d'alto fusto originario dell'oriente, con larga chioma, coltivato come ornamento di parchi e viali.

> Il termine deriva dal greco *platýs* 'largo', con riferimento alle grandi foglie della pianta.

platea (pla-tè-a) N.F. (pl. *-tèe*) **1** Nei teatri e nei cinematografi, lo spazio di fronte al palcoscenico con i sedili per gli spettatori: *prenotare due posti in platea.* **2** L'insieme degli spettatori: *la platea applaudì con entusiasmo* Ⓢ pubblico.

> Il termine deriva dal latino *platea* 'piazza', che viene a sua volta dal greco *platýs* 'largo' (→ *piazza*).

plateale (pla-te-à-le) AGG. · Evidente, esagerato, eccessivo: *errore plateale; gesto plateale.*

platino (plà-ti-no) N.M. e AGG. || N.M. Metallo prezioso, bianco-grigio lucente, duttile e malleabile, usato in gioielleria, nella fabbricazione di strumenti chimici, di elettrodi e nella composizione di leghe (il simbolo chimico è *Pt*). || AGG. e N.M. INVAR. Di colore biondo chiarissimo e lucente: *capelli platino; biondo platino.*

platonico (pla-tò-ni-co) AGG. (pl.m. *-ci*, pl.f. *-che*) **1** Di Platone, filosofo greco dell'antichità. **2** Che non viene realizzato nella pratica, ma solo immaginato: *un desiderio platonico.* Ⓔ ***Amore platonico***, quello che si basa solo sui sentimenti, senza avere rapporti sessuali.

plaudente (plau-dèn-te) AGG. · Che applaude: *il giocatore uscì dal campo fra i tifosi plaudenti.*

plausibile (plau-ṣì-bi-le) AGG. · Credibile, verosimile, accettabile: *una scusa plausibile.*

> Il termine deriva dal latino *plausibilis* 'che si può applaudire', che viene a sua volta da *plaudere* 'battere le mani, applaudire'.

plauso (plàu-ṣo) N.M. · Approvazione, consenso: *la nobile iniziativa ha riscosso il plauso di molti.*

playboy (play-boy; pronuncia *peibòi*) N. INGL., in it. N.M. INVAR. · Uomo che conquista molte donne: *è un playboy, lo vedo sempre con una ragazza diversa* Ⓢ dongiovanni, donnaiolo.

playlist (play-list; pronuncia *pleilìst*) N. INGL., in it. N.F. INVAR. · Lista dei brani musicali preparati per essere ascoltati: *la radio ha trasmesso una playlist molto varia.*

playmaker (play-ma-ker; pronuncia *pleimècher*) N. INGL., in it. N.M. e F. INVAR. · Nella pallacanestro e in altri sport di squadra, il giocatore che imposta le azioni Ⓢ regista.

playoff (play-off; pronuncia *pleiòff*) N. INGL., in it. N.M.PL. · La fase finale di alcuni campionati (pallacanestro, pallanuoto, ecc.), dove le squadre classificate disputano incontri a eliminazione diretta per la conquista del primo posto.

playout (play-out; pronuncia *pleiàut*) N. INGL., in it. N.M.PL. · La fase finale di alcuni campionati (pallacanestro, pallanuoto, ecc.), dove le squadre ultime in classifica disputano incontri a eliminazione diretta per conservare il posto nella serie maggiore.

playstation (play-sta-tion; pronuncia *pleistèscion*) N. INGL., in it. N.F. INVAR. · Nome commerciale ® di un apparecchio elettronico che, collegato alla televisione o a un computer, serve per giocare con i videogiochi.

plebe (plè-be) N.F. **1** Nella Roma antica, la parte del popolo che non era nobile. **2** Popolo, massa, volgo: *aizzare la plebe contro i ricchi.*

plebeo (ple-bè-o) AGG. e N.M. (f. *-a*; pl.m. *-bèi*, pl.f. *-bèe*) **1** Della plebe romana: *le lotte fra patrizi e plebei.* **2** Di bassa condizione sociale: *essere di origini plebee* Ⓢ popolano, umile • Rozzo, volgare: *maniere plebee.*

plebiscito (ple-bi-scì-to) N.M. **1** Votazione di tutto il popolo su questioni politiche o di pubblico interesse: *con un plebiscito fu decisa la separazione tra le due regioni.* **2** Consenso unanime: *un plebiscito di lodi.*

> Il termine deriva dal latino *plebiscitum* 'norma, regola voluta dalla plebe', composto a sua volta di *plebs* 'plebe' e *scitum* 'ordine'.

Pleistocene (Plei-sto-cè-ne) N.M. · Il primo dei periodi geologici del Quaternario, caratterizzato dalla comparsa dell'uomo e dal grande sviluppo dei ghiacciai.

plenario (ple-nà-rio) AGG. (pl.m. *-ri*, pl.f. *-rie*) · A cui devono partecipare tutti i membri di un gruppo: *seduta plenaria della Camera* Ⓢ generale.

plenilunio (ple-ni-lù-nio) N.M. (pl. *-ni*) · La fase della Luna in cui si vede la sua faccia interamente illuminata dal Sole Ⓢ luna piena.

plenipotenziario (ple-ni-po-ten-zià-rio) AGG. e N.M. (f. *-a*; pl.m. *-ri*, pl.f. *-rie*) · Di chi ha pieni poteri: *il governo invierà i suoi plenipotenziari.*

pleonasmo (ple-o-nà-ṣmo) N.M. · Espressione linguistica che contiene una o più parole che non sono necessarie per comprendere il significato della frase (per es. *a me mi piace*).

pleonastico (ple-o-nà-sti-co) AGG. (pl.m. *-ci*, pl.f. *-che*) · Che ripete lo stesso concetto senza aggiungere nulla al significato: *"una bambina carina e graziosa" è un'espressione pleonastica.*

plettro (plèt-tro) N.M. · Piccola lamina di plastica, metallo od osso, usata per suonare la chitarra e altri strumenti a corda.

pleura (plèu-ra) N.F. · Ciascuna delle membrane che rivestono i polmoni.

pleurite (pleu-rì-te) N.F. · Infiammazione della pleura.

plico (plì-co) N.M. (pl. *-chi*) · Busta o pacco che contiene carte, lettere o documenti: *un plico di lettere.*

Pliocene (Plio-cè-ne) N.M. · Periodo più recente dell'era cenozoica, in cui i continenti e gli oceani hanno acquisito la forma attuale e si sono sviluppate alcune specie animali attuali come il cavallo e il bue.

plotone (plo-tó-ne) N.M. · Ciascun gruppo guidato da un ufficiale in cui è suddivisa una compagnia: *plotone di fanteria.* Ⓔ ***Plotone d'esecuzione***, l'insieme dei soldati che devono eseguire una condanna a morte per fucilazione.

plumbeo (plùm-be-o) AGG. (pl.m. *-bei*, pl.f. *-bee*) **1** Del colore del piombo: *cielo plumbeo* Ⓢ cupo. **2** Opprimente, pesante: *in casa in questi giorni c'è un'atmosfera plumbea.*

plurale (plu-rà-le) AGG. e N.M. · In grammatica, della forma di nomi, aggettivi, articoli, pronomi e verbi che si riferisce a più elementi: *sostantivo, aggettivo plurale; "noi" è un pronome plurale; sostantivi che non hanno il plurale* Ⓒ singolare.

pluralismo (plu-ra-li-ṣmo) N.M. · Indirizzo politico-sociale secondo il quale è giusto che partecipino alla vita politica dello Stato partiti con ideologie molto diverse tra loro.

pluralità (plu-ra-li-tà) N.F. INVAR. · Insieme di elementi diversi: *una pluralità di opinioni* Ⓢ varietà, molteplicità.

pluriennale (plu-ri-en-nà-le) AGG. · Che dura o è valido per più anni: *incarico pluriennale.*

plurimo (plù-ri-mo) AGG. · Vario, diverso, molteplice: *i plurimi aspetti della realtà.* Ⓔ ***Parto plurimo***, quello in cui nascono più di due figli.

plurisecolare (plu-ri-se-co-là-re) AGG. · Che dura da più secoli o è durato più secoli: *civiltà plurisecolare.*

plusvalore (plu-ṣva-ló-re o plus-va-ló-re) N.M. · Nel marxismo, la differenza tra la ricchezza creata da un operaio con il suo lavoro e il basso compenso che riceve, che costituisce il guadagno dell'imprenditore.

plutonio (plu-tò-nio) N.M. · Elemento chimico radioattivo (il simbolo chimico è *Pu*), usato per fabbricare armi atomiche e come reattore nelle centrali nucleari.

pluviale (plu-vià-le) AGG. · Nel linguaggio scientifico, della pioggia. Ⓔ ***Foresta pluviale***, quella tipica delle regioni equatoriali, fitta e rigogliosa per la gran quantità di pioggia e l'elevata temperatura.

pluviometro (plu-viò-me-tro) N.M. · Strumento per misurare la quantità di pioggia che cade in un luogo per un dato periodo.

P

pneumatico (pneu-mà-ti-co) AGG. e N.M. (pl.m. *-ci*, pl.f. *-che*) || AGG. Di dispositivo meccanico che funziona con la pressione dell'aria: *freno pneumatico; pompa pneumatica.* || N.M. Involucro di gomma, con all'interno una camera d'aria, che riveste le ruote di auto, camion e moto: *cambiare gli pneumatici* Ⓢ gomma. Ⓔ ***Martello pneumatico*** → ***martello***.

Usare gli articoli *il* e *un* al singolare e *i* al plurale davanti a *pneumatico* è un uso ormai accettato, anche se secondo le regole grammaticali *pneumatico* dovrebbe essere preceduto dagli articoli *lo* e *uno* al singolare e *gli* al plurale.

po' (pronuncia *pò*) PRON. INDEF. e AVV. · Forma tronca di *poco*: *un po' di pane; un po' stanco; un po' male.*

Po' si scrive con l'apostrofo e non con l'accento!

poco (pò-co) AGG. e PRON. INDEF., AVV. (pl.m. *-chi*, pl.f. *-che*; comparativo *meno*) || AGG. In quantità ridotta o in numero limitato: *c'è poco pane; i soldi sono pochi; per le strade si vede poca gente* Ⓒ molto, tanto • Non sufficiente, inferiore a quanto serve: *ci mette poco impegno; in questa stanza c'è poca luce* Ⓢ insufficiente, inadeguato. || PRON. Una quantità ridotta, un numero limitato: *di soldi ne abbiamo pochi; un poco di zucchero.* || AVV. **1** Per un tempo limitato: *sono stato poco al mare quest'anno.* **2** In quantità insufficiente: *la bambina mangia poco.* **3** Seguito da aggettivo o avverbio, in scarsa misura: *un uomo poco simpatico; sto poco bene.* Ⓔ ***A dir poco*** → ***dire*** • ***Ci vuole poco***, è facile: *ci vuole poco a capirlo* • ***Non poco***, molto: *gli ostacoli da superare non sono pochi* • ***Per poco***, quasi: *per poco non fu raggiunto* • ***Sapere di poco***, essere insipido, sciocco: *questa minestra sa di poco; il tuo ragionamento sa di poco* • ***Ti pare poco?***, è molto • ***Un poco di buono***, una persona poco raccomandabile: *è un poco di buono.*

podcast (pod-cast; pronuncia *pòdcast*) N. INGL., in it. N.M. INVAR. · Registrazione di una trasmissione radio che può essere scaricata da Internet: *riascoltare il podcast del concerto.*

podere (po-dé-re) N.M. · Il complesso costituito dalla casa colonica e dal terreno coltivato: *un bel podere fertile* Ⓢ fondo.

poderoso (po-de-ró-so) AGG. · Potente, forte, robusto: *un atleta poderoso; braccia poderose.*

podestà (po-de-stà) N.M. INVAR. · Chi governava un Comune medievale italiano: *il palazzo del podestà.*

podio (pò-dio) N.M. (pl. *-di*) · La pedana per direttori d'orchestra o da cui parla un oratore • Pedana a tre livelli su cui salgono gli atleti per le premiazioni: *salire sul podio.*

podismo (po-dì-ṣmo) N.M. · Parte dell'atletica leggera che comprende la marcia e la corsa.

podista (po-dì-sta) N.M. e F. (pl.m. *-i*, pl.f. *-e*) · Chi pratica il podismo.

poema (po-è-ma) N.M. (pl. *-i*) **1** Ampia opera letteraria in versi: *poema epico.* **2** Scritto molto lungo: *non devi scrivere un poema, bastano* *poche righe.* **E** ***Poema cavalleresco*** → ***cavalleresco*** • ***Poema sinfonico***, composizione musicale ispirata a un soggetto letterario.

poesia (po-e-ṣì-a) N.F. (pl. *-ṣìe*) **1** L'arte di esprimere sentimenti, immagini, esperienze, utilizzando particolari ritmi e stili: *scrivere in poesia; poesia epica.* **2** L'opera in versi di un autore, di una scuola, di un'epoca: *la poesia di Leopardi; la poesia del Trecento* **S** versi (PL.). **3** Singolo componimento poetico: *imparare a memoria una poesia.* **4** Ciò che emoziona e commuove: *la poesia di un tramonto* **S** magia • Sensibilità, romanticismo: *un animo privo di poesia.*

poeta (po-è-ta) N.M. (f. *-éssa*; pl.m. *-i*, pl.f. *-ésse*) · Chi scrive poesie: *un grande poeta.*

poetico (po-è-ti-co) AGG. (pl.m. *-ci*, pl.f. *-che*) **1** Della poesia: *linguaggio poetico; ispirazione poetica.* **2** Romantico, sentimentale, sensibile: *frasi poetiche; una persona poetica.*

poggiapiedi (pog-gia-piè-di) N.M. INVAR. · Sgabello o sbarra su cui si poggiano i piedi quando si è seduti.

poggiare (pog-già-re) V.TR. e INTR. (*pòggio*, ecc.) || TR. Appoggiare, posare: *poggiare la testa* ***sul*** *cuscino; poggiare l'impermeabile* ***su*** *una sedia.* || INTR. (aus. *avere*) Sostenersi, reggersi: *l'edificio poggia* ***su*** *solide fondamenta* • Basarsi, fondarsi: *l'accusa poggia* ***su*** *prove certe.*

poggiatesta (pog-gia-tè-sta) N.M. INVAR. · Sostegno a cui appoggiare la testa, spesso presente nella parte superiore delle poltrone dei veicoli.

poggio (pòg-gio) N.M. (pl. *-gi*) · Collinetta tondeggiante e poco scoscesa: *salire in cima a un poggio* **S** colle.

poi (pòi) AVV. e N.M. INVAR. || AVV. **1** Dopo, in seguito, più tardi: *ne riparliamo poi* • Spesso in correlazione con *prima*: *prima finisci i compiti, poi andrai a giocare.* **2** Dopo, in una posizione successiva, successivamente: *troverai una farmacia e poi l'ufficio postale.* **3** Inoltre, oltretutto, per di più: *non ho voglia di uscire, e poi il tempo è brutto.* || N.M. Il futuro, il domani: *bisogna sempre pensare al poi.* **E** ***D'ora in poi***, da questo momento: *d'ora in poi starò più attento* • ***Prima o poi***, un giorno o l'altro: *prima o poi chi ha talento emerge.*

poiana (po-ià-na) N.F. · Uccello rapace diurno bruno-castano, con zampe gialle e becco a uncino, che si nutre di serpi, rane e topi.

poiché (poi-ché) CONGIUNZ. · Dato che, siccome; introduce una proposizione causale: *poiché il lavoro è finito possiamo andare tutti a casa.*

> L'accento sulla e di *poiché* è acuto; scrivere *poichè* con l'accento grave è un errore!

poker (pò-ker) N.M. INVAR. **1** Gioco di carte d'azzardo. **2** Insieme di quattro carte di valore uguale: *poker d'assi.*

polacco (po-làc-co) AGG. e N.M. (f. *-a*; pl.m. *-chi*, pl.f. *-che*) || AGG. Della Polonia: *Cracovia è una città polacca.* || N.M. (f. *-a*) Abitante, nativo della Polonia. || N.M. La lingua parlata in Polonia.

polare (po-là-re) AGG. · Relativo ai poli della Terra o alle regioni vicine: *i ghiacciai polari.* **E** ***Aurora polare*** → ***aurora*** • ***Freddo polare***, molto rigido, intenso • ***Stella polare*** → ***stella***.

polarità (po-la-ri-tà) N.F. INVAR. **1** La proprietà di un corpo di avere cariche elettriche o magnetiche positive o negative, localizzate in poli opposti tra loro: *polarità della pila elettrica.* **2** Contrapposizione: *la polarità di due teorie.*

polarizzare (po-la-riẓ-ẓà-re) V.TR. · Far convergere in una direzione: *polarizzare* ***su*** *di sé l'attenzione* **S** convogliare.

polemica (po-lè-mi-ca) N.F. (pl. *-che*) **1** Vivace scambio di opinioni, sia orale che scritto, tra persone con idee diverse: *polemica letteraria* **S** discussione, disputa. **2** Discussione fatta per il piacere di discutere: *basta con le polemiche!*

polemico (po-lè-mi-co) AGG. (pl.m. *-ci*, pl.f. *-che*) · Che sostiene le proprie opinioni in modo aggressivo e provocatorio: *scritti polemici; una risposta polemica* • Che ama discutere per il piacere di farlo: *una persona polemica.*

> Il termine deriva dal greco *pólemos* 'combattimento, guerra'.

polemizzare (po-le-miẓ-ẓà-re) V.INTR. (aus. *avere*) · Discutere vivacemente in modo aggressivo e provocatorio: *polemizzare* ***con*** *i propri genitori.*

polenta (po-lèn-ta) N.F. · Piatto a base di farina di granturco, salata e bollita nell'acqua fino a diventare una crema densa e compatta: *polenta con sugo di funghi.*

poli- · Primo elemento di parole composte che significa 'molto': *poliglotta,* chi parla molte lingue.

-poli · Secondo elemento di parole composte che significa 'città': *tendopoli,* città di tende.

poliambulatorio (po-li-am-bu-la-tò-rio) N.M. (pl. *-ri*) · Ambulatorio medico attrezzato per la cura di diverse malattie.

policlinico (po-li-clì-ni-co) N.M. (pl. *-ci*) · Grande complesso ospedaliero attrezzato per molte specialità mediche e chirurgiche: *ricoverare al policlinico.*

policromia (po-li-cro-mì-a) N.F. (pl. *-mìe*) · Gradevole effetto visivo prodotto dalla vicinanza di colori diversi: *la vivace policromia delle vetrate di una chiesa.*

policromo (po-lì-cro-mo) AGG. · Variamente colorato: *marmi policromi* Ⓒ monocromo.

poliedrico (po-li-è-dri-co) AGG. (pl.m. *-ci*, pl.f. *-che*) **1** Del poliedro: *figura poliedrica.* **2** Che possiede molti interessi e abilità differenti: *ingegno poliedrico* Ⓢ versatile.

P

poliedro (po-li-è-dro) N.M. · Figura solida le cui facce sono dei poligoni.

poligamia (po-li-ga-mì-a) N.F. (pl. *-mìe*) · Matrimonio di un uomo con più donne o di una donna con più uomini: *la religione musulmana permette la poligamia maschile* Ⓒ monogamia.

poligamo (po-lì-ga-mo) AGG. e N.M. (f. *-a*) · Che, chi si sposa o convive con più di una persona di sesso opposto Ⓒ monogamo.

poliglotta (po-li-glòt-ta) AGG. e N.M. e F. (pl.m. *-i*, pl.f. *-e*) · Che, chi parla correttamente più lingue: *un viaggiatore poliglotta.*

poligonale (po-li-go-nà-le) AGG. · Che ha la forma di un poligono.

poligono (po-lì-go-no) N.M. **1** Ogni figura geometrica piana delimitata da più lati: *l'esagono è un poligono.* **2** ***Poligono (di tiro)***, luogo dove ci si può esercitare a sparare. Ⓔ ***Poligono regolare***, quello in cui tutti i lati e tutti gli angoli sono uguali.

Il termine deriva dal greco *polýgonos* 'con molti angoli', composto a sua volta di *polýs* 'molto' e *gonía* 'angolo'.

polimero (po-lì-me-ro) AGG. e N.M. · Di composto che risulta dalla combinazione di più molecole.

poliomielite (po-lio-mie-lì-te) N.F. · Malattia infettiva, virale, che paralizza e danneggia i muscoli di gambe e braccia.

polipo (pò-li-po) N.M. **1** Polpo. **2** Escrescenza di carne che si sviluppa nelle mucose.

Il termine deriva dal greco *polýpus* 'dai molti piedi', composto a sua volta di *polýs* 'molto' e *pús* 'piede'.

polirematica (po-li-re-mà-ti-ca) N.F. (pl. *-che*) · Insieme di due o più parole con un significato autonomo rispetto ai singoli termini da cui è composto: *"salto nel buio" è una polirematica.*

polis (pò-lis) N.F. INVAR. · Nell'antica Grecia, città con un governo autonomo a cui partecipavano tutti i cittadini liberi.

polisemia (po-li-se-mì-a) N.F. (pl. *-mìe*) · Proprietà di una parola di avere più di un significato.

polisillabo (po-li-sìl-la-bo) AGG. e N.M. · Di parola formata da due o più sillabe: *"finestra" è un polisillabo* Ⓒ monosillabo.

polisportivo (po-li-spor-tì-vo) AGG. · Che riguarda più sport o in cui si praticano più sport: *campo polisportivo; società polisportiva.*

polistirolo (po-li-sti-rò-lo) N.M. · Materia plastica usata come isolante o per produrre imballaggi.

politecnico (po-li-tèc-ni-co) N.M. (pl. *-ci*) · Istituto universitario costituito dalle facoltà di ingegneria e architettura: *il politecnico di Torino.*

politeismo (po-li-te-ì-ṣmo) N.M. · Tipo di religione in cui si adorano molti dei: *il politeismo egiziano* Ⓒ monoteismo.

politeista (po-li-te-ì-sta) AGG. e N.M. e F. (pl.m. *-i*, pl.f. *-e*) || AGG. e N.M. e F. Che, chi crede all'esistenza di molti dei Ⓒ monoteista. || AGG. Del politeismo: *religione politeista*.

politeistico (po-li-te-ì-sti-co) AGG. (pl.m. -*ci*, pl.f. -*che*) · Del politeismo: *religione politeistica* Ⓒ monoteistico.

politica (po-lì-ti-ca) N.F. (pl. -*che*) **1** L'insieme delle attività fatte per organizzare e amministrare lo Stato e la vita pubblica: *le regole della politica; politica interna*, che si occupa dei problemi interni di un Paese; *politica estera*, che si occupa dei rapporti con gli altri Stati • La partecipazione alla vita pubblica: *entrare in politica; interessarsi di politica*. **2** Linea di comportamento che si sceglie in una circostanza: *politica di risparmio* Ⓢ indirizzo.

Il termine deriva da un'espressione greca che significa 'arte di governare', che viene a sua volta da *politikós* 'che riguarda i cittadini', derivato da *pólis* 'città'.

politico (po-lì-ti-co) AGG. e N.M. (f. -*a*; pl.m. -*ci*, pl.f. -*che*) || AGG. Della politica: *ordinamento politico; partiti politici; uomo politico*. || N.M. (f. -*a*) **1** Chi partecipa direttamente alla vita politica di un Paese: *i politici di sinistra*. **2** Chi è abile a trattare con gli altri per ottenere dei vantaggi Ⓢ diplomatico. Ⓔ ***Asilo politico*** → *asilo* • ***Diritti politici***, il diritto di partecipare alle elezioni come elettore o come candidato • ***Elezioni politiche*** (o *le politiche* N.F.PL.), quelle con cui si eleggono i rappresentanti in Parlamento • ***Scienze politiche***, l'insieme delle discipline che riguardano la politica.

poliuretano (po-li-u-re-tà-no) N.M. · Materia plastica usata nella preparazione di colle e vernici. Ⓔ ***Poliuretano espanso***, usato come isolante termico e acustico e come materiale da imballaggio.

polivalente (po-li-va-lèn-te) AGG. **1** Che ha vari utilizzi: *vaccino polivalente; struttura polivalente*. **2** Di composto chimico che può dare origine a sostanze diverse.

polizia (po-li-zì-a) N.F. (pl. -*zìe*) · L'insieme delle persone e dei mezzi che si occupa di mantenere l'ordine pubblico, di proteggere i cittadini e di prevenire i reati: *agente di polizia; forze di polizia*.

poliziesco (po-li-zié-sco) AGG. (pl.m. -*schi*, pl.f. -*sche*) **1** Della polizia: *indagine poliziesca*. **2** Di libro, film o telefilm che racconta un'indagine di polizia: *romanzo, film poliziesco* Ⓢ giallo.

poliziotto (po-li-ziòt-to) N.M. e AGG. (f. -*a*) || N.M. (f. -*a*) Agente di polizia. || AGG. INVAR. ***Cane poliziotto***, addestrato per aiutare la polizia.

polizza (pò-liz-za) N.F. · Documento che serve da ricevuta o da contratto: *polizza di assicurazione*.

polla (pól-la) N.F. · Getto d'acqua che sgorga dal terreno.

pollaio (pol-là-io) N.M. (pl. -*lài*) **1** Locale o recinto per i polli. **2** Nel linguaggio familiare, luogo sporco e in disordine: *questa casa sembra un pollaio* Ⓢ stalla, porcile.

pollame (pol-là-me) N.M. · L'insieme di polli, tacchini, anatre, oche allevati per l'alimentazione dell'uomo: *vendita di uova e pollame*.

pollice (pòl-li-ce) N.M. **1** Il primo e il più grosso dito della mano, indispensabile per prendere e afferrare • Il primo dito del piede Ⓢ alluce. **2** Unità di misura di lunghezza equivalente a 2,54 centimetri, usata nei Paesi anglosassoni o come misura per gli schermi televisivi: *un televisore da ventisei pollici*.

polline (pòl-li-ne) N.M. · Polvere di colore giallo che si trova sui fiori e che, trasportata da api e insetti, serve alla riproduzione delle piante.

pollivendolo (pol-li-vén-do-lo) N.M. (f. -*a*) · Chi vende polli.

pollo (pól-lo) N.M. **1** Il gallo o la gallina allevati per l'alimentazione dell'uomo: *dar da mangiare ai polli; pollo lesso, arrosto*. **2** Persona ingenua e facilmente ingannabile: *che pollo!* Ⓢ allocco. Ⓔ ***Andare a letto con i polli***, nel linguaggio familiare, prestissimo • ***Conoscere (bene) i propri polli***, nel linguaggio familiare, sapere con chi si ha a che fare e comportarsi di conseguenza • ***Far ridere i polli*** → *ridere*.

polmonare (pol-mo-nà-re) AGG. · Dei polmoni: *arteria polmonare*.

polmone (pol-mó-ne) N.M. · Ciascuno dei due organi respiratori che si trovano nella cavità toracica di tutti i vertebrati ad eccezione dei pesci. Ⓔ ***A pieni polmoni***, a tutta voce: *gridare a pieni polmoni*.

A B C D E F G H I J K L M N O **P** Q R S T U V W X Y Z

polmonite (pol-mo-nì-te) N.F. · Infiammazione del polmone.

polo[1] (pò-lo) N.M. **1** Ciascuno dei due punti della Terra più lontani dall'equatore dove si concentrano i ghiacci: *polo nord* (o *artico*); *polo sud* (o *antartico*) • Le terre polari: *una spedizione al polo*. **2** Coalizione di partiti che presenta un programma comune alle elezioni: *polo laico* Ⓢ raggruppamento • Luogo dove sono concentrate e si sviluppano attività industriali e finanziarie: *Milano è il polo finanziario d'Italia; il polo chimico*. Ⓔ ***Essere ai poli opposti***, pensarla diversamente su quasi tutto • ***Polo (elettrico)***, ciascuna delle due parti opposte di un corpo dove sono concentrate le cariche elettriche positive o negative • ***Polo magnetico***, punto verso cui si dirige l'ago della bussola; ciascuna delle estremità di una calamita.

polo[2] (pò-lo) N.F. INVAR. · Maglietta con colletto e con tre o quattro bottoni.

polpa (pól-pa) N.F. **1** La carne senz'ossa e senza grasso degli animali macellati: *polpa di vitello*. **2** La parte tenera dei frutti: *succo e polpa di pera; polpa di pomodoro*. Ⓔ ***Polpa dentaria***, tessuto con i vasi sanguigni e i nervi contenuto nella cavità del dente.

P

polpaccio (pol-pàc-cio) N.M. (pl. *-ci*) · L'insieme dei muscoli situati sotto al ginocchio, nella parte posteriore della gamba.

polpastrello (pol-pa-strèl-lo) N.M. · La parte carnosa dell'ultima falange delle dita di mani e piedi.

polpetta (pol-pét-ta) N.F. · Pallina di carne tritata condita con vari ingredienti e cucinata: *polpette fritte, al sugo*. Ⓔ ***Fare qualcuno a polpette***, massacrarlo di botte, conciarlo per le feste: *se non la smetti ti faccio a polpette!*

polpettone (pol-pet-tó-ne) N.M. **1** Grossa polpetta cilindrica, cucinata in vari modi e poi affettata: *polpettone al forno con patate*. **2** Libro, film o spettacolo troppo lungo e noioso.

polpo (pól-po) N.M. · Mollusco marino con otto tentacoli muniti di ventose, pescato per le sue ottime carni: *insalata di polpo* Ⓢ polipo.

polposo (pol-pó-so) AGG. · Ricco di polpa: *pesche polpose*.

polsino (pol-sì-no) N.M. · Nelle camicie e in alcuni abiti, la parte terminale della manica chiusa da bottoni: *avere i polsini consumati*.

polso (pól-so) N.M. **1** La zona dell'avambraccio sopra la mano: *polso sottile; slogarsi un polso*. **2** Battito, pulsazione ritmica del sangue nelle arterie che si sente facilmente toccando il polso: *polso regolare, debole*. **3** Nell'abbigliamento, polsino. **4** Autorità, carattere, fermezza: *dirigere con polso fermo*. Ⓔ ***Di polso***, sicuro di sé, forte e deciso: *un uomo di polso* • ***Tastare il polso a qualcuno***, cercare di capirne le intenzioni.

> Il termine deriva dal latino *pulsus* che significa 'battito'.

poltiglia (pol-tì-glia) N.F. (pl. *-glie*) **1** Miscuglio quasi liquido di materiale indefinito: *che cos'è questa poltiglia?* **2** Fango, melma. Ⓔ ***Ridurre in poltiglia qualcuno***, nel linguaggio familiare, massacrarlo di botte, conciarlo per le feste.

poltrire (pol-trì-re) V.INTR. (*poltrìsco, poltrìsci*, ecc.; aus. *avere*) **1** Rimanere a letto più del necessario per pigrizia: *poltrire sotto le coperte*. **2** Oziare, bighellonare: *poltrire tutto il giorno al bar*.

poltrona (pol-tró-na) N.F. **1** Ampio e comodo sedile imbottito, con spalliera e braccioli. **2** Posto di lavoro di potere e con molti vantaggi economici: *aspirare alla poltrona di ministro* Ⓢ carica, ruolo. **3** Posto in platea a teatro: *prenotare due poltrone per la prima dello spettacolo*. Ⓔ ***Poltrona letto***, che si può aprire trasformandosi in un letto.

poltrone (pol-tró-ne) N.M. (f. *-a*; pl.m. *-i*, pl.f. *-e*) · Chi ama poltrire e oziare: *alzati, poltrone, è quasi mezzogiorno!* Ⓢ fannullone.

polvere (pól-ve-re) N.F. **1** L'insieme di granelli finissimi e leggeri di terra o residui organici che trasportati dall'aria si posano sugli oggetti: *mobili pieni di polvere*. **2** Qualsiasi sostanza ridotta a minutissime particelle: *polvere di marmo; cacao in polvere*. Ⓔ ***Dar fuoco alle polveri***, dare inizio a una ribellione, a una guerra • ***Far mangiare la polvere a qualcuno***, essere più veloci di lui; dimostrarsi superiore in qualcosa: *gli ho fatto mangiare la polvere in geometria* • ***Polvere da sparo***, sostanza esplosiva usata nelle armi da fuoco.

polveriera (pol-ve-riè-ra) N.F. **1** Locale o edificio dove si conservano gli esplosivi. **2** Paese o zona dove c'è il forte rischio di una rivolta o di una guerra: *il Medio Oriente è una polveriera.* Ⓔ ***Essere seduti su una polveriera***, trovarsi in una situazione di gravissimo e imminente pericolo.

polverizzare (pol-ve-riz-zà-re) V.TR. || TR. **1** Ridurre in polvere: *polverizzare il sale* Ⓢ frantumare, macinare. **2** Sconfiggere clamorosamente: *polverizzare la squadra avversaria* Ⓢ stracciare. || **polverizzarsi** INTR. PRONOM. Consumarsi fino a diventare polvere: *anche le pietre si polverizzano con il tempo* • Ridursi a niente: *lo stipendio si è polverizzato in pochi giorni* Ⓢ esaurirsi. Ⓔ ***Polverizzare un record***, superarlo con largo margine.

polverone (pol-ve-ró-ne) N.M. · Grande quantità di polvere sollevata in aria dal vento: *le auto passando hanno alzato un polverone.* Ⓔ ***Alzare un polverone, fare un polverone, sollevare un polverone***, suscitare discussioni e polemiche, spesso inutili: *hanno alzato un polverone per una cosa da nulla.*

polveroso (pol-ve-ró-so) AGG. · Pieno di polvere: *mobili polverosi.*

pomata (po-mà-ta) N.F. · Medicina o cosmetico fatti di una pasta molle e unta, da spalmare sulla pelle.

> Il termine deriva da *pomo*, per il fatto che nell'antichità gli unguenti venivano profumati con la polpa di mele.

pomello (po-mèl-lo) N.M. **1** La parte tondeggiante della guancia, che corrisponde allo zigomo: *ha sempre i pomelli rossi.* **2** Oggetto tondeggiante usato per abbellire o come impugnatura: *il pomello del cassetto.*

pomeridiano (po-me-ri-dià-no) AGG. · Del pomeriggio: *ore pomeridiane; lezione pomeridiana.* ▸ Ⓕ **dies**

pomeriggio (po-me-rìg-gio) N.M. (pl. *-gi*) · La parte del giorno compresa tra mezzogiorno e il tramonto: *oggi ho tutto il pomeriggio libero; il primo* (o *il tardo*) *pomeriggio*, le prime (o le ultime) ore del pomeriggio. ▸ Ⓕ **dies**

> Il termine deriva da **pomeridiano** unito all'arcaico *meriggio* 'pomeriggio'.

pomice (pó-mi-ce) N.F. · Roccia vulcanica, leggerissima e di colore biancastro, che finemente macinata serve a levigare o lucidare marmi e metalli.

pomidoro (po-mi-dò-ro) · Plurale → ***pomodoro***.

pomo (pó-mo) N.M. **1** Mela. **2** Ciascun oggetto di forma sferica: *il pomo del letto.* Ⓔ ***Pomo d'Adamo***, sporgenza nella parte centrale del collo maschile • ***Pomo della discordia***, nella mitologia greca, la mela d'oro destinata alla più bella delle dee che provocò la rivalità fra Era, Atena e Afrodite, risolta da Paride in favore di quest'ultima; ciò che viene conteso, causa di un litigio: *il pomo della discordia è stata l'eredità.*

pomodoro (po-mo-dò-ro) N.M. (pl. *pomodòri* o *pomidòro*) **1** Pianta erbacea originaria del Sud America, coltivata per i suoi frutti rossi e tondeggianti. **2** L'ottimo frutto della pianta, ricco di vitamine, che viene mangiato crudo o cotto in tantissime ricette diverse: *insalata di pomodori e cetrioli; pizza pomodoro e basilico; salsa di pomodoro.*

pompa[1] (póm-pa) N.F. **1** Macchina usata per aspirare, comprimere o spingere fuori liquidi o gas: *la pompa della bicicletta; la pompa dell'acqua.* **2** Tubo di gomma usato per annaffiare. Ⓔ ***Pompa (di benzina)***, distributore di benzina per autoveicoli.

pompa[2] (póm-pa) N.F. · Lusso, fasto, magnificenza: *il ballo a corte fu celebrato con gran pompa.* Ⓔ ***In pompa magna***, con grande sfarzo ed eleganza • ***Pompe funebri***, impresa che si occupa del funerale di una persona.

pompare (pom-pà-re) V.TR. (*pómpo*, ecc.) **1** Aspirare, immettere o comprimere un liquido o un gas usando una pompa: *pompare l'acqua* **dal** *pozzo; pompare la benzina* **nel** *serbatoio* • Nel linguaggio familiare, gonfiare immettendo aria: *pompare il canotto.* **2** Esagerare, gonfiare, ingrandire: *pompare una notizia.*

pompelmo (pom-pèl-mo) N.M. **1** Pianta sempreverde simile all'arancio, che produce grossi frutti sferici commestibili. **2** Il frutto della pianta, giallo o rosato, con scorza spessa, polpa ricca di succo, piacevolmente aspra, da cui si ricava un succo dissetante e ricco di vitamine.

pompiere (pom-piè-re) N.M. · Chi ha il compito di prevenire ed estinguere gli incendi e di intervenire in caso di alluvioni, crolli o altri pericoli: *il camion dei pompieri.*

pomposo (pom-pó-so) AGG. · Sontuoso, sfarzoso: *una cerimonia pomposa.*

poncho (pon-cho; pronuncia *pòncio*) N.M. SP., in it. N.M. INVAR. · Mantello tipico dell'America centrale e meridionale, fatto con un pezzo di stoffa rettangolare forato al centro per infilarci la testa.

ponderare (pon-de-rà-re) V.TR. (*pòndero*, ecc.) · Valutare a lungo e con attenzione: *ponderare i vantaggi e gli svantaggi di una decisione* Ⓢ esaminare, considerare.

ponderato (pon-de-rà-to) AGG. **1** Preceduto da attento esame e da profonda riflessione: *una decisione ponderata* Ⓢ ragionato, meditato Ⓒ avventato. **2** Di chi riflette a lungo prima di parlare o di agire: *un uomo ponderato* Ⓢ assennato, riflessivo.

ponente (po-nèn-te) N.M. **1** La parte dell'orizzonte dove tramonta il sole: *un edificio rivolto a ponente* Ⓢ occidente, ovest Ⓒ levante, est. **2** Vento che soffia da ovest.

P

pongo (pón-go) · Ind. pres., 1ª pers. sing. → *porre*.

ponte (pón-te) N.M. **1** Costruzione che permette di attraversare corsi d'acqua o avvallamenti: *ponte stradale, ferroviario; i parapetti del ponte* • Qualsiasi struttura con la stessa funzione, ma fabbricata in modo rudimentale o provvisorio: *un ponte di liane.* **2** In edilizia, impalcatura, ponteggio. **3** Ogni struttura orizzontale che divide o copre una nave nelle sue varie parti: *ponte di comando, di coperta.* **4** Protesi dentaria fissa che si attacca lateralmente ai denti sani e sostituisce uno o più denti mancanti. **5** Periodo di vacanza più lungo, che si ottiene quando tra una festività e l'altra ci sono uno o due giorni lavorativi che si considerano anch'essi festivi: *fare il ponte.* Ⓔ ***Bruciare i ponti, tagliare i ponti***, interrompere bruscamente un rapporto o una trattativa già avviata • ***Ponte aereo***, collegamento aereo tra due o più località non raggiungibili via terra • ***Ponte levatoio*** → *levatoio* • ***Ponte radio***, comunicazione tra due luoghi per mezzo di onde radio.

pontefice (pon-té-fi-ce) N.M. **1** Titolo del capo della Chiesa cattolica, il Papa Ⓢ Santo Padre. **2** Nell'antica Roma, sacerdote con l'incarico di tutelare le tradizioni giuridiche e religiose della città.

> Il termine deriva da una parola latina che significa 'costruttore di ponti'.

ponteggio (pon-tég-gio) N.M. (pl. *-gi*) · Impalcatura: *montare i ponteggi per il restauro di un palazzo.*

pontificato (pon-ti-fi-cà-to) N.M. · La carica del Papa: *assumere il pontificato* Ⓢ papato • Periodo di tempo in cui è in carica un Papa: *il pontificato di Bonifacio VIII.*

pontificio (pon-ti-fi-cio) AGG. (pl.m. *-ci*, pl.f. *-cie*) · Del pontefice: *guardie pontificie; palazzi pontifici* Ⓢ papale. Ⓔ ***Stato pontificio***, i territori governati dal Papa fino al 1870.

pontile (pon-tì-le) N.M. · Piccolo ponte attaccato alla riva e sporgente verso l'acqua che serve per l'attracco di piccole e medie imbarcazioni.

pony (po-ny; pronuncia *pònì*) N. INGL., in it. N.M. INVAR. · Cavallo di piccola statura, originario della Scozia e dell'Irlanda, adoperato come cavallo da sella per ragazzi.

pool (pronuncia *pul*) N. INGL., in it. N.M. INVAR. **1** Gruppo di imprese che collaborano a un progetto comune o che gestiscono insieme materie prime e servizi: *pool di industrie tessili; pool dell'acciaio.* **2** Gruppo di persone che lavorano insieme a un progetto: *un pool di scienziati* Ⓢ équipe (*fr.*).

pop (pronuncia *pòp*) AGG. INGL., in it. AGG. INVAR. · Di fenomeno artistico o musicale nato intorno al 1960 e rivolto a un pubblico di persone comuni, non di esperti: *arte, cultura pop.* Ⓔ ***Musica pop*** (o *il pop* N.M.), musica leggera giovanile, basata sull'uso di strumenti elettrici o elettronici.

Il termine deriva dall'abbreviazione dell'inglese *popular* 'popolare'.

popcorn (pop-corn; pronuncia *popcòrn*) N. INGL., in it. N.M. INVAR. · Chicchi di granturco fatti scoppiare sul fuoco, salati o zuccherati.

popò (po-pò) N.F. INVAR. · Nel linguaggio infantile, le feci: *fare la popò.*

popolamento (po-po-la-mén-to) N.M. · Aumento della popolazione in un luogo: *il popolamento di una zona bonificata*; anche riferito a flora e fauna: *popolamento di un parco naturale.*

popolano (po-po-là-no) AGG. e N.M. (f. -a) · Che, chi appartiene al popolo: *una popolana onesta e coraggiosa; tradizioni popolane.*

popolare[1] (po-po-là-re) AGG. **1** Di tutta la popolazione: *referendum popolare.* **2** Del popolo, inteso come la parte più numerosa, povera e con minor cultura della popolazione: *quartiere popolare; linguaggio popolare* • Realizzato per il popolo: *case popolari* • Destinato ad agevolare le classi meno abbienti: *prezzi popolari.* **3** Che ha molto successo: *un gioco popolare tra i giovani; un attore molto popolare* Ⓢ amato Ⓒ impopolare.

popolare[2] (po-po-là-re) V.TR. (*pòpolo*, ecc.) || TR. **1** Rendere abitato un territorio con nuove genti: *i coloni hanno popolato le praterie del West* Ⓢ abitare. **2** Riempire, affollare: *i tifosi popolano gli stadi ogni domenica.* || **popolarsi** INTR. PRONOM. **1** Aumentare il proprio numero di abitanti: *la regione si è rapidamente popolata.* **2** Riempirsi: *all'improvviso il cielo si popolò* ***di*** *uccelli.*

popolarità (po-po-la-ri-tà) N.F. INVAR. · L'essere molto conosciuto e amato o molto diffuso: *la popolarità di un attore; la popolarità di uno sport* Ⓢ notorietà, celebrità Ⓒ impopolarità.

popolato (po-po-là-to) AGG. · Che ha molti abitanti o che è molto frequentato: *una regione densamente popolata; in agosto le località di mare sono molto popolate.*

popolazione (po-po-la-zió-ne) N.F. **1** La quantità di persone che vivono in un determinato territorio: *la popolazione della Spagna; aumento della popolazione* Ⓢ popolo; abitanti (PL.). **2** Raggruppamento umano più o meno numeroso: *le antiche popolazioni del Medio Oriente.* **3** Qualsiasi raggruppamento i cui componenti abbiano caratteristiche comuni: *la popolazione scolastica; la popolazione batterica.* **4** L'insieme degli animali o delle piante che costituiscono la fauna e la flora di una regione: *la popolazione marina dell'Adriatico.*

popolo (pò-po-lo) N.M. **1** L'insieme delle persone che vivono nello stesso Stato, parlano la stessa lingua, hanno la stessa cultura e sono soggette alle stesse leggi: *il popolo italiano; le tradizioni di un popolo* Ⓢ popolazione; cittadini (PL.). **2** La parte più numerosa, più povera della società e con meno cultura: *una donna del popolo.* **3** Moltitudine, folla, gente: *il presidente passò tra due ali di popolo in festa.*

popoloso (po-po-ló-so) AGG. · Che ha molti abitanti: *regione popolosa.*

poppa[1] (póp-pa) N.F. · L'estremità posteriore di un'imbarcazione: *mettersi a poppa.* Ⓔ ***Con il vento in poppa***, senza difficoltà: *il lavoro procede con il vento in poppa.*

poppa[2] (póp-pa) N.F. · Nel linguaggio familiare, mammella, seno.

poppante (pop-pàn-te) N.M. e F. · Bambino che ancora succhia il latte Ⓢ lattante.

poppare (pop-pà-re) V.TR. (*póppo*, ecc.) · Succhiare il latte dalla mammella o dal biberon.

poppatoio (pop-pa-tó-io) N.M. (pl. *-tói*) · Bottiglia con tettarella di gomma, usata per allattare artificialmente i bambini Ⓢ biberon.

populismo (po-pu-lì-ṣmo) N.M. · Tendenza politica ad attirarsi con lusinghe e false promesse il favore del popolo.

populista (po-pu-lì-sta) AGG. e N.M. e F. (pl.m. *-i*, pl.f. *-e*) · Che, chi cerca di attirarsi il favore del popolo con lusinghe e false promesse: *una politica populista.*

porcaio (por-cà-io) N.M. (f. *-a*; pl.m. *-cài*, pl.f. *-càie*) || N.M. (f. *-a*) Guardiano di porci. || N.M. Luogo molto sporco: *pulisci la tua stanza, è un porcaio* Ⓢ porcile, stalla.

porcellana (por-cel-là-na) N.F. **1** Tipo di ceramica pregiata, a grana finissima e compatta, bianca e impermeabile, lucidata con una vernice trasparente: *piatti di porcellana.* **2** Oggetto prezioso di tale materiale: *una collezione di porcellane cinesi.*

porcellino (por-cel-lì-no) N.M. · Piccolo del maiale: *porcellino al forno.* Ⓔ ***Porcellino d'India***, cavia.

porcheria (por-che-rì-a) N.F. (pl. *-rìe*) **1** Sporco, sporcizia, spazzatura: *cos'è questa porcheria sul tappeto?* **2** Cibo o bevanda cattivi o dannosi per la salute: *questo spumante è una porcheria; mangia certe porcherie!* Ⓢ schifo, schifezza. **3** Cosa brutta o malfatta: *che porcheria quel quadro!* **4** Azione negativa o scorretta: *il suo tradimento è stata una vera porcheria.* **5** Parola o frase volgare: *smettila di dire porcherie!*

porchetta (por-chét-ta) N.F. · Maialino al forno farcito con erbe aromatiche e spezie: *un panino con la porchetta.*

porcile (por-cì-le) N.M. **1** Stalla per i maiali. **2** Luogo sporchissimo: *non so come possa stare in quel porcile* Ⓢ letamaio.

porcino (por-cì-no) N.M. · Fungo commestibile molto pregiato, con cappello bruno-castano, gambo robusto e polpa bianca: *sugo ai porcini.*

porco (pòr-co) N.M. e AGG. (f. *-a*; pl.m. *-ci*, pl.f. *-che*) || N.M. (f. *-a*) **1** Il maiale domestico: *ingrassare il porco; mangiare come un porco*, tantissimo, con ingordigia. **2** Chi dice volgarità o si comporta in modo volgare: *fa il porco con tutte le ragazze* Ⓢ maiale. **3** Persona sleale e scorretta: *in quell'occasione è stato un porco.* || AGG. Nel linguaggio volgare, come peggiorativo, per esprimere rabbia o insoddisfazione: *porco mondo!; porca miseria!* Ⓔ ***Gettare le perle ai porci***, offrire cose di valore a chi non le sa apprezzare o non le merita.

porcospino (por-co-spì-no) N.M. **1** Istrice. **2** Riccio.

porfido (pòr-fi-do) N.M. · Roccia vulcanica molto dura che viene utilizzata per la costruzione di monumenti o, ridotta in cubetti, per rivestire le strade.

porgere (pòr-ge-re) V.TR. (irreg.: ind. pres. *pòrgo, pòrgi*, ecc.; pass. rem. *pòrsi, porgésti, pòrse, porgémmo, porgéste, pòrsero*; part. pass. *pòrto*) **1** Avvicinare qualcosa con cortesia: *porgere il sale; porgere la mano*, dare la mano da stringere per salutare; *porgere il braccio*, offrire il braccio, come appoggio per camminare Ⓢ dare. **2** Dare, offrire, portare: *porgere aiuto; **le** porgo i miei migliori saluti.*

porno (pòr-no) AGG. INVAR. · Pornografico: *un film porno.*

pornografia (por-no-gra-fì-a) N.F. (pl. *-fìe*) · Rappresentazione molto realistica di scene di sesso.

pornografico (por-no-grà-fi-co) AGG. (pl.m. *-ci*, pl.f. *-che*) · Che rappresenta scene di sesso molto realistiche: *spettacolo pornografico* Ⓢ osceno.

poro (pò-ro) N.M. **1** In anatomia, ciascuno dei piccoli fori che si aprono sulla pelle: *pori dilatati; sprizzare gioia, rabbia, salute da tutti i pori*, sembrare molto felice, arrabbiato, sano. **2** Ciascun foro minuscolo all'interno o sulla superficie di un materiale compatto: *i pori del legno.*

porosità (po-ro-si-tà) N.F. INVAR. · La presenza di minuscoli fori in un materiale compatto: *la porosità del legno.*

poroso (po-ró-so) AGG. · Di materiale solido che ha molti pori: *roccia porosa.*

porpora (pór-po-ra) N.F. e M. e AGG. || N.F. Sostanza colorante prodotta da alcuni molluschi che diversi popoli antichi, in particolare i Fenici, usavano per tingere le stoffe di rosso violaceo. || AGG. e N.M. INVAR. Di colore rosso violaceo: *fiori porpora; al tramonto il cielo divenne di porpora.*

porre (pór-re) V.TR. (irreg.: ind. pres. *póngo, póni, póne, poniàmo, ponéte, póngono*; pass. rem. *pósi, ponésti, póse, ponémmo, ponéste, pósero*; fut. *porrò*, ecc.; cong. pres. *pónga, pónga, pónga, poniàmo, poniàte, póngano*; condiz. *porrèi*, ecc.; part. pass. *pósto*; le altre forme dal tema *pon-*: *ponévo, ponéssi, ponèndo*, ecc.) || TR. **1** Mettere, collocare, appoggiare: *porre un vassoio **sulla** tavola; porre un libro **sullo** scaffale* • Apporre, aggiungere: *porre la firma **su** un documento.* **2** Fare, rivolgere: *porre una domanda, una richiesta.* **3** Supporre, ammettere: *poniamo **che** tutto vada liscio.* || **porsi** TR. PRONOM. Proporsi, avere come fine: *porsi un obiettivo.* || **porsi** RIFL. Mettersi, collocarsi, sistemarsi:

P

porsi ***a*** *tavola; si pose* ***in*** *disparte.* || **porsi** INTR. PRONOM. Verificarsi, presentarsi: *la questione non si pone.* **E** ***Porre fine a qualcosa*** o ***porre termine a qualcosa***, concluderlo, terminarlo: *porre fine a una discussione* • ***Porre mano a qualcosa*** → ***mano*** • ***Porre mente a qualcosa***, dedicargli la propria attenzione • ***Porsi un problema***, cercare di capire come affrontarlo.

porro (pòr-ro) N.M. **1** Ortaggio di forma e sapore simili alla cipolla e all'aglio: *sformato di porri.* **2** Nel linguaggio familiare, verruca.

porsi (pòr-si) · Pass. rem., 1ª pers. sing. → ***porgere***.

porta (pòr-ta) N.F. **1** Apertura praticata nella parete di un edificio o nelle mura di una città, da cui si entra o si esce: *le porte di una città* • Elemento in legno o altro materiale della stessa forma dell'apertura, che ruotando su cardini apre o chiude il passaggio: *porta blindata; bussare alla porta* **S** uscio. **2** Sportello, portiera: *le porte della macchina, di un armadio.* **3** In alcuni sport a squadre, ciascuna delle due strutture, chiuse da una rete, nelle quali i giocatori devono lanciare la palla per segnare un punto: *tirare in porta* **S** rete. **4** Nello sci, ciascuno dei paletti che segnano un passaggio obbligato nelle gare di slalom: *saltare una porta.* **E** ***Chiudere la porta in faccia a qualcuno***, rifiutarsi di aiutarlo • ***Essere alle porte***, molto vicino: *il nemico, la primavera è alle porte* • ***Fuori porta***, al di fuori delle mura di una città: *un ristorante fuori porta* • ***Mettere alla porta***, cacciare o anche licenziare • ***Sfondare una porta aperta*** → ***sfondare***.

portabagagli (por-ta-ba-gà-gli) N.M. e AGG. INVAR. || N.M. **1** Chi per lavoro porta i bagagli dei viaggiatori, nelle stazioni e negli aeroporti **S** facchino. **2** Nei veicoli, sostegno metallico a cui si assicurano i bagagli: *il portabagagli del motorino.* **3** Nel linguaggio familiare, bagagliaio: *una macchina con un grande portabagagli.* || AGG. Destinato ai bagagli: *carrello portabagagli.*

portabandiera (por-ta-ban-diè-ra) AGG. e N.M. e F. INVAR. || AGG. e N.M. e F. Che, chi ha l'incarico di portare la bandiera: *ufficiale portabandiera.* || N.M. e F. Il principale esponente di un movimento di pensiero: *il portabandiera degli ambientalisti.*

portacellulare (por-ta-cel-lu-là-re) N.M. INVAR. · Custodia per telefono cellulare.

portacenere (por-ta-cé-ne-re) N.M. INVAR. · Recipiente dove si butta la cenere e il mozzicone di sigarette e sigari **S** posacenere.

portachiavi (por-ta-chià-vi) N.M. INVAR. · Anello o custodia per tenere insieme più chiavi.

portacipria (por-ta-ci-pria) N.M. INVAR. · Astuccio da borsetta con specchietto, cipria e piumino.

portaerei (por-ta-è-re-i) N.F. e AGG. INVAR. · Grande nave militare con un lungo ponte per l'atterraggio e il decollo degli aerei.

portafinestra (por-ta-fi-nè-stra) (o **porta finestra**) N.F. (pl. *portefinèstre*) · Finestra che parte dal pavimento e da cui si può uscire sul balcone o in giardino.

portafoglio (por-ta-fò-glio) N.M. (pl. *-gli*) **1** Piccola busta di pelle o altro materiale, con tasche e divisioni interne, in cui si tiene il denaro e i documenti: *gli hanno rubato il portafoglio.* **2** Carica di ministro: *il portafoglio delle Finanze* **S** ministero. **E** ***Gonna a portafoglio***, che si chiude incrociandosi sul davanti o sul fianco • ***Ministro senza portafoglio***, ministro che fa parte del governo ma con un ministero privo di bilancio proprio.

portafortuna (por-ta-for-tù-na) N.M. e AGG. INVAR. · Di oggetto che si pensa possa portare fortuna: *anello portafortuna.*

portale (por-tà-le) N.M. **1** Porta monumentale di chiese o palazzi, spesso riccamente decorata: *il portale del Duomo di Orvieto.* **2** In Internet, grande sito d'informazioni con notizie, servizi, link utili ecc.

portalettere (por-ta-lèt-te-re) N.M. e F. INVAR. · Chi consegna la posta a domicilio **S** postino.

portamento (por-ta-mén-to) N.M. · Posizione che si assume camminando: *un portamento eretto, elegante.*

portamonete (por-ta-mo-né-te) N.M. INVAR. · Piccola custodia tascabile per le monete.

portante (por-tàn-te) AGG. · Di elemento che ha funzione di sostegno: *muro portante, colonna portante*, quelli in cemento armato, che reggono il peso della costruzione.

portantina (por-tan-tì-na) N.F. **1** Sedia montata su lunghe stanghe laterali, usata in passato per trasportare a braccia le persone. **2** Lettiga o barella per malati e feriti.

portaombrelli (por-ta-om-brèl-li) N.M. INVAR. · Recipiente spesso a forma di grosso vaso in cui si ripongono gli ombrelli.

portapacchi (por-ta-pàc-chi) N.M. e F. INVAR. || N.M. e F. Chi consegna pacchi a domicilio Ⓢ fattorino. || N.M. Piccolo sostegno montato su biciclette o motociclette, su cui si mettono i pacchi da trasportare Ⓢ portabagagli.

portare (por-tà-re) V.TR. e INTR. (*pòrto*, ecc.) || TR. **1** Trasportare da un luogo a un altro: *portare una sedia* ***nell'****altra stanza; portare un ferito* ***all'****ospedale; la corrente ha portato* ***a*** *valle molto fango* • Spostare una parte del corpo: *porta il braccio* ***dietro*** *la testa.* **2** Poter trasportare, riuscire a contenere: *l'auto porta cinque persone; può portare fino a tre tonnellate* • Reggere, sorreggere: *le colonne portano il peso del soffitto* • Sostenere: *porta da solo il peso della famiglia.* **3** Far avere, dare, recare: *il postino ha portato una raccomandata; portami un bicchiere d'acqua* • Far venire, attaccare: *i topi portano malattie.* **4** Condurre, accompagnare: *portare i bambini* ***a*** *scuola.* **5** Prendere con sé in vista di uno spostamento: *ricordati di portare un maglione pesante*; anche TR. PRONOM.: *mi sono portata la merenda* ***a*** *scuola.* **6** Avere addosso, indossare: *porta una camicetta di seta; porta gli occhiali* • Avere una certa acconciatura: *portare i capelli corti.* **7** Guidare: *non sa portare la macchina.* **8** Presentare, riportare: *la lettera non porta il nome del mittente.* **9** Produrre, presentare, esibire: *portare nuove prove.* **10** Produrre come conseguenza: *la vecchiaia porta tanti piccoli guai; queste nuvole nere portano un bel temporale* Ⓢ causare • Indurre, condurre: *tutto ci porta* ***a*** *credere che il risultato sarà buono.* **11** Provare un sentimento: *non* ***ti*** *porto rancore per ciò che mi hai detto.* **12** Nelle operazioni matematiche, fare il riporto: *scrivo cinque e porto due.* || INTR. (aus. *avere*) Dirigersi, condurre in un luogo, in una direzione: *questa strada porta in centro.* || **portarsi** INTR. PRONOM. Andare: *tutti i soccorritori si sono portati* ***sul*** *luogo del disastro.* Ⓔ ***Portare bene*** o ***portare fortuna***, ***portare male*** o ***portare sfortuna***, essere di buono, di cattivo augurio • ***Portare in tavola***, mettere le vivande pronte sulla tavola • ***Portare pazienza***, avere pazienza • ***Portar via***, allontanare: *lo hanno portato via a forza.*

portasigarette (por-ta-si-ga-rét-te) N.M. INVAR. · Contenitore tascabile o da tavolo in cui si tengono le sigarette.

portata (por-tà-ta) N.F. **1** Ciascuna delle vivande servite durante un pasto: *una cena di dieci portate* Ⓢ piatto. **2** La capacità di carico di un mezzo di trasporto: *la portata di un camion* • La quantità di acqua che passa in un corso d'acqua in un certo tempo: *la portata del Po nel periodo estivo.* **3** La distanza raggiunta dalla vista o da uno strumento ottico: *il pianeta non era alla portata* ***del*** *telescopio.* **4** Capacità economica: *un'auto alla portata* ***di*** *tutte le tasche* • Capacità intellettuale: *un libro alla portata* ***di*** *chiunque.* **5** Importanza, valore, rilievo: *una scoperta di enorme portata.* Ⓔ ***A portata di mano***, in un luogo vicino, comodo da raggiungere: *tenere gli occhiali a portata di mano*; facile da ottenere: *la vittoria è a portata di mano.*

portatile (por-tà-ti-le) AGG. e N.M. || AGG. Che è abbastanza piccolo e leggero da poter essere trasportato a mano: *televisore portatile.* || N.M. Piccolo apparecchio, soprattutto computer o telefono, con una batteria che gli consente di essere utilizzato anche staccato dalla presa di corrente.

portato (por-tà-to) AGG. **1** Che ha un'inclinazione naturale verso qualcosa: *essere portato* ***per*** *la pittura* Ⓢ tagliato, versato. **2** Disposto, propenso: *non mi sembri portato* ***a*** *credermi.*

portatore (por-ta-tó-re) N.M. (f. *-trice*) · Chi porta qualcosa: *portatore di buone notizie; i topi sono portatori di malattie* • Chi è addetto al trasporto di qualcosa: *portatore d'acqua; gli esploratori partirono con cinque portatori indigeni.* Ⓔ ***Al portatore***, nel linguaggio bancario, di titolo di credito che dà a chi lo esibisce il diritto di farne uso: *libretto al portatore* • ***Portatore di handicap***, disabile • ***Portatore sano***, in medicina, individuo sano che ha in sé i germi di una malattia e può attaccarla.

P

portavalori (por-ta-va-ló-ri) N.M. e F. e AGG. INVAR. || N.M. e F. Chi per mestiere trasporta denaro, titoli di credito o gioielli. || AGG. Che serve al trasporto di denaro e oggetti di valore: *furgone portavalori*.

portavoce (por-ta-vó-ce) N.M. e F. INVAR. · Chi è ufficialmente incaricato di esporre le opinioni e le linee d'azione di un ente o di un personaggio pubblico: *il portavoce di un partito*.

portefinestre (por-te-fi-nè-stre) · Plurale → ***portafinestra***.

portello (por-tèl-lo) N.M. **1** Anta, sportello. **2** Ciascuna delle aperture nei fianchi delle navi o degli aerei.

portento (por-tèn-to) N.M. · Fatto straordinario: *assistere a un portento* Ⓢ miracolo, prodigio • Ciò che provoca un effetto eccezionale: *quella medicina è un portento* • Chi possiede qualità e capacità eccezionali: *quella ragazza è un portento in matematica* Ⓢ fenomeno.

portentoso (por-ten-tó-so) AGG. · Eccezionale, straordinario, miracoloso: *un motore portentoso; ha un'intelligenza portentosa*.

porticato (por-ti-cà-to) N.M. · Portico ampio e lungo: *il giardino era circondato da un porticato*.

portico (pòr-ti-co) N.M. (pl. *-ci*) · Marciapiede coperto ricavato sotto un edificio e delimitato da un colonnato: *passeggiare sotto i portici* Ⓢ loggia.

portiera (por-tiè-ra) N.F. · Sportello di automobile.

portiere (por-tiè-re) N.M. (f. *-a*; pl.m. *-i*, pl.f. *-e*) **1** Chi per mestiere sorveglia e pulisce le parti comuni di edifici pubblici e privati: *il portiere del palazzo* • Negli alberghi, chi è addetto all'accoglienza e all'assistenza dei clienti: *portiere di notte*. **2** In alcuni sport a squadre, il giocatore che difende la porta: *la parata del portiere*.

portinaio (por-ti-nà-io) N.M. (f. *-a*; pl.m. *-nài*, pl.f. *-nàie*) · Chi è addetto a sorvegliare l'ingresso di un edificio: *ho lasciato le chiavi al portinaio* Ⓢ portiere.

portineria (por-ti-ne-rì-a) N.F. (pl. *-rìe*) · Il locale a piano terra di un edificio dove il portiere lavora o abita.

porto[1] (pòr-to) · Participio pass. → ***porgere***.

porto[2] (pòr-to) N.M. · Nell'espressione ***porto d'armi***, il documento che autorizza a possedere armi: *chiedere, ottenere, mostrare il porto d'armi*.

porto[3] (pòr-to) N.M. · Zona riparata sulla riva del mare, di un fiume o di un lago, per l'accesso e la sosta delle imbarcazioni o per le operazioni di carico e scarico delle merci: *porto naturale, artificiale; porto marittimo, fluviale* Ⓢ scalo, approdo. Ⓔ ***Andare in porto*** o ***giungere in porto***, concludersi positivamente: *l'affare è andato in porto* • ***Condurre in porto***, portare a compimento con esito positivo: *condurre in porto una trattativa* • ***Porto di mare***, luogo con un continuo movimento di persone che vanno e vengono: *questa casa è un porto di mare!* • ***Porto franco***, città marittima o zona portuale in cui le merci estere non sono soggette alle tasse di dogana.

portoghese (por-to-ghé-se) AGG. e N.M. e F. || AGG. Del Portogallo: *un vino portoghese*. || N.M. e F. **1** Abitante, nativo del Portogallo. **2** Nell'uso comune, chi riesce ad assistere a uno spettacolo senza pagare: *allo stadio c'erano tanti portoghesi*. || N.M. La lingua parlata in Portogallo, in una parte della Galizia spagnola, nelle Azzorre e in Brasile.

> Il significato di 'spettatore che non paga il biglietto' deriva da un episodio del Settecento: l'ambasciata del Portogallo a Roma offrì uno spettacolo al Teatro Argentina al quale i portoghesi erano invitati gratuitamente; molti romani perciò si fecero passare per portoghesi per non pagare il biglietto d'ingresso.

portone (por-tó-ne) N.M. · Grande porta d'entrata di un edificio: *il portone di un palazzo, di una scuola*.

portuale (por-tu-à-le) AGG. · Del porto: *autorità portuali*.

porzione (por-zió-ne) N.F. **1** Parte di un intero: *una porzione di terreno; una porzione dell'eredità* Ⓢ quota, fetta. **2** La quantità di cibo servita in un piatto: *porzioni abbondanti; una porzione di lasagne* Ⓢ razione.

posa (pò-sa) N.F. **1** L'azione di mettere qualcosa nella sede stabilita: *la posa dei cavi del telefono, della prima pietra di un edificio.* **2** L'atteggiamento assunto da chi sta per essere fotografato o ritratto: *mettersi in posa.* **3** Atteggiamento studiato e innaturale: *assumere una posa da intellettuale* Ⓢ aria, contegno. **4** Sosta, pausa: *lavorare senza posa,* di continuo.

posacenere (po-sa-cé-ne-re) N.M. INVAR. · Portacenere.

posare[1] (po-sà-re) V.TR. e INTR. (*pòso*, ecc.) || TR. **1** Mettere giù: *posare il bagaglio; posò la penna* ***sul*** *tavolo* Ⓢ deporre. **2** Appoggiare delicatamente: *posare la testa* ***sul*** *cuscino;* ***le*** *posò una mano* ***sulla*** *spalla.* **3** Fissare, fermare: *posò lo sguardo* ***su*** *di lei.* || INTR. (aus. *avere*) Avere come base, fondamento: *l'arco posa* ***su*** *due colonne; l'edificio posava* ***sulla*** *roccia* Ⓢ poggiare • Fondarsi, basarsi: *l'accusa posa* ***su*** *indizi molto fragili.* || **posarsi** INTR. PRONOM. Poggiarsi scendendo pian piano: *la neve si posa* ***sui*** *tetti; un uccello si posò* ***sul*** *davanzale della finestra* • Di sguardo, pensiero, ecc., dirigersi: *lo sguardo si posò* ***sulla*** *fotografia del nonno.*

posare[2] (po-sà-re) V.INTR. (*pòso*, ecc.; aus. *avere*) **1** Stare immobile per farsi fotografare o ritrarre: *posare per un pittore.* **2** Comportarsi in modo studiato e innaturale: *posare* ***a*** *vittima* Ⓢ atteggiarsi.

posata (po-sà-ta) N.F. · Utensile da tavola che si adopera per servire, tagliare o per portarsi il cibo alla bocca • AL PL. L'insieme di cucchiai, forchette e coltelli: *mettere le posate in tavola.*

posato (po-sà-to) AGG. · Equilibrato, serio, riflessivo: *un ragazzo posato.*

poscritto (po-scrit-to) N.M. · Ciò che sia aggiunge alla fine di una lettera dopo la firma (sigla *PS*).

posi (pó-si) · Pass. rem., 1ª pers. sing. → ***porre***.

positivamente (po-ṣi-ti-va-mén-te) AVV. · In modo positivo, favorevolmente: *la cosa si è risolta positivamente.*

positivismo (po-ṣi-ti-vì-ṣmo) N.M. · Corrente di pensiero, diffusasi in Europa da metà Ottocento, che ritiene che la conoscenza umana debba basarsi solo su dati concreti e sulla ricerca scientifica.

positivo (po-ṣi-ti-vo) AGG. **1** Che dice di sì, affermativo: *risposta positiva; parere positivo* Ⓢ favorevole Ⓒ negativo. **2** Buono, favorevole: *giudizio positivo; il progetto ha parecchi lati positivi.* **3** Di chi vede sempre il lato buono delle cose e le affronta in modo pratico: *è una persona positiva* Ⓢ ottimista. **4** Che si basa su dati concreti e certi: *una scienza positiva.* **5** Di numero, maggiore di zero. **6** In fisica, di segno opposto a quello negativo: *polo positivo; carica positiva.* **7** In medicina, del risultato di un'analisi che conferma la presenza di un fenomeno: *il test di gravidanza è positivo.* **8** In grammatica: ***grado positivo***, di un aggettivo o di un avverbio, quello che presenta la qualità, senza dire in quale grado o misura essa è posseduta.

posizionare (po-ṣi-zio-nà-re) V.TR. (*poṣizióno*, ecc.) || TR. **1** Collocare nella posizione voluta: *posizionare un mobile.* **2** Rilevare la posizione di qualcosa: *posizionare una nave.* **3** Disporre il cursore in un punto dello schermo del computer. || **posizionarsi** RIFL. **1** Mettersi in una data posizione: *le truppe si posizionarono sul promontorio.* **2** Disporsi con il cursore in un punto dello schermo del computer.

posizione (po-ṣi-zió-ne) N.F. **1** Il luogo in cui si trova una cosa o una persona: *una casa in una splendida posizione; la posizione dei giocatori in campo* Ⓢ posto, collocazione. **2** Nel linguaggio militare, la zona occupata dalle truppe: *difendere una posizione; una posizione strategica.* **3** Posto occupato in una classifica da un atleta o da una squadra: *trovarsi nelle prime posizioni.* **4** Modo di vedere, punto di vista: *restare fermo sulle proprie posizioni* Ⓢ convinzione, opinione. **5** Condizione sociale o economica: *una posizione di prestigio; una solida posizione economica* • Situazione professionale ed economica soddisfacente: *farsi una posizione.* **6** La situazione nella quale una persona si trova in seguito a circostanze particolari: *una posizione difficile.* **7** Modo di stare del corpo o di parti del corpo: *posizione eretta; trovare una posizione più comoda.* Ⓔ ***Guerra di posizione*** → ***guerra*** • ***Luci di po-***

sizione, i segnali luminosi che segnalano la presenza di un veicolo.

posologia (po-ṣo-lo-gì-a) N.F. (pl. *-gìe*) · Spiegazione relativa al dosaggio e al modo in cui si deve prendere un farmaco: *nella ricetta del medico è indicata anche la posologia*.

posporre (po-spór-re) V.TR. (irreg.: coniugato come *porre*) **1** Mettere in seconda posizione: *posporre il cognome **al** nome* • Attribuire minor importanza: *posporre l'interesse personale **al** bene collettivo* Ⓢ subordinare Ⓒ anteporre. **2** Rinviare, rimandare: *posporre la data della partenza **di** una settimana*.

possa (pòs-sa) N.F. · Forza spirituale o fisica.

Il termine deriva dal latino *posse* 'potere', infinito scambiato per un sostantivo femminile, usato soprattutto nella lingua antica.

possedere (pos-se-dé-re) V.TR. (irreg.: *possièdo*, ecc.; o *possèggo*, ecc.; coniugato come *sedere*) **1** Avere la proprietà di qualcosa: *possedere una casa, grandi ricchezze* Ⓢ detenere. **2** Avere particolari qualità: *possedere una bella voce, un bel carattere*. **3** Essere preda di sentimenti o forti emozioni: *era posseduto dalla passione* Ⓢ dominare • Avere in sé uno spirito malvagio: *essere posseduto dal demonio*. **4** Conoscere perfettamente: *possedere una lingua* Ⓢ padroneggiare.

possedimento (pos-se-di-mén-to) N.M. **1** Grande proprietà terriera: *passa le estati nei suoi possedimenti in Trentino* Ⓢ terre (PL.). **2** Territorio sottoposto alla sovranità di uno Stato: *i possedimenti coloniali spagnoli*.

possente (pos-sèn-te) AGG. · Vigoroso, poderoso, formidabile: *un esercito possente; una voce possente*.

possessivo (pos-ses-sì-vo) AGG. **1** Che nei rapporti affettivi pretende di limitare la libertà di chi ama: *carattere possessivo; una donna possessiva verso i figli* Ⓢ geloso. **2** In grammatica, di aggettivo o pronome, come *mio, tuo, suo, nostro, vostro, loro, proprio* e *altrui*, che indica un rapporto di proprietà, appartenenza o relazione con qualcosa o qualcuno.

possesso (pos-sès-so) N.M. **1** Disponibilità di un bene di cui si può essere o non essere proprietari: *il possesso di una casa; entrare in possesso di un'eredità*. **2** Dominio, padronanza: *essere in pieno possesso delle proprie facoltà mentali*.

possessore (pos-ses-só-re) N.M. · Chi ha il possesso di qualcosa: *possessore di un bene, di un diritto* Ⓢ proprietario, padrone.

possibile (pos-sì-bi-le) AGG. e N.M. || AGG. **1** Che può capitare: *un rischio possibile; è possibile che ritardi un po' stasera; "Verrai?" "È possibile"*, forse Ⓒ impossibile. **2** Che può essere vero: *una spiegazione possibile* Ⓢ plausibile. **3** In frasi interrogative o negative esprime sorpresa, insofferenza, rabbia: *non è possibile che tu arrivi sempre in ritardo; è possibile che tu non capisca?* **4** Che si può fare: *è possibile fissare un appuntamento per oggi; non è possibile saltare la lezione; non appena mi sarà possibile*, quando potrò; *è la miglior soluzione possibile*, che si possa scegliere. || N.M. Ciò che si può fare: *farò tutto il possibile per aiutarti*. Ⓔ ***Nei limiti del possibile***, se le circostanze lo permettono: *nei limiti del possibile, cerca di tornare presto*.

possibilità (pos-si-bi-li-tà) N.F. INVAR. **1** Caso, eventualità: *le possibilità sono due: prendere o lasciare*. **2** Probabilità che qualcosa si realizzi: *non abbiamo molte possibilità di vincere la gara* Ⓢ probabilità Ⓒ impossibilità. **3** Opportunità, occasione: *un'ultima possibilità di salvezza; non ho avuto la possibilità di parlargli*. **4** AL PL. Le forze, i mezzi materiali o spirituali di cui una persona dispone: *non ha avuto le possibilità economiche per studiare* Ⓢ risorse (PL.).

possibilmente (pos-si-bil-mén-te) AVV. · Se le circostanze lo permettono, nei limiti del possibile: *possibilmente cerca di non sporcare tutto come al solito*.

possidente (pos-si-dèn-te) N.M. e F. · Chi possiede una proprietà terriera: *un ricco possidente di campagna*.

posso (pòs-so) · Ind. pres., 1ª pers. sing. → ***potere***[2].

post (pronuncia *pòst*) N. INGL., in it. N.M. INVAR. · Messaggio inviato a un blog o a un gruppo di discussione su Internet.

posta (pò-sta) N.F. **1** Servizio pubblico che provvede alla raccolta, al trasporto e al recapito di lettere, cartoline e pacchi: *posta aerea*;

spedire per posta • Ciascuno degli uffici diffusi su tutto il territorio nazionale che svolge questo servizio: *andare, lavorare alla posta* Ⓢ ufficio postale • La corrispondenza stessa: *ritirare, leggere la posta* Ⓢ lettere (PL.). **2** Il luogo dove il cacciatore attende la selvaggina. **3** Nei giochi d'azzardo, la somma di denaro che si punta: *raddoppiare la posta* Ⓢ puntata. Ⓔ ***A bella posta***, di proposito, intenzionalmente: *mi ha mentito a bella posta* • ***Fare la posta a qualcuno***, stare in agguato per spiarlo o sorprenderlo • ***La posta (in gioco)***, quanto si può guadagnare o perdere in un'impresa: *la posta (in gioco) è la nostra credibilità* • ***Posta elettronica***, corrispondenza in forma di messaggi e documenti trasmessi tra computer in rete • ***Posta prioritaria*** → ***prioritario***.

postale (po-stà-le) AGG. · Della posta: *servizio, ufficio postale.* Ⓔ ***Cartolina postale***, emessa dalla posta con affrancatura stampata • ***Casella postale*** → ***casella***.

postare (po-stà-re) V.TR. (*pòsto*, ecc.) · Inviare un post in Internet: *postare una notizia su un forum.*

postazione (po-sta-zió-ne) N.F. **1** Luogo in cui sono collocati pezzi d'artiglieria e armi pesanti: *assalire le postazioni nemiche* • Posto di guardia o di vedetta. **2** Il luogo da cui si realizza una trasmissione televisiva o radiofonica in diretta: *colleghiamoci con la nostra postazione nel centro di Torino.*

postbellico (post-bèl-li-co) AGG. (pl.m. *-ci*, pl.f. *-che*) · Del periodo successivo a una guerra: *crisi postbellica.*

posteggiare (po-steg-già-re) V.TR. (*postéggio*, ecc.) · Lasciare in sosta un veicolo: *posteggiare la macchina* Ⓢ parcheggiare • Effettuare un posteggio: *ho posteggiato qui vicino.*

posteggiatore (po-steg-gia-tó-re) N.M. (f. *-trìce*) · Chi custodisce un posteggio.

posteggio (po-stég-gio) N.M. (pl. *-gi*) **1** Spazio singolo o multiplo riservato alla sosta prolungata di veicoli: *posteggio di biciclette; posteggio a pagamento; lasciare la macchina al posteggio* Ⓢ parcheggio. **2** L'azione di lasciare un veicolo in sosta: *qui è vietato il posteggio.*

poster (po-ster; pronuncia *pòster*) N. INGL., in it. N.M. INVAR. · Manifesto che riproduce fotografie, opere d'arte o disegni e che si appende a scopo decorativo: *ha la cameretta piena di poster.*

posteri (pò-ste-ri) N.M.PL. · Le generazioni future: *il giudizio dei posteri* Ⓢ discendenti.

posteriore (po-ste-rió-re) AGG. **1** Che sta dietro: *un'auto con motore posteriore; gli arti posteriori del cavallo* Ⓒ anteriore. **2** Che viene o avviene dopo, in seguito: *il fatto di cui parli è posteriore* **al** *nostro primo incontro* Ⓢ successivo, seguente Ⓒ precedente, anteriore. Ⓔ ***A trazione posteriore*** → ***trazione***.

posticcio (po-stìc-cio) AGG. (pl.m. *-ci*, pl.f. *-ce*) **1** Di parte del corpo, aggiunta o sostituita artificialmente: *capelli posticci* Ⓢ finto Ⓒ vero. **2** Provvisorio, temporaneo: *sistemazione posticcia.*

posticipare (po-sti-ci-pà-re) V.TR. (*postìcipo*, ecc.) · Rimandare, ritardare, rinviare: *posticipare un pagamento; abbiamo posticipato la partenza* **di** *qualche giorno.*

postilla (po-stil-la) N.F. · Breve annotazione a un testo o a un documento scritta a mano o stampata: *le postille di un manoscritto; le postille di un testamento* Ⓢ nota.

> Il termine deriva dall'espressione latina *post illa (verba)* 'dopo quelle parole'.

postino (po-sti-no) N.M. (f. *-a*) · Chi per mestiere consegna la posta a casa.

post-it (post-it; pronuncia *pòstit* o *postìt*) N. INGL., in it. N.M. INVAR. · Nome commerciale ® di un tipo di biglietti adesivi per appunti e messaggi, che possono essere attaccati su qualunque superficie e facilmente staccati.

postmoderno (post-mo-dèr-no) AGG. · Di tendenza artistica o letteraria che fonde forme del passato con elementi innovativi: *architettura postmoderna.*

posto[1] (pó-sto) · Participio pass. → ***porre***.

posto[2] (pó-sto) N.M. **1** Spazio disponibile: *c'è posto per tutti; non c'è posto per la scrivania.* **2** Spazio riservato per qualcosa: *rimetti questo libro al suo posto; posto macchina*, spazio di proprietà dove si può lasciare la macchina. **3** Spazio riservato a qualcuno, o sedia, poltrona, letto dove si può sistemare una persona: *il mio posto è questo; il tuo posto è nel banco vicino alla cattedra; uno stadio con centomila posti.* **4** Lavoro, impiego: *un posto di maestro; perdere il posto.* **5** Luogo, località: *è un bellissimo posto per andare in vacanza* • Locale: *ho pranzato in un bel posto.* **6** Luogo attrezzato per un'attività particolare: *posto di pronto soccorso.* **7** Posizione in una successione o in una graduatoria: *la squadra si è classificata al decimo posto; la salute al primo posto*, prima di altre cose meno importanti. **8** Situazione, posizione: *io al posto suo avrei accettato.* **E** ***Al posto di***, invece di: *ci vado io al posto di mio cugino* • ***A posto***, in ordine: *ho messo a posto io ogni cosa*; per bene, bravo: *è un ragazzo a posto*; senza nulla da rimproverarsi: *avere la coscienza a posto*; a freno, sotto controllo: *tenere la lingua a posto* • ***Avere i nervi a posto***, essere equilibrato, calmo e posato: *tu non hai i nervi a posto* • ***Posto di blocco*** → ***blocco***[2] • ***Posto d'onore*** → ***onore*** • ***Stare al proprio posto***, non intromettersi.

post scriptum (pòst scrìp-tum) LOC. LAT., in it. N.M. INVAR. · Breve annotazione aggiunta alla fine di una lettera già firmata, preceduta dalla sigla PS: *aggiungere un post scriptum.*

postulato (po-stu-là-to) N.M. · Affermazione alla base di una teoria che viene considerata valida anche se non si può dimostrare: *i postulati della fede; i postulati della fisica.*

postumo (pò-stu-mo) AGG. e N.M. || AGG. Di opera letteraria pubblicata dopo la morte di una persona e del merito che gli viene riconosciuto: *un racconto postumo; gloria postuma.* || N.M.PL. In medicina, i disturbi che si possono manifestare come conseguenza di una malattia o di un infortunio: *i postumi di una polmonite, di una frattura* • Conseguenza, effetto: *i postumi della crisi economica.*

postura (po-stù-ra) N.F. · Posizione del corpo o di una sua parte: *una postura elegante; la corretta postura delle mani sulla tastiera.*

potabile (po-tà-bi-le) AGG. · Di acqua che può essere bevuta senza danno per la salute: *l'acqua della fontanella non è potabile.*

potare (po-tà-re) V.TR. (*póto*, ecc.) · Tagliare le parti invecchiate o malate dei rami di una pianta o accorciarli per dare alla pianta la forma desiderata: *potare gli olivi, le viti, la siepe.*

potassio (po-tàs-sio) N.M. · Metallo di colore argenteo, presente in natura sotto forma di minerali, è abbondante nell'acqua marina e nell'organismo umano; si usa come componente di leghe (il simbolo chimico è *K*).

potatura (po-ta-tù-ra) N.F. · Operazione con cui vengono tagliati i rami di una pianta per eliminare le parti secche, farla crescere meglio o darle una forma particolare: *la potatura di una siepe.*

potentato (po-ten-tà-to) N.M. · Territorio con un governo: *i potentati europei del Settecento.*

potente (po-tèn-te) AGG. e N.M. e F. || AGG. **1** Che ha autorità, influenza e mezzi economici: *un personaggio potente; uno Stato potente.* **2** Forte, vigoroso, robusto: *una potente muscolatura* • Intenso, energico: *un tiro potente.* **3** Che dà il massimo dei risultati: *un potente telescopio; un potente veleno.* || N.M. e F. Chi ha grande autorità e influenza: *una società che favorisce i ricchi e i potenti.*

potenza (po-tèn-za) N.F. **1** Potere, autorità, influenza: *la potenza militare di uno Stato; la potenza di un partito.* **2** Forza, vigore, energia: *la potenza di un atleta; la potenza delle onde.* **3** Intensità, efficacia: *la potenza di un medicinale; la potenza di un motore.* **4** Stato con molti mezzi economici e militari: *patto tra le grandi potenze* • Chi ha grandi mezzi, autorità e influenza: *nel suo settore è una vera potenza.* **5** In matematica, il prodotto di un numero, detto *base*, moltiplicato per se stesso tante volte quanto viene indicato da un altro numero, detto *esponente*, scritto in alto a destra della base. **6** In fisica, il lavoro compiuto da una forza o da un sistema di forze in un certo periodo di tempo. **E** ***All'ennesima potenza***, al più alto grado: *è un cretino all'ennesima potenza* • ***Elevazione a potenza*** → ***elevazione***.

potenziale (po-ten-zià-le) AGG. e N.M. || AGG. Che può avvenire, realizzarsi: *è un pericolo potenziale* **S** possibile. || N.M. **1** L'insieme dei mezzi a disposizione di uno Stato, di un'azienda, di un ente: *il potenziale militare di uno Stato* Ⓢ risorse (PL.). **2** Potenzialità.

potenzialità (po-ten-zia-li-tà) N.F. INVAR. **1** Possibilità di sviluppo che potrebbero verificarsi: *le potenzialità di una nuova scoperta scientifica* Ⓢ potenziale • SPESSO AL PL. Capacità di una persona che non si è ancora manifestata apertamente: *non è un tipo brillante, ma ha delle potenzialità.* **2** Disponibilità: *potenzialità economica.*

potenziamento (po-ten-zia-mén-to) N.M. · Rafforzamento, sviluppo: *il potenziamento del fisico; il potenziamento dell'industria.*

potenziare (po-ten-zià-re) V.TR. (*potènzio*, ecc.) · Rendere più potente, più forte ed efficiente: *potenziare l'industria; potenziare i muscoli di un atleta* Ⓢ rinforzare.

potere[1] (po-té-re) N.M. **1** Capacità o possibilità di fare qualcosa: *farò tutto quello che è in mio potere; ha un grande potere di persuasione; crede di possedere poteri magici* Ⓢ facoltà. **2** Controllo, dominio, influenza: *ridurre il nemico in proprio potere; non ho alcun potere su di lui.* **3** Supremazia di un individuo o di una classe sociale, data dalla ricchezza e dalla posizione autorevole, e a volte imposta con la violenza: *il potere dei ricchi sui poveri; un uomo di potere; il potere della mafia.* **4** Il diritto di un governo o di un rappresentante dello Stato di imporre agli altri il rispetto delle leggi o le proprie decisioni: *i poteri dello Stato; abuso di potere,* uso dell'autorità oltre i limiti permessi; *avere pieni poteri,* diritto di agire come si vuole • La posizione di chi ha questo diritto: *impadronirsi del potere; aspirare al potere.* **5** Proprietà di un materiale, di una sostanza, di una pianta o di un essere vivente di produrre certi effetti: *il potere curativo delle piante; il potere assorbente di un terreno* Ⓢ forza. Ⓔ ***Potere di acquisto*** → *acquisto* • ***Potere esecutivo*** → *esecutivo* • ***Potere giudiziario*** → *giudiziario* • ***Potere legislativo*** → *legislativo* • ***Quarto potere,*** la stampa, da aggiungere ai tre poteri dello Stato • ***Quinto potere,*** l'insieme dei mezzi di comunicazione, per la loro capacità di influenzare il pubblico.

potere[2] (po-té-re) V.TR. (irreg.: nella coniugazione si alternano i temi *pot-* e *poss-*: ind. pres. *pòsso, puòi, può, possiàmo, potéte, pòssono*; ind. imperf. *potévo, potévi*, ecc.; pass. rem. *potéi* o, meno com., *potètti, potésti*, ecc.; fut. *potrò, potrài*, ecc.; cong. pres. *pòssa, pòssa, pòssa, possiàmo, possiàte, pòssano*; cong. imperf. *potéssi*, ecc.; condiz. pres. *potrèi, potrésti*, ecc.; part. pres. *potènte* solo come agg. e n.m.; part. pass. *potùto*; gerundio *potèndo*; manca l'imperat.) || SERVILE **1** Avere la possibilità o la capacità di fare qualcosa: *non sono potuto andare a trovare mia nonna; non ho potuto studiare; si salvi chi può; ho fatto tutto quello che ho potuto; non potete farmi questo,* non ne avete il diritto Ⓢ riuscire. **2** Avere il permesso, l'autorizzazione per fare qualcosa: *non posso uscire stasera; in questo vagone non si può fumare* • In espressioni di cortesia, per chiedere di essere autorizzati a fare qualcosa: *posso chiederti un favore?; posso?,* è permesso? **3** Avere buoni motivi per dire o pensare qualcosa: *puoi ben dirlo!; non posso lamentarmi; puoi essere soddisfatto dei tuoi risultati.* **4** Essere possibile, probabile: *attento, puoi farti male!; potresti vincere alla lotteria; potrà avere la mia età.* || TR. Avere i requisiti per realizzare qualcosa: *nella sua posizione può molto.* Ⓔ ***A più non posso,*** con tutto l'impegno possibile: *lavorare a più non posso;* moltissimo: *piove a più non posso* • ***Non poterne più,*** non avere più la forza di sopportare qualcuno o qualcosa: *dopo una giornata passata con mia zia, non ne posso veramente più **di** lei* • ***Può darsi, può essere,*** forse.

> Usato come verbo servile *potere* prende l'ausiliare del verbo a cui si accompagna: *ha potuto farlo; ci sono potuta andare.*

potestà (po-te-stà) N.F. INVAR. · Il diritto, riconosciuto dalla legge, di esercitare un potere. Ⓔ ***Patria potestà*** → *patrio*.

povero (pò-ve-ro) AGG. e N.M. (f. *-a*) || AGG. e N.M. (f. -a) Che, chi ha pochissimi beni o mezzi economici per vivere: *una famiglia povera; fare un'offerta per i poveri* Ⓢ bisognoso, indigente Ⓒ ricco. || AGG. **1** Umile, modesto: *un quartiere povero; una povera casa.* **2** Che contiene qualcosa in quantità insufficiente: *cucina povera **di** grassi; un uomo povero **di** sentimenti* Ⓢ scarso. **3** Che suscita compassione: *un pover'uomo; povero me!; se ti prendo, povero te!,* ti sistemo io; *la povera nonna,* la nonna che è morta Ⓢ sventurato, infelice. **4** Che suscita disprezzo per la sua ingenuità: *sei un povero illuso!* Ⓔ ***Povero diavolo***, persona sfortunata.

povertà (po-ver-tà) N.F. INVAR. **1** Condizione di chi non ha mezzi per vivere: *cadere, ridursi, vivere in povertà* Ⓢ miseria Ⓒ ricchezza. **2** Insufficienza di qualcosa: *povertà di risorse; povertà di spirito* Ⓢ carenza, scarsità.

pozione (po-zió-ne) N.F. **1** Bevanda che contiene una medicina. **2** Filtro, veleno: *pozione magica.*

pozza (póz-za) N.F. **1** Leggero avvallamento del terreno pieno d'acqua: *fa' attenzione alle pozze* Ⓢ pozzanghera. **2** Quantità di liquido sparsa per terra: *in bagno c'è una pozza d'acqua* Ⓢ lago.

pozzanghera (poz-zàn-ghe-ra) N.F. · Pozza d'acqua piovana: *non saltare nelle pozzanghere!*

pozzo (póz-zo) N.M. **1** Scavo verticale nel terreno, profondo fino a raggiungere l'acqua, di solito rivestito in muratura e fornito di parapetto. **2** Grande quantità di qualcosa: *vincere un pozzo di soldi.* Ⓔ ***Pozzo di scienza***, chi sa moltissime cose • ***Pozzo nero***, nelle abitazioni non collegate alla fogna, fossa per lo scarico di feci e urina • ***Pozzo petrolifero***, destinato all'estrazione del petrolio • ***Pozzo senza fondo***, chi mangerebbe sempre.

pragmatico (prag-mà-ti-co) AGG. (pl.m. *-ci*, pl.f. *-che*) · Che analizza e affronta le situazioni in modo pratico e concreto: *un'intelligenza pragmatica; un uomo pragmatico.*

pragmatismo (prag-ma-tì-ṣmo) N.M. · Atteggiamento di chi pensa soprattutto ad agire e a ottenere risultati, e non alle teorie e agli ideali Ⓢ concretezza.

pranzare (pran-ẓà-re) V.INTR. (aus. *avere*) · Consumare il pranzo: *di solito pranziamo verso mezzogiorno.*

pranzo (pràn-ẓo) N.M. **1** Il pasto principale della giornata, di solito quello di mezzogiorno: *che c'è per pranzo?; invitare qualcuno a pranzo.* **2** L'ora in cui si è soliti fare tale pasto, di solito il mezzogiorno: *è venuto prima di pranzo; può telefonargli all'ora di pranzo.* **3** Banchetto: *un pranzo di nozze.*

prassi (pràs-si) N.F. INVAR. · Modo in cui viene svolta abitualmente un'attività: *prassi amministrativa; seguire la prassi* Ⓢ consuetudine.

prateria (pra-te-rì-a) N.F. (pl. *-rìe*) · Vasta pianura erbosa: *le praterie del Nord America.*

pratica (prà-ti-ca) N.F. (pl. *-che*) **1** L'attività concreta connessa all'esercizio di un'arte, di un mestiere, di una professione: *conosce bene la teoria, ma gli manca la pratica; certi mestieri si imparano solo con la pratica.* **2** Tirocinio: *fare pratica in uno studio legale.* **3** Esperienza acquisita facendo qualcosa abitualmente: *aver pratica di computer* Ⓢ conoscenza. **4** Nel linguaggio burocratico, l'insieme dei documenti relativi a una procedura amministrativa, a un caso investigativo, a una persona: *fare le pratiche per la patente; avviare una pratica di divorzio.* Ⓔ ***In pratica***, in effetti, in realtà, in sostanza: *usiamo parole diverse, ma in pratica diciamo la stessa cosa* • ***Mettere in pratica***, attuare, realizzare: *mettere in pratica un consiglio.*

praticabile (pra-ti-cà-bi-le) AGG. **1** Che si può attuare facilmente: *mi sembra una soluzione praticabile* Ⓢ possibile. **2** Che si può percorrere o utilizzare, in buone condizioni: *sentiero praticabile; causa del fango il campo di calcio non è praticabile* Ⓒ impraticabile.

praticamente (pra-ti-ca-mén-te) AVV. · In pratica, in realtà, quasi: *è praticamente guarito.*

praticante (pra-ti-càn-te) N.M. e F. e AGG. || N.M. e F. Chi lavora da un professionista per completare con la pratica la propria preparazione: *praticante notaio; praticante giornalista,* chi fa pratica presso un giornale. || AGG. Che osserva scrupolosamente le regole di una religione: *un cattolico praticante.*

praticare (pra-ti-cà-re) V.TR. (*pràtico, pràtichi*, ecc.) **1** Esercitare una professione o un'attività abitualmente: *praticare la professione medica, lo sport.* **2** Mettere in pratica, attuare: *praticare la carità; praticare il baratto.* **3** Eseguire, effettuare, fare: *praticare un massaggio.* **4** Concedere, fare: *praticare uno sconto.* **5** Frequentare abitualmente luoghi o persone: *praticare un locale; praticare pessimi soggetti.*

praticità (pra-ti-ci-tà) N.F.INVAR. · Caratteristica di ciò che è comodo o facile da usare: *la praticità dei blue jeans; la praticità della lavastoviglie* Ⓢ comodità.

pratico (prà-ti-co) AGG. (pl.m. *-ci*, pl.f. *-che*) **1** Che agisce direttamente e non si perde in ragionamenti ma trova le soluzioni: *un uomo pratico; avere senso pratico* Ⓢ concreto, realista. **2** Che ha esperienza in qualcosa: *essere pratico **di** un luogo* Ⓢ esperto. **3** Che insegna le regole e i trucchi per diventare bravo in qualcosa: *metodo pratico per imparare a suonare la chitarra.* **4** Comodo e facile da usare: *questo strumento è poco pratico* Ⓢ funzionale, semplice. Ⓔ ***All'atto pratico*** → ***atto***[2].

prato (prà-to) N.M. **1** Terreno coperto d'erba bassa: *i bambini giocano sul prato.* **2** Terreno erboso per competizioni sportive: *hockey su prato.*

pre- · Prefisso di parole composte che indica 'anteriorità nel tempo e nello spazio' (*preannunciare*, dire prima; *prefazione*, scritto che precede il testo di un libro) oppure 'superiorità' (*preminente*, che ha grande importanza).

preallarme (pre-al-làr-me) N.M. · Periodo di tempo destinato ai preparativi di difesa in previsione di una calamità naturale o di un attacco militare: *per le forti piogge la protezione civile è in stato di preallarme.*

P

preambolo (pre-àm-bo-lo) N.M. · Discorso introduttivo: *prima di cominciare, devo fare un preambolo* Ⓢ introduzione, premessa.

preannunciare (pre-an-nun-cià-re) (o **preannunziare**) V.TR. (*preannùncio*, ecc.; o *preannùnzio*, ecc.) || TR. **1** Annunciare in anticipo, dire prima: *è stato preannunciato **che** il treno sarà in ritardo.* **2** Far prevedere qualcosa che avverrà: *nuvole che preannunciano pioggia* Ⓢ promettere. || **preannunciarsi** RIFL. Prospettarsi: *si preannuncia un inverno freddo.*

preavvertire (pre-av-ver-ti-re) V.TR. (*preavvèrto*, ecc.) **1** Avvertire in anticipo: *l'ho preavvertito **del** cambiamento di orario* Ⓢ preavvisare. **2** Presentire: *preavvertire un imminente pericolo.*

preavvisare (pre-av-vi-ṣà-re) V.TR. · Avvisare in anticipo: *preavvisare il cliente **della** spedizione* Ⓢ preavvertire.

preavviso (pre-av-vi-ṣo) N.M. · Avvertimento dato in anticipo: *andarsene senza preavviso.* Ⓔ ***Periodo di preavviso***, nel rapporto di lavoro, quello successivo alla comunicazione di licenziamento o dimissioni.

prebellico (pre-bèl-li-co) AGG. (pl.m. *-ci*, pl.f. *-che*) · Che precede una guerra: *periodo prebellico.*

precambriano (pre-cam-brià-no) AGG. · ***Periodo precambriano*** (o *il Precambriano* N.M.), il periodo più antico della formazione della crosta terrestre, nel quale compare la vita animale.

precariato (pre-ca-rià-to) N.M. · Condizione di chi fa lavori temporanei • L'insieme dei lavoratori temporanei.

precarietà (pre-ca-rie-tà) N.F.INVAR. · Instabilità che potrebbe precedere un peggioramento: *la precarietà della situazione economica* Ⓢ incertezza Ⓒ stabilità.

precario (pre-cà-rio) AGG. e N.M. (f. *-a*; pl.m. *-ri*, pl.f. *-rie*) || AGG. **1** Che può subire un improvviso peggioramento: *trovarsi in precarie condizioni di salute* Ⓢ insicuro, incerto Ⓒ stabile. • Instabile: *essere in equilibrio precario.* **2** Provvisorio, temporaneo: *impiego precario.* || AGG. e N.M. (f. *-a*) Che, chi viene assunto solo per brevi periodi: *personale precario; la categoria dei precari.*

Il termine deriva dal latino *precarius* 'ottenuto con preghiere'.

precauzionale (pre-cau-zio-nà-le) AGG. · Che si fa per prevenire un danno: *come misura precauzionale il malato è stato ricoverato* Ⓢ preventivo.

precauzione (pre-cau-zió-ne) N.F. · Ciò che si fa per evitare un pericolo o un rischio: *usare le dovute precauzioni* Ⓢ accorgimento, cautela • Cautela, prudenza, circospezione: *agire, muoversi con precauzione.*

precedente (pre-ce-dèn-te) AGG. e N.M. || AGG. Anteriore nel tempo o nello spazio: *l'ho visto il giorno precedente alla mia partenza; tornate alla pagina precedente* Ⓢ antecedente

Ⓒ consecutivo, seguente. || N.M. **1** Fatto che è destinato a diventare punto di riferimento per casi simili che si verificheranno in futuro: *creare, stabilire un precedente.* **2** AL PL. Le azioni compiute da qualcuno in passato: *il ragazzo ha degli ottimi precedenti.* Ⓔ ***Precedenti (penali)***, reati commessi da qualcuno prima del reato di cui è attualmente accusato: *l'imputato ha dei precedenti* • ***Senza precedenti***, straordinario, eccezionale: *un successo senza precedenti.*

precedentemente (pre-ce-den-te-mén-te) AVV. · In precedenza, prima, già: *tutto si è svolto come precedentemente stabilito.*

precedenza (pre-ce-dèn-za) N.F. **1** Priorità: *avere la precedenza assoluta.* **2** Il diritto di un veicolo di passare per primo: *dare la precedenza a destra; rispettare le precedenze.* Ⓔ ***In precedenza***, precedentemente nel tempo, prima: *un discorso preparato in precedenza.*

precedere (pre-cè-de-re) V.TR. (*precèdo*, ecc.) **1** Venire prima: *la banda precedeva il corteo* Ⓒ seguire. **2** Anticipare: *volevo chiamarlo, ma mi ha preceduto.*

precettare (pre-cet-tà-re) V.TR. (*precètto*, ecc.) **1** Invitare i dipendenti pubblici in sciopero a presentarsi al lavoro: *il ministro ha precettato i ferrovieri in sciopero.* **2** Richiamare alle armi i militari in congedo: *più di mille soldati sono stati precettati.*

precetto (pre-cèt-to) N.M. **1** Norma, regola: *i precetti del Corano, del Vangelo; i precetti dell'arte.* **2** Ordine scritto: *cartolina (di) precetto*, cartolina inviata con l'ordine di chiamata alle armi.

precipitare (pre-ci-pi-tà-re) V.TR. e INTR. (*precìpito*, ecc.) || TR. **1** Gettare giù con violenza, far cadere dall'alto: *precipitò l'avversario in un burrone* Ⓢ buttare. **2** Affrettare eccessivamente: *precipitare una decisione; non precipitiamo*, non prendiamo una decisione affrettata Ⓢ accelerare. || INTR. (aus. *essere*) **1** Cadere dall'alto velocemente e con violenza: *precipitare **dal** quinto piano; un meteorite è precipitato **nel** deserto.* **2** Crollare: *la torre del castello è precipitata.* **3** Trovarsi all'improvviso in una brutta situazione: *precipitare **in** rovina; gli eventi sono precipitati*, la situazione è peggiorata rapidamente Ⓢ cadere • Lasciarsi prdeenre da una sensazione negativa: *precipitare **nella** disperazione.* || **precipitarsi** INTR. PRONOM. Spostarsi velocemente e con decisione: *si precipitò **in** suo aiuto* Ⓢ gettarsi, buttarsi.

precipitazione (pre-ci-pi-ta-zió-ne) N.F. **1** Fretta eccessiva: *agire con precipitazione* Ⓢ impazienza. **2** AL PL. Pioggia, neve o grandine: *sono previste abbondanti precipitazioni.*

precipitoso (pre-ci-pi-tó-so) AGG. **1** Rapido e impetuoso: *fuga precipitosa; le acque precipitose di un torrente.* **2** Che agisce senza riflettere: *non essere precipitoso **nel** giudicare* Ⓢ impulsivo, frettoloso. **3** Affrettato, avventato: *una decisione precipitosa.*

precipizio (pre-ci-pì-zio) N.M. (pl. *-zi*) · Luogo ripido e scosceso: *camminare vicino a un precipizio* Ⓢ burrone, baratro. Ⓔ ***A precipizio***, a strapiombo, a picco: *le rocce scendevano a precipizio sul mare*; con fretta eccessiva, precipitosamente: *correre a precipizio* • ***Sull'orlo del precipizio***, molto vicini alla rovina economica o morale.

precipuo (pre-cì-puo) AGG. · Principale, fondamentale: *i caratteri precipui della civiltà moderna.*

precisamente (pre-ci-ṣa-mén-te) AVV. **1** Con precisione: *calcolare precisamente una distanza.* **2** Proprio, esattamente: *era precisamente questo che volevo dire.*

precisare (pre-ci-ṣà-re) V.TR. **1** Dire con esattezza: *non saprei precisare se l'ho visto cinque o sei giorni fa* Ⓢ stabilire. **2** Esporre con chiarezza e precisione: *precisare i termini di una questione* Ⓢ chiarire, puntualizzare.

precisazione (pre-ci-ṣa-zió-ne) N.F. · Chiarimento, spiegazione: *chiedere una precisazione.*

precisione (pre-ci-ṣió-ne) N.F. · Cura, attenzione e rispetto delle regole: *lavorare, scrivere, esprimersi con precisione* Ⓢ accuratezza, esattezza Ⓒ imprecisione. Ⓔ ***Per la precisione, con precisione***, esattamente • ***Strumenti di precisione***, che rilevano i dati con la massima esattezza.

preciso (pre-cì-ṣo) AGG. **1** Di chi rispetta l'ordine e non fa errori: *un artigiano preciso*

Ⓢ meticoloso, scrupoloso • Di strumento che misura in modo esatto: *una bilancia precisa* • Ben fatto, corretto, accurato: *un lavoro preciso*. **2** Esatto: *sarò da te alle sette precise; ripetimi le sue parole precise*. **3** Uguale, identico: *è preciso **a** suo padre*. **4** Giusto, né largo né stretto: *questi pantaloni mi vanno precisi*. **5** Chiaro, definito: *non mi sono ancora fatto un'opinione precisa su di lui*. **6** Proprio, specifico: *è un tuo preciso dovere*.

Il termine deriva dal latino *praecisus* 'sfrondato del superfluo', participio passato di *praecidere* 'troncare, mozzare', che viene a sua volta da *caedere* 'tagliare' con il prefisso **pre-**.

precludere (pre-clù-de-re) V.TR. (irreg.: coniugato come *concludere*) · Impedire in modo definitivo: *l'infortunio **le** ha precluso la possibilità di partecipare alla gara* Ⓢ bloccare, ostacolare.

Il termine deriva dal latino *praecludere* 'impedire l'entrata', che viene a sua volta da *claudere* 'chiudere' con il prefisso **pre-** (→ ***concludere***).

precluso (pre-clù-ṣo) AGG. · Impedito, bloccato: *si vide preclusa ogni possibilità di salvezza*.

precoce (pre-cò-ce) AGG. · Che si verifica prima del tempo: *parto precoce; morte precoce; inverno precoce* Ⓒ tardivo • Che cresce e impara più in fretta dei suoi coetanei: *un ragazzo precoce*. Ⓔ ***Frutti precoci***, che maturano prima del tempo.

Il termine deriva dal latino *praecox* 'che cuoce, che matura prima (di altri)', che viene a sua volta da *coquere* 'cuocere, maturare' con il prefisso **pre-**.

preconcetto (pre-con-cèt-to) AGG. e N.M. || AGG. Di opinione raggiunta in modo istintivo, senza aver fatto verifiche: *giudizio preconcetto* Ⓢ prevenuto. || N.M. Opinione spesso errata che matura prima ancora di aver verificato tutti gli elementi: *essere schiavo dei propri preconcetti* Ⓢ pregiudizio.

precorrere (pre-cór-re-re) V.TR. (irreg.: coniugato come *correre*) · Precedere nel tempo: *precorrere un desiderio; precorrere i tempi*, fare qualcosa prima di tutti gli altri Ⓢ anticipare.

precotto (pre-còt-to) AGG. e N.M. · Di cibo preparato e cotto e poi messo in vendita: *polenta precotta; l'industria dei precotti*.

precursore (pre-cur-só-re) N.M. (f. *precorritrice*) · Chi si dedica per primo a una nuova attività o diffonde nuove idee: *i precursori della medicina moderna* Ⓢ pioniere.

preda (prè-da) N.F. **1** Animale inseguito, catturato o ucciso nella caccia: *il cervo era una splendida preda* • La vittima di un animale predatore: *l'aquila teneva fra gli artigli la preda*. **2** Ciò che viene rubato con la forza durante un'azione di guerra: *i soldati si divisero la preda* Ⓢ bottino, refurtiva. Ⓔ ***Da preda***, di animale che caccia altri animali per nutrirsi • ***Essere in preda a qualcosa***, soggetto alla violenza di un elemento naturale: *la pineta era ormai in preda alle fiamme*; sopraffatto da un'emozione: *essere in preda al terrore*.

predatore (pre-da-tó-re) N.M. e AGG. (f. *-trìce*) || N.M. (f. *-trìce*) Chi ruba e saccheggia: *i predatori del mare* Ⓢ pirata. || N.M. e AGG. Di animale che caccia altri animali di cui si nutre.

predatorio (pre-da-tò-rio) AGG. (pl.m. *-ri*, pl.f. *-rie*) · Da predatore: *istinto predatorio*.

predecessore (pre-de-ces-só-re) N.M. · Chi ha preceduto altri in una attività: *essere all'altezza dei predecessori* Ⓒ successore.

predellino (pre-del-li-no) N.M. · Il gradino che permette di salire sui tram o sui treni.

predestinare (pre-de-sti-nà-re) V.TR. (*predestìno*, ecc.) · Destinare in anticipo o dall'inizio: *gli dei lo predestinarono **a** grandi imprese*.

predestinato (pre-de-sti-nà-to) AGG. · Destinato dalla sorte: *un giovane predestinato **a** un grande avvenire*.

predica (prè-di-ca) N.F. (pl. *-che*) **1** Parte della Messa in cui il sacerdote spiega ai fedeli un passo delle Sacre Scritture o dà consigli morali: *ascoltare una predica*. **2** Discorso con cui si rimprovera qualcuno o lo si esorta a fare qualcosa: *fare una predica ai figli; non ne posso più delle sue prediche*. Ⓔ ***Da che pulpito viene la predica!*** → ***pulpito***.

predicare (pre-di-cà-re) V.TR. (*prèdico, prèdichi*, ecc.) **1** Spiegare in pubblico i fondamenti di una religione, anche allo scopo di cercare nuovi fedeli: *predicare il Vangelo; predicare la carità, il perdono.* **2** Ripetere con insistenza un consiglio, un'esortazione o un rimprovero: *mio padre ha predicato per tutta la serata.* Ⓔ ***Predicare bene e razzolare male*** → ***razzolare***.

predicativo (pre-di-ca-ti-vo) AGG. · In grammatica, che si riferisce al predicato: *funzione predicativa.* Ⓔ ***Complemento predicativo del soggetto, complemento predicativo dell'oggetto***, nome o aggettivo che si riferiscono rispettivamente al soggetto o al complemento oggetto e che completano il significato del verbo: *il cavallo correva veloce; lo nominarono erede universale.*

predicato (pre-di-cà-to) N.M. · In grammatica, l'elemento sintattico fondamentale della frase, che indica un'azione, una condizione o una qualità del soggetto. Ⓔ ***Essere in predicato di***, avere tutti i requisiti per ottenere una carica: *è in predicato di essere nominato ministro* • ***Predicato nominale***, in grammatica, quello rappresentato da una forma del verbo *essere* e un nome o un aggettivo: *il bambino è molto precoce* • ***Predicato verbale***, quello rappresentato da un verbo di senso compiuto: *il bambino non mangia la carne.*

predicatore (pre-di-ca-tó-re) N.M. (f. *-trìce*) **1** Sacerdote che tiene prediche ai fedeli: *il predicatore salì sul pulpito.* **2** Sostenitore convinto di un'ideologia che cerca di diffondere il più possibile: *predicatore **della** pace* Ⓢ apostolo, paladino.

predicazione (pre-di-ca-zió-ne) N.F. · La spiegazione in pubblico dei fondamenti di una religione, fatta anche per cercare nuovi fedeli: *la predicazione della parola di Dio.*

predilessi (pre-di-lès-si) · Pass. rem., 1ª pers. sing. → ***prediligere***.

prediletto (pre-di-lèt-to) AGG. e N.M. (f. *-a*) || Participio pass. → ***prediligere***. || AGG. e N.M. (f. *-a*) Che, chi è amato di più tra tutti: *il figlio prediletto; è la prediletta del padre* Ⓢ preferito. || AGG. Che suscita più interesse e attrazione tra tutti: *lo scrittore prediletto; i giochi prediletti.* ▸ Ⓕ **legere**

predilezione (pre-di-le-zió-ne) N.F. · Preferenza assoluta: *ha una predilezione **per** il figlio minore, **per** la musica classica* Ⓢ debole. ▸ Ⓕ **legere**

prediligere (pre-di-lì-ge-re) V.TR. (irreg.: ind. pres. *predilìgo, predilìgi*, ecc.; pass. rem. *predilèssi, prediligésti, predilèsse, prediligémmo, prediligéste, predilèssero*; part. pass. *predilètto*; manca il part. pres.) · Amare o preferire qualcuno o qualcosa più di ogni altro: *prediligere un alunno fra tutti; prediligere la musica rock.* ▸ Ⓕ **legere**

predire (pre-dì-re) V.TR. (irreg.: coniugato come *dire*) · Annunciare in anticipo qualcosa che potrebbe accadere in futuro: *predire la sorte **a** qualcuno; è andato tutto come predetto* Ⓢ prevedere, preannunciare.

predisporre (pre-di-spór-re) V.TR. (irreg.: coniugato come *porre*) **1** Preparare accuratamente in vista di un evento: *predisporre un piano di difesa; predisporre l'occorrente per la partenza* Ⓢ allestire, organizzare. **2** Mettere nella condizione di recepire più facilmente qualcosa: *la solitudine predispone la mente **alla** meditazione* Ⓢ preparare.

predisposizione (pre-di-spo-ṣi-zió-ne) N.F. **1** Facilità ad acquisire una certa abilità: *predisposizione **alla** matematica; una naturale predisposizione **per** la danza* Ⓢ attitudine, inclinazione. **2** La tendenza di un organismo a contrarre determinate malattie: *la predisposizione **al** diabete è ereditaria.*

predizione (pre-di-zió-ne) N.F. · Previsione, profezia: *la sua predizione si è avverata.*

predominante (pre-do-mi-nàn-te) AGG. · Che prevale sugli altri per quantità o importanza: *il colore predominante in un quadro* Ⓢ dominante, prevalente.

predominanza (pre-do-mi-nàn-za) N.F. · Predominio, prevalenza: *in quel quadro c'è predominanza di colori scuri.*

predominare (pre-do-mi-nà-re) V.INTR. (*predòmino*, ecc.; aus. *avere*) **1** Avere maggiore potere: *è abituato a predominare **su** tutti* Ⓢ dominare, prevalere. **2** Essere più frequente: *una regione in cui predominano i tipi longilinei.*

predominio (pre-do-mì-nio) N.M. (pl. *-ni*) · Condizione di superiorità, supremazia: *avere*

A B C D E F G H I J K L M N O P Q R S T U V W X Y Z

il predominio; il predominio di un popolo ***su*** *un altro* Ⓢ dominio, egemonia.

predone (pre-dó-ne) N.M. (f. -a, raro; pl.m. *-i*, pl.f. -e, raro) · Chi appartiene a una banda che rapina e saccheggia: *i predoni del deserto, del mare.*

preesistente (pre-e-ṣi-stèn-te) AGG. · Che esisteva già: *l'edificio è stato costruito su fondamenta preesistenti* Ⓢ precedente.

prefabbricato (pre-fab-bri-cà-to) AGG. e N.M. · Di edificio i cui elementi vengono preparati prima, per essere montati poi nel luogo prescelto per costruirlo: *case, scuole prefabbricate; il laboratorio è laggiù, in quel prefabbricato.*

prefazione (pre-fa-zió-ne) N.F. · Scritto introduttivo premesso al testo di un libro: *scrivere una prefazione* ***a*** *un romanzo* Ⓢ introduzione, premessa.

preferenza (pre-fe-rèn-za) N.F. **1** Scelta motivata dal gusto, dalla simpatia o dalla maggior corrispondenza ai propri bisogni: *la mia preferenza è per i romanzi gialli* • Predilezione, debole: *ha una chiara preferenza per il figlio minore* • Ciò che si preferisce: *ti farò l'elenco delle mie preferenze.* **2** Voto favorevole: *dare la propria preferenza a un candidato.* Ⓔ ***Di preferenza***, più volentieri: *di preferenza passo le vacanze al mare* • ***Fare preferenze***, favorire qualcuno: *una maestra che fa preferenze tra gli alunni.*

P

preferenziale (pre-fe-ren-zià-le) AGG. **1** Dovuto a preferenza: *scelta preferenziale; voto preferenziale*, quello dato al candidato di una lista politica. **2** Che favorisce qualcuno rispetto agli altri: *ricevere un trattamento preferenziale; usufruire di una tariffa preferenziale.* Ⓔ ***Corsia preferenziale***, nei centri abitati, parte della strada riservata ai mezzi di trasporto pubblico.

preferibile (pre-fe-rì-bi-le) AGG. · Che si deve preferire: *la sua proposta è preferibile* ***alla*** *tua* Ⓢ migliore.

preferire (pre-fe-rì-re) V.TR. (*preferìsco, preferìsci*, ecc.) · Scegliere per gusto, simpatia e maggiore corrispondenza ai propri bisogni: *preferisco la campagna* ***alla*** *città* Ⓢ prediligere.

preferito (pre-fe-rì-to) AGG. · Di ciò che viene gradito più di tutti: *il compagno, il libro preferito* Ⓢ favorito.

prefetto (pre-fèt-to) N.M. (f. *-a*) · Chi rappresenta il governo in una provincia.

Il femminile di *prefetto* è *prefetta*, ma è usato poco. Spesso si usa il maschile anche quando ci si riferisce a una donna: *il prefetto Maria Verdi.*

prefettura (pre-fet-tù-ra) N.F. **1** La carica e la residenza del prefetto: *ottenere la prefettura; la prefettura di Milano.* **2** La sede dove il prefetto esercita le sue funzioni: *andare in prefettura per rinnovare la patente.*

prefiggere (pre-fìg-ge-re) V.TR. (irreg.: coniugato come *affiggere*) || TR. Stabilire, fissare, decidere: *prefiggere il termine di un lavoro.* || **prefiggersi** TR. PRONOM. Imporre a se stessi di raggiungere un obiettivo: *mi sono prefisso* ***di*** *mangiare meno dolci* Ⓢ prefissarsi, ripromettersi.

Il termine deriva dal latino *praefigere* 'piantare davanti', che viene a sua volta da *figere* 'conficcare' con il prefisso pre- (→ ***affiggere***).

prefigurare (pre-fi-gu-rà-re) V.TR. || TR. Immaginare ciò che potrebbe accadere: *possiamo prefigurare uno scenario di gravi conflitti etnici* Ⓢ prevedere, presumere. || **prefigurarsi** TR. PRONOM. Immaginarsi, ipotizzare: *mi prefiguro già il finale del film.* || **prefigurarsi** INTR. PRONOM. Apparire a prima vista: *questo caso si prefigura come un delitto perfetto* Ⓢ configurarsi.

prefissare (pre-fis-sà-re) V.TR. || TR. Stabilire in precedenza: *prefissare una scadenza* Ⓢ determinare, fissare. || **prefissarsi** TR. PRONOM. Imporre a se stessi di raggiungere un obiettivo: *prefissarsi di passare l'esame* Ⓢ prefiggersi, ripromettersi.

prefisso (pre-fis-so) N.M. **1** In grammatica, particella messa davanti a una parola per formarne una nuova, per es. *riconoscere* rispetto a *conoscere, scontento* rispetto a *contento.* **2** Gruppo di cifre che si devono mettere prima di un numero di telefono: *il prefisso di Milano è 02.*

pregare (pre-gà-re) V.TR. (*prègo, prèghi*, ecc.) **1** Chiedere con cortesia, umiltà e calore, che una cosa venga concessa: *pregare* ***per*** *il perdono; ti prego* ***di*** *credermi* Ⓢ implorare, supplicare. **2** In espressioni di cortesia, per invitare a fare qualcosa: *vi prego* ***di*** *scusarmi per il ritardo; entri, la prego.* **3** Rivolgersi con devozione al proprio dio o ai santi per esprimere fede, gratitudine o richiederne l'aiuto: *pregare santa Rita; pregare in silenzio.* Ⓔ ***Farsi pregare***, acconsentire con difficoltà e malvolentieri: *non accetterà subito, si farà pregare.*

pregevole (pre-gé-vo-le) AGG. · Di qualità, di valore: *una pregevole raccolta di manoscritti* Ⓢ pregiato, prezioso.

preghiera (pre-ghiè-ra) N.F. **1** Richiesta fatta con cortesia, umiltà e calore: *di fronte alle sue preghiere ho dovuto cedere* Ⓢ supplica. **2** Le parole con cui il fedele si rivolge al proprio dio o ai santi per esprimere fede, gratitudine o richiederne l'aiuto: *le preghiere della sera; recitare una preghiera* Ⓢ orazione.

pregiato (pre-già-to) AGG. · Prezioso, di valore: *mobile pregiato; tessuti pregiati.* Ⓔ ***Valute pregiate***, quelle dei Paesi che hanno un ruolo importante nel sistema monetario e nel commercio internazionale.

pregio (prè-gio) N.M. (pl. *-gi*) **1** Qualità positiva: *un giovane pieno di pregi; ha il pregio dell'onestà* Ⓢ dote, virtù Ⓒ difetto • Valore: *un mobile di gran pregio.* **2** Stima, considerazione: *tenere qualcuno in gran pregio.*

pregiudicare (pre-giu-di-cà-re) V.TR. (*pregiùdico, pregiùdichi*, ecc.) **1** Compromettere la riuscita di qualcosa: *i suoi errori hanno pregiudicato la vittoria.* **2** Mettere in pericolo: *mangiare troppo pregiudica la salute; stai pregiudicando la tua reputazione* Ⓢ danneggiare, rovinare.

pregiudicato (pre-giu-di-cà-to) N.M. (f. *-a*) · Chi ha subito una condanna: *l'omicida è un noto pregiudicato.*

pregiudiziale (pre-giu-di-zià-le) AGG. e N.F. || AGG. Che deve essere tenuto in considerazione per poter prendere una decisione: *condizione pregiudiziale.* || N.F. Questione che può influenzare una decisione e che quindi va risolta prima di procedere. Ⓔ ***Porre una pregiudiziale***, in politica, chiedere che una questione venga esaminata prima di qualsiasi altra.

pregiudizio (pre-giu-dì-zio) N.M. (pl. *-zi*) **1** Opinione spesso errata che matura prima ancora di aver verificato tutti gli elementi: *giudicare senza pregiudizi* Ⓢ preconcetto, prevenzione. **2** Credenza erronea accettata come vera perché molto diffusa: *è un pregiudizio che tutti gli extracomunitari siano pericolosi.*

prego (prè-go) INTER. · In espressioni di cortesia, per rispondere a ringraziamenti o a scuse, o invitare qualcuno ad accomodarsi o ad accettare qualcosa: *"Grazie di essere venuto" "Prego"; "Prego, si serva pure".*

pregustare (pre-gu-stà-re) V.TR. · Assaporare in anticipo con il pensiero qualcosa che si annuncia molto piacevole: *pregustare una bella dormita; pregustare il ritorno a casa.*

preistoria (pre-i-stò-ria) N.F. (pl. *-rie*) **1** Periodo storico di cui non si ha documentazione scritta ma che può essere ricostruito attraverso il ritrovamento di scheletri umani e animali e di semplici manufatti. **2** La fase iniziale di una disciplina, di un evento: *la preistoria della chimica* Ⓢ origini (PL.), albori (PL.).

preistorico (pre-i-stò-ri-co) AGG. (pl.m. *-ci*, pl.f. *-che*) · Della preistoria: *animale preistorico; civiltà preistoriche* Ⓢ primitivo.

prelato (pre-là-to) N.M. · Nella Chiesa cattolica, sacerdote di alto livello, come il vescovo o il cardinale: *un alto prelato della curia romana.*

prelevare (pre-le-và-re) V.TR. (*prelèvo*, ecc.) **1** Prendere da una quantità messa da parte in precedenza: *prelevare dei soldi in banca; prelevare un quintale di farina* ***dal*** *magazzino* Ⓢ ritirare, portar via. **2** Prendere per esaminare: *prelevare del sangue, un campione di roccia.*

prelibatezza (pre-li-ba-téz-za) N.F. · Sapore buono e raffinato: *le prelibatezze della cucina emiliana* • Cibo squisito.

prelibato (pre-li-bà-to) AGG. · Squisito, eccellente, sopraffino: *un vino prelibato; una pietanza prelibata.*

prelievo (pre-liè-vo) N.M. **1** L'azione di prendere una parte di qualcosa per analizzarla: *prelievo di sangue; prelievo di roccia.* **2** Nel linguaggio bancario, il ritiro di una somma depositata: *fare un prelievo dal conto corrente.*

preliminare (pre-li-mi-nà-re) AGG. e N.M. || AGG. Che si fa prima: *discorso preliminare; trattative preliminari* Ⓢ preparatorio, introduttivo. || N.M. Fase iniziale preparatoria: *siamo ai preliminari della riunione* • Accordo che precede una trattativa: *accettare i preliminari prima di procedere con la discussione.*

preludere (pre-lù-de-re) V.INTR. (irreg.: coniugato come *alludere*; aus. *avere*) · Essere la prima manifestazione di qualcosa che avverrà: *questi tuoni preludono **a** un temporale* Ⓢ anticipare. ▸ Ⓕ **ludus**

Il termine deriva dal latino *praeludere* 'prepararsi, esercitarsi', che viene a sua volta da *ludere* 'giocare' con il prefisso **pre-** (→ ***alludere***).

preludio (pre-lù-dio) N.M. (pl. *-di*) **1** Prima manifestazione di ciò che avverrà: *quel litigio è stato il preludio **della** separazione* Ⓢ anticipazione. **2** Brano strumentale che può avere diverse forme e che tradizionalmente introduceva un componimento musicale: *un preludio di Bach.* **3** Breve discorso introduttivo: *dal preludio intuimmo che l'argomento era interessante* Ⓢ premessa. ▸ Ⓕ **ludus**

P

prematuro (pre-ma-tù-ro) AGG. **1** Che avviene prima del normale: *morte prematura* Ⓢ precoce. **2** Che si fa o si prende prima del tempo: *una scelta prematura.* Ⓔ ***Bambino prematuro*** (o *un prematuro* N.M.), nato prima del nono mese di gravidanza • ***Parto prematuro***, che avviene prima del nono mese di gravidanza.

premeditare (pre-me-di-tà-re) V.TR. (*premèdito*, ecc.) · Preparare in anticipo e con cura un'azione criminosa o malvagia: *premeditare un delitto* Ⓢ architettare, tramare.

premeditato (pre-me-di-tà-to) AGG. · Nel linguaggio giuridico, di reato commesso in modo intenzionale: *omicidio premeditato.*

premeditazione (pre-me-di-ta-zió-ne) N.F. · Nel linguaggio giuridico, la preparazione anticipata di un crimine, che rende il reato più grave: *commettere un delitto con premeditazione.*

premere (prè-me-re) V.TR. e INTR. (*prèmo*, ecc.) || TR. Esercitare una pressione: *premere il clacson* Ⓢ pigiare, schiacciare. || INTR. (aus. *avere*) **1** Fare pressione: *ho premuto **sul** pulsante dell'allarme; la folla premeva **per** uscire* Ⓢ spingere. **2** Stare a cuore: ***mi** preme la tua opinione* Ⓢ importare, interessare. **3** Fare delle pressioni: *ha premuto **sul** direttore **per** farsi affidare l'incarico* Ⓢ insistere.

Il termine deriva dal latino *premere* 'premere'; dal verbo latino *premere* derivano anche il verbo, coniugato allo stesso modo, **spremere** e i verbi **comprimere**, **deprimere**, **esprimere**, **imprimere**, **opprimere**, **reprimere** e **sopprimere**.

premessa (pre-més-sa) N.F. **1** Spiegazione di ciò che si dirà dopo: *devo fare una premessa* Ⓢ introduzione • Prefazione: *la premessa al volume è opera mia.* **2** Condizione preliminare: *il tuo ragionamento parte da premesse sbagliate* Ⓢ presupposto, fondamento.

premettere (pre-mét-te-re) V.TR. (irreg.: coniugato come *mettere*) · Dire prima per introdurre un argomento o spiegare ciò che verrà dopo: *premetto **che** l'argomento non è semplice; premise **al** testo una breve introduzione* Ⓢ anticipare.

Il termine deriva dal latino *praemittere* 'far precedere, dire prima', che viene a sua volta da *mittere* 'mandare' con il prefisso **pre-** (→ ***mettere***).

premiare (pre-mià-re) V.TR. (*prèmio*, ecc.) · Dare un premio: *premiare la buona volontà di un alunno; premiare un film.*

premiazione (pre-mia-zió-ne) N.F. · La consegna dei premi: *cerimonia di premiazione; la premiazione è stata emozionante.*

premier (pre-mier; pronuncia *prèmier*) N. INGL., in it. N.M. e F. INVAR. · In Inghilterra e recentemente anche in altre nazioni, il primo ministro Ⓢ capo del governo.

Il termine deriva dal francese *premier* 'primo'.

premierato (pre-mie-rà-to) N.M. **1** La carica di primo ministro. **2** Sistema politico in cui il primo ministro viene eletto dai cittadini.

preminente (pre-mi-nèn-te) AGG. · Che ha grande rilevanza: *occupare un ruolo preminente in un gruppo; un problema preminente* Ⓢ importante.

preminenza (pre-mi-nèn-za) N.F. · Superiorità indiscussa: *occupare una posizione di preminenza* Ⓢ rilevanza.

premio (prè-mio) N.M. (pl. *-mi*) **1** Ricompensa data per meriti particolari o assegnata al vincitore di una gara: *ricevere un premio; assegnare il Premio Nobel per la letteratura.* **2** Nome di gare e competizioni sportive: *il Gran Premio automobilistico di Monza* Ⓢ trofeo. **3** La somma assegnata ai vincitori di lotterie o giochi simili: *l'estrazione dei premi; primo, secondo, terzo premio* Ⓢ vincita. **4** Compenso straordinario assegnato a un dipendente da un'azienda per meriti particolari: *premio di produzione* Ⓢ gratifica, incentivo. Ⓔ ***Monte premi***, la cifra complessiva da distribuire tra i vincitori di una lotteria o in un concorso • ***Premio di consolazione***, quello minore in una lotteria o in un concorso.

premolare (pre-mo-là-re) AGG. e N.M. · Dei denti che precedono i molari e seguono i canini; nell'uomo adulto sono otto.

premonizione (pre-mo-ni-zió-ne) N.F. · Presentimento che riguarda eventi futuri: *avere una premonizione* Ⓢ presagio.

premunire (pre-mu-nì-re) V.TR. (*premunìsco, premunìsci*, ecc.) || TR. Rendere resistente, capace di difendersi: *questo vaccino premunisce* ***dall'****influenza* Ⓢ garantirsi, assicurarsi. || **premunirsi** RIFL. Proteggersi con mezzi opportuni preparati in anticipo: *premunirsi* ***contro*** *i rischi del viaggio.*

premura (pre-mù-ra) N.F. **1** Attenzione verso qualcuno o qualcosa, motivata da interesse o affetto: *le premure di una madre per i figli* Ⓢ cura, riguardo. **2** Urgenza, fretta: *ho premura di concludere l'affare; non posso fermarmi perché ho premura.*

premurarsi (pre-mu-ràr-si) V.INTR. PRONOM. · Fare qualcosa con cura e prontezza: *si premurò* ***di*** *avvisarlo subito* Ⓢ preoccuparsi.

premuroso (pre-mu-ró-so) AGG. · Pieno di amorose attenzioni: *un gesto premuroso; è sempre molto premuroso con tutti* Ⓢ affettuoso, cortese.

prendere (prèn-de-re) V.TR. e INTR. (irreg.: ind. pres. *prèndo*, ecc.; pass. rem. *prési, prendésti, prése, prendémmo, prendéste, présero*; part. pass. *préso*) || TR. **1** Afferrare e tenere più o meno a lungo: *prendere un pacco; prendere qualcuno* ***per*** *i capelli; l'ha presa tra le braccia*, abbracciare • Pescare, scegliere: *prendere una carta* ***dal*** *mazzo* • Sollevare, raccogliere: *prendi la penna* ***da*** *terra; prendere in braccio un bambino.* **2** Prelevare, attingere: *prendere le uova* ***dal*** *frigo; prendere i soldi in banca* • Ritirare, portare via: *prendere i bambini* ***all'****asilo.* **3** Comprare, acquistare: *ricordati di prendere il pane; dove hai preso quella gonna?* **4** Portare con sé in vista di un utilizzo: *hai preso l'ombrello?; prendi il cellulare.* **5** Usare come mezzo per spostarsi: *prendere il treno per andare al lavoro.* **6** Ricevere: *ho preso lo stipendio; la pianta prende acqua* ***dal*** *terreno* • Accettare: *ho preso il premio che mi hanno offerto; prendi almeno un biscotto* • Nella forma ***prenderle***, essere picchiato: *le ha prese da suo padre.* **7** Chiedere come compenso: *quanto ti hanno preso* ***per*** *tagliarti i capelli?* Ⓢ esigere, volere. **8** Ottenere un titolo di studio: *prendere il diploma, la laurea.* **9** Rubare, portar via: ***mi*** *hanno preso il portafoglio.* **10** Acchiappare, catturare: *prendere un ladro; prendere una lepre.* **11** Colpire, centrare: *prendere un bersaglio; l'ha preso in pieno.* **12** Conquistare, occupare: *prendere una città.* **13** Impegnare, occupare: *questo lavoro* ***mi*** *prende molto tempo; il divano prende molto spazio* • Coinvolgere, emozionare: *quel libro mi ha preso moltissimo; quella ragazza mi prende.* **14** Iniziare a provare uno stato d'animo: *prendere coraggio; prendere confidenza.* **15** Assumere, ingaggiare: *prendere un nuovo operaio.* **16** Scegliere: *prendere come consigliere; prendere la prima strada a destra*, imboccarla. **17** Trattare qualcuno in un certo modo: *prendere* ***con*** *le buone; prendere* ***a*** *schiaffi.* **18** Ingerire, assumere: *prendere una medicina, una bibita.* **19** Esporsi a un agente atmosferico: *prendere il sole; prendere freddo; prendere un po' d'aria*, uscire all'aperto. **20** Contrarre una malattia: *prendere il raffreddore.* **21** Di uno stato d'animo o di una passione, assalire, coinvolgere: *mi ha preso la paura.* **22** Assumere una forma, un aspetto o certe qualità: *ha preso tutto **da** suo padre; il vino ha preso un odore di aceto.* **23** Fotografare o ritrarre: *mi ha preso **da** vicino.* **24** Rilevare, annotare: *prendere le misure di una stanza.* **25** Di radio o apparecchio televisivo, ricevere un segnale: *la radio prende solo poche stazioni.* **26** Scambiare per errore: ***per** chi mi hai preso?; ti avevo preso **per** un amico.* || INTR. **1** (aus. *avere*) Andare in una direzione: *ha preso **a** destra; ha preso **per** la stazione.* **2** (aus. *avere*) Cominciare, iniziare: *ha preso **a** odiarmi all'improvviso.* **3** (aus. *avere*) Di piante, mettere radici: *le begonie hanno preso bene.* **4** (aus. *avere*) Di fuoco, cominciare a bruciare: *il falò ha preso.* **5** (aus. *avere*) Di cemento o colla, indurirsi, solidificarsi: *il cemento ha preso subito* Ⓢ far presa. **6** (aus. *essere*) Di malattia, sensazione o emozione, venire in maniera inaspettata: ***gli** è preso un colpo; **gli** è presa una gran rabbia; **gli** è presa la mania dei cavalli.* || **prendersi** TR. PRONOM. **1** Concedersi qualcosa che si desidera: *mi sono preso una bella vacanza; prendersi la libertà di rispondere.* **2** Subire senza difendersi: *prendersi una ramanzina, una sberla.* **3** Nella forma ***prendersela***, arrabbiarsi: *se l'è presa **con** lui che non c'entrava nulla.* || **prendersi** RIFL. RECIPROCO **1** Provare attrazione l'uno per l'altro: *quei due non si sono presi.* **2** Litigare, azzuffarsi: *ci siamo presi **per** una sciocchezza.* Ⓔ ***Prenderci gusto*** → ***gusto*** • ***Prendere a cuore qualcuno*** o ***qualcosa***, interessarsene, adoperarsi in suo favore: *ha preso molto a cuore il nostro problema* • ***Prendere con le molle***, trattare con riguardo per evitare reazioni spiacevoli; ***da prendere con le molle***, di persona o di affare da trattare con cautela e delicatezza o, anche, di notizia non attendibile • ***Prendere in giro***, mettere in ridicolo • ***Prendere in simpatia, prendere in antipatia***, trovare qualcuno simpatico, antipatico • ***Prendere marito, prendere moglie***, sposarsi • ***Prendere nota*** o ***prendere appunti***, scrivere in modo rapido ciò che potrebbe essere utile ricordare in futuro • ***Prendere piede***, diffondersi, affermarsi • ***Prendere sonno***, addormentarsi • ***Prendersela a male***, offendersi • ***Prendersi gioco di qualcuno***, divertirsi alle sue spalle.

prendisole (pren-di-só-le) AGG. e N.M. INVAR. · Di abito femminile estivo, scollato e senza maniche.

prenome (pre-nó-me) N.M. · Nome di battesimo.

prenotare (pre-no-tà-re) V.TR. (*prenòto*, ecc.) || TR. Assicurarsi con una prenotazione: *prenotare un libro, una stanza* Ⓢ fissare, riservare. || **prenotarsi** RIFL. Mettersi in lista per assicurarsi un posto: *prenotarsi **per** uno spettacolo.*

prenotazione (pre-no-ta-zió-ne) N.F. · L'azione di fissare un posto o riservarsi un diritto, talvolta pagando una parte del dovuto in anticipo: *annullare una prenotazione; la prenotazione è valida dal ricevimento della caparra.*

prensile (prèn-si-le) AGG. · Di parte del corpo che riesce ad afferrare: *coda prensile; piedi prensili.*

preoccupante (pre-oc-cu-pàn-te) AGG. · Che preoccupa: *una situazione preoccupante; le sue condizioni di salute sono preoccupanti* Ⓢ inquietante, allarmante.

preoccupare (pre-oc-cu-pà-re) V.TR. (*preòccupo*, ecc.) || TR. Essere causa di apprensione, ansia: *il suo ritardo comincia a preoccuparmi* Ⓢ allarmare, impensierire. || **preoccuparsi** INTR. PRONOM. **1** Stare in ansia: *non preoccuparti **per** me* Ⓢ allarmarsi, impensierirsi. **2** Occuparsi con sollecitudine di fare qualcosa, darsi pena: *si è subito preoccupato **di** avvertirci.*

preoccupato (pre-oc-cu-pà-to) AGG. · Ansioso, inquieto, angosciato: *sono preoccupata **per** lui; le rivolse uno sguardo preoccupato.*

preoccupazione (pre-oc-cu-pa-zió-ne) N.F. · Pensiero che provoca ansia e timore: *la tua preoccupazione **per** i figli è eccessiva; ha un sacco di preoccupazioni.*

preparare (pre-pa-rà-re) V.TR. || TR. **1** Sistemare con cura tutto ciò che serve per un determinato scopo: *preparare la valigia; preparare la tavola **per** il pranzo* Ⓢ organizzare, predisporre • Organizzare: *preparare una festa.* **2** Addestrare fisicamente o intellettual-

P

mente: *preparare un atleta* ***alla*** *gara; preparare uno studente* ***per*** *il compito di latino* Ⓢ allenare. **3** Destinare, riservare: *chissà cosa* ***ci*** *sta preparando il futuro.* || **prepararsi** RIFL. **1** Disporsi a fare qualcosa: *mi stavo preparando* ***a*** *uscire.* **2** Mettersi nella condizione di fare qualcosa: *prepararsi* ***per*** *gli esami.* || **prepararsi** INTR. PRONOM. Di fatti futuri o eventuali, annunziarsi: *si prepara un brutto temporale.* Ⓔ ***Preparare qualcuno a una brutta notizia,*** metterlo nelle condizioni psicologiche di affrontarla • ***Prepararsi al peggio,*** essere pronti ad accettare anche le situazioni più spiacevoli.

preparativo (pre-pa-ra-tì-vo) N.M. (spesso al pl.) · Ciò che si fa per preparare un evento, una situazione, un'azione: *i preparativi* ***per*** *il viaggio.*

preparato (pre-pa-rà-to) AGG. e N.M. || AGG. Fornito di un'adeguata preparazione: *un insegnante preparato* Ⓢ competente, qualificato Ⓒ impreparato. || N.M. Miscela di sostanze medicinali: *un preparato contro i dolori muscolari* Ⓢ farmaco.

preparatorio (pre-pa-ra-tò-rio) AGG. (pl.m. *-ri*, pl.f. *-rie*) · Che serve a preparare: *lavori preparatori.*

preparazione (pre-pa-ra-zió-ne) N.F. **1** Ciò che si fa per preparare un evento, una situazione, un'azione: *la preparazione di una gita, di una festa* Ⓢ organizzazione; preparativi (PL.). **2** Il raggiungimento del livello di conoscenza, abilità, forza o resistenza necessari per affrontare una prova: *la preparazione* ***agli*** *esami; la preparazione di una squadra* ***al*** *campionato* Ⓢ allenamento, addestramento • L'insieme di conoscenze, esperienze o capacità in un certo campo: *avere una buona preparazione.*

preponderante (pre-pon-de-ràn-te) AGG. · Superiore per numero, forza o importanza: *preponderanti forze nemiche* Ⓢ predominante • Di maggioranza: *l'opinione preponderante* Ⓢ prevalente.

preponderanza (pre-pon-de-ràn-za) N.F. · Superiorità per numero, forza o importanza: *la preponderanza del nemico* • Maggioranza: *la preponderanza dei voti.*

preposizione (pre-po-ṣi-zió-ne) N.F. · In grammatica, parte invariabile del discorso che si pone davanti a un nome o a un pronome per attribuirgli un valore sintattico diverso da quello di soggetto e di complemento oggetto. Ⓔ ***Preposizioni proprie,*** sono *di, a, da, in, con, su, per, fra, tra*; alcune di esse possono fondersi con l'articolo che segue e dare luogo alle preposizioni articolate (*dal, alla, nel, del, col,* ecc.) • ***Preposizioni improprie,*** sono antiche forme nominali o verbali ridotte a preposizione (come *durante, mediante, dietro, contro*) e non si fondono mai con l'articolo.

preposto (pre-pó-sto) AGG. **1** Collocato prima o davanti: *aggettivo preposto* ***al*** *sostantivo.* **2** Che ricopre una carica o una funzione direttiva: *il funzionario preposto* ***a*** *un ufficio.*

prepotente (pre-po-tèn-te) AGG. e N.M. e F. || AGG. e N.M. e F. Che, chi ostenta arroganza e volontà di sopraffare gli altri: *un comportamento prepotente; non fare il prepotente con me!* Ⓢ arrogante, aggressivo Ⓒ remissivo. || AGG. Irresistibile, forte, intenso: *un prepotente desiderio di fuggire.*

prepotenza (pre-po-tèn-za) N.F. **1** Bisogno di sopraffare gli altri con arroganza e violenza: *con la prepotenza non si ottiene nulla* Ⓢ aggressività. **2** Sopruso, violenza: *non subirò più le sue prepotenze.* Ⓔ ***Di prepotenza,*** di forza, con la forza: *è entrato in casa di prepotenza.*

prepotere (pre-po-té-re) N.M. · Potere eccessivo: *il prepotere della nobiltà nella Francia del Settecento* Ⓢ strapotere.

prepuzio (pre-pù-zio) N.M. (pl. *-zi*) · L'involucro di pelle del pene che riveste il glande.

prerequisito (pre-re-qui-ṣi-to) N.M. · Ciò che è necessario conoscere o saper fare per ottenere uno scopo: *la conoscenza dell'inglese è un prerequisito per l'assunzione.*

prerogativa (pre-ro-ga-tì-va) N.F. **1** Caratteristica di solito positiva o vantaggiosa: *questo farmaco ha la prerogativa di non avere effetti collaterali* Ⓢ particolarità, proprietà. **2** Privilegio o diritto speciale di chi detiene una carica importante: *le prerogative dei parlamentari.*

presa (pré-sa) N.F. 1 L'azione di afferrare e stringere, di attaccarsi: *lasciare, rafforzare la presa.* 2 Nel linguaggio militare, conquista, occupazione: *la presa di una città.* 3 Piccola quantità, pizzico: *una presa di sale.* 4 Panno imbottito usato in cucina per afferrare oggetti caldi. 5 Apertura da cui passano un liquido o un gas regolati da un rubinetto o altro dispositivo: *presa d'aria* • Dispositivo che serve a collegare un apparecchio elettrico alla corrente: *infilare la spina nella presa.* 6 L'insieme delle operazioni con cui l'immagine si fissa sulla pellicola cinematografica. Ⓔ ***A presa rapida,*** di materiale che si asciuga e indurisce rapidamente: *cemento a presa rapida* • ***Essere alle prese con qualcosa,*** affrontarlo: *è alle prese con un bel problema* • ***Far presa,*** attecchire: *le piante hanno fatto presa nel terreno*; solidificarsi, indurirsi: *la colla ha fatto presa* • ***Far presa su qualcuno,*** riuscire a interessarlo o a convincerlo: *argomenti che non fanno presa sul grande pubblico* • ***Macchina da presa,*** cinepresa • ***Presa di coscienza,*** il rendersi conto di qualcosa • ***Presa di posizione,*** ferma dichiarazione del proprio punto di vista • ***Presa in giro,*** beffa, scherno.

presagio (pre-sà-gio) N.M. (pl. *-gi*) 1 Previsione di eventi futuri, che si ricava dall'osservazione e interpretazione di fenomeni naturali: *gli antichi traevano presagi dal volo degli uccelli* Ⓢ predizione, profezia • Indizio, segnale: *presagi di guerra.* 2 Presentimento, sensazione: *ho un brutto presagio.*

presagire (pre-sa-gì-re) V.TR. (*preṣagìsco, preṣagìsci*, ecc.) · Sentire in anticipo ciò che avverrà: *presagì* ***che*** *stava per accadere una disgrazia* Ⓢ presentire, prevedere.

presbite (prè-ṣbi-te) AGG. e N.M. e F. · Che, chi ha difficoltà a vedere bene da vicino: *occhiali da presbite.*

> Il termine deriva dal greco *presbýtes* 'vecchio', perché normalmente questo difetto della vista comincia a manifestarsi in età avanzata.

presbiteriano (pre-ṣbi-te-rià-no) AGG. e N.M. (f. *-a*) || AGG. Di Chiesa protestante il cui governo è affidato a un consiglio di anziani: *chiesa presbiteriana.* || AGG. e N.M. (f. *-a*) Che, chi fa parte di una di queste Chiese.

presbiterio (pre-ṣbi-tè-rio) N.M. (pl. *-ri*) · Nelle basiliche cristiane, lo spazio in fondo alla navata centrale, riservato al vescovo e al clero.

prescegliere (pre-ṣcé-glie-re) V.TR. (irreg.: coniugato come *scegliere*) · Scegliere tra gli altri: *prescegliere il proprio successore.*
▸ Ⓕ **legere**

prescelto (pre-scél-to) AGG. e N.M. (f. *-a*) · Che, chi è stato scelto tra gli altri: *il candidato prescelto avrà la borsa di studio.* ▸ Ⓕ **legere**

prescindere (pre-scìn-de-re) V.INTR. (irreg.: pass. rem. *prescindéi*, ecc.; raro il part. pass. *prescìsso*; aus. *avere*) · Lasciare da parte, non tenere conto: *prescindiamo* ***dai*** *nostri interessi e decidiamo per il bene di tutti* Ⓢ tralasciare. Ⓔ ***A prescindere da,*** non tenendo conto di, indipendentemente da: *a prescindere dai motivi che l'hanno provocata, la sua reazione è stata eccessiva.*

prescisso (pre-scìs-so) · Participio pass. → ***prescindere***.

prescrivere (pre-ṣcrì-ve-re) V.TR. (irreg.: coniugato come *scrivere*) 1 Ordinare, richiedere: *un obbligo prescritto dalla legge.* 2 Ordinare come terapia: *il medico* ***le*** *ha prescritto un soggiorno alle terme.*

prescrizione (pre-scri-zió-ne) N.F. 1 Disposizione, norma: *le prescrizioni del codice civile.* 2 Indicazione del medico scritta sulla ricetta: *seguire le prescrizioni del medico.* 3 Nel linguaggio giuridico, regola secondo la quale trascorso un determinato periodo di tempo non si può più esercitare un diritto o essere condannati per un reato: *il diritto al risarcimento del danno è caduto in prescrizione.*

presentare (pre-ṣen-tà-re) V.TR. (*preṣènto*, ecc.) || TR. 1 Far vedere: *presentare i documenti* ***all'****agente* Ⓢ mostrare, esibire. 2 Consegnare, mandare: *presentare domanda di assunzione.* 3 Proporre, avanzare: *presentare la propria candidatura.* 4 Illustrare, esporre, spiegare: *presentare un film; presentare il bilancio.* 5 Far conoscere una persona a qualcuno: ***ti*** *presento mio fratello.* 6 Condurre come presentatore: *presentare uno spettacolo, una trasmissione televisiva.* 7 Offrire, porgere: *presentare le proprie scuse.* || **presentarsi** RIFL.

P

1 Mostrarsi in pubblico, farsi vedere: *non presentarti più davanti a me con quella barba.* **2** Andare di persona: *presentarsi* ***al*** *commissariato* Ⓢ recarsi. **3** Proporsi: *presentarsi* ***per*** *un posto di lavoro; presentarsi* ***alle*** *elezioni.* **4** Dichiarare il proprio nome per farsi conoscere da qualcuno: *permette che mi presenti?* Ⓢ qualificarsi. || **presentarsi** INTR. PRONOM. **1** Sembrare, parere, apparire: *la situazione si presenta difficile.* **2** Capitare, offrirsi, prospettarsi: ***mi*** *si è presentata una buona occasione.*

presentatore (pre-ṣen-ta-tó-re) N.M. (f. *-trice*) · Chi ha il compito di presentare attori, numeri, personaggi di uno spettacolo: *il presentatore di un varietà televisivo* Ⓢ conduttore.

presentazione (pre-ṣen-ta-zió-ne) N.F. **1** Nel linguaggio amministrativo e burocratico, l'azione di mettere a disposizione o inviare documenti, richieste, domande: *la presentazione di una domanda.* **2** Discorso o testo con cui si fa conoscere qualcosa a qualcuno: *la presentazione di una mostra* ***alla*** *stampa; mi ha scritto una lettera di presentazione.* **3** L'azione con cui si fa conoscere una persona ad altre, dicendo il suo nome e cognome e qualche parola di spiegazione. Ⓔ ***Fare le presentazioni***, presentare due o più persone.

presente (pre-ṣèn-te) AGG. e N.M. e F. || AGG. e N.M. e F. Che, chi partecipa di persona a un evento o si trova in un certo posto in un dato momento: *era presente al momento dell'incidente; i presenti* ***all'****assemblea* Ⓒ assente. || AGG. **1** Con l'articolo, questo: *la presente opera; il tuo intervento non riguarda il presente dibattito.* **2** Che sta avvenendo ora, proprio in questo momento: *la situazione presente; le generazioni presenti*, di adesso Ⓢ attuale, odierno Ⓒ passato, futuro. || N.M. Periodo di tempo contemporaneo a chi parla: *vivere nel presente; il presente mi sta dando grandi soddisfazioni* Ⓢ oggi. || AGG. e N.M. In grammatica, del tempo del verbo che definisce l'azione come contemporanea rispetto al momento in cui si parla (*piove*, in questo momento in cui parlo). || **presente!** INTER. Esprime la risposta affermativa a un appello. Ⓔ ***Al presente, per il presente***, per ora, per il momento: *al presente le cose vanno bene* • ***Aver presente***, ricordare: *hai presente quel libro che ti ho prestato?* • ***Essere presente***, vivo, fisso: *essere presente nel ricordo* • ***Fare presente***, far notare, sottolineare: *vi faccio presente* ***che*** *non siamo qui per divertirci* • ***Presente a se stesso***, lucido e calmo • ***Tenere presente***, considerare, tenere conto: *tieni presente* ***che*** *l'ufficio chiude a mezzogiorno.*

presentimento (pre-sen-ti-mén-to) N.M. · Sensazione vaga e confusa e spesso negativa di qualcosa che potrebbe accadere: *ho un cattivo presentimento* Ⓢ presagio.

presentire (pre-sen-tì-re) V.TR. (*presènto*, ecc.) · Avvertire nell'animo il futuro attuarsi di una possibilità per lo più non lieta: *presentire una disgrazia; presentivo* ***che*** *sarebbe finita male* Ⓢ sentire, intuire.

presenza (pre-ṣèn-za) N.F. **1** Il fatto che una persona o una cosa si trovi in un dato luogo: *la tua presenza* ***alla*** *riunione è necessaria; è stata accertata la presenza del petrolio* Ⓒ assenza. **2** Aspetto fisico: *un uomo di bella presenza.* Ⓔ ***Alla presenza di, in presenza di***, al cospetto di, di fronte a, davanti a: *fu condotto alla presenza del giudice; il fatto è accaduto in presenza di testimoni* • ***Presenza di spirito*** → ***spirito***.

presepio (pre-ṣè-pio) o **presepe** (pre-ṣè-pe) N.M. (pl. *-pi*) · Nel periodo di Natale, la scena della nascita di Gesù Cristo ricostruita per tradizione con statuette, erba finta, ruscelli di stagnola e cartapesta nelle Chiese e nelle case private: *fare il presepio.*

> Il termine deriva dal latino *praesepium* 'greppia, mangiatoia'.

preservare (pre-ser-và-re) V.TR. (*presèrvo*, ecc.) · Proteggere da pericoli o danni: *preservare la salute; preservare l'ambiente* ***dall'****inquinamento* Ⓢ difendere, salvaguardare.

preservativo (pre-ser-va-tì-vo) N.M. · Guaina di gomma sottile che durante i rapporti sessuali si mette sul pene per impedire la fecondazione e proteggere dalle malattie.

presi (pré-si) · Pass. rem., 1ª pers. sing. → ***prendere***.

A B C D E F G H I J K L M N O P Q R S T U V W X Y Z

preside (prè-si-de) N.M. e F. · Il capo di un istituto di istruzione secondaria, media o superiore: *il preside di un liceo.*

presidente (pre-si-dèn-te) N.M. e F. (f. raro anche *-éssa*) · Chi dirige l'attività di un'assemblea, di un consiglio, di un ente: *il presidente della commissione d'esame; il presidente del consiglio d'amministrazione.* Ⓔ ***Presidente del Consiglio,*** il capo del governo Ⓢ primo ministro; premier (*ingl.*) • ***Presidente della Repubblica,*** il capo dello Stato.

È preferibile usare la forma *presidente* sia al maschile sia al femminile ed evitare il femminile *presidentessa*: *il presidente Mario Verdi; la presidente Giovanna Rossi.*

presidenza (pre-si-dèn-za) N.F. **1** La carica di presidente o di preside: *aspirare alla presidenza.* **2** Il gruppo di lavoro formato dal presidente o dal preside e dai loro collaboratori: *gli uffici della presidenza.* **3** La stanza riservata al preside: *essere convocato in presidenza.*

presidenziale (pre-si-den-zià-le) AGG. · Del presidente: *nomina presidenziale; palazzo presidenziale.* Ⓔ ***Repubblica presidenziale,*** quella in cui il presidente è anche capo del governo e viene eletto dal popolo.

presidiare (pre-si-dià-re) V.TR. (*presìdio*, ecc.) · Difendere, sorvegliare con militari o gruppi organizzati: *le truppe alleate presidiano il porto; gli scioperanti presidiavano i cancelli della fabbrica* Ⓢ controllare.

presidio (pre-sì-dio) N.M. (pl. *-di*) **1** Contingente di truppe stanziato in un luogo: *presidio militare.* **2** Protezione, tutela, difesa: *provvedimenti a presidio della sicurezza delle città.* **3** L'insieme delle strutture del servizio sanitario nazionale: *presidi ospedalieri.*

presiedere (pre-siè-de-re) V.TR. e INTR. (irreg.: *presièdo*, ecc.) || TR. Dirigere: *presiedere una riunione.* || INTR. (aus. *avere*) **1** Esercitare funzioni di direzione e coordinamento: *presiedere **ai** lavori di una commissione* Ⓢ dirigere, coordinare. **2** Di organi umani e animali, avere una parte prevalente nello svolgimento di una funzione: *il cuore presiede **alla** circolazione.*

preso (pré-so) · Participio pass. → ***prendere***.

pressa (près-sa) N.F. · Macchina per schiacciare i materiali in lavorazione.

pressante (pres-sàn-te) AGG. · Urgente, incalzante: *impegni pressanti.*

pressappoco (pres-sap-pò-co) (o **press'a poco**) AVV. · All'incirca, più o meno, quasi: *erano pressappoco le otto.*

pressare (pres-sà-re) V.TR. (*prèsso*, ecc.) **1** Comprimere con forza o con una pressa: *pressare l'uva nei tini; pressare la carta.* **2** Sollecitare con insistenza: *lo pressava con continue richieste di denaro* Ⓢ tallonare. **3** Nel calcio e in altri sport di squadra, contrastare l'avversario con il pressing.

pressing (pres-sing; pronuncia *prèssing*) N. INGL., in it. N.M. INVAR. · In vari sport, azione continua e pressante per sottrarre la palla all'avversario.

pressione (pres-sió-ne) N.F. **1** L'azione esercitata da una forza su una superficie: *percepì la pressione del dito **sul** grilletto; fare pressione **sul** pedale dell'acceleratore* Ⓢ spinta, forza. **2** ***Pressione (atmosferica),*** peso esercitato su un superficie dalla colonna d'aria che sta sopra: *alta pressione,* bel tempo; *bassa pressione,* cattivo tempo. **3** In fisiologia, la spinta esercitata dal sangue sulle parete delle arterie: *pressione alta, bassa.* **4** Azione fatta su qualcuno per convincerlo di qualcosa: *mi hanno fatto delle pressioni perché mi dimetta.* Ⓔ ***Essere sotto pressione,*** essere molto teso e preoccupato: *gli studenti sono sotto pressione per gli esami* • ***Pentola a pressione*** → ***pentola***.

presso (près-so) PREP. e N.M. || PREP. Vicino a, in prossimità di: *ci accampammo presso il fiume; una località presso Roma* • In casa di, da: *abitavamo presso una vecchia zia* • Alle dipendenze di, in: *prestare servizio presso una ditta.* || N.M.PL. ***I pressi,*** le vicinanze: *farò una passeggiata qui nei pressi; nei pressi del paese c'è un'abbazia.* Ⓔ ***Press'a poco*** → ***pressappoco***.

Quando *presso* è usato come preposizione e precede un pronome personale, deve essere seguito dalla preposizione *di*: *ospita molti amici presso di sé.*

pressoché (pres-so-ché) AVV. · Quasi: *il lavoro è pressoché terminato.*

L'accento sulla e di *pressoché* è acuto; scrivere *pressochè* con l'accento grave è un errore!

prestabilire (pre-sta-bi-lì-re) V.TR. (*prestabilìsco, prestabilìsci*, ecc.) · Stabilire in anticipo: *prestabilire un piano di azione* Ⓢ prefissare.

prestabilito (pre-sta-bi-lì-to) AGG. · Stabilito in precedenza: *un piano prestabilito.*

prestante (pre-stàn-te) AGG. · Dotato di un bel fisico robusto: *un giovane prestante* Ⓢ forte, bello.

prestare (pre-stà-re) V.TR. (*prèsto*, ecc.) || TR. **1** Cedere un bene con l'impegno di restituirlo, dare in prestito: *prestare denaro, un libro* ***a*** *un amico.* **2** Concedere, offrire: *prestare aiuto, assistenza.* || **prestarsi** RIFL. Adoperarsi in favore di qualcuno o di qualcosa: *è uno che si presta sempre* ***per*** *gli amici* Ⓢ darsi da fare • Offrirsi, essere disponibile: *non posso prestarmi* ***a*** *un'azione del genere.* || **prestarsi** INTR. PRONOM. Essere adatto, andare bene: *è una pietra che non si presta* ***ad*** *essere lavorata.* Ⓔ ***Prestare attenzione***, stare attento • ***Prestare giuramento***, giurare • ***Prestare il fianco*** → *fianco* • ***Prestare orecchio***, ascoltare attentamente • ***Prestare servizio***, svolgere un lavoro: *presta servizio dalle otto alle due.*

prestazione (pre-sta-zió-ne) N.F. **1** Il lavoro svolto da un operaio, da un artigiano o da un professionista: *quanto prende l'avvocato per le sue prestazioni?* Ⓢ opera. **2** Il comportamento di un atleta o di una squadra in una gara: *la squadra ha offerto un'ottima prestazione* • Il rendimento di una macchina o di un motore: *un'auto dalle prestazioni eccezionali.*

prestigiatore (pre-sti-gia-tó-re) N.M. (f. *-trì-ce*) · Chi esegue giochi di prestigio: *trucchi da prestigiatore.*

prestigio (pre-stì-gio) N.M. (pl. *-gi*) · Buona reputazione acquisita per i propri meriti e capacità: *godere di grande prestigio; un incarico di prestigio*, importante e autorevole Ⓢ importanza. Ⓔ ***Gioco di prestigio***, gioco di abilità che sembra una magia, ma che in realtà è solo un trucco.

prestigioso (pre-sti-gió-so) AGG. · Che gode di prestigio: *un locale prestigioso; una personalità prestigiosa* Ⓢ importante, famoso.

prestito (prè-sti-to) N.M. · L'azione di dare temporaneamente un bene o del denaro a qualcuno con l'obbligo di restituirli: *dare in prestito; prendere a prestito* • Anche, la somma di denaro data o ricevuta in prestito: *chiedere un prestito.*

presto (prè-sto) AVV. || AVV. **1** In breve tempo, fra poco, rapidamente: *tornerò presto; presto scopriremo la verità* Ⓒ tardi. **2** Di buon'ora, di prima mattina: *alzarsi, andare a letto presto; la mattina presto.* **3** In anticipo, prima del tempo: *arriva sempre presto in ufficio; temo di aver parlato troppo presto.* || **presto!** INTER. Per incitare a fare in fretta: *presto! Il treno sta per partire.* Ⓔ ***Al più presto***, il prima possibile: *spero di rivederti al più presto* • ***A presto***, formula di saluto usata per lasciare qualcuno che si pensa di rivedere entro breve • ***Fare presto***, fare in fretta: *sei già tornato, hai fatto presto;* fare facilmente: *faccio presto a denunciarti.*

presumere (pre-ṣù-me-re) V.TR. (irreg.: coniugato come *assumere*) **1** Credere, supporre, immaginare: *dalle prove portate presumo* ***che*** *sia innocente.* **2** Avere la pretesa, credere a torto: *presumi* ***di*** *sapere sempre tutto.*

Il termine deriva dal latino *praesumere* 'prendere prima, supporre', che viene a sua volta da *sumere* 'prendere' con il prefisso **pre-** (→ ***assumere***).

presumibile (pre-ṣu-mì-bi-le) AGG. · Probabile, verosimile: *è presumibile che vinca anche stavolta.*

presunto (pre-ṣùn-to) AGG. · Ritenuto in un certo modo sulla base di indizi: *hanno arrestato il presunto omicida* Ⓢ supposto. Ⓔ ***Morte presunta***, formula con la quale una persona viene dichiarata morta quando non se ne hanno più notizie da un determinato numero di anni.

presuntuoso (pre-ṣun-tu-ó-so) AGG. e N.M. (f. *-a*) || AGG. e N.M. (f. *-a*) Che, chi ha un'eccessiva considerazione di sé e delle proprie possibilità: *un individuo presuntuoso* Ⓢ borioso, superbo. || AGG. Che dimostra presunzione: *una risposta presuntuosa.*

presunzione (pre-ṣun-zió-ne) N.F. · Eccessiva considerazione di sé e delle proprie capacità: *un giovane pieno di presunzione* Ⓢ superbia, boria.

presupporre (pre-sup-pór-re) V.TR. (irreg.: coniugato come *porre*) **1** Supporre, immaginare, ipotizzare: *dalla tua faccia presuppongo* ***che*** *tu abbia avuto una brutta giornata.* **2** Richiedere come condizione necessaria: *certi lavori presuppongono una preparazione adeguata* Ⓢ esigere.

presupposizione (pre-sup-po-ṣi-zió-ne) N.F. · Supposizione, ipotesi: *è solo una presupposizione, ma sento che i fatti mi daranno ragione.*

presupposto (pre-sup-pó-sto) N.M. · Condizione preliminare di un ragionamento o di un fatto: *ci sono tutti i presupposti per la riuscita dell'iniziativa* Ⓢ premessa.

prete (prè-te) N.M. **1** Il ministro del culto cattolico: *farsi prete* Ⓢ sacerdote. **2** Il sacerdote di qualsiasi culto: *prete ortodosso; prete protestante* Ⓢ pastore. Ⓔ ***Il boccone del prete***, nel linguaggio familiare, la parte più buona di una pietanza di carne • ***Scherzo da prete***, di dubbio gusto.

pretendente (pre-ten-dèn-te) N.M. e F. · Chi aspira a raggiungere uno scopo, in particolare l'amore di una donna: *quella ragazza ha molti pretendenti; la lotta fra i pretendenti* ***al*** *trono* Ⓢ aspirante.

P

pretendere (pre-tèn-de-re) V.TR. (irreg.: coniugato come *tendere*) **1** Volere, esigere, richiedere: *pretende moltissimo* ***dai*** *suoi dipendenti.* **2** Richiedere in misura eccessiva e con prepotenza: *ha preteso mille euro per aggiustare il bagno; pretende* ***di*** *dettar legge a tutti* Ⓢ volere. **3** Rivendicare un merito o un diritto non riconosciuto da altri: *pretende* ***di*** *aver avuto per primo l'idea.* **4** Credersi capace di una cosa al di sopra delle proprie possibilità: *pretende* ***di*** *essere un grande scrittore* Ⓢ ritenere, presumere.

pretenzioso (pre-ten-zió-so) AGG. **1** Che ha delle pretese eccessive: *un individuo pretenzioso* Ⓢ esigente. **2** Pieno di abbellimenti in modo eccessivo: *un arredamento pretenzioso* Ⓢ vistoso.

preterintenzionale (pre-te-rin-ten-zio-nà-le) AGG. · Nel linguaggio giuridico, di reato la cui gravità va oltre l'intenzione di chi lo commette: *omicidio preterintenzionale.*

pretesa (pre-té-sa) N.F. **1** Richiesta eccessiva, esigenza: *le sue pretese sono assurde; hai troppe pretese.* **2** Presunzione, convinzione: *ha la pretesa di essere un uomo di mondo.* Ⓔ ***Senza pretese***, semplice, modesto, alla buona: *una cena senza pretese.*

pretesto (pre-tè-sto) N.M. **1** Scusa che nasconde i veri motivi di un comportamento: *cerca sempre un pretesto per non pagare.* **2** Occasione, opportunità: *la cena fu il pretesto per chiarire un paio di cose.*

pretestuoso (pre-te-stu-ó-so) AGG. · Usato come pretesto: *scusa pretestuosa.*

pretore (pre-tó-re) N.M. · Il magistrato che in passato giudicava reati più lievi di quelli di competenza del tribunale.

pretoriano (pre-to-rià-no) N.M. · Ciascun soldato che faceva parte della guardia del corpo del comandante dell'esercito romano, poi degli imperatori.

pretorio (pre-tò-rio) AGG. (pl.m. *-ri*, pl.f. *-rie*) · Del pretore: *diritto pretorio.* Ⓔ ***Albo pretorio***, presso il municipio, la tavola su cui vengono affissi gli atti da esporre al pubblico • ***Porta pretoria*** (o *la pretoria* N.F.), nell'accampamento romano, quella che si apriva di fronte alla porta decumana.

pretura (pre-tù-ra) N.F. · La carica e l'ufficio un tempo amministrati dal pretore: *andare in pretura.*

prevalente (pre-va-lèn-te) AGG. · Che ha una maggiore diffusione, importanza o superiorità numerica: *il motivo prevalente di una decisione; nella nostra classe le femmine sono prevalenti* ***sui*** *maschi* Ⓢ predominante, dominante.

prevalentemente (pre-va-len-te-mén-te) AVV. · Nella maggior parte dei casi: *il paese ha un'economia prevalentemente agricola* Ⓢ soprattutto, per lo più.

prevalenza (pre-va-lèn-za) N.F. · Maggiore importanza, consistenza o diffusione: *prevalenza economica; gli impegni di lavoro hanno la prevalenza* ***su*** *tutti gli altri* Ⓢ superiorità, preponderanza. Ⓔ ***In prevalenza***, in maggioranza, soprattutto: *il personale dirigente è costituito in prevalenza da uomini.*

prevalere (pre-va-lé-re) V.INTR. (irreg.: coniugato come *valere*; aus. *essere* o *avere*) **1** Risultare superiore, avere la meglio: *la squadra ha prevalso con largo vantaggio* ***sugli*** *avversari* Ⓢ imporsi, vincere. **2** Avere maggiore importanza o diffusione: *i doveri verso i figli prevalgono* ***su*** *tutti gli altri; nei Paesi nordici prevalgono i biondi* Ⓢ predominare.

prevaricare (pre-va-ri-cà-re) V.INTR. (*prevàrico, prevàrichi*, ecc.; aus. *avere*) **1** Abusare del proprio potere per trarne vantaggi: *ha sfruttato la sua influenza per prevaricare.* **2** Prevalere sugli altri con prepotenza: *prevaricare* ***sui*** *deboli* Ⓢ spadroneggiare.

prevaricazione (pre-va-ri-ca-zió-ne) N.F. **1** Uso scorretto del proprio potere per trarne vantaggi: *le prevaricazioni degli amministratori pubblici devono essere punite.* **2** Sopruso commesso con prepotenza: *non tollererò più le sue prevaricazioni* ***sui*** *compagni.*

prevedere (pre-ve-dé-re) V.TR. (irreg.: coniugato come *vedere*) **1** Sapere prima ciò che avverrà in futuro: *chi poteva prevedere un simile disastro?; è difficile prevedere gli sviluppi della situazione* Ⓢ ipotizzare, immaginare. **2** Richiedere, comportare, implicare: *l'impresa prevede molti sacrifici.* **3** Comprendere, considerare, contemplare: *nel prezzo non sono previste le spese di trasporto.*

prevedibile (pre-ve-dì-bi-le) AGG. · Che si poteva prevedere facilmente: *era prevedibile che avrebbe reagito male* Ⓢ logico Ⓒ imprevedibile • Privo di originalità, banale, scontato: *risposta prevedibile; come sono prevedibili gli uomini!*

preveggenza (pre-veg-gèn-za) N.F. **1** La capacità di prevedere il futuro. **2** Previdenza, lungimiranza: *un uomo di grande preveggenza.*

prevenire (pre-ve-nì-re) V.TR. (irreg.: coniugato come *venire*) **1** Fare qualcosa prima del necessario o per primi: *prevenire l'attacco degli avversari; prevenire un desiderio, una richiesta,* soddisfarli in anticipo, prima che vengano pronunciati Ⓢ anticipare, precedere. **2** Prendere le precauzioni necessarie per evitare qualcosa: *prevenire gli incendi; la medicina dovrebbe prevenire le malattie* Ⓢ impedire.

preventivo (pre-ven-tì-vo) AGG. e N.M. || AGG. **1** Che si fa per impedire un evento indesiderato: *medicina preventiva; misure preventive contro la corruzione.* **2** Calcolato in anticipo: *bilancio preventivo; calcolo preventivo delle spese.* || N.M. **1** Documento in cui si prevedono le spese e i ricavi che si avranno nell'anno: *il consiglio d'amministrazione ha approvato il preventivo per il prossimo anno.* **2** La spesa prevista per un determinato lavoro: *chiedere un preventivo per una riparazione.*

prevenuto (pre-ve-nù-to) AGG. · Mal disposto verso qualcuno o qualcosa: *non capisco perché sia così prevenuto con me* Ⓢ ostile.

prevenzione (pre-ven-zió-ne) N.F. **1** Ciò che si fa per impedire il verificarsi di eventi negativi: *la prevenzione degli infortuni sul lavoro.* **2** Pregiudizio, preconcetto: *non avere prevenzioni nei confronti di nessuno.*

previdente (pre-vi-dèn-te) AGG. · Che pensa per tempo a come fronteggiare una situazione: *genitori previdenti; sei stato previdente a portare delle provviste in più* Ⓢ prudente, accorto Ⓒ imprevidente, incauto.

previdenza (pre-vi-dèn-za) N.F. · L'azione di immaginare ciò che avverrà e di essere preparati ad affrontarlo con opportuni provvedimenti Ⓒ imprevidenza. Ⓔ ***Previdenza (sociale)***, l'insieme degli interventi che lo Stato mette in atto per assicurare ai cittadini un reddito minimo e l'assistenza medica necessaria in caso di invalidità, vecchiaia, disoccupazione o infortuni sul lavoro.

previdenziale (pre-vi-den-zià-le) AGG. · Della previdenza: *contributi previdenziali.*

previo (prè-vio) AGG. (pl.m. *-vi*, pl.f. *-vie*) · Fatto in anticipo come condizione necessaria per concludere un'operazione: *domani firmeremo il contratto, previo accordo delle due parti; il pacco le sarà recapitato a casa, previo pagamento delle spese di spedizione.*

previsione (pre-vi-ṣió-ne) N.F. · Ipotesi su cosa accadrà in futuro: *tutto si è svolto secondo le nostre previsioni* Ⓢ pronostico. Ⓔ ***In previsione di***, prevedendo, nell'eventualità che (o di): *in previsione di forti nevicate si raccoman-*

da prudenza nella guida • ***Previsioni del tempo***, studio in grado di prevedere come sarà il tempo atmosferico nei giorni a venire; bollettino meteorologico.

previsto (pre-vì-sto) AGG. e N.M. || AGG. Pensato prima che si verifichi: *un successo previsto* Ⓒ imprevisto. || N.M. Quantità stabilita: *ho dovuto pagare più del previsto* • Tempo stabilito: *la riunione è durata più del previsto.*

prezioso (pre-zió-so) AGG. e N.M. (f. -a) || AGG. **1** Di notevole pregio o valore perché raro o molto bello: *pietre preziose* Ⓢ pregiato, costoso. **2** Utile, vantaggioso: *un collaboratore prezioso; un consiglio prezioso.* || N.M.PL. Gioielli, gioie: *furto di preziosi.* || AGG. e N.M. (f. -a) Che, chi ama farsi desiderare: *rendersi prezioso; fa troppo il prezioso.*

prezzemolo (prez-zé-mo-lo) N.M. · Erba aromatica molto diffusa, con piccole foglie verde scuro usate in cucina come ingrediente per cibi e salse. Ⓔ ***Essere come il prezzemolo***, nel linguaggio familiare, di chi è sempre dappertutto.

> Il termine deriva dal greco *petrosélinon* 'sedano che nasce fra le pietre', composto a sua volta di *pétra* 'pietra' e *sélinon* 'sedano'.

prezzo (prèz-zo) N.M. **1** Denaro necessario per comprare qualcosa: *il prezzo di un biglietto aereo; prezzo alto; un buon prezzo,* conveniente Ⓢ costo, importo. **2** Il cartellino con indicato quanto costa una merce: *staccare il prezzo da una camicia* Ⓢ etichetta. **3** Ciò che si dà in cambio di qualcosa: *ha conquistato la propria indipendenza a prezzo di moltissimi sacrifici.* **4** In grammatica: ***complemento di prezzo***, quello che indica il prezzo della cosa a cui si riferisce (*l'avrà pagato mille euro; vendono le arance a due euro; l'ho comprato per una sciocchezza*). Ⓔ ***A prezzo fisso***, con importo non variabile, stabilito in precedenza: *pranzo a prezzo fisso* • ***Non avere prezzo***, di qualcosa il cui valore non può essere calcolato: *la felicità non ha prezzo.*

prezzolato (prez-zo-là-to) AGG. · Pagato per fare qualcosa di illecito o disonesto: *sicario prezzolato.*

prigione (pri-gió-ne) N.F. **1** Carcere, galera: *finire in prigione* • Reclusione, detenzione: *è stato condannato a dieci anni di prigione.* **2** Ambiente oppressivo: *la casa per me è diventata una prigione.*

prigionia (pri-gio-nì-a) N.F. (pl. -*nìe*) · La condizione di chi è prigioniero: *tornò in patria dopo quattro anni di prigionia.*

prigioniero (pri-gio-niè-ro) AGG. e N.M. (f. -a) || AGG. **1** Rinchiuso in un luogo: *essere prigioniero* ***del*** *nemico; lo hanno tenuto prigioniero in soffitta* Ⓢ recluso. **2** Rimasto chiuso per errore in uno spazio limitato: *rimanere prigioniero nella metropolitana.* **3** Schiavo, succube: *essere prigioniero* ***di*** *una passione,* ***di*** *un vizio.* || N.M. (f. -a) Chi è condannato al carcere o è stato catturato dal nemico in guerra: *prigioniero politico, di guerra* Ⓢ detenuto, carcerato.

prima[1] (prì-ma) AVV. **1** In un tempo o in uno spazio che precede qualcuno o qualcosa: *dovevi dirmelo prima; dieci anni prima; cinque chilometri prima; rientriamo prima* ***che*** *si metta a piovere; prima* ***di*** *morire ha fatto testamento; ho lasciato l'auto prima* ***della*** *chiesa* Ⓒ dopo, poi. **2** In primo luogo, per prima cosa: *prima il dovere, poi il piacere.* Ⓔ ***Prima o poi***, un giorno o l'altro: *prima o poi si accorgeranno di quanto vale* • ***Venire prima di***, essere più importante di: *per lui il lavoro viene prima di tutto.*

prima[2] (prì-ma) N.F. **1** Il primo anno di un corso scolastico: *prima elementare; prima liceo.* **2** La prima rappresentazione di uno spettacolo teatrale, di un concerto o la prima proiezione di un film: *assistere a una prima.* **3** In un veicolo, la marcia più bassa nel cambio: *mettere la prima.* **4** Su treni, navi e aerei, la classe di viaggio più comoda e più cara: *viaggiare in prima.* **5** AL PL. Nell'espressione ***sulle prime***, all'inizio: *sulle prime era un po' diffidente.*

primario (pri-mà-rio) AGG. e N.M. (pl.m. -*ri*, pl.f. -*rie*) || AGG. **1** Primo in una serie o in una successione: *elezioni primarie; istruzione primaria,* elementare Ⓢ iniziale. **2** Primo per importanza o valore: *l'attività primaria di un'azienda; una questione di primario interesse; bisogni primari,* cibo e riparo Ⓢ fondamentale, principale Ⓒ secondario. || N.M. Medico responsabile di un reparto ospedaliero: *il pri-*

mario di cardiologia. E **Colori primari** → **colore** • **Scuola primaria**, scuola elementare (→ **elementare**) • **Settore primario**, l'agricoltura.

primate[1] (pri-mà-te) N.M. · Mammifero evoluto, come la scimmia e l'uomo.

primate[2] (pri-mà-te) N.M. · In passato, vescovo la cui autorità si estendeva a intere regioni o nazioni.

primatista (pri-ma-tì-sta) AGG. e N.M. e F. (pl.m. -*i*, pl.f. -*e*) · Che, chi ha stabilito un primato in una specialità sportiva: *il primatista mondiale di salto in lungo.*

primato (pri-mà-to) N.M. **1** Prevalenza assoluta in un certo campo: *l'India ha il primato mondiale nella produzione cinematografica* S supremazia, predominio. **2** Il risultato migliore ottenuto in una specialità sportiva: *detenere il primato dei cento metri piani* S record.

primavera (pri-ma-vè-ra) N.F. **1** La stagione dell'anno compresa tra l'inverno e l'estate; va dal 21 marzo al 21 giugno. **2** Anno, in senso scherzoso: *ha ormai molte primavere sulle spalle.*

primaverile (pri-ma-ve-rì-le) AGG. · Della primavera: *abiti primaverili; aria primaverile,* mite.

primeggiare (pri-meg-già-re) V.INTR. (*priméggio*, ecc.; aus. *avere*) · Essere il primo o tra i primi: *è una persona ambiziosa, che vuole sempre primeggiare; primeggiare* **su** *tutti; primeggiare* **nello** *studio* S distinguersi, eccellere • Avere particolare importanza: *in quel romanzo primeggia la figura della madre* S spiccare.

primitivo (pri-mi-tì-vo) AGG. e N.M. (f. -*a*) || AGG. **1** Relativo a un periodo iniziale o precedente: *dopo il restauro l'affresco ha riacquistato i colori primitivi* S iniziale, originario. **2** Antiquato, rudimentale, primordiale: *usa ancora una tecnica primitiva.* **3** In grammatica, di parola che non è derivata da nessun'altra: *aria è un nome primitivo.* || AGG. e N.M. (f. -*a*) **1** Che, chi appartiene alla preistoria: *tribù primitive; i costumi dei primitivi* S preistorico. **2** Che, chi è rozzo e maleducato: *ha dei modi primitivi; quel primitivo tratta malissimo la moglie.*

primizia (pri-mì-zia) N.F. (pl. -*zie*) **1** Ortaggio o frutto che matura prima del tempo e viene considerato pregiato: *in questa stagione le fragole sono una vera primizia.* **2** Informazione fornita con notevole anticipo: *ho una primizia per la pagina di cronaca* S novità.

primo (pri-mo) AGG. NUM. ORD., N.M. e AVV. || AGG. **1** Che in una successione ordinata occupa il posto numero uno (in numeri arabi *1°*): *il primo giorno di scuola; a quel concorso risultai primo in graduatoria* C ultimo. **2** Principale, fondamentale: *il mio primo obiettivo è finire l'università; è la prima industria del settore.* || N.M. Ciò che apre una successione, una serie o una classificazione: *siamo giunti tra i primi; il primo a sinistra è mio padre; il primo dell'elenco è il mio nome* • La portata di apertura del pranzo e della cena: *come primo vorrei delle tagliatelle al ragù* • Il giorno d'inizio di una settimana, di un mese, di un anno: *il primo di agosto partirò per le ferie* • AL PL. Gli anni d'inizio di un secolo: *ai primi dell'Ottocento.* || AVV. Per prima cosa: *primo, ricordati di salutare quando entrerai.* E **Alle prime armi** → **arma** • **Di prim'ordine** → **ordine** • **Il primo secolo avanti Cristo**, da cento anni prima della nascita di Cristo fino al giorno della sua nascita (in numeri romani *I secolo a.C.*) • **Il primo secolo dopo Cristo**, dalla nascita di Cristo fino a cento anni dopo (in numeri romani *I secolo d.C.*) • **Materie prime** → **materia** • **Minuto primo** (o *un primo* N.M.), unità di misura del tempo corrispondente alla 60ª parte dell'ora • **Numeri primi**, numeri interi naturali che sono divisibili solo per se stessi e per l'unità • **Primo cittadino**, il sindaco • **Primo ministro** → **ministro**.

primogenito (pri-mo-gè-ni-to) AGG. e N.M. (f. -*a*) · Che, chi tra più figli è nato per primo: *figlia primogenita; il mio primogenito* C ultimogenito.

primordiale (pri-mor-dià-le) AGG. **1** Iniziale, embrionale: *il progetto è ancora allo stadio primordiale.* **2** Primitivo, rozzo, arretrato: *metodi primordiali; istinti primordiali.* E **Brodo primordiale**, in epoca preistorica, le acque ricche di composti organici in cui si sarebbero sviluppate le prime forme di vita.

A B C D E F G H I J K L M N O **P** Q R S T U V W X Y Z

principale (prin-ci-pà-le) AGG. e N.M. e F. || AGG. 1 Che ha la maggior importanza: *la funzione principale di un organo; le principali città di uno Stato* Ⓢ fondamentale, preminente • Di maggior valore: *il pezzo principale di una collezione* • Di maggiore autorità o prestigio: *parteciperanno al convegno i principali scienziati europei* Ⓢ maggiore. 2 In grammatica: ***proposizione principale*** (o *la principale* N.F.), quella che può essere indipendente o che in un periodo regge una proposizione secondaria o dipendente. || N.M. e F. Capo, padrone: *devo parlarne con il principale.*

principalmente (prin-ci-pal-mén-te) AVV. · In primo luogo: *una rivista che si occupa principalmente di costume* Ⓢ soprattutto, specialmente.

principato (prin-ci-pà-to) N.M. 1 Il governo di un principe: *principato di Augusto.* 2 Stato governato da un principe: *il Principato di Monaco.*

principe (prìn-ci-pe) N.M. (f. *-éssa*; pl.m. *-i*, pl.f. *-ésse*) 1 Titolo attribuito ai membri delle famiglie reali. 2 Chi esercita una sovranità assoluta, specie con riferimento all'antichità classica e al Rinascimento. 3 Il migliore in un'attività: *il principe degli avvocati.* Ⓔ ***Principe azzurro***, personaggio delle fiabe, che rappresenta l'ideale dello sposo bello e virtuoso • ***Principe consorte***, il marito della regina quando è questa a esercitare il potere • ***Principe di Galles***, tessuto caratterizzato da un disegno a scacchiera • ***Principe ereditario***, il figlio o il familiare cui spetta il diritto di successione al trono.

principesco (prin-ci-pé-sco) AGG. (pl.m. *-schi*, pl.f. *-sche*) · Che appartiene a un principe: *dimora principesca* • Degno di un principe: *un ricevimento principesco* Ⓢ lussuoso, sfarzoso.

principessa (prin-ci-pés-sa) N.F. 1 Femminile → *principe*. 2 Moglie o figlia del principe. 3 La figlia del re.

principiante (prin-ci-piàn-te) N.M. e F. · Chi ha appena cominciato ad imparare un'arte o un mestiere: *è un principiante, ma impara alla svelta; comportarsi come un principiante* Ⓢ esordiente.

principio (prin-cì-pio) N.M. (pl. *-pi*) 1 Inizio: *raccontami tutto dal principio; il principio dell'estate; il principio del libro non mi convince* Ⓒ fine. 2 Origine, causa, inizio: *la perdita del lavoro è stata il principio della sua rovina.* 3 Concetto fondamentale su cui si basa una dottrina o una scienza: *i principi del cattolicesimo; i principi della democrazia* Ⓢ legge, fondamento. 4 Norma di comportamento, regola morale: *un uomo di sani e onesti principi* Ⓢ convinzione, valore. Ⓔ ***Al principio***, all'inizio: *al principio del mese; al principio della strada* • ***Da principio, in principio, sul principio***, in un primo momento, all'inizio: *da principio non avevo capito* • ***Per principio***, in base a una profonda convinzione personale: *per principio non bevo mai troppo vino* • ***Questione di principio***, che riguarda convinzioni profonde alle quali non si può rinunciare.

priore (pri-ó-re) N.M. · Il superiore di una comunità di monaci o di una confraternita religiosa.

priorità (prio-ri-tà) N.F. INVAR. 1 Precedenza: *avere la priorità nella fila.* 2 Superiorità, preminenza: *l'interesse collettivo ha la priorità su quello individuale.*

prioritario (prio-ri-tà-rio) AGG. (pl.m. *-ri*, pl.f. *-rie*) · Che ha la precedenza: *la fame nel mondo è una questione prioritaria* Ⓢ primario, principale. Ⓔ ***Posta prioritaria***, servizio che garantisce che la corrispondenza venga consegnata entro il giorno successivo alla spedizione.

prisma (prì-ṣma) N.M. (pl. *-i*) · Solido che ha per basi due poligoni uguali e per facce laterali tanti parallelogrammi quanti sono i lati delle basi.

privare (pri-và-re) V.TR. || TR. Togliere a qualcuno qualcosa di necessario o importante: *privare i cittadini* ***dei*** *loro diritti; privare* ***della*** *libertà* Ⓢ spogliare. || **privarsi** RIFL. Rinunciare volontariamente: *privarsi* ***del*** *necessario; privarsi* ***della*** *vita*, uccidersi Ⓢ disfarsi.

privatizzare (pri-va-tiẓ-ẓà-re) V.TR. · Rendere privata un'impresa statale: *privatizzare le ferrovie, l'energia elettrica.*

privato (pri-và-to) AGG. e N.M. (f. *-a*) || AGG. 1 Di proprietà di una o più persone, che non appartiene allo Stato: *azienda privata; proprietà privata.* **2** Riservato a una o a poche persone: *colloquio privato; cerimonia in forma privata* • Strettamente personale: *faccende private; non indagare sulla mia vita privata* Ⓢ individuale, intimo. || N.M. (f. -*a*) Chi non ha cariche nello Stato e non agisce per conto di esso: *laboratorio gestito da privati* • Persona singola: *non vendiamo a privati.* || N.M. **1** L'insieme degli interessi e degli affetti personali di qualcuno: *il mio privato deve restare fuori da questo affare.* **2** Il settore lavorativo che non dipende direttamente dallo Stato: *lavorare nel privato.* Ⓔ ***Diritto privato***, il complesso delle leggi che regolamentano i rapporti tra le persone • ***In privato***, non pubblicamente, solo tra persone conosciute: *di questo è meglio parlare in privato* • ***Radio privata, televisione privata***, emittente radiofonica o televisiva che non appartiene allo Stato.

privazione (pri-va-zió-ne) N.F. **1** Perdita: *la privazione **della** libertà.* **2** Rinuncia volontaria a ciò che è necessario, utile o gradito: *ha dovuto affrontare molte privazioni per far studiare i figli* Ⓢ sacrificio.

privilegiare (pri-vi-le-già-re) V.TR. (*privilègio, privilègi*, ecc.) **1** Concedere a qualcuno un vantaggio: *privilegiare i più deboli* Ⓢ avvantaggiare, favorire. **2** Tenere in maggiore considerazione rispetto ad altro: *privilegiare il lavoro **rispetto alla** vita privata* Ⓢ anteporre, preferire.

privilegiato (pri-vi-le-già-to) AGG. e N.M. (f. -*a*) || AGG. e N.M. (f. -*a*) Che, chi gode di particolari favori, vantaggi, facilitazioni: *pochi privilegiati videro lo spettacolo.* || AGG. Vantaggioso, favorevole: *trattamento privilegiato.*

privilegio (pri-vi-lè-gio) N.M. (pl. -*gi*) **1** Diritto particolare concesso a una o più persone, che consente loro di sottrarsi ad alcuni obblighi: *ottenere un privilegio* Ⓢ favore, vantaggio. **2** Speciale onore: *ha avuto il privilegio di tenere il discorso introduttivo.* **3** Condizione eccezionalmente favorevole: *ha avuto il privilegio di nascere ricco* Ⓢ fortuna.

> Il termine deriva dal latino *privilegium* 'legge che riguarda una persona singola', composto a sua volta di *privus* 'singolo' e *lex* 'legge'.

privo (prì-vo) AGG. · Mancante di qualcosa: *essere privo **della** vista; un uomo privo **di** fascino; una stanza priva **di** finestre* Ⓢ sprovvisto Ⓒ provvisto. Ⓔ ***Privo di sensi***, svenuto • ***Privo di vita***, morto.

pro[1] (prò) PREP. · A favore di: *votare pro o contro la proposta; raccolta fondi pro terremotati.*

pro[2] (prò) N.M. INVAR. · Beneficio, vantaggio, utilità: *valuta bene i pro e i contro.*

pro- · Prefisso che significa 'davanti, fuori': *procedere*, andare avanti; *procreare*, mettere al mondo; in termini di parentela significa 'oltre': *pronipote*, discendente rispetto a *nipote*.

probabile (pro-bà-bi-le) AGG. · Di fatto o avvenimento che si pensa possa accadere o sia già accaduto: *è probabile che piova* Ⓒ improbabile • Di opinione che si ammette possa corrispondere a verità: *un'ipotesi probabile* Ⓢ plausibile, verosimile.

probabilità (pro-ba-bi-li-tà) N.F. INVAR. · La misura in cui un evento si pensa che possa verificarsi: *avere buone probabilità di riuscita; non hai nessuna probabilità di vincere* Ⓢ possibilità.

probabilmente (pro-ba-bil-mén-te) AVV. · Con molta probabilità: *tornerò probabilmente verso le otto; probabilmente lo ha fatto in buona fede* Ⓢ forse.

probatorio (pro-ba-tò-rio) AGG. (pl.m. -*ri*, pl.f. -*rie*) · Di una prova, che costituisce una prova: *documento probatorio.*

problema (pro-blè-ma) N.M. (pl. -*i*) **1** Quesito che attende una risposta precisa ed esauriente: *sollevare un problema* Ⓢ questione • In matematica, quesito in cui si chiede di trovare, con una serie di calcoli uno o più elementi sconosciuti a partire da dati conosciuti: *risolvere un problema.* **2** Situazione difficile che causa preoccupazione: *affrontare un problema; avere problemi a parlare in pubblico* Ⓢ difficoltà • Chi è causa di preoccupazioni: *quel figlio è sempre stato un problema per i genitori* Ⓢ pensiero, cruccio.

problematica (pro-ble-mà-ti-ca) N.F. (pl. -*che*) · L'insieme dei problemi relativi a un certo settore: *le problematiche del nostro tempo.*

A B C D E F G H I J K L M N O P Q R S T U V W X Y Z

problematico (pro-ble-mà-ti-co) AGG. (pl.m. -*ci*, pl.f. -*che*) **1** Che è difficile da risolvere: *una questione problematica* Ⓢ arduo. **2** Che ha molti problemi: *un autore problematico; un ragazzo problematico* Ⓢ complesso.

probo (prò-bo) AGG. · Onesto, corretto: *un uomo probo.*

proboscide (pro-bò-sci-de) N.F. **1** Organo degli elefanti formato da un prolungamento del naso e del labbro superiore; è usato per afferrare • Con uso scherzoso, naso lungo o grosso. **2** In insetti come mosche e farfalle, parte sporgente della bocca, usata per succhiare.

Il termine deriva dal greco *bósko* 'nutrire', perché è l'organo che serve per portare il cibo alla bocca.

procacciare (pro-cac-cià-re) V.TR. (*procàccio*, ecc.) · Far avere: *procacciare il sostentamento* ***alla*** *famiglia* Ⓢ procurare.

pro capite (prò cà-pi-te) LOC. LAT., in it. AVV. · A testa, per ciascuno: *assegnare ai propri figli una rendita pro capite.*

procedere (pro-cè-de-re) V.INTR. (irreg.: *procèdo*, ecc.) **1** (aus. *essere*) Avanzare, proseguire, continuare: *procedere lentamente; è impossibile procedere oltre* • Svolgersi, andare avanti: *come procedono gli studi?* **2** (aus. *avere*) Andare avanti in ciò che si è iniziato a fare: *procedere* ***nel*** *discorso,* ***nella*** *lettura* Ⓢ continuare, proseguire. **3** (aus. *avere*) Dare inizio a un'operazione: *procedere* ***alla*** *lettura della sentenza; procedere* ***alla*** *votazione* Ⓢ iniziare, cominciare • Nel linguaggio giudiziario, fare un'azione legale: *procedere* ***contro*** *i rapitori.*

procedimento (pro-ce-di-mén-to) N.M. **1** Il modo in cui si svolge un'attività: *procedimento logico; un nuovo procedimento di cottura* Ⓢ metodo • Il ragionamento che si segue per trovare la soluzione di un problema: *il procedimento è giusto, ma il calcolo è sbagliato.* **2** Nel linguaggio giuridico, processo, causa: *procedimento penale, civile.*

procedura (pro-ce-dù-ra) N.F. **1** Nel linguaggio giuridico, l'insieme delle norme che regolano un processo: *errore di procedura.* **2** L'insieme delle operazioni necessarie per compiere qualcosa: *qual è la procedura per ottenere il passaporto?*

processare (pro-ces-sà-re) V.TR. (*procèsso*, ecc.) · Sottoporre a processo: *processare un rapinatore* Ⓢ giudicare.

processione (pro-ces-sió-ne) N.F. **1** Corteo di ecclesiastici e di fedeli che portano in giro per le strade un simbolo sacro recitando preghiere o cantando: *la processione di Pasqua.* **2** Folla di persone che procede in fila verso lo stesso luogo: *una processione di visitatori;* anche di animali o veicoli: *una processione di formiche, di macchine* Ⓢ fila, corteo.

processo (pro-cès-so) N.M. **1** Successione di fatti o fenomeni connessi fra loro: *processo storico; processo educativo; il processo di una malattia.* **2** Serie di operazioni fatte per ottenere un risultato: *processo di fabbricazione* Ⓢ procedimento, sistema. **3** L'insieme delle attività con cui la magistratura risolve le controversie o stabilisce l'innocenza o la colpevolezza di qualcuno: *processo civile, penale* • Udienza: *assistere a un processo.* Ⓔ ***Fare il processo alle intenzioni***, giudicare qualcuno per ciò che si sospetta che avesse intenzione di fare e non per ciò che ha fatto.

processore (pro-ces-só-re) N.M. · Nei computer, l'unità centrale che elabora tutti i dati.

processuale (pro-ces-su-à-le) AGG. · Del processo giudiziario: *atti processuali; spese processuali.*

procinto (pro-cin-to) N.M. · Solo nell'espressione ***in procinto di***, sul punto di: *eravamo in procinto di partire.*

proclama (pro-clà-ma) N.M. (pl. -*i*) · Dichiarazione solenne di un sovrano, un capo di Stato, un comandante supremo: *i proclami del Presidente della Repubblica* Ⓢ annuncio, discorso.

proclamare (pro-cla-mà-re) V.TR. || TR. **1** Annunciare solennemente: *proclamare la fine della guerra* Ⓢ dichiarare. **2** Dichiarare ufficialmente: *i sindacati hanno proclamato lo sciopero generale.* || **proclamarsi** RIFL. Dichiararsi, professarsi: *proclamarsi innocente.*

proclamazione (pro-cla-ma-zió-ne) N.F. · Dichiarazione solenne, annuncio ufficiale: *la proclamazione della Repubblica.*

procLitico (pro-clì-ti-co) AGG. (pl.m. *-ci*, pl.f. *-che*) · In grammatica, di parola, che non ha un accento e che si pronuncia appoggiandola alla parola successiva, per es. *lo* in *lo mangio* Ⓒ enclitico.

procrastinare (pro-cra-sti-nà-re) V.TR. (*procràstino*, ecc.) · Rinviare a un altro momento: *procrastinare un pagamento* Ⓢ differire, rimandare.

procreare (pro-cre-à-re) V.TR. (*procrèo*, ecc.) · Generare, mettere al mondo: *procreare un figlio.*

procreazione (pro-cre-a-zió-ne) N.F. · Generazione, riproduzione. Ⓔ ***Procreazione assistita***, fecondazione assistita (→ ***fecondazione***).

procura (pro-cù-ra) N.F. **1** L'azione con cui una persona dà a un'altra il potere di agire a suo nome: *vendere per procura* Ⓢ delega, mandato. **2** L'ufficio del procuratore, che agisce per conto dello Stato: *Procura della Repubblica.* Ⓔ ***Matrimonio per procura***, quello stipulato a distanza dai rappresentanti degli sposi, senza che loro siano presenti.

procurare (pro-cu-rà-re) V.TR. || TR. **1** Far avere: ***mi*** *puoi procurare i documenti entro domani?* Ⓢ dare, fornire. **2** Causare, provocare, portare: *procurare guai, fastidi.* || **procurarsi** TR. PRONOM. Riuscire a trovare o a ottenere: *procurarsi del denaro* Ⓢ trovare.

procuratore (pro-cu-ra-tó-re) N.M. (f. *-trìce*) · Rappresentante munito di procura: *procuratore commerciale* Ⓢ agente. Ⓔ ***Procuratore della Repubblica***, magistrato che nei processi esercita la funzione di pubblico ministero.

Il femminile di *procuratore* è *procuratrice*, ma è usato poco. Spesso si usa il maschile anche quando ci si riferisce a una donna: *il procuratore Giovanna Neri.*

prode (prò-de) AGG. e N.M. e F. · Che, chi è valoroso, coraggioso: *un prode soldato; avanti, miei prodi!*

prodezza (pro-déz-za) N.F. **1** Coraggio e generosità: *la prodezza degli antichi cavalieri.* **2** Atto di valore: *le prodezze di Ulisse* Ⓢ impresa • Sforzo o rischio affrontato con leggerezza: *alla sua età non ci si possono più permettere certe prodezze* Ⓢ bravata • Atto vile o meschino: *bella prodezza ingannare un bambino!*

prodigare (pro-di-gà-re) V.TR. (*pròdigo, pròdighi*, ecc.) || TR. Donare con generosità, distribuire in abbondanza: *prodigare lodi* Ⓢ elargire, dispensare. || **prodigarsi** RIFL. Darsi da fare, dedicarsi interamente a qualcuno o a qualcosa: *i medici si prodigarono* ***per*** *salvare i feriti* Ⓢ adoperarsi, impegnarsi • Esprimere con entusiasmo un po' eccessivo: *prodigarsi* ***in*** *complimenti.*

prodigio (pro-dì-gio) N.M. (pl. *-gi*) **1** Ciò che colpisce per grandezza o novità: *i prodigi della scienza.* **2** Chi o ciò che possiede qualità eccezionali: *è un prodigio di memoria; questa macchina è un prodigio di perfezione tecnica* Ⓢ fenomeno, portento. **3** Fenomeno straordinario, che non ha spiegazioni scientifiche: *il prodigio delle statue della Madonna che piangono* Ⓢ miracolo. Ⓔ ***Bambino prodigio***, dotato di eccezionale maturità e abilità.

prodigioso (pro-di-gió-so) AGG. **1** Eccezionale, fuori del comune, straordinario: *una memoria prodigiosa; un pianista prodigioso.* **2** Che dà risultati eccellenti: *una cura prodigiosa* Ⓢ miracoloso, portentoso.

prodigo (prò-di-go) AGG. e N.M. (f. -*a*; pl.m. *-ghi*, pl.f. *-ghe*) || AGG. e N.M. (f. -*a*) Che, chi spende o dona senza freni: *la parabola del figliol prodigo; preferisco i prodighi agli avari* Ⓢ scialacquatore Ⓒ avaro. || AGG. Che dispensa in gran quantità: *è sempre prodigo* ***di*** *buoni consigli.*

prodotto (pro-dót-to) N.M. **1** Ciò che si ottiene lavorando in un particolare settore: *prodotti agricoli; i prodotti della pesca, dell'artigianato.* **2** Il risultato di un processo fisico o mentale: *il mulo è il prodotto di un incrocio; i tuoi sospetti sono un prodotto della tua fantasia.* **3** Il risultato dell'operazione di moltiplicazione. Ⓔ ***Prodotto interno lordo***, l'insieme dei beni prodotti in un anno sul territorio nazionale.

produrre (pro-dùr-re) V.TR. (irreg.: coniugato come *condurre*) || TR. **1** Ottenere beni o servizi per mezzo del lavoro: *produrre vino; produrre auto* Ⓢ fabbricare, fare. **2** Causare, provocare, creare: *l'alcol produce gravi danni* ***alla*** *sa-*

lute. **3** Elaborare, secernere: *lo stomaco produce molti acidi.* **4** Finanziare la realizzazione di un'opera cinematografica, teatrale, ecc.: *produrre un film.* || **prodursi** RIFL. Esibirsi: *prodursi* ***in*** *un numero comico.*

Il termine deriva dal latino *producere* 'far uscire, produrre, estendere', che viene a sua volta da *ducere* 'condurre, portare' con il prefisso pro- (→ *condurre*).

produttività (pro-dut-ti-vi-tà) N.F. INVAR. · La capacità di produrre: *la produttività di un terreno.*

produttivo (pro-dut-tì-vo) AGG. **1** Che produce parecchio: *terreno produttivo; impresa produttiva* Ⓢ fruttifero, fecondo Ⓒ improduttivo • Fruttuoso, proficuo: *un intervento produttivo.* **2** Della produzione di beni: *ciclo produttivo; sistemi produttivi.*

produttore (pro-dut-tó-re) N.M. e AGG. (f. *-trìce*) || N.M. (f. *-trìce*) **1** Chi prende parte alla produzione di un bene o di un servizio: *grandi produttori; dal produttore al consumatore* Ⓢ fabbricante, costruttore. **2** Chi finanzia la realizzazione di un film o di uno spettacolo. || AGG. Che produce: *i Paesi produttori di petrolio.*

P

produzione (pro-du-zió-ne) N.F. **1** Attività volta a ottenere beni o servizi: *la produzione dell'acciaio* Ⓢ fabbricazione • Ciò che viene prodotto: *produzione scarsa, abbondante.* **2** Il complesso delle attività necessarie a realizzare un film o uno spettacolo. **3** Il risultato di un'attività intellettuale: *la produzione di uno scrittore* Ⓢ opera, lavoro. **4** In medicina, il processo con cui un organo produce determinate sostanze: *la produzione dei succhi gastrici* Ⓢ secrezione.

proemio (pro-è-mio) N.M. (pl. *-mi*) · Parte introduttiva di un testo letterario: *il proemio dell'Odissea.*

profanare (pro-fa-nà-re) V.TR. **1** Violare cose, persone o luoghi sacri: *profanare una chiesa.* **2** Offendere qualcosa che è ritenuto degno di venerazione: *profanare una tomba.*

profanazione (pro-fa-na-zió-ne) N.F. · Offesa o danneggiamento di ciò che è sacro: *la profanazione di un altare.*

profano (pro-fà-no) AGG. e N.M. (f. *-a*) || AGG. e N.M. (f. *-a*) **1** Che, chi non appartiene all'ambito religioso: *musica profana; anche i profani rispettano i luoghi sacri* Ⓢ terreno, laico Ⓒ religioso. **2** Nel linguaggio familiare, inesperto, incompetente: *in questa materia sono un profano.* || AGG. Che offende ciò che è ritenuto sacro: *pensieri profani; mani profane hanno rubato i sacri testi.* || N.M. Ciò che non è sacro e appartiene alla sfera mondana: *il sacro e il profano* Ⓒ sacro.

Il termine deriva dal latino *profanus* 'che sta fuori del recinto sacro', che viene a sua volta da *fanum* 'tempio, luogo sacro' con il prefisso pro-.

proferire (pro-fe-rì-re) V.TR. (*proferìsco, proferìsci*, ecc.; part. pass. *proffèrto* o *proferìto*) · Dire, pronunciare, articolare: *non proferì parola per tutta la serata* • Pronunciare solennemente: *proferire un giuramento.*

professare (pro-fes-sà-re) V.TR. (*profèsso*, ecc.) || TR. **1** Dichiarare apertamente: ***gli*** *professò la propria stima* Ⓢ manifestare. **2** Rispettare i precetti e frequentare regolarmente i riti di una religione: *professare la fede cattolica.* **3** Essere seguace di una dottrina, di una filosofia: *professare il socialismo.* **4** Esercitare una professione: *professare l'insegnamento* Ⓢ praticare. || **professarsi** RIFL. Dichiararsi, proclamarsi: *professarsi ateo.*

professionale (pro-fes-sio-nà-le) AGG. **1** Di una professione: *esperienza professionale; segreto professionale.* **2** Che prepara a una professione: *istituto professionale.* **3** Adatto a professionisti perché particolarmente sofisticato da usare: *macchina fotografica professionale.* **4** Degno di un professionista: *un comportamento poco professionale* Ⓢ serio.

professionalità (pro-fes-sio-na-li-tà) N.F. INVAR. **1** La capacità di svolgere la propria attività con competenza ed efficienza: *sulla sua professionalità non si discute.* **2** Il carattere professionale di un'attività: *la professionalità di un corso di danza.*

professione (pro-fes-sió-ne) N.F. **1** Attività esercitata quotidianamente per guadagnare denaro: *scegliere una professione; la professione di impiegato* Ⓢ impiego, mestiere • Attività intellettuale per la quale è necessaria una laurea o un'abilitazione: *esercitare la professione di avvocato.* **2** Pubblica dichiarazione di un sentimento, di un'opinione, di una convinzione: *professione d'amicizia; far professione di fede.* **E** ***Di professione***, come attività principale, abituale: *fare il giornalista di professione* • ***Libera professione***, quella esercitata senza dipendere da altri.

professionista (pro-fes-sio-nì-sta) N.M. e F. e AGG. (pl.m. *-i*, pl.f. *-e*) || N.M. e F. **1** Chi esercita come lavoro un'attività intellettuale: *un bravo professionista.* **2** Chi svolge un'attività con particolare competenza, esperto: *nel dipingere è un vero professionista.* || AGG. e N.M. e F. Che, chi pratica uno sport a livello professionale: *un calciatore professionista* **C** dilettante. **E** ***Libero professionista***, chi lavora senza dipendere da altri.

professore (pro-fes-só-re) N.M. (f. *-éssa*; pl.m. *-i*, pl.f. *-ésse*) · Chi insegna nelle scuole secondarie, nelle università e nei conservatori: *professore di lettere; professoressa di violino* **S** docente, insegnante.

profeta (pro-fè-ta) N.M. (f. *-éssa*; pl.m. *-i*, pl.f. *-ésse*) **1** Chi per ispirazione divina predice il futuro o rivela fatti ignoti: *Dio parlò per bocca dei profeti; Maometto è il profeta di Allah.* **2** Chi crede di poter prevedere il futuro: *profeta di sventure*, chi predice avvenimenti funesti **S** indovino.

profetico (pro-fè-ti-co) AGG. (pl.m. *-ci*, pl.f. *-che*) **1** Dei profeti: *i libri profetici dell'Antico Testamento.* **2** Che ha previsto il futuro: *parole profetiche.*

profetizzare (pro-fe-tiz-zà-re) V.TR. e INTR. || TR. Predire un evento futuro: *quello che **mi** avevi profetizzato si è avverato.* || INTR. (aus. *avere*) Fare profezie.

profezia (pro-fe-zì-a) N.F. (pl. *-zìe*) **1** Discorso con cui, per ispirazione divina, si predice un evento futuro: *le profezie della Sibilla; fare una profezia* **S** previsione, predizione. **2** Previsione di eventi futuri: *le profezie degli astrologi.*

proficuamente (pro-fi-cua-mén-te) AVV. · In modo vantaggioso, con profitto: *impegnarsi proficuamente nello studio.*

proficuo (pro-fì-cuo) AGG. · Vantaggioso, fruttuoso: *un lavoro proficuo.*

profilare (pro-fi-là-re) V.TR. || TR. **1** Disegnare una figura tracciandone i contorni: *profilare un ritratto a matita* **S** delineare, tratteggiare. **2** Descrivere con pochi tratti essenziali: *nel romanzo il contesto storico è appena profilato* **S** abbozzare. **3** Tagliare un elemento metallico secondo un profilo: *profilare una lamiera* **S** sagomare. || **profilarsi** INTR. PRONOM. **1** Risaltare su uno sfondo: *si profilarono in lontananza due velieri* **S** stagliarsi, spiccare. **2** Apparire imminente o molto probabile: *si profilava un temporale* **S** preannunciarsi.

profilassi (pro-fi-làs-si) N.F. INVAR. · Cura preventiva per difendersi da certe malattie infettive: *profilassi contro la malaria.*

profilattico (pro-fi-làt-ti-co) N.M. (pl. *-ci*) · Preservativo.

profilo (pro-fì-lo) N.M. **1** La linea che delimita i contorni di qualcosa: *il profilo dei monti* **S** forma, sagoma. **2** La linea che delimita il volto visto di lato: *un profilo regolare.* **3** Breve saggio critico e descrittivo: *il profilo di un periodo storico, di uno scrittore* **S** ritratto, studio. **E** ***Di alto profilo***, altamente qualificato: *un convegno di alto profilo* • ***Di basso profilo***, mediocre: *una persona di basso profilo* • ***Di profilo***, di fianco rispetto a chi guarda: *fotografare di profilo* • ***Sotto il profilo***, relativamente a, dal punto di vista di: *sotto il profilo del rendimento non ho niente da rimproverargli.*

profittare (pro-fit-tà-re) V.INTR. (aus. *avere*) · Ottenere un profitto o un vantaggio: *profittare **della** buona fede altrui* **S** approfittare, sfruttare.

profittatore (pro-fit-ta-tó-re) N.M. (f. *-trìce*) · Chi approfitta di situazioni eccezionali o delle disgrazie di altri per trarne vantaggio: *i profittatori della guerra* **S** sfruttatore.

profitto (pro-fìt-to) N.M. **1** Vantaggio, beneficio, giovamento: *trarre profitto da una cura; darsi da fare senza alcun profitto.* **2** Differenza positiva tra i guadagni e i costi di un'azienda: *calcolare il profitto di un anno* **S** utile **C** perdita.

profondamente (pro-fon-da-mén-te) AVV. **1** In profondità: *penetrare profondamente nel terreno.* **2** In modo molto intenso: *dormire profondamente; odiare profondamente* Ⓢ fortemente, intensamente • Molto, totalmente: *una persona profondamente ignorante.*

profondere (pro-fón-de-re) V.TR. (irreg.: coniugato come *fondere*) || TR. **1** Spendere o donare senza misura: *profondere tutte le proprie sostanze* ***in*** *un'impresa* Ⓢ dissipare, sperperare. **2** Dare in abbondanza: *profondere lodi, consigli* Ⓢ elargire. || **profondersi** INTR. PRONOM. Dire qualcosa con enfasi: *profondersi* ***in*** *scuse,* ***in*** *ringraziamenti.*

profondità (pro-fon-di-tà) N.F. INVAR. **1** La distanza, misurata in verticale, tra il fondo di un corpo cavo e la sua estremità superiore: *la profondità di un pozzo* Ⓢ altezza • La distanza tra il fondo e la superficie di un lago, di un mare, ecc.: *la profondità di un lago; scendere a dieci metri di profondità.* **2** SPESSO AL PL. Luogo profondo: *le profondità degli oceani* Ⓢ abissi (PL.). **3** L'ampiezza in orizzontale: *la profondità di uno scaffale.* **4** Complessità e ricchezza: *la profondità del suo pensiero.* Ⓔ ***In profondità***, molto all'interno, a fondo: *scavare in profondità.*

profondo (pro-fón-do) AGG. **1** Che ha il fondo notevolmente lontano dalla superficie: *un cratere profondo 10 metri; in quel punto il lago è molto profondo* Ⓢ fondo. **2** Che si spinge molto all'interno: *una profonda insenatura; ferite profonde* Ⓢ ampio, vasto. **3** Di voce o suono, grave, basso, cupo. **4** Totale, completo, assoluto: *buio profondo; un profondo silenzio* • Di sonno, pesante: *cadere in un sonno profondo.* **5** Intimo e intenso: *amore profondo; profonda gratitudine* Ⓢ forte, grande. **6** Complesso, ricco di idee e di intuizioni: *pensieri profondi* Ⓢ acuto. **7** Di chi conosce alla perfezione la materia di cui si occupa: *un profondo esperto di storia antica.* Ⓔ ***Respiro profondo, sospiro profondo***, con cui si inspira o si espira molta aria.

profugo (prò-fu-go) AGG. e N.M. (f. -*a*; pl.m. -*ghi*, pl.f. -*ghe*) · Che, chi è stato costretto ad abbandonare il proprio Paese per la guerra, le persecuzioni o una catastrofe naturale: *un campo profughi; profughi di guerra* Ⓢ esiliato, esule.

profumare (pro-fu-mà-re) V.TR. e INTR. || TR. Rendere profumato cospargendo o impregnando di profumo: *profumare la biancheria.* || INTR. (aus. *essere*) Mandare buon odore o profumo: *senti come profuma questa mimosa!* Ⓢ odorare Ⓒ puzzare. || **profumarsi** RIFL. Cospargersi di profumo: *si è lavata e profumata.* ▸ Ⓕ **fumo**

profumatamente (pro-fu-ma-ta-mén-te) AVV. · A caro prezzo, moltissimo: *è un lusso che ho pagato profumatamente.* ▸ Ⓕ **fumo**

profumato (pro-fu-mà-to) AGG. **1** Impregnato di profumo: *un fazzoletto profumato* Ⓢ odoroso. **2** Che emana un odore gradevole: *fiori profumati.* **3** Nel linguaggio familiare, caro, costoso: *un conto profumato.* ▸ Ⓕ **fumo**

profumazione (pro-fu-ma-zió-ne) N.F. · Varietà di profumo: *uno spray disponibile in tre profumazioni.* ▸ Ⓕ **fumo**

profumeria (pro-fu-me-rì-a) N.F. (pl. -*rìe*) **1** L'arte di creare profumi: *essenze usate in profumeria.* **2** Negozio di profumi, cosmetici e accessori ornamentali: *ho comprato lo shampoo in profumeria.* ▸ Ⓕ **fumo**

profumo (pro-fù-mo) N.M. **1** Odore gradevole, emanato da sostanze naturali o preparato artificialmente: *emanare un profumo delicato; il profumo dei fiori* Ⓢ fragranza, aroma Ⓒ puzzo. **2** Miscela di essenze aromatiche opportunamente dosate: *una bottiglia di profumo.* ▸ Ⓕ **fumo**

profusione (pro-fu-ṣió-ne) N.F. · Quantità esagerata, sovrabbondanza: *una profusione di ricchezza; una profusione di scuse.* Ⓔ ***A profusione***, in grande quantità, con grande abbondanza: *regali a profusione.*

progenie (pro-gè-nie) N.F. INVAR. · Stirpe, discendenza: *la progenie di Carlo Magno.*

progenitore (pro-ge-ni-tó-re) N.M. (f. -*trìce*) · Chi ha dato origine a una famiglia o a una stirpe: *i progenitori della nostra famiglia.*

progettare (pro-get-tà-re) V.TR. (*progètto*, ecc.) **1** Ideare qualcosa e studiare come realizzarlo nei vari dettagli: *progettare un viaggio,* *un romanzo* Ⓢ programmare, organizzare. 2 Eseguire i disegni di un'opera da costruire: *progettare un ponte, un palazzo.*

progettazione (pro-get-ta-zió-ne) N.F. · La preparazione di un progetto.

progettista (pro-get-ti-sta) N.M. e F. (pl.m. -*i*, pl.f. -e) · Chi immagina e realizza progetti: *il progettista di un nuovo modello di auto.*

progetto (pro-gèt-to) N.M. 1 Studio delle possibilità di realizzazione di qualcosa: *lavorare a un progetto; elaborare il progetto per un nuovo giornale* Ⓢ idea, piano. 2 L'insieme dei disegni di un'opera da costruire: *il progetto di un ospedale.* 3 Piano, disegno, programma: *il progetto di un viaggio; ho in progetto di cambiare lavoro.*

prognosi (prò-gno-ṣi) N.F. INVAR. · Previsione dell'evoluzione e dell'esito di una malattia: *prognosi benigna.* Ⓔ ***Prognosi riservata***, formula con la quale il medico aspetta a esprimersi sull'esito di un intervento o di una malattia.

programma (pro-gràm-ma) N.M. (pl. -*i*) 1 Piano dettagliato di ciò che si vuole fare, degli obiettivi cui si mira e del modo in cui si intende raggiungerli: *attenersi a un programma; un programma di ricerche* Ⓢ idea, progetto • Progetto, idea: *che programmi hai per la serata?* 2 Elenco degli spettacoli o delle manifestazioni che si svolgeranno in un periodo di tempo o nell'ambito di una certa iniziativa: *i programmi televisivi della settimana; il programma di un festival* Ⓢ cartellone • Singolo spettacolo televisivo o radiofonico, trasmissione. 3 Le materie e gli argomenti che devono essere svolti nelle scuole: *programma di italiano.* 4 Il complesso dei principi e degli obiettivi su cui si fonda l'azione di un partito o di un governo: *programma di governo.* 5 Insieme organizzato di istruzioni che consentono a una macchina o a un computer di eseguire un intero ciclo di operazioni: *programma di lavaggio; programma di calcolo.* Ⓔ ***In programma***, programmato, organizzato.

programmare (pro-gram-mà-re) V.TR. 1 Organizzare in modo dettagliato in vista di un determinato fine: *programmare una vacanza; programmare i propri studi* Ⓢ progettare, pianificare. 2 Includere in un programma: *programmare un film al cinema.* 3 Predisporre allo svolgimento di una serie di operazioni con una sequenza di istruzioni: *programmare un computer; programmare la lavatrice.*

programmatore (pro-gram-ma-tó-re) N.M. (f. -*trìce*) || N.M. (f. -*trìce*) Chi elabora programmi per il funzionamento di macchine e computer. || N.M. Dispositivo per la selezione dei programmi negli elettrodomestici: *il programmatore della lavatrice.*

programmazione (pro-gram-ma-zió-ne) N.F. 1 Inclusione in un programma: *la programmazione di un film.* 2 Organizzazione secondo un programma: *programmazione economica.*

progredire (pro-gre-dì-re) V.INTR. (irreg.: *progredisco, progredisci*, ecc.; aus. *avere* con soggetto di persona, *essere* con soggetto di cosa) · Avanzare, procedere verso il compimento di qualcosa: *i lavori progrediscono rapidamente* • Migliorare, fare progressi: *progredire* ***nella*** *ricerca* Ⓒ regredire.

progredito (pro-gre-dì-to) AGG. · Avanzato, evoluto: *tecnica progredita; popoli progrediti.*

progressione (pro-gres-sió-ne) N.F. · Passaggio graduale da uno stadio a quello successivo: *ci deve essere una certa progressione nella difficoltà degli esercizi* Ⓢ gradualità.

progressista (pro-gres-sì-sta) AGG. e N.M. e F. (pl.m. -*i*, pl.f. -e) · Che, chi sostiene il progresso economico e sociale: *il programma dei progressisti* Ⓒ conservatore, reazionario, retrivo.

progressivamente (pro-gres-si-va-mén-te) AVV. · Per gradi, a poco a poco: *aumentare progressivamente.*

progressivo (pro-gres-sì-vo) AGG. · Che procede in modo continuo: *numerazione progressiva; un progressivo aumento della difficoltà degli esercizi* Ⓢ graduale.

progresso (pro-grès-so) N.M. 1 Evoluzione, sviluppo, miglioramento: *i progressi della medicina; non ci sono stati progressi nelle trattative.* 2 Il miglioramento della qualità della vita umana grazie all'ampliamento del sapere, delle libertà politiche e civili, del benessere economico e delle conoscenze tecniche: *fa-*

vorire il progresso. Ⓔ ***Far progressi***, progredire, migliorare: *quest'anno ha fatto grossi progressi in matematica.*

proibire (proi-bì-re) V.TR. (irreg.: *proibìsco, proibìsci*, ecc.) · Imporre di non fare qualcosa: *nei locali pubblici è proibito fumare* Ⓢ vietare Ⓒ permettere.

proibitivo (proi-bi-tì-vo) AGG. · Che vieta di fare qualcosa: *decreto proibitivo* • Che rende difficile qualsiasi attività: *condizioni di tempo proibitive* Ⓢ avverso • Di costo esageratamente alto, esorbitante: *prezzi proibitivi.*

proibito (proi-bì-to) AGG. · Che non è permesso: *libro proibito* Ⓢ vietato.

proibizione (proi-bi-zió-ne) N.F. · Disposizione che vieta qualcosa: *proibizione assoluta di fumare* Ⓢ divieto Ⓒ permesso.

proibizionismo (proi-bi-zio-nì-ṣmo) N.M. **1** Divieto in vigore negli Stati Uniti d'America tra il 1919 e il 1933 di produrre, vendere e bere alcolici. **2** La legislazione che combatte la produzione, lo spaccio e il consumo di droga.

proiettare (pro-iet-tà-re) V.TR. (*proiètto*, ecc.) || TR. **1** Gettar fuori o avanti con velocità e forza: *fu proiettato* ***fuori dall'****auto per l'urto* Ⓢ lanciare, scagliare. **2** Emettere un fascio di luce: *i fari proiettavano una luce abbagliante* • Riprodurre i contorni di qualcosa su una superficie: *la luna proiettava l'ombra dell'albero sulla parete.* **3** Eseguire una proiezione fotografica o cinematografica: *proiettare un filmato, le diapositive.* **4** Immaginare come qualcosa potrà evolversi nel tempo: *proiettare lontano i propri sogni.* || **proiettarsi** RIFL. **1** Buttarsi fuori o in avanti: *proiettarsi* ***nel*** *vuoto.* **2** Spingersi lontano con l'immaginazione: *proiettarsi* ***nel*** *futuro.* || **proiettarsi** INTR. PRONOM. Di luce od ombra, andare a cadere, riflettersi: *l'ombra della ragazza si proiettava* ***sul*** *muro.*

proiettile (pro-ièt-ti-le) N.M. **1** Qualsiasi corpo che possa essere lanciato da un congegno. **2** Corpo metallico riempito con esplosivo e lanciato con un'arma: *i proiettili del fucile.*

proiettore (pro-iet-tó-re) N.M. **1** Apparecchio che emette un fascio di luce di notevole intensità Ⓢ riflettore, faro. **2** Apparecchio che riproduce immagini fisse o in movimento su uno schermo.

proiezione (pro-ie-zió-ne) N.F. **1** Riproduzione di immagini fisse o in movimento su uno schermo per mezzo di un proiettore: *la proiezione di un cartone animato* • Profilo di un oggetto riprodotto su una superficie da un fascio di luce che lo colpisce: *la proiezione dell'ombra del cipresso sul marciapiede.* **2** Rappresentazione grafica di un oggetto su un piano. **3** In statistica, calcolo fatto per prevedere gli sviluppi futuri di un fenomeno: *proiezione dei risultati elettorali.*

prole (prò-le) N.F. · L'insieme dei figli: *sposata con prole.*

proletariato (pro-le-ta-rià-to) N.M. · La classe sociale dei proletari: *proletariato urbano.*

proletario (pro-le-tà-rio) AGG. e N.M. (f. *-a*; pl.m. *-ri*, pl.f. *-rie*) · Che, chi appartiene alla classe dei lavoratori, in particolare agli operai: *le lotte dei proletari; condizione proletaria.*

proliferare (pro-li-fe-rà-re) V.INTR. (*prolìfero*, ecc.; aus. *avere*) **1** Di cellule animali e vegetali, riprodursi per divisione da altre cellule. **2** Aumentare in quantità eccessiva: *in centro proliferano le pizzerie* Ⓢ prosperare.

proliferazione (pro-li-fe-ra-zió-ne) N.F. **1** Riproduzione di cellule per evoluzione o divisione di altre cellule • Il risultato di tale operazione: *i tumori sono una proliferazione di cellule anormali.* **2** Espansione rapida e incontrollata: *la proliferazione delle armi nucleari, di casi di epatite* Ⓢ moltiplicazione.

prolificità (pro-li-fi-ci-tà) N.F. INVAR. **1** Capacità di avere molti figli: *la prolificità di una coppia* Ⓢ fecondità. **2** Capacità di produrre molte opere: *la prolificità di un artista* Ⓢ creatività.

prolifico (pro-lì-fi-co) AGG. (pl.m. *-ci*, pl.f. *-che*) **1** Che può avere molti figli: *i conigli sono animali prolifici* Ⓢ fecondo. **2** Che produce opere in continuazione: *un regista prolifico* Ⓢ creativo.

prolisso (pro-lìs-so) AGG. · Che parla o scrive molto e troppo a lungo: *un oratore prolisso* Ⓒ conciso • Lungo e noioso: *un discorso prolisso.*

prologo (prò-lo-go) N.M. (pl. *-ghi*) **1** Scena o monologo che precede l'azione vera e propria di una commedia o di un dramma. **2** Introduzione, premessa: *il prologo di un romanzo* Ⓒ epilogo.

prolunga (pro-lùn-ga) N.F. (pl. *-ghe*) **1** Elemento che serve ad allungare: *mettere la prolunga al tavolo da pranzo* Ⓢ prolungamento. **2** Filo elettrico con una spina e una presa agli estremi, usato per allungare il cavo di alimentazione di un apparecchio: *la prolunga del ferro da stiro.* ▸ Ⓕ **longus**

prolungamento (pro-lun-ga-mén-to) N.M. **1** L'azione di durare di più nel tempo o di estendersi maggiormente nello spazio: *il prolungamento dell'attesa li rendeva ansiosi; il prolungamento di una linea ferroviaria* Ⓢ allungamento. **2** Ciò che serve ad allungare: *il prolungamento di un filo, di un tubo.* ▸ Ⓕ **longus**

prolungare (pro-lun-gà-re) V.TR. (*prolùngo, prolùnghi*, ecc.) || TR. **1** Rendere più lungo: *prolungare una strada, un muro* Ⓢ allungare. **2** Far durare più a lungo: *prolungare il colloquio, la riunione* Ⓢ protrarre. || **prolungarsi** INTR. PRONOM. Estendersi più a lungo nello spazio o nel tempo: *la strada si prolunga per molti chilometri; il suo ritardo si è prolungato in modo preoccupante* Ⓢ allungarsi. ▸ Ⓕ **longus**

promemoria (pro-me-mò-ria) N.M. INVAR. · Appunto per ricordare qualcosa a se stessi o ad altri: *ho lasciato un promemoria vicino al telefono* Ⓢ nota.

promessa (pro-més-sa) N.F. **1** Impegno preso volontariamente con qualcuno: *fare una promessa; promessa di matrimonio.* **2** Chi ha grandi doti che fanno prevedere un futuro di successi: *una promessa del calcio* Ⓢ speranza.

promettente (pro-met-tèn-te) AGG. · Che fa ben sperare per il futuro: *un ragazzo promettente.*

promettere (pro-mét-te-re) V.TR. (irreg.: coniugato come *mettere*) **1** Prendere volontariamente un impegno verso qualcuno: *promettere un regalo; avevi promesso **a** tua madre di studiare.* **2** Far sperare nel futuro: *è un giovane che promette bene.* **3** Far prevedere, preannunciare: *il cielo promette pioggia.*

Il termine deriva dal latino *promittere* 'impegnarsi, assicurare', che viene a sua volta da *mittere* 'mandare' con il prefisso **pro-** (→ ***mettere***).

prominente (pro-mi-nèn-te) AGG. · Che sporge molto in fuori: *un naso prominente; una pancia prominente* Ⓢ sporgente.

promiscuità (pro-mi-scui-tà) N.F. INVAR. · Mescolanza di cose o persone diverse: *promiscuità di etnie* • Presenza nello stesso luogo di maschi e femmine: *nelle antiche chiese era vietata la promiscuità.*

promiscuo (pro-mi-scuo) AGG. · Costituito da maschi e femmine o da elementi diversi tra loro: *società promiscua* Ⓢ eterogeneo, misto. Ⓔ ***Trasporto promiscuo***, misto, di persone e merci.

promontorio (pro-mon-tò-rio) N.M. (pl. *-ri*) · Sporgenza di terra che si protende nel mare con sponde ripide Ⓢ capo, punta.

promosso (pro-mòs-so) AGG. e N.M. (f. *-a*) · Nel linguaggio scolastico, che, chi è ammesso alla classe superiore o ha superato un esame: *elenco dei promossi e dei bocciati* Ⓒ bocciato.

promotore (pro-mo-tó-re) N.M. e AGG. (f. *-trice*) · Chi, che ha dato inizio o impulso a un'attività: *il Comune è stato promotore di un'iniziativa benefica; comitato promotore* Ⓢ animatore, fautore.

promozionale (pro-mo-zio-nà-le) AGG. · Che promuove un prodotto commerciale: *offerte promozionali* Ⓢ pubblicitario.

promozione (pro-mo-zió-ne) N.F. **1** Il passaggio a un grado superiore in una gerarchia ottenuto per meriti o anzianità: *promozione a direttore; ottenere una promozione* Ⓢ avanzamento. **2** Il passaggio di un alunno a una classe superiore o il superamento di un esame: *promozione in seconda liceo; ha ottenuto la promozione all'esame di latino.* **3** Il passaggio di una squadra a una categoria o serie superiore: *promozione in serie A.* **4** Nel linguaggio pubblicitario, l'attività di far conoscere un prodotto a un vasto pubblico per aumen-

A B C D E F G H I J K L M N O P Q R S T U V W X Y Z

tarne le vendite: *promozione di un nuovo profumo* Ⓢ lancio.

promulgare (pro-mul-gà-re) V.TR. (*promùlgo, promùlghi*, ecc.) · Rendere esecutiva una legge, dopo l'approvazione e la pubblicazione: *promulgare una legge* Ⓢ emanare.

promuovere (pro-muò-ve-re) V.TR. (irreg.: coniugato come *muovere*) **1** Far superare un esame o ammettere alla classe superiore: *è stato promosso **in** terza liceo* Ⓒ bocciare. **2** Assegnare un grado più alto in una gerarchia: *lo hanno promosso capufficio* Ⓢ nominare. **3** Nel linguaggio sportivo, ammettere a una categoria superiore: *la squadra è stata promossa **in** serie B.* **4** Favorire, sostenere: *promuovere le arti.* **5** Dare inizio e sostenere un'attività: *promuovere una colletta* Ⓢ avviare. **6** Far conoscere a un pubblico vasto per vendere di più: *promuovere una nuova linea di abbigliamento.*

pronipote (pro-ni-pó-te) N.M. e F. **1** Figlio o figlia di un nipote o di una nipote. **2** AL PL. I discendenti, i posteri.

prono (prò-no) AGG. **1** Disteso sulla pancia: *giacere prono.* **2** Che tende a sottomettersi: *essere prono **alla** volontà dei potenti.*

pronome (pro-nó-me) N.M. · In grammatica, parte del discorso che sostituisce il nome, indicando esseri viventi od oggetti; i pronomi si distinguono in personali (*io, tu, egli*, ecc.) possessivi (*il mio, il tuo, il suo*, ecc.), riflessivi (*mi, ti, si*, ecc.), dimostrativi (*questo, quello, costui*, ecc.), indefiniti (*uno, qualcuno*, ecc.), relativi (*che, cui, il quale*, ecc.), interrogativi (*chi, che cosa*, ecc.).

pronominale (pro-no-mi-nà-le) AGG. · In grammatica, che riguarda il pronome: *particelle pronominali.* Ⓔ ***Verbi pronominali***, verbi la cui azione si rivolge in tutto o in parte sul soggetto che la compie, segnalati dalla presenza del pronome personale atono (*mi, ti, si, ci, vi*); ***verbi transitivi pronominali***, se è presente un complemento oggetto (*io mi lavo le mani; mi guardo un bel film*); ***verbi intransitivi pronominali***, se il verbo prevede un complemento diverso dal complemento oggetto (*mi pento di averti aiutato, ci incamminammo verso la spiaggia*).

pronosticare (pro-no-sti-cà-re) V.TR. (*pronòstico, pronòstichi*, ecc.) · Prevedere sulla base di indizi o supposizioni: *pronosticare il risultato di una gara* Ⓢ predire.

pronostico (pro-nò-sti-co) N.M. (pl. *-ci*) · Previsione fatta basandosi su indizi o supposizioni: *formulare un pronostico; le cose sono andate secondo i tuoi pronostici.* Ⓔ ***Essere favorito dal pronostico, godere il favore del pronostico***, essere dato per vincitore alla vigilia di una gara sportiva.

prontamente (pron-ta-mén-te) AVV. · Subito, rapidamente: *rispose prontamente a tutte le domande.*

prontezza (pron-téz-za) N.F. · Rapidità e destrezza: *prontezza di riflessi; reagire con prontezza.*

pronto (prón-to) AGG. || AGG. **1** Che è stato completato e può essere utilizzato immediatamente: *la cena è pronta* Ⓢ preparato. **2** Di qualcuno, che è nelle condizioni di iniziare a fare qualcosa: *sei pronto **per** uscire?* **3** Disposto, preparato: *sono pronto **a** qualsiasi sacrificio; uomini pronti **a** tutto.* **4** Incline, portato: *una ragazza pronta **allo** scherzo.* **5** Rapido e vigile: *riflessi pronti; un'intelligenza pronta* Ⓢ svelto. **6** Immediato, veloce: *ti auguro una pronta guarigione.* || **pronto!** INTER. Per segnalare di aver risposto a una telefonata: *pronto!* • AL PL. ***Pronti!***, si usa in gare e giochi per avvertire i concorrenti che sta per essere dato il segnale di partenza. Ⓔ ***Pronto soccorso*** → ***soccorso***.

prontuario (pron-tu-à-rio) N.M. (pl. *-ri*) · Manuale facilmente consultabile che raccoglie le nozioni principali di una disciplina: *prontuario di ingegneria* • Elenco: *prontuario farmaceutico.*

pronuncia (pro-nùn-cia) N.F. (pl. *-ce*) · L'emissione dei suoni che formano le parole di una lingua • Modo di articolare le parole: *pronuncia chiara; difetto di pronuncia* Ⓢ dizione • Inflessione data alle parole pronunciate: *pronuncia tedesca, siciliana, toscana* Ⓢ accento.

pronunciare (pro-nun-cià-re) V.TR. (*pronùncio*, ecc.) || TR. **1** Articolare le parole di una lingua secondo i loro suoni o segni: *pronun-*

ciare una parola; pronunciare la "c" senza aspirarla. **2** Dire, esprimere, formulare: *pronunciare un discorso; se ne andò senza pronunciare parola.* || **pronunciarsi** INTR. PRONOM. Esprimere un giudizio: *è difficile pronunciarsi **su** una questione così complessa* • Nel linguaggio giuridico, emettere una sentenza: *la Corte non si è ancora pronunciata.*

pronunzia (pro-nùn-zia) → ***pronuncia***.

pronunziare (pro-nun-zià-re) → ***pronunciare***.

propaganda (pro-pa-gàn-da) N.F. **1** L'insieme delle azioni compiute per conquistare il favore del pubblico: *propaganda politica; propaganda contro il fumo; propaganda pubblicitaria* Ⓢ pubblicità. **2** Deformazione della verità per convincere l'opinione pubblica di qualcosa: *non crederci, è tutta propaganda* Ⓢ montatura.

> Il termine deriva dall'espressione latina *(de) propaganda (fide)* 'per diffondere la fede', denominazione della sacra Congregazione Pontificia, istituita nel Cinquecento, che si occupa delle varie attività missionarie della Chiesa cattolica nel mondo.

propagandare (pro-pa-gan-dà-re) V.TR. · Far conoscere con la propaganda: *propagandare una merce, un'idea* Ⓢ promuovere, pubblicizzare.

propagare (pro-pa-gà-re) V.TR. (*propàgo, propàghi*, ecc.) || TR. **1** Far riprodurre: *propagare una specie animale.* **2** Diffondere, divulgare: *propagare una notizia.* || **propagarsi** INTR. PRONOM. **1** Espandersi, riprodursi: *queste erbacce si propagano con grande facilità.* **2** Diffondersi, espandersi: *il contagio si propaga per contatto fisico.*

propagazione (pro-pa-ga-zió-ne) N.F. **1** Diffusione, trasmissione, espansione: *la propagazione del cristianesimo; la propagazione del contagio.* **2** Il moltiplicarsi di una specie con la riproduzione. **3** Flusso di una energia nello spazio: *propagazione del suono, della luce* Ⓢ diffusione.

propaggine (pro-pàg-gi-ne) N.F. · Diramazione di qualcosa nello spazio e nel tempo: *le propaggini di una catena di montagne; le ultime propaggini di una stirpe.*

propano (pro-pà-no) N.M. · Gas incolore e inodore, usato come solvente, refrigerante e combustibile.

propedeutico (pro-pe-dèu-ti-co) AGG. (pl.m. *-ci*, pl.f. *-che*) · Che serve a preparare allo studio di una materia: *corso propedeutico.*

propellente (pro-pel-lèn-te) AGG. e N.M. || AGG. Che imprime una spinta in avanti: *carica propellente.* || N.M. Miscela combustibile che sviluppando gas imprime una spinta sufficiente a lanciare razzi e missili • In una bomboletta spray, il gas che contiene la sostanza da spruzzare.

propendere (pro-pèn-de-re) V.INTR. (irreg.: pass. rem. *propendéi* o *propési*, *propendésti*, ecc.; per il resto coniugato come *appendere*; aus. *avere*) · Essere favorevole a una soluzione piuttosto che a un'altra: *Michele propenderebbe **per** il sì; propendo **a** credere che sia un tranello* Ⓢ preferire.

> Il termine deriva dal latino *propendere* 'pendere in avanti', che viene a sua volta da *pendere* 'essere sospeso' con il prefisso pro- (→ ***appendere***).

propensione (pro-pen-sió-ne) N.F. · Disposizione, inclinazione, attitudine: *propensione **per** la musica; il ragazzo ha una certa propensione **alle** scienze.*

propenso (pro-pèn-so) AGG. · Incline, favorevole, disposto: *mi è sembrato propenso **a** finanziare il progetto* Ⓒ restio.

propinare (pro-pi-nà-re) V.TR. **1** Dare da bere qualcosa di sgradevole o nocivo: ***ci** hanno propinato un vino pessimo.* **2** Proporre qualcosa di sgradevole: ***ci** ha propinato la solita paternale* • Dare a credere: ***ci** ha propinato un mucchio di bugie.*

propiziare (pro-pi-zià-re) V.TR. (*propìzio*, ecc.) || TR. **1** Rendere ben disposto: *propiziare gli dei con sacrifici.* **2** Facilitare, favorire: *propiziare la buona riuscita di un progetto.* || **propiziarsi** TR. PRONOM. Rendersi propizio: *propiziarsi il capufficio.*

propiziatorio (pro-pi-zia-tò-rio) AGG. (pl.m. *-ri*, pl.f. *-rie*) · Che serve a ottenere il favore della divinità, della sorte: *rito propiziatorio.*

propizio (pro-pì-zio) AGG. (pl.m. *-zi*, pl.f. *-zie*) 1 Favorevole, benigno, benevolo: *la sorte ti sia propizia* Ⓒ avverso. 2 Vantaggioso, favorevole: *una giornata propizia per gli affari.*

proponimento (pro-po-ni-mén-to) N.M. · Impegno preso con se stessi: *fece il proponimento di studiare tutti i giorni* Ⓢ proposito.

proporre (pro-pór-re) V.TR. (irreg.: coniugato come *porre*) || TR. 1 Presentare all'attenzione di qualcuno: *proporre una soluzione; proporre un affare* Ⓢ consigliare, suggerire. 2 Fissare, stabilire, determinare: *proporre una data per un incontro.* || **proporsi** INTR. PRONOM. Prendere un impegno con se stessi: *proporsi **di** scrivere almeno tre pagine al giorno* Ⓢ prefiggersi.

proporzionale (pro-por-zio-nà-le) AGG. · Che è in proporzione rispetto a qualcos'altro: *pena proporzionale **al** reato commesso; riconoscimento proporzionale **al** merito* Ⓢ adeguato, proporzionato. Ⓔ ***Imposta proporzionale***, che cresce in proporzione al reddito • ***Sistema proporzionale*** (o *il proporzionale* N.M. o *la proporzionale* N.F.), sistema elettorale nel quale i seggi vengono distribuiti tra i candidati in base ai voti ottenuti (contrapposto a *maggioritario*).

proporzionato (pro-por-zio nà-to) AGG. 1 Che è in giusta proporzione rispetto a qualcos'altro: *compenso proporzionato **alla** fatica* Ⓢ adeguato, corrispondente Ⓒ sproporzionato. 2 Ben fatto: *un fisico proporzionato* Ⓢ armonioso.

proporzione (pro-por-zió-ne) N.F. 1 Corrispondenza fra due o più elementi messi in relazione nella giusta misura per creare un equilibrio: *combinare gli ingredienti nella giusta proporzione; ci deve essere proporzione tra pena e colpa* Ⓢ rapporto. 2 Rapporto armonioso fra gli elementi di un insieme: *la proporzione fra le dimensioni della testa e il resto del corpo.* 3 AL PL. Importanza, grandezza: *un'impresa di notevoli proporzioni.* 4 In matematica, uguaglianza fra i rapporti di due coppie di numeri. Ⓔ ***In proporzione a***, in confronto a, rispetto a: *in proporzione a quanto ti impegni ottieni poco* • ***Senso delle proporzioni***, il giusto equilibrio nel valutare una situazione: *gli manca il senso delle proporzioni.*

proposito (pro-pò-ṣi-to) N.M. 1 Intenzione, volontà, proponimento: *mostrarsi fermo in un proposito; è sempre pieno di buoni propositi.* 2 L'argomento del discorso presente: *abbiamo già discusso a questo proposito.* Ⓔ ***A proposito***, opportunamente: *arrivi a proposito* • ***A proposito di***, circa, riguardo a: *a proposito del nonno, come sta ora?* • ***Di proposito***, intenzionalmente, apposta: *non l'ho fatto di proposito.*

proposizione (pro-po-ṣi-zió-ne) N.F. 1 Dichiarazione, tesi: *proposizioni condannate come eretiche.* 2 In grammatica, l'unità elementare del discorso costituita dal soggetto, dal predicato e, eventualmente, dai complementi: *proposizioni principali, subordinate, interrogative dirette.*

proposta (pro-pó-sta) N.F. · Ciò che viene presentato all'attenzione di altri come suggerimento, consiglio, offerta: *rifiutare una proposta; proposta di lavoro, di matrimonio.* Ⓔ ***Proposta di legge***, progetto di legge presentato alle Camere per essere discusso.

propriamente (pro-pria-mén-te) AVV. 1 In senso proprio, letteralmente: *"imbottigliato" significa propriamente "messo in bottiglia".* 2 Con proprietà di linguaggio: *esprimersi propriamente* Ⓢ correttamente. 3 Realmente, veramente, proprio: *i fatti si sono svolti propriamente così.*

La parola *propriamente* si scrive con la erre sia dopo la prima pi sia dopo la seconda, scrivere *propiamente* è un grave errore!

proprietà (pro-prie-tà) N.F. INVAR. 1 La qualità tipica di un corpo o di una sostanza in grado di produrre effetti particolari: *proprietà medicinali; le proprietà di un acido* Ⓢ virtù, caratteristica. 2 Precisione e correttezza nell'uso delle parole: *esprimersi con proprietà di linguaggio.* 3 Il diritto di godere e utilizzare un bene rispettando le leggi che ne regolano l'uso: *proprietà privata; la casa è di mia esclusiva proprietà* • Casa, fondo, tenuta, possedimento: *acquistare una proprietà in collina.*

proprietario (pro-prie-tà-rio) N.M. (f. *-a*; pl.m. *-ri*, pl.f. *-rie*) · Chi possiede qualcosa: *il proprietario di un'azienda, di un appartamento* Ⓢ padrone.

proprio (prò-prio) AGG. e PRON. POSS., AVV. (f. *-a*; pl.m. *-pri*, pl.f. *-prie*) || AGG. POSS. **1** Che appartiene al soggetto della frase per un rapporto di proprietà o appartenenza: *ognuno sta bene a casa propria; lo ha fatto per difendere il proprio orgoglio.* **2** Di persona, che ha un legame di parentela o di affetto con il soggetto della frase: *ciascuno ama i propri genitori; era felice di rivedere i propri compagni.* || PRON. POSS. Preceduto dall'articolo determinativo, indica il rapporto di appartenenza o legame di un oggetto o di una persona detti in precedenza con il soggetto della frase: *vede solo i difetti degli altri e mai i propri* [difetti]; *critica sempre i figli degli altri non vede quello che fanno i propri* [figli]. || AGG. **1** Caratteristico, tipico, peculiare: *è proprio dei giovani non pensare al domani.* **2** Del significato di un'espressione linguistica, esatto, letterale: *il senso proprio di una parola* Ⓒ figurato. || AVV. **1** Davvero, veramente: *è proprio bello qui; vuoi proprio farmi arrabbiare* • Affatto, per niente: *non mi è proprio piaciuto.* **2** Precisamente, esattamente: *è capitato proprio ieri; parlavano proprio di lui.* Ⓔ ***In proprio***, in autonomia, non da dipendente: *lavorare in proprio; mettersi in proprio* • ***Nome proprio*** → ***nome*** • ***Vero e proprio*** → ***vero***.

La parola *proprio* si scrive con la erre sia dopo la prima pi sia dopo la seconda, scrivere *propio* è un grave errore!

propugnare (pro-pu-gnà-re) V.TR. · Sostenere, difendere con forza e decisione: *propugnare la parità dei diritti tra uomini e donne.*

La prima persona plurale dell'indicativo presente e quella del congiuntivo presente è *propugniamo*, con la *i*: la forma *propugnamo* è sempre scorretta! La seconda persona plurale dell'indicativo presente è *propugnate* senza *i*, mentre quella del congiuntivo presente è *propugniate* con la *i*.

propugnatore (pro-pu-gna-tó-re) N.M. (f. *-trì-ce*) · Energico sostenitore: *un propugnatore dei diritti del popolo.*

propulsione (pro-pul-sió-ne) N.F. · L'azione che fornisce a un corpo l'energia necessaria a provocarne e mantenerne il moto: *propulsione a elica.*

propulsore (pro-pul-só-re) N.M. e AGG. · Di dispositivo meccanico che comunica al veicolo su cui è installato la forza che ne provoca il moto: *propulsore nucleare; apparato propulsore.*

prora (prò-ra) N.F. · La parte davanti di un'imbarcazione o di un aereo Ⓢ prua.

proroga (prò-ro-ga) N.F. (pl. *-ghe*) · Rinvio di una scadenza ad altra data: *chiedere una proroga per la consegna del lavoro.*

prorogare (pro-ro-gà-re) V.TR. (*pròrogo, pròroghi*, ecc.) · Rinviare, posticipare: *prorogare una scadenza.*

prorompere (pro-róm-pe-re) V.INTR. (irreg.: coniugato come *rompere*; aus. *avere*) **1** Uscir fuori con impeto: *l'acqua proruppe **dagli** argini* Ⓢ fuoriuscire • Riversarsi in massa: *la folla proruppe **nella** piazza.* **2** Manifestarsi violentemente e all'improvviso: *l'entusiasmo del pubblico proruppe incontenibile* Ⓢ scoppiare • Sfogare un'emozione: *prorompere **in** lacrime, **in** risate* • Esclamare all'improvviso, esplodere: *"basta chiacchiere, al lavoro!" proruppe l'insegnante.*

prosa (prò-ṣa) N.F. **1** Modo di esprimersi orale o scritto che non rispetta uno schema metrico come la poesia ed è simile al modo abituale di comunicare: *scrivere in prosa.* **2** Componimento scritto in tale forma: *una raccolta di prose di Leopardi.*

Il termine deriva dal latino *prosa (oratio)* '(discorso) che cammina diretto (fino alla fine della riga)'.

prosaico (pro-ṣài-co) AGG. (pl.m. *-ci*, pl.f. *-che*) · Legato agli aspetti materiali dell'esistenza, privo di spiritualità: *un individuo prosaico; discorsi prosaici.*

prosastico (pro-ṣà-sti-co) AGG. (pl.m. *-ci*, pl.f. *-che*) **1** Scritto in prosa: *le opere prosastiche del Leopardi.* **2** Simile al linguaggio parlato, non poetico: *stile prosastico.*

proscenio (pro-scè-nio) N.M. (pl. *-ni*) · La parte anteriore del palcoscenico, al di qua del sipario: *chiamare al proscenio* Ⓢ ribalta.

proscioglere (pro-sciò-glie-re) V.TR. (irreg.: coniugato come *sciogliere*) · Nel processo penale, assolvere: *prosciogliere l'imputato* ***dal-l'accusa.***

prosciugare (pro-sciu-gà-re) V.TR. (*prosciùgo, prosciùghi*, ecc.) || TR. Liberare dalle acque stagnanti: *prosciugare una palude* Ⓢ bonificare. || **prosciugarsi** INTR. PRONOM. Diventare secco, asciutto: *qui c'era un torrente che adesso si è prosciugato* Ⓢ seccarsi, inaridirsi.

prosciutto (pro-sciùt-to) N.M. · La coscia del maiale salata, stagionata e talvolta cotta: *una fetta di prosciutto crudo; panino al prosciutto cotto.*

prosecuzione (pro-se-cu-zió-ne) N.F. · Continuazione di qualcosa: *la prosecuzione dei lavori è stata rimandata a dopo l'estate.*

proseguimento (pro-se-gui-mén-to) N.M. · Continuazione, seguito, prosecuzione: *il proseguimento degli studi.* Ⓔ ***Buon proseguimento!***, formula con cui si augura una buona continuazione di una cosa cominciata.

proseguire (pro-se-guì-re) V.TR. e INTR. (*proséguo*, ecc.) || TR. Continuare qualcosa che si era interrotto: *proseguire il racconto, il cammino* Ⓢ seguitare Ⓒ interrompere. || INTR. (aus. *avere* e, se riferito a cose, anche *essere*) Andare avanti: *le ricerche sono proseguite a lungo nella notte; proseguire* ***per*** *Roma* Ⓢ procedere, continuare.

P

proselito (pro-ṣè-li-to) N.M. (f. *-a*) · Nuovo seguace di una religione, di una dottrina: *fare proseliti.*

prosieguo (pro-sié-guo) N.M. · Proseguimento, seguito: *il prosieguo della storia.*

prosopopea (pro-ṣo-po-pè-a) N.F. (pl. *-pèe*) · Atteggiamento presuntuoso e borioso: *parlare con gran prosopopea.*

prosperare (pro-spe-rà-re) V.INTR. (*pròspero*, ecc.; aus. *avere*) · Svilupparsi o svolgersi con successo: *prosperano gli affari; in quei terreni prospera la vite* Ⓢ fiorire, crescere.

prosperità (pro-spe-ri-tà) N.F. INVAR. · Stato di benessere economico: *vivere nella prosperità* Ⓢ ricchezza, abbondanza.

prospero (prò-spe-ro) AGG. **1** Che procede con successo: *commerci prosperi* Ⓢ fiorente. **2** Ricco e operoso: *un Paese prospero* Ⓢ florido • Favorevole, felice, lieto: *un evento prospero.*

prosperoso (pro-spe-ró-so) AGG. **1** Fiorente, ricco: *commercio prosperoso.* **2** Sano, florido: *un aspetto prosperoso.*

prospettare (pro-spet-tà-re) V.TR. (*prospètto*, ecc.) || TR. Sottoporre all'attenzione di qualcuno: *prospettare un'ipotesi;* ***mi*** *ha prospettato diverse soluzioni.* || **prospettarsi** RIFL. Presentarsi, preannunciarsi: *la trattativa si prospetta lunga e difficile.*

prospettico (pro-spèt-ti-co) AGG. (pl.m. *-ci*, pl.f. *-che*) · Di prospettiva: *veduta prospettica.*

prospettiva (pro-spet-tì-va) N.F. **1** Tecnica geometrica per rappresentare su una superficie piana cose e persone come se fossero collocate in uno spazio reale: *effetto di prospettiva.* **2** Vista panoramica: *da quassù si gode una magnifica prospettiva sulla valle* Ⓢ panorama, vista. **3** Il punto di vista secondo cui si considera un fatto: *vedi la questione da una prospettiva sbagliata* Ⓢ ottica, angolazione. **4** Possibilità futura: *un ragazzo senza prospettive; la sua scoperta apre nuove prospettive* Ⓢ avvenire, futuro. Ⓔ ***In prospettiva***, in considerazione di fatti o sviluppi futuri: *ragionare in prospettiva.*

prospetto (pro-spèt-to) N.M. · Tabella riassuntiva: *prospetto delle spese* Ⓢ quadro, specchietto.

prospiciente (pro-spi-cièn-te) AGG. · Orientato verso qualcosa: *una casa prospiciente il mare.*

prossimamente (pros-si-ma-mén-te) AVV. · Fra breve tempo.

prossimità (pros-si-mi-tà) N.F. INVAR. · Vicinanza nello spazio e nel tempo: *la prossimità del mare; la prossimità delle feste.* Ⓔ ***In prossimità di***, vicino a: *abito in prossimità della stazione.*

prossimo (pròs-si-mo) AGG. e N.M. || AGG. **1** Molto vicino nello spazio: *il giardino è prossimo* ***alla*** *strada* • Che viene subito dopo: *scendo alla prossima fermata.* **2** Molto vicino nel tempo: *il malato è ormai prossimo* ***alla*** *guarigione; è ormai prossima la partenza per le vacanze* Ⓢ imminente • Immediatamente successivo: *il mese prossimo* Ⓢ seguente Ⓒ

passato, scorso. **3** In grammatica: ***passato prossimo***, forma composta del verbo che indica un'azione compiuta nel passato ma le cui conseguenze si ripercuotono nel presente (*ha perso l'uso delle gambe*) • ***Trapassato prossimo*** → ***trapassato***. || N.M. Ogni uomo rispetto a un altro uomo: *rispettare i diritti del prossimo* Ⓢ simile • L'insieme degli altri, come membri della collettività: *non mi piace parlare male del prossimo*. Ⓔ ***Parente prossimo***, quello unito da vincoli di sangue, parente stretto.

prostata (prò-sta-ta) N.F. · Ghiandola dell'apparato genitale maschile, situata nel bacino subito al di sotto della vescica.

prostituire (pro-sti-tu-ì-re) V.TR. (*prostituìsco, prostituìsci*, ecc.) || TR. **1** Indurre alla prostituzione: *prostituire la moglie, la figlia*. **2** Vendere qualcosa di profondamente personale, perdendo la propria dignità: *prostituire il proprio ingegno*. || **prostituirsi** RIFL. Offrire rapporti sessuali a pagamento • Perdere la propria dignità in cambio di denaro o di altri vantaggi: *si è prostituito* ***per*** *un misero aumento*.

prostituta (pro-sti-tù-ta) N.F. · Donna che esercita la prostituzione.

prostituzione (pro-sti-tu-zió-ne) N.F. · Prestazione sessuale in cambio di denaro.

prostrare (pro-strà-re) V.TR. (*pròstro*, ecc.) || TR. Sfinire, spossare, stremare: *la lunga malattia lo aveva prostrato*. || **prostrarsi** RIFL. Gettarsi in terra o mettersi in ginocchio come atto di umiltà o di adorazione: *al passaggio del re i sudditi si prostravano* • Umiliarsi, sottomettersi, piegarsi: *prostrarsi* ***davanti ai*** *potenti*.

prostrato (pro-strà-to) AGG. **1** Chinato a terra, in segno di sottomissione o adorazione. **2** In uno stato di debolezza fisica o morale: *dopo quella brutta esperienza si sentiva prostrato* Ⓢ sfinito, spossato.

prostrazione (pro-stra-zió-ne) N.F. · Stato di grande debolezza fisica o morale: *cadde in uno stato di profonda prostrazione* Ⓢ sfinimento, spossatezza.

protagonista (pro-ta-go-nì-sta) N.M. e F. (pl.m. *-i*, pl.f. *-e*) **1** Il personaggio principale di un'opera drammatica o narrativa Ⓢ eroe • Chi interpreta la parte principale in un'opera teatrale, cinematografica o televisiva: *il protagonista di un film* Ⓢ interprete. **2** Chi ha un ruolo di primo piano o è in una posizione di rilievo: *essere protagonista di un brutto episodio; è stato il protagonista della serata*.

proteggere (pro-tèg-ge-re) V.TR. (irreg.: ind. pres. *protèggo, protèggi*, ecc.; pass. rem. *protèssi, proteggésti, protèsse, proteggémmo, proteggéste, protèssero*; part. pass. *protètto*) **1** Difendere da danni, pericoli od offese: *proteggere i figli* ***dalle*** *difficoltà della vita*. **2** Coprire, riparare: *proteggere il raccolto* ***dalla*** *pioggia* • Custodire: *proteggere il patrimonio artistico*. **3** Promuovere, sostenere: *proteggere le arti*.

proteico (pro-tèi-co) AGG. (pl.m. *-ci*, pl.f. *-che*) · Delle proteine, che contiene proteine: *alimenti proteici*.

proteina (pro-te-ì-na) N.F. · Ciascuno dei composti organici essenziali per la sopravvivenza che fanno parte della cellula e nutrono l'organismo: *proteine animali, vegetali*.

protendere (pro-tèn-de-re) V.TR. (irreg.: coniugato come *tendere*) || TR. Sporgere in avanti: *protendere le braccia* Ⓢ allungare. || **protendersi** RIFL. Sporgersi in fuori: *protendersi* ***dal*** *balcone*.

protesi (prò-te-ṣi) N.F. INVAR. · In chirurgia, la sostituzione di arti mancanti con speciali dispositivi: *protesi ortopedica; protesi dentaria*, quella che sostituisce i denti mancanti.

protessi (pro-tès-si) · Pass. rem., 1ª pers. sing. → ***proteggere***.

protesta (pro-tè-sta) N.F. · Energica dimostrazione di disaccordo: *lettera di protesta; manifestazione di protesta* Ⓢ contestazione.

protestante (pro-te-stàn-te) AGG. e N.M. e F. || AGG. Che appartiene o si riferisce a una delle confessioni religiose del protestantesimo: *pastore protestante; chiesa protestante*. || N.M. e F. Chi professa il protestantesimo: *una famiglia di protestanti*.

protestantesimo (pro-te-stan-té-ṣi-mo) N.M. · L'insieme delle confessioni cristiane che direttamente o indirettamente hanno origine dalla riforma religiosa del Cinquecento iniziata da Martin Lutero.

protestare (pro-te-stà-re) V.INTR. (*protèsto*, ecc.; aus. *avere*) · Manifestare con energia il proprio disaccordo: *protestare* ***contro*** *una legge ingiusta* Ⓢ reclamare.

protettivo (pro-tet-ti-vo) AGG. · Che difende da danni, pericoli od offese: *è molto protettivo con la sua ragazza; crema protettiva*, quella che protegge dal sole.

protetto (pro-tèt-to) AGG. e N.M. (f. *-a*) || Participio pass. → ***proteggere***. || AGG. 1 Fornito di ripari, di difese: *un angolo del giardino protetto dal vento.* 2 Posto sotto protezione: *specie protetta*, salvaguardata dal rischio di estinzione. || N.M. (f. *-a*) Chi gode del favore di un superiore: *non si può criticare, è la protetta del capo.* Ⓔ ***Categorie protette***, i disabili, gli invalidi, le vedove e gli orfani che hanno necessità di particolare aiuto dallo Stato.

protettorato (pro-tet-to-rà-to) N.M. · Forma di tutela politica e militare esercitata da uno Stato su un altro: *il protettorato degli Stati Uniti sull'Iraq* • Stato posto sotto tale tutela: *la Palestina era un protettorato inglese.*

protettore (pro-tet-tó-re) AGG. e N.M. (f. *-trì-ce*) 1 Che, chi svolge un'attività in aiuto o in favore di qualcuno: *un protettore dei poveri; il protettore di un giovane artista* Ⓢ difensore, sostenitore. 2 Il santo sotto la cui protezione è posta una regione, una città, una categoria, un'attività o una facoltà umana: *santa Lucia è la protettrice della vista* Ⓢ patrono.

protezione (pro-te-zió-ne) N.F. 1 Riparo, difesa: *muro di protezione; usare lenti scure a protezione della vista.* 2 Attività svolta in aiuto o a favore di qualcuno: *prendere qualcuno sotto la propria protezione* • Appoggio da parte di un superiore o di un personaggio autorevole: *è andato avanti a forza di protezioni.* Ⓔ ***Protezione civile***, aiuto fornito dallo Stato alle popolazioni colpite da calamità o catastrofi; anche, la struttura operativa che attua e coordina i soccorsi in caso di calamità.

protezionismo (pro-te-zio-nì-ṣmo) N.M. · Politica economica che difende i prodotti nazionali applicando tasse a quelli importati dall'estero.

proto- 1 Primo elemento di parole composte che significa 'primo' in ordine di tempo, di spazio o d'importanza: *prototipo.* 2 Primo elemento di parole composte che significa 'che ha una struttura molto semplice': *protozoo.*

protocollo (pro-to-còl-lo) N.M. 1 Libro in cui vengono registrati i documenti in partenza o in arrivo nelle amministrazioni pubbliche e nelle grandi aziende: *ufficio del protocollo; mettere a protocollo.* 2 L'insieme delle norme che regolano le manifestazioni e le visite ufficiali: *rispettare il protocollo* Ⓢ cerimoniale. 3 Formato di carta delle dimensioni prescritte ufficialmente dalle amministrazioni.

> Il termine deriva dal greco *protókollon* 'primo (foglio) incollato', perché in origine indicava il primo foglio di un rotolo di papiro.

protone (pro-tó-ne) N.M. · Particella elementare di carica positiva che fa parte del nucleo dell'atomo.

prototipo (pro-tò-ti-po) N.M. 1 Il modello di un prodotto industriale: *il prototipo di una nuova vettura sportiva.* 2 Di persona, che rappresenta in modo esemplare una qualità, per lo più negativa: *è il prototipo dei fannulloni.*

protozoo (pro-to-ẓò-o) N.M. (pl. *-ẓòi*) · Animaletto microscopico di una sola cellula che vive in acqua, nel terreno umido o come parassita di altri animali.

protrarre (pro-tràr-re) V.TR. (irreg.: coniugato come *trarre*) || TR. Prolungare, continuare: *protrasse l'attesa* ***fino all'****arrivo della moglie* • Prorogare, posticipare: *l'apertura del negozio è stata protratta* ***di*** *un'ora.* || **protrarsi** INTR. PRONOM. Durare a lungo, oltre il previsto: *la conferenza si è protratta* ***per*** *due ore* Ⓢ proseguire.

protuberanza (pro-tu-be-ràn-za) N.F. · Vistosa sporgenza.

prova (prò-va) N.F. 1 Verifica preliminare o di controllo dell'efficienza di qualcosa o delle qualità di qualcuno: *lavoratore in prova; lo voglio vedere alla prova.* 2 Ciascuna delle ripetizioni di uno spettacolo fatte prima di presentarlo al pubblico: *assistere alle prove di uno spettacolo.* 3 Tentativo, esperimento: *facciamo almeno una prova.* 4 Dimostrazione, segno, testimonianza: *dar prova di coraggio, di amicizia.* 5 Ciascuno degli esami cui è

P

sottoposto un candidato: *prova scritta, orale; prova di matematica* Ⓢ esame. **6** Gara sportiva: *sta partendo la prova dei cento metri stile libero* Ⓢ incontro, competizione. **7** Evento difficile o doloroso: *la vita gli ha imposto una dura prova* Ⓢ avversità, disgrazia. **8** Argomento o documento che dimostra la validità di un'affermazione o la realtà di un fatto: *fornire delle prove; fu assolto per insufficienza di prove* • Dimostrazione, testimonianza: *questo errore è l'ennesima prova della sua leggerezza.* Ⓔ ***Alla prova dei fatti***, al momento della verifica: *alla prova dei fatti è stato una delusione* • ***A prova di bomba***, eccezionalmente solido o resistente: *una serratura a prova di bomba* • ***Banco di prova*** → ***banco*** • ***Dare prova*** → ***dare*** • ***Fino a prova contraria***, finché non viene dimostrato il contrario: *fino a prova contraria ho ragione* • ***Mettere alla prova qualcuno***, verificarne le qualità in una situazione difficile.

provare (pro-và-re) V.TR. (*pròvo*, ecc.) **1** Sottoporre a prova: *provare un abito; provare una commedia* Ⓢ collaudare, verificare. **2** Tentare, cercare: *sarà inutile, ma almeno prova; prova **a** suonare il campanello.* **3** Conoscere per esperienza diretta: *chi non l'ha provata non sa cos'è la fame* Ⓢ sperimentare • Sentire, nutrire, avvertire: *provare simpatia per qualcuno; provare dolore.* **4** Sottoporre a uno sforzo o a un disagio eccessivo: *la lunga malattia lo aveva provato* Ⓢ stancare, stremare. **5** Dimostrare qualcosa con argomenti o documenti adeguati: *provare l'innocenza di qualcuno* Ⓢ confermare • Costituire una prova: *le tue obiezioni provano **che** non hai capito niente* Ⓢ dimostrare.

Il termine deriva dal latino *probare* 'approvare, riconoscere una cosa come buona', che viene a sua volta da *probus* 'buono, onesto'.

provato (pro-và-to) AGG. **1** Dimostrato con prove: *un metodo provato; un uomo di provata onestà* Ⓢ sicuro. **2** Che è molto stanco perché ha affrontato un'esperienza difficile: *un uomo provato dalle sventure, dalla fatica* Ⓢ segnato.

provenienza (pro-ve-nièn-za) N.F. **1** Il punto di partenza di un itinerario: *la provenienza dei viaggiatori.* **2** Origine, derivazione: *merci di ignota provenienza; non si conosce la provenienza delle sue ricchezze.* **3** In grammatica: ***complemento di provenienza***, complemento di origine (→ ***origine***).

provenire (pro-ve-nì-re) V.INTR. (irreg.: coniugato come *venire*; aus. *essere*) **1** Venire, giungere da un luogo: *aspetto il treno che proviene **da** Napoli.* **2** Trarre origine: *la notizia proviene **da** una fonte sicura; pare che provenga **da** una famiglia nobile* Ⓢ derivare, giungere.

provento (pro-vèn-to) N.M. (spesso al pl.) · Qualsiasi genere di entrata o di reddito: *proventi illeciti; i proventi di una professione* Ⓢ guadagno.

provenzale (pro-ven-zà-le) AGG. e N.M. e F. || AGG. Della Provenza, regione della Francia sud-orientale, spesso con riferimento alla civiltà delle corti medievali che influenzò gli inizi della letteratura italiana. || N.M. e F. Abitante, nativo della Provenza. || N.M. La lingua proveniente dal latino usata in Provenza.

proverbiale (pro-ver-bià-le) AGG. **1** Che costituisce un proverbio: *sentenza proverbiale; detto proverbiale.* **2** Di qualcosa che è noto a tutti: *la proverbiale gentilezza dei giapponesi* Ⓢ rinomato, esemplare.

proverbio (pro-vèr-bio) N.M. (pl. *-bi*) · Detto popolare che contiene un insegnamento tratto dall'esperienza.

provetta (pro-vét-ta) N.F. · Recipiente cilindrico di vetro, usato nei laboratori per eseguire esperimenti. Ⓔ ***In provetta***, di figlio concepito con fecondazione artificiale.

provetto (pro-vèt-to) AGG. · Esperto, abile: *uno sciatore provetto.*

provider (pro-vi-der; pronuncia *provàider*) N. INGL., in it. N.M.INVAR. · Società di servizi che fornisce agli abbonati l'accesso a Internet.

provincia (pro-vìn-cia) N.F. (pl. *-ce* o *-cie*) **1** Circoscrizione amministrativa costituita da più comuni vicini: *la provincia di Genova; la popolazione di una provincia* • La sede degli organi amministrativi provinciali: *gli uffici della provincia.* **2** Il territorio formato da paesi e da piccole città, in cui la mentalità e il modo di vivere sono di solito più chiusi e ristretti rispetto a quelli di una metropoli: *vivere in provincia; mentalità di provincia.* ▸▸

Il plurale di *provincia* può essere scritto sia *province* senza *i* sia *provincie* con la *i*.

provinciale (pro-vin-cià-le) AGG. **1** Della provincia come ente amministrativo: *consiglio provinciale.* **2** Arretrato, chiuso: *mentalità provinciale.* Ⓔ ***Strada provinciale*** (o *la provinciale* N.F.), che fa parte della rete stradale secondaria italiana.

provino (pro-vì-no) N.M. · Brano di recitazione in cui un aspirante attore cerca di dimostrare le sue capacità • Registrazione di prova di un cantante. Ⓔ ***Provino fotografico***, ciascuna delle copie fotografiche stampate per scegliere le migliori da ingrandire.

provocante (pro-vo-càn-te) AGG. · Eccitante, specie sul piano sessuale: *una scollatura provocante* Ⓢ audace.

provocare (pro-vo-cà-re) V.TR. (*pròvoco, pròvochi*, ecc.) **1** Eccitare o irritare spingendo a una reazione violenta: *se non vuoi che si arrabbi, non provocarlo* Ⓢ aizzare, stuzzicare • Suscitare un istinto o un sentimento: *provocare la gelosia di qualcuno* Ⓢ destare • Suscitare il desiderio sessuale Ⓢ eccitare. **2** Causare, determinare, arrecare: *il temporale ha provocato gravi danni.*

provocatorio (pro-vo-ca-tò-rio) AGG. (pl.m. *-ri*, pl.f. *-rie*) **1** Fatto per suscitare una reazione irritata o violenta: *atteggiamento provocatorio* Ⓢ indisponente, irritante. **2** Volto a suscitare un vivace scambio di idee: *un intervento provocatorio* Ⓢ pungente, polemico.

provocazione (pro-vo-ca-zió-ne) N.F. · Azione volta a suscitare una reazione irritata o violenta: *non tollero provocazioni* Ⓢ sfida.

provola (prò-vo-la) N.F. · Formaggio di latte di bufala o di vacca, tipico dell'Italia meridionale.

provolone (pro-vo-ló-ne) N.M. · Formaggio a pasta dura e compatta, prodotto con latte di vacca.

provvedere (prov-ve-dé-re) V.INTR. e TR. (irreg.: coniugato come *vedere*, tranne il fut. e il condiz. che sono regolari: fut. *provvederò*, ecc.; condiz. pres. *provvederèi*, ecc.) || INTR. (aus. *avere*) Far fronte a una situazione trovando i mezzi necessari o adottando le misure adeguate: *provvedere* ***all'****educazione dei figli* Ⓢ badare, pensare. || TR. Rifornire, equipaggiare: *provvedere un laboratorio* ***dell'****attrezzatura adeguata.* || **provvedersi** RIFL. Munirsi, equipaggiarsi: *provvedersi* ***della*** *documentazione necessaria.*

provvedimento (prov-ve-di-mén-to) N.M. · Ciò che si fa per risolvere una situazione: *provvedimento disciplinare; prendere provvedimenti* Ⓢ misura, rimedio.

provveditore (prov-ve-di-tó-re) N.M. (f. *-trìce*) · Chi dirige il settore amministrativo di un territorio o di un particolare ambito.

provvidenza (prov-vi-dèn-za) N.F. **1** L'azione esercitata da Dio sul mondo per indirizzarlo al bene: *affidarsi alla provvidenza divina.* **2** Evento favorevole e inaspettato: *questa pioggia è una provvidenza per la campagna* Ⓢ grazia, manna.

provvidenziale (prov-vi-den-zià-le) AGG. **1** Dovuto alla provvidenza divina. **2** Decisivo, fondamentale, tempestivo: *il tuo intervento è stato provvidenziale.*

provvigione (prov-vi-gió-ne) N.F. · Somma guadagnata da un mediatore nel caso di conclusione di un affare: *l'agenzia immobiliare prende il 5% di provvigione* Ⓢ percentuale.

provvisorio (prov-vi-sò-rio) AGG. (pl.m. *-ri*, pl.f. *-rie*) · Non definitivo: *incarico provvisorio; soluzione provvisoria; sistemazione provvisoria* Ⓢ transitorio, temporaneo Ⓒ definitivo. Ⓔ ***In via provvisoria***, temporaneamente • ***Libertà provvisoria***, sospensione dell'arresto concessa a imputati di reati minori prima di venire giudicati.

provvista (prov-vì-sta) N.F. · Raccolta di ciò che serve a soddisfare necessità future: *far provvista di carbone* • Ciò che viene messo da parte: *le provviste di cibo scarseggiano* Ⓢ riserva, scorta.

provvisto (prov-vì-sto) AGG. · Fornito, dotato, rifornito: *un frigorifero ben provvisto* ***di*** *bevande* Ⓒ privo.

prua (prù-a) N.F. · L'estremità anteriore di un'imbarcazione o di un aereo Ⓢ prora.

prudente (pru-dèn-te) AGG. **1** Che agisce o si comporta con le dovute cautele: *un guida-*

tore prudente Ⓢ giudizioso, attento Ⓒ imprudente, avventato. **2** Cauto, ponderato, oculato: *una mossa prudente.*

prudenza (pru-dèn-za) N.F. · Atteggiamento di chi cerca di evitare rischi e pericoli per sé o gli altri: *guidare con prudenza; ti raccomando prudenza* Ⓢ cautela, giudizio.

prudere (prù-de-re) V.INTR. (molto raro il pass. rem. *prudé* o *prudètte*; mancano il part. pass. e i tempi composti) · Dar prurito: *mi prude una spalla* Ⓢ pizzicare. Ⓔ ***Sentirsi prudere le mani,*** aver voglia di picchiare.

prugna (prù-gna) N.F. e M. e AGG. || N.F. Susina. || AGG. e N.M. INVAR. Di colore violaceo cupo: *color prugna.*

prugno (prù-gno) N.M. · Susino.

pruno (prù-no) N.M. · Arbusto spinoso che nasce spontaneo nei terreni non coltivati: *una macchia di pruni* Ⓢ rovo.

prurito (pru-rì-to) N.M. · Sensazione alla pelle che stimola a grattarsi: *un forte prurito alla schiena* Ⓢ pizzicore.

PS (pronuncia *pièsse*) → ***post scriptum***.

pseudonimo (pseu-dò-ni-mo) N.M. · Falso nome, di cui si servono soprattutto scrittori e uomini di spettacolo: *firmare con uno pseudonimo.*

> Il termine deriva dal greco *pseudónymos* 'sotto falso nome', composto a sua volta di *pseudés* 'falso' e *ónoma* 'nome'.

psicanalisi (psi-ca-nà-li-ṣi) N.F. INVAR. · Tecnica per curare le nevrosi fondata sull'interpretazione dei processi mentali inconsci e dei sogni: *Freud è stato il fondatore della psicanalisi.*

psicanalista (psi-ca-na-lì-sta) N.M. e F. (pl.m. -*i*, pl.f. -*e*) · Chi pratica la psicanalisi come metodo di cura: *andare dallo psicanalista.*

psiche (psì-che) N.F. INVAR. · L'insieme delle funzioni della mente: *la psiche umana* Ⓢ coscienza, anima.

> Il termine deriva dal greco *psykhé* 'anima', che viene a sua volta dal verbo *psýkho* 'respirare, soffiare'.

psichedelico (psi-che-dè-li-co) AGG. (pl.m. -*ci*, pl.f. -*che*) · Che provoca allucinazioni e deforma la percezione della realtà: *droghe psichedeliche.* Ⓔ ***Luci psichedeliche,*** fasci luminosi lampeggianti usati nelle discoteche.

psichiatra (psi-chià-tra) N.M. e F. (pl.m. -*i*, pl.f. -*e*) · Chi è specializzato nella cura delle malattie mentali.

psichiatria (psi-chia-trì-a) N.F. (pl. -*trìe*) · Settore della medicina che cura le malattie mentali.

psichiatrico (psi-chià-tri-co) AGG. (pl.m. -*ci*, pl.f. -*che*) · Che riguarda lo studio e la cura delle malattie mentali: *ospedale psichiatrico.*

psichico (psì-chi-co) AGG. (pl.m. -*ci*, pl.f. -*che*) · Della psiche: *sviluppo psichico; trauma psichico.*

psico- · Primo elemento di parole composte che indica 'relazione con la natura o l'attività della mente': *psicologia,* lo studio dei fenomeni mentali.

psicoanalisi (psi-co-a-nà-li-ṣi) → ***psicanalisi***.

psicoanalista (psi-co-a-na-lì-sta) → ***psicanalista***.

psicologia (psi-co-lo-gì-a) N.F. (pl. -*gìe*) **1** Scienza che studia i meccanismi mentali e affettivi. **2** Modo di pensare e di sentire di un singolo individuo o di una collettività: *la psicologia di un adolescente* Ⓢ mentalità • La capacità di intuire i pensieri e i sentimenti altrui e di comportarsi di conseguenza: *mancare di psicologia* Ⓢ sensibilità, intuito.

psicologico (psi-co-lò-gi-co) AGG. (pl.m. -*ci*, pl.f. -*che*) · Dei meccanismi mentali e affettivi: *indagine psicologica* Ⓢ psichico, interiore.

psicologo (psi-cò-lo-go) N.M. (f. -*a*; pl.m. -*gi*, pl.f. -*ghe*) · Chi studia la psicologia.

psicopatico (psi-co-pà-ti-co) AGG. e N.M. (f. -*a*; pl.m. -*ci*, pl.f. -*che*) · Che, chi è affetto da un disturbo della personalità: *un criminale psicopatico* Ⓢ squilibrato • Malato di mente: *un povero psicopatico* Ⓢ pazzo.

psicosi (psi-cò-ṣi) N.F. INVAR. **1** Grave alterazione della personalità accompagnata da allucinazioni e delirio. **2** Fenomeno di apprensione o di paura individuale o collettiva: *la psicosi della guerra nucleare* Ⓢ paranoia, ossessione.

psicosomatico (psi-co-so-mà-ti-co) AGG. (pl.m. -*ci*, pl.f. -*che*) · Di malattia fisica che si manifesta come reazione dell'organismo a problemi psicologici: *disturbi psicosomatici.*

psicoterapia (psi-co-te-ra-pì-a) N.F. (pl. -*pìe*) · Terapia per curare i disturbi mentali, che consiste in una serie di colloqui tra lo psicologo e il paziente.

ptialina (ptia-li-na) N.F. · Enzima della saliva che interviene nella digestione.

puah (pronuncia *puà*) INTER. · Esprime disgusto o disprezzo: *puah, che schifo!*

pubblicamente (pub-bli-ca-mén-te) AVV. 1 In pubblico, davanti a tutti: *confessare pubblicamente* S apertamente. 2 A tutti: *è pubblicamente noto.*

pubblicare (pub-bli-cà-re) V.TR. (*pùbblico, pùbblichi*, ecc.) · Rendere pubblico per mezzo della stampa: *pubblicare una notizia; pubblicare un romanzo* S stampare.

pubblicazione (pub-bli-ca-zió-ne) N.F. 1 Diffusione mediante la stampa: *pubblicazione di un saggio, di una notizia, di un decreto legge* S stampa. 2 Opera stampata: *una pubblicazione scientifica* S libro, testo. E ***Pubblicazioni di matrimonio***, documento esposto in municipio o in chiesa, con l'avviso di un matrimonio e delle generalità degli sposi.

pubblicità (pub-bli-ci-tà) N.F. INVAR. 1 Qualsiasi azione per far conoscere e apprezzare un prodotto o un servizio al maggior numero di persone, come slogan, brevi film, cartelloni: *pubblicità televisiva; fare pubblicità a un profumo* S propaganda • Qualsiasi tentativo di acquisire notorietà: *si sta facendo troppa pubblicità.* 2 Diffusione tra il pubblico: *dare pubblicità a una notizia; c'è stata troppa pubblicità intorno all'evento* S divulgazione.

pubblicitario (pub-bli-ci-tà-rio) AGG. e N.M. (f. -*a*; pl.m. -*ri*, pl.f. -*rie*) || AGG. Della pubblicità: *linguaggio pubblicitario; campagna pubblicitaria.* || AGG. e N.M. (f. -*a*) Che, chi lavora nella pubblicità.

pubblicizzare (pub-bli-ciz-zà-re) V.TR. · Far conoscere qualcosa al maggior numero possibile di persone mediante la pubblicità o i mezzi d'informazione: *pubblicizzare un prodotto, una mostra* S promuovere.

pubblico[1] (pùb-bli-co) AGG. (pl.m. -*ci*, pl.f. -*che*) 1 Relativo ai diritti e agli interessi di un insieme di persone: *servizi pubblici; garantire l'ordine pubblico* S collettivo, comune. 2 Relativo allo Stato sul piano amministrativo e delle sue funzioni istituzionali: *scuola pubblica; pubblica amministrazione* S statale C privato. 3 Accessibile a tutti: *giardini pubblici; bagni pubblici* • Alla presenza di tutti: *confessione pubblica* • Noto a tutti: *ormai lo scandalo è pubblico* S notorio, palese • Generale: *godere della pubblica stima.* E ***Diritto pubblico***, l'insieme delle leggi che regolano l'organizzazione e l'attività dello Stato nel rapporto con i privati • ***Opinione pubblica*** → *opinione* • ***Pericolo pubblico*** → *pericolo* • ***Pubbliche relazioni*** → *relazione* • ***Pubblico ministero*** → *ministero* • ***Pubblico ufficiale*** → *ufficiale*[2].

pubblico[2] (pùb-bli-co) N.M. (pl. raro -*ci*) · L'insieme delle persone presenti in un luogo: *il pubblico ha applaudito a lungo tutti gli attori; l'ufficio è aperto al pubblico solo la mattina.* E ***In pubblico***, davanti a tutti, pubblicamente: *esibirsi in pubblico.*

pube (pù-be) N.M. · La porzione anteriore e inferiore dell'osso dell'anca • La regione anatomica prossima all'apparato genitale.

pubertà (pu-ber-tà) N.F. INVAR. · La fase della crescita umana in cui si sviluppano i caratteri sessuali S adolescenza.

pudicizia (pu-di-ci-zia) N.F. (pl. -*zie*) · Atteggiamento di chi è riservato per ciò che riguarda la sfera sessuale S pudore.

pudico (pu-dì-co) AGG. (pl.m. -*chi*, pl.f. -*che*) 1 Caratterizzato da timidezza e riservatezza verso tutto ciò che riguarda il sesso: *una fanciulla pudica.* 2 Riservato, discreto: *è molto pudico nell'esprimere i suoi sentimenti.*

La pronuncia corretta è *pudìco*, con l'accento sulla *i*; la pronuncia *pùdico* con l'accento sulla *u* è sbagliata!

pudore (pu-dó-re) N.M. 1 Atteggiamento timido e riservato verso ciò che riguarda il sesso: *cose che il pudore vieta di nominare* S decenza. 2 Discrezione, riserbo, riservatezza: *ha pudore nel manifestare i suoi sentimenti.*

puerile (pu-e-rì-le) AGG. 1 Della fanciullezza: *età puerile* Ⓢ infantile. 2 Immaturo, infantile, banale: *che discorsi puerili!*

puerpera (pu-èr-pe-ra) N.F. · La donna che ha partorito da poco: *la dieta della puerpera.*

pugilato (pu-gi-là-to) N.M. · Sport in cui due contendenti combattono sul ring con i pugni protetti da guantoni di pelle: *incontro di pugilato* Ⓢ boxe (*fr.*).

pugile (pù-gi-le) N.M. · Chi pratica il pugilato: *pugile professionista.*

pugliese (pu-gliè-se) AGG. e N.M. e F. || AGG. Della Puglia. || N.M. e F. Abitante, nativo della Puglia.

pugnalare (pu-gna-là-re) V.TR. · Ferire o uccidere con il pugnale: *lo pugnalò all'improvviso* Ⓢ accoltellare. Ⓔ ***Pugnalare alle spalle*** → *spalla*.

pugnalata (pu-gna-là-ta) N.F. 1 Colpo dato con il pugnale: *Cesare cadde trafitto da ventitré pugnalate.* 2 Azione compiuta a tradimento: *da te non mi aspettavo una simile pugnalata alle spalle.*

pugnale (pu-gnà-le) N.M. · Arma costituita da una lama a due tagli corta e appuntita con un manico per impugnarla.

> Il termine deriva dal latino *pugnus* 'pugno', nel senso di 'arma che si tiene in pugno'.

pugno (pù-gno) N.M. 1 La mano chiusa con le dita piegate e strette sul palmo: *stringere il pugno; battere i pugni sul tavolo.* 2 Quantità di una sostanza contenuta nel cavo della mano: *un pugno di sale* Ⓢ manciata • Quantità limitata: *un pugno di soldati.* 3 Colpo dato con la mano chiusa: *tirare un pugno.* Ⓔ ***Avere in pugno, tenere in pugno***, dominare, controllare, avere in proprio potere: *il nemico lo aveva in pugno*; essere sul punto di ottenere qualcosa: *avere la vittoria in pugno* • ***Di proprio pugno***, di propria mano: *un documento scritto di proprio pugno* • ***Fare a pugni***, picchiarsi; anche, di elementi che stanno male insieme: *questa cravatta fa a pugni con la camicia* Ⓢ stonare • ***In pugno***, con la mano chiusa, stretta su un'impugnatura: *veniva avanti con la spada in pugno* • ***Mostrare il pugno*** o ***mostrare i pugni***, minacciare • ***Rimanere con un pugno di mosche***, a mani vuote, deluso.

pula (pù-la) N.F. · Il rivestimento dei chicchi dei cereali: *separare il grano dalla pula.*

pulce (pùl-ce) N.F. · Insetto parassita dell'uomo e degli animali, di cui succhia il sangue; è in grado di trasmettere gravi malattie. Ⓔ ***Far le pulci a qualcuno***, controllarne l'operato o le spese • ***Mercato delle pulci*** → *mercato* • ***Mettere una pulce nell'orecchio***, insinuare un dubbio o un sospetto.

pulcino (pul-cì-no) N.M. 1 Il piccolo della gallina e di altri uccelli domestici • Simboleggia in alcune espressioni una condizione di buffo disagio: *bagnato come un pulcino; sembra un pulcino nella stoppa.* 2 Chi gioca nella squadra di allievi di una società calcistica: *i pulcini dell'Inter.*

> Il verbo che indica il verso del pulcino è *pigolare* e il nome è *pigolio.*

puledro (pu-lé-dro) N.M. (f. *-a*) · Cavallo, asino o mulo giovane.

puleggia (pu-lég-gia) N.F. (pl. *-ge*) · Ruota a cui è collegato un sistema di funi, che gira attorno a un asse ed è usata per sollevare carichi o per trasmettere il movimento ad altri organi.

pulire (pu-lì-re) V.TR. (irreg.: *pulisco, pulisci*, ecc.) · Liberare dallo sporco: *pulire la casa; pulire la lattuga* Ⓢ ripulire, mondare Ⓒ sporcare.

pulito (pu-lì-to) AGG. 1 Liberato dallo sporco: *mettersi la camicia pulita* • Che ama l'igiene personale: *è una persona molto pulita.* 2 Chiaro, limpido: *avere la coscienza pulita; una faccenda poco pulita.* 3 Privo di effetti inquinanti: *energia pulita.* Ⓔ ***Fare piazza pulita*** → *piazza* • ***Rimanere pulito***, nel linguaggio familiare, restare senza denaro, al verde.

pulitura (pu-li-tù-ra) N.F. · L'operazione di pulire: *la pulitura delle fogne* Ⓢ pulizia.

pulizia (pu-li-zì-a) N.F. (pl. *-zìe*) 1 Azione fatta per eliminare lo sporco: *in questa casa c'è bisogno di una bella pulizia; fare le pulizie*, pulire e rimettere in ordine Ⓒ sporcizia. 2 Conformità alle norme igieniche: *in un albergo è essenziale la pulizia* Ⓢ igiene. Ⓔ ***Far pulizia***, liberare da ciò che ingombra o che ormai non serve più.

pullman (pull-man; pronuncia *pùlman*) N.M. INVAR. · Grande autoveicolo confortevole per servizi turistici o di linea Ⓢ corriera • Autobus: *vado al lavoro in pullman.*

Il termine deriva dal nome dell'ingegnere statunitense G.M. *Pullman* (1831-1897), inventore di questo tipo di vettura.

pullover (pul-lò-ver) N.M. INVAR. · Indumento in maglia con maniche lunghe che si porta sopra la camicia Ⓢ maglione, golf.

pullulare (pul-lu-là-re) V.INTR. (*pùllulo*, ecc.; aus. *avere*) **1** Essere pieno, brulicare: *le piazze pullulavano* ***di*** *gente.* **2** Essere in continuo aumento o fermento: *in prossimità delle feste pullulano le iniziative a favore dei poveri* Ⓢ proliferare, moltiplicarsi.

pulmino (pul-mi-no) N.M. · Piccolo autobus per tragitti brevi: *il pulmino della scuola.*

pulpito (pùl-pi-to) N.M. · Nelle chiese, piattaforma rialzata e dotata di parapetto destinata alla predicazione. Ⓔ ***Da che pulpito viene la predica!***, espressione rivolta a chi critica gli altri ma si comporta male a sua volta.

pulsante (pul-sàn-te) N.M. · Elemento che viene premuto per mettere in funzione un congegno: *il pulsante di un orologio* Ⓢ bottone, tasto.

pulsar (pùl-sar) N.F. O M. INVAR. · Stella di neutroni che emette periodicamente energia sotto forma di brevi impulsi.

pulsare (pul-sà-re) V.INTR. (aus. *avere*) **1** Emettere battiti intensi e regolari: *il cuore pulsa più forte se hai paura; la luce pulsava nel buio*, si accendeva e si spegneva con brevi intervalli Ⓢ palpitare, battere. **2** Essere pieno di movimento, di fervore: *la città pulsava* ***di*** *vita.*

pulsazione (pul-sa-zió-ne) N.F. · Il movimento ritmico con cui il cuore pompa il sangue nelle arterie: *pulsazioni regolari* Ⓢ battito, palpito.

pulviscolo (pul-vì-sco-lo) N.M. · L'insieme delle minuscole particelle che si trovano in sospensione nell'atmosfera per l'azione del vento.

puma (pù-ma) N.M. INVAR. · Grosso felino diffuso nel continente americano dal corpo snello, coda lunga e mantello raso di color fulvo scuro.

pungente (pun-gèn-te) AGG. **1** Che provoca una sensazione intensa e quasi dolorosa: *un odore pungente; un freddo pungente* Ⓢ acuto, forte. **2** Che irrita od offende: *una risposta pungente* Ⓢ sarcastico, tagliente.

pungere (pùn-ge-re) V.TR. (irreg.: ind. pres. *pùngo*, *pùngi*, ecc.; pass. rem. *pùnsi*, *pungésti*, *pùnse*, *pungémmo*, *pungéste*, *pùnsero*; part. pass. *pùnto*) || TR. Provocare una piccolissima ferita trapassando la pelle con una punta sottile: *è stata punta da una vespa* Ⓢ bucare • Irritare la pelle: *la tua barba punge.* || **pungersi** RIFL. Farsi una piccolissima ferita con qualcosa di appuntito: *mi sono punto* ***con*** *una spina.*

pungiglione (pun-gi-glió-ne) N.M. · Organo di insetti e altri invertebrati con cui pungono iniettando una loro secrezione più o meno velenosa: *il pungiglione dell'ape, dello scorpione.*

pungitopo (pun-gi-tò-po) N.M. · Pianta sempreverde con foglie appuntite e piccoli frutti a bacca rossa, usata come ornamento natalizio.

pungolare (pun-go-là-re) V.TR. (*pùngolo*, ecc.) **1** Stimolare con il pungolo: *pungolare i buoi* Ⓢ spronare. **2** Esortare, sollecitare, spronare: *lo pungolava perché studiasse.*

pungolo (pùn-go-lo) N.M. **1** Bastone munito di punta di ferro, per stimolare le bestie da lavoro. **2** Stimolo, sprone, incentivo: *il pungolo dell'amor proprio.*

punico (pù-ni-co) AGG. e N.M. (f. *-a*; pl.m. *-ci*, pl.f. *-che*) · Di Cartagine, antica città del Nord Africa distrutta dai Romani nel 146 a.C.: *le guerre puniche.*

punire (pu-nì-re) V.TR. (*punìsco*, *punìsci*, ecc.) · Infliggere una punizione, una pena: *punire i colpevoli; punire* ***con*** *il carcere* Ⓢ castigare.

punitivo (pu-ni-ti-vo) AGG. · Che punisce, fatto per punire: *provvedimento punitivo; spedizione punitiva.*

punizione (pu-ni-zió-ne) N.F. · Pena, castigo, sanzione: *infliggere una dura punizione.* **E** *(Calcio di) **punizione***, nel calcio, tiro da fermo, concesso dall'arbitro alla squadra che ha subito un fallo e tirato da dove il fallo stesso è stato commesso: *battere un calcio di punizione; segnare su punizione.*

punsi (pùn-si) · Pass. rem., 1ª pers. sing. → *pungere*.

punta (pùn-ta) N.F. **1** Parte terminale sottile e aguzza: *la punta della spada; la punta di un campanile.* **2** Parte terminale, estremità: *la punta del naso; scarpe con punta quadrata.* **3** Quantità minima: *aggiungere una punta di sale* **S** pizzico • Sfumatura, traccia, vena: *nelle sue parole c'era una punta d'ironia.* **4** Utensile per l'esecuzione di fori: *punta da trapano.* **5** Sporgenza della costa, meno estesa del capo: *Punta Ala si trova in Toscana.* **6** Nel calcio, chi nella squadra occupa la posizione più avanzata e ha il compito di realizzare i gol: *attacco a tre punte* **S** attaccante. **7** La massima intensità di un fenomeno: *il caldo ha raggiunto quest'anno punte incredibili* **S** picco, vertice. **E** ***A punta***, che termina con forma aguzza: *una montagna a punta* • ***Camminare in punta di piedi***, senza far rumore • ***Ore di punta***, le ore di più intenso traffico nelle vie cittadine • ***Prender qualcuno di punta***, affrontarlo in modo aggressivo • ***Punta di diamante*** → *diamante* • ***Sulla punta della lingua***, sul punto di essere ricordato: *ma come si chiama? Ce l'ho sulla punta della lingua* • ***Uomo di punta***, persona autorevole e battagliera.

puntale (pun-tà-le) N.M. · Elemento, in genere di metallo, che rinforza e protegge l'estremità di alcuni oggetti: *il puntale dell'ombrello.*

puntare (pun-tà-re) V.TR. e INTR. || TR. **1** Poggiare l'estremità di un oggetto su qualcosa facendo pressione: *puntò le racchette **sulla** neve.* **2** Dirigere verso un punto: *puntare il cannocchiale; puntare lo sguardo* **S** volgere, indirizzare. **3** Nel gioco d'azzardo, scommettere, giocare: *puntare **sul** rosso; puntare una grossa cifra **su** un cavallo.* || INTR. (aus. *avere*) **1** Dirigersi per la via più breve verso un punto: *puntare **su** Parigi; la colonna puntava **verso** est* • Cercare insistentemente di ottenere qualcosa: *puntare **alla** promozione* **S** aspirare, mirare. **2** Fare affidamento su qualcosa per raggiungere un obiettivo: *puntare **sul** proprio fascino* **S** contare, confidare. **E** ***Puntare i piedi***, impuntarsi, ostinarsi.

puntata[1] (pun-tà-ta) N.F. · Scommessa al gioco o nelle corse: *una puntata **su** un cavallo* **S** posta.

puntata[2] (pun-tà-ta) N.F. · Ciascuna parte, o episodio, in cui viene diviso un romanzo, un servizio giornalistico, un programma televisivo o radiofonico: *un'inchiesta in sei puntate; un romanzo pubblicato a puntate.*

puntatore (pun-ta-tó-re) N.M. (f. *-trìce*) || N.M. (f. *-trìce*) Chi scommette al gioco: *un forte puntatore.* || N.M. In informatica, elemento grafico, in genere a forma di piccola freccia, che visualizza sullo schermo lo spostamento del mouse.

punteggiare (pun-teg-già-re) V.TR. (*puntéggio*, ecc.) **1** Disegnare con puntini ravvicinati: *punteggiare una linea.* **2** Cospargere di punti o di piccole macchie di colore diverso da quello del fondo: *i papaveri punteggiavano **di** rosso i campi di grano.* **3** Intervallare, costellare, intercalare: *punteggiare un racconto **di** dettagli inutili.*

punteggiatura (pun-teg-gia-tù-ra) N.F. · In grammatica, l'insieme dei segni d'interpunzione in un testo: *ricontrollare la punteggiatura del tema.*

punteggio (pun-tég-gio) N.M. (pl. *-gi*) · In una graduatoria, il numero dei punti ottenuti in un esame, un concorso, una gara, una partita: *ottenere il massimo punteggio* **S** risultato; punti (PL.).

puntellare (pun-tel-là-re) V.TR. (*puntèllo*, ecc.) || TR. **1** Sostenere o fermare con mezzi provvisori: *puntellare una parete, una finestra* **S** rinforzare. **2** Rendere più convincente: *puntellare una tesi **con** valide argomentazioni* **S** sostenere, rafforzare. || **puntellarsi** RIFL. Sorreggersi, appoggiarsi: *puntellarsi **al** muro.*

puntello (pun-tèl-lo) N.M. **1** Grossa trave di legno o metallo usata come sostegno o per impedire crolli: *mettere i puntelli a un muro.* **2** Aiuto, sostegno, appoggio: *è il puntello della famiglia.*

punteruolo (pun-te-ruò-lo) N.M. · Piccolo utensile per praticare o allargare fori costituito da una punta di metallo con un manico: *bucare una tavola di legno con un punteruolo.*

puntiglio (pun-ti-glio) N.M. (pl. *-gli*) · Ostinazione motivata da capriccio o da orgoglio: *insiste nelle sue opinioni solo per puntiglio* S caparbietà.

Il termine deriva dallo spagnolo *puntillo*, diminutivo di *punto (de honor)* 'punto d'onore'.

puntiglioso (pun-ti-glió-so) AGG. 1 Che agisce per puntiglio: *è troppo puntiglioso, è difficile discutere con lui* S ostinato, caparbio. 2 Tenace, scrupoloso: *uno studente puntiglioso.* 3 Minuzioso, accurato: *un lavoro puntiglioso.*

puntina (pun-tì-na) N.F. 1 Piccolo chiodo con testa piatta e punta sottile, usato per fissare fogli di carta su legno o sughero. 2 Nel giradischi, la punta che scorre nel solco del disco e riproduce il suono.

puntino (pun-tì-no) N.M. · Piccolo punto • Il punto sulla *i* minuscola. E ***A puntino***, con la massima precisione, perfettamente • ***Mettere i puntini sulle i***, mettere in chiaro, precisare, rettificare • ***Puntini di sospensione*** → *sospensione*.

P

punto[1] (pùn-to) · Participio pass. → *pungere*.

punto[2] (pùn-to) N.M. e AVV. || N.M. 1 Segno grafico che si rappresenta con un tondino piccolissimo S puntino • Quello che si segna sulla *i* minuscola • Ente geometrico che non si estende in nessuna delle tre dimensioni. 2 In un testo, indica la fine del periodo: *mettere i punti e le virgole.* 3 Segno della moltiplicazione (·): $a \cdot b = ab$. 4 Qualsiasi oggetto piccolissimo o che sembra tale per la distanza: *le stelle si vedono come punti luminosi*; anche, piccola macchia: *la coccinella ha sette punti neri sulle ali.* 5 Nel cucito e nel ricamo, tratto di filo teso tra due fori praticati con l'ago: *punti fitti, radi* • In chirurgia, ciascuno dei tratti di filo o delle graffette che tengono insieme i margini di una ferita: *le hanno dato sei punti* • Nelle pinzatrici, ciascuna delle graffette metalliche che si applicano per tenere insieme più fogli. 6 In una graduatoria, ciascuna delle unità con le quali si esprime numericamente una valutazione, un vantaggio: *ogni figurina vale 5 punti; con una mossa sola fece due punti.* 7 Singolo argomento di un'esposizione o di una discussione: *su questo punto vorrei qualche chiarimento* S questione. 8 Momento, istante: *a che punto siamo con il lavoro?; punto di rottura; punto di ebollizione.* 9 Termine, limite, estremo: *lo credevo audace, ma non fino a questo punto!* 10 Luogo determinato: *la piazzetta era il punto di ritrovo dei giovani; punto di partenza; punto vendita* S posto, località. 11 Grado, tono, sfumatura: *un bel punto di giallo.* || AVV. In espressioni negative, per niente, affatto: *non mi piace punto.* E ***A punto***, sistemato in modo che funzioni perfettamente: *mettere a punto un motore; la messa a punto ha richiesto un po' di tempo* • ***Di punto in bianco***, in modo imprevedibile, all'improvviso, da un momento all'altro • ***Di tutto punto***, completamente e con grande cura dei particolari: *vestito di tutto punto* • ***Due punti*** (:), in grammatica, segno d'interpunzione che introduce il discorso diretto oppure un elenco, una spiegazione; ***punto e virgola*** (;), segno d'interpunzione che distingue due proposizioni indipendenti ma collegate tra loro, indicando una pausa più lunga di quella della virgola; ***punto fermo***, quello che segnala la fine di un periodo; ***punto interrogativo*** (?), ***punto esclamativo*** (!), segni grafici che, comparendo a conclusione della frase o del periodo, ne indicano il tono interrogativo o esclamativo; ***punti di sospensione*** → *sospensione* • ***Essere in punto di morte***, stare per morire • ***Fare il punto della situazione*** → *situazione* • ***In punto***, esattamente: *arrivò alle otto in punto* • ***Punti cardinali*** → *cardinale*[1] • ***Punto di vista***, idea, parere, opinione: *dal suo punto di vista ha ragione* • ***Punto morto***, situazione in cui non sembrano esistere più soluzioni, stallo: *le trattative sono a un punto morto* • ***Punto per punto***, nei minimi dettagli: *mi dovrai raccontare tutto punto per punto* • ***Punto vita***, il restringersi del corpo sui fianchi, e la parte corrispondente del vestito • ***Veniamo al punto***, veniamo al dunque, veniamo alla conclusione.

puntuale (pun-tu-à-le) AGG. **1** Di persona, che agisce con precisione e prontezza: *essere puntuale nei pagamenti, negli affari* Ⓢ preciso • Che si presenta senza il minimo ritardo: *mi piace arrivare puntuale agli appuntamenti* Ⓒ ritardatario. **2** Minuzioso, dettagliato, particolareggiato: *un'esposizione puntuale.* **3** Appropriato, pertinente, corretto: *usa sempre un linguaggio molto puntuale.*

puntualità (pun-tua-li-tà) N.F. INVAR. · Precisione nel rispettare un orario o una consegna: *raccomando a tutti la massima puntualità; puntualità nella consegna di un lavoro.*

puntualizzare (pun-tua-liz-zà-re) V.TR. · Ribadire, precisare: *vorrei puntualizzare che non sono arrivata in ritardo.*

puntualmente (pun-tual-mén-te) AVV. **1** In orario: *il treno è partito puntualmente.* **2** Punto per punto: *contestare puntualmente le tesi dell'avversario.* **3** Con grande precisione: *un lavoro eseguito puntualmente.* **4** Come al solito: *quello che aveva previsto si è puntualmente verificato.*

puntura (pun-tù-ra) N.F. **1** Piccola ferita provocata da una punta sottile o dal pungiglione di un insetto o altro animale: *la puntura di una zanzara, di un ago.* **2** Nel linguaggio familiare, iniezione. **3** Sensazione dolorosa e improvvisa, localizzata e di breve durata: *ho sentito una puntura a un fianco* Ⓢ fitta.

punzecchiare (pun-zec-chià-re) V.TR. (*punzécchio*, ecc.) || TR. **1** Pungere ripetutamente: *le zanzare mi hanno punzecchiato per tutta la notte.* **2** Provocare, stuzzicare con battute o con dispetti: *ti diverti tanto a punzecchiarmi?* || **punzecchiarsi** RIFL. RECIPROCO Provocarsi l'un l'altro con battute e dispetti: *quei due non hanno fatto altro che punzecchiarsi per tutta la serata.*

pupa (pù-pa) N.F. · Negli insetti, lo stadio intermedio tra quello di larva e quello adulto.

pupazzo (pu-pàz-zo) N.M. **1** Fantoccio, burattino: *un pupazzo di pezza, di neve.* **2** Chi si fa manovrare da altri perché privo di volontà propria Ⓢ burattino, fantoccio.

pupilla (pu-pìl-la) N.F. · L'apertura circolare al centro dell'iride, attraverso la quale penetrano nell'occhio i raggi luminosi • Nel linguaggio familiare, l'intera iride: *pupille azzurre, castane.*

Il termine deriva dal diminutivo del latino *pupa* 'bambola, bambina', per l'immagine ridotta che vi si vede riflessa.

pupillo (pu-pìl-lo) N.M. **1** Orfano minorenne sottoposto a tutela. **2** Chi gode della protezione o del favore di qualcuno: *è il pupillo del direttore* Ⓢ protetto.

pupo (pù-po) N.M. **1** Marionetta. **2** Nel linguaggio familiare, bambino: *gli è nato un pupo in questi giorni.* Ⓔ ***Teatro dei pupi***, le rappresentazioni con marionette tipiche del folclore siciliano.

puramente (pu-ra-mén-te) AVV. · Semplicemente, soltanto: *ogni riferimento a fatti o persone reali è puramente casuale.*

purché (pur-ché) CONGIUNZ. · A patto che, a condizione che; introduce proposizioni condizionali: *verrò, purché tu mi garantisca che non faremo tardi.*

L'accento sulla *e* di *purché* è acuto; scrivere *purchè* con l'accento grave è un errore!

pure (pù-re) AVV. e CONGIUNZ. || AVV. Allo stesso modo: *sei stanco? io pure* Ⓢ anche, ugualmente • In qualche modo, con valore rafforzativo: *bisognerà pure che ti metta al lavoro* • Per ipotesi, con valore concessivo: *ammettiamo pure che tu abbia ragione.* || CONGIUNZ. Anche se, sebbene; introduce proposizioni concessive con il gerundio: *pur guadagnando molto, si crede povero* • Ma, tuttavia: *benché avesse studiato, pure non ha superato l'esame.* Ⓔ ***Pur di***, per, al fine di, per introdurre una proposizione finale all'infinito: *pur di mettersi in mostra, è disposto a tutto.*

purè (pu-rè) N.M. INVAR. · Densa crema di patate, verdure o legumi lessati e insaporiti con condimenti vari, usata come contorno.

purezza (pu-réz-za) N.F. **1** Assenza di elementi estranei che rende un materiale pregiato: *la purezza di un minerale, di un diamante.* **2** Trasparenza, chiarezza, limpidezza: *la purezza del cielo, delle acque.* **3** Correttezza ed eleganza: *purezza di lingua.* **4** Innocenza, onestà: *purezza d'animo.*

purga (pùr-ga) N.F. (pl. *-ghe*) **1** Sostanza che aiuta a svuotare l'intestino: *prendere una purga* Ⓢ lassativo, purgante. **2** Violenta eliminazione degli oppositori da parte di un regime totalitario.

purgante (pur-gàn-te) N.M. · Purga, lassativo: *un purgante forte, blando.*

purgare (pur-gà-re) V.TR. (*pùrgo, pùrghi*, ecc.) **1** Somministrare un purgante: *purgare un paziente prima di un intervento chirurgico.* **2** Liberare da impurità o da scorie: *purgare le acque di un canale* Ⓢ depurare • Ripulire sostanze alimentari da parti indigeste o da cattivi sapori: *purgare la selvaggina.*

purgatorio (pur-ga-tò-rio) N.M. (pl. *-ri*) · Nella dottrina cattolica, luogo dove le anime dei giusti scontano i loro peccati prima di raggiungere il paradiso.

purificare (pu-ri-fi-cà-re) V.TR. (*purìfico, purìfichi*, ecc.) **1** Liberare una sostanza dalle impurità: *purificare l'olio.* **2** Liberare dal peccato: *purificare l'anima con la preghiera.*

purificazione (pu-ri-fi-ca-zió-ne) N.F. **1** Allontanamento delle impurità da una sostanza: *purificazione dell'aria.* **2** Liberazione da colpe o mali spirituali: *purificazione dell'anima dal peccato.*

P

purista (pu-rì-sta) AGG. e N.M. e F. (pl.m. *-i*, pl.f. *-e*) · Che, chi sostiene che la lingua non debba essere mescolata con parole straniere.

puritanesimo (pu-ri-ta-né-ṣi-mo) N.M. · Movimento religioso sorto in Inghilterra tra il Cinquecento e il Seicento, caratterizzato da grande moralismo e totale fedeltà alla Bibbia.

puritano (pu-ri-tà-no) AGG. e N.M. (f. *-a*) · Che, chi appartiene al puritanesimo.

puro (pù-ro) AGG. e N.M. (f. *-a*) || AGG. **1** Privo di impurità o di elementi estranei: *oro puro; cani di razza pura; vino puro*, senz'acqua Ⓢ genuino, schietto. **2** Limpido, trasparente, cristallino: *acqua pura* • Fine e pulito: *aria pura* Ⓢ terso. **3** Di linguaggio, corretto e privo di parole straniere: *parlava un francese puro.* **4** Di disciplina scientifica, che si occupa solo degli aspetti teorici e astratti dei problemi: *matematica pura.* **5** Immune da colpe o peccati: *un cuore puro; un amore puro* Ⓢ innocente, immacolato. **6** Solo, soltanto, mero: *ti ho detto la pura verità; l'ho saputo per puro caso; l'ho chiesto per pura e semplice curiosità.* || N.M. (f. *-a*) Chi segue i propri ideali senza scendere a compromessi: *è un puro in mezzo a tanti ipocriti.*

purosangue (pu-ro-sàn-gue) N.M. e F. e AGG. INVAR. || N.M. e F. e AGG. Cavallo di razza pura: *montava un purosangue bianco.* || AGG. Autentico, vero, schietto: *un milanese, un napoletano purosangue.*

purpureo (pur-pù-re-o) AGG. (pl.m. *-rei*, pl.f. *-ree*) · Di colore rosso vivo: *stoffa purpurea.*

purtroppo (pur-tròp-po) AVV. · Sfortunatamente, disgraziatamente: *purtroppo la cura non ha avuto effetto.*

pus (pronuncia *pus*) N.M. INVAR. · Liquido organico più o meno denso, contenente batteri, che si forma nelle ferite infette.

pusillanime (pu-ṣil-là-ni-me) AGG. e N.M. e F. · Debole, codardo, vigliacco.

> Il termine deriva da una parola del latino tardo che significa 'che ha l'animo meschino', composta da *pusillus* 'meschino' e *animus* 'animo'.

pustola (pù-sto-la) N.F. · Piccola protuberanza sulla pelle provocata da un accumulo di pus.

putativo (pu-ta-ti-vo) AGG. · Che viene considerato così per tradizione, convenzione, supposizione: *il padre putativo di Gesù Cristo è Giuseppe.*

putiferio (pu-ti-fè-rio) N.M. (pl. *-ri*) **1** Vistoso disordine: *chi ha fatto questo putiferio in salotto?* Ⓢ caos. **2** Litigio rumoroso e violento: *se scopre cos'hai combinato fa un putiferio* Ⓢ scenata.

putrefarsi (pu-tre-fàr-si) V.INTR. PRONOM. (*mi putrefàccio* o *mi putrefò, ti putrefài, si putrefà*, ecc.; per il resto coniugato come *fare*) · Subire il processo di putrefazione: *con il caldo la carne si putrefà rapidamente* Ⓢ marcire, andare a male.

putrefatto (pu-tre-fàt-to) AGG. · Che ha subito un processo di decomposizione: *carne putrefatta* Ⓢ decomposto, marcio.

putrefazione (pu-tre-fa-zió-ne) N.F. · Processo di deterioramento della materia organica dovuto all'intervento di particolari batteri: *cadavere in avanzato stato di putrefazione* Ⓢ decomposizione.

putrido (pù-tri-do) AGG. · Marcio, andato a male, avariato: *pesce putrido*.

puttana (put-tà-na) N.F. · Nel linguaggio volgare, prostituta.

puzza (pùz-za) N.F. · Variante regionale di *puzzo*.

puzzare (puz-zà-re) V.INTR. (aus. *avere*) **1** Mandare cattivo odore: *il gabinetto puzzava*; *puzzare* ***di*** *aglio* Ⓒ profumare. **2** Far sospettare, suscitare dubbi: *questa vendita puzza* ***d'****imbroglio* • Rendere sospettoso: *il suo atteggiamento* ***mi*** *puzza* Ⓢ insospettire.

puzzle (puz-zle; pronuncia *pàṣol*) N. INGL., in it. N.M. INVAR. **1** Gioco di pazienza che consiste nel ricomporre un'immagine incastrando fra loro correttamente i piccoli pezzi di forma irregolare in cui è stata suddivisa. **2** Problema di difficile soluzione: *questa inchiesta è un puzzle* Ⓢ rompicapo.

puzzo (pùz-zo) N.M. **1** Cattivo odore: *puzzo di cipolla*; *puzzo di fumo* Ⓢ fetore, tanfo Ⓒ profumo. **2** Indizio, sospetto, traccia: *nella faccenda c'è puzzo di imbroglio*. Ⓔ ***Sentire puzzo di bruciato***, sospettare un inganno o un pericolo.

puzzola (pùz-zo-la) N.F. · Mammifero carnivoro dalla pelliccia bianca e nera, con coda folta di media lunghezza che, in caso di pericolo, emette dalle ghiandole anali una sostanza dall'odore sgradevole.

puzzolente (puz-zo-lèn-te) AGG. · Che manda cattivo odore: *pesce puzzolente*; *vicoli puzzolenti* Ⓢ fetido, maleodorante.

q

q, Q N.F. O M. INVAR. · Quindicesima lettera dell'alfabeto italiano; è una consonante (nome della lettera: *cu*).

qu (pronuncia *cu*) N.F. O M. INVAR. · Nome della quindicesima lettera dell'alfabeto italiano e del segno che la rappresenta (*q*, *Q*).

qua AVV. · Nel luogo vicino a chi parla: *vieni qua; vivo qua* • Preceduto da una preposizione, questo luogo: *vieni di qua; passiamo da qua*. Ⓔ ***Di qua da, al di qua di***, dalla parte di chi parla rispetto a un luogo: *di qua dai monti; al di qua del fiume* • ***Più di là che di qua***, sul punto di morire.

Su *qua* non ci vuole l'accento, perché non si confonde con un'altra parola.

quacchero (quàc-che-ro) N.M. (f. -*a*) · Chi fa parte di una setta protestante nata in Inghilterra nel 1652, seguendo rigorosamente il Vangelo e conducendo una vita molto semplice, contraria ai vizi e alla violenza.

Il termine deriva dall'inglese *quaker* 'tremante', nome inventato per scherzo dal giudice inglese J. Bennet (1650), riferendosi all'ammonimento del fondatore della setta G. Fox, che raccomandava ai suoi seguaci di 'tremare' alla parola del Signore.

quaderno (qua-dèr-no) N.M. · Serie di fogli attaccati insieme e protetti da una copertina, spesso per uso scolastico: *quaderno di francese; quaderno a righe, a quadretti*.

quadrangolare (qua-dran-go-là-re) AGG. · Che ha quattro angoli: *figura quadrangolare*.

quadrante (qua-dràn-te) N.M. **1** Parte dell'orologio su cui sono segnate le ore e i minuti: *quadrante digitale* • Nella bussola, ciascuno dei quattro settori compresi fra i punti cardinali. **2** Ciascuna delle quattro parti uguali in cui è diviso un cerchio attraversato da due diametri perpendicolari tra loro.

quadrare (qua-drà-re) V.INTR. (aus. *essere* o *avere*, ma le forme composte sono molto rare) **1** Di calcolo, risultare esatto: *la somma non quadra affatto* Ⓢ tornare. **2** Convincere, soddisfare, di solito in frasi negative: *in questa faccenda c'è qualcosa che non* ***mi*** *quadra*. **3** Essere convincente: *un ragionamento che non quadra* Ⓢ funzionare.

quadrato[1] (qua-drà-to) AGG. · Che ha la forma di un quadrato: *una mattonella quadrata; una faccia quadrata*, con mento e zigomi larghi • Solido, largo, robusto: *spalle quadrate; corporatura quadrata* • Equilibrato, giudizioso, riflessivo: *è un ragazzo quadrato*. Ⓔ ***Metro quadrato*** → *metro* • ***Radice quadrata***, operazione, inversa a quella della potenza, che permette di trovare la base di un numero elevato al quadrato: *la radice quadrata di quattro è due;* ***estrarre la radice quadrata***, eseguire questa operazione.

quadrato[2] (qua-drà-to) N.M. **1** Figura geometrica piana con quattro lati e quattro angoli uguali fra loro. **2** La cifra che si ottiene moltiplicando un numero per se stesso: *il quadrato di tre è nove; elevare al quadrato*, moltiplicare un numero per se stesso. **3** Oggetto o figura di forma quadrata: *un quadrato di cartone; disporsi a quadrato*. **4** Il recinto delimitato da corde tese a quattro pali, dove si tengono gli incontri di pugilato: *i due pugili si affrontano sul quadrato* Ⓢ ring (*ingl.*). Ⓔ ***Fare quadrato***, restare uniti per difendersi dagli attacchi degli avversari, fare causa comune.

quadrettatura (qua-dret-ta-tù-ra) N.F. · Suddivisione in quadretti di una superficie: *quadrettatura di un foglio*.

quadretto (qua-drét-to) N.M. **1** Disegno od oggetto di piccole dimensioni, di forma quadrata: *tovaglia a quadretti; ritagliare dei quadretti di carta*. **2** Piccolo quadro: *un bel qua-*

Q

dretto a olio • Scena curiosa o commovente: *che bel quadretto familiare!*

quadri- · Primo elemento di parole composte che indica 'quattro, formato da quattro elementi': *quadrimestre*, periodo di quattro mesi; *quadrifoglio*, foglia formata da quattro parti.

quadricipite (qua-dri-ci-pi-te) N.M. · Muscolo che si trova nella parte anteriore della coscia.

quadricromia (qua-dri-cro-mì-a) N.F. (pl. -*mìe*) · Sistema di stampa a quattro colori: giallo, rosso, blu e nero.

quadrifoglio (qua-dri-fò-glio) N.M. (pl. -*gli*) · Trifoglio raro composto da quattro foglioline invece di tre, considerato un portafortuna.

quadriglia (qua-drì-glia) N.F. (pl. -*glie*) · Danza figurata, nata in Francia tra il Settecento e l'Ottocento, eseguita da quattro coppie contrapposte.

quadrilatero (qua-dri-là-te-ro) AGG. e N.M. || AGG. Che ha quattro lati: *una superficie quadrilatera.* || N.M. Figura piana con quattro lati: *il trapezio è un quadrilatero.*

quadrimestrale (qua-dri-me-strà-le) AGG. · Che dura quattro mesi o avviene ogni quattro mesi: *corso quadrimestrale; riunione quadrimestrale.*

quadrimestre (qua-dri-mè-stre) N.M. · Periodo di quattro mesi: *il secondo quadrimestre di quest'anno* • Ciascuno dei due periodi di quattro mesi in cui può dividersi l'anno scolastico in Italia: *la valutazione del primo quadrimestre.*

quadro[1] (quà-dro) AGG. · Quadrato: *mattone quadro; spalle quadre*, ampie e robuste; *metro quadro.* Ⓔ ***Testa quadra***, persona ferma e coerente nei suoi propositi, oppure molto ostinata, o lenta a comprendere.

quadro[2] (quà-dro) N.M. **1** Disegno od oggetto di forma quadrata: *un vestito a quadri.* **2** Opera di pittura eseguita su una superficie di tela, legno o metallo, spesso racchiusa in una cornice: *un quadro a tempera; una mostra di quadri* Ⓢ dipinto. **3** Rappresentazione o descrizione efficace: *fare un quadro della situazione* • Scena o spettacolo che attiri l'attenzione: *il quadro era veramente comico* Ⓢ situazione • Situazione, panorama, scenario: *il quadro politico attuale suscita gravi preoccupazioni.* **4** Nel teatro, ciascuna delle parti in cui si suddivide un atto, segnalata da una breve pausa tra le scene • Nel cinema, inquadratura. **5** Schema che elenca dei dati: *i quadri degli scrutini* Ⓢ prospetto, tabella. **6** Funzionario di un'organizzazione o di un'azienda con compiti direttivi: *i quadri di un partito; sono stato promosso quadro.* **7** Pannello che contiene gli strumenti di comando di apparecchiature elettriche o meccaniche: *quadro di manovra.* **8** AL PL. Uno dei quattro semi delle carte da gioco francesi: *la regina di quadri.* Ⓔ ***Quadro clinico***, l'insieme dei sintomi di una malattia.

quadru- → *quadri-*.

quadrupede (qua-drù-pe-de) AGG. e N.M. · Di animale provvisto di quattro zampe: *animali quadrupedi; la mucca è un quadrupede.*

quadruplicare (qua-dru-pli-cà-re) V.TR. e INTR. (*quadrùplico, quadrùplichi*, ecc.) || TR. Moltiplicare per quattro: *quadruplicare un numero; dovremo quadruplicare la produzione*, aumentare di quattro volte. || INTR. (aus. *essere*) e **quadruplicarsi** INTR. PRONOM. Diventare quattro volte più grande: *in un secolo la popolazione è quadruplicata; il prezzo dell'oro si è quadruplicato.*

quadruplo (quà-dru-plo) AGG. e N.M. || AGG. Quattro volte più grande: *una somma quadrupla di quella prevista.* || N.M. Quantità o numero quattro volte maggiore di un altro: *oggi mi costerebbe il quadruplo.*

quaggiù (quag-giù) AVV. · Qua in basso: *sali pure in camera, io resto ancora un po' quaggiù in salotto.*

quaglia (quà-glia) N.F. (pl. -*glie*) · Piccolo uccello migratore con penne brune striate di bianco o fulvo, diffuso in Europa, cacciato e allevato per le sue ottime carni.

qualche (quàl-che) AGG. INDEF. (solo sing.) **1** Non molti: *aspettiamo ancora qualche minuto; voglio invitare a cena qualche amico* Ⓢ alcuni (PL.). **2** Non precisato: *da qualche parte*

A B C D E F G H I J K L M N O P Q R S T U V W X Y Z

sarà; in qualche modo faremo Ⓢ indeterminato.

qualcosa (qual-cò-sa) PRON. INDEF. e N.M. (solo sing.) || PRON. INDEF. Una o più cose non precisate: *devo dirti qualcosa; dev'essere successo qualcosa; facciamo qualcosa di divertente.* || N.M. Una cosa vaga: *c'è un qualcosa che mi attrae in lui.* Ⓔ ***Essere già qualcosa***, rappresentare un fatto positivo: *è già qualcosa non averci rimesso dei soldi* • ***Essere qualcosa di***, nel linguaggio familiare, avere una qualità al massimo grado: *quella casa è qualcosa di bello* • ***Qualcos'altro***, una cosa diversa: *questo non mi piace, ha da propormi qualcos'altro?*

qualcuno (qual-cù-no) PRON. INDEF. e N.M. (f. *-a*; solo sing.) || PRON. INDEF. Persona o cosa non precisata: *c'è qualcuno in casa?; possiede molti libri, ma solo qualcuno di valore; qualcuno di voi lo deve fare.* || N.M. Una persona importante: *essere, diventare qualcuno.* Ⓔ ***Qualcun altro***, una persona diversa: *oltre a me hai invitato anche qualcun altro?*

Quando il maschile *qualcuno* è seguito da *altro* viene troncato in *qualcun* (senza apostrofo): *lo ha fatto qualcun altro, non io.* Quando il femminile *qualcuna* è seguito da *altra* viene invece eliso in *qualcun'* (con apostrofo): *se non lo ha fatto lei lo avrà fatto qualcun'altra.*

Q

quale (quà-le) AGG. e PRON. REL. || AGG. INTERR. **1** Di che tipo: *quali cibi preferite?; gli domandò quali compagnie frequentava.* **2** Chiede di esprimere la scelta tra alcune alternative: *quale colore scegli per le tende?*; anche PRON.: *quale vuoi tra queste penne?* || AGG. Come: *poeti quali Leopardi; alimenti quali la carne e i legumi.* || PRON. REL. Preceduto dall'articolo determinativo, ha la funzione di pronome relativo: *stasera vedrai l'amico del quale* [= di cui] *ti ho parlato; ecco una di quelle situazioni nelle quali* [= in cui] *è facile sbagliare; ho saputo che Carlo, il quale* [= che] *insegnava a Genova, è stato trasferito.* Ⓔ ***Per la quale***, per indicare un livello soddisfacente: *un'accoglienza per la quale; non sentirsi tanto per la quale.*

Davanti a una parola che inizia per vocale *quale* non vuole l'apostrofo: *qual è*, *qual era* e non *qual'è*, *qual'era*.

qualifica (qua-lì-fi-ca) N.F. (pl. *-che*) **1** Definizione o giudizio di merito su una persona: *si merita la qualifica* ***di*** *disonesto.* **2** Ruolo di un lavoratore all'interno di un'azienda: *ha la qualifica* ***di*** *operaio specializzato.* **3** Titolo lavorativo: *qualifica* ***di*** *medico.*

qualificare (qua-li-fi-cà-re) V.TR. (*qualìfico*, *qualìfichi*, ecc.) || TR. **1** Definire una persona indicandone la condizione sociale, le caratteristiche morali o le capacità: *qualificare* ***con*** *un titolo nobiliare; lo qualificano tutti una brava persona* • Definire con un termine specifico: *qualificare un animale* ***come*** *mammifero* • Definire, giudicare: *non so come qualificare un simile comportamento.* **2** Caratterizzare, distinguere: *è lo stile che qualifica un grande scrittore.* **3** Attribuire una qualifica professionale: *quando lo hanno assunto è stato qualificato tecnico informatico; un diploma che qualifica* ***come*** *assistente sociale.* || **qualificarsi** RIFL. **1** Definirsi con il titolo relativo alla propria professione o al proprio grado: *si è qualificato* ***come*** *ispettore di polizia* Ⓢ presentarsi. **2** Superare una serie di gare o di selezioni per poter partecipare a fasi più impegnative o raggiungere un certo obiettivo: *qualificarsi* ***per*** *le finali; qualificarsi* ***al*** *primo posto in un concorso* Ⓢ classificarsi.

qualificativo (qua-li-fi-ca-tì-vo) AGG. · In grammatica: ***aggettivo qualificativo*** → ***aggettivo***.

qualificato (qua-li-fi-cà-to) AGG. **1** Provvisto di qualità specifiche: *la conferenza è stata seguita da un pubblico qualificato; non mi sembra la persona più qualificata* ***per*** *questo incarico* Ⓢ competente, preparato • Dotato di un'adeguata preparazione: *operaio qualificato; collaboratori qualificati* Ⓢ scelto, specializzato. **2** Di atleta o squadra che abbiano superato il turno di qualificazione.

qualificazione (qua-li-fi-ca-zió-ne) N.F. **1** Nello sport, prova o serie di prove da superare per accedere alla fase successiva di una competizione: *qualificazioni* ***per*** *le Olimpiadi.* **2** Preparazione, specializzazione: *corso di qualificazione professionale.*

qualità (qua-li-tà) N.F. INVAR. **1** Caratteristica propria di una persona o di una cosa: *buona,* *cattiva qualità; qualità intellettuali; studiare le qualità di un terreno* Ⓢ proprietà, prerogativa • Caratteristica positiva: *un ragazzo pieno di qualità* Ⓢ pregio, merito. **2** Tipo, varietà, specie: *due qualità di vino; c'erano dolci di tutte le qualità*. **3** In grammatica: ***complemento di qualità***, indica una caratteristica di una persona o di un oggetto (*un uomo di alta statura, di nobili sentimenti; un abito a strisce; un cervo dalle corna molto lunghe*). Ⓔ ***Di qualità***, di pregio, di valore: *un vino di qualità* • ***In qualità di***, come, in quanto: *ti parlo in qualità di medico, non di amico* • ***Salto di qualità*** → *salto*.

qualitativo (qua-li-ta-tì-vo) AGG. · Della qualità: *analisi qualitativa*.

qualora (qua-ló-ra) CONGIUNZ. · Nel caso che, se mai; introduce proposizioni condizionali: *qualora ci sia bisogno di me, chiamatemi pure*.

qualsiasi (qual-sì-a-si) AGG. INDEF. INVAR. **1** Seguito da un sostantivo singolare, ogni: *in qualsiasi circostanza puoi contare su di me; un qualsiasi libro andrà bene per ingannare l'attesa; è capace di qualsiasi cosa pur di avere la meglio*. **2** Preceduto da un sostantivo, ne indica la mancanza di qualità specifiche: *è una persona qualsiasi; diceva delle cose qualsiasi*.

qualunque (qua-lùn-que) AGG. INDEF. INVAR. **1** Seguito da un sostantivo singolare, quale che sia; introduce una proposizione con il congiuntivo: *qualunque cifra mi offrano, accetterò* • Ogni, qualsiasi: *devo vederlo a qualunque costo*. **2** Preceduto da un sostantivo, ne sottolinea la mancanza di qualità specifiche: *mi dia una bibita qualunque; per me Natale è un giorno qualunque*.

qualunquista (qua-lun-quì-sta) AGG. e N.M. e F. (pl.m. *-i*, pl.f. *-e*) · Che, chi dimostra indifferenza per le questioni politiche e sociali: *atteggiamento qualunquista; non sopporto i qualunquisti!*

quando (quàn-do) AVV. e CONGIUNZ. || AVV. In domande dirette o indirette, in che momento: *quando sei arrivato?; vogliono sapere quando torneremo*. || CONGIUNZ. Nel momento in cui; introduce una proposizione temporale: *quando entra il professore gli alunni si devono alzare; è successo proprio oggi, quando tutto sembrava andare bene* • Preceduto da una preposizione, il momento in cui: *da quando l'ho conosciuto la mia vita è cambiata; risparmiamo le forze per quando dovremo affrontare la salita; fino a quando avrò fiato, non mi stancherò di ripetergli che sbaglia* • Mentre, invece: *non capisco perché ti lamenti, quando dovresti essere felice*. Ⓔ ***Di quando in quando***, ogni tanto, qualche volta: *di quando in quando ricevo sue notizie*.

quantificare (quan-ti-fi-cà-re) V.TR. (*quantìfico, quantìfichi*, ecc.) · Determinare un valore o le conseguenze di un fenomeno in termini numerici: *quantificare i costi del progetto; quantificare i danni del maremoto* Ⓢ calcolare, valutare.

quantità (quan-ti-tà) N.F. INVAR. · Grandezza, misura, numero di cose e persone: *una grande quantità di liquido; una notevole quantità di gente* • Numero elevato, grande abbondanza: *sono sommerso da una quantità di impegni* Ⓢ moltitudine. Ⓔ ***In quantità***, in gran numero, in abbondanza: *compra libri in quantità*.

quantitativo (quan-ti-ta-tì-vo) AGG. e N.M. || AGG. Che riguarda la quantità: *differenza quantitativa*. || N.M. Quantità indefinita: *ordinare un grosso quantitativo di merce*.

quanto[1] (quàn-to) AGG. e AVV. INTERR., PRON. e AVV. REL. || AGG. INTERR. In che quantità, in che numero: *quanto pane vuoi?; volevo sapere quanto tempo pensi di fermarti*; anche PRON.: *quanti di voi verranno?*; anche ESCLAMATIVO: *quanti fiori!* || AVV. INTERR. In che misura: *quanto leggi?*; anche ESCLAMATIVO: *ma quanto mangi!* || PRON. REL. Ciò che: *quanto hai detto mi addolora*. || AVV. REL. Nella misura che, nella quantità che: *parla quanto vuoi*; anche come comparativo di uguaglianza: *è tanto bella quanto intelligente; ormai è alto quanto suo padre*. Ⓔ ***In quanto***, nella misura in cui: *ti aiuterò in quanto posso; in quanto direttore gli è permesso* • ***In quanto (che)***, perché, poiché: *non sono venuto, in quanto che non ero stato invitato* • ***Per quanto***, sebbene, nonostante: *accetterò, per quanto sia poco convinto; per quanto si sforzi, non ti supererà*.

quanto[2] (quàn-to) N.M. · In fisica, la quantità minima indivisibile o il valore più piccolo attribuito a una grandezza.

quantomeno (quan-to-mé-no) AVV. · Per lo meno: *ti scriverò o quantomeno ti telefonerò* Ⓢ almeno.

quantunque (quan-tùn-que) CONGIUNZ. · Benché, sebbene, nonostante: *quantunque mi sforzi, non ci riesco.*

quaranta (qua-ràn-ta) AGG. NUM. CARD. e N.M. INVAR. || AGG. Numero formato da quattro decine. || N.M. Il numero quaranta e il segno che lo rappresenta (*40* in numeri arabi, *XL* in numeri romani). Ⓔ ***Gli anni Quaranta***, il decennio che va dal 1940 al 1950.

quarantena (qua-ran-tè-na) N.F. **1** Isolamento di persone o animali colpiti da una malattia infettiva o provenienti da luoghi infetti, e quindi sospettati di contagio: *tenere, mettere in quarantena; una quarantena di dieci, di venti giorni.* **2** Sospensione, attesa: *mettere una riforma in quarantena.*

Il termine deriva da *quaranta*, perché in origine veniva prescritto un isolamento di quaranta giorni alle persone con malattie contagiose.

quaresima (qua-ré-ṣi-ma) N.F. · Nella religione cattolica, periodo di penitenza e digiuno di quaranta giorni che termina il sabato prima della Pasqua: *fare la quaresima.*

Il termine deriva dal latino cristiano *quadr(ag)esima* 'quarantesimo (giorno prima di Pasqua)'.

Q

quarta (quàr-ta) N.F. **1** Il quarto anno di un corso scolastico: *essere promosso in quarta elementare.* **2** Nei veicoli, la marcia che segue la terza: *scalare dalla quinta alla quarta.*

quartetto (quar-tét-to) N.M. **1** Componimento musicale per quattro cantanti o per quattro strumenti: *un quartetto per archi.* **2** Complesso di quattro cantanti o quattro musicisti: *formare un quartetto.*

quartiere (quar-tiè-re) N.M. **1** Zona di una città con determinate caratteristiche storiche o funzionali: *il quartiere di Santo Spirito a Firenze; quartiere residenziale.* **2** Complesso di edifici destinati all'alloggio di truppe: *quartieri d'inverno.* Ⓔ ***Lotta senza quartiere***, senza tregua, senza sosta • ***Quartier generale***, la sede del comando di un grande reparto operativo • ***Quartieri alti***, la zona signorile di una città.

quartina (quar-tì-na) N.F. · Strofa di quattro versi.

quarto (quàr-to) AGG. NUM. ORD. e N.M. || AGG. Che in una serie ordinata rappresenta il numero quattro (in numeri arabi 4º): *uno studente del quarto anno.* || N.M. **1** Ciascuna delle quattro parti uguali in cui è suddiviso un intero: *ho mangiato un quarto di torta.* **2** Nelle indicazioni dell'orario, quarta parte dell'ora corrispondente a quindici minuti: *sono le due e un quarto; il treno arriverà alle cinque e tre quarti, alle sei meno un quarto.* Ⓔ ***Il quarto secolo***, il secolo compreso tra il 301 e il 400 (in numeri romani *IV secolo*) • ***Primo quarto di Luna, ultimo quarto di Luna***, le fasi lunari in cui la luna compare illuminata solo per un quarto • ***Quarti di finale***, la gara di qualificazione per le semifinali che si svolge fra otto squadre od otto atleti che si scontrano a due a due • ***Quarto d'ora***, periodo di tempo di quindici minuti: *l'autobus passa ogni quarto d'ora;* ***passare un brutto quarto d'ora*** → ***brutto*** • ***Quarto potere*** → ***potere***[1].

quarzo (quàr-zo) N.M. · Minerale incolore e trasparente, formato da cristalli isolati o raggruppati, che ha numerose applicazioni in varie tecnologie: *orologio al quarzo.*

quasi (quà-ṣi) AVV. e CONGIUNZ. || AVV. **1** Poco meno che, all'incirca: *il serbatoio è quasi pieno; ho quasi finito; è quasi un'ora che aspetto.* **2** C'è mancato poco che, per poco non: *quasi mi rompevo una gamba.* || CONGIUNZ. Come se: *mi ha risposto male quasi lo avessi offeso; mi evita quasi (che) fossi un pezzente.* Ⓔ ***Quasi quasi***, esprime il desiderio di fare qualcosa: *quasi quasi vengo anch'io.*

quassù (quas-sù) AVV. · Qua in alto: *sono quassù in soffitta; quassù in cima c'è molto vento.*

quaterna (qua-tèr-na) N.F. · Nella tombola e nel lotto, serie di quattro numeri estratti sulla stessa fila (tombola) o nella stessa ruota (lotto).

quaternario (qua-ter-nà-rio) AGG. (pl.m. *-ri*, pl.f. *-rie*) · ***Era quaternaria*** (o *il Quaternario* N.M.), la più recente era geologica, caratterizzata dalle grandi glaciazioni, nonché dalla comparsa dell'uomo e dallo sviluppo delle sue attività.

quatto (quàt-to) AGG. **1** Accucciato e nascosto in silenzio per non essere visto; spesso ripetuto: *se ne stava quatto quatto dietro l'albero*. **2** Senza farsi notare, in silenzio: *andarsene quatto quatto*.

quattordicesimo (quat-tor-di-cè-ṣi-mo) AGG. NUM. ORD. · Che in una serie ordinata rappresenta il numero quattordici (in numeri arabi *14º*). Ⓔ ***Il quattordicesimo secolo***, il secolo compreso tra il 1301 e il 1400 (in numeri romani *XIV secolo*).

quattordici (quat-tór-di-ci) AGG. NUM. CARD. e N.M. INVAR. || AGG. Numero formato da dieci unità più quattro. || N.M. Il numero quattordici e il segno che lo rappresenta (*14* in numeri arabi, *XIV* in numeri romani). Ⓔ ***Le (ore) quattordici***, le due del pomeriggio.

quattrino (quat-trì-no) N.M. · Moneta di scarso valore: *pagare fino all'ultimo quattrino* Ⓢ soldo, centesimo • AL PL. Il denaro: *ha tanti quattrini che non sa che farsene* Ⓢ soldi.

quattro (quàt-tro) AGG. NUM. CARD. e N.M. INVAR. || AGG. **1** Il numero che segue il tre e precede il cinque. **2** Con valore indeterminato, indica una piccola quantità: *fare quattro chiacchiere*, una conversazione amichevole; *fare quattro passi*, una breve passeggiata; *guadagna quattro soldi*, poco denaro. || N.M. Il numero quattro e il segno che lo rappresenta (*4* in numeri arabi, *IV* in numeri romani). Ⓔ ***Ai quattro venti***, a tutti quanti: *gridare, raccontare ai quattro venti* • ***A quattr'occhi***, in due, in privato: *fare un discorso a quattr'occhi* • ***Fare il diavolo a quattro*** → *diavolo* • ***Farsi in quattro***, darsi molto da fare • ***In quattro e quattr'otto***, in pochissimo tempo, in un attimo • ***Quattro gatti*** → *gatto*.

quattrocento (quat-tro-cèn-to) AGG. NUM. CARD. e N.M. INVAR. || AGG. Numero uguale a quattro volte cento. || N.M. Il numero quattrocento e il segno che lo rappresenta (*400* in numeri arabi, *CD* in numeri romani). Ⓔ ***Il Quattrocento***, il secolo compreso tra il 1401 e il 1500.

quello (quél-lo) AGG. e PRON. DIMOSTR. · Che è lontano sia da chi parla che da chi ascolta nel tempo o nello spazio: *ti ricordi di quel viaggio in India?*; *vuoi una penna? prendi quella*; *questi bambini sono degli angeli in confronto a quelli di mia sorella*; spesso seguito e rafforzato dagli avverbi *lì*, *là*: *quel quaderno lì*; *quella finestra là*.

Al maschile *quello*, davanti alle parole che iniziano per consonante, presenta sempre al singolare la forma tronca *quel* (senza apostrofo) e al plurale la forma *quei*, tranne che prima di parole che iniziano per *s + consonante*, *z*, *x*, *gn*, *pn* e *ps*, dove presenta le forme *quello* e *quegli*: *quel cane*, *quei tipi* ma *quello stupido*, *quegli psicologi*. Quando *quello* e *quella* sono seguiti da vocale di norma si elidono in *quell'* (con apostrofo) al singolare, mentre al plurale maschile si usa la forma *quegli*: *quell'orologio*; *quell'amica*; *quegli uomini*.

quercia (quèr-cia) N.F. (pl. *-ce*) **1** Albero alto e imponente diffuso nelle zone collinari e montane dell'Europa; produce ghiande usate nell'alimentazione dei suini e fornisce un legname molto resistente. **2** Persona forte e vigorosa: *mio padre è una quercia*.

querela (que-rè-la) N.F. · Denuncia presentata contro una persona responsabile di un'offesa o di un danno affinché venga punita dalla legge: *presentare querela* ***contro*** *qualcuno*.

querulo (què-ru-lo) AGG. · Di suono o voce lamentosa: *parlava con voce querula*.

quesito (que-ṣì-to) N.M. · Domanda fatta per avere una risposta chiara ed esauriente: *porre un quesito*; *un quesito di matematica* Ⓢ interrogativo, problema.

questionario (que-stio-nà-rio) N.M. (pl. *-ri*) · Serie di domande stampate con spazi bianchi per le risposte, fatte per eseguire indagini statistiche o a scopo didattico: *riempire, compilare un questionario*; *un questionario di cultura generale* Ⓢ quiz, test.

questione (que-stió-ne) N.F. **1** Fatto o evento di particolare importanza o che è causa di difficoltà o incertezza: *per me è una questione di vita o di morte* Ⓢ faccenda. **2** Argomento che richiede una soluzione o provoca una discussione: *risolvere una questione*; *una que-*

stione delicata; la questione dell'origine dell'universo Ⓢ problema. **3** Litigio, disputa, controversia: *è nata una questione tra i due automobilisti.* Ⓔ ***Essere in questione***, essere incerto, non ancora risolto: *la sua presenza è ancora in questione* • ***Essere questione di***, si tratta di: *è questione di pochi minuti* • ***Mettere in questione***, mettere in dubbio: *non si può mettere in questione la sua onestà* • ***Questione di principio*** → *principio*.

question time (que-stion ti-me; pronuncia *quèstion tàim*) N. INGL., in it. N.M. INVAR. · Seduta del Parlamento in cui vengono richiesti chiarimenti a un rappresentante del governo sulla sua attività: *un'ora di question time sulla riforma della scuola.*

questo (qué-sto) AGG. e PRON. DIMOSTR. · Che è vicino a chi parla nel tempo e nello spazio: *quest'anno voglio fare delle belle vacanze*; spesso seguito e rafforzato dagli avverbi *qui* e *qua*: *questo articolo qui va riscritto* • Al femminile, questa cosa: *questa sì che è bella!*; *ci mancava solo questa!* Ⓔ ***Per questo***, perciò, pertanto: *mi ha risposto male, per questo me ne sono andato.*

questore (que-stó-re) N.M. · Funzionario posto a capo dei servizi di polizia nei capoluoghi di provincia.

Questore ha solo la forma maschile che si usa anche quando ci si riferisce a una donna: *è diventata questore.*

questua (què-stua) N.F. (pl. *-stue*) · Raccolta di elemosine organizzata di solito da religiosi per beneficenza: *fare la questua in chiesa.*

questura (que-stù-ra) N.F. · L'insieme dei servizi di polizia che dipendono dal questore: *la questura di Roma*; *i verbali della questura* • La sede principale degli uffici di polizia: *andare in questura* • L'insieme degli agenti di polizia che lavorano in tali uffici: *essere interrogato dalla questura.*

qui AVV. **1** Nel luogo vicino a chi parla: *sto bene qui*; *è qui che è avvenuto l'incidente.* **2** In questo momento: *qui iniziano i guai.* Ⓔ ***Da qui in avanti*** → *avanti* • ***Qui lo dico e qui lo nego***, formula che serve per affermare qualcosa di cui però non ci si vuole assumere la responsabilità: *la colpa è dello zio, qui lo dico e qui lo nego.*

Su *qui* non ci vuole l'accento, perché non si confonde con un'altra parola.

quiescente (quie-scèn-te) AGG. · Che si trova in un temporaneo stato di riposo o di inattività: *un vulcano quiescente.*

quiescenza (quie-scèn-za) N.F. **1** Stato di riposo o di inattività: *vulcano in quiescenza.* **2** Sospensione o rallentamento delle attività vitali di una pianta.

quietanza (quie-tàn-za) N.F. · Ricevuta di pagamento: *rilasciare la quietanza.* Ⓔ ***Per quietanza***, formula che precede la firma in una ricevuta di pagamento.

quietare (quie-tà-re) V.TR. (*quièto*, ecc.) || TR. Portare alla calma: *quietare gli animi* Ⓢ calmare, tranquillizzare. || **quietarsi** INTR. PRONOM. Tornare alla calma: *sei molto agitato, dovresti quietarti.*

quiete (quiè-te) N.F. **1** Assenza di movimento: *un corpo in quiete* Ⓢ immobilità. **2** Stato di tranquillità: *disturbare la quiete pubblica*; *il malato ha bisogno di quiete* Ⓢ calma, pace.

quieto (quiè-to) AGG. **1** Fermo, immobile: *aria quieta*; *la superficie quieta del mare.* **2** Calmo, tranquillo: *un quieto paesino*; *un ragazzo quieto* Ⓒ irrequieto, inquieto. Ⓔ ***Amare il quieto vivere***, cercare di evitare contrasti e preoccupazioni.

quindi (quìn-di) AVV. e CONGIUNZ. || AVV. In seguito, e dopo, e poi: *borbottò una scusa, quindi se ne andò.* || CONGIUNZ. Di conseguenza, e così: *sono stanco, quindi cercate di non fare confusione.*

quindicesimo (quin-di-cè-ṣi-mo) AGG. NUM. ORD. · Che in una serie ordinata rappresenta il numero quindici (in numeri arabi *15°*). Ⓔ ***Il quindicesimo secolo***, il secolo compreso tra il 1401 e il 1500 (in numeri romani *XV secolo*).

quindici (quìn-di-ci) AGG. NUM. CARD. e N.M. INVAR. || AGG. Numero formato da dieci unità più cinque. || N.M. Il numero quindici e il segno che lo rappresenta (*15* in numeri arabi, *XV* in numeri romani). Ⓔ ***Le (ore) quindici***, le tre del pomeriggio.

quindicinale (quin-di-ci-nà-le) AGG. e N.M. || AGG. Che accade o si pubblica ogni quindici giorni: *rivista quindicinale* Ⓢ bimensile. || N.M.

Pubblicazione che esce ogni quindici giorni: *un quindicinale illustrato.*

quinquennale (quin-quen-nà-le) AGG. · Che dura cinque anni o ricorre ogni cinque anni: *piano quinquennale.*

quinta (quìn-ta) N.F. **1** Nei veicoli, la marcia che segue la quarta: *in autostrada conviene usare la quinta.* **2** In teatro, pannello verticale mobile che delimita la scena e nasconde il retroscena: *montare le quinte.* Ⓔ ***Dietro le quinte***, di nascosto, senza farsi scoprire: *agire, manovrare dietro le quinte.*

quintale (quin-tà-le) N.M. **1** Unità di misura di peso pari a 100 chilogrammi: *un quintale di grano.* **2** Grande quantità, usato in senso scherzoso: *ho un quintale di compiti da fare* Ⓢ sacco.

quintessenza (quin-tes-sèn-za) N.F. **1** La caratteristica essenziale, la qualità principale: *scoprire la quintessenza della poesia.* **2** Esempio perfetto di una qualità: *Giorgio è la quintessenza della bontà.*

quintetto (quin-tét-to) N.M. **1** Componimento musicale per cinque cantanti o per cinque strumenti. **2** Complesso di cinque cantanti o cinque musicisti: *quintetto vocale, strumentale.*

quinto (quìn-to) AGG. NUM. ORD. · Che in una serie ordinata rappresenta il numero cinque (in numeri arabi 5º). Ⓔ ***Il quinto secolo***, il secolo compreso tra il 401 e il 500 (in numeri romani *V secolo*) • ***Quinto potere*** → *potere*[1].

quintuplo (quìn-tu-plo) AGG. e N.M. || AGG. Che è cinque volte più grande: *una cifra, una distanza quintupla.* || N.M. Quantità cinque volte più grande: *la multa è il quintuplo della tassa.*

qui pro quo (qui prò quò) (o **quiproquò**) N.M. INVAR. · Equivoco, malinteso: *è stato un qui pro quo.*

quisquilia (qui-squì-lia) N.F. (pl. *-lie*) · Sciocchezza, stupidaggine: *litigare per una quisquilia.*

quiz (pronuncia *cuìz*) N.M. INVAR. **1** Domanda per valutare la preparazione o la memoria di una persona: *i quiz dell'esame di guida.* **2** Gioco basato su domande di cultura generale o di attualità in cui si vince rispondendo esattamente.

Il termine deriva dall'inglese *quiz*, che forse viene a sua volta dal latino *quis?* 'chi?'.

quorum (quò-rum) N.M. INVAR. · Il numero minimo richiesto di partecipanti o votanti perché un'assemblea o un'elezione sia ritenuta valida: *raggiungere il quorum.*

quota (quò-ta) N.F. **1** La parte di un intero che ciascuno deve dare o ricevere: *la tua quota è di cento euro; versare la propria quota per i lavori condominiali* Ⓢ parte. **2** L'altitudine di un punto del suolo rispetto al livello del mare: *raggiungere una quota elevata.* **3** In aeronautica, altezza raggiunta in volo da un aereo: *volare a bassa, ad alta quota.* **4** Il livello raggiunto in una classifica: *la squadra ha chiuso il campionato a quota 40*, a 40 punti in classifica. Ⓔ ***Perdere quota***, di aereo, abbassarsi, scendere verso il suolo; di attività, essere in calo, subire un peggioramento • ***Prendere quota***, di aereo, alzarsi in volo o innalzarsi durante il volo; di attività, cominciare a funzionare con successo.

quotare[1] (quo-tà-re) V.TR. (*quòto*, ecc.) **1** Assegnare a ognuno la quota da pagare: *quotare i soci* **per** *cento euro.* **2** Valutare dal punto di vista economico: *l'alloggio è stato quotato centomila euro* Ⓢ stimare. **3** Fissare il prezzo in borsa: *quotare un titolo azionario.*

quotare[2] (quo-tà-re) V.TR. (*quòto*, ecc.) · Riportare in un post o in una e-mail una o più parti di un messaggio inviato da altri per dare una risposta specifica alla parte citata: *quotare una frase.*

quotato (quo-tà-to) AGG. · Che gode di stima o prestigio: *un avvocato quotato; un prodotto poco quotato.*

quotazione (quo-ta-zió-ne) N.F. **1** Nel linguaggio economico, prezzo assegnato in borsa a una merce • Tasso di cambio di una moneta. **2** Il grado di considerazione o di stima di cui gode una persona: *le quotazioni di un artista.*

quotidianamente (quo-ti-dia-na-mén-te) AVV. · Ogni giorno, tutti i giorni: *leggere quotidianamente i giornali.* ▸ Ⓕ **dies**

A B C D E F G H I J K L M N O P Q R S T U V W X Y Z

quotidianità (quo-ti-dia-ni-tà) N.F. INVAR. **1** Il carattere di ciò che accade o si ripete ogni giorno: *la quotidianità dello studio*. **2** La vita di tutti i giorni considerata nei suoi aspetti più comuni e ripetitivi: *evadere dalla quotidianità con un viaggio*. ▸ Ⓕ **dies**

quotidiano (quo-ti-dià-no) AGG. e N.M. || AGG. **1** Che avviene o si fa ogni giorno: *la passeggiata quotidiana* Ⓢ giornaliero. **2** Consueto, abituale, ordinario: *la vita quotidiana*. || N.M. Giornale che esce tutti i giorni: *quotidiano sportivo* Ⓢ giornale. ▸ Ⓕ **dies**

quoto (quò-to) N.M. · In aritmetica, il risultato di una divisione senza resto.

quoziente (quo-zièn-te) N.M. **1** Il risultato di una divisione: *il quoziente tra 6 e 3 è 2*. **2** Valore che misura la grandezza di un certo fenomeno: *quoziente di mortalità, di natalità*. Ⓔ ***Quoziente d'intelligenza*** o ***quoziente intellettivo***, risultato che si ottiene valutando con dei test le capacità intellettive di una persona.

Il termine deriva dal latino *quotiens* 'quante volte'.

r

r, R N.F. O M. INVAR. · Sedicesima lettera dell'alfabeto italiano; è una consonante (nome della lettera: *èrre*).

r- → *ri-*.

ra- → *ri-*.

rabarbaro (ra-bàr-ba-ro) N.M. **1** Pianta originaria del Tibet e della Cina occidentale, con foglie larghe e piccoli fiori verdastri, coltivata per le sue proprietà medicinali. **2** Liquore amaro e digestivo estratto da questa pianta: *caramelle al rabarbaro*.

rabbia (ràb-bia) N.F. (pl. *-bie*) **1** Malattia infettiva virale trasmessa all'uomo dal morso del cane e di altri animali; i suoi sintomi sono vomito, lesioni nervose e spasmi muscolari. **2** Irritazione violenta e spesso incontrollata: *esser fuori di sé dalla rabbia; rodersi dalla rabbia* Ⓢ collera, ira.

rabbino (rab-bì-no) N.M. · Nella religione ebraica, sacerdote.

Il termine deriva da una parola aramaica che significa 'mio maestro'.

rabbioso (rab-bió-so) AGG. **1** Di animale, affetto da rabbia: *un cane rabbioso*. **2** Che si arrabbia facilmente o che è in preda alla collera: *è un tipo rabbioso* Ⓢ irascibile Ⓒ calmo • Che manifesta rabbia: *un'occhiata rabbiosa; una fame rabbiosa*, particolarmente intensa.

rabbonire (rab-bo-nì-re) V.TR. (*rabbonìsco, rabbonìsci*, ecc.) || TR. Riportare a una condizione di calma: *è infuriato, guarda se riesci tu a rabbonirlo* Ⓢ calmare, placare. || **rabbonirsi** INTR. PRONOM. Calmarsi, tranquillizzarsi.

rabbrividire (rab-bri-vi-dì-re) V.INTR. (*rabbrividìsco, rabbrividìsci*, ecc.; aus. *essere*, meno com. *avere*) · Avere i brividi: *rabbrividire per la febbre; rabbrividire **di** terrore* Ⓢ tremare.

rabbuiarsi (rab-bu-iàr-si) V.INTR. PRONOM. (*mi rabbùio*, ecc.) **1** Diventare buio: *il cielo si rabbuiò all'improvviso* Ⓢ oscurarsi Ⓒ rischiararsi. **2** Mostrarsi turbato: *a quella vista si rabbuiò* Ⓢ incupirsi.

rabdomante (rab-do-màn-te) N.M. e F. · Chi crede di possedere la capacità di trovare acqua o metalli preziosi nel terreno per mezzo delle vibrazioni emesse da una bacchetta che tiene in mano.

raccapezzare (rac-ca-pez-zà-re) V.TR. (*raccapézzo*, ecc.) || TR. Mettere insieme a fatica: *raccapezzare un po' di soldi* Ⓢ racimolare. || **raccapezzarsi** INTR. PRONOM. Riuscire a rendersi conto: *tra tante novità non mi raccapezzo più* Ⓢ orientarsi.

raccapricciante (rac-ca-pric-ciàn-te) AGG. · Che suscita orrore: *un delitto raccapricciante* Ⓢ orripilante, mostruoso.

raccapriccio (rac-ca-pric-cio) N.M. (pl. *-ci*) · Forte sensazione di orrore o disgusto: *uno spettacolo che desta raccapriccio* Ⓢ ribrezzo.

raccattapalle (rac-cat-ta-pàl-le) N.M. e F. INVAR. · Nel calcio, nel tennis e in altri sport, chi raccoglie le palle che finiscono fuori dal campo e le restituisce ai giocatori.

raccattare (rac-cat-tà-re) V.TR. **1** Sollevare da terra: *raccattare un fazzoletto; raccattare le castagne* Ⓢ raccogliere. **2** Mettere insieme con fatica: *raccattare quattro soldi* Ⓢ racimolare.

racchetta (rac-chét-ta) N.F. · Nel tennis, attrezzo per colpire la palla costituito da un telaio ovale di legno o metallo con il manico, al quale è fissata una rete di corde • Nel ping-pong, attrezzo di forma simile, fatto di legno ricoperto da sughero o gomma con un'impugnatura corta. Ⓔ ***Racchetta da neve***, telaio di corda o vimini da applicare sotto le scarpe per evitare di affondare nella neve fresca • ***Racchetta da sci***, bastoncino di metallo appuntito che termina da un lato con un rotella che ne impedisce l'affondamento e dall'altro con un'impugnatura.

racchiudere (rac-chiù-de-re) V.TR. (irreg.: coniugato come *chiudere*) **1** Avere al proprio interno: *quel museo racchiude molti capolavori* Ⓢ contenere, avere, possedere. **2** Custodire gelosamente: *racchiudere un segreto* ***nel*** *cuore.* **3** Contenere in modo implicito: *le sue parole racchiudono una grande verità* Ⓢ sottintendere.

raccogliere (rac-cò-glie-re) V.TR. (irreg.: coniugato come *cogliere*) || TR. **1** Sollevare da terra, tirare su: *raccogliere la penna* Ⓢ raccattare. **2** Prendere frutti o prodotti della terra: *raccogliere le olive* Ⓢ cogliere. **3** Conseguire un effetto: *raccogliere consensi* Ⓢ ottenere, ricevere. **4** Mettere insieme: *raccogliere fondi; raccogliere le foglie secche del giardino* Ⓢ radunare, riunire • Collezionare: *raccogliere francobolli.* **5** Riunire insieme dei testi: *raccogliere dei brani* ***in*** *un'antologia.* **6** Ripiegare su se stesse le parti di un oggetto: *il pescatore raccoglie le reti* Ⓢ avvolgere. **7** Concentrare, riunire: *raccogliere le forze.* **8** Rispondere positivamente a una richiesta: *raccogliere un invito, una preghiera* Ⓢ accettare, accogliere Ⓒ respingere. || **raccogliersi** RIFL. Concentrarsi: *raccogliersi* ***nello*** *studio;* ***in*** *preghiera.* || **raccogliersi** INTR. PRONOM. Raggrupparsi in un luogo: *gli operai si raccolsero davanti alla fabbrica* Ⓢ riunirsi, radunarsi. Ⓔ ***Raccogliere una provocazione***, mostrarsi offeso.

R

raccoglimento (rac-co-gli-mén-to) N.M. · Momento in cui si pensa intensamente a qualcosa: *un minuto di raccoglimento per le vittime della strage* Ⓢ meditazione, concentrazione.

raccoglitore (rac-co-gli-tó-re) N.M. (f. *-trìce*) || N.M. (f. *-trìce*) **1** Chi raccoglie i frutti della terra: *raccoglitore di pomodori.* **2** Chi raccoglie oggetti, dati, testi: *raccoglitore di canti popolari.* || N.M. Cartella o contenitore per documenti, o per classificare francobolli o monete Ⓢ album.

raccolta (rac-còl-ta) N.F. **1** L'insieme delle operazioni necessarie per raccogliere i frutti della terra: *raccolta del grano* Ⓢ raccolto. **2** Ricerca di qualcosa per metterne insieme una quantità significativa: *raccolta di denaro.* **3** Insieme di oggetti dello stesso tipo raggruppati in un dato ordine: *raccolta di quadri; pubblicare una raccolta di poesie* Ⓢ collezione. Ⓔ ***Chiamare a raccolta***, riunire, radunare: *chiamare a raccolta i cittadini; chiamare a raccolta le forze* • ***Raccolta differenziata*** → ***differenziato***.

raccolto (rac-còl-to) N.M. · L'insieme dei frutti prodotti da una coltivazione: *un buon raccolto; un raccolto scarso.*

raccomandare (rac-co-man-dà-re) V.TR. || TR. **1** Affidare alla protezione o alle cure altrui: ***ti*** *raccomando mio figlio;* ***le*** *raccomando la mia pratica.* **2** Indicare qualcuno all'attenzione di chi può favorirlo: *raccomandare* ***alla*** *direzione un bravo dipendente* Ⓢ segnalare. **3** Consigliare qualcosa per le sue buone qualità: *raccomando* ***a*** *tutti la lettura di questo libro* Ⓢ suggerire Ⓒ sconsigliare. **4** Suggerire un certo comportamento: ***vi*** *raccomando la puntualità.* || **raccomandarsi** INTR. PRONOM. **1** Affidarsi, rimettersi: *raccomandarsi* ***a*** *Dio.* **2** Pregare, esortare vivamente: *sii prudente, mi raccomando.*

raccomandata (rac-co-man-dà-ta) N.F. · Lettera o pacco di cui viene garantita la consegna: *spedire una raccomandata; inviare un pacco per raccomandata.*

raccomandato (rac-co-man-dà-to) AGG. e N.M. (f. *-a*) || AGG. Spedito per raccomandata: *pacco raccomandato.* || AGG. e N.M. (f. *-a*) Che, chi gode dell'appoggio di persone potenti grazie alle quali risulta favorito in diverse occasioni: *hanno vinto il concorso i soliti raccomandati.*

raccomandazione (rac-co-man-da-zió-ne) N.F. **1** Esortazione, consiglio, ammonimento: *seguire le raccomandazioni del medico.* **2** Segnalazione di una persona a chi si ritiene possa favorirla: *ha fatto carriera a forza di raccomandazioni* Ⓢ appoggio.

raccontare (rac-con-tà-re) V.TR. (*raccónto*, ecc.) · Esporre a voce o per scritto fatti reali o immaginari: *raccontare una favola, un sogno; raccontare bugie; raccontare* ***a*** *tutti i fatti propri* Ⓢ narrare.

racconto (rac-cón-to) N.M. **1** Esposizione orale o scritta di fatti reali o immaginari: *un racconto fantastico; ascoltare il racconto di un viaggio* Ⓢ narrazione, storia. **2** Composizione letteraria in prosa, a carattere narrativo e di lunghezza contenuta: *volume di racconti* Ⓢ novella.

raccordo (rac-còr-do) N.M. **1** Nelle costruzioni meccaniche, elemento che unisce i tubi di distribuzione di acqua, gas e simili Ⓢ giuntura. **2** Nelle costruzioni stradali, tratto di strada che ne collega altre che vanno in direzioni diverse: *raccordo autostradale* Ⓢ collegamento. Ⓔ ***Raccordo anulare*** → ***anulare***.

racemo (ra-cè-mo) N.M. **1** Insieme di fiori disposti a forma di grappolo • Grappolo d'uva. **2** Decorazione a forma di grappolo, molto usata nell'arte romana.

rachitico (ra-chì-ti-co) AGG. (pl.m. *-ci*, pl.f. *-che*) **1** Affetto da rachitismo: *bambino rachitico* • Di parte del corpo, che mostra segni di rachitismo: *torace rachitico*. **2** Di aspetto gracile, stentato: *pianticelle rachitiche*.

rachitismo (ra-chi-ti-ṣmo) N.M. · Malattia infantile dovuta a carenza di vitamina D, che provoca uno scarso sviluppo delle ossa.

racimolare (ra-ci-mo-là-re) V.TR. (*racìmolo*, ecc.) · Mettere insieme con fatica: *chiedendo prestiti in giro riuscì a racimolare una certa somma*.

racket (ra-cket; pronuncia *ràchet*) N.INGL., in it. N.M.INVAR. · Organizzazione criminale che con minacce e violenze estorce denaro a commercianti e imprenditori e gestisce varie attività illegali: *le vittime del racket; il racket della droga*.

rada (rà-da) N.F. · Ampia insenatura riparata, naturale o artificiale, dove le navi possono gettare l'ancora: *entrare in rada* Ⓢ baia.

radar (rà-dar) N.M. e AGG.INVAR. || N.M. Apparecchio che localizza la posizione di oggetti emettendo onde elettromagnetiche che incontrando un ostacolo ritornano indietro. || AGG. Ottenuto mediante il radar: *segnali radar*. Ⓔ ***Uomini radar***, nell'aviazione civile, i controllori di volo.

Il termine è la sigla inglese *ra(dio) d(etecting) a(nd) r(anging)* 'radio-rivelazione e misurazione di distanza'.

raddolcire (rad-dol-cì-re) V.TR. (*raddolcìsco*, *raddolcìsci*, ecc.) · Rendere più dolce: *raddolcire il caffè; raddolcire la voce* Ⓢ addolcire.

raddoppiamento (rad-dop-pia-mén-to) N.M. **1** Aumento del doppio di una quantità o di una misura: *raddoppiamento del capitale*. **2** Incremento, aumento: *raddoppiamento della vigilanza*.

raddoppiare (rad-dop-pià-re) V.TR. e INTR. (*raddóppio*, ecc.) || TR. **1** Aumentare del doppio: *raddoppiare la produzione, il capitale* Ⓢ duplicare Ⓒ dimezzare. **2** Aumentare in intensità o in frequenza: *raddoppiare gli sforzi* Ⓢ accrescere. || INTR. **1** (aus. *essere*) Crescere del doppio: *in un anno i guadagni sono raddoppiati* • Crescere, aumentare, moltiplicarsi: *con il suo arrivo le mie preoccupazioni sono raddoppiate*. **2** (aus. *avere*) Nel calcio, segnare un secondo gol: *la squadra di casa ha raddoppiato*.

raddrizzare (rad-driz-zà-re) V.TR. · Far tornare diritto: *raddrizzare un chiodo* Ⓒ piegare • Rimettere in una posizione diritta: *raddrizzare il busto*.

radente (ra-dèn-te) AGG. · Che sfiora una superficie: *volo radente; tiro radente* Ⓢ basso.

radere (rà-de-re) V.TR. (irreg.: pass. rem. *ràsi*, *radésti*, *ràse*, *radémmo*, *radéste*, *ràsero*; part. pass. *ràso*) || TR. **1** Tagliare alla radice: *radere l'erba* Ⓢ falciare. **2** Tagliare a qualcuno la barba con il rasoio: *il barbiere rade i clienti*. || **radersi** RIFL. Tagliarsi la barba: *radersi tutte le mattine*. Ⓔ ***Radere al suolo***, abbattere, demolire: *la città fu rasa al suolo dai bombardamenti*.

radiale[1] (ra-dià-le) AGG. · Che va nella direzione dei raggi di un cerchio: *moto radiale*. Ⓔ ***Strada radiale*** (o *una radiale* N.F.), quella che va dal centro verso la periferia.

radiale[2] (ra-dià-le) AGG. · Del radio, l'osso dell'avambraccio: *frattura radiale*.

radiare (ra-dià-re) V.TR. (*ràdio*, ecc.) · Eliminare da un gruppo, come punizione disciplinare: *radiare* **dall'***esercito; fu radiato* **dall'***albo dei medici* Ⓢ espellere.

radiatore (ra-dia-tó-re) N.M. **1** Dispositivo che cede calore usato per scaldare gli ambienti Ⓢ termosifone, calorifero. **2** Apparecchio che serve a raffreddare i motori a combustione interna.

radiazione (ra-dia-zió-ne) N.F. · Emanazione di energia: *radiazione atomica, elettromagnetica, luminosa.*

radicale (ra-di-cà-le) AGG. e N.M. || AGG. **1** Della radice: *apparato radicale di una pianta.* **2** Rivolto a una modificazione totale e sostanziale: *rinnovamento radicale* Ⓢ totale. || N.M. In chimica, raggruppamento di atomi con elettroni liberi. Ⓔ ***Radicale libero,*** atomo o molecola che svolge un ruolo importante nei processi degli organismi viventi come invecchiamento e infiammazioni.

radicalmente (ra-di-cal-mén-te) AVV. **1** Da cima a fondo: *idee radicalmente diverse* Ⓢ completamente, totalmente. **2** In maniera risolutiva, una volta per tutte: *curare radicalmente.*

radicare (ra-di-cà-re) V.INTR. (*ràdico, ràdichi,* ecc.) || INTR. (aus. *essere*) Di pianta, mettere radici: *un albero che radica* **in** *qualunque terreno* Ⓢ attecchire. || **radicarsi** INTR.PRONOM. Di idee, opinioni, penetrare a fondo nella coscienza di una persona o in un ambiente: *il razzismo si è radicato* **nella** *società.*

R

radicchio (ra-dìc-chio) N.M. (pl. *-chi*) · Tipo di insalata un po' amara.

radice (ra-dì-ce) N.F. **1** Parte della pianta che affonda nel terreno dal quale trae alimento: *le radici del pino.* **2** In anatomia, parte iniziale di un organo che lo rende stabile: *radice del dente; radice dei capelli.* **3** Causa originaria: *colpire un male alla radice* Ⓢ fonte, origine. **4** ***Radice quadrata*** → ***quadrato***[1]; ***radice cubica*** → ***cubico***. **5** In grammatica, l'elemento della parola in cui si concentra il significato: *la radice delle forme dell'aggettivo "buono, buona, buoni, buone" è buon-.* Ⓔ ***Mettere (le) radici,*** di seme o di pianta che inizia a svilupparsi; in senso figurato, di persona, stabilirsi in un luogo, piazzarsi: *ha messo le radici in casa mia.*

radio[1] (rà-dio) N.F. e AGG.INVAR. || N.F. e AGG. Sistema di trasmissione con onde elettromagnetiche: *trasmettere per radio; trasmissione radio.* || N.F. **1** L'ente pubblico o privato che provvede alle trasmissioni radiofoniche: *i programmi della radio* • Singola stazione trasmittente: *radio privata.* **2** Apparecchio per ascoltare le trasmissioni radio: *accendere la radio.* Ⓔ ***Giornale radio,*** notiziario trasmesso per radio.

radio[2] (rà-dio) N.M. (pl. *-dii* o *-di*) · Osso lungo dell'avambraccio.

radio[3] (rà-dio) N.M. · Metallo bianco lucente radioattivo usato in medicina soprattutto nella cura di tumori (il simbolo chimico è *Ra*).

radio- **1** Primo elemento di parole composte che indica 'relazione con le radiazioni o con i raggi X': *radioattivo; radiografia.* **2** Primo elemento di parole composte che indica 'relazione con le onde elettromagnetiche e con le loro applicazioni nelle telecomunicazioni': *radiofonia; radioascoltatore.*

radioascoltatore (ra-dio-a-scol-ta-tó-re) N.M. (f. *-trìce*) · Chi ascolta la radio: *un saluto ai radioascoltatori.*

radioattività (ra-dio-at-ti-vi-tà) N.F. INVAR. · Proprietà di alcune sostanze di emettere radiazioni.

radioattivo (ra-dio-at-tì-vo) AGG. · Che presenta radioattività: *minerale radioattivo.*

radiocomandato (ra-dio-co-man-dà-to) AGG. · Comandato a distanza tramite onde radio: *missile radiocomandato.*

radiocronaca (ra-dio-crò-na-ca) N.F. (pl. *-che*) · Cronaca di un avvenimento trasmessa in diretta per radio: *la radiocronaca della partita inizia alle 15.*

radiofonia (ra-dio-fo-nì-a) N.F. (pl. *-nìe*) · Trasmissione per mezzo di radioonde di programmi di vario genere.

radiofonico (ra-dio-fò-ni-co) AGG. (pl.m. *-ci,* pl.f. *-che*) **1** Che viene trasmesso attraverso radioonde: *programma radiofonico* Ⓢ radio. **2** Che permette di inviare e ricevere i programmi trasmessi attraverso radioonde: *apparecchio radiofonico.*

radiografia (ra-dio-gra-fì-a) N.F. (pl. *-fìe*) · Riproduzione su pellicola fotografica di una parte del corpo investita dai raggi X emessi da un apposito tubo: *farsi una radiografia.*

radiografico (ra-dio-grà-fi-co) AGG. (pl.m. *-ci*, pl.f. *-che*) · Relativo alla radiografia: *esame radiografico.*

radiologia (ra-dio-lo-gì-a) N.F. (pl. *-gìe*) · Settore della medicina che utilizza i raggi X.

radioonda (ra-dio-ón-da) N.F. · Onda elettromagnetica usata per trasmettere segnali a distanza. ▸ Ⓕ **unda**

radioricevente (ra-dio-ri-ce-vèn-te) AGG. e N.F. · Di dispositivo che può ricevere segnali radio: *stazione radioricevente.*

radioscopia (ra-dio-sco-pì-a) N.F. (pl. *-pìe*) · Esame medico degli organi interni, osservati ai raggi X su uno schermo fluorescente.

radioso (ra-dió-so) AGG. **1** Caratterizzato da un'intensa e diffusa luminosità: *una giornata radiosa* Ⓢ luminoso, splendente. **2** Che riflette bellezza o felicità: *un sorriso radioso; un radioso avvenire.*

radiosveglia (ra-dio-ṣvé-glia) N.F. (pl. *-glie*) · Radio che si accende a un'ora programmata per svegliare chi dorme.

radiotelevisivo (ra-dio-te-le-vi-ṣì-vo) AGG. · Della radio e della televisione: *i programmi radiotelevisivi.*

rado (rà-do) AGG. **1** Costituito da elementi distanziati l'uno dall'altro: *un bosco rado; un tessuto rado* Ⓒ fitto, folto • AL PL. Di elementi distanti tra loro: *alberi radi; capelli radi.* **2** Che avviene con lunghi intervalli di tempo: *le sue visite diventano sempre più rade* Ⓢ sporadico Ⓒ frequente. Ⓔ ***Di rado***, poco frequentemente, raramente: *ci vediamo di rado;* ***non di rado***, abbastanza spesso: *esco non di rado.*

radunare (ra-du-nà-re) V.TR. || TR. Riunire insieme in un luogo: *radunare gli amici; radunare il gregge* Ⓢ raggruppare, raccogliere. || **radunarsi** INTR. PRONOM. Riunirsi in un luogo: *gli scioperanti si erano radunati* ***in*** *piazza.*

raduno (ra-dù-no) N.M. · Riunione organizzata di persone in uno stesso luogo: *un raduno di motociclisti* Ⓢ ritrovo, riunione.

radura (ra-dù-ra) N.F. · Tratto di terreno senza alberi in un bosco.

rafano (rà-fa-no) N.M. · Pianta erbacea le cui radici piccanti vengono usate in cucina.

raffazzonare (raf-faz-zo-nà-re) V.TR. (*raffazzóno*, ecc.) · Aggiustare alla meglio: *raffazzonare un vestito* Ⓢ arrangiare • Mettere insieme in modo frettoloso: *raffazzonare un discorso* Ⓢ improvvisare.

raffermo (raf-fér-mo) AGG. · Di pane, duro, secco: *pane raffermo.*

raffica (ràf-fi-ca) N.F. (pl. *-che*) **1** Soffio di vento improvviso e violento: *una raffica di vento; il vento soffiava a raffiche* Ⓢ ventata • Neve, pioggia o grandine portata dal vento con violenza: *raffiche di pioggia.* **2** Rapida successione di colpi: *raffiche di mitra* Ⓢ scarica • Sequenza continua: *una raffica di pugni, di insulti.*

raffigurare (raf-fi-gu-rà-re) V.TR. || TR. Rappresentare con immagini: *il quadro raffigura una donna* Ⓢ ritrarre. || **raffigurarsi** INTR. PRONOM. Immaginare, figurarsi: *mi raffiguravo la scena nella mente.*

raffigurazione (raf-fi-gu-ra-zió-ne) N.F. **1** Rappresentazione con immagini: *la raffigurazione di un paesaggio* Ⓢ riproduzione. **2** Immagine simbolica: *la colomba è la raffigurazione della pace* Ⓢ simbolo.

raffinare (raf-fi-nà-re) V.TR. **1** Rendere più pura una sostanza grezza: *raffinare il petrolio, lo zucchero.* **2** Rendere più fine: *raffinare il gusto, la lingua* Ⓢ affinare, perfezionare.

raffinatezza (raf-fi-na-téz-za) N.F. · Qualità di chi o di ciò che è elegante e ricercato: *raffinatezza nel vestire* Ⓢ finezza, eleganza Ⓒ rozzezza • Ciò che è raffinato: *la musica di sottofondo è stata una raffinatezza.*

raffinato (raf-fi-nà-to) AGG. **1** Che è stato ripulito da scorie e impurità: *petrolio raffinato; zucchero raffinato* Ⓢ puro Ⓒ greggio. **2** Che dimostra ricercatezza ed eleganza: *gusto raffinato; un raffinato padrone di casa* Ⓢ elegante, fine, ricercato Ⓒ rozzo.

A B C D E F G H I J K L M N O P Q R S T U V W X Y Z

raffinazione (raf-fi-na-zió-ne) N.F. · Qualsiasi procedimento con cui si libera un prodotto dalle impurità: *raffinazione del petrolio, dello zucchero*.

raffineria (raf-fi-ne-rì-a) N.F. (pl. *-rìe*) · Serie di impianti in cui un prodotto viene liberato dalle impurità: *una raffineria di petrolio*.

rafforzamento (raf-for-za-mén-to) N.M. · Conseguimento di maggior forza e resistenza: *fare degli esercizi per il rafforzamento dei muscoli; rafforzamento di un argine* Ⓢ consolidamento, rinforzo Ⓒ indebolimento.

rafforzare (raf-for-zà-re) V.TR. (*raffòrzo*, ecc.) || TR. Dare maggior forza e resistenza: *rafforzare i muscoli delle braccia; le sventure rafforzano il carattere* Ⓢ irrobustire, rinforzare Ⓒ indebolire. || **rafforzarsi** INTR. PRONOM. Acquisire maggior forza o intensità: *la squadra si è rafforzata* • Confermarsi: *si rafforza il timore di un attentato*.

rafforzativo (raf-for-za-tì-vo) AGG. **1** Che rafforza: *processo rafforzativo*. **2** In grammatica, di elemento che dà maggiore efficacia espressiva a una parola o a una frase: *prefisso rafforzativo* (per es. *s-* in *scacciare*).

raffreddamento (raf-fred-da-mén-to) N.M. **1** Abbassamento della temperatura: *raffreddamento della crosta terrestre; raffreddamento di un ambiente* Ⓒ riscaldamento. **2** Diminuzione dell'intensità di un sentimento: *c'è stato un certo raffreddamento nei nostri rapporti*.

R

raffreddare (raf-fred-dà-re) V.TR. (*raffréddo*, ecc.) || TR. **1** Far diventare più freddo: *la pioggia ha raffreddato l'aria; lasciare raffreddare un budino* Ⓒ riscaldare, scaldare. **2** Rendere meno intenso: *l'insuccesso ha raffreddato il suo entusiasmo* Ⓢ attenuare, indebolire. || **raffreddarsi** INTR. PRONOM. **1** Diventare più freddo: *l'aria si è raffreddata*. **2** Perdere d'intensità: *la passione cominciò a raffreddarsi* Ⓢ smorzarsi. **3** Nel linguaggio familiare, prendere il raffreddore: *ti sei raffreddato?*

raffreddore (raf-fred-dó-re) N.M. · Infiammazione della mucosa nasale che provoca malessere, starnuti, catarro e talvolta febbre.

raffronto (raf-frón-to) N.M. · Esame che serve a mettere in evidenza le somiglianze o le differenze tra due o più cose: *raffronto di due dipinti* Ⓢ confronto, paragone.

rafting (raf-ting; pronuncia *ràfting*) N. INGL., in it. N.M. INVAR. · Sport consistente nella discesa di fiumi e torrenti dal corso rapido effettuata su canotti particolarmente robusti.

ragazza (ra-gàz-za) N.F. **1** Giovane donna di età compresa tra l'adolescenza e l'età adulta: *una ragazza in gamba* Ⓢ fanciulla. **2** Donna giovane non sposata: *il suo nome da ragazza* Ⓢ signorina. **3** Nel linguaggio familiare, la compagna cui si è sentimentalmente legati: *ti presento la mia ragazza* Ⓢ fidanzata. Ⓔ ***Ragazza alla pari*** → *pari* • ***Ragazza madre***, che ha uno o più figli senza essere sposata.

ragazzata (ra-gaz-zà-ta) N.F. · Azione compiuta con la leggerezza e l'immaturità dei ragazzi: *saltare la scuola è stata una vera ragazzata*.

ragazzo (ra-gàz-zo) N.M. **1** Giovane uomo di età compresa tra l'adolescenza e l'età adulta: *da ragazzo era molto vivace* Ⓢ fanciullo. **2** Nel linguaggio familiare, il compagno cui si è legati sentimentalmente: *è andata in vacanza con il suo ragazzo* Ⓢ fidanzato. **3** Giovane addetto a lavori o servizi minori: *è il ragazzo del fornaio* Ⓢ garzone.

raggelare (rag-ge-là-re) V.TR. e INTR. (*raggèlo*, ecc.) || TR. Mettere fortemente in imbarazzo: *la sua battuta infelice raggelò l'ambiente* • Rendere incapace di agire o reagire: *lo raggelò con uno sguardo*. || **raggelarsi** INTR. PRONOM. **1** Diventare di ghiaccio: *in motorino con questo freddo mi sono raggelato* Ⓢ gelarsi. **2** Provare paura o sgomento: *quando lo vide si raggelò*.

raggiante (rag-giàn-te) AGG. · Che mostra gioia nell'aspetto e nel comportamento: *essere raggiante di felicità; uno sguardo raggiante* Ⓢ radioso, luminoso.

raggiera (rag-gié-ra) N.F. · Insieme di raggi che partono da un centro: *la raggiera della ruota di una bicicletta*. Ⓔ ***A raggiera***, di insieme di elementi che partono da un centro comune e si allargano verso l'esterno: *le strade partivano a raggiera dalla piazza*.

raggio (ràg-gio) N.M. (pl. *-gi*) **1** Emissione di luce da una sorgente luminosa: *abbronzarsi sotto i raggi del sole.* **2** Il segmento che unisce il centro di un cerchio o di una sfera con un punto qualsiasi della circonferenza o della superficie sferica • In un poligono regolare, il segmento che unisce i vertici con il centro del poligono. **3** La zona intorno a un luogo: *non si vede un bar nel raggio di chilometri* Ⓢ spazio, area. **4** In una ruota, ciascuno dei fili metallici che collegano il centro con il cerchione. Ⓔ ***Fare i raggi***, fare una radiografia • ***Raggio d'azione***, distanza massima raggiunta da un'arma da fuoco; in senso figurato, ambito d'influenza, campo d'azione: *la sua autorità ha un ampio raggio d'azione* • ***Raggi ultravioletti, raggi infrarossi, raggi X***, radiazioni elettromagnetiche usate in medicina a scopo diagnostico e terapeutico.

raggirare (rag-gi-rà-re) V.TR. · Trarre in inganno con l'astuzia: *sono stato raggirato* Ⓢ ingannare, circuire.

raggiro (rag-gi-ro) N.M. · Inganno realizzato con l'astuzia: *cadere in un raggiro* Ⓢ imbroglio, truffa.

raggiungere (rag-giùn-ge-re) V.TR. (irreg.: coniugato come *giungere*) **1** Arrivare ad affiancarsi con persone o veicoli che precedono: *raggiungere un ladro, i corridori in fuga* Ⓢ riprendere. **2** Arrivare in un luogo: *raggiungere la vetta* • Toccare un certo livello: *stanotte la temperatura ha raggiunto meno 7 °C.* **3** Conseguire un risultato o una meta: *raggiungere il successo; raggiungere una buona posizione sociale* Ⓢ ottenere, conquistare.

raggiungimento (rag-giun-gi-mén-to) N.M. · Il fatto di ottenere il risultato desiderato: *il raggiungimento di uno scopo.*

raggomitolarsi (rag-go-mi-to-làr-si) V.RIFL. (*mi raggomìtolo*, ecc.) · Rannicchiarsi, appallottolarsi: *il gatto si è raggomitolato sulla poltrona.*

raggranellare (rag-gra-nel-là-re) V.TR. (*raggranèllo*, ecc.) · Mettere insieme a poco a poco e con fatica: *se riesco a raggranellare un po' di soldi vado in vacanza* Ⓢ racimolare.

raggrinzire (rag-grin-zì-re) V.TR. e INTR. (*raggrinzìsco, raggrinzìsci*, ecc.) || TR. Rendere grinzoso: *raggrinzire la fronte* Ⓢ corrugare. || INTR. (aus. *essere*) e **raggrinzirsi** INTR. PRONOM. Diventare grinzoso: *la pelle gli si è raggrinzita.*

raggruppamento (rag-grup-pa-mén-to) N.M. · Insieme compatto e organizzato di cose o persone: *un raggruppamento di dati, di studenti* Ⓢ gruppo.

raggruppare (rag-grup-pà-re) V.TR. || TR. **1** Riunire in gruppo: *raggruppare le pecore* Ⓢ radunare. **2** Suddividere in gruppi: *raggruppare gli alunni **per** classe.* || **raggrupparsi** INTR. PRONOM. Raccogliersi in gruppo: *i cuccioli si raggrupparono intorno alla madre* Ⓢ riunirsi.

ragguagliare (rag-gua-glià-re) V.TR. (*ragguàglio*, ecc.) · Informare con precisione: *voglio essere ragguagliato **su** tutto.*

ragguaglio (rag-guà-glio) N.M. (pl. *-gli*) · Notizia, informazione: *fornire un ragguaglio completo della situazione.*

ragguardevole (rag-guar-dé-vo-le) AGG. **1** Degno di riguardo: *i cittadini più ragguardevoli* Ⓢ autorevole, insigne. **2** Notevole per qualità o entità: *una somma ragguardevole* Ⓢ rilevante.

ragionamento (ra-gio-na-mén-to) N.M. · Processo mentale che parte da premesse e giunge a conclusioni: *ragionamento convincente; hai fatto un ragionamento sbagliato* Ⓢ riflessione, pensiero.

ragionare (ra-gio-nà-re) V.INTR. (*ragióno*, ecc.; aus. *avere*) **1** Organizzare i pensieri partendo da premesse e raggiungendo conclusioni: *ragionare ad alta voce; non essere impulsivo, cerca di ragionare* Ⓢ riflettere, pensare. **2** Conversare, discorrere: *ragionare **del** più e **del** meno.*

ragione (ra-gió-ne) N.F. **1** La facoltà di pensare propria dell'uomo: *il possesso della ragione; avere l'uso della ragione* Ⓢ intelletto, pensiero • Modo di pensare che non tiene conto di sentimenti e passioni: *lasciarsi guidare dalla ragione.* **2** Ciò che giustifica un fatto o una scelta: *l'articolo non fu pubblicato per ragioni di spazio; avevo le mie buone ragioni per agire così* Ⓢ motivo, motivazione. **3** Posizione di chi dice cose vere o agisce in modo giusto: *hanno finito per darmi ragione; passare dalla ragione al torto* Ⓒ torto. Ⓔ ***A ragione, a ra-***

A B C D E F G H I J K L M N O P Q R S T U V W X Y Z

gion veduta, con ragione, a maggior ragione, dopo aver ben riflettuto e valutato, consapevolmente • ***Aver ragione di qualcuno,*** in un contrasto, avere la meglio su di lui • ***Dare ragione,*** confermare le previsioni: *i fatti mi hanno dato ragione* • ***Di santa ragione*** → santo • ***Farsene una ragione,*** rassegnarsi, accettare qualcosa di spiacevole • ***Il lume della ragione*** → lume • ***Non conoscere ragioni*** o ***non volere intendere ragioni,*** non ascoltare nessun consiglio, intestardirsi: *quando si è messo in testa una cosa non conosce ragioni.*

ragioneria (ra-gio-ne-rì-a) N.F. (pl. *-rìe*) · Disciplina che studia le norme di come si amministrano le aziende.

ragionevole (ra-gio-né-vo-le) AGG. **1** Dotato della capacità di pensare: *l'uomo è un essere ragionevole* Ⓢ pensante, razionale. **2** Ispirato a un giusto criterio di valutazione: *una proposta ragionevole; un prezzo ragionevole* Ⓢ giusto, adeguato Ⓒ irragionevole. **3** Che dimostra equilibrio e buon senso: *cerca di essere più ragionevole* Ⓢ equilibrato, accorto.

ragioniere (ra-gio-niè-re) N.M. (f. *-a*; pl.m. *-i*, pl.f. *-e*) · Chi è diplomato in ragioneria ed è abilitato a tenere la contabilità in un'azienda pubblica o privata: *diploma di ragioniere.*

ragliare (ra-glià-re) V.INTR. (*ràglio*, ecc.; aus. *avere*) · Emettere ragli: *l'asino ragliò all'improvviso.*

raglio (rà-glio) N.M. (pl. *-gli*) · Il verso dell'asino.

R

ragnatela (ra-gna-té-la) N.F. · Trama simile a una rete, di sottilissimi fili appiccicosi e trasparenti prodotti dal ragno per catturare la preda: *sottile come una ragnatela.*

ragno (rà-gno) N.M. · Ciascun invertebrato carnivoro fornito di ghiandole che producono la sostanza appiccicosa con cui fabbrica la ragnatela. Ⓔ ***Non cavare un ragno dal buco,*** non risolvere nulla, non ottenere il risultato voluto.

ragù (ra-gù) N.M. INVAR. · Condimento per pastasciutta o riso che si ottiene facendo rosolare e poi cuocere a fuoco lento carne di manzo tritata con la passata di pomodori e altri ingredienti: *tagliatelle al ragù.*

Il termine deriva dal francese *ragoûter* 'stuzzicare l'appetito'.

rais (rà-is o ra-is) N.M. INVAR. **1** Nei Paesi arabi, capo, condottiero. **2** In Sicilia, chi dirige le operazioni di pesca dei tonni.

rajah (ra-jah; pronuncia *ragià*) N.M. INVAR. · Titolo dei re indiani, esteso in seguito a principi e dignitari.

rallegramenti (ral-le-gra-mén-ti) N.M.PL. · Espressione di gioia rivolta a chi ha ottenuto un successo o ha vissuto un evento felice: *ti faccio tanti rallegramenti per la tua promozione* Ⓢ complimenti, congratulazioni.

rallegrare (ral-le-grà-re) V.TR. (*rallégro*, ecc.) || TR. **1** Procurare gioia, consolazione, soddisfazione: *il tuo ritorno mi rallegra* Ⓒ rattristare, addolorare. **2** Dare un aspetto festoso a un ambiente: *comprò dei fiori per rallegrare la casa* Ⓢ ravvivare. || **rallegrarsi** INTR.PRONOM. **1** Provare e manifestare gioia: *mi rallegro* **che** *tutto si sia sistemato; tutti si rallegrarono* **per** *la buona notizia.* **2** Esprimere a qualcuno la propria contentezza e partecipazione alla sua gioia o al suo successo: *mi rallegro* **per** *la tua promozione* Ⓢ congratularsi.

rallentamento (ral-len-ta-mén-to) N.M. **1** Diminuzione di velocità: *il traffico ha subito dei rallentamenti* Ⓢ decelerazione Ⓒ accelerazione. **2** Diminuzione di intensità: *rallentamento della produzione* Ⓢ calo, riduzione.

rallentare (ral-len-tà-re) V.TR. e INTR. (*rallènto*, ecc.) || TR. Rendere più lento: *rallentare il passo, la corsa* Ⓢ frenare Ⓒ accelerare, affrettare. || INTR. (aus. *essere*) Farsi più lento, diminuire di velocità: *il battito cardiaco sta rallentando* Ⓢ calare • Diminuire di intensità: *lo sviluppo economico è destinato a rallentare.*

rallentatore (ral-len-ta-tó-re) N.M. · Nel cinema e in televisione, dispositivo che permette di rivedere un filmato a velocità ridotta: *rivediamo la scena al rallentatore.* Ⓔ ***Al rallentatore,*** con lentezza eccessiva: *muoversi al rallentatore.*

rally (ral-ly; pronuncia *rèlli*) N. INGL., in it. N.M. INVAR. · Gara automobilistica in più tappe per automobili di serie modificate, su strade lunghe e accidentate: *il rally di Montecarlo.*

ram N.F.INVAR. · La memoria del computer che può gestire contemporaneamente più programmi e file.

Il termine è la sigla inglese *Random-Access Memory* 'memoria ad accesso casuale'.

ramadan (ra-ma-dàn) N.M. INVAR. · Nel calendario musulmano, nono mese lunare nel corso del quale i fedeli non possono bere, mangiare o avere rapporti sessuali dall'alba al tramonto.

ramaiolo (ra-ma-iò-lo) N.M. · Mestolo.

ramanzina (ra-man-zì-na) N.F. · Rimprovero, sgridata: *mio padre mi ha fatto una lunga ramanzina per il ritardo.*

ramarro (ra-màr-ro) N.M. · Grossa lucertola di un bel verde smeraldo.

ramazza (ra-màz-za) N.F. · Scopa fatta di rami sottili, usata soprattutto per spazzare cortili.

rame (rà-me) N.M. e AGG. || N.M. Metallo rosso chiaro, ottimo conduttore di elettricità e calore, usato per fabbricare recipienti, condutture elettriche, monete, e per ottenere leghe (il simbolo chimico è *Cu*). || AGG. e N.M. INVAR. Di colore rossiccio: *biondo rame.* Ⓔ ***Età del rame***, periodo preistorico intermedio tra il neolitico e l'età del bronzo, caratterizzato dall'uso del rame nella fabbricazione di strumenti e di armi.

ramificare (ra-mi-fi-cà-re) V.INTR. (*ramìfico, ramìfichi*, ecc.) || INTR. (aus. *avere*) Di alberi, produrre rami: *l'albero ha ramificato di nuovo.* || **ramificarsi** INTR. PRONOM. **1** Prendere direzioni diverse: *il fiume si ramifica **in** due bracci* Ⓢ dividersi, diramarsi. **2** Espandersi, estendersi, svilupparsi: *un'organizzazione che si sta ramificando **in** tutto il Paese.*

ramificazione (ra-mi-fi-ca-zió-ne) N.F. **1** La produzione dei rami di una pianta. **2** Suddivisione in più rami: *la ramificazione di un fiume, delle corna del cervo.* **3** Espansione in varie direzioni: *le ramificazioni di una società.*

ramingo (ra-mìn-go) AGG. (pl.m. *-ghi*, pl.f. *-ghe*) · Che vaga senza sosta e senza meta: *se ne andò ramingo per il mondo.*

rammaricarsi (ram-ma-ri-càr-si) V.INTR. PRONOM. (*mi rammàrico, ti rammàrichi*, ecc.) · Provare dispiacere: *si rammaricava **per** non averle creduto* Ⓢ dolersi, rattristarsi.

rammarico (ram-mà-ri-co) N.M. (pl. *-chi*) · Dispiacere, amarezza, dolore: *sentire vivo rammarico; esprimere il proprio rammarico.*

rammendare (ram-men-dà-re) V.TR. (*rammèndo*, ecc.) · Riparare con ago e filo un tessuto logoro o strappato: *rammendare un paio di calzini* Ⓢ ricucire.

rammendo (ram-mèn-do) N.M. · La riparazione con ago e filo di un tessuto logoro o strappato: *fare un rammendo.*

rammentare (ram-men-tà-re) V.TR. (*ramménto*, ecc.) || TR. **1** Richiamare alla memoria: *cercare di rammentare le cose da comprare* Ⓢ ricordare • Aver presente nel ricordo: *non rammento il suo viso.* **2** Richiamare alla memoria di qualcun altro: *devi rammentare **a** tuo figlio che ha delle responsabilità.* || **rammentarsi** INTR. PRONOM. Ricordarsi con rimpianto o attenzione: *rammentarsi **dei** giorni felici.*

rammollire (ram-mol-lì-re) V.TR. e INTR. (*rammollisco, rammollisci*, ecc.) || TR. **1** Rendere più molle: *rammollire la cera* Ⓢ ammorbidire. **2** Privare delle forze fisiche o mentali: *l'ozio l'ha rammollito* Ⓢ fiaccare, indebolire. || INTR. (aus. *essere*) e **rammollirsi** INTR. PRONOM. **1** Diventare molle: *il burro fuori dal frigo rammollisce.* **2** Perdere le forze fisiche o mentali: *con l'età si è rammollito.*

rammollito (ram-mol-lì-to) AGG. e N.M. (f. *-a*) · Che, chi è debole e senza iniziativa: *una banda di rammolliti.*

ramo (rà-mo) N.M. **1** Parte di una pianta che si sviluppa dal fusto verso l'esterno: *albero con molti rami; rami carichi di frutti.* **2** Elemento secondario che parte da un corpo principale: *un ramo di corallo; i rami di un fiume* Ⓢ braccio, diramazione. **3** Linea di discendenza da un unico capostipite: *un ramo della famiglia si estinse presto.* **4** Parte di una disciplina o di un'attività: *i vari rami della medicina* Ⓢ branca, settore. Ⓔ ***Ramo secco***, di persona o attività inutili e non produttivi.

ramoscello (ra-mo-scèl-lo) N.M. · Ramo piccolo e sottile: *un ramoscello d'olivo.*

rampa (ràm-pa) N.F. · Piano inclinato per superare un dislivello: *rampa di accesso.* Ⓔ ***Rampa di lancio***, insieme di strutture metalliche che sostengono e guidano un missile prima del lancio • ***Rampa di scale***, serie di gradini compresa fra due pianerottoli.

rampante (ram-pàn-te) AGG. **1** Negli stemmi di famiglia, di animale raffigurato di profilo, ritto sulla zampa posteriore sinistra: *leone rampante.* **2** Di chi è in corsa per il successo: *un imprenditore rampante.*

rampicante (ram-pi-càn-te) AGG. e N.M. · Di pianta che cresce appoggiandosi o avvolgendosi a sostegni naturali o artificiali: *l'edera è una pianta rampicante; i rampicanti tropicali.*

rampino (ram-pì-no) N.M. · Ferro fatto a uncino: *un pezzo di carne appeso al rampino* Ⓢ gancio.

rampollo (ram-pól-lo) N.M. **1** Discendente diretto: *l'ultimo rampollo di una famiglia aristocratica* • Figlio, in senso scherzoso: *come stanno i tuoi rampolli?* **2** Germoglio.

rampone (ram-pó-ne) N.M. **1** Grosso arpione usato per cacciare le balene. **2** Attrezzo di acciaio con punte aguzze, che viene fissato sotto gli scarponi degli alpinisti per far presa sulla neve o sul ghiaccio.

R

rana (rà-na) N.F. **1** Anfibio diffuso quasi ovunque, di colore verde, privo di coda e con lunghe gambe posteriori adatte a saltare, che vive negli stagni. **2** Stile di nuoto che ricorda il movimento fatto dalla rana per nuotare. Ⓔ ***Uomo rana***, subacqueo munito di respiratore, impiegato in operazioni militari.

♫ Il verbo che indica il verso della rana è *gracidare.*

ranch (pronuncia *ranč* o *rènč*) N.INGL., in it. N.M. INVAR. · Nel Nord America, fattoria per l'allevamento del bestiame.

rancido (ràn-ci-do) AGG. e N.M. || AGG. Di sostanza grassa andata a male che ha odore e sapore aspro e acido: *burro rancido* Ⓢ avariato. || N.M. Odore o sapore di grasso andato a male: *sapere di rancido.*

rancio (ràn-cio) N.M. (pl. *-ci*) · Il pasto dei soldati e dei marinai: *consumare il rancio.*

rancore (ran-có-re) N.M. · Profonda e duratura avversione dovuta a un torto ricevuto: *nutrire rancore per qualcuno* Ⓢ astio, risentimento.

randagio (ran-dà-gio) AGG. e N.M. (pl.m. *-gi*, pl.f. *-gie* o *-ge*) || AGG. e N.M. Di animale privo di un padrone o uscito dal branco: *cane randagio; ha raccolto un randagio affamato.* || AGG. Di persona, che non ha fissa dimora Ⓢ vagabondo, girovago.

randello (ran-dèl-lo) N.M. · Grosso bastone usato come arma.

rango (ràn-go) N.M. (pl. *-ghi*) **1** Posizione sociale: *una persona d'alto rango* Ⓢ ceto, classe. **2** Nel linguaggio militare, riga, fila, schiera: *uscire dai ranghi.* Ⓔ ***Restare nei ranghi***, rimanere al proprio posto • ***Rientrare nei ranghi***, tornare ad accettare le direttive ricevute senza protestare.

rannicchiarsi (ran-nic-chiàr-si) V.RIFL. (*mi rannìcchio*, ecc.) · Ripiegarsi su se stesso con gli arti piegati e stretti contro il corpo: *rannicchiarsi sotto le coperte* Ⓢ raggomitolarsi.

rannuvolarsi (ran-nu-vo-làr-si) V.INTR. PRONOM. (*mi rannùvolo*, ecc.) **1** Coprirsi di nuvole: *il cielo si sta rannuvolando* Ⓢ oscurarsi, coprirsi Ⓒ rasserenarsi. **2** Arrabbiarsi, incupirsi: *alla notizia si rannuvolò.*

ranocchio (ra-nòc-chio) N.M. (f. *-a*; pl.m. *-chi*, pl.f. *-chie*) · Nel linguaggio familiare, rana: *un pantano pieno di ranocchi.*

rantolare (ran-to-là-re) V.INTR. (*ràntolo*, ecc.; aus. *avere*) **1** Emettere rantoli: *il moribondo rantolava.* **2** Respirare affannosamente: *è arrivato in cima alle scale rantolando* Ⓢ ansimare.

rantolo (ràn-to-lo) N.M. · Respiro rauco e ansimante: *il rantolo dell'agonia.*

rap (pronuncia *rèp*) N.INGL., in it. N.M. e AGG. INVAR. · Musica in cui la parte vocale è un lungo monologo ritmato su una base musicale uniforme.

rapa (rà-pa) N.F. · Ortaggio coltivato quasi ovunque, di cui si mangiano la radice, le foglie e anche le infiorescenze. E ***Cime di rapa***, le infiorescenze dell'ortaggio, cucinate come contorno o per insaporire alcuni piatti: *orecchiette alle cime di rapa* • ***Testa di rapa***, nel linguaggio familiare, persona poco intelligente • ***Voler cavar sangue da una rapa***, pretendere risultati da chi non è in grado di produrli.

rapace (ra-pà-ce) AGG. e N.M. || AGG. e N.M. Di uccello, che si nutre degli animali che cattura: *il falco è un rapace* S predatore. || AGG. Di persona, che desidera appropriarsi dei beni di qualcun altro anche con la violenza o l'inganno: *amministratori rapaci* S avido.

rapare (ra-pà-re) V.TR. · Nel linguaggio familiare, tagliare i capelli molto corti o completamente: *il barbiere lo ha rapato a zero.*

rapida (rà-pi-da) N.F. · Tratto di fiume dove la corrente è molto forte: *un fiume pieno di rapide pericolose.*

rapidità (ra-pi-di-tà) N.F. INVAR. **1** Velocità, sveltezza: *muoversi con rapidità; la rapidità della corrente* C lentezza. **2** Prontezza: *obbedire con rapidità; rapidità nell'apprendere.*

rapido (rà-pi-do) AGG. **1** Veloce, svelto: *passo rapido; il punto del fiume in cui la corrente è più rapida* C lento. **2** Che si compie o che agisce in brevissimo tempo: *fare rapidi progressi nella ricerca; gettare una rapida occhiata* S veloce. E ***Treno rapido*** (o *il rapido* N.M.), in passato, treno veloce che fermava solo nelle stazioni principali.

rapimento (ra-pi-mén-to) N.M. · Reato per cui una persona viene portata via e tenuta in ostaggio allo scopo di chiedere denaro alla sua famiglia per restituirla viva e illesa: *la vittima del rapimento.*

rapina (ra-pì-na) N.F. · Reato che consiste nel rubare beni altrui con la violenza e le minacce: *effettuare una rapina; rapina a mano armata* S furto.

rapinare (ra-pi-nà-re) V.TR. · Rubare i beni di altri con violenza e minacce: *rapinare una banca; è stato rapinato mentre tornava a casa.*

rapinatore (ra-pi-na-tó-re) N.M. (f. *-trice*) · Chi compie rapine: *una banda di rapinatori.*

rapire (ra-pì-re) V.TR. (*rapìsco, rapìsci*, ecc.) · Effettuare un rapimento: *rapire un ricco industriale; è stato rapito da un gruppo di terroristi* S sequestrare.

rapitore (ra-pi-tó-re) N.M. (f. *-trice*) · Chi compie un rapimento: *la vittima ha identificato i suoi rapitori.*

rappacificare (rap-pa-ci-fi-cà-re) V.TR. (*rappacìfico, rappacìfichi*, ecc.) || TR. Far tornare in pace, rimettere d'accordo: *rappacificare due contendenti* S riconciliare. || **rappacificarsi** INTR. PRONOM. Fare la pace con qualcuno: *s'è rappacificato* ***con*** *il fratello.* || **rappacificarsi** RIFL. RECIPROCO Fare la pace l'uno con l'altro: *si sono rappacificati dopo anni.*

rappare (rap-pà-re) V.INTR. e TR. || INTR. (aus. *avere*) Eseguire musica rap. || TR. Realizzare in versione rap: *rappare una vecchia canzone d'amore.*

rappezzare (rap-pez-zà-re) V.TR. (*rappèzzo*, ecc.) · Rattoppare: *rappezzare un vestito.*

rapporto (rap-pòr-to) N.M. **1** Relazione, connessione fra due o più fatti: *non vedo il rapporto fra questi due avvenimenti* S nesso, collegamento. **2** Relazione tra persone: *rapporto di lavoro, di amicizia; rapporto affettivo* S legame, vincolo. **3** Il quoziente tra due numeri. **4** Proporzione, confronto: *non c'è rapporto fra l'intelligenza sua e quella del fratello.* **5** Resoconto destinato a un superiore: *inviare un rapporto al Ministero* S relazione. **6** Nella bicicletta, ciascuna delle corone dentate che, attivate dal cambio, permettono di cambiare la resistenza delle ruote: *mettere il rapporto da salita, da discesa.* E ***A rapporto***, nella vita militare, a colloquio per dare o ricevere chiarimenti e talvolta a scopo disciplinare: *il comandante mi ha chiamato a rapporto.*

rapprendere (rap-prèn-de-re) V.TR. (irreg.: coniugato come *prendere*) || TR. Far diventare denso: *far rapprendere il sugo.* || **rapprendersi** INTR. PRONOM. Condensarsi, coagularsi, addensarsi: *aspetta che la salsa si sia rappresa.*

rappresaglia (rap-pre-sà-glia) N.F. (pl. *-glie*) · Azione spietata commessa da un esercito nemico o da un dittatore contro la popolazione civile, per punizione o vendetta: *fucilarono venti civili per rappresaglia.*

rappresentante (rap-pre-ṣen-tàn-te) N.M. E F. **1** Chi parla e agisce per conto di altri: *rappresentante sindacale; rappresentante degli studenti* Ⓢ delegato. **2** Chi vende prodotti per conto di una ditta e riceve un compenso per ogni vendita andata a buon fine: *rappresentante di commercio.* **3** Personaggio importante e significativo di un'epoca storica o di un movimento culturale: *Garibaldi è stato un illustre rappresentante del Risorgimento italiano* Ⓢ esponente.

rappresentanza (rap-pre-ṣen-tàn-za) N.F. **1** Il potere di agire per conto di altri: *rappresentanza diplomatica* Ⓢ procura, delega. **2** La persona o il gruppo di persone incaricato di agire per conto di altri: *una rappresentanza degli operai chiede di essere ricevuta dal ministro* Ⓢ delegazione. Ⓔ ***Di rappresentanza,*** per dare prestigio e mettere in luce in occasioni ufficiali: *spese di rappresentanza* • ***In rappresentanza di,*** per conto di, a nome di: *il ministro manderà un funzionario in sua rappresentanza.*

rappresentare (rap-pre-ṣen-tà-re) V.TR. (*rappreṣènto*, ecc.) **1** Riprodurre uno spaccato di realtà con disegni o immagini: *il quadro rappresenta una scena di caccia* Ⓢ raffigurare, ritrarre • Descrivere: *rappresentare in un romanzo la vita di provincia.* **2** Possedere le caratteristiche principali di qualcosa e quindi diventarne il simbolo: *la colomba rappresenta la pace* Ⓢ simboleggiare, rispecchiare. **3** Avere un certo significato o valore: *il suo rifiuto ha rappresentato la fine della nostra amicizia* Ⓢ significare, costituire. **4** Presentare al pubblico, mettere in scena: *rappresentare una commedia.* **5** Avere l'incarico di parlare e di agire per conto di altri: *sono qui per rappresentare gli insegnanti della mia scuola.*

rappresentativo (rap-pre-ṣen-ta-tì-vo) AGG. **1** Che possiede i caratteri più importanti di un'epoca, una corrente culturale, un gusto: *un edificio altamente rappresentativo dell'architettura barocca* Ⓢ caratteristico. **2** Che ha l'incarico di agire in nome di una collettività: *il Parlamento è un organo rappresentativo.*

rappresentazione (rap-pre-ṣen-ta-zió-ne) N.F. **1** Riproduzione di uno spaccato di realtà con disegni o immagini: *la rappresentazione di un prato fiorito* Ⓢ raffigurazione • Descrizione: *un romanzo che offre un'efficace rappresentazione dei problemi dell'adolescenza.* **2** Presentazione al pubblico di uno spettacolo teatrale: *rappresentazione di una commedia* Ⓢ recita.

rapsodia (ra-pso-dì-a) N.F. (pl. *-die*) · Composizione musicale svolta specialmente su temi popolari: *le Rapsodie ungheresi di Liszt.*

raptus (ràp-tus) N.M. INVAR. · Impulso improvviso e incontrollabile a far del male a se stessi o ad altri: *un raptus omicida; ha picchiato la moglie in un raptus di gelosia.*

> Il termine deriva dal latino *raptus* 'rapimento'.

raramente (ra-ra-mén-te) AVV. · Con scarsa frequenza, di rado: *ci vediamo raramente* Ⓒ spesso.

rarefatto (ra-re-fàt-to) AGG. · Meno concentrato: *l'aria rarefatta dell'alta montagna.*

rarefazione (ra-re-fa-zió-ne) N.F. · Minore concentrazione: *rarefazione dell'aria.*

rarità (ra-ri-tà) N.F. INVAR. **1** Scarsa frequenza: *la rarità di un fenomeno.* **2** Cosa difficile da trovare e quindi ritenuta di valore: *un amico fedele è una rarità; questa moneta è una vera rarità* Ⓢ eccezione.

raro (rà-ro) AGG. **1** Scarsamente frequente e non facile a trovarsi: *le sue visite diventano sempre più rare; è un tipo di pesce molto raro* Ⓢ insolito, inconsueto Ⓒ frequente. **2** Che risulta di valore per le sue caratteristiche o per il fatto di essere presente in pochi esemplari: *un francobollo raro; una persona di rara intelligenza* Ⓢ singolare, prezioso. Ⓔ ***Bestia rara*** → ***bestia*** • ***È raro,*** avviene raramente: *è raro trovare una famiglia così unita.*

rasare (ra-sà-re o ra-ṣà-re) V.TR. || TR. **1** Tagliare peli o capelli fino alla radice con il rasoio: *rasare i capelli, la barba; rasare un cane.* **2** Rendere una superficie piana e regolare: *rasare il prato* Ⓢ pareggiare. || **rasarsi** RIFL. Farsi la barba: *rasarsi la barba* Ⓢ radersi.

rasatura (ra-sa-tù-ra o ra-ṣa-tù-ra) N.F. **1** Taglio del pelo per mezzo del rasoio: *rasatura* *della barba* • Ciò che viene tagliato. **2** L'atto di rendere una superficie liscia.

raschiare (ra-schià-re) V.TR. (*ràschio, ràschi,* ecc.) · Pulire la superficie di qualcosa strofinandola con uno strumento ruvido o tagliente: *raschiare il fondo di una padella* Ⓢ grattare.

raschiatoio (ra-schia-tó-io) N.M. (pl. *-tói*) · Strumento per raschiare • Antico strumento ricavato da selce o da altra pietra che serviva per raschiare pelli di animali o altri materiali.

rasentare (ra-ṣen-tà-re) V.TR. (*rasènto,* ecc.) **1** Passare molto vicino a qualcosa: *rasentare un muro* Ⓢ sfiorare. **2** Essere o trovarsi molto vicino a una condizione, a un'eventualità: *rasentare i trent'anni; rasentare il ridicolo.*

rasente (ra-ṣèn-te) PREP. e AVV. || PREP. A poca distanza, quasi sfiorando: *camminare rasente il muro; passeggiava rasente* ***alla*** *riva.* || AVV. Molto vicino, muovendosi o passando a poca distanza: *la pallottola* ***gli*** *passò rasente.*

rasi (rà-si) · Pass. rem., 1ª pers. sing. → ***radere***.

raso[1] (rà-so) · Participio pass. → ***radere***.

raso[2] (rà-so o rà-ṣo) N.M. · Tessuto di seta o di cotone liscio, rasato e lucente: *lenzuola di raso; una vestaglia di raso.*

rasoio (ra-só-io o ra-ṣó-io) N.M. (pl. *-sói* o *-ṣói*) · Strumento per radere peli o capelli costituito da una lama molto tagliente. Ⓔ ***Rasoio di sicurezza,*** provvisto di un elemento di protezione per impedire alla lama di tagliare la pelle • ***Rasoio elettrico,*** apparecchio elettrico che si passa sulla pelle per radere i peli • ***Sul filo del rasoio,*** in una situazione gravemente a rischio.

rasoterra (ra-so-tèr-ra o ra-ṣo-tèr-ra) AVV., AGG. e N.M. INVAR. || AVV. Sfiorando il terreno: *il gabbiano volava rasoterra.* || AGG. Molto vicino al terreno: *dopo un breve volo rasoterra il piccolo aereo si sollevò in aria.* || N.M. Nel calcio, tiro teso radente il terreno: *segnare con un rasoterra alla destra del portiere.*

raspa (rà-spa) N.F. · Utensile simile a una lima usato soprattutto per lavorare il legno.

raspare (ra-spà-re) V.TR. e INTR. || TR. **1** Levigare con una raspa: *raspare le gambe di un tavolo.* **2** Provocare irritazione o bruciore: *un liquore che raspa la gola; un maglione che raspa la pelle* Ⓢ pizzicare. || INTR. (aus. *avere*) **1** Di animale, grattare su una superficie con le unghie: *il cane raspa* ***alla*** *porta; il gatto raspa* ***nel*** *terreno.* **2** Produrre un rumore stridulo simile allo sfregamento di una raspa: *senti il motore come raspa.*

raspo (rà-spo) N.M. · Grappolo d'uva a cui sono stati tolti tutti i chicchi.

rassegna (ras-sé-gna) N.F. **1** Ispezione di gruppi o reparti militari: *passare in rassegna le truppe* Ⓢ rivista • Esame a scopo di valutazione e di scelta: *passare in rassegna i candidati.* **2** Elenco di argomenti con osservazioni e commenti: *rassegna stampa; rassegna degli spettacoli della stagione* Ⓢ resoconto. **3** Esposizione, mostra: *una rassegna di film francesi.*

rassegnare (ras-se-gnà-re) V.TR. (*rasségno,* ecc.) || TR. Rinunciare a un incarico o a una mansione: *rassegnare un incarico.* || **rassegnarsi** INTR. PRONOM. Accettare senza reagire situazioni spiacevoli: *non riesce a rassegnarsi* ***alla*** *perdita del figlio* Ⓢ arrendersi. Ⓔ ***Rassegnare le dimissioni,*** presentarle.

La prima persona plurale dell'indicativo presente e quella del congiuntivo presente è *rassegniamo*, con la *i*: la forma *rassegnamo* è sempre scorretta! La seconda persona plurale dell'indicativo presente è *rassegnate* senza *i*, mentre quella del congiuntivo presente è *rassegniate* con la *i*.

rassegnato (ras-se-gnà-to) AGG. · Che si è adattato a sopportare una situazione infelice: *soffre molto, ma sembra rassegnato.*

rassegnazione (ras-se-gna-zió-ne) N.F. · Atteggiamento di chi accetta avversità e sventure senza reagire o lamentarsi: *silenziosa rassegnazione; accettare la sconfitta con rassegnazione* Ⓢ sopportazione, accettazione.

rasserenare (ras-se-re-nà-re) V.TR. (*rasseréno,* ecc.) || TR. **1** Far tornare sereno: *il vento ha rasserenato il cielo.* **2** Tranquillizzare, risollevare: *le sue parole mi rasserenarono.* || **rasserenarsi** INTR. PRONOM. **1** Tornare sereno: *speriamo che il cielo si rassereni di nuovo* Ⓢ aprirsi Ⓒ rannuvolarsi. **2** Tranquillizzarsi, risollevarsi: *quando rivide il figlio si rasserenò.*

A B C D E F G H I J K L M N O P Q R S T U V W X Y Z

rassettare (ras-set-tà-re) V.TR. (*rassètto*, ecc.) · Mettere in ordine: *rassettare la camera* Ⓢ riordinare.

rassicurare (ras-si-cu-rà-re) V.TR. || TR. Comunicare fiducia e tranquillità: *rassicurare un bambino spaventato; riesce sempre a rassicurarmi* Ⓢ calmare, placare Ⓒ allarmare. || **rassicurarsi** INTR. PRONOM. Liberarsi da ansie e timori: *finché non avrò notizie non mi rassicurerò* Ⓢ tranquillizzarsi.

rassicurazione (ras-si-cu-ra-zió-ne) N.F. · Parola o discorso che dà fiducia: *non mi ha dato nessuna rassicurazione in merito.*

rassodare (ras-so-dà-re) V.TR. (*rassòdo*, ecc.) || TR. **1** Rendere asciutto e sodo: *il sole ha rassodato il terreno.* **2** Rendere tonica e soda una parte del corpo: *una crema per rassodare la pelle; la ginnastica gli ha rassodato i muscoli.* || **rassodarsi** INTR. PRONOM. **1** Diventare asciutto e sodo, diventare solido: *l'argilla al fuoco si rassoda.* **2** Diventare tonico: *con il nuoto i muscoli delle gambe si rassodano.*

rassomigliare (ras-so-mi-glià-re) V.INTR. (*rassomìglio*, ecc.; aus. *essere* o *avere*) || INTR. Presentare somiglianza nel carattere e nell'aspetto: *questo ritratto non* ***ti*** *rassomiglia; da bambino rassomigliava* ***a*** *suo padre* Ⓢ somigliare. || **rassomigliarsi** RIFL. RECIPROCO Essere quasi identici l'uno con l'altro: *i due fratelli si rassomigliano come due gocce d'acqua.*

rasta (rà-sta) AGG. e N.M. e F. INVAR. · Che, chi ha i capelli con lunghe ciocche attorcigliate su se stesse, come a formare delle corde: *pettinatura rasta.*

> Il termine è l'abbreviazione di *rastafariano*, parola con cui si indicano i seguaci di un movimento politico-religioso, sorto in Giamaica intorno al 1930, che portano i capelli in questo modo.

rastrellamento (ra-strel-la-mén-to) N.M. · Ricerca accurata in ogni angolo di una zona condotta dai militari o dalla polizia: *la polizia ha fatto un rastrellamento negli ambienti della malavita.*

rastrellare (ra-strel-là-re) V.TR. (*rastrèllo*, ecc.) **1** Raccogliere con il rastrello: *rastrellare il fieno, le foglie secche* • Pulire, pareggiare con il rastrello: *rastrellare il prato, il terreno.* **2** Perlustrare accuratamente una zona per trovare individui pericolosi, armi, prove, indizi: *rastrellare un quartiere* Ⓢ perquisire, setacciare • Prendere, requisire: *rastrellare armi, documenti falsi.* **3** Mettere insieme una grande quantità di qualcosa: *il governo dovrà rastrellare cinque miliardi di euro.*

rastrelliera (ra-strel-liè-ra) N.F. **1** Specie di gabbia collocata sopra la mangiatoia in una stalla in modo da consentire agli animali di strappare il foraggio a piccole boccate. **2** Struttura con mensole sovrapposte, pioli, ganci o incastri, dove si ripongono vari oggetti.

rastrello (ra-strèl-lo) N.M. · Arnese agricolo o da giardino, formato da un'asta trasversale munita di denti e fissata a un lungo manico: *ripulire il prato con il rastrello.*

rastremare (ra-stre-mà-re) V.TR. (*rastrèmo*, ecc.) · Rendere un elemento architettonico più stretto verso l'alto: *rastremare una colonna.*

rata (rà-ta) N.F. · Ciascuna parte in cui viene divisa una somma da pagare, versata a scadenze regolari: *comprare a rate; domani scade la rata del mutuo.*

rateale (ra-te-à-le) AGG. · Che si effettua a rate: *pagamento rateale.*

ratifica (ra-tì-fi-ca) N.F. (pl. *-che*) · Approvazione, convalida: *la proposta ha avuto la ratifica del direttore.*

ratificare (ra-ti-fi-cà-re) V.TR. (*ratìfico, ratìfichi*, ecc.) · Confermare, convalidare: *ratificare un progetto.*

ratto[1] (ràt-to) N.M. · Grosso topo molto aggressivo, vorace e portatore di malattie.

ratto[2] (ràt-to) N.M. · Rapimento: *il ratto delle Sabine.*

rattoppare (rat-top-pà-re) V.TR. (*rattòppo*, ecc.) **1** Riparare applicando una o più toppe: *rattoppare un vestito.* **2** Aggiustare alla meglio, ripristinando le parti rovinate: *rattoppare una strada asfaltata.*

R

rattoppo (rat-tòp-po) N.M. · Riparazione di un tessuto fatta con una toppa: *fare un rattoppo a una giacca.*

rattrappire (rat-trap-pì-re) V.TR. (*rattrappìsco, rattrappìsci*, ecc.) || TR. Provocare un temporaneo irrigidimento delle membra: *il freddo **mi** ha rattrappito le dita dei piedi* Ⓢ irrigidire, intorpidire. || **rattrappirsi** INTR. PRONOM. Del corpo o di una sua parte, perdere la capacità di distendersi: *con questo freddo **mi** si sono rattrappite le mani.*

rattristare (rat-tri-stà-re) V.TR. || TR. Rendere triste: *la sua ingratitudine mi rattrista molto* Ⓢ addolorare, amareggiare Ⓒ rallegrare. || **rattristarsi** INTR. PRONOM. Diventare triste: *non ti rattristare **per** così poco* Ⓒ gioire.

raucedine (rau-cè-di-ne) N.F. · Abbassamento e alterazione della voce: *ho un po' di raucedine.*

rauco (ràu-co) AGG. (pl.m. *-chi*, pl.f. *-che*) · Di voce bassa e gracchiante: *avere la voce rauca* Ⓢ roco • Di chi parla con questa voce: *dopo tanto parlare, era diventato rauco.*

ravanello (ra-va-nèl-lo) N.M. · Pianta con radice commestibile rossa e bianca, di sapore leggermente piccante.

rave (ra-ve; pronuncia *réiv*) N. INGL., in it. N.M. e AGG. INVAR. · Raduno musicale di giovani, notturno e non autorizzato: *musica rave.*

raviolo (ra-vi-ò-lo) N.M. (spesso al pl.) · Quadrato di pasta ripieno di carne, ricotta o verdura, da mangiare con il sugo o con il burro.

ravvedersi (rav-ve-dér-si) V.INTR. PRONOM. (irreg.: coniugato come *vedere*) · Riconoscere i propri errori e correggersi: *dopo una giovinezza dissoluta si ravvide* Ⓢ riscattarsi.

ravvicinato (rav-vi-ci-nà-to) AGG. · Molto vicino: *sparare un colpo a distanza ravvicinata.*

ravvisare (rav-vi-ṣà-re) V.TR. · Riconoscere, individuare, identificare: *mi è sembrato di ravvisare una faccia nota tra la folla.*

ravvivare (rav-vi-và-re) V.TR. || TR. **1** Far ritornare forte e vitale: *ravvivare il fuoco nel camino.* **2** Far diventare vivace: *la sua presenza ha ravvivato la serata* Ⓢ animare. || **ravvivarsi** INTR. PRONOM. Acquistare vivacità: *appena cominciò a parlare l'attenzione della sala si ravvivò.*

raziocinio (ra-zio-cì-nio) N.M. (pl. *-ni*) · Capacità di ragionare: *persona con poco raziocinio* Ⓢ giudizio, criterio.

razionale (ra-zio-nà-le) AGG. **1** Provvisto di ragione: *individui razionali* Ⓢ intelligente, ragionevole. **2** Che dimostra equilibrio e buon senso: *il suo non è stato un comportamento razionale* Ⓢ logico, sensato Ⓒ irrazionale. **3** Che valorizza e rende funzionale: *una suddivisione razionale degli ambienti.* **4** ***Numeri razionali***, i numeri interi e le frazioni.

razionalità (ra-zio-na-li-tà) N.F. INVAR. **1** La qualità di chi è provvisto di ragione: *la razionalità distingue gli uomini dagli animali* Ⓢ logica, intelligenza. **2** Criterio logico: *la razionalità di un discorso; agire con razionalità* Ⓢ lucidità • Funzionalità, efficienza: *la razionalità di un arredamento.*

razionalizzare (ra-zio-na-liẓ-ẓà-re) V.TR. **1** Rendere più semplice e funzionale: *razionalizzare la produzione* Ⓢ migliorare. **2** In psicanalisi, analizzare un disagio fino a capirne le cause: *razionalizzare il proprio conflitto con i genitori.*

razionalmente (ra-zio-nal-mén-te) AVV. · In modo razionale e coerente: *impostare razionalmente un problema* • In modo funzionale alle necessità: *un edificio costruito razionalmente.*

razionamento (ra-zio-na-mén-to) N.M. · Durante una guerra o un'emergenza, uso limitato e controllato di generi di prima necessità: *razionamento dei viveri, dell'acqua.*

razionare (ra-zio-nà-re) V.TR. (*razióno*, ecc.) · In tempo di guerra o in situazioni di emergenza, ridurre e controllare l'uso di generi di prima necessità: *razionare il pane, la carne.*

razione (ra-zió-ne) N.F. · La quantità assegnata a ciascuno in una distribuzione: *una razione di carne, di pane* Ⓢ porzione.

razza[1] (ràz-za) N.F. **1** Gruppo di individui della stessa specie, animale o vegetale, che hanno caratteri comuni ed ereditari: *esistono moltissime razze di cani.* **2** Ognuno dei grandi raggruppamenti in cui viene divisa l'umanità, in base al colore della pelle e ad altre caratteristiche esteriori: *razza bianca, gialla, nera* Ⓢ popolo, etnia. **3** Specie, sorta, tipo: *che razza di sciocchezze stai dicendo?* Ⓔ ***Di razza***, che non deriva da un incrocio tra razze diverse: *cane, cavallo di razza*; dotato di qualità eccezionali, eccellente: *uno scrittore di razza*.

razza[2] **(ràẓ-ẓa)** N.F. · Pesce marino con corpo largo e piatto a forma di rombo, occhi sul dorso, bocca sul ventre.

razzia **(raz-zì-a)** N.F. (pl. *-zìe*) · Assalto armato a scopo di saccheggio o di rapina: *bande armate fecero razzia di bestiame*.

La parola *razzia* si scrive con doppia zeta, al contrario della maggior parte delle parole che presentano *zi + vocale*, come *ozio*, *vizio*.

razziale **(raz-zià-le)** AGG. · Della razza: *caratteri razziali* Ⓢ etnico • Dovuto al razzismo: *persecuzioni razziali*. Ⓔ ***Discriminazione razziale***, la politica attuata da alcuni Paesi con popolazione mista nei confronti dei gruppi di colore, che nega loro gli stessi diritti dei bianchi; ***segregazione razziale***, l'obbligo per i gruppi di colore di vivere in quartieri separati.

La parola *razziale* si scrive con doppia zeta, al contrario della maggior parte delle parole che presentano *zi + vocale*, come *ozio*, *vizio*.

razzismo **(raz-zì-ṣmo)** N.M. **1** Ideologia che si fonda sulla convinzione che una razza umana possa essere superiore alle altre e che è alla base di orrendi crimini come il genocidio o lo schiavismo: *il razzismo dei nazisti*; *episodi di razzismo*. **2** Qualsiasi discriminazione a danno di una categoria di persone: *perché questo razzismo nei confronti dei meridionali?*

razzista **(raz-zì-sta)** AGG. e N.M. e F. (pl.m. *-i*, pl.f. *-e*) · Che, chi professa il razzismo: *un atteggiamento razzista*; *governo razzista*.

razzo **(ràẓ-ẓo)** N.M. **1** Fuoco artificiale fatto con un tubo pieno di polvere da sparo che acceso viene lanciato a grande altezza emettendo luci e scoppi: *accendere un razzo*. **2** Missile. Ⓔ ***A razzo, come un razzo***, a grande velocità, rapidamente: *è uscito come un razzo* • ***Razzo di segnalazione***, quello usato di notte, per segnalare un pericolo o per indicare la propria posizione.

razzolare **(raz-zo-là-re)** V.INTR. (*ràzzolo*, ecc.; aus. *avere*) **1** Di uccelli, raspare in terra con le zampe e con il becco alla ricerca di cibo: *la gallina razzola nell'aia*. **2** Cercare, frugare: *smettila di razzolare* **nella** *mia borsa*. Ⓔ ***Predicare bene e razzolare male***, proclamare l'onestà e la virtù e comportarsi da disonesto.

re[1] **(rè)** N.M. INVAR. · Seconda nota della scala musicale di *do*.

Guido d'Arezzo (992-1050 circa), monaco benedettino, mise a punto il sistema moderno di scrittura della musica e ideò la formula per ricordare i nomi delle note prendendo la prima sillaba di ogni versetto dell'inno liturgico a san Giovanni: *UT queant laxis / REsonare fibris / MIra gestorum / FAmuli tuorum / SOLve polluti / LAbii reatum / Sancte Iohannes* = Affinché i tuoi servi possano cantare a gola spiegata le meraviglie delle tue gesta, cancella la colpa dell'impuro labbro o San Giovanni; nel Seicento *ut* fu sostituito con *do*.

re[2] **(ré)** N.M. INVAR. **1** Il capo assoluto di un regno: *re di Francia, d'Inghilterra* Ⓢ sovrano, monarca. **2** Chi eccelle per una qualità positiva o negativa: *re dei cuochi*; *il re dei ladri* Ⓢ campione, principe. **3** Nelle carte da gioco, ciascuna delle quattro figure che rappresentano un re: *re di fiori* • Negli scacchi, il pezzo più importante di ciascuno schieramento: *muovere il re*; *scacco al re*. Ⓔ ***Come un re, da re***, negli agi e nella ricchezza: *vivere come un re* • ***Il re della foresta, il re della savana***, il leone, perché è l'animale più forte.

re- · Prefisso verbale che già fin dal latino indica 'ripetizione' (*reiterare*) o 'movimento in senso contrario' (*reagire*); viene usato anche per formare un verbo a partire da un sostantivo (*refrigerare*).

reagente **(re-a-gèn-te)** AGG. e N.M. · Di sostanza che prende parte a una reazione chimica.

reagire **(re-a-gì-re)** V.INTR. (*reagìsco, reagìsci*, ecc.; aus. *avere*) **1** Rispondere con un'azione o replicare con vivacità a un insulto, una violenza, un'ingiustizia: *all'insulto reagì* **con** *uno schiaffo* Ⓢ ribattere • Passare al contrattacco: *nel secondo tempo la squadra ha saputo* *reagire.* **2** In medicina, di un organismo, rispondere a stimoli esterni: *non reagisce più* ***ai*** *farmaci.* **3** Di elementi e composti, partecipare a una reazione.

reale[1] (re-à-le) AGG. e N.M. || AGG. **1** Relativo al re o ai re: *palazzo reale; Altezza reale,* titolo dei principi Ⓢ regale. **2** Regale: *un portamento reale.* || N.M.PL. ***I Reali,*** il re e la regina. Ⓔ ***Scala reale*** → *scala*.

reale[2] (re-à-le) AGG. · Che esiste o si è verificato davvero: *un personaggio reale* Ⓢ concreto Ⓒ irreale • Autentico, certo, vero: *vorrei conoscere le sue reali intenzioni* • Che non è apparente: *le reali qualità di un prodotto* Ⓢ effettivo. Ⓔ ***In tempo reale,*** mentre avviene un evento, contemporaneamente al suo svolgersi: *trasmettere immagini in tempo reale* • ***Numero reale,*** ogni numero razionale o irrazionale.

realismo (re-a-li-ṣmo) N.M. **1** Modo di affrontare le situazioni tenendo conto degli aspetti pratici e dei dati concreti, senza farsi illusioni sui risultati: *considerare la situazione con realismo.* **2** Movimento artistico e letterario che tende a riprodurre la realtà nei suoi aspetti e problemi concreti: *il realismo dei romanzi di fine Ottocento.*

realista (re-a-lì-sta) AGG. e N.M. e F. (pl.m. *-i*, pl.f. *-e*) · Che, chi affronta le situazioni tenendo conto degli aspetti pratici e dei dati concreti, senza illusioni o fantasie: *uno spirito realista* Ⓢ concreto, pragmatico Ⓒ idealista.

realistico (re-a-lì-sti-co) AGG. (pl.m. *-ci*, pl.f. *-che*) · Fondato su fatti concreti: *una visione realistica della situazione* Ⓢ pratico, pragmatico.

reality show (re-a-li-ty show; pronuncia *riàliti sciò*) (in it. anche solo **reality**) N. INGL., in it. N.M. INVAR. · Spettacolo che ha per protagonisti persone comuni riprese in situazioni di vita quotidiana.

realizzare (re-a-liz-ẓà-re) V.TR. || TR. **1** Attuare concretamente: *realizzare un sogno; realizzare un ottimo punteggio* Ⓢ concretizzare • Segnare punti per la propria squadra: *realizzare un gol.* **2** Rendersi conto di qualcosa, capire: *realizzare l'importanza di un evento.* || **realizzarsi** INTR. PRONOM. **1** Divenire reale: *le sue previsioni si sono realizzate* Ⓢ attuarsi, avverarsi. **2** Fare un lavoro o un'attività in cui si riesce a dare il meglio di sé con grande soddisfazione: *non tutte le donne si realizzano* ***nel*** *matrimonio.*

realizzazione (re-a-liẓ-ẓa-zió-ne) N.F. · L'azione di rendere concreta una cosa che si desidera attuare: *un'opera di difficile realizzazione* Ⓢ attuazione, esecuzione.

realmente (re-al-mén-te) AVV. · Veramente, effettivamente, davvero: *a volte dubito che tutto questo sia realmente accaduto.*

realtà (re-al-tà) N.F.INVAR. **1** L'insieme di tutto ciò che esiste: *riprodurre fedelmente la realtà; la conoscenza della realtà.* **2** La qualità di ciò che è vero: *la realtà di un avvenimento* Ⓢ concretezza Ⓒ irrealtà. Ⓔ ***In realtà,*** in verità, in effetti, effettivamente: *in realtà il primo premio spetterebbe a lui.*

reame (re-à-me) N.M. · Territorio governato da un re: *il Reame di Napoli* Ⓢ regno.

reato (re-à-to) N.M. · Ogni atto contrario alla legge: *commettere un reato; colpevole di reato* Ⓢ delitto, crimine. Ⓔ ***Corpo del reato*** → *corpo*.

reattore (re-at-tó-re) N.M. **1** Motore che sfrutta la spinta prodotta dal passaggio all'esterno di un gas ad alta temperatura ed elevata velocità. **2** ***Reattore nucleare,*** impianto per la produzione e il controllo di reazioni nucleari a catena, capaci di liberare enormi quantità di energia da utilizzare a scopi pratici.

reazionario (re-a-zio-nà-rio) AGG. e N.M. (f. *-a*; pl.m. *-ri*, pl.f. *-rie*) · Che, chi è ostile a qualsiasi innovazione o progresso sul piano politico e sociale: *governo reazionario; politica reazionaria* Ⓢ retrogrado Ⓒ progressista.

reazione (re-a-zió-ne) N.F. **1** Azione con cui ci si contrappone a un'altra: *reazione immediata, inaspettata; provocare la reazione del nemico* Ⓢ risposta, replica. **2** Opposizione sistematica al progresso e alla diffusione delle libertà politiche. **3** Qualsiasi forza che si libera in risposta a un'altra, uguale e opposta a questa: *reazione nucleare.* **4** Trasformazione di una o più sostanze accompagnata da

A B C D E F G H I J K L M N O P Q **R** S T U V W X Y Z

sviluppo o assorbimento di calore. **5** Modificazione con cui un organismo risponde a uno stimolo: *reazione fisiologica.* Ⓔ ***Reazione a catena*** → ***catena***.

rebus (rè-bus) N.M.INVAR. **1** Gioco enigmistico in cui alcune lettere poste prima o dopo una vignetta disegnata permettono di indovinare una parola o una frase: *risolvere un rebus.* **2** Di persona o questione difficile da capire: *lo conosco da anni, ma per me è rimasto un rebus* Ⓢ mistero, enigma.

Il termine deriva dal latino *rebus* 'con le cose', nel senso di '(indovinello fatto) per mezzo di cose, di oggetti' e non utilizzando lettere.

recalcitrante (re-cal-ci-tràn-te) → ***ricalcitrante***.

recapitare (re-ca-pi-tà-re) V.TR. (*recàpito*, ecc.) · Portare al destinatario: *recapitare un pacco* Ⓢ consegnare, recare. ▸ Ⓕ **caput**

recapito (re-cà-pi-to) N.M. **1** L'indirizzo di una persona o altro luogo dove può ricevere messaggi o pacchi: *invia tutti i documenti al mio recapito; recapito telefonico,* numero di telefono Ⓢ indirizzo, domicilio. **2** Consegna al destinatario: *provvedo io al recapito della merce.* ▸ Ⓕ **caput**

recare (re-cà-re) V.TR. (*rèco, rèchi*, ecc.) || TR. **1** Portare: *recare una lettera* ***a*** *destinazione; recare con sé un dono.* **2** Causare, provocare, arrecare: *la grandine ha recato gravi danni* ***al*** *raccolto.* || **recarsi** INTR. PRONOM. Andare in un certo luogo: *recarsi* ***in*** *città.*

R

recedere (re-cè-de-re) V.INTR. (*recèdo*, ecc.; aus. *avere*) · Rinunciare, venire meno, desistere: *recedere* ***da*** *un proposito.* Ⓔ ***Recedere da un contratto***, annullarlo, scioglierlo.

recensione (re-cen-sió-ne) N.F. · Articolo di giornale o di rivista in cui viene espressa un'opinione sulla qualità di un libro, uno spettacolo, una mostra: *ottenere una recensione favorevole* Ⓢ critica.

recensire (re-cen-sì-re) V.TR. (*recensìsco, recensìsci*, ecc.) · Scrivere in un articolo di giornale la propria opinione sulla qualità di un libro, uno spettacolo o un film: *recensire un romanzo.*

recente (re-cèn-te) AGG. · Accaduto o fatto da poco: *una ferita recente; gli studi più recenti* Ⓢ nuovo. Ⓔ ***Di recente***, poco tempo fa: *l'ho incontrato di recente.*

recentemente (re-cen-te-mén-te) AVV. · Da poco tempo, di recente: *gli abbiamo fatto visita recentemente.*

recepire (re-ce-pì-re) V.TR. (*recepìsco, recepìsci*, ecc.) · Accogliere, comprendere, accettare: *gli studenti hanno recepito le correzioni del professore.*

recessione (re-ces-sió-ne) N.F. · Rallentamento dell'attività economica: *l'economia nazionale è in fase di recessione* Ⓢ crisi.

recessivo (re-ces-sì-vo) AGG. **1** In genetica, di carattere più debole che si trasmette solo ad alcuni individui Ⓒ dominante. **2** Di recessione economica: *fase recessiva.*

recettore (re-cet-tó-re) AGG. e N.M. (f. *-trìce*) · Di ciò che ha la funzione di ricevere sensazioni: *i recettori sono anche detti organi di senso.*

recidere (re-cì-de-re) V.TR. (irreg.: pass. rem. *recìṣi, recidésti*, ecc.; part. pass. *recìṣo*) **1** Tagliare con un colpo netto: *recidere un ramo; la falciatrice* ***gli*** *ha reciso una gamba* Ⓢ mozzare, troncare. **2** Interrompere in modo brusco: *recidere una relazione.*

recidivo (re-ci-dì-vo) AGG. **1** Di chi torna a ripetere la stessa azione sbagliata: *un ladro recidivo.* **2** Di malattia che torna in un paziente, spesso in forma più grave: *un'influenza recidiva.*

Il termine deriva dal latino *recidere* 'ricadere'.

recintare (re-cin-tà-re) V.TR. · Chiudere con un recinto: *recintare un giardino* ***con*** *una siepe* Ⓢ cintare.

recinto (re-cìn-to) N.M. · Spazio circoscritto e chiuso: *le mucche si trovavano in un recinto* • Barriera che circonda questo spazio: *un recinto di rete metallica, di legno* Ⓢ recinzione, cinta.

recinzione (re-cin-zió-ne) N.F. · Chiusura per mezzo di un recinto: *la recinzione di un campo.*

recipiente (re-ci-pièn-te) N.M. · Contenitore di forma e dimensioni varie: *recipiente di vetro*.

reciprocamente (re-ci-pro-ca-mén-te) AVV. · A vicenda, l'un l'altro: *aiutarsi reciprocamente*.

reciproco (re-cì-pro-co) AGG. (pl.m. *-ci*, pl.f. *-che*) **1** Che ci si scambia tra due o più persone: *confidenze reciproche* Ⓢ mutuo. **2** Di sentimento che si prova verso qualcun altro che lo ricambia con la stessa intensità: *affetto reciproco; stima reciproca*. **3** Di entrambe le parti: *l'affare si è concluso con reciproca soddisfazione*. **4** In grammatica, di verbo riflessivo, che indica un'azione che si rivolge reciprocamente sui soggetti che la compiono (per es. *si abbracciarono commossi*).

recisamente (re-ci-ṣa-mén-te) AVV. · Senza esitazione: *ha rifiutato recisamente la nostra offerta* Ⓢ decisamente.

recisi (re-cì-ṣi) · Pass. rem., 1ª pers. sing. → ***recidere***.

recisione (re-ci-ṣió-ne) N.F. · Taglio netto di qualcosa: *la recisione di un fiore* Ⓢ troncamento.

reciso (re-cì-ṣo) AGG. || Participio pass. → ***recidere***. || AGG. **1** Tagliato di netto. **2** Secco, brusco: *risposta recisa*. Ⓔ ***Fiori recisi***, fiori freschi tagliati e venduti senza vaso, come ornamento.

recita (rè-ci-ta) N.F. · Rappresentazione di un'opera teatrale, messa in scena: *recita scolastica; assistere a una recita* Ⓢ spettacolo.

recital (re-ci-tal; pronuncia *rèsital*) N.INGL., in it. N.M.INVAR. · Spettacolo in cui un attore, un cantante o un musicista si esibisce da solo.

recitare (re-ci-tà-re) V.TR. (*rècito*, ecc.) **1** Interpretare un personaggio in uno spettacolo teatrale, cinematografico o televisivo: *recitare la parte del cattivo; recitare in un film*. **2** Fingere un sentimento o una condizione non vera: *recitare la parte della vittima* Ⓢ sostenere, fingere. **3** Pronunciare a voce alta, davanti a un pubblico, un testo imparato a memoria: *recitare una poesia* Ⓢ declamare. **4** Di preghiera, dire: *recitare il rosario*.

Il termine deriva dal latino *recitare* 'rifare l'appello delle persone convocate in tribunale', passato poi a significare 'leggere ad alta voce'.

recitazione (re-ci-ta-zió-ne) N.F. · L'interpretazione di un testo drammatico o poetico: *recitazione teatrale; recitazione di un brano di Shakespeare* • La tecnica per imparare a recitare: *corso di recitazione*.

reclamare (re-cla-mà-re) V.INTR. e TR. || INTR. (aus. *avere*) Protestare, lamentarsi: *reclamare* ***contro*** *un provvedimento ingiusto*. || TR. Richiedere con decisione ed energia quanto ci è dovuto: *reclamare giustizia; reclamare i propri diritti* Ⓢ esigere, pretendere.

réclame (ré-cla-me; pronuncia *reclàm*) N.F. FR., in it. N.F. INVAR. · Pubblicità, promozione, propaganda: *fare réclame a un nuovo prodotto*.

reclamizzare (re-cla-miẓ-ẓà-re) V.TR. · Far conoscere con la pubblicità: *reclamizzare un prodotto* Ⓢ pubblicizzare.

reclamo (re-clà-mo) N.M. · Protesta ufficiale: *presentare un reclamo; ufficio reclami* Ⓢ lamentela.

reclinare (re-cli-nà-re) V.TR. · Abbassare lentamente: *reclinare il capo* ***sul*** *cuscino* Ⓢ abbandonare, posare.

reclusione (re-clu-ṣió-ne) N.F. · La condizione di essere rinchiusi in un luogo: *ha scelto la reclusione in convento* • La pena di essere rinchiusi in carcere per aver commesso un reato: *deve scontare ancora tre anni di reclusione* Ⓢ detenzione.

Il termine deriva dal latino *claudere* 'chiudere' (→ ***concludere***).

recluso (re-clù-ṣo) AGG. e N.M. (f. *-a*) **1** Isolato da tutti: *vivere come un recluso*. **2** Condannato alla reclusione Ⓢ prigioniero, carcerato.

Il termine deriva dal latino *claudere* 'chiudere' (→ ***concludere***).

recluta (rè-clu-ta) N.F. · Soldato appena arruolato: *le reclute della classe '83*.

reclutamento (re-clu-ta-mén-to) N.M. **1** Ricerca e arruolamento di persone nell'esercito. **2** Selezione e assunzione di personale: *reclutamento di manodopera*.

reclutare (re-clu-tà-re) V.TR. (*rècluto*, ecc.) **1** Cercare e arruolare persone in un esercito: *furono reclutati anche i ragazzi appena maggiorenni.* **2** Assumere, ingaggiare: *reclutare nuovi giocatori per la squadra.*

recondito (re-còn-di-to) AGG. **1** Di luogo, nascosto e appartato: *da piccolo si nascondeva negli angoli più reconditi della casa.* **2** Non confessato: *pensieri reconditi* Ⓢ segreto.

record (rè-cord) N.M. e AGG. INVAR. || N.M. **1** Il miglior risultato raggiunto in una prova sportiva: *stabilire, battere un record; record olimpico* Ⓢ primato. **2** Il valore più alto: *record di vendite.* || AGG. Di un risultato quantitativo mai raggiunto: *incasso record.* Ⓔ ***A tempo di record***, in pochissimo tempo: *vestirsi a tempo di record.*

recriminare (re-cri-mi-nà-re) V.TR. e INTR. (*recrìmino*, ecc.) || TR. Considerare con rammarico ciò che si è fatto o che è accaduto: *non puoi recriminare nulla; cosa hai da recriminare?* || INTR. (aus. *avere*) Esprimere lamentele o accuse per fatti accaduti o per ingiustizie subite in passato: *è andato a recriminare dal preside; sei sempre a recriminare* ***sul*** *passato* Ⓢ rammaricarsi, lagnarsi.

recrudescenza (re-cru-de-scèn-za) N.F. · Nuovo aggravamento di una malattia o di un problema sociale che sembrava fosse in via di miglioramento: *una recrudescenza della malattia, della criminalità.*

recuperare (re-cu-pe-rà-re) V.TR. (*recùpero*, ecc.) **1** Riacquistare il possesso o la disponibilità di quanto si credeva perduto o distrutto: *recuperare un libro dato in prestito* Ⓢ riprendere. **2** Riacquistare una condizione perduta: *recuperare le forze; recuperare una buona posizione in classifica* Ⓢ riconquistare • Ridurre o eliminare uno svantaggio: *il gruppo ha recuperato due minuti* ***sull'****atleta in fuga* Ⓢ rimontare. **3** Rendere un materiale di nuovo utilizzabile: *recuperare il vetro, la carta* Ⓢ riciclare • Risanare, restaurare: *recuperare il centro storico.* **4** Rendere una persona di nuovo parte attiva della collettività: *recuperare un ex detenuto.*

recupero (re-cù-pe-ro) N.M. **1** Il ritornare in possesso di quanto si credeva perduto o distrutto: *recupero della refurtiva; recupero di un'auto finita in un canale.* **2** Il ritorno a una condizione favorevole o vantaggiosa: *recupero delle energie* • Il ritorno a una normale vita sociale: *comunità di recupero per tossicodipendenti* Ⓢ riabilitazione. **3** Riduzione o annullamento di uno svantaggio: *abbiamo assistito a uno straordinario recupero da parte della squadra.* Ⓔ ***Avere capacità di recupero***, saper superare con facilità le conseguenze di una prova particolarmente dura • ***Di recupero***, che serve ad aiutare studenti in difficoltà: *lezione di recupero* • ***Minuti di recupero*** (o *il recupero*), nello sport, quelli che l'arbitro fa giocare alla fine della partita per compensare il tempo perduto per incidenti o altre interruzioni • ***Partita di recupero*** (o *il recupero*), nello sport, giocata, a causa di un rinvio, in una data successiva a quella prevista in calendario.

redarguire (re-dar-guì-re) V.TR. (*redarguìsco*, *redarguìsci*, ecc.) · Rimproverare aspramente: *redarguire gli alunni* Ⓢ richiamare.

redassi (re-dàs-si) · Pass. rem., 1ª pers. sing. → ***redigere***.

redatto (re-dàt-to) · Participio pass. → ***redigere***.

redattore (re-dat-tó-re) N.M. (f. *-trìce*) · Chi nei giornali scrive o rivede gli articoli e nelle case editrici prepara i testi per la pubblicazione: *redattore di un quotidiano; i redattori dell'enciclopedia.*

redazione (re-da-zió-ne) N.F. **1** L'attività di scrivere o rivedere i testi da pubblicare: *curare la redazione della pagina culturale* • L'insieme dei redattori: *la redazione di un giornale, di una casa editrice* • L'ufficio in cui lavorano i redattori: *mi trovi tutto il giorno in redazione.* **2** La stesura di un testo scritto: *confrontare due diverse redazioni del romanzo* Ⓢ versione.

redditizio (red-di-tì-zio) AGG. (pl.m. *-zi*, pl.f. *-zie*) · Che fa guadagnare parecchio: *una professione redditizia* Ⓢ fruttuoso.

reddito (rèd-di-to) N.M. · Ciò che si guadagna: *reddito individuale; il reddito di un'azienda* Ⓢ entrate (PL.). Ⓔ ***Dichiarazione dei redditi, denuncia dei redditi***, quella che si presenta ogni anno all'Ufficio delle imposte e serve per stabilire quante tasse deve pagare ogni individuo.

redensi (re-dèn-si) · Pass. rem., 1ª pers. sing. → ***redimere***.

redento (re-dèn-to) · Participio pass. → ***redimere***.

redentore (re-den-tó-re) N.M. (f. *-trìce*) · Chi libera altri da uno stato di schiavitù Ⓢ salvatore. Ⓔ ***Il redentore***, Gesù Cristo.

redenzione (re-den-zió-ne) N.F. · Nel Cristianesimo, la liberazione dell'umanità dal peccato originale per opera di Gesù Cristo.

redigere (re-dì-ge-re) V.TR. (irreg.: ind. pres. *redìgo*, *redìgi*, ecc.; pass. rem. *redàssi*, *redigésti*, *redàsse*, *redigémmo*, *redigéste*, *redàssero*; part. pass. *redàtto*) **1** Scrivere in forma ufficiale: *redigere un verbale* Ⓢ stendere. **2** Scrivere, curare: *redigere una rubrica; redigere un dizionario*.

> L'infinito *redarre*, anche se è molto comune, è sbagliato!

redimere (re-dì-me-re) V.TR. (irreg.: pass. rem. *redènsi*, *rediméssti*, ecc.; part. pass. *redènto*) || TR. **1** Nel Cristianesimo, ridare all'uomo la purezza originaria, liberandolo dal peccato: *Gesù Cristo è morto per redimere l'umanità*. **2** Salvare da una condizione di mancanza di libertà o di degrado morale: *redimere un popolo* ***dalla*** *schiavitù; redimere* ***dal*** *vizio* Ⓢ affrancare, emancipare. || **redimersi** RIFL. Liberarsi dal peso di una cattiva azione comportandosi bene: *redimersi* ***dalla*** *colpa* Ⓢ riabilitarsi.

> Il termine deriva dal latino *redimere* 'ricomprare, riscattare', che viene a sua volta da *emere* 'comprare' con il prefisso **re-**.

redine (rè-di-ne) N.F. (spesso al pl.) · Ciascuna delle due strisce di cuoio che servono a guidare il cavallo: *allentare le redini* Ⓢ briglia. Ⓔ ***Prendere le redini***, assumere la guida di qualcosa: *ha preso le redini della famiglia* • ***Tenere le redini***, guidare, governare qualcosa: *il figlio maggiore teneva le redini dell'azienda*.

reduce (rè-du-ce) AGG. e N.M. e F. **1** Che, chi torna dopo una lunga assenza dovuta a guerra o prigionia: *i reduci dai campi di concentramento; i soldati reduci della prima guerra mondiale* Ⓢ superstite, sopravvissuto. **2** Che, chi ha affrontato una prova difficile: *reduce dalla vittoria olimpica; reduce da una lunga malattia*.

referendum (re-fe-rèn-dum) N.M. INVAR. · Convocazione degli elettori al voto perché dicano la loro opinione su singole questioni: *i risultati del referendum; referendum sull'energia nucleare* Ⓢ votazione.

> Il termine deriva dal latino *(convocatio) ad referendum* '(convocazione) per riferire'.

referente (re-fe-rèn-te) N.M. e F. · Persona che rappresenta il punto di riferimento per chi svolge un'attività: *chiederò informazioni alla mia referente al ministero*.

referenza (re-fe-rèn-za) N.F. (spesso al pl.) · Informazione sulle capacità professionali di qualcuno o sulla serietà di un'azienda, fornita da chi ha avuto in passato rapporti con esse: *la ditta non assume persone senza referenze*.

referenziato (re-fe-ren-zià-to) AGG. · Che ha buone referenze: *cercasi cameriera referenziata*.

referto (re-fèr-to) N.M. · La relazione scritta dal medico con i risultati degli esami a cui ha sottoposto il paziente.

refettorio (re-fet-tò-rio) N.M. (pl. *-ri*) · In una comunità, il locale dove si consumano i pasti: *il refettorio di un convento* Ⓢ mensa.

refezione (re-fe-zió-ne) N.F. · Pasto, soprattutto quello servito nelle scuole agli alunni all'ora di pranzo.

refolo (rè-fo-lo) N.M. · Soffio di vento leggero e improvviso.

refrattario (re-frat-tà-rio) AGG. (pl.m. *-ri*, pl.f. *-rie*) **1** Di materiale che resiste anche se sottoposto ad alte temperature: *mattoni refrattari*. **2** Di chi è insensibile a un sentimento o a una manifestazione di affetto: *è refrattario* ***ai*** *complimenti* • Negato per una certa attività: *refrattario* ***alla*** *matematica*.

refrigerante (re-fri-ge-ràn-te) AGG. e N.M. || AGG. Che dà una bella sensazione di fresco: *una doccia refrigerante*. || AGG. e N.M. Di processo, sostanza o apparecchio usati per raffreddare: *cella refrigerante; refrigerante a serpentina*.

refrigerare (re-fri-ge-rà-re) V.TR. (*refrìgero*, ecc.) 1 Dare refrigerio: *refrigerare il corpo con una doccia* Ⓢ rinfrescare. 2 Sottoporre a refrigerazione: *refrigerare la carne.*

refrigeratore (re-fri-ge-ra-tó-re) N.M. · Sostanza o apparecchio che serve a refrigerare.

refrigerazione (re-fri-ge-ra-zió-ne) N.F. · Procedimento con cui si abbassa la temperatura dei cibi perché si conservino di più, senza però arrivare a congelarli.

refrigerio (re-fri-gè-rio) N.M. (pl. *-ri*) · Sollievo dato da una gradevole sensazione di fresco: *il refrigerio di un po' d'ombra, di un bagno.*

refurtiva (re-fur-tì-va) N.F. · Il ricavato di un furto o di una rapina: *recuperare la refurtiva* Ⓢ bottino, preda.

> Il termine deriva dal latino *re(s) furtiva* 'cosa (proveniente) da furto'.

refuso (re-fù-ṣo) N.M. · Errore di stampa: *una rivista piena di refusi.*

regalare (re-ga-là-re) V.TR. || TR. Offrire spontaneamente con l'intenzione di far cosa gradita: *regalare un libro* Ⓢ donare, elargire. || **regalarsi** TR. PRONOM. Concedersi, offrirsi: *ho deciso di regalarmi una settimana di vacanza.*

regale (re-gà-le) AGG. · Degno o proprio di un re: *portamento regale; stirpe regale.*

regalo (re-gà-lo) N.M. 1 L'oggetto offerto o ricevuto per cortesia o affetto di solito in una occasione particolare: *ricevere un regalo; regalo di compleanno, di nozze* Ⓢ dono. 2 Cosa gradita, che fa piacere: *le tue parole di stima sono state un bel regalo.*

regata (re-gà-ta) N.F. · Gara di velocità per imbarcazioni: *le regate olimpiche.*

reggente (reg-gèn-te) AGG. e N.M. e F. || AGG. e N.M. e F. Che, chi esercita il potere al posto del re o del capo dello Stato: *il principe reggente.* || AGG. In grammatica: ***proposizione reggente*** (o *la reggente* N.F.), frase da cui dipende sintatticamente un'altra proposizione.

reggenza (reg-gèn-za) N.F. 1 La carica di reggente e il periodo di tempo in cui si esercita: *durante la sua reggenza il Paese conobbe un periodo di pace e di benessere* Ⓢ governo. 2 In grammatica, il costrutto sintattico che accompagna un verbo o un altro elemento del periodo.

reggere (règ-ge-re) V.TR. e INTR. (irreg.: ind. pres. *règgo, règgi*, ecc.; pass. rem. *rèssi, reggésti, rèsse, reggémmo, reggéste, rèssero*; part. pass. *rètto*) || TR. 1 Sostenere un oggetto pesante o una persona con le proprie forze: *il facchino reggeva* **sulle** *spalle un grosso baule; reggilo, non vedi che sta per svenire?* Ⓢ tenere, sorreggere • Riuscire a sopportare senza rompersi: *non credo che il pavimento possa reggere tutto quel peso.* 2 Mantenere nella posizione voluta: *reggimi la scala, che non dondoli.* 3 Prendere un oggetto a qualcuno per aiutarlo: *reggimi la valigia che cerco le chiavi della macchina.* 4 Dirigere una struttura o un'attività: *fu chiamato a reggere le sorti del Paese* Ⓢ governare, guidare. 5 In grammatica, di parte del discorso, richiedere una certa costruzione nella frase: *un verbo che regge l'infinito.* || INTR. (aus. *avere*) 1 Resistere a un'azione contraria o a condizioni avverse: *i nostri non ressero* **all'***assalto; ho paura che questo muro non regga* Ⓒ cedere • Mantenersi in buono stato, continuare a funzionare, durare ancora: *l'auto deve reggere almeno fino a Natale; speriamo che il tempo regga,* resti bello o perlomeno non piova. 2 Essere all'altezza di qualcosa: *un prodotto che non regge* **alla** *concorrenza.* 3 Corrispondere a certi requisiti logici: *un ragionamento che non regge.* 4 Resistere a una situazione sgradevole: *io in quell'ambiente non reggo.* || **reggersi** RIFL. Di persona, stare diritto: *non mi reggo più* **dalla** *stanchezza; non riuscire a reggersi in piedi,* sentirsi debole e stanco. Ⓔ ***Reggere il moccolo*** → *moccolo* • ***Reggere il vino,*** esser capace di berne in abbondanza senza ubriacarsi.

reggia (règ-gia) N.F. (pl. *-ge*) 1 L'edificio o il complesso di edifici in cui vive il re: *la reggia di Caserta.* 2 Abitazione splendida e lussuosa: *la sua casa è una reggia.*

reggimento (reg-gi-mén-to) N.M. 1 Unità dell'esercito comandata da un colonnello e composta da diverse unità più piccole: *reggimento di fanteria.* 2 Moltitudine, schiera: *ha un reggimento di domestici.*

reggipetto (reg-gi-pèt-to) N.M. · Nel linguaggio familiare, reggiseno.

R

reggiseno (reg-gi-sé-no) N.M. · Capo di abbigliamento femminile per sostenere e valorizzare il seno femminile Ⓢ reggipetto.

regia (re-gì-a) N.F. (pl. *-gìe*) **1** La direzione artistica di un'opera teatrale, cinematografica, radiofonica, televisiva: *la regia di un film, di un'opera lirica.* **2** Coordinamento di un'attività svolta da più persone: *la squadra ha vinto grazie alla perfetta regia del suo capitano* Ⓢ organizzazione.

regime (re-gì-me) N.M. **1** La direzione politica di uno Stato: *regime monarchico, democratico, repubblicano* Ⓢ sistema, governo. **2** L'insieme di norme, soprattutto alimentari, cui ci si attiene abitualmente: *avere un buon regime di vita; regime alimentare.* Ⓔ ***A regime***, a dieta: *dopo l'estate mi sono messa a regime* • ***Il regime***, nella storia d'Italia, il fascismo: *gli anni del regime* • ***Mettere a regime qualcuno***, farlo rigare diritto.

regina (re-gì-na) N.F. **1** La moglie del re o colei che regna in uno Stato monarchico: *la regina d'Inghilterra* Ⓢ sovrana, regnante. **2** Donna che eccelle per bellezza o virtù: *è stata la regina della serata* • Di città o di cose eccezionali o uniche: *Venezia è la regina dell'Adriatico* Ⓢ perla, gemma. **3** In una società di insetti, la femmina che produce le larve: *ape regina.* **4** Pezzo degli scacchi che si può muovere su tutta la scacchiera in ogni direzione • Nelle carte da gioco, ciascuna delle quattro figure che rappresentano una donna.

regio (rè-gio) AGG. (pl.m. *-gi*, pl.f. *-gie*) · Del re: *il potere regio; decreti regi* Ⓢ reale.

regionale (re-gio-nà-le) AGG. · Relativo alla regione, come suddivisione storica e amministrativa dello Stato: *amministrazione regionale.*

regionalismo (re-gio-na-lì-ṣmo) N.M. **1** Tendenza a promuovere l'autonomia delle regioni in campo politico e amministrativo. **2** Termine o frase dialettale di una data regione: *"cerasa" per "ciliegia" è un regionalismo campano.*

regione (re-gió-ne) N.F. **1** Nell'ordinamento italiano, ente territoriale con poteri amministrativi e legislativi: *la regione Lombardia.* **2** Area geografica con caratteristiche proprie di clima, fauna, flora: *la regione alpina* Ⓢ zona, territorio. **3** Ogni parte in cui è diviso il corpo umano: *regione addominale, toracica.*

regista (re-gì-sta) N.M. e F. (pl.m. *-i*, pl.f. *-e*) **1** Chi dirige la realizzazione di un'opera cinematografica, teatrale, televisiva o radiofonica: *un regista di commedie.* **2** Nel linguaggio sportivo, il giocatore che imposta e coordina le azioni della propria squadra: *la squadra ha bisogno di un regista.* Ⓔ ***Aiuto regista***, il principale collaboratore di un regista.

registrare (re-gi-strà-re) V.TR. **1** Annotare su un registro dati e avvenimenti: *registrare una nascita, una morte; registrare un veicolo* Ⓢ segnare. **2** Tenere nota: *registrare **sull'**agenda la data di un appuntamento* Ⓢ annotare, appuntare. **3** Segnalare, rilevare: *i quotidiani registrano un aumento della criminalità.* **4** Riportare, citare: *nel mio dizionario molte parole straniere non sono registrate.* **5** Rilevare un fenomeno con strumenti specifici: *registrare una scossa di terremoto.* **6** Incidere suoni o immagini su un nastro magnetico, un cd o un dvd con un apposito dispositivo: *registrare un concerto, un film.* **7** Di macchine o congegni, mettere a punto: *registrare i freni* Ⓢ regolare.

registratore (re-gi-stra-tó-re) N.M. · Apparecchio per la registrazione e la riproduzione dei suoni. Ⓔ ***Registratore di cassa***, macchina calcolatrice usata nei negozi e nei locali pubblici per registrare le vendite e calcolare il totale degli incassi.

registrazione (re-gi-stra-zió-ne) N.F. **1** Annotazione su apposito registro: *registrazione di un matrimonio; registrazione di un contratto* Ⓢ scrittura, iscrizione. **2** Operazione con cui si incidono su supporti magnetici suoni e immagini: *registrazione di una canzone, di una partita di calcio* • Qualsiasi programma radiofonico o televisivo trasmesso non in diretta ma successivamente alla sua ripresa: *mandiamo in onda la registrazione dell'incontro di pugilato.* **3** Rilevamento dei dati che riguardano un fenomeno con apposite apparecchiature: *registrazione di un terremoto.*

registro (re-gì-stro) N.M. **1** Libro destinato alla raccolta di annotazioni di carattere amministrativo o giuridico: *registro dei pagamenti.* **2** L'altezza e l'estensione della voce umana o di uno strumento: *registro alto, medio.* **3** Modo di esprimersi adatto alla situazione e alle persone con cui si parla: *adottare un registro elevato durante una riunione di lavoro.* Ⓔ ***Cambiare registro***, assumere un tono o un atteggiamento più conciliante: *se non cambi registro ti troverai nei guai* • ***Registro (di classe)***, giornale in cui l'insegnante annota le assenze, le punizioni, l'argomento delle lezioni svolte, i compiti assegnati e i risultati conseguiti dagli alunni.

regnante (re-gnàn-te) AGG. e N.M. e F. || AGG. Che regna su uno Stato: *principe regnante* Ⓢ reale. || N.M. e F. Re o regina: *i regnanti del Belgio* Ⓢ sovrano, monarca.

regnare (re-gnà-re) V.INTR. (*régno*, ecc.; aus. *avere*) **1** Esercitare il potere su uno Stato governato da una monarchia: *Carlo V regnò **in** Spagna* • Di popoli, esercitare un predominio politico: *i Romani regnarono **in** tutto il Mediterraneo* Ⓢ dominare. **2** Essere presente in modo dominante: ***nell'****aula regnava il più assoluto silenzio;* ***sulle*** *montagne toscane regnano il castagno e l'abete.*

La prima persona plurale dell'indicativo presente e quella del congiuntivo presente è *regniamo*, con la *i*: la forma *regnamo* è sempre scorretta! La seconda persona plurale dell'indicativo presente è *regnate* senza *i*, mentre quella del congiuntivo presente è *regniate* con la *i*.

R

regno (ré-gno) N.M. **1** Lo Stato governato da una monarchia: *il Regno di Spagna* Ⓢ reame, monarchia • Il periodo durante il quale un sovrano è sul trono: *durante il regno di Augusto Roma conobbe la pace.* **2** L'ambiente in cui predomina qualcosa: *il regno dell'orso bruno* Ⓢ mondo, ambiente • Il luogo dove una persona o un animale vivono o preferiscono stare: *la casa è il suo regno.* **3** Ciascuna delle tre grandi parti in cui viene suddiviso il mondo della natura: *regno animale, vegetale, minerale.* Ⓔ ***Il regno dei cieli***, il Paradiso.

regola (rè-go-la) N.F. **1** Controllo e disciplina del comportamento che limita gli eccessi: *non aver regola nello spendere, nel bere* Ⓢ freno, moderazione • Ciascuna norma che consente di vivere in una comunità rispettando gli altri: *in casa ci sono poche regole ma vanno seguite* • Ordine, criterio, principio: *i suoi impegni variano senza una regola fissa.* **2** L'insieme delle norme di una comunità religiosa: *la regola dei frati di Camaldoli.* **3** Il modo in cui si manifesta un fenomeno naturale con andamento costante: *certi fenomeni seguono regole fisse* Ⓢ principio, legge. **4** Nell'arte, nella scienza o nella tecnica, qualsiasi principio che ne permette il corretto funzionamento: *le regole della chimica; una regola grammaticale.* Ⓔ ***A regola d'arte***, nel miglior modo possibile, con precisione • ***Avere le carte in regola*** → ***carta*** • ***Di regola***, normalmente, di solito: *di regola mi alzo presto* • ***In regola***, in ordine: *tenere i conti in regola.*

Il termine deriva dal latino *regula* 'assicella di legno', poi associata all'idea di 'linea retta' e infine a quella di 'ordine, norma'.

regolamentare[1] (re-go-la-men-tà-re) AGG. · Imposto da un regolamento: *divisa regolamentare.*

regolamentare[2] (re-go-la-men-tà-re) V.TR. (*regolaménto*, ecc.) · Disciplinare con un regolamento: *regolamentare il diritto di sciopero* Ⓢ regolare.

regolamento (re-go-la-mén-to) N.M. · Serie di norme che regolano il funzionamento di un ente pubblico o privato oppure una certa attività: *regolamento scolastico; rispettare il regolamento* Ⓢ normativa. Ⓔ ***Regolamento di conti***, nel linguaggio della malavita, uccisione di membri di una banda rivale per vendetta.

regolare[1] (re-go-là-re) AGG. **1** Conforme a una norma, a una consuetudine, oppure alle disposizioni di legge o di un regolamento: *svolgimento regolare di una gara; passaporto regolare* Ⓢ legittimo, valido Ⓒ irregolare. **2** Proporzionato, armonico, armonioso: *volto regolare* • Costante nello svolgimento: *respiro regolare* Ⓢ normale • Costante nel comportamento o nel rendimento: *un alunno regolare nello studio* Ⓢ puntuale. **3** In grammatica, di nomi e verbi che seguono la declinazione o la coniugazione propri della maggioranza degli altri nomi o verbi. Ⓔ ***Poligono regolare*** → ***poligono***.

regolare[2] (re-go-là-re) V.TR. (*règolo*, ecc.) || TR. **1** Conferire ordine o efficienza: *regolare il traffico; le leggi regolano la vita civile di una nazione* Ⓢ ordinare, disciplinare. **2** Sistemare, pagare: *regolare un debito.* **3** Sistemare un meccanismo perché funzioni al meglio: *regolare l'orologio.* **4** Contenere in modo da evitare eccessi o sprechi: *regolare il consumo dell'acqua* Ⓢ ridurre, limitare. || **regolarsi** RIFL. Comportarsi con moderazione e senso dell'opportunità: *regolarsi **nel** mangiare; al suo posto non saprei come regolarmi.* Ⓔ ***Regolare i conti con qualcuno***, vendicarsi di un'offesa subita.

regolarità (re-go-la-ri-tà) N.F. INVAR. · Corrispondenza a una norma, a un ordine o a una misura: *è stata confermata la regolarità dell'incontro; regolarità di un documento* Ⓢ correttezza, validità Ⓒ irregolarità. Ⓔ ***Con regolarità***, a intervalli regolari, regolarmente: *studiare con regolarità.*

regolarizzare (re-go-la-riz-zà-re) V.TR. · Rendere regolare rispetto alla legge: *regolarizzare un documento.*

regolarmente (re-go-lar-mén-te) AVV. **1** Secondo le regole: *l'incontro si è svolto regolarmente* Ⓢ correttamente. **2** Con regolarità, a intervalli regolari: *il polso batte regolarmente.* **3** Secondo una disposizione simmetrica: *filari disposti regolarmente.* **4** Secondo la consuetudine, di solito: *quando hai bisogno di lui, è regolarmente assente.*

regolata (re-go-là-ta) N.F. · Regolazione approssimativa: *ho dato una regolata alla caldaia.* Ⓔ ***Darsi una regolata*** → *dare*.

regolato (re-go-là-to) AGG. · Che non presenta eccessi: *fare una vita regolata; un uomo regolato **nel** bere* Ⓢ moderato, sobrio.

regolatore (re-go-la-tó-re) AGG. e N.M. (f. *-trìce*) || AGG. Che regola: *esercitare un'azione regolatrice.* || N.M. Dispositivo che regola il funzionamento di qualcosa: *regolatore di temperatura.* Ⓔ ***Piano regolatore*** → *piano*[2].

regolazione (re-go-la-zió-ne) N.F. · Operazione per mantenere entro limiti stabiliti i valori di alcune grandezze: *regolazione manuale della temperatura.*

regredire (re-gre-dì-re) V.INTR. (*regredìsco, regredìsci*, ecc.; aus. *essere*) **1** Diminuire costantemente: *la febbre è regredita.* **2** Peggiorare, calare: *regredire **nel** rendimento sul lavoro* Ⓒ progredire.

regressione (re-gres-sió-ne) N.F. **1** Progressiva scomparsa: *la regressione di una malattia* Ⓢ regresso. **2** Ritiro, cedimento: *la regressione delle terre coltivate e l'avanzare dei deserti.* **3** Deterioramento, decadenza, declino: *la regressione della cultura.*

regressivo (re-gres-sì-vo) AGG. · Che tende a diminuire, ad attenuarsi, a scomparire: *sintomo regressivo.*

regresso (re-grès-so) N.M. · Declino, calo: *c'è stato un regresso nel rendimento scolastico dell'alunno.*

reietto (re-ièt-to) AGG. e N.M. (f. -a) · Che, chi è allontanato dalla convivenza civile: *i reietti della società.*

reincarnazione (re-in-car-na-zió-ne) N.F. · In alcune religioni, la credenza di poter ritornare in vita dopo la morte nel corpo di un altro individuo: *la reincarnazione dell'anima.*

reinserire (re-in-se-rì-re) V.TR. (*reinserìsco, reinserìsci*, ecc.) || TR. **1** Far tornare qualcuno in un ambiente o in un gruppo: *reinserire gli ex detenuti **nella** società* Ⓢ reintegrare. **2** Inserire di nuovo: *reinserire la chiave **nella** serratura.* || **reinserirsi** INTR. PRONOM. Tornare a far parte di un ambiente: *reinserirsi **nel** proprio gruppo di lavoro.*

reintegrare (re-in-te-grà-re) V.TR. (*rèintegro*, ecc.) || TR. **1** Riportare alla completezza precedente: *reintegrare le scorte di viveri* Ⓢ ripristinare. **2** Rimettere qualcuno nella posizione che occupava: *reintegrare qualcuno **in** una carica* Ⓢ reinserire. || **reintegrarsi** INTR. PRONOM. Entrare di nuovo a far parte di un gruppo: *reintegrarsi **nella** società.*

reiterare (re-i-te-rà-re) V.TR. (*rèitero*, ecc.) · Fare o dire più di una volta: *reiterare una promessa, un invito* Ⓢ rinnovare, ripetere.

relativamente (re-la-ti-va-mén-te) AVV. **1** In relazione, in rapporto: *relativamente **alla** sua domanda.* **2** Abbastanza, in misura sufficiente: *il compito era relativamente facile.*

A B C D E F G H I J K L M N O P Q R S T U V W X Y Z

relatività (re-la-ti-vi-tà) N.F.INVAR. **1** La condizione di non essere valido per tutti: *la relatività delle opinioni.* **2** Teoria fisica elaborata dallo scienziato Albert Einstein.

relativo (re-la-ti-vo) AGG. **1** Che ha relazione con un'altra cosa: *aspetto notizie relative* ***all'****esito del concorso; ho comprato un abito da sera con i relativi accessori* Ⓢ pertinente, attinente. **2** Dipendente da fatti particolari: *tutti i gusti sono relativi.* **3** Limitato, moderato: *vivere in condizioni di relativo benessere.* **4** In grammatica: ***proposizione relativa*** (o *una relativa* N.F.), frase subordinata che specifica un elemento di un'altra, alla quale è collegata (*il bambino che abita vicino a me è tedesco; hai letto il libro di cui ti ho parlato?*); ***pronome relativo, avverbio relativo***, che introducono una proposizione relativa, come i pronomi *che, cui, il quale, chiunque* e gli avverbi *quando, dove, dovunque.* Ⓔ ***Numero relativo***, quello considerato in relazione al segno positivo o negativo che lo precede • ***Superlativo relativo*** → ***superlativo***.

relatore (re-la-tó-re) N.M. (f. *-trìce*) · Persona incaricata di presentare o svolgere una relazione: *la commissione ha nominato il relatore* • Nelle università, ciascuno dei professori che presentano la tesi di laurea di un candidato.

relax (re-lax; pronuncia *relàcs*) N.INGL., in it. N.M. INVAR. · Rilassamento, riposo: *dovresti prenderti un periodo di relax.*

R

relazione (re-la-zió-ne) N.F. **1** Esposizione orale o scritta: *presentare una relazione su una ricerca scientifica* Ⓢ rapporto, resoconto. **2** Legame logico o di similitudine: *mettere in relazione due fenomeni* Ⓢ collegamento, connessione. **3** Ogni forma di legame esistente tra due o più persone: *relazione di parentela; relazione sentimentale.* Ⓔ ***Aggettivo di relazione***, in grammatica, l'aggettivo, derivato da un nome, che esprime un rapporto tra il nome da cui deriva e quello a cui si riferisce (*postale, ferroviario, obbligatorio, montano*) • ***In relazione a***, con riferimento a: *in relazione alla vostra richiesta* • ***Pubbliche relazioni***, l'insieme delle attività e delle iniziative volte a promuovere i rapporti tra aziende o enti e il pubblico a cui si rivolgono.

release (re-lea-se; pronuncia *rilìs̹*) N.INGL., in it. N.F. INVAR. · Ciascuna versione più aggiornata di un programma informatico.

relegare (re-le-gà-re) V.TR. (*rèlego, rèleghi*, ecc.) **1** Mandare una persona in un luogo isolato o in un posto lontano: *l'hanno relegato* ***in*** *una parrocchia di montagna; per punizione fu relegato* ***nell'****ultimo banco dell'aula* Ⓢ confinare. **2** Mettere da parte qualcosa: *relegare i vecchi giocattoli* ***in*** *soffitta* Ⓢ accantonare.

religione (re-li-gió-ne) N.F. · L'insieme dei dogmi, dei valori e dei riti con cui l'uomo manifesta la sua fede in ciò che crede sacro o divino: *la religione cattolica, protestante; abbracciare una religione; cercare conforto nella religione* Ⓢ dottrina, confessione. Ⓔ ***Non c'è più religione***, esprime disapprovazione in tono scherzoso.

religiosità (re-li-gio-si-tà) N.F.INVAR. · Profonda fede nel divino: *un uomo di grande religiosità* Ⓢ fede, devozione.

religioso (re-li-gió-so) AGG. e N.M. (f. *-a*) || AGG. **1** Che riguarda la religione: *pratiche religiose; sentimento religioso* • Di persona, che ha grande rispetto per la religione e le sue regole: *un popolo religioso* Ⓢ pio, devoto • Conforme alla morale, alle regole e ai riti di una religione: *matrimonio religioso.* **2** Devoto, rispettoso: *ascoltare un discorso in religioso silenzio.* || N.M. (f. *-a*) Chi appartiene a un ordine ecclesiastico: *scuola tenuta da religiosi.*

reliquia (re-li-quia) N.F. (pl. *-quie*) **1** Nella tradizione cristiana, ciò che resta del corpo di un santo od oggetto che si presume gli sia appartenuto: *le sacre reliquie di san Francesco.* **2** Oggetto conservato come se fosse sacro: *conserva la foto del figlio come una reliquia.*

Il termine deriva dal latino *reliquiae* 'resti, avanzi'.

relitto (re-lit-to) N.M. **1** Parte di una nave naufragata o di un aereo precipitato in mare: *il mare riportò a riva i relitti della barca.* **2** Persona ridotta in miseria o in stato di profondo avvilimento fisico e morale: *è ormai diventato un relitto umano.*

remake (re-make; pronuncia *riméik*) N.INGL., in it. N.M.INVAR. · Rifacimento di un vecchio film o di uno spettacolo teatrale di successo: *il remake americano di un film francese.*

remare (re-mà-re) V.INTR. (*rèmo*, ecc.; aus. *avere*) · Manovrare il remo o i remi di un'imbarcazione immergendoli nell'acqua con movimento ritmico per andare nella direzione voluta: *voglio remare fino a quella spiaggia.*

remata (re-mà-ta) N.F. · L'azione di remare per un certo tempo: *una lunga remata sul lago.*

reminiscenza (re-mi-ni-scèn-za) N.F. · Ricordo vago: *del suo viso ho solo una vaga reminiscenza.*

remissione (re-mis-sió-ne) N.F. · Perdono di una colpa. Ⓔ ***Remissione dei peccati***, nella religione cattolica, l'assoluzione dai peccati ottenuta per mezzo del sacramento della penitenza.

remissivo (re-mis-sì-vo) AGG. · Che si sottomette volentieri al volere di qualcun altro: *carattere docile e remissivo* Ⓢ mite, docile Ⓒ prepotente.

remo (rè-mo) N.M. · Asta di legno con un'estremità larga e piatta che, tuffata nell'acqua, serve a far avanzare un'imbarcazione con la spinta impressa dalla forza delle braccia: *barca a remi.* Ⓔ ***Tirare i remi in barca***, abbandonare un'impresa, ritirarsi.

remora (rè-mo-ra) N.F. · Freno, scrupolo: *parlare senza remore; non ho alcuna remora a partire con lui.*

remoto (re-mò-to) AGG. **1** Lontano nel tempo: *remote civiltà; conservo di lui solo un remoto ricordo* Ⓢ passato. **2** Difficile da realizzare: *le rimaneva soltanto una remota speranza* Ⓢ vago, incerto. **3** Collegato per via telematica a un sistema centrale ma posto a distanza: *accedere a Internet tramite un collegamento remoto.* **4** In grammatica: ***passato remoto***, il tempo passato del verbo che indica un'azione che si è conclusa in un dato momento (*lo vide benissimo*) • ***Trapassato remoto*** → ***trapassato***.

remunerare (re-mu-ne-rà-re) V.TR. (*remùnero*, ecc.) · Ricompensare adeguatamente un merito, un lavoro o un servizio: *il mio nuovo impiego è ben remunerato* Ⓢ retribuire.

remunerativo (re-mu-ne-ra-tì-vo) AGG. · Che procura un buon guadagno: *un lavoro remunerativo* Ⓢ redditizio, fruttuoso.

remunerazione (re-mu-ne-ra-zió-ne) N.F. · Retribuzione, compenso, stipendio: *una buona remunerazione.*

rena (ré-na) N.F. · Sabbia: *rena di mare.*

renale (re-nà-le) AGG. · Dei reni: *arteria renale; colica renale.* Ⓔ ***Blocco renale*** → ***blocco***[2].

rendere (rèn-de-re) V.TR. (irreg.: ind. pres. *rèndo*, ecc.; pass. rem. *rési, rendésti, rése, rendémmo, rendéste, résero*; part. pass. *réso*) || TR. **1** Dare indietro quanto avuto in precedenza: *rendimi il libro che ti ho prestato* Ⓢ restituire, ridare • Dare qualcosa che si aveva in precedenza: *la vacanza in montagna **mi** ha reso nuovo vigore.* **2** Dare ciò che spetta di diritto: *rendere giustizia* • Offrire, fornire: *rendere un servizio.* **3** Riuscire a esprimere: *il pittore ha cercato di rendere la solitudine della campagna* Ⓢ raffigurare, rappresentare • Volgere in un'altra lingua: *un passo latino difficile da rendere **in** italiano* Ⓢ tradurre. **4** Produrre un certo effetto: *rendere felice; rendere vano ogni sforzo.* **5** Produrre un vantaggio economico: *un investimento che rende il dieci per cento* Ⓢ fruttare. || **rendersi** RIFL. Fare in modo di essere o di sembrare in un certo modo: *rendersi utile, antipatico.* Ⓔ ***Rendere conto*** → ***conto*** • ***Rendere l'idea***, far capire: *non so se rendo l'idea di quanto ero impaurito* • ***Rendersi necessario***, risultare opportuno: *qui si rende necessaria una precisazione.*

rendiconto (ren-di-cón-to) N.M. **1** Relazione in cui si elenca una serie di conti: *rendiconto annuale delle spese* Ⓢ bilancio, consuntivo. **2** Resoconto, rapporto: *fammi il rendiconto della riunione di ieri.*

rendimento (ren-di-mén-to) N.M. **1** L'efficienza di una macchina o la capacità di una persona di ottenere risultati: *l'ottimo rendimento del motore; il rendimento di un alunno* Ⓢ prestazione, resa. **2** Guadagno, profitto: *un investimento che procura un buon rendimento.*

rendita (rèn-di-ta) N.F. · Guadagno ricavato da una proprietà o da un capitale investito: *rendita di un terreno, di un affitto* Ⓢ profitto.

Ⓔ ***Rendita vitalizia*** → ***vitalizio*** • ***Vivere di rendita***, godere di un vantaggio acquisito in precedenza: *ho fatto le medie talmente bene che al liceo ho vissuto di rendita per un bel po'*.

rene (rè-ne) N.M. · Ciascuno dei due organi dalla caratteristica forma a fagiolo situati nella parte posteriore dell'addome che servono a depurare l'organismo producendo l'urina. Ⓔ ***Rene artificiale***, apparecchio che sostituisce la funzione renale in persone malate.

renitente (re-ni-tèn-te) AGG. e N.M. e F. · Che, chi oppone resistenza alla volontà o all'autorità altrui: *renitente* ***alle*** *imposizioni del giudice*.

renitenza (re-ni-tèn-za) N.F. · Tendenza a resistere: *renitenza* ***a*** *obbedire*.

renna (rèn-na) N.F. **1** Ruminante che vive in mandrie nelle tundre asiatico-europee, con zoccoli adatti a terreni coperti di neve e corna ramificate, allevato come animale da tiro oppure per il latte, la pelliccia e le carni: *slitta trainata da renne*. **2** La pelle conciata dell'animale, morbida e pregiata: *una giacca di renna*.

reo (rè-o) AGG. · Colpevole, responsabile: *reo confesso; reo di alto tradimento*.

reparto (re-pàr-to) N.M. **1** Settore all'interno di una grande azienda, di un ospedale o di un grande magazzino: *reparto chirurgico; reparto vendite* Ⓢ divisione. **2** Raggruppamento di soldati appartenente a un'unità dell'esercito: *reparto di fanteria*.

repellente (re-pel-lèn-te) AGG. e N.M. || AGG. Che provoca forte disgusto: *un individuo repellente; gli scarafaggi sono animali repellenti* Ⓢ disgustoso, ripugnante. || N.M. Sostanza che tiene lontani gli insetti.

repentaglio (re-pen-tà-glio) N.M. · Solo nell'espressione ***mettere a repentaglio***, mettere in pericolo, rischiare: *mettere a repentaglio la vita, la reputazione*.

> Il termine deriva dal francese antico *repentir* 'pentirsi'; l'espressione *mettere a repentaglio* significa letteralmente 'esporre al rischio del pentimento'.

repentino (re-pen-tì-no) AGG. · Improvviso, inaspettato, inatteso: *una decisione repentina*.

reperimento (re-pe-ri-mén-to) N.M. · Raccolta, ricerca: *reperimento di fondi*.

reperire (re-pe-rì-re) V.TR. (*reperìsco, reperìsci*, ecc.) · Trovare, raccogliere, rintracciare: *reperire indizi; reperire una persona scomparsa*.

reperto (re-pèr-to) N.M. **1** In archeologia, ogni oggetto ritrovato nel corso di uno scavo: *reperti archeologici*. **2** Nel linguaggio giudiziario, ogni oggetto che può costituire la prova di un reato.

repertorio (re-per-tò-rio) N.M. (pl. *-ri*) **1** L'insieme delle opere teatrali o musicali che un attore, un musicista, una compagnia o un'orchestra sono in grado di presentare al pubblico: *l'orchestra ha un repertorio classico*. **2** L'insieme delle risorse di una persona: *ha tirato fuori tutte le trovate del suo repertorio*. **3** Elenco, catalogo, registro: *repertorio di termini scientifici*. Ⓔ ***Immagini di repertorio***, immagini d'archivio trasmesse in televisione per documentare una vicenda attuale.

> Il termine deriva dal latino *repertorium* 'catalogo, elenco di cose trovate', che viene a sua volta da *reperire* 'trovare'.

replay (re-play; pronuncia *ripléi*) N. INGL., in it. N.M. INVAR. · Nella trasmissione televisiva di un evento sportivo, ripetizione delle immagini di un goal, di un fallo, di una bella azione.

replica (rè-pli-ca) N.F. (pl. *-che*) **1** Ripetizione: *la replica di un programma televisivo* • Ogni rappresentazione teatrale che segua alla prima: *repliche fino a domenica*. **2** Obiezione, contestazione: *un discorso che non ammette repliche*. **3** Reazione, risposta: *si attende la replica del ministro dopo le rivelazioni della stampa*.

replicare (re-pli-cà-re) V.TR. (*rèplico, rèplichi*, ecc.) **1** Effettuare di nuovo: *replicare un'esperienza* Ⓢ ripetere, rifare • Rappresentare di nuovo un'opera teatrale: *replicare una commedia*. **2** Rispondere per obiettare o contraddire: *non ho niente da replicare; ubbidì senza replicare* Ⓢ ribattere.

replicazione (re-pli-ca-zió-ne) N.F. · In biologia, duplicazione di una struttura sul modello di una già esistente: *replicazione di una molecola di DNA*.

reportage (re-por-ta-ge; pronuncia *reportàj*) N.M. FR., in it. N.M. INVAR. · Servizio giornalistico su una rivista accompagnato da molte fotografie: *un reportage di guerra* • Inchiesta televisiva documentata con riprese filmate.

reporter (re-pòr-ter) N.M. e F. INVAR. · Inviato speciale o cronista di un giornale: *i reporter lo sommersero di domande* Ⓢ giornalista.

repressi (re-près-si) · Pass. rem., 1ª pers. sing. → ***reprimere***.

repressione (re-pres-sió-ne) N.F. · Azione energica o brutale contro soggetti ritenuti pericolosi per la società o per un regime politico: *mettere in atto dure repressioni contro gli avversari del regime*.

repressivo (re-pres-sì-vo) AGG. · Che esercita una repressione: *misure repressive* Ⓢ oppressivo.

represso (re-près-so) · Participio pass. → ***reprimere***.

reprimere (re-prì-me-re) V.TR. (irreg.: pass. rem. *reprèssi, repriméstí, reprèsse, reprimémmo, repriméste, reprèssero*; part. pass. *reprèsso*) **1** Trattenere una manifestazione istintiva o un impulso: *reprimere un grido; reprimere il riso* Ⓢ frenare. **2** Soffocare con la violenza manifestazioni o comportamenti ritenuti pericolosi per un governo o per la società: *reprimere una rivolta* Ⓢ schiacciare, domare.

> Il termine deriva dal latino *reprimere* 'contenere, reprimere', che viene a sua volta da *premere* 'premere' con il prefisso **re-** (→ ***comprimere***).

repubblica (re-pùb-bli-ca) N.F. (pl. *-che*) · Forma di governo in cui il capo dello Stato viene eletto direttamente dai cittadini o dai membri del Parlamento: *l'Italia è una repubblica*. Ⓔ ***Repubbliche marinare***, le città di Pisa, Genova, Amalfi e Venezia che per prime esercitarono il commercio via mare durante il Medioevo.

> Il termine deriva dal latino *res publica* 'cosa pubblica', quindi 'bene comune, stato'.

repubblicano (re-pub-bli-cà-no) AGG. **1** Governato da una repubblica: *Stato repubblicano* • Di una repubblica: *esercito repubblicano*. **2** Che sostiene la repubblica: *idee repubblicane; partito repubblicano*.

repulsione (re-pul-sió-ne) N.F. **1** Reazione istintiva di avversione fisica o morale: *quell'uomo mi suscita un'inspiegabile repulsione* Ⓢ ripugnanza Ⓒ attrazione. **2** Tendenza a respingersi: *repulsione fra cariche elettriche*.

repulsivo (re-pul-sì-vo) AGG. **1** Che provoca repulsione: *una scena repulsiva* Ⓢ ripugnante. **2** Che causa o manifesta avversione: *atteggiamento repulsivo* Ⓢ spiacevole.

reputare (re-pu-tà-re) V.TR. (*rèputo*, ecc.) || TR. Considerare, giudicare, stimare: *reputo* **che** *questa sia la soluzione migliore*. || **reputarsi** RIFL. Ritenersi, considerarsi: *si reputa un genio*.

reputazione (re-pu-ta-zió-ne) N.F. · La considerazione che gli altri hanno delle qualità di una persona: *godere di ottima reputazione; rovinarsi la reputazione* Ⓢ fama, nome.

requie (rè-quie) N.F. (solo sing.) · Riposo, pace: *il lavoro non mi lascia un momento di requie*. Ⓔ ***Senza requie***, senza sosta.

requisire (re-qui-ṣì-re) V.TR. (*requiṣìsco, requiṣìsci*, ecc.) · Confiscare, sequestrare: *requisire automezzi*.

requisito (re-qui-ṣì-to) N.M. · Qualità necessaria per uno scopo: *ha tutti i requisiti per diventare un eccellente studioso* Ⓢ caratteristica, titolo.

requisitoria (re-qui-ṣi-tò-ria) N.F. (pl. *-rie*) **1** Nel processo, il discorso finale tenuto dal pubblico ministero con cui riassume le prove e formula la richiesta della pena: *nella sua requisitoria il pubblico ministero ha chiesto la condanna all'ergastolo*. **2** Forte rimprovero: *ha subito una violenta requisitoria da parte dei superiori* Ⓢ critica.

requisizione (re-qui-ṣi-zió-ne) N.F. · Provvedimento con cui un'autorità prende i beni di un cittadino e li utilizza per la comunità.

resa (ré-sa) N.F. **1** La fine di una guerra o di una gara sportiva per la rinuncia a combattere da parte di chi è in svantaggio: *stabilire le condizioni della resa; assistere alla resa della* *propria squadra* Ⓢ capitolazione. **2** Restituzione al produttore della merce non venduta: *resa di libri.* **3** Rendimento, prestazione: *la resa di una macchina.* Ⓔ ***Resa dei conti***, il momento di affrontare le responsabilità e le conseguenze del proprio operato: *dopo tanti inganni finalmente è arrivato alla resa dei conti.*

reset (re-set; pronuncia *resèt*) N. INGL., in it. N.M. INVAR. · Operazione con cui un computer riavvia il sistema: *premere il tasto di reset.*

resettare (re-set-tà-re) V.TR. (*resètto*, ecc.) · Riavviare il sistema di un computer: *il computer si è bloccato, meglio resettarlo.*

resi (ré-si) · Pass. rem., 1ª pers. sing. → ***rendere***.

residente (re-si-dèn-te) AGG. e N.M. e F. · Che, chi abita in un luogo: *gli italiani residenti all'estero; accesso consentito solo ai residenti.*

residenza (re-si-dèn-za) N.F. **1** Luogo in cui si abita, registrato all'anagrafe: *fissare la propria residenza a Pisa; certificato di residenza.* **2** Città in cui risiede un'autorità o un governo: *Avignone è stata la residenza del papato* Ⓢ sede.

residenziale (re-si-den-zià-le) AGG. · Destinato ad abitazione: *edifici residenziali.* Ⓔ ***Zona residenziale***, zona di una città destinata esclusivamente a edifici di abitazione civile.

residuo (re-si-duo) AGG. e N.M. || AGG. Che rimane, che avanza: *parte residua.* || N.M. Resto, avanzo: *un residuo di vino.*

resina (rè-ṣi-na) N.F. · Sostanza naturale prodotta dai pini e dagli abeti, dall'odore pungente e dalla consistenza appiccicosa. Ⓔ ***Resina sintetica***, prodotto sintetico usato nella produzione di materie plastiche.

resistente (re-si-stèn-te) AGG. **1** Che non si danneggia facilmente e conserva le sue proprietà anche se sottoposto a un'azione dannosa: *un vetro resistente alle alte temperature; piante resistenti ai parassiti.* **2** Robusto, forte: *un fisico resistente.*

resistenza (re-si-stèn-za) N.F. **1** Azione diretta a impedirne un'altra contraria: *opporre resistenza; l'eroica resistenza delle truppe all'attacco nemico; ci ha seguiti senza fare resistenza* Ⓢ opposizione, reazione. **2** Capacità di sopportare, senza subire danni, condizioni avverse o un uso prolungato nel tempo: *la resistenza di una stoffa* Ⓢ solidità. **3** Capacità di sopportare la fatica o il dolore: *ha una grande resistenza al dolore* Ⓢ sopportazione. Ⓔ ***Di resistenza***, di prova atletica effettuata su lungo percorso: *gara, corsa di resistenza* • ***La Resistenza***, l'insieme delle azioni effettuate durante la Seconda Guerra Mondiale contro l'occupazione dei nazisti e dei loro alleati: *la Resistenza italiana, francese; gli eroi della Resistenza.*

resistere (re-sì-ste-re) V.INTR. (irreg.: coniugato come *assistere*; aus. *avere*) **1** Far fronte efficacemente a un'azione contraria: *resistere* ***agli*** *assalti del nemico* Ⓢ opporsi Ⓒ arrendersi, cedere • Reggere a uno sforzo: *gli argini hanno resistito* ***alla*** *piena* Ⓢ tenere. **2** Conservare intatte le proprie caratteristiche: *colori che resistono* ***ai*** *lavaggi; una bellezza che resiste* ***al*** *tempo.* **3** Sopportare una condizione avversa: *piante che resistono* ***al*** *gelo.* **4** Vincere un impulso, un desiderio: *resistere* ***alle*** *tentazioni,* ***alla*** *curiosità.*

> Il termine deriva dal latino *resistere* 'rimanere saldo, opporsi, resistere', che viene a sua volta da *sistere* 'stare, fermarsi' con il prefisso **re-** (→ ***assistere***).

reso (ré-so) · Participio pass. → ***rendere***.

resoconto (re-so-cón-to) N.M. · Relazione scritta o racconto preciso e dettagliato: *un resoconto degli avvenimenti; ci ha fatto un lungo resoconto del suo viaggio.*

respingere (re-spin-ge-re) V.TR. (irreg.: coniugato come *spingere*) **1** Allontanare con forza: *respingere il nemico oltre i confini; le onde respinsero la barca al largo* Ⓒ attrarre • Allontanare da sé con decisione: *respingere un corteggiatore* • Non accettare: *respingere un invito, un'offerta* Ⓢ rifiutare Ⓒ accogliere, raccogliere. **2** Mandare indietro: *respingere un pacco* ***al*** *mittente* Ⓢ restituire • Negli sport di palla, rinviare: *respingere* ***di*** *testa.* **3** Non approvare: *respingere un progetto; respingere un alunno agli esami* Ⓢ bocciare, scartare.

respinta (re-spìn-ta) N.F. · Nel calcio e in altri sport, azione con cui si rimanda indietro il pallone: *respinta di pugno del portiere.*

respirare (re-spi-rà-re) V.INTR. e TR. || INTR. (aus. *avere*) 1 Di esseri viventi, aspirare ossigeno ed emettere anidride carbonica: *l'uomo respira* ***con*** *i polmoni, i pesci* ***con*** *le branchie; respirare* ***con*** *la bocca,* ***con*** *il naso; qui non si respira,* c'è troppa gente o troppo fumo, smog o altre sostanze inquinanti. 2 Trovarsi in una condizione di riposo o di distensione: *ora finalmente respiro!* || TR. 1 Far entrare nei polmoni: *respirare aria pura.* 2 Sentire, percepire: *si respira già aria di vacanza.*

respiratore (re-spi-ra-tó-re) N.M. · Apparecchio che permette di respirare quando non è possibile farlo: *respiratore subacqueo.*

respiratorio (re-spi-ra-tò-rio) AGG. (pl.m. *-ri*, pl.f. *-rie*) · Della respirazione: *organi respiratori; vie respiratorie.* Ⓔ ***Apparato respiratorio***, l'insieme degli organi che hanno la funzione di assorbire l'ossigeno, distribuirlo nell'organismo ed eliminare l'anidride carbonica.

respirazione (re-spi-ra-zió-ne) N.F. · Processo necessario alla vita tramite il quale gli esseri viventi assorbono l'ossigeno ed eliminano anidride carbonica: *organi della respirazione.* Ⓔ ***Respirazione artificiale***, provocazione manuale o meccanica dei movimenti respiratori; ***respirazione bocca a bocca***, forma di respirazione artificiale in cui il soccorritore soffia l'aria direttamente nelle vie respiratorie del paziente.

respiro (re-spì-ro) N.M. 1 L'insieme dei movimenti ritmici dei polmoni mediante i quali si aspira l'ossigeno e si elimina l'anidride carbonica: *avere il respiro affannato; trattenere il respiro* Ⓢ fiato • Ogni singolo movimento con cui si aspira e si espira l'aria: *emettere un profondo respiro.* 2 Pausa, riposo, tregua: *lavorare senza respiro.* Ⓔ ***Di largo respiro***, di opera o progetto, ricco e complesso: *un romanzo di largo respiro,* che tocca molti argomenti.

responsabile (re-spon-sà-bi-le) AGG. e N.M. e F. || AGG. e N.M. e F. 1 Che, chi è incaricato di un compito: *sei responsabile* ***della*** *classe; il responsabile* ***del*** *negozio non è in sede.* 2 Che, chi ha commesso un reato o una colpa: *punire i responsabili* ***di*** *una strage* Ⓢ colpevole, reo. || AGG. 1 Che provoca qualcosa di negativo: *la cattiva alimentazione è responsabile* ***di*** *molte malattie.* 2 Che ha coscienza delle proprie responsabilità: *puoi fidarti, è una persona responsabile* Ⓢ scrupoloso, giudizioso, serio Ⓒ irresponsabile.

responsabilità (re-spon-sa-bi-li-tà) N.F. INVAR. 1 Il compito di sorvegliare altre persone o l'incarico di far funzionare un ufficio o un progetto: *la maestra ha la responsabilità* ***dei*** *ragazzi durante la gita scolastica; la responsabilità* ***di*** *un reparto ospedaliero.* 2 Serietà, giudizio: *comportarsi con responsabilità.* 3 Colpa: *di chi è la responsabilità* ***dell'****incidente?*

responso (re-spòn-so) N.M. · Risposta ufficiale: *si attende il responso della giuria; ancora non conosciamo il responso dei medici* Ⓢ decisione, parere.

ressa (rès-sa) N.F. · Gran quantità di persone tutte vicine: *in centro c'era una ressa spaventosa* Ⓢ folla, calca.

ressi (rès-si) · Pass. rem., 1ª pers. sing. → ***reggere***.

restare (re-stà-re) V.INTR. (*rèsto*, ecc.; aus. *essere*) 1 Trattenersi in un luogo: *resterò* ***in*** *casa tutto il giorno; quanto resterà* ***con*** *noi?* Ⓢ rimanere, stare Ⓒ andarsene. 2 Di notizia, confidenza, non venire raccontata ad altri: *quest'informazione deve restare* ***tra*** *noi.* 3 Mantenersi in una posizione o in una condizione: *restare seduto, fermo; restare in silenzio.* 4 Venire a trovarsi in una nuova situazione: *restare ferito; restare orfano* Ⓢ diventare • Provare una certa sensazione, essere: *restare soddisfatto.* 5 Di sentimento o pensiero, continuare a preoccupare: *ti resterà il cruccio di non averla aiutata.* 6 Esserci ancora: *restano ancora 20 km; restano pochi giorni* ***alla*** *fine della scuola* Ⓢ avanzare. 7 Nella forma ***restarci***, essere impietrito dallo stupore o dalla delusione: *quando l'ho saputo ci sono restato; restarci male,* provare un senso di delusione • Nel linguaggio familiare, morire: *a forza di bere, c'è restato.* 8 Nel linguaggio familiare, essere situato, trovarsi: *dove resta casa tua?* 9 Essere d'accordo: *allora restiamo così* Ⓢ accordarsi. Ⓔ ***Resta il fatto che***, però, nondimeno, tuttavia: *sarà come dici, resta il fatto che s'è comportato male* • ***Restarci secco***, nel linguaggio familiare, morire all'improvviso • ***Restare a piedi***, aver perso un mezzo di trasporto; in senso figurato, essere escluso da qualcosa • ***Restare indietro*** → *indietro*.

restaurare (re-stau-rà-re) V.TR. (*restàuro*, ecc.) **1** Riportare qualcosa allo stato originario con lavori di riparazione o di rinnovamento: *restaurare un edificio, un mobile.* **2** Rimettere in vigore: *restaurare vecchie usanze* Ⓢ ristabilire.

restaurazione (re-stau-ra-zió-ne) N.F. · Ritorno a un assetto politico precedente: *la restaurazione dei Borboni a Napoli.* Ⓔ ***La Restaurazione***, il periodo della storia europea (1814-1830) che ristabilì l'ordine politico precedente alla Rivoluzione francese.

restauro (re-stàu-ro) N.M. · Operazione con cui si interviene su un'opera d'arte per ripararla o per assicurarne la conservazione: *il restauro di un palazzo, di un libro antico* • L'intervento operato o la parte sottoposta a restauro: *in alto a destra potete vedere il restauro.*

restio (re-stì-o) AGG. (pl.m. *-stìi*, pl.f. *-stìe*) · Poco disposto a fare qualcosa: *restio* ***a*** *obbedire* Ⓢ riluttante.

restituire (re-sti-tu-ì-re) V.TR. (*restituìsco*, *restituìsci*, ecc.) **1** Riconsegnare al proprietario ciò che si è avuto in prestito o in dono, o ciò che gli si è sottratto: *restituire una somma di denaro; devo restituire il libro* ***alla*** *biblioteca* Ⓢ rendere, ridare. **2** Contraccambiare, ricambiare: *restituire un favore.*

R

restituzione (re-sti-tu-zió-ne) N.F. · L'azione di ridare indietro al proprietario ciò che aveva prestato o donato o che gli era stato sottratto: *restituzione di un libro alla biblioteca.*

resto (rè-sto) N.M. **1** La parte residua: *dammi il resto del dolce; il resto della famiglia non è in casa; il resto della storia ve lo racconterò domani* Ⓢ rimanente • AL PL. Avanzi: *butta via i resti del pranzo* • AL PL. Rovine, ruderi: *i resti di una città romana.* **2** In matematica, il risultato della sottrazione Ⓢ differenza • Nella divisione, il numero che sommato al prodotto del divisore per il quoziente dà il dividendo. **3** La differenza di denaro da restituire a chi ha pagato una somma superiore al prezzo: *ho pagato il giornale con 5 euro e il giornalaio me ne ha dati 3 di resto.* Ⓔ ***Del resto***, d'altra parte, d'altronde: *anche voi, del resto, potevate sbagliare* • ***Per il resto, quanto al resto***, per quanto riguarda gli aspetti di cui non si è parlato: *è un po' distratto, per il resto è un ottimo lavoratore.*

restringere (re-strìn-ge-re) V.TR. (irreg.: coniugato come *stringere*) || TR. **1** Ridurre in lunghezza o larghezza: *restringere una gonna* Ⓒ allargare, ampliare. **2** Rendere più limitato: *restringere il campo delle indagini; restringere il numero dei concorrenti* Ⓢ limitare, ridurre. || **restringersi** INTR. PRONOM. **1** Diventare più stretto: *dopo la curva la strada si restringe.* **2** Ritirarsi: *in lavatrice il golf si è ristretto.*

restringimento (re-strin-gi-mén-to) N.M. · Riduzione delle dimensioni: *il restringimento della strada* Ⓒ allargamento.

restrittivo (re-strit-tì-vo) AGG. · Che limita le possibilità: *clausola restrittiva.*

restrizione (re-stri-zió-ne) N.F. · Limitazione, riduzione: *restrizione dei consumi; restrizione della libertà di stampa.*

resurrezione (re-sur-re-zió-ne) N.F. · Ritorno dalla morte alla vita, con riferimento alla vicenda di Gesù Cristo: *la resurrezione di Cristo; Pasqua di Resurrezione.*

resuscitare (re-su-sci-tà-re) V.TR. e INTR. (*resùscito*, ecc.) || TR. **1** Restituire alla vita: *resuscitare i morti* Ⓢ risvegliare. **2** Dare nuovo vigore fisico e spirituale: *questo vino resusciterebbe un morto.* || INTR. (aus. *essere*) **1** Tornare alla vita: *Gesù Cristo resuscitò* ***dalla*** *morte* Ⓢ risorgere. **2** Recuperare vigore fisico e spirituale: *dopo un mese in montagna sono come resuscitato* Ⓢ rinascere.

retaggio (re-tàg-gio) N.M. (pl. *-gi*) · Il patrimonio spirituale di un popolo o di un individuo che gli viene dal passato: *un retaggio di tradizioni* Ⓢ eredità.

retata (re-tà-ta) N.F. **1** La quantità di preda che si prende gettando una rete: *una retata di pesci.* **2** Cattura di persone sospettate di aver commesso reati: *organizzare una retata di spacciatori.*

rete (ré-te) N.F. **1** Insieme di fili intrecciati e annodati fra loro, a maglie più o meno fitte:

rete da pesca; rete di sicurezza, quella per impedire che un acrobata cadendo si faccia male. **2** Qualsiasi intreccio di vari materiali e forme: *la rete del letto; chiuse il recinto con una rete.* **3** In alcuni sport di palla, l'intreccio di corda fissato alla porta in cui si deve lanciare il pallone per segnare un gol: *tirare a rete; segnare una rete* • Nella pallavolo, nel tennis e nel ping-pong, la fascia di corda intrecciata tesa a metà campo, oltre la quale va lanciata la palla. **4** Sistema di collegamenti, di distribuzione o di comunicazioni: *rete stradale, ferroviaria, elettrica, telefonica; una vasta rete di vendita* • La rete Internet: *essere collegati in rete con altri utenti.* **5** Insieme di persone unite da relazioni di amicizia, parentela, lavoro: *una rete di amici e conoscenti.* Ⓔ ***Cadere nella rete***, restare vittima di un inganno • ***Calze a rete***, calze lunghe da donna con un motivo a reticolo • ***Rete televisiva***, sistema di stazioni televisive connesse per una programmazione comune.

reticente (re-ti-cèn-te) AGG. · Che non dice quello che sa e che dovrebbe dire: *è piuttosto reticente se gli chiedi cosa è successo.*

reticenza (re-ti-cèn-za) N.F. · Riserbo, cautela: *la sua reticenza mi fa sospettare di lui.* Ⓔ ***Senza reticenze***, francamente, liberamente.

reticolato (re-ti-co-là-to) N.M. **1** Disegno a forma di rete Ⓢ reticolo. **2** Recinto di filo spinato intrecciato, usato per difendere una zona. Ⓔ ***Reticolato geografico***, l'insieme dei meridiani e paralleli.

reticolo (re-tì-co-lo) N.M. · Disegno o struttura a forma di rete.

retina (rè-ti-na) N.F. · Membrana sottile e trasparente interna all'occhio che consente di trasformare gli impulsi luminosi in immagini.

> Il termine deriva dal latino medievale *retina* 'piccola rete', per l'intreccio dei vasi sanguigni che la formano.

retorica (re-tò-ri-ca) N.F. (pl. *-che*) **1** L'arte del parlare e dello scrivere con eleganza: *le regole della retorica.* **2** Modo di esprimersi con molta enfasi ma con contenuti banali: *un discorso pieno di retorica.*

retorico (re-tò-ri-co) AGG. (pl.m. *-ci*, pl.f. *-che*) **1** Della retorica, come arte del parlare e dello scrivere: *figure retoriche.* **2** Di scritto o discorso di grande effetto ma che contiene solo argomenti banali: *discorsi retorici.* Ⓔ ***Domanda retorica***, che contiene già implicitamente la risposta.

retrattile (re-tràt-ti-le) AGG. · Che si può far rientrare internamente: *il gatto ha le unghie retrattili; il carrello retrattile dell'aeroplano.*

retribuire (re-tri-bu-ì-re) V.TR. (*retribuìsco, retribuìsci*, ecc.) · Pagare un compenso per un lavoro fatto: *retribuire gli operai, il personale* Ⓢ remunerare.

retributivo (re-tri-bu-tì-vo) AGG. · Della retribuzione: *aumento retributivo.*

retribuzione (re-tri-bu-zió-ne) N.F. · Il compenso pagato per un lavoro eseguito: *chiedere un aumento di retribuzione* Ⓢ salario, stipendio.

retrivo (re-trì-vo) AGG. · Che sostiene valori e convinzioni del passato: *un uomo retrivo* Ⓢ retrogrado, conservatore Ⓒ progressista • Antiquato: *idee retrive.*

retro (rè-tro) N.M. INVAR. **1** La parte posteriore di un foglio o di una moneta Ⓢ dietro Ⓒ fronte. **2** Nelle costruzioni, la parte opposta alla facciata: *entrare dal retro.*

retro- · Prefisso che già fin dal latino indica 'che si muove all'indietro' o 'che sta dietro': *retrocedere*, muoversi all'indietro; *retrobottega*, locale che sta dietro la bottega.

retroattivo (re-tro-at-ti-vo) AGG. · Nel linguaggio giuridico, di norma che ha effetto a partire da una data anteriore alla sua pubblicazione: *legge retroattiva.*

retrobottega (re-tro-bot-té-ga) N.M. O F. (pl.m. *i retrobottéga*, pl.f. *le retrobottéghe*) · Locale che si trova dietro un negozio, usato come deposito o laboratorio: *tenere le scorte nel retrobottega.*

retrocedere (re-tro-cè-de-re) V.INTR. (irreg.: ind. pres. *retrocèdo*, ecc.; pass. rem. *retrocèssi, retrocedésti, retrocèsse, retrocedémmo, retrocedéste, retrocèssero*; part. pass. *retrocèsso*; aus. *essere*) **1** Muoversi all'indietro: *retrocedere di fronte a un pericolo; l'auto retrocedeva lenta-*

A B C D E F G H I J K L M N O P Q R S T U V W X Y Z

mente Ⓢ indietreggiare, arretrare Ⓒ avanzare. 2 Nel linguaggio sportivo, passare a una categoria inferiore: *la squadra è retrocessa **in** serie B* • Passare a un grado inferiore: *retrocedere **da** tenente **a** caporale.*

retrocessi (re-tro-cès-si) · Pass. rem., 1ª pers. sing. → ***retrocedere***.

retrocessione (re-tro-ces-sió-ne) N.F. · Passaggio a un grado o a una categoria inferiore: *retrocessione di una squadra di calcio **in** serie B.*

retrocesso (re-tro-cès-so) · Participio pass. → ***retrocedere***.

retrodatare (re-tro-da-tà-re) V.TR. · Indicare su un documento una data precedente a quella reale: *retrodatare un assegno **a** ieri.*

retrogrado (re-trò-gra-do) AGG. 1 Legato a idee o consuetudini antiquate e contrario al progresso: *un vecchio retrogrado; idee retrograde* Ⓢ conservatore Ⓒ progressista. 2 Che si muove all'indietro o in senso contrario a quello normale: *il nuoto retrogrado dei polipi.*

Il termine deriva dal latino *retrogradus* 'che va indietro', composto a sua volta di un derivato del verbo *gradi* 'camminare, procedere' e del prefisso **retro-**.

retroguardia (re-tro-guàr-dia) N.F. (pl. *-die*) 1 Nel linguaggio militare, reparto di soldati che segue a una certa distanza il grosso delle truppe Ⓒ avanguardia. 2 Nel linguaggio sportivo, i giocatori schierati in difesa Ⓢ difesa.

R

retromarcia (re-tro-màr-cia) N.F. (pl. *-ce*) · Negli autoveicoli, posizione del cambio che consente di fare arretrare il veicolo: *mettere la retromarcia.* Ⓔ ***Fare retromarcia***, muovere il veicolo in direzione opposta alla normale; in senso figurato, cambiare idea, rinunciare a un impegno assunto: *ha fatto retromarcia all'ultimo momento.*

retroscena (re-tro-scè-na) N.M. INVAR. · L'insieme dei fatti o delle manovre segrete dietro una vicenda conosciuta: *rivelare i retroscena di un fatto.*

retrospettivo (re-tro-spet-tì-vo) AGG. · Rivolto indietro nel tempo: *indagine retrospettiva.* Ⓔ ***Mostra retrospettiva***, ***rassegna cinematografica retrospettiva*** (o *la retrospettiva* N.F.), quella che evidenzia i momenti principali della carriera di un artista o di un periodo storico e culturale: *una retrospettiva sul cinema di Fellini.*

retrostante (re-tro-stàn-te) AGG. · Di luogo, vicino e posteriore a un altro: *i locali retrostanti **al** negozio* Ⓒ antistante.

retroterra (re-tro-tèr-ra) N.M. INVAR. 1 Territorio alle spalle di una zona costiera: *il retroterra ligure* Ⓢ interno. 2 L'insieme di idee, situazioni, avvenimenti che stanno alla base di un evento o di una formazione culturale: *dietro molti episodi di violenza si scopre un retroterra di miseria e degrado* Ⓢ ambiente.

retrovia (re-tro-vì-a) N.F. (pl. *-vìe*) · La zona alle spalle del fronte dei combattimenti in cui avviene il movimento delle truppe e il coordinamento dei servizi: *dalle retrovie giunsero i rifornimenti per l'esercito.*

retrovisore (re-tro-vi-só-re) AGG. · ***Specchietto retrovisore*** (o *il retrovisore* N.M.), piccolo specchio che nelle automobili permette a chi guida di vedere dietro di sé.

retta[1] (rèt-ta) N.F. · Solo nell'espressione ***dar retta***, dare ascolto, prestare attenzione: *dammi retta, lascialo perdere.*

retta[2] (rèt-ta) N.F. · In geometria, la linea più breve che congiunge due punti, prolungata all'infinito nei due versi.

retta[3] (rèt-ta) N.F. · La somma che si paga per il vitto e l'alloggio in un collegio Ⓢ quota.

rettangolare (ret-tan-go-là-re) AGG. · A forma di rettangolo: *tappeto rettangolare.*

rettangolo (ret-tàn-go-lo) AGG. e N.M. || AGG. Di figura geometrica con uno o più angoli retti: *triangolo rettangolo; trapezio rettangolo.* || N.M. Quadrilatero con quattro angoli retti e i lati a due a due uguali e paralleli: *ritagliare un rettangolo di cartone.*

rettifica (ret-ti-fi-ca) N.F. (pl. *-che*) · Correzione o modifica di una notizia, di una dichiarazione, di un documento: *rettifica di un regolamento; vorrei fare alcune rettifiche riguardo all'articolo pubblicato ieri.*

rettificare (ret-ti-fi-cà-re) V.TR. (*rettìfico, rettìfichi*, ecc.) **1** Raddrizzare: *rettificare il tracciato di una strada.* **2** Correggere o modificare notizie, informazioni, documenti: *rettificare un comunicato; rettificare un articolo di giornale.*

rettifilo (ret-ti-fì-lo) N.M. · Tratto di strada dritta: *dopo la piazza la strada corre in rettifilo* Ⓢ rettilineo.

rettile (rèt-ti-le) N.M. · Animale terrestre o acquatico a sangue freddo, diffuso in tutte le regioni calde e temperate, con il corpo rivestito di squame e che si riproduce per mezzo di uova: *i serpenti sono rettili che strisciano, mentre le tartarughe nuotano.*

rettilineo (ret-ti-li-ne-o) AGG. e N.M. (pl.m. *-nei*, pl.f. *-nee*) || AGG. Caratterizzato da un andamento in linea retta: *strada rettilinea* Ⓢ diritto Ⓒ curvilineo. || N.M. Tratto di strada che procede in linea retta: *accelerare su un rettilineo.*

rettitudine (ret-ti-tù-di-ne) N.F. · Onestà, lealtà: *agire con rettitudine.*

retto[1] (rèt-to) · Participio pass. → ***reggere***.

retto[2] (rèt-to) AGG. **1** Privo di curve: *procedere in linea retta* Ⓢ diritto. **2** Che si comporta in modo giusto: *un uomo retto* Ⓢ onesto. Ⓔ ***Angolo retto***, angolo di 90 gradi • ***Intestino retto*** (anche *il retto* N.M.), il tratto dell'intestino che va dal colon all'ano • ***Linea retta*** (anche *la retta* N.F.), quella più breve fra due punti • ***Seguire la retta via***, attenersi a onesti principi morali.

rettore (ret-tó-re) N.M. (f. *-trìce*) · Chi dirige un'università, un collegio o una comunità religiosa.

Il femminile di *rettore* è *rettrice*, ma è usato poco. Spesso si usa il maschile anche quando ci si riferisce a una donna: *il rettore Giovanna Rossi.*

reumatico (reu-mà-ti-co) AGG. (pl.m. *-ci*, pl.f. *-che*) · Causato da reumatismi o che provoca reumatismi: *dolori reumatici; virus reumatico.*

reumatismo (reu-ma-tì-ṣmo) N.M. · Infiammazione dolorosa delle articolazioni, delle ossa o dei muscoli: *soffrire di reumatismi.*

reverendo (re-ve-rèn-do) AGG. e N.M. || AGG. Titolo onorifico dato a membri del clero o di comunità monastiche: *il reverendo padre; la reverenda madre.* || N.M. Parroco: *il reverendo si sta preparando alla Messa.*

reverenza (re-ve-rèn-za) N.F. · Atteggiamento di rispetto: *rivolgersi a qualcuno con reverenza* Ⓢ ossequio.

reverenziale (re-ve-ren-zià-le) AGG. · Provocato da un senso di reverenza: *timore reverenziale; la platea ascoltò il suo discorso in reverenziale silenzio* Ⓢ rispettoso.

reversibile (re-ver-sì-bi-le) AGG. · Che si può invertire: *processo reversibile* Ⓒ irreversibile • Di capo d'abbigliamento che può essere indossato da entrambi i versi: *giacca reversibile.* Ⓔ ***Pensione reversibile***, quella che, alla morte del titolare, continua a essere percepita dal coniuge o dai figli.

revisionare (re-vi-ṣio-nà-re) V.TR. (*reviṣióno*, ecc.) · Sottoporre a revisione: *revisionare un conto, un motore* Ⓢ controllare.

revisione (re-vi-ṣió-ne) N.F. **1** Correzione di errori e difetti in un testo o in un conteggio: *revisione delle bozze di un libro; revisione dei conti.* **2** Controllo di un motore, di una macchina, di un apparecchio per verificare che funzioni correttamente: *revisione di un motore, di una caldaia* Ⓢ messa a punto.

revival (re-vi-val; pronuncia *revàival*) N. INGL., in it. N.M. INVAR. · Proposta di stili, mode o gusti del passato: *revival della moda degli anni Settanta.*

revoca (rè-vo-ca) N.F. (pl. *-che*) · Annullamento, abrogazione, ritiro: *revoca di una legge.*

revocare (re-vo-cà-re) V.TR. (*rèvoco, rèvochi*, ecc.) · Annullare, abrogare, ritirare: *revocare un decreto.*

revolver (re-vòl-ver) N.M. INVAR. · Rivoltella.

rhum (pronuncia *rum*) → ***rum***.

ri- · Prefisso verbale che indica 'ripetizione' (*ricadere*), 'ritorno a uno stato precedente' (*risanare*) o 'movimento in senso contrario' (*rispedire*); in alcune parole, si usa la forma *r-, rin-* o *ra-* che provoca il raddoppiamento della consonante semplice che segue.

A B C D E F G H I J K L M N O P Q R S T U V W X Y Z

riabilitare (ri-a-bi-li-tà-re) V.TR. (*riabìlito*, ecc.) || TR. **1** Restituire a un individuo la sua buona reputazione: *i suoi sacrifici lo hanno riabilitato ai miei occhi.* **2** Rimettere in condizioni di efficienza: *riabilitare una gamba fratturata.* || **riabilitarsi** RIFL. Riacquistare una buona reputazione: *con quel gesto si è riabilitato* Ⓢ riscattarsi.

riabilitazione (ri-a-bi-li-ta-zió-ne) N.F. **1** Recupero della propria buona reputazione: *la riabilitazione di un detenuto* Ⓢ riscatto. **2** Restituzione della piena efficienza: *la riabilitazione di un arto fratturato.*

riacquistare (ri-ac-qui-stà-re) V.TR. **1** Acquistare di nuovo: *riacquistare le proprietà di famiglia.* **2** Recuperare ciò che si è perduto: *riacquistare la libertà* Ⓢ riconquistare.

riadattare (ri-a-dat-tà-re) V.TR. || TR. Modificare qualcosa per farne un uso diverso: *la camera è stata riadattata* ***a*** *studio.* || **riadattarsi** INTR.PRONOM. Adattarsi di nuovo: *si è riadattato* ***alla*** *vita di prima.*

riaffermare (ri-af-fer-mà-re) V.TR. (*riafférmo*, ecc.) · Affermare di nuovo e con più forza: *riaffermò* ***che*** *era innocente* Ⓢ ribadire.

rialzare (ri-al-zà-re) V.TR. || TR. **1** Rimettere in piedi: *rialzare una sedia; rialzare un bambino* ***da*** *terra* Ⓢ sollevare. **2** Risollevare dal basso verso l'alto: *rialzare lo sguardo.* **3** Dare una maggiore altezza: *rialzare una casa* ***di*** *un piano* Ⓢ elevare. **4** Aumentare di valore: *rialzare i prezzi* Ⓢ rincarare Ⓒ ribassare. || **rialzarsi** RIFL. Ritrovare fiducia dopo un evento negativo: *rialzarsi* ***da*** *una delusione sentimentale.* Ⓔ ***Rialzare la testa***, riprendere coraggio e fiducia in se stesso.

rialzato (ri-al-zà-to) AGG. · Più in alto rispetto a un punto di riferimento: *terreno rialzato.* Ⓔ ***Piano rialzato***, piano di un edificio costruito poco più in alto del livello stradale.

rialzo (ri-àl-zo) N.M. **1** Nuovo aumento: *rialzo di temperatura; c'è stato un rialzo dei prezzi* Ⓒ ribasso • Crescita, miglioramento: *il suo prestigio è in rialzo.* **2** Parte elevata o sporgente: *un rialzo del terreno* Ⓢ elevazione. **3** Aggiunta che rende qualcosa più alto: *ho messo un rialzo al tavolino perché non traballi.*

rianimare (ri-a-ni-mà-re) V.TR. (*riànimo*, ecc.) || TR. **1** Far riprendere i sensi a qualcuno: *lo hanno rianimato* ***con*** *i sali.* **2** Cercare di riattivare le funzioni vitali in una persona in pericolo di vita: *lo rianimarono* ***con*** *un massaggio cardiaco.* **3** Ridare forza, vitalità: *la brezza del mare ci ha rianimato.* **4** Dare nuova fiducia: *il discorso del generale rianimò le truppe* Ⓢ rincuorare, rinfrancare Ⓒ scoraggiare. || **rianimarsi** RIFL. **1** Riprendere i sensi: *la donna svenuta si rianimò* Ⓢ riaversi, rinvenire. **2** Riprendere coraggio: *vedendo suo padre si rianimò.* || **rianimarsi** INTR. PRONOM. Diventare di nuovo pieno di vita e movimento: *verso sera la città si rianima.*

rianimazione (ri-a-ni-ma-zió-ne) N.F. · La serie di cure praticate a una persona che rischia di perdere la vita, per cercare di recuperare le sue funzioni vitali • Il reparto dell'ospedale dove si praticano queste terapie: *è stato portato in rianimazione.*

riapertura (ri-a-per-tù-ra) N.F. · Ripresa di un'attività: *la riapertura delle scuole; la riapertura della caccia.*

riappropriarsi (ri-ap-pro-priàr-si) V.INTR. PRONOM. (*mi riappròprio*, ecc.) · Tornare in possesso di qualcosa: *riappropriarsi* ***di*** *un terreno.*

riaprire (ri-a-prì-re) V.TR. e INTR. (irreg.: coniugato come *aprire*) || TR. **1** Aprire di nuovo: *riaprire un armadio* Ⓒ richiudere. **2** Rimettere in attività dopo un periodo di interruzione: *riaprire le scuole; riaprire una strada.* **3** Ricominciare, riprendere: *riaprire il dibattito.* || INTR. (aus. *avere*) Riprendere l'attività: *il negozio riaprirà alle quattro.* || **riaprirsi** INTR. PRONOM. Aprirsi di nuovo: *la porta si riaprì per un colpo di vento.* Ⓔ ***Riaprire gli occhi***, riprendere i sensi • ***Riaprire il discorso***, riprendere il dialogo o la trattativa.

riarmo (ri-àr-mo) N.M. · Il rafforzamento delle forze militari di una nazione: *preoccupa la corsa al riarmo dei Paesi asiatici* Ⓒ disarmo.

riarso (ri-àr-so) AGG. · Totalmente privo di umidità per il calore elevato: *terreno riarso; pelle riarsa dal sole* Ⓢ arido, secco.

riassetto (ri-as-sèt-to) N.M. · Nuova sistemazione: *il riassetto dell'Europa dopo la prima guerra mondiale.*

riassumere (ri-as-sù-me-re) V.TR. (irreg.: coniugato come *assumere*) **1** Prendere di nuovo alle proprie dipendenze: *riassumere un operaio.* **2** Esporre in forma sintetica ed essenziale: *riassumere la trama di un romanzo* Ⓢ sintetizzare.

riassuntivo (ri-as-sun-tì-vo) AGG. · Che espone brevemente o in modo schematico un argomento: *fare un quadro riassuntivo della situazione; tavole riassuntive.*

riassunto (ri-as-sùn-to) N.M. · Esposizione breve e sintetica: *il riassunto di una novella* Ⓢ sintesi.

riattaccare (ri-at-tac-cà-re) V.TR. (*riattàcco, riattàcchi*, ecc.) **1** Attaccare di nuovo: *riattaccare un bottone.* **2** Nel linguaggio familiare, riprendere un'azione interrotta: *riattaccare un lavoro; riattaccare **a** parlare* Ⓢ ricominciare. **3** Nel linguaggio familiare, chiudere una conversazione telefonica: *ha riattaccato senza farmi parlare.* **4** Muovere di nuovo all'attacco: *il nemico ha riattaccato in forze.*

riattivare (ri-at-ti-và-re) V.TR. · Rimettere in funzione: *riattivare una linea ferroviaria* Ⓢ ripristinare.

riavere (ri-a-vé-re) V.TR. (irreg.: coniugato come *avere*, ma nelle forme *riò, riài, rià, riànno* senza l'*h* iniziale) || TR. Tornare in possesso di qualcosa dato in prestito: *sono riuscito a riavere i miei soldi* Ⓢ recuperare, riprendere. || **riaversi** INTR. PRONOM. Uscire da uno stato di crisi fisica, morale o economica: *comincia a riaversi solo ora **dalla** malattia; con quella vincita si è un po' riavuto* Ⓢ risollevarsi.

riavviare (ri-av-vi-à-re) V.TR. (*riavvìo, riavvìi*, ecc.) || TR. Avviare di nuovo dopo un'interruzione: *riavviare una discussione* Ⓢ ricominciare • Rimettere in funzione: *riavviare il computer.* || **riavviarsi** INTR. PRONOM. **1** Avviarsi di nuovo verso un luogo: *riavviarsi **verso** casa.* **2** Entrare di nuovo in funzione: *il computer continua a riavviarsi da solo.*

riavvio (ri-av-vì-o) N.M. (pl. *-vìi*) · Inizio di una nuova fase di attività dopo un'interruzione Ⓢ ripresa • Rimessa in funzione dopo uno spegnimento: *il riavvio di un computer.*

ribadire (ri-ba-dì-re) V.TR. (*ribadisco, ribadisci*, ecc.) · Confermare decisamente: *ribadire le proprie idee* Ⓢ riconfermare.

ribaldo (ri-bàl-do) N.M. · Furfante, mascalzone: *una banda di ribaldi.*

ribalta (ri-bàl-ta) N.F. **1** La parte davanti del palcoscenico sporgente verso il pubblico: *le luci della ribalta.* **2** Sportello di un mobile che si apre dall'alto al basso e diventa un piano per scrivere: *scrivania a ribalta.* Ⓔ ***Salire alla ribalta***, di persona che diventa improvvisamente famosa.

ribaltare (ri-bal-tà-re) V.TR. || TR. Provocare il rovesciamento di un oggetto: *ribaltare una sedia* Ⓢ rovesciare • Capovolgere: *ribaltare il risultato di una partita.* || **ribaltarsi** INTR. PRONOM. Di veicoli, capovolgersi in seguito a un urto o a una brusca frenata: *nell'incidente la macchina si è ribaltata.*

ribassare (ri-bas-sà-re) V.TR. e INTR. || TR. Diminuire il prezzo o il valore: *ribassare il prezzo della benzina* Ⓒ rincarare, rialzare. || INTR. (aus. *essere*) Diminuire di prezzo o di valore: *il petrolio è ribassato* Ⓢ calare.

ribasso (ri-bàs-so) N.M. **1** Nuova diminuzione: *ribasso della temperatura* Ⓢ abbassamento Ⓒ rialzo. **2** Diminuzione di prezzo: *un forte ribasso dei prezzi* Ⓢ calo, riduzione Ⓒ rincaro. Ⓔ ***Essere in ribasso***, perdere di stima e di prestigio: *la sua fama è in ribasso.*

ribattere (ri-bàt-te-re) V.TR. e INTR. || TR. **1** Battere di nuovo o più volte: *ribattere **sul** tasto di accensione.* **2** Lanciare in direzione opposta: *ribattere la palla* Ⓢ rinviare • Respingere: *ribattere un colpo, un attacco.* **3** Replicare, contestare, controbattere: *ribattere un'accusa.* || INTR. (aus. *avere*) Continuare a insistere: *ribattere sempre **sullo** stesso argomento.*

ribellarsi (ri-bel-làr-si) V.INTR. PRONOM. (*mi ribèllo*, ecc.) **1** Rifiutarsi di obbedire a un'autorità: *ribellarsi **ai** genitori* Ⓢ rivoltarsi. **2** Insorgere contro qualcuno o qualcosa: *ribellarsi **al** dittatore, **all'**ingiustizia* Ⓢ opporsi.

ribelle (ri-bèl-le) AGG. e N.M. e F. || AGG. e N.M. e F. Che, chi è responsabile di una rivolta armata contro l'autorità: *popolazioni ribelli; i ribelli si rifugiarono sulle montagne.* || AGG. **1** Insoffe-

A B C D E F G H I J K L M N O P Q R S T U V W X Y Z

rente all'autorità e alla disciplina: *carattere ribelle; giovani ribelli* Ⓢ difficile, indocile. **2** Resistente a qualsiasi trattamento: *riccioli ribelli* Ⓢ ostinato.

ribellione (ri-bel-lió-ne) N.F. **1** Aperta rivolta armata: *domare una ribellione* Ⓢ insurrezione, tumulto. **2** Atteggiamento di opposizione o di protesta: *ribellione contro la famiglia; gesto di ribellione* Ⓢ contestazione.

ribes (rì-bes) N.M. INVAR. · Arbusto spontaneo nelle zone montane e boscose, con piccoli fiori verdastri e frutti a bacca nera o rossa, di sapore leggermente acido, utilizzati per marmellate e sciroppi.

ribollire (ri-bol-lì-re) V.INTR. (*ribóllo*, ecc.; aus. *avere*) **1** Bollire di nuovo: *il brodo comincia a ribollire.* **2** Fare bolle, schiuma: *le onde ribollivano tra gli scogli; il mosto ribolle nei tini*, fermenta. **3** Essere in preda a una forte agitazione: *ribollire **di** rabbia, **di** sdegno* Ⓢ fremere. Ⓔ ***Sentirsi ribollire il sangue (nelle vene)***, essere furioso, arrabbiato.

ribonucleico (ri-bo-nu-clèi-co) o **ribonucleinico** (ri-bo-nu-cle-ì-ni-co) AGG. (pl.m. *-ci*, pl.f. *-che*) · Di acido che prende parte alla sintesi delle proteine nelle cellule animali e vegetali (sigla *RNA*).

ribrezzo (ri-bréz-zo) N.M. · Violenta sensazione di disgusto: *i serpenti mi fanno ribrezzo; mi fa ribrezzo il suo egoismo* Ⓢ orrore, schifo.

R

ributtante (ri-but-tàn-te) AGG. · Che suscita ribrezzo: *una piaga ributtante* Ⓢ disgustoso, rivoltante.

ricacciare (ri-cac-cià-re) V.TR. (*ricàccio*, ecc.) || TR. **1** Mandare via di nuovo: *il padre l'ha ricacciato **di** casa* Ⓢ cacciare, allontanare. **2** Respingere indietro con la forza o con le armi: *il nemico fu ricacciato oltre le Alpi* Ⓢ respingere • Far tornare indietro in un luogo: *volevamo uscire, ma la pioggia ci ha ricacciati **in** casa.* **3** Infilare di nuovo con energia: *ricacciò i vestiti **nell'**armadio.* || **ricacciarsi** RIFL. Mettersi di nuovo: *si è ricacciato **in** una situazione pericolosa* Ⓢ trovarsi.

ricadere (ri-ca-dé-re) V.INTR. (irreg.: coniugato come *cadere*; aus. essere) **1** Cadere di nuovo: *ricadere **per** terra; ricadere **nelle** mani dei nemici; ricadere **in** un errore.* **2** Discendere verso terra dall'alto: *le tende ricadevano **sul** pavimento; i capelli le ricadevano **sulle** spalle* Ⓢ scendere. **3** Di responsabilità, gravare, ripercuotersi: *le colpe dei padri ricadono **sui** figli.*

ricaduta (ri-ca-dù-ta) N.F. · Nuovo aggravarsi di una malattia che sembrava superata: *il malato ha avuto una ricaduta.*

ricalcare (ri-cal-cà-re) V.TR. (*ricàlco, ricàlchi*, ecc.) **1** Premere di nuovo o più intensamente: *ricalcare il terreno.* **2** Eseguire la copia di un disegno o di una scritta, seguendone le linee con la matita mediante carta carbone o con un foglio trasparente: *ricalcare una cartina.* Ⓔ ***Ricalcare le orme di qualcuno*** → **orma**.

ricalcitrante (ri-cal-ci-tràn-te) AGG. **1** Di animale da tiro, da sella o da soma, ostinatamente restio a lasciarsi guidare: *mulo ricalcitrante.* **2** Di chi è poco disposto a fare qualcosa: *è ancora un po' ricalcitrante a partecipare al nostro progetto.*

ricalco (ri-càl-co) N.M. (pl. *-chi*) · Copia ottenuta ricalcando: *disegno eseguito a ricalco.*

ricamare (ri-ca-mà-re) V.TR. · Eseguire con l'ago su un tessuto punti decorativi seguendo un disegno: *ricamare una tovaglia, un lenzuolo.* Ⓔ ***Ricamarci sopra***, ampliare, abbellire un racconto con particolari inutili, spesso inventati: *raccontami quello che è successo senza ricamarci sopra.*

> Il termine deriva da una parola araba che significa 'segnare con le righe'.

ricambiare (ri-cam-bià-re) V.TR. (*ricàmbio*, ecc.) · Contraccambiare, rendere, restituire: *ricambiare un favore, gli auguri.*

ricambio (ri-càm-bio) N.M. (pl. *-bi*) **1** Cambio, scambio: *ricambio d'aria; ricambio di favori.* **2** Pezzo con cui viene sostituito un altro consumato o rotto: *ho fatto fatica a trovare i ricambi per questo modello di auto.* Ⓔ ***Di ricambio***, per sostituire qualcosa di consumato, rotto o sporco: *indumenti di ricambio.*

ricamo (ri-cà-mo) N.M. · Lavoro di cucito che consiste nel fare punti decorativi su un tessuto secondo un disegno: *una tovaglia piena di ricami.*

ricapitolare (ri-ca-pi-to-là-re) V.TR. (*ricapìtolo*, ecc.) · Riassumere nei punti essenziali: *ricapitolare la lezione precedente* Ⓢ riepilogare. ▸ Ⓕ **caput**

ricaricare (ri-ca-ri-cà-re) V.TR. (*ricàrico, ricàrichi*, ecc.) || TR. **1** Caricare di nuovo: *ricaricare la sveglia*. **2** Dare nuova forza e vitalità: *il successo lo ha ricaricato* Ⓢ rigenerare, ritemprare. || **ricaricarsi** RIFL. Riprendere forza e vitalità: *ho bisogno di una pausa per ricaricarmi*.

ricattare (ri-cat-tà-re) V.TR. · Pretendere denaro o favori da qualcuno con la minaccia di divulgare informazioni segrete o di fargli del male.

ricattatore (ri-cat-ta-tó-re) N.M. (f. *-trìce*) · Chi mette in atto un ricatto.

ricatto (ri-càt-to) N.M. · Richiesta di denaro o di favori compiuta con minacce: *subire un ricatto; cedere a un ricatto*.

ricavare (ri-ca-và-re) V.TR. **1** Tirare fuori qualcosa di utile o vantaggioso: *ricavare una statua* ***da*** *un blocco di marmo* Ⓢ estrarre. **2** Ottenere un reddito o un profitto: ***dalla*** *vendita dell'appartamento ha ricavato quattrocentomila euro* Ⓢ guadagnare, realizzare. **3** Conseguire un effetto positivo: *ricavare giovamento* ***da*** *una cura* Ⓢ trarre, avere.

ricavato (ri-ca-và-to) N.M. · Il denaro frutto di una vendita o di un'attività: *il ricavato della serata andrà in beneficenza* Ⓢ provento.

ricavo (ri-cà-vo) N.M. · La quantità di denaro ottenuta da una vendita o da un lavoro: *il ricavo è stato ottimo*.

ricchezza (ric-chéz-za) N.F. **1** Larga disponibilità di beni e di denaro: *vivere nella ricchezza* Ⓢ abbondanza, lusso Ⓒ povertà. **2** Possesso di elevate capacità spirituali: *ricchezza d'animo*. **3** Ciò che una persona possiede: *un piccolo appartamento è tutta la sua ricchezza* Ⓢ proprietà; beni (PL.) • Qualità, risorsa, dote: *la sua vera ricchezza è l'intelligenza*. **4** L'insieme di beni che rappresentano le risorse o le fonti di profitto di un ambiente: *le ricchezze artistiche di una regione* Ⓢ patrimonio. **5** Grande quantità: *in quella regione c'è ricchezza d'acqua*.

riccio[1] (rìc-cio) AGG. e N.M. (pl.m. *-ci*, pl.f. *-ce*) || AGG. Di capello, non liscio: *capelli ricci* Ⓢ crespo, mosso. || N.M. Ciocca di capelli avvolta a spirale: *una testa piena di ricci* Ⓢ ricciolo.

riccio[2] (rìc-cio) N.M. (pl. *-ci*) **1** Mammifero notturno con il dorso e i fianchi ricoperti di spine con cui, in caso di pericolo, si difende avvolgendosi a palla. **2** Il guscio coperto di spine che riveste le castagne. Ⓔ ***Chiudersi a riccio***, assumere un atteggiamento diffidente • ***Riccio di mare***, invertebrato marino commestibile, molto diffuso nel Mediterraneo, protetto da aculei appuntiti.

ricciolo (rìc-cio-lo) N.M. · Riccio di capelli: *ti preferisco con i riccioli*.

riccioluto (ric-cio-lù-to) AGG. · Ricciuto: *un bambino moro e riccioluto*.

ricciuto (ric-ciù-to) AGG. · Che ha i capelli ricci: *ragazza ricciuta* Ⓢ riccio, riccioluto • Di capello o pelo, riccio: *barba ricciuta*.

ricco (rìc-co) AGG. e N.M. (f. *-a*; pl.m. *-chi*, pl.f. *-che*) || AGG. e N.M. (f. *-a*) Che, chi possiede molti beni o denaro: *un ricco industriale; una città ricca; rubare ai ricchi per dare ai poveri* Ⓢ benestante, facoltoso Ⓒ povero. || AGG. **1** Costituito da una notevole quantità di beni o di denaro: *una ricca eredità* Ⓢ consistente • Caratterizzato da sfarzo: *un ricco ricevimento* Ⓢ lussuoso, sontuoso, sfarzoso. **2** Pieno, colmo: *una città ricca* ***di*** *opere d'arte; uno scrittore ricco* ***di*** *idee* • Abbondante: *un ricco piatto di spaghetti*.

ricerca (ri-cér-ca) N.F. (pl. *-che*) **1** Attività che ha lo scopo di trovare qualcuno o qualcosa: *mettersi alla ricerca di una persona scomparsa; sono alla ricerca di un'idea per il mio articolo* Ⓢ caccia. **2** Raccolta di documenti e testi per approfondire lo studio di un argomento: *ho fatto una ricerca sulla Spagna per la scuola*.

ricercare (ri-cer-cà-re) V.TR. (*ricérco, ricérchi*, ecc.) · Cercare sistematicamente e con impegno: *ricercare un oggetto smarrito; ricercare un criminale latitante*.

ricercatezza (ri-cer-ca-téz-za) N.F. · Grande finezza: *ricercatezza nel parlare, nel vestire* Ⓢ raffinatezza, eleganza.

A B C D E F G H I J K L M N O P Q **R** S T U V W X Y Z

ricercato (ri-cer-cà-to) AGG. e N.M. (f. *-a*) || AGG. e N.M. (f. *-a*) Che, chi è colpevole di un reato e viene cercato dalla polizia: *un criminale ricercato in tutta Europa; i tre ricercati sono stati segnalati al confine con la Svizzera.* || AGG. **1** Desiderato, apprezzato, richiesto: *un artigiano ricercato per la sua bravura.* **2** Raffinato, fine, elegante: *maniere ricercate; vestirsi in modo ricercato.*

ricercatore (ri-cer-ca-tó-re) N.M. (f. *-trìce*) · Laureato che inizia la carriera universitaria con funzioni di ricerca e di insegnamento: *ricercatore di letteratura italiana.*

ricetrasmittente (ri-ce-tra-ṣmit-tèn-te) AGG. e N.F. · Di apparecchio, che può inviare e ricevere segnali radio.

ricetta (ri-cèt-ta) N.F. **1** Prescrizione scritta fatta dal medico: *ricetta valida tre mesi.* **2** Rimedio, antidoto: *lo svago è una buona ricetta contro la depressione.* **3** Descrizione di come si prepara un piatto con l'elenco degli ingredienti: *la ricetta originale di una salsa.*

ricettacolo (ri-cet-tà-co-lo) N.M. · Rifugio, covo: *quel bar è un ricettacolo di malavitosi.*

ricettario (ri-cet-tà-rio) N.M. (pl. *-ri*) **1** Raccolta di ricette di cucina: *il ricettario della nonna.* **2** Il blocco di fogli che il medico usa per scrivere le sue ricette.

ricettatore (ri-cet-ta-tó-re) N.M. (f. *-trìce*) · Chi acquista o nasconde denaro e oggetti rubati: *ricettatore di gioielli rubati.*

R

ricettivo (ri-cet-ti-vo) AGG. **1** Ben disposto ad apprendere informazioni: *capacità ricettive.* **2** Di luogo, che può ospitare un alto numero di persone, soprattutto turisti: *la capacità ricettiva di un albergo.*

ricevente (ri-ce-vèn-te) AGG. e N.M. e F. || AGG. In grado di ricevere onde elettromagnetiche: *stazione ricevente.* || N.M. e F. Chi riceve un pacco o una lettera: *il ricevente deve firmare la bolletta di consegna* Ⓢ destinatario.

ricevere (ri-cé-ve-re) V.TR. (*ricévo*, ecc.) **1** Prendere ciò che viene offerto o portato: *ricevere un regalo, una lettera, un invito* Ⓢ prendere. **2** Essere oggetto di un certo trattamento: *ricevere conforto; ricevere elogi, rimproveri.* **3** Di radio o televisore, cogliere onde elettromagnetiche e trasformarle in suoni e immagini: *la mia radio riceve anche i canali stranieri.* **4** Dare accoglienza od ospitalità: *ricevere a braccia aperte; riceve sempre volentieri gli amici* Ⓢ accogliere. **5** Essere a disposizione per un colloquio o una consulenza: *il dottore riceve tutti i giorni dalle 9 alle 13.* **6** Assumere dall'esterno: *la stanza riceve luce **da** una finestra sul tetto.*

ricevimento (ri-ce-vi-mén-to) N.M. · Festa con rinfresco offerta per festeggiare una persona o una ricorrenza: *dare un ricevimento; un ricevimento in onore degli sposi.*

ricevitore (ri-ce-vi-tó-re) N.M. **1** Apparecchio che riceve segnali radio. **2** La parte dell'apparecchio telefonico con cui si ascolta: *portare il ricevitore all'orecchio* Ⓢ cornetta.

ricevuta (ri-ce-vù-ta) N.F. · Dichiarazione scritta e firmata con cui si attesta di aver ricevuto qualcosa: *rilasciare una ricevuta.* Ⓔ ***Ricevuta di ritorno***, cartoncino allegato a una raccomandata, che, firmato da chi la riceve, viene rinviato al mittente come prova dell'avvenuta consegna.

ricezione (ri-ce-zió-ne) N.F. **1** Possibilità di ricevere segnali radiofonici, telefonici o televisivi: *apparecchio radio con ottima ricezione.* **2** Nella pallavolo, il tocco con cui si riceve la palla battuta dalla squadra avversaria.

richiamare (ri-chia-mà-re) V.TR. **1** Chiamare di nuovo: *se avrò bisogno ti richiamerò.* **2** Disporre il ritorno di una persona: *richiamare **in** patria un diplomatico; richiamare **dall'**esilio.* **3** Attrarre, attirare: *la luce richiama le zanzare; cerca di richiamare l'attenzione.* **4** Esortare a tenere un certo atteggiamento: *richiamare **alla** disciplina, **al** dovere* Ⓢ invitare • Ammonire per un comportamento sbagliato: *essere richiamato dal preside* Ⓢ rimproverare, riprendere. Ⓔ ***Richiamare alla mente*** → ***mente***.

richiamo (ri-chià-mo) N.M. **1** Esortazione, invito ad assumere un comportamento: *richiamo **al** dovere* • Rimprovero, ammonimento: *avere un richiamo dal preside.* **2** Attrazione: *il richiamo della natura; il richiamo della pubblicità.* **3** Segno con cui, in uno scritto, si rinvia a una nota in fondo alla pagina o al volume Ⓢ

rinvio. Ⓔ ***Richiamo alle armi***, di militare in congedo, tornare in servizio.

richiedere (ri-chiè-de-re) V.TR. (irreg.: coniugato come *chiedere*) **1** Chiedere di nuovo o più volte: *devo richiedergli sempre il suo numero di telefono.* **2** Chiedere indietro qualcosa dato in prestito: ***le*** *ho richiesto il libro che le ho prestato l'anno scorso.* **3** Chiedere formalmente: *richiedere il passaporto.* **4** Esigere, pretendere: *un lavoro che richiede pazienza; è un maestro che richiede molto dai suoi scolari* • Aver bisogno, necessitare: *un malato che richiede cure continue.* **5** Desiderare, volere: *tutti i clienti richiedono questo tipo di apparecchio.*

richiesta (ri-chiè-sta) N.F. **1** Domanda fatta per sapere o per ottenere qualcosa: *una richiesta di aiuto, di denaro.* **2** Domanda ufficiale scritta per eseguire una pratica: *presentare la richiesta per il passaporto.* **3** Ricerca di una merce o di persone che eseguano un certo lavoro: *la richiesta di automobili è diminuita; c'è molta richiesta di operai specializzati* Ⓢ domanda Ⓒ offerta. **4** Prezzo, costo: *la richiesta mi sembra eccessiva.* Ⓔ ***A richiesta, dietro richiesta, su richiesta***, in seguito a domanda, per desiderio espresso: *si replica lo spettacolo a grande richiesta del pubblico* • ***Fermata a richiesta***, fermata facoltativa di un mezzo di trasporto pubblico.

richiudere (ri-chiù-de-re) V.TR. (irreg.: coniugato come *chiudere*) || TR. **1** Chiudere di nuovo: *richiudere una busta dopo averla aperta* Ⓒ riaprire. **2** Nel linguaggio familiare, chiudere qualcosa che di norma deve stare chiuso: *richiudere l'armadio, il cassetto.* || **richiudersi** INTR. PRONOM. Di apertura, tornare a essere chiusa da sola: *la porta si richiuse lentamente.*

riciclabile (ri-ci-clà-bi-le) AGG. · Che si può lavorare per ottenere nuovo materiale: *carta, vetro riciclabile.*

riciclaggio (ri-ci-clàg-gio) N.M. (pl. *-gi*) **1** Nuova utilizzazione di materiali di scarto o di rifiuto: *riciclaggio del vetro, della plastica.* **2** L'impiego di beni e denaro di provenienza illecita in attività legali: *riciclaggio di denaro sporco.*

riciclare (ri-ci-clà-re) V.TR. **1** Utilizzare di nuovo un materiale di scarto o di rifiuto: *riciclare i rifiuti solidi* • Recuperare: *riciclare un vestito dell'anno scorso.* **2** Rimettere in circolazione beni o denaro che provengono da azioni illecite.

ricino (rì-ci-no) N.M. · Albero tipico delle regioni tropicali i cui frutti contengono semi da cui si estrae un olio usato come lubrificante e come purga: *olio di ricino.*

> Il termine deriva dal latino *ricinus* 'zecca', per la somiglianza della forma dei semi della pianta con l'insetto.

ricognitore (ri-co-gni-tó-re) N.M. · Aereo usato per le ricognizioni.

ricognizione (ri-co-gni-zió-ne) N.F. · Nel linguaggio militare, esplorazione di una zona di guerra per raccogliere informazioni: *ricognizione aerea, navale* Ⓢ perlustrazione.

ricollegare (ri-col-le-gà-re) V.TR. (*ricollégo, ricolléghi*, ecc.) || TR. **1** Collegare di nuovo: *ricollegare due vie; ricollegare il computer* ***alla*** *rete* Ⓢ ricongiungere. **2** Stabilire un collegamento logico: *ho ricollegato le sue parole* ***a*** *ciò che era accaduto.* || **ricollegarsi** RIFL. Ristabilire un contatto televisivo o radiofonico: *ci ricolleghiamo* ***con*** *il teatro delle Vittorie.* || **ricollegarsi** INTR. PRONOM. **1** Essere in relazione: *l'omicidio si ricollega* ***al*** *traffico di droga* Ⓢ connettersi. **2** Fare riferimento: *mi ricollego* ***alle*** *tue considerazioni.*

ricolmo (ri-cól-mo) AGG. · Completamente pieno: *piatti ricolmi* ***di*** *cibi squisiti; aveva il cuore ricolmo* ***di*** *gioia* Ⓢ strapieno.

ricominciare (ri-co-min-cià-re) V.TR. e INTR. (*ricomìncio*, ecc.) || TR. Riprendere un'azione o un'attività prima interrotti: *ricominciare un lavoro; ricominciare* ***a*** *camminare.* || INTR. (aus. *essere*) Avere di nuovo inizio: *lo spettacolo ricomincerà fra pochi minuti* Ⓢ riprendere.

ricomparire (ri-com-pa-ri-re) V.INTR. (irreg.: coniugato come *comparire*; aus. *essere*) · Comparire di nuovo: *ricomparve a casa dopo due giorni.*

ricomparsa (ri-com-pàr-sa) N.F. · Ritorno: *la ricomparsa di un attore sulle scene.*

ricompensa (ri-com-pèn-sa) N.F. · Il compenso o il premio dato in cambio di una prestazione o un beneficio ricevuto: *chiunque ritrovi il loro cane riceverà una ricompensa.*

ricompensare (ri-com-pen-sà-re) V.TR. (*ricompènso*, ecc.) · Concedere una giusta ricompensa in cambio di una prestazione o di un beneficio ricevuto: *ricompensare una buona azione; spero di poterti ricompensare* ***per*** *l'aiuto che mi hai dato* Ⓢ compensare, premiare.

ricomporre (ri-com-pór-re) V.TR. (irreg.: coniugato come *porre*) || TR. **1** Rimettere insieme i pezzi di un oggetto: *ho cercato di ricomporre i frammenti del vaso.* **2** Collegare secondo una logica: *la polizia sta cercando di ricomporre gli indizi* Ⓢ riordinare • Appianare un contrasto: *ricomporre una lite.* || **ricomporsi** RIFL. Assumere di nuovo un atteggiamento e un aspetto composto: *ricomporsi prima di uscire; era furioso, ma cercò di ricomporsi.*

riconciliare (ri-con-ci-lià-re) V.TR. (*riconcìlio*, ecc.) || TR. Far fare la pace a due persone: *cercare di riconciliare due amici.* || **riconciliarsi** RIFL. RECIPROCO Tornare in buoni rapporti l'uno con l'altro: *non vogliono riconciliarsi.*

riconciliazione (ri-con-ci-lia zió-ne) N.F. · Ritorno a un rapporto amichevole fra chi era in disaccordo: *la riconciliazione di due colleghi; il giudice ha tentato la riconciliazione delle due parti.*

R

riconducibile (ri-con-du-ci-bi-le) AGG. · Che può essere attribuito a qualcosa: *fenomeni riconducibili* ***alla*** *stessa causa.*

ricondurre (ri-con-dùr-re) V.TR. (irreg.: coniugato come *condurre*) **1** Condurre di nuovo: *ricondurre i bambini* ***a*** *casa, i buoi* ***nella*** *stalla* Ⓢ riportare. **2** Riportare a uno stato precedente: *ricondurre la pace* ***in*** *famiglia.*

riconferma (ri-con-fér-ma) N.F. · Nuova conferma: *riconferma di un incarico.*

riconfermare (ri-con-fer-mà-re) V.TR. (*riconférmo*, ecc.) **1** Confermare di nuovo: *riconfermare una prenotazione.* **2** Rinnovare il contratto con una società: *riconfermare un giocatore.* **3** Confermare di provare ancora un sentimento: ***gli*** *riconfermò la propria fiducia.*

ricongiungere (ri-con-giùn-ge re) V.TR. (irreg.: coniugato come *giungere*) || TR. Ricomporre due o più parti di un tutto dopo che erano state separate: *ricongiungere i frammenti di un vaso* Ⓢ riunire. || **ricongiungersi** RIFL. Riunirsi, tornare insieme: *ricongiungersi* ***alla*** *famiglia.*

ricongiungimento (ri-con-giun-gi-mén-to) N.M. · Unione, riunione: *il ricongiungimento di due eserciti.* Ⓔ ***Ricongiungimento familiare****,* possibilità per una persona che lavora lontano di essere raggiunta dalla famiglia.

riconoscente (ri-co-no-scèn-te) AGG. · Grato per un beneficio ricevuto: *mostrarsi riconoscente* ***verso*** *qualcuno.*

La parola *riconoscente* si scrive senza *i*, scrivere *riconosciente* è un grave errore!

riconoscenza (ri-co-no-scèn-za) N.F. · Sentimento o manifestazione di gratitudine: *provare riconoscenza per qualcuno; ho un debito di riconoscenza con te.*

La parola *riconoscenza* si scrive senza *i*, scrivere *riconoscienza* è un grave errore!

riconoscere (ri-co-nó-sce-re) V.TR. (irreg.: coniugato come *conoscere*) || TR. **1** Individuare qualcuno o qualcosa già noto: *con quei baffi non ti avevo riconosciuto; lo riconoscerei tra mille per il suo modo di camminare* Ⓢ identificare, distinguere. **2** Dichiarare apertamente: *riconoscere la superiorità dell'avversario; riconoscere i propri difetti* Ⓢ ammettere, confessare. **3** Attribuire un merito: *bisogna riconoscergli* ***di*** *aver avuto coraggio.* **4** Concedere un diritto: ***gli*** *hanno riconosciuto la pensione d'invalidità.* || **riconoscersi** RIFL. Dichiararsi, confessarsi: *riconoscersi colpevole.* Ⓔ ***Riconoscere un figlio****,* attribuirsene la paternità • ***Riconoscere uno Stato****,* ammetterne la legittimità.

riconoscibile (ri-co-no-scì-bi-le) AGG. · Che si identifica con facilità: *così ridotto non è riconoscibile* Ⓒ irriconoscibile.

riconoscimento (ri-co-no-sci-mén-to) N.M. **1** L'azione con cui si riconosce una persona già vista: *è stato convocato in questura per il riconoscimento dell'aggressore* Ⓢ identificazione • Identità: *documento di riconoscimen-*

to. **2** Approvazione, accettazione: *riconoscimento di un governo da parte della comunità internazionale.* **3** Confessione, ammissione: *riconoscimento dei propri errori.* **4** Dimostrazione di consenso e di stima: *ho ottenuto un importante riconoscimento* Ⓢ apprezzamento.

riconquista (ri-con-quì-sta) N.F. · Conquista di ciò che era stato perso: *riconquista di un territorio perduto.*

riconquistare (ri-con-qui-stà-re) V.TR. · Conquistare di nuovo: *riconquistare un possedimento; riconquistare la libertà* Ⓢ riacquistare, recuperare.

riconsegna (ri-con-sé-gna) N.F. · Restituzione di un oggetto: *la riconsegna di un libro alla biblioteca.*

riconsegnare (ri-con-se-gnà-re) V.TR. (*ricon-ségno*, ecc.) **1** Consegnare di nuovo: *il pacco fu riconsegnato il giorno dopo* Ⓢ ridare, riportare. **2** Restituire, riportare, rendere: *riconsegnare i bagagli.*

La prima persona plurale dell'indicativo presente e quella del congiuntivo presente è *riconsegniamo*, con la *i*: la forma *riconsegnamo* è sempre scorretta! La seconda persona plurale dell'indicativo presente è *riconsegnate* senza *i*, mentre quella del congiuntivo presente è *riconsegniate* con la *i*.

riconvertire (ri-con-ver-tì-re) V.TR. (*riconvèrto*, ecc.) · Adattare impianti industriali a nuovi tipi di produzione: *riconvertire una fabbrica di armi **in** officina meccanica* • Cambiare, trasformare: *riconvertire azioni **in** denaro contante.*

ricopertura (ri-co-per-tù-ra) N.F. · Copertura completa di qualcosa: *la ricopertura del tetto* • Ciò che serve a ricoprire: *una ricopertura impermeabile* Ⓢ copertura, rivestimento.

ricopiare (ri-co-pià-re) V.TR. (*ricòpio*, ecc.) **1** Copiare di nuovo. **2** Fare una copia: *ricopiare in bella* Ⓢ copiare, trascrivere.

ricoprire (ri-co-prì-re) V.TR. (irreg.: coniugato come *coprire*) || TR. **1** Coprire di nuovo: *dopo mezza giornata di sereno le nuvole hanno ricoperto il cielo.* **2** Coprire completamente: *un grande arazzo ricopriva la parete.* **3** Colmare, riempire, coprire: *ricoprire **di** baci, **di** ingiurie.* **4** Esercitare una funzione: *ricoprire una carica* Ⓢ svolgere, rivestire, occupare. || **ricoprirsi** RIFL. Procurarsi onore o disonore: *ricoprirsi **di** gloria.* || **ricoprirsi** INTR. PRONOM. Di una superficie, rivestirsi o tornare a coprirsi: *il prato si è ricoperto **di** margherite.* Ⓔ ***Ricoprire d'oro qualcuno***, colmarlo di regali • ***Ricoprirsi di ridicolo***, rendersi ridicolo di fronte a tutti.

ricordare (ri-cor-dà-re) V.TR. (*ricòrdo*, ecc.) || TR. **1** Avere presente nella memoria: *ricordo ancora il nostro primo incontro; non riesco a ricordare il tuo nome*; anche TR. PRONOM.: *non mi ricordo la data della battaglia* Ⓢ rammentare Ⓒ dimenticare, scordare. **2** Richiamare alla memoria di un'altra persona: *ricordami **di** comprare il pane.* **3** Far venire alla mente per somiglianza o associazione d'idee: *quel-l'uomo mi ricorda mio padre* Ⓢ evocare. **4** Fare menzione di qualcuno o qualcosa: *ti ricordiamo spesso nei nostri discorsi* Ⓢ citare, nominare. **5** Onorare nel ricordo: *il monumento ricorda i caduti per la patria* Ⓢ celebrare, commemorare. || **ricordarsi** INTR. PRONOM. Avere qualcosa nella propria memoria: *mi ricordo **di** te.*

Il termine deriva dal latino *cor* 'cuore', che era considerato dagli antichi la sede dell'anima e della memoria.

ricordo (ri-còr-do) N.M. e AGG. || N.M. **1** Idea di una o più esperienze del passato, custodita nella coscienza e richiamata alla mente: *il ricordo della giovinezza; mi è rimasto un bel ricordo del nostro incontro* Ⓢ memoria. **2** Oggetto la cui presenza serve per non dimenticare un evento, una persona o un luogo: *portami un ricordo del viaggio; questo anello è un ricordo di mia madre.* **3** Testimonianza del passato: *i ricordi di un'antica civiltà* Ⓢ resti (PL.). || AGG. INVAR. Di ciò che serve a non dimenticare qualcuno o qualcosa: *una foto ricordo.*

ricorrente (ri-cor-rèn-te) AGG. **1** Che si manifesta o si ripete a intervalli di tempo o di spazio: *errori ricorrenti; un caso ricorrente* Ⓢ frequente. **2** Di malattia, che compare periodicamente.

ricorrenza (ri-cor-rèn-za) N.F. · Giorno che si festeggia periodicamente: *la ricorrenza del Natale; la ricorrenza del suo compleanno* Ⓢ festa, festività.

ricorrere (ri-cór-re-re) V.INTR. (irreg.: coniugato come *correre*; aus. *essere*) **1** Rivolgersi a qualcuno o a qualcosa per avere aiuto: *ricorrere **a** un medico, **a** un avvocato* Ⓢ consultare. **2** Servirsi di un mezzo per raggiungere uno scopo: *ricorrere **all'**inganno, **alle** armi* Ⓢ adoperare, usare. **3** Ripetersi nel tempo o nello spazio con una certa frequenza o regolarità: *fatti che ricorrono **nella** storia* Ⓢ accadere. **4** Di date o avvenimenti da festeggiare, essere, cadere: *domani ricorre l'onomastico del babbo.*

ricorso (ri-cór-so) N.M. · Richiesta di annullare un atto rivolta a un'autorità: *presentare, accettare, respingere un ricorso* Ⓢ appello. Ⓔ ***Far ricorso***, ricorrere, adoperare, usare: *far ricorso all'inganno.*

ricostituente (ri-co-sti-tu-èn-te) AGG. e N.M. · Di farmaco in grado di ridare energia a un fisico indebolito: *fiale ricostituenti.*

ricostituire (ri-co-sti-tu-ì-re) V.TR. (*ricostituìsco, ricostituìsci*, ecc.) || TR. **1** Costituire di nuovo: *ricostituire un partito; ricostituire un esercito* Ⓢ riorganizzare. **2** Far tornare in condizioni di efficienza e di forza: *ricostituire l'organismo con il riposo* Ⓢ rinvigorire. || **ricostituirsi** INTR. PRONOM. Costituirsi di nuovo: *l'azienda si è ricostituita.*

R

ricostruire (ri-co-stru-ì-re) V.TR. (*ricostruìsco, ricostruìsci*, ecc.) **1** Costruire di nuovo: *ricostruire le case distrutte dal terremoto* Ⓢ rifare. **2** Cercare di capire come si è svolto un avvenimento: *ricostruire l'incidente.*

ricostruzione (ri-co-stru-zió-ne) N.F. **1** Intervento edilizio con cui si aggiusta un edificio danneggiato o distrutto: *la ricostruzione di un palazzo distrutto.* **2** Tentativo di capire come si è svolto un avvenimento in base a prove e indizi: *ricostruzione di un delitto.*

ricotta (ri-còt-ta) N.F. · Formaggio fresco ricavato dal siero del latte di mucca o pecora.

ricoverare (ri-co-ve-rà-re) V.TR. (*ricóvero*, ecc.) || TR. Far entrare qualcuno in ospedale o in clinica per curarlo: *ricoverare un malato **in** ospedale.* || **ricoverarsi** INTR. PRONOM. Entrare in ospedale o in clinica: *si è ricoverato ieri.*

ricovero (ri-có-ve-ro) N.M. **1** Trasferimento in un luogo di cura o assistenza: *ordinare il ricovero di un malato.* **2** Il luogo destinato a dare asilo a persone povere o bisognose di assistenza: *ricovero per anziani* Ⓢ ospizio. **3** Luogo sicuro e accogliente: *cercare un ricovero per la notte* Ⓢ rifugio, riparo.

ricreare (ri-cre-à-re) V.TR. (*ricrèo*, ecc.) **1** Creare di nuovo: *ricreare una società* Ⓢ riformare, rifare. **2** Procurare sollievo o piacere: *un'aria fresca che ricrea* Ⓢ ristorare.

ricreativo (ri-cre-a-ti-vo) AGG. · Atto a procurare svago e divertimento: *attività ricreative* Ⓢ divertente, rilassante. Ⓔ ***Circolo ricreativo***, luogo di svago serale o festivo.

ricreazione (ri-cre-a-zió-ne) N.F. · L'intervallo concesso a scuola fra due ore di lezione o breve pausa durante un'attività: *la campanella della ricreazione; dieci minuti di ricreazione.*

ricredersi (ri-cré-der-si) V.INTR. PRONOM. (*mi ricrédo*, ecc.) · Riconoscere d'essersi sbagliato: *ho dovuto ricredermi **sul** suo conto.*

ricucire (ri-cu-cì-re) V.TR. (*ricùcio*, ecc.) **1** Cucire di nuovo: *ricucire un orlo.* **2** Riunire mediante cucitura i bordi di una ferita. **3** Superare motivi di contrasto: *ricucire i rapporti con qualcuno.*

ricuperare (ri-cu-pe-rà-re) → ***recuperare***.

ricupero (ri-cù-pe-ro) → ***recupero***.

ricurvo (ri-cùr-vo) AGG. · Molto curvo: *camminava tutto ricurvo* Ⓢ piegato.

ridacchiare (ri-dac-chià-re) V.INTR. (*ridàcchio*, ecc.; aus. *avere*) · Ridere a bassa voce, soprattutto per prendere in giro: *che cosa avete da ridacchiare?*

ridare (ri-dà-re) V.TR. (irreg.: ind. pres. *ridò, ridài, ridà*, ecc.; per il resto coniugato come *dare*) **1** Dare di nuovo: *ridare una mano di vernice **a** un mobile.* **2** Dare indietro: *ridammi subito quel quaderno!* Ⓢ restituire, rendere.

ridefinire (ri-de-fi-nì-re) V.TR. (*ridefinìsco, ridefinìsci*, ecc.) · Definire in modo diverso o più preciso: *ridefinire un concetto.*

ridente (ri-dèn-te) AGG. **1** Che esprime e suscita gioia: *espressione ridente* Ⓢ allegro, sorridente. **2** Che comunica un senso di serenità e di fiducia: *una campagna ridente* • Favorevole, propizio: *un ridente avvenire*.

ridere (rì-de-re) V.INTR. (irreg.: pass. rem. *rìsi, ridésti, rìse, ridémmo, ridéste, rìsero*; part. pass. *rìso*; aus. *avere*) **1** Manifestare allegria e divertimento attraverso un cambiamento dell'espressione del viso e l'emissione con la gola di un suono particolare: *a quella battuta tutti risero*. **2** Nella forma ***ridersela***, non curarsi assolutamente di qualcuno o qualcosa: *se la rideva* ***dei*** *miei timori; me la rido* ***delle*** *tue minacce!* **3** Mostrarsi benevolo: ***gli*** *rideva guardandolo negli occhi* Ⓢ sorridere • Apparire positivo: *l'avvenire* ***gli*** *rideva radioso*. **4** Splendere, brillare, risplendere: ***gli*** *ridevano gli occhi* ***per*** *la felicità*. Ⓔ ***Da ridere***, divertente: *un film da ridere* • ***Far ridere i polli***, nel linguaggio familiare, essere ridicolo, buffo: *vestito così fai ridere i polli* • ***Ridere alle spalle di qualcuno, ridere dietro a qualcuno***, prenderlo in giro senza che lo sappia • ***Ridere di gusto***, con grande soddisfazione • ***Ridere sotto i baffi***, in maniera non aperta e con una punta di malizia • ***Scoppiare dal ridere, morire dal ridere***, ridere fortissimo.

ridestare (ri-de-stà-re) V.TR. (ind. pres. *ridésto*, ecc.; part. pass. *ridestàto*) || TR. **1** Svegliare di nuovo: *mi ero riaddormentato quando un rumore mi ridestò* Ⓢ risvegliare. **2** Far rinascere: *il rivederla ridestò l'antico amore* Ⓢ ravvivare. || **ridestarsi** INTR. PRONOM. **1** Svegliarsi di nuovo: *riuscì a riprendere sonno e si ridestò un'ora dopo*. **2** Tornare a manifestarsi: *si ridestò in lui l'entusiasmo di un tempo*.

ridicolo (ri-dì-co-lo) AGG. e N.M. || AGG. **1** Che suscita il riso: *un cappello ridicolo; con il suo comportamento si è reso ridicolo* Ⓢ comico, buffo. **2** Di valore insignificante: *l'ho pagato una cifra ridicola* Ⓢ minimo, irrisorio. || N.M. (solo sing.) Aspetto o condizione che suscita il riso: *cadere nel ridicolo*. Ⓔ ***Mettere in ridicolo qualcuno***, esporlo alla derisione generale.

ridimensionare (ri-di-men-sio-nà-re) V.TR. (*ridimensióno*, ecc.) **1** Ridurre in funzione delle necessità del momento: *ridimensionare le spese; ridimensionare un'azienda*, diminuire il personale e i costi Ⓢ diminuire, contenere. **2** Ricondurre alla giusta misura: *ridimensionare un problema; ridimensionare le proprie ambizioni* Ⓢ ridurre.

ridire (ri-dì-re) V.TR. (irreg.: coniugato come *dire*) **1** Dire di nuovo o più volte: *gliel'ho detto e ridetto, ma non vuole capire; ridimmi ancora come si sono svolti i fatti* Ⓢ ripetere. **2** Riferire ciò che ci è stato detto da qualcun altro o ciò che ci è capitato: *non andare a ridirlo subito* ***a*** *tutti* Ⓢ raccontare, riportare. **3** Recitare una cosa imparata a memoria: *ridire una poesia*. **4** Obiettare, contestare, criticare: *trova sempre da ridire* ***su*** *tutto*.

ridiventare (ri-di-ven-tà-re) V.INTR. (*ridivènto*, ecc.; aus. *essere*) · Diventare di nuovo: *a quelle parole ridiventò triste*.

ridondante (ri-don-dàn-te) AGG. · Caratterizzato da eccessiva abbondanza: *discorso ridondante* ***di*** *banalità* Ⓢ carico. ▸ Ⓕ unda

ridosso (ri-dòs-so) N.M. · Solo nell'espressione ***a ridosso***, vicino, presso, alle porte: *a ridosso* ***del*** *giardino c'è un cancello; ormai siamo a ridosso* ***dell'****estate*.

ridotto[1] (ri-dót-to) AGG. **1** Che ha subito una diminuzione di dimensioni o di valore: *in quantità ridotta; il telegiornale andrà in onda in edizione ridotta* Ⓢ limitato. **2** Portato a una condizione negativa: *un vetro ridotto* ***in*** *pezzi; una famiglia ridotta* ***in*** *miseria*. Ⓔ ***Biglietto ridotto***, venduto a prezzo inferiore, scontato • ***Essere mal ridotto***, in pessimo stato.

ridotto[2] (ri-dót-to) N.M. · L'ambiente vicino alla sala di un teatro, dove si raccolgono gli spettatori durante gli intervalli dello spettacolo.

ridurre (ri-dùr-re) V.TR. (irreg.: coniugato come *condurre*) **1** Limitare, diminuire, moderare: *ridurre la velocità; ridurre le spese* Ⓒ aumentare, ampliare. **2** Portare a una condizione negativa: *ridurre un popolo* ***in*** *schiavitù; l'incidente l'ha ridotto* ***in*** *fin di vita; guarda come hai ridotto la macchina!* Ⓢ condurre. Ⓔ ***Ridurre al silenzio***, costringere a tacere • ***Ridurre in pezzi***, frantumare. ▸▸

A B C D E F G H I J K L M N O P **R** Q S T U V W X Y Z

Il termine deriva dal latino *reducere* 'ricondurre, ridurre', che viene a sua volta da *ducere* 'condurre, portare' con il prefisso **re-** (→ ***condurre***).

riduttivo (ri-dut-tì-vo) AGG. **1** Che riduce, limita: *provvedimento riduttivo della libertà individuale.* **2** Che tende a sminuire l'importanza o la complessità di qualcosa: *un'interpretazione riduttiva del film.*

riduzione (ri-du-zió-ne) N.F. **1** Diminuzione, calo: *riduzione delle tasse; riduzione della velocità; riduzione del prezzo del biglietto* Ⓒ aumento. **2** Versione più breve e semplice di un testo: *una riduzione di "Oliver Twist".* **3** Trasformazione di un'opera narrativa in una sceneggiatura: *riduzione cinematografica, teatrale* Ⓢ adattamento.

rieducare (ri-e-du-cà-re) V.TR. (*rièduco, rièduchi*, ecc.) **1** Educare di nuovo, cercando di evitare gli errori fatti con una precedente educazione: *rieducare un ragazzo difficile.* **2** Riportare alla normale funzionalità una parte del corpo: *rieducare una gamba colpita da paralisi* Ⓢ riabilitare.

rieducazione (ri-e-du-ca-zió-ne) N.F. **1** Opera di educazione di chi ha difficoltà a seguire le regole sociali: *istituto di rieducazione per minori.* **2** Trattamento terapeutico per ripristinare la funzionalità di un organo: *rieducazione di un arto fratturato.*

R

riempire (ri-em-pi-re) V.TR. (irreg.: ind. pres. *riémpio, riémpi, riémpie, riempiàmo, riempìte, riémpiono*; cong. pres. *riémpia, riémpia, riémpia, riempiàmo, riempiàte, riémpiano*; gerundio *riempièndo*) || TR. **1** Occupare completamente uno spazio vuoto: *riempire un bicchiere **di** vino; riempire un modulo,* compilarlo Ⓢ colmare Ⓒ vuotare. **2** Colmare in maniera eccessiva e fastidiosa: *mi ha riempito la testa **di** chiacchiere; un cibo che riempie,* che dà un'immediata sensazione di sazietà Ⓢ imbottire. **3** Provocare un'intensa emozione: *riempire **di** gioia, **di** terrore.* || **riempirsi** INTR. PRONOM. **1** Affollarsi: *durante le feste, la città si riempie **di** turisti.* **2** Gonfiarsi, colmarsi: *a quelle parole il mio cuore si riempì **di** gioia.*

rientranza (ri-en-tràn-za) N.F. · Parte concava di un profilo o di una superficie: *la pista in quel punto forma una rientranza* Ⓒ sporgenza.

rientrare (ri-en-trà-re) V.INTR. (*riéntro*, ecc.; aus. *essere*) **1** Entrare di nuovo nello stesso luogo da cui ci si era allontanati: *rientrare **in** casa; i giocatori non sono ancora rientrati **in** campo* Ⓢ ritornare, tornare. **2** Tornare a una condizione precedente: *rientrare **in** famiglia; vorrebbe rientrare **nel** consiglio.* **3** Fare parte di, appartenere a: *rientrare **in** una categoria, **nel** numero dei vincitori.* **4** Assumere un profilo incavato: *in quel punto il muro rientrava.* Ⓔ ***Rientrare in possesso***, tornare a possedere qualcosa, recuperare • ***Rientrare in sé***, riprendere il controllo delle proprie azioni, riprendersi, riaversi • ***Rientrare nelle competenze di qualcuno***, fare parte dei suoi doveri: *ciò non rientra **nelle** mie competenze* • ***Rientrare nelle grazie di qualcuno***, acquistarne di nuovo il favore o la benevolenza.

rientro (ri-én-tro) N.M. · Ritorno in casa o nella sede abituale: *il rientro di un funzionario **in** sede; il rientro **in** città dopo le ferie estive.*

riepilogare (ri-e-pi-lo-gà-re) V.TR. (*riepìlogo, riepìloghi*, ecc.) · Esporre in forma breve ma completa: *riepilogare un racconto, l'accaduto* Ⓢ riassumere, ricapitolare.

riepilogo (ri-e-pì-lo-go) N.M. (pl. *-ghi*) · Esposizione breve dei punti principali di un discorso o di uno scritto: *fare il riepilogo degli argomenti trattati* Ⓢ riassunto.

rievocare (ri-e-vo-cà-re) V.TR. (*rièvoco, rièvochi*, ecc.) · Ritornare con il pensiero o parlando, a fatti o persone del passato: *rievocare gli anni di scuola* Ⓢ ripercorrere, ricordare.

rifacimento (ri-fa-ci-mén-to) N.M. · Nuova elaborazione in base a criteri diversi: *il rifacimento di un quadro* • Il risultato di questa operazione: *il rifacimento è nettamente inferiore all'originale.*

rifare (ri-fà-re) V.TR. (irreg.: ind. pres. *rifàccio* o *rifò, rifài, rifà*, ecc.; imperat. *rifà* o *rifa'* o *rifài*; per il resto coniugato come *fare*) || TR. **1** Fare di nuovo: *rifare un conto; rifare un esame; rifare la stessa strada dell'andata* Ⓢ ripetere • Rinnovare qualcosa che si è deteriorato: *rifare la facciata di una casa* Ⓢ restaurare, ripristinare, ristrutturare • Rimettere in ordine: *rifare i* *letti* Ⓢ riordinare. **2** Imitare, copiare, riprodurre: *rifare il verso di un uccello.* || **rifarsi** TR. PRONOM. Recuperare una condizione che si credeva perduta: *rifarsi una vita.* || **rifarsi** INTR. PRONOM. **1** Diventare di nuovo: *partiremo appena il tempo si rifarà bello.* **2** Fare riferimento a qualcosa: *mi rifaccio **a** quanto è stato appena detto* Ⓢ riferirsi. **3** Recuperare un danno economico: *rifarsi **di** una perdita al gioco* • Vendicarsi, riscattarsi: *rifarsi **dell'**umiliazione.* Ⓔ ***Rifarsela con qualcuno***, sfogare su di lui senza motivo il proprio nervosismo • ***Rifarsi gli occhi***, guardare qualcosa di veramente bello • ***Rifarsi la bocca***, mangiare qualcosa di buono dopo aver mangiato qualcosa di cattivo.

riferimento (ri-fe-ri-mén-to) N.M. **1** Rapporto, legame, nesso: *tra i due fatti non esiste alcun riferimento.* **2** Cenno, richiamo, allusione: *non ha fatto alcun riferimento all'episodio di ieri.* **3** L'oggetto o il luogo presi come punto di partenza per orientarsi o fare un confronto o una misurazione: *scelsero la chiesa come punto di riferimento* • Ciò che indirizza una ricerca o un comportamento: *non possiamo continuare le indagini senza riferimenti precisi; i genitori sono sempre stati il suo punto di riferimento nella vita.* Ⓔ ***Fare riferimento a***, riferirsi a, dipendere da: *per le mie mansioni faccio esclusivo riferimento alla direzione* • ***In riferimento a, con riferimento a***, nella risposta scritta a una precedente comunicazione, in relazione a: *in riferimento alla vostra richiesta di assunzione...*

riferire (ri-fe-rì-re) V.TR. (*riferìsco, riferìsci*, ecc.) || TR. Comunicare ad altri ciò che è a propria conoscenza: *riferì **alla** polizia ciò che era accaduto* Ⓢ dire, raccontare • Tenere una relazione su un argomento: *riferire **sull'**andamento delle indagini.* || **riferirsi** INTR. PRONOM. **1** Fare riferimento: *ti riferisci **a** qualcuno di noi in particolare?* Ⓢ alludere. **2** Essere in relazione: *ho trovato un articolo del codice che si riferisce **al** nostro caso* Ⓢ riguardare.

rifilare (ri-fi-là-re) V.TR., *fam.* **1** Nel linguaggio familiare, assegnare qualcosa di sgradevole: ***le** hanno rifilato un incarico molto noioso.* **2** Affibbiare, appioppare: *per tutta risposta **gli** rifilò uno schiaffo.*

rifinire (ri-fi-nì-re) V.TR. (*rifinìsco, rifinìsci*, ecc.) · Completare nei dettagli: *rifinire un quadro* Ⓢ perfezionare.

rifinitura (ri-fi-ni-tù-ra) N.F. **1** Completamento di un lavoro nei minimi particolari: *il tema l'ho finito, manca solo la rifinitura.* **2** Quanto viene aggiunto per abbellire: *rifiniture di lusso.*

rifiorire (ri-fio-rì-re) V.INTR. (*rifiorìsco, rifiorìsci*, ecc.; aus. *essere* o *avere*) **1** Tornare a fiorire, o fiorire per la seconda volta nello stesso anno: *alcune rose rifioriscono in autunno.* **2** Riacquistare vigore: *la sua salute rifiorirà* Ⓢ rinascere, risorgere.

rifiutare (ri-fiu-tà-re) V.TR. || TR. Negare la propria disponibilità o il proprio consenso: *rifiutare un regalo; rifiutare un prestito **a** qualcuno* Ⓢ respingere, negare Ⓒ accettare, acconsentire. || **rifiutarsi** INTR. PRONOM. Non acconsentire a fare qualcosa: *si rifiuta **di** mangiare; mi rifiuto **di** crederti.*

rifiuto (ri-fiù-to) N.M. **1** Negazione del consenso: *rispondere con un rifiuto; rifiuto netto, deciso* Ⓒ accettazione, assenso. **2** Ciò che si getta via perché non più utilizzabile o dannoso: *rifiuti organici; raccolta dei rifiuti.* **3** Persona spregevole o pericolosa: *un rifiuto della società.*

riflessione (ri-fles-sió-ne) N.F. **1** Considerazione calma e attenta: *un problema che richiede molta riflessione; agire con riflessione.* **2** Osservazione, pensiero: *un libro pieno di riflessioni profonde.* **3** In fisica, fenomeno per cui un raggio di luce o un suono, incontrando una superficie levigata e regolare, viene rinviato indietro.

riflessivo (ri-fles-sì-vo) AGG. **1** Che tende a valutare attentamente prima di parlare o di agire: *un ragazzo riflessivo; carattere riflessivo* Ⓢ ragionevole, giudizioso Ⓒ impulsivo. **2** In grammatica, di verbo la cui azione si rivolge in tutto o in parte sul soggetto che la compie: *lavarsi, scaldarsi; smettila di specchiarti!* Ⓔ ***Pronomi riflessivi***, quelli che accompagnano un verbo riflessivo (*mi vesto, ti vesti, si veste, ci vestiamo, vi vestite, si vestono*) • ***Riflessivo reciproco***, in cui due o più soggetti compiono l'uno sull'altro l'azione indicata dal verbo (*si abbracciarono con passione*).

riflesso[1] (ri-flès-so) AGG. · Che viene rimandato indietro da una superficie: *raggio riflesso; immagine riflessa.*

riflesso[2] (ri-flès-so) N.M. **1** Lampo di luce rinviato da una superficie: *il riflesso della neve, del mare* Ⓢ bagliore, riverbero. **2** Sfumatura di colore diverso di una ciocca di capelli: *capelli castani con riflessi color rame.* **3** Effetto indiretto: *la crisi economica ha avuto riflessi negativi sulle famiglie* Ⓢ conseguenza, ripercussione. **4** In medicina, reazione involontaria del sistema nervoso a uno stimolo esterno: *riflesso condizionato* • Capacità di reazione appropriata: *avere i riflessi pronti.* Ⓔ ***Di riflesso***, indirettamente, di rimbalzo: *se fallisci nell'impresa, di riflesso ci rimetto anch'io.*

riflettere (ri-flèt-te-re) V.TR. e INTR. (irreg.: coniugato come *flettere*; part. pass. *riflèsso* nelle forme tr. e intr. pronom., *riflettùto* nella forma intr.) || TR. Di superficie, rimandare indietro la luce, il suono o un'immagine: *la superficie del lago rifletteva i raggi del sole; la parete di roccia rifletteva le voci* • Mostrare all'esterno le sensazioni o i sentimenti che si provano: *il suo volto rifletteva l'ansia che lo dominava* Ⓢ manifestare, esprimere. || INTR. (aus. *avere*) Valutare attentamente: *bisogna riflettere a fondo* ***sulla*** *situazione; rifletti bene prima di dare una risposta* Ⓢ pensare, meditare. || **riflettersi** INTR. PRONOM. Influire, ripercuotersi: *l'aumento della benzina si rifletterà* ***sul*** *costo dei trasporti.* Ⓔ ***Agire senza riflettere***, d'impulso.

> Il verbo *riflettere* ha il participio passato *riflesso* quando ha valore di 'rispecchiare': *lo specchio ha riflesso la luce*; ha, invece, il participio passato *riflettuto* quando il verbo è usato nel significato di 'pensare': *ho riflettuto molto prima di rispondere.*

riflettore (ri-flet-tó-re) N.M. · Potente lampada che emette luce a grande distanza: *la partita sarà giocata alla luce dei riflettori.* Ⓔ ***Essere sotto i riflettori***, essere al centro dell'attenzione.

rifluire (ri-flu-ì-re) V.TR. (*rifluìsco, rifluìsci*, ecc.; aus. *avere* o *essere*) **1** Scorrere all'indietro: *l'acqua comincia a rifluire* ***dalle*** *zone allagate.* **2** Di gruppi di persone, uscire lentamente: *gli spettatori rifluivano* ***dallo*** *stadio* Ⓢ defluire.

riflusso (ri-flùs-so) N.M. **1** Movimento in senso contrario: *il riflusso dell'acqua nello scarico; il riflusso della folla dopo il concerto.* **2** Abbassamento del livello del mare durante la bassa marea.

rifocillare (ri-fo-cil-là-re) V.TR. || TR. Ristorare con cibi e bevande: *rifocillare un ospite.* || **rifocillarsi** RIFL. Ristorarsi con cibi e bevande: *rifocillarsi con un buon pranzo.*

rifondere (ri-fón-de-re) V.TR. (irreg.: coniugato come *fondere*) · Risarcire, rimborsare: *rifondere le spese, i danni.*

riforestazione (ri-fo-re-sta-zió-ne) N.F. · Ripristino di un bosco distrutto o creazione di un bosco nuovo.

riforma (ri-fór-ma) N.F. **1** Provvedimento per migliorare una condizione esistente: *riforma della scuola media; riforma del sistema elettorale.* **2** Esonero permanente dal servizio militare per problemi fisici. Ⓔ ***Riforma protestante*** (o *la Riforma* N.F.), il movimento promosso da Martin Lutero nel Cinquecento, da cui nacque la religione protestante.

riformare (ri-for-mà-re) V.TR. (*rifórmo*, ecc.) || TR. **1** Formare di nuovo: *riformare le squadre* Ⓢ rifare. **2** Modificare con riforme: *riformare il sistema scolastico* Ⓢ cambiare, rivedere. || **riformarsi** INTR. PRONOM. Formarsi di nuovo: *si è riformata la muffa sui muri della cantina.*

riformato (ri-for-mà-to) AGG. e N.M. || AGG. Di ordine religioso modificato con una riforma: *benedettini riformati.* || N.M.PL. ***I riformati***, i protestanti. Ⓔ ***Chiesa riformata***, la Chiesa protestante.

riformatorio (ri-for-ma-tò-rio) N.M. (pl. *-ri*) · Istituto dove vengono rieducati i minorenni che hanno compiuto dei reati.

riformismo (ri-for-mì-ṣmo) N.M. · Tendenza a modificare le condizioni politiche e sociali di uno Stato attraverso riforme graduali: *il riformismo dei sovrani della seconda metà del Settecento.*

rifornimento (ri-for-ni-mén-to) N.M. · Consegna di materiali necessari e provviste di cibo: *provvedere al rifornimento di una città.* Ⓔ ***Fare rifornimento***, di nave o aereo, caricare a bordo tutti i materiali necessari alla navigazione o al volo; di autoveicolo, far provvista di carburante.

rifornire (ri-for-nì-re) V.TR. (*riforǹisco, riforǹisci*, ecc.) · Provvedere dei mezzi necessari a garantire l'efficienza o il funzionamento: *rifornire la nave* ***d'****acqua* Ⓢ dotare, munire.

rifrazione (ri-fra-zió-ne) N.F. · In ottica, fenomeno per cui un raggio luminoso subisce una deviazione quando colpisce una superficie o attraversa un mezzo diverso, passando per esempio dall'aria all'acqua.

rifuggire (ri-fug-gì-re) V.INTR. (*rifùggo, rifùggi*, ecc.; aus. *essere*) · Tenersi lontano: *rifuggire* ***dalla*** *noia,* ***dalla*** *fatica* Ⓢ sfuggire.

rifugiarsi (ri-fu-giàr-si) V.INTR. PRONOM. (*mi rifùgio*, ecc.) **1** Trasferirsi in un luogo che offre protezione: *la pioggia li costrinse a rifugiarsi sotto un ponte; i ribelli si rifugiarono in una grotta.* **2** Cercare conforto o sollievo: *rifugiarsi* ***tra*** *le braccia della madre; dopo la morte della moglie si è rifugiato* ***negli*** *studi.*

rifugiato (ri-fu-già-to) N.M. (f. *-a*) · Chi nel proprio Paese rischiava la vita per ragioni politiche e ha ottenuto asilo in un Paese straniero: *rifugiati di guerra* Ⓢ profugo.

rifugio (ri-fù-gio) N.M. (pl. *-gi*) **1** Riparo, protezione contro disagi o pericoli: *dare rifugio; trovare rifugio all'estero* Ⓢ asilo, ricovero. **2** Luogo adatto a nascondere o a proteggere da eventuali pericoli: *durante i bombardamenti la gente correva nei rifugi; la casa di campagna è il mio rifugio durante l'estate* Ⓢ nascondiglio, ricovero. Ⓔ ***Rifugio alpino***, piccolo edificio in alta montagna che serve da ricovero agli alpinisti.

riga (rì-ga) N.F. (pl. *-ghe*) **1** Segno rettilineo tracciato su una superficie: *tirare una riga con il gesso* Ⓢ linea. **2** Linea che segna una divisione tra i capelli: *farsi la riga da una parte, in mezzo* Ⓢ scriminatura. **3** Serie di parole disposte in senso orizzontale sulla stessa linea di una pagina scritta: *saltare una riga durante la lettura* Ⓢ rigo • Breve messaggio scritto: *gli scriverò due righe di ringraziamento.* **4** Allineamento di persone l'una di fianco all'altra: *mettersi in riga* Ⓢ fila. **5** Asticella piatta di legno, plastica o metallo dal bordo diritto e graduato in centimetri, per tracciare linee rette o misurare: *usare la riga e la squadra.* Ⓔ ***A righe***, di foglio, carta, quaderno con rette parallele impresse a stampa • ***Leggere tra le righe***, cogliere in uno scritto o in un discorso quanto vi è di non espresso o di sottinteso.

rigagnolo (ri-gà-gno-lo) N.M. · Piccolo ruscello • Piccolo flusso d'acqua che si forma per la pioggia ai lati delle strade.

rigare (ri-gà-re) V.TR. (*rìgo, rìghi*, ecc.) · Tracciare dei segni con qualcosa di appuntito: ***gli*** *hanno rigato tutta la carrozzeria della macchina* Ⓢ graffiare. Ⓔ ***Rigare diritto***, comportarsi bene, non fare nulla di disonesto o scorretto: *bada di rigare diritto!*

rigattiere (ri-gat-tiè-re) N.M. (f. *-a*; pl.m. *-i*, pl.f. *-e*) · Chi compra e vende roba usata: *comprare un mobile da un rigattiere.*

rigenerare (ri-ge-ne-rà-re) V.TR. (*rigènero*, ecc.) || TR. **1** Riprodurre o risanare parti di un organismo danneggiate o perdute: *lozione per rigenerare i capelli* Ⓢ ricostituire. **2** Rendere di nuovo efficiente, far tornare in salute: *un tonico che rigenera le forze.* **3** Riportare un congegno nelle condizioni di attività iniziali: *rigenerare la batteria di un'automobile.* || **rigenerarsi** INTR. PRONOM. **1** Formarsi di nuovo: ***gli*** *si sono rigenerate le cisti* Ⓢ riprodursi. **2** Recuperare forze e vigore: *in montagna mi sono rigenerato* Ⓢ ritemprarsi.

rigettare (ri-get-tà-re) V.TR. (*rigètto*, ecc.) **1** Opporre un netto rifiuto: *rigettare una proposta* Ⓢ respingere, rifiutare. **2** Vomitare, rimettere: *ha rigettato tutta la minestra.*

rigetto (ri-gèt-to) N.M. **1** In medicina, la reazione negativa di un organismo al trapianto di un organo o di un tessuto. **2** Disgusto, avversione, nausea: *ormai ho il rigetto verso quel lavoro.*

righello (ri-ghèl-lo) N.M. · Piccola asta piatta usata per tracciare linee diritte.

rigidamente (ri-gi-da-mén-te) AVV. **1** In modo molto severo: *educare rigidamente.* **2**

A B C D E F G H I J K L M N O P Q **R** S T U V W X Y Z

Inflessibilmente: *è rigidamente ostinato nelle proprie convinzioni.*

rigidità (ri-gi-di-tà) N.F. INVAR. **1** Caratteristica di un materiale di non deformarsi: *la rigidità di una lastra di pietra* Ⓢ durezza Ⓒ elasticità, flessibilità. **2** Intransigenza, severità, rigore: *la rigidità di un'educazione.*

rigido (rì-gi-do) AGG. **1** Che ha la caratteristica di essere duro e di non deformarsi: *una sbarra rigida* Ⓒ elastico, flessibile. **2** Del corpo umano o di una sua parte, che non si flette o non si muove in modo sciolto: *aveva un braccio rigido; dopo un mese di letto ero completamente rigido* Ⓢ irrigidito. **3** Di clima o periodo dell'anno, molto freddo: *gennaio è stato molto rigido* Ⓒ mite. **4** Molto severo: *un maestro troppo rigido con i suoi scolari* Ⓢ duro, inflessibile Ⓒ indulgente.

rigirare (ri-gi-rà-re) V.TR. || TR. **1** Girare di nuovo o ripetutamente: *girava e rigirava gli occhi attorno.* **2** Volgere con abilità a proprio vantaggio: *rigirare la questione fino ad ottenere ciò che si vuole* Ⓢ manovrare. || **rigirarsi** RIFL. Girarsi su se stesso: *si rigirò di scatto e lo colpì* Ⓢ rivoltarsi • Muoversi, agitarsi, rotolarsi: *stanotte non ho fatto che rigirarmi nel letto.* Ⓔ ***Gira e rigira***, per sottolineare un'azione inutilmente prolungata: *gira e rigira, sono sempre al punto di partenza.*

rigo (ri-go) N.M. (pl. *-ghi*) · Linea tracciata su un foglio o anche linea di scrittura o di stampa: *rileggi, hai saltato un rigo* Ⓢ riga • Breve messaggio scritto: *gli scriverò un rigo di ringraziamento* Ⓢ nota, biglietto. Ⓔ ***Rigo musicale***, pentagramma.

rigoglio (ri-gó-glio) N.M. (pl. *-gli*) **1** Momento in cui una pianta è nel pieno sviluppo dei suoi fiori e delle sue foglie: *il grano era in rigoglio.* **2** Il momento in cui una persona è nel pieno delle forze e della salute: *era nel pieno rigoglio della giovinezza* Ⓢ prosperità.

rigoglioso (ri-go-glió-so) AGG. **1** Che presenta uno sviluppo vigoroso: *il grano era già rigoglioso nei campi* Ⓢ fiorente, lussureggiante. **2** Pieno di vitalità: *fantasia rigogliosa* Ⓢ vivace.

rigonfiamento (ri-gon-fia-mén-to) N.M. · Punto in cui qualcosa si è gonfiato: *nell'intonaco ci sono molti rigonfiamenti* Ⓢ protuberanza, sporgenza.

rigonfio (ri-gón-fio) AGG. (pl.m. *-fi*, pl.f. *-fie*) **1** Molto gonfio: *portafoglio rigonfio.* **2** Pieno, traboccante, colmo: *essere rigonfio **di** rabbia.*

rigore (ri-gó-re) N.M. **1** Freddo intenso: *i rigori dell'inverno* Ⓢ gelo. **2** Severità nel far osservare una legge, una regola: *imporre la disciplina con rigore* Ⓢ intransigenza Ⓒ indulgenza • Durezza, rigidità: *il rigore di una legge, di una pena.* **3** Modo di fare preciso e scrupoloso: *il rigore di una ricerca scientifica* Ⓢ esattezza, accuratezza, precisione. Ⓔ ***A rigor di logica***, seguendo un rigoroso ragionamento logico • ***(Calcio di) rigore***, nel calcio, tiro effettuato direttamente in porta, da 11 metri di distanza, in seguito a un fallo commesso all'interno dell'area di rigore; ***area di rigore***, settore davanti alla porta in cui i falli intenzionali vengono puniti con il calcio di rigore • ***Di rigore***, d'obbligo: *è di rigore l'abito scuro.*

rigorosamente (ri-go-ro-sa-mén-te) AVV. **1** Con severità o coerenza: *applicare rigorosamente il regolamento* Ⓢ severamente. **2** Secondo rigidi criteri di stile: *per andare a teatro si veste rigorosamente di scuro.*

rigoroso (ri-go-ró-so) AGG. **1** Caratterizzato da precisione ed esattezza: *ragionamento rigoroso* Ⓢ accurato Ⓒ approssimativo, superficiale. **2** Che non ammette eccezioni: *disciplina rigorosa* Ⓢ rigido, severo Ⓒ flessibile. **3** Di persona, intransigente, inflessibile: *un professore rigoroso* Ⓒ indulgente, permissivo.

rigovernare (ri-go-ver-nà-re) V.TR. (*rigovèrno*, ecc.) · Lavare le stoviglie con acqua calda e detersivi: *oggi rigoverna papà.*

riguadagnare (ri-gua-da-gnà-re) V.TR. · Recuperare qualcosa che era stato perduto: *riguadagnare l'amicizia di qualcuno* Ⓢ riacquistare.

riguardante (ri-guar-dàn-te) AGG. · Che ha una certa relazione con qualcosa o qualcuno: *le notizie riguardanti la mia famiglia sono buone* Ⓢ relativo.

riguardare (ri-guar-dà-re) V.TR. || TR. **1** Guardare con attenzione per correggere o migliorare: *riguardare i compiti* Ⓢ rivedere, control-

R

lare. 2 Rientrare tra le questioni che interessano qualcuno: *non occuparti di affari che non ti riguardano* Ⓢ interessare, toccare. || **riguardarsi** RIFL. Aver cura della propria salute: *cerca di riguardarti un po' di più.*

riguardo (ri-guàr-do) N.M. 1 Cautela nell'uso di qualcosa: *oggetti fragili che vanno maneggiati con riguardo* Ⓢ precauzione, cura. 2 Atteggiamento di grande rispetto: *è sempre pieno di riguardi per i suoi genitori* Ⓢ gentilezza, attenzione • Scrupolo: *non avere riguardi a chiedermi aiuto.* 3 Legame tra due fatti: *la notizia non ha riguardo con il nostro caso* Ⓢ relazione, attinenza, nesso. Ⓔ ***A questo riguardo, a tale riguardo***, a questo proposito • ***Di riguardo***, di chi è molto conosciuto e importante: *è una persona di riguardo* • ***Nei riguardi di***, nei confronti di, rispetto a: *sono state mosse pesanti accuse nei riguardi del governo* • ***Riguardo a***, in quanto a, a proposito di: *riguardo ai tuoi dubbi, non posso aiutarti.*

rigurgitare (ri-gur-gi-tà-re) V.TR. e INTR. (*rigùrgito*, ecc.) || TR. Emettere dalla bocca cibo non digerito: *dopo la poppata il bambino spesso rigurgita il latte* Ⓢ rigettare, rimettere. || INTR. (aus. *essere*) 1 Di liquidi, fuoriuscire dal luogo in cui sono contenuti: *l'acqua rigurgitava* ***dai*** *tombini* Ⓢ traboccare. 2 Di luogo, essere pieno di persone: *lo stadio rigurgita* ***di*** *tifosi.*

rilanciare (ri-lan-cià-re) V.TR. (*rilàncio*, ecc.) 1 Lanciare nella direzione opposta: *rilanciare la palla* ***all'****avversario.* 2 Lanciare di nuovo: *rilanciare l'amo* • Ridare attualità: *rilanciare una moda* Ⓢ recuperare, ripescare. 3 Nel poker, aumentare la somma puntata dal giocatore precedente • Nelle aste pubbliche, fare un'offerta maggiore della precedente.

rilasciare (ri-la-scià-re) V.TR. (*rilàscio*, ecc.) 1 Concedere, consegnare, accordare: *rilasciare un documento.* 2 Rimettere in libertà: *è stato rilasciato due giorni dopo l'arresto* Ⓢ liberare.

rilascio (ri-là-scio) N.M. (pl. *-sci*) 1 Liberazione: *ordinare il rilascio di un prigioniero.* 2 Concessione, consegna: *chiedere il rilascio del passaporto.*

rilassamento (ri-las-sa-mén-to) N.M. · Diminuzione della tensione fisica o mentale: *rilassamento dei muscoli* Ⓢ distensione.

rilassante (ri-las-sàn-te) AGG. · Che serve ad allentare la tensione fisica o mentale: *massaggio, musica rilassante* Ⓢ distensivo, riposante.

rilassare (ri-las-sà-re) V.TR. || TR. Allentare uno stato di tensione fisica o mentale: *una passeggiata aiuta a rilassare i nervi* Ⓢ distendere, riposare. || **rilassarsi** RIFL. Liberarsi dalla tensione fisica o mentale: *stasera mi rilasso guardando un film.*

rilassato (ri-las-sà-to) AGG. · Riposato nel corpo e nella mente: *ho bisogno di starmene un po' rilassato* Ⓢ disteso.

rilegare (ri-le-gà-re) V.TR. (*rilégo*, *riléghi*, ecc.) · Confezionare un libro mediante la cucitura dei fogli stampati e l'applicazione di una copertina: *un libro rilegato* ***in*** *pelle.*

rilegatura (ri-le-ga-tù-ra) N.F. · L'operazione mediante la quale si cuciono insieme le pagine di un libro e si rivestono con una copertina • Copertina: *una rilegatura* ***in*** *pelle.*

rileggere (ri-lèg-ge-re) V.TR. (irreg.: coniugato come *leggere*) 1 Leggere di nuovo o più volte: *rileggere un libro dell'infanzia.* 2 Rivedere con attenzione un proprio scritto per eliminare gli errori: *rileggete il compito prima di consegnarlo* Ⓢ riguardare, controllare.
▸ Ⓕ **legere**

rilento (ri-lèn-to) AVV. · Solo nell'espressione ***a rilento***, con lentezza, molto piano: *i lavori per la nuova casa procedono a rilento.*

rilevamento (ri-le-va-mén-to) N.M. 1 La misurazione di una grandezza o di un fenomeno fisico: *rilevamento delle temperature.* 2 L'insieme delle operazioni con cui si studia un territorio e se ne scrivono i risultati: *rilevamento topografico.* 3 Acquisto di un negozio già avviato: *rilevamento di un negozio.*

rilevante (ri-le-vàn-te) AGG. · Notevole sul piano della quantità o dell'importanza: *le perdite sono state rilevanti*, considerevoli, ingenti; *l'argomento non mi sembra rilevante*, importante, significativo Ⓢ significativo Ⓒ irrilevante.

rilevanza (ri-le-vàn-za) N.F. · L'importanza di un fatto in funzione degli effetti che ha prodotto o che può produrre: *una scoperta di grande rilevanza scientifica.*

rilevare (ri-le-và-re) V.TR. (*rilèvo*, ecc.) **1** Trarre una conclusione: ***dalle*** *indagini abbiamo rilevato la sua innocenza* Ⓢ dedurre, concludere. **2** Notare, osservare: *ti faccio rilevare* ***che*** *sei tu in torto.* **3** Liberare da una responsabilità: *rilevare uno* ***da*** *un incarico.* **4** Succedere in un'attività o in un possesso: *rilevare un negozio* Ⓢ comprare.

rilevazione (ri-le-va-zió-ne) N.F. · Raccolta di dati: *la rilevazione della quantità di smog in una città* Ⓢ indagine, rilevamento.

rilievo (ri-liè-vo) N.M. **1** Il profilo di qualcosa che sporge rispetto alla superficie di fondo: *il rilievo delle colline.* **2** Risalto dovuto al contrasto di colori o di forme: *dare rilievo a una figura in un disegno* Ⓢ mostra, evidenza. **3** Evidenza o importanza di qualcosa che suscita o merita interesse: *dare rilievo a una notizia; un fatto di grande rilievo* Ⓢ peso. **4** Parte sporgente: *un rilievo del terreno* Ⓢ sporgenza, altura • Ogni zona della superficie terrestre che si eleva al di sopra delle pianure: *rilievi alpini.* **5** Osservazione, appunto, critica: *non ho alcun rilievo da fare sul suo comportamento.* Ⓔ ***In rilievo***, sollevato rispetto alla superficie su cui si trova: *ricamo in rilievo su una tenda.*

rilucere (ri-lù-ce-re) V.INTR. (usato solo alla 3ª pers. sing. e pl. dei tempi semplici; mancano il part. pass. e i tempi composti) · Risplendere, brillare.

riluttante (ri-lut-tàn-te) AGG. · Poco disposto ad acconsentire a qualcosa: *sono riluttante* ***ad*** *accettare il lavoro* Ⓢ restio.

riluttanza (ri-lut-tàn-za) N.F. · Esitazione a fare qualcosa: *ha accettato con riluttanza* Ⓢ resistenza, ritrosia.

rima (rì-ma) N.F. **1** In poesia, effetto stilistico per cui l'ultima parola di un verso termina con le stesse lettere dell'ultima parola di un altro verso: *amore e cuore fanno rima.* **2** Poesia, in quanto contrapposta alla prosa: *scrivere in rima* • AL PL. Componimenti poetici: *scrivere rime.* Ⓔ ***Rispondere per le rime***, ribattere a tono o con parole ancora più vivaci.

rimandare (ri-man-dà-re) V.TR. **1** Mandare indietro qualcosa: *rimandare la palla; rimandare un pacco* ***al*** *mittente* Ⓢ respingere • Far tornare qualcuno nel luogo da cui proviene: *rimandare un paziente* ***a*** *casa dall'ospedale.* **2** Spostare ad altra data: *rimandare un appuntamento, una riunione* Ⓢ rinviare. **3** Mandare da un luogo all'altro: *gli impiegati mi hanno rimandato* ***da*** *uno sportello* ***a*** *un altro per un'ora.* **4** Mandare di nuovo: *rimandare il figlio* ***in*** *collegio.*

rimando (ri-màn-do) N.M. **1** In alcuni sport, il lancio della palla, verso il giocatore o verso il campo avversario: *un lungo rimando del portiere* Ⓢ rinvio. **2** In uno scritto, riferimento con cui si rimanda il lettore a un'altra parte del testo per informazioni più approfondite: *rimando al primo capitolo.*

rimaneggiare (ri-ma-neg-già-re) V.TR. (*rimanéggio*, ecc.) · Fare piccole modifiche o sostituzioni: *sta rimaneggiando il suo romanzo* Ⓢ ritoccare.

rimanente (ri-ma-nèn-te) AGG. e N.M. e F. || AGG. Che avanza da un tutto: *con la carne rimanente farò delle polpette* Ⓢ residuo, restante. || N.M. Ciò che resta: *ha venduto il rimanente della merce* Ⓢ avanzo, rimanenza. || N.M. e F. PL. Gli altri, tutti gli altri: *tre accettarono l'offerta, i rimanenti si ritirarono dall'affare.*

rimanenza (ri-ma-nèn-za) N.F. · Ciò che rimane Ⓢ residuo, surplus • SPESSO AL PL. Merci non vendute: *rimanenze di magazzino.*

rimanere (ri-ma-né-re) V.INTR. (irreg.: ind. pres. *rimàngo, rimàni, rimàne, rimaniàmo, rimanéte, rimàngono*; pass. rem. *rimàsi, rimanésti, rimàse, rimanémmo, rimanéste, rimàsero*; fut. *rimarrò*, ecc.; cong. pres. *rimànga, rimànga, rimànga, rimaniàmo, rimaniàte, rimàngano*; condiz. pres. *rimarrèi*, ecc.; part. pass. *rimàsto*; aus. essere) **1** Trattenersi in un luogo: *rimarrò* ***in*** *casa tutto il giorno; quanto rimarrà* ***con*** *noi?* Ⓢ restare, stare Ⓒ andarsene. **2** Arrestarsi, fermarsi, interrompersi: *ripartiamo da dove eravamo rimasti.* **3** Di notizia, confidenza, non venire raccontata ad altri: *quest'informazione deve rimanere* ***tra*** *noi.* **4** Mantenersi in una posizione o in una condizione: *rimanere seduto, in piedi; la scuola rimane chiusa.* **5** Venire a trovarsi in una nuova situazione: *rimanere ferito; rimanere vedovo* Ⓢ ritrovarsi • Provare una certa sensazione, essere: *rimanere deluso.* **6** Di sentimento, pensiero, continuare a preoccupare: *ti rimarrà il cruccio di non averla aiutata.* **7** Restare come avanzo: ***mi*** *rimangono pochi soldi; siamo rimasti in pochi* Ⓢ avanzare. **8** Nella forma ***rimanerci***, essere impietrito dallo stupore o dalla delusione: *quando l'ho saputo ci sono rimasto; rimanerci male*, provare un senso di delusione • Nel linguaggio familiare, morire: *a forza di bere, ci è rimasto.* **9** Nel linguaggio familiare, essere situato: *dove rimane lo stadio?* Ⓢ trovarsi. **10** Essere d'accordo: *allora rimaniamo così* Ⓢ accordarsi. Ⓔ ***Rimane il fatto che***, però, nondimeno: *sarà come dici, rimane il fatto che s'è comportato male* • ***Rimanerci secco***, nel linguaggio familiare, morire all'improvviso • ***Rimanere a piedi***, aver perso un mezzo di trasporto; in senso figurato, essere escluso da qualcosa • ***Rimanere indietro*** → ***indietro***.

rimangiare (ri-man-già-re) V.TR. (*rimàngio*, ecc.) **1** Mangiare di nuovo: *rimangiare a cena gli avanzi del pranzo.* **2** Non rispettare quanto si è detto: *rimangiare la parola data* Ⓢ ritrattare.

rimango (ri-màn-go) · Ind. pres., 1ª pers. sing. → ***rimanere***.

rimarcare (ri-mar-cà-re) V.TR. (*rimàrco, rimàrchi*, ecc.) · Rilevare, osservare, sottolineare: *rimarcare un errore.*

rimarginare (ri-mar-gi-nà-re) V.TR. (*rimàrgino*, ecc.) || TR. Cicatrizzare, sanare: *una crema che aiuta a rimarginare una ferita; il tempo rimargina tutte le ferite*, fa dimenticare ogni dolore. || **rimarginarsi** INTR. PRONOM. Cicatrizzarsi, chiudersi: *è una ferita che si rimarginerà presto.*

rimasi (ri-mà-si) · Pass. rem., 1ª pers. sing. → ***rimanere***.

rimasto (ri-mà-sto) · Participio pass. → ***rimanere***.

rimasuglio (ri-ma-sù-glio) N.M. (pl. *-gli*) · Avanzo, resto: *c'è un rimasuglio di caffè nel bricco.*

rimbalzare (rim-bal-zà-re) V.INTR. (aus. *essere* o *avere*) **1** Balzare all'indietro o in direzione opposta: *la palla rimbalzò sul muro.* **2** Di notizia o avvenimento che passa di bocca in bocca o viene ripetuta dai mezzi di comunicazione: *lo scandalo rimbalzò sulle colonne dei giornali* Ⓢ diffondersi, propagarsi.

rimbalzo (rim-bàl-zo) N.M. · Balzo all'indietro di un oggetto elastico che urta qualcosa: *il portiere è stato ingannato dal rimbalzo del pallone* Ⓢ salto. Ⓔ ***Di rimbalzo***, indirettamente: *la pallottola lo ha colpito di rimbalzo.*

rimbambire (rim-bam-bì-re) V.TR. e INTR. (*rimbambìsco, rimbambìsci*, ecc.) || TR. **1** Far perdere la lucidità mentale: *la vecchiaia l'ha rimbambito* Ⓢ rincretinire. **2** Confondere, frastornare: *con le sue chiacchiere mi ha rimbambito.* || INTR. (aus. *essere*) e **rimbambirsi** INTR. PRONOM. Perdere la lucidità mentale: *da quando è innamorato si è rimbambito.*

rimbambito (rim-bam-bì-to) AGG. e N.M. (f. *-a*) · Che, chi ha perso la lucidità mentale: *un vecchio rimbambito* Ⓢ rimbecillito.

rimbecillito (rim-be-cil-lì-to) AGG. e N.M. (f. *-a*) · Che, chi ha perso la capacità di ragionare con lucidità: *è mezzo rimbecillito* Ⓢ rimbambito.

rimboccare (rim-boc-cà-re) V.TR. (*rimbócco, rimbócchi*, ecc.) || TR. Rivoltare o arrotolare l'orlo di un tessuto: *rimboccare le lenzuola; rimboccare le coperte*, infilarle bene sotto il materasso. || **rimboccarsi** TR. PRONOM. Arrotolarsi: *rimboccarsi i pantaloni.* Ⓔ ***Rimboccarsi le maniche*** → ***manica***. ▸ Ⓕ **bocca**

rimbombare (rim-bom-bà-re) V.INTR. (*rimbómbo*, ecc.; aus. *avere* o *essere*) · Risuonare in modo potente: *il tuono rimbombava nella valle* Ⓢ rintronare, rumoreggiare.

rimbombo (rim-bóm-bo) N.M. · Rumore cupo e diffuso: *il rimbombo del tuono* Ⓢ fragore, rombo.

rimborsare (rim-bor-sà-re) V.TR. (*rimbórso*, ecc.) · Restituire del denaro: *paga tu, poi ti rimborsiamo;* ***agli*** *spettatori sarà rimborsato il prezzo del biglietto* Ⓢ rendere, risarcire.

rimborso (rim-bór-so) N.M. · Restituzione di denaro: *rimborso del costo di un biglietto non utilizzato* Ⓢ risarcimento.

rimboscare (rim-bo-scà-re) V.TR. (*rimbòsco, rimbòschi*, ecc.) · Piantare alberi per far rinascere un bosco: *rimboscare un terreno.*

rimboschimento (rim-bo-schi-mén-to) N.M. · Operazione di piantare nuovi alberi: *il rimboschimento di una collina.*

rimbrotto (rim-bròt-to) N.M. · Rimprovero aspro e brusco: *deve sempre subire i rimbrotti della moglie.*

rimediare (ri-me-dià-re) V.INTR. e TR. (*rimèdio*, ecc.) || INTR. (aus. *avere*) Trovare un rimedio: *rimediare **a** un errore, **a** un brutto voto* Ⓢ riparare, ovviare. || TR. Nel linguaggio familiare, mettere insieme con difficoltà: *con gli avanzi di ieri ho rimediato la cena per tutti* Ⓢ procurarsi.

rimedio (ri-mè-dio) N.M. (pl. *-di*) **1** Farmaco o trattamento che combatte una malattia: *un ottimo rimedio contro la tosse* Ⓢ cura, terapia. **2** Provvedimento diretto a riparare un danno o una condizione sfavorevole: *trovare un rimedio **a** una situazione difficile* Ⓢ soluzione, antidoto.

rimescolare (ri-me-sco-là-re) V.TR. (*riméscolo*, ecc.) · Mescolare spesso o a lungo: *rimescolare un impasto.* Ⓔ ***Rimescolare il sangue***, causare una forte emozione: *quella vista **gli** rimescolò il sangue.*

rimessa (ri-més-sa) N.F. **1** Deposito, magazzino: *rimessa per automobili; portare gli attrezzi in rimessa.* **2** Nel calcio e in altri sport, rilancio della palla sul terreno di gioco quando sia uscita fuori dal campo: *rimessa in gioco della palla; rimessa dal fondo* • Nel tennis, risposta al servizio.

rimestare (ri-me-stà-re) V.TR. e INTR. (*riméstο*, ecc.) || TR. Rimescolare: *rimestare la polenta.* || INTR. (aus. *avere*) Indagare in modo insistente su vicende sgradevoli: *non hai il diritto di rimestare **nel** mio passato.*

rimettere (ri-mét-te-re) V.TR. (irreg.: coniugato come *mettere*) || TR. **1** Mettere di nuovo: *rimettere benzina **nel** serbatoio.* **2** Collocare nella sede o nella posizione precedente: *rimettere un libro **sullo** scaffale; rimettere in piedi una bottiglia; rimettere a posto la biancheria.* **3** Indossare di nuovo: *rimettere un vecchio maglione;* anche TR. PRONOM.: *rimettiti la sciarpa prima di uscire; si rimise gli occhiali e ricominciò a leggere.* **4** Affidare un compito ad altri: *rimettere la decisione **a** chi ha più esperienza* Ⓢ delegare, demandare, lasciare. **5** Vomitare, rigettare: *rimettere il pranzo.* **6** Perdonare: *rimettere i peccati.* **7** Nella forma ***rimetterci***, nel linguaggio familiare, subire un danno: *su quel sentiero di montagna ci ho rimesso un paio di scarpe.* || **rimettersi** RIFL. Riprendere, ricominciare: *rimettersi **a** lavorare, **a** studiare; si è rimesso **a** fumare.* || **rimettersi** INTR. PRONOM. **1** Tornare a uno stato o a una condizione precedente: *il tempo si è rimesso **al** bello.* **2** Recuperare il vigore, la salute: *rimettersi in forze* Ⓢ ristabilirsi • Superare una situazione sfavorevole: *molte aziende non si sono ancora rimesse **dalla** crisi.* Ⓔ ***Rimetterci la pelle***, nel linguaggio familiare, morire • ***Rimetterci la salute***, nel linguaggio familiare, ammalarsi • ***Rimettere al mondo***, ridare vigore e salute o fare uscire da una situazione di crisi: *un vino che ti rimette al mondo* • ***Rimettere mano a un lavoro***, riprenderlo • ***Rimettere piede in un luogo***, tornarvi.

rimirare (ri-mi-rà-re) V.TR. || TR. Guardare con insistenza e meraviglia: *rimirare un panorama* Ⓢ ammirare, contemplare. || **rimirarsi** RIFL. Guardarsi con vanità: *rimirarsi nello specchio.*

rimmel (rìm-mel) N.M. INVAR. · Nome commerciale ® di un cosmetico in pasta o cremoso per scurire le ciglia.

rimodernare (ri-mo-der-nà-re) V.TR. (*rimodèrno*, ecc.) || TR. Sottoporre qualcosa a lavori di modifica per renderlo più moderno: *rimodernare un negozio; rimodernare le ferrovie* Ⓢ ristrutturare. || **rimodernarsi** INTR. PRONOM. Acquisire una maggiore funzionalità o un aspetto più adeguato alle esigenze del momento: *l'azienda si è notevolmente rimodernata* Ⓢ modernizzarsi, aggiornarsi.

rimonta (ri-món-ta) N.F. · Recupero di uno svantaggio: *la squadra ha effettuato una rimonta all'ultimo minuto.*

rimontare (ri-mon-tà-re) V.INTR. e TR. (*rimónto*, ecc.) || INTR. (aus. *essere*) Salire di nuovo: *rimontare **sul** motorino* Ⓢ risalire. || TR. **1** Montare di nuovo: *non riesco a rimontare il modellino.* **2** Recuperare uno svantaggio: *nel secondo tempo la squadra è riuscita a rimontare il distacco.* ▸ Ⓕ **monte**

R

rimorchiare (ri-mor-chià-re) V.TR. (*rimòrchio*, ecc.) **1** Trascinare un veicolo per mezzo di un altro: *rimorchiare un'auto* ***in*** *officina* Ⓢ trainare, trasportare. **2** Nel linguaggio familiare, procurarsi compagnia per un'avventura amorosa: *rimorchiare una straniera.*

rimorchiatore (ri-mor-chia-tó-re) N.M. · Nave piccola e potente usata per rimorchiare altre navi.

rimorchio (ri-mòr-chio) N.M. (pl. *-chi*) **1** Veicolo trainato da un altro con dei cavi. **2** Il veicolo privo di motore, collegato alla parte posteriore di un autoveicolo: *autocarro con rimorchio.*

rimordere (ri-mòr-de-re) V.TR. (irreg.: coniugato come *mordere*) **1** Mordere di nuovo o mordere chi ha morso per primo. **2** Suscitare un senso persistente e tormentoso di colpa o di forte dispiacere: *non* ***ti*** *rimorde la coscienza per quello che hai fatto?* Ⓢ tormentare.

rimorso (ri-mòr-so) N.M. · Il tormento che nasce dal sapere di aver fatto qualcosa di male: *provare, sentire rimorso* Ⓢ rimpianto, pentimento.

rimostranza (ri-mo-stràn-za) N.F. · Protesta per un danno subito: *presentare le proprie rimostranze all'ufficio competente* Ⓢ lamentela, reclamo.

rimozione (ri-mo-zió-ne) N.F. **1** Spostamento di un oggetto: *rimozione di una vettura in sosta vietata.* **2** Allontanamento da un ufficio o da un grado: *rimozione* ***da*** *una carica.*

rimpallo (rim-pàl-lo) N.M. · Nel calcio e in altri sport, il ritorno del pallone verso il giocatore che l'aveva calciato dopo aver colpito un altro giocatore o un ostacolo.

rimpatriare (rim-pa-trià-re) V.INTR. e TR. (*rimpàtrio*, ecc.) || INTR. (aus. *essere*) Tornare in patria: *è dovuto rimpatriare in tutta fretta.* || TR. Rimandare in patria: *rimpatriare i prigionieri.*

rimpatrio (rim-pà-trio) N.M. (pl. *-tri*) · Ritorno in patria: *gli è stato notificato il rimpatrio obbligatorio* Ⓒ espatrio.

rimpiangere (rim-piàn-ge-re) V.TR. (irreg.: coniugato come *piangere*) · Ripensare con rammarico a persone o a cose perdute: *rimpiangere la giovinezza; rimpiangerò sempre* ***di*** *non aver accettato quel posto.*

rimpianto (rim-piàn-to) N.M. · Nostalgia per persone o cose perdute: *avere rimpianto per i tempi passati* • Pentimento per non aver fatto qualcosa: *avrò sempre il rimpianto di non aver chiarito la situazione con lui* Ⓢ dispiacere.

rimpiazzare (rim-piaz-zà-re) V.TR. · Sostituire una persona o una cosa con un'altra: *rimpiazzare un impiegato* Ⓢ cambiare.

rimpiazzo (rim-piàz-zo) N.M. **1** Sostituzione di persone o cose: *il rimpiazzo di un pezzo meccanico.* **2** La persona che sostituisce un'altra in un'attività: *i due rimpiazzi hanno giocato meglio dei titolari.*

rimpicciolire (rim-pic-cio-lì-re) V.TR. e INTR. (*rimpicciolisco, rimpicciolisci*, ecc.) || TR. Rimpiccolire: *rimpicciolire una fotografia.* || INTR. (aus. *essere*) e **rimpicciolirsi** INTR. PRONOM. Rimpiccolirsi: *la nave rimpiccioliva man mano che si allontanava.*

rimpiccolire (rim-pic-co-lì-re) V.TR. e INTR. (*rimpiccolisco, rimpiccolisci*, ecc.) || TR. Rendere più piccolo: *la distanza rimpiccoliva gli oggetti* Ⓢ rimpicciolire Ⓒ ingrandire. || INTR. (aus. *essere*) e **rimpiccolirsi** INTR. PRONOM. Diventare più piccolo: *mentre si allontanava si rimpiccoliva sempre più.*

rimpinguare (rim-pin-guà-re) V.TR. (*rimpìnguo*, ecc.) || TR. Rendere più ricco: *rimpinguare il portafoglio* Ⓢ arricchire. || **rimpinguarsi** INTR. PRONOM. Diventare più ricco: *con le nuove imposte le casse dello Stato si sono rimpinguate.*

rimpinzare (rim-pin-zà-re) V.TR. || TR. Riempire eccessivamente: *mi hanno rimpinzato* ***di*** *pasticcini.* || **rimpinzarsi** RIFL. Riempirsi di cibo: *rimpinzarsi* ***di*** *pastasciutta* Ⓢ abbuffarsi.

rimproverare (rim-pro-ve-rà-re) V.TR. (*rimpròvero*, ecc.) || TR. Esprimere la propria disapprovazione allo scopo di correggere: *rimproverare un alunno, un figlio* Ⓢ sgridare, riprendere Ⓒ lodare. || **rimproverarsi** RIFL. Pentirsi o rammaricarsi di qualcosa: *non ho niente da rimproverarmi.*

rimprovero (rim-prò-ve-ro) N.M. · Discorso o atteggiamento di disapprovazione che ha lo scopo di criticare o correggere: *rimprovero duro, giusto, affettuoso; rivolgere uno sguardo di rimprovero* Ⓒ lode, elogio.

rimuginare (ri-mu-gi-nà-re) V.TR. (*rimùgino*, ecc.) · Pensare continuamente a qualcosa: *cosa stai rimuginando?*

rimuovere (ri-muò-ve-re) V.TR. (irreg.: coniugato come *muovere*) **1** Spostare un oggetto ingombrante: *rimuovere un albero caduto* Ⓢ togliere di mezzo. **2** Allontanare da un incarico: *rimuovere un funzionario* ***dalla*** *carica.*

rin- → *ri-*.

rinascere (ri-nà-sce-re) V.INTR. (irreg.: coniugato come *nascere*; aus. *essere*) **1** Nascere di nuovo: *se potessi rinascere eviterei molti errori.* **2** Spuntare, crescere di nuovo: *sta rinascendo l'erba.* **3** Tornare a manifestarsi: *rinascevano in lui vecchi sospetti* Ⓢ risvegliarsi. **4** Riprendere vigore: *nel Paese rinascono le arti e gli interessi culturali* Ⓢ rifiorire. **5** Riacquistare la serenità o il piacere di vivere: *andarmene per qualche giorno mi ha fatto rinascere* Ⓢ riaversi.

rinascimentale (ri-na-sci-men-tà-le) AGG. · Del Rinascimento: *civiltà, arte rinascimentale.*

rinascimento (ri-na-sci-mén-to) N.M. · Periodo storico che va dalla metà del 1400 alla metà del 1500, caratterizzato dalla ripresa degli studi classici, da un più libero sviluppo del pensiero e da una straordinaria produzione artistica e letteraria: *la letteratura, l'arte, la filosofia del Rinascimento.*

R

rinascita (ri-nà-sci-ta) N.F. **1** Nuova manifestazione di una forma di vita: *la rinascita di una pianta; la primavera è un periodo di rinascita* Ⓢ rinnovamento. **2** Ripresa, risveglio, rinnovamento: *la rinascita del commercio.*

rincalzare (rin-cal-zà-re) V.TR. **1** Rendere più stabile un oggetto conficcato nel terreno per mezzo di un sostegno: *rincalzare un palo, un albero* Ⓢ rinforzare, sostenere. **2** Del letto, fermarne le lenzuola e le coperte sotto il materasso: *rincalzare il letto.*

rincalzo (rin-càl-zo) N.M. **1** Sostegno, rinforzo: *mettere un rincalzo sotto il mobile.* **2** Nello sport, giocatore di riserva. Ⓔ ***Di rincalzo***, di persona, di riserva da far intervenire in caso di bisogno.

rincarare (rin-ca-rà-re) V.TR. e INTR. || TR. Aumentare il prezzo: *hanno rincarato la carne* Ⓒ ribassare. || INTR. (aus. *essere*) Diventare più caro: *le sigarette sono ancora rincarate* Ⓢ aumentare. Ⓔ ***Rincarare la dose***, aggiungere motivi di danno o di dispiacere.

rincaro (rin-cà-ro) N.M. · Aumento del prezzo: *un ulteriore rincaro della benzina* Ⓒ ribasso.

rincasare (rin-ca-sà-re) V.INTR. (aus. *essere*) · Rientrare a casa: *rincasare tardi, per cena* Ⓢ tornare.

rinchiudere (rin-chiù-de-re) V.TR. (irreg.: coniugato come *chiudere*) || TR. Chiudere dentro: *rinchiudere il denaro* ***nella*** *cassaforte; rinchiudere un ladro* ***in*** *prigione* Ⓢ mettere. || **rinchiudersi** RIFL. Chiudersi dentro: *per studiare mi rinchiudo* ***in*** *camera* Ⓢ isolarsi.

rinchiuso (rin-chiù-so) AGG. · Chiuso dentro: *tenere un animale rinchiuso* ***in*** *gabbia.*

rincorrere (rin-cór-re-re) V.TR. (irreg.: coniugato come *correre*) **1** Correre dietro a qualcuno o a qualcosa: *rincorrere il tram, un ladro* Ⓢ inseguire. **2** Cercare ostinatamente di conseguire uno scopo: *rincorrere il successo* Ⓢ perseguire.

rincorsa (rin-cór-sa) N.F. · Breve corsa per prendere lo slancio: *prendere la rincorsa per saltare.*

rincrescere (rin-cré-sce-re) V.INTR. (irreg.: coniugato come *crescere*; aus. *essere*) · Provocare dispiacere o rimorso: ***mi*** *rincresce* ***di*** *averti offeso* Ⓢ addolorare, rattristare.

rincrescimento (rin-cre-sci-mén-to) N.M. · Dispiacere, rammarico.

rincretinire (rin-cre-ti-nì-re) V.TR. e INTR. (*rincretinìsco, rincretinìsci*, ecc.) || TR. **1** Rendere cretino: *l'arteriosclerosi l'ha rincretinito* Ⓢ istupidire, rimbambire. **2** Stordire, frastornare: *con le chiacchiere mi ha rincretinito.* || INTR. (aus. *essere*) e **rincretinirsi** INTR. PRONOM. Diventare cretino: *ma ti sei rincretinito?* Ⓢ istupidirsi.

rinculo (rin-cù-lo) N.M. **1** Brusco e improvviso spostamento all'indietro di un animale da tiro: *il rinculo del cavallo lo colse di sorpresa.* **2** Spinta all'indietro di un'arma da fuoco, per la pressione dei gas che si sprigionano all'atto dello sparo: *il rinculo del fucile.*

rincuorare (rin-cuo-rà-re) V.TR. (*rincuòro*, ecc.) || TR. Ridare coraggio: *cercai di rincuorarlo con parole affettuose* S confortare, rianimare. || **rincuorarsi** INTR. PRONOM. Riprendere coraggio S rinfrancarsi.

rinfacciare (rin-fac-cià-re) V.TR. (*rinfàccio*, ecc.) **1** Ricordare a qualcuno ciò che si è fatto per lui: *rinfacciare un favore* ***a*** *un collega.* **2** Rimproverare in tono d'accusa: *rinfacciare* ***a*** *uno la sua indecisione.*

rinfocolare (rin-fo-co-là-re) V.TR. (*rinfòcolo*, ecc.) || TR. Risvegliare o rafforzare un sentimento, una passione: *rinfocolare l'odio.* || **rinfocolarsi** INTR. PRONOM. Di sentimento, diventare più intenso: *la sua ira si rinfocolò* S risvegliarsi.

rinforzare (rin-for-zà-re) V.TR. (*rinfòrzo*, ecc.) || TR. Dare maggiore stabilità con opportuni lavori: *rinforzare un muro* S consolidare C indebolire • Irrobustire, fortificare: *la ginnastica rinforza i muscoli.* || **rinforzarsi** INTR. PRONOM. Aumentare d'intensità: *il vento si è rinforzato* S crescere.

rinforzo (rin-fòr-zo) N.M. **1** Qualsiasi cosa che serve a rendere più stabile o funzionale qualcosa: *applicare un rinforzo ai gomiti di una giacca* S sostegno. **2** AL PL. Le truppe inviate come aiuto e sostegno ad altre impegnate in battaglia: *si attende l'arrivo dei rinforzi.*

rinfrancare (rin-fran-cà-re) V.TR. (*rinfrànco*, *rinfrànchi*, ecc.) || TR. Ridare fiducia e sicurezza: *la buona notizia lo rinfrancò* S rianimare, rincuorare. || **rinfrancarsi** INTR. PRONOM. Riprendere fiducia e sicurezza.

rinfrescare (rin-fre-scà-re) V.TR. e INTR. (*rinfrésco*, *rinfréschi*, ecc.) || TR. Rendere fresco, portare a una temperatura più fresca: *l'acquazzone ha rinfrescato l'aria.* || INTR. (aus. *essere*) Del tempo, diventare fresco o più fresco: *il tempo va rinfrescando*; anche IMPERS.: *dopo la pioggia è molto rinfrescato.* || **rinfrescarsi** RIFL. Di persona accaldata, lavarsi: *ho voglia di rinfrescarmi* ***con*** *un bagno.* E ***Rinfrescare la memoria a qualcuno***, costringerlo a ricordare • ***Rinfrescarsi la memoria***, cercare di ricordarsi qualcosa.

rinfresco (rin-fré-sco) N.M. (pl. *-schi*) · Offerta di dolci, cibi leggeri e bevande nel corso di una festa: *offrire un rinfresco* S ricevimento.

rinfusa (rin-fù-ṣa) N.F. · Solo nell'espressione ***alla rinfusa***, senza ordine, in modo confuso: *cacciare i vestiti in valigia alla rinfusa.*

ring (pronuncia *ring*) N. INGL., in it. N.M. INVAR. · La pedana quadrata delimitata da corde, sulla quale si svolgono incontri di lotta o di pugilato: *salire sul ring* S quadrato.

> Il termine deriva da *ring* 'anello, cerchio', per il fatto che inizialmente gli incontri di pugilato si svolgevano in uno spazio delimitato dagli spettatori che formavano un cerchio tutt'intorno.

ringhiare (rin-ghià-re) V.INTR. (*rìnghio*, ecc.; aus. *avere*) · Dei cani, emettere un suono minaccioso.

ringhiera (rin-ghiè-ra) N.F. · Parapetto di legno o di metallo, installato su terrazze e scale come protezione per non cadere: *la ringhiera della terrazza.*

ringhio (rìn-ghio) N.M. (pl. *-ghi*) · Brontolio sordo e minaccioso, specie di un cane.

ringiovanire (rin-gio-va-nì-re) V.TR. e INTR. (*ringiovanìsco*, *ringiovanìsci*, ecc.) || TR. Fare sembrare più giovane: *questo vestito ti ringiovanisce* C invecchiare. || INTR. (aus. *essere*) Sentirsi o sembrare vivace ed energico come in gioventù: *quando sto con i ragazzi mi sento ringiovanire.*

ringraziamento (rin-gra-zia-mén-to) N.M. · Espressione di gratitudine: *biglietto di ringraziamento; non ho ricevuto neanche un ringraziamento.*

ringraziare (rin-gra-zià-re) V.TR. (*ringràzio*, ecc.) **1** Esprimere gratitudine a qualcuno: *non so come ringraziarti* ***del*** *favore.* **2** In espressioni di cortesia, introduce il rifiuto di un invito o di un'offerta: *ti ringrazio* ***per*** *l'invito, ma non potrò venire.*

A B C D E F G H I J K L M N O P Q **R** S T U V W X Y Z

rinnegare (rin-ne-gà-re) V.TR. (*rinnégo, rinnéghi*, ecc.) · Negare di appartenere a una fede religiosa o di aver avuto un certo ideale morale o politico: *rinnegare la propria fede; rinnegare un ideale* S disconoscere.

rinnegato (rin-ne-gà-to) N.M. (f. -*a*) · Chi rifiuta princìpi o idee sostenuti in precedenza: *un cristiano rinnegato* S traditore.

rinnovabile (rin-no-và-bi-le) AGG. 1 Che può essere rinnovato: *contratto rinnovabile.* 2 Di fonte energetica non soggetta ad esaurimento: *il sole e il vento sono fonti di energia rinnovabili.*

rinnovamento (rin-no-va-mén-to) N.M. · Tendenza al cambiamento in meglio: *rinnovamento sociale, culturale* S riforma, rinascita.

rinnovare (rin-no-và-re) V.TR. (*rinnòvo*, ecc.) || TR. 1 Cambiare in meglio qualcosa, aggiornandolo o sostituendolo del tutto o in parte: *rinnovare il guardaroba; rinnovare il consiglio di amministrazione* S aggiornare. 2 Fare di nuovo: *rinnovare una richiesta* S ripetere • Prolungare la validità di atti o documenti con una scadenza: *rinnovare la patente, il passaporto* S prorogare. || **rinnovarsi** INTR. PRONOM. 1 Subire un processo di rinnovamento: *l'azienda si è completamente rinnovata* S trasformarsi. 2 Ripetersi: *un fenomeno che si rinnova ogni anno.*

R

rinnovo (rin-nò-vo) N.M. · Prolungamento della validità di un documento: *rinnovo della patente* S proroga.

rinoceronte (ri-no-ce-rón-te) N.M. · Mammifero erbivoro asiatico e africano, lungo fino a quattro metri e alto quasi due, caratterizzato da uno o due corni sulla fronte.

> Il termine deriva dal greco *rhinókeros* '(animale) con un corno sul naso', composto a sua volta di *rhís* 'naso' e *kéras* 'corno'.

rinomato (ri-no-mà-to) AGG. · Che gode di considerazione e prestigio: *la zona è rinomata per i vini* S famoso, conosciuto.

rinsaldare (rin-sal-dà-re) V.TR. || TR. Rendere più saldo, più stabile: *rinsaldare un'amicizia* S consolidare, rafforzare. || **rinsaldarsi** INTR. PRONOM. Diventare più saldo: *dopo un periodo di crisi il loro rapporto si è rinsaldato.*

rinsavire (rin-sa-vi-re) V.INTR. (*rinsavìsco, rinsavìsci*, ecc.; aus. *essere*) · Tornare a essere equilibrato e ragionevole: *ha fatto molte pazzie, ma ora è rinsavito.*

rinsecchire (rin-sec-chi-re) V.INTR. (*rinsecchìsco, rinsecchìsci*, ecc.; aus. *essere*) · Diventare secco: *dopo qualche giorno il pane rinsecchisce.*

rintanarsi (rin-ta-nàr-si) V.INTR. PRONOM. 1 Rifugiarsi nella tana: *la volpe, inseguita dai cani, si rintanò.* 2 Nascondersi per stare da solo o sentirsi al sicuro: *si è rintanato* ***in*** *casa da una settimana* S rinchiudersi.

rintocco (rin-tóc-co) N.M. (pl. -*chi*) · Ciascuno dei suoni emessi da una campana o da un orologio allo scoccare delle ore: *i rintocchi delle campane* S tocco, battito.

rintracciare (rin-trac-cià-re) V.TR. (*rintràccio*, ecc.) · Ritrovare dopo una ricerca lunga e faticosa: *rintracciare un prigioniero evaso; rintracciare un documento smarrito* S recuperare, rinvenire.

rintronare (rin-tro-nà-re) V.INTR. e TR. (*rintròno*, ecc.) || INTR. (aus. *avere* o *essere*) Risuonare in modo cupo e potente: *il tuono rintronò per la valle* S rimbombare. || TR. 1 Stordire assordando: *lo scoppio* ***mi*** *ha rintronato gli orecchi.* 2 Frastornare, intontire: *mi ha rintronato con le sue chiacchiere.*

rintuzzare (rin-tuz-zà-re) V.TR. · Reagire immediatamente e con vivacità: *rintuzzare un'accusa; rintuzzare un assalto del nemico* S respingere.

rinuncia (ri-nùn-cia) N.F. (pl. -*ce*) 1 Rifiuto volontario di un diritto o di un bene: *rinuncia* ***a*** *un incarico,* ***all'****eredità.* 2 Privazione volontaria di beni o soddisfazioni: *ha fatto molte rinunce per la famiglia* S sacrificio.

rinunciare (ri-nun-cià-re) V.INTR. (*rinùncio*, ecc.; aus. *avere*) · Rifiutare di propria volontà un diritto, un bene o di svolgere un'attività: *rinunciare* ***a*** *un'eredità; rinunciare* ***a*** *un progetto; ho rinunciato* ***a*** *partire* S rifiutare.

rinvenire[1] (rin-ve-ni-re) V.INTR. (irreg.: coniugato come *venire*; aus. *essere*) · Riprendere coscienza: *per fortuna dopo lo svenimento è rinvenuto subito* Ⓢ riaversi.

rinvenire[2] (rin-ve-nì-re) V.TR. (irreg.: coniugato come *venire*) · Ritrovare, trovare, rintracciare: *è stato rinvenuto un antico manoscritto.*

rinverdire (rin-ver-dì-re) V.TR. (*rinverdisco, rinverdisci*, ecc.) **1** Far rifiorire piante, campi, terreni: *le piogge rinverdirono la vegetazione.* **2** Suscitare di nuovo un sentimento: *rinverdire una speranza* Ⓢ rinfocolare, risvegliare. **3** Far tornare attuale, rinnovare: *rinverdire un'antica usanza.*

rinviare (rin-vi-à-re) V.TR. (*rinvìo, rinvìi*, ecc.) **1** Mandare indietro: *rinviare la palla; rinviare una lettera **al** mittente* Ⓢ rilanciare, rimandare. **2** Rimandare ad altra data: *rinviare le nozze* Ⓢ posporre, posticipare. Ⓔ ***Rinviare a giudizio*** → ***giudizio***.

rinvigorire (rin-vi-go-rì-re) V.TR. e INTR. (*rinvigorìsco, rinvigorìsci*, ecc.) || TR. Rendere più vigoroso: *l'esercizio rinvigorisce i muscoli; un buon riposo ti rinvigorirà* Ⓢ rafforzare. || INTR. (aus. *essere*) e **rinvigorirsi** INTR. PRONOM. Diventare più vigoroso: *con la ginnastica si è rinvigorito.*

rinvio (rin-vì-o) N.M. (pl. *-vìi*) **1** Rimando, rilancio: *rinvio della palla* • Restituzione: *rinvio al mittente.* **2** Spostamento ad altra data: *ottenere il rinvio di un pagamento* Ⓢ proroga. **3** In uno scritto, riferimento con cui si rimanda il lettore a un'altra parte del testo per informazioni più approfondite Ⓢ rimando. Ⓔ ***Rinvio a giudizio***, decisione del magistrato che conduce l'inchiesta di sottoporre a processo una o più delle persone sospettate.

rionale (rio-nà-le) AGG. · Di un rione: *mercatino rionale; festa rionale.*

rione (ri-ó-ne) N.M. · Quartiere popolare: *un rione periferico; i ragazzi del rione.*

riordinare (ri-or-di-nà-re) V.TR. (*riórdino*, ecc.) **1** Rimettere a posto: *riordinare la casa* Ⓢ sistemare. **2** Dare un ordine migliore: *riordinare i libri.*

riorganizzare (ri-or-ga-niz-zà-re) V.TR. · Organizzare in modo migliore: *riorganizzare un ufficio* Ⓢ riordinare.

ripagare (ri-pa-gà-re) V.TR. (*ripàgo, ripàghi*, ecc.) **1** Pagare di nuovo: *ho perso la ricevuta e ho dovuto ripagare la multa* • Pagare al proprietario il prezzo di un oggetto perduto o danneggiato: *ti ripagherò il libro che ho perso* Ⓢ rimborsare, risarcire. **2** Contraccambiare, ricompensare: *non potrò mai ripagarti **del** favore che mi hai fatto.* Ⓔ ***Ripagare con la stessa moneta*** → ***moneta***.

riparare[1] (ri-pa-rà-re) V.TR. e INTR. || TR. **1** Difendere da un danno o da un pericolo: *mettere gli occhiali scuri per riparare gli occhi **dal** sole* Ⓢ proteggere. **2** Rimediare un errore commesso o risarcire un danno provocato: *riparare un'offesa, un'ingiustizia* Ⓢ ovviare. **3** Rimettere a posto un oggetto rotto: *riparare un motore, un vestito* Ⓢ aggiustare, sistemare. || INTR. (aus. *avere*) Ovviare, rimediare: *riparare **a** un errore.* || **ripararsi** RIFL. Mettersi al riparo: *ripararsi **dalla** pioggia.*

riparare[2] (ri-pa-rà-re) V.INTR. (aus. *essere*) · Rifugiarsi, nascondersi: *durante la guerra riparò in Svizzera.*

riparato (ri-pa-rà-to) AGG. · Che è al riparo da possibili pericoli o dalle intemperie: *un porto ben riparato* Ⓢ protetto.

riparazione (ri-pa-ra-zió-ne) N.F. **1** Il risarcimento morale o materiale di un danno: *ottenere la riparazione di un torto.* **2** Ripristino dell'integrità di un oggetto: *riparazione di una macchina, di una radio.*

riparlare (ri-par-là-re) V.INTR. (aus. *avere*) · Parlare di nuovo: *ne riparlerò **con** il direttore.*

riparo (ri-pà-ro) N.M. **1** Protezione, rifugio, ricovero: *offrire riparo; mettersi al riparo dalla pioggia.* **2** Rimedio a una necessità o a un'urgenza: *porre riparo a una situazione difficile.*

ripartire[1] (ri-par-tì-re) V.INTR. (*ripàrto*, ecc.; aus. *essere*) **1** Partire da un luogo dove si era giunti in precedenza: *è arrivato stasera e riparte domattina.* **2** Rimettersi in movimento: *la macchina non vuol saperne di ripartire.* **3** Riprendere un'attività temporaneamente sospesa: *si riparte a settembre con un nuovo ciclo di film* Ⓢ ricominciare.

ripartire[2] (ri-par-tì-re) V.TR. (*ripartìsco, ripartìsci*, ecc.) · Dividere, suddividere, distribuire:

la classe fu ripartita ***in*** *sei gruppi*; anche TR. PRONOM.: *i ladri si ripartirono il bottino*.

ripartizione (ri-par-ti-zió-ne) N.F. · Suddivisione, distribuzione: *ripartizione di un'eredità*.

ripassare (ri-pas-sà-re) V.INTR. e TR. || INTR. (aus. *essere*) Passare nuovamente o più volte per lo stesso luogo: *quando ripassi* ***da*** *Milano fermati a salutarci* • Ritornare: *il dottore è occupato, ripassi stasera*. || TR. **1** Percorrere nuovamente o in senso inverso un passaggio: *ripassare il confine*. **2** Passare di nuovo o più volte: *ripassare una mano di vernice sulla parete*. **3** Rileggere o ripetere un testo per fissarlo bene nella memoria: *ripassare la lezione, una poesia*.

ripasso (ri-pàs-so) N.M. · Ripetizione o nuova lettura di un argomento che è materia di studio: *sto facendo l'ultimo ripasso prima dell'esame*.

ripensamento (ri-pen-sa-mén-to) N.M. · Ulteriore e più attenta riflessione, spesso seguita da un cambiamento d'opinione: *ho avuto un ripensamento*.

ripensare (ri-pen-sà-re) V.INTR. e TR. (*ripènso*, ecc.) || INTR. (aus. *avere*) **1** Procedere a una ulteriore e più attenta riflessione, talvolta seguita da un cambiamento d'opinione: *volevo uscire ma* ***ci*** *ho ripensato; ripensaci prima di rifiutare quell'incarico*. **2** Richiamare alla memoria: *ripensare* ***agli*** *anni della giovinezza* Ⓢ ricordare, rievocare. || TR. Organizzare in un nuovo modo: *bisogna ripensare tutto l'assetto della casa*.

R

ripercorrere (ri-per-cór-re-re) V.TR. (irreg.: coniugato come *correre*) **1** Percorrere di nuovo, nello stesso senso o in senso inverso: *ripercorrere la strada dell'andata*. **2** Rivivere con la mente una serie di avvenimenti passati: *ripercorrere gli anni della giovinezza* Ⓢ ricordare, rievocare.

ripercuotersi (ri-per-cuò-ter-si) V.INTR. PRONOM. (irreg.: coniugato come *percuotere*) **1** Trasmettersi, diffondersi: *lo scoppio si è ripercosso per tutto il quartiere*. **2** Provocare un effetto negativo di riflesso: *la crisi politica si ripercuote* ***sull'****economia del Paese*.

ripercussione (ri-per-cus-sió-ne) N.F. **1** Diffusione per rimbalzo della luce o del suono: *la ripercussione della voce* ***in*** *una valle*. **2** Effetto indiretto: *la notizia ha avuto molte ripercussioni negative* Ⓢ contraccolpo.

ripescare (ri-pe-scà-re) V.TR. (*ripésco, ripéschi*, ecc.) **1** Recuperare un oggetto o una persona caduti nell'acqua: *ripescare un cadavere*. **2** Ritrovare qualcosa dopo una lunga ricerca: *non riesco a ripescare quei vecchi appunti* Ⓢ recuperare. **3** Recuperare qualcuno tra gli esclusi in un concorso o in una competizione.

ripetente (ri-pe-tèn-te) AGG. e N.M. e F. · Di alunno che ripete l'anno scolastico in seguito a bocciatura.

ripetere (ri-pè-te-re) V.TR. (*ripèto*, ecc.) || TR. **1** Eseguire nuovamente: *ripetere il tiro; ripetere un esame* Ⓢ rifare • Ottenere di nuovo: *ripetere un successo*. **2** Dire di nuovo cose già dette oppure ascoltate o lette da altri: *ripetere sempre lo stesso discorso; ripetere una frase;* ***ti*** *sto ripetendo esattamente le sue parole* Ⓢ ridire • Dire ad alta voce a scopo di ripasso o come risposta a un'interrogazione scolastica: *ripetere la lezione, una poesia; ripetere a memoria*. || **ripetersi** RIFL. Tornare sugli stessi argomenti nel parlare o nello scrivere: *scusate se mi ripeto, ma voglio che la questione sia chiara*. || **ripetersi** INTR. PRONOM. Avvenire con frequenza o periodicamente: *la storia si ripete; episodi del genere non devono più ripetersi* Ⓢ riprodursi, accadere. Ⓔ ***Ripetere l'anno***, frequentare di nuovo il corso dell'anno precedente, in seguito a bocciatura.

ripetitivo (ri-pe-ti-tì-vo) AGG. **1** Che comporta gesti o azioni ripetute e sempre uguali: *un lavoro ripetitivo*. **2** Che insiste in modo monotono sugli stessi argomenti: *uno libro ripetitivo* Ⓢ noioso.

ripetitore (ri-pe-ti-tó-re) N.M. · Nelle telecomunicazioni, dispositivo destinato a ricevere i segnali da un stazione trasmittente e a trasmetterli di nuovo più forti e nitidi.

ripetizione (ri-pe-ti-zió-ne) N.F. **1** Nuova esecuzione della stessa azione: *ripetizione di una gara; ripetizione di un esperimento* Ⓢ replica. **2** Frase o concetto ripetuto con monotona insistenza: *un tema pieno di ripetizioni.* **3** Lezione privata data a studenti in difficoltà: *andare a ripetizione; prendere, dare ripetizioni.* Ⓔ ***A ripetizione***, di meccanismo in grado di ripetere più volte lo stesso movimento; ***fucile a ripetizione***, che può sparare di seguito tanti colpi quante sono le cartucce che contiene.

ripetutamente (ri-pe-tu-ta-mén-te) AVV. · Più volte, frequentemente: *lo avevo ripetutamente avvisato* Ⓢ spesso.

ripetuto (ri-pe-tù-to) AGG. · Detto o fatto più volte: *batté ripetuti colpi alla porta; gliel'ho detto ripetute volte.*

ripiano (ri-pià-no) N.M. **1** Tratto pianeggiante di un terreno in pendio: *collina coltivata a ripiani.* **2** Tavola orizzontale di uno scaffale, di una mensola, di un armadio.

ripicca (ri-pìc-ca) N.F. (pl. -*che*) · Azione fatta per dispetto: *il suo rifiuto è solo una ripicca.* Ⓔ ***Per ripicca***, per dispetto: *l'ha detto per ripicca.*

ripido (rì-pi-do) AGG. · Che è in forte pendenza: *una discesa ripida; scale ripide* Ⓢ scosceso.

ripiegamento (ri-pie-ga-mén-to) N.M. · Movimento di truppe militari verso posizioni più arretrate Ⓢ ritirata.

ripiegare (ri-pie-gà-re) V.TR. e INTR. (*ripiègo, ripièghi*, ecc.) || TR. Piegare di nuovo qualcosa che prima si era disteso: *ripiegò la pianta della città e la mise nello zaino* Ⓒ spiegare • Piegare su di sé: *ripiegare le ali.* || INTR. (aus. *avere*) **1** Ritirarsi su posizioni arretrate: *le truppe furono costrette a ripiegare; ripiegare in difesa* Ⓢ retrocedere, arretrare. **2** Rinunciare a ciò che si desidera, ricorrendo a soluzioni più accessibili: *non trovando il libro consigliato da te, abbiamo ripiegato* ***su*** *un altro* Ⓢ accontentarsi. || **ripiegarsi** INTR. PRONOM. Piegarsi, flettersi: *sentiva le gambe ripiegarsi per il dolore.* Ⓔ ***Ripiegarsi su se stesso***, assumere un atteggiamento di riflessione e meditazione.

ripiego (ri-piè-go) N.M. (pl. -*ghi*) · Soluzione di cui ci si deve accontentare quando non ce ne sono di migliori: *cercare un ripiego; soluzione di ripiego.*

ripieno (ri-piè-no) AGG. e N.M. || AGG. Pieno in modo abbondante: *baule ripieno* ***di*** *biancheria; un panino ripieno* ***di*** *prosciutto* Ⓢ colmo, zeppo. || N.M. **1** Il materiale usato per riempire un vuoto: *il ripieno del materasso* Ⓢ imbottitura. **2** Nel linguaggio di cucina, l'insieme degli ingredienti usati per riempire arrosti, pasta, dolci o altro: *il ripieno dei tortellini.*

ripopolamento (ri-po-po-la-mén-to) N.M. · Aumento della densità di popolazione umana, della fauna o della flora: *il ripopolamento delle campagne; area di ripopolamento di specie in via d'estinzione.*

ripopolare (ri-po-po-là-re) V.TR. (*ripòpolo*, ecc.) || TR. Rendere nuovamente popoloso un luogo in precedenza abbandonato o scarsamente abitato: *ripopolare un paese* • Rendere un ambiente nuovamente abitato da esemplari animali o vegetali: *ripopolare un bosco* ***di*** *selvaggina; ripopolare un terreno* ***con*** *degli abeti.* || **ripopolarsi** INTR. PRONOM. Riempirsi di nuovo di gente: *le città si ripopolano dopo il periodo di ferie.*

riporre (ri-pór-re) V.TR. (irreg.: coniugato come *porre*) **1** Porre in luogo chiuso o riparato: *riporre* ***nell'****armadio i vestiti invernali* Ⓢ mettere, chiudere. **2** Concentrare affetti, sentimenti, speranze su qualcuno o qualcosa: *ho riposto* ***in*** *lui tutto il mio affetto.*

riportare (ri-por-tà-re) V.TR. (*ripòrto*, ecc.) **1** Portare indietro, alla sede abituale o di provenienza: *riportare un libro* ***in*** *biblioteca* Ⓢ restituire, rendere. **2** Far tornare idealmente a un'epoca passata: *questa musica mi riporta* ***alla*** *mia giovinezza.* **3** Riferire o comunicare un fatto o una notizia: *tutti i giornali riportano il discorso del capo dello Stato* • Citare: *il mio dizionario non riporta la parola che cerchi.* **4** Raggiungere un obiettivo: *riportare una vittoria* Ⓢ ottenere, registrare, riscuotere • Subire, ricevere: *riportare leggere ferite.* **5** Trascrivere da un luogo all'altro: *riportare una correzione* ***sulla*** *bella copia.* Ⓔ ***Riportare un numero***, in un'addizione a più cifre, calcolarlo come se facesse parte della colonna successiva.

riporto (ri-pòr-to) N.M. **1** Nelle addizioni in colonna, cifra che si aggiunge a quelle ancora da sommare, se la somma dei numeri della colonna alla loro destra supera il 9. **2** Ciocca di capelli pettinata in modo da nascondere una calvizie.

riposante (ri-po-sàn-te) AGG. · Che dà un senso di riposo e tranquillità: *una vacanza riposante; una lettura riposante* Ⓢ distensivo, rilassante.

riposare (ri-po-sà-re) V.INTR. e TR. (*ripòso*, ecc.) || INTR. (aus. *avere*) **1** Sospendere per un certo tempo un'attività in modo da recuperare le forze: *lasciami riposare un minuto* Ⓢ rilassarsi, distendersi. **2** Dormire: *non disturbarlo mentre riposa.* **3** Giacere per sempre, dopo la morte: *riposi in pace; qui riposano i miei cari.* || TR. Dar riposo a una parte del corpo: *riposare gli occhi, la mente.* || **riposarsi** INTR. PRONOM. Recuperare le forze fisiche e mentali: *lascia che si riposi un altro po'.*

riposo (ri-pò-so) N.M. **1** Sospensione dell'attività o del lavoro per recuperare le forze: *aver bisogno di un po' di riposo; il medico mi ha ordinato assoluto riposo* Ⓢ quiete, pace • Sonno: *buon riposo!* **2** Nel linguaggio amministrativo, cessazione dell'attività lavorativa, di solito per il raggiungimento di un'età avanzata: *un giornalista a riposo* Ⓢ pensione. Ⓔ ***Di tutto riposo***, esente da problemi, non impegnativo: *una giornata di tutto riposo.*

ripostiglio (ri-po-sti-glio) N.M. (pl. *-gli*) · Piccolo locale dove si depositano e si conservano oggetti e prodotti vari: *la scopa è nel ripostiglio.*

riprendere (ri-prèn-de-re) V.TR. e INTR. (irreg.: coniugato come *prendere*) || TR. **1** Recuperare, riacquistare: *se il regalo non ti piace me lo riprendo; riprendere le forze.* **2** Continuare dopo una pausa: *riprendere il cammino* Ⓢ ricominciare. **3** Ripetere, richiamare: *la decorazione del soffitto riprende quella delle pareti.* **4** Fotografare, filmare: *riprendere una scena.* **5** Sottoporre a critiche o rimproveri: *fu ripreso duramente* ***per*** *la sua negligenza* Ⓢ rimproverare, ammonire. || INTR. (aus. *essere*) Ricominciare: *lo spettacolo riprenderà fra quindici minuti.* || **riprendersi** INTR. PRONOM. Riacquistare energia o vigore: *riprendersi* ***da*** *una malattia; la ditta si è ripresa* ***dalla*** *crisi* Ⓢ riaversi, risollevarsi. Ⓔ ***Riprendere i sensi***, rinvenire • ***Riprendere moglie, riprendere marito***, sposarsi nuovamente.

ripresa (ri-pré-sa) N.F. **1** Ritorno a una condizione normale o migliore: *ripresa economica; la squadra è in lenta ripresa* Ⓢ recupero, miglioramento. **2** Di veicoli a motore, la capacità di raggiungere la massima potenza in breve tempo: *vettura con ripresa brillante* Ⓢ scatto, accelerazione. **3** Inizio di una nuova fase di attività dopo un'interruzione: *la ripresa delle lezioni.* **4** La seconda parte di una partita di calcio: *tre gol nella ripresa* Ⓢ secondo tempo • Ciascuno dei periodi in cui è suddivisa una gara sportiva, specialmente di pugilato: *è finito kappaò alla terza ripresa.* **5** Riproduzione di immagini fatta con una telecamera: *domani effettueremo le riprese in esterni.* Ⓔ ***A più riprese***, in più volte: *l'ho cercato a più riprese.*

ripristinare (ri-pri-sti-nà-re) V.TR. (*riprìstino*, ecc.) **1** Riportare allo stato originario: *ripristinare la facciata di una chiesa* Ⓢ restaurare, ristrutturare • Riportare alla normale funzionalità: *ripristinare una linea ferroviaria* Ⓢ ristabilire. **2** Rimettere in vigore, riportare in uso: *ripristinare un'antica tradizione.*

riprodurre (ri-pro-dùr-re) V.TR. (irreg.: coniugato come *condurre*) || TR. **1** Eseguire una o più copie di un modello: *riprodurre un disegno* Ⓢ rifare, ricopiare. **2** Rappresentare, descrivere, ritrarre: *il romanzo riproduce l'ambiente aristocratico dell'Ottocento.* || **riprodursi** INTR. PRONOM. **1** Generare individui della stessa specie: *i pesci si riproducono per mezzo delle uova.* **2** Formarsi nuovamente: *il tumore si è riprodotto* Ⓢ riformarsi.

riproduttivo (ri-pro-dut-tì-vo) AGG. · Della riproduzione.

riproduttore (ri-pro-dut-tó-re) AGG. e N.M. || AGG. Che serve alla riproduzione: *apparato riproduttore.* || N.M. Apparecchio che riproduce suoni o immagini: *riproduttore acustico.*

riproduzione (ri-pro-du-zió-ne) N.F. **1** Esecuzione di una o più copie di un modello: *riproduzione di un dipinto; riproduzione fotografica* Ⓢ copia, duplicato. **2** Processo tramite il quale nascono nuovi esseri viventi: *organi della riproduzione.*

ripromettersi (ri-pro-mét-ter-si) V.TR. PRONOM. (irreg.: coniugato come *mettere*) **1** Proporsi di fare qualcosa: *mi riprometto* ***di*** *smettere di fumare* S prefiggersi. 2 Aspettarsi, attendersi, sperare: *mi riprometto* ***di*** *avere successo.*

riprova (ri-prò-va) N.F. · Prova ulteriore o diversa che serve a verificare l'esattezza di un risultato: *fare la riprova di un esperimento; ho avuto la riprova della sua disonestà* S conferma, verifica.

riprovazione (ri-pro-va-zió-ne) N.F. · Aspro giudizio di biasimo: *così facendo si espone alla pubblica riprovazione* S condanna.

riprovevole (ri-pro-vé-vo-le) AGG. · Che suscita disapprovazione: *tiene una riprovevole condotta di vita* S indegno, deprecabile C lodevole.

ripudiare (ri-pu-dià-re) V.TR. (*ripùdio*, ecc.) 1 Allontanare qualcuno con cui si aveva un legame significativo: *ripudiare un amico, la moglie, un figlio* S rinnegare. 2 Non riconoscere più validi principi e opinioni sostenuti in precedenza: *ripudiare le proprie convinzioni politiche* S abbandonare. 3 Rifiutare, respingere: *ripudiare qualsiasi forma di violenza.*

Il termine deriva dal latino *repudium* 'atto di allontanare per la vergogna', che viene a sua volta da *pudere* 'provare vergogna per'.

ripudio (ri-pù-dio) N.M. (pl. *-di*) 1 Rifiuto di un legame affettivo prima riconosciuto valido: *ripudio di un figlio, della moglie.* 2 Abbandono di principi che si sostenevano in precedenza: *ripudio della fede, delle proprie convinzioni.* 3 Netta opposizione: *ripudio di ogni compromesso* S condanna.

ripugnante (ri-pu-gnàn-te) AGG. · Che provoca disgusto: *un odore ripugnante* S repellente, disgustoso C attraente.

ripugnanza (ri-pu-gnàn-za) N.F. · Forte avversione: *quell'uomo mi suscita una certa ripugnanza* S disgusto.

ripugnare (ri-pu-gnà-re) V.INTR. (aus. *avere*) · Provocare una reazione di avversione o disgusto: *la carne cruda* ***mi*** *ripugna;* ***mi*** *ripugna ingannare gli amici* S disgustare, nauseare.

La prima persona plurale dell'indicativo presente e quella del congiuntivo presente è *ripugniamo*, con la *i*: la forma *ripugnamo* è sempre scorretta! La seconda persona plurale dell'indicativo presente è *ripugnate* senza *i*, mentre quella del congiuntivo presente è *ripugniate* con la *i*.

ripulire (ri-pu-lì-re) V.TR. (*ripulisco, ripulisci*, ecc.) 1 Pulire a fondo: *ripulire una stanza* S riordinare • Liberare: *ripulire una città* ***dai*** *malviventi.* 2 Portare via completamente: *i ladri gli hanno ripulito la casa; mi ha ripulito il frigorifero*, ha mangiato tutto S svaligiare. E ***Ripulire qualcuno***, privarlo di tutti i soldi con l'inganno.

riquadro (ri-quà-dro) N.M. · Porzione di superficie di forma quadrata: *l'orto era diviso in quattro riquadri.*

riqualificare (ri-qua-li-fi-cà-re) V.TR. (*riqualifico, riqualifichi*, ecc.) || TR. 1 Rendere migliore con l'introduzione di nuovi e più validi elementi: *riqualificare un quartiere degradato.* 2 Fornire un lavoratore di una migliore qualifica professionale con appositi corsi: *riqualificare la manodopera non specializzata* S aggiornare. || **riqualificarsi** RIFL. Essere di nuovo in classifica: *la squadra si è riqualificata per la finale.*

risa (ri-sa) · Plurale femminile → ***riso***[3].

risacca (ri-sàc-ca) N.F. (pl. *-che*) · Il movimento di ritorno delle onde del mare quando vengono respinte da un ostacolo: *il rumore della risacca.*

Il termine deriva dallo spagnolo *resacar* 'tirare su, risucchiare', da *sacar* 'togliere', che viene a sua volta dal latino *saccus* 'sacco'.

risaia (ri-sà-ia) N.F. (pl. *-sàie*) · Terreno coltivato a riso.

risalire (ri-sa-lì-re) V.TR. e INTR. (irreg.: coniugato come *salire*) || TR. 1 Percorrere in salita un tratto in precedenza percorso in discesa: *risalire un pendio.* 2 Percorrere un corso d'acqua in direzione contraria al suo moto: *risalire un fiume, la corrente.* || INTR. (aus. *essere*) 1 Tornare a salire nel luogo o sul mezzo di trasporto da cui si era discesi: *risalire a cavallo* S rimontare. 2 Di prezzi, aumentare di nuovo: *il prezzo del vino è risalito.* 3 Avere origine in un tempo lontano: *questo fatto risale* ***a*** *dieci anni fa.*

A B C D E F G H I J K L M N O P Q R S T U V W X Y Z

risalita (ri-sa-li-ta) N.F. · Movimento lungo un tragitto contrario a quello già effettuato: *la risalita dei salmoni verso la sorgente.* Ⓔ ***Impianto di risalita***, qualsiasi mezzo mobile per portare gli sciatori all'inizio della pista da percorrere.

risaltare (ri-sal-tà-re) V.INTR. (aus. *essere* o *avere*) **1** Farsi notare per rilievo o per contrasto: *l'affresco risaltava* ***sulla*** *facciata della casa* Ⓢ emergere, spiccare. **2** Distinguersi per doti particolari: *risaltare tra tutti* ***per*** *il senso dell'umorismo.*

risalto (ri-sàl-to) N.M. · Evidenza, spicco: *il trucco dà risalto ai suoi occhi azzurri.* Ⓔ ***In risalto***, in evidenza, valorizzando i lati positivi: *mettere in risalto.*

risanamento (ri-sa-na-mén-to) N.M. **1** Restituzione di una condizione di sanità: *risanamento di una ferita* Ⓢ guarigione, miglioramento. **2** Miglioramento ottenuto con l'eliminazione di elementi negativi: *risanamento economico; risanamento di una zona paludosa.*

risanare (ri-sa-nà-re) V.TR. e INTR. || TR. **1** Restituire la salute fisica o mentale: *risanare un malato* Ⓢ guarire. **2** Restituire una condizione di normalità, di efficienza e funzionalità: *risanare una zona contaminata; risanare una società.* || INTR. (aus. *essere*) Recuperare la salute: *grazie alla tua cura è risanato in pochi giorni.*

risaputo (ri-sa-pù-to) AGG. · Noto a tutti: *è risaputo che ha avuto problemi con la giustizia* Ⓢ notorio.

risarcimento (ri-sar-ci-mén-to) N.M. · Versamento di una somma di denaro come rimborso di un danno: *chiedere, ottenere un risarcimento* Ⓢ indennizzo.

risarcire (ri-sar-cì-re) V.TR. (*risarcìsco, risarcìsci*, ecc.) · Compensare un danno con rimborso in denaro: *è stato risarcito* ***di*** *tutte le spese* Ⓢ rimborsare, indennizzare.

risata (ri-sà-ta) N.F. · Sonora e prolungata manifestazione di allegria o di derisione: *scoppiare in una risata; una risata di gioia.*

riscaldamento (ri-scal-da-mén-to) N.M. **1** Aumento della temperatura di un ambiente o di un corpo: *il riscaldamento del clima; un eccessivo riscaldamento del motore* Ⓒ raffreddamento. **2** Sistema usato per distribuire calore in un ambiente: *accendere il riscaldamento; spese per il riscaldamento della casa.* **3** Serie di esercizi che un atleta esegue per sciogliere e scaldare i muscoli prima di prendere parte a una competizione: *il calciatore si è infortunato durante il riscaldamento.* Ⓔ ***Riscaldamento autonomo***, con un impianto in ogni singolo appartamento • ***Riscaldamento centrale***, con un impianto che serve a riscaldare tutti gli appartamenti di un edificio.

riscaldare (ri-scal-dà-re) V.TR. || TR. **1** Rendere più caldo: *riscaldare la casa; riscaldare il caffè, un pezzo di pizza* Ⓒ raffreddare. **2** Infiammare, eccitare: *la discussione aveva riscaldato gli animi.* || **riscaldarsi** TR. PRONOM. Far diventare più calda una parte del corpo: *riscaldarsi le mani alla stufa.* || **riscaldarsi** RIFL. **1** Nel linguaggio sportivo, eseguire gli esercizi di riscaldamento prima della gara. **2** Scaldarsi: *batteva i piedi per riscaldarsi.* || **riscaldarsi** INTR. PRONOM. **1** Aumentare di temperatura: *l'aria comincia a riscaldarsi* Ⓢ scaldarsi. **2** Essere dominato dall'eccitazione per la passione o per la collera: *non c'è bisogno di riscaldarsi tanto* Ⓢ accalorarsi.

riscattare (ri-scat-tà-re) V.TR. || TR. **1** Ottenere la libertà di qualcuno mediante il pagamento della somma richiesta da chi lo tiene prigioniero o in schiavitù: *riscattare un ostaggio* Ⓢ liberare. **2** Liberare, in senso morale o politico: *riscattare un popolo* ***dalla*** *dominazione straniera* Ⓢ affrancare, emancipare. **3** Liberare un bene da obblighi gravanti su di esso: *riscattare un terreno* ***da*** *un'ipoteca.* || **riscattarsi** RIFL. Rifarsi da un insuccesso, prendersi la rivincita: *si è riscattato nell'ultima gara della giornata.*

riscatto (ri-scàt-to) N.M. **1** Liberazione concessa in seguito al pagamento di una somma elevata: *riscatto di un prigioniero* • La somma di denaro da pagare: *chiedere un grosso riscatto.* **2** Liberazione, affrancamento: *riscatto* ***dal*** *peccato,* ***dal*** *vizio.*

rischiarare (ri-schia-rà-re) V.TR. e INTR. || TR. **1** Rendere più chiaro: *il sole rischiarava le montagne* Ⓢ illuminare Ⓒ oscurare. **2** Rendere meno intenso un colore: *il fotografo ha deciso*

R

di rischiarare quel verde Ⓢ schiarire. || INTR. (aus. *essere*), IMPERS. Del cielo, diventare più chiaro all'alba: *comincia a rischiarare.* || **rischiararsi** INTR. PRONOM. **1** Del tempo, diventare più sereno: *l'orizzonte si sta rischiarando.* **2** Riprendere un'espressione distesa e serena: *a quelle parole si rischiarò* Ⓢ rasserenarsi.

rischiare (**ri-schià-re**) V.TR. (*rìschio*, ecc.) **1** Esporre a un rischio: *rischiare la vita, la reputazione* Ⓢ mettere a repentaglio. **2** Venire a trovarsi nella condizione di subire o causare un danno: *per colpa sua abbiamo rischiato* ***di*** *avere un incidente.*

rischio (**rì-schio**) N.M. (pl. *-schi*) **1** Eventualità di subire un danno: *correre un rischio; con questa pioggia c'è il rischio* ***di*** *perdere il controllo dell'auto* Ⓢ pericolo. **2** Possibilità di una perdita economica: *assicurarsi contro il rischio di incendi.* Ⓔ ***A proprio rischio e pericolo***, assumendosi la responsabilità di eventuali danni o perdite: *agire, prendere una decisione a proprio rischio e pericolo* • ***A rischio***, che può provocare o subire fenomeni negativi: *azienda a rischio;* ***categorie a rischio***, più deboli o soggette ad ammalarsi • ***A rischio di***, a costo di: *gli dirò la verità, anche a rischio di perdere il posto.*

rischioso (**ri-schió-so**) AGG. · Che presenta molti rischi: *impresa rischiosa* Ⓢ pericoloso.

risciacquare (**ri-sciac-quà-re**) V.TR. (*risciàcquo*, ecc.) · Sciacquare in modo accurato per eliminare ogni residuo di sporco o di sapone: *risciacquare i bicchieri;* anche TR. PRONOM.: *risciacquarsi i denti.*

risciacquo (**ri-sciàc-quo**) N.M. · Fase del ciclo di funzionamento di una lavatrice o di una lavastoviglie che serve a eliminare il sapone.

riscontrare (**ri-scon-trà-re**) V.TR. (*riscóntro*, ecc.) **1** Trovare tramite un attento esame: *nel tuo compito ho riscontrato molti errori; non è stata riscontrata alcuna irregolarità nello svolgimento della gara* Ⓢ rinvenire, rilevare. **2** Mettere a confronto: *riscontrare un manoscritto* ***con*** *un altro* Ⓢ paragonare.

riscontro (**ri-scón-tro**) N.M. **1** Confronto, paragone: *mettere a riscontro due testimonianze.* **2** Risposta scritta: *in attesa di un cortese riscontro*, formula con cui si chiude una lettera. Ⓔ ***Avere riscontro, trovare riscontro***, avere, trovare corrispondenza, conferma: *la tua affermazione non trova riscontro nella realtà.*

riscossa (**ri-scòs-sa**) N.F. · Azione fatta per riconquistare i propri diritti o annullare le conseguenze di una sconfitta: *incitare il popolo alla riscossa; oggi abbiamo assistito alla riscossa della nostra squadra* Ⓢ ripresa, rivincita.

riscossione (**ri-scos-sió-ne**) N.F. · Ritiro di un pagamento: *riscossione dello stipendio.*

riscrivere (**ri-scrì-ve-re**) V.TR. (irreg.: coniugato come *scrivere*) **1** Scrivere di nuovo cercando di farlo in forma migliore e più chiara: *riscrivere un articolo* Ⓢ modificare, migliorare. **2** Scrivere in risposta: *riscrivimi prima possibile* Ⓢ rispondere.

riscuotere (**ri-scuò-te-re**) V.TR. (irreg.: coniugato come *percuotere*) || TR. **1** Ritirare una somma di denaro: *riscuotere lo stipendio, l'affitto* Ⓢ incassare, ricevere. **2** Raccogliere consensi: *riscuotere un notevole successo* Ⓢ ottenere. **3** Scuotere, distrarre: *un grido lo riscosse* ***dai*** *suoi pensieri.* || **riscuotersi** INTR. PRONOM. Scuotersi, riprendersi, risvegliarsi: *riscuotersi* ***dalla*** *pigrizia.*

risentimento (**ri-sen-ti-mén-to**) N.M. · Atteggiamento di avversione o di rancore per un'offesa o un'ingiustizia ricevuta: *provare risentimento per qualcuno* Ⓢ rabbia, sdegno.

risentire (**ri-sen-tì-re**) V.TR. e INTR. (*risènto*, ecc.) || TR. **1** Ascoltare nuovamente: *posso risentire questa canzone?* **2** Provare di nuovo: *risentire il dolore di una vecchia caduta.* **3** Verificare la correttezza di un'esposizione o di una recitazione a memoria: *risentire la lezione; risentire la parte.* || INTR. (aus. *avere*) Soffrire, patire: *le piante hanno risentito* ***del*** *gelo.* || **risentirsi** INTR. PRONOM. Offendersi, prendersela, aversela a male: *risentirsi* ***per*** *un'ingiuria.*

risentito (**ri-sen-tì-to**) AGG. · Pieno di risentimento: *non capisco perché sia così risentito* ***con*** *me; rispose con tono risentito* Ⓢ irritato, offeso.

riserbo (**ri-sèr-bo**) N.M. · Tendenza a non rivelare le faccende proprie o altrui: *mantenere il riserbo* Ⓢ riservatezza.

riserva (ri-sèr-va) N.F. **1** Rifornimento effettuato in previsione di un bisogno futuro o di una destinazione particolare: *riserva di viveri; esaurire le riserve di legna* Ⓢ scorta, provvista. **2** Nei motori, serbatoio che entra in funzione a esaurimento del serbatoio principale. **3** Negli sport a squadre, atleta tenuto a disposizione per sostituire un titolare in caso di bisogno: *far entrare in campo una riserva.* **4** Zona in cui si può cacciare o pescare solo se in possesso di un permesso. **5** Zona riservata a popolazioni in minoranza che possono continuare a condurre la loro esistenza tradizionale: *le riserve indiane degli Stati Uniti.* **6** Dubbio, incertezza, perplessità: *avanzare delle riserve su un progetto.* Ⓔ ***Essere in riserva***, quando la spia luminosa segnala che il carburante è al di sotto di un certo livello • ***Riserva naturale***, zona protetta per la conservazione delle specie animali e vegetali che vi crescono • ***Senza riserve***, senza condizioni o limitazioni: *ho accettato il lavoro senza riserve.*

riservare (ri-ser-và-re) V.TR. (*risèrvo*, ecc.) || TR. **1** Mettere da parte, tenere in serbo: *riservare una bottiglia* ***per*** *un'occasione speciale* Ⓢ conservare. **2** Tenere a disposizione per qualcuno: *riservare un tavolo per due* Ⓢ prenotare, fissare. **3** Destinare, assegnare, dare: *la vita* ***mi*** *ha riservato solo delusioni.* || **riservarsi** TR. PRONOM. Tenersi la possibilità di fare qualcosa in un secondo momento: *mi riservo* ***di*** *giudicare al momento opportuno.*

R

riservatezza (ri-ser-va-téz-za) N.F. · Rispetto del segreto e dell'intimità: *comportarsi con riservatezza* Ⓢ riserbo.

riservato (ri-ser-và-to) AGG. **1** Occupato o prenotato: *posto riservato* ***agli*** *invalidi; tutti i tavoli sono riservati* Ⓢ destinato, fissato. **2** Che non deve essere riferito a nessuno: *informazioni riservate* Ⓢ confidenziale, segreto. **3** Che tiene per sé i propri pensieri o le confidenze ricevute: *carattere riservato; puoi confidargli tutto, è una persona riservata* Ⓢ discreto. Ⓔ ***Prognosi riservata*** → ***prognosi***.

risi (rì-si) · Pass. rem., 1ª pers. sing. → ***ridere***.

risicato (ri-ṣi-cà-to) AGG. · Appena sufficiente: *disporre di una somma risicata.*

risicoltura (ri-si-col-tù-ra) N.F. · Coltivazione del riso.

risiedere (ri-siè-de-re) V.INTR. (*risièdo*, ecc.; mantiene il dittongo *-ie-* in tutta la flessione; aus. *avere*) **1** Avere la propria abitazione o la propria sede: *risiedere* ***all'****estero* Ⓢ abitare, vivere. **2** Basarsi, fondarsi, stare: *la sua forza risiede esclusivamente* ***nell'****ostinazione.*

risma (rì-ṣma) N.F. **1** Pacco di carta per stampante contenente 500 fogli. **2** Con valore spregiativo, genere, razza, specie: *fossi in te mi terrei lontano da gente di quella risma.*

Il termine deriva da una parola araba che significa 'pacco'.

riso[1] (rì-so) · Participio pass. → ***ridere***.

riso[2] (rì-so) N.M. (il pl. *rìsi* solo dialettale e nella classificazione commerciale) **1** Pianta che produce un cereale in chicchi, che costituisce per oltre la metà della popolazione umana il principale alimento. **2** I chicchi della pianta, ricchi di amido, usati per la preparazione di varie vivande: *minestrone di riso; riso in bianco; frittelle di riso.*

riso[3] (rì-so) N.M. (pl.f. *le rìsa*) · Espressione di allegria o divertimento, che si manifesta con un cambiamento dell'espressione del viso e l'emissione di un suono particolare dalla gola: *risa di gioia; scoppiare in un riso interminabile; un riso ironico, sarcastico; riso amaro* Ⓢ risata.

risollevare (ri-sol-le-và-re) V.TR. (*risollèvo*, ecc.) || TR. **1** Sollevare di nuovo: *risollevare un oggetto caduto per terra* Ⓢ rialzare. **2** Dare conforto: *risollevare lo spirito; le tue parole mi hanno risollevato* Ⓢ confortare, incoraggiare. || **risollevarsi** INTR. PRONOM. Riprendere forza e vigore: *risollevarsi* ***da*** *una lunga malattia* Ⓢ riaversi, riprendersi.

risolsi (ri-sòl-si) · Pass. rem., 1ª pers. sing. → ***risolvere***.

risolto (ri-sòl-to) · Participio pass. → ***risolvere***.

risolutezza (ri-so-lu-téz-za) N.F. · Decisione, determinazione, fermezza: *agire con risolutezza.*

risolutivo (ri-so-lu-tì-vo) AGG. · Decisivo, determinante, fondamentale: *il suo intervento fu risolutivo.*

risoluto (ri-so-lù-to) AGG. · Che non ha o non dimostra indecisioni: *un uomo risoluto; tono risoluto* Ⓢ deciso, fermo Ⓒ incerto, esitante, dubbioso. Ⓔ ***Essere risoluto a***, fermamente deciso a comportarsi o ad agire in un certo modo: *era risoluto a chiarire la questione.*

risoluzione (ri-so-lu-zió-ne) N.F. **1** Chiarimento, spiegazione: *risoluzione di un dubbio, di una questione.* **2** In matematica, soluzione: *risoluzione di un'equazione.* **3** Nel linguaggio giuridico, annullamento, scioglimento: *risoluzione di un contratto.* **4** Decisione, scelta: *una saggia risoluzione.*

risolvere (ri-sòl-ve-re) V.TR. (irreg.: ind. pres. *risòlvo*, ecc.; pass. rem. *risolvéi* o *risolvètti* o *risòlsi*, *risolvésti*, *risolvé* o *risolvètte* o *risòlse*, *risolvémmo*, *risolvéste*, *risolvérono* o *risolvèttero* o *risòlsero*; part. pass. *risòlto*) || TR. **1** Rendere chiaro qualcosa di difficile da capire: *risolvere un dubbio, un mistero* Ⓢ chiarire. **2** Determinare la soluzione di un quesito matematico o di un gioco: *risolvere un problema; risolvere un rebus.* **3** Sistemare una situazione complicata: *risolvere una questione delicata* Ⓢ appianare, sbrogliare. || **risolversi** INTR. PRONOM. **1** Decidersi: *mi sono risolto **a** chiedere un aumento.* **2** Avere un certo esito: *tutto si risolverà per il meglio* Ⓢ trasformarsi, concludersi.

Il termine deriva dal latino *resolvere* 'sciogliere, liquefare, districare', che viene a sua volta da *solvere* 'sciogliere' con il prefisso **re-**; dal latino *solvere* derivano anche i verbi, coniugati allo stesso modo, **assolvere**, **dissolvere**, il verbo **sciogliere** e i termini **insoluto**, **solubile**, **soluzione** e **solvente**.

risonanza (ri-so-nàn-za) N.F. **1** Amplificazione dei suoni. **2** L'interesse suscitato da un evento: *il fatto ha avuto una vasta risonanza* Ⓢ eco, clamore. Ⓔ ***Cassa di risonanza*** → ***cassa***.

risonare (ri-so-nà-re) → ***risuonare***.

risorgere (ri-sór-ge-re) V.INTR. (irreg.: coniugato come *sorgere*; aus. *essere*) **1** Sorgere di nuovo: *il sole risorge ogni mattina* Ⓢ levarsi, alzarsi. **2** Tornare in vita: *Gesù Cristo risorse dopo tre giorni* Ⓢ risuscitare, rinascere. **3** Riprendere vigore: *sentire risorgere in sé la speranza* Ⓢ rifiorire.

risorgimento (ri-sor-gi-mén-to) N.M. · Il movimento sviluppatosi tra il 1700 e il 1800 con lo scopo di realizzare la libertà politica, l'indipendenza e l'unità d'Italia.

risorgiva (ri-sor-gì-va) N.F. · Sorgente che affiora in superficie dopo aver percorso un tratto sotterraneo, tipico della pianura padana.

risorsa (ri-sór-sa) N.F. · Mezzo materiale o capacità che permette di affrontare i momenti difficili o di creare benessere e ricchezza: *risorse economiche; un uomo pieno di risorse.* Ⓔ ***Risorse naturali***, quelle fornite dalla natura, in contrapposizione a quelle frutto del lavoro umano.

risotto (ri-sòt-to) N.M. · Primo piatto a base di riso cotto insieme ad altri ingredienti: *risotto con funghi, agli asparagi.*

risparmiare (ri-spar-mià-re) V.TR. (*rispàrmio*, ecc.) || TR. **1** Mettere da parte denaro spendendo meno di quanto si guadagna: *in casa mia non si riesce a risparmiare neppure un euro* Ⓢ accantonare • Evitare di spendere o spendere di meno: *nel nuovo supermercato ho risparmiato molti soldi.* **2** Limitare l'uso e il consumo di qualcosa per previdenza o per desiderio di accumulare: *risparmiare l'olio, lo zucchero* Ⓢ lesinare Ⓒ sprecare • Evitare di usare, non affaticare: *risparmiare la voce.* **3** Cercare di non causare a sé o ad altri un danno, un dolore o un fastidio: *mi hai risparmiato una bella fatica; voglio risparmiare **a** mio padre queste preoccupazioni* Ⓢ evitare. **4** Lasciare in vita, non colpire: *il contagio non risparmiò nessuno.* || **risparmiarsi** RIFL. Limitare al massimo il dispendio delle proprie forze ed energie: *è uno che non si risparmia.* Ⓔ ***Risparmiare fiato***, evitare di parlare • ***Risparmiare la vita a qualcuno***, evitare di ucciderlo • ***Risparmiare tempo***, fare un lavoro nel modo più efficiente possibile.

risparmio (ri-spàr-mio) N.M. (pl. *-mi*) **1** Limitazione delle spese: *cerchiamo di fare qualche risparmio* Ⓢ economia • La quantità di de-

A B C D E F G H I J K L M N O P Q **R** S T U V W X Y Z

naro così messa da parte: *ha speso tutti i suoi risparmi.* **2** Limitazione dell'uso o del consumo di qualcosa: *risparmio di tempo, di energie* Ⓒ spreco. Ⓔ ***Risparmio energetico*** → ***energetico*** • ***Senza risparmio***, senza limitazioni: *lavorare senza risparmio.*

rispecchiare (ri-spec-chià-re) V.TR. (*rispècchio*, ecc.) **1** Riflettere un'immagine: *la superficie del lago rispecchiava le montagne.* **2** Corrispondere esattamente: *atteggiamento che rispecchia una certa mentalità.*

rispedire (ri-spe-dì-re) V.TR. (*rispedisco*, *rispedisci*, ecc.) **1** Spedire di nuovo: *rispedire un certificato **a** un ufficio.* **2** Spedire indietro: *rispedire un pacco **al** mittente.*

rispettabile (ri-spet-tà-bi-le) AGG. **1** Degno di rispetto: *una famiglia rispettabile* Ⓢ stimato, perbene. **2** Considerevole, notevole, consistente: *un patrimonio rispettabile.*

rispettabilità (ri-spet-ta-bi-li-tà) N.F. INVAR. · Buona reputazione: *la rispettabilità di una famiglia* Ⓢ onore, dignità.

rispettare (ri-spet-tà-re) V.TR. (*rispètto*, ecc.) **1** Trattare con considerazione e riguardo: *rispettare i genitori; rispettare le opinioni degli altri* Ⓢ onorare. **2** Evitare di danneggiare: *rispettare il prato, le aiuole.* **3** Agire in modo conforme a una norma: *rispettare la legge; rispettare una scadenza di pagamento; rispettare i patti, la parola data,* mantenerli Ⓢ osservare Ⓒ violare. Ⓔ ***Farsi rispettare***, far valere i propri diritti.

R

rispettato (ri-spet-tà-to) AGG. · Che gode del rispetto degli altri: *un funzionario rispettato.*

rispettivamente (ri-spet-ti-va-mén-te) AVV. · Riguardo ai singoli elementi di una serie: *il ministro e sua moglie sedevano rispettivamente alla destra e alla sinistra del sindaco.*

rispettivo (ri-spet-tì-vo) AGG. · Proprio di ciascuno degli elementi di una serie: *a tutti sono stati assegnati i rispettivi incarichi* Ⓢ relativo, corrispondente.

rispetto (ri-spèt-to) N.M. **1** Sentimento di stima e considerazione verso qualcuno: *nutrire, provare rispetto per qualcuno; il rispetto verso i genitori* Ⓢ riguardo. **2** Atteggiamento con cui ci si trattiene dall'offendere gli altri o dal maltrattare qualcuno o qualcosa: *tratta gli anziani con rispetto; devi avere rispetto per le cose che non ti appartengono.* **3** AL PL. In espressioni di cortesia, come formula di saluto: *i miei rispetti **alla** signora* Ⓢ omaggi, ossequi. **4** Osservanza di un obbligo o di un ordine: *il rispetto di una legge* Ⓢ obbedienza. **5** Punto di vista: *una persona per bene sotto ogni rispetto.* Ⓔ ***Rispetto a***, in rapporto a, in confronto a: *rispetto all'anno scorso la vita è molto più cara.*

rispettoso (ri-spet-tó-so) AGG. · Che dimostra rispetto: *comportamento, linguaggio rispettoso.*

risplendere (ri-splèn-de-re) V.INTR. (irreg.: coniugato come *splendere*; mancano il part. pass. e i tempi composti) · Emettere una viva luminosità: *il centro risplende di luci* Ⓢ splendere, brillare.

rispondente (ri-spon-dèn-te) AGG. · Conforme, corrispondente, adeguato: *un'organizzazione rispondente **ai** bisogni.*

rispondenza (ri-spon-dèn-za) N.F. · Corrispondenza, accordo: *rispondenza fra ciò che si dice e ciò che si fa.*

rispondere (ri-spón-de-re) V.INTR. (irreg.: ind. pres. *rispóndo*, ecc.; pass. rem. *rispósi*, *rispondésti*, *rispóse*, *rispondémmo*, *rispondéste*, *rispósero*; part. pass. *rispósto*; aus. *avere*) **1** Soddisfare una domanda o una richiesta: *il candidato ha risposto bene **a** tutte le domande; rispondere **a** una lettera; rispondere **al** telefono* Ⓒ chiedere, domandare. **2** Reagire in maniera risoluta o sgarbata: *devi sentire come risponde **alla** mamma!* Ⓢ replicare, ribattere. **3** Rendere conto di un proprio comportamento: *rispondere **delle** proprie azioni.* **4** Nei giochi di carte, giocare una carta dello stesso seme di quella gettata in gioco: *rispondere **a** cuori, **a** picche.* **5** Dimostrarsi disponibile ad accontentare una richiesta: *rispondere **a** una preghiera, **a** un appello.* **6** Di dispositivi o apparati, reagire in modo funzionale: *il motore non risponde come dovrebbe.* Ⓔ ***Rispondere per le rime*** → ***rima*** • ***Rispondere picche***, rifiutare in maniera decisa.

risposi (ri-spó-si) · Pass. rem., 1ª pers. sing. → *rispondere*.

risposta (ri-spó-sta) N.F. **1** Ciò che si dice quando ci viene fatta una domanda, una richiesta o si viene chiamati: *risposta positiva, negativa, immediata, convincente* Ⓢ replica Ⓒ domanda. **2** Reazione a un atto ostile: *risposta **all'**attacco del nemico; risposta **a** un'offesa.* **3** Nel tennis e in altri sport, il rinvio della palla: *risposta **al** servizio dell'avversario.* **4** Reazione di un dispositivo quando si agisce per farlo funzionare: *la risposta del freno non è ancora perfetta.* **5** Nel linguaggio medico, reazione a uno stimolo o a una terapia: *la risposta dell'organismo è soddisfacente.* Ⓔ ***Avere la risposta pronta***, saper ribattere con rapidità ed efficacia • ***Botta e risposta*** → *botta* • ***Per tutta risposta***, come reazione a una richiesta, a una critica: *per tutta risposta si è alzato ed è uscito dalla stanza.*

risposto (ri-spó-sto) · Participio pass. → *rispondere*.

rissa (rìs-sa) N.F. · Litigio violento con scambio di percosse e offese: *la lite finì in una rissa* Ⓢ zuffa.

ristabilire (ri-sta-bi-lì-re) V.TR. (*ristabilìsco, ristabilìsci*, ecc.) || TR. Ridare un ordine stabile: *ristabilire la pace* Ⓢ restaurare. || **ristabilirsi** INTR. PRONOM. Rimettersi in salute: *si è completamente ristabilito* Ⓢ guarire.

ristagnare (ri-sta-gnà-re) V.INTR. (aus. *avere*) **1** Di liquidi, smettere di scorrere: *il fiume ristagna in diversi punti* Ⓢ stagnare. **2** Perdere ritmo e intensità: *il commercio ristagna* Ⓢ languire.

ristagno (ri-stà-gno) N.M. **1** Arresto del movimento di acque correnti o di un liquido: *ristagno delle acque di un fiume.* **2** Situazione economica bloccata, che non si evolve positivamente: *ristagno degli affari* Ⓢ stallo.

ristampa (ri-stàm-pa) N.F. · Nuova stampa di un'opera esaurita: *il volume è arrivato alla quarta ristampa* • Il libro nuovamente stampato: *è uscita la ristampa del volume che cerchi.*

ristampare (ri-stam-pà-re) V.TR. · Stampare di nuovo: *ristampare un libro.*

ristorante (ri-sto-ràn-te) N.M. · Locale pubblico dove si servono i pasti ai clienti: *un ristorante con terrazza sul mare* Ⓢ trattoria, osteria. Ⓔ ***Vagone ristorante***, carrozza del treno dove vengono serviti i pasti.

ristorare (ri-sto-rà-re) V.TR. (*ristòro*, ecc.) || TR. Dare nuova energia ed efficienza con riposo, cibo o bevande: *ristorare lo stomaco **con** un buon pranzo* Ⓢ rafforzare, confortare. || **ristorarsi** RIFL. Recuperare le forze: *mangiò qualcosa per ristorarsi dopo la gara* Ⓢ riprendersi.

ristoratore (ri-sto-ra-tó-re) AGG. e N.M. (f. *-trìce*) || AGG. Che ridà vigore: *un sonno ristoratore; lacrime ristoratrici.* || N.M. (f. *-trìce*) Proprietario o gestore di un ristorante.

ristoro (ri-stò-ro) N.M. · Conferimento di nuovo vigore fisico: *il ristoro del sonno* Ⓢ conforto. Ⓔ ***Posto di ristoro***, locale attrezzato in luoghi di sosta e di transito, per la consumazione di rapidi pasti.

ristrettezza (ri-stret-téz-za) N.F. **1** Scarsa disponibilità di spazio: *la ristrettezza di una stanza.* **2** Scarsità, insufficienza: *ristrettezza di risorse* Ⓒ abbondanza • AL PL. Condizione di disagio economico: *ha lasciato la famiglia in gravi ristrettezze.* **3** Meschinità, mediocrità: *ristrettezza di idee.*

ristretto (ri-strét-to) AGG. **1** Che ha un'estensione limitata: *uno spazio ristretto* Ⓢ angusto, piccolo Ⓒ ampio. **2** Di numero limitato: *frequentare una ristretta cerchia di amici* Ⓢ esiguo, ridotto Ⓒ vasto. **3** Che ha scarsa apertura mentale: *avere una mentalità ristretta* Ⓢ gretto, meschino, limitato Ⓒ aperto. **4** Denso, concentrato: *brodo, caffè ristretto.*

ristrutturare (ri-strut-tu-rà-re) V.TR. · Rimettere a posto: *ristrutturare un palazzo, un appartamento* Ⓢ rimodernare, rinnovare • Rinnovare per rendere più efficiente o moderno: *ristrutturare una fabbrica, un'azienda* Ⓢ modernizzare.

ristrutturazione (ri-strut-tu-ra-zió-ne) N.F. · Modifica di un edificio, di un ambiente: *ristrutturazione di un appartamento* • Riorganizzazione per rendere più efficiente: *ristrutturazione di un'azienda.*

A B C D E F G H I J K L M N O P Q **R** S T U V W X Y Z

risucchiare (ri-suc-chià-re) V.TR. (*risùcchio*, ecc.) **1** Trascinare nel risucchio: *la barca fu risucchiata da un gorgo* Ⓢ inghiottire. **2** Assorbire completamente: *quell'impresa ha risucchiato tutte le nostre energie.*

risucchio (ri-sùc-chio) N.M. (pl. *-chi*) · Rapido movimento circolare di un liquido o di un gas intorno a un centro: *il risucchio dell'onda* Ⓢ gorgo, mulinello.

risultante (ri-sul-tàn-te) AGG. e N.F. O M. || AGG. Che viene prodotto: *le immagini risultanti dalle riprese non sono molto nitide.* || N.F. O M. In fisica, vettore che si ottiene sommando più vettori.

risultare (ri-sul-tà-re) V.INTR. (aus. *essere*) **1** Derivare come conseguenza o effetto: *l'acqua risulta* ***dalla*** *combinazione di ossigeno e idrogeno* Ⓢ conseguire, nascere. **2** Apparire evidente, venir fuori, emergere: ***dalle*** *indagini risultano gravi indizi a suo carico.* **3** Essere noto a qualcuno: *non* ***mi*** *risulta che abbiano lasciato un pacco per te.* **4** Riuscire, essere: *è risultato primo nella gara.* **5** Dimostrarsi, rivelarsi: *le tue previsioni sono risultate esatte.*

risultato (ri-sul-tà-to) N.M. **1** L'effetto prodotto da un'attività: *il risultato di un esame; i risultati delle partite di calcio.* **2** In matematica, il numero che si ottiene al termine di una o più operazioni: *il risultato di una moltiplicazione* Ⓢ soluzione.

risuonare (ri-suo-nà-re) V.INTR. (*risuòno*, ecc.; aus. *essere* o *avere*) **1** Di oggetto colpito, rimandare un suono amplificato: *il pavimento risuonava sotto i nostri passi.* **2** Di luoghi chiusi, amplificare i suoni: *il teatro risuonava* ***degli*** *applausi del pubblico.* **3** Di suoni, diffondersi in ogni direzione: *un grido risuonò* ***nella*** *notte* Ⓢ echeggiare.

risurrezione (ri-sur-re-zió-ne) → ***resurrezione***.

risuscitare (ri-su-sci-tà-re) → ***resuscitare***.

risvegliare (ri-ṣve-glià-re) V.TR. (*riṣvéglio*, ecc.) || TR. **1** Svegliare, destare: *lo risvegliò all'alba.* **2** Scuotere dal torpore: *risvegliare la coscienza civile* • Suscitare un sentimento o un impulso: *risvegliare la gelosia; risvegliare l'appetito* Ⓢ destare, ravvivare, stimolare. || **risvegliarsi** INTR. PRONOM. **1** Svegliarsi, destarsi: *si risvegliò che il sole era già alto.* **2** Tornare a farsi vivo: *tutto il suo rancore si risvegliò* Ⓢ rinascere.

risveglio (ri-ṣvé-glio) N.M. (pl. *-gli*) **1** Ritorno alla coscienza al termine del sonno: *al suo risveglio trovò un biglietto sul comodino.* **2** Rinnovata vitalità di un impulso: *risveglio dell'appetito* Ⓢ ripresa. **3** Nuovo slancio: *risveglio delle arti, delle scienze* Ⓢ rinascita.

risvolto (ri-ṣvòl-to) N.M. **1** Parte di un capo d'abbigliamento rovesciata in fuori: *i risvolti della giacca, dei pantaloni.* **2** Piegatura interna della copertina o della foderina di un libro: *risvolto di copertina.* **3** Conseguenza di un fatto: *una situazione che può avere pesanti risvolti economici e politici* Ⓢ effetto, ripercussione.

ritagliare (ri-ta-glià-re) V.TR. (*ritàglio*, ecc.) || TR. Tagliare parte di un pezzo di carta, di tessuto o d'altro materiale: *ritagliare un articolo* ***da*** *un giornale.* || **ritagliarsi** TR. PRONOM. Ricavare per sé: *si è ritagliato uno spazio tranquillo.*

ritaglio (ri-tà-glio) N.M. (pl. *-gli*) · Pezzo di carta, di stoffa o altro tagliato da qualcosa di più grande Ⓢ pezzetto • AL PL. I pezzetti che avanzano dal taglio della parte principale: *ritagli di stoffa* Ⓢ avanzi. Ⓔ ***Ritagli di tempo***, gli intervalli di tempo che restano liberi dall'occupazione principale: *una ricerca fatta nei ritagli di tempo.*

ritardare (ri-tar-dà-re) V.INTR. e TR. || INTR. (aus. *avere*) Compiere o concludere un'azione più tardi del previsto: *anche oggi il treno sta ritardando* Ⓒ anticipare. || TR. Svolgere un'azione in ritardo rispetto al termine previsto: *ritardare la partenza* ***di*** *un giorno* Ⓢ rinviare.

ritardatario (ri-tar-da-tà-rio) AGG. e N.M. (f. *-a*; pl.m. *-ri*, pl.f. *-rie*) · Che, chi arriva in ritardo: *gli studenti ritardatari non saranno ammessi in classe* Ⓒ puntuale.

ritardo (ri-tàr-do) N.M. · Conclusione di un'azione successiva a un termine fissato: *essere in ritardo; arrivare in ritardo a un appuntamento* Ⓒ anticipo • Periodo di tempo che supera l'orario o la scadenza stabilita: *il treno subirà un ritardo di venti minuti.*

R

ritegno (ri-té-gno) N.M. · Tendenza ad agire e parlare con discrezione o riserbo: *nei rapporti con gli altri è frenato da un eccessivo ritegno* Ⓢ pudore, remora.

ritemprare (ri-tem-prà-re) V.TR. (*ritèmpro*, ecc.) || TR. Restituire vigore ed energia: *ritemprare le forze, lo spirito* Ⓢ ristorare. || **ritemprarsi** RIFL. Riacquistare forza, vigore: *ho bisogno di un periodo di riposo per ritemprarmi.*

ritenere (ri-te-né-re) V.TR. (irreg.: coniugato come *tenere*) || TR. Avere una certa opinione su qualcuno o qualcosa: *lo ritenevo un amico; fa' quello che ritieni più giusto* Ⓢ pensare, credere. || **ritenersi** RIFL. Credersi, considerarsi, reputarsi: *si ritiene superiore a tutti.*

ritentare (ri-ten-tà-re) V.TR. (*ritènto*, ecc.) · Tentare di nuovo: *ho tentato e ritentato* ***di*** *convincerlo; non hai vinto, ritenta.*

ritenuta (ri-te-nù-ta) N.F. · Trattenuta di una parte della somma dovuta come compenso: *effettuare una ritenuta sullo stipendio.* Ⓔ ***Ritenuta d'acconto***, prelievo fiscale versato come anticipo sulle tasse.

ritenzione (ri-ten-zió-ne) N.F. · Mancata o ridotta eliminazione da parte dell'organismo di materiale normalmente destinato a essere espulso: *ritenzione idrica.*

ritirare (ri-ti-rà-re) V.TR. || TR. **1** Tirare indietro o dentro: *ritirare le reti* Ⓢ ritrarre. **2** Annullare una propria decisione o una propria affermazione: *ritirare una promessa; ritirare un'accusa, un'offesa* Ⓢ ritrattare. **3** Escludere da un certo ambito o da un'attività: *ritirare* ***dalla*** *circolazione le banconote rovinate* Ⓢ revocare • Revocare: *ritirare la patente, il passaporto.* **4** Prendere qualcosa destinato a noi: *ritirare lo stipendio; ritirare un pacco alla posta* Ⓢ prelevare. || **ritirarsi** RIFL. **1** Retrocedere, indietreggiare, arretrare: *l'esercito nemico si sta ritirando* Ⓒ avanzare. **2** Allontanarsi da un ambiente o da un'attività: *ritirarsi* ***in*** *campagna; ritirarsi* ***dalla*** *politica* • Tirarsi indietro, mancare a un impegno: *ho dato la mia parola e non mi ritiro* • Abbandonare una gara: *si è ritirato a pochi chilometri dal traguardo* Ⓢ rinunciare. || **ritirarsi** INTR. PRONOM. **1** Tornare indietro: *la marea si sta ritirando* Ⓢ arretrare. **2** Diminuire di dimensioni: *in lavatrice la camicia si è ritirata* Ⓢ restringersi.

ritirata (ri-ti-rà-ta) N.F. **1** Manovra con la quale un esercito si sposta su posizioni più arretrate: *ordinare la ritirata.* **2** Il rientro dei militari in caserma dopo la libera uscita: *suonare la ritirata.*

ritirato (ri-ti-rà-to) AGG. · Appartato, solitario, isolato: *starsene ritirato in casa; fa vita molto ritirata.*

ritiro (ri-tì-ro) N.M. **1** Richiamo: *ritiro delle truppe.* **2** Prelievo: *ritiro della paga; ritiro di un pacco postale.* **3** Sospensione, sequestro: *ritiro della patente.* **4** Allontanamento volontario da un ambiente o da un'attività: *ritiro* ***dalla*** *vita politica; ritiro* ***da*** *una gara* • Il luogo in cui ci si ritira: *è nascosto nel suo ritiro di campagna* Ⓢ rifugio. **5** Isolamento di una squadra in un luogo solitario e tranquillo per preparare uno o più incontri.

ritmato (rit-mà-to) AGG. · Caratterizzato da un ritmo che si distingue bene: *un passo ritmato; un motivo ritmato.*

ritmico (rìt-mi-co) AGG. (pl.m. *-ci*, pl.f. *-che*) · Che si svolge secondo un ritmo: *musica ritmica.* Ⓔ ***Ginnastica ritmica*** → ***ginnastica***.

ritmo (rìt-mo) N.M. **1** Successione o frequenza regolare: *il ritmo della respirazione, dei battiti del cuore* Ⓢ andamento. **2** Alternanza di note e pause più o meno veloce, secondo uno schema che si ripete: *un ritmo lento, veloce; il ritmo del valzer.* **3** Successione, alternanza, avvicendamento: *il ritmo delle stagioni.* **4** Il modo in cui si succedono i fatti nella vita reale o in una narrazione: *il ritmo frenetico della vita moderna; il ritmo di un film* Ⓢ successione, cadenza.

rito (rì-to) N.M. **1** Il complesso delle norme che regolano le cerimonie di un culto: *il rito cattolico, ortodosso* Ⓢ liturgia • La cerimonia religiosa stessa: *celebrare il rito della messa* Ⓢ celebrazione. **2** Procedura abituale, stabilita da una legge: *ci siamo sposati con il rito civile* Ⓢ prassi • Operazione condotta con estrema serietà e impegno: *fare il caffè per lui è un rito.* Ⓔ ***Di rito***, abituale, consueto: *all'apertura delle celebrazioni il sindaco ha tenuto il discorso di rito.*

A B C D E F G H I J K L M N O P Q R S T U V W X Y Z

ritoccare (ri-toc-cà-re) V.TR. (*ritócco*, *ritócchi*, ecc.) **1** Apportare aggiunte o correzioni finali di lieve entità: *ritoccare un quadro, una scultura* Ⓢ perfezionare, migliorare. **2** Di tariffa, aumentare, rincarare: *ritoccare il prezzo della benzina.*

ritocco (ri-tóc-co) N.M. (pl. *-chi*) · Correzione o aggiunta di lieve entità: *dare gli ultimi ritocchi alla pettinatura* Ⓢ tocco.

ritorcere (ri-tòr-ce-re) V.TR. (irreg.: coniugato come *torcere*) || TR. **1** Torcere di nuovo e con più forza: *ritorcere uno straccio bagnato.* **2** Rivolgere una cattiva azione verso chi l'ha intrapresa contro di noi: *ritorcere un'accusa* ***contro*** *l'accusatore.* || **ritorcersi** INTR. PRONOM. Di cattiva azione, rivolgersi a danno di chi la compie: *il male che hai fatto si ritorcerà* ***contro*** *di te.*

ritornare (ri-tor-nà-re) V.INTR. (*ritórno*, ecc.; aus. *essere*) **1** Venire di nuovo: *ritornare* ***a*** *casa; fra poco ritornerà l'inverno;* ***mi*** *è ritornato il mal di testa* Ⓢ tornare. **2** Recuperare una qualità o una condizione precedente: *il mobile è ritornato come nuovo; il tempo sta ritornando bello.* Ⓔ ***Ritornare in mente*** → *mente* • ***Ritornare in sé***, riprendere coscienza, rinvenire.

ritornello (ri-tor-nèl-lo) N.M. **1** Strofa che ricorre sempre uguale nel corso di una composizione poetica o musicale: *il ritornello di una canzone.* **2** Discorso noioso ripetuto di continuo: *è sempre il solito ritornello* Ⓢ lagna, filastrocca.

ritorno (ri-tór-no) N.M. **1** Rientro nel luogo di provenienza: *viaggio di ritorno; biglietto di andata e ritorno.* **2** La ripetizione di un fenomeno: *il ritorno di un'epidemia.* **3** Ripresa della normale attività: *il ritorno in servizio di un impiegato.* **4** Guadagno ottenuto da un'operazione finanziaria: *il ritorno di un investimento.* Ⓔ ***Essere di ritorno***, tornare: *sarò di ritorno giovedì prossimo* • ***Girone di ritorno*** → *girone* • ***Ricevuta di ritorno*** → *ricevuta* • ***Ritorno di fiamma*** → *fiamma* • ***Ritorno di immagine***, crescita di popolarità conseguente alla partecipazione ad avvenimenti di grande notorietà.

ritorsione (ri-tor-sió-ne) N.F. · Reazione di vendetta verso azioni ostili subite: *il testimone è sorvegliato giorno e notte per timore di ritorsioni da parte dei suoi vecchi complici* Ⓢ ripicca, rivalsa.

ritrarre (ri-tràr-re) V.TR. (irreg.: coniugato come *trarre*) **1** Tirare indietro rapidamente: *ritrarre il piede, la mano* Ⓢ ritirare, allontanare • Distogliere: *ritrassero lo sguardo per l'orrore.* **2** Riprodurre per mezzo della pittura, della scultura, della fotografia o altre tecniche: *ritrarre un profilo, un paesaggio* Ⓢ rappresentare.

ritrattare (ri-trat-tà-re) V.TR. · Ammettere di aver detto il falso o di aver sbagliato: *ritrattare un'accusa, una testimonianza* Ⓢ smentire, rinnegare Ⓒ confermare.

ritratto (ri-tràt-to) N.M. **1** Immagine fotografica, dipinta o disegnata di una persona: *il ritratto della prima moglie; un ritratto somigliante.* **2** Persona che somiglia moltissimo a un'altra: *è il ritratto di suo padre.* Ⓔ ***Essere il ritratto della salute***, essere in piena forma.

ritrosia (ri-tro-sì-a) N.F. (pl. *-sìe*) · Scarsa disponibilità ai rapporti umani o sociali, per diffidenza, vergogna o timidezza: *la sua naturale ritrosia gli rende difficile parlare in pubblico* Ⓢ riserbo, riservatezza.

ritroso (ri-tró-so) AGG. **1** Riservato nei rapporti umani per modestia, timidezza o diffidenza: *è sempre stato un ragazzo ritroso* Ⓢ timido, scontroso. **2** Nell'espressione ***a ritroso***, all'indietro: *andare, camminare a ritroso.*

ritrovamento (ri-tro-va-mén-to) N.M. · Conclusione positiva di una ricerca: *ritrovamento di oggetti smarriti* Ⓢ scoperta • Ciò che viene trovato alla fine di una ricerca: *importanti ritrovamenti archeologici.*

ritrovare (ri-tro-và-re) V.TR. (*ritròvo*, ecc.) || TR. **1** Trovare ciò che era stato perduto o nascosto: *ritrovare le chiavi di casa; meno male che ti ho ritrovato!* Ⓢ rintracciare, recuperare. **2** Trovare nel luogo o nella condizione di prima: *l'ho ritrovato ancora a letto.* **3** Trovare in condizioni mutate dopo un'assenza: *l'ho ritrovato in gran forma.* || **ritrovarsi** RIFL. Incontrarsi con qualcuno: *stasera mi ritrovo* ***con*** *i compagni del liceo* Ⓢ vedersi. || **ritrovarsi** TR.

R

PRONOM. Nel linguaggio familiare, possedere, avere: *con tutti i soldi che si ritrova, potrebbe anche vestirsi meglio.* || **ritrovarsi** INTR. PRONOM. **1** Tornare o capitare in una certa condizione o situazione: *mi ritrovai per terra senza sapere come; ci ritroviamo in un bel pasticcio* Ⓢ finire. **2** Trovarsi a proprio agio, stare bene: ***con*** *quella gente proprio non mi ci ritrovo.*

ritrovato (ri-tro-và-to) N.M. · Invenzione, scoperta: *i più moderni ritrovati della scienza e della tecnica.*

ritrovo (ri-trò-vo) N.M. · Riunione di persone che hanno interessi in comune: *ritrovo annuale degli alpini* Ⓢ raduno • Luogo in cui si riuniscono abitualmente delle persone: *il nostro ritrovo abituale è il caffè d'angolo.*

ritto (rìt-to) AGG. · Diritto: *tenersi, stare ritto.*

rituale (ri-tu-à-le) AGG. e N.M. || AGG. **1** Proprio di un rito: *formula rituale; linguaggio rituale* Ⓢ sacro, liturgico. **2** Consueto, solito, abituale: *non rinuncia mai al rituale pisolino pomeridiano.* || N.M. L'insieme delle formule e dei gesti che compongono un rito: *la cerimonia si è svolta secondo il rituale solenne* Ⓢ cerimoniale.

riunione (riu-nió-ne) N.F. · Il riunirsi di più persone con interessi, attività o scopi comuni: *indire, convocare una riunione; riunione di condominio; riunione di famiglia, di vecchi amici* Ⓢ assemblea, raduno.

riunire (riu-nì-re) V.TR. (*riunìsco*, *riunìsci*, ecc.) || TR. **1** Unire insieme i pezzi di qualcosa che è stato diviso: *riunire i frammenti di un vaso* Ⓢ attaccare, ricongiungere Ⓒ separare. **2** Raggruppare dopo un allontanamento: *riunire il gregge* Ⓢ radunare Ⓒ disperdere. **3** Far tornare unite delle persone: *la disgrazia ha riunito i due coniugi* Ⓢ riconciliare. **4** Radunare in un luogo per discutere e decidere su argomenti di comune interesse: *riunire il consiglio d'amministrazione* Ⓢ convocare. || **riunirsi** INTR. PRONOM. **1** Ricongiungersi, ritrovarsi: *finalmente poté riunirsi* ***alla*** *famiglia.* **2** Ritrovarsi in un luogo per discutere argomenti di comune interesse o per intrattenersi in amicizia: *riunirsi a casa di amici* Ⓢ trovarsi, radunarsi.

riuscire (riu-scì-re) V.INTR. (irreg.: coniugato come *uscire*; aus. *essere*) **1** Uscire di nuovo: *è tornato, ma è riuscito subito.* **2** Avere un certo esito: *la festa è riuscita bene, male* Ⓢ rivelarsi, dimostrarsi • Avere successo: *l'esperimento è riuscito* Ⓒ fallire. **3** Raggiungere un obiettivo: *riuscire* ***in*** *un'impresa; non so se riuscirò* ***ad*** *arrivare in tempo.* **4** Rientrare nelle capacità di qualcuno: *questo problema non* ***mi*** *riesce.* **5** Apparire in un certo modo: *la matematica* ***mi*** *riesce difficile;* ***mi*** *è sempre riuscito antipatico* Ⓢ essere, risultare.

riuscita (riu-scì-ta) N.F. · Conclusione più o meno positiva di una data azione: *la pessima riuscita di un affare; la manifestazione ha avuto piena riuscita* Ⓢ risultato, effetto.

riva (rì-va) N.F. · La zona di terra che limita una distesa di acque o un corso d'acqua: *la riva del mare, di un fiume; tirare a riva una barca* Ⓢ sponda, costa, spiaggia.

rivale (ri-và-le) AGG. e N.M. e F. · Concorrente diretto: *erano stati rivali* ***in*** *amore; due città rivali* Ⓢ avversario, nemico. Ⓔ ***Essere senza rivali, non temere rivali***, essere superiore a tutti gli altri: *nel tennis è senza rivali.*

Il termine deriva dal latino *rivalis* 'colui al quale appartiene l'altra riva del ruscello', che viene a sua volta da *rivus* 'ruscello'.

rivaleggiare (ri-va-leg-già-re) V.INTR. (*rivaléggio*, ecc.; aus. *avere*) **1** Essere rivale, competere: *rivaleggiare* ***con*** *qualcuno* ***per*** *una donna.* **2** Trovarsi in condizioni di parità: *può ormai rivaleggiare* ***con*** *le attrici più famose.*

rivalersi (ri-va-lér-si) V.INTR. PRONOM. (irreg.: coniugato come *valere*) **1** Compensare una perdita facendola pagare ad altri: *rivalersi* ***sui*** *clienti* ***dell'****aumento delle tasse* Ⓢ rifarsi. **2** Scaricare su qualcuno la propria insoddisfazione: *è meschino rivalersi* ***sui*** *più deboli* Ⓢ sfogarsi.

rivalità (ri-va-li-tà) N.F. INVAR. · Competizione ostinata: *rivalità in amore; tra i due esisteva una forte rivalità* Ⓢ concorrenza, antagonismo.

rivalsa (ri-vàl-sa) N.F. · Rivincita per una perdita o un danno subito: *prendersi una rivalsa* ***sui*** *propri avversari.*

rivalutare (ri-va-lu-tà-re) V.TR. (*rivàluto*, ecc.) **1** Accrescere l'importanza o il valore di qualcosa o di qualcuno: *rivalutare l'oro* Ⓒ svalutare. **2** Cambiare opinione in senso positivo su qualcuno o qualcosa che era stato giudicato negativamente: *rivalutare un'opera letteraria; rivalutare un artista.*

rivalutazione (ri-va-lu-ta-zió-ne) N.F. **1** Riconoscimento del valore di una persona o di una cosa: *la rivalutazione di un terreno; la rivalutazione delle discipline umanistiche* Ⓒ svalutazione. **2** L'aumento del valore di una moneta: *la rivalutazione del dollaro.*

rivangare (ri-van-gà-re) V.TR. (*rivàngo, rivànghi*, ecc.) · Ricordare eventi spiacevoli del passato: *perché rivangare queste vecchie storie?*

rivedere (ri-ve-dé-re) V.TR. (irreg.: coniugato come *vedere*; part. pass. *rivìsto* e *rivedùto*) **1** Vedere di nuovo: *rivedere un film, uno spettacolo teatrale.* **2** Incontrare di nuovo dopo molto tempo: *l'ho rivisto solo dopo molti anni.* **3** Esaminare o leggere di nuovo: *rivedere il tema; rivedere i conti* Ⓢ controllare, verificare • Ripassare: *rivedere la lezione.* **4** Di congegni o meccanismi, verificarne il funzionamento o lo stato di conservazione: *rivedere l'impianto elettrico.*

rivelare (ri-ve-là-re) V.TR. (*rivélo*, ecc.) || TR. **1** Rendere note cose sconosciute o segrete: *ha rivelato il nascondiglio dei propri complici alla polizia* Ⓢ svelare. **2** Mostrare in modo evidente: *un'osservazione che rivela scarsa intelligenza* Ⓢ dimostrare, denotare. || **rivelarsi** RIFL. Manifestare in modo evidente le proprie doti o qualità, farsi conoscere: *si è rivelato recitando in una commedia* Ⓢ affermarsi, imporsi. || **rivelarsi** INTR. PRONOM. Dimostrarsi, mostrarsi, risultare: *i tuoi consigli si sono rivelati preziosi.*

R

rivelazione (ri-ve-la-zió-ne) N.F. **1** Manifestazione di cose segrete o nascoste: *rivelazione di un segreto* Ⓢ diffusione, divulgazione. **2** Novità, scoperta, sorpresa: *il rapporto contiene rivelazioni importantissime.* **3** Persona che dimostra improvvisamente le proprie doti: *il giovane difensore è stato la rivelazione del campionato* Ⓢ sorpresa, scoperta.

rivendere (ri-vén-de-re) V.TR. (*rivéndo*, ecc.) · Vendere un oggetto precedentemente acquistato: *ha rivenduto la macchina della sorella.*

rivendicare (ri-ven-di-cà-re) V.TR. (*rivéndico, rivéndichi*, ecc.) **1** Reclamare l'assegnazione di un diritto o di un merito: *rivendicare la propria libertà* Ⓢ pretendere. **2** Attribuirsi la responsabilità di un'azione: *l'attentato è stato rivendicato da un gruppo di terroristi.*

rivendicazione (ri-ven-di-ca-zió-ne) N.F. **1** Richiesta di riconoscimento di un diritto o di un merito: *lottare per la rivendicazione dei diritti dell'uomo; rivendicazioni sindacali.* **2** Attribuzione a sé della responsabilità di un'azione: *rivendicazione di un attentato.*

rivendita (ri-vén-di-ta) N.F. · Bottega dove si vendono merci ma non si producono: *rivendita di generi alimentari* Ⓢ negozio.

riverberare (ri-ver-be-rà-re) V.TR. (*rivèrbero*, ecc.) || TR. Riflettere la luce, il calore o il suono: *la vetrata riverberava i raggi del sole.* || **riverberarsi** INTR. PRONOM. **1** Riflettersi: *un calore insopportabile si riverbera dall'asfalto.* **2** Ripercuotersi: *il suo successo si riverbera **su** tutta la famiglia.*

riverbero (ri-vèr-be-ro) N.M. · Riflesso di luce abbagliante: *il riverbero della neve ferisce gli occhi.*

riverenza (ri-ve-rèn-za) N.F. **1** Sentimento di profondo rispetto: *nutrire riverenza per gli anziani.* **2** Profondo inchino, compiuto in segno di rispetto: *fece la riverenza dinanzi alla regina.*

riverire (ri-ve-rì-re) V.TR. (*riverìsco, riverìsci*, ecc.) **1** Trattare con profondo rispetto: *riverire la memoria di qualcuno.* **2** Salutare con ossequio: *riverire il re.*

riversare (ri-ver-sà-re) V.TR. (*rivèrso*, ecc.) || TR. Far ricadere: *vogliono riversare tutta la colpa **su** di noi; morta la moglie, riversò il proprio affetto **sui** figli* Ⓢ indirizzare. || **riversarsi** INTR. PRONOM. **1** Fuoriuscire traboccando in maniera impetuosa: *il fiume si è riversato **per** le campagne* Ⓢ straripare. **2** Di persone, andare tutti insieme nello stesso luogo: *la folla* *si era riversata* ***per*** *le strade* Ⓢ rovesciarsi, precipitarsi.

rivestimento (ri-ve-sti-mén-to) N.M. · Il materiale usato come protezione o decorazione di una superficie: *un rivestimento di mattonelle.*

rivestire (ri-ve-stì-re) V.TR. (*rivèsto*, ecc.) **1** Ricoprire una superficie a scopo di ornamento, di protezione o di rinforzo: *rivestire un cassetto, una poltrona* Ⓢ foderare. **2** Avere, assumere, presentare: *un argomento che riveste grande importanza.* Ⓔ ***Rivestire una carica***, esercitarla, ricoprirla: *riveste la carica di direttore generale.*

riviera (ri-viè-ra) N.F. · Ampia zona vicina alla riva di un lago o di un corso d'acqua: *la riviera veneta del lago di Garda.* Ⓔ ***La Riviera***, il tratto di territorio costiero ligure: *andare in Riviera.*

rivierasco (ri-vie-rà-sco) AGG. (pl.m. *-schi*, pl.f. *-sche*) · Della riviera, che si trova o abita presso una riviera: *clima rivierasco; città rivierasche.*

rivincita (ri-vìn-ci-ta) N.F. **1** Partita o gara che consente a chi è stato sconfitto di cercare di vincere a sua volta: *concedere, negare, chiedere la rivincita.* **2** Successo ottenuto dopo una sconfitta o una prova negativa: *prendersi la rivincita su qualcuno* Ⓢ rivalsa.

rivista (ri-vì-sta) N.F. **1** Pubblicazione periodica di argomento specifico: *rivista letteraria, scientifica; rivista di moda* • Settimanale o altro periodico illustrato: *edicola per la vendita di giornali e riviste.* **2** Ispezione a un reparto di soldati da parte di un ufficiale per controllarne il vestiario e l'armamento: *passare in rivista un reparto* Ⓢ rassegna. **3** Spettacolo di varietà leggero con canzoni, balletti e numeri comici.

rivivere (ri-vì-ve-re) V.INTR. e TR. (irreg.: coniugato come *vivere*) || INTR. (aus. *essere*) **1** Tornare a vivere: *se potessi rivivere fra cent'anni!* Ⓢ rinascere. **2** Mantenere la propria presenza affettiva o la propria influenza spirituale anche dopo la morte: *il padre rivive* ***nella*** *memoria dei figli* Ⓢ sopravvivere. **3** Recuperare energie fisiche o spirituali: *un mese di vacanza, e ti sentirai rivivere* • Riacquistare vitalità e importanza: *nel Quattrocento rivivono le arti e la scienza* Ⓢ rifiorire. || TR. Provare di nuovo un'esperienza, nella realtà o nel ricordo: *in quei momenti ho rivissuto tutta la mia infanzia* Ⓢ rievocare, ripercorrere.

rivo (rì-vo) N.M. · Piccolo corso d'acqua Ⓢ ruscello.

rivolgere (ri-vòl-ge-re) V.TR. (irreg.: coniugato come *volgere*) || TR. Orientare in una certa direzione: *rivolgere gli occhi* ***al*** *cielo; rivolgere l'arma* ***contro*** *l'aggressore; rivolgere la parola* ***a*** *uno sconosciuto* Ⓢ volgere, dirigere. || **rivolgersi** RIFL. **1** Girarsi o volgere lo sguardo verso qualcosa o qualcuno: *tutti si rivolsero verso il punto da cui era venuto lo sparo* Ⓢ voltarsi. **2** Indirizzare il discorso a qualcuno: *mi rivolgo* ***a*** *tutti i presenti.* **3** Cercare l'aiuto o la collaborazione di qualcuno: *non so proprio* ***a*** *chi rivolgermi* Ⓢ ricorrere. Ⓔ ***Rivolgere una domanda***, chiedere.

rivolo (rì-vo-lo) N.M. · Limitata quantità di liquido che scorre in modo lento e continuo: *rivoli di sudore.*

rivolta (ri-vòl-ta) N.F. · Moto di protesta collettivo e violento, contro un ordinamento politico e sociale o contro un'autorità: *incitare alla rivolta; rivolta studentesca; è scoppiata una rivolta fra le truppe* Ⓢ ribellione, insurrezione.

rivoltante (ri-vol-tàn-te) AGG. · Che suscita disgusto: *un odore rivoltante* Ⓢ repellente, schifoso.

rivoltare (ri-vol-tà-re) V.TR. (*rivòlto*, ecc.) || TR. **1** Girare dalla parte opposta: *rivoltare un foglio; rivoltare un cuscino* Ⓢ rovesciare. **2** Suscitare una reazione di disgusto: *questo odore mi rivolta* Ⓢ nauseare. || **rivoltarsi** RIFL. Girarsi continuamente di qua e di là: *rivoltarsi nel letto* Ⓢ rigirarsi, agitarsi. || **rivoltarsi** INTR. PRONOM. Ribellarsi, insorgere, sollevarsi: *il popolo si rivoltò* ***contro*** *il tiranno* • Nel linguaggio familiare, reagire in modo brusco e ostile: *non devi rivoltarti così* ***ai*** *tuoi genitori.*

rivoltella (ri-vol-tèl-la) N.F. · Pistola con tamburo a rotazione nel quale vengono inserite le cartucce.

A B C D E F G H I J K L M N O P Q **R** S T U V W X Y Z

rivoltellata (ri-vol-tel-là-ta) N.F. · Colpo di rivoltella: *una rivoltellata lo fece secco.*

rivolto (ri-vòl-to) AGG. · Orientato verso una certa direzione: *una casa rivolta **a** sud* Ⓢ voltato.

rivoltoso (ri-vol-tó-so) AGG. e N.M. (f. *-a*) · Che, chi partecipa a una rivolta: *la città era in mano ai rivoltosi* Ⓢ insorto, ribelle.

rivoluzionare (ri-vo-lu-zio-nà-re) V.TR. (*rivoluzióno*, ecc.) · Cambiare in modo profondo e radicale: *una scoperta che ha rivoluzionato la scienza.*

rivoluzionario (ri-vo-lu-zio-nà-rio) AGG. e N.M. (f. *-a*; pl.m. *-ri*, pl.f. *-rie*) || AGG. **1** Della rivoluzione: *moto rivoluzionario.* **2** Caratterizzato da profonde trasformazioni: *un'epoca rivoluzionaria* • Capace di produrre profondi rinnovamenti: *una scoperta rivoluzionaria* Ⓢ innovativo. || AGG. e N.M. (f. -a) Che, chi sostiene o partecipa a una rivoluzione: *gruppo rivoluzionario; i rivoluzionari attaccarono il palazzo del Comune.*

rivoluzione (ri-vo-lu-zió-ne) N.F. **1** Movimento di protesta organizzato e violento per abbattere un governo e instaurarne uno nuovo: *fare la rivoluzione; la Rivoluzione francese* Ⓢ ribellione, insurrezione. **2** Processo che porta a un rinnovamento radicale: *rivoluzione tecnologica.* **3** Cambiamento di abitudini: *quei ragazzi hanno portato la rivoluzione in casa* Ⓢ disordine, caos, agitazione. **4** Il movimento di un corpo celeste intorno al suo centro di gravitazione: *moto di rivoluzione della Terra intorno al Sole.*

rizoma (ri-ẓò-ma) N.M. (pl. *-i*) · Fusto di una pianta erbacea, che si allunga sottoterra ed è ricco di sostanze nutritive di riserva.

rizzare (riz-zà-re) V.TR. || TR. Mettere o rimettere in posizione verticale: *rizzare un palo; rizzare la sedia* Ⓢ alzare, sollevare. || **rizzarsi** RIFL. Assumere una posizione verticale o eretta: *rizzarsi di colpo* Ⓢ alzarsi, sollevarsi. || **rizzarsi** INTR. PRONOM. Dei capelli o dei peli, diventar ritti: ***mi** si rizzano i capelli per lo spavento.* Ⓔ ***Rizzare gli orecchi*** → ***orecchio*** • ***Rizzare il pelo***, di animali, mettersi in posizione di attacco o di difesa.

RNA (pronuncia *èrre ènne a*) → ***ribonucleico***.

road map (pronuncia *rodmàp*) N. INGL., in it. N.F. INVAR. **1** Piano diplomatico per porre fine al conflitto tra israeliani e palestinesi. **2** Piano di intervento: *una road map per abolire la fame in Africa.*

roast-beef (roast-beef; pronuncia *ròsbif*) N. INGL., in it. N.M. INVAR. · Carne magra di bue arrostita al sangue, da servire a fette: *roast-beef con patate.*

roba (rò-ba) N.F. **1** Insieme di oggetti materiali di vario genere: *comprare, vendere roba usata; roba di valore; roba da mangiare* Ⓢ cose (PL.) • Ciò che si possiede: *ha tanta roba che non sa dove metterla* Ⓢ beni (PL.). **2** Nel linguaggio familiare, materia, argomento: *di questa roba non me ne intendo.* **3** In gergo, la droga. **4** In gergo, refurtiva, bottino: *dove hai nascosto la roba?* Ⓔ ***Roba da matti, roba da pazzi, roba dell'altro mondo***, situazione o comportamento senza senso.

> Il termine deriva da una parola della lingua dei Franchi che significa sia 'armatura' che 'veste'.

roboante (ro-bo-àn-te) AGG. **1** Che risuona con forza: *voce roboante.* **2** Solenne e pomposo ma dal contenuto banale: *un titolo roboante; versi roboanti.*

robot (ro-bot; pronuncia *ròbot* o anche *robò*) N.M. INVAR. · Apparecchio meccanico automatico che sostituisce l'uomo in attività manuali faticose, pericolose o costose: *i robot di una catena di montaggio* Ⓢ automa.

> Il termine deriva dal ceco *Ròbot*, che viene a sua volta da *ròbota* 'lavoro faticoso', nome dato agli automi che agiscono come operai in un dramma dello scrittore ceco K. Čapek (1890-1938).

robotica (ro-bò-ti-ca) N.F. (pl. *-che*) · Progettazione, costruzione e impiego di robot in ambito industriale o scientifico.

robusto (ro-bù-sto) AGG. **1** Dotato di notevole vigore, solidità e resistenza: *essere di sana e robusta costituzione; un ponte robusto* Ⓢ forte, vigoroso, resistente Ⓒ gracile, esile. **2** In carne, sovrappeso, grasso: *una signora robusta.* Ⓔ ***Pranzo robusto***, abbondante e sostanzioso • ***Vino robusto***, ad alta gradazione alcolica.

rocambolesco (ro-cam-bo-lé-sco) AGG. (pl.m. *-schi*, pl.f. *-sche*) · Straordinariamente audace e avventuroso: *fuga rocambolesca*.

Il termine deriva da *Rocambole*, nome di un personaggio dei romanzi d'avventura di P.-A. Ponson du Terrail (1829-1871), protagonista di vicende spericolate e inverosimili.

rocca[1] (ròc-ca) N.F. (pl. *-che*) · Fortificazione costruita in un luogo elevato: *chiudersi nella rocca; rocca ben difesa* Ⓢ fortezza, castello.

rocca[2] (róc-ca) N.F. (pl. *-che*) · Arnese di legno usato per filare a mano la lana.

roccaforte (roc-ca-fòr-te) N.F. (pl. *rocchefòrti* o *ròcche fòrti*) **1** Postazione militare fortificata da mura: *difendere una roccaforte* Ⓢ fortezza. **2** Ambiente in cui si gode di grande prestigio: *il partito ha la sua roccaforte in Toscana*.

roccheforti (roc-che-fòr-ti) · Plurale → ***roccaforte***.

rocchetto (roc-chét-to) N.M. · Cilindro di legno usato per avvolgervi filo, corda, cavi o simili.

roccia (ròc-cia) N.F. (pl. *-ce*) **1** La parte dura della crosta terrestre formata da minerali. **2** Masso di pietra sporgente dal terreno o staccato da un tutto: *rocce scoscese; una roccia franata interrompeva il sentiero*. **3** Persona eccezionalmente robusta, resistente ed energica: *sei una roccia* Ⓢ quercia. Ⓔ ***Costruire sulla roccia*** → ***costruire*** • ***Fare roccia***, esercitare lo sport dell'alpinismo.

roccioso (roc-ció-so) AGG. · Costituito o ricoperto di rocce: *monte, terreno roccioso*.

rock (pronuncia *ròk*) N. INGL., in it. N.M. e AGG. INVAR. · Genere musicale e ballo caratterizzato da una forte sonorità e da un ritmo accentuato: *il rock è sempre scatenato; concerto rock*.

rock and roll (pronuncia *rochenròl*) N. INGL., in it. N.M. INVAR. · Genere musicale dal ritmo molto veloce nato in America negli anni Cinquanta • Il ballo scatenato che accompagnava questa musica.

roco (rò-co) AGG. (pl.m. *-chi*, pl.f. *-che*) · Rauco: *essere roco per il raffreddore; voce roca*.

rococò (ro-co-cò) N.M. e AGG. INVAR. · Dello stile architettonico e decorativo nato in Francia nella prima metà del Settecento, caratterizzato da un gusto bizzarro e raffinato, dall'uso di elementi esotici e di materiali rari e preziosi: *mobili rococò*.

rodaggio (ro-dàg-gio) N.M. (pl. *-gi*) **1** Fase iniziale in cui si usa un veicolo a motore durante la quale non deve essere sforzato: *fare il rodaggio di un motore; l'automobile è ancora in rodaggio*. **2** Periodo di tempo necessario per adattarsi a nuove situazioni: *la squadra è ancora in rodaggio*.

rodeo (ro-dè-o) N.M. (pl. *-dèi*) · Spettacolo del folclore americano, in cui i mandriani danno prova di destrezza e coraggio nell'atterrare e legare bestiame bovino e nel cavalcare senza sella cavalli o tori non ancora domati.

rodere (ró-de-re) V.TR. (irreg.: ind. pres. *ródo*, ecc.; pass. rem. *rósi*, *rodésti*, *róse*, *rodémmo*, *rodéste*, *rósero*; part. pass. *róso*) || TR. **1** Staccare con i denti piccole particelle di un corpo duro: *rodere un pezzo di pane secco*. **2** Logorare progressivamente: *la ruggine rode il metallo* Ⓢ corrodere. **3** Di sentimento o stato d'animo, consumare, divorare, tormentare: *lo rode l'invidia; c'è qualcosa che ti rode*. || **rodersi** RIFL. Consumarsi in un sordo tormento: *si rodeva* **per** *il successo dell'avversario* Ⓢ torturarsi. Ⓔ ***Rodersi il fegato*** → ***fegato***.

roditore (ro-di-tó-re) N.M. · Mammifero, come il castoro o lo scoiattolo, caratterizzato dal fatto di possedere incisivi lunghi e taglienti, a crescita continua, di cui si servono per compiere i più svariati lavori.

rododendro (ro-do-dèn-dro) N.M. · Arbusto o albero ornamentale, con fiori a grappoli di vari colori.

roggia (ròg-gia) N.F. (pl. *-ge*) · Piccolo canale artificiale usato per irrigare i campi.

rogna (ró-gna) N.F. **1** Malattia della pelle che provoca forte prurito, nell'uomo e negli animali domestici. **2** Nel linguaggio familiare, impegno che comporta molti fastidi: *m'è toccata una rogna* Ⓢ seccatura, grattacapo. Ⓔ

Cercare rogne, nel linguaggio familiare, andare in cerca di guai.

rognoso (ro-gnó-so) AGG. **1** Malato di rogna: *gatto rognoso.* **2** Pignolo, pedante, esigente: *un professore rognoso* • Fastidioso, molesto, noioso: *un incarico, un lavoro rognoso* • Intricato, complesso, difficile: *una faccenda rognosa.*

rogo (ró-go) N.M. (pl. *-ghi*) **1** La catasta di legna usata in passato per bruciare i morti e i condannati a morte: *salire sul rogo.* **2** Incendio violento ed esteso: *il bosco si era trasformato in un rogo.*

rollio (rol-lì-o) N.M. (pl. *-lii*) · Serie di oscillazioni di una nave o di un aereo.

rom (ròm) AGG. e N.M. e F. INVAR. · Uno dei nomi nazionali degli zingari: *popolo rom* Ⓢ zingaro, zigano.

romagnolo (ro-ma-gnò-lo) AGG. e N.M. (f. *-a*) || AGG. Della Romagna: *cucina romagnola; dialetto romagnolo.* || N.M. (f. *-a*) Abitante, nativo della Romagna.

romanico (ro-mà-ni-co) AGG. (pl.m. *-ci*, pl.f. *-che*) · Relativo all'arte europea sviluppatasi fra il 1000 e il 1200 circa, caratterizzata dalla ripresa dell'arte romana: *la chiesa di Santa Maria Novella a Firenze è uno splendido esempio di romanico.*

romano (ro-mà-no) AGG. e N.M. (f. *-a*) || AGG. Di Roma, con riferimento alla storia antica: *il senato romano; l'Impero romano; storia romana.* || AGG. e N.M. (f. *-a*) **1** Che, chi era cittadino dell'antica Roma: *i Romani; gli antichi Romani.* **2** Abitante, nativo della Roma moderna. Ⓔ ***Numeri romani***, rappresentati da lettere (I, II, III, IV, V, ecc.) • ***Pagare alla romana***, contribuire alla spesa in parti uguali o, in senso meno corretto, pagare ognuno la propria parte • ***Saluto romano***, quello tipico degli antichi Romani, eseguito con la mano destra levata in alto, prescritto in epoca fascista anche come saluto civile.

romanticismo (ro-man-ti-cì-ṣmo) N.M. **1** Movimento culturale europeo che nella prima metà dell'Ottocento esaltava l'importanza del sentimento e della creazione artistica al posto della ragione: *il romanticismo italiano, tedesco.* **2** Atteggiamento di facile abbandono al sentimento o alla fantasia: *il romanticismo degli adolescenti.* **3** Atmosfera capace di suscitare sentimenti dolci e malinconici: *il romanticismo di una notte di luna* Ⓢ magia.

romantico (ro-màn-ti-co) AGG. e N.M. (f. *-a*; pl.m. *-ci*, pl.f. *-che*) || AGG. **1** Del romanticismo: *letteratura romantica.* **2** Che si abbandona ai sentimenti, ai sogni e alle passioni: *un amore romantico; una donna molto romantica* Ⓢ appassionato, sentimentale. **3** Capace di creare un'atmosfera particolarmente suggestiva, che ispira sentimenti amorosi: *paesaggio romantico; passeggiata romantica al chiaro di luna; una canzone romantica.* || AGG. e N.M. (f. *-a*) Esponente o seguace del romanticismo: *poeta romantico; i romantici inglesi.*

romanzesco (ro-man-ẓé-sco) AGG. (pl.m. *-schi*, pl.f. *-sche*) **1** Che riguarda il romanzo: *letteratura romanzesca.* **2** Talmente avventuroso da sembrare una storia di fantasia: *ha avuto una vita romanzesca* Ⓢ rocambolesco.

romanziere (ro-man-ẓiè-re) N.M. (f. *-a*; pl.m. *-i*, pl.f. *-e*) · Scrittore di romanzi: *i romanzieri dell'Ottocento.*

romanzo[1] (ro-màn-ẓo) AGG. · Di lingua derivata dal latino: *lingue romanze.*

romanzo[2] (ro-màn-ẓo) N.M. **1** Lunga narrazione in prosa: *il romanzo francese dell'Ottocento.* **2** Fatto o avvenimento tanto singolare da sembrare una storia inventata: *la sua vita è stata un romanzo.* Ⓔ ***Romanzo epistolare***, in cui le vicende vengono narrate attraverso lettere scritte dai protagonisti • ***Romanzo giallo***, su indagini di polizia, dalla trama avventurosa e dal finale imprevisto • ***Romanzo gotico***, in cui le vicende sono piene di mistero e di suspense • ***Romanzo psicologico***, che dà grande rilievo ai caratteri dei personaggi • ***Romanzo rosa***, di argomento sentimentale • ***Romanzo storico***, costruito sullo sfondo di eventi storici.

rombare (rom-bà-re) V.INTR. (*rómbo*, ecc.; aus. *avere*) · Produrre un rumore cupo di forte intensità: *la moto passò rombando.*

rombo[1] (róm-bo) N.M. · Pesce marino simile alla sogliola ma dal corpo più tondeggiante e con carni pregiate.

rombo[2] (**rómbo**) N.M. · Rumore cupo e sonoro: *il rombo del tuono* Ⓢ rimbombo, boato.

rombo[3] (**róm-bo**) N.M. · Quadrilatero con i lati uguali e gli angoli opposti uguali a due a due: caso particolare di parallelogramma le cui diagonali risultano perpendicolari tra loro.

Il termine deriva dal greco *rhómbos* 'trottola' per la somiglianza della figura geometrica con l'oggetto.

romeno (**ro-mè-no**) AGG. e N.M. (f. *-a*) || AGG. Della Romania. || N.M. (f. *-a*) Abitante, nativo della Romania. || N.M. La lingua parlata in Romania.

rompere (**róm-pe-re**) V.TR. (irreg.: ind. pres. *rómpo*, ecc.; pass. rem. *rùppi*, *rompésti*, *rùppe*, *rompémmo*, *rompéste*, *rùppero*; part. pass. *rótto*) || TR. **1** Provocare una divisione, una frattura, una rottura: *rompere un bastone* ***in*** *due; ha rotto un piatto* Ⓢ spezzare, spaccare, frantumare. **2** Mettere fuori uso: *ha già rotto tutti i giocattoli che ha ricevuto a Natale* Ⓢ guastare, danneggiare Ⓒ aggiustare. **3** Nel linguaggio familiare, dar noia: *non rompere!* Ⓢ molestare, disturbare. **4** Spezzare un legame: *rompere il patto; rompere un'amicizia.* **5** Abbattere con violenza: *il fiume ha rotto gli argini.* **6** Far cessare in modo brusco una certa condizione: *rompere il silenzio* Ⓢ interrompere, infrangere, sospendere. || **rompersi** TR. PRONOM. Fratturarsi una parte del corpo: *rompersi una gamba.* || **rompersi** INTR. PRONOM. **1** Frantumarsi: *il bicchiere cadde e si ruppe in mille pezzi;* ***mi*** *si è rotto l'orologio.* **2** Nel linguaggio familiare, non poterne più: *mi sono rotto* ***di*** *aspettare!* Ⓔ ***Rompere con qualcuno***, troncare i rapporti con lui • ***Rompere il ghiaccio*** → **ghiaccio** • ***Rompere il silenzio***, cominciare a parlare per primo • ***Rompere i timpani***, disturbare con forti rumori • ***Rompere l'anima*** o ***rompere le scatole*** o ***rompere le tasche***, nel linguaggio familiare, disturbare, seccare: *non rompere le scatole!* • ***Rompere le ossa*** o ***rompere il muso a qualcuno***, massacrarlo di botte • ***Rompere le uova nel paniere***, sconvolgere, mandare all'aria i progetti di qualcuno • ***Rompersi il collo*** o ***rompersi l'osso del collo***, riportare gravi lesioni o fratture.

rompicapo (**rom-pi-cà-po**) N.M. · Enigma o problema di difficile soluzione: *un rompicapo matematico; quel delitto è un vero rompicapo.* ▸ Ⓕ **caput**

rompicollo (**rom-pi-còl-lo**) N.M. e F. INVAR. · Persona che agisce in modo spericolato. Ⓔ ***A rompicollo***, a tutta velocità: *correre a rompicollo.*

rompighiaccio (**rom-pi-ghiàc-cio**) N.M. INVAR. · Nave che ha uno scafo molto robusto, capace di aprirsi la strada nelle acque ghiacciate.

rompiscatole (**rom-pi-scà-to-le**) N.M. e F. INVAR. · Nel linguaggio familiare, persona fastidiosa per le sue insistenti richieste o le sue chiacchiere: *finalmente sono riuscito a liberarmi di quel rompiscatole* Ⓢ seccatore.

roncola (**rón-co-la**) N.F. · Strumento dalla lama ricurva, usato per tagliare i rami.

ronda (**rón-da**) N.F. · Servizio di sorveglianza svolto da due o più soldati: *essere di ronda* • La pattuglia che svolge questo servizio: *è appena passata la ronda di notte.* Ⓔ ***Fare la ronda***, aggirarsi continuamente intorno a qualcuno o a qualcosa: *è già una settimana che quei due fanno la ronda intorno a casa sua;* fare la corte: *è un pezzo che fa la ronda a quella ragazza.*

Il termine deriva dal latino *rotundus* 'rotondo', nel senso di 'compiere un giro'.

rondella (**ron-dèl-la**) N.F. · Piastrina metallica circolare che, bloccata sotto un dado o sotto un bullone, impedisce che si sviti.

rondine (**rón-di-ne**) N.F. · Uccello con coda biforcuta, piumaggio nero con il ventre bianco, che fa il nido in regioni dal clima temperato e passa l'inverno nei Paesi caldi. Ⓔ ***A coda di rondine***, di oggetto che termina a punte divaricate • ***Una rondine non fa primavera***, un solo caso, anche se positivo, non è significativo per trarne una regola.

Il verbo che indica il verso della rondine è *garrire* e il nome è *garrito*.

rondò (**ron-dò**) N.M. INVAR. **1** Brano musicale caratterizzato da alcune strofe che si ripetono. 2 Rotonda su cui si incrociano più strade: *il rondò di Piazza della Repubblica.*

rondone (ron-dó-ne) N.M. · Uccello nero, un po' più grande della rondine, da noi comunissimo tra aprile e agosto, utilissimo all'agricoltura in quanto si ciba quasi esclusivamente di insetti.

Il verbo che indica il verso del rondone è *garrire* e il nome è *garrito*.

ronfare (ron-fà-re) V.INTR. (*rónfo*, ecc.; aus. *avere*) 1 Dormire profondamente, russando: *ha ronfato fino a mezzogiorno.* 2 Del gatto, fare le fusa.

ronzare (ron-ẓà-re) V.INTR. (*rónẓo*, ecc.; aus. *avere*) 1 Emettere il suono sordo, vibrante e insistente, tipico di alcuni insetti: *una zanzara ronzava vicino al letto* • Delle orecchie, percepire un ronzio: *mi ronzano le orecchie.* 2 Di pensieri o fantasie, ricorrere con insistenza nella mente: *mille pensieri mi ronzavano* ***in*** *testa* Ⓢ girare, frullare. 3 Stare intorno a qualcuno, spesso con lo scopo di corteggiarlo: *è da un pezzo che quel ragazzo le ronza intorno.*

ronzino (ron-ẓi-no) N.M. · Cavallo non di razza, di scarso pregio.

ronzio (ron-ẓì-o) N.M. (pl. *-ẓìi*) · Suono sordo, vibrante o insistente, tipico di alcuni insetti: *il ronzio delle mosche* Ⓢ brusio.

rorido (rò-ri-do) AGG. · Cosparso di rugiada.

R

rosa (rò-ṣa) N.F. e M. e AGG. || N.F. 1 Pianta spontanea o coltivata che produce bellissimi fiori profumati e i cui rami sono coperti di spine • Il fiore della pianta: *una rosa gialla; ricevette un mazzo di rose rosse.* 2 Gruppo ristretto di persone tra le quali avverrà una scelta: *una rosa di candidati* Ⓢ ventaglio. || AGG. e N.M. INVAR. Di colore intermedio fra il bianco e il rosso: *color rosa; pigiama rosa; un rosa pallido.* Ⓔ ***All'acqua di rose***, blando, superficiale • ***Cronaca rosa*** → *cronaca* • ***Essere rose e fiori*** → *fiore* • ***Fresco come una rosa***, dall'aspetto riposato • ***Maglia rosa*** → *maglia* • ***Non c'è rosa senza spine***, non c'è nessun fatto positivo che non abbia anche qualche contrarietà • ***Romanzo rosa***, di argomento sentimentale • ***Rosa dei venti*** → *vento* • ***Se son rose fioriranno***, per esprimere dubbiosa speranza • ***Vedere tutto rosa***, peccare di ottimismo.

rosario (ro-ṣà-rio) N.M. (pl. *-ri*) · Pratica devota in onore della Madonna, consistente nella recita di una serie fissa di preghiere: *recitare il rosario.* Ⓔ ***(Corona del) rosario***, piccola catena, formata da una serie di perline unite da un filo che le attraversa, usata per contare tali preghiere.

Il termine deriva dal latino *rosarium* 'rosaio', perché le preghiere formano come una corona di rose in onore della Madonna.

rosato (ro-ṣà-to) AGG. · Tendente al rosa, roseo.

roseo (rò-ṣe-o) AGG. (pl.m. *-ṣei*, pl.f. *-ṣee*) 1 Tendente al rosa: *viso roseo; pelle rosea e liscia* Ⓢ rosa, rosato. 2 Fiducioso, positivo, ottimistico: *rosee speranze.*

roseto (ro-ṣé-to) N.M. · Terreno su cui sono piantate rose: *il roseto comunale.*

rosi (ró-si) · Pass. rem., 1ª pers. sing. → *rodere*.

rosicare (ro-si-cà-re) V.TR. e INTR. (*rósico, rósichi*, ecc.) || TR. Rosicchiare: *rosicare una pannocchia.* || INTR. (aus. *avere*) Nel linguaggio familiare, provare una forte invidia.

rosicchiare (ro-sic-chià-re) V.TR. (*rosìcchio*, ecc.) · Mangiare a piccoli morsi qualcosa di duro e croccante: *rosicchiare una mela.*

rosmarino (ro-ṣma-ri-no) N.M. · Arbusto aromatico sempreverde spontaneo in vicinanza del mare e largamente coltivato, le cui foglie si usano in cucina per dare sapore ai cibi.

Il termine deriva dal latino *ros marinus* 'rugiada di mare', perché la pianta cresce in vicinanza del mare.

roso (ró-so) · Participio pass. → *rodere*.

rosolare (ro-ṣo-là-re) V.TR. (*ròṣolo*, ecc.) || TR. Cuocere a fuoco lento carne, dolci o altre vivande, fino a ottenere sulle stesse una crosta croccante e dorata: *rosolare l'arrosto di vitello* Ⓢ abbrustolire. || **rosolarsi** INTR. PRONOM. Di vivande, cuocersi a fuoco lento.

rosolia (ro-ṣo-lì-a) N.F. · Malattia infettiva e contagiosa, caratterizzata da uno sfogo a macchie rosse sulla pelle.

rosone (ro-só-ne) N.M. · Grande finestra circolare decorata, tipica della facciata delle chiese del Medioevo e del Rinascimento: *il rosone del duomo di Orvieto.*

rospo (rò-spo) N.M. **1** Anfibio simile alla rana, ma più grande, dalla pelle verdastra, che abita luoghi umidi e oscuri e vive nell'acqua solo nel periodo dell'accoppiamento; di notte va a caccia di insetti e piccoli animali. **2** Di persona ripugnante per la sua rara bruttezza: *come avrà fatto a sposare quel rospo?* Ⓢ mostro. Ⓔ ***Ingoiare il rospo***, accettare malvolentieri un fatto spiacevole • ***Sputare il rospo***, nel linguaggio familiare, dire ciò che si era tenuto a lungo per sé.

Il verbo che indica il verso del rospo è *gracidare.*

rossastro (ros-sà-stro) AGG. · Che tende al rosso: *la luce rossastra del tramonto.*

rossetto (ros-sét-to) N.M. · Sostanza in pasta o liquida, usata come cosmetico per colorare le labbra: *un rossetto rosa.*

rossiccio (ros-sìc-cio) AGG. (pl.m. *-ci*, pl.f. *-ce*) · Tendente al rosso arancio: *baffi rossicci.*

rosso (rós-so) N.M. e AGG. (f. *-a*) || N.M. **1** Il colore comunemente identificato con quello del sangue e del fuoco: *tingere di rosso; un vestito di un bel rosso.* **2** Vino rosso: *un bicchiere di rosso.* **3** Una delle tre luci del semaforo che indica che bisogna fermarsi: *è scattato il rosso.* || AGG. **1** Colorato di rosso: *vino rosso; un pullover rosso; capelli rossi*, di color biondo fulvo. **2** Di colorito del viso, acceso per commozione, emozione, timidezza: *è diventata rossa per la vergogna.* || AGG. e N.M. (f. *-a*) Che, chi appartiene a un partito o a un movimento di ideologia comunista o socialista. Ⓔ ***In rosso***, con il conto in banca scoperto.

rossore (ros-só-re) N.M. · Colore rosso che affiora sul viso come reazione emotiva alla timidezza, alla vergogna o alla rabbia.

rosticceria (ro-stic-ce-rì-a) N.F. (pl. *-rìe*) · Negozio in cui si preparano e si vendono vivande calde e fredde.

rostro (rò-stro) N.M. **1** Becco adunco e robusto, tipico degli uccelli rapaci: *il rostro dell'aquila.* **2** Nell'antichità classica, sperone innestato nella prora delle navi da guerra destinato a perforare le navi nemiche.

rotaia (ro-tà-ia) N.F. (pl. *-tàie*) · Ciascuna delle guide metalliche su cui si muovono i treni e i tram Ⓢ binario.

rotante (ro-tàn-te) AGG. · Che ruota: *le pale rotanti dell'elicottero.*

rotativa (ro-ta-tì-va) N.F. · Macchina per stampare in gran quantità giornali e riviste, formata da due cilindri che ruotano.

rotatoria (ro-ta-tò-ria) N.F. (pl. *-rie*) · Area di forma circolare all'incrocio di più strade, attorno alla quale girano i veicoli per immettersi nella via prescelta.

rotatorio (ro-ta-tò-rio) AGG. (pl.m. *-ri*, pl.f. *-rie*) · Di movimento circolare attorno a un centro: *il moto rotatorio dei pianeti.*

rotazione (ro-ta-zió-ne) N.F. **1** Movimento circolare di un corpo che gira intorno a un altro o su se stesso: *il movimento di rotazione della Terra*, intorno al proprio asse. **2** Alternanza nello svolgere un compito: *rotazione dei turni* Ⓢ avvicendamento • In agricoltura, pratica che consiste nell'alternare le coltivazioni. Ⓔ ***A rotazione***, a turno: *impiegheremo a rotazione tutti i giocatori.*

roteare (ro-te-à-re) V.INTR. e TR. (*ròteo*, ecc.) || INTR. (aus. *avere*) Muoversi in senso circolare descrivendo larghi giri: *il falco roteava alto nel cielo.* || TR. Agitare un oggetto con moto circolare come manifestazione di ostilità e minaccia: *roteare un bastone* Ⓢ ruotare.

rotella (ro-tèl-la) N.F. **1** Piccola ruota: *pattini a rotelle.* **2** Piccolo strumento circolare che ruota intorno a un perno: *le rotelle di un orologio.* Ⓔ ***Avere qualche rotella fuori posto***, nel linguaggio familiare, essere strano e bizzarro.

roto- · Primo elemento di parole composte che indica 'presenza di ruote' o 'movimento rotatorio': *rotocalco.*

rotocalco (ro-to-càl-co) N.M. (pl. *-chi*) **1** Rivista illustrata: *un rotocalco femminile; rotocalchi illustrati.* **2** Trasmissione televisiva di attualità.

rotolare (ro-to-là-re) V.INTR. e TR. (*ròtolo*, ecc.) || INTR. (aus. *essere*) Cadere, precipitare: *rotolò* *giù* ***per*** *le scale.* || TR. Spostare facendo compiere una serie di movimenti rotatori: *rotolare una botte.* || **rotolarsi** RIFL. Girarsi più volte su se stesso: *il bambino si rotolava* ***sul*** *letto* Ⓢ rigirarsi.

rotolo (rò-to-lo) N.M. **1** Materiale flessibile avvolto su se stesso in una forma cilindrica: *un rotolo di stoffa, di carta igienica.* **2** La pellicola per macchine fotografiche Ⓢ rullino. Ⓔ ***A rotoli***, in rovina, in malora: *quello finirà per mandare a rotoli la ditta.*

rotonda (ro-tón-da) N.F. **1** Terrazza o piazzale in posizione dominante e panoramica: *una rotonda sul mare.* **2** Piattaforma sollevata rispetto alla strada, di forma circolare, posta al centro di alcuni incroci; le auto girano intorno a essa per raggiungere le diverse strade che formano l'incrocio.

rotondeggiante (ro-ton-deg-giàn-te) AGG. · Che presenta una forma all'incirca rotonda: *la pancia rotondeggiante di una damigiana* Ⓢ tondeggiante.

rotondità (ro-ton-di-tà) N.F. INVAR. **1** Forma sferica o profilo circolare: *la rotondità della Terra, di un volto.* **2** Cosa o parte rotonda: *le rotondità del corpo.*

rotondo (ro-tón-do) AGG. · Che ha forma circolare: *la Terra è rotonda; un'aiuola rotonda* Ⓢ sferico, circolare. Ⓔ ***Tavola rotonda***, convegno, discussione di esperti.

R

rotta[1] (rót-ta) N.F. · Il percorso di una nave in mare o di un aereo in volo: *fare rotta per Gibilterra* Ⓢ direzione, itinerario. Ⓔ ***Cambiare rotta***, mutare indirizzo o linea di condotta.

> Il termine deriva dal latino *(via) rupta* '(strada) aperta (fra gli ostacoli)', nel senso di 'cammino aperto tagliando il bosco'.

rotta[2] (rót-ta) N.F. · Grave sconfitta militare cui fa seguito la ritirata: *la rotta italiana a Caporetto* Ⓢ disfatta. Ⓔ ***A rotta di collo***, a tutta velocità • ***Essere in rotta con qualcuno***, aver troncato qualsiasi relazione con lui.

rottamazione (rot-ta-ma-zió-ne) N.F. **1** Raccolta e commercio di rottami allo scopo di riutilizzarli: *centro di rottamazione.* **2** Sostituzione di un oggetto vecchio con uno più moderno: *incentivi per la rottamazione delle auto.*

rottame (rot-tà-me) N.M. **1** SPESSO AL PL. Pezzo di un oggetto che si è rotto e non può essere riutilizzato: *rottami di ferro; un ammasso di rottami.* **2** Autoveicolo o apparecchio vecchio e malridotto: *la tua auto è veramente un rottame.* **3** Persona logorata nel fisico o nel morale: *le malattie lo hanno ridotto un rottame* Ⓢ larva, relitto.

rotto (rót-to) AGG. e N.M. || Participio pass. → ***rompere***. || AGG. **1** Di qualcosa che ha subito un danno e che non funziona più bene: *un televisore rotto; scarpe rotte.* **2** Di arto, fratturato: *un braccio rotto.* || N.M. Solo nell'espressione ***per il rotto della cuffia***, per un pelo, quasi per miracolo, a fatica: *me la sono cavata per il rotto della cuffia.*

rottura (rot-tù-ra) N.F. **1** Danno grave subito da qualcosa che ne impedisce il funzionamento: *l'alluvione ha prodotto la rottura di un argine; la rottura di un bicchiere* • Frattura di una parte del corpo: *la rottura di un braccio* • La parte danneggiata o guasta di un oggetto: *riparare la rottura di un tubo.* **2** Interruzione di un legame: *rottura del fidanzamento; rottura della tregua* Ⓢ scioglimento. Ⓔ ***Rottura delle acque*** → ***acqua*** • ***Rottura di scatole***, nel linguaggio familiare, seccatura, fastidio insopportabile.

rotula (rò-tu-la) N.F. · Osso del ginocchio di forma tondeggiante.

roulette (rou-let-te; pronuncia *rulèt*) N.F. FR., in it. N.F. INVAR. · Gioco d'azzardo consistente nell'indovinare dove si fermerà una pallina fatta girare su un disco diviso in 37 caselle nere e rosse numerate da 0 a 36.

roulotte (rou-lot-te; pronuncia *rulòt*) N.F. FR., in it. N.F. INVAR. · Rimorchio trainato da un'autovettura e attrezzato come abitazione durante lunghi viaggi o soste in campeggio: *vivere, dormire in roulotte.*

round (pronuncia *ràund*) N. INGL., in it. N.M. INVAR. · Ciascuna ripresa di un incontro di pugilato: *vincere al quinto round.*

routine (rou-ti-ne; pronuncia *rutìn*) N.F. FR., in it. N.F. INVAR. · Monotona e deprimente consuetudine: *rompere la routine; la solita routine* Ⓢ trantran. Ⓔ ***Di routine***, solito, abituale, ordinario: *un intervento di routine.*

rovello (ro-vèl-lo) N.M. · Tormento, assillo: *quel rovello non gli dava pace.*

rovente (ro-vèn-te) AGG. **1** Di ciò che ha raggiunto l'intensità massima di calore: *ferro rovente* Ⓢ incandescente • Caldissimo: *una pentola rovente; sabbia rovente.* **2** Appassionato, acceso, polemico: *dibattito rovente.*

rovere (ró-ve-re) N.M. · Quercia alta fino a 50 metri, diffusa da noi sulle Alpi e sugli Appennini • Il legno della pianta, usato per realizzare mobili e recipienti: *liquore invecchiato in fusti di rovere.*

rovescia (ro-vè-scia) N.F. (pl. -sce) · Parte opposta al diritto. Ⓔ ***Alla rovescia***, al contrario: *infilare la maglietta alla rovescia; va tutto alla rovescia* • ***Conto alla rovescia***, il conto in senso inverso dei secondi che precedono i lanci delle astronavi; attesa di una decisione importante o di un evento.

rovesciamento (ro-ve-scia-mén-to) N.M. **1** Inversione di una posizione consueta: *il rovesciamento di una nave* Ⓢ capovolgimento. **2** Versamento, spargimento: *rovesciamento di un liquido.* **3** Cambiamento radicale di una condizione o di una situazione: *spero in un rovesciamento della situazione a mio favore* • Abbattimento, caduta: *provocare il rovesciamento di un governo.*

rovesciare (ro-ve-scià-re) V.TR. (*rovèscio*, ecc.) || TR. **1** Voltare dalla parte opposta: *rovesciare un bicchiere; l'urto dell'onda rovesciò la barca* Ⓢ capovolgere, voltare • Girare l'esterno verso l'interno: *rovesciare le tasche* Ⓢ rivoltare • Far cadere: *rovesciare il vino sulla tovaglia* Ⓢ versare. **2** Cambiare radicalmente: *rovesciare la situazione a nostro vantaggio* • Abbattere: *rovesciare un governo.* || **rovesciarsi** INTR.PRONOM. **1** Capovolgersi: *il camion si rovesciò subito dopo la curva* • Fuoriuscire spargendosi: *l'inchiostro si rovesciò **sul** foglio* Ⓢ spargersi. **2** Abbattersi con violenza: *un acquazzone si è rovesciato **sui** campi* Ⓢ precipitare.

rovesciata (ro-ve-scià-ta) N.F. · Nel calcio, tiro al volo con cui il giocatore manda la palla alle sue spalle: *gol di rovesciata.*

rovescio (ro-vè-scio) N.M. (pl. -*sci*) **1** La parte opposta di qualcosa: *il rovescio di un foglio, di un vestito* Ⓢ dietro Ⓒ diritto. **2** Nel tennis, colpo dato alla palla con la faccia esterna della racchetta: *rispondere con un rovescio.* **3** Breve e violento scroscio di pioggia: *sono stato sorpreso da un rovescio.* **4** Tracollo economico: *subire un rovescio finanziario* Ⓢ crollo. Ⓔ ***A rovescio***, al contrario: *mettersi i calzini a rovescio*; in modo opposto a quello giusto, normale o desiderato: *hai capito a rovescio* • ***Il rovescio della medaglia***, l'aspetto nascosto, di solito quello peggiore, di una persona o di una situazione.

rovina (ro-vì-na) N.F. **1** AL PL. Il materiale residuo di una distruzione: *è rimasto sepolto sotto le rovine della casa* Ⓢ macerie, resti. **2** Danno gravissimo o irreparabile: *provocare la rovina della propria famiglia; il vizio del gioco lo ha portato alla rovina* Ⓢ disgrazia, fallimento Ⓒ fortuna. Ⓔ ***Andare in rovina***, finire in miseria, rovinarsi • ***In rovina***, distrutto in gran parte o totalmente: *un edificio in rovina* • ***Trascinare alla rovina***, essere causa della rovina di qualcuno.

rovinare (ro-vi-nà-re) V.TR. || TR. **1** Danneggiare gravemente o in modo irreparabile: *la grandine ha rovinato il raccolto; lo studio gli ha rovinato la vista*; anche TR. PRONOM.: *rovinarsi la salute*, per fatiche, vizi, dispiaceri Ⓢ sciupare, guastare. **2** Ridurre in miseria, gettare sul lastrico: *il gioco d'azzardo lo ha rovinato* • Provocare la rovina di qualcuno: *le cattive compagnie ti rovineranno* Ⓢ corrompere. || **rovinarsi** RIFL. Ridursi in cattive condizioni fisiche, morali o economiche: *si è rovinato **con** l'alcol.*

rovinoso (ro-vi-nó-so) AGG. **1** Che arreca un danno gravissimo: *terremoto rovinoso; caduta rovinosa* Ⓢ devastante, disastroso. **2** Che scorre o trascina con violenza: *fiume rovinoso* Ⓢ impetuoso, precipitoso.

rovistare (ro-vi-stà-re) V.TR. e INTR. (aus. *avere*) · Cercare dappertutto: *rovistare tutta la casa; rovistare **nei** cassetti* Ⓢ frugare.

rovo (ró-vo) N.M. · Arbusto spinoso che produce le more.

rozzezza (roz-zéz-za) N.F. **1** Mancanza di raffinatezza: *statua scolpita con rozzezza* Ⓒ raffinatezza. **2** Modo di comportarsi volgare e maleducato: *rozzezza di espressioni; rozzezza di modi.*

rozzo (róz-zo) AGG. · Non raffinato e scarso di educazione e cultura: *persone rozze; modo di fare rozzo* Ⓢ grossolano, volgare Ⓒ raffinato, fine.

ruba (rù-ba) N.F. · Solo nell'espressione ***andare a ruba***, di merci che hanno un grande successo di vendita.

rubare (ru-bà-re) V.TR. · Sottrarre di nascosto oggetti che appartengono ad altri: *i ladri **gli** hanno rubato l'argenteria; **mi** hanno rubato il portafogli* Ⓢ rapinare. Ⓔ ***Rubare lo stipendio***, non meritarselo • ***Rubare un'idea***, appropriarsene, tacendo l'identità del vero autore.

rubicondo (ru-bi-cón-do) AGG. · Di guancia colorita, in segno di buona salute: *un volto rubicondo* Ⓢ rosso, colorito.

rubinetto (ru-bi-nét-to) N.M. · Dispositivo che serve per fermare e regolare il flusso di un liquido o di un gas: *aprire il rubinetto; il rubinetto dell'acqua, del gas.*

Il termine deriva dal francese *robin*, nome dato popolarmente ai montoni, perché le manopole, in passato, avevano spesso la forma di una testa di montone.

rubino (ru-bì-no) N.M. · Pietra preziosa rossa di grande valore: *una spilla di brillanti e rubini.*

R

rublo (rù-blo) N.M. · Moneta usata in Russia e in altri Paesi dell'ex Unione Sovietica.

Il termine deriva da una parola russa che significa 'ritaglio (d'argento)'.

rubrica (ru-brì-ca) N.F. (pl. *-che*) **1** Nei giornali, nei periodici o in programmi radiofonici e televisivi, sezione destinata a un particolare argomento: *rubrica teatrale, scientifica, di moda* Ⓢ sezione, parte. **2** Quaderno con le pagine contrassegnate con le lettere dell'alfabeto, per annotarvi indirizzi e numeri di telefono in ordine alfabetico: *rubrica telefonica.*

La pronuncia corretta è *rubrìca*, con l'accento sulla *i*; la pronuncia *rùbrica* con l'accento sulla *u* è sbagliata!

rude (rù-de) AGG. · Brusco e risoluto: *un rude uomo di montagna; parole rudi* Ⓢ aspro, duro Ⓒ dolce.

rudere (rù-de-re) N.M. **1** SPESSO AL PL. Rovine di edifici e di statue antiche: *i ruderi di una città etrusca, di un tempio* Ⓢ resti (PL.). **2** Persona od oggetto ridotto in uno stato miserabile e penoso: *ormai è un rudere* Ⓢ rottame, relitto.

rudimentale (ru-di-men-tà-le) AGG. **1** Insufficiente e arretrato: *conoscenze rudimentali; agricoltura ancora rudimentale* Ⓢ elementare, primitivo. **2** Di organo di animali o piante, non completamente sviluppato.

ruffiano (ruf-fià-no) N.M. (f. *-a*) **1** Chi organizza incontri amorosi fra coppie. **2** Chi cerca di ottenere favori con l'adulazione: *smettila di fare il ruffiano con il preside* Ⓢ leccapiedi, adulatore.

ruga (rù-ga) N.F. (pl. *-ghe*) · Ciascuno dei solchi che si formano sulla pelle con l'avanzare dell'età: *un volto segnato di rughe.*

rugby (rug-by; pronuncia *ràgbi* o *règbi*) N. INGL., in it. N.M. INVAR. · Gioco che si svolge tra due squadre di 15 giocatori, che cercano di fare punti lanciando un pallone ovale con le mani o con i piedi oltre la linea di fondo che delimita l'area avversaria.

Il termine deriva dal nome della città inglese di *Rugby*, nel Warwickshire, dove nel 1823 ebbe origine il gioco.

ruggine (rùg-gi-ne) N.F. e M. e AGG. || N.F. **1** Strato di colore tra il marrone e il rosso che si forma sulla superficie del ferro esposto all'umido: *la ruggine mangia il ferro.* **2** Profondo risentimento fra due persone: *fra loro c'è una vecchia ruggine* Ⓢ rancore. || AGG. e N.M. INVAR. Di colore marrone rossastro: *un golfino ruggine; un bel ruggine.*

ruggire (rug-gì-re) V.INTR. (*ruggìsco, ruggìsci*, ecc.; aus. *avere*) **1** Emettere l'urlo forte e rauco caratteristico del leone: *il leone ruggì spaventando le zebre.* **2** Di forze della natura in agitazione, produrre un gran fragore: *il mare ruggiva* Ⓢ urlare, mugghiare.

ruggito (rug-gì-to) N.M. **1** Il verso forte e rauco caratteristico del leone: *si udì un ruggito.* **2**

Il fragore di elementi naturali scatenati: *il ruggito della tempesta* Ⓢ urlo, muggito.

rugiada (ru-già-da) N.F. · L'insieme delle goccioline di umidità che si formano sul terreno al mattino, nelle stagioni non troppo fredde, a causa dell'abbassamento di temperatura che avviene durante la notte: *erba umida di rugiada*.

rugoso (ru-gó-so) AGG. · Pieno di rughe: *fronte rugosa* Ⓢ grinzoso Ⓒ liscio.

rullare (rul-là-re) V.INTR. (aus. *avere*) **1** Di aeroplano, correre sulla pista in fase di decollo o di atterraggio. **2** Del tamburo, emettere un suono continuo prodotto dai colpi rapidi e insistenti delle bacchette.

rullino (rul-lì-no) N.M. · Rotolo di pellicola fotografica: *un rullino da 24 foto* Ⓢ film.

rullio (rul-lì-o) N.M. (pl. *-lìi*) · Serie fitta e continua di colpi di tamburo.

rullo (rùl-lo) N.M. **1** Serie di colpi di tamburo. **2** Arnese di forma cilindrica.

rum N.M. INVAR. · Liquore di color giallo-bruno, ottenuto per distillazione del succo della canna da zucchero.

rumeno (ru-mè-no) → ***romeno***.

ruminante (ru-mi-nàn-te) N.M. · Mammifero che ha la facoltà di rimasticare il cibo già ingoiato facendolo tornare alla gola: *bovini, ovini, cammelli, giraffe sono ruminanti*.

ruminare (ru-mi-nà-re) V.TR. (*rùmino*, ecc.) **1** Di animale ruminante, masticare di nuovo il cibo riportandolo dallo stomaco alla bocca: *ruminare l'erba, il fieno*. **2** Pensare e ripensare con insistenza: *ruminava le possibili soluzioni* Ⓢ rimuginare.

rumore (ru-mó-re) N.M. **1** Fenomeno acustico sgradevole e fastidioso: *il rumore della pioggia sui vetri; il rumore del traffico* Ⓢ suono • L'insieme di più voci percepite come un suono confuso: *smettetela di fare rumore; dalla piazza saliva il rumore della folla* Ⓢ confusione, chiasso. **2** Forte richiamo dell'interesse generale: *la notizia ha fatto rumore nel quartiere* Ⓢ scalpore, sensazione.

rumoreggiare (ru-mo-reg-già-re) V.INTR. (*rumoréggio*, ecc.; aus. *avere*) **1** Mandare un rumore cupo e continuo: *il tuono rumoreggiava nel cielo* Ⓢ brontolare, rimbombare. **2** Di persone riunite, protestare rumorosamente: *i dimostranti rumoreggiavano nella piazza*.

rumoroso (ru-mo-ró-so) AGG. **1** Che produce molto rumore: *traffico rumoroso; una festa rumorosa* Ⓒ silenzioso. **2** Pieno di rumore: *una strada rumorosa*.

ruolo (ruò-lo) N.M. **1** La composizione e l'ordinamento del personale di un'amministrazione o di un'impresa: *impiegati di ruolo; entrare in ruolo*. **2** Parte affidata a ciascun attore in una rappresentazione teatrale o in un film: *un ruolo di primo piano; interpretare un ruolo importante in un film* • Nello sport, il compito attribuito a ciascun giocatore di una squadra: *ricoprire il ruolo di attaccante* Ⓢ posizione, posto. **3** Funzione, parte, posizione: *il ruolo di moglie non le bastava più* • Importanza, rilievo: *ha avuto un ruolo decisivo nel buon esito della trattativa*.

ruota (ruò-ta) N.F. **1** Organo a forma di disco che serve a far muovere i veicoli: *le ruote di una bicicletta, di un'automobile*. **2** Qualsiasi oggetto di forma circolare: *la ruota del timone*. **3** Urna dalla quale si estraggono i numeri del lotto • Ciascuna delle sedi in cui avviene l'estrazione: *giocare un numero su tutte le ruote*. Ⓔ ***A ruota libera***, senza timore o controllo, senza freno: *parlare a ruota libera* • ***Essere l'ultima ruota del carro***, non avere alcun peso né autorità, non contare nulla • ***Fare la ruota***, di pavoni e tacchini, disporre a ventaglio le penne della coda; in senso figurato, di persona, vantarsi, pavoneggiarsi • ***Mettere i bastoni tra le ruote***, creare problemi • ***Ruota dentata***, fornita di denti in modo da potersi inserire in altra analoga e trasmetterle il moto di rotazione • ***Ruota (panoramica)***, nei parchi di divertimento, struttura circolare con sedili e cabine per le persone, che gira offrendo un bel panorama.

ruotare (ruo-tà-re) V.INTR. e TR. (*ruòto*, ecc.) || INTR. (aus. *avere*) Effettuare una serie di movimenti circolari: *il falco ruotava* ***attorno alla*** *preda* Ⓢ girare, volteggiare. || TR. **1** Volgere il corpo o una parte di esso in direzioni diverse: *ruotare il busto* ***a*** *destra e* ***a*** *sinistra*. **2** Far girare rapidamente e con forza un oggetto: *ruotare un bastone.*

rupe (rù-pe) N.F. · Roccia scoscesa e ripida: *una rupe a picco sul mare* Ⓢ precipizio.

rupestre (ru-pè-stre) AGG. **1** Formato da rocce grandi e scoscese: *paesaggio rupestre.* **2** Praticato su pareti rocciose: *pittura rupestre; incisioni rupestri.* **3** Che vive o si trova sulle rupi: *flora, fauna rupestre.*

rupia (ru-pì-a) N.F. (pl. *-pìe*) · Moneta dell'India, del Pakistan, dell'Indonesia e di altri Paesi dell'Oceano Indiano.

Il termine deriva da una parola sanscrita che significa 'argento coniato'.

ruppi (rùp-pi) · Pass. rem., 1ª pers. sing. → *rompere*.

rurale (ru-rà-le) AGG. · Della campagna: *popolazione rurale* Ⓢ contadino.

ruscello (ru-scèl-lo) N.M. · Piccolo corso d'acqua: *dissetarsi a un ruscello* Ⓢ torrente.

ruspa (rù-spa) N.F. · Macchina per lo scavo superficiale del terreno.

ruspante (ru-spàn-te) AGG. **1** Di pollo allevato libero nei campi. **2** Genuino, autentico: *cibi, prodotti ruspanti.*

russare (rus-sà-re) V.INTR. (aus. *avere*) · Emettere durante il sonno un suono rauco ad ogni respiro: *ha russato tutta la notte.*

russo (rùs-so) AGG. e N.M. (f. *-a*) || AGG. Della Russia. || N.M. (f. *-a*) Abitante, nativo della Russia. || N.M. La lingua parlata in Russia. Ⓔ ***Insalata russa*** → *insalata* • ***Montagne russe*** → *montagna*.

rustico (rù-sti-co) AGG. e N.M. (pl.m. *-ci*, pl.f. *-che*) || AGG. **1** Tipico dell'ambiente e della vita dei campi: *arredamento rustico; una villetta rustica* Ⓢ campagnolo, contadino. **2** Rozzo, non elegante: *modi rustici* Ⓢ grezzo. || N.M. Piccolo edificio adoperato come deposito di attrezzi agricoli: *un rustico rimesso a nuovo.*

ruttare (rut-tà-re) V.INTR. (aus. *avere*) · Emettere rumorosamente dalla bocca aria che risale dallo stomaco.

rutto (rùt-to) N.M. · Emissione rumorosa dalla bocca di aria che risale dallo stomaco, considerata atto di maleducazione: *fare un rutto.*

ruvido (rù-vi-do) AGG. · Che non si presenta liscio al tatto: *corteccia ruvida; tela ruvida; mani ruvide* Ⓢ aspro Ⓒ liscio.

ruzzolare (ruz-zo-là-re) V.INTR. (*rùzzolo*, ecc.; aus. *essere*) · Rotolare velocemente cadendo verso il basso: *è ruzzolato giù* ***per*** *la scarpata* Ⓢ cadere, precipitare.

ruzzolone (ruz-zo-ló-ne) N.M. · Caduta fatta rotolando verso il basso: *un ruzzolone per le scale* Ⓢ capitombolo.

S

s, S N.F. O M.INVAR. · Diciassettesima lettera dell'alfabeto italiano; è una consonante (nome della lettera: *èsse*).

s-[1] · Prefisso che indica 'durata' o 'intensità': *sbadigliare*, restare a bocca aperta; *sbattere*, battere forte.

s-[2] · Prefisso che indica 'opposizione, negazione': *scaricare-caricare*; *sfiducia-fiducia*.

sabato (sà-ba-to) N.M. · Il sesto giorno della settimana, quello che precede la domenica. Ⓔ ***Sabato santo***, il giorno prima di Pasqua.

Il termine deriva dall'ebraico *shabbat* '(giorno di) riposo'.

sabaudo (sa-bàu-do) AGG. · Della famiglia nobile dei Savoia: *stemma sabaudo*.

sabbia (sàb-bia) N.F. (pl. *-bie*) · Terreno composto di minuscoli granelli di roccia e altre sostanze minerali: *la sabbia del mare*. Ⓔ ***Costruire sulla sabbia*** → *costruire* • ***Sabbie mobili***, zona paludosa dove si rischia di affondare.

sabbiatura (sab-bia-tù-ra) N.F. **1** SPESSO AL PL. Cura per alcuni dolori praticata coprendo le parti del corpo da trattare con la sabbia scaldata dal sole: *fare le sabbiature*. **2** Procedimento per rendere opaco un metallo con un getto di sabbia: *la sabbiatura di un pezzo metallico*.

sabbioso (sab-bió-so) AGG. · Ricco di sabbia: *terreno sabbioso*.

sabino (sa-bì-no) AGG. e N.M. (f. *-a*) · Dell'antico popolo dei Sabini, legato alle origini della città di Roma.

sabotaggio (sa-bo-tàg-gio) N.M. (pl. *-gi*) · Azione che disturba un'attività o che danneggia edifici, strutture o mezzi di trasporto: *i ponti sono stati distrutti in un'azione di sabotaggio*.

sabotare (sa-bo-tà-re) V.TR. (*sabòto*, ecc.) **1** Danneggiare edifici, strutture o mezzi di trasporto: *sabotare i freni della macchina*. **2** Ostacolare o impedire un'attività: *sabotare un progetto*.

Le tre persone singolari e la terza plurale del presente indicativo e le tre persone singolari del congiuntivo si pronunciano con l'accento sulla *o*: *sabòto*, *sabòti*, *sabòta*, *sabòtano*, *che io sabòti* e non *sàboto*, ecc.

sacca (sàc-ca) N.F. (pl. *-che*) **1** Grande borsa di tessuto, pelle o altro materiale, che si porta a tracolla: *la sacca da tennis*. **2** Rientranza, insenatura: *le sacche di un fiume*. **3** Parte della società in cui rimangono problemi già superati dalla maggioranza di essa: *delle sacche di analfabetismo, di povertà*.

saccarifero (sac-ca-rì-fe-ro) AGG. **1** Che contiene zucchero: *bietola saccarifera*. **2** Che riguarda la produzione dello zucchero: *industria saccarifera*.

saccarina (sac-ca-rì-na) N.F. · Composto chimico usato per addolcire i cibi: *usa la saccarina invece dello zucchero*.

saccente (sac-cèn-te) AGG. · Che mette in mostra in modo irritante le sue conoscenze o che fa finta di sapere più di quanto non sappia: *un ragazzo antipatico e saccente*.

saccheggiare (sac-cheg-già-re) V.TR. (*sacchéggio*, ecc.) **1** Privare un luogo in modo violento di ogni bene a portata di mano: *la città è stata saccheggiata dai soldati* Ⓢ depredare, devastare • Derubare, svaligiare: *i ladri le hanno saccheggiato la casa*. **2** Copiare le idee di un altro: *ha scritto un saggio saccheggiando il tuo libro*.

Il termine deriva dall'espressione *mettere nel sacco*.

saccheggio (sac-chég-gio) N.M. (pl. *-gi*) · L'azione di fare preda di tutto quello che si trova in un luogo accompagnata da violenza e danni: *dopo la conquista della città i nemici si sono dati al saccheggio* Ⓢ sacco, razzia.

sacchetto (sac-chét-to) N.M. · Sacco di piccole dimensioni: *sacchetto di plastica; sacchetto di caramelle* Ⓢ busta, confezione.

sacco (sàc-co) N.M. (pl. *-chi*) 1 Involucro di tela o altri materiali, per contenere, conservare o trasportare qualcosa: *un sacco di farina; un sacco di plastica.* 2 Quantità contenuta in un sacco: *un sacco di grano, di fagioli.* 3 Nel linguaggio familiare, enorme quantità: *avere un sacco di soldi* Ⓢ infinità. 4 Saccheggio: *il sacco di Roma del 1527.* Ⓔ ***Colazione al sacco***, picnic • ***Con le mani nel sacco***, mentre sta facendo qualcosa di proibito: *l'ho beccato con le mani nel sacco* • ***Mettere qualcuno nel sacco***, ingannarlo • ***Non è farina del suo sacco*** → *farina* • ***Sacco a pelo***, involucro impermeabile e imbottito, usato per dormire all'aperto o in tenda • ***Un sacco***, nel linguaggio familiare, moltissimo: *quella ragazza mi piace un sacco* • ***Vuotare il sacco*** → *vuotare*.

sacello (sa-cèl-lo) N.M. 1 Nell'antica Roma, piccolo recinto con al centro un altare dedicato a una divinità. 2 Piccola chiesa o cappella.

sacerdote (sa-cer-dò-te) N.M. · Chi ha il compito di celebrare i riti di una religione e di guidare i fedeli nel loro rapporto con la divinità: *un sacerdote egiziano; il sacerdote celebra la messa.*

sacerdozio (sa-cer-dò-zio) N.M. (pl. *-zi*) · La funzione di amministrare i riti di un culto religioso e di guidare i fedeli nel loro rapporto con la divinità.

S

sacramento (sa-cra-mén-to) N.M. · Nel cattolicesimo, ciascuno dei sette riti in cui si manifesta la grazia di Dio (battesimo, cresima, eucarestia, penitenza, ordine, matrimonio, unzione degli infermi): *ricevere un sacramento.*

sacrario (sa-crà-rio) N.M. (pl. *-ri*) · Luogo in cui si conservano i resti di uomini degni di memoria: *il sacrario dei caduti in guerra.*

sacrestano (sa-cre-stà-no) → *sagrestano*.

sacrestia (sa-cre-stì-a) → *sagrestia*.

sacrificale (sa-cri-fi-cà-le) AGG. · Che riguarda un sacrificio: *vittima sacrificale.*

sacrificare (sa-cri-fi-cà-re) V.TR. (*sacrìfico, sacrìfichi*, ecc.) || TR. 1 Uccidere una vittima, come offerta alla divinità: *sacrificare un vitello* ***a*** *Giove* Ⓢ offrire. 2 Rinunciare a una cosa per una più importante: *sacrifica il sonno* ***per*** *lo studio* Ⓢ privarsi di. || **sacrificarsi** RIFL. 1 Offrire in sacrificio la propria vita per una causa: *sacrificarsi* ***per*** *la patria* Ⓢ immolarsi. 2 Accettare privazioni per il benessere altrui: *sacrificarsi* ***per*** *i figli.*

sacrificio (sa-cri-fì-cio) N.M. (pl. *-ci*) 1 Offerta sacra di cibo, doni, animali o persone per ringraziare o chiedere aiuto alla divinità: *l'agnello fu offerto in sacrificio* Ⓢ olocausto. 2 Offerta della vita per un ideale: *far sacrificio di sé.* 3 Rinuncia fatta per scelta o per necessità: *alzarsi presto è un grosso sacrificio per me* Ⓢ privazione, disagio.

sacrilegio (sa-cri-lè-gio) N.M. (pl. *-gi*) · Offesa contro qualcosa di sacro o degno di molto rispetto: *distruggere le tombe è un sacrilegio* Ⓢ empietà, profanazione. ▸ Ⓕ **legere**

sacrilego (sa-cri-le-go) AGG. e N.M. (f. *-a*; pl.m. *-ghi*, pl.f. *-ghe*) · Che, chi offende il sacro: *ladro sacrilego; i sacrileghi profanarono il tempio.* ▸ Ⓕ **legere**

Il termine deriva dal latino *sacrilegus* 'ladro di cose sacre', composto a sua volta di *sacrum* 'cosa sacra' e *legere* 'raccogliere, portar via' (→ *leggere*).

sacro[1] (sà-cro) AGG. e N.M. || AGG. 1 Che riguarda il divino, la religione: *il recinto attorno al tempio delimita lo spazio sacro* Ⓒ profano. 2 Degno di grandissimo rispetto: *la libertà è sacra; luoghi sacri* ***alla*** *patria.* 3 Di luogo od oggetto, consacrato a una divinità: *l'olivo era sacro* ***a*** *Minerva.* || N.M. Ciò che ha carattere religioso: *non confondere il sacro con il profano!* Ⓔ ***Arte sacra***, di contenuto religioso • ***La Sacra Famiglia***, nella religione cattolica, Gesù Cristo, Maria e Giuseppe • ***Le Sacre Scritture*** → *scrittura* • ***Musica sacra***, che si suona durante i riti religiosi.

sacro[2] (sà-cro) AGG. e N.M. · Di osso a forma di piramide che si trova in fondo alla colonna vertebrale, prima del coccige.

sacrosanto (sa-cro-sàn-to) AGG. 1 Degno del più grande rispetto: *la libertà è un sacro-*

santo diritto dell'uomo. **2** Che non si mette in discussione: *parole sacrosante; una punizione sacrosanta* Ⓢ vero, giusto.

sadico (**sà-di-co**) AGG. e N.M. (f. -*a*; pl.m. -*ci*, pl.f. -*che*) || AGG. Che dimostra sadismo: *tendenze sadiche; istinti sadici* Ⓢ crudele, perverso. || N.M. (f. -*a*) Chi prova piacere nel far del male agli altri: *questo delitto è opera di un sadico.*

sadismo (**sa-dì-ṣmo**) N.M. · Piacere nel far del male agli altri o nel vederli soffrire: *il sadismo è una perversione* Ⓢ crudeltà.

> Il termine deriva dal nome del marchese francese D.A.F. de *Sade* (1740-1814) che descrisse nei suoi romanzi numerosi esempi di questa perversione.

saetta (**sa-ét-ta**) N.F. **1** Freccia scagliata con l'arco. **2** Fulmine, folgore, lampo: *rapido come una saetta.*

> Il termine deriva dalla parola latina *sagitta* 'freccia'.

saettare (**sa-et-tà-re**) V.TR. e INTR. (*saétto*, ecc.) || TR. **1** Scagliare frecce o fulmini: *Zeus saetta folgori dall'Olimpo.* **2** Guardare qualcuno in modo aggressivo: *i suoi occhi saettavano odio.* || INTR. **1** IMPERS. (aus. *avere* o *essere*) Di fulmini, cadere dal cielo: *piove e saetta* Ⓢ fulminare. **2** (aus. *essere*) Muoversi con rapidità: *la bacchetta magica saettava nel buio* Ⓢ sfrecciare.

safari (**sa-fà-ri**) N.M.INVAR. · Spedizione per vedere o cacciare gli animali che vivono in Africa.

> Il termine deriva da una parola araba che significa 'viaggiare'.

saga (**sà-ga**) N.F. (pl. -*ghe*) **1** Leggenda tipica dei Paesi nordici: *la saga dei Nibelunghi.* **2** Lunga narrazione che racconta la storia di un popolo o di una famiglia: *la saga della famiglia Buddenbrook* Ⓢ storia, epopea.

sagace (**sa-gà-ce**) AGG. · Che ha un'intelligenza pronta e acuta: *un'osservazione sagace* Ⓢ perspicace, accorto.

sagacia (**sa-gà-cia**) N.F. (pl. -*cie*) · Intelligenza e prontezza nel ragionare: *la sagacia degli investigatori* Ⓢ acume.

saggezza (**sag-géz-za**) N.F. · Capacità di giudicare e affrontare le situazioni con equilibrio e prudenza: *la saggezza dei vecchi* Ⓢ senno, giudizio.

saggiare (**sag-già-re**) V.TR. (*sàggio*, ecc.) **1** Valutare con procedimenti chimici e fisici le caratteristiche di una sostanza: *saggiare l'oro* Ⓢ testare. **2** Cercare di capire, mettendole alla prova, le caratteristiche di qualcosa o di qualcuno: *saggiare le intenzioni dell'avversario; saggiare le proprie forze* Ⓢ sondare.

saggina (**sag-gì-na**) N.F. · Pianta erbacea dalle foglie allungate, usata per fabbricare scope o come mangime Ⓢ sorgo.

saggio[1] (**sàg-gio**) AGG. (pl.m. -*gi*, pl.f. -*ge*) · Che dimostra prudenza ed equilibrio nell'agire e nel parlare: *una persona saggia; andare in bici al buio è una cosa poco saggia* Ⓢ giudizioso, savio.

saggio[2] (**sàg-gio**) N.M. (pl. -*gi*) **1** Prova per verificare le caratteristiche di qualcosa: *i saggi compiuti mostrano che il terreno è ricco di ferro* Ⓢ test, esame. **2** Piccola quantità di un prodotto che viene data gratis per prova: *ti manderò un saggio di questo vino* Ⓢ campione. **3** Dimostrazione di aver acquisito certe abilità: *a fine anno ha il saggio di danza* Ⓢ esibizione. **4** Trattato scritto su un tema specifico: *scrive un saggio su Garibaldi* Ⓢ studio.

sagittario (**sa-git-tà-rio**) N.M. · In astrologia, segno che comprende i nati dal 23 novembre al 21 dicembre.

sagoma (**sà-go-ma**) N.F. **1** Forma di vari materiali che serve da modello per riprodurre qualcosa: *ritagliare la sagoma in carta di un cuore.* **2** La linea del profilo di un oggetto: *era buio, ho visto solo la sagoma dell'uomo* Ⓢ contorno. **3** Nel linguaggio familiare, persona simpatica e buffa: *che sagoma tuo fratello!* Ⓢ tipo.

sagomare (**sa-go-mà-re**) V.TR. (*sàgomo*, ecc.) · Dare la forma prestabilita a qualcosa: *sagomare una giacca.*

sagomato (**sa-go-mà-to**) AGG. · Che ha una certa forma.

sagra (**sà-gra**) N.F. · Festa di paese con fiera e mercato legata ai prodotti alimentari tipici di un luogo: *la sagra della salsiccia.*

A B C D E F G H I J K L M N O P Q R S T U V W X Y Z

sagrato (sa-grà-to) N.M. · Lo spazio davanti all'ingresso della chiesa.

sagrestano (sa-gre-stà-no) N.M. (f. *-a*) · La persona che tiene in ordine e custodisce una chiesa.

sagrestia (sa-gre-stì-a) N.F. (pl. *-stìe*) · Locale vicino alla chiesa dove si si tengono gli arredi sacri e in cui i sacerdoti si vestono per le funzioni.

saio (sà-io) N.M. (pl. *sài*) · Veste di panno ruvido indossata da frati e monaci Ⓢ tonaca.

sala (sà-la) N.F. · Stanza molto grande di una casa o di un edificio pubblico: *sala da pranzo; sala delle riunioni* Ⓢ salone, locale. Ⓔ ***Sala corse***, ufficio in cui si accettano le scommesse sui cavalli • ***Sala operatoria***, negli ospedali, quella in cui si svolgono le operazioni chirurgiche.

salamandra (sa-la-màn-dra) N.F. · Piccolo anfibio, simile alla lucertola, nero con macchie gialle; vive in zone fresche e umide.

salame (sa-là-me) N.M. **1** Insaccato di carne di maiale salata e pepata; si consuma crudo e a fette: *un panino con il salame.* **2** Persona goffa o sciocca: *sei davvero un salame!*

salamoia (sa-la-mò-ia) N.F. (pl. *-mòie*) · Acqua salata usata per conservare alcuni cibi: *olive in salamoia.*

salare (sa-là-re) V.TR. **1** Insaporire un cibo con il sale: *salare l'acqua della pasta.* **2** Mettere un alimento sotto sale per conservarlo: *salare le acciughe.*

S

salariale (sa-la-rià-le) AGG. · Del salario: *aumenti salariali.*

salariato (sa-la-rià-to) AGG. e N.M. (f. *-a*) · Che, chi fa un lavoro per cui riceve un salario: *dipendenti salariati.*

salario (sa-là-rio) N.M. (pl. *-ri*) · Paga del lavoratore dipendente: *aumento di salario* Ⓢ stipendio, retribuzione.

Il termine deriva dal latino *salarium*, cioè la 'razione di sale' che veniva data a militari e impiegati civili come 'pagamento'.

salasso (sa-làs-so) N.M. **1** Prelievo di una certa quantità di sangue dal corpo per scopi medici: *praticare un salasso.* **2** Spesa eccessiva: *il conto è stato un salasso.*

salatino (sa-la-ti-no) N.M. · Biscottino salato: *ci hanno servito un aperitivo con i salatini.*

salato (sa-là-to) AGG. e N.M. || AGG. **1** Che contiene del sale: *buttare la pasta nell'acqua salata* • Di cibo, sgradevole per il troppo sale: *questa minestra è salata.* **2** Che ha un prezzo esagerato: *un conto salato* Ⓢ caro. || N.M. Uno dei sapori fondamentali: *preferisco il salato al dolce.* Ⓔ ***Acqua salata*** → ***acqua***.

saldamente (sal-da-mén-te) AVV. · In modo efficace, senza cedimenti: *reggersi saldamente; la squadra resta saldamente al comando della classifica* Ⓢ fortemente.

saldare (sal-dà-re) V.TR. || TR. **1** Unire pezzi di metallo, fondendoli insieme: *ha saldato le due parti del tubo.* **2** Attaccare insieme i pezzi di un oggetto rotto: *ho saldato con la colla il manico alla tazza.* **3** Pagare un conto: *ha saldato il suo debito.* || **saldarsi** INTR. PRONOM. Di ferite o fratture, guarire: *la frattura della caviglia si è saldata.*

saldatura (sal-da-tù-ra) N.F. **1** Operazione in cui si uniscono pezzi di metallo, fondendoli insieme: *la saldatura delle aste di un cancello.* **2** Punto di unione di due parti attaccate insieme: *la saldatura di due pezzi di porcellana.*

saldo[1] (sàl-do) AGG. · Fermo, stabile, resistente: *reggersi saldo* ***sulle*** *gambe; la loro amicizia è salda.*

saldo[2] (sàl-do) N.M. **1** Ciò che resta da pagare di una cifra dovuta: *pagare il saldo in contanti.* **2** Vendita a prezzo più basso di merce avanzata: *la maglia in saldo costa la metà.*

sale (sà-le) N.M. **1** Sostanza composta di cloro e di sodio; si trova sciolto nell'acqua del mare o, sotto forma di piccolo cristallo bianco, in giacimenti terrestri; è usato in cucina per insaporire o conservare i cibi: *sale grosso; conservare sotto sale.* **2** Composto chimico che deriva dalla reazione di un acido con una base.

salgemma (sal-gèm-ma) N.M. INVAR. · Minerale che si trova in forma cristallina, composto di cloro e sodio, usato in cucina per dare sapore ai cibi.

salgo (sàl-go) · Ind. pres., 1ª pers. sing. → ***salire***.

salice (sà-li-ce) N.M. · Albero che cresce in zone umide; i suoi rami flessibili e resistenti sono usati per lavori d'intreccio. E ***Salice piangente***, quello con rami lunghi che pendono fino a toccar terra.

salico (sà-li-co) AGG. (pl.m. *-ci*, pl.f. *-che*) · Dei Franchi Sali, popolo germanico che occupò la Gallia centro-settentrionale alla caduta dell'Impero romano d'Occidente. E ***Legge salica***, principio che esclude dalla corona le donne, in uso in alcune monarchie.

saliente (sa-lièn-te) AGG. · Di particolare importanza: *i punti salienti del discorso* S rilevante.

saliera (sa-liè-ra) N.F. · Piccolo recipiente per il sale.

salina (sa-lì-na) N.F. 1 Impianto per estrarre il sale dalle acque del mare; è formato da alcune vasche in cui vengono tenute le acque marine che, evaporando, depositano il sale. 2 Deposito naturale di sali di vario tipo che si forma in alcune zone costiere.

salinità (sa-li-ni-tà) N.F. INVAR. · Percentuale di sale contenuta in una quantità d'acqua: *acque ad alto tasso di salinità.*

salino (sa-lì-no) AGG. · Che contiene o che è fatto di sale: *sostanza salina; soluzione salina.*

salire (sa-lì-re) V.INTR. e TR. (irreg.: ind. pres. *sàlgo, sàli, sàle, saliàmo, salìte, sàlgono*; pass. rem. *salìi*, ecc.; cong. pres. *sàlga, sàlga, sàlga, saliàmo, saliàte, sàlgano*) || INTR. (aus. *essere*) 1 Andare verso l'alto: *salire **al** terzo piano; salire in cima a una montagna* S arrampicarsi C scendere • Montare sopra a qualcosa: *salire **a** cavallo; salire **sul** tram; salire **in** bicicletta; salire **su** una sedia* • Raggiungere una grande altezza: *l'aereo salì rapidamente **a** 10.000 metri di quota* S elevarsi, sollevarsi. 2 Aumentare di livello: *il fiume continua a salire; la sua voce salì **di** tono; i prezzi saliranno ancora* S crescere. || TR. Percorrere verso l'alto: *salire le scale.* E ***Salire al trono***, diventare re • ***Salire in cattedra*** → ***cattedra***.

saliscendi (sa-li-scén-di) N.M. INVAR. 1 Sbarra di ferro che si alza e si abbassa per aprire e chiudere porte e finestre. 2 Serie di salite e discese: *questa strada è tutta un saliscendi.*

salita (sa-lì-ta) N.F. 1 Percorso che va verso l'alto: *affrontare la salita; una salita ripida* S pendio, erta C discesa. 2 Il cammino lungo un tratto ripido: *fermarsi durante la salita.*

saliva (sa-lì-va) N.F. · Liquido che aiuta la digestione, prodotto da alcune ghiandole all'interno della bocca.

salivare (sa-li-và-re) AGG. · Della saliva: *secrezione salivare.* E ***Ghiandole salivari***, le ghiandole della bocca che producono la saliva.

salivazione (sa-li-va-zió-ne) N.F. · Produzione di saliva: *aumento della salivazione.*

salma (sàl-ma) N.F. · Il corpo di una persona morta: *la benedizione della salma* S cadavere.

salmastro (sal-mà-stro) AGG. e N.M. || AGG. Che contiene sale: *l'acqua di laguna è salmastra* S salato. || N.M. Odore o sapore di sale, tipico delle acque marine: *si sente nell'aria il salmastro.*

salmo (sàl-mo) N.M. · Poesia cantata in lode di Dio, tipica della tradizione ebraica e cristiana: *nella Bibbia c'è il Libro dei Salmi.*

> Il termine deriva dal greco *psállo* 'cantare accompagnandosi con la cetra'.

salmone (sal-mó-ne) N.M. e AGG. || N.M. Grosso pesce che vive nelle acque dell'Atlantico Settentrionale; per deporre le uova risale controcorrente i fiumi che sfociano in quella parte dell'oceano; la sua carne si mangia sia fresca che affumicata. || AGG. e N.M. INVAR. Di colore fra il rosa e l'arancione, tipico della carne del pesce affumicato: *una camicia rosa salmone.*

salomonico (sa-lo-mò-ni-co) AGG. (pl.m. *-ci*, pl.f. *-che*) · Saggio, imparziale: *sentenza salomonica.*

> Il termine deriva dal nome del re biblico *Salomone*, famoso per la sua giustizia imparziale.

salone (sa-ló-ne) N.M. 1 Ambiente ampio di una casa signorile, usato per ricevimenti, feste o balli: *ricevere gli ospiti nel salone* S sala. 2 Esposizione periodica: *il Salone internazionale dell'automobile a Torino* S mostra, fiera. E ***Salone di bellezza*** → ***bellezza***.

salotto (sa-lòt-to) N.M. · Ambiente della casa usato per ricevere gli ospiti, per fare conversazione o guardare la televisione: *ci fece passare in salotto* Ⓢ soggiorno • L'insieme di mobili che vi si trovano: *vogliamo cambiare il salotto.*

salpare (sal-pà-re) V.TR. e INTR. || TR. Sollevare l'ancora dal fondo del mare per iniziare la navigazione: *salpare le ancore* Ⓢ levare. || INTR. (aus. *essere*) Levare le ancore, prendere il largo: *la nave è pronta a salpare* Ⓢ partire.

salsa (sàl-sa) N.F. · Condimento più o meno denso, a base di olio e ingredienti vari, per dare sapore ai cibi: *salsa alle olive.* Ⓔ ***Salsa verde***, con prezzemolo, olio, capperi e acciughe.

salsedine (sal-sè-di-ne) N.F. **1** Sale che si trova nell'acqua e nell'aria di mare: *il vento sapeva di salsedine.* **2** La traccia di sale che l'acqua marina lascia evaporando: *lavarsi la salsedine dalla faccia.*

salsiccia (sal-sìc-cia) N.F. (pl. -ce) · Insaccato di carne, soprattutto di maiale, tritata, salata e aromatizzata: *salsicce alla griglia; salsiccia piccante.*

saltare (sal-tà-re) V.INTR. e TR. || INTR. **1** (aus. *avere*) Sollevarsi da terra con slancio rimanendo per un attimo sospesi in aria: *i bambini saltano con la corda; saltare* ***dalla*** *gioia.* **2** (aus. *essere*) Staccarsi da terra per raggiungere una superficie che sta più in alto o più in basso: *saltò* ***sulla*** *tavola,* ***in*** *sella; è saltato* ***dalla*** *finestra.* **3** (aus. *essere*) Di oggetti fissati ad altri, staccarsi: ***mi*** *è saltato il bottone della camicia* • Di oggetti sferici, rimbalzare: *la palla saltò oltre la rete* • Di meccanismi, smettere di funzionare all'improvviso: *è saltata l'elettricità* Ⓢ bloccarsi, guastarsi • Di un evento, non succedere: *la partita è saltata* Ⓢ sfumare. **4** (aus. *essere*) Arrivare all'improvviso: ***da*** *dove sei saltato fuori?; che idee* ***ti*** *saltano* ***in*** *mente?* Ⓢ comparire, spuntare, sbucare. **5** (aus. *essere*) Passare da un punto a un altro tralasciando una parte intermedia: *saltiamo* ***a*** *pagina 100* Ⓢ andare. || TR. **1** Oltrepassare con un salto: *saltare l'ostacolo* Ⓢ superare. **2** Tralasciare leggendo o scrivendo: *saltare una riga, un passaggio, un capitolo.* **3** Cuocere a fuoco vivo e per breve tempo, in olio o burro fuso: *saltare in padella gli spinaci.* Ⓔ ***Saltare agli occhi***, apparire subito evidente: *la differenza salta subito agli occhi* • ***Saltare di palo in frasca***, cambiare argomento all'improvviso e senza motivo • ***Saltare (in aria)***, esplodere, scoppiare: *l'esplosione ha fatto saltare in aria il ponte* • ***Saltare i pasti***, digiunare.

saltellare (sal-tel-là-re) V.INTR. (*saltèllo*, ecc.; aus. *avere*) · Fare una serie di piccoli salti: *i bambini saltellavano attorno alla maestra.*

saltimbanco (sal-tim-bàn-co) N.M. (f. raro -*a*; pl.m. -*chi*, pl.f. -*che*) · Acrobata che si esibisce nelle piazze: *alla festa del paese c'erano anche i saltimbanchi.*

salto (sàl-to) N.M. **1** Sollevamento rapido del corpo da terra cui segue la ricaduta nello stesso punto: *fare un salto; la lepre fuggì via a grandi salti* Ⓢ balzo • Movimento rapido del corpo per raggiungere un livello superiore o inferiore, oppure per superare un ostacolo: *con un salto fu sulla tavola; superare la siepe con un salto* • Specialità sportiva dell'atletica: *salto in alto; salto in lungo; salto triplo; salto con l'asta.* **2** Visita molto breve: *faccio un salto in centro* Ⓢ capatina. **3** Caduta di un corso d'acqua in corrispondenza di un dislivello: *l'acqua precipita con un salto di venti metri* Ⓢ cascata. **4** Differenza di altezza tra due piani: *tra il balcone e la via c'è un salto di due metri* Ⓢ dislivello. Ⓔ ***Salto di qualità***, notevole cambiamento in meglio • ***Salto mortale***, esercizio acrobatico che consiste nel compiere un giro completo su se stessi, capovolgendosi in avanti o all'indietro; ***fare i salti mortali***, fare di tutto per raggiungere uno scopo • ***Salto nel buio***, tentativo rischioso di cui non si possono prevedere gli sviluppi.

saltuario (sal-tu-à-rio) AGG. (pl.m. -*ri*, pl.f. -*rie*) · Che si svolge con molte interruzioni: *occupazione saltuaria* Ⓢ irregolare, discontinuo.

salubre (sa-lù-bre) AGG. · Che fa bene alla salute: *ambiente, clima salubre* Ⓢ sano, salutare.

La pronuncia corretta è *salùbre*, con l'accento sulla *u*; la pronuncia *sàlubre* con l'accento sulla *a* è sbagliata!

salumaio (sa-lu-mà-io) N.M. (f. -*a*; pl.m. -*mài*, pl.f. -*màie*) · Salumiere.

S

salume (sa-lù-me) N.M. (spesso al pl.) · Prodotto di carne di maiale, lavorata e salata: *c'erano degli ottimi salumi come antipasto.*

salumeria (sa-lu-me-rì-a) N.F. (pl. *-rìe*) · Negozio in cui si vendono salumi e altri prodotti alimentari.

salumiere (sa-lu-miè-re) N.M. (f. *-a*; pl.m. *-i*, pl.f. *-e*) · Chi vende salumi: *ho comprato dell'ottimo prosciutto dal salumiere* Ⓢ salumaio.

salutare[1] (sa-lu-tà-re) AGG. **1** Che fa bene alla salute: *una cura salutare* Ⓢ salubre, benefico. **2** Utile, vantaggioso: *un consiglio salutare.*

salutare[2] (sa-lu-tà-re) V.TR. **1** Rivolgere a una persona, quando la si incontra o la si lascia, gesti o parole di cortesia o di affetto: *salutare* ***con*** *un sorriso; salutare un amico alla stazione.* **2** Andare a trovare qualcuno: *se torni presto, passa a salutarmi* Ⓢ visitare. **3** Accogliere con manifestazioni di approvazione o di disapprovazione: *il suo ingresso fu salutato da molti applausi.*

salute (sa-lù-te) N.F. || N.F. **1** Condizione di benessere del corpo o della mente: *mantenersi in salute.* **2** La condizione fisica dell'organismo: *essere delicato di salute; è assente per motivi di salute.* || **salute!** INTER. Esprime un saluto o, detto a chi starnutisce, un augurio. Ⓔ ***Alla (vostra) salute!***, come augurio nel fare un brindisi • ***Scoppiare di salute***, stare molto bene.

saluto (sa-lù-to) N.M. **1** Gesto o espressione di cortesia o di affetto fra due persone che si incontrano o si lasciano: *rispondere a un saluto; ricambiare un saluto; un saluto formale* • SPESSO AL PL. Espressione di cortese omaggio: *porgere i propri saluti a qualcuno; distinti saluti.* **2** Nell'esercito o nelle cerimonie ufficiali, segno di rispetto o di onore: *il saluto alla bandiera; saluto militare.* Ⓔ ***Togliere il saluto a qualcuno***, smettere di salutare una persona che ci ha offeso.

salva (sàl-va) N.F. (comune, ma inesatta, la variante *salve*, invar.) **1** Sparo simultaneo di più armi caricate solo a polvere, in segno di omaggio, in occasioni solenni: *la vittoria fu celebrata con una salva di cannone.* **2** Rumoroso scoppio di entusiasmo o di dissenso: *venne accolto da una salva di applausi* Ⓢ raffica. Ⓔ ***A salve***, senza proiettili, solo con la polvere da sparo: *un'arma caricata a salve; sparare a salve.*

salvacondotto (sal-va-con-dót-to) N.M. · Permesso di attraversare un territorio proibito: *per la zona militare ci vuole un salvacondotto* Ⓢ lasciapassare.

> Il termine deriva dal francese *sauf-conduit* 'salvacondotto', composto a sua volta di *sauf* 'salvo' e *conduit* 'condotto'.

salvadanaio (sal-va-da-nà-io) N.M. (pl. *-nài*) · Recipiente di varie forme dotato di una fessura in cui si inseriscono i soldi da risparmiare.

salvagente (sal-va-gèn-te) N.M. (invar. o pl. *salvagènti*) · Oggetto di varie forme che serve per tenere a galla le persone in acqua: *si è aggrappato al salvagente.*

salvaguardare (sal-va-guar-dà-re) V.TR. · Difendere, tutelare, proteggere: *salvaguarda la tua salute; le leggi salvaguardano la libertà dei cittadini.*

salvaguardia (sal-va-guàr-dia) N.F. (pl. *-die*) · Difesa di un bene, di un diritto, di un interesse: *è intervenuto a salvaguardia della riserva naturale* Ⓢ tutela.

salvare (sal-và-re) V.TR. || TR. **1** Sottrarre a un pericolo, a un danno o alla morte: *i medici sperano di salvarlo; salvare la pelle; salvare i mobili* ***dall'****incendio* Ⓢ trarre in salvo. **2** In senso cristiano, sottrarre al dominio del diavolo: *salvare qualcuno* ***dal*** *peccato.* **3** Registrare i dati del computer per evitare che vengano persi: *salvare un file.* || **salvarsi** RIFL. Sottrarsi alla morte, mettersi in salvo: *salvarsi a nuoto; si è salvata per miracolo.* Ⓔ ***Salvare le apparenze***, fare il possibile per conservare una buona reputazione.

salvataggio (sal-va-tàg-gio) N.M. (pl. *-gi*) **1** Operazione di soccorso e di aiuto: *una squadra di salvataggio ha recuperato gli alpinisti bloccati.* **2** Registrazione di dati su una memoria informatica per evitare che vadano persi.

salvatore (sal-va-tó-re) N.M. (f. *-trìce*) · Chi porta la salvezza: *il salvatore della patria.* Ⓔ ***Il Salvatore***, Gesù Cristo.

salvavita (sal-va-vi-ta) AGG. e N.M. INVAR. || N.M. Nome commerciale ® di un dispositivo di sicurezza che interrompe il passaggio di corrente elettrica in caso di pericolo: *è scattato il salvavita.* || AGG. e N.M. Di ciò che può salvare la vita: *farmaci salvavita.*

salve (sàl-ve) INTER. · Espressione di saluto: *salve! che fai da queste parti?* Ⓢ ciao.

> Il termine deriva dal latino *salve*, che significa letteralmente 'stai bene, stai in salute'; già in latino era una forma di saluto.

salvezza (sal-véz-za) N.F. **1** Condizione di chi è uscito da una situazione pericolosa o dannosa: *salvezza* ***da*** *un naufragio; la salvezza dell'anima; trovare una via di salvezza* Ⓢ scampo. **2** Persona o cosa che permette di uscire da una situazione pericolosa: *in quel momento così difficile sei stato la mia salvezza* Ⓢ salvatore. **3** In un campionato sportivo, il punteggio che permette a una squadra di non retrocedere: *la partita decisiva per la salvezza.* Ⓔ ***Ancora di salvezza*** → ***ancora***[2].

salvia (sàl-via) N.F. (pl. *-vie*) · Arbusto dalle foglie vellutate usate in cucina per dare profumo ai cibi: *tortelli burro e salvia.*

salvietta (sal-viét-ta) N.F. · Tovagliolo di stoffa o di carta.

salvo (sàl-vo) AGG., N.M. e PREP. || AGG. Uscito da un pericolo senza danni: *siamo sani e salvi* Ⓢ incolume, indenne, illeso. || N.M. Solo nell'espressione ***in salvo***, al riparo, al sicuro: *è stato tratto in salvo dal bagnino.* || PREP. Eccetto, tranne: *l'ufficio è aperto tutti i giorni salvo la domenica.* Ⓔ ***Salvo che*** o ***salvo se***, a meno che, se non: *partiamo domani, salvo che non piova.*

samaritano (sa-ma-ri-tà-no) AGG. e N.M. (f. *-a*) · Del popolo dei samaritani, che vivevano in una regione dell'antica Palestina. Ⓔ ***Buon samaritano***, persona molto buona e caritatevole, come il protagonista di una famosa parabola dei Vangeli.

samba (sàm-ba) N.M. O F. INVAR. · Danza di origine brasiliana, con accompagnamento molto ritmato.

samurai (sa-mu-rài) N.M. INVAR. · Nell'antico Giappone, chi apparteneva alla casta dei guerrieri.

> Il termine deriva da una parola giapponese che significa 'essere al servizio di un signore'.

san · Forma breve per *santo.*

sanare (sa-nà-re) V.TR. || TR. **1** Curare un male fisico o mentale: *sanare una ferita; il tempo sana ogni male* Ⓢ guarire. **2** Risolvere una situazione difficile: *sanare il bilancio dello Stato* Ⓢ risanare. || **sanarsi** INTR.PRONOM. Guarire: *è un dolore che si sanerà con il tempo.*

sanatoria (sa-na-tò-ria) N.F. (f. *-rie*) · Atto ufficiale con cui lo Stato rende legale una situazione irregolare e rinuncia a punire i responsabili: *concedere una sanatoria degli abusi edilizi.*

sanatorio (sa-na-tò-rio) N.M. (pl. *-ri*) · Ospedale per chi soffre di tubercolosi, situato in una località con un ottimo clima.

sancire (san-ci-re) V.TR. (*sancìsco, sancìsci*, ecc.) · Stabilire per legge: *sancire un divieto; la Costituzione sancisce il diritto al lavoro* Ⓢ decretare.

sanculotto (san-cu-lòt-to) N.M. (f. *-a*) · Nome con cui gli aristocratici chiamavano i rivoluzionari durante la Rivoluzione francese.

sandalo[1] (sàn-da-lo) N.M. · Albero di origine indiana da cui si ricava un legno pregiato e un olio profumato: *una scatola di legno di sandalo.*

sandalo[2] (sàn-da-lo) N.M. · Scarpa leggera aperta, in cui la parte superiore è formata di strisce di vari materiali.

sandwich (sand-wich; pronuncia sènduič) N. INGL., in it. N.M. INVAR. · Panino imbottito: *un sandwich al prosciutto.* Ⓔ ***Uomo sandwich***, chi va in giro portando un cartello pubblicitario sul petto e uno dietro le spalle.

> Il termine deriva dal nome del nobile inglese J. Montague (1718-1792), conte di *Sandwich*, appassionato giocatore, che si faceva preparare il cibo in questo modo per mangiare senza dover abbandonare il tavolo di gioco.

sangue (sàn-gue) N.M. (solo sing.) **1** Fluido rosso che circola nell'organismo dei vertebrati, grazie alla spinta del cuore per portare sostanze nutritive ai tessuti: *sangue arterioso, venoso; trasfusione di sangue; analisi del san-*

S

gue. **2** Stato d'animo, umore: *farsi cattivo sangue*. **3** Origine, discendenza: *essere di sangue nobile, blu; sangue italiano*. **E** ***All'ultimo sangue***, fino alla morte di uno dei due avversari: *combattimento all'ultimo sangue* • ***Al sangue***, di carne, poco cotta • ***A sangue***, in modo brutale e violento: *lo hanno picchiato a sangue* • ***Avere qualcosa nel sangue***, possederlo come dote naturale: *ha la musica nel sangue* • ***Bagno di sangue***, strage, massacro, carneficina • ***Fatto di sangue***, omicidio • ***Legame di sangue***, appartenenza alla stessa famiglia • ***Nel sangue*** o ***con il sangue***, con violenza inaudita: *soffocare una rivolta nel sangue*; ***lavare qualcosa con il sangue***, vendicarsene con violenza: *ha lavato l'offesa con il sangue* • ***Sangue freddo***, calma, freddezza: *con i rapinatori dimostrò molto sangue freddo*; ***a sangue freddo***, con perfetto controllo, senza emozioni; ***animali a sangue freddo*** → *freddo* • ***Sentirsi gelare il sangue***, provare una forte paura • ***Sentirsi ribollire il sangue (nelle vene), sentirsi salire il sangue alla testa***, essere furioso, arrabbiato • ***Sudare sangue*** → *sudare*.

sanguigno (san-guì-gno) AGG. **1** Che riguarda il sangue: *vaso sanguigno*. **2** Che reagisce in modo impulsivo: *una persona sanguigna* **S** impetuoso. **E** ***Gruppo sanguigno*** → *gruppo*.

sanguinare (san-gui-nà-re) V.INTR. (*sànguino*, ecc.; aus. *avere*) · Perdere sangue: *la ferita sanguina*.

sanguinario (san-gui-nà-rio) AGG. (pl.m. *-ri*, pl.f. *-rie*) · Che uccide con facilità: *un tiranno sanguinario* **S** violento, feroce.

sanguinolento (san-gui-no-lèn-to) AGG. · Che cola sangue: *la bistecca non è cotta, è ancora sanguinolenta*.

sanguinoso (san-gui-nó-so) AGG. · Che provoca un grosso spargimento di sangue: *una battaglia sanguinosa* **S** cruento.

sanguisuga (san-gui-sù-ga) N.F. (pl. *-ghe*) **1** Verme d'acqua dolce che vive succhiando il sangue a persone e animali, ai quali si attacca grazie a delle ventose: *un tempo venivano usate le sanguisughe per eseguire i salassi*. **2** Chi vive a spese di qualcun altro **S** parassita.

sanità (sa-ni-tà) N.F. INVAR. **1** Stato di buona salute: *dubito della sua sanità mentale*. **2** L'insieme degli enti pubblici e delle iniziative di legge che riguardano la salute dei cittadini: *Ministero della Sanità*.

sanitario (sa-ni-tà-rio) AGG. (pl.m. *-ri*, pl.f. *-rie*) **1** Che riguarda l'igiene: *dopo il terremoto le condizioni sanitarie erano disastrose*. **2** Che riguarda la salute pubblica: *emergenza sanitaria*. **E** ***Apparecchi sanitari, impianti sanitari*** (o *i sanitari* N.M.PL.), le apparecchiature del bagno che servono per la pulizia e l'igiene delle persone (come il lavandino e il water).

sannitico (san-ni-ti-co) AGG. (pl.m. *-ci*, pl.f. *-che*) · Dell'antico popolo dei Sanniti, che viveva fra Abruzzo, Campania e Molise: *le città sannitiche*.

sano (sà-no) AGG. **1** Che gode di buona salute: *un ragazzo sano*; *essere sano* **di** *mente* **C** malato. **2** Che non presenta difetti: *la cucina è uscita sana dal negozio, ma si è danneggiata nel trasporto*; *un frutto sano*. **3** Che fa star bene: *un'alimentazione sana*; *un clima sano* **S** salutare, salubre **C** malsano. **4** Che si basa su buoni principi: *ha ricevuto una sana educazione*. **E** ***Di sana pianta***, del tutto, completamente: *rifare, inventare qualcosa di sana pianta* • ***Sano come un pesce***, in perfetta salute • ***Sano e salvo***, che non ha subito danni: *è uscito sano e salvo dall'incidente*.

sansa (sàn-sa) N.F. · Ciò che rimane dalla spremitura delle olive, da cui si ricava un olio di bassa qualità: *olio di sansa*.

sanscrito (sàn-scri-to) N.M. · La lingua indoeuropea in cui è scritta la letteratura di una parte dell'India fin dal decimo secolo a.C.

santificare (san-ti-fi-cà-re) V.TR. (*santìfico*, *santìfichi*, ecc.) **1** Dichiarare santo: *la Chiesa ha santificato padre Pio*. **2** Onorare, celebrare, venerare: *santificare il nome di Dio*. **E** ***Santificare le feste***, celebrarle come prescrive la Chiesa.

santino (san-tì-no) N.M. · Piccola immagine di un santo raffigurata su un cartoncino: *porta sempre con sé il santino di s. Antonio*.

santità (san-ti-tà) N.F. INVAR. **1** Il carattere di perfezione che la teologia cattolica attribuisce a Dio, alla Madonna e alle persone che hanno condotto una vita virtuosa secondo la Fede: *la santità di Gesù Cristo*; *santità di* *vita.* **2** Il carattere sacro della religione o di istituzioni degne di massimo rispetto: *la santità della Chiesa; la santità della legge.* **3** Titolo con cui ci si rivolge al Papa: *Vostra Santità; Sua Santità.*

santo (sàn-to) AGG. e N.M. (f. -a) || AGG. **1** Attributo e caratteristica della divinità: *Dio santo e misericordioso abbi pietà di noi* • Che è in rapporto con la divinità e con il culto: *il nome santo di Dio; la santa Messa.* **2** Ispirato a devozione, purezza e perfezione: *condusse una vita santa* Ⓢ giusto, pio. **3** Salutare, provvidenziale, utile: *se lo aiutassi, faresti un'opera santa* • Nel linguaggio familiare, rafforza una frase rendendola più espressiva: *mi lasciate lavorare in santa pace?* || AGG. e N.M. (f. -a) Che, chi, per la perfezione della sua vita, è riconosciuto dalla Chiesa degno di venerazione: *fare, dichiarare santo; venerare i santi; i santi martiri* • Prima del nome dei santi si usa per indicare il giorno in cui la Chiesa celebra la loro festa o una chiesa a loro dedicata: *la facciata di San Petronio a Bologna; san Silvestro*, l'ultimo giorno dell'anno. Ⓔ ***Acqua santa***, l'acqua benedetta • ***Di santa ragione***, nel linguaggio familiare, tanto, con forza, con violenza: *lo hanno picchiato di santa ragione* • ***Guerra santa*** → **guerra** • ***Il Santo Padre***, il Papa • ***La Santa Sede***, il Vaticano • ***La settimana santa***, quella prima di Pasqua • ***Non ci sono santi (che tengano)***, non c'è alcuna possibilità di scelta: *se non studi, non puoi uscire... non ci sono santi che tengano!* • ***Non essere uno stinco di santo***, di persona che non è un modello di onestà, che commette scorrettezze.

S

santone (san-tó-ne) N.M. (f. *-a*; pl.m. *-i*, pl.f. *-e*) · In alcune religioni non cristiane, persona che si dedica alla vita ascetica Ⓢ eremita, asceta.

santuario (san-tu-à-rio) N.M. (pl. *-ri*) · Luogo sacro, spesso venerato per la presenza di reliquie o per il ricordo di miracoli: *il santuario di Lourdes.*

sanzionare (san-zio-nà-re) V.TR. (*sanzióno*, ecc.) **1** Approvare in modo ufficiale: *l'accordo è stato sanzionato dai due Paesi* Ⓢ sancire, ratificare. **2** Multare, punire: *il Paese che ha dichiarato guerra è stato sanzionato dall'Unione Europea.*

sanzione (san-zió-ne) N.F. **1** La pena prevista per chi non rispetta una legge: *sanzione penale* Ⓢ multa • SPESSO AL PL. Provvedimento economico e politico contro uno Stato che non rispetta le regole internazionali: *le sanzioni contro l'Italia dopo l'occupazione dell'Etiopia.* **2** Approvazione ufficiale di una legge o di un provvedimento: *il decreto ha ottenuto la sanzione del Parlamento.*

sapere[1] (sa-pé-re) N.M. · L'insieme delle conoscenze dell'uomo: *i vari rami del sapere* Ⓢ scienza, conoscenza.

sapere[2] (sa-pé-re) V.TR. e INTR. (irreg.: ind. pres. *so, sài, sa, sappiàmo, sapéte, sànno*; pass. rem. *sèppi, sapésti, sèppe, sapémmo, sapéste, sèppero*; fut. *saprò*, ecc.; cong. pres. *sàppia*, ecc.; condiz. pres. *saprèi*, ecc.; part. pass. *sapùto*; gerundio *sapèndo*; imperat. *sàppi, sappiàte*; le altre forme sono regolari) || TR. **1** Conoscere qualcosa per averlo imparato studiando: *sapere il tedesco; sapere a mente una poesia* • Essere in grado di fare qualcosa: *sapere il proprio mestiere; saper leggere.* **2** Venire a conoscere una notizia: *ho saputo **che** ti sposi* • Rendersi conto: *se tu sapessi quanto abbiamo sofferto!; non sai quello che hai combinato* Ⓢ capire. || INTR. (aus. *avere*) Avere sapore od odore: *il vino sapeva **di** aceto; questo sugo non sa **di** nulla.* Ⓔ ***Mi sa***, mi pare, ho l'impressione: *mi sa **che** non c'è più niente da fare* • ***Non volerne più sapere di qualcuno***, voler interrompere ogni rapporto con lui • ***Si sa***, è noto, è ovvio.

sapiente (sa-pièn-te) AGG. e N.M. e F. || AGG. e N.M. e F. Che, chi ha grande conoscenza e saggezza: *un re sapiente; i sette sapienti della Grecia* Ⓢ dotto, saggio Ⓒ ignorante. || AGG. Che ha competenza e abilità: *un sapiente amministratore; il chirurgo estrasse il proiettile con mano sapiente* Ⓢ esperto.

sapienza (sa-pièn-za) N.F. · Ricchezza di conoscenze unita a grande saggezza: *la sapienza degli antichi* Ⓢ sapere, scienza.

sapone (sa-pó-ne) N.M. · Sostanza, a base di soda e grassi, usata per lavare: *sapone da bucato; sapone liquido.* Ⓔ ***Acqua e sapone***, di donna, al naturale, senza trucco: *una ragazza acqua e sapone* • ***Bolla di sapone*** → **bolla**[2].

Il termine deriva da una parola latina di origine celtica che significa 'miscela per tingere i capelli di rosso'.

saponetta (sa-po-nét-ta) N.F. · Piccola forma solida di sapone per la pulizia del corpo.

sapore (sa-pó-re) N.M. **1** La sensazione che un cibo provoca sugli organi del gusto: *sapore dolce, amaro, salato, acido; minestra senza sapore.* **2** Sfumatura di tono o di espressione: *le tue parole hanno un sapore amaro.* **3** Emozione, vivacità, brio: *l'imprevisto dà sapore alla vita.*

saporito (sa-po-rì-to) AGG. · Di cibo, dal sapore forte e gradevole: *proprio saporito questo arrosto!* Ⓢ gustoso Ⓒ insipido • Salato: *la minestra è un po' troppo saporita.*

saprofita (sa-prò-fi-ta) N.M. (pl. *-i*) · Pianta che si nutre di organismi morti o di sostanze in decomposizione.

sarabanda (sa-ra-bàn-da) N.F. · Confusione, chiasso: *dopo la notizia si è scatenata una gran sarabanda.*

saraceno (sa-ra-cè-no) AGG. e N.M. (f. *-a*) · Nome usato nel Medioevo per indicare i musulmani, soprattutto quelli del Mediterraneo centro-orientale. Ⓔ ***Grano saraceno***, cereale simile al mais.

saracinesca (sa-ra-ci-né-sca) N.F. (pl. *-sche*) · Chiusura di metallo che protegge le porte dei negozi: *aprire la saracinesca* Ⓢ serranda.

sarago (sà-ra-go) N.M. (pl. *-ghi*) · Pesce piatto color argento con righe scure trasversali, molto apprezzato per la sua carne.

sarcasmo (sar-cà-ṣmo) N.M. · Ironia amara o cattiva: *parole piene di sarcasmo.*

Il termine deriva dal greco *sarkasmós* 'lacerazione della carne'.

sarcastico (sar-cà-sti-co) AGG. (pl.m. *-ci*, pl.f. *-che*) · Pieno di sarcasmo: *gli parlò con tono sarcastico* Ⓢ ironico, pungente.

sarchiare (sar-chià-re) V.TR. (*sàrchio*, ecc.) · Smuovere terreno in superficie per fargli prendere aria e per eliminare le erbacce: *sarchiare il campo.*

sarchiatrice (sar-chia-trì-ce) N.F. · Macchina agricola usata per sarchiare il terreno.

sarcofago (sar-cò-fa-go) N.M. (pl. *-gi* o *-ghi*) · Cassa di vari materiali, spesso decorata, in cui venivano messi i corpi dei morti nell'antichità: *sarcofago etrusco* Ⓢ bara.

sarda (sàr-da) N.F. · Sardina, tipo di pesce azzurro: *pasta con le sarde.*

sardina (sar-dì-na) N.F. · Pesciolino azzurro-argenteo che vive in branchi, tipico del Mediterraneo; si conserva anche sott'olio o sotto sale.

sardo (sàr-do) AGG. e N.M. (f. *-a*) || AGG. Della Sardegna. || N.M. (f. *-a*) Abitante, nativo della Sardegna. || N.M. L'insieme dei dialetti che si parlano in Sardegna.

sardonico (sar-dò-ni-co) AGG. (pl.m. *-ci*, pl.f. *-che*) · Di risata maligna e provocatoria: *riso sardonico* Ⓢ sarcastico.

Il termine deriva dal nome latino della *sardonia*, un'erba che, se ingerita, provocava una contrazione delle labbra simile a un ghigno.

sartia (sàr-tia) N.F. (pl. *sàrtie*) · Fune di corda o di acciaio che tiene fermo l'albero di una nave: *durante la tempesta si ruppero le sartie.*

La pronuncia corretta è *sàrtia*, con l'accento sulla *a*; la pronuncia *sartìa* con l'accento sulla *i* è sbagliata!

sarto (sàr-to) N.M. (f. *-a*) **1** Chi taglia e cuce abiti: *farsi fare un vestito su misura da un sarto.* **2** Creatore di moda: *i grandi sarti italiani* Ⓢ stilista.

sartoria (sar-to-rì-a) N.F. (pl. *-rìe*) **1** Laboratorio o casa di moda dove si fanno abiti: *la sartoria del teatro produce abiti di scena.* **2** La tecnica e l'attività della produzione di abiti: *un elegante prodotto di sartoria.*

sassaiola (sas-sa-iò-la) N.F. · Ripetuto lancio di sassi: *è rimasto ferito durante la sassaiola.*

sassata (sas-sà-ta) N.F. · Lancio di una pietra: *colpire con una sassata.*

sasso (sàs-so) N.M. · Pezzo di roccia: *un viottolo pieno di sassi* Ⓢ pietra. Ⓔ ***Di sasso***, molto sorpreso, senza parole: *lasciare, restare di sasso* • ***Far piangere i sassi***, riuscire a commuovere anche le persone più insensibili • ***Lanciare un sasso nello stagno***, sconvolgere una situazione tranquilla.

sassofonista (sas-so-fo-nì-sta) N.M. e F. (pl.m. -*i*, pl.f. -*e*) · Chi suona il sassofono.

sassofono (sas-sò-fo-no) N.M. · Strumento musicale a fiato in ottone, a forma di grossa pipa.

Il termine deriva dal nome del suo inventore A. *Sax* (1814-1894).

sassone (sàs-so-ne) AGG. e N.M. e F. || AGG. Della Sassonia, regione della Germania centro-orientale, o dei Sassoni, antico raggruppamento di popoli germanici. || N.M. e F. Abitante, nativo della Sassonia o appartenente ai Sassoni. || N.M. La lingua degli antichi Sassoni o il dialetto tedesco della Sassonia. Ⓔ ***Genitivo sassone*** → *genitivo*.

sassoso (sas-só-so) AGG. · Coperto o pieno di sassi: *terreno sassoso*.

Satana (Sà-ta-na) N.M. INVAR. · Il diavolo, la personificazione del Male: *Satana tentò Gesù Cristo nel deserto* Ⓢ demonio.

Il termine deriva da una parola ebraica che significa 'avversario, nemico'.

satanico (sa-tà-ni-co) AGG. (pl.m. -*ci*, pl.f. -*che*) **1** Relativo a Satana: *setta satanica; riti satanici* Ⓢ demoniaco. **2** Maligno, cattivo, diabolico: *un ghigno satanico*.

satellitare (sa-tel-li-tà-re) AGG. · Che funziona grazie a un satellite: *canale satellitare; telefono satellitare*.

satellite (sa-tèl-li-te) N.M. e AGG. || N.M. Corpo celeste che ruota attorno a un pianeta: *la Luna è il satellite della Terra*. || AGG. Di Stato che dipende da un altro Stato, per ragioni politiche, economiche o ideologiche: *gli Stati satelliti dell'Unione Sovietica*. Ⓔ ***Satellite (artificiale)***, apparecchio lanciato dall'uomo nello spazio per ricerche scientifiche o meteorologiche, per telecomunicazioni o scopi militari; ***via satellite***, di telecomunicazioni che avvengono per mezzo di satelliti artificiali: *una trasmissione via satellite*.

Il termine deriva dal latino *satelles satellitis* 'guardia del corpo'; il significato attuale si deve allo scienziato Keplero (1571-1630), che paragonò i corpi celesti che ruotano intorno a Giove, scoperti da Galileo (1564-1642), alle guardie del corpo che sono sempre intorno al principe; fu poi lo stesso Galileo a introdurre il termine in italiano.

satira (sà-ti-ra) N.F. **1** Composizione poetica della letteratura latina che prende in giro particolari atteggiamenti: *Giovenale ha scritto molte satire*. **2** Scritto o discorso che mette in ridicolo personaggi pubblici o aspetti tipici della società: *satira politica* Ⓢ parodia, caricatura.

satirico (sa-ti-ri-co) AGG. (pl.m. -*ci*, pl.f. -*che*) **1** Che si riferisce alla satira. **2** Pungente, sarcastico, ironico: *versi satirici*.

satiro (sà-ti-ro) N.M. · Nella mitologia greca e romana, creatura dei boschi, con corpo umano e caratteristiche animali come le orecchie lunghe, le corna, la coda e gli zoccoli.

satollo (sa-tól-lo) AGG. · Sazio di cibo: *niente dolce, grazie, sono satollo* Ⓢ pieno.

saturare (sa-tu-rà-re) V.TR. (*sàturo*, ecc.) · Riempire al massimo: *saturare la stanza* ***di*** *fumo* Ⓢ colmare.

saturo (sà-tu-ro) AGG. · Riempito al massimo: *aria satura* ***di*** *umidità* Ⓢ carico, impregnato.

sauna (sàu-na) N.F. · Bagno caldo di vapore che fa sudare molto, fatto per depurare il corpo o per dimagrire: *vorrei fare una bella sauna* • Il luogo in cui si fa questo bagno: *siamo state alla sauna*.

savana (sa-và-na) N.F. · La vegetazione tipica delle zone tropicali aride dell'Africa, dell'America e dell'Australia, costituita da distese di erba alta e rari alberi bassi.

savio (sà-vio) AGG. e N.M. (pl.m. -*vi*, pl.f. -*vie*) || AGG. Che dimostra buon senso: *una savia decisione* Ⓢ saggio. || N.M. Nel Medioevo, titolo di magistrati anziani: *consiglio dei savi*.

saziare (sa-zià-re) V.TR. (*sàzio*, ecc.) || TR. **1** Soddisfare il desiderio di cibo: *saziare la fame, la sete*. **2** Soddisfare qualcuno togliendogli la fame: *la cena non mi ha saziato; il pane sazia molto* Ⓢ sfamare. **3** Soddisfare un desiderio: *saziare la sete di conoscenza* Ⓢ appagare. || **saziarsi** RIFL. **1** Mangiare fino alla sazietà: *saziarsi* ***di*** *dolci; saziarsi* ***con*** *un pasto abbondante* Ⓢ riempirsi, sfamarsi. **2** Appagarsi, togliersi la voglia di qualcosa: *non si saziava* ***di*** *guardarla*.

sazietà (sa-zie-tà) N.F. INVAR. · Completa soddisfazione dell'appetito o di altri desideri: *sazietà di cibo; sazietà di ricchezze*. Ⓔ ***A sazietà***, finché se ne ha voglia: *mangiare a sazietà*.

sazio (sà-zio) AGG. (pl.m. -*zi*, pl.f. -*zie*) **1** Che ha soddisfatto il desiderio o il bisogno di cibo: *non è mai sazio* Ⓢ pieno Ⓒ affamato. **2** Stanco, stufo, nauseato: *sono sazio* ***di*** *questa vita senza regole*.

sbadataggine (ṣba-da-tàg-gi-ne) N.F. · Disattenzione, distrazione: *per sbadataggine ha messo il sale nel caffè*.

sbadato (ṣba-dà-to) AGG. · Distratto, disattento: *rompe sempre tutto, è così sbadato*.

sbadigliare (ṣba-di-glià-re) V.INTR. (*ṣbadìglio*, ecc.; aus. *avere*) · Fare sbadigli, per sonno o per noia: *è ora di andare a letto: sbadigli troppo*.

sbadiglio (ṣba-dì-glio) N.M. (pl. -*gli*) · Atto respiratorio in cui si inspira molta aria aprendo la bocca: *sbadigli di noia, di sonno, per la fame*.

sbafo (ṣbà-fo) N.M. · Solo nell'espressione ***a sbafo***, a spese di altri: *mangiare a sbafo; andare in vacanza a sbafo* Ⓢ a ufo.

sbagliare (ṣba-glià-re) V.INTR. e TR. (*ṣbàglio*, ecc.) || INTR. (aus. *avere*) **1** Agire facendo errori: *sbagli* ***nel*** *tuo rapporto con lo studio; ho sbagliato* ***a*** *rinunciare*. **2** Comportarsi in modo scorretto: *ho sbagliato e vi chiedo scusa* Ⓢ mancare. || TR. **1** Fare un errore: *sbagliare la pronuncia* Ⓢ errare. **2** Fare una scelta non giusta: *sbagliare mestiere*. **3** Fare una valutazione errata: *sbagliare i calcoli*. **4** Mancare un obiettivo: *ha sbagliato un gol già fatto* Ⓢ fallire. || INTR. (aus. *avere*) e **sbagliarsi** INTR. PRONOM. **1** Confondersi nel fare qualcosa: *sbagliare* ***a*** *compilare un modulo*. **2** Mancare di precisione in una valutazione: *se non mi sbaglio noi ci siamo già visti* Ⓢ confondersi, ingannarsi. ▸ Ⓕ **bagliore**

sbagliato (ṣba-glià-to) AGG. · Errato, scorretto: *offendere qualcuno è una cosa sbagliata* Ⓒ giusto, esatto • Non adatto, inopportuno: *ha scelto il momento sbagliato*. ▸ Ⓕ **bagliore**

sbaglio (ṣbà-glio) N.M. (pl. -*gli*) **1** Errore rispetto a una regola o in una situazione: *correggere uno sbaglio; sbaglio di ortografia* Ⓢ inesattezza, imprecisione. **2** Errore di valutazione: *è stato uno sbaglio invitare anche lui*. **3** Colpa morale: *tutti hanno commesso qualche sbaglio in gioventù* Ⓢ peccato. Ⓔ ***Per sbaglio***, per disattenzione, distrattamente: *ho preso il tuo cappotto per sbaglio*. ▸ Ⓕ **bagliore**

sbalestrare (ṣba-le-strà-re) V.TR. (*ṣbalèstro*, ecc.) **1** Spostare da un luogo all'altro in modo brusco: *con il trasferimento è stato sbalestrato all'estero*. **2** Mettere in stato di confusione: *la notizia l'ha completamente sbalestrato* Ⓢ disorientare, turbare.

sballare (ṣbal-là-re) V.TR. e INTR. || TR. **1** Togliere una merce dall'imballaggio: *sballa il pacco*. **2** Nel linguaggio familiare, sbagliare un calcolo: *hanno sballato tutte le misure*. || INTR. (aus. *avere*) **1** Nei giochi di carte, perdere oltrepassando il punteggio massimo consentito: *ha sballato a sette e mezzo*. **2** Raggiungere uno stato di euforia con droga o alcol.

sballo (ṣbàl-lo) N.M. **1** Forte eccitazione provocata dalla droga: *i giovani cercano lo sballo*. **2** Nel linguaggio giovanile, motivo di straordinaria eccitazione o meraviglia: *questa moto è uno sballo*.

sballottare (ṣbal-lot-tà-re) V.TR. (*ṣballòtto*, ecc.) · Scuotere qua e là: *non sballottare la scatola, c'è del vetro*.

sbalordire (ṣba-lor-dì-re) V.TR. (*ṣbalordìsco*, *ṣbalordìsci*, ecc.) · Suscitare una forte impressione negativa o positiva: *la notizia della disgrazia sbalordì tutti; la sua bravura mi ha sbalordito* Ⓢ sbigottire, stupire.

sbalorditivo (ṣba-lor-di-tì-vo) AGG. **1** Che provoca stupore: *una memoria sbalorditiva* Ⓢ incredibile, stupefacente. **2** Di prezzo, troppo alto: *gli affitti hanno raggiunto cifre sbalorditive* Ⓢ eccessivo.

sbalordito (ṣba-lor-dì-to) AGG. · Sorpreso, stupefatto: *è rimasto sbalordito quando ha saputo la notizia*.

sbalzare (ṣbal-zà-re) V.INTR. e TR. || INTR. (aus. *essere*) Fare un salto improvviso allontanandosi da qualcosa: *sbalzare* ***dal*** *letto; l'urto lo fece sbalzare* ***dalla*** *macchina* Ⓢ precipitare.

|| TR. **1** Gettare con violenza: *l'urto lo sbalzò **a** terra* Ⓢ scagliare. **2** Lavorare un metallo con figure e disegni in rilievo: *sbalzare un vassoio d'argento.*

sbalzo (ṣbàl-zo) N.M. **1** Brusco spostamento in alto o in avanti: *sulla strada piena di buche si procedeva a sbalzi* Ⓢ scossone • Variazione improvvisa delle condizioni di qualcosa: *brusco sbalzo della temperatura.* **2** Lavorazione del metallo con figure a rilievo: *un piatto lavorato a sbalzo.*

sbancamento (ṣban-ca-mén-to) N.M. · Scavo del terreno per costruire edifici o strade: *le ruspe stanno facendo scavi di sbancamento.*

sbancare (ṣban-cà-re) V.TR. (*ṣbànco, ṣbànchi,* ecc.) **1** Nei giochi d'azzardo, vincere tutto il denaro in palio: *ieri sera ha sbancato a poker.* **2** Rovinare economicamente: *le spese per la casa mi hanno sbancato.* **3** Rimuovere una grossa quantità di terra per fare dei lavori: *hanno cominciato a sbancare l'argine.* Ⓔ ***Sbancare il botteghino,*** di film o spettacolo, avere grande successo.

sbandamento[1] (ṣban-da-mén-to) N.M. · Improvvisa deviazione della direzione di un veicolo: *sbandamento di un'auto in curva* Ⓢ sbandata.

sbandamento[2] (ṣban-da-mén-to) N.M. **1** Dispersione dei soldati durante l'attacco del nemico: *sbandamento di un esercito.* **2** Confusione, smarrimento, disorientamento: *ha avuto un momento di sbandamento dopo la morte del padre.*

S

sbandare (ṣban-dà-re) V.INTR. (aus. *avere*) · Di veicolo in movimento, deviare improvvisamente dalla direzione di marcia: *l'auto sbandò **verso** destra* Ⓢ slittare.

sbandata (ṣban-dà-ta) N.F. **1** Brusco cambiamento della direzione di movimento di un veicolo: *l'auto fece una terribile sbandata in curva.* **2** Passione forte e improvvisa: *si è preso una bella sbandata per la sua compagna di banco.*

sbandierare (ṣban-die-rà-re) V.TR. (*ṣbandièro,* ecc.) **1** Sventolare bandiere in segno di festa. **2** Mettere qualcosa in mostra in modo esagerato: *sbandierare i propri successi* Ⓢ esibire • Raccontare a tutti: *sbandierare un segreto.*

sbando (ṣbàn-do) N.M. · Solo nell'espressione ***allo sbando,*** in una grave situazione di confusione o di crisi: *la scuola pubblica è allo sbando.*

sbaragliare (ṣba-ra-glià-re) V.TR. (*ṣbaràglio,* ecc.) · Mettere in fuga in modo clamoroso i nemici: *sbaragliare gli avversari* Ⓢ sgominare.

sbaraglio (ṣba-rà-glio) N.M. (pl. *-gli*) · Solo nell'espressione ***allo sbaraglio,*** verso un grave rischio senza alcuna certezza di riuscita: *l'esercito fu mandato allo sbaraglio.*

sbarazzare (ṣba-raz-zà-re) V.TR. || TR. Liberare qualcosa da un ingombro: *sbarazzare il tavolo **dai** libri* Ⓢ sgombrare. || **sbarazzarsi** RIFL. Liberarsi di un fastidio: *mi sono sbarazzato **di** tutti i seccatori* Ⓢ disfarsi.

sbarazzino (ṣba-raz-zi-no) AGG. e N.M. (f. *-a*) || AGG. e N.M. (f. *-a*) Che, chi ha un comportamento vivace: *un tipo sbarazzino* Ⓢ monello, birichino. || AGG. Che mostra una simpatica disinvoltura: *pettinatura sbarazzina; maniere sbarazzine* Ⓢ vivace.

sbarbare (ṣbar-bà-re) V.TR. || TR. Tagliare la barba: *si fa sbarbare sempre a mano e non con il rasoio* Ⓢ radere. || **sbarbarsi** RIFL. Tagliarsi la barba: *sbarbarsi con il rasoio elettrico* Ⓢ radersi.

sbarcare (ṣbar-cà-re) V.TR. e INTR. (*ṣbàrco, ṣbàrchi,* ecc.) || TR. Trasferire a terra persone o merci da un'imbarcazione o da un aereo: *sbarcare il carico; sbarcare i passeggeri* Ⓢ scaricare. || INTR. (aus. *essere*) Scendere a terra da una nave o da un aereo: *siamo sbarcati **a** Napoli.*

sbarco (ṣbàr-co) N.M. (pl. *-chi*) **1** Trasferimento a terra di persone o merci da una nave o da un aereo: *lo sbarco dei bagagli* Ⓒ imbarco. **2** Invasione militare dal mare di un territorio nemico: *lo sbarco in Normandia.*

sbarra (ṣbàr-ra) N.F. **1** Asta di vari materiali per chiudere o impedire un passaggio: *chiudi la porta con la sbarra; le sbarre del passaggio a livello* Ⓢ spranga, stanga. **2** Bastone, spranga: *lo hanno colpito con una sbarra di ferro.* **3** Asta di acciaio orizzontale usata per fare ginnastica o per svolgere esercizi di danza classica: *fare gli esercizi alla sbarra.* Ⓔ ***Alla sbarra***, in tribunale per un processo: *han chiamato l'imputato alla sbarra* • ***Dietro le sbarre***, in prigione.

sbarramento (ṣbar-ra-mén-to) N.M. · Blocco di un passaggio: *uno sbarramento di polizia; le Alpi sono uno sbarramento naturale* Ⓢ barriera.

sbarrare (ṣbar-rà-re) V.TR. **1** Chiudere qualcosa con una sbarra: *sbarrare la porta* Ⓢ serrare. **2** Impedire il passaggio: *la polizia ha sbarrato tutte le uscite; un uomo armato **mi** sbarrò il passo* Ⓢ bloccare. Ⓔ ***Sbarrare gli occhi***, spalancarli in un'espressione fissa di stupore o terrore.

sbatacchiare (ṣba-tac-chià-re) V.TR. e INTR. (*ṣbatàcchio*, ecc.; aus. *avere*) · Sbattere più volte con violenza: *ha sbatacchiato il gioco per terra e lo ha rotto; la finestra ha sbatacchiato tutta la notte per il vento.*

sbattere (ṣbàt-te-re) V.TR. e INTR. || TR. **1** Battere più volte con energia: *sbattere le coperte, i tappeti* Ⓢ scuotere • Urtare una parte del corpo con forza contro qualcosa: *sbattere la testa **contro** il muro* Ⓢ battere. **2** Costringere qualcuno ad andare in un altro luogo, di solito lontano o sgradito: *lo hanno sbattuto **in** un paesino lontano; sbattere qualcuno fuori della porta* Ⓢ scacciare. **3** Agitare con una serie di movimenti: *sbattere le ali; sbattere le uova.* || INTR. (aus. *avere*) Urtare con forza: *l'auto ha sbattuto **contro** il muro* Ⓢ cozzare. Ⓔ ***Non sapere dove sbattere la testa***, non sapere come risolvere una situazione.

sbattuto (ṣbat-tù-to) AGG. **1** Battuto molte volte: *con due uova sbattute ha fatto lo zabaione.* **2** Pallido, sciupato: *è due notti che non dorme, ha il viso molto sbattuto.*

sbavare (ṣba-và-re) V.INTR. (aus. *avere*) **1** Far uscire fili di saliva dalla bocca: *il cane sbava per l'appetito.* **2** Spargersi fuori dai contorni: *l'inchiostro, il rossetto ha sbavato.* Ⓔ ***Sbavare dietro a qualcuno*** o ***a qualcosa***, desiderarlo moltissimo.

sbellicarsi (ṣbel-li-càr-si) V.RIFL. (*mi ṣbellìco, ti ṣbellìchi*, ecc.; meno corretto, ma comunemente usato, *mi ṣbèllico, ti ṣbèllichi*, ecc.) · Solo nell'espressione del linguaggio familiare ***sbellicarsi dalle risa*** o ***sbellicarsi dal ridere***, ridere molto senza riuscire a smettere.

sberla (ṣbèr-la) N.F. · Schiaffo, ceffone: *gli ha dato due sberle.*

sberleffo (ṣber-lèf-fo) N.M. · Gesto fatto per prendere in giro qualcuno: *le ha fatto uno sberleffo per dispetto.*

sbiadire (ṣbia-dì-re) V.INTR. e TR. (*ṣbiadìsco, ṣbiadìsci*, ecc.) || INTR. (aus. *avere* o *essere*) **1** Assumere una tinta di colore più pallida: *la tovaglia è sbiadita dopo qualche lavaggio* Ⓢ scolorirsi. **2** Diventare vago, indistinto: *con il tempo i ricordi sbiadiscono* Ⓢ attenuarsi, indebolirsi. || TR. **1** Rendere meno vivace il colore di qualcosa: *troppi lavaggi hanno sbiadito la camicia* Ⓢ scolorire. **2** Rendere vago o indistinto: *il tempo ha sbiadito il dolore* Ⓢ attenuare, offuscare. || **sbiadirsi** INTR. PRONOM. **1** Di tinta, schiarirsi, scolorirsi: *il maglione con l'uso si è sbiadito.* **2** Attenuarsi, offuscarsi: *l'immagine che ho di lui si è sbiadita con gli anni.*

sbiadito (ṣbia-dì-to) AGG. **1** Di colore, spento o schiarito: *verde sbiadito* Ⓢ scialbo, stinto. **2** Che ha perso nitidezza: *una foto sbiadita; ricordi sbiaditi del passato.*

sbiancare (ṣbian-cà-re) V.TR. e INTR. (*ṣbiànco, ṣbiànchi*, ecc.) || TR. Rendere più bianco o più chiaro: *un dentifricio che sbianca i denti.* || INTR. (aus. *essere*) e **sbiancarsi** INTR. PRONOM. Diventare pallido per paura o preoccupazione: *a quelle parole si sbiancò in viso* Ⓢ impallidire.

sbieco (ṣbiè-co) AGG. (pl.m. *-chi*, pl.f. *-che*) · Storto, obliquo: *un muro sbieco.* Ⓔ ***Di sbieco***, di traverso: *per passare devi metterti di sbieco;* ***guardare di sbieco***, in modo ostile.

sbigottimento (ṣbi-got-ti-mén-to) N.M. · Forte turbamento: *sbigottimento per la paura, per la sorpresa* Ⓢ sconcerto, sgomento.

sbigottire (ṣbi-got-tì-re) V.TR. e INTR. (*ṣbigottìsco, ṣbigottìsci*, ecc.) || TR. Suscitare un grande turbamento: *l'annuncio della guerra sbigottì tutto il Paese* Ⓢ sconvolgere, turbare. || INTR. (aus. *essere*) Restare molto turbato: *sono sbigottito per la notizia.*

sbilanciare (ṣbi-lan-cià-re) V.TR. (*ṣbilàncio*, ecc.) || TR. Far perdere l'equilibrio: *la borsa ti* *sbilancia **a** destra.* || **sbilanciarsi** RIFL. Dire più di quanto si dovrebbe: *non ti sbilanciare, non sei sicuro di riuscire a fare quello che hai detto* Ⓢ esporsi, compromettersi.

sbilenco (**ṣbi-lèn-co**) AGG. (pl.m. *-chi*, pl.f. *-che*) · Storto, che rischia di cadere: *un muro sbilenco* • Di persona, che pende da una parte: *cammina tutto sbilenco.*

sbirciare (**ṣbir-cià-re**) V.TR. (*ṣbìrcio*, ecc.) · Guardare qualcosa o qualcuno di sfuggita e in modo che nessuno se ne accorga: *sbirciare **dal** buco della serratura; sbirciare il compito.*

sbirciata (**ṣbir-cià-ta**) N.F. · Occhiata veloce senza farsi notare: *ha dato una sbirciata al compito in classe del vicino.*

sbirro (**ṣbìr-ro**) N.M. · Poliziotto, detto in senso spregiativo: *gli sbirri ci hanno fermato per un controllo.*

sbizzarrirsi (**ṣbiẓ-ẓar-rìr-si**) V.RIFL. (*mi ṣbiẓẓarrìsco, ti ṣbiẓẓarrìsci*, ecc.) **1** Esprimere la propria creatività: *mi sono sbizzarrito **in** cucina.* **2** Dare sfogo ai propri capricci e desideri: *ti sei sbizzarrito abbastanza, ora basta.*

sbloccare (**ṣbloc-cà-re**) V.TR. (*ṣblòcco, ṣblòcchi*, ecc.) || TR. Liberare qualcosa da ciò che gli impedisce il movimento: *sbloccare la circolazione; sbloccare una serratura* Ⓒ bloccare. || **sbloccarsi** INTR. PRONOM. **1** Uscire da una condizione di blocco: *lo sterzo si è sbloccato; le trattative si sono sbloccate.* **2** Superare una difficoltà psicologica: *dopo un inizio di imbarazzo si è sbloccato.*

S

sboccare (**ṣboc-cà-re**) V.INTR. (*ṣbócco, ṣbócchi*, ecc.; aus. *essere*) **1** Di un fiume, andare a finire in un altro fiume, in un lago, in mare: *l'Arno sbocca **nel** Tirreno a Marina di Pisa* Ⓢ sfociare, gettarsi. **2** Di una strada, arrivare in un certo luogo: *via Roma sbocca **in** piazza della Repubblica* Ⓢ immettersi. ▸ Ⓕ **bocca**

sboccato (**ṣboc-cà-to**) AGG. · Che dice molte parolacce Ⓢ volgare. ▸ Ⓕ **bocca**

sbocciare (**ṣboc-cià-re**) V.INTR. (*ṣbòccio*, ecc.; aus. *essere*) **1** Di un fiore o di una gemma, aprirsi, fiorire: *le rose sbocciano nel mese di maggio.* **2** Cominciare, iniziare, nascere: ***fra** i due sbocciò l'amore.*

sbocco (**ṣbóc-co**) N.M. (pl. *-chi*) **1** Punto di uscita o di arrivo: *lo sbocco di un fiume, di una strada.* **2** Possibilità di lavorare: *questa scuola offre molti sbocchi a chi la conclude.* **3** Possibilità di trovare una soluzione: *questa situazione è senza sbocchi.* ▸ Ⓕ **bocca**

sbocconcellare (**ṣboc-con-cel-là-re**) V.TR. (*ṣbocconcèllo*, ecc.) · Mangiare a piccoli bocconi, spesso controvoglia: *ha sbocconcellato un po' di pane.* ▸ Ⓕ **bocca**

sbollire (**ṣbol-lì-re**) V.INTR. (*ṣbollìsco, ṣbollìsci*, ecc.; o *ṣbóllo, ṣbólli*, ecc.) **1** (aus. *avere*) Smettere di bollire. **2** (aus. *essere*) Calmarsi, placarsi: *l'ira **gli** è sbollita subito.*

sbornia (**ṣbòr-nia**) N.F. (pl. *-nie*) · Nel linguaggio familiare, ubriacatura: *si è preso una bella sbornia.*

sborsare (**ṣbor-sà-re**) V.TR. (*ṣbórso*, ecc.) · Tirare fuori i soldi: *ha sborsato troppo per quel vestito* Ⓢ scucire, spendere.

sbottare (**ṣbot-tà-re**) V.INTR. (*ṣbòtto*, ecc.; aus. *essere*) · Manifestare all'improvviso uno stato d'animo soffocato a lungo: *sbottare **a** ridere, **a** piangere* Ⓢ prorompere, scoppiare • Dire con rabbia tutto ciò che si pensa: *è sbottato all'improvviso* Ⓢ esplodere.

sbotto (**ṣbòt-to**) N.M. · Manifestazione improvvisa di un sentimento tenuto nascosto: *uno sbotto di risa.*

sbottonare (**ṣbot-to-nà-re**) V.TR. (*ṣbottóno*, ecc.) || TR. Aprire un vestito chiuso con bottoni: *sbottonare il cappotto **al** bambino*; anche TR. PRONOM.: *sbottonarsi la camicia* Ⓒ abbottonare. || **sbottonarsi** RIFL. Nel linguaggio familiare, parlare di cose personali: *è un tipo che non si sbottona facilmente* Ⓢ aprirsi, confidarsi.

sbracciarsi (**ṣbrac-ciàr-si**) V.RIFL. (*mi ṣbràccio, ti ṣbràcci*, ecc.) **1** Scoprirsi le braccia: *con l'arrivo del caldo preferisco sbracciarmi.* **2** Cercare di farsi vedere agitando le braccia: *smettila di sbracciarti, ti ha visto.*

sbracciato (**ṣbrac-cià-to**) AGG. · Senza maniche o con maniche corte: *vestito sbracciato.*

sbraitare (**ṣbrai-tà-re**) V.INTR. (*ṣbràito*, ecc.; aus. *avere*) · Gridare, strillare, urlare: *smettila di sbraitare, non serve.*

sbranare (ṣbra-nà-re) V.TR. · Fare a pezzi e divorare: *i lupi hanno sbranato cinque pecore.*

sbriciolare (ṣbri-cio-là-re) V.TR. (*ṣbrìciolo*, ecc.) || TR. Ridurre in briciole o in piccoli pezzi: *sbriciolare il pane per gli uccelli* Ⓢ frantumare. || **sbriciolarsi** INTR. PRONOM. Ridursi in briciole: *i biscotti si sono sbriciolati.*

sbrigare (ṣbri-gà-re) V.TR. (*ṣbrìgo*, *ṣbrìghi*, ecc.) || TR. **1** Portare a termine un lavoro: *sbrigare le faccende di casa* Ⓢ svolgere. **2** Nella forma ***sbrigarsela***, risolvere in qualche modo una situazione: *devi sbrigartela da solo.* || **sbrigarsi** RIFL. **1** Liberarsi in fretta da un obbligo: *mi devo sbrigare* ***a*** *rispondergli.* **2** Affrettarsi, spicciarsi: *sbrigati che è tardi.*

sbrigativo (ṣbri-ga-ti-vo) AGG. · Deciso e rapido: *un modo di fare sbrigativo* Ⓢ brusco, veloce • Affrettato, superficiale, precipitoso: *giudizio sbrigativo.*

sbrinare (ṣbri-nà-re) V.TR. · Togliere la brina o il ghiaccio da una superficie: *sbrinare il frigo, il vetro della macchina.*

sbrindellato (ṣbrin-del-là-to) AGG. · Ridotto a brandelli: *una camicia sbrindellata* Ⓢ lacero, sdrucito • Che va in giro con abiti ridotti male: *si presentò tutto sbrindellato.*

sbrodolare (ṣbro-do-là-re) V.TR. (*ṣbròdolo*, ecc.) || TR. Sporcare con un cibo liquido: *ha sbrodolato tutto il vestito di sugo.* || **sbrodolarsi** RIFL. Sporcarsi con un cibo liquido: *si sbrodola sempre con il gelato.*

sbrogliare (ṣbro-glià-re) V.TR. (*ṣbròglio*, ecc.) || TR. **1** Sciogliere un groviglio, un nodo: *sbrogliare i fili* Ⓢ districare. **2** Risolvere una questione complicata: *sbrogliare una faccenda*; anche nella forma ***sbrogliarsela***: *se la deve sbrogliare da solo questa volta.* || **sbrogliarsi** RIFL. Uscire da una situazione difficile: *sbrogliarsi* ***da*** *un brutto affare* Ⓢ districarsi.

sbronza (ṣbrón-za o ṣbrón-ẓa) N.F. · Nel linguaggio familiare, ubriacatura: *una sbronza colossale.*

sbronzarsi (ṣbron-zàr-si o ṣbron-ẓàr-si) V.RIFL. (*mi ṣbrónzo* o *mi ṣbrónẓo*, ecc.) · Nel linguaggio familiare, ubriacarsi: *si è sbronzato con tre bottiglie di vino.*

sbronzo (ṣbrón-zo o ṣbrón-ẓo) AGG. · Nel linguaggio familiare, ubriaco.

sbruffone (ṣbruf-fó-ne) N.M. (f. *-a*; pl.m. *-i*, pl.f. *-e*) · Chi si vanta di meriti non suoi: *non credo più a quello sbruffone* Ⓢ fanfarone, spaccone.

sbucare (ṣbu-cà-re) V.INTR. (*ṣbùco*, *ṣbùchi*, ecc.; aus. *essere*) **1** Uscire da una buca o da un nascondiglio: *la lepre sbucò* ***dalla*** *siepe* Ⓢ saltar fuori. **2** Apparire all'improvviso: *e tu* ***da*** *dove sbuchi?*

sbucciare (ṣbuc-cià-re) V.TR. (*ṣbùccio*, ecc.) || TR. Togliere la buccia a frutta o verdura: *sbucciare una mela, le patate* Ⓢ pelare. || **sbucciarsi** TR.PRONOM. Ferirsi in modo superficiale: *si è sbucciato un gomito cadendo.*

sbudellare (ṣbu-del-là-re) V.TR. (*ṣbudèllo*, ecc.) **1** Aprire il ventre di un animale per tirare fuori le interiora: *dopo aver sbudellato il tacchino, ha cominciato a cucinarlo* Ⓢ sviscerare. **2** Ferire gravemente una persona al ventre: *l'ha sbudellato a sangue freddo* Ⓢ sventrare.

sbuffare (ṣbuf-fà-re) V.INTR. (aus. *avere*) **1** Far uscire molto fiato dalla bocca per uno sforzo fisico o per manifestare fastidio: *il cavallo arrivò sbuffando a fine corsa.* **2** Buttar fuori fumo: *la locomotiva a vapore sbuffava* Ⓢ soffiare.

sbugiardare (ṣbu-giar-dà-re) V.TR. · Dimostrare che qualcuno non ha detto la verità: *l'ha sbugiardato davanti a tutti* Ⓢ smascherare, svergognare.

scabbia (scàb-bia) N.F. (pl. *-bie*) · Malattia della pelle che causa un forte prurito Ⓢ rogna.

scabro (scà-bro) AGG. · Ruvido e irregolare al tatto: *superficie scabra.*

scabroso (sca-bró-so) AGG. · Che rischia di urtare la sensibilità di qualcuno perché tratta di argomenti imbarazzanti: *un'immagine scabrosa; un processo che verte su fatti scabrosi.*

scacchiera (scac-chiè-ra) N.F. · Tavola quadrata divisa in 64 caselle bianche e nere, su cui si mettono i pezzi degli scacchi e della dama: *ha una bella scacchiera di ebano e avorio.*

scacciare (scac-cià-re) V.TR. (*scàccio*, ecc.) · Mandare via in modo deciso: *scacciare le mosche* ***da*** *una stanza; il padre la scacciò* ***di*** *casa; bisogna scacciare la malinconia* Ⓢ allontanare.

scacco (scàc-co) N.M. (pl. *-chi*) **1** AL PL. Gioco a due, forse di origine indiana, in cui ciascun giocatore deve usare i 16 pezzi a sua disposizione sulla scacchiera per mettere il Re dell'avversario in condizioni di non poter difendersi: *è un campione di scacchi.* **2** Ciascuno dei diversi pezzi con cui si gioca: *disporre gli scacchi sulla scacchiera* • Mossa della partita con cui si minaccia un pezzo importante dell'avversario: *dare scacco.* **3** Ciascuno dei quadretti in cui è divisa la scacchiera Ⓢ quadro. Ⓔ ***A scacchi,*** decorazione che alterna quadri di due colori diversi: *una stoffa a scacchi* • ***Scacco matto,*** nel gioco degli scacchi, l'ultima mossa della partita, che rende impossibile all'avversario difendere il proprio Re; ***subire uno scacco,*** subire un'umiliazione; ***tenere qualcuno in scacco,*** metterlo in difficoltà.

Il termine deriva dall'espressione *scacco matto,* adattamento del persiano *shah mat* 'il re (è) morto'.

scadente (sca-dèn-te) AGG. · Di cattiva qualità: *materiali scadenti; un risultato scadente* Ⓢ mediocre Ⓒ eccellente.

scadenza (sca-dèn-za) N.F. **1** Momento dopo il quale un documento non ha più validità: *rinnovare il passaporto alla scadenza.* **2** Periodo di tempo entro cui qualcosa deve essere compiuto: *la scadenza del lavoro è domani* Ⓢ termine, limite. **3** Data entro cui bisogna usare un certo prodotto: *la scadenza del latte; la scadenza di un farmaco.* Ⓔ ***A breve scadenza, a lunga scadenza,*** entro poco tempo, entro molto tempo: *fissare un incontro a breve scadenza.*

S

scadere (sca-dé-re) V.INTR. (irreg.: coniugato come *cadere*; aus. *essere*) **1** Di documento, perdere la propria validità: *il contratto scade tra due anni; a giugno mi scade la patente.* **2** Di pagamento, arrivare alla data entro la quale va effettuato: *domani scade la rata della macchina.* **3** Di cibi, farmaci, ecc., superare il limite massimo di conservazione: *il latte sta scadendo* Ⓢ deteriorarsi. **4** Perdere valore o prestigio: *ormai è scaduto* ***nella*** *stima degli amici.*

scaduto (sca-dù-to) AGG. · Non più buono o valido: *panna scaduta; passaporto scaduto.*

scafandro (sca-fàn-dro) N.M. **1** Equipaggiamento usato per le immersioni sottomarine. **2** Equipaggiamento di protezione usato dagli astronauti nelle missioni spaziali.

Il termine deriva da una parola francese che significa 'uomo-barca', composta dal greco *skáphe* 'barca, galleggiante' e *anér andrós* 'uomo'.

scaffale (scaf-fà-le) N.M. · Mobile formato da vari ripiani orizzontali per appoggiare gli oggetti: *spolverare gli scaffali; uno scaffale pieno di libri.*

scafista (sca-fi-sta) N.M. e F. (pl.m. *-i*, pl.f. *-e*) **1** Chi per lavoro aggiusta gli scafi di imbarcazioni e aerei. **2** Chi trasporta gli immigrati in modo illegale con un'imbarcazione.

scafo (scà-fo) N.M. · La parte che galleggia di un'imbarcazione: *c'è una falla nello scafo; scafo in legno.*

-scafo · Secondo elemento di parole composte che significa 'imbarcazione': *motoscafo,* imbarcazione a motore.

scagionare (sca-gio-nà-re) V.TR. (*scagióno*, ecc.) || TR. Liberare qualcuno da un'accusa: *l'ora della morte della vittima lo scagiona* Ⓢ discolpare. || **scagionarsi** RIFL. Dimostrare la propria innocenza: *si è scagionato con un ottimo alibi* Ⓢ discolparsi.

scaglia (scà-glia) N.F. (pl. *-glie*) **1** Ogni piccola lamina che ricopre la pelle dei pesci: *questo pesce ha le scaglie argentate.* **2** Piccolo frammento sottile e di forma irregolare: *sapone in scaglie; scaglia di parmigiano.*

scagliare (sca-glià-re) V.TR. (*scàglio*, ecc.) || TR. Gettare lontano da sé con molta forza: *scagliare un piatto* ***contro*** *il muro* Ⓢ tirare, lanciare. || **scagliarsi** RIFL. **1** Lanciarsi con forza contro qualcuno: *si scagliò* ***contro*** *l'avversario.* **2** Reagire con parole violente: *a quelle parole tutti si scagliarono* ***contro*** *di lui* Ⓢ inveire.

scaglionare (sca-glio-nà-re) V.TR. (*scaglióno*, ecc.) **1** Disporre a distanze regolari: *le truppe* *erano scaglionate sul campo di battaglia.* **2** Distribuire nel tempo: *bisogna scaglionare gli impegni.*

scaglione (sca-glió-ne) N.M. · Ogni gruppo in cui si divide un insieme di persone: *i maratoneti partivano a scaglioni; gli scaglioni dell'esercito.*

scagnozzo (sca-gnòz-zo) N.M. (f. -a) · Chi esegue gli ordini di un criminale: *il boss mafioso gira circondato dai suoi scagnozzi* Ⓢ sgherro.

scala (scà-la) N.F. **1** SPESSO AL PL. Struttura costituita da una serie di gradini e disposta lungo un piano inclinato per superare un dislivello: *salire, scendere le scale.* **2** Struttura formata da due barre parallele collegate da elementi trasversali che servono da gradini: *prendimi la scala perché non arrivo all'ultimo ripiano della libreria.* **3** Nel poker, sequenza di cinque carte in ordine crescente. **4** Successione di suoni che sta alla base di un sistema musicale: *la scala di do.* **5** Serie di elementi ordinati secondo diversi criteri in senso crescente o decrescente: *scala di valori, di colori* Ⓢ successione. **6** Nelle carte geografiche e topografiche, il rapporto fra le dimensioni di un oggetto reale e il suo disegno Ⓢ proporzione, misura. Ⓔ ***A scala***, di cose disposte in ordine di altezza • ***In scala ridotta*** o ***su scala ridotta***, in proporzioni limitate; ***su larga scala*** o ***su vasta scala***, in grosse proporzioni: *produrre su larga scala* • ***Scala a chiocciola*** → *chiocciola* • ***Scala a pioli*** → *piolo* • ***Scala Celsius*** o ***scala centigrada***, ***scala Fahrenheit***, diversi sistemi per misurare le temperature • ***Scala Mercalli***, ***scala Richter***, diversi sistemi per misurare le scosse di terremoto • ***Scala mobile***, impianto a gradini mobili azionati da un motore • ***Scala reale***, nel poker, quella in cui tutte le carte sono dello stesso seme.

scalare (sca-là-re) V.TR. **1** Arrampicarsi per raggiungere il punto più alto di qualcosa: *scalare il muro; scalare l'Everest.* **2** Disporre degli elementi dal più grande al più piccolo: *scalare i colori*, dal più intenso al più tenue; *scalare i capelli*, tagliarli più corti da una parte e più lunghi da un'altra. **3** Sottrarre una cifra da una somma dovuta: *scalare l'acconto ricevuto* ***dallo*** *stipendio* Ⓢ detrarre. Ⓔ ***A scalare***, in ordine decrescente.

scalata (sca-là-ta) N.F. · In alpinismo, la salita lungo una parete di roccia o di ghiaccio Ⓢ ascesa, ascensione • Nel ciclismo, il superamento di una salita molto ripida. Ⓔ ***Dare la scalata a qualcosa***, cercare di raggiungere una posizione ambita: *dare la scalata al titolo mondiale.*

scalatore (sca-la-tó-re) N.M. (f. *-trìce*) **1** Alpinista. **2** Ciclista molto forte in salita: *una tappa adatta per gli scalatori.*

scalciare (scal-cià-re) V.INTR. (*scàlcio*, ecc., aus. *avere*) · Tirare calci: *il cavallo scalciava imbizzarrito.*

scaldabagno (scal-da-bà-gno) N.M. · Apparecchio elettrico o a gas usato per riscaldare l'acqua per il bagno nelle case.

scaldare (scal-dà-re) V.TR. || TR. **1** Alzare la temperatura di un corpo con il calore: *scaldare la minestra; scaldare la stanza* Ⓢ riscaldare Ⓒ raffreddare. **2** Accendere di entusiasmo: *scaldare il pubblico* Ⓢ entusiasmare, eccitare, infiammare. || **scaldarsi** RIFL. **1** Mettersi vicino a una fonte di calore o fare movimenti che alzano la temperatura del corpo: *scaldarsi **al** fuoco; scaldarsi correndo* Ⓢ riscaldarsi • Nel linguaggio sportivo, preparare i muscoli con una serie di esercizi: *scaldarsi prima di iniziare l'allenamento.* **2** Perdere la calma: *non scaldarti tanto, ragiona piuttosto!* Ⓢ agitarsi.

scaleno (sca-lè-no) AGG. · Di triangolo che ha tutti i lati di lunghezza diversa, o di trapezio non isoscele.

> Il termine deriva dal greco *skalenós* 'disuguale, zoppicante'.

scaletta (sca-lét-ta) N.F. **1** Piccola scala. **2** L'elenco delle scene in uno spettacolo, in un programma, ecc.: *la scaletta della trasmissione* • L'elenco delle idee da sviluppare in un testo scritto o in un discorso: *fare una scaletta prima di scrivere il tema.*

scalfire (scal-fì-re) V.TR. (*scalfisco, scalfisci*, ecc.) **1** Incidere in superficie: *scalfire il diamante* Ⓢ graffiare, rigare. **2** Ferire in modo leggero: *il proiettile lo scalfì appena.*

scalfittura (scal-fit-tù-ra) N.F. · Lieve incisione o ferita superficiale: *una scalfittura sul vetro; è caduto ma si è fatto solo una scalfittura* Ⓢ graffio.

scalinata (sca-li-nà-ta) N.F. · Grande scala, con gradini larghi, che si trova in edifici importanti o in luoghi pubblici: *la scalinata del tribunale.*

scalino (sca-lì-no) N.M. **1** Elemento della scala, dove si appoggia il piede: *inciampò nello scalino* Ⓢ gradino. **2** Ogni grado di una gerarchia, soprattutto economica e sociale: *lo scalino più alto della carriera* Ⓢ livello.

scalmanarsi (scal-ma-nàr-si) V.INTR. PRONOM. · Agitarsi, scatenarsi: *non ti scalmanare che poi sudi.*

scalmanato (scal-ma-nà-to) AGG. e N.M. (f. *-a*) || AGG. Agitato e sudato per lo sforzo: *copriti, sei tutto scalmanato.* || N.M. (f. *-a*) Persona violenta o turbolenta: *un gruppo di scalmanati ha invaso il campo.*

scalmo (scàl-mo) N.M. · Supporto a forma di ipsilon, fissato sul bordo di un'imbarcazione, dove si appoggia il remo.

scalo (scà-lo) N.M. · Luogo attrezzato per l'approdo di navi o aerei. Ⓔ ***Fare scalo***, fare una sosta intermedia durante la navigazione o il volo: *per andare in volo a New York devo fare scalo a Londra.*

scalogna (sca-ló-gna) N.F. · Sfortuna, disdetta: *portare scalogna; che scalogna!*

scalognato (sca-lo-gnà-to) AGG. · Sfortunato: *è proprio scalognato, ha di nuovo perso il portafoglio.*

S

scalone (sca-ló-ne) N.M. · Scala molto grande e monumentale: *lo scalone del palazzo governativo.*

scalpellare (scal-pel-là-re) V.TR. (*scalpèllo*, ecc.) · Lavorare con lo scalpello: *scalpellare il marmo.*

scalpellino (scal-pel-lì-no) N.M. (f. *-a*) · Operaio che lavora la pietra o il marmo con lo scalpello.

scalpello (scal-pèl-lo) N.M. · Piccola barra d'acciaio per tagliare e incidere materiali come pietra o marmo.

scalpiccio (scal-pic-ci-o) N.M. (pl. *-cìi*) · Rumore di passi veloci e leggeri: *ho sentito uno strano scalpiccio per le scale.*

scalpitare (scal-pi-tà-re) V.INTR. (*scàlpito*, ecc.; aus. *avere*) **1** Dei cavalli, battere il terreno con gli zoccoli per nervosismo. **2** Di persona, dare segni di impazienza: *i ragazzi scalpitano* ***per*** *uscire* Ⓢ agitarsi, fremere.

scalpitio (scal-pi-ti-o) N.M. (pl. *-tìi*) · Il rumore che fa il cavallo battendo gli zoccoli quando è nervoso.

scalpo (scàl-po) N.M. · La pelle della testa su cui crescono i capelli che alcune tribù di indiani d'America tagliavano ai nemici morti.

scalpore (scal-pó-re) N.M. · Risonanza clamorosa di un evento: *la notizia dell'arresto ha suscitato grande scalpore* Ⓢ eco.

scaltrezza (scal-tréz-za) N.F. · Astuzia, furbizia: *ha dato prova di grande scaltrezza comportandosi così.*

scaltro (scàl-tro) AGG. · Abile a ottenere vantaggi per sé in ogni situazione: *un politico molto scaltro; è troppo scaltro per farsi imbrogliare* Ⓢ furbo, astuto Ⓒ ingenuo.

scalzare (scal-zà-re) V.TR. **1** Togliere le scarpe e le calze a qualcuno: *scalzare un bambino.* **2** Togliere la terra intorno alle radici di una pianta per spostarla: *scalzare le viti.* **3** Togliere a qualcosa il materiale che lo sostiene per spostarlo: *scalzare un masso.* **4** Mandar via qualcuno dalla posizione che occupa: *è riuscito a scalzarlo e a prendere il suo posto* Ⓢ soppiantare.

scalzo (scàl-zo) AGG. · A piedi nudi: *camminare scalzo.*

scambiare (scam-bià-re) V.TR. (*scàmbio*, ecc.) || TR. **1** Identificare, sbagliando, una persona o una cosa con un'altra: *l'ho scambiato* ***per*** *tuo fratello* Ⓢ confondere. **2** Cambiare una cosa con un'altra: *scambiare una bici usata* ***con*** *una nuova* Ⓢ sostituire. || **scambiarsi** RIFL. RECIPROCO Darsi qualcosa a vicenda: *scambiarsi i regali; scambiarsi insulti.* Ⓔ ***Scambiare due parole*** o ***scambiare due chiacchiere***, fare una breve conversazione: *ho scambiato due parole con la mia vicina.*

scambievole (scam-bié-vo-le) AGG. · Reciproco, mutuo: *amore, affetto scambievole.*

scambio (scàm-bio) N.M. (pl. *-bi*) **1** L'atto di dare qualcosa in cambio di qualcos'altro: *scambio di figurine* • La consegna di una merce in cambio di un servizio, di denaro o altra merce: *la presenza del mare favorisce gli scambi commerciali.* **2** Sostituzione, per errore, di persone o di oggetti: *scambio di persona; scambio di cappelli* Ⓢ confusione. **3** Nei sistemi di trasporto a rotaie, meccanismo che permette a un treno di passare da un binario all'altro: *scambio ferroviario.* **4** In grammatica: ***complemento di scambio***, quello che esprime una sostituzione (*sono venuto io invece di Marco; ti avevo preso per un altro*).

scamorza (sca-mòr-za) N.F. · Formaggio crudo, con una forma a pera, fatto con latte misto di capra e mucca, tipico di Abruzzo, Molise, Lazio e Campania.

scampagnata (scam-pa-gnà-ta) N.F. · Gita in campagna: *una scampagnata fuori città.* ▸ Ⓕ **campo**

scampanellare (scam-pa-nel-là-re) V.INTR. (*scampanèllo*, ecc.; aus. *avere*) · Suonare il campanello con insistenza: *il corriere scampanellava alla porta.*

scampanellio (scam-pa-nel-lì-o) N.M. (pl. *-lii*) · Suono ripetuto di campanelli: *uno scampanellio assordante.*

scampanio (scam-pa-nì-o) N.M. (pl. *-nìi*) · Prolungato suono di campane: *dalla chiesa arrivava uno scampanio a festa.*

scampare (scam-pà-re) V.INTR. e TR. || INTR. (aus. *essere*) Sfuggire a un grave pericolo: *scampare **alla** morte; siamo scampati **da** un incidente* Ⓢ sopravvivere, salvarsi • Cercare rifugio: *molti nazisti scamparono **all'**estero* Ⓢ rifugiarsi. || TR. Evitare un grave pericolo: *scampare la galera* • Nella forma ***scamparla***, uscire sani e salvi da una situazione pericolosa: *l'abbiamo scampata bella!* ▸ Ⓕ **campo**

> Il termine deriva da **campo** con il prefisso **s-**[2] e aveva in origine il significato di 'uscire vivo dal campo di battaglia'.

scampato (scam-pà-to) AGG. e N.M. (f. *-a*) || AGG. Evitato, schivato, sventato: *ringraziamo Dio per lo scampato pericolo.* || AGG. e N.M. (f. *-a*) Che, chi si è salvato da un grave pericolo: *pochi gli scampati **al** disastro aereo* Ⓢ sopravvissuto, superstite. ▸ Ⓕ **campo**

scampo[1] (scàm-po) N.M. · Salvezza da un pericolo: *cercare una via di scampo; trovare scampo nella fuga* Ⓢ riparo, rimedio. ▸ Ⓕ **campo**

scampo[2] (scàm-po) N.M. · Crostaceo comune nel Mediterraneo, simile a un gambero e molto apprezzato in cucina: *risotto con gli scampi.*

scampolo (scàm-po-lo) N.M. **1** Avanzo di tessuto che si vende a basso costo. **2** Avanzo, ritaglio: *lo vedrò in uno scampolo di tempo.* ▸ Ⓕ **campo**

> Il termine deriva da *scampare* 'sfuggire', nel senso di 'ciò che è rimasto'.

scanalatura (sca-na-la-tù-ra) N.F. · Incisione lunga e poco profonda, a forma di canale, che si esegue su vari materiali, per ragioni tecniche o decorative: *le scanalature delle colonne dei templi.*

scandagliare (scan-da-glià-re) V.TR. (*scandàglio*, ecc.) **1** Misurare la profondità delle acque con appositi strumenti: *scandagliare il fondo.* **2** Indagare, cercar di capire: *scandagliare le proprie sensazioni* Ⓢ sondare, vagliare.

scandaglio (scan-dà-glio) N.M. (pl. *-gli*) · Strumento per misurare la profondità delle acque o per prelevare qualcosa dal loro fondo.

scandalizzare (scan-da-liz-zà-re) V.TR. || TR. Turbare la sensibilità di qualcuno con un comportamento ritenuto contrario alle regole morali e civili: *le sue bestemmie mi scandalizzano* Ⓢ indignare, sconvolgere, imbarazzare. || **scandalizzarsi** INTR. PRONOM. Provare un forte turbamento di fronte a un comportamento che si considera intollerabile: *si è scandalizzato **per** la tua mancanza di rispetto* Ⓢ indignarsi.

scandalo (scàn-da-lo) N.M. **1** Turbamento provocato da comportamenti ritenuti contrari alle regole morali e civili: *dare scandalo; essere motivo di scandalo* Ⓢ indignazione. **2** Rivelazione di azioni disoneste o imbarazzanti, compiute da personaggi di primo piano, che provoca una forte reazione pubblica: *lo scandalo delle tangenti; far scoppiare uno scandalo.* Ⓔ ***La pietra dello scandalo***, fatto o persona che causa indignazione e litigi.

Il termine deriva dal greco *skándalon* 'trappola, tranello, insidia'.

scandaloso (scan-da-ló-so) AGG. **1** Che offende la morale provocando turbamento negli altri: *vita scandalosa; film scandaloso* Ⓢ immorale, indecente. **2** Esagerato, eccessivo, sfacciato: *ha una fortuna scandalosa.*

scandinavo (scan-di-nà-vo; *meno correttamente* scan-dì-na-vo) AGG. e N.M. (f. *-a*) || AGG. Della Scandinavia, la penisola che comprende Svezia, Norvegia e Finlandia: *i fiordi scandinavi.* || N.M. (f. *-a*) Abitante, nativo della Scandinavia.

scandire (scan-dì-re) V.TR. (*scandìsco, scandìsci*, ecc.) **1** Pronunciare una parola mettendone in evidenza ogni sillaba: *scandire un nome.* **2** Segnare lo scorrere del tempo a intervalli regolari: *la pendola scandiva le ore.* **3** Battere con la mano o con uno strumento per segnare il ritmo: *scandire il tempo.*

scannare (scan-nà-re) V.TR. **1** Uccidere un animale tagliandogli la gola: *scannare un capretto* Ⓢ sgozzare • Uccidere qualcuno con ferocia: *scannare i prigionieri* Ⓢ trucidare. **2** Rovinare dal punto di vista economico: *siamo scannati dalle tasse.*

scanner (scan-ner; *pronuncia scànner*) N. INGL., in it. N.M. INVAR. · Apparecchio che serve a trasformare immagini stampate in immagini digitali, trasferibili su un computer.

S

scannerizzare (scan-ne-riz-zà-re) V.TR. · Trasformare immagini stampate in file digitali: *scannerizzare una foto e salvarla sul computer.*

scansafatiche (scan-sa-fa-ti-che) N.M. e F. INVAR. · Persona che ha poca voglia di lavorare o di darsi da fare Ⓢ fannullone, pelandrone.

scansare (scan-sà-re) V.TR. || TR. **1** Spostare qualcosa da una parte: *scansare una sedia per poter passare* Ⓢ allontanare. **2** Evitare, schivare, eludere: *scansare un ostacolo, un colpo; scansare le fatiche.* || **scansarsi** RIFL. Spostarsi per evitare un pericolo, un ostacolo: *si è scansato appena in tempo* Ⓢ farsi da parte, tirarsi da parte.

scansia (scan-sì-a) N.F. (pl. *-sìe*) · Mobile a più ripiani Ⓢ scaffale.

scansionare (scan-sio-nà-re) V.TR. (*scansióno*, ecc.) · Scannerizzare: *scansionare un documento.*

scansione (scan-sió-ne) N.F. · Il procedimento che permette di trasformare un'immagine stampata in un file digitale.

scanso (scàn-so) N.M. · Solo nell'espressione ***a scanso di***, per evitare: *a scanso di equivoci ho messo tutto per scritto.*

scantinato (scan-ti-nà-to) N.M. · Ampio locale che si trova in un edificio sotto il livello del terreno, usato spesso come ripostiglio: *lo scantinato era pieno di cose vecchie.*

scantonare (scan-to-nà-re) V.INTR. (*scantóno*, ecc.; aus. *avere*) **1** Cambiare strada in fretta per evitare di incontrare qualcuno: *scantonò **in** un vicolo quando lo vide* Ⓢ svoltare. **2** Sottrarsi a un dovere o a una responsabilità: *quando c'è da lavorare lui scantona* Ⓢ defilarsi.

scapaccione (sca-pac-ció-ne) N.M. · Colpo dato tra capo e collo: *se non la smetti ti prendo a scapaccioni.* ▸ Ⓕ **caput**

scapestrato (sca-pe-strà-to) AGG. e N.M. (f. *-a*) · Che, chi conduce una vita disordinata e irresponsabile: *un tipo scapestrato.*

scapito (scà-pi-to) N.M. · Solo nell'espressione ***a scapito di***, a danno di, a svantaggio di: *la tua cattiva condotta va a scapito dei tuoi voti.* ▸ Ⓕ **caput**

scapola (scà-po-la) N.F. · Osso piatto di forma triangolare, che forma parte dell'articolazione della spalla.

scapolo (scà-po-lo) AGG. e N.M. · Di uomo, non sposato: *la vita da scapolo mi ha stancato* Ⓢ celibe; single (*ingl.*).

scappamento (scap-pa-mén-to) N.M. · Lo scarico del fumo dei motori a scoppio. Ⓔ ***Tubo di scappamento*** → ***tubo***.

scappare (scap-pà-re) V.INTR. (aus. *essere*) **1** Fuggire, ritirarsi, evadere: *scappare a gambe levate; è scappato **di** prigione.* **2** Allontanarsi in fretta: *scusa ma devo scappare, ho un impegno* Ⓢ correre via, andar via. **3** Sfuggire per caso o per disattenzione: *mentre puliva il fucile **gli** scappò un colpo; mi è scappato **di** mano il bicchiere; qualche errore di ortografia può scappare.* **4** Nel linguaggio familiare, di uno stimolo, farsi sentire: ***mi** scappa la pipì; **mi** è scappato **da** ridere.* **5** Apparire all'improvviso: *e tu da dove scappi fuori?* Ⓢ sbucare. Ⓔ ***Far scappare la pazienza a qualcuno***, irritarlo • ***Scappare di bocca*** → *bocca*.

scappatella (scap-pa-tèl-la) N.F. · Breve episodio di infedeltà coniugale: *ha avuto una scappatella con la collega.*

scappatoia (scap-pa-tó-ia) N.F. (pl. *-tóie*) · Idea intelligente o furba per uscire da una situazione difficile: *trovare una scappatoia* Ⓢ espediente, stratagemma.

scappellotto (scap-pel-lòt-to) N.M. · Piccolo schiaffo dato sulla testa o sul collo.

scarabeo (sca-ra-bè-o) N.M. (pl. *-bèi*) **1** Insetto dotato di ali e di una corazza di vario colore molto dura; era considerato sacro nell'antico Egitto. **2** Nome commerciale ® di un gioco da tavolo in cui i giocatori devono comporre su un tabellone parole di senso compiuto, incrociandole come in un cruciverba, con le lettere che estraggono da un sacchetto.

scarabocchiare (sca-ra-boc-chià-re) V.TR. (*scarabòcchio*, ecc.) · Riempire una superficie di segni incomprensibili e disordinati: *non scarabocchiare il quaderno; la bambina scarabocchia sul muro.*

scarabocchio (sca-ra-bòc-chio) N.M. (pl. *-chi*) · Segno incomprensibile tracciato in fretta e senza attenzione: *la tua firma è uno scarabocchio; secondo te questo scarabocchio sarebbe un albero?* Ⓢ sgorbio.

scarafaggio (sca-ra-fàg-gio) N.M. (pl. *-gi*) · Insetto di forma ovale e piatta, color marrone scuro, che non ama la luce.

scaramantico (sca-ra-màn-ti-co) AGG. (pl.m. *-ci*, pl.f. *-che*) **1** Ritenuto capace di tener lontana la sfortuna: *un gesto scaramantico.* **2** Di persona, che crede che certi comportamenti tengano lontana la sfortuna: *un tipo scaramantico.*

scaramanzia (sca-ra-man-zì-a) N.F. (pl. *-zìe*) · Gesto o comportamento ritenuto in grado di allontanare la sfortuna: *toccare ferro per scaramanzia; non voglio dire ancora nulla per scaramanzia* Ⓢ scongiuro.

scaramuccia (sca-ra-mùc-cia) N.F. (pl. *-ce*) **1** Combattimento di breve durata e di scarso impegno: *c'è stata una scaramuccia con il nemico.* **2** Lite di scarsa importanza: *una scaramuccia tra innamorati* Ⓢ schermaglia.

scaraventare (sca-ra-ven-tà-re) V.TR. (*scaravènto*, ecc.) || TR. Gettare, scagliare con violenza: *scaraventare un piatto **in** terra* Ⓢ buttare. || **scaraventarsi** RIFL. Gettarsi addosso a qualcuno con forza o violenza: *si scaraventò **addosso al** ladro.*

scarcerare (scar-ce-rà-re) V.TR. (*scàrcero*, ecc.) · Far uscire dal carcere: *scarcerare un detenuto* Ⓢ rilasciare Ⓒ incarcerare.

scarcerazione (scar-ce-ra-zió-ne) N.F. · Liberazione dalla prigione: *il magistrato ha ordinato la scarcerazione dell'imputato* Ⓢ rilascio.

scardinare (scar-di-nà-re) V.TR. (*scàrdino*, ecc.) || TR. Togliere con forza dai cardini: *scardinare una finestra.* || **scardinarsi** INTR.PRONOM. Uscire dai cardini: *la porta si è scardinata.*

scarica (scà-ri-ca) N.F. (pl. *-che*) **1** Rapida serie di molti spari: *una scarica di mitra* Ⓢ raffica. **2** Improvvisa e violenta calata di qualcosa: *una scarica di grandine; una scarica di pugni* Ⓢ pioggia, valanga. **3** In elettricità, passaggio di corrente fra due corpi: *scarica elettrica.*

scaricare (sca-ri-cà-re) V.TR. (*scàrico*, *scàrichi*, ecc.) || TR. **1** Togliere un carico da un mezzo di trasporto: *scaricare le casse **da** una nave* Ⓒ caricare • Svuotare qualcosa da ciò che conteneva: *scaricare il portabagagli* Ⓢ vuotare. **2** Liberarsi di un peso o di una responsabilità, facendoli ricadere su altri: *ha scaricato la sua colpa **su** di te* • Sfogare: *scaricare la propria rabbia **su** qualcuno.* **3** Nel linguaggio familiare, interrompere all'improvviso un'amicizia, una relazione: *scaricare un amico, la fidanzata.* **4** Togliere le cartucce da un'arma: *scaricare il fucile.* **5** Trasferire dati da un server al proprio computer: *scaricare un file **da** Inter-*

net. || **scaricarsi** INTR.PRONOM. **1** Esaurirsi della carica: *la batteria si è scaricata.* **2** Demoralizzarsi, perdere la carica: *dopo il secondo gol avversario la squadra si è scaricata* • Allentare la tensione nervosa: *vado in piscina per scaricarmi un po'* Ⓢ rilassarsi, distendersi.

scaricatore (sca-ri-ca-tó-re) N.M. · Chi, per lavoro, carica e scarica merci: *scaricatore di porto.*

scarico[1] (scà-ri-co) AGG. (pl.m. *-chi*, pl.f. *-che*) **1** Senza carico, vuoto: *camion scarico* Ⓒ carico. **2** Libero da preoccupazioni: *mente scarica di pensieri* Ⓢ vuoto, libero. **3** Senza carica: *orologio scarico.* Ⓔ ***Avere le batterie scariche,*** sentirsi stanco o depresso.

scarico[2] (scà-ri-co) N.M. (pl. *-chi*) **1** Operazione con cui si toglie il carico da un mezzo di trasporto: *lo scarico di un vagone, di un carro* Ⓒ carico. **2** Sistema che fa scorrere via l'acqua utilizzata in un impianto: *tubo di scarico di un lavandino; gli scarichi dell'industria finiscono nel fiume* Ⓢ scolo. **3** Abbandono di rifiuti: *divieto di scarico.*

scarlattina (scar-lat-tì-na) N.F. · Malattia infettiva, tipica dell'infanzia, che causa febbre alta e mal di gola.

scarlatto (scar-làt-to) AGG. e N.M. · Di colore rosso acceso: *labbra scarlatte; fiori scarlatti.*

scarmigliato (scar-mi-glià-to) AGG. · Che ha i capelli in disordine: *era tutta scarmigliata per la corsa* Ⓢ spettinato.

scarno (scàr-no) AGG. **1** Molto magro: *volto scarno* Ⓢ ossuto. **2** Di scarso contenuto: *un tema troppo scarno* • Senza ornamenti: *lo stile scarno di un romanzo* Ⓢ semplice, essenziale.

scarpa (scàr-pa) N.F. · Oggetto che serve a rivestire e proteggere il piede, fatto da una parte più rigida che sta a contatto con il terreno e da una che avvolge la parte superiore del piede: *un paio di scarpe nuove; scarpe da ballo, da tennis; scarpe scollate.* Ⓔ ***Fare le scarpe a qualcuno,*** ingannarlo slealmente • ***Non essere degno di legare le scarpe a qualcuno,*** essergli inferiore.

Il termine deriva probabilmente dal greco *karpatíne* 'sandalo di cuoio'.

scarpata (scar-pà-ta) N.F. · Burrone, pendio, dirupo: *precipitare in una scarpata.*

scarpiera (scar-piè-ra) N.F. · Mobile in cui si ripongono le scarpe.

scarpone (scar-pó-ne) N.M. · Scarpa alta, con la suola spessa e robusta, usata per camminare in montagna. Ⓔ ***Scarponi da sci,*** quelli di materiale plastico, alti e rigidi, con sporgenze che permettono di fissarli agli sci.

scarrozzare (scar-roz-zà-re) V.TR. (*scarròzzo*, ecc.) · Portare in giro con un veicolo: *mi ha scarrozzato per tutta la città.*

scarseggiare (scar-seg-già-re) V.INTR. (*scarséggio*, ecc.; aus. *avere*) · Essere insufficiente: *d'estate l'acqua scarseggia; scarseggiare **di** cervello* Ⓢ mancare, difettare Ⓒ abbondare.

scarsezza (scar-séz-za) N.F. · Quantità insufficiente: *scarsezza di cibo; scarsezza di idee* Ⓢ mancanza, penuria Ⓒ abbondanza.

scarsità (scar-si-tà) N.F.INVAR. · Poca quantità: *la scarsità del raccolto; scarsità di fantasia* Ⓢ insufficienza, penuria Ⓒ abbondanza.

scarso (scàr-so) AGG. **1** Poco rispetto a quanto serve: *scarsa preparazione; un uomo di scarse capacità; un alunno scarso **in** matematica* Ⓢ modesto, misero Ⓒ abbondante. **2** Poco meno di una certa quantità: *sarà un chilo scarso.*

scart AGG. e N.F.INVAR. · Di presa che serve per collegare il televisore ad altri apparecchi: *ho collegato il lettore con la presa scart; per collegare il decoder occorre una scart.*

scartamento (scar-ta-mén-to) N.M. · La distanza fra i bordi interni delle due rotaie di un binario. Ⓔ ***Scartamento ridotto,*** distanza fra i binari inferiore a quella abituale; ***a scartamento ridotto,*** in modo poco efficiente: *oggi hai lavorato a scartamento ridotto.*

scartare[1] (scar-tà-re) V.TR. **1** Togliere dalla confezione di carta: *scartare un pacco, una caramella* Ⓢ aprire Ⓒ incartare. **2** In vari giochi di carte, eliminare una o più carte: *scartare un asso* Ⓢ tirare, calare. **3** Non scegliere una certa possibilità: *scartare un'idea, un progetto* Ⓢ rifiutare Ⓒ scegliere.

scartare[2] (scar-tà-re) V.INTR. e TR. || INTR. (aus. *avere*) Di animali o veicoli, spostarsi all'improvviso di lato: *l'auto ha scartato a destra per evitare un pedone.* || TR. Nel calcio, superare l'avversario spostandosi di lato con la palla al piede: *scartare la difesa* Ⓢ dribblare.

scarto[1] **(scàr-to)** N.M. **1** Eliminazione di una o più carte durante il gioco: *fare, sbagliare uno scarto.* **2** Selezione di elementi da eliminare: *fare lo scarto dei vestiti vecchi* • Gli elementi da eliminare: *scarti di magazzino.* Ⓔ ***Di scarto***, di cattiva qualità: *merce di scarto.*

scarto[2] **(scàr-to)** N.M. **1** Improvvisa deviazione laterale, di animale o veicolo: *cadde a terra per uno scarto del cavallo.* **2** Differenza espressa in termini numerici: *vincere con due minuti di scarto* Ⓢ distacco.

scassare (scas-sà-re) V.TR., *fam.* || TR. Nel linguaggio familiare, rompere, guastare, rovinare: *scassare l'orologio, l'automobile.* || **scassarsi** INTR. PRONOM. Rompersi: ***mi*** *si è scassata la lavatrice.*

scassinare (scas-si-nà-re) V.TR. · Aprire qualcosa rompendo la serratura: *scassinare una cassaforte* Ⓢ forzare.

scassinatore (scas-si-na-tó-re) N.M. (f. *-trìce*) · Ladro esperto nel rompere serrature.

scasso (scàs-so) N.M. **1** Lavorazione di un terreno con la vanga o con l'aratro, per renderlo adatto alla coltivazione: *lavoro di scasso.* **2** Rottura di serrature o di altri sistemi di sicurezza: *furto con scasso.*

scatenare (sca-te-nà-re) V.TR. (*scatèno*, ecc.) || TR. Liberare, lanciare, aizzare: *i cani si scatenarono* ***contro*** *il ladro; scatenare l'odio, la violenza.* || **scatenarsi** RIFL. Abbandonarsi agli impulsi senza controllo: *la folla si era scatenata; scatenarsi in discoteca* • Manifestarsi con violenza: *si è scatenata una tempesta* Ⓢ infuriare, scoppiare.

scatenato (sca-te-nà-to) AGG. · Sfrenato, incontenibile, travolgente: *una passione scatenata; un bambino scatenato.*

scatola (scà-to-la) N.F. **1** Contenitore rigido di materiale, forma e dimensione diversi, usato per conservare, riporre o trasportare qualcosa: *una scatola di cioccolatini; rimetti nella scatola tutte le foto.* **2** Il contenuto di una scatola: *s'è mangiato una scatola di biscotti.* Ⓔ ***A scatola chiusa***, senza sapere in modo preciso di che cosa si tratta: *accettare qualcosa a scatola chiusa* • ***Cibi in scatola***, cibi pronti conservati in confezioni di metallo • ***Levarsi dalle scatole*** o ***togliersi dalle scatole***, nel linguaggio familiare, andarsene • ***Rompere le scatole*** → ***rompere*** • ***Scatola nera***, apparecchio elettronico installato sugli aerei, che registra tutti i dati del volo: *stanno cercando la scatola nera tra i rottami dell'aereo.*

scatoletta (sca-to-lét-ta) N.F. · Piccola scatola di metallo per la conservazione di vari cibi: *una scatoletta di carne, di tonno.*

scattante (scat-tàn-te) AGG. **1** Che ha rapidità di riflessi: *un difensore scattante* Ⓢ veloce, svelto. **2** Che raggiunge in fretta un'alta velocità: *un'auto scattante.*

scattare (scat-tà-re) V.INTR. e TR. || INTR. (aus. *essere* e, raro, *avere*) **1** Di congegni, entrare in funzione: *l'allarme non è scattato; la trappola è scattata* Ⓢ partire. **2** Avere inizio: *stanotte scatterà l'ora legale* Ⓢ cominciare. **3** Di persona, muoversi in fretta in alto o in avanti: *scattare dalla sedia; quando entrò il preside la classe scattò in piedi* Ⓢ balzare. **4** In uno sport, accelerare, allungare: *il ciclista è scattato a due chilometri dal traguardo.* **5** Reagire in modo nervoso: *quando è stanco scatta* ***per*** *delle sciocchezze.* || TR. Fare una fotografia, premendo il tasto apposito sulla macchina fotografica: *scattare un primo piano al bambino.*

scatto (scàt-to) N.M. **1** Rapido movimento di un congegno che entra in funzione: *lo scatto di una serratura, di una molla* • Il meccanismo che funziona grazie a una molla: *coltello a scatto.* **2** Moto brusco e improvviso: *con uno scatto il ladro afferrò la borsa e fuggì* Ⓢ balzo, guizzo • Nello sport, aumento rapido e improvviso della velocità: *con uno scatto l'atleta superò gli altri.* **3** Manifestazione improvvisa e violenta di un sentimento: *uno scatto d'ira, d'indignazione* Ⓢ impeto. **4** Passaggio a un livello superiore: *avere uno scatto di stipendio.* **5** Unità di misura del costo delle conversazioni telefoniche: *pagare lo scatto alla risposta; uno scatto ogni dieci minuti.* Ⓔ ***A scatti***, con movimenti bruschi e irregolari: *procedere a scatti* • ***Di scatto***, all'improvviso: *voltarsi di scatto.*

scaturire (sca-tu-rì-re) V.INTR. (*scaturìsco, scaturìsci*, ecc.; aus. *essere*) · Venir fuori: ***dalla*** *roccia scaturì l'acqua;* ***dalle*** *ricerche sono scaturite novità interessanti* Ⓢ uscire, emergere.

scavalcare (sca-val-cà-re) V.TR. (*scavàlco, scavàlchi*, ecc.) **1** Passare al di sopra di un ostacolo: *il cane scavalcò il recinto con un salto* Ⓢ superare, oltrepassare. **2** In una carriera, superare qualcuno: *è riuscito a scavalcare tutti i colleghi più anziani di lui.* ▸ Ⓕ **cavallo**

scavare (sca-và-re) V.TR. **1** Portar via strati di terreno: *l'acqua del fiume ha scavato la sponda; scavare una fossa.* **2** Produrre una cavità in un oggetto: *il tronco dell'albero fu scavato per fare una canoa.* **3** Portare o riportare alla luce con uno scavo: *scavare un tesoro.* **4** Approfondire una ricerca: *a forza di scavare, la verità è venuta a galla* Ⓢ indagare.

scavato (sca-và-to) AGG. **1** Che ha un'apertura ampia e profonda: *il collo della giacca è troppo scavato.* **2** Molto magro: *essere scavato in volto* Ⓢ emaciato, smunto.

scavatrice (sca-va-trì-ce) N.F. · Macchina per scavare Ⓢ escavatrice.

scavo (scà-vo) N.M. **1** L'operazione di togliere strati di terra dal suolo: *lo scavo di una galleria; l'archeologo ha ordinato di iniziare gli scavi.* **2** Luogo che conserva edifici e oggetti antichi riportati alla luce dagli archeologi: *gli scavi di Pompei.*

scegliere (scé-glie-re) V.TR. (irreg.: ind. pres. *scélgo, scégli, scéglie, scegliàmo, scegliéte, scélgono*; pass. rem. *scélsi, scegliésti, scélse, scegliémmo, scegliéste, scélsero*; cong. pres. *scélga, scélga, scélga, scegliàmo, scegliàte, scélgano*; part. pass. *scélto*) **1** Indicare o prendere ciò che si ritiene migliore: *scegliere un posto per le vacanze; scegliere un regalo; scegli le pere più mature*; anche TR. PRONOM.: *scegliersi il posto migliore* Ⓒ scartare. **2** Preferire: *piuttosto che continuare una relazione infelice, ha scelto la solitudine.* ▸ Ⓕ **legere**

sceicco (sce-ic-co) N.M. (pl. *-chi*) · Nel mondo arabo, titolo attribuito ai capi di tribù e a personaggi importanti.

> Il termine deriva da una parola araba che significa 'anziano'.

scelgo (scél-go) · Ind. pres., 1ª pers. sing. → ***scegliere***.

scellerato (scel-le-rà-to) AGG. e N.M. (f. *-a*) · Che, chi è capace delle crudeltà peggiori o colpevole di un grave delitto: *un criminale scellerato; quegli scellerati non hanno avuto pietà neppure dei bambini* Ⓢ empio, infame.

scellino (scel-li-no) N.M. **1** Moneta inglese equivalente alla ventesima parte della sterlina. **2** Moneta dell'Austria, sostituita dall'euro nel 2002, e di alcuni Stati africani.

scelsi (scél-si) · Pass. rem., 1ª pers. sing. → ***scegliere***.

scelta (scél-ta) N.F. **1** L'atto di decidere o di prendere qualcosa che si considera migliore in base a un confronto: *fare una buona, una cattiva scelta; una scelta* ***tra*** *due possibilità; non c'è altra scelta; la scelta di un lavoro* Ⓢ decisione. **2** Suddivisione in base alla migliore o peggiore qualità: *merce di prima scelta*, la migliore; *merce di seconda scelta*, di qualità più scadente. **3** Assortimento, varietà: *hanno una grande scelta di pizze.* Ⓔ ***A scelta***, a piacere: *prendi due gusti a scelta.* ▸ Ⓕ **legere**

scelto (scél-to) AGG. || Participio pass. → ***scegliere***. || AGG. **1** Di ottima qualità: *carne scelta.* **2** Molto raffinato ed elegante: *usare un linguaggio scelto.* **3** Che ha una grande abilità in un certo settore: *tiratore scelto, pilota scelto.* ▸ Ⓕ **legere**

scemare (sce-mà-re) V.INTR. (*scémo*, ecc.; aus. *essere*) · Diminuire, calare: *il fragore dei tuoni scema in lontananza; la vista mi scema ogni giorno.*

scemenza (sce-mèn-za) N.F. **1** Stupidità, idiozia: *la sua scemenza non finisce mai di stupirmi.* **2** Azione o discorso da scemo: *non dire scemenze!* Ⓢ sciocchezza, stupidaggine.

scemo (scé-mo) AGG. e N.M. (f. *-a*) · Che, chi è poco intelligente: *non è così scemo come sembra; i soliti scemi hanno rotto il vetro* Ⓢ stupido.

scempiaggine (scem-piàg-gi-ne) N.F. · Sciocchezza, stupidaggine: *non dire scempiaggini!*

scempio[1] (scém-pio) AGG. (pl.m. *-pi*, pl.f. *-pie*) · In grammatica, di consonante, non doppio:

nella parola cane la n è scempia, in canne è doppia.

scempio² (scém-pio) N.M. (pl. *-pi*) **1** Massacro, strage, carneficina: *non posso assistere a un simile scempio.* **2** Grave danno o rovina: *quelle costruzioni sono uno scempio del paesaggio.*

scena (scè-na) N.F. **1** La parte del teatro in cui recitano gli attori: *entrare in scena; uscire di scena* Ⓢ palco, palcoscenico. **2** In letteratura o nelle rappresentazioni, il luogo in cui si immagina ambientata l'azione: *la scena è a Parigi all'inizio del secolo.* **3** Ciascuno degli episodi che compongono una rappresentazione: *la scena del riconoscimento* • Ciascuna delle parti in cui si suddivide un atto: *Atto I scena III.* **4** Nelle arti figurative, composizione che descrive una situazione: *il quadro rappresenta una scena di caccia.* **5** Svolgimento di una certa azione: *ho visto una brutta scena* • Luogo in cui si svolge un'azione: *accorrere sulla scena dell'incidente.* **6** L'ambito in cui si svolge una certa attività: *abbandonare la scena politica.* **7** Dimostrazione esagerata dei propri stati d'animo: *non fare le solite scene!* Ⓢ scenata. Ⓔ ***Andare in scena***, essere rappresentato: *lo spettacolo va in scena alle 21* • ***Colpo di scena***, in una rappresentazione, mutamento imprevisto che cambia il corso dell'azione; in senso figurato, cambiamento improvviso di una situazione • ***Fare scena muta***, non rispondere a una domanda • ***Mettere in scena***, allestire una rappresentazione teatrale • ***Scena madre***, in una rappresentazione teatrale, quella principale; in senso figurato, scenata.

Il termine deriva dal greco *skené* 'tenda, fondale del palcoscenico'.

scenario (sce-nà-rio) N.M. (pl. *-ri*) **1** L'insieme delle strutture che creano l'ambiente dove si svolge l'azione teatrale, cinematografica o televisiva: *costruire uno scenario.* **2** Luogo o situazione che fa da sfondo a una vicenda reale: *Roma è stata lo scenario del loro primo incontro.* **3** Paesaggio naturale di grande bellezza: *lo splendido scenario del Monte Bianco* Ⓢ panorama. **4** L'insieme dei fatti che compongono una situazione: *lo scenario politico internazionale* Ⓢ ambiente.

scenata (sce-nà-ta) N.F. · Violento rimprovero o litigio: *mi ha fatto una terribile scenata di gelosia; non voglio scenate in casa mia!*

scendere (scén-de-re) V.INTR. e TR. (irreg.: ind. pres. *scéndo*, ecc.; pass. rem. *scési*, *scendésti*, *scése*, *scendémmo*, *scendéste*, *scésero*; part. pass. *scéso*) || INTR. (aus. *essere*) **1** Muoversi, spostarsi verso il basso: *scendere* ***da*** *cavallo; scendere* ***a*** *valle; scendere* ***in*** *cantina* Ⓢ discendere, smontare Ⓒ salire. **2** Spostarsi verso sud: *i barbari scesero* ***in*** *Italia nel quinto secolo.* **3** Di luoghi, andare in pendenza verso il basso: *il paese scende* ***fino al*** *mare* Ⓢ declinare, digradare. **4** Del sole, tramontare, calare: *il sole è sceso dietro le colline.* **5** Dei capelli, ricadere: *i capelli le scendevano* ***sulle*** *spalle.* **6** Diminuire di livello o di valore: *la temperatura è scesa; entro l'estate i prezzi scenderanno* Ⓢ calare. || TR. Percorrere dall'alto verso il basso: *scendere le scale, la montagna.* Ⓔ ***Scendere a patti*** o ***scendere a un compromesso***, cedere su alcune questioni per arrivare a un accordo • ***Scendere dal piedistallo*** o ***scendere dal pulpito***, abbandonare un atteggiamento di superiorità • ***Scendere in campo***, entrare in competizione, intervenire in una discussione • ***Scendere in piazza***, partecipare a una manifestazione di protesta: *scendono in piazza oggi i lavoratori dello spettacolo.*

sceneggiare (sce-neg-già-re) V.TR. (*scenéggio*, ecc.) · Dividere un testo narrativo in scene composte da dialoghi, rendendolo adatto a essere rappresentato al teatro, al cinema o in televisione: *sceneggiare un romanzo.*

sceneggiata (sce-neg-già-ta) N.F. **1** Spettacolo tipico del teatro popolare napoletano che, a partire da una canzone di successo, alterna parti cantate a parti recitate, sviluppando una trama semplice basata su sentimenti molto forti. **2** Messinscena, simulazione per commuovere qualcuno: *non credo a una sola parola di questa sceneggiata.*

sceneggiato (sce-neg-già-to) N.M. · Rappresentazione televisiva o radiofonica a puntate, tratta da un romanzo o da un evento realmente accaduto.

sceneggiatore (sce-neg-gia-tó-re) N.M. (f. *-trice*) · Chi scrive la sceneggiatura di un film, di un'opera teatrale o di una trasmissione radiofonica o televisiva.

sceneggiatura (sce-neg-gia-tù-ra) N.F. · Il testo di un'opera teatrale, televisiva o cinematografica in cui sono scritte le scene, i dialoghi tra i personaggi e il modo in cui devono essere realizzati: *scrivere la sceneggiatura di un film*.

scenico (scè-ni-co) AGG. (pl.m. *-ci*, pl.f. *-che*) · Proprio delle scene di una rappresentazione: *apparato scenico*.

scenografia (sce-no-gra-fì-a) N.F. (pl. *-fie*) **1** L'arte e la tecnica di costruire le scene per una rappresentazione teatrale o cinematografica: *scuola, corso di scenografia*. **2** L'insieme degli elementi che formano le varie scene di una rappresentazione teatrale o di un film: *il film ha vinto un premio per la scenografia*.

scenografico (sce-no-grà-fi-co) AGG. (pl.m. *-ci*, pl.f. *-che*) **1** Che riguarda la scenografia: *tecnica scenografica*. **2** Grandioso, spettacolare: *un matrimonio scenografico*.

scenografo (sce-nò-gra-fo) N.M. (f. *-a*) · Chi cura la scenografia di una rappresentazione teatrale, cinematografica, televisiva.

sceriffo (sce-rif-fo) N.M. · Negli Stati Uniti, magistrato con incarichi di amministrazione e di polizia a livello regionale: *nel film western lo sceriffo arrestava tre ubriachi*.

scervellarsi (scer-vel-làr-si) V.INTR. PRONOM. (*mi scervèllo*, ecc.) · Concentrarsi a lungo per trovare la soluzione a una questione difficile: *scervellarsi* ***per*** *risolvere un problema* Ⓢ lambiccarsi.

S

scesi (scé-si) · Pass. rem., 1ª pers. sing. → ***scendere***.

sceso (scé-so) · Participio pass. → ***scendere***.

scetticismo (scet-ti-cì-ṣmo) N.M. **1** In filosofia, atteggiamento che nega o mette in dubbio le possibilità della conoscenza umana: *lo scetticismo nella filosofia greca*. **2** Mancanza di fiducia nei confronti di tutto e di tutti: *mi ascolta sempre con scetticismo*.

scettico (scèt-ti-co) AGG. e N.M. (f. *-a*; pl.m. *-ci*, pl.f. *-che*) **1** In filosofia, che, chi dubita che l'uomo possa arrivare a conoscere veramente qualcosa: *scuola scettica di filosofia; gli scettici dell'antica Grecia*. **2** Che, chi mette in dubbio tutto e tutti • Che, chi ha dei dubbi su qualcosa: *sono molto scettico sul risultato della partita*.

scettro (scèt-tro) N.M. **1** Bastone di materiale prezioso, simbolo del potere del sovrano: *il re ha la corona e lo scettro*. **2** Nel linguaggio sportivo, titolo di campione: *dopo la sconfitta la squadra ha ceduto lo scettro alla seconda in classifica*.

scevro (scé-vro) AGG. · Privo, esente: *un'impresa non scevra* ***di*** *rischi*.

scheda (schè-da) N.F. **1** Rettangolo di carta o cartoncino usato per trascrivere dati e metterli in ordine per consultarli: *raccogliere, riunire, disporre le schede in uno schedario*. **2** Foglio da compilare: *riempire la scheda d'ingresso della biblioteca* Ⓢ modulo. **3** Nell'uso scolastico, breve testo riassuntivo su un certo argomento: *alla fine del libro ci sono le schede grammaticali*. Ⓔ ***Scheda elettorale***, che serve per votare; ***scheda bianca***, non compilata in una votazione; ***scheda nulla***, non valida per la votazione.

schedare (sche-dà-re) V.TR. (*schèdo*, ecc.) · Registrare dati su schede: *schedare i libri, i ricercati* Ⓢ catalogare.

schedario (sche-dà-rio) N.M. (pl. *-ri*) **1** Raccolta ordinata di schede: *lo schedario di una biblioteca*. **2** Mobile per conservare le schede e consultarle facilmente: *uno schedario in metallo*.

schedina (sche-dì-na) N.F. · Il foglietto predisposto in cui si scrivono in anticipo i risultati delle partite di calcio o delle corse dei cavalli per scommessa: *vado a giocare la schedina*.

scheggia (schég-gia) N.F. (pl. *-ge*) · Frammento di forma irregolare che si è staccato da un corpo solido: *una scheggia d'osso* Ⓢ pezzetto. Ⓔ ***Come una scheggia***, a grande velocità: *andare come una scheggia*.

scheggiare (scheg-già-re) V.TR. (*schéggio*, ecc.) || TR. Provocare il distacco di un frammento di un oggetto con un urto: *scheggiare un bicchiere*. || **scheggiarsi** INTR. PRONOM. Perdere piccoli frammenti a causa di un urto: *mi si è scheggiato un dente*.

scheletrico (sche-lè-tri-co) AGG. (pl.m. *-ci*, pl.f. *-che*) **1** Delle ossa: *apparato scheletrico.* **2** Di persona o parte del corpo, molto magro: *figura scheletrica; volto scheletrico* S pelle e ossa.

scheletro (schè-le-tro) N.M. **1** L'insieme delle ossa dell'uomo e dei vertebrati: *lo scheletro dell'uomo, di un rettile* S ossatura. **2** Struttura di sostegno di una costruzione: *lo scheletro di un'imbarcazione.* E ***Uno scheletro nell'armadio***, un segreto da nascondere.

schema (schè-ma) N.M. (pl. *-i*) **1** Disegno che rappresenta in modo semplificato un oggetto, una struttura o un concetto: *lo schema di un impianto elettrico; studia facendo degli schemi* S rappresentazione. **2** Progetto abbozzato: *lo schema di un romanzo, di un articolo* S spunto, traccia. **3** Modello rigido a cui ci si deve attenere: *per scrivere una lettera commerciale occorre uno schema; uscire dagli schemi imposti dalla società.*

schematico (sche-mà-ti-co) AGG. (pl.m. *-ci*, pl.f. *-che*) · Limitato alle sue caratteristiche principali: *esporre un progetto in forma schematica* S sintetico, essenziale.

schematizzare (sche-ma-tiz-zà-re) V.TR. · Rappresentare in modo schematico: *possiamo schematizzare la questione **in** tre punti.*

scherma (schér-ma) N.F. · Lo sport che comprende l'uso di fioretto, sciabola e spada: *tirare di scherma; campione di scherma.*

schermaglia (scher-mà-glia) N.F. (pl. *-glie*) **1** Serie di colpi e finte in un combattimento di scherma. **2** Discussione con un acceso scontro di opinioni: *schermaglia letteraria, politica.*

schermare (scher-mà-re) V.TR. (*schérmo*, ecc.) · Coprire o proteggere con uno schermo: *schermare una lampada **con** un paralume; schermare gli occhi **dal** sole.*

schermirsi (scher-mìr-si) V.RIFL. (*mi schermìsco, ti schermìsci*, ecc.) **1** Proteggersi, ripararsi, difendersi: *schermirsi **dal** freddo, **dagli** attacchi dei nemici.* **2** Cercare di evitare qualcosa di spiacevole: *schermirsi **da** domande imbarazzanti.*

schermo (schér-mo) N.M. **1** Riparo, protezione, difesa: *crema solare a schermo totale.* **2** In vari apparecchi elettronici, come televisori, computer, cellulari, la superficie luminosa su cui appaiono le immagini: *pulisci bene lo schermo.* **3** La superficie sulla quale si vedono le immagini al cinema • SPESSO AL PL. Cinema: *il film apparirà presto sugli schermi italiani.* E ***Farsi schermo***, proteggersi: *cadendo si è fatto schermo al viso con le braccia* • ***Grande schermo***, il cinema; ***piccolo schermo***, la televisione.

schernire (scher-nì-re) V.TR. (*schernìsco, schernìsci*, ecc.) · Prendere in giro in modo crudele: *gli avversari lo schernivano per la sua timidezza* S deridere.

scherno (schér-no) N.M. · Presa in giro offensiva e umiliante: *parole di scherno* S derisione.

scherzare (scher-zà-re) V.INTR. (*schérzo*, ecc.; aus. *avere*) **1** Parlare o comportarsi in modo piacevole e spiritoso per divertirsi: *scherzare **con** gli amici.* **2** Trattare una cosa con leggerezza o superficialità: *non puoi scherzare sempre **su** tutto; **con** la salute non si scherza* S giocare. E ***Scherzare con il fuoco***, comportarsi con imprudenza in una situazione pericolosa.

scherzo (schér-zo) N.M. **1** Atto o discorso fatto senza serietà o impegno: *prendere tutto in scherzo* S gioco, divertimento. **2** Atto o discorso fatto per prendersi gioco di qualcuno: *fare uno scherzo di cattivo gusto; l'ho detto per scherzo; non sopporta gli scherzi* S burla, beffa. **3** Sorpresa spiacevole: *la memoria comincia a farmi degli scherzi.* **4** Cosa di poca importanza: *per lui sollevare quel peso è uno scherzo; la tua malattia non è uno scherzo* S sciocchezza. E ***A parte gli scherzi***, parlando seriamente • ***Neanche per scherzo***, per nessun motivo • ***Senza scherzi***, davvero, sul serio.

scherzoso (scher-zó-so) AGG. · Vivace e allegro: *una storiella scherzosa; un ragazzo scherzoso* S spiritoso.

schettinare (schet-ti-nà-re) V.INTR. (*schèttino*, ecc.; aus. *avere*) · Pattinare su pattini a rotelle.

schiacciamento (schiac-cia-mén-to) N.M. · Appiattimento o rottura dovuta a forte compressione: *lo schiacciamento di una sfera.*

schiaccianoci (schiac-cia-nó-ci) N.M. INVAR. · Arnese per rompere il guscio duro di noci, mandorle e nocciole.

schiacciante (schiac-ciàn-te) AGG. · Che non lascia dubbi: *prove schiaccianti* Ⓢ innegabile, inoppugnabile • Molto netto: *la superiorità della nostra squadra è schiacciante.*

schiacciare (schiac-cià-re) V.TR. (*schiàccio*, ecc.) || TR. 1 Comprimere con forza provocando un appiattimento, una deformazione o una rottura: *schiacciare il tubo del dentifricio; la folla mi schiacciava da tutti i lati.* 2 Esercitare una pressione su un tasto o su un dispositivo: *schiacciare un bottone, un pulsante* Ⓢ premere, spingere, pigiare. 3 In vari sport come tennis, ping-pong e pallavolo, colpire con forza la palla dall'alto verso il basso. 4 Vincere dimostrando una netta superiorità: *schiacciare l'avversario* Ⓢ sopraffare, annientare. || **schiacciarsi** TR. PRONOM. Comprimere una parte del proprio corpo: *schiacciarsi un dito nella porta.* Ⓔ ***Schiacciare un pisolino***, fare un breve sonno.

schiacciata (schiac-cià-ta) N.F. 1 In alcuni sport, come tennis, ping-pong e pallavolo, colpo molto forte dato alla palla dall'alto verso il basso: *con la sua schiacciata ha fatto il punto decisivo.* 2 Focaccia sottile, cotta in forno: *schiacciata alle olive.*

schiaffeggiare (schiaf-feg-già-re) V.TR. (*schiafféggio*, ecc.) 1 Colpire più volte qualcuno sul viso con la mano aperta: *suo padre lo ha schiaffeggiato.* 2 Di elementi naturali, colpire più volte con violenza: *il vento **le** schiaffeggiava il viso* Ⓢ sferzare.

S

schiaffo (schiàf-fo) N.M. · Colpo dato sul viso con la mano aperta: *sua madre gli ha dato uno schiaffo* Ⓢ ceffone, sberla. Ⓔ ***Faccia da schiaffi***, persona con un atteggiamento irritante • ***Schiaffo morale***, umiliazione.

schiamazzare (schia-maz-zà-re) V.INTR. (aus. *avere*) · Gridare e fare confusione: *smettetela di schiamazzare e fate attenzione!*

schiamazzo (schia-màz-zo) N.M. · Strepito, confusione: *è stato arrestato per schiamazzi notturni.*

schiantare (schian-tà-re) V.TR. || TR. Rompere in modo violento e definitivo: *il fulmine ha schiantato l'albero in due* Ⓢ stroncare. || **schiantarsi** INTR. PRONOM. 1 Rompersi di colpo e in modo definitivo: *i pali della luce si sono schiantati con il temporale* Ⓢ spaccarsi. 2 Di veicoli o piloti, andare a sbattere violentemente contro un ostacolo: *schiantarsi **contro** un muro; schiantarsi **al** suolo*, di velivolo, precipitare a terra.

schianto (schiàn-to) N.M. 1 Forte rumore provocato da un'improvvisa e violenta rottura o caduta: *l'albero crollò al suolo con uno schianto* Ⓢ tonfo. 2 Nel linguaggio familiare, persona o cosa dalla bellezza vistosa o dalle caratteristiche eccezionali: *uno schianto di ragazza; che schianto quella moto!* Ⓔ ***Di schianto***, di colpo: *cadere di schianto.*

schiarire (schia-rì-re) V.TR. e INTR. (*schiarìsco*, *schiarìsci*, ecc.) || TR. Rendere più chiaro: *schiarire i capelli; schiarirsi la voce, le idee.* || INTR. (aus. *essere*) Del cielo, diventare più chiaro all'alba o diventare sereno: *è quasi mattina, il cielo sta schiarendo; il cielo schiarisce dopo il temporale.*

schiarita (schia-rì-ta) N.F. 1 Ritorno del sereno: *ampie schiarite su tutta la valle.* 2 Miglioramento di una situazione tesa: *si nota una schiarita nei rapporti fra i due Stati* Ⓢ distensione.

schiavismo (schia-vì-ṣmo) N.M. 1 Sistema basato sullo sfruttamento del lavoro degli schiavi: *battersi per la fine dello schiavismo.* 2 Tendenza allo sfruttamento delle persone: *in quell'ufficio regna lo schiavismo!* Ⓢ tirannia.

schiavitù (schia-vi-tù) N.F. INVAR. 1 La condizione di una persona che è considerata proprietà di un'altra persona e pertanto non ha libertà né diritti: *gli africani in schiavitù lavoravano nelle piantagioni americane di cotone* Ⓢ servitù. 2 Condizione di umiliante dipendenza politica: *il Paese cadde sotto la schiavitù dell'invasore.* 3 Condizione di forte dipendenza da qualcosa: *la schiavitù della droga* Ⓢ vincolo, prigionia.

schiavo (schià-vo) AGG. e N.M. (f. -a) || AGG. 1 Che si trova in una condizione di totale oppressione: *un popolo schiavo* Ⓢ oppresso, prigioniero. 2 Che non riesce a liberarsi da una dipendenza: *essere schiavo **del** fumo, **dei***

pregiudizi, della passione. || N.M. (f. -*a*) 1 Persona considerata proprietà di un'altra persona e quindi senza libertà e diritti: *i prigionieri venivano tutti venduti come schiavi.* 2 Chi si trova in una condizione di umiliante dipendenza: *quella povera donna è la schiava del marito* Ⓢ servo, vittima.

Il termine deriva dal latino medievale *sclavus* 'slavo', perché tra il 900 e il 1100 un enorme numero di schiavi dell'Occidente proveniva dalle popolazioni slave e pagane dei Balcani.

schiena (schiè-na) N.F. 1 La parte posteriore del corpo umano compresa fra le spalle e i fianchi: *stava sdraiato sulla schiena.* 2 Groppa di un animale: *salì sulla schiena del cavallo.* Ⓔ ***Alla schiena***, a tradimento: *sparare alla schiena* • ***Rompersi la schiena***, ammazzarsi di lavoro • ***Voltare la schiena***, fuggire.

schienale (schie-nà-le) N.M. · La parte di un sedile su cui si appoggia la schiena: *schienale imbottito; schienale alto, basso* Ⓢ spalliera.

schiera (schiè-ra) N.F. 1 Insieme di soldati disposti secondo uno schema: *raccogliere, ordinare le schiere; il nemico avanzò con tutte le sue schiere* Ⓢ truppa. 2 Gruppo compatto e ordinato: *una schiera di formiche.* 3 Moltitudine, massa, folla: *davanti al cinema c'era una schiera di persone.* Ⓔ ***A schiera***, di villette, case, costruite in fila e tutte uguali.

schieramento (schie-ra-mén-to) N.M. 1 Disposizione ordinata di soldati: *lo schieramento dell'esercito.* 2 Nello sport, la composizione di una squadra e la sua disposizione in campo: *schieramento difensivo, offensivo* Ⓢ formazione. 3 Gruppo con una tendenza ideologica o politica: *lo schieramento cattolico; uno schieramento di sinistra* Ⓢ coalizione.

schierare (schie-rà-re) V.TR. (*schièro*, ecc.) || TR. 1 Disporre in ordine i soldati per un combattimento o una parata: *schierare l'esercito.* 2 Nello sport, mettere in campo i giocatori: *l'Inter schiererà la formazione migliore.* || **schierarsi** RIFL. 1 Disporsi secondo un certo ordine: *la flotta si è schierata davanti al porto; gli alunni si schierarono nella palestra* Ⓢ allinearsi. 2 Prender posizione rispetto a qualcosa o qualcuno: *si schiera sempre **dalla parte del** più debole* Ⓢ mettersi.

schiettezza (schiet-téz-za) N.F. · Sincerità, franchezza: *parlare con schiettezza.*

schietto (schiét-to) AGG. · Sincero, diretto, franco: *un tipo schietto **nel** parlare; voglio essere schietto con te.*

schifezza (schi-féz-za) N.F. · Ciò che provoca un senso di profondo disgusto: *questa minestra è una schifezza; il film di ieri era una vera schifezza* Ⓢ porcheria.

schifo (schì-fo) N.M. 1 Sensazione di profondo disgusto: *provare schifo; le rane fritte mi fanno schifo* Ⓢ ribrezzo. 2 Cosa che non piace per niente: *questo cibo è uno schifo; che schifo di spettacolo mi hai portato a vedere!* Ⓢ schifezza, porcheria.

schifoso (schi-fó-so) AGG. 1 Che provoca disgusto: *uno schifoso odore di fogna* Ⓢ disgustoso, ripugnante repellente. 2 Molto brutto o molto scadente: *che tempo schifoso!; un cibo schifoso.* 3 Esagerato, eccessivo, scandaloso: *una fortuna schifosa.*

schioccare (schioc-cà-re) V.INTR. e TR. (*schiòcco, schiòcchi*, ecc.) || INTR. (aus. *avere*) Produrre uno schiocco: *la frusta schioccò e il cavallo partì.* || TR. Muovere qualcosa in modo da produrre uno schiocco: *schioccare la frusta, le dita, la lingua.* Ⓔ ***Schioccare un bacio a qualcuno***, dargli un bacio rumoroso.

schiocco (schiòc-co) N.M. (pl. -*chi*) · Rumore secco, simile ad un piccolo scoppio: *chiamò il cane con uno schiocco delle dita.*

schiodare (schio-dà-re) V.TR. (*schiòdo*, ecc.) || TR. Aprire qualcosa togliendo i chiodi che lo chiudevano: *schiodare una cassa.* || **schiodarsi** INTR. PRONOM. 1 Perdere i chiodi: *la tela si è schiodata **dalla** cornice.* 2 Allontanarsi, spostarsi: *quando ti schiodi **dal** mio computer?*

schioppo (schiòp-po) N.M. · Antica arma da fuoco portatile • Fucile. Ⓔ ***A un tiro di schioppo***, a breve distanza: *abita a un tiro di schioppo da qui.*

schiudere (schiù-de-re) V.TR. (irreg.: coniugato come *chiudere*) || TR. Aprire con lentezza o solo in parte: *schiudere la porta; schiudere le*

A B C D E F G H I J K L M N O P Q R S T U V W X Y Z

labbra. || **schiudersi** INTR. PRONOM. Aprirsi, sbocciare: *cominciano a schiudersi le rose.*

Il termine deriva dal latino *excludere* 'chiudere fuori', che viene a sua volta da *claudere* 'chiudere' con il prefisso *ex-* (→ ***concludere***).

schiuma (schiù-ma) N.F. · Formazione di bolle d'aria sulla superficie di un liquido agitato o in ebollizione: *la schiuma del mare; la schiuma di un detersivo* Ⓢ spuma. Ⓔ ***Schiuma da barba***, crema usata per radersi.

schiumoso (schiu-mó-so) AGG. · Che produce schiuma: *un sapone schiumoso* • Ricco di schiuma: *liquido schiumoso.*

schivare (schi-và-re) V.TR. · Evitare, scansare, eludere: *schivare un pugno; schivare un incarico faticoso.*

schivo (schì-vo) AGG. **1** Che rifiuta, per carattere, qualsiasi forma di riconoscimento o di complimento: *essere schivo* ***di*** *lodi.* **2** Che non ama mettersi in mostra: *un ragazzo schivo* Ⓢ riservato, introverso.

schizofrenia (schi-ẓo-fre-nì-a) N.F. (pl. *-ìe*) · Grave malattia mentale che provoca lo sdoppiamento della personalità, delirio, allucinazioni e disordini del comportamento.

schizofrenico (schi-ẓo-frè-ni-co) AGG. e N.M. (f. *-a*; pl.m. *-ci*, pl.f. *-che*) || AGG. e N.M. (f. *-a*) Che, chi è affetto da schizofrenia: *una ragazza schizofrenica.* || AGG. Contraddittorio, incoerente: *prende delle decisioni del tutto schizofreniche.*

S

schizzare (schiz-zà-re) V.INTR. e TR. || INTR. (aus. *essere*) **1** Di liquidi, uscir fuori all'improvviso e con violenza: *l'acqua schizzava* ***dal*** *tubo rotto* Ⓢ spruzzare. **2** Nel linguaggio familiare, balzar fuori all'improvviso: *una lepre schizzò* ***fuori dal*** *cespuglio.* || TR. **1** Sporcare con spruzzi o schizzi di liquido: *le auto schizzavano i passanti* ***di*** *fango.* **2** Disegnare qualcosa con poche linee fondamentali: *sta schizzando un paesaggio* Ⓢ abbozzare. || **schizzarsi** RIFL. Sporcarsi con schizzi di liquido: *schizzarsi* ***di*** *vino,* ***d'****inchiostro.*

schizzinoso (schiz-zi-nó-so) AGG. · Che ha gusti difficili e non si accontenta: *è schizzinoso nel mangiare.*

schizzo (schìz-zo) N.M. **1** Getto improvviso di una piccola quantità di liquido: *lo colpì con uno schizzo della pistola ad acqua* Ⓢ spruzzo • Macchia lasciata da un liquido: *uno schizzo di fango sui pantaloni.* **2** Abbozzo di pochi tratti fondamentali: *uno schizzo a matita del mare; ho buttato giù uno schizzo del progetto* Ⓢ disegno, schema.

sci N.M. INVAR. **1** Ciascuno dei due attrezzi lunghi e sottili, con la parte anteriore ricurva verso l'alto, che si fissano agli scarponi da montagna per scivolare sulla neve: *sci da fondo, da discesa* • Ciascuno dei due attrezzi che, fissati ai piedi, servono a scivolare sull'acqua, al traino di un motoscafo. **2** Lo sport in cui si utilizzano gli sci: *fare dello sci; praticare lo sci.* Ⓔ ***Sci di fondo***, quello che si pratica su piste di neve in piano • ***Sci nautico***, quello che si pratica scivolando sulla superficie dell'acqua tirati da un motoscafo.

Il termine deriva da una parola dell'antico islandese che significa 'asse, pezzo di legno tagliato'.

scia (sci-a) N.F. (pl. *scìe*) **1** La traccia di spuma che un corpo in movimento lascia dietro di sé in acqua: *la scia di una nave.* **2** Traccia di luce, di fumo o di odore che rimane nell'aria dopo il passaggio di un oggetto o di una persona: *la scia della cometa; una scia di profumo.*

sciabola (scià-bo-la) N.F. · Spada, spesso ricurva e con scanalature, che si impugna con una sola mano: *duello con la sciabola* • Una delle tre specialità della scherma: *hanno vinto la medaglia nella sciabola a squadre.*

sciabordio (scia-bor-dì-o) N.M. (pl. *-dìi*) · Rumore di liquido mosso o agitato: *lo sciabordio dell'acqua contro la barca.*

sciacallo (scia-càl-lo) N.M. **1** Mammifero simile a una volpe, con muso a punta, orecchie corte, il pelo giallo-grigiastro nella parte superiore e bianco sporco in quella inferiore; caccia di notte, si nutre di piccoli vertebrati e di carogne, ed emette una specie di ululato. **2** Chi saccheggia case e negozi abbandonati in seguito a qualche calamità: *c'erano molti sciacalli dopo il terremoto.* **3** Chi sfrutta la sventura degli altri: *alcuni giornalisti hanno sfruttato la notizia da veri sciacalli.*

Il verbo che indica il verso dello sciacallo è *ululare* e il nome è *ululato*.

sciacquare (sciac-quà-re) V.TR. (*sciàcquo*, ecc.) · Togliere le tracce di sapone con l'acqua: *sciacquare il bucato, i piatti.*

sciacquo (sciàc-quo) N.M. · Lavaggio della bocca con acqua o con un farmaco disinfettante: *fare gli sciacqui per il mal di denti.*

sciacquone (sciac-quó-ne) N.M. · Il dispositivo per lo scarico dell'acqua di un impianto igienico: *tirare lo sciacquone.*

sciagura (scia-gù-ra) N.F. · Disgrazia, disastro, catastrofe: *siamo andati sul luogo della sciagura.*

sciagurato (scia-gu-rà-to) AGG. e N.M. (f. *-a*) || AGG. Collegato a eventi gravi o tragici: *un anno sciagurato* Ⓢ terribile, disgraziato • Che è causa di disgrazia: *ebbi la sciagurata idea di lasciarlo solo* Ⓢ infelice, malaugurato. || AGG. e N.M. (f. *-a*) Di persona, che non ha senso morale: *un padre sciagurato che non si preoccupa della famiglia; quello sciagurato del tuo amico ti causerà un sacco di guai* Ⓢ scellerato.

scialacquare (scia-lac-quà-re) V.TR. (*scialàcquo*, ecc.) · Spendere molto denaro in cose inutili: *scialacquare un'eredità* Ⓢ dissipare, sperperare.

scialacquatore (scia-lac-qua-tó-re) N.M. (f. *-trìce*) · Chi dissipa le proprie sostanze.

scialbo (sciàl-bo) AGG. **1** Di un colore pallido: *una tinta scialba* Ⓢ smorto. **2** Insignificante, incolore, anonimo: *una persona scialba; un romanzo scialbo.*

scialle (sciàl-le) N.M. · Indumento femminile costituito da un pezzo di tessuto che si porta sulle spalle: *la nonna aveva un bello scialle di lana.*

scialuppa (scia-lùp-pa) N.F. · Piccola barca che hanno a bordo le navi per i collegamenti con la terra o per il salvataggio in caso di naufragio: *le scialuppe di salvataggio trasportarono a terra i naufraghi.*

sciamano (scia-mà-no) N.M. · In alcune religioni primitive, la persona incaricata di comunicare con le divinità Ⓢ stregone.

sciamare (scia-mà-re) V.INTR. (aus. *avere* o *essere*) **1** Di uno sciame di api o altri insetti, spostarsi insieme. **2** Uscire, allontanarsi in massa da un luogo: *la folla sta sciamando* ***dallo*** *stadio.*

sciame (scià-me) N.M. **1** Insieme di api che abbandona la vecchia colonia per fondarne una nuova. **2** Fitta moltitudine: *uno sciame di bambini* Ⓢ folla, massa. Ⓔ ***A sciami***, in numero grandissimo: *i turisti arrivano a sciami.*

sciancato (scian-cà-to) AGG. e N.M. (f. *-a*) · Zoppo, storpio: *un vecchietto mezzo sciancato.*

sciarada (scia-rà-da) N.F. · Gioco enigmistico che consiste nell'indovinare una parola per mezzo di definizioni generiche o a partire dalle due o più parole in cui può essere scomposta: *sci a mano = sciamano; scia rada = sciarada.*

sciare (sci-à-re) V.INTR. (*scìo*, *scìi*, ecc.; aus. *avere*) · Percorrere con gli sci zone coperte di neve: *sa sciare molto bene.*

sciarpa (sciàr-pa) N.F. **1** Fascia di lana o di altro tessuto che si porta attorno al collo per proteggersi dal freddo: *mettiti la sciarpa.* **2** Lunga fascia di seta colorata che, portata alla vita o a tracolla, indica una carica civile o militare: *la sciarpa tricolore del sindaco.*

Il termine deriva da una parola germanica che significa 'bandoliera', una larga striscia di cuoio che i cavalieri portavano a tracolla come sostegno per le armi.

sciatica (scià-ti-ca) N.F. (pl. *-che*) · Infiammazione del nervo sciatico, che causa dolore sulla parte posteriore della gamba.

sciatico (scià-ti-co) AGG. (pl.m. *-ci*, pl.f. *-che*) · Solo nell'espressione ***nervo sciatico***, quello che raggiunge i muscoli posteriori della coscia, della gamba e del piede.

sciatore (sci-a-tó-re) N.M. (f. *-trìce*) · Chi pratica lo sport dello sci.

sciatteria (sciat-te-rì-a) N.F. (pl. *-rìe*) · Trascuratezza, incuria: *un lavoro fatto con sciatteria.*

sciattezza (sciat-téz-za) N.F. · Sciatteria.

sciatto (sciàt-to) AGG. **1** Trasandato, trascurato, disordinato: *tiene la casa in modo sciatto.*

A B C D E F G H I J K L M N O P Q R **S** T U V W X Y Z

2 Fatto male, con trascuratezza: *un lavoro sciatto* Ⓒ accurato.

scibile (**sci-bi-le**) N.M. · Tutto ciò che l'uomo può conoscere: *i diversi rami dello scibile* Ⓢ sapere.

scientifico (**scien-tì-fi-co**) AGG. (pl.m. *-ci*, pl.f. *-che*) **1** Che riguarda il campo della scienza: *ricerca scientifica; scoperte di grande valore scientifico.* **2** Che segue criteri e metodi rigorosi ed esatti: *ragionamento scientifico.* Ⓔ ***Liceo scientifico***, la scuola secondaria superiore in cui si insegnano soprattutto materie come matematica, fisica, chimica e biologia • ***Polizia scientifica***, settore della polizia che studia con analisi di laboratorio il materiale utile alle indagini.

La parola *scientifico* si scrive con la *i*, scrivere *scentifico* è un grave errore!

scienza (**sciè̀n-za**) N.F. **1** L'insieme delle conoscenze teoriche che riguardano la realtà nei suoi diversi aspetti e la loro applicazione pratica: *i progressi della scienza; le scoperte della scienza* Ⓢ sapere. **2** Cultura, sapienza: *è un pozzo di scienza* Ⓒ ignoranza. **3** Denominazione di una o più discipline simili: *scienze naturali, sociali.* **4** AL PL. Le materie scolastiche che riguardano lo studio della natura: *la prof mi ha interrogato in scienze.* Ⓔ ***Scienze esatte***, quelle che raggiungono risultati precisi, applicando criteri matematici.

La parola *scienza* si scrive con la *i*, scrivere *scenza* è un grave errore!

S

scienziato (**scien-zià-to**) N.M. (f. *-a*) · Studioso o ricercatore di una scienza: *congresso degli scienziati italiani.*

La parola *scienziato* si scrive con la *i*, scrivere *scenziato* è un grave errore!

sciistico (**sci-ì-sti-co**) AGG. (pl.m. *-ci*, pl.f. *-che*) · Che riguarda lo sci: *gara sciistica.*

sciita (**sci-ì-ta**) AGG. e N.M. e F. (pl.m. *-i*, pl.f. *-e*) · Appartenente a una corrente dell'Islam che riconosce come guide spirituali, dopo Maometto, solo i discendenti in linea maschile del suo genero, il califfo Alì.

scimitarra (**sci-mi-tàr-ra**) N.F. · Arma da taglio con lama ricurva, usata dai popoli orientali.

scimmia (**scìm-mia**) N.F. (pl. *-mie*) · Mammifero onnivoro, ad andatura quadrupede o bipede, con piedi prensili e pollice spesso opponibile alle altre dita: sono gli animali che più somigliano all'uomo.

Il termine deriva dal greco *simós* 'dal naso schiacciato'.

scimmiottare (**scim-miot-tà-re**) V.TR. (*scimmiòtto*, ecc.) **1** Imitare in maniera goffa: *scimmiottare usanze straniere.* **2** Imitare qualcuno per prenderlo in giro: *scimmiottare il maestro.*

scimpanzé (**scim-pan-zé**) N.M. INVAR. · Scimmia alta non più di un metro e mezzo, con arti anteriori più lunghi dei posteriori, testa grande, labbra sottili, orecchie molto sviluppate, pelo folto e nero; è la più vivace, la più docile e la più intelligente di tutte le scimmie.

L'accento sulla *e* di *scimpanzé* è acuto; scrivere *scimpanzè* con l'accento grave è un errore!

scimunito (**sci-mu-nì-to**) AGG. e N.M. (f. *-a*) · Scemo, sciocco.

scindere (**scìn-de-re**) V.TR. (irreg.: pass. rem. *scìssi, scindésti, scìsse, scindémmo, scindéste, scìssero*; part. pass. *scìsso*) || TR. Dividere, separare: *scindere un composto* ***nei*** *suoi elementi; scindere l'unità di un gruppo.* || **scindersi** INTR. PRONOM. Dividersi: *il partito si è scisso* ***in*** *due correnti.*

scintilla (**scin-til-la**) N.F. **1** Frammento infuocato che si stacca da sostanze che bruciano: *basta una scintilla per far scoppiare un incendio* Ⓢ favilla. **2** Rapido lampo di luce che accompagna una scarica elettrica. **3** La causa che determina un avvenimento: *quella fu la scintilla che fece scoppiare la guerra* Ⓢ motivo, pretesto.

scintillare (**scin-til-là-re**) V.INTR. (aus. *avere*) **1** Emettere scintille e bagliori: *le fiamme scintillavano tutt'intorno.* **2** Emanare una luce viva: *l'acqua scintillava al sole; gli occhi* ***le*** *scintillavano* ***di*** *gioia* Ⓢ brillare, risplendere.

scintillio (**scin-til-lì-o**) N.M. (pl. *-lii*) · Sfavillio di luci: *lo scintillio del mare sotto i raggi del sole.*

scintoismo (**scin-to-ì-ṣmo**) N.M. · La religione nazionale giapponese, fondata sul culto delle forze naturali, degli antenati, dei grandi personaggi storici, e sull'origine divina dell'imperatore.

scioccante (scioc-càn-te) AGG. · Che provoca un forte stupore o turbamento: *una notizia scioccante* Ⓢ sconvolgente.

scioccare (scioc-cà-re) V.TR. (*sciòcco, sciòcchi*, ecc.) · Provocare una profonda emozione: *la decisione di interrompere gli studi ha scioccato la famiglia* Ⓢ sconvolgere.

sciocchezza (scioc-chéz-za) N.F. **1** Mancanza di intelligenza: *sei stato di una sciocchezza incredibile* Ⓢ stupidità, idiozia. **2** Atto o discorso fatto senza pensare: *è una sciocchezza partire con la neve* Ⓢ stupidaggine. **3** Cosa da nulla, di poco valore: *mi sono permesso di portare una sciocchezza per i bambini* Ⓢ inezia • Cosa molto facile a farsi: *per uno come lui, quell'esame è una sciocchezza* Ⓢ scherzo, bazzecola • Prezzo bassissimo: *la gonna l'ho pagata una sciocchezza.*

sciocco (sciòc-co) AGG. e N.M. (f. -*a*; pl.m. -*chi*, pl.f. -*che*) · Che, chi dimostra poca intelligenza, astuzia o prudenza: *sei una sciocca a comportarti così; una domanda sciocca* Ⓢ stupido, scemo, ingenuo.

sciogliere (sciò-glie-re) V.TR. (irreg.: ind. pres. *sciòlgo, sciògli, sciòglie, sciogliàmo, sciogliéte, sciòlgono*; pass. rem. *sciòlsi, sciogliésti, sciòlse, sciogliémmo, sciogliéste, sciòlsero*; part. pass. *sciòlto*) || TR. **1** Disfare un legame o un groviglio: *sciogliere un nodo, i lacci delle scarpe.* **2** Liberare, slegare una persona o un animale: *sciogliere i prigionieri* ***dalle*** *catene.* **3** Rendere nullo un obbligo o un patto: *sciogliere un contratto; sciogliere un matrimonio; sciogliere* ***da*** *un voto* Ⓢ annullare, liberare. **4** Dichiarare terminato: *sciogliere un'assemblea* Ⓢ sospendere, interrompere. **5** Disperdere: *sciogliere una manifestazione.* **6** Risolvere, chiarire: *sciogliere un dubbio, un enigma.* **7** Far passare dallo stato solido allo stato liquido: *il sole ha sciolto il ghiaccio sulla strada.* || **sciogliersi** RIFL. **1** Liberarsi: *sciogliersi* ***dalla*** *stretta dell'avversario.* **2** Di un gruppo o di un partito politico, cessare di esistere. || **sciogliersi** INTR. PRONOM. Disfarsi, liquefarsi: *la cera si scioglie al fuoco.* Ⓔ ***Sciogliere i muscoli***, scaldarli con esercizi • ***Sciogliere le Camere*** o ***sciogliere il Parlamento***, indire nuove elezioni • ***Sciogliere le vele***, aprirle al vento per navigare • ***Sciogliersi in lacrime*** → *lacrima*.

scioglilingua (scio-gli-lìn-gua) N.M. INVAR. · Serie di parole che formano una frase priva di senso, difficile da pronunciare in fretta.

scioglimento (scio-gli-mén-to) N.M. **1** Eliminazione di un vincolo, di un impegno o di un obbligo: *lo scioglimento di un voto; lo scioglimento di un contratto* Ⓢ annullamento, dissoluzione. **2** Passaggio di una sostanza dallo stato solido allo stato liquido: *lo scioglimento dei ghiacciai.*

sciolgo (sciòl-go) · Ind. pres., 1ª pers. sing. → *sciogliere*.

sciolsi (sciòl-si) · Pass. rem., 1ª pers. sing. → *sciogliere*.

scioltezza (sciol-téz-za) N.F. **1** Capacità di compiere con facilità certi movimenti del corpo: *la scioltezza dei muscoli; camminare, muoversi con scioltezza* Ⓢ agilità. **2** Disinvoltura, naturalezza: *scioltezza di modi; parlare con scioltezza.* Ⓔ ***In scioltezza***, senza sforzo: *un lavoro da fare in scioltezza.*

sciolto (sciòl-to) AGG. || Participio pass. → *sciogliere*. || AGG. **1** Che non è legato: *avere i lacci delle scarpe sciolti; lasciare sciolti i cani* Ⓢ slacciato, slegato Ⓒ legato. **2** Dotato di grande agilità nei movimenti: *movimenti, muscoli sciolti* Ⓢ libero, elastico Ⓒ impacciato. **3** Disinvolto, spigliato: *avere la lingua sciolta.* **4** Di sostanza solida, passata allo stato liquido: *una tavoletta di cioccolata sciolta.*

scioperare (scio-pe-rà-re) V.INTR. (*sciòpero*, ecc.; aus. *avere*) · Non lavorare per partecipare a uno sciopero: *domani scioperano i treni.*

scioperato (scio-pe-rà-to) AGG. e N.M. (f. -*a*) · Che, chi non ha voglia di fare niente: *gente scioperata; vivere da scioperato* Ⓢ scansafatiche.

sciopero (sciò-pe-ro) N.M. · Astensione dal lavoro di un gruppo di lavoratori dipendenti, per difendere i propri interessi: *proclamare uno sciopero; aderire a uno sciopero.* Ⓔ ***Sciopero della fame***, digiuno prolungato, per richiamare l'attenzione delle persone su certi problemi • ***Sciopero generale***, di tutti i lavoratori.

sciorinare (scio-ri-nà-re) V.TR. **1** Mostrare a tutti: *sciorinare la propria erudizione* Ⓢ esibire, ostentare. **2** Far sapere a tutti: *sciorinare i propri fatti privati* Ⓢ spiattellare. **3** Esporre all'aria il bucato: *sciorinare i panni* Ⓢ stendere.

sciovia (sci-o-vì-a) N.F. (pl. *-vìe*) · Impianto per trasportare gli sciatori in cima alle piste Ⓢ ski-lift (*ingl.*).

sciovinismo (scio-vi-nì-ṣmo) N.M. · Esaltazione fanatica della patria, che esclude ogni riconoscimento dei diritti delle altre nazioni.

Il termine deriva da N. *Chauvin*, nome di un immaginario soldato napoleonico, che ispirò in Francia numerose caricature del patriota ingenuo e fanatico.

sciovinista (scio-vi-nì-sta) AGG. e N.M. e F. (pl.m. *-i*, pl.f. *-e*) · Che, chi esalta in modo fanatico la propria nazione.

scipito (sci-pì-to) AGG. **1** Che ha poco sapore: *questa minestra è scipita* Ⓢ insipido Ⓒ saporito. **2** Che non suscita interesse: *un commento scipito; una ragazza scipita* Ⓢ insulso, scialbo.

scippare (scip-pà-re) V.TR. · Derubare una persona con uno scippo: *hanno scippato una signora* ***della*** *borsetta* • Rubare un oggetto a una persona strappandoglielo via: *scippare la borsa* ***a*** *una donna anziana.*

scippo (scip-po) N.M. · Furto commesso portando via un oggetto a una persona con uno strappo violento e improvviso, spesso in luogo pubblico: *tentare, subire uno scippo; lo scippo di una borsa.*

sciroccato (sci-roc-cà-to) AGG. e N.M. (f. *-a*) · Nel linguaggio familiare, di persona, strano, bizzarro, stravagante: *si è messa con un tipo un po' sciroccato.*

scirocco (sci-ròc-co) N.M. (pl. *-chi*) · Vento di sud-est, tipico delle regioni mediterranee, che soffia dal Sahara e che giunge sulle coste francesi e italiane.

Il termine deriva da una parola araba che significa 'vento di mezzogiorno'.

sciroppo (sci-ròp-po) N.M. · Liquido a base di acqua e zucchero, usato per preparare bevande, per conservare frutta fresca e per rendere più gradevole il gusto di alcune medicine: *sciroppo di lampone; sciroppo per la tosse.*

Il termine deriva da una parola araba che significa 'bibita'.

scisma (scì-ṣma) N.M. (pl. *-i*) · Il distacco da una comunità religiosa di un gruppo di fedeli: *lo scisma d'Oriente tra ortodossi e cattolici avvenne nel 1054.*

scissi (scìs-si) · Pass. rem., 1ª pers. sing. → *scindere*.

scissione (scis-sió-ne) N.F. · Divisione di ciò che era unitario: *scissione dell'atomo; la scissione di un partito politico.*

scisso (scis-so) · Participio pass. → *scindere*.

sciupare (sciu-pà-re) V.TR. || TR. **1** Rovinare, danneggiare: *sciupare un libro*; anche TR. PRONOM.: *sciuparsi la vista.* **2** Non riuscire a usare qualcosa al meglio: *sciupare il proprio tempo; sciupare un'occasione* Ⓢ sprecare, buttar via. || **sciuparsi** INTR. PRONOM. Di oggetti, rovinarsi, deteriorarsi: *questa stoffa si è sciupata nei lavaggi.*

sciupato (sciu-pà-to) AGG. **1** Rovinato, danneggiato: *un paio di scarpe sciupate.* **2** Ridotto male nell'aspetto: *ti trovo un po' sciupato.* **3** Usato male: *un'occasione sciupata* Ⓢ sprecato.

scivolamento (sci-vo-la-mén-to) N.M. · Scorrimento lungo una superficie liscia.

scivolare (sci-vo-là-re) V.INTR. (*scìvolo*, ecc.; aus. *essere*) **1** Scorrere lungo una superficie liscia: *la slitta scivolava* ***sulla*** *pista ghiacciata* Ⓢ slittare. **2** Perdere l'equilibrio per mancanza di un appoggio sicuro del piede: *è scivolato* ***su*** *una buccia di banana* Ⓢ cadere, sdrucciolare. **3** Di oggetto, sfuggire alla presa: *la bottiglia dell'olio* ***gli*** *è scivolata di mano.*

scivolata (sci-vo-là-ta) N.F. · Caduta fatta scivolando Ⓢ scivolone.

scivolo (scì-vo-lo) N.M. **1** Piano inclinato per lo spostamento di oggetti dall'alto verso il basso. **2** Gioco per bambini formato da un piano inclinato che serve per scivolare fino a raggiungere l'acqua o il terreno.

scivolone (sci-vo-ló-ne) N.M. **1** Caduta provocata dalla perdita dell'equilibrio su un terreno scivoloso: *ha fatto uno scivolone* ***sul*** *pa-*

S

vimento bagnato Ⓢ capitombolo, ruzzolone. **2** Errore, svista: *scrivere "squola" così è stato un brutto scivolone.*

scivoloso (sci-vo-ló-so) AGG. · Che offre poche possibilità di presa o di equilibrio: *il terreno di gioco è scivoloso per la pioggia* Ⓢ viscido, sdrucciolevole.

sclerare (scle-rà-re) V.INTR. (*sclèro*, ecc.; aus. *avere*) · Nel linguaggio familiare, avere un improvviso sbotto d'ira: *sclera di continuo.*

sclerosi (scle-rò-ṣi) N.F. INVAR. · Indurimento di tessuti del corpo in seguito a infiammazione. Ⓔ ***Sclerosi multipla***, malattia del sistema nervoso che può portare alla paralisi.

scoccare (scoc-cà-re) V.TR. e INTR. (*scòcco*, *scòcchi*, ecc.) || TR. **1** Lanciare una freccia con l'arco. **2** Battere, suonare le ore: *l'orologio scoccò le tre.* **3** Mandare da lontano: *scoccare un bacio.* || INTR. (aus. *essere*) **1** Di scintilla elettrica, venire fuori, prodursi: *grosse scintille scoccavano **dai** fili dell'alta tensione.* **2** Delle ore, essere suonate: *sono appena scoccate le cinque.*

scocciare (scoc-cià-re) V.TR. (*scòccio*, ecc.), *fam.* || TR. Nel linguaggio familiare, dare fastidio, seccare, disturbare: *non mi scocciare con le tue chiacchiere.* || **scocciarsi** INTR. PRONOM. Stufarsi, annoiarsi: *mi sono scocciato **di** stare sempre da solo.*

scocciatore (scoc-cia-tó-re) N.M. (f. *-trìce*) · Nel linguaggio familiare, persona fastidiosa: *è un terribile scocciatore* Ⓢ seccatore.

scocciatura (scoc-cia-tù-ra) N.F. · Nel linguaggio familiare, seccatura, fastidio, noia: *che scocciatura dover rifare il letto!*

scodella (sco-dèl-la) N.F. · Piatto piuttosto fondo in cui si servono le minestre • La quantità di minestra contenuta in una scodella: *ha mangiato due scodelle di minestrone.*

scodellare (sco-del-là-re) V.TR. (*scodèllo*, ecc.) **1** Versare in una scodella: *scodellare la minestra.* **2** Dire o fare qualcosa con grande facilità: *quello scrittore scodella un romanzo ogni anno.*

scodinzolare (sco-din-zo-là-re) V.INTR. (*scodìnzolo*, ecc.; aus. *avere*) · Di cane, muovere la coda in segno di eccitazione: *il cane scodinzolava attorno al suo padrone.*

scogliera (sco-glië-ra) N.F. · Costa rocciosa: *le bianche scogliere di Dover.*

scoglio (scò-glio) N.M. (pl. *-gli*) **1** Massa di roccia che emerge dalla superficie dell'acqua: *tuffarsi da uno scoglio.* **2** Impedimento, difficoltà, ostacolo: *mi rimane lo scoglio del tedesco come ultimo esame.*

scoiattolo (sco-iàt-to-lo) N.M. · Piccolo roditore con la coda molto lunga, che vive sugli alberi nei boschi.

Il termine deriva dal greco *skíuros* '(animale) che fa ombra con la coda', composto a sua volta di *skiá* 'ombra' e *urá* 'coda'.

scolapasta (sco-la-pà-sta) → ***colapasta***.

scolapiatti (sco-la-piàt-ti) N.M. INVAR. · Arnese da cucina su cui si mettono ad asciugare i piatti appena lavati.

scolare[1] (sco-là-re) AGG. · Che riguarda la scuola. Ⓔ ***Età scolare***, il periodo in cui dura la scuola dell'obbligo.

scolare[2] (sco-là-re) V.INTR. e TR. (*scólo*, ecc.) || INTR. (aus. *essere*) Di un oggetto bagnato, asciugarsi facendo scorrere via l'acqua: *mise i piatti a scolare.* || TR. **1** Vuotare un recipiente fino in fondo: *scola bene le bottiglie prima di metterci il vino* Ⓢ svuotare • Bere con avidità: *scolare un boccale di birra*; anche TR. PRONOM.: *si è scolato una bottiglia di aranciata.* **2** Liberare un cibo dall'acqua in cui è stato cotto o lavato versandolo in un recipiente forato: *scolare gli spaghetti, i fagiolini.*

scolaresca (sco-la-ré-sca) N.F. (pl. *-sche*) · L'insieme degli alunni di una classe: *tutta la scolaresca è andata in gita.*

scolaro (sco-là-ro) N.M. (f. *-a*) **1** Ragazzo che frequenta la scuola primaria o la secondaria inferiore: *la maestra ha venti scolari* Ⓢ alunno, allievo. **2** Allievo istruito da un maestro in un'arte: *Giotto fu scolaro di Cimabue.*

scolastico (sco-là-sti-co) AGG. (pl.m. *-ci*, pl.f. *-che*) **1** Che riguarda la scuola dal punto di vista didattico od organizzativo: *orario, programma scolastico; anno scolastico; libri scolastici.* **2** Limitato alle nozioni di base, imparate a scuola: *il suo inglese è piuttosto scolastico.*

scoliosi (sco-liò-ṣi) N.F. INVAR. · Deviazione laterale della colonna vertebrale: *per la scoliosi la sua schiena è molto curva.*

scollare (scol-là-re) V.TR. (*scòllo*, ecc.) || TR. Staccare due cose incollate fra loro: *scollare due fogli; scollare l'etichetta **da** una bottiglia* Ⓒ incollare. || **scollarsi** INTR. PRONOM. Di cosa incollata a un'altra, staccarsi: *il francobollo si è scollato **dalla** busta.*

scollato (scol-là-to) AGG. 1 Di vestiti che hanno una notevole apertura sul collo e sul petto: *un abito da sera scollato* Ⓒ accollato • Della persona che indossa un vestito scollato: *ragazze scollate.* 2 Di scarpa che lascia il collo del piede scoperto: *scarpe scollate e con tacco alto.*

scollatura (scol-la-tù-ra) N.F. · Apertura di un vestito, soprattutto femminile, sul collo e sul petto: *una scollatura provocante* Ⓢ scollo.

scollegare (scol-le-gà-re) V.TR. (*scollégo, scolléghi*, ecc.) || TR. Separare più elementi che erano collegati: *scollegare il televisore **dal** decoder* Ⓒ collegare. || **scollegarsi** INTR. PRONOM. Perdere il collegamento con qualcosa: *la stampante si è scollegata **dal** computer.*

scollo (scòl-lo) N.M. 1 Apertura di un indumento sul collo e sul petto: *un maglione con lo scollo a vu* Ⓢ scollatura. 2 L'apertura della scarpa sul collo del piede.

scolo (scó-lo) N.M. · Lo scorrimento di acqua o altri liquidi in uno scarico: *rete di scolo; gallerie di scolo.* Ⓔ ***Canale di scolo***, conduttura, grossa tubazione per lo scarico dei liquidi.

S

scolorire (sco-lo-rì-re) V.TR. e INTR. (*scolorìsco, scolorìsci*, ecc.) || TR. 1 Rendere di colore meno intenso: *il sole scolorisce le stoffe* Ⓢ sbiadire, stingere. 2 Diminuire l'intensità di un'immagine nella memoria: *il tempo scolorisce i ricordi.* || INTR. (aus. *essere*) e **scolorirsi** INTR. PRONOM. 1 Perdere il colore: *una tinta che (si) scolorisce subito* Ⓢ sbiadirsi, stingersi. 2 Di pensieri o immagini, perdere intensità nel ricordo: *quelle impressioni (si) sono già scolorite* Ⓢ attenuarsi.

scolpire (scol-pì-re) V.TR. (*scolpìsco, scolpìsci*, ecc.) 1 Lavorare pietra, marmo, legno o avorio per ottenere una figura: *scolpire una statua di marmo; scolpire una scritta **su** una lapide* Ⓢ modellare. 2 Lasciare un'impressione indimenticabile: *il suo ricordo è scolpito **nel** mio cuore* Ⓢ fissare, incidere.

scombinare (scom-bi-nà-re) V.TR. 1 Mettere in disordine: *non scombinare i miei documenti!* 2 Far fallire un progetto già avviato: *scombinare un piano.* 3 Turbare lo svolgimento di qualcosa: *quell'episodio **gli** ha scombinato la vita* Ⓢ sconvolgere.

scombussolamento (scom-bus-so-la-mén-to) N.M. · Scompiglio, agitazione, turbamento: *non mi sono ancora ripreso dallo scombussolamento del viaggio.*

scombussolare (scom-bus-so-là-re) V.TR. (*scombùssolo*, ecc.) || TR. 1 Mandare all'aria: *l'incidente ha scombussolato i nostri piani* Ⓢ scombinare. 2 Provocare uno stato di malessere: *il viaggio mi ha scombussolato* Ⓢ frastornare. || **scombussolarsi** INTR. PRONOM. Turbarsi, agitarsi, sconvolgersi.

scommessa (scom-més-sa) N.F. 1 Patto fra due o più persone che sono in disaccordo su qualcosa, per cui chi ha ragione riceve dall'avversario un premio stabilito: *fare, vincere, perdere una scommessa.* 2 Impegno di una somma di denaro sul risultato previsto di un gioco d'azzardo o di una gara: *si è rovinato con le scommesse **sui** cavalli* Ⓢ puntata. 3 La posta in gioco: *la scommessa è un invito a cena.*

scommettere (scom-mét-te-re) V.TR. (irreg.: coniugato come *mettere*) 1 Puntare una somma di denaro o un oggetto sull'esattezza delle proprie previsioni: *scommettere dieci euro **sulla** vittoria; scommetti **che** vince lui?* • Essere sicuro di un fatto: *scommetto **che** è in ritardo anche oggi.* 2 Puntare una somma di denaro sul risultato previsto di un gioco d'azzardo o di una gara: *scommettere **su** un numero del Lotto* Ⓢ giocare.

scomodare (sco-mo-dà-re) V.TR. (*scòmodo*, ecc.) || TR. Disturbare, infastidire: ***per** lo zucchero ho dovuto scomodare i vicini.* || **scomodarsi** RIFL. Accettare un sacrificio, un fastidio, un disturbo: *è un regalo bellissimo, ma non dovevi scomodarti; non c'era bisogno che ti scomodassi **a** venire di persona* Ⓢ disturbarsi.

scomodità (sco-mo-di-tà) N.F. INVAR. · Condizione di scarsa comodità: *è una bella scomo-*

dità non avere l'ascensore Ⓢ disagio Ⓒ comodità.

scomodo (scò-mo-do) AGG. 1 Che provoca fastidio o disagio: *un letto scomodo; una posizione scomoda* Ⓒ comodo • Di persona, che non si trova a suo agio: *si sta scomodi su questa poltrona.* 2 Che non risponde alle necessità o alle esigenze: *una linea ferroviaria scomoda* Ⓢ faticoso. 3 Difficile, fastidioso, duro: *un personaggio scomodo; un avversario scomodo.*

scomparire (scom-pa-rì-re) V.INTR. (irreg.: coniugato come *comparire*; aus. *essere*) 1 Sparire dalla vista: *si affacciò e scomparve subito; il sole è scomparso* ***dietro*** *le nuvole* Ⓢ sparire, svanire Ⓒ comparire • Non farsi trovare: *è scomparso* ***da*** *casa per tre giorni.* 2 Non essere in circolazione: *quei biscotti sono scomparsi* ***dal*** *mercato.* 3 Morire: *è scomparso dopo una lunga malattia.*

scomparsa (scom-pàr-sa) N.F. 1 Il venir meno di una presenza: *la scomparsa della febbre* Ⓢ sparizione • Il sottrarsi alla vista: *non mi sono accorto della scomparsa della bambina.* 2 Morte: *non è più lo stesso dopo la scomparsa della moglie.*

scomparso (scom-pàr-so) AGG. e N.M. (f. *-a*) || AGG. Che non c'è più: *una civiltà scomparsa* Ⓢ sparito • Che non si trova più: *continuano le ricerche del giovane scomparso.* || N.M. (f. *-a*) Persona defunta: *il caro scomparso* Ⓢ morto, estinto.

scompartimento (scom-par-ti-mén-to) N.M. 1 Ogni parte in cui è diviso uno spazio: *gli scompartimenti dell'armadio.* 2 Ciascuna delle sezioni in cui è diviso un treno: *scompartimento di seconda classe.*

scomparto (scom-pàr-to) N.M. · Ognuna delle parti in cui è diviso uno spazio: *gli scomparti di un armadio* Ⓢ comparto, scompartimento.

scompenso (scom-pèn-so) N.M. · Problema nel funzionamento di un organo: *scompenso cardiaco.*

scompigliare (scom-pi-glià-re) V.TR. (*scompìglio*, ecc.) 1 Mettere in disordine: *scompigliare i cassetti* Ⓢ sconvolgere, buttare all'aria • Spettinare, scomporre: *scompigliare i capelli.* 2 Sconvolgere, mandare all'aria: *scompigliare le idee, i piani.*

scompiglio (scom-pì-glio) N.M. (pl. *-gli*) · Situazione di grande caos e agitazione: *in questo scompiglio non si può lavorare* Ⓢ disordine, trambusto.

scomponibile (scom-po-nì-bi-le) AGG. · Che può essere diviso nei vari elementi che lo costituiscono: *un numero scomponibile* ***in*** *fattori primi.*

scomporre (scom-pór-re) V.TR. (irreg.: coniugato come *porre*) || TR. 1 Suddividere qualcosa nelle parti o negli elementi che lo formano: *scomporre una libreria; scomporre un prodotto* ***in*** *fattori; scomporre un testo* ***in*** *sequenze* Ⓢ smontare, scindere Ⓒ comporre. 2 Mettere in disordine: *il vento* ***le*** *scomponeva le vesti.* || **scomporsi** INTR. PRONOM. Agitarsi, alterarsi, turbarsi: *è un tipo che non si scompone.*

scomposizione (scom-po-ṣi-zió-ne) N.F. · Suddivisione di qualcosa negli elementi che lo formano: *la scomposizione di una parola* ***in*** *sillabe* Ⓢ divisione, scissione.

scomposto (scom-pó-sto) AGG. 1 In disordine: *capelli scomposti* Ⓢ disordinato. 2 Poco rispettoso della forma: *posizione scomposta* Ⓢ sconveniente.

scomunica (sco-mù-ni-ca) N.F. (pl. *-che*) · Esclusione dalla Chiesa, con divieto di amministrare e ricevere i sacramenti: *minacciare di scomunica.*

scomunicare (sco-mu-ni-cà-re) V.TR. (*scomùnico, scomùnichi*, ecc.) · Escludere dalla Chiesa, togliendo il diritto ai sacramenti: *il Papa scomunicò l'Imperatore.*

sconcertante (scon-cer-tàn-te) AGG. · Che provoca turbamento o disorientamento: *una risposta sconcertante.*

sconcertare (scon-cer-tà-re) V.TR. (*sconcèrto*, ecc.) || TR. Lasciare perplesso: *il suo comportamento mi sconcerta* Ⓢ disorientare. || **sconcertarsi** INTR. PRONOM. Rimanere perplesso: *si è sconcertato per la tua proposta.*

sconcerto (scon-cèr-to) N.M. · Profondo turbamento o disorientamento: *un grande sconcerto seguì il suo annuncio* Ⓢ perplessità.

sconcio (scón-cio) AGG. e N.M. (pl.m. -*ci*, pl.f. -*ce*) || AGG. Indecente, volgare: *barzellette sconce.* || N.M. **1** Cosa oscena o indecente: *è uno sconcio che si arricchisca sulle disgrazie altrui* Ⓢ indecenza. **2** Cosa fatta molto male: *il tuo compito di matematica è uno sconcio.*

sconclusionato (scon-clu-ṣio-nà-to) AGG. **1** Senza conclusioni logiche: *un ragionamento sconclusionato* Ⓢ incoerente, sconnesso. **2** Di persona, incapace di portare a termine qualcosa: *è una ragazza sconclusionata* Ⓢ inconcludente.

sconfessare (scon-fes-sà-re) V.TR. (*sconfèsso*, ecc.) **1** Rinnegare ciò che si è fatto o detto in precedenza: *sconfessare la propria fede politica* Ⓢ ritrattare. **2** Disapprovare ufficialmente le parole o le azioni di qualcuno: *il partito ha sconfessato le dichiarazioni dei parlamentari.*

sconfiggere (scon-fig-ge-re) V.TR. (irreg.: ind. pres. *sconfiggo*, *sconfiggi*, ecc.; pass. rem. *sconfissi*, *sconfiggésti*, *sconfisse*, *sconfiggémmo*, *sconfiggéste*, *sconfissero*; part. pass. *sconfitto*) **1** Battere in guerra, in battaglia o in una competizione: *sconfiggere l'esercito nemico; la nostra squadra è stata sconfitta* Ⓢ vincere, sgominare. **2** Eliminare una malattia, un male morale, un problema: *sconfiggere la malaria; sconfiggere l'analfabetismo.*

sconfinare (scon-fi-nà-re) V.INTR. (aus. *avere*) **1** Oltrepassare i confini di un territorio: *i ribelli riuscirono a sconfinare* ***in*** *Francia; i cavalli hanno sconfinato* ***nel*** *campo del vicino* Ⓢ entrare. **2** Uscire dai limiti di un argomento: *sconfinare* ***dal*** *problema* Ⓢ divagare.

S

sconfinato (scon-fi-nà-to) AGG. **1** Così grande che non si riesce a misurare: *un deserto sconfinato* Ⓢ immenso, smisurato. **2** Senza limiti: *un potere, un amore sconfinato* Ⓢ illimitato.

sconfissi (scon-fis-si) · Pass. rem., 1ª pers. sing. → ***sconfiggere***.

sconfitta (scon-fit-ta) N.F. **1** La conclusione negativa di una guerra o di una battaglia: *la sconfitta dell'esercito italiano a Caporetto* Ⓢ disfatta, rotta Ⓒ vittoria. **2** Insuccesso in una competizione: *subire, infliggere una pesante sconfitta; la sconfitta del partito alle elezioni* Ⓢ perdita. **3** Eliminazione di una malattia o di un male morale o sociale: *la sconfitta dell'AIDS; la sconfitta della criminalità.*

sconfitto (scon-fit-to) · Participio pass. → ***sconfiggere***.

sconfortare (scon-for-tà-re) V.TR. (*sconfòrto*, ecc.) || TR. Demoralizzare, scoraggiare: *mi sconforta la sua indifferenza.* || **sconfortarsi** INTR. PRONOM. Demoralizzarsi, scoraggiarsi: *non ti devi sconfortare* ***per*** *un piccolo contrattempo.*

sconforto (scon-fòr-to) N.M. · Sensazione di profonda tristezza: *lasciarsi prendere dallo sconforto* Ⓢ disperazione, depressione.

scongelamento (scon-ge-la-mén-to) N.M. · Il processo con cui si riportano i prodotti congelati a temperatura ambiente: *il pesce va mangiato subito dopo lo scongelamento* Ⓒ congelamento.

scongelare (scon-ge-là-re) V.TR. (*scongèlo*, ecc.) · Portare a temperatura ambiente prodotti congelati o surgelati: *scongelare con il forno a microonde* Ⓒ congelare.

scongiurare (scon-giu-rà-re) V.TR. **1** Pregare qualcuno con forza: *lo scongiurò* ***di*** *aiutarla* Ⓢ supplicare, implorare. **2** Impedire un avvenimento dannoso: *il pericolo di un altro incendio è stato scongiurato* Ⓢ evitare, sventare.

scongiuro (scon-giù-ro) N.M. · Gesto, parola o rito creduto utile contro un influsso negativo: *fare uno scongiuro contro il malocchio.*

sconnesso (scon-nès-so o scon-nés-so) AGG. **1** Di oggetto, che non presenta un buon collegamento fra le parti che lo compongono: *una sedia sconnessa; un pavimento sconnesso.* **2** Senza connessione logica: *ha detto qualche parola sconnessa* Ⓢ confuso, sconclusionato.

sconosciuto (sco-no-sciù-to) AGG. e N.M. (f. -*a*) || AGG. **1** Misterioso perché non esplorato, non noto, non provato: *un luogo sconosciuto; una sensazione sconosciuta.* **2** Di persona, mai vista o sentita nominare: *un attore sconosciuto* Ⓢ oscuro, ignoto • Non individuato, non identificato: *l'aggressore è rimasto sconosciuto.* || N.M. (f. -*a*) Persona di cui non si conosce l'identità: *uno sconosciuto ha chiesto di te* Ⓢ estraneo.

sconquassare (scon-quas-sà-re) V.TR. **1** Scuotere violentemente provocando gravi danni: *il vento ha sconquassato le persiane* Ⓢ fracassare, sfasciare. **2** Provocare stanchezza o malessere: *quella sfacchinata mi ha sconquassato* Ⓢ scombussolare.

sconquasso (scon-quàs-so) N.M. **1** Rovina, devastazione: *la tempesta provocò uno sconquasso nel porto.* **2** Scompiglio, disordine, caos: *cos'è questo sconquasso?*

sconsacrare (scon-sa-crà-re) V.TR. · Rendere non sacro un luogo o un oggetto che lo era: *sconsacrare una chiesa, un altare* Ⓒ consacrare.

sconsiderato (scon-si-de-rà-to) AGG. e N.M. (f. -a) || AGG. Fatto o detto senza riflettere: *un gesto sconsiderato* Ⓢ avventato, imprudente. || AGG. e N.M. (f. -a) Che, chi agisce o parla senza riflettere: *solo uno sconsiderato agirebbe così!* Ⓢ incosciente.

sconsigliabile (scon-si-glià-bi-le) AGG. · Da evitare perché inopportuno, rischioso o di bassa qualità: *un'idea sconsigliabile; un ristorante sconsigliabile.*

sconsigliare (scon-si-glià-re) V.TR. (*sconsìglio*, ecc.) **1** Indicare qualcosa come non valido, inopportuno o inutile: *sconsigliare la lettura di un libro; è un film che sconsiglierei **a** tutti* Ⓒ consigliare, raccomandare, suggerire. **2** Consigliare qualcuno di non fare qualcosa: *ho sconsigliato mia sorella **di** cambiare lavoro.*

sconsolato (scon-so-là-to) AGG. **1** In uno stato di profonda infelicità: *una vedova sconsolata.* **2** Che esprime dolore: *un'espressione sconsolata.*

scontare (scon-tà-re) V.TR. (*scónto*, ecc.) **1** Abbassare il prezzo di una merce in vendita: *i vestiti in saldo sono stati molto scontati.* **2** Subire la pena o le conseguenze di un reato o di un errore: *sta scontando due anni per furto* Ⓢ pagare.

scontato (scon-tà-to) AGG. **1** Di prezzo, ridotto, ribassato: *il prezzo è già scontato.* **2** Già previsto: *il risultato della partita era scontato* Ⓢ atteso • Ovvio, banale, prevedibile: *il film è bello, ma il finale è scontato.* Ⓔ ***Dare per scontato***, considerare certo anche senza averne avuto conferma: *il suo ritiro è dato per scontato.*

scontentare (scon-ten-tà-re) V.TR. (*scontènto*, ecc.) · Rendere o lasciare scontento: *non bisogna scontentare il cliente* Ⓢ deludere Ⓒ soddisfare.

scontentezza (scon-ten-téz-za) N.F. · Insoddisfazione, delusione: *qual è il motivo della tua scontentezza?*

scontento (scon-tèn-to) AGG. · Insoddisfatto, deluso: *è sempre scontento **di** tutto* Ⓒ contento.

sconto (scón-to) N.M. · Riduzione di prezzo concessa dal venditore: *fare, ottenere uno sconto **di** dieci euro.*

scontrarsi (scon-tràr-si) V.INTR. PRONOM. (*mi scóntro*, ecc.) **1** Andare a sbattere: *in questo punto l'auto si è scontrata **con** il camion* Ⓢ cozzare, urtare. **2** Di forze militari, combattere con il nemico: *l'esercito si scontrò **con** il nemico vicino al fiume* Ⓢ battersi. **3** Mettere a confronto posizioni diverse in una discussione: *si è scontrato con suo padre **per** questioni politiche.*

scontrino (scon-trì-no) N.M. · Biglietto che dimostra l'avvenuto pagamento di qualcosa: *fare, ritirare lo scontrino alla cassa.*

scontro (scón-tro) N.M. **1** Combattimento: *uno scontro a fuoco tra rapinatori e carabinieri* • Gara, competizione, incontro: *scontro fra le squadre in finale.* **2** Urto violento tra veicoli: *uno scontro ferroviario, automobilistico* Ⓢ incidente. **3** Acceso scambio di opinioni: *uno scontro con i familiari per motivi di soldi* Ⓢ disputa, dissenso.

scontroso (scon-tró-so) AGG. · Poco socievole: *un ragazzo scontroso; un modo di fare scontroso* Ⓢ brusco, scostante Ⓒ affabile, cordiale.

sconveniente (scon-ve-nièn-te) AGG. · Che è contrario all'educazione, al buon gusto o al senso morale: *comportamento sconveniente; parole sconvenienti* Ⓢ indecente, indecoroso.

sconvolgente (scon-vol-gèn-te) AGG. · Che provoca un forte turbamento: *un fatto sconvolgente; una passione sconvolgente* Ⓢ impressionante, scioccante, travolgente.

sconvolgere (scon-vòl-ge-re) V.TR. (irreg.: coniugato come *volgere*) 1 Provocare disordine o distruzione: *l'uragano ha sconvolto le campagne; le invasioni dei barbari sconvolsero l'Europa* Ⓢ rovinare. 2 Provocare un forte turbamento: *la notizia mi ha veramente sconvolto* Ⓢ turbare, scioccare, scuotere. 3 Mandare all'aria: *sconvolgere un progetto, un pronostico* Ⓢ scombinare.

sconvolgimento (scon-vol-gi-mén-to) N.M. · Grave turbamento di un equilibrio: *lo sconvolgimento dei piani; lo sconvolgimento per la morte di un amico* Ⓢ scompiglio, disordine, agitazione.

scoop (pronuncia *scup*) N.INGL., in it. N.M.INVAR. · Nel giornalismo, notizia importante, pubblicata da un giornale prima degli altri: *fare uno scoop.*

scoordinato (sco-or-di-nà-to) AGG. · Che non ha coordinazione: *un atleta, un movimento scoordinato* Ⓒ coordinato.

scooter (scoo-ter; pronuncia *scùter*) N.INGL., in it. N.M.INVAR. · Motorino.

scopa[1] (scó-pa) N.F. · Attrezzo per pulire il pavimento, fatto da un bastone a cui è attaccata una spazzola di fibre naturali o sintetiche: *scopa di saggina.*

scopa[2] (scó-pa) N.F. · Gioco di carte in cui due o quattro giocatori devono prendere tutte le carte in tavola con una sola di quelle che hanno in mano per realizzare un punto: *giocare a scopa.*

S

scopare (sco-pà-re) V.TR. (*scópo*, ecc.) · Pulire con la scopa: *scopa per bene anche sotto il mobile* Ⓢ spazzare.

scoperchiare (sco-per-chià-re) V.TR. (*scopèrchio*, ecc.) 1 Levare il coperchio: *scoperchiare una pentola.* 2 Togliere una copertura: *l'uragano ha scoperchiato le case.*

scoperta (sco-pèr-ta) N.F. 1 Conoscenza di luoghi, fenomeni, oggetti prima sconosciuti: *la scoperta dell'America; la scoperta di un nuovo vaccino.* 2 Identificazione di persone o cose durante una ricerca o un'indagine: *la scoperta di uno scrittore; la scoperta di una banda di ladri.*

scoperto[1] (sco-pèr-to) AGG. 1 Senza copertura o protezione: *terrazza scoperta; automobile scoperta* Ⓢ aperto Ⓒ coperto. 2 Non riparato dai vestiti: *stai troppo scoperto; a braccia scoperte.* 3 Non ben difeso: *lasciare il fianco scoperto all'attacco del nemico.* Ⓔ ***Assegno scoperto*** → ***assegno*** • ***Giocare a carte scoperte*** → ***carta***.

scoperto[2] (sco-pèr-to) N.M. · Solo nell'espressione ***allo scoperto***, in un luogo all'aperto, non riparato: *dormire allo scoperto*; apertamente, senza nascondere nulla: *agire allo scoperto.*

-scopia · Secondo elemento di parole composte che indica 'l'osservazione di un fenomeno fisico, di un organo o di un oggetto eseguita con mezzi ottici': *radioscopia; gastroscopia.*

-scopico · Secondo elemento di aggettivi derivati da sostantivi in *-scopia* e in *-scopio.*

-scopio · Secondo elemento di parole composte che indica 'uno strumento per osservare certi fenomeni': *telescopio*, strumento per osservare fenomeni lontani.

scopo (scò-po) N.M. 1 Ciò che si ha intenzione di ottenere: *il mio scopo è passare l'esame; agire senza uno scopo preciso* Ⓢ fine, intento, meta. 2 In grammatica: ***complemento di scopo***, complemento di fine (→ ***fine***[2]). Ⓔ ***Allo scopo di***, per: *le scrivo allo scopo di chiederle una consulenza.*

scoppiare (scop-pià-re) V.INTR. (*scòppio*, ecc.; aus. *essere*) 1 Rompersi all'improvviso con grande rumore: *è scoppiata una gomma* Ⓢ esplodere, spaccarsi. 2 Non riuscire a controllare un impulso o un'emozione: *scoppiare **a** piangere, **a** ridere; scoppiare **di** gioia; bisogna che parli, se no scoppio.* 3 Cedere per lo sforzo: *il ciclista è scoppiato sulle prime salite.* 4 Cominciare all'improvviso, in modo violento: *è scoppiata una rivolta, un'epidemia* Ⓢ scatenarsi, divampare. Ⓔ ***Scoppiare di salute***, stare molto bene.

scoppiettare (scop-piet-tà-re) V.INTR. (*scoppiétto*, ecc.; aus. *avere*) · Fare piccoli scoppi: *il fuoco scoppiettava nel camino* Ⓢ crepitare.

scoppio (scòp-pio) N.M. (pl. *-pi*) 1 Improvvisa e rumorosa rottura di un oggetto per eccessiva pressione interna: *lo scoppio di una gomma* • Esplosione, detonazione: *lo scoppio di una mina.* **2** Rumore secco e improvviso, di forte intensità: *gli scoppi dei petardi* Ⓢ botto, tonfo. **3** Improvvisa espressione di un'emozione: *uno scoppio di risa* Ⓢ esplosione. **4** Improvvisa manifestazione di un fatto grave: *lo scoppio della prima guerra mondiale.* Ⓔ ***A scoppio ritardato***, in ritardo, non immediatamente: *capire a scoppio ritardato* • ***Motore a scoppio*** → *motore*.

scoprire (sco-prì-re) V.TR. (irreg.: coniugato come *coprire*) || TR. **1** Far vedere, togliendo una copertura: *scoprire la pentola; scoprire le braccia* Ⓢ aprire Ⓒ coprire. **2** Rendere manifesto: *ha scoperto quali sono i suoi veri sentimenti* Ⓢ rivelare, mostrare, manifestare Ⓒ nascondere. **3** Fare esperienza di fatti, nozioni, luoghi prima sconosciuti: *Colombo scoprì l'America; ho scoperto* ***che*** *i miei nonni vengono dalla Francia* Ⓢ trovare. **4** Trovare attraverso ricerche e indagini: *è stato scoperto il ladro; scoprire la verità* Ⓢ individuare. **5** Notare in qualcuno qualità nascoste o ignorate: *scoprire un nuovo cantante* Ⓢ lanciare. || **scoprirsi** RIFL. Rivelarsi, mettersi a nudo, esporsi: *teme di scoprirsi troppo raccontandogli tutto.* Ⓔ ***Scoprire l'acqua calda*** o ***scoprire l'America***, per sottolineare che qualcuno ha capito qualcosa che sapevano già tutti: *ma che bravo, hai scoperto l'acqua calda!*

scopritore (sco-pri-tó-re) N.M. (f. *-trìce*) · Chi scopre per primo qualcosa: *Colombo fu lo scopritore dell'America.*

scoraggiamento (sco-rag-gia-mén-to) N.M. · Stato d'animo di chi ha perso la fiducia in se stesso: *non abbandonarti allo scoraggiamento* Ⓢ avvilimento, sconforto.

scoraggiare (sco-rag-già-re) V.TR. (*scoràggio*, ecc.) || TR. **1** Togliere fiducia, coraggio: *l'insuccesso lo ha scoraggiato* Ⓢ abbattere, demoralizzare Ⓒ incoraggiare. **2** Frenare, distogliere, dissuadere da: *la neve lo ha scoraggiato* ***dall'****uscire.* || **scoraggiarsi** INTR. PRONOM. Perdersi d'animo, demoralizzarsi, abbattersi: *non si scoraggia mai.*

scorbutico (scor-bù-ti-co) AGG. e N.M. (f. *-a*; pl.m. *-ci*, pl.f. *-che*) · Che, chi ha un carattere scontroso e difficile: *è così scorbutico che non gli parla quasi nessuno.*

scorbuto (scor-bù-to) N.M. · Malattia dovuta a mancanza di vitamina C, che causa stanchezza ed emorragie.

scorciatoia (scor-cia-tó-ia) N.F. (pl. *-tóie*) **1** Percorso secondario che risulta più breve della strada principale: *hanno preso una scorciatoia.* **2** Metodo più rapido per raggiungere uno scopo: *cercare una scorciatoia per avere i permessi dal Comune.*

scorcio (scór-cio) N.M. (pl. *-ci*) **1** In pittura, rappresentazione di un oggetto disposto su un piano obliquo rispetto a chi guarda: *disegnare di scorcio.* **2** Vista di un luogo da una certa angolazione: *uno splendido scorcio del Monte Bianco.* **3** Breve spazio di tempo alla fine di un periodo: *sullo scorcio del nono secolo* Ⓢ termine.

scordare[1] (scor-dà-re) V.TR. (*scòrdo*, ecc.) || TR. Non ricordare più: *scordare un indirizzo; scordare l'arrosto in forno* Ⓢ dimenticare Ⓒ ricordare. || **scordarsi** INTR. PRONOM. Dimenticarsi: *scordarsi* ***di*** *un nome; mi sono scordato* ***di*** *telefonarti.*

scordare[2] (scor-dà-re) V.TR. (*scòrdo*, ecc.) || TR. Far perdere l'accordatura a uno strumento musicale Ⓒ accordare. || **scordarsi** INTR. PRONOM. Di strumenti musicali, perdere la giusta intonazione: *il violino si è scordato con l'umidità.*

scorfano (scòr-fa-no) N.M. **1** Pesce di colore rossastro con macchie scure, ottimo per la zuppa. **2** Persona molto brutta: *che scorfano il tuo amico!*

scorgere (scòr-ge-re) V.TR. (irreg.: ind. pres. *scòrgo*, *scòrgi*, ecc.; pass. rem. *scòrsi*, *scorgésti*, *scòrse*, *scorgémmo*, *scorgéste*, *scòrsero*; part. pass. *scòrto*) **1** Riuscire a vedere: *scorgere un amico tra la folla* Ⓢ intravedere. **2** Riuscire a immaginare: *scorgere una possibilità.*

scoria (scò-ria) N.F. (pl. *-rie*) · Residuo di una reazione chimica o di un processo di lavorazione. Ⓔ ***Scorie radioattive***, i materiali di rifiuto di un reattore nucleare.

scornato (scor-nà-to) AGG. · Umiliato, deriso: *se ne tornò scornato a casa.*

A B C D E F G H I J K L M N O P Q R S T U V W X Y Z

scorno **(scòr-no)** N.M. · Umiliazione e vergogna per un insuccesso: *dovette tornare negli spogliatoi con grave scorno.*

scorpacciata **(scor-pac-cià-ta)** N.F. · Mangiata abbondante: *una scorpacciata di more* • Consumo o fruizione enorme di qualcosa che dà soddisfazione: *durante le vacanze ho fatto una scorpacciata di film.*

scorpione **(scor-pió-ne)** N.M. **1** Piccolo animale invertebrato di colore dal giallastro al bruno, dotato di grosse pinze e di un pungiglione ricurvo che inietta veleno; vive sotto le pietre o dentro buche nel terreno. **2** In astrologia, segno che comprende i nati dal 24 ottobre al 22 novembre.

scorporare **(scor-po-rà-re)** V.TR. (*scòrporo*, ecc.) **1** Togliere una parte da un insieme: *scorporare i terreni* ***dall'****eredità* Ⓒ incorporare. **2** Separare elementi che prima erano uniti per distribuirli in altro modo: *la squadra sarà scorporata* ***in*** *due formazioni.* **3** Calcolare a parte una certa cifra: *dalla cifra bisogna scorporare le spese.*

scorrazzare **(scor-raz-zà-re)** V.INTR. (aus. *avere*) · Correre da una parte all'altra, divertendosi: *scorrazzare* ***nel*** *giardino,* ***sul*** *prato,* ***per*** *la città.*

scorrere **(scór-re-re)** V.INTR. e TR. (irreg.: coniugato come *correre*) || INTR. (aus. *essere*) **1** Di liquido, muoversi su una superficie o lungo un percorso delimitato: *i fiumi scorrono* ***verso*** *il mare; le lacrime scorrono* ***sulle*** *guance; il sangue scorre* ***nelle*** *vene* Ⓢ andare, scendere, circolare. **2** Procedere senza difficoltà: *il pettine non scorre tra i suoi capelli ricci; il ragionamento scorre bene* Ⓢ filare • Del tempo, trascorrere: *le ore scorrevano in fretta* Ⓢ passare • Passare davanti a un osservatore: *guardava dal finestrino gli alberi che scorrevano veloci* Ⓢ sfilare. || TR. Leggere in modo rapido: *scorrere il giornale* Ⓢ sfogliare.

scorreria **(scor-re-ri-a)** N.F. (pl. *-rìe*) · Incursione armata in un territorio per saccheggiarlo Ⓢ razzia.

scorrettezza **(scor-ret-téz-za)** N.F. **1** Errore, inesattezza, imprecisione: *un compito pieno di scorrettezze.* **2** Mancanza di onestà o di civiltà nei rapporti umani: *è stata una scorrettezza non avvertirlo* Ⓢ disonestà, sgarbo Ⓒ correttezza. **3** Mancato rispetto delle regole: *il giocatore è stato espulso per scorrettezze.*

scorretto **(scor-rèt-to)** AGG. **1** Con errori o imprecisioni: *un calcolo scorretto; una traduzione scorretta* Ⓢ inesatto, sbagliato Ⓒ corretto. **2** Che non rispetta le regole: *una persona scorretta* ***nell'****agire; un comportamento scorretto; giocatore scorretto,* che commette molti falli Ⓢ disonesto, sleale.

scorrevole **(scor-ré-vo-le)** AGG. **1** Che scorre in uno spazio fatto apposta: *porta scorrevole.* **2** Che procede senza difficoltà: *traffico scorrevole* Ⓢ fluido • Di modo di esprimersi, piacevole e chiaro: *stile, linguaggio scorrevole.*

scorribanda **(scor-ri-bàn-da)** N.F. **1** Rapida incursione di un gruppo armato in territorio nemico Ⓢ scorreria. **2** Breve escursione: *ha fatto parecchie scorribande al mare quest'estate.*

scorrimento **(scor-ri-mén-to)** N.M. · Movimento di corpi su una superficie o lungo un percorso prestabilito.

scorsa **(scór-sa)** N.F. · Rapida e poco approfondita lettura: *dare una scorsa a un libro* Ⓢ occhiata.

scorsi **(scòr-si)** · Pass. rem., 1ª pers. sing. → ***scorgere***.

scorso **(scór-so)** AGG. · Di periodo di tempo che precede quello presente: *il secolo scorso; la scorsa settimana* Ⓢ passato.

scorsoio **(scor-só-io)** AGG. (pl. *-sói*) · Solo nell'espressione ***nodo scorsoio***, il nodo che forma un laccio che si stringe quando la corda viene tesa; si usava per le impiccagioni.

scorta **(scòr-ta)** N.F. **1** Accompagnamento per sorvegliare o proteggere qualcuno: *fare la scorta all'auto del ministro; essere, stare di scorta a un prigioniero* Ⓢ guardia, sorveglianza • La persona o l'insieme delle persone impegnate in questo compito: *gli agenti della scorta.* **2** Riserva in previsione di bisogni futuri: *le scorte d'acqua stanno per finire* Ⓢ provvista, rifornimento. Ⓔ ***Di scorta***, tenuto da parte e utilizzato in caso di necessità: *le chiavi di scorta;* ***ruota di scorta***, nelle automobili, la quinta ruota, tenuta nel bagagliaio, da sostituire quando si fora.

S

scortare (scor-tà-re) V.TR. (*scòrto*, ecc.) · Accompagnare per sorvegliare o proteggere: *scortare un detenuto; scortare un politico.*

scortese (scor-té-ṣe) AGG. · Che dimostra mancanza di gentilezza: *un'accoglienza scortese; cerca di non essere scortese con gli ospiti* Ⓢ sgarbato, maleducato, villano Ⓒ cortese.

scortesia (scor-te-ṣì-a) N.F. (pl. *-ṣìe*) **1** Mancanza di gentilezza e di buona educazione: *la sua scortesia è incredibile* Ⓢ maleducazione, inciviltà Ⓒ cortesia. **2** Atto, comportamento poco gentile: *da lui non ho ricevuto che scortesie* Ⓢ sgarbo.

Quando indica la mancanza di gentilezza, *scortesia* si usa solo al singolare; si può usare il plurale solo per intendere azioni scortesi.

scorticare (scor-ti-cà-re) V.TR. (*scórtico, scórtichi*, ecc.) || TR. Togliere la pelle a un animale ucciso: *scorticare un cinghiale* Ⓢ spellare. || **scorticarsi** TR.PRONOM. Lacerarsi la pelle: *è caduto e si è scorticato un ginocchio* Ⓢ graffiarsi, spellarsi.

scorto (scòr-to) · Participio pass. → ***scorgere***.

scorza (scòr-za) N.F. **1** Il rivestimento esterno dei tronchi e delle radici delle piante legnose: *la scorza dell'acero* Ⓢ corteccia. **2** La buccia o il guscio di alcuni frutti: *la scorza di limone; la scorza delle mandorle.* **3** Resistenza fisica o aspetto esteriore dell'uomo: *avere la scorza dura; sotto quella scorza ruvida si nasconde un cuore d'oro* Ⓢ pelle, buccia.

scosceso (sco-scé-so) AGG. · In forte pendenza, difficile da salire: *luogo scosceso; strada scoscesa* Ⓢ ripido, erto.

scossa (scòs-sa) N.F. **1** Movimento violento e improvviso: *la scatola non deve prendere scosse, c'è del vetro dentro* Ⓢ botta, urto. **2** Motivo di sconvolgimento: *la morte della moglie è stata per lui una grave scossa* Ⓢ colpo. Ⓔ ***Scossa elettrica***, l'effetto provocato sui nervi da una scarica di corrente elettrica: *prendere la scossa* • ***Scossa sismica***, movimento della superficie terrestre durante un terremoto.

scosso (scòs-so) AGG. · Sconvolto, agitato, turbato: *siamo rimasti scossi dalla terribile notizia.*

scossone (scos-só-ne) N.M. **1** Forte scossa improvvisa: *per svegliarlo ho dovuto dargli un paio di scossoni* Ⓢ botta. **2** Violento turbamento o cambiamento: *ieri c'è stato un forte scossone in borsa.*

scostante (sco-stàn-te) AGG. · Così poco socievole e distaccato da risultare antipatico: *un modo di fare scostante* Ⓢ freddo, brusco.

scostare (sco-stà-re) V.TR. (*scòsto*, ecc.) || TR. Allontanare di poco un oggetto dal contatto con un altro oggetto: *aiutami a scostare il tavolo **dal** muro* Ⓢ spostare. || **scostarsi** INTR. PRONOM. Allontanarsi da qualcuno o da qualcosa: *non si è mai scostato **dal** letto del malato* • Cambiare direzione: *scostarsi **dalla** retta via; cerchiamo di non scostarci **dall'**argomento* Ⓢ deviare.

scotch (pronuncia scòč) N. INGL., in it. N.M. INVAR. **1** Il whisky che si produce in Scozia: *preferisce un bicchiere di scotch o uno di grappa?* **2** Nome commerciale ® di un nastro adesivo trasparente: *fermare la carta con lo scotch.*

scotennare (sco-ten-nà-re) V.TR. (*scoténno*, ecc.) **1** Togliere la cotenna a un animale morto: *scotennare il maiale macellato.* **2** Togliere il cuoio capelluto: *alcune popolazioni scotennavano i prigionieri.*

scottante (scot-tàn-te) AGG. · Che provoca grande interesse per la sua gravità, attualità o urgenza: *argomento scottante; una questione scottante* Ⓢ grave, urgente, delicato.

scottare (scot-tà-re) V.TR. e INTR. (*scòtto*, ecc.) || TR. **1** Provocare ustioni per il calore troppo forte: *uno schizzo d'olio **mi** ha scottato la mano*; anche TR. PRONOM.: *mi sono scottato le spalle al sole* Ⓢ bruciare, ustionare. **2** Bollire per breve tempo un cibo in vista di una successiva e diversa cottura: *scottare i pomodori prima di fare la salsa.* **3** Mortificare, ferire: *è rimasto scottato dalle tue parole.* || INTR. (aus. *avere*) **1** Emanare un calore tanto intenso da produrre ustioni: *il sole oggi scotta; la minestra scotta; ha la fronte che scotta per la febbre.* **2** Suscitare forte interesse per la gravità, l'urgenza, l'attualità: *problemi che scottano.* || **scottarsi** INTR. PRONOM. **1** Riportare un'ustione: *mi sono scottato con l'acqua bollente; stai attento a non scottarti!* **2** Rimanere segnato da un'esperienza negativa: *si è scottato con quella vecchia delusione d'amore.*

scottatura (scot-ta-tù-ra) N.F. **1** Bruciatura, ustione: *l'acqua bollente mi ha provocato una scottatura.* **2** Esperienza negativa e deludente: *dopo quella scottatura non si fida più di nessuno.*

scotto (scòt-to) AGG. · Troppo cotto: *odio gli spaghetti scotti* Ⓢ sfatto, stracotto.

scout (pronuncia *scàut*) N. INGL., in it. N.M. e F. INVAR. · Boy scout.

scovare (sco-và-re) V.TR. (*scóvo*, ecc.) **1** Far uscire la selvaggina dalla tana o da un nascondiglio: *il cane ha scovato la lepre.* **2** Trovare una persona dopo lunghe ricerche: *hanno scovato i ladri mentre scappavano all'estero* Ⓢ rintracciare • Riuscire a trovare: *scovare un ottimo ristorante* Ⓢ scoprire, rinvenire.

scozzese (scoz-zé-se) AGG. e N.M. e F. || AGG. Della Scozia, regione della Gran Bretagna. || N.M. e F. Abitante, nativo della Scozia. || N.M. La lingua storica della Scozia, fino al Settecento. Ⓔ ***Doccia scozzese***, fatta con getti d'acqua fredda e calda • ***Stoffa scozzese***, tessuto di lana disegnato a riquadri di forme e colori diversi.

scranno (scràn-no) N.M. · Sedia con braccioli e spalliera molto alta, riservata in passato a persone importanti.

screanzato (scre-an-zà-to) AGG. e N.M. (f. *-a*) · Maleducato, villano: *sei uno screanzato!*

screditare (scre-di-tà-re) V.TR. (*scrédito*, ecc.) || TR. Togliere prestigio o credibilità: *tentano di screditarlo mettendo in giro pettegolezzi falsi sul suo conto* Ⓢ denigrare, infangare. || **screditarsi** INTR. PRONOM. Perdere la propria reputazione: *con il suo comportamento si è screditato davanti a tutti* Ⓢ squalificarsi.

scremare (scre-mà-re) V.TR. (*scrèmo*, ecc.) · Togliere la panna dal latte.

scremato (scre-mà-to) AGG. · Di latte, a cui è stata tolta la parte grassa.

screpolare (scre-po-là-re) V.TR. (*scrèpolo*, ecc.) || TR. Provocare piccoli taglietti in superficie: *il vento **mi** ha screpolato le labbra.* || **screpolarsi** INTR. PRONOM. Rompersi in piccoli taglietti superficiali: *le mani si screpolano con il freddo.*

screpolatura (scre-po-la-tù-ra) N.F. · Insieme di piccoli tagli superficiali: *il gelo provoca la screpolatura delle labbra.*

screziare (scre-zià-re) V.TR. (*scrèzio*, ecc.) · Colorare con macchie o sfumature colorate: *fiori variopinti screziavano il prato* Ⓢ punteggiare.

screziato (scre-zià-to) AGG. · Cosparso di macchie e striature di colore diverso dal fondo: *un garofano rosa screziato **di** rosso.*

screzio (scrè-zio) N.M. (pl. *-zi*) · Discordia o dissenso non grave: *appianare gli screzi; hanno avuto uno screzio.*

scriba (scrì-ba) N.M. (pl. *-i*) **1** Nel mondo ebraico, chi aveva il compito di interpretare le Sacre Scritture. **2** Nell'antichità, chi scriveva o copiava documenti.

scricchiolare (scric-chio-là-re) V.INTR. (*scrìcchiolo*, ecc.; aus. *avere*) **1** Produrre un rumore secco, che spesso precede o accompagna la rottura di qualcosa: *la sedia scricchiola; il ghiaccio scricchiolava sotto i nostri piedi* Ⓢ cigolare. **2** Dare segni di fragilità: *il loro matrimonio scricchiolava da tempo* Ⓢ incrinarsi.

scricchiolio (scric-chio-lì-o) N.M. (pl. *-lii*) · Rumore secco e leggero: *lo scricchiolio di un pavimento di legno.*

scricciolo (scric-cio-lo) N.M. **1** Piccolo uccello scuro delle siepi e dei cespugli. **2** Di persona molto piccola e gracile, di solito un bambino: *quella bambina è proprio uno scricciolo.*

scrigno (scrì-gno) N.M. · Piccola cassetta usata per custodire oggetti preziosi: *le mostrò lo scrigno del tesoro* Ⓢ forziere.

scriminatura (scri-mi-na-tù-ra) N.F. · Linea sottile che si fa con il pettine, per dividere i capelli nel mezzo o da una parte della testa: *farsi la scriminatura* Ⓢ riga.

scrissi (scrìs-si) · Pass. rem., 1ª pers. sing. → *scrivere.*

scriteriato (scri-te-rià-to) AGG. e N.M. (f. *-a*) · Che, chi dimostra poco giudizio: *un ragazzo scriteriato* Ⓢ irresponsabile, scapestrato.

scritta (scrit-ta) N.F. · Insieme di parole scritte: *una lapide con una scritta in latino* Ⓢ iscrizione, frase, testo.

scritto (scrit-to) AGG. e N.M. || Participio pass. → *scrivere*. || AGG. Realizzato mediante la scrittura: *ordine, invito scritto; compito, esame scritto; lingua scritta* Ⓒ orale, verbale. || N.M. **1** Ogni testo realizzato grazie alla scrittura: *non riesco a decifrare questo scritto* • Opera letteraria: *gli scritti minori di Manzoni.* **2** Prova basata sullo svolgimento di un compito scritto: *hai fatto molto bene gli scritti, ma hai fatto male gli orali* Ⓒ orale. Ⓔ ***Per scritto***, in forma scritta affinché ne resti la documentazione: *mettiamo per scritto quanto detto finora.*

scrittoio (scrit-tó-io) N.M. (pl. *-tói*) · Tavolo su cui si scrive: *posa quelle carte sullo scrittoio* Ⓢ scrivania.

scrittore (scrit-tó-re) N.M. (f. *-trìce*) · Chi si dedica all'attività letteraria: *il mestiere dello scrittore; scrittore di romanzi, di poesie; un grande scrittore.*

scrittura (scrit-tù-ra) N.F. **1** L'operazione dello scrivere: *era impegnato nella scrittura di una lettera.* **2** Il diverso modo di scrivere in base ai vari alfabeti e ai vari mezzi con cui è possibile farlo: *scrittura araba, latina; scrittura maiuscola, corsiva; scrittura a penna, a macchina.* **3** Modo di scrivere della singola persona: *scrittura chiara, bella, brutta* Ⓢ grafia, calligrafia. **4** La tecnica e l'uso di scrivere: *i Romani appresero dai Greci la scrittura.* **5** Capacità e stile nello scrivere: *avere una scrittura agile, brillante.* **6** Documento scritto: *scrittura teatrale; scrittura privata* Ⓢ contratto, accordo, patto. Ⓔ ***Le Sacre Scritture***, la Bibbia, i testi fondamentali delle religioni cristiana ed ebraica.

scritturare (scrit-tu-rà-re) V.TR. · Impegnare con un contratto per spettacoli: *l'orchestra è stata scritturata **per** l'intera stagione lirica.*

scrivania (scri-va-nì-a) N.F. (pl. *-nìe*) · Tavolo usato per lavorare in ufficio o per studiare: *stare alla scrivania.*

scrivano (scri-và-no) N.M. (f. *-a*) · Impiegato incaricato di scrivere o copiare documenti d'ufficio.

scrivere (scrì-ve-re) V.TR. (irreg.: pass. rem. *scrìssi, scrivésti, scrìsse, scrivémmo, scrivéste, scrìssero*; part. pass. *scrìtto*) **1** Tracciare su una superficie i segni di una lingua che formano le parole: *imparare a scrivere; scrivere **al** computer; scrivere **sulla** lavagna; scrivere in modo chiaro; "avrò" si scrive con l'accento.* **2** Esprimere le proprie idee mediante la scrittura: *scrivere un articolo, un racconto; scrivere con eleganza; scrivere con molti errori.* **3** Comporre in musica: *scrivere una sinfonia.* **4** Affermare qualcosa in un testo scritto: *come scrive Platone, i filosofi dovrebbero governare le città.* **5** Mandare una lettera: ***le** scrive una volta al mese.* **6** Fare un mestiere in cui si usa la scrittura: *scrive **per** una rivista di teatro.*

scroccare (scroc-cà-re) V.TR. (*scròcco, scròcchi*, ecc.) · Ottenere qualcosa a spese di qualcun altro, senza pagare di persona: *scroccare una cena, una sigaretta.*

> Il termine deriva da *crocco* 'uncino', con *s-* privativo, nel senso di 'sottrarre, strappare con un uncino'.

scroccone (scroc-có-ne) N.M. (f. *-a*; pl.m. *-i*, pl.f. *-e*) · Chi approfitta sempre della generosità degli altri: *è un vero scroccone, mangia da loro tutte le sere!* Ⓢ parassita.

scrofa (scrò-fa) N.F. · La femmina del maiale.

scrollare (scrol-là-re) V.TR. (*scròllo*, ecc.) || TR. **1** Scuotere energicamente e ripetutamente: *scrollare un albero* Ⓢ agitare. **2** Far cadere qualcosa scuotendo con energia ciò su cui si trova: *scrollare le pere **dall'**albero* Ⓢ levare, togliere. || **scrollarsi** TR. PRONOM. Allontanare da sé, far cadere qualcosa di dosso: *scrollarsi le briciole **dalla** camicia* Ⓢ scuotersi. || **scrollarsi** INTR. PRONOM. **1** Muoversi con decisione: *si scrollò per liberarsi della polvere che gli era caduta addosso.* **2** Reagire con energia a uno stato di pigrizia o depressione: *non puoi andare avanti così, ti devi scrollare* Ⓢ risollevarsi. Ⓔ ***Scrollare la testa***, scuoterla in segno di rifiuto o di disapprovazione • ***Scrollare le spalle***, alzarle e abbassarle per esprimere indifferenza o disprezzo • ***Scrollarsi di dosso qualcosa***, farlo cadere dal proprio corpo: *scrollarsi di dosso la neve*; di sensazione o emozione

A B C D E F G H I J K L M N O P Q R S T U V W X Y Z

negativa, cercare di allontanarla: *scrollarsi di dosso la stanchezza.*

scrollone (scrol-ló-ne) N.M. **1** Energica scossa: *il cane si asciugò con uno scrollone* Ⓢ scossone, scossa. **2** Brusco cambiamento: *i risultati di oggi hanno dato uno scrollone alla classifica.*

scrosciare (scro-scià-re) V.INTR. (*scròscio*, ecc.; aus. *avere* e *essere*) **1** Dell'acqua, cadere o scorrere con rumore: *la pioggia scroscia contro i vetri; il torrente scrosciava tra le rocce.* **2** Di un suono, prodursi all'improvviso e con grande intensità: *dal pubblico scrosciarono gli applausi* Ⓢ scoppiare, esplodere.

scroscio (scrò-scio) N.M. (pl. *-sci*) **1** Rumore prodotto da acque che cadono o scorrono con forza: *lo scroscio della cascata* Ⓢ rovescio. **2** Scoppi di rumore in successione: *uno scroscio di risa, di applausi* Ⓢ esplosione.

scrostare (scro-stà-re) V.TR. (*scròsto*, ecc.) || TR. Togliere la crosta o lo strato superficiale di qualcosa: *scrostare una ferita; scrostare la vernice del tavolo* ***con*** *un coltello.* || **scrostarsi** INTR. PRONOM. Perdere la crosta o lo strato superficiale: *l'intonaco si è scrostato.*

scroto (scrò-to) N.M. · Il sacco di pelle che contiene i testicoli.

scrupolo (scrù-po-lo) N.M. **1** Dubbio morale: *scrupoli di coscienza* Ⓢ incertezza. **2** Delicatezza, cortesia, attenzione: *ha avuto lo scrupolo di avvertire della sua assenza.* **3** Attenzione, cura, diligenza: *un lavoro fatto con scrupolo.* Ⓔ ***Non farsi scrupolo di qualcosa***, non preoccuparsene, non trattenersi dal farlo: *non farti scrupolo di chiamare a qualunque ora* • ***Senza scrupoli***, capace di fare qualunque cosa, senza senso morale.

S

scrupoloso (scru-po-ló-so) AGG. **1** Diligente e preciso nel compiere un dovere: *genitori scrupolosi* Ⓢ serio, coscienzioso Ⓒ superficiale. **2** Accurato, preciso, attento: *una scrupolosa ricostruzione dei fatti; un controllo scrupoloso* Ⓒ sciatto.

scrutare (scru-tà-re) V.TR. **1** Osservare con attenzione per individuare oggetti lontani: *scrutare l'orizzonte* Ⓢ guardare, esaminare. **2** Esaminare con attenzione per capire qualcosa: *scrutare in volto una persona; scrutare l'animo umano* Ⓢ osservare, investigare.

scrutatore (scru-ta-tó-re) N.M. (f. *-trice*) · In un seggio elettorale, chi ha il compito di controllare che le votazioni si svolgano con regolarità e di contare il numero dei voti.

scrutinare (scru-ti-nà-re) V.TR. **1** Contare i voti ottenuti dai candidati in un'elezione: *scrutinare le schede elettorali.* **2** Nella scuola, decidere il voto da assegnare agli alunni: *il collegio si riunisce per scrutinare la classe.*

scrutinio (scru-ti-nio) N.M. (pl. *-ni*) **1** Il conteggio dei voti e il controllo della loro validità alla fine delle elezioni o di una votazione: *si attendono i risultati dello scrutinio.* **2** Nella scuola, l'operazione con cui si valutano gli alunni: *gli scrutini di fine anno.* Ⓔ ***Scrutinio segreto***, in cui non si conosce l'identità di chi vota.

scucire (scu-cì-re) V.TR. (*scùcio*, ecc.) || TR. **1** Disfare una cucitura: *scucire le maniche di un vestito.* **2** Nel linguaggio familiare, tirare fuori soldi per pagare: ***gli*** *ha scucito cento euro.* || **scucirsi** INTR. PRONOM. Rompersi nelle cuciture: ***mi*** *si è scucita la gonna.*

scucitura (scu-ci-tù-ra) N.F. · L'atto di disfare una cucitura: *la scucitura di questa giacca è un lavoro noioso* • Punto in cui qualcosa è scucito: *qui c'è una scucitura.*

scuderia (scu-de-ri-a) N.F. (pl. *-rìe*) **1** L'insieme delle stalle per cavalli e dei depositi per le carrozze e gli attrezzi: *visitare le scuderie del castello.* **2** Organizzazione per l'allevamento e l'addestramento dei cavalli da corsa. **3** Organizzazione che riunisce le macchine da corsa e i piloti che gareggiano per una stessa casa: *la scuderia Ferrari.*

scudetto (scu-dét-to) N.M. · Piccolo distintivo a forma di scudo • Nello sport italiano, quello tricolore che portano sulla maglia gli atleti campioni d'Italia: *vincere lo scudetto; lottare per lo scudetto.*

scudiero (scu-diè-ro) N.M. · Nel Medioevo, chi portava le armi di un cavaliere e si occupava del suo cavallo.

scudisciata (scu-di-scià-ta) N.F. · Colpo di scudiscio Ⓢ frustata.

scudiscio (scu-dì-scio) N.M. (pl. *-sci*) **1** Asta flessibile di legno o di cuoio usata per incitare i cavalli: *con un colpo di scudiscio riuscì a far muovere il cavallo.* **2** Frusta: *colpire con lo scudiscio.*

scudo (scù-do) N.M. **1** Arma di difesa, formata da una piastra di varia forma e vario materiale che, tenuta con la mano sinistra, serve a riparare il corpo dai colpi nemici: *scudo di bronzo, di cuoio.* **2** Strumento di protezione o di riparo Ⓢ difesa. **3** Grossa moneta d'oro o d'argento usata in passato, che aveva su un lato uno stemma. Ⓔ ***Alzata di scudi*** o ***levata di scudi***, ferma opposizione, reazione di dissenso: *c'è stata un'alzata di scudi contro la nuova legge proposta dal governo* • ***Farsi scudo di qualcosa***, usarlo per proteggersi: *il rapinatore si è fatto scudo del corpo dell'ostaggio.*

sculacciare (scu-lac-cià-re) V.TR. (*sculàccio*, ecc.) · Colpire più volte il sedere con la mano aperta, come punizione: *mio padre non mi ha mai sculacciato.*

sculacciata (scu-lac-cià-ta) N.F. · Colpo dato sul sedere con la mano aperta: *se continui a fare i capricci ti do una sculacciata.*

sculaccione (scu-lac-ció-ne) N.M. · Colpo dato sul sedere a mano aperta, come punizione: *smettila o ti do uno sculaccione!*

scultore (scul-tó-re) N.M. (f. *-trìce*) · Artista che si dedica alla scultura: *scultore **in** marmo, **in** bronzo.*

scultoreo (scul-tò-re-o) AGG. (pl.m. *-rei*, pl.f. *-ree*) **1** Che riguarda la scultura: *arte, tecnica scultorea* Ⓢ plastico. **2** Proporzionato e bello come una statua: *bellezza scultorea; forme scultoree.*

scultura (scul-tù-ra) N.F. **1** L'arte e la tecnica di ricavare da un materiale solido una forma tridimensionale: *la scultura barocca.* **2** Opera scolpita: *scultura in pietra, in marmo, in legno.*

scuocere (scuò-ce-re) V.TR. e INTR. (irreg.: coniugato come *cuocere*) || TR. Far cuocere troppo un cibo: *scuocere gli spaghetti.* || INTR. (aus. *essere*) e **scuocersi** INTR.PRONOM. Di cibo, cuocersi troppo: *il riso sta scuocendo.*

scuoiare (scuo-ià-re) V.TR. (*scuòio*, ecc.) · Togliere la pelle a un animale morto: *scuoiare un agnello, un coniglio.*

scuola (scuò-la) N.F. **1** Attività organizzata per l'insegnamento di una o più materie: *scuola di ballo, di lingue, di recitazione.* **2** Istituzione organizzata per l'istruzione pubblica e per la preparazione in una o più materie: *scuola pubblica; scuola dell'infanzia; scuola primaria; compagno di scuola.* **3** L'insieme delle strutture scolastiche di un Paese: *la scuola italiana* • L'insieme degli insegnanti e degli allievi di ciascun istituto scolastico: *tutta la scuola era presente alla cerimonia* • L'edificio in cui si fa lezione: *la mia scuola è appena stata ridipinta.* **4** L'insieme degli allievi che seguono il metodo insegnato da un certo maestro: *la scuola di Aristotele.* Ⓔ ***Fare scuola***, diventare un modello: *uno stile che ha fatto scuola* • ***Scuola dell'obbligo***, la scuola che deve essere frequentata per legge dai sei ai sedici anni • ***Scuola guida*** → *guida* • ***Scuola serale***, quella dove l'insegnamento avviene di sera, fatta per chi durante il giorno deve lavorare.

> Il termine deriva dal greco *skholé* 'tempo libero (dedicato allo svago della mente)', cioè lo 'studio', passato poi a indicare il 'luogo dove si studia'.

scuotere (scuò-te-re) V.TR. (irreg.: coniugato come *percuotere*) || TR. **1** Muovere in direzioni opposte, provocando oscillazioni o vibrazioni: *scuotere la tovaglia; il vento scuote i rami* Ⓢ sbattere, scrollare, agitare. **2** Far cadere qualcosa muovendo con energia ciò su cui si trova: *scuotere la polvere **dai** tappeti.* **3** Incitare con forza qualcuno ad abbandonare uno stato di pigrizia, depressione o indecisione: *nessuno riesce a scuoterlo* Ⓢ smuovere • Provocare profonda impressione: *il delitto ha scosso la gente* Ⓢ turbare, sconvolgere, scioccare. || **scuotersi** TR. PRONOM. Allontanare da sé, far cadere qualcosa di dosso: *scuotersi le briciole **dalla** camicia* Ⓢ scrollarsi. || **scuotersi** INTR. PRONOM. Reagire con un brusco movimento istintivo: *a quel rumore improvviso si scosse* • Reagire con energia a uno stato di pigrizia o depressione: *scuotersi **da** uno stato di torpore* Ⓢ risollevarsi. Ⓔ ***Scuotere la testa***, per negare o per esprimere disaccordo • ***Scuotersi dal sonno***, svegliarsi • ***Scuotersi di dosso qualcosa***, farlo cadere dal proprio corpo: *scuotersi di*

A B C D E F G H I J K L M N O P Q R S T U V W X Y Z

dosso la neve; di sensazione o emozione negativa, cercare di allontanarla: *scuotersi di dosso la paura.*

scure (scù-re) N.F. · Attrezzo usato per abbattere gli alberi o fare legna, costituito da un ferro tagliente, conficcato in un manico lungo e robusto Ⓢ ascia, accetta, mannaia.

scurire (scu-ri-re) V.TR. e INTR. (*scurìsco, scurìsci*, ecc.) || TR. Rendere qualcosa di colore scuro o più scuro: *mi sono fatta scurire i capelli.* || INTR. (aus. *essere*) e **scurirsi** INTR. PRONOM. Diventare scuro: *l'argento tenuto all'aria si scurisce* • Del tempo, diventare buio: *il cielo si è scurito per le nuvole* Ⓢ imbrunire, oscurarsi.

scuro[1] (scù-ro) AGG. e N.M. || AGG. **1** Di colore molto intenso: *rosso scuro; marrone scuro* Ⓒ chiaro • Di colore che tende al nero: *occhi scuri* Ⓢ cupo, bruno. **2** Tenebroso, senza luce: *una notte scura e tempestosa* Ⓢ buio, oscuro. **3** Di persona, che mostra un aspetto turbato o arrabbiato: *apparve scuro in volto.* || N.M. Colore intenso e cupo: *vestire di scuro.*

scuro[2] (scù-ro) N.M. · Ciascuna delle imposte che si trovano nella parte interna delle finestre e permettono di oscurare del tutto una stanza: *chiudere, aprire gli scuri.*

scurrile (scur-rì-le) AGG. · Volgare, osceno, indecente: *una barzelletta scurrile; un gesto scurrile.*

scusa (scù-ṣa) N.F. **1** Espressione di dispiacere per un errore o una mancanza commessa nei confronti di qualcuno: *fare, presentare le proprie scuse; accettare le scuse di qualcuno* Ⓢ giustificazione. **2** In espressioni di cortesia, richiesta di tollerare un eventuale disturbo: *chiedo scusa, mi sa dire dov'è il museo d'arte?* **3** Finta motivazione fornita per giustificare qualcosa: *trovare, inventare una scusa* Ⓢ storia, pretesto.

scusante (scu-ṣàn-te) N.F. · Scusa, giustificazione: *non hai nessuna scusante.*

scusare (scu-ṣà-re) V.TR. || TR. Giudicare senza troppa severità gli errori o le mancanze di qualcuno: *niente può scusare un comportamento del genere* Ⓢ giustificare • In espressioni di cortesia, per chiedere di tollerare un eventuale disturbo: *scusi, sa dirmi che ore sono?* || **scusarsi** RIFL. Giustificarsi, discolparsi: *scusarsi **di** un errore; è inutile che cerchi di scusarti* • Esprimere il proprio dispiacere per una mancanza: *mi scuso **per** il ritardo.*

sdebitare (ṣde-bi-tà-re) V.TR. (*ṣdébito*, ecc.) || TR. Liberare da un debito: *sdebitare un amico.* || **sdebitarsi** RIFL. **1** Pagare i propri debiti: *ho trovato i soldi per sdebitarmi **con** la banca* Ⓒ indebitarsi. **2** Dimostrare in modo concreto la propria gratitudine verso qualcuno: *non so come sdebitarmi **del** tuo aiuto; mi devo sdebitare **per** il favore che mi hai fatto.*

sdegnare (ṣde-gnà-re) V.TR. (*ṣdégno*, ecc.) || TR. **1** Considerare indegno: *sdegnare l'ipocrisia* Ⓢ disdegnare, disprezzare. **2** Provocare sdegno e irritazione: *le sue calunnie hanno sdegnato tutti* Ⓢ indignare, irritare. || **sdegnarsi** INTR. PRONOM. Provare sdegno e irritazione: *sdegnarsi **per** le ingiustizie* Ⓢ indignarsi, irritarsi.

sdegno (ṣdé-gno) N.M. · Reazione di rabbia mista a disprezzo, provocata da una grave offesa: *il gesto ha provocato lo sdegno di tutti i presenti* Ⓢ indignazione, collera, disgusto.

sdegnoso (ṣde-gnó-so) AGG. · Che dimostra un orgoglioso disprezzo: *un uomo sdegnoso **di** ogni compromesso; un atteggiamento sdegnoso.*

sdentato (ṣden-tà-to) AGG. · Senza denti: *un vecchio sdentato.*

sdoganare (ṣdo-ga-nà-re) V.TR. **1** Far passare una merce dalla dogana. **2** Legittimare qualcosa che prima era considerato vietato: *ci sono parolacce che vengono sdoganate con l'uso.*

sdolcinato (ṣdol-ci-nà-to) AGG. · Che si comporta in modo eccessivamente dolce e cerimonioso: *un tipo sdolcinato* Ⓢ lezioso, melenso.

sdoppiamento (ṣdop-pia-mén-to) N.M. · Suddivisione in due elementi distinti: *lo sdoppiamento di una classe.*

sdraiare (ṣdra-ià-re) V.TR. (*ṣdràio*, ecc.) || TR. Mettere in posizione orizzontale: *sdraiarono il ferito sul letto* Ⓢ distendere, adagiare, stendere. || **sdraiarsi** RIFL. Mettersi in posizione orizzontale: *sdraiarsi **sul** divano, per terra* Ⓢ distendersi, adagiarsi, stendersi.

sdraio (ṣdrà-io) N.M. (pl. raro *ṣdrài*) · Quasi solo nell'espressione ***sedia a sdraio*** (o *la sdraio* N.F. INVAR.), sedia che si può inclinare a piacere.

sdrammatizzare (ṣdram-ma-tiẓ-ẓà-re) V.TR. · Diminuire il grado di importanza o di gravità di qualcosa: *sdrammatizzare un errore* Ⓢ sgonfiare, ridimensionare Ⓒ drammatizzare, ingigantire.

sdrucciolare (ṣdruc-cio-là-re) V.INTR. (*ṣdrùcciolo*, ecc.; aus. *essere* e *avere*) · Perdere l'equilibrio scivolando su una superficie viscida o liscia: *sdrucciolare* ***su*** *una buccia di banana* Ⓢ scivolare, slittare.

sdrucciolevole (ṣdruc-cio-lé-vo-le) AGG. · Che fa perdere l'equilibrio, perché liscio o viscido: *terreno sdrucciolevole* Ⓢ scivoloso.

sdrucciolo (ṣdrùc-cio-lo) AGG. **1** In grammatica, di parola che ha l'accento sulla terzultima sillaba, per es. *pàllido, pìllola*. **2** Di verso che termina con una parola sdrucciola: *endecasillabo sdrucciolo*.

sdrucito (ṣdru-cì-to) AGG. **1** Rotto nelle cuciture: *tasca sdrucita*. **2** Lacero, strappato: *un paio di pantaloni sdruciti*.

se[1] (sé) CONGIUNZ. e N.M. INVAR. || CONGIUNZ. **1** Ammesso che, posto che; introduce una proposizione condizionale: *se non mi credi, perché mi stai a sentire; se c'è il sole, è giorno; se lo sapessi, te lo direi*. **2** Introduce le proposizioni interrogative indirette: *non so se lo sai; non so se mi spiego!* || N.M. Incertezza, dubbio: *con i se e i ma non si conclude nulla*. Ⓔ ***Anche se*** → *anche* • ***Se non***, a parte che, all'infuori di: *non puoi fare altro se non arrenderti; non ha visto altri se non lui*.

se[2] (sé) PRON. · Variante di *si*, forma atona del pronome riflessivo *sé*.

> *Se* si usa al posto di *si* davanti ai pronomi *lo*, *li*, *la*, *le*, *ne* sia quando precedono il verbo che quando lo seguono: *se lo mise*; *se ne parlò*; *volle metterselo*.

sé PRON. RIFL. · Forma accentata del pronome di terza persona singolare e plurale usato nei verbi riflessivi con valore di complemento: *vedeva solo sé, non gli altri; parlare di sé, non di altri; pensano solo a se stessi*. Ⓔ ***Fare da sé***, senza l'aiuto di nessuno • ***Fuori di sé*** → *fuori* • ***In sé***, nel pieno possesso delle proprie facoltà mentali • ***Pieno di sé***, presuntuoso e vanitoso • ***Stare da sé***, da solo • ***Tenere per sé***, non dire a nessuno • ***Va da sé***, è ovvio, naturale: *va da sé che tu vieni con noi*.

> L'accento sulla *e* di *sé* è acuto; scrivere *sè* con l'accento grave è un errore!

sebaceo (se-bà-ce-o) AGG. (pl.m. *-cei*, pl.f. *-cee*) **1** Di grasso: *eccesso sebaceo*. **2** Che produce grasso: *ghiandole sebacee*.

sebbene (seb-bè-ne) CONGIUNZ. · Benché, nonostante: *sebbene piova uscirò ugualmente; sebbene anziano lavora ancora*.

sebo (sè-bo) N.M. · Materia grassa e untuosa, prodotta da alcune ghiandole, che aiuta a mantenere morbida la pelle e a difenderla da fattori esterni: *shampoo contro l'eccesso di sebo*.

secante (se-càn-te) AGG. e N.F. · In geometria, di retta che taglia una curva in due o più punti distinti.

secca (séc-ca) N.F. (pl. *-che*) **1** Tratto di mare in cui l'acqua è poco profonda: *la barca è rimasta bloccata in una secca di sabbia*. **2** Scarsità di acqua in un fiume o in un lago: *il fiume è in secca*.

seccante (sec-càn-te) AGG. · Fastidioso, noioso: *una persona seccante; questo suo ritardo è molto seccante*.

seccare (sec-cà-re) V.TR. (*sécco, sécchi*, ecc.) || TR. **1** Togliere l'umidità: *il sole ha seccato tutta la terra* Ⓢ prosciugare, inaridire • Far perdere l'acqua dalla frutta e dalla verdura per poterle conservare: *seccare i pomodori, i funghi al sole*. **2** Dare fastidio: *non mi seccare più con le tue domande* Ⓢ disturbare, scocciare. || **seccarsi** INTR. PRONOM. Infastidirsi, irritarsi, contrariarsi: *si è molto seccato* ***per*** *tutte queste telefonate*.

seccato (sec-cà-to) AGG. · Contrariato, irritato, infastidito: *il direttore era seccato* ***per*** *il tuo ritardo; sono un po' seccato* ***di*** *questo contrattempo*.

seccatore (sec-ca-tó-re) N.M. (f. *-trìce*) · Persona importuna e fastidiosa: *c'è un seccatore che mi telefona sempre*.

seccatura (sec-ca-tù-ra) N.F. · Fastidio, disturbo, noia: *tutte le seccature toccano a me!*

secchezza (sec-chéz-za) N.F. 1 Mancanza di umidità: *la secchezza del clima.* 2 Atteggiamento brusco e sbrigativo: *rispondere con secchezza.*

secchiello (sec-chièl-lo) N.M. · Piccolo secchio • Piccolo recipiente di plastica usato dai bambini sulla spiaggia per giocare con acqua e sabbia • Recipiente di metallo che si riempie di ghiaccio per tenere fresco lo spumante in tavola.

secchio (séc-chio) N.M. (pl. *-chi*) · Recipiente di forma tronco-conica in metallo o plastica, usato per contenere liquidi o altri materiali: *il secchio per il latte; il secchio dei rifiuti* • Il contenuto di un secchio: *vai a prendere un secchio d'acqua.*

secco (séc-co) AGG. e N.M. (pl.m. *-chi*, pl.f. *-che*) || AGG. 1 Senza acqua o umidità: *pozzo secco; clima secco* Ⓢ arido, asciutto Ⓒ umido. 2 Di vino, non dolce; di liquore, non dolce e molto alcolico. 3 Caratterizzato da eccessiva magrezza: *un giovanotto lungo e secco* Ⓢ magro, sottile, snello Ⓒ grasso. 4 Che rivela risolutezza e scortesia: *un ordine secco; un secco rifiuto; rispondere con tono secco* Ⓢ brusco, deciso, risoluto. 5 Rapido e netto: *con un colpo secco ruppe il bastone; si udì un rumore secco.* || N.M. Luogo scarso o privo d'acqua: *tirare in secco un'imbarcazione*, portarla a riva. Ⓔ ***Far secco qualcuno***, nel linguaggio familiare, ucciderlo • ***Frutta secca*** → ***frutta*** • ***Funghi secchi*** → ***fungo*** • ***Gola secca***, asciutta, per la sensazione della sete • ***Lavaggio a secco, lavare a secco***, senza acqua, con prodotti chimici in grado di sciogliere le macchie • ***Restarci secco*** o ***rimanerci secco***, nel linguaggio familiare, morire all'improvviso.

secernere (se-cèr-ne-re) V.TR. (irreg.: ind. pres. *secèrno*, ecc.; part. pass. *secrèto*) · Elaborare e produrre particolari sostanze: *alcuni serpenti secernono un liquido velenoso.*

secessione (se-ces-sió-ne) N.F. · Distacco di una parte da un insieme unitario: *la secessione dell'Aventino.* Ⓔ ***Guerra di secessione***, combattuta negli Stati Uniti dal 1861 al 1865 fra gli Stati del Nord e quelli del Sud.

secolare (se-co-là-re) AGG. 1 Che dura o vive da secoli: *un ulivo secolare.* 2 Proprio della vita laica: *il prete non aveva la tonaca ma un abito secolare* Ⓒ religioso.

secolo (sè-co-lo) N.M. 1 Periodo di tempo di cento anni: *una dinastia durata sette secoli.* 2 Tempo lunghissimo dalla durata imprecisata: *ci mette un secolo a vestirsi* Ⓢ eternità. 3 Periodo storico caratterizzato da aspetti particolari: *il secolo di Augusto* Ⓢ età, tempo.

seconda (se-cón-da) N.F. 1 La classe dopo la prima: *frequentare la seconda media.* 2 In un veicolo, la marcia che segue la prima: *la seconda non entra.* 3 Su treni e navi, la classe di viaggio più economica: *viaggiare in seconda.* Ⓔ ***A seconda di***, in base a: *decidere a seconda dei casi* • ***In seconda***, che ha funzioni di vice, che può sostituire il capo: *allenatore in seconda.*

secondario (se-con-dà-rio) AGG. (pl.m. *-ri*, pl.f. *-rie*) 1 Poco importante: *la questione non è per niente secondaria!* Ⓢ marginale, accessorio Ⓒ primario. 2 In grammatica: ***proposizione secondaria*** (o *una secondaria* N.F.), proposizione dipendente (→ ***dipendente***). Ⓔ ***Scuola secondaria di primo grado***, scuola media (→ ***medio***) • ***Scuola secondaria di secondo grado***, scuola superiore (→ ***superiore***) • ***Settore secondario***, l'industria.

secondino (se-con-dì-no) N.M. · Guardia della prigione: *i secondini portarono il ladro in cella.*

secondo[1] (se-cón-do) AGG. e N.M. (f. -a) || AGG. 1 Che in una serie ordinata rappresenta il numero due (in numeri arabi 2°): *il secondo volume del libro* • Altro, ulteriore, nuovo: *non mi sembra che ci sia una seconda possibilità; per me è stata una seconda mamma.* 2 Di qualità inferiore: *carne di seconda scelta.* 3 Di grado inferiore: *vettura di seconda classe.* || N.M. 1 Unità di misura del tempo, uguale alla sessantesima parte del minuto: *quanti secondi resisti senza respirare?* • Tempo brevissimo: *mi preparo in un secondo* Ⓢ attimo, momento. 2 La seconda portata durante il pranzo o la cena: *il secondo era carne o pesce?* Ⓢ pietanza. || N.M. (f. -a) 1 La seconda persona o cosa in una serie numerica ordinata: *mio fratello è il secondo da sinistra.* 2 Chi assiste una perso-

S

na in un duello: *il suo secondo portava le spade* • Nel pugilato, chi aiuta e consiglia il pugile durante gli intervalli fra le riprese. **E** ***Di seconda mano*** → ***mano*** • ***Il secondo secolo***, il secolo compreso tra il 101 e il 200 (in numeri romani *II secolo*) • ***Secondo fine*** → ***fine***[2].

secondo[2] (se-cón-do) PREP. e CONGIUNZ. || PREP. In accordo con, in rapporto a: *comportarsi secondo coscienza; premiare secondo i meriti* • Introduce un punto di vista personale: *secondo me è tutto falso.* || CONGIUNZ. In base a: *secondo quanto mi hanno riferito, giungerà domani.*

secreto (se-crè-to) · Participio pass. → ***secernere***.

secrezione (se-cre-zió-ne) N.F. · La produzione di certe sostanze da parte delle ghiandole: *secrezione di saliva* • La sostanza prodotta in questo modo.

sedano (sè-da-no) N.M. · Pianta erbacea aromatica coltivata come ortaggio, i cui gambi si mangiano spesso in pinzimonio.

sedare (se-dà-re) V.TR. (*sèdo*, ecc.) **1** Calmare, placare: *sedare il mal di testa con una medicina; sedare la sete.* **2** Reprimere, domare: *sedare una rivolta.*

sedativo (se-da-tì-vo) AGG. e N.M. · Che calma: *effetto sedativo; dare, prendere un sedativo* **S** calmante, tranquillante.

sede (sè-de) N.F. **1** Il luogo in cui si svolge qualcosa: *la mostra avrà sede a Firenze.* **2** Il luogo in cui una persona, un'azienda o un'istituzione svolge la propria attività: *il Ministero ha sede a Roma; chiedere un cambiamento di sede* • L'edificio in cui si trovano gli uffici principali di un'impresa o di un'istituzione: *il direttore è fuori sede.* **3** Luogo dove si trova una cosa di solito: *rimettere una statua nella sua sede* **S** posto, collocazione • La parte del corpo in cui si svolgono certe funzioni: *il cervello è la sede dell'intelligenza.* **4** Il luogo o la circostanza più adatti: *non è questa la sede per discutere.* **E** ***In separata sede***, in privato, lontano da chi può ascoltare: *te lo spiegherò meglio in separata sede* • ***La Santa Sede***, il Vaticano.

sedentario (se-den-tà-rio) AGG. e N.M. (f. *-a*; pl.m. *-ri*, pl.f. *-rie*) || AGG. **1** Che vive o lavora in uno stesso luogo, senza spostarsi: *vita sedentaria; fare un lavoro sedentario.* **2** Che ha sede stabile: *popolazioni sedentarie.* || AGG. e N.M. (f. *-a*) Di persona che non ama muoversi: *un ragazzo sedentario; lei viaggia molto ma suo marito è un sedentario* **S** pigro.

Il termine deriva dal latino *sedere* 'stare seduto'.

sedere[1] (se-dé-re) V.INTR. (irreg.: ind. pres. *sièdo, sièdi, siède, sediàmo, sedéte, sièdono*; pass. rem. *sedéi* o *sedètti, sedésti*, ecc.; cong. pres. *sièda, sièda, sièda, sediàmo, sediàte, sièdano*; imperat. *sièdi, sedéte*; le altre forme, regolari senza il dittongo; aus. *essere*) || INTR. Posare il fondo della schiena su un appoggio, piegando le gambe e tenendo il busto eretto o un po' inclinato: *sedere **in** poltrona, **su** una sedia, **alla** scrivania; essere, stare, mettersi a sedere.* || **sedersi** INTR. PRONOM. Mettersi in posizione seduta: *sedersi per terra, **sul** letto.* **E** ***Sedere al volante***, guidare una macchina • ***Sedere sul trono***, regnare: *Luigi XV sedette sul trono di Francia.*

sedere[2] (se-dé-re) N.M. · La parte del corpo al fondo della schiena, formata dalle natiche: *sono caduto sul sedere.* **E** ***Prendere a calci nel sedere***, nel linguaggio familiare, trattare male.

sedia (sè-dia) N.F. (pl. *-die*) · Mobile usato per sedersi, formato da un piano sostenuto da tre o quattro piedi, da una parte per appoggiare la schiena e, a volte, da sostegni per le braccia: *una sedia di legno* **S** sedile.

sedicente (se-di-cèn-te) AGG. · Che attribuisce a se stesso una qualifica o una qualità che in realtà non ha: *un sedicente esperto d'arte.*

sedicesimo (se-di-cè-si-mo) AGG. NUM. ORD. · Che in una serie ordinata rappresenta il numero sedici (in numeri arabi *16º*). **E** ***Il sedicesimo secolo***, il secolo compreso tra il 1501 e il 1600 (in numeri romani *XVI secolo*).

sedici (sé-di-ci) AGG. NUM. CARD. e N.M. INVAR. || AGG. Numero formato da dieci unità più sei. || N.M. Il numero sedici e il segno che lo rappresenta (*16* in numeri arabi, *XVI* in numeri romani). **E** ***Le (ore) sedici***, le quattro del pomeriggio.

sedile (se-dì-le) N.M. · Qualsiasi struttura che serve per dare appoggio a una persona seduta: *il sedile anteriore di un'auto.*

A B C D E F G H I J K L M N O P Q R **S** T U V W X Y Z

sedimentare (se-di-men-tà-re) V.INTR. (*sediménto*, ecc.; aus. *avere* e *essere*) · Di liquido, depositare sul fondo di un recipiente le sostanze solide sospese in esso: *lasciare sedimentare il vino.*

sedimentario (se-di-men-tà-rio) AGG. (pl.m. *-ri*, pl.f. *-rie*) · Che si è formato per sedimentazione: *rocce sedimentarie.*

sedimentazione (se-di-men-ta-zió-ne) N.F. **1** Processo fisico per cui le particelle solide sospese in un liquido si depositano sul fondo. **2** Processo geologico che porta alla formazione di depositi di detriti.

sedimento (se-di-mén-to) N.M. **1** Deposito di una sostanza in sospensione sul fondo di un recipiente. **2** Accumulo di sostanze minerali che si sono depositate S deposito.

sedizione (se-di-zió-ne) N.F. · Ribellione contro il potere costituito: *la sedizione è stata repressa dalle autorità.*

sedizioso (se-di-zió-so) AGG. e N.M. (f. *-a*) || AGG. Che intende scatenare una rivolta: *parole sediziose; moti sediziosi.* || AGG. e N.M. (f. *-a*) Che, chi inizia o partecipa a una rivolta: *la polizia ha individuato il covo dei sediziosi.*

seducente (se-du-cèn-te) AGG. · Attraente, affascinante, intrigante: *una donna seducente; una proposta seducente.*

sedurre (se-dùr-re) V.TR. (irreg.: coniugato come *condurre*) **1** Conquistare qualcuno con il proprio fascino, spesso solo per avere rapporti sessuali: *la ragazza fu sedotta e abbandonata* S circuire. **2** Affascinare, attrarre, abbagliare: *non lasciarti sedurre dall'idea del successo facile.*

S

> Il termine deriva dal latino *seducere* 'trarre in disparte, sviare', che viene a sua volta da *ducere* 'condurre, portare' con il prefisso *se-* (→ ***condurre***).

seduta (se-dù-ta) N.F. **1** Riunione ufficiale per discutere o decidere qualcosa: *la seduta del Parlamento fu interrotta* S assemblea, adunanza. **2** Incontro con un professionista per consultazioni o terapie: *sta facendo delle sedute con lo psicologo* S visita. E ***Seduta stante***, subito, immediatamente: *devi decidere seduta stante.*

seduttore (se-dut-tó-re) AGG. e N.M. (f. *-trìce*) || AGG. Che esercita una forte attrazione: *sguardo seduttore* S seducente. || N.M. (f. *-trìce*) Chi riesce a conquistare molte persone con il suo fascino: *è un famoso seduttore* S conquistatore, dongiovanni.

seduzione (se-du-zió-ne) N.F. **1** Capacità di esercitare un'attrazione forte o irresistibile: *la seduzione del potere* S fascino, magia. **2** Tentazione esercitata da qualcosa che attrae: *cede subito alle seduzioni* S lusinga.

sega (sé-ga) N.F. (pl. *-ghe*) · Attrezzo usato per tagliare legno o metallo, costituito da una lama dentata d'acciaio montata su un telaio, che bisogna far scorrere avanti e indietro sull'oggetto.

segale (sé-ga-le) N.F. · Cereale simile al frumento; dai chicchi della spiga si ricava una farina con cui si fa un tipo di pane scuro.

segare (se-gà-re) V.TR. (*ségo, séghi*, ecc.) **1** Tagliare con una sega: *segare un tronco.* **2** Avvolgere in modo tanto stretto da lasciare un segno sulla pelle: *le corde **gli** segavano i polsi* S segnare.

segatura (se-ga-tù-ra) N.F. · Il materiale che rimane dal taglio del legno: *con la segatura compressa si fanno delle assi.*

seggio (sèg-gio) N.M. (pl. *-gi*) **1** Il sedile riservato alle autorità nel luogo in cui esercitano le loro funzioni: *il seggio del Presidente del Senato* S trono, cattedra • La carica stessa: *aspirare al seggio di sindaco* S posto, poltrona. **2** Ciascuno dei posti che un partito ottiene per i propri candidati eletti in Parlamento o nei vari consigli: *ottenere la maggioranza dei seggi.* E ***Seggio elettorale***, il locale in cui si va a votare e l'insieme delle persone incaricate di controllare le operazioni di voto.

seggiola (sèg-gio-la) N.F. · Sedia.

seggiolone (seg-gio-ló-ne) N.M. · Sedile alto per bambini piccoli, fatto in modo che possano arrivare all'altezza della tavola per mangiare.

seggiovia (seg-gio-vì-a) N.F. (pl. *-vìe*) · Impianto per il trasporto delle persone in montagna, costituito da sedili attaccati a un cavo metallico retto da piloni.

segheria (se-ghe-rì-a) N.F. (pl. *-rìe*) **1** Stabilimento dove si tagliano i tronchi di albero per farne legname da costruzione. **2** Il reparto di una fabbrica dove si lavora il legno.

segmento (seg-mén-to) N.M. **1** Parte di retta compresa tra due punti. **2** Parte o sezione di un elemento: *un segmento di metallo.*

segnalare (se-gna-là-re) V.TR. || TR. **1** Comunicare con segnali: *il cartello segnalava il pericolo di frane* Ⓢ indicare, avvertire. **2** Comunicare un'informazione: *il servizio meteorologico segnala forti piogge* Ⓢ annunciare, rendere noto • Far conoscere qualcosa a qualcuno: *segnalare un caso pietoso* Ⓢ raccomandare. || **segnalarsi** RIFL. Mettersi in evidenza: *si è segnalato come il miglior giocatore del torneo* Ⓢ distinguersi.

segnalatore (se-gna-la-tó-re) N.M. e AGG. (f. *-trìce*) || N.M. (f. *-trìce*) Chi è incaricato di fare segnalazioni: *segnalatore di incendi.* || AGG. e N.M. Di strumento usato per segnalazioni: *strumento segnalatore; segnalatore acustico.*

segnalazione (se-gna-la-zió-ne) N.F. **1** Comunicazione per mezzo di segnali: *segnalazioni luminose.* **2** Comunicazione di notizie: *ricevere la segnalazione dell'arrivo di un ciclone* Ⓢ annuncio, avviso.

segnale (se-gnà-le) N.M. **1** Elemento visivo o sonoro che, in base a una convenzione, serve per dare una comunicazione, un avvertimento, un ordine: *il comandante dette il segnale d'attacco; non abbiamo ricevuto nessun segnale di pericolo.* **2** Onda radio che permette di comunicare tramite un'apparecchiatura: *qui la radio non si sente, non c'è segnale.* Ⓔ ***Segnali stradali***, i cartelli e i dispositivi luminosi che regolano la circolazione stradale, che devono essere conosciuti dagli automobilisti.

segnaletica (se-gna-lè-ti-ca) N.F. (pl. *-che*) · L'insieme dei segnali utilizzati per la circolazione stradale.

segnaletico (se-gna-lè-ti-co) AGG. (pl.m. *-ci*, pl.f. *-che*) · Che serve per un'identificazione o per un riconoscimento. Ⓔ ***Dati segnaletici***, quelli che permettono di identificare una persona • ***Schede segnaletiche***, quelle su cui la polizia registra i dati dei ricercati.

segnalibro (se-gna-lì-bro) N.M. · Segno che si mette in un libro per ritrovare la pagina che interessa.

segnaposto (se-gna-pó-sto) N.M. · Cartoncino con cui si indica il posto assegnato a chi partecipa a una riunione o agli invitati a un pranzo: *metti in tavola i segnaposto.*

segnare (se-gnà-re) V.TR. (*ségno*, ecc.) || TR. **1** Notare o distinguere con un segno: *segnare gli errori **con** la matita rossa* Ⓢ evidenziare, sottolineare • Fissare un limite tracciando un punto o una linea: *segnare i limiti di un campo di gioco.* **2** Annotare o registrare: *segnare un numero di telefono **sull'**agenda* Ⓢ appuntare, scrivere. **3** Fare un punto per la propria squadra: *segnare un gol* Ⓢ marcare. **4** Di orologi e strumenti vari, indicare, registrare: *l'orologio segnava le tre* Ⓢ fare. **5** Significare, rappresentare, costituire: *quell'insuccesso segnò la fine della sua carriera.* || **segnarsi** RIFL. Farsi il segno della croce: *si segnò entrando in chiesa.* Ⓔ ***Segnare a dito***, segnalare a tutti qualcuno perché venga giudicato e criticato • ***Segnare il passo***, procedere con lentezza: *le trattative segnano il passo.*

La prima persona plurale dell'indicativo presente e quella del congiuntivo presente è *segniamo*, con la *i*: la forma *segnamo* è sempre scorretta! La seconda persona plurale dell'indicativo presente è *segnate* senza *i*, mentre quella del congiuntivo presente è *segniate* con la *i*.

segnato (se-gnà-to) AGG. **1** Che porta il segno di un'esperienza negativa: *un volto segnato dalla fatica* Ⓢ provato. **2** Deciso, stabilito, fissato: *la sua fine è ormai segnata.*

segno (sé-gno) N.M. **1** Oggetto, fatto o fenomeno che indica qualcosa: *se dice di no, è segno che non lo vuole* Ⓢ segnale • In medicina, sintomo: *la frequenza accelerata del polso può essere segno di febbre* • Indicazione, segnale, segnalazione: *il semaforo verde è segno di via libera.* **2** Gesto con cui si comunica qualcosa: *fare segno di sì, di no* Ⓢ cenno. **3** Rappresentazione grafica convenzionale: *decifrare i segni di un'antica scrittura; segni di punteggiatura* Ⓢ simbolo. **4** Il simbolo che indica se un numero è positivo (+) o negativo (-). **5** Traccia visibile: *il banco era pieno di segni fatti* *con il coltello* Ⓢ tratto, linea. **6** Bersaglio: *tiro a segno*. **7** Ciascuna delle 12 parti in cui è diviso lo zodiaco, ognuna delle quali è rappresentata da una figura che corrisponde alla costellazione (Ariete, Toro, Gemelli, Cancro, Leone, Vergine, Bilancia, Scorpione, Sagittario, Capricorno, Acquario, Pesci) • Costellazione presente nel cielo al momento della nascita di ogni persona e che si crede ne influenzi il carattere: *"Di che segno sei?" "Sono del Toro"*. Ⓔ ***Andare a segno***, colpire il bersaglio; ottenere il risultato voluto • ***Cogliere nel segno*** o ***colpire nel segno***, indovinare • ***Lasciare il segno***, di evento che rimane impresso nella memoria o che ha conseguenze nel tempo; di persona che ha fatto qualcosa di indimenticabile • ***Passare il segno***, esagerare, eccedere: *questa volta hai passato il segno con la tua maleducazione* • ***Per filo e per segno*** → ***filo*** • ***Segno della croce***, quello che fanno i cristiani per devozione, portando la mano destra alla fronte, al petto, alla spalla sinistra e a quella destra.

Il termine deriva dal latino *signum* 'marchio, insegna, segno'; dal latino *signum* derivano anche **antesignano**, **designare**, **insigne** e **significare**.

segregare (se-gre-gà-re) V.TR. (*sègrego, sègreghi*, ecc.) || TR. Allontanare una persona dalla comunità di cui fa parte, per punizione o per evitare pericoli: *segregare i malati contagiosi* Ⓢ isolare. || **segregarsi** RIFL. Isolarsi, allontanarsi alla ricerca di solitudine e di pace: *per finire il libro si è segregato* ***in*** *campagna* Ⓢ ritirarsi.

S

Il termine deriva dal latino *segregare* 'separare dal gregge'.

segregazione (se-gre-ga-zió-ne) N.F. · Esclusione dai rapporti o dai contatti con gli altri: *vivere in segregazione* Ⓢ isolamento. Ⓔ ***Segregazione razziale*** → ***razziale***.

segreta (se-gré-ta) N.F. · Cella isolata, spesso sotterranea e senza finestre, in cui si chiudevano un tempo i prigionieri.

segretariato (se-gre-ta-rià-to) N.M. **1** La funzione del segretario e la durata della carica: *durante il suo segretariato ha preso alcune decisioni importanti*. **2** L'ufficio o la sede di un segretario: *il segretariato delle Nazioni Unite*.

segretario (se-gre-tà-rio) N.M. (f. *-a*; pl.m. *-ri*, pl.f. *-rie*) **1** Chi, in un ufficio privato o pubblico, si occupa dell'amministrazione, della corrispondenza e del coordinamento fra le varie persone: *il segretario di una scuola* Ⓢ assistente, aiutante, collaboratore. **2** Persona incaricata di svolgere incarichi delicati per conto di un superiore: *il segretario di un ministro*. **3** Persona che dirige un importante organo pubblico: *il segretario di un partito*.

Il termine deriva dal latino *secretum* 'segreto'; letteralmente 'colui al quale si confidano cose segrete, riservate'.

segreteria (se-gre-te-rì-a) N.F. (pl. *-rìe*) **1** Carica di segretario: *ha lasciato la segreteria del partito*. **2** L'ufficio e la sede di un segretario e del personale che collabora con lui: *per informazioni rivolgersi alla segreteria* Ⓢ direzione. Ⓔ ***Segreteria telefonica***, dispositivo che registra i messaggi di chi chiama quando il telefono è occupato o quando un utente non risponde.

segretezza (se-gre-téz-za) N.F. **1** Carattere assolutamente riservato: *la segretezza di una missione*. **2** Dote di riserbo e di discrezione: *contiamo sulla tua segretezza*.

segreto[1] (se-gré-to) AGG. **1** Che si svolge senza che altri lo sappiano: *riunione segreta; incontro segreto*. **2** Sconosciuto alla maggioranza delle persone: *passaggio segreto; ha un amore segreto* Ⓢ nascosto. **3** Di persona, che nasconde la propria identità: *informatore segreto*. Ⓔ ***Agente segreto*** → ***agente***.

segreto[2] (se-gré-to) N.M. **1** Fatto, avvenimento o discorso che non deve essere rivelato: *non gli confidare nulla, non sa tenere un segreto*. **2** Sistema personale per ottenere un certo risultato: *qual è il segreto della tua bellezza?* Ⓢ metodo, maniera. **3** Obbligo di non rivelare ad altri dettagli riservati del proprio lavoro: *i medici sono vincolati dal segreto professionale* Ⓢ riserbo. Ⓔ ***In segreto***, di nascosto: *abbiamo organizzato la festa in segreto*.

seguace (se-guà-ce) N.M. e F. · Chi segue i principi e gli insegnamenti di una fede o di una dottrina: *seguaci del marxismo, di Maometto* Ⓢ discepolo, allievo.

seguente (se-guèn-te) AGG. · Che viene subito dopo, nello spazio o nel tempo: *sabato andò a letto tardi, il giorno seguente era domenica* Ⓢ prossimo Ⓒ precedente • Spesso per anticipare qualcosa che si dirà dopo: *fece al pubblico il seguente discorso* Ⓢ questo.

segugio (se-gù-gio) N.M. (pl. *-gi*) **1** Cane da caccia adatto a inseguire la selvaggina. **2** Investigatore abile e tenace.

seguire (se-guì-re) V.TR. e INTR. (*séguo*, ecc.) || TR. **1** Andare dietro: *segua quella macchina* Ⓢ inseguire Ⓒ precedere. **2** Osservare e mettere in pratica una certa procedura: *seguire le istruzioni, il consiglio di un amico* • Mettere in pratica gli insegnamenti di una dottrina: *seguire il cristianesimo* Ⓢ professare, abbracciare. **3** Procedere in una certa direzione secondo un punto di riferimento: *seguire un sentiero; seguire il corso del fiume*. **4** Accompagnare con la vista o con il pensiero: *seguì* **con** *lo sguardo l'auto che si allontanava* Ⓢ guardare • Riuscire a capire ogni passaggio di un discorso: *sii più chiaro, non riesco a seguirti* Ⓢ comprendere • Interessarsi a un fenomeno tenendosi sempre aggiornati: *seguire gli avvenimenti sportivi; seguire la moda; seguire una trasmissione televisiva,* assistere a ogni puntata Ⓢ informarsi su • Assistere qualcuno in un'attività: *seguire i figli nello svolgimento dei compiti* Ⓢ controllare, aiutare • Frequentare: *seguire un corso*. || INTR. (aus. *essere*) **1** Venir dopo: *dopo la tempesta segue la calma*. **2** Di scritto, avere un seguito: *l'articolo segue a pagina 15* Ⓢ continuare, proseguire. **3** Venire come effetto: ***alla** fine della guerra seguì un periodo di crisi economica* Ⓢ succedere. Ⓔ ***Seguire le orme di qualcuno*** → *orma*.

seguitare (se-gui-tà-re) V.TR. e INTR. (*séguito*, ecc.; aus. *avere*) · Proseguire nello svolgimento di qualcosa: *seguitare gli studi; seguitarono **a** ridere* Ⓢ continuare.

seguito (sé-gui-to) N.M. **1** Gruppo di persone che accompagnano un personaggio importante: *i personaggi al seguito del Presidente* Ⓢ accompagnamento, scorta. **2** Consenso di opinioni: *un'idea che ha trovato molto seguito* Ⓢ successo, approvazione. **3** Sviluppo successivo di una vicenda: *state a sentire il seguito; la polemica non avrà seguito* Ⓢ continuazione. Ⓔ ***Di seguito***, senza interruzione: *ha piovuto per due settimane di seguito* • ***In seguito***, poi: *ne parleremo in seguito*; ***in seguito a***, a causa di: *in seguito all'alluvione molti sono rimasti senza casa*.

sei (sèi) AGG. NUM. CARD. e N.M. INVAR. || AGG. Il numero che segue il cinque e precede il sette: *metti in valigia sei paia di calzini*. || N.M. Il numero sei e il segno che lo rappresenta (*6* in numeri arabi, *VI* in numeri romani): *ha preso sei in matematica*.

seicento (sei-cèn-to) AGG. NUM. CARD. e N.M. INVAR. || AGG. Numero uguale a sei volte cento: *seicento euro*. || N.M. Il numero seicento e il segno che lo rappresenta (*600* in numeri arabi, *DC* in numeri romani). Ⓔ ***Il Seicento***, il secolo compreso tra il 1601 e il 1700.

selce (sél-ce) N.F. · Roccia che si forma dalla scissione di rocce preesistenti e che contiene silicio; usata fin dalla Preistoria per armi e strumenti di lavoro: *gli archeologi hanno trovato un'ascia di selce*.

selciato (sel-cià-to) AGG. e N.M. || AGG. Rivestito con selci o con lastre di pietra: *piazza selciata*. || N.M. Pavimentazione fatta con selci o con lastre di pietra: *rifare il selciato*.

selettivo (se-let-tì-vo) AGG. **1** Che sceglie gli elementi migliori: *è una scuola selettiva, ammette solo studenti bravi*. **2** Molto esigente: *una persona molto selettiva nelle amicizie* Ⓢ difficile. ▸ Ⓕ **legere**

selezionare (se-le-zio-nà-re) V.TR. (*seleziόno*, ecc.) · Scegliere, all'interno di una serie, gli elementi più adatti: *selezionare gli atleti*. Ⓔ ***Selezionare una razza***, nell'allevamento, ottenere nel tempo esemplari sempre migliori, facendo riprodurre insieme animali con qualità superiori. ▸ Ⓕ **legere**

selezione (se-le-zió-ne) N.F. **1** Scelta degli elementi migliori, in base a caratteristiche di qualità e di attitudine a un certo scopo: *fare una selezione dei candidati*. **2** Scelta, raccolta, antologia: *pubblicare una selezione di racconti*. Ⓔ ***Selezione naturale***, processo naturale per cui sopravvivono e si riproducono solo gli

A B C D E F G H I J K L M N O P Q R **S** T U V W X Y Z

esseri viventi più forti e adatti alla lotta per l'esistenza. ▸ Ⓕ legere

self-service (self-ser-vi-ce; pronuncia *sèlf sèrvis*) N.INGL., in it. AGG. e N.M.INVAR. · Ristorante o mensa in cui la gente può servirsi da sé: *sei già stato nel self-service sotto casa?*

sella (sèl-la) N.F. **1** Arnese di cuoio che si fissa sul dorso del cavallo, del mulo o dell'asino per cavalcare più comodamente: *montare, balzare in sella.* **2** Sedile della bicicletta e della moto: *mi hanno rubato la sella della vespa.* **3** Largo passaggio fra due valli attraverso una catena montuosa. Ⓔ ***Restare in sella***, riuscire a cavarsela anche in periodi difficili, conservando la propria posizione.

sellare (sel-là-re) V.TR. (*sèllo*, ecc.) · Mettere la sella: *sellare un cavallo.*

sellino (sel-lì-no) N.M. · Sella per biciclette e motociclette.

selva (sél-va) N.F. **1** Bosco fitto e selvaggio: *Dante si smarrì nella selva oscura* Ⓢ foresta. **2** Moltitudine fitta di cose o persone: *sui tetti si vedeva una selva di antenne* Ⓢ mucchio, folla.

selvaggina (sel-vag-gì-na) N.F. **1** Gli animali che vengono cacciati: *zona ricca di selvaggina.* **2** La carne di tali animali: *un ristorante specializzato in selvaggina.*

selvaggio (sel-vàg-gio) AGG. e N.M. (f. *-a*; pl.m. *-gi*, pl.f. *-ge*) || AGG. **1** Di luogo o terreno, coperto da una fitta vegetazione spontanea: *un altopiano selvaggio* • Di animale, che vive in libertà Ⓢ selvatico Ⓒ addomesticato. **2** Che è ancora allo stato primitivo: *le tribù selvagge dell'Africa centrale.* **3** Che si manifesta con violenza: *era invaso da una selvaggia gelosia; la furia selvaggia del ciclone* Ⓢ incontrollabile, violento. **4** Che non rispetta le regole: *edilizia selvaggia.* || N.M. (f. *-a*) Membro di una tribù che vive lontana dalla civiltà: *gli esploratori cercavano i selvaggi della foresta per capire il loro stile di vita.*

selvatico (sel-và-ti-co) AGG. (pl.m. *-ci*, pl.f. *-che*) **1** Di pianta, che nasce e si sviluppa senza l'opera dell'uomo: *rose selvatiche* Ⓢ spontaneo. **2** Di animale, che vive in libertà: *il bisonte è un grosso bovino selvatico* Ⓢ selvaggio.

semaforo (se-mà-fo-ro) N.M. · Apparecchio di segnalazione luminosa a luci colorate, usato per regolare il traffico agli incroci: *semaforo rosso, verde, giallo.*

semantico (se-màn-ti-co) AGG. (pl.m. *-ci*, pl.f. *-che*) · Che si riferisce al significato: *l'aspetto semantico di una parola.*

sembianza (sem-biàn-za) N.F. (spesso al pl.) · I lineamenti, l'aspetto di una persona.

sembrare (sem-brà-re) V.INTR. (*sémbro*, ecc.; aus. *essere*) **1** Dare l'impressione: ***mi*** *sembra* ***che*** *stia per piovere;* ***ti*** *sembra* ***di*** *aver fatto bene?* Ⓢ parere. **2** Apparire, mostrarsi: *invece di sforzarti di sembrare coraggioso, cerca di esserlo davvero.* **3** Presentare una somiglianza: *sembri tua madre da giovane* Ⓢ assomigliare a. **4** IMPERS. Parere, indicando un'opinione comune: *sembra* ***che*** *il governo abbia deciso di ridurre le tasse.*

seme (sé-me) N.M. **1** Piccolo corpo fecondato che contiene l'embrione di una futura pianta: *abbiamo piantato i semi di cocomero nell'orto.* **2** L'origine di un possibile sviluppo: *il seme della violenza* Ⓢ germe, radice. **3** Sperma. **4** Ciascuna delle quattro specie delle carte da gioco: *i semi delle carte da poker sono cuori, quadri, fiori e picche.* Ⓔ ***Semi oleosi***, quelli di girasole, mais, arachidi e altre piante vegetali, ricchi di sostanze grasse; ***olio di semi***, olio vegetale ricavato da semi oleosi.

semente (se-mén-te) N.F. · L'insieme dei semi che devono essere seminati: *spargere la semente.*

semenza (se-mèn-za) N.F. · Seme da riproduzione selezionato: *conservare la semenza in un luogo fresco.*

semestrale (se-me-strà-le) AGG. **1** Che ha durata di sei mesi: *corso semestrale.* **2** Che arriva ogni sei mesi: *rivista semestrale.*

semestre (se-mè-stre) N.M. · Periodo di tempo di sei mesi.

semi- · Primo elemento di parole composte che significa 'metà, mezzo' oppure 'in parte, quasi': *semicerchio*, la metà di un cerchio; *semifreddo*, dolce quasi freddo.

semiasse (se-mi-às-se) N.M. **1** In geometria, ciascuna delle due semirette uscenti dall'origine di un sistema cartesiano. **2** Negli autoveicoli, la parte dell'asse che trasmette il movimento alle ruote.

semicerchio (se-mi-cér-chio) N.M. (pl. *-chi*) · La metà di un cerchio: *gli ascoltatori si erano disposti a semicerchio.*

semifinale (se-mi-fi-nà-le) N.F. · La penultima gara di un torneo, i cui vincitori passano in finale: *l'Italia è entrata in semifinale.*

semifreddo (se-mi-fréd-do) AGG. e N.M. · Di dolce simile al gelato ma meno freddo: *un semifreddo alle fragole.*

semilavorato (se-mi-la-vo-rà-to) AGG. e N.M. · Di prodotto che ha subito solo alcune fasi di lavorazione e non è ancora un prodotto finito: *usare il legno semilavorato.*

semina (sé-mi-na) N.F. · Operazione agricola in cui si sparge il seme sul terreno, perché crescano le piante: *il tempo non è adatto per la semina* • La stagione in cui viene fatta: *verrò da te dopo la semina.*

seminale (se-mi-nà-le) AGG. · Del seme. Ⓔ ***Liquido seminale***, sperma.

seminare (se-mi-nà-re) V.TR. (*sémino*, ecc.) **1** Spargere il seme sul terreno: *seminare un campo **a** grano.* **2** Lasciare in giro le proprie cose: *semina dappertutto i suoi vestiti* Ⓢ spargere, lasciare, abbandonare. **3** Lasciare indietro: *il ciclista seminò il gruppo; i ladri seminarono la polizia.* Ⓔ ***Seminare zizzania*** → ***zizzania***.

seminario (se-mi-nà-rio) N.M. (pl. *-ri*) **1** Scuola che prepara chi vuole diventare sacerdote: *entrare in seminario.* **2** Corso universitario specialistico: *frequentare un seminario di matematica applicata.*

seminarista (se-mi-na-rì-sta) N.M. (pl. *-i*) · Chi studia in seminario per diventare sacerdote.

seminterrato (se-min-ter-rà-to) AGG. e N.M. · Del piano di un edificio ricavato per metà sotto il livello della strada e per metà sopra: *tiene la bici nel seminterrato.*

semiretta (se-mi-rèt-ta) N.F. · Ciascuna delle due parti in cui una retta risulta divisa da un punto.

semitico (se-mì-ti-co) AGG. (pl.m. *-ci*, pl.f. *-che*) · Che si riferisce ad alcuni popoli del Vicino Oriente, in particolare a Ebrei o Arabi. Ⓔ ***Lingue semitiche*** (o *il semitico* N.M.), gruppo di lingue comprendente, fra le altre, l'arabo, l'ebraico e l'etiopico.

semmai (sem-mài) AVV. · Piuttosto, caso mai: *non farlo uscire, semmai vai tu da lui.*

semola (sé-mo-la) N.F. **1** Farina di grano duro macinata a grani grossi, usata soprattutto per produrre la pasta. **2** Crusca.

semolino (se-mo-lì-no) N.M. · Prodotto ottenuto da cereali macinati, formato da piccoli granelli, con cui si preparano dolci e minestre: *semolino al burro.*

semovente (se-mo-vèn-te) AGG. · Che si muove da solo: *macchine semoventi.*

semplice (sém-pli-ce) AGG. **1** Costituito da un solo elemento: *filo semplice* Ⓢ scempio. **2** Facile da affrontare: *un problema semplice* Ⓢ facile, elementare Ⓒ complesso, complicato. **3** Facile da capire: *esprimersi in un linguaggio semplice* Ⓢ comprensibile, chiaro Ⓒ difficile, oscuro. **4** Caratterizzato da sobrietà: *cibi semplici e genuini; condurre una vita semplice* Ⓢ sobrio, modesto, essenziale. **5** Di persona ingenua o spontanea: *è un tipo molto semplice; con loro mi trovo bene, perché è gente semplice* Ⓒ affettato. **6** Senza aggiunte o implicazioni: *il mio è un semplice suggerimento, non un ordine* Ⓢ mero, puro. **7** Che occupa il grado più basso in una scala gerarchica: *soldato semplice.* Ⓔ ***Tempi semplici*** → ***tempo***.

semplicemente (sem-pli-ce-mén-te) AVV. **1** In modo sobrio, naturale e schietto: *vestire semplicemente; scrivere semplicemente* Ⓢ modestamente, chiaramente. **2** Soltanto, unicamente: *volevo semplicemente avvisarti.* **3** Veramente, davvero, proprio: *ciò che dici è semplicemente assurdo.*

sempliciotto (sem-pli-ciòt-to) AGG. e N.M. (f. *-a*) · Che, chi dimostra ingenuità e scarsa intelligenza: *è un sempliciotto, è facile ingannarlo* Ⓢ ingenuo, sprovveduto.

semplicistico (sem-pli-cì-sti-co) AGG. (pl.m. *-ci*, pl.f. *-che*) · Che tende a considerare le cose troppo semplici: *la tua è una spiegazione semplicistica, la cosa è molto più complessa* Ⓢ riduttivo, sommario.

semplicità (sem-pli-ci-tà) N.F. INVAR. **1** Assenza di complicazioni: *la semplicità di un ragionamento* Ⓢ linearità, facilità Ⓒ complessità. **2** Modo di comportarsi spontaneo e naturale: *semplicità di modi* Ⓢ naturalezza, spontaneità. **3** Modestia, sobrietà: *vestire con semplicità.* **4** Mancanza di malizia: *la semplicità d'animo dei bambini* Ⓢ ingenuità, innocenza, candore.

semplificare (sem-pli-fi-cà-re) V.TR. (*semplifico, semplifichi*, ecc.) · Rendere più facile, eliminando complicazioni: *bisogna semplificare il percorso, altrimenti facciamo tardi* Ⓢ agevolare, facilitare.

semplificazione (sem-pli-fi-ca-zió-ne) N.F. · Riduzione di qualcosa in elementi più semplici o comprensibili: *semplificazione di un problema.*

sempre (sèm-pre) AVV. · In ogni momento: *ti amerò sempre; verrò sempre a trovarti; andava sempre più veloce* Ⓒ mai • Senza interruzione: *parli sempre.* Ⓔ ***Da sempre***, da tantissimo tempo: *l'amo da sempre* • ***Per sempre***, per tutta la vita: *ti ricorderò per sempre* • ***Sempre che***, purché: *verrò da te, sempre che tu sia d'accordo.*

sempreverde (sem-pre-vér-de) AGG. · ***Pianta sempreverde*** (o *una sempreverde* N.F. o *un sempreverde* N.M.), pianta legnosa che non perde mai le foglie durante l'anno: *il pino è un sempreverde.*

senape (sè-na-pe) N.F. e M. e AGG. || N.F. Pianta erbacea con fiori gialli in grappoli dai cui semi si ricava una farina usata nella preparazione di salse • Nome della salsa. || AGG. e N.M. INVAR. Di colore tra il giallo e il grigio: *una maglia color senape.*

senato (se-nà-to) N.M. **1** In Italia, uno dei due rami del Parlamento, i cui membri, per essere eletti, devono aver compiuto quarant'anni: *proporre una legge al Senato* • La sede in cui i senatori si riuniscono: *il Senato si trova a Roma.* **2** Nell'antica Roma, il consiglio degli anziani.

> Il termine deriva dal latino *senatus* che significa letteralmente 'assemblea, consiglio degli anziani', che viene a sua volta da *senex* 'vecchio, anziano'.

senatore (se-na-tó-re) N.M. (f. *-trice*) · Membro di un senato: *i senatori romani; essere eletto senatore.*

senile (se-ni-le) AGG. · Della vecchiaia: *età senile* Ⓒ giovanile.

senilità (se-ni-li-tà) N.F. INVAR. · Vecchiaia.

senior (sè-nior) AGG. LAT., in it. AGG. e N.M. (pl. *seniòres*) || AGG. Più vecchio; dopo nomi propri di persona, distingue la persona nata prima, nei casi di persone della stessa famiglia con nome identico: *Luigi Barzini senior* Ⓒ iunior. || AGG. e N.M. Di atleta che appartiene a una categoria superiore, per capacità tecniche o per età: *categoria seniores; un incontro tra seniores* Ⓒ junior.

seniores (se-niò-res) · Plurale → ***senior***.

senno (sén-no) N.M. · Capacità di capire, giudicare e agire nel modo più giusto: *un uomo di senno* Ⓢ giudizio, saggezza. Ⓔ ***Perdere il senno*** o ***uscire di senno***, impazzire: *ma che dici, sei uscito di senno?*

sennò (sen-nò) (o **se no**) AVV. · In caso contrario: *vai a letto subito, sennò son botte* Ⓢ altrimenti.

sennonché (sen-non-ché) CONGIUNZ. · Ma, però: *sarei venuto volentieri, sennonché all'ultimo momento ho avuto un imprevisto.*

> L'accento sulla e di *sennonché* è acuto; scrivere *sennonchè* con l'accento grave è un errore!

seno (sé-no) N.M. **1** Petto femminile: *strinse il figlio al seno; allattamento al seno* • Ciascuna delle due mammelle: *una ragazza dai seni piccoli.* **2** Spazio, superficie o parte interna: *nel seno della terra* Ⓢ grembo, interno. **3** Breve tratto di mare tra due terre emerse unite Ⓢ insenatura. Ⓔ ***In seno a*** o ***nel seno di***, all'interno di, dentro: *tornare in seno alla famiglia* • ***Una serpe in seno*** → ***serpe***.

sensato (sen-sà-to) AGG. · Che dimostra buon senso: *una decisione sensata* Ⓢ saggio, giudizioso Ⓒ insensato.

sensazionale (sen-sa-zio-nà-le) AGG. · Che suscita una forte impressione nell'opinione pubblica: *una scoperta sensazionale* Ⓢ clamoroso, stupefacente.

sensazione (sen-sa-zió-ne) N.F. **1** Conoscenza della realtà esterna attraverso i sensi: *sensazioni visive, sonore* Ⓢ percezione. **2** Condizione fisica o mentale: *sensazione di stanchezza, di paura.* **3** Percezione inspiegabile: *ho la sensazione che sia successo qualcosa di grave* Ⓢ impressione, sentore. **4** Effetto clamoroso di sorpresa: *una notizia che farà sensazione* Ⓢ scalpore.

sensibile (sen-sì-bi-le) AGG. **1** Che può essere percepito attraverso i sensi: *oggetti sensibili; il mondo sensibile* Ⓢ materiale, concreto. **2** Che si nota: *un sensibile aumento della temperatura* Ⓢ vistoso, notevole. **3** Di organo del corpo, che reagisce agli stimoli esterni ricevendone impressioni: *l'orecchio è sensibile* ***ai*** *suoni.* **4** Di persona, portato a provare con facilità sentimenti ed emozioni: *è un ragazzo dal carattere troppo sensibile* Ⓢ emotivo Ⓒ insensibile • Capace per natura di recepire stimoli emotivi o intellettuali: *è molto sensibile* ***alle*** *offese; un ragazzo sensibile* ***alla*** *bellezza della musica.* **5** Di strumento, capace di registrare le minime variazioni di una grandezza fisica: *termometro sensibile* Ⓢ esatto, preciso. Ⓔ ***Obiettivo sensibile***, importante postazione nemica, a rischio di attacchi: *il deposito delle munizioni è un obiettivo sensibile.*

sensibilità (sen-si-bi-li-tà) N.F. INVAR. **1** La facoltà di ricevere impressioni attraverso i sensi: *la sensibilità delle gengive* ***al*** *caldo,* ***al*** *freddo.* **2** Facilità di provare emozioni e di cogliere piccole sfumature: *un artista di grande sensibilità* Ⓢ emotività • La capacità di capire gli aspetti di una certa realtà: *sensibilità sociale, linguistica.* **3** Di strumento, il grado di precisione con cui registra le variazioni di un fenomeno: *la sensibilità di un barometro* Ⓢ esattezza.

sensibilizzare (sen-si-bi-liẓ-ẓà-re) V.TR. **1** Rendere sensibile: *sensibilizzare un nervo.* **2** Spingere a interessarsi a un problema o a una situazione, mettendone in risalto l'importanza: *sensibilizzare le persone* ***al*** *problema della droga* Ⓢ mobilitare.

sensibilizzazione (sen-si-bi-liẓ-ẓa-zió-ne) N.F. **1** Aumento della sensibilità di un corpo agli stimoli: *sensibilizzazione di un nervo.* **2** Processo che serve a risvegliare l'interesse verso certi problemi o situazioni: *sensibilizzazione dell'opinione pubblica sulla guerra.*

sensibilmente (sen-si-bil-mén-te) AVV. · Notevolmente, molto: *i prezzi sono sensibilmente aumentati; stasera l'aria è sensibilmente più fredda.*

sensitivo (sen-si-tì-vo) AGG. e N.M. (f. -a) || AGG. Che si riferisce all'attività dei sensi: *facoltà sensitive.* || N.M. (f. -a) Persona che ha capacità paranormali: *si è rivolta a un sensitivo per comunicare con il figlio morto.*

senso (sèn-so) N.M. **1** La funzione attraverso cui un organismo vivente percepisce gli stimoli provenienti dal mondo esterno e dai suoi stessi organi: *i cinque sensi dell'uomo sono vista, udito, gusto, odorato e tatto.* **2** Capacità di intendere, distinguere, valutare: *avere il senso dell'orientamento; senso del dovere, della misura* Ⓢ percezione, nozione • Inclinazione, disposizione naturale: *avere il senso degli affari* Ⓢ talento per. **3** Stato fisico o mentale indefinito ma intenso: *provare un senso di pace, di serenità* Ⓢ sensazione. **4** Significato: *due sinonimi hanno all'incirca lo stesso senso* • Il contenuto di una frase, di un discorso: *il senso di questo verso non è chiaro* Ⓢ significato. **5** Coerenza con un ordine logico o con la realtà: *è molto anziano, dice anche cose senza senso* Ⓢ logica. **6** Direzione di un movimento: *cambiare senso di marcia; camminare in senso contrario alla folla* Ⓢ verso. Ⓔ ***Doppio senso***, frase ambigua e spesso maliziosa, che si presta a una duplice interpretazione: *non mi piacciono i tuoi doppi sensi* • ***Far senso***, causare un'impressione di disgusto: *i ragni mi hanno sempre fatto senso* • ***In un certo senso***, secondo un certo punto di vista: *in un certo senso, non ha tutti i torti* • ***Perdere i sensi***, svenire • ***Privo di sensi***, svenuto • ***Riprendere i sensi***, rinvenire • ***Senso comune***, il modo di pensare della maggior parte delle persone, buonsenso • ***Senso di colpa***, sensazione di disagio dovuta alla convinzione di aver causato un danno anche involontario • ***Senso unico***, possibilità di transito in un'unica direzione: *una città piena di sensi unici; strada a senso unico* • ***Senso vietato***, passaggio non consentito ai veicoli • ***Sesto senso***, capacità d'intuizione.

sensore (sen-só-re) N.M. **1** Dispositivo per registrare dati e trasmetterne le variazioni a un sistema di misurazione o di controllo: *installare un sensore per le fughe di gas.* **2** Sistema di sicurezza che mette in funzione un allarme: *sensore a raggi infrarossi.*

sensoriale (sen-so-rià-le) AGG. · Che riguarda i sensi: *facoltà sensoriali.*

sensuale (sen-su-à-le) AGG. **1** Di persona, portato ai piaceri legati alla sessualità: *un uomo sensuale.* **2** Che provoca eccitazione sessuale: *una musica sensuale; uno sguardo sensuale* Ⓢ provocante, erotico.

sensualità (sen-sua-li-tà) N.F. INVAR. · Capacità di eccitare i sensi al piacere: *la sensualità di una descrizione.*

sentenza (sen-tèn-za) N.F. **1** Giudizio che vale come decisione, espresso da chi ha competenza o autorità in materia: *la sentenza della giuria* Ⓢ verdetto. **2** Breve frase che enuncia una verità in campo morale: *una raccolta di sentenze* Ⓢ massima, detto. Ⓔ ***Sputare sentenze*** → ***sputare***.

sentiero (sen-tiè-ro) N.M. · Strada molto stretta che si trova in luoghi di montagna e di campagna per passaggio di uomini e animali: *lungo il sentiero trovò molte fragole di bosco* Ⓢ viottolo. Ⓔ ***Sul sentiero di guerra***, pronti a scontrarsi con qualcuno: *scendere sul sentiero di guerra.*

sentimentale (sen-ti-men-tà-le) AGG. **1** Che riguarda i sentimenti: *avere una vita sentimentale complicata* Ⓢ amoroso. **2** Che tende ad abbandonarsi a sentimenti di affetto, anche in modo esagerato e con malinconia: *è una ragazza troppo sentimentale, piange sempre* Ⓢ romantico. **3** Che provoca commozione: *una canzone sentimentale.*

sentimentalismo (sen-ti-men-ta-lì-ṣmo) N.M. · Tendenza ad accentuare in modo sdolcinato le manifestazioni affettive: *un film pieno di sentimentalismo.*

sentimento (sen-ti-mén-to) N.M. **1** Sensazione interiore, che riguarda gli affetti e le emozioni: *provare un sentimento di gioia, di orgoglio, di gratitudine* Ⓢ moto, slancio, impulso. **2** La sfera degli affetti: *le tue parole non nascono dal sentimento ma dal ragionamento* Ⓢ sensibilità, cuore. **3** Affetto su cui si basa il rapporto tra più persone: *provare un sentimento di amore, di amicizia per qualcuno.* **4** Convinzione morale o religiosa: *avere un forte sentimento religioso.* **5** Capacità di trasmettere emozioni: *recitare una poesia con sentimento* Ⓢ passione, partecipazione.

sentinella (sen-ti-nèl-la) N.F. · Soldato armato incaricato di fare la guardia: *dare il cambio alla sentinella* • L'incarico stesso: *essere di sentinella; fare la sentinella.*

sentire (sen-tì-re) V.TR. (sènto, ecc.) || TR. **1** Avere un'impressione legata ai sensi, esclusa la vista: *sentire un suono, un sapore; non senti puzzo di bruciato?* Ⓢ percepire, avvertire • Nel linguaggio familiare, assaggiare: *fammi sentire questo vino.* **2** Percepire con l'udito: *non ci sente, è sordo* Ⓢ udire. **3** Venire a sapere: *l'ho sentito **dai** giornali* Ⓢ apprendere, sapere • Informarsi su qualcosa: *senti se il bar è aperto* Ⓢ chiedere • Chiedere consiglio a qualcuno: *prova a sentire un medico* Ⓢ consultare • Nel linguaggio familiare, parlare al telefono: *l'ho sentito ieri.* **4** Provare una sensazione fisica o psichica: *sento un gran mal di testa; sento molto la sua mancanza.* **5** Avere una certa sensibilità verso qualcosa: *non sente per niente il ritmo* Ⓢ comprendere, capire • Risentire di qualcosa: *ho mal di testa, forse sento il tempo.* **6** Pensare, intendere: *le cose le dico come le sento.* || **sentirsi** RIFL. **1** Di stato di salute, stare: *come ti senti oggi?; si sentiva un leone.* **2** Avvertire di trovarsi in uno certo stato psicologico: *sentirsi felice, depresso.* Ⓔ ***Da quell'orecchio non ci sente***, di persona che non ha alcuna intenzione di cambiare idea su un certo argomento: *mi spiace, non posso uscire alla sera, mia madre da quell'orecchio non ci sente!* • ***Sentirsi in diritto di***, considerarsi autorizzato a dire o fare qualcosa: *mi sento in diritto di farti questa richiesta.*

sentito (sen-tì-to) AGG. **1** Udito. **2** Vivo, sincero: *le faccio le mie più sentite scuse.* Ⓔ ***Per sentito dire***, che si sa perché se n'è sentito parlare e non per esperienza diretta.

sentore (sen-tó-re) N.M. · Sensazione vaga e indistinta: *aveva avuto sentore di quel che stava per succedere* Ⓢ presentimento, sospetto.

S

senza (sèn-za) PREP. · Indica mancanza o assenza: *restare senza soldi; uscire senza cappotto; il telefono senza fili; senza giustificazione né attenuanti* • Introduce a una proposizione esclusiva: *la bambina lo guardò senza piangere; sono stata tutta la notte senza chiudere occhio; partì senza* ***che*** *gli altri lo sapessero.* Ⓔ ***Fare senza***, rinunciare a servirsi di qualcuno o qualcosa: *se non c'è il martello faremo senza e useremo una scarpa* • ***Senz'altro***, con assoluta certezza: *verrò senz'altro.*

Quando *senza* precede un pronome personale, deve essere seguito dalla preposizione *di*: *non posso vivere senza di te.*

senzatetto (sen-za-tét-to) (o **senza tetto**) N.M. e F. INVAR. · Chi non ha più una casa: *molti senzatetto dormono sulle panchine del parco.*

sepalo (sè-pa-lo) N.M. · Ciascuno degli elementi che formano il calice di un fiore, con caratteristiche molto simili a quelle della foglia.

separare (se-pa-rà-re) V.TR. (*sepàro*, ecc.) || TR. **1** Rendere indipendenti elementi che si trovano uniti: *il muro separa il giardino* ***dalla*** *strada; separare due letti* Ⓢ dividere, disgiungere Ⓒ unire, riunire. **2** Operare una distinzione: *separare il vero* ***dal*** *falso* Ⓢ distinguere. **3** Tenere lontano: *separare due persone che litigano* Ⓢ allontanare. || **separarsi** RIFL. **1** Interrompere un rapporto di vicinanza, di affetto o di lavoro: *il lavoro lo ha costretto a separarsi* ***dalla*** *famiglia per un anno* Ⓢ dividersi, allontanarsi. **2** RIFL. RECIPROCO Di coniugi, divorziare, lasciarsi: *i miei si sono separati.*

separatamente (se-pa-ra-ta-mén-te) AVV. · In modo distinto, uno alla volta: *i testimoni furono interrogati separatamente.*

separatismo (se-pa-ra-tì-ṣmo) N.M. · Tendenza di un gruppo etnico o religioso a rendersi indipendente dallo Stato di cui è parte • Il movimento che cerca di raggiungere questo scopo: *il separatismo basco.*

separatista (se-pa-ra-ti-sta) AGG. e N.M. e F. (pl.m. *-i*, pl.f. *-e*) · Che, chi è a favore del separatismo: *movimento separatista; i separatisti del Quebec.*

separato (se-pa-rà-to) AGG. e N.M. (f. *-a*) || AGG. Indipendente, distinto, diverso: *letti separati; conti separati.* || AGG. e N.M. (f. *-a*) Che, chi ha ottenuto la separazione legale dal marito o dalla moglie: *i diritti dei separati.* Ⓔ ***In separata sede*** → ***sede***.

separazione (se-pa-ra-zió-ne) N.F. **1** Divisione di una cosa da un'altra, per rendere i due elementi indipendenti: *separazione della panna dal latte* Ⓢ unione. **2** Distacco tra persone: *è giunto il momento della separazione* Ⓢ addio • La fine della convivenza fra marito e moglie in base a una procedura legale: *hanno deciso di avviare le pratiche per la separazione.* **3** In grammatica: ***complemento di separazione***, indica la persona o la cosa da cui qualcuno o qualcosa si allontana (*ha dovuto separarsi dagli amici; allontanati di lì!*). Ⓔ ***Separazione dei beni***, la condizione per cui chi si sposa mantiene la proprietà personale dei beni che aveva prima del matrimonio, senza metterli in comune.

sepolcro (se-pól-cro) N.M. · Monumento funebre che conserva i resti di persone importanti: *Ugo Foscolo ha dedicato una poesia ai sepolcri* Ⓢ tomba, sepoltura. Ⓔ ***Il Santo Sepolcro***, quello di Gesù Cristo a Gerusalemme.

sepolto (se-pól-to) · Participio pass. → ***seppellire***.

sepoltura (se-pol-tù-ra) N.F. · La deposizione di un morto nella tomba: *vorremmo dargli una degna sepoltura.*

seppellire (sep-pel-lì-re) V.TR. (irreg.: ind. pres. *seppellìsco*, *seppellìsci*, ecc.; part. pass. *seppellìto* o *sepólto*) || TR. **1** Deporre un cadavere nella fossa: *il pietoso dovere di seppellire i morti* Ⓢ sotterrare Ⓒ disseppellire. **2** Nascondere sotto terra: *il tesoro è stato seppellito* • Ricoprire, sommergere: *la frana ha seppellito il paese.* **3** Non considerare più importante: *seppellire vecchi rancori* Ⓢ dimenticare, cancellare. || **seppellirsi** RIFL. Isolarsi, nascondersi: *è andato a seppellirsi* ***in*** *un paesino di montagna.*

seppi (sèp-pi) · Pass. rem., 1ª pers. sing. → ***sapere***[2].

seppia (sép-pia) N.F. e M. e AGG. (pl. *-pie*) || N.F. Mollusco commestibile dal corpo ovale e schiacciato, fornito di tentacoli. || AGG. e N.M.

A B C D E F G H I J K L M N O P Q R S T U V W X Y Z

INVAR. Di colore tra il bruno e il nero: *inchiostro seppia.* Ⓔ ***Nero di seppia***, liquido scuro che la seppia spruzza per proteggersi; si usa per condire alcuni piatti: *risotto al nero di seppia.*

seppure (sep-pù-re) CONGIUNZ. · Anche se: *seppure costasse un patrimonio lo comprerei.*

sequela (se-què-la) N.F. · Successione di fatti, spesso negativi: *una sequela di disgrazie* Ⓢ serie, sfilza.

sequenza (se-quèn-za) N.F. **1** Successione ordinata: *una sequenza di colpi di scena; una sequenza di dati* Ⓢ serie. **2** Nel cinema, successione di scene che formano un episodio: *alcune sequenze sono particolarmente drammatiche.*

sequestrare (se-que-strà-re) V.TR. (*sequèstro*, ecc.) **1** Togliere qualcosa a qualcuno per disposizione di un'autorità ufficiale: *sequestrare un terreno* Ⓢ confiscare. **2** Togliere dalla circolazione: *sequestrare un film, una rivista.* **3** Rapire: ***gli*** *hanno sequestrato il figlio.*

sequestro (se-què-stro) N.M. · Ordine dell'autorità giudiziaria con cui si priva qualcuno di un bene: *tenere sotto sequestro una partita di droga* Ⓢ confisca. Ⓔ ***Sequestro (di persona)***, rapimento: *sequestro a scopo di ricatto.*

sequoia (se-quò-ia) N.F. (pl. *-quòie*) · Gigantesca pianta sempreverde tipica della California; può raggiungere i 120 metri di altezza e i 15 di diametro, e vivere più di 4000 anni.

Il termine deriva dal nome di *Sequoyah* (1770-1843), studioso che inventò l'alfabeto per la lingua cherokee, popolo nativo del Nord America a cui egli apparteneva.

sera (sé-ra) N.F. **1** La seconda parte del giorno, compresa, in generale, fra il tramonto e la notte: *buona sera a tutti.* **2** Le prime ore della notte, dopo cena: *la sera non esco quasi mai.* Ⓔ ***Dalla mattina alla sera*** → ***mattina*** • ***Da sera***, di indumento elegante che si indossa per feste notturne: *un bellissimo abito da sera* • ***Sul far della sera***, quando comincia a imbrunire.

serale (se-rà-le) AGG. · Della sera; che avviene di sera: *turno di lavoro serale.* Ⓔ ***Scuola serale*** → ***scuola***.

serata (se-rà-ta) N.F. **1** La sera considerata in base al clima e alla temperatura: *una bella serata di primavera.* **2** La durata di una sera, per sottolineare il modo in cui è trascorsa: *passare la serata al cinema.* **3** Festa o riunione dopo la cena: *una serata di beneficenza* Ⓢ ricevimento. **4** Esibizione artistica: *il violinista ha fatto tre serate al teatro Verdi.* Ⓔ ***In serata***, in un momento della sera: *ti darò una risposta in serata.*

serbare (ser-bà-re) V.TR. (*sèrbo*, ecc.) **1** Tenere da parte qualcosa: *ho serbato un po' di soldi* ***per*** *ogni evenienza* Ⓢ conservare. **2** Continuare ad avere un sentimento nei confronti di qualcuno: *non* ***ti*** *serbo rancore per i tuoi errori* Ⓢ nutrire. **3** Conservare nell'animo: *serbare un segreto* Ⓢ custodire, mantenere.

serbatoio (ser-ba-tó-io) N.M. (pl. *-tói*) · Qualsiasi recipiente usato per contenere o conservare liquidi: *il serbatoio della benzina, dell'acqua piovana.*

serbo[1] (sèr-bo) AGG. e N.M. (f. *-a*) || AGG. Della Serbia. || N.M. (f. -a) Abitante, nativo della Serbia. || N.M. La lingua parlata in Serbia.

serbo[2] (sèr-bo) N.M. · Solo nell'espressione ***in serbo***, da parte: *ti ho messo in serbo un po' di dolce.*

serenata (se-re-nà-ta) N.F. · Musica, spesso con canto, eseguita di notte sotto le finestre di una donna: *fare la serenata alla propria innamorata.*

serenità (se-re-ni-tà) N.F. INVAR. **1** Mancanza di turbamento: *in quella casa regna la serenità* Ⓢ pace, quiete. **2** Condizione del cielo con il bel tempo Ⓢ limpidezza.

sereno (se-ré-no) AGG. e N.M. || AGG. **1** Del cielo, azzurro e limpido perché senza nubi: *una giornata serena* Ⓢ chiaro, terso Ⓒ nuvoloso, coperto. **2** Senza preoccupazioni o turbamenti: *ha un rapporto sereno con i suoi genitori* Ⓢ tranquillo, lieto Ⓒ agitato, travagliato • Che dimostra un'assoluta tranquillità d'animo: *un'espressione serena* Ⓢ limpido. **3** Che dimostra imparzialità: *una serena valutazione dei fatti* Ⓢ obiettivo, imparziale, equilibrato. || N.M. Cielo azzurro: *finalmente è tornato il sereno* Ⓢ bel tempo. Ⓔ ***Fulmine a ciel sereno*** → ***fulmine***.

S

sergente (ser-gèn-te) N.M. e F. · Grado della gerarchia militare, che indica il primo dei sottufficiali: *sergente di fanteria.*

Il sostantivo *sergente* può essere usato sia al maschile che al femminile, ma spesso si usa al maschile anche quando ci si riferisce a una donna: *è diventata sergente.*

serial (se-rial; pronuncia *sìrial* o *sèrial*) N. INGL., in it. N.M. INVAR. · Telefilm a episodi basati sugli stessi personaggi: *un serial in cinque puntate.*

seriale (se-rià-le) AGG. · Che riguarda una serie; disposto in serie.

serial killer (se-rial kil-ler; pronuncia *sèrial chìller*) N. INGL., in it. N.M. e F. INVAR. · Chi commette una serie di omicidi nello stesso modo.

seriamente (se-ria-mén-te) AVV. **1** Con impegno e diligenza: *è uno che lavora seriamente* Ⓢ duramente • Senza scherzare: *una volta tanto rispondi seriamente.* **2** In modo preoccupante: *è seriamente ammalato* Ⓢ gravemente.

serico (sè-ri-co) AGG. (pl.m. *-ci*, pl.f. *-che*) **1** Che riguarda la seta: *industria serica.* **2** Di seta o simile alla seta: *capelli serici.*

sericoltura (se-ri-col-tù-ra) N.F. · Allevamento dei bachi da seta e produzione della seta.

serie (sè-rie) N.F. INVAR. **1** Insieme di elementi considerati in un ordine o in una successione: *tenere una serie di conferenze* Ⓢ sequenza, catena. **2** Ciascuna delle categorie in cui sono suddivise le squadre in base al loro valore: *essere promossi in serie A; retrocedere in serie B* Ⓢ divisione. **3** L'insieme dei fascicoli di una rivista, ordinati per numero: *ho la serie di "Dylan Dog" del 1989* Ⓢ collezione. **4** Insieme di biglietti di lotterie, banconote, titoli, ecc., riconoscibili grazie a un numero stampato sopra: *il biglietto della serie nº B 1331 è quello vincente.* Ⓔ ***Di serie***, prodotto industrialmente: *un'auto di serie*; di accessori venduti insieme al modello e compresi nel prezzo: *su questa vettura gli airbag sono di serie* • ***In serie***, di produzione industriale con cui vengono realizzate grandi quantità di prodotti tutti uguali: *fabbricazione in serie* • ***Serie televisiva***, l'insieme delle puntate di una storia trasmessa in tv.

serietà (se-rie-tà) N.F. INVAR. **1** Senso di responsabilità e del dovere: *comportati con un po' di serietà.* **2** Onestà, affidabilità, correttezza: *la serietà di un politico.* **3** Condizione di preoccupante gravità: *la serietà di una malattia.*

serio (sè-rio) AGG. e N.M. (pl.m. *-ri*, pl.f. *-rie*) || AGG. **1** Dall'aspetto concentrato o preoccupato: *faccia seria* Ⓢ cupo. **2** Che è degno della massima fiducia: *una persona seria* Ⓢ onesto, affidabile • Che ha particolare importanza o è degno di considerazione: *una proposta seria* Ⓢ impegnativo • Che fa preoccupare: *ha riportato serie ferite* Ⓢ difficile, grave. || N.M. Condizione degna di considerazione: *l'ha detto tra il serio e il faceto, ma l'ha detto!* Ⓔ ***Sul serio***, veramente: *non parlerai sul serio*; con impegno: *fa sempre le cose sul serio*; per davvero: *se n'è andato sul serio.*

sermone (ser-mó-ne) N.M. **1** Commento alle letture della Messa: *il parroco ha fatto un sermone noiosissimo* Ⓢ predica, omelia. **2** Discorso serio: *mi ha fatto un sermone che non finiva più.*

serpe (sèr-pe) N.F. **1** Serpente innocuo Ⓢ biscia. **2** Persona malvagia, di cui non bisogna fidarsi: *guardati da lui, è una serpe!* Ⓢ traditore. Ⓔ ***Una serpe in seno***, persona a cui si è fatto del bene che poi ripagherà con il tradimento: *nutrire, allevare, tenere una serpe in seno.*

serpeggiare (ser-peg-già-re) V.INTR. (*serpéggio*, ecc.; aus. *avere*) **1** Procedere con molte curve: *la strada sale serpeggiando* Ⓢ snodarsi. **2** Diffondersi di nascosto ma in modo crescente: *il malcontento serpeggiava* **tra** *la popolazione.*

serpente (ser-pèn-te) N.M. **1** Rettile con un corpo lungo, rivestito di squame, senza arti; alcune specie uccidono le vittime con il veleno, altre per soffocamento; la pelle conciata dell'animale è usata per accessori di vestiario, come borse o scarpe. **2** Persona cattiva, di cui non ci si può fidare: *quella donna è un serpente* Ⓢ serpe. Ⓔ ***Serpente a sonagli*** → ***sonaglio*** • ***Serpente dagli occhiali***, cobra.

Il termine deriva dal latino *serpere* 'strisciare'. ▸▸

Il verbo che indica il verso del serpente è *sibilare* e il nome è *sibilo*.

serpentina (ser-pen-ti-na) N.F. **1** Linea che presenta una serie di curve: *qui il sentiero di montagna sale con una serpentina.* **2** Piccolo tubo a spirale in cui circolano liquidi o gas che devono scaldarsi o raffreddarsi velocemente: *la serpentina della lavatrice.*

serra (sèr-ra) N.F. · Ambiente a vetri usato per la coltivazione e la conservazione di specie vegetali che hanno bisogno di molto calore. Ⓔ ***Effetto serra***, il fenomeno per cui la concentrazione dell'anidride carbonica nell'atmosfera impedisce che il calore del Sole, riflesso dalla Terra, si disperda nello spazio, provocando un aumento della temperatura.

serraglio[1] (ser-rà-glio) N.M. (pl. *-gli*) · Insieme di animali feroci o selvatici, chiusi in gabbia o in un recinto e spesso addestrati a compiere vari esercizi: *il serraglio del circo.*

serraglio[2] (ser-rà-glio) N.M. (pl. *-gli*) **1** Serie di costruzioni che formavano la residenza dei sovrani del mondo islamico. **2** Imprecisamente, anche harem.

serramanico (ser-ra-mà-ni-co) N.M. · Solo nell'espressione ***coltello a serramanico***, coltello la cui lama rientra nel manico.

serramento (ser-ra-mén-to) N.M. (pl.m. *i serraménti*, pl.f. *le serraménta* con valore collettivo) · Struttura che serve a chiudere porte o finestre: *serramenti interni, esterni.*

serranda (ser-ràn-da) N.F. · Chiusura metallica avvolgibile per proteggere le porte e le finestre dei negozi: *alzare, abbassare la serranda* Ⓢ saracinesca.

S

serrare (ser-rà-re) V.TR. (*sèrro*, ecc.) **1** Chiudere un'apertura o un passaggio: *serrare la porta di casa* Ⓢ sbarrare. **2** Stringere con forza: *serrare i pugni.* **3** Rendere più intenso o veloce: *serrare il passo* Ⓢ accelerare. Ⓔ ***Serrare le file***, avvicinarle diminuendo la distanza fra ciascuno dei componenti.

serrata (ser-rà-ta) N.F. · Sospensione di un'attività imprenditoriale, nell'ambito di una lotta sindacale. Ⓔ ***Serrata dei commercianti***, chiusura dei negozi come forma di protesta.

serratura (ser-ra-tù-ra) N.F. · Congegno di metallo che permette la chiusura di porte, cassetti, ecc.; di solito si sblocca con una chiave che gira al suo interno: *aprire, forzare la serratura.*

server (ser-ver; pronuncia sèrver) N. INGL., in it. N.M. INVAR. · Potente elaboratore capace di gestire enormi quantità di informazioni e di distribuirle ai singoli computer a esso collegati in rete.

servile (ser-vì-le) AGG. **1** Del servo: *lavoro servile.* **2** Che mostra scarsa dignità: *un atto servile; maniere servili* Ⓢ sottomesso, vile. **3** In grammatica: ***verbi servili***, i verbi *potere, volere* e *dovere*, quando reggono un verbo all'infinito, al significato del quale aggiungono l'idea di possibilità (*non sono potuto venire*), volontà (*vorrei fare un'obiezione*), obbligo o necessità (*devo finire il lavoro entro stasera*).

servilismo (ser-vi-li-ṣmo) N.M. · Avere un atteggiamento di sottomissione nei confronti di qualcuno: *obbedire senza servilismo.*

servire (ser-vi-re) V.INTR. e TR. (*sèrvo*, ecc.) || INTR. (aus. *essere*) **1** Svolgere una funzione: ***a*** *che serve questo strumento?; che questo* ***ti*** *serva* ***di*** *lezione* Ⓢ fare, funzionare da. **2** Essere necessario: ***ti*** *serve nulla dalla farmacia?* Ⓢ occorrere, bisognare. **3** Essere utile: *non serve* ***a*** *niente litigare* Ⓢ giovare. || TR. **1** Prestare servizio domestico: *ha servito* ***da*** *noi per molti anni* • Portare in tavola cibo o bevande: *servire la cena; serva prima la signora.* **2** Soddisfare le richieste di un cliente in un negozio: *la servo subito.* **3** Offrire la propria opera a un'istituzione o a un'azienda: *servire la patria; servire* ***nei*** *carabinieri* • Aiutare durante la celebrazione di un rito religioso: *servire la Messa.* **4** Fornire di un servizio pubblico: *il mio quartiere è servito da cinque autobus.* **5** Nei giochi a squadre con palla, fare un passaggio nel corso dell'azione: *servire un compagno libero* • Nel tennis e nel ping-pong, eseguire la battuta Ⓢ battere. || **servirsi** RIFL. Prendere da soli una porzione di cibo: *servitevi pure.* || **servirsi** INTR. PRONOM. **1** Usare o sfruttare qualcosa o qualcuno per uno scopo: *servirsi* ***di*** *una guida; si è servito* ***di*** *me per i suoi interessi personali* Ⓢ valersi, utilizzare (TR.). **2**

Essere cliente abituale: *mi servo* ***dall'****ortolano all'angolo.*

servito[1] (ser-vì-to) AGG. · Di cibo, che è stato portato in tavola: *il pranzo è servito.*

servito[2] (ser-vì-to) N.M. · Servizio da tavola: *un servito di tazze da caffè.*

servitore (ser-vi-tó-re) N.M. **1** In passato, chi prestava servizio presso una famiglia, svolgendo le faccende domestiche: *un vecchio servitore del castello* Ⓢ servo, cameriere. **2** Persona che si dedica completamente a una causa o a un ideale: *un servitore della patria.*

servitù (ser-vi-tù) N.F. INVAR. **1** Condizione di mancanza di libertà e autonomia: *vivere in servitù* Ⓢ schiavitù • Forte dipendenza politica; anche schiavitù: *popoli che si liberano dalla servitù.* **2** L'insieme dei domestici di una casa: *dare disposizioni alla servitù* Ⓢ personale.

servizievole (ser-vi-zié-vo-le) AGG. · Sempre pronto a rendersi utile: *un ragazzo servizievole.*

servizio (ser-vì-zio) N.M. (pl. *-zi*) **1** Prestazione di lavoro domestico alle dipendenze di qualcuno: *donna di servizio.* **2** Il lavoro svolto dal cameriere: *nel conto è compreso il servizio.* **3** Prestazione di lavoro alle dipendenze di un'azienda o dello Stato: *si è dimesso dopo vent'anni di servizio.* **4** AL PL. L'insieme delle attività che non producono nuovi beni ma consistono in prestazioni varie, come scuola, informazione, turismo, ecc.: *lavorare nel settore dei servizi.* **5** Approfondimento giornalistico, dedicato a un particolare argomento: *i servizi del telegiornale; ho letto un bel servizio sulle elezioni* Ⓢ pezzo; reportage (*fr.*). **6** Azione compiuta a favore di qualcuno: *ti ringrazio del servizio che mi hai fatto* Ⓢ piacere, gentilezza, cortesia. **7** Nel tennis e nel ping-pong, il lancio iniziale della palla nella metà campo dell'avversario: *un tennista dotato di un ottimo servizio* Ⓢ battuta. **8** L'insieme dei mezzi e delle opere messe a disposizione dallo Stato o da un ente pubblico: *servizio postale; servizi alla persona.* **9** Serie di oggetti, soprattutto stoviglie, tutti con la stessa funzione: *un servizio di bicchieri da dodici* Ⓢ servito. Ⓔ ***Area di servizio*** → **area** • ***Di servizio***, in certe abitazioni, di ingresso, porta o scala secondari, usati dai domestici; ***bagno di servizio***, usato come lavanderia • ***Fuori servizio***, nelle ore libere dal lavoro: *chiamami quando sono fuori servizio*; non funzionante: *l'ascensore è fuori servizio* • ***In servizio***, durante lo svolgimento di un compito ufficiale: *gli agenti in servizio non possono bere alcolici* • ***Servizi (igienici)***, l'insieme delle installazioni igieniche di un appartamento, bagno: *quattro stanze più servizi* • ***Servizio militare***, attività svolta per un certo periodo in una delle armi dell'esercito: *fare il servizio militare*; ***servizio civile***, quello alternativo al servizio militare, compiuto in enti di pubblica utilità • ***Servizi segreti***, organismo che svolge compiti di polizia riservati, che riguardano la sicurezza dello Stato • ***Stazione di servizio*** → ***stazione***.

servo (sèr-vo) N.M. (f. -a) · In passato, la persona che svolgeva i lavori domestici presso una famiglia: *un servo fedele* Ⓢ servitore, cameriere, domestico. Ⓔ ***Servo della gleba*** → ***gleba***.

sesamo (sè-ṣa-mo) N.M. · Pianta erbacea con frutto a capsula dai cui semi si ricava un olio commestibile.

sessanta (ses-sàn-ta) AGG. NUM. CARD. e N.M. INVAR. || AGG. Numero formato da sei decine. || N.M. Il numero sessanta e il segno che lo rappresenta (*60* in numeri arabi, *LX* in numeri romani). Ⓔ ***Gli anni Sessanta***, il decennio che va dal 1960 al 1970.

sessile (sès-si-le) AGG. **1** Di fiori e frutti senza peduncolo o picciolo, attaccati direttamente allo stelo. **2** Di organismo che vive ancorato a qualcosa, incapace di muoversi: *il corallo è sessile.*

sessione (ses-sió-ne) N.F. · Turno o seduta durante la quale un'assemblea o una commissione si riunisce per svolgere le sue funzioni: *sessione d'esame; convocare una sessione straordinaria* Ⓢ seduta.

sesso (sès-so) N.M. **1** L'insieme delle caratteristiche che, negli organismi a riproduzione sessuale, distinguono i maschi e le femmine della stessa specie: *sesso maschile; sesso femminile.* **2** Ciò che riguarda la sfera sessuale Ⓢ sessualità. **3** L'organo genitale. Ⓔ ***Il bel sesso***

o ***il gentil sesso*** o ***il sesso debole***, le donne • ***Il sesso forte***, gli uomini.

sessuale (ses-su-à-le) AGG. **1** Che riguarda il sesso, dal punto di vista anatomico, fisiologico e funzionale: *organi sessuali.* **2** Che riguarda il sesso, dal punto di vista sociale, psicologico e del comportamento: *educazione sessuale.* Ⓔ ***Riproduzione sessuale***, quella che avviene grazie a particolari cellule, dette *gameti*, l'una maschile, l'altra femminile.

sessualità (ses-sua-li-tà) N.F. INVAR. · L'istinto o l'attività sessuale dell'individuo: *i problemi della sessualità giovanile* Ⓢ sesso.

sessuato (ses-su-à-to) AGG. · Di individuo dotato di organi per la riproduzione sessuale Ⓒ asessuato.

sestante (se-stàn-te) N.M. · Strumento ottico per misurare l'altezza di una stella rispetto all'orizzonte o la distanza angolare fra due punti del cielo.

sesto[1] (sè-sto) N.M. **1** La curva di un arco: *arco a tutto sesto*, a semicerchio. **2** Condizione di normalità: *rimettere a sesto la casa* Ⓢ ordine. Ⓔ ***In sesto***, in una buona condizione economica o di salute: *rimettersi in sesto dopo la malattia.*

sesto[2] (sè-sto) AGG. NUM. ORD. · Che in una serie ordinata rappresenta il numero sei (in numeri arabi 6º). Ⓔ ***Il sesto secolo***, il secolo compreso tra il 501 e il 600 (in numeri romani *VI secolo*).

set (pronuncia *sèt*) N. INGL., in it. N.M. INVAR. **1** Nel tennis e nella pallavolo, fase della partita: *il tennista americano ha già vinto i primi due set.* **2** Nel cinema, l'ambiente costruito per le riprese: *l'ho incontrato sul set del suo ultimo film.* **3** Serie di oggetti che hanno lo stesso uso: *un set da bagno* Ⓢ completo; kit (*ingl.*).

seta (sé-ta) N.F. · Sostanza prodotta dalle ghiandole di alcuni insetti, come la larva del baco da seta, in forma di filamento sottilissimo di bava; se ne ricava la fibra tessile per la preparazione di un tessuto fine, lucente e molto pregiato: *seta grezza; una camicia di seta.*

setacciare (se-tac-cià-re) V.TR. (*setàccio*, ecc.) **1** Passare al setaccio: *setacciare la farina* Ⓢ vagliare. **2** Esaminare in modo minuzioso: *ho setacciato la città per trovarti* Ⓢ perquisire, perlustrare.

setaccio (se-tàc-cio) N.M. (pl. *-ci*) · Arnese usato per separare la parte più fine da quella più grossa di una sostanza in polvere o in grani, costituito da un telaio di legno cui è fissata una rete metallica: *passare al setaccio la farina* Ⓢ vaglio. Ⓔ ***Passare al setaccio***, esaminare in modo attento: *passare al setaccio le informazioni ricevute*; perlustrare accuratamente: *passare al setaccio un intero quartiere.*

sete (sé-te) N.F. **1** Il bisogno di bere acqua, caratterizzato da una sensazione di gola secca: *avere sete.* **2** Desiderio intenso: *sete **di** ricchezze, **di** vendetta* Ⓢ avidità, brama. Ⓔ ***Morire di sete***, avere un fortissimo desiderio di bere.

setificio (se-ti-fi-cio) N.M. (pl. *-ci*) · Stabilimento in cui si lavora la seta.

setola (sé-to-la) N.F. · Pelo duro, tipico della schiena dei suini o della coda dei cavalli, usato per fabbricare spazzole e pennelli.

setta (sèt-ta) N.F. · Gruppo di persone, a volte segreto, che segue una particolare credenza religiosa, separandosi dal resto della comunità: *una setta di eretici* Ⓢ fazione, società.

settanta (set-tàn-ta) AGG. NUM. CARD. e N.M. INVAR. || AGG. Numero formato da sette decine. || N.M. Il numero settanta e il segno che lo rappresenta (*70* in numeri arabi, *LXX* in numeri romani). Ⓔ ***Gli anni Settanta***, il decennio che va dal 1970 al 1980.

settario (set-tà-rio) AGG. (pl.m. *-ri*, pl.f. *-rie*) **1** Che riguarda una setta: *l'organizzazione settaria della Carboneria.* **2** Intransigente e fazioso: *avere un atteggiamento settario.*

sette (sèt-te) AGG. NUM. CARD. e N.M. INVAR. || AGG. Il numero che segue il sei e precede l'otto: *le sette meraviglie del mondo.* || N.M. Il numero sette e il segno che lo rappresenta (*7* in numeri arabi, *VII* in numeri romani). Ⓔ ***Avere sette vite come i gatti***, sopravvivere a qualunque incidente.

settecento (set-te-cèn-to) AGG. NUM. CARD. e N.M. INVAR. || AGG. Numero uguale a sette volte cento: *una scuola con settecento alunni.* || N.M. Il numero settecento e il segno che lo rappresenta (*700* in numeri arabi, *DCC* in numeri

S

romani). **E** ***Il Settecento***, il secolo compreso tra il 1701 e il 1800.

settembre (set-tèm-bre) N.M. · Il nono mese dell'anno, di 30 giorni.

> Il termine deriva dal latino *(mensis) september* 'settimo (mese)', perché l'antico calendario romano, rimasto in vigore fino al 153 a.C., si componeva di dieci mesi e partiva da marzo.

settentrionale (set-ten-trio-nà-le) AGG. e N.M. e F. || AGG. **1** Che si trova a nord: *l'America settentrionale* **C** meridionale • Che viene dal nord: *soffia un forte vento settentrionale.* **2** Del nord d'Italia: *pronuncia settentrionale.* || AGG. e N.M. e F. Abitante, nativo dell'Italia del nord: *una ragazza settentrionale; dei settentrionali si dice che siano molto efficienti.*

settentrione (set-ten-trió-ne) N.M. **1** Il nord: *muoversi verso settentrione.* **2** L'insieme delle regioni settentrionali di un Paese **C** meridione • L'Italia del nord: *l'emigrazione dei meridionali nel Settentrione.*

setter (sèt-ter) N.M. INVAR. · Razza di cani da caccia inglesi, con pelo lungo a tinta unita o chiazzato, orecchie pendenti e coda lunga.

> Il termine deriva dal verbo inglese *to set* 'fermare (la selvaggina)'.

settimana (set-ti-mà-na) N.F. · Ciascuno dei 52 periodi di sette giorni, calcolati dal lunedì alla domenica, in cui è diviso l'anno: *ci vedremo la prossima settimana; fra una settimana si parte.* **E** ***Il fine settimana***, il sabato e la domenica • ***Settimana bianca***, vacanza in montagna in cui si scia • ***Settimana corta***, considerata da lunedì a venerdì • ***Settimana lavorativa***, tutti i giorni tranne la domenica • ***Settimana santa***, quella prima di Pasqua.

settimanale (set-ti-ma-nà-le) AGG. **1** Che riguarda la settimana: *durata settimanale.* **2** Che si ripete ogni settimana: *lezione settimanale.* **E** ***Giornale settimanale, rivista settimanale*** (o *un settimanale* N.M.), che si pubblica una volta alla settimana: *abbonarsi a un settimanale sportivo.*

settimo (sèt-ti-mo) AGG. NUM. ORD. · Che in una serie ordinata rappresenta il numero sette (in numeri arabi 7º). **E** ***Essere al settimo cielo***, al massimo della felicità • ***Il settimo secolo***, il secolo compreso tra il 601 e il 700 (in numeri romani *VII secolo*).

setto (sèt-to) N.M. · Qualsiasi struttura che separa due cavità: *si è rotto il setto nasale.*

settore (set-tó-re) N.M. **1** Parte di un semicerchio, specialmente di quello formato dalle gradinate di un anfiteatro o di uno stadio: *dal mio settore la partita si vedeva benissimo* **S** parte, area. **2** Ogni ambito in cui si divide un'attività: *settore privato, pubblico; il settore dell'editoria scolastica* **S** ramo, branca. **E** ***Settore primario***, l'agricoltura • ***Settore secondario***, l'industria • ***Settore terziario***, che riguarda la produzione dei servizi.

settoriale (set-to-rià-le) AGG. · Che riguarda un certo settore di un'attività: *economia settoriale.* **E** ***Linguaggio settoriale***, quello che contiene parole tecniche tipiche di una determinata disciplina: *il linguaggio settoriale della medicina, dello sport.*

set-up (pronuncia *setàp*) N. INGL., in it. N.M. INVAR. · Installazione di un programma informatico.

severamente (se-ve-ra-mén-te) AVV. **1** Con severità: *punire severamente.* **2** In modo austero, rigoroso: *vestire severamente.*

severità (se-ve-ri-tà) N.F. INVAR. **1** Rigore nel giudicare: *la severità di una punizione* **S** fermezza, durezza **C** indulgenza. **2** Rigida osservanza delle leggi morali: *severità di comportamento* **S** austerità. **3** Austerità, serietà, gravità: *la severità di uno sguardo.*

severo (se-vè-ro) AGG. **1** Rigoroso nello svolgimento di un compito, di una funzione: *un giudice, un padre severo* **S** rigido, duro **C** benevolo, indulgente, tenero • Inflessibile nell'osservanza delle leggi morali: *un'educazione severa* **S** austero. **2** Che comunica severità: *mi dette un'occhiata severa* **S** serio, grave, cupo. **3** Caratterizzato da intransigenza e rigore: *una pena, una punizione severa* • Energico, intransigente, drastico: *imporre severe misure di sicurezza.*

sevizia (se-vì-zia) N.F. (pl. *-zie*) · Trattamento crudele, violenza fisica o mentale: *i prigionieri hanno subito terribili sevizie* **S** tortura.

sexy (se-xy; pronuncia *sèxi*) AGG. INGL., in it. AGG. INVAR. · Eccitante, attraente: *una donna molto sexy.*

sezionare (se-zio-nà-re) V.TR. (*sezióno*, ecc.) **1** Aprire e tagliare un corpo: *sezionare un cadavere*, per studio o per capire le cause della morte. **2** Dividere in parti: *sezionare la città in zone*.

sezione (se-zió-ne) N.F. **1** Ciascuna delle parti in cui è stato diviso un insieme unitario: *quella è la sezione delle letterature straniere della libreria* Ⓢ settore. **2** Ogni corso parallelo di una scuola, di solito indicato da una lettera: *classe III sezione C*. **3** In geometria, operazione che consiste nel tagliare una figura o un solido con una retta o con un piano • Il risultato di questo procedimento: *sezione di un cono* • Rappresentazione grafica di un oggetto, visto come se fosse stato tagliato verticalmente da un piano: *uno strato archeologico visto in sezione*.

sfaccendare (sfac-cen-dà-re) V.INTR. (*sfaccèndo*, ecc.; aus. *avere*) · Lavorare con impegno, soprattutto per sbrigare le faccende domestiche: *sfaccendare in cucina*.

sfaccendato (sfac-cen-dà-to) AGG. e N.M. (f. -a) · Che, chi non ha voglia di fare nulla: *al bar c'erano i soliti sfaccendati che giocavano a carte* Ⓢ fannullone, sfaticato.

sfaccettatura (sfac-cet-ta-tù-ra) N.F. **1** Operazione di taglio di una pietra preziosa, per creare sulla sua superficie una serie di facce. **2** Aspetto, risvolto, sfumatura: *considerare la questione in tutte le sue sfaccettature*.

sfacchinare (sfac-chi-nà-re) V.INTR. (aus. *avere*) · Impegnarsi in un'attività faticosa o molto intensa: *per il trasloco abbiamo dovuto sfacchinare una settimana; sfacchinare sui libri* Ⓢ sgobbare.

sfacchinata (sfac-chi-nà-ta) N.F. · Attività faticosa o molto intensa: *scaricare tutti quei bagagli è stata una bella sfacchinata* Ⓢ faticata.

sfacciataggine (sfac-cia-tàg-gi-ne) N.F. · Mancanza di vergogna e di ritegno: *ha avuto la sfacciataggine di negare!* Ⓢ impudenza, sfrontatezza.

sfacciato (sfac-cià-to) AGG. **1** Che non ha riguardo né pudore: *un ragazzo sfacciato* Ⓢ impertinente, sfrontato Ⓒ timido • Che non mostra vergogna di niente: *un atteggiamento sfacciato* Ⓢ impudente. **2** Troppo vistoso: *era vestita d'un rosso sfacciato*.

sfacelo (sfa-cè-lo) N.M. **1** Disfacimento di un organismo vivente: *corpo in sfacelo* Ⓢ decomposizione, putrefazione. **2** Crollo definitivo e totale: *lo sfacelo dell'Impero turco*. **3** Decadenza, rovina: *una casa in sfacelo* • Disastro, caos: *al mio rientro in ufficio ho trovato uno sfacelo*.

sfaldamento (sfal-da-mén-to) N.M. **1** Distacco o divisione di un materiale in falde, in lamine sottili: *lo sfaldamento di una roccia*. **2** Disgregazione: *lo sfaldamento di un partito*.

sfaldare (sfal-dà-re) V.TR. || TR. Dividere in falde o in lamine sottili: *sfaldare una lastra di marmo* Ⓢ disgregare, frantumare. || **sfaldarsi** INTR.PRONOM. **1** Dividersi in falde o in lamine sottili: *una pietra che si sfalda facilmente*. **2** Perdere l'unità: *la società si sta sfaldando* Ⓢ disgregarsi.

sfamare (sfa-mà-re) V.TR. || TR. Dare da mangiare a qualcuno: *lavora per sfamare la famiglia* Ⓢ mantenere, nutrire. || **sfamarsi** RIFL. Togliersi la fame: *si sfama solo con primo, secondo, contorno e dolce* Ⓢ saziarsi.

sfarfallare (sfar-fal-là-re) V.INTR. (aus. *avere*) **1** Di insetti, uscire dal bozzolo diventando adulti. **2** Volare qua e là come una farfalla: *gli aquiloni sfarfallano nel cielo*. **3** Di persona, comportarsi in modo volubile e superficiale: *sfarfallare da un amore all'altro*. **4** Di lampade o di proiettori, avere un tremolio nella luce.

sfarzo (sfàr-zo) N.M. · Sfoggio di lusso e di ricchezza: *una casa arredata con sfarzo* Ⓢ fasto.

> Il termine deriva dallo spagnolo *disfraz* 'abito, vestito stravagante che uno si mette per travestirsi'.

sfarzoso (sfar-zó-so) AGG. · Eccezionale per ricchezza e per lusso: *un palazzo sfarzoso* Ⓢ sontuoso.

sfasato (sfa-ṣà-to) AGG. · Disorientato, frastornato, confuso: *oggi mi sento un po' sfasato*.

sfasciare[1] (sfa-scià-re) V.TR. (*sfàscio*, ecc.) || TR. Ridurre in pezzi o in un ammasso di rottami: *mio figlio ha sfasciato la macchina* Ⓢ rom-

S

pere, distruggere. || **sfasciarsi** INTR. PRONOM. **1** Andare in pezzi: *la nave si sfasciò contro gli scogli* Ⓢ infrangersi. **2** Andare in rovina fino al crollo definitivo: *il suo grande impero si sta sfasciando* Ⓢ crollare.

sfasciare[2] **(sfa-scià-re)** V.TR. (*sfàscio*, ecc.) · Liberare da una fasciatura: *sfasciare una ferita.*

sfascio **(sfà-scio)** N.M. (pl. *-sci*) · Rovina completa: *il Paese è ormai allo sfascio* Ⓢ sfacelo.

sfatare **(sfa-tà-re)** V.TR. · Dimostrare falsa un'opinione diffusa: *sfatare una leggenda, un mito* Ⓢ smentire.

sfaticato **(sfa-ti-cà-to)** AGG. e N.M. (f. *-a*) · Che, chi vive nell'ozio e non ha voglia di fare nulla: *è uno sfaticato senza uguali* Ⓢ fannullone, scansafatiche.

sfatto **(sfàt-to)** AGG. **1** Disfatto, non rifatto: *letto sfatto.* **2** Troppo maturo: *pere sfatte* Ⓢ guasto, marcio • Troppo cotto: *i rigatoni sono sfatti* Ⓢ scotto. **3** Molto sciupato: *volto sfatto dal dolore* • Molto stanco: *oggi sono veramente sfatto* Ⓢ distrutto, sfinito.

sfavillare **(sfa-vil-là-re)** V.INTR. (aus. *avere*) **1** Mandare scintille: *il fuoco sfavillava nel camino.* **2** Splendere, brillare, sfolgorare: *il sole sfavillava in cielo.* **3** Di sguardo, brillare per un sentimento positivo: *il suo volto sfavillava* ***di*** *gioia* Ⓢ splendere, sfolgorare.

sfavillio **(sfa-vil-lì-o)** N.M. (pl. *-lii*) · Emissione di luce intensa e abbagliante: *lo sfavillio di una pietra preziosa* Ⓢ sfolgorio.

sfavore **(sfa-vó-re)** N.M. · Condizione contraria o svantaggiosa: *ciò si risolverebbe a suo sfavore* Ⓢ svantaggio, danno Ⓒ favore.

sfavorevole **(sfa-vo-ré-vo-le)** AGG. **1** Che non condivide un'idea: *sono sfavorevole* ***a*** *questa tua iniziativa* Ⓢ contrario Ⓒ favorevole • Che mostra di non apprezzare qualcosa: *l'impressione sul pubblico è stata nettamente sfavorevole* Ⓢ negativo. **2** Negativo, inopportuno, avverso: *vento sfavorevole* ***alla*** *navigazione; hai scelto un momento sfavorevole per il tuo progetto.*

sfavorire **(sfa-vo-rì-re)** V.TR. (*sfavorìsco, sfavorìsci*, ecc.) · Mettere in una condizione svantaggiosa: *sfavorire un concorrente* Ⓢ danneggiare, penalizzare Ⓒ favorire.

sfegatato **(sfe-ga-tà-to)** AGG. · Fanatico, appassionato, accanito: *è un fan sfegatato dei Beatles.*

sfera **(sfè-ra)** N.F. **1** Figura solida racchiusa da una superficie curva, i cui punti si trovano tutti alla stessa distanza da un punto interno detto *centro*: *disegnare una sfera.* **2** Ogni oggetto che ha una forma tonda: *una sfera di cristallo* Ⓢ palla. **3** Ambito, settore, campo: *sfera di competenza; la sfera affettiva.* Ⓔ ***Alte sfere*** → **alto** • ***Penna a sfera*** → **penna** • ***Sfera celeste***, il cielo, rappresentato per comodità come una sfera, rispetto al punto di vista dell'osservatore che sta sulla Terra: *scrutare la sfera celeste con il telescopio.*

sferico **(sfè-ri-co)** AGG. (pl.m. *-ci*, pl.f. *-che*) **1** Di una sfera: *superficie sferica.* **2** A forma di sfera: *massa sferica.*

sferragliare **(sfer-ra-glià-re)** V.INTR. (*sferràglio*, ecc.; aus. *avere*) · Produrre un rumore metallico, tipico di oggetti o macchine di ferro in movimento: *il treno sferragliava nella valle.*

sferrare **(sfer-rà-re)** V.TR. (*sfèrro*, ecc.) **1** Togliere i ferri dagli zoccoli di un animale. **2** Dirigere qualcosa con forza improvvisa: *sferrare un pugno* ***a*** *un compagno; sferrare un attacco* ***contro*** *il nemico.*

sferza **(sfèr-za)** N.F. · Frusta: *colpire con la sferza un cavallo.*

sferzante **(sfer-zàn-te)** AGG. **1** Che colpisce con forza: *pioggia sferzante.* **2** Detto per ferire qualcuno: *un commento sferzante* Ⓢ tagliente.

sferzare **(sfer-zà-re)** V.TR. (*sfèrzo*, ecc.) **1** Colpire con la frusta: *sferzare i cavalli* Ⓢ frustare. **2** Colpire con violenza: *le onde sferzano gli scogli.* **3** Rimproverare aspramente: *sferzare i vizi.*

sferzata **(sfer-zà-ta)** N.F. **1** Colpo di frusta: *colpì l'asino con una sferzata* Ⓢ frustata. **2** Critica aspra e pungente: *le sferzate di un critico* • Stimolo, spinta, scossa: *non è pigro, ha solo bisogno di qualche sferzata.*

sfiancare (sfian-cà-re) V.TR. (*sfiànco, sfiànchi,* ecc.) 1 Rompere nei fianchi o nelle parti laterali: *la piena ha sfiancato gli argini.* 2 Sfinire per uno sforzo eccessivo: *la salita mi ha sfiancato* Ⓢ stremare, spossare.

sfiatare (sfia-tà-re) V.TR. e INTR. || TR. Di tubo, apertura, ecc., emettere con forza aria, gas o vapore: *quel tubo sfiata vapore.* || INTR. (aus. *avere*) Di aria, gas o vapore, fuoriuscire con forza da un'apertura naturale o artificiale: *i gas sfiatavano **dalla** bocca del vulcano.* || **sfiatarsi** INTR. PRONOM. Perdere il fiato a forza di parlare o gridare: *è inutile che ti sfiati, tanto non ti ascolta.*

sfiatatoio (sfia-ta-tó-io) N.M. (pl. *-tói*) 1 Condotto o apertura per la fuoriuscita di aria, gas o vapore: *lo sfiatatoio di una caldaia.* 2 Apertura dalla quale i cetacei fanno uscire il vapore acqueo che si è prodotto durante la respirazione: *la balena ha spruzzato acqua dallo sfiatatoio.*

sfiato (sfià-to) N.M. · Sfiatatoio: *lo sfiato della pentola a pressione.*

sfibrante (sfi-bràn-te) AGG. · Che consuma le energie fisiche o mentali: *una gara sfibrante; un'attesa sfibrante* Ⓢ estenuante, logorante.

sfibrare (sfi-brà-re) V.TR. || TR. Logorare dal punto di vista fisico o psichico: *questa attesa mi sfibra* Ⓢ spossare, stremare. || **sfibrarsi** INTR. PRONOM. Esaurire le proprie forze fisiche o mentali: *si sta sfibrando per il troppo lavoro.*

S

sfida (sfi-da) N.F. 1 Invito, rivolto a un avversario, ad affrontarsi in duello o in gara: *lanciare, raccogliere, rifiutare una sfida.* 2 Competizione sportiva: *la sfida tra Inter e Milan è finita in parità* Ⓢ incontro, gara. 3 Atteggiamento provocatorio: *parole di sfida* Ⓢ provocazione.

sfidare (sfi-dà-re) V.TR. 1 Invitare un avversario a scontrarsi in combattimento o in qualsiasi altra competizione: *sfidare **a** una partita a carte; si sfidano **per** il titolo italiano.* 2 Invitare a compiere un'azione considerata difficile: *ti sfido **a** salire su quell'albero.* 3 Affrontare con grande coraggio: *sfidare il pericolo* Ⓢ fronteggiare. Ⓔ ***Sfido!, sfido io!***, è ovvio, è inevitabile: *Sei stanco? Sfido io, lavori tantissimo!*

sfiducia (sfi-dù-cia) N.F. (pl. *-cie*) 1 Mancanza di fiducia nei confronti di qualcuno: *ho sfiducia **nelle** nostre possibilità di vittoria* Ⓢ diffidenza Ⓒ fiducia. 2 Stato d'animo di sconforto e pessimismo: *nutro una certa sfiducia rispetto alla situazione.* Ⓔ ***Voto di sfiducia***, il voto con cui il Parlamento respinge le iniziative politiche del governo.

sfiduciato (sfi-du-cià-to) AGG. · Che ha perso la fiducia in se stesso: *dopo quell'insuccesso mi è sembrato sfiduciato* Ⓢ abbattuto, avvilito Ⓒ fiducioso, speranzoso.

sfiga (sfì-ga) N.F. · Nel linguaggio familiare, sfortuna.

sfigato (sfi-gà-to) AGG. e N.M. (f. *-a*), *fam.* 1 Nel linguaggio familiare, sfortunato: *non vince mai, è proprio sfigato.* 2 Perdente, fallito: *ieri ho visto quello sfigato di tuo cugino.*

sfigurare (sfi-gu-rà-re) V.TR. e INTR. || TR. Alterare i lineamenti al punto da rovinare l'aspetto: *le cicatrici **gli** hanno sfigurato il viso; l'odio **gli** sfigurava i lineamenti* Ⓢ sfregiare, deformare. || INTR. (aus. *avere*) Suscitare un'impressione sfavorevole, far brutta figura: *voglio farle un regalo da non sfigurare.*

sfilacciato (sfi-lac-cià-to) AGG. 1 Di tessuto, consumato e con i fili che pendono: *polsini tutti sfilacciati* Ⓢ sdrucito, scucito. 2 Senza coerenza: *un ragionamento sfilacciato* Ⓢ disorganico.

sfilare[1] (sfi-là-re) V.INTR. (aus. *avere* o *essere*) · Passare o procedere in fila: *i carabinieri sfilano **davanti al** capo dello Stato* • Partecipare a una sfilata di moda: *Armani sfilerà a Roma.*

sfilare[2] (sfi-là-re) V.TR. || TR. Estrarre, togliere qualcosa di infilato o inserito: ***gli** ha sfilato il portafoglio dalla tasca;* anche TR. PRONOM.: *sfilarsi le scarpe* Ⓢ levare. || **sfilarsi** INTR. PRONOM. Uscire dalla giusta sede: *si è sfilato il manico del martello* • Uscire dal filo: *le perle si sono sfilate **dalla** collana.*

sfilata (sfi-là-ta) N.F. · Passaggio di persone o di cose allineate in fila: *la sfilata degli atleti alle Olimpiadi; la sfilata dei carri a Carnevale* Ⓢ parata, rassegna. Ⓔ ***Sfilata (di moda)***, presentazione di nuovi modelli di abiti davanti al pubblico.

sfilettare (sfi-let-tà-re) V.TR. (*sfilétto*, ecc.) · Separare dalla spina di un pesce le parti di carne: *sfilettare una sogliola.*

sfilza (sfil-za) N.F. · Lunga serie: *una sfilza di errori* Ⓢ fila, sequela.

sfinge (sfìn-ge) N.F. **1** Figura mitologica con il corpo di leone e la testa umana. **2** Persona che non fa capire i propri pensieri, sentimenti, intenzioni.

sfinimento (sfi-ni-mén-to) N.M. · Senso di grande debolezza fisica o mentale: *mi è rimasto un grande sfinimento addosso* Ⓢ spossatezza.

sfinire (sfi-nì-re) V.TR. (*sfinìsco, sfinìsci*, ecc.) || TR. **1** Ridurre in uno stato di estrema debolezza: *la malattia l'aveva sfinito* Ⓢ spossare, stremare. **2** Mettere a dura prova la resistenza fisica o nervosa: *mi ha sfinito con le sue chiacchiere.* || **sfinirsi** INTR. PRONOM. Perdere le forze: *si è sfinito per il troppo lavoro.*

sfinito (sfi-nì-to) AGG. · Che ha perso le forze e le energie: *è arrivato sfinito al traguardo* Ⓢ esausto, spossato.

sfintere (sfin-tè-re) N.M. · In anatomia, formazione muscolare ad anello che serve per aprire o chiudere una piccola apertura: *lo sfintere della vescica* • Ano.

sfiorare (sfio-rà-re) V.TR. (*sfióro*, ecc.) **1** Toccare in modo leggero una superficie: *il colpo lo sfiorò appena* Ⓢ rasentare, lambire. **2** Trattare in modo frettoloso senza approfondire: *ha solo sfiorato l'argomento* Ⓢ accennare, toccare. **3** Arrivare molto vicini a raggiungere uno scopo senza riuscirci: *sfiorare la vittoria.*

sfiorire (sfio-rì-re) V.INTR. (*sfiorìsco, sfiorìsci*, ecc.; aus. *essere*) **1** Perdere i petali: *la rosa è sfiorita* Ⓢ appassire, avvizzire. **2** Perdere la freschezza della gioventù: *la sua bellezza comincia a sfiorire* Ⓢ invecchiare.

sfitto (sfit-to) AGG. · Non affittato: *un appartamento sfitto* Ⓢ libero.

sfizioso (sfi-zió-so) AGG. · Che soddisfa un capriccio: *un vestito sfizioso* • Di cibo, che stimola l'appetito: *un piatto sfizioso* Ⓢ stuzzicante.

sfocato (sfo-cà-to) AGG. **1** Di immagine fotografica o video, che ha i contorni confusi a causa di una cattiva messa a fuoco. **2** Non ben definito: *ricordi sfocati* Ⓢ vago, impreciso, confuso.

sfociare (sfo-cià-re) V.INTR. (*sfócio*, ecc.; aus. *essere* o *avere*) **1** Di un corso d'acqua, andare a finire: *il Po sfocia **nel** Mare Adriatico* Ⓢ gettarsi. **2** Avere come logica conseguenza: *la lite sfociò ben presto **in** una rissa.*

sfoderare[1] (sfo-de-rà-re) V.TR. (*sfòdero*, ecc.) **1** Estrarre da un fodero o da una guaina: *sfoderare la spada.* **2** Mostrare tutte le proprie risorse: *ha sfoderato un coraggio incredibile; sfoderò il suo più bel sorriso.*

sfoderare[2] (sfo-de-rà-re) V.TR. (*sfòdero*, ecc.) · Togliere le fodere: *ha sfoderato il divano perché era vecchio.*

sfogare (sfo-gà-re) V.TR. (*sfógo, sfóghi*, ecc.) || TR. Manifestare stati d'animo o impulsi repressi: *sfogare la rabbia* Ⓢ esprimere, liberare. || **sfogarsi** INTR. PRONOM. Raccontare qualcosa di angosciante per avere conforto o sollievo: *sfogarsi **con** un amico* Ⓢ aprirsi, confidarsi. Ⓔ ***Sfogarsi contro qualcuno***, esprimere con forza il rancore o il risentimento che si ha verso una persona • ***Sfogarsi su qualcuno***, scaricare in modo ingiusto il proprio nervosismo su qualcun altro.

sfoggiare (sfog-già-re) V.TR. (*sfòggio*, ecc.) · Mettere in mostra, a volte anche in modo vanitoso: *sfoggiare la propria cultura; sfoggiare un vestito nuovo* Ⓢ esibire, ostentare.

sfoggio (sfòg-gio) N.M. (pl. *-gi*) · Esibizione senza modestia di ricchezza o di qualità personali: *fare sfoggio di un gioiello; fare sfoggio di cultura* Ⓢ mostra, ostentazione.

sfoglia (sfò-glia) N.F. (pl. *-glie*) **1** Strato o lamina di spessore molto sottile: *una sfoglia d'oro.* **2** Sottile strato di pasta all'uovo: *fare la sfoglia per le tagliatelle.* Ⓔ ***Pasta sfoglia*** → ***pasta***.

sfogliare[1] (sfo-glià-re) V.TR. (*sfòglio*, ecc.) || TR. Togliere le foglie di una pianta o i petali di un fiore: *sfogliare una rosa.* || **sfogliarsi** INTR. PRONOM. Perdere le foglie o i petali.

sfogliare[2] (sfo-glià-re) V.TR. (*sfòglio*, ecc.) · Scorrere le pagine di un libro o di una rivista, guardandole senza leggere: *ho sfogliato il giornale.*

sfogo (sfó-go) N.M. (pl. *-ghi*) **1** Fuoriuscita all'esterno di sostanze gassose, spesso compresse: *valvola per lo sfogo dei gas della combustione* Ⓢ uscita. **2** Eruzione cutanea: *avere uno sfogo allergico.* **3** Manifestazione esteriore di sentimenti o di impulsi: *ha dato libero sfogo alla sua rabbia.*

sfolgorante (sfol-go-ràn-te) AGG. **1** Che diffonde una luminosità abbagliante: *luce sfolgorante.* **2** Che esprime l'intensità di uno stato d'animo positivo: *occhi sfolgoranti* ***di*** *felicità* Ⓢ splendente.

sfolgorare (sfol-go-rà-re) V.INTR. (*sfólgoro*, ecc.; aus. *avere*) **1** Risplendere di luce intensa: *un lampo sfolgorò nel cielo* Ⓢ brillare, sfavillare. **2** Di sguardo, brillare per un'emozione positiva: *gli occhi* ***le*** *sfolgoravano* ***di*** *felicità.*

sfolgorio (sfol-go-ri-o) N.M. (pl. *-rìi*) · Diffusione continua di luce intensa e brillante: *lo sfolgorio delle stelle* Ⓢ sfavillio.

sfollagente (sfol-la-gèn-te) N.M. INVAR. · Bastone corto rivestito di gomma, usato dalla polizia per disperdere la folla durante i disordini Ⓢ manganello.

sfollamento (sfol-la-mén-to) N.M. · Allontanamento di persone da un luogo, come misura di sicurezza: *lo sfollamento dalla zona del terremoto* Ⓢ evacuazione.

sfollare (sfol-là-re) V.INTR. e TR. (*sfòllo*, ecc.) || INTR. (aus. *essere*, raro *avere*) **1** Di un gruppo di persone, allontanarsi da un luogo, svuotandolo: *i tifosi cominciano a sfollare* ***dallo*** *stadio* Ⓢ disperdersi. **2** Andarsene da casa per motivi di sicurezza: *i cittadini sono sfollati sulle montagne per sfuggire ai bombardamenti.* || TR. **1** Di un gruppo di persone, abbandonare un po' alla volta un luogo: *il pubblico comincia a sfollare il teatro* Ⓢ sgomberare Ⓒ affollare. **2** Liberare un luogo dai suoi abitanti per motivi di sicurezza: *l'edificio deve essere sfollato prima che crolli* Ⓢ evacuare.

sfollato (sfol-là-to) AGG. e N.M. (f. *-a*) · Che, chi è stato costretto ad abbandonare casa sua a causa di un'emergenza: *il ritorno degli sfollati dopo la guerra.*

sfoltire (sfol-tì-re) V.TR. (*sfoltìsco, sfoltìsci*, ecc.) || TR. Rendere qualcosa meno denso e folto: *sfoltire i capelli; sfoltire una siepe* Ⓢ diradare. || **sfoltirsi** INTR. PRONOM. Diradarsi: *la ressa comincia a sfoltirsi.*

sfondamento (sfon-da-mén-to) N.M. **1** Rottura del fondo di qualcosa: *lo sfondamento di una botte* • Abbattimento di qualcosa: *per entrare è stato necessario lo sfondamento della porta.* **2** Nel linguaggio militare, rottura del fronte nemico.

sfondare (sfon-dà-re) V.TR. e INTR. (*sfóndo*, ecc.) || TR. **1** Causare il cedimento di uno spessore o di uno strato, con un peso eccessivo o un urto: *la neve ha sfondato il tetto.* **2** Aprirsi un varco nello schieramento avversario: *sfondare le linee nemiche* Ⓢ forzare. || INTR. (aus. *avere*) Aver successo in un'attività: *voleva sfondare nel mondo della moda* Ⓢ affermarsi, emergere. || **sfondarsi** INTR. PRONOM. Aprirsi nel fondo: *mi si sono sfondate le scarpe* Ⓢ rompersi. Ⓔ ***Sfondare la porta***, abbatterla con la forza • ***Sfondare una porta aperta***, fare una cosa inutile come cercare di convincere qualcuno di qualcosa di cui è già convinto.

sfondo (sfón-do) N.M. **1** La parte di un'immagine che sta in secondo piano rispetto al soggetto principale: *sullo sfondo si vede un paesaggio marino; veduta di Cortina sullo sfondo delle Dolomiti.* **2** Contesto storico in cui si svolge un'azione: *il racconto ha come sfondo la Rivoluzione russa* Ⓢ scenario.

sforbiciata (sfor-bi-cià-ta) N.F. **1** Taglio veloce eseguito con le forbici: *farsi dare una sforbiciata ai capelli.* **2** In vari sport, movimento delle gambe che si aprono e si chiudono come le lame delle forbici: *sforbiciata del terzino.*

sformare (sfor-mà-re) V.TR. (*sfórmo*, ecc.) || TR. **1** Alterare nella forma: *si è seduto sul cappello e l'ha sformato* Ⓢ deformare. **2** Estrarre da uno stampo: *sformare il budino.* || **sformarsi** INTR. PRONOM. Perdere la forma consueta, deformarsi: *queste scarpe si sono sformate.*

sformato (sfor-mà-to) AGG. e N.M. || AGG. Che ha perso la forma: *questo cappello è ormai tutto sformato* Ⓢ deformato. || N.M. Vivanda a

S

base di vari ingredienti mescolati e cotti dentro uno stampo in forno: *uno sformato di spinaci, di riso.*

sfornare (sfor-nà-re) V.TR. (*sfórno*, ecc.) **1** Togliere dal forno a fine cottura: *sfornare il pane, i biscotti.* **2** Produrre, far uscire: *ha già sfornato due romanzi quest'anno.*

sfornito (sfor-nì-to) AGG. **1** Sprovvisto, privo: *una dispensa sfornita* ***di*** *cibo.* **2** Che non ha sufficienti rifornimenti: *un negozio sfornito.*

sfortuna (sfor-tù-na) N.F. **1** Cattiva sorte: *avere sfortuna al gioco e fortuna in amore* Ⓢ scalogna Ⓒ fortuna. **2** Evento spiacevole, avvenuto per caso: *è stata una vera sfortuna!* Ⓢ disgrazia.

sfortunatamente (sfor-tu-na-ta-mén-te) AVV. · Per disgrazia, purtroppo: *sfortunatamente ho perso l'autobus e ho fatto tardi all'appuntamento* Ⓒ fortunatamente.

sfortunato (sfor-tu-nà-to) AGG. **1** Di persona, poco favorito dalla sorte: *essere sfortunato* ***in*** *amore,* ***al*** *gioco; mia madre è sfortunata* ***con*** *il lavoro* Ⓒ fortunato. **2** Di evento, che non ha un esito favorevole: *un'impresa sfortunata* Ⓢ infelice • Avverso, non felice, disgraziato: *questo è stato un anno sfortunato.*

sforzare (sfor-zà-re) V.TR. (*sfòrzo*, ecc.) || TR. **1** Aprire con la forza: *sforzare una porta, una serratura* Ⓢ forzare, scassinare. **2** Costringere a una fatica eccessiva: *sforzare i muscoli, gli occhi* Ⓢ affaticare, stancare • Imporre una tensione o un'usura eccessiva a un meccanismo: *sforzare una molla, il motore.* **3** Costringere a fare qualcosa controvoglia: *sforzare un bambino* ***a*** *mangiare* Ⓢ obbligare. || **sforzarsi** INTR. PRONOM. Impegnarsi al massimo per raggiungere uno scopo: *sono due giorni che mi sforzo* ***di*** *convincerlo* Ⓢ affannarsi, tentare.

sforzo (sfòr-zo) N.M. **1** Impiego di forze o di energie superiore alla norma: *facciamo un ultimo sforzo e arriviamo fino alla cima* Ⓢ impegno, fatica. **2** Grado massimo di impegno: *sforzo di memoria; fare ogni sforzo per raggiungere il successo* Ⓢ tentativo. **3** Prova a cui sono sottoposti congegni meccanici durante il funzionamento: *il motore è sotto sforzo.* Ⓔ ***Con sforzo,*** con difficoltà • ***Senza sforzo,*** con facilità.

sfottere (sfót-te-re) V.TR. (*sfótto*, ecc.) · Prendere in giro Ⓢ deridere.

sfracellare (sfra-cel-là-re) V.TR. (*sfracèllo*, ecc.) || TR. Ridurre a pezzi o a una massa informe: *il treno ha investito l'auto sfracellandola; una bomba* ***gli*** *aveva sfracellato le gambe* Ⓢ fracassare. || **sfracellarsi** INTR. PRONOM. Ridursi a pezzi o a una massa informe: *l'aereo si sfracellò* ***al*** *suolo; il pilota si è sfracellato* ***contro*** *un muro* Ⓢ fracassarsi.

sfrattare (sfrat-tà-re) V.TR. **1** Mandare via di casa un inquilino: *è stato sfrattato perché non pagava l'affitto.* **2** Allontanare, cacciare, mandare via: *un gruppo di nomadi è stato sfrattato* ***dal*** *campo abusivo.*

sfratto (sfràt-to) N.M. · Obbligo di lasciare un immobile in cui si è in affitto, imposto dal proprietario o da un giudice: *dare, ricevere lo sfratto.*

sfrecciare (sfrec-cià-re) V.INTR. (*sfréccio*, ecc.; aus. *essere*) · Passare a grande velocità: *le macchine sfrecciano in autostrada.*

sfregamento (sfre-ga-mén-to) N.M. · Movimento ripetuto a contatto con una superficie: *lo sfregamento di un fiammifero sul muro.*

sfregare (sfre-gà-re) V.TR. e INTR. (*sfrégo, sfréghi*, ecc.) || TR. **1** Fregare ripetutamente e con forza: *sfregare la pentola* ***con*** *la spugnetta;* anche TR. PRONOM.: *sfregarsi gli occhi* Ⓢ strofinare. **2** Fare dei graffi su una superficie: *sfregare il tavolo* ***con*** *il coltello* Ⓢ graffiare • Urtare di striscio: *ho sfregato la portiera della macchina* ***contro*** *il muro* Ⓢ strusciare. || INTR. (aus. *avere*) Urtare di striscio contro qualcosa: *attento che la poltrona non sfreghi* ***sul*** *muro.*

sfregiare (sfre-già-re) V.TR. (*sfrègio*, ecc.) || TR. **1** Rovinare il viso di qualcuno con tagli o ferite: *lo hanno sfregiato per vendetta* Ⓢ sfigurare. **2** Di opera d'arte, rovinarla: *sfregiare un quadro con un coltello.* || **sfregiarsi** INTR. PRONOM. Rovinarsi il viso con tagli o ferite: *si è sfregiato cadendo sui vetri.*

sfregio (sfré-gio o sfrè-gio) N.M. (pl. *-gi*) **1** Segno che rovina il volto: *ha uno sfregio sulla guancia.* **2** Affronto, offesa: *mi ha fatto uno sfregio che non dimenticherò.*

sfrenarsi (sfre-nàr-si) V.INTR. PRONOM. (*mi sfréno*, ecc.) · Comportarsi senza nessun controllo: *alla festa i ragazzi si sono sfrenati* Ⓢ scatenarsi.

sfrenato (sfre-nà-to) AGG. **1** Libero dal freno. **2** Senza controllo o moderazione: *una passione sfrenata* Ⓢ smodato. Ⓔ ***Corsa sfrenata***, veloce e senza controllo: *si è lanciato in una corsa sfrenata*; rapido evolversi degli eventi in una certa direzione: *una corsa sfrenata verso il successo*.

sfrigolare (sfri-go-là-re) V.INTR. (*sfrìgolo*, ecc.; aus. *avere*) · Fare il rumore di tanti piccoli scoppi, tipico dei grassi che friggono: *l'olio bollente comincia a sfrigolare*.

sfrondare (sfron-dà-re) V.TR. (*sfróndo*, ecc.) **1** Tagliare o togliere qualche ramo o foglia: *sfrondare una pianta* Ⓢ sfoltire, diradare. **2** Liberare da ciò che è superfluo, inutile o esagerato: *sfrondare un discorso* ***di*** *alcune parti* Ⓢ snellire, alleggerire.

sfrontatezza (sfron-ta-téz-za) N.F. · Mancanza di vergogna: *è di una sfrontatezza incredibile* Ⓢ sfacciataggine.

sfrontato (sfron-tà-to) AGG. e N.M. (f. *-a*) · Che, chi non si vergogna di niente: *atteggiamento sfrontato; è una sfrontata* Ⓢ sfacciato, spudorato.

sfruttamento (sfrut-ta-mén-to) N.M. **1** Utilizzo di qualcosa per ottenere dei guadagni: *lo sfruttamento di un giacimento di petrolio* Ⓢ uso. **2** Vantaggio personale ottenuto utilizzando in modo disonesto qualcosa che appartiene ad altri: *lo sfruttamento di idee altrui*.

S

sfruttare (sfrut-tà-re) V.TR. **1** Ricavare da un bene il massimo guadagno possibile: *sfruttare un terreno* • Utilizzare nel modo più razionale possibile: *sfruttare tutti gli spazi della casa* Ⓢ servirsi di. **2** Ottenere il massimo vantaggio da una certa situazione o condizione: *sfruttare le proprie capacità* Ⓢ cogliere • Approfittare a proprio vantaggio della condizione di qualcuno: *sfrutta la sua ingenuità* Ⓢ strumentalizzare. **3** Utilizzare il lavoro di altri, senza pagarlo in modo giusto o senza riconoscerlo: *sfruttare i giovani appena laureati*. **4** Vivere alle spalle di qualcuno, utilizzando i suoi beni: *lui la sfrutta, facendosi mantenere* Ⓢ approfittarsi di.

sfruttatore (sfrut-ta-tó-re) N.M. (f. *-trìce*) · Chi si approfitta degli altri per trarne vantaggio: *un mondo pieno di sfruttatori* Ⓢ profittatore • Protettore di una prostituta.

sfuggente (sfug-gèn-te) AGG. · Poco chiaro e diretto nell'atteggiamento o nel comportamento: *una persona sfuggente* Ⓢ equivoco, ambiguo. Ⓔ ***Mento sfuggente***, poco sporgente.

sfuggire (sfug-gì-re) V.TR. e INTR. (*sfùggo, sfùggi*, ecc.) || TR. Evitare una brutta situazione: *sfuggire un pericolo* Ⓢ scansare, schivare. || INTR. (aus. *essere*) **1** Sottrarsi a una ricerca, a un dovere, a un danno o a un pericolo: *sfuggire* ***alla*** *polizia,* ***alla*** *morte* Ⓢ eludere (TR.), scampare. **2** Di oggetti, scivolare via: ***mi*** *è sfuggito* ***di*** *mano il bicchiere* Ⓢ scappare, sgusciare • Di occasione, passare senza essere sfruttata: *mi sono lasciato sfuggire un ottimo affare* • Di discorso, essere detto senza intenzione: ***mi*** *è sfuggita una battuta infelice* • Passare senza essere notato: *non* ***gli*** *sfugge nulla* • Passar di mente, non venire in mente: ***mi*** *sfugge il suo nome*. Ⓔ ***Sfuggire di bocca*** → ***bocca***.

sfuggita (sfug-gi-ta) N.F. · Spostamento di breve durata: *fare una sfuggita a Milano*. Ⓔ ***Di sfuggita***, per breve tempo, per un attimo: *l'ho visto solo di sfuggita*.

sfumare (sfu-mà-re) V.INTR. e TR. || INTR. (aus. *essere*) **1** Dissolversi, evaporare, svanire: *la nebbia va sfumando ai primi raggi del sole; anche le ultime speranze di vittoria sfumarono*. **2** Di colori, presentare una graduale diminuzione d'intensità: *un rosso che sfuma* ***nel*** *rosa pallido* Ⓢ attenuarsi. || TR. **1** In pittura, diminuire gradualmente l'intensità di un colore: *cerca di sfumare un po' i gialli* • Passare gradualmente da un colore all'altro: *sfumare le tinte*. **2** Di brano musicale, diminuire gradualmente il volume alla fine: *la canzone stava sfumando in sottofondo*. ▸ Ⓕ **fumo**

sfumato (sfu-mà-to) AGG. e N.M. || AGG. **1** Di colore, che passa gradualmente da un tono all'altro • Di immagine, che ha contorni appena accennati: *un paesaggio sfumato* Ⓢ indistinto • Incerto, indefinito, confuso: *ricordi sfumati.* 2 Finito nel nulla: *un'occasione sfumata* Ⓢ svanito. || N.M. In pittura, chiaroscuro che attenua la linea di contorno di una figura. ▸ Ⓕ **fumo**

sfumatura (sfu-ma-tù-ra) N.F. 1 Passaggio graduale fra varie tonalità di colore: *paesaggio ricco di sfumature* Ⓢ gradazione • Ogni diversa tonalità di uno stesso colore: *una bella sfumatura di rosso* Ⓢ tono. 2 Taglio graduale dei capelli tra la nuca e il collo: *sfumatura bassa, alta.* 3 Accenno, traccia: *nelle sue parole mi è sembrato di cogliere una sfumatura polemica.* ▸ Ⓕ **fumo**

sfuriata (sfu-rià-ta) N.F. 1 Espressione improvvisa di rabbia: *fare una sfuriata* Ⓢ scenata. 2 Manifestazione breve e improvvisa di un fenomeno atmosferico: *una sfuriata di vento.*

sfuso (sfù-ṣo) AGG. · Di merci che si vendono senza confezione: *in passato le sigarette si vendevano sfuse.*

sgabello (ṣga-bèl-lo) N.M. · Sedile di piccole dimensioni senza schienale, costituito da un piano sostenuto da quattro gambe.

sgabuzzino (ṣga-buẓ-ẓì-no) N.M. · Locale molto piccolo, di solito usato come ripostiglio: *lo sgabuzzino delle scope.*

sgambettare (ṣgam-bet-tà-re) V.INTR. e TR. (*ṣgambétto*, ecc.) || INTR. (aus. *avere*) 1 Agitare le gambe stando sdraiati o seduti: *il bambino sgambettava sul seggiolone.* 2 Camminare a passi piccoli e veloci: *il figlio lo seguiva sgambettando.* || TR. Far cadere con uno sgambetto: *il calciatore ha sgambettato l'avversario.*

sgambetto (ṣgam-bét-to) N.M. · Mossa con cui si fa cadere qualcuno mettendogli un piede fra le gambe mentre cammina: *gli ha fatto lo sgambetto ed è ruzzolato.*

sganasciarsi (ṣga-na-sciàr-si) V.INTR. PRONOM. (*mi ṣganàscio*, ecc.) · Solo nell'espressione ***sganasciarsi dalle risa*** o ***sganasciarsi dal ridere***, ridere a più non posso.

sganciare (ṣgan-cià-re) V.TR. (*ṣgàncio*, ecc.) || TR. 1 Liberare o staccare da un gancio: *sganciare le vetture di un treno* Ⓢ disgiungere Ⓒ agganciare • Aprire, slacciare un indumento con ganci: *sganciare il reggiseno.* 2 Nel linguaggio familiare, dare soldi, spesso di malavoglia: *papà **mi** ha sganciato trenta euro.* || **sganciarsi** INTR. PRONOM. 1 Di oggetto, liberarsi dal gancio cui è attaccato: *la motrice si è sganciata.* 2 Di indumento con ganci, aprirsi, slacciarsi: ***mi** si è sganciato il giubbotto.* 3 Nel linguaggio familiare, rendersi libero da un impegno o da un rapporto: *se riesco a sganciarmi presto, andiamo a ballare* Ⓢ liberarsi. Ⓔ ***Sganciare bombe***, bombardare.

sgangherato (ṣgan-ghe-rà-to) AGG. 1 Che è stato tolto a forza dai cardini: *porta sgangherata* • Mal ridotto, rovinato, malconcio: *un'auto sgangherata.* 2 Privo di connessione logica: *un ragionamento sgangherato* Ⓢ scomposto, incoerente • Sguaiato e volgare: *risa sgangherate.*

sgarbato (ṣgar-bà-to) AGG. 1 Senza garbo e grazia: *una voce sgarbata* Ⓢ sguaiato. 2 Scortese, maleducato, brusco: *una risposta sgarbata* Ⓒ gentile.

sgarberia (ṣgar-be-rì-a) N.F. (pl. *-rìe*) · Comportamento o discorso scortese: *sono abituato alle sue sgarberie* Ⓢ scortesia, sgarbo.

sgarbo (ṣgàr-bo) N.M. · Atto scortese e maleducato: *fare uno sgarbo a qualcuno* Ⓢ scortesia.

sgargiante (ṣgar-giàn-te) AGG. · Molto vistoso: *una cravatta sgargiante* Ⓢ pacchiano, sfacciato.

sgarrare (ṣgar-rà-re) V.INTR. (aus. *avere*), *fam.* 1 Nel linguaggio familiare, commettere un errore: *sul lavoro non sgarra mai* Ⓢ sbagliare. 2 Mancare di precisione: *un orologio che non sgarra **di** un secondo.*

sgattaiolare (ṣgat-ta-io-là-re) V.INTR. (*sgattàiolo*, ecc.; aus. *essere*) · Entrare o uscire in fretta, senza farsi notare: *il ladro riuscì a sgattaiolare via.*

sgelare (ṣge-là-re) V.TR. e INTR. (*ṣgèlo*, ecc.) || TR. 1 Far sciogliere il ghiaccio che si trova su qualcosa: *il sole sta sgelando le piante ghiacciate.* 2 Scongelare: *sgelare la carne.* || INTR. (aus. *essere*) e **sgelarsi** INTR. PRONOM. 1 Sciogliersi, fondersi: *la neve si sta sgelando.* 2 Scongelarsi: *la pizza sta sgelando.*

A B C D E F G H I J K L M N O P Q R S T U V W X Y Z

sghembo (ṣghém-bo) AGG. · Obliquo, storto: *un muro sghembo.* Ⓔ ***A sghembo*** o ***di sghembo***, in modo obliquo.

sgherro (ṣghèr-ro) N.M. **1** In passato, uomo armato al servizio di qualcuno. **2** Modo spregiativo per indicare le guardie o i soldati: *il dittatore era circondato dai suoi sgherri.*

sghignazzare (ṣghi-gnaz-zà-re) V.INTR. (aus. *avere*) · Ridere in modo sguaiato per umiliare qualcuno: *per tutta risposta s'è messo a sghignazzare.*

sgobbare (ṣgob-bà-re) V.INTR. (*ṣgòbbo*, ecc.; aus. *avere*) · Impegnarsi al massimo nello studio o nel lavoro: *sgobba dalla mattina alla sera per mantenere la famiglia* Ⓢ faticare, sudare.

sgobbone (ṣgob-bó-ne) N.M. (f. *-a*; pl.m. *-i*, pl.f. *-e*) · Chi si impegna molto nel lavoro o nello studio: *è lo sgobbone della classe.*

sgocciolare (ṣgoc-cio-là-re) V.INTR. e TR. (*sgócciolo*, ecc.) || INTR. **1** (aus. *essere*) Di sostanze liquide, cadere in forma di gocce: *l'acqua sta sgocciolando* ***dal*** *tetto* Ⓢ gocciolare. **2** (aus. *avere*) Di recipienti o di oggetti bagnati, perdere il liquido goccia a goccia: *metti i bicchieri a sgocciolare* ***sul*** *panno.* || TR. **1** Vuotare un recipiente fino all'ultima goccia: *sgocciola bene i fiaschi prima di riempirli di vino.* **2** Far cadere, versare un liquido a gocce: *non sgocciolare l'olio* ***sul*** *vestito!*

sgocciolio (ṣgoc-cio-li-o) N.M. (pl. *-lii*) · Continua caduta di gocce Ⓢ stillicidio • Il rumore che produce un liquido che sgocciola: *non posso sentire lo sgocciolio del rubinetto.*

S

sgocciolo (ṣgóc-cio-lo) N.M. · Le ultime gocce di un liquido rimasto in un recipiente. Ⓔ ***Essere agli sgoccioli***, essere vicino alla fine: *l'inverno è agli sgoccioli.*

sgolarsi (ṣgo-làr-si) V.INTR. PRONOM. (*mi ṣgólo*, ecc.) · Parlare, gridare o cantare a lungo e a voce alta: *mi sono sgolato a chiamarti!* Ⓢ sfiatarsi.

sgombero (ṣgóm-be-ro) N.M. **1** Eliminazione di ciò che ingombra: *lo sgombero della soffitta.* **2** Allontanamento di persone da un luogo: *la polizia ha ordinato lo sgombero del palazzo* Ⓢ evacuazione. **3** Trasferimento, trasloco: *fare lo sgombero dell'appartamento.*

sgombrare (ṣgom-brà-re) (o **sgomberare**) V.TR. (*ṣgómbro*, ecc.) **1** Liberare un luogo da qualcosa: *le strade sono già state sgombrate* ***dalle*** *macerie* Ⓢ vuotare. **2** Liberare un luogo dalla presenza di qualcuno: *l'esercito sgombrerà la zona molto presto* Ⓢ abbandonare. **3** Liberare la mente dai turbamenti: *sgombrare l'animo* ***dalle*** *preoccupazioni* Ⓢ svuotare.

sgombro[1] (ṣgóm-bro) N.M. · Pesce dal corpo lungo e sottile di colore blu verdastro a righe irregolari sul dorso e argenteo sul ventre.

sgombro[2] (ṣgóm-bro) AGG. · Libero da ostacoli o impedimenti: *la strada è sgombra; avere la mente sgombra* ***da*** *pregiudizi* Ⓢ vuoto.

sgombro[3] (ṣgóm-bro) N.M. · L'azione di liberare un luogo da cose e persone: *ordinare lo sgombro dei feriti* ***dal*** *luogo dell'incidente* Ⓢ allontanamento.

sgomentare (ṣgo-men-tà-re) V.TR. (*sgoménto*, ecc.) || TR. Turbare qualcuno in modo forte: *le scene dell'attentato hanno sgomentato il mondo intero* Ⓢ sconvolgere, angosciare. || **sgomentarsi** INTR. PRONOM. Provare turbamento o paura: ***di fronte alla*** *prima difficoltà si sgomenta.*

sgomento (ṣgo-mén-to) N.M. · Grave turbamento: *lo sgomento di ritrovarsi di notte in un luogo sconosciuto* Ⓢ smarrimento, spavento.

sgominare (ṣgo-mi-nà-re) V.TR. (*ṣgòmino*, ecc.) **1** Mettere in fuga: *sgominare le truppe nemiche* Ⓢ disperdere, sbaragliare, annientare. **2** Battere in maniera clamorosa: *sgominare tutti gli avversari.*

sgonfiare (ṣgon-fià-re) V.TR. (*ṣgónfio*, ecc.) || TR. **1** Far uscire l'aria o il gas contenuti in un corpo cavo: *sgonfiare un materassino.* **2** Far diminuire gonfiori o infiammazioni: *la medicina mi ha fatto sgonfiare l'ascesso.* **3** Ridimensionare, riportare alle giuste proporzioni: *sgonfiare una notizia, un avvenimento* Ⓢ sdrammatizzare. || **sgonfiarsi** INTR. PRONOM. **1** Perdere l'aria o il gas: *la ruota davanti si è sgonfiata.* **2** Di gonfiori o infiammazioni, attenuarsi: *la caviglia si è sgonfiata.* **3** Afflosciarsi, ridimensionarsi, smontarsi: *il suo entusiasmo iniziale s'è sgonfiato.*

sgonfio (ṣgón-fio) AGG. (pl.m. *-fi*, pl.f. *-fie*) **1** Che manca, in tutto o in parte, dell'aria o del gas necessari: *ruote sgonfie* **C** gonfio. **2** Di parti del corpo, che stanno perdendo il gonfiore dovuto a un'infiammazione: *il piede ora è sgonfio.*

sgorbio (ṣgòr-bio) N.M. (pl. *-bi*) **1** Macchia d'inchiostro: *un quaderno pieno di sgorbi* **S** scarabocchio. **2** Parola scritta in maniera illeggibile: *ha firmato con uno sgorbio* • Disegno mal riuscito: *questo sgorbio sarebbe il mio ritratto?*

Il termine deriva dal greco *skorpíos* 'scorpione', per la somiglianza della macchia nera informe con un insetto come lo scorpione.

sgorgare (ṣgor-gà-re) V.INTR. (*ṣgórgo, ṣgórghi*, ecc.; aus. *essere*) **1** Di un liquido, uscire in grande quantità: *un'acqua limpida sgorgava* ***dalla*** *sorgente* **S** zampillare. **2** Venir fuori con spontaneità e naturalezza: *parole che sgorgano* ***dal*** *cuore* **S** nascere.

sgozzare (ṣgoz-zà-re) V.TR. (*ṣgózzo*, ecc.) · Uccidere tagliando la gola: *sgozzare un agnello.*

sgradevole (ṣgra-dé-vo-le) AGG. **1** Che non piace: *sapore sgradevole* **S** spiacevole **C** gradevole. **2** Fastidioso, molesto, antipatico: *una compagnia sgradevole.*

sgradito (ṣgra-dì-to) AGG. · Che provoca disturbo, fastidio o dispiacere: *un incontro sgradito; una notizia sgradita* **S** sgradevole, spiacevole **C** gradito.

sgrammaticato (ṣgram-ma-ti-cà-to) AGG. **1** Che fa spesso errori di grammatica: *uno scrittore sgrammaticato.* **2** Pieno di errori di grammatica: *un tema sgrammaticato.*

sgranare (ṣgra-nà-re) V.TR. · Estrarre i semi dal frutto dei legumi o dalle pannocchie: *sgranare i piselli, i fagioli.* **E** ***Sgranare gli occhi***, spalancarli per sorpresa • ***Sgranare il rosario***, far scorrere tra le dita le piccole pietre del rosario recitando preghiere.

sgranchire (ṣgran-chì-re) V.TR. (*ṣgranchìsco, ṣgranchìsci*, ecc.) || TR. Distendere, sciogliere gli arti intorpiditi: *sgranchire le braccia*; anche TR. PRONOM.: *sgranchirsi le gambe*, fare una passeggiata. || **sgranchirsi** RIFL. Stirarsi per sciogliere i muscoli: *ho bisogno di sgranchirmi un po'.*

sgranocchiare (ṣgra-noc-chià-re) V.TR. (*ṣgranòcchio*, ecc.) · Masticare rompendo rumorosamente il cibo con i denti: *sgranocchiare un biscotto.*

sgrassare (ṣgras-sà-re) V.TR. **1** Togliere il grasso da una sostanza: *sgrassare il prosciutto; sgrassare il brodo*, toglierne lo strato di grasso che si forma in superficie. **2** Pulire togliendo l'unto o le macchie di grasso: *sgrassare le stoviglie* **S** pulire, smacchiare.

sgravare (ṣgra-và-re) V.TR. e INTR. || TR. Liberare da un peso morale: *sgravare qualcuno* ***da*** *una responsabilità* **S** alleggerire, sollevare. || INTR. (aus. *avere*) Nel linguaggio familiare, partorire. || **sgravarsi** RIFL. Liberarsi da un peso morale: *sgravarsi* ***di*** *tutte le preoccupazioni.*

sgraziato (ṣgra-zià-to) AGG. · Che non ha grazia: *un modo di fare sgraziato* **S** grossolano, rozzo.

sgretolare (ṣgre-to-là-re) V.TR. (*ṣgrétolo*, ecc.) || TR. **1** Ridurre in piccoli frammenti: *la pallottola* ***gli*** *ha sgretolato l'osso* **S** frantumare, sbriciolare. **2** Demolire un argomento dimostrandone la falsità: *la difesa ha sgretolato tutte le prove dell'accusa* **S** confutare, smantellare. || **sgretolarsi** INTR. PRONOM. Ridursi in piccoli frammenti: *il muro si è sgretolato per l'umidità.*

sgridare (ṣgri-dà-re) V.TR. · Rimproverare a voce alta: *la maestra ti sgriderà se non fai i compiti.*

sgridata (ṣgri-dà-ta) N.F. · Rimprovero a voce alta: *ha ricevuto una bella sgridata dal padre.*

sgroppata (ṣgrop-pà-ta) N.F. **1** Breve galoppata: *una sgroppata nel parco.* **2** Movimento con cui una bestia inarca il dorso: *il cavallo con una sgroppata lo scavalcò.*

sgrossare (ṣgros-sà-re) V.TR. (*ṣgròsso*, ecc.) **1** Dare una prima forma a un materiale: *sgrossare un blocco di marmo.* **2** Insegnare a qualcuno le prime nozioni di una materia: *sgrossare un giovane pittore* ***nella*** *tecnica del disegno.*

sguaiato (ṣgua-ià-to) AGG. · Maleducato e scomposto: *una risata sguaiata* **S** volgare, rozzo.

sguainare (ṣguai-nà-re) V.TR. (*ṣguàino*, ecc.) · Estrarre dalla custodia: *sguainare il pugnale, la spada* Ⓢ sfoderare.

sgualcire (ṣgual-cì-re) V.TR. (*ṣgualcìsco, ṣgualcìsci*, ecc.) || TR. Produrre pieghe in un tessuto o in un foglio: *sgualcire la camicia* Ⓢ stropicciare. || **sgualcirsi** INTR. PRONOM. Riempirsi di pieghe: *il lino è un tessuto che si sgualcisce.*

sgualdrina (ṣgual-drì-na) N.F. · Donna che ha un comportamento sessuale immorale • Prostituta.

sguardo (ṣguàr-do) N.M. **1** L'azione di guardare: *rivolgere lo sguardo a qualcuno; dare uno sguardo al giornale*, scorrerlo velocemente. **2** Il modo di guardare: *uno sguardo dolce, triste.* **3** La capacità visiva: *fin dove arriva lo sguardo* Ⓢ vista • Gli occhi: *alzare, abbassare lo sguardo.*

sguattero (ṣguàt-te-ro) N.M. (f. *-a*) · Addetto ai lavori più umili e pesanti della cucina: *fare lo sguattero in un ristorante.*

sguazzare (ṣguaz-zà-re) V.INTR. (aus. *avere*) **1** Agitarsi nell'acqua sollevando spruzzi: *i ragazzi sguazzavano felici* ***nel*** *fiume.* **2** Trovarsi a proprio agio in una certa situazione: *sguazzare* ***negli*** *scandali* • Essere circondato da una grande quantità di qualcosa: *sguazzare* ***nell'****oro* Ⓢ nuotare.

sguinzagliare (ṣguin-za-glià-re) V.TR. (*ṣguinzàglio*, ecc.) **1** Sciogliere dal guinzaglio: *sguinzagliare un segugio.* **2** Mandare all'inseguimento di qualcuno: *la polizia gli ha sguinzagliato dietro un gran numero di agenti.*

S

sgusciare[1] (ṣgu-scià-re) V.TR. (*ṣgùscio*, ecc.) · Liberare dal guscio: *sgusciare le uova sode* Ⓢ sbucciare.

sgusciare[2] (ṣgu-scià-re) V.INTR. (*ṣgùscio*, ecc.; aus. *essere*) **1** Scivolare sfuggendo alla presa: *il pesce mi è sgusciato via* Ⓢ scappare, sfuggire. **2** Andarsene senza farsi vedere: *il ladro fuggì sgusciando tra la folla* Ⓢ sparire.

shampoo (sham-poo; pronuncia *sciàmpo*) N. INGL., in it. N.M. INVAR. · Lavaggio dei capelli con un sapone schiumoso: *farsi uno shampoo* • Il sapone usato per questo lavaggio: *uno shampoo alle noci.*

sharia (sha-ri-a; pronuncia *sciarìa*) N.F. INVAR. · La legge sacra islamica.

shiatsu (shi-a-tsu; pronuncia *sciàtsu*) N.M. INVAR. · Tecnica di massaggio giapponese basata sulla pressione con le mani su certi punti del corpo.

shoah (sho-ah; pronuncia *scioà*) N.F. INVAR. · Termine ebraico usato per indicare lo sterminio degli Ebrei ad opera dei nazisti: *le vittime della shoah.*

shock (pronuncia *sciòc*) N. INGL., in it. N.M. INVAR. · Emozione improvvisa, violenta e sconvolgente: *l'incidente le ha causato uno shock* Ⓢ trauma.

shopping (shop-ping; pronuncia *sciòpping*) N. INGL., in it. N.M. INVAR. · Passeggiata per negozi a far acquisti: *usciamo a fare shopping?*

shorts (pronuncia *sciòrts*) N.PL. INGL., in it. N.M.PL. · Calzoncini corti: *al mare metto gli shorts.*

show (pronuncia *sciò*) N. INGL., in it. N.M. INVAR. · Spettacolo di varietà, soprattutto televisivo, basato spesso su un unico protagonista: *assistere allo show di un comico.*

si[1] PRON. · Forma atona del pronome di terza persona singolare e plurale, usato nei verbi riflessivi con valore di complemento oggetto o di complemento di termine: *si guardò allo specchio; si lavò le mani* • Con valore reciproco, l'un l'altro, a vicenda: *si salutarono calorosamente* • Con valore impersonale, qualcuno: *si dice che la sua situazione sia difficile* • Si usa per rendere un verbo passivo: *si regalano gattini.*

Il pronome *si* si mette sempre prima del verbo; si mette dopo solo quando il verbo è all'infinito, al gerundio o al participio: *si alzano*; *alzarsi*; *alzandosi*; *alzatosi*; in vicinanza di un altro pronome atono viene sempre collocato dopo: *non ci si entra*; *non gli si dice nulla*; davanti a *lo*, *la*, *le*, *li*, *ne* è sostituito da *se*: *non se lo mette*; *dirsene di tutti i colori.*

si[2] N.M. INVAR. · Settima e ultima nota della scala musicale di *do*.

Il termine deriva dalle iniziali delle parole *Sancte Iohannes* con cui comincia il settimo versetto dell'inno liturgico a san Giovanni Battista; per l'etimologia completa dei nomi delle note musicali → *re*[1].

sì AVV. e N.M. INVAR. || AVV. Esprime la risposta affermativa: *"Mi senti?" "Sì"*; spesso rinforzato da un altro avverbio: *sì certo* C no. || N.M. Risposta affermativa: *voglio un sì o un no* • Voto o parere favorevole: *la vittoria dei sì al referendum.* E ***Dire di sì***, annuire o accettare • ***Sì, grazie***, espressione cortese per accettare un invito o una proposta: *"Vuole ancora del caffè?" "Sì, grazie".*

sia (sì-a) CONGIUNZ. || CONGIUNZ. Unisce due elementi sintattici indicandone l'equivalenza: *ha invitato sia i parenti sia gli amici; sia di mattina che di sera.* || **sia!** INTER. Esprime approvazione, anche se con scarsa convinzione: *e sia!; sia pure!*

siamese (sia-mé-se) AGG. e N.M. e F. · Del Siam, il territorio asiatico oggi chiamato Thailandia. E ***Fratelli siamesi***, rara malformazione che colpisce i gemelli che nascono congiunti in una parte del corpo; in senso figurato, persone che hanno gli stessi gusti, o dimostrano un affetto reciproco non comune: *sono proprio fratelli siamesi* • ***Gatto siamese*** (o *un siamese* N.M.), gatto con occhi azzurri, pelo chiaro, testa, coda e zampe nere.

sibilare (si-bi-là-re) V.INTR. (*sìbilo*, ecc.; aus. *avere*) · Emettere un sibilo: *il vento sibilava tra gli alberi* S fischiare.

sibilla (si-bil-la) N.F. **1** Nell'antichità classica, donna che prediceva il futuro ispirata da una divinità: *l'antro della Sibilla a Cuma.* **2** Indovina.

sibillino (si-bil-lì-no) AGG. **1** Che riguarda le sibille: *previsioni sibilline.* **2** Misterioso, ambiguo, enigmatico: *risposta sibillina* C chiaro.

sibilo (sì-bi-lo) N.M. · Suono sottile, simile a un soffio, di una certa durata: *il sibilo di una freccia, del vento* S ronzio, fischio.

sicario (si-cà-rio) N.M. (pl. *-ri*) · Chi esegue un omicidio per incarico di qualcun altro S killer (*ingl.*).

Il termine deriva dal latino *sica* 'pugnale', che era l'arma solitamente usata dagli assassini.

sicché (sic-ché) CONGIUNZ. · Così che; introduce una proposizione consecutiva: *si è comportato male, sicché è stato espulso.*

L'accento sulla e di *sicché* è acuto; scrivere *sicchè* con l'accento grave è un errore!

siccità (sic-ci-tà) N.F. INVAR. · Mancanza d'acqua e di pioggia per un lungo periodo di tempo, che rende secca la terra: *piante bruciate dalla siccità* S aridità, secco.

siccome (sic-có-me) CONGIUNZ. · Poiché, giacché; introduce una proposizione causale: *siccome non pensavo di vederlo, non gli ho portato il libro.*

siciliano (si-ci-lià-no) AGG. e N.M. (f. *-a*) || AGG. Della Sicilia. || N.M. (f. *-a*) Abitante, nativo della Sicilia. || N.M. Dialetto che si parla in Sicilia, su cui si è formata la poesia italiana delle origini. E ***Scuola siciliana***, movimento di cultura e di poesia dell'inizio del Duecento, che si sviluppò in Sicilia alla corte di Federico II.

sicura (si-cù-ra) N.F. **1** Congegno di sicurezza che blocca il meccanismo di sparo nelle armi da fuoco: *mettere, togliere la sicura a una pistola.* **2** Ogni congegno che blocca il funzionamento di un meccanismo: *mettere la sicura alla portiera dell'auto.*

sicuramente (si-cu-ra-mén-te) AVV. **1** Senza esitazione, con sicurezza: *procedere sicuramente.* **2** Con certezza, senza alcun dubbio: *verrò sicuramente; è sicuramente il mio migliore allievo* S certamente.

sicurezza (si-cu-réz-za) N.F. **1** Condizione di protezione da eventuali pericoli o rischi: *la sicurezza del castello; raggiungere la sicurezza economica* C insicurezza. **2** Padronanza assoluta: *guidare con sicurezza* S abilità • Consapevolezza di ciò che si fa: *agire, rispondere con sicurezza* S decisione, determinazione. **3** Grado di massima credibilità e attendibilità: *la sicurezza di un'informazione* S certezza. **4** Fiducia assoluta: *ho la sicurezza di riuscirci* S convinzione. E ***Di sicurezza***, che serve a garantire contro eventuali pericoli: *guidare a distanza di sicurezza;* ***cintura di sicurezza***, cinghia per assicurare la persona al sedile dell'aereo o dell'automobile; ***uscita di sicurezza***, apertura di un locale pubblico, dotata di porta adatta, da cui si può uscire velocemente in caso di pericolo • ***Per sicurezza***, per precauzione: *per sicurezza rifacciamo il conto* • ***Pubblica sicurezza***, l'insieme delle forze di polizia, incaricate dell'ordine pubblico.

sicuro (si-cù-ro) AGG. e AVV. || AGG. **1** Protetto da rischi o pericoli: *rifugiarsi in un luogo sicuro* Ⓢ solido, stabile Ⓒ insicuro. **2** Che dimostra esperienza e capacità: *disegnare con mano sicura* Ⓢ abile, esperto • Che dimostra consapevolezza e decisione: *un ragazzo molto sicuro **di** sé* Ⓢ determinato, risoluto. **3** Che dimostra fiducia nelle proprie opinioni o previsioni: *come fai a essere così sicuro che vinceremo?* Ⓢ convinto, tranquillo. **4** Degno di fede: *un'informazione sicura* Ⓢ attendibile Ⓒ inattendibile • Destinato a realizzarsi: *un guadagno sicuro* Ⓢ certo, garantito. **5** Che non sbaglia: *un rimedio sicuro* Ⓢ efficace, infallibile • Di cui ci si può fidare: *un amico sicuro* Ⓢ certo, fidato Ⓒ inaffidabile. || AVV. Certamente, sicuramente, soprattutto in risposte positive o di conferma: *"Sicuro che ho capito!"; "Ma sicuro!"*. Ⓔ ***A colpo sicuro***, ***a botta sicura***, con sicurezza, senza esitazioni: *ha risposto a colpo sicuro a tutte le domande* • ***Al sicuro***, protetto o lontano da pericoli: *essere, mettersi, trovarsi al sicuro* • ***Dare per sicuro***, garantire come certo: *i giornali danno per sicura la sua vittoria* • ***Di sicuro***, senza alcun dubbio: *verrò di sicuro* • ***Sul sicuro***, senza correre rischi: *camminare, andare sul sicuro*.

siderale (si-de-rà-le) AGG. **1** Che riguarda le stelle e il cielo: *spazi siderali*. **2** Incommensurabile, enorme, immenso: *distanza siderale*.

S

siderurgia (si-de-rur-gì-a) N.F. (pl. *-gìe*) · L'insieme delle attività che riguardano l'estrazione, la lavorazione e la produzione del ferro.

siderurgico (si-de-rùr-gi-co) AGG. (pl.m. *-ci*, pl.f. *-che*) · Che riguarda la siderurgia: *industrie siderurgiche*.

sidro (sì-dro) N.M. · Bevanda leggermente alcolica ottenuta dalla fermentazione del succo di alcuni frutti, diffusa soprattutto in Francia e nei Paesi dell'Europa del Nord.

siedo (siè-do) · Ind. pres., 1ª pers. sing. → ***sedere***[1].

siepe (siè-pe) N.F. · Barriera formata di cespugli piantati in fila: *cingere l'orto con una siepe*.

siero (siè-ro) N.M. **1** La parte liquida del sangue, che si separa dopo la coagulazione. **2** Medicina usata come antidoto al morso dei serpenti velenosi: *il siero contro il veleno delle vipere*. Ⓔ ***Siero del latte***, parte liquida del latte che rimane dopo la fabbricazione del formaggio.

sieropositivo (sie-ro-po-ṣi-tì-vo) AGG. e N.M. (f. *-a*) · Di portatore di virus, anche se non colpito dalla malattia: *risultare sieropositivo al test dell'AIDS*.

sierra (sièr-ra) N.F. · Catena montuosa dalla cresta molto frastagliata, tipica della Spagna e dell'America Latina.

siesta (siè-sta) N.F. · Breve riposo pomeridiano: *fare la siesta*.

sifone (si-fó-ne) N.M. **1** Nelle costruzioni idrauliche, tubatura a forma di U che trasporta un liquido da un serbatoio a un altro posto, impedendo il passaggio di cattivi odori: *il sifone del lavandino*. **2** Bottiglia robusta contenente liquido gassato e aria compressa che si fanno uscire premendo una leva: *il sifone per la panna montata*.

sigaretta (si-ga-rét-ta) N.F. · Striscia di carta sottile arrotolata e contenente tabacco: *le offrì una sigaretta*.

sigaro (sì-ga-ro) N.M. · Rotolo cilindrico costituito da una o più foglie di tabacco trattato avvolte su se stesse: *fumare il sigaro toscano*.

sigillare (si-gil-là-re) V.TR. **1** Chiudere con sigilli: *sigillare una lettera con il sigillo del re*. **2** Chiudere ermeticamente: *sigillare un barattolo*.

sigillo (si-gìl-lo) N.M. **1** Strumento, per lo più di metallo, su cui è inciso un simbolo di riconoscimento ufficiale che, applicato sulla cera, lascia un'impronta in rilievo su qualcosa che viene chiuso, in modo che nessuno possa aprirlo di nascosto: *usava come sigillo l'anello con le sue iniziali* • L'impronta che si ottiene con questo processo: *controllare l'integrità dei sigilli*. **2** Ogni contrassegno ufficiale che viene messo su qualcosa che può essere aperto solo da persone autorizzate: *la poli-*

zia mise i sigilli all'appartamento dove era avvenuto il delitto.

sigla (sì-gla) N.F. **1** Abbreviazione del nome di una persona, di un ente o di un'associazione, formata dalle lettere iniziali: *UE è la sigla dell'Unione Europea.* **2** Il motivo musicale che apre o chiude una trasmissione radiofonica o televisiva.

siglare (si-glà-re) V.TR. **1** Firmare una lettera o un documento: *la posta in arrivo va siglata dal direttore.* **2** Raggiungere e firmare un accordo: *siglare un trattato di pace.*

significare (si-gni-fi-cà-re) V.TR. (*signìfico, signìfichi*, ecc.) **1** Voler dire, avere il significato: *che cosa significa questa parola in inglese?* Ⓢ denotare, esprimere • Indicare: *che significa quel cartello stradale?* **2** Avere importanza: *la sua amicizia ha significato molto* **per** *me* Ⓢ contare, valere. **3** Avere come conseguenza: *il 5 in greco significa studiare tutta l'estate* Ⓢ provocare, implicare.

significativo (si-gni-fi-ca-tì-vo) AGG. · Che indica o suggerisce una condizione o un particolare sentimento: *lanciare occhiate significative; un gesto molto significativo* Ⓢ indicativo, eloquente Ⓒ insignificante.

significato (si-gni-fi-cà-to) N.M. **1** Il contenuto della parola o di qualunque forma di comunicazione: *il significato di una frase, di certe occhiate* Ⓢ senso, valore. **2** L'importanza di un fatto, riguardo alle sue cause o alle sue conseguenze: *un episodio senza significato; valutare un evento storico in tutti i suoi significati.*

signora (si-gnó-ra) N.F. **1** Titolo di cortesia usato per rivolgersi a una donna, soprattutto se sposata: *la signora Rossi.* **2** Donna: *la sala era piena di signore eleganti* • Donna di un certo livello di educazione e di raffinatezza: *una signora non si comporta così.*

signore (si-gnó-re) N.M. **1** Titolo di cortesia usato per rivolgersi a un uomo: *signore, le è caduto qualcosa!* **2** Uomo: *c'è un signore che cerca di te.* **3** Uomo di grande sensibilità nei rapporti umani: *è un vero signore.* **4** Chi ha il dominio su un territorio: *i signori italiani del Rinascimento* Ⓢ principe, sovrano. **5** Titolo con cui ci si rivolge o riferisce a Dio: *Signore, aiutaci!*

Davanti a un nome subisce spesso il troncamento in *signor* (senza apostrofo): *buongiorno signor maestro; il signor Antonio; signor De Rossi.*

signoria (si-gno-rì-a) N.F. (pl. *-rìe*) · Il potere e l'autorità di chi ha il governo di una città o di un territorio, riferito in particolare all'Italia del Trecento e del Quattrocento.

signorile (si-gno-rì-le) AGG. **1** Degno di un gran signore: *una casa signorile* Ⓢ ricco, lussuoso. **2** Che si distingue per una naturale e squisita cortesia nei rapporti umani e sociali: *gente modesta ma di modi signorili* Ⓢ distinto, elegante, raffinato.

signorilità (si-gno-ri-li-tà) N.F. INVAR. · Distinzione, cortesia nel comportamento e raffinatezza di gusti.

signorina (si-gno-rì-na) N.F. **1** Titolo di cortesia usato per rivolgersi a donne non sposate: *si accomodi, signorina.* **2** Giovane donna: *sei proprio diventata una signorina!* Ⓢ ragazza, fanciulla. **3** Donna nubile: *è rimasta signorina.*

silenziatore (si-len-zia-tó-re) N.M. · Congegno che si applica alle armi da fuoco per attutire il rumore di uno sparo, o ad altri dispositivi rumorosi.

silenzio (si-lèn-zio) N.M. (pl. *-zi*) **1** Assenza di suoni o di rumori: *in questa casa non c'è mai un po' di silenzio* Ⓢ quiete. **2** Nelle caserme, il segnale che segna l'inizio del riposo notturno: *suonare il silenzio.* **3** Astensione dal parlare: *stare, rimanere in silenzio.* **4** Periodo in cui non si ricevono né si danno notizie: *dopo un lungo silenzio mi decido a scriverti.* **5** Segretezza riguardo a un certo fatto: *vi raccomando il più assoluto silenzio* Ⓢ discrezione, riservatezza. Ⓔ ***Fare silenzio***, tacere • ***Rompere il silenzio***, cominciare a parlare per primo • ***Silenzio di tomba***, totale, assoluto • ***Silenzio stampa***, interruzione della diffusione di notizie riguardo ad avvenimenti delicati, che potrebbero mettere a rischio la riuscita di un'operazione di polizia: *la famiglia del rapito ha chiesto il silenzio stampa.*

silenziosamente (si-len-zio-sa-mén-te) AVV. · In silenzio: *uscire silenziosamente* • Senza far parola: *accordarsi silenziosamente.*

silenzioso (si-len-zió-so) AGG. **1** Che sta in silenzio: *se ne stava silenzioso in disparte* Ⓢ taciturno. **2** Di luogo da cui i rumori sono assenti o ridotti al minimo: *una strada, una casa silenziosa* Ⓢ quieto, tranquillo Ⓒ rumoroso. **3** Che fa pochissimo rumore: *si avvicinò con passo silenzioso.*

silhouette (si-lhou-et-te; pronuncia *siluèt*) N.F. FR., in it. N.F. INVAR. **1** Tipo di ritratto che riproduce in nero, su un fondo bianco, i contorni esterni di una persona. **2** Profilo e contorno della figura: *ha una bella silhouette.*

silice (sì-li-ce) N.F. · Composto del silicio che si trova in natura nei minerali come il quarzo o nelle opali.

silicio (si-lì-cio) N.M. · Elemento chimico che si presenta sotto forma di polvere scura o in composti; è usato nell'industria della ceramica e del vetro e per la preparazione di leghe speciali (il simbolo chimico è *Si*).

silicone (si-li-có-ne) N.M. · Sostanza a base di silicio, usata come lubrificante, isolante o sigillante.

sillaba (sìl-la-ba) N.F. · In grammatica, l'unità minima, corrispondente a una sola emissione di voce, in cui ogni parola può essere divisa; è formata da una vocale o da un gruppo di consonanti più vocale: *"albero" è una parola di tre sillabe.*

sillabare (sil-la-bà-re) V.TR. (*sìllabo*, ecc.) · In grammatica, dividere una parola in sillabe nella pronuncia o nella scrittura: *può sillabare il suo nome e cognome?* Ⓢ scandire.

sillabario (sil-la-bà-rio) N.M. (pl. *-ri*) · Libro scolastico per imparare a leggere partendo dalle sillabe.

sillabazione (sil-la-ba-zió-ne) N.F. · Divisione di parole in sillabe: *sbagliare la sillabazione.*

sillogismo (sil-lo-gì-ṣmo) N.M. · Dimostrazione che si basa su due premesse non in contraddizione fra loro, da cui deriva una conclusione logica, per es. *se Mario è un uomo e tutti gli uomini sono mortali, allora anche Mario è mortale.*

silo (sì-lo) N.M. (pl. *sìli* o, alla spagnola, *sìlos*) · Deposito di forma cilindrica per la conservazione di prodotti agricoli, minerali o chimici.

Silos è il plurale alla spagnola della parola *silo* e non si usa al singolare.

silurare (si-lu-rà-re) V.TR. **1** Colpire con siluri: *silurare un sommergibile.* **2** Allontanare in modo improvviso qualcuno da una carica importante: *il direttore generale è stato silurato* Ⓢ destituire. **3** Far fallire, mandare a monte: *silurare un progetto.*

siluro (si-lù-ro) N.M. · Arma subacquea a forma di cilindro, dotata di proprio motore, lanciata contro un obiettivo che si trova in mare per farlo esplodere.

silvestre (sil-vè-stre) AGG. **1** Che vive o cresce nei boschi: *creature silvestri* Ⓢ selvatico. **2** Ricco di boschi: *regione silvestre* Ⓢ boscoso.

simbiosi (sim-bi-ò-ṣi) N.F. INVAR. **1** Vita in comune di due o più animali o vegetali che appartengono a specie diverse, per reciproco vantaggio. **2** Strettissimo rapporto: *una coppia che vive in simbiosi* Ⓢ fusione.

simbiotico (sim-bi-ò-ti-co) AGG. (pl.m. *-ci*, pl.f. *-che*) · Che riguarda la simbiosi: *associazione simbiotica.*

simboleggiare (sim-bo-leg-già-re) V.TR. (*simboléggio*, ecc.) · Rappresentare in modo simbolico: *il giglio simboleggia la purezza.*

simbolico (sim-bò-li-co) AGG. (pl.m. *-ci*, pl.f. *-che*) **1** Che ha valore di simbolo: *immagine simbolica.* **2** Che ha importanza non per quello che vale in sé ma per quello che rappresenta: *ha chiesto in cambio la cifra simbolica di un euro* Ⓢ significativo.

simbolismo (sim-bo-li-ṣmo) N.M. **1** Impiego di un determinato sistema di simboli: *ricorrere a un complicato simbolismo.* **2** Impiego più o meno sistematico di simboli: *il simbolismo di Dante; il simbolismo della scultura gotica.*

simbolo (sìm-bo-lo) N.M. **1** Segno o figura che rappresenta valori o concetti astratti: *la bandiera è il simbolo della patria; i Beatles sono stati un simbolo per tutta una generazione* Ⓢ

emblema. **2** Segno grafico condiviso da tutti per rappresentare grandezze o concetti delle varie discipline: *in chimica O è il simbolo dell'ossigeno.*

simbologia (sim-bo-lo-gì-a) N.F. (pl. *-gìe*) **1** Disciplina che studia l'origine e il significato dei simboli. **2** L'uso di simboli per necessità particolari di comunicazione: *la simbologia massonica.*

sim card (pronuncia *simcàrd*) N. INGL., in it. N.F. INVAR. · Carta che, inserita all'interno di un telefono cellulare, permette all'abbonato di usufruire del servizio di telefonia mobile.

similare (si-mi-là-re) AGG. · Dello stesso tipo: *usare un filo di cotone o di un materiale similare* Ⓢ analogo, simile.

simile (sì-mi-le) AGG. e N.M. e F. || AGG. **1** Che assomiglia nell'aspetto o nelle caratteristiche: *due colori molto simili; avere gusti simili* Ⓢ analogo, affine, somigliante Ⓒ diverso, dissimile. **2** Di tale specie, con riferimento agli aspetti inconsueti oppure a quelli negativi: *non voglio avere niente a che fare con gente simile* Ⓢ tale. **3** Di figure geometriche, che hanno in comune la forma ma non la dimensione. || N.M. e F. Essere vivente, uomo, prossimo: *rispettare, amare, aiutare i propri simili.*

similitudine (si-mi-li-tù-di-ne) N.F. **1** Figura retorica che crea un paragone fra due oggetti, due concetti o due eventi simili, per maggiore chiarezza o per creare una bella immagine: *come il vento si abbatte sulla quercia, così l'amore scuote il mio cuore.* **2** Corrispondenza tra due figure geometriche quando gli angoli sono uguali e i segmenti corrispondenti sono in un rapporto proporzionale.

simmetria (sim-me-trì-a) N.F. (pl. *-trìe*) · Corrispondenza di forma e di posizione fra le parti di un oggetto o fra gli elementi di un sistema: *la simmetria di un edificio* Ⓢ armonia, equilibrio, proporzione Ⓒ asimmetria • Proprietà di due figure geometriche uguali i cui punti corrispondenti si trovano allineati da parti opposte e alla stessa distanza rispetto a una retta.

simmetrico (sim-mè-tri-co) AGG. (pl.m. *-ci*, pl.f. *-che*) · Conforme a criteri di simmetria: *i mobili non sono simmetrici rispetto al camino.*

simpatia (sim-pa-tì-a) N.F. (pl. *-tìe*) **1** Spontanea attrazione verso una persona o una cosa: *non ho molta simpatia per i ricevimenti ufficiali* Ⓢ inclinazione, debole Ⓒ antipatia. **2** Affinità di sentimenti tra persone che si piacciono: *è nata tra loro una forte simpatia* Ⓢ attrazione. **3** Capacità naturale di rendersi gradito agli altri: *è di una simpatia travolgente.*

Il termine deriva dal greco *sympátheia* 'accordo di sentimenti', composto a sua volta di *sýn* 'insieme' e *páthos* 'affezione, sentimento'.

simpatico (sim-pà-ti-co) AGG. (pl.m. *-ci*, pl.f. *-che*) **1** Capace di suscitare simpatia: *non è bello, però è simpatico* Ⓢ piacevole, gradevole, divertente Ⓒ antipatico. **2** Che diverte, che suscita buonumore: *una simpatica serata* • Benevolo: *ha detto cose molto simpatiche nei tuoi confronti.* Ⓔ ***Inchiostro simpatico***, usato per comunicazioni segrete, che diventa visibile solo se sottoposto a certi trattamenti.

simpatizzante (sim-pa-tiz-zàn-te) AGG. e N.M. e F. · Che, chi apprezza il punto di vista di un partito politico o di un'ideologia senza aderirvi apertamente: *una simpatizzante del movimento per la difesa dell'ambiente* Ⓢ sostenitore.

simpatizzare (sim-pa-tiz-zà-re) V.INTR. (aus. *avere*) **1** Stabilire un rapporto di amicizia: *ha simpatizzato subito* ***con*** *i nuovi compagni di classe* Ⓢ fraternizzare, legare. **2** Condividere le idee di una persona o di un movimento: *simpatizzare* ***per*** *un partito.*

simposio (sim-pò-sio) N.M. (pl. *-si*) **1** Pranzo solenne e sontuoso con molti invitati Ⓢ banchetto. **2** Convegno di studiosi su un certo argomento: *simposio internazionale di cardiologia* Ⓢ congresso; meeting (*ingl.*).

Il termine deriva dal greco *sympósion* 'bere insieme', composto a sua volta di *sýn* 'con' e di *píno* 'bere'.

simulare (si-mu-là-re) V.TR. (*sìmulo*, ecc.) **1** Far apparire ciò che non è nella realtà: *simulare amicizia per qualcuno* Ⓢ fingere, fare finta. **2** Riprodurre artificialmente una particolare situazione per studiarla: *simulare un volo nello spazio.*

simulatore (si-mu-la-tó-re) N.M. (f. *-trìce*) || N.M. (f. *-trìce*) Persona abituata a fingere: *non* *credergli, è un gran simulatore* Ⓢ commediante. || N.M. Dispositivo che riproduce le condizioni di un ambiente allo scopo di svolgere esperimenti: *simulatore di guida, di volo*.

simulazione (si-mu-la-zió-ne) N.F. **1** Comportamento che serve a illudere o a ingannare: *è un maestro nella simulazione* Ⓢ ipocrisia. **2** Ricostruzione artificiale di un fenomeno per studiarlo: *simulazione di un lancio*.

simultaneo (si-mul-tà-ne-o) AGG. (pl.m. *-nei*, pl.f. *-nee*) · Che avviene nello stesso tempo: *movimenti simultanei di braccia e gambe* Ⓢ contemporaneo, coordinato. Ⓔ ***Traduzione simultanea*** → ***traduzione***.

sin- · Prefisso che indica 'unione, accordo, connessione' nel tempo e nello spazio: *sintonia*, accordo di suoni; davanti ad alcune consonanti, la *n* diventa *m*: *simmetria*; *simbiosi*.

sinagoga (si-na-gò-ga) N.F. (pl. *-ghe*) · Nella religione ebraica, il luogo destinato alle riunioni per la lettura dei sacri testi e la preghiera Ⓢ tempio.

sinceramente (sin-ce-ra-mén-te) AVV. · Con sincerità: *parlare sinceramente; amare sinceramente* • In tutta sincerità, in coscienza: *sinceramente, credo che tu abbia sbagliato*.

sincerarsi (sin-ce-ràr-si) V.RIFL. (*mi sincèro*, ecc.) · Accertarsi della verità di un fatto: *voglio sincerarmi che le cose siano andate davvero così* Ⓢ assicurarsi.

sincerità (sin-ce-ri-tà) N.F. INVAR. · Corrispondenza delle parole o delle azioni di una persona a ciò che pensa o sente veramente: *non credo alla sincerità dei suoi sentimenti* Ⓢ lealtà, verità.

S

sincero (sin-cè-ro) AGG. **1** Di persona, che parla e agisce senza nascondere nulla: *un amico sincero* Ⓢ schietto, franco • Aperto, leale: *sii sincero con me, cosa pensi?* **2** Che corrisponde all'effettivo modo di sentire e di pensare: *un pentimento sincero* Ⓢ vero, autentico • In espressioni di cortesia, sentito: *i miei più sinceri auguri*. **3** Di vino, genuino, puro, schietto.

sincope (sìn-co-pe) N.F. **1** Breve perdita di coscienza, causata da problemi di cuore e respiratori Ⓢ colpo. **2** In grammatica, caduta di una vocale interna a una parola: per es. *spirto* da *spirito*. **3** In musica, spostamento di accento sul tempo debole.

sincronia (sin-cro-ni-a) N.F. (pl. *-nìe*) · Contemporaneità di azioni: *sincronia di movimenti* Ⓢ sincronismo.

sincronismo (sin-cro-nì-ṣmo) N.M. · Sincronia.

sincronizzare (sin-cro-niẓ-ẓà-re) V.TR. · Fare in modo che due azioni avvengano insieme: *sincronizzare le varie operazioni di un attacco aereo; sincronizzare due orologi*, regolarli sulla stessa ora.

sincrono (sìn-cro-no) AGG. · Che avviene nello stesso momento: *due eventi sincroni* Ⓢ contemporaneo, simultaneo.

sindacale (sin-da-cà-le) AGG. · Del sindacato: *richieste sindacali*.

sindacalista (sin-da-ca-lì-sta) N.M. e F. (pl.m. *-i*, pl.f. *-e*) · Persona attiva in un sindacato.

sindacare (sin-da-cà-re) V.TR. (*sìndaco, sìndachi*, ecc.) · Esprimere critiche su qualcosa: *non mi permetterei mai di sindacare le tue scelte* Ⓢ criticare, giudicare.

sindacato (sin-da-cà-to) N.M. · Associazione che serve a proteggere gli interessi e i diritti dei lavoratori: *lo sciopero proclamato dai sindacati*.

sindaco (sìn-da-co) N.M. (f. raro *-a*; pl.m. *-ci*, pl.f. *-che*) · Capo dell'amministrazione comunale, eletto dai cittadini, con funzioni esecutive: *il sindaco ha deciso di far costruire una metropolitana in città* Ⓢ primo cittadino.

Il femminile di *sindaco* è *sindaca*, ma è usato poco. Spesso si usa il maschile anche quando ci si riferisce a una donna: *il sindaco Luisa Rossi*.

sindone (sìn-do-ne) N.F. · Lenzuolo di lino con cui gli Ebrei avvolgevano i cadaveri prima della sepoltura. Ⓔ ***La Sacra Sindone***, il lenzuolo con cui, secondo i Vangeli, fu avvolto il corpo di Gesù Cristo dopo la morte.

sindrome (sìn-dro-me) N.F. · L'insieme dei sintomi che caratterizzano una malattia.

sinergia (si-ner-gì-a) N.F. (pl. *-gìe*) · Collaborazione fra diversi elementi, per ottenere un risultato: *questo progetto è stato elaborato in sinergia con una ditta straniera*.

sinfonia (sin-fo-nì-a) N.F. (pl. *-nìe*) **1** Componimento musicale per orchestra in tre o quattro movimenti: *una sinfonia di Brahms.* **2** Insieme armonioso di elementi: *una sinfonia di colori* Ⓢ armonia.

sinfonico (sin-fò-ni-co) AGG. (pl.m. *-ci*, pl.f. *-che*) · Che appartiene al genere musicale della sinfonia: *musica, orchestra sinfonica.*

singhiozzare (sin-ghioz-zà-re) V.INTR. (*singhiózzo*, ecc.; aus. *avere*) **1** Avere il singhiozzo. **2** Piangere con singhiozzi: *singhiozzava disperata.*

singhiozzo (sin-ghióz-zo) N.M. · Brusca contrazione involontaria del diaframma e dei muscoli della gola, con rumore caratteristico, che spesso accompagna anche un pianto disperato. Ⓔ ***A singhiozzo***, con frequenti interruzioni e riprese: *lavorare a singhiozzo.*

single (sin-gle; pronuncia *sìngol*) N. INGL., in it. N.M. e F. INVAR. · Persona non sposata: *i single sono in aumento* Ⓢ scapolo, nubile.

singolare (sin-go-là-re) AGG. e N.M. || AGG. Che presenta caratteristiche diverse da quelle dell'ambito cui appartiene: *un tipo davvero singolare; un modo di vestire singolare* Ⓢ particolare, strano • Eccezionale, unico: *donna di bellezza singolare.* || AGG. e N.M. In grammatica, della forma di nomi, aggettivi, articoli, pronomi e verbi che si riferisce a un elemento singolo: *"faccio" è una prima persona singolare; "uomo" è il singolare di "uomini"* Ⓒ plurale.

singolarità (sin-go-la-ri-tà) N.F. INVAR. · Condizione caratteristica di un unico individuo o di un unico fatto: *la singolarità della situazione* Ⓢ stranezza, particolarità.

singolarmente (sin-go-lar-mén-te) AVV. · Individualmente, ad uno ad uno: *informare tutti singolarmente.*

singolo (sìn-go-lo) AGG. e N.M. || AGG. **1** Considerato individualmente, distinto dagli altri: *prendere in esame i singoli articoli di una legge.* **2** Uno solo: *documento in singola copia* Ⓢ unico. || N.M. **1** L'individuo considerato di per sé: *trascurare gli interessi del singolo.* **2** Nel tennis e nel ping-pong, l'incontro in cui si affrontano due soli giocatori. **3** Canzone di un album messa in commercio da sola: *il nuovo singolo di Jovanotti.* Ⓔ ***Letto singolo***, per una persona; ***camera singola*** (o *una singola* N.F.), con letto singolo.

sinistra (si-nì-stra) N.F. **1** La mano sul lato sinistro del corpo: *scrive con la sinistra* Ⓒ destra • Il lato, la parte, la direzione corrispondenti: *i pedoni devono tenere la sinistra.* **2** L'insieme dei partiti politici che rappresentano le tendenze di riforma e rinnovamento e che in Parlamento siedono a sinistra del presidente: *la sinistra ha proposto una legge di riforma della scuola.*

sinistro (si-nì-stro) AGG. e N.M. || AGG. **1** Che in un corpo si trova dallo stesso lato del cuore: *una ferita alla gamba sinistra* Ⓢ mancino Ⓒ destro. **2** Che incute timore o preannuncia sventure: *sinistre profezie* Ⓢ minaccioso, lugubre, torvo. || N.M. **1** Incidente di notevole gravità: *è assicurato contro i sinistri* Ⓢ infortunio, disgrazia. **2** Nello sport, colpo dato con la mano sinistra o con il piede sinistro: *un sinistro al mento; ha segnato con un sinistro al volo.*

sino (sì-no) PREP. → ***fino***[1].

sinodo (sì-no-do) N.M. · Riunione dei sacerdoti di una diocesi, indetta dal vescovo.

sinonimia (si-no-ni-mì-a) N.F. (pl. *-mìe*) · Uguaglianza di significato fra due parole.

sinonimo (si-nò-ni-mo) AGG. e N.M. · Di parola che ha un significato uguale o molto simile a quello di un'altra: *"scuro" e "buio" sono sinonimi.*

sinora (si-nó-ra) → ***finora***.

sinottico (si-nòt-ti-co) AGG. (pl.m. *-ci*, pl.f. *-che*) · Che si coglie con un'unica occhiata • Riassuntivo e schematico: *tavole sinottiche di storia.* Ⓔ ***Vangeli sinottici*** (o *i sinottici* N.M.PL.), i Vangeli di Matteo, Marco e Luca che, essendo molto simili, se scritti su tre colonne parallele, permettono di vedere con una sola occhiata i punti in comune.

sintagma (sin-tà-gma) N.M. (pl. *-i*) · In grammatica, unità della frase con significato autonomo; nella frase *Antonio è andato al cinema* i sintagmi sono tre: soggetto (*Antonio*), predicato (*è andato*), complemento di moto a luogo (*al cinema*).

A B C D E F G H I J K L M N O P Q R S T U V W X Y Z

sintassi (sin-tàs-si) N.F.INVAR. · In grammatica, lo studio delle funzioni tipiche della struttura della frase. Ⓔ ***Sintassi della proposizione***, che studia i possibili costrutti all'interno della proposizione; ***sintassi del periodo***, che studia la varietà delle proposizioni all'interno del periodo e il loro collegamento.

sintattico (sin-tàt-ti-co) AGG. (pl.m. *-ci*, pl.f. *-che*) · Che riguarda la sintassi: *regole sintattiche.*

sintesi (sìn-te-ṣi) N.F.INVAR. **1** Processo che da più elementi ne crea uno solo Ⓢ unione, fusione. **2** Riassunto, riepilogo: *fare la sintesi del discorso.* Ⓔ ***In sintesi***, in breve, in poche parole: *esporre le cose in sintesi.*

sintetico (sin-tè-ti-co) AGG. (pl.m. *-ci*, pl.f. *-che*) **1** Essenziale, sommario, stringato: *una ricostruzione sintetica dei fatti.* **2** Ottenuto in modo chimico: *resine, fibre sintetiche* Ⓢ artificiale.

sintetizzare (sin-te-tiẓ-ẓà-re) V.TR. **1** Riassumere, abbreviare, stringere: *sintetizzare un discorso.* **2** Produrre in modo chimico: *sintetizzare una proteina.* **3** Riprodurre artificialmente il suono di uno strumento musicale con un apposito congegno elettronico.

sintomatico (sin-to-mà-ti-co) AGG. (pl.m. *-ci*, pl.f. *-che*) **1** Che rappresenta un sintomo di malattia: *manifestazioni sintomatiche.* **2** Fortemente significativo, indicativo: *un'assenza sintomatica; l'aumento del prezzo del petrolio è sintomatico della crisi politica internazionale.*

sintomo (sìn-to-mo) N.M. **1** Manifestazione di una malattia: *il malato presenta i sintomi del tifo.* **2** Elemento che fa intuire i futuri sviluppi di una situazione: *si notano dei sintomi di distensione fra i due partiti politici* Ⓢ segno, indizio, segnale.

sintonia (sin-to-nì-a) N.F. (pl. *-nìe*) **1** Negli apparecchi radio, concordanza di frequenza fra un apparecchio che trasmette e uno che riceve. **2** Perfetto accordo: *essere in sintonia con qualcuno* Ⓢ armonia.

sintonizzare (sin-to-niẓ-ẓà-re) V.TR. || TR. **1** Regolare un apparecchio radiofonico o televisivo sulla frequenza di una stazione trasmittente. **2** Accordare, armonizzare: *sintonizzare le forme **con** i colori.* || **sintonizzarsi** RIFL. Regolare il proprio apparecchio radiofonico o televisivo su una data frequenza: *sintonizzarsi **su** un canale straniero.*

sinuoso (si-nu-ó-so) AGG. · Caratterizzato da una successione di curve: *il corso sinuoso di un fiume* Ⓢ serpeggiante.

sipario (si-pà-rio) N.M. (pl. *-ri*) · Nel teatro, tenda che nasconde il palcoscenico agli occhi del pubblico prima che inizi lo spettacolo o durante i cambi di scena: *aprire il sipario.* Ⓔ ***Cala il sipario su qualcosa***, per indicare la conclusione di una vicenda, quando si smette di parlarne: *è calato il sipario sull'omicidio della giovane donna.*

sirena[1] (si-rè-na) N.F. **1** Figura della mitologia classica rappresentata con l'aspetto di donna nella parte superiore del corpo e di uccello o di pesce nella parte inferiore; con il suo canto melodioso attirava i marinai per farli poi morire tra le onde del mare. **2** Donna seducente, spesso ingannatrice.

sirena[2] (si-rè-na) N.F. · Apparecchio che produce un suono forte e prolungato per attirare l'attenzione: *arrivò un'ambulanza a sirena spiegata.*

siringa (si-rìn-ga) N.F. (pl. *-ghe*) · Strumento cilindrico cavo, azionato da uno stantuffo, in cui è inserito un ago forato, usato per iniettare liquidi o prelevarli da un corpo: *il medico aveva la siringa per le punture.*

sisma (si-ṣma) N.M. (pl. *-i*) · Terremoto: *un sisma ha colpito la Turchia.*

sismico (si-ṣmi-co) AGG. (pl.m. *-ci*, pl.f. *-che*) · Che riguarda i terremoti e il loro studio: *fenomeni sismici.* Ⓔ ***Area sismica*** o ***zona sismica***, a rischio di terremoti.

sismo- · Primo elemento di parole composte che significa 'terremoto' o 'movimento della terra': *sismografo.*

sismografo (si-ṣmò-gra-fo) N.M. · Strumento per la registrazione dell'intensità, della durata e della provenienza di una scossa di terremoto.

sistema (si-stè-ma) N.M. (pl. *-i*) **1** Insieme di elementi coordinati o in stretto rapporto fra loro. **2** Nell'organismo, insieme di organi che partecipano alla stessa funzione: *sistema*

S

circolatorio, digerente Ⓢ apparato. **3** Insieme di principi e istituzioni che formano una struttura organizzata: *sistema elettorale; sistema economico*. **4** Insieme di teorie legate fra loro in base a un unico principio: *sistema filosofico* Ⓢ concezione. **5** Procedimento tecnico impiegato per un certo scopo: *sistema di riscaldamento*. **6** Modo di comportarsi: *non approvo il suo sistema di vita* Ⓢ tenore, condotta • Nel linguaggio familiare, modo, maniera: *conosco io il sistema per farlo parlare*. Ⓔ ***Sistema metrico decimale*** → *decimale* • ***Sistema monetario***, l'unità monetaria di uno Stato con i suoi multipli e sottomultipli • ***Sistema operativo***, programma di base di ogni computer che serve a gestire tutti gli altri programmi • ***Sistema periodico degli elementi***, tavola in cui sono ordinate tutte le sostanze chimiche di base • ***Sistema solare***, l'insieme dei corpi celesti che ruotano intorno al Sole.

sistemare (si-ste-mà-re) V.TR. (*sistèmo*, ecc.) || TR. **1** Disporre in maniera ordinata o risolvere una questione: *sistema i tuoi vestiti* ***nel****l'armadio; ho una faccenda da sistemare* Ⓢ ordinare, aggiustare. **2** Trovare un posto di lavoro a qualcuno: *ha sistemato il figlio* ***in*** *banca*. || **sistemarsi** RIFL. Trovare un lavoro, una casa, oppure sposarsi: *si è sistemato* ***in*** *un appartamento in centro; quand'è che ti sistemi?*

sistematico (si-ste-mà-ti-co) AGG. (pl.m. -*ci*, pl.f. -*che*) **1** Che segue un criterio ordinato e costante: *ricerche sistematiche* Ⓢ preciso, metodico. **2** Che accade con regolarità, secondo leggi precise: *il ripetersi sistematico delle maree* Ⓢ regolare, costante. **3** Che viene fatto continuamente anche senza un vero motivo: *quando parliamo di queste cose, la tua opposizione è sistematica*.

sistemazione (si-ste-ma-zió-ne) N.F. **1** Disposizione, collocazione: *la sistemazione dei mobili*. **2** Posto di lavoro fisso: *ha trovato una buona sistemazione* Ⓢ impiego. **3** Alloggio, casa: *ho trovato una sistemazione provvisoria a Londra*.

sistole (sì-sto-le) N.F. · Contrazione del cuore per immettere il sangue nell'arteria polmonare e nell'aorta Ⓒ diastole.

sit-in (pronuncia *sitìn*) N. INGL., in it. N.M. INVAR. · Manifestazione pacifica di protesta in cui ci si siede in luoghi pubblici, occupandoli e rendendo difficile lo svolgimento regolare delle attività.

sito[1] (sì-to) AGG. · Posto, situato: *appartamento sito all'ultimo piano del palazzo*.

sito[2] (sì-to) N.M. **1** Luogo, località: *un sito archeologico*. **2** In informatica, insieme di dati, informazioni e servizi, organizzati in pagine collegate tra loro e collocate su un server connesso a Internet.

sitografia (si-to-gra-fì-a) N.F. (pl. -*fie*) · Elenco che raccoglie l'insieme dei siti web che forniscono informazioni a proposito di un certo argomento.

situare (si-tu-à-re) V.TR. (*sìtuo*, ecc.) || TR. **1** Mettere in un certo posto: *situare un mobile accanto alla finestra* Ⓢ sistemare, collocare. **2** Ambientare, collocare: *situare la vicenda di un romanzo* ***in*** *epoca romana*. || **situarsi** INTR. PRONOM. Risultare inserito in un certo momento o in un certo contesto: *l'ora della morte si situa* ***fra*** *le otto e le nove* Ⓢ collocarsi, porsi.

situazione (si-tua-zió-ne) N.F. · L'insieme degli elementi che formano la condizione di una persona o di un fenomeno: *trovarsi in una brutta situazione; la situazione economica di un Paese* Ⓢ stato, momento, posizione. Ⓔ ***Fare il punto della situazione*** o ***fare il quadro della situazione***, definire con chiarezza i vari aspetti di una questione: *prima di investire altro denaro nel progetto facciamo il punto della situazione*.

sketch (pronuncia *schèč*) N. INGL., in it. N.M. INVAR. · Breve scenetta comica: *uno sketch molto divertente*.

skilift (ski-lift; pronuncia *schilìft*) (o **ski-lift**) N. INGL., in it. N.M. INVAR. · Impianto per far risalire gli sciatori in cima a una pista da sci.

skipper (skip-per; pronuncia *schìpper*) N. INGL., in it. N.M. e F. INVAR. · La persona che dirige la manovra delle imbarcazioni a vela.

slacciare (ṣlac-cià-re) V.TR. (*ṣlàccio*, ecc.) **1** Sciogliere o liberare dai lacci: *slacciare le scarpe* Ⓒ allacciare. **2** Aprire una chiusura: *aiutami a slacciare il casco*.

slalom (ṣlà-lom) N.M. INVAR. · Nello sci, gara di discesa in cui gli atleti devono superare a zig zag una serie di porte. Ⓔ ***Slalom gigante***, gara con un minor numero di porte poste a una maggiore distanza • ***Slalom speciale***, gara su percorso molto ripido e con un alto numero di porte.

Il termine deriva da una parola norvegese composta di *sla* 'inclinato' e *lam* 'traccia dello sci'.

slanciare (ṣlan-cià-re) V.TR. (*ṣlàncio*, ecc.) || TR. **1** Distendere con forza una parte del corpo: *slanciare le gambe in avanti* Ⓢ gettare. **2** Far apparire più snello e alto: *i tacchi alti slanciano.* || **slanciarsi** RIFL. Proiettarsi con forza in avanti: *slanciarsi* ***contro*** *il nemico* Ⓢ scagliarsi. || **slanciarsi** INTR. PRONOM. Protendersi verso l'alto: *la torre si slancia* ***verso*** *il cielo* Ⓢ innalzarsi.

slanciato (ṣlan-cià-to) AGG. · Di persona alta e snella: *con quella figura slanciata si può mettere quello che vuole* Ⓒ tozzo.

slancio (ṣlàn-cio) N.M. (pl. *-ci*) **1** Proiezione del corpo in avanti, in alto o in basso: *scese la scale con slancio* Ⓢ scatto, balzo. **2** Moto spontaneo dell'animo: *ha agito in uno slancio di tenerezza* Ⓢ impeto, impulso • Ardore, entusiasmo, trasporto: *ha aderito al progetto con slancio.* Ⓔ ***Di slancio***, con impeto e velocità: *alzarsi di slancio.*

slang (pronuncia ṣlèng) N. INGL., in it. N.M. INVAR. · Linguaggio usato in certe classi o gruppi sociali: *slang giovanile* Ⓢ gergo.

S

slargo (ṣlàr-go) N.M. (pl. *-ghi*) · Tratto in cui una strada si allarga: *fermati in quello slargo sulla destra* Ⓢ spiazzo.

slash (pronuncia ṣlèš) N. INGL., in it. N.M. INVAR. · Il segno della barra (/).

slavato (ṣla-và-to) AGG. **1** Di colore, sbiadito, spento, smorto: *un azzurro slavato.* **2** Di volto, pallido, esangue: *una faccia slavata.*

slavina (ṣla-vì-na) N.F. · Massa di neve che si stacca dall'alto di un monte precipitando a valle: *è morto sotto una slavina* Ⓢ valanga.

slavo (ṣlà-vo) AGG. e N.M. (f. *-a*) || AGG. Degli Slavi, gruppo etnico che costituisce la maggior parte delle popolazioni dell'Europa centro-orientale. || AGG. e N.M. (f. *-a*) Individuo appartenente a uno dei popoli slavi. Ⓔ ***Lingue slave***, gruppo di lingue indoeuropee parlate fra l'Europa centro-orientale e l'Asia centro-settentrionale.

sleale (ṣle-à-le) AGG. **1** Che tradisce la fiducia alla base di un buon rapporto tra le persone: *non ti fidare, è una persona sleale* Ⓢ falso, scorretto Ⓒ leale. **2** Disonesto, illecito, scorretto: *concorrenza sleale.*

slealtà (ṣle-al-tà) N.F. INVAR. · Mancanza di onestà, di correttezza e di fedeltà alla parola data: *comportarsi con slealtà* Ⓢ scorrettezza Ⓒ lealtà.

slegare (ṣle-gà-re) V.TR. (*ṣlégo*, *ṣléghi*, ecc.) || TR. Sciogliere da un legame: *slegò il prigioniero* Ⓢ liberare Ⓒ legare. || **slegarsi** RIFL. Liberarsi, sciogliersi: *il cane è riuscito a slegarsi.*

slip (ṣlip) N.M. INVAR. · Mutandine molto corte, che coprono solo l'inguine, usate sia come indumento intimo che come costume da bagno.

slitta (ṣlìt-ta) N.F. · Veicolo trainato da animali, costituito da un sedile posto su pattini, per spostarsi sulla neve o sul ghiaccio: *la slitta di Babbo Natale.*

slittamento (ṣlit-ta-mén-to) N.M. **1** Scorrimento a vuoto per scarsa aderenza al terreno: *lo slittamento delle ruote sul ghiaccio* Ⓢ scivolamento. **2** Rimando, rinvio, proroga: *l'inizio del progetto ha subito uno slittamento.*

slittare (ṣlit-tà-re) V.INTR. (aus. *avere* o *essere*) **1** Scorrere per insufficiente aderenza: *l'auto è slittata* ***sul*** *bagnato* Ⓢ scivolare. **2** Di persone o animali, scivolare sul terreno. **3** Subire un rinvio: *la riunione è slittata* ***a*** *giovedì.*

slittino (ṣlit-tì-no) N.M. · Piccola slitta da neve.

slogan (ṣlò-gan) N.M. INVAR. · Frase breve e incisiva, che si ricorda facilmente, usata soprattutto nella propaganda politica e in pubblicità: *slogan pubblicitario; urlare slogan di protesta* Ⓢ motto.

Il termine deriva da una parola gaelica che significa 'grido di guerra'.

slogare (ṣlo-gà-re) V.TR. (*ṣlògo*, *ṣlòghi*, ecc.) || TR. Produrre o riportare una distorsione a un'articolazione: ***mi*** *hai quasi slogato il polso*; anche TR. PRONOM.: *mi sono slogato una spalla*. || **slogarsi** INTR. PRONOM. Subire una slogatura: ***mi*** *si è slogata una caviglia*.

slogatura (ṣlo-ga-tù-ra) N.F. · Distorsione a un'articolazione: *riportare una slogatura alla spalla destra*.

sloggiare (ṣlog-già-re) V.TR. e INTR. (*ṣlòggio*, ecc.) || TR. Mandare via da un luogo: *sloggiare un inquilino* ***dall'****appartamento* Ⓢ scacciare. || INTR. (aus. *avere*) **1** Venire via da un luogo: *sloggiare* ***da*** *un edificio inagibile* Ⓢ sgombrare, trasferirsi. **2** Nel linguaggio familiare, andarsene: *sloggia!*; *sloggiate* ***da*** *qui, devo lavorare*.

slovacco (ṣlo-vàc-co) AGG. e N.M. (f. *-a*; pl.m. *-chi*, pl.f. *-che*) || AGG. Della Slovacchia. || N.M. (f. *-a*) Abitante, nativo della Slovacchia. || N.M. La lingua parlata in Slovacchia.

sloveno (ṣlo-vè-no) AGG. e N.M. (f. *-a*) || AGG. Della Slovenia. || N.M. (f. *-a*) Abitante, nativo della Slovenia. || N.M. La lingua parlata in Slovenia.

slow (pronuncia *ṣlóu*) AGG. INGL., in it. AGG. INVAR. · Che privilegia ritmi di vita più lenti rispetto a quelli imposti dalle moderne società: *città slow*.

slow food (pronuncia *ṣlóu fud*) N. INGL., in it. N.M. INVAR. · Movimento che valorizza il piacere di gustare cibi tradizionali e genuini senza fretta (contrapposto a *fast food*).

slum (pronuncia *ṣlàm*) N. INGL., in it. N.M. INVAR. · Area di una grande città occupata da abitazioni povere e malsane: *gli slum di Mumbai* Ⓢ baraccopoli.

smaccato (ṣmac-cà-to) AGG. · Esagerato, eccessivo, sfacciato: *lodi smaccate*.

smacchiare (ṣmac-chià-re) V.TR. (*ṣmàcchio*, ecc.) · Togliere le macchie: *smacchiare un paio di pantaloni*.

smacco (ṣmàc-co) N.M. (pl. *-chi*) · Grave e umiliante insuccesso: *subire uno smacco* Ⓢ batosta, fiasco.

smagliante (ṣma-gliàn-te) AGG. **1** Di una lucentezza intensa Ⓢ brillante, vivido. **2** Raggiante, radioso: *un sorriso smagliante* • Che emana un irresistibile fascino: *una bellezza smagliante*. **3** In ottima forma: *l'atleta è in forma smagliante*.

smagliare (ṣma-glià-re) V.TR. (*ṣmàglio*, ecc.) || TR. Rompere o allentare le maglie di un tessuto: *smagliare una calza*. || **smagliarsi** INTR. PRONOM. **1** Di tessuti, rompersi o allentarsi nelle maglie: *mi si è smagliato il collant*. **2** Della pelle, presentare delle smagliature: *mi si è smagliata la pelle*.

smagliatura (ṣma-glia-tù-ra) N.F. **1** Rottura di una o più maglie di un tessuto: *una calza piena di smagliature*. **2** Striatura che compare sulla pelle: *dopo la gravidanza sono comparse diverse smagliature*.

smagnetizzare (ṣma-gne-tiẓ-ẓà-re) V.TR. || TR. Ridurre o annullare la carica magnetica di un corpo magnetizzato: *smagnetizzare una carta di credito*. || **smagnetizzarsi** INTR. PRONOM. Perdere la carica magnetica: *la cassetta si è smagnetizzata*.

smaliziato (ṣma-li-zià-to) AGG. · Esperto, scaltro: *un commerciante smaliziato* • Già maturo e non più ingenuo: *una ragazzina smaliziata*.

smaltare (ṣmal-tà-re) V.TR. · Rivestire, decorare o tingere con lo smalto: *smaltare un piatto di rame*; anche TR. PRONOM.: *smaltarsi le unghie*.

smaltimento (ṣmal-ti-mén-to) N.M. **1** Eliminazione, evacuazione: *lo smaltimento dei rifiuti*. **2** Digestione completa del cibo ingerito: *smaltimento di un pasto abbondante*. **3** Vendita fino a esaurimento della merce: *lo smaltimento dei fondi di magazzino*.

smaltire (ṣmal-tì-re) V.TR. (*ṣmaltìsco*, *ṣmaltìsci*, ecc.) **1** Digerire completamente: *smaltire il pranzo*; *un cibo difficile da smaltire*. **2** Vendere fino a esaurimento: *smaltire le rimanenze di magazzino* Ⓢ smerciare • Finire, esaurire: *smaltire le scorte*. **3** Far passare uno stato d'animo: *smaltire l'ira* Ⓢ calmare, placare. **4** Eliminare le acque di scarico o i rifiuti: *tubature per smaltire gli scarichi industriali* Ⓢ scaricare. Ⓔ ***Smaltire il traffico***, renderlo scorrevole.

smalto (ṣmàl-to) N.M. **1** Sostanza lucida simile al vetro usata per rivestire molti materiali: *decorare a smalto*. **2** Vivacità che si manifesta in una certa attività: *l'attore non ha più lo* *smalto di un tempo* Ⓢ brio. Ⓔ ***Smalto dentario***, lo strato bianco e lucente che ricopre i denti • ***Smalto per unghie***, cosmetico colorato che serve per tingerle.

smanceria (ṣman-ce-rì-a) N.F. (spesso al pl. *-rìe*) · Manifestazione esagerata di affetto: *finiscila con queste smancerie!* Ⓢ moina.

smanettare (ṣma-net-tà-re) V.INTR. (*ṣmanétto*, ecc.; aus. *avere*) **1** Correre a tutto gas con la moto. **2** Usare un computer con disinvoltura e abilità.

smania (ṣmà-nia) N.F. (pl. *-nie*) **1** Stato di agitazione e di inquietudine dovuto a tensione nervosa o a un senso d'insoddisfazione: *questa attesa mi mette addosso la smania* Ⓢ nervosismo. **2** Desiderio intenso: *smania* ***di*** *potere* Ⓢ voglia, brama.

smanioso (ṣma-nió-so) AGG. · Che desidera qualcosa con forza: *era smanioso di tornare a casa* Ⓢ ansioso, impaziente.

smantellare (ṣman-tel-là-re) V.TR. **1** Abbattere costruzioni in muratura: *smantellare un edificio* Ⓢ demolire, distruggere. **2** Rendere non più operativo un impianto rimuovendone macchinari e attrezzature: *smantellare una fabbrica* Ⓢ smontare. **3** Dimostrare la falsità di un'affermazione: *smantellare le argomentazioni dell'avversario* Ⓢ confutare.

smarcare (ṣmar-cà-re) V.TR. (*ṣmàrco, ṣmàrchi*, ecc.) || TR. Nel calcio e in altri sport, liberare un compagno dal controllo dell'avversario con un passaggio. || **smarcarsi** INTR. PRONOM. Nel calcio e in altri sport, liberarsi dell'avversario con una finta.

S

smargiasso (ṣmar-giàs-so) N.M. (f. *-a*) · Chi si vanta di meriti che non ha: *non fare tanto lo smargiasso!* Ⓢ fanfarone, spaccone.

smarrimento (ṣmar-ri-mén-to) N.M. **1** Perdita casuale di un oggetto: *denunciare lo smarrimento del portafoglio.* **2** Stato di turbamento dovuto a improvviso timore, dolore o angoscia: *a sentire quella notizia ho avuto un attimo di smarrimento* Ⓢ confusione.

smarrire (ṣmar-rì-re) V.TR. (*ṣmarrìsco, ṣmarrìsci*, ecc.) || TR. Non trovare più qualcosa: *smarrire la strada.* || **smarrirsi** INTR. PRONOM. **1** Perdere l'orientamento: *smarrirsi* ***in*** *un bosco* Ⓢ perdersi. **2** Perdersi d'animo: *non si smarrisce di fronte alle difficoltà* Ⓢ confondersi. Ⓔ ***Smarrire il filo del discorso***, non ricordarsi più quello che si stava dicendo o quello che si voleva dire • ***Smarrire la ragione***, diventare pazzo.

smarrito (ṣmar-rì-to) AGG. **1** Perduto: *ufficio oggetti smarriti.* **2** Disorientato, confuso: *si guardava intorno smarrito.*

smartphone (smart-pho-ne; pronuncia *ṣmartfòn*) N.INGL., in it. N.M.INVAR. · Telefono cellulare potenziato con molte funzioni aggiuntive (navigazione Internet, posta elettronica, macchina fotografica, ecc.).

smascherare (ṣma-sche-rà-re) V.TR. (*ṣmàschero*, ecc.) **1** Togliere la maschera a qualcuno: *il bandito fu smascherato da un poliziotto.* **2** Rivelare la vera natura di qualcuno o una manovra segreta: *smascherare un imbroglione, un complotto* Ⓢ scoprire, svelare.

smembrare (ṣmem-brà-re) V.TR. (*smèmbro*, ecc.) || TR. **1** Fare a pezzi: *i leoni smembrarono la gazzella.* **2** Dividere in più parti un tutto organico: *smembrare un periodo, una frase* Ⓢ dividere. **3** Disgregare un gruppo, provocando contrasti al suo interno: *smembrare un partito* Ⓢ disgregare. || **smembrarsi** INTR. PRONOM. **1** Dividersi in più parti: *la classe è stata smembrata in due perché troppo numerosa.* **2** Perdere unità e coesione: *il nostro gruppo musicale si è smembrato dopo due anni* Ⓢ disgregarsi.

smemorato (ṣme-mo-rà-to) AGG. || AGG. Che ha perduto la memoria. || AGG. e N.M. (f. *-a*) Che, chi dimentica facilmente le cose per distrazione: *sei il solito smemorato* Ⓢ distratto.

smentire (ṣmen-tì-re) V.TR. (*ṣmentìsco, ṣmentìsci*, ecc.) || TR. **1** Dichiarare falsa o infondata una notizia: *smentire un'accusa* Ⓢ confutare Ⓒ affermare. **2** Negare quanto affermato in precedenza: *smentire una deposizione* Ⓢ rinnegare, ritirare, ritrattare Ⓒ confermare. || **smentirsi** RIFL. Comportarsi in modo diverso dal solito: *anche in quell'occasione la sua simpatia non si è smentita.* Ⓔ ***Non si smentisce mai***, di chi si comporta sempre nello stesso modo, di solito negativo.

smentita (ṣmen-tì-ta) N.F. · Dichiarazione o evento che nega la verità di una notizia: *la* *sua vittoria è stata una smentita clamorosa delle tue previsioni* Ⓢ confutazione.

smeraldo (ṣme-ràl-do) N.M. e AGG. || N.M. Minerale di colore verde intenso, che costituisce una delle pietre preziose di maggior pregio: *un anello con smeraldo.* || AGG. e N.M. INVAR. Di colore simile a quello di tale pietra: *un prato verde smeraldo.*

smerciare (ṣmer-cià-re) V.TR. (*ṣmèrcio*, ecc.) · Vendere: *smerciare le rimanenze di magazzino a poco prezzo.*

smercio (ṣmèr-cio) N.M. (pl. *-ci*) · Vendita di merci: *di questo articolo c'è poco smercio.*

smesso (ṣmés-so) AGG. · Che non si usa più: *regalare gli abiti smessi.*

smettere (ṣmét-te-re) V.INTR. e TR. (irreg.: coniugato come *mettere*) || INTR. (aus. *avere*) Cessare di svolgere un'azione: *smettere* ***di*** *fumare; ha smesso* ***di*** *lavorare a cinquant'anni* Ⓢ interrompere, sospendere, finire Ⓒ iniziare. || TR. Interrompere, abbandonare: *smettere una professione.*

smiley (smi-ley; pronuncia *ṣmàili*) N. INGL., in it. N.M. INVAR. · Rappresentazione stilizzata di una faccia che ride • Faccina che rappresenta un'espressione del viso Ⓢ emoticon.

smilzo (ṣmìl-zo) AGG. · Di corporatura magra e sottile: *un ragazzo smilzo.*

sminuire (ṣmi-nu-ì-re) V.TR. (*ṣminuìsco, ṣminuìsci*, ecc.) || TR. Considerare o far apparire meno importante: *sminuire le doti di un artista* Ⓢ sottovalutare. || **sminuirsi** RIFL. Stimare se stessi meno di quanto si vale: *non sminuirti per così poco.*

sminuzzare (ṣmi-nuz-zà-re) V.TR. · Ridurre in pezzi molto piccoli: *sminuzzare le noci, il pane* Ⓢ spezzettare, triturare.

smistamento (ṣmi-sta-mén-to) N.M. · Suddivisione di un gruppo di persone o di cose in base alle caratteristiche o alla destinazione di ciascuna: *smistamento dei treni* Ⓢ ripartizione.

smistare (ṣmi-stà-re) V.TR. · Dividere in gruppi gli elementi di un insieme in base alle caratteristiche o alla destinazione di ciascuno: *smistare gli alunni in classi* Ⓢ suddividere, indirizzare.

smisurato (ṣmi-ṣu-rà-to) AGG. · Così grande che quasi non si può misurare: *uno spazio smisurato, un amore smisurato* Ⓢ immenso, sconfinato Ⓒ limitato.

smitizzare (ṣmi-tiẓ-ẓà-re) V.TR. · Riportare un personaggio o un fatto diventato leggendario alle sue reali proporzioni: *smitizzare una vicenda* Ⓢ ridimensionare.

smodato (ṣmo-dà-to) AGG. · Che supera ogni limite: *un desiderio smodato di potere* Ⓢ sfrenato.

smog (pronuncia *ṣmòg*) N. INGL., in it. N.M. INVAR. · Nebbia densa e scura, tipica delle grandi città e delle zone industriali, causata dall'inquinamento dell'aria: *lo smog ha scurito i monumenti.*

> Il termine deriva dall'incrocio delle due parole inglesi *smo(ke)* 'fumo' e *(fo)g* 'nebbia'.

smoking (smo-king; pronuncia *ṣmòching*) N. INGL., in it. N.M. INVAR. · Giacca o completo maschile molto elegante, di solito nero o bianco, con risvolti di seta.

> Il termine deriva da *smoking (jacket)* 'giacca da fumo', perché originariamente questo tipo di giacca veniva indossato prima di ritirarsi a fumare in apposite sale dopo il pasto.

smontare (ṣmon-tà-re) V.TR. e INTR. (*ṣmónto*, ecc.) || TR. **1** Scomporre una struttura nelle parti che la compongono: *smontare un orologio* Ⓢ disfare Ⓒ montare. **2** Demoralizzare qualcuno facendogli perdere entusiasmo e fiducia: *il tuo parere contrario lo ha del tutto smontato* Ⓢ scoraggiare. || INTR. (aus. *essere*) **1** Scendere da un luogo su cui si era saliti: *smontare* ***dalla*** *scala* • Scendere da un mezzo di trasporto: *smontare* ***dal*** *treno.* **2** Terminare un turno di lavoro: *stasera smonto tardi* Ⓢ smettere, staccare. || INTR. (aus. *avere* e *essere*) e **smontarsi** INTR. PRONOM. Di sostanze montate, afflosciarsi: *attento che la panna non si smonti.* || **smontarsi** INTR. PRONOM. Perdersi d'animo: *non devi smontarti alla prima difficoltà* Ⓢ scoraggiarsi. Ⓔ ***Smontare un'accusa***, dimostrare che non è vera. ▸ Ⓕ **monte**

smorfia (ṣmòr-fia) N.F. (pl. *-fie*) **1** AL PL. Atteggiamento di chi vuole mettersi in mostra: *quella ragazzina fa troppe smorfie* Ⓢ moina. **2** Contrazione del volto o della bocca per esprimere sensazioni dolorose o sgradevoli: *una smorfia di disgusto*.

Il termine deriva dal latino medievale *morphea*, nome di una malattia che sfigurava la bocca.

smorfioso (ṣmor-fió-so) AGG. e N.M. (f. -a) **1** Che, chi fa troppe moine: *una bambina smorfiosa* Ⓢ lezioso. **2** Schizzinoso: *mangia, non far tanto lo smorfioso!*

smorto (ṣmòr-to) AGG. **1** Pallido come un morto: *viso smorto*. **2** Privo di vivacità: *occhi smorti* Ⓢ inespressivo, spento Ⓒ vivace. **3** Di colore, privo di luminosità e di splendore: *un giallo smorto* Ⓢ sbiadito, scialbo Ⓒ vivido.

smorzare (ṣmor-zà-re) V.TR. (*ṣmòrzo*, ecc.) || TR. **1** Diminuire poco alla volta di forza o d'intensità: *smorzare i suoni; smorzare i toni; smorzare la rabbia* Ⓢ attenuare, attutire. **2** Nel tennis, colpire la palla di taglio, in modo da farla rimbalzare meno. || **smorzarsi** INTR. PRONOM. Spegnersi poco a poco: *il rumore si è smorzato*.

smottamento (ṣmot-ta-mén-to) N.M. · Slittamento verso il basso di un terreno intriso d'acqua: *lo smottamento del fianco della collina* Ⓢ frana.

sms o **SMS** (pronuncia *èsse èmme èsse*) N.M. INVAR. · Messaggino.

smunto (ṣmùn-to) AGG. · Magro e di aspetto poco sano: *un volto smunto* Ⓢ deperito, sciupato.

smuovere (ṣmuò-ve-re) V.TR. (irreg.: coniugato come *muovere*) || TR. **1** Spostare un oggetto pesante con un certo sforzo: *smuovere un armadio* Ⓢ muovere. **2** Rivoltare in superficie: *smuovere la terra per la semina*. **3** Convincere qualcuno a cambiare posto: *nessuno riesce a smuoverlo* ***dal*** *letto* Ⓢ spostare. **4** Far cambiare idea a qualcuno: *non riesco a smuoverlo* ***dalla*** *sua decisione* Ⓢ convincere, persuadere. || **smuoversi** INTR. PRONOM. Di oggetto, spostarsi dal proprio posto: *si sono smosse alcune tegole del tetto*.

smussare (ṣmus-sà-re) V.TR. || TR. **1** Arrotondare un angolo, uno spigolo o qualcosa di affilato: *smussare un coltello*. **2** Rendere meno aspro: *smussare una polemica* Ⓢ attenuare, addolcire. || **smussarsi** INTR. PRONOM. Perdere il taglio o la punta: *con l'uso la lama si è smussata*.

snaturare (ṣna-tu-rà-re) V.TR. || TR. **1** Trasformare in peggio qualcosa o qualcuno: *il successo a volte snatura l'uomo* Ⓢ stravolgere. **2** Alterare la verità: *il suo racconto snatura la realtà dei fatti* Ⓢ falsare, travisare. || **snaturarsi** INTR. PRONOM. Perdere la propria natura originaria, cambiando in peggio: *il paesaggio si è snaturato con le industrie*.

snaturato (ṣna-tu-rà-to) AGG. e N.M. (f. -a) · Che, chi si comporta in modo contrario ai sentimenti della natura umana: *solo una madre snaturata può uccidere il proprio figlio* Ⓢ degenere, disumano.

sneaker (snea-ker; pronuncia *ṣnìcher*) N. INGL., in it. N.F. INVAR. · Scarpa da ginnastica.

snellire (ṣnel-lì-re) V.TR. (*ṣnellìsco*, *ṣnellìsci*, ecc.) || TR. **1** Rendere più snello: *ginnastica per snellire le cosce; la corsa snellisce*. **2** Far sembrare più snello: *il nero snellisce la figura* Ⓢ slanciare. **3** Rendere più semplice e rapido: *snellire le pratiche burocratiche*. || **snellirsi** INTR. PRONOM. **1** Diventare più snello: *crescendo si è snellita*. **2** Diventare più semplice: *le procedure si sono snellite*.

snello (ṣnèl-lo) AGG. **1** Di forme sottili e slanciate: *una ragazza snella* Ⓢ magro. **2** Semplice e funzionale: *rendere snella una procedura* Ⓢ fluido, scorrevole.

snervante (ṣner-vàn-te) AGG. · Che toglie le energie fisiche e mentali: *un caldo snervante; un'attesa snervante* Ⓢ estenuante, stressante.

snervare (ṣner-và-re) V.TR. (*ṣnèrvo*, ecc.) || TR. Togliere le energie fisiche e mentali: *l'afa mi ha snervato; le preoccupazioni economiche lo stanno snervando* Ⓢ estenuare, stressare. || **snervarsi** INTR. PRONOM. Perdere le energie fisiche e mentali: *snervarsi per il gran caldo* Ⓢ estenuarsi, stressarsi.

snidare (ṣni-dà-re) V.TR. **1** Far uscire un animale dal nido o dalla tana: *snidare la lepre* Ⓢ scovare, stanare. **2** Costringere una persona a lasciare un rifugio: *snidare i rapitori* ***dal*** *nascondiglio*.

snob (pronuncia *ṣnòb*) N.M. e F. e AGG. INVAR. · Di persona che si dà arie da nobile, disprezzan-

S

do ciò che non ritiene alla sua altezza: *non fare lo snob.*

Il termine deriva dall'inglese *snob* che originariamente significava 'ciabattino', inteso come 'uomo volgare e pretenzioso', usato per indicare chi ostenta eleganza e raffinatezza senza possederle.

snobbare (ṣnob-bà-re) V.TR. (*ṣnòbbo*, ecc.) · Mostrare indifferenza verso qualcuno o qualcosa perché ci si sente superiori: *perché snobbi i miei amici?; snobbare un invito.*

snocciolare (ṣnoc-cio-là-re) V.TR. (*ṣnòcciolo*, ecc.) **1** Liberare dal nocciolo: *snocciolare le olive.* **2** Raccontare senza nascondere: ***gli*** *ho snocciolato tutta la verità* Ⓢ spifferare • Dire senza interrompersi: *snocciolare una serie di parolacce.*

snodabile (ṣno-dà-bi-le) AGG. · Che si può piegare in più direzioni: *una lampada con braccio snodabile.*

snodare (ṣno-dà-re) V.TR. (*ṣnòdo*, ecc.) || TR. **1** Liberare da uno o più nodi: *snodare una corda* Ⓢ slegare. **2** Sciogliere le articolazioni: *la ginnastica snoda le giunture.* **3** Rendere mobile un elemento rigido per mezzo di snodi: *il braccio della lampada si può snodare in tutte le direzioni.* || **snodarsi** INTR. PRONOM. Procedere con molte curve: *il sentiero si snoda nel bosco* Ⓢ serpeggiare.

snodo (ṣnò-do) N.M. **1** Punto di collegamento fra due corpi rigidi, che permette di muovere entrambi Ⓢ articolazione. **2** Momento fondamentale di una vicenda: *gli snodi di un romanzo.* Ⓔ ***Snodo autostradale***, svincolo.

snorkeling (snor-ke-ling; pronuncia *ṣnòrcheling*) N. INGL., in it. N.M. INVAR. · L'osservazione del fondo del mare con maschera e boccaglio.

so (sò) · Ind. pres., 1ª pers. sing. → ***sapere***[2].

so- · Prefisso che già fin dal latino significa 'sotto'; viene usato soprattutto per i verbi e, seguito da consonante semplice, ne provoca il raddoppiamento: *sorreggere; sospingere.*

soave (so-à-ve) AGG. · Gradito ai sensi per la sua delicatezza: *un profumo soave* Ⓢ dolce, delizioso.

sobbalzare (sob-bal-zà-re) V.INTR. (aus. *avere* o *essere*) **1** Di mezzi di trasporto, avanzare con una serie di scosse e vibrazioni: *le auto sobbalzavano sulla strada non asfaltata.* **2** Reagire con un brusco movimento istintivo: *la notizia lo fece sobbalzare sulla poltrona* Ⓢ trasalire, sussultare.

sobbalzo (sob-bàl-zo) N.M. · Movimento improvviso verso l'alto: *l'auto procedeva a sobbalzi* • Scossa improvvisa del corpo, dovuta a sorpresa o paura: *quando lo chiamai ebbe un sobbalzo* Ⓢ sussulto. Ⓔ ***Di sobbalzo***, all'improvviso: *svegliarsi di sobbalzo.*

sobbarcarsi (sob-bar-càr-si) V.TR. PRONOM. e RIFL. (*mi sobbàrco, ti sobbàrchi*, ecc.) || TR. PRONOM. Assumere su di sé forti responsabilità: *mi sono sobbarcato tutte le spese di casa* Ⓢ addossarsi. || RIFL. Sottoporsi a una forte responsabilità: *sobbarcarsi* ***a*** *una spesa.*

sobborgo (sob-bór-go) N.M. (pl. *-ghi*) · Zona periferica di una grande città: *i sobborghi di Londra* Ⓢ periferia.

sobillare (so-bil-là-re) V.TR. · Incitare di nascosto alla ribellione o alla violenza: *sobillare le truppe* ***contro*** *gli ufficiali.*

sobrietà (so-brie-tà) N.F. INVAR. **1** Moderazione nel soddisfare desideri e necessità: *sobrietà* ***nel*** *mangiare* Ⓢ misura. **2** Assenza di ogni eccesso: *vestire con sobrietà* Ⓢ modestia, semplicità.

sobrio (sò-brio) AGG. (pl.m. *-bri*, pl.f. *-brie*) **1** Moderato nel soddisfare desideri e necessità: *un uomo sobrio* ***nel*** *bere* Ⓢ parco, misurato • Contenuto entro i limiti del necessario: *condurre una vita sobria* Ⓢ semplice, frugale. **2** Non ubriaco: *se non sei sobrio non guidare* Ⓢ lucido Ⓒ ubriaco. **3** Senza eccessi: *uno stile di scrittura sobrio* Ⓢ essenziale Ⓒ altisonante.

socchiudere (soc-chiù-de-re) V.TR. (irreg.: coniugato come *chiudere*) · Chiudere, lasciando uno spiraglio: *socchiudi la porta, per favore* Ⓢ accostare.

soccombere (soc-cóm-be-re) V.INTR. (irreg.: *soccómbo*, ecc.; mancano il part. pass. e i tempi composti) **1** Cedere completamente: *soccombere* ***all'****assalto del nemico; soccombere* ***al*** *dolo-*

A B C D E F G H I J K L M N O P Q R S T U V W X Y Z

re Ⓢ arrendersi, capitolare. **2** Morire: *meglio soccombere che farsi catturare.*

soccorrere (soc-cór-re-re) V.TR. (irreg.: coniugato come *correre*) · Portare aiuto a chi ha bisogno o è in pericolo: *soccorrere i poveri* Ⓢ aiutare, assistere.

soccorritore (soc-cor-ri-tó-re) N.M. (f. *-trìce*) · Chi porta soccorso: *arriva la squadra dei soccorritori.*

soccorso (soc-cór-so) N.M. **1** Aiuto prestato a chi si trova in una situazione di grave necessità o pericolo: *correre in soccorso di qualcuno* Ⓢ assistenza. **2** I mezzi e le persone impiegati per un aiuto urgente: *aspettare i soccorsi* Ⓢ aiuti. Ⓔ ***Mutuo soccorso***, forma di assistenza dei lavoratori, finanziata con fondi comuni • ***Pronto soccorso***, reparto ospedaliero attrezzato per prestare le prime cure ai casi di emergenza • ***Soccorso stradale***, i mezzi e le persone che intervengono in caso di incidenti automobilistici o di guasti.

sociale (so-cià-le) AGG. **1** Che tende a vivere in società: *l'uomo è un animale sociale.* **2** Che riguarda l'organizzazione di una società: *classi sociali.* **3** Che ha come scopo quello di assicurare buone condizioni di vita a tutti i cittadini cercando di migliorare le situazioni di disagio: *impegno sociale; Stato sociale; assistente sociale.* **4** Che riguarda l'ambiente umano in cui si vive: *relazioni sociali* Ⓢ pubblico, collettivo. **5** Che riguarda un'associazione e i suoi membri: *alla fine dell'anno c'è la gita sociale* • Di una società commerciale: *capitale sociale.*

S

socialismo (so-cia-lì-ṣmo) N.M. · Dottrina e movimento politico-economico che cerca di realizzare l'uguaglianza sociale ed economica di tutti gli uomini.

socialista (so-cia-lì-sta) AGG. e N.M. e F. (pl.m. *-i*, pl.f. *-e*) || AGG. Che riguarda il socialismo: *partito socialista italiano.* || AGG. e N.M. e F. Che, chi aderisce ai principi del socialismo o è iscritto a un partito socialista.

socializzare (so-cia-liẓ-ẓà-re) V.TR. e INTR. || TR. Far diventare di proprietà pubblica industrie e servizi: *socializzare il servizio ferroviario* Ⓢ nazionalizzare, statalizzare. || INTR. (aus. *avere*) Creare rapporti di amicizia: *non riesce a socializzare* ***con*** *i compagni di classe* Ⓢ legare.

social network (so-cial net-work; pronuncia *sòcial nètuorc*) N. INGL., in it. N.M. INVAR. · Sito Internet in cui si creano e si mantengono relazioni tra varie persone; ogni utente può creare il suo profilo, contattare gli amici, scambiare messaggi, condividere foto e video.

società (so-cie-tà) N.F. INVAR. **1** Insieme organizzato di persone: *vivere in società* • Insieme di persone legate da vincoli etnici e culturali, con leggi e ordinamenti comuni: *la società italiana* Ⓢ comunità. **2** La condizione dei rapporti fra le classi sociali e le strutture economiche in una particolare situazione storica: *la società comunista, liberale, capitalista* Ⓢ mondo, realtà. **3** In zoologia, gruppo organizzato di individui legati tra loro da esigenze di vita: *la società delle api.* **4** Organizzazione di persone che si riuniscono per un fine comune: *società sportiva* Ⓢ circolo, associazione. **5** Ente formato da due o più persone per svolgere un'attività economica e guadagnare: *fondare, sciogliere una società; mettersi in società con qualcuno* Ⓢ impresa, ditta, consorzio. **6** Ritrovo di più persone per passare insieme momenti di svago: *vita di società; giochi di società* • La vita mondana delle classi sociali più alte: *essere presentati in società.* Ⓔ ***Alta società*** → ***alto*** • ***Società per azioni***, quella in cui le quote dei soci sono costituite da azioni • ***Società segreta***, organizzazione di cui sono segreti al pubblico i nomi dei membri, gli scopi, l'attività e l'esistenza stessa: *durante il Risorgimento in Italia si formarono numerose società segrete.*

socievole (so-cié-vo-le) AGG. **1** Che ricerca la compagnia dei propri simili: *l'uomo è per natura socievole* Ⓒ asociale. **2** Espansivo e cordiale nei rapporti umani: *una persona poco socievole* Ⓢ affabile.

socio (sò-cio) N.M. (f. *-a*; pl.m. *-ci*, pl.f. *-cie*) **1** Che partecipa con altri a un'attività o a un'impresa: *essere soci* ***in*** *un affare* • Membro di una società commerciale: *assemblea dei soci.* **2** Membro di un'associazione o di un circolo: *i soci di un club* Ⓢ iscritto.

sociologia (so-cio-lo-gì-a) N.F. (pl. *-gìe*) · Scienza che studia i fenomeni sociali: *esperto di sociologia.*

soda (sò-da) N.F. **1** Composto chimico usato nella fabbricazione del vetro e di detersivi. **2** Acqua gassata usata per diluire bevande: *un whisky con soda.* E ***Soda caustica***, composto chimico usato per la fabbricazione dei saponi, della carta e di altri prodotti.

soddisfacente (sod-di-sfa-cèn-te) AGG. · Che risponde alle aspettative: *un guadagno soddisfacente* S accettabile C insoddisfacente.

soddisfare (sod-di-sfà-re) V.TR. e INTR. (irreg.: ind. pres. *soddisfàccio* o *soddisfò* o *soddìsfo, soddisfài* o *soddìsfi, soddisfà* o *soddìsfa, soddisfacciàmo* o *soddisfiàmo, soddisfàte, soddisfànno* o *soddìsfano*; fut. *soddisfarò* o *soddisferò*, ecc.; cong. pres. *soddisfàccia* o *soddìsfi*, ecc., *soddisfacciàmo, soddisfacciàte, soddisfàcciano* o *soddìsfino*; condiz. pres. *soddisfarèi* o *soddisferèi*, ecc.; per il resto coniugato come *fare*) || TR. **1** Accontentare qualcuno venendo incontro alle sue richieste o necessità: *soddisfare i clienti* S contentare C scontentare. **2** Accogliere, esaudire: *soddisfare un bisogno, una richiesta.* **3** Adempiere un dovere: *soddisfare gli obblighi scolastici* S assolvere C disattendere. || INTR. (aus. *avere*) Rispondere esattamente a certe condizioni: *il tuo comportamento non soddisfa* ***alle*** *norme del buon gusto.*

soddisfatto (sod-di-sfàt-to) AGG. · Contento per qualcosa che risponde proprie aspettative: *essere soddisfatto* ***del*** *proprio lavoro* S contento, appagato, felice C insoddisfatto.

soddisfazione (sod-di-sfa-zió-ne) N.F. **1** Appagamento di un desiderio o di una richiesta: *soddisfazione di un capriccio.* **2** Regolamento di un debito o di un obbligo: *soddisfazione degli obblighi scolastici* • Riparazione di danni fatti o di colpe commesse: *dare, chiedere soddisfazione di un'offesa.* **3** Stato d'animo di chi è contento: *provare soddisfazione per una vittoria* S compiacimento, gioia, piacere C insoddisfazione • Motivo di contentezza: *i figli danno grandi soddisfazioni.* E ***Prendersi una soddisfazione*** o ***togliersi una soddisfazione***, realizzare un desiderio: *mi sono preso la soddisfazione di comprarmi l'orologio che mi piaceva*; provare piacere nel prevalere su qualcuno che ci aveva umiliato: *voglio togliermi la soddisfazione di dirgli quello che penso di lui.*

sodio (sò-dio) N.M. · Metallo soffice, di colore bianco-argenteo, presente in natura nelle acque marine, in molti giacimenti, e negli organismi animali e vegetali (il simbolo chimico è *Na*).

sodo (sò-do) AGG., N.M. e AVV. || AGG. Duro e compatto: *gli animali selvatici hanno la carne più soda di quelli allevati; uovo sodo*, cotto con il guscio nell'acqua bollente C flaccido, floscio. || N.M. Nel linguaggio familiare, il punto fondamentale di una questione: *veniamo al sodo!* || AVV. Con grande impegno: *lavorare sodo; picchiare sodo*, con molta forza. E ***Dormire sodo***, molto profondamente.

sodomia (so-do-mì-a) N.F. (pl. *-mìe*) · Rapporto sessuale anale.

sofà (so-fà) N.M. INVAR. · Divano imbottito: *leggere sul sofà.*

Il termine deriva da una parola araba che significa 'cuscino'.

sofferente (sof-fe-rèn-te) AGG. **1** Tormentato dal dolore: *un'espressione sofferente* S dolente. **2** Che è affetto da una certa malattia: *un paziente sofferente* ***di*** *asma.* **3** Che soffre per gravi calamità o sciagure: *popoli sofferenti per mancanza di cibo e di acqua.*

sofferenza (sof-fe-rèn-za) N.F. **1** Dolore provocato da mali fisici o morali: *morì tra le più atroci sofferenze.* **2** Fastidio, seccatura: *è stata una sofferenza stare in piedi tutta la mattina.*

soffermare (sof-fer-mà-re) V.TR. (*soffermo*, ecc.) || TR. Fermare l'attenzione su qualcosa per un attimo: *soffermare lo sguardo* ***su*** *qualcuno* S trattenere. || **soffermarsi** INTR. PRONOM. Fermarsi per breve tempo: *soffermarsi* ***ad*** *ammirare il paesaggio; soffermarsi* ***su*** *un argomento* S indugiare, trattenersi.

sofferto (sof-fèr-to) AGG. **1** Che è costato sofferenza o fatica: *una decisione sofferta; una vittoria sofferta* S travagliato. **2** Che esprime sofferenza: *avere un'aria sofferta* S dolente.

A B C D E F G H I J K L M N O P Q R S T U V W X Y Z

soffiare (sof-fià-re) V.INTR. e TR. (*sóffio*, ecc.) || INTR. (aus. *avere*) **1** Far uscire con forza aria dalla bocca: *soffiare* ***sulle*** *candeline.* **2** Di masse d'aria, spostarsi: *soffiava un forte vento da nord* Ⓢ tirare. || TR. **1** Buttar fuori con forza qualcosa dal naso o dalla bocca insieme all'aria: *soffiare il fumo della sigaretta.* **2** Nel linguaggio familiare, portar via con abilità o inganno qualcosa a qualcuno: *soffiare il posto* ***a*** *un collega; soffiare la palla* ***all'****avversario* Ⓢ rubare, sottrarre. Ⓔ ***Soffiare il naso***, buttar fuori il muco insieme all'aria dalle cavità nasali; anche TR. PRONOM.: *soffiarsi il naso* • ***Soffiare il vetro***, soffiare attraverso una cannuccia nella pasta di vetro ancora calda per realizzare oggetti vuoti all'interno come vasi e bottiglie • ***Soffiare sul fuoco***, provocare discordie e risentimenti.

soffiata (sof-fià-ta) N.F. **1** Azione con cui si butta fuori l'aria in una sola volta: *darsi una soffiata al naso.* **2** Denuncia anonima: *la polizia ha ricevuto una soffiata* Ⓢ delazione.

soffice (sòf-fi-ce) AGG. · Che cede alla pressione in modo gradevole: *materasso soffice* Ⓢ tenero, morbido Ⓒ duro.

soffio (sóf-fio) N.M. (pl. *-fi*) **1** Aria spinta fuori dalla bocca socchiusa: *spegnere la candela con un soffio.* **2** Spostamento d'aria: *fa caldo, non c'è un soffio di vento* Ⓢ alito. **3** Rumore leggero Ⓢ fruscio • In medicina, lieve rumore prodotto da un organo che non funziona bene: *soffio al cuore, ai bronchi.* Ⓔ ***Di un soffio***, di pochissimo: *ha vinto di un soffio* • ***In un soffio***, in un attimo.

S

soffione (sof-fió-ne) N.M. · Uscita naturale di gas dal sottosuolo: *i soffioni si trovano spesso in zone sismiche.*

soffitta (sof-fìt-ta) N.F. · Lo spazio compreso fra l'ultimo piano di un edificio e il tetto: *i miei vecchi libri di scuola sono tutti in soffitta* Ⓢ solaio.

soffitto (sof-fìt-to) N.M. · La superficie superiore di un ambiente coperto: *una casa dai soffitti molto alti.*

> Il termine deriva da una parola del latino volgare, che viene a sua volta da *subfigere* 'appendere sotto', derivato di *figere* 'conficcare' con il prefisso so- (→ ***affiggere***).

soffocamento (sof-fo-ca-mén-to) N.M. · Impossibilità di respirare: *morte per soffocamento* Ⓢ asfissia.

soffocante (sof-fo-càn-te) AGG. **1** Che rende difficile respirare: *l'aria in questa stanza è soffocante* Ⓢ asfissiante, pesante. **2** Opprimente, pesante, angosciante: *in questi giorni a casa c'è un'atmosfera soffocante.*

soffocare (sof-fo-cà-re) V.TR. e INTR. (*sòffoco, sòffochi*, ecc.) || TR. **1** Impedire di respirare fino a portare alla morte: *lo soffocarono nel suo letto* Ⓢ asfissiare, soffocare. **2** Impedire a qualcosa o qualcuno di manifestarsi: *soffocare una rivolta* Ⓢ reprimere, schiacciare. **3** Frenare i propri impulsi e sentimenti: *soffocare il pianto* Ⓢ trattenere. || INTR. (aus. *essere*) Far fatica a respirare: *qui si soffoca.* || **soffocarsi** RIFL. Morire o suicidarsi per soffocamento: *soffocarsi con un boccone andato di traverso; soffocarsi con il gas.* Ⓔ ***Soffocare un incendio***, spegnerlo • ***Soffocare uno scandalo***, impedire che se ne diffonda la notizia.

soffriggere (sof-frìg-ge-re) V.TR. (irreg.: coniugato come *friggere*) · Cuocere a fuoco basso in olio o grasso bollente: *soffriggere le cipolle.*

soffrire (sof-frì-re) V.TR. e INTR. (irreg.: coniugato come *offrire*) || TR. **1** Sentire dolore fisico o morale: *soffrire i tormenti* Ⓢ patire, sopportare. **2** Trovarsi in una condizione di disagio: *soffrire la fame.* **3** Risentire in modo negativo di alcune condizioni ambientali: *soffrire il freddo; questa pianta soffre la luce eccessiva.* **4** Sopportare, tollerare: *non posso soffrire i presuntuosi.* || INTR. (aus. *avere*) **1** Essere affetto da una malattia: *soffrire* ***di*** *cuore.* **2** Provare forti e continui dolori fisici o morali: *ha sofferto molto prima di morire; soffre ancora* ***per*** *la morte del fratello.* Ⓔ ***Soffrire le pene dell'inferno***, dolori terribili.

soffritto (sof-frìt-to) N.M. · Insieme di ingredienti, come cipolla, sedano, carote, prezzemolo, tagliati fini e fatti rosolare a fuoco lento come base per sughi e altri cibi: *preparare il soffritto per la salsa di pomodoro.*

soffuso (sof-fù-ṣo) AGG. **1** Diffuso in modo tenue e uniforme: *un chiarore soffuso invade-*

va la stanza. **2** Segnato da tracce lievi: *un volto soffuso* ***di*** *rossore.*

-sofia · Secondo elemento di parole composte che significa 'scienza, sapienza': *filosofia*, amore della sapienza.

sofisticato (so-fi-sti-cà-to) AGG. **1** Alterato, contraffatto: *vino sofisticato* Ⓒ genuino. **2** Ricercato, raffinato: *un'eleganza sofisticata* Ⓒ naturale. **3** Di strumento, all'avanguardia: *computer sofisticati* Ⓢ raffinato.

soft (pronuncia sòft) AGG. INGL., in it. AGG. INVAR. · Attenuato, leggero, soffuso: *luci soft.*

software (soft-ware; pronuncia sòft uèr) N. INGL., in it. N.M. INVAR. · L'insieme dei programmi usati da un computer.

soggettività (sog-get-ti-vi-tà) N.F. INVAR. · Carattere di ciò che riflette il punto di vista di una sola persona: *la soggettività di un giudizio.*

soggettivo (sog-get-tì-vo) AGG. **1** Che riflette il punto di vista di una persona singola: *un giudizio soggettivo su un fatto* Ⓢ personale Ⓒ oggettivo. **2** In grammatica: ***proposizione soggettiva*** (o *una soggettiva* N.F.), frase subordinata che ha la funzione di soggetto rispetto al predicato della principale (*che tu arrivi sempre in ritardo non è ammissibile; mi sembra di vedere del fumo in lontananza*).

soggetto[1] (sog-gèt-to) AGG. **1** Che è nella condizione di subire il dominio o l'autorità di qualcuno: *i popoli soggetti* ***a*** *Roma* Ⓢ sottomesso, sottoposto • Che deve sottomettersi a un obbligo: *giovani soggetti* ***al*** *servizio militare.* **2** Di persona, che è facilmente colpito da certe malattie: *è soggetto* ***a*** *continui mal di testa* • Di cose, esposto a danni: *regione soggetta* ***a*** *frequenti alluvioni.*

soggetto[2] (sog-gèt-to) N.M. **1** Ciò di cui si tratta: *il soggetto di una conferenza; una scultura di soggetto sacro* Ⓢ contenuto • Il progetto iniziale di un film: *il soggetto è opera di uno scrittore famoso.* **2** Nel linguaggio familiare, persona, individuo, tipo: *un cattivo soggetto.* **3** In grammatica, l'elemento sintattico che indica la persona o la cosa che compie o subisce l'azione espressa dal predicato con cui concorda in persona, genere e numero: *il maestro* (soggetto) *insegna* (predicato); *i candidati* (soggetto) *furono esaminati* (predicato); *noi* (soggetto) *partiremo* (predicato); *il treno* (soggetto) *è fermo* (predicato).

soggezione (sog-ge-zió-ne) N.F. · Sensazione di imbarazzo e di timore che si prova di fronte a persone ritenute superiori: *tuo padre mi mette un po' in soggezione.*

sogghignare (sog-ghi-gnà-re) V.INTR. (aus. *avere*) · Sorridere con sarcasmo o malignità: *cosa avete da sogghignare?*

La prima persona plurale dell'indicativo presente e quella del congiuntivo presente è *sogghigniamo*, con la *i*: la forma *sogghignamo* è sempre scorretta! La seconda persona plurale dell'indicativo presente è *sogghignate* senza *i*, mentre quella del congiuntivo presente è *sogghigniate* con la *i*.

sogghigno (sog-ghi-gno) N.M. · Sorriso accompagnato da una smorfia di sarcasmo o di malignità.

soggiacere (sog-gia-cé-re) V.INTR. (irreg.: coniugato come *giacere*; aus. *essere*) **1** Essere costretto a subire qualcosa: *soggiacere* ***a*** *un ricatto; soggiacere* ***ai*** *capricci della fortuna* Ⓢ sottostare. **2** Essere sopraffatto: *soggiacere* ***agli*** *assalti del nemico* Ⓢ cedere, soccombere. **3** Essere dominato da un impulso: *soggiacere* ***alle*** *passioni.*

soggiogare (sog-gio-gà-re) V.TR. (*soggiógo, soggióghi*, ecc.) **1** Sottomettere con la forza: *Cesare soggiogò la Gallia* Ⓢ assoggettare, piegare. **2** Piegare alla propria volontà: *una donna che soggiogava gli uomini* ***con*** *la sua bellezza* Ⓢ dominare.

soggiornare (sog-gior-nà-re) V.INTR. (*soggiórno*, ecc.; aus. *avere*) · Vivere in un luogo per un periodo: *abbiamo soggiornato* ***in*** *albergo una settimana.* ▸ Ⓕ **dies**

soggiorno (sog-giór-no) N.M. **1** Permanenza temporanea in un luogo, di solito per turismo: *prolungare il soggiorno al mare.* **2** Ampio salotto: *lo fece accomodare in soggiorno.* Ⓔ ***Permesso di soggiorno*** → ***permesso***. ▸ Ⓕ **dies**

soggiungere (sog-giùn-ge-re) V.TR. (irreg.: coniugato come *giungere*) · Aggiungere a ciò che è già stato detto: *ti prego, soggiunse, di non parlare con nessuno.*

soglia (sò-glia) N.F. (pl. *-glie*) **1** Striscia di pietra o di altro materiale che si trova nella parte inferiore della porta di ingresso: *soglia di pietra; fermarsi sulla soglia.* **2** Periodo iniziale di un'età o di una stagione: *esser sulla soglia della vecchiaia* Ⓢ inizio, principio.

sogliola (sò-glio-la) N.F. · Pesce dal corpo piatto e ovale, molto pescato per la sua carne.

Il termine deriva dal diminutivo del latino volgare *solea* 'suola', per la sua forma.

sognare (so-gnà-re) V.TR. e INTR. (*sógno*, ecc.) || TR. **1** Vedere in sogno: *l'altra notte ho sognato mio nonno.* **2** Immaginare, confondendo il sogno con la realtà: *è così, non me lo sono mica sognato!* Ⓢ inventare. **3** Immaginare che qualcosa possa accadere: *non avrei mai sognato **di** vederti* Ⓢ credere, pensare. **4** Desiderare con forza: *sognare il successo* Ⓢ aspirare a. || INTR. (aus. *avere*) **1** Fare sogni durante il sonno: *stanotte ho sognato moltissimo.* **2** Avere una visione di qualcosa in sogno: *stanotte ho sognato **di** te.* Ⓔ ***Sognare a occhi aperti***, fantasticare.

La prima persona plurale dell'indicativo presente e quella del congiuntivo presente è *sogniamo*, con la *i*: la forma *sognamo* è sempre scorretta! La seconda persona plurale dell'indicativo presente è *sognate* senza *i*, mentre quella del congiuntivo presente è *sogniate* con la *i*.

sognatore (so-gna-tó-re) AGG. e N.M. (f. *-trice*) · Che, chi crede nei propri ideali e spera di realizzarli anche se è molto difficile: *talvolta i sognatori riescono a cambiare il mondo* Ⓢ visionario, idealista.

sogno (só-gno) N.M. **1** Le immagini che si manifestano durante il sonno: *svegliarsi da un brutto sogno.* **2** Speranza irrealizzabile o desiderio vano: *non puoi continuare a vivere di sogni* Ⓢ illusione • Cosa che si desidera più di ogni altra: *il suo sogno è girare il mondo* Ⓢ aspirazione, desiderio, speranza. **3** Persona o cosa incantevole: *ha comprato un vestito che è un sogno* Ⓢ incanto, delizia, meraviglia. Ⓔ ***Di sogno***, bellissimo: *un paesaggio di sogno* • ***Neanche per sogno*** o ***nemmeno per sogno***, assolutamente no: *"Esci?" "Nemmeno per sogno!".*

S

soia (sò-ia) N.F. · Pianta erbacea originaria dell'Estremo Oriente; dai suoi semi si ricava un olio usato per condire i cibi e per fabbricare vernici e saponi; i germogli, ricchi di proteine, si mangiano sia cotti che crudi.

sol (sòl) N.M. INVAR. · Quinta nota della scala musicale di *do*.

Il termine deriva dalla prima sillaba del quinto versetto dell'inno liturgico a san Giovanni Battista; per l'etimologia completa dei nomi delle note musicali → ***re***[1].

solaio (so-là-io) N.M. (pl. *-lài*) **1** Struttura che separa i piani degli edifici. **2** Lo spazio compreso fra il tetto e il soffitto sottostante: *tengo in solaio un sacco di vecchie cose* Ⓢ soffitta.

solamente (so-la-mén-te) AVV. · Solo, soltanto: *mi sono liberato solamente adesso; era solamente uno scherzo.*

solare (so-là-re) AGG. **1** Del Sole: *luce solare.* **2** Che manifesta sempre gioia e serenità: *una persona solare* Ⓢ radioso. Ⓔ ***Crema solare***, per proteggere la pelle dai raggi del sole • ***Eclissi solare*** → ***eclissi*** • ***Ora solare*** → ***ora***[2] • ***Pannello solare*** → ***pannello*** • ***Sistema solare*** → ***sistema***.

solcare (sol-cà-re) V.TR. (*sólco, sólchi*, ecc.) **1** Tracciare solchi sul terreno per poi seminarlo: *solcare un campo* Ⓢ arare • Lasciare dei solchi sul terreno: *le ruote solcavano la strada infangata.* **2** Attraversare la superficie dell'acqua: *la barca solcava le onde* Ⓢ fendere. **3** Di linea, attraversare una superficie: *i lampi solcano il cielo; profonde rughe **gli** solcavano la fronte* Ⓢ rigare, segnare.

solco (sól-co) N.M. (pl. *-chi*) **1** Fessura che si produce nel terreno per seminare o svolgere altri lavori agricoli: *tracciare un solco con l'aratro per seminare.* **2** Incisione su una superficie: *il solco di un disco.*

soldato (sol-dà-to) N.M. (f. *-éssa*) **1** Chi combatte in un esercito: *soldato di fanteria* Ⓢ militare. **2** AL PL. Nella società delle termiti e delle formiche, categoria che si occupa della difesa del nido e della sorveglianza del lavoro. Ⓔ ***Fare il soldato***, prestare servizio militare.

Il femminile di *soldato* è *soldatessa*, ma è usato poco. Spesso si usa il maschile anche quando ci si riferisce a una donna: *il soldato Anna Verdi*.

soldo (sòl-do) N.M. 1 Nome di varie monete, usate in Europa in passato, quasi sempre di scarso valore. 2 Quantità minima di denaro: *non vale un soldo* Ⓢ centesimo. 3 AL PL. Denaro, quattrini: *spendere molti soldi*. Ⓔ ***Quattro soldi***, poco denaro: *aveva quattro soldi da parte*.

Il termine deriva dal latino *solidus (nummus)* '(moneta d'oro) massiccio', nome di una moneta d'oro del tardo Impero romano.

sole (só-le) N.M. 1 La stella attorno alla quale gravita il sistema di cui fa parte la Terra, e che rappresenta per questa fonte di energia e di vita: *il sole nasce, sorge, tramonta*. 2 La luce o il calore dell'astro percepiti dalla Terra: *oggi c'è un bel sole; abbronzarsi al sole*. Ⓔ ***Alla luce del sole*** → *luce* • ***Essere contro sole***, tra il sole e chi osserva: *la foto viene male, sei contro sole* • ***Occhiali da sole***, con lenti scure.

soleggiato (so-leg-già-to) AGG. · Esposto alla luce e al calore del sole: *una stanza soleggiata* Ⓢ luminoso Ⓒ ombroso.

solenne (so-lèn-ne) AGG. 1 Di rito o cerimonia, celebrato con molta grandiosità: *messa solenne* Ⓢ grandioso. 2 Grave, serio, ufficiale: *le fece una solenne promessa*. 3 Memorabile, grande: *gli darò una solenne lezione; è un solenne bugiardo*.

solennità (so-len-ni-tà) N.F. INVAR. 1 Grandiosità nello svolgimento di una cerimonia: *matrimonio celebrato con solennità*. 2 Dignitosa serietà: *la solennità del giuramento*. 3 Importante ricorrenza festiva: *solennità religiose, civili* Ⓢ festa.

solere (so-lé-re) V.TR. (irreg.: ind. pres. *sòglio, suòli, suòle, sogliàmo, soléte, sògliono*; ind. imperf. *solévo*, ecc.; pass. rem. *soléi* o *solètti, solésti, solé* o *solètte, solémmo, soléste, solérono*; cong. pres. *sòglia, sòglia, sòglia, sogliàmo, sogliàte, sogliàno*; part. pass. *sòlito*) · Avere l'abitudine di: *come si suol dire; suole andare a correre tutte le sere* Ⓢ usare.

solerte (so-lèr-te) AGG. 1 Che svolge un compito con molta cura: *un impiegato solerte* Ⓢ diligente, zelante. 2 Fatto con cura: *studi solerti*.

solfa (sòl-fa) N.F. · Discorso o situazione noiosa e ripetitiva: *è sempre la stessa solfa!* Ⓢ nenia.

solfatara (sol-fa-tà-ra) N.F. 1 Uscita di vapore acqueo e di altri gas di origine vulcanica dalle spaccature del terreno. 2 Miniera di zolfo.

solfato (sol-fà-to) N.M. · Sale dell'acido solforico: *solfato di alluminio*.

solfeggio (sol-fég-gio) N.M. (pl. *-gi*) · Lettura parlata o cantata di uno spartito musicale.

solforico (sol-fò-ri-co) AGG. (pl.m. *-ci*, pl.f. *-che*) · ***Acido solforico***, liquido oleoso, incolore, inodore, che si scioglie in acqua; è un acido forte che corrode quasi tutti i metalli a parte l'oro e il platino.

solidale (so-li-dà-le) AGG. · Che appoggia e aiuta qualcuno con cui si trova d'accordo: *essere solidale con i colleghi*. Ⓔ ***Commercio equo e solidale*** → *commercio*.

solidarietà (so-li-da-rie-tà) N.F. INVAR. · Atteggiamento di pieno appoggio nei confronti di qualcuno: *solidarietà tra amici* Ⓢ accordo, concordia.

solidificare (so-li-di-fi-cà-re) V.TR. e INTR. (*solidifico, solidifichi*, ecc.) || TR. Rendere una sostanza solida. || INTR. (aus. *essere*) e **solidificarsi** INTR. PRONOM. Passare allo stato solido: *con il freddo il grasso si solidifica*.

solidificazione (so-li-di-fi-ca-zió-ne) N.F. · Passaggio di una sostanza allo stato solido.

solidità (so-li-di-tà) N.F. INVAR. 1 Resistenza e stabilità: *la solidità di una costruzione*. 2 Validità, fondatezza: *la solidità di un ragionamento*.

solido (sò-li-do) AGG. e N.M. || AGG. 1 Dotato di stabilità e di robustezza: *un ponte solido; fondamenta solide* Ⓢ robusto, resistente, saldo. 2 Fondato su buone basi: *un governo solido; argomenti solidi* Ⓢ stabile, forte. 3 In geometria, che ha tre dimensioni: *il cubo è una figura solida* Ⓒ piano. || N.M. 1 Figura geometrica a tre dimensioni: *geometria dei solidi*. 2 Corpo o sostanza le cui particelle sono molto legate tra loro e che, a parità di temperatura, non presentano variazioni di volume e forma Ⓒ fluido.

soliloquio (so-li-lò-quio) N.M. (pl. *-qui*) · Discorso fatto tra sé e sé • Monologo.

solista (so-li-sta) N.M. e F. (pl.m. *-i*, pl.f. *-e*) · Cantante o musicista che in un brano esegue una parte da solo: *è un ottimo solista.*

solitamente (so-li-ta-mén-te) AVV. · Di solito, di regola: *solitamente non bevo alcolici.*

solitario (so-li-tà-rio) AGG. e N.M. (pl.m. *-ri*, pl.f. *-rie*) || AGG. **1** Che ama stare solo: *un carattere chiuso e solitario; far vita solitaria* Ⓒ socievole. **2** Poco frequentato: *un luogo solitario* Ⓢ deserto, isolato Ⓒ affollato. || N.M. **1** Grosso brillante di grande valore, montato da solo in un anello. **2** Gioco di carte, eseguito per passatempo da una sola persona.

solito (sò-li-to) AGG. e N.M. || AGG. **1** Uguale alle altre volte: *vediamoci alla solita ora* Ⓢ consueto, abituale, usuale. **2** Che si ripete senza variazioni: *mi tocca sentire sempre i soliti discorsi* Ⓢ stesso, medesimo • Di persona, che mantiene inalterate le sue caratteristiche: *sei il solito ottimista.* || N.M. Modo consueto: *come mai sei tornato prima del solito?* Ⓢ abitudine • La cosa consueta: *da bere prendo il solito.* Ⓔ ***Al solito*** o ***come al solito***, come sempre: *come al solito hai ragione* • ***Di solito***, generalmente: *di solito mi alzo presto la mattina* • ***Esser solito***, avere l'abitudine: *sono solito andare a letto molto tardi* • ***Siamo alle solite!***, nel linguaggio familiare, di una situazione che si ripete sempre uguale.

S

solitudine (so-li-tù-di-ne) N.F. **1** La condizione di chi sta solo: *vivere in solitudine; lavoro meglio in perfetta solitudine* Ⓢ isolamento. **2** Totale mancanza d'affetti: *soffrire di solitudine.* **3** Assenza di persone in un luogo: *la solitudine dei boschi* • Spazio deserto: *le vaste solitudini dell'oceano.*

sollecitare (sol-le-ci-tà-re) V.TR. (*sollécito*, ecc.) **1** Invitare qualcuno a fare qualcosa in fretta: *sollecitare un cliente* ***al*** *pagamento di un debito.* **2** Chiedere con insistenza: *sollecitare una risposta* Ⓢ reclamare. **3** In fisica, di forza meccanica, agire su un sistema.

sollecitazione (sol-le-ci-ta-zió-ne) N.F. **1** Azione volta a stimolare un comportamento: *ha bisogno di continue sollecitazioni per lavorare* Ⓢ esortazione, incitamento, stimolo. **2** In fisica, azione di una forza meccanica su un sistema: *verificare la solidità di un ponte sottoponendolo a forti sollecitazioni esterne.*

sollecito (sol-lé-ci-to) AGG. **1** Che agisce in fretta: *cameriere molto sollecito nel servire* Ⓢ pronto • Rapido, veloce: *richiedere una risposta sollecita.* **2** Attento, premuroso: *è molto sollecito con i suoi amici.*

sollecitudine (sol-le-ci-tù-di-ne) N.F. · Prontezza, premura: *rispondere con sollecitudine.*

solleone (sol-le-ó-ne) N.M. **1** Il periodo dell'estate tra metà luglio e metà agosto. **2** Sole caldissimo: *camminare, lavorare sotto il solleone* Ⓢ canicola.

solleticare (sol-le-ti-cà-re) V.TR. (*sollético*, *sollétichi*, ecc.) **1** Toccare facendo il solletico: *si divertiva a solleticargli i piedi con una piuma.* **2** Provocare un desiderio o un interesse: *questo profumino solletica l'appetito; solleticare la curiosità di qualcuno* Ⓢ risvegliare, stimolare, stuzzicare.

solletico (sol-lé-ti-co) N.M. (pl. *-chi*) · Sensazione fisica provocata dal contatto lieve e ripetuto delle dita o di oggetti leggerissimi sulle parti più sensibili del corpo che provoca il riso: *fare il solletico.* Ⓔ ***Soffrire il solletico***, non riuscire a resistere e non poter fare a meno di ridere.

sollevamento (sol-le-va-mén-to) N.M. · Spostamento verso l'alto: *il sollevamento di una cassa.* Ⓔ ***Sollevamento pesi***, specialità dell'atletica pesante che consiste nell'alzare da terra, portandola al di sopra della testa, una sbarra di metallo con pesi ai lati.

sollevare (sol-le-và-re) V.TR. (*sollèvo*, ecc.) || TR. **1** Spostare verso l'alto: *il vento sollevava nuvole di polvere* Ⓢ alzare, levare Ⓒ abbassare. **2** Liberare da un impegno o da una carica: *sollevare qualcuno* ***da*** *una responsabilità* Ⓢ rimuovere, esonerare. **3** Liberare da un senso di oppressione: *questa notizia mi ha sollevato* Ⓢ alleggerire. **4** Provocare una reazione immediata e vivace: *quell'affermazione sollevò proteste* Ⓢ suscitare, scatenare. **5** Incitare alla rivolta: *sollevare il popolo* ***contro*** *l'oppressore.* **6** Richiamare l'attenzione su una questione: *sollevare un problema* Ⓢ porre, avanzare. || **sollevarsi** INTR. PRONOM. **1** Di persona, assumere o riprendere una posizione eretta: *sollevarsi **da** terra.* **2** Rivoltarsi, ribellarsi: *il popolo si sollevò **contro** lo straniero.*

sollevazione (sol-le-va-zió-ne) N.F. · Rivolta, ribellione, insurrezione: *una sollevazione popolare.*

sollievo (sol-liè-vo) N.M. · Liberazione da uno stato di sofferenza o di disagio: *trovare sollievo **dal** caldo; tirò un sospiro di sollievo per lo scampato pericolo* Ⓢ conforto, consolazione.

solo (só-lo) AGG., N.M., AVV. e CONGIUNZ. (f. -a) || AGG. **1** Senza compagnia: *sono rimasta sola al mondo.* **2** Senza la partecipazione di altre persone: *sono io solo qui a lavorare!* **3** Unico, singolo: *la verità è una sola.* || N.M. (f. -a) L'unica persona: *sei il solo a saperlo.* || AVV. Solamente, soltanto: *solo tu potevi crederci.* || CONGIUNZ. Ma, però, tuttavia: *il film è bello, solo un po' troppo lungo.* Ⓔ ***Fare da solo***, senza l'aiuto di nessuno • ***Farsi da solo***, di persona che raggiunge una posizione di rilievo senza l'aiuto di nessuno.

solstizio (sol-stì-zio) N.M. (pl. -*zi*) · Ciascuno dei due momenti dell'anno in cui, per la posizione del Sole, si ha la maggior differenza fra la durata del giorno e quella della notte. Ⓔ ***Solstizio d'estate***, il 21 giugno, il giorno più lungo dell'anno • ***Solstizio d'inverno***, il 22 dicembre, la notte più lunga dell'anno.

soltanto (sol-tàn-to) AVV. · Con esclusione di ogni altra cosa o persona: *soltanto lui; ho soltanto due euro* Ⓢ solo, solamente.

solubile (so-lù-bi-le) AGG. **1** Di sostanza, che si può sciogliere in un liquido: *caffè solubile* Ⓒ insolubile. **2** Che può essere risolto: *un quesito difficilmente solubile.*

soluzione (so-lu-zió-ne) N.F. **1** Rimedio per risolvere una questione difficile: *la soluzione di un problema; è necessario trovare una soluzione che accontenti tutti* Ⓢ rimedio, conclusione, accordo. **2** La risposta a un quesito matematico o il risultato di un'operazione: *scrivi la soluzione del problema sul quaderno.* **3** Lo scioglimento di una sostanza in un liquido e la miscela che si ottiene: *credeva fosse una medicina, invece era solo una soluzione di acqua e zucchero.* **4** Pagamento di un debito: *pagare in un'unica soluzione.* Ⓔ ***Soluzione di continuità***, interruzione: *ha parlato per ore senza soluzione di continuità.*

solvente (sol-vèn-te) N.M. · Sostanza capace di sciogliere un'altra: *sciogliere la vernice con il solvente.*

soma (sò-ma) N.F. · Carico da trasportare che si mette sul dorso di asini, muli, e talvolta cavalli: *alleggerire la soma.* Ⓔ ***Da soma***, che può trasportare carichi sul dorso: *bestia da soma.*

somaro (so-mà-ro) N.M. (f. -*a*) **1** Asino. **2** Persona ignorante • Studente che va male a scuola: *una classe di somari.*

somatico (so-mà-ti-co) AGG. (pl.m. -*ci*, pl.f. -*che*) · Del corpo: *caratteri somatici.* Ⓔ ***Tratti somatici***, i lineamenti del viso di una persona: *i suoi tratti somatici dimostravano la sua origine nordica.*

somatizzare (so-ma-tiẓ-ẓà-re) V.TR. || TR. Trasformare le emozioni negative in disturbi fisici: *ha mal di testa perché somatizza così la sua paura.* || **somatizzarsi** INTR. PRONOM. Di emozione, manifestarsi a livello fisico: *la sua angoscia si è somatizzata.*

somigliante (so-mi-gliàn-te) AGG. · Che è simile a qualcosa o qualcuno: *un bambino somigliante **al** padre.*

somiglianza (so-mi-gliàn-za) N.F. · Il fatto di presentare caratteristiche simili: *somiglianza fisica; somiglianza di gusti* Ⓢ affinità Ⓒ diversità.

somigliare (so-mi-glià-re) V.INTR. (*somìglio*, ecc.; aus. *avere*) || INTR. Presentare caratteristiche simili a quelle di un'altra persona o di un'altra cosa: ***nel** taglio degli occhi somiglia **a** sua madre; quando è molto concentrato somiglia **a** un grosso gufo* Ⓢ assomigliare, rassomigliare. || **somigliarsi** RIFL. RECIPROCO Avere una reciproca somiglianza: *si somigliano come due gocce d'acqua.*

somma (sóm-ma) N.F. **1** Il risultato dell'addizione Ⓢ totale. **2** L'operazione di addizione: *non sa fare una somma* Ⓢ addizione Ⓒ sottrazione. **3** Quantità o entità complessiva: *la somma degli sforzi.* **4** Quantità di denaro: *ha*

A B C D E F G H I J K L M N O P Q R **S** T U V W X Y Z

perso forti somme al gioco Ⓢ cifra. Ⓔ ***Somma algebrica***, quando gli addendi sono numeri positivi e negativi; ***somma aritmetica***, quando sono numeri naturali • ***Tirare le somme***, raggiungere una conclusione.

sommare (som-mà-re) V.TR. (*sómmo*, ecc.) **1** Calcolare una somma eseguendo un'addizione: *sommare un numero **a** un altro.* **2** Aggiungere: *non sommare il danno **alla** beffa.* Ⓔ ***Tutto sommato***, in conclusione, alla fine: *tutto sommato il film è stato divertente.*

sommario[1] (som-mà-rio) AGG. (pl.m. *-ri*, pl.f. *-rie*) **1** Limitato a pochi elementi fondamentali: *mi faccia un resoconto sommario* Ⓢ sintetico, riassuntivo, approssimativo Ⓒ dettagliato. **2** Che si svolge rapidamente e in modo poco accurato: *processo sommario.* Ⓔ ***Esecuzione sommaria, giustizia sommaria***, pena di morte imposta senza processo: *durante la guerra si facevano spesso esecuzioni sommarie.*

sommario[2] (som-mà-rio) N.M. (pl. *-ri*) **1** Riassunto di un argomento: *sommario di storia della letteratura italiana* Ⓢ compendio. **2** Nei libri o nelle riviste, indice: *il sommario di un libro.*

sommelier (som-me-lier; pronuncia *somelié*) N.M. FR., in it. N.M. e F. INVAR. · Esperto di vini: *fatti consigliare cosa bere dal sommelier.*

sommergere (som-mèr-ge-re) V.TR. (irreg.: coniugato come *emergere*) **1** Di acque, coprire interamente una superficie: *l'alluvione ha sommerso i villaggi* Ⓢ ricoprire. **2** Mandare a fondo nell'acqua: *un'ondata paurosa sommerse la nave* Ⓢ affondare. **3** Coprire, sopraffare: *le sue parole furono sommerse dagli urli della folla.*

> Il termine deriva dal latino *submergere* 'affondare, sommergere', che viene a sua volta da *mergere* 'immergere, affondare' con il prefisso so- (→ ***immergere***).

sommergibile (som-mer-gì-bi-le) N.M. · Nave da guerra, adatta sia per la navigazione in superficie che per quella di profondità Ⓢ sottomarino.

sommerso (som-mèr-so) AGG. **1** Interamente coperto dalle acque: *un relitto sommerso.* **2** Oppresso, gravato, oberato: *si è ritrovato sommerso dai debiti.* **3** Che avviene in una condizione di illegalità: *le attività sommerse della mafia* Ⓢ clandestino, illegale. Ⓔ ***Economia sommersa***, il complesso delle attività produttive che si svolgono di nascosto e che quindi non seguono le regole della società come il pagamento delle tasse e la sicurezza dei lavoratori.

sommesso (som-més-so) AGG. · Di voce o suono, debole, basso: *parlare con tono sommesso.*

somministrare (som-mi-ni-strà-re) V.TR. · Dare, distribuire: *somministrare i Sacramenti; somministrare le medicine **a** un malato.*

somministrazione (som-mi-ni-stra-zió-ne) N.F. · Distribuzione di qualcosa da parte di chi ne ha l'autorità: *la somministrazione dei Sacramenti; la somministrazione di un farmaco **a** un malato.*

sommità (som-mi-tà) N.F. INVAR. · Il punto più alto: *la sommità di un monte, di un campanile* Ⓢ cima, vetta, culmine.

sommo (sóm-mo) AGG. **1** Il più grande: *è una questione di somma importanza; il sommo poeta* Ⓢ massimo Ⓒ minimo. **2** Il più elevato di grado in una gerarchia: *il Sommo Pontefice.* Ⓔ ***In sommo grado***, moltissimo • ***Per sommi capi***, in sintesi, in breve: *spiegami per sommi capi l'argomento della tua tesi.*

sommossa (som-mòs-sa) N.F. · Tumulto popolare: *è scoppiata una sommossa* Ⓢ rivolta, ribellione.

sommovimento (som-mo-vi-mén-to) N.M. **1** Movimento agitato o violento: *un improvviso sommovimento del mare.* **2** Manifestazione popolare di protesta: *un sommovimento di massa.*

sommozzatore (som-moz-za-tó-re) N.M. (f. *-trìce*) · Nuotatore o pescatore subacqueo: *i sommozzatori della polizia recuperarono l'annegato.*

sonaglio (so-nà-glio) N.M. (pl. *-gli*) · Piccola sfera vuota in cui è racchiusa una pallina che produce un suono sbattendo contro le sue pareti. Ⓔ ***Serpente a sonagli***, serpente velenoso, diffuso in America, che produce un suono simile a quello dei sonagli, scuotendo gli anelli cornei che ha sulla coda.

S

sonare (so-nà-re) → ***suonare***.

sonata (so-nà-ta) N.F. · Componimento musicale per uno o più strumenti in tre o quattro tempi.

sonda (són-da) N.F. **1** Strumento per compiere esplorazioni, fori e misurazioni. **2** In medicina, tubo usato per raggiungere dall'esterno cavità del corpo. Ⓔ ***Sonda spaziale***, veicolo senza equipaggio dotato di strumenti molto avanzati, lanciato nello spazio per raccogliere dati scientifici.

sondaggio (son-dàg-gio) N.M. (pl. *-gi*) **1** Esplorazione eseguita con una sonda: *sondaggio acustico del fondo marino*. **2** Indagine sui gusti o sulle opinioni delle persone: *sondaggio elettorale*.

sondare (son-dà-re) V.TR. (*séndo*, ecc.) **1** Esplorare con una sonda: *sondare lo stomaco*; *sondare il suolo*, per studiarne le caratteristiche geologiche Ⓢ scandagliare. **2** Cercare di conoscere le intenzioni di qualcuno senza chiedergliele direttamente: *sondare le intenzioni di un avversario* Ⓢ indagare. Ⓔ ***Sondare il terreno*** → ***terreno***[2].

soneria (so-ne-rì-a) → ***suoneria***.

sonetto (so-nét-to) N.M. · Composizione poetica formata da quattordici versi, di solito endecasillabi, distribuiti in quattro strofe: *i sonetti del Petrarca*.

sonnambulo (son-nàm-bu-lo) AGG. e N.M. (f. *-a*) · Di persona che cammina durante il sonno: *una bambina sonnambula*.

sonnecchiare (son-nec-chià-re) V.INTR. (*sonnécchio*, ecc.; aus. *avere*) **1** Dormire di un sonno leggero, a brevi intervalli: *non dormivo, sonnecchiavo*. **2** Avere un atteggiamento poco attento e attivo: *la polizia sonnecchia e i ladri agiscono*.

sonnellino (son-nel-lì-no) N.M. · Sonno di breve durata: *fa sempre un bel sonnellino pomeridiano* Ⓢ pisolino, riposino.

sonnifero (son-nì-fe-ro) N.M. · Farmaco che facilita il sonno: *prendere un sonnifero*.

sonno (són-no) N.M. **1** Stato di incoscienza di durata limitata che serve a riprendere le forze: *avere il sonno pesante, leggero* Ⓒ veglia. **2** Desiderio o bisogno di dormire: *sbadigliare per il sonno*. Ⓔ ***Colpo di sonno***, improvvisa sonnolenza che fa addormentare: *l'incidente è probabilmente dovuto a un colpo di sonno dell'autista* • ***Il sonno eterno***, la morte • ***Prendere sonno***, addormentarsi.

sonnolento (son-no-lèn-to) AGG. **1** Appesantito o ritardato dal torpore: *avere un'aria sonnolenta* Ⓢ intorpidito. **2** Che concilia il sonno: *un sonnolento pomeriggio estivo* Ⓢ pigro.

sonnolenza (son-no-lèn-za) N.F. · Stato di torpore causato dalla necessità di dormire: *bevi un caffè per evitare la sonnolenza* Ⓢ sonno, sopore.

sono (só-no) · Ind. pres., 1ª pers. sing. → ***essere***[1].

sonorità (so-no-ri-tà) N.F. INVAR. **1** Potenza o qualità di un suono: *una voce con una bella sonorità*. **2** In linguistica, attività delle corde vocali, massima nella pronuncia delle vocali.

sonoro (so-nò-ro) AGG. **1** Di corpo, capace di vibrare producendo un suono: *corde sonore*. **2** Di suono o rumore, intenso, potente, fragoroso: *risata sonora; applausi sonori* • Forte, potente, poderoso: *un sonoro ceffone* • Di grande portata: *una sonora sconfitta* Ⓢ grande, grosso. Ⓔ ***Cinema sonoro, film sonoro***, in cui le immagini sono accompagnate dal suono; anche N.M.: *la nascita del sonoro* • ***Colonna sonora***, zona della pellicola sulla quale sono registrati i suoni o la musica composta per il film • In linguistica: ***consonante sonora*** (o *una sonora* N.F.), la cui articolazione produce vibrazione delle corde vocali.

sontuoso (son-tu-ó-so) AGG. · Ricco, splendido, lussuoso: *ricevimento sontuoso*.

sopore (so-pó-re) N.M. · Sonnolenza, torpore: *davanti alla tv, mi prende sempre un lieve sopore*.

soporifero (so-po-rì-fe-ro) AGG. **1** Che fa venir sonno: *un farmaco soporifero*. **2** Noioso, pesante, tedioso: *una conferenza soporifera*.

soppalco (sop-pàl-co) N.M. (pl. *-chi*) **1** Struttura aggiunta tra il pavimento e il soffitto di una stanza molto alta per creare uno spazio in più. **2** La zona compresa fra l'ultimo piano e il tetto Ⓢ soffitta.

sopperire (sop-pe-ri-re) V.INTR. (*sopperìsco, sopperìsci*, ecc.; aus. *avere*) · Provvedere a una necessità: *sopperire **alle** esigenze della famiglia.*

soppesare (sop-pe-sà-re) V.TR. (*soppéso*, ecc.) **1** Bilanciare un oggetto con la mano per valutarne all'incirca il peso: *soppesare un pacco.* **2** Valutare attentamente: *soppesare i vantaggi e gli svantaggi di un accordo* Ⓢ ponderare, esaminare.

soppiantare (sop-pian-tà-re) V.TR. · Prendere il posto di qualcuno con mezzi non sempre corretti: *soppiantare un collega più anziano* Ⓢ scalzare • Sostituire, rimpiazzare: *le macchine hanno ormai soppiantato il lavoro dell'uomo.*

soppiatto (sop-piàt-to) AGG. · Solo nell'espressione ***di soppiatto***, di nascosto: *entrare, uscire di soppiatto.*

sopportare (sop-por-tà-re) V.TR. (*soppòrto*, ecc.) **1** Adattarsi a condizioni avverse: *sopportare il freddo, la fatica* Ⓢ reggere, sostenere, tollerare • Accettare con pazienza e forza d'animo situazioni difficili: *sopportare ingiustizie.* **2** Accettare comportamenti contrari ai propri principi: *non sopporto la tua maleducazione* Ⓢ permettere, tollerare. **3** Sostenere un peso: *l'ascensore non sopporta carichi troppo pesanti* Ⓢ reggere. **4** Assumere su di sé un impegno, specialmente economico: *non possiamo sopportare una spesa simile* Ⓢ sostenere, affrontare.

sopportazione (sop-por-ta-zió-ne) N.F. **1** Capacità di accettare fastidi e condizioni avverse: *anche la mia sopportazione ha un limite* Ⓢ pazienza. **2** Espressione di annoiata commiserazione: *perché mi guardi con quell'aria di sopportazione?* Ⓢ insofferenza.

soppressi (sop-près-si) · Pass. rem., 1ª pers. sing. → ***sopprimere***.

soppressione (sop-pres-sió-ne) N.F. · Eliminazione, abrogazione, abolizione: *la soppressione di un ordine religioso* • Di persona, uccisione: *la soppressione degli avversari politici.*

soppresso (sop-près-so) · Participio pass. → ***sopprimere***.

sopprimere (sop-prì-me-re) V.TR. (irreg.: pass. rem. *sopprèssi, sopprimésti, sopprèsse, sopprimémmo, sopprimést e, sopprèssero*; part. pass. *sopprèsso*) **1** Abolire o annullare istituzioni o disposizioni: *sopprimere una cattedra, una legge* Ⓢ revocare, abrogare. **2** Eliminare, togliere, tagliare: *sopprimere una frase ambigua da un contratto.* **3** Eliminare fisicamente: *il cane è stato soppresso* Ⓢ uccidere.

Il termine deriva dal latino *supprimere* 'spingere giù, abbassare', che viene a sua volta da *premere* 'premere' con il prefisso **so-** (→ ***comprimere***).

sopra (só-pra) PREP. e AVV. || PREP. Indica posizione più elevata: il complemento di stato in luogo: *l'intera struttura poggia sopra una base di cemento armato; il villaggio si trova a 600 metri sopra il livello del mare; i tre appartamenti si trovano l'uno sopra l'altro; le montagne sopra il deserto dell'Arizona*; il complemento di moto a luogo: *vai a mettere la bottiglia sopra la tavola; gli si gettarono sopra in quattro*; il complemento di argomento: *un libro sopra la pittura fiorentina del Rinascimento*; il complemento di misura, di età, di stima e prezzo: *quella signora è sopra i cinquant'anni; quel terreno è valutato sopra i centomila euro; quel libro fu messo in vendita sopra i venti euro a copia* Ⓒ sotto. || AVV. In un luogo più elevato: *appoggialo qui sopra; vado sopra a vedere*, al piano superiore • Per fare un rimando in un testo, in precedenza: *come ho detto sopra; vedi sopra.*

Quando *sopra* è usato come preposizione e precede un pronome personale, deve essere seguito dalla preposizione *di*: *il cielo sopra di me.*

sopra- · Prefisso che già fin dal latino indica 'posizione superiore' (*sopracciglio; sopraffare; sovrumano; sovrapporre*) o 'aggiunta' (*soprannome; sovrapprezzo*) o 'superamento di un limite' (*soprannaturale; sovraffollato*); si alterna con *sovra-* e provoca, come questo, il raddoppiamento della consonante semplice che segue.

soprabito (so-prà-bi-to) N.M. · Cappotto di stoffa leggera.

sopraccarico (so-prac-cà-ri-co) → ***sovraccarico***.

S

sopracciglio (so-prac-cì-glio) N.M. (pl.m. *i sopraccìgli* o pl.f. *le sopraccìglia*) · L'arcata di peli che si trova sopra l'occhio: *avere le sopracciglia folte.*

sopraffare (so-praf-fà-re) V.TR. (irreg.: *sopraffàccio* o *sopraffò, sopraffài, sopraffà, sopraffacciàmo, sopraffàte, sopraffànno*; per il resto coniugato come *fare*) 1 Sconfiggere, vincere: *i ribelli furono sopraffatti.* 2 Togliere ogni capacità di reazione: *essere sopraffatto dall'emozione* Ⓢ vincere. 3 Superare per intensità: *il rumore del treno sopraffece la sua voce* Ⓢ coprire.

sopraffazione (so-praf-fa-zió-ne) N.F. · Imposizione prepotente e ingiusta della propria volontà Ⓢ sopruso, vessazione.

sopraffino (so-praf-fì-no) AGG. 1 Di qualità eccellente: *un pranzo sopraffino* Ⓢ squisito. 2 Estremamente raffinato: *un ragionamento sopraffino.*

sopraggiungere (so-prag-giùn-ge-re) V.INTR. (irreg.: coniugato come *giungere*; aus. *essere*) · Giungere o intervenire all'improvviso: *se non sopraggiungono complicazioni, ce la farà* Ⓢ arrivare.

sopralluogo (so-pral-luò-go) N.M. (pl. *-ghi*) 1 Ispezione di un luogo per esaminarne le caratteristiche: *fare un sopralluogo in una centrale nucleare.* 2 Visita del magistrato sul luogo del delitto: *dal sopralluogo emersero molti indizi* Ⓢ perquisizione.

soprammobile (so-pram-mò-bi-le) N.M. · Oggetto che si tiene sui mobili come ornamento.

soprannaturale (so-pran-na-tu-rà-le) AGG. 1 Che è al di sopra dei limiti della natura: *fenomeni soprannaturali* Ⓢ divino. 2 Straordinario, sovrumano: *è dotato di una forza soprannaturale.*

soprannome (so-pran-nó-me) N.M. · Nome dato a una persona, per scherzo o per offesa, a seconda delle sue caratteristiche personali: *nei paesi si danno spesso soprannomi* Ⓢ nomignolo.

soprannominare (so-pran-no-mi-nà-re) V.TR. (*soprannòmino*, ecc.) · Dare un soprannome a qualcuno: *a scuola è soprannominato "il ciccio"* Ⓢ chiamare.

soprano (so-prà-no) N.M. 1 La voce femminile di timbro più acuto. 2 Persona dotata di tale voce: *mia sorella canta da soprano.*

soprappensiero (so-prap-pen-siè-ro) (o **sopra pensiero**) AVV. · Concentrato sui propri pensieri e non su quello che avviene intorno: *non ti stavo ascoltando, ero soprappensiero* Ⓢ distratto.

soprappiù (so-prap-più) → ***sovrappiù***.

soprapprezzo (so-prap-prèz-zo) → ***sovrapprezzo***.

soprassalto (so-pras-sàl-to) N.M. · Brusco movimento: *a quello scoppio ebbe un soprassalto.* Ⓔ ***Di soprassalto***, all'improvviso, facendo un salto: *si svegliò di soprassalto per un incubo.*

soprassedere (so-pras-se-dé-re) V.INTR. (irreg.: coniugato come *sedere*; aus. *avere*) · Rinviare qualcosa a un momento successivo: *propongo di soprassedere* ***alla*** *nomina del presidente* Ⓢ differire, rimandare (TR.).

soprattutto (so-prat-tùt-to) AVV. · Più di ogni altra cosa, in particolare: *di lei ammiro soprattutto la generosità.*

sopravanzare (so-pra-van-zà-re) V.TR. · Superare, sorpassare: *sopravanzava tutte quante* ***in*** *bellezza; sopravanzare l'avversario* ***per*** *potenza muscolare.*

sopravvalutare (so-prav-va-lu-tà-re) (o **sopravalutare**) V.TR. (*sopravvàluto*, ecc.) · Attribuire a una persona o a una cosa un valore superiore rispetto a quello che ha: *sopravvalutare l'avversario; sopravvalutare l'importanza di una scoperta.*

sopravvento (so-prav-vèn-to) AVV., AGG. e N.M. INVAR. || AVV. e AGG. Dalla parte da cui soffia il vento: *stare sopravvento; il fianco sopravvento di un monte, di una nave.* || N.M. Posizione di superiorità che assicura la vittoria: *la nostra squadra ha preso il sopravvento* ***sugli*** *avversari.* ▸ Ⓕ **vento**

sopravvissuto (so-prav-vis-sù-to) AGG. e N.M. (f. *-a*) 1 Ancora in vita dopo la morte di altri: *l'eredità andrà all'unico nipote sopravvissuto.* 2 Scampato a un pericolo di morte: *le ambulanze trasportano i sopravvissuti* Ⓢ superstite.

sopravvivenza (so-prav-vi-vèn-za) N.F. 1 La condizione di chi sopravvive ad altri o di ciò che dura nel tempo: *la sopravvivenza dei genitori* ***ai*** *figli; la sopravvivenza di vecchie tradizioni.* 2 Capacità di rimanere in vita nonostante grosse difficoltà: *manuale di sopravvivenza.*

sopravvivere (so-prav-vì-ve-re) V.INTR. (irreg.: fut. *sopravvivrò* o *sopravviverò*, ecc.; condiz. *sopravvivrèi* o *sopravviverèi*, ecc.; per il resto coniugato come *vivere*; aus. *essere*) 1 Continuare a vivere dopo la morte di altri: *sopravvivere* ***ai*** *propri figli.* 2 Restare in vita superando un grave pericolo: *sopravvivere* ***a*** *un incidente* Ⓢ scampare • Uscire da una situazione di difficoltà: *le piccole industrie rischiano di non sopravvivere* ***alla*** *crisi economica.* 3 Mantenere viva la propria importanza nel tempo: *opere che sopravvivono* ***al*** *tempo; pregiudizi che sopravvivono* Ⓢ rimanere, durare.

soprelevare (so-pre-le-và-re) V.TR. (*soprelèvo*, ecc.) 1 Rialzare di uno o più piani un edificio: *soprelevare una casa* ***di*** *un piano.* 2 Costruire al di sopra del piano normale: *soprelevare una strada.*

soprelevata (so-pre-le-và-ta) N.F. · Strada costruita su pilastri, in modo che passi al di sopra delle altre strade.

soprintendente (so-prin-ten-dèn-te) → ***sovrintendente***.

soprintendenza (so-prin-ten-dèn-za) N.F. 1 Incarico di controllo e vigilanza: *affidare a un esperto la soprintendenza* ***ai*** *lavori* Ⓢ direzione. 2 Ufficio del ministero dei Beni culturali che si occupa della custodia e della tutela del patrimonio artistico del Paese • L'edificio in cui questo ufficio ha sede.

sopruso (so-prù-ṣo) N.M. · Abuso del proprio potere per imporre la propria volontà: *subire, compiere un sopruso* Ⓢ prepotenza, sopraffazione.

soqquadro (soq-quà-dro) N.M. · Solo nell'espressione ***a soqquadro***, in disordine: *quando sono tornata la casa era tutta a soqquadro.*

Soqquadro è l'unica parola della lingua italiana ad avere la doppia *q*.

sor- · Prefisso che significa 'sopra': *sorvolare; sormontare.*

sorbetto (sor-bét-to) N.M. · Gelato senza latte, a base di frutta: *sorbetto al limone.*

sorbire (sor-bì-re) V.TR. (*sorbìsco, sorbìsci*, ecc.) || TR. Bere a piccoli sorsi una bevanda: *sorbire una tazza di tè* Ⓢ sorseggiare. || **sorbirsi** TR. PRONOM. Sopportare a fatica persone o cose molto noiose: *domenica dovrò sorbirmi i suoceri.*

sorcio (sór-cio) N.M. (pl. *-ci*) · Topo. Ⓔ ***Far vedere i sorci verdi a qualcuno***, creargli molti problemi.

sordido (sòr-di-do) AGG. 1 Sudicio in maniera ripugnante: *una stanza sordida* Ⓢ sporco, lurido. 2 Moralmente ripugnante: *un progetto sordido* Ⓢ spregevole, ignobile.

sordina (sor-dì-na) N.F. · Dispositivo che può essere applicato ad alcuni strumenti musicali per diminuire l'intensità del loro suono o mutarne il timbro. Ⓔ ***In sordina***, piano o di nascosto: *ha fatto tutto in sordina.*

sordità (sor-di-tà) N.F. INVAR. 1 Riduzione o mancanza dell'udito. 2 Mancanza d'interesse o di sensibilità: *sordità* ***per*** *i problemi sociali* Ⓢ indifferenza.

sordo (sór-do) AGG. 1 Che ha problemi più o meno gravi all'udito: *essere sordo* ***da*** *un orecchio.* 2 Che non mostra interesse o sensibilità per qualcosa: *sordo* ***ai*** *richiami della coscienza* Ⓢ insensibile, indifferente. 3 Di suoni o rumori, basso, cupo: *un colpo sordo* Ⓒ squillante. 4 Di sentimento, nascosto ma forte e tenace: *nutrire un sordo rancore contro qualcuno* Ⓢ segreto. 5 In linguistica: ***consonante sorda*** (o *una sorda* N.F.), articolata senza che le corde vocali vibrino. Ⓔ ***Fare il sordo***, fingere di non sentire o di non capire • ***Sordo come una campana***, completamente sordo.

Invece del termine *sordo*, che può essere percepito come spregiativo, si preferisce usare l'espressione *non udente*.

sordomuto (sor-do-mù-to) AGG. e N.M. (f. *-a*) · Che, chi non sente e non parla: *ha imparato l'alfabeto dei sordomuti.*

sorella (so-rèl-la) N.F. 1 Ciascuna delle persone di sesso femminile nata dagli stessi genitori: *mia, tua sorella; Paola e Marta sono sorelle.* 2 Titolo riservato alle suore.

S

sorellastra (so-rel-là-stra) N.F. · Sorella da parte di uno solo dei genitori: *le sorellastre di Cenerentola.*

sorgente (sor-gèn-te) N.F. 1 Il punto del terreno da cui ha origine un corso d'acqua: *bere alla sorgente.* 2 Causa o motivo originario: *sorgente di guadagno* Ⓢ fonte. 3 In fisica, il corpo o il punto da cui ha origine qualcosa: *il Sole è una sorgente di calore.* Ⓔ ***Risalire alla sorgente***, ricercare la fonte di una notizia • ***Sorgente termale***, sorgente d'acqua la cui temperatura è superiore a 20 °C.

sorgere (sór-ge-re) V.INTR. (ind. pres. *sórgo, sórgi*, ecc.; pass. rem. *sórsi, sorgésti, sórse, sorgémmo, sorgéste, sórsero*; part. pass. *sórto*; aus. *essere*) 1 Del Sole o di altre stelle o pianeti, apparire all'orizzonte: *la Luna non è ancora sorta* Ⓢ nascere, spuntare Ⓒ tramontare • Come N.M., apparizione di un astro all'orizzonte: *contemplare il sorgere del Sole.* 2 Essere in posizione dominante: *la villa sorge **su** un promontorio* Ⓢ trovarsi, elevarsi, ergersi. 3 Di suoni, farsi sentire in modo nitido: ***dalla** folla sorsero grida di protesta* Ⓢ alzarsi, levarsi, sollevarsi. 4 Manifestarsi, apparire, presentarsi: *sono sorte delle difficoltà* • Venire in mente: ***mi** sorge un dubbio.*

sorgivo (sor-gì-vo) AGG. · Di sorgente: *acqua sorgiva.*

sorgo (sór-go) N.M. (pl. *-ghi*) · Saggina.

sormontare (sor-mon-tà-re) V.TR. (*sormónto*, ecc.) 1 Superare un certo limite in altezza: *il fiume sta per sormontare gli argini.* 2 Superare, vincere: *tutte le difficoltà sono state sormontate.* ▸ Ⓕ **monte**

sornione (sor-nió-ne) AGG. e N.M. (f. *-a*; pl.m. *-i*, pl.f. -e) · Che, chi nasconde le proprie intenzioni dietro un'aria indifferente: *uno sguardo sornione.*

sorpassare (sor-pas-sà-re) V.TR. 1 Superare un limite: *la piena ha già sorpassato il livello massimo.* 2 Lasciare indietro qualcuno o qualcosa che ci precedeva: *non si può sorpassare in curva* Ⓢ superare, passare. 3 Oltrepassare: *stai sorpassando ogni limite con il tuo comportamento.*

sorpassato (sor-pas-sà-to) AGG. · Non più attuale: *idee sorpassate* Ⓢ antiquato, superato.

sorpasso (sor-pàs-so) N.M. · Nella circolazione stradale, il superamento di un veicolo che procede nello stesso senso: *effettuare un sorpasso.*

sorprendente (sor-pren-dèn-te) AGG. 1 Che suscita meraviglia: *un successo sorprendente* Ⓢ stupefacente, inatteso, sbalorditivo. 2 Eccezionale, straordinario, speciale: *rivelare un sorprendente talento musicale.*

sorprendere (sor-prèn-de-re) V.TR. (irreg.: coniugato come *prendere*) || TR. 1 Cogliere alla sprovvista: *sulla strada di casa ci ha sorpreso la pioggia.* 2 Scoprire nell'atto di compiere un'azione proibita: *fu sorpreso **a** rubare in un supermercato* Ⓢ trovare, beccare. 3 Causare un senso di stupore: *mi sorprende trovarti qui* Ⓢ stupire, meravigliare. || **sorprendersi** RIFL. Rendersi conto all'improvviso con stupore di qualcosa che si sta facendo con poca consapevolezza: *a volte mi sorprendo **a** pensare ancora a lei* Ⓢ trovarsi, scoprirsi. || **sorprendersi** INTR. PRONOM. Stupirsi, meravigliarsi: *ormai non mi sorprendo più **di** nulla.*

sorpresa (sor-pré-sa) N.F. 1 Evento inatteso, che suscita stupore: *che sorpresa rivederti dopo tanto tempo!* 2 Reazione di meraviglia di fronte a un fatto inaspettato: *per la sorpresa saltò su dalla sedia.* 3 Piccolo regalo nascosto dentro alle uova di cioccolata: *la cioccolata era buona, ma la sorpresa una delusione!* • Dono, regalo: *ti ho portato una sorpresa.* Ⓔ ***Di sorpresa***, all'improvviso: *cogliere qualcuno di sorpresa*, sorprenderlo impreparato.

sorpreso (sor-pré-so) AGG. · Meravigliato, stupito: *rimanere sorpreso; sono sorpreso **di** vederlo qui.*

sorreggere (sor-règ-ge-re) V.TR. (irreg.: coniugato come *reggere*) 1 Mantenere in una posizione sollevata o in piedi: *sorreggere un ferito* Ⓢ sostenere. 2 Sostenere dal punto di vista morale: *lo sorregge la speranza del suo ritorno* Ⓢ aiutare, assistere.

sorridente (sor-ri-dèn-te) AGG. 1 Che sorride: *bocca sorridente* • Allegro, lieto, ridente: *viso sorridente; occhi sorridenti.* 2 Che ispira un senso di gioia e serenità: *un paesaggio sorridente* Ⓢ piacevole, ridente.

sorridere (sor-rì-de-re) V.INTR. (irreg.: coniugato come *ridere*; aus. *avere*) **1** Muovere le labbra formando un sorriso: *sorridere di soddisfazione.* **2** Essere, mostrarsi favorevole o propizio: ***gli*** *sorride la fortuna* • Riuscire gradito: *non* ***mi*** *sorride affatto l'idea di svegliarmi presto* Ⓢ piacere, soddisfare.

sorriso (sor-rì-so) N.M. **1** Leggera contrazione delle estremità delle labbra all'insù, come espressione di sentimenti positivi: *un sorriso dolce, ironico, malizioso.* **2** Aspetto piacevole e lieto: *il sorriso della primavera* Ⓢ grazia, letizia.

sorsata (sor-sà-ta) N.F. · Lungo sorso: *una sorsata d'acqua.*

sorseggiare (sor-seg-già-re) V.TR. (*sorséggio*, ecc.) · Bere a piccoli sorsi: *sorseggiare una bibita* Ⓢ sorbire, bere.

sorsi (sór-si) · Pass. rem., 1ª pers. sing. → ***sorgere***.

sorso (sór-so) N.M. **1** La quantità di liquido che si può deglutire in una volta: *bere a piccoli sorsi.* **2** Piccola quantità di bevanda: *versami un sorso di vino* Ⓢ goccio, dito. Ⓔ ***In un sorso*** o ***d'un sorso***, in una sola volta • ***Sorso a sorso***, gustando lentamente.

sorta (sòr-ta) N.F. **1** Specie, tipo, qualità: *che sorta di scherzi son questi?; ci troverai ogni sorta di articoli sportivi.* **2** Qualcosa di difficile da definire in modo preciso: *ero impedito da una sorta di timore* Ⓢ specie. Ⓔ ***Di sorta***, di alcun genere: *non si fanno eccezioni di sorta.*

S

sorte (sòr-te) N.F. **1** Forza misteriosa che, secondo qualcuno, regola le vicende umane in modo imprevedibile: *la sorte ha voluto così* Ⓢ fortuna, fato, destino. **2** Condizione in cui l'uomo viene a trovarsi anche contro la sua volontà: *lamentarsi della propria sorte.* **3** Condizione futura: *non sappiamo a quale sorte andiamo incontro* Ⓢ destino, futuro. Ⓔ ***A sorte***, a caso; ***estrarre a sorte***, ***tirare a sorte***, sorteggiare: *estrarre a sorte il biglietto vincente; abbiamo tirato a sorte, e tocca a te farti interrogare* • ***Avere in sorte***, avere per natura certe qualità: *ha avuto in sorte un grande talento musicale* • ***Tentare la sorte***, affrontare una situazione del tutto imprevedibile e i suoi rischi.

sorteggiare (sor-teg-già-re) V.TR. (*sortéggio*, ecc.) · Pescare a caso da un contenitore che ne contiene parecchi, un oggetto o un biglietto contrassegnato con un nome, un numero o un simbolo: *sorteggiare i numeri del lotto; sorteggiamo il prossimo da interrogare.*

sorteggio (sor-tég-gio) N.M. (pl. *-gi*) · L'azione di sorteggiare: *fare un sorteggio; sorteggio dei vincitori.*

sortilegio (sor-ti-lè-gio) N.M. (pl. *-gi*) · Opera di magia: *la strega lo legò a sé con un sortilegio* Ⓢ fattura, incantesimo. ▸ Ⓕ **legere**

Il termine deriva dal latino *sortilegium* 'lettura della sorte', composto a sua volta di *sors* 'sorte' e *legere* 'leggere' (→ ***leggere***).

sortita (sor-ti-ta) N.F. **1** Attacco di sorpresa da parte di truppe assediate: *tentare una sortita.* **2** Battuta intelligente e spiritosa: *è stata davvero una bella sortita!*

sorto (sór-to) · Participio pass. → ***sorgere***.

sorvegliante (sor-ve-gliàn-te) N.M. e F. · Chi ha incarichi di controllo, custodia o protezione: *sorvegliante di un magazzino* Ⓢ custode, guardiano.

sorveglianza (sor-ve-gliàn-za) N.F. · Controllo continuo: *sorveglianza di un carcere* Ⓢ vigilanza, guardia, protezione.

sorvegliare (sor-ve-glià-re) V.TR. (*sorvéglio*, ecc.) **1** Controllare qualcosa o qualcuno per ragioni di sicurezza o per assicurare lo svolgimento di un'attività: *sorvegliare i lavori in un cantiere* Ⓢ seguire, guardare, badare a. **2** Custodire, vigilare, controllare: *sorvegliare i bambini.* **3** Seguire qualcosa con attenzione: *sorvegliare gli sviluppi di un esperimento* Ⓢ osservare, studiare.

sorvolare (sor-vo-là-re) V.TR. e INTR. (*sorvólo*, ecc.) || TR. Passar sopra volando: *sorvolare l'oceano.* || TR. e INTR. (aus. *avere*) Omettere, tralasciare, lasciar perdere: *sorvolare i particolari di una vicenda; è meglio sorvolare* ***su*** *questo pasticcio.*

sos (pronuncia èsse ò èsse) N.M.INVAR. · Segnale internazionale di richiesta di soccorso: *lanciare un sos.*

so(s)- → ***so-***.

sosia (sò-ṣia) N.M. e F. INVAR. · Persona che assomiglia molto a un'altra: *è la sosia di tua sorella* Ⓢ copia.

Il termine deriva da *Sosia*, nome di un personaggio di una commedia dello scrittore latino Plauto (250-184 a.C.), a cui Mercurio si sostituisce, prendendone le sembianze.

sospendere (so-spèn-de-re) V.TR. (irreg.: coniugato come *appendere*) **1** Attaccare un oggetto in alto in modo che non tocchi terra: *sospendere una lampada* ***al*** *soffitto.* **2** Interrompere per un po': *ha sospeso la sua collaborazione alla rivista; ho sospeso l'attività sportiva* ***per*** *due mesi* Ⓢ rimandare. **3** Rimuovere qualcuno per un periodo dal suo incarico per punizione: *sospendere* ***dall'****insegnamento* Ⓢ allontanare, esonerare • Punire uno studente impedendogli di seguire le lezioni per un certo periodo: *un alunno è stato sospeso per aver fumato nei bagni.*

Il termine deriva dal latino *suspendere* 'tenere sospeso in alto', che viene a sua volta da *pendere* 'essere sospeso' con il prefisso so- (→ ***appendere***).

sospensione (so-spen-sió-ne) N.F. **1** Interruzione temporanea: *sospensione di una gara* Ⓢ rinvio, congelamento. **2** Punizione che consiste nell'allontanare qualcuno dal proprio incarico: *sospensione di un alunno* ***dalle*** *lezioni; sospensione di un ciclista per doping* Ⓢ allontanamento. **3** Dispersione di piccolissime particelle solide in un liquido. **4** Negli autoveicoli, congegno elastico che limita le scosse provocate dalle irregolarità del terreno. **5** In grammatica: ***punti di sospensione*** o ***puntini di sospensione***, i tre punti (...), usati per indicare che il discorso è stato interrotto apposta prima della fine.

sospeso (so-spé-so) AGG. **1** Attaccato a qualcosa che permette di oscillare: *una lampada sospesa* ***a*** *un gancio* Ⓢ appeso. **2** Interrotto per un po' o rimandato: *attività sospesa per lutto* Ⓢ rinviato. **3** In uno stato di incertezza o di precarietà: *essere sospeso* ***tra*** *la vita e la morte* Ⓢ incerto, dubbioso. Ⓔ ***In sospeso***, in attesa: *una pratica in sospeso; non tenermi in sospeso, dimmi tutto* • ***Ponte sospeso***, retto da funi metalliche • ***Sospeso a un filo***, in grave pericolo: *la sua vita era sospesa* ***a*** *un filo.*

sospettare (so-spet-tà-re) V.TR. e INTR. (sospètto, ecc.) || TR. **1** Ritenere qualcuno responsabile di un fatto senza averne le prove: *la polizia sospetta il marito* ***di*** *omicidio.* **2** Intuire qualcosa senza averne la sicurezza piena: *sospettare un inganno* Ⓢ subodorare, fiutare. **3** Credere, immaginare, pensare: *non sospettavo* ***che*** *dipingesse così bene.* || INTR. (aus. *avere*) **1** Nutrire sospetti su qualcuno che si pensa abbia compiuto delle azioni illecite: *si sospetta* ***di*** *lui riguardo al furto.* **2** Provare diffidenza nei confronti di qualcuno o qualcosa: *è un uomo che sospetta* ***di*** *tutto e* ***di*** *tutti* Ⓢ diffidare, dubitare.

sospetto[1] (so-spèt-to) AGG. e N.M. (f. -a) || AGG. e N.M. (f. -a) Di persona ritenuta responsabile di un crimine: *controllare le persone sospette; i sospetti sono stati trattenuti in questura.* || AGG. Che ispira dubbi sull'onestà di qualcosa o di qualcuno: *un comportamento sospetto; merce sospetta* Ⓢ equivoco, dubbio, ambiguo.

sospetto[2] (so-spèt-to) N.M. **1** Diffidenza verso una persona che si pensa capace o responsabile di qualcosa di male: *avere, nutrire dei sospetti su qualcuno* Ⓢ dubbio. **2** Timore, dubbio, paura: *ha sempre il sospetto che gli altri parlino male di lui.* Ⓔ ***Mettere in sospetto***, far pensare che qualcuno nasconda qualcosa: *mi ha messo in sospetto il suo atteggiamento scostante.*

sospettoso (so-spet-tó-so) AGG. · Portato a non fidarsi di nulla e di nessuno: *si guardava attorno con aria sospettosa* Ⓢ diffidente.

sospirare (so-spi-rà-re) V.INTR. e TR. || INTR. (aus. *avere*) Emettere sospiri, di solito per preoccupazione o tristezza: *non fa che piangere e sospirare.* || TR. Aspettare con ansia che un desiderio si realizzi: *gliel'hanno fatta sospirare quella promozione.*

sospiro (so-spì-ro) N.M. · Respiro lungo e profondo che manifesta un certo stato d'animo: *un sospiro di sollievo, d'amore.*

sosta (sò-sta) N.F. **1** Breve fermata durante un percorso: *faremo un'ora di sosta per pranzo.* **2** Breve interruzione di un'attività: *facciamo una sosta prima che inizi la prossima lezio-*

ne Ⓢ pausa, intervallo. Ⓔ ***Divieto di sosta***, proibizione di parcheggio per i veicoli.

sostantivato (so-stan-ti-và-to) AGG. · In grammatica, che viene usato come un nome: *aggettivo, infinito sostantivato.*

sostantivo (so-stan-tì-vo) N.M. · In grammatica, parte del discorso che indica persone o cose: *sostantivo maschile, femminile, concreto, astratto* Ⓢ nome.

sostanza (so-stàn-za) N.F. **1** La parte fondamentale di qualcosa: *bada alla sostanza, non all'apparenza* Ⓢ essenza. **2** Materia con particolari proprietà: *sostanze liquide, solide, gassose.* **3** La parte nutritiva di un alimento: *carne che ha poca sostanza.* **4** SPESSO AL PL. L'insieme dei beni posseduti: *ha perso al gioco tutte le sue sostanze* Ⓢ ricchezza, patrimonio. Ⓔ ***In sostanza***, in pratica, quindi: *in sostanza tu vorresti che io rinunciassi.*

sostanziale (so-stan-zià-le) AGG. · Essenziale, fondamentale, importante: *la parte sostanziale del discorso.*

sostanzialmente (so-stan-zial-mén-te) AVV. · Nelle linee essenziali, di fatto: *siamo sostanzialmente d'accordo.*

sostanzioso (so-stan-zió-so) AGG. **1** Ricco di elementi nutritivi: *alimento sostanzioso* Ⓢ nutriente. **2** Lauto, abbondante, ricco: *un pranzo sostanzioso.*

sostare (so-stà-re) V.INTR. (*sòsto*, ecc.; aus. *avere*) · Fermarsi in un luogo per breve tempo: *prima di Roma sosteremo a Firenze* Ⓢ trattenersi, stare.

S

sostegno (so-sté-gno) N.M. (pl. *-gni*) **1** Ciò che ha la funzione di sostenere il peso di un oggetto: *le colonne fanno da sostegno all'arco* Ⓢ rinforzo, supporto. **2** Fonte di sicurezza o di stabilità: *essere il sostegno della famiglia* Ⓢ aiuto. Ⓔ ***A sostegno di***, per supportare, per rafforzare: *a sostegno della mia tesi ci sono delle prove certe* • ***Insegnante di sostegno***, aggiunto a una classe in cui sono presenti alunni con problemi, per aiutarli a stare in pari con gli altri.

sostenere (so-ste-né-re) V.TR. (irreg.: coniugato come *tenere*) || TR. **1** Tener su qualcuno o qualcosa, sopportandone il peso: *sostenere un ferito; sostenere un carico con le braccia* Ⓢ reggere, sorreggere. **2** Dare forza fisica o morale: *una tazza di brodo ti sosterrà; le tue parole mi sostengono in questo momento* Ⓢ confortare, aiutare. **3** Dare aiuto o protezione: *sostenere un amico in un brutto momento; è sostenuto da persone potenti* Ⓢ appoggiare. **4** Impegnarsi nella difesa o per l'affermazione di un principio: *sostenere i diritti degli oppressi* Ⓢ difendere, perorare • Affermare con convinzione: *sostenere la propria innocenza; sostenere* ***di*** *non avere colpa* Ⓢ dichiarare. **5** Affrontare un impegno: *ho sostenuto io tutte le spese; sostenere un esame.* **6** Fronteggiare una situazione difficile o dolorosa: *sostenere un lutto; sostenere un intervento chirurgico* Ⓢ affrontare • Riuscire a sopportare un disagio fisico: *sostenere il caldo* Ⓢ tollerare, resistere a. || **sostenersi** RIFL. **1** Star su appoggiandosi a qualcosa: *sostenersi* ***al*** *braccio di qualcuno* Ⓢ tenersi, reggersi. **2** Mantenersi in forze: *sostenersi* ***con*** *cibi nutrienti.* || **sostenersi** INTR. PRONOM. **1** Di oggetto, stare in piedi: *la libreria dovrebbe sostenersi da sé.* **2** Mantenere uno stato grazie a qualcosa: *le dittature si sostengono* ***con*** *la violenza.* Ⓔ ***Sostenere lo sguardo di qualcuno***, guardarlo senza abbassare gli occhi • ***Sostenere una parte***, di attore, interpretare un personaggio.

sostenibile (so-ste-nì-bi-le) AGG. **1** Che può essere mantenuto o sopportato: *la situazione non è più sostenibile; questo caldo non è sostenibile.* **2** Che può essere dimostrato o difeso con buoni argomenti: *un'ipotesi sostenibile.* Ⓔ ***Sviluppo sostenibile***, crescita economica sufficiente ai bisogni della popolazione, che non provoca danni per l'ambiente e che alla lunga non esaurisce le risorse naturali.

sostenitore (so-ste-ni-tó-re) N.M. (f. *-trìce*) · Persona impegnata a difendere un'idea o una persona in cui crede: *i sostenitori del presidente* Ⓢ fautore, simpatizzante.

sostentamento (so-sten-ta-mén-to) N.M. · Mantenimento in vita, di solito con riferimento al cibo: *provvedere al sostentamento della famiglia* Ⓢ sussistenza.

sostentare (so-sten-tà-re) V.TR. (*sostènto*, ecc.) || TR. Fornire del necessario per vivere: *sostentare la famiglia* Ⓢ mantenere. || so-

stentarsi RIFL. Provvedere al proprio mantenimento: *non ha di che sostentarsi.*

sostenuto (so-ste-nù-to) AGG. **1** Elevato, intenso: *nuotare a un ritmo sostenuto.* **2** Che ha un atteggiamento di distacco e freddezza: *è stato molto sostenuto con me* Ⓢ freddo, distante.

sostituire (so-sti-tu-ì-re) V.TR. (*sostituìsco, sostituìsci*, ecc.) || TR. **1** Mettere una persona o una cosa al posto di un'altra: *sostituire un giocatore; sostituire le gomme della macchina* Ⓢ cambiare, rimpiazzare. **2** Svolgere per un po' di tempo le funzioni di qualcun altro: *sostituire un collega malato.* || **sostituirsi** INTR. PRONOM. Assumere le funzioni di un'altra persona o cosa: *si è sostituito **al** padre nella gestione dell'azienda* Ⓢ prendere il posto di.

sostituto (so-sti-tù-to) N.M. (f. *-a*) **1** Chi svolge i compiti di qualcun altro in sua assenza: *il medico ha affidato i pazienti al sostituto.* **2** Qualifica della magistratura italiana: *sostituto procuratore della Repubblica.*

sostituzione (so-sti-tu-zió-ne) N.F. · Collocazione di una cosa o di una persona al posto di un'altra: *sostituzione di un pezzo del motore* Ⓢ cambio. Ⓔ ***In sostituzione di***, al posto di: *giocare in sostituzione di un compagno squalificato.*

sostrato (so-strà-to) N.M. **1** Strato che sta sotto a un altro: *un sostrato di roccia.* **2** Lingua non più parlata che, prima di sparire, ha influenzato la lingua che l'ha sostituita: *il sostrato celtico dell'inglese.*

sottaceto (sot-ta-cé-to) N.M. (spesso al pl.) · Verdura intera o a pezzetti conservata in aceto e servita come contorno: *lesso con sottaceti;* anche AGG. INVAR.: *cetrioli sottaceto.*

sottacqua (sot-tàc-qua) (più com. **sott'acqua**) AVV. · Sotto la superficie dell'acqua: *nuotare sott'acqua.*

sottana (sot-tà-na) N.F. · Gonna: *una sottana stretta, corta, a pieghe.* Ⓔ ***Correre dietro alle sottane***, corteggiare sempre le donne • ***Stare sempre attaccato alla sottana della mamma***, di bambino, timido e pauroso, che ha sempre bisogno della mamma; di adulto, eccessivamente soggetto ai voleri della madre.

sotterfugio (sot-ter-fù-gio) N.M. (pl. *-gi*) · Espediente, basato generalmente sull'inganno, per raggiungere uno scopo: *sono riuscito ad andarmene con un sotterfugio* Ⓢ stratagemma.

> Il termine deriva da una parola del latino tardo che significa 'scappatoia', che viene a sua volta da *subterfugere* 'sfuggire', composto di *subter* 'sotto' e *fugere* 'fuggire'.

sotterraneo (sot-ter-rà-ne-o) AGG. e N.M. (pl.m. *-nei*, pl.f. *-nee*) || AGG. **1** Che sta sotto la superficie del terreno: *caverna sotterranea.* **2** Di ambiente costruito al di sotto del livello del terreno: *magazzino sotterraneo* Ⓢ seminterrato. || N.M. Locale che si trova sotto terra: *i sotterranei del castello.* Ⓔ ***Manovre sotterranee***, clandestine, condotte in segreto.

sotterrare (sot-ter-rà-re) V.TR. (*sottèrro*, ecc.) **1** Mettere qualcosa sotto terra: *sotterrare un tesoro* Ⓢ seppellire Ⓒ dissotterrare. **2** Di persona o animale morto, seppellire: *hanno sotterrato il gatto **in** giardino.*

sottigliezza (sot-ti-gliéz-za) N.F. **1** Spessore limitato: *la sottigliezza di una lama* Ⓢ finezza Ⓒ grossezza. **2** Fine acutezza intellettuale: *la sottigliezza di un ragionamento.*

sottile (sot-tì-le) AGG. **1** Di scarso spessore: *un sottile strato di vernice* Ⓢ fine, fino Ⓒ spesso. **2** Esile, snello, magro: *braccia sottili.* **3** Fine, acuto, penetrante: *udito sottile; voce sottile.* **4** Condotto con acutezza e precisione: *hai fatto una sottile distinzione* Ⓢ minuzioso, pignolo. Ⓔ ***Andare per il sottile*** o ***guardare per il sottile***, essere particolarmente scrupoloso.

sottiletta (sot-ti-lét-ta) N.F. · Formaggio venduto in confezioni di fette quadrate.

sottilizzare (sot-ti-liz-zà-re) V.INTR. (aus. *avere*) · Fare distinzioni troppo sottili: *non ha senso sottilizzare **su** questo, la verità la sai* Ⓢ cavillare.

sottintendere (sot-tin-tèn-de-re) V.TR. (irreg.: coniugato come *tendere*) **1** In grammatica, non esprimere un elemento della frase che può essere intuito dal contesto con facilità: *sottintendere il soggetto.* **2** Lasciar capire qualcosa senza dirlo apertamente: *gli offrii il mio aiuto, sottintendendo **che** poteva essere an-*

A B C D E F G H I J K L M N O P Q R S T U V W X Y Z

che di tipo economico Ⓢ alludere, far intendere.

sottinteso (sot-tin-té-so) AGG. e N.M. || AGG. **1** In grammatica, di elemento della frase non espresso perché intuibile con facilità dal contesto: *soggetto, verbo sottinteso.* **2** Che si capisce anche se non è detto apertamente: *nel mio invito a cena era sottinteso che avrei pagato io.* || N.M. Riferimento a qualcosa che non viene detto con chiarezza: *dimmi quello che pensi senza tanti sottintesi.* Ⓔ ***È sottinteso*** o ***resta sottinteso***, è ovvio, non c'è bisogno di dirlo.

sotto (sót-to) PREP. e AVV. || PREP. Indica posizione inferiore: il complemento di stato in luogo: *leggeva disteso sotto una quercia; sotto il maglione indossava una camicia azzurra*; il complemento di moto a luogo: *si tuffarono sotto le onde*; il complemento di misura, di età, di stima e prezzo: *il parco è sotto i cento ettari di estensione; quell'uomo è sotto i quarant'anni; quel dipinto è valutato sotto i mille euro; quell'abito a saldo costa sotto i cinquanta euro*; il complemento di tempo continuato: *sotto le feste il centro della città è molto animato; è vissuto sotto il regno di Luigi XIV* Ⓒ sopra. || AVV. In un luogo più in basso: *abita qui sotto*, al piano inferiore; *la firma va qui sotto* • Per fare un rimando in un testo, più avanti: *per quanto riguarda l'argomento in particolare, vedi sotto.* Ⓔ ***Di sotto***, inferiore: *il piano di sotto* • ***Esserci sotto qualcosa***, essere una situazione poco chiara: *in quella faccenda c'è sotto qualcosa.*

Quando *sotto* è usato come preposizione e precede un pronome personale, deve essere seguito dalla preposizione *di*: *quelli che abitano sotto di me.*

sotto- · Prefisso che indica 'posizione inferiore' (*sottoscala; sottoscrivere*) oppure 'condizione inferiore' (*sottovalutare; sottosviluppo*).

sottobanco (sot-to-bàn-co) (o **sotto banco**) AVV. · Di nascosto, di soppiatto: *vendere una merce illegale sottobanco* (o *di sottobanco*).

sottobosco (sot-to-bò-sco) N.M. (pl.m. *-schi*) **1** La vegetazione che cresce nel bosco al riparo della chioma degli alberi. **2** L'insieme delle persone che vivono ai margini di un'attività, ottenendo a volte guadagni illeciti: *il sottobosco della finanza.*

sottobraccio (sot-to-bràc-cio) (o **sotto braccio**) AVV. · Con il braccio passato tra il braccio e il fianco di un'altra persona, in segno di affetto: *prendere, tenere qualcuno sottobraccio* Ⓢ a braccetto.

sottocchio (sot-tòc-chio) (o **sott'occhio**) AVV. · Davanti agli occhi: *mi è capitato sottocchio un articolo interessante.*

sottocosto (sot-to-cò-sto) (o **sotto costo**) AVV. · A un prezzo più basso di quello di costo: *vendere, comprare sottocosto una merce.*

sottocutaneo (sot-to-cu-tà-ne-o) AGG. (pl.m. *-nei*, pl.f. *-nee*) · Subito sotto la pelle: *iniezione sottocutanea.*

sottofondo (sot-to-fón-do) N.M. **1** Strato che sta sotto: *il sottofondo del baule.* **2** L'insieme di voci, suoni e rumori attenuati che si sentono in secondo piano: *musica in sottofondo.*

sottogamba (sot-to-gàm-ba) (o **sotto gamba**) AVV. · Senza dare troppa importanza: *ha preso l'esame sottogamba ed è stato bocciato* Ⓢ alla leggera.

sottolineare (sot-to-li-ne-à-re) V.TR. (*sottolineo*, ecc.) **1** Tracciare una linea sotto una parola o una frase per metterla in evidenza: *sottolineare gli errori di un compito* Ⓢ evidenziare, rilevare. **2** Mettere in evidenza qualcosa: *sottolineò i rischi e i vantaggi dell'impresa* . **3** Dire qualcosa con intonazione forte per metterlo in evidenza: *devi sottolineare di più la strofa finale della poesia* Ⓢ accentuare, scandire.

sottolio (sot-tò-lio) N.M. (spesso al pl. *-li*) · Prodotto alimentare intero o a pezzetti, per lo più cotto o scottato, conservato in olio: *un vasetto di sottoli*; anche AGG. INVAR.: *carciofini sottolio.*

sottomano (sot-to-mà-no) AVV. **1** A disposizione, a portata di mano: *ora non ho sottomano il suo numero.* **2** Di nascosto: *passare un biglietto sottomano* Ⓢ sottobanco.

sottomarino (sot-to-ma-rì-no) AGG. e N.M. || AGG. Che sta sotto la superficie del mare: *cavo*

S

telefonico sottomarino. || N.M. Nave da guerra costruita per operazioni sott'acqua Ⓢ sommergibile.

sottomesso (sot-to-més-so) AGG. **1** Che è sotto il dominio di qualcuno: *popoli sottomessi.* **2** Docile, remissivo: *un atteggiamento sottomesso.*

sottomettere (sot-to-mét-te-re) V.TR. (irreg.: coniugato come *mettere*) || TR. Costringere qualcuno a obbedire: *sottomettere un popolo* Ⓢ assoggettare Ⓒ affrancare. || **sottomettersi** RIFL. Piegarsi alla volontà di altri: *sottomettersi **ai** capricci della moglie* Ⓢ cedere, arrendersi.

sottomissione (sot-to-mis-sió-ne) N.F. **1** Riduzione di qualcuno a uno stato di obbedienza: *Cesare tentò la sottomissione della Britannia.* **2** La condizione di chi subisce il dominio di altri: *la lunga sottomissione degli italiani **all'**Austria.*

sottomultiplo (sot-to-mùl-ti-plo) AGG. e N.M. · Di numero contenuto in un altro un numero intero di volte.

sottopassaggio (sot-to-pas-sàg-gio) N.M. (pl. *-gi*) **1** Passaggio di una via di comunicazione al di sotto di un'altra via di comunicazione. **2** Passaggio pedonale per l'attraversamento sotterraneo di incroci stradali o dei binari ferroviari.

sottopeso (sot-to-pé-so) AVV. e AGG. INVAR. · Di peso inferiore alla norma: *un neonato sottopeso.*

sottoporre (sot-to-pór-re) V.TR. (irreg.: coniugato come *porre*) || TR. **1** Presentare alla valutazione di qualcuno: *sottoporre un progetto **all'**approvazione della direzione* Ⓢ proporre. **2** Far affrontare una certa situazione: *sottoporre il fisico **a** uno sforzo eccessivo; sottoporre il popolo **alle** difficoltà della guerra.* **3** Far subire a qualcuno o a qualcosa un certo trattamento: *sottoporre il malato **a** una cura molto forte; sottoporre i prodotti **al** controllo.* || **sottoporsi** RIFL. **1** Accettare di affrontare una situazione, spesso difficile: *sottoporsi **a** disagi* Ⓢ sottomettersi. **2** Accettare di subire un certo trattamento: *sottoporsi **a** un trattamento di bellezza molto costoso.*

sottoposto (sot-to-pó-sto) AGG. e N.M. (f. *-a*) || AGG. Esposto, soggetto: *l'uomo è sottoposto ai capricci della fortuna.* || N.M. (f. *-a*) Persona che, in un rapporto di lavoro, dipende da un'altra: *farsi rispettare dai sottoposti* Ⓢ dipendente, subordinato.

sottoprodotto (sot-to-pro-dót-to) N.M. · Prodotto, di solito scadente, ottenuto dalla lavorazione dei residui della produzione industriale di altri prodotti: *i sottoprodotti della lavorazione del legno.*

sottoscala (sot-to-scà-la) N.M. INVAR. · Vano che si trova sotto la rampa di una scala, spesso usato come ripostiglio.

sottoscritto (sot-to-scrìt-to) AGG. e N.M. (f. *-a*) || AGG. Di documento, che è firmato: *domanda sottoscritta* • Di persona, che firma il documento per renderlo valido: *io sottoscritto chiedo una riduzione del pagamento.* || N.M. (f. *-a*) La persona che parla, che scrive, spesso in formule ufficiali: *il sottoscritto chiede a codesto Ministero...*

sottoscrivere (sot-to-scrì-ve-re) V.TR. e INTR. (irreg.: coniugato come *scrivere*) || TR. **1** Mettere la propria firma su un documento per renderlo valido: *sottoscrivere un contratto* Ⓢ firmare. **2** Condividere, approvare, sostenere: *sottoscrivo in pieno le loro azioni.* || INTR. (aus. *avere*) Essere d'accordo, aderire: *non posso sottoscrivere **a** un programma così rischioso.*

sottoscrizione (sot-to-scri-zió-ne) N.F. **1** Firma per convalidare un documento: *il notaio li convocò per la sottoscrizione dell'atto.* **2** Raccolta di firme o di fondi a sostegno di una proposta: *stanno raccogliendo sottoscrizioni per l'abolizione della caccia.*

sottosegretario (sot-to-se-gre-tà-rio) N.M. (f. *-a*; pl.m. *-ri*, pl.f. *-rie*) **1** ***Sottosegretario (di Stato)***, nell'ordinamento italiano, il diretto collaboratore di un ministro. **2** Segretario di grado inferiore.

sottosopra (sot-to-só-pra) AVV. **1** In completo disordine: *mettere sottosopra la stanza* Ⓢ a soqquadro. **2** In uno stato di agitazione e turbamento: *la notizia mi ha lasciato sottosopra per tutto il giorno* Ⓢ agitato, sconvolto.

sottostante (sot-to-stàn-te) AGG. · Che si trova al di sotto di qualcosa preso come pun-

A B C D E F G H I J K L M N O P Q R S T U V W X Y Z

to di riferimento: *dal colle si vede tutta la vallata sottostante* Ⓢ inferiore.

sottostare (sot-to-stà-re) V.INTR. (irreg.: *sottostò, sottostài, sottostà*, ecc.; per il resto coniugato come *stare*; aus. *essere*) **1** Essere sottoposto, subordinato a qualcuno o a qualcosa: *sottostare **agli** ordini del capo* Ⓢ dipendere. **2** Essere costretto a subire: *deve sottostare **ai** suoi maltrattamenti* Ⓢ soggiacere. **3** Affrontare una prova: *il paziente dovrà sottostare **ad** alcuni esami* Ⓢ sottoporsi.

sottosuolo (sot-to-suò-lo) N.M. · Lo strato che sta sotto la superficie del terreno: *i prodotti del suolo e del sottosuolo.*

sottosviluppato (sot-to-ṣvi-lup-pà-to) AGG. · Non pienamente sviluppato: *i Paesi sottosviluppati.*

sottosviluppo (sot-to-ṣvi-lùp-po) N.M. · La situazione per cui in un Paese la ricchezza cresce poco rispetto alle risorse del Paese stesso, causando povertà fra la popolazione.

sottoterra (sot-to-tèr-ra) (o **sotto terra**) AVV. · Nel suolo: *nascondere un tesoro sottoterra.* Ⓔ ***Andare sottoterra*** o ***finire sottoterra,*** morire • ***Mettere sottoterra,*** seppellire • ***Stare sottoterra*** o ***essere sottoterra,*** esser morto.

sottotetto (sot-to-tét-to) N.M. · Locale che si trova subito sotto il tetto, usato soprattutto come ripostiglio Ⓢ soffitta, solaio.

sottotitolare (sot-to-ti-to-là-re) V.TR. (*sottotìtolo*, ecc.) · Mettere i sottotitoli: *sottotitolare un film inglese **in** italiano.*

sottotitolo (sot-to-ti-to-lo) N.M. **1** Titolo secondario che segue il titolo principale di un'opera: *qual è il sottotitolo della tesi?* **2** AL PL. Scritta che accompagna le scene di un film, con la traduzione dei dialoghi in una lingua diversa da quella originale: *un film russo con i sottotitoli in francese.*

sottovalutare (sot-to-va-lu-tà-re) V.TR. (*sottovàluto*, ecc.) · Attribuire a una persona o a una cosa un valore inferiore rispetto a quello che ha: *sottovalutare un pericolo.*

sottovalutazione (sot-to-va-lu-ta-zió-ne) N.F. · Valutazione inferiore al valore reale di qualcosa o qualcuno: *la sottovalutazione di un bene, di una persona.*

sottovento (sot-to-vèn-to) AVV. e AGG. INVAR. · Dalla parte opposta a quella da cui soffia il vento: *navigare sottovento; il versante sottovento di una montagna.* ▸ Ⓕ **vento**

sottoveste (sot-to-vè-ste) N.F. · Veste da donna, scollata, senza maniche e di tessuto leggero, che si indossa sotto il vestito.

sottovoce (sot-to-vó-ce) (o **sotto voce**) AVV. · A voce bassa e sommessa: *parla sottovoce, non svegliarlo* Ⓢ piano.

sottovuoto (sot-to-vuò-to) AVV. e AGG. INVAR. · Metodo di conservazione dei cibi che elimina completamente l'aria da una confezione che poi viene chiusa in maniera ermetica: *confezionare sottovuoto; caffè sottovuoto.*

sottraendo (sot-tra-èn-do) N.M. · Il secondo termine della sottrazione, cioè il numero che deve essere sottratto dal primo termine.

sottrarre (sot-tràr-re) V.TR. (irreg.: coniugato come *trarre*) || TR. **1** Portar via, togliere, levare: ***gli** sottrasse la pistola prima che la prendesse; lo sport sottrae tempo **allo** studio* • Allontanare da un evento, di solito dannoso: *sottrarre qualcuno **a** un pericolo; sottrarre **dalla** distruzione.* **2** Portar via qualcosa che appartiene ad altri: *sottrarre dei documenti **ai** colleghi* Ⓢ rubare, togliere. **3** Eseguire una sottrazione matematica Ⓒ sommare, addizionare. || **sottrarsi** RIFL. Sfuggire, evitare, venir meno: *sottrarsi **alle** proprie responsabilità.*

sottrazione (sot-tra-zió-ne) N.F. **1** Furto o allontanamento di qualcosa: *c'è ancora un complice libero e c'è rischio di sottrazione di prove.* **2** Operazione matematica che consiste nel togliere da un numero tante unità quante sono quelle che compongono un altro numero Ⓒ addizione, somma.

sottufficiale (sot-tuf-fi-cià-le) N.M. · Categoria militare intermedia fra la truppa e gli ufficiali.

soufflé (souf-flé; pronuncia *suffle*) N.M. FR., in it. N.M. INVAR. · Vivanda soffice e leggera, ottenuta cuocendo in forno un impasto di carne, verdure o formaggi, amalgamato con chiara d'uovo montata.

souvenir (sou-ve-nir; pronuncia *suvenìr*) N.M. FR., in it. N.M. INVAR. · Oggetto che si acquista come ricordo di un viaggio.

sovente (so-vèn-te) AVV. · Spesso, di frequente: *la incontro sovente mentre vado a fare la spesa.*

sovietico (so-viè-ti-co) AGG. e N.M. (f. *-a*; pl.m. *-ci*, pl.f. *-che*) · Dell'Unione Sovietica, federazione di Paesi comunisti, di cui il più importante era la Russia, esistente fino al 1991.

sovra- → ***sopra-***.

sovrabbondante (so-vrab-bon-dàn-te) AGG. **1** Che supera di molto la quantità necessaria: *un raccolto sovrabbondante* Ⓢ eccessivo Ⓒ scarso. **2** In grammatica, di sostantivo che ha due plurali, uno maschile e uno femminile, per es. *filo* che ha il maschile *fili* e il femminile *fila*. ▸ Ⓕ unda

sovrabbondanza (so-vrab-bon-dàn-za) N.F. · Quantità molto superiore al necessario: *c'è sovrabbondanza di merci* Ⓢ eccedenza, eccesso. ▸ Ⓕ unda

sovraccaricare (so-vrac-ca-ri-cà-re) V.TR. (*sovraccàrico*, ecc.) · Sottoporre a un carico eccessivo: *non sovraccaricare il camion* • Dare troppo lavoro: *sovraccaricare gli alunni **di** compiti* Ⓢ oberare.

sovraccarico (so-vrac-cà-ri-co) AGG. e N.M. (pl.m. *-chi*, pl.f. *-che*) || AGG. Sottoposto a un carico eccessivo: *il treno è sovraccarico **di** gente.* || N.M. Carico eccessivo: *c'è stato un sovraccarico **di** energia ed è saltata la luce.*

sovraffollamento (so-vraf-fol-la-mén-to) N.M. · Eccessivo affollamento: *vado in vacanza a settembre per evitare il sovraffollamento delle spiagge.*

sovraffollato (so-vraf-fol-là-to) AGG. · Frequentato da troppe persone: *ad agosto le spiagge sono sovraffollate* Ⓢ strapieno.

sovranità (so-vra-ni-tà) N.F. INVAR. **1** Il diritto di governare riconosciuto dalla legge a un soggetto: *sovranità nazionale* • Potere supremo: *esercitare la propria sovranità su un territorio.* **2** Superiorità, supremazia, dominio: *la sovranità della mente sugli istinti.* Ⓔ ***Sovranità popolare***, il principio secondo cui l'autorità politica si basa sulla volontà del popolo.

sovrano (so-vrà-no) AGG. e N.M. (f. *-a*) || AGG. **1** Che ha un potere autonomo e incondizionato: *Stato, popolo sovrano* Ⓢ indipendente. **2** Che riguarda un re: *ordine sovrano* Ⓢ regale, regio. **3** Di situazione, che si manifesta senza limitazioni: *in questa casa il disordine regna sovrano* Ⓢ assoluto. || N.M. (f. *-a*) Il capo di una monarchia Ⓢ re, regina.

sovrappeso (so-vrap-pé-so) N.M. e AGG. || N.M. Peso superiore alla norma: *un sovrappeso di dieci chili.* || AGG. INVAR. Di persona con peso eccessivo: *un bambino sovrappeso.*

sovrappiù (so-vrap-più) N.M. INVAR. · Tutto ciò che è in più rispetto al necessario: *gli ho dato un sovrappiù di mancia* Ⓢ extra, eccedenza. Ⓔ ***In sovrappiù, per sovrappiù***, per di più, inoltre: *lo hanno trattato bene e in sovrappiù gli han dato un regalo.*

sovrappopolato (so-vrap-po-po-là-to) AGG. · Popolato da troppe persone: *un quartiere sovrappopolato.*

sovrapporre (so-vrap-pór-re) V.TR. (irreg.: coniugato come *porre*) || TR. Disporre più elementi uno sull'altro facendoli combaciare: *sovrapporre la carta trasparente **a** un disegno.* || **sovrapporsi** INTR. PRONOM. Passar sopra a qualcosa: *il potere esecutivo non deve sovrapporsi **a** quello giudiziario.*

sovrapposizione (so-vrap-po-ṣi-zió-ne) N.F. **1** Disposizione di elementi l'uno sull'altro per farli combaciare: *sovrapposizione di immagini.* **2** Presenza contemporanea che genera un conflitto: *sovrapposizione di un potere a un altro.*

sovrapprezzo (so-vrap-prèz-zo) N.M. · Somma da pagare in aggiunta al prezzo normale: *pagherò il sovrapprezzo sul biglietto.*

sovrastare (so-vra-stà-re) V.TR. (*sovràsto*, ecc.) **1** Dominare occupando una posizione più elevata: *il castello sovrasta la vallata.* **2** Di persona, superare molto in altezza o in bravura qualcun altro: *mio fratello mi sovrasta **di** 20 cm.* **3** Di pericolo o danno, stare per accadere: *ci sovrasta una grande minaccia* Ⓢ incombere, minacciare.

sovrintendente (so-vrin-ten-dèn-te) N.M. e F. · Chi si occupa di dirigere e controllare un'attività: *il sovrintendente ai lavori.*

sovrintendere (so-vrin-tèn-de-re) V.INTR. (irreg.: coniugato come *tendere*; aus. *avere*) · Dirigere e controllare: *sovrintendere* ***ai*** *lavori di restauro di un palazzo.*

sovrumano (so-vru-mà-no) AGG. **1** Superiore rispetto ai limiti della natura umana: *facoltà sovrumane* Ⓢ divino. **2** Straordinario, grandissimo, eccezionale: *sforzo sovrumano.*

sovvenzionare (sov-ven-zio-nà-re) V.TR. (*sovvenzióno*, ecc.) · Sostenere con finanziamenti in denaro: *sovvenzionare la ricerca scientifica* Ⓢ finanziare.

sovvenzione (sov-ven-zió-ne) N.F. · Contributo finanziario concesso per aiuto o sostegno: *concedere una sovvenzione a un'associazione di beneficenza* Ⓢ finanziamento.

sovversivo (sov-ver-sì-vo) AGG. e N.M. (f. *-a*) · Che, chi intende rovesciare la situazione politica: *propaganda sovversiva; un gruppo di sovversivi* Ⓢ rivoluzionario.

sovvertire (sov-ver-tì-re) V.TR. (*sovvèrto*, ecc.) · Sconvolgere profondamente la situazione politica e sociale o un sistema di valori: *sovvertire le strutture dello Stato; sovvertire la morale* Ⓢ capovolgere, rovesciare.

sozzo (sóz-zo) AGG. **1** Molto sporco: *una cucina sozza* Ⓢ lercio, lurido. **2** Che per il suo comportamento suscita disprezzo: *uno sozzo individuo* Ⓢ spregevole, turpe.

sozzura (soz-zù-ra) N.F. **1** Sporcizia, luridume: *in quella camera c'è una sozzura terribile.* **2** Depravazione, immoralità: *la sozzura del vizio.*

spaccalegna (spac-ca-lé-gna) N.M. e F. INVAR. · Chi per mestiere spacca la legna Ⓢ boscaiolo, taglialegna.

S

spaccare (spac-cà-re) V.TR. (*spàcco, spàcchi*, ecc.) || TR. **1** Dividere in parti con colpi netti e violenti: *spaccare la legna* ***con*** *l'accetta* Ⓢ spezzare, rompere. **2** Dividere un gruppo di persone per mancanza di accordo tra le loro opinioni: *la questione ha spaccato l'assemblea.* || **spaccarsi** INTR. PRONOM. **1** Rompersi: *per il freddo* ***mi*** *si sono spaccate le labbra.* **2** Dividersi a causa di opinioni diverse: *la maggioranza si è spaccata* ***sulla*** *nuova legge elettorale.* Ⓔ ***O la va o la spacca***, o ci si riesce o si fallisce • ***Spaccare il capello in quattro***, essere eccessivamente analitico e scrupoloso • ***Spaccare il minuto***, essere molto puntuale • ***Spaccare la faccia a qualcuno***, picchiarlo con violenza • ***Un sole che spacca le pietre***, molto caldo.

spaccata (spac-cà-ta) N.F. · In ginnastica e nella danza, posizione di massima apertura delle gambe.

spaccato (spac-cà-to) AGG. e N.M. || AGG. **1** Rotto, spezzato: *legna spaccata.* **2** Perfettamente somigliante: *è il ritratto spaccato di suo padre.* || N.M. **1** Disegno o modellino che rappresenta l'interno di un oggetto o di un edificio come se fosse tagliato in due parti. **2** Descrizione di un ambiente o di un momento storico: *uno spaccato della società borghese del primo Novecento.*

spaccatura (spac-ca-tù-ra) N.F. **1** Rottura o divisione in due o più pezzi. **2** Crepa profonda: *c'è una spaccatura nella parete* Ⓢ solco, spacco. **3** Profonda divisione per mancanza di accordo: *la spaccatura del partito* Ⓢ scissione.

spacciare (spac-cià-re) V.TR. (*spàccio*, ecc.) || TR. **1** Vendere in notevole quantità: *spacciare gli avanzi del magazzino.* **2** Mettere in circolazione in modo illegale: *spacciare droga, banconote false.* **3** Far passare una cosa per un'altra: *spacciava dei falsi* ***per*** *quadri d'autore.* || **spacciarsi** RIFL. Fingere un'identità o delle caratteristiche che non si hanno: *si spacciava* ***per*** *medico senza esserlo.*

spacciato (spac-cià-to) AGG. · Che non ha più speranza di salvarsi: *i medici lo danno ormai per spacciato* Ⓢ perduto.

spacciatore (spac-cia-tó-re) N.M. (f. *-trìce*) · Chi mette in circolazione qualcosa in modo illegale: *spacciatore di droga.*

spaccio (spàc-cio) N.M. (pl. *-ci*) **1** Vendita al pubblico: *locale autorizzato allo spaccio di alcolici* Ⓢ commercio • Messa in circolazione di cose illecite o false: *spaccio di monete false.* **2** Negozio, rivendita: *spaccio di generi alimentari.*

spacco (spàc-co) N.M. (pl. *-chi*) **1** Fessura profonda Ⓢ spaccatura, crepa. **2** Taglio o apertura, di solito ricavati nel tessuto di una gonna, per facilitare il movimento di chi l'indossa: *gonna con spacco dietro.*

spaccone (spac-có-ne) N.M. (f. *-a*; pl.m. *-i*, pl.f. *-e*) · Chi si vanta di aver compiuto o di poter compiere imprese straordinarie: *fare lo spaccone* Ⓢ fanfarone, smargiasso.

spada (spà-da) N.F. **1** Arma bianca da punta e anche da taglio, a lama lunga, diritta e aguzza: *estrarre la spada* • Una delle tre specialità della scherma: *hanno vinto la gara di spada.* **2** Pesce spada. **3** AL PL. Uno dei quattro semi delle carte da gioco italiane: *l'otto di spade.* Ⓔ ***A spada tratta***, a ogni costo, in maniera decisa: *difendeva suo figlio a spada tratta* • ***Incrociare le spade***, scontrarsi con qualcuno: *i due avvocati hanno incrociato le spade in tribunale* • ***Spada di Damocle***, pericolo continuo e incombente.

L'espressione *spada di Damocle* fa riferimento a una leggenda secondo cui il tiranno di Siracusa, Dionigi il Vecchio (430-367 a.C.), fece appendere con un filo una spada sulla testa di Damocle per fargli capire il pericolo continuo a cui è esposto chi detiene il potere.

spadroneggiare (spa-dro-neg-già-re) V.INTR. (*spadronéggio*, ecc.; aus. *avere*) · Imporre la propria volontà con arroganza e prepotenza: *i pirati spadroneggiavano **sui** mari.*

spaesato (spa-e-ṣà-to) AGG. · Smarrito, confuso, disorientato: *sentirsi spaesato in un ambiente nuovo.*

spaghetto (spa-ghét-to) N.M. (spesso al pl.) · Tipo di pasta, dalla forma lunga, sottile e non forata: *spaghetti al pomodoro.*

spagnolo (spa-gnò-lo) AGG. e N.M. (f. *-a*) || AGG. Della Spagna. || N.M. (f. *-a*) Abitante, nativo della Spagna. || N.M. La lingua che si parla in Spagna e in molti Paesi dell'America Latina.

spago (spà-go) N.M. (pl. *-ghi*) · Corda sottile di una fibra vegetale: *legare l'arrosto con lo spago.* Ⓔ ***Dare spago*** → *dare*.

spaiato (spa-ià-to) AGG. · Senza il giusto accoppiamento: *ho due calzini spaiati, uno rosso e uno blu.*

spalancare (spa-lan-cà-re) V.TR. (*spalànco*, *spalànchi*, ecc.) || TR. Aprire completamente: *spalancare la porta, le finestre.* || **spalancarsi** INTR. PRONOM. **1** Aprirsi all'improvviso e con forza: *la porta si spalancò per un colpo di vento.* **2** Aprirsi improvvisamente davanti agli occhi: *dalla cima si spalancò davanti a noi un magnifico panorama* Ⓢ mostrarsi. Ⓔ ***Spalancare gli occhi, spalancare la bocca***, aprirli come reazione di stupore • ***Spalancare le braccia***, allargarle in segno di rassegnazione • ***Spalancare le orecchie***, ascoltare con attenzione.

Il termine deriva da *palanca* 'tavola lunga e robusta', con *s-* privativo, e significa 'togliere le palanche (che servono da riparo o da chiusura)'.

spalancato (spa-lan-cà-to) AGG. · Completamente aperto: *lasciare la porta spalancata.* Ⓔ ***Restare a bocca spalancata***, aperta per la sorpresa o l'ammirazione • ***Stare con gli occhi spalancati, con le orecchie spalancate***, guardare, ascoltare con grande attenzione.

spalare (spa-là-re) V.TR. · Rimuovere con la pala: *spalare la neve davanti alla porta.*

spalla (spàl-la) N.F. **1** Parte del corpo che corrisponde al punto in cui il braccio si inserisce nel tronco. **2** La parte del vestito che copre le spalle: *giacca con spalle imbottite.* **3** Nel linguaggio teatrale, l'attore che sostiene il comico principale, dandogli lo spunto per le battute. Ⓔ ***Alle spalle***, a tradimento: *colpire alle spalle*; ***pugnalare alle spalle***, fare del male a qualcuno quando non se lo aspetta, tradire • ***Alle spalle di qualcuno***, a sue spese, facendosi mantenere: *vive alle spalle di sua madre*; quando non è presente e non può difendersi: *sparlare alle spalle di qualcuno* • ***Alzare le spalle, stringersi nelle spalle***, sollevare le spalle in segno di indifferenza • ***A spalla*** o ***in spalla***, sulla schiena: *zaino in spalla* • ***Far da spalla a qualcuno***, dargli appoggio in qualunque impresa • ***Mettere qualcuno con le spalle al muro***, obbligarlo a far qualcosa • ***Prosciutto di spalla***, quello fatto con le zampe anteriori del maiale • ***Voltare le spalle*** o ***volgere le spalle a qualcuno***, abbandonarlo nelle difficoltà: *mi hai voltato le spalle nel momento del bisogno*; ***voltare le spalle alla fortuna***, non approfittare di un'occasione favorevole.

spallata (spal-là-ta) N.F. · Colpo dato con la spalla: *aprì la porta con una spallata.*

spalleggiare (spal-leg-già-re) V.TR. (*spalléggio*, ecc.) · Appoggiare, proteggere, sostenere: *il padre è contrario, ma la madre lo spalleggia.*

spalliera (spal-liè-ra) N.F. **1** L'elemento verticale di un sedile che serve di appoggio per la schiena della persona seduta: *spalliera imbottita* Ⓢ schienale. **2** Elemento che delimita il letto dalla parte dei piedi e della testa. **3** Attrezzo da ginnastica che assomiglia a una grande scala con nove pioli. **4** Elemento di sostegno che permette di appoggiare meglio un violino o una viola sulla spalla del musicista.

spallina (spal-lì-na) N.F. **1** L'ornamento che i militari portano sulla giacca in corrispondenza delle spalle. **2** Imbottitura delle spalle, in abiti maschili e femminili. **3** Ciascuna delle strisce di stoffa che, passando sopra le spalle, sostengono un indumento senza maniche: *le spalline della sottoveste.*

spalmare (spal-mà-re) V.TR. · Distendere su una superficie una sostanza di consistenza cremosa: *spalmare il burro* ***sul*** *pane*; anche TR. PRONOM.: *spalmarsi il viso* ***di*** *crema* Ⓢ stendere.

spalto (spàl-to) N.M. **1** Muro di difesa di fortezze e castelli. **2** AL PL. Le gradinate di uno stadio.

Il termine deriva dal longobardo e significa 'fenditura', nel senso di '(bastione) dalle molte aperture'.

spam (pronuncia *spam*) N. INGL., in it. N.M. e AGG. INVAR. · Messaggio pubblicitario non richiesto, inviato attraverso la posta elettronica.

spanciarsi (span-ciàr-si) V.INTR. PRONOM. (*mi spàncio*, ecc.) · Solo nell'espressione ***spanciarsi dalle risa*** o ***spanciarsi dal ridere***, ridere molto senza riuscire a fermarsi.

S

spanciata (span-cià-ta) N.F. **1** Colpo battuto con la pancia: *quando si è tuffato ha dato una spanciata sull'acqua.* **2** Nel linguaggio familiare, grande mangiata: *una spanciata di dolci* Ⓢ scorpacciata.

spandere (spàn-de-re) V.TR. (irreg.: pass. rem. *spànsi, spandésti, spànse, spandémmo, spandéste, spànsero*; part. pass. *spànto*) || TR. **1** Disporre in modo uniforme su una superficie: *spandere il colore* ***sulla*** *tela* Ⓢ spargere, stendere. **2** Versare involontariamente una sostanza su una superficie: *spandere l'olio* ***per*** *terra.* **3** Diffondere, emanare: *l'incenso spande il suo profumo.* || **spandersi** INTR. PRONOM. **1** Uscire da un recipiente o da un condotto versandosi su una superficie: *l'olio si è spanto* ***sulla*** *tovaglia* Ⓢ spargersi. **2** Diffondersi, estendersi: *la sua fama si spande* ***per*** *il mondo.* Ⓔ ***Spendere e spandere***, spendere troppo.

spanna (spàn-na) N.F. · La distanza che c'è fra la punta del pollice e quella del mignolo della mano allargata al massimo.

spansi (spàn-si) · Pass. rem., 1ª pers. sing. → ***spandere***.

spanto (spàn-to) · Participio pass. → ***spandere***.

spappolare (spap-po-là-re) V.TR. (*spàppolo*, ecc.) || TR. Ridurre in poltiglia qualcosa di consistente: *la pallottola* ***gli*** *ha spappolato il fegato.* || **spappolarsi** INTR. PRONOM. Ridursi in poltiglia: *la frutta è caduta per terra e si è spappolata.*

sparare (spa-rà-re) V.TR. e INTR. || TR. **1** Esplodere uno o più colpi d'arma da fuoco: *sparare un colpo di cannone.* **2** Tirare con violenza: *il calciatore ha sparato la palla oltre la traversa.* **3** Dire o chiedere in modo sfacciato cose inverosimili o esagerate: *è uno che le spara grosse!* || INTR. (aus. *avere*) Tirare con un'arma da fuoco: *sparare* ***a*** *una lepre.* || **spararsi** RIFL. Suicidarsi con un colpo d'arma da fuoco: *si è sparato alla tempia.* Ⓔ ***Sparare a zero su qualcuno***, dirne tutto il male possibile: *sparare a zero* ***sui*** *colleghi.*

sparatoria (spa-ra-tò-ria) N.F. (pl. *-rie*) · Intenso scambio di colpi d'arma da fuoco: *il ladro è rimasto ferito in una sparatoria con la polizia.*

sparecchiare (spa-rec-chià-re) V.TR. (*sparécchio*, ecc.) · Togliere dalla tavola piatti, posate e bicchieri alla fine del pasto: *dopo cena non ha sparecchiato* Ⓒ apparecchiare.

spareggio (spa-rég-gio) N.M. (pl. *-gi*) · Incontro sportivo per decidere la vittoria fra due avversari in perfetta parità.

spargere (spàr-ge-re) V.TR. (irreg.: ind. pres. *spàrgo, spàrgi*, ecc.; pass. rem. *spàrsi, spargésti, spàrse, spargémmo, spargéste, spàrsero*; part. pass. *spàrso*) || TR. **1** Distribuire in modo poco regolare: *spargere il seme* ***nei*** *solchi* Ⓢ gettare, disseminare. **2** Diffondere nell'ambiente circostante: *il fuoco del camino spargeva calore **nella** stanza* Ⓢ spandere, emanare • Versare: *spargere lacrime.* **3** Mettere in circolazione delle notizie: *spargere voci allarmanti* Ⓢ diffondere, divulgare. || **spargersi** INTR. PRONOM. **1** Prendere direzioni diverse: *la folla si sparse **nelle** strade* Ⓢ disperdersi, sparpagliarsi. **2** Diffondersi, propagarsi: *si era sparsa la voce di una guerra imminente.* Ⓔ ***Spargere sangue***, provocare morti o feriti.

spargimento (spar-gi-mén-to) N.M. · Di solito nell'espressione ***spargimento di sangue***, uccisione o ferimento di persone: *una rapina avvenuta senza spargimento di sangue.*

sparire (spa-rì-re) V.INTR. (irreg.: ind. pres. *sparìsco, sparìsci*, ecc.; pass. rem. *sparìi, sparìsti*, ecc.; cong. pres. *sparìsca*, ecc.; part. pass. *sparìto*; aus. *essere*) **1** Non farsi più vedere: *il ladro sparì **tra** la folla; è sparito da due giorni e nessuno sa dove sia* Ⓢ scomparire, dileguarsi Ⓒ apparire, comparire. **2** Andar via poco a poco: *la cicatrice sta sparendo* Ⓢ svanire.

sparizione (spa-ri-zió-ne) N.F. · Improvvisa assenza di una persona o mancanza di un oggetto spesso per furto: *ha denunciato la sparizione del gioiello* Ⓢ scomparsa.

sparlare (spar-là-re) V.INTR. (aus. *avere*) · Parlare male di qualcuno, anche dicendo falsità: *appena può sparla **di** me.*

sparo (spà-ro) N.M. · Colpo di arma da fuoco: *si udì uno sparo.*

sparpagliare (spar-pa-glià-re) V.TR. (*sparpàglio*, ecc.) || TR. **1** Mettere in disordine: *il vento ha sparpagliato le carte per tutta la stanza* Ⓢ spandere, disseminare. **2** Inviare in direzioni diverse: *sparpagliare gli agenti nel bosco alla ricerca dell'uomo.* || **sparpagliarsi** INTR. PRONOM. Prendere direzioni diverse: *se ci sparpagliamo sarà più facile trovarlo* Ⓢ dividersi, separarsi.

sparsi (spàr-si) · Pass. rem., 1ª pers. sing. → *spargere*.

sparso (spàr-so) AGG. || Participio pass. → *spargere*. || AGG. Distribuito in modo non ordinato: *case sparse sulla collina; fogli sparsi sul tavolo.* Ⓔ ***In ordine sparso***, in modo casuale, disordinatamente: *elencare in ordine sparso i protagonisti di un film.*

spartano (spar-tà-no) AGG. e N.M. (f. *-a*) || AGG. **1** Dell'antica città greca di Sparta. **2** Rigoroso, austero, severo: *uno stile di vita spartano.* || N.M. (f. *-a*) Abitante, nativo di Sparta.

spartiacque (spar-ti-àc-que) N.M. INVAR. **1** La linea che separa i bacini di due corsi d'acqua. **2** Elemento fondamentale di divisione: *la morte del padre fu per lui uno spartiacque fra la giovinezza e l'età adulta* Ⓢ confine, divisione.

spartire (spar-tì-re) V.TR. (*spartìsco, spartìsci*, ecc.) · Dividere in parti fra varie persone: *spartire un'eredità* Ⓢ suddividere, distribuire. Ⓔ ***Non aver nulla da spartire con qualcuno***, non aver nulla in comune, nessun rapporto.

spartito (spar-ti-to) AGG. e N.M. || AGG. Diviso in due o più parti: *capelli spartiti a metà dalla riga.* || N.M. L'insieme di fogli su cui è scritta la parte che ogni musicista deve eseguire: *ho qui gli spartiti dei violini.*

spartitraffico (spar-ti-tràf-fi-co) N.M. e AGG. INVAR. · Di struttura che serve a dividere le correnti del traffico stradale: *urtare contro lo spartitraffico; banchina spartitraffico.*

spartizione (spar-ti-zió-ne) N.F. · Distribuzione delle varie parti in cui viene divisa una cosa: *la spartizione del bottino tra i rapinatori* Ⓢ ripartizione.

sparuto (spa-rù-to) AGG. **1** Magro e smunto: *un viso sparuto.* **2** Di gruppo, fatto di pochi: *una sparuta schiera di seguaci* Ⓢ piccolo, esiguo.

sparviero (spar-viè-ro) (o **sparviere**) N.M. · Uccello rapace, grigio di sopra e bianco a righe irregolari rosse di sotto, usato un tempo per la caccia alle allodole.

> Il termine deriva da una parola germanica che significa 'aquila dei passeri', nel senso di 'uccello che caccia e mangia i passeri'.

spasimante (spa-ṣi-màn-te) N.M. e F. · Chi è innamorato di qualcuno e gli fa la corte: *ha telefonato il tuo spasimante* Ⓢ corteggiatore.

spasimare (spa-ṣi-mà-re) V.INTR. (*spàṣimo*, ecc.; aus. *avere*) **1** Soffrire dolori molto forti: *spasimare **dal** dolore* Ⓢ patire, penare. **2** Desiderare con impazienza di fare qualcosa: *spasima **di** rivedere il figlio* Ⓢ bramare. **3** Essere innamorato di qualcuno: *sono anni che spasima* ***per*** *una collega.*

spasimo (spà-ṣi-mo) N.M. **1** Dolore fisico molto forte: *morire tra gli spasimi.* **2** Angoscia, tormento: *che spasimo vederlo soffrire!*

spasmo (spà-ṣmo) N.M. · Breve contrazione involontaria di un muscolo.

spasmodico (spa-ṣmò-di-co) AGG. (pl.m. *-ci*, pl.f. *-che*) **1** Che provoca scosse e contrazioni: *dolore spasmodico* Ⓢ convulso. **2** Che causa angoscia: *attesa spasmodica* • Frenetico: *ritmo spasmodico.*

spassarsi (spas-sàr-si) V.INTR.PRONOM. · Divertirsi: *non ha fatto altro che ridere e spassarsi* • Nella forma ***spassarsela***, passare il tempo a divertirsi: *sua moglie lavora e lui se la spassa.*

spassionato (spas-sio-nà-to) AGG. · Obiettivo, sincero, imparziale: *osservatore spassionato; un parere spassionato.*

spasso (spàs-so) N.M. · Divertimento, allegria: *quel film è un vero spasso.* Ⓔ ***A spasso***, a passeggiare: *andare, portare a spasso;* ***essere a spasso***, senza lavoro.

spassoso (spas-só-so) AGG. · Che fa ridere: *una battuta spassosa* Ⓢ divertente, spiritoso.

spastico (spà-sti-co) AGG. e N.M. (f. *-a*; pl.m. *-ci*, pl.f. *-che*) || AGG. Caratterizzato da spasmo: *paralisi spastica.* || AGG. e N.M. (f. *-a*) Che, chi ha problemi a controllare i movimenti muscolari.

spatola (spà-to-la) N.F. · Arnese di varie forme e materiali usato per spalmare o raccogliere sostanze pastose, costituito da una lamina sottile a bordi smussati: *con la spatola ha steso l'intonaco.*

S

spauracchio (spau-ràc-chio) N.M. (pl. *-chi*) **1** Spaventapasseri. **2** Motivo continuo di paura: *la prof di matematica è lo spauracchio di tutta la classe* Ⓢ terrore, incubo.

spaurito (spau-rì-to) AGG. · Impaurito, spaventato: *mi guardava con occhi spauriti.*

spavalderia (spa-val-de-rì-a) N.F. (pl. *-rìe*) · Eccessiva sicurezza di sé: *parla sempre con molta spavalderia* Ⓢ baldanza • Azione da spavaldo: *grazie a una delle sue spavalderie si è guadagnato una sospensione* Ⓢ bravata.

spavaldo (spa-vàl-do) AGG. · Che mostra una sicurezza eccessiva: *con aria spavalda l'ha sfidato a duello* Ⓢ audace, sfrontato.

spaventapasseri (spa-ven-ta-pàs-se-ri) N.M. INVAR. **1** Pupazzo rivestito di stracci, che si mette nei campi per spaventare gli uccelli che rovinano i raccolti. **2** Persona magrissima, brutta e mal vestita: *quella vecchia è proprio uno spaventapasseri!*

spaventare (spa-ven-tà-re) V.TR. (*spavènto*, ecc.) || TR. **1** Far paura: *spaventare i bambini con una storia di fantasmi* Ⓢ impaurire, intimorire Ⓒ rassicurare. **2** Mettere in uno stato di apprensione: *mi spaventa dover fare tutto il lavoro da solo* Ⓢ preoccupare, angosciare. || **spaventarsi** INTR. PRONOM. Provare paura, spavento: *si spaventa* ***per*** *nulla.*

spaventato (spa-ven-tà-to) AGG. · Che ha paura: *sembrava spaventato da ciò che poteva capitargli* Ⓢ spaurito • Che manifesta paura: *lo guardava con viso spaventato.*

spavento (spa-vèn-to) N.M. **1** Forte reazione di paura di fronte a qualcosa: *mettere, fare, incutere spavento; prendersi uno spavento.* **2** Impressione forte e sgradevole: *è brutto da far spavento* Ⓢ orrore.

spaventoso (spa-ven-tó-so) AGG. **1** Che provoca spavento o terrore: *incubi spaventosi* Ⓢ pauroso. **2** Molto grave: *uno spaventoso incidente* Ⓢ terribile, orribile. **3** Eccezionale, straordinario, esagerato: *ho una fame spaventosa.*

spaziale (spa-zià-le) AGG. **1** Che riguarda lo spazio. **2** Che riguarda lo spazio a tre dimensioni: *geometria spaziale.* **3** Che riguarda il cosmo: *volo spaziale.*

spaziare (spa-zià-re) V.INTR. e TR. (*spàzio*, ecc.) || INTR. (aus. *avere*) **1** Muoversi liberamente in uno spazio vasto: *dalla cima del monte lo sguardo spazia* ***per*** *tutta la valle.* **2** Estendersi: *i suoi interessi spaziano* ***dalla*** *storia* ***alla*** *chimica.* || TR. Lasciare il giusto spazio tra lettere, parole e righe di uno scritto Ⓢ distanziare.

spaziatura (spa-zia-tù-ra) N.F. · Distribuzione di elementi in uno spazio a una giusta distanza: *controllare la spaziatura tra le parole* Ⓢ intervallo.

spazientirsi (spa-zien-tìr-si) V.INTR. PRONOM. (*mi spazientìsco, ti spazientìsci*, ecc.) · Perdere la pazienza: *si spazientisce* ***per*** *nulla* Ⓢ impazientirsi.

spazio (spà-zio) N.M. (pl. *-zi*) **1** Il campo disponibile per gli oggetti della realtà: *il divano occupa troppo spazio* Ⓢ posto, superficie. **2** Zona vuota tra più oggetti: *dobbiamo aumentare lo spazio tra il letto e l'armadio.* **3** In un testo scritto, la parte bianca che separa due parole • Il pulsante orizzontale della tastiera del computer o della macchina da scrivere che permette di realizzarlo. **4** La sede dei corpi celesti: *viaggiare nello spazio; lo spazio infinito.* **5** Margine di azione: *concedere spazio ai giovani* Ⓢ campo. **6** Ciascuno degli intervalli fra due righe del pentagramma. **7** Estensione di tempo: *il lavoro sarà compiuto nello spazio di un mese* Ⓢ giro, arco, intervallo.

spazioso (spa-zió-so) AGG. · Pieno di spazio: *cucina spaziosa* Ⓢ ampio, vasto Ⓒ stretto.

spazzacamino (spaz-za-ca-mì-no) N.M. · Chi pulisce le canne dei camini dalla fuliggine.

spazzaneve (spaz-za-né-ve) N.M.INVAR. **1** Veicolo che rimuove la neve dalla strada spostandola ai lati. **2** Nello sci, la manovra che si esegue avvicinando le punte e allontanando le code degli sci, per rallentare la velocità: *scendere a spazzaneve.*

spazzare (spaz-zà-re) V.TR. **1** Rimuovere con la scopa lo sporco che si trova per terra: *spazzare l'ingresso* ***dalla*** *polvere* Ⓢ scopare. **2** Spingere o portar via: *il vento ha spazzato via le nuvole* Ⓢ rimuovere, eliminare. **3** Nel linguaggio familiare, mangiar tutto senza lasciare nemmeno una briciola: *ha spazzato via la torta.*

spazzata (spaz-zà-ta) N.F. · Rapida pulita con la scopa: *dare una spazzata a una stanza.*

spazzatura (spaz-za-tù-ra) N.F. · Materiale da buttar via: *metti fuori la spazzatura; mi tratta come se fossi spazzatura!* Ⓢ immondizia; rifiuti (PL.).

spazzino (spaz-zì-no) N.M. (f. *-a*) · Chi, per lavoro, è incaricato dal Comune della pulizia delle strade.

spazzola (spàz-zo-la) N.F. · Arnese usato per pulire e lucidare, di solito costituito da un supporto cui sono fissati peli animali o vegetali oppure fili metallici o di plastica: *spazzola da scarpe; spazzola per capelli.* Ⓔ ***Capelli a spazzola***, tagliati corti e pareggiati.

spazzolare (spaz-zo-là-re) V.TR. (*spàzzolo*, ecc.) **1** Pulire o lucidare con la spazzola: *spazzolare un cappotto*; anche TR. PRONOM.: *spazzolarsi i capelli.* **2** Nel linguaggio familiare, mangiare tutto senza lasciare neanche una briciola: *hanno spazzolato tutto.*

spazzolata (spaz-zo-là-ta) N.F. · Rapida passata di spazzola: *darsi una spazzolata ai capelli prima di uscire.*

spazzolino (spaz-zo-lì-no) N.M. · Piccola spazzola di precisione: *spazzolino da denti.*

specchiarsi (spec-chiàr-si) V.RIFL. e INTR. PRONOM. (*mi spècchio*, ecc.) || RIFL. Guardare la propria immagine in uno specchio o in una superficie riflettente: *passando si specchiava nelle vetrine.* || INTR. PRONOM. Di cosa, riflettersi in una superficie di acqua tranquilla: *gli alberi si specchiano nel laghetto.*

specchiera (spec-chiè-ra) N.F. · Grande specchio da parete • Mobile a cui è fissato uno specchio.

specchietto (spec-chiét-to) N.M. **1** Piccolo specchio: *specchietto da borsetta.* **2** Schema riassuntivo: *lo specchietto dei pronomi relativi* Ⓢ tabella. Ⓔ ***Specchietto per le allodole***, nella caccia alle allodole, congegno che riflette i raggi del sole usato per attirarle; in senso figurato, metodo per ingannare gli ingenui • ***Specchietto retrovisore*** → ***retrovisore***.

specchio (spèc-chio) N.M. (pl. *-chi*) **1** Superficie levigata, spesso di vetro, che, alla luce, riflette le immagini: *truccarsi allo specchio.* **2** Superficie lucente e brillante: *questo pavimento è uno specchio.* **3** Immagine simbolica di una situazione o di uno stato d'animo: *gli occhi sono lo specchio dell'anima.* Ⓔ ***Specchio d'acqua***, tratto limitato di mare o di lago.

speciale (spe-cià-le) AGG. **1** Particolare, prevalente, rilevante: *dedicare una speciale attenzione a un argomento.* **2** Destinato a un particolare compito o utilizzo: *carta speciale* Ⓢ specifico. **3** Nel giornalismo, che riguarda un argomento specifico: *servizio speciale*; anche N.M.: *uno speciale sulla guerra in Bosnia*. **4** Che appartiene a una categoria diversa da quella normale: *treno speciale* Ⓢ straordinario. **5** Di eccezionale qualità: *questa lana è veramente speciale* Ⓢ ottimo. **6** Esclusivo, privilegiato: *trattamento speciale*. Ⓔ ***In special modo***, soprattutto, particolarmente: *mi piacciono in special modo i libri gialli* • ***Inviato speciale*** → ***inviato*** • ***Offerta speciale*** → ***offerta*** • ***Slalom speciale*** (o *lo speciale* N.M.) → ***slalom***.

specialista (**spe-cia-lì-sta**) N.M. e F. e AGG. (pl.m. *-i*, pl.f. *-e*) || N.M. e F. Persona specializzata in un particolare settore scientifico, tecnico, professionale, culturale o sportivo: *uno specialista **in** fisica delle particelle* Ⓢ esperto, studioso, campione. || AGG. e N.M. e F. Di medico che ha una competenza in una particolare disciplina medica: *medico specialista*; *uno specialista **in** malattie nervose*.

specialistico (**spe-cia-lì-sti-co**) AGG. (pl.m. *-ci*, pl.f. *-che*) · Che riguarda uno specialista o una specializzazione: *visita specialistica*; *usare un linguaggio specialistico* Ⓢ tecnico.

specialità (**spe-cia-li-tà**) N.F. INVAR. **1** Settore in cui una persona è molto competente: *la specialità di quel medico sono le operazioni alle mani* Ⓢ specializzazione • Piatto che riesce particolarmente bene a qualcuno: *la torta alle mandorle è una mia specialità*. **2** Ciascuno dei tipi di gara di un particolare sport: *le varie specialità dell'atletica*. **3** Prodotto gastronomico tipico di una zona geografica: *il panettone è una specialità lombarda*.

S

specializzare (**spe-cia-liẓ-ẓà-re**) V.TR. || TR. Far diventare esperto qualcuno in un certo settore scientifico: *specializzare gli insegnanti* Ⓢ perfezionare. || **specializzarsi** INTR. PRONOM. Diventare esperto di un particolare settore: *specializzarsi **in** cardiologia*.

specializzazione (**spe-cia-liẓ-ẓa-zió-ne**) N.F. · Preparazione specifica in un determinato campo: *studia per ottenere la specializzazione **in** psichiatria*.

specialmente (**spe-cial-mén-te**) AVV. · In modo particolare, soprattutto: *non posso bere vino, specialmente fuori pasto*.

specie (**spè-cie**) N.F. INVAR. e AVV. || N.F. **1** Gruppo di individui che hanno le stesse caratteristiche, individuate secondo una classificazione particolare: *le specie animali, vegetali*; *la specie umana*. **2** Insieme di cose o persone con caratteristiche simili: *vendere oggetti di ogni specie* Ⓢ genere, tipo, sorta. || AVV. Specialmente, in particolar modo: *mi piacciono molto i dolci, specie quelli con la frutta*. Ⓔ ***Fare specie***, sorprendere, soprattutto in senso negativo: *mi fa specie che tu dica così tante parolacce* • ***Una specie di***, qualcosa di simile a: *aveva in testa una specie di elmo*; *avevo avuto una specie di presentimento*.

specificare (**spe-ci-fi-cà-re**) V.TR. (*specìfico*, *specìfichi*, ecc.) · Precisare, chiarire: *specificare i motivi di un rifiuto*.

specificazione (**spe-ci-fi-ca-zió-ne**) N.F. · Descrizione o indicazione dettagliata: *la specificazione di tutte le richieste*. Ⓔ ***Complemento di specificazione***, in grammatica, quello che precisa il significato dell'elemento a cui si riferisce (*la luce del sole*; *amore di patria*; *i re di Francia*).

specifico (**spe-ci-fi-co**) AGG. (pl.m. *-ci*, pl.f. *-che*) **1** Che riguarda un ambito preciso: *l'uso specifico di una parola* Ⓢ preciso, proprio Ⓒ generico. **2** Nel linguaggio scientifico, tipico di una certa specie: *la velocità è uno dei caratteri specifici del ghepardo* Ⓢ particolare, peculiare. Ⓔ ***Peso specifico***, il rapporto tra il peso di un corpo e il suo volume.

speculare[1] (**spe-cu-là-re**) AGG. **1** Di uno specchio: *superficie speculare*. **2** Di oggetto che appare come visto in uno specchio rispetto alla sua presentazione normale: *immagine speculare*.

speculare[2] (**spe-cu-là-re**) V.INTR. (*spèculo*, ecc.; aus. *avere*) **1** Indagare con la mente: *speculare **sui** fondamenti della matematica* Ⓢ riflettere, meditare. **2** Ricercare un guadagno da operazioni finanziarie e commerciali: *speculare **in** Borsa*. **3** Ottenere un vantaggio personale, sfruttando le debolezze di altri: *speculare **sul** bisogno di lavoro degli operai*.

speculatore (**spe-cu-la-tó-re**) AGG. e N.M. (f. *-trìce*) · Che, chi compie operazioni commerciali per ottenere un guadagno dalle variazioni successive dei prezzi: *le manovre degli speculatori in Borsa.*

speculazione (spe-cu-la-zió-ne) N.F. **1** Indagine teorica su problemi di varia natura: *è portato per la speculazione, non per la pratica* Ⓢ meditazione, riflessione. **2** Operazione commerciale o finanziaria condotta per ottenere un guadagno: *una speculazione sbagliata* Ⓢ investimento. **3** Operazione condotta per ottenere un vantaggio personale senza scrupoli e senza rispetto per gli interessi di altri: *la speculazione edilizia ha rovinato molti* Ⓢ manovra.

spedire (spe-dì-re) V.TR. (*spedisco*, *spedisci*, ecc.) · Inviare qualcosa o qualcuno da qualche parte: *spedire una lettera* Ⓢ mandare. Ⓔ ***Spedire al Creatore*** o ***spedire all'altro mondo***, uccidere.

spedito (spe-dì-to) AGG. · Rapido, veloce, svelto: *camminare a passo spedito.*

spedizione (spe-di-zió-ne) N.F. **1** Invio di qualcosa per posta: *spedizione di un pacco.* **2** Missione scientifica, militare o di salvataggio in cui un gruppo di persone parte per una certa destinazione: *organizzare una spedizione al Polo Nord; la spedizione di soccorso è già partita.*

spedizioniere (spe-di-zio-niè-re) N.M. (f. *-a*; pl.m. *-i*, pl.f. *-e*) · Chi esegue, per conto di altri, il trasporto di merci: *lo spedizioniere mi ha garantito la consegna della merce in giornata.*

spegnere (spè-gne-re) V.TR. (irreg.: ind. pres. *spèngo*, *spègni*, *spègne*, *spegniàmo*, *spegnéte*, *spèngono*; pass. rem. *spènsi*, *spegnésti*, *spènse*, *spegnémmo*, *spegnéste*, *spènsero*; cong. pres. *spènga*, *spènga*, *spènga*, *spegniàmo*, *spegniàte*, *spèngano*; part. pass. *spènto*) || TR. **1** Interrompere un processo in cui qualcosa brucia: *spegnere la sigaretta* Ⓒ accendere. **2** Interrompere il funzionamento di un apparecchio o di un dispositivo elettrico: *spegnere la luce* Ⓢ chiudere, staccare. **3** Far cessare, smorzare, annullare: *spegnere la sete; spegnere la speranza.* || **spegnersi** INTR. PRONOM. **1** Cessare di bruciare o di funzionare: *l'incendio si va spegnendo.* **2** Smettere di funzionare: *il motore si è spento all'improvviso.* **3** Venir meno a poco a poco: *si è spento ogni entusiasmo* Ⓢ svanire, scomparire. **4** Morire, spirare: *si è spento dopo una lunga malattia.*

La prima persona plurale dell'indicativo presente e quella del congiuntivo presente è *spegniamo*, con la *i*: la forma *spegnamo* è sempre scorretta! La seconda persona plurale del congiuntivo presente è *spegniate* con la *i*.

spegnimento (spe-gni-mén-to) N.M. · Procedimento per far smettere qualcosa di bruciare o di funzionare: *lo spegnimento di un incendio; lo spegnimento di una macchina.*

spelacchiato (spe-lac-chià-to) AGG. **1** Che ha perso i peli qua e là: *un gatto spelacchiato.* **2** Nel linguaggio familiare, che ha pochi capelli: *un uomo con la testa spelacchiata.*

spelare (spe-là-re) V.TR. (*spélo*, ecc.) || TR. Togliere o far perdere il pelo: *hai spelato la pelliccia sui gomiti.* || **spelarsi** INTR. PRONOM. **1** Perdere il pelo: *il gatto si sta spelando.* **2** Perdere i capelli: *ha trent'anni e già comincia a spelarsi.*

speleo- · Primo elemento di parole composte che significa 'caverna': *speleologo.*

speleologia (spe-le-o-lo-gì-a) N.F. (pl. *-gìe*) · Scienza che studia le caverne naturali.

speleologo (spe-le-ò-lo-go) N.M. (f. *-a*; pl.m. *-gi*, pl.f. *-ghe*) **1** Studioso di speleologia. **2** Esploratore di caverne sotterranee.

spellare (spel-là-re) V.TR. (*spèllo*, ecc.) || TR. **1** Togliere la pelle: *spellare una lepre.* **2** Produrre una leggera escoriazione su una parte del corpo: *il sole **mi** ha spellato il naso*; anche TR. PRONOM.: *mi sono spellato un ginocchio.* **3** Costringere i clienti a pagare prezzi esagerati: *in quel ristorante ti spellano* Ⓢ spennare, pelare. || **spellarsi** INTR. PRONOM. **1** Perdere la pelle: *i serpenti a primavera si spellano.* **2** Nel linguaggio familiare, farsi un'escoriazione: *spellarsi cadendo* Ⓢ sbucciarsi.

spelonca (spe-lón-ca) N.F. (pl. *-che*) **1** Caverna profonda e oscura: *rifugiarsi in una spelonca nel fianco della montagna.* **2** Abitazione squallida, senza aria e luce: *si è ridotto a vivere in una spelonca* Ⓢ baracca.

spendaccione (spen-dac-ció-ne) N.M. (f. *-a*; pl.m. *-i*, pl.f. *-e*) · Chi spende denaro con estrema facilità Ⓒ parsimonioso.

spendere (spèn-de-re) V.TR. (irreg.: ind. pres. *spèndo*, ecc.; pass. rem. *spési*, *spendésti*, *spése*, *spendémmo*, *spendéste*, *spésero*; part. pass. *spéso*) **1** Versare una cifra in pagamento: *spendere molto* ***in*** *vestiti*. **2** Usare le proprie energie o capacità in una data attività: *spendere bene, male il proprio tempo* Ⓢ impiegare, adoperare, investire. Ⓔ ***Spendere una parola per qualcuno***, intervenire in suo favore • ***Spendere un occhio della testa*** o ***spendere un patrimonio***, una somma eccessiva.

spennacchiato (spen-nac-chià-to) AGG. **1** Che ha perso le penne qua e là: *una gallina tutta spennacchiata*. **2** Nel linguaggio familiare, che ha perso i capelli: *un vecchietto spennacchiato*.

spennare (spen-nà-re) V.TR. (*spénno*, ecc.) **1** Togliere le penne a un uccello: *spennare un tacchino*. **2** Vincere qualcuno al gioco, portandogli via forti somme: *si è fatto spennare* Ⓢ pelare, spellare.

spensi (spèn-si) · Pass. rem., 1ª pers. sing. → ***spegnere***.

spensierato (spen-sie-rà-to) AGG. · Senza preoccupazioni: *condurre una vita spensierata* Ⓢ sereno, lieto.

spento (spèn-to) AGG. || Participio pass. → ***spegnere***. || AGG. **1** Che non brucia o non illumina più: *fuoco spento*. **2** Di apparecchio elettrico, che non è più in funzione: *televisore spento* Ⓢ fermo, staccato Ⓒ acceso. **3** Che non mostra vivacità o entusiasmo: *uno sguardo spento* Ⓢ sbiadito, scialbo, smorto. Ⓔ ***Calce spenta*** → ***calce***.

S

speranza (spe-ràn-za) N.F. **1** Attesa piena di fiducia: *nutrire speranza; c'è rimasto solo un filo di speranza che torni vivo* Ⓢ fede, fiducia, sogno. **2** Il motivo di un'attesa fiduciosa: *tu sei la mia unica speranza*. **3** Persona dotata di qualità che fanno prevedere il suo successo: *una speranza del cinema* Ⓢ promessa.

speranzoso (spe-ran-zó-so) AGG. · Pieno di speranza: *sono speranzoso riguardo a questo affare* Ⓢ fiducioso, ottimista Ⓒ sfiduciato.

sperare (spe-rà-re) V.TR. e INTR. (*spèro*, ecc.) || TR. Credere che avvenga qualcosa di positivo: *speri ancora* ***di*** *essere promosso all'esame?* Ⓢ aspettarsi, augurarsi Ⓒ disperare. || INTR. (aus. *avere*) Aver fiducia nell'aiuto di qualcuno o nel risultato favorevole di qualcosa: *sperava* ***in*** *lui e* ***nella*** *sua generosità; sperare* ***in*** *una nuova cura* Ⓢ confidare.

sperdersi (spèr-der-si) V.INTR. PRONOM. (irreg.: coniugato come *perdere*) · Perdere l'orientamento: *sperdersi nel bosco* Ⓢ smarrirsi.

sperduto (sper-dù-to) AGG. **1** Lontano dai centri abitati: *un paese sperduto tra i monti* Ⓢ isolato, fuori mano. **2** A disagio perché lontano da un ambiente conosciuto: *in quella grande città si sentiva sperduto* Ⓢ smarrito, disorientato.

sperequazione (spe-re-qua-zió-ne) N.F. · Mancanza di uguaglianza in una distribuzione Ⓢ disparità.

spergiurare (sper-giu-rà-re) V.TR. e INTR. || TR. Nel linguaggio familiare, giurare solennemente: *giurò e spergiurò* ***di*** *essere innocente*. || INTR. (aus. *avere*) Giurare il falso: *è capace anche di spergiurare pur di non essere punito*.

spergiuro[1] (sper-giù-ro) AGG. e N.M. (f. *-a*) · Che, chi non rispetta un giuramento fatto o giura il falso: *testimoni spergiuri; è uno spergiuro*.

spergiuro[2] (sper-giù-ro) N.M. · Giuramento falso: *commettere spergiuro*.

spericolato (spe-ri-co-là-to) AGG. e N.M. (f. *-a*) · Che, chi non ha il senso del pericolo: *un motociclista spericolato* Ⓢ incosciente, imprudente.

sperimentale (spe-ri-men-tà-le) AGG. **1** Che si basa sull'esperienza: *scienza, prova sperimentale*. **2** Che tenta metodi nuovi e all'avanguardia: *teatro sperimentale; cura sperimentale*.

sperimentare (spe-ri-men-tà-re) V.TR. (*speriménto*, ecc.) **1** Sottoporre qualcosa a prove e controlli per valutarne la qualità o l'efficacia: *sperimentare un nuovo farmaco* Ⓢ provare, verificare. **2** Mettere alla prova qualcuno per conoscerne le qualità: *sperimentare l'onestà di un funzionario*. **3** Fare esperienza di qualcosa: *sperimentare la fame, il dolore* Ⓢ conoscere.

sperma (spèr-ma) N.M. (pl. *-i*) · La sostanza organica che contiene le cellule maschili che permettono la fecondazione.

Spermatofite (Sper-ma-tò-fi-te) N.F.PL. · Insieme di piante caratterizzate dalla presenza del seme e dei fiori e da un corpo organizzato in radici, fusto e foglie; si suddividono in Angiosperme e Gimnosperme.

spermatozoo (sper-ma-to-ẓò-o) N.M. (pl. *-ẓòi*) · La cellula maschile che permette la riproduzione.

speronare (spe-ro-nà-re) V.TR. (*speróno*, ecc.) **1** Di nave, urtare un'altra nave con la prua: *il sommergibile fu speronato dall'incrociatore nemico.* **2** Di veicolo, colpirne un altro nella fiancata: *è passato con il rosso e ha speronato la mia macchina.*

sperone (spe-ró-ne) N.M. **1** Arnese metallico, dotato di una punta o di una rotella, che si applica al tacco degli stivali del cavaliere per stimolare il cavallo. **2** Formazione sporgente di roccia: *uno sperone roccioso.*

sperperare (sper-pe-rà-re) V.TR. (*spèrpero*, ecc.) **1** Consumare in fretta e in modo poco intelligente le ricchezze: *ha sperperato un patrimonio* Ⓢ dissipare, dilapidare. **2** Utilizzare male, sprecare, buttar via: *stai sperperando i tuoi talenti.*

sperpero (spèr-pe-ro) N.M. · Consumo eccessivo: *fare sperpero di denaro, di risorse energetiche* Ⓢ dispendio, spreco.

sperticato (sper-ti-cà-to) AGG. · Eccessivo, esagerato: *lodi sperticate.*

spesa (spé-sa) N.F. **1** Pagamento di una certa somma di denaro: *dividere le spese; registrare le spese.* **2** Acquisto, compera: *vado in centro a fare spese.* **3** SOLO SING. L'acquisto del cibo per i pasti: *fare la spesa al mercato* • La merce acquistata: *la borsa della spesa.* **4** Quantità di denaro che viene spesa per qualcosa: *spese di condominio; spese di spedizione* Ⓢ costo. Ⓔ ***A spese di***, a carico di: *vivere a spese della famiglia*; a danno, a scapito di: *l'ho imparato a mie spese* • ***Non badare a spese***, essere disposto a pagare qualsiasi somma.

spesi (spé-si) · Pass. rem., 1ª pers. sing. → *spendere*.

speso (spé-so) · Participio pass. → *spendere*.

spesso[1] (spés-so) AGG. **1** Che ha un certo spessore: *una lamiera spessa 3 millimetri* • Che ha un notevole spessore: *un libro spesso* Ⓢ alto Ⓒ sottile. **2** Fitto, denso: *nebbia spessa.* Ⓔ ***Spesse volte***, di frequente: *spesse volte mi parla di te.*

spesso[2] (spés-so) AVV. · Di frequente: *non ci vediamo spesso* Ⓒ raramente.

spessore (spes-só-re) N.M. **1** La distanza fra le due superfici opposte di un corpo: *lo spessore di un muro.* **2** Consistenza, valore: *un personaggio di grande spessore culturale.*

spettacolare (spet-ta-co-là-re) AGG. **1** Eccezionale per grandiosità e impiego di mezzi: *un film spettacolare; una cerimonia spettacolare* Ⓢ grandioso, spettacoloso. **2** Straordinario, bellissimo: *un panorama spettacolare.*

spettacolo (spet-tà-co-lo) N.M. **1** Manifestazione artistica eseguita per un pubblico: *spettacolo teatrale, cinematografico* Ⓢ rappresentazione, messa in scena. **2** Vista capace di suscitare una forte impressione: *il magnifico spettacolo dell'oceano; il tristissimo spettacolo delle periferie di Bombay* Ⓢ immagine, visione. Ⓔ ***Dare spettacolo***, dimostrare eccezionale bravura oppure attirare l'attenzione su di sé con un comportamento poco opportuno • ***Il mondo dello spettacolo***, l'ambiente del teatro, del cinema, della televisione.

spettacoloso (spet-ta-co-ló-so) AGG. · Eccezionale per grandiosità: *una festa spettacolosa* Ⓢ fantastico, spettacolare.

spettanza (spet-tàn-za) N.F. **1** Pertinenza, competenza: *questo compito non è di mia spettanza.* **2** Ciò che è dovuto come pagamento: *liquidare le spettanze a un operaio licenziato* Ⓢ compenso, retribuzione.

spettare (spet-tà-re) V.INTR. (*spètto*, ecc.; aus. *essere*) · Competere per dovere o per diritto: *spetta **ai** genitori educare i figli* Ⓢ toccare.

spettatore (spet-ta-tó-re) N.M. (f. *-trìce*) **1** Chi assiste a uno spettacolo: *gli spettatori hanno applaudito a lungo* Ⓢ pubblico. **2** Chi si trova presente quando accade un fatto: *essere spettatore di una rissa* Ⓢ testimone.

spettinare (spet-ti-nà-re) V.TR. (*spèttino*, ecc.) || TR. Scomporre i capelli: *il vento mi ha spettinato.* || **spettinarsi** RIFL. Mettersi in disordine i capelli: *non spettinarti!* || **spettinarsi** INTR. PRONOM. Perdere la pettinatura: *con questo vento mi sono spettinata.*

spettrale (spet-trà-le) AGG. **1** Che riguarda spettri o fantasmi: *un'apparizione spettrale.* **2** Che assomiglia a uno spettro per il pallore e la magrezza: *hai una faccia spettrale* Ⓢ cadaverico. **3** Pallido e senza luce, livido: *un'alba spettrale.*

spettro (spèt-tro) N.M. **1** Persona morta, venuta dall'oltretomba per comunicare con i vivi: *gli apparve lo spettro del padre* Ⓢ fantasma, spirito. **2** Chi ha un aspetto malato e sofferente: *la malattia lo ha ridotto a uno spettro* Ⓢ ombra, larva. **3** Grave minaccia: *lo spettro della fame* Ⓢ incubo, paura. **4** La scala delle variazioni dei colori visibili all'occhio umano.

spezia (spè-zia) N.F. (spesso al pl. *-zie*) · Sostanza naturale usata per dare profumo o sapore ai cibi: *la cannella e la noce moscata sono spezie* Ⓢ aromi.

spezzare (spez-zà-re) V.TR. (*spèzzo*, ecc.) || TR. Rompere qualcosa dividendolo in più parti: *spezzare **in** due un bastone* Ⓢ frantumare. || **spezzarsi** TR. PRONOM. Fratturarsi una parte del corpo: *si è spezzato un braccio cadendo.* || **spezzarsi** INTR. PRONOM. Rompersi, spaccarsi: *l'asse si spezzò.* Ⓔ ***Spezzare il cuore***, far soffrire • ***Spezzare le catene***, riacquistare la libertà • ***Spezzare una lancia in favore di qualcuno***, prenderne le difese.

S

spezzatino (spez-za-tì-no) N.M. · Piatto di carne tagliata a pezzetti, cucinata in padella a fuoco lento con vino, pomodoro e spezie.

spezzettare (spez-zet-tà-re) V.TR. (*spezzétto*, ecc.) · Ridurre un oggetto in piccoli pezzi: *spezzettare il pane* Ⓢ rompere, frantumare.

spezzone (spez-zó-ne) N.M. · Breve parte di un film: *vedere uno spezzone di un film* Ⓢ frammento, scena.

spia (spì-a) N.F. (pl. *spìe*) **1** Persona che svolge un'attività segreta d'informazione: *le spie russe vennero arrestate dagli americani* Ⓢ agente segreto. **2** Chi riferisce ad altri informazioni per danneggiare qualcuno: *in questo ufficio ci sono delle spie* Ⓢ informatore, delatore. **3** Opera di delazione sul comportamento di altri: *ha fatto la spia al direttore.* **4** Elemento che permette di capire qualcosa: *il modo di parlare è una spia del carattere* Ⓢ indizio, segnale, segno. **5** Dispositivo che segnala problemi di funzionamento di un apparecchio: *la spia della benzina è accesa.*

spiaccicare (spiac-ci-cà-re) V.TR. (*spiàccico, spiàcchichi*, ecc.) || TR. Schiacciare cose molli o fragili: *spiaccicare un ragno.* || **spiaccicarsi** INTR. PRONOM. Ridursi in poltiglia: *mi sono caduti i pomodori e si sono spiaccicati.*

spiacente (spia-cèn-te) AGG. · In espressioni di cortesia, dispiaciuto, desolato, addolorato: *sono spiacente **di** non poter venire.*

spiacere (spia-cé-re) V.INTR. (irreg.: coniugato come *piacere*; aus. *essere*) · Causare dispiacere o fastidio: ***le** spiace se fumo?; il tuo comportamento spiacque **a** tutti* Ⓢ addolorare, disturbare.

spiacevole (spia-cé-vo-le) AGG. · Che provoca dispiacere, fastidio o imbarazzo: *uno spiacevole equivoco* Ⓢ sgradevole.

spiaggia (spiàg-gia) N.F. (pl. *-ge*) · Costa di sabbia bagnata dal mare: *sulle spiagge dell'Adriatico vanno molti turisti* Ⓢ riva. Ⓔ ***Ultima spiaggia***, estrema possibilità per risolvere una situazione.

spianare (spia-nà-re) V.TR. || TR. **1** Rendere piana e regolare una superficie: *spianare il terreno* Ⓢ livellare, pareggiare. **2** Rendere facile: *spianare la carriera a un amico* Ⓢ agevolare, facilitare. **3** Rendere sottile: *spianare la pasta.* **4** Di armi da fuoco, puntare contro un bersaglio: *spianare il fucile.* || **spianarsi** INTR. PRONOM. Distendersi, rasserenarsi: *il suo volto si spianò **in** un sorriso.* Ⓔ ***Spianare la strada***, agevolare la riuscita di un'azione, eliminando gli ostacoli.

spianata (spia-nà-ta) N.F. **1** Eliminazione di irregolarità da una superficie: *dare una spianata alla strada* • Riduzione dello spessore di qualcosa: *dare una spianata alla pasta.* **2** Spazio di terreno pianeggiante di notevole ampiezza.

spiano (spià-no) N.M. · Solo nell'espressione ***a tutto spiano***, senza interruzione, il più possibile: *lavorare a tutto spiano*.

spiantato (spian-tà-to) AGG. e N.M. (f. -a) · Che, chi non ha soldi: *un nobile spiantato; ha sposato uno spiantato* Ⓢ nullatenente, povero.

spiare (spi-à-re) V.TR. (*spìo, spìi*, ecc.) **1** Osservare con attenzione e di nascosto i movimenti e i comportamenti di altri: *ha l'abitudine di spiare i vicini* Ⓢ sorvegliare, pedinare. **2** Studiare il comportamento di qualcuno per capire come affrontarlo: *spiare un rivale* Ⓢ osservare.

spiattellare (spiat-tel-là-re) V.TR. (*spiattèllo*, ecc.) · Rivelare fatti segreti o riservati: *il complice spiattellò tutto* ***alla*** *polizia* Ⓢ sciorinare, spifferare.

spiazzare (spiaz-zà-re) V.TR. **1** Nei giochi con la palla, far spostare l'avversario da una buona posizione per sorprenderlo: *spiazzare un difensore con una finta*. **2** Cogliere di sorpresa, confondere, disorientare: *la tua decisione mi ha completamente spiazzato*.

spiazzo (spiàz-zo) N.M. · Spazio di terreno libero di una certa ampiezza: *uno spiazzo in mezzo al bosco* Ⓢ radura.

spiccare (spic-cà-re) V.TR. e INTR. (*spìcco, spìcchi*, ecc.) || TR. Separare in modo netto una parte da qualcosa a cui era attaccata: *spiccare un frutto* ***dal*** *ramo* Ⓢ staccare, cogliere. || INTR. (aus. *avere*) Risaltare, distinguersi, emergere: *spiccava* ***fra*** *tutti* ***per*** *bellezza ed eleganza*. Ⓔ ***Spiccare il volo***, di uccellini, cominciare a volare; di persone, andarsene da un luogo o da un ambiente per desiderio di indipendenza • ***Spiccare un mandato di cattura***, emetterlo • ***Spiccare un salto***, staccarsi da terra con movimento improvviso.

spiccato (spic-cà-to) AGG. · Accentuato, marcato, evidente: *parlava con uno spiccato accento napoletano; ha una spiccata predisposizione per la musica*.

spicchio (spìc-chio) N.M. (pl. *-chi*) **1** Ciascuna delle parti in cui sono divisi i frutti degli agrumi o il bulbo dell'aglio: *uno spicchio d'arancia*. **2** Ogni parte di un intero che ha la forma di uno spicchio: *uno spicchio di mela; uno spicchio di luna* Ⓢ porzione, fetta. Ⓔ ***A spicchi***, diviso in parti a forma di spicchi.

spicciare (spic-cià-re) V.TR. (*spìccio*, ecc.) || TR. Portare a termine in fretta: *spicciare una faccenda* Ⓢ sbrigare. || **spicciarsi** INTR. PRONOM. Fare in fretta: *spicciati o arriviamo tardi* Ⓢ sbrigarsi.

spicciolata (spic-cio-là-ta) · Solo nell'espressione ***alla spicciolata***, pochi per volta: *gli invitati arrivarono alla spicciolata*.

spicciolo (spìc-cio-lo) AGG. **1** Di denaro, diviso in pezzi di valore minimo: *moneta spicciola*; anche N.M.: *sono rimasto senza spiccioli*. **2** Semplice, comune, banale: *va da lui solo per le questioni più spicciole*.

spicco (spìc-co) N.M. (pl. *-chi*) · Grande rilievo: *le persone di maggior spicco* Ⓢ risalto, evidenza.

spiedino (spie-dì-no) N.M. · Piccolo spiedo su cui vengono infilzati pezzetti di carne, pesce o verdure.

spiedo (spiè-do) N.M. · Asta di ferro con un'estremità a punta, in cui si infilano le carni da arrostire al fuoco: *arrosto allo spiedo*.

spiegamento (spie-ga-mén-to) N.M. · Azione militare in cui le truppe si dispongono in modo da poter agire su un'ampia zona. Ⓔ ***Spiegamento di forze***, impiego di un grosso numero di forze armate o di polizia.

spiegare (spie-gà-re) V.TR. (*spiègo, spièghi*, ecc.) || TR. **1** Distendere un oggetto piegato o avvolto: *spiegare la tovaglia* Ⓢ svolgere, allargare Ⓒ ripiegare. **2** Allargare, aprire, stendere: *spiegare le vele al vento* • Emettere al massimo della potenza: *spiegare la voce* • Schierare sul campo di battaglia: *spiegare i soldati*. **3** Chiarire una questione difficile: *spiegare un mistero; spiegare Dante* Ⓢ definire, commentare • Insegnare una materia scolastica: *un professore che spiega male la matematica*. **4** Fornire istruzioni o indicazioni: ***mi*** *spiegò come cambiare la ruota dell'auto* Ⓢ chiarire. || **spiegarsi** RIFL. **1** Riuscire a esprimere con chiarezza il proprio pensiero: *mi sembra di essermi spiegato abbastanza bene; non devi farlo mai più, mi sono spiegato?* **2** RIFL. RECIPROCO Chiarire un equivoco o risolvere un contrasto: *finalmente siamo riusciti a*

A B C D E F G H I J K L M N O P Q R S T U V W X Y Z

spiegarci. Ⓔ ***Non so se mi spiego,*** per sottolineare una cosa appena detta: *ha vinto sei milioni di euro, non so se mi spiego.*

Il termine deriva dal latino *explicare* 'distendere le pieghe, esporre', che viene a sua volta da *plicare* 'piegare, avvolgere' con il prefisso *ex-* (→ **piegare**); il termine *spiegare* è passato direttamente in italiano attraverso la lingua parlata, mentre il recupero successivo del latino *explicare* ha dato il verbo **esplicare**.

spiegato (spie-gà-to) AGG. **1** Del tutto disteso: *il falco vola ad ali spiegate* Ⓢ aperto, allargato. **2** Chiarito, risolto: *un mistero non ancora spiegato.* Ⓔ ***A sirene spiegate,*** di mezzi di soccorso che hanno le sirene in funzione senza interruzioni • ***A voce spiegata,*** a piena voce, quasi gridando: *cantare a voce spiegata.*

spiegazione (spie-ga-zió-ne) N.F. **1** Interpretazione o chiarimento di un argomento difficile: *spiegazione di un indovinello; spiegazione di un vocabolo* Ⓢ commento, lezione. **2** Motivazione di un fatto: *la spiegazione che dai non convince nessuno* Ⓢ chiarimento • Chiarimento che pone fine a un litigio: *ottenere una spiegazione.*

spiegazzare (spie-gaz-zà-re) V.TR. || TR. Produrre su una superficie una serie disordinata di pieghe: *non spiegazzare la biancheria stirata!* Ⓢ sgualcire, stropicciare. || **spiegazzarsi** INTR.PRONOM. Prendere delle pieghe disordinate: *la giacca si è tutta spiegazzata.*

spietato (spie-tà-to) AGG. **1** Che non mostra pietà: *le spietate rappresaglie naziste* Ⓢ crudele, disumano, efferato. **2** Accanito, tenace, ostinato: *si fanno una concorrenza spietata.*

spifferare (spif-fe-rà-re) V.TR. (*spìffero*, ecc.) · Riferire segreti, per leggerezza o malignità: *è andato a spifferare tutto alla mamma* Ⓢ divulgare, rivelare.

spiffero (spìf-fe-ro) N.M. · Corrente d'aria proveniente da un'apertura molto stretta: *questa casa è piena di spifferi.*

spiga (spì-ga) N.F. (pl. *-ghe*) · Insieme di fiori o chicchi disposti lungo uno stelo: *una spiga di grano, d'orzo.*

spigliato (spi-glià-to) AGG. · Disinvolto e sicuro di sé: *un modo di fare spigliato* Ⓢ sciolto, spontaneo.

spigola (spì-go-la) N.F. · Pesce comune nel Mediterraneo, di colore grigio-argento e con carni molto buone Ⓢ branzino.

spigolo (spì-go-lo) N.M. **1** La parte tagliente o sporgente di una superficie: *urtare contro uno spigolo di un mobile* Ⓢ angolo. **2** Ciascuno dei lati delle figure piane che formano una figura solida: *il cubo ha 12 spigoli.*

spilla (spìl-la) N.F. · Oggetto, spesso di materiale pregiato, fornito di spillo per essere fissato come ornamento o come fermaglio ai vestiti: *una spilla di perle.*

Il termine deriva dal latino *spinula* 'piccola spina'.

spillare[1] (spil-là-re) V.TR. · Unire con spilli o con punti metallici: *spillare i fogli di appunti.*

spillare[2] (spil-là-re) V.TR. **1** Fare uscire il vino da una botte attraverso un foro. **2** Farsi dare continuamente del denaro da qualcuno: *vuoi solo spillarmi quattrini.*

spillo (spìl-lo) N.M. · Asticella di metallo rigido con un'estremità a punta, usata per fissare pezzi di tessuto o fogli di carta: *pungersi con uno spillo.* Ⓔ ***Spillo di sicurezza*** o ***spillo da balia,*** tipo di spillo doppio, a molla, con un fermaglio che copre la punta in posizione di chiusura • ***Tacchi a spillo,*** molto alti e sottili, per scarpe da donna.

spilorcio (spi-lór-cio) AGG. (pl.m. *-ci*, pl.f. *-ce*) · Troppo attaccato al denaro: *il padre è così spilorcio da non darle neanche i soldi per l'autobus* Ⓢ avaro, taccagno Ⓒ generoso.

spilungone (spi-lun-gó-ne) N.M. (f. *-a*; pl.m. *-i*, pl.f. *-e*) · Persona molto alta e magra: *sua figlia sta diventando una spilungona!* Ⓢ stanga, pertica. ▸ Ⓕ **longus**

spina (spì-na) N.F. **1** Aculeo duro e pungente, tipico di alcune piante: *le spine della rosa* Ⓢ spino. **2** Il rubinetto di una botte o di un recipiente simile. **3** Dispositivo che serve a collegare un apparecchio alla corrente elettrica: *attacca la spina per accendere il computer; staccare la spina.* **4** ***Spina dorsale,*** colonna vertebrale; ***avere spina dorsale,*** dimostrarsi una persona forte e di carattere. **5** Lisca dei pesci: *togli le spine dal pesce del bambino.* Ⓔ ***A spina di pesce,*** di elementi disposti di traverso tra

S

loro, così da ricordare una lisca: *parquet a spina di pesce* • ***Birra alla spina***, fatta uscire direttamente dal rubinetto e non dalla bottiglia • ***Corona di spine*** → ***corona*** • ***Essere una spina nel fianco***, essere causa di tormento o preoccupazione • ***Non c'è rosa senza spine*** → ***rosa*** • ***Sulle spine***, in ansia, preoccupato: *era sulle spine per il risultato dell'esame* • ***Togliere una spina dal cuore***, eliminare un motivo di angoscia.

spinacio (spi-nà-cio) N.M. (pl. *-ci*) · Pianta erbacea con foglie triangolari grasse e ondulate, coltivata come ortaggio e cucinata in diversi modi: *contorno di spinaci; ripieno di ricotta e spinaci.*

spinale (spi-nà-le) AGG. · Della colonna vertebrale: *muscoli spinali.* Ⓔ ***Midollo spinale*** → ***midollo***.

spinato (spi-nà-to) AGG. · Che ha le spine. Ⓔ ***Filo spinato*** → ***filo***.

spingere (spìn-ge-re) V.TR. (irreg.: ind. pres. *spìngo*, *spìngi*, ecc.; pass. rem. *spìnsi*, *spingésti*, *spìnse*, *spingémmo*, *spingéste*, *spìnsero*; part. pass. *spìnto*) || TR. **1** Premere su un oggetto per spostarlo: *spingere un pulsante; il vento spinse la nave* ***contro*** *gli scogli* Ⓢ premere, schiacciare • Fare uno sforzo molto intenso: *spingere* ***sui*** *pedali.* **2** Mandare oltre un certo limite: *ha spinto la sua arroganza fino a sbattere la porta in faccia al direttore.* **3** Convincere qualcuno a fare qualcosa: *gli amici lo spinsero* ***a*** *cambiare idea* Ⓢ spronare, sollecitare • Portare a certi comportamenti o stati d'animo: *la miseria l'ha spinto* ***alla*** *disperazione,* ***a*** *rubare* Ⓢ indurre, istigare. || **spingersi** INTR. PRONOM. Arrivare in un luogo: *la spedizione si spinse fino alle sorgenti del Nilo* Ⓢ inoltrarsi, giungere.

spino (spì-no) N.M. · Pianta munita di aculei • Aculeo, spina.

spinoso (spi-nó-so) AGG. **1** Che ha aculei: *pianta spinosa.* **2** Difficile da trattare: *una questione spinosa* Ⓢ problematico, delicato.

spinsi (spìn-si) · Pass. rem., 1ª pers. sing. → ***spingere***.

spinta (spìn-ta) N.F. **1** Urto capace di provocare uno spostamento o una caduta: *si fece largo con un paio di spinte* • Impulso, scatto iniziale, slancio: *darsi una spinta in avanti.* **2** Stimolo, incitamento, incoraggiamento: *ha bisogno di una spinta per mettersi a studiare sul serio.* **3** Intervento di qualcuno che può rendere più facile raggiungere uno scopo: *ha fatto carriera grazie alla spinta di una persona potente* Ⓢ raccomandazione, appoggio. **4** Forza che agisce sulla superficie di un corpo: *la spinta della corrente* Ⓢ impulso.

spinto (spìn-to) · Participio pass. → ***spingere***.

spintonare (spin-to-nà-re) V.TR. (*spintóno*, ecc.) · Prendere a spintoni: *il centravanti è stato spintonato in area di rigore.*

spintone (spin-tó-ne) N.M. · Forte spinta data a qualcuno per spostarlo o farlo cadere: *mi ha dato uno spintone per arrivare prima.*

spionaggio (spio-nàg-gio) N.M. (pl. *-gi*) · Attività segreta e illegale svolta per raccogliere informazioni utili dal punto di vista scientifico, politico, militare: *è stato accusato di spionaggio industriale.*

spioncino (spion-cì-no) N.M. · Piccolo foro sulla porta che permette di guardare fuori senza dover aprire: *prima di aprire controlla chi è dallo spioncino.*

spione (spi-ó-ne) N.M. (f. *-a*; pl.m. *-i*, pl.f. *-e*) · Chi fa la spia: *quello spione ha raccontato tutto alla maestra.*

spiovente (spio-vèn-te) AGG. e N.M. || AGG. Che ricade verso il basso: *rami spioventi.* || N.M. Ogni copertura o parte architettonica che sia molto inclinata. Ⓔ ***Tetto spiovente***, che ha una forte inclinazione • ***Tiro spiovente*** (o *uno spiovente* N.M.), in giochi di palla, tiro che compie una parabola molto alta, per cui la palla ricade quasi verticalmente.

spiovere (spiò-ve-re) V.INTR. (irreg.: *spiòvo*, ecc.; aus. *essere* o *avere*) **1** IMPERS. Smettere di piovere: *è spiovuto.* **2** Scorrere verso il basso: *l'acqua spiove dal tetto* • Ricadere in discesa: *il pallone spiove in area di rigore.*

spira (spì-ra) N.F. **1** Ciascuno dei giri compiuti da una linea che si avvolge su se stessa: *le spire di una scala a chiocciola.* **2** Ciascuno degli anelli che un serpente forma avvolgendosi.

spiraglio (spi-rà-glio) N.M. (pl. *-gli*) **1** Piccola apertura che lascia passare aria o luce dall'esterno: *lascia aperto uno spiraglio della finestra* Ⓢ fessura, apertura • La quantità d'aria o di luce che passa da un fessura: *uno spiraglio di luce* Ⓢ barlume, sprazzo. **2** Possibile via d'uscita da una situazione: *per ora non vedo alcuno spiraglio.*

spirale (spi-rà-le) N.F. **1** Linea che si avvolge su se stessa: *andamento a spirale.* **2** Successione di avvenimenti collegati tra loro che peggiorano la situazione da cui derivano: *la spirale dell'odio.*

spirare[1] (spi-rà-re) V.INTR. (aus. *avere*) **1** Di vento, soffiare: *spira tramontana* Ⓢ tirare. **2** Emanare, spargersi, esalare: ***dal*** *prato spira il profumo delle viole* • Irradiarsi, emanare: ***dal*** *suo volto spira una grande bontà.*

spirare[2] (spi-rà-re) V.INTR. (aus. *essere*) · Emettere l'ultimo respiro: *spirò tra le braccia della madre* Ⓢ morire.

spirito (spì-ri-to) N.M. **1** Realtà estranea alla materia che regola la vita morale e intellettuale dell'uomo: *le esigenze dello spirito* Ⓢ essenza, anima. **2** Persona morta che torna sulla terra: *un castello popolato di spiriti* Ⓢ fantasma, spettro. **3** Stato d'animo: *risollevare lo spirito* Ⓢ umore. **4** Qualità tipica del carattere di una persona: *avere uno spirito pratico, uno spirito avventuroso* Ⓢ indole, mente • La persona caratterizzata da tale qualità: *uno spirito generoso.* **5** Prontezza e vivacità intellettuale: *una persona di spirito* Ⓢ acutezza, brio. **6** Espressione umoristica o ironica: *battuta di spirito* Ⓢ ironia, umorismo. **7** L'alcol etilico: *fornello a spirito.* Ⓔ ***Presenza di spirito***, capacità di reagire in fretta alle situazioni • ***Spirito di sacrificio***, tendenza a sacrificarsi per gli altri • ***Spirito Santo***, nella teologia cattolica, la terza persona della Trinità.

spiritosaggine (spi-ri-to-sàg-gi-ne) N.F. · Battuta di spirito, spesso sciocca e fastidiosa: *smettila di dire spiritosaggini!*

spiritoso (spi-ri-tó-so) AGG. · Che mostra simpatia e umorismo: *risposta spiritosa* Ⓢ brillante, simpatico.

spiritual (spi-ri-tual; pronuncia *spìritual*) N. INGL., in it. N.M.INVAR. · Canto popolare delle comunità afro-americane degli Stati Uniti d'America, basato generalmente su testi biblici e su melodie molto ritmate.

Il termine deriva dall'inglese *spiritual (song)* '(canto) spirituale'.

spirituale (spi-ri-tu-à-le) AGG. **1** Che appartiene a una realtà fuori dalla materia: *gli angeli sono creature spirituali.* **2** Che riguarda la vita morale e intellettuale: *una persona di grande forza spirituale.* **3** Che riguarda la vita religiosa: *è andato a fare gli esercizi spirituali in convento* Ⓢ mistico.

spiritualità (spi-ri-tua-li-tà) N.F. INVAR. **1** Sensibilità ai valori spirituali: *i suoi scritti sono pervasi di spiritualità.* **2** L'insieme dei valori di una fede religiosa o di una cultura: *la spiritualità cristiana.*

splatter (splat-ter; pronuncia *splàtter*) N. INGL., in it. N.M. e AGG. INVAR. · Di genere di film che mostra nel dettaglio vicende macabre e violente.

splendente (splen-dèn-te) AGG. · Che emana una luce intensa: *stelle splendenti* Ⓢ luminoso, scintillante.

splendere (splèn-de-re) V.INTR. (irreg.: ind. pres. *splèndo*, ecc.; pass. rem. *splendéi* o *splendètti*, *splendésti*, ecc.; mancano il part. pass. e i tempi composti) **1** Emanare un'intensa e viva luminosità: *la luna piena splende nel cielo* Ⓢ brillare. **2** Di sguardo, brillare per un sentimento positivo: *i suoi occhi splendevano* ***di*** *gioia* Ⓢ scintillare.

splendido (splèn-di-do) AGG. · Magnifico, bellissimo, stupendo: *è una donna splendida!; ha fatto una splendida carriera.*

splendore (splen-dó-re) N.M. **1** Luminosità quasi abbagliante: *lo splendore di un gioiello.* **2** Eccezionale bellezza o lusso: *una villa che è uno splendore!* Ⓢ meraviglia.

spocchia (spòc-chia) N.F. (pl. *-chie*) · Atteggiamento di chi si sente superiore agli altri e li tratta con disprezzo: *è gente piena di spocchia* Ⓢ boria, superbia.

spodestare (spo-de-stà-re) V.TR. (*spodèsto*, ecc.) · Togliere qualcuno a forza da una posizione di potere: *spodestare un re* Ⓢ deporre, scalzare.

spoglia (spò-glia) N.F. (pl. *-glie*) **1** Veste, indumento: *spoglie regali.* **2** Lo strato esterno del corpo di animali che cambiano pelle: *la spoglia del serpente.* **3** AL PL. Il corpo di una persona morta: *riesumare le spoglie di una persona uccisa* Ⓢ salma, cadavere. Ⓔ ***Sotto mentite spoglie***, sotto false apparenze.

spogliare (spo-glià-re) V.TR. (*spòglio*, ecc.) || TR. **1** Togliere i vestiti a qualcuno: *spogliare un bambino* Ⓒ vestire. **2** Sottrarre qualcosa con la violenza o con l'inganno: *i banditi l'hanno spogliato **di** tutto* Ⓢ defraudare, derubare. || **spogliarsi** RIFL. Togliersi gli abiti: *spogliati e vai a letto.*

spogliarello (spo-glia-rèl-lo) N.M. · Spettacolo durante il quale ci si libera un po' alla volta dei vestiti, a tempo di musica: *fare lo spogliarello.*

spogliatoio (spo-glia-tó-io) N.M. (pl. *-tói*) · Ambiente in cui ci si cambiano i vestiti: *lo spogliatoio di una piscina.*

spoglio[1] (spò-glio) AGG. (pl.m. *-gli*, pl.f. *-glie*) · Senza ornamenti: *una casa spoglia e senza mobili* Ⓢ nudo, disadorno.

spoglio[2] (spò-glio) N.M. (pl. *-gli*) · Operazione di selezione e smistamento: *fare lo spoglio della corrispondenza.* Ⓔ ***Spoglio dei voti***, nelle elezioni, conteggio delle schede di voto.

spola (spò-la) N.F. · Piccolo arnese del telaio che fa passare, spostandosi avanti e indietro, i fili della trama tra quelli dell'ordito. Ⓔ ***Fare la spola***, andare avanti e indietro da un luogo a un altro.

spoletta (spo-lét-ta) N.F. **1** Il piccolo rocchetto metallico delle macchine per cucire sul quale si avvolge uno dei fili necessari per eseguire le cuciture. **2** Congegno che serve a far scoppiare una bomba.

spolmonarsi (spol-mo-nàr-si) V.INTR. PRONOM. (*mi spolmóno*, ecc.) · Parlare, gridare o cantare a lungo e con forza, fino quasi a non avere più aria nei polmoni: *mi sono spolmonato **a** chiamarlo, ma lui non ha sentito* Ⓢ sgolarsi.

spolpare (spol-pà-re) V.TR. (*spólpo*, ecc.) **1** Togliere la polpa fino all'osso: *spolpare un pollo.* **2** Nel linguaggio familiare, privare di tutti i soldi: *le tasse ci spolpano* Ⓢ dissanguare.

spolverare (spol-ve-rà-re) V.TR. (*spólvero*, ecc.) **1** Liberare dalla polvere: *spolverare la libreria* Ⓢ pulire. **2** Mangiare molto in fretta e senza lasciar traccia di cibo: *ha spolverato quanto c'era in tavola* Ⓢ divorare • Svuotare, ripulire: *i ladri **le** hanno spolverato la villa.* **3** Cospargere di un sottile strato di sostanza in polvere: *spolverare **di** zucchero una torta* Ⓢ ricoprire.

sponda (spón-da) N.F. **1** Il margine estremo della terra a contatto con l'acqua: *le sponde di un fiume* Ⓢ riva. **2** Bordo esterno di qualcosa: *le sponde del letto.* Ⓔ ***Fare da sponda***, nel calcio, appoggiare l'azione di un compagno ricevendone il passaggio e rinviandogli il pallone.

sponsor (spon-sor; pronuncia *spònsor*) N. INGL., in it. N.M. INVAR. · Persona o azienda che finanzia un'attività sportiva o culturale per farsi pubblicità.

Il termine deriva dal latino *sponsor* 'garante, padrino', che viene a sua volta da *spondere* 'promettere solennemente'.

spontaneità (spon-ta-nei-tà) N.F. INVAR. **1** Mancanza di costrizione o di secondi fini: *la spontaneità di un aiuto.* **2** Simpatica mancanza di formalità nel comportamento: *la spontaneità di un bambino.*

spontaneo (spon-tà-ne-o) AGG. (pl.m. *-nei*, pl.f. *-nee*) **1** Che non ha bisogno dell'intervento dell'uomo: *vegetazione spontanea* Ⓢ naturale. **2** Dovuto a una scelta autonoma: *il suo ritiro dalla gara è stato spontaneo* Ⓢ libero, volontario. **3** Dettato dall'istinto: *una risata spontanea* Ⓢ istintivo, immediato. **4** Che dimostra naturalezza: *un atteggiamento spontaneo* Ⓢ sincero, autentico, franco Ⓒ innaturale. Ⓔ ***Di spontanea volontà***, secondo una libera scelta.

spopolare (spo-po-là-re) V.TR. e INTR. (*spòpolo*, ecc.) || TR. Privare un luogo di quasi tutti gli abitanti: *un'epidemia che ha spopolato numerosi villaggi.* || INTR. (aus. *avere*) Ottenere un successo eccezionale: *un nuovo ballo che spopola **tra** i giovani.* || **spopolarsi** INTR. PRONOM. Di luogo, diventare meno popolato: *i paesi di montagna si spopolano ogni anno di più.*

spora (spò-ra) N.F. · Cellula di alcuni organismi, come i funghi, in grado di riprodursi senza fecondazione.

sporadico (spo-rà-di-co) AGG. (pl.m. *-ci*, pl.f. *-che*) **1** Che avviene di rado: *incontri sporadici* Ⓢ raro, casuale. **2** Di malattia, che presenta pochi casi isolati: *casi sporadici di tifo.*

Il termine deriva dal greco *sporadikós* 'disperso', che viene a sua volta da *speíro* 'seminare'.

sporcaccione (spor-cac-ció-ne) AGG. e N.M. (f. *-a*; pl.m. *-i*, pl.f. *-e*) **1** Che, chi si lava poco: *un bambino sporcaccione.* **2** Che, chi si comporta in modo osceno: *un vecchio sporcaccione.*

sporcare (spor-cà-re) V.TR. (*spòrco, spòrchi*, ecc.) || TR. **1** Far perdere a qualcosa la sua condizione di pulizia: *sporcare il tovagliolo* ***di*** *rossetto* Ⓢ macchiare, insudiciare Ⓒ pulire. **2** Rovinare la reputazione di qualcuno: *sporcare il proprio nome* Ⓢ infangare. || **sporcarsi** RIFL. **1** Imbrattarsi, insudiciarsi: *sporcarsi* ***di*** *vernice.* **2** Avvilire la propria dignità con azioni umilianti: *non mi sporco a discutere con gente simile.* || **sporcarsi** INTR. PRONOM. Diventare sporco: *con la pioggia la macchina si è sporcata.* Ⓔ ***Sporcarsi la fedina penale***, commettere un reato.

sporcizia (spor-cì-zia) N.F. (pl. *-zie*) **1** Mancanza d'igiene: *fu colpito dalla sporcizia del quartiere* Ⓒ pulizia. **2** Materiale di rifiuto: *levare la sporcizia dalle strade* Ⓢ immondizia, sudiciume.

S

sporco (spòr-co) AGG. e N.M. (pl.m. *-chi*, pl.f. *-che*) || AGG. **1** Che manca di igiene e pulizia: *una camicia sporca* ***di*** *sugo; capelli sporchi; piatti sporchi* Ⓢ sudicio, lurido Ⓒ pulito. **2** Di persona, che si lava poco e non ama l'igiene: *è gente molto sporca.* **3** Disonesto, immorale, spregevole: *uno sporco individuo; una faccenda sporca.* **4** Che offende il pudore: *una barzelletta sporca* Ⓢ osceno, volgare. || N.M. Sporcizia, sudicio, sudiciume: *spazzar via lo sporco dalla terrazza.* Ⓔ ***Avere la coscienza sporca***, sentirsi colpevole • ***Farla sporca***, commettere un'azione scorretta.

sporgente (spor-gèn-te) AGG. · Che viene in fuori: *mento sporgente.*

sporgenza (spor-gèn-za) N.F. · Parte che viene in fuori: *battere contro una sporgenza della roccia* Ⓒ rientranza.

sporgere (spòr-ge-re) V.INTR. e TR. (irreg.: coniugato come *porgere*) || INTR. (aus. *essere*) Venire in fuori: *il cornicione sporge* ***dalla*** *facciata.* || TR. Tendere in fuori: *sporgere la testa* ***dalla*** *finestra* Ⓢ protendere. || **sporgersi** RIFL. Protendersi in avanti: *è pericoloso sporgersi* ***dai*** *parapetti.* Ⓔ ***Sporgere querela***, presentare una lamentela ufficiale contro qualcuno al tribunale.

sport (spòrt) N.M. INVAR. · L'insieme delle gare e degli esercizi praticati da soli o in squadra, per divertimento, per sviluppare la forza e l'agilità del corpo o come professione: *la pallavolo è uno sport di squadra.* Ⓔ ***Fare qualcosa per sport***, per puro divertimento.

sporta (spòr-ta) N.F. · Borsa molto ampia a due manici, di vario materiale.

sportello (spor-tèl-lo) N.M. **1** Pannello che, girando su cerniere o cardini, chiude uno spazio: *lo sportello dell'armadio* Ⓢ anta. **2** Negli uffici pubblici, la finestrella da cui il personale comunica con il pubblico: *fare la coda allo sportello dell'ufficio postale.*

sportività (spor-ti-vi-tà) N.F. INVAR. · Qualità di chi fa sport con lealtà e correttezza: *la sportività degli avversari.*

sportivo (spor-ti-vo) AGG. e N.M. (f. *-a*) || AGG. **1** Che riguarda lo sport: *giornale sportivo; società sportiva* • Comodo, pratico: *giacca sportiva.* **2** Che presenta la correttezza e la lealtà tipiche dello sport: *battersi con spirito sportivo* Ⓢ corretto, leale. || AGG. e N.M. (f. *-a*) Che, chi pratica con passione uno o più sport: *un giovane sportivo; un vero sportivo non dovrebbe fumare.*

sposa (spò-ṣa) N.F. · La donna che contrae o ha contratto matrimonio: *abito da sposa* Ⓢ moglie, consorte, coniuge. Ⓔ ***Andare in sposa a qualcuno***, sposarsi con qualcuno • ***Prendere in sposa qualcuna***, sposarla • ***Promessa sposa***, fidanzata.

Il termine deriva dal latino *sponsa* 'promessa sposa, fidanzata', che viene a sua volta da *spondere* 'promettere'.

sposalizio (spo-ṣa-lì-zio) N.M. (pl. *-zi*) · La cerimonia delle nozze: *celebrare uno sposalizio* Ⓢ matrimonio.

sposare (spo-ṣà-re) V.TR. (*spòṣo*, ecc.) || TR. **1** Contrarre matrimonio con qualcuno: *sposò un uomo molto più grande di lei.* **2** Unire in matrimonio: *li sposerà il parroco del paese.* **3** Sostenere, difendere, aderire: *sposare una causa.* || **sposarsi** RIFL. Unirsi in matrimonio con qualcuno: *si è sposata* ***con*** *un collega.* || **sposarsi** INTR. PRONOM. Stare bene insieme: ***con*** *le vongole si sposano bene gli spaghetti.*

sposato (spo-ṣà-to) AGG. e N.M. (f. *-a*) · Che, chi si è unito in matrimonio con qualcuno: *le coppie sposate sono sempre meno* Ⓢ coniugato.

sposo (spò-ṣo) N.M. **1** L'uomo che contrae o ha contratto matrimonio Ⓢ marito, consorte, coniuge. **2** AL PL. La coppia dei coniugi: *una vecchia coppia di sposi.* Ⓔ ***Prendere in sposo qualcuno***, sposarlo • ***Promesso sposo***, fidanzato.

spossante (spos-sàn-te) AGG. · Che toglie le energie fisiche o mentali: *un lavoro spossante; un'attesa spossante* Ⓢ estenuante, logorante.

spossare (spos-sà-re) V.TR. (*spòsso*, ecc.) · Togliere le forze: *questo caldo mi spossa* Ⓢ fiaccare, stremare.

spossatezza (spos-sa-téz-za) N.F. · Mancanza di energie fisiche o mentali: *la malattia mi ha lasciato un senso di spossatezza* Ⓢ prostrazione, sfinimento.

spossato (spos-sà-to) AGG. · Senza più forze né energie: *siamo tornati dalla gita in montagna spossati* Ⓢ sfinito, stremato.

spostamento (spo-sta-mén-to) N.M. **1** Cambiamento di posizione: *spostamento di un mobile.* **2** Rinvio a un momento successivo: *spostamento di una scadenza* Ⓢ proroga. Ⓔ ***Spostamento d'aria***, movimento improvviso di una massa d'aria provocato da una violenta esplosione.

spostare (spo-stà-re) V.TR. (*spòsto*, ecc.) || TR. **1** Far cambiare di posizione o di sede: *spostare un quadro; spostare un impiegato in un ufficio periferico* • Eliminare, togliere, rimuovere: *spostare un ostacolo.* **2** Cambiare l'orario di un impegno: *spostare l'appuntamento alle 9.30.* || **spostarsi** RIFL. **1** Di persone, recarsi da un posto all'altro: *ci siamo spostati in campagna per l'estate* Ⓢ trasferirsi. **2** Cambiare di posizione: *spostati, altrimenti non vedo niente* Ⓢ muoversi. || **spostarsi** INTR. PRONOM. Subire uno spostamento: *il temporale si è spostato più* ***a*** *sud; l'interesse generale si è spostato* ***sul*** *problema dell'immigrazione.* Ⓔ ***Non spostarsi di un millimetro***, rimanere immobili al proprio posto; in senso figurato, non cambiare idea.

spot (pronuncia *spòt*) N. INGL., in it. N.M. INVAR. · Annuncio pubblicitario televisivo o radiofonico.

spranga (spràn-ga) N.F. (pl. *-ghe*) · Sbarra di legno o di ferro usata per rinforzare dall'interno la chiusura di porte e finestre Ⓢ stanga.

sprangare (spran-gà-re) V.TR. (*spràngo, sprànghi*, ecc.) · Chiudere con una spranga: *sprangare la porta* Ⓢ sbarrare.

spray (pronuncia *spràï*) N. INGL., in it. N.M. INVAR. · Liquido spruzzato in piccolissime gocce • Il meccanismo a pressione che permette questa operazione: *è una bomboletta di vernice con lo spray.* Ⓔ ***Lacca spray, profumo spray***, che si applica spruzzando.

sprazzo (spràz-zo) N.M. **1** Raggio improvviso di luce: *uno sprazzo di sole.* **2** Intuizione improvvisa: *ebbe uno sprazzo d'ingegno* Ⓢ lampo. Ⓔ ***A sprazzi***, a tratti, in modo discontinuo.

sprecare (spre-cà-re) V.TR. (*sprèco, sprèchi*, ecc.) || TR. **1** Consumare in modo eccessivo o ingiustificato: *sprecare le proprie forze* Ⓒ risparmiare. **2** Fare un cattivo uso: *stai sprecando il tuo tempo* ***con*** *quella ragazza* Ⓢ perdere, buttar via. **3** Perdere l'occasione giusta: *la squadra ha sprecato parecchie occasioni da gol.* || **sprecarsi** INTR. PRONOM. Dimostrare grande impegno e generosità: *non si è molto sprecato* ***a*** *farmi questo regalo.* Ⓔ ***Sprecare il fiato***, parlare senza ottenere risultati.

spreco (sprè-co) N.M. (pl. *-chi*) · Uso eccessivo o ingiustificato: *andare a piedi è uno spreco di tempo, prendi la bici* Ⓢ dispendio Ⓒ risparmio.

sprecone (spre-có-ne) N.M. (f. *-a*; pl.m. *-i*, pl.f. *-e*) · Chi consuma o spende più del necessario: *chiudi il rubinetto quando non usi l'acqua, sprecone!*

spregevole (spre-gé-vo-le) AGG. · Che merita il più assoluto disprezzo: *comportamento spregevole* Ⓢ meschino, ignobile.

spregiativo (spre-gia-tì-vo) AGG. e N.M. || AGG. Che esprime senso di antipatia o disprezzo: *soprannome spregiativo* Ⓢ dispregiativo, sprezzante. || AGG. e N.M. In grammatica, dispregiativo Ⓒ vezzeggiativo.

spregio (sprè-gio) N.M. (pl. *-gi*) · Atto offensivo: *ha agito così per farmi uno spregio* Ⓢ affronto, offesa.

spregiudicato (spre-giu-di-cà-to) AGG. e N.M. (f. -a) · Che, chi presenta un comportamento senza scrupoli: *un giovane spregiudicato; atteggiamento spregiudicato* Ⓢ audace, spavaldo.

spremere (sprè-me-re) V.TR. (*sprèmo*, ecc.) · Comprimere un corpo per estrarne il liquido in esso contenuto: *spremere un limone* Ⓢ strizzare, schiacciare.

Il termine deriva dal latino *exprimere* 'spremere fuori, far uscire', che viene a sua volta da *premere* 'premere' con il prefisso *ex-*, ed è passato direttamente in italiano attraverso la lingua parlata; il recupero successivo del latino *exprimere* ha dato la parola **esprimere** (→ *premere*).

spremiagrumi (spre-mi-a-grù-mi) N.M. INVAR. · Arnese di cucina usato per spremere gli agrumi.

spremitura (spre-mi-tù-ra) N.F. · Compressione di un corpo per estrarne il contenuto liquido: *la spremitura delle olive.*

spremuta (spre-mù-ta) N.F. · Succo di frutti freschi spremuti: *una spremuta di pompelmo.*

sprezzante (sprez-zàn-te) AGG. · Che manifesta disprezzo o senso di superiorità: *è sprezzante **verso** tutti* Ⓢ superbo, sdegnoso.

sprezzo (sprèz-zo) N.M. · Quasi solo nell'espressione ***sprezzo del pericolo***, grande audacia e coraggio: *con sprezzo del pericolo ha affrontato il rapinatore.*

sprigionare (spri-gio-nà-re) V.TR. (*sprigióno*, ecc.) || TR. Emettere, emanare, diffondere: *le ciminiere della fabbrica sprigionano gas velenosi.* || **sprigionarsi** INTR. PRONOM. Venir fuori, esalare, diffondersi: ***dal** camino si sprigionava un calore delizioso.*

sprint (pronuncia *sprint*) N. INGL., in it. N.M. INVAR. · Scatto improvviso e veloce nelle vicinanze del traguardo: *con uno sprint finale il cavallo vinse la corsa.*

sprizzare (spriz-zà-re) V.INTR. e TR. || INTR. (aus. *essere*) Di liquido, uscire sotto forma di spruzzi: *l'acqua sprizzava **dalla** roccia* Ⓢ scaturire, zampillare. || TR. **1** Far uscire un liquido sotto forma di spruzzi: *la ferita sprizza sangue* Ⓢ schizzare. **2** Far vedere in modo chiaro un sentimento: *quel ragazzo sprizza felicità **dagli** occhi* Ⓢ sprigionare.

sprofondare (spro-fon-dà-re) V.INTR. e TR. (*sprofóndo*, ecc.) || INTR. (aus. *essere*) **1** Di un piano, abbassarsi a causa del cedimento delle parti che lo sostengono: *in questo punto la strada è sprofondata* Ⓢ cadere, cedere. **2** Andare a fondo in una materia liquida, soffice o molle: *sprofondare con i piedi **nella** neve* Ⓢ inabissarsi, precipitare. || TR. Far precipitare in luogo basso e profondo: *Dio sprofondò gli angeli ribelli **nell'**Inferno.* || **sprofondarsi** RIFL. Lasciarsi andare di peso: *sprofondarsi **in** poltrona* Ⓢ buttarsi, abbandonarsi • Concentrarsi profondamente: *sprofondarsi **nella** lettura* Ⓢ immergersi. Ⓔ ***Sprofondare nel sonno***, addormentarsi profondamente • ***Sprofondare per la vergogna***, voler sparire per l'imbarazzo.

sproloquio (spro-lò-quio) N.M. (pl. *-qui*) · Discorso lungo, noioso e senza senso: *ora ricomincia con i suoi sproloqui.*

spronare (spro-nà-re) V.TR. (*spróno*, ecc.) **1** Stimolare con gli sproni: *spronare il cavallo* Ⓢ pungolare, sollecitare, esortare. **2** Incitare, stimolare: *l'ambizione lo sprona **a** dare il meglio di sé.*

sprone (spró-ne) N.M. · Arnese per stimolare i fianchi del cavallo. Ⓔ ***A spron battuto***, in velocità e senza fermarsi: *è partito a spron battuto* • ***Servire di sprone***, da incitamento: *il suo esempio ti serva di sprone.*

sproporzionato (spro-por-zio-nà-to) AGG. **1** Che non è armonico o simmetrico rispetto alle altre parti di un tutto: *ha una testa sproporzionata **al** resto del corpo* Ⓒ proporziona-

S

to. **2** Eccessivo, esagerato, inadeguato: *ha avuto una reazione sproporzionata rispetto alle mie parole.*

sproporzione (spro-por-zió-ne) N.F. · Mancanza di proporzione: *c'è una grossa sproporzione tra domanda e offerta* Ⓢ squilibrio.

spropositato (spro-po-ṣi-tà-to) AGG. **1** Fuori misura: *naso spropositato* Ⓢ enorme. **2** Eccessivo, esagerato: *un prezzo spropositato.*

sproposito (spro-pò-ṣi-to) N.M. **1** Azione o discorso sconveniente o inopportuno: *dire uno sproposito* Ⓢ sciocchezza. **2** Nel linguaggio familiare, quantità enorme o eccessiva: *ha speso uno sproposito per quella casa* Ⓢ cifra, patrimonio. Ⓔ ***A sproposito***, nel modo o nel momento sbagliato: *intervenire a sproposito.*

sprovveduto (sprov-ve-dù-to) AGG. · Che non ha i mezzi e le capacità per cavarsela in una situazione: *non è mai stato all'estero da solo ed è un po' sprovveduto* Ⓢ inesperto, ingenuo.

sprovvisto (sprov-vì-sto) AGG. **1** Rimasto senza qualcosa: *siamo rimasti sprovvisti* ***di*** *olio.* **2** Che non ha una certa qualità: *un uomo sprovvisto* ***di*** *intuito* Ⓢ carente, mancante Ⓒ dotato. Ⓔ ***Alla sprovvista***, di sorpresa: *mi ha colto alla sprovvista e non ho saputo cosa dire.*

spruzzare (spruz-zà-re) V.TR. · Proiettare un liquido sotto forma di piccole gocce: *spruzzare la vernice* ***sulla*** *parete*; anche TR. PRONOM.: *spruzzarsi il corpo* ***di*** *profumo* Ⓢ schizzare.

spruzzata (spruz-zà-ta) N.F. · Rapido getto di un liquido in gocce: *darsi una spruzzata di profumo* Ⓢ spruzzo.

spruzzo (sprùz-zo) N.M. · Getto di sostanza liquida in forma di piccole gocce: *gli spruzzi delle onde* Ⓢ schizzo, spruzzata. Ⓔ ***Uno spruzzo di pioggia***, pioggia leggera e di breve durata.

spudoratezza (spu-do-ra-téz-za) N.F. · Mancanza di vergogna: *la sua spudoratezza è senza limiti* Ⓢ impudenza, sfrontatezza.

spudorato (spu-do-rà-to) AGG. e N.M. (f. *-a*) · Che, chi non prova vergogna o pudore: *risponde sempre male, quello spudorato* Ⓢ sfacciato, insolente.

spugna (spù-gna) N.F. (pl. *-gne*) **1** Invertebrato marino senza cellule nervose e bocca, il cui corpo si presenta come una massa carnosa, sostenuta da uno scheletro interno. **2** Lo scheletro seccato di una spugna, capace di impregnarsi di liquido in grande quantità e di buttarlo fuori se premuto, usato per varie operazioni di pulizia: *usa la spugna per lavarti* • Oggetto di vario materiale con la stessa funzione: *una spugna sintetica.* **3** Tessuto, di solito di cotone morbido e assorbente: *un accappatoio di spugna* • Asciugamano fatto con questo tessuto: *una spugna ricamata.* Ⓔ ***Bere come una spugna***, bere molti alcolici • ***Dare un colpo di spugna a qualcosa***, cancellarlo, dimenticarlo o perdonarlo • ***Gettare la spugna***, nel pugilato, si fa per dichiarare il ritiro dal combattimento; in senso figurato, rinunciare a qualcosa.

spugnoso (spu-gnó-so) AGG. · Morbido e in grado di assorbire liquido: *pane spugnoso.*

spuma (spù-ma) N.F. **1** Insieme di bollicine d'aria che si forma sulla superficie di una sostanza liquida: *la bianca spuma dell'oceano* Ⓢ schiuma. **2** Bibita analcolica a base di acqua gassata profumata con aromi: *un bicchiere di spuma al cedro.*

spumante (spu-màn-te) AGG. e N.M. · Di vino che ha subito un particolare processo di fermentazione, in grado di produrre una spuma abbondante e leggera: *stappa lo spumante e brindiamo.*

spumeggiante (spu-meg-giàn-te) AGG. **1** Che produce molta schiuma: *calici spumeggianti.* **2** Allegro e pieno di entusiasmo: *una ragazza spumeggiante* Ⓢ vivace, brillante.

spumeggiare (spu-meg-già-re) V.INTR. (*spuméggio*, ecc.; aus. *avere*) · Produrre molta schiuma: *il mare spumeggiava ai piedi della scogliera.*

spuntare (spun-tà-re) V.TR. e INTR. || TR. **1** Rompere o arrotondare un'estremità appuntita: *spuntare una lama.* **2** Tagliare una parte troppo lunga, accorciandola: *vado a farmi spuntare i capelli.* **3** Nella forma ***spuntarla***, riuscire a ottenere quello che si voleva, dopo molti sforzi: *finalmente l'abbiamo spuntata!* || INTR. (aus. *essere*) **1** Cominciare ad ap-

A B C D E F G H I J K L M N O P Q R S T U V W X Y Z

parire: *il grano comincia a spuntare nei campi* Ⓢ nascere • Come N.M., l'apparire, il sorgere: *allo spuntar del sole.* **2** Apparire all'improvviso: *e tu **da** dove sei spuntato?* Ⓢ sbucare. || **spuntarsi** INTR. PRONOM. Rompersi nella punta: *la matita si è spuntata.*

spuntino (spun-tì-no) N.M. · Pasto veloce e leggero: *fare uno spuntino a metà pomeriggio* Ⓢ merenda.

spunto (spùn-to) N.M. · Suggerimento di partenza: *per il film il regista ha preso spunto da un romanzo* Ⓢ appiglio, idea, ispirazione.

spuntone (spun-tó-ne) N.M. **1** Spina o punta molto dura e acuminata: *gli spuntoni del cancello.* **2** Sporgenza tagliente di roccia: *si è ferito per via di uno spuntone di roccia.*

spurgare (spur-gà-re) V.TR. (*spùrgo*, *spùrghi*, ecc.) **1** Liberare le vie respiratorie facendo uscire il catarro: *spurgare il naso*; anche TR. PRONOM.: *spurgarsi il petto.* **2** Liberare un canale, un passaggio da qualcosa che lo blocca: *spurgare un pozzo* Ⓢ liberare. **3** Liberare certi alimenti da alcune sostanze prima della cottura: *spurgare le lumache* Ⓢ pulire.

spurio (spù-rio) AGG. (pl.m. *-ri*, pl.f. *-rie*) · Non autentico: *scritti spuri* Ⓢ apocrifo.

sputacchio (spu-tàc-chio) N.M. (pl. *-chi*) · Grosso sputo.

sputare (spu-tà-re) V.INTR. e TR. || INTR. (aus. *avere*) Espellere con forza saliva dalla bocca: *sputa sempre per terra, è orribile.* || TR. **1** Buttare fuori dalla bocca: *sputare il nocciolo delle ciliegie.* **2** Emettere con forza: *la locomotiva sputava un denso fumo nero.* Ⓔ ***Sputa l'osso!***, restituiscimi quello che mi devi; dimmi quel che tieni nascosto • ***Sputare il rospo*** → ***rospo*** • ***Sputare nel piatto in cui si mangia***, non dimostrare gratitudine per chi ci ha fatto del bene • ***Sputare sangue***, fare grandi sforzi e sacrifici per ottenere qualcosa • ***Sputare sentenze***, esprimere il proprio parere con superbia, senza avere una perfetta conoscenza dell'argomento • ***Sputare sopra qualcosa***, rifiutarlo con disprezzo: *non sputare sopra il mio aiuto, potresti pentirtene.*

sputo (spù-to) N.M. · Saliva, a volte mista a muco, espulsa dalla bocca.

squadra (squà-dra) N.F. **1** Strumento da disegno a forma di triangolo rettangolo, usato per tracciare o misurare linee parallele o perpendicolari: *disegnare con la riga e la squadra.* **2** Gruppo di persone con compiti e funzioni comuni: *squadra di soccorso* Ⓢ team (*ingl.*); équipe (*fr.*). **3** Gruppo di atleti che gareggiano insieme: *squadra di calcio* Ⓢ formazione. Ⓔ ***A squadra, in squadra***, ad angolo retto, perpendicolare a una retta o a un piano: *essere in squadra* • ***Gioco di squadra***, azione compiuta da più persone che seguono uno schema deciso insieme • ***Squadra mobile*** → ***mobile***[1].

Squadra è un nome collettivo: indica tante persone, ma è un sostantivo singolare.

squadrare (squa-drà-re) V.TR. **1** Dare a una superficie una forma quadrangolare ad angoli retti: *squadrare un'asse* • Ridurre qualcosa in forma quadrata: *squadrare un blocco di marmo.* **2** Guardare qualcuno con attenzione per valutarlo: *mi squadrò da capo a piedi* Ⓢ scrutare.

squadriglia (squa-dri-glia) N.F. (pl. *-glie*) · Nella marina militare, gruppo di navi da guerra leggere comandato da un ufficiale. Ⓔ ***Squadriglia aerea***, piccola unità di aerei, stormo.

squadrone (squa-dró-ne) N.M. · Unità dell'arma di cavalleria, costituita da quattro plotoni e comandata da un capitano.

squagliare (squa-glià-re) V.TR. (*squàglio*, ecc.) || TR. **1** Sciogliere una sostanza solida con l'azione del calore: *squagliare il burro in padella* Ⓢ fondere. **2** Nella forma ***squagliarsela***, nel linguaggio familiare, allontanarsi senza dare nell'occhio: *appena c'è un problema, lui se la squaglia* Ⓢ filarsela. || **squagliarsi** INTR. PRONOM. Sciogliersi, fondersi: *la neve si è squagliata al sole.*

squalifica (squa-li-fi-ca) N.F. (pl. *-che*) · Esclusione di un atleta o di una squadra dalle competizioni a causa di un'infrazione del regolamento: *ha avuto tre giornate di squalifica per insulti all'arbitro.*

squalificare (squa-li-fi-cà-re) V.TR. (*squalifico*, *squalifichi*, ecc.) || TR. **1** Escludere un atleta o una squadra dalle competizioni per un pe-

S

riodo più o meno lungo per punizione: *squalificare un giocatore.* **2** Privare di prestigio: *squalificare il nome della propria famiglia* Ⓢ infangare, sporcare, screditare. || **squalificarsi** RIFL. Perdere la stima degli altri: *con quell'azione indegna si è squalificato agli occhi di tutti* Ⓢ screditarsi.

squallido (squàl-li-do) AGG. **1** Che ha un aspetto misero e degradato: *abitazione squallida* Ⓢ desolato, spoglio Ⓒ accogliente. **2** Ripugnante da un punto di vista morale: *una vicenda squallida* Ⓢ meschino, ignobile.

squallore (squal-ló-re) N.M. · Senso di abbandono, di tristezza e di miseria: *lo squallore di certe periferie.*

squalo (squà-lo) N.M. **1** Grande pesce marino con bocca nella parte inferiore del capo, munita di denti taglienti disposti spesso in più file, e pinna sul dorso Ⓢ pescecane. **2** Persona senza scrupoli soprattutto negli affari.

squama (squà-ma) N.F. · Ciascuna delle sottili lamine che rivestono il corpo dei rettili e in parte il corpo degli uccelli e di alcuni mammiferi • Nel linguaggio comune, ciascuna delle scaglie presenti sul corpo dei pesci.

squamare (squa-mà-re) V.TR. || TR. Privare delle squame: *squamare un pesce* Ⓢ desquamare. || **squamarsi** INTR. PRONOM. Della pelle, formare delle scaglie Ⓢ desquamarsi.

squamoso (squa-mó-so) AGG. **1** Coperto di squame: *un pesce squamoso.* **2** In botanica, di organo formato o ricoperto da piccole lamine: *foglie squamose.*

squarciagola (squar-cia-gó-la) N.F. INVAR. · Solo nell'espressione ***a squarciagola***, con tutta la voce: *cantare a squarciagola.*

squarciare (squar-cià-re) V.TR. (*squàrcio*, ecc.) **1** Lacerare con violenza: ***gli*** *squarciò il ventre con una coltellata.* **2** Attraversare, rompere, fendere: *un grido squarciò il silenzio della notte.*

squarcio (squàr-cio) N.M. (pl. *-ci*) · Rottura profonda e irregolare: *c'è uno squarcio nello scafo della nave* Ⓢ taglio, spacco.

squartare (squar-tà-re) V.TR. · Dividere in quarti o in pezzi: *il bue è stato squartato.*

squassare (squas-sà-re) V.TR. · Scuotere in modo violento: *il vento squassava gli alberi.*

squatter (squat-ter; pronuncia *scuòtter*) N. INGL., in it. N.M. e F. INVAR. · Chi occupa contro la legge un edificio o un terreno, anche in segno di protesta.

squilibrato (squi-li-brà-to) AGG. e N.M. (f. *-a*) || AGG. Che manca di equilibrio: *alimentazione squilibrata* Ⓢ sbilanciato. || AGG. e N.M. (f. *-a*) Che, chi manca di equilibrio mentale: *è stato aggredito da uno squilibrato* Ⓢ folle.

squilibrio (squi-lì-brio) N.M. (pl. *-bri*) **1** Differenza fra cose che dovrebbero essere in equilibrio fra loro: *c'è uno squilibrio tra le spese e i guadagni* Ⓢ divario, sproporzione Ⓒ equilibrio. **2** Preoccupante stato di turbamento della mente: *dare segni di squilibrio.*

squillante (squil-làn-te) AGG. **1** Che ha un suono limpido e vibrante: *ha una voce squillante* Ⓢ cristallino Ⓒ cupo, sordo. **2** Di colore, acceso, vivace, sgargiante: *un rosso squillante.*

squillare (squil-là-re) V.INTR. (aus. *avere*) · Emettere un suono acuto e penetrante: *il telefono squillò a lungo* Ⓢ trillare, suonare.

squillino (squil-lì-no) N.M. · Unico squillo fatto con il cellulare, spesso in segno di conferma.

squillo (squìl-lo) N.M. · Suono acuto e penetrante: *squillo del campanello* Ⓢ trillo.

squisito (squi-ṣì-to) AGG. **1** Eccellente, raffinato, elegante: *un abito di gusto squisito.* **2** Di cibi o di bevande, molto buono: *dolci squisiti* Ⓢ eccellente, prelibato. **3** Di gesti o atteggiamenti che dimostrano una grande sensibilità: *è di una gentilezza squisita.*

squittio (squit-tì-o) N.M. (pl. *-tìi*) · Il verso acuto e stridulo dei topi e di alcuni uccelli: *lo squittio dei topi, delle rondini.*

squittire (squit-tì-re) V.INTR. (*squittìsco, squittìsci*, ecc.; aus. *avere*) · Mandare versi acuti e striduli: *il topo squittisce; questo pappagallo non fa che squittire.*

sradicare (ṣra-di-cà-re) V.TR. (*ṣràdico, ṣràdichi*, ecc.) **1** Togliere una pianta dal terreno con tutte le radici: *sradicare un albero* Ⓢ svellere, estirpare. **2** Costringere a vivere lontano dall'ambiente familiare: *sradicare una famiglia* ***dal*** *territorio.* **3** Eliminare completamente: *sradicare un pregiudizio* Ⓢ debellare.

sregolato (ṣre-go-là-to) AGG. · Che non segue regole precise: *fare una vita sregolata; essere sregolato* ***nel*** *mangiare* Ⓢ disordinato, smodato.

srotolare (ṣro-to-là-re) V.TR. (*ṣròtolo*, ecc.) · Svolgere un rotolo: *srotolare un poster* Ⓢ stendere Ⓒ arrotolare.

stabile (stà-bi-le) AGG. e N.M. || AGG. **1** Ben fermo, che non oscilla né si sposta: *sarà stabile questa scala?* Ⓢ saldo, sicuro Ⓒ instabile, precario • Solido, resistente: *un edificio stabile.* **2** Destinato a durare nel tempo: *ottenere un lavoro stabile* Ⓢ fisso • Permanente: *orchestra stabile, compagnia stabile,* orchestra o compagnia che svolgono regolarmente la loro attività in un certo teatro. **3** Costante, invariato, stazionario: *il tempo si manterrà stabile.* || N.M. Nell'uso burocratico e legale, costruzione, edificio, immobile. Ⓔ ***In pianta stabile*** → *pianta*[2] • ***Teatro stabile*** (o *lo Stabile* N.M.), teatro con una compagnia fissa di attori professionisti che riceve sovvenzioni statali.

stabilimento (sta-bi-li-mén-to) N.M. **1** Edificio o complesso di edifici in cui hanno sede servizi di pubblica utilità: *stabilimento termale; stabilimento balneare; stabilimento carcerario* Ⓢ impianto. **2** Complesso di edifici attrezzato per una lavorazione industriale: *stabilimento farmaceutico; stabilimento tessile* Ⓢ fabbrica, industria.

S

stabilire (sta-bi-lì-re) V.TR. (*stabilisco, stabilisci*, ecc.) || TR. **1** Collocare in modo stabile: *stabilire il proprio ufficio* ***in*** *una città* Ⓢ fissare. **2** Definire, precisare: *stabilire i confini di una proprietà* • Prendere una decisione: *abbiamo stabilito* ***di*** *rimandare la partenza* Ⓢ decidere, concordare. || **stabilirsi** RIFL. Andare ad abitare: *stabilirsi all'estero.*

stabilità (sta-bi-li-tà) N.F.INVAR. **1** Condizione di solidità ed equilibrio: *la stabilità di un edificio* Ⓢ solidità Ⓒ instabilità, precarietà. **2** Equilibrio, sicurezza, solidità: *la stabilità della moneta; la stabilità di un governo.*

staccare (stac-cà-re) V.TR. e INTR. (*stàcco, stàcchi*, ecc.) || TR. **1** Separare una cosa da un'altra: *staccare il rimorchio* ***dall'****auto; staccare un mobile* ***dal*** *muro* Ⓢ scostare Ⓒ attaccare • Togliere una parte da un tutto: *la lama del coltello* ***gli*** *staccò di netto il pollice; staccare un ramo* ***da*** *un albero* Ⓢ tagliare, portare via, amputare. **2** In una gara, lasciare indietro gli avversari: *il ciclista ha staccato il gruppo* Ⓢ distaccare. || INTR. (aus. *avere*) **1** Nel linguaggio familiare, finire il proprio turno di lavoro: *stasera stacco alle nove* Ⓢ smontare. **2** Avere particolare risalto: *il rosso stacca troppo* ***sul*** *blu* Ⓢ risaltare, spiccare. || **staccarsi** RIFL. Andare lontano da qualcuno o da qualcosa: *staccarsi* ***dalla*** *famiglia* Ⓢ allontanarsi, separarsi. || **staccarsi** INTR. PRONOM. Cadere, venire via: *i frutti maturi si staccano* ***dai*** *rami.* Ⓔ ***Non staccare gli occhi di dosso a qualcuno***, guardarlo a lungo e con insistenza: *era bellissima, non riuscivo a staccarle gli occhi di dosso* • ***Staccare la spina***, prendersi una pausa dal lavoro e dalle preoccupazioni e riposarsi per un po' • ***Staccare un assegno***, emettere un assegno: *ho dovuto staccare un assegno da duecento euro al dentista.*

staccio (stàc-cio) N.M. (pl. *-ci*) · Setaccio.

staccionata (stac-cio-nà-ta) N.F. · Recinzione formata da una serie di assi di legno parallele tra loro e sorrette da pali verticali: *ha saltato la staccionata ed è entrato nel giardino* Ⓢ steccato, recinto.

stacco (stàc-co) N.M. (pl. *-chi*) **1** Nella tecnica del salto, distacco da terra: *stacco sul piede sinistro* Ⓢ spinta. **2** Intervallo, interruzione, pausa: *stacco pubblicitario; fare uno stacco fra due lezioni.* **3** Differenza accentuata: *c'è molto stacco fra il colore della gonna e quello della maglia* Ⓢ distanza. Ⓔ ***Stacco di testa***, nel calcio, salto per colpire la palla di testa.

stadera (sta-dè-ra) N.F. · Bilancia formata da un'asta metallica numerata, su cui si sposta un peso e che ha alla sua estremità un piatto su cui si mette l'oggetto da pesare.

stadio (stà-dio) N.M. (pl. *-di*) **1** Edificio per manifestazioni sportive costituito da uno spazio intorno al quale si trovano le gradinate per gli spettatori. **2** Momento di un processo, di un'evoluzione o di uno sviluppo: *a che stadio dei lavori siete arrivati?* Ⓢ fase, livello, punto.

staff (pronuncia *staf*) N. INGL., in it. N.M. INVAR. · Gruppo di persone addette a un certo compito: *uno staff di ricercatori dell'università*.

staffa (stàf-fa) N.F. **1** Ciascuno dei due arnesi di metallo appesi ai due lati della sella, che servono per montare a cavallo e nei quali il cavaliere introduce i piedi: *mettere i piedi nelle staffe*. **2** Nell'orecchio, piccolo osso che si trova nella cassa del timpano. Ⓔ ***Il bicchiere della staffa***, l'ultimo che si beve prima di lasciare una compagnia di amici • ***Perdere le staffe***, perdere il controllo, arrabbiarsi • ***Tenere il piede in due staffe***, vivere contemporaneamente due situazioni opposte cercando di ottenere vantaggi da entrambe.

staffetta (staf-fét-ta) N.F. **1** Nell'esercito, persona con l'incarico di portare ordini o informazioni Ⓢ messaggero. **2** Nell'atletica leggera, nel nuoto e nello sci, gara a squadre su un percorso diviso in frazioni, in cui ciascun atleta deve percorrere una parte: *staffetta 4 × 100* • Alternanza, durante la gara, di un atleta con un altro. **3** Avvicendamento, alternanza: *la staffetta tra gli schieramenti politici*.

stage (sta-ge; pronuncia *staʃ*) N.M. FR., in it. N.M. INVAR. · Periodo di studio o di apprendistato per acquisire pratica in una certa attività o professione: *stage di danza classica*.

stagionale (sta-gio-nà-le) AGG. · Tipico di una certa stagione: *disturbi stagionali*; *piogge stagionali* • Che dura una stagione: *lavoro stagionale*.

stagionare (sta-gio-nà-re) V.TR. e INTR. (*stagióno*, ecc.) || TR. Conservare certi prodotti in condizioni ambientali adatte e per il tempo necessario per migliorare le loro caratteristiche: *stagionare il legno, il formaggio* Ⓢ invecchiare. || INTR. (aus. *essere*) e **stagionarsi** INTR. PRONOM. Di prodotto, rimanere in particolari condizioni ambientali per un certo periodo di tempo per assumere caratteristiche migliori: *mettere il parmigiano a stagionare*.

stagionato (sta-gio-nà-to) AGG. · Conservato in condizioni ambientali particolari per un certo periodo, per ottenere da un prodotto la miglior qualità: *formaggio stagionato*; *legno stagionato* Ⓢ invecchiato Ⓒ fresco • Di persona, piuttosto vecchio Ⓢ maturo Ⓒ giovane.

stagione (sta-gió-ne) N.F. **1** Ciascuno dei quattro periodi in cui viene suddiviso l'anno in relazione al passaggio del Sole agli equinozi e ai solstizi: *primavera, estate, autunno, inverno sono le quattro stagioni*. **2** Periodo dell'anno caratterizzato da particolari condizioni meteorologiche: *stagione calda*; *stagione delle piogge*. **3** Periodo dell'anno in cui la terra dà certi prodotti: *la stagione delle ciliegie* Ⓢ momento, tempo. **4** Il periodo dell'anno in cui normalmente si svolge una certa attività: *la stagione calcistica*; *la stagione teatrale*. **5** Tempo, momento: *ogni cosa ha la sua stagione*. Ⓔ ***Alta stagione, bassa stagione***, con riferimento all'attività turistica e alberghiera, quella in cui si osserva il maggior o il minor numero di clienti; ***stagione morta***, periodo dell'anno in cui gli affari sono fermi • ***Aver fatto la propria stagione***, esser passato di moda: *questo taglio di giacca ha fatto la sua stagione* • ***Frutta di stagione, frutta fuori stagione***, propria di un certo periodo dell'anno o maturata prima o dopo l'epoca normale • ***Mezza stagione***, la primavera e l'autunno, considerate stagioni intermedie per quanto riguarda la temperatura.

stagista (sta-gì-sta) N.M. e F. (pl.m. *-i*, pl.f. *-e*) · Chi sta svolgendo uno stage.

stagliarsi (sta-gliàr-si) V.INTR. PRONOM. (*mi stàglio*, ecc.) · Apparire con evidenza e rilievo: *le montagne si stagliavano nel cielo* Ⓢ campeggiare, spiccare.

stagnante (sta-gnàn-te) AGG. **1** Di massa liquida, che non scorre: *acque stagnanti* Ⓢ fermo, paludoso Ⓒ corrente. **2** Di aria, immobile, pesante, opprimente. **3** Fermo a livello economico: *mercato stagnante* Ⓢ statico.

stagnare (sta-gnà-re) V.INTR. (aus. *avere*) **1** Di masse d'acqua, cessare di scorrere: *l'acqua del ruscello stagnava* ***in*** *una conca*. **2** Di masse d'aria o di vapori, essere immobile: *fitte nebbie stagnano* ***nella*** *zona*. **3** Essere in una situazione di sospensione o di immobilità economica e finanziaria: *le vendite stagnano*.

La prima persona plurale dell'indicativo presente e quella del congiuntivo presente è *stagniamo*, con la *i*: la forma *stagnamo* è

A B C D E F G H I J K L M N O P Q R **S** T U V W X Y Z

sempre scorretta! La seconda persona plurale dell'indicativo presente è *stagnate* senza *i*, mentre quella del congiuntivo presente è *stagniate* con la *i*.

stagnazione (sta-gna-zió-ne) N.F. · Arresto della crescita di un'attività o dello sviluppo economico: *stagnazione della produzione, del mercato* Ⓢ ristagno.

stagno[1] (stà-gno) N.M. · Raccolta d'acqua ferma di scarsa profondità.

stagno[2] (stà-gno) N.M. · Metallo bianco argenteo, malleabile, resistente agli acidi organici, impiegato per rivestimento protettivo di altri metalli e per la preparazione di leghe (il simbolo chimico è *Sn*).

stagno[3] (stà-gno) AGG. · Chiuso perfettamente, in modo da non lasciar passare l'acqua o un altro liquido: *porte stagne* Ⓢ ermetico.

stagnola (sta-gnò-la) N.F. · Lamina sottilissima di stagno o di altro metallo, con cui si rivestono alcuni cibi per conservarli: *avvolgere il formaggio nella stagnola*; anche AGG.: *carta stagnola*.

stalagmite (sta-lag-mi-te) N.F. · Roccia a forma di pinnacolo che si crea sul pavimento delle grotte per caduta di piccole gocce che contengono calcare.

Il termine deriva dal greco *stálagma* 'liquido che gocciola'.

stalattite (sta-lat-ti-te) N.F. · Roccia a forma di pinnacolo che si crea sul soffitto delle grotte per caduta di piccole gocce che contengono calcare.

S

Il termine deriva dal greco *stalázo* 'gocciolare'.

stalking (stal-king; pronuncia *stòlching*) N. INGL., in it. N.M. INVAR. · Reato commesso da chi perseguita qualcuno con minacce, telefonate e attenzioni indesiderate.

stalla (stàl-la) N.F. **1** Ambiente in cui si tengono gli animali da fattoria, soprattutto buoi, mucche e cavalli: *il cavallo è nella stalla*. **2** Luogo sporco o disordinato: *questa stanza sembra una stalla!* Ⓢ porcile, letamaio. Ⓔ ***Chiudere la stalla quando sono scappati i buoi***, prendere precauzioni quando è troppo tardi • ***Dalle stelle alle stalle***, rapida caduta dal successo alla miseria.

stalliere (stal-liè-re) N.M. (f. *-a*; pl.m. *-i*, pl.f. *-e*) · Chi cura e custodisce i cavalli in una stalla o in una scuderia.

stallo (stàl-lo) N.M. **1** Ampio sedile destinato a una persona importante Ⓢ seggio. **2** Situazione di immobilità, senza soluzione: *le trattative di pace sono in stallo* Ⓢ punto morto.

stallone (stal-ló-ne) N.M. · Cavallo destinato alla riproduzione.

stamani (sta-mà-ni) (o **stamane**) AVV. · Questa mattina: *stamani ho incontrato il professore di storia* Ⓢ stamattina.

stamattina (sta-mat-tì-na) AVV. · Questa mattina: *è arrivato stamattina e riparte stasera*.

stambecco (stam-béc-co) N.M. (pl. *-chi*) · Mammifero che vive sulle Alpi, con corna ricurve, molto lunghe e nodose; ha un mantello di color grigio-rossastro scuro nella parte superiore e più chiaro in quella inferiore.

stamberga (stam-bèr-ga) N.F. (pl. *-ghe*) · Abitazione squallida e inospitale: *vive in una stamberga senza luce* Ⓢ tugurio, topaia.

Il termine deriva da una parola longobarda che significa 'casa di pietra'.

stame (stà-me) N.M. **1** La parte più fine e resistente della lana. **2** L'organo maschile del fiore, che produce il polline.

staminale (sta-mi-nà-le) AGG. · ***Cellula staminale***, cellula in grado di sostituire altre cellule.

stampa (stàm-pa) N.F. **1** L'insieme dei procedimenti che permette di riprodurre scritti o disegni in più copie: *stampa tipografica; il libro è in corso di stampa* • Il risultato di questi procedimenti: *la stampa è venuta troppo scura*. **2** L'insieme di tutti i giornali, settimanali, riviste: *la stampa di destra, di sinistra* • L'insieme dei giornalisti: *convocare la stampa per un'intervista*. **3** Riproduzione di disegni con tecniche particolari: *la stampa di un'incisione su rame* • Il disegno stesso: *una stampa del Settecento*. **4** Il processo con cui si realizza una fotografia a partire da una pellicola: *gabinetto di stampa; una stampa in bianco e nero*.

Ⓔ ***Comunicato stampa***, comunicazione ufficiale inviata ai giornali perché venga pubblicata • ***Conferenza stampa*** → **conferenza** • ***Dare alle stampe***, pubblicare • ***Libertà di stampa***, il diritto di poter esprimere liberamente il proprio pensiero sul giornale • ***Sala stampa***, locale attrezzato e riservato ai giornalisti • ***Ufficio stampa***, l'ufficio di ogni azienda o istituzione che comunica con i giornalisti.

stampante (stam-pàn-te) N.F. · Apparecchio collegato al computer che stampa su carta i dati: *stampante a colori.*

stampare (stam-pà-re) V.TR. **1** Riprodurre scritti o disegni in più copie su carta: *stampare un libro.* **2** Far uscire un'opera: *una casa editrice che stampa solo testi scientifici* Ⓢ pubblicare. **3** Nel campo artistico, riprodurre un disegno con procedimenti diversi su carta, legno, metallo, pietra. **4** Ottenere una fotografia su carta da una pellicola in negativo. **5** Imprimere con forza: *con uno schiaffo gli stampò tutte e cinque le dita* ***sulla*** *guancia* Ⓢ dare, fissare.

stampatello (stam-pa-tèl-lo) AGG. e N.M. · Di scrittura manuale, a caratteri maiuscoli e staccati, che imitano quelli dei libri: *se scrivi in stampatello si capisce meglio.*

stampato (stam-pà-to) AGG. e N.M. || AGG. **1** Impresso mediante un procedimento di stampa: *foglio stampato.* **2** Ben visibile, chiaro, nitido: *ho sempre stampato nel cuore il ricordo del nostro primo bacio.* || N.M. **1** Fascicolo a stampa: *spedire uno stampato* Ⓢ foglio, opuscolo. **2** Modulo a stampa da compilare per svolgere una pratica: *riempire lo stampato.* Ⓔ ***Tessuto stampato*** (o *uno stampato* N.M.), con disegno impresso a stampa dopo la tessitura.

stampatrice (stam-pa-tri-ce) N.F. · Dispositivo per la stampa delle pellicole cinematografiche.

stampella (stam-pèl-la) N.F. · Asta usata come sostegno da chi non può camminare: *finché avrà il gesso dovrà usare le stampelle.*

stampo (stàm-po) N.M. **1** Recipiente in cui si versa una sostanza liquida perché ne acquisti la forma una volta divenuta solida: *stampi per budini* Ⓢ forma. **2** Di persona, tipo, specie, categoria: *gente dello stesso stampo.* Ⓔ ***Vecchio stampo***, con un'educazione tipica della generazione precedente: *è un tipo (di) vecchio stampo, devi presentarti come si deve.*

stanare (sta-nà-re) V.TR. **1** Far uscire dalla tana: *stanare la lepre.* **2** Costringere qualcuno a uscire dal luogo in cui si è nascosto o rifugiato: *la polizia ha stanato i ladri* ***dal*** *nascondiglio.*

stancante (stan-càn-te) AGG. · Che forza le capacità di resistenza del corpo: *trasportar casse è un lavoro stancante* Ⓢ spossante, faticoso.

stancare (stan-cà-re) V.TR. (*stànco, stànchi*, ecc.) || TR. **1** Togliere forza, rendendo necessario il riposo: *la salita a piedi mi ha stancato* Ⓢ affaticare. **2** Esaurire un po' alla volta la capacità di attenzione o la pazienza di qualcuno, causando noia e fastidio: *mi hai stancato con tutte queste richieste* Ⓢ annoiare. || **stancarsi** INTR. PRONOM. **1** Perdere energie sostenendo sforzi o impegni faticosi: *durante il viaggio ci siamo stancati molto.* **2** Stufarsi di qualcuno o di qualcosa: *stancarsi* ***di*** *fare i compiti* Ⓢ scocciarsi.

stanchezza (stan-chéz-za) N.F. **1** Sensazione di indebolimento delle forze, dopo uno sforzo fisico o mentale: *ho una terribile stanchezza, vado a letto* Ⓢ fatica, fiacca. **2** Diminuzione dell'interesse per qualcuno o qualcosa: *il mio matrimonio sta attraversando un periodo di stanchezza; il pubblico dava segni di stanchezza* Ⓢ noia.

stanco (stàn-co) AGG. (pl.m. *-chi*, pl.f. *-che*) **1** Che ha fatto uno sforzo fisico o mentale: *ho letto molto e o ho gli occhi stanchi* Ⓢ affaticato, esausto. **2** Che dà segni di stanchezza: *parlare con voce stanca* Ⓢ provato, lento. **3** Che non ha più voglia di fare qualcosa: *sono stanco* ***di*** *viaggiare* Ⓢ annoiato, stufo. Ⓔ ***Essere stanco di qualcuno***, sentire che il rapporto è diventato faticoso.

stand (pronuncia *stènd*) N. INGL., in it. N.M. INVAR. · Banchetto di una mostra, di un'esposizione o di una fiera.

standard (stàn-dard) N.M. e AGG. INVAR. || N.M. **1** Modello base su cui si fonda una produzione: *fissare uno standard* Ⓢ norma, criterio, canone. **2** Livello di qualità: *ha degli standard molto alti.* || AGG. Che corrisponde a un modello considerato come normale: *dimensioni standard* Ⓢ convenzionale.

Il termine deriva dall'inglese, che viene a sua volta dal francese antico *estendart* 'bandiera, insegna', quindi 'punto di riferimento' (→ **stendardo**).

standardizzare (stan-dar-diz-zà-re) V.TR. **1** Produrre secondo un unico modello: *standardizzare la lavorazione.* **2** Privare delle caratteristiche specifiche: *la società moderna induce a standardizzare gli stili di vita* Ⓢ appiattire.

standardizzazione (stan-dar-diz-za-zió-ne) N.F. · Riduzione a un unico modello: *la standardizzazione della cultura* Ⓢ appiattimento.

standby (stand-by; pronuncia *stendbài*) (o **stand-by**) N. INGL., in it. N.M. INVAR. **1** Lista di attesa dei passeggeri per un viaggio aereo. **2** Condizione di attesa di un apparecchio elettronico per consumare meno energia: *il videoregistratore è in standby.*

stanga (stàn-ga) N.F. (pl. *-ghe*) **1** Robusto e lungo pezzo di legno con cui si sbarra la porta dall'interno Ⓢ sbarra, spranga. **2** Nelle carrozze e nei carri, ciascuno dei due elementi a cui viene attaccato l'animale. **3** Persona notevolmente alta Ⓢ spilungone, pertica.

stangare (stan-gà-re) V.TR. (*stàngo, stànghi,* ecc.) **1** Chiudere con una stanga: *stangare una finestra* Ⓢ sbarrare. **2** Colpire con una stanga: *è stato stangato da alcuni balordi.* **3** Far pagare molti soldi: *quest'anno, con le tasse, ci hanno stangato.* **4** Nel linguaggio familiare, bocciare: *l'hanno stangato agli esami.*

stangata (stan-gà-ta) N.F. **1** Colpo dato con una stanga. **2** Spesa pesante e imprevista: *che stangata il conto del ristorante!* Ⓢ batosta, mazzata. **3** Nel calcio, tiro teso e violento Ⓢ cannonata.

stanghetta (stan-ghét-ta) N.F. · Ciascuna delle due asticelle che sostengono gli occhiali.

stanotte (sta-nòt-te) AVV. · Questa notte, riferito alla notte presente, alla notte appena passata o alla notte futura: *stanotte dormo da mia madre; stanotte c'è stato un temporale; stanotte rimarrò sola.*

stante (stàn-te) AGG. e PREP. || AGG. ***A sé stante,*** separato dal resto: *un caso a sé stante* • ***Seduta stante*** → **seduta**. || PREP. A causa di, tenuto conto di: *stante il perdurare del cattivo tempo, la partita è stata rinviata.*

stantio (stan-ti-o) AGG. (pl.m. *-tìi*, pl.f. *-tìe*) **1** Di cibi conservati troppo a lungo, che rischiano la muffa: *formaggio stantio* Ⓢ rancido. **2** Del tutto privo di attualità o d'interesse: *idee stantie* Ⓢ sorpassato, obsoleto.

stantuffo (stan-tùf-fo) N.M. · Elemento di un meccanismo che scorre con moto in direzioni opposte all'interno di un cilindro: *lo stantuffo della siringa.*

stanza (stàn-za) N.F. · Ambiente chiuso da quattro pareti, all'interno di un edificio: *stanza da pranzo* Ⓢ camera. Ⓔ ***Stanza dei bottoni,*** espressione che indica il luogo simbolico dove vengono prese tutte le decisioni importanti a livello politico, economico, ecc.

stanziale (stan-zià-le) AGG. · Che vive sempre nello stesso luogo: *uccelli stanziali e migratori* Ⓢ stabile, stazionario.

stanziamento (stan-zia-mén-to) N.M. **1** Destinazione di una somma a uno scopo: *stanziamento di fondi.* **2** Insediamento: *lo stanziamento di una popolazione in una regione ospitale.*

stanziare (stan-zià-re) V.TR. (*stànzio,* ecc.) || TR. Destinare una somma di denaro a uno scopo: *stanziare un milione* ***per*** *un ospedale.* || **stanziarsi** INTR. PRONOM. Prendere sede stabile in un luogo: *le popolazioni antiche si stanziavano* ***lungo*** *i fiumi* Ⓢ stabilirsi.

stappare (stap-pà-re) V.TR. **1** Aprire togliendo il tappo: *stappare una bottiglia di vino;* anche TR. PRONOM.: *mi sono stappato una birra.* **2** Liberare un condotto da ciò che lo blocca: *stappare il lavandino* Ⓢ sturare.

star (pronuncia *star*) N. INGL., in it. N.F. INVAR. **1** Attrice o attore di grande successo. **2** Personaggio che è molto brillante in una certa attività: *la nuova star della ginnastica.*

stare (stà-re) V.INTR. (irreg.: ind. pres. *sto*, *stài*, *sta*, *stiàmo*, *stàte*, *stànno*; pass. rem. *stètti*, *stésti*, *stètte*, *stémmo*, *stéste*, *stèttero*; fut. *starò*, ecc.; cong. pres. *stìa*, *stìa*, *stìa*, *stiàmo*, *stiàte*, *stìano*; cong. imperf. *stéssi*, ecc.; condiz. pres. *starèi*, ecc.; imperat. *stài* o *sta'* o *sta*, *stàte*; part. pass. *stàto*; aus. *essere*) **1** Rimanere in un luogo: *sto qui e non mi muovo; stai vicino a me* Ⓢ restare. **2** Nella forma ***starci***, riuscire a entrare in un luogo: ***nello*** *stadio ci stanno molti spettatori* • Appoggiare una proposta: *va bene, ci sto!* **3** Di oggetto, avere una collocazione abituale: *i calzini stanno* ***nel*** *secondo cassetto* Ⓢ essere, trovarsi. **4** Restare in una certa condizione: *sta' buono; sta' calmo; stare digiuno*. **5** Trovarsi in una certa condizione: *come stai?; sto male!* Ⓢ sentirsi. **6** Avere dimora in un luogo o presso qualcuno: *stare* ***in*** *città,* ***a*** *Torino; sta ancora* ***dai*** *suoi genitori* Ⓢ abitare, vivere, risiedere. **7** Fare riferimento: *stando* ***alle*** *apparenze, ha ragione lui* Ⓢ attenersi, riferirsi. **8** Rientrare fra i compiti di qualcuno: *sta* ***a*** *lui decidere* Ⓢ toccare, spettare. **9** Consistere, risiedere: ***in*** *questo sta la bellezza dell'impresa*. **10** Suscitare una certa reazione in qualcuno: *il tuo amico* ***mi*** *sta simpatico* Ⓢ sembrare, risultare. **11** Essere presente: *sul divano stanno tre persone* Ⓢ esserci. **12** Combinarsi in modo armonioso: *su questo arrosto sta bene del vino rosso* • Di abito, adattarsi alla persona: *questo vestito* ***ti*** *sta bene; la gonna* ***mi*** *sta stretta*. **13** Seguito dal gerundio, indica che l'azione espressa dal gerundio si svolge in un tempo prolungato: *sto studiando; stavo pensando*. **14** Seguito da *a* e l'infinito, fermarsi per svolgere l'azione espressa dall'infinito: *perché stai a guardare?; stammi a sentire!* **15** Seguito da *per* e l'infinito, indica che l'azione espressa dall'infinito è sul punto di iniziare: *stava per perdere il treno; sta per morire*. Ⓔ ***Ci sta che***, può darsi che: *ci sta che abbia perso il treno* • ***Dire le cose come stanno***, dire la verità • ***Lasciar stare***, non toccare un oggetto: *lascia stare i miei libri*; non dare fastidio a una persona: *lascia stare tua sorella*; non occuparsi di qualcosa: *lascia stare, pago io* • ***Star bene, non star bene***, essere o non essere un comportamento educato: *non sta bene sparlare degli assenti* • ***Stare a cuore*** → **cuore** • ***Stare su***, rimanere alzato di notte: *stette su tutta la notte*; cercare di tenere alto il morale: *mi raccomando, stai su!*

La prima e la terza persona singolare del presente indicativo si scrivono *sto* e *sta* senza accento; la seconda persona singolare dell'imperativo si scrive *sta'* con l'apostrofo o *sta* senza accento e senza apostrofo.

starna (stàr-na) N.F. · Uccello grigio con righe irregolari brune sul dorso e color cenere sul petto e testa di color rosso-giallastro, cacciato per la sua ottima carne.

starnazzare (star-naz-zà-re) V.INTR. (aus. *avere*) **1** Di volatili, sbattere più volte le ali sul terreno facendo versi striduli: *le galline starnazzavano nel cortile*. **2** Fare confusione con grida e chiacchiere inutili: *smettetela di starnazzare!* Ⓢ schiamazzare.

starnutire (star-nu-tì-re) V.INTR. (*starnutìsco*, *starnutìsci*, ecc.; aus. *avere*) · Fare starnuti.

starnuto (star-nù-to) N.M. · Atto involontario con cui si inspira aria con la bocca per farla uscire con forza dal naso, spesso sintomo di raffreddore o allergia: *fece un rumoroso starnuto*.

starter (stàr-ter) N.M.INVAR. **1** Il giudice che dà il segnale d'inizio di una gara: *al via dello starter gli atleti si slanciarono in avanti*. **2** Negli autoveicoli, meccanismo che facilita l'accensione di un motore a freddo: *premere il pulsante dello starter*.

stasare (sta-sà-re) V.TR. · Rimuovere ciò che blocca un tubo o un passaggio: *stasare il lavandino* Ⓢ sturare.

stasera (sta-sé-ra) AVV. · Questa sera: *stasera vado a teatro*.

stasi (stà-ṣi) N.F.INVAR. · Rallentamento o arresto temporaneo di un'attività: *c'è una stasi nelle vendite* Ⓢ stallo, stagnazione.

statale (sta-tà-le) AGG. e N.M. e F. || AGG. Dello Stato: *proprietà statale; scuole statali*. || N.M. e F. Impiegato dello Stato: *sciopero degli statali*. || N.F. Strada della rete nazionale: *passare per la statale*.

statalizzare (sta-ta-liẓ-ẓà-re) V.TR. · Trasferire allo Stato la proprietà e la gestione di imprese, beni o servizi: *statalizzare le ferrovie* Ⓢ nazionalizzare.

statico (stà-ti-co) AGG. (pl.m. *-ci*, pl.f. *-che*) **1** Che riguarda una condizione di equilibrio o di quiete Ⓢ stazionario. **2** In un condizione di stabilità: *equilibrio statico* Ⓢ costante. **3** Che non evolve: *situazione statica* Ⓢ immobile, fermo.

-statico · Secondo elemento di parole composte che significa 'che ferma, che blocca': *emostatico*, che ferma il sangue.

statista (sta-tì-sta) N.M. e F. (pl.m. *-i*, pl.f. *-e*) · Uomo di Stato che contribuisce in modo importante alla vita politica di un Paese: *Cavour fu un grande statista italiano.*

statistica (sta-ti-sti-ca) N.F. (pl. *-che*) · Scienza che studia fenomeni collettivi con metodi matematici per cercare di fare previsioni: *statistica delle nascite* • L'insieme dei dati raccolti in un'indagine di questo tipo: *secondo le statistiche la vita media dell'uomo si è allungata.*

statistico (sta-ti-sti-co) AGG. (pl.m. *-ci*, pl.f. *-che*) · Che riguarda la statistica: *studio statistico.*

stato[1] (stà-to) **1** Participio pass. → ***essere***[1]. **2** Participio pass. → ***stare***.

stato[2] (stà-to) N.M. **1** La condizione in cui si trova una persona o una cosa: *una casa in stato di abbandono; vivere allo stato selvaggio; in buono, cattivo stato* Ⓢ situazione. **2** Condizione fisica o chimica in cui si trova una sostanza: *stato solido, liquido, gassoso.* **3** Condizione temporanea, del corpo o dell'anima: *stato di gravidanza; guida in stato di ubriachezza; stato d'animo malinconico.* **4** Posizione della persona nei confronti della legge e dell'amministrazione pubblica: *stato civile: sposato, celibe, nubile.* **5** Categoria sociale: *terzo stato,* la borghesia; *quarto stato,* il proletariato Ⓢ ceto. **6** ***Stato maggiore***, corpo di ufficiali a capo delle grandi unità. **7** L'organizzazione politica e giuridica della società: *Stato democratico, monarchico, repubblicano.* **8** Area geografica dotata di un'organizzazione politica autonoma: *lo Stato italiano* Ⓢ nazione, paese. **9** La struttura burocratica di un Paese politicamente organizzato: *il capo dello Stato.* **10** In grammatica: ***complemento di stato in luogo*** → ***luogo***. Ⓔ ***Affare di Stato***, questione politica di grande importanza • ***Colpo di Stato*** → ***colpo*** • ***Di Stato***, ufficiale: *funerali di Stato* • ***Esami di Stato*** → ***esame*** • ***Stato di famiglia***, documento che contiene i dati anagrafici di tutti i componenti di un nucleo familiare.

statua (stà-tua) N.F. · Opera di scultura, che rappresenta una figura reale o astratta: *una statua di marmo di Garibaldi; è stato immobile come una statua* Ⓢ scultura.

statunitense (sta-tu-ni-tèn-se) AGG. e N.M. e F. || AGG. Degli Stati Uniti d'America: *le università statunitensi.* || N.M. e F. Abitante, nativo degli Stati Uniti d'America.

statura (sta-tù-ra) N.F. **1** La misura in altezza di una persona: *crescere di statura* Ⓢ altezza. **2** Qualità intellettuale o morale: *uomo di mediocre statura intellettuale* Ⓢ livello, valore.

statuto (sta-tù-to) N.M. **1** Atto giuridico-politico che fissa i principi dell'organizzazione di uno Stato: *lo statuto di Carlo Alberto del 1848.* **2** L'insieme delle norme che regolano la vita di associazioni, enti, istituti: *lo statuto delle Nazioni Unite.* Ⓔ ***Statuto dei lavoratori***, la legge che riconosce i loro diritti e li protegge • ***Statuto (regionale)***, quello che regola l'organizzazione politica e amministrativa di una regione: *regioni a statuto speciale.*

stavolta (sta-vòl-ta) AVV. · Questa volta: *stavolta prendo solo un caffè.*

stazionare (sta-zio-nà-re) V.INTR. (*stazióno*, ecc.; aus. *avere*) · Star fermi in un posto per un certo periodo: *i poliziotti stazionavano intorno alla banca; gli autobus turistici stazionano fuori dal centro* Ⓢ sostare.

stazionario (sta-zio-nà-rio) AGG. (pl.m. *-ri*, pl.f. *-rie*) **1** Che vive sempre nello stesso posto: *uccelli stazionari* Ⓢ stanziale. **2** Che non subisce mutamenti: *temperatura stazionaria; le condizioni del malato sono stazionarie* Ⓢ stabile, costante.

stazione (sta-zió-ne) N.F. **1** Luogo in cui sostano veicoli che trasportano merci o passeggeri e l'insieme delle strutture che servono a caricare e scaricare le merci o a far salire e scendere i passeggeri: *stazione ferroviaria; stazione degli autobus; il bar della stazione.* **2** Ambiente o luogo attrezzato per lo svolgi-

S

mento di particolari attività: *stazione meteorologica* Ⓢ osservatorio. **3** Nelle telecomunicazioni, insieme di impianti per ricevere o trasmettere i segnali: *stazione radiofonica; prendere una stazione* Ⓢ canale. **4** Luogo con condizioni climatiche adatte per farne un centro di vacanza, di cura, ecc.: *stazione termale, balneare.* Ⓔ ***Stazione dei carabinieri***, l'edificio in cui ha sede un comando dei Carabinieri • ***Stazione di servizio***, area attrezzata lungo le strade per il rifornimento di carburante e per la riparazione di autoveicoli.

stazza (stàz-za) N.F. **1** La capacità di trasporto di una nave. **2** Grossa corporatura: *che stazza quel ragazzo!*

stecca (stéc-ca) N.F. (pl. *-che*) **1** Asticella di legno o di metallo, lunga e sottile • Negli ombrelli, ciascun raggio di metallo a cui viene fissato il tessuto. **2** Nel biliardo, lunga asta di legno con cui si colpisce la palla. **3** Nota musicale stonata: *prendere una stecca cantando.* **4** Confezione da dieci o venti pacchetti di sigarette.

steccato (stec-cà-to) N.M. · Recinto formato da tavole o pali di legno: *chiudere un campo con uno steccato* Ⓢ staccionata.

stecchino (stec-chì-no) N.M. · Stuzzicadenti.

stecchito (stec-chì-to) AGG. **1** Secco, rinsecchito: *piante stecchite.* **2** Morto sul colpo: *cadde stecchito sotto una raffica di colpi.* **3** Sbalordito, stupito: *a quella notizia rimase stecchito.*

stecco (stéc-co) N.M. (pl. *-chi*) · Ramo secco senza foglie.

stele (stè-le) N.F. (pl. *le stèle*, raro *le stèli*) · Lastra di pietra o di marmo che si trova collocata in verticale nel terreno, con iscrizioni e decorazioni: *stele funeraria; stele commemorativa.*

stella (stél-la) N.F. **1** Corpo celeste di materia incandescente che brilla di luce propria: *una notte buia e senza stelle.* **2** Oggetto con forma simile a una stella. **3** Personaggio di grande successo del mondo dello spettacolo Ⓢ divo. **4** Sorte, destino: *essere nato sotto una buona stella.* **5** Ogni figura geometrica formata da un poligono regolare sui lati del quale hanno la loro base altrettanti triangoli isosceli. **6** Simbolo che indica la qualità di alberghi e ristoranti: *un albergo a tre stelle.* Ⓔ ***A stella***, simile alla figura geometrica: *cacciavite a stella* • ***Portare alle stelle***, lodare eccessivamente, esaltare • ***Salire alle stelle***, crescere moltissimo: *i prezzi stanno salendo alle stelle* • ***Stella alpina***, pianta erbacea presente sulle Alpi, con fiori piccoli giallo-verdastri coperti di peluria • ***Stella cadente***, meteorite • ***Stella cometa*** → ***cometa*** • ***Stella di David***, simbolo del popolo e dello Stato d'Israele • ***Stella di mare***, nome comune di diversi invertebrati marini, con il corpo a forma di stella • ***Stella di Natale***, arbusto con grandi foglie rosse, che assomigliano ai petali di un fiore a stella • ***Stella polare***, stella della costellazione dell'Orsa Minore visibile a occhio nudo che indica il Nord • ***Stelle e strisce***, simbolo della bandiera degli Stati Uniti • ***Vedere le stelle***, provare un forte dolore fisico.

stellare (stel-là-re) AGG. · Delle stelle, soprattutto in senso astronomico: *grandezza stellare.*

stellato (stel-là-to) AGG. · Pieno di stelle: *notte stellata.*

stelletta (stel-lét-ta) N.F. **1** Piccola stella • Piccolo segno grafico simile all'asterisco. **2** Distintivo militare a forma di stella a cinque punte Ⓢ grado.

stelo (stè-lo) N.M. · Il fusto delle piante erbacee o dei fiori: *lo stelo del grano; lo stelo di una rosa* Ⓢ gambo. Ⓔ ***Lampada a stelo***, formata da una lunga asta che ha in cima le lampadine.

stemma (stèm-ma) N.M. (pl. *-i*) · L'insieme delle figure che rappresentano il simbolo ufficiale di Stati, persone, famiglie: *lo stemma dei Medici; la facciata del palazzo è ornata di stemmi* Ⓢ emblema, insegna.

stemperare (stem-pe-rà-re) V.TR. (*stèmpero*, ecc.) || TR. **1** Sciogliere una sostanza in un liquido per renderla meno densa: *stemperare i colori* Ⓢ diluire. **2** Rendere meno intenso: *quella notizia ha stemperato gli entusiasmi* Ⓢ mitigare, smorzare. || **stemperarsi** INTR. PRONOM. **1** Di sostanza, sciogliersi in un liquido: *la farina si stempera **nell'**acqua.* **2** Perdere vi-

A B C D E F G H I J K L M N O P Q R S T U V W X Y Z

gore e intensità: *le polemiche si sono un po' stemperate* Ⓢ attenuarsi, affievolirsi.

stempiato (stem-pià-to) AGG. · Che ha perso i capelli sulle tempie: *un uomo alto e stempiato.*

stemprare (stem-prà-re) → ***stemperare***.

stendardo (sten-dàr-do) N.M. · Insegna costituita da un pezzo di tessuto rettangolare dipinto o ricamato, attaccato a un'asta verticale Ⓢ bandiera.

Il termine deriva dal francese antico *estendart* 'bandiera, insegna militare'; dall'antico francese *estendart*, attraverso l'inglese, deriva anche **standard**.

stendere (stèn-de-re) V.TR. (irreg.: coniugato come *tendere*) || TR. **1** Aprire e allargare qualcosa in modo che occupi tutto lo spazio possibile in lunghezza o estensione: *stendere un tappeto **per** terra* Ⓢ distendere Ⓒ piegare. **2** Sistemare una persona in posizione orizzontale: *lo stesero **su** un divano* Ⓢ adagiare. **3** Nel linguaggio familiare, far cadere qualcuno a terra: *con un pugno lo stese.* **4** Nel linguaggio familiare, uccidere: *con una raffica di mitra li ha stesi tutti e due.* **5** Spalmare in modo uniforme: *stendere la vernice* Ⓢ dare. **6** Mettere per scritto: *stendere una relazione* Ⓢ scrivere, compilare, redigere. || **stendersi** RIFL. **1** Adagiarsi in posizione allungata: *stendersi **al** sole* Ⓢ distendersi, sdraiarsi. **2** Fare un riposino: *ho bisogno di stendermi un po'.* || **stendersi** INTR. PRONOM. Estendersi nello spazio: *oltre la valle si stende un'ampia pianura.*

S

stendibiancheria (sten-di-bian-che-rì-a) N.M. INVAR. · Attrezzo di più fili a cui si appendono i panni da asciugare: *mettere le lenzuola sullo stendibiancheria.*

stenografare (ste-no-gra-fà-re) V.TR. (*stenògrafo*, ecc.) · Scrivere con i segni della stenografia: *stenografare un discorso.*

stenografia (ste-no-gra-fì-a) N.F. (pl. *-fìe*) · Scrittura manuale che fa uso di segni abbreviati della parola per scrivere a una velocità superiore a quella normale.

stentare (sten-tà-re) V.INTR. (*stènto*, ecc.; aus. *avere*) **1** Far fatica a fare qualcosa: *stentare **a** leggere.* **2** Vivere in continue difficoltà: *deve stentare per tirare avanti* Ⓢ faticare, patire.

stentato (sten-tà-to) AGG. **1** Ottenuto con sforzo e con difficoltà: *una promozione, una vittoria stentata* Ⓢ striminzito. **2** Pieno di sacrifici e disagi: *una vita stentata* Ⓢ miserabile. **3** Privo di spontaneità: *un sorriso stentato* Ⓢ innaturale • Privo di originalità o di scioltezza: *una prosa stentata; un discorso stentato.*

stento (stèn-to) N.M. **1** AL PL. Sofferenza, sacrificio, ristrettezza: *condurre una vita di stenti.* **2** Nell'espressione ***a stento***, con sforzo, a fatica: *reggersi a stento sulle gambe.*

stentoreo (sten-tò-re-o) AGG. (pl.m. *-rei*, pl.f. *-ree*) · Di voce molto sonora e potente Ⓢ forte.

Il termine deriva dal nome di *Stentore*, personaggio dell'Iliade dalla voce particolarmente potente.

step (pronuncia *stèp*) N. INGL., in it. N.M. INVAR. · Ginnastica che si fa salendo e scendendo da una pedana • La pedana che si usa per questo esercizio.

steppa (stép-pa) N.F. · Area che presenta una vegetazione di erbe e arbusti, diffusa in regioni quasi aride a clima continentale: *le immense steppe della Russia.*

sterco (stèr-co) N.M. (pl. *-chi*) · Gli escrementi dell'uomo o degli animali: *lo sterco di bue viene usato come concime* Ⓢ feci (PL.).

stereo (stè-re-o) AGG. e N.M. INVAR. || AGG. Che funziona in stereofonia: *impianto stereo.* || N.M. Impianto che diffonde il suono in stereofonia.

stereofonia (ste-re-o-fo-nì-a) N.F. (pl. *-nìe*) · Tecnica di registrazione e riproduzione dei suoni che dà l'impressione che essi provengano da diversi punti dello spazio: *trasmettere in stereofonia.*

stereofonico (ste-re-o-fò-ni-co) AGG. (pl.m. *-ci*, pl.f. *-che*) · Che riguarda la stereofonia Ⓢ stereo.

stereotipato (ste-re-o-ti-pà-to) AGG. **1** Ripetuto sempre allo stesso modo: *le solite frasi stereotipate.* **2** Inespressivo, artificiale: *sorriso stereotipato.*

stereotipo (ste-re-ò-ti-po) AGG. e N.M. || AGG. Che si ripete sempre uguale: *i soliti discorsi stereotipi* Ⓢ immutabile. || N.M. Luogo comune: *secondo un certo stereotipo, i francesi sono tutti arroganti.*

sterile (stè-ri-le) AGG. **1** Di uomo o animale, che non può far figli: *femmina sterile* Ⓒ fertile, fecondo. **2** Che non produce effetti importanti: *perdere tempo in discussioni sterili* Ⓢ inutile, vano. **3** Di strumento o sostanza senza germi: *siringa sterile.*

sterilità (ste-ri-li-tà) N.F. INVAR. **1** Impossibilità di fare figli: *a causa della sua sterilità non ha avuto figli* Ⓒ fertilità. **2** Incapacità di produrre effetti importanti: *la sterilità di una discussione* Ⓢ inutilità, vanità. **3** In medicina, assenza di microrganismi.

sterilizzare (ste-ri-liz-zà-re) V.TR. **1** Provocare la sterilità in una persona o in un animale. **2** Eliminare la presenza di microrganismi.

sterilizzazione (ste-ri-liz-za-zió-ne) N.F. **1** Processo che rende una persona o un animale incapace di riprodursi: *la sterilizzazione di un gatto.* **2** In medicina e nell'industria, processo che elimina tutti i microrganismi per evitare infezioni: *sterilizzazione di strumenti chirurgici.*

sterlina (ster-lì-na) N.F. · Unità monetaria britannica e di vari altri Paesi: *l'ho pagato soltanto due sterline.*

sterminare (ster-mi-nà-re) V.TR. (*stèrmino*, ecc.) · Uccidere senza lasciare nessuno: *l'epidemia ha sterminato interi villaggi* Ⓢ annientare, distruggere.

Il termine deriva dal latino *(e)xterminare* 'cacciare dai confini', che viene a sua volta da *terminus* 'confine' con il prefisso *ex-*.

sterminato (ster-mi-nà-to) AGG. · Vasto, smisurato, immenso: *una pianura sterminata; possedere ricchezze sterminate.*

sterminio (ster-mì-nio) N.M. (pl. *-ni*) · Uccisione organizzata di un gran numero di persone o animali: *campi di sterminio nazisti* Ⓢ strage, eccidio.

sterno (stèr-no) N.M. · Osso al centro del torace da cui partono, nell'uomo, la clavicola e le costole.

sterpaglia (ster-pà-glia) N.F. (pl. *-glie*) · Insieme di arbusti e rami secchi: *la sterpaglia ha preso fuoco.*

sterpo (stèr-po) N.M. · Arbusto secco e spinoso: *un campo pieno di sterpi.*

sterrato (ster-rà-to) AGG. e N.M. || AGG. Di strada che non ha la copertura in asfalto. || N.M. Strada in terra battuta: *moto adatta agli sterrati.*

sterzare (ster-zà-re) V.TR. (*stèrzo*, ecc.) · Far cambiare direzione a un veicolo muovendo lo sterzo: *sterzare **a** destra* Ⓢ curvare, girare.

sterzo (stèr-zo) N.M. **1** L'insieme dei meccanismi che permettono di far cambiare direzione alle ruote di un veicolo. **2** Il volante dell'autoveicolo: *dare un colpo di sterzo.*

Il termine deriva da una parola longobarda che significa 'manico dell'aratro'.

stesso (stés-so) AGG. e PRON. DIMOSTR. || AGG. **1** Prima di un nome, indica somiglianza o identità: *la stessa persona; lo stesso caffè; lo stesso prezzo* • Anche, perfino: *i ragionamenti e le stesse apparenze erano miserabili.* **2** Dopo un nome o un pronome, ha valore rafforzativo: *lui stesso ti accompagnerà; ne rispondo io stesso; l'ho fatto con le mie stesse mani* Ⓢ proprio. || PRON. Preceduto dall'articolo determinativo, la stessa persona o la stessa cosa: *è lo stesso che è passato anche prima; "Hai cambiato auto?" "No, è la stessa di prima".* Ⓔ ***È lo stesso*** o ***fa lo stesso***, è la stessa cosa, va bene ugualmente: *"Non sono riuscita a telefonarti" "Non importa, fa lo stesso"* • ***Essere sempre lo stesso***, ***non essere più lo stesso***, di persona, essere o non essere cambiato molto • ***Lo stesso***, ugualmente: *andrò lo stesso* • ***Nello stesso tempo*** o ***nello stesso momento***, contemporaneamente: *siamo arrivati nello stesso momento.*

stesura (ste-sù-ra) N.F. **1** Operazione di scrivere qualcosa: *la stesura di un contratto* Ⓢ scrittura. **2** Ogni versione di un'opera letteraria: *del romanzo ci rimangono due stesure* Ⓢ versione.

stetoscopio (ste-to-scò-pio) N.M. (pl. *-pi*) · Apparecchio usato dai medici per ascoltare il battito del cuore e il respiro.

stetti (stèt-ti) · Pass. rem., 1ª pers. sing. → ***stare***.

A B C D E F G H I J K L M N O P Q R S T U V W X Y Z

stick (pronuncia *stic*) N. INGL., in it. N.M. INVAR. · Confezione a forma di piccolo cilindro: *deodorante in stick; uno stick di colla.*

stigma (stìg-ma) N.M. (pl. -*i*) **1** In un fiore, la parte superiore del pistillo. **2** In un insetto, apertura della trachea che serve per respirare.

stigmate (stig-ma-te) N.F.PL. · Le ferite sul corpo di Gesù Cristo causate dalla Crocifissione • La formazione di ferite simili a quelle di Gesù Cristo sul corpo di alcuni santi: *le stigmate di san Francesco.*

stigmatizzare (stig-ma-tiz-zà-re) V.TR. · Condannare, disapprovare con fermezza: *stigmatizzare il comportamento di qualcuno.*

stilare (sti-là-re) V.TR. · Scrivere un documento ufficiale: *stilare un contratto* Ⓢ redigere.

stile (sti-le) N.M. **1** Il modo di esprimersi tipico di un autore, di un'epoca o di un genere letterario: *lo stile romantico; stile tragico; lo stile di Pirandello* Ⓢ impronta, mano. **2** Il gusto di un'epoca nell'architettura, nella moda o nell'arredamento: *mobili in stile vittoriano.* **3** Nello sport, tecnica per eseguire un esercizio. **4** Comportamento tipico di una persona o di un certo gruppo: *la riservatezza è nello stile degli inglesi* Ⓢ costume. **5** Signorilità nel comportamento e raffinatezza di gusti: *avere stile; vestire con stile* Ⓢ eleganza, classe, buon gusto. Ⓔ ***In grande stile***, con lusso e solennità: *una cerimonia preparata in grande stile* • ***Stile libero*** → ***libero***.

S

stilista (sti-lì-sta) N.M. e F. (pl.m. -*i*, pl.f. -*e*) · Creatore di modelli di abiti.

stilistico (sti-lì-sti-co) AGG. (pl.m. -*ci*, pl.f. -*che*) · Che riguarda lo stile: *un'opera interessante dal punto di vista stilistico.*

stilizzare (sti-liz-zà-re) V.TR. · In arte, rappresentare una figura in modo schematico ma riconoscibile.

stilizzato (sti-liz-zà-to) AGG. · Raffigurato con poche caratteristiche fondamentali: *una figura stilizzata.*

stilla (stil-la) N.F. · Goccia.

stillare (stil-là-re) V.INTR. e TR. || INTR. (aus. *essere*) Uscire o cadere a goccia a goccia: *la resina stilla **dai** tronchi* Ⓢ gocciolare. || TR. Fare uscire a goccia a goccia: *la ferita stilla sangue.*

stillicidio (stil-li-cì-dio) N.M. (pl. -*di*) **1** Uscita o caduta di un liquido goccia a goccia. **2** Serie di eventi negativi che si ripetono in continuazione.

stilnovismo (stil-no-vì-smo) N.M. · L'insieme dei temi e delle caratteristiche dello Stil Novo, corrente di poesia che si sviluppò fra il Duecento e il Trecento in Italia.

stilografico (sti-lo-grà-fi-co) AGG. (pl.m. -*ci*, pl.f. -*che*) · ***Penna stilografica*** (o *la stilografica* N.F.), che ha all'interno un serbatoio per l'inchiostro.

stima (stì-ma) N.F. **1** Opinione favorevole di una persona dovuta ai suoi meriti: *avere stima **di** qualcuno; tenere qualcuno in grande stima; non godere di nessuna stima* Ⓢ considerazione, credito, ammirazione Ⓒ disprezzo. **2** Definizione del valore di un bene in denaro: *fare la stima di un terreno* Ⓢ valutazione. **3** Valutazione non precisa di un valore numerico: *ho fatto una stima per eccesso del numero di persone che c'era al concerto.* **4** In grammatica: ***complemento di stima***, che esprime il valore attribuito a una cosa o a una persona (*stimare un quadro seimila euro; una cosa da poco; un uomo di grande valore*).

stimare (sti-mà-re) V.TR. **1** Tenere in grande considerazione: *è un avvocato stimato da tutti* Ⓢ apprezzare Ⓒ disprezzare • Giudicare, ritenere, considerare: *ti ho sempre stimato una persona intelligente.* **2** Definire il prezzo o il valore di un bene: *questa collana è stata stimata trentamila euro.* **3** Valutare in modo non preciso il valore numerico di una grandezza: *stimare a occhio una distanza* Ⓢ calcolare.

stimmate (stìm-ma-te) → ***stigmate***.

stimolante (sti-mo-làn-te) AGG. e N.M. || AGG. e N.M. Di sostanza capace di agire come stimolo sull'organismo: *farmaco stimolante; fare uso di stimolanti* Ⓢ eccitante. || AGG. Capace di suscitare vivo interesse: *una lettura stimolante* Ⓢ avvincente.

stimolare (sti-mo-là-re) V.TR. (*stìmolo*, ecc.) **1** Spingere una persona a far qualcosa con incitamenti o con l'esempio: *stimolare **allo** stu-*

dio Ⓢ esortare, spingere, spronare. **2** Rendere più attiva una funzione dell'organismo: *stimolare l'appetito* Ⓢ attivare, risvegliare.

stimolazione (sti-mo-la-zió-ne) N.F. · Sollecitazione insistente per ottenere un effetto: *stimolazione di un muscolo*.

stimolo (stì-mo-lo) N.M. **1** Spinta, incitamento, sprone: *ha bisogno di continui stimoli per lavorare; agire sotto lo stimolo della gelosia*. **2** Desiderio di soddisfare una necessità del corpo: *sentire lo stimolo della fame*.

stinco (stìn-co) N.M. (pl. *-chi*) · La parte anteriore della gamba tra la caviglia e il ginocchio: *mi ha preso a calci negli stinchi*. Ⓔ ***Non essere uno stinco di santo*** → ***santo***.

stingere (stìn-ge-re) V.TR. e INTR. (irreg.: coniugato come *tingere*) || TR. Cancellare o far diventare più chiaro un colore: *un sapone delicato che non stinge i colori*. || INTR. (aus. *essere*) e **stingersi** INTR. PRONOM. Perdere la tinta, il colore: *i pantaloni si sono stinti molto*.

stipare (sti-pà-re) V.TR. || TR. Accumulare in un ambiente più cose o persone di quante ce ne stiano: *stipare cinque passeggeri* ***nel*** *sedile posteriore dell'auto* Ⓢ pigiare, riempire. || **stiparsi** INTR. PRONOM. Affollarsi in uno spazio insufficiente: *il gruppo dei turisti si stipò* ***nell'****autobus*.

stipato (sti-pà-to) AGG. **1** Stretto in un piccolo spazio: *gli alunni erano stipati* ***in*** *una piccola aula*. **2** Pieno di cose o di persone: *il locale era stipato* ***di*** *gente* Ⓢ zeppo.

stipendiare (sti-pen-dià-re) V.TR. (*stipèndio*, ecc.) · Pagare qualcuno per il suo lavoro: *lo Stato stipendia molti impiegati* • Pagare lo stipendio: *oltre un certo periodo di malattia, i lavoratori sono stipendiati meno* Ⓢ retribuire.

stipendio (sti-pèn-dio) N.M. (pl. *-di*) · Pagamento fisso in denaro in cambio di un servizio: *chiedere un aumento di stipendio* Ⓢ paga, salario.

> Il termine deriva dal latino *stipendium* 'paga militare', composto a sua volta di *stips* 'contributo in denaro' e di *pendere* 'pagare'.

stipite (stì-pi-te) N.M. · Ciascuna delle due parti verticali che delimitano una porta o una finestra.

stipula (stì-pu-la) N.F. · La scrittura di un contratto nelle forme richieste dalla legge.

stipulare (sti-pu-là-re) V.TR. (*stìpulo*, ecc.) · Scrivere un contratto nelle forme previste dalla legge: *stipulare un trattato di pace* Ⓢ concludere, stringere.

stiracchiare (sti-rac-chià-re) V.TR. (*stiràcchio*, ecc.) || TR. **1** Stendere gli arti per sgranchirli: *stiracchiare le braccia, le gambe*. **2** Discutere per ottenere un prezzo più basso: *stiracchiare il prezzo* Ⓢ contrattare, mercanteggiare. || **stiracchiarsi** RIFL. Stendere gli arti per sgranchirsi: *stiracchiarsi sul letto*.

stiramento (sti-ra-mén-to) N.M. **1** Distensione volontaria di braccia e gambe per sciogliere i muscoli. **2** Distensione brusca di un muscolo o di un tendine, che provoca una lesione.

stirare (sti-rà-re) V.TR. || TR. **1** Distendere qualcosa in modo che presenti una superficie liscia: *stirare la tovaglia con le mani; stirare un foglio spiegazzato*. **2** Eliminare le pieghe da panni e vestiti passandovi sopra l'apposito ferro caldo: *stirare un paio di pantaloni*. || **stirarsi** RIFL. Distendere gambe e braccia per sciogliere i muscoli: *non ha fatto altro che stirarsi e sbadigliare*. || **stirarsi** INTR. PRONOM. Nello sport, fare un movimento brusco, causandosi uno strappo muscolare.

stiro (stì-ro) N.M. · L'azione di stirare i panni. Ⓔ ***Asse da stiro*** → ***asse***[1] • ***Ferro da stiro*** → ***ferro***.

stirpe (stìr-pe) N.F. **1** Origine familiare: *una famiglia di nobile stirpe*. **2** L'insieme delle persone che discendono da uno stesso antenato: *i carolingi sono della stirpe di Carlo Magno* Ⓢ famiglia, lignaggio.

stitichezza (sti-ti-chéz-za) N.F. · Difficoltà nell'espellere le feci: *le prugne sono un rimedio casalingo contro la stitichezza*.

stitico (stì-ti-co) AGG. (pl.m. *-ci*, pl.f. *-che*) · Che soffre di stitichezza.

stiva (stì-va) N.F. · La parte più bassa della nave, che si trova sotto il ponte • In una nave o in un aereo, l'area usata per contenere il carico.

stivale (sti-và-le) N.M. **1** Scarpa alta fino al ginocchio o anche oltre: *stivali di gomma.* **2** L'Italia, per la sua forma caratteristica: *sempre più turisti vengono nello stivale.* Ⓔ ***Dei miei stivali***, di persona incapace: *quel medico dei miei stivali!*

stivaletto (sti-va-lét-to) N.M. · Piccolo stivale alto fino alla caviglia: *un paio di stivaletti di pelle.*

stivare (sti-và-re) V.TR. · Caricare le merci nella stiva delle navi o degli aerei: *stivare il carico.*

stizza (stìz-za) N.F. · Rabbia di breve durata: *un gesto di stizza* Ⓢ dispetto.

stizzito (stiz-zi-to) AGG. · Pieno di stizza: *rispose un po' stizzito* Ⓢ irritato, risentito.

stizzoso (stiz-zó-so) AGG. **1** Che si lascia prendere facilmente dalla stizza: *un vecchio stizzoso.* **2** Che lascia vedere la rabbia di una persona: *una risposta stizzosa.* Ⓔ ***Tosse stizzosa***, secca e continua.

stoccafisso (stoc-ca-fis-so) N.M. · Il merluzzo fatto seccare all'aria.

> Il termine deriva da una parola dell'olandese antico che significa 'pesce seccato sui bastoni', composta da *stoc* 'bastone' e *visch* 'pesce'.

stoccaggio (stoc-càg-gio) N.M. (pl. *-gi*) · Sistemazione delle merci in un deposito: *lo stoccaggio dei prodotti in magazzino.*

stoccata (stoc-cà-ta) N.F. · Colpo rapido dato con la punta della spada: *ha preso una stoccata sulla gamba.*

S

stock (pronuncia stòc) N. INGL., in it. N.M. INVAR. · Merce tenuta come scorta per la vendita o conservata in magazzino: *uno stock di mattonelle.*

stoffa (stòf-fa) N.F. · Tessuto per abiti o tappezzerie: *avanzi di stoffe.* Ⓔ ***Avere la stoffa di***, avere un talento naturale per una certa attività: *hai la stoffa del giornalista.*

stoico (stòi-co) AGG. (pl.m. *-ci*, pl.f. *-che*) · Che dimostra grande forza d'animo di fronte alla sofferenza: *ha sopportato la sventura con stoica fermezza* Ⓢ distaccato, impassibile.

> Il termine deriva da una parola greca che significa 'portico', perché il filosofo Zenone di Cizio (333-263 a.C.), fondatore di questa scuola filosofica, si incontrava con i suoi discepoli presso uno dei portici della piazza principale di Atene.

stoino (sto-ì-no) N.M. · Piccolo tappeto che si pone all'ingresso della casa perché chi entra vi si pulisca le scarpe Ⓢ zerbino.

stola (stò-la) N.F. **1** Striscia di stoffa che gira intorno al collo e che ricade sul petto, portata dai sacerdoti e dai vescovi durante le funzioni. **2** Larga striscia di pelliccia portata dalle donne sulle spalle: *una stola di visone.*

stolido (stò-li-do) AGG. · Che dimostra poca intelligenza e prontezza: *un uomo stolido; un discorso stolido* Ⓢ ottuso, sciocco.

stolto (stól-to) AGG. e N.M. (f. *-a*) · Che, chi dimostra una scarsa capacità mentale: *non dar retta a quello stolto* Ⓢ sciocco, stupido.

stomacare (sto-ma-cà-re) V.TR. (*stòmaco, stòmachi*, ecc.) · Disgustare, nauseare: *quella crema mi ha stomacato; la sua ipocrisia ci ha stomacato.*

stomachevole (sto-ma-ché-vo-le) AGG. · Che fa venire la nausea: *un sapore stomachevole* Ⓢ disgustoso, nauseante, schifoso.

stomaco (stò-ma-co) N.M. (pl. *-chi* o *-ci*) **1** Organo vuoto a forma di sacco dove gli alimenti subiscono le prime trasformazioni ad opera dei succhi gastrici. **2** Capacità di sopportare situazioni, persone o cose disgustose: *ci vuole un bello stomaco a lavorare in ambulanza* Ⓢ coraggio. Ⓔ ***Agitazione di stomaco*** → *agitazione* • ***Avere sullo stomaco***, non aver digerito: *ho ancora il pranzo sullo stomaco*; in senso figurato, non poter sopportare qualcosa o qualcuno, detestare • ***Avere uno stomaco di struzzo*** → *struzzo* • ***Dare di stomaco***, vomitare • ***Rimanere sullo stomaco***, essere difficile da digerire o da sopportare • ***Rivoltare lo stomaco***, suscitare disgusto • ***Stare sullo stomaco***, di persona o di cosa, risultare insopportabile: *il mio vicino mi sta sullo stomaco.*

stonare (sto-nà-re) V.TR. e INTR. (*stòno*, ecc.) || TR. Sbagliare l'intonazione di una nota musicale: *un cantante che stona.* || INTR. (aus. *avere*) Non essere in armonia con ciò che sta intorno: *il colore della cravatta stona* ***con*** *il vestito* Ⓢ contrastare, stridere, cozzare.

stonato (sto-nà-to) AGG. · Incapace di cantare o suonare con la giusta intonazione: *Nicola è completamente stonato* Ⓒ intonato.

stonatura (sto-na-tù-ra) N.F. **1** Intonazione sbagliata di una nota musicale: *il pezzo era pieno di stonature.* **2** Elemento che sta male in un contesto: *i pettegolezzi sono stati l'unica stonatura della festa.*

stop (stòp) N.M.INVAR. **1** Nella segnaletica stradale, indicazione di arresto agli incroci: *fermarsi allo stop.* **2** Negli autoveicoli, ciascuna delle due luci posteriori rosse che servono a segnalare che il veicolo sta frenando: *non funzionano gli stop.* **3** Nel calcio, arresto della palla nella sua traiettoria: *il difensore effettua uno stop di petto.* **4** Tasto che ferma il funzionamento di un apparecchio: *premi lo stop per fermare il dvd.* **5** In un telegramma, termine che indica il punto: *grazie invito stop impossibile partecipare stop.*

stoppa (stóp-pa) N.F. e AGG. || N.F. Ciò che avanza dalla lavorazione del lino, della canapa o del cotone, usato, fra le altre cose, per fare imbottiture o spaghi. || AGG. INVAR. Di colore chiaro sbiadito: *capelli d'un biondo stoppa.* Ⓔ ***Un pulcino nella stoppa***, persona impacciata, disorientata.

stoppare (stop-pà-re) V.TR. (*stòppo*, ecc.) **1** Bloccare, arrestare: *bisogna stoppare ogni rigurgito nazionalista.* **2** Nel calcio, fermare la palla al volo con il piede o con il petto • Nel basket, fermare con la mano alzata il tiro a canestro di un avversario.

stoppia (stóp-pia) N.F. (spesso al pl. *-pie*) · I residui dei cereali tagliati che rimangono sul campo: *bruciare le stoppie.*

stoppino (stop-pì-no) N.M. · Piccolo cordone che serve per accendere candele, lampade a fiamma e fuochi d'artificio.

storcere (stòr-ce-re) V.TR. (irreg.: coniugato come *torcere*) || TR. Deformare, curvandolo, qualcosa che normalmente è dritto: *storcere un chiodo.* || **storcersi** INTR. PRONOM. Piegarsi da un lato: *con il caldo la candela si è tutta storta.* Ⓔ ***Storcere gli occhi***, incrociarli • ***Storcere il naso, storcere la bocca***, manifestare disgusto o disapprovazione • ***Storcersi un piede, storcersi una caviglia***, slogarseli.

stordimento (stor-di-mén-to) N.M. · Stato di confusione mentale: *dopo la caduta ho avuto un attimo di stordimento* Ⓢ intontimento.

stordire (stor-dì-re) V.TR. (*stordisco, stordisci*, ecc.) || TR. **1** Far perdere i sensi: *lo stordirono con un colpo alla nuca* Ⓢ tramortire. **2** Causare turbamento o confusione mentale: *questo rumore mi stordisce* Ⓢ frastornare. || **stordirsi** RIFL. Cercare di dimenticare i propri problemi con un eccesso di attività o svago: *per dimenticarla si stordisce di lavoro.*

stordito (stor-dì-to) AGG. **1** Confuso, intontito: *ho battuto la testa e sono rimasto stordito* Ⓒ lucido. **2** Stupito, sbigottito, affascinato: *rimanere stordito dalla bellezza del paesaggio.*

store (sto-re; pronuncia *stór*) N. INGL., in it. N.M. INVAR. **1** Negozio. **2** Sito web per acquisti online.

storia (stò-ria) N.F. (pl. *-rie*) **1** L'insieme dei fatti che riguardano la vita militare, politica, sociale ed economica di un certo periodo e di un certo luogo: *storia romana; storia d'Italia; domani ho la verifica di storia* • Lo sviluppo di un fenomeno nel tempo: *storia della letteratura.* **2** L'insieme delle vicende che formano la vita di una persona: *raccontare la propria storia* Ⓢ esperienza, vita, vicenda • Relazione amorosa: *ha avuto una storia con il suo migliore amico.* **3** Insieme di eventi che costituiscono la trama di un romanzo, di un racconto o di un film: *è una storia molto bella, ma scritta male.* **4** Argomento non convincente: *poche storie, ridammi i soldi* Ⓢ scusa, pretesto. **5** Esitazione inopportuna: *non fare tante storie e raccontami tutto* Ⓢ difficoltà, problema. **6** Cosa inventata: *non ascoltarlo, son tutte storie* Ⓢ bugia, frottola.

storico (stò-ri-co) AGG. e N.M. (f. *-a*; pl.m. *-ci*, pl.f. *-che*) || AGG. **1** Che riguarda la storia: *metodo storico.* **2** Avvenuto o esistito in passato: *evento storico.* **3** Destinato a rimanere nella memoria: *una giornata storica* Ⓢ memorabile, straordinario. **4** Che è stato alle origini di un fenomeno o di un movimento: *i capi storici di un partito* Ⓢ originario. || N.M. (f. *-a*)

A B C D E F G H I J K L M N O P Q R S T U V W X Y Z

Studioso di storia: *suo padre è uno storico dell'arte.* Ⓔ ***Romanzo storico*** → ***romanzo***[2].

storiella (sto-rièl-la) N.F. **1** Racconto breve e divertente: *raccontare una storiella su Pierino* Ⓢ barzelletta. **2** Racconto non vero: *non penserai che creda a queste storielle* Ⓢ bugia, frottola.

storiografia (sto-rio-gra-fì-a) N.F. (pl. *-fie*) · L'attività di scrivere opere che riguardano la storia: *la storiografia romana.*

storione (sto-rió-ne) N.M. · Pesce, di fiume o di mare, dal corpo allungato, apprezzato per la bontà delle carni e delle uova, dalle quali si ottiene il caviale.

stormire (stor-mì-re) V.INTR. (*stormìsco, stormìsci*, ecc.; aus. *avere*) · Produrre un leggero fruscio: *le fronde stormivano al vento* Ⓢ frusciare.

stormo (stór-mo) N.M. **1** Gruppo di aerei militari: *uno stormo di caccia nemici* Ⓢ squadriglia. **2** Gruppo di uccelli in volo: *uno stormo di passeri.* Ⓔ ***Suonare a stormo,*** suonare le campane a rintocchi lenti e regolari per avvertire di un pericolo imminente.

Stormo è un nome collettivo: indica tanti uccelli od oggetti in volo, ma è un sostantivo singolare.

stornello (stor-nèl-lo) N.M. · Canto popolare italiano, forse di origine toscana, con strofe di tre versi: *cantare uno stornello.*

storno[1] (stór-no) N.M. · Uccello nero con macchie bianche e giallastre.

S

storno[2] (stór-no) N.M. · Trasferimento di denaro.

storpiare (stor-pià-re) V.TR. (*stòrpio*, ecc.) **1** Provocare un cattivo funzionamento di gambe o braccia: *l'incidente l'ha storpiato.* **2** Pronunciare male: *non storpiare le parole!*

storpio (stòr-pio) AGG. e N.M. (f. *-a*; pl.m. *-pi*, pl.f. *-pie*) · Di persona a cui funzionano male le gambe: *è storpio dalla nascita.*

storta (stòr-ta) N.F. · Nel linguaggio familiare, distorsione: *ho preso una storta a un piede.*

storto (stòr-to) AGG. **1** Curvo rispetto a un andamento considerato normale: *queste righe sono storte* Ⓢ curvo, obliquo, piegato Ⓒ diritto. **2** Privo di fondamento, non corretto: *idee storte; ragionamento storto* Ⓢ strano, sbagliato, contorto. **3** Nel linguaggio familiare, avverso, sfavorevole: *oggi mi vanno tutte storte.*

stortura (stor-tù-ra) N.F. · Situazione ingiusta: *quante storture ci sono a questo mondo!*

stoviglie (sto-vì-glie) N.F.PL. · L'insieme dei recipienti di vario materiale con cui si mangia e si cucina: *lavare le stoviglie.*

stra- **1** Prefisso che significa 'fuori': *straripare,* uscire dalla riva; *straordinario,* che è fuori dell'ordinario. **2** Posto davanti a verbi o aggettivi, ha valore rafforzativo o superlativo: *stravincere,* vincere molto; *stravecchio,* vecchissimo.

strabico (strà-bi-co) AGG. e N.M. (f. *-a*; pl.m. *-ci*, pl.f. *-che*) · Che, chi è affetto da strabismo: *occhi strabici.*

strabiliante (stra-bi-liàn-te) AGG. · Che provoca grande meraviglia: *una scoperta strabiliante* Ⓢ stupefacente, sbalorditivo.

strabiliare (stra-bi-lià-re) V.TR. e INTR. (*strabìlio, strabìli*, ecc.) || TR. Riempire di stupore e ammirazione: *i suoi colpi d'ingegno ci strabiliano* Ⓢ meravigliare, sbalordire. || INTR. (aus. *avere*) Rimanere sbalordito per la meraviglia: *uno spettacolo da strabiliare* Ⓢ meravigliarsi.

strabismo (stra-bi-ṣmo) N.M. · Deviazione di uno o di tutti e due gli occhi rispetto alla direzione dello sguardo: *ha un forte strabismo, credevo guardasse me, invece fissava il gatto.*

stracarico (stra-cà-ri-co) AGG. (pl.m. *-chi*, pl.f. *-che*) · Troppo carico: *imbarcazione stracarica di gente* Ⓢ strapieno.

stracchino (strac-chì-no) N.M. · Formaggio molle e crudo, tipico della Lombardia.

stracciare (strac-cià-re) V.TR. (*stràccio*, ecc.) **1** Ridurre a pezzi o in brandelli: *stracciare una lettera; stracciare un lenzuolo* Ⓢ lacerare, strappare. **2** Sconfiggere un avversario in modo deciso: *a scacchi mi straccia sempre* Ⓢ schiacciare.

straccio[1] (stràc-cio) AGG. (pl.m. *-ci*, pl.f. *-ce*) · Che si può buttare perché non serve più. Ⓔ ***Carta straccia*** → ***cartastraccia***.

straccio[2] (stràc-cio) N.M. (pl. *-ci*) **1** Pezzo rotto di tessuto, spesso usato per le pulizie:

straccio per spolverare Ⓢ cencio, strofinaccio. **2** Abito logoro o di poco valore: *Cenerentola vestiva di stracci.* Ⓔ ***Ridursi uno straccio, sentirsi uno straccio***, diventare o sentirsi molto debole • ***Uno straccio di qualcosa*** o ***qualcuno***, nel linguaggio familiare, persona o cosa qualunque: *uno straccio di amico; uno straccio di lavoro.*

straccione (strac-ció-ne) N.M. (f. *-a*; pl.m. *-i*, pl.f. *-e*) · Persona vestita di abiti logori e sporchi Ⓢ pezzente, miserabile.

stracotto (stra-còt-to) AGG. e N.M. || AGG. Di vivanda troppo cotta: *pasta stracotta.* || N.M. Carne di manzo in umido lasciata cuocere a lungo in una casseruola ben chiusa Ⓢ stufato.

strada (strà-da) N.F. **1** Area di uso pubblico per il passaggio di persone e di veicoli: *strada sterrata, asfaltata* Ⓢ via. **2** Tragitto da percorrere tra un luogo e un altro: *che strada facciamo?* Ⓢ cammino, itinerario, percorso. **3** Spazio in cui si può passare: *si aprirono la strada attraverso i ghiacci* Ⓢ passaggio, varco. **4** Percorso della vita che porta a un risultato positivo o negativo: *la strada del successo; la strada del vizio* Ⓢ via. Ⓔ ***Aprire la strada a qualcuno***, facilitargli un compito • ***Codice della strada*** → **codice** • ***Donna di strada***, prostituta • ***Farsi strada***, raggiungere il successo • ***Fuori strada***, in errore: *hai capito male, sei fuori strada!* • ***In mezzo a una strada***, senza casa o senza lavoro • ***Trovare la propria strada***, capire ciò che si vuol fare nella vita.

> Il termine deriva dal latino tardo *(via) strata* '(via) lastricata'.

stradale (stra-dà-le) AGG. · Che riguarda la strada: *la rete stradale italiana.* Ⓔ ***Polizia stradale*** (o *la stradale* N.F.), corpo di polizia con compiti di vigilanza sulle strade non urbane.

stradario (stra-dà-rio) N.M. (pl. *-ri*) · Elenco alfabetico delle vie e delle piazze di una città, con le indicazioni per individuarle su una mappa.

strafare (stra-fà-re) V.INTR. (irreg.: *strafò* o *strafàccio, strafài, strafà*, ecc.; per il resto coniugato come *fare*; aus. *avere*) · Fare più di quanto sia necessario od opportuno: *hai cucinato troppo, non c'è bisogno di strafare.*

strafottente (stra-fot-tèn-te) AGG. e N.M. e F. · Che, chi mostra un arrogante disprezzo nei confronti degli altri: *rispondere con tono strafottente; non fare lo strafottente con me* Ⓢ impudente, insolente.

strage (strà-ge) N.F. **1** Uccisione violenta di un gran numero di persone o di animali: *compiere una strage* Ⓢ massacro, carneficina. **2** Numero altissimo di morti: *l'epidemia ha provocato una strage tra i bambini.* **3** Distruzione rovinosa: *l'alluvione ha fatto strage di case e vigneti* Ⓢ scempio. Ⓔ ***Fare strage di cuori***, piacere a molte persone.

stralciare (stral-cià-re) V.TR. (*stràlcio, stràlci*, ecc.) · Eliminare un elemento dall'insieme in cui si trova: *stralciare le spese di trasporto* ***da*** *un conto.*

strale (strà-le) N.M. · Freccia: *gli strali d'Amore.*

stramazzare (stra-maz-zà-re) V.INTR. (aus. *essere*) · Cadere con forza e all'improvviso: *è tornato molto stanco ed è stramazzato sul letto* Ⓢ crollare.

strambo (stràm-bo) AGG. · Stravagante, bizzarro, strano: *idee strambe.*

strampalato (stram-pa-là-to) AGG. **1** Di persona, che si comporta in maniera strana Ⓢ strambo, stravagante. **2** Privo di logica o di senso: *un discorso strampalato.*

stranamente (stra-na-mén-te) AVV. **1** In modo strano: *da un po' di tempo si comporta stranamente.* **2** In modo diverso dal solito: *ieri sera, stranamente, il bambino si è addormentato subito.*

stranezza (stra-néz-za) N.F. **1** Aspetto diverso dal solito: *hai notato la stranezza del suo comportamento?* Ⓢ particolarità. **2** Atto o comportamento bizzarro: *è una vera stranezza, ha solo calzini verdi* Ⓢ assurdità.

strangolare (stran-go-là-re) V.TR. (*stràngolo*, ecc.) · Uccidere stringendo con forza il collo fino a togliere il respiro: *è stato strangolato* ***con*** *una sciarpa* Ⓢ strozzare, soffocare.

straniero (stra-niè-ro) AGG. e N.M. (f. *-a*) || AGG. Di un Paese diverso da quello in cui si è: *una* *lingua straniera* Ⓢ estero. || N.M. (f. *-a*) Cittadino di uno Stato estero: *università per stranieri* Ⓢ forestiero.

strano (strà-no) AGG. e N.M. || AGG. **1** Diverso da ciò che è considerato normale: *un animale strano, mai visto da queste parti* Ⓢ sorprendente, curioso Ⓒ comune. **2** Bizzarro, stravagante, particolare: *vestire in modo strano.* || N.M. Ciò che è diverso dal consueto: *lo strano è che prima non faceva così.*

straordinario (stra-or-di-nà-rio) AGG. (pl.m. *-ri*, pl.f. *-rie*) **1** Che è in più rispetto al previsto: *una tassa straordinaria* Ⓒ ordinario. **2** Realizzato solo in circostanze eccezionali: *indire un congresso straordinario; in caso di terremoto il telegiornale fa un'edizione straordinaria* Ⓢ speciale. **3** Fuori del comune: *mia zia è una donna di straordinaria intelligenza* Ⓢ eccezionale, incredibile. Ⓔ ***Lavoro straordinario*** (o *lo straordinario* N.M.), quello svolto oltre il normale orario di lavoro: *fare un'ora di straordinario.*

strapazzare (stra-paz-zà-re) V.TR. || TR. **1** Trattar male qualcuno: *strapazzare i figli* Ⓢ maltrattare, tartassare. **2** Sciupare per mancanza di cura: *strapazzare un libro* Ⓢ rovinare. || **strapazzarsi** RIFL. Sottoporre il fisico a pesanti sforzi o a eccessi: *non ti strapazzare in viaggio* Ⓢ affaticarsi.

strapazzo (stra-pàz-zo) N.M. · Sforzo o disagio eccessivo: *è una vita di strapazzi.* Ⓔ ***Da strapazzo***, di cosa, che si può trattare senza riguardo: *scarpe da strapazzo*; di persona, che vale poco: *un musicista da strapazzo.*

S

strapieno (stra-piè-no) AGG. · Troppo pieno: *un autobus strapieno* ***di*** *gente* Ⓢ stracarico, zeppo.

strapiombo (stra-piómb-bo) N.M. · Conformazione verticale di una superficie in cui la parte superiore sporge in avanti rispetto a quella inferiore: *precipitare da una roccia a strapiombo* Ⓢ precipizio, burrone.

strapotere (stra-po-té-re) N.M. · Potere assoluto ed eccessivo: *combattere lo strapotere del dittatore.*

strappare (strap-pà-re) V.TR. || TR. **1** Portar via con violenza e rapidità: *mi ha strappato il giornale* ***di*** *mano* Ⓢ togliere, sottrarre, levare • Allontanare a forza: *strappare un figlio* ***alla*** *madre* Ⓢ portar via. **2** Togliere con forza, provocando una rottura: *strappare un foglio* ***da*** *un quaderno* Ⓢ estrarre. **3** Ottenere dopo molta insistenza: *strappare una confessione* Ⓢ spuntare, estorcere • Ottenere con grande fatica: *strappare gli applausi del pubblico* Ⓢ provocare, suscitare. **4** Ridurre qualcosa in pezzi o farvi uno strappo: *il vento ha strappato la bandiera* Ⓢ lacerare, fare a pezzi, stracciare. || **strapparsi** TR. PRONOM. **1** Lacerare vestiti che si indossano: *si è strappato i pantaloni facendo skateboard.* **2** Staccare con forza: *strapparsi le sopracciglia con la pinzetta.* || **strapparsi** INTR. PRONOM. Subire una lacerazione: ***mi*** *si è strappata la camicia* Ⓢ rompersi, lacerarsi. Ⓔ ***Strapparsi i capelli***, avere una reazione di rabbia o disperazione: *si strappava i capelli per non aver superato l'esame.*

strappo (stràp-po) N.M. **1** L'azione di tirare verso di sé in modo rapido e violento: *dare uno strappo alla fune* Ⓢ strattone. **2** Rottura di un tessuto: *farsi uno strappo nei pantaloni* • Nel linguaggio familiare, stiramento di un muscolo o di un tendine. **3** Brusca interruzione di un rapporto di amicizia o di collaborazione, spesso per ragioni politiche o ideologiche Ⓢ frattura, spaccatura. **4** Nel linguaggio familiare, passaggio dato a qualcuno con il proprio mezzo di trasporto: *mi dai uno strappo fino a casa?* Ⓔ ***Fare uno strappo alla regola***, fare un'eccezione.

strapuntino (stra-pun-ti-no) N.M. · Seggiolino pieghevole che, soprattutto sui mezzi di trasporto, può essere usato quando tutti i posti sono già occupati: *lo strapuntino del treno.*

straripamento (stra-ri-pa-mén-to) N.M. · Uscita dell'acqua di un fiume dalle rive o dagli argini: *lo straripamento del Po.*

straripare (stra-ri-pà-re) V.INTR. (aus. *essere* o *avere*) · Di fiumi, traboccare sopra le rive o gli argini: *c'è pericolo che il fiume straripi.*

strascicare (stra-sci-cà-re) V.TR. (*stràscico, stràscichi*, ecc.) · Trascinare qualcosa facendole toccare il suolo: *non strascicare la sedia!* Ⓔ ***Strascicare i piedi***, camminare senza alzare del tutto i piedi da terra • ***Strascicare le parole***, pronunciarle male, allungando certi suoni.

strascico (strà-sci-co) N.M. (pl. *-chi*) **1** Qualcosa che si trascina a contatto del suolo. **2** La parte posteriore di un abito femminile che tocca terra: *reggere lo strascico alla sposa.* **3** Conseguenza spiacevole o fastidiosa: *ho ancora uno strascico dell'influenza* Ⓢ coda. Ⓔ ***Rete a strascico***, rete da pesca che tocca il fondo ed è trainata da barche.

stratagemma (stra-ta-gèm-ma) N.M. (pl. *-i*) · Idea astuta per aggirare o superare un ostacolo: *con uno stratagemma uscì senza farsi vedere* Ⓢ trucco, sotterfugio.

stratega (stra-tè-ga) N.M. (pl. *-ghi*) **1** Nell'antica Grecia, comandante dell'esercito. **2** Esperto di strategia militare.

strategia (stra-te-gì-a) N.F. (pl. *-gìe*) **1** Il modo di condurre un'azione di guerra: *il comandante scelse una strategia difensiva* Ⓢ tattica, piano. **2** L'insieme delle azioni che servono a raggiungere uno scopo: *strategia pubblicitaria.*

strategico (stra-tè-gi-co) AGG. (pl.m. *-ci*, pl.f. *-che*) · Che riguarda il modo di condurre una guerra: *piano strategico* Ⓢ tattico.

stratificazione (stra-ti-fi-ca-zió-ne) N.F. · Disposizione a strati: *la stratificazione delle rocce* • L'insieme degli strati uno sopra l'altro.

stratiforme (stra-ti-fór-me) AGG. · Disposto a strato: *nubi stratiformi.*

strato (strà-to) N.M. **1** Materia disposta in modo uniforme su una superficie: *uno strato di polvere copriva il tavolo.* **2** Ciascuno dei piani di vario spessore che si sovrappongono in una struttura: *nella torta c'è uno strato di crema sopra uno di cioccolata* Ⓢ livello. **3** Livello sociale: *gli strati più bassi della popolazione* Ⓢ ceto, gruppo.

stratosfera (stra-to-sfè-ra) N.F. · Lo strato più alto dell'atmosfera che ha temperatura costante, scarsa umidità e assenza di nubi.

stratosferico (stra-to-sfè-ri-co) AGG. (pl.m. *-ci*, pl.f. *-che*) **1** Che riguarda la stratosfera: *venti stratosferici.* **2** Molto grande o molto importante: *ha speso una cifra stratosferica.*

strattonare (strat-to-nà-re) V.TR. (*strattóno*, ecc.) · Dare uno o più strattoni: *strattonare una fune; strattonare un giocatore.*

strattone (strat-tó-ne) N.M. · Strappo brusco e violento: *il cavallo dette uno strattone alla corda e scappò.*

stravagante (stra-va-gàn-te) AGG. · Strano, eccentrico, bizzarro: *un tipo stravagante.*

stravaganza (stra-va-gàn-za) N.F. · Comportamento bizzarro ed eccentrico: *la stravaganza degli artisti.*

stravecchio (stra-vèc-chio) AGG. (pl.m. *-chi*, pl.f. *-chie*) · Stagionato molto a lungo: *vino stravecchio.*

stravedere (stra-ve-dé-re) V.INTR. (irreg.: coniugato come *vedere*; aus. *avere*) · Provare una tale ammirazione per qualcuno da non vederne i difetti: *mia sorella stravede* ***per*** *quell'attore.*

stravincere (stra-vìn-ce-re) V.TR. e INTR. (irreg.: coniugato come *vincere*; aus. *avere*) · Vincere con grande vantaggio: *stravincere le elezioni; ieri abbiamo stravinto.*

stravizio (stra-vì-zio) N.M. (pl. *-zi*) · Esagerazione nel mangiare e nel bere: *ieri ci siamo dati agli stravizi* Ⓢ eccesso, abuso.

stravolgere (stra-vòl-ge-re) V.TR. (irreg.: coniugato come *volgere*) **1** Alterare, deformare: *il dolore* ***gli*** *stravolgeva i lineamenti.* **2** Turbare profondamente: *la notizia lo ha stravolto* Ⓢ sconvolgere. **3** Presentare i fatti in modo falso: *stravolgere la verità dei fatti* Ⓢ falsare, distorcere.

stravolgimento (stra-vol-gi-mén-to) N.M. · Alterazione, sconvolgimento: *stravolgimento del volto.*

stravolto (stra-vòl-to) AGG. · Molto alterato nell'aspetto: *occhi stravolti dalla paura* Ⓢ sconvolto.

straziante (stra-ziàn-te) AGG. · Che procura una fortissima sofferenza: *un dolore straziante; un addio straziante* Ⓢ atroce, lancinante.

straziare (stra-zià-re) V.TR. (*stràzio*, ecc.) **1** Ridurre in pezzi: *la iena straziava i cadaveri* Ⓢ dilaniare. **2** Causare dolore o forte fastidio: *una musica che strazia le orecchie* Ⓢ tormentare, angosciare.

A B C D E F G H I J K L M N O P Q R S T U V W X Y Z

strazio (strà-zio) N.M. (pl. *-zi*) **1** Atroce sofferenza: *lo strazio di una madre per la morte del figlio* Ⓢ tormento. **2** Nel linguaggio familiare, persona o cosa molto faticosa da sopportare: *che strazio quel film!* Ⓢ tortura, supplizio.

Il termine deriva dal latino *distractio* 'il tirare in due parti opposte', che viene a sua volta da *distrahere* 'tirare in due direzioni opposte, lacerare'.

strega (stré-ga) N.F. (pl. *-ghe*) **1** Donna dotata di poteri magici: *un tempo le streghe venivano bruciate vive.* **2** Donna cattiva o brutta e vecchia: *è stata quella strega di sua madre a convincerlo* Ⓢ megera, arpia. Ⓔ ***Caccia alle streghe***, nei tempi passati, la persecuzione nei confronti delle donne accusate di stregoneria; in senso figurato, la ricerca, a tutti i costi, di un responsabile su cui scaricare pubblicamente una colpa.

stregare (stre-gà-re) V.TR. (*strégo, stréghi*, ecc.) **1** Lanciare un incantesimo su qualcuno a scopo cattivo: *il bambino venne stregato e si trasformò in un corvo.* **2** Attrarre in modo irresistibile: *quella ragazza lo ha stregato* Ⓢ incantare, affascinare, sedurre.

stregone (stre-gó-ne) N.M. **1** Uomo dotato di poteri magici. **2** Presso i popoli primitivi, sciamano: *lo stregone del villaggio lo guarì con delle erbe.*

stregoneria (stre-go-ne-rì-a) N.F. (pl. *-rìe*) · Operazione di magia diretta contro qualcuno: *essere accusati di stregoneria* Ⓢ maleficio, sortilegio.

S

stregua (stré-gua) N.F. · Solo nell'espressione ***alla (stessa) stregua***, allo stesso modo: *trattare uno alla stregua di un ladro.*

stremare (stre-mà-re) V.TR. (*strèmo*, ecc.) · Togliere le forze: *la lunga corsa ha stremato i ragazzi* Ⓢ spossare, sfinire.

stremo (strè-mo) N.M. · Il limite massimo delle possibilità fisiche o economiche: *è allo stremo delle forze; ridursi allo stremo.*

strenna (strèn-na) N.F. · Dono fatto in occasione di feste o ricorrenze: *strenna natalizia* Ⓢ regalo.

strenuo (strè-nuo) AGG. **1** Valoroso e tenace: *una strenua difesa* Ⓢ accanito. **2** Instancabile, infaticabile: *uno strenuo lavoratore.*

strepitare (stre-pi-tà-re) V.INTR. (*strèpito*, ecc.; aus. *avere*) **1** Produrre un rumore forte e continuo: *il treno passò strepitando.* **2** Parlare a voce alta: *smettetela di strepitare!* Ⓢ strillare, urlare.

strepito (strè-pi-to) N.M. **1** Insieme di rumori forti e confusi: *lo strepito del treno* Ⓢ fragore, frastuono. **2** Scalpore causato da un fatto sorprendente: *la scoperta fece veramente strepito* Ⓢ eco, clamore.

strepitoso (stre-pi-tó-so) AGG. · Clamoroso, straordinario, eccezionale: *un successo strepitoso.*

stress (pronuncia *strès*) N.M. INVAR. · Tensione nervosa, causata da stanchezza: *in questo periodo è sotto stress* Ⓢ affaticamento.

stressante (stres-sàn-te) AGG. · Che stanca e innervosisce: *un lavoro stressante* Ⓢ estenuante, logorante.

stressare (stres-sà-re) V.TR. (*strèsso*, ecc.) || TR. Provocare un forte affaticamento fisico e mentale: *il lavoro mi stressa* Ⓢ logorare, snervare. || **stressarsi** INTR. PRONOM. Essere molto affaticato fisicamente e mentalmente: *ti stressi troppo per gli esami* Ⓢ logorarsi, snervarsi.

stretta (strét-ta) N.F. **1** Pressione esercitata intorno a qualcosa: *dare una stretta di mano.* **2** Azione che permette di diminuire la distanza fra due oggetti o fra parti di un oggetto: *dare una stretta alla cintura; dare una stretta alla vite per bloccare le due assi del tavolo.* **3** Emozione negativa improvvisa e violenta: *provare una stretta al cuore* Ⓢ angoscia. Ⓔ ***Alle strette***, in difficoltà, senza via d'uscita: *mi sentivo alle strette e non sapevo cosa fare* • ***Essere alla stretta finale***, al momento decisivo.

stretto[1] (strét-to) AGG. || Participio pass. → ***stringere***. || AGG. **1** Di dimensioni ridotte nel senso della larghezza: *una strada stretta* Ⓢ piccolo Ⓒ largo, ampio. **2** Limitato, circoscritto: *il senso stretto di una parola*, quello letterale; *portare lo stretto necessario*, solo quello. **3** Attuato con severità: *sottoporre a stretta sorveglianza* Ⓢ rigoroso, rigido, severo. **4** Ben chiuso: *nodo stretto*. **5** Molto vicino: *camminava tenendosi stretto* ***al*** *muro; stavano stretti l'uno all'altra* Ⓒ distante. **6** Vicino nel grado della parentela: *parente stretto* Ⓢ diretto • Legato da grande affetto: *amico stretto* Ⓢ intimo. Ⓔ ***A denti stretti*** → ***dente*** • ***Di manica stretta*** → ***manica*** • ***Di stretta misura*** → ***misura***.

stretto[2] (strét-to) N.M. · Piccolo tratto di acqua fra due terre vicine, che collega fra loro due più ampie masse d'acqua: *lo stretto di Messina* Ⓢ canale.

strettoia (stret-tó-ia) N.F. (pl. *-tóie*) · Restringimento di una strada: *la macchina non passava dalla strettoia* Ⓢ strozzatura.

stria (strì-a) N.F. (pl. *strìe*) · Striscia di colore diverso da quello dello sfondo: *le strie lasciate dagli aerei nel cielo*.

striare (stri-à-re) V.TR. (*strìo*, *strìi*, ecc.) · Segnare un oggetto o una superficie con righe sottili: *nubi rosse striavano il cielo* Ⓢ rigare.

striato (stri-à-to) AGG. · Rigato in modo irregolare: *una pelliccia striata*.

striatura (stria-tù-ra) N.F. · Riga vistosa.

stricnina (stric-nì-na) N.F. · Veleno che si estrae da varie piante, usato in medicina.

stridente (stri-dèn-te) AGG. **1** Di suono, sgradevole e acuto: *suono stridente* Ⓢ stridulo. **2** In forte contrasto: *colori stridenti; opinioni stridenti*.

stridere (strì-de-re) V.INTR. (aus. *avere*) **1** Produrre un suono prolungato, acuto e penetrante: *il cancello strideva sui cardini; i corvi stridono sui cipressi* Ⓢ cigolare. **2** Contrastare in modo sgradevole: *il colore della cravatta stride* ***con*** *quello della giacca* Ⓢ cozzare.

stridulo (strì-du-lo) AGG. · Che emette un suono acuto e penetrante: *la voce stridula della cornacchia* Ⓢ aspro, stridente.

striglia (strì-glia) N.F. (pl. *-glie*) · Attrezzo simile a una spazzola usato per pulire il mantello del bestiame.

strigliare (stri-glià-re) V.TR. (*strìglio*, ecc.) **1** Pulire con una striglia: *strigliare il cavallo*. **2** Rimproverare con durezza: *per quella mancanza fu strigliato dal capufficio* Ⓢ sgridare.

strillare (stril-là-re) V.INTR. e TR. || INTR. (aus. *avere*) Emettere gridi acuti: *il bambino strillava perché voleva andar via* Ⓢ urlare, gridare • Parlare a voce troppo alta: *perché strilli?* || TR. Dire gridando: ***gli*** *strillò di far presto*.

strillo (strìl-lo) N.M. **1** Grido molto acuto: *gli strilli di un neonato*. **2** Nel giornalismo, breve annuncio di notizia in prima pagina Ⓢ titolo.

striminzito (stri-min-zì-to) AGG. **1** Molto magro e gracile: *ha certe spalle striminzite* Ⓢ esile. **2** Scarso di contenuto: *un tema striminzito* Ⓢ modesto.

strimpellare (strim-pel-là-re) V.TR. (*strimpèllo*, ecc.) · Suonare in modo maldestro uno strumento a corde: *strimpellare la chitarra*.

stringa (strìn-ga) N.F. (pl. *-ghe*) · Laccio per chiudere le scarpe o alcuni abiti.

stringato (strin-gà-to) AGG. · Breve ed essenziale: *un racconto stringato degli eventi* Ⓢ conciso, sintetico.

stringere (strìn-ge-re) V.TR. (irreg.: ind. pres. *strìngo*, *strìngi*, ecc.; pass. rem. *strìnsi*, *stringésti*, *strìnse*, *stringémmo*, *stringéste*, *strìnsero*; part. pass. *strétto*) || TR. **1** Unire fra loro due elementi esercitando una pressione: *stringere le pinze* Ⓢ serrare Ⓒ allargare. **2** Chiudere in modo stretto: *stringere le gambe, i pugni; stringere un nodo; stringere una vite*. **3** Di abito, essere troppo aderente: *il collo della camicia mi stringe*. **4** Rendere qualcosa più piccolo: *fare stringere la gonna in vita* • Rendere più breve: *stringere un discorso; stringere i tempi di un lavoro*, farlo più in fretta. **5** Tenere in mano o vicino a se stessi con forza: *stringere la spada; stringere la borsa*. **6** Abbracciare con affetto: *lo strinse* ***tra*** *le sue braccia*. **7** Concludere un accordo: *stringere un'alleanza; stringere un patto* • Dare inizio a un legame affettivo: *stringere un'amicizia; stringere una relazione*. || **stringersi** RIFL. Avvicinarsi, accostarsi, addossarsi: *i tifosi si strinsero intorno ai giocatori; si strinse* ***al*** *muro per farmi posto*. || **stringersi** INTR. PRONOM. Diventare più stretto: *la strada qui si stringe*. Ⓔ ***Il tempo stringe***, non rimane molto tempo • ***Stringere d'assedio***, assediare • ***Stringere il cuore***, suscitare pena o compassione • ***Stringere la mano a qualcuno***, dargli la mano in segno di saluto o di accordo • ***Stringere una curva***, farla stando sul limite interno della strada • ***Stringersi nelle spalle*** → ***spalla*** • ***Stringi stringi***, in conclusione: *stringi stringi non ha detto nulla*.

strinsi (strìn-si) · Pass. rem., 1ª pers. sing. → ***stringere***.

striptease (strip-tea-se; pronuncia ***striptìṣ***) N. INGL., in it. N.M. INVAR. · Spogliarello.

striscia (strì-scia) N.F. (pl. *-sce*) **1** Spazio lungo e stretto compreso fra due bordi paralleli: *una striscia di territorio*. **2** Elemento allungato o lineare piuttosto ampio: *una maglia a strisce* Ⓢ riga. **3** La serie delle vignette che formano una linea di fumetto. Ⓔ ***Strisce pedonali*** (o *le strisce* N.F.PL.), rettangoli bianchi dipinti di traverso sulla strada davanti ai quali le macchine devono fermarsi per far attraversare i pedoni.

strisciare (stri-scià-re) V.INTR. e TR. (*strìscio*, ecc.) || INTR. (aus. *avere*) **1** Avanzare trascinandosi con la pancia che tocca terra: *strisciare come un verme*. **2** Avere un atteggiamento di sottomissione: *strisciare ai piedi di un potente* Ⓢ umiliarsi. **3** Sfregare una cosa contro un'altra: *strisciare con la macchina* ***contro*** *il muro* Ⓢ strusciare, fregare. || TR. Spostare qualcosa senza sollevarlo da terra: *strisciare una cassa pesante* Ⓢ trascinare.

striscio (strì-scio) N.M. (pl. *-sci*) · Segno che si ottiene dallo sfregamento di due superfici. Ⓔ ***Di striscio***, con un contatto molto superficiale: *la macchina mi ha toccato di striscio*.

striscione (stri-sció-ne) N.M. · Grande striscia di stoffa con scritte pubblicitarie o di propaganda: *gli striscioni dei tifosi*.

S

stritolare (stri-to-là-re) V.TR. (*strìtolo*, ecc.) · Ridurre in frammenti o in pezzi minuscoli: *gli ingranaggi della macchina* ***gli*** *hanno stritolato un braccio* Ⓢ frantumare, triturare.

strizzare (striz-zà-re) V.TR. · Premere o torcere per far uscire un liquido: *strizzare un limone; strizzare il bucato* Ⓢ spremere. Ⓔ ***Strizzare l'occhio a qualcuno***, chiuderlo e aprirlo velocemente in segno di complicità o intesa.

strizzata (striz-zà-ta) N.F. · L'atto di premere, stringere o torcere per fare uscire un liquido da qualcosa: *dare una strizzata allo straccio*. Ⓔ ***Strizzata d'occhio***, cenno di complicità fatto aprendo e chiudendo un occhio velocemente.

strofa (strò-fa) (o **strofe**) N.F. · In poesia, raggruppamento di versi, ordinati secondo criteri di ritmo o di rima: *la poesia è scritta in strofe di tre versi ciascuna*.

strofinaccio (stro-fi-nàc-cio) N.M. (pl. *-ci*) · Straccio per pulizie domestiche Ⓢ cencio.

strofinare (stro-fi-nà-re) V.TR. · Passare un pezzo di stoffa con forza su un oggetto per pulirlo o asciugarlo: *strofinare la tavola* ***con*** *un panno di lana* Ⓢ fregare.

strofinio (stro-fi-ni-o) N.M. (pl. *-nii*) · Sfregamento ripetuto: *lo strofinio della maglia di lana sulla pelle è fastidioso*.

strombazzare (strom-baz-zà-re) V.TR. e INTR. || TR. Far sapere a tutti un fatto o una notizia: *strombazzare un successo* Ⓢ vantare. || INTR. (aus. *avere*) Suonare più volte il clacson: *perché strombazza tanto quel tipo?* Ⓢ suonare.

stroncare (stron-cà-re) V.TR. (*strónco, strónchi*, ecc.) **1** Spezzare con forza: *stroncare un ramo; una salita che stronca le gambe*. **2** Interrompere in modo violento e definitivo: *la rivolta fu stroncata subito* Ⓢ soffocare, reprimere. **3** Criticare in modo negativo: *stroncare un film*.

stronzata (stron-zà-ta) N.F. · Nel linguaggio volgare, discorso o comportamento sciocco o cattivo.

stronzo (strón-zo) N.M. (f. *-a*) || N.M. Nel linguaggio volgare, escremento solido a forma di cilindro. || N.M. (f. *-a*) Insulto rivolto a persona stupida o molto antipatica.

stropicciare (stro-pic-cià-re) V.TR. (*stropìccio*, ecc.) **1** Sfregare in modo energico qualcosa: *stropicciare il bucato per togliere le macchie*; anche TR. PRONOM.: *stropicciarsi gli occhi; stropicciarsi le mani*, spesso in segno di soddisfazione Ⓢ strofinare. **2** Produrre grinze o pieghe in un tessuto o in un foglio: *attenta a non stropicciare la gonna* Ⓢ sgualcire.

strozzare (stroz-zà-re) V.TR. (*stròzzo*, ecc.) **1** Uccidere stringendo con le mani la gola e il collo: *la donna è stata strozzata* Ⓢ strangolare, soffocare • Di oggetto, soffocare una persona rimanendo incastrato nella sua gola e impedendogli di respirare: *ha rischiato di rimanere strozzato da un boccone troppo grande.* **2** Prestare denaro con interessi altissimi • Fare prezzi esagerati: *in quel negozio ti strozzano!* Ⓢ spennare, pelare. **3** Stringere un condotto in modo da impedire il passaggio.

Il termine deriva da una parola longobarda che significa 'gola'.

strozzatura (stroz-za-tù-ra) N.F. **1** Tratto in cui la sezione di un oggetto cilindrico si restringe: *la strozzatura di un tubo.* **2** Punto più stretto: *la strada in quel punto presenta una strozzatura* Ⓢ strettoia, stretta.

strozzino (stroz-zì-no) N.M. (f. -a) **1** Chi presta denaro a interessi altissimi Ⓢ usuraio. **2** Chi vende a prezzi troppo alti.

struggente (strug-gèn-te) AGG. · Che consuma l'animo: *desiderio struggente* Ⓢ tormentoso, toccante.

strumentale (stru-men-tà-le) AGG. **1** Eseguito con strumenti adatti: *analisi strumentale.* **2** Usato come uno strumento per ottenere qualcosa: *fare un uso strumentale di un'amicizia.* Ⓔ ***Musica strumentale,*** eseguita dai soli strumenti senza voce umana.

strumentalizzare (stru-men-ta-liz-zà-re) V.TR. · Sfruttare a proprio vantaggio: *strumentalizzare una discussione.*

strumentazione (stru-men-ta-zió-ne) N.F. **1** L'insieme degli strumenti che servono a controllare una macchina: *strumentazione di bordo* Ⓢ apparecchiatura, attrezzatura. **2** L'insieme degli strumenti necessari per un'attività: *strumentazione per ricerche geologiche.*

strumento (stru-mén-to) N.M. **1** Attrezzo indispensabile per svolgere un'attività: *gli strumenti del chirurgo* Ⓢ utensile, attrezzo. **2** Apparecchio per controllare una macchina: *strumenti di volo di un aereo* Ⓢ attrezzatura. **3** Mezzo per raggiungere uno scopo: *mi ha usato come strumento per ottenere il successo* Ⓢ tramite, veicolo. **4** In grammatica: ***complemento di strumento,*** complemento di mezzo (→ **mezzo**[2]). Ⓔ ***Strumenti musicali,*** oggetti capaci di vibrare producendo suoni; ***strumenti a corda,*** quelli, come il violino o la chitarra, che producono il suono quando vengono fatte vibrare le loro corde; ***strumenti a fiato,*** quelli, come la tromba o il flauto, che producono il suono quando si soffia aria al loro interno; ***strumenti a percussione,*** quelli, come il tamburo, che producono il suono quando sono colpiti.

strusciare (stru-scià-re) V.TR. (*strùscio*, ecc.) · Sfregare qualcosa contro una superficie: *non strusciare i piedi in terra* Ⓢ strisciare, strofinare.

strutto (strùt-to) N.M. · Grasso di maiale usato per friggere e preparare impasti.

struttura (strut-tù-ra) N.F. **1** L'insieme degli elementi che formano e sostengono una costruzione: *la struttura di quell'edificio è in cemento armato* Ⓢ ossatura, scheletro. **2** Organizzazione di qualcosa: *la struttura dello Stato; la struttura della cellula* Ⓢ assetto.

strutturale (strut-tu-rà-le) AGG. · Che riguarda la struttura: *gli elementi strutturali di una costruzione* Ⓢ essenziale, fondamentale.

strutturare (strut-tu-rà-re) V.TR. || TR. Organizzare o disporre in base a un preciso modello: *strutturare un'area urbana; strutturare un discorso.* || **strutturarsi** INTR. PRONOM. Essere organizzato secondo un preciso modello: *il museo si struttura **in** dieci sale.*

struzzo (strùz-zo) N.M. · Il più grande tra gli uccelli viventi, alto fino a 2,50 metri, tipico delle steppe e savane dell'Africa, incapace di volare ma ottimo corridore; ha collo lungo quasi nudo e le sue penne sono usate come ornamento. Ⓔ ***Avere uno stomaco di struzzo,*** nel linguaggio familiare, digerire anche i cibi più pesanti • ***Fare (come) lo struzzo,*** fingere d'ignorare una situazione difficile; lo struzzo, secondo la leggenda, nasconde la testa sotto la sabbia quando ha paura.

stuccare (stuc-cà-re) V.TR. (*stùcco, stùcchi*, ecc.) **1** Riempire con lo stucco: *stuccare i buchi della parete* • Decorare con stucchi: *stuccare il soffitto di un salone.* **2** Di cibo, provocare un senso di nausea: *questo dolce mi ha stuccato.*

stucchevole (stuc-ché-vo-le) AGG. **1** Di cibo, che provoca un senso di nausea per il suo sapore troppo dolce: *quella torta è buona* *ma un po' stucchevole.* **2** Sdolcinato, melenso, lezioso: *smorfie stucchevoli.*

stucco (stùc-co) N.M. (pl. *-chi*) · Pasta a base di gesso o di cemento usata in edilizia o per fare decorazioni a rilievo: *metti lo stucco nei buchi del muro prima di verniciarlo; rosoni di stucco.* Ⓔ ***Di stucco***, immobile e senza parole per lo stupore: *sono rimasto di stucco quando ho visto la sua casa.*

studente (stu-dèn-te) N.M. (f. *-éssa*; pl.m. *-i*, pl.f. *-ésse*) · Iscritto a un corso regolare di studi o a una facoltà universitaria: *studente di storia.*

studentesco (stu-den-té-sco) AGG. (pl.m. *-schi*, pl.f. *-sche*) · Degli studenti: *assemblea studentesca.*

studiare (stu-dià-re) V.TR. (*stùdio*, ecc.) **1** Dedicare tempo ed energia a imparare qualcosa: *studiare matematica; studiare una sonata per violino* Ⓢ apprendere, imparare. **2** Frequentare un corso di studi regolari: *studia per diventare medico.* **3** Impegnarsi nello studio: *è intelligente, ma non ha voglia di studiare* Ⓢ applicarsi. **4** Compiere una ricerca scientifica: *studiare le cause di una malattia* Ⓢ analizzare, indagare. **5** Inventare, ideare, architettare: *studiare un modo per fuggire.* **6** Osservare attentamente: *studiare i movimenti del nemico* Ⓢ spiare, controllare.

studiato (stu-dià-to) AGG. · Poco naturale, poco spontaneo: *gesti studiati; parlare con studiata disinvoltura* Ⓢ affettato, ricercato.

S

studio (stù-dio) N.M. (pl. *-di*) **1** Impegno per imparare qualcosa: *dedicare la vita allo studio.* **2** AL PL. Partecipazione regolare alle lezioni che si tengono presso una scuola: *ha fatto i suoi studi all'estero.* **3** L'attività scientifica di studiosi o ricercatori: *finanziare gli studi sul cancro* Ⓢ ricerca. **4** Analisi accurata: *fare uno studio sui dialetti* Ⓢ indagine • Saggio che espone i risultati di una ricerca: *pubblicare uno studio su Pascoli* Ⓢ trattato, saggio. **5** Stanza usata per leggere, scrivere, studiare: *passa molte ore nel suo studio* • Locale in cui un artista o un professionista svolge la propria attività: *lo studio di un pittore, di un medico, di un avvocato* Ⓢ ufficio, laboratorio. **6** Sala attrezzata per le riprese cinematografiche o televisive o per la registrazione di dischi: *il brano è stato registrato in studio.* Ⓔ ***Borsa di studio*** → ***borsa***[1] • ***Essere allo studio***, in fase di analisi: *la nuova legge è allo studio del Parlamento.*

> Il termine deriva dal latino *studium* 'impegno, interesse' che viene a sua volta da *studere* 'aspirare a qualche cosa, applicarsi attivamente'.

studioso (stu-dió-so) AGG. e N.M. (f. *-a*) || AGG. Che si applica allo studio con serietà, diligenza e buoni risultati: *una ragazza studiosa* Ⓢ diligente. || N.M. (f. *-a*) Chi si dedica per lavoro allo studio e alla ricerca: *uno studioso di biologia* Ⓢ esperto.

stufa (stù-fa) N.F. · Apparecchio usato per riscaldare un ambiente: *stufa a legna, a gas, a carbone, elettrica.*

stufare (stu-fà-re) V.TR. || TR. **1** Cuocere a lungo a fuoco lento, in recipienti ben chiusi: *stufare le patate.* **2** Nel linguaggio familiare, stancare, seccare, dar fastidio: *mi hai stufato con le tue domande.* || **stufarsi** INTR. PRONOM. Stancarsi, perdere la pazienza: *mi son proprio stufato!*

stufato (stu-fà-to) N.M. · Piatto di carne tagliata a pezzetti e cotta in un tegame fondo e ben chiuso, a fuoco lento Ⓢ stracotto.

stufo (stù-fo) AGG. · Seccato, annoiato, stanco: *sono stufo* ***di*** *lui e* ***dei*** *suoi discorsi.*

stuoia (stuò-ia) N.F. (pl. *stuòie*) · Tappeto o tenda formato da elementi vegetali intrecciati.

stuoino (stuo-ì-no) → ***stoino***.

stuolo (stuò-lo) N.M. · Moltitudine, mucchio, schiera: *aveva sempre intorno uno stuolo di corteggiatori.*

stupefacente (stu-pe-fa-cèn-te) AGG. e N.M. || AGG. Che desta stupore o grande meraviglia: *uno spettacolo stupefacente* Ⓢ sensazionale, sbalorditivo. || AGG. e N.M. Di sostanza chimica che altera la mente, provocando spesso dipendenza: *la cocaina è una sostanza stupefacente* Ⓢ droga.

stupefatto (stu-pe-fàt-to) AGG. · Sorpreso, stupito, sbalordito: *uno sguardo stupefatto.*

stupendo (stu-pèn-do) AGG. · Di una bellezza che provoca stupore: *ho passato giornate stupende con te* Ⓢ bellissimo, meraviglioso.

stupidaggine (stu-pi-dàg-gi-ne) N.F. **1** Gesto o discorso poco intelligente: *certe stupidaggini si pagano care* Ⓢ sciocchezza. **2** Cosa da nulla: *l'operazione all'appendicite oggi è una stupidaggine* Ⓢ inezia.

stupidità (stu-pi-di-tà) N.F. INVAR. · Mancanza di intelligenza: *la stupidità delle sue parole è incredibile* Ⓢ idiozia.

stupido (stù-pi-do) AGG. e N.M. (f. -a) · Che, chi dimostra poca intelligenza: *una risposta stupida* Ⓢ idiota.

stupire (stu-pì-re) V.TR. (*stupìsco, stupìsci*, ecc.) || TR. Meravigliare, sorprendere: *la sua risposta mi stupì.* || **stupirsi** INTR. PRONOM. Meravigliarsi, sorprendersi: *non mi stupisco più **di** nulla.*

stupito (stu-pì-to) AGG. · Pieno di stupore: *sono stupito del tuo comportamento* Ⓢ meravigliato, sorpreso.

stupore (stu-pó-re) N.M. · Grande sorpresa provocata da qualcosa di inatteso: *lo stupore davanti a un arcobaleno visto per la prima volta* Ⓢ meraviglia.

stuprare (stu-prà-re) V.TR. · Costringere qualcuno con violenza a un rapporto sessuale: *stuprare una donna* Ⓢ violentare, abusare.

stupratore (stu-pra-tó-re) N.M. (f. *-trìce*) · Chi compie una violenza sessuale su qualcuno.

stupro (stù-pro) N.M. · Il reato di violenza sessuale: *essere vittima di uno stupro.*

sturare (stu-rà-re) V.TR. **1** Togliere il tappo da un recipiente chiuso: *sturare una bottiglia* Ⓢ stappare Ⓒ chiudere. **2** Liberare da qualcosa che blocca: *sturare il lavandino* Ⓢ stasare. Ⓔ ***Sturare le orecchie a qualcuno***, fargli intendere bene qualcosa.

stuzzicadenti (stuz-zi-ca-dèn-ti) N.M. INVAR. · Piccolo stecco a punta che si usa per togliere pezzi di cibo rimasti fra i denti Ⓢ stecchino.

stuzzicare (stuz-zi-cà-re) V.TR. (*stùzzico, stùzzichi*, ecc.) **1** Toccare con insistenza con un oggetto sottile e appuntito o con le mani: *stuzzicarsi i denti; non stuzzicare troppo la ferita!* **2** Dare fastidio in modo da suscitare una reazione: *non stuzzicare il cane!* Ⓢ provocare, infastidire, molestare. **3** Risvegliare impulsi, desideri, ecc.: *stuzzicare la curiosità di qualcuno* Ⓢ stimolare, eccitare.

su PREP. e AVV. || PREP. La preposizione *su* serve a introdurre: il complemento di stato in luogo: *vedi quella bottiglia che è sulla tavola?; la struttura poggia su una base di cemento;* il complemento di moto a luogo: *metti quei fiori sul tavolo; salite su quel terrazzo; le finestre si affacciano sul fiume;* i complementi di tempo determinato e continuato: *puoi venire sul mezzogiorno; l'interrogazione è durata sui venti minuti;* il complemento di argomento: *ha scritto un libro sulla pesca subacquea;* i complementi di modo o maniera: *parlare sul serio;* i complementi di età, stima e prezzo, peso e misura: *un bambino sui dieci anni; pesa sui settanta chili; sarà alta sul metro e sessanta; il costo di quella casa andrà sui trecentomila euro.* || AVV. In un luogo più alto rispetto a quello in cui si trova chi parla: *l'aereo vola su nel cielo; vai su a fare i compiti,* al piano superiore Ⓢ sopra Ⓒ giù. Ⓔ ***Andar su***, crescere di valore: *le azioni vanno su;* ***non andare né su né giù***, di qualcosa che non si riesce ad accettare: *quel suo modo di comportarsi non mi va né su né giù* • ***Su e giù***, in alto e in basso o avanti e indietro: *l'ascensore va su e giù; abbiamo passeggiato su e giù per il lungomare* • ***Su per giù*** → ***giù*** • ***Tirare su*** → ***tirare***.

Quando ha valore di preposizione *su*, unendosi agli articoli determinativi, forma le preposizioni articolate *sul, sullo, sui, sugli, sulla, sulle*; inoltre, quando precede un pronome personale, deve essere seguito dalla preposizione *di*: *si scagliò su di me*.

sub N.M. e F. INVAR. · Subacqueo, sommozzatore.

sub- · Prefisso che significa 'sotto, che sta sotto' (*subacqueo; subtropicale*) oppure indica 'grado o livello inferiore' (*subordinato; subumano*).

subacqueo (su-bàc-que-o) AGG. e N.M. (f. -a; pl.m. *-quei*, pl.f. *-quee*) || AGG. Che si trova o si svolge sotto la superficie dell'acqua di mare: *pesca subacquea.* || N.M. (f. -a) Chi si immerge con un'apparecchiatura che permette di respirare sott'acqua Ⓢ sommozzatore, sub.

subalterno (su-bal-tèr-no) AGG. e N.M. (f. -*a*) · Che, chi si trova a un livello inferiore in un ordine gerarchico: *essere stimato dai subalterni* Ⓢ subordinato.

subbuglio (sub-bù-glio) N.M. · Agitazione, confusione, scompiglio: *ha visto la donna che ama ed è tutto in subbuglio.*

subconscio (sub-còn-scio) AGG. e N.M. (pl.m. -*sci*, pl.f. -*sce* o -*scie*) · Di attività della mente che avviene senza che se ne abbia coscienza: *si può indagare il subconscio attraverso l'analisi dei sogni.*

subcosciente (sub-co-scièn-te) N.M. · L'insieme delle attività della mente di cui non si ha consapevolezza Ⓢ subconscio.

subdolo (sùb-do-lo) AGG. · Che nasconde le sue cattive intenzioni sotto un'aria innocente: *un uomo di animo subdolo* Ⓢ ambiguo.

subentrare (su-ben-trà-re) V.INTR. (*subéntro*, ecc.; aus. *essere*) **1** Ottenere il posto di qualcuno per successione o sostituzione: *subentrare* ***a*** *un collega* ***in*** *un impiego* Ⓢ succedere, sostituire (TR.). **2** Venir dopo: ***al*** *dolore subentrò la rabbia* Ⓢ seguire.

subequatoriale (su-be-qua-to-rià-le) AGG. · Che si trova o avviene nella fascia compresa tra l'equatore e i tropici: *le regioni subequatoriali dell'Africa.* Ⓔ ***Clima subequatoriale***, con temperature alte tutto l'anno, due stagioni di piogge, alternate a due periodi secchi.

subire (su-bì-re) V.TR. (*subìsco*, *subìsci*, ecc.) **1** Soffrire qualcosa di negativo senza avere la possibilità o la volontà di reagire: *subire un'offesa; subire le conseguenze di un errore* Ⓢ ricevere, patire, sopportare. **2** Affrontare prove difficili e dolorose ma necessarie: *subire un'operazione* Ⓢ sottomettersi a. **3** Riportare un danno: *l'esercito ha subito gravi perdite; l'economia ha subito un peggioramento a causa della crisi.*

subissare (su-bis-sà-re) V.TR. · Riempire, ricoprire, sommergere: *subissare qualcuno* ***di*** *lodi,* ***di*** *domande.*

subitaneo (su-bi-tà-ne-o) AGG. (pl.m. -*nei*, pl.f. -*nee*) **1** Che avviene o si manifesta d'un tratto e con rapidità: *un subitaneo cambiamento d'umore* Ⓢ improvviso, repentino. **2** Involontario, istintivo: *un subitaneo moto di ribellione.*

subito (sù-bi-to) AVV. · Immediatamente: *vengo subito; mi raggiunse subito* Ⓢ senza indugio, all'istante • In brevissimo tempo: *è subito fatto.* Ⓔ ***Subito prima, subito dopo***, immediatamente prima o dopo.

sublimare (su-bli-mà-re) V.TR. || TR. **1** Elevare a una condizione sublime: *sublimare l'arte.* **2** Trasformare un impulso istintivo in un comportamento accettabile: *sublimare una passione amorosa in un'amicizia.* **3** Far passare una sostanza dallo stato solido a quello gassoso. || **sublimarsi** RIFL. Raggiungere una grande altezza morale: *sublimarsi nel sacrificio.*

sublimazione (su-bli-ma-zió-ne) N.F. **1** Elevazione morale. **2** Passaggio diretto dallo stato solido a quello gassoso. **3** Trasformazione di un impulso istintivo in un comportamento accettabile.

sublime (su-blì-me) AGG. · Eccelso, elevato, straordinario: *il sublime genio di Leonardo.*

subliminale (su-bli-mi-nà-le) AGG. · In psicologia, di sensazioni di cui non siamo coscienti ma che condizionano il nostro comportamento: *pubblicità subliminale.*

subnormale (sub-nor-mà-le) AGG. e N.M. e F. · Che, chi ha un'intelligenza inferiore alla norma.

subodorare (su-bo-do-rà-re) V.TR. (*subodóro*, ecc.) · Avere il presentimento di qualcosa, di solito spiacevole: *subodorare un inganno* Ⓢ sospettare, fiutare.

subordinare (su-bor-di-nà-re) V.TR. (*subórdino*, ecc.) **1** Mettere su un piano inferiore: *subordinare il proprio interesse* ***a*** *quello della famiglia* Ⓢ posporre Ⓒ anteporre. **2** Far dipendere una cosa da un'altra: *subordinare un viaggio* ***alla*** *fine di un lavoro* Ⓢ condizionare.

subordinato (su-bor-di-nà-to) AGG. **1** Che dipende da certe condizioni: *l'accordo è subordinato* ***all'****approvazione del direttore.* **2** Di rapporto di lavoro, che ha una posizione di dipendenza: *lavoro subordinato* Ⓢ dipendente Ⓒ autonomo. **3** In grammatica: ***proposizione subordinata*** (o *una subordinata* N.F.), proposizione che dipende da un'altra.

subordinazione (su-bor-di-na-zió-ne) N.F. **1** Condizione di dipendenza, di solito nei rapporti gerarchici o di lavoro. **2** In grammatica, rapporto sintattico tra proposizioni di uno stesso periodo, per cui una o più proposizioni, dette *dipendenti*, si appoggiano a un'altra proposizione, detta *reggente*.

subtropicale (sub-tro-pi-cà-le) AGG. · Che si trova vicino ai tropici: *zona subtropicale* • Tipico di questa regione: *flora, fauna subtropicale*.

subumano (su-bu-mà-no) AGG. · Al di sotto del livello minimo che rende possibile l'esistenza: *condizioni di vita subumane*.

succedaneo (suc-ce-dà-ne-o) AGG. e N.M. (pl.m. *-nei*, pl.f. *-nee*) · Di sostanza che viene usata al posto di un'altra: *il dolcificante è un succedaneo dello zucchero* Ⓢ surrogato.

succedere (suc-cè-de-re) V.INTR. (irreg.: ind. pres. *succèdo*, ecc.; pass. rem. *succèssi* o anche, escluso nel sign. 3, *succedéi* o *succedètti, succedésti, succèsse, succedémmo, succedéste, succèssero*; part. pass. *succèsso* o, escluso nel sign. 3, *succedùto*; aus. *essere*) || INTR. **1** Prendere il posto lasciato libero da altri in una carica, in un titolo, nella proprietà di un bene: *il figlio è succeduto* ***al*** *padre sul trono* Ⓢ subentrare. **2** Venir dopo: ***al*** *lampo succede il tuono* Ⓢ seguire. **3** Accadere, avvenire, capitare: *non ricordo più che cosa successe*. || **succedersi** RIFL. RECIPROCO Presentarsi uno dopo l'altro: *i giorni si succedevano monotoni* Ⓢ susseguirsi.

Il verbo *succedere* ha come participio passato solo la forma *successo* quando ha valore di 'accadere': *cosa vi è successo?* Può avere, invece, sia *successo* che *succeduto* in tutti gli altri significati, anche se la forma *succeduto* è quella più usata: *il nipote è succeduto al nonno nella gestione dell'azienda*.

successi (suc-cès-si) · Pass. rem., 1ª pers. sing. → ***succedere***.

successione (suc-ces-sió-ne) N.F. **1** L'occupazione di un posto o l'entrata in possesso di un bene che prima era di altri: *è il candidato più adatto alla successione del capo*. **2** Il susseguirsi nello spazio e nel tempo: *la successione dei giorni della settimana* Ⓢ serie, sequenza.

successivamente (suc-ces-si-va-mén-te) AVV. · In seguito, in un secondo tempo, dopo: *il tuo problema lo affronteremo successivamente*.

successivo (suc-ces-sì-vo) AGG. · Che viene dopo nel tempo o nello spazio: *la pagina successiva* Ⓢ seguente.

successo[1] (suc-cès-so) · Participio pass. → ***succedere***.

successo[2] (suc-cès-so) N.M. **1** Risultato favorevole: *farà la gara ma non sa con quanto successo*. **2** Riconoscimento entusiasta da parte del pubblico del valore di qualcuno o di qualcosa: *ha raggiunto il successo con un film* Ⓢ consenso, affermazione Ⓒ insuccesso, fiasco; flop (*ingl.*).

successore (suc-ces-só-re) N.M. **1** La persona che viene dopo un'altra in una carica o in un titolo: *il successore del ministro* Ⓢ erede Ⓒ predecessore. **2** Erede: *è morto senza lasciare successori*.

succhiare (suc-chià-re) V.TR. (*sùcchio*, ecc.) · Ingerire una sostanza liquida aspirando con la bocca: *succhiare una bibita con la cannuccia* Ⓢ sorbire. Ⓔ ***Succhiare il sangue a qualcuno***, sfruttarlo fino in fondo.

succhiello (suc-chièl-lo) N.M. · Utensile per praticare fori nel legno, costituito da un'asta di acciaio che termina con una punta a spirale.

succhiotto (suc-chiòt-to) N.M. **1** Tettarella di gomma che viene messa in bocca al lattante per calmarlo Ⓢ ciuccio. **2** Segno rosso lasciato sulla pelle da un bacio molto intenso: *hai un succhiotto sul collo*.

succinto (suc-cìn-to) AGG. **1** Breve e sintetico: *un discorso succinto* Ⓢ scarno, essenziale. **2** Di vestito che lascia molto scoperte alcune parti del corpo: *una gonna succinta*.

succo (sùc-co) N.M. (pl. *-chi*) **1** Liquido contenuto in varie parti delle piante e nella frutta: *un bicchiere di succo d'arancia*. **2** Punto fondamentale: *non ho ancora capito qual è il succo del discorso* Ⓢ sostanza. **3** Nome di varie secrezioni liquide prodotte dall'organismo: *succo gastrico*.

succoso (suc-có-so) AGG. **1** Ricco di succo: *frutto succoso.* **2** Ricco di contenuti interessanti: *un libro succoso.*

succube (sùc-cu-be) AGG. e N.M. e F. · Di persona sottomessa alla volontà di altre persone: *è succube del marito* Ⓢ schiavo.

succulento (suc-cu-lèn-to) AGG. **1** Ricco di succo: *una pera succulenta.* **2** Abbondante, gustoso e sostanzioso: *un pranzo succulento* Ⓢ ghiotto.

succursale (suc-cur-sà-le) N.F. · Sede secondaria di un ufficio o di una società: *la banca ha aperto una succursale vicino a casa* Ⓢ filiale, agenzia.

sud N.M. e AGG.INVAR. || N.M. **1** Il punto cardinale che corrisponde alla posizione del sole all'ora di pranzo; è detto anche *mezzogiorno* e si abbrevia in *S* Ⓒ nord. **2** La parte meridionale di una regione rispetto a un punto di riferimento: *al sud dell'equatore; Italia del sud* Ⓢ mezzogiorno, meridione. || AGG. Situato a meridione: *Polo Sud; la zona sud del palazzo.*

sudamericano (su-da-me-ri-cà-no) AGG. e N.M. (f. -a) || AGG. Dell'America meridionale: *i balli sudamericani.* || N.M. (f. -a) Abitante, nativo dell'America meridionale: *ha sposato un sudamericano.*

sudare (su-dà-re) V.INTR. e TR. || INTR. (aus. *avere*) **1** Eliminare sudore attraverso la pelle: *sudava e ansimava per la gran corsa.* **2** Lavorare con impegno e costanza: *ha sudato tutta la vita per i figli* Ⓢ sgobbare, faticare. || TR. Emettere un liquido: *l'albero suda resina.* || **sudarsi** TR. PRONOM. Guadagnarsi qualcosa con fatica e sacrificio: *sudarsi la promozione* Ⓢ conquistarsi. Ⓔ ***Sudare freddo***, per la paura • ***Sudare sangue, sudare sette camicie***, fare molta fatica: *ha sudato sette camicie per spostare l'armadio.*

sudario (su-dà-rio) N.M. (pl. *-ri*) · Il lenzuolo con cui alcuni popoli antichi, fra cui gli Ebrei, avvolgevano i morti.

> Il termine deriva dal latino *sudarium* 'fazzoletto', che viene a sua volta da *sudare* 'sudare'; significava quindi 'panno per detergere il sudore'.

sudato (su-dà-to) AGG. **1** Bagnato di sudore: *avere le mani sudate.* **2** Ottenuto con grande fatica: *sono soldi sudati; una vittoria sudata.*

suddetto (sud-dét-to) AGG. · In testi scritti, di persona o cosa nominata in precedenza.

suddito (sùd-di-to) N.M. (f. *-a*) **1** Chi è posto sotto l'autorità di un re: *i sudditi britannici.* **2** Chi dipende, a livello politico, dall'autorità di uno Stato che non è il suo: *gli italiani sono stati sudditi austriaci.*

suddividere (sud-di-vì-de-re) V.TR. (irreg.: coniugato come *dividere*) **1** Dividere in parti ancora più piccole qualcosa che è già stato diviso: *suddividere un capitolo **in** paragrafi* Ⓢ ripartire. **2** Dividere, spartire: *l'eredità è stata suddivisa **in** tre parti.*

suddivisione (sud-di-vi-ṣió-ne) N.F. **1** Divisione in parti ancora più piccole di qualcosa che era già stato diviso: *fare la suddivisione degli atti in scene.* **2** Divisione: *la suddivisione della torta.*

sud-est (sud-èst) N.M. INVAR. · Punto situato a metà fra il sud e l'est; si abbrevia in *SE* • Regione posta a sud-est: *il Sud-est asiatico.*

sudicio (sù-di-cio) AGG. (pl.m. *-ci*, pl.f. *-ce* o *-cie*) **1** Sporco: *unghie sudicie.* **2** Immorale, spregevole, volgare: *discorsi sudici.*

sudiciume (su-di-ciù-me) N.M. **1** Accumulo di sporcizia: *una stanza piena di sudiciume.* **2** Mancanza di senso morale: *il sudiciume di certi ambienti politici.*

sudorazione (su-do-ra-zió-ne) N.F. · Produzione di sudore: *sudorazione scarsa, abbondante.*

sudore (su-dó-re) N.M. **1** Liquido prodotto da alcune ghiandole dell'organismo che viene espulso dai pori della pelle. **2** Fatica, impegno: *guadagnarsi il pane con il sudore della fronte.*

sudorifero (su-do-rì-fe-ro) AGG. · Che produce sudore o che ne stimola la produzione: *pori sudoriferi.*

sudoriparo (su-do-rì-pa-ro) AGG. · Che produce sudore: *ghiandole sudoripare.*

sud-ovest (sud-ò-vest) N.M. INVAR. · Punto situato a metà fra il sud e l'ovest; si abbrevia in *SO* o *SW* • Regione posta a sud-ovest di un

S

punto di riferimento: *il sud-ovest della Francia.*

sufficiente (suf-fi-cièn-te) AGG. **1** Che basta a soddisfare certe necessità: *un panino a merenda è sufficiente* **C** insufficiente. **2** Adeguato a uno scopo: *non trovo parole sufficienti **a** esprimere il mio stupore* **S** adatto. **3** Di voto che indica il raggiungimento del livello minimo di conoscenza richiesta: *non prende mai voti sufficienti.* **4** Che dimostra senso di superiorità: *non mi rispondere con quel tono sufficiente* **S** superbo.

La parola *sufficiente* si scrive con la *i*, scrivere *sufficente* è un grave errore!

sufficienza (suf-fi-cièn-za) N.F. **1** Quantità giusta per soddifare un certo bisogno **C** insufficienza. **2** Voto scolastico che corrisponde al minimo livello di conoscenza richiesto: *se non prendi la sufficienza in latino quest'anno ti bocciano.* **3** Fastidioso atteggiamento di superiorità: *aria di sufficienza* **S** presunzione, arroganza. **E** ***A sufficienza***, abbastanza, in quantità sufficiente: *non ho soldi a sufficienza per comprarlo.*

La parola *sufficienza* si scrive con la *i*, scrivere *sufficenza* è un grave errore!

suffisso (suf-fìs-so) N.M. · Elemento che si aggiunge alla radice di una parola per modificarne il significato o la funzione: *suffisso accrescitivo.*

Il termine deriva dal latino *suffixus* 'attaccato sotto', participio passato di *subfigere* 'appendere sotto', derivato di *figere* 'conficcare' con il prefisso *sub-* (→ ***affiggere***).

suffragare (suf-fra-gà-re) V.TR. (*suffràgo, suffràghi*, ecc.) · Sostenere la credibilità di qualcosa: *la sua innocenza è suffragata da molte prove* **S** accreditare.

suffragetta (suf-fra-gét-ta) N.F. · Appartenente al movimento per il diritto di voto alle donne.

suffragio (suf-frà-gio) N.M. (pl. *-gi*) **1** Diritto di voto: *suffragio elettorale.* **2** Preghiera o celebrazione in memoria di un morto: *messa di suffragio.* **E** ***Suffragio universale***, possibilità di votare data a tutti i cittadini maggiorenni.

suggellare (sug-gel-là-re) V.TR. (*suggèllo*, ecc.) · Confermare in modo definitivo: *suggellare un patto **con** una stretta di mano* **S** convalidare, sancire.

suggerimento (sug-ge-ri-mén-to) N.M. · Proposta, consiglio, indicazione: *non ascolta mai i suggerimenti dei genitori.*

suggerire (sug-ge-rì-re) V.TR. (*suggerìsco, suggerìsci*, ecc.) **1** Ricordare a qualcuno, di nascosto, ciò che non ricorda o non sa: *suggerire le risposte **al** compagno interrogato* **S** indicare, dire. **2** Far venire in mente: *i tuoi fallimenti dovrebbero suggerirti un diverso stile di vita.* **3** Indicare a qualcuno ciò che dovrebbe fare: ***gli** suggerì **di** rivolgersi a un medico* **S** consigliare, proporre.

suggestionare (sug-ge-stio-nà-re) V.TR. (*suggestióno*, ecc.) || TR. Esercitare una forte influenza sulle persone: *non lasciarti suggestionare dalle sue parole* **S** impressionare. || **suggestionarsi** INTR. PRONOM. Lasciarsi impressionare fino a modificare il proprio comportamento: *è un ragazzo che si suggestiona facilmente* **S** impressionarsi, turbarsi.

suggestione (sug-ge-stió-ne) N.F. **1** Condizionamento, influenza: *subire la suggestione dei compagni più grandi.* **2** Fascino, magia: *la suggestione di certe notti di luna.*

suggestivo (sug-ge-stì-vo) AGG. · Capace di provocare un'emozione: *una musica suggestiva; una proposta suggestiva* **S** emozionante, affascinante.

sughero (sù-ghe-ro) N.M. · Quercia con corteccia molto spessa da cui si ricava un legno leggero usato, fra le altre cose, per tappi di bottiglia, suole di scarpe, galleggianti per la pesca.

sugli (sù-gli) · Preposizione articolata m. pl. formata da ***su*** + ***gli***[1].

sugo (sù-go) N.M. (pl. *-ghi*) **1** Liquido che si ottiene spremendo alcuni frutti: *il sugo dell'arancia ha macchiato la tovaglia* **S** succo. **2** Il liquido saporito che si ottiene cuocendo certi cibi: *il sugo dell'arrosto.* **3** Salsa che si prepara cuocendo insieme alcuni ingredienti tritati, usata come condimento: *spaghetti al sugo di pomodoro.*

sugoso (su-gó-so) AGG. · Pieno di sugo: *un arancio sugoso* Ⓢ succoso.

sui (sùi) · Preposizione articolata m. pl. formata da ***su*** + ***i***.

suicida (sui-cì-da) AGG. e N.M. e F. (pl.m. *-i*, pl.f. *-e*) || AGG. e N.M. e F. Che, chi si uccide volontariamente: *è morto suicida.* || AGG. Talmente rischioso da portare quasi a morte sicura: *missione suicida.*

suicidarsi (sui-ci-dàr-si) V.RIFL. (*mi suicìdo*, ecc.) · Uccidersi per scelta: *si è suicidata buttandosi dalla finestra.*

suicidio (sui-cì-dio) N.M. (pl. *-di*) **1** L'azione volontaria con cui ci si uccide: *ha tentato il suicidio diverse volte per depressione.* **2** Scelta molto dannosa per se stessi: *lasciare il lavoro è stato un suicidio* Ⓢ rovina, catastrofe.

suino (su-ì-no) N.M. e AGG. || N.M. Maiale. || AGG. Che riguarda il maiale: *allevamento suino.*

suite (sui-te; pronuncia *suìt*) N.F. FR., in it. N.F. INVAR. **1** Composizione strumentale in più tempi, che formano diversi tipi di danza. **2** Appartamento di un albergo di lusso: *prenotare una suite al Grand Hotel.*

sul · Preposizione articolata m. sing. formata da ***su*** + ***il***.

sulfureo (sul-fù-re-o) AGG. (pl.m. *-rei*, pl.f. *-ree*) **1** Che contiene zolfo: *acque sulfuree* • Simile allo zolfo per qualità e colore: *sostanza color giallo sulfureo.* **2** Maligno, diabolico, demoniaco: *umorismo sulfureo.*

sulla (sùl-la) · Preposizione articolata f. sing. formata da ***su*** + ***la***[1].

sulle (sùl-le) · Preposizione articolata f. pl. formata da ***su*** + ***le***[1].

sullo (sùl-lo) · Preposizione articolata m. sing. formata da ***su*** + ***lo***[1].

sultano (sul-tà-no) N.M. · Titolo di un sovrano musulmano, in particolare di quello dell'antico Impero turco.

> Il termine deriva da una parola araba che significa 'principe, sovrano'.

sumero (su-mè-ro) AGG. e N.M. (f. *-a*) · Appartenente o proprio dei Sumeri, popolazione della Mesopotamia meridionale, creatrice della più antica cultura storica conosciuta (terzo millennio a.C.).

summit (sum-mit; pronuncia *sàmmit*) N. INGL., in it. N.M. INVAR. · Incontro dei capi di Stato e di governo delle maggiori potenze mondiali per affrontare problemi di politica internazionale.

sunnita (sun-nì-ta) N.M. e F. (pl.m. *-i*, pl.f. *-e*) · Appartenente alla corrente maggioritaria dell'Islam, che si basa sulle parole e sulle azioni del profeta Maometto.

sunto (sùn-to) N.M. · Riassunto scritto od orale, o riduzione di un testo: *un sunto dei "Promessi sposi"* Ⓢ sintesi.

> Il termine deriva dal latino *sumptus* 'preso, colto', participio passato del verbo *sumere* 'prendere' (→ ***assumere***).

suo (sù-o) AGG. e PRON. POSS. DI 3ª PERS. SING. (f. *sua*; pl.m. *suòi*, pl.f. *sue*) || AGG. **1** Che appartiene a lui o a lei per un rapporto di proprietà o appartenenza: *si trova bene a casa sua; rendigli i suoi fogli; il suo corpo; la sua anima; i suoi pensieri; frutto colto alla sua stagione.* **2** Di persona, che ha un legame di parentela o di affetto con lui o lei: *sua madre, suo padre, sua moglie, suo marito, suo figlio; il suo caro amico era di nuovo lì con lui; la sua bambina è proprio buona.* || PRON. Preceduto dall'articolo determinativo, indica il rapporto di appartenenza o legame di un oggetto o di una persona detti in precedenza con lui o lei: *nell'elenco il mio nome viene subito dopo il suo* [nome]; *il tuo insegnante è più giovane del suo* [insegnante]. Ⓔ ***Dalla sua***, con uso sostantivato, dalla sua parte: *sono tutti dalla sua* • ***I suoi***, con uso sostantivato, i suoi genitori, i suoi familiari • ***La sua***, con uso sostantivato, la sua opinione: *ha espresso la sua* • ***Sulle sue***, con uso sostantivato, sulle sue posizioni, in un atteggiamento riservato o poco cordiale e amichevole: *stare, tenersi sulle sue.*

suocera (suò-ce-ra) N.F. **1** La madre del marito o della moglie rispetto all'altro coniuge. **2** Donna autoritaria e antipatica.

suocero (suò-ce-ro) N.M. **1** Il padre del marito o della moglie rispetto all'altro coniuge. **2** AL PL. Il suocero e la suocera insieme: *abita in casa dei suoceri.*

suola (suò-la) N.F. · La parte delle scarpe su cui poggia la pianta del piede: *scarpe con suola di gomma.*

suolo (suò-lo) N.M. **1** La superficie del terreno su cui si cammina: *è caduto al suolo; il sacro suolo della patria* Ⓢ terra. **2** Terreno, terra: *suolo arido.* Ⓔ ***Suolo pubblico***, quello che appartiene allo Stato ed è destinato a un uso comune.

suonare (suo-nà-re) V.TR. e INTR. (*suòno*, ecc.) || TR. **1** Ricavare il suono da uno strumento musicale o da un dispositivo acustico: *suonare la tromba; suonare il clacson.* **2** Eseguire un brano musicale: ***mi*** *suoni una canzone con il pianoforte?* **3** Segnalare qualcosa con un suono: *la campanella ha suonato la ricreazione.* **4** Nel linguaggio familiare, picchiare qualcuno: *se vengo lì ti suono!* • Nella forma ***suonarle***, dare botte: *il padre gliele ha suonate.* || INTR. **1** (aus. *avere*) Emettere suoni: *sta suonando il telefono.* **2** (aus. *avere*) Di strumento musicale, essere in grado di emettere il proprio suono: *quel violino suona male, è scordato.* **3** (aus. *avere*) Di persona, fare il musicista: *suona nell'orchestra da due anni.* **4** (aus. *essere*) Essere segnalato da un suono: *è suonato l'allarme.* **5** (aus. *essere*) Di un parola o di una frase, procurare una certa impressione quando la si ascolta: *quella frase* ***mi*** *suona male; quel verso suona bene.* Ⓔ ***Suonare strano***, sembrare insolito.

> Il termine deriva dal latino *sonare* 'suonare', da cui derivano anche **assonanza**, **consonante**, **dissonanza**, **risuonare**, **sonaglio**, **sonoro** e **suono**.

suonatore (suo-na-tó-re) N.M. (f. *-trìce*) · Che sa suonare uno o più strumenti musicali: *suonatore di violino* Ⓢ musicista. Ⓔ ***Buonanotte (ai) suonatori!***, espressione del linguaggio familiare usata per sottolineare la definitiva conclusione di un fatto o di una questione.

suoneria (suo-ne-rì-a) N.F. (pl. *-rìe*) · Dispositivo per far venire dei suoni da un oggetto allo scopo di attirare l'attenzione: *la suoneria di una sveglia.*

suono (suò-no) N.M. · L'impressione avvertita dall'orecchio quando entra in contatto con vibrazioni che possono essere udite: *le corde vocali vibrando producono il suono della nostra voce* Ⓢ rumore, musica. Ⓔ ***A suon di***, con un accompagnamento di: *è stato accolto a suon di schiaffi.*

suora (suò-ra) N.F. · Donna che fa parte di un ordine religioso Ⓢ religiosa, monaca.

> Davanti al nome, *suora* può essere troncato in *suor* (senza apostrofo): *suor Agnese, suor Maria.*

super (sù-per) AGG. INVAR. · Di qualità superiore: *un prodotto super* Ⓢ extra. Ⓔ ***Benzina super*** (o *la super* N.F.), tipo di benzina.

super- · Prefisso che già fin dal latino significa 'sopra, che sta sopra' (*supervisione; superficie*) oppure indica 'qualità o quantità superiore, straordinaria, eccezionale' (*superdotato; supermercato; supereroe*).

superabile (su-pe-rà-bi-le) AGG. · Che può essere risolto e superato: *problemi superabili* Ⓒ insuperabile.

superalcolico (su-pe-ral-cò-li-co) AGG. e N.M. (pl.m. *-ci*, pl.f. *-che*) · Di bevanda, che ha un'alta gradazione alcolica: *la grappa è un superalcolico.*

superamento (su-pe-ra-mén-to) N.M. **1** Passaggio oltre qualcosa: *superamento di un camion, di una malattia* Ⓢ sorpasso. **2** Abbandono, distacco da: *superamento di pregiudizi.*

superare (su-pe-rà-re) V.TR. (*sùpero*, ecc.) **1** Trovarsi al di sopra di un punto di riferimento: *gli alberi superano i tetti; il fiume ha superato il livello degli argini* Ⓢ oltrepassare • Essere superiore: *l'impresa supera le mie forze* Ⓢ eccedere. **2** Passare oltre un certo punto, nel tempo o nello spazio: *ha superato i quarant'anni.* **3** Passare davanti a qualcosa: *superare una bicicletta* Ⓢ sorpassare. **4** Essere superiore per qualità o capacità: *l'allievo ha superato il maestro; ci hanno superato in classifica* Ⓢ battere, vincere. **5** Affrontare con risultato positivo una prova: *superare un esame* Ⓢ passare. Ⓔ ***Superare se stesso***, dare prova di capacità superiori alle attese o alle previsioni.

superato (su-pe-rà-to) AGG. · Non più usato o non più alla moda: *tecniche superate; uno stile superato* Ⓢ antiquato Ⓒ attuale.

superbia (su-pèr-bia) N.F. (pl. *-bie*) · Profonda convinzione della propria superiorità che porta al disprezzo per gli altri: *tratta tutti con superbia* Ⓢ orgoglio, arroganza Ⓒ umiltà.

superbo (su-pèr-bo) AGG. **1** Che si sente superiore agli altri, che tratta con arroganza e disprezzo: *che donna superba!* Ⓢ arrogante, borioso Ⓒ umile • Che dimostra superbia: *un contegno superbo*. **2** Imponente o impressionante per altezza o per lusso e ricchezza: *le superbe cime delle Dolomiti* Ⓢ grandioso, magnifico.

superdotato (su-per-do-tà-to) AGG. e N.M. (f. *-a*) · Che, chi è dotato di straordinarie qualità fisiche o intellettuali.

superficiale (su-per-fi-cià-le) AGG. **1** Della superficie: *gli strati superficiali della pelle* Ⓢ esterno Ⓒ profondo. **2** Limitato alla sola superficie: *una ferita superficiale* Ⓢ leggero. **3** Poco approfondito: *fare una lettura superficiale del testo* Ⓢ approssimativo, sommario Ⓒ rigoroso.

superficialità (su-per-fi-cia-li-tà) N.F. INVAR. **1** La condizione di ciò che rimane in superficie: *la superficialità della ferita fa escludere danni troppo gravi*. **2** Mancanza di approfondimento: *non giudicare le cose con superficialità* Ⓢ leggerezza, approssimazione.

superficie (su-per-fi-cie) N.F. (pl. *-ci* o *-cie*) **1** La parte di spazio chiusa entro la linea che dà la forma a un corpo: *la superficie di una tavola*. **2** In geometria, area: *calcolare la superficie del quadrato*. **3** Porzione di territorio: *la superficie di una regione* Ⓢ area, estensione. Ⓔ ***Fermarsi alla superficie***, all'apparenza • ***In superficie***, senza approfondire le cause: *esaminare in superficie* • ***Superficie terrestre***, lo strato esterno della Terra, comprendente sia le terre emerse che le distese d'acqua.

superfluo (su-pèr-fluo) AGG. e N.M. || AGG. **1** Più di quanto serve: *eliminare le spese superflue* Ⓢ accessorio. **2** Inutile: *consigli superflui*. || N.M. Ciò che è in più rispetto al necessario: *fare a meno del superfluo*.

Il termine deriva dal latino *superfluere* 'traboccare, eccedere', che viene a sua volta da *fluere* 'scorrere' con il prefisso **super-**.

superiore (su-pe-rió-re) AGG. e N.M. e F. || AGG. **1** Che si trova più in alto nello spazio: *la parte superiore di una casa* Ⓒ inferiore. **2** Di persona, che non si fa influenzare da condizionamenti esterni: *cerca di essere superiore **alle** sue offese* Ⓢ indifferente. **3** Maggiore per dimensioni, forza o quantità: *statura superiore **alla** media* Ⓒ inferiore. **4** Che va oltre un limite: *questo compito è superiore **alle** mie capacità*. **5** Di prima qualità: *un'intelligenza superiore* Ⓢ eccellente, eccezionale. || AGG. e N.M. e F. Che, chi occupa il grado più alto in una gerarchia: *il padre superiore di un convento*; *portare rispetto ai propri superiori*. Ⓔ ***Scuola superiore*** (o *le superiori* N.F.PL.), quella che si frequenta dopo la scuola media e che si conclude con l'esame di Stato; oggi è detta *scuola secondaria di secondo grado* o *scuola secondaria superiore* • ***Arti superiori***, le braccia.

superiorità (su-pe-rio-ri-tà) N.F. INVAR. **1** Misura maggiore rispetto a quantità, forza o potenza: *superiorità numerica* Ⓢ supremazia, predominio Ⓒ inferiorità. **2** Maggior valore, capacità o bravura: *riconoscere la superiorità dell'avversario* Ⓢ eccellenza.

superlativo (su-per-la-tì-vo) AGG. e N.M. || AGG. Altissimo, straordinario: *uno spettacolo superlativo*; *un'intelligenza superlativa*. || AGG. e N.M. In grammatica, del grado dell'aggettivo o dell'avverbio che spinge all'estremo le qualità assegnate a persone, cose o azioni: *bravissimo*; *il più bravo di tutti*; *hai cantato benissimo*; *"integerrimo" è il superlativo di "integro"*. Ⓔ ***Superlativo assoluto***, del grado che indica il massimo livello di una caratteristica, per es. *bellissimo* • ***Superlativo relativo***, del grado che indica il livello più alto di una caratteristica rispetto ad altre persone o ad altre cose, come, per es. *il più bello della classe*.

superlavoro (su-per-la-vó-ro) N.M. · Lavoro eccessivo: *è un periodo di superlavoro*.

supermarket (su-per-màr-ket) N.M. INVAR. · Supermercato.

supermercato (su-per-mer-cà-to) N.M. · Grande punto di vendita al pubblico di prodotti, soprattutto alimentari, in cui ci si serve da sé.

supernova (su-per-nò-va) N.F. (pl. *supernòvae* o *supernòve*) · Stella che esplode emettendo moltissima luce.

superpotenza (su-per-po-tèn-za) N.F. · Stato dotato di un grande apparato industriale e militare: *le superpotenze hanno firmato un accordo di pace.*

supersonico (su-per-sò-ni-co) AGG. (pl.m. *-ci*, pl.f. *-che*) · Di velocità, superiore a quella del suono (332 metri al secondo) • Che può viaggiare a velocità supersonica: *aereo supersonico.*

superstite (su-pèr-sti-te) AGG. e N.M. e F. · Che, chi sopravvive ad altre persone: *c'è un solo fratello superstite* Ⓢ in vita, sopravvissuto • Che, chi si salva da una disgrazia in cui altri sono morti: *i superstiti della guerra.*

superstizione (su-per-sti-zió-ne) N.F. · Insieme di credenze che attribuisce agli oggetti e agli avvenimenti un potere magico: *una religiosità basata sulla superstizione.*

superstizioso (su-per-sti-zió-so) AGG. **1** Che crede nell'influsso di fattori soprannaturali o magici sulle vicende umane: *una persona superstiziosa tocca sempre ferro.* **2** Causato da superstizione: *timore superstizioso.*

superstrada (su-per-strà-da) N.F. · Strada a scorrimento veloce dove non si paga il pedaggio.

supervisione (su-per-vi-ṣió-ne) N.F. · L'attività di chi controlla o dirige un lavoro Ⓢ controllo.

supervisore (su-per-vi-ṣó-re) N.M. (raro f. *-a*) · Chi dirige o controlla lo svolgimento di un lavoro.

Il femminile di *supervisore* è *supervisora*, ma è molto raro. Di solito si usa il maschile anche quando ci si riferisce a una donna: *Paola è il supervisore del progetto.*

supino (su-pì-no) AGG. **1** Disteso sulla schiena con la pancia in su: *dormire supino* Ⓢ sdraiato. **2** Che accetta tutto senza mai discutere: *obbedienza supina* Ⓢ remissivo.

suppellettile (sup-pel-lèt-ti-le) N.F. **1** L'insieme degli oggetti che, con i mobili, formano l'arredamento di una casa: *rinnovare la suppellettile della casa* Ⓢ accessori. **2** Insieme di oggetti di arredamento trovati in uno scavo archeologico: *suppellettile etrusca.*

suppergiù (sup-per-giù) AVV. · All'incirca, pressappoco: *saranno state, suppergiù, cento persone.*

supplementare (sup-ple-men-tà-re) AGG. · Che è in più rispetto al previsto: *numero supplementare di una rivista* Ⓢ extra. Ⓔ ***Tempi supplementari***, nello sport, quelli che si giocano dopo i tempi regolari in partite finite in parità, per stabilire un vincitore.

supplemento (sup-ple-mén-to) N.M. **1** Aggiunta che serve a completare o a integrare: *supplemento d'indagine.* **2** Fascicolo abbinato a un giornale: *oggi con il giornale davano anche il supplemento sportivo* Ⓢ inserto. **3** Somma di denaro in più richiesta al passeggero di un mezzo di trasporto oltre al prezzo del biglietto per utilizzare certi vantaggi e comodità: *pagare un supplemento per prenotare il posto a sedere in treno.*

supplente (sup-plèn-te) AGG. e N.M. e F. · Che, chi sostituisce per un periodo di tempo un'altra persona in un incarico: *maestro supplente* Ⓢ sostituto.

supplenza (sup-plèn-za) N.F. · Incarico temporaneo di sostituzione di qualcuno che non può lavorare: *ottenere una supplenza al liceo.*

supplica (sùp-pli-ca) N.F. (pl. *-che*) **1** Umile preghiera: *rivolgere una supplica alla Madonna.* **2** Scritto con cui si chiede con forza a un'autorità un favore o una grazia: *presentare una supplica per la scarcerazione* Ⓢ istanza, petizione.

supplicare (sup-pli-cà-re) V.TR. (*sùpplico, sùpplichi*, ecc.) · Pregare la divinità o una persona per avere un aiuto: *supplicava tutti gli amici perché lo aiutassero* Ⓢ implorare.

supplice (sùp-pli-ce) AGG. e N.M. e F. · Che, chi è in atteggiamento di umile preghiera: *ascoltare le preghiere dei supplici.*

supplire (sup-plì-re) V.INTR. e TR. (*supplìsco, supplìsci*, ecc.) || INTR. (aus. *avere*) Rimediare alla mancanza di qualcosa con qualcos'altro che lo sostituisca: *supplire **con** l'impegno **alla** mancanza di talento* Ⓢ compensare. || TR. Sostituire qualcuno per un periodo nel suo incarico: *supplire un compagno di squadra nel suo ruolo* Ⓢ subentrare.

supplizio (sup-plì-zio) N.M. (pl. *-zi*) **1** Crudele pena fisica: *il supplizio della crocifissione* Ⓢ tortura. **2** Terribile sofferenza fisica o morale: *il supplizio della sete* Ⓢ strazio, tormento. **3** Motivo di noia o fastidio: *che supplizio questa musica!* Ⓔ ***Al supplizio***, a morte: *andare al supplizio*.

supponenza (sup-po-nèn-za) N.F. · Arroganza, presunzione: *tratta tutti con supponenza*.

supporre (sup-pór-re) V.TR. (irreg.: coniugato come *porre*) · Immaginare qualcosa in base a degli indizi: *dalla tua faccia suppongo* ***che*** *l'esame sia andato male* Ⓢ ipotizzare, dedurre.

supportare (sup-por-tà-re) V.TR. (*suppòrto*, ecc.) || TR. **1** Nel linguaggio tecnico, reggere: *il pezzo è supportato da cuscinetti* Ⓢ sostenere. **2** Aiutare, appoggiare: *supportare un'iniziativa; supportare un amico* ***in*** *una decisione; supportare una squadra* ***con*** *il tifo*. || **supportarsi** RIFL. RECIPROCO Sostenersi a vicenda.

supporto (sup-pòr-to) N.M. **1** Elemento che serve a sostenerne altri: *il supporto di un microscopio* Ⓢ base, sostegno. **2** Oggetto su cui vengono registrati dati informatici: *supporto magnetico*. **3** Sostegno, aiuto: *con il supporto dei dati posso provare la mia teoria; è stato di grande supporto dopo l'incidente*.

supposizione (sup-po-ṣi-zió-ne) N.F. · Ipotesi fatta sulla base di indizi od opinioni: *le sue supposizioni erano esatte* Ⓢ congettura, teoria.

S

supposta (sup-pó-sta) N.F. · Medicinale solido, di forma cilindrica, che si introduce nell'ano.

supremazia (su-pre-ma-zì-a) N.F. (pl. *-zìe*) · Superiorità totale: *supremazia militare* Ⓢ predominio, egemonia.

supremo (su-prè-mo) AGG. **1** Primo nella gerarchia: *il capo supremo dello Stato*. **2** Immensamente grande: *gioia suprema* Ⓢ massimo, grandissimo, sommo.

sur- · Prefisso verbale di parole composte che indica 'superamento della giusta misura': *surriscaldare*, riscaldare troppo; *surreale*, che supera la realtà.

surf (pronuncia *sèrf*) N. INGL., in it. N.M. INVAR. · Sport acquatico in cui si plana sulle onde del mare stando in equilibrio su una tavola galleggiante • Il nome della tavola usata in questo sport.

surfare (sur-fa-re; pronuncia *serfàre*) V.INTR. (aus. *avere*) · Planare sulle onde del mare su una tavola.

surfista (sur-fi-sta; pronuncia *serfista*) N.M. e F. (pl.m. *-i*, pl.f. *-e*) · Chi fa surf.

surgelare (sur-ge-là-re) V.TR. (*surgèlo*, ecc.) · Conservare cibi crudi o cotti a temperature molto basse Ⓢ congelare.

surgelato (sur-ge-là-to) AGG. e N.M. · Di cibo crudo o cotto conservato a una temperatura molto bassa: *piselli surgelati; il reparto surgelati*.

surplus (sur-plus; pronuncia *surplùs*) N.M. FR., in it. N.M. INVAR. · Maggior quantità di cose prodotte rispetto a quelle vendute: *c'è un surplus di merce* Ⓢ eccedenza, rimanenza.

surreale (sur-re-à-le) AGG. · Che richiama una realtà che si trova fuori dal controllo della ragione, a livello subcosciente: *atmosfera surreale* Ⓢ irrazionale • Che non sembra appartenere alla realtà Ⓢ bizzarro.

surrealismo (sur-re-a-lì-ṣmo) N.M. · Movimento letterario e artistico dell'inizio del Novecento, che si proponeva di esprimere i sogni e gli impulsi irrazionali dell'uomo, invece di rappresentare la realtà.

surrenale (sur-re-nà-le) AGG. · Del surrene: *arterie surrenali*.

surrene (sur-rè-ne) N.M. · Ciascuna delle due ghiandole situate nella parte superiore dei reni che produce e rilascia sostanze nell'organismo.

surrettizio (sur-ret-ti-zio) AGG. (pl.m. *-zi*, pl.f. *-zie*) **1** Di testimonianza, che tiene nascosti alcuni particolari: *il testimone ha raccontato i fatti in modo surrettizio*. **2** Che viene fatto di nascosto: *manovra surrettizia*.

surriscaldamento (sur-ri-scal-da-mén-to) N.M. · Riscaldamento eccessivo: *surriscaldamento del pianeta*.

surriscaldare (sur-ri-scal-dà-re) V.TR. || TR. **1** Riscaldare troppo: *vai più piano, altrimenti* *surriscaldi il motore.* **2** Caricare di eccitazione e di nervosismo: *il suo intervento ha surriscaldato l'assemblea* Ⓢ infiammare, eccitare. || **surriscaldarsi** INTR.PRONOM. **1** Diventare troppo caldo: *quando c'è il sole la stanza si surriscalda.* **2** Caricarsi di eccitazione e di nervosismo: *il clima politico si è surriscaldato* Ⓢ infiammarsi, eccitarsi.

surrogato (sur-ro-gà-to) N.M. · Prodotto alimentare di qualità inferiore che si può usare al posto di un altro: *un surrogato del caffè* Ⓢ succedaneo.

suscettibile (su-scet-tì-bi-le) AGG. **1** Che può essere sottoposto a qualche trattamento: *condizioni suscettibili* ***di*** *miglioramento* Ⓢ soggetto a. **2** Di persona, sensibile alla minima critica: *un tipo suscettibile* Ⓢ permaloso.

suscettibilità (su-scet-ti-bi-li-tà) N.F. INVAR. · Eccessiva sensibilità verso tutto ciò che può rappresentare una critica: *non urtare la sua suscettibilità.*

suscitare (su-sci-tà-re) V.TR. (*sùscito*, ecc.) · Provocare un effetto: *suscitare il riso, gli applausi* Ⓢ causare, far nascere, scatenare.

sushi (su-shi; pronuncia *sùsci*) N.M.INVAR. · Piatto della cucina giapponese a base di fettine di pesce crudo e riso bollito.

susina (su-sì-na *o* su-ṣì-na) N.F. · Il frutto del susino Ⓢ prugna.

susino (su-sì-no *o* su-ṣì-no) N.M. · Albero dalla corteccia scura, frutti carnosi di diverso colore a seconda delle varietà, e di gradevole sapore.

Il termine deriva da *Susa*, città della Persia da cui proveniva la pianta.

suspense (su-spen-se; pronuncia *sàspens* o, alla francese, *suspàns*) N. INGL., in it. N.F. INVAR. · Tensione ansiosa con cui si assiste a fatti o a racconti molto drammatici, di cui non si immagina la conclusione: *creare suspense nel racconto, nel film.*

susseguente (sus-se-guèn-te) AGG. · Che viene subito dopo: *le indagini proseguirono nei giorni susseguenti* ***al*** *delitto* Ⓢ successivo, seguente.

susseguirsi (sus-se-guìr-si) V.RIFL. RECIPROCO (*mi susséguo*, ecc.; aus. *essere*) · Venire l'uno di seguito all'altro: *ricordi confusi si susseguivano nella sua mente* Ⓢ succedersi.

sussidiario (sus-si-dià-rio) AGG. e N.M. (pl.m. *-ri*, pl.f. *-rie*) || AGG. Che serve di aiuto: *truppe sussidiarie.* || N.M. Libro in uso nelle scuole elementari, che comprende tutte le materie di studio dell'anno.

sussidio (sus-sì-dio) N.M. (pl. *-di*) · Aiuto in denaro: *chiedere il sussidio di disoccupazione* Ⓢ finanziamento, contributo.

sussiego (sus-siè-go) N.M. (pl. *-ghi*) · Atteggiamento altezzoso e distaccato: *gli rispose con molto sussiego* Ⓢ alterigia, sufficienza.

sussistenza (sus-si-stèn-za) N.F. · Quanto serve per sopravvivere: *agricoltura di sussistenza.* Ⓔ ***Economia di sussistenza***, tipica delle società primitive, in cui si produce solo quanto è sufficiente per mantenere la comunità.

sussistere (sus-sì-ste-re) V.INTR. (irreg.: coniugato come *assistere*; aus. *essere*, raro *avere*) **1** Avere esistenza reale: *non sussiste l'ipotesi del reato* Ⓢ esserci. **2** Restare, persistere, permanere: *sussiste ancora la possibilità che il malato peggiori.*

Il termine deriva dal latino *subsistere* 'resistere, restare', che viene a sua volta da *sistere* 'stare, fermarsi' con il con il prefisso *sub-* (→ ***assistere***).

sussultare (sus-sul-tà-re) V.INTR. (aus. *avere*) **1** Muoversi bruscamente e ripetutamente dal basso verso l'alto: *la terra sussultò* ***per*** *una scossa di terremoto* Ⓢ tremare. **2** Di persona, sobbalzare, trasalire: *sussultare* ***per*** *lo spavento.*

sussulto (sus-sùl-to) N.M. **1** Movimento brusco verso l'alto: *l'aereo per la perturbazione ebbe un sussulto* Ⓢ sobbalzo. **2** Movimento improvviso del corpo, dovuto a sorpresa o paura: *a quel grido ebbe un sussulto.*

sussultorio (sus-sul-tò-rio) AGG. (pl.m. *-ri*, pl.f. *-rie*) · Che si manifesta con una serie di sussulti: *movimento sussultorio.* Ⓔ ***Terremoto sussultorio***, quello che presenta scosse verticali Ⓒ terremoto ondulatorio.

sussurrare (sus-sur-rà-re) V.INTR. e TR. || INTR. (aus. *avere*) **1** Emettere un rumore lieve e

A B C D E F G H I J K L M N O P Q R **S** T U V W X Y Z

continuo: *le chiome degli alberi sussurravano al vento* Ⓢ frusciare. **2** Parlare a bassa voce, spesso per malignare: *il paese sussurra* ***contro di*** *lui* Ⓢ mormorare, criticare. || TR. Pronunciare sottovoce: ***le*** *sussurrava parole d'amore* Ⓢ bisbigliare.

sussurro (sus-sùr-ro) N.M. **1** Rumore leggero e continuo: *il sussurro delle acque tra le rocce.* **2** Tono sommesso e indistinto della voce umana: *il canto si spense in un sussurro* Ⓢ mormorio, bisbiglio.

sutura (su-tù-ra) N.F. **1** Operazione chirurgica con cui si cuciono i margini di un taglio: *ha avuto venti punti di sutura.* **2** Collegamento, legame: *l'episodio crea una sutura tra le parti del romanzo.*

> Il termine deriva dal latino *sutura* 'cucitura', che viene a sua volta da *suere* 'cucire'.

suturare (su-tu-rà-re) V.TR. · Operazione chirurgica di cucitura: *suturare una ferita.*

suv o **SUV** (pronuncia *suv*) N.M. INVAR. · Autoveicolo con caratteristiche intermedie tra un fuoristrada e un'automobile di lusso.

> Il termine è la sigla inglese *Sport Utility Vehicle* 'veicolo a utilizzo sportivo'.

suvvia (suv-vì-a) INTER. · Esprime in modo vivace incoraggiamento o richiamo: *suvvia, diamoci da fare!; suvvia, adesso basta!* Ⓢ su.

suzione (su-zió-ne) N.F. · L'azione di succhiare: *il neonato ha problemi di suzione.*

svagare (ṣva-gà-re) V.TR. (*ṣvàgo, ṣvàghi*, ecc.) || TR. Distrarre da attività che richiedono applicazione e impegno: *quel ragazzo studia troppo, cerca di svagarlo.* || **svagarsi** RIFL. Distrarsi, ricrearsi: *ho bisogno di svagarmi un po'.*

svagato (ṣva-gà-to) AGG. · Disattento, distratto: *un ragazzo troppo svagato; avere un'aria svagata.*

svago (ṣvà-go) N.M. (pl. *-ghi*) **1** Breve allontanamento da un'attività per rilassarsi: *prendiamoci un po' di svago* Ⓢ riposo, distrazione. **2** Passatempo, divertimento: *cucinare per me è uno svago.*

svaligiare (ṣva-li-già-re) V.TR. (*ṣvaligio*, ecc.) · Rubare denaro od oggetti di valore custoditi in luoghi chiusi e ben protetti: *svaligiare una banca* Ⓢ rapinare.

svalutare (ṣva-lu-tà-re) V.TR. (*ṣvàluto*, ecc.) || TR. Ridurre di valore: *svalutare la moneta* Ⓒ rivalutare. || **svalutarsi** INTR. PRONOM. Perdere di valore: *l'euro tende a svalutarsi.*

svalutazione (ṣva-lu-ta-zió-ne) N.F. · Riduzione del valore: *la svalutazione del dollaro* Ⓒ rivalutazione.

svampito (ṣvam-pì-to) AGG. e N.M. (f. *-a*) · Distratto, sbadato: *è talmente svampito da uscire in pigiama.*

svanire (ṣva-nì-re) V.INTR. (*ṣvanìsco, ṣvanìsci*, ecc.; aus. *essere*) **1** Diminuire poco alla volta d'intensità: *il rumore svanì in lontananza* Ⓢ dissolversi • Di immagini, scomparire, dileguarsi: *il treno svanì nella nebbia.* **2** Finire, estinguersi, scomparire: *i ricordi sono svaniti dalla mia mente.* **3** Di sostanza, perdere l'odore o il sapore: *il profumo è svanito.*

svantaggiato (ṣvan-tag-già-to) AGG. · In condizioni di svantaggio rispetto ad altri: *partire svantaggiato; la squadra era svantaggiata* ***per*** *l'assenza di cinque titolari.*

svantaggio (ṣvan-tàg-gio) N.M. (pl. *-gi*) **1** Condizione di inferiorità: *vivere in campagna ha i suoi svantaggi* Ⓒ vantaggio • Danno, perdita, discapito: *la tua azione torna a mio svantaggio.* **2** Nello sport, distacco dai primi in una gara o in una graduatoria: *recuperare lo svantaggio* Ⓢ scarto. **3** In grammatica: ***complemento di svantaggio***, quello che indica a sfavore di chi o di che cosa si verifica ciò che è espresso dal verbo (*non studiare è a scapito tuo; mangiare troppo fa male alla salute*).

svantaggioso (ṣvan-tag-gió-so) AGG. · Che mette in condizioni di inferiorità: *condizioni svantaggiose* Ⓢ sfavorevole, cattivo Ⓒ vantaggioso • Che causa un danno o una perdita: *affare svantaggioso.*

svariato (ṣva-rià-to) AGG. **1** Vario, differente: *abiti di svariati colori.* **2** Molto, molteplice, parecchio: *te l'ho detto svariate volte.*

svarione (ṣva-rió-ne) N.M. · Errore grossolano: *una traduzione piena di svarioni.*

svasato (ṣva-ṣà-to) AGG. · Che si allarga verso il fondo: *gonna svasata* Ⓢ a campana.

svastica (ṣvà-sti-ca) N.F. (pl. *-che*) · Segno simbolico consistente in una croce a quattro bracci con le estremità piegate ad angolo retto, usato da molte religioni asiatiche, europee e africane come simbolo del sole; è stato ripreso dal nazismo nella convinzione che appartenesse solo alle antiche popolazioni indoeuropee.

svedese (ṣve-dé-se) AGG. e N.M. e F. || AGG. Della Svezia. || N.M. e F. Abitante, nativo della Svezia. || N.M. La lingua germanica parlata in Svezia.

sveglia (ṣvé-glia) N.F. (pl. *-glie*) **1** Interruzione del sonno, soprattutto dopo il riposo della notte: *dare la sveglia con la tromba* Ⓢ risveglio. **2** Orologio che può suonare a una certa ora per svegliare chi dorme: *metti la sveglia alle sette.*

svegliare (ṣve-glià-re) V.TR. (*ṣvéglio*, ecc.) || TR. **1** Interrompere il sonno di qualcuno: *svegliami alle sette* Ⓢ destare Ⓒ addormentare. **2** Scuotere dal torpore o dall'inerzia: *lo so io che cosa ci vuole per svegliarlo!* Ⓢ stimolare. || **svegliarsi** INTR. PRONOM. **1** Cessare di dormire: *non si sveglia mai presto* Ⓢ destarsi, risvegliarsi Ⓒ addormentarsi. **2** Diventare furbo e accorto: *bisogna che si svegli un po' questo ragazzo.*

sveglio (ṣvé-glio) AGG. (pl.m. *-gli*, pl.f. *-glie*) **1** Che non sta dormendo: *non è mai ben sveglio senza un caffè* Ⓢ desto. **2** Veloce a capire le situazioni e a imparare: *è un ragazzo sveglio* Ⓢ acuto, perspicace.

svelare (ṣve-là-re) V.TR. (*ṣvélo*, ecc.) **1** Far conoscere qualcosa di segreto: *svelare i dettagli del complotto* Ⓢ rivelare. **2** Rendere evidente: *così facendo ha svelato la sua cattiveria* Ⓢ manifestare.

svellere (ṣvèl-le-re) V.TR. (irreg.: ind. pres. *ṣvèllo* o *ṣvèlgo*, *ṣvèlli*, ecc.; pass. rem. *ṣvèlsi*, *ṣvelléṣti*, *ṣvèlse*, *ṣvellémmo*, *ṣvelléste*, *ṣvèlsero*; cong. pres. *ṣvèlla* o *ṣvèlga*, ecc.; part. pass. *ṣvèlto*) **1** Estrarre dal suolo con forza o con violenza: *svellere una pianta, un palo* Ⓢ sradicare, estirpare. **2** Cancellare definitivamente: *svellere un ricordo dalla mente.*

svelsi (ṣvèl-si) · Pass. rem., 1ª pers. sing. → ***svellere***.

sveltezza (ṣvel-téz-za) N.F. · Velocità, rapidità, prontezza: *nel lavorare è di una sveltezza incredibile.*

svelto[1] (ṣvèl-to) · Participio pass. → ***svellere***.

svelto[2] (ṣvèl-to) AGG. **1** Rapido nei movimenti: *camminava svelto* Ⓢ veloce Ⓒ lento. **2** Pronto e vivace nel capire e nell'agire: *è un tipo svelto* Ⓢ intelligente, abile. Ⓔ ***Alla svelta***, in fretta • ***Svelto di mano***, abile nel rubare.

svenare (ṣve-nà-re) V.TR. (*ṣvéno*, ecc.) || TR. Far esaurire la disponibilità economica: *tutte queste tasse mi svenano* Ⓢ rovinare. || **svenarsi** RIFL. **1** Uccidersi tagliandosi le vene: *si svenò con un rasoio.* **2** Spendere fino quasi a esaurire tutti i propri soldi: *si è svenato **per** i figli* Ⓢ rovinarsi.

svendere (ṣvén-de-re) V.TR. (*ṣvéndo*, ecc.) · Vendere a prezzo inferiore rispetto al solito: *svendere la merce in eccedenza.*

svendita (ṣvén-di-ta) N.F. · Vendita a prezzo inferiore rispetto al solito: *in centro fanno delle svendite favolose* Ⓢ liquidazione, saldo.

svenimento (ṣve-ni-mén-to) N.M. · Improvvisa perdita di conoscenza: *ha avuto uno svenimento.*

svenire (ṣve-nì-re) V.INTR. (irreg.: coniugato come *venire*; aus. *essere*) · Perdere conoscenza per debolezza, emozione o malattia: *dopo il prelievo del sangue è svenuta.*

sventagliare (ṣven-ta-glià-re) V.TR. (*ṣventàglio*, ecc.) || TR. **1** Provocare un movimento d'aria agitando un ventaglio o altro Ⓢ sventolare. **2** Agitare qualcosa con la mano davanti a qualcuno: *gli sventagliò davanti un fascio di banconote.* **3** Aprire a ventaglio: *sventagliare le carte da gioco.* || **sventagliarsi** RIFL. Farsi aria con qualcosa: *sventagliarsi con il giornale* Ⓢ sventolarsi. ▸ Ⓕ **vento**

sventagliata (ṣven-ta-glià-ta) N.F. **1** Movimento del ventaglio o di un altro oggetto per farsi vento: *darsi una sventagliata con il giornale.* **2** Serie di colpi sparati da un'arma automatica in tutte le direzioni: *una sventagliata di mitra.* ▸ Ⓕ **vento**

sventare (ṣven-tà-re) V.TR. (*ṣvènto*, ecc.) · Impedire che avvenga qualcosa di brutto: *sven-*

A B C D E F G H I J K L M N O P Q R **S** T U V W X Y Z

tare una rapina Ⓢ scongiurare, vanificare. ▸ Ⓕ **vento**

sventatezza (ṣven-ta-téz-za) N.F. · Mancanza di attenzione: *la sua sventatezza è pericolosa* Ⓢ incoscienza. ▸ Ⓕ **vento**

sventato (ṣven-tà-to) AGG. **1** Che manca di attenzione o concentrazione: *è così sventato che dimentica tutto* Ⓢ distratto. **2** Incauto, imprudente: *non sono così sventato da affidarmi al primo venuto.* ▸ Ⓕ **vento**

sventola (ṣvèn-to-la) N.F. **1** Ventola. **2** Schiaffo violento: *l'ha steso con una sventola.* **3** Ragazza molto attraente. Ⓔ ***Orecchie a sventola***, molto sporgenti in fuori. ▸ Ⓕ **vento**

sventolare (ṣven-to-là-re) V.TR. e INTR. (*ṣvèntolo*, ecc.) || TR. Muovere qualcosa agitandolo al vento: *sventolare il fazzoletto* Ⓢ agitare. || INTR. (aus. *avere*) Muoversi al vento: *sul ponte sventola bandiera bianca* Ⓢ agitarsi. || **sventolarsi** RIFL. Farsi aria con qualcosa: *sventolarsi con una rivista* Ⓢ sventagliarsi. ▸ Ⓕ **vento**

sventolio (ṣven-to-li-o) N.M. (pl. *-lii*) · Movimento ondeggiante continuo di qualcosa che viene agitato o si muove al vento: *uno sventolio di bandiere.* ▸ Ⓕ **vento**

sventrare (ṣven-trà-re) V.TR. (*ṣvèntro*, ecc.) **1** Togliere le interiora a un animale aprendogli il ventre: *sventrare un pollo, un pesce.* **2** Uccidere squarciando il ventre: *sventrò il rivale con una coltellata.* **3** Demolire un insieme di costruzioni, lasciando un'area vuota: *sventrano il quartiere per costruire un viale* • Fare a pezzi, distruggere, squarciare: *l'esplosione sventrò l'edificio.*

sventura (ṣven-tù-ra) N.F. · Avvenimento luttuoso o doloroso: *la sua morte è stata una sventura per tutti noi* Ⓢ disgrazia, sciagura. Ⓔ ***Compagno di sventura***, chi condivide situazioni difficili e dolorose.

sventurato (ṣven-tu-rà-to) AGG. · Colpito da una disgrazia: *la sventurata madre piangeva* Ⓢ disgraziato, infelice.

svergognare (ṣver-go-gnà-re) V.TR. (*ṣvergógno*, ecc.) **1** Far vergognare qualcuno di fronte a tutti: *lo svergognò davanti a tutti i suoi colleghi* Ⓢ mortificare, umiliare. **2** Rivelare davanti a tutti le reali intenzioni di qualcuno: *il testimone è stato svergognato dal pubblico ministero* Ⓢ sbugiardare, smascherare.

svergognato (ṣver-go-gnà-to) AGG. e N.M. (f. *-a*) · Che, chi non prova vergogna anche se dovrebbe: *sei una svergognata!* Ⓢ impudente, sfacciato.

svernare (ṣver-nà-re) V.INTR. (*ṣvèrno*, ecc.; aus. *avere*) **1** Passare l'inverno in luoghi caldi: *alcuni uccelli svernano in Africa.* **2** Di animali, passare l'inverno in uno stato di quasi completa inattività. **3** Arrivare alla fine dell'inverno: *speriamo che la legna ci basti per svernare.*

svestire (ṣve-sti-re) V.TR. (*ṣvèsto*, ecc.) || TR. Togliere i vestiti: *svestì la bambina e la mise a letto.* || **svestirsi** RIFL. Togliersi i vestiti.

svettare (ṣvet-tà-re) V.INTR. (*ṣvétto*, ecc.; aus. *avere*) **1** Slanciarsi con la vetta sullo sfondo del cielo: *montagne che svettano superbe; le due torri svettavano* ***nel*** *cielo di New York* Ⓢ elevarsi, ergersi • Di persona, spiccare per l'alta statura: *quel ragazzo è altissimo, svetta* ***sui*** *compagni di classe.* **2** Segnalarsi per capacità e doti particolari: *svettava* ***su*** *tutti gli altri* ***per*** *intelligenza* Ⓢ emergere.

svezzamento (ṣvez-za-mén-to) N.M. · Momento in cui un bambino passa gradualmente dal latte ai cibi solidi: *l'età dello svezzamento.*

svezzare (ṣvez-zà-re) V.TR. (*ṣvézzo*, ecc.) · Far passare un bambino dall'allattamento all'alimentazione solida: *svezzare un lattante.*

sviare (ṣvi-à-re) V.TR. (*ṣvìo*, *ṣvìi*, ecc.) **1** Provocare un cambiamento di direzione: *sviare il traffico per lavori* Ⓢ deviare, dirottare. **2** Far prendere una strada diversa, spesso negativa: *sviare un ragazzo* ***dagli*** *studi* Ⓢ distogliere, distrarre. Ⓔ ***Sviare la conversazione, sviare un discorso***, portarli su un altro argomento • ***Sviare le indagini***, indirizzarle su un'altra pista.

svicolare (ṣvi-co-là-re) V.INTR. (*ṣvìcolo*, ecc.; aus. *avere* o *essere*) **1** Cambiare strada velocemente per evitare un incontro spiacevole: *appena vede un creditore svicola* • Andarsene di nascosto: *svicola sempre quando c'è da faticare* Ⓢ svignarsela. **2** Cambiare discorso: *rispondi alla mia domanda, non svicolare!*

S

svignarsela (ṣvi-gnàr-se-la) V.INTR. PRONOM. · Allontanarsi in modo rapido e senza farsi vedere: *svignarsela da una conferenza noiosissima* S squagliarsela, battersela.

La prima persona plurale dell'indicativo presente e quella del congiuntivo presente è *ce la svigniamo*, con la *i*: la forma *svignamo* è sempre scorretta! La seconda persona plurale dell'indicativo presente è *ve la svignate* senza *i*, mentre quella del congiuntivo presente è *ve la svigniate* con la *i*.

sviluppare (ṣvi-lup-pà-re) V.TR. || TR. **1** Far crescere: *sviluppare il turismo; sviluppare i muscoli* S accrescere, potenziare, rafforzare. **2** Svolgere in modo approfondito: *sviluppare una teoria* S approfondire, spiegare. **3** Produrre, emanare: *sviluppare calore.* **4** Ottenere le fotografie dalla pellicola. || **svilupparsi** INTR. PRONOM. **1** Prodursi, originarsi, crescere: *si è sviluppato un incendio nel bosco.* **2** Aumentare la propria estensione o diffusione: *la città si è sviluppata verso nord* S crescere, ampliarsi. **3** Di organismi viventi, passare da uno stadio più semplice a uno più complesso: *dal fiore si sviluppa il frutto.*

sviluppato (ṣvi-lup-pà-to) AGG. **1** Che ha raggiunto un buon grado di sviluppo tecnologico o economico: *Paesi poco sviluppati* S avanzato, progredito. **2** Che ha raggiunto la pubertà: *una ragazza ormai sviluppata.*

sviluppo (ṣvi-lùp-po) N.M. **1** Aumento progressivo: *lo sviluppo di una città* S crescita, espansione. **2** Serie di cambiamenti che avvengono in un organismo vivente nel passaggio da una fase più semplice a una più complessa: *lo sviluppo di una pianta* • Raggiungimento della piena maturità sessuale: *età dello sviluppo.* **3** Aumento della produzione e della ricchezza: *promuovere lo sviluppo del Paese.* **4** Modo in cui una situazione evolve: *seguire gli sviluppi della vicenda* S evoluzione, progresso, andamento. **5** Operazione con cui si ottiene una fotografia da una pellicola.

svincolare (ṣvin-co-là-re) V.TR. (*ṣvìncolo*, ecc.) || TR. **1** Liberare da un legame o da un impedimento: *svincolare un prigioniero* ***dalle*** *corde* S sciogliere. **2** Liberare un bene dai vincoli legali che ne impediscono l'uso: *svincolare una casa* ***da*** *un'ipoteca* S riscattare. || **svincolarsi** RIFL. Liberarsi da ciò che impedisce la piena libertà di movimento: *svincolarsi* ***da*** *una stretta* S sciogliersi, divincolarsi.

svincolo (ṣvìn-co-lo) N.M. **1** Punto in cui il sistema di strade ordinarie si unisce all'autostrada: *è uno svincolo pericoloso* S raccordo. **2** Pagamento di una somma per liberare un bene da un vincolo legale: *svincolare la merce.*

sviscerare (ṣvi-sce-rà-re) V.TR. (*ṣvìscero*, ecc.) · Esaminare a fondo, con attenzione: *sviscerare un problema* S approfondire, analizzare.

svista (ṣvì-sta) N.F. · Errore non grave, dovuto a disattenzione: *nel compito c'è qualche svista* S imprecisione, inesattezza.

svitare (ṣvi-tà-re) V.TR. **1** Togliere una vite girandola in senso antiorario C avvitare. **2** Staccare due pezzi togliendo la vite che li univa: *svitare lo sportello del forno* S disgiungere.

svitato (ṣvi-tà-to) AGG. e N.M. (f. *-a*) · Stravagante, strambo: *un ragazzo svitato; una famiglia di svitati.*

svizzero (ṣvìz-ze-ro) AGG. e N.M. (f. *-a*) || AGG. Della Svizzera. || N.M. (f. *-a*) Abitante, nativo della Svizzera.

svogliatezza (ṣvo-glia-téz-za) N.F. · Mancanza di impegno e di voglia nel fare qualcosa: *studiare con svogliatezza* S disinteresse, pigrizia.

svogliato (ṣvo-glià-to) AGG. · Che non ha voglia di far nulla: *un lettore svogliato* S pigro C volenteroso.

svolazzare (ṣvo-laz-zà-re) V.INTR. (aus. *avere*) **1** Volare qua e là senza una direzione precisa: *le rondini svolazzano sopra i tetti.* **2** Muoversi ondeggiando al vento: *i panni stesi stanno svolazzando* S sventolare.

svolgere (ṣvòl-ge-re) V.TR. (irreg.: coniugato come *volgere*) || TR. **1** Distendere qualcosa che era arrotolato: *svolgere una pellicola* S srotolare C avvolgere, arrotolare. **2** Sviluppare, elaborare, trattare: *svolgere un tema.* **3** Esercitare, fare: *svolgere un'attività.* || **svolgersi** INTR. PRONOM. Avvenire, accadere, compiersi: *i fatti si sono svolti come ti ho detto.*

svolgimento (ṣvol-gi-mén-to) N.M. **1** Graduale evoluzione: *lo svolgimento di una vicenda* Ⓢ sviluppo, corso. **2** Serie di azioni collegate che portano a un risultato stabilito in partenza: *lo svolgimento di un piano.* **3** Il verificarsi di una serie di circostanze collegate tra loro: *lo svolgimento dei fatti.*

svolta (ṣvòl-ta) N.F. **1** Cambiamento di direzione di una strada: *prendere la prima svolta a destra* Ⓢ curva. **2** Momento che porta a un cambiamento radicale: *quell'incontro ha segnato una svolta nella sua vita.* Ⓔ ***Essere a una svolta***, sul punto di prendere una decisione che può cambiare la vita.

svoltare (ṣvol-tà-re) V.INTR. (*ṣvòlto*, ECC.; AUS. *avere*) · Cambiare direzione per strada: *al semaforo svolta* ***a*** *destra* Ⓢ voltare, curvare, girare.

svuotare (ṣvuo-tà-re) V.TR. (*ṣvuòto*, ECC.) **1** Estrarre tutto il contenuto di qualcosa: *svuotare il frigo prima di sbrinarlo* Ⓢ togliere, privare. **2** Privare in maniera totale di qualcosa: *svuotare una frase* ***di*** *ogni significato.*

S

t

t, T N.F. O M.INVAR. · Diciottesima lettera dell'alfabeto italiano; è una consonante (nome della lettera: *ti*).

tabaccaio (ta-bac-cà-io) N.M. (f. -*a*; pl.m. -*cài*, pl.f. -*càie*) · Chi gestisce una tabaccheria.

tabaccheria (ta-bac-che-rì-a) N.F. (pl. -*rìe*) · Negozio in cui si vendono sigarette, francobolli e altri prodotti: *in tabaccheria si possono pagare le bollette* Ⓢ tabaccaio.

tabacco (ta-bàc-co) N.M. e AGG. (pl. -*chi*) || N.M. Pianta erbacea tipica dell'America, con foglie grandi da cui si ricavano sigari e sigarette: *piantagione di tabacco; tabacco da pipa.* || AGG. INVAR. Di una tonalità di marrone: *una giacca color tabacco.*

tabella (ta-bèl-la) N.F. · Tavola rettangolare in cui sono inseriti o riassunti dati: *la tabella con l'orario delle lezioni* Ⓢ schema. Ⓔ ***Tabella di marcia***, schema di previsione delle varie fasi di un programma: *essere in anticipo sulla tabella di marcia.*

tabellina (ta-bel-lì-na) N.F. · Schema in cui sono inseriti tutti i risultati delle moltiplicazioni dei numeri da uno a nove: *studiare le tabelline.*

tabellone (ta-bel-ló-ne) N.M. **1** Tabella di grandi dimensioni: *leggere l'orario ferroviario sui tabelloni della stazione* Ⓢ cartellone. **2** Nella pallacanestro, la tavola di legno a cui è fissato il cesto.

tabernacolo (ta-ber-nà-co-lo) N.M. · Nicchia in cui si tengono immagini sacre: *c'è un tabernacolo all'angolo della strada* • L'edicola chiusa, sopra l'altare, in cui si conserva il calice con le ostie consacrate.

> Il termine deriva dal latino *taberna* 'baracca fatta di tavole di legno, bottega'.

tablet pc (ta-blet pc; pronuncia *tàblet piccì*) N. INGL., in it. N.M. INVAR. · Computer portatile grande come un'agenda che ha uno schermo su cui si può scrivere con un apposito pennino di plastica.

tabù (ta-bù) N.M. e AGG. INVAR. || N.M. **1** Presso le religioni primitive, ciò che non si può toccare né nominare perché considerato sacro: *violare un tabù.* **2** Tutto ciò di cui è meglio non parlare per una regola sociale: *il tabù del sesso.* || AGG. Vietato per motivi morali o religiosi: *la carne di maiale è tabù per molti popoli* Ⓢ proibito.

> Il termine deriva da una parola polinesiana che significa 'proibito, sacro'.

tabula rasa (tà-bu-la ra-ṣa) LOC. LAT., in it. N.F. · Quasi solo nell'espressione ***fare tabula rasa di qualcosa***, farlo sparire completamente: *con il bombardamento hanno fatto tabula rasa della città.*

> Con questa espressione, che significa letteralmente 'tavoletta raschiata', i Romani indicavano la tavoletta ricoperta di cera che usavano per scrivere, quando ne era stato raschiato via lo strato più superficiale per prepararla a un nuovo utilizzo.

tabulato (ta-bu-là-to) N.M. · Elenco stampato dei dati elaborati da un computer.

tacca (tàc-ca) N.F. (pl. -*che*) **1** Piccola incisione ottenuta tagliando il margine di un oggetto: *fare una tacca sul banco di scuola* Ⓢ scalfittura. **2** Segno che indica una misura su una scala graduata: *le tacche della bilancia.* Ⓔ ***Di mezza tacca***, mediocre, scadente, da poco: *è un uomo di mezza tacca.*

taccagno (tac-cà-gno) AGG. e N.M. (f. -*a*) · Che, chi è molto attaccato al denaro: *un vecchio zio molto taccagno* Ⓢ avaro, tirchio Ⓒ generoso.

tacchino (tac-chì-no) N.M. (f. -*a*) · Grosso uccello con testa e collo senza piume, allevato per la sua carne bianca.

tacciare (tac-cià-re) V.TR. (*tàccio*, ecc.) · Accusare, incolpare: *tacciare uno* ***di*** *truffa,* ***di*** *tradimento; fu tacciato* ***come*** *bugiardo.*

taccio (tàc-cio) · Ind. pres., 1ª pers. sing. → ***tacere***.

tacco (tàc-co) N.M. (pl. *-chi*) · Elemento che serve a rialzare la scarpa, posto sotto la suola in corrispondenza del tallone: *sandali con il tacco alto.* Ⓔ ***Alzare i tacchi***, allontanarsi rapidamente.

taccuino (tac-cu-ì-no) N.M. · Piccolo quaderno per appunti: *il giornalista segnava tutto sul suo taccuino* Ⓢ agenda, blocco.

Il termine deriva da una parola araba che significa 'giusto ordine'; si è diffusa con il significato attuale perché venne usata come titolo di opere di autori arabi divulgate dalla scuola medica salernitana nel Medioevo, come il *Tacuinum sanitatis* 'Libro delle corrette disposizioni per la salute'.

tacere (ta-cé-re) V.INTR. e TR. (irreg.: ind. pres. *tàccio, tàci, tàce, tacciàmo, tacéte, tàcciono*; pass. rem. *tàcqui, tacésti, tàcque, tacémmo, tacéste, tàcquero*; cong. pres. *tàccia, tàccia, tàccia, taciàmo, taciàte, tàcciano*; part. pass. *taciùto*) || INTR. (aus. *avere*) **1** Smettere di parlare: *se devi dire sciocchezze, è meglio che tu taccia* Ⓢ zittirsi Ⓒ parlare. **2** Tenere un segreto: *ho taciuto troppo a lungo, ora ho deciso di parlare.* **3** Non produrre suoni o rumori: *tacciono gli uccelli, i cannoni.* **4** Di un testo scritto, non parlare di una notizia: *i giornali hanno taciuto* ***sul*** *suo arresto* Ⓢ sorvolare. || TR. Non dire: *racconterò i fatti tacendo i nomi dei protagonisti* Ⓢ tralasciare, omettere. Ⓔ ***Mettere a tacere***, uccidere o minacciare una persona perché non parli di una verità scomoda: *lo hanno messo a tacere perché non testimoniasse al processo*; fare in modo che una notizia non venga divulgata: *mettere a tacere uno scandalo.*

tachi- · Primo elemento di parole composte che indica 'relazione con la velocità': *tachimetro*, strumento per misurare la velocità.

tachicardia (ta-chi-car-dì-a) N.F. (pl. *-die*) · Battito del cuore più veloce del normale.

tachimetro (ta-chi-me-tro) N.M. · Strumento per misurare la velocità.

tacito (tà-ci-to) AGG. **1** Silenzioso, tranquillo, muto: *rimase tacito a pensare.* **2** Che, anche se non è stato espresso chiaramente, è compreso da tutti: *un tacito accordo* Ⓢ sottinteso, implicito Ⓒ esplicito.

taciturno (ta-ci-tùr-no) AGG. · Con poca voglia di parlare: *stasera ti vedo taciturna* Ⓢ silenzioso Ⓒ loquace.

taciuto (ta-ciù-to) · Participio pass. → ***tacere***.

tacqui (tàc-qui) · Pass. rem., 1ª pers. sing. → ***tacere***.

tafano (ta-fà-no) N.M. · Insetto simile a una grossa mosca, con dorso a strisce multicolori; ha un volo rapidissimo e rumoroso; le femmine si nutrono succhiando il sangue dei mammiferi: *il cavallo scacciava i tafani con la coda.*

tafferuglio (taf-fe-rù-glio) N.M. (pl. *-gli*) · Lite rumorosa che coinvolge più persone: *è scoppiato un tafferuglio fra tifosi* Ⓢ rissa.

Il termine deriva da una parola araba che significa 'divertimento, festa, baldoria'.

tag (pronuncia *tag*) N. INGL., in it. N.M. O F. INVAR. **1** In informatica, etichetta che identifica gli elementi di un file o di un sito • In Internet, parola chiave associata a un testo, a un'immagine o a un filmato. **2** Sigla usata come firma dall'autore di un graffito.

taggare (tag-gà-re) V.TR. (*tàggo, tàgghi*, ecc.) · In Internet, associare a un testo, a un'immagine o a un filmato una parola chiave per descriverne il contenuto e renderlo facilmente rintracciabile: *taggare una foto, il post di un blog.*

taglia (tà-glia) N.F. (pl. *-glie*) **1** La corporatura di una persona o di un animale: *un uomo di taglia robusta* Ⓢ costituzione • Misura di un vestito: *una giacca taglia 42.* **2** Ricompensa in denaro promessa a chi aiuti a catturare un criminale: *mettere una taglia sulla testa di un ladro* Ⓢ premio. **3** Somma di denaro richiesta dai rapitori per liberare una persona sequestrata: *pagare una grossa taglia* Ⓢ riscatto.

tagliacarte (ta-glia-càr-te) N.M. INVAR. · Arnese simile a un coltello, usato per aprire le buste e tagliare la carta.

T

taglialegna (ta-glia-lé-gna) N.M. INVAR. · Chi per mestiere taglia la legna Ⓢ boscaiolo, spaccalegna.

tagliando (ta-gliàn-do) N.M. **1** La parte di un libretto, di una tessera o altro che si stacca dalla matrice al momento dell'uso: *devi conservare il tagliando per dimostrare di aver pagato* Ⓢ cedola. **2** Controllo periodico di un autoveicolo per assicurarsi che funzioni bene: *fare il tagliando della macchina.*

tagliare (ta-glià-re) V.TR. (*tàglio*, ecc.) **1** Dividere qualcosa in parti con uno strumento affilato: *tagliare il pane; tagliare i rami di un albero; queste forbici non tagliano* Ⓢ affettare, segare. **2** Rendere più corto: *tagliare i capelli; devi tagliare il nastro, così è troppo lungo* Ⓢ accorciare. **3** Ridurre un'opera eliminando alcune parti: *tagliare il capitolo; ha tagliato alcune scene del film* • Ridurre, diminuire: *tagliare i posti di lavoro; tagliare le spese.* **4** Passare in mezzo a qualcosa: *la strada provinciale taglia la statale vicino al paese* Ⓢ incrociare. Ⓔ ***Tagliare corto***, troncare un discorso; decidere velocemente per porre fine alle esitazioni • ***Tagliare fuori***, isolare, emarginare qualcuno • ***Tagliare i ponti*** → ***ponte*** • ***Tagliare la corda*** → ***corda*** • ***Tagliare la strada a qualcuno***, passargli davanti all'improvviso • ***Tagliare la testa al toro***, risolvere in modo netto una questione complicata.

tagliatella (ta-glia-tèl-la) N.F. (spesso al pl.) · Pasta all'uovo, tagliata in lunghe strisce: *tagliatelle ai funghi.*

tagliente (ta-glièn-te) AGG. **1** Che taglia bene: *una lama tagliente* Ⓢ affilato. **2** Di oggetto dai bordi affilati, che può tagliare: *una scheggia tagliente.* **3** Di parole o frasi che feriscono: *una critica tagliente* Ⓢ pungente, caustico.

tagliere (ta-gliè-re) N.M. · Tavola rettangolare di legno duro o di plastica su cui si taglia il cibo.

taglio (tà-glio) N.M. (pl. *-gli*) **1** Divisione in pezzi con uno strumento affilato: *il taglio del fieno; il taglio dei capelli.* **2** Incisione fatta con uno strumento affilato sul corpo: *farsi un taglio su un dito* Ⓢ ferita. **3** Riduzione, diminuzione: *taglio delle tasse; taglio dei posti di lavoro.* **4** Soppressione di parti di un testo: *ha fatto alcuni tagli all'articolo* Ⓢ cancellazione, eliminazione. **5** Parte che è stata separata da un intero con un oggetto affilato: *un taglio di seta per una camicetta.* **6** Lo stile di un abito o di una pettinatura: *un vestito di taglio sportivo* Ⓢ modello, fattura. **7** La parte della lama con cui si taglia: *lametta a due tagli* Ⓢ filo. **8** La parte di minore larghezza di un oggetto: *mettere i mattoni di taglio.* **9** Movimento di rotazione impresso a una palla in modo da farla deviare: *il tennista ha colpito di taglio* Ⓢ giro. Ⓔ ***Arma a doppio taglio*** → ***arma*** • ***Dare un taglio (netto)***, troncare un discorso, una relazione con una persona • ***Da taglio***, di strumenti che hanno una lama • ***Di piccolo taglio, di grosso taglio***, di banconote di minor o maggior valore.

tagliola (ta-gliò-la) N.F. · Trappola di ferro per la cattura della selvaggina o dei topi, formata da una morsa a scatto che si chiude quando l'animale sposta il fermo della molla.

taglione (ta-glió-ne) N.M. · Nella legge antica di alcuni popoli, la regola per cui chi causava una ferita doveva subire una ferita uguale: *occhio per occhio è la legge del taglione.*

tagliuzzare (ta-gliuz-zà-re) V.TR. · Tagliare in piccoli pezzi o in più punti: *tagliuzzare un foglio di carta; i frammenti di vetro gli hanno tagliuzzato le mani.*

taiga (tài-ga) N.F. (pl. *-ghe*) · Foresta tipica delle regioni fredde dell'estremo Nord dell'Europa e dell'Asia, costituita soprattutto di conifere.

tailleur (tail-leur; pronuncia *taiér*) N.M. FR., in it. N.M. INVAR. · Abito femminile costituito da una gonna e da una giacca: *un tailleur di lana.*

talare (ta-là-re) AGG. · Solo nell'espressione ***abito talare***, l'abito indossato dai sacerdoti cattolici, lungo fino alle caviglie e abbottonato sul davanti.

> Il termine deriva dal latino *talus* 'malleolo', perché l'abito era lungo fino alle caviglie.

talassemia (ta-las-se-mì-a) N.F. (pl. *-mìe*) · Anemia ereditaria frequente nelle popolazioni delle coste mediterranee.

A B C D E F G H I J K L M N O P Q R S T U V W X Y Z

talasso- · Primo elemento di parole composte che significa 'mare': *talassocrazia.*

talassocrazia (ta-las-so-cra-zi-a) N.F. (pl. -*zìe*) · Dominio del mare: *la talassocrazia di Atene.*

talco (tàl-co) N.M. (pl. -*chi*) · Minerale bianco e friabile la cui polvere è usata nella fabbricazione di ciprie, saponi e altri prodotti.

tale (tà-le) AGG. e PRON. · Di questo tipo, come questo; spesso introduce una proposizione consecutiva: *non mi sembra che se ne debba fare una tale tragedia; tali stupidaggini non le ho mai sentite; tale da poter esser venduto; tale che non se ne poteva fare a meno* Ⓢ simile. Ⓔ ***Quel tale***, persona di cui non si conosce il nome: *è venuto a cercarti quel tale della carrozzeria* • ***Tale e quale***, identico, uguale: *è tale e quale a suo padre* • ***Un tale***, un certo individuo: *un tale signor Bianchi.*

Davanti a una parola che inizia per vocale *tale* non vuole l'apostrofo: *un tal esempio* e non *un tal'esempio*.

talea (tà-le-a o ta-lè-a) N.F. (pl. *tàlee* o *talèe*) · Parte tagliata di una pianta che, messa nella terra, può generare un'altra pianta.

talebano (ta-le-bà-no) N.M. · Studente integralista islamico, membro di un'organizzazione politico-militare che ha imposto la legge sacra dell'Islam in Afghanistan dal 1996 al 2001.

taleggio (ta-lég-gio) N.M. (pl. -*gi*) · Formaggio grasso, fermentato e molle.

talento[1] (ta-lèn-to) N.M. · Antica moneta di alto valore in circolazione nel Mediterraneo, usata da Greci e Romani: *Gesù Cristo racconta una parabola sui talenti.*

talento[2] (ta-lèn-to) N.M. · Naturale bravura: *è un giovane di talento; avere del talento artistico* Ⓢ valore • Persona piena di capacità: *è un vero talento del basket* Ⓢ genio.

Il significato attuale deriva da quello che il termine assunse dopo la parabola dei talenti, raccontata da Gesù nei Vangeli, nella quale un padrone dona un numero diverso di talenti (monete) a ciascuno dei suoi servitori e questi li utilizzano ognuno a suo modo.

talismano (ta-li-ṣmà-no) N.M. · Oggetto creduto capace di tenere lontana la sfortuna: *ha una pietra azzurra come talismano* Ⓢ portafortuna, amuleto.

Il termine deriva dal greco *télesma* 'cosa consacrata'.

talk show (pronuncia *tòlc sciò*) N. INGL., in it. N.M. INVAR. · Programma alla radio o in televisione dove il presentatore e alcuni ospiti importanti parlano di vari temi: *un talk show politico, sportivo.*

tallo (tàl-lo) N.M. · Il corpo delle piante quando non presenta la caratteristica suddivisione in radice, caule o fusto, foglie.

tallonare (tal-lo-nà-re) V.TR. (*tallóno*, ecc.) · Stare dietro: *c'è una macchina che ci tallona* Ⓢ inseguire.

talloncino (tal-lon-cì-no) N.M. · Piccolo tagliando che, staccato da un biglietto o da una confezione, serve come prova dell'acquisto.

tallone (tal-ló-ne) N.M. · Parte posteriore e inferiore del piede, di forma tondeggiante Ⓢ calcagno. Ⓔ ***Tallone d'Achille***, il punto debole di una persona.

L'espressione *tallone d'Achille* fa riferimento all'unico punto vulnerabile del corpo di Achille, l'eroe della guerra di Troia; secondo la leggenda, infatti, sua madre Teti lo aveva immerso da neonato nello Stige, mitico fiume che rendeva invulnerabili, tenendolo per un tallone.

talmente (tal-mén-te) AVV. · Così, tanto; introduce una proposizione consecutiva: *visi talmente simili che si confondono; un dolore talmente acuto da farlo urlare.*

talora (ta-ló-ra) AVV. · Talvolta, qualche volta, di tanto in tanto: *un'erba usata talora come farmaco.*

talpa (tàl-pa) N.F. **1** Mammifero con pelliccia folta, muso a punta, occhi piccolissimi spesso ricoperti dalla pelle; trascorre la sua vita in gallerie scavate sottoterra. **2** Chi passa informazioni riservate sul suo lavoro a organizzazioni criminali o a spie: *una talpa dei rapitori all'interno della polizia* Ⓢ informatore, infiltrato. Ⓔ ***Cieco come una talpa***, di persona che vede poco.

taluno (ta-lù-no) PRON. e AGG. INDEF. || PRON. Qualcuno, alcuni: *taluno lo ritiene colpevole; taluni la pensano così.* || AGG. Qualche, alcuni: *taluni strumenti sono utili.*

talvolta (tal-vòl-ta) AVV. · Qualche volta, di tanto in tanto: *talvolta faccio in tempo, talvolta no* S talora.

tamburellare (tam-bu-rel-là-re) V.INTR. e TR. (*tamburèllo*, ecc.) || INTR. (aus. *avere*) Battere su una superficie in modo leggero e continuo: *la pioggia tamburellava **sui** vetri* S picchiettare. || TR. Battere qualcosa con colpi veloci e leggeri: *tamburellare le dita **sul** tavolo.*

tamburello (tam-bu-rèl-lo) N.M. **1** Strumento musicale a percussione, formato da una pelle tesa sopra un cerchio di legno, a cui sono attaccati dei sonagli. **2** Gioco in cui si usa un cerchio di legno, su cui è tesa una pelle, per rilanciare una palla di gomma • Il cerchio di legno usato per questo gioco.

tamburo (tam-bù-ro) N.M. **1** Strumento musicale a percussione, formato da una cassa cilindrica coperta da membrane che si colpiscono con due bacchette o con le mani: *il rullo del tamburo.* **2** Oggetto di forma cilindrica: *togli i proiettili dal tamburo della pistola.* E ***A tamburo battente***, immediatamente: *questo lavoro è da fare a tamburo battente.*

tamponamento (tam-po-na-mén-to) N.M. **1** Chiusura provvisoria di un'apertura per arrestare il flusso di un liquido: *tamponamento di una falla; tamponamento del naso che sanguina.* **2** Urto di un autoveicolo con un altro che si trovi davanti: *ha rotto i fanali nel tamponamento* S collisione, scontro. E ***Tamponamento a catena***, quando più veicoli si urtano uno dietro l'altro.

tamponare (tam-po-nà-re) V.TR. (*tampóno*, ecc.) **1** Cercare di chiudere un'apertura per arrestare il flusso di un liquido: *tamponare una falla; tamponare una ferita* S arginare, tappare. **2** Cercare un rimedio provvisorio a una situazione difficile: *tamponare le conseguenze del disastro* S rimediare. **3** Di un veicolo, urtare contro un altro che si trovi davanti: *ha frenato bruscamente e l'ho tamponato.*

tampone (tam-pó-ne) N.M. e AGG. || N.M. **1** Tessuto di garza o cotone, usato per arrestare emorragie, chiudere ferite o prelevare un campione per esami medici: *metti un tampone sul sangue.* **2** Cuscinetto imbevuto d'inchiostro su cui si premono i timbri prima di usarli. || AGG. INVAR. Di rimedio, che serve a risolvere in modo provvisorio una situazione difficile: *fare una legge tampone.*

tam-tam (tam-tàm) (o **tamtam**) N.M. INVAR. **1** Grande tamburo di legno, usato per mandare segnali a distanza dalle popolazioni primitive. **2** Diffusione di notizie da persona a persona: *l'ho saputo attraverso il tam-tam dei vicini.*

tana (tà-na) N.F. **1** Covo o nascondiglio di animali selvatici, a volte scavato sottoterra: *la tana del coniglio.* **2** Rifugio di persone che si nascondono: *la tana del bandito* S covo.

tandem (tàn-dem) N.M. INVAR. **1** Bicicletta per due persone, dotata di due coppie di pedali, due sellini e due manubri: *i due fratelli vanno spesso in tandem insieme.* **2** Coppia: *la squadra ha un buon tandem d'attacco.* E ***In tandem***, in stretta collaborazione: *lavorare in tandem.*

> Il termine deriva dal latino *tandem* 'finalmente', in origine nome dato scherzosamente dagli studenti inglesi a un tipo di carrozza trainata da due cavalli posti uno davanti all'altro, come traduzione dell'inglese *at length*, che significa sia 'per lungo' che 'alla fine'.

tanfo (tàn-fo) N.M. · Odore molto sgradevole: *che tanfo in questa cantina!* S puzzo.

tanga (tàn-ga) N.M. INVAR. · Costume da bagno o indumento intimo da donna che lascia scoperte le natiche.

tangente[1] (tan-gèn-te) AGG. e N.F. || AGG. Di retta o superficie che abbia un solo punto di contatto in comune con un'altra linea o superficie. || N.F. Retta tangente: *tracciare la tangente **a** una circonferenza.* E ***Partire per la tangente***, perdere il filo del discorso o il controllo di se stessi.

tangente[2] (tan-gèn-te) N.F. · Somma di denaro versata a qualcuno illegalmente in cambio di favori o protezione: *il politico è stato arre-*

A B C D E F G H I J K L M N O P Q R S T U V W X Y Z

stato perché accettava tangenti Ⓢ mazzetta, pizzo.

tangenziale (tan-gen-zià-le) AGG. · Che è tangente a qualcosa. Ⓔ ***Strada tangenziale*** (o *la tangenziale* N.F.), strada che circonda la città alleggerendo il traffico interno, con svincoli di ingresso alle zone principali, e che si collega all'autostrada: *prendere la tangenziale est di Roma.*

tanghero (tàn-ghe-ro) N.M. (f. *-a*) · Persona rozza e maleducata: *quel tanghero mi ha fatto fare una figuraccia* Ⓢ cafone, villano.

tangibile (tan-gì-bi-le) AGG. · Che si può verificare: *dare una prova tangibile di lealtà* Ⓢ reale, concreto.

tango (tàn-go) N.M. (pl. *-ghi*) · Danza popolare sudamericana, malinconica e appassionata, che si balla in coppia: *balliamo un ultimo tango.*

tanica (tà-ni-ca) N.F. (pl. *-che*) · Recipiente di latta o di plastica per il trasporto di liquidi.

> Il termine deriva dall'inglese *tank* 'serbatoio'.

tanto (tàn-to) AGG., PRON. INDEF., AVV., CONGIUNZ. e N.M. || AGG. In grande quantità o in grande numero: *ha tanti libri; era tanto buono!* Ⓢ molto, parecchio Ⓒ poco • In quantità o in numero tale; introduce una proposizione consecutiva: *gli diede tanti soldi da pagarsi tutta la vacanza; ho tanto sonno che non riesco a tenere gli occhi aperti.* || PRON. **1** Una grande quantità, un grande numero: *tanti di voi non sono entrati in classe; di paura, ne ha tanta; eravamo in tanti al concerto.* **2** Una quantità o un numero tale; introduce una proposizione consecutiva: *di soldi gliene diede tanti da pagarsi tutta la vacanza; gli diede tanto che potesse vivere.* **3** Seguito da *quanto*, lo stesso numero, la stessa quantità: *ho avuto tanto io quanto lui; vale tanto oro quanto pesa.* **4** Tutto questo: *tanto mi basta* Ⓢ ciò, questo. || AVV. **1** Soltanto, solo: *si fa tanto per parlare.* **2** Molto tempo: *è tanto che ti aspetto!* **3** Seguito da *quanto*, nella stessa misura: *la maestra è tanto giusta quanto severa.* **4** In una misura tale: *come puoi mangiare tanto!* Ⓢ così. || CONGIUNZ. In ogni caso: *ha un bel gridare, tanto non gli danno retta* Ⓢ comunque. || N.M. Quantità non precisata: *gli dà un tanto al mese per i vizi* Ⓢ tot. Ⓔ ***A dir tanto***, al massimo: *gli ci vorranno a dir tanto due ore* • ***Ogni tanto*** o ***di tanto in tanto***, a intervalli di tempo più o meno lunghi: *viene ogni tanto; di tanto in tanto la va a trovare.*

tapino (ta-pi-no) AGG. e N.M. (f. *-a*) · Infelice, misero.

tappa (tàp-pa) N.F. **1** Sosta durante una marcia o un viaggio: *faremo tappa a Roma per pranzo* Ⓢ fermata. **2** Momento importante della vita o di un percorso: *le tappe della carriera.* **3** La parte di strada fatta ogni giorno in una gara o in un percorso lungo: *la prima tappa del Giro d'Italia* Ⓢ tratto. Ⓔ ***Bruciare le tappe***, raggiungere uno scopo o un traguardo molto prima del previsto.

tappare (tap-pà-re) V.TR. || TR. Chiudere bene un'apertura con un tappo o altro mezzo: *tappare una bottiglia; tappare un buco* Ⓢ turare, sigillare. || **tapparsi** TR. PRONOM. Di orecchie, occhi o naso, chiuderli per non sentire o vedere qualcosa di sgradevole. Ⓔ ***Tappare la bocca a qualcuno***, impedirgli di parlare • ***Tapparsi in casa***, chiudersi in casa per evitare il contatto con gli altri o situazioni pericolose.

tapparella (tap-pa-rèl-la) N.F. · Nel linguaggio familiare, persiana avvolgibile: *alzare, abbassare la tapparella.*

tappeto (tap-pé-to) N.M. · Tessuto grosso e compatto, di lana o di fibre vegetali o sintetiche, di diversi colori e disegni, usato nell'arredamento per coprire pavimenti o rivestire pareti: *nelle fiabe persiane ci sono i tappeti volanti.* Ⓔ ***Al tappeto***, di pugile, a terra e quasi sconfitto: *andare al tappeto; mandare un avversario al tappeto* • ***A tappeto***, sistematicamente: *interrogare a tappeto;* ***bombardamento a tappeto***, fatto in modo da colpire un'intera zona • ***Tappeto erboso***, prato artificiale • ***Tappeto verde***, il rivestimento dei tavoli da gioco.

tappezzare (tap-pez-zà-re) V.TR. (*tappézzo*, ecc.) · Rivestire le pareti con arazzi, stoffa o carta da parati: *tappezzare una stanza* **con** *carta a fiori; tappezzare* **di** *manifesti i muri.*

tappezzeria (tap-pez-ze-rì-a) N.F. (pl. *-rìe*) **1** Il rivestimento delle pareti di un ambiente, realizzato con carta da parati o stoffa: *cambiare la tappezzeria alle pareti.* **2** La stoffa usata per confezionare tende, rivestire mobili o l'interno delle automobili: *la nuova tappezzeria del divano è a fiori rosa* Ⓢ rivestimento, fodera. Ⓔ ***Far da tappezzeria,*** a una festa, restare in disparte.

tappezziere (tap-pez-ziè-re) N.M. (f. *-a*; pl.m. *-i*, pl.f. *-e*) · Artigiano che si occupa di lavori di tappezzeria.

tappo (tàp-po) N.M. **1** Oggetto usato per chiudere bottiglie e altri recipienti: *chiudi il fiasco con il tappo* Ⓢ turacciolo. **2** Persona di bassa statura Ⓢ nano.

tara (tà-ra) N.F. **1** Il peso del recipiente che contiene una merce; deve essere sottratto dal peso lordo per ottenere il peso netto. **2** Malattia o anomalia ereditaria. Ⓔ ***Fare la tara,*** ridimensionare un racconto, crederci solo in parte.

tarantella (ta-ran-tèl-la) N.F. · Danza popolare cantata, tipica dell'Italia meridionale, molto vivace e ritmica: *la tarantella napoletana.*

Il termine deriva da *tarantola* perché, secondo una credenza popolare, la puntura dell'animale provocherebbe uno stimolo incontrollato a muoversi in modo frenetico.

tarantola (ta-ràn-to-la) N.F. **1** Ragno molto comune in Puglia, con zampe robuste e allungate e ventre rossastro con macchie nere; ha un morso doloroso ma non velenoso. **2** Geco.

Il termine deriva dal nome della città di *Taranto*, perché sia il ragno che il rettile sono molto comuni nella zona.

tarare (ta-rà-re) V.TR. **1** Sottrarre da un peso lordo la tara per ottenere il peso netto. **2** Mettere a punto uno strumento di misura: *tarare una bilancia* Ⓢ regolare, registrare.

tarato (ta-rà-to) AGG. e N.M. (f. *-a*) **1** Che, chi è affetto da anomalie o malattie ereditarie. **2** Di persona moralmente spregevole.

tarchiato (tar-chià-to) AGG. · Di aspetto robusto e poco slanciato: *un uomo basso e tarchiato* Ⓢ tozzo.

tardare (tar-dà-re) V.INTR. (aus. *avere*) **1** Non rispettare i limiti di tempo stabiliti: *tardare **nella** consegna di un lavoro* Ⓢ ritardare. **2** Impiegare più tempo del previsto per fare qualcosa: *tardare **a** rispondere* Ⓢ indugiare, aspettare. **3** Arrivare tardi, essere in ritardo, ritardare: *tardare **a** un appuntamento.*

tardi (tàr-di) AVV. **1** A ora tarda: *andare a letto tardi; alzarsi tardi; tornare tardi dal lavoro* Ⓒ presto. **2** Oltre il tempo consentito, utile od opportuno: *arrivare tardi a un appuntamento; è troppo tardi per tornare indietro* Ⓢ in ritardo. Ⓔ ***Al più tardi,*** al massimo: *il passaporto sarà pronto al più tardi fra una settimana* • ***A più tardi,*** formula di congedo con cui si rimanda a un prossimo incontro nell'arco della stessa giornata • ***Sul tardi,*** nelle ultime ore di una parte della giornata: *lo vedrò nella mattinata sul tardi.*

tardivo (tar-dì-vo) AGG. · Che avviene in ritardo rispetto a quando dovrebbe: *un parto tardivo; scuse tardive* Ⓢ tardo Ⓒ precoce.

tardo (tàr-do) AGG. **1** Avanzato nel tempo: *ci vediamo nel tardo pomeriggio* • Nelle suddivisioni storiche, indica il periodo più vicino alla fine di un'epoca: *il tardo Medioevo* Ⓢ basso. **2** Che avviene dopo un limite di tempo stabilito o ritenuto opportuno: *una tarda confessione* Ⓢ tardivo, vano, inutile. **3** Di persona lenta o limitata nei movimenti o nella comprensione: *essere tardo **nel** lavoro.*

targa (tàr-ga) N.F. (pl. *-ghe*) **1** Sottile piastra di metallo su cui sono incise varie indicazioni: *targa con il nome di una strada* Ⓢ insegna, targhetta. **2** La lastra su cui sono indicati i dati che permettono di individuare un autoveicolo o motoveicolo: *prendi il numero di targa di chi passa con il rosso.* **3** Piastra di metallo pregiato che viene assegnata al vincitore di una gara: *vincere una targa d'oro* Ⓢ trofeo.

Il termine deriva da una parola della lingua dei Franchi che significa 'scudo'.

target (tar-get; pronuncia *tàrghet*) N.INGL., in it. N.M. INVAR. · Nel linguaggio commerciale, la fascia di persone che si pensa che sia interessata a un certo prodotto.

targhetta (tar-ghét-ta) N.F. **1** Piccola piastra di metallo sulla porta di casa, con inciso il nome e a volte la professione di chi vi abita: *una targhetta d'ottone* Ⓢ targa. **2** Cartellino con indicazioni di vario tipo: *la targhetta della valigia* Ⓢ etichetta.

tariffa (ta-rìf-fa) N.F. · Prezzo stabilito per un servizio: *tariffe postali; tariffe di noleggio* Ⓢ costo.

tarlato (tar-là-to) AGG. · Danneggiato dai tarli o dalle tarme: *un mobile tutto tarlato; un tessuto tarlato.*

tarlo (tàr-lo) N.M. **1** Insetto che vive all'interno di gallerie scavate nel legno, cibandosi di esso. **2** Tormento interiore che rode l'animo: *il tarlo della gelosia* Ⓢ ossessione.

tarma (tàr-ma) N.F. · Piccolo insetto che allo stato di larva si nutre di sostanze vegetali e animali provocando danni soprattutto a tappeti, tessuti e pellicce.

tarocco (ta-ròc-co) N.M. (pl. *-chi*) · Ciascuna delle carte illustrate che formano il mazzo dei tarocchi, i cui simboli vengono usati anche per prevedere il futuro.

tarpare (tar-pà-re) V.TR. · Tagliare la punta delle penne delle ali a un uccello perché non possa volare. Ⓔ ***Tarpare le ali a qualcuno***, impedirgli di sviluppare al meglio le sue capacità.

tarsia (tar-sì-a o tàr-sia) N.F. (pl. *tarsìe* o *tàrsie*) · Tecnica di decorazione che consiste nell'accostare elementi di varia forma e colore, per realizzare una figura: *tarsia in legno, in marmo* Ⓢ intarsio.

tarso (tàr-so) N.M. · L'insieme delle ossa del piede, escluse quelle delle articolazioni delle dita, su cui si scarica tutto il peso del corpo in posizione eretta.

T

tartagliare (tar-ta-glià-re) V.INTR. (*tartàglio*, ecc.; aus. *avere*) · Pronunciare male le parole, ripetendo più volte le stesse sillabe Ⓢ balbettare.

tartaro[1] (tàr-ta-ro) AGG. e N.M. (f. *-a*) · Dei Tartari, popolazioni turche della Russia meridionale, del Caucaso e dell'Iran. Ⓔ ***Carne alla tartara***, carne cruda macinata cosparsa di limone e variamente condita • ***Salsa tartara***, variante della maionese, con aggiunta di uova sode e altri condimenti.

tartaro[2] (tàr-ta-ro) N.M. · Deposito di calcio che si raccoglie intorno ai denti, causando carie e infiammazioni alle gengive: *dentifricio che previene la formazione di tartaro.*

tartaro[3] (tàr-ta-ro) N.M. · Nella mitologia classica, il regno dei morti Ⓢ inferi.

> Il termine deriva dal greco *Tártaros*, nome dell'abisso in cui furono precipitati i Titani che si erano ribellati al dio Saturno e che furono sconfitti da Giove.

tartaruga (tar-ta-rù-ga) N.F. (pl. *-ghe*) **1** Rettile terrestre, d'acqua dolce o marino, molto diffuso; ha il corpo rivestito da un guscio robusto, da cui si ricava un materiale usato per oggetti di lusso: *pettine di tartaruga* Ⓢ testuggine. **2** Persona lenta e impacciata nei movimenti e nell'agire Ⓢ lumaca.

tartassare (tar-tas-sà-re) V.TR. · Nel linguaggio familiare, trattare male Ⓢ maltrattare, strapazzare.

tartina (tar-tì-na) N.F. · Fetta di pane piccola e sottile, guarnita in vari modi, per antipasti, dessert, tè: *tartine con burro e acciughe.*

tartufo (tar-tù-fo) N.M. **1** Pregiato fungo che cresce sotto terra, molto apprezzato in cucina per il suo profumo intenso: *tagliatelle al tartufo nero di Norcia.* **2** Semifreddo al cioccolato, a forma di mezza sfera e ricoperto di cioccolato in scaglie.

tasca (tà-sca) N.F. (pl. *-sche*) **1** Piccola sacca ricavata all'interno dei vestiti o applicata al loro esterno dei vestiti, per contenere oggetti: *metti le chiavi nella tasca del cappotto.* **2** Scompartimento all'interno o all'esterno di una valigia, di una borsa, di uno zaino o di un portafogli: *la guida è nella tasca esterna dello zaino.* Ⓔ ***Averne le tasche piene***, nel linguaggio familiare, essere stufo di qualcosa o qualcuno, non poterne più • ***Conoscere come le proprie tasche***, molto bene • ***Starsene con le mani in tasca***, senza far nulla.

tascabile (ta-scà-bi-le) AGG. · Che può stare in una tasca: *macchina fotografica tascabile* Ⓢ piccolo, ridotto. Ⓔ ***Libro tascabile*** (o *un tascabile* N.M.), di piccolo formato, in edizione economica.

tascapane (ta-sca-pà-ne) N.M. INVAR. · Borsa di tessuto da portare a tracolla, usata soprattutto dai militari: *mettere il pranzo nel tascapane.* ▸ Ⓕ pane

taschino (ta-schì-no) N.M. · Piccola tasca.

tassa (tàs-sa) N.F. · Somma di denaro pagata dai cittadini allo Stato o ad altro ente pubblico per utilizzare particolari servizi: *tasse scolastiche; pagare le tasse allo Stato* Ⓢ tributo, imposta.

tassabile (tas-sà-bi-le) AGG. · Che può essere tassato: *beni tassabili.*

tassametro (tas-sà-me-tro) N.M. · Apparecchio installato a bordo dei taxi, collegato al contachilometri, per registrare la somma dovuta dal cliente.

tassare (tas-sà-re) V.TR. || TR. Sottoporre a una tassa oggetti o persone: *tassare un terreno; tassare i lavoratori.* || **tassarsi** RIFL. Contribuire volontariamente a una spesa: *per pagargli le cure migliori, gli amici si sono tassati.*

tassativo (tas-sa-tì-vo) AGG. · Che non ammette obiezioni o eccezioni: *ordine tassativo* Ⓢ perentorio, categorico.

tassazione (tas-sa-zió-ne) N.F. · Imposizione e applicazione di una tassa: *redditi soggetti a tassazione.*

tassello (tas-sèl-lo) N.M. · Blocchetto di pietra o di legno da inserire in una cavità della stessa forma per fissarvi chiodi o ganci oppure per chiuderla.

-tassi · Secondo elemento di parole composte che indica 'disposizione, ordinamento': *sintassi*, lo studio della disposizione delle parole.

tassì (tas-sì) → ***taxi***.

tassista (tas-sì-sta) N.M. e F. (pl.m. *-i*, pl.f. -e) · Chi guida il taxi.

tasso[1] (tàs-so) N.M. **1** Interesse, espresso in percentuale, prodotto nel tempo da una certa quantità di denaro: *il valore della casa cresce con un tasso d'interesse dell'1% all'anno.* **2** Valore ottenuto dal rapporto tra due grandezze Ⓢ indice, quoziente. **3** Quantità percentuale di una sostanza contenuta in un liquido: *controllare il tasso di zuccheri nel sangue.* Ⓔ ***Tasso di mortalità, tasso di natalità***, il rapporto tra i morti e i viventi o fra i nati e i viventi.

tasso[2] (tàs-so) N.M. · Mammifero carnivoro, massiccio con zampe corte, dita fornite di unghie lunghe, muso a punta di color bianco, attraversato da due larghe strisce nere che dagli occhi si portano ai lati del dorso.

tasso[3] (tàs-so) N.M. · Albero, spesso coltivato per ornamento; il suo legno ricco di venature è usato nella realizzazione di oggetti artistici.

tassonomia (tas-so-no-mì-a) N.F. (pl. *-mìe*) **1** Parte delle scienze naturali che riguarda la classificazione degli esseri viventi e dei fossili. **2** Studio della teoria e delle regole di classificazione.

tastare (ta-stà-re) V.TR. · Toccare con le dita della mano per accertarsi di qualcosa: *tastare la frutta per sentire se è matura* Ⓢ palpare. Ⓔ ***Tastare il terreno*** → ***terreno***[2].

tastiera (ta-stiè-ra) N.F. · L'insieme dei tasti di uno strumento musicale, di una macchina da scrivere, di una calcolatrice, di un computer o di un telefono: *la tastiera del pianoforte; la tastiera del cellulare.*

tasto (tà-sto) N.M. **1** Piccola leva o bottone che serve a ottenere il suono negli strumenti musicali: *i tasti del pianoforte.* **2** Nelle macchine da scrivere, nelle calcolatrici, nei computer o nei telefoni, gli elementi piatti che si premono per ottenere la scrittura di lettere, numeri o simboli. **3** Pulsante che aziona dispositivi meccanici o elettrici: *premere il tasto del campanello* Ⓢ bottone. Ⓔ ***Battere sempre sullo stesso tasto***, insistere su qualcosa • ***Un tasto dolente***, un argomento delicato: *hai toccato un tasto dolente.*

tastoni (ta-stó-ni) AVV. **1** Tastando il terreno con i piedi o le pareti con le mani: *camminare, procedere, andare tastoni* Ⓢ tentoni. **2** Senza precisi indizi o punti di riferimento, alla cieca: *muoversi tastoni in una faccenda complicata* Ⓢ a caso, alla cieca.

tattica (tàt-ti-ca) N.F. (pl. *-che*) **1** Strategia d'impiego delle unità militari nei combattimenti: *tattica offensiva, difensiva.* **2** Linea di condotta per raggiungere un obiettivo: *non* *esistono tattiche per conquistare una ragazza* Ⓢ strategia, piano • L'insieme delle soluzioni tecniche per cercare di vincere una gara: *l'allenatore ha proposto una nuova tattica.*

tattico (tàt-ti-co) AGG. (pl.m. *-ci*, pl.f. *-che*) **1** Che riguarda la tattica militare dal punto di vista tecnico e funzionale: *una manovra tattica* Ⓢ strategico. **2** Che riguarda le azioni con cui si cerca di raggiungere un certo obiettivo: *quella decisione è stata un gravissimo errore tattico.*

Il termine deriva dal greco *tásso* 'ordinare, disporre', nel senso di 'che mette in ordine, che organizza'.

tattile (tàt-ti-le) AGG. · Che riguarda il senso del tatto: *ha una sensibilità tattile molto sviluppata.*

tatto (tàt-to) N.M. **1** Senso che permette di riconoscere alcune caratteristiche, come la forma e la durezza, degli oggetti che vengono in contatto con la superficie esterna del corpo: *morbido al tatto.* **2** Comportamento pieno di delicatezza e attenzione: *una persona di tatto non direbbe mai una cosa del genere* Ⓢ prudenza, garbo.

tatuaggio (ta-tu-àg-gio) N.M. (pl. *-gi*) · Disegno o scritta permanente ottenuti iniettando dell'inchiostro sotto pelle: *farsi un tatuaggio sulla spalla.*

tatuare (ta-tu-à-re) V.TR. (*tàtuo*, ecc.) || TR. Fare un tatuaggio: *tatuare una sirena sul braccio di un marinaio.* || **tatuarsi** TR.PRONOM. Farsi fare un tatuaggio: *tatuarsi una rosa sul petto.*

taumaturgico (tau-ma-tùr-gi-co) AGG. (pl.m. *-ci*, pl.f. *-che*) · Che può fare miracoli: *poteri taumaturgici.*

T

taurino (tau-rì-no) AGG. **1** Del toro: *corna taurine.* **2** Robusto e vigoroso come un toro: *forza taurina.*

tauromachia (tau-ro-ma-chì-a) N.F. (pl. *-chìe*) · Combattimento tra uomini e tori o tra tori • La corrida.

tautogramma (tau-to-gràm-ma) N.M. (pl. *-i*) · Gioco enigmistico consistente in una frase o un componimento in cui tutte le parole cominciano con la stessa lettera: per es. *siamo sempre sinceri se studiamo sereni.*

tav o **TAV** o **Tav** N.M. O F.INVAR. · Treno o linea ferroviaria ad alta velocità: *sono ricominciati i lavori per la tav.*

Il termine è la sigla di *Treno ad Alta Velocità.*

taverna (ta-vèr-na) N.F. **1** In passato, locale di basso livello dove si mangiava e si beveva: *una taverna con cucina casalinga* Ⓢ osteria. **2** Oggi, trattoria in stile rustico.

tavola (tà-vo-la) N.F. **1** Pezzo di legno di scarso spessore e di forma rettangolare: *una tavola d'abete* Ⓢ asse, piano. **2** Mobile costituito da un piano che poggia su quattro sostegni verticali, usato soprattutto per mangiare: *tavola rotonda; sparecchiare la tavola* Ⓢ tavolo. **3** Dipinto su legno: *una tavola del Pollaiolo.* **4** Pagina di libro interamente occupata da un'illustrazione. **5** Insieme di dati presentati in forma chiara e sintetica: *tavola astronomica* Ⓢ tabella, schema. Ⓔ ***La buona tavola***, il mangiar bene • ***Servizio da tavola***, l'insieme completo di piatti, posate, bicchieri, ecc. • ***Tavola calda***, locale dove si possono consumare pasti rapidi e poco costosi • ***Tavola pitagorica*** → *pitagorico* • ***Tavola rotonda***, convegno, discussione di esperti.

tavolata (ta-vo-là-ta) N.F. · Gruppo di persone che mangiano alla stessa tavola: *una tavolata di sole donne.*

tavolato (ta-vo-là-to) N.M. **1** Pavimento costituito da una serie di assi di legno: *tavolato di pino.* **2** Terreno pianeggiante rialzato di qualche centinaio di metri rispetto al livello del mare.

tavoletta (ta-vo-lét-ta) N.F. **1** Piccola asse di forma rettangolare e di materiale vario: *una tavoletta di legno, di argilla.* **2** Confezione rettangolare di un prodotto alimentare o di un medicinale: *una tavoletta di cioccolata.*

tavolino (ta-vo-lì-no) N.M. · Piccolo tavolo: *tavolino da tè.* Ⓔ ***A tavolino***, in modo razionale, meditato: *l'incidente non è avvenuto per caso, è stato deciso a tavolino.*

tavolo (tà-vo-lo) N.M. · Mobile formato da un ripiano che poggia su quattro sostegni: *gioco da tavolo* Ⓢ tavola. Ⓔ ***Tavolo da disegno***, dotato di un piano di cui si può regolare l'inclinazione per eseguire disegni tecnici • ***Tavolo operatorio***, attrezzato per operazioni mediche.

tavolozza (ta-vo-lòz-za) N.F. · Piccola asse sottile, ovale o rettangolare, usata dai pittori per stendere e mescolare i colori; è munita di un foro nel quale il pittore introduce il pollice per sorreggerla.

taxi (tà-xi) N.M. INVAR. · Automobile per il trasporto pubblico a pagamento.

taxista (ta-xi-sta) → ***tassista***.

tazza (tàz-za) N.F. **1** Piccolo recipiente, di materiale vario, di forma rotonda o cilindrica, con manico, che si usa per bere: *versare il latte nella tazza.* **2** Il vaso del gabinetto.

tazzina (taz-zì-na) N.F. · Piccola tazza, usata di solito per il caffè.

te[1] (té) PRON. PERS. · Forma accentata del pronome di seconda persona singolare *tu* usata come complemento: *vogliono te; si parla di te; stavo pensando a te; lavoro per te; lo aspetteremo da te; confida in te* • Nelle esclamazioni, indica il soggetto: *beato te!; povero te!*

te[2] (té) PRON. PERS. · Variante di *ti* come forma atona del pronome di seconda persona singolare *tu*.

> *Te* si usa al posto di *ti* davanti ai pronomi *lo, li, la, le, ne* sia quando precedono il verbo che quando lo seguono: *te lo misi*; *te ne parlò*; *volle mettertelo*.

tè N.M. INVAR. · Pianta coltivata in Estremo Oriente, dalle cui foglie si ottiene, per infusione, un'ottima bevanda: *mi ha portato un pacchetto di tè dall'India* • La bevanda ottenuta per infusione dalle foglie della pianta: *vuoi una tazza di tè?*

> L'accento sulla *e* di *tè* è grave; scrivere *té* con l'accento acuto è un errore!

team (pronuncia *tim*) N. INGL., in it. N.M. INVAR. · Gruppo di persone che collaborano alla stessa impresa: *il team della Ferrari* Ⓢ squadra; équipe (*fr.*).

teatrale (te-a-trà-le) AGG. **1** Che riguarda il teatro: *rappresentazione teatrale; critico teatrale.* **2** Enfatico, artificioso, affettato: *esprime i suoi sentimenti sempre in modo molto teatrale.*

teatro (te-à-tro) N.M. **1** Edificio usato per la rappresentazione di opere drammatiche, musicali, spettacoli di varietà, ballo: *stasera andiamo a teatro a vedere La Traviata* • L'insieme degli spettatori che assiste a una di queste rappresentazioni: *tutto il teatro fischiò* Ⓢ sala. **2** L'attività di chi recita o canta in spettacoli teatrali: *fa teatro da quando era bambino.* **3** L'insieme delle opere da rappresentare in teatro di un Paese, di un certo periodo storico o di un autore: *teatro comico; teatro greco; il teatro di Goldoni.* **4** Luogo in cui si svolge un evento: *quella casa fu teatro di un delitto* Ⓢ scenario. Ⓔ ***Il teatro delle operazioni***, la zona dove si svolgono le azioni militari • ***Teatro stabile*** → ***stabile***.

teca (tè-ca) N.F. (pl. *-che*) · Vetrina per custodire oggetti di valore: *i gioielli sono esposti in una teca di vetro* Ⓢ bacheca • Nell'uso cristiano, custodia che contiene una reliquia.

-teca · Secondo elemento di parole composte che significa 'deposito, custodia' o 'collezione, raccolta': *enoteca,* deposito di vini; *pinacoteca,* collezione di quadri.

-tecnia · Secondo elemento di parole composte che indica 'la tecnica che riguarda una particolare attività' espressa dal primo elemento: *zootecnia,* l'insieme delle tecniche relative agli animali.

tecnica (tèc-ni-ca) N.F. (pl. *-che*) **1** Insieme di norme che regolano lo svolgimento pratico di un'arte o di una scienza: *la tecnica della pittura a olio.* **2** Metodo personale seguito nello svolgere un'attività: *ha una tecnica infallibile per vincere a carte* Ⓢ sistema, procedimento. **3** Attività che, sulla base delle conoscenze scientifiche, cerca di sfruttare le risorse naturali per migliorare il modo di vivere: *i progressi della tecnica moderna* Ⓢ tecnologia.

tecnicismo (tec-ni-cì-smo) N.M. **1** Applicazione rigorosa delle regole di esecuzione di un'arte, di una scienza, di un'attività: *peccare di eccessivo tecnicismo.* **2** Termine specialistico noto solo a chi conosce una certa materia: *un linguaggio pieno di tecnicismi.*

tecnico (tèc-ni-co) AGG. e N.M. (f. *-a*; pl.m. *-ci*, pl.f. *-che*) || AGG. Che riguarda l'applicazione

A B C D E F G H I J K L M N O P Q R S T U V W X Y Z

pratica di un'arte, di una scienza, di una disciplina: *ha una conoscenza tecnica ma non teorica.* || N.M. (f. *-a*) **1** Operaio specializzato in un certo lavoro: *chiama il tecnico per il frigorifero* Ⓢ esperto, specialista. **2** L'allenatore di una squadra: *il tecnico non ha ancora dato la formazione* Ⓢ mister (*ingl.*). Ⓔ ***Difetto tecnico***, problema nel funzionamento di qualcosa, presente già in fase di costruzione • ***Istituto tecnico*** (o *il tecnico* N.M.), corso di studi medi superiori che prepara a una professione pratica • ***Tecnico del suono***, in uno spettacolo, chi si occupa dei rumori e delle musiche di scena • ***Termine tecnico***, che riguarda una specifica materia.

Il femminile di *tecnico* nel senso di 'persona specializzata in una certa attività' è *tecnica*, ma è usato poco. Spesso si usa il maschile anche quando ci si riferisce a una donna: *mia madre è tecnico di laboratorio.*

tecno- · Primo elemento di parole composte che indica 'tecnica' o 'che riguarda la tecnica': *tecnologia*, lo studio della tecnica.

tecnologia (tec-no-lo-gì-a) N.F. (pl. *-gìe*) · Lo studio delle tecniche e dei procedimenti per trasformare le materie prime in prodotti industriali sempre più innovativi: *tecnologia dei metalli; lo sviluppo della tecnologia informatica* Ⓢ tecnica.

tecnologico (tec-no-lò-gi-co) AGG. (pl.m. *-ci*, pl.f. *-che*) · Che riguarda la tecnologia: *applicazioni tecnologiche* Ⓢ tecnico • Avanzato dal punto di vista tecnico: *questo telefono è super tecnologico.*

tedesco (te-dé-sco) AGG. e N.M. (f. *-a*; pl.m. *-schi*, pl.f. *-sche*) || AGG. Della Germania. || N.M. (f. *-a*) Abitante, nativo della Germania. || N.M. La lingua parlata in Germania, Austria e Svizzera. Ⓔ ***Pastore tedesco*** → ***pastore***.

Il termine deriva dal tedesco antico *theuda* 'popolo, volgo', riferito in origine alla lingua germanica vista come 'lingua del popolo', in contrapposizione al latino.

tediare (te-dià-re) V.TR. (*tèdio*, *tèdi*, ecc.) · Annoiare profondamente: *tediare qualcuno con lunghi discorsi.*

tedio (tè-dio) N.M. (pl. *-di*) · Profondo senso di noia: *il tedio di una lunga attesa* Ⓢ fastidio.

tedioso (te-dió-so) AGG. · Che provoca un senso di noia e di fastidio: *discorsi tediosi* Ⓢ noioso.

teenager (teen-a-ger; pronuncia *tinèger*) N. INGL., in it. N.M. e F. INVAR. · Persona compresa fra i 13 e i 19 anni: *alla sua età si veste ancora come una teenager* Ⓢ adolescente.

tegame (te-gà-me) N.M. · Recipiente di cucina di forma rotonda, con fondo piatto e sponde non molto alte, munito di uno o due manici: *metti il tegame per il sugo sul fuoco.*

teglia (té-glia) N.F. (pl. *-glie*) · Recipiente con fondo piatto e sponde basse che serve per cuocere cibi nel forno: *ha cotto una teglia di lasagne.*

tegola (té-go-la) N.F. **1** Manufatto di terracotta, ardesia o legno usato per coprire i tetti. **2** Disgrazia o danno grave e inatteso: *l'incidente è stato una brutta tegola* Ⓢ sciagura, sventura.

teiera (te-iè-ra) N.F. · Recipiente, di forma tonda e con beccuccio, in cui si mette il tè: *una teiera di porcellana.*

tela (té-la) N.F. **1** Tessuto uniforme e compatto, di solito di cotone o di lino: *un libro rilegato in tela; scarpe di tela.* **2** Dipinto a olio o a tempera sul materiale appositamente preparato: *una tela di Bellini* Ⓢ quadro. Ⓔ ***Tela di ragno***, la ragnatela.

telaio (te-là-io) N.M. (pl. *-lài*) **1** Macchina con cui si intrecciano i fili per eseguire la tessitura: *telaio a mano; telaio meccanico.* **2** Nome generico di vari tipi di strutture rigide di sostegno: *il telaio della bici* Ⓢ struttura, intelaiatura.

tele- **1** Primo elemento di parole composte che significa 'da lontano', soprattutto a proposito di operazioni e di trasmissioni effettuate a distanza: *telefono; telegrafo.* **2** Primo elemento di parole composte che significa 'della televisione': *telefilm; telegiornale.*

telecamera (te-le-cà-me-ra) N.F. · Apparecchiatura per la ripresa delle immagini da trasmettere in video: *riprendere una scena con la telecamera.*

telecomandare (te-le-co-man-dà-re) V.TR. · Comandare a distanza: *telecomandare un aeroplanino.*

telecomando (te-le-co-màn-do) N.M. · Il dispositivo usato per controllare a distanza apparecchi elettronici: *il telecomando della tv è rotto.*

telecomunicazione (te-le-co-mu-ni-ca-zió-ne) N.F. · Processo di trasmissione rapida e a distanza di informazioni attraverso telefono, telegrafo, televisione, radio, Internet.

telecronaca (te-le-crò-na-ca) N.F. (pl. *-che*) · La ripresa e la trasmissione commentata di un avvenimento in televisione: *la telecronaca di una partita di calcio.*

telecronista (te-le-cro-nì-sta) N.M. e F. (pl.m. *-i*, pl.f. *-e*) · Giornalista che commenta un avvenimento ripreso e trasmesso in televisione: *telecronista sportivo.*

teleferica (te-le-fè-ri-ca) N.F. (pl. *-che*) · Impianto per il trasporto di materiali o persone, formato da veicoli che viaggiano sospesi a una fune tesa fra una serie di pali.

telefilm (te-le-film) N.M. INVAR. · Film girato per la televisione: *un telefilm poliziesco.*

telefonare (te-le-fo-nà-re) V.INTR. e TR. (*telèfono*, ecc.) || INTR. (aus. *avere*) Parlare con qualcuno per mezzo del telefono: *telefono **a** mio padre; telefonami quando arrivi* Ⓢ chiamare (TR.). || TR. Comunicare per mezzo del telefono: *telefonami l'ora del tuo arrivo.*

telefonata (te-le-fo-nà-ta) N.F. · Comunicazione attraverso il telefono: *fare una telefonata internazionale* Ⓢ chiamata.

telefonia (te-le-fo-nì-a) N.F. (pl. *-nìe*) · Sistema di comunicazione a distanza, costituito da un apparecchio che trasmette informazioni tramite cavo o via etere e un apparecchio che le riceve. Ⓔ ***Telefonia fissa***, sistema in cui i telefoni sono collegati attraverso dei cavi • ***Telefonia mobile***, che utilizza una rete di telefoni cellulari.

telefonico (te-le-fò-ni-co) AGG. (pl.m. *-ci*, pl.f. *-che*) · Del telefono: *cabina telefonica; linea telefonica; numero telefonico.* Ⓔ ***Cabina telefonica*** → *cabina* • ***Elenco telefonico*** → *elenco*.

telefonino (te-le-fo-nì-no) N.M. · Telefono cellulare.

telefono (te-lè-fo-no) N.M. · Apparecchio che permette di trasmettere e ricevere a distanza la voce umana: *chiamare al telefono; pagare la bolletta del telefono.* Ⓔ ***Colpo di telefono***, breve chiamata • ***Telefono cellulare*** → *cellulare* • ***Telefono interno***, che collega i vari uffici di un ente o società • ***Telefono pubblico***, che si trova per strada, all'interno di cabine, e funziona con monete o schede.

telegiornale (te-le-gior-nà-le) N.M. · Lettura dei principali avvenimenti del giorno trasmessa in televisione e accompagnata da filmati: *questa notizia l'ho sentita al telegiornale.*
▸ Ⓕ dies

telegrafare (te-le-gra-fà-re) V.TR. e INTR. (*telègrafo*, ecc.; aus. *avere*) · Comunicare per mezzo del telegrafo: *telegrafare una notizia a un amico.*

telegrafico (te-le-grà-fi-co) AGG. (pl.m. *-ci*, pl.f. *-che*) **1** Del telegrafo: *ufficio telegrafico; messaggio telegrafico.* **2** Conciso, stringato, breve: *un resoconto telegrafico.*

telegrafo (te-lè-gra-fo) N.M. **1** Dispositivo per la trasmissione a distanza di segnali che corrispondono alle lettere dell'alfabeto: *la linea del telegrafo è interrotta.* **2** L'ufficio dove si trasmettono e si ricevono telegrammi.

telegramma (te-le-gràm-ma) N.M. (pl. *-i*) · Testo scritto trasmesso con il telegrafo: *scrivere un telegramma di condoglianze.*

telelavoro (te-le-la-vó-ro) N.M. · Attività di lavoro svolta a casa propria, mantenendo un costante collegamento telematico con la propria azienda.

telematica (te-le-mà-ti-ca) N.F. (pl. *-che*) · Trasmissione a distanza di dati tra computer, di solito attraverso la rete telefonica.

telematico (te-le-mà-ti-co) AGG. e N.M. (f. *-a*; pl.m. *-ci*, pl.f. *-che*) || AGG. Basato sulla telematica: *era telematica; edizione telematica di un giornale.* || N.M. (f. *-a*) Esperto di telematica.

telenovela (te-le-no-vè-la) N.F. PORT., in it. N.F. (invar. o anche pl. *telenovelas*) · Serial televisivo a carattere popolare in molte puntate.

teleobiettivo (te-le-o-biet-ti-vo) N.M. · Obiettivo fotografico usato per riprendere oggetti molto lontani.

telepass (te-le-pàss o tè-le-pass) N.M. INVAR. · Nome commerciale ® del sistema elettronico di pedaggio autostradale.

telepatia (te-le-pa-tì-a) N.F. (pl. *-tìe*) · La capacità di comunicare con la mente: *tu ci credi alla telepatia?*

telepatico (te-le-pà-ti-co) AGG. (pl.m. *-ci*, pl.f. *-che*) · Che riguarda la telepatia: *i due gemelli a volte sembrano telepatici.*

telepromozione (te-le-pro-mo-zió-ne) N.F. · Pubblicità fatta durante un programma televisivo, spesso accompagnata da scenette o quiz.

telerilevamento (te-le-ri-le-va-mén-to) N.M. · Misurazione a distanza tramite satelliti di fenomeni meteorologici e ambientali: *telerilevamento della superficie marina.*

teleriscaldamento (te-le-ri-scal-da-mén-to) N.M. · Sistema di riscaldamento che sfrutta il calore in eccesso prodotto da centrali e industrie, che viene trasportato e usato per riscaldare quartieri e piccoli paesi.

teleschermo (te-le-schér-mo) N.M. · Lo schermo del televisore • Televisore, tv: *sta troppe ore davanti al teleschermo.*

telescopio (te-le-scò-pio) N.M. (pl. *-pi*) · Strumento ottico usato per vedere gli oggetti lontani, in particolare per osservare i corpi celesti.

T

teleselezione (te-le-se-le-zió-ne) N.F. · Sistema che permette di stabilire un contatto con un numero telefonico di una città diversa componendo un prefisso.

telespettatore (te-le-spet-ta-tó-re) N.M. (f. *-trìce*) · Chi guarda una trasmissione televisiva: *aumentano i telespettatori del nostro programma* Ⓢ spettatore, pubblico.

televideo (te-le-vì-de-o) N.M. INVAR. · Sistema telematico che permette di leggere notizie e informazioni di vario tipo sullo schermo del televisore: *sul televideo puoi vedere anche i risultati delle partite.*

televisione (te-le-vi-sió-ne) N.F. **1** Sistema di trasmissione a distanza di immagini luminose in movimento, mediante onde radio. **2** L'organizzazione che produce e diffonde i programmi televisivi: *ci sono molte televisioni private oggi.* **3** Nel linguaggio familiare, televisore, tv: *spegni la televisione.*

televisivo (te-le-vi-sì-vo) AGG. · Della televisione: *canale televisivo; programmi televisivi.*

televisore (te-le-vi-só-re) N.M. · L'apparecchio su cui si vedono i programmi televisivi: *ho il televisore rotto.*

tellurico (tel-lù-ri-co) AGG. (pl.m. *-ci*, pl.f. *-che*) · Che riguarda la Terra e i terremoti: *scossa tellurica.*

telo (té-lo) N.M. · Pezzo di tessuto di forma rettangolare: *copri il divano con un telo.* Ⓔ ***Telo da bagno***, grande asciugamano.

telone (te-ló-ne) N.M. **1** Grosso telo usato per tenere a riparo gli oggetti: *mettere un telone sui mobili prima di tinteggiare.* **2** Nei teatri, sipario che si chiude scendendo dall'alto.

tema (tè-ma) N.M. (pl. *-i*) **1** L'argomento di un discorso o di uno scritto: *il tema di una lezione* Ⓢ materia, soggetto • L'argomento per un componimento scolastico e il componimento stesso: *essere fuori tema; fare un tema su Manzoni* Ⓢ elaborato. **2** Il soggetto di un'opera artistica: *il tema dell'affresco è la battaglia di Maratona* Ⓢ motivo. **3** Il motivo musicale che viene sviluppato nel corso del brano: *è un tema in la minore.* **4** In linguistica, la forma con cui si presenta la radice di una parola, tolta la desinenza: *"grid-" è il tema di gridare.*

tematica (te-mà-ti-ca) N.F. (pl. *-che*) · Insieme dei temi che si incontrano più spesso in un autore o in un'opera: *la tematica di Manzoni.*

tematico (te-mà-ti-co) AGG. (pl.m. *-ci*, pl.f. *-che*) **1** Che riguarda il tema poetico, figurativo o musicale: *la complessità tematica di una sinfonia.* **2** In linguistica, che riguarda il tema di una parola: *vocale tematica.*

temerario (te-me-rà-rio) AGG. (pl.m. *-ri*, pl.f. *-rie*) **1** Che si espone a un pericolo, per incoscienza o per coraggio: *un viaggiatore temera-*

rio Ⓢ incosciente, spavaldo, audace Ⓒ prudente. **2** Audace, coraggioso: *un tentativo temerario.*

> Il termine deriva dall'avverbio latino *temere* 'alla cieca', che viene a sua volta da *temus* 'oscurità'.

temere (te-mé-re) V.TR. e INTR. (ind. pres. *témo*, ecc.; pass. rem. *teméi* o *temètti*, *temésti*, *temé* o *temètte*, *temémmo*, *teméste*, *temérono* o *temèttero*) || TR. **1** Considerare con timore la possibilità di un pericolo o di un evento spiacevole: *temere una disgrazia; temere i ladri; teme* ***di*** *essere bocciato; il medico teme* ***che*** *il malato peggiori* Ⓢ aver paura di, aver timore di • Sospettare, subodorare, prevedere: *i suoi sintomi fanno temere una brutta malattia.* **2** Subire un danno se esposto a certe condizioni: *queste piante temono il freddo* Ⓢ patire, soffrire. || INTR. (aus. *avere*) Provare un senso di preoccupazione o di paura: *temere* ***per*** *la salute di un amico* Ⓢ preoccuparsi • Preceduto dalla negazione, per esprimere rassicurazione o minaccia: *ti aiuterò io, non temere; ve la farò pagare, non temete.*

temibile (te-mì-bi-le) AGG. · Che fa paura: *un avversario temibile* Ⓢ pericoloso, preoccupante.

tempera (tèm-pe-ra) N.F. · Tecnica di pittura che fa uso di colori misti ad acqua • Il dipinto eseguito con questa tecnica: *un ritratto a tempera.*

temperamatite (tem-pe-ra-ma-tì-te) N.M. INVAR. · Piccolo strumento usato per fare la punta alle matite Ⓢ temperino.

temperamento (tem-pe-ra-mén-to) N.M. **1** L'insieme degli elementi del carattere di un individuo: *un temperamento freddo, nervoso, romantico* Ⓢ indole, natura. **2** Vigore e originalità di carattere: *un direttore d'orchestra di notevole temperamento* Ⓢ personalità.

temperanza (tem-pe-ràn-za) N.F. · Capacità di controllarsi e moderarsi: *temperanza* ***nel*** *bere,* ***nel*** *mangiare* Ⓢ misura, sobrietà.

temperare (tem-pe-rà-re) V.TR. (*tèmpero*, ecc.) **1** Modificare in meglio eliminando gli eccessi: *temperare l'ardore delle passioni* Ⓢ mitigare, addolcire, attenuare. **2** Affilare la punta alle matite Ⓢ appuntare, aguzzare.

temperato (tem-pe-rà-to) AGG. **1** Di condizione climatica in cui caldo e freddo sono ben regolati: *la stagione è stata abbastanza temperata* Ⓢ mite, dolce. **2** Moderato, misurato, senza esagerazioni: *uomo temperato nel bere.* **3** Di matita cui sia stata affilata la punta. Ⓔ ***Clima temperato***, con temperature moderate, una stagione invernale ben definita e una distribuzione annua delle piogge piuttosto regolare.

temperatura (tem-pe-ra-tù-ra) N.F. **1** Il grado di calore di una sostanza: *la temperatura dell'acqua del mare si abbassa in inverno.* **2** Il livello di calore dell'atmosfera, misurato in gradi: *ecco le temperature minime e massime di ieri.* **3** Il grado di calore del corpo umano: *misurare la temperatura* • Nel linguaggio familiare, febbre leggera: *il bambino ha un po' di temperatura* Ⓢ alterazione.

temperino (tem-pe-rì-no) N.M. · Piccolo coltello tascabile la cui lama si può ripiegare nel manico.

tempesta (tem-pè-sta) N.F. **1** Perturbazione atmosferica, con vento e pioggia violenta e spesso anche grandine: *la tempesta ha fatto cadere molti rami* Ⓢ burrasca, bufera • Il forte stato di agitazione del mare o dei laghi, con onde alte provocate dalla furia del vento: *una nave sbattuta dalla tempesta sugli scogli.* **2** Fitta e rapida successione: *tempesta di proiettili; una tempesta di domande* Ⓢ raffica, diluvio. **3** Stato di agitazione dell'animo causato da pensieri, sentimenti o passioni violente in contrasto: *avere il cuore in tempesta* Ⓢ tumulto. Ⓔ ***Aria di tempesta***, atmosfera di tensione in cui è possibile che scoppino litigi: *c'è aria di tempesta stasera a casa* • ***Una tempesta in un bicchier d'acqua***, contrasto o litigio destinato a risolversi in fretta.

tempestare (tem-pe-stà-re) V.TR. (*tempèsto*, ecc.) · Battere ripetutamente e con forza: *la pioggia tempestava i vetri delle finestre* • Infastidire qualcuno con insistenza: *lo tempestava* ***di*** *telefonate* Ⓢ bombardare, sommergere.

tempestività (tem-pe-sti-vi-tà) N.F. INVAR. · La caratteristica di chi fa le cose con prontezza e al momento giusto: *la tempestività del suo arrivo ha salvato la situazione* Ⓢ tempismo.

tempestivo (tem-pe-sti-vo) AGG. · Che avviene al momento giusto: *il tuo aiuto è giunto proprio tempestivo* Ⓢ opportuno Ⓒ intempestivo • Eseguito in fretta, prima che sia troppo tardi: *è necessario un tempestivo intervento* Ⓢ rapido.

tempestoso (tem-pe-stó-so) AGG. **1** Agitato dalla tempesta: *una notte buia e tempestosa* Ⓢ burrascoso. **2** Turbolento, agitato, tormentato: *una vita tempestosa e piena di passione.*

tempia (tèm-pia) N.F. (pl. *-pie*) · Ciascuna delle due zone piatte della testa ai lati della fronte.

tempio (tèm-pio) N.M. (pl. *tèmpli*) **1** Edificio consacrato al culto delle divinità: *un tempio greco dedicato a Minerva.* **2** Sede degna di venerazione, perché vi si svolge qualcosa di nobile: *il tribunale è il tempio della Giustizia; l'università è il tempio del sapere* Ⓢ santuario.

> Il termine deriva da una radice indoeuropea che significa 'tagliare', perché in origine indicava lo spazio delimitato e consacrato agli dèi, il 'recinto sacro', in seguito l'edificio costruito al suo interno.

tempismo (tem-pi-ṣmo) N.M. · Capacità di scegliere il momento giusto per agire: *un tempismo tutto sbagliato.*

templi (tèm-pli) · Plurale → ***tempio***.

tempo (tèm-po) N.M. **1** Suddivisione della realtà in unità di misura che organizzano le vicende umane e naturali: *il tempo si può misurare in ore, giorni, settimane, mesi, anni.* **2** La durata di un evento o la quantità di attimi in successione che servono a svolgerlo: *quanto tempo dura questo film?; non ho mai tempo di scriverti* Ⓢ periodo • Lunga durata: *ci vuol tempo a farlo.* **3** Nelle gare sportive, la velocità con cui un atleta finisce il percorso di gara: *nella gara di ieri ha fatto un tempo record.* **4** Periodo con certe caratteristiche: *al tempo dei Romani; in tempo di vacanze* Ⓢ epoca, età, era. **5** In musica, la velocità con cui si esegue un brano, spesso indicata da didascalie: *il tempo può essere andante, allegro, presto.* **6** Ciascuna delle parti in cui è divisa un'opera teatrale o un film: *commedia in due tempi* Ⓢ atto. **7** Ciascuna delle fasi di gioco di uno sport, separate da un breve intervallo: *ha fatto gol nel primo tempo.* **8** La situazione meteorologica: *domani sarà bel tempo.* **9** In grammatica, categoria del verbo che indica il momento in cui si colloca l'azione; in italiano è fondata sull'opposizione di presente, passato e futuro. Ⓔ ***Andare a tempo***, ballare, cantare o suonare al giusto ritmo • ***A tempo*** o ***in tempo***, prima che sia tardi • ***Battere il tempo***, seguire il ritmo di un brano musicale battendo le mani o i piedi • ***Complemento di tempo***, in grammatica, il complemento che indica quando si svolge l'azione espressa dal verbo; ***complemento di tempo determinato***, indica il tempo preciso in cui ha luogo l'azione del verbo (*domenica andrò alla partita; nel 1939 scoppiò la guerra; si alza all'alba; vediamoci alle sei*); ***complemento di tempo continuato***, indica durata nel tempo dell'azione del verbo (*ti abbiamo aspettato due ore; ho studiato per due ore; durante la cena non smise mai di parlare*) • ***Ha fatto il suo tempo***, di qualcosa o qualcuno che è passato di moda • ***Perdere tempo***, usare male un periodo a propria disposizione per fare qualcosa • ***Per tempo***, fatto con anticipo per non ritardare: *ho finito di vestirmi per tempo* • ***Tempi composti***, in grammatica, i tempi verbali che si formano con un verbo ausiliare e il participio passato, per es. il passato prossimo (*ho visto, sono andato*) e il trapassato prossimo (*avevo visto, ero andato*); ***tempi semplici***, quelli che hanno una forma propria, per es. l'imperfetto (*vedevo*) e il passato remoto (*vidi*) • ***Tempi supplementari*** → ***supplementare*** • ***Tempo pieno***, di un'attività che occupa l'intera giornata lavorativa.

temporale[1] (tem-po-rà-le) AGG. **1** Che riguarda la durata o l'accadere degli eventi nel tempo: *i limiti temporali di un fenomeno.* **2** Che ha durata limitata: *l'esistenza è un bene temporale* Ⓢ caduco, effimero. **3** Nel linguaggio della Chiesa, che appartiene alla vita terrena Ⓢ materiale. **4** In grammatica: ***proposizione temporale*** (o *una temporale* N.F.), la frase subordinata che indica una circostanza di tempo (*mentre guardavo il film mi sono addormentato; prima di uscire spegni il* *gas; quando tornerai ne parleremo*); ***congiunzione temporale***, quella che introduce una proposizione temporale, per es. *quando, mentre, finché, prima che, dopo che*. **E** ***Potere temporale***, il potere politico esercitato dai Papi sui propri territori.

temporale[2] (tem-po-rà-le) N.M. · Breve e violenta perturbazione atmosferica con pioggia, vento, tuoni e fulmini: *d'estate ci sono molti temporali* **S** tempesta.

temporale[3] (tem-po-rà-le) AGG. · Delle tempie: *osso temporale*.

temporalesco (tem-po-ra-lé-sco) AGG. (pl.m. *-schi*, pl.f. *-sche*) · Tipico del temporale: *piogge a carattere temporalesco*.

temporaneo (tem-po-rà-ne-o) AGG. (pl.m. *-nei*, pl.f. *-nee*) · Che dura poco: *un temporaneo innalzamento delle temperature* **S** momentaneo, transitorio, provvisorio **C** definitivo.

temporeggiare (tem-po-reg-già-re) V.INTR. (*temporéggio*, ecc.; aus. *avere*) · Rimandare o rallentare un'azione o una decisione, in attesa di una situazione più favorevole: *ha temporeggiato prima di prendere accordi* **S** indugiare.

tempra (tèm-pra) N.F. **1** Trattamento di metalli, leghe, vetro che consiste in un riscaldamento e in un successivo raffreddamento, per migliorare la loro resistenza. **2** L'insieme delle qualità fisiche e mentali di una persona: *ha una tempra d'acciaio* **S** carattere, temperamento, costituzione.

temprare (tem-prà-re) V.TR. (*tèmpro*, ecc.) || TR. **1** Sottoporre a tempra un metallo o un vetro: *temprare l'acciaio*. **2** Rendere più forte nel fisico o nel carattere: *l'esercizio fisico mi ha temprato; le sofferenze temprano l'animo* **S** fortificare, rafforzare. || **temprarsi** RIFL. Diventare più forte nel fisico o nel carattere: *temprarsi vivendo all'aria aperta; temprarsi con l'esperienza*.

tenace (te-nà-ce) AGG. **1** Di sostanza molto adesiva e resistente: *colla tenace* **S** forte, resistente. **2** Saldo, costante, risoluto: *un uomo tenace nei suoi propositi*.

tenacia (te-nà-cia) N.F. (pl. raro *-cie*) · Fermezza, costanza, ostinazione: *studiare con tenacia*.

tenaglia (te-nà-glia) N.F. (spesso al pl. *-glie*) · Arnese utilizzato di solito per afferrare chiodi o pezzi meccanici, che si apre e si chiude a forbice: *un paio di tenaglie da fabbro*.

tenda (tèn-da) N.F. **1** Pezzo di stoffa che si stende davanti a qualcosa per nasconderlo o proteggerlo: *la tenda del teatro; chiudi le tende della finestra*. **2** Riparo di stoffa che si monta e si smonta facilmente, costituito da teli impermeabili sorretti da pali: *gli scout piantarono le tende vicino al fiume*. **E** ***Piantare le tende, levare le tende***, montare o smontare un accampamento; in senso figurato, fermarsi in qualche luogo o andarsene • ***Tenda a ossigeno*** → ***ossigeno***.

tendaggio (ten-dàg-gio) N.M. (pl. *-gi*) **1** Tenda molto grande che copre interamente una finestra o una porta: *un pesante tendaggio di velluto manteneva fresca la stanza*. **2** AL PL. L'insieme delle tende di una stanza: *tendaggi in tinta con le poltrone*.

tendenza (ten-dèn-za) N.F. **1** Direzione del sentire o dell'agire: *avere una certa tendenza **alla** malinconia* **S** inclinazione, attitudine. **2** Orientamento politico, ideologico o letterario: *al convegno si sono scontrate diverse tendenze* **S** indirizzo. **3** Disposizione a evolversi in una certa direzione: *tempo nuvoloso con tendenza **a** pioggia*. **E** ***Di tendenza***, che è alla moda o che rivela un orientamento culturale o ideologico: *scarpe di tendenza; un film di tendenza* • ***Fare tendenza***, condizionare le scelte del pubblico in fatto di moda.

tendenzioso (ten-den-zió-so) AGG. · Di informazione modificata apposta per favorire un certo punto di vista: *il giornale continua a presentare le notizie in modo tendenzioso* **S** distorto, fazioso.

tendere (tèn-de-re) V.TR. e INTR. (irreg.: ind. pres. *tèndo*, ecc.; pass. rem. *tési*, *tendésti*, *tése*, *tendémmo*, *tendéste*, *tésero*; part. pass. *téso*) || TR. **1** Distendere un oggetto arrotolato o piegato allontanandone gli estremi: *tendere una corda fra due pali* **S** stendere • Mettere qualcosa in tensione: *tendere la corda dell'arco* **S**

tirare Ⓒ allentare. 2 Porgere qualcosa avvicinandolo a chi deve riceverlo: *gli tese la bottiglia dell'acqua* Ⓢ dare. || INTR. (aus. *avere*) 1 Volgere in una direzione: *l'aria calda tende **verso** l'alto.* 2 Avere una certa inclinazione: *un carattere che tende **all'**ottimismo* • Mirare a un fine: *tendere **alla** felicità* Ⓢ aspirare, ambire. 3 Essere avviato verso un cambiamento: *il tempo tende **al** bello* Ⓢ volgere. 4 Di colore o sapore, avvicinarsi a una particolare gradazione: *un azzurro che tende **al** verde; questo vino tende **al** dolce* Ⓢ accostarsi. || **tendersi** INTR. PRONOM. Allungarsi, soprattutto di parti del corpo: *i muscoli si tendono nello sforzo.* Ⓔ ***Tendere la mano a qualcuno,*** perché la stringa nel saluto, o per chiedere l'elemosina; ***tendere una mano a qualcuno,*** offrirgli aiuto: *è stato il solo che mi ha teso una mano* • ***Tendere l'orecchio,*** ascoltare con attenzione • ***Tendere una trappola, tendere un tranello,*** prepararli, organizzarli.

tendine (tèn-di-ne) N.M. · Cordone elastico con cui un muscolo si inserisce su un osso: *infiammazione a un tendine.*

tendone (ten-dó-ne) N.M. 1 Tenda di tessuto spesso e resistente, usata per proteggere all'esterno gli edifici dai raggi solari: *il tendone di un bar.* 2 La grande tenda del circo sotto cui si svolge lo spettacolo.

tendopoli (ten-dò-po-li) N.F. INVAR. · Accampamento di tende per ospitare persone costrette ad abbandonare le loro abitazioni in caso di calamità: *gli abitanti delle zone terremotate sono accampati nella tendopoli.*

T

tenebra (tè-ne-bra) N.F. (spesso al pl.) 1 Oscurità profonda: *i ciechi vivono nelle tenebre* Ⓢ buio. 2 Condizione di ignoranza o di errore: *le tenebre del Medioevo; le tenebre del peccato.* Ⓔ ***Angelo delle tenebre*** o ***re delle tenebre,*** il demonio • ***Tenebre eterne,*** l'inferno.

tenebroso (te-ne-bró-so) AGG. 1 Immerso nell'oscurità: *un bosco tenebroso* Ⓢ buio. 2 Misterioso, oscuro: *tenebrose manovre; un ragazzo tenebroso.*

tenente (te-nèn-te) N.M. · Secondo grado, dopo il capitano, della gerarchia degli ufficiali; ha il comando di un plotone.

tenere (te-né-re) V.TR. e INTR. (irreg.: ind. pres. *tèngo, tièni, tiène, teniàmo, tenéte, tèngono*; pass. rem. *ténni, tenésti, ténne, tenémmo, teného ste, ténnero*; fut. *terrò*, ecc.; cong. pres. *tènga, tènga, tènga, teniàmo, teniàte, tèngano*; condiz. pres. *terrèi*, ecc.; imperat. *tièni, tenéte*; part. pass. *tenùto*) || TR. 1 Avere in mano per un po' di tempo: *tenere la penna **con** la sinistra* Ⓢ reggere, impugnare • Conservare in proprio possesso per un po' di tempo: *tengo io la macchina, se non ti serve.* 2 Mantenere fermo: *tieni la scala mentre salgo.* 3 Mantenere o conservare in una posizione o condizione: *tenere gli occhi aperti; tenere il latte **in** frigo.* 4 Fare un discorso: *tenere un comizio, una lezione* Ⓢ svolgere. 5 Trattare, curare: *una macchina tenuta male.* 6 Nel linguaggio familiare, contenere: *questa bottiglia tiene un litro.* 7 Mantenere qualcosa a disposizione di qualcuno: *tienimi il posto a teatro* Ⓢ occupare, riservare. 8 Mantenere una certa direzione nello spazio: *tieni sempre la destra e svolta solo alla fine.* 9 Mantenere un certo atteggiamento: *tenere il broncio.* || INTR. (aus. *avere*) 1 Di sostanza adesiva, avere la capacità di restare a lungo attaccata: *questa colla non tiene* Ⓢ reggere, resistere. 2 Di teoria, dimostrarsi valida: *è un'ipotesi che tiene* Ⓢ reggere, stare in piedi. 3 Avere a cuore: *tenere **a** qualcuno; tenere **alla** carriera.* || **tenersi** RIFL. 1 Reggersi a un sostegno: *tenersi **alla** maniglia* Ⓢ sostenersi, attaccarsi. 2 Mantenersi in una certa condizione: *tenersi a galla; tenersi a distanza; tenersi al corrente* Ⓢ restare, stare. || **tenersi** INTR. PRONOM. Avere luogo: *la riunione si terrà lunedì* Ⓢ avvenire. Ⓔ ***Tenere da conto*** o ***tenere di conto,*** conservare con cura: *tieni da conto le tue matite nuove* • ***Tenere duro,*** non cedere, resistere • ***Tenere il mare,*** di nave adatta a navigare in tempesta • ***Tenere la strada,*** di veicolo, non sbandare • ***Tenere le parti di qualcuno,*** sostenerlo • ***Tenere per,*** parteggiare: *tengo per il Milan* • ***Tenere una nota,*** in musica, prolungarla con la voce o con il suono.

tenerezza (te-ne-réz-za) N.F. 1 Scarsa resistenza alla pressione, al taglio, alla lavorazione: *carni pregiate per la loro tenerezza* Ⓢ morbidezza Ⓒ durezza. 2 Atteggiamento di affettuosa gentilezza: *la tenerezza di una madre per i figli* Ⓢ dolcezza, affetto • AL PL. Manifestazioni d'affetto e attenzione: *colmare un bambino di tenerezze.* Ⓔ ***Far tenerezza,*** suscitare un'affettuosa commozione.

tenero (tè-ne-ro) AGG. e N.M. || AGG. **1** Che offre scarsa resistenza alla pressione, al taglio, alla lavorazione: *legno, metallo tenero* Ⓢ morbido Ⓒ duro. **2** Di colore tenue e delicato: *azzurro tenero* Ⓢ pastello. **3** Che si comporta in modo indulgente con le persone che ama e che si commuove con facilità: *mia madre è molto tenera; un uomo dal cuore tenero* Ⓢ affettuoso, dolce Ⓒ severo • Di gesto, che dimostra affetto: *una tenera carezza.* || N.M. Rapporto di affetto e attrazione reciproca: *fra quei due c'è del tenero* Ⓢ amore. Ⓔ ***La tenera età,*** l'infanzia.

tengo (tèn-go) · Ind. pres., 1ª pers. sing. → ***tenere***.

tenia (tè-nia) N.F. (pl. *-nie*) · Verme parassita dell'intestino umano, di cui l'uomo può infettarsi mangiando carne di maiale non cotta bene.

tenni (tén-ni) · Pass. rem., 1ª pers. sing. → ***tenere***.

tennis (tèn-nis) N.M. INVAR. · Gioco che consiste nel colpire la palla con una racchetta, al volo o dopo il primo rimbalzo, mandandola oltre la rete, nel campo dell'avversario, cercando di farlo sbagliare; si gioca fra singoli giocatori o fra coppie. Ⓔ ***Scarpe da tennis,*** di tela e con suola di gomma liscia • ***Tennis da tavolo,*** ping-pong.

tennista (ten-nì-sta) N.M. e F. (pl.m. *-i*, pl.f. -e) · Giocatore di tennis: *i tennisti spesso giocano in bianco.*

tenore (te-nó-re) N.M. **1** Modo di comportarsi o di esprimersi: *il tenore della lettera era tale che mi sono offeso* Ⓢ tono. **2** La quantità percentuale di una sostanza contenuta in un liquido: *liquore ad alto tenore alcolico* Ⓢ tasso, grado. **3** La più acuta delle voci maschili, e il cantante che ne è dotato. Ⓔ ***Tenore di vita,*** il grado di benessere economico a propria disposizione: *hanno un tenore di vita modesto.*

tensione (ten-sió-ne) N.F. **1** Lo stato in cui si trova un corpo sottoposto a una o più forze che lo tirano: *la corda è sottoposta a una forte tensione.* **2** In elettrotecnica, la differenza di potenziale elettrico tra due corpi o tra due punti di un conduttore o di un circuito. **3** Stato di eccitazione accompagnato da ansia: *scarica la tensione nervosa facendo sport* Ⓢ nervosismo, agitazione. **4** Situazione di ostilità non dichiarata: *c'è tensione fra i due Stati confinanti* Ⓢ contrasto, dissidio.

tentacolo (ten-tà-co-lo) N.M. **1** Ciascuno degli organi flessibili e di forma allungata, che permettono a molti invertebrati che ne sono dotati di spostarsi o di catturare la preda: *il polpo si aggrappò alla roccia con i tentacoli.* **2** Qualcosa che si estende in modo minaccioso: *la mafia ha esteso i suoi tentacoli sulla città.*

tentare (ten-tà-re) V.TR. (*tènto*, ecc.) **1** Ricorrere a un mezzo per raggiungere uno scopo senza la certezza di riuscirci: *tentare una nuova cura* Ⓢ sperimentare, provare • Sforzarsi di ottenere un certo risultato: *tenterò la scalata del Monte Bianco; non tentare **di** convincermi* Ⓢ cercare. **2** Spingere a compiere azioni cattive o sbagliate: *il truffatore lo tentava con promesse di facili guadagni; il serpente tentò Eva* • Attrarre, interessare, attirare: *la tua proposta di andare al cinema mi tenta.* Ⓔ ***Tentare l'impossibile*** → ***impossibile***.

tentativo (ten-ta-tì-vo) N.M. · Azione con cui si cerca di ottenere un risultato: *ha superato l'esame al secondo tentativo* Ⓢ prova, sforzo.

tentazione (ten-ta-zió-ne) N.F. **1** Incitamento a peccare: *le tentazioni di Gesù Cristo nel deserto* • Fonte di desiderio: *questi pasticcini sono una tentazione.* **2** Impulso a compiere un'azione sbagliata: *ho la tentazione **di** rispondergli male* Ⓢ desiderio, voglia.

tentennare (ten-ten-nà-re) V.INTR. (*tenténno*, ecc.; aus. *avere*) **1** Oscillare, dondolare: *ha un dente che gli tentenna.* **2** Dimostrare indecisione: *ha tentennato a lungo prima di sposarla* Ⓢ esitare, indugiare.

tentoni (ten-tó-ni) AVV. **1** Senza vedere, tastando il terreno con il piede o con un bastone: *avanzare tentoni* Ⓢ tastoni. **2** A caso, alla

A B C D E F G H I J K L M N O P Q R S T U V W X Y Z

cieca: *in questo tipo di ricerche bisogna procedere a tentoni.*

tenue (tè-nue) AGG. **1** Sottile, esile, leggero: *un tenue velo le copriva il volto.* **2** Di luce, che si percepisce appena: *un tenue bagliore* Ⓢ debole, fioco Ⓒ intenso • Di colore, di tonalità non vivace: *un rosa tenue* Ⓢ pallido, chiaro. **3** Di scarsa consistenza: *è rimasta ancora una tenue speranza* Ⓢ esile. **4** ***Intestino tenue*** (o *il tenue* N.M.), il tratto intestinale compreso fra lo stomaco e l'intestino cieco.

tenuta (te-nù-ta) N.F. **1** La capacità di una chiusura di impedire che un liquido esca fuori: *la mia borraccia ha una scarsa tenuta, perde sempre.* **2** La capacità di un recipiente: *la tenuta del serbatoio è di 60 litri* Ⓢ capienza. **3** La capacità di resistere agli sforzi di un atleta: *un corridore dotato di ottima tenuta* Ⓢ resistenza. **4** Vasta proprietà terriera: *comprare una tenuta in campagna* Ⓢ possedimento, fondo. **5** Abito adatto a svolgere un'azione: *è in tenuta da corsa* Ⓢ divisa. Ⓔ ***Tenuta di strada***, la capacità di un veicolo di aderire alla strada senza sbandare.

teo- · Primo elemento di parole composte che significa 'Dio, divinità': *teologia*, lo studio della divinità.

teocrazia (te-o-cra-zì-a) N.F. (pl. *-zìe*) · Forma di governo in cui il potere viene esercitato dai sacerdoti considerati in grado di interpretare la volontà divina.

teologia (te-o-lo-gì-a) N.F. (pl. *-gìe*) · Lo studio di ciò che riguarda la divinità: *per diventare preti bisogna studiare teologia.*

T

teologico (te-o-lò-gi-co) AGG. (pl.m. *-ci*, pl.f. *-che*) · Che riguarda la teologia: *disputa teologica.*

teologo (te-ò-lo-go) N.M. (f. *-a*; pl.m. *-gi*, pl.f. *-ghe*) · Studioso di teologia.

teorema (te-o-rè-ma) N.M. (pl. *-i*) · In matematica, affermazione che si dimostra in modo logico a partire da presupposti non dimostrabili ma ritenuti veri: *teorema di Pitagora.*

teoria (te-o-rì-a) N.F. (pl. *-rìe*) **1** L'insieme dei principi generali o astratti di una scienza o di un'arte: *la teoria della relatività* Ⓢ dottrina, sistema, concezione. **2** L'insieme delle norme che regolano la pratica di un'attività: *l'esame di guida è composto dalla teoria e dalla pratica.* **3** Pensiero, tesi, ipotesi: *ho una mia teoria per spiegare come sono andate in realtà le cose.* Ⓔ ***In teoria***, dal punto di vista teorico, senza averlo sperimentato: *in teoria dopo la riparazione il computer dovrebbe funzionare.*

teoricamente (te-o-ri-ca-mén-te) AVV. · Sul piano teorico, in teoria (contrapposto a *in pratica*): *teoricamente il fenomeno è possibile, ma in pratica non si è mai verificato* Ⓢ in astratto.

teorico (te-ò-ri-co) AGG. e N.M. (f. *-a*; pl.m. *-ci*, pl.f. *-che*) || AGG. **1** Che riguarda i principi generali o astratti di una materia: *un problema teorico; è un chimico teorico, non va mai in laboratorio* Ⓒ empirico. **2** Che non tiene conto della realtà concreta e quotidiana: *dal punto di vista teorico hai ragione tu, ma sai che in pratica è diverso* Ⓢ astratto. || N.M. (f. *-a*) **1** Chi studia o elabora teorie: *un teorico della politica.* **2** Persona più interessata alla teoria che all'applicazione pratica di qualcosa.

teorizzare (te-o-riz-zà-re) V.TR. · Formulare una teoria, fare un'ipotesi: *alcuni scienziati hanno teorizzato la ragione della scomparsa dei dinosauri.*

tepore (te-pó-re) N.M. · Lieve calore, che crea sensazioni piacevoli: *il dolce tepore delle lenzuola.*

teppista (tep-pi-sta) N.M. e F. (pl.m. *-i*, pl.f. *-e*) · Persona che compie atti di violenza e vandalismo: *una banda di teppisti.*

> Il termine deriva da *teppa* (= muschio), perché la *Compagnia della teppa*, associazione di giovani scapestrati costituitasi intorno al 1817, si radunava nei prati coperti di *teppa* di piazza Castello a Milano.

tequila (te-qui-la; pronuncia *techìla*) N.F. · Liquore messicano molto alcolico.

terapeutico (te-ra-pèu-ti-co) AGG. (pl.m. *-ci*, pl.f. *-che*) · Che può curare le malattie: *questa pianta ha proprietà terapeutiche* Ⓢ curativo.

terapia (te-ra-pì-a) N.F. (pl. *-pìe*) · La parte della medicina che studia i metodi usati per combattere le malattie • L'insieme dei provvedimenti adottati per curare una malattia: *prescrivere una nuova terapia* Ⓢ cura. Ⓔ ***Terapia intensiva***, in medicina, cura speciale per malati in condizioni critiche.

tergicristallo (ter-gi-cri-stàl-lo) N.M. · Stecca di metallo usata per pulire o asciugare il parabrezza dei veicoli.

tergiversare (ter-gi-ver-sà-re) V.INTR. (*tergivèrso*, ecc.; aus. *avere*) · Rimandare una decisione: *rispondi alle mie domande senza tergiversare* Ⓢ indugiare, temporeggiare.

Il termine deriva dal latino *tergiversare* 'voltare le spalle, indugiare', composto a sua volta di *tergum* 'schiena' e *versare* 'volgere, rovesciare'.

termale (ter-mà-le) AGG. · Che riguarda le terme: *stabilimento termale.* Ⓔ ***Sorgente termale*** → *sorgente*.

terme (tèr-me) N.F.PL. **1** Stabilimento vicino a una sorgente di acqua calda, fornito di impianti per utilizzarla a scopo curativo: *le terme di Montecatini sono usate per la cura dell'apparato digerente.* **2** Nell'antica Roma, edificio attrezzato per bagni caldi e freddi e talvolta fornito anche di palestre, sale di riunione, biblioteche.

-termia · Secondo elemento di parole composte che significa 'calore, temperatura', talvolta con riferimento alla temperatura corporea: *isotermia*.

termico (tèr-mi-co) AGG. (pl.m. *-ci*, pl.f. *-che*) · Di ciò che è legato al calore e alla temperatura dal punto di vista fisico o tecnologico: *conduzione termica.* Ⓔ ***Energia termica*** → *energia* • ***Impianto termico***, di riscaldamento.

-termico · Secondo elemento di parole composte che significa 'che riguarda la temperatura': *geotermico*, che riguarda la temperatura della terra.

terminal (tèr-mi-nal) N.M.INVAR. · Area dell'aeroporto per il servizio di merci o passeggeri.

terminale (ter-mi-nà-le) AGG. e N.M. || AGG. Che si trova alla fine di qualcosa: *fermata terminale* Ⓢ ultimo Ⓒ iniziale. || N.M. Computer collegato a distanza con un elaboratore centrale. Ⓔ ***Stadio terminale***, la fase finale di una malattia, prima della morte; ***malato terminale***, che si trova in questa fase.

terminare (ter-mi-nà-re) V.TR. e INTR. (*tèrmino*, ecc.) || TR. Portare a compimento: *terminare il pranzo; termino **di** studiare alle cinque* Ⓢ finire, ultimare Ⓒ iniziare, cominciare. || INTR. (aus. *essere*) Giungere al termine: *la festa terminò a tarda notte* Ⓢ concludersi • Presentare una certa forma nella parte finale: *il campanile termina **con** una guglia; la prima coniugazione termina **in** -are.*

termine (tèr-mi-ne) N.M. **1** Limite estremo, nello spazio o nel tempo: *al termine della strada; al termine dell'estate* Ⓢ fine, compimento Ⓒ inizio. **2** Limite di scadenza: *il lavoro sarà fatto entro i termini stabiliti* Ⓢ tempo, data. **3** Parola o espressione, spesso tipica di un ambito o di disciplina precisa: *è un termine scientifico, poco usato nella lingua di tutti i giorni* Ⓢ vocabolo, voce. **4** Elemento di un sistema, in relazione con altri. **5** In grammatica: ***complemento di termine***, quello che indica la persona o la cosa alla quale è diretta l'azione espressa dal verbo (*dai un bacio alla mamma; ho dato un calcio alla palla*). Ⓔ ***Condurre a termine*** o ***portare a termine***, terminare, completare, finire • ***In altri termini***, per chiarire meglio, ovvero • ***Senza mezzi termini***, chiaramente: *glielo ha detto senza mezzi termini* • ***Termine di paragone***, in grammatica, ciascuno dei due elementi tra cui si fa un confronto: *primo, secondo termine di paragone* • ***Termini di un'addizione***, i suoi addendi • ***Termini di una frazione***, numeratore e denominatore; ***ridurre ai minimi termini***, trasformare una frazione in un'altra che abbia come termini due numeri primi fra loro.

terminologia (ter-mi-no-lo-gì-a) N.F. (pl. *-gìe*) · L'insieme dei vocaboli e delle espressioni tipici di una certa scienza, arte, disciplina: *terminologia medica.*

termite (tèr-mi-te; *meno correttamente* ter-mì-te) N.F. · Insetto terrestre, simile alla formica; si ciba soprattutto di legno, che digerisce grazie ai microrganismi che vivono nel suo intestino.

A B C D E F G H I J K L M N O P Q R S T U V W X Y Z

termo- · Primo elemento di parole composte che significa 'calore, temperatura': *termometro*, strumento per misurare la temperatura.

termodinamica (ter-mo-di-nà-mi-ca) N.F. (pl. *-che*) · Parte della fisica che studia le trasformazioni di calore in forza lavoro e viceversa.

termoelettrico (ter-mo-e-lèt-tri-co) AGG. (pl.m. *-ci*, pl.f. *-che*) · Che produce energia elettrica sfruttando il calore: *centrale termoelettrica*.

termometro (ter-mò-me-tro) N.M. **1** Strumento per misurare la temperatura di un corpo o di un ambiente. **2** Elemento che serve a valutare un fatto: *il numero dei bocciati è il termometro* **del** *livello scolastico di un Paese* Ⓢ indice, spia.

termonucleare (ter-mo-nu-cle-à-re) AGG. **1** Di impianto che produce energia termica dall'energia nucleare: *centrale termonucleare*. **2** Che riguarda la fusione nucleare: *bomba termonucleare*.

termos (tèr-mos) N.M. INVAR. · Recipiente isolante dal punto di vista termico, usato per mantenere costante la temperatura dei liquidi che vi sono contenuti: *un termos di caffè caldo*.

termosifone (ter-mo-si-fó-ne) N.M. · Sistema di riscaldamento di edifici basato sulla circolazione d'acqua calda che da una caldaia centrale raggiunge i radiatori: *accendere i termosifoni* Ⓢ calorifero • Il singolo radiatore: *mettere la biancheria sul termosifone*.

T

termostato (ter-mò-sta-to) N.M. · Apparecchio per mantenere costante la temperatura di un liquido, di un oggetto o di un ambiente: *quando la temperatura supera i 20 °C, il termostato spegne la caldaia*.

termovalorizzatore (ter-mo-va-lo-riz-za-tó-re) N.M. · Impianto che brucia i rifiuti e sfrutta il calore così ottenuto per produrre energia.

terna (tèr-na) N.F. · Serie di tre cose o persone, fra cui spesso bisogna sceglierne una: *hanno stabilito la terna finale fra cui scegliere l'arbitro* Ⓢ trio.

terno (tèr-no) N.M. · Nella tombola e nel lotto, serie di tre numeri estratti sulla stessa fila (tombola) o nella stessa ruota (lotto). Ⓔ ***Vincere un terno al lotto***, avere una fortuna inaspettata.

terra (tèr-ra) N.F. **1** Il pianeta su cui viviamo: *girare tutta la terra; la Terra ha un solo satellite* Ⓢ globo, mondo. **2** Porzione di territorio: *terre aride; terra straniera* Ⓢ regione, paese. **3** La superficie su cui si cammina: *sedersi, cadere in terra* Ⓢ suolo. **4** Il materiale che costituisce lo strato superficiale della crosta terrestre di cui si nutrono le piante: *mi serve della terra buona per piantare le rose* Ⓢ terreno, terriccio. **5** Terreno agricolo: *arare la terra per seminare* Ⓢ campo, fondo. Ⓔ ***Con i piedi per terra*** → *piede* • ***Essere a terra***, essere triste o senza un soldo • ***Non stare né in cielo né in terra***, di cose incredibili, assurde • ***Per mare e per terra***, ovunque • ***Piano terra***, pianoterra, pianterreno • ***Sentirsi mancare la terra sotto i piedi***, sentirsi perduto • ***Terra bruciata***, abbandonata dopo aver distrutto ciò che poteva servire al nemico che avanza; ***fare terra bruciata***, rompere definitivamente i rapporti con le persone e con l'ambiente circostante • ***Terra terra***, mediocre, grossolano: *un discorso terra terra*.

terracotta (ter-ra-còt-ta) N.F. (pl. *terrecòtte*) **1** Materiale ottenuto dalla cottura di argille, ricche di ferro, dal caratteristico colore rossiccio; è usato come materiale edilizio o per modellare utensili: *tegole, vasi di terracotta* Ⓢ ceramica. **2** Oggetto modellato con questo materiale: *terrecotte colorate*.

terraferma (ter-ra-fér-ma) N.F. (solo sing.) · Parte di un territorio non circondato dal mare: *è da anni che ha lasciato la terraferma e vive sull'isola*.

terrapieno (ter-ra-piè-no) N.M. · Massa di terra accumulata dall'uomo per sostenere la sede di strade o ferrovie o per formare dighe di sbarramento Ⓢ rialzo, rinforzo, argine.

terrasanta (ter-ra-sàn-ta) (o **terra santa**) N.F. (solo sing.) · I luoghi in cui Gesù Cristo visse e operò: *pellegrinaggio in Terrasanta*.

terrazza (ter-ràz-za) N.F. **1** Ampia superficie piana, scoperta, chiusa da un parapetto, che sporge dal muro al livello dei vari piani di abitazione o che costituisce il tetto di un edificio: *vado in terrazza a prendere un po' di sole* Ⓢ balcone, terrazzo. **2** Terrazzo, terrazzamento.

terrazzamento (ter-raz-za-mén-to) N.M. **1** Formazione di terrazzi lungo le valli e le coste per l'azione erosiva e di deposito delle acque. **2** Sistemazione a gradini operata dall'uomo di un terreno in forte pendio: *in Liguria ci sono molti terrazzamenti.*

terrazzo (ter-ràz-zo) N.M. **1** Terrazza di modeste dimensioni: *sul terrazzo di casa tengo due vasi di basilico.* **2** Ciascuno dei piani orizzontali, sostenuti da un muretto, ricavati sul pendio di una collina sia per essere coltivati che per evitare le frane Ⓢ terrazza, terrazzamento.

terrecotte (ter-re-còt-te) · Plurale → ***terracotta.***

terremotato (ter-re-mo-tà-to) AGG. e N.M. (f. -a) · Colpito dal terremoto: *zone terremotate.*

terremoto (ter-re-mò-to) N.M. **1** Vibrazioni od oscillazioni della superficie terrestre, causate dallo spostamento di enormi masse rocciose nel sottosuolo: *il terremoto ha causato il crollo di molte case* Ⓢ sisma. **2** Di persona, che mette tutto in disordine per la sua grande vivacità: *tuo figlio è un terremoto!* Ⓢ peste, ciclone. **3** Mutamento sconvolgente: *l'amore a volte è come un terremoto* Ⓢ rivoluzione.

terreno[1] (ter-ré-no) AGG. **1** Di quanto riguarda la vita del corpo: *non gli interessano i beni terreni, pensa solo alla ricchezza spirituale* Ⓢ mondano, materiale. **2** Al livello del suolo: *io abito al piano terreno.*

terreno[2] (ter-ré-no) N.M. **1** Lo strato superficiale della superficie terrestre: *terreno sabbioso; terreno fertile* Ⓢ terra, suolo. **2** Porzione di terra con uno specifico utilizzo: *terreno agricolo, edificabile* Ⓢ superficie. **3** Il luogo dove si svolge un combattimento o una competizione sportiva: *il terreno di gioco è rovinato dalla pioggia* Ⓢ campo. **4** Ambito, ramo, campo: *non contraddirlo sul suo terreno.* Ⓔ ***Guadagnare terreno, perdere terreno***, prendere o perdere un vantaggio: *il campione continua a guadagnare terreno; le truppe perdevano terreno;* diffondersi sempre di più o diminuire d'importanza: *il web sta rapidamente guadagnando terreno; la cultura nel nostro Paese perde terreno* • ***Sondare il terreno*** o ***tastare il terreno***, cercare di conoscere in anticipo le intenzioni di qualcuno o le possibilità di successo di qualcosa: *dobbiamo sondare il terreno prima di lanciare il prodotto sul mercato* • ***Terreno scivoloso***, argomento rischioso: *siamo su un terreno scivoloso, meglio parlare d'altro.*

terreo (tèr-re-o) AGG. (pl.m. *-rei*, pl.f. *-ree*) · Del colore livido che il volto può assumere per una grave malattia o forte spavento: *era terreo per la paura.*

terrestre (ter-rè-stre) AGG. e N.M. e F. || AGG. **1** Che riguarda la Terra, dal punto di vista astronomico e fisico: *la superficie terrestre.* **2** Di ciò che è tipico della terra, in contrapposizione al mare o all'aria: *piante terrestri o acquatiche.* || N.M. e F. Abitante della Terra: *il film parla dello scontro tra terrestri e marziani.* Ⓔ ***Paradiso terrestre*** → ***paradiso*** • ***Digitale terrestre*** → ***digitale***[2].

terribile (ter-rì-bi-le) AGG. **1** Che incute un senso di terrore, di paura o di angoscia: *un mostro terribile* Ⓢ spaventoso, tremendo, orrendo. **2** Di persona, spietato: *un avversario terribile* • Molto severo: *un giudice terribile.* **3** Di dolore, molto intenso: *un terribile mal di denti.*

terriccio (ter-rìc-cio) N.M. (pl. *-ci*) · Strato superficiale del terreno di boschi, campi e prati ricco di sostanze nutritive per le piante Ⓢ humus.

terriero (ter-riè-ro) AGG. · Di un terreno agrario: *proprietario terriero.*

terrificante (ter-ri-fi-càn-te) AGG. · Che riempie l'animo di terrore: *un racconto terrificante* Ⓢ spaventoso, terribile.

terrina (ter-rì-na) N.F. · Recipiente rotondo di terracotta, usato per cuocere o servire i cibi: *mettere la minestra in una terrina.*

territoriale (ter-ri-to-rià-le) AGG. · Del territorio: *confini territoriali.* Ⓔ ***Acque territoriali***, le distese di acque che fanno parte del territorio di uno Stato.

territorio (ter-ri-tò-rio) N.M. (pl. -*ri*) **1** Porzione di terra piuttosto ampia: *un territorio pianeggiante, boscoso* Ⓢ zona, regione. **2** Estensione di terra compresa entro i confini di uno Stato o sottoposta a un'unica amministrazione: *il territorio italiano; il territorio del Lazio.*

terrore (ter-ró-re) N.M. **1** Senso di sconvolgente paura: *il terrore della morte; avere il terrore dei ladri* Ⓢ spavento, panico. **2** Persona o cosa che suscita paura: *il professore di storia è il terrore della classe* Ⓢ spauracchio. Ⓔ ***Del terrore***, che parla di storie o situazioni che fanno paura: *film, racconti del terrore.*

terrorismo (ter-ro-rì-ṣmo) N.M. · Metodo di lotta politica, basato su azioni violente che seminano il terrore tra i civili: *il terrorismo colpisce con attentati, stragi, rapimenti.*

terrorista (ter-ro-rì-sta) N.M. e F. (pl.m. -*i*, pl.f. -*e*) · Chi fa parte di un'organizzazione politica clandestina che, nella sua lotta, utilizza metodi violenti: *hanno arrestato alcuni terroristi.*

terroristico (ter-ro-rì-sti-co) AGG. (pl.m. -*ci*, pl.f. -*che*) **1** Basato sulla paura: *usa metodi quasi terroristici con i suoi alunni.* **2** Causato dall'azione di terroristi: *attentato terroristico.*

terrorizzare (ter-ro-riẓ-ẓà-re) V.TR. · Fare molta paura: *la scena del film ha terrorizzato il bambino* Ⓢ spaventare • Diffondere la paura fra la gente con azioni criminose o con un metodo di governo violento e repressivo: *un tempo i banditi terrorizzavano i viaggiatori.*

terroso (ter-ró-so) AGG. **1** Misto a terra o sporco di terra: *acqua terrosa.* **2** Che ha aspetto e consistenza simili a quelli della terra: *sostanza terrosa.*

terso (tèr-so) AGG. · Limpido, luminoso, trasparente: *dopo un temporale il cielo è terso.*

terza (tèr-za) N.F. **1** Il terzo anno di un corso scolastico: *essere promosso in terza media.* **2** In un veicolo, la marcia che segue la seconda: *la terza non entra.*

terzetto (ter-zét-to) N.M. · Gruppo di tre persone che hanno qualcosa in comune o che svolgono la stessa attività: *un terzetto di attori comici.*

terziario (ter-zià-rio) AGG. (pl.m. -*ri*, pl.f. -*rie*) · Che occupa, in una successione temporale o ideale, il posto corrispondente al tre. Ⓔ ***Settore terziario*** (o *il terziario* N.M.), che riguarda la produzione dei servizi • ***Terziario avanzato***, basato sull'utilizzo e l'elaborazione di innovazioni tecnologiche e informatiche.

terzina (ter-zì-na) N.F. · Strofa di tre versi: *la "Divina Commedia" è scritta in terzine.*

terzino (ter-zì-no) N.M. · Nel calcio, ciascuno dei due giocatori che insieme al portiere formano la linea estrema di difesa.

terzo (tèr-zo) AGG. NUM. ORD. e N.M. (f. -*a*) || AGG. Che in una serie ordinata rappresenta il numero tre (in numeri arabi 3°): *la terza fila al cinema.* || N.M. Ciascuna delle tre parti uguali in cui è suddiviso un intero: *vuole un terzo del guadagno.* || N.M. (f. -*a*) Persona diversa dalle due prese in considerazione: *vorrei sentire il parere di un terzo, estraneo alla questione.* Ⓔ ***Il terzo secolo***, il secolo compreso tra il 201 e il 300 (in numeri romani *III secolo*) • ***Terza età***, la vecchiaia • ***Terzo incomodo***, chi è di troppo, chi rimane con due persone che vorrebbero stare sole • ***Terzo Mondo***, i Paesi dell'Asia, dell'Africa e dell'America Latina con un arretrato livello economico-sociale.

terzultimo (ter-zùl-ti-mo) (o **terz'ultimo**) AGG. e N.M. (f. -*a*) · Degli elementi di una serie, il terzo dalla fine: *l'accento sdrucciolo sta sulla terzultima sillaba.*

tesa (té-sa) N.F. · Parte del cappello che sporge alla base della cupola: *un cappello a tesa larga.*

teschio (tè-schio) N.M. (pl. -*schi*) · L'insieme delle ossa della testa di creature morte: *ho trovato il teschio di un animale preistorico* Ⓢ cranio.

tesi[1] (té-si) · Pass. rem., 1ª pers. sing. → ***tendere***.

tesi[2] (tè-ṣi) N.F. INVAR. **1** Affermazione filosofica o scientifica, sostenuta con motivazioni e dimostrazioni: *le 95 tesi di Lutero; formulare, enunciare, sostenere una tesi* Ⓢ dottrina. **2** Parere personale: *le sue tesi sono sempre un po' fantasiose; è una tesi originale* Ⓢ idea, teoria. Ⓔ ***Tesi di laurea***, al termine di un corso di

T

studi universitari, il testo scritto che uno studente presenta a una commissione di docenti per ottenere la laurea.

teso (té-so) AGG. || Participio pass. → *tendere*. || AGG. **1** In stato di tensione: *muscoli tesi nello sforzo* Ⓢ disteso, allungato. **2** Di persona, in preda a nervosismo: *quando deve parlare con te è sempre molto teso* Ⓢ nervoso, ansioso, agitato. **3** Di rapporto tra persone, vicino alla rottura: *la situazione tra madre e figlio è molto tesa*. **4** Rivolto a uno scopo: *tutti i suoi sforzi erano tesi* ***a*** *conquistarla* Ⓢ finalizzato. Ⓔ ***Stare con gli orecchi tesi***, ascoltare con attenzione.

tesoro (te-ṣò-ro) N.M. **1** Quantità di denaro o di oggetti preziosi, spesso nascosta in un posto segreto • AL PL. Grande ricchezza o quantità di denaro: *è padrone di immensi tesori* Ⓢ patrimonio. **2** L'insieme degli arredi sacri e delle reliquie preziose di una chiesa: *il tesoro della basilica di San Pietro*. **3** Ogni ricchezza naturale o del patrimonio artistico: *i tesori d'arte degli Uffizi* Ⓢ bene. **4** Persona o cosa ritenuta importante e preziosa: *chi trova un amico trova un tesoro*. **5** Persona piena di attenzioni e tenerezza: *suo marito è un tesoro* Ⓢ angelo, amore. Ⓔ ***Caccia al tesoro*** → *caccia* • ***Fare tesoro di qualcosa***, tenerlo in grande considerazione: *far tesoro di un'esperienza* • ***Tesoro pubblico***, il denaro pubblico e le proprietà in custodia presso lo Stato; anche, il luogo dove sono depositati e l'organo statale che li amministra; ***ministero del Tesoro***, quello che regola la spesa dello Stato; ***Buoni del Tesoro*** → *buono*[2].

tessera (tès-se-ra) N.F. **1** Ogni elemento, di pietra o pasta vitrea, che forma un mosaico Ⓢ tassello. **2** Cartoncino con i dati, e spesso anche la fotografia della persona cui appartiene, che serve come documento d'identità, di appartenenza a un'organizzazione o per dimostrare di aver diritto a un certo servizio: *tessera di giornalista; tessera di abbonamento dell'autobus*. **3** Ciascuno dei pezzi del gioco del domino.

tesserare (tes-se-rà-re) V.TR. (tèssero, ecc.) || TR. **1** Fornire di tessera d'iscrizione: *l'associazione ha tesserato mille persone*. **2** Ingaggiare un atleta: *la nostra squadra ha tesserato un calciatore straniero*. **3** Distribuire in modo limitato i generi di prima necessità con una tessera che indica le porzioni di ciascuno: *in guerra veniva tesserato il pane*. || **tesserarsi** INTR. PRONOM. Prendere la tessera di appartenenza a un partito, a un'associazione, ecc.: *tesserarsi* ***a*** *un club* Ⓢ iscriversi.

tessere (tès-se-re) V.TR. (tèsso, ecc.) **1** Intrecciare fili o elementi flessibili per fabbricare stoffe o altri prodotti: *tessere la canapa; tessere una stuoia*. **2** Esporre un discorso con ordine o con arte: *tessere le lodi di qualcuno* Ⓢ fare. **3** Organizzare, ordire, tramare: *tessere inganni*.

tesserino (tes-se-rì-no) N.M. · Tessera di piccole dimensioni: *per entrare bisogna mostrare il tesserino da giornalista*.

tessile (tès-si-le) AGG. · Che riguarda la lavorazione dei tessuti: *industria tessile*. Ⓔ ***Fibra tessile*** → *fibra*.

tessitura (tes-si-tù-ra) N.F. **1** L'operazione di intrecciare fili per fabbricare i tessuti. **2** Qualsiasi lavoro eseguito a intreccio: *la tessitura di una stuoia*.

tessuto (tes-sù-to) N.M. **1** Prodotto finito che si ottiene dall'operazione di tessitura: *fabbricazione di tessuti; negozio, vendita, commercio di tessuti; tessuto di lino, di cotone* Ⓢ panno, stoffa. **2** Insieme di elementi che formano una struttura: *il tessuto di una narrazione; il tessuto sociale della Francia alla fine del Settecento* Ⓢ complesso. **3** Materiale che forma gli organi di animali e vegetali: *tessuto muscolare, nervoso*.

test (pronuncia tèst) N.M. INVAR. **1** Prova scritta per verificare le qualità di una persona, che avviene spesso con una serie di domande a cui si deve rispondere in modo sintetico o scegliendo la risposta giusta tra quelle proposte: *test attitudinale* Ⓢ esame. **2** Esame clinico: *test di gravidanza*. **3** Prova, saggio, esperimento: *chiedere la cessazione dei test nucleari*.

> Il termine deriva dall'inglese *test* 'saggio (di reazione chimica)', perché il *test*, parola che viene dal latino *testum* 'vaso di terra', era il vaso usato dagli alchimisti per saggiare la purezza dell'oro.

A B C D E F G H I J K L M N O P Q R S **T** U V W X Y Z

testa (tè-sta) N.F. **1** La parte del corpo che contiene il cervello: *battere la testa contro il muro* Ⓢ capo. **2** Capigliatura: *una testa di ricci neri.* **3** Insieme delle qualità e delle caratteristiche mentali: *ha una bella testa,* è molto intelligente Ⓢ cervello, mente. **4** Attitudine individuale o particolarità del carattere: *non ha la testa per lo studio; è una testa dura.* **5** La vita: *scommetterei la testa che è così!* **6** Individuo, persona: *abbiamo speso cinquanta euro a testa.* **7** Estremità di strumenti od organi: *la testa di un chiodo; la testa del femore* • Estremità superiore di un oggetto: *scrivere la data in testa alla pagina.* **8** Parte o posizione iniziale di una serie: *la testa del treno.* **9** La parte della moneta su cui è raffigurata una testa. Ⓔ ***Abbassare la testa*** o ***chinare la testa,*** in segno di umiltà o rassegnazione • ***Alla testa*** o ***in testa,*** davanti; ***essere alla testa di,*** essere a capo di • ***A testa alta,*** orgoglioso di sé e senza nulla da rimproverarsi: *camminare a t. alta* • ***Colpo di testa,*** decisione improvvisa e imprudente • ***Dare alla testa,*** stordire • ***Fare di testa propria,*** senza accettare consigli da nessuno • ***Fasciarsi la testa prima di essersela rotta,*** preoccuparsi in anticipo • ***Fuori di testa*** → ***fuori*** • ***Mettere la testa a posto*** o ***mettere la testa a partito,*** assumere un comportamento responsabile dopo una serie di errori o di leggerezze • ***Mettersi in testa,*** ostinarsi in un proposito; convincersi di qualcosa • ***Montarsi la testa,*** credersi superiore agli altri • ***Non sapere dove sbattere la testa*** → ***sbattere*** • ***Passare per la testa*** → ***passare*** • ***Perdere la testa,*** perdere il controllo di sé • ***Tagliare la testa al toro*** → ***tagliare*** • ***Tener testa a qualcuno,*** opporsi con decisione • ***Testa a testa,*** sfida in parità fino alla fine • ***Testa calda,*** persona irrequieta, esaltata • ***Testa o croce*** → ***croce*** • ***Titoli di testa*** → ***titolo***.

testacoda (te-sta-có-da) (o **testa coda**) N.M. INVAR. · Sbandata con cui un autoveicolo finisce rivolto nella direzione di marcia opposta a quella da cui veniva: *fare un testacoda sulla neve.*

testamento (te-sta-mén-to) N.M. · Atto scritto con cui una persona decide a chi lasciare i suoi beni dopo la morte: *ricevere un'eredità per testamento.* Ⓔ ***Antico Testamento*** o ***Vecchio Testamento,*** la parte della Bibbia che riguarda la storia del popolo ebraico prima della venuta di Gesù Cristo; ***Nuovo Testamento,*** l'insieme che comprende Vangeli, Atti degli Apostoli, Lettere degli Apostoli e Apocalisse • ***Testamento biologico,*** atto scritto con cui si decide in anticipo se accettare o rifiutare il trattamento medico nel caso di malattie o incidenti che impediscano di esprimere la propria volontà.

testardaggine (te-star-dàg-gi-ne) N.F. · Determinazione a non cambiare idea Ⓢ ostinazione.

testardo (te-stàr-do) AGG. e N.M. (f. -a) · Che, chi agisce sempre di testa sua, ignorando qualunque consiglio: *essere testardo come un mulo* Ⓢ ostinato, cocciuto.

testare (te-stà-re) V.TR. (*tèsto*, ECC.) · Sottoporre a un controllo: *testare la solidità del ponte* Ⓢ provare.

testata (te-stà-ta) N.F. **1** Parte anteriore o superiore di una struttura. **2** La parte di un missile che contiene un satellite artificiale o dell'esplosivo: *missili a testata nucleare.* **3** La parte superiore della prima pagina di un giornale, dove si trovano il titolo e la data di uscita • Il giornale o il periodico stesso: *in Italia ci sono molte testate sportive* Ⓢ quotidiano, rivista. **4** Colpo violento battuto con la testa: *battere una testata.* Ⓔ ***Dare testate contro il muro,*** insistere senza successo • ***Testata del letto,*** elemento verticale del letto che sta dietro alla testa.

teste (tè-ste) N.M. e F. · Nel linguaggio giudiziario, testimone: *è stato chiamato come teste al processo.*

testicolo (te-stì-co-lo) N.M. · Nei mammiferi, ciascuna delle ghiandole maschili che producono le cellule sessuali.

testimone (te-sti-mò-ne) N.M. e F. || N.M. e F. **1** Persona che può dire come sono andati i fatti, essendo stata presente: *essere testimone di un incidente* Ⓢ teste, testimonio • Nel linguaggio giudiziario, persona chiamata in un processo a riferire con precisione il fatto a cui ha assistito. **2** Persona chiamata alla stesura di un atto notarile, per convalidarlo con la sua firma: *fare da testimone di nozze.* || N.M.

T

Nell'atletica leggera, il piccolo cilindro metallico che gli atleti della staffetta si passano l'un l'altro alla fine della propria parte di percorso: *il testimone è caduto nel passaggio* Ⓢ bastoncino.

testimonianza (te-sti-mo-niàn-za) N.F. **1** Dichiarazione fatta da chi era presente a un fatto: *fare una testimonianza in un processo* Ⓢ deposizione. **2** Atto che dimostra qualcosa: *fare un regalo come testimonianza del proprio affetto* Ⓢ prova, dimostrazione, segno • Documento storico: *le scarse testimonianze della lingua etrusca.*

testimoniare (te-sti-mo-nià-re) V.TR. e INTR. (*testimònio*, ecc.) || TR. **1** Dichiarare quello che si sa per ricostruire lo svolgimento di un fatto: *testimoniare il falso; testimoniò* ***di*** *non essere a conoscenza dei fatti* Ⓢ sostenere. **2** Costituire una prova di qualcosa: *i sacrifici che ha fatto testimoniano il suo amore per i figli* Ⓢ dimostrare, provare, attestare. || INTR. (aus. *avere*) **1** Parlare di un fatto che si è visto per cercare di ricostruirlo: *ha testimoniato* ***sull'****incidente* Ⓢ deporre. **2** Essere dimostrazione di qualcosa: *il suo comportamento testimonia* ***della*** *sua onestà.*

testo (tè-sto) N.M. **1** L'insieme delle parole che formano il contenuto di uno scritto: *il testo di una lettera, di un racconto* Ⓢ argomento • L'originale rispetto alla traduzione: *traduzione con il testo a fronte.* **2** Opera scritta: *un testo di poesia* Ⓢ libro, volume. Ⓔ ***Far testo***, costituire un'opinione autorevole, contare: *le sue opinioni non fanno testo* • ***Libro di testo*** → **libro**.

testone (te-stó-ne) N.M. (f. -*a*; pl.m. -*i*, pl.f. -*e*) || N.M. Testa grossa. || N.M. (f. -*a*) Nel linguaggio familiare, persona testarda e poco intelligente: *sei un gran testone, ti ho detto mille volte che non devi fare così!*

testosterone (te-sto-ste-ró-ne) N.M. · Il principale ormone sessuale maschile.

testuale (te-stu-à-le) AGG. **1** Che riguarda il testo: *analisi testuale.* **2** Che riproduce esattamente le parole di un testo o quelle dette da qualcuno: *citazione testuale; mi ha detto queste testuali parole* Ⓢ letterale, fedele.

testuggine (te-stùg-gi-ne) N.F. · Tartaruga terrestre o d'acqua dolce.

tetano (tè-ta-no) N.M. · Infezione, spesso mortale, causata dalla contaminazione di ferite con un batterio, che provoca dolorose contrazioni muscolari: *ha preso il tetano pungendosi con un chiodo arrugginito.*

Il termine deriva dal greco *tétanos* 'tensione, rigidità delle membra'.

tetra- · Primo elemento di parole composte che significa 'quattro, formato da quattro elementi': *tetragono.*

tetragono (te-trà-go-no) AGG. · Fermo nelle sue idee: *un carattere tetragono* Ⓢ irremovibile.

tetraplegico (te-tra-plè-gi-co) AGG. e N.M. (f. -*a*; pl.m. -*ci*, pl.f. -*che*) · Colpito da paralisi a tutti gli arti.

tetro (tè-tro) AGG. **1** Caratterizzato da un'atmosfera oscura e cupa: *un tetro carcere* Ⓢ sinistro, lugubre. **2** Di persona, malinconico, cupo, triste: *è sempre tetro e non sorride mai.*

tetta (tét-ta) N.F. · Nel linguaggio familiare, mammella, seno.

tettarella (tet-ta-rèl-la) N.F. · Ciuccio di gomma che si applica al biberon.

tetto (tét-to) N.M. **1** Copertura di un edificio, di solito costituita da due superfici inclinate, per far scorrere l'acqua piovana verso la grondaia: *la grandine ha rotto alcune tegole del tetto.* **2** Casa, abitazione: *alla stazione dormono molte persone che non hanno un tetto.* **3** Copertura: *il tetto della decappottabile.* **4** Limite massimo: *non devi superare il tetto di cento euro al giorno* • Il punto di arrivo o il punto più alto: *ha raggiunto molto giovane il tetto della carriera* Ⓢ apice, culmine, vertice. Ⓔ ***A tetto***, immediatamente sotto il tetto: *abitare a tetto.*

tettoia (tet-tó-ia) N.F. (pl. -*tóie*) · Copertura di un ambiente aperto sui lati: *ripariamoci sotto la tettoia.*

tettonica (tet-tò-ni-ca) N.F. (pl. -*che*) · Scienza che studia i movimenti della crosta terrestre. Ⓔ ***Tettonica a placche*** o ***tettonica a zolle***, teoria che fa risalire la nascita dei continenti al movimento delle zolle situate sullo strato superficiale della Terra.

tettonico (tet-tò-ni-co) AGG. (pl.m. *-ci*, pl.f. *-che*) · Che riguarda i cambiamenti e gli spostamenti della crosta terrestre: *movimenti tettonici.*

teutonico (teu-tò-ni-co) AGG. (pl.m. *-ci*, pl.f. *-che*) **1** Dei Teutoni, antica popolazione germanica della regione del fiume Elba. **2** Tedesco, a volte in senso ironico od ostile: *disciplina teutonica.*

thermos (ther-mos; pronuncia *tèrmos*) → ***termos***.

thriller (thril-ler; pronuncia *trìller*) N. INGL., in it. N.M. INVAR. · Libro, film o spettacolo del genere giallo o poliziesco che suscita nello spettatore particolare tensione: *ieri ho visto un bel thriller al cinema.*

ti[1] PRON. PERS. · Forma atona del pronome personale di seconda persona singolare *tu* usata come complemento oggetto e complemento di termine: *la mamma ti vede*, la mamma vede te; *la nonna ti ha comprato lo zaino nuovo*, la nonna ha comprato lo zaino nuovo a te.

Il pronome *ti* si mette sempre prima del verbo; si mette dopo solo quando il verbo è all'imperativo, all'infinito, al gerundio o al participio: *ti guardano*; *guardati*; *guardarti*; quando si appoggia a imperativi di una sola sillaba la consonante iniziale viene raddoppiata: *fatti vedere*; davanti a *lo, la, le, li, ne* è sostituito da *te*: *non te lo dice*; *non voglio dirtelo.*

ti[2] N.M. O F. INVAR. · Nome della diciottesima lettera dell'alfabeto italiano e del segno che la rappresenta (*t, T*).

tiara (tià-ra) N.F. · Alto copricapo di tessuto o di pelle, di solito a forma di cono con la punta ripiegata in avanti, usato dai sacerdoti e dai sovrani dell'antico Oriente. Ⓔ ***Tiara papale***, copricapo ornato da tre corone sovrapposte, usato dal Papa in cerimonie solenni.

tibetano (ti-be-tà-no) AGG. e N.M. (f. *-a*) || AGG. Della regione asiatica del Tibet. || N.M. (f. *-a*) Abitante, nativo del Tibet. || N.M. La lingua parlata in Tibet, in alcune zone dell'India e della Cina.

tibia (tì-bia) N.F. (pl. *-bie*) · Osso lungo che, insieme al perone, forma lo scheletro della gamba dal ginocchio alla caviglia: *si è fratturato la tibia.*

tic N.M. INVAR. · Movimento involontario della muscolatura, rapido e ripetuto spesso: *strizza sempre l'occhio per un tic nervoso.*

ticchettare (tic-chet-tà-re) V.INTR. (*ticchétto*, ecc.; aus. *avere*) · Produrre una serie fitta e veloce di leggeri rumori secchi: *di notte si sentiva ticchettare l'orologio.*

ticchettio (tic-chet-tì-o) N.M. (pl. *-tìi*) · Serie fitta e veloce di piccoli rumori secchi, o di battiti leggeri e insistenti: *il ticchettio della pioggia sui vetri.*

ticchio (tìc-chio) N.M. (pl. *-chi*) · Voglia improvvisa e bizzarra: *gli è venuto il ticchio di scrivere versi* Ⓢ capriccio, ghiribizzo.

ticket (ti-cket; pronuncia *tìchet*) N. INGL., in it. N.M. INVAR. **1** La somma che ogni persona assistita dal servizio sanitario nazionale paga per medicine o prestazioni mediche: *deve pagare il ticket per avere le analisi.* **2** Buono pasto fornito dalle aziende ai dipendenti, usato per mangiare in ristoranti, bar o mense.

tiepido (tiè-pi-do) AGG. **1** Lievemente caldo: *l'aria tiepida della primavera* Ⓢ mite. **2** Che dimostra scarso entusiasmo: *un tiepido benvenuto* Ⓢ freddo, distaccato, contenuto.

tifare (ti-fà-re) V.INTR. (aus. *avere*) · Fare il tifo: *tifare **per** la Juve, **per** la Roma.*

tifo (ti-fo) N.M. **1** Malattia infettiva e contagiosa, con febbre alta e forti dolori intestinali: *vaccino contro il tifo.* **2** Sostegno entusiasta per una squadra o un atleta: *a volte il tifo può diventare violento.* Ⓔ ***Fare il tifo***, sostenere qualcuno con entusiasmo: *per chi fai il tifo al festival di Sanremo?*

tifone (ti-fó-ne) N.M. · Tempesta distruttiva di vento e pioggia, tipica dell'Oceano Pacifico e del Sud-est asiatico Ⓢ ciclone tropicale.

tifoseria (ti-fo-se-rì-a) N.F. (pl. *-rìe*) · L'insieme dei tifosi di una squadra o di un atleta: *la tifoseria rossoblù è quella del Bologna.*

tifoso (ti-fó-so) AGG. e N.M. (f. *-a*) · Di sostenitore entusiasta di una squadra o di un atleta: *i tifosi vanno a vedere le partite in trasferta.*

tiglio (tì-glio) N.M. (pl. *-gli*) · Albero con fiori giallastri profumatissimi, con proprietà rilassanti, piantato come ornamento di viali e giardini: *un infuso a base di tiglio.*

tignola (ti-gnò-la) N.F. · Insetto di piccole dimensioni, le cui larve rodono, danneggiandoli, abiti, tappeti, mobili, cereali, ecc.

tigrato (ti-grà-to) AGG. · Che ha strisce scure come quelle della tigre: *un tessuto tigrato.*

tigre (ti-gre) N.F. · Grosso felino molto agile diffuso nelle foreste asiatiche; ha il pelo di color giallo fulvo, attraversato da strisce trasversali nere.

Il verbo che indica il verso della tigre è *ruggire* e il nome è *ruggito.*

tilt (pronuncia *tilt*) N. INGL., in it. N.M. INVAR. · Solo nell'espressione ***in tilt***, di circuito elettrico, che presenta un guasto; di persona, che si trova in uno stato di stanchezza o confusione mentale: *questa situazione lo manda in tilt.*

timballo (tim-bàl-lo) N.M. · Piatto a base di un involucro di pasta sfoglia riempito di altri ingredienti, cotto nel forno in uno stampo fatto apposta.

timbrare (tim-brà-re) V.TR. · Marcare con un timbro: *timbrare il passaporto* Ⓢ bollare. Ⓔ ***Timbrare il cartellino***, all'inizio e alla fine del turno di lavoro per dimostrare di aver rispettato l'orario di lavoro.

timbratura (tim-bra-tù-ra) N.F. · L'atto di apporre un timbro su un documento per annullarlo.

timbro (tìm-bro) N.M. **1** Marchio di gomma o di metallo, su cui è impresso un sigillo o un contrassegno, che viene bagnato con l'inchiostro per lasciare un'impronta scritta sulla carta • L'impronta scritta che il timbro lascia su carta, che ha talvolta valore legale: *per la data di spedizione guarda il timbro postale* Ⓢ bollo. **2** La qualità di un suono, che dipende dallo strumento musicale: *il timbro del violino è diverso da quello della viola.*

timer (ti-mer; pronuncia *tàimer*) N. INGL., in it. N.M. INVAR. · Dispositivo a tempo che regola il funzionamento di un apparecchio o di un congegno: *il timer del forno.*

timidezza (ti-mi-déz-za) N.F. · Sensazione di disagio, dovuta a timore, pudore o insicurezza, che si avverte in presenza di estranei o in situazioni insolite: *la timidezza lo fa balbettare* Ⓢ imbarazzo, ritrosia.

timido (tì-mi-do) AGG. e N.M. (f. *-a*) || AGG. e N.M. (f. *-a*) Che, chi prova un senso di timore, vergogna o imbarazzo di fronte agli altri: *è così timido che non saluta* Ⓢ insicuro, impacciato Ⓒ sfacciato. || AGG. **1** Che dimostra incertezza e imbarazzo: *una timida occhiata* Ⓢ timoroso, imbarazzato. **2** Che dimostra mancanza di decisione o di convinzione: *un timido tentativo di opporsi* Ⓢ debole, incerto.

timo[1] (tì-mo) N.M. · Piccolo arbusto profumato che cresce in luoghi aridi dell'area mediterranea, usato in cucina come erba aromatica; ha foglie piccole, coperte di peluria.

timo[2] (tì-mo) N.M. · Ghiandola situata dietro lo sterno; il suo cattivo funzionamento può provocare malattie gravi.

timone (ti-mó-ne) N.M. **1** La stanga del carro o dell'aratro ai lati della quale vengono attaccati gli animali da tiro. **2** Strumento che nelle imbarcazioni e negli aerei serve a controllare la direzione. Ⓔ ***Prendere in mano il timone***, guidare, dirigere qualcosa • ***Reggere il timone dello Stato***, governare.

timoniere (ti-mo-niè-re) N.M. (f. *-a*; pl.m. *-i*, pl.f. *-e*) · Chi manovra il timone di una nave.

timore (ti-mó-re) N.M. **1** Stato d'animo di ansia e preoccupazione che nasce dalla paura di qualcosa: *timore della morte; timore di sbagliare* Ⓢ apprensione. **2** AL PL. Paura, sospetto: *i tuoi timori sono ingiustificati.* **3** Sentimento di rispetto e soggezione nei confronti di una persona autorevole: *i ragazzi hanno timore dei professori severi.*

timoroso (ti-mo-ró-so) AGG. · Pieno di paura o di preoccupazione: *se ne stava timoroso in un angolo.*

timpano (tìm-pa-no) N.M. **1** Strumento a percussione costituito da una struttura metallica a mezza sfera, chiusa da una membrana tesa; si suona con piccole mazze. **2** La membrana interna dell'orecchio che, vibrando, permette di udire i suoni. **3** Nella facciata di alcuni edifici, la parte di muro a forma triangolare, che corrisponde all'area che si trova sotto alle due linee del tetto. Ⓔ ***Rompere i timpani***, disturbare con forti rumori.

tinca (tìn-ca) N.F. (pl. *-che*) · Pesce di acqua dolce, di color verde bottiglia sul dorso.

tinello (ti-nèl-lo) N.M. · Stanza da pranzo annessa alla cucina e l'insieme dei mobili che vi si trovano.

tingere (tìn-ge-re) V.TR. (irreg.: ind. pres. *tìngo, tìngi*, ecc.; pass. rem. *tìnsi, tingésti, tìnse, tingémmo, tingéste, tìnsero*; part. pass. *tìnto*) || TR. **1** Cambiare il colore di qualcosa: *tingere una stoffa* ***di*** *blu*; anche TR.PRONOM.: *tingersi i capelli*, cambiarne il colore Ⓢ colorare. **2** Sporcare di colore: *gli schizzi di vernice* ***gli*** *hanno tinto il vestito* Ⓢ macchiare. **3** Colorare: *il sole al tramonto tingeva il cielo* ***di*** *rosso*. || **tingersi** INTR.PRONOM. Assumere una data colorazione: *all'alba il cielo si tinge* ***di*** *rosa* Ⓢ colorarsi.

tino (tì-no) N.M. · Recipiente a forma di tronco di cono, usato per contenere l'uva pigiata durante la fermentazione alcolica.

tinozza (ti-nòz-za) N.F. · Recipiente simile a un tino, ma più largo e più basso, che si usava come vasca da bagno e per il bucato.

tinsi (tìn-si) · Pass. rem., 1ª pers. sing. → ***tingere***.

tinta (tìn-ta) N.F. · Colore o sostanza colorante: *capelli di una tinta rossiccia; dipingere il muro di una tinta più scura* Ⓢ tintura, vernice. Ⓔ ***A tinte forti***, di una vicenda piena di passioni violente • ***A tinte fosche***, esaltando gli aspetti negativi: *mi dipinse la situazione a tinte fosche* • ***Tinta unita***, dello stesso colore: *un tessuto in tinta unita*.

tintarella (tin-ta-rèl-la) N.F. · Abbronzatura: *dopo due giorni di mare aveva già la tintarella*.

tinteggiare (tin-teg-già-re) V.TR. (*tintéggio*, ecc.) · Coprire di tinta una superficie: *tinteggiare le persiane, la facciata di una casa* Ⓢ dipingere, pitturare.

tintinnare (tin-tin-nà-re) V.INTR. (aus. *avere*) · Mandare una serie di suoni brevi e squillanti: *i campanelli tintinnavano*.

tintinnio (tin-tin-nì-o) N.M. (pl. *-nìi*) · Serie di suoni brevi e squillanti: *un tintinnio di campanelli*.

tinto (tìn-to) · Participio pass. → ***tingere***.

tintore (tin-tó-re) N.M. (f. *-a*; pl.m. *-i*, pl.f. *-e*) **1** Operaio che ha il compito di tingere tessuti e pelli. **2** Chi gestisce una tintoria.

tintoria (tin-to-rì-a) N.F. (pl. *-rìe*) **1** Fabbrica o laboratorio artigianale in cui si colorano stoffe e tessuti. **2** Negozio dove si portano a smacchiare, lavare e stirare i vestiti: *portare un cappotto in tintoria* Ⓢ lavanderia.

tintura (tin-tù-ra) N.F. **1** Processo che utilizza particolari sostanze per dare una colorazione stabile e uniforme a qualcosa; anche, il risultato di questa operazione: *la tintura non è riuscita bene* Ⓢ tinta, colore. **2** Sostanza colorante: *tintura per capelli* Ⓢ colorante.

tipicamente (ti-pi-ca-mén-te) AVV. · In modo tipico, caratteristico: *un piatto tipicamente estivo; un'espressione tipicamente popolare*.

tipico (tì-pi-co) AGG. (pl.m. *-ci*, pl.f. *-che*) **1** Che presenta le qualità che caratterizzano una categoria o un ambiente: *un tipico esempio di film d'avventura* Ⓢ esemplare Ⓒ atipico. **2** Proprio di una regione, un popolo o un individuo: *gli occhi a mandorla sono tipici degli orientali* Ⓢ caratteristico, peculiare.

tipo (tì-po) N.M. e AGG. (f. *-a*) || N.M. **1** Categoria di cose o persone con le stesse caratteristiche: *questo tipo di pianta sopravvive bene in questo clima* Ⓢ tipologia, modello. **2** Persona che si distingue per caratteristiche o atteggiamenti particolari: *è un tipo buffo* Ⓢ individuo • Personaggio originale, bizzarro: *ma guarda che tipo!* || N.M. (f. *-a*) Un tale, uno sconosciuto: *per strada un tipo mi ha fermata* Ⓢ tizio. || AGG.INVAR. Che presenta le caratteristiche proprie di una categoria: *le spese mensili di una famiglia tipo* Ⓢ tipico, modello. Ⓔ ***È il mio tipo***, persona adatta a me • ***È un tipo***, di persona non bella ma dotata di personalità • ***Sul***

T

tipo di, simile a: *vorrei una giacca sul tipo della tua, ma di un altro colore.*

tipo- e **-tipo** · Primo e secondo elemento di parole composte che significa 'stampo, matrice' (*tipografia*) oppure 'esemplare, modello' (*prototipo*).

tipografia (ti-po-gra-fì-a) N.F. (pl. *-fìe*) · Procedimento di stampa con caratteri mobili in rilievo • Il laboratorio in cui si stampa con questo metodo: *il libro uscirà domani dalla tipografia.*

tipografico (ti-po-grà-fi-co) AGG. (pl.m. *-ci*, pl.f. *-che*) · Che riguarda la tecnica della stampa a caratteri mobili.

tipografo (ti-pò-gra-fo) N.M. · Responsabile del processo di stampa a caratteri mobili.

tipologia (ti-po-lo-gì-a) N.F. (pl. *-gìe*) · Insieme di elementi classificati secondo criteri prestabiliti: *hanno scoperto una nuova tipologia di virus.*

tir N.M. INVAR. · Camion per i trasporti internazionali di merci: *una colonna di tir era ferma alla dogana.*

Il termine è la sigla francese *Transports Internationaux Routiers* 'trasporti internazionali su strada'.

tiranneggiare (ti-ran-neg-già-re) V.TR. (*tirannéggio*, ecc.) · Governare con violenza e concedendo poca libertà: *tiranneggiare un popolo* • Trattare in modo prepotente: *tiranneggiare i propri dipendenti.*

tirannia (ti-ran-nì-a) N.F. (pl. *-nìe*) **1** Regime fondato sull'autorità, spesso oppressiva, di una sola persona: *opporsi alla tirannia* Ⓢ dispotismo, dittatura. **2** Autorità esercitata in modo oppressivo: *ribellarsi alla tirannia del padre* Ⓢ prepotenza. **3** Ciò che limita o condiziona la libertà agire: *non sopporta la tirannia delle regole* Ⓢ schiavitù.

tirannico (ti-ràn-ni-co) AGG. (pl.m. *-ci*, pl.f. *-che*) **1** Del tiranno o della tirannia: *regime tirannico.* **2** Autoritario, oppressivo, dispotico: *si comporta in modo tirannico con suo fratello.*

tirannide (ti-ràn-ni-de) N.F. **1** Nell'antica Grecia, sistema politico basato sull'autorità di una sola persona. **2** Governo crudele e autoritario: *ribellarsi alla tirannide.*

tiranno (ti-ràn-no) N.M. **1** Chi esercita da solo il potere politico, usando mezzi violenti e repressivi: *cacciare un tiranno* Ⓢ dittatore, despota. **2** Chi esercita la propria autorità con prepotenza e durezza: *il preside è un tiranno.* **3** Ciò che limita o condiziona la libertà di agire: *si dice che il tempo è tiranno.*

tirante (ti-ràn-te) N.M. · Elemento di metallo che unisce due parti di una struttura tenendole in tensione.

tirapiedi (ti-ra-piè-di) N.M. e F. INVAR. · Chi è al servizio di una persona e ne asseconda senza dignità tutti i desideri: *è il tirapiedi del direttore* Ⓢ scagnozzo.

tirare (ti-rà-re) V.TR. e INTR. || TR. **1** Esercitare una forza per avvicinare qualcosa a sé, per allungarlo o per tenderlo: *tirare una fune; tirare i capelli **a** qualcuno; tirare qualcuno **per** la giacca; tirare le tende*, chiuderle. **2** Trascinare qualcosa spostandosi: *tirare una slitta, un carro* Ⓢ trainare. **3** Scagliare qualcosa con forza: *tirare sassi* Ⓢ lanciare, gettare • Sparare con un'arma da fuoco o scagliare con un'arma da getto: *tirare un colpo di pistola, tirare una freccia **con** l'arco.* **4** Tracciare un segno: *tirare una linea dritta sul foglio* Ⓢ disegnare. || INTR. (aus. *avere*) **1** Andare avanti: *tirare dritto per un chilometro* Ⓢ procedere. **2** Provare a fare qualcosa: *tirare **a** indovinare* Ⓢ mirare, tentare di. **3** Di corrente d'aria, soffiare, spirare: *tira un forte vento.* **4** Di indumento, andare stretto: *questa gonna mi tira un po' sui fianchi* Ⓢ stringere. || **tirarsi** RIFL. Spostarsi, muoversi: *tirati in qua.* Ⓔ ***Tirare a campare***, vivere senza darsi troppi pensieri • ***Tirare a sorte*** → ***sorte*** • ***Tirare avanti***, vivere senza lusso, a volte con difficoltà economiche • ***Tirare diritto***, proseguire per la propria strada senza preoccuparsi degli altri • ***Tirare gli orecchi a qualcuno***, rimproverarlo • ***Tirare il fiato***, avere un momentaneo sollievo • ***Tirare in ballo***, coinvolgere qualcosa o qualcuno in una vicenda • ***Tirare i remi in barca***, abbandonare un'impresa, ritirarsi • ***Tirare la cinghia***, fare economia, affrontare sacrifici o privazioni • ***Tirare le cuoia***, nel linguaggio familiare, morire • ***Tirare le somme***, raggiun-

A B C D E F G H I J K L M N O P Q R S T U V W X Y Z

gere una conclusione • ***Tirare per le lunghe, tirare in lungo*** (→ *lungo*[1]) • ***Tirare su***, allevare, far crescere: *ha tirato su tre figli*; dare coraggio a qualcuno: *non c'è niente che valga a tirarlo un po' su* • ***Tirare troppo la corda*** → *corda* • ***Tirare via***, lavorare senza attenzione né precisione • ***Tirarsi indietro***, sottrarsi a un impegno o a una promessa • ***Tirarsi su***, farsi coraggio.

tirassegno (ti-ras-sé-gno) N.M. · Sport o esercitazione militare che consiste nello sparare a un bersaglio; anche, il luogo dove ci si allena: *gara di tirassegno; ci vediamo al tirassegno.*

tirata (ti-rà-ta) N.F. **1** Trazione energica: *dare una tirata alle briglie del cavallo.* **2** Viaggio lungo o lavoro impegnativo svolto senza soste o interruzioni: *abbiamo fatto Milano-Parigi tutto in una tirata.* **3** Lungo discorso polemico: *ogni giorno fa una tirata sui colleghi.* Ⓔ ***Tirata d'orecchi***, brusco rimprovero.

tiratore (ti-ra-tó-re) N.M. (f. *-trice*) **1** Persona abile nel colpire un bersaglio. **2** Nel calcio e nella pallacanestro, giocatore molto abile a tirare a rete o a canestro. Ⓔ ***Franco tiratore*** → *franco*[2] • ***Tiratore scelto***, soldato che ha una mira eccezionale.

tiratura (ti-ra-tù-ra) N.F. · Il numero di copie stampate: *la prima tiratura del libro è stata di duemila copie.*

tirchieria (tir-chie-ri-a) N.F. (pl. *-rìe*) · Eccessivo attaccamento al denaro: *mio zio è di una tirchieria incredibile* Ⓢ avarizia.

tirchio (tìr-chio) AGG. e N.M. (f. *-a*; pl.m. *-chi*, pl.f. *-chie*) · Che, chi è molto attaccato al denaro: *il mio capo è molto tirchio e non offre mai nemmeno un caffè* Ⓢ avaro, taccagno, spilorcio Ⓒ generoso.

tiritera (ti-ri-tè-ra) N.F., *fam.* **1** Nel linguaggio familiare, filastrocca, cantilena. **2** Discorso noioso e ripetitivo: *sono stufo di sentire sempre la stessa tiritera!* Ⓢ lagna, nenia.

tiro (tì-ro) N.M. **1** L'applicazione di una forza di trazione: *i cavalli da tiro furono attaccati alla carrozza* Ⓢ traino. **2** Lancio di un proiettile verso un bersaglio: *tiro con l'arco* • La distanza massima raggiunta dal proiettile di un'arma da fuoco. **3** Lancio della palla con le mani o i piedi: *ha fatto canestro con un tiro da lontano* Ⓢ colpo. **4** Azione dannosa o brutto scherzo compiuto contro qualcuno: *giocare un tiro mancino* Ⓢ scherzo. Ⓔ ***Alzare il tiro, abbassare il tiro, aggiustare il tiro***, aumentare, ridurre, ridimensionare le proprie richieste o ambizioni • ***A tiro***, a portata di mano • ***Poligono di tiro*** → *poligono*.

tirocinio (ti-ro-cì-nio) N.M. (pl. *-ni*) · Periodo di apprendimento, sotto la guida di un esperto, di un'arte o di una professione: *svolgere il tirocinio in un reparto ospedaliero* Ⓢ pratica, esperienza.

tiroide (ti-ròi-de) N.F. · Ghiandola situata alla base del collo; produce sostanze che hanno la funzione di stimolare la crescita dell'organismo.

tirrenico (tir-rè-ni-co) AGG. (pl.m. *-ci*, pl.f. *-che*) · Del Mar Tirreno: *le coste tirreniche.*

tisana (ti-ṣà-na) N.F. · Infuso di erbe medicinali, con funzione calmante o digestiva: *vuoi una tisana di malva?*

tisi (tì-ṣi) N.F. INVAR. · La tubercolosi polmonare cronica.

tisico (tì-ṣi-co) AGG. e N.M. (f. *-a*; pl.m. *-ci*, pl.f. *-che*) · Di malato di tisi.

titanico (ti-tà-ni-co) AGG. (pl.m. *-ci*, pl.f. *-che*) · Degno di un gigante in quanto superiore alle forze umane: *sforzo titanico* Ⓢ sovrumano, immane.

Il termine deriva dal greco *Titán* 'Titano', nome generico dei sei giganti figli di Urano, che ingaggiarono una lotta per la conquista dell'Olimpo e, sconfitti, furono precipitati da Zeus nel Tartaro.

titolare[1] (ti-to-là-re) AGG. e N.M. e F. || AGG. e N.M. e F. Che, chi ricopre ufficialmente un incarico: *professore titolare della cattedra; il giocatore non è fra i titolari della squadra, è una riserva* Ⓢ effettivo. || N.M. e F. Proprietario, possessore, principale: *posso parlare con il titolare della ditta?*

titolare[2] (ti-to-là-re) V.TR. (*tìtolo*, ecc.) · Dare un titolo a un libro, a un capitolo, all'articolo di un giornale, ecc.

titolo (tì-to-lo) N.M. **1** Breve indicazione che serve a individuare o definire un'opera d'arte, una pubblicazione, ecc.: *il titolo di una poesia, di un film.* **2** Qualifica che attesta il livello di studio raggiunto, una carica o una vittoria sportiva: *ha il titolo di conte; hanno vinto il titolo mondiale.* **3** Azione, obbligazione finanziaria. Ⓔ ***A titolo di***, per indicare il senso con cui interpretare un fatto o un discorso: *ve lo chiedo a titolo di curiosità* • ***Titoli di testa, titoli di coda***, le scritte che scorrono all'inizio e alla fine di un film o di un programma, con i nomi delle persone che hanno partecipato.

titubante (ti-tu-bàn-te) AGG. · Indeciso, esitante, incerto: *è titubante, non sa decidersi a partire.*

titubanza (ti-tu-bàn-za) N.F. · Atteggiamento di incertezza ed esitazione: *a cosa è dovuta la tua titubanza ad accettare il suo invito?* Ⓢ indecisione.

titubare (ti-tu-bà-re) V.INTR. (*tìtubo*, ecc.; aus. *avere*) · Dimostrare incertezza ed esitazione: *ha titubato a lungo, ma poi è partito* Ⓢ esitare, tentennare.

tizio (tì-zio) N.M. (pl. *-zi*) · Persona di cui non si conosce l'identità: *è venuto un tizio a cercarti* Ⓢ tale, tipo.

> Il termine deriva dal latino *Titius*, nome molto comune nell'antica Roma.

tizzone (tiz-zó-ne) N.M. · Pezzo di legno o di carbone che sta bruciando: *il cane è nero come un tizzone.*

to' (tò) INTER. **1** Nel linguaggio familiare, esclamazione che accompagna l'atto di dare qualcosa: *to'! piglia anche questo!* Ⓢ tieni!, prendi! **2** Esprime sorpresa: *to', chi si vede!*

toast (pronuncia *tòst*) N. INGL., in it. N.M. INVAR. · Fette di pane bianco tostato, con prosciutto e formaggio.

toccante (toc-càn-te) AGG. · Che tocca il cuore: *una scena toccante; una toccante dimostrazione di solidarietà* Ⓢ commovente.

toccare (toc-cà-re) V.TR. e INTR. (*tócco, tócchi*, ecc.) || TR. **1** Portare a contatto o venire a contatto: *è proibito toccare la merce; **gli** toccò la fronte per sentire se aveva la febbre* Ⓢ tastare • Spostare, muovere: *se nessuno l'ha toccata, la spazzola dovrebbe essere in bagno.* **2** Provocare un senso di commozione o di irritazione: *una scena che mi ha toccato nel profondo* Ⓢ colpire, commuovere. **3** Trattare una questione senza soffermarcisi troppo: *toccherò l'argomento solo di sfuggita* Ⓢ accennare, sfiorare. **4** Avere attinenza con qualcuno: *la questione mi tocca da vicino* Ⓢ riguardare, interessare, coinvolgere. || INTR. (aus. *essere*) **1** Capitare, accadere per caso: ***gli** è toccata una bella fortuna.* **2** Spettare di diritto o per dovere: *il premio è toccato **a** lui* • Essere il turno di qualcuno: *tocca **a** te* • Essere costretto a far qualcosa: ***gli** toccò tacere e ubbidire* Ⓢ dovere. Ⓔ ***Toccare con mano***, accertarsi di qualcosa • ***Toccare il cielo con un dito***, essere molto felici per aver ottenuto ciò che si desiderava • ***Toccare il fondo***, raggiungere il massimo del fallimento o della disperazione.

toccasana (toc-ca-sà-na) N.M. INVAR. · Rimedio infallibile: *questo unguento è un toccasana per le screpolature della pelle.*

toccata (toc-cà-ta) N.F. **1** Breve contatto delle dita della mano su una superficie: *dare una toccata furtiva a un oggetto prezioso.* **2** Forma di composizione musicale per strumenti a tastiera: *la "Toccata e fuga in re minore" di Bach.*

tocco (tóc-co) N.M. (pl. *-chi*) **1** Leggero e breve contatto della mano: *lo svegliò con un lieve tocco.* **2** La capacità tecnica di chi suona uno strumento musicale: *ha un tocco divino* Ⓢ stile. **3** Modo di dipingere di un artista: *buttare giù un ritratto con pochi tocchi.* **4** Nel calcio, la maniera di colpire la palla: *avere un perfetto tocco di palla.* **5** Colpo, rintocco: *ho sentito dei tocchi alla porta; la campana batté nove tocchi.* Ⓔ ***Tocco di colore***, pennellata, impronta.

toeletta (to-e-lèt-ta) N.F. · Adattamento italiano della parola francese *toilette.*

toga (tò-ga) N.F. (pl. *-ghe*) **1** Indumento tradizionale del cittadino dell'antica Roma. **2** Lunga veste nera indossata dai giudici e dai professori universitari in occasioni ufficiali o solenni.

togliere (tò-glie-re) V.TR. (irreg.: ind. pres. *tòlgo*, *tògli*, *tòglie*, *togliàmo*, *togliéte*, *tòlgono*; pass. rem. *tòlsi*, *togliésti*, *tòlse*, *togliémmo*, *togliéste*, *tòlsero*; fut. *toglierò*, ecc.; cong. pres. *tòlga*, *tòlga*, *tòlga*, *togliàmo*, *togliàte*, *tòlgano*; condiz. pres. *toglierèi*, ecc.; part. pass. *tòlto*) || TR. **1** Rimuovere qualcosa da un luogo: *togliere un quadro* ***dalla*** *parete* Ⓢ levare Ⓒ mettere • Tirare via qualcosa dalla sua sede: ***mi*** *hanno tolto un dente.* **2** Condurre via qualcuno o qualcosa: *toglimelo di torno* Ⓢ allontanare. **3** Sottrarre, detrarre, levare: *togliere tre* ***da*** *sette.* **4** Mettere fuori da un insieme: *se togli due o tre casi, tutti i suoi dipendenti sono bravissimi* Ⓢ escludere. **5** Levare di dosso un indumento: *togli le scarpe* ***al*** *bambino.* || **togliersi** TR. PRONOM. Sfilarsi un indumento: *togliersi le scarpe* Ⓢ levarsi. || **togliersi** RIFL. Spostarsi, allontanarsi: *togliti* ***da*** *qui!* Ⓔ ***Ciò non toglie che***, ma non è detto che, ma è possibile che: *è molto attento ma ciò non toglie che possa fare errori* • ***Togliere il fiato*** → ***fiato*** • ***Togliersi dai piedi*** o ***togliersi dalle scatole***, nel linguaggio familiare, andarsene • ***Togliersi dalla testa qualcosa***, rinunciare a un'idea • ***Togliersi il pane di bocca*** → ***bocca*** • ***Togliersi un capriccio*** o ***togliersi una voglia***, soddisfarli.

toh (pronuncia *tò*) → ***to'***.

toilette (toi-let-te; pronuncia *tualèt*) N.F. FR., in it. N.F.INVAR. **1** Mobile a forma di piccolo tavolo fornito di cassetti e di uno specchio, usato dalle donne per pettinarsi e truccarsi: *si fa bella alla toilette.* **2** Nei luoghi pubblici, i servizi igienici: *scusi, può indicarmi dov'è la toilette?* Ⓢ bagno, gabinetto. **3** La serie di operazioni dedicate alla cura del proprio corpo: *per far toilette mi ci vuole quasi un'ora.* **4** Abbigliamento femminile particolarmente elegante: *una toilette da sera* Ⓢ vestito.

> Il termine deriva dal diminutivo del francese *toile* 'tela'; indicava in origine la tovaglietta ricamata che ornava il mobiletto che le dame usavano per pettinarsi e truccarsi.

tolgo (tòl-go) · Ind. pres., 1ª pers. sing. → ***togliere***.

tollerabile (tol-le-rà-bi-le) AGG. · Che può essere sopportato: *certe prepotenze non sono più tollerabili* Ⓢ ammissibile Ⓒ intollerabile.

tollerante (tol-le-ràn-te) AGG. **1** Capace di sopportare situazioni spiacevoli: *essere tollerante* ***del*** *freddo* Ⓢ resistente a Ⓒ intollerante. **2** Paziente verso i difetti delle persone o rispettoso delle opinioni di altri: *una madre tollerante con i figli* Ⓢ paziente, aperto.

tolleranza (tol-le-ràn-za) N.F. **1** Capacità di sopportare situazioni spiacevoli o sostanze dannose: *tolleranza dell'organismo* ***al*** *dolore,* ***all'****alcol* Ⓢ resistenza Ⓒ intolleranza. **2** Atteggiamento di rispetto per i comportamenti, le idee o le convinzioni degli altri: *giudicare con tolleranza* Ⓢ comprensione.

tollerare (tol-le-rà-re) V.TR. (*tòllero*, ecc.) **1** Resistere a situazioni o a sostanze che possono causare danno o disagio: *tollerare l'umidità* Ⓢ sopportare, reggere. **2** Sopportare situazioni o comportamenti spiacevoli o dannosi: *tollerare un'offesa.* **3** Comprendere e accettare idee e credenze diverse dalle proprie: *uno Stato democratico deve tollerare tutte le religioni.* **4** Ammettere, permettere: *non sono tollerati ritardi superiori ai dieci minuti.*

tolsi (tòl-si) · Pass. rem., 1ª pers. sing. → ***togliere***.

tolto (tòl-to) · Participio pass. → ***togliere***.

tomaia (to-mà-ia) N.F. (pl. *-màie*) · La parte superiore della scarpa, che fascia il piede: *tomaia di tela.*

tomba (tóm-ba) N.F. · Luogo di sepoltura: *la sua tomba è in un cimitero di campagna* Ⓢ sepolcro, fossa, tumulo. Ⓔ ***Avere un piede nella tomba***, essere vicino alla morte • ***Muto come una tomba***, che non rivela segreti • ***Silenzio di tomba***, totale, assoluto.

tombino (tom-bì-no) N.M. **1** Griglia che copre l'apertura delle fogne in strada. **2** Piccolo canale costruito ai margini della strada per le acque di scarico.

tombola[1] (tóm-bo-la) N.F. · Gioco a premi basato sull'estrazione a sorte dei numeri compresi fra l'1 e il 90; ogni partecipante ha una cartella con 15 numeri; vince il premio massimo chi, per primo, vede uscire tutti i numeri della sua cartella.

tombola[2] (tóm-bo-la) N.F. · Nel linguaggio familiare, ruzzolone, capitombolo: *è scivolato e ha fatto una bella tombola.*

tombolare (tom-bo-là-re) V.INTR. (*tómbolo*, ecc.; aus. *essere*) · Cadere ruzzolando: *tombolare **dalle** scale.*

tomo (tò-mo) N.M. **1** Ciascuna delle parti in cui può essere divisa un'opera stampata: *il libro è diviso in due volumi di due tomi ciascuno* Ⓢ sezione. **2** Nel linguaggio familiare, persona strana: *chi è quel tomo?* Ⓢ soggetto, tipo, tizio.

tonaca (tò-na-ca) N.F. (pl. *-che*) · Veste semplice, ampia e lunga, spesso con un cordone che stringe la vita, tipica dei frati e delle monache: *la tonaca dei francescani.* Ⓔ ***Gettare la tonaca alle ortiche*** → ***ortica***.

tonalità (to-na-li-tà) N.F. INVAR. **1** In un brano musicale, la relazione che lega una serie di note o di accordi a una nota fondamentale: *tonalità di re maggiore* Ⓢ tono. **2** Grado di intensità di un colore: *ci sono moltissime tonalità di rosso* Ⓢ gradazione.

tonante (to-nàn-te) AGG. · Che risuona con forza: *parlava con voce tonante* Ⓢ altisonante, stentoreo.

tondeggiante (ton-deg-giàn-te) AGG. · Che presenta una forma o un profilo tondo: *la sua pancia comincia a essere tondeggiante.*

tondo (tón-do) AGG. e N.M. || AGG. **1** Di forma circolare o sferica, più o meno regolare: *la Terra è tonda; ha le guance belle tonde* Ⓢ rotondo • In tipografia, il carattere in cui l'asse delle lettere è perpendicolare alla linea di scrittura: *carattere tondo.* **2** Di numero, che non presenta frazioni o decimali: *ci vogliono cento euro tondi a testa.* || N.M. Oggetto circolare: *ritagliare un tondo di cartone* Ⓢ cerchio, disco. Ⓔ ***Chiaro e tondo*** → ***chiaro*** • ***Far cifra tonda*** → ***cifra***.

tonfo (tón-fo) N.M. · Rumore sordo di un corpo che cade con una certa pesantezza: *si sentì un gran tonfo e poi il pianto del bimbo* Ⓢ colpo.

tonico (tò-ni-co) AGG. e N.M. (pl.m. *-ci*, pl.f. *-che*) || AGG. In grammatica, che è accentato: *sillaba tonica.* || AGG. e N.M. Di sostanza che dà vigore all'organismo: *un tonico per il fegato* Ⓢ ricostituente.

tonificare (to-ni-fi-cà-re) V.TR. (*tonìfico, tonìfichi*, ecc.) · Dare vigore al corpo e alla mente: *una doccia fresca al mattino tonifica* Ⓢ rinfrancare.

tonnara (ton-nà-ra) N.F. · Sistema di pesca dei tonni, formato da una serie di reti collegate fra loro, in cui i pesci entrano senza poter più uscire.

tonnellata (ton-nel-là-ta) N.F. · Unità di misura di peso pari a mille chilogrammi; il simbolo è *t*: *due tonnellate di carbone; la portata di questa vettura è di 20 tonnellate.*

Il termine deriva dallo spagnolo *tonel* 'barile'.

tonno (tón-no) N.M. · Grosso pesce di mare, pescato per la sua ottima carne, mangiata fresca o conservata sott'olio: *una scatoletta di tonno; spaghetti al tonno.*

tono (tò-no) N.M. **1** L'intensità di un suono o di una voce: *alzare, abbassare il tono* Ⓢ volume. **2** L'insieme delle caratteristiche della voce che cambiano a seconda dell'umore e dei sentimenti di chi parla: *tono affettuoso, minaccioso, allegro* Ⓢ intonazione, accento. **3** Stile, livello, carattere: *un discorso di tono formale.* **4** In musica, intervallo tra due note consecutive. **5** Gradazione di colore: *preferisco i toni chiari* Ⓢ tonalità, sfumatura. **6** Grado di tensione ed elasticità dei muscoli del corpo: *rinforzare il tono muscolare con degli esercizi* Ⓢ energia, vigore. Ⓔ ***Darsi un tono*** → ***dare*** • ***Essere giù di tono***, fuori forma • ***Rispondere a tono***, in modo appropriato.

-tono · Secondo elemento di parole composte che significa 'tensione, tono': *baritono*, voce dal tono grave; *monotono*, che mantiene sempre lo stesso tono.

tonsilla (ton-sil-la) N.F. · Ciascuna delle due ghiandole del sistema immunitario che si trovano in fondo alla gola, di forma ovale e della grandezza di una mandorla: *infiammazione delle tonsille.*

tonsillite (ton-sil-lì-te) N.F. · Infiammazione delle tonsille.

A B C D E F G H I J K L M N O P Q R S T U V W X Y Z

tonto (tón-to) AGG. · Lento di riflessi: *è un po' tonto, devi ripetere* Ⓢ sciocco, stupido. Ⓔ ***Fare il finto tonto***, fingere di non capire.

topaia (to-pà-ia) N.F. (pl. *-pàie*) · Abitazione sporca e cadente: *casa sua è una topaia orrenda* Ⓢ tugurio, stamberga.

topazio (to-pà-zio) N.M. (pl. *-zi*) · Pietra preziosa di colore giallo.

topico (tò-pi-co) AGG. (pl.m. *-ci*, pl.f. *-che*) **1** Di un luogo Ⓢ locale • Di sostanza medicinale, che si usa direttamente sulla parte malata: *farmaco topico*. **2** D'importanza decisiva: *momento topico* Ⓢ cruciale, risolutivo.

topo (tò-po) N.M. · Nome comune dei piccoli roditori onnivori, con grandi capacità di adattamento, con muso a punta, orecchi grandi, pelo grigio e coda lunga: *topo di fogna* Ⓢ ratto, sorcio. Ⓔ ***Far la fine del topo***, restare intrappolato e morire soffocato • ***Grigio topo***, grigio chiaro • ***Topo d'appartamento***, ladro specializzato in furti di casa • ***Topo di biblioteca***, chi legge molto.

topo- · Primo elemento di parole composte che significa 'luogo, località': *toponimo*, il nome di un luogo.

topografia (to-po-gra-fì-a) N.F. (pl. *-fie*) · Rappresentazione grafica di una certa zona di terreno.

topografico (to-po-grà-fi-co) AGG. (pl.m. *-ci*, pl.f. *-che*) · Che riguarda la topografia: *carta topografica*.

toponimo (to-pò-ni-mo) N.M. · Nome proprio di un luogo: *il nome di Firenze deriva dal toponimo latino Florentia*.

T

toponomastica (to-po-no-mà-sti-ca) N.F. (pl. *-che*) **1** Lo studio dei nomi di luogo. **2** L'insieme dei nomi di luogo di una specifica lingua o di un'area geografica: *la toponomastica bilingue dell'Alto Adige*.

toppa (tòp-pa) N.F. **1** Il foro della serratura o della porta in cui s'infila la chiave: *girare la chiave nella toppa*. **2** Pezzo di stoffa che si applica sopra un punto strappato di un vestito o di un tessuto: *pantaloni pieni di toppe*. Ⓔ ***Metterci una toppa***, cercare un rimedio provvisorio.

torace (to-rà-ce) N.M. · La parte del corpo compresa fra il collo e l'addome, che contiene la maggior parte dell'apparato respiratorio e il cuore Ⓢ torso, busto, tronco.

toracico (to-rà-ci-co) AGG. (pl.m. *-ci*, pl.f. *-che*) · Del torace. Ⓔ ***Gabbia toracica*** o ***cassa toracica***, in anatomia, la struttura ossea che sostiene il torace e protegge gli organi in esso contenuti.

torba (tór-ba) N.F. · Combustibile fossile formato dai residui di antichissime piante accumulati sul fondo di laghi o stagni.

torbido (tór-bi-do) AGG. e N.M. || AGG. **1** Di liquido, che contiene sostanze che lo rendono meno trasparente: *acqua torbida* Ⓢ impuro, opaco, sporco Ⓒ chiaro. **2** Poco chiaro: *è una situazione torbida* Ⓢ equivoco, ambiguo. || N.M. Situazione poco chiara: *c'è del torbido in questa storia* Ⓢ marcio, losco. Ⓔ ***Pescare nel torbido*** → ***pescare***.

torcere (tòr-ce-re) V.TR. (irreg.: ind. pres. *tòrco*, *tòrci*, ecc.; pass. rem. *tòrsi*, *torcésti*, *tòrse*, *torcémmo*, *torcéste*, *tòrsero*; cong. pres. *tòrca*, ecc.; part. pass. *tòrto*) || TR. **1** Avvolgere qualcosa su se stesso: *torcere il braccio **all'**avversario*. **2** Piegare qualcosa, cambiandone la forma: *torcere un ferro* Ⓢ storcere, curvare. || **torcersi** INTR. PRONOM. Piegarsi su se stesso: *si torceva **dal** dolore, **dalle** risa*. Ⓔ ***Dare del filo da torcere***, creare ostacoli, difficoltà • ***Non torcere un capello***, non fare il minimo male a qualcuno.

torchiare (tor-chià-re) V.TR. (*tòrchio*, ecc.) **1** Spremere con il torchio: *torchiare le olive*. **2** Sottoporre a un interrogatorio lungo e pesante: *la polizia l'ha torchiato per ore*.

torchio (tòr-chio) N.M. (pl. *-chi*) · Meccanismo usato per schiacciare o premere qualcosa fra due piastre parallele la cui distanza si regola con una vite: *torchio per olio* Ⓢ pressa. Ⓔ ***Sotto torchio***, in una situazione di pressione: *all'esame l'hanno tenuto sotto torchio per un'ora*.

torcia (tòr-cia) N.F. (pl. *-ce*) · Supporto che regge una fiamma che serve per illuminare: *è stata accesa la torcia olimpica* Ⓢ fiaccola. Ⓔ ***Torcia elettrica***, lampada portatile a pile.

torcicollo (tor-ci-còl-lo) N.M. · Dolore acuto e continuo ai muscoli del collo, che impedisce di ruotare la testa di lato.

tordo (tór-do) N.M. · Uccellino marrone e bianco, a macchie nere.

-tore · Suffisso che serve a formare nomi a partire da verbi: *giocatore*, chi partecipa a un gioco.

torero (to-rè-ro) N.M. · Chi affronta i tori nelle corride: *il torero venne ferito nell'arena.*

torma (tór-ma) N.F. **1** Schiera di soldati. **2** Insieme di persone che si muovono in modo disordinato • Branco di animali.

tormenta (tor-mén-ta) N.F. · Tempesta di neve: *gli alpinisti sono scomparsi nella tormenta* Ⓢ bufera.

tormentare (tor-men-tà-re) V.TR. (*torménto*, ecc.) || TR. Causare continuo dolore o fastidio a qualcuno: *un terribile mal di testa mi tormenta; non tormentarla con le tue critiche* Ⓢ torturare. || **tormentarsi** INTR. PRONOM. Angosciarsi continuamente: *finiscila di tormentarti con i rimpianti.*

tormento (tor-mén-to) N.M. **1** Straziante dolore fisico provocato da qualcuno o causato da una malattia: *morire in mezzo ai tormenti* Ⓢ pena, dolore. **2** Angoscia continua: *soffrire i tormenti della gelosia.* **3** Persona fastidiosa o molesta: *è un bel tormento quella donna!* Ⓢ piaga, croce.

tormentoso (tor-men-tó-so) AGG. · Che fa soffrire senza mai dare pace: *una sete tormentosa; un dubbio tormentoso* Ⓢ angoscioso, ossessivo.

tornaconto (tor-na-cón-to) N.M. · Vantaggio personale: *ha accettato l'incarico solo per il suo tornaconto* Ⓢ convenienza, interesse.

tornado (tor-nà-do) N.M. INVAR. · Violenta tromba d'aria, tipica degli Stati Uniti e dell'Australia: *un tornado ha scoperchiato il tetto* Ⓢ uragano.

> Il termine deriva dallo spagnolo *tronada* 'tuono'.

tornante (tor-nàn-te) N.M. · Ampia curva delle strade di montagna: *i ciclisti affrontano l'ultimo tornante prima della cima.*

tornare (tor-nà-re) V.INTR. (*tórno*, ecc.; aus. *essere*) **1** Muoversi in direzione del punto da cui si è partiti: *tornare **a** casa **in** macchina* Ⓢ ritornare, rientrare. **2** Venire di nuovo: *è tornato più volte **a** vedere se c'eri.* **3** Riprendere un'azione o un'abitudine interrotta: *torniamo **al** nostro discorso* Ⓢ riprendere (TR.). **4** Di certe azioni o situazioni, rinnovarsi, ripetersi: *un'occasione come questa non torna più.* **5** Venir restituito: *scaduto il contratto, il fondo torna **al** proprietario.* **6** Ripetere un'azione: *torna **a** dirlo se hai coraggio!* **7** Riprendere le caratteristiche originarie: *una volta lavato, l'abito torna bianco.* **8** Essere giusto, esatto: *i conti tornano.* Ⓔ ***Tornare a proposito***, essere utile • ***Tornare con il pensiero***, ripensare a qualcosa.

tornasole (tor-na-só-le) N.M. INVAR. · ***Cartina di tornasole***, carta imbevuta di una sostanza colorante speciale che cambia colore a seconda delle caratteristiche chimiche di ciò con cui entra in contatto; in senso figurato, prova decisiva: *la partita di domani sarà la cartina di tornasole del potenziale della squadra.*

torneo (tor-nè-o) N.M. (pl. *-nèi*) **1** Nel Medioevo, combattimento sportivo di cavalieri armati Ⓢ giostra. **2** Serie di gare a eliminazione con graduatoria finale: *torneo di scacchi, di tennis.*

tornio (tór-nio) N.M. (pl. *-ni*) · Supporto girevole per modellare la creta, il legno o il metallo: *lavorare un vaso al tornio.*

tornito (tor-nì-to) AGG. **1** Lavorato al tornio: *un pezzo di legno ben tornito.* **2** Di parte del corpo, che ha forme rotonde e armoniose: *gambe tornite.*

torno (tór-no) N.M. · Zona che sta intorno. Ⓔ ***Di torno***, da vicino, da davanti: *non vedo l'ora di levarmelo di torno!* • ***Torno torno***, tutt'intorno: *girava torno torno alla fontana.*

toro (tò-ro) N.M. **1** Il maschio adulto e non castrato dei bovini, destinato alla riproduzione. **2** In astrologia, segno che comprende i nati dal 21 aprile al 20 maggio. Ⓔ ***Prendere il toro per le corna***, affrontare qualcosa con decisione.

A B C D E F G H I J K L M N O P Q R S T U V W X Y Z

torpediniera (tor-pe-di-niè-ra) N.F. · Veloce nave da guerra dotata di siluri.

torpedone (tor-pe-dó-ne) N.M. · Autobus con tetto apribile, usato in passato per il trasporto dei turisti.

torpido (tòr-pi-do) AGG. **1** Pigro, indolente: *mente torpida.* **2** Del corpo, colpito da torpore: *avere le membra torpide.*

torpore (tor-pó-re) N.M. **1** Temporaneo rallentamento delle funzioni dell'organismo: *il torpore è dovuto alla febbre.* **2** Sonnolenza: *dopo pranzo cala un certo torpore.* **3** Pigrizia fisica o intellettuale: *devi reagire al torpore e fare qualcosa* Ⓢ apatia.

torre (tór-re) N.F. **1** Costruzione a base stretta molto sviluppata in altezza: *dalla torre del castello si vedono arrivare i nemici.* **2** Nome generico di struttura molto alta: *la torre Eiffel è uno dei simboli di Parigi.* Ⓔ ***Torre di controllo***, la sede del controllo del traffico aereo.

torrefazione (tor-re-fa-zió-ne) N.F. · Operazione con cui si abbrustoliscono alcuni tipi di semi come il caffè Ⓢ tostatura • Il locale dove si tosta, si degusta e si vende il caffè.

torreggiare (tor-reg-già-re) V.INTR. (*torréggio*, ecc.; aus. *avere*) · Dominare dall'alto come una torre: *un picco che torreggia* ***su*** *tutte le altre cime* Ⓢ sovrastare, svettare.

torrente (tor-rèn-te) N.M. **1** Corso d'acqua che alterna piene violente e momenti di secca: *il torrente è senz'acqua.* **2** Ciò che scorre con impeto travolgente: *scendevano dal vulcano torrenti di lava* Ⓢ fiume. Ⓔ ***Un torrente di parole***, un gran numero.

Il termine deriva dal latino *torrere* 'seccare, asciugare'.

torrentizio (tor-ren-tì-zio) AGG. (pl.m. *-zi*, pl.f. *-zie*) · Che ha caratteristiche simili a quelle dei torrenti: *corso d'acqua a regime torrentizio.*

torrenziale (tor-ren-zià-le) AGG. · Impetuoso e abbondante come un torrente in piena: *pioggia torrenziale; una prosa torrenziale.*

torretta (tor-rét-ta) N.F. **1** Piccola torre difensiva: *il soldato era di guardia sulla torretta.* **2** Struttura rialzata al centro dello scafo dei sommergibili. **3** Nei carri armati, struttura rialzata e girevole, fornita di mitragliatrice.

torrido (tòr-ri-do) AGG. · Caldo rovente: *nel deserto il giorno è torrido.* Ⓔ ***Zona torrida***, la zona della Terra compresa fra i tropici e l'equatore.

torrione (tor-rió-ne) N.M. · Torre massiccia usata a scopi difensivi.

torrone (tor-ró-ne) N.M. · Dolce tipico delle feste natalizie, fatto con un impasto piuttosto duro di miele, zucchero e albume d'uova, pieno di mandorle lievemente tostate.

torsi (tòr-si) · Pass. rem., 1ª pers. sing. → ***torcere***.

torsione (tor-sió-ne) N.F. · Movimento di rotazione laterale del corpo o di una sua parte, intorno al suo asse longitudinale: *torsione del busto verso destra.*

torso (tór-so) N.M. **1** La parte centrale di una mela o di una pera, che contiene i semi Ⓢ fusto. **2** La parte del corpo umano compresa fra il collo e la cintura: *abbronzarsi a torso nudo* Ⓢ busto, tronco.

torsolo (tór-so-lo) N.M. · Nel linguaggio familiare, il torso della mela o della pera.

torta (tór-ta) N.F. · Dolce cotto in forno, a base di farina, burro, zucchero e uova, e vari altri ingredienti: *torta di mele.* Ⓔ ***Spartirsi la torta***, dividersi guadagni ottenuti in modo illecito.

tortellino (tor-tel-lì-no) N.M. (spesso al pl.) · Fagottino di pasta all'uovo ripieno di carne di maiale e formaggio: *tortellini al ragù; tortellini in brodo.*

torto[1] (tòr-to) · Participio pass. → ***torcere***.

torto[2] (tòr-to) N.M. **1** Azione ingiusta, non meritata dalla persona che la subisce: *mi ha fatto un torto non invitandomi* Ⓢ offesa, ingiustizia, sopruso. **2** La condizione di chi non ha ragione: *finirai per passare dalla parte del torto* Ⓢ colpa, errore Ⓒ ragione. Ⓔ ***A torto***, senza motivo, ingiustamente • ***Non avere tutti i torti***, avere qualche buona ragione.

tortora (tór-to-ra) N.F. · Uccello simile al colombo, color nocciola chiaro.

Il termine deriva dal latino *turtur* 'tortora', di origine onomatopeica.

Il verbo che indica il verso della tortora è *tubare.*

tortuosità (tor-tuo-si-tà) N.F. INVAR. **1** Andamento pieno di curve: *la tortuosità di un fiume.* **2** Mancanza di chiarezza o inutile complicazione: *la tortuosità di un ragionamento* Ⓢ ambiguità, oscurità.

tortuoso (tor-tu-ó-so) AGG. **1** Pieno di curve: *una via stretta e tortuosa* Ⓢ curvo, sinuoso Ⓒ dritto. **2** Privo di chiarezza e linearità: *me l'ha detto in modo tortuoso* Ⓢ ambiguo, complicato, oscuro Ⓒ chiaro, semplice.

tortura (tor-tù-ra) N.F. **1** Crudele tormento fisico inflitto a qualcuno per ottenere una confessione o per punirlo: *strumenti di tortura* Ⓢ supplizio, sevizia. **2** Motivo di grave fastidio: *questo caldo è una tortura* Ⓢ tormento, calvario.

torturare (tor-tu-rà-re) V.TR. || TR. Provocare continuo dolore o intenso fastidio: *l'hanno torturato perché denunciasse i compagni; smettila di torturarmi con le tue richieste di soldi* Ⓢ tormentare, assillare. || **torturarsi** RIFL. Farsi del male: *si tortura ripensando ai suoi errori* Ⓢ affliggersi, tormentarsi.

torvo (tór-vo) AGG. · Sinistro, truce, minaccioso: *lo guardava con occhi torvi e cattivi.*

tosare (to-ṣà-re) V.TR. (*tóṣo*, ecc.) **1** Tagliare il pelo delle pecore o di altri animali: *tosare le pecore per la lana.* **2** Tagliare i capelli molto corti Ⓢ rasare. **3** Potare le siepi Ⓢ pareggiare • Tagliare l'erba: *tosare il prato.*

toscano (to-scà-no) AGG. e N.M. (f. *-a*) || AGG. Della Toscana: *le colline toscane.* || N.M. (f. *-a*) Abitante, nativo della Toscana. || N.M. Il dialetto che si parla in Toscana e che è alla base della lingua italiana. || AGG. e N.M. Di tipo di sigaro fabbricato in Italia: *fumare un toscano.*

tosse (tós-se) N.F. · Breve fase d'inspirazione seguita da una espirazione brusca, violenta e rumorosa, a volte con espulsione di catarro, spesso causata da una malattia: *avere la tosse e il mal di gola.*

tossico[1] (tòs-si-co) AGG. e N.M. (pl.m. *-ci*, pl.f. *-che*) || AGG. Che provoca un avvelenamento all'organismo: *gas tossici* Ⓢ velenoso. || N.M. Veleno.

Il termine deriva da una parola latina, che viene a sua volta dall'espressione greca *toksikón phármakon* 'veleno per la freccia', da *tóxon* 'freccia, arco'.

tossico[2] (tòs-si-co) N.M. (f. *-a*; pl.m. *-ci*, pl.f. *-che*) · Abbreviazione gergale di *tossicodipendente.*

tossicodipendente (tos-si-co-di-pen-dèn-te) AGG. e N.M. e F. · Che, chi fa uso abituale di droga Ⓢ tossicomane, drogato.

tossicodipendenza (tos-si-co-di-pen-dèn-za) N.F. · La condizione del tossicodipendente: *la tossicodipendenza giovanile è in aumento.*

tossicologico (tos-si-co-lò-gi-co) AGG. (pl.m. *-ci*, pl.f. *-che*) · Che riguarda lo studio di sostanze velenose: *la polizia ha fatto un'analisi tossicologica del vino trovato sul luogo del delitto.*

tossicomane (tos-si-cò-ma-ne) N.M. e F. · Chi fa spesso uso di droga: *un tossicomane mi ha rubato la bici* Ⓢ drogato, tossicodipendente.

tossicomania (tos-si-co-ma-nì-a) N.F. (pl. *-nìe*) · Dipendenza da droghe o farmaci.

tossina (tos-sì-na) N.F. · Veleno prodotto da batteri, vegetali o animali: *la tossina del tetano.*

tossire (tos-sì-re) V.INTR. (*tossìsco, tossìsci*, ecc.; aus. *avere*) · Avere attacchi o colpi di tosse: *la bambina tossisce ancora.*

tostapane (to-sta-pà-ne) N.M. INVAR. · Piccolo elettrodomestico usato per abbrustolire fette di pane. ▸ Ⓕ **pane**

tostare (to-stà-re) V.TR. (*tòsto*, ecc.) · Abbrustolire, arrostire: *tostare i chicchi di caffè per macinarlo.*

tostatura (to-sta-tù-ra) N.F. · Operazione con cui vengono tostati il caffè o altri semi Ⓢ torrefazione.

tosto[1] (tò-sto) AGG. **1** Duro, sodo, compatto. **2** Deciso, energico, sicuro di sé: *è un tipo tosto.* Ⓔ ***Faccia tosta*** → ***faccia***.

A B C D E F G H I J K L M N O P Q R S **T** U V W X Y Z

tosto[2] (tò-sto) AVV. · Nel linguaggio poetico, presto, subito.

tot (tòt) AGG. e PRON. INDEF. INVAR. · Quantità non precisata: *dopo un tot di minuti gratis di telefonata, si comincia a pagare* Ⓢ tanto, un tanto.

totale (to-tà-le) AGG. e N.M. **1** AGG. Completo, intero, assoluto: *hai la mia totale fiducia; la casa era in uno stato di totale abbandono.* **2** N.M. Il risultato dell'addizione: *quant'è il totale della spesa?* Ⓢ somma.

totalità (to-ta-li-tà) N.F. INVAR. · Insieme completo: *la totalità degli alunni è stata promossa.*

totalitario (to-ta-li-tà-rio) AGG. (pl. *-ri*, pl.f. *-rie*) · Di un insieme completo di tutti i suoi elementi: *consenso totalitario* Ⓢ totale, generale. Ⓔ ***Stato totalitario***, quello in cui il potere è concentrato nelle mani di una sola persona o di un gruppo ristretto che lo esercita in modo autoritario e dittatoriale.

totalitarismo (to-ta-li-ta-ri-ṣmo) N.M. · L'insieme dei principi e delle istituzioni dello Stato totalitario Ⓢ dittatura, tirannia.

totalizzare (to-ta-liz-ẓà-re) V.TR. · Raggiungere un risultato totale: *la squadra ha totalizzato otto vittorie.*

totalmente (to-tal-mén-te) AVV. · Interamente, completamente, del tutto: *sono totalmente estraneo alla questione.*

totano (tò-ta-no) N.M. **1** Piccolo mollusco, con grandi occhi e dieci tentacoli con ventose, che si mangia spesso fritto. **2** In alcune zone, piccolo calamaro.

T

totem (tò-tem) N.M. INVAR. · Animale o pianta con cui certe tribù si identificano e a cui attribuiscono particolari poteri soprannaturali: *il totem della tribù indiana è un'aquila* • La statua o l'immagine che rappresenta questo essere: *gli indiani danzavano attorno al totem.*

totocalcio (to-to-càl-cio) N.M. · Concorso settimanale italiano in cui si cerca di indovinare i risultati delle tredici partite di calcio della domenica: *vincere al totocalcio.*

touchpad (touch-pad; pronuncia *tačpàd*) N. INGL., in it. N.M. INVAR. · Nei computer portatili, zona della tastiera sensibile al tocco, che sostituisce il mouse.

touch screen (pronuncia *tač scrin*) N. INGL., in it. N.M. INVAR. · Schermo che può essere toccato per trasmettere i comandi al computer.

tour de force (tour de for-ce; pronuncia *turdefòrs*) N.M. FR., in it. N.M. INVAR. · Sforzo intenso e prolungato: *per finire il lavoro ha fatto un vero tour de force.*

tournée (tour-née; pronuncia *turné*) N.F. FR., in it. N.F. INVAR. · Giro in cui si porta uno spettacolo teatrale o musicale in diverse città: *il cantante inizia una tournée di tre mesi.*

tovaglia (to-và-glia) N.F. (pl. *-glie*) · Pezzo di tessuto di varie forme che si stende sulla tavola prima di apparecchiare: *macchiare la tovaglia di vino.*

tovagliolo (to-va-gliò-lo) N.M. · Rettangolo di tessuto o di carta, usato quando si mangia per pulirsi la bocca: *piegare il tovagliolo.*

tozzo[1] (tòz-zo) AGG. · Di struttura o corporatura bassa e massiccia: *un uomo robusto, ma un po' tozzo* Ⓢ robusto, massiccio Ⓒ slanciato.

tozzo[2] (tòz-zo) N.M. · Pezzo irregolare di pane. Ⓔ ***Tozzo di pane***, poco denaro: *ha venduto la casa per un tozzo di pane.*

tra PREP. · La preposizione *tra* serve a introdurre: il complemento di stato in luogo: *Lecco si trova tra Milano e Bergamo*; il complemento di moto attraverso luogo: *il sole faceva capolino tra le nuvole; perdersi tra la folla; inoltrarsi tra gli alberi*; il complemento di tempo determinato: *ci vedremo tra le sei e le sette; partirò tra due giorni, tra una settimana*; il complemento di distanza: *tra Roma e Firenze ci sono circa 300 km*; il complemento partitivo: *è il migliore tra tutti.* Ⓔ ***Tra breve, tra non molto***, presto • ***Tra l'altro***, inoltre • ***Tra tutto***, complessivamente, in tutto.

Tra si alterna con *fra*, per evitare brutte ripetizioni di sillabe, come *tra tutti* (meglio *fra tutti*), *tra tre mesi* (meglio *fra tre mesi*).

tra- · Prefisso, soprattutto di verbi, che significa 'attraverso, da un punto a un altro' oppure 'oltre, al di là': *tramandare*, trasmettere attraverso le generazioni; *traboccare*, fuoriuscire da un recipiente.

traballare (tra-bal-là-re) V.INTR. (aus. *avere*) **1** Oscillare, barcollare per mancanza o perdita di equilibrio: *il tavolo traballa perché ha una gamba più corta* Ⓢ tentennare, vacillare, barcollare. **2** Trovarsi in una situazione precaria: *il governo traballa.*

trabiccolo (tra-bìc-co-lo) N.M. · Oggetto, soprattutto veicolo, che funziona male: *non voglio salire su quel trabiccolo* Ⓢ macinino, rottame.

traboccare (tra-boc-cà-re) V.INTR. (*trabócco, trabócchi*, ecc.) **1** (aus. *essere*) Di un liquido, fuoriuscire dal recipiente che lo contiene: *il brodo trabocca* ***dalla*** *pentola.* **2** (aus. *avere*) Di recipiente, lasciar fuoriuscire il liquido in eccesso: *la pentola trabocca; il suo cuore traboccava* ***d'****amore.* Ⓔ ***La goccia che fa traboccare il vaso*** → *goccia.*

trabocchetto (tra-boc-chét-to) N.M. **1** Parte di pavimento mobile che si apre improvvisamente al passaggio di una persona. **2** Insidia, tranello, inganno: *cadere in un trabocchetto.*

tracannare (tra-can-nà-re) V.TR. · Bere con avidità e a grandi sorsi: *tracannare un bicchiere di vino* Ⓢ ingollare, scolare.

traccia (tràc-cia) N.F. (pl. -ce) **1** Segno lasciato da un corpo che indica il suo passaggio: *le tracce degli sci nella neve* Ⓢ impronta, solco, orma. **2** Ipotesi di ricerca: *il caso è difficile, ma siamo su una buona traccia* Ⓢ pista. **3** Segno che documenta un fatto accaduto o una condizione passata: *nel bar c'erano ancora le tracce della rissa* Ⓢ testimonianza, prova, indizio. **4** Schema degli argomenti da trattare in uno scritto: *per il tema ho seguito la prima traccia.* **5** Piccolissima quantità di una sostanza: *l'alimento può contenere tracce di latte.*

tracciabile (trac-cià-bi-le) AGG. **1** Di cibo di cui è possibile individuare l'origine e le diverse fasi di produzione. **2** Di persona che usa Internet che può essere individuata grazie alle tracce del suo computer.

tracciabilità (trac-cia-bi-li-tà) N.F. INVAR. · La possibilità di risalire al luogo di produzione o di origine di qualcosa: *la tracciabilità delle carni bovine.*

tracciare (trac-cià-re) V.TR. (*tràccio*, ecc.) **1** Lasciare un'impronta su una superficie: *l'aratro ha tracciato un profondo solco.* **2** Segnare un percorso: *tracciare un itinerario; tracciare la rotta* ***su*** *una carta nautica.* **3** Esporre in sintesi: *tracciare il quadro della situazione* Ⓢ delineare, abbozzare.

tracciato (trac-cià-to) N.M. **1** Disegno schematico in cui è rappresentato il progetto di un'opera: *il tracciato di un ponte.* **2** Il tratto di strada da percorrere in una gara di corsa: *il tracciato di una corsa automobilistica.* **3** La linea corrispondente all'andamento di un fenomeno segnata su una superficie da uno strumento di misurazione: *il tracciato del sismografo.*

trachea (tra-chè-a) N.F. (pl. *-chèe*) · Organo dell'apparato respiratorio, formato da un condotto in forma di cilindro, che termina nei bronchi: *infiammazione alla trachea.*

tracimare (tra-ci-mà-re) V.INTR. (aus. *avere*) · Di massa d'acqua, superare il livello degli argini e uscire fuori: *se continua a piovere, il fiume tracimerà* Ⓢ straripare, traboccare.

tracolla (tra-còl-la) N.F. · Striscia di cuoio o stoffa che poggia sopra una spalla e si chiude sotto il braccio opposto attraversando in senso obliquo petto e schiena, che serve per sostenere l'oggetto a cui è attaccata: *porta spesso la borsa a tracolla.*

tracollo (tra-còl-lo) N.M. · Crollo improvviso e disastroso di una situazione già precaria: *la sua salute ha avuto un tracollo* Ⓢ caduta.

tracotante (tra-co-tàn-te) AGG. · Arrogante, prepotente, insolente: *mio fratello ha un atteggiamento tracotante.*

tradimento (tra-di-mén-to) N.M. **1** Il mancato rispetto della parola data o di un impegno preso: *il tradimento della fiducia* Ⓢ inganno. **2** La violazione della fedeltà in un rapporto d'amore: *tradimento della moglie, del marito* Ⓢ adulterio, infedeltà. Ⓔ ***Alto tradimento***, la violazione del dovere di fedeltà verso la patria • ***A tradimento***, con l'inganno: *fu colpito a tradimento.*

A B C D E F G H I J K L M N O P Q R S **T** U V W X Y Z

tradire (tra-dì-re) V.TR. (*tradisco*, *tradisci*, ecc.) || TR. **1** Non rispettare la parola data o un impegno preso: *tradire la fiducia degli amici* Ⓢ ingannare, vendere • Rompere un giuramento d'amore o di fedeltà: *l'ha tradita per anni con un'altra donna.* **2** Deludere le aspettative di qualcuno: *si aspettava che diventassi un avvocato ma ho tradito le sue attese* Ⓢ venir meno a. **3** Mancare, venir meno, abbandonare: *se la memoria non mi tradisce noi ci siamo già visti.* **4** Rivelare qualcosa anche senza volerlo: *il tremito delle labbra tradiva la sua paura; tradire un segreto*, rivelarlo Ⓢ svelare, manifestare. || **tradirsi** RIFL. Rivelare senza volere le proprie intenzioni o il proprio stato d'animo: *ha sostenuto l'interrogatorio senza mai tradirsi.*

Il termine deriva dal latino *tradere* 'consegnare', influenzato nel significato dall'uso peggiorativo che ne viene fatto nel Vangelo, nel quale Gesù Cristo è 'consegnato' da Giuda, e cioè 'tradito'.

traditore (tra-di-tó-re) N.M. e AGG. (f. *-trìce*) || N.M. (f. *-trìce*) Chi non rispetta un impegno preso o un rapporto di fiducia: *il traditore ha consegnato al nemico i piani del suo esercito* Ⓢ infedele, giuda. || AGG. Bugiardo, sleale, ingannevole: *uno sguardo traditore.*

tradizionale (tra-di-zio-nà-le) AGG. **1** Tipico di una tradizione o di una cultura: *ho visto l'abito tradizionale della cerimonia del tè giapponese.* **2** Abituale, consueto, solito: *è andato al tradizionale pranzo domenicale dai nonni.*

tradizionalista (tra-di-zio-na-lì-sta) AGG. e N.M. e F. (pl.m. *-i*, pl.f. *-e*) · Che, chi mantiene gli usi e le idee del passato Ⓢ conservatore.

T

tradizione (tra-di-zió-ne) N.F. **1** L'insieme delle memorie e delle testimonianze, scritte e orali, trasmesse da una generazione all'altra: *secondo la tradizione, qui è nato Omero* Ⓢ credenza, leggenda. **2** L'insieme degli usi e dei costumi trasmessi da una generazione all'altra: *secondo la tradizione della mia famiglia il primo figlio prende il nome del nonno paterno* Ⓢ consuetudine, usanza.

tradotta (tra-dót-ta) N.F. · Treno per il trasporto dei militari.

tradurre (tra-dùr-re) V.TR. (irreg.: coniugato come *condurre*) **1** Elaborare un testo, scritto od orale, in una lingua diversa dall'originale: *tradurre **in** italiano un romanzo inglese* Ⓢ volgere, rendere. **2** Trasferire da un luogo a un altro: *tradurre il ladro **in** carcere* Ⓢ portare, condurre.

Il termine deriva dal latino *traducere* 'trasferire, trasportare', che viene a sua volta da *ducere* 'condurre, portare' con il prefisso **trans-** (**→ *condurre***).

traduttore (tra-dut-tó-re) N.M. (f. *-trìce*) · Chi traduce da una lingua all'altra: *il traduttore del romanzo è stato molto fedele all'originale.*

traduzione (tra-du-zió-ne) N.F. **1** Elaborazione di un testo in una lingua diversa dall'originale: *fare, correggere una traduzione; una traduzione fedele, libera, alla lettera* Ⓢ versione • Il testo tradotto. **2** Trasferimento di un carcerato: *la traduzione avvenne in segreto* Ⓢ trasporto. Ⓔ ***Traduzione simultanea***, quella fatta da un interprete via via che un discorso viene pronunciato.

trafelato (tra-fe-là-to) AGG. · In affanno per la corsa: *arrivò stanco e trafelato* Ⓢ ansimante.

trafficante (traf-fi-càn-te) N.M. e F. · Chi tratta affari o commercia in modo illegale: *hanno arrestato il trafficante d'armi.*

trafficare (traf-fi-cà-re) V.INTR. e TR. (*tràffico*, *tràffichi*, ecc.) || INTR. (aus. *avere*) **1** Praticare un commercio: *trafficare **in** generi alimentari* Ⓢ commerciare. **2** Lavorare, darsi da fare: *trafficare per casa; sta trafficando nel suo laboratorio.* || TR. Trattare affari illeciti: *trafficare droga.*

traffico (tràf-fi-co) N.M. (pl. *-ci*) **1** Commercio, spesso illegale: *il traffico degli schiavi* Ⓢ mercato, tratta, spaccio. **2** Movimento di mezzi di trasporto: *il traffico delle navi nel porto; il traffico delle ore di punta* Ⓢ transito.

trafiggere (tra-fig-ge-re) V.TR. (irreg.: ind. pres. *trafiggo*, *trafiggi*, ecc.; pass. rem. *trafissi*, *trafiggésti*, *trafisse*, *trafiggémmo*, *trafiggéste*, *trafissero*; part. pass. *trafitto*) · Passare da parte a parte con qualcosa di appuntito: *il chiodo **gli** ha trafitto una mano* Ⓢ trapassare.

Il termine deriva dal latino *transfigere* 'trapassare, trafiggere', che viene a sua volta da *figere* 'conficcare' con il prefisso **trans-** (→ ***affiggere***).

trafila (tra-fì-la) N.F. · Lunga serie di operazioni necessarie per raggiungere uno scopo: *per ottenere quel lavoro c'è una lunga trafila di esami da fare* Ⓢ procedura, iter.

trafiletto (tra-fi-lét-to) N.M. · Nei giornali, breve articolo di solito dedicato a fatti di attualità.

trafissi (tra-fìs-si) · Pass. rem., 1ª pers. sing. → ***trafiggere***.

trafitto (tra-fìt-to) · Participio pass. → ***trafiggere***.

traforare (tra-fo-rà-re) V.TR. (*trafóro*, ecc.) · Forare da parte a parte: *la lancia gli traforò la corazza* Ⓢ perforare.

traforo (tra-fó-ro) N.M. **1** Scavo di una galleria • La galleria stessa: *il traforo del Moncenisio* Ⓢ tunnel. **2** Operazione con cui si fa prendere la forma di un disegno prestabilito a una lamina di metallo o di una tavola di legno, eliminando la parte in eccesso: *seghetto da traforo*.

trafugare (tra-fu-gà-re) V.TR. (*trafùgo*, *trafùghi*, ecc.) · Rubare o trasferire di nascosto una persona o un oggetto: *hanno trafugato il corpo di san Nicola* Ⓢ sottrarre.

tragedia (tra-gè-dia) N.F. (pl. *-die*) **1** Dramma teatrale che mette in scena vicende dolorose: *Edipo re è una tragedia di Sofocle*. **2** Evento che finisce in modo doloroso o violento: *la rissa è finita in tragedia* Ⓢ dramma, sciagura, disgrazia. Ⓔ ***Fare una tragedia***, avere una reazione esagerata: *fa tante tragedie solo per un brutto voto*.

tragediografo (tra-ge-diò-gra-fo) N.M. (f. *-a*) · Scrittore di tragedie: *Sofocle fu un grande tragediografo greco*.

traggo (tràg-go) · Ind. pres., 1ª pers. sing. → ***trarre***.

traghettare (tra-ghet-tà-re) V.TR. (*traghétto*, ecc.) **1** Trasportare persone o cose su un'imbarcazione da una sponda all'altra di un corso d'acqua: *traghettò la bici **da** una parte **all'altra parte del fiume*** Ⓢ attraversare. **2** Attraversare un corso d'acqua con un'imbarcazione: *traghettare un canale*.

traghetto (tra-ghét-to) N.M. · Imbarcazione per trasportare cose o persone da una sponda all'altra di un corso d'acqua: *prenotare il posto sul traghetto*.

tragico (trà-gi-co) AGG. e N.M. (f. *-a*; pl.m. *-ci*, pl.f. *-che*) || AGG. **1** Che riguarda la tragedia: *nell'antica Grecia il coro tragico spesso danzava*. **2** Caratterizzato da violenza e dolore: *le tragiche giornate della guerra* Ⓢ drammatico, luttuoso. || N.M. (f. *-a*) Autore di tragedie Ⓢ tragediografo.

tragicomico (tra-gi-cò-mi-co) AGG. (pl.m. *-ci*, pl.f. *-che*) · Che è allo stesso tempo tragico e comico: *una situazione tragicomica*.

tragitto (tra-gìt-to) N.M. · Percorso per andare da un luogo a un altro: *da casa a scuola il tragitto in bici è breve* Ⓢ strada, itinerario.

traguardo (tra-guàr-do) N.M. **1** Punto di arrivo di una corsa o di una gara: *giungere primo al traguardo*. **2** Scopo, obiettivo, meta: *si è posto un traguardo coraggioso: fare il medico in Africa*. Ⓔ ***Tagliare il traguardo***, arrivare per primo in una gara.

traiettoria (tra-iet-tò-ria) N.F. (pl. *-rie*) · La linea descritta nello spazio da un oggetto in movimento: *la traiettoria del pallone era troppo alta rispetto alla porta* Ⓢ parabola, tragitto.

trainare (trai-nà-re) V.TR. (*tràino*, ecc.) · Trascinare un carico dietro di sé: *la carrozza è trainata da due cavalli* Ⓢ rimorchiare, tirare.

training (trai-ning; pronuncia *trèining*) N. INGL., in it. N.M. INVAR. · Preparazione a una professione o allenamento sportivo: *ha fatto un training intensivo di un mese*.

traino (trài-no) N.M. · Operazione con cui un carico viene trascinato da un animale o da un mezzo meccanico: *il bue è un animale da traino*. Ⓔ ***Fare da traino***, dare un impulso positivo: *il turismo fa da traino all'economia*.

tralasciare (tra-la-scià-re) V.TR. (*tralàscio*, ecc.) · Lasciare indietro o da parte qualcosa: *tralasciare un argomento; ho tralasciato **di** darti mie notizie* Ⓢ omettere, trascurare.

A B C D E F G H I J K L M N O P Q R S T U V W X Y Z

tralcio (tràl-cio) N.M. (pl. *-ci*) · Giovane ramo di una vite o di una pianta rampicante: *un tralcio di edera.*

traliccio (tra-lic-cio) N.M. (pl. *-ci*) · Struttura di sostegno formata da elementi collegati a rete fra loro: *i tralicci delle linee elettriche ad alta tensione.*

tralice (tra-lì-ce) N.M. · Solo nell'espressione ***in tralice***, in modo obliquo, di traverso: *guardare qualcuno in tralice.*

Il termine deriva dal latino *trilix* '(tessuto) a tre fili', quindi lavorato 'per traverso', termine passato poi a significare 'obliquo'.

tram N.M. INVAR. · Veicolo a trazione elettrica su rotaie per il trasporto delle persone in città: *gli autobus hanno sostituito quasi ovunque i tram.*

trama (trà-ma) N.F. **1** In tessitura, l'insieme dei fili trasversali di un tessuto che, intrecciandosi con quelli longitudinali (l'ordito), formano il tessuto stesso. **2** Piano segreto: *scoprire le trame del nemico* Ⓢ intrigo, manovra, maneggio. **3** L'insieme dei fatti che formano una narrazione: *raccontare la trama di un film* Ⓢ storia.

tramandare (tra-man-dà-re) V.TR. · Trasmettere nel tempo, attraverso le generazioni: *tramandare un'usanza ai propri figli.*

tramare (tra-mà-re) V.TR. · Organizzare di nascosto qualcosa di dannoso per qualcuno: *state tramando* ***contro*** *di me?* Ⓢ ordire, cospirare.

trambusto (tram-bù-sto) N.M. · Agitazione rumorosa: *nel trambusto ho perso il portafoglio* Ⓢ scompiglio, confusione.

T

tramestio (tra-me-stì-o) N.M. (pl. *-stìi*) · Movimento continuo e disordinato di persone od oggetti che provoca rumore: *sentivo uno strano tramestio provenire dal piano di sopra.*

tramezzino (tra-mez-zì-no) N.M. · Panino formato da due fette di pane a cassetta di forma triangolare con vari ingredienti Ⓢ sandwich (*ingl.*).

tramezzo (tra-mèz-zo) N.M. · Parete sottile che divide un ambiente in due parti: *per ingrandire la stanza ha abbattuto il tramezzo.*

tramite (trà-mi-te) N.M. e PREP. || N.M. Mezzo di passaggio o di comunicazione: *il suono si propaga per il tramite dell'aria* Ⓢ veicolo. || PREP. Per mezzo di, mediante, attraverso: *ho avuto sue notizie tramite un amico.*

tramontana (tra-mon-tà-na) N.F. **1** Vento freddo che soffia dal nord: *c'era la tramontana e faceva molto freddo.* **2** La direzione nord: *c'era vento di tramontana.* Ⓔ ***Perdere la tramontana***, confondersi, impappinarsi; perdere il controllo, arrabbiarsi. ▸ Ⓕ monte

Il termine deriva dall'espressione *(stella) tramontana* 'stella polare', quindi 'nord', diventato poi 'vento del nord', perché dal punto di vista italiano il nord corrisponde al *transmontanus*, cioè alla direzione 'al là dei monti', ovvero delle Alpi; il significato originario di 'stella polare' traspare ancora nell'espressione *perdere la tramontana*, cioè 'perdere di vista la stella polare' e quindi l'orientamento.

tramontare (tra-mon-tà-re) V.INTR. (*tramónto*, ecc.; aus. *essere*) **1** Di corpo celeste, scomparire sotto la linea dell'orizzonte: *il sole tramonta alle otto* Ⓒ sorgere. **2** Dileguarsi, declinare, scomparire: *la sua fama tramontò presto.* ▸ Ⓕ monte

tramonto (tra-món-to) N.M. **1** L'istante in cui un corpo celeste, di solito il sole, scompare sotto la linea dell'orizzonte: *un meraviglioso tramonto rosso fuoco.* **2** Malinconica fase finale di qualcosa: *il tramonto della giovinezza* Ⓢ crepuscolo, termine, fine. ▸ Ⓕ monte

tramortire (tra-mor-tì-re) V.INTR. e TR. (*tramortìsco, tramortìsci*, ecc.) || INTR. (aus. *essere*) Svenire per un colpo o una forte emozione: *è tramortito per lo spavento.* || TR. Causare la perdita dei sensi: *il ladro lo tramortì con un colpo alla nuca* Ⓢ stordire.

trampolino (tram-po-lì-no) N.M. · Rampa discendente per il salto con gli sci • La piattaforma elastica da cui ci si tuffa in piscina. Ⓔ ***Trampolino (di lancio)***, occasione di successo: *le pubblicità servono a molte ragazze da trampolino di lancio per la carriera.*

trampolo (tràm-po-lo) N.M. · Ciascuno dei lunghi bastoni, muniti di un piccolo appoggio per i piedi, usati per camminare sollevati da terra, durante spettacoli di circo: *camminare sui trampoli.*

tramutare (tra-mu-tà-re) V.TR. || TR. Cambiare, mutare, trasformare: *tramutare il ferro* ***in*** *oro.* || **tramutarsi** INTR. PRONOM. Mutarsi, trasformarsi: *la tristezza si è tramutata* ***in*** *gioia.*

trance (tran-ce; pronuncia *tràns*) N. INGL., in it. N.F. INVAR. **1** Stato in cui non si ha piena coscienza della realtà circostante: *cadere in trance.* **2** Mancanza di concentrazione e attenzione: *rispondi alla domanda! cos'hai? sei in trance?*

trancia (tràn-cia) N.F. (pl. -ce) **1** Macchina costituita da una coppia di lame usata per tagliare il metallo. **2** Pezzo, fetta: *una trancia di tonno.*

tranciare (tran-cià-re) V.TR. (*tràncio*, ecc.) **1** Tagliare con la trancia: *tranciare un pezzo metallico.* **2** Tagliare in modo netto: *tranciare un pesce surgelato* Ⓢ mozzare, troncare.

trancio (tràn-cio) N.M. (pl. *-ci*) · Fetta di cibo: *un trancio di pizza, di salmone.*

tranello (tra-nèl-lo) N.M. **1** Trappola, inganno, trabocchetto: *il cavallo di Troia è il più celebre tranello di Ulisse.* **2** Difficoltà nascosta: *la versione sembrava facile, ma era piena di tranelli* Ⓢ insidia.

trangugiare (tran-gu-già-re) V.TR. (*trangùgio*, ecc.) · Ingerire cibi e bevande in fretta: *a pranzo ho tempo solo per trangugiare un panino* Ⓢ divorare.

Il termine deriva dalla parola toscana *gógio* 'gozzo' con il prefisso **trans-**.

tranne (tràn-ne) PREP. · Eccetto, fuorché, all'infuori di: *lo sapevano tutti tranne te; il museo è aperto tutti i giorni tranne il lunedì; va d'accordo con tutti tranne* ***che*** *con me* Ⓢ salvo, eccettuato.

tranquillamente (tran-quil-la-mén-te) AVV. **1** Pacificamente: *amo vivere tranquillamente; scendeva tranquillamente per il sentiero.* **2** Con calma e sicurezza: *gli espose tranquillamente le proprie ragioni* Ⓢ serenamente. **3** Normalmente, senza ostacoli né pericoli: *ho viaggiato tranquillamente; l'affare si è concluso tranquillamente.*

tranquillante (tran-quil-làn-te) N.M. · Farmaco usato per calmare i nervi: *prendi troppi tranquillanti* Ⓢ calmante, sedativo.

tranquillità (tran-quil-li-tà) N.F. INVAR. · Stato di quiete e di serenità: *la sua tranquillità d'animo è stata turbata dalla cattiva notizia* Ⓢ calma, pace.

tranquillizzare (tran-quil-liz-zà-re) V.TR. · Rassicurare eliminando incertezze, timori, preoccupazioni: *tranquillizzare un malato* Ⓢ placare, rasserenare.

tranquillo (tran-quìl-lo) AGG. **1** Senza preoccupazioni o turbamenti: *se ne stava tranquillo in poltrona* Ⓢ calmo, quieto, sereno Ⓒ agitato, inquieto. **2** Che ama la quiete e tende a mantenerla: *è un tipo tranquillo, non litiga mai* Ⓢ pacifico, placido Ⓒ turbolento. **3** Di luogo, poco frequentato e quindi silenzioso: *una strada tranquilla* Ⓒ caotico.

trans- · Prefisso che già fin dal latino significa 'attraverso' o 'al di là': *transizione*, passaggio da una situazione a un'altra.

transatlantico (tran-sa-tlàn-ti-co) AGG. e N.M. (pl.m. *-ci*, pl.f. *-che*) || AGG. Che si trova oltre l'Oceano Atlantico o lo attraversa: *Paesi transatlantici; voli transatlantici.* || N.M. Nave passeggeri che collega l'Europa e l'America, attraversando l'Oceano Atlantico.

transazione (tran-sa-zió-ne) N.F. **1** Accordo ottenuto grazie a compromessi Ⓢ accomodamento. **2** Operazione di compravendita.

transenna (tran-sén-na) N.F. · Struttura mobile, di legno o ferro, usata come barriera in spazi pubblici per limitare il passaggio: *delle transenne dividevano i ciclisti dal pubblico* Ⓢ sbarramento.

transessuale (tran-ses-su-à-le) AGG. e N.M. e F. · Di persona che si identifica nel sesso opposto, tanto da volerne assumere i comportamenti e le caratteristiche fisiche.

transetto (tran-sét-to) N.M. · Nelle chiese con pianta a forma di croce, la parte che costituisce i bracci.

transfert (tràns-fert) N.M. INVAR. · In psicanalisi, il processo con cui il paziente trasferisce sul medico sentimenti provati per persone importanti della sua infanzia.

transgenico (trans-gè-ni-co) AGG. (pl.m. *-ci*, pl.f. *-che*) · Di organismo in cui un gene sia stato modificato artificialmente per cambiare le sue caratteristiche: *i cereali transgenici resistono meglio a certe malattie.*

transigere (tran-sì-ge-re) V.TR. (irreg.: coniugato come *esigere*) · Abbandonare una posizione dura, accettando di venire a un accordo: ***su** questioni di soldi non transige mai* Ⓢ venire a patti.

transistor (tran-sì-stor) N.M. INVAR. · Dispositivo piccolissimo che aumenta la corrente elettrica • Piccola radio che funziona con questo dispositivo.

transitare (tran-si-tà-re) V.INTR. (*trànsito*, ecc.; aus. *essere*) · Di mezzi di trasporto o merci, passare da un certo punto: ***da** questa strada transitano ogni giorno migliaia di auto.*

transitivo (tran-si-tì-vo) AGG. · In grammatica, di verbo, che può avere il complemento oggetto, per es. *mangiare, raggiungere, amare* Ⓒ intransitivo.

transito (tràn-si-to) N.M. · Movimento di persone, veicoli o merci lungo un certo percorso: *il transito del valico è impedito dalla neve* Ⓢ traffico, passaggio.

transitorio (tran-si-tò-rio) AGG. (pl.m. *-ri*, pl.f. *-rie*) · Destinato a finire o a durare poco: *è una sistemazione transitoria* Ⓢ momentaneo, temporaneo Ⓒ definitivo.

transizione (tran-si-zió-ne) N.F. · Passaggio da una condizione a un'altra: *l'adolescenza è un'età di transizione* Ⓢ trapasso.

transumanza (tran-su-màn-za) N.F. · Trasferimento del bestiame in estate ai pascoli di montagna e in autunno a quelli di pianura.

> Il termine deriva dal francese *transhumer* 'attraversare le terre alla ricerca di un pascolo', che viene a sua volta dal latino *humus* 'terra' con il prefisso **trans-**.

trantran (tran-tràn) (o **tran tran**) N.M. INVAR. · Ritmo sempre uguale di vita o di lavoro: *a settembre ricomincia il solito trantran* Ⓢ routine (*fr.*).

tranvia (tran-vì-a) N.F. (pl. *-vìe*) · Linea di trasporto pubblico su tram.

tranviario (tran-vià-rio) AGG. (pl.m. *-ri*, pl.f. *-rie*) · Che riguarda i tram o la tranvia: *linea tranviaria; azienda tranviaria.*

tranviere (tran-viè-re) N.M. (f. *-a*; pl.m. *-i*, pl.f. *-e*) · Chi lavora in un'azienda tranviaria • Chi guida il tram.

trapanare (tra-pa-nà-re) V.TR. (*tràpano*, ecc.) · Perforare con un trapano: *trapanare una parete; trapanare un molare* Ⓢ bucare, forare.

trapano (trà-pa-no) N.M. · Utensile con cui si praticano fori cilindrici grazie a una punta che ruota: *trapano elettrico; quando vedo il trapano del dentista mi sento male.*

trapassare (tra-pas-sà-re) V.TR. e INTR. || TR. Attraversare da parte a parte: *il proiettile **gli** ha trapassato il polmone* Ⓢ trafiggere, passare. || INTR. (aus. *essere*) Morire, spirare: *è trapassato serenamente.*

trapassato (tra-pas-sà-to) N.M. · In grammatica, tempo del verbo che indica un'azione precedente rispetto a un'altra azione passata. Ⓔ ***Trapassato prossimo***, se l'azione precedente dura nel tempo (*si riposò perché aveva lavorato troppo*) • ***Trapassato remoto***, se l'azione precedente dura un momento (*dopo che fu giunto alla meta, si riposò*).

trapasso (tra-pàs-so) N.M. **1** Passaggio da un luogo a un altro o da una condizione a un'altra: *il trapasso dall'infanzia all'adolescenza* Ⓢ transizione. **2** Morte, decesso: *l'ora del trapasso non si conosce.*

trapelare (tra-pe-là-re) V.INTR. (*trapélo*, ecc.; aus. *essere*) **1** Di luce, entrare poco alla volta: *la luce del giorno trapelava nella stanza* Ⓢ filtrare, penetrare. **2** Di cosa segreta, venir fuori: *hanno preparato il viaggio senza lasciar trapelare nulla* Ⓢ affiorare, trasparire.

trapezio (tra-pè-zio) N.M. (pl. *-zi*) **1** Quadrilatero con due lati opposti paralleli. **2** Attrezzo costituito da una sbarra appesa a due funi parallele, usato in ginnastica e dagli acrobati del circo per le loro esibizioni: *fare gli esercizi al trapezio.*

trapezista (tra-pe-zì-sta) N.M. e F. (pl.m. *-i*, pl.f. *-e*) · Acrobata che fa esercizi al trapezio: *il nuovo numero di un trapezista.*

trapezoidale (tra-pe-zoi-dà-le) AGG. · Che ha la forma di un trapezio: *il tetto della casa disegnato dal bimbo è trapezoidale.*

trapiantare (tra-pian-tà-re) V.TR. **1** Trasferire una pianta con le sue radici da un'altra parte. **2** Trasferire qualcosa da un posto a un altro: *Halloween è un'usanza trapiantata* ***in*** *Italia* ***dai*** *Paesi anglosassoni.* **3** Trasferire un organo, o parte di esso, da un organismo a un altro: *trapiantare il cuore.*

trapianto (tra-piàn-to) N.M. **1** Trasferimento di una pianta con le sue radici. **2** Trasferimento di un organo da una persona a un'altra: *trapianto di reni.*

trappola (tràp-po-la) N.F. **1** Dispositivo per la cattura di animali: *metti il formaggio nella trappola per topi.* **2** Trucco per ingannare qualcuno: *il rapitore cadde nella trappola della polizia* Ⓢ tranello, insidia. **3** Di macchina che non funziona o funziona male: *è inutile perder tempo con quella trappola!*

Il termine deriva da una parola longobarda che significa 'laccio'.

trapunta (tra-pùn-ta) N.F. · Coperta da letto di lana o costituita da una doppia fodera imbottita di cotone.

trarre (tràr-re) V.TR. (irreg.: ind. pres. *tràggo, trài, tràe, traiàmo, traéte, tràggono*; pass. rem. *tràssi, traésti, tràsse, traémmo, traéste, tràssero*; fut. *trarrò*, ecc.; cong. pres. *tràgga, tràgga, tràgga, traiàmo, traiàte, tràggano*; condiz. pres. *trarrèi*, ecc.; imperat. *trài, traéte*; part. pass. *tràtto*; le altre forme dall'arcaico *tràere*: ind. imperf. *traévo*, ecc.; cong. imperf. *traéssi*, ecc.; part. pres. *traènte*; gerundio *traèndo*) **1** Tirare, trascinare: *trasse* ***a*** *riva la barca.* **2** Ottenere una cosa da un'altra: *le api traggono il miele* ***dai*** *fiori* Ⓢ derivare, ricavare. Ⓔ ***Trarre in inganno***, ingannare • ***Trarre qualcuno d'impaccio***, liberarlo da una situazione imbarazzante o difficile.

tras- · Prefisso che indica 'oltre, al di là' o 'da un punto a un altro': *trasgredire*, andare oltre i limiti; *traslocare*, trasferirsi da un luogo a un altro.

trasalire (tra-sa-lì-re) V.INTR. (*trasalisco, trasalisci*, ecc.; aus. *avere* o *essere*) · Muoversi in modo brusco per un'improvvisa emozione: *un rumore lo fece trasalire* Ⓢ sobbalzare, sussultare.

trasandato (tra-ṣan-dà-to) AGG. · Poco curato: *è molto trasandato nel vestire* Ⓢ trascurato, disordinato.

trasbordare (tra-ṣbor-dà-re) V.TR. e INTR. (*traṣbórdo*, ecc.) || TR. Trasferire carichi o persone da un mezzo di trasporto all'altro. || INTR. (aus. *avere*) Passare da un mezzo di trasporto a un altro: *i passeggeri hanno dovuto trasbordare* ***dal*** *treno* ***all'****autobus.*

trasbordo (tra-ṣbór-do) N.M. · Trasferimento di passeggeri o carichi da un mezzo di trasporto a un altro: *il trasbordo delle casse dai camion alla nave.*

trascendentale (tra-scen-den-tà-le) AGG. · Che va oltre la normalità: *non mi sembra di averti chiesto nulla di trascendentale* Ⓢ eccezionale, straordinario.

trascendente (tra-scen-dèn-te) AGG. · Che non appartiene alla realtà terrena, di cui, però, è il presupposto: *Dio è trascendente.*

trascendere (tra-scén-de-re) V.TR. e INTR. (irreg.: coniugato come *scendere*) || TR. **1** Esistere al di sopra della realtà terrena: *Dio trascende il mondo.* **2** Andare oltre: *concetti che trascendono la comprensione umana* Ⓢ superare, oltrepassare. || INTR. (aus. *avere*) Superare un limite imposto dalla convenienza o dalla moderazione: *se ho trasceso, ti chiedo scusa* Ⓢ eccedere, esagerare.

trascinare (tra-sci-nà-re) V.TR. || TR. **1** Portar con sé un oggetto facendolo strisciare per terra: *il bambino trascinava con sforzo la valigia* Ⓢ strascicare • Forzare qualcuno a fare qualcosa di cui non ha voglia: *mi hanno trascinato* ***a*** *vedere questo film.* **2** Scatenare tanto entusiasmo da portare le persone a seguire un'idea o un progetto: *può trascinare la folla con le sue parole* Ⓢ affascinare, sedurre. || **trascinarsi** RIFL. Strisciare per terra, senza poter camminare: *il ferito si trascinò fino alla porta.* || **trascinarsi** INTR. PRONOM. Prolungarsi, andare avanti: *una questione che si trascina da anni.*

trascorrere (tra-scór-re-re) V.TR. e INTR. (irreg.: coniugato come *correre*) || TR. Passare un periodo di tempo: *quest'anno trascorreremo le* *vacanze* ***in*** *montagna* Ⓢ vivere. || INTR. (aus. *essere*) Passare, scorrere: *le ore trascorrevano liete.*

trascrivere (tra-scri-ve-re) V.TR. (irreg.: coniugato come *scrivere*) · Copiare fedelmente e con cura il testo di uno scritto o di un documento: *ho trascritto una poesia sul mio quaderno* Ⓢ ricopiare.

trascrizione (tra-scri-zió-ne) N.F. **1** Copia di uno scritto eseguita fedelmente e con cura: *c'è un errore di trascrizione in questo testo.* **2** Adattamento di un brano musicale per uno strumento diverso da quello previsto in origine: *trascrizione per chitarra di un'aria di Bach.*

trascurabile (tra-scu-rà-bi-le) AGG. · Di scarsa o nessuna importanza: *questo è un aspetto trascurabile del problema* Ⓢ minimo, irrilevante Ⓒ importante, significativo.

trascurare (tra-scu-rà-re) V.TR. || TR. **1** Non curare con la dovuta attenzione: *per il troppo lavoro trascura i figli* Ⓒ accudire. **2** Tralasciare, per distrazione o per un errore di valutazione: *hai trascurato* ***di*** *controllare l'esattezza delle tue informazioni* Ⓢ omettere, dimenticare. || **trascurarsi** RIFL. Avere scarsa cura di sé, sia nei riguardi della salute che dell'aspetto esteriore: *si trascura troppo, mangia male e lavora sempre* Ⓢ lasciarsi andare.

trascuratezza (tra-scu-ra-téz-za) N.F. · Mancanza di attenzione o di cura: *il lavoro è stato fatto con trascuratezza* Ⓢ negligenza Ⓒ accuratezza.

trascurato (tra-scu-rà-to) AGG. **1** Negligente nello svolgimento di un compito: *è trascurato nello studio* Ⓒ diligente • Poco curato nell'apparire: *è trascurato nel vestire* Ⓢ trasandato, sciatto Ⓒ curato. **2** Mal fatto, mal tenuto o mal curato: *un lavoro trascurato; un giardino trascurato; un'influenza trascurata può avere conseguenze spiacevoli.* Ⓔ ***Sentirsi trascurato***, trattato con poca attenzione e affetto.

trasecolare (tra-se-co-là-re) V.INTR. (*trasècolo*, ecc.; aus. *essere* o *avere*) · Rimanere sbalordito: *mia madre è trasecolata quando le ho detto che mi sposavo.*

trasferimento (tra-sfe-ri-mén-to) N.M. · Spostamento da un posto a un altro: *il lavoro del padre costringeva la famiglia a continui trasferimenti.*

trasferire (tra-sfe-ri-re) V.TR. (*trasferìsco, trasferìsci*, ecc.) || TR. Spostare da un luogo all'altro: *il professore ha chiesto di essere trasferito* ***da*** *Firenze* ***a*** *Roma.* || **trasferirsi** RIFL. Cambiare la propria residenza abituale: *trasferirsi* ***all'****estero* Ⓢ spostarsi, traslocare.

trasferta (tra-sfèr-ta) N.F. **1** Trasferimento temporaneo fuori dalla propria sede abituale per motivi di lavoro: *lo spettacolo teatrale viene portato in trasferta in Giappone.* **2** Negli sport a squadre, incontro sul campo da gioco avversario: *giocare, vincere in trasferta.*

trasfigurare (tra-sfi-gu-rà-re) V.TR. **1** Cambiare espressione per una forte emozione: *il suo volto era trasfigurato dall'odio* Ⓢ alterare. **2** Trasformare profondamente, attribuendo un valore o un significato diverso: *l'arte trasfigura la realtà.*

trasformare (tra-sfor-mà-re) V.TR. (*trasfórmo*, ecc.) || TR. Rendere diverso nell'aspetto, nella forma, nel carattere: *la vita trasforma le convinzioni; quella brutta esperienza lo ha trasformato; trasformare l'acqua* ***in*** *vino* Ⓢ cambiare, mutare, modificare. || **trasformarsi** INTR. PRONOM. Cambiare aspetto, diventare diverso: *le nuvole si trasformano* ***in*** *pioggia; si è trasformato* ***in*** *un ragazzo studioso e responsabile* Ⓢ modificarsi, evolversi.

trasformazione (tra-sfor-ma-zió-ne) N.F. **1** Cambiamento più o meno evidente sul piano fisico o mentale: *la trasformazione del bruco* ***in*** *farfalla; la trasformazione del carattere* Ⓢ mutamento, modificazione, conversione. **2** Nel rugby, tiro con cui si calcia il pallone fra le aste della porta dopo aver fatto meta.

trasfusione (tra-sfu-ṣió-ne) N.F. · Introduzione nel sistema circolatorio di una persona del sangue di un altro individuo: *è necessaria una trasfusione di sangue.*

trasgredire (tra-ṣgre-dì-re) V.TR. e INTR. (*traṣgredìsco, traṣgredìsci*, ecc.) || TR. Infrangere una legge: *trasgredire un divieto* Ⓢ violare. || INTR. (aus. *avere*) Disubbidire a una norma: *trasgredire* ***a*** *una regola.*

trasgreditrice (tra-ṣgre-di-trì-ce) · Femminile → ***trasgressore***.

trasgressione (tra-ṣgres-sió-ne) N.F. · Infrazione di una norma, di una legge, di un ordine: *fumare nei luoghi pubblici è una trasgressione alla legge* Ⓢ violazione, disubbidienza.

trasgressore (tra-ṣgres-só-re) N.M. (f. *traṣgreditrìce*) · Chi agisce volontariamente in contrasto con un ordine, una norma, una legge: *chi guida ubriaco è un trasgressore della legge.*

trash (pronuncia *trèš*) N. INGL., in it. N.M. e AGG. INVAR. · Di gusto basato su ciò che è grottesco e volgare: *il trash televisivo; cinema trash.*

traslare (tra-ṣlà-re) V.TR. · Trasferire il corpo di un defunto da un luogo di seppellimento a un altro: *il corpo di san Domenico fu traslato.*

traslazione (tra-ṣla-zió-ne) N.F. · Trasferimento da una ad altra sede: *traslazione di una salma.*

traslocare (tra-ṣlo-cà-re) V.INTR. (*traṣlòco, traṣlòchi*, ecc.; aus. *avere*) · Cambiare casa: *ha traslocato in un'altra città* Ⓢ trasferirsi.

trasloco (tra-ṣlò-co) N.M. (pl. *-chi*) · L'insieme di operazioni materiali che si fanno quando si cambia casa: *per il trasloco hanno spostato tutti i mobili* Ⓢ trasferimento.

traslucido (tra-ṣlù-ci-do) AGG. · Parzialmente trasparente.

trasmettere (tra-ṣmét-te-re) V.TR. (irreg.: coniugato come *mettere*) || TR. **1** Trasferire da una persona all'altra: *trasmettere un'usanza* ***ai*** *figli* Ⓢ tramandare. **2** Diffondere una malattia mediante contagio: *la mosca tse-tse trasmette la malattia del sonno* Ⓢ propagare. **3** Comunicare un messaggio: *trasmettere una notizia* ***all'****interessato* • Far pervenire tramite spedizione postale o elettronica: *trasmettere un'e-mail* ***a*** *un amico* Ⓢ inviare, spedire, inoltrare. **4** Mandare in onda via radio o televisione: *trasmettiamo ora le notizie del tg.* || **trasmettersi** INTR. PRONOM. **1** Di una tradizione, un diritto, un possesso, passare da una persona all'altra: *usanze che si trasmettono di generazione in generazione.* **2** Di malattia, propagarsi, diffondersi: *il raffreddore si trasmette starnutendo.*

Il termine deriva dal latino *transmittere* 'trasferire, consegnare', che viene a sua volta da *mittere* 'mandare' con il prefisso **trans-** (→ ***mettere***).

trasmissione (tra-ṣmis-sió-ne) N.F. **1** Trasferimento, passaggio: *la trasmissione di quella ricetta è un segreto di famiglia.* **2** Passaggio di una malattia da una persona a un'altra: *trasmissione dell'influenza* Ⓢ contagio. **3** Trasferimento di energia o di movimento da un sistema a un altro: *la trasmissione del calore può avvenire per contatto* Ⓢ diffusione, conduzione. **4** Programma radiofonico o televisivo: *ieri ho visto una trasmissione sullo sbarco sulla Luna.*

trasmittente (tra-ṣmit-tèn-te) AGG. · Dispositivo che può trasmettere segnali di comunicazione a distanza: *la stazione trasmittente* (o *la trasmittente* N.F.) *della radio è sulla collina* Ⓢ emittente.

trasognato (tra-so-gnà-to) AGG. · Immerso nei propri pensieri: *camminava trasognato* Ⓢ imbambolato, incantato.

trasparente (tra-spa-rèn-te) AGG. **1** Di materiale, che permette di vedere attraverso di esso: *il vetro è trasparente* Ⓢ cristallino Ⓒ opaco. **2** Molto sottile: *questa fettina è proprio trasparente* Ⓢ fine. **3** Di discorso, molto chiaro: *l'allusione era trasparente* Ⓢ evidente, manifesto • Di persona, incapace di fingere: *una persona trasparente* Ⓢ schietto, limpido.

Il termine deriva da una parola del latino medievale, che viene a sua volta da *parere* 'apparire' con il prefisso **trans-** (→ ***parere***[2]).

trasparenza (tra-spa-rèn-za) N.F. **1** La capacità di un corpo di essere completamente attraversato dalla luce: *la trasparenza dell'acqua del mare permette di vedere i pesci* Ⓢ nitidezza Ⓒ opacità. **2** Chiarezza di comportamento e di atteggiamento: *la trasparenza di un uomo politico* Ⓢ limpidezza Ⓒ ambiguità.

trasparire (tra-spa-rì-re) V.INTR. (irreg.: coniugato come *apparire*; aus. *essere*) **1** Consentire il passaggio della luce: *l'alabastro lascia trasparire la luce.* **2** Di sentimenti, manifestarsi anche contro la volontà di chi li prova: ***dal***

A B C D E F G H I J K L M N O P Q R S T U V W X Y Z

suo volto traspariva l'intima gioia Ⓢ affiorare, trapelare.

traspirare (tra-spi-rà-re) V.INTR. (aus. *essere*) · Essere eliminato sotto forma di acqua o di vapore attraverso i pori della pelle: *il sudore traspira **dal** corpo.*

traspirazione (tra-spi-ra-zió-ne) N.F. · Eliminazione di liquidi attraverso i pori della pelle: *lo sforzo della corsa provoca una forte traspirazione* Ⓢ sudore.

trasporre (tra-spór-re) V.TR. (irreg.: coniugato come *porre*) · Spostare qualcosa che si trova in una certa sequenza: *trasporre le parole della frase.*

trasportare (tra-spor-tà-re) V.TR. (*traspòrto*, ecc.) **1** Trasferire da un luogo a un altro con un mezzo di trasporto: *trasportare le valigie **in** macchina* Ⓢ spostare, condurre. **2** Spostare, sollevando da terra: *trasportare un ferito **in** barella.* **3** Portare oltre i limiti della realtà nella sfera della fantasia o del ricordo: *il poeta ci trasporta **in** un clima da fiaba* Ⓢ portare, trascinare. Ⓔ ***Lasciarsi trasportare***, abbandonarsi a un impulso in modo esagerato: *si lasciò trasportare dall'ira.*

trasporto (tra-spòr-to) N.M. **1** Trasferimento di cose o persone con mezzi adatti: *dall'aeroporto c'è un servizio di trasporto in taxi per la città* Ⓢ spostamento. **2** Caloroso entusiasmo: *appena mi vide mi abbracciò con trasporto.* Ⓔ ***Mezzo di trasporto***, qualsiasi veicolo utilizzato per il trasferimento di persone o cose.

trassi (tràs-si) · Pass. rem., 1ª pers. sing. → ***trarre***.

T

trastullare (tra-stul-là-re) V.TR. || TR. Divertire, distrarre con giochi e passatempi: *trastullare la mente con un hobby.* || **trastullarsi** RIFL. **1** Divertirsi, passare il tempo in giochi: *i bambini si trastullavano con i loro giocattoli.* **2** Perdere tempo senza combinare niente: *invece di studiare si trastulla con il computer* Ⓢ gingillarsi.

trastullo (tra-stùl-lo) N.M. · Gioco, divertimento, passatempo: *i trastulli dei bambini.*

trasudare (tra-su-dà-re) V.INTR. e TR. || INTR. (aus. *essere*) Di liquidi, filtrare in forma di piccole gocce: *l'umidità trasuda dal muro* Ⓢ stillare. || TR. Mostrare, manifestare: *le sue parole trasudano invidia.*

trasversale (tra-ṣver-sà-le) AGG. **1** Che si incrocia con una linea retta: *abito in una strada trasversale di via Mazzini* Ⓢ traverso. **2** Di questione, che riguarda gruppi politici lontani tra loro: *la mancanza di lavoro è un problema trasversale.*

trasvolare (tra-ṣvo-là-re) V.INTR. e TR. (*traṣvólo*, ecc.) || INTR. (aus. *essere* o *avere*) Volare da un punto a un altro: *le rondini cominciano a trasvolare **in** Africa.* || TR. Attraversare volando: *Lindbergh fu il primo a trasvolare l'Atlantico.*

tratta (tràt-ta) N.F. **1** Il tragitto fra due punti percorso da un mezzo di trasporto: *nella tratta Roma-Orte c'era un guasto ai binari* Ⓢ tratto. **2** Compravendita illegale di esseri umani: *la tratta degli schiavi.*

trattamento (trat-ta-mén-to) N.M. **1** Applicazione di un certo procedimento per ottenere un certo effetto: *c'è un nuovo trattamento contro la caduta dei capelli.* **2** Elaborazione informatica: *trattamento elettronico dei dati.* **3** Modo di comportarsi verso qualcuno, di solito il cliente di un ristorante o di un albergo: *ricevere un ottimo trattamento* Ⓢ servizio.

trattare (trat-tà-re) V.TR. e INTR. || TR. **1** Applicare certi procedimenti a sostanze od organismi per ottenere particolari effetti: *trattare il ferro battendolo a caldo; trattare una ferita **con** lo iodio* Ⓢ lavorare, curare. **2** Parlare o scrivere in modo approfondito di un argomento: *è un soggetto interessante da trattare* Ⓢ esaminare, affrontare. **3** Discutere per raggiungere un compromesso: *trattare una tregua; trattare un affare* Ⓢ contrattare, negoziare • Discutere sul prezzo: *la richiesta è di mille euro, ma si può trattare.* **4** Comportarsi in un certo modo con le persone: *mi tratta sempre con gentilezza* • Di chi gestisce un albergo o un ristorante, offrire un certo servizio al cliente: *in quella pensione siamo stati trattati benissimo.* **5** Commerciare, trafficare in: *la sua ditta tratta mobili.* || INTR. (aus. *avere*) **1** Avere per argomento: *il film tratta **della** guerra* Ⓢ occuparsi. **2** IMPERS. Nella forma

trattarsi, costituire l'argomento di interesse: *si tratta* ***di*** *un problema delicato.* **E** ***Trattarsi bene***, concedersi ogni comodità.

trattativa (trat-ta-ti-va) N.F. · Discussione che cerca di portare a un accordo: *essere in trattative per l'acquisto di una casa* **S** contrattazione, negoziato.

trattato (trat-tà-to) N.M. **1** Opera che svolge in modo sistematico argomenti scientifici, storici, letterari: *pubblicare un trattato di zoologia* **S** manuale, studio, saggio. **2** Accordo fra Stati: *trattato di alleanza* **S** patto, convenzione.

trattazione (trat-ta-zió-ne) N.F. · Svolgimento sistematico di un certo argomento: *nel libro ha dedicato un'ampia trattazione all'inquinamento del mare* **S** esposizione, analisi.

tratteggiare (trat-teg-già-re) V.TR. (*trattéggio*, ecc.) **1** Disegnare con poche linee essenziali: *tratteggiare un volto* **S** delineare, schizzare, tracciare. **2** Descrivere in modo rapido ma efficace: *in poche parole ha tratteggiato il suo carattere.*

tratteggio (trat-tég-gio) N.M. (pl. *-gi*) **1** Tecnica che consiste nel tracciare una serie di linee parallele o incrociate per ottenere i contrasti di luce nel disegno, nell'incisione e nella pittura. **2** Serie di brevi tratti allineati: *tagliare lungo il tratteggio.*

trattenere (trat-te-né-re) V.TR. (irreg.: coniugato come *tenere*) || TR. **1** Costringere ad aspettare o a fermarsi: *trattenere uno* ***in*** *questura* **S** fermare, bloccare. **2** Non rendere manifesto un impulso, un sentimento, ecc.: *trattenere il riso, le lacrime* **S** reprimere, frenare, soffocare • Impedire a qualcuno di fare qualcosa: *se non lo avessimo trattenuto avrebbe scatenato una rissa* **S** tenere. **3** Togliere una somma da un totale: *trattenere le tasse* ***dallo*** *stipendio* **S** detrarre, sottrarre. || **trattenersi** RIFL. **1** Rimanere in un luogo: *ho deciso di trattenermi* ***al*** *mare due giorni* **S** restare. **2** Controllarsi, frenarsi, dominarsi: *mi sono trattenuto* ***dal*** *dargli uno schiaffo.*

trattenuta (trat-te-nù-ta) N.F. · Parte sottratta allo stipendio, di solito per pagare le tasse: *le trattenute sul salario garantiscono la pensione* **S** ritenuta.

trattino (trat-ti-no) N.M. · Piccolo tratto che si usa nella scrittura per dividere in sillabe una parola alla fine di una riga o per dividere i due elementi di una parola composta: *la regione Trentino-Alto Adige.*

tratto[1] (tràt-to) · Participio pass. → ***trarre***.

tratto[2] (tràt-to) N.M. **1** Linea tracciata con un unico e rapido movimento: *cancellare con un tratto di penna* **S** riga, rigo, segno. **2** Breve linea **S** trattino. **3** AL PL. Lineamenti: *ha i tratti di suo padre* • Caratteristica: *la simpatia è uno dei tratti più notevoli del suo carattere.* **4** Parte di un elemento lineare: *si è rotto un tratto della tubatura* **S** pezzo, parte • Parte di percorso: *abbiamo fatto un lungo tratto di strada insieme.* **5** Porzione di superficie: *un gran tratto di montagna è franato.* **6** Durata temporale più o meno lunga: *un lungo tratto di tempo* **S** intervallo. **E** ***A tratti***, a intervalli • ***A un tratto*** o ***d'un tratto*** o ***tutto a un tratto***, all'improvviso.

trattore[1] (trat-tó-re) N.M. · Macchina agricola con ruote o cingoli, usata per trainare rimorchi o strumenti per lavorare il terreno: *attaccare la seminatrice al trattore.*

trattore[2] (trat-tó-re) N.M. (f. *-trìce*) · Chi gestisce una trattoria.

trattoria (trat-to-rì-a) N.F. (pl. *-rìe*) · Piccolo ristorante con un'atmosfera familiare e prezzi moderati: *in trattoria si mangiano ancora piatti tradizionali* **S** osteria.

trauma (tràu-ma) N.M. (pl. *-i*) **1** In medicina, l'effetto di un colpo forte e improvviso: *subire un trauma al torace.* **2** Evento sconvolgente che provoca un forte e duraturo turbamento: *la separazione dei genitori è stata un trauma per i bambini* **S** colpo; shock (*ingl.*).

traumatico (trau-mà-ti-co) AGG. (pl.m. *-ci*, pl.f. *-che*) · In medicina, che riguarda un trauma: *lesione traumatica* • Sconvolgente, scioccante: *rivederla è stata un'esperienza traumatica.*

traumatizzare (trau-ma-tiz-zà-re) V.TR. **1** In medicina, sottoporre a un trauma: *l'incidente ha traumatizzato gli arti inferiori.* **2** Impressionare in modo sconvolgente: *la perdita del*

A B C D E F G H I J K L M N O P Q R S **T** U V W X Y Z

figlio l'ha traumatizzata Ⓢ scioccare, sconvolgere.

travagliato (tra-va-glià-to) AGG. **1** Caratterizzato da continue sofferenze: *una vita travagliata* Ⓢ tormentato. **2** Laborioso, faticoso, difficile: *un accordo travagliato.*

travaglio (tra-và-glio) N.M. (pl. *-gli*) **1** Tormento interiore: *dopo un lungo travaglio è entrato in convento* Ⓢ pena. **2** Fase del parto caratterizzata da dolori che precedono e accompagnano la nascita di un bambino.

travasare (tra-va-ṣà-re) V.TR. · Far passare un liquido da un recipiente a un altro: *travasare il vino* ***dalla*** *botte* ***nelle*** *bottiglie.*

trave (trà-ve) N.F. **1** Negli edifici, lungo pezzo di legno usato come elemento di sostegno: *le travi del tetto sono marce.* **2** Nella ginnastica artistica, attrezzo per svolgere esercizi di equilibrio.

La parola *trave* è femminile, mentre il suo derivato *architrave* è maschile.

traveggole (tra-vég-go-le) N.F.PL. · Solo nell'espressione ***avere le traveggole***, vedere una cosa per un'altra oppure sbagliarsi nel giudicare qualcosa: *ho le traveggole o quello è tuo marito?; tu hai le traveggole, non intendevo offenderti.*

traversa (tra-vèr-sa) N.F. **1** Trave disposta in senso trasversale rispetto a una struttura, con funzione di collegamento, sostegno, rinforzo o impedimento Ⓢ barra, asta. **2** Nel calcio, sbarra orizzontale che delimita in alto la porta: *il pallone ha colpito la traversa.* **3** Strada secondaria che taglia in senso trasversale un'altra strada più importante: *svolti alla prima traversa e troverà la piazza.*

traversare (tra-ver-sà-re) V.TR. (*travèrso*, ecc.) · Passare attraverso uno spazio: *traversare il fiume a nuoto; traversare la strada* Ⓢ attraversare.

traversata (tra-ver-sà-ta) N.F. · Passaggio attraverso uno spazio di ampie dimensioni: *la traversata dell'Atlantico* • Viaggio in nave o in aereo: *abbiamo fatto una traversata senza turbolenze.*

traversia (tra-ver-sì-a) N.F. (pl. *-sìe*) · Lunga serie di difficoltà impreviste: *dopo tante traversie, Ulisse tornò a Itaca* Ⓢ peripezia.

traverso (tra-vèr-so) AGG. · Disposto in modo perpendicolare od obliquo rispetto a un altro elemento Ⓢ trasversale. Ⓔ ***Andare di traverso*** o ***andare per traverso***, di cibo o bevanda che, finendo per sbaglio nella laringe, provoca colpi di tosse • ***Di traverso***, in direzione obliqua: *c'era una macchina messa di traverso per strada* • ***Per vie traverse***, in modo non diretto: *l'ha saputo per vie traverse.*

travestimento (tra-ve-sti-mén-to) N.M. · Abbigliamento e trucco diversi dal solito, usati per assomigliare a qualcuno o per non farsi riconoscere: *il travestimento consisteva in una parrucca bionda e in un paio di baffi.*

travestire (tra-ve-stì-re) V.TR. (*travèsto*, ecc.) || TR. Vestire qualcuno in modo diverso dal solito per mascherarlo: *travestire un bimbo* ***da*** *Zorro* Ⓢ camuffare. || **travestirsi** RIFL. Vestirsi in modo diverso dal solito per mascherarsi o rendersi irriconoscibile: *travestirsi* ***da*** *Babbo Natale.*

travestito (tra-ve-stì-to) N.M. · Omosessuale maschile che si veste e si trucca da donna, spesso per prostituirsi.

traviare (tra-vià-re) V.TR. (*travìo*, *travìi*, ecc.) · Indurre al male, corrompere, guastare: *è stato traviato dalle cattive compagnie.*

Le tre persone singolari e la terza plurale del presente indicativo e le tre persone singolari del congiuntivo si pronunciano con l'accento sulla *i*: *travìo*, *travìi*, *travìa*, *travìano*, *che io travìi* e non *tràvio*, ecc.

travisare (tra-vi-ṣà-re) V.TR. · Interpretare la realtà in modo alterato o errato: *hai travisato il senso delle mie parole* Ⓢ stravolgere, fraintendere.

travolgente (tra-vol-gèn-te) AGG. **1** Impetuoso, violento, furioso: *la forza travolgente del mare in tempesta.* **2** Che conquista e trascina in modo irresistibile: *un amore travolgente* Ⓢ appassionante, entusiasmante.

travolgere (tra-vòl-ge-re) V.TR. (irreg.: coniugato come *volgere*) **1** Abbattere e trascinare con violenza: *la piena del fiume ha travolto* *gli argini* S investire, spazzare via. **2** Coinvolgere completamente: *è stato travolto dalla passione* S sopraffare, vincere • Mandare in rovina: *le piccole aziende sono state travolte dalla crisi.*

trazione (tra-zió-ne) N.F. **1** Forza che serve a muovere un corpo. **2** Cura che consiste nel tenere in alto e in tensione gli arti che hanno subito una frattura ossea, perché le ossa tornino nella giusta posizione: *mettere una gamba in trazione.* E ***A trazione anteriore, a trazione posteriore, a trazione integrale,*** di veicolo in cui l'azione del motore è trasmessa, rispettivamente, alle ruote anteriori, a quelle posteriori o a tutte e quattro le ruote contemporaneamente.

tre (tré) AGG. NUM. CARD. e N.M. INVAR. || AGG. Il numero che segue il due e precede il quattro: *tre bambini; tre fiori.* || N.M. Il numero tre e il segno che lo rappresenta (*3* in numeri arabi, *III* in numeri romani): *il tre di ogni mese.*

trebbiare (treb-bià-re) V.TR. (*trébbio*, ecc.) · Separare i chicchi del grano o di altri cereali maturi dalle parti della pianta che non servono: *trebbiare il grano, l'avena, l'orzo.*

trebbiatrice (treb-bia-trì-ce) N.F. · Macchina agricola per trebbiare.

trebbiatura (treb-bia-tù-ra) N.F. · L'operazione del trebbiare.

treccia (tréc-cia) N.F. (pl. *-ce*) **1** Pettinatura femminile che unisce i capelli in tre ciocche, passate alternativamente le une sulle altre e fermate in fondo: *quando ero piccola portavo le trecce.* **2** Elemento tessuto con tre o più fili intrecciati S intreccio.

> Il termine deriva dal greco *trikhía* 'corda, fune', che viene a sua volta da *thríks* 'pelo, capello'.

trecento (tre-cèn-to) AGG. NUM. CARD. e N.M. INVAR. || AGG. Numero uguale a tre volte cento: *a trecento chilometri dalla capitale.* || N.M. Il numero trecento e il segno che lo rappresenta (*300* in numeri arabi, *CCC* in numeri romani). E ***Il Trecento,*** il secolo compreso tra il 1301 e il 1400.

tredicesimo (tre-di-cè-ṣi-mo) AGG. NUM. ORD. · Che in una serie ordinata rappresenta il numero tredici (in numeri arabi *13°*). E ***Il tredicesimo secolo,*** il secolo compreso tra il 1201 e il 1300 (in numeri romani *XIII secolo*).

tredici (tré-di-ci) AGG. NUM. CARD. e N.M. INVAR. || AGG. Numero formato da dieci unità più tre. || N.M. Il numero tredici e il segno che lo rappresenta (*13* in numeri arabi, *XIII* in numeri romani). E ***Le (ore) tredici,*** l'una del pomeriggio.

tregua (tré-gua o trè-gua) N.F. **1** Sospensione temporanea di combattimenti o contrasti: *rompere la tregua* S armistizio, interruzione. **2** Periodo di sosta: *ha piovuto senza tregua per quindici giorni.*

trekking (trek-king; pronuncia *trècching*) N. INGL., in it. N.M. INVAR. · Escursione a piedi o a cavallo, spesso su sentieri non percorribili con mezzi meccanici: *trekking in montagna.*

tremare (tre-mà-re) V.INTR. (*trèmo*, ecc.; aus. *avere*) **1** Essere scosso da contrazioni muscolari involontarie: *tremare **di** freddo, **di** paura* S rabbrividire. **2** Provare ansia o paura: *tremo **per** la sua sorte* S palpitare, trepidare, fremere. **3** Vibrare, ondeggiare, sussultare: *il terremoto ha fatto tremare le pareti della casa.* **4** Del suono o della luce, vibrare, oscillare: *quando canta **le** trema la voce; la luce della candela tremò un attimo, poi si spense.*

tremarella (tre-ma-rèl-la) N.F. · Agitazione dovuta a timore o ad ansia: *avere la tremarella prima di un esame* S batticuore.

tremendo (tre-mèn-do) AGG. **1** Che suscita terrore: *mise in atto una tremenda vendetta* S spaventoso, terribile. **2** Di dolore o di emozione negativa, molto forte: *ho un tremendo mal di denti; un tremendo spavento.*

tremito (trè-mi-to) N.M. · Serie di rapide contrazioni o scosse che agitano il corpo: *un tremito di freddo; non riesce a scrivere con quel tremito alla mano* S brivido, tremore.

tremolare (tre-mo-là-re) V.INTR. (*trèmolo*, ecc.; aus. *avere*) · Oscillare, tremare: *una voce che tremola; la gelatina tremola nel piatto.*

tremolio (tre-mo-lì-o) N.M. (pl. *-lìi*) · Serie di brevi e rapide vibrazioni: *il tremolio della luce sulla superficie del mare* S tremore.

tremore (tre-mó-re) N.M. · Serie di vibrazioni che scuotono il corpo o una parte di esso: *tremore provocato dal freddo, dalla febbre, dalla paura* Ⓢ tremito.

tremulo (trè-mu-lo) AGG. · Che tremola: *il bimbo aveva una voce tremula e spaventata.*

treno (trè-no) N.M. · Mezzo che trasporta merci o passeggeri che corre su rotaie, formato da un certo numero di vagoni trainati dalla locomotiva: *oggi i treni veloci possono fare 300 km all'ora.* Ⓔ ***Andare come un treno,*** molto veloce • ***Perdere il treno,*** perdere una buona occasione • ***Treno di gomme,*** la serie completa degli pneumatici di un'autovettura.

trenta (trén-ta) AGG. NUM. CARD. e N.M. INVAR. || AGG. Numero formato da tre decine. || N.M. Il numero trenta e il segno che lo rappresenta (*30* in numeri arabi, *XXX* in numeri romani). Ⓔ ***Gli anni Trenta,*** il decennio che va dal 1930 al 1940.

trentino (tren-ti-no) AGG. e N.M. (f. *-a*) || AGG. Del Trentino o della città di Trento. || N.M. (f. *-a*) Abitante, nativo del Trentino o della città di Trento.

trepidare (tre-pi-dà-re) V.INTR. (*trèpido*, ecc.; aus. *avere*) · Oscillare tra speranza e timore: *trepidava nell'attesa di una sua risposta* Ⓢ fremere.

trepidazione (tre-pi-da-zió-ne) N.F. · Stato d'animo ansioso, fra speranza e timore: *vive in continua trepidazione per il figlio lontano* Ⓢ apprensione, agitazione.

T

treppiede (trep-piè-de) (o **treppiedi**) N.M. **1** Arnese di ferro sostenuto da tre piedi, usato un tempo per tenere la pentola a una certa distanza dal fuoco. **2** Sostegno per vari apparecchi formato da tre lunghe aste che sostengono una base di appoggio orizzontale: *montò la macchina fotografica sul treppiede perché non oscillasse.*

tresca (tré-sca) N.F. (pl. *-sche*) **1** Inganno, imbroglio: *scoprire una tresca.* **2** Relazione amorosa segreta: *fra quei due pare che ci sia una tresca.*

trespolo (tré-spo-lo) N.M. · Sostegno a tre o quattro piedi, usato come sgabello o per poggiarvi vari oggetti: *era seduto su un trespolo.*

tri- · Primo elemento di parole composte che già fin dal latino significa 'tre, formato da tre elementi': *triennio*, periodo di tre anni; *tricolore*, formato da tre colori.

triangolare (tri-an-go-là-re) AGG. **1** Che ha forma di triangolo: *fetta triangolare di torta.* **2** Che riguarda il rapporto fra tre elementi: *le migliori tre squadre si incontrano in un torneo triangolare.*

triangolo (tri-àn-go-lo) N.M. **1** Figura geometrica piana a tre lati: *triangolo equilatero; triangolo isoscele; triangolo scaleno.* **2** Strumento musicale a percussione costituito da una sottile sbarra d'acciaio ripiegata in forma triangolare. **3** Segnale stradale di pericolo generico.

triassico (tri-às-si-co) AGG. e N.M. (pl.m. *-ci*, pl.f. *-che*) · Del primo periodo dell'era mesozoica, compreso fra 250 e 200 milioni di anni fa e caratterizzato dalla presenza di molluschi, dal grande sviluppo di anfibi, rettili e conifere.

tribale (tri-bà-le) AGG. · Tipico di una tribù, dal punto di vista dell'organizzazione o delle tradizioni: *società tribale; usanze tribali.*

tribolare (tri-bo-là-re) V.INTR. (*trìbolo*, ecc.; aus. *avere*) · Soffrire molto: *il mal di denti mi fa tribolare; m'ha fatto tribolare per quei pochi soldi* Ⓢ patire, penare.

tribordo (tri-bór-do) N.M. · Il lato destro della nave, guardando verso prua Ⓢ dritta.

tribù (tri-bù) N.F. INVAR. **1** Forma di organizzazione di alcune culture, i cui membri parlano lo stesso linguaggio e hanno le stesse usanze: *le tribù indiane d'America.* **2** Nel linguaggio familiare, famiglia numerosa: *saluti a tutta la tribù.*

tribuna (tri-bù-na) N.F. **1** Piattaforma rialzata da dove gli oratori pronunciano i loro discorsi Ⓢ palco, podio. **2** Costruzione a forma di palco o di galleria, riservata ad alcune persone durante cerimonie o manifestazioni: *la tribuna della stampa.* **3** Negli stadi o campi sportivi, costruzione a gradinata che accoglie il pubblico: *prenotare due biglietti di tribuna* Ⓢ spalto • Il pubblico stesso: *la tribuna scoppiò in un applauso.* **4** Dibattito televisivo di argomento politico: *il ministro è stato invitato a una tribuna politica.*

tribunale (tri-bu-nà-le) N.M. **1** Edificio dove si amministra la giustizia: *presentarsi in tribunale per il processo.* **2** L'insieme delle persone che amministrano la giustizia: *tribunale civile, penale.*

tribuno (tri-bù-no) N.M. · Magistrato o funzionario dell'antica Roma con varie funzioni: *i tribuni della plebe difendevano gli interessi del popolo.*

tributare (tri-bu-tà-re) V.TR. · Riconoscere pubblicamente un merito: *in Grecia si tributavano grandi onori* ***agli*** *atleti* Ⓢ rendere.

tributario (tri-bu-tà-rio) AGG. (pl.m. *-ri*, pl.f. *-rie*) **1** Che riguarda le tasse: *riforma tributaria* Ⓢ fiscale, finanziario. **2** Di un corso d'acqua che affluisce in un altro di maggiore importanza o in un lago: *la Dora Baltea è tributaria del Po.* Ⓔ ***Polizia tributaria***, quella che si occupa di controllare che i cittadini paghino le tasse.

tributo (tri-bù-to) N.M. **1** Somma di denaro dovuta dai cittadini allo Stato o ad altri enti pubblici: *riscuotere un tributo* Ⓢ imposta, tassa. **2** Azione che si ha il dovere di compiere: *ognuno di noi deve portare il suo tributo alla realizzazione del piano; bisogna rendere tributo al suo coraggio.*

tricheco (tri-chè-co) N.M. (pl. *-chi*) · Mammifero carnivoro che vive nelle vicinanze del polo nord; ha un corpo tozzo grigio-bruno, le pinne, il labbro superiore pieno di lunghe setole e i canini superiori grandi e sporgenti.

> Il termine deriva da una parola greca che significa 'dotato di pelo', composta da *thríks* 'pelo' e dal verbo *ékho* 'avere', in riferimento alle numerose setole che l'animale ha sul labbro superiore.

triciclo (tri-cì-clo) N.M. · Veicolo a pedali con tre ruote usato dai bambini: *usa il triciclo perché ancora non sa andare in bici.*

tricipite (tri-cì-pi-te) N.M. · Muscolo composto di tre parti che confluiscono in una massa unica: *il tricipite del braccio.*

triclinio (tri-clì-nio) N.M. (pl. *-ni*) · La sala da pranzo dei Romani, dove si trovavano tre letti, disposti sui lati della tavola e sui quali si adagiavano i commensali.

tricolore (tri-co-ló-re) AGG. e N.M. || AGG. Di tre colori, di solito con riferimento alle bandiere: *la bandiera tricolore francese.* || N.M. La bandiera italiana: *il tricolore sventola su tutti i balconi.* Ⓔ ***Maglia tricolore***, nel ciclismo, la maglia indossata dai vincitori dei campionati italiani.

tridente (tri-dèn-te) N.M. · Forcone a tre denti, usato nell'antichità per la pesca e i lavori agricoli: *il tridente di Nettuno.*

tridimensionale (tri-di-men-sio-nà-le) AGG. · Che ha tre dimensioni: lunghezza, larghezza e profondità: *spazio tridimensionale.*

triennale (tri-en-nà-le) AGG. · Che dura tre anni: *corso di studi triennale* • Che si fa ogni tre anni: *una fiera triennale.*

triennio (tri-èn-nio) N.M. (pl. *-ni*) · Periodo di tre anni: *il corso ha la durata di un triennio.*

trifoglio (tri-fò-glio) N.M. (pl. *-gli*) · Pianta erbacea formata le cui foglie sono formate da tre foglioline, usata come foraggio.

trifora (trì-fo-ra) N.F. · Finestra tipica dell'architettura gotica, suddivisa in tre parti.

triglia (trì-glia) N.F. (pl. *-glie*) · Pesce marino, lungo fino a 50 centimetri, pescato per l'ottima carne. Ⓔ ***Fare l'occhio di triglia***, guardare con sguardo languido.

trigliceride (tri-gli-cè-ri-de) N.M. · Uno dei grassi più diffusi in natura, importante riserva energetica sia per i vegetali che per gli animali.

trigonometria (tri-go-no-me-trì-a) N.F. (pl. *-trìe*) · Parte della matematica che calcola i valori dei lati e degli angoli di un triangolo.

trillare (tril-là-re) V.INTR. (aus. *avere*) · Emettere trilli: *il campanello trilla.*

trillo (trìl-lo) N.M. **1** Suono o fischio in cui si alternano rapidamente due note: *il trillo di un uccello.* **2** Vibrazione rapida di qualcosa che emette suoni: *il trillo del campanello* Ⓢ squillo.

trilogia (tri-lo-gì-a) N.F. (pl. *-gìe*) · Insieme di tre opere, letterarie, musicali o artistiche, che formano un'unità: *la trilogia del "Signore degli Anelli".*

trimestrale (tri-me-strà-le) AGG. · Che dura tre mesi o capita ogni tre mesi: *abbonamento trimestrale a una rivista.*

trimestre (tri-mè-stre) N.M. 1 Periodo di tre mesi: *è stato assunto in prova per un trimestre.* 2 Somma pagata o riscossa ogni tre mesi: *vuole un trimestre d'affitto anticipato.*

trina (trì-na) N.F. · Merletto.

trincea (trin-cè-a) N.F. (pl. -cèe) · Fossa costruita per difesa, con un rialzo formato con la terra scavata: *scavare una trincea.* Ⓔ ***Guerra di trincea*** → ***guerra***.

trincerarsi (trin-ce-ràr-si) V.RIFL. (*mi trincèro*, ecc.) 1 Proteggersi con trincee: *l'esercito si trincerò sulla sponda del fiume.* 2 Mettersi sulla difensiva cercando di non rispondere: *trincerarsi nel silenzio.*

trincetto (trin-cét-to) N.M. · Arnese usato dal calzolaio per tagliare il cuoio, formato da una lama d'acciaio ricurva e molto affilata.

trinciare (trin-cià-re) V.TR. (*trìncio*, ecc.) · Tagliare in piccoli pezzi o a strisce sottili: *trinciare il pollo; trinciare il tabacco* Ⓢ triturare.

> Il termine deriva dal francese antico *trenchier* 'tagliare (in tre parti)', che viene a sua volta dal latino *trini* 'a tre a tre'.

T

trinità (tri-ni-tà) N.F. INVAR. · Il mistero principale della religione cristiana, che afferma l'unità della natura di Dio e la sua distinzione nelle persone del Padre, del Figlio e dello Spirito Santo.

trio (trì-o) N.M. (pl. *trìi*) 1 Componimento musicale per tre strumenti: *trio per violino, violoncello e pianoforte* • L'insieme dei tre strumenti. 2 Gruppo di tre persone unite da particolari affinità: *è un trio di amici da sempre* Ⓢ terna.

trionfale (trion-fà-le) AGG. · Caratterizzato da solennità e splendore: *i vincitori furono accolti in modo trionfale* Ⓢ grandioso.

trionfare (trion-fà-re) V.INTR. (*trióngo*, ecc.; aus. *avere*) · Avere la meglio in modo clamoroso e decisivo: *la nostra squadra ha trionfato* ***in*** *campionato* Ⓢ prevalere, vincere.

trionfatore (trion-fa-tó-re) N.M. (f. *-trìce*) · Vincitore glorioso: *sta arrivando il trionfatore della gara.*

trionfo (tri-ón-fo) N.M. 1 Clamorosa e decisiva vittoria: *il trionfo della giustizia* Ⓢ successo, affermazione Ⓒ disfatta. 2 Nella Roma antica, la più alta ricompensa concessa ai generali vincitori in guerra: *concedere il trionfo* • La cerimonia che celebrava l'avvenimento: *il trionfo di Cesare.*

triplicare (tri-pli-cà-re) V.TR. e INTR. (*trìplico, trìplichi*, ecc.) || TR. 1 Moltiplicare per tre: *triplicare un numero.* 2 Aumentare di molto: *occorre triplicare gli sforzi.* || INTR. (aus. essere) e **triplicarsi** INTR. PRONOM. Aumentare di tre volte: *le spese dell'anno si sono triplicate.*

triplice (trì-pli-ce) AGG. · Composto di tre elementi: *documento in triplice copia; la Triplice Alleanza.*

triplo (trì-plo) AGG. e N.M. || AGG. Moltiplicato o ripetuto tre volte: *neanche con una somma tripla lo potresti comprare.* || N.M. Quantità tre volte maggiore: *15 è il triplo di 5.* Ⓔ ***Salto triplo*** (o *il triplo* N.M.), in atletica leggera, salto in lungo ripetuto tre volte, le prime due toccando terra con un solo piede, l'ultima con tutti e due.

tripode (trì-po-de) N.M. · Struttura a tre piedi usata per sostenere vasi o recipienti.

trippa (trìp-pa) N.F. 1 Lo stomaco dei ruminanti, in particolare dei bovini; pulito, lessato e tagliato a strisce viene cucinato in vari modi: *trippa in umido.* 2 Nel linguaggio familiare, enorme pancia: *che trippa hai messo su ultimamente!*

tripudio (tri-pù-dio) N.M. (pl. *-di*) 1 Clamorosa e generale manifestazione di gioia: *la notizia della vittoria fu accolta con tripudio dalla gente* Ⓢ esultanza. 2 Massima esaltazione di qualcosa: *il paesaggio era un tripudio di bellezza* Ⓢ splendore, apoteosi.

Il termine deriva dal latino *tripudium* 'danza a tre piedi (cioè a tre tempi)', che viene a sua volta da *pes* 'piede' con il prefisso **tri-**.

tris N.M.INVAR. **1** In alcuni giochi di carte, combinazione di tre carte di uguale valore: *tris d'assi*. **2** Assortimento di tre: *un tris di primi piatti*.

trisavolo (tri-ṣà-vo-lo) N.M. (f. -*a*) · Il padre del bisnonno: *il suo trisavolo era un conte* • Antenato.

triste (trì-ste) AGG. **1** Di persona, che si trova in uno stato d'animo di dolore e di malinconia: *sono triste per la tua partenza* Ⓢ mesto, desolato Ⓒ allegro. **2** Di evento, che provoca un senso di dolore e di malinconia: *ha avuto una triste notizia; invecchiare è triste* Ⓢ spiacevole.

tristezza (tri-stéz-za) N.F. **1** Stato d'animo malinconico o addolorato: *la tristezza dello sguardo* Ⓢ sconforto, malinconia Ⓒ allegria. **2** Evento o situazione che provoca dolore o amarezza: *il paesaggio autunnale è una vera tristezza; che tristezza il suo discorso!* Ⓢ pena.

tritacarne (tri-ta-càr-ne) N.M. INVAR. · Apparecchio per tritare la carne: *usare il tritacarne per fare le polpette*.

tritare (tri-tà-re) V.TR. · Ridurre in piccoli frammenti: *tritare la cipolla per il soffritto* Ⓢ macinare.

trito (trì-to) AGG. e N.M. || AGG. **1** Di materiale ridotto in piccoli frammenti: *carne trita* Ⓢ tritato. **2** Conosciuto da tutti e ripetuto troppe volte: *argomenti triti* Ⓢ banale. || N.M. Condimento fatto di vari ingredienti tritati in piccoli pezzi: *un trito di prezzemolo*.

tritolo (tri-tò-lo) N.M. · Composto chimico usato come potente esplosivo.

trittico (trìt-ti-co) N.M. (pl. -*ci*) **1** Dipinto formato da una tavola centrale e due sportelli laterali, che a volte si richiudono sul pannello centrale: *il trittico di San Giovenale è la prima opera di Masaccio*. **2** Insieme di tre opere letterarie o teatrali, autonome ma legate fra loro: *il Trittico di Puccini*.

triturare (tri-tu-rà-re) V.TR. · Ridurre in piccolissimi frammenti: *l'esplosione ha triturato i muri* Ⓢ polverizzare, frantumare.

trivella (tri-vèl-la) N.F. **1** Arnese per fare buchi nel legno. **2** Asta d'acciaio con la punta a scalpello o a vite che, ruotando, riesce a praticare fori nel terreno.

trivellare (tri-vel-là-re) V.TR. (*trivèllo*, ecc.) · Forare con la trivella: *trivellare il terreno, cercando petrolio*.

triviale (tri-vià-le) AGG. · Molto volgare: *modi, maniere triviali; che uomo triviale!* Ⓢ grossolano, plebeo, osceno.

Il termine deriva dal latino *trivium* 'incrocio di tre strade'; il suo significato era 'tipico della strada' ed è passato poi a significare 'comune, volgare'.

trivio (trì-vio) N.M. (pl. -*vi*) · Incrocio di tre strade: *Edipo uccise suo padre a un trivio*.

trofeo (tro-fè-o) N.M. (pl. -*fèi*) · Oggetto, spesso una medaglia o una coppa, dato come simbolo di vittoria in una competizione sportiva: *vincere un trofeo* • La competizione stessa: *il trofeo Baracchi di ciclismo*. Ⓔ ***Trofei di caccia***, animali uccisi imbalsamati per ricordo.

-trofia · Secondo elemento di parole composte che significa 'nutrizione': *distrofia*, nutrizione anomala.

trofo- e **-trofo** · Primo e secondo elemento di composti della terminologia scientifica, nei quali indica rapporto con la nutrizione, sia con valore intransitivo, con il significato di 'che si nutre di', sia con valore attivo, con il significato di 'che dà nutrimento'.

troglodita (tro-glo-dì-ta) N.M. e F. (pl.m. -*i*, pl.f. -*e*) **1** Uomo delle caverne. **2** Persona rozza, senza educazione o civiltà: *i miei figli a tavola sono dei trogloditi*.

Il termine deriva dal greco *troglodýtes* 'che penetra nelle caverne', composto a sua volta di *trógle* 'caverna' e del verbo *dýo* 'penetrare'.

troia (trò-ia) N.F. **1** Femmina del maiale Ⓢ scrofa. **2** Nel linguaggio volgare, prostituta.

tromba (tróm-ba) N.F. · Strumento musicale a fiato d'ottone, fornito di imboccatura e di tre pistoni, terminante a forma di imbuto: *tre squilli di tromba erano il segnale dell'attacco.* Ⓔ ***Partire in tromba***, nel linguaggio familiare, dare inizio a qualcosa con grande slancio • ***Tromba d'aria***, massa d'aria che si muove a gran velocità con una configurazione a spirale • ***Tromba delle scale***, spazio vuoto che si trova al centro delle rampe.

trombettiere (trom-bet-tiè-re) N.M. · Soldato che ha il compito di dare i segnali suonando la tromba.

trombettista (trom-bet-tì-sta) N.M. e F. (pl.m. *-i*, pl.f. *-e*) · Chi suona la tromba: *un trombettista jazz.*

trombone (trom-bó-ne) N.M. **1** Strumento musicale a fiato di ottone, con due tubi mobili che permettono la variazione dei suoni. **2** Persona che si vanta in modo esagerato: *non fare il trombone!*

troncamento (tron-ca-mén-to) N.M. · In grammatica, caduta della vocale finale di una parola ed eventualmente anche della consonante che la precede: *san* da *santo*, *gran* da *grande*; *qual* da *quale*.

Il troncamento non va confuso con l'elisione che si verifica solo prima di una parola che inizia per vocale; nella scrittura le parole che hanno subito il troncamento, al contrario di quelle che hanno subito elisione, non hanno l'apostrofo: *qual è*; *far avere*; *san Gennaro.*

troncare (tron-cà-re) V.TR. (*trónco*, *trónchi*, ecc.) **1** Tagliare in modo netto: *i rami di un albero* Ⓢ mozzare, spezzare. **2** Interrompere in modo netto, brusco e risoluto: *troncare una relazione sentimentale* Ⓢ rompere. **3** In grammatica, privare una parola della vocale o della sillaba finale.

T

tronchese (tron-ché-se) N.M. o F. · Utensile simile a una tenaglia tagliente, usato per tagliare fili metallici.

tronco[1] (trón-co) AGG. (pl.m. *-chi*, pl.f. *-che*) **1** Tagliato di netto Ⓢ mozzo. **2** In grammatica, di parola in cui l'accento cade sulla sillaba finale, per es. *città*, *pietà*. Ⓔ ***In tronco***, in modo improvviso e senza portare a termine ciò che si stava facendo: *lasciare un lavoro in tronco*; ***licenziamento in tronco***, senza preavviso.

tronco[2] (trón-co) N.M. (pl. *-chi*) **1** Fusto legnoso degli alberi: *un tronco di quercia.* **2** Il corpo umano a esclusione della testa, del collo e degli arti Ⓢ busto, torso. **3** Tratto parziale, o ramo, di un percorso: *là finisce il vecchio tronco della ferrovia* Ⓢ parte, pezzo.

troncone (tron-có-ne) N.M. **1** Ciò che resta di un tronco d'albero spezzato: *sedersi su un troncone di quercia.* **2** Ciascuna delle parti in cui è spezzato un oggetto: *il troncone di un palo della luce.* **3** La parte che rimane di un arto dopo la sua amputazione: *il troncone di una gamba* Ⓢ moncherino.

tronfio (trón-fio) AGG. (pl.m. *-fi*, pl.f. *-fie*) **1** Borioso, superbo: *avanzava tutto tronfio.* **2** Di modo di scrivere, pieno di inutile retorica: *versi tronfi e vuoti* Ⓢ magniloquente.

trono (trò-no) N.M. **1** Il seggio del sovrano o di un personaggio di grande autorità e dignità: *il trono del re, del Papa* Ⓢ cattedra. **2** Il potere del re: *l'erede al trono.*

tropicale (tro-pi-cà-le) AGG. · Che riguarda i tropici: *il clima tropicale è molto umido.* Ⓔ ***Malattie tropicali***, di solito infettive e parassitarie, diffuse in prevalenza nelle regioni a clima tropicale • ***Zona tropicale***, quella compresa fra i due tropici.

tropico (trò-pi-co) N.M. (pl. *-ci*) · Ciascuno dei due paralleli che a nord e a sud dell'equatore racchiudono la zona torrida della Terra: *tropico del Capricorno*, a sud; *tropico del Cancro*, a nord.

tropo- e **-tropo** · Primo e secondo elemento di parole composte nelle quali significa 'direzione, tendenza, variazione'.

troppo (tròp-po) AVV., AGG. e PRON. INDEF. || AVV. In misura eccessiva: *parlare troppo; sei troppo buono; è troppo tardi; è troppo presto per mangiare.* || AGG. Eccessivo: *questa carne è troppa per me; questo è troppo!*, per esprimere sdegno. || PRON. Un numero eccessivo di persone: *troppi pensano come te.* Ⓔ ***Di troppo***, di cosa, in più rispetto al necessario: *hai messo un piatto di troppo*; di persona, fuori luogo, inopportuno: *qui sono di troppo.*

trota (trò-ta) N.F. · Pesce d'acqua dolce, con corpo allungato, sottile, coperto di piccole squame; vive nelle acque limpide dei fiumi, dei ruscelli, dei laghi e viene allevato per la sua carne.

trottare (trot-tà-re) V.INTR. (*tròtto*, ecc.; aus. *avere*) **1** Del cavallo o del cavaliere, andare al trotto: *fece trottare il cavallo fino al ponte.* **2** Camminare velocemente: *è tutto il giorno che trotto di qua e di là* Ⓢ correre.

trotterellare (trot-te-rel-là-re) V.INTR. (*trotterèllo*, ecc.; aus. *avere*) **1** Di cavallo, trottare a piccoli passi. **2** Camminare a piccoli passi veloci e saltellanti: *il bambino trotterellava dietro alla madre.*

trotto (tròt-to) N.M. **1** Andatura del cavallo, dove il movimento delle zampe anteriori è contemporaneo a quello delle zampe posteriori: *mettere il cavallo al trotto.* **2** Andatura svelta: *se camminiamo di buon trotto in un'ora ce la facciamo.* Ⓔ ***Rompere il trotto***, di cavallo, passare improvvisamente dall'andatura di trotto a quella di galoppo.

trottola (tròt-to-la) N.F. · Giocattolo di legno o di metallo, a forma di cono rovesciato che viene fatto ruotare velocemente sul suo asse verticale: *i nostri nonni giocavano con la trottola.*

troupe (trou-pe; pronuncia *trup*) N.F. FR., in it. N.F. INVAR. · L'insieme degli attori e dei tecnici che lavorano a un film o a uno spettacolo televisivo o teatrale.

trousse (trous-se; pronuncia *trus*) N.F. FR., in it. N.F. INVAR. · Astuccio che contiene prodotti per il trucco o per la cura della persona: *ricordati di mettere lo spazzolino da denti nella trousse.*

trovare (tro-và-re) V.TR. (*tròvo*, ecc.) || TR. **1** Riuscire a entrare in possesso di ciò che si cercava: *non riesco a trovare i miei occhiali* Ⓢ ritrovare. **2** Elaborare con la mente: *trovare una scusa, un pretesto; trovare la soluzione di un problema* Ⓢ ideare, escogitare, inventare. **3** Raggiungere una condizione: *voglio solo trovare un po' di pace* Ⓢ ottenere, conquistare, avere. **4** Venire in possesso per caso di qualcosa: *trovare un portafoglio per terra* Ⓢ rinvenire • Incontrare casualmente qualcuno: *sai chi ho trovato al cinema?* **5** Constatare una condizione: *ti trovo un po' ingrassato; il dottore lo ha trovato peggiorato* Ⓢ vedere. **6** Avere una certa idea su qualcosa: *la trovo una ragazza veramente in gamba; trovo* ***che*** *sia meglio cominciare a studiare dopo pranzo* Ⓢ ritenere, stimare, considerare. || **trovarsi** INTR. PRONOM. Essere in un luogo, stare: *mi trovavo* ***a*** *Torino l'anno scorso; Roma si trova* ***in*** *Lazio* • Essere in una certa situazione o condizione: *mi trovo* ***nei*** *guai; mi trovo bene* ***con*** *te* Ⓢ sentirsi. || **trovarsi** RIFL. RECIPROCO Incontrarsi, vedersi: *ci troviamo alle sei in piazza.* Ⓔ ***Andare a trovare qualcuno***, a fargli visita • ***Trovarsi d'accordo***, avere lo stesso parere.

trovata (tro-và-ta) N.F. · Idea improvvisa e decisiva per uscire da una situazione difficile: *hai avuto una trovata geniale* Ⓢ stratagemma, scappatoia.

trovatello (tro-va-tèl-lo) N.M. (f. *-a*) · Bambino abbandonato dai genitori dopo la nascita: *i trovatelli venivano lasciati davanti alle chiese* Ⓢ orfano.

truccare (truc-cà-re) V.TR. (*trùcco, trùcchi*, ecc.) || TR. **1** Passare prodotti cosmetici sul volto di qualcuno per farlo apparire più bello o diverso: *truccare una modella.* **2** Modificare il meccanismo di qualcosa con scopi illeciti: *trucca le carte per barare; il concorso era truccato* Ⓢ falsare. || **truccarsi** RIFL. Modificare il proprio aspetto con prodotti cosmetici per apparire più belli o diversi: *stamani non ho avuto il tempo di truccarmi; l'attore si è truccato per sembrare più vecchio* Ⓢ travestirsi, mascherarsi, camuffarsi. Ⓔ ***Truccare un motore***, modificarlo perché vada più veloce.

trucco (trùc-co) N.M. (pl. *-chi*) **1** Artificio per ottenere un effetto illusorio: *con un trucco estrasse un coniglio dal cilindro.* **2** Inganno, raggiro, imbroglio: *la sua disponibilità è solo un trucco per ottenere dei favori.* **3** L'applicazione dei cosmetici sul volto: *mia sorella non ama il trucco.* Ⓔ ***Trucchi del mestiere***, accorgimenti imparati con l'esperienza per risolvere le difficoltà che si presentano in un lavoro.

truce (trù-ce) AGG. · Torvo e minaccioso: *l'assassino aveva uno sguardo truce* Ⓢ cattivo, bieco, crudele.

trucidare (tru-ci-dà-re) V.TR. (*trùcido*, ecc.) · Uccidere con violenza e crudeltà: *i prigionieri furono tutti trucidati* Ⓢ massacrare.

truciolo (trù-cio-lo) N.M. **1** Sottile striscia arricciata, che si stacca durante la lavorazione del legno. **2** AL PL. Sottili strisce di carta o paglia usate per imballare gli oggetti fragili.

truculento (tru-cu-lèn-to) AGG. **1** Truce, torvo, minaccioso: *un uomo dall'aspetto truculento.* **2** Di film o narrazione, in cui ci sono molte scene violente e sanguinose: *un dramma truculento.*

truffa (trùf-fa) N.F. · Reato consistente nell'ingannare una persona, ottenendo un guadagno: *essere vittima di una truffa su Internet* Ⓢ imbroglio, frode, raggiro.

truffaldino (truf-fal-dì-no) N.M. e AGG. (f. *-a*) || N.M. (f. *-a*) Imbroglione, truffatore: *non fidarti di quel truffaldino.* || AGG. Da truffatore: *un'impresa truffaldina.*

truffare (truf-fà-re) V.TR. · Ottenere soldi da qualcuno con l'inganno: *siamo stati truffati* ***di*** *ben diecimila euro* Ⓢ imbrogliare, raggirare.

truffatore (truf-fa-tó-re) N.M. (f. *-trìce*) · Autore di truffe: *un truffatore si è presentato come un postino per derubarla* Ⓢ imbroglione, impostore.

trullo (trùl-lo) N.M. · Costruzione rustica tipica di alcune zone della Puglia, di forma circolare e tetto conico coperto da lastre di pietra: *i trulli di Alberobello.*

truppa (trùp-pa) N.F. **1** Insieme di soldati: *ordinare alla truppa di attaccare.* **2** Gruppo numeroso: *ha una truppa di figli da nutrire.*

T

trust (pronuncia *trast*) N. INGL., in it. N.M. INVAR. · Raggruppamento di varie aziende dello stesso settore che si accordano per limitare la concorrenza: *trust dell'acciaio* Ⓢ consorzio.

t-shirt (pronuncia *ti scèrt*) (o **T-shirt**) N. INGL., in it. N.F. INVAR. · Maglietta di cotone a maniche corte: *ha la t-shirt del concerto rock.*

> Il termine significa 'camicia a T', perché distesa la maglietta ha la forma di una T maiuscola.

tu PRON. PERS. SING. M. O F. · Pronome di seconda persona, usato solo come soggetto (per i complementi si usa *te*): *tu dici; tu parli* • È la forma con cui ci si rivolge a un'altra persona con familiarità e confidenza: *darsi del tu; rivolgersi con il tu.* Ⓔ ***A tu per tu***, a faccia a faccia: *trovarsi a tu per tu;* ***parlare a tu per tu***, in tutta confidenza; ***prendersi a tu per tu***, litigare a botta e risposta • ***Dare del tu*** → *dare*.

tuba (tù-ba) N.F. **1** Strumento musicale a fiato, in ottone, a tubo conico, munito di pistoni, il cui timbro somiglia a quello dei corni. **2** Cappello a cilindro: *la tuba di zio Paperone.* **3** ***Tuba uterina*** o ***tuba di Falloppio***, il condotto che unisce l'ovaia con l'utero.

tubare (tu-bà-re) V.INTR. (aus. *avere*) **1** Di colombi e tortore, emettere il caratteristico verso roco di quando sono in amore. **2** Di innamorati, scambiarsi parole o gesti affettuosi: *quei due tubano come due piccioncini* Ⓢ amoreggiare.

tubatura (tu-ba-tù-ra) N.F. · Insieme di tubi che costituiscono una conduttura: *c'è un guasto alla tubatura del gas.*

tubazione (tu-ba-zió-ne) N.F. · Rete di tubi collegati fra loro per trasportare liquidi o gas: *tubazione dell'acqua.*

tubercolosi (tu-ber-co-lò-ṣi) N.F. INVAR. · Malattia infettiva che colpisce soprattutto i polmoni con febbre, dolore al torace e tosse.

tubero (tù-be-ro) N.M. · Parte del fusto di una pianta in cui si accumulano sostanze di riserva: *la patata è un tubero.*

tubetto (tu-bét-to) N.M. · Piccolo contenitore cilindrico, chiuso da un tappo a vite o a pressione, per contenere varie sostanze: *il tubetto del dentifricio, della tempera.*

tubo (tù-bo) N.M. **1** Elemento cavo a forma di cilindro, di lunghezza variabile, usato di solito per il trasporto di fluidi: *tubo di gomma per l'acqua.* **2** Nel corpo umano, organo allungato e cavo che funziona da condotto. Ⓔ ***Tubo digerente***, il canale alimentare che si estende dalla bocca all'ano • ***Tubo di scappamento***, nei veicoli, quello per lo scarico dei fumi prodotti dal motore • ***Un tubo***, nel linguaggio familiare, in frasi negative, niente: *non capire un tubo.*

tubolare (tu-bo-là-re) AGG. e N.M. || AGG. Che ha la forma di un tubo: *lampada tubolare al neon.* || N.M. Pneumatico con il copertone saldato alla camera d'aria, usato soprattutto nelle biciclette da corsa.

tucano (tu-cà-no) N.M. · Uccello diffuso nell'America centro-meridionale; ha un grosso becco ricurvo e piumaggio nero con chiazze gialle e rosse.

tucul (tu-cùl) N.M. INVAR. · Capanna circolare con tetto di paglia a forma di cono, molto diffusa in Africa.

tuffare (tuf-fà-re) V.TR. || TR. Immergere per breve tempo in un liquido: *tuffare i panni **nel** secchio.* || **tuffarsi** RIFL. **1** Buttarsi in acqua: *si tuffò **in** piscina **dal** trampolino* Ⓢ gettarsi. **2** Impegnarsi totalmente in qualcosa: *tuffarsi **nello** studio* Ⓢ sprofondarsi, immergersi.

tuffatore (tuf-fa-tó-re) N.M. (f. *-trìce*) · Chi si tuffa, per sport o per divertimento: *un tuffatore acrobatico.*

tuffo (tùf-fo) N.M. **1** L'immersione in acqua con un salto o con un rapido movimento: *fare un tuffo in mare* • Sport in cui si valuta la perfezione dei movimenti di chi salta in acqua: *tuffo con doppio salto mortale.* **2** Improvvisa immersione in altro ambiente: *è stato come fare un tuffo nel passato.* Ⓔ ***Tuffo al cuore***, forte emozione che provoca una sensazione quasi dolorosa: *nel vederla di nuovo provai un tuffo al cuore.*

tufo (tù-fo) N.M. · Roccia leggera formata da materiale vulcanico; frequente nell'Italia centrale e meridionale, viene usata come materiale da costruzione.

tugurio (tu-gù-rio) N.M. (pl. *-ri*) · Ambiente angusto e squallido, con poca aria e luce: *abitano da anni in un misero tugurio* Ⓢ topaia, stamberga, catapecchia.

tulipano (tu-li-pà-no) N.M. · Pianta erbacea provvista di bulbo con fiori solitari di vari colori: *l'Olanda è il Paese dei tulipani* • Il fiore della pianta: *un mazzo di tulipani.*

> Il termine deriva da una parola turca che significa 'turbante', per la sua forma.

tumefatto (tu-me-fàt-to) AGG. · Di parte del corpo gonfia e livida per un colpo ricevuto o per un'infiammazione: *viso tumefatto; occhi tumefatti.*

tumefazione (tu-me-fa-zió-ne) N.F. · In medicina, gonfiore dovuto a varie cause: *per la botta si è formata una tumefazione sul ginocchio.*

tumido (tù-mi-do) AGG. · Molto gonfio: *labbra tumide.*

tumore (tu-mó-re) N.M. · Malattia dovuta alla riproduzione anormale delle cellule Ⓢ cancro. Ⓔ ***Tumori benigni***, a crescita lenta, che restano localizzati nella sede dello sviluppo iniziale • ***Tumori maligni***, a crescita rapida, con tendenza a invadere l'organismo.

tumulare (tu-mu-là-re) V.TR. (*tùmulo*, ecc.) · Seppellire una salma: *sarà tumulato nella tomba di famiglia.*

tumulo (tù-mu-lo) N.M. · Monticello di pietre o terra posto sopra una sepoltura: *le tombe a tumulo degli Etruschi* Ⓢ tomba.

tumulto (tu-mùl-to) N.M. **1** Grande rumore e confusione: *c'era un grande tumulto nell'aula* Ⓢ trambusto, scompiglio. **2** Rivolta del popolo: *il tumulto scoppiò all'improvviso* Ⓢ insurrezione, sommossa. **3** Stato di estrema agitazione interiore: *avere il cuore in tumulto* Ⓢ tempesta, turbine.

tumultuoso (tu-mul-tu-ó-so) AGG. **1** Agitato, confuso e rumoroso: *un'assemblea tumultuosa.* **2** Impetuoso, agitato, burrascoso: *le acque tumultuose del torrente.* **3** Di stati d'animo contrastanti e violenti: *era in preda a una gioia tumultuosa* Ⓢ impetuoso.

tundra (tùn-dra) N.F. · Terreno desertico caratteristico delle zone artiche, che consente solo lo sviluppo di arbusti nani sempreverdi, misti a muschi e licheni.

tungsteno (tung-stè-no) N.M. · Metallo bianco e lucente presente in natura, utilizzato per filamenti di lampadine, parti di motori e di apparecchiature scientifiche (il simbolo chimico è *W*).

tunica (tù-ni-ca) N.F. (pl. *-che*) · Veste tipica dell'abbigliamento maschile e femminile dei popoli antichi, e soprattutto dei Romani, indossata direttamente sul corpo e chiusa da una cintura al di sotto del petto • Abito femminile di linea diritta, molto semplice.

tunnel (tùn-nel) N.M. INVAR. **1** Galleria scavata nel fianco di un monte per attraversarlo: *il tunnel del San Gottardo* Ⓢ traforo. **2** Nel calcio, colpo con cui si fa passare il pallone fra le gambe dell'avversario. **3** Situazione difficile, in cui non si vede via d'uscita: *il tunnel della droga*.

tuo (tù-o) AGG. e PRON. POSS. DI 2ª PERS. SING. (f. *tua*; pl.m. *tuòi*, pl.f. *tue*) || AGG. **1** Che appartiene a te per un rapporto di proprietà o appartenenza: *casa tua; il tuo perdono; il tuo arrivo; il tuo corpo; la tua anima; i tuoi pensieri*. **2** Di persona, che ha un legame di parentela o di affetto con te: *tua madre, tuo padre, tua moglie, tuo marito, tuo figlio; il tuo caro amico; la tua bambina è proprio bella*. || PRON. Preceduto dall'articolo determinativo, indica il rapporto di appartenenza o legame di un oggetto o di una persona detti in precedenza con te: *la sua presenza è più necessaria della tua* [presenza]; *il mio professore è più giovane del tuo* [professore]. Ⓔ ***Dalla tua***, con uso sostantivato, dalla tua parte: *io sono sempre dalla tua* • ***I tuoi***, con uso sostantivato, i tuoi genitori, i tuoi familiari • ***La tua***, con uso sostantivato, la tua opinione: *dimmi la tua*; la tua lettera: *nella tua del mese scorso mi hai scritto che non potevi tornare*.

tuonare (tuo-nà-re) V.INTR. e TR. (*tuòno*, ecc.) || INTR. **1** IMPERS. (aus. *avere* o *essere*) Essere presente il rumore dei tuoni: *tuona in lontananza* Ⓢ brontolare. **2** (aus. *avere*) Di rumore, manifestarsi con forti esplosioni e un cupo rimbombo: *il cannone continua a tuonare*. **3** (aus. *avere*) Di persona, parlare con tono severo e minaccioso: *il prete tuona dal pulpito **contro** l'immoralità*. || TR. Dire qualcosa in tono di minaccia: *tuonare offese*.

tuono (tuò-no) N.M. **1** Forte rumore provocato dalla rapida e violenta espansione dell'aria dopo una scarica elettrica atmosferica: *è stato un temporale con molti tuoni e fulmini*. **2** Rumore fragoroso e cupo: *il tuono del cannone* Ⓢ boato, rombo.

tuorlo (tuòr-lo) N.M. · Miscela di materiali di riserva e di nutrizione nell'uovo; in quello di gallina, corrisponde alla parte arancione: *separare i tuorli dalle chiare* Ⓢ rosso d'uovo.

turacciolo (tu-ràc-cio-lo) N.M. · Elemento di chiusura per bottiglie o recipienti a bocca stretta Ⓢ tappo, sughero.

turare (tu-rà-re) V.TR. || TR. Chiudere un'apertura con qualcosa: *turare una bottiglia; turare un buco nel muro* Ⓢ tappare. || **turarsi** TR. PRONOM. Di orecchie o naso, chiuderli per non sentire o vedere qualcosa di sgradevole.

turba[1] (tùr-ba) N.F. · Folla agitata di persone: *all'aeroporto fu assalita da una turba di fotografi* Ⓢ calca, orda.

turba[2] (tùr-ba) N.F. · In medicina, disturbo di una funzione dell'organismo: *turbe digestive; turbe psichiche*.

turbamento (tur-ba-mén-to) N.M. **1** Alterazione di uno stato di quiete o di normalità: *turbamento dell'ordine pubblico* Ⓢ sconvolgimento, disturbo. **2** Stato di agitazione interiore e di ansia: *le tue parole hanno suscitato in tutti un grande turbamento* Ⓢ inquietudine, nervosismo.

turbante (tur-bàn-te) N.M. · Lunga fascia di cotone o di seta avvolta intorno alla testa, usata come copricapo, soprattutto in Oriente.

turbare (tur-bà-re) V.TR. || TR. **1** Alterare uno stato di normalità o di quiete: *turbare il silenzio con urla* Ⓢ agitare, inquietare, sconvolgere. **2** Alterare la serenità e l'equilibrio di qualcuno: *le sue parole turbarono l'animo della gente* Ⓢ colpire. || **turbarsi** INTR. PRONOM. Entrare in uno stato di agitazione e di ansia per un'emozione: *a quella domanda improvvisa si turbò*.

turbato (tur-bà-to) AGG. · Che prova o mostra turbamento: *era turbato per l'accaduto; mi parlò con voce turbata* Ⓢ agitato, inquieto.

turbina (tur-bì-na) N.F. · Macchina con moto circolare che, utilizzando acqua, vapore o gas, produce energia.

turbinare (tur-bi-nà-re) V.INTR. (*tùrbino*, ecc.; aus. *avere*) **1** Girare in circolo, senza fermarsi: *le foglie, sollevate dal vento, turbinavano **in** aria*. **2** Agitarsi in un confuso tumulto interiore: *mille pensieri **le** turbinavano **in** testa* Ⓢ frullare.

T

turbine (tùr-bi-ne) N.M. **1** Movimento rapido e circolare dell'aria: *nel deserto si vedono turbini di sabbia* Ⓢ vortice, mulinello. **2** Sconvolgimento interiore: *essere travolto dal turbine delle passioni* Ⓢ tempesta.

turbinio (tur-bi-nì-o) N.M. (pl. *-nìi*) · Movimento circolare intenso e continuo: *il turbinio del ballo* Ⓢ vortice, turbine • Agitazione tumultuosa: *il turbinio della folla in delirio* Ⓢ tumulto.

turbolento (tur-bo-lèn-to) AGG. **1** Che tende a provocare disordini: *tifosi turbolenti* Ⓢ ribelle Ⓒ pacifico. **2** Che fa confusione: *una classe turbolenta* Ⓢ indisciplinato, irrequieto Ⓒ quieto, tranquillo.

turbolenza (tur-bo-lèn-za) N.F. **1** Tendenza a creare confusione e disordine: *la turbolenza di un adolescente* Ⓢ indisciplina. **2** Brusco e rapido spostamento d'aria: *a volte, in aereo si sentono turbolenze.*

turchese (tur-ché-se) N.F. e M. e AGG. || N.F. Minerale di colore dal verde al celeste, considerato una pietra preziosa. || AGG. e N.M. INVAR. Di colore fra il verde chiaro e il celeste: *occhi turchese.*

Il termine deriva dal francese *turquoise (pierre)* '(pietra) turca', perché i più noti giacimenti del minerale sono quelli dell'Iran che era allora una terra 'turca'.

turchino (tur-chì-no) AGG. e N.M. · Azzurro cupo: *la Fata dai capelli turchini aiuta Pinocchio.*

turco (tùr-co) AGG. e N.M. (f. *-a*; pl.m. *-chi*, pl.f. *-che*) || AGG. Della Turchia. || N.M. (f. *-a*) Abitante, nativo della Turchia. || N.M. La lingua parlata in Turchia. Ⓔ ***Fumare come un turco***, moltissimo.

turgido (tùr-gi-do) AGG. · Rigonfio e pieno: *seno turgido **di** latte.*

turismo (tu-rì-ṣmo) N.M. · L'insieme delle attività che si occupano di viaggi e soggiorni di divertimento o di istruzione: *il turismo è una delle principali fonti di ricchezza del Paese.*

Il termine deriva dall'inglese *tour* 'giro, viaggio'.

turista (tu-rì-sta) N.M. e F. (pl.m. *-i*, pl.f. *-e*) · Chi viaggia per divertimento o per interessi di tipo culturale: *fare da guida a un gruppo di turisti.*

turistico (tu-rì-sti-co) AGG. (pl.m. *-ci*, pl.f. *-che*) · Che riguarda il turismo: *guida turistica.* Ⓔ ***Classe turistica***, nelle navi e negli aerei, quella che costa meno • ***Menu turistico***, a prezzo fisso e non troppo alto.

turlupinare (tur-lu-pi-nà-re) V.TR. · Imbrogliare, raggirare, ingannare: *attento a non farti turlupinare da quell'imbroglione!*

turno (tùr-no) N.M. **1** Avvicendamento secondo un ordine prestabilito: *stabilire il turno per lavare i piatti* Ⓢ rotazione, alternanza. **2** Periodo di tempo assegnato all'attività di una persona secondo un ordine prestabilito: *l'infermiera del turno di notte* Ⓢ orario • Il momento in cui inizia il tempo stabilito per l'attività di una persona: *aspettare il proprio turno in fila.*

turpe (tùr-pe) AGG. · Vergognoso, scellerato, infame: *un turpe tradimento.*

turpiloquio (tur-pi-lò-quio) N.M. (pl. *-qui*) · Modo di esprimersi osceno: *non avevo mai sentito un simile turpiloquio in bocca a dei ragazzini.*

tuta (tù-ta) N.F. · Indumento comodo, composto da maglia e pantaloni, usato dagli operai o dagli atleti: *tuta da meccanico, da ginnastica.* Ⓔ ***Tuta spaziale***, equipaggiamento degli astronauti, studiato e realizzato per le condizioni eccezionali dello spazio.

Il termine deriva da un gioco grafico su cui era fondata la campagna pubblicitaria che diffuse negli anni Venti del Novecento il nuovo indumento; sfruttando, infatti, le forme delle lettere dell'alfabeto, rappresentava come una T la parte superiore dell'abito, come una U il punto vita, come un'altra T il cavallo dei pantaloni e come una A le gambe.

tutela (tu-tè-la) N.F. **1** Protezione, difesa, salvaguardia: *la tutela del paesaggio; leggi a tutela dei lavoratori.* **2** Ruolo, stabilito per legge, per cui una persona si assume la responsabilità di un minorenne o di un incapace: *ha avuto la tutela dei nipoti orfani* Ⓢ custodia.

tutelare[1] (tu-te-là-re) V.TR. (*tutèlo*, ecc.) || TR. Difendere, proteggere, salvaguardare: *tutelare i diritti dei cittadini.* || **tutelarsi** RIFL. Mettersi al sicuro: *fare un'assicurazione per tutelarsi* ***contro*** *i furti* Ⓢ premunirsi, garantirsi.

tutelare[2] (tu-te-là-re) AGG. · Che esercita una funzione protettiva o di difesa: *divinità tutelari.* Ⓔ ***Giudice tutelare***, magistrato che si occupa della tutela dei minori e degli incapaci.

tutore (tu-tó-re) N.M. (f. *-trìce*) · La persona cui è affidata la tutela di un minore o di un incapace: *fino ai suoi 18 anni è il suo tutore che decide per lui.* Ⓔ ***Tutore dell'ordine***, poliziotto.

tuttalpiù (tut-tal-più) (o **tutt'al più**) AVV. · Al massimo, nella peggiore delle ipotesi: *tuttalpiù ci rimetterò i soldi del biglietto.*

tuttavia (tut-ta-vì-a) CONGIUNZ. · Nondimeno, ciò nonostante, eppure: *gli ostacoli sono molti, tuttavia accetto.*

tutto (tùt-to) AGG. e PRON. INDEF., AVV. || AGG. **1** Intero per quantità, numero, durata, sempre seguito dall'articolo: *tutto il tuo patrimonio; tutti gli uomini; mangia tutta quanta la minestra; tutta intera la torta.* **2** Ogni, qualunque: *riceve a tutte le ore; dobbiamo raggiungerlo a tutti i costi* Ⓒ nessuno. **3** Intero per pienezza: *con tutto l'affetto; con tutto il cuore; di tutto cuore.* || PRON. **1** AL PL. Tutte le persone: *fermi tutti!; tutti per uno, uno per tutti.* **2** AL SING. Ogni cosa: *ha perso tutto; esser capace di tutto; mangia di tutto senza problemi* Ⓒ niente, nulla. || AVV. In maniera completa e assoluta: *è tutto il contrario; è tutto allegro.* Ⓔ ***Del tutto***, completamente, interamente • ***Essere tutto qualcuno***, somigliargli molto: *è tutto suo padre* • ***In tutto***, complessivamente • ***Prima di tutto***, in primo luogo • ***Tutt'al più***, nel peggiore dei casi • ***Tutt'altro***, all'opposto: *non è cattivo, tutt'altro!* • ***Tutto a un tratto***, di colpo, all'improvviso.

L'aggettivo *tutto* è sempre seguito dall'articolo determinativo, tranne quando precede nomi propri: *ho girato tutta la città*; *ho girato tutta Roma*; quando si accompagna a un numero è seguito dalla congiunzione *e*: *tutt'e due.*

tuttofare (tut-to-fà-re) AGG. e N.M. e F. INVAR. · Che, chi è in grado di svolgere qualsiasi tipo di compito a casa o in ufficio: *una domestica tuttofare; è il tuttofare dell'ufficio.*

tuttora (tut-tó-ra) AVV. · Ancora, anche adesso: *tuttora mi riesce incredibile crederlo.*

tuttotondo (tut-to-tón-do) (o **tutto tondo**) N.M. INVAR. · Scultura a tre dimensioni isolata nello spazio: *modellare una figura a tuttotondo.* Ⓔ ***A tuttotondo***, in ogni aspetto: *un personaggio descritto a tuttotondo.*

tutù (tu-tù) N.M. INVAR. · Costume tipico della ballerina classica, costituito da una parte superiore aderente e da una gonna corta, di stoffa trasparente e leggera.

tv o **TV** (pronuncia *tivù* o *tivvù*) N.F. INVAR. · Abbreviazione di *televisione* e *televisore*: *guarda-re la tv.*

tweed (pronuncia *tuìd*) N. INGL., in it. N.M. INVAR. · Nome commerciale ® di una stoffa di lana ruvida a due o più colori, fabbricata in Scozia: *un paio di pantaloni di tweed.*

tweet (pronuncia *tuit*) N. INGL., in it. N.M. INVAR. · Messaggio di testo di lunghezza non superiore a 140 caratteri inviato a un social network allo scopo di comunicare informazioni.

twittare (twit-ta-re; pronuncia *tuittàre*) V.TR. · Pubblicare un tweet su un social network: *twittare un commento.*

tzigano (tzi-gà-no) → *zigano*.

T

u

A B C D E F G H I J K L M N O P Q R S T U V W X Y Z

u, U N.F. O M. INVAR. · Diciannovesima lettera dell'alfabeto italiano; è una vocale.

-uale · Variante del suffisso *-ale* in alcuni nomi particolari: *congressuale*, di un congresso.

ubbia (ub-bì-a) N.F. (pl. *-bìe*) · Idea infondata e superstiziosa che causa paure ingiustificate: *levati dalla testa queste ubbie* Ⓢ preconcetto, pregiudizio.

La pronuncia corretta è *ubbìa*, con l'accento sulla *i*; la pronuncia *ùbbia* con l'accento sulla *u* è sbagliata!

ubbidiente (ub-bi-dièn-te) AGG. · Che fa ciò che gli viene ordinato: *un figlio ubbidiente; una bambina ubbidiente* Ⓢ disciplinato, rispettoso Ⓒ disubbidiente.

ubbidienza (ub-bi-dièn-za) N.F. · L'atteggiamento di chi fa ciò che gli viene ordinato: *ubbidienza* ***alle*** *leggi,* ***ai*** *genitori; ubbidienza cieca* Ⓢ rispetto Ⓒ disubbidienza.

ubbidire (ub-bi-dì-re) V.INTR. (*ubbidìsco, ubbidìsci*, ecc.; aus. *avere*) **1** Fare ciò che viene ordinato: *ubbidire* ***alle*** *leggi,* ***ai*** *genitori,* ***alla*** *propria coscienza* Ⓒ disubbidire. **2** Di meccanismi o parti del corpo, rispondere in modo giusto alle sollecitazioni: *le ruote non ubbidiscono* ***al*** *volante; le gambe non ubbidiscono* ***al*** *cervello.*

ubicato (u-bi-cà-to) AGG. · Nel linguaggio burocratico, situato, collocato: *un immobile ubicato* ***in*** *centro.*

ubicazione (u-bi-ca-zió-ne) N.F. · Il luogo in cui si trova un edificio o un terreno: *l'ubicazione della villa è sconosciuta* Ⓢ collocazione, posizione.

ubiquità (u-bi-qui-tà) N.F.INVAR. · Capacità sovrannaturale di essere contemporaneamente in ogni luogo: *non ho mica il dono dell'ubiquità!*

Il termine deriva dall'avverbio latino *ubique* 'in ogni luogo'.

ubriacare (u-bria-cà-re) V.TR. (*ubriàco, ubriàchi*, ecc.) || TR. **1** Far bere alcolici a qualcuno in modo esagerato: *l'hanno ubriacato per farlo parlare.* **2** Causare uno stato di grande emozione: *tutte queste lodi mi ubriacano* Ⓢ confondere, stordire. || **ubriacarsi** RIFL. Esagerare nel bere alcolici, perdendo la lucidità e il controllo di sé: *tutte le sere si ubriaca.*

ubriacatura (u-bria-ca-tù-ra) N.F. · Stato di confusione mentale che si ha dopo aver bevuto molte bevande alcoliche: *passato l'effetto dell'ubriacatura non ricordava nulla.*

ubriachezza (u-bria-chéz-za) N.F. · Condizione temporanea di alterazione del comportamento dovuta a eccesso di alcolici: *è stato arrestato per ubriachezza molesta.*

ubriaco (u-brì-a-co) AGG. (pl.m. *-chi*, pl.f. *-che*) **1** Alterato per l'eccesso di bevande alcoliche: *era ubriaco fradicio* Ⓒ lucido, sobrio. **2** Sconvolto o confuso per effetto di forti emozioni: *ubriaco* ***di*** *gioia,* ***di*** *stanchezza* Ⓢ stordito.

uccellagione (uc-cel-la-gió-ne) N.M. · Pratica di catturare vivi gli uccelli, con trappole, reti, ecc.: *sistemi di uccellagione* • L'insieme degli uccelli catturati.

uccelliera (uc-cel-liè-ra) N.F. · Grande gabbia, o stanza con vetri e reti metalliche, in cui si tengono gli uccelli Ⓢ voliera.

uccello (uc-cèl-lo) N.M. · Animale dei vertebrati ovipari con temperatura corporea costante; ha il becco, il corpo coperto di penne, ali quasi sempre adatte a volare e due zampe: *uccelli rapaci; ascoltare il canto degli uccelli.* Ⓔ ***Uccel di bosco***, persona che non si fa trovare per sfuggire a un pericolo; persona senza obblighi, libera di agire come vuole • ***Uccello del malaugurio*** → ***malaugurio***.

uccidere (uc-cì-de-re) V.TR. (irreg.: pass. rem. *uccìṣi, uccidésti, uccìṣe, uccidémmo, uccidéste, uccìṣero*; part. pass. *uccìṣo*) || TR. **1** Togliere la vita: *uccidere qualcuno con una pugnalata* Ⓢ

ammazzare, assassinare • Privare della salute o delle energie: *questo caldo mi ucciderà* Ⓢ stroncare, sfinire. **2** Danneggiare in modo irreparabile: *il gelo uccide le piantine giovani* Ⓢ distruggere, rovinare • Opprimere, annientare: *leggi che uccidono la libertà.* || **uccidersi** RIFL. Togliersi la vita: *si uccise con il veleno per disperazione* Ⓢ suicidarsi.

uccisi (uc-cì-ṣi) · Pass. rem., 1ª pers. sing. → *uccidere*.

uccisione (uc-ci-ṣió-ne) N.F. · Privazione violenta della vita: *la città fu teatro di stragi e di uccisioni* Ⓢ omicidio, assassinio.

ucciso (uc-cì-ṣo) · Participio pass. → *uccidere*.

uccisore (uc-ci-ṣó-re) N.M. (f. *ucciditrìce*) · Chi ha ucciso qualcuno: *prima di morire perdonò il suo uccisore* Ⓢ assassino, omicida.

ucraino (u-cràì-no *o* u-cra-ì-no) AGG. e N.M. (f. *-a*) || AGG. Dell'Ucraina. || N.M. (f. *-a*) Abitante, nativo dell'Ucraina. || N.M. La lingua parlata in Ucraina.

udienza (u-dièn-za) N.F. **1** Colloquio accordato da importanti personaggi politici o religiosi a qualcuno: *chiedere un'udienza al Papa.* **2** La fase del processo che si svolge di fronte al giudice.

udire (u-dì-re) V.TR. (irreg.: ind. pres. *òdo, òdi, òde, udiàmo, udìte, òdono*; fut. *udirò* o *udrò*, ecc.; cong. pres. *òda, òda, òda, udiàmo, udiàte, òdano*; condiz. pres. *udirèi* o *udrèi*, ecc.) **1** Percepire i suoni con gli orecchi: *udire male; udire un grido nella notte* Ⓢ sentire. **2** Venire a sapere parlando con altri: *ho udito che sta per sposarsi* Ⓢ apprendere.

uditivo (u-di-ti-vo) AGG. · Che riguarda l'udito: *ridotte capacità uditive.*

U

udito (u-dì-to) N.M. · Percezione di suoni e rumori con l'orecchio: *l'udito è uno dei cinque sensi; perdere l'udito.*

uditorio (u-di-tó-rio) N.M. (pl. *-ri*) · Insieme di persone riunite per ascoltare qualcuno che parla: *parlare a un uditorio attento* Ⓢ pubblico; ascoltatori (PL.).

uffa INTER. · Esprime fastidio, impazienza o noia: *uffa! Siamo in attesa da più di tre ore.*

ufficiale[1] (uf-fi-cià-le) AGG. **1** Di documento o notizia validi perché confermati dall'autorità competente: *rilasciare una dichiarazione ufficiale* Ⓒ ufficioso. **2** Di atti o cerimonie che avvengono secondo regole precise: *pranzo ufficiale all'ambasciata francese* Ⓢ solenne, pubblico. Ⓔ ***Gazzetta Ufficiale*** → *gazzetta*.

ufficiale[2] (uf-fi-cià-le) N.M. **1** Persona con un incarico pubblico che comporta delle responsabilità: *ufficiale sanitario.* **2** Qualifica generica dei graduati delle forze armate: *gli ufficiali dell'esercito.* Ⓔ ***Pubblico ufficiale***, persona che ha un incarico pubblico in cui rappresenta lo Stato ed è tutelato dalla legge: *il poliziotto è un pubblico ufficiale.*

ufficializzare (uf-fi-cia-liẓ-ẓà-re) V.TR. · Rendere ufficiale: *ufficializzare una candidatura; ufficializzare un'unione con il matrimonio.*

ufficio (uf-fì-cio) N.M. (pl. *-ci*) **1** Carica all'interno di una struttura civile, politica, amministrativa: *che ufficio hai nell'amministrazione?* Ⓢ compito, mansione, incarico. **2** Insieme di impiegati che svolgono attività simili e coordinate: *ufficio postale* • In un'azienda, ciascuna delle sezioni in cui è suddiviso il lavoro: *ufficio amministrativo; ufficio tecnico* Ⓢ reparto. **3** Stanza destinata allo svolgimento di attività professionali: *andare in ufficio al mattino* Ⓢ studio. **4** Funzione religiosa: *ufficio funebre* Ⓢ rito. Ⓔ ***D'ufficio***, che viene compiuto da un'autorità in base alla legge: *sarà informato d'ufficio.*

ufficioso (uf-fi-ció-so) AGG. · Di notizia o comunicazione che non ha ancora ricevuto conferma dall'autorità competente: *dichiarazione ufficiosa* Ⓒ ufficiale • Che fornisce tali notizie: *ho avuto la notizia da fonti ufficiose* Ⓢ informale.

ufo[1] (ù-fo) N.M. · Solo nell'espressione ***a ufo***, a spese di altri, a sbafo: *mangiare a ufo.*

ufo[2] (ù-fo) N.M. INVAR. · Qualsiasi oggetto volante non identificato che si pensa provenga da un altro pianeta: *avvistare un ufo.*

> Il termine è la sigla inglese *Unidentified Flying Object* 'oggetto volante non identificato'.

ugello (u-gèl-lo) N.M. · Parte terminale di un condotto, fatta in modo da facilitare l'uscita del liquido o del gas che passa attraverso di esso: *gli ugelli del fornello a gas.*

uggia (ùg-gia) N.F. (pl. *-ge*) · Noia, fastidio: *questo tempo nuvoloso fa venire l'uggia.* Ⓔ ***Avere in uggia qualcuno***, provare antipatia per qualcuno • ***Essere in uggia a qualcuno***, essere antipatico a qualcuno.

uggioso (ug-gió-so) AGG. e N.M. (f. *-a*) · Che, chi suscita una sensazione di noia o di fastidio: *che tempo uggioso!; non fare l'uggioso* Ⓢ fastidioso, noioso.

ugola (ù-go-la) N.F. · Prolungamento muscolare che pende dal velo del palato, di forma cilindrica o conica. Ⓔ ***Bagnarsi l'ugola***, nel linguaggio familiare, bere • ***Ugola d'oro***, cantante dalla bellissima voce.

Il termine deriva dal latino tardo *uvula* 'piccola uva', per la somiglianza dell'aspetto dell'ugola a quello di un acino.

uguaglianza (u-gua-gliàn-za) N.F. **1** La presenza di caratteristiche identiche: *uguaglianza di peso; uguaglianza di idee* Ⓢ identità, uniformità Ⓒ disuguaglianza, diversità. **2** Relazione tra espressioni matematiche con lo stesso risultato o tra figure geometriche con la stessa forma. **3** Ideale etico, giuridico e politico secondo cui i membri di una comunità devono avere gli stessi diritti e gli stessi doveri: *l'uguaglianza dei cittadini di fronte alla legge.* Ⓔ ***Segno di uguaglianza***, in matematica, il segno (=) che indica che due espressioni hanno valore identico.

uguagliare (u-gua-glià-re) V.TR. (*uguàglio*, ecc.) **1** Rendere uguali più elementi: *uguagliare gli stipendi degli impiegati* Ⓢ uniformare, pareggiare. **2** Nel linguaggio sportivo, ottenere un risultato uguale a quello di altri: *uguagliare il record del mondo* Ⓢ raggiungere. **3** Essere pari per valore, pregio, virtù: *lo scolaro ha uguagliato il maestro.*

uguale (u-guà-le) AGG., N.M. e F. e AVV. || AGG. **1** Che si trova in condizioni di parità: *vorrei una lampadina uguale **a** questa* Ⓢ identico, pari Ⓒ diverso, differente, disuguale. **2** Che mantiene nel tempo le caratteristiche: *in tutti questi anni è sempre rimasto uguale* Ⓢ stesso, medesimo • Uniforme, costante: *muoversi con andatura uguale.* **3** Di ente matematico, che ha lo stesso valore di un altro: *due per tre è uguale **a** sei* • Di figure geometriche che, sovrapposte, coincidono: *triangoli uguali.* || N.M. e F. Persona di pari livello rispetto a un'altra: *quel musicista non ha uguali.* || N.M. In matematica, il segno grafico (=) dell'uguaglianza. || AVV. Nella stessa misura, allo stesso modo: *due ragazzi alti uguale.*

ugualmente (u-gual-mén-te) AVV. **1** Nella stessa misura: *distribuire ugualmente tra i soci i profitti dell'azienda; i due vestiti che hai scelto sono ugualmente eleganti.* **2** Lo stesso: *ti ringrazio ugualmente, anche se non hai potuto aiutarmi* Ⓢ uguale.

uh (pronuncia *u*) INTER. · A seconda dell'intonazione, può esprimere dolore, fastidio o meraviglia: *uh, che male!; uh, che bella sorpresa!*

uhm (pronuncia *um*) INTER. · Esprime incertezza o meraviglia: *uhm, non so che decisione prendere.*

ulcera (ùl-ce-ra) N.F. · Ferita della pelle o delle mucose, all'interno o all'esterno del corpo, che fatica a cicatrizzarsi • Quella che colpisce lo stomaco: *avere l'ulcera.*

uliveto (u-li-vé-to) → ***oliveto***.

ulivo (u-lì-vo) → ***olivo***.

ulna (ùl-na) N.F. · Una delle due ossa dell'avambraccio.

ulteriore (ul-te-rió-re) AGG. · Successivo, supplementare, altro: *se hai bisogno di ulteriori spiegazioni chiedi a me.*

ulteriormente (ul-te-rior-mén-te) AVV. · Oltre, ancora, di più: *procedere ulteriormente.*

ultimamente (ul-ti-ma-mén-te) AVV. · Poco tempo fa: *ultimamente la situazione è peggiorata* Ⓢ recentemente.

ultimare (ul-ti-mà-re) V.TR. (*ùltimo*, ecc.) · Portare a compimento: *ultimare un lavoro* Ⓢ concludere, finire.

ultimatum (ul-ti-mà-tum) N.M. INVAR. **1** Atto con cui uno Stato comunica a un altro una richiesta, minacciando la guerra se questa non viene accolta: *ricevere un ultimatum.* **2** Richiesta o proposta definitiva: *mi ha dato l'ultimatum: o la sposo o mi lascia.*

ultimo (ùl-ti-mo) AGG. e N.M. (f. *-a*) || AGG. **1** Che occupa il posto finale in una serie: *l'ultimo giorno del mese; l'ultimo ragazzo della fila;*

il ciclista si è piazzato all'ultimo posto Ⓢ finale Ⓒ primo • Ulteriore, altro: *facciamo un ultimo tentativo.* **2** Che è il più lontano nello spazio: *gli ultimi confini della Terra* Ⓢ estremo. **3** Che è il più recente nel tempo: *le ultime notizie; vestirsi all'ultima moda* • Estremo, finale: *è giunto alla sua ultima ora.* **4** Meno importante: *i soldi sono l'ultima delle sue preoccupazioni* Ⓢ minore Ⓒ maggiore. **5** Che vale meno di tutti gli altri: *l'ultimo studente della classe* Ⓢ peggiore, pessimo Ⓒ migliore. || N.M. (f. -a) Elemento o persona alla fine di una serie: *l'ultimo del mese; si è classificato tra gli ultimi.* Ⓔ ***All'ultimo***, al momento finale • ***Da ultimo***, alla fine: *da ultimo ha deciso di accettare* • ***Fino all'ultimo***, fino alla fine • ***Per ultimo***, come ultima cosa.

ultimogenito (ul-ti-mo-gè-ni-to) AGG. e N.M. (f. -a) · Che, chi tra più figli è nato per ultimo: *dei miei tre figli Michele è l'ultimogenito* Ⓒ primogenito.

ultra- · Primo elemento di parole composte che significa 'oltre, al di là' (*ultrasuono*, vibrazione sonora con frequenza superiore a quella percepibile dall'orecchio umano) o 'superiore alla norma' (*ultrasensibile*, dotato di estrema sensibilità).

ultrà (ul-trà) AGG. e N.M. e F. INVAR. **1** Appartenente a movimenti politici estremisti • Tifoso fanatico, a volte anche violento, di una squadra di calcio: *gli ultrà della Lazio.* **2** In Francia, che, chi durante la Restaurazione era del tutto a favore della monarchia assoluta.

ultrasuono (ul-tra-suò-no) N.M. · Vibrazione sonora di frequenza superiore a quella che può essere udita dall'orecchio umano.

U

ultravioletto (ul-tra-vio-lét-to) AGG. · Di radiazioni con frequenza superiore a quella dei raggi visibili: *radiazioni ultraviolette; raggi ultravioletti* • Che emette o assorbe queste radiazioni: *lampade ultraviolette; filtro ultravioletto.*

ululare (u-lu-là-re) V.INTR. (*ùlulo*, ecc.; aus. *avere*) **1** Di cani o lupi, emettere urli prolungati: *di notte si sentivano i lupi ululare.* **2** Produrre un suono cupo e prolungato: *il mare in tempesta ululava* Ⓢ mugghiare.

ululato (u-lu-là-to) N.M. · Urlo o suono insistente, cupo e lamentoso: *l'ululato dei lupi; l'ululato delle sirene delle ambulanze.*

umanesimo (u-ma-né-ṣi-mo) N.M. **1** Periodo compreso tra la seconda metà del Trecento e la fine del Quattrocento, caratterizzato dalla ripresa dello studio della storia e della letteratura greca e latina e dalla consapevolezza della posizione centrale dell'uomo nel mondo: *l'Umanesimo si diffuse in Europa.* **2** Culto del mondo classico e conoscenza profonda della lingua e letteratura greca e latina: *l'umanesimo del Pascoli.*

Il termine deriva dalla parola *humanista* che, nel latino del Quattrocento, significava 'insegnante, studioso di lettere classiche', allora chiamate *humanae litterae* 'scienze dell'uomo' o *studia humanitatis* 'studi dell'umanità'.

umanista (u-ma-nì-sta) AGG. e N.M. e F. (pl.m. *-i*, pl.f. *-e*) || AGG. e N.M. e F. Che, chi ha fatto parte del movimento dell'Umanesimo: *poeti umanisti; il Poliziano ed Erasmo furono due insigni umanisti.* || N.M. e F. Studioso di lingue e letterature antiche.

umanistico (u-ma-nì-sti-co) AGG. (pl.m. *-ci*, pl.f. *-che*) **1** Che riguarda l'umanesimo e gli umanisti: *periodo umanistico; poeta umanistico.* **2** Che riguarda le discipline letterarie, filosofiche, storiche e giuridiche: *studi umanistici.*

umanità (u-ma-ni-tà) N.F. INVAR. **1** Capacità di comprendere gli altri: *una persona piena di umanità* Ⓢ generosità, benevolenza Ⓒ disumanità. **2** L'intero genere umano: *l'umanità non sembra imparare niente dalla Storia* Ⓢ uomini (PL.). Ⓔ ***Crimini contro l'umanità*** → ***crimine***.

umanitario (u-ma-ni-tà-rio) AGG. (pl.m. *-ri*, pl.f. *-rie*) · Che cerca di migliorare la condizione umana dal punto di vista economico, etico e sociale: *organizzazioni umanitarie* Ⓢ filantropico. Ⓔ ***Corridoio umanitario*** → ***corridoio***.

umanizzare (u-ma-niẓ-ẓà-re) V.TR. || TR. **1** Far diventare più civile: *umanizzare i costumi di una tribù* Ⓢ civilizzare. **2** Dare o attribuire caratteristiche umane: *nelle favole gli animali sono spesso umanizzati.* || **umanizzarsi** INTR.

PRONOM. Assumere natura o caratteristiche umane: *Gesù Cristo, umanizzandosi, ci ha salvati dal peccato.*

umano (u-mà-no) AGG. **1** Proprio dell'uomo: *il corpo umano.* **2** Fragile, debole, naturale: *è umano cedere alla stanchezza.* **3** Che dimostra comprensione e indulgenza: *devi essere più umano nel giudicare* Ⓢ comprensivo, benevolo Ⓒ disumano.

umanoide (u-ma-nòi-de) AGG. e N.M. e F. · Che, chi ha caratteristiche simili a quelle dell'uomo: *scimmie umanoidi.*

umbro (ùm-bro) AGG. e N.M. (f. *-a*) || AGG. Dell'Umbria. || N.M. (f. *-a*) Abitante, nativo dell'Umbria. || N.M. Dialetto parlato in Umbria.

umettare (u-met-tà-re) V.TR. (*umétto*, ecc.) · Bagnare leggermente: *umettare un francobollo* Ⓢ inumidire.

umidiccio (u-mi-dìc-cio) AGG. (pl.m. *-ci*, pl.f. *-ce*) · Un po' umido: *terreno umidiccio* • Umido in maniera sgradevole: *mani umidicce.*

umidificare (u-mi-di-fi-cà-re) V.TR. (*umidìfico, umidìfichi*, ecc.) · Aumentare la percentuale di umidità contenuta nell'aria: *umidificare un ambiente.*

umidità (u-mi-di-tà) N.F. INVAR. **1** La condizione di ciò che è leggermente bagnato di acqua o altro liquido: *l'umidità sta rovinando l'intonaco del muro* Ⓢ umido. **2** Il vapore acqueo contenuto nell'aria: *l'umidità della notte può farti male.* **3** Il contenuto d'acqua di un corpo o di una sostanza: *l'umidità del terreno.*

umido (ù-mi-do) AGG. e N.M. || AGG. **1** Bagnato leggermente in superficie di acqua o di altro liquido: *i panni erano ancora umidi; occhi umidi* ***di*** *pianto* Ⓢ bagnato Ⓒ asciutto, secco. **2** Dell'aria, che contiene vapore acqueo in percentuale superiore alla norma: *ieri è stata una giornata umida.* || N.M. **1** Umidità: *questo prodotto non va tenuto all'umido.* **2** Cottura di vari cibi in un sugo di pomodoro, olio e altri grassi: *coniglio in umido.*

umile (ù-mi-le) AGG. e N.M. e F. || AGG. **1** Di persona o atteggiamento mite e sottomesso: *è troppo umile per prendersi il merito dell'impresa* Ⓒ fiero, superbo, arrogante. **2** Povero, semplice: *essere vestito di umili panni* • Di scarso prestigio: *essere addetto ai lavori più umili.* **3** Di modesta condizione sociale: *venire da una famiglia umile.* || N.M. e F. Chi appartiene alla parte della società più modesta per condizione sociale: *difendere gli umili dalle prepotenze.*

umiliante (u-mi-liàn-te) AGG. · Che riduce la dignità o il prestigio di qualcuno: *costringere qualcuno a un lavoro umiliante* Ⓢ degradante.

umiliare (u-mi-lià-re) V.TR. (*umìlio*, ecc.) || TR. Provocare in qualcuno un senso di vergogna: *cerca sempre di umiliarmi di fronte agli altri* Ⓢ mortificare. || **umiliarsi** RIFL. Fare atto di sottomissione: *umiliarsi di fronte a un superiore; umiliarsi* ***a*** *chiedere scusa* Ⓢ abbassarsi.

umiliazione (u-mi-lia-zió-ne) N.F. **1** Sottomissione che comporta uno stato penoso di vergogna: *accetterebbe qualsiasi umiliazione pur di ottenere quel posto.* **2** Situazione che causa avvilimento: *l'umiliazione di essere presi in giro davanti a tutti.*

umiltà (u-mil-tà) N.F. INVAR. **1** La virtù di chi sa riconoscere i propri limiti: *l'umiltà di ammettere di aver sbagliato* Ⓢ modestia, semplicità Ⓒ orgoglio, superbia. **2** Atteggiamento di rispettosa sottomissione: *l'umiltà che dimostra nei confronti del suo capo non è sincera.*

umore[1] (u-mó-re) N.M. · Il liquido presente in alcuni organi o cavità animali o vegetali.

umore[2] (u-mó-re) N.M. · Stato d'animo: *essere di buon umore, di pessimo umore; conoscere gli umori del pubblico* Ⓢ inclinazione, disposizione.

umorismo (u-mo-rì-ṣmo) N.M. · Capacità di saper vedere e trasmettere agli altri l'aspetto divertente o ridicolo delle cose: *un racconto pieno di umorismo* Ⓢ spirito; humour (*ingl.*).

umorista (u-mo-rì-sta) N.M. e F. (pl.m. *-i*, pl.f. *-e*) · Chi fa dell'umorismo la propria attività professionale: *mi è piaciuto molto lo spettacolo di quell'umorista.*

umoristico (u-mo-rì-sti-co) AGG. (pl.m. *-ci*, pl.f. *-che*) · Pieno di umorismo: *giornale umoristico; vignetta umoristica.*

un → ***uno***.

unanime (u-nà-ni-me) AGG. **1** Di un gruppo di persone, concorde nel manifestare un'opi-

A B C D E F G H I J K L M N O P Q R S T U V W X Y Z

nione o nel prendere una decisione: *l'assemblea unanime ha respinto le sue dimissioni* Ⓢ unito, compatto. **2** Di azione, che esprime l'accordo di tutti i membri di un gruppo: *un coro unanime di proteste* Ⓢ generale, universale.

unanimità (u-na-ni-mi-tà) N.F.INVAR. · Perfetta concordanza di opinioni all'interno di un gruppo: *nella votazione fu raggiunta l'unanimità* Ⓢ totalità, generalità. Ⓔ ***All'unanimità***, con l'approvazione di tutti i presenti.

uncinato (un-ci-nà-to) AGG. **1** A forma di uncino: *parentesi uncinata* Ⓢ ricurvo. **2** Munito di uncino: *ferro uncinato.*

uncinetto (un-ci-nét-to) N.M. · Sottile asta di acciaio, con un'estremità a uncino, per eseguire lavori a maglia o merletti: *un cuscino lavorato all'uncinetto.*

uncino (un-ci-no) N.M. · Pezzo di metallo ricurvo o piegato ad angolo, per afferrare o tenere appesi degli oggetti: *appendere il prosciutto al soffitto con un uncino* Ⓢ gancio.

under (un-der; pronuncia *ànder*) PREP. INGL., in it. N.M. e F. e AGG. INVAR. || N.M. e F. **1** Atleta che ha un'età inferiore a quella indicata dal numero che segue: *gli under 16*, gli atleti che hanno meno di sedici anni. **2** Persona al di sotto dell'età indicata dal numero che segue: *locale per under trenta.* || AGG. e N.F. Di squadra in cui giocano atleti di età inferiore a quella indicata dal numero che segue: *la nazionale under 21; l'Under 21 giocherà stasera.*

underground (un-der-ground; pronuncia *andergràund*) AGG. INGL., in it. AGG. INVAR. · Di opera artistica o letteraria, che si oppone alla cultura dominante e non viene diffusa attraverso i canali normali: *cinema, musica underground* Ⓢ alternativo.

U

undicesimo (un-di-cè-ṣi-mo) AGG. NUM. ORD. · Che in una serie ordinata rappresenta il numero undici (in numeri arabi *11º*). Ⓔ ***L'undicesimo secolo***, il secolo compreso tra il 1001 e il 1100 (in numeri romani *XI secolo*).

undici (ùn-di-ci) AGG. NUM. CARD. e N.M. INVAR. || AGG. Numero formato da dieci unità più una. || N.M. Il numero undici e il segno che lo rappresenta (*11* in numeri arabi, *XI* in numeri romani).

ungere (ùn-ge-re) V.TR. (irreg.: ind. pres. *ùngo, ùngi*, ecc.; pass. rem. *ùnsi, ungésti, ùnse, ungémmo, ungéste, ùnsero*; part. pass. *ùnto*) || TR. **1** Cospargere di materia grassa: *ungere la teglia **con** il burro* Ⓢ oliare, ingrassare. **2** Sporcare di materia grassa: *non toccare la padella perché unge*; anche TR. PRONOM.: *ungersi la camicia **di** olio* Ⓢ macchiare. || **ungersi** RIFL. Cospargersi di materia grassa: *ungersi **di** olio profumato.* || **ungersi** INTR. PRONOM. Sporcarsi di materia grassa: *mi sono unto **con** la maionese* Ⓢ macchiarsi.

ungherese (un-ghe-ré-se) AGG. e N.M. e F. || AGG. Dell'Ungheria. || N.M. e F. Abitante, nativo dell'Ungheria. || N.M. Lingua parlata in Ungheria.

unghia (ùn-ghia) N.F. (pl. *-ghie*) · Lamina cornea che nell'uomo e in molti animali riveste e rinforza l'estremità superiore delle dita: *le unghie retrattili dei felini.* Ⓔ ***Sull'unghia***, di denaro pagato in contanti e subito • ***Tirare fuori le unghie***, dimostrare aggressività.

unghiata (un-ghià-ta) N.F. · Colpo dato con le unghie: *mi ha dato un'unghiata in un occhio* • Segno lasciato da un colpo d'unghia: *aveva il volto pieno di unghiate* Ⓢ graffio.

unguento (un-guèn-to) N.M. **1** Farmaco di consistenza molle che si applica sulla parte malata: *spalmò l'unguento sulla ferita* Ⓢ balsamo, pomata. **2** Un tempo, profumo untuoso a base di erbe: *gli unse i piedi con un unguento.*

ungulato (un-gu-là-to) AGG. e N.M. · Di mammifero che ha le zampe con gli zoccoli anziché con le unghie, come l'elefante e il cavallo.

unicamente (u-ni-ca-mén-te) AVV. · Solo, solamente, soltanto: *lo faccio unicamente per te.*

unicellulare (u-ni-cel-lu-là-re) AGG. · Di organismo, che ha una sola cellula.

unico (ù-ni-co) AGG. (pl.m. *-ci*, pl.f. *-che*) **1** Che non ha uguali o simili nel suo genere: *questo abito è un modello unico; sei l'unica persona che può aiutarmi* Ⓢ singolo. **2** Che non ha uguali per pregio o valore: *una bellezza unica al mondo* Ⓢ straordinario, insuperabile Ⓒ comune. Ⓔ ***Atto unico***, dramma teatrale in un solo atto • ***Figlio unico***, che non ha fratelli o sorelle • ***L'unica cosa*** (o *l'unica* N.F.), il solo modo: *l'unica cosa è cedere alle sue richieste* • ***Numero unico***, giornale o rivista non periodica pubblicati in circostanze particolari • ***Senso unico*** → **senso**.

unicorno (u-ni-còr-no) N.M. · Animale fantastico, raffigurato come un cavallo con un corno sulla fronte.

unifamiliare (u-ni-fa-mi-lià-re) AGG. · Di abitazione costruita per ospitare una sola famiglia: *villetta unifamiliare*.

unificare (u-ni-fi-cà-re) V.TR. (*unìfico*, *unìfichi*, ecc.) || TR. Fare di più elementi una cosa sola: *unificare una nazione* Ⓢ unire, riunire. || **unificarsi** INTR. PRONOM. Raggiungere l'unità: *l'Italia si unificò nel 1861*.

unificazione (u-ni-fi-ca-zió-ne) N.F. · Riduzione di più elementi in un tutto unico: *unificazione di più Stati in una sola nazione* Ⓢ unione, fusione.

uniformare (u-ni-for-mà-re) V.TR. (*unifórmo*, ecc.) || TR. **1** Livellare, pareggiare: *uniformare una superficie*. **2** Adeguare, adattare: *uniformare il proprio tenore di vita **alle** possibilità economiche*. || **uniformarsi** INTR. PRONOM. Adeguarsi, adattarsi: *uniformarsi **alle** norme di legge*.

uniforme[1] (u-ni-fór-me) AGG. **1** Che nell'aspetto o nell'andamento non presenta variazioni: *terreno uniforme; tenere un'andatura uniforme* Ⓢ omogeneo, regolare Ⓒ irregolare, disuguale. **2** Monotono, piatto, noioso: *paesaggio uniforme*.

uniforme[2] (u-ni-fór-me) N.F. · Abito che indica l'appartenenza a un corpo militare o a un altro ente: *uniforme militare, sportiva; l'uniforme dei vigili urbani; l'uniforme del collegio* Ⓢ divisa. Ⓔ ***Alta uniforme***, quella per le cerimonie solenni.

uniformità (u-ni-for-mi-tà) N.F. INVAR. **1** Uguaglianza di aspetto o di comportamento: *uniformità di paesaggio; uniformità di condotta* Ⓢ monotonia, uguaglianza. **2** Concordia, unanimità, concordanza: *uniformità di gusti*.

unilaterale (u-ni-la-te-rà-le) AGG. **1** Adottato da una sola parte: *disarmo unilaterale*. **2** Che considera le cose da un solo punto di vista: *sei troppo unilaterale* Ⓢ parziale, fazioso.

uninominale (u-ni-no-mi-nà-le) AGG. · Di sistema elettorale in cui ci sono tanti collegi quanti sono i deputati da eleggere e quindi viene eletto uno solo tra i candidati presentati da ciascun partito.

unione (u-nió-ne) N.F. **1** Collegamento di due o più elementi: *l'unione fra le due rive fu realizzata con un ponte* Ⓢ connessione Ⓒ separazione. **2** Legame affettivo o di parentela fra persone: *dalla loro unione nacque un figlio; in questa famiglia non c'è unione* Ⓢ rapporto, relazione. **3** Alleanza politica o economica: *Unione europea*. **4** In grammatica: ***complemento di unione***, quello che indica la cosa con cui il soggetto compie l'azione indicata dal verbo (*Gianni è uscito con l'ombrello*).

unire (u-nì-re) V.TR. (*unìsco*, *unìsci*, ecc.) || TR. **1** Mettere insieme più elementi: *unire le forze; unendo i risparmi possiamo comprare la macchina; uniamo un tavolo **all'**altro* Ⓢ congiungere, combinare Ⓒ disunire, dividere, separare. **2** Collegare, congiungere: *unire due punti **con** una linea*. **3** Stringere più persone con vincoli affettivi o legali: *li unisce una grande amicizia; li unì **in** matrimonio il sindaco* Ⓢ legare. || **unirsi** RIFL. **1** Contrarre un vincolo con qualcuno: *i due ragazzi si unirono **in** una stretta amicizia*. **2** Aggregarsi a qualcuno: *trovammo un gruppo di amici e ci unimmo **a** loro* Ⓢ accompagnarsi.

unisex (u-ni-sèx) AGG. e N.M. INVAR. · Di indumento che può essere indossato sia da uomini che da donne: *camicia unisex*.

unisono (u-nì-so-no) AGG. **1** Simultaneo: *due voci unisone*. **2** Concorde, conforme: *il mio modo di pensare è unisono **al** tuo*. Ⓔ ***All'unisono***, insieme e in perfetto accordo: *decidere all'unisono; risposero di sì all'unisono*.

unità (u-ni-tà) N.F. INVAR. **1** La proprietà di formare un tutto unico e indivisibile: *l'unità di Dio*. **2** L'unione politica di un popolo in un solo Stato: *le guerre per l'unità e l'indipendenza d'Italia* Ⓢ unificazione. **3** Identità di pensiero e di azione: *unità d'intenti, di vedute* Ⓢ concordia, armonia. **4** Il numero uno: *aggiungere un'unità* • Nel sistema di numerazione decimale, la cifra che occupa il primo posto, precedendo le decine, le centinaia e le migliaia. **5** Reparto militare: *unità da com-*

battimento. **6** Insieme organizzato di servizi e terapie mediche: *unità di rianimazione.* **7** ***Unità centrale***, il centro del computer che controlla e coordina l'attività delle altre componenti del sistema; ***unità periferica*** → ***periferico***. Ⓔ ***Unità di misura***, grandezza assunta come campione e termine di confronto per la misurazione di tutte le grandezze dello stesso tipo: *l'unità di misura di lunghezza è il metro.*

unitamente (u-ni-ta-mén-te) AVV. · Insieme: *lavorare unitamente; unitamente **alla** merce vi invieremo la fattura.*

unitario (u-ni-tà-rio) AGG. (pl.m. *-ri*, pl.f. *-rie*) **1** Che forma un'unità: *movimento unitario; sforzi unitari* Ⓢ coerente, organico. **2** Che aspira a un'unità: *l'ideale unitario del Risorgimento.* **3** Di un solo elemento: *prezzo unitario.*

unito (u-nì-to) AGG. **1** Di persona, stretto a un'altra da legami affettivi o sociali: *più persone unite **in** una società; è una coppia molto unita* Ⓢ legato, solidale Ⓒ diviso, disunito. **2** Di Stato, che fa parte di una federazione o di un organismo internazionale: *Stati Uniti d'America; Nazioni Unite.* **3** Compatto: *marciare uniti.* Ⓔ ***Tinta unita*** → ***tinta***.

universale (u-ni-ver-sà-le) AGG. **1** Che riguarda l'universo: *legge dell'attrazione universale.* **2** Del mondo intero o della totalità degli uomini: *diluvio universale; aspirare alla pace universale* Ⓢ generale, mondiale. **3** Di arnese o dispositivo che si presta a diversi usi: *adattatore universale.* Ⓔ ***Erede universale***, chi eredita tutti i beni • ***Suffragio universale*** → ***suffragio***.

U

universalità (u-ni-ver-sa-li-tà) N.F. INVAR. **1** Capacità di riguardare o rivolgersi all'intera umanità: *l'universalità di una teoria; l'universalità del teatro di Shakespeare.* **2** Insieme di cose o persone considerate nella loro totalità: *l'universalità degli uomini.*

università (u-ni-ver-si-tà) N.F. INVAR. · Percorso di studi di alta cultura, diviso in varie facoltà a seconda delle materie, alla fine del quale si ottiene il diploma di laurea: *si è laureato in legge all'università di Bologna* • La sede dove si tengono le lezioni delle varie facoltà: *l'università era chiusa per sciopero.*

universitario (u-ni-ver-si-tà-rio) AGG. e N.M. (f. *-a*; pl.m. *-ri*, pl.f. *-rie*) || AGG. Dell'università: *corso universitario; studente universitario.* || N.M. (f. *-a*) Docente o studente dell'università: *il contratto degli universitari; gli universitari hanno manifestato.*

universo (u-ni-vèr-so) N.M. **1** L'insieme di tutte le cose che esistono e lo spazio indefinito in cui si trovano • L'insieme dei corpi celesti e lo spazio in cui si trovano: *gli antichi credevano che la Terra fosse il centro dell'universo* Ⓢ cosmo. **2** La Terra e gli uomini che la popolano: *è la donna più bella dell'universo!* Ⓢ mondo. **3** L'insieme degli elementi che caratterizzano un ambiente o un individuo: *l'universo della moda; l'universo di Manzoni.*

univoco (u-nì-vo-co) AGG. (pl.m. *-ci*, pl.f. *-che*) · Che si presta a una sola interpretazione: *un'affermazione univoca* Ⓒ equivoco. Ⓔ ***Risultato univoco***, in matematica, quello di un problema che ammette una sola soluzione.

unno (ùn-no) AGG. e N.M. (f. *-a*) · Degli Unni, popolazione barbarica forse di origine mongola, che si spinse in Europa nel quarto e nel quinto secolo d.C.

uno (ù-no) AGG. NUM. CARD. e N.M., PRON. INDEF. e ART. INDETERM. || AGG. NUM. CARD. Il primo numero della serie naturale: *un anno e sei mesi; una settimana e due giorni* • In frasi negative, nessuno: *non ho un euro.* || N.M. Il numero uno e il segno che lo rappresenta (*1* in numeri arabi, *I* in numeri romani): *pagina uno; uscita uno.* || PRON. INDEF. Un tale, una certa persona: *è venuto uno dell'assicurazione; uno o l'altro per me è lo stesso.* || ART. INDETERM. Indica persona o cosa non precisata: *urtò contro un albero; un giorno venne da me.* Ⓔ ***In fila per uno***, in fila indiana • ***L'una*** o ***le una***, le ore tredici o la prima ora dopo la mezzanotte: *pranzare alle una; sono andato a dormire all'una* • ***L'un l'altro***, a vicenda: *si aiutavano l'un l'altro* • ***L'uno***, per ciascuno: *li ho pagati tre euro l'uno* • ***L'uno e l'altro***, tutti e due: *compro l'uno e l'altro* • ***Tutt'uno***, una cosa sola: *Andrea e Bianca erano tutt'uno; vederlo e prenderlo fu tutt'uno.*

Al maschile *uno* presenta sempre la forma tronca *un* (senza apostrofo), tranne che prima di parole che iniziano per *i + vocale, s + consonante, pn, ps, gn, x, z*: *un albero, un libro* ma *uno iato, uno stupido, uno zio, uno gnomo*; la forma femminile *una* viene elisa in *un'* (con apostrofo) davanti a vocale: *un'amica*.

unsi (ùn-si) · Pass. rem., 1ª pers. sing. → *ungere*.

unto (ùn-to) AGG. e N.M. || Participio pass. → *ungere*. || AGG. Sporco di una sostanza grassa: *aveva la camicia unta* ***di*** *olio*. || N.M. Sostanza grassa: *l'unto della padella* • Sugo oleoso che si ricava dalla cottura di carni grasse: *unto d'agnello*. E ***Unto e bisunto***, molto sporco.

untore (un-tó-re) N.M. · Durante la peste di Milano del 1630, persona sospettata di diffondere il contagio applicando unguenti infetti alla gente. E ***Caccia all'untore***, persecuzione di persone considerate pericolose in base a false credenze.

untuoso (un-tu-ó-so) AGG. **1** Impregnato di grasso: *avere i capelli untuosi* S unto. **2** Che ha un atteggiamento ipocrita o servile: *sono nauseato dai suoi modi untuosi* S viscido, ambiguo.

unzione (un-zió-ne) N.F. · In alcuni riti della liturgia cattolica, segno impresso con l'olio consacrato: *l'unzione del nuovo sacerdote* S consacrazione. E ***Estrema Unzione*** o ***unzione degli infermi***, il sacramento dato al credente in punto di morte.

uomini (uò-mi-ni) · Plurale → *uomo*.

uomo (uò-mo) N.M. (pl. *uòmini*) **1** L'individuo di sesso maschile della specie umana: *ho visto un uomo sconosciuto nel tuo giardino; quel ragazzo è già un uomo* S maschio. **2** Il genere umano: *la diffusione dell'uomo sulla Terra*. **3** Persona che fa parte di una formazione o di un equipaggio: *una pattuglia di trenta uomini* S soldato • Atleta, giocatore: *la squadra sta giocando con un uomo in meno*. E ***L'uomo della strada***, persona qualunque, uomo comune • ***Uomini radar*** → *radar* • ***Uomo d'affari***, imprenditore che opera in campo finanziario o amministrativo • ***Uomo di chiesa***, ecclesiastico • ***Uomo di lettere***, letterato • ***Uomo di mondo***, chi ha grande esperienza e se la cava in ogni situazione • ***Uomo sandwich*** → *sandwich*.

uovo (uò-vo) N.M. (pl.f. *le uòva*) **1** La cellula sessuale femminile in cui sono contenuti materiali nutritivi di riserva che servono al nuovo essere vivente nelle primissime fasi del suo sviluppo: *l'uovo non è stato fecondato*. **2** Negli ovipari, la cellula sessuale femminile rivestita da un guscio di protezione che viene espulsa prima che l'embrione si sia formato del tutto; alla fine del suo sviluppo il nuovo essere vivente rompe il guscio ed esce: *covare le uova; un nido pieno di uova; uova di piccione; uova di serpente* • Quello di gallina, utilizzato come cibo per il suo alto potere nutritivo: *uova sode*. E ***Bianco dell'uovo***, l'albume; ***rosso dell'uovo*** o ***giallo dell'uovo***, il tuorlo • ***Cercare il pelo nell'uovo*** → *pelo* • ***Esser pieno come un uovo***, essere sazio • ***L'uovo di Colombo***, soluzione semplice di un problema ritenuto insolubile • ***Rompere le uova nel paniere*** → *rompere* • ***Uovo di Pasqua*** → *Pasqua*.

upupa (ù-pu-pa) N.F. · Uccello di colore bruno rosato, con ali e coda a bande bianche e nere e una lunga cresta dai margini neri.

-ura **1** Suffisso che serve a formare nomi femminili a partire da participi passati e che indica 'un'azione e il suo effetto': *chiusura* da *chiuso*. **2** Suffisso che serve a formare nomi a partire da aggettivi: *altura* da *alto*.

uragano (u-ra-gà-no) N.M. **1** Ciclone caratteristico dell'America equatoriale, frequente soprattutto nei mari delle Antille. **2** Tempesta di pioggia e vento di straordinaria intensità: *alberi abbattuti dall'uragano* S bufera, burrasca. **3** Manifestazione impetuosa e clamorosa: *un uragano di proteste* S fragore, scroscio.

Il termine deriva da *Huracan*, nome del 'dio delle tempeste' nella mitologia delle popolazioni delle Antille.

uranio (u-rà-nio) N.M. · Metallo tenero e duttile, è il più importante combustibile nucleare (il simbolo chimico è *U*).

urbanesimo (ur-ba-né-ṣi-mo) N.M. · Fenomeno per cui le persone tendono ad abbandonare le campagne per andare a vivere nelle città.

urbanista (ur-ba-ni-sta) N.M. e F. (pl.m. *-i*, pl.f. *-e*) · Esperto di urbanistica.

urbanistica (ur-ba-ni-sti-ca) N.F. (pl. *-che*) · Sistemazione e progettazione delle varie zone delle città.

urbanistico (ur-ba-ni-sti-co) AGG. (pl.m. *-ci*, pl.f. *-che*) · Che riguarda l'urbanistica: *cambiare l'assetto urbanistico di un quartiere.*

urbanità (ur-ba-ni-tà) N.F. INVAR. · Cortesia e buona educazione: *rispondere con urbanità* Ⓢ gentilezza Ⓒ maleducazione.

urbanizzazione (ur-ba-niz-za-zió-ne) N.F. · Trasformazione di un terreno in città: *il nuovo complesso industriale ha provocato una rapida urbanizzazione della zona.*

urbano (ur-bà-no) AGG. **1** Che riguarda la città e chi vi abita: *centro urbano; sviluppo urbano* Ⓢ cittadino. **2** Gentile, cortese, educato: *un ragazzo dai modi urbani.* Ⓔ ***Nettezza urbana*** → ***nettezza*** • ***Telefonata urbana***, all'interno dello stesso distretto telefonico • ***Vigile urbano*** → ***vigile***[2].

urea (u-rè-a o ù-rea) N.F. · Composto chimico presente nel corpo, prodotto dal fegato e dai reni ed eliminato con le urine.

urgente (ur-gèn-te) AGG. · Che richiede un immediato intervento: *un bisogno urgente; questione urgente* Ⓢ impellente, incalzante.

urgentemente (ur-gen-te-mén-te) AVV. · Al più presto, d'urgenza, subito: *devo parlargli urgentemente.*

urgenza (ur-gèn-za) N.F. **1** Necessità assoluta, che non può attendere: *ho urgenza di parlare con te* Ⓢ bisogno, premura. **2** Rapidità, fretta: *queste lettere vanno spedite con urgenza.* Ⓔ ***D'urgenza***, in gran fretta: *è stato ricoverato d'urgenza all'ospedale.*

U

urgere (ùr-ge-re) V.INTR. (irreg.: *ùrgo, ùrgi*, ecc.; mancano il pass. rem., il part. pass. e i tempi composti) · Essere necessario al più presto: *urge un dottore; **mi** urgono soldi* Ⓢ occorrere.

urina (u-ri-na) N.F. · Liquido biologico elaborato dai reni che contiene le scorie dell'organismo e viene eliminato attraverso la vescica urinaria.

urinare (u-ri-nà-re) V.INTR. (aus. *avere*) · Espellere l'urina.

urinario (u-ri-nà-rio) AGG. (pl.m. *-ri*, pl.f. *-rie*) · Che riguarda l'urina: *infezione delle vie urinarie.* Ⓔ ***Vescica urinaria*** → ***vescica***.

url o **URL** (pronuncia *url* o *u èrre èlle*) N.M. INVAR. · Indirizzo elettronico di una pagina web: *digitare l'url.*

> Il termine è la sigla inglese *Uniform Resource Locator* 'localizzatore standard delle risorse'.

urla (ùr-la) · Plurale femminile → ***urlo***.

urlare (ur-là-re) V.INTR. e TR. || INTR. (aus. *avere*) Emettere grida forti e prolungate, per sofferenza, spavento o emozione: *saltava qua e là urlando; urlare **di** gioia* Ⓢ gridare, strillare. || TR. Dire a voce altissima: ***mi** urlò da lontano il suo nome; perse la calma e **gli** urlò **che** se ne andasse.*

urlo (ùr-lo) N.M. (pl.m. *gli ùrli*, pl.f. *le ùrla* con valore collettivo) **1** Grido acuto e prolungato, emesso per sofferenza, spavento o emozione: *un urlo di dolore* Ⓢ strillo. **2** Di animale, verso acuto e prolungato: *l'urlo del lupo* Ⓢ ululato. **3** Suono prolungato, cupo o assordante: *l'urlo del vento.*

> Il plurale femminile *urla* si usa quando ci si riferisce a un insieme di gridi di una stessa persona o di tante persone diverse: *le sue urla erano strazianti; le urla dei tifosi.* Il plurale maschile *urli* è usato per indicare i lamenti degli animali o i gridi di una persona presi uno a uno: *gli urli del lupo; con due urli lo fece star zitto.*

urna (ùr-na) N.F. **1** Vaso dell'antichità, destinato a vari usi. **2** Cassetta con un'apertura sulla parte superiore in cui si inseriscono e si conservano le schede di una votazione. Ⓔ ***Andare alle urne***, a votare • ***Il responso delle urne***, il risultato di una votazione • ***Urna cineraria***, recipiente in cui si custodivano le ceneri dei morti.

urrà (ur-rà) INTER. · Esprime gioia ed entusiasmo: *un urrà accolse gli atleti vincitori; hip, hip urrà!* Ⓢ evviva.

urtare (ur-tà-re) V.TR. e INTR. || TR. **1** Dare un colpo contro qualcosa: *urtare un albero **con** la macchina; urtare qualcuno per sbaglio.* **2** Innervosire, irritare, contrariare: *urtare la sensibilità di qualcuno; mi urtano i suoi modi* *arroganti.* || INTR. (aus. *avere*) **1** Sbattere contro qualcosa: *la barca urtò* ***contro*** *gli scogli* Ⓢ cozzare. **2** Essere in contrasto: *l'affare che mi proponi urta* ***con*** *i miei principi* Ⓢ contrastare. || **urtarsi** RIFL. RECIPROCO Scontrarsi l'uno contro l'altro: *la strada era così stretta che ci siamo urtati.*

Il termine deriva probabilmente da una parola della lingua dei Franchi che significa 'ariete', nel senso di 'cozzare come un ariete'.

urto (ùr-to) N.M. **1** Colpo secco e violento: *l'urto di un sasso contro il vetro della finestra* Ⓢ cozzo • Collisione, scontro: *l'urto tra le due auto fu violento.* **2** Scontro fra schiere di soldati: *al primo urto le truppe si sbandarono* Ⓢ assalto, attacco. **3** Violento contrasto di idee: *urto di opinioni* Ⓢ scontro, conflitto. Ⓔ ***In urto con qualcuno***, in contrasto con lui.

usanza (u-ṣàn-za) N.F. **1** Manifestazione abituale pubblica o privata: *le antiche usanze popolari* Ⓢ uso, costume. **2** Tradizione, abitudine: *nella mia famiglia c'è l'usanza di fare il primo bagno al mare di notte.*

usare (u-ṣà-re) V.TR. e INTR. || TR. **1** Impiegare uno strumento: *usare il trapano; sai usare il computer?* Ⓢ utilizzare, adoperare. **2** Tenere un certo atteggiamento o comportamento: *usare prudenza, cautela; usare clemenza* Ⓢ avere. **3** Sfruttare qualcuno per un vantaggio personale: *ti sta usando per fare carriera* Ⓢ strumentalizzare. **4** Avere una certa abitudine: *a casa nostra usiamo cenare tardi.* || INTR. (aus. *avere*) Essere in uso o essere di moda: *a Natale usa andare a messa a mezzanotte; questo taglio di giacca non usa più.*

usato (u-ṣà-to) AGG. e N.M. || AGG. Che non è più nuovo: *vestiti usati.* || N.M. Assortimento di oggetti usati: *mercato dell'usato.*

USB (pronuncia *uessebì*) N.M. INVAR. · Sistema per il collegamento di periferiche al computer.

Il termine è la sigla inglese *Universal Serial Bus* 'connessione seriale universale'.

uscente (u-scèn-te) AGG. **1** Che sta per finire: *la settimana uscente* Ⓒ entrante. **2** Che sta per lasciare un incarico: *il sindaco uscente.*

usciere (u-sciè-re) N.M. (f. *-a*; pl.m. *-i*, pl.f. *-e*) · Impiegato che sta all'entrata di un palazzo per dare informazioni o annunciare e accompagnare i visitatori: *l'usciere del tribunale.*

uscio (ù-scio) N.M. (pl. *ùsci*) · Porta, soglia: *l'uscio di casa; l'uscio della bottega.*

uscire (u-scì-re) V.INTR. (irreg.: ind. pres. *èsco, èsci, èsce, usciàmo, uscìte, èscono*; cong. pres. *èsca, èsca, èsca, usciàmo, usciàte, èscano*; imperat. *èsci, uscìte*; aus. *essere*) **1** Muoversi dall'interno all'esterno di un luogo: *uscire* ***di*** *chiesa; uscire* ***in*** *giardino; uscire* ***a*** *prendere un po' d'aria* Ⓒ entrare • Andare fuori di casa per divertirsi: *stasera sono troppo stanco per uscire.* **2** Allontanarsi da un gruppo di persone: *uscire* ***dalla*** *mischia* Ⓢ distaccarsi. **3** Andare oltre un certo limite: *l'auto è uscita* ***di*** *strada; uscire* ***dal*** *controllo* • Smettere di essere in una certa condizione fisica: *uscire* ***da*** *una malattia; uscire* ***dalla*** *giovinezza.* **4** Venire fuori da qualcosa: *il fumo usciva* ***dal*** *camino; il brodo è uscito* ***dalla*** *pentola.* **5** Di parola, terminare: *parola che esce* ***in*** *vocale.* **6** Essere presentato al pubblico: *il suo nuovo film non è ancora uscito.* **7** Risultare estratto a sorte: *è uscito il 30 sulla ruota di Bari.* Ⓔ ***Uscire dal carcere***, tornare in libertà alla fine della pena • ***Uscire dall'ospedale***, essere dimesso dopo la cura • ***Uscire di bocca***, di discorso, essere detto senza intenzione: *non volevo dirgli nulla, ma mi è uscito di bocca* • ***Uscire di senno***, impazzire.

uscita (u-scì-ta) N.F. **1** Movimento che si sviluppa dall'interno all'esterno di uno spazio: *l'uscita degli scolari* ***dalla*** *scuola* Ⓒ entrata, accesso. **2** Apertura attraverso cui si esce: *lasciò il palazzo per un'uscita secondaria.* **3** In grammatica, desinenza di una parola: *uscita* ***in*** *consonante.* **4** Frase imprevedibile e bizzarra: *i bambini hanno delle uscite che fanno molto ridere.* **5** Spesa, pagamento: *le uscite superano le entrate.* Ⓔ ***Libera uscita***, permesso concesso ai militari per uscire dalla caserma • ***Uscita di sicurezza*** → **sicurezza** • ***Via d'uscita***, modo per risolvere una situazione.

usignolo (u-ṣi-gnò-lo) N.M. · Uccello bruno-rossiccio nella parte superiore del corpo, scuro in quella inferiore; emette un canto dolce e potente, sia di giorno che di notte:

cantare come un usignolo, con voce melodiosa.

Per indicare il verso musicale dell'usignolo possono essere usati i verbi *cantare* e *gorgheggiare*.

uso (ù-ṣo) N.M. **1** Il modo in cui si impiega qualcosa: *non conosco l'uso di questo strumento* Ⓢ utilizzo, impiego • La possibilità o la capacità di adoperare qualcosa: *per la verifica è concesso l'uso del vocabolario; perdere l'uso delle gambe* Ⓢ facoltà. **2** Esercizio abituale e ripetuto: *le lingue si apprendono con l'uso.* **3** Tradizione, abitudine, pratica: *usi e costumi degli eschimesi.* **4** In grammatica, la lingua parlata ogni giorno: *voce entrata nell'uso.* Ⓔ ***A uso di***, pensato per, destinato a • ***Fuori uso***, che non funziona.

ustionare (u-stio-nà-re) V.TR. (*ustióno*, ecc.) || TR. Produrre ustioni Ⓢ bruciare. || **ustionarsi** INTR. PRONOM. Causarsi una scottatura alla pelle: *mi sono ustionato con l'acqua bollente, mentre cucinavo.*

ustione (u-stió-ne) N.F. · Ferita provocata da un eccesso di calore o anche da corrente elettrica e sostanze chimiche: *toccando il forno mi sono procurato una piccola ustione alla mano; l'acido procura gravi ustioni alla pelle.*

usuale (u-ṣu-à-le) AGG. · Consueto, abituale, normale: *una volta i cavalli erano il mezzo di trasporto usuale* Ⓒ inusuale.

usufruire (u-ṣu-fru-ì-re) V.INTR. (*uṣufruìsco, uṣufruìsci*, ecc.; aus. *avere*) · Disporre di qualcosa a proprio vantaggio: *usufruire* ***di*** *un privilegio* Ⓢ godere, beneficiare.

usufrutto (u-ṣu-frùt-to) N.M. · Diritto di godere di un bene di altri, senza però poterlo vendere né modificare: *lasciò la casa in usufrutto alla madre.*

usura[1] (u-ṣù-ra) N.F. · Prestito di denaro a un interesse superiore a quello permesso dalla legge: *prestare denaro a usura.*

usura[2] (u-ṣù-ra) N.F. · Peggioramento della condizione di un oggetto a causa dell'uso prolungato: *l'usura di un paio di scarpe.*

usuraio (u-ṣu-rà-io) N.M. (f. *-a*) · Chi presta a usura: *rivolgersi a un usuraio* Ⓢ strozzino.

usurare (u-ṣu-rà-re) V.TR. || TR. Usare qualcosa fino a rovinarlo: *l'attrito ha usurato le gomme* Ⓢ consumare, logorare. || **usurarsi** INTR. PRONOM. Consumarsi per effetto del tempo e dell'uso Ⓢ deteriorarsi.

usurpare (u-ṣur-pà-re) V.TR. · Ottenere, con la violenza e l'inganno, quanto spetta ad altri: *usurpare il trono* Ⓢ impadronirsi, appropriarsi di.

usurpatore (u-ṣur-pa-tó-re) N.M. e AGG. (f. *-trìce*) · Chi, che si appropria, con la violenza o l'inganno, di ciò che spetta a un altro: *usurpatore del potere; un tiranno usurpatore.*

usurpazione (u-ṣur-pa-zió-ne) N.F. · Sottrazione, con la violenza o l'inganno, di ciò che spetta ad altri: *usurpazione di un possesso.*

-uta · Suffisso che serve a formare nomi femminili a partire dal femminile dei participi passati in *-uto* e che indica 'un'azione e il suo effetto': *bevuta* da *bevuto*.

utensile[1] (u-tèn-si-le) AGG. · Solo nell'espressione ***macchina utensile***, nome generico delle macchine usate per lavorare il legno, i metalli e altri materiali.

utensile[2] (u-ten-sì-le o u-tèn-si-le) N.M. · Attrezzo necessario allo svolgimento di un'attività: *gli utensili del fabbro; gli utensili da cucina* Ⓢ strumento.

La pronuncia *utènsile*, con l'accento sulla e, e la pronuncia *utensìle*, con l'accento sulla *i*, sono entrambe corrette.

utente (u-tèn-te) N.M. e F. · Chi usa un servizio pubblico: *gli utenti* ***del*** *servizio telefonico.*

utenza (u-tèn-za) N.F. **1** Uso di un servizio pubblico a pagamento: *utenza di acqua, luce, gas.* **2** L'insieme delle persone che usano un certo servizio: *soddisfare le richieste dell'utenza.*

uterino (u-te-rì-no) AGG. · Dell'utero: *gravidanza uterina; tumore uterino.*

utero (ù-te-ro) N.M. · Nella femmina dei mammiferi, l'organo che serve ad accogliere l'embrione fino alla nascita.

utile (ù-ti-le) AGG. e N.M. || AGG. Che serve per un certo scopo: *regali utili* ***per*** *la scuola* Ⓢ utilizzabile • Efficace, valido: *consigli utili* ***per*** *trovare lavoro* Ⓒ inutile • Di persona,

U

che può essere di aiuto: *è un collaboratore veramente utile* Ⓢ prezioso. || N.M. Motivo di vantaggio materiale o morale: *non ha tratto alcun utile dal mio insegnamento* Ⓢ guadagno, utilità • Differenza tra il costo di un investimento economico e il guadagno che se ne ricava: *ricavare un grosso utile da un affare* Ⓢ profitto. Ⓔ ***Tempo utile***, quello entro cui deve essere compiuto un atto perché sia valido.

utilità (u-ti-li-tà) N.F. INVAR. **1** Funzionalità rispetto a un certo scopo: *l'utilità di imparare un mestiere* Ⓢ vantaggio Ⓒ inutilità. **2** Vantaggio economico: *dall'affare non abbiamo ricavato alcuna utilità* Ⓢ profitto.

utilitaria (u-ti-li-tà-ria) N.F. (pl. *-rie*) · Auto di piccole dimensioni e di bassa cilindrata, di basso costo.

utilitaristico (u-ti-li-ta-rì-sti-co) AGG. (pl.m. *-ci*, pl.f. *-che*) · Di modo di pensare e di agire che ha come solo scopo il raggiungimento di un vantaggio personale: *morale utilitaristica*.

utilizzabile (u-ti-liz-zà-bi-le) AGG. · Che può essere usato: *un vestito ancora utilizzabile*.

utilizzare (u-ti-liz-zà-re) V.TR. · Usare, adoperare, impiegare: *utilizzare una vecchia stoffa per fare delle tende*.

utilizzatore (u-ti-liz-za-tó-re) AGG. e N.M. (f. *-trìce*) · Che, chi fa uso di qualcosa.

utilizzazione (u-ti-liz-za-zió-ne) N.F. · Impiego, uso, utilizzo: *utilizzazione delle fonti alternative di energia*.

utilizzo (u-ti-lìz-zo) N.M. · Uso, impiego, utilizzazione: *utilizzo degli scarti di lavorazione*.

-uto · Suffisso che serve a formare aggettivi a partire da nomi: *baffuto* da *baffi*.

utopia (u-to-pì-a) N.F. (pl. *-pìe*) · Ideale nobile e giusto che non si può realizzare in pratica: *è un'utopia la perfetta uguaglianza tra gli uomini* Ⓢ sogno, illusione.

Il termine deriva da una parola coniata dal filosofo inglese Tommaso Moro nel 1516 che significa letteralmente 'non luogo', composta del greco *ou* 'non' e *tópos* 'luogo'.

utopista (u-to-pì-sta) N.M. e F. (pl.m. *-i*, pl.f. *-e*) · Chi crede in ideali non realizzabili: *gli utopisti non sono buoni politici* Ⓢ sognatore.

utopistico (u-to-pì-sti-co) AGG. (pl.m. *-ci*, pl.f. *-che*) · Con le caratteristiche di un'utopia: *progetto utopistico* Ⓢ illusorio.

uva (ù-va) N.F. · Il frutto della vite; si presenta come un grappolo di bacche, dette *acini*, di colore verde, giallo-dorato o rosso violaceo, con polpa dolce e ricca di succo: *uva da tavola, da vino*. Ⓔ ***Uva passa***, uva fatta appassire, usata soprattutto nella preparazione di dolci • ***Uva spina***, pianta con frutti simili a quelli dell'uva usati nella preparazione di marmellate e sciroppi.

uvetta (u-vét-ta) N.F. · Uva passa senza semi, usata nella preparazione di cibo e dolci.

uxoricida (u-xo-ri-cì-da) N.M. e F. (pl.m. *-i*, pl.f. *-e*) · Assassino della propria moglie o del proprio marito.

uxoricidio (u-xo-ri-cì-dio) N.M. (pl. *-di*) · Uccisione della propria moglie o del proprio marito: *è stato riconosciuto colpevole di uxoricidio*.

V

v, V N.F. O M. INVAR. · Ventesima lettera dell'alfabeto italiano; è una consonante (nome della lettera: *vu*). **E** *V*, nella numerazione romana, simbolo del numero 5; ***a V***, con una forma simile a quella della lettera: *scollo a V*.

vacante (va-càn-te) AGG. · Di carica, che non ha titolare ed è disponibile a essere ricoperta da qualcun altro: *il suo posto è al momento vacante* **S** libero, disponibile.

vacanza (va-càn-za) N.F. **1** Sospensione del lavoro o dello studio, spesso in corrispondenza di ricorrenze o festività: *andare in vacanza per riposarsi* **S** ferie (PL.). **2** AL PL. Periodo in cui la scuola resta chiusa: *le vacanze estive durano tre mesi* **S** feste.

vacca (vàc-ca) N.F. (pl. *-che*) · La femmina adulta dei bovini; è detta *mucca* se viene sfruttata solo per il latte e non per altri lavori agricoli.

vaccinare (vac-ci-nà-re) V.TR. · Sottoporre a vaccinazione: *far vaccinare il bambino.* **E** ***Essere adulto e vaccinato***, essere abbastanza cresciuto per fare qualcosa da solo: *sei adulto e vaccinato e non hai bisogno di me*; ***essere vaccinato contro qualcosa***, esserne immune: *sono vaccinato contro la gelosia.*

vaccinazione (vac-ci-na-zió-ne) N.F. · Introduzione nell'organismo di un vaccino: *fare la vaccinazione* ***contro*** *il tetano.*

vaccino (vac-cì-no) AGG. e N.M. || AGG. Della vacca: *latte, formaggio vaccino.* || N.M. Sostanza, un tempo ricavata dalle vacche, che contiene batteri o virus e che viene introdotta nell'organismo per renderlo immune da alcune malattie infettive: *vaccino* ***contro*** *la poliomielite.*

vacillare (va-cil-là-re) V.INTR. (aus. *avere*) **1** Ondeggiare per una momentanea perdita di equilibrio: *cammina vacillando per il troppo vino* **S** barcollare, traballare • Non essere stabile: *il governo vacilla.* **2** Perdere forza, rivelare incertezza: *alla sua età la memoria* ***gli*** *vacilla* **S** tentennare.

vacuo (và-cuo) AGG. · Privo di significato o di contenuto: *discorsi vacui* **S** vuoto, superficiale.

vademecum (va-de-mè-cum) N.M. · Piccolo manuale pieno di informazioni utili su una certa disciplina: *il vademecum dell'alpinista* **S** prontuario.

vado (và-do) · Ind. pres., 1ª pers. sing. → ***andare.***

vagabondare (va-ga-bon-dà-re) V.INTR. (*vagabóndo*, ecc.; aus. *avere*) **1** Spostarsi da un luogo all'altro senza meta né programma: *da giovane ha vagabondato per tutta l'Europa* **S** errare, vagare. **2** Passare le giornate senza fare niente: *vagabonda tutto il giorno con i suoi amici* **S** ciondolare, oziare.

vagabondo (va-ga-bón-do) AGG. e N.M. (f. *-a*) || AGG. Che non ha dimora fissa e si sposta da un luogo a un altro **S** nomade, girovago. || N.M. (f. *-a*) **1** Persona che vive per strada **S** barbone, senzatetto. **2** Fannullone, bighellone, lavativo: *sei un gran vagabondo, devi cercarti un lavoro!*

vagante (va-gàn-te) AGG. · Che si sposta da un luogo all'altro in modo irregolare: *nuvole vaganti* **S** errante. **E** ***Mina vagante*** → ***mina.***

vagare (va-gà-re) V.INTR. (*vàgo, vàghi*, ecc.; aus. *avere*) · Spostarsi senza meta precisa: *vagare per il mondo in cerca di fortuna; vagare con l'immaginazione* **S** errare, vagabondare.

vagheggiare (va-gheg-già-re) V.TR. (*vaghéggio*, ecc.) **1** Guardare con amore: *vagheggiare il viso della persona amata* **S** ammirare, rimirare. **2** Immaginare qualcosa che si desidera: *vagheggiare un futuro migliore* **S** anelare, bramare.

vaghezza (va-ghéz-za) N.F. **1** Mancanza di precisione: *la vaghezza di un'indicazione* **S** approssimazione, imprecisione. **2** Bellezza non vistosa, ma piena di grazia e dolcezza: *la vaghezza di un paesaggio.*

vagina (va-gì-na) N.F. · Organo sessuale femminile, costituito da un canale esteso dalla vulva all'utero.

vagire (va-gì-re) V.INTR. (*vagìsco, vagìsci*, ecc.; aus. *avere*) · Di neonati e lattanti, piangere: *il bambino vagiva nella culla.*

vagito (va-gi-to) N.M. · Pianto leggero, tipico dei neonati.

Il termine deriva dal latino *vagitus*, di origine onomatopeica.

vaglia (và-glia) N.M. INVAR. · Documento che dà diritto alla persona a cui è intestato di riscuotere una certa somma di denaro: *vaglia bancario; vaglia postale.*

vagliare (va-glià-re) V.TR. (*vàglio*, ecc.) **1** Separare gli elementi utili di una sostanza dalle scorie: *vagliare la farina* Ⓢ setacciare. **2** Esaminare con cura e attenzione: *vagliare una proposta* Ⓢ valutare, soppesare.

vaglio (và-glio) N.M. (pl. *-gli*) **1** Recipiente con il fondo pieno di minuscoli fori che serve a separare le parti grosse di una sostanza da quelle più fini: *passare al vaglio la farina* Ⓢ setaccio. **2** Esame accurato che precede una scelta o una valutazione: *passare al vaglio le notizie del giornale* Ⓢ analisi.

vago (và-go) AGG. (pl.m. *-ghi*, pl.f. *-ghe*) · Incerto, indeterminato, impreciso: *mi ha accennato al progetto in modo vago.* Ⓔ ***Tenersi sul vago*** o ***restare sul vago***, non fornire dettagli.

vagone (va-gó-ne) N.M. · Ciascuna delle unità di trasporto che compongono il treno: *vagone merci; vagone di prima classe.* Ⓔ ***Vagone letto***, attrezzato per dormire.

vaiolo (va-iò-lo) N.M. · Grave malattia infettiva che causa sulla pelle vesciche rosse piene di pus.

valanga (va-làn-ga) N.F. (pl. *-ghe*) **1** Massa di neve che si stacca dal fianco della montagna e rotola verso il basso, sommergendo ciò che incontra lungo il percorso: *alpinisti travolti da una valanga.* **2** Enorme quantità: *ho una valanga di documenti da esaminare* Ⓢ miriade, infinità.

valdostano (val-do-stà-no) AGG. e N.M. (f. *-a*) || AGG. Della Val d'Aosta. || N.M. (f. *-a*) Abitante, nativo della Val d'Aosta.

valente (va-lèn-te) AGG. · Di grande valore e capacità non comuni: *un valente avvocato* Ⓢ abile, provetto.

valenza (va-lèn-za) N.F. **1** La capacità di un elemento chimico di combinarsi con altri elementi per dare origine a un composto, espressa come il numero di elettroni che tale elemento è capace di cedere o acquistare nel processo. **2** Valore, significato: *lo spettacolo ha una forte valenza culturale.*

valere (va-lé-re) V.INTR. (irreg.: ind. pres. *vàlgo, vàli, vàle, valiàmo, valéte, vàlgono*; pass. rem. *vàlsi, valésti, vàlse, valémmo, valéste, vàlsero*; fut. *varrò, varrài*, ecc.; cong. pres. *vàlga, vàlga, vàlga, valiàmo, valiàte, vàlgano*; condiz. pres. *varrèi, varrésti*, ecc.; part. pass. *vàlso*) || INTR. (aus. *essere*) **1** Avere potere, autorità, importanza: *qui dentro lui non vale nulla* Ⓢ contare. **2** Avere capacità sul piano professionale e tecnico: *ti farò vedere quello che valgo!; come direttore d'orchestra è bravo, ma come pianista vale poco.* **3** Avere efficacia: *la denuncia vale solo se fatta entro le 24 ore* Ⓢ servire • Essere utile: ***a** nulla **gli** valse dichiarare la sua innocenza* Ⓢ giovare. **4** Avere un valore o un prezzo: *questa borsa vale duecento euro* Ⓢ costare. **5** Essere uguale: *una cosa vale l'altra* Ⓢ equivalere. **6** Essere adeguato: *il risultato non vale lo sforzo.* || **valersi** INTR. PRONOM. Servirsi di qualcosa: *cerca di valerti **dei** miei consigli.* Ⓔ ***Farsi valere***, farsi rispettare • ***Vale a dire***, cioè • ***Valere la pena***, meritare la fatica: non *valeva la pena **che** ti scomodassi!; valeva la pena **di** salire a vedere il panorama!*

valevole (va-lé-vo-le) AGG. · Che vale per un certo scopo: *incontro di pugilato valevole **per** il titolo di campione d'Italia* Ⓢ valido.

valgo[1] (vàl-go) · Ind. pres., 1ª pers. sing. → ***valere***.

valgo[2] (vàl-go) AGG. (pl.m. *-ghi*, pl.f. *-ghe*) · Di arto, o segmento di arto, che presenta l'asse maggiore deviato in fuori rispetto alla norma: *gomito valgo; ginocchio valgo; alluce valgo.*

valicare (va-li-cà-re) V.TR. (*vàlico, vàlichi*, ecc.) · Passare da una parte all'altra di un monte o di un fiume: *valicare la montagna* Ⓢ superare, oltrepassare.

valico (và-li-co) N.M. (pl. *-chi*) · Via di comunicazione attraverso una valle di montagna: *il valico del Piccolo San Bernardo* Ⓢ passo.

validità (va-li-di-tà) N.F. INVAR. **1** Efficacia o valore di qualcosa: *la validità di un ragionamento, di una proposta.* **2** Valore legale: *la validità di un documento.*

valido (và-li-do) AGG. **1** Efficace riguardo a un certo scopo: *un rimedio molto valido* ***per*** *la febbre* Ⓢ adatto, adeguato. **2** Che ha valore legale perché rispetta certe norme: *la votazione è valida solo se tutti sono presenti* Ⓢ legittimo Ⓒ nullo. **3** Di persona, di notevole e riconosciuto valore: *ecco il mio collaboratore più valido* Ⓢ capace, bravo.

valigeria (va-li-ge-ri-a) N.F. (pl. *-rìe*) · Insieme di valigie e borse: *articoli di valigeria* • Fabbrica o negozio di valigie e borse.

valigia (va-lì-gia) N.F. (pl. *-gie* o *-ge*) · Grossa borsa da viaggio: *una valigia di pelle.* Ⓔ ***Fare le valigie***, andarsene portando via tutta la propria roba.

vallata (val-là-ta) N.F. · Valle ampia e aperta: *il castello dominava tutta la vallata.*

valle (vàl-le) N.F. · La zona concava fra due pendii, spesso attraversata da un fiume: *la valle dell'Adige.* Ⓔ ***A valle***, giù, in basso: *scendere a valle.*

valletta (val-lét-ta) N.F. · Ragazza che affianca il conduttore in alcune trasmissioni televisive.

valligiano (val-li-già-no) AGG. e N.M. (f. *-a*) || AGG. Di una valle: *tradizioni valligiane.* || N.M. (f. *-a*) Abitante, nativo di una valle: *il sabato i valligiani scendevano in città a fare acquisti.*

V

vallone (val-ló-ne) N.M. · Valle stretta e molto profonda.

valore (va-ló-re) N.M. **1** Misura delle capacità di una persona: *un uomo di gran valore; un musicista di scarso valore* Ⓢ bravura, abilità • Coraggio, eroismo, virtù: *atti di valore; medaglia al valore civile, militare.* **2** Costo, prezzo: *vendere una merce al di sopra del suo valore.* **3** AL PL. Gioielli e oggetti di pregio: *la direzione non è responsabile dei valori lasciati nelle camere* Ⓢ preziosi. **4** Importanza stabilita secondo un certo criterio: *questo gioiello ha per me un grande valore sentimentale* Ⓢ significato. **5** Validità, efficacia: *i documenti senza firma non hanno valore.* **6** Senso logico di un'espressione grammaticale: *infinito con valore di sostantivo.* **7** Principio morale assoluto e universale: *un mondo senza valori* Ⓢ ideale. **8** In musica, la durata delle note e delle pause. **9** In fisica, la misura di una grandezza. Ⓔ ***Valori bollati***, francobolli, marche da bollo o carte bollate.

valorizzare (va-lo-riz-zà-re) V.TR. **1** Riconoscere il valore di una persona o di una cosa: *valorizzare una scoperta scientifica* Ⓢ apprezzare. **2** Mettere in risalto le qualità positive di qualcuno o qualcosa: *un trucco che valorizza gli occhi* Ⓢ evidenziare.

valorizzatore (va-lo-riz-za-tó-re) AGG. e N.M. (f. *-trìce*) · Che, chi aumenta il valore di qualcuno o di qualcosa.

valorizzazione (va-lo-riz-za-zió-ne) N.F. **1** Riconoscimento di valore o di merito: *valorizzazione di un'opera d'arte.* **2** Messa in risalto delle qualità di un bene: *valorizzazione di una zona della città come spazio verde.*

valoroso (va-lo-ró-so) AGG. · Coraggioso, audace: *un guerriero valoroso.*

valsi (vàl-si) · Pass. rem., 1ª pers. sing. → ***valere***.

valso (vàl-so) · Participio pass. → ***valere***.

valuta (va-lù-ta) N.F. · Moneta in circolazione in un certo Paese: *valuta nazionale, estera.*

valutabile (va-lu-tà-bi-le) AGG. · Che si può valutare: *al momento l'entità del furto non è valutabile.*

valutare (va-lu-tà-re) V.TR. (*vàluto*, ecc.) **1** Definire il valore di qualcosa in termini economici: *la casa è stato valutata oltre centomila euro* Ⓢ stimare. **2** Calcolare in modo approssimativo: *valutare una distanza a occhio.* **3** Conteggiare, considerare, calcolare: *valutando gli anticipi ricevuti, mi devi ancora cento euro.* **4** Considerare con attenzione per prendere una decisione: *valuterò bene la sua proposta prima di accettarla* Ⓢ vagliare.

valutazione (va-lu-ta-zió-ne) N.F. **1** Calcolo del valore economico di un bene: *valutazione di un edificio* Ⓢ stima. **2** Calcolo approssimativo: *valutazione dell'entità di un danno.* **3** Analisi ai fini di un giudizio: *valutazione dei compiti in classe per il voto.*

valva (vàl-va) N.F. · Ciascuno dei due pezzi che costituiscono una conchiglia • Ciascuna delle parti in cui si divide il guscio di certi tipi di frutti.

Il termine deriva dal latino *valvae* 'battenti di una porta'.

valvassino (val-vas-sì-no) N.M. · Nella società feudale, il vassallo del valvassore.

valvassore (val-vas-só-re) N.M. · Nella società feudale, il vassallo del vassallo del re.

valvola (vàl-vo-la) N.F. **1** Dispositivo che regola il passaggio di un liquido o di un gas in una conduttura. **2** In un organo cavo del corpo, membrana che permette il flusso del sangue in un solo senso: *valvole cardiache.* Ⓔ ***Valvola di sicurezza***, dispositivo automatico che si apre per far uscire il vapore quando la pressione di un liquido o di un gas dentro un serbatoio diventa troppo elevata e pericolosa.

valzer (vàl-zer) N.M. INVAR. · Danza popolare, molto amata nell'Ottocento, che si balla in coppia su una musica in tempo ternario.

Il termine deriva da un parola tedesca che significa letteralmente 'colui che balla trascinando i piedi', connessa con il verbo *walzen* 'strisciare'.

vamp (pronuncia *vamp*) N.F. · Donna dotata di travolgente fascino: *è stato stregato da una vamp* • Attrice che recita in ruoli di donna fatale: *una vamp del cinema americano degli anni Trenta.*

vampa (vàm-pa) N.F. **1** Ondata di calore Ⓢ vampata. **2** Sentimento impetuoso: *le vampe della passione* Ⓢ fiamma, impeto.

vampata (vam-pà-ta) N.F. **1** Fiamma impetuosa e improvvisa: *come aprì la porta di casa fu investito da una vampata di fuoco.* **2** Ondata di calore ardente: *dall'asfalto salivano vampate di calore* Ⓢ vampa.

vampiro (vam-pì-ro) N.M. **1** Secondo le credenze popolari, creatura che può sopravvivere solo succhiando il sangue dei vivi. **2** Speculatore, usuraio, strozzino.

vandalismo (van-da-lì-ṣmo) N.M. · Tendenza a distruggere e a rovinare beni di altri: *compiere atti di vandalismo contro un'opera d'arte.*

vandalo (vàn-da-lo) N.M. (f. *-a*) **1** Appartenente ai Vandali, popolazione barbara che nel quinto secolo invase l'Italia, la penisola iberica e il Nord Africa. **2** Chi distrugge o rovina qualcosa che non gli appartiene: *un vandalo ha scritto cose offensive sui muri della scuola* Ⓢ barbaro, teppista.

Il termine deriva da un verbo germanico che significa 'vagare, peregrinare', perché si trattava di una popolazione nomade.

vaneggiare (va-neg-già-re) V.INTR. (*vanéggio*, ecc.; aus. *avere*) · Dire cose assurde o senza senso: *la febbre la fa vaneggiare* Ⓢ delirare, farneticare.

vanesio (va-nè-ṣio) AGG. e N.M. (f. *-a*; pl.m. *-ṣi*, pl.f. *-ṣie*) · Che, chi si compiace in modo sciocco di qualità che non ha: *un tipo molto vanesio; non sopporto i vanesi* Ⓢ vanitoso.

vanga (vàn-ga) N.F. (pl. *-ghe*) · Attrezzo agricolo, formato da un'asta su cui è inserita una lama piatta di forma triangolare che si preme con il piede per farla affondare nel terreno e staccare zolle.

vangare (van-gà-re) V.TR. (*vàngo*, *vànghi*, ecc.) · Lavorare la terra con la vanga: *vangare il campo.*

vangelo (van-gè-lo) N.M. **1** Ciascuno dei quattro primi libri del Nuovo Testamento che trattano della vita e degli insegnamenti di Gesù Cristo: *Vangelo di Matteo, di Marco, di Luca, di Giovanni.* **2** Nel linguaggio familiare, verità assoluta: *per lui quello che dice suo padre è vangelo.*

vanificare (va-ni-fi-cà-re) V.TR. (*vanìfico*, *vanìfichi*, ecc.) · Rendere inutile o inefficace: *vanificare gli sforzi di qualcuno.*

vaniglia (va-nì-glia) N.F. · Pianta rampicante originaria del Messico da cui si ricava un frutto molto profumato, usato nell'industria dei dolciumi: *gelato alla vaniglia.*

vanità (va-ni-tà) N.F. INVAR. **1** Esagerato compiacimento di sé unito al desiderio di essere oggetto di ammirazione: *la sua vanità le fa credere di essere la più bella* Ⓢ presunzione, superbia. **2** Inutilità, sterilità: *la vanità delle sue promesse.*

vanitoso (va-ni-tó-so) AGG. e N.M. (f. *-a*) · Che, chi ama essere oggetto di ammirazione: *una ragazza vanitosa* Ⓢ frivolo, fatuo.

vano[1] (và-no) AGG. **1** Privo di contenuto e fondamento: *vane illusioni; vane promesse* Ⓢ futile, vuoto. **2** Impossibile da realizzarsi: *propositi vani* Ⓢ illusorio. **3** Privo di efficacia e utilità: *tutti i tentativi di convincerlo sono stati vani* Ⓢ inutile, inefficace.

vano[2] (và-no) N.M. **1** Spazio vuoto delimitato da una struttura muraria: *il vano della finestra.* **2** Stanza, locale, ambiente: *appartamento di sei vani con balcone.*

vantaggio (van-tàg-gio) N.M. (pl. *-gi*) **1** Motivo di superiorità o di privilegio: *è un grande vantaggio conoscere le lingue straniere* Ⓒ svantaggio. **2** Posizione di superiorità, soprattutto in una gara: *ha un vantaggio di dieci minuti; sono in vantaggio di un gol* Ⓢ distacco, scarto. **3** Beneficio, profitto: *mi aspetto notevoli vantaggi dalla conclusione di questo accordo.* **4** In grammatica: ***complemento di vantaggio***, quello che indica a favore di chi o di che cosa si verifica ciò che è espresso dal verbo (*si è sacrificato per te; hanno dato la vita per la libertà; camminare è utile alla salute*).

vantaggioso (van-tag-gió-so) AGG. · Che porta beneficio o profitto: *la sua offerta mi sembra vantaggiosa* Ⓢ proficuo, conveniente Ⓒ svantaggioso.

vantare (van-tà-re) V.TR. || TR. **1** Esaltare le qualità di qualcosa: *vantare le qualità di un prodotto* Ⓢ celebrare, elogiare. **2** Esibire ciò che si ritiene motivo di gloria e di onore: *l'Italia può vantare una grande tradizione letteraria.* || **vantarsi** RIFL. Attribuirsi con eccessivo orgoglio capacità o meriti: *si vanta troppo e io non gli credo* Ⓢ compiacersi, pavoneggiarsi.

vanteria (van-te-rì-a) N.F. (pl. *-rìe*) · Affermazione con cui ci si vanta di qualità spesso inesistenti: *non sopporto più le sue vanterie* Ⓢ millanteria.

vanto (vàn-to) N.M. **1** Esaltazione dei propri meriti o delle proprie capacità: *non lo dico per vanto, ma ho una memoria infallibile.* **2** Motivo di gloria o di orgoglio: *il figlio minore è il vanto della famiglia* Ⓢ onore.

vanvera (vàn-ve-ra) N.F. · Solo nell'espressione ***a vanvera***, a caso: *parlare a vanvera.*

vapore (va-pó-re) N.M. · Sostanza allo stato gassoso che si sviluppa da un liquido quando evapora o quando bolle: *il coperchio della pentola era pieno di gocce di vapore.* Ⓔ ***Al vapore***, di cibo cucinato sfruttando il calore del vapore emesso dall'acqua che bolle: *asparagi al vapore* • ***A vapore***, di motore azionato dalla forza del vapore prodotto dalla combustione di materie prime come legna o carbone; di mezzo di trasporto che utilizza questo tipo di motore: *piroscafo a vapore.*

vaporetto (va-po-rét-to) N.M. · Battello, un tempo a vapore, usato per trasportare persone su fiumi, laghi e canali: *a Venezia ho preso il vaporetto.*

vaporizzare (va-po-riz-zà-re) V.TR. **1** Ridurre una sostanza liquida in minutissime particelle: *vaporizzare un profumo.* **2** Spruzzare su qualcosa un liquido ridotto in minutissime particelle: *vaporizzare una pianta con un insetticida.*

vaporizzazione (va-po-riz-za-zió-ne) N.F. · Riduzione di un liquido in minutissime particelle: *vaporizzazione di un profumo.*

vaporoso (va-po-ró-so) AGG. · Che ha una consistenza lieve e soffice: *avere i capelli vaporosi dopo lo shampoo.*

varare (va-rà-re) V.TR. **1** Avviare per la prima volta in mare una nave. **2** Presentare o approvare in modo ufficiale: *varare una nuova legge* Ⓢ promulgare.

varcare (var-cà-re) V.TR. (*vàrco, vàrchi*, ecc.) **1** Attraversare, oltrepassare, superare: *varcare il confine del Paese.* **2** Eccedere, superare: *varcare i limiti della decenza!*

varco (vàr-co) N.M. (pl. *-chi*) · Passaggio stretto, da cui si passa a fatica: *aprirsi un varco tra la folla* Ⓢ apertura, via. Ⓔ ***Aspettare al varco***

V

o ***attendere al varco***, aspettare il momento migliore per sorprendere o vendicarsi di qualcuno: *lo aspetto al varco, tanto prima o poi commetterà un errore.*

variabile (va-rià-bi-le) AGG. e N.F. || AGG. **1** Che può essere modificato: *i prezzi sono variabili secondo la stagione* **C** invariabile. **2** Incostante, mutevole, instabile: *clima variabile; umore variabile.* **3** Di parte del discorso (sostantivo, aggettivo, pronome, verbo, articolo) che si modifica con il cambiare della sua funzione. || N.F. In matematica, quantità che può assumere valori diversi. **E** ***Variabile indipendente***, il cui valore può essere fissato a piacimento; ***variabile dipendente***, il cui valore è determinato da quello di una o più altre variabili.

variabilità (va-ria-bi-li-tà) N.F. INVAR. · Tendenza a subire improvvisi cambiamenti: *variabilità dell'umore* **S** incostanza, instabilità.

variante (va-riàn-te) N.F. **1** Versione diversa di un oggetto: *la stessa auto viene proposta in più varianti* **S** modello, tipo. **2** Variazione, cambiamento, mutamento: *introdurre una variante nel percorso di gara.* **3** In linguistica, ogni forma diversa con cui si presenta, nella stessa lingua, una parola: *"pasticcere" è una variante di "pasticciere".*

variare (va-rià-re) V.TR. e INTR. (*vàrio*, ecc.) || TR. Modificare leggermente: *variare la disposizione dei mobili in una stanza* **S** cambiare, mutare • Alternare elementi diversi per evitare la monotonia: *variare le proprie abitudini* **S** differenziare. || INTR. (aus. *avere* o *essere*) Subire un cambiamento o una modifica: *le mode variano di continuo* **S** trasformarsi • Risultare diverso: *i gusti variano **da** persona **a** persona* **S** differire.

variazione (va-ria-zió-ne) N.F. · Cambiamento, mutamento, modifica: *l'orario dei treni ha subito variazioni.*

varicella (va-ri-cèl-la) N.F. · Malattia infettiva virale, molto contagiosa, che causa un'eruzione cutanea rossa con piccole vesciche.

variegato (va-rie-gà-to) AGG. **1** Che presenta molti colori, di solito disposti a strisce: *gelato variegato al caffè* **S** variopinto, colorato. **2** Vario e ampio: *un'offerta variegata di prodotti.*

varietà (va-rie-tà) N.F. INVAR. **1** Grande quantità di elementi diversi: *la varietà del paesaggio; una notevole varietà di vini.* **2** Tipo, qualità: *un'ottima varietà di pesche.* **E** ***Teatro di varietà*** (o *il varietà* N.M.), spettacolo misto di musiche, danze e numeri di attrazione.

vario (và-rio) AGG. (pl.m. *-ri*, pl.f. *-rie*) **1** Caratterizzato da elementi diversi e ben armonizzati fra loro: *la sua conversazione è sempre varia e piacevole; il paesaggio sta diventando un po' più vario* **S** diverso, differente. **2** AL PL. Molteplice, numeroso: *gliel'ho già detto varie volte.*

variopinto (va-rio-pìn-to) AGG. · Pieno di tinte di diverso colore: *un uccello dalle piume variopinte* **S** multicolore, policromo.

varo[1] (và-ro) AGG. · Di arto, che presenta una deviazione dell'asse verso l'interno: *ginocchio varo.*

varo[2] (và-ro) N.M. **1** Operazione con cui si mette in mare una nave per la prima volta: *la cerimonia del varo.* **2** Approvazione definitiva e presentazione al pubblico: *il varo di una legge* **S** presentazione, lancio.

vasaio (va-ṣà-io) N.M. (f. *-a*; pl.m. *-ṣài*, pl.f. *-ṣàie*) · Chi per lavoro fa vasi di terracotta.

vasca (và-sca) N.F. (pl. *-sche*) **1** Costruzione in muratura o recipiente di vari materiali che serve a raccogliere acqua o altri liquidi: *il getto della fontana nella vasca.* **2** Il bacino di una piscina: *vasca da 50 metri; fai due vasche a stile libero.* **E** ***Vasca da bagno***, nelle stanze da bagno, grande vasca in ceramica che viene riempita d'acqua e nella quale ci si immerge per lavarsi.

vascello (va-scèl-lo) N.M. · Grande nave a vela da battaglia, in uso tra la fine del Cinquecento e la metà dell'Ottocento: *un vascello pirata.*

Il termine deriva dal latino tardo *vascellum* 'piccolo vasetto'.

vascolare (va-sco-là-re) AGG. **1** Che riguarda i vasi di terracotta: *pittura vascolare.* **2** Che riguarda i vasi sanguigni: *malattie vascolari.*

A B C D E F G H I J K L M N O P Q R S T U V W X Y Z

vasellame (va-ṣel-là-me) N.M. · Insieme di stoviglie di vario materiale usate per servire il cibo: *vasellame d'argento*.

vasetto (va-ṣét-to) N.M. · Piccolo vaso per conservare il cibo: *un vasetto di marmellata* Ⓢ barattolo.

vaso (và-ṣo) N.M. **1** Recipiente di forma e materiale vari, usato soprattutto per contenere liquidi o solidi: *vasi greci per il vino; metti i fiori nel vaso*. **2** Canale in cui circolano i liquidi del corpo: *il sangue circola nei vasi sanguigni; vasi linfatici*.

vasocostrizione (va-ṣo-co-stri-zió-ne) N.F. · Diminuzione della capacità dei vasi sanguigni di portare il sangue: *la vasocostrizione di un'arteria provoca l'aumento della pressione sanguigna* Ⓒ vasodilatazione.

vasodilatazione (va-ṣo-di-la-ta-zió-ne) N.F. · Aumento della capacità dei vasi sanguigni di portare il sangue: *l'alcol provoca vasodilatazione* Ⓒ vasocostrizione.

vassallo (vas-sàl-lo) N.M. **1** Nella società feudale, uomo libero che si sottometteva a un nobile o a un sovrano promettendogli fedeltà e ricevendone in cambio protezione. **2** Subordinato, servo.

vassoio (vas-só-io) N.M. (pl. *-sói*) · Base di vario materiale usata per portare cibo o recipienti in tavola: *porta il vassoio d'argento con gli antipasti*.

vastità (va-sti-tà) N.F. INVAR. · Grande estensione: *la vastità del mare, del firmamento* Ⓢ immensità, ampiezza.

vasto (và-sto) AGG. · Di grande estensione: *un vasto territorio; un uomo di vasta cultura* Ⓢ esteso, ampio Ⓒ limitato, ristretto. Ⓔ ***Su vasta scala*** → *scala*.

V

vaticano (va-ti-cà-no) AGG. e N.M. || AGG. Della Città del Vaticano: *musei vaticani*. || N.M. Con la lettera maiuscola, lo Stato della Chiesa cattolica: *i rapporti tra il Vaticano e lo Stato italiano*.

vaticinare (va-ti-ci-nà-re) V.TR. (*vaticìno*, ecc.; o *vatìcino*, ecc.) · Fare profezie sul futuro: *Cassandra aveva vaticinato la caduta di Troia* Ⓢ predire, profetizzare.

vaticinio (va-ti-ci-nio) N.M. (pl. *-ni*) · Previsione di avvenimenti futuri: *il suo vaticinio si è avverato* Ⓢ profezia, predizione.

ve (vé) PRON. e AVV. · Variante dell'avverbio e del pronome atono *vi*.

> *Ve* si usa al posto di *vi* davanti ai pronomi *lo*, *li*, *la*, *le*, *ne* sia quando precedono il verbo che quando lo seguono: *ve lo misi*; *ve ne parlò*; *volle mettervelo*.

vecchiaia (vec-chià-ia) N.F. (pl. *-chiàie*) · La fase più avanzata della vita, con fenomeni di decadenza fisica e indebolimento dell'organismo: *i malanni della vecchiaia* Ⓢ terza età. Ⓔ ***Il bastone della vecchiaia*** → ***bastone***.

vecchio (vèc-chio) AGG. e N.M. (f. *-a*; pl.m. *-chi*, pl.f. *-chie*) || AGG. e N.M. (f. *-a*) Che, chi ha un'età avanzata: *il nonno è vecchio, ha più di ottant'anni* Ⓢ anziano Ⓒ giovane. || AGG. **1** Che ha più anni di qualcun altro: *suo fratello è di quattro anni più vecchio di lui*. **2** Tra due persone con lo stesso nome, quella vissuta prima: *Plinio il Vecchio*. **3** Di cosa che dura da molto tempo o da più tempo rispetto a un'altra: *la città vecchia; il Vecchio Testamento; vecchie abitudini* Ⓢ antico Ⓒ nuovo. **4** Che si riferisce a una condizione passata: *sono passato ieri a vedere la nostra vecchia casa* Ⓢ precedente. **5** Esperto, navigato: *lascia fare a me che sono vecchio del mestiere*. **6** Logorato o sciupato dall'uso: *cambia macchina, è troppo vecchia*. Ⓔ ***Il mio vecchio, i miei vecchi***, mio padre, i miei genitori.

vece (vé-ce) N.F. · Funzione che si svolge al posto di un'altra persona. Ⓔ ***Fare le veci di qualcuno***, sostituirlo in qualcosa • ***In vece***, al posto di.

> L'espressione *in vece* si usa solo con l'aggettivo possessivo: *ci puoi andare tu in vece mia* (o *in mia vece*).

vedere (ve-dé-re) V.TR. (irreg.: ind. pres. *védo*, *védi*, ecc.; pass. rem. *vìdi*, *vedésti*, *vìde*, *vedémmo*, *vedéste*, *vìdero*; fut. *vedrò*, *vedrài*, ecc.; condiz. pres. *vedrèi*, *vedrésti*, ecc.; part. pres. *vedènte*; part. pass. *vìsto* o *vedùto*; gerundio *vedèndo*) || TR. **1** Percepire con gli occhi: *non vide l'ostacolo e lo investì in pieno* Ⓢ avvistare, scorgere. **2** Guardare, osservare: *ho visto un bel paesaggio; andare a vedere una mostra di pit-*

tura • Assistere a uno spettacolo, alla proiezione di un film o a un programma televisivo: *vedere una commedia al teatro; sei stato a vedere l'ultimo film di Benigni?* **3** Constatare una condizione: *ti vedo bene; sono lieto di vederti guarito* Ⓢ trovare • Rendersi conto di qualcosa: *non vede* ***che*** *il posto è occupato?; vedo* ***che*** *mi sono sbagliato* Ⓢ capire. **4** Sottoporre a una visita medica: *farsi vedere dal dottore* Ⓢ esaminare, controllare. **5** Leggere più o meno velocemente: *non ho visto i giornali stamani; hai visto il saggio che ti ho mandato?* **6** Sottoporre a un esame, a una prova: *vediamo se la corda resiste allo sforzo* Ⓢ verificare. **7** Tentare di fare qualcosa: *vedi* ***di*** *trovare questo numero di telefono* Ⓢ provare, cercare. **8** Incontrare qualcuno per caso o volontariamente: *ieri ho visto Paolo; non vedo quasi più i miei compagni di scuola.* **9** Raffigurarsi con la mente: *la vedo già alle prese con le pulizie nella casa nuova!* Ⓢ immaginare, figurarsi • Ritenere qualcuno adatto a una certa situazione: *non ti ci vedo* ***a*** *studiare giorno e notte.* **10** Nella forma ***vedersela***, affrontare una situazione difficile o una persona temuta: *me la vedo io* ***con*** *il vigile.* || **vedersi** RIFL. **1** Guardarsi in uno specchio: *vedersi in un vetrina.* **2** Avere una certa idea di se stessi: *si vede grassa* • Ritenere se stessi adatti a una situazione: *non mi ci vedo* ***a*** *fare la casalinga.* Ⓔ ***Avere a che vedere***, somigliare, avere qualcosa in comune: *le sue ultime opere non hanno nulla a che vedere* ***con*** *le precedenti*; avere un legame, essere in rapporti con qualcuno: *che cos'hai a che vedere con lui?* • ***Dare a vedere***, mostrare • ***Non poter vedere***, avere in antipatia • ***Vedere di buon occhio***, considerare con simpatia o favore: *mio padre non ti vede di buon occhio* • ***Vedere la luce***, nascere: *il pittore ha visto la luce nel 1900*; di opera o invenzione, essere prodotto, venire pubblicato: *un romanzo che ha visto la luce nel secolo scorso* • ***Vedere le stelle***, provare un forte dolore fisico • ***Vedersela brutta***, correre un grave rischio.

vedetta (ve-dét-ta) N.F. **1** Luogo alto, usato come posto d'osservazione: *stare di vedetta contro i nemici* Ⓢ guardia. **2** La persona che sta in osservazione: *la vedetta della nave avvistò la terra all'orizzonte.*

vedova (vé-do-va) N.F. · Donna cui è morto il marito: *ha sposato una ricca vedova.* Ⓔ ***Vedova nera***, ragno molto velenoso, diffuso negli Stati Uniti e in Sud America.

vedovo (vé-do-vo) N.M. · Uomo cui è morta la moglie: *ha sposato un vedovo con due figli.*

veduta (ve-dù-ta) N.F. **1** Vista di grande bellezza che si gode da un punto panoramico: *dalla cima del monte si gode una bella veduta sul lago* Ⓢ visuale, panorama. **2** Disegno, dipinto o fotografia che rappresenta un paesaggio: *una veduta a olio di Roma.* **3** Capacità di intendere e di valutare: *uomo di larghe vedute* Ⓢ mentalità, opinione.

veemente (ve-e-mèn-te) AGG. · Violento e impetuoso: *l'assalto veemente dell'esercito nemico; un veemente atto d'accusa* Ⓢ travolgente.

veemenza (ve-e-mèn-za) N.F. · Impeto travolgente: *la veemenza dell'uragano* Ⓢ forza, violenza.

vegetale (ve-ge-tà-le) AGG. e N.M. || AGG. **1** Di organismo vivente che ha le caratteristiche della pianta: *specie vegetali.* **2** Che riguarda le piante e la vegetazione in genere: *crescita vegetale.* **3** Che si ricava dalle piante: *colori vegetali.* || N.M. Pianta: *la canapa è un vegetale.* Ⓔ ***Regno vegetale***, l'insieme delle specie vegetali presenti sulla Terra.

vegetare (ve-ge-tà-re) V.INTR. (*vègeto*, ecc.; aus. *avere*) **1** Condurre una vita ridotta alle funzioni di base: *la malattia lo costringeva a vegetare in un letto.* **2** Di persona, condurre una vita senza impegni né aspirazioni: *non puoi vegetare tutto il giorno davanti alla tv.*

vegetariano (ve-ge-ta-rià-no) AGG. e N.M. (f. *-a*) || AGG. Costituito solo di cibi vegetali: *alimentazione vegetariana.* || N.M. (f. *-a*) Chi, per ragioni morali o di salute, mangia solo cibi vegetali.

vegetativo (ve-ge-ta-tì-vo) AGG. · Tipico dei vegetali. Ⓔ ***Stato vegetativo***, condizione medica in cui le funzioni del cervello sono gravemente danneggiate e consentono la sola sopravvivenza fisica.

vegetazione (ve-ge-ta-zió-ne) N.F. · L'insieme delle piante di un territorio: *vegetazione tropicale, mediterranea* Ⓢ flora.

A B C D E F G H I J K L M N O P Q R S T U V W X Y Z

vegeto (vè-ge-to) AGG. · In buona salute: *chi si aspettava di rivederlo vivo e vegeto?* Ⓢ sano.

veggente (veg-gèn-te) N.M. e F. · Chi predice il futuro: *consultare una veggente* Ⓢ indovino, profeta.

veglia (vé-glia) N.F. (pl. *-glie*) · La piena attività dei centri nervosi: *sono rimasta a lungo fra il sonno e la veglia* Ⓒ sonno • Il rimanere sveglio di notte per fare qualcosa: *lunghe ore di veglia sui libri.*

vegliardo (ve-gliàr-do) N.M. (f. *-a*) · Uomo anziano e saggio, che ispira grande rispetto.

vegliare (ve-glià-re) V.INTR. e TR. (*véglio*, ecc.) || INTR. (aus. *avere*) **1** Rimanere svegli di notte: *vegliare fino all'alba.* **2** Prestare assistenza a qualcuno restandogli accanto: *vegliare al capezzale di un malato* Ⓢ assistere, accudire, badare. **3** Proteggere qualcuno: *se dovessi morire, veglia **su** mio figlio.* || TR. Controllare qualcuno durante la notte: *lo vegliò con amore per giorni e giorni.*

veglione (ve-glió-ne) N.M. · Festa da ballo che dura tutta la notte: *il veglione di Capodanno.*

veicolare (vei-co-là-re) V.TR. (*veìcolo*, ecc.) **1** Trasmettere malattie facendo da veicolo tra una persona e un'altra: *gli insetti possono veicolare malattie infettive.* **2** Diffondere, propagare: *veicolare nuove idee.*

veicolo (ve-i-co-lo) N.M. **1** Mezzo meccanico di trasporto guidato dall'uomo: *l'automobile è un veicolo.* **2** Mezzo di diffusione o propagazione: *lo sporco è veicolo di infezioni* Ⓢ tramite.

vela (vé-la) N.F. **1** Tessuto, spesso di tela, applicato agli alberi di un'imbarcazione per farla avanzare sfruttando la forza del vento: *nave a vela; raccogliere, ammainare le vele.* **2** Lo sport nautico che si fa gareggiando con barche a vela, senza motore. Ⓔ ***A gonfie vele***, molto bene: *gli affari vanno a gonfie vele* • ***Far vela***, dirigersi verso una certa meta: *far vela per la Sardegna.*

velare[1] (ve-là-re) AGG. e N.F. · In grammatica: ***consonante velare*** (o *una velare* N.F.), quella pronunciata accostando la lingua al velo del palato, come *ca* (*cane*), *co* (*costa*), *cu* (*cura*), *ch* (*chiesa*), *ga* (*gatto*), *go* (*gomma*), *gu* (*gusto*), *gh* (*ghisa*) • ***Vocale velare***, pronunciata nella parte posteriore della bocca (*o* e *u*).

velare[2] (ve-là-re) V.TR. (*vélo*, ecc.) || TR. **1** Coprire con un velo o con un tessuto: *velare una lampada **con** un telo*; anche TR.PRONOM.: *velarsi il capo.* **2** Coprire con un leggero strato: *velare le guance **di** cipria.* **3** Impedire la vista di qualcosa: *le nubi velano il sole* Ⓢ coprire, nascondere • Appannare, offuscare, annebbiare: *le lacrime **gli** velavano la vista.* || **velarsi** RIFL. Coprirsi con un velo: *molte donne musulmane si velano in pubblico.* || **velarsi** INTR.PRONOM. **1** Ricoprirsi di uno strato sottile di qualcosa: *il prato si è velato **di** brina.* **2** Oscurarsi, rabbuiarsi: *il cielo si vela **di** nuvole; il suo sguardo si velò **per** la tristezza.*

velato (ve-là-to) AGG. **1** Coperto da un velo: *avere il volto velato.* **2** Trasparente come un velo: *calze velate.* **3** Offuscato, appannato, attenuato: *un cielo velato; occhi velati **di** lacrime; voce velata dalla commozione.* **4** Che non viene detto in modo chiaro: *allusioni velate; fece solo un velato accenno alla situazione* Ⓢ vago, tacito.

veleggiare (ve-leg-già-re) V.INTR. (*veléggio*, ecc.; aus. *avere*) **1** Navigare con un'imbarcazione a vela: *veleggiare al largo.* **2** Volare con un aliante.

veleno (ve-lé-no) N.M. **1** Qualunque sostanza nociva che, se ingerita o iniettata, danneggia l'organismo e può portare alla morte: *il veleno della vipera.* **2** Ostilità, cattiveria, astio: *sputa veleno contro tutti e tutto.*

velenoso (ve-le-nó-so) AGG. **1** Che fa male all'organismo: *l'arsenico è velenoso* • Portatore o produttore di veleno: *aculei velenosi* Ⓢ tossico. **2** Pieno di odio o rancore: *una risposta velenosa* Ⓢ acido, tagliente.

velico (vè-li-co) AGG. (pl.m. *-ci*, pl.f. *-che*) · Che riguarda la vela: *sport velici.*

veliero (ve-liè-ro) N.M. · Grande nave a vela, che sfrutta la forza del vento per spostarsi.

velina (ve-lì-na) AGG.F. e N.F. || AGG.F. Solo nell'espressione ***carta velina*** (o *la velina* N.F.), carta sottile usata per fare pacchi o per fare copie di scritture battute a macchina. || N.F. **1** Notizia inviata ai giornali da una fonte del governo. **2** Ragazza che balla in uno spettacolo televisivo.

velivolo (ve-lì-vo-lo) N.M. · Aeroplano o aliante.

velleità (vel-lei-tà) N.F. INVAR. · Aspirazione che non può realizzarsi, perché mancano le capacità: *ha sempre avuto velleità artistiche.*

velleitario (vel-lei-tà-rio) AGG. (pl.m. *-ri*, pl.f. *-rie*) · Che non si può realizzare perché richiede possibilità superiori a quelle reali: *aspirazioni velleitarie.*

vello (vèl-lo) N.M. · Strato di lana che copre il corpo di alcuni animali: *il vello della pecora.*

vellutato (vel-lu-tà-to) AGG. · Morbido come il velluto: *il bimbo ha le guance vellutate* Ⓢ delicato, liscio.

velluto (vel-lù-to) N.M. · Morbido tessuto di seta o cotone, a pelo in rilievo, particolarmente lucente e gradevole al tatto: *giacca di velluto; velluto a coste,* di cotone a righe in rilievo.

Il termine deriva dal latino *vellum* che significa 'pelo'.

velo (vé-lo) N.M. **1** Tessuto molto fine, leggero e trasparente: *la sposa aveva un lungo velo bianco.* **2** Il pezzo di stoffa che le suore usano per coprirsi il capo. **3** Ostacolo alla vista: *un velo di nebbia* Ⓢ cortina. **4** Lieve strato steso su una superficie: *cosparse il dolce di un velo di zucchero* Ⓢ patina. Ⓔ ***Prendere il velo***, farsi suora • ***Stendere un velo pietoso su qualcosa***, si dice per sottolineare la necessità di dimenticare un fatto spiacevole: *è meglio stendere un velo pietoso su tutta questa faccenda.*

veloce (ve-ló-ce) AGG. **1** Capace di percorrere molto spazio in poco tempo: *un ciclista, un corridore veloce* Ⓢ rapido, lesto Ⓒ lento. **2** Che passa in fretta: *come fuggono veloci gli anni!* **3** Compiuto a grande velocità: *il giro più veloce del circuito è stato fatto a 240 km all'ora.*

velocista (ve-lo-cì-sta) N.M. e F. (pl.m. *-i*, pl.f. *-e*) **1** Atleta specializzato in gare di velocità. **2** Ciclista abituato a fare improvvisi scatti di velocità.

velocità (ve-lo-ci-tà) N.F. INVAR. **1** Il rapporto tra lo spazio percorso e il tempo impiegato a percorrerlo: *la velocità di un'automobile; la velocità della luce.* **2** Rapidità, celerità: *il lavoro va completato con la massima velocità* Ⓒ lentezza. Ⓔ ***Alta velocità***, speciale linea ferroviaria sulla quale i treni passeggeri possono viaggiare oltre i 200 chilometri all'ora: *treni ad alta velocità* • ***Velocità di crociera***, la velocità media di un mezzo di trasporto che offre le migliori condizioni di sicurezza e di risparmio.

vena (vé-na) N.F. **1** Ogni vaso sanguigno che porta sangue al cuore: *le vene della gamba.* **2** Nelle piante, fascio di vasi linfatici. **3** Di marmo, pietra o legno, segno o riga di colore diverso da quello della superficie di fondo: *il marmo della statua non deve avere vene scure* Ⓢ venatura. **4** Traccia di un'emozione: *nella sua voce c'era una vena di tristezza* Ⓢ ombra, sfumatura, punta. **5** Canale naturale in cui scorre l'acqua sotterranea: *sotto il monte scorre una vena d'acqua.* **6** Luogo sotterraneo ricco di un certo minerale: *trovare una vena d'oro.* **7** Estro creativo: *la sua vena si è ormai esaurita* Ⓢ ispirazione, creatività. Ⓔ ***In vena***, in una buona disposizione d'animo • ***Non aver sangue nelle vene***, mancare di coraggio.

venale (ve-nà-le) AGG. **1** Di ciò che può essere venduto o comprato: *merce venale.* **2** Di persona, avido di denaro: *un funzionario venale* Ⓢ interessato.

venato (ve-nà-to) AGG. **1** Segnato da venature: *legno venato; marmo grigio venato **di** bianco.* **2** Che porta il segno di un'emozione: *una poesia venata **di** malinconia* Ⓢ soffuso.

venatorio (ve-na-tò-rio) AGG. (pl.m. *-ri*, pl.f. *-rie*) · Che riguarda la caccia, soprattutto dal punto di vista sportivo: *l'arte venatoria.*

venatura (ve-na-tù-ra) N.F. **1** Riga di colore diverso da quello del resto della superficie di legno o marmo: *una lastra di marmo bianco con venature rosa* Ⓢ vena. **2** Traccia di un'emozione o di un sentimento: *nella sua voce c'era una venatura ironica* Ⓢ sfumatura.

vendemmia (ven-dém-mia) N.F. (pl. *-mie*) · La raccolta dell'uva: *i contadini erano nella vigna per la vendemmia* • Il periodo di raccolta: *quest'anno la vendemmia è arrivata tardi* • La quantità d'uva raccolta: *una vendemmia eccezionale.*

vendemmiare (ven-dem-mià-re) V.TR. (*vendémmio*, ecc.) · Raccogliere l'uva quando è matura.

vendere (vén-de-re) V.TR. (*véndo*, ecc.) **1** Trasferire la proprietà di una cosa a qualcuno in cambio di una somma di denaro: *ho venduto la bici* ***a*** *mio cugino; vende frutta al mercato* Ⓒ acquistare, comprare. **2** Cedere per denaro qualcosa che non ha prezzo: *vendere il proprio voto* • Consegnare a tradimento una persona in cambio di denaro: *Giuda vendette Gesù* ***per*** *trenta denari* Ⓢ tradire. Ⓔ ***Vendere cara la pelle***, mettercela tutta per non farsi sconfiggere • ***Vendere fumo*** → ***fumo*** • ***Vendere l'anima al diavolo***, commettere azioni scorrette e immorali pur di ottenere ciò che si desidera.

vendetta (ven-dét-ta) N.F. · Danno materiale o morale inflitto ad altri per pareggiare un danno o un'offesa subita: *fu ucciso per vendetta* Ⓢ rappresaglia, rivalsa. Ⓔ ***Gridare vendetta*** → ***gridare***.

vendicare (ven-di-cà-re) V.TR. (*véndico, véndichi*, ecc.) || TR. Infliggere un danno materiale o morale a qualcuno per pareggiare un danno o un torto subito: *vendicare la morte del padre uccidendo i suoi assassini* Ⓢ riscattare. || **vendicarsi** RIFL. Farsi giustizia di un torto subito procurando un danno a chi ne è responsabile: *si è vendicato* ***dell'****offesa scrivendogli parolacce sul muro di casa.*

vendicativo (ven-di-ca-tì-vo) AGG. · Che tende alla vendetta: *un carattere vendicativo.*

vendita (vén-di-ta) N.F. **1** Trasferimento ad altri della proprietà di un bene o di un diritto in cambio di una somma di denaro: *concludere la vendita della casa* Ⓢ cessione Ⓒ acquisto. **2** L'attività del commercio: *licenza di vendita di liquori.* Ⓔ ***In vendita***, pronto per essere acquistato: *l'appartamento è in vendita*; di persona che si può corrompere con il denaro: *mi dispiace, io non sono in vendita.*

venditore (ven-di-tó-re) N.M. (f. *-trìce*) · Chi per mestiere vende merce: *venditore di scarpe; il venditore accetta solo contanti* Ⓢ commerciante, negoziante Ⓒ compratore, acquirente.

venefico (ve-nè-fi-co) AGG. (f. *-a*; pl.m. *-ci*, pl.f. *-che*) · Velenoso: *erbe venefiche* • Molto dannoso per la salute: *le esalazioni venefiche della palude.*

venerabile (ve-ne-rà-bi-le) AGG. · Degno di grande rispetto o di religiosa devozione: *un vecchio di venerabile aspetto* Ⓢ rispettabile. Ⓔ ***Età venerabile***, molto avanzata: *alla venerabile età di 85 anni è ancora lucido.*

venerando (ve-ne-ràn-do) AGG. · Che merita rispetto o venerazione: *il venerando vecchio* Ⓢ venerabile. Ⓔ ***Veneranda età***, molto avanzata.

venerare (ve-ne-rà-re) V.TR. (*vènero*, ecc.) · Fare oggetto di sommo rispetto: *venerare la memoria di un defunto* Ⓢ onorare.

venerazione (ve-ne-ra-zió-ne) N.F. · Sentimento o manifestazione di profondo rispetto o di religiosa devozione: *le reliquie dei santi sono oggetto di venerazione* Ⓢ culto, devozione.

venerdì (ve-ner-dì) N.M. INVAR. · Il quinto giorno della settimana. Ⓔ ***Non avere tutti i venerdì***, di persona, essere un po' strano • ***Venerdì santo***, quello prima di Pasqua, in cui si rievoca la passione e morte di Gesù Cristo.

> Il termine deriva dal latino *Veneris dies* 'giorno di Venere'.

venereo (ve-nè-re-o) AGG. (pl.m. *-rei*, pl.f. *-ree*) · Che riguarda i rapporti sessuali. Ⓔ ***Malattie veneree***, malattie infettive che si trasmettono durante i rapporti sessuali.

> Il termine deriva da *Venus* 'Venere', dea dell'amore per i Romani.

veneto (vè-ne-to) AGG. e N.M. (f. *-a*) || AGG. Del Veneto o della città di Venezia. || AGG. e N.M. (f. *-a*) Abitante, nativo del Veneto. || N.M. Il dialetto parlato in Veneto.

veneziana (ve-ne-zià-na) N.F. · Tenda interna per finestra, formata da lamine di plastica collegate da nastri, che si possono orientare a piacere per lasciar passare più o meno luce.

veneziano (ve-ne-zià-no) AGG. e N.M. (f. *-a*) || AGG. Di Venezia. || N.M. (f. *-a*) Abitante, nativo di Venezia.

V

vengo (vèn-go) · Ind. pres., 1ª pers. sing. → *venire*.

veniale (ve-nià-le) AGG. · Di colpa non grave che, quindi, può essere perdonata: *un errore veniale* Ⓢ piccolo, trascurabile. Ⓔ ***Peccato veniale***, nella religione cattolica, colpa minore che non porta alla dannazione.

venire (ve-nì-re) V.INTR. (irreg.: ind. pres. *vèngo, vièni, viène, veniàmo, venìte, vèngono*; pass. rem. *vénni, venìsti, vénne, venìmmo, venìste, vénnero*; fut. *verrò, verrài*, ecc.; cong. pres. *vènga, vènga, vènga, veniàmo, veniàte, vèngano*; imperat. *vièni, venìte*; condiz. pres. *verrèi, verrésti*, ecc.; part. pres. *veniènte*; part. pass. *venùto*) || INTR. (aus. *essere*) **1** Muoversi avvicinandosi a chi parla o a chi ascolta: *stasera venite **a** casa mia?; con che mezzo siete venuti?; un continuo andare e venire* Ⓢ giungere, arrivare Ⓒ andare. **2** Avere origine: *viene **da** ottima famiglia; è un vino che viene **dal** Portogallo* Ⓢ provenire. **3** Di attività, essere realizzata con successo: *la fotografia è venuta bene?* **4** Di operazione matematica, dare come risultato: *se il calcolo è esatto dovrebbe venire 75* Ⓢ risultare. **5** Manifestarsi all'improvviso: *venne la grandine e rovinò il raccolto; **gli** è venuta la febbre* Ⓢ sopraggiungere. **6** Di ricorrenza, capitare, cadere: *Natale quest'anno viene **di** giovedì.* || AUS. In unione al participio passato, forma i tempi semplici del passivo dei verbi transitivi al posto del verbo *essere* (*il maestro viene molto temuto dai bambini*). Ⓔ ***Venire a capo di qualcosa***, riuscire ad arrivare in fondo a un lavoro o a trovare una soluzione: *non riesco a venire a capo del problema* • ***Venire alla luce***, nascere: *il bimbo è venuto alla luce all'alba*; di qualcosa, comparire, emergere: *nuove prove sono venute alla luce nel corso delle indagini* • ***Venire al mondo***, nascere • ***Venire a noia*** → *noia* • ***Venire giù***, crollare: *è venuta giù l'intera parete*; cadere: *veniva giù una pioggerellina fine fine* • ***Venire in mente*** → *mente* • ***Venire meno***, svenire, perdere i sensi; non tenere fede a un impegno: *venire meno **alla** parola data* • ***Venire su***, salire verso un piano superiore: *vieni su, ti stiamo aspettando*; di cibo non digerito, dare la fastidiosa sensazione di ritornare in gola: *mi stanno venendo su i peperoni*; crescere, svilupparsi: *mi pare che questa pianta venga su bene* • ***Venire via***, staccarsi: *l'etichetta è venuta via subito*; andarsene: *sono venuta via appena è diventato buio.*

venni (vén-ni) · Pass. rem., 1ª pers. sing. → *venire*.

venoso (ve-nó-so) AGG. · Delle vene: *pressione venosa.*

ventaglio (ven-tà-glio) N.M. (pl. *-gli*) **1** Strumento che si agita per farsi vento; è costituito da un certo numero di stecche che si possono aprire o chiudere, collegate con un perno nella parte inferiore, sopra le quali è incollata una striscia di carta o stoffa: *aprire il ventaglio.* **2** Insieme, gamma, serie: *un ventaglio di proposte da esaminare.* Ⓔ ***A ventaglio***, di insieme di elementi che partono da un centro comune e si allargano verso l'esterno: *strade che partono a ventaglio dalla piazza.*
▸ Ⓕ **vento**

ventata (ven-tà-ta) N.F. **1** Violento colpo di vento: *una ventata buttò per terra il vaso.* **2** Moto impetuoso e improvviso: *ha portato una ventata di allegria in casa* Ⓢ ondata.
▸ Ⓕ **vento**

ventennio (ven-tèn-nio) N.M. (pl. *-ni*) · Periodo di venti anni: *quel negozio è lì da un ventennio.* Ⓔ ***Il ventennio***, il periodo della dittatura fascista in Italia.

ventesimo (ven-tè-ṣi-mo) AGG. NUM. ORD. · Che in una serie ordinata rappresenta il numero venti (in numeri arabi *20º*). Ⓔ ***Il ventesimo secolo***, il secolo compreso tra il 1901 e il 2000 (in numeri romani *XX secolo*).

venti (vén-ti) AGG. NUM. CARD. e N.M. INVAR. || AGG. **1** Numero formato da due decine. **2** Con valore indeterminato, indica un numero considerevole: *te l'avrò detto venti volte.* || N.M. Il numero venti e il segno che lo rappresenta (*20* in numeri arabi, *XX* in numeri romani). Ⓔ ***Gli anni Venti***, il decennio che va dal 1920 al 1930 • ***Le (ore) venti***, le otto di sera.

ventidue (ven-ti-dù-e) AGG. NUM. CARD. e N.M. INVAR. || AGG. Numero formato da due decine più due unità. || N.M. Il numero ventidue e il segno che lo rappresenta (*22* in numeri arabi, *XXII* in numeri romani). Ⓔ ***Le (ore) ventidue***, le dieci di sera.

ventilare (ven-ti-là-re) V.TR. (*vèntilo*, ecc.) **1** Far entrare l'aria in ambienti chiusi: *ventilare una stanza chiusa da tempo* Ⓢ aerare, arieggiare. **2** Proporre, avanzare, suggerire: *ventilare un progetto.* ▸ Ⓕ **vento**

ventilato (ven-ti-là-to) AGG. · Esposto al vento: *una zona ventilata* • Di luogo chiuso, in cui circola molta aria: *una stanza ventilata.* ▸ Ⓕ **vento**

ventilatore (ven-ti-la-tó-re) N.M. · Apparecchio dotato di ventola a motore per rinfrescare gli ambienti: *il ventilatore provoca una corrente d'aria fresca.* ▸ Ⓕ **vento**

ventilazione (ven-ti-la-zió-ne) N.F. **1** Movimento d'aria prodotto dal soffiare del vento: *fa caldo, ma c'è ventilazione.* **2** Ricambio d'aria in ambienti chiusi: *la ventilazione del bagno evita cattivi odori.* ▸ Ⓕ **vento**

ventiquattro (ven-ti-quàt-tro) AGG. NUM. CARD. e N.M. INVAR. || AGG. Numero formato da due decine più quattro unità. || N.M. Il numero ventiquattro e il segno che lo rappresenta (*24* in numeri arabi, *XXIV* in numeri romani). Ⓔ ***Le (ore) ventiquattro,*** la mezzanotte.

ventiquattrore (ven-ti-quat-tró-re) N.F. INVAR. **1** Piccola valigia rigida che contiene lo stretto necessario per dormire fuori di casa una notte. **2** Gara automobilistica, con piloti che guidano a turno, che dura un giorno esatto: *la Ventiquattrore di Le Mans.*

ventitré (ven-ti-tré) AGG. NUM. CARD. e N.M. INVAR. || AGG. Numero composto di due decine più tre unità. || N.M. Il numero ventitré e il segno che lo rappresenta (*23* in numeri arabi, *XXIII* in numeri romani). Ⓔ ***Le (ore) ventitré,*** le undici di sera.

vento (vèn-to) N.M. **1** Movimento di masse d'aria: *vento leggero; vento di tramontana; raffiche di vento.* **2** Forte slancio: *il vento della rivolta, della libertà* Ⓢ impeto. Ⓔ ***Ai quattro venti*** → ***quattro*** • ***Al vento,*** a vuoto, inutilmente: *parlare al vento* • ***Come il vento,*** molto velocemente: *correre come il vento* • ***Mulino a vento*** → ***mulino*** • ***Qual buon vento (ti porta)?,*** qual è il motivo della visita? • ***Rosa dei venti,*** schema delle varie direzioni da cui soffiano i venti, a forma di stella a 16 o 32 punte. ▸ Ⓕ **vento**

ventola (vèn-to-la) N.F. · Strumento che sposta l'aria con un moto circolare: *la ventola del ventilatore.* ▸ Ⓕ **vento**

ventosa (ven-tó-sa) N.F. **1** Organo che permette a vari animali di aderire e attaccarsi meglio alle superfici: *le ventose dei tentacoli del polpo.* **2** Piccola coppa di gomma che premuta su una superficie liscia vi aderisce e non si stacca. ▸ Ⓕ **vento**

ventoso (ven-tó-so) AGG. **1** D luogo, battuto dal vento: *colle ventoso.* **2** Di periodo di tempo, caratterizzato da venti molto frequenti: *abbiamo avuto un marzo ventoso.* ▸ Ⓕ **vento**

ventrale (ven-trà-le) AGG. · Del ventre: *una fitta alla zona ventrale.*

ventre (vèn-tre) N.M. **1** Nell'uomo e negli animali, la cavità addominale che contiene lo stomaco e l'intestino: *sentirsi il ventre gonfio; riempirsi il ventre di cibo* Ⓢ pancia, addome. **2** Il grembo materno: *porta un bambino nel ventre* Ⓢ utero. **3** La cavità interna di qualcosa: *il ventre di una botte; nel ventre della terra.* Ⓔ ***Basso ventre,*** la parte del corpo dove si trovano gli organi genitali • ***Ventre a terra,*** a tutta velocità, molto in fretta: *i cavalli correvano ventre a terra.*

ventricolo (ven-trì-co-lo) N.M. · Cavità interna di un organo: *ventricolo cardiaco.*

ventriloquo (ven-trì-lo-quo) N.M. (f. *-a*) · Chi è capace di parlare senza muovere le labbra, così che i suoni sembrano provenire dal ventre o da un'altra persona.

ventunesimo (ven-tu-nè-ṣi-mo) AGG. NUM. ORD. · Che in una serie ordinata rappresenta il numero ventuno (in numeri arabi *21°*). Ⓔ ***Il ventunesimo secolo,*** il secolo compreso tra il 2001 e il 2100 (in numeri romani *XXI secolo*).

ventuno (ven-tù-no) AGG. NUM. CARD. e N.M. INVAR. || AGG. Numero formato da due decine e una unità. || N.M. Il numero ventuno e il segno che lo rappresenta (*21* in numeri arabi, *XXI* in numeri romani). Ⓔ ***Le (ore) ventuno,*** le nove di sera.

ventura (ven-tù-ra) N.F. · Sorte, destino: *la buona ventura.* Ⓔ ***Alla ventura,*** affidandosi alla sorte: *andare, partire alla ventura.*

venturo (ven-tù-ro) AGG. · Prossimo: *l'anno venturo partirò.*

venuta (ve-nù-ta) N.F. · Arrivo in un luogo: *aspettiamo con ansia la tua venuta.*

venuto (ve-nù-to) AGG. e N.M. (f. -a) · Che, chi è giunto in un luogo Ⓢ arrivato. Ⓔ ***Il nuovo venuto***, chi è appena arrivato • ***Il primo venuto***, la prima persona che capita: *fidarsi del primo venuto*; persona senza esperienza o capacità: *quel medico non è certo il primo venuto.*

vera (vé-ra) N.F. · Anello nuziale: *una vera d'oro bianco* Ⓢ fede.

verace (ve-rà-ce) AGG. **1** Sincero, onesto, attendibile: *amicizia verace.* **2** Autentico, vero: *vongole veraci.*

veramente (ve-ra-mén-te) AVV. **1** Davvero, proprio, sul serio: *pare che le cose siano andate veramente così; è un libro veramente interessante.* **2** In verità: *io, veramente, preferirei non venire.*

veranda (ve-ràn-da) N.F. · Loggia o balcone che è possibile chiudere con vetrate o tende: *l'albergo aveva una bella veranda sul lago.*

verbale (ver-bà-le) AGG. e N.M. || AGG. **1** Comunicato a voce: *ordine verbale* Ⓢ orale Ⓒ scritto. **2** In grammatica, del verbo: *voce verbale; flessione verbale.* || N.M. Documento scritto per registrare in modo ufficiale discorsi, dichiarazioni o fatti: *il verbale di un interrogatorio.* Ⓔ ***Predicato verbale*** → ***predicato***.

verbo (vèr-bo) N.M. **1** Termine cristiano per indicare la seconda persona della Trinità, il Figlio, cioè la parola di Dio e anche il suo pensiero. **2** In grammatica, parte del discorso che indica l'azione, la trasformazione o lo stato.

verdastro (ver-dà-stro) AGG. · Che tende al verde: *il livido è di colore verdastro.*

verde (vér-de) AGG. e N.M. e F. || AGG. **1** Del colore dell'erba e delle foglie, in varie sfumature: *verde smeraldo; verde bottiglia; verde oliva.* **2** Di persona dal colorito livido a causa di una malattia o di un'emozione: *è diventato verde d'invidia* Ⓢ pallido. **3** Di frutti, non maturo: *le pesche sono ancora verdi* • Giovanile: *gli anni verdi.* **4** Che rispetta l'ambiente, non inquinante. || N.M. **1** Il colore verde: *tingersi i capelli di verde.* **2** Vegetazione: *vivere in una casa nel verde.* **3** Il segnale del semaforo che indica via libera: *partire con il verde.* || AGG. e N.M. e F. Che, chi fa parte di un movimento politico impegnato sui problemi dell'ambiente: *i verdi si battono contro le centrali nucleari.* Ⓔ ***Al verde***, senza soldi: *a fine mese sono sempre al verde* • ***Benzina verde*** → ***benzina*** • ***Numero verde***, servizio telefonico gratuito per chi chiama • ***Zona verde***, area della città destinata a parchi e giardini pubblici.

verdeggiare (ver-deg-già-re) V.INTR. (*verdéggio*, ecc.; aus. *avere*) · Apparire verde e rigoglioso: *a primavera la campagna ricomincia a verdeggiare.*

verdetto (ver-dét-to) N.M. · In un processo, la decisione della giuria: *verdetto di non colpevolezza* Ⓢ giudizio, sentenza.

> Il termine deriva dal latino medievale *vere dictum* 'detto con verità'.

verdognolo (ver-dó-gno-lo) AGG. **1** Che tende al verde: *un liquore verdognolo.* **2** Di colorito, pallido, livido: *ha una faccia verdognola da malato.*

verdura (ver-dù-ra) N.F. · Assortimento di erbe commestibili e di ortaggi: *non mangia carne, solo verdura.*

verga (vér-ga) N.F. (pl. *-ghe*) **1** Bastone lungo e sottile: *la verga del pastore* Ⓢ asta. **2** Barra di metallo di varie dimensioni: *una verga d'oro* Ⓢ lingotto, barra.

vergare (ver-gà-re) V.TR. (*vérgo, vérghi*, ecc.) · Scrivere a mano: *vergare una lettera.*

verginale (ver-gi-nà-le) AGG. · Di vergine: *purezza verginale.*

vergine (vér-gi-ne) AGG. e N.F. e M. || AGG. e N.F. e M. Che, chi non ha mai avuto rapporti sessuali. || AGG. **1** Che non mostra traccia di intervento umano: *foresta vergine* Ⓢ intatto • Di pellicole, videocassette, cd-rom, ecc., non ancora usate. **2** Di sostanza, che non ha subito lavorazioni e non è mischiata ad altri prodotti: *lana vergine; olio vergine di oliva* Ⓢ puro, genuino. || N.F. In astrologia, segno che comprende i nati fra il 24 agosto e il 23 settembre. Ⓔ ***La Vergine***, la Madonna.

verginità (ver-gi-ni-tà) N.F. INVAR. · La condizione di chi non ha mai avuto rapporti sessuali: *perdere la verginità.*

vergogna (ver-gó-gna) N.F. **1** Senso di umiliazione e di tristezza che si prova quando ci si rende conto di aver agito o parlato in modo sbagliato o ridicolo: *arrossire di vergogna* Ⓢ imbarazzo, mortificazione. **2** Ritegno dovuto a discrezione o timidezza: *ho vergogna **di** chiedergli del denaro* Ⓢ impaccio, timore. **3** Motivo di disonore: *coprirsi di vergogna; sei la vergogna della famiglia!*

vergognarsi (ver-go-gnàr-si) V.INTR. PRONOM. (*mi vergógno*, ecc.) **1** Essere in uno stato di sofferenza e imbarazzo per aver detto o fatto qualcosa di sbagliato: *mi vergogno **di** averla offesa.* **2** Provare un senso di umiliazione per qualcosa che si considera motivo di disonore: *si vergogna **della** sua povertà.* **3** Avere ritegno per discrezione o timidezza: *si è sempre vergognato **a** parlare in pubblico* Ⓢ imbarazzarsi.

La prima persona plurale dell'indicativo presente e quella del congiuntivo presente è *ci vergogniamo*, con la *i*: la forma *vergognamo* è sempre scorretta! La seconda persona plurale dell'indicativo presente è *vi vergognate* senza *i*, mentre quella del congiuntivo presente è *vi vergogniate* con la *i*.

vergognoso (ver-go-gnó-so) AGG. **1** Che prova o mostra vergogna: *se ne stava in un angolo zitto e vergognoso.* **2** Che è motivo di biasimo e disonore: *è di un'avidità vergognosa* Ⓢ ignobile, spregevole.

veridicità (ve-ri-di-ci-tà) N.F. INVAR. · Corrispondenza al vero: *mettere in discussione la veridicità di un fatto* Ⓢ verità, autenticità.

veridico (ve-rì-di-co) AGG. (pl.m. *-ci*, pl.f. *-che*) · Corrispondente al vero: *racconto veridico* Ⓢ veritiero, attendibile.

V

verifica (ve-rì-fi-ca) N.F. (pl. *-che*) · Controllo, accertamento, prova: *la verifica di una notizia.*

verificare (ve-ri-fi-cà-re) V.TR. (*verìfico, verìfichi*, ecc.) || TR. Controllare la validità, l'autenticità, la regolarità o l'esattezza di qualcosa: *verificare l'autenticità di un passaporto; verificare un'ipotesi con i risultati del laboratorio* Ⓢ esaminare, accertare. || **verificarsi** INTR. PRONOM. Di previsioni o ipotesi, compiersi, avverarsi, realizzarsi: *si è verificato quello che temevamo* • Avvenire, accadere, succedere: *si è verificato uno spiacevole incidente.*

verisimiglianza (ve-ri-si-mi-gliàn-za) → ***verosimiglianza.***

verismo (ve-rì-smo) N.M. **1** Nel cinema e nella letteratura, tendenza a rappresentare la realtà, anche nei suoi aspetti più duri e sgradevoli: *un film con scene di crudo verismo* Ⓢ realismo. **2** Corrente letteraria, artistica e musicale dell'Ottocento, caratterizzata da una narrazione attenta alla realtà e ai problemi sociali: *Giovanni Verga è il massimo esponente del Verismo.*

verista (ve-ri-sta) AGG. e N.M. e F. (pl.m. *-i*, pl.f. *-e*) · Che, chi fa parte della corrente letteraria e artistica del Verismo: *scrittore, pittore verista.*

verità (ve-ri-tà) N.F. INVAR. **1** Piena corrispondenza con la realtà dei fatti: *negare la verità di un fatto; finalmente si è scoperta la verità sul delitto* Ⓢ realtà, autenticità. **2** Principio fondamentale di una religione, di una filosofia o di una scienza: *accettare le verità del cristianesimo.* Ⓔ ***A dire la verità***, a essere sincero • ***In verità***, in realtà • ***Verità scientifica***, quella dimostrata in base a principi e metodi scientifici.

veritiero (ve-ri-tiè-ro) AGG. · Fedele alla verità dei fatti: *uno storico veritiero* Ⓢ attendibile, veridico Ⓒ menzognero.

verme (vèr-me) N.M. **1** Invertebrato terrestre, d'acqua dolce o marina, con forma allungata, consistenza molle, mancanza di zampe e capacità di contrarsi. **2** Persona ripugnante dal punto di vista morale: *si è comportato come un verme* Ⓢ miserabile, infame. Ⓔ ***Strisciare come un verme***, avere un comportamento molto servile • ***Verme solitario***, tenia.

vermiglio (ver-mì-glio) AGG. (pl.m. *-gli*, pl.f. *-glie*) · Di colore rosso vivo: *labbra vermiglie.*

vernice (ver-nì-ce) N.F. **1** Sostanza colorante che, stesa su una superficie, si secca formando una pellicola resistente e aderente: *un barattolo di vernice rossa.* **2** Pelle verniciata e molto lucida: *scarpe di vernice.* **3** Apparenza superficiale: *la sua cortesia è solo una vernice* Ⓢ finzione.

Il termine deriva dal greco *bereníke* che indicava un albero, la cui resina veniva impiegata nella composizione delle vernici.

verniciare (ver-ni-cià-re) V.TR. (*vernìcio*, ecc.) · Coprire con uno strato di vernice: *verniciare un cancello di nero* Ⓢ tinteggiare, pitturare.

vero (vé-ro) AGG. e N.M. || AGG. **1** Corrispondente alla realtà: *una storia vera; notizie vere* Ⓢ reale Ⓒ falso. **2** Autentico: *oro vero; è un vero artista* • Di sentimenti, sincero e profondo: *è vero amore.* || N.M. Ciò che corrisponde all'effettiva realtà delle cose: *non dici il vero* Ⓢ verità • Realtà concreta come oggetto di riproduzione artistica: *dipingere dal vero.* Ⓔ ***A dire il vero, a onor del vero***, in verità, veramente: *a dire il vero, il film era proprio brutto* • ***Non mi par vero***, sono molto felice: *non mi par vero di vederti* • ***Tant'è vero***, infatti, per sostenere quello che si sta dicendo: *secondo me è colpevole, tant'è vero che non ha alibi* • ***Vero e proprio***, espressione che serve a mettere in evidenza il nome che segue: *questa è una vera e propria ingiustizia.*

verosimiglianza (ve-ro-si-mi-gliàn-za) N.F. · Possibilità che un fatto sia vero: *la verosimiglianza di un racconto.*

verosimile (ve-ro-sì-mi-le) AGG. · Che ha tutte le caratteristiche per essere creduto vero, anche senza essere documentato: *non è verosimile che il ladro sia scappato in aereo* Ⓢ credibile, plausibile Ⓒ inverosimile.

verricello (ver-ri-cèl-lo) N.M. · Piccolo argano per sollevare e trasportare pesi.

verro (vèr-ro) N.M. · Maiale adulto destinato alla riproduzione.

verruca (ver-rù-ca) N.F. (pl. *-che*) · Piccola formazione dura e rugosa, che si forma spesso sulla pelle delle mani e dei piedi a causa di un virus.

versaccio (ver-sàc-cio) N.M. (pl. *-ci*) · Grido sguaiato o smorfia che esprime disgusto o presa in giro: *ma che versacci fai!*

versamento (ver-sa-mén-to) N.M. **1** Operazione con cui si paga o si deposita una somma di denaro: *fare un versamento in conto corrente bancario* Ⓢ pagamento, deposito. **2** Liquido organico che si raccoglie in una cavità dell'organismo: *un versamento al ginocchio.*

versante (ver-sàn-te) N.M. · Ciascuno dei due fianchi di una collina o di un monte: *il versante italiano del Monte Bianco.* Ⓔ ***Sul versante di***, per quanto riguarda: *ci sono novità sul versante della disoccupazione?*

versare (ver-sà-re) V.TR. e INTR. (*vèrso*, ecc.) || TR. **1** Fare uscire il contenuto da un recipiente inclinandolo o rovesciandolo per sbaglio: *versa l'acqua* ***nei*** *bicchieri; ho versato del vino* ***sulla*** *tovaglia.* **2** Spargere, spandere: *versare fiumi di lacrime.* **3** Pagare o depositare una somma di denaro: *versare la prima rata dell'affitto.* || INTR. (aus. *avere*) Trovarsi in certe condizioni, spesso difficili o dolorose: *versare* ***in*** *miseria* Ⓢ essere. || **versarsi** INTR.PRONOM. Di un liquido, uscire dal recipiente: *il latte si è versato per terra* Ⓢ colare, rovesciarsi.

versatile (ver-sà-ti-le) AGG. · Di oggetto, che può avere diverse funzioni: *un'auto versatile, va bene per la città e per i viaggi lunghi* • Di persona che riesce bene in attività diverse: *un musicista versatile, suona sei strumenti* Ⓢ eclettico, poliedrico.

versatilità (ver-sa-ti-li-tà) N.F.INVAR. · Capacità di adattarsi con successo ad attività diverse: *è uno sportivo di grande versatilità.*

versato (ver-sà-to) AGG. · Che ha una particolare inclinazione verso qualcosa: *è molto versato* ***negli*** *studi classici* Ⓢ portato, tagliato.

versetto (ver-sét-to) N.M. **1** Verso molto breve: *i versetti di una canzone.* **2** Ciascuno dei brevi brani in cui sono suddivisi i capitoli della Bibbia e del Corano: *imparare a memoria alcuni versetti del Vangelo.*

versione (ver-sió-ne) N.F. **1** Traduzione da una lingua a un'altra, spesso come esercitazione scolastica: *versione dal latino in italiano.* **2** Narrazione di un fatto secondo un certo punto di vista: *ognuno dei testimoni ha dato una versione diversa dell'incidente* Ⓢ resoconto, testimonianza. **3** Realizzazione diversa di un oggetto per adattarlo a varie esigenze: *lo stesso modello di abito esiste in versione sportiva e da sera.*

verso[1] (vèr-so) PREP. **1** Indica la direzione o la meta di uno spostamento: *sta viaggiando verso Roma.* **2** Indica approssimazione in un'indicazione di spazio o di tempo: *abita verso Genova; ci vedremo verso le nove.* **3** Rispetto a, nei confronti di: *critico verso il suo operato; pietoso verso chi soffre.*

Quando *verso* precede un pronome personale, deve essere seguito dalla preposizione *di*: *vieni verso di me.*

verso[2] (vèr-so) N.M. **1** In una poesia, l'insieme delle parole scritte sulla stessa riga: *il sonetto si compone di 14 versi endecasillabi* • AL PL. Composizione poetica: *gli ultimi versi di Montale.* **2** La voce caratteristica di un animale: *che verso fa il gallo?* **3** Il modo di muoversi e l'atteggiamento del viso di una persona: *imitava il verso della sorella.* **4** La direzione di un movimento: *proseguite per questo verso* Ⓢ via, senso. **5** Maniera di fare qualcosa: *bisogna trovare il verso di convincerlo* Ⓢ metodo, modo. Ⓔ ***Non esserci verso***, è impossibile: *non c'è verso di fargli entrare in testa la matematica* • ***Prendere una persona per il suo verso***, saperla trattare in modo adatto al suo carattere • ***Rifare il verso a qualcuno***, imitare il suo particolare modo di muoversi e parlare.

vertebra (vèr-te-bra) N.F. · Ogni osso a forma di cilindro che, disposto in colonna con gli altri, forma lo scheletro di sostegno dei vertebrati.

vertebrale (ver-te-brà-le) AGG. · Delle vertebre. Ⓔ ***Colonna vertebrale***, la colonna formata dalle vertebre sovrapposte che contiene il midollo spinale.

vertebrato (ver-te-brà-to) AGG. e N.M. · Di animale che ha la colonna vertebrale: *la medusa non è un vertebrato.*

vertenza (ver-tèn-za) N.F. · Contesa, lite, controversia: *risolvere una vertenza in tribunale.*

V

vertere (vèr-te-re) V.INTR. (irreg.: *vèrto*, ecc.; mancano il part. pass. e i tempi composti) · Riferirsi a un certo argomento: *la discussione verte* ***intorno a*** *problemi di economia;* ***su*** *cosa vertono i tuoi studi?* Ⓢ riguardare, trattare.

verticale (ver-ti-cà-le) AGG. e N.F. || AGG. **1** Disposto o diretto dall'alto in basso: *dividere una pagina in colonne verticali.* **2** Perpendicolare a un piano di riferimento orizzontale. || N.F. **1** Retta perpendicolare a un piano di riferimento orizzontale: *tracciare la verticale di un punto.* **2** In ginnastica, esercizio con cui ci si regge a testa in giù sulle mani: *fare la verticale.* Ⓔ ***Parole verticali*** (o *le verticali* N.F.PL.), nei cruciverba, le parole che si scrivono dall'alto verso il basso Ⓒ parole orizzontali • ***Pianoforte verticale*** → *pianoforte*.

vertice (vèr-ti-ce) N.M. **1** Il punto più elevato: *il vertice del monte* Ⓢ cima. **2** Piena riuscita: *giungere al vertice della carriera* Ⓢ culmine, apice. **3** Incontro dei capi di Stato o di governo di vari Paesi per discutere problemi di politica internazionale: *il vertice dei Ministri degli esteri* Ⓢ summit (*ingl.*). **4** Il punto d'incontro dei lati di un poligono: *il vertice del triangolo* • Il punto in cui si incontrano gli spigoli e le facce di un solido: *il vertice di una piramide.*

vertigine (ver-tì-gi-ne) N.F. (spesso al pl.) · Disturbo dell'equilibrio che si manifesta con capogiri e svenimenti: *soffrire di vertigini.*

Il termine deriva dal latino *vertigo* 'rotazione, vertigine', che viene a sua volta da *vertere* 'girare, volgere'.

vertiginoso (ver-ti-gi-nó-so) AGG. **1** Di movimento, talmente rapido da stordire o far perdere il senso dell'equilibrio: *una danza vertiginosa* Ⓢ vorticoso • Di attività, frenetico, convulso, incalzante: *una gara dal ritmo vertiginoso.* **2** Capace di dare le vertigini: *salire ad altezze vertiginose.* **3** Capace di stupire e turbare: *una scollatura vertiginosa* Ⓢ mozzafiato.

verve (ver-ve; pronuncia vèrv) N.F. FR., in it. N.F. INVAR. · Estro, brio, vivacità: *un oratore pieno di verve.*

verza (vér-ẓa) N.F. · Tipo di cavolo con foglie larghe e rugose.

vescica (ve-scì-ca) N.F. (pl. *-che*) **1** Cavità del corpo a pareti sottili destinata a raccogliere prodotti di secrezione, liquidi o gas. **2** Bolla ripiena di siero che si forma sulla pelle a causa di ustioni o prolungati sfregamenti: *gli scarponi nuovi mi hanno fatto venire le vesciche.* Ⓔ ***Vescica natatoria***, la sacca piena di gas che permette ai pesci di muoversi a diverse profondità • ***Vescica (urinaria)***, organo cavo in cui si raccolgono le urine prima di essere emesse.

vescovile (ve-sco-vi-le) AGG. · Del vescovo: *palazzo vescovile.*

vescovo (vé-sco-vo) N.M. · Nella Chiesa cattolica, il sacerdote al quale il Papa affida il governo di una diocesi. Ⓔ ***Il vescovo di Roma***, il Papa.

Il termine deriva dal greco *episképtomai* 'sorvegliare, esaminare'.

vespa (vè-spa) N.F. · Insetto alato spesso di colore giallo e nero; le femmine hanno un pungiglione velenoso la cui puntura è particolarmente dolorosa.

vespaio (ve-spà-io) N.M. (pl. *-spài*) **1** Nido di vespe. **2** Strato di pietre o di mattoni sotto il pavimento del pianterreno di un edificio per proteggerlo dall'umidità. Ⓔ ***Suscitare un vespaio***, provocare una reazione clamorosa, tante critiche, pettegolezzi o commenti: *le sue dichiarazioni hanno suscitato un vespaio.*

vespro (vè-spro) N.M. **1** Ora del tramonto Ⓢ crepuscolo. **2** Nella liturgia cattolica, funzione che si celebra alle sei del pomeriggio: *recitare il vespro.*

vessare (ves-sà-re) V.TR. (*vèsso*, ecc.) · Opprimere, tormentare, perseguitare: *vessare i cittadini* ***con*** *troppe tasse.*

vessatorio (ves-sa-tò-rio) AGG. (pl.m. *-ri*, pl.f. *-rie*) · Oppressivo, dispotico, tirannico: *ha un atteggiamento vessatorio verso i suoi figli.*

vessazione (ves-sa-zió-ne) N.F. · Oppressione, prepotenza, sopruso: *è vittima delle vessazioni del capufficio.*

vessillo (ves-sìl-lo) N.M. **1** Antica insegna dell'esercito romano. **2** Bandiera, stendardo: *il vessillo tricolore.* **3** Insegna, simbolo: *tenere alto il vessillo della pace.*

Il termine deriva dal latino *vexillum* 'insegna, bandiera'.

vestaglia (ve-stà-glia) N.F. (pl. *-glie*) · Veste da camera, maschile o femminile, aperta davanti.

veste (vè-ste) N.F. **1** Indumento esteriore che copre tutta la persona: *una veste di seta lunga fino ai piedi.* **2** Rivestimento esteriore: *il cofanetto uscirà con una nuova veste natalizia.* **3** Atteggiamento esteriore, spesso falso: *presentarsi sotto la veste di amico* Ⓢ aspetto, apparenza. Ⓔ ***In veste di***, nel ruolo di: *parlo in veste di medico, non di fratello.*

vestiario (ve-stià-rio) N.M. (pl. *-ri*) · L'insieme dei vestiti di una persona: *rinnovare il vestiario* Ⓢ guardaroba.

vestibolo (ve-stì-bo-lo) N.M. **1** Ambiente di ingresso di un edificio: *l'appuntamento è nel vestibolo del teatro* Ⓢ atrio; hall (*ingl.*). **2** Parte interna dell'orecchio.

vestigio (ve-stì-gio) N.M. (pl.m. *i vestìgi*, pl.f. *le vestìgia*) · Quello che rimane come ricordo di ciò che è scomparso: *le vestigia delle antiche civiltà* Ⓢ resti (PL.).

vestire (ve-stì-re) V.TR. e INTR. (*vèsto*, ecc.) || TR. **1** Coprire con indumenti: *vestire il bambino* ***di*** *azzurro* Ⓒ spogliare • Di abito, adattarsi alla persona: *questa giacca ti veste benissimo* • Di negozio, fornire di vestiti: *è un sarto che veste molti attori famosi.* **2** Assumere un certo ruolo rappresentato dall'abito: *vestire la tonaca da frate, la divisa militare.* || INTR. (aus. *essere*) e **vestirsi** RIFL. Mettersi un certo tipo di abito: *veste alla moda; mi vesto spesso* ***di*** *nero.* || **vestirsi** RIFL. Indossare degli abiti: *sbrigati a vestirti!* || **vestirsi** INTR. PRONOM. Ricoprirsi, rivestirsi: *in primavera i prati si vestono* ***di*** *fiori variopinti.*

vestito[1] (ve-stì-to) AGG. · Che ha indosso gli abiti: *dormire vestito* • Che ha indosso un certo tipo di abito: *vestito a festa; vestito* ***di*** *nero.*

vestito[2] (ve-stì-to) N.M. · Indumento che si indossa sopra la biancheria intima: *un vestito di cotone; vestito da sera* Ⓢ abito.

veterano (ve-te-rà-no) N.M. (f. *-a*) **1** Militare con molti anni di servizio: *i veterani dell'esercito napoleonico.* **2** Chi esercita un'attività da molto tempo: *un veterano del mestiere* Ⓢ esperto.

veterinario (ve-te-ri-nà-rio) AGG. e N.M. (f. *-a*; pl.m. *-ri*, pl.f. *-rie*) || AGG. Che riguarda la cura degli animali domestici: *medicina veterinaria.* || N.M. (f. *-a*) Medico che studia e cura le ma-

A B C D E F G H I J K L M N O P Q R S T U V W X Y Z

lattie degli animali: *portare il cane dal veterinario*.

Il termine deriva dal latino *veterina* 'bestie da soma', che viene a sua volta da *vetus* 'vecchio', in quanto si riferisce ad animali non più adatti alla guerra o alla corsa.

veto (vè-to) N.M. **1** La facoltà del capo dello Stato di respingere o bloccare una legge: *mettere il veto*. **2** Divieto, proibizione: *il padre gli ha messo il veto di rientrare dopo la mezzanotte*.

vetraio (ve-trà-io) N.M. (f. *-a*; pl.m. *-trài*, pl.f. *-tràie*) **1** Chi fabbrica e lavora il vetro. **2** Chi vende, taglia e monta lastre di vetro.

vetrata (ve-trà-ta) N.F. · Ampia finestra chiusa da una o più lastre di vetro: *le vetrate della cattedrale*.

vetreria (ve-tre-rì-a) N.F. (pl. *-rìe*) **1** Fabbrica o negozio di oggetti di vetro: *le vetrerie di Murano*. **2** Insieme di oggetti di vetro: *una vetreria pregiata*.

vetrina (ve-trì-na) N.F. **1** La parte di un negozio, chiusa da vetri, che si affaccia sulla strada, con la merce esposta al pubblico: *guardare le vetrine*. **2** Credenza a vetri: *una vecchia vetrina restaurata*. Ⓔ ***Mettersi in vetrina***, mettersi in mostra.

vetrinista (ve-tri-nì-sta) N.M. e F. (pl.m. *-i*, pl.f. *-e*) · Chi prepara e arreda le vetrine dei negozi.

vetrino (ve-trì-no) N.M. **1** Piccola lastra di vetro: *il vetrino dell'orologio si è rotto*. **2** Ciascuna delle due piccole lastre di vetro fra cui si mette una sostanza da analizzare al microscopio.

vetro (vé-tro) N.M. **1** Materiale trasparente e fragile ottenuto fondendo sabbia contenente silicio con altre sostanze, che può essere modellato nelle più varie forme: *bicchieri di vetro; i vetri di Murano*. **2** Lastra di vetro applicata a una finestra: *si è rotto il vetro della finestra; lavare i vetri* • AL PL. La finestra: *chiudere i vetri*. **3** Pezzo di vetro: *tagliarsi con i vetri di una bottiglia rotta*. Ⓔ ***Soffiare il vetro*** → **soffiare**.

vetroso (ve-tró-so) AGG. · Che ha le caratteristiche o l'aspetto del vetro: *sostanza vetrosa* Ⓢ vitreo.

vetta (vét-ta) N.F. · Il punto più alto, soprattutto di piante, montagne o edifici: *vette coperte di neve* Ⓢ cima, sommità. Ⓔ ***Raggiungere la vetta***, raggiungere il successo o una posizione di prestigio.

Il termine deriva dal latino *vitta* 'benda che si pone intorno alla testa', passato poi a indicare la parte alta di qualcosa.

vettore (vet-tó-re) N.M. · Grandezza fisica, rappresentata da una freccia a cui corrispondono un valore numerico, una direzione e un senso: *la velocità è un vettore*.

vettovaglia (vet-to-và-glia) N.F. (spesso al pl. *-glie*) · Il cibo necessario a un insieme di persone, di solito un esercito: *esaurimento delle vettovaglie* Ⓢ provvista; viveri (PL.).

vettura (vet-tù-ra) N.F. **1** Mezzo di trasporto per il servizio pubblico: *vettura ferroviaria*. **2** Automobile, macchina.

vetturino (vet-tu-rì-no) N.M. · In passato, chi guidava una carrozza pubblica a cavalli: *il vetturino della diligenza*.

vezzeggiare (vez-zeg-già-re) V.TR. (*vezzéggio*, ecc.) · Trattare in modo affettuoso, con carezze e complimenti: *è ammirata e vezzeggiata da tutti* Ⓢ coccolare.

vezzeggiativo (vez-zeg-gia-tì-vo) AGG. e N.M. · In grammatica, di forma di diminutivo che accompagna l'idea di piccolo con quella di grazia e simpatia; si forma con i suffissi del diminutivo (*che bel nasino!*; *un libretto*; *tesoruccio mio!*) Ⓒ dispregiativo, spregiativo, peggiorativo.

vezzo (véz-zo) N.M. **1** Abitudine, vizio: *ha il vezzo di toccarsi sempre il naso*. **2** AL PL. Parole o gesti molto leziosi: *gli ha fatto mille vezzi per farsi perdonare* Ⓢ moina. **3** Collana: *un vezzo di perle*.

vezzoso (vez-zó-so) AGG. **1** Dotato di grazia e bellezza: *una ragazza vezzosa* Ⓢ grazioso, leggiadro. **2** Carezzevole, lezioso: *comportarsi in modo vezzoso*.

vi[1] AVV. · In quel luogo: *si trasferì in India e vi rimase tutta la vita* Ⓢ là.

vi[2] PRON. PERS. · Forma atona del pronome di seconda persona plurale *voi* usata come complemento oggetto e complemento di termi-

V

ne: *vi guardo negli occhi*, guardo negli occhi voi; *vi ho mandato un dono*, ho mandato un dono a voi • Con valore reciproco, l'un l'altro, a vicenda: *abbracciatevi e fate la pace*.

Il pronome *vi* si mette sempre prima del verbo; si mette dopo solo quando il verbo è all'imperativo, all'infinito, al gerundio o al participio: *vi guardano*; *guardatevi*; *guardarvi*; davanti a *lo*, *la*, *le*, *li*, *ne* è sostituito da *ve*: *non ve lo dice*; *non dirvelo*.

via[1] (vì-a) AVV. e N.M. INVAR. || AVV. In un altro posto: *andare via*; *va' via*; *la prossima settimana sono via* Ⓢ lontano. || N.M. Segnale di partenza: *i corridori sono in attesa del via*. || **via!** INTER. **1** Comando di partenza: *pronti, via!* **2** Esprime un vivace invito a lasciar perdere ciò di cui si sta parlando: *via, smettiamola!*; *via, non sei più un bambino!* Ⓔ ***Dare il via***, dare inizio • ***Via via che***, ogni volta che: *ti informerò dei risultati via via che mi arriveranno*.

via[2] (vì-a) N.F. (pl. *vìe*) **1** Strada di città: *abita in via Cavour* • Strada di grande comunicazione: *via Salaria*; *via Emilia*. **2** Percorso per arrivare a una destinazione: *fermarsi a mezza via* Ⓢ strada, tragitto • Passaggio, varco: *aprirsi una via tra la folla*. **3** Sistema per trasmettere messaggi: *comunicazioni via cavo*. **4** Il mezzo con cui avviene un trasporto o la località da cui si passa: *spedire per via aerea*; *sono arrivato a Bologna da sud, via Firenze*. **5** Nell'organismo, sistema di canali in cui scorrono i liquidi organici o gas: *vie urinarie*; *vie respiratorie*. **6** Metodo di somministrazione di un farmaco: *la pillola va presa per via orale*. **7** Modo per raggiungere uno scopo: *non vedo altra via che questa* Ⓢ possibilità, soluzione. Ⓔ ***Alle vie di fatto***, all'azione violenta: *prima hanno litigato poi sono passati alle vie di fatto* • ***Essere in via di***, avviarsi a una certa condizione: *il malato è in via di guarigione* • ***Per via di***, a causa di • ***Vie legali***, mezzi che la legge concede per difendere i propri diritti: *andare per vie legali*; *ricorrere alle vie legali*.

viabilità (via-bi-li-tà) N.F. INVAR. **1** Possibilità di passare su una strada: *ripristinare la viabilità dell'autostrada dopo i lavori*. **2** L'insieme delle vie che formano la rete stradale di un territorio: *regione dotata di buona viabilità*.

viadotto (via-dót-to) N.M. · Grande ponte che permette a treni e automobili di superare una vallata o un fiume.

viaggiare (viag-già-re) V.INTR. (*viàggio*, ecc.; aus. *avere*) **1** Trasferirsi da un luogo all'altro con un mezzo di trasporto: *viaggiare **in** treno*; *viaggiare **per** turismo* • Fare viaggi: *da giovane ha viaggiato in tutta Europa*. **2** Di mezzo di trasporto, effettuare un percorso stabilito: *il treno per Roma viaggia con dieci minuti di ritardo*. **3** Abbandonarsi all'immaginazione: *viaggiare **con** la fantasia, **con** la mente* Ⓢ vagare.

viaggiatore (viag-gia-tó-re) N.M. (f. *-trìce*) **1** Chi fa un viaggio usando un mezzo di trasporto pubblico Ⓢ passeggero. **2** Chi compie viaggi per conoscere luoghi nuovi: *è un viaggiatore entusiasta e ama molto l'Africa*.

viaggio (viàg-gio) N.M. (pl. *-gi*) **1** Trasferimento da un luogo all'altro, con mezzi di trasporto: *un viaggio in nave*; *viaggio d'affari*; *viaggio di nozze*; *buon viaggio!*, augurio rivolto a chi parte. **2** Tragitto per trasportare da un luogo all'altro una serie di oggetti: *ho dovuto fare tre viaggi per traslocare*.

Il termine deriva dal latino *viaticum* 'provvista per il viaggio'.

viagra (vià-gra) N.M. INVAR. · Nome commerciale ® di un farmaco per la cura dell'impotenza sessuale maschile.

viale (vi-à-le) N.M. · Ampia via, spesso con due file di alberi ai lati: *il viale della stazione*.

viandante (vian-dàn-te) N.M. e F. · Chi viaggia a piedi su strade fuori città: *un viandante stanco e affamato* Ⓢ viaggiatore.

viario (vi-à-rio) AGG. (pl.m. *-ri*, pl.f. *-rie*) · Che riguarda le strade: *rete viaria*.

viatico (vi-à-ti-co) N.M. (pl. *-ci*) **1** Nella Roma antica, l'insieme delle cose necessarie a chi si metteva in viaggio. **2** Quanto può essere di aiuto o di sostegno in un'impresa: *queste mie parole ti siano di viatico*. **3** L'Eucarestia portata alle persone in punto di morte.

viavai (via-vài) N.M. INVAR. · Movimento intenso di persone che vanno e vengono in direzioni diverse: *in piazza c'è sempre un gran viavai* Ⓢ flusso, transito.

vibrante (vi-bràn-te) AGG. **1** Che vibra: *le corde vibranti della chitarra.* **2** Che rivela intensità di sentimenti: *una vibrante protesta; parlava con voce vibrante **di** commozione* Ⓢ appassionato, commosso.

vibrare (vi-brà-re) V.TR. e INTR. || TR. **1** Dare con forza: *vibrare una coltellata **a** qualcuno* Ⓢ assestare, sferrare. **2** Premere le corde di uno strumento per dare un particolare effetto al suono. || INTR. (aus. *avere*) **1** Essere in vibrazione: *l'aria vibra nelle canne del fiume.* **2** Fremere per un'emozione: *la sua voce vibrava **di** sdegno* Ⓢ ardere, palpitare.

vibratile (vi-brà-ti-le) AGG. · Capace di vibrare: *membrana vibratile.*

vibrato (vi-brà-to) AGG. e N.M. || AGG. Concitato, appassionato, energico: *presentare una vibrata protesta.* || N.M. In musica, modo di suonare o di cantare che riproduce un suono tremolante.

vibrazione (vi-bra-zió-ne) N.F. · Movimento oscillatorio più o meno intenso: *la vibrazione di un ponte su cui passano dei camion* Ⓢ oscillazione.

vicario (vi-cà-rio) N.M. (pl. *-ri*) · Nella Chiesa, sostituto di un funzionario importante: *il vescovo ha mandato il suo vicario* Ⓢ vice. Ⓔ ***Il vicario di Cristo***, il Papa.

vice (vi-ce) N.M. e F. INVAR. · Chi sostituisce un superiore in un incarico: *il direttore non c'era, ho parlato con il vice* Ⓢ sostituto.

vice- · Primo elemento di parole composte che indica la persona che può sostituire il titolare di un ufficio o di una carica: *vicepreside, vicesindaco.*

vicenda (vi-cèn-da) N.F. · Evento, avvenimento: *le vicende della vita; vicende storiche.* Ⓔ ***A vicenda***, l'un l'altro: *aiutarsi a vicenda.*

V

vicendevole (vi-cen-dé-vo-le) AGG. · Reciproco, mutuo: *darsi vicendevole aiuto.*

vicendevolmente (vi-cen-de-vol-mén-te) AVV. · L'uno con l'altro: *darsi vicendevolmente affetto* Ⓢ reciprocamente.

vicepresidente (vi-ce-pre-si-dèn-te) N.M. e F. (f. raro anche *-éssa*) · Il più stretto collaboratore del presidente, che può sostituirlo se manca: *il vicepresidente degli Stati Uniti d'America.*

> È preferibile usare la forma *vicepresidente* sia al maschile sia al femminile ed evitare il femminile *vicepresidentessa*: *il vicepresidente Mario Verdi; la vicepresidente Giovanna Rossi.*

viceré (vi-ce-ré) N.M. INVAR. · Chi governa in nome del re una colonia o una parte del regno.

> L'accento sulla e di *viceré* è acuto; scrivere *vicerè* con l'accento grave è un errore!

viceversa (vi-ce-vèr-sa) AVV. · In direzione o maniera opposta: *il tram fa servizio dal centro alla periferia e viceversa.*

vichingo (vi-chìn-go) AGG. e N.M. (f. -a; pl.m. *-ghi*, pl.f. *-ghe*) · Delle antiche popolazioni germaniche stanziate fin dal Medioevo nella penisola scandinava: *i Vichinghi erano grandi navigatori.*

vicinanza (vi-ci-nàn-za) N.F. **1** Breve distanza, nello spazio e nel tempo: *la vicinanza di un'abitazione **al** centro della città; la vicinanza di una scadenza* Ⓢ prossimità Ⓒ lontananza. **2** AL PL. Dintorni, paraggi: *abito nelle vicinanze del paese.* Ⓔ ***In vicinanza di***, vicino a: *giunti in vicinanza del nemico, le truppe attaccarono.*

vicinato (vi-ci-nà-to) N.M. **1** L'insieme di case vicine a quelle in cui si abita: *le donne del vicinato* • Le persone che ci abitano: *ha invitato alla festa tutto il vicinato.* **2** Rapporto tra vicini di casa: *seguire le regole del buon vicinato.*

vicino (vi-cì-no) AGG., N.M. e AVV. (f. *-a*) || AGG. **1** Che si trova a breve distanza: *abito vicino **alla** stazione* Ⓢ adiacente, prossimo Ⓒ lontano, distante. **2** Di evento, che si verificherà a breve: *gli esami sono vicini* • Di persona, che è sul punto di raggiungere una certa età: *è vicino **ai** cinquant'anni.* **3** Che partecipa della stessa emozione: ***ti** siamo vicini nel tuo dolore.* **4** Che somiglia: *un colore vicino **a** questo verde* Ⓢ simile, affine. || N.M. (f. *-a*) Chi abita in una casa vicina: *ho buoni rapporti con i miei vicini.* || AVV. A breve distanza: *non ti sento, vieni più vicino; siediti vicino **a** me.* Ⓔ ***Da vicino***, con attenzione: *ho esaminato il problema da vicino.*

Il termine deriva dal latino *vicus* 'borgo, villaggio', nel senso di 'appartenente allo stesso villaggio'.

vicissitudine (vi-cis-si-tù-di-ne) N.F. (spesso al pl.) · Esperienza di vita, di solito complicata o dolorosa: *mi raccontò le sue ultime vicissitudini* Ⓢ traversia, peripezia.

vicolo (vì-co-lo) N.M. · Via urbana di piccole dimensioni, spesso buia: *i vicoli del porto.* Ⓔ ***Vicolo cieco***, senza sbocco; in senso figurato, situazione impossibile da risolvere: *essere in un vicolo cieco.*

video (vì-de-o) N.M.INVAR. **1** In un apparecchio televisivo, la parte che trasmette o riproduce le immagini: *l'audio funziona, è il video che dà problemi.* **2** Lo schermo del computer Ⓢ monitor. **3** ***Video (musicale)***, videoclip.

video- · Primo elemento di parole composte che si riferiscono al televisore o a strumenti che usano uno schermo per riprodurre immagini o dati: *videoregistratore, videogame.*

videocamera (vi-de-o-cà-me-ra) N.F. · Apparecchiatura costituita di una telecamera portatile e di un videoregistratore: *riprendere un matrimonio con la videocamera.*

videocassetta (vi-de-o-cas-sét-ta) N.F. · Contenitore dotato di un nastro magnetico su cui si registrano immagini da riprodurre su un apparecchio televisivo: *noleggiare un film in videocassetta.*

videochiamare (vi-de-o-chia-mà-re) V.TR. · Telefonare a qualcuno con un videofonino.

videochiamata (vi-de-o-chia-mà-ta) N.F. · Telefonata fatta con un videofonino.

videoclip (vi-de-o-clìp) N.M. INVAR. · Breve filmato che accompagna un brano musicale: *il videoclip di una canzone di successo.*

videofonino (vi-de-o-fo-nì-no) N.M. · Telefono cellulare che permette di comunicare vedendo anche l'immagine di chi si chiama.

videogame (vi-de-o-ga-me; pronuncia *videoghéim*) N. INGL., in it. N.M. INVAR. · Videogioco.

videogioco (vi-de-o-giò-co) N.M. (pl. *-chi*) · Gioco che simula sullo schermo di un televisore o di un computer gare sportive, combattimenti o sfide di vario tipo: *mi hanno regalato un nuovo videogioco* Ⓢ videogame (*ingl.*).

videoregistratore (vi-de-o-re-gi-stra-tó-re) N.M. · Apparecchio per la registrazione di programmi o filmati televisivi su nastri magnetici in modo da poterli rivedere: *programmare il videoregistratore.*

videoscrittura (vi-de-o-scrit-tù-ra) N.F. · Sistema di scrittura tramite computer, che consente di vedere il testo scritto sullo schermo e di modificarlo.

videotelefono (vi-de-o-te-lè-fo-no) N.M. · Apparecchio telefonico dotato di uno schermo sul quale compare la persona con cui si sta parlando.

vidi (vì-di) · Pass. rem., 1ª pers. sing. → ***vedere***.

vidimare (vi-di-mà-re) V.TR. (*vìdimo*, ecc.) · Rendere valido un documento mettendoci una firma o un timbro: *far vidimare la patente* Ⓢ autenticare, convalidare.

viennese (vien-né-se) AGG. e N.M. e F. || AGG. Di Vienna, la capitale dell'Austria. || N.M. e F. Abitante, nativo di Vienna.

vietare (vie-tà-re) V.TR. (*vièto*, ecc.) · Impedire di fare qualcosa: *è vietato l'uso dei telefoni cellulari sugli aerei* Ⓢ proibire, interdire Ⓒ autorizzare, permettere.

vietato (vie-tà-to) AGG. · Non permesso: *vietato fumare* Ⓢ proibito.

vigente (vi-gèn-te) AGG. · Di norma, in vigore, in uso: *secondo la norma vigente, bisogna guidare il motorino con il casco.*

vigere (vì-ge-re) V.INTR. (irreg.: usate solo la 3ª pers. sing. e pl.; mancano il part. pass. e i tempi composti) · Di norma, essere in vigore, avere validità: *nella mia famiglia vige l'abitudine di pranzare insieme di domenica.*

vigilanza (vi-gi-làn-za) N.F. · Sorveglianza, controllo: *il carcerato è sfuggito alla vigilanza dei poliziotti.*

vigilare (vi-gi-là-re) V.INTR. e TR. (*vìgilo*, ecc.; aus. *avere*) · Esercitare un controllo attento: *vigilate* ***che*** *non si verifichino incidenti* Ⓢ sorvegliare, controllare.

vigile[1] (vì-gi-le) AGG. · Sempre attento: *in situazioni di pericolo bisogna essere vigili* Ⓢ accorto, prudente.

vigile[2] (vì-gi-le) N.M. e F. (f. anche *-éssa*) · Chi appartiene a un corpo di guardia che svolge un servizio di interesse pubblico. Ⓔ ***Vigile del fuoco***, pompiere • ***Vigile (urbano)***, agente che controlla che vengano applicate le norme del traffico stradale.

vigilia (vi-gì-lia) N.F. (pl. *-lie*) **1** Giorno che precede una solennità religiosa: *la vigilia di Pasqua*. **2** Il giorno o il tempo immediatamente precedente un certo evento: *proprio alla vigilia della partenza si ammalò*.

vigliaccheria (vi-gliac-che-rì-a) N.F. (pl. *-rìe*) · Rifiuto di affrontare pericoli o responsabilità per paura: *la sua vigliaccheria gli fa dire sempre di sì* Ⓢ viltà.

vigliacco (vi-gliàc-co) AGG. e N.M. (f. *-a*; pl.m. *-chi*, pl.f. *-che*) **1** Che, chi manca di coraggio: *è un vigliacco, è scappato lasciandomi sola e in pericolo* Ⓢ vile, codardo, pauroso. **2** Che, chi si mostra prepotente nei confronti di chi è più debole: *solo un vigliacco poteva prendersela con dei bambini!*

vigna (vì-gna) N.F. · Pezzo di terreno coltivato a viti: *piantare una vigna*.

vignaiolo (vi-gna-iò-lo) N.M. (f. *-a*) · Chi coltiva la vigna.

vigneto (vi-gné-to) N.M. · Terreno coltivato a viti: *l'Italia è ricca di vigneti*.

vignetta (vi-gnét-ta) N.F. · Illustrazione su libri e giornali: *vignetta umoristica*.

vigogna (vi-gó-gna) N.F. **1** Mammifero delle Ande, simile al lama ma più piccolo, dal cui pelo si ricava una lana pregiata. **2** La lana di questo animale e la stoffa morbida che se ne ricava: *pantaloni di vigogna*.

vigore (vi-gó-re) N.M. **1** Piena efficienza fisica: *riprendere vigore dopo una malattia* Ⓢ forza • Energia, efficacia: *un discorso pieno di vigore*. **2** Validità dal punto di vista giuridico e amministrativo: *la legge è già in vigore*.

vigoroso (vi-go-ró-so) AGG. **1** Pieno di forza e di energia: *una vigorosa stretta di mano* Ⓢ forte Ⓒ debole. **2** Energico, risoluto, deciso: *condurre un'azione vigorosa contro la corruzione*.

vile (vì-le) AGG. e N.M. e F. || AGG. e N.M. e F. Che, chi evita il pericolo e le responsabilità per paura: *è da vile abbandonare gli amici in pericolo* Ⓢ vigliacco, codardo. || AGG. Di scarso valore: *metalli vili*.

vilipendio (vi-li-pèn-dio) N.M. (pl. *-di*) · Dimostrazione di scarsa stima o disprezzo: *esporsi al vilipendio della società* • Offesa contro valori protetti dalla tradizione o dalle leggi dello Stato: *vilipendio **della** bandiera nazionale* Ⓢ oltraggio.

villa (vìl-la) N.F. · Abitazione vasta ed elegante, circondata da un giardino o da un parco: *una villa al mare*.

villaggio (vil-làg-gio) N.M. (pl. *-gi*) **1** Piccolo centro abitato: *un villaggio in mezzo alle montagne* Ⓢ borgo. **2** Quartiere costruito per ospitare certe categorie di abitanti: *villaggio operaio* Ⓢ centro, quartiere. Ⓔ ***Villaggio globale***, il mondo, collegato dai nuovi mezzi di trasporto e di comunicazione • ***Villaggio olimpico***, l'insieme degli alloggi per gli atleti durante le Olimpiadi • ***Villaggio turistico***, insieme di abitazioni con impianti sportivi e attrezzature per il tempo libero, situato in luoghi turistici.

villania (vil-la-ni-a) N.F. (pl. *-nìe*) · Mancanza di educazione: *la sua villania è insopportabile* Ⓢ maleducazione • Comportamento da villano: *fare, dire una villania* Ⓢ offesa, sgarberia.

villano (vil-là-no) N.M. e AGG. (f. *-a*) || N.M. (f. *-a*) Persona rozza e maleducata: *sei un villano!* Ⓢ cafone. || AGG. Maleducato, incivile, sgarbato: *un gesto villano*.

> Il termine deriva dal latino tardo *villanus* 'abitante della campagna'.

villeggiante (vil-leg-giàn-te) N.M. e F. · Chi trascorre un periodo di riposo in un luogo di vacanza: *gli alberghi accolgono i villeggianti*.

villeggiatura (vil-leg-gia-tù-ra) N.F. · Periodo di vacanza in una località di campagna, di montagna o di mare: *fare una lunga villeggiatura al mare* Ⓢ soggiorno; ferie (PL.).

villetta (vil-lét-ta) N.F. · Piccola ma elegante casa con giardino: *abita in una villetta sui colli*.

villino (vil-lì-no) N.M. · Piccola abitazione con giardino, abitata da una o due famiglie: *dividere un villino in due appartamenti*.

V

villo (vìl-lo) N.M. · Piccola formazione sporgente e allungata che si trova in vari organi del corpo con funzioni di collegamento e di assorbimento: *villi intestinali*, che servono ad assorbire le sostanze nutritive dal cibo.

villoso (vil-ló-so) AGG. **1** Coperto di folti peli: *petto villoso* Ⓢ peloso. **2** Di organo del corpo, provvisto di villi.

viltà (vil-tà) N.F. INVAR. · Comportamento di chi rifiuta di affrontare pericoli o responsabilità: *la sconfitta è dovuta alla viltà dei soldati* Ⓢ meschinità.

viluppo (vi-lùp-po) N.M. **1** Massa intricata e confusa di cose: *un viluppo di nastri e di fili* Ⓢ garbuglio, groviglio. **2** Situazione complicata e confusa: *un viluppo di idee* Ⓢ intrico.

vimine (vì-mi-ne) N.M. (spesso al pl.) · Ramo flessibile e sottile del salice, impiegato per lavori d'intreccio: *cestino di vimini*.

Il termine deriva dal latino *viere* 'annodare, intrecciare'.

vinaccia (vi-nàc-cia) N.F. e M. e AGG. (pl. *-ce*) || N.F. L'insieme delle bucce, dei semi e del mosto che rimane dopo la spremitura dell'uva. || AGG. e N.M. INVAR. Di colore rosso violaceo, simile a quello delle vinacce: *una giacca vinaccia*.

vinaio (vi-nà-io) N.M. (f. *-a*; pl.m. *-nài*, pl.f. *-nàie*) · Chi vende vino.

vincente (vin-cèn-te) AGG. e N.M. **1** Che, chi vince un premio, una gara, ecc.: *il cavallo vincente* Ⓢ vincitore Ⓒ perdente. **2** Che, chi è destinato a conseguire successo e prestigio: *un'idea vincente*.

vincere (vìn-ce-re) V.TR. e INTR. (irreg.: ind. pres. *vìnco, vìnci*, ecc.; pass. rem. *vìnsi, vincésti, vìnse, vincémmo, vincéste, vìnsero*; part. pass. *vìnto*) || TR. **1** Conseguire un risultato di superiorità, in guerra o in una gara sportiva: *vincere il nemico* ***in*** *battaglia; l'incontro fu vinto dalla squadra azzurra* Ⓢ sconfiggere, battere Ⓒ perdere. **2** Concludere con un risultato favorevole una competizione o un gioco: *ha vinto il premio Viareggio per la letteratura; mi ha vinto* ***a*** *poker* • Ottenere un premio grazie a una vittoria o a una vincita al gioco: *vincere la medaglia d'oro* ***nella*** *corsa; vincere una grossa somma* ***alla*** *lotteria* Ⓢ conseguire, aggiudicarsi. **3** Ottenere una sentenza favorevole dal tribunale: *ha fatto causa ai vicini e l'ha vinta*. **4** Convincere gli altri ad agire secondo i propri desideri: *non riesco a vincere la sua ostinazione* Ⓢ piegare. **5** Dominare le proprie emozioni: *non riuscì a vincere un senso di disgusto* Ⓢ reprimere, trattenere. **6** Avere la meglio su qualcosa: *vincere le difficoltà* Ⓢ superare. || INTR. (aus. *avere*) Prevalere in una votazione: *al referendum ha vinto il sì*. || **vincersi** RIFL. Dominarsi, controllarsi: *non riuscì a vincersi e scoppiò in un pianto dirotto*.

vincita (vìn-ci-ta) N.F. · Conclusione favorevole di una competizione, di un gioco o di una scommessa Ⓢ vittoria • Somma di denaro ottenuta con un gioco o una scommessa: *una grossa vincita al totocalcio*.

vincitore (vin-ci-tó-re) N.M. e AGG. (f. *-trìce*) · Che, chi conclude in modo favorevole una battaglia, una competizione o un gioco: *mio fratello è il vincitore del torneo di scacchi* Ⓒ perdente.

vincolante (vin-co-làn-te) AGG. · Che costituisce un obbligo: *una promessa vincolante*.

vincolare (vin-co-là-re) V.TR. (*vìncolo*, ecc.) **1** Limitare la libertà di movimento: *la gonna* ***mi*** *vincola le gambe* Ⓢ impedire, impacciare. **2** Legare qualcuno a un impegno: *vincolare* ***con*** *un giuramento; sono vincolato da un contratto* ***a*** *eseguire il lavoro* Ⓢ impegnare, obbligare.

vincolato (vin-co-là-to) AGG. **1** Di persona, legato a un impegno: *sono vincolato* ***a*** *una promessa*. **2** Di un bene la cui disponibilità è limitata o regolata dalla legge: *palazzo vincolato dalla soprintendenza; deposito bancario vincolato*.

vincolo (vìn-co-lo) N.M. **1** Legame affettivo o sociale: *vincolo di parentela; vincolo matrimoniale* • Il rispetto di un obbligo da parte di una persona: *vincolo contrattuale*. **2** In meccanica, qualsiasi limitazione alle possibilità di movimento di uno o più punti di un corpo.

vinicolo (vi-nì-co-lo) AGG. · Del vino: *industria vinicola*.

vinile (vi-nì-le) N.M. · Il materiale con cui venivano prodotti i dischi: *disco in vinile* • Il

A B C D E F G H I J K L M N O P Q R S T U V W X Y Z

disco stesso: *certi pezzi preferisco ascoltarli su vinile.*

vino (vì-no) N.M. · Bevanda alcolica prodotta dalla fermentazione dell'uva: *fare il vino; bere il vino; vino bianco, rosso.*

vinsanto (vin-sàn-to) (o **vin santo**) N.M. · Vino liquoroso che si prepara con uve bianche appassite.

vinsi (vìn-si) · Pass. rem., 1ª pers. sing. → ***vincere***.

vintage (vin-ta-ge; pronuncia *vìnteğ*) N. INGL., in it. N.M. e AGG. INVAR. **1** Abito usato, che testimonia lo stile di un'epoca: *vestito vintage.* **2** La moda di indossare abiti usati abbinandoli ad altri di epoche diverse: *il vintage piace molto ai giovani.*

vinto (vìn-to) · Participio pass. → ***vincere***.

viola[1] (vi-ò-la) N.F. · Strumento musicale della famiglia degli archi, poco più grande del violino.

viola[2] (vi-ò-la) N.F. e M. e AGG. || N.F. Pianta erbacea con foglie a forma di cuore e fiori profumati, dai quali si estrae un'essenza molto usata in profumeria • Il fiore della pianta: *un mazzo di viole.* || AGG. e N.M. INVAR. Del colore fra il turchino e il rosso, tipico del fiore della pianta: *la maglia viola dei giocatori della Fiorentina.*

violaceo (vio-là-ce-o) AGG. (pl.m. *-cei*, pl.f. *-cee*) · Di colore tendente al viola: *abito rosa con riflessi violacei.*

violare (vio-là-re) V.TR. (*vìolo*, ecc.) **1** Entrare in modo illegale: *violare il domicilio di qualcuno.* **2** Non rispettare una legge o una consuetudine: *violare la legge, un patto* Ⓢ infrangere, tradire Ⓒ rispettare.

violazione (vio-la-zió-ne) N.F. **1** Ingresso illegale: *violazione* ***dei*** *confini di uno Stato.* **2** Mancato rispetto: *violazione* ***di*** *una promessa* Ⓢ trasgressione, tradimento.

V

violentare (vio-len-tà-re) V.TR. (*violènto*, ecc.) **1** Costringere qualcuno ad agire contro la propria volontà: *violentare la coscienza di qualcuno.* **2** Stuprare.

violento (vio-lèn-to) AGG. e N.M. (f. -a) || AGG. e N.M. (f. -a) Che, chi si comporta con aggressività: *un uomo violento; stai lontano dai violenti* Ⓢ brutale, aggressivo Ⓒ mite, pacifico. || AGG. **1** Fondato sulla violenza: *regime violento* • Provocato da un atto violento: *morte violenta* • Che denota violenza: *modi violenti.* **2** Di scritto o discorso, aggressivo, polemico, veemente: *un violento attacco al governo.* **3** Che si sviluppa e si scatena con forza o con eccezionale intensità e rapidità: *un violento temporale; un incendio violento* Ⓢ furioso, impetuoso Ⓒ lieve, leggero.

violenza (vio-lèn-za) N.F. **1** Azione esercitata da un soggetto su un altro per costringerlo ad agire contro la sua volontà: *la violenza di una minaccia* Ⓢ brutalità, prepotenza. **2** Forza impetuosa: *la violenza del mare in tempesta* Ⓢ furia, impeto. **3** Aggressività, brutalità: *la violenza delle sue parole.* Ⓔ ***Violenza carnale***, il reato di chi obbliga una persona a un rapporto sessuale.

Quando indica un atteggiamento aggressivo, *violenza* si usa solo al singolare; si può usare il plurale solo per intendere azioni violente.

violetta (vio-lét-ta) N.F. · Il fiore della viola: *un mazzo di violette.*

violetto (vio-lét-to) AGG. e N.M. · Di colore intermedio tra il rosso e l'azzurro; è l'ultimo dei colori dell'arcobaleno: *una tenda violetta.*

violinista (vio-li-nì-sta) N.M. e F. (pl.m. *-i*, pl.f. *-e*) · Chi suona il violino: *fa la violinista alla Filarmonica.*

violino (vio-lì-no) N.M. · Strumento musicale ad arco a quattro corde, che si suona appoggiandolo sulla spalla sinistra.

violoncellista (vio-lon-cel-lì-sta) N.M. e F. (pl.m. *-i*, pl.f. *-e*) · Chi suona il violoncello.

violoncello (vio-lon-cèl-lo) N.M. · Strumento musicale ad arco a quattro corde di grandi dimensioni; si suona tenendolo appoggiato a terra.

viottolo (vi-òt-to-lo) N.M. · Stretto sentiero non asfaltato: *seguire un viottolo nel bosco.*

vip N.M. e F. INVAR. · Persona molto importante o famosa: *alla festa parteciperanno molti vip dello spettacolo* Ⓢ celebrità, personaggio.

vipera (vì-pe-ra) N.F. **1** Serpente lungo dai 50 cm al metro e mezzo, con testa quasi triangolare, molto velenoso. **2** Persona maligna, che parla male degli altri: *ha una lingua di vipera* Ⓢ serpe.

virale (vi-rà-le) AGG. · Di un virus: *infezione virale.*

virare (vi-rà-re) V.INTR. (aus. *avere*) **1** Di aerei e navi, cambiare direzione: *il pilota virò verso sud.* **2** Passare da un colore a un altro: *la carne sta marcendo, vira **al** verde.*

virata (vi-rà-ta) N.F. **1** Cambiamento di direzione di una nave o di un aereo: *l'aliscafo cambiò rotta con una virata.* **2** Nel nuoto, il cambiamento di direzione del nuotatore dopo che ha raggiunto il bordo della piscina.

virgola (vìr-go-la) N.F. **1** In grammatica, segno d'interpunzione, a forma di bastoncino leggermente ricurvo (,) che rappresenta la pausa più breve all'interno del periodo: *qui ci vuole una virgola; mettere i punti e le virgole.* **2** In matematica, il segno che separa la parte intera di un numero da quella decimale. Ⓔ ***Punto e virgola*** → *punto*[2].

virgoletta (vir-go-lét-ta) N.F. (spesso al pl.) · In grammatica, segno grafico formato da due virgole che vengono messe, semplici (' ') o in coppia (" " oppure « »), prima e dopo una parola o una frase; si usano per introdurre citazioni, discorsi diretti, espressioni straniere, dialettali, tecniche, ecc. Ⓔ ***Tra virgolette***, si dice prima o dopo una o più parole per indicare esattamente il contrario: *le mie due amiche, tra virgolette, mi hanno preso in giro tutta la sera.*

virile (vi-rì-le) AGG. **1** Che riguarda l'uomo: *attributi virili* Ⓢ maschile, mascolino. **2** Che dimostra coraggio e fermezza: *sopporta il dolore con animo virile* Ⓢ coraggioso, risoluto.

virilità (vi-ri-li-tà) N.F. INVAR. **1** Età in cui l'uomo raggiunge lo sviluppo completo: *essere nel pieno della virilità* Ⓢ maturità. **2** Coraggio, serietà: *virilità d'animo.*

virtù (vir-tù) N.F. INVAR. **1** Disposizione d'animo volta al bene: *seguire la via della virtù* Ⓢ rettitudine Ⓒ vizio. **2** Qualità, pregio, dote: *la pazienza è una grande virtù.* **3** Capacità di produrre effetti positivi: *un'acqua con virtù medicinali* Ⓢ efficacia, proprietà.

Il termine deriva dal latino *virtus* 'forza, coraggio', che viene a sua volta da *vir* 'uomo'.

virtuale (vir-tu-à-le) AGG. **1** Che esiste in teoria ma non ancora in pratica: *l'accordo per ora è solo virtuale* Ⓢ potenziale, teorico Ⓒ effettivo. **2** Simulato da un computer: *realtà virtuale.*

virtuosismo (vir-tuo-si-ṣmo) N.M. · Grande abilità: *il virtuosismo di un calciatore* Ⓢ destrezza, maestria.

virtuoso (vir-tu-ó-so) AGG. e N.M. (f. -a) || AGG. Basato sulla virtù: *condurre una vita virtuosa* Ⓢ buono, retto. || AGG. e N.M. (f. -a) Che, chi dimostra un grande talento in un'arte o un'attività: *un virtuoso del violino.*

virulento (vi-ru-lèn-to) AGG. **1** Di microrganismo capace di trasmettere malattie infettive. **2** Di parole o scritti, aggressivo, veemente, violento: *una polemica virulenta.*

virulenza (vi-ru-lèn-za) N.F. **1** Capacità, da parte di alcuni microrganismi, di provocare una malattia nell'organismo: *la virulenza di un'infezione.* **2** Aggressività maligna: *la virulenza di una critica* Ⓢ violenza, asprezza.

virus (vì-rus) N.M. INVAR. **1** Organismo microscopico che provoca malattie nell'organismo che lo ospita: *i virus dell'influenza.* **2** Programma pirata che blocca il funzionamento di un computer.

Il termine deriva dal latino *virus* che significa 'veleno'.

viscerale (vi-sce-rà-le) AGG. **1** Delle viscere: *dolore viscerale.* **2** Profondamente radicato: *amore, odio viscerale* Ⓢ profondo.

viscere (vì-sce-re) N.M. (pl.m. *i vìsceri*, pl.f. *le vìscere*) · Organo interno dell'uomo o degli animali: *svuotare un pollo dei visceri.* Ⓔ ***Le viscere***, il ventre: *dolori alle viscere*; in senso figurato, cavità interna: *le viscere di un monte.*

vischio (vì-schio) N.M. (pl. *-schi*) · Arbusto parassita sempreverde con foglie verdi-giallastre e bacche bianche e rotonde: *il vischio viene usato come decorazione natalizia.*

vischioso (vi-schió-so) AGG. · Di consistenza appiccicosa, simile a quella prodotta dalle bacche di vischio Ⓢ appiccicoso, viscoso.

viscido (vi-sci-do) AGG. **1** Che ha una superficie o una consistenza molle, umida e scivolosa: *il fondo stradale era diventato viscido per la pioggia; la lumaca è viscida.* **2** Che ha un atteggiamento subdolo ed equivoco: *è una persona viscida e ipocrita* Ⓢ ambiguo.

visconte (vi-scón-te) N.M. (f. *-éssa*) · Titolo nobiliare inferiore a quello di conte e superiore a quello di barone.

viscosità (vi-sco-si-tà) N.F. INVAR. · La consistenza appiccicosa di alcuni fluidi: *la viscosità della resina.*

viscoso (vi-scó-so) AGG. · Di consistenza appiccicosa: *sostanza viscosa; un lubrificante molto viscoso.*

visibile (vi-ṣì-bi-le) AGG. **1** Che può essere percepito dall'occhio umano: *da quassù la pianura è visibile fino al mare* Ⓒ invisibile. **2** Che si vede con chiarezza: *il tuo cattivo umore è fin troppo visibile* Ⓢ evidente, manifesto, palese. **3** Che può essere visto: *il quadro non è visibile perché è in restauro.*

visibilio (vi-ṣi-bì-lio) N.M. (pl. *-li*) · Grande quantità: *c'era un visibilio di persone.* Ⓔ ***Andare in visibilio***, entusiasmarsi moltissimo: *il pubblico è andato in visibilio per l'assolo del chitarrista.*

visibilità (vi-ṣi-bi-li-tà) N.F. INVAR. · Possibilità di percepire con l'occhio: *quando c'è nebbia la visibilità è molto scarsa.*

visiera (vi-ṣiè-ra) N.F. **1** Parte mobile dell'elmo che protegge il viso del cavaliere: *alzare la visiera* • La parte mobile e trasparente del casco da motociclista. **2** Breve falda che sporge in avanti da certi cappelli, per proteggere gli occhi dal sole.

visionare (vi-ṣio-nà-re) V.TR. (*viṣióno*, ecc.) **1** Esaminare con attenzione: *visionare un progetto.* **2** Vedere un film o uno spettacolo per poterlo giudicare prima che sia proposto al pubblico: *la giuria ha visionato i film in concorso.*

visionario (vi-ṣio-nà-rio) AGG. e N.M. (f. *-a*; pl.m. *-ri*, pl.f. *-rie*) **1** Che, chi soffre di allucinazioni: *un pazzo visionario.* **2** Che, chi fa progetti lasciandosi trascinare dalla fantasia e dal sentimento: *un politico visionario* Ⓢ utopista, sognatore.

visione (vi-ṣió-ne) N.F. **1** Percezione degli stimoli luminosi: *avere una visione chiara, distinta* Ⓢ vista. **2** Osservazione attenta per controllo o conoscenza: *ricevere un campione di merce in visione; prendere visione di un documento* Ⓢ esame. **3** Presentazione al pubblico di un film: *film in prima, in seconda visione* Ⓢ proiezione. **4** Idea, quadro, immagine: *avere una visione piuttosto limitata della situazione.* **5** Apparizione miracolosa o allucinazione: *ha avuto una visione in cui gli è apparsa la Madonna.* **6** Spettacolo che suscita una forte impressione: *la meravigliosa visione delle montagne.*

visita (vì-ṣi-ta) N.F. **1** Atto che consiste nell'andare a trovare qualcuno, facendogli compagnia per un po' di tempo: *far visita **a** un amico, **a** un malato; visita di condoglianze.* **2** Esame fatto dal medico per capire le cause di una malattia: *fare una visita dal pediatra.* **3** Giro in un luogo per turismo o per fare un controllo: *ho fatto una visita guidata **al** museo.* Ⓔ ***Biglietto da visita*** → ***biglietto***.

visitare (vi-ṣi-tà-re) V.TR. (*vìṣito*, ecc.) **1** Andare a casa di una persona e restarci un po' insieme: *visitare i parenti per Natale.* **2** Sottoporre a esame medico: *dovresti farti visitare da uno specialista.* **3** Recarsi in un luogo per turismo o per fare un controllo: *visitare la Francia; visitare le carceri.*

visitatore (vi-ṣi-ta-tó-re) N.M. (f. *-trìce*) **1** Chi visita un museo o una mostra: *è un piccolo museo con pochi visitatori.* **2** Chi fa visita a qualcuno: *davanti all'ospedale i visitatori aspettavano di poter entrare.*

visivo (vi-ṣì-vo) AGG. · Della vista: *capacità visiva; difetto visivo.* Ⓔ ***Campo visivo*** → ***campo***.

viso (vì-ṣo) N.M. **1** La parte anteriore della testa, dalla fronte al mento: *lavarsi il viso; guardare in viso* Ⓢ volto, faccia. **2** Le caratteristiche della faccia: *il suo viso non mi è nuovo* Ⓢ fisionomia, aspetto. **3** Espressione, faccia, volto: *viso allegro, sereno; gli si legge in viso che ha sofferto.* Ⓔ ***A viso aperto***, con fermezza e decisione: *lo affrontò a viso aperto* • ***Fare buon viso a cattivo gioco***, adattarsi a una situazione spiacevole.

V

visone (vi-ṣó-ne) N.M. · Piccolo mammifero carnivoro che vive nelle zone boscose dell'America e dell'Europa settentrionali, molto allevato per la sua pelliccia bruna, folta, morbida e lucente.

visore (vi-ṣó-re) N.M. **1** Apparecchio con lente di ingrandimento per vedere in trasparenza diapositive o negativi fotografici. **2** Il mirino di una telecamera.

vispo (vì-spo) AGG. · Vivace nell'umore e nei modi: *un bimbo vispo e allegro* Ⓢ sveglio, esuberante.

vissi (vìs-si) · Pass. rem., 1ª pers. sing. → ***vivere***.

vissuto (vis-sù-to) · Participio pass. → ***vivere***.

vista (vì-sta) N.F. **1** Il senso della percezione degli stimoli luminosi: *gli occhi sono gli organi della vista* • La percezione stessa: *alla vista della sua città si commosse* Ⓢ visione • Possibilità di vedere: *il muro impedisce la vista della strada.* **2** Spettacolo che si presenta agli occhi: *da camera mia si gode una splendida vista sul mare* Ⓢ veduta, visuale. Ⓔ ***A prima vista***, alla prima occhiata o impressione: *a prima vista sembra una persona simpatica* • ***A vista d'occhio***, fin dove l'occhio riesce a vedere: *la pianura si estendeva a vista d'occhio*; ***crescere a vista d'occhio***, con grande rapidità • ***Conoscere qualcuno di vista***, sapere chi è ma non avergli mai rivolto la parola: *lo conosco di vista perché andavamo allo stesso liceo* • ***In vista***, in un posto ben visibile: *non lasciare la borsa in vista; metti le offerte speciali bene in vista*; ***mettersi in vista***, farsi notare: *non può fare a meno di mettersi in vista* • ***Perdere di vista***, distogliere l'attenzione da qualcuno o qualcosa: *l'ho perso di vista per un attimo ed è sparito*; non frequentare più: *l'ho persa di vista un anno fa* • ***Punto di vista*** → ***punto***[2].

vistare (vi-stà-re) V.TR. · Mettere un visto su un documento: *vistare il passaporto*.

visto (vì-sto) AGG. e N.M. || Participio pass. → ***vedere***. || AGG. Usato prima di un nome, considerato, dato: *viste le difficoltà, sarà meglio rimandare.* || N.M. Firma o timbro che attesta l'avvenuto controllo di un atto o di un documento, spesso il passaporto, da parte di un'autorità amministrativa: *mettere il visto; visto turistico* Ⓢ convalida. Ⓔ ***Visto che***, poiché: *visto che non arrivavi, abbiamo cominciato senza di te.*

vistoso (vi-stó-so) AGG. **1** Che attira troppo l'attenzione: *un abito vistoso* Ⓢ appariscente. **2** Considerevole, rilevante, notevole: *un vistoso aumento dei prezzi.*

visuale (vi-ṣu-à-le) AGG. e N.F. || AGG. Della vista. || N.F. Campo visivo: *coprire la visuale a qualcuno* • Spettacolo che si presenta davanti agli occhi: *dalla cima si gode di una visuale meravigliosa* Ⓢ veduta, vista.

visualizzare (vi-ṣua-liz-ẓà-re) V.TR. · Rappresentare per mezzo di immagini, disegni, grafici, ecc.: *visualizzare un progetto con un modellino* • Immaginare: *riesci a visualizzare la nostra nuova casa?*

vita (vì-ta) N.F. **1** Forza attiva tipica degli esseri animali e vegetali, grazie a cui sono in grado di muoversi, di reagire agli stimoli dell'ambiente, di riprodursi: *rispettare tutte le forme di vita; un ambiente adatto alla vita dell'uomo; essere tra la vita e la morte; mettere a rischio la propria vita* • Il periodo di tempo in cui si svolgono le funzioni tipiche di ogni essere vivente: *nascita, crescita e riproduzione costituiscono il ciclo della vita* Ⓢ esistenza Ⓒ morte • Tempo lunghissimo: *per arrivare a casa tua ci vuole una vita* Ⓢ eternità, secolo. **2** Modo di vivere, rispetto alla società, ai mezzi di cui si dispone, alla condotta morale: *vita privata; vita piena di lussi; vita onesta.* **3** Essere vivente, persona: *non c'è traccia di vita; salvare una vita.* **4** L'insieme delle attività di una comunità di persone: *vita culturale, sociale.* **5** Salute, vitalità, vigore: *un ragazzo pieno di vita* • Vivacità, fermento, animazione: *una città piena di vita.* **6** Ciò che serve al sostentamento, al mantenimento e al benessere: *il costo della vita.* **7** La sopravvivenza dell'anima: *la vita terrena e la vita eterna.* **8** La zona del corpo tra i fianchi e il torso: *portava una cintura in vita* • La parte di un abito corrispondente a questa zona: *una gonna larga di vita.* Ⓔ ***Avere una doppia vita***, un modo di vivere segreto, che pochi conoscono • ***A vita***, per tutta la sua durata: *carcere a vita* • ***Dare alla vita***, far nascere • ***Dare la vita per qualcuno*** o ***qualcosa***, sacrificarsi • ***Dar vita a***

A B C D E F G H I J K L M N O P Q R S T U **V** W X Y Z

qualcosa, creare: *dar vita a una nuova iniziativa* • ***Di vita o di morte***, di problema gravissimo, da cui dipende la vita di qualcuno: *vieni subito, è una questione di vita o di morte* • ***Fare la bella vita*** o ***darsi alla bella vita*** → **bello** • ***Lasciarci la vita***, morire • ***Non dare segni di vita***, sembrare morto • ***Perdere la vita***, morire • ***Su con la vita***, invito a stare dritto con la schiena che è diventato un invito a non abbattersi, a non avvilirsi • ***Togliersi la vita***, suicidarsi • ***Tra la vita e la morte***, sul punto di morire: *è stato un mese tra la vita e la morte, ma poi si è ripreso.*

vitale (vi-tà-le) AGG. **1** Della vita: *forza vitale.* **2** Indispensabile alla vita: *l'aria e l'acqua sono elementi vitali per l'uomo* Ⓢ essenziale • Di enorme importanza: *questioni di vitale interesse* Ⓢ cruciale, fondamentale. **3** Che funziona molto bene: *istituzioni non più vitali* Ⓢ dinamico, attivo. Ⓔ ***Spazio vitale***, quello necessario alla vita di un popolo o di un individuo.

vitalità (vi-ta-li-tà) N.F. INVAR. **1** Energia fisica ed entusiasmo che si manifestano in una vita attiva: *ha ancora la vitalità della giovinezza* Ⓢ vivacità, dinamismo. **2** Capacità di durare: *la vitalità di un'idea; la vitalità di un'azienda* Ⓢ attualità.

vitalizio (vi-ta-lì-zio) AGG. (pl.m. *-zi*, pl.f. *-zie*) · Che dura quanto la vita di una persona. Ⓔ ***Rendita vitalizia*** (o *un vitalizio* N.M.), somma che una persona riceve per tutta la sua vita.

vitamina (vi-ta-mi-na) N.F. · Ciascuno dei composti organici, indispensabili all'organismo, che si assumono con il cibo e la cui mancanza provoca malattie; vengono indicati con le lettere dell'alfabeto: *gli agrumi contengono vitamina C.*

V

vitaminico (vi-ta-mi-ni-co) AGG. (pl.m. *-ci*, pl.f. *-che*) · Che riguarda le vitamine: *carenza vitaminica* • Ricco di vitamine: *alimento vitaminico.*

vite[1] (vì-te) N.F. · Arbusto rampicante con lunghi tralci, coltivato fin dall'antichità, che produce grappoli d'uva.

vite[2] (vì-te) N.F. · Piccola asta cilindrica o conica su cui è inciso un solco a elica che serve per fissare fra loro degli elementi: *le gambe della sedia sono fissate con quattro viti.*

vitello (vi-tèl-lo) N.M. **1** Il piccolo della vacca finché ha meno di un anno e i denti di latte: *la vacca allattava il vitello.* **2** La carne macellata dell'animale, molto pregiata per la sua delicatezza: *arrosto di vitello* • La pelle dell'animale lavorata per varie fabbricazioni: *una cintura di vitello.*

Il termine deriva dal latino *vitulus* 'animale di un anno'.

viticcio (vi-tic-cio) N.M. (pl. *-ci*) · Filamento con cui la vite e altre piante rampicanti si attaccano a un sostegno.

viticoltura (vi-ti-col-tù-ra) N.F. · Coltivazione della vite: *praticare la viticoltura.*

vitigno (vi-tì-gno) N.M. · Varietà coltivata di vite: *vitigni che danno un ottimo vino rosso.*

vitreo (vì-tre-o) AGG. (pl.m. *-trei*, pl.f. *-tree*) **1** Di vetro: *pasta vitrea.* **2** ***Corpo vitreo*** (o *il vitreo* N.M.), massa trasparente, quasi fluida, che occupa la maggior parte della cavità del bulbo oculare, fra il cristallino e la retina. Ⓔ ***Occhi vitrei***, immobili e sbarrati, senza espressione.

vittima (vìt-ti-ma) N.F. **1** Animale o essere umano che, nei riti di alcune religioni, viene ucciso per sacrificarlo alla divinità: *sacrificare un bue come vittima.* **2** Chi perde la vita in una sciagura o calamità: *le vittime della guerra.* **3** Chi subisce le conseguenze dannose di una condizione: *la vittima di un complotto; quell'uomo è vittima della propria ambizione.* Ⓔ ***Far la vittima***, lamentarsi continuamente.

vittimismo (vit-ti-mì-ṣmo) N.M. · Atteggiamento lamentoso di chi si crede continuamente ostacolato, danneggiato o perseguitato dalla sfortuna: *il suo vittimismo le impedisce di vedere la realtà.*

vitto (vìt-to) N.M. · Cibo giornaliero: *lavora in casa loro in cambio di vitto e alloggio* Ⓢ nutrimento.

vittoria (vit-tò-ria) N.F. (pl. *-rie*) **1** Risultato di superiorità ottenuto dopo un combattimento, una gara, una competizione di vario genere o una contesa giuridica: *la vittoria **in** un duello; la squadra si è meritata la vittoria* Ⓢ successo, trionfo Ⓒ sconfitta. **2** Successo riportato superando ostacoli o difficoltà di vario genere.

vittorioso (vit-to-rió-so) AGG. **1** Che ha riportato la vittoria: *esercito vittorioso in battaglia* Ⓢ vincitore. **2** Che dimostra soddisfazione per il successo ottenuto: *un'espressione vittoriosa* Ⓢ trionfante.

vituperio (vi-tu-pè-rio) N.M. (pl. *-ri*) · Parola molto offensiva: *l'ha ricoperto di vituperi* Ⓢ ingiuria, insulto.

viuzza (vi-ùz-za) N.F. · Strada molto stretta: *camminavo per le viuzze del centro storico* Ⓢ vicolo.

viva (vì-va) INTER. · Esprime approvazione, augurio, allegria; spesso è indicata da una W: *viva l'Italia!* Ⓢ evviva.

> Il termine deriva dal congiuntivo presente di **vivere**, letteralmente significa 'che viva (a lungo)'.

vivace (vi-và-ce) AGG. **1** Che rivela un'esuberante, a volte eccessiva, vitalità: *un ragazzo molto vivace* Ⓢ vispo, esuberante • Che dimostra prontezza: *un'intelligenza vivace* Ⓢ acuto, brillante • Animato, acceso, vivo: *una discussione vivace.* **2** Intenso e luminoso: *colori vivaci* Ⓢ vivido Ⓒ smorto.

vivacità (vi-va-ci-tà) N.F. INVAR. **1** Vitalità esuberante: *un ragazzo di una vivacità eccessiva* Ⓢ brio • Prontezza intellettuale: *vivacità d'ingegno* Ⓢ acutezza • Efficacia e brio dell'espressione: *recita con vivacità.* **2** Luminosità intensa: *la vivacità di un colore.*

vivaio (vi-và-io) N.M. (pl. *-vài*) **1** Impianto per il mantenimento di pesci vivi per il consumo o per l'allevamento. **2** Terreno destinato alla coltura di piante seminate o trapiantate. **3** Luogo dove si sono formate grandi personalità: *un vivaio di artisti* Ⓢ fucina.

vivamente (vi-va-mén-te) AVV. · In maniera molto sentita: *la preghiamo vivamente di prendere parte alla conferenza.*

vivanda (vi-vàn-da) N.F. · Cibo pronto per essere mangiato: *mettere in tavola le vivande* Ⓢ piatto.

vivente (vi-vèn-te) AGG. · Che è in vita o è dotato di vita: *gli esseri viventi; sembra un ritratto vivente del padre.*

vivere (vì-ve-re) V.INTR. e TR. (irreg.: pass. rem. *vìssi, vivésti, vìsse, vivémmo, vivéste, vìssero*; fut. *vivrò*, ecc.; condiz. pres. *vivrèi*, ecc.; part. pass. *vissùto*) || INTR. (aus. *essere* o *avere*) **1** Essere in vita, avere vita: *il malato ha cessato di vivere; mangiare per vivere* Ⓢ esistere Ⓒ morire • Rappresentare una delle forme di vita presenti in natura: *piante che vivono nell'acqua; la talpa vive sottoterra.* **2** Dell'uomo, condurre la propria esistenza in un certo luogo, tempo e modo: *vivere in città, in campagna; Benedetto Croce visse fra il 1866 e il 1952; visse poveramente; vive da gran signore* • Avere a disposizione certi mezzi di sostentamento: *vivere **di** rendita; ha di che vivere; vivere **di** caccia, **di** pesca.* **3** Dedicarsi a qualcosa con grande passione: *vivere **d'**arte, **d'**amore.* **4** Durare nel tempo: *il suo esempio vive **in** noi* Ⓢ perdurare, sopravvivere. || TR. Trascorrere, passare: *vivere momenti felici.*

viveri (vì-ve-ri) N.M.PL. · Prodotti alimentari: *i soldati dovevano rifornirsi di viveri.*

vivibile (vi-vì-bi-le) AGG. · Che offre buone condizioni di vita: *città vivibile; clima vivibile* Ⓒ invivibile.

vivibilità (vi-vi-bi-li-tà) N.F. INVAR. · La condizione di vita consentita dal luogo e dall'ambiente: *l'ottima vivibilità delle città senza traffico.*

vivido (vì-vi-do) AGG. **1** Dotato di brillantezza e luminosità: *colori vividi* Ⓢ intenso, vivace, luminoso Ⓒ smorto. **2** Di intelligenza, vivace e brillante: *un uomo di vivido ingegno.*

viviparo (vi-vì-pa-ro) AGG. e N.M. · Di animale che si sviluppa protetto e nutrito nell'utero della madre che lo partorisce: *quasi tutti i mammiferi sono vivipari.*

vivisezione (vi-vi-se-zió-ne) N.F. · Operazione chirurgica praticata su animali vivi per studio.

vivo (vì-vo) AGG. e N.M. (f. *-a*) || AGG. **1** Dotato di vita: *una vasca per mantenere vivi i pesci* Ⓒ morto. **2** Molto luminoso: *la luce troppo viva dà fastidio agli occhi* Ⓢ intenso, vivido. **3** Vivace, animato: *la discussione si fece più viva.* **4** Intenso emotivamente: *viva commozione* Ⓢ profondo. **5** Ancora in uso: *tradizioni ancora vive in campagna* Ⓢ vitale. || N.M. (f. *-a*)

Persona vivente (spesso AL PL.): *pregare per i vivi e per i morti.* || N.M. **1** La parte più sensibile e delicata di qualcuno o qualcosa: *nel vivo della carne.* **2** ***Dal vivo***, di programma radiofonico o televisivo, trasmesso in diretta; di esecuzione musicale in cui si suona e si canta in quel momento; di pittura eseguita con il modello davanti. Ⓔ ***A fuoco vivo***, a fiamma alta: *arrostire il pollo a fuoco vivo* • ***Calce viva*** → *calce* • ***Entrare nel vivo***, affrontare il punto più importante di una questione • ***Farsi vivo con qualcuno***, telefonargli, scrivergli o andarlo a trovare dopo molto tempo • ***Lingua viva***, ciascuna delle lingue parlate ai giorni nostri • ***Nel vivo*** o ***sul vivo***, dove fa più male, in un lato debole del carattere: *colpire nel vivo; pungere sul vivo* • ***Più morto che vivo*** → *morto*.

viziare (vi-zià-re) V.TR. (*vìzio*, ecc.) · Abituare male qualcuno, spingendolo ad avere cattive abitudini o capricci: *viziare un bambino.*

viziato (vi-zià-to) AGG. **1** Che è stato educato male o in maniera troppo permissiva: *è molto viziato e fa sempre i capricci.* **2** Di documento, non regolare. **3** ***Aria viziata***, pesante, irrespirabile, tipica di ambienti chiusi e affollati.

vizio (vì-zio) N.M. (pl. *-zi*) **1** Tendenza a ripetere azioni negative, immorali o ripugnanti: *liberarsi dal vizio* Ⓢ peccato, male Ⓒ virtù. **2** Cattiva abitudine che può causare danni: *il vizio **del** gioco d'azzardo* • Vezzo: *il vizio **di** mangiarsi le unghie.* **3** Imperfezione, difetto: *vizio di pronuncia della "r".* **4** Alterazione permanente di un organo: *vizio cardiaco* Ⓢ difetto, imperfezione.

vizioso (vi-zió-so) AGG. e N.M. (f. *-a*) || AGG. e N.M. (f. *-a*) Che, chi è segnato da numerosi vizi: *condurre un'esistenza viziosa; è sempre stato un vizioso* Ⓢ immorale, corrotto. || AGG. Difettoso, irregolare, errato: *posizione viziosa del corpo seduto.* Ⓔ ***Circolo vizioso*** → *circolo*.

V

vizzo (viz-zo) N.M. **1** Di frutto o fiore, che non è più fresco: *fiori vizzi; mele vizze.* **2** Che ha perso l'elasticità della giovinezza: *il volto vizzo di un vecchio* Ⓢ floscio, grinzoso.

vocabolario (vo-ca-bo-là-rio) N.M. (pl. *-ri*) **1** Libro che raccoglie in ordine alfabetico le parole di una lingua con il loro significato o la loro traduzione in un'altra lingua: *vocabolario della lingua italiana* Ⓢ dizionario. **2** L'insieme di tutte le parole di una lingua, di una materia specifica, o quelle usate da una persona o da un gruppo: *il vocabolario dell'inglese è molto ricco; se non leggi avrai sempre un vocabolario scarso* Ⓢ lessico. Ⓔ ***Vocabolario bilingue*** → *bilingue*.

vocabolo (vo-cà-bo-lo) N.M. · Parola, termine: *l'origine di un vocabolo; vocaboli poco usati.*

vocale[1] (vo-cà-le) AGG. **1** Che riguarda la voce. **2** Della voce che si modula nel canto: *concerto vocale e strumentale.* Ⓔ ***Corde vocali*** → *corda*.

vocale[2] (vo-cà-le) N.F. · In grammatica, suono articolato senza ostacoli al passaggio della voce nella bocca che può formare una sillaba • Lettera dell'alfabeto che rappresenta questo tipo di suoni (in italiano, *a, e, i, o, u*).

vocalico (vo-cà-li-co) AGG. (pl.m. *-ci*, pl.f. *-che*) · In grammatica, che riguarda le vocali: *in italiano i segni vocalici sono cinque.*

vocativo (vo-ca-ti-vo) AGG. · In grammatica: ***caso vocativo*** (o *il vocativo* N.M.), in latino e in altre lingue, il caso della declinazione usato per esprimere il richiamo o l'invocazione.

vocazione (vo-ca-zió-ne) N.F. **1** Nel linguaggio cristiano, forte richiamo ad abbracciare la vita religiosa: *si fece suora senza vocazione.* **2** Disposizione naturale a una certa professione o arte, oppure allo studio di una disciplina: *avere vocazione **per** la musica* Ⓢ inclinazione.

voce (vó-ce) N.F. **1** L'insieme dei suoni emessi dalla bocca dell'uomo, prodotti dall'aria che attraversa l'apparato respiratorio, la laringe, il naso e la bocca: *abbassare la voce; perdere la voce; voce nasale.* **2** Il verso di un animale: *ho riconosciuto la voce del mio gatto* • Il suono di uno strumento musicale: *la voce del violino.* **3** Ciò che viene detto per ammonire o suggerire: *ascoltare la voce della coscienza* Ⓢ ammonimento, richiamo, consiglio. **4** Notizia vaga e non sicura: *mi è giunta voce che stai per sposarti* Ⓢ diceria. **5** In grammatica, forma: *voce verbale; "vado" è voce del verbo* *"andare"*. **6** Parola che si trova in ordine alfabetico con la sua definizione in un'opera enciclopedica: *se non sai cos'è, vedi alla voce "motore"*. **E** ***A gran voce***, urlando con forza: *chiedere giustizia a gran voce* • ***Avere voce in capitolo***, avere autorità in un certo campo: *uno scienziato che ha voce in capitolo nello studio dei tumori*; far valere il proprio parere: *quando si parla di vacanze io non ho mai voce in capitolo* • ***A voce***, parlando con qualcuno personalmente: *preferisco dirglielo a voce* • ***Dare una voce***, chiamare: *dagli una voce, è pronto in tavola!* • ***Fare la voce grossa***, rimproverare qualcuno; cercare di imporsi anche con la prepotenza: *gli piace fare la voce grossa con i suoi dipendenti* • ***Sotto voce*** o ***a mezza voce***, parlando a basso volume • ***Voci bianche***, in musica, quelle dei bambini: *un coro di voci bianche*.

vociare (vo-cià-re) V.INTR. (*vócio*, *vóci*, ecc.; aus. *avere*) · Parlare a voce alta: *che cosa avete da vociare?* **S** gridare, urlare.

vociferare (vo-ci-fe-rà-re) V.TR. (*vocìfero*, ecc.) · Diffondere notizie non certe: *si vociferava **che** fosse fallito*.

vodka (vòd-ka) N.F. (invar. o pl. -*e*) · Liquore ottenuto dalla distillazione del grano o di altri cereali, prodotto soprattutto in Russia.

voga (vó-ga) N.F. (pl. -*ghe*) **1** Sforzo applicato al remo per far avanzare un'imbarcazione: *stare alla voga*. **2** Moda: *i pantaloni a vita bassa sono molto in voga*.

vogare (vo-gà-re) V.INTR. (*vógo*, *vóghi*, ecc.; aus. *avere*) · Remare.

vogatore (vo-ga-tó-re) N.M. (f. -*trìce*) || N.M. (f. -*trìce*) Chi rema su un'imbarcazione: *i vogatori appaiono stanchi*. || N.M. Apparecchio per esercizi di voga fuori dall'acqua: *simulare il tempo di gara con il vogatore*.

voglia (vò-glia) N.F. (pl. -*glie*) **1** Desiderio, anche molto forte: *ho voglia **di** un bel gelato* **S** brama. **2** Disposizione a impegnarsi in qualcosa: *un ragazzo che non ha voglia **di** studiare* **S** volontà. **3** Nel linguaggio familiare, macchia della pelle causata, secondo le credenze popolari, da una voglia della madre, lasciata insoddisfatta durante la gravidanza. **E** ***Contro voglia***, malvolentieri: *studia sempre contro voglia*.

voglio (vò-glio) · Ind. pres., 1ª pers. sing. → ***volere***[1].

voi (vói) PRON. PERS. M. e F. · È il plurale di *tu*, usato sia come soggetto sia come complemento: *voi andate; guardate voi; lo dico a voi; lo esigo da voi; vengo con voi*.

volano (vo-là-no) N.M. **1** Organo dei motori che serve a ridurre le variazioni di velocità. **2** Gioco simile al tennis che consiste nel colpire con una racchetta una mezza sfera di sughero su cui è infissa una corona di penne: *giocare a volano*.

volante[1] (vo-làn-te) AGG. **1** In grado di volare: *tappeto volante*. **2** Non attaccato: *ho trovato dei fogli volanti, sono del tuo quaderno?* **S** libero, sparso. **E** ***Squadra volante*** (o *la volante* N.F.), squadra di polizia per interventi urgenti.

volante[2] (vo-làn-te) N.M. · Ruota, spesso a raggi, applicata a un asse, per farlo ruotare • Quella che serve a dare la direzione agli autoveicoli: *se ruoti il volante verso destra, la macchina gira*. **E** ***Un asso del volante***, un campione dell'automobilismo.

volantino (vo-lan-tì-no) N.M. · Foglietto stampato e distribuito per pubblicità o propaganda: *distribuiscono volantini per lo spettacolo*.

volare (vo-là-re) V.INTR. (*vólo*, ecc.) **1** (aus. *avere* o *essere*) Di animale dotato di ali, muoversi in aria: *il falco volava nel cielo* • Di veicolo aereo o spaziale, spostarsi in aria o nello spazio: *l'elicottero è volato **a** prendere i feriti; la navicella volerà fino alla Luna*. **2** (aus. *essere*) Di corpo molto leggero, rimanere sospeso nell'aria: *le foglie secche volano portate dal vento* • Di oggetto, muoversi nell'aria a causa di una forte spinta esterna: *nella rissa volarono piatti, bottiglie e sedie*. **3** (aus. *essere*) Di persona, oggetto o animale non dotato di ali, cadere, precipitare: *il poveretto è volato **dal** secondo piano; il vaso è volato di sotto*. **4** (aus. *essere*) Di parola o gesto, essere detto o fatto con violenza: *volarono pugni e offese*. **5** (aus. *essere*) Del tempo, passare in fretta: *questa settimana di vacanza è volata*.

volata (vo-là-ta) N.F. **1** Corsa molto veloce: *se fai una volata riesci a prendere l'autobus.* **2** Nelle gare di velocità, soprattutto nel ciclismo, improvviso sforzo compiuto dall'atleta per superare gli avversari vicino al traguardo: *li ha battuti in volata.* E ***Di volata***, in gran fretta: *è andato a casa di volata.*

volatile (vo-là-ti-le) AGG. e N.M. || N.M. Animale adatto al volo: *il merlo è un volatile.* || AGG. Di sostanza, che tende a evaporare con facilità: *acidi volatili.*

volatilizzarsi (vo-la-ti-liz-zàr-si) V.INTR. PRONOM. **1** Evaporare: *l'etere si è volatilizzato.* **2** Sparire all'improvviso: *il ladro si è volatilizzato* S dileguarsi. **3** Consumarsi con grande velocità: *i miei risparmi si sono volatilizzati.*

volente (vo-lèn-te) AGG. · Dotato di volontà: *siamo creature volenti.* E ***Volente o nolente*** → **nolente**.

volenteroso (vo-len-te-ró-so) AGG. · Che si distingue per impegno e buona volontà: *un bambino volenteroso* S operoso, diligente C svogliato.

volentieri (vo-len-tiè-ri) AVV. · Di buon grado, con piacere: *ti rivedrei volentieri* C malvolentieri • Certo, sicuro: *"Mi presti quel film?" "Ben volentieri!".* E ***Spesso e volentieri***, molte volte: *vado a ballare spesso e volentieri.*

volere[1] (vo-lé-re) V.TR. e INTR. (irreg.: ind. pres. *vòglio, vuòi, vuòle, vogliàmo, voléte, vògliono*; pass. rem. *vòlli, volésti, vòlle, volémmo, voléste, vòllero*; fut. *vorrò, vorrài*, ecc.; cong. pres. *vòglia, vòglia, vòglia, vogliàmo, vogliàte, vògliano*; condiz. pres. *vorrèi, vorrésti*, ecc.; imperat. *vògli, vogliàte*; part. pres. *volènte*; part. pass. *volùto*; gerundio *volèndo*) || TR. **1** Porsi come scopo il compimento di un'azione, il possesso di qualcosa o l'esecuzione di un ordine: *voglio mangiare; voglio* ***che*** *tu metta la testa a posto; volle* ***che*** *alla sua morte la biblioteca passasse al Comune* S intendere; desiderare. **2** Desiderare la presenza di qualcuno: *lo vuole* ***con*** *sé a Roma come collaboratore.* **3** Pretendere qualcosa da altri: *ma cosa vuole* ***da*** *me?;* ***da*** *quel ragazzo vuole troppo* S chiedere, esigere • Richiedere come prezzo o compenso: *quanto volete* ***per*** *quella macchina?* • Gradire, desiderare: *domandò se voleva passare in salotto; volete un caffè?* **4** Dare il permesso di fare qualcosa: *se tua madre vuole ti porto al cinema; mio padre non vuole* ***che*** *esca* S permettere, consentire, concedere. **5** Avere bisogno di qualcosa: *un figlio vuole molto tempo* S richiedere. || SERVILE Avere il desiderio di compiere un'azione: *voglio vedere; voglio andare; non vuoi capire.* || INTR. (aus. *essere*) Nella forma ***volerci***, essere necessario: *ci vogliono tre metri di stoffa*, ne occorrono tre metri. E ***Senza volere***, involontariamente • ***Voler bene a qualcuno***, amarlo • ***Voler dire***, significare: *che vuol dire questa risposta?; "perro" in spagnolo vuol dire "cane".*

Usato come verbo servile *volere* prende l'ausiliare del verbo a cui si accompagna: *ha voluto farlo; ci sono voluta andare.*

volere[2] (vo-lé-re) N.M. · Volontà, desiderio: *il suo volere conta poco.* E ***A mio volere***, come piace a me.

volgare (vol-gà-re) AGG. e N.M. e F. || AGG. **1** Tipico delle classi popolari: *dialetti volgari.* **2** Senza pregi o qualità: *una volgare imitazione* S dozzinale, comune. **3** Privo di signorilità, finezza e classe: *una bellezza volgare* S rozzo, grossolano. || N.M. Lingua del popolo: *il volgare italiano deriva dal latino parlato dal popolo.* || AGG. e N.M. e F. Che, chi si esprime in modo contrario alla buona educazione: *espressioni volgari; non fare il volgare!*

volgarità (vol-ga-ri-tà) N.F. INVAR. **1** Mancanza di educazione e di signorilità: *volgarità di gusti* S inciviltà, rozzezza. **2** Comportamento che offende il buon gusto: *queste sono volgarità di cui ti dovresti vergognare* S indecenza.

volgere (vòl-ge-re) V.TR. e INTR. (irreg.: ind. pres. *vòlgo, vòlgi*, ecc.; pass. rem. *vòlsi, volgésti, vòlse, volgémmo, volgéste, vòlsero*; part. pass. *vòlto*) || TR. Dirigere in una certa direzione: *volgere gli occhi, lo sguardo, il viso* ***verso*** *qualcosa; volgere gli sforzi* ***verso*** *uno scopo* S voltare, orientare. || INTR. (aus. *avere* o *essere*) **1** Andare verso un certo luogo: *la perturbazione volge* ***a*** *nord.* **2** Essere orientato in una certa direzione: *la mia camera volge* ***a*** *est.* **3** Tendere o avvicinarsi a qualcosa: *un rosso che volge* ***al*** *viola; la situazione volge* ***al*** *peggio.* || **volgersi** RIFL. **1** Di persona, girarsi del tutto o in parte in una certa direzione: *volgersi indietro; l'attore*

V

si volse ***verso*** *il verso il pubblico* Ⓢ rivolgersi. **2** Indirizzare la propria attenzione verso qualcosa: *si volse* ***agli*** *studi letterari* Ⓢ dedicarsi. Ⓔ ***Volgere in fuga***, far scappare: *volgere in fuga il nemico* • ***Volgere le spalle*** → ***spalla***.

volgo (vól-go) N.M. (pl. *-ghi*) · La parte più povera e ignorante del popolo: *i pregiudizi del volgo* Ⓢ plebe.

voliera (vo-liè-ra) N.F. · Grande gabbia per gli uccelli Ⓢ uccelliera.

volitivo (vo-li-tì-vo) AGG. e N.M. (f. *-a*) || AGG. e N.M. (f. *-a*) Che, chi ha una volontà forte e decisa: *un uomo volitivo* Ⓢ energico, risoluto. || AGG. In grammatica, di verbo, forma o costrutto che esprime volontà: *congiuntivo volitivo*. Ⓔ ***Mento volitivo, mascella volitiva***, pronunciati e squadrati, considerati tipici di persone ferme e decise.

volleyball (vol-ley-ball; pronuncia *vòlleibol*) o **volley** (vol-ley; pronuncia *vòllei*) N. INGL., in it. N.M. INVAR. · Pallavolo.

volli (vòl-li) · Pass. rem., 1ª pers. sing. → ***volere***[1].

volo (vó-lo) N.M. **1** Spostamento nell'aria di animali dotati di ali oppure di particolari veicoli meccanici: *il volo degli uccelli migratori; il volo del deltaplano* • Viaggio in aereo: *parto con il volo delle 17.* **2** Moto nell'aria per un impulso esterno: *il sasso fece un volo di parecchi metri* Ⓢ parabola, traiettoria • Rapida caduta da una certa altezza: *ha fatto un volo dalle scale.* **3** L'abbandonarsi a sentimenti, pensieri, sensazioni: *i voli della fantasia.* Ⓔ ***A volo*** o ***al volo***, con rapidità e prontezza: *capire al volo* • ***Prendere il volo***, scappare: *i banditi hanno preso il volo con il bottino.*

volontà (vo-lon-tà) N.F. INVAR. **1** Possibilità tipica dell'uomo di tendere con decisione e autonomia alla realizzazione di qualcosa: *non ha forza di volontà ed è sempre qualcun altro che decide per lui* • La manifestazione di tale caratteristica: *vuole sempre imporre la sua volontà.* **2** Ciò che si vuole o si desidera: *lasciare scritte le ultime volontà nel testamento* Ⓢ volere, intenzione, desiderio. **3** Disposizione, impegno, voglia: *la volontà ce l'avrebbe, ma gli mancano i soldi.* Ⓔ ***A volontà***, senza limitazioni, finché si vuole: *c'era birra a volontà.*

volontariato (vo-lon-ta-rià-to) N.M. **1** Servizio militare non obbligatorio. **2** Attività svolta liberamente e gratuitamente per il bene della comunità: *fare del volontariato in ospedale.*

volontario (vo-lon-tà-rio) AGG. e N.M. (f. *-a*; pl.m. *-ri*, pl.f. *-rie*) || AGG. Che dipende dalla libera volontà della persona: *una rinuncia volontaria* Ⓢ intenzionale, voluto Ⓒ involontario. || AGG. e N.M. (f. *-a*) Che, chi mette a disposizione il proprio tempo e il proprio lavoro senza essere pagato: *molti volontari hanno aiutato i terremotati* • Che, chi fa il servizio militare senza essere stato chiamato alle armi. Ⓔ ***Muscoli volontari*** → ***muscolo***.

volonteroso (vo-lon-te-ró-so) → ***volenteroso***.

volpe (vól-pe) N.F. **1** Mammifero carnivoro, simile a un cane, con la pelliccia di colore rosso-ruggine sul dorso, bianco-giallastra sul ventre: *una volpe mi ha attraversato la strada.* **2** Simbolo di furbizia: *il tuo amico è una vecchia volpe!*

volpone (vol-pó-ne) N.M. (f. *-a*; pl.m. *-i*, pl.f. *-e*) · Persona molto furba: *quel volpone è riuscito a ingannarmi di nuovo* Ⓢ dritto, furbacchione.

volsi (vòl-si) · Pass. rem., 1ª pers. sing. → ***volgere***.

volt (vòlt) N.M. INVAR. · Unità di misura della corrente elettrica: *ha preso una scossa di 220 volt.*

volta[1] (vòl-ta) N.F. · Occasione, circostanza, momento: *guarda che è la volta che mi arrabbio; gliel'ho detto tre volte.* Ⓔ ***Alla volta di***, verso, in direzione di: *sono partiti alla volta di Roma* • ***Dar di volta il cervello***, impazzire: *ma ti ha dato di volta il cervello? Scendi subito dal tetto!* • ***Una buona volta***, finalmente, con un senso di impazienza: *smettila una buona volta!* • ***Una volta***, in passato, un tempo: *c'era una volta un re;* ***una volta che***, dal momento che: *una volta che hai detto di sì, non puoi più ritirarti;* ***una volta o l'altra***, prima o poi • ***Un po' per volta*** o ***un po' alla volta***, in più riprese, gradualmente: *ti restituirò i soldi un po' per volta*.

volta[2] (vòl-ta) N.F. · Soffitto o copertura ad arco: *la volta della cappella è affrescata.* Ⓔ ***La volta celeste***, il cielo • ***Volta a botte***, in architettura, struttura di copertura con superficie a forma di mezzo cilindro; ***volta a crociera***, formata dall'incrocio di due volte a botte.

voltafaccia (vol-ta-fàc-cia) N.M. INVAR. · Cambiamento improvviso di idee e di comportamento: *non riesco a spiegarmi questo suo voltafaccia* Ⓢ dietrofront.

voltagabbana (vol-ta-gab-bà-na) N.M. e F. INVAR. · Chi cambia opinione facilmente per il proprio tornaconto: *non fidarti di lui, è un voltagabbana* Ⓢ banderuola, opportunista.

voltaggio (vol-tàg-gio) N.M. (pl. *-gi*) · Tensione elettrica misurata in volt: *una pila a basso voltaggio*.

voltare (vol-tà-re) V.TR. e INTR. (*vòlto*, ecc.) || TR. **1** Volgere in un'altra direzione: *voltare lo sguardo* ***da*** *un triste spettacolo; voltò la testa* ***verso*** *la finestra* Ⓢ girare • Cambiare la posizione di qualcosa perché presenti il lato opposto: *voltare le pagine di un libro* Ⓢ rovesciare, capovolgere. **2** Passare oltre un certo luogo e cambiare direzione: *voltato l'angolo trovate il bar.* || INTR. (aus. *avere*) Cambiare direzione: *il viottolo voltava* ***a*** *sinistra* Ⓢ svoltare, curvare. || **voltarsi** RIFL. Cambiare la posizione o la direzione del proprio corpo: *voltarsi e rivoltarsi nel letto.* Ⓔ ***Voltare le spalle a qualcuno*** → ***spalla***.

voltastomaco (vol-ta-stò-ma-co) N.M. (pl. *-chi*) **1** Senso di nausea che suscita il vomito: *questo odore mi fa venire il voltastomaco.* **2** Profondo disgusto sul piano morale: *tanta ipocrisia mi dà il voltastomaco.*

volteggiare (vol-teg-già-re) V.INTR. (*voltéggio*, ecc.; aus. *avere*) **1** Volare compiendo ampi giri: *l'aquila volteggiava alta nel cielo.* **2** Muoversi facendo cambiare direzione al corpo, anche con giravolte: *pattina volteggiando.* **3** In ginnastica, eseguire un salto con rotazione del corpo appoggiando le mani sull'ostacolo da superare: *volteggiare alla sbarra.*

volteggio (vol-tég-gio) N.M. (pl. *-gi*) **1** In equitazione, cambiamento di posizione del cavaliere eseguito sul cavallo in corsa. **2** In ginnastica, esercizio di acrobazia che si svolge appoggiandosi con le braccia a un attrezzo.

volto[1] (vòl-to) · Participio pass. → ***volgere***.

volto[2] (vól-to) N.M. **1** Viso, faccia: *avere un bel volto.* **2** Modo di apparire: *negli ultimi anni il nostro quartiere ha cambiato volto* Ⓢ aspetto, fisionomia. **3** Carattere, natura: *non ho ancora scoperto il suo vero volto.*

volubile (vo-lù-bi-le) AGG. · Che tende a cambiare con facilità e frequenza: *un uomo dal carattere volubile* Ⓢ incostante, instabile.

volubilità (vo-lu-bi-li-tà) N.F. INVAR. · Tendenza a cambiare spesso comportamenti, affetti, opinioni: *la volubilità della fortuna* Ⓢ instabilità.

volume (vo-lù-me) N.M. **1** L'estensione di un solido, di un liquido o di un gas in larghezza, lunghezza e profondità: *il volume di un cubo.* **2** Lo spazio occupato da un oggetto: *pacchi di grande volume.* **3** Quantità totale, soprattutto nel linguaggio economico: *il volume degli affari è aumentato* Ⓢ giro. **4** L'intensità di un suono: *abbassare il volume del televisore.* **5** Libro, tomo: *ha una biblioteca di 5000 volumi.*

voluminoso (vo-lu-mi-nó-so) AGG. · Che occupa molto spazio: *un pacco voluminoso* Ⓢ grosso, ingombrante.

voluta (vo-lù-ta) N.F. · Spirale: *volute di fumo.*

volutamente (vo-lu-ta-mén-te) AVV. · In modo voluto, di proposito: *parole volutamente enigmatiche* Ⓒ accidentalmente.

voluto (vo-lù-to) AGG. **1** Che corrisponde a ciò che si voleva: *ottenere l'effetto voluto.* **2** Fatto con volontà, con intenzione: *la sua è stata una dimenticanza voluta* Ⓢ consapevole, intenzionale.

voluttà (vo-lut-tà) N.F. INVAR. · Piacere intenso: *bere con voluttà un bicchiere d'acqua gelata; assaporava con voluttà la vendetta* Ⓢ godimento.

voluttuario (vo-lut-tu-à-rio) AGG. (pl.m. *-ri*, pl.f. *-rie*) · Quasi solo nell'espressione ***spese voluttuarie***, quelle che si sostengono per l'acquisto di beni non necessari: *i divertimenti sono spese voluttuarie.*

V

voluttuoso (vo-lut-tu-ó-so) AGG. **1** Che ama abbandonarsi ai piaceri: *un donna affascinante e voluttuosa.* **2** Che suscita un intenso piacere: *carezze voluttuose; uno sguardo voluttuoso* Ⓢ sensuale.

vomere (vò-me-re) N.M. · Organo principale dell'aratro, formato da una lama d'acciaio di forma triangolare che penetra nel terreno e taglia in senso orizzontale la parte di terra da rovesciare.

vomitare (vo-mi-tà-re) V.TR. (*vòmito*, ecc.) **1** Espellere dalla bocca il contenuto dello stomaco: *vomitare il pranzo* Ⓢ rimettere, rigettare. **2** Buttare fuori con violenza e in abbondanza: *il vulcano ha vomitato cenere e lapilli* Ⓢ emettere, eruttare.

vomito (vò-mi-to) N.M. **1** Emissione involontaria, dalla bocca, del contenuto dello stomaco: *avere il vomito per il mal di mare.* **2** Sensazione di disgusto: *oscenità che danno il vomito.*

vongola (vón-go-la) N.F. · Mollusco marino a due valve, molto apprezzato come cibo e condimento: *spaghetti alle vongole.*

Il termine deriva dal latino *conchula* 'piccola conchiglia'.

vorace (vo-rà-ce) AGG. **1** Avido di cibo: *un cucciolo vorace* Ⓢ goloso. **2** Che consuma qualcosa con avidità e in fretta: *una vorace lettrice di romanzi* Ⓢ insaziabile.

voracità (vo-ra-ci-tà) N.F. INVAR. · Avidità di cibo: *guarda che voracità, era digiuno da due giorni.*

voragine (vo-rà-gi-ne) N.F. **1** Profonda apertura del terreno: *la bomba ha creato una voragine* Ⓢ abisso, baratro. **2** Enorme vuoto: *la voragine del debito pubblico.*

Il termine deriva dal latino *vorare* 'divorare, inghiottire'.

vortice (vòr-ti-ce) N.M. **1** Massa d'aria o di liquido che, mettendosi rapidamente in movimento, assume una forma a spirale: *un vortice d'acqua ha inghiottito la nave* Ⓢ mulinello, gorgo. **2** Movimento rapido, rotante e sfrenato: *il vortice della danza* Ⓢ turbine. **3** Impeto travolgente: *esser preso nel vortice della passione.*

vorticoso (vor-ti-có-so) AGG. **1** Che si muove formando vortici: *raffiche vorticose di vento.* **2** Che presenta un ritmo frenetico e travolgente: *un ritmo di vita vorticoso* Ⓢ sfrenato.

vostro (vò-stro) AGG. e PRON. POSS. || AGG. **1** Che appartiene a voi per un rapporto di proprietà o appartenenza: *i vostri libri; conto sulla vostra comprensione.* **2** Di persona, che ha un legame di parentela o di affetto con voi: *vostra madre, vostro padre, vostro figlio; la vostra mamma arriverà domani; ho incontrato un vostro amico.* || PRON. Preceduto dall'articolo determinativo, indica il rapporto di appartenenza o legame di un oggetto o di una persona detti in precedenza con voi: *la mia fotografia è venuta meglio della vostra* [fotografia]; *il nostro insegnante è più simpatico del vostro* [insegnante]. Ⓔ ***Dalla vostra***, con uso sostantivato, dalla vostra parte: *siamo dalla vostra* • ***La vostra***, con uso sostantivato, la vostra opinione: *ora potete dire la vostra.*

votante (vo-tàn-te) N.M. e F. · Chi ha il diritto di partecipare a una votazione: *la maggioranza dei votanti è favorevole; solo il 60% dei votanti si è recato alle urne* Ⓢ elettore.

votare (vo-tà-re) V.TR. e INTR. (*vóto*, ecc.) || TR. **1** Sostenere con il proprio voto: *votate la lista civica.* **2** Sottoporre a una votazione: *entro stasera la Camera dovrebbe votare la legge* Ⓢ deliberare, approvare. **3** Offrire a un nobile fine: *votare la propria vita **alla** ricerca* Ⓢ consacrare, dedicare. || INTR. (aus. *avere*) Esprimere una preferenza o un parere con un voto: *votare **per** un partito.* || **votarsi** RIFL. Dedicarsi totalmente: *votarsi **allo** studio.*

votazione (vo-ta-zió-ne) N.F. **1** Indicazione della propria scelta tramite un voto da parte di chi ne ha diritto: *votazione segreta per scegliere il nuovo direttore* Ⓢ voto. **2** L'insieme delle valutazioni riportate da un alunno: *è stato promosso con un'ottima votazione.*

votivo (vo-ti-vo) AGG. · Che rappresenta un voto religioso: *altare votivo alla divinità.*

voto (vó-to) N.M. **1** Impegno preso davanti alla divinità di compiere una certa azione: *fare un voto; rompere un voto* Ⓢ promessa • Oggetto offerto alla divinità dopo aver preso un impegno. **2** Espressione della volontà di chi esercita il diritto di votare: *diritto di voto; ottenere la maggioranza dei voti; mettere ai voti una decisione.* **3** Valutazione di merito di uno studente, espressa in numeri: *prendere un brutto voto in storia* Ⓢ votazione. Ⓔ ***Prendere i voti***, entrare in un ordine religioso.

vu N.F. O M. INVAR. · Nome della ventesima lettera dell'alfabeto italiano e del segno che la rappresenta (*v*, *V*).

vulcanico (vul-cà-ni-co) AGG. (pl.m. *-ci*, pl.f. *-che*) **1** Che riguarda i vulcani: *laghi di origine vulcanica.* **2** Di persona, dotato di grande immaginazione e iniziativa: *un uomo vulcanico* Ⓢ ingegnoso.

vulcano (vul-cà-no) N.M. **1** Apertura naturale della crosta terrestre attraverso la quale il magma sale fino a riversarsi in superficie sotto forma di lava, cenere, lapilli e altri materiali, o di emanazioni gassose • La montagna che si forma per accumulo di magma. **2** Persona piena di idee e iniziative: *quel vulcano di tuo zio è pronto per una nuova avventura.*

Il termine deriva da *Vulcano*, nome del dio del fuoco della mitologia greco-romana.

vulnerabile (vul-ne-rà-bi-le) AGG. **1** Che può essere ferito: *Achille era vulnerabile* ***nel*** *tallone* Ⓒ invulnerabile. **2** Che può essere attaccato con facilità: *il fianco destro dell'esercito è vulnerabile* Ⓢ debole. **3** Dal carattere sensibile e fragile: *una ragazza vulnerabile.*

vulva (vùl-va) N.F. · L'insieme degli organi genitali esterni femminili.

vuotare (vuo-tà-re) V.TR. (*vuòto*, ecc.) || TR. Estrarre il contenuto da un recipiente o da un ambiente: *vuotare un secchio; vuotare il magazzino* ***di*** *tutta la merce* Ⓢ svuotare Ⓒ riempire, colmare. || **vuotarsi** INTR. PRONOM. Restare vuoto: *lo stadio si è vuotato rapidamente.* Ⓔ ***Vuotare il sacco***, rivelare qualcosa di segreto, confessare • ***Vuotare le tasche a qualcuno***, derubarlo.

vuoto (vuò-to) AGG. e N.M. || AGG. **1** Che non contiene nulla: *un bicchiere vuoto* Ⓒ pieno. **2** Con pochissima gente: *d'estate le città sono quasi vuote* Ⓢ deserto. **3** Non occupato: *il posto accanto al mio in treno era vuoto* Ⓢ libero. **4** Povero di idee: *discorsi vuoti* Ⓢ inconsistente • Senza ideali o interessi: *una vita vuota* Ⓢ vacuo • Senza espressione: *mi fissava con uno sguardo vuoto e assente* Ⓢ inespressivo. || N.M. **1** Spazio che non contiene alcun corpo solido: *cadere nel vuoto* Ⓢ nulla. **2** Recipiente vuoto: *restituire il vuoto.* **3** Assenza di idee e di pensieri: *mi sento un gran vuoto in testa* • Doloroso senso di mancanza: *la sua morte ha lasciato in tutti noi un grande vuoto* • Assenza, mancanza: *vuoto di potere.* Ⓔ ***Assegno a vuoto*** → *assegno* • ***A stomaco vuoto***, a digiuno • ***A vuoto***, inutilmente, senza ottenere nulla: *ho lavorato a vuoto; fare un viaggio a vuoto;* ***girare a vuoto***, funzionare o agire in modo poco efficace • ***Sentirsi la testa vuota***, sentirsi confuso • ***Sotto vuoto***, sistema per conservare il cibo togliendo l'aria dalla confezione • ***Vuoto a rendere***, restituzione e rimborso del prezzo di un recipiente vuoto dopo l'uso; ***vuoto a perdere***, di contenitore di cui non è prevista la restituzione • ***Vuoto d'aria***, improvviso abbassamento di quota di un aereo, causato da una variazione delle correnti d'aria.

W

w, W N.F. O M. INVAR. · Ventunesima lettera di vari alfabeti stranieri, è una consonante (nome della lettera: *vu doppio* o *doppio vu*); è chiamata *vu doppio* o *doppio vu,* si pronuncia come una *v* (per es. in *wafer*) o come una *u* (per es. *web*) ed è usata in italiano in parole di origine straniera.

wafer (wa-fer; pronuncia *vàfer*) N.M. INVAR. · Biscotto leggero, fatto di due o più sfoglie leggere imbottite di crema o cioccolato: *mi ha offerto dei wafer per merenda.*

Il termine deriva dall'inglese *wafer* che significa 'cialda'.

walkman (walk-man; pronuncia *uòlcmen*) N. INGL., in it. N.M. INVAR. · Nome commerciale ® di un registratore stereofonico portatile con ascolto in cuffia.

water (wa-ter; pronuncia *vàter*) N. INGL., in it. N.M. INVAR. · Il vaso di maiolica del gabinetto: *pulire il water.*

water closet (wa-ter clo-set; pronuncia *vàter clóṣet*) N. INGL., in it. N.M. INVAR. · Vaso di ceramica fornito di un dispositivo per lo scarico dell'acqua che si trova in bagno; è detto anche solo *water.*

watt (pronuncia *vat*) N.M. INVAR. · Unità di misura della potenza elettrica.

Il termine deriva dal nome del suo inventore, lo scozzese J. *Watt* (1736-1819).

web (pronuncia *uèb*) N. INGL., in it. N.M. e AGG. INVAR. · L'insieme dei siti Internet che si possono visualizzare con appositi software: *informazioni reperite sul web; pagine web.*

webcam (pronuncia *uèbcam*) N. INGL., in it. N.F. INVAR. · Telecamera digitale collegata a un computer, grazie alla quale le immagini filmate vengono riprodotte sullo schermo di altri computer collegati.

weekend (week-end; pronuncia *uichènd*) N. INGL., in it. N.M. INVAR. · Sabato e domenica: *il prossimo weekend sono libero* Ⓢ fine settimana.

welfare (wel-fa-re; pronuncia *uèlfar*) N. INGL., in it. N.M. INVAR. · Sistema politico in cui lo Stato è responsabile della sicurezza sociale e del benessere dei cittadini.

welfare state (wel-fa-re sta-te; pronuncia *uèlfar stéit*) N. INGL., in it. N.M. INVAR. · Sistema politico in cui lo Stato garantisce a tutti i cittadini i servizi indispensabili.

wellness (well-ness; pronuncia *uèlnes*) N. INGL., in it. N.F. INVAR. · Benessere, salute.

West (pronuncia *uèst*) N. INGL., in it. N.M. INVAR. · La parte occidentale degli Stati Uniti e del Canada: *la conquista del West.*

western (we-stern; pronuncia *uèstern*) AGG. INGL., in it. AGG. e N.M. INVAR. · Di film avventurosi ispirati alla vita dei pionieri che colonizzavano le terre a ovest del Mississippi negli Stati Uniti d'America.

whisky (whi-sky; pronuncia *uìschi*) N. INGL., in it. N.M. INVAR. · Liquore distillato da mosti fermentati di malto, grano, avena e altri cereali, prodotto soprattutto in Scozia, Irlanda, Inghilterra, Canada, Kentucky (USA).

Il termine deriva da una parola gaelica che ricalcava l'espressione latina *aqua vitae* 'acquavite'.

wi-fi (wi-fi; pronuncia *uaifài*) N. INGL., in it. AGG. e N.M. INVAR. · Nome commerciale ® di un sistema di trasmissione di dati senza fili mediante onde radio, utilizzato soprattutto per connettersi a Internet: *connessione wi-fi; in albergo non c'è il wi-fi.*

Il termine è l'abbreviazione dell'espressione inglese *wi(reless) fi(delity)* 'fedeltà senza fili'.

wiki (wi-ki; pronuncia *uìchi*) N. INGL., in it. N.M. INVAR. · Sito web che permette a ogni utente di aggiungere nuovi contenuti o di modificare quelli già esistenti.

> Il termine deriva dalla voce hawaiana *wiki wiki* 'rapido'; W. Cunningham (1949), ideatore del primo software wiki, inventò il nome ispirandosi al *wiki wiki bus,* il bus navetta dell'aeroporto di Honolulu, nelle Isole Hawaii.

windsurf (**wind-surf; pronuncia *uindsèrf* o *uinsèrf***) N. INGL., in it. N.M. INVAR. · Sport acquatico, che si pratica stando in piedi su una tavola a vela, sfruttando la spinta del vento: *andare con il windsurf* • La tavola usata per questo sport: *mettere il windsurf sul portabagagli.*

wireless (**wi-re-less; pronuncia *uàirles***) AGG. INGL., in it. AGG. INVAR. · Di collegamento che non ha bisogno di cavi: *rete wireless.*

word processor (**word pro-ces-sor; pronuncia *uòrd prosèssor***) N. INGL., in it. N.M. INVAR. · Programma che consente di scrivere un testo al computer.

wrestling (**wre-stling; pronuncia *rèstling***) N. INGL., in it. N.M. INVAR. · Lotta libera corpo a corpo, molto spettacolare.

würstel (**wür-stel; pronuncia *viùrstel***) N. NEUTRO TED., in it. N.M. INVAR. · Lunga salsiccia con buccia sottilissima, con un ripieno molto fine di carne bovina e suina, tipica di Germania e Austria: *ama molto i würstel con senape.*

www (**pronuncia *vuvuvù***) N. INGL., in it. N.M. INVAR. · Sigla utilizzata negli indirizzi Internet.

> Il termine è la sigla *World Wide Web* 'ragnatela estesa in tutto il mondo'.

W

X

x, X N.F. O M. INVAR. **1** Ventiduesima lettera di vari alfabeti stranieri, è una consonante (nome della lettera: *ics*); è chiamata *ics*, si pronuncia *cs* ed è usata in italiano in parole di origine straniera. **2** Nelle funzioni matematiche indica la variabile indipendente, nelle equazioni un'incognita • In biologia, simbolo del cromosoma femminile • Nel totocalcio indica il risultato di parità di una partita. **E** ***L'ora x, il giorno x***, l'ora o il giorno stabiliti ma non ancora resi noti • ***Raggi X*** → ***raggio*** • ***X***, nella numerazione romana, simbolo del numero 10.

xenofobia (xe-no-fo-bì-a) N.F. (pl. *-bìe*) · Avversione, odio nei confronti degli stranieri e di ciò che proviene dall'esterno: *razzismo e xenofobia nascono dall'ignoranza.*

xenofobo (xe-nò-fo-bo) AGG. e N.M. (f. *-a*) · Che, chi nutre odio verso gli stranieri: *bisogna scoraggiare gli atteggiamenti xenofobi.*

xilofono (xi-lò-fo-no) N.M. · Strumento musicale a percussione, composto da una tastiera costituita da cilindri di legno o di bambù, che vengono colpiti con un piccolo martello o con una bacchetta di legno.

y

y, Y N.F. O M. INVAR. **1** Ventitreesima lettera di vari alfabeti stranieri, è una vocale (nome della lettera: *ipsilon*); si pronuncia *i* ed è usata in italiano in parole di origine straniera. **2** Nelle funzioni matematiche indica la variabile indipendente, nelle equazioni un'incognita • In biologia, simbolo del cromosoma maschile.

yacht (pronuncia *iòt*) N. INGL., in it. N.M. INVAR. · Imbarcazione di lusso, di notevoli dimensioni: *l'attrice è stata fotografata sul suo yacht.*

yak (pronuncia *iàc*) N.M. INVAR. · Grosso mammifero simile al bue, con pelo lungo e folto, che vive sugli altipiani del Tibet.

yankee (yan-kee; pronuncia *iènchi*) AGG. e N. INGL., in it. AGG. e N.M. e F. INVAR. · Americano degli Stati Uniti: *la lotta fra gli yankee e i pellerossa* • Americano del nord.

yard (pronuncia *iàrd*) N.M. INVAR. · Unità di misura di lunghezza inglese pari 0,9144 metri; il simbolo è *yd*.

yen (pronuncia *ièn*) N.M. INVAR. · Moneta in uso in Giappone.

yeti (ye-ti; pronuncia *ièti*) N.M. INVAR. · Essere mostruoso e gigantesco, simile a un uomo molto peloso, che secondo una leggenda vivrebbe sulle montagne dell'Himalaya; è detto anche *abominevole uomo delle nevi.*

yoga (yo-ga; pronuncia *iòga*) N.M. INVAR. · Insieme di esercizi fisici e di tecniche di meditazione, ispirato a varie religioni e filosofie orientali, con cui si cerca di raggiungere la pace dello spirito: *fa un corso di yoga.*

> Il termine deriva da una parola sanscrita che significa 'congiunzione, unione (con la divinità)'.

yogurt (yo-gurt; pronuncia *iògurt*) N.M. INVAR. · Alimento costituito di latte coagulato per l'azione di particolari bacilli: *yogurt alla frutta.*

yogurteria (yo-gur-te-ri-a; pronuncia *iogurtería*) N.F. (pl. *-rìe*) · Locale che produce o vende yogurt o bevande a base di esso: *hanno aperto una yogurteria in paese.*

yo-yo (yo-yo; pronuncia *ioiò*) N. INGL., in it. N.M. INVAR. · Nome commerciale ® di un giocattolo formato da una rotella intorno alla quale è avvolto un filo fissato per un'estremità; avvolgendo al dito l'altra estremità del filo, si lancia la rotella e poi si ritira, facendo svolgere e riavvolgere il filo per il maggior numero di volte possibile.

yuppie (yup-pie; pronuncia *iùppi*) N. INGL., in it. N.M. INVAR. · Giovane ambizioso che cerca di fare una rapida carriera.

Z

A B C D E F G H I J K L M N O P Q R S T U V W X Y **Z**

z, Z N.F. O M. INVAR. **1** Ventunesima lettera dell'alfabeto italiano; è una consonante (nome della lettera: *zèta*). **2** In matematica, può indicare un'incognita.

zabaione (ẓa-ba-ió-ne) N.M. · Crema ottenuta sbattendo i tuorli d'uovo con lo zucchero e aggiungendo del liquore: *bignè alla crema di zabaione.*

zaffata (zaf-fà-ta) N.F. · Improvvisa ondata di odore sgradevole: *una zaffata di sudore.*

zafferano (ẓaf-fe-rà-no) N.M. e AGG. || N.M. Pianta erbacea con fiori viola a forma di imbuto da cui si estrae una polvere gialla, usata per cucinare o per preparare medicinali. || AGG. e N.M. INVAR. Di colore giallo intenso: *una camicia di seta zafferano.*

zaffiro (ẓaf-fì-ro; *meno correttamente* ẓàf-fi-ro) N.M. e AGG. || N.M. Pietra preziosa di colore azzurro trasparente: *un anello con zaffiro.* || AGG. e N.M. INVAR. Di colore azzurro limpido e trasparente: *occhi zaffiro.*

zaino (ẓài-no) N.M. · Sacco di tela robusta da portare a spalla: *gira il mondo con zaino e sacco a pelo* Ⓢ sacca.

zampa (zàm-pa) N.F. **1** Ciascuno degli arti di un animale: *un ragno con zampe pelose.* **2** Nel linguaggio familiare, gamba, mano o braccio di una persona: *leva le zampe dal tavolino!* **3** Gamba di un mobile. Ⓔ ***A quattro zampe***, carponi • ***Zampe di gallina***, le piccole rughe che si formano intorno agli occhi o i segni di una calligrafia irregolare.

zampata (zam-pà-ta) N.F. **1** Violento colpo di zampa: *il leopardo uccise la preda con una zampata.* **2** L'impronta lasciata dalla zampa di un animale: *sulla neve si vedevano le zampate dell'orso* Ⓢ traccia, orma.

zampettare (zam-pet-tà-re) V.INTR. (*zampétto*, ecc.; aus. *avere*) · Di uccelli e piccoli animali, avanzare muovendo in fretta le zampe: *i pulcini zampettavano nel cortile* • Di bambini, camminare a passi piccoli e rapidi: *zampettava tutto allegro intorno alla madre.*

zampillare (zam-pil-là-re) V.INTR. (aus. *avere* o *essere*) · Di acqua o di altri liquidi, uscire con forza da un'apertura stretta: *l'acqua zampilla* ***dalla*** *fontana* Ⓢ sprizzare.

zampillo (zam-pìl-lo) N.M. · Sottile getto d'acqua o d'altro liquido che esce con forza da un'apertura stretta: *arrestò lo zampillo di sangue con un tampone* Ⓢ spruzzo, schizzo.

zampino (zam-pì-no) N.M. · Zampa di animale piccolo: *lo zampino del gatto.* Ⓔ ***Metterci lo zampino***, intromettersi in una situazione per cambiarla: *se qualcosa è andato storto Luca ci avrà messo lo zampino.*

zampogna (zam-pó-gna) N.F. · Strumento musicale a fiato formato da una sacca di pelle in cui sono inserite alcune canne, in una delle quali viene soffiata aria che, uscendo dalle altre, produce il suono: *a Natale si sentono le zampogne.*

> Il termine deriva dal greco *symphonía* 'accordo di suoni'.

zampognaro (zam-po-gnà-ro) N.M. · Chi suona la zampogna.

zampone (zam-pó-ne) N.M. · Salume fatto con carne di maiale macinata e insaccata nella pelle delle zampe del maiale stesso: *zampone con lenticchie.*

zanna (zàn-na) N.F. **1** Ciascuno dei due denti lunghi che sporgono fuori della bocca di alcuni animali: *le zanne dell'elefante, del cinghiale.* **2** I lunghi canini dei grandi carnivori: *le zanne del lupo.*

zanzara (ẓan-ẓà-ra) N.F. · Insetto notturno che vive in luoghi umidi; la femmina punge l'uomo e altri animali per succhiarne il sangue. Ⓔ ***Zanzara tigre***, quella caratterizzata da strisce bianche e nere, che vola anche durante il giorno.

zanzariera (ẓan-ẓa-riè-ra) N.F. · Rete fitta e sottile che si mette intorno al letto o davanti a porte e finestre per tenere lontane le zanzare: *chiudere la zanzariera.*

zappa (zàp-pa) N.F. · Attrezzo agricolo manuale, formato da una lama tozza e larga fissata perpendicolarmente a un manico di legno; si usa per rivoltare le zolle o fare solchi nel terreno. Ⓔ ***Darsi la zappa sui piedi***, nuocere involontariamente a se stesso.

zappare (zap-pà-re) V.TR. · Lavorare la terra con la zappa: *è nell'orto a zappare.*

zappatore (zap-pa-tó-re) N.M. (f. *-trìce*) · Chi lavora nei campi con la zappa: *mandare gli zappatori nella vigna* • Contadino.

zapping (zap-ping; pronuncia *zàpping*) N. INGL., in it. N.M. INVAR. · Il continuo passaggio da un canale televisivo all'altro con il telecomando.

zar (ẓar) N.M. INVAR. · Titolo imperiale in uso in alcuni Paesi slavi e in Russia fino al 1917.

> Il termine deriva dal latino *Caesar* 'imperatore'.

zarina (ẓa-rì-na) N.F. **1** Titolo dell'imperatrice di Russia, fino alla rivoluzione del 1917. **2** La moglie dello zar.

zattera (ẓàt-te-ra) N.F. · Imbarcazione piatta, bassa e senza sponde, formata di tronchi legati insieme: *i naufraghi hanno costruito una zattera per lasciare l'isola.*

zavorra (ẓa-vòr-ra) N.F. **1** Carico speciale che si mette nella stiva di una nave per renderla più stabile. **2** Carico di sacchetti di sabbia che vengono gettati dalle mongolfiere per salire di quota. **3** Materiale inutile e privo di valore: *questi libri sono solo zavorra.*

zazzera (ẓàẓ-ẓe-ra) N.F. · Capigliatura, soprattutto maschile, lunga fino alle spalle: *una zazzera bionda* • Capigliatura lunga e in disordine: *tagliati quella zazzera!*

> Il termine deriva da una parola longobarda che significa 'ciocca di capelli'.

zebra (ẓè-bra) N.F. **1** Mammifero simile a un asino, tipico dell'Africa orientale e meridionale, bianco a strisce nere. **2** AL PL. Attraversamento pedonale, segnato da strisce bianche sul fondo stradale: *è stato investito sulle zebre* Ⓢ strisce.

zecca[1] (zéc-ca) N.F. (pl. *-che*) · Officina dello Stato in cui si coniano le monete: *la zecca di Stato.* Ⓔ ***Nuovo di zecca***, di oggetto appena acquistato e mai usato: *un'auto nuova di zecca.*

> Il termine deriva da una parola araba che significa 'casa della moneta'.

zecca[2] (zéc-ca) N.F. (pl. *-che*) · Parassita che si attacca ai mammiferi per succhiarne il sangue: *togliere le zecche al cane.*

zecchino (zec-chì-no) N.M. **1** Moneta d'oro che circolava nella Repubblica di Venezia nel Cinquecento. **2** Moneta d'oro. Ⓔ ***Oro (di) zecchino***, oro purissimo.

zelante (ẓe-làn-te) AGG. e N.M. e F. · Che, chi è pieno di attenzione e cura, anche in modo esagerato: *un funzionario zelante* Ⓢ sollecito, solerte.

zelo (ẓè-lo) N.M. · Impegno e diligenza nello svolgere un compito: *lavorare con zelo; ha sbagliato per eccesso di zelo* Ⓢ scrupolo.

zen (ẓèn) N.M. INVAR. · Setta buddista giapponese che ricerca la verità attraverso la meditazione personale; anche AGG.: *riti zen* • Il pensiero e i riti di questa setta: *studiare lo zen.*

zenit (ẓè-nit) N.M. INVAR. **1** In astronomia, il punto della sfera celeste che si trova esattamente sopra un dato punto della Terra. **2** Il grado più alto: *lo zenit del successo* Ⓢ culmine.

zenzero (ẓén-ẓe-ro) N.M. · Pianta erbacea dei Paesi tropicali, con grosse radici profumate che, fresche o secche, vengono usate in cucina, in farmacia e nell'industria delle bevande.

zeppa (zép-pa) N.F. **1** Pezzo di legno o di altro materiale usato per rendere stabile un mobile o per chiudere buchi o fessure: *mettere una zeppa sotto la gamba del tavolo che traballa* Ⓢ cuneo. **2** Suola alta di zoccoli o sandali. **3** Rimedio temporaneo e improvvisato: *il guaio è fatto, cerchiami di metterci una zeppa* Ⓢ toppa, pezza.

zeppo (zép-po) AGG. · Troppo pieno: *un tema pieno zeppo **di** errori* Ⓢ colmo.

Z

zerbino (ẓer-bì-no) N.M. · Piccolo tappeto rettangolare che si mette davanti alla porta d'ingresso di casa per pulirsi le scarpe.

zero (ẓè-ro) N.M. e AGG. || N.M. **1** Numero cardinale che indica assenza di qualsiasi valore: *qualsiasi numero moltiplicato per zero dà zero.* **2** In un sistema di misurazione, il punto di partenza della successione dei numeri: *il termometro segna zero gradi; cinque gradi sopra, sotto zero.* **3** Nella votazione scolastica, il più basso punto di merito: *ti ho dato zero perché non potevo darti di meno.* **4** Quantità nulla: *siamo quasi a zero con le provviste di legna.* || AGG. INVAR. Di nessuna entità: *finanziamento a zero spese.* Ⓔ ***Crescita zero***, in statistica, quando il numero delle nascite di una popolazione è uguale a quello delle morti • ***Farina zero, farina doppio zero***, di diversi gradi di finezza • ***Ora zero***, l'ora precisa in cui dare inizio a un'operazione • ***Sparare a zero su qualcuno*** → *sparare* • ***Tagliare i capelli a zero***, il più vicino possibile alla pelle del cranio • ***Zero assoluto***, la temperatura minima alla quale può essere portato un corpo.

Il termine deriva da una parola araba che significa 'nulla, assenza di unità'.

zeta (ẓè-ta) N.F. o M. (pl.f. *le ẓète* o *le ẓèta* o pl.m. *gli ẓèta*) · Nome della ventunesima lettera dell'alfabeto italiano e del segno che la rappresenta (*z*, *Z*). Ⓔ ***Dalla a alla zeta*** → *a*.

zia (zì-a) N.F. (pl. *zìe*) · La sorella del padre o della madre rispetto ai figli di questi o la moglie dello zio: *zia paterna.*

zibellino (ẓi-bel-lì-no) N.M. · Piccolo mammifero che vive soprattutto in Siberia; ha corpo snello rivestito da una pelliccia molto pregiata, di colore bruno con riflessi dorati.

zigano (zi-gà-no) (o **tzigano**) AGG. e N.M. (f. *-a*) || N.M. (f. *-a*) Uno dei nomi con cui furono indicati gli zingari al loro arrivo in Europa nel Medioevo Ⓢ zingaro • Suonatore ambulante, spesso di violino. || AGG. Caratteristico degli zigani: *musica zigana.*

zigare (zi-gà-re) V.INTR. (*zìgo*, *zìghi*, ecc.; aus. *avere*) · Del coniglio, emettere il proprio verso caratteristico.

ziggurat (ẓig-gu-rat) N.F. INVAR. · Tempio della Mesopotamia antica, a forma di alta torre a gradini, con un recinto sacro in cima.

zigomo (ẓì-go-mo) N.M. · Ciascuna delle due ossa del viso che sporgono sotto gli occhi.

zigote (ẓi-gò-te) N.M. · La cellula che risulta dall'unione della cellula sessuale maschile e di quella femminile nella riproduzione.

zigrinato (ẓi-gri-nà-to) AGG. · Che ha la superficie ruvida e percorsa da tante righe parallele: *tela zigrinata; carta zigrinata.*

zig zag (pronuncia *ẓig ẓag*) N.M. INVAR. · Linea spezzata che forma una serie di angoli: *guidare a zig zag.*

zigzagare (ẓig-ẓa-gà-re) V.INTR. (*ẓigẓàgo*, *ẓigẓàghi*, ecc.; aus. *avere*) · Procedere a zig zag: *l'ubriaco camminava zigzagando.*

zimbello (ẓim-bèl-lo) N.M. · Chi viene continuamente preso in giro: *non voleva più essere lo zimbello del paese.*

zinco (ẓìn-co) N.M. · Metallo bianco tendente all'azzurro, lucente, impiegato soprattutto come componente di importanti leghe, fra cui gli ottoni (il simbolo chimico è *Zn*).

zingaro (ẓìn-ga-ro) N.M. e AGG. (f. *-a*) || N.M. e AGG. (f. *-a*) Chi, che appartiene a un gruppo etnico nomade di origine indiana, emigrato in Europa e in Africa dagli inizi dello scorso millennio: *una comunità di zingari; musica zingara.* || N.M. (f. *-a*) Persona disordinata e trasandata • Persona che non ha regole: *fa una vita da zingaro* Ⓢ nomade.

zio (zì-o) N.M. (pl. *zìi*) · Il fratello del padre o della madre rispetto ai figli di questi o il marito della zia: *zio materno.* Ⓔ ***Lo zio d'America***, quello emigrato in America per far fortuna, da cui si aspetta una grossa eredità.

-zione · Suffisso che serve a formare nomi femminili a partire da verbi e che indica 'un'azione e il suo effetto': *creazione* da *creare.*

zip (ẓip) N.F. e M. INVAR. || N.F. Chiusura lampo: *pantaloni con la zip.* || N.M. In informatica, sistema per comprimere i file in modo che occupino meno spazio sul disco.

zippare (ẓip-pà-re) V.TR. · In informatica, ridurre il numero di bit necessari per archiviare o trasmettere dati: *zippare un file* Ⓢ comprimere.

zitella (zi-tèl-la o ẓi-tèl-la) N.F., *fam.* **1** Nel linguaggio familiare, donna d'età avanzata non sposata: *rimanere zitella.* **2** Donna frustrata e dal carattere difficile: *è una vecchia zitella acida.*

zittire (zit-tì-re) V.TR. (*zittìsco, zittìsci*, ecc.; aus. *avere*) || TR. Invitare a tacere, far stare zitto: *fu zittito da uno sguardo severo di sua madre.* || **zittirsi** INTR. PRONOM. Rimanere o mettersi zitto: *appena entrò il preside tutta la classe si zittì* Ⓢ tacere.

zitto (zit-to) AGG. · Che tace o smette di parlare: *sta sempre zitto perché è timido* Ⓢ muto, silenzioso. Ⓔ ***Zitto zitto***, piano piano, senza farsi notare: *se ne sono andati zitti zitti senza farsi vedere.*

zizzania (ziẓ-zà-nia) N.F. (pl. *-nie*) **1** Pianta erbacea simile alla gramigna che infesta il grano Ⓢ loglio. **2** Discordia, tensione. Ⓔ ***Seminare zizzania***, provocare litigi o contrasti tra persone che normalmente vanno d'accordo.

zoccolo (zòc-co-lo) N.M. **1** Scarpa con la suola di legno: *portare gli zoccoli.* **2** La robusta unghia di alcuni animali: *ferrare gli zoccoli del cavallo.* **3** Parte inferiore di una struttura: *lo zoccolo di una colonna* Ⓢ piedistallo, supporto, base. **4** Striscia di marmo, legno o altro materiale, che protegge la parete all'angolo con il pavimento Ⓢ battiscopa. Ⓔ ***Zoccolo duro***, in un gruppo, un partito, un'associazione, l'insieme degli iscritti più fedeli e convinti.

zodiacale (ẓo-dia-cà-le) AGG. · Dello zodiaco: *segni zodiacali.*

zodiaco (ẓo-dì-a-co) N.M. (pl. raro *-ci*) · Zona della sfera celeste che segue la traiettoria del Sole, in cui si muovono i pianeti e la Luna; è divisa in 12 costellazioni, a cui corrispondono 12 segni (Ariete, Toro, Gemelli, Cancro, Leone, Vergine, Bilancia, Scorpione, Sagittario, Capricorno, Acquario, Pesci).

Il termine deriva dal greco *zoidiakós* '(cerchio) di figure'.

Z

zolfanello (zol-fa-nèl-lo) N.M. · Fiammifero di legno con la capocchia di zolfo.

zolfo (zól-fo) N.M. · Elemento chimico di color giallo limone, molto diffuso in natura; si usa soprattutto per la preparazione di medicinali e in agricoltura per distruggere parassiti (il simbolo chimico è *S*).

zolla (ẓòl-la) N.F. **1** Pezzo compatto e non molto grande di terra che si stacca dal terreno sodo quando lo si lavora: *rompere le zolle.* **2** Ogni enorme frammento in cui è divisa la crosta terrestre: *i movimenti delle zolle causano terremoti* Ⓢ placca.

zolletta (ẓol-lét-ta) N.F. · Piccolo cubetto di zucchero compresso.

zombie (zom-bie; pronuncia *ẓómbi*) N. INGL., in it. N.M. e F. INVAR. **1** Nelle credenze popolari delle Antille, spirito soprannaturale capace di restituire la vita a un morto • Il cadavere riportato in vita da questo spirito. **2** Persona che non mostra vitalità: *la mattina presto è uno zombie.*

zona (ẓò-na) N.F. **1** Parte di superficie o di spazio: *una vasta zona del bosco è bruciata; zona montuosa* Ⓢ area. **2** Nel calcio, la parte del campo assegnata a un giocatore o individuata in base allo svolgimento del gioco: *zona d'attacco.* Ⓔ ***A zona***, controllando una parte del campo e non un giocatore: *marcare a zona; l'allenatore vuole una difesa a zona, non a uomo* • ***In zona, fuori zona***, vicino o lontano: *abito in zona* • ***Zona a traffico limitato***, parte della città in cui il traffico è vietato o limitato (sigla *ZTL*) • ***Zona depressa***, economicamente arretrata • ***Zona giorno, zona notte***, le stanze della casa per le attività del giorno o per il riposo • ***Zona pedonale***, isola pedonale (→ ***isola***).

Il termine deriva dal greco *zóne* che significa 'cintura'.

zonzo (ẓón-ẓo) N.M. · Solo nell'espressione ***andare a zonzo***, camminare senza una meta o uno scopo preciso: *gli piace andare a zonzo per la città.*

zoo (ẓò-o) N.M. INVAR. · Parco aperto al pubblico in cui sono raccolti animali spesso rari, selvatici o esotici: *vedere i leoni allo zoo* Ⓢ giardino zoologico.

zoologia (zo-o-lo-gì-a) N.F. (pl. *-gìe*) · La scienza che ha per oggetto lo studio e la classificazione degli animali.

zoologico (zo-o-lò-gi-co) AGG. (pl.m. *-ci*, pl.f. *-che*) · Che riguarda la zoologia. **E** ***Giardino zoologico***, zoo • ***Museo zoologico***, in cui sono raccolti e classificati animali imbalsamati.

zoologo (zo-ò-lo-go) N.M. (f. *-a*; pl.m. *-gi*, pl.f. *-ghe*) · Chi studia gli animali.

zoom (pronuncia *zum*) N. INGL., in it. N.M. INVAR. · Obiettivo fotografico, cinematografico o televisivo, che consente di avvicinare o allontanare l'immagine di un soggetto.

zoomare (zoo-ma-re; pronuncia *zumàre*) → ***zumare***.

zootecnia (zo-o-tec-nì-a) N.F. (pl. *-cnìe*) · Scienza che si occupa dell'allevamento e dello sfruttamento degli animali domestici utili all'uomo.

zootecnico (zo-o-tèc-ni-co) AGG. e N.M. (f. *-a*; pl.m. *-ci*, pl.f. *-che*) || AGG. Che riguarda la zootecnia: *progressi zootecnici*. || N.M. (f. *-a*) Esperto di zootecnia.

zoppicare (zop-pi-cà-re) V.INTR. (*zòppico, zòppichi*, ecc.; aus. *avere*) **1** Camminare in modo difettoso per una malattia o una ferita alle gambe o ai piedi: *gli hanno appena tolto il gesso e zoppica un po'*. **2** Di mobili, essere instabile: *il tavolo zoppica* **S** traballare. **3** Essere debole in una certa attività o materia: *l'alunno zoppica **in** matematica* • Presentare difetti: *la tua dimostrazione zoppica **in** più punti*.

zoppo (zòp-po) AGG. e N.M. (f. *-a*) || AGG. e N.M. (f. *-a*) Che, chi cammina in modo difettoso per una malattia o a una ferita alle gambe o ai piedi: *zoppo dalla nascita*. || AGG. **1** Che traballa: *una sedia zoppa* **S** instabile, traballante. **2** Difettoso, imperfetto, incompleto: *un ragionamento zoppo*.

zotico (zò-ti-co) AGG. e N.M. (f. *-a*; pl.m. *-ci*, pl.f. *-che*) · Ignorante, scortese, incivile: *modi zotici; si è comportato come uno zotico*.

Il termine deriva dal latino *idioticus* 'ignorante, incolto'.

ZTL (pronuncia *zetatièlle*) N.F. INVAR. · Sigla di *zona a traffico limitato* (→ ***zona***).

zuavo (zu-à-vo) N.M. e AGG. · Chi, che appartiene a un corpo militare formato dai francesi in Algeria dopo l'occupazione nel 1830 • Chi, che appartiene a corpi equipaggiati in modo simile: *zuavi calabresi*. **E** ***Alla zuava***, di indumento simile a quello degli zuavi: *giacca alla zuava*, corta e con i lembi arrotondati; *pantaloni alla zuava*, ampi e corti, stretti sotto il ginocchio.

Il termine deriva da *zwawa*, nome di una tribù dell'Africa settentrionale dalla quale provenivano le truppe coloniali dell'esercito francese nell'Ottocento, che indossavano come divisa pantaloni rimboccati sotto al ginocchio.

zucca (zùc-ca) N.F. (pl. *-che*) **1** Pianta erbacea con fusto rampicante, foglie grandi, fiori gialli, molto coltivata in diverse varietà, soprattutto per i frutti: *ad Halloween si intagliano le zucche*. **2** Il frutto della pianta di forma sferica o allungata, liscio o pieno di sporgenze. **3** Nel linguaggio familiare, testa: *si grattò la zucca*. **E** ***Aver del sale in zucca***, essere intelligente • ***Fiori di zucca***, i fiori, che si mangiano fritti nella pastella o ripieni • ***Semi di zucca***, i semi, che si mangiano seccati, abbrustoliti e salati.

zuccata (zuc-cà-ta) N.F. · Colpo battuto con la testa: *ha dato una zuccata nello spigolo* **S** capocciata, testata.

zuccherare (zuc-che-rà-re) V.TR. (*zùcchero*, ecc.) · Rendere dolce con lo zucchero: *zuccherare il tè*.

zuccheriera (zuc-che-riè-ra) N.F. · Recipiente dove si tiene lo zucchero per servirlo in tavola: *una zuccheriera di porcellana*.

zuccherificio (zuc-che-ri-fì-cio) N.M. (pl. *-ci*) · Stabilimento in cui si lavora lo zucchero.

zuccherino (zuc-che-rì-no) AGG. e N.M. || AGG. **1** Che contiene zucchero: *sostanza zuccherina* **S** zuccheroso. **2** Che ha sapore molto dolce: *uva zuccherina*. || N.M. **1** Caramella, confetto o zolletta di zucchero: *se il bambino piange, dagli uno zuccherino*. **2** Premio di poco valore dato in cambio di un sacrificio: *per dargli uno zuccherino lo hanno nominato presidente onorario*.

zucchero (zùc-che-ro) N.M. **1** Sostanza cristallina che si ottiene dalla canna da zucchero o dalla barbabietola, utilizzata per addolcire gli alimenti: *zucchero in polvere; un cucchiaino di zucchero.* **2** Persona di carattere dolce e gentile: *ieri era uno zucchero, ma secondo me faceva finta* Ⓢ angelo. Ⓔ ***Zucchero a velo***, in polvere finissima, per coprire torte e dolci • ***Zucchero filato***, quello che di solito si mangia alle fiere, cotto, tirato in fili sottili e avvolto intorno a un bastoncino.

zuccheroso (zuc-che-ró-so) AGG. **1** Ricco di zucchero: *pasta zuccherosa; una pesca zuccherosa* Ⓢ dolce, zuccherino. **2** Stucchevole, sdolcinato: *una canzonetta zuccherosa.*

zucchetto (zuc-chét-to) N.M. · Copricapo a forma di piccola calotta, usato dai membri del clero: *il cardinale porta uno zucchetto rosso.*

zucchina (zuc-chì-na) N.F. · Il frutto verde, di forma allungata e dal sapore dolce, di alcune varietà di zucche che si coglie immaturo: *zucchine lesse, ripiene, fritte* Ⓢ zucchino.

zucchino (zuc-chì-no) N.M. · Zucchina.

zuccone (zuc-có-ne) N.M. (f. *-a*; pl.m. *-i*, pl.f. *-e*) || N.M. Testa grossa Ⓢ testone. || N.M. (f. *-a*) Nel linguaggio familiare, persona testarda e poco intelligente: *quello zuccone non ascolta mai i miei consigli.*

zuffa (zùf-fa) N.F. · Litigio violento: *la discussione degenerò in una zuffa* Ⓢ rissa, baruffa.

zufolare (zu-fo-là-re) V.INTR. e TR. (*zùfolo*, ecc.; aus. *avere*) **1** Suonare lo zufolo: *i pastori zufolavano.* **2** Fischiettare: *zufolare una canzonetta.*

zufolo (zù-fo-lo) N.M. **1** Strumento a fiato formato da un cilindro cavo con alcuni fori per modulare il suono e un taglio trasversale nell'imboccatura: *suonare lo zufolo.* **2** Fischio.

zumare (zu-mà-re) V.TR. e INTR. (aus. *avere*) · Nelle riprese cinematografiche e televisive, portare velocemente un soggetto in primo piano usando lo zoom: *zumare una scena; zumare* ***sul*** *pubblico.*

zumata (zu-mà-ta) N.F. · Rapido movimento dell'obiettivo per portare in primo piano il soggetto ripreso: *fare una zumata* ***su*** *un volto.*

zuppa (zùp-pa) N.F. · Minestra in brodo con vari ingredienti, spesso servita con crostini di pane: *zuppa di verdura, di pesce.* Ⓔ ***Se non è zuppa è pan bagnato***, si dice per sottolineare che non c'è nessuna differenza tra due cose o situazioni • ***Zuppa inglese***, dolce composto di strati di crema e biscotti inzuppati in un liquore dolce.

zuppiera (zup-piè-ra) N.F. · Recipiente, di solito rotondo e con coperchio, usato per portare in tavola la minestra: *una zuppiera di porcellana.*

zuppo (zùp-po) AGG. · Completamente bagnato: *una camicia zuppa* ***di*** *sudore* Ⓢ fradicio.

zuzzurellone (zuz-zu-rel-ló-ne) (o **zuzzurullone**) N.M. (f. *-a*; pl.m. *-i*, pl.f. *-e*) · Nel linguaggio familiare, persona adulta che si comporta con la leggerezza di un ragazzo: *smetti di fare lo zuzzurellone!*

LE FAMIGLIE DI PAROLE

Percorsi didattici con le famiglie di parole

In queste pagine forniamo alcuni schemi relativi a sedici famiglie di parole; ogni famiglia è formata da tutti quei termini che, derivando da una stessa **parola primitiva**, hanno la **stessa radice**. Nel testo del vocabolario le voci appartenenti a una famiglia contengono, in fondo, un rimando allo schema preceduto dal simbolo ▸Ⓕ. Negli schemi le **radici sono evidenziate** in colore e isolate dalle altre componenti della parola stessa, come i **prefissi**, i **suffissi**, le **desinenze**; in questo modo, le parole si presentano **scomposte nelle loro unità di base** e collocate in una rete di associazioni grazie a un processo di semplificazione e di analisi che facilita la memorizzazione e la comprensione da parte degli allievi.

Gli schemi di famiglie di parole, infatti, sono pensati per creare **percorsi didattici sulla formazione delle parole**, una delle attività più utili per aiutare i ragazzi a potenziare le proprie **competenze lessicali**. Imparando a scomporre le parole e ad associarle tra loro, il ragazzo non solo capirà il **significato profondo** dei termini comuni, ma sarà anche in grado di intuire da solo il senso di quelli sconosciuti: si può arrivare facilmente al significato di *companatico* se al suo interno si riescono a vedere *con* e *pane* e il suo legame con *panificio* o *panettone*; così come sarà più semplice usare in maniera appropriata parole come *deludere* o *colludere* se si capisce che originariamente l'una significava 'prendersi gioco', quindi 'tradire le aspettative di qualcuno', e l'altra 'accordarsi segretamente giocando insieme', quindi in ultima analisi 'barare', essendo entrambe derivate della parola latina *ludus* che significava 'gioco'.

Gli schemi delle famiglie di parole possono essere usati in varie **attività didattiche**: l'insegnante può, ad esempio, costruire insieme agli allievi delle **mappe concettuali** a partire dai grafici forniti, sul modello di quella che mostriamo in fondo a questa sezione, creata utilizzando lo schema della famiglia di *astro*. Si può chiedere ai ragazzi di **ritrovare le radici** o di ricostruire il collegamento tra parole apparentemente lontane come *astro* e *disastro*; gli allievi possono imparare a individuare i composti, ad esempio, con la parola *capo* o a identificare tutti i prefissi, i suffissi e tutte le desinenze nei termini appartenenti a una qualsiasi delle sedici famiglie, ad esempio a quella di *fumo* (in *affumicare* e *sfumare* o in *fumoso*, *fumetto* e *fumaiolo*). Infine, questi grafici potranno anche essere utilizzati per avvicinare i ragazzi più curiosi al mondo dell'**etimologia**, mostrando loro la sorprendente connessione tra parole come *gas* e *caos* o come *esondare* e *abbondare*.

Nella **versione digitale** le famiglie sono più numerose e sono già organizzate in **mappe concettuali navigabili** che consentono al ragazzo di seguire, clic dopo clic, il percorso fatto di parole che derivano da altre parole, individuando in ognuna le tracce che conducono alla comune origine.

Come si leggono gli schemi delle famiglie di parole

Qui di seguito una guida grafica per leggere gli schemi delle pagine seguenti. A inizio pagina, in alto a sinistra, si trova la **parola primitiva**, seguita da una **breve definizione**, dall'**etimologia** e, infine, dalla **radice** o dalle radici a cui questa parola ha dato origine. Le radici, contenute in tutte le parole appartenenti a ciascuna famiglia, sono evidenziate in colore. Le parole all'interno degli schemi sono seguite da una breve definizione e da un'etimologia oppure dalla loro scomposizione in prefisso, parola di derivazione, suffisso (per esempio, **disastroso** viene scomposto in **dis-** + **astro** + **-oso**).

Ogni livello di derivazione si distingue dagli altri per il colore del fondino ed è corredato di frecce, di colori e dimensioni diverse, che accompagnano il flusso di lettura e consentono di procedere da un livello all'altro.

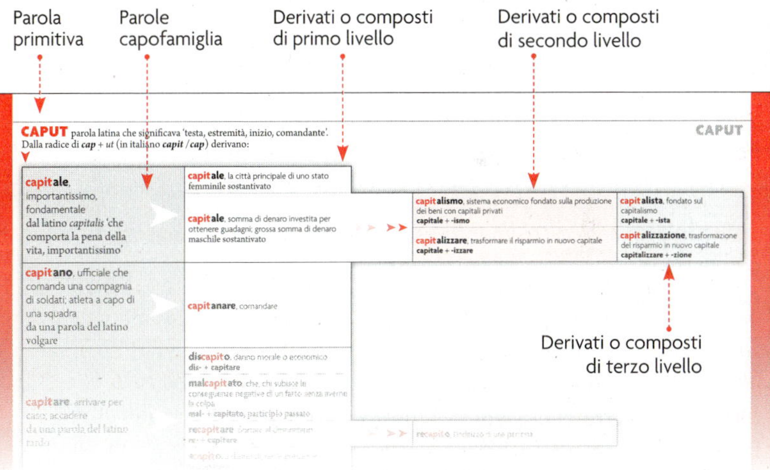

Il flusso di lettura seguendo frecce e colori	
	dalla parola primitiva al capofamiglia
	dal capofamiglia ai derivati
	dai derivati ai loro derivati
	dai derivati ai loro sottoderivati
	ultimo livello di derivazione

ASTRO corpo celeste, come le stelle e i pianeti, dal latino *astrum* 'stella', dal greco *ástron* 'stella'. Dalla radice di ***astr*** + *o* derivano:

disastro, cattiva stella, quindi sciagura
dis- + astro

astrale, che riguarda gli astri
dal latino *astralis* 'che riguarda le stelle'

astrofisica, studio delle caratteristiche fisiche degli astri
astro + fisica

astronauta, viaggiatore di una navicella spaziale
astro + -nauta

astronave, veicolo per viaggiare nello spazio
astro + nave

astrolabio, antico strumento usato per navigare orientandosi con le stelle
dal greco *astrolábon* 'catturatore di stelle'

astrologia, arte di prevedere il futuro studiando la posizione degli astri
dal greco *astrología* 'studio delle stelle'

astronomia, scienza che studia gli astri
dal greco *astronomía* 'il sistema di regole delle stelle'

disastroso, caratterizzato da sciagura
dis- + astro + -oso

astronautica, studio della navigazione dello spazio
astro + nautica

astrologo, persona che prevede il futuro studiando la posizione degli astri
dal greco *astrólogos* 'chi studia le stelle'

astrologico, che riguarda l'astrologia
dal greco *astrologikós* 'che riguarda lo studio delle stelle'

astronomo, studioso di astronomia
dal greco *astronómos* 'colui che si occupa del sistema di regole delle stelle'

astronomico, che riguarda l'astronomia
dal greco *astronomikós* 'che riguarda il sistema di regole delle stelle'

BAGLIORE luce forte e improvvisa che fa perdere momentaneamente la vista, dal greco *phaliós* 'bianco, lucente'. Dalla radice di ***bagli*** + *ore* derivano:

abbagliare, offuscare la vista con una luce intensa; ingannare **a- + bagliore**	**abbagliante**, che offusca la vista per la sua intensità; faro degli autoveicoli dalla luce molto intensa participio presente
	abbaglio, offuscamento della vista per una forte luce, quindi errore
	sbagliare, avere la vista offuscata, quindi fare errori **s- + abbagliare**

anabbagliante, che non abbaglia; faro degli autoveicoli che produce una luce di media intensità
an- + **abbagliante**

barbaglio, luce intensa e ripetuta

sbagliato, errato
participio passato

sbaglio, errore

BOCCA parte del corpo, dal latino *bucca* 'guancia, bocca'.

Dalla radice di ***bocc*** + *a* derivano:

abboccare, agganciarsi con la bocca all'amo; farsi ingannare **a- + bocca**
abboccato, che tende al dolce **a- + bocca + -ato**
boccaccia, smorfia dispregiativo
boccaglio, parte del tubo che si mette in bocca per respirare sott'acqua **bocca + -aglio**
boccale, della bocca **bocca + -ale**
boccaporto, apertura sul ponte della nave dall'espressione *bocca porta* 'apertura che serve da porta'
boccascena, spazio del palcoscenico dove si svolge lo spettacolo **bocca + scena**
boccata, colpo sulla bocca **bocca + -ata**
boccheggiare, respirare con fatica aprendo e chiudendo la bocca **bocca + -eggiare**
bocchino, parte degli strumenti a fiato che si mette in bocca diminutivo maschile
boccone, quantità di cibo che si mette in bocca in una volta sola **bocca + -one**
bocconi, in posizione distesa, con il ventre e la faccia in giù **bocca + -oni**
imboccare, introdurre il cibo nella bocca di chi non è capace di farlo da solo **in- + bocca**
rimboccare, arrotolare l'orlo di un tessuto **rin- + bocca**
sboccare, sfociare **s- + bocca**
sboccato, che dice molte parolacce **s- + bocca + -ato**

abboccamento, appuntamento
abboccare + -mento

sbocconcellare, mangiare a piccoli bocconi
s- + boccone + -ellare

imboccatura, apertura di un oggetto; tratto iniziale di un luogo
imboccare + -atura

imbocco, punto di entrata in un luogo

sbocco, punto di uscita o di arrivo

CAMPO parte di terreno coltivabile; luogo di scontro militare, dal latino *campum* 'campagna in pianura'. Dalla radice di ***camp*** + *o* derivano:

accampare, sistemare in tende per passare la notte all'aperto
a- + campo

campagna, insieme di campi; operazione di guerra
dal latino *campania* 'insieme di campi'

campale, che si svolge sul campo di battaglia; faticoso
campo + -ale

campare, sopravvivere sul campo di battaglia, quindi mantenersi in vita
da **campo**

scampare, sopravvivere sul campo di battaglia, quindi sfuggire a un grave pericolo
s- + campo

campeggiare, soggiornare all'aperto in tenda o in roulotte
campo + -eggiare

campestre, che riguarda i campi e la campagna
dal latino *campestris* 'della campagna, campestre'

camposanto, terreno consacrato per seppellire i morti, cimitero
campo + santo

fondocampo, estremità del campo da gioco
fondo + campo

accampamento, gruppo di tende
accampare + -mento

campagnolo, contadino
campagna + -olo

scampagnata, gita in campagna
s- + campagna + -ata

campato, privo di fondamento, nell'espressione 'campato in aria'
participio passato

scampato, evitato
participio passato

scampo, salvezza da un pericolo

scampolo, avanzo di tessuto da **scampare** 'sfuggire', nel senso di 'ciò che è rimasto'

campeggiatore, chi soggiorna in un campeggio
campeggiare +-tore

campeggio, forma di turismo con soggiorno in tenda o roulotte

CAPUT parola latina che significava 'testa, estremità, inizio, comandante'. Dalla radice di ***cap*** + *ut* (in italiano ***capit*** / ***cap***) derivano:

capitale, importantissimo, fondamentale dal latino *capitalis* 'che comporta la pena della vita, importantissimo'	**capitale**, la città principale di uno stato femminile sostantivato **capitale**, somma di denaro investita per ottenere guadagni; grossa somma di denaro maschile sostantivato
capitano, ufficiale che comanda una compagnia di soldati; atleta a capo di una squadra da una parola del latino volgare	**capitanare**, comandare
capitare, arrivare per caso; accadere da una parola del latino tardo	**discapito**, danno morale o economico **dis-** + **capitare** **malcapitato**, che, chi subisce le conseguenze negative di un fatto senza averne la colpa **mal-** + **capitato**, participio passato **recapitare**, portare al destinatario **re-** + **capitare** **scapito**, a danno di, nell'espressione 'a scapito di' dal verbo non più usato *scapitare* 'subire un danno'
capitolo, ciascuna delle parti in cui è suddiviso un libro dal latino *capitulum* 'piccola testa'; capitolo (di un libro)'	**capitello**, l'elemento superiore della colonna dal latino *capitellum* 'punta, capitello' **capitolare**, arrendersi al nemico da una parola del latino medievale **capitolazione**, l'arrendersi al nemico da una parola del latino medievale **ricapitolare**, riassumere nei punti essenziali da una parola del latino tardo
decapitare, uccidere tagliando il capo da una parola del latino tardo	**decapitazione**, taglio del capo, soprattutto come forma di pena capitale **decapitare** + **-zione**

capitalismo, sistema economico fondato sulla produzione dei beni con capitali privati **capitale + -ismo**	**capitalista**, fondato sul capitalismo **capitale + -ista**
capitalizzare, trasformare il risparmio in nuovo capitale **capitale + -izzare**	**capitalizzazione**, trasformazione del risparmio in nuovo capitale **capitalizzare + -zione**

recapito, l'indirizzo di una persona

CAPUT parola latina che significava 'testa, estremità, inizio, comandante'. Dalla radice di ***cap*** + *ut* (in italiano ***capit*** / ***cap***) derivano:

capo, testa; inizio; estremità dal latino *caput* 'testa, estremità, inizio'	**caparra**, somma versata come acconto **capo** + **arra**, antica parola che significava 'garanzia'
	capata, colpo battuto col capo
	capinera, uccellino con la fronte e la nuca nere **capo** + **nero**
	capitombolo, caduta a testa in giù **capo** + **tombolare**
	capocchia, l'estremità di spilli e chiodi diminutivo femminile
	capocciata, colpo dato con la testa **capoccia**, parola dialettale per 'testa' + **-ata**
	capodanno, il primo giorno dell'anno dalla grafia unita di 'capo d'anno'
	capodoglio, grosso cetaceo da 'capo d'olio', per l'olio che si estrae dalla sua testa
	capofitto, a testa in giù, nell'espressione 'a capofitto' **capo** + **fitto**, participio passato dell'antico *figgere* 'conficcare'
	capogiro, vertigine **capo** + **giro**
	capolavoro, l'opera migliore di un artista **capo** + **lavoro**
	capolino, rapida apparizione
	caposaldo, punto fortificato di uno schieramento **capo** + **saldo**
	capoverso, la ripresa della scrittura al rigo successivo **capo** + **verso**
	capovolgere, rovesciare **capo** + **volgere**
	copricapo, cappello, cappuccio **coprire** + **capo**
	grattacapo, motivo di preoccupazione **grattare** + **capo**
	incaponirsi, ostinarsi in un comportamento **in-** + **capone**, accrescitivo di *capo*
	rompicapo, enigma o problema di difficile soluzione **rompere** + **capo**
	scapaccione, colpo dato tra capo e collo **s-** + **capo**

accaparrare, accumulare merci; procurarsi a- + caparra	accaparramento, accumulo di merci accaparrare + -mento
capatina, breve visita in un posto diminutivo	

capovolto, con la parte superiore all'ingiù participio passato
capovolgimento, rovesciamento capovolgere + -mento

CAPUT parola latina che significava 'testa, estremità, inizio, comandante'.
Dalla radice di ***cap*** + *ut* (in italiano ***capit*** / ***cap***) derivano:

capo, chi comanda su altre persone
dal latino *caput* 'comandante, guida'

capeggiare, condurre, comandare
capo + **-eggiare**

capoccia, boss, capobanda

capobanda, direttore di una banda musicale; capo di un gruppo criminale
capo + **banda**

capobranco, l'animale alla guida del branco
capo + **branco**

capocannoniere, il giocatore che comanda la classifica dei cannonieri
capo + **cannoniere**

capoclasse, alunno scelto per occuparsi di compiti organizzativi in una classe
capo + **classe**

capocomico, chi dirige una compagnia di attori
capo + **comico**

capofamiglia, il capo della famiglia
capo + **famiglia**

capofficina, tecnico che dirige il lavoro di un'officina
capo + **officina**

capofila, chi è il primo di una fila
capo + **fila** n.f.

capogruppo, chi dirige un gruppo di persone
capo + **gruppo**

capolista, il candidato al primo posto in una lista elettorale
capo + **lista**

capomastro, chi dirige un gruppo di lavoro in un'impresa edile
capo + **mastro**

caporale, il militare che ha il grado più basso
da *capora*, antico plurale di **capo** + **ale**

caporeparto, chi dirige un reparto
capo + **reparto**

caposquadra, capo di una squadra
capo + **squadra**

capostazione, chi dirige una stazione ferroviaria
capo + **stazione**

capotavola, il posto d'onore a tavola
capo + **tavola**

capufficio, chi dirige un ufficio
capo + **ufficio**

CAVALLO mammifero, dal latino *caballus* 'cavallo da lavoro'.
Dalla radice di ***cavall*** + *o* (o anche ***caval***) derivano:

accavallare, sovrapporre una cosa all'altra **a- + cavallo**
caciocavallo, formaggio conservato a coppie a cavalcioni di un paletto **cacio + cavallo**
cavalcare, andare a cavallo da una parola del latino tardo
cavalcioni, stare sopra a qualcosa con una gamba di qua e una di là come si starebbe a cavallo, nell'espressione 'a cavalcioni' dal francese *à chevauchons* 'a cavalcioni'
cavaliere, chi va a cavallo dal provenzale *cavalier* 'cavaliere'
cavalleggero, soldato a cavallo dal francese *chevau-léger* 'soldato a cavallo armato alla leggera'
cavalleria, esercito a cavallo **cavallo + -eria**
cavallerizzo, chi è abile a cavalcare dallo spagnolo *caballerizo* 'stalliere'
cavalletta, insetto che si muove a salti, ricordando un cavallo diminutivo femminile
cavalletto, base di appoggio con due o più gambe diminutivo
cavallone, alta onda marina che ricorda un grosso cavallo imbizzarrito accrescitivo
cavalluccio, stare sulle spalle di qualcuno con le gambe divaricate, nell'espressione 'a cavalluccio' diminutivo

cavalcata, percorso compiuto a cavallo
cavalcare + -ata

cavalcatura, cavallo o altro animale da sella
cavalcare + -ura

cavalcavia, il ponte che passa sopra una strada o una ferrovia
cavalcare + via

scavalcare, passare sopra a un ostacolo
s- + cavalcare

cavalleresco, che riguarda la cavalleria
cavalleria + -esco

DIES parola latina che significava 'giorno'.
Dalla radice di ***di*** + *es* (in italiano ***di*** / ***gi*** / ***giorn***) derivano:

dì, giorno dal latino *dies* 'giorno'	
diario, registro di ciò che accade ogni giorno dal latino *diarium* 'razione di cibo quotidiana'	**diaria**, compenso che si dà ai lavoratori costretti a spostarsi in una sede diversa da quella abituale dal latino *diaria*, plurale di *diarium* 'razione di cibo quotidiana'
diurno, del giorno dal latino tardo *diurnus* 'del giorno, quotidiano'	
meridiano, di mezzogiorno	**antimeridiano**, che viene prima di mezzogiorno dal latino *antemeridianus* 'che viene prima di mezzogiorno'
	meridiana, orologio solare femminile
	meridionale, del mezzogiorno, del sud dal latino *meridionalis* 'del sud, meridionale'
	pomeridiano, del pomeriggio dal latino *postmeridianus* 'del tempo che viene dopo mezzogiorno'
odierno, di oggi dal latino *hodiernus* 'di questo giorno, di oggi'	
oggi, questo giorno dal latino *hodie* 'questo giorno'	**oggigiorno**, oggi, adesso **oggi + giorno**
quotidiano, di tutti i giorni dal latino *quotidie* 'ogni giorno'	**quotidianamente**, ogni giorno **quotidiano + -mente**
	quotidianità, la caratteristica di ciò che si ripete ogni giorno **quotidiano + -ità**

meridione, il sud
pomeriggio, la parte del giorno tra mezzogiorno e il tramonto da **pomeridiano** + la parola dell'italiano antico *meriggio* 'pomeriggio'

DIES parola latina che significava 'giorno'.
Dalla radice di ***di*** + *es* (in italiano ***di*** / ***gi*** / ***giorn***) derivano:

giorno, tempo compreso tra una mezzanotte e quella successiva dal latino *tempus diurnum* 'il tempo di un giorno'	**aggiornare**, adeguare al giorno d'oggi, quindi mettere in pari con dati e notizie recenti **a- + giorno**
	buongiorno, formula di saluto che si usa la mattina **buono + giorno**
	giornale, pubblicazione che riporta i fatti del giorno **giorno + -ale**
	giornaliero, di tutti i giorni dal francese *journalier* 'del giorno'
	giornata, l'arco di tempo compreso in un giorno **giorno + -ata**
	mezzogiorno, le ore dodici che corrispondono alla metà della giornata **mezzo + giorno**
	oggigiorno, oggi, adesso **oggi + giorno**
	soggiornare, vivere in un luogo per un periodo da una parola del latino volgare

aggiornamento, adeguamento al giorno d'oggi, quindi revisione in base a dati e notizie recenti
aggiornare + -mento

aggiornato, adeguato al giorno d'oggi, quindi rivisto in base a dati e notizie recenti
participio passato

giornalaio, venditore di giornali
giornale + -aio

giornalino, periodico per ragazzi
diminutivo

giornalismo, insieme delle attività necessarie a fornire e commentare notizie; la professione di chi scrive in un giornale
dal francese *journalisme* 'giornalismo'

giornalista, chi scrive in un giornale
dal francese *journaliste* 'giornalista'

giornalistico, che riguarda il giornalismo o i giornalisti
giornalista + -ico

telegiornale, notiziario con i fatti del giorno trasmesso per televisione
tele- + giornale

soggiorno, permanenza in un luogo per un periodo

FUMO l'insieme dei gas che si innalzano sotto forma di nuvola grigia da qualcosa che brucia, dal latino *fumus* 'fumo'. Dalla radice ***fum*** + *o* derivano:

affumicare, riempire di fumo; esporre alimenti all'azione del fumo **a- + fumo + -icare**	**affumicamento**, esposizione di alimenti al fumo **affumicare + -mento** **affumicato**, alimento esposto al fumo participio passato **affumicatura**, trattamento di alimenti mediante l'esposizione al fumo **affumicare + -ura**
antifumo, che combatte la diffusione del fumo **anti- + fumo**	
fumaiolo, la parte del camino che sporge dal tetto, da cui esce il fumo da una parola del latino tardo	
fumare, emettere fumo o vapore dal latino *fumare* 'emettere fumo'	**fumata**, nube di fumo fatta per la segnalazione a distanza **fumare + -ata** **fumatore**, chi ha il vizio di fumare **fumare + -tore**
fumario, che serve al passaggio del fumo **fumo + -ario**	
fumetto, spazio a forma di nuvoletta di fumo in cui vengono scritti i dialoghi nei racconti illustrati diminutivo	**fumettistico**, che riguarda i fumetti **fumetto + -istico**
fumogeno, che produce fumo **fumo + -geno**	
fumoso, pieno di fumo dal latino *fumosus* 'che produce fumo, affumicato'	**fumosità**, presenza di fumo, quindi mancanza di visibilità e chiarezza **fumoso + -ità**

FUMO l'insieme dei gas che si innalzano sotto forma di nuvola grigia da qualcosa che brucia, dal latino *fumus* 'fumo'. Dalla radice ***fum*** + *o* derivano:

profumo, esalazione di fumo, quindi odore gradevole emanato da sostanze naturali o artificiali da una parola del latino tardo	**profumare**, rendere profumato
	profumeria, l'arte di creare profumi **profumo + -eria**
sfumare, dissolversi in fumo **s- + fumo**	**sfumato**, dissolto participio passato
	sfumatura, passaggio graduale tra varie tonalità di colore **sfumare + -ura**

profumato, impregnato di profumo
participio passato

➤ **profumatamente**, a caro prezzo
profumato + -mente

profumazione, varietà di profumo
profumare + -zione

KHAOS parola greca che significava 'spazio vuoto, immensità'.
Dalla radice di ***khaos*** (***caos*** / ***caot*** / ***gas*** / ***gaz***) derivano:

caos, grande confusione
dal greco *kháos* 'spazio vuoto, immensità'

gas, sostanza aerea che non ha forma e volume propri
parola coniata nel Seicento dallo scienziato belga J. B. van Helmont (1579-1644), derivandola dal greco *kháos* 'spazio vuoto, immensità'

caotico, che presenta grande confusione
caos + -ico

gasare, rendere gonfio di felicità e orgoglio ➤ **gasato**, esaltato
participio passato

gasdotto, conduttura del gas
gas + -dotto

gasolio, carburante per motori diesel ricavato dal petrolio
dall'inglese *gasoil* 'gasolio'

gassare, rendere un liquido effervescente sciogliendovi un gas; uccidere con il gas ➤ **gassato**
participio passato

gassificare, far passare allo stato gassoso
gas + -ficare ➤ **gassificatore**, impianto industriale da cui si ricavano gas combustibili
gassificare + -tore

gassoso, che si presenta come un gas
gas + -oso ➤ **gazzosa**, bevanda gassata a base di acqua e zucchero
femminile di *gazzoso*, variante arcaica di *gassoso*

LEGERE verbo latino che significava 'raccogliere, scegliere, leggere'.
Dalla radice di ***leg*** + *ere* (in italiano ***leg*** / ***let*** / ***lez*** / ***lig*** / ***scegl*** / ***scelt***) derivano:

collezione, raccolta di oggetti dello stesso genere
dal latino *collectio* 'raccolta'

diligente, chi sceglie una cosa perché gli piace, quindi la fa bene
dal latino *diligens*, participio presente di *diligere* 'aver caro, apprezzare'

elegante, che sa scegliere, quindi che ha buon gusto
dal latino *elegans* 'fine, di buon gusto'

eleggere, scegliere, quindi nominare qualcuno
dal latino *eligere* 'scegliere, eleggere'

intelligente, che sceglie, distingue, quindi che comprende
dal latino *intelligens*, participio presente di *intelligere* 'intendere, capire'

legenda, le cose da leggere, quindi la spiegazione dei segni adoperati in un testo da leggere per poterlo capire
dal latino medievale *legenda* 'le cose da leggere'

collettore, raccoglitore
dal latino *collector* 'colui che raccoglie'

collezionare, fare una collezione

collezionismo
collezione + -ismo

collezionista
collezione + -ista

diligenza, precisione nel lavorare
dal latino *diligentia* 'diligenza, cura'

diligenza, carrozza
da un'espressione francese in cui significava 'fretta, velocità'

prediligere, preferire
da una parola del latino medievale

prediletto, chi è preferito
participio passato

predilezione, preferenza assoluta
prediligere + -zione

eleganza, raffinatezza, buon gusto
dal latino *elegantia* 'raffinatezza'

elettivo, che si elegge
da una parola del latino tardo

eletto, che è scelto, quindi nominato
dal latino *electus* 'eletto'

elettore, chi ha il diritto di scegliere, quindi di votare
dal latino *elector* 'colui che sceglie'

elettorale, che riguarda le elezioni
elettore + -ale

elettorato, l'insieme degli elettori
elettore + -ato

elezione, scelta, quindi nomina
dal latino *electio* 'scelta'

intellegibile, che può essere capito
dal latino *intellegibilis* 'comprensibile'

intelletto, la facoltà di scegliere, quindi di comprendere
dal latino *intellectus* 'intelletto'

intellettivo
dal latino *intellectivus* 'intellettivo'

intellettuale
da una parola del latino tardo

intelligenza, capacità di scegliere, quindi di capire
dal latino *intelligentia* 'capacità di comprendere'

LEGERE verbo latino che significava 'raccogliere, scegliere, leggere'.
Dalla radice di ***leg*** + *ere* (in italiano ***leg*** / ***let*** / ***lez*** / ***lig*** / ***scegl*** / ***scelt***) derivano:

leggenda, le cose da leggere, quindi racconto in cui si mescolano fatti reali e fantasia
dal latino medievale *legenda* 'le cose da leggere'

leggere, raccogliere, quindi interpretare i segni della scrittura
dal latino *legere* 'leggere, recitare, commentare'

lezione, la lettura ad alta voce, quindi l'insegnamento
dal latino *lectio* 'il leggere, lettura, conferenza'

negligente, chi non sceglie, non raccoglie, trascura una cosa, quindi la fa male
dal latino *negligens*, participio presente di *negligere* 'trascurare, non prendere in considerazione'

sacrilego, chi raccoglie e porta via cose sacre, quindi chi offende il sacro
dal latino *sacrilegus* 'ladro di cose sacre, empio'

scegliere, raccogliere dopo aver separato ciò che si ritiene migliore
dal latino *seligere* 'scegliere'

selezione, la scelta degli elementi migliori
dal latino *selectio* 'l'atto di selezionare'

sortilegio, lettura della sorte, quindi opera di magia
da una parola del latino medievale

leggendario, che appartiene a una leggenda
leggenda + -ario

leggibile, scritto in modo chiaro
da una parola del latino tardo

illeggibile, difficile da leggere
in- + leggibile

lettore, chi è impegnato nella lettura
dal latino *lector* 'chi legge'

lettura, l'interpretazione della scrittura
da una parola del latino medievale

rileggere, leggere di nuovo
ri- + leggere

negletto, trascurato, trasandato
dal latino *neglectus* 'trascurato'

negligenza, scarso impegno nello svolgere un lavoro
dal latino *negligentia* 'trascuratezza'

sacrilegio, il raccogliere e portar via cose sacre, quindi offesa contro il sacro
dal latino *sacrilegium* 'furto di cose sacre'

prescegliere, scegliere tra gli altri
pre- + scegliere

prescelto, chi è scelto tra gli altri
participio passato

scelto, chi è stato selezionato
participio passato

scelta, l'atto di decidere qualcosa
femminile sostantivato

selettivo, che sceglie gli elementi migliori
selezione + -ivo

selezionare, scegliere gli elementi migliori

LONGUS parola latina che significava 'lungo, ampio, alto'.
Dalla radice di ***long*** + *us* (in italiano ***long*** / ***lung***) derivano:

lungo, che si estende nel senso della lunghezza dal latino *longus* 'lungo, ampio, alto'	**allungare**, rendere più lungo **a + lungo**
	dilungarsi, parlare troppo a lungo di qualcosa **di- + lungo**
	lungaggine, fatto che va troppo per le lunghe, causando ritardi **lungo + -aggine**
	lungamente, per lungo tempo **lungo + -mente**
	lunghezza, estensione di una linea **lungo + -ezza**
	lungi, lontano dal latino *longe* 'lontano'
	lungo, in direzione parallela a
	lungometraggio, film di lunga durata **lungo + metraggio**
	oblungo, più lungo che largo dal latino *oblongus* 'oblungo, allungato'
	prolungare, rendere più lungo da una parola del latino tardo
	spilungone, persona molto alta e magra dal latino *perlongus* 'lunghissimo'

allungamento, aumento di lunghezza
allungare + -mento

allungato, reso più lungo
participio passato

allungo, nello sport, aumento della velocità di un atleta, e quindi della distanza dagli avversari

lungimirante, che guarda lontano, quindi che prevede gli sviluppi di una situazione ➤
lungi + mirare

lungimiranza, capacità di guardare lontano, quindi di prevedere gli sviluppi di una situazione
lungimirante + -anza

lungolago, strada che costeggia la riva di un lago
lungo + lago

lungomare, strada che costeggia il mare
lungo + mare

prolunga, elemento che serve ad allungare
dal francese *prolonge* 'prolunga'

prolungamento, estensione della lunghezza di qualcosa
prolungare + -mento

LONGUS parola latina che significava 'lungo, ampio, alto'.
Dalla radice di ***long*** + *us* (in italiano ***long*** / ***lung***) derivano:

longevo, che vive molto a lungo dal latino *longaevus* 'vecchio, antico'	**longevità**, durata della vita molto lunga **longevo + -ità**
longi-, primo elemento di parole composte che significa 'esteso in lunghezza'	**longilineo**, che presenta una corporatura alta e slanciata **longi- + linea**
longitudine, la distanza di un punto della terra dal meridiano di Greenwich, una linea immaginaria che percorre la Terra nel senso della lunghezza dal latino *longitudo* 'lunghezza'	**longitudinale**, disposto nel senso della lunghezza **longitudine + -ale**

LUDUS, parola latina che significava 'gioco'.
Dalla radice ***lud*** + *us* (in italiano ***lud*** / ***lus***) derivano:

alludere, accennare a cose o persone senza nominarle
dal latino *adludere* 'scherzare su qualcosa'

colludere, giocare insieme, quindi accordarsi segretamente
dal latino *colludere* 'giocare insieme, intendersi segretamente'

deludere, prendersi gioco, quindi tradire le aspettative di qualcuno
dal latino *deludere* 'ingannare, illudere'

eludere, sfuggire, sottrarsi con astuzia e abilità
dal latino *eludere* 'ingannare, scansare'

preludere, essere la prima manifestazione di ciò che avverrà
dal latino *praeludere* 'prepararsi, esercitarsi'

allusione, accenno vago a cosa, persona
dal latino *adlusio* 'tocco leggero'

allusivo, che fa allusioni
da una parola del latino tardo

collusione, accordo segreto per uno scopo illecito
dal latino *collusio* 'intesa'

colluso, che è legato segretamente alla criminalità
participio passato

deludente, che provoca delusione
participio presente

delusione, sconforto provocato da un risultato contrario alle aspettative
dal latino *delusio* 'beffa, inganno'

deluso, scontento per il fallimento di una speranza
participio passato

elusivo, che tende a sfuggire
eludere + **-ivo**

preludio, prima manifestazione di ciò che avverrà
da una parola del latino tardo

LUDUS, parola latina che significava 'gioco'.
Dalla radice ***lud*** + *us* (in italiano ***lud*** / ***lus***) derivano:

illudere, prendersi gioco di qualcuno, quindi ingannare con false speranze
dal latino *illudere* 'prendersi gioco di, ingannare'

ludibrio, derisione, scherno
dal latino *ludibrium* 'scherzo'

ludo, spettacolo pubblico nell'antica Roma
dal latino *ludus* 'gioco'

ludoteca, locale attrezzato con giochi per i bambini
latino *ludus* + **-teca**

illusione, speranza vana dal latino *illusio* 'ironia'	**illusionismo**, l'arte di eseguire giochi di prestigio sorprendenti **illusione + -ismo** **illusionista**, artista che si esibisce in giochi di prestigio **illusione + -ista** **illusionistico**, ottenuto con l'illusionismo **illusione + -istico**
illuso, chi crede in modo cieco nell'avverarsi delle proprie speranze participio passato	
illusorio, che inganna con false apparenze da una parola del latino tardo	
disilludere, togliere ogni illusione **dis- + illudere**	**disillusione**, perdita di un'illusione **dis- + illusione** **disilluso**, che non ha alcuna illusione participio passato

ludico, che riguarda il gioco
dal francese *ludique* 'relativo al gioco'

MONTE rilievo della superficie terrestre, dal latino *mons* 'monte'. Dalla radice di ***mont*** + *e* derivano:

ammontare, formare un cumulo, quindi raggiungere una certa cifra
a- + monte

montagna, rilievo della superficie terrestre
da una parola del latino volgare

montano, della montagna
dal latino *montanus* 'della montagna'

montare, salire
da una parola del latino volgare

montare, mettere insieme le parti di un oggetto
dal francese *monter* 'montare'

montepremi, i premi per i vincitori di un concorso
monte + premio

montuoso, che ha molti monti
dal latino *montuosus* 'montuoso'

smontare, scomporre una struttura nelle sue parti
s- + monte

tramontana, vento freddo che viene dal nord
dall'espressione *stella tramontana* 'stella polare'

tramontare, del sole, scomparire dietro ai monti
tra- + monte

montagnoso, ricco di montagne
montagna + -oso

passamontagna, berretto adatto al freddo e alle montagne
passare + montagna

montanaro, abitante della montagna
da una parola del latino volgare

pedemontano, ai piedi di un monte
da una parola del latino tardo

montacarichi, ascensore per merci
montare + carico

montante, rinforzo in altezza
participio presente

rimontare, salire di nuovo
ri- + montare

sormontare, superare una montagna, quindi un limite
sor- + montare

insormontabile, insuperabile
in- + sormontare + -bile

montaggio, assemblaggio di un oggetto
dal francese *montage* 'montaggio'

fotomontaggio, montaggio di foto
foto- + montaggio

montatore, addetto al montaggio
montare + -tore

montatura, struttura di sostegno; esagerazione
montare + -ura

intramontabile, che rimane famoso nel tempo
in- + tramontare + -bile

tramonto, scomparsa del sole dietro ai monti

PANE alimento composto di acqua, farina e lievito e cotto in forno, dal latino *panis* 'pane'. Dalla radice di ***pan*** + *e* (o anche ***pagn***) derivano:

appannaggio, compenso fisso; caratteristica tipica dal francese *apanage* 'assegnazione di pane'
compagno, persona con cui si divide il pane, quindi persona con cui si condivide un'esperienza o la vita da una parola del latino tardo
companatico, ciò che si mangia con il pane da una parola del latino medievale
impanare, passare nel pan grattato un alimento **in- + pane**
pagnotta, pane di forma rotonda da una parola provenzale
pandoro, dolce natalizio veronese dal caratteristico colore dorato dalla grafia unita dell'espressione 'pane d'oro'
panettiere, persona che produce o vende il pane dal francese antico *panetier* 'fornaio'
panetto, massa compatta a forma di piccolo pane diminutivo
panettone, dolce natalizio milanese dal milanese *panaton* 'grosso pane'
paniere, cesto per contenere il pane, quindi recipiente di vimini dal francese antico *panier* 'paniere'
panificio, locale dove si produce il pane dal latino *panificium* 'il processo di fare il pane'
panino, pane di piccole dimensioni diminutivo
tascapane, borsa usata dai militari per portare il pane e altri cibi **tasca + pane**
tostapane, apparecchio per abbrustolire il pane **tostare + pane**

compagnia, lo stare insieme ad altre persone
compagno + -ia

accompagnare, andare con qualcuno; mettere insieme più elementi
a- + compagno

accompagnamento
a- + compagno + -mento

accompagnatore
a- + compagno + -tore

panetteria, negozio in cui si vende e si produce il pane
panettiere + -ia

UNDA parola latina che significava 'onda'.
Dalla radice ***und*** + *a* (in italiano ***ond***) derivano:

abbondare, straripare, traboccare, quindi essere presente in grande quantità
dal latino *abundare* 'essere in piena, straripare'

esondare, straripare
dal latino *exundare* 'straripare'

inondare, allagare con violenza
dal latino *inundare* 'allagare, straripare'

onda, massa di acqua che si alza

ondulato, che presenta un aspetto a onde
dal latino *undulatus* 'ondulato'

ridondante, caratterizzato da eccessiva abbondanza
dal latino *redundare* 'straripare, esserci in abbondanza'

abbondante, che è in grande quantità
participio presente

sovrabbondante, che supera la quantità necessaria
sovra- + abbondante

abbondanza, grande quantità
dal latino *abundantia* 'straripamento, abbondanza'

sovrabbondanza, quantità superiore al necessario
da una parola del latino tardo

esondazione, straripamento
esondare + -zione

inondazione, allagamento
dal latino *inundatio* 'allagamento, inondazione'

microonda, onda elettromagnetica sfruttata per riscaldare i cibi
micro- + onda

ondata, grossa onda, quindi manifestazione improvvisa
onda + -ata

ondeggiare, dondolare a causa delle onde
onda + -eggiare

ondoso, delle onde
dal latino *undosus* 'burrascoso, ondoso'

radioonda, onda elettromagnetica per trasmettere segnali a distanza
radio- + onda

ondulare, piegare a onde
da una parola del latino tardo

ondulatorio, che si diffonde per onde
ondulare + -orio

VENTO movimento di masse d'aria, dal latino *ventus* 'vento'.
Dalla radice ***vent*** + *o* derivano:

avventarsi, lanciarsi con violenza
a- + vento

controvento, in direzione contraria a quella del vento
contro- + vento

paravento, struttura per separare una parte di una stanza
parare + vento

sopravvento, dalla parte in cui soffia il vento, quindi in posizione di superiorità
sopra + -vento

sottovento, dalla parte opposta a quella da cui soffia il vento
sotto + -vento

sventare, far uscire il vento, ovvero l'aria da una mina per neutralizzarla, quindi impedire che avvenga qualcosa di brutto
s- + vento

ventaglio, strumento che si agita per farsi vento
vento + -aglio

ventata, violento colpo di vento
vento + -ata

ventilare, far entrare l'aria in ambienti chiusi
dal latino *ventilare* 'sventolare, far vento'

ventosa, vasetto vuoto da far aderire al corpo per attirare il sangue
dal latino *(cucurbita) ventosa* '(zucca) piena di vento', quindi vuota

ventoso, caratterizzato da un forte vento
dal latino *ventosus* 'ventoso'

avventato, fatto o detto senza riflettere participio passato		**avventatezza**, impulsività **avventato** + **-ezza**

sventato, che manca di attenzione participio passato		**sventatezza**, mancanza di attenzione **sventato** + **-ezza**
sventagliare, provocare un movimento d'aria agitando il ventaglio **s-** + **ventaglio**		**sventagliata**, movimento di ventaglio **sventagliare** + **-ata**

sventolare, muovere al vento dalla parola *ventolare,* variante arcaica di **ventilare**		**sventolio**, movimento causato dal vento **sventolare** + **-io**
ventilato, esposto al vento participio passato		
ventilatore, apparecchio con ventola per rinfrescare gli ambienti **ventilare** + **-tore**		
ventilazione, movimento d'aria prodotto dal soffiare del vento dal latino *ventilatio* 'esposizione all'aria'		
ventola, strumento che sposta l'aria dalla parola *ventolare,* variante arcaica di **ventilare**		**sventola**, arnese per ravvivare il fuoco, quindi colpo improvviso **s-** + **ventola**

Dallo schema alla mappa concettuale Gli schemi delle famiglie di parole possono essere usati in varie **attività didattiche**: l'insegnante può costruire delle **mappe concettuali** a partire dagli schemi, sul modello di quella che mostriamo qui sotto.

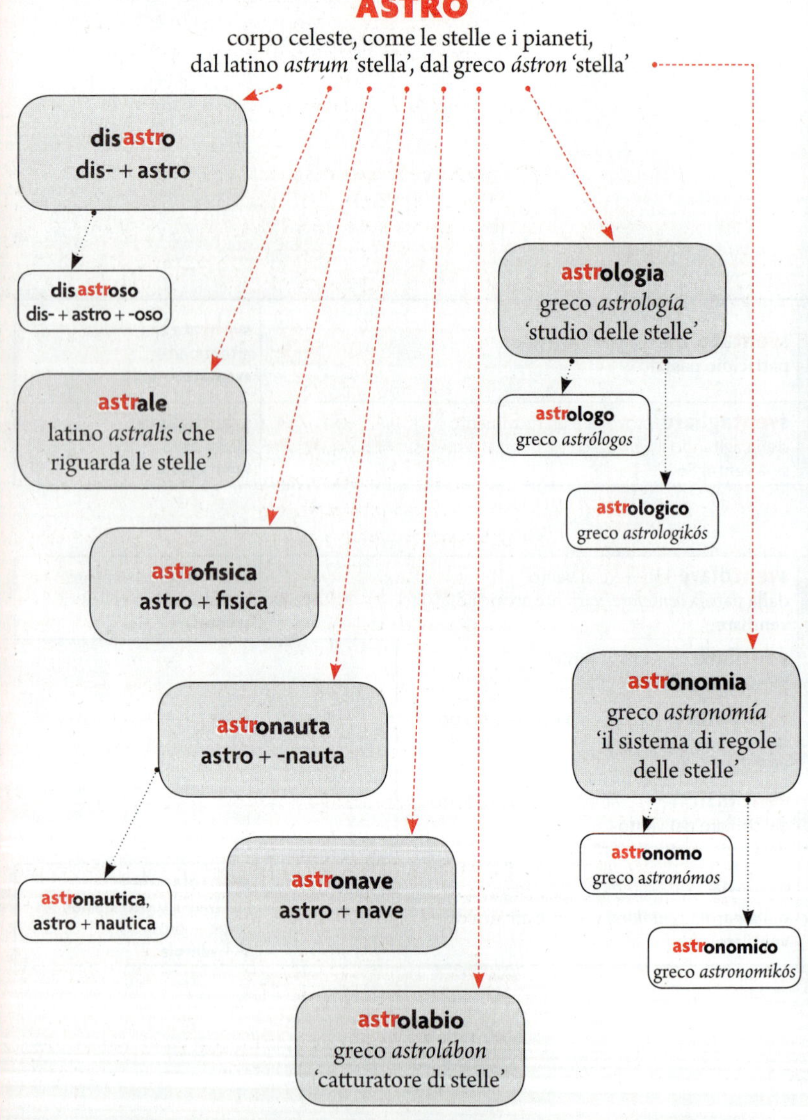

978-88-00-50053-1
il nuovo Devoto-Oli Junior
Voc. lingua italiana
Le Monnier